Rudolf Kloiber
Wulf Konold:

Handbuch der Oper

Deutscher
Taschenbuch
Verlag

Bärenreiter
Verlag

1. Taschenbuchauflage November 1973
5. erweiterte, neubearbeitete Auflage September 1985
7. Auflage März 1993: 53. bis 60. Tausend
Gemeinschaftliche Originalausgabe:
Deutscher Taschenbuch Verlag GmbH & Co. KG, München, und
Bärenreiter-Verlag Karl Vötterle GmbH & Co. KG,
Kassel · Basel · London

Umschlagtypographie: Celestino Piatti
Umschlagbild: Szene aus ›Nabucco‹ (Bayerische Staatsoper München, 23. Mai 1990) mit Julia Varady als Abigail und Eduard Tumagian als Nabucco (Photo: Werner Neumeister, München)
Gesamtherstellung: C. H. Beck'sche Buchdruckerei, Nördlingen
Printed in Germany · ISBN 3-423-03297-9 (dtv)
ISBN 3-7618-3297-9 (Bärenreiter)

Das Buch

Das ›Handbuch der Oper‹ ist der »Klassiker« unter den Opernführern: ein unentbehrliches Nachschlagewerk für Opernfreunde, Künstler, Kritiker und Musikwissenschaftler. Es werden etwa 270 Opern vom Barock bis zur Moderne ausführlich besprochen. Die Werkbeschreibungen sind nach Komponisten geordnet und informieren über Handlung, Musik, Text und Entstehung. Im Anhang finden sich eine Aufstellung der Rollen nach Fachpartien, Anmerkungen zu Besetzungsfragen, ein Abriß über die historisch-stilistische Entwicklung des musikalischen Dramas und der Oper sowie zwei Register, geordnet nach Komponisten bzw. Operntiteln.
Seit seinem ersten Erscheinen 1951 wurde das ›Handbuch der Oper‹ mehrfach ergänzt, 1985 von Wulf Konold revidiert und erweitert sowie in den Stimmfachbezeichnungen der heute am Theater üblichen Praxis angepaßt. Es liegt nun erstmals in einer einbändigen Ausgabe vor.

Die Autoren

Rudolf Kloiber (1899–1973) studierte an der Akademie der Tonkunst in München (Dirigieren, Klavier, Komposition, Opernregie) sowie an der Universität München (Musikwissenschaft; Promotion 1927). 1921 bis 1959 wirkte er als Opern- und Konzertdirigent u. a. in München, Berlin, Graz, Regensburg sowie bei dem Schwäbischen Symphonie-Orchester und den Stuttgarter Philharmonikern. Seit 1960 war er Gastdirigent im In- und Ausland (Frankreich, Italien). Neben dem ›Handbuch der Oper‹ veröffentlichte er ein ›Handbuch der klassischen und romantischen Symphonie‹ (1964), ein ›Handbuch der Symphonischen Dichtung‹ (1967) und ein ›Handbuch des Instrumentalkonzerts‹ (2 Bände, 1972/73).
Wulf Kunold (geboren 1946 in Langenau/Ulm) studierte an der Universität Kiel (Musikwissenschaft; Promotion 1974) und an der Musikhochschule Lübeck (Dirigieren, Theorie, Komposition, Viola). Nach verschiedenen musikwissenschaftlichen und dramaturgischen Tätigkeiten war er bis 1987 Künstlerischer Berater der Niedersächsischen Staatsoper Hannover und ist jetzt Chefdramaturg der Hamburgischen Staatsoper. Publikationen u. a.: ›Weltliche Kantanten im 20. Jahrhundert‹ (1975); ›Das Streichquartett von den Anfängen bis Franz Schubert‹ (1980); ›Felix Mendelssohn Bartholdy und seine Zeit‹ (1984). Zahlreiche Aufsätze, Rundfunksendungen, Herausgebertätigkeit, Opernübersetzungen.

Inhalt

Meiner geliebten Frau HEDI

Vorwort

Die Ausführungen dieses Buches erstrecken sich auf alle Gattungen von Bühnenstücken, bei denen eine Handlung ganz oder überwiegend durch musikalische Mittel in Verbindung mit dem gesungenen Wort gestaltet ist, also auf Opern, Musikdramen, Singspiele, musikalische Lustspiele, szenische Oratorien, dramatische Kantaten, Intermezzi, nicht aber auf Operetten, Musicals, Ballette, Schauspiel- und Inzidenzmusik.

Der erste Abschnitt befaßt sich mit detaillierten Beschreibungen derjenigen Werke, welche an den Opernbühnen laufend im Repertoire stehen oder von Zeit zu Zeit immer wieder einmal zur Aufführung gelangen und die auch teilweise in Rundfunk- und Schallplattenaufzeichnungen zu hören sind. Aus dem Gegenwartsschaffen sind vor allem die Schöpfungen berücksichtigt, die auf dem Gebiet des musikalischen Theaters neue Entwicklungstendenzen aufzeigen und daher ein aktuelles Interesse beanspruchen. Bei den Ausführungen über die einzelnen Werke sind die Aufgabenkreise sämtlicher an einer Opernaufführung beteiligten künstlerischen Kräfte berücksichtigt.

Anschließend folgen Betrachtungen über pragmatische Besetzungsfragen. Ein Fachpartien-Verzeichnis für alle Stimmgattungen dient zur Orientierung über Einsatzmöglichkeiten der Sänger in Werken von Monteverdi bis Richard Strauss.

Weiterhin bietet ein operngeschichtlicher Abriß die Möglichkeit, sich kurz über die historisch-stilistische Entwicklung des musikalischen Dramas und der Oper zu informieren.

In dem abschließenden Kapitel werden in alphabetischer Reihenfolge Opernkomponisten aus dem gesamten europäischen Kulturraum aufgezählt, deren Werke teils in historischer Sicht Erwähnung verdienen, teils im Musikleben unserer Zeit verankert sind. Bei den einzelnen Autoren sind die Lebensdaten sowie eine kurze stilistische Charakterisierung ihres Wirkens, außerdem die Anzahl und die Titel ihrer erfolgreichsten Opern verzeichnet. In Klammern angeführte Jahreszahlen und Ortsnamen bedeuten Jahr und Ort der Uraufführung, alleinstehende Jahreszahlen das Jahr der Entstehung. Werke heiteren Inhalts erfahren die Bezeichnung »kO.« (komische Oper), einaktige Stücke den Zusatz »E.«. Weitere Angaben vermerken die Namen der Textautoren, Neuausgaben und Neubearbeitungen, markante Textübersetzungen sowie die Verlage, von denen das Aufführungsmaterial bezogen werden kann. Bei Komponisten, deren Werke ausführlich behandelt sind, erscheinen diese lexikalischen Angaben im ersten Abschnitt unmittelbar unter dem Namen des Autors.

München, 1973 Dr. Rudolf Kloiber

Opernführer sind zugleich Hilfsmittel wie Spiegel des Musiklebens; und so verändern sie sich und veralten mit den Veränderungen des Musiklebens. Nun ist zwar unzweifelhaft, daß sich das Basis-Repertoire der Opern in den letzten Jahrzehnten kaum gewandelt hat; die deutschsprachigen Opernhäuser spielen, studiert man die Statistiken des Deutschen Bühnenvereins, immer noch am häufigsten Mozarts ›Zauberflöte‹, Rossinis ›Barbier von Sevilla‹ und Humperdincks ›Hänsel und Gretel‹ – gleichwohl haben die letzten Jahrzehnte gezeigt, daß neben dem Basis-Repertoire immer mehr Werke, die lange vergessen waren, mit gewisser Regelmäßigkeit in den Spielplänen auftauchen: man denke dabei nur an die Barock-Musik, an die Renaissance der Opern von Monteverdi, Cavalli und Händel, denke an Haydn, an die Marschner-Wiederaufführungen, denke schließlich an die erfolgreichen Ausgrabungen der Opern von Schreker, von Zemlinsky, von Korngold. Hinzu kommt eine andere neuere Entwicklung: die Schallplattenfirmen sind, schon, um nicht immer wieder dasselbe Repertoire aufnehmen zu müssen, dazu übergegangen, auch weniger gespielte Opern zu produzieren – aus Gründen der internationalen Repertoireplanung überwiegen dabei die italienischen Opern des 19. Jahrhunderts, aber auch Berlioz, das russische Repertoire, in vorsichtigen Ansätzen auch die musiktheatralischen Werke unseres Jahrhunderts.

Rudolf Kloibers ›Handbuch der Oper‹ wurde in seinen Grundzügen 1951 veröffentlicht; Ergänzungen und Erweiterungen in den darauffolgenden Auflagen hatten sich in engem Rahmen zu halten. So erschien – zehn Jahre nach dem Tod des Autors 1973 – eine gründliche Neubearbeitung und Erweiterung des ›Handbuchs der Oper‹ notwendig. Die Neubearbeitung ist dabei von den folgenden Grundprinzipien ausgegangen:

– Rudolf Kloibers bis heute gültige und praktikable Konzeption des Handbuchs und die Einteilung der Werkbeschreibungen wurde unverändert beibehalten; Korrekturen beschränken sich lediglich auf sachliche Irrtümer und Druckfehler sowie auf die Bezeichnung der Stimmfächer. Hier ging es darum, die Kunstfachbezeichnungen der heute am Theater üblichen Praxis anzupassen, denn auch Kunstfachbezeichnungen sind nicht unveränderlich; sie sind Moden und historischen Veränderungen unterworfen und schließlich auch abhängig von der Größe des Theaters, der Ausgewogenheit der Gesamtbesetzung wie der Orchesterstärke. Die differenziertere Kunstfachbezeichnung in der Neuausgabe dient in erster Linie dem theaterinternen Gebrauch; hat sich doch der »Kloiber« in den gut dreißig Jahren seiner Existenz aufgrund seiner umfassenden und verläßlichen Angaben als unentbehrlich bei allen Besetzungsgesprächen erwiesen, und diese Funktion soll die Neuausgabe in erweiterter Form weiter erfüllen.

– Der über Jahrzehnte zu beobachtende Schrumpfungsprozeß des Opernrepertoires scheint gestoppt zu sein; auch, wenn es sich in der Breite der Spielpläne nicht so bemerkbar macht, sind doch mehr und mehr ältere oder neuere Opern aus vierhundert Jahren Musiktheatergeschichte wieder in regelmäßigen Aufführungen zu sehen. Die Erweiterung der Werkbeschreibungen um gut einhundert neue Titel versucht, zum einen diese Werk-Renaissancen zu begleiten und die notwendigen Informationen für den Opernfreund und Opernhörer zu liefern; sie versucht darüber hinaus in begrenztem Rahmen auch ein Plädoyer für das eine oder andere nach der Meinung des Neubearbeiters zu Unrecht vergessene oder zu wenig beachtete Werk. Dabei war stets ein Kompromiß zu finden zwischen der Fülle der Werke, die als »Kandidaten« für eine Aufnahme bereitstanden, und der begrenzten Raumkapazität der Neubearbeitung. Die neu aufgenommenen Werkbeschreibungen sind zur Unterscheidung vom »Altbestand« mit dem Namenskürzel des Bearbeiters gekennzeichnet.

Die beiden Kapitel über ›Besetzungsfragen‹ und die ›Historisch-stilistische Entwicklung des musikalischen Dramas und der Oper‹ stammen von Rudolf Kloiber; bei der Neubearbeitung wurden lediglich neuere Forschungsergebnisse sowie Weiterentwicklungen eingearbeitet und der historische Abriß der Operngeschichte bis zur Gegenwart weitergeführt.

Auf das Kapitel ›Opernkomponisten und ihre Werke‹, das bis zur 9. Auflage einen Teil des Buches bildete, hat der Neubearbeiter in Absprache mit Frau Hedi Kloiber und beiden Verlagen verzichtet. Dies geschah zum einen aus Platzgründen, um Raum für Neuaufnahmen im Hauptteil zu schaffen, zum anderen aus der Überlegung, daß heute – anders als vor dreißig Jahren – ausreichend gute und verläßliche Handbücher, Titelsammlungen und Lexika zur Verfügung stehen, die umfassender und aktueller über die schätzungsweise 50000 Opern informieren können, die in den letzten knapp vierhundert Jahren komponiert worden sind. Zur weiterführenden Ergänzung wurde die Neuausgabe dafür mit einem ausgewählten Literaturverzeichnis versehen.

Rudolf Kloiber hat vor dreißig Jahren – aus einer langjährigen Kapellmeistererfahrung heraus, aber auch behindert durch die Zeitumstände – das ›Handbuch der Oper‹ allein erarbeitet. Für die Neubearbeitung dagegen habe ich für Rat und Hilfe zu danken: dem Deutschen Bühnenverein in Köln, der für die Neubearbeitung, insbesondere in Fragen der Kunstfächer, eine Umfrage an allen deutschen Opernhäusern durchgeführt hat; den Kollegen in den Dramaturgien der Opernhäuser, die auf den Fragebogen geantwortet haben; Herrn Intendant Dr. Helmut Matiasek, Gärtnerplatztheater München, und Herrn Chefdramaturg Klaus H. Henneberg, Oper der Stadt Köln, die mit mir in zwei langen Sitzungen die ganze Problematik der Kunstfachbezeichnungen im Detail diskutiert haben, und schließlich den ehemaligen und jetzigen Kollegen an den Opernhäusern in Nürnberg und Hannover, von deren Anregungen, Fragen, Zweifeln und kritischen Anmerkungen ich viel profitiert habe.

So bleibt mir zum Schluß nur die Hoffnung, der »Kloiber« möge in der neubearbeiteten Fassung bleiben, was er gewesen ist: ein zuverlässiges Handbuch und Hilfsmittel für alle, die sich – professionell oder als Opernbesucher und Schallplattenhörer – mit der so oft totgesagten und ebenso oft überlebenden Gattung beschäftigen.

Hannover, im Sommer 1983 Dr. Wulf Konold

Abkürzungen

AE	Alkor-Edition, Kassel
André	Johann André, Offenbach und Leipzig
AP	Dilia Prag, Agentur für Literatur- und Bühnenrechte
A & S	Ahn & Simrock, Berlin
Auff.	Aufführung
Bearb.	Bearbeitung
B & B	Bote & Bock, Berlin
Belaieff	H. P. Belaieff, Leipzig
B & H	Breitkopf & Härtel, Leipzig oder Wiesbaden
Bh.	Bassetthorn
Bkl.	Baßklarinette
Boosey	Boosey & Hawkes, London
Bpos.	Baßposaune
Br.	Bratsche
Bt.	Baßtuba
Btrp.	Baßtrompete (meist von Posaunisten geblasen)
BV	Bärenreiter-Verlag Kassel, Basel, London
Carisch	Carisch, Mailand
Cel.	Celesta
Cemb.	Cembalo
Choudens	P. Choudens, Paris
Cranz	August Cranz, Leipzig
DDT	Denkmäler Deutscher Tonkunst
Drei Masken	Drei Masken-Verlag, Berlin
DTB	Denkmäler der Tonkunst in Bayern
DTÖ	Denkmäler der Tonkunst in Österreich
Durand	A. Durand & Fils, Paris
DVfM	VEB Deutscher Verlag für Musik, Leipzig
E.	Einakter
Eh.	Englischhorn
Eschig	M. Eschig, Paris
Fag.	Fagott
Fl.	Flöte
FM	Faber Music, London
Fürstner	Adolph Fürstner, Berlin
GA	Gesamtausgabe
Gl.	Glocken

Glsp.	Glockenspiel
gr. Chp.	großer[1] Chorpart, d. i. ausgedehnter Gesangspart des Chores, der sich ganz oder größtenteils über das Stück hinzieht
gr. P.	große Solopartie, d. i. eine Rolle, die, ausgestattet mit einem anspruchsvollen Gesangspart, ganz oder großenteils durch das Stück läuft
Gutheil	A. Gutheil, Leipzig
Harm.	Harmonium
He	Henschelverlag, Berlin
Heinrichshofen	Heinrichshofen-Verlag, Wilhelmshaven
Heugel	Heugel & Cie, Paris
Hr.	Horn
Hrf.	Harfe
Jürgenson	P. Jürgenson, Leipzig
Kb.	Kontrabaß
Kbt.	Kontrabaßtuba
Kfag.	Kontrafagott
Kl.	Klarinette
Klav.	Klavier
kl. Chp.	kleiner Chorpart, d. i. Gesangspart des Chores, der auf eine einzige Szene oder wenige kurze Auftritte beschränkt ist
kl. P.	kleine Solopartie, d. i. eine Rolle, die auf eine Szene oder auf wenige kurze Auftritte beschränkt ist
kO.	komische Oper (musikalisches Lustspiel, musikalische Komödie usw.)
Kpos.	Kontrabaßposaune
Lienau	Lienausche Verlage, Berlin
Litolff	Henri Litolff, Braunschweig
M & B	Musik & Bühne, Wiesbaden
m. Chp.	mittlerer Chorpart, d. i. Gesangspart des Chores, der sich über mehrere, nicht zu umfangreiche Szenen erstreckt

[1] Die Bestimmung des Umfangs eines Solo- oder Chorparts ist immer in Relation zur Gesamtdauer des Werkes vorgenommen; so ist beispielsweise ein als große Partie bezeichneter Part in der Oper ›Cavalleria rusticana‹, deren Aufführungsdauer etwa 1¼ Stunden beträgt, absolut gemessen kleiner als eine ebenso bezeichnete Partie in ›Lohengrin‹, der etwa 4 Stunden dauert.

m. P.	mittlere Solopartie, d. i. eine Rolle, die in einigen weniger umfangreichen Szenen gesanglich anspruchsvolle Aufgaben, manchmal aber auch in der Hauptsache Ensemble-Aufgaben zu erfüllen hat
Ms.	Manuskript
Neuausg.	Neuausgabe
Neubearb.	Neubearbeitung
NMA	Neue Mozart-Ausgabe (Bärenreiter-Verlag)
Ob.	Oboe
Oertel	J. Oertel, Berlin
Org.	Orgel
P.	Pauke
Peters	C. F. Peters, Leipzig/Frankfurt am Main
Picc.	kleine Flöte (Piccolo)
Pos.	Posaune
Ricordi	G. Ricordi, Mailand
Ries	Ries & Erler, Berlin
Roszavölgyi	Roszavölgyi & Co., Budapest und Leipzig
Russischer Musikverlag	Russischer Musikverlag, Berlin und Paris
Russischer Staatsverlag	Russischer Staatsverlag, Moskau und Leningrad
S.	Seite
Schl.	Schlagzeug
Schlesinger	Schlesingersche Musikalienhandlung (Robert Lienau), Berlin
Schott	B. Schott's Söhne, Mainz
Simrock	N. Simrock, Leipzig
Sonzogno	Musikhaus Sonzogno, Mailand
Str.	Streicher
Suvini	Edizione Suvini Zerboni, Mailand
T	Textdichter
Tbn.	die sog. Wagner-Tuben (die von Hornisten geblasen werden)
Tr.	Trommel
Trp.	Trompete
U. E.	Universal-Edition, Wien

V	Verlag
Vcl.	Violoncello
Viol.	Violine
Xyl.	Xylophon

Werkbeschreibungen

Adolphe Adam

*24. Juli 1803 und † 3. Mai 1856 in Paris

Le Postillon de Lonjumeau (1836 Paris), T: Adolphe de Leuven u. Léon Brunswick, kO., V: Peters

Le toréador ou l'accord parfait (1849 Paris), T: Thomas Sauvage, kO.; Neubearb. v. F. Rumpel (1911 Berlin), V: Harmonie

La poupée de Nuremberg (Die Nürnberger Puppe; 1852 Paris), T: nach Ernst Pasqué v. A. de Leuven u. Arthur de Beauplan, kO., E., V: Schott

Si j'étais roi (König für einen Tag; 1852 Paris), T: Adolphe Philippe Dennery u. Jules Henri Brésil, kO.; Neubearb. v. Paul Wolff (1910), V: Selbstverlag des Bearbeiters; neue Textfassung v. Karlheinz Gutheim u. Wilhelm Reinking (1956 Karlsruhe)

Falstaff (1856 Paris), T: Jules Henri Vernoy de Saint-Georges u. A. de Lèuven, kO.

Der Postillon von Lonjumeau

Komische Oper in drei Akten. Dichtung von Adolphe de Leuven und Léon Brunswick.

Solisten I. Akt: *Chapelou,* Postillon (Lyrischer Tenor, gr. P.) – *Bijou,* Schmied (Schwerer Spielbaß, gr. P.) – *Marquis de Corcy,* Königlicher Kammerherr (Spieltenor, auch Charaktertenor, gr. P.) – *Madeleine,* Wirtin (Lyrischer Koloratursopran, gr. P.).

II. und III. Akt: *St. Phar* [Chapelou], Erster Sänger der Königlichen Oper – *Marquis de Corcy* – *Alcindor* [Bijou] und *Bourdon* (Baß, kl. P.), Chorführer in der Königlichen Oper – *Frau von Latour* [Madeleine] – *Rose,* ihre Kammerfrau (Sprechrolle, kl. P.).

Chor: Bauern und Bäuerinnen. Sänger und Chorführer der Königlichen Oper. Nachbarn und Gäste der Frau von Latour. Ein Gefreiter. Eine Abteilung Landreiter. Diener (gr. Chp.).

Ort: I. Akt: Dorf Lonjumeau. II. und III. Akt: Schloß der Frau von Latour bei Fontainebleau.

Schauplätze: Freier Platz im Dorf Lonjumeau – Reich ausgestatteter Rokokobogensaal – Brautgemach.

Zeit: I. Akt: 1756, II. und III. Akt: 1766

Orchester: 2 Fl. (II. auch Picc.), 2 Ob., 2 Kl., 2 Fag., 4 Hr., 2 Trp., 3 Pos., P., Schl., Schellen, Str.

Gliederung: 13 Musiknummern, die durch einen gesprochenen Dialog miteinander verbunden werden; keine Ouvertüre.

Spieldauer: etwa 2½ Stunden.

Handlung: Auf der eiligen Suche nach einem Tenor wird der Intendant der »kleineren Belustigungen« Ludwigs XV., Marquis de Corcy, infolge eines Radbruches an seiner Postkutsche in dem kleinen Dorf Lonjumeau festgehalten, wo soeben Chapelou, der lustige Postillon des Ortes, mit der hübschen jungen Wirtin Madeleine Hochzeit feiert. Mit dem Vortrag seines Postillon-Liedes erregt Chapelou die Aufmerksamkeit des Marquis, der bei dem Postillon die gesuchte Stimme entdeckt zu haben glaubt. In leichtfertigem Ehrgeiz läßt sich Chapelou durch Geschenke und Versprechungen überreden, sofort mit dem Intendanten nach Paris zu fahren und seine junge Frau ohne Abschied in der Hochzeitsnacht allein zurückzulassen, nachdem der Dorfschmied Bijou, Madeleines abgewiesener Freier, mit hämischer Freude das Rad eiligst repariert hatte. – Erst nach zehn Jahren findet Madeleine Gelegenheit, ihren treulosen Gatten für sein böses Tun zu strafen und sein Herz von neuem und endgültig zu gewinnen. Sie ist nach Beerbung ihrer sehr reichen Tante eine vornehme Dame geworden und bewohnt jetzt unter dem Namen Frau von Latour ein Schloß bei Fontainebleau. Durch Vermittlung des Marquis de Corcy, der sie anbetet und gerne heiraten möchte, kommt dorthin zu einem Gastspiel die Königliche Oper mit ihrem Ersten Tenor St. Phar, der niemand anderer als Chapelou ist. Als dieser, der Liebling der Pariser Frauenwelt, auch Frau von Latour stürmisch den Hof macht, versetzt sie den Ungetreuen von einer Verlegenheit in die andere. Zunächst läßt sie ihm einen Brief von Madeleine überreichen. Aber er leugnet, verheiratet zu sein. Daraufhin bietet sie ihm die Eheschließung an. St. Phar ist sofort einverstanden. Insgeheim plant er, wie es schon früher einmal ein Sängerkollege machte, nur eine Scheinheirat einzugehen. Auf Vorschlag von Bijou, der jetzt unter dem Namen Alcindor als Chorführer an der Königlichen Oper tätig ist, soll der Chorsänger Bourdon bei der eilig anberaumten Trauung als Priester fungieren. Doch die schlaue Madeleine kommt zuvor und läßt die Eheschließung durch den schnell herbeigerufenen Schloßkaplan vornehmen, den der ahnungslose St. Phar für den von Bijou besorgten Scheinpriester hält. – Nach der Trauung erreicht das Intrigenspiel seinen Höhepunkt, als im Brautgemach plötzlich Madeleine in ihrer ländlichen Tracht erscheint und, nachdem sie rasch die Kerzen verlöscht, bald im bäuerlichen Dialekt als Madeleine, bald in der vornehmen Sprache der Dame als Frau von Latour den Missetäter in peinlichste Bestürzung versetzt, die noch eine Steigerung erfährt, als der eifersüchtige Marquis, der inzwischen durch Alcindor erfahren hat, daß St. Phar bereits mit einer anderen Frau verheiratet ist, mit Polizisten erscheint, um den Bigamisten und Nebenbuhler dem Henker auszuliefern. Jetzt gibt Madeleine endlich ihre Identität mit Frau von Latour zu erkennen. Mit dem Refrain des Postillon-Liedes knüpft das versöhnte Paar an das Glück früherer Tage an.

STILISTISCHE STELLUNG: Das theaterwirksame Libretto des ›Postillon‹ ist im vaudevilleartigen Genre auf den Ton gehobener Unterhaltungskunst abgestimmt. Die trotz einiger Unwahrscheinlichkeiten geschickt zurechtgezimmerte Intrigenhandlung enthält eine Reihe humorvoller Szenen, die dem bühnengewandten Komponisten in hohem Maße Gelegenheit zur Entfaltung seiner Begabung für musikalische Komik, graziöse Melodik und pikante Rhythmik boten. Den Sängern sind dankbare Aufgaben gestellt; einzelne Nummern der Partitur, wie das Postillon-Lied oder Bijous Skalen-Arie, zählen zu den populärsten Stücken der Opernliteratur.

TEXTDICHTUNG: Das Textbuch stammt von den erfolgreichen französischen Vaudeville- (Singspiel-)Autoren Adolphe de Leuven (eigentlich Graf Ribbing, 1800–1884) und Léon Brunswick (1805 bis 1859). Die Handlung ist frei erfunden und gibt ein Abbild der damaligen Pariser Sittenzustände. Die deutsche Übersetzung des Textes besorgte M. G. Friedrich (eigentlich Friedrich Melchior Gredy).

GESCHICHTLICHES: Adam begann die Komposition des ›Postillon‹ im November 1835 und beendigte sie im April 1836. Die Uraufführung erfolgte am 13. Oktober 1836 an der Opéra-Comique zu Paris mit außergewöhnlichem Erfolg, der alle Erwartungen des Komponisten übertraf und eine rasche Verbreitung des Werkes, auch im Ausland, zur Folge hatte. Der ursprüngliche Titel lautete: ›Une Voix ou le Postillon‹.

EUGEN D'ALBERT

* 10. April 1864 in Glasgow, † 3. März 1932 in Riga

Die Abreise (1898 Frankfurt/M.), T: August v. Steigentesch u. Ferdinand Graf Sporck, kO., E., V: Brockhaus (B & B)

Tiefland (1903 Prag, umgearbeitet 1905 Magdeburg), T: nach Angel Guimera v. Rudolph Lothar, V: B & B

Flauto solo (1905 Prag), T: Hans v. Wolzogen, kO., E., V: B & B

Tragaldabas (1907 Hamburg), T: nach Auguste Vacquerie v. R. Lothar, kO., V: Schott

Die toten Augen (1916 Dresden), T: Hanns Heinz Ewers u. Marc Henry, V: B & B

Der Stier von Olivera (1918 Leipzig), T: nach Heinrich Lilienfein v. Richard Batka, V: B & B

Die Revolutionshochzeit (1919 Leipzig), T: nach Sophus Michaelis v. Ferdinand Lion, V: Drei Masken

Der Golem (1926 Frankfurt/M.), T: F. Lion, V: U. E.

Die schwarze Orchidee (1928 Leipzig), T: Karl Michael v. Levetzow, V: U. E.

Mister Wu (1932 Dresden), T: nach Harry M. Vernon u. Harold Owen v. M. Karlev (v. Levetzow) nachgelassen, vollendet v. Leo Blech, V: Heinrichshofen

Tiefland

Musikdrama in einem Vorspiel und zwei Aufzügen. Dichtung nach Angel Guimera von Rudolph Lothar.

SOLISTEN: *Sebastiano,* ein reicher Grundbesitzer (Charakterbariton, auch Heldenbariton, gr. P.) – *Tommaso,* der Älteste der Gemeinde, 90jährig (Seriöser Baß, m. P.) – Im Dienste Sebastianos: *Moruccio,* Mühlknecht (Charakterbariton, auch Charakterbaß, m. P.) – *Marta* (Dramatischer, auch Hochdramatischer Sopran, gr. P.) – *Pepa* (Sopran, m. P.) – *Antonia* (Mezzosopran, auch Sopran, m. P.) – *Rosalia* (Alt, m. P.) – *Nuri* (Sopran, m. P.) – *Pedro,* ein Hirt (Jugendlicher Heldentenor, auch Heldentenor, gr. P.) – *Nando,* ein Hirt (Spieltenor, kl. P.) – *Eine Stimme* (Baß, kl. P.) – *Der Pfarrer* (Stumme Rolle).
CHOR: Bauern und Bäuerinnen (kl. Chp.).
ORT: Die Oper spielt teils auf einer Hochalpe der Pyrenäen, teils im spanischen Tiefland von Katalonien, am Fuße der Pyrenäen.
SCHAUPLÄTZE: Eine felsige Halde hoch oben in den Pyrenäen – Das Innere der Mühle.
ORCHESTER: 3 Fl. (III. auch Picc.), 3 Ob. (III. auch Eh.), 3 Kl. (II. und III. auch Bkl.), 3 Fag. (III. auch Kfag.), 4 Hr., 3 Trp., 3 Pos., 1 Bt., P., Schl., 2 Hrf., Str. – Bühnenmusik: 1 Kl., Gl. in Cis, Fis, Gis.
GLIEDERUNG: Durchkomponierte symphonisch-dramatische Großform.
SPIELDAUER: etwa 2½ Stunden.
HANDLUNG: In der Einsamkeit des Hochgebirges ist der junge Hirte Pedro noch kaum mit Menschen in Berührung gekommen. Er sehnt sich nach einer Lebensgefährtin, die ihm der Himmel selbst in einem Traum verheißen hat. Als ihm sein Herr Sebastiano zusammen mit dem alten Tommaso die schöne Marta aus dem Tal heraufführt, die er auf Wunsch seines Gebieters heiraten soll, steigt er überglücklich hinab ins Tiefland, um dort mit dem Mädchen Hochzeit zu machen und gleichzeitig Sebastianos Mühle zu übernehmen. – Die Nachricht von der plötzlichen Heirat der Marta erregt bei den Dorfbewohnern großes Aufsehen. Ist sie doch Sebastianos Geliebte, wie jedermann weiß. Man amüsiert sich über den naiven Bräutigam, der in seinem Glück gar nicht das höhnische Gekichere der Leute und die ablehnende Haltung seiner Braut bemerkt. Marta haßt den Hirten, der nach ihrer Meinung ein schlechter Kerl sein müsse. Doch Sebastianos herrischer Wille zwingt sie, zur Trauung zu gehen, nachdem er ihr noch vorher erklärt hatte, daß sie auch weiterhin seine Geliebte bleiben müsse. Durch den Mühlknecht Moruccio erfährt nun der ahnungslose Tommaso, auf dessen Vorschlag Sebastiano den Pedro von Roccabruna herabgeholt hatte, von dem bösen Handel: Sebastiano steckt tief in Schulden, und Rettung kann ihm nur noch eine reiche Heirat bringen. Um dem

Gerede über seine Beziehungen zu Marta ein Ende zu machen, zwingt er sie jetzt, den Tölpel zu heiraten. Als Marta nach der Trauung aus der kindlich-treuherzigen Liebeswerbung Pedros sowie aus seiner Erzählung von der mutigen Tötung eines Wolfes den lauteren Charakter des Burschen kennenlernt, schlägt ihre Verachtung in Mitleid und Liebe um. Dennoch kann sie es nicht glauben, daß Pedro von ihrer Schmach nichts weiß. Sie fordert ihn daher auf, sich in die Kammer zur Ruhe zu begeben und sie allein zu lassen. In diesem Augenblick erscheint hinter dem Vorhang von Martas Zimmer ein Licht, das von Sebastiano herrührt, der sogar in dieser Nacht von Marta verlangt, ihm gefügig zu sein. In höchster Aufregung redet sie Pedro ein, geträumt zu haben, nachdem das Licht wieder verloschen ist. Verwirrt über die Erlebnisse in der ihm so fremden Welt des Tieflands, legt er sich todmüde in Martas Nähe auf den Boden schlafen, während sie in dumpfer Verzweiflung die Nacht auf einem Hocker sitzend verbringt. Sie ist sich jetzt bewußt, daß auch der ehrliche Hirte ahnungslos ein Opfer von Sebastianos Brutalität geworden ist. – Schon am frühen Morgen erscheint die kindlich-naive Magd Nuri, die Mitleid für Pedro empfindet und ihm eine Jacke strickt. Eifersüchtig weist Marta ihr die Tür. Resigniert begleitet Pedro Nuri im Weggehen. Marta will den beiden nacheilen, da betritt Tommaso die Mühle, dem Marta nun ihre Leidensgeschichte erzählt, wie sie, das heimatlose, unschuldige Bettlerkind an Sebastiano geraten und seiner Schlechtigkeit erlegen war. Der Alte bedeutet dem unglücklichen Mädchen, daß nun auch der arme Pedro die volle Wahrheit erfahren müsse. Aber Marta will aus Scham und Furcht vor dem Geständnis eher sterben. Deshalb reizt sie Pedro in einer erregten Aussprache so sehr, daß er zum Messer greift und sie leicht verwundet. In Reue über seine unbeherrschte Tat und in verzeihender Liebe fordert er sie daraufhin auf, mit ihm hinaufzukommen in seine Berge, wo sie ihm alles gestehen könne. In diesem Augenblick tritt ihnen Sebastiano in den Weg. Auf die Nachricht, daß der Vater seiner Braut nach Aufklärung durch Tommaso die Verlobung rückgängig gemacht hat, will er neuerdings von Marta Besitz ergreifen. Aber Pedro, den Sebastiano erst ohrfeigte und dann durch seine Leute aus der Mühle gewaltsam entfernen ließ, kommt aus Martas Kammer zurück. Er ist jetzt nicht mehr der Tölpel und dankesschuldige Knecht; Mann gegen Mann im Kampf um sein Recht erwürgt er den brutalen Schurken wie einstens den bösen Wolf. Mit der befreiten Braut zieht Pedro sodann fort aus dem Tiefland, um in der Freiheit der Berge Hochzeit zu feiern.

STILISTISCHE STELLUNG: D'Albert war als Opernkomponist zunächst mit einem wirkungsvollen musikalischen Lustspiel ›Die Abreise‹ hervorgetreten. Bei ›Tiefland‹ bestimmte ihn ein naturalistischer dichterischer Vorwurf, die Ausdrucksformen des Wagnerschen Musikdramas mit Stilelementen des von Mascagni begründeten Verismo zu mischen. Die fast durchwegs homophon gestaltete Musik basiert auf etwa 25 Leitmotiven. Eine blühende Melodik mit einprägsamen Themen charakterisiert koloristisch das Milieu und verleiht stimmungsmäßig dem Werk eine Atmosphäre von eigenartigem Reiz. Stellen von realistisch-dramatischer Schlagkraft werden lyrische Partien in effektvollem Kontrast gegenübergestellt. Die farbenreiche Handhabung des orchestralen Apparats trägt nicht unwesentlich zur Erzielung dieser Wirkungen bei.

TEXTDICHTUNG: Die Dichtung geht auf das spanische Schauspiel ›Terra baixa‹ (1806) von Angel Guimera (1849–1924) zurück, dessen italienische Fassung Rudolph Lothar (* 1865) ursprünglich für das Haustheater einer Gräfin ins Deutsche übertrug. Ernst von Schuch machte d'Albert auf den wirksamen Opernstoff aufmerksam, der die Anregung sogleich begeistert aufgriff und Lothar mit der Ausarbeitung des Librettos beauftragte. Der Textdichter beschränkte sich aber keineswegs auf eine bloße Übersetzung, sondern fügte dem Original auch eigene Ideen bei, so vor allem das frei erfundene Vorspiel.

GESCHICHTLICHES: D'Albert begann mit der Komposition von ›Tiefland‹ bereits im April 1902, während er noch an seiner Oper ›Flauto solo‹ arbeitete und während Lothar noch mit der Ausarbeitung der Dichtung beschäftigt war. Von dem Musikwissenschaftler Giuseppe Bernardi beschaffte sich der Komponist spanische Tanzweisen und Alpenrufe, bei Touren im Monte-Rosa-Gebiet holte er sich Anregungen aus der Natur der Bergwelt. Am 24. Juli war das Vorspiel, am 8. September der I. Akt und am 4. Oktober die ganze Oper in der Skizze fertig. Infolge von Konzertreisen verzögerte sich die Vollendung der Partitur, die schließlich am 2. Juli 1903 in d'Alberts neuem Heim in Meina am Lago Maggiore fertiggestellt wurde. Verleger und Theaterleiter verhielten sich zunächst abwartend, bis schließlich Angelo Neumann das Werk für Prag erwarb. Die Uraufführung, die nach Überwindung von Tenor-Nöten am 15. November 1903 unter Leitung von Leo Blech in Prag stattfand, hatte zwar einen großen Publikumserfolg, aber die Fachleute waren nach wie vor skeptisch, und nach dem ausgesprochenen Mißerfolg in Leipzig (17. Februar 1904) schien das Schicksal der Oper vollends besiegelt. Da erstand dem Werk ein Retter in dem Verleger Dr. Bock, der ›Tiefland‹ in seinen Verlag nahm und auf dessen Veranlassung d'Albert die Oper im Sommer 1904 umarbeitete (Kürzungen, statt 3 nur mehr 2 Akte). In dieser Neufassung, die am 6. Januar 1905 in Magdeburg zur Erstaufführung gelangte, verbreitete sich das Werk zwar zunächst noch etwas langsam, aber mit stets steigendem Erfolg. Bald gehörte ›Tiefland‹ zu den Opern mit höchsten Aufführungsziffern.

Die toten Augen
Eine Bühnendichtung von Hanns Heinz Ewers und Marc Henry.

Solisten [Personen des Vorspiels]: *Der Hirt* (Jugendlicher Heldentenor, auch Lyrischer Tenor, m. P.) – *Der Schnitter* (Charakterbariton, auch Lyrischer Bariton, kl. P.) – *Der Hirtenknabe* (Soubrette, kl. P.) – [Personen der Handlung]: *Arcesius,* Sondergesandter des Römischen Senats in Jerusalem (Charakterbariton, gr. P.) – *Myrtocle,* seine Gattin, eine Korintherin (Dramatischer Koloratursopran, auch Dramatischer Sopran, gr. P.) – *Aurelius Galba,* römischer Ritter, Hauptmann, Freund des Arcesius (Jugendlicher Heldentenor, gr. P.) – *Arsinoë,* Myrtocles Sklavin, Inselgriechin (Soubrette, m. P.) – *Maria von Magdala* (Dramatischer Alt, m. P.) – *Ktesiphar,* ägyptischer Wunderarzt (Spieltenor, kl. P.) – *Rebecca* (Sopran, m. P.) – *Ruth* (Alt, m. P.), *Esther* (Sopran, m. P.) und *Sarah* (Sopran, m. P.), jüdische Frauen – *Eine sieche Frau* (Sopran, kl. P.) – *Zwei Juden* (Tenöre, kl. P.) – *Zwei Juden* (Bässe, kl. P.) – *Ein alter Jude* (Baß, kl. P.) – *Ein Hirt* (Stumme Rolle). – Mögliche Doppelbesetzungen: Hirt – Galba. Schnitter – Arcesius. Hirtenknabe – Sarah.
Chor: Schnitter. Sklaven und Sklavinnen des Arcesius. Jüdisches Volk (kl. Chp.).
Ort: Jerusalem.
Schauplätze: Hügelige, helle Landschaft, felsig, hie und da Gras, weiter Horizont, links Schafhürde, kleine Schäferhütte, davor drei aneinandergestellte Gabelstöcke, von denen ein Topf herabhängt – Platz mit einem Brunnen vor einem römischen Landhaus auf einem Hügel außerhalb Jerusalems, Ölbäume, Palmen, im Hintergrund die Zinnen Jerusalems.
Zeit: Vor- und Nachspiel: An einem Sommerabend. Handlung: Palmsonntag, von Sonnenaufgang bis Sonnenuntergang.
Orchester: 2 Fl., 1 Picc. (auch III. Fl.), 2 Ob., 1 Eh. (auch III. Ob.), 2 Kl., 1 Bkl. (auch III. Kl.), 3 Fag., 4 Hr., 3 Trp., 3 Pos., 1 Bt., P., Schl., Glsp., Cel., Org., 2 Hrf., Str.
Gliederung: Durchkomponierte symphonisch-dramatische Großform.
Spieldauer: etwa 2 Stunden.
Handlung: Vorspiel: In der Dämmerung des Sommerabends kehren die Schnitter heim; der Hirte öffnet in Erwartung seiner Herde die Hürde. Einer der Schnitter rastet bei dem Hirten; er hat sich abgesondert von den Freunden; denn ihn treibt die Sehnsucht nach etwas, das entfernt ist, in die Einsamkeit. Der Hirte, zufrieden mit seiner Herde, kennt derartige Gefühle nicht. Nun kommt der Hirtenknabe mit den Tieren. Ängstlich gesteht er dem Hirten, daß ein Lämmlein fehle. Da ergreift den Hirten eine namenlose Sehnsucht. Er verschmäht Essen

und Geld, das ihm der Schnitter als Ersatz für das Lämmlein anbietet, und er, der für seine Tiere als Mutter bestellt ist, bricht sogleich auf, um das verlorene Lamm zu suchen.

Haupthandlung: In Jerusalem herrscht große Aufregung; denn heute soll der Prophet, der schon viele Wunder vollbracht hat und von dem das Volk Erlösung erhofft, seinen Einzug in die Stadt halten. Am frühen Morgen besprechen jüdische Frauen das Ereignis, während sie Wasser holen aus dem Brunnen vor dem Landhaus, das der römische Gesandte Arcesius mit seiner schönen Gattin, der blinden Myrtocle bewohnt. Die Jüdin Ruth macht Myrtocles Sklavin Arsinoë auf den wunderwirkenden Mann aufmerksam, der Lahme gehend und Blinde sehend macht. Auf dem Peristyl erscheint, nachdem Arsinoë und die Frauen weggegangen sind, Arcesius, die blinde Gattin mit zärtlicher Sorgfalt mit sich führend. Myrtocle sehnt sich danach, einmal die schöne Welt zu erblicken, vor allem aber möchte sie ihren Gatten Arcesius sehen, den sie sich als Mann von idealer Schönheit vorstellt. Mit leisem Schrecken vernimmt er, der häßlich und mißgestaltet ist, diesen Wunschtraum der Geliebten. Myrtocle erinnert Arcesius, wie er sie, das arme blinde Mädchen, in ihrer Heimatstadt Korinth fand und ihr das Märchen von Amor und Psyche erzählte: die arme Psyche durfte ihren Gatten nicht erblicken, und als sie eines Nachts verstohlen mit einer kleinen Lampe zu ihm schlich, war Amor, der Gott entschwunden. Da kommt Galba, ein römischer Hauptmann und Freund des Arcesius. Er ruft ihn zu einer Sitzung zu dem Landpfleger Pontius Pilatus ab, die dieser eilig einberufen hat zur Beratung der Lage angesichts des bevorstehenden Einzugs des Propheten Jesus von Nazareth, den die jüdischen Priester als Volksaufwiegler bezeichnen. Unter stürmischen Umarmungen nimmt Arcesius von Myrtocle Abschied. Als sie allein ist, kommt Ktesiphar, ein ägyptischer Wunderarzt, der Myrtocle schon wiederholt Mittel zur Heilung der Blindheit verkauft hatte. Diesmal bietet er ein Tränklein an. Myrtocle erklärt sich bereit, das Mittel zu kaufen; doch soll Ktesiphar im Hause festgehalten werden, und nützt der Trank wieder nichts, dann soll er geblendet werden und selbst zusehen, wie sein Trank ihm helfe. Scheu zieht sich Ktesiphar daraufhin zurück mit dem Bemerken, die Wirkung des Mittels erst an einem blinden Hunde ausprobieren zu wollen. Resigniert erklärt Myrtocle, daß ihr niemand helfen könne. Da erzählt Arsinoë von dem Mann, der Blinde sehend machen könne. In diesem Augenblick nähert sich Stimmengewirr. Eine Menge Volks drängt sich auf dem Hügel vor dem Landhaus, um den Einzug des Propheten zu sehen. Kranke erhoffen Heilung, und auch Myrtocle will zu Jesus. Da nimmt das Volk eine drohende Haltung gegen die Griechin ein; denn der Heiland sei nur für das auserwählte Volk der Juden gekommen. Aber Maria von Magdala, eine Jüngerin des Propheten, belehrt die Menge, daß Jesus für alle gekommen sei und er sich wie ein guter Hirte freue über ein verlorenes Schäflein, das er wiedergefunden habe. Als der auf einem Esel reitende Prophet nahe der Villa vorbeizieht, wird Myrtocle von Arsinoë und Maria zu ihm geführt. Unter großer Spannung verfolgt die Menge die Vorgänge: der Prophet berührt die Augen der Blinden, worauf sie plötzlich sieht; aber seine Stimme verkündet Myrtocle, daß sie ihm, noch ehe die Sonne zur Neige gehe, fluchen werde. Die nunmehr sehende Myrtocle läßt sich von Arsinoë sogleich einen Spiegel bringen. Mit Staunen betrachtet sie ihre Schönheit und die Wunder der Natur und jubelnd geht sie ins Haus, um sich für den Gatten zu schmücken. Da kommt Galba mit Arcesius zurück. Der Hauptmann verabschiedet sich jetzt von seinem Freunde, und zwar für immer; denn er hat seine Versetzung erbeten, da er nicht länger in der Nähe der auch von ihm geliebten Myrtocle leben kann. In diesem Augenblick kommt Arsinoë zurück, um den auf dem Brunnen liegengebliebenen Spiegel zu holen. Zu seinem großen Schrecken erfährt nun Arcesius das inzwischen Vorgefallene, und als Myrtocle zwischen den Säulen des Peristyls erscheint, versteckt er sich wie ein verwundetes Tier hinter dem Brunnen. Myrtocle hält den in strahlender Schönheit vor ihr stehenden Galba für den Gatten. Mit zärtlichen Worten nähert sie sich ihm, der erst wortlos zu widerstehen versucht, dann aber mit einem heißen Kuß sie an sich reißt, als sie ihm entgegenkommt. Von Sinnen stürzt Arcesius hervor und blitzschnell erwürgt er den Freund. Nach einer Pause des Entsetzens, während der sich Arcesius, die Gattin wie gebannt anstarrend, zurückzieht, schreit Myrtocle um Hilfe. Von Arsinoë erfährt sie nun die Wahrheit. Sie flucht jetzt dem Mann, der durch die Heilung ihrer Blindheit ihr ganzes Glück vernichtet hat, und gebrochen erkennt sie, daß ihr Traum nur eine Lüge war und daß die kleine Psyche mit ihrer Lampe nicht Amor, sondern ein Ungeheuer gefunden habe. Aber Arsinoë meint, daß es noch nicht zu spät sei, das verlorene Glück wiederzugewinnen. Da erinnert sich Myrtocle der Lehre des Fremden: »Verzichten auf das eigene Glück, um das des Nächsten zu retten«. Sie läßt sich das Augenlicht durch die Strahlen der Sonne ausbrennen, und als Arcesius scheu zurückkommt, ist Myrtocle wieder völlig blind. Sie erzählt ihm, dem ängstlich Fragenden, daß sie Jesus, Arsinoë, Galba und seinen Mörder gesehen habe, daß sie ihn, den geliebten Gatten, aber nicht erblickt habe, und so lebe sie denn weiter in der Welt der Träume für ihn allein. Hoffnungsbang führt Arcesius die Zitternde ins Haus. – In der Dämmerung schreitet langsam der Hirte, ein Lamm auf den Schultern tragend, vorüber.

Stilistische Stellung: Die Schlagkraft der Bühnendichtung erfährt durch eine Musik, die Instinkt und Routine des versierten Theatermusikers verrät, noch eine wesentliche Steigerung. Die sinnlich-blühende Klangwelt des Orchesters, die eingängige Melodik und die mit Chromatik gewürzte Harmonik vermitteln ein farbenreiches, fesselndes

Tongemälde von mitreißender Wirkung sowohl in den schwelgerischen Lyrismen wie in den spannungsgeladenen dramatischen Partien. Stilistisch bewegt sich der Eklektiker d'Albert auf den bewährten Pfaden des Wagnerschen Musikdramas, der veristischen Oper und des Impressionismus. Den Sängern sind, auch in kleineren Partien, dankbare Aufgaben geboten. Die Rahmenhandlung (Vorspiel und Schluß der Oper), die im Geist einer zur Entstehungszeit des Werks herrschenden Stilrichtung (Symbolismus) gestaltet ist, kann ohne weiteres gestrichen werden. Sie ist auf die in der Haupthandlung von Maria von Magdala vorgetragene Parabel von dem guten Hirten und dem verlorenen Schäflein bezogen.

TEXTDICHTUNG: Der Pariser Schriftsteller Marc Henry (Pseudonym für Achille d'Ailly Vaucherot), der zeitweise bei den Überbrettl-Veranstaltungen der »Elf Scharfrichter« in München als Ansager wirkte, hatte im Jahre 1897 ein Drama: ›Les yeux morts‹ geschrieben. Der Koffer mit dem Manuskript war ihm auf der Reise nach München gestohlen worden. Marc Henry erzählte die Idee dem ihm befreundeten Autor von grotesken (phantastischen) Novellen Hanns Heinz Ewers (1871–1948), woraufhin beide zusammen die Dichtung neu schufen, und zwar zugleich in deutscher und in französischer Sprache.

GESCHICHTLICHES: Nach regem Gedankenaustausch mit den Textdichtern begann d'Albert die Komposition der ›Toten Augen‹ im Oktober 1912 in Wien. Auf der Reise nach Petersburg nahm er im Frühjahr 1913 in Karlsbad noch verschiedene Änderungen vor. Die Partitur wurde dann am 20. August 1913 in St. Andrä endgültig abgeschlossen. Die Uraufführung erfolgte jedoch erst am 5. März 1916 an der Dresdner Hofoper unter der musikalischen Leitung von Fritz Reiner. Das Vorspiel war bei der Uraufführung auf Wunsch des Komponisten weggelassen worden. Das Werk erfuhr eine widerspruchsvolle Beurteilung durch die Presse: günstigen Kritiken standen scharfe Ablehnungen gegenüber. Der Publikumserfolg war jedoch stark. ›Die toten Augen‹ sind nach ›Tiefland‹ der größte Opernerfolg d'Alberts.

Daniel François Esprit Auber

* 29. Januar 1782 in Caën (Normandie), † 12. Mai 1871 in Paris

Le maçon (Maurer und Schlosser; 1825 Paris), T: Eugène Scribe u. Germain Delavigne, kO., V: Peters

La muette de Portici (Die Stumme von Portici; 1828 Paris), T: E. Scribe u. G. Delavigne, V: Peters; Neubearb. v. Gustav Brecher, V: A & S

La fiancée (Die Braut; 1829 Paris), T: E. Scribe, kO., V: Joubert

Fra Diavolo (1830 Paris), T: E. Scribe, kO., V: Peters; Neufassung v. Karlheinz Gutheim, V: Schott

Gustave ou le bal masqué (1833 Paris), T: E. Scribe, V: Schott
Le cheval bronce (Das eherne Pferd; 1835 Paris), T: E. Scribe; Neubearb. v. Engelbert Humperdinck, V: Schott
Le domino noir (1837 Paris), T: E. Scribe, kO., V: Schott, Ricordi; Neubearb. v. Erich Band
Les diamants de la couronne (Die Krondiamanten; 1841 Paris), T: E. Scribe u. Jules Henri Vernoy de Saint-Georges, kO., V: Schott, Ricordi
Le part du diable (Des Teufels Anteil; 1843 Paris), T: E. Scribe, kO., V: Schott; Neubearb. v. Rainer Simons (1928 Wien)
Manon Lescaut (1856 Paris), T: nach Antoine François Prévost v. E. Scribe, V: Schlesinger

Die Stumme von Portici

Große Oper in fünf Akten. Dichtung von Eugène Scribe und Germain Delavigne.

Solisten: *Alfonso,* Sohn des Vizekönigs von Neapel (Lyrischer Tenor, gr. P.) – *Elvira,* spanische Prinzessin (Dramatischer Koloratursopran, auch Jugendlich-dramatischer Sopran, gr. P.) – *Masaniello,* neapolitanischer Fischer (Jugendlicher Heldentenor, gr. P.) – *Fenella,* seine Schwester (Stumme Rolle) – *Pietro,* ein Fischer, Vertrauter des Masaniello (Kavalierbariton, auch Charakterbariton, gr. P.) – *Lorenzo,* Alfonsos Vertrauter (Tenor, kl. P.) – *Selva,* Offizier der Leibwache des Vizekönigs (Baß, kl. P.) – *Borella,* ein Fischer (Baß, m. P.) – *Eine Hofdame* (Mezzosopran, auch Alt, kl. P.) – *Ein Fischer* (Baß, auch Bariton, kl. P.).
Chor: Hofstaat. Offiziere. Soldaten. Fischer. Marktleute. Ratsherren. Volk (gr. Chp.).
Ballett: Guarache und Bolero im I. Akt, Tarantella im III. Akt.
Ort: Neapel und Portici.
Schauplätze: Am Hof des Vizekönigs – Am Strand von Portici – Der Markt in Neapel – Die Hütte Masaniellos – Am Fuße des Vesuv.
Zeit: Sommer 1647.
Orchester: 3 Fl., 2 Ob., 2 Kl., 2 Fag., 4 Hr., 2 Trp., 3 Pos., 1 Ophikleide, P., Schl., Str.
Gliederung: Ouvertüre und 25 ineinander übergehende musikalische Nummern.
Spieldauer: etwa 3 Stunden.
Handlung: Alfonso, der Sohn des Vizekönigs von Neapel, hat das stumme Fischermädchen Fenella verführt. Jetzt soll er standesgemäß die spanische Prinzessin Elvira heiraten, und auf Veranlassung des Vizekönigs wird Fenella gefangengenommen und eingesperrt. Während Alfonso vor der Trauung seinem Vertrauten Lorenzo seine Gewissens-

qualen gesteht, kann Fenella ihrer Haft entfliehen und Elvira um Schutz anflehen. Durch Zeichen gibt sie ihr zu verstehen, sie sei der Haft des Vizekönigs entflohen, um ihren treulosen Verführer zu suchen. Zwar wisse sie nicht seinen Namen, aber er sei von hohem Stand und habe ihr als Zeichen eine Schärpe hinterlassen. Als sich der Hochzeitszug in die Kapelle begibt, erkennt Fenella in Alfonso ihren Verführer und bezeichnet ihn als ihren Geliebten. Elvira ist verzweifelt, und als die Wachen Fenella erneut festnehmen wollen, rottet sich das Volk zusammen, und das Fischermädchen kann fliehen. – Am Strande von Portici wartet Masaniello, der Anführer der Fischer, unruhig auf eine Nachricht von seiner Schwester Fenella. Er vermutet eine Willkürhandlung des Vizekönigs und schwört in einem packenden Freiheitsduett mit seinem Freunde Pietro, das Vaterland zu befreien. Da erscheint Fenella und vertraut sich ihrem Bruder an. Nun will Masaniello auch die Ehre der Schwester rächen. Doch zuerst gilt es, die vorbeiziehenden Truppen des Vizekönigs zu täuschen. Man stimmt eine Barcarole auf den Meerestyrannen Neptun an – doch jeder weiß, wer damit eigentlich gemeint ist. – Elvira will, enttäuscht und gedemütigt, Alfonso verlassen, doch er versichert ihr seine Liebe und kann sie umstimmen. Aber um die arme Fenella will sie sich weiterhin kümmern. Selva, der Offizier der Leibwache, wird ausgeschickt, sie zu suchen. Er findet sie auf dem Marktplatz von Neapel, doch als er sie festnehmen will, erscheint Masaniello. Die Wache wird entwaffnet, Fenella befreit, und der Fischeraufstand bricht los. – Masaniello, der nur die Freiheit, nicht aber Plünderung und wildes Morden wollte, ist erschüttert über die Ausschreitungen der eigenen Leute. Die Führung des Aufstandes gerät ihm immer mehr aus der Hand. Er versucht dem Toben Einhalt zu gebieten, aber die Aufständischen verlangen noch den Kopf Alfonsos, der im Tumult entflohen ist. Während Masaniello in seiner Hütte mit den Verschwörern verhandelt, suchen Alfonso und Elvira Zuflucht in der Hütte; Fenella, hin und her gerissen zwischen Liebe und Eifersucht, sagt ihre Hilfe zu, und auch Masaniello schützt sie vor der Wut der eigenen Leute. Während der Magistrat der Stadt Neapel ihn zum Stadtoberhaupt ernennt, ist er für seine Freunde zum Verräter geworden. Pietro gibt ihm Gift, das ihn wahnsinnig werden läßt. – Alfonso hat die bereits geschlagenen Truppen erneut gesammelt und zieht gegen die Aufständischen, die zurückweichen. Noch einmal erwacht Masaniello aus seinem Wahnsinn und stellt sich an die Spitze der Rebellen, doch als er im Kampf Elvira vor der Ermordung rettet, wird er von den eigenen Leuten getötet. Als Fenella dies erfährt, stürzt sie sich von einem Felsen ins Meer.

STILISTISCHE STELLUNG: Aubers erster großer Opernerfolg auf dem Gebiet der historischen Oper steht durchaus im Zusammenhang mit der politischen Situation seiner Zeit. Das Aufbegehren gegen restaurative Tendenzen, das sich dann in den Revolutionen des Jahres 1830 seinen

Weg suchte, fand hier schon dramatisch-mitreißenden Ausdruck. Auber knüpft an die französischen Revolutions- und Schreckensopern der Jahrhundertwende an, nutzt aber auch Erfahrungen aus den Opern Gaspare Luigi Pacifico Spontinis. Packende Chöre, zündende Marsch-Rhythmen und feinfühlig getroffenes Lokalkolorit (Barcarolen) machen den Reiz dieser Partitur aus. Ein dramaturgisches Novum ist es, daß eine der Hauptfiguren als stumme Rolle besetzt ist, – hier übernimmt das Orchester zusätzlich eine »Gesangs«-Partie.

TEXTDICHTUNG: ›Die Stumme von Portici‹ ist das erste Libretto von Eugène Scribe, das sich mit der großen historischen Oper befaßt, zuvor hatte er nur komische Opern-Libretti verfaßt. Gleichwohl sind schon hier alle Züge, die später die Texte für Meyerbeer prägten: der Hang zur Kolportage, zur Häufung verwickelter, aber stets dramatisch zugespitzter Szenen und Situationen, die Verflechtung von privater Liebesgeschichte und politischen Auseinandersetzungen. Scribes Libretto geht zurück auf den historischen neapolitanischen Volksaufstand von 1647, der von Tommaso Aniello angeführt wurde. Damals war all zu hohe Besteuerung durch den spanischen Vizekönig Herzog von Arcos der Anlaß für die Erhebung gewesen. Nach anfänglichen Erfolgen wurde Aniello, wohl durch eine Vergiftung, vom Wahnsinn befallen und schließlich von Meuchelmördern des Vizekönigs umgebracht. Die Figur der stummen Schwester Fenella ist, wie auch die Nebenhandlung um Alfonso und Elvira, eine Erfindung Scribes. Den Stoff des neapolitanischen Fischeraufstandes hatten zuvor schon andere Opernkomponisten benutzt; am bekanntesten wurde davon Reinhard Keisers 1705 komponierte Oper ›Masaniello furioso‹.

GESCHICHTLICHES: Die Uraufführung der Oper am 29. Februar 1828 in Paris war ein überwältigender Erfolg. Schnell verbreitete sich das Werk über Europa; die deutsche Erstaufführung war bereits am 16. Oktober 1828 in Rudolstadt. Besondere Bedeutung hat die Erstaufführung des Werkes am 25. August 1830 in Brüssel. In dem stummen Fischermädchen glaubte das Publikum ein Symbol der eigenen, unterdrückten Nation verkörpert zu sehen, und das mitreißende Freiheitsduett Masaniellos und Pietros im II. Akt steigerte die Erregung so sehr, daß das Opernpublikum das Theater verließ, die Polizeidirektion und den Justizpalast stürmte und die Druckerei des Regierungsblattes verwüstete – Ausgangspunkt für die belgische Revolution, die schließlich zur Unabhängigkeit des Landes von Holland führte.

W. K.

Fra Diavolo

Komische Oper in drei Akten. Dichtung von Eugène Scribe.

SOLISTEN: *Fra Diavolo,* unter dem Namen des Marquis von San Marco (Jugendlicher Heldentenor, gr. P.) – *Lord Kookburn,* ein reisender Engländer (Spielbariton, auch Lyrischer Bariton, auch Spielbaß, gr. P. – *Pamela,* seine Gemahlin (Spielalt, gr. P.) – *Lorenzo,* Offizier bei den römischen Dragonern (Lyrischer Tenor, gr. P.) – *Matteo,* Gastwirt (Charakterbaß, m. P.) – *Zerline,* seine Tochter (Lyrischer Koloratursopran, auch Lyrischer Sopran, gr. P.) – *Beppo* (Spieltenor, m. P.) und *Giacomo* (Spielbaß, m. P.), Banditen – *Ein Bauer* (Bariton, kl. P.) – *Ein Soldat* (Tenor, kl. P.) – *Francesco,* Zerlines Bräutigam (Stumme Rolle).
CHOR: Römische Dragoner. Landleute von Terracina. Diener (Männerchor geteilt in Dragoner und Bauern; m. Chp.).
ORT: Dorf in der Nähe von Terracina.
SCHAUPLÄTZE: Vorhalle eines Gasthauses – Ein Zimmer im Gasthaus, rechts und links vorn zwei Glastüren – Reizende italienische Landschaft, im Hintergrund ein Berg; auf dem Gipfel des Berges eine Kapelle mit einem Glockentürmchen.
ZEIT: 1830.
ORCHESTER: 2 Fl. (II. auch Picc.), 2 Ob., 2 Kl., 2 Fag., 4 Hr., 2 Trp., 3 Pos., P., Schl., Str. – Bühnenmusik: 4 Hr., 2 Trp., 3 Pos., Gl. in F.
GLIEDERUNG: Ouvertüre und 15 Musiknummern, die durch einen gesprochenen Dialog miteinander verbunden werden.
SPIELDAUER: etwa 2½ Stunden.
HANDLUNG: Auf der Suche nach einer Räuberbande, die unter der Führung des berüchtigten Fra Diavolo in den Abruzzen ihr Unwesen treibt, hat der junge Offizier Lorenzo mit seinen römischen Dragonern in einem Wirtshaus bei Terracina Quartier bezogen und sich dort in die reizende Wirtstochter Zerline verliebt, die aber auf Wunsch ihres Vaters Matteo den reichen Pächterssohn Francesco aus dem Nachbardorf heiraten soll. Nach einem Überfall der Räuber auf Lord Kookburn und dessen Gemahlin Pamela nimmt Lorenzo mit seinen Soldaten sogleich die Verfolgung der Bande auf. Bald darauf erscheint im Wirtshaus ein eleganter Kavalier namens Marquis von San Marco, der den Engländern schon seit einigen Tagen nachgereist war. Er macht Pamela galant den Hof, wobei er ihr ein kostbares Medaillon abnimmt, angeblich um ein Bild von der Angebeteten zu besitzen. Dem etwas eifersüchtigen, verschlafenen Lord und der in ihrer Eitelkeit geschmeichelten Pamela fällt es auch weiter gar nicht auf, daß sich der Marquis so eingehend nach den geraubten und nach den ihnen noch verbliebenen Wertsachen erkundigt. Inzwischen konnte Lorenzo einige der Banditen fassen. Freudestrahlend bringt er Pamela den geraubten Schmuck zurück. Die ausgesetzte Belohnung von 10000 Lire schlägt er stolz aus; Zerline

nimmt sie aber dankbar an; denn jetzt kann sie ihren geliebten Lorenzo heiraten, da diese Summe dem Heiratsgut des vom Vater gewünschten Schwiegersohnes Francesco entspricht. Der Marquis, der in Wirklichkeit niemand anderer als Fra Diavolo ist, plant nun mit Hilfe zweier Spießgesellen, Beppo und Giacomo, die ebenfalls im Wirtshaus Logis genommen haben, sich in der kommenden Nacht in den Besitz der kostbaren Schätze des Lords zu setzen. Die Gelegenheit ist günstig, da Lorenzo mit seinen Dragonern noch spät abends zur Verfolgung des Räuberhauptmanns ausgerückt und der Wirt nach dem Nachbardorf gegangen war, um den Schwiegersohn für die am nächsten Tag geplante Hochzeit abzuholen. – Der Weg zum Schlafzimmer des Engländer-Ehepaares führt aber durch Zerlines Kammer. Während Zerline den Lord und seine Gattin auf das Zimmer bringt, verbirgt sich der Marquis mit Beppo und Giacomo in einer Kammer neben Zerlines Schlafzimmer. Von ihrem Versteck aus beobachten die drei mit lüstern-neugierigen Blicken, wie sich Zerline auszieht und zu Bett legt. Nachdem sie mit einem Gebet auf den Lippen eingeschlafen ist, wollen sich die Banditen zunächst der 10000 Lire bemächtigen, die Zerline unter ihrem Kopfkissen versteckt hat. Um ungestört zu bleiben, glauben sie, das Mädchen ermorden zu müssen. In diesem Augenblick klopft es; Lorenzo kommt unerwartet mit seinen Soldaten zurück. Die Banditen verstecken sich schnell wieder in der Kammer. Als aber dort geräuschvoll ein Stuhl umfällt, kommt der Marquis eiligst heraus, weil sich in Zerlines Zimmer Lorenzo und der Lord befinden. Er schützt ein galantes Abenteuer vor, und zwar dem Lord gegenüber mit Pamela, dem er als Beweis das geraubte Medaillon zeigt, und Lorenzo gegenüber mit Zerline. Der Offizier fordert von dem Marquis Genugtuung. Für den kommenden Tag wird auf Vorschlag des Marquis ein Duell einige Meilen weit von dem Wirtshaus entfernt verabredet. Fra Diavolo beabsichtigt, auf diese Weise den gefährlichen Lorenzo zu entfernen und ihn dort von seinen Banditen erledigen zu lassen, während er selbst zur Zeit der Trauung ungestört den Engländer zu berauben gedenkt. – Am nächsten Morgen gibt Lorenzo der ahnungslosen Zerline immer noch nicht den Grund seiner plötzlichen Verstimmung bekannt, die sich das arme Mädchen nicht erklären kann. Schon will er mit seinen Soldaten aufbrechen, da zitieren Beppo und Giacomo beim Frühstück in übermütiger Weinlaune ein Selbstgespräch Zerlines, das sie nachts vor dem Schlafzimmer des Mädchens erlauschten. Zerline veranlaßt Lorenzo, die verdächtigen Burschen festnehmen zu lassen. Bei ihrer Durchsuchung findet man nebst einem Dolch einen Zettel, den ihnen Fra Diavolo hinterlassen hatte und der das Komplott aufdeckt: Sobald Lorenzo zu seinem Rendezvous gegangen, die Dragoner aufgesessen und die Gäste zur Hochzeit aufgebrochen seien, sollten sie das Kapellen-Glöckchen läuten. Nachdem alle Anwesenden hinter Büschen in Deckung gegangen sind, zwingt Lorenzo Giacomo, das verabredete Zeichen zu geben, während der allein zurückgebliebene Beppo dem durch das läutende Glöckchen angelockten Fra Diavolo bedeuten soll, daß die Luft rein sei. Zum Erstaunen aller erscheint der Marquis, in dem ein Bauer sofort den gesuchten Räuberhauptmann erkennt. Blitzschnell wird dieser von Lorenzo und seinen Dragonern überwältigt und mit seinen Spießgesellen festgenommen. (Nach der üblichen Bühnenfassung versucht Fra Diavolo, im Augenblick seiner Festnahme den Berg hinauf zu fliehen, die Dragoner schießen ihm nach, und er stürzt tot in den Abgrund.) Unter allgemeinem Jubel gibt nunmehr Matteo seine Einwilligung zur Hochzeit Zerlines mit Lorenzo.

STILISTISCHE STELLUNG: Eine selten glückliche Übereinstimmung zwischen Dichtung und Musik, die das Meisterwerk Scribe–Aubers auszeichnet, sichert dieser Oper trotz ihrer Zeitgebundenheit im einzelnen ein Lebensrecht für alle Zeiten. Die geschickte Dramatisierung des Stoffes sowie die feine Charakterzeichnung bei den komischen Figuren und insbesondere bei der Gestalt des Titelhelden in einer von Räuberromantik durchwehten Atmosphäre verraten den wirkungssicheren Theaterinstinkt des Textdichters. Entsprechend dem elegant-flüssigen Konversationsstil des Librettos schuf der Komponist eine Musik von geistreicher Erfindung, die in ihrer volkstümlich-graziösen Melodik, pikanten Rhythmik und subtilen Instrumentation das Werk als markanten Typus der französischen Spieloper abzeichnet.

TEXTDICHTUNG: Der Dichtung Eugen Scribes (1791–1861) diente als Vorlage die Oper ›La Caverne‹, komponiert von Jean François Le Sueur (1793) und Etienne Nicolas Méhul (1795), die ihrerseits wieder auf den bekannten Schelmenroman ›Gil Blas‹ des französischen Komödiendichters Alain-René Lesage zurückgeht. Als weiterer Vorläufer der Auberschen Oper kann auch das 1808 in Paris erschienene »Spektakelstück« ›Fra Diavolo, Chef des Brigands dans les Alpes‹ von Cuvellier und Frankoni angesehen werden, das 1822 in Wien unter dem Titel ›Die Räuber in den Abruzzen‹ gegeben wurde. Die an den deutschen Bühnen gebräuchliche Übersetzung stammt von Carl Blum. Der volle Titel des Werkes lautet: ›Fra Diavolo oder Das Gasthaus bei Terracina‹.

GESCHICHTLICHES: Die Uraufführung fand am 28. Januar 1830 im Théâtre Feydeau zu Paris mit außerordentlichem Erfolg statt. Obwohl das Werk als typischer Repräsentant des französischen bzw. des Pariser Geschmacks zu betrachten ist, konnte es auch außerhalb Frankreichs überall begeisterte Aufnahme finden.

Béla Bartók

* 25. März 1881 in Nagyszentmiklós (Torontáler Komitat, Ungarn, jetzt Rumänien), † 26. September 1945 in New York

Herzog Blaubarts Burg, op. 11 (1918 Budapest), T: Béla Balázs, E., V: U. E.

Herzog Blaubarts Burg

Oper in einem Akt. Dichtung von Béla Balázs.

Solisten: *Herzog Blaubart* (Heldenbariton, auch Charakterbariton, gr. P.) – *Judith* (Dramatischer Mezzosopran, auch Jugendlich-dramatischer Sopran, gr. P.) – *Die früheren Frauen* (Drei stumme Rollen) – *Der Barde* (Prolog, Sprechrolle, kl. P.).

Schauplatz: Mächtige, runde gotische Halle. Links führt eine steile Treppe zu einer kleinen eisernen Tür. Rechts der Stiege befinden sich in der Mauer sieben große Türen: vier noch gegenüber der Rampe, zwei bereits ganz rechts. Sonst weder Fenster noch Dekoration. Die Halle gleicht einer finsteren, düsteren, leeren Felsenhöhle.

Orchester: 4 Fl. (IV. auch Picc. I; III. auch Picc. II), 2 Ob., 1 Eh., 3 Kl. (III. auch Bkl.), 4 Fag. (IV. auch Kfag.), 4 Hr., 4 Trp., 4 Pos., 1 Bt., P., Schl., Cel., Org., Xyl., 2 Hrf., 16 Viol. I, 16 Viol. II, 12 Br., 8 Vcl., 8 Kb. – Bühnenmusik: 4 Trp. in C, 4 Altpos.

Gliederung: Durchkomponierte dramatische Großform.

Spieldauer: etwa 1 Stunde.

Handlung: Durch die kleine eiserne Tür, von der eine steile Treppe in die große Burghalle hinabführt, kommt Herzog Blaubart mit Judith. Sie hat die Eltern, den Bruder und den Verlobten verlassen und ist dem vielgeliebten Ritter gefolgt, um hier seine Frau zu werden. Blaubart fragt, ob sie angesichts der düsteren Burg noch immer ihm folgen wolle. Sie erklärt, selbst wenn er sie forttriebe, würde sie an seiner Schwelle liegenbleiben. Judith ist nach und nach die Treppe heruntergekommen; Blaubart schließt sie in seine Arme. Daraufhin fällt auf Geheiß des Ritters die eiserne Tür zu. In der Halle ist es nunmehr finster. Judith erkundigt sich, ob hier nie die Sonne scheine, ob die nassen Wände immer eisig blieben, ob es ewig finster sei. Der Herzog bejaht ihre Fragen. Da stürzt sie schluchzend vor ihm nieder und küßt ihm die Hände. Blaubart will wissen, warum sie ihm gefolgt sei. Judith springt auf und antwortet, sie sei gekommen, um die feuchten Wände mit ihren Lippen zu trocknen und die kalten Felsen mit ihrem weißen Leib zu wärmen, auf daß Licht und Sonne die finstere Feste glückdurchflossen erleuchteten. Aber Blaubart warnt: die Burg würde sich nie erhellen. Judith bittet nun den Ritter, sie durch die Räume zu führen. Sie erblickt zunächst sieben große schwarze Türen, die verschlossen sind. Ängstlich pocht sie an die erste Tür; Seufzer und Wehklagen antworten. Dennoch will Judith die Türen selbst öffnen; sie verlangt von Blaubart die Schlüssel und schließt zunächst die erste Tür auf. Wieder ertönt das Wehklagen. Judith erblickt in der Wand ein blutrotes, einer Wunde vergleichbares Rechteck; in dem Saal befinden sich Ketten, Messer, Widerhaken, Spieße. Es sei seine Folterkammer, erklärt Blaubart. Er fragt Judith wieder, ob es ihr nicht graue. Aber sie öffnet unerschrocken der Reihe nach die weiteren Türen: erst die zu dem zweiten Saal, zu Blaubarts Waffenkammer, die viel schreckliches Kriegsgerät enthält, dann die zu seiner Kleinodkammer mit prächtigem Schmuck, Krone und Prunkmantel, weiterhin die zu seinem Wundergarten mit herrlichen Blumen und Blüten und schließlich die zu seinem Machtgehege, bei dem ein hoher Erker mit weiter Aussicht auf Wiesen, Wälder, Flüsse und Berge in hellschimmerndem Licht sichtbar wird. An all den Herrlichkeiten des dritten, vierten und fünften Raumes, die ihr Blaubart zu Füßen legt, hat Judith jedoch Blut entdeckt. Vergeblich wartet der Ritter darauf, daß sie ihm in seine offenen Arme fällt. Judith will auch noch die beiden letzten Schlüssel haben. Beim Öffnen der sechsten Tür ertönen wieder Schluchzen und Weheklagen; die Burghalle, die allmählich in hellem Lichtglanz erstrahlt war, verdunkelt sich wieder. Judith erblickt in dem Saal einen See. Es sind Tränen, bekennt Blaubart. Da schmiegt sich Judith traurig an seine Brust; er nimmt sie in die Arme und küßt sie lange. Auf ihre Frage, wieviele Frauen er vor ihr besessen habe, antwortet er ausweichend. Da verlangt Judith den siebenten Schlüssel; ihre Ahnung, daß in dem letzten verschlossenen Saal sich die hingemordeten früheren Frauen befinden, bestätigt Blaubart. Als sich die Tür öffnet, treten im mondscheinsilbernen Licht Blaubarts frühere Frauen hervor, drei an der Zahl, mit Krone, Mantel und Schätzen beladen. Judith steht gebrochen und ängstlich als vierte neben ihnen. Mit leiser Stimme flüstert ihr der Ritter zu, daß er die erste, rotbekränzt, am Morgen gefunden habe – ihr gehöre nun aller Morgen –, die zweite, goldentflammt, am Mittag – ihr gehöre nun aller Mittag – und die dritte, mühsalmatt, im Abendfrieden – ihr gehöre nun aller Abend –; in ihr, Judith, sei ihm nachts bei blankem Sternenhimmel endlich die vierte zuteil geworden – ihr gehöre fortan alle Nacht. Er holt von der Schwelle der dritten Tür Krone, Mantel und Juwelen und legt sie Judith an. Huldigend erklärt er sie als seiner Frauen allerschönste. Langsam geht Judith den anderen Frauen durch die siebente Tür nach, die sich daraufhin schließt. Mit den Worten: »Nacht bleibt es nun ewig, immer!« verschwindet Blaubart in der inzwischen wieder eingetretenen völligen Finsternis.

Stilistische Stellung: Für die stilistische Entwicklung von Bartóks Tonsprache waren vornehmlich zwei Einflüsse entscheidend: die Beschäftigung mit der altmagyarischen Volks- und Bauernmusik, die ihn »auf die Möglichkeit einer vollständigen Emanzipation von der Alleinherrschaft des bisherigen Dur- und Mollsystems brachte«, und das Erlebnis der 1902 erstmals in Budapest aufgeführten Tondichtung ›Also sprach Zarathustra‹ von Richard Strauss, die ihm den Zugang zur großen Form und zu der differenzierten Klangwelt des modernen Orchesters eröffnete. Bei seinen Frühwerken bediente sich Bartók häufig der Suitenform. In dem dramatischen Geschehen seiner Oper ›Herzog Blaubarts Burg‹, in welcher der Held durch ein zur Selbstaufopferung bereites liebendes Weib die ersehnte Erlösung findet, stellen sieben verschlossene Räume die symbolhaften Handlungselemente dar. Dementsprechend hat Bartók sieben suitenartig aneinandergereihte musikalische Szenen in eine symphonisch-dramatische Großform zusammengefaßt, die den Kern des Musikdramas bilden. Die teilweise mit impressionistischen Zügen ausgestattete Musik ist mit ihrer »schwebenden Tonalität« in der leidenschaftlich dramatischen Atmosphäre der Volksballaden verwurzelt. Darüber hinaus wirken mitbestimmend für das Klangbild die feindifferenzierte Dynamik, die sensibel auf das Bühnengeschehen bezogene Instrumentation und nicht zuletzt ein dem ungarischen Sprachrhythmus angepaßter Deklamationsstil.

TEXTDICHTUNG: Die Legende von dem Ritter Blaubart ist alt. Dichterisch wird sie zum ersten Mal von dem Franzosen Charles Perrault (1628–1703) in seiner 1697 veröffentlichten Sammlung von Volksmärchen ›Contes du temps passé, ou contes de ma Mère l'Oie‹ (Erzählungen aus vergangener Zeit oder Erzählungen meiner Mutter Gans) behandelt. Bei Perrault wird Blaubarts letzte Frau durch die rechtzeitige Ankunft ihrer zwei Brüder gerettet, die den Ritter enthaupten. Im Laufe der Zeit erfuhr die Fabel in Einzelheiten manche Veränderung. Der ungarische Schriftsteller Béla Balázs, der das Libretto für Bartók verfaßte, wurde durch Maurice Maeterlincks Bearbeitung des Stoffes angeregt (›Ariane et Barbe-Bleue‹). Er verlegte bei seiner Gestaltung der Handlung den Schwerpunkt auf die Tragik des Helden Blaubart und gab mit der Einführung des Erlösungsgedankens der Legende eine neue Deutung. Die deutsche Fassung stammt von Wilhelm Ziegler; sie wurde 1963 von Karl Heinz Füssl und Helmut Wagner revidiert.

GESCHICHTLICHES: Die Geschichte des Herzogs Blaubart erschien in verschiedenen Vertonungen auf der Opernbühne: 1789 von André Ernest Modeste Grétry (Text: Jean Michel Sedaine); 1866 von Jacques Offenbach (Text: Henri Meilhac und Ludovic Halévy); 1907 von Paul Dukas (Text: nach Maurice Maeterlinck); 1920 von Emil Nikolaus von Reznicek (Text: Herbert Eulenberg). Bartóks Oper ist im Jahre 1911 entstanden. Die Partitur wurde im September vollendet. Die Uraufführung erfolgte unter der Leitung des vom Komponisten geschätzten Dirigenten Egisto Tango jedoch erst im Jahre 1918 an der Staatsoper in Budapest.

Ludwig van Beethoven

getauft 17. Dezember 1770 in Bonn, † 26. März 1827 in Wien
Fidelio, op. 72 (Erste Fassung: 1805 Wien), T: nach Jean Nicolas Bouilly v. Joseph Ferdinand Sonnleithner; (Zweite Fassung: 1806 Wien), T: nach J. N. Bouilly v. Stephan v. Breuning; (Dritte Fassung: 1814 Wien), T: nach J. N. Bouilly v. Georg Friedrich Treitschke, V: B & H; Neuausg. der Urfassung ›Leonore‹ v. Willy Hess, V: B & H

Fidelio

Oper in zwei Aufzügen. Dichtung frei nach dem Französischen des Jean Nicolas Bouilly von Joseph Ferdinand Sonnleithner und Georg Friedrich Treitschke.

Solisten: *Don Fernando,* Minister (Kavalierbariton, auch Baßbariton, auch Charakterbaß, kl. P.) – *Don Pizarro,* Gouverneur eines Staatsgefängnisses (Heldenbariton, auch Charakterbariton, gr. P.) – *Florestan,* ein Gefangener (Jugendlicher Heldentenor, auch Heldentenor, gr. P.) – *Leonore,* seine Gemahlin unter dem Namen »Fidelio« (Dramatischer Sopran, gr. P.) – *Rocco,* Kerkermeister (Seriöser Baß, gr. P.) – *Marzelline,* seine Tochter (Lyrischer Sopran, auch Soubrette, gr. P.) – *Jaquino,* Pförtner (Spieltenor, m. P.) – *1. Gefangener* (Tenor, kl. P.) – *2. Gefangener* (Baß, kl. P.).
Chor: Staatsgefangene. Hauptmann und Offiziere. Wachen. Volk (im Finale Nr. 16 Männerchor geteilt in Gefangene und Volk, m. Chp.; Frauenchor, kl. Chp.).
Ort: Ein spanisches Staatsgefängnis, einige Meilen von Sevilla.
Schauplätze: Der Hof des Staatsgefängnisses mit Haupttor und Pförtnerstübchen (vielfach wird der I. Akt in zwei Bilder untergeteilt: Das Innere des Pförtnerstübchens – Gefängnishof) – Unterirdischer dunkler Kerker – Paradeplatz des Schlosses mit der Statue des Königs.
Orchester: 2 Fl., 1 Picc., 2 Ob., 2 Kl., 2 Fag., 1 Kfag., 4 Hr., 2 Trp., 2 Pos. (bei Ouvertüre ›Leonore‹ Nr. 2 und Nr. 3: 3 Pos.), P., Str. – Bühnenmusik: 1 Trp.
Gliederung: Ouvertüre in E-dur op. 72b und 16 Musiknummern, die durch einen gesprochenen Dialog miteinander verbunden werden. Zu den früheren Fassungen der Oper: Ouvertüre ›Leonore‹ Nr. 1 op. 138, ›Leonore‹ Nr. 2 op. 72 und ›Leonore‹ Nr. 3 op. 72a. Seit Beginn des 20. Jahrhunderts (Gustav Mahler 1895 in Hamburg, 1904 in Wien) wird häufiger während der Verwandlung zum letzten Bild (vor Nr. 16) die Ouvertüre ›Leonore‹ Nr. 3 gespielt.
Spieldauer: etwa 2½ Stunden.
Handlung: Die noch sehr junge Marzelline, einziges Kind des Kerker-

meisters Rocco, will von ihrem treuherzigen Jaquino nichts mehr wissen, seit Fidelio ins Haus gekommen ist. Sie liebt ihn, und auch ihr Vater ist mit einer baldigen Heirat einverstanden. Niemand ahnt jedoch, daß dieser »Fidelio« in Wirklichkeit Leonore ist, die Gattin Florestans, eines hohen Staatsbeamten, der von seinen Gegnern gestürzt worden war. Leonore vermutet, daß ihr Gatte in diesem Gefängnis schmachtet, da dessen Gouverneur Florestans Todfeind Don Pizarro ist. Unerkannt durch ihre Verkleidung will sie zunächst die tatsächliche Anwesenheit ihres Gatten ermitteln und dann seine Befreiung mit Hilfe des königlichen Ministers Don Fernando herbeiführen. Durch zuverlässige Dienste gewinnt sie sich rasch das Vertrauen des alten Rocco, so daß dieser den Gouverneur um die Erlaubnis bitten will, Fidelio auch in die geheimen Kerker mitnehmen zu dürfen. – Durch einen anonymen Brief erfährt Don Pizarro, daß der Minister Fernando das Gefängnis zu inspizieren beabsichtige. Er erteilt sogleich dem Hauptmann der Wache die strenge Weisung, bei Herannahen eines von Reitern begleiteten Wagens ein Trompetensignal geben zu lassen. Pizarro will nämlich Florestan, den er in dem tiefsten Verlies des Gefängnisses mit sadistischer Grausamkeit nach und nach zu Tode hungern läßt, noch schnell vor dem Erscheinen des Ministers durch Mord beseitigen. Er ruft Rocco. Da dieser sich weigert zu morden, will der Gouverneur selbst die Tat vollbringen. Der Kerkermeister soll nur zuvor in der Zisterne ein Grab schaufeln. Leonore hat die Unterredung belauscht. Auf ihr inständiges Bitten hin läßt Rocco die Gefangenen der leichteren Kerker sich in dem Garten ergehen. Leonore stellt fest, daß sich Florestan nicht unter ihnen befindet, und als Rocco von dem Gouverneur zurückkommt und von diesem die Erlaubnis zur Heirat und Mithilfe Fidelios erhalten hat, ist sie unter Anspannung ihrer ganzen seelischen Kraft bereit, ihm beim Schaufeln des Grabes behilflich zu sein. Pizarro erscheint und befiehlt zornig die sofortige Wiedereinkerkerung der Gefangenen; in Anbetracht des geheimen Dienstes, den ihm der Kerkermeister erweisen soll, sieht er aber von dessen Bestrafung für seine Eigenmächtigkeit ab. Daraufhin folgt Leonore Rocco in das geheime Verlies. – Dort erkennt sie in dem unglücklichen Opfer ihren Florestan und, als Pizarro erscheint, verhindert sie durch ihr mutiges Dazwischentreten mit dem Schrei »Töt' erst sein Weib!« und mit vorgehaltener Pistole sein ruchloses Vorhaben. In diesem Augenblick verkündet ein Trompetensignal die Ankunft des Ministers, der alsbald seinem totgeglaubten Freund Florestan wie den übrigen unschuldigen Opfern des Gefängnisses die Freiheit wiedergibt und den frevlerischen Tyrannen der gerechten Strafe zuführt.

Stilistische Stellung: Der gegensätzlichen Atmosphäre der Handlung entsprechend tritt in der musikalischen Gestaltung Partien singspielartigen Charakters (Zank-Duett Marzelline–Jaquino, Arie der Marzelline, Gold-Arie) das edle Pathos eines symphonisch-dramatischen Stils bei den Arien Leonores und Florestans, bei den Duetten, Terzetten, Quartetten und Finales gegenüber. Die Verquickung von Singspiel- und pathetischem Opernstil zur Verherrlichung eines sittlichen Ideals fand Beethoven in Mozarts ›Zauberflöte‹ vorgezeichnet. Daneben mögen auf ihn Anregungen eingewirkt haben, die er aus dem damaligen Wiener Opernrepertoire, in erster Linie aus dem Kreis der Gluckschule (Antonio Salieri, Etienne Nicolas Méhul, Luigi Cherubini) empfangen hatte. Die Handlung brachte eine Annäherung an die französische »Schreckens- und Rettungsoper«, in Sonderheit an den leidenschaftlichen Stil Cherubinis, dessen ›Wasserträger‹ und ›Elisa‹ auch stoffliche Parallelen zum ›Fidelio‹ aufweisen. Pierre Gaveauxs und Ferdinando Paërs Vertonungen der ›Leonore‹ waren Beethoven bekannt, wie Ähnlichkeiten in melodischer und formaler Hinsicht bezeugen. Im übrigen finden sich die wesentlichen Merkmale von Beethovens klassisch-symphonischem Stil auch in seiner einzigen Oper, wobei romantische Züge, besonders in dem schaurigen Kerkerakt, in die Zukunft weisen. Der hohe sittliche Gehalt, die Echtheit der Gefühle, die Ekstase der Leidenschaften, die erschütternde und ergreifende Darstellung seelischen Erlebens in einer vergeistigten musikalischen Gestaltung erheben die Schöpfung zu einem einsamen Gipfel der gesamten Opernliteratur.

TEXTDICHTUNG: Das Textbuch für die erste Fassung des ›Fidelio‹ schrieb der Wiener Hoftheater-Sekretär Joseph Ferdinand Sonnleithner (1766–1835). Als Vorlage diente ihm das französische Opernlibretto ›Léonore ou l'amour conjugal‹ von Jean Nicolas Bouilly (1763–1842), der die Handlung nach einer wahren Begebenheit in der Touraine gestaltet hatte. Sonnleithner folgte in den wesentlichen Punkten Bouilly, nahm aber im einzelnen Veränderungen vor, wie die Einteilung in drei Akte, die Umdichtung von Dialogstellen in Gesangstücke (z. B. das große Quartett im Kerker, Pizarro war eine Sprechrolle) oder die Ummodelung des Schlusses (anstelle einer moralisierenden Ansprache des Ministers an die Frauen das Lob auf Leonore) und anderes. Da die Manuskripte der 1. und 2. Fassung, wie es scheint, verloren gegangen sind, ist der Umgestaltungsprozeß nicht mehr in allen Einzelheiten einwandfrei festzustellen. Auch Otto Jahn und Erich Prieger konnten mit der Vorlage einer Rekonstruierung der 2., beziehungsweise der Ur-›Leonore‹ auf Grund jahrelanger mühsamer Forschungsarbeiten nicht alle strittigen Fragen lösen. Die 1. Fassung enthielt 18 Musiknummern. Bei der zweiten, deren textliche Überarbeitung Beethovens Jugendfreund Stephan von Breuning besorgte, opferte der Meister drei Musikstücke: das Terzett Marzelline–Rocco–Jaquino, das Duett Leonore–Marzelline sowie eine große Arie des Pizarro mit Chor im Finale des II. Aktes. Auch Roccos Gold-Arie blieb schließlich weg. Die Oper wurde nunmehr zweiaktig gegeben. Für die 3., endgültige Fassung bearbeitete der Wiener Operndichter und Regisseur Georg Friedrich

Treitschke (1766–1842) den Dialog neu, verfeinerte ihn sprachlich und sorgte durch wesentliche Kürzungen für ein rasches Fortschreiten der Handlung. Zugrunde gelegt wurde die 2. Bearbeitung, wobei manche zu radikalen Striche Beethovens wieder beseitigt wurden. Auch Roccos Gold-Arie wurde mit verändertem Text wieder aufgenommen. Die ursprünglich zu Beginn der Oper stehende Arie der Marzelline wurde umgearbeitet und umgestellt, das Duett Marzelline-Jaquino an den Anfang gerückt. Geändert wurden weiterhin das einleitende Rezitativ zu Leonores Arie, die Arie selbst gekürzt, der Schluß des 1. Finales mit der Wiederkehr der Gefangenen erweitert, ferner wurden noch umgestaltet die Arie des Florestan, die auch den neuen Allegro-Schluß erhielt, sowie einige Stellen im II. Akt durch Kürzungen oder Textverbesserungen. Die Schlußszene wurde nicht mehr im Kerker gespielt, sondern ins Freie verlegt. Der Name »Fidelio« stammt aus Shakespeares ›Cymbeline‹ und wurde als Titel des Werkes bei sämtlichen drei Fassungen – erst gegen Beethovens Willen, später dann mit seinem Einverständnis – beibehalten.

Geschichtliches: Nach seinem ersten Wurf auf dem Gebiet der dramatischen Musik mit Salvatore Viganos Pantomime ›Die Geschöpfe des Prometheus‹ (1801 Wien) verpflichtete sich Beethoven im Jahre 1803 dem geschäftstüchtigen Emanuel Schikaneder, für seine Bühne, das Theater an der Wien, eine Oper zu schreiben. Ein erhaltenes Terzett, das später zu dem Duett Leonore-Florestan umgearbeitet wurde, zeugt von der bereits begonnenen Arbeit an Schikaneders Libretto ›Vestas Feuer‹. Im Frühjahr 1804 übernahm der Hoftheater-Intendant Freiherr Peter von Braun beim Ankauf der Schikanederschen Konkurrenzbühne offenbar auch den Vertrag mit Beethoven. Allerdings erhielt der Meister nun einen anderen Text für den Opernauftrag zugewiesen, für den er sich sogleich sehr begeisterte: das von Joseph Ferdinand Sonnleithner bearbeitete Opernbuch ›Léonore ou l'amour conjugal‹ von Jean Nicolas Bouilly, das auch von Pierre Gaveaux (1798 Paris), Ferdinando Paër (1804 Dresden) und Simon Mayr (1805 Padua) vertont wurde. Im Juni 1804 hatte Beethoven die Komposition bereits in der Skizze fertig. Das 250 Seiten umfassende ›Leonore‹-Skizzenbuch aus Mendelssohnschem Besitz zeugt von der mühsamen Arbeit des Meisters und dem langsamen Freierwerden der Gestaltung bei oft schwachen ersten Einfällen. Dabei hat Beethoven auch bisweilen ältere, liegengebliebene Gedanken wieder hervorgeholt; das Thema des F-dur-Ensembles im Schluß-Finale übernahm er aus seiner 1790 in Bonn entstandenen Trauerkantate auf Joseph II. Die Uraufführung erfolgte unter Beethovens Leitung am 20. November 1805 im Theater an der Wien mit geringem Erfolg, der teils der Ungunst der Zeit (Besetzung Wiens durch die Franzosen), teils einer unzulänglichen Sängerbesetzung, größtenteils aber wohl den dramaturgischen Schwächen des Werkes (Längen!) zugeschrieben werden muß. Auf Drängen seiner Freunde entschloß sich Beethoven schweren Herzens zu Kürzungen. Aber auch die 2. Fassung (Erstaufführung am 29. März 1806 unter Ignaz von Seyfried) konnte keinen nachhaltigen Anklang finden. Überdies forderte Beethoven wegen Tantiemen-Streitigkeiten nach der zweiten Aufführung seine Partitur zurück. Anläßlich einer Benefizvorstellung für die Hofopern-Inspizienten Saal, Vogl und Weinmüller wurde das Werk wieder hervorgeholt. Nach einer nochmaligen gründlichen Umarbeitung wurde es sodann in seiner 3. Fassung (heutigen Gestalt) am 23. Mai 1814 im Kärntnerthortheater unter Leitung des Komponisten mit großer Begeisterung aufgenommen. Von den vier Ouvertüren zu ›Fidelio‹ wurde bei der Uraufführung (1805) die ›Leonore‹ Nr. 2 gespielt, bei der 2. Fassung (1806) ›Leonore‹ Nr. 3 und erst bei der zweiten Aufführung der 3. Fassung (1814) die ›Fidelio‹-Ouvertüre in E-dur. Über die Entstehung der erst nach Beethovens Tod erschienenen Ouvertüre ›Leonore‹ Nr. 1 (op. 138) gehen die Ansichten auseinander. Gustav Nottebohm vermutet, daß sie für eine 1807 in Prag vorgesehene, aber nicht zustande gekommene Aufführung komponiert wurde, andere Forscher wie Adolf Sandberger, Joseph Braunstein vertreten die Ansicht, daß sie tatsächlich die erste und 1804 entstanden, von Beethoven aber ad acta gelegt und bei der Uraufführung durch die zweite ersetzt worden sei. Nach dem großen Erfolg von 1814 fand die Oper eine schnelle Verbreitung, auch im Ausland. In Paris verunstaltete der Musikschriftsteller François Joseph Blaze (genannt Castil-Blaze) – ähnlich wie bei seinen Bearbeitungen von Mozart- und Weber-Opern für die französische Bühne – das Werk mit eigenmächtigen Zutaten, bei denen er Musik aus Beethovens 7. Symphonie verwendete und in eigener Instrumentierung das Klavierlied ›Adelaide‹ unter Abänderung des Namens in ›Leonore‹ der Partie des Florestan einlegte.

R. K.

Neben der heute üblichen 3. Fassung fand auch die »Urfassung« von 1805 unter dem Titel ›Leonore‹ zunehmend wieder Platz in den Spielplänen. 1905 wurde die von Erich Prieger rekonstruierte Fassung (die Partitur von 1805 galt als verloren) zum ersten Mal wieder auf die Bühne gebracht, inzwischen ist sie in einem Anhang zur alten Beethoven-Gesamtausgabe in Noten und in einer Schallplatteneinspielung greifbar und kann durchaus als rare Alternative zum traditionellen Text der Spätfassung gelten.

W. K.

Vincenzo Bellini

* 3. November 1801 in Catania (Sizilien), † 24. September 1835 in Puteaux bei Paris

Il pirata (1827 Mailand), T: Felice Romani, V: Ricordi

La straniera (1829 Mailand), T: F. Romani, V: Ricordi

I Capuleti e i Montecchi (1830 Venedig), T: nach William Shakespeare v. F. Romani, V: Ricordi

La sonnambula (Die Nachtwandlerin; 1831 Mailand), T: F. Romani, V: Ricordi, Peters

Norma (1831 Mailand), T: F. Romani, V: Ricordi, U. E.; Neubearb. v. Felix Mottl, V: A & S

I Puritani (1835 Paris), T: Carlo Pepoli, V: Ricordi, U. E.

Norma

Tragische Oper in zwei Aufzügen. Dichtung von Felice Romani.

Solisten: *Sever,* römischer Prokonsul in Gallien (Jugendlicher Heldentenor, gr. P.) – *Orovist,* Haupt der Druidenpriester (Seriöser Baß, m. P.) – *Norma,* dessen Tochter, Oberpriesterin, eine Seherin (Dramatischer Koloratursopran, auch Jugendlich-dramatischer Sopran, gr. P.) – *Adalgisa,* Priesterin im Haine der Irminsäule (Dramatischer Mezzosopran, gr. P.) – *Klothilde,* Normas Freundin (Sopran, kl. P.) – *Flavius,* Severs Begleiter (Lyrischer Tenor, kl. P.) – *Zwei kleine Söhne Severs und Normas* (Stumme Rollen).

Chor: Druidenpriester. Barden. Tempelwächter. Priesterinnen. Gallisches Kriegsvolk. Knaben (m. Chp.).

Ort: Gallien, der heilige Hain und der Tempel des Gottes Irmin.

Schauplätze: Der heilige Hain Irmins, rechts unter einer großen, mit Misteln bewachsenen Eiche die Irminsäule und der Druidenstein (Altar), an der Eiche aufgehängt Schild und Brennus-Schwert, links hinten Felsen – Normas Felsenwohnung, in der Mitte eine durch Vorhänge verschlossene Öffnung, rechts Felsenöffnung als Eingang, Steinaltar, Blocksitz auf Tierfellen, links ein Herd, in seiner Nähe auf Tierfellen ein Ruhelager, an der linken Hinterwand ein Steinsitz – Kurze Waldgegend – Letztes Bild wie erstes.

Zeit: Um das Jahr 50 v. Chr.

Orchester: 2 Fl. (II. auch Picc.), 2 Ob., 2 Kl., 2 Fag., 4 Hr., 2 Trp., 3 Pos., 1 Bt., P., Schl., Hrf., Str. – Bühnenmusik: 1 Picc., 6 Kl., 2 Fag., 1 Kfag., 4 Hr., 8 Trp., 3 Pos., 1 Bt., Schl.

Gliederung: Ouvertüre und 14 Musiknummern, die pausenlos ineinander gehen.

Spieldauer: etwa 2¾ Stunden.

Handlung: Nachts versammeln sich heimlich die Anführer der gallischen Krieger und die Druidenpriester mit ihrem Oberhaupt Orovist an der Spitze im heiligen Hain an der Irminsäule. Sie harren einer Weisung der Gottheit, endlich gegen ihre Unterdrücker, die Römer, losschlagen zu dürfen. Orovists Tochter, die Seherin und Oberpriesterin Norma, wird die heilige Zeremonie vornehmen, sobald der Mond hinter den Wolken vorgekommen ist. Vorsichtig spähend naht sich dem Heiligtum der römische Prokonsul Sever mit seinem Begleiter Flavius. Sever unterhielt lange Zeit ein heimliches Liebesverhältnis mit der Seherin Norma, dem zwei Knaben entsprossen waren. Nun sind seine Gefühle zu Norma erkaltet, insbesondere seit er die junge Irmin-Priesterin Adalgisa kennt, in die er sich verliebt hat. Geschreckt durch einen bösen Traum, sucht der Prokonsul jetzt nachts im heiligen Hain die Geliebte anzutreffen, um sie zur Flucht zu bewegen und sie nötigenfalls mit Gewalt zu entführen. Flavius warnt ihn vor der Rache Normas und nur mit Mühe kann er ihn von seinem Vorhaben abhalten, als sich die Druiden bei dem nunmehr eingetretenen Mondenschein dem Heiligtum nähern. Zur Enttäuschung der Priester und Krieger verkündet die Seherin, deren Haupt ein Kranz von Eisenkraut ziert, daß die Zeit der Befreiung noch nicht gekommen sei. Nachdem Norma mit einer goldenen Sichel die heilige Mistel von der Eiche geschnitten hat, entläßt sie die Anwesenden mit der Mahnung, sich bereit zu halten für den Racheschlag gegen den Feind, falls sie einmal hierzu das Zeichen geben sollte. Drohend erheben die Männer ihre Waffen und erklären, daß dann Sever das erste Opfer sein werde. Nachdem sich alle entfernt haben, betritt Adalgisa allein das Heiligtum. Sie betet inständig zur Gottheit um Rettung aus ihrer Herzensnot. Sever kommt hinzu. Seinem stürmischen Drängen erliegt schließlich Adalgisas Widerstand, und sie erklärt sich bereit, ihm morgen nach Rom zu folgen. Aber Gewissensbisse lassen die pflichtbewußte Priesterin nicht zur Ruhe kommen; sie begibt sich zu Norma und macht ihr ein Geständnis. Die Oberpriesterin hat in Erinnerung an das eigene Liebeserlebnis Verständnis für Adalgisas Lage und sie entbindet sie daher ihres Gelübdes. Auf Normas Frage, wer der Erwählte ihres Herzens sei, deutet Adalgisa auf Sever, der eben die Behausung der Seherin betritt. Norma enthüllt nun der erstaunten jungen Priesterin ihr Geheimnis. Entsetzt wendet Adalgisa sich von Sever ab, während Norma den Treulosen verflucht, der kalt sie von sich stößt und brutal Adalgisens Liebe fordert. – Bleich und verstört nähert sich Norma des Nachts mit einem Dolch dem Lager, auf dem ihre beiden Kinder ruhen. Aber ihr Muttergefühl ist doch stärker als ihre Rachsucht; sie will die Schmach anders als mit dem Blut dieser unschuldigen Wesen tilgen. Zunächst läßt sie Adalgisa rufen und fordert sie auf, die Kinder ins römische Lager zu bringen und ihnen Mutter zu sein als Gattin Severs; denn Norma will ihrem sinnlos gewordenen Leben ein Ende bereiten. Adalgisa weist jedoch diesen Vorschlag nicht nur zurück, sondern sie macht sich sogar erbötig auf Sever einzuwirken, daß er wieder zu Norma zurückkehre. Ein neuer Hoffnungsschimmer erwacht in der Brust der Unglücklichen. Aber Sever will von Norma nichts mehr wissen; er droht, Adalgisa mit dem Schwert aus dem Tempel zu holen, wenn sie ihm nicht freiwillig folgen werde. Nun schlägt Norma mit dem Brennus-Schwert dreimal gegen den Schild, der an der heiligen Eiche hängt; es ist das Zeichen für die Gallier, daß die Stunde der Erhebung gekommen sei. Eiligst versammeln sich Priester und Krieger vor der Irminsäule; die Druiden segnen die Waffen. Die Oberpriesterin soll vor dem Auszug zum Kampf den Göttern noch ein Opfer bringen. Da wird ein gefangener Römer herbeigeschleppt, der in das Heiligtum der Irmin-Priesterinnen eingedrungen war. Es ist Sever. Norma will den Frevler selbst richten, sie zögert aber zum Erstaunen der Anwesenden, als ihr Orovist ein Schwert reicht, Sever damit zu durchbohren. Sie verlangt, mit dem Gefangenen allein gelassen zu werden. Hierauf bietet sie ihm die Freiheit an für den Fall, daß er Adalgisen entsage. Sever lehnt ab, und als Norma droht, die Rivalin für ihr Vergehen mit dem Tod auf dem Scheiterhaufen zu bestrafen, sucht er sich des an der Eiche aufgehängten Brennus-Schwertes zu bemächtigen. Die Seherin ruft schnell ihre Landsleute herbei. Sie erklärt, noch ein Opfer für die Götter gefunden zu haben, eine Verruchte aus dem Priesterinnenstand, die um schnöder Liebe willen ihr Land verraten habe. Im Bewußtsein der eigenen Schuld bezeichnet jedoch Norma nicht die unschuldige Adalgisa, sondern sich selbst zum großen Erstaunen aller als die Missetäterin. Sie bittet ihren Vater Orovist, sich der Kinder anzunehmen, und geht mit Sever, welcher der früheren Geliebten in der Stunde des Todes aufs neue sein Herz zugewendet hat, gefaßt zum Scheiterhaufen.

Stilistische Stellung: Bellini wird als Hauptvertreter der romantischen Oper in Italien bezeichnet. Seine Verbundenheit mit der Romantik erschöpfte sich allerdings – ähnlich wie bei seinem Librettisten Felice Romani, dem literarisch kultivierten und hervorragendsten italienischen Textdichter jener Zeit – mehr oder minder nur in der Bevorzugung romantischer Stoffe, welche die italienische Oper fast ausschließlich aus Frankreich und England bezog. Beiden Autoren gelang es nicht, wie es etwa bei ihren deutschen Zeitgenossen Weber–Kind oder Marschner–Devrient der Fall war, die romantischen Prinzipien konsequent und einheitlich in Dichtung und Musik durchzuformen, sondern sie kamen über eine gewisse romantische Grundierung in ihren Werken nicht hinaus. Vielleicht fehlte es Bellini bei seiner mangelhaften Bildung an technischer Souveränität, um die Entwicklungsmöglichkeiten auf diesem Gebiet voll auszuschöpfen. Die Behandlung des Orchesterparts ist auch bei ›Norma‹, die der Komponist selbst als sein bestes Werk bezeichnete, reichlich dürftig. Groß und wegweisend war Bellini aber als Gestalter einer nicht nur schönen, sondern auch in ihrem dramatischen Ausdruck teils schlichten, teils von ergreifendem oder leidenschaftlichem Pathos erfüllten Melodik. Hier konnte Verdi, der Bellini hoch schätzte, unmittelbar anknüpfen. Auch Wagner gehörte zu den Verehrern des Sizilianers. Er war vor allem von ›Norma‹ begeistert, die er sich zu seinem Benefiz in Riga wählte. Er bewunderte die Dichtung, »die sich zur tragischen Höhe der alten Griechen aufschwingt«, und er pries neben dem »einfach edlen und schönen Gesang, der alle Leidenschaften eigentümlich verklärt«, das Ganze als ein »großes und klares Gemälde, das unwillkürlich an Glucks und Spontinis Schöpfungen erinnert«. Durch die Einbeziehung des orchesterbegleiteten dramatischen Rezitativs erhalten die Musiknummern vielfach das Gepräge von musikalischen Szenen. Aus der Reihe der Arien und Duette, die sämtlich dankbare gesangliche Aufgaben bieten, verdienen besonders hervorgehoben zu werden: Normas Cavatine Nr. 4 (»Keusche Göttin im silbernen Glanz«) und das Duett Nr. 8 Norma-Adalgisa. In geschickter Placierung vermitteln die Chöre Farben- und Kontrastwirkungen.

TEXTDICHTUNG: Das Libretto verfaßte der genuesische Dichter Felice Romani (1789–1865) nach dem gleichnamigen französischen Schauspiel von Gabrielle Soumet (1788–1845) und Louis Belmontet (* 1799). Die Operndichtung, die Romani in wohlklingenden Versen gestaltete, ist trotz einiger Unwahrscheinlichkeiten dramaturgisch geschickt angelegt und vor allem hinsichtlich der Charakterisierung der beiden Frauenrollen in ihrer Gegensätzlichkeit sehr eindrucksvoll. Weniger glücklich sind die Männer gezeichnet: Orovist wirkt farblos und Sever etwas unsympathisch. Die an den deutschen Bühnen gebräuchliche Textfassung stammt von Joseph Ritter von Seyfried. Eine neuere textliche und musikalische Einrichtung besorgte Felix Mottl (1891). Der Name des römischen Prokonsuls ist in der Originalfassung Pollione.

GESCHICHTLICHES: Nachdem die italienische Primadonna Giuditta Pasta in Bellinis ›La sonnambula‹ (›Die Nachtwandlerin‹) Triumphe feiern konnte, bat sie den Meister, für sie eine Oper mit einer großen, dominierenden Hauptrolle zu schreiben, die sie dann bei einer durch ganz Italien wandernden Stagione singen wollte. Bellini entschloß sich, hierfür das Drama ›Norma‹ von Soumet und Belmontet zu bearbeiten, das eben (April 1831) am Odeon-Theater in Paris mit großem Beifall gegeben wurde. (Übrigens war der gleiche Stoff bereits 14 Jahre vorher von dem Mailänder Komponisten Giovanni Pacini als Oper unter dem Titel ›La sacerdotessa d'Irminsul‹ gestaltet worden, die 1817 in Triest aufgeführt wurde.) Bellini ging diesmal mit größerer Sorgfalt als sonst zu Werk; so soll er z. B. die berühmte Cavatine »Casta Diva« (»Keusche Göttin«) neunmal entworfen haben, bis ihn die Ausführung zufriedenstellte. Die Partitur wurde in etwa sieben

Monaten fertiggestellt. Die Uraufführung erfolgte am 26. Dezember 1831 an der Scala zu Mailand. Das Werk wurde jedoch zunächst kühl und mit Zurückhaltung aufgenommen; es dauerte aber nicht lange, dann startete die ›Norma‹ zu einem Siegeszug durch die ganze Welt, insbesondere seit die Titelrolle von der gefeierten Maria Malibran übernommen worden war. – Die Handlung spielt in Gallien, ungefähr zur Zeit des Julius Cäsar, also zu einer Zeit, als die Römer die Hierarchie der Druiden (= die Priesterkaste bei den Kelten), die ursprünglich auch die weltliche Macht innehatten, auf politischem Gebiet bereits gebrochen hatten. Den Druiden galt die Eiche als heiliger Baum; die heiligen Stätten (Tempel gab es wohl nicht) befanden sich daher vornehmlich in Eichenwäldern. Dem Eisenkraut (Verbene) und vor allem der Mistel wurde eine wunderwirkende Heilkraft zugeschrieben. Es gab auch weibliche Druiden, die das Gelübde ewiger Keuschheit ablegen mußten. Die Irminsäule (irminsûl) gehörte zu dem Kult des Gottes Irmin, der als Schutzpatron des Landes verehrt wurde; sie hatte daher den Charakter eines Nationalheiligtums. Das Brennus-Schwert bedeutet soviel wie Königsschwert (nach dem keltischen Wort brennin = König).

Die Puritaner

Melodramma serio in drei Akten. Dichtung von Carlo Pepoli.

SOLISTEN: *Lord Walter Walton,* Generalgouverneur, Puritaner (Seriöser Baß, m. P.) – *Sir George,* Oberst a. D., sein Bruder, Puritaner (Seriöser Baß, gr. P.) – *Lord Arthur Talbot,* Anhänger der Stuarts (Jugendlicher Heldentenor, gr. P.) – *Sir Richard Forth,* Oberst, Puritaner (Kavalierbariton, auch Heldenbariton, gr. P.) – *Sir Bruno Robertson,* Offizier, Puritaner (Tenor, kl. P.) – *Henrietta von Frankreich,* Witwe Karls I. (Dramatischer Mezzosopran, m. P.) – *Elvira,* Tochter Lord Waltons (Dramatischer Koloratursopran, auch Jugendlich-dramatischer Sopran, gr. P.).

CHOR: Soldaten Cromwells. Herolde und Soldaten Lord Arthurs und Waltons. Puritaner. Schloßbewohner. Edelfräulein. Pagen. Diener (gr. Chp.).

ORT: Der I. und der II. Akt spielen in einer Puritaner-Festung in der Nähe von Plymouth, der III. Akt bei einem Landhaus in der Umgebung.

ZEIT: Um 1650, während des englischen Bürgerkriegs, kurz nach der Ermordung von König Karl I.

ORCHESTER: 1 kl. Fl., 2 Fl., 2 Ob., 2 Kl., 2 Fag. – 4 Hr., 2 Trp., 3 Pos. – P., Triangel, 1 gr. Tr. – Hrf. – Str. – Bühnenmusik: 4 Hr., Hrf., 2 kl. Tr.

GLIEDERUNG: Introduktion und 12 Musiknummern, die pausenlos ineinander übergehen.
SPIELDAUER: etwa 2½ Stunden.
HANDLUNG: Der Morgen graut in der Puritaner-Festung bei Plymouth. Die erwachenden Soldaten machen sich fertig zum Dienst, aus der Festung hört man Glocken und Orgel des Gottesdienstes. Alles ist in freudiger Erwartung angesichts der Festlichkeiten zur Hochzeit von Elvira, der Tochter des Gouverneurs Lord Walton. Richard Forth jedoch, Oberst in der Armee der Puritaner, ist traurig, weil die ursprünglich ihm versprochene Elvira nun doch Lord Arthur Talbot, ihre große Liebe, heiraten darf. Bruno, ebenfalls Offizier der Puritaner, versucht, ihn an seine Pflicht gegenüber dem Vaterland zu erinnern, jener denkt aber nur an die verlorene Liebe. – Im Zimmer Elviras im Schloß der Festung berichtet George, ihr Onkel, den sie wie einen zweiten Vater liebt, wie es ihm gelungen ist, Walton dazu zu überreden, seine Einwilligung zur Heirat mit Talbot zu geben. Da Elvira gefürchtet hatte, sie würde mit Richard verheiratet, ist sie überglücklich. – In der Halle des Schlosses sind alle versammelt, um den Bräutigam zu empfangen. Dieser erscheint mit seinem Gefolge und mit zahlreichen Geschenken, darunter einem weißen Hochzeitsschleier. Liebevoll begrüßt er Elvira; alles bereitet sich vor auf den Zug zur feierlichen Vermählung. Lord Walton entschuldigt sich wegen einer dringenden Angelegenheit – er hat sich um eine wichtige Gefangene zu kümmern, die hereingebracht wird. Arthur zeigt sich betroffen von der Trauer der Gefangenen, und als er erfährt, daß es sich um Henrietta, die Witwe des Stuart-Königs Karl, handelt, beschließt er, ihr zur Flucht zu verhelfen. In der Zwischenzeit ist Elvira zur Hochzeit geschmückt worden und tritt herein. Um zu sehen, wie der Schleier wirkt, den Arthur ihr mitgebracht hat, bittet sie Henrietta, ihn aufzusetzen. Als Elvira gegangen ist, will Henrietta den Schleier wieder abnehmen, doch Arthur erkennt, daß dies die beste Tarnung für die Flucht ist – man wird Henrietta für Elvira halten. Doch da dringt Richard mit gezogenem Schwert ein: er will den Nebenbuhler töten und Elvira für sich gewinnen. Ein Kampf beginnt, doch Henrietta entschleiert sich, um Blutvergießen zu vermeiden, und als Richard sieht, wer sich unter dem Schleier verborgen hält, läßt er Arthur mit der Gefangenen gehen. Da dieser durch die Flucht zum Hochverräter wird, glaubt er, Elvira sicher für sich gewonnen zu haben. Als die Hochzeitsgäste mit Elvira kommen, müssen sie erfahren, daß Arthur mit einer anderen Frau geflohen ist. Während die Puritaner den Flüchtenden nachsetzen, ist Elvira so entsetzt, daß sie den Verstand verliert. – In der Halle des Schlosses unterhält sich das Gefolge über Elviras bedauernswerten Zustand, als George kommt und berichtet, die Ärzte hätten nur die Hoffnung, eine plötzliche Freude oder ein schwerer Schock können Elviras Wahnsinn heilen. Richard berichtet, das Parla-

ment habe Arthur als Hochverräter zum Tode verurteilt, und man suche intensiv nach ihm. Elvira tritt ein, ihr Herz ist gebrochen, und all ihre Gedanken kreisen nur um Arthur. Als sie gegangen ist, versucht George, Richard von seinen Vergeltungsplänen gegen Arthur abzubringen: wenn er den Nebenbuhler töte, hätte er auch Elviras Tod auf dem Gewissen. Darauf schwört Richard, er wolle gemeinsam mit George für Sieg und Freiheit kämpfen und alle persönlichen Rachegedanken vergessen. – Einige Monate sind vergangen. Während eines Gewittersturms nähert sich Arthur, der bisher den Häschern entgehen konnte, dem Landgut, auf dem Elvira jetzt lebt. Durch das Fenster hört er sie ein Lied singen, das er einst für sie komponiert hat; er stimmt ein, und die freudige Überraschung des Wiedersehens heilt Elvira. Arthur erzählt, daß er sie, um die Königin zu retten, verlassen habe, und Elvira vergibt ihm. Da hört man draußen Soldaten, die auf der Suche nach Arthur sind. Elvira ist so erschrocken, daß sie erneut den Verstand verliert und um Hilfe schreit. Arthur wird verhaftet, und Richard verliest das Todesurteil. Elvira, wieder zu sich gekommen, macht sich bittere Vorwürfe, Arthur verraten zu haben; Arthur dagegen sorgt sich um ihren labilen Zustand und bittet, sie zu schonen. Als man ihn zur Hinrichtung fortführen will, erscheint plötzlich ein Bote: die Stuarts sind besiegt, und alle Gefangenen werden begnadigt. Alles jubelt über den glücklichen Ausgang des Geschehens.
Stilistische Stellung: Bellinis letzte Oper, die er wenige Monate vor seinem frühen und überraschenden Tode vollenden und aufführen konnte, zeigt den Komponisten auf einem neuen Weg: zwar behauptet die wortgezeugte, gleichermaßen dramatische wie innige und zu leidenschaftlichem Pathos fähige Melodik die Dominanz; aber zugleich ist es Bellini gelungen, seine Harmonik zu verfeinern und auch die Instrumentation zu vervollkommnen. Deutlich zugenommen hat die dramatische Rolle des Chores – die Rezitative und Arien sind durch Einbeziehung des Chores und durch vielfältige Gliederung zu ausdrucksvollen Szenen gewachsen. An die Chorbehandlung in den ›Puritanern‹ konnte der junge Verdi, der Bellini sehr verehrte, fast nahtlos anknüpfen.
Textdichtung: Ausgerechnet Bellinis musikalisch reifste Oper fußt nicht auf einem Libretto von Felice Romani, mit dem sich der Komponist überworfen hatte, und das Libretto schrieb, auf Vermittlung von Rossini, der nach Paris emigrierte italienische Graf Carlo Pepoli. Den Stoff entnahmen die Autoren dem kurz zuvor entstandenen französischen Historiendrama ›Têtes Rondes et Cavaliers‹ von Jacques-Arsène Polycarpe François Ancelot und Joseph-Xavier-Boniface Saintine, aber anders als Meyerbeer in seinen ›Hugenotten‹ vermochte Pepoli die Spannung zwischen dem historischen Hintergrund des Streits zwischen protestantischen Puritanern und katholischen Stuarts und der Liebesgeschichte von Arthur und Elvira nicht zu nutzen. Hinzu kom-

men einige künstlich herbeigeführte, schwer verständliche Zufälle, die die Glaubwürdigkeit des Dramas nicht gerade erhöhen. Auch die Personencharakteristik wirkt kaum individuell, so daß eher die Situationen Anlaß zu musikalischer Gestaltung sind.

GESCHICHTLICHES: Bellinis ›Puritaner‹ wurden am 25. Januar 1835 im Théâtre Italien in Paris uraufgeführt. Die Aufführung, mit Giulia Grisi als Elvira, Giovanni Battista Rubini als Arthur und Luigi Lablache als George wurde zu einem der größten künstlerischen Erfolge des Komponisten, zumal er in Paris, der damals wichtigsten Kunst-Metropole, errungen wurde. Die italienische Erstaufführung fand am 26. Dezember 1835 gleichzeitig in Mailand und Palermo statt, die deutsche Erstaufführung am 10. Februar 1836 in Berlin.

W. K.

ALBAN BERG

* 9. Februar 1885 und † 24. Dezember 1935 in Wien
Wozzeck, op. 7 (1925 Berlin), T: Georg Büchner, V: U. E.
Lulu (1937 Zürich), T: nach Frank Wedekind, V: U. E.

Wozzeck

Oper in drei Akten (fünfzehn Szenen). Dichtung von Georg Büchner.

SOLISTEN: *Wozzeck* (Heldenbariton, auch Charakterbariton, gr. P.) – *Tambourmajor* (Jugendlicher Heldentenor, auch Heldentenor, m. P.) – *Andres* (Lyrischer Tenor, auch Spieltenor, m. P.) – *Hauptmann* (Charaktertenor, auch Spieltenor, m. P.) – *Doktor* (Charakterbaß, auch Spielbaß, m. P.) – *1. Handwerksbursch* (Tiefer Baß, kl. P.) – *2. Handwerksbursch* (Hoher Bariton, auch Tenor, kl. P.) – *Der Narr* (Charaktertenor, kl. P.) – *Marie* (Jugendlich-dramatischer Sopran, auch Dramatischer Mezzosopran, auch Dramatischer Sopran, gr. P.) – *Margret* (Spielalt, kl. P.) – *Mariens Knabe* (Sopran, kl. P.) – *Ein Soldat* (Tenor, kl. P.).

CHOR: Soldaten und Burschen. Mägde und Dirnen. Kinder [Kinderchor] (kl. Chp.).

SCHAUPLÄTZE: Zimmer des Hauptmanns – Freies Feld, die Stadt in der Ferne – Mariens Stube – Studierstube des Doktors – Gasse vor Mariens Wohnung – Mariens Stube – Straße in der Stadt – Gasse vor Mariens Wohnung – Wirtshausgarten – Wachstube der Kaserne – Mariens Stube – Waldweg am Teich – Schenke – Waldweg am Teich – Gasse vor Mariens Wohnung.

ORCHESTER: 4 Fl. (auch Picc.), 4 Ob. (IV. auch Eh.), 4 Kl. (III. und IV. auch Es-Kl.), 1 Bkl., 3 Fag., 1 Kfag., 4 Hr., 4 Trp., 4 Pos., 1 Kbt., P., Schl., Xyl., Hrf., Str. (wenigstens 50–60). – Bühnenmusik: Mehrere kl. Tr.; Eine Militärmusik (1 Picc., 2 Fl., 2 Ob., 2 Kl. in Es, 2 Fag., 2 Hr., 2 Trp., 3 Pos., 1 Kbt., Schl.); Eine Heurigen- (Wirtshaus-)Musik (2–4 Fiedeln [um einen ganzen Ton höher gestimmte Geigen], 1 Kl. in C, 1 Ziehharmonika bzw. Akkordeon, mehrere Gitarren, 1 Bombardon bzw. Bt.); Ein Piano; Ein Kammerorchester in der Besetzung von Arnold Schönbergs Kammersymphonie (1 Fl. [auch Picc.], 1 Ob., 1 Eh., 1 Kl. in Es, 1 Kl. in A, 1 Bkl., 1 Fag., 1 Kfag., 2 Hr., 1 Solo-Streichquintett). Alle Bühnenmusikensembles können aus dem großen Orchester gebildet werden.

GLIEDERUNG: Der konstruktive Bau der einzelnen Akte und Szenen gliedert sich folgendermaßen: I. Akt: 5 Charakterstücke. 1. Szene: ›Der Hauptmann‹: Suite (Präludium, Sarabande, Gigue, Gavotte, Double I und II, Air, Reprise des Präludiums im Krebsgang, Finale). 2. Szene: ›Andres‹: Rhapsodie über die Folge von 3 Akkorden, dazu das dreistrophige Jägerlied. 3. Szene: ›Marie‹: Militärmarsch und Wiegenlied, Szene zwischen Marie und Wozzeck. 4. Szene: ›Der Doktor‹: Passacaglia (Thema mit 21 Variationen). 5. Szene: ›Der Tambourmajor‹: Andante affettuoso. – II. Akt: Symphonie in 5 Sätzen. 1. Szene: 1. Sonatensatz (Exposition, Reprise I, Durchführung, Reprise II, Coda). 2. Szene: Fantasie und Fuge über 3 Themen. 3. Szene: Largo (für Kammerorchester). 4. Szene: Scherzo (für das große Orchester in Verbindung mit einer Heurigen- [Wirtshaus-]Musik). 5. Szene: Rondo con Introduzione (Introduktion-Rondo marziale). – III. Akt: 6 Inventionen. 1. Szene: über ein Thema (Thema, 7 Variationen und Fuge). 2. Szene: über einen Ton (Orgelpunkt bzw. liegende Stimme auf H). 3. Szene: über einen Rhythmus (Polka für Pianino, Wozzecks Trinklied, Lied Margrets, Ensemble, Durchführung). 4. Szene: über einen Sechsklang (1. als Akkord, 2. auf anderen Stufen, 3. Coda). Zwischenaktsmusik: in einer Tonart (Epilog in d-moll). 5. Szene: über eine gleichmäßige Achtelbewegung (Quasi Toccata, Lied der Kinder).

SPIELDAUER: etwa 2 Stunden.

HANDLUNG: Der Füselier Wozzeck rasiert seinen Hauptmann. Dieser rügt nicht nur das ruhelose exaltierte Wesen seines Burschen, er schilt ihn, der sonst ein guter Mensch sei, auch als unmoralisch, weil er ein Kind ohne den Segen der Kirche in die Welt gesetzt habe. Wozzeck verteidigt sich, schuld sei die mißliche Lage seines Standes; ein armer Kerl, wie er, sei in dieser wie in der andern Welt ein unseliges Wesen. – Wozzeck schneidet auf einem Feld vor der Stadt mit seinem Kameraden Andres Stöcke für den Major. Er hat Halluzinationen und glaubt, den Boden unter sich wanken zu fühlen und unheimliche Geräusche zu vernehmen. In höchster Angst deutet er den letzten Strahl der untergehenden Sonne als ein Feuer, das unter Posaunengetöse von der Erde zum Himmel fährt. Dann tritt Stille ein, als wäre die Welt tot. – Ungefähr zur gleichen Zeit sieht Marie mit ihrem Kind auf dem Arm von dem Fenster ihrer Stube aus die Militärkapelle vorüberziehen. Der stattliche Tambourmajor grüßt herein, Marie winkt ihm freundlich zu. Die Nachbarin Margret bemerkt es und macht eine hämische Bemerkung, die Marie schlagkräftig erwidert. Daraufhin höhnt Margret die »Frau Jungfer«, erbost schlägt Marie das Fenster zu. Sie singt nun ihren Buben, das arme Hurenkind, in den Schlaf und versinkt in Gedanken. Plötzlich tritt Wozzeck ein. Er kann nicht bleiben, denn er muß zur Kaserne. In aller Eile erzählt er Marie von der unheimlichen Himmelserscheinung, die er als Omen eines drohenden Unheils auslegt. Verstört geht er weg, ohne das Kind anzusehen. Marie stürzt, verzweifelt über ihre trostlose Lage, zur Tür. – Da Wozzeck das Menage-Geld seiner Marie gibt, muß er sich durch einige Nebenbeschäftigungen noch zusätzlich Geld verdienen. So steht er, außer dem Hauptmann zum Rasieren, einem Doktor zu Diensten, der eine große wissenschaftliche Entdeckung zu machen hofft. Wozzeck darf zu Untersuchungszwecken nach Vorschrift des Doktors nur gewisse Speisen zu sich nehmen, wofür er alle Tage drei Groschen erhält. Auch beim Besuch des Doktors kommt Wozzeck wieder auf seine fixe Idee zu sprechen, die der schrullige Arzt für eine aberratio mentalis erklärt und die er durch das Versprechen einer Zulage abzureagieren sucht. – In der Abenddämmerung erscheint der Tambourmajor vor Mariens Tür. Marie betrachtet bewundernd den starken Mann. Aber auch er findet sie ein begehrenswertes Weibsbild, und nach kurzem Ringen stürzt sie sich in seine Arme und verschwindet mit ihm in der offenen Haustür. – Am nächsten Morgen legt sich Marie vor dem Spiegel ihre neuen Ohrringe an. Unsanft fördert sie das auf ihrem Schoß sitzende Kind auf, die Augen zuzudrücken und zu schlafen. Da tritt unbemerkt Wozzeck ein. Hastig streift sich Marie die Ohrringe ab. Wozzeck hat es bemerkt. Sie gibt vor, die Ringe gefunden zu haben. Auf eine mißtrauische Bemerkung Wozzecks reagiert Marie erregt, woraufhin er ihr beschwichtigend seine Löhnung und das Geld vom Hauptmann und vom Doktor übergibt. Dann entfernt er sich wieder. Marie ist zerknirscht. – Auf der Straße treffen sich der Hauptmann und der Doktor. Wozzeck geht eilig an ihnen vorüber. Auf Aufforderung des Doktors bleibt er stehen. Belustigt meint der Doktor, Wozzeck sollte den Soldaten die Bärte abrasieren, und bedeutsam fügt der Hauptmann hinzu, ob Wozzeck in seiner Schüssel nicht ein Barthaar eines Sappeurs oder eines Unteroffiziers oder eines Tambourmajors gefunden habe. Kreideweiß fragt Wozzeck die Herren, was sie damit sagen wollten; man möge doch mit dem Einzigen, was er, der arme Teufel, auf dieser

Welt habe, nicht Spaß machen. Als sich der Hauptmann gegen den Ausdruck »Spaß« verwahrt, stürzt Wozzeck grußlos davon. – Wozzeck trifft Marie vor dem Haus an. In wachsender Erregung weiß er ihr ein Geständnis abzuringen. Mit drohender Gebärde geht er auf sie los. Aber sie schreit ihm ins Gesicht: »Lieber ein Messer in den Leib, als eine Hand auf mich.« Scheu flüsternd geht Wozzeck weg. – Im Wirtshausgarten sieht Wozzeck Marie mit dem Tambourmajor tanzen. Während sich die Gäste ausgelassen unterhalten, sitzt Wozzeck teilnahmslos abseits auf einer Bank. Da tritt ein Narr auf ihn zu und sagt, er rieche Blut. Wozzeck wird es rot vor den Augen ... – Wozzeck liegt auf seiner Pritsche in der Kaserne; er kann nicht schlafen. Da kommt, stark angeheitert, der Tambourmajor herein. Er bietet Wozzeck Schnaps an, doch dieser blickt weg und pfeift vor sich hin. Da wird der Tambourmajor aggressiv. In dem Ringkampf unterliegt Wozzeck. Der Tambourmajor hat sich entfernt. Wozzeck blutet und bleibt, vor sich hinstarrend, sitzen, während die Soldaten wieder einschlafen. – Marie blättert nachts bei Kerzenlicht in der Bibel. Sie liest die Geschichte von dem Weib, das im Ehebruch lebte und das Jesus trotzdem nicht verdammte, sofern es nicht mehr sündigte. Dann erzählt sie dem Buben, der sich zu ihr drängt, das traurige Lied von einem armen Kind, das weder Vater noch Mutter mehr hat. Wozzeck war seit zwei Tagen nicht mehr zu ihr gekommen. Hastig blättert sie in der Bibel nach der Geschichte von der Magdalena. – In der Dämmerung geht Marie mit Wozzeck auf einem Waldweg in der Nähe eines Teiches. Sie will zur Stadt zurück. Aber Wozzeck läßt sie nicht fort. Er küßt sie. Marie zittert, Wozzeck flüstert vor sich hin, daß sie beim Morgentau nicht mehr frieren werde. Nach langem Schweigen zieht Wozzeck beim Aufgehen des Mondes ein Messer. Marie springt auf, Wozzeck packt sie und stößt ihr das Messer in den Hals. Mit dem Ausruf »Tot!« stürzt er geräuschlos davon. – In einer Schenke singt Wozzeck schreiend, er tanzt mit Margret, schließlich möchte er raufen. Da entdeckt Margret an seiner Hand Blut. Aufgeregt macht er sich durch die ihn umringenden Gäste Bahn und stürzt hinaus. – An der Leiche Mariens sucht Wozzeck nach dem Messer, das ihn verraten könnte. Endlich hat er es gefunden. Er wirft es in den Teich. Aber es liegt zu weit vorne, man wird es beim Baden finden. Er geht in den Teich, auch muß er sich das Blut abwaschen. Doch das Wasser erscheint ihm wie Blut; immer weiter geht er hinein, bis er ertrinkt. – Der Doktor und der Hauptmann gehen an dem Teich vorüber. Sie hören Geräusche wie von einem Ertrinkenden, dann ist es ganz still. Eilig zieht der Hauptmann den Doktor mit sich fort. – Vor Mariens Tür spielen Kinder, unter ihnen Mariens Knabe. Aufgeregt stürzen andere Kinder herbei und fordern die Spielenden auf, zum Teich hinauszulaufen, um die tote Marie anzuschauen. Eines der Kinder sagt zu Mariens Knaben: »Deine Mutter ist tot«, was dieser aber nicht aufnimmt. Er spielt friedlich mit seinem Steckenpferd und reitet unter fröhlichen Hopp-Hopp-Rufen schließlich den andern Kindern nach.

Stilistische Stellung: Berg erhob in seinem ›Wozzeck‹ die Formen der absoluten Instrumentalmusik zum Gestaltungsprinzip. Wie der Komponist selbst ausdrücklich betont hat, war es nicht seine Absicht, dabei auf der Grundlage des Rhythmisch-Polyphonen und Formal-Konstruktiven einen neuartigen, richtunggebenden musikdramatischen Stil zu schaffen; er wollte lediglich den »geistigen Inhalt von Büchners unsterblichem Drama auch musikalisch erfüllen und seine dichterische Sprache in eine musikalische umsetzen«; deshalb »darf es von dem Augenblick an, wo sich der Vorhang öffnet, bis zu dem, wo er sich zum letzten Mal schließt, im Publikum keinen geben, der etwas von diesen diversen Fugen und Inventionen, Suiten- und Sonatensätzen, Variationen und Passacaglien merkt, keinen, der von etwas anderem erfüllt ist als von der weit über das Einzelschicksal Wozzecks hinausgehenden Idee dieser Oper«. Trotz des Aufgebens der Tonalität hat Berg durchaus nicht jeglichen Anschluß an die Tradition gemieden. Mit der Verwendung einer Anzahl von Themen im leitmotivischen Sinn und mit den vielfachen Tonmalereien knüpfte er an Gestaltungsprinzipien des Musikdramas (Richard Wagner) an. Auch impressionistische Stilmittel, wie Ganztonleiter, übermäßige Dreiklänge, ostinate Baßfiguren usw., werden eingesetzt und führen zu Klangwirkungen wie bei Claude Debussy und Richard Strauss. In der Hauptsache jedoch folgt Bergs Tonsprache der von seinem genialen Lehrer Arnold Schönberg entwickelten atonal-konstruktiven Richtung. Die ideenreiche Verarbeitung dieser Stilelemente durch eine schöpferische Persönlichkeit ließ in Bergs ›Wozzeck‹ einen markanten Typus modernen Musiktheaters erstehen.

Textdichtung: Die Tragödie des Soldaten Wozzeck wurde von Georg Büchner (1813–1837) nach den beiden gerichtsmedizinischen Gutachten des Hofrats Johann Christian August Clarus über »Die Zurechnungsfähigkeit des Mörders Johann Christian Woyzeck« dramatisch behandelt. Büchner hat das Drama nicht vollendet. Es wurde erst 1879 von Karl Emil Franzos nach den drei handschriftlichen Fragmenten, die sich in dem Nachlaß des Dichters befanden, in seiner Gesamtausgabe der Büchnerschen Werke veröffentlicht. Aber sowohl diese wie auch eine 1909 von Paul Landau besorgte Ausgabe weist eine Reihe Abweichungen vom Original auf. So hat Franzos in dem schwer lesbaren Manuskript den Namen Woyzeck als Wozzeck gelesen, Ergänzungen und Szenenumstellungen vorgenommen usw., eine subjektive Auslegung, die erst durch neuere exakte Untersuchungen (Georg Witkowsky 1920, Fritz Bergemann 1922) richtiggestellt werden konnte. Alban Berg legte seiner Opernbearbeitung die Ausgabe von Franzos–Landau zugrunde. Für die musikdramatische Gestaltung straffte er den Ablauf der Handlung, indem er von den 25 Szenen der Vorlage 9 strich und die Szenen 14 und 15 in eine zusammenfaßte. Auch die Zahl der Darsteller konnte verringert werden. Um äußerste Konzentriertheit des Ausdrucks zu erlangen, wurden vom Komponisten außerdem noch Kürzungen und kleinere Umstellungen in den übernommenen Szenen vorgenommen. Darüber hinaus wurden naturalistische Derbheiten gemildert, die spärlichen szenischen Angaben Büchners erweitert und ergänzt, und durch die Einteilung des Geschehens in 3 Akte zu je 5 Szenen eine symmetrische Gliederung erzielt, die mehr nach musikalischen als nach literarischen Gesichtspunkten erfolgt war und die dem konstruktiven Kompositionsstil entsprechend in erster Linie nach den Gesetzen der musikalischen Architektonik vorgenommen worden war.

GESCHICHTLICHES: Berg erfuhr die Anregung zur Vertonung des ›Wozzeck‹ im Jahre 1914 beim Besuch einer Aufführung des Schauspiels. Während seiner Soldatenzeit (1915–1918) arbeitete der Komponist bereits an dem Werk, das er dann nach dem Krieg in den Jahren 1918 bis 1921 vollendete. Nachdem 1924 auf dem Tonkünstlerfest in Frankfurt/Main schon einige Teile aufgeführt worden waren, erfolgte die szenische Uraufführung am 14. Dezember 1925 an der Berliner Staatsoper unter der musikalischen Leitung von Erich Kleiber. Die Oper fand eine geteilte Aufnahme; begeisterten Kritiken standen radikale Ablehnungen gegenüber. In den folgenden Jahren erfuhr das Werk eine weitere Verbreitung, auch im Ausland. 1933 wurde Bergs ›Wozzeck‹ in Deutschland verboten, merkwürdigerweise fand aber auch in den anderen Ländern dann keine Aufführung mehr statt (mit einer einzigen Ausnahme, 1942 Rom). Seit 1945 erscheint das Werk in Deutschland und jetzt auch wieder im Ausland häufiger, und zwar sowohl auf der Bühne als auch im Konzertsaal.

Lulu

Oper in drei Akten. Dichtung nach den Tragödien ›Erdgeist‹ und ›Büchse der Pandora‹ von Frank Wedekind von Alban Berg. Dritter Akt vollendet von Friedrich Cerha.

SOLISTEN: *Lulu* (Dramatischer Koloratursopran, gr. P.) – *Gräfin Geschwitz* (Dramatischer Mezzosopran, auch Dramatischer Sopran, gr. P.) – *Eine Theatergarderobiere/Ein Gymnasiast/Ein Groom* (Mezzosopran, auch Alt, m. P.) – *Der Medizinalrat/Der Professor* (Sprechrolle, kl. P.) – *Der Maler/Der Neger* (Lyrischer Tenor, gr. P.) – *Dr. Schön,* Chefredakteur/*Jack* (Heldenbariton, gr. P.) – *Alwa,* Dr. Schöns Sohn, Schriftsteller (Jugendlicher Heldentenor, gr. P.) – *Ein Tierbändiger/Rodrigo,* ein Athlet (Schwerer Spielbaß, auch Charakterbariton, m. P.)

– *Schigolch,* ein Greis (Charakterbaß, auch Charakterbariton, m. P.) – *Der Prinz,* ein Afrikareisender/*Ein Kammerdiener/Der Marquis* (Spieltenor, m. P.) – *Der Theaterdirektor/Der Bankier* (Spielbaß, auch Baßbariton, m. P.) – *Der Polizeibeamte* (Sprechrolle, kl. P.) – *Ein fünfzehnjähriges Mädchen* (Sopran, kl. P.) – *Ihre Mutter* (Alt, kl. P.) – *Eine Kunstgewerblerin* (Mezzosopran, kl. P.) – *Ein Journalist* (Lyrischer Bariton, kl. P.) – *Ein Kammerdiener* (Baßbariton, kl. P.). (Die Mehrfachbezeichnungen zeigen an, daß diese Partien von einer Sängerin bzw. einem Sänger übernommen werden können.)
ORT: I. und II. Akt in einer deutschen Großstadt; III. Akt, 1. Szene: Gesellschaft in Paris; 2. Szene: in London.
SCHAUPLÄTZE: Zirkuszelt – Maleratelier – Ein eleganter Salon – Eine Theatergarderobe – Ein großer Saal in deutscher Renaissance – Ein geräumiger Salon – Eine Dachkammer in London.
ZEIT: Um 1900.
ORCHESTER: 3 Fl. (auch Picc.), 2 Ob., 1 Eh., 1 Altsaxophon, 3 Kl., 1 Bkl., 2 Fag., 1 Kfag., 4 Hr., 3 Trp., 3 Pos., 1 Tuba, 4 P., Schl., Vibraphon, 1 Hrf., Klav., Str. – Bühnenmusik: 3 Kl. (eine auch Tenorsaxophon), 1 Altsaxophon, 2 Jazztrompeten, 1 Sousaphon, Schl., Banjo, Klav., 3 Viol., 1 Kb., 2 Fl., 1 Bkl.
GLIEDERUNG: Durchkomponierte symphonisch-dramatische Großform.
SPIELDAUER: Zweiaktige Fassung etwa 2 Stunden, dreiaktige Fassung etwa 3 Stunden.
HANDLUNG: Ein Tierbändiger schlüpft aus dem Vorhang. Er lädt die Damen und Herren ein, seine Menagerie zu besuchen. Aus dem Kreis der von ihm gezähmten wilden Tiere läßt er von einem schwerbäuchigen Bühnenarbeiter eine Schlange herbeibringen: es ist Lulu in ihrem Pierrot-Kostüm, die »Urgestalt des Weibes«, das »geschaffen ward, Unheil anzustiften, zu locken, zu verführen, zu vergiften, zu morden, ohne daß es einer spürt«. – In einem dürftig eingerichteten Atelier ist der Maler soeben damit beschäftigt, Frau Medizinalrat Dr. Goll, genannt Lulu, in einem Pierrot-Kostüm zu porträtieren. Der Freund des Malers, Chefredakteur Dr. Schön, sitzt dabei und begutachtet das Bild. Sein Sohn Alwa kommt hinzu; er will den Vater zur Generalprobe seines Balletts abholen. Im Weggehen bittet Dr. Schön Lulu, ihren Mann zu grüßen, zögernd antwortet sie, sie lasse sich seiner Braut empfehlen. Nachdem sich die beiden entfernt haben, läßt der Maler den Pinsel fallen. Lulu hat seine Sinne verwirrt, er sucht sie zu fassen, sperrt die Türe ab und überschüttet ihre Hände mit Küssen, als sie auf die Ottomane niedergesunken ist. Da klopft der Medizinalrat an die Tür. Als ihm nicht geöffnet wird, sprengt er sie mit Gewalt auf. Wütend stürzt er sich auf Lulu und den Maler. In diesem Augenblick fällt er, vom Schlag getroffen, tot zu Boden. Der Gedanke, wieder frei zu sein, läßt Lulu schnell ihren Schrecken überwinden. Nachdem sie

sich hinter der spanischen Wand umgezogen hat, tritt sie, den linken Arm hebend, zu dem Maler mit der Aufforderung, ihr das Kleid zuzuhaken, da ihre Hand zittere ... – Der Maler hat Lulu geheiratet. Durch vorteilhafte Verkäufe seiner Bilder, die ihm sein Freund Dr. Schön vermittelt hatte, ist er ein wohlhabender Mann geworden. Mit der Post kommt eine Verlobungsanzeige von Dr. Schön. Der Maler fragt verwundert, was wohl seinen Freund gehindert habe, sich erst jetzt offiziell zu verloben. Lulu schweigt. Von dem Zauber ihrer Erscheinung hingerissen, nähert er sich ihr in leidenschaftlicher Erregung. In diesem Augenblick läutet es an der Tür. Der Maler begibt sich zu seiner Arbeit, während Lulu Schigolch, einen gebrechlichen, asthmatischen Greis, hereinläßt, der sich als ihr Vater auszugeben pflegt, es in Wirklichkeit aber gar nicht ist. Er braucht wieder einmal Geld; Lulu gibt es ihm. Schon klingelt es wieder. Der Alte entfernt sich, während Dr. Schön eintritt. Er ist gekommen, um Lulu zu bitten, von nun an ihre Besuche bei ihm einzustellen. Aber sie denkt nicht daran, sich beiseite schieben zu lassen. Auf die laute Auseinandersetzung hin kommt der Maler aus dem Atelier. Lulu entfernt sich rasch. Dr. Schön klärt den ahnungslosen Freund, der in seiner blinden Verliebtheit glaubt, eine ehrsame Medizinalratswitwe geheiratet zu haben, über das Vorleben seiner Frau auf. Unter dem Vorwand, mit ihr sprechen zu wollen, geht der Maler in das Nebenzimmer, aus dem unmittelbar danach ein fürchterliches Stöhnen hörbar wird. Es läutet. Alwa erscheint, um seinen Vater wegen einer wichtigen Nachricht aus Paris in die Redaktion zu holen. Da bringt Lulu endlich ein Beil aus der Küche, mit dem Alwa die versperrte Tür zu dem Nebenzimmer aufsprengt. Ein gräßlicher Anblick bietet sich den Anwesenden: der Maler hat sich mit einem Rasiermesser die Kehle durchschnitten. Dr. Schön ruft telefonisch die Polizei herbei. Dann will er sich zur Redaktion begeben. Lulu wischt ihm mit ihrem Taschentuch das Blut von der Haut und bemerkt siegesgewiß, daß er sie doch noch heiraten werde. – Dr. Schön hat Lulu an einem Theater als Tänzerin untergebracht, wo sie in dem Ballett seines Sohnes Alwa auftritt. Er hofft, daß sie durch ihre attraktive Erscheinung auf der Bühne einen reichen Mann finden wird. In der Tat interessiert sich für sie bereits ein Prinz, der sie heiraten und nach Afrika mitnehmen will. Bei ihrem Auftritt entdeckt Lulu im Zuschauerraum Dr. Schön mit seiner Braut. Sie fingiert eine Ohnmacht. Während die Vorstellung durch Umstellung der Programmnummern weitergeht, weiß Lulu den ihr völlig verfallenen Journalisten, der zu ihr in die Garderobe gekommen ist, zur Lösung seiner Verlobung zu bestimmen. Sie diktiert ihm, der willenlos zusammengebrochen ist, den Abschiedsbrief an seine Braut und begibt sich anschließend zu ihrem Auftritt. – In ihrer Ehe mit Dr. Schön hat sich Lulu mit einem Kreis fragwürdiger Elemente umgeben. An dem Jour fixe, dem Tag, an dem ihr Mann zur Börse geht, pflegen sich ihre

Anbeter um sie zu versammeln: die lesbische Gräfin von Geschwitz, die sich wie eine Klette an sie klammert, der verlotterte Schigolch, der großsprecherische Athlet Rodrigo sowie ein Gymnasiast, aber auch der Kammerdiener des Hauses und schließlich ihr Stiefsohn Alwa. Dr. Schön, der unbemerkt durch die Tür auf der Galerie zurückgekommen ist, beobachtet, hinter einer Gardine versteckt, eine Weile das Treiben in dem Saal, wo früher nur die gute Gesellschaft zu verkehren pflegte. Wutentbrannt kommt er schließlich mit einem Revolver in der Hand die Treppe herab. Er entfernt zunächst seinen Sohn, sodann drückt er Lulu die Schußwaffe in die Hand mit der Aufforderung, sie möge sich selbst richten. Auf die Hilferufe des Gymnasiasten, der sich unter den Tisch verkrochen hatte, wendet sich Dr. Schön um, worauf Lulu mehrere Schüsse gegen ihn abfeuert. Zu Tode getroffen, sinkt Dr. Schön auf den Teppich. Lulu will fliehen, aber Alwa, der auf die Rufe seines Vaters herbeigeeilt war, hält sie zurück. Vergeblich fleht sie ihn an, sie nicht der Polizei auszuliefern, die aber bereits zur Stelle ist und Lulu verhaftet. – Zu einer symmetrisch gebauten Verwandlungsmusik werden in einem stummen Film die Ereignisse zwischen Lulus Verhaftung und Befreiung dargestellt: Lulu ist wegen Ermordung Dr. Schöns ins Zuchthaus gekommen. Die Gräfin Geschwitz hat einen kühnen Befreiungsplan für sie ausgearbeitet. Sie hatte zunächst eine Stelle als Pflegerin in einem Cholera-Krankenhaus in Hamburg angenommen. Dort zog sie sich eines Tages das Unterkleid einer verstorbenen Patientin an und ging mit diesem in Lulus Zelle. Beide erkrankten danach an Cholera und kamen in eine Isolierbaracke. Nachdem die Geschwitz als geheilt entlassen worden war, erschien sie am nächsten Tag wieder in Lulus Krankenzimmer unter dem Vorwand, dort ihre Uhr liegengelassen zu haben. Rasch tauschte sie ihr Kleid mit Lulus Gefängniskittel, woraufhin diese ungehindert in die Freiheit entkommen konnte. – Im Haus Dr. Schöns erwarten Alwa, der Zirkusartist Rodrigo und der Gymnasiast, der sich auch einen Befreiungsplan ausgedacht hatte, Lulus Ankunft. Rodrigo weiß sich den Gymnasiasten vom Hals zu schaffen, indem er ihm vorlügt, daß Lulu vor drei Wochen gestorben sei. Endlich erscheint Lulu, auf Schigolchs Arm gestützt. Rodrigo, der sie in Amerika heiraten und mit ihr dort eine artistische Sensationsnummer aufziehen wollte, zieht enttäuscht ab, als er die durch Zuchthaus und Krankheit offenbar vollkommen Gebrochene erblickt, die ihm für die Durchführung seines Planes nicht meht tauglich erscheint. Kaum ist er fort, erhebt sich Lulu ohne jede Verstellung beschwingt und heiter wie früher. Sie weiß in Alwa schnell wieder die alte Glut zu entfachen, der, vergessend, daß Lulu seine Mutter vergiftet und seinen Vater erschossen hatte, sich bereit erklärt, sie sofort ins Ausland zu begleiten.

R. K.

In ihrem neuen, luxuriösen Pariser Domizil empfangen Lulu und Alwa Gäste. Die Gäste, unter ihnen ein Bankier, unterhalten sich über den Wert ihrer Jungfrau-Eisenbahnaktien; in einem angrenzenden Salon wird auch gespielt. Da Lulu immer noch als Mörderin des Dr. Schön von der deutschen Polizei gesucht wird, wird sie von Rodrigo und vom Marquis, einem Mädchenhändler, der sie an ein Bordell in Kairo verkaufen will, erpreßt. Da erhält der Bankier die Nachricht, die Eisenbahn-Aktien seien rapide gestürzt. Während sich die Gesellschaft darüber aufregt, muß Lulu nun befürchten, verhaftet zu werden, da sie die erpreßten Summen nicht mehr zahlen kann, denn auch Alwa hatte sein Vermögen in diesen jetzt wertlosen Aktien angelegt. Der drohenden Verhaftung durch die Polizei entkommt Lulu nur, weil sie unbemerkt mit einem Groom die Kleider tauschen kann. – Lulu lebt mit Alwa und Schigolch in größter Armut in einer Londoner Mansarde, wo sie, um den Lebensunterhalt zu sichern, gelegentlich der Prostitution nachgeht. Nachdem sie einen schweigsam-ängstlichen Kunden abgefertigt hat, erscheint die Lulu immer noch liebende Gräfin Geschwitz aus Paris mit Lulus Porträt. Ein Neger, ein weiterer Kunde Lulus, tötet Alwa, weil er sich von diesem beobachtet und bedroht fühlt. Während Jack, ein anderer Freier, bei Lulu ist, beschließt die Geschwitz, Lulu zu verlassen und ein neues Leben als Kämpferin für Frauenrechte zu beginnen. Da ertönt ein grausiger Schrei – Jack hat Lulu ermordet. Auf seiner Flucht tötet er auch die Geschwitz, die sich ihm in den Weg geworfen hat.

W. K.

Stilistische Stellung: Über seine ›Lulu‹-Tragödie äußerte sich Wedekind: »In meiner ›Lulu‹ suchte ich ein Prachtexemplar von Weib zu zeichnen, wie es entsteht, wenn ein von der Natur reichbegabtes Geschöpf, sei es auch aus der Hefe entsprungen, in einer Umgebung von Männern, denen es an Mutterwitz weit überlegen ist, zu schrankenloser Entfaltung gelangt.« Daraus folgt, daß der Dichter in dem Drama, das in der Blütezeit des literarischen Naturalismus konzipiert wurde, pointiert die Titelfigur in den Vordergrund stellen und wohl erst in zweiter Linie die angefaulte Moral der gehobenen Gesellschaftsschicht geißeln wollte. In Bergs Opernfassung erscheint diese Tendenz, wohl als Folge der beträchtlichen Kürzungen des Originals, noch eindeutiger ausgeprägt. Bei der musikalischen Gestaltung hat sich der Komponist konsequent der Zwölftontechnik bedient nach dem Vorbild seines Lehrers Arnold Schönberg, der in seinem Einakter ›Von heute auf morgen‹ als erster die Anwendung dieses Prinzips auch auf die Opernkomposition ausgedehnt hatte. Den fundamentalen Baustoff liefert für die gesamte Oper eine einzige Zwölftonreihe, die allerdings durch Permutationen manche Veränderung erfährt. Wie schon bei ›Wozzeck‹, werden auch hier die Hauptpersonen mit musikalischen Motiven charakterisiert, die sich leitmotivartig durch das ganze Stück ziehen. Und ebenso wie bei ›Wozzeck‹ basiert der polyphone, atonal-konstruktive Bau der Musik auf einer Reihe frei behandelter musikalischer Formen: Canon, Canzonetta, Duett, Arioso, Kammermusik (für neun Holzbläser), Sonate, Kavatine, Arie, Choral, Hymne und Monoritmica (ein von Berg erfundener Formbegriff für ein von einem Fünfvierteltakt-Rhythmus beherrschtes, durchführungsartig gestaltetes Melodram). Diese geschlossenen Gebilde werden durch rezitativische und melodramatische Partien sowie auch durch Zwischenspiele miteinander verkittet, so daß das musikalische Geschehen sich dem Zuschauer gleichsam in einer symphonisch-dramatischen Großform präsentiert. Auch die moderne Tanzmusik (Ragtime, English Waltz) hat sich Berg in seiner Oper dienstbar gemacht. Die farbige Instrumentation und ein abwechslungsreicher Deklamationsstil, der sich in Anpassung an das Bühnengeschehen vom gesprochenen Wort über Melodram, Rezitativ, Sprechgesang bis zur ariosen Kantilene erstreckt, fördern die lebendige dramatische Wirkung. Bei dem rhythmisch gebundenen Sprechgesang sind die Tonhöhen unter Beachtung der Intervallverhältnisse nur andeutungsweise wiederzugeben. Dabei ist vom Komponisten genau vorgeschrieben, an welchen Stellen die Deklamation mehr dem Sprechen und an welchen sie mehr dem Singen anzunähern ist.

TEXTDICHTUNG: Berg hat sich das Textbuch zu seiner Oper ›Lulu‹ selbst eingerichtet. Er gestaltete es unter Benützung der beiden ›Lulu‹-Dramen von Frank Wedekind (1864–1918), von denen das eine, ›Erdgeist‹ (1898), den Aufstieg der Titelfigur, das andere, ›Die Büchse der Pandora‹ (1903), ihren Niedergang behandelt. In seiner Opernbearbeitung zog der Komponist die 7 Akte und die 2 Prologe der beiden Wedekind-Stücke auf 3 Akte und einen Prolog zusammen.

GESCHICHTLICHES: Im Frühjahr 1928 entschloß sich Berg, Wedekinds ›Lulu‹-Dramen zu vertonen. Nach einem Jahr hatte er die Opernfassung abgeschlossen. Anschließend (Frühjahr 1929) begann er mit der Komposition, an der er mit Unterbrechung bis Ende April 1934 arbeitete. Zunächst faßte er im Sommer 1934 einige Bruchstücke aus der in Skizze vorliegenden Oper zu einer ›Lulu‹-Symphonie zusammen, die er bei ihrer Uraufführung am 11. Dezember 1935 in Wien, kurz vor seinem Tod (24. Dezember 1935), noch hören konnte. Mit der Instrumentierung der Arnold Schönberg zum 60. Geburtstag gewidmeten Oper war der Komponist vom Winter 1934/35 bis zu seinem Hinscheiden beschäftigt, wobei er zwischendurch sein Violinkonzert komponierte. Berg konnte die Instrumentation der in Skizze vollständig vollendeten Oper nicht mehr beenden. Er hinterließ den I. und II. Akt in komplett ausgeführter Orchesterpartitur, während vom III. Akt nur ein kleiner Teil des 1. Bildes, das Zwischenspiel vom 1. zum 2. Bild, eine kurze Szene des letzten Bildes und der Schluß der Oper in Partitur ausgeführt waren. Bei der Uraufführung des Werkes, die am 2. Juni 1937 am Stadttheater in Zürich unter der musikalischen Leitung von Robert F. Denzler stattfand, wurden der I. und II. Akt vollständig und vom III. Akt nur das Zwischenspiel (Variationen Nr. 4 der ›Lulu‹-Symphonie) sowie das Adagio (Nr. 5 der ›Lulu‹-Symphonie) mit der gesungenen Schluß-Apotheose der Geschwitz aufgeführt.

R. K.

Nach Alban Bergs Tod hoffte seine Witwe Helene, einer der Freunde ihres Mannes werde den unvollendeten III. Akt fertigstellen – aber Arnold Schönberg, Alexander von Zemlinsky und Anton Webern lehnten ab. So wurde das Werk als Torso uraufgeführt, und aus dem Erfolg schloß Helene Berg, das Werk sei auch so lebensfähig. Mit zunehmendem Alter verschloß sie sich auch wissenschaftlichen Anfragen nach dem III. Akt und machte ihn unzugänglich. Sie argumentierte, eine Fertigstellung des Werkes käme nicht in Frage, da Schönberg und Webern dies abgelehnt hatten – beide jedoch, wie man heute nachweisen kann, aus arbeitsökonomischen bzw. inhaltlichen Problemen, nicht, weil sie eine Fertigstellung für unmöglich oder künstlerisch problematisch hielten. Alle, die später das Quellenmaterial einsehen konnten (Ernst Krenek, Willi Reich, Theodor W. Adorno, Hans Erich Apostel, Winfried Zillig, George Perle), hielten eine Fertigstellung für erforderlich und möglich. – Von den gut 1300 Takten des III. Aktes lagen knapp 400 in Bergs Instrumentation vor, darüber hinaus enthielt das durchgehende Klavierparticell Instrumentationsangaben. Bis auf etwa 100 Takte, die der Bearbeiter Friedrich Cerha sinngemäß ergänzte, konzentrierte sich die Hauptarbeit, die ohne Wissen von Helene Berg geschah und erst nach ihrem Tode veröffentlicht wurde, auf die Instrumentation. Die vollständige dreiaktige Fassung von Bergs ›Lulu‹ wurde am 16. März 1979 in der Pariser Oper uraufgeführt. Es dirigierte Pierre Boulez, es inszenierte Patrice Chéreau in der Ausstattung von Richard Peduzzi. Seitdem wird in der Regel die dreiaktige, dramatisch vollständige Fassung aufgeführt.

W. K.

Hector Berlioz

* 11. Dezember 1803 in La-Côte-St.-André (Isère), † 8. März 1869 in Paris

Benvenuto Cellini (1838 Paris), T: Léon de Wailly u. Auguste Barbier, V: B & H, Choudens; deutsche Bearb. v. Peter Cornelius, V: Schlesinger

La damnation de Faust (1846 Paris), T: nach Johann Wolfgang v. Goethe v. Gérard de Nerval, Almire Gandonnière u. vom Komponisten, Bühneneinrichtung v. Raoul Gunsbourg, V: Schott; Neuausg. v. Julian Rushton, V: BV (New Berlioz Edition)

Les Troyens: 1) La Prise de Troie (1890 Karlsruhe), 2) Les Troyens à Carthage

(1863 Paris), T: der Komponist, V: Choudens; Neuausg. (erste Veröffentlichung der Gesamtpartitur) v. Hugh Macdonald mit deutschem Text v. Anneliese Felsenstein, V: BV (New Berlioz Edition)

Béatrice et Bénédict (1862 Baden-Baden), T: der Komponist nach William Shakespeares ›Viel Lärm um nichts‹, kO., V: B & H; Neuausg. v. H. Macdonald, deutsch v. Dagny Müller, V: BV (New Berlioz Edition)

Benvenuto Cellini

Komische Oper in zwei Akten (vier Bildern) (»Pariser Fassung«) bzw. in drei Akten (»Weimarer Fassung«). Dichtung von Léon de Wailly und Auguste Barbier. Deutsche Übertragung von Peter Cornelius.

SOLISTEN: *Benvenuto Cellini,* florentinischer Goldschmied (Jugendlicher Heldentenor, gr. P.) – *Giacomo Balducci,* Schatzmeister des Papstes (Schwerer Spielbaß, m. P.) – *Fieramosca,* Bildhauer des Papstes (Kavalierbariton, auch Lyrischer Bariton, m. P.) – *Papst Clemens VII.* [in der Cornelius-Fassung: *Kardinal Salviati*] (Seriöser Baß, m. P.) – *Francesco,* Künstler aus Cellinis Werkstatt (Tenor, kl. P.) – *Bernardino,* Künstler aus Cellinis Werkstatt (Baß, auch Baßbariton, kl. P.) – *Ein Wirt* (Charaktertenor, kl. P.) – *Pompeo,* ein gedungener Schläger, Freund von Fieramosca (Bariton, kl. P.) – *Teresa,* Balduccis Tochter (Dramatischer Koloratursopran, auch Jugendlich-dramatischer Sopran, gr. P.) – *Ascanio,* Cellinis Lehrling (Mezzosopran, auch Alt, m. P.) – *Ein Offizier* (Baß, auch Bariton, kl. P.).

CHOR: Dienerinnen und Nachbarinnen von Balducci. Goldschmiede. Gießer. Masken. Tänzer. Häscher. Mönche. Päpstliches Gefolge. Das Volk von Rom (Frauenchor, m. Chp.; Männerchor, gr. Chp.).

ORT: Rom.

SCHAUPLÄTZE: Ein Saal im Hause Balduccis – Eine Schenke – Die Piazza Colonna – Cellinis Atelier – Cellinis Gießerei im Colosseum.

ZEIT: Rosenmontag bis Aschermittwoch 1532.

ORCHESTER: 2 Fl. (auch Picc.), 2 Ob., 2 Kl., 2 Fag., 4 Hr., 4 Trp., 2 Kornetts, 3 Pos., Ophikleide (auch Tuba), P., Schl., Hrf., Gitarre, Str.

GLIEDERUNG: Vorspiel, im Original musikalische Nummern und Sprechdialog, in der »Weimarer Fassung« stattdessen Rezitative.

SPIELDAUER: etwa 2 ¾ Stunden.

HANDLUNG: Papst Clemens VII. hat – anstelle seines offiziellen Bildhauers Fieramosca – den florentinischen Goldschmied Benvenuto Cellini damit beauftragt, ihm eine Perseus-Statue zu gießen. Diese Tatsache erbittert Giacomo Balducci, den päpstlichen Schatzmeister, nicht nur wegen der zusätzlichen Kosten, sondern auch, weil Balducci vorhat, seine Tochter Teresa mit Fieramosca zu verheiraten, und weil der leichtsinnig-geniale Cellini ihr den Kopf verdreht hat. Am Abend des Fastnachts-Montags wird Balducci zum Papst befohlen. Ein kekker Fastnachtsgesang lockt ihn, schon in der pompösen Robe, ans Fenster, als ihn eine Wolke von Blütenblättern bedeckt. Verärgert macht er sich auf den Weg. Mit den Blütenblättern ist auch ein Blumenstrauß durchs offene Fenster geflogen – mit einer Botschaft Cellinis an Teresa, in der er sein baldiges Kommen ankündigt. Doch kaum ist er eingetreten, da erscheint leise auch sein Nebenbuhler Fieramosca und verbirgt sich. So erfährt er, daß Cellini vorhat, Teresa nach Florenz zu entführen. Cellini bespricht mit ihr seinen Plan, sie am kommenden Abend, auf der Piazza Colonna, wenn ihr Vater durch das dort aufgeführte Schauspiel beschäftigt sei, in der Verkleidung eines Büßermönchs und unter Mithilfe seines Lehrlings Ascanio, der sich als Kapuziner verkleiden werde, zu entführen. Da kehrt plötzlich Balducci zurück. Während Fieramosca sich eilig in Teresas Schlafzimmer verbirgt, stellt sich Cellini geistesgegenwärtig hinter die sich öffnende Tür. Balducci ist erstaunt, seine Tochter noch wach zu sehen, und sie erfindet, um ihre Anwesenheit zu begründen und um den Vater von der Tür wegzulocken, eine Geschichte von einem Geräusch, das sie in ihrem Schlafzimmer gehört habe – sicher habe sich dort ein Mann verborgen. Während Balducci ins Schlafzimmer eindringt, um nach dem Rechten zu sehen, verschwindet Cellini. Zu Teresas entzücktem Erstaunen ist wirklich ein Mann in ihrem Zimmer: Fieramosca, den Balducci vor sich hertreibt. Der empörte Vater hat kein Ohr für die Entschuldigungen und Erklärungen des Bildhauers, sondern trommelt die Diener und Nachbarn herbei, die den vermeintlichen Lüstling zur Abkühlung in den nächsten Brunnen werfen wollen, doch Fieramosca kann, arg verprügelt, entfliehen. – In einer Kneipe nahe der Piazza Colonna sitzt Cellini mit seinen Mitarbeitern und Freunden, feiert und preist den Ruhm des Goldschmiede-Handwerks. Als sie nach mehr Wein verlangen, hält ihnen der Wirt die Liste der schon ausgetrunkenen Flaschen vor und verlangt zuerst Bezahlung. Man überlegt, ob man den Wirt verprügeln solle, doch da erscheint Ascanio mit einer Anzahlung des Papstes auf die Perseus-Statue. Nun ist Geld da, um den Wein zu bezahlen, doch bevor Ascanio das Geld aushändigt, verlangt er – als Bedingung des Papstes – von Cellini den Schwur, am kommenden Tag die Statue fertigzustellen. Cellini stimmt zu. Als sich die ausbezahlte Summe als recht niedrig erweist, verfluchen die Freunde den knausrigen Schatzmeister Balducci, und man beschließt, ihm am kommenden Tag einen Streich zu spielen. In der satirischen Oper, die in Cassandros Theater aufgeführt wird und die sich Balducci ansehen wird, soll als komische Figur ein Doppelgänger Balduccis auftreten. – Fieramosca hat auch diesen Plan mitangehört. Er trifft sich hier mit seinem Freund Pompeo, einem berufsmäßigen Schläger, und fragt ihn um Rat. Dieser weiß auch schnell eine Lösung: er und Fieramosca werden sich ebenfalls als Mönche verkleiden und Cellini zuvorkommen. Fieramosca ist begeistert von diesem Plan und hofft schon, Cellini an der Spitze seines Degens zappeln zu sehen. – Die Piazza Colonna füllt sich mit Masken. Mitglieder der Theatertruppe von Cassandros Wanderbühne kündigen die Pantomimen-Oper vom »König Midas mit den Eselsohren« an. Balducci erscheint mit Teresa – er selbstsicher und aufgeblasen, sie ängstlich und unsicher, ob sie den Vater so einfach im Stich lassen darf. Auch Cellini mit Ascanio und Fieramosca mit Pompeo, jeweils als Büßer- und Kapuzinermönche verkleidet, finden sich ein. Das Spiel beginnt: vor dem König Midas, der Balducci höchst ähnlich sieht – was vom Volk beifällig beklatscht wird – singen Harlequin und Pasquarello um die Wette. Doch der erboste Balducci springt auf die Bühne und prügelt auf sein Gegenbild ein. Diese Verwirrung wollen die »Mönche« nutzen, um Teresa zu entführen, und treffen aufeinander – es kommt zu einem erbitterten Degengefecht, in dem Cellini Pompeo niedersticht, während Ascanio den vorher so großmäuligen Fieramosca in die Flucht schlägt. Das hitzige Gefecht hat allen Karnevalstrubel verstummen lassen, und als Pompeo tot zu Boden sinkt, breitet sich unheimliche Ruhe aus. Die Wachen nehmen Cellini fest, und alles scheint verloren, da ertönen drei Kanonenschüsse von der Engelsburg, die das Ende des Karnevals verkünden. Traditionsgemäß löscht jede Maske ihre Lampe, und Cellini kann die plötzliche Dunkelheit zur Flucht nutzen, während Fieramosca, der ja in dem gleichen Mönchskostüm steckt, versehentlich arretiert wird. – Teresa und Ascanio haben sich in Cellinis Atelier geflüchtet. Teresa fürchtet um ihre und um Cellinis Sicherheit, da er noch nicht wieder aufgetaucht ist, Ascanio tröstet sie und verspricht, sein Meister werde sicher bald kommen. Da ertönt von draußen Mönchsgesang – Teresa und Ascanio sinken auf die Knie und bitten um Cellinis Errettung. Plötzlich tritt Cellini, noch immer im Mönchskostüm ein: er berichtet, daß er sich vor seinen Häschern hat in ein Versteck flüchten können und von dort erst am Morgen, als die Büßermönche vorbeizogen, mit ihnen hat hierher fliehen können. Doch er wird jetzt als Mörder gesucht und will deshalb mit Teresa schnell nach Florenz fliehen und die Statue unvollendet lassen. Doch ehe man Vorbereitungen zur Flucht treffen kann, erscheinen Balducci und Fieramosca. Der Schatzmeister beschuldigt Cellini des Mordes und verlangt seine Tochter zurück. Der heftige Wortwechsel wird unterbrochen durch das Erscheinen des Papstes, der sich selbst von den Fortschritten bei der Arbeit an der Perseus-Statue überzeugen will. Balducci berichtet ihm von Mord und Entführung, und der Papst ist erzürnt, daß die Statue noch nicht fertig ist und will einen anderen Bildhauer beauftragen, das Werk zu vollenden. Cellini ist verzweifelt, ergreift einen Hammer und will das Modell der Statue zerstören – die Wachen des Papstes können ihn gerade noch zurückhalten. Der Papst, beeindruckt von der dämonischen Kühnheit des Bildhauers, stimmt einer Abmachung zu: Cellini soll wegen des Totschlages und der Entführung nicht verfolgt werden und soll Teresas Hand erhalten, wenn er noch am selben Tage die Statue fertigstellen könne – sonst aber solle er sterben. – Während Cellini in der Gießerei hochgemut arbeitet und die Blicke von ganz Rom auf sich fühlt, befürchtet Ascanio, daß die Fertigstellung nicht gelingen könne. Die Gießerei-Arbeiter singen ein sentimentales Seemannslied, und Cellini nimmt dies als böses Omen: in der Vergangenheit hat es oft Unglück bedeutet. Mit Ascanio stimmt er einen couragierten Gesang an, und die Gießer stimmen ein. Da dringt Fieramosca mit zwei Bravos ein und fordert Cellini zum Duell: schon will sich Cellini, der den feigen Nebenbuhler nicht fürchtet, stellen, da fällt Fieramosca ein, daß er als Mörder verhaftet werden könnte, wenn er jetzt Cellini tötete, und zieht sich zurück. Doch da droht eine neue Katastrophe: die Arbeiter begehren auf, sie legen die Arbeit nieder – ohne Cellini kann es nicht weitergehen. Fieramosca will sie mit Geld bestechen, Cellinis Werkstatt zu verlassen, doch sie erweisen sich als loyal und zwingen Fieramosca, ihnen zu helfen. Der Papst erscheint und will den Guß beobachten – da erweist es sich, daß das Metall nicht reicht. Cellini fleht die Hilfe des Himmels an; dann befiehlt er, in einer plötzlichen Eingebung, alle umherstehenden fertigen Kunstwerke in den Schmelzofen zu werfen. Der Ofen explodiert, doch aus ihm heraus ergießt sich das glühende Metall in die bereitstehende Gußform – die Statue ist fertig. Der Papst erkennt göttliches Walten und vergibt dem Bildhauer den Totschlag und die Entführung; er reicht ihm die Hand Teresas, und alle stimmen das Lob des Meisters der Metallgießer an.

STILISTISCHE STELLUNG: Berlioz' erstes Opernwerk ist bis heute belastet durch eine stilistische Zwitterstellung, die nicht in der Intention des Komponisten lag, sondern durch äußere Umstände hervorgebracht wurde. Konzipiert war das Werk als Opéra comique, mit gesprochenen Dialogen; als sich dann eine Aufführungschance an der Grand Opéra ergab, wurden die Dialoge – zu ihrem Nachteil – in Rezitative umgewandelt, und das Werk wurde zu lang – was seine Aufführungschancen ebenfalls minderte. Zudem fehlten dem zeitgenössischen Publikum die großen Arien – der ›Benvenuto Cellini‹ ist ein brillantes Ensemblestück, in dem Berlioz an die Schreibart Aubers anzuknüpfen versuchte, ohne doch dessen melodische Eingängigkeit anzustreben.

TEXTDICHTUNG: 1828 erschienen in Paris die Memoiren des florentinischen Bildhauers Benvenuto Cellini (1500–1571). Berlioz las dieses Buch, als er Anfang der dreißiger Jahre aus Rom zurückkehrte, und beauftragte Léon de Wailly und Auguste Barbier, ihm ein Libretto zu erstellen. Die Autoren, zu denen sich zeitweise auch Alfred de Vigny gesellte, erarbeiteten eine recht freie Adaption der Cellini-Memoiren (die übrigens Goethe als erster ins Deutsche übertragen hatte). So wird die Herstellung der Perseus-Statue von Florenz nach Rom verlegt, aus Cosimo de' Medici wird Papst Clemens VII., für den Cellini vorher gearbeitet hatte, und etliche komische Szenen werden hinzuerfunden. Viele Figuren jedoch finden sich auch in den Memoiren, ebenso wie manche Eigenkommentare Cellinis in der Oper ihren Platz finden und auch der Charakter mancher Figuren – etwa das Schwanken des Papstes zwischen Bewunderung für den Künstler und Ablehnung – sind ebenfalls historisch belegt. Die Pariser Zensur verbot das Auftreten des Papstes auf der Bühne – so wurde daraus der Kardinal Salviati.

GESCHICHTLICHES: Die Entstehungs- und Aufführungsgeschichte des ›Benvenuto Cellini‹ ist höchst verwickelt. Berlioz arbeitete zwischen 1834 und 1838 an der Oper: die Aufführung an der Grand Opéra am 10. September 1838 war ein vollständiger Reinfall; eine Wiederaufnahme im folgenden Jahr litt unter der Erkrankung von Sängern und daran, daß die orchestertechnischen Anforderungen nicht bewältigt wurden. Das Werk verschwand vom Spielplan, und Berlioz begrub seine Hoffnung, jemals ein in Paris anerkannter Opernkomponist werden zu können. 1851, Franz Liszt war gerade Kapellmeister in Weimar geworden, entschloß sich dieser, den ›Cellini‹ aufzuführen. Berlioz schickte ihm eine revidierte Partitur, die August Ferdinand Riccius ins Deutsche übersetzte. Trotz des großen Erfolges der Aufführung drang Liszt bei Berlioz auf eine eingreifende Kürzung; Berlioz stellte einige Szenen um, raffte die Szene in der Gießerei stark und gliederte die Oper in 3 Akte – in dieser »Weimarer Fassung« wurde ›Benvenuto Cellini‹ im März 1852 in Weimar und 1853 in London aufgeführt. 1856 erschien die »Weimarer Fassung« in Deutschland im Druck (nun in der Übersetzung von Peter Cornelius); zur gleichen Zeit ersetzte Berlioz in der »Weimarer Fassung« die Rezitative erneut durch Dialoge – doch die projektierte Aufführung am Théâtre-Lyrique kam nicht zustande. 1863 erschien in Paris ein Klavierauszug der »Weimarer Fassung« ohne Rezitative. In den 1880er Jahren wurde das Werk in Deutschland häufiger gespielt; nach der Jahrhundertwende verschwand es fast völlig von den Spielplänen. 1966 führte man in Covent Garden in London erstmals seit 1838 wieder ›Benvenuto Cellini‹ in der »Pariser Fassung« auf, und auf diese Fassung stützt sich – mit einigen kleinen Änderungen – auch die bislang einzige Schallplatteneinspielung des Werkes unter Colin Davis. Eine kritische Edition eines Klavierauszuges und einer Partitur fehlt bis heute – sie wird im Rahmen der ›New Berlioz Edition‹ erscheinen – es bleibt zu hoffen, daß dann die Bühnen auch wieder zu diesem musikalisch ungemein reichen Meisterwerk finden werden.

W. K.

Die Trojaner

Große Oper in fünf Akten. Dichtung vom Komponisten.

SOLISTEN: *Äneas,* trojanischer Held, Sohn der Aphrodite und des Anchises (Heldentenor, gr. P.) – *Chorübus,* junger Fürst aus Asien, Verlobter der Kassandra (Lyrischer Bariton, m. P.) – *Pantheus,* trojanischer Priester, Freund des Äneas (Charakterbaß, auch Charakterbariton, m. P.) – *Narbal,* Minister der Dido (Charakterbaß, m. P.) – *Jopas,* tyrischer Dichter am Hof der Dido (Lyrischer Tenor, m. P.) – *Askanius,* Sohn des Äneas, 15 Jahre alt (Lyrischer Sopran, m. P.) – *Kassandra,* trojanische Prophetin, Tochter des Priamus (Dramatischer Mezzosopran, gr. P.) – *Dido,* Königin von Karthago, Witwe des Fürsten Sichäus von Tyrus (Dramatischer Sopran, auch Dramatischer Mezzosopran, gr. P.) – *Anna,* Schwester der Dido (Spielalt, m. P.) – *Hylas,* ein junger phrygischer Matrose (Lyrischer Tenor, auch Spielalt, kl. P.) – *Priamus,* König der Trojaner (Charakterbaß, kl. P.) – *Ein griechischer Heerführer* (Baß, kl. P.) – Der Schatten des trojanischen Helden und Sohns des Priamus *Hektor* (Seriöser Baß, kl. P.) – *Helenus,* trojanischer Priester, Sohn des Priamus (Tenor, kl. P.) – *Zwei trojanische Soldaten* (Bässe, kl. P.) – *Gott Merkur* (Bariton, auch Baß, kl. P.) – *Ein Priester des Pluto* (Baß, kl. P.) – *Polyxena,* Kassandras Schwester (Sopran, kl. P.) – *Hekuba,* Königin der Trojaner (Alt, kl. P.) – *Andromache,* Witwe des Hektor (Stumme Rolle) – *Astyanax,* ihr Sohn, 8 Jahre alt (Stumme Rolle).

CHOR: Trojaner. Griechen. Tyrier und Karthager. Unsichtbare Schatten (zu dem regulären Theaterchor: Aushilfschor von etwa 100 Chorsängern, gr. Chp.).

BALLETT: Pantomimische Kampfspiele der Krieger (I, 5). Pantomime der Najaden, Nymphen, Satyre, Faune und Sylphiden (IV, 1). Tänze der Ägypterinnen, Sklaven und Nubierinnen (IV, 2).

ORT: I. und II. Akt: Troja; III. bis V. Akt: Karthago.

SCHAUPLÄTZE: Das von den Griechen verlassene Lager vor der Festung Troja – Das Innere von Äneas' Palast – Altar der Vesta in Priamus' Palast – Ein geräumiger Gartensaal im Palast der Dido, auf der einen Seite ein Thron, auf der anderen ein stufenweise ansteigendes Amphitheater – Ein afrikanischer Wald am Morgen, im Hintergrund ein hoher Felsen, links Zugang zu einer Grotte; ein kleiner Bach läuft den Felsen entlang und ergießt sich in ein von Binsen und Schilf umgebenes natürliches Becken – Die Gärten der Dido am Ufer des Meeres – Meerufer mit trojanischen Zelten; die trojanischen Schiffe im Hafen – Gemach der Dido – Ein Teil von Didos Gärten am Meeresufer; ein Scheiterhaufen mit seitlichen Stufen, auf der Spitze ein Bett, eine Toga, ein Helm, ein Schwert mit Gehänge und eine Büste von Äneas.

ZEIT: Nach Beendigung des Trojanischen Krieges (etwa in der mykenischen Zeitepoche 1500–1200 v. Chr.).
ORCHESTER: 1 Picc., 2 Fl. (II. auch Picc.), 2 Ob. (II. auch Eh.), 2 Kl. (II. auch Bkl.), 4 Fag., 4 Hr., 2 Trp., 2 Cornets à Pistons, 3 Pos., 1 Ophikleide oder Bt., P., Schl., 6 oder 8 Hrf., Str. – Bühnenmusik: 3 Ob., 3 Pos., 1 kl. Saxhorn in B, 2 Sopran-Saxhörner in Es (oder Trp. in Es), 2 Alt-Saxhörner in B (oder Trp. in B), 2 Tenor-Saxhörner in Es (oder Hr. in Es), 2 Kb.-Saxhörner in Es (oder Bt. in Es), 2 Paar P., mehrere Paare Becken, Donnermaschine, ägyptische Rasseln, Tarbuka (asiatisches Schlaginstrument), Tamtam.
GLIEDERUNG: 52 musikalische Nummern, die aktweise pausenlos ineinandergehen.
SPIELDAUER: ›Die Einnahme von Troja‹ etwa 1½ Stunden, ›Die Trojaner in Karthago‹ etwa 2½ Stunden; Gesamtspieldauer etwa 4 Stunden.
HANDLUNG: Trojanisches Volk treibt sich in dem von den Griechen verlassenen Feldlager umher; die Leute erfreuen sich der Freiheit, die sie während der zehnjährigen feindlichen Belagerung so schmerzlich vermissen mußten. Sie betrachten das Grab des griechischen Helden Achill und machen sich auf, das riesige hölzerne Pferd zu besichtigen, das die Griechen vor ihrer Heimfahrt erbaut und der Göttin Pallas geweiht hatten. Nachdem sich das Volk entfernt hat, erscheint die Prophetin und Seherin Kassandra. Apollo hatte sie dereinst, als sie ihm ihre Gunst verweigerte, mit dem Fluch bestraft, daß niemand ihren Weissagungen Glauben schenken solle. Mit tiefer Betrübnis hat sie vernommen, daß weder ihr Vater, König Priamus, noch ihr Verlobter Chorōbus ihren warnenden Rufen des Mißtrauens vor dem von den Feinden zurückgelassenen Ungetüm Gehör schenken. Sie beschwört Chorōbus zu fliehen; aber der ritterliche Held will die Braut nicht allein zurücklassen. Resigniert ergibt sie sich schließlich dem Geschick und mit einem Kuß erklärt sie dem Geliebten, so möge denn der Tod ihnen beiden während dieser Nacht das Brautgemach bereiten. In einem feierlichen Aufzug mit König Priamus und seiner Familie an der Spitze ziehen die Trojaner vor den Feldaltar, auf dem sie den Göttern ihre Opfergaben zum Dank für die Errettung aus Kriegsnot niederlegen. Auch Andromache, die tieftrauernde Witwe des gefallenen Helden Hektor, ist mit ihrem Sohn Astyanax unter ihnen. Da stürzt der Priester Helenus, einer der Söhne des Königs Priamus, herbei und meldet, daß soeben zwei giftige Schlangen den Priester Laokoon getötet haben, als er das Volk aufforderte, das hölzerne Pferd in Brand zu stecken. Die Anwesenden deuten dies als eine Strafe der beleidigten Göttin Pallas. Priamus befiehlt daher, zur Versöhnung der Erzürnten sofort das Pferd in die Stadt zu bringen. Kassandra will sich an der unheilschwangeren Feier nicht beteiligen. Vergeblich warnt sie noch einmal das verblendete Volk, als aus dem Leib des hölzernen Kolosses Waffengeräusch vernehmbar ist. Der Festzug mit dem Pferd entfernt

sich zur Stadt. Kassandra ist entschlossen, unter den Trümmern Trojas zu sterben. – In dem Schlafgemach seines Palastes ruht der trojanische Held Äneas leicht bewaffnet. Im Traum erscheint ihm Hektors Schatten. Dieser warnt den Waffenbruder vor dem Orkan von Flammen, die bald das heilige Ilion vernichten würden, und fordert ihn auf, den Schatz der Trojaner zu retten, mit dessen Hilfe er in Italien ein neues blühendes Reich gründen solle, dem sich in späterer Zeit die ganze Welt unterwerfen werde. Kaum ist Hektors Geist verschwunden, stürzt Pantheus herbei und meldet, daß sich in dem Leib des Pferdes eine große Schar griechischer Krieger verborgen gehalten habe, die nun überall Feuer legten; schon sei der König gefallen. Äneas eilt mit seinem Sohn Askanius und mit Choröbus zu den Waffen und führt seine Getreuen zu einem Verzweiflungskampf gegen den Feind. – Vor dem Altar der Vesta in Priamus' Palast knien trojanische Frauen, unter ihnen auch Kassandras Schwester Polyxena; sie bitten die Göttin um ihren Schutz. Kassandra tritt ein und berichtet, daß Choröbus gefallen sei, Äneas aber mit seinen Kriegern den trojanischen Schatz zu retten suche. Dann fordert sie die Frauen auf, den Tod der Gefangenschaft und Entehrung vorzuziehen. Als griechische Kämpfer eindringen und melden, Äneas sei mit dem Schatz entkommen, ersticht sie sich. Die Frauen folgen ihrem Beispiel.

In dem Gartensaal des Palastes der Königin Dido von Karthago ist das Volk versammelt und huldigt der Herrin. Diese ist seit sieben Jahren Witwe. Ihren Gatten, den tyrischen Fürsten Sichäus, hatte sein Schwager Pygmalion meuchlings ermordet, um sich in den Besitz von dessen Reichtümern zu setzen. Dido war mit ihrer Schwester Anna und ihren Getreuen von Tyrus nach Afrika geflohen. Mit Stolz erfüllen sie die Leistungen ihres Volkes, das die Stadt Karthago und ihre Lande zu hoher Blüte gebracht hat. Sie ruft die Architekten, Schiffsleute und Bauern auf und ehrt sie mit Geschenken. In einem Huldigungszug vor dem Thron entfernen sich alle. Dido ist mit ihrer Schwester allein zurückgeblieben. Anna gibt Dido zu bedenken, daß eine so junge und schöne Frau auf die Dauer nicht unvermählt bleiben könne; Karthago brauche einen König. Doch Dido, die ihrem toten Gatten über das Grab hinaus die Treue hält, will nichts von einer Wiederverheiratung wissen. Da meldet der an Didos Hof weilende tyrische Dichter Jopas, eine vom Sturm verschlagene fremde Flotte bitte um Asyl. Demütig naht eine Abordnung der Flüchtlinge unter der Führung von Äneas, der sich jedoch als Matrose verkleidet hat. Sein Sohn Askanius breitet vor Dido wertvolle Gastgeschenke aus. Nach Namen und Herkunft befragt, gibt er sich zu erkennen und berichtet, daß die Schiffe die auf dem Weg nach Italien befindlichen Trojaner bergen, wo das unglückliche Volk nach dem Willen der Götter eine neue Heimat finden solle. Dido sind die Taten der trojanischen Helden wohlbekannt; sie gestattet daher sogleich der trojanischen Flotte die Zufahrt zu Karthagos Hafen.

Aufgeregt kommt Didos Minister Narbal mit der Schreckensnachricht, der Numidenrebell Iarbas nähere sich Karthago mit zahlreichen Kriegern, die Vieh und Felder mit roher Gewalt verwüsteten. Jetzt streift Äneas seine Verkleidung ab und gibt sich in strahlender Rüstung Dido zu erkennen; er bietet der Königin Waffenhilfe an, und nachdem er Askanius ihrem Schutz anvertraut hat, entfernt er sich mit den vereinten trojanischen und tyrischen Kriegern zum Kampf gegen die wilden Eindringlinge. – Während einer königlichen Jagd suchen Dido und Äneas in einer Grotte Schutz vor einem Unwetter. Najaden, Nymphen, Satyre, Faune und Sylphiden führen vor der Grotte groteske Tänze auf; von Zeit zu Zeit ertönt geisterhaft der Ruf: »Italien!« – Narbal ist besorgt, weil die Trojaner nach dem Sieg über die Numiden nicht weitergezogen sind; denn das Gebot des Schicksals ruft sie nach Italien. Anna bemerkt dagegen: »Amor ist der stärkere Gott! Unsere liebenswürdige Königin liebt einen siegreichen Helden. Bald werden sie sich vereinen.« In ihren Gärten am Meeresufer veranstaltet Dido ein Abendfest, dem auch Äneas, Pantheus, Jopas und Askanius beiwohnen. Zunächst werden verschiedene Tänze vorgeführt, dann singt Jopas auf Didos Geheiß sein Loblied auf Ceres, die Göttin des Ackerbaus. Dido unterbricht den Gesang und fordert Äneas auf, von dem Geschick der schönen Andromache zu erzählen; Äneas berichtet, Andromache sei bei der Eroberung Trojas von Pyrrhus, dem Sohn Achills, erbeutet worden, nachdem dieser ihren Vater Priamus getötet hatte. Nach längerem Weigern habe die Witwe Hektors dem Mörder ihres Vaters und Sohn des Mörders ihres berühmten Gatten die Hand gereicht und gleichzeitig den Thron von Epirus bestiegen. Dido fühlt ihr Gewissen erleichtert; achtlos läßt sie auf dem Ruhebett den Ring ihres Gemahls Sichäus liegen, den ihr Askanius vom Finger gestreift hatte. Äneas fordert die Anwesenden auf, die laue Abendluft zu genießen. Nachdem sich alle nach und nach zerstreut haben, preisen Dido und Äneas ihre unvergängliche Liebe und entfernen sich eng umschlungen. Da erscheint im Mondlicht Merkur; mit einer Handbewegung zum Meer ruft er dreimal mahnend: »Italien!« – Zwei Posten bewachen des Nachts das Zeltlager der Trojaner, während vom Hafen herauf, wo ihre Schiffe liegen, das Heimatlied eines phrygischen Matrosen erklingt. Die Führer der trojanischen Flotte treten zusammen. Unheildrohende Zeichen erregen ihre Besorgnis, so das Klirren ihrer Waffen, wie damals in Troja vor der Unglücksnacht, oder das Erscheinen der Schatten Hektors und anderer gefallener trojanischer Helden, die mit dem dreimaligen Ruf »Italien!« zum Aufbruch mahnen. Während die beiden Wachposten von ihren karthagischen Mädchen schwärmen, stürzt Äneas herbei. Er ist sich seiner Pflicht bewußt geworden, unverzüglich das Land zu verlassen; aber er kann nicht scheiden, ohne vorher nochmals Dido gesehen zu haben. Auch vor ihm erscheinen die Schatten Kassandras, Hektors, Priamus' und anderer

Helden, die ihn auffordern, sofort abzusegeln. Gehorsam gibt Äneas das Signal zum Aufbruch. In großer Erregung naht Dido. Äneas beteuert ihr seine unerschütterliche Liebe, fügt aber entschlossen hinzu, dem höheren Gebot der Götter Folge leisten zu müssen. Mit einem Fluch auf die Götter und Äneas entfernt sie sich. Von neuem schallen vom Hafen her die Rufe der trojanischen Krieger: »Italien!« – Im Morgengrauen sucht Anna ihre Schwester zu trösten. Da kommt Jopas und meldet, daß die trojanische Flotte eben ausgelaufen sei. Wütend befiehlt Dido, die Karthager sollen den Trojanern nacheilen und ihre Schiffe in Brand setzen. In ihrer Ohnmacht ruft sie die Götter der Unterwelt an. Sie befiehlt, einen Scheiterhaufen zu errichten und darauf Äneas' Geschenke Pluto zum Opfer zu bringen und damit das Andenken an den Ungetreuen auszulöschen. Dido ist jetzt entschlossen, ihrem Leben ein Ende zu machen. Mit zärtlichem Ausdruck nimmt sie in Gedanken Abschied von allem, was ihr teuer war. – Auf dem Scheiterhaufen übergibt Dido während der Opferzeremonie Äneas' Liebespfänder den Flammen. In einer plötzlichen prophetischen Eingebung verkündet sie, daß ein karthagischer Held, Hannibal, ihre Schmach an den Nachkommen der treulosen Trojaner rächen werde; daraufhin sticht sie sich das Schwert des Geliebten in die Brust. Sterbend muß sie jedoch seherisch erkennen, daß dennoch Karthago untergehen werde; zu gleicher Zeit erscheint im Hintergrund das römische Kapitol, auf dessen Giebel das Wort »Roma« aufleuchtet. Mit dem Ausruf: »Unsterbliches Rom!« gibt sie ihren Geist auf. Das auf die Hilferufe der Priester herbeigeeilte Volk schwört ewigen Haß dem Geschlecht des Äneas.

STILISTISCHE STELLUNG: Die fünfaktige Oper ›Die Trojaner‹ behandelt zwei historisch-mythologische Begebenheiten: ›Die Einnahme von Troja‹ (I. und II. Akt) und ›Die Trojaner in Karthago‹ (II. bis V. Akt). Jeder der beiden Teile ist in sich geschlossen und kann auch einzeln aufgeführt werden. So besteht das Werk eigentlich aus zwei Opern, die – ähnlich wie bei Richard Wagners Tetralogie ›Der Ring des Nibelungen‹ der Fall ist – unter einem Gesamttitel zusammengefaßt sind. Der Dichterkomponist hat immer betont, daß er seine ›Trojaner‹ nach Virgil im Geist Shakespeares gestaltet habe. Analog diesem schöpferischen Prinzip ist trotz des einheitlichen Charakters der Musik eine gewisse stilistische Verschiedenheit der beiden Teile zu beobachten. Der erste Abschnitt, ›Die Einnahme von Troja‹, ist mit seiner leidenschaftlichen Tonsprache ganz im Geist Glucks gehalten, den Berlioz sehr bewunderte. Eine zentrale Figur – die Prophetin Kassandra – ist die eigentliche Trägerin des heroischen Geschehens. Auch im zweiten Teil – ›Die Trojaner in Karthago‹ – ist eine Frauengestalt in den Mittelpunkt der dramatischen Entwicklung gestellt, die schöne Königin Dido, die aber nicht als Heldin wie Kassandra, sondern als Frau mit der ganzen Skala weiblicher Gefühle und Leidenschaften gezeichnet ist.

Die dramaturgische Anlage dieses Teils folgt mehr dem Vorbild Shakespeares, und seine musikdramatische Gestaltung bewegt sich eher auf dem Boden der Grand opéra mit der typischen Mischung abwechslungsreicher theatralischer Wirkungen wie Aufzüge, Feste, Ballette, kultische Zeremonien, Liebesszenen, große Ensembles. Die Partitur beider Teile weist das gewohnte Bild des Eigenstils des Meisters auf: den symmetrischen Bau der musikalischen Formen, die symphonische Ausgestaltung des instrumentalen Parts sowie vor allem die phantasievolle Handhabung der orchestralen Farben.

TEXTDICHTUNG: Schon im Jahre 1851 hatte Berlioz die Idee, eine Oper über das Liebesleid der karthagischen Königin Dido nach dem berühmten Epos ›Aeneis‹ des römischen Dichters Publius Vergilius Maro (70–19 v. Chr.) zu schreiben, das von der Größe und geschichtlichen Sendung Roms handelt. Der Plan nahm feste Formen an, als der Komponist im Februar 1856 zu Konzerten in Weimar weilte und dort von Liszts Freundin, der Fürstin Carolyne Sayn-Wittgenstein, zur Ausführung seines Vorhabens ermutigt wurde. Nach Paris zurückgekehrt, beschäftigte sich Berlioz sogleich eingehend mit Virgil und mit den Werken Shakespeares, dessen dramatische Formgebung er sich zum Vorbild nahm. Die dichterische Gestaltung des Stoffes, die den Komponisten von Anfang Mai bis Mitte Juli 1856 in Anspruch nahm, erfolgte in engem Anschluß an die Vorlage Virgils. Bis zur Fertigstellung der Partitur nahm Berlioz immer wieder Umarbeitungen an seiner Textdichtung vor, die zum Teil von der Fürstin Wittgenstein angeregt worden waren. Im Januar 1858 las er das Opernbuch auch Richard Wagner vor, der sich in seiner Autobiographie allerdings enttäuscht über die dramaturgische Ausführung des Stoffes geäußert hat.

GESCHICHTLICHES: Nach Fertigstellung seiner »Dilettantendichtung«, bei der er, wie er sich der Fürstin Wittgenstein gegenüber äußerte, seinen Zypernwein mit Spiritus verschnitten hätte, machte sich Berlioz im August 1856 sogleich an die Komposition des Riesenwerks, die sich nahezu über zwei Jahre erstreckte. Die Partitur wurde am 7. April 1858 abgeschlossen; sie trägt folgende Widmung: »Divo Virgilio / A Son Altesse Sérénissime Madame la Princesse Carolyne de Sayn-Wittgenstein Née Iwanowska, Paris, 10. Mai 1865.« Alle Bemühungen des Komponisten, das Werk nunmehr in Paris zur Aufführung zu bringen, sind zunächst ergebnislos verlaufen. Selbst der Versuch, in einer persönlichen Vorsprache bei Napoleon III. das Interesse des Kaisers für die Oper zu gewinnen, blieb erfolglos. Zunächst konnte der Meister im Sommer 1859 nur Bruchstücke seiner ›Trojaner‹ in Baden-Baden hören, wo er in dem Pächter der Spielsäle Eduard Benazet einen treuen Förderer hatte. Bei Berlioz' weiteren Bestrebungen, das Werk an der Opéra zur Aufführung zu bringen, kam ihm Richard Wagner in die Quere. Die vom Kaiser befohlene Aufführung des ›Tannhäuser‹ führte zu einem endgültigen Bruch zwischen dem deutschen und dem französischen Tondichter. Der skandalöse Durchfall des ›Tannhäuser‹ (März 1861) erweckte zwar bei Berlioz große Genugtuung, doch waren die Zuschußmittel der Opéra infolge der hohen Unkosten, welche die Aufführung der deutschen Oper verschlungen hatte, erschöpft, und so war für die Inszenierung eines ebenfalls riskanten Werkes wie der ›Trojaner‹ kein Geld mehr vorhanden. Glücklicherweise konnte inzwischen Belioz Beziehungen zu Léon Carvalho (eigentlich Carvaille), dem Direktor des Théâtre Lyrique, anknüpfen, der sich bereit erklärte, die ›Trojaner‹ für seine Bühne anzunehmen. Aber erst nachdem Carvalho ein Zuschuß von 100000 francs bewilligt worden war, ging er an die Ausführung des Vorhabens. Trotzdem konnte Berlioz eine Aufführung der vollständigen Oper nicht durchsetzen. So kamen wenigsten die letzten drei Akte, ›Die Trojaner in Karthago‹, am 4. November 1863 am Théâtre Lyrique in Paris zur Uraufführung. Die hastig und unzulänglich vorbereitete Vorstellung hatte nur einen bescheidenen Erfolg, und nach der 21. Vorstellung verschwand das Werk vom Spielplan. Eine Aufführung der beiden Teile hat der Komponist nicht mehr erlebt. Diese fand unter der Leitung von Felix Mottl im Dezember 1890 in Karlsruhe erstmals statt; in den Hauptpartien wirkten mit die Sängerinnen Luise Reuß-Belce (Kassandra) und Pauline Mailhac (Dido) sowie der Tenor Alfred Oberländer (Äneas). Mottl hat die Aufführung der Oper auf zwei Abende verteilt: am 6. Dezember gingen ›Die Einnahme von Troja‹ und am 7. Dezember ›Die Trojaner in Karthago‹ in Szene. Die erste Aufführung der ›Trojaner‹ als ungeteilte Oper, allerdings mit erheblichen Kürzungen, fand am 13. Mai 1913 in Stuttgart statt. Der erste Versuch, die Oper in ihrer Gesamtheit vorzustellen, wurde 1957 in Covent Garden unternommen. Eine erste vollständige Inszenierung (auf der Basis der 1969 im Rahmen der ›New Berlioz Edition‹ erschienenen Gesamtpartitur) fand am 3. Mai 1969 in der Scottish Opera Glasgow statt; ihr folgte eine zweite Produktion anläßlich des Berlioz-Jahres 1969 im Royal Opera House Covent Garden London am 17. September 1969, der inzwischen weitere folgten.

Béatrice und Bénédict

Oper in zwei Akten. Dichtung nach William Shakespeares ›Viel Lärm um nichts‹ vom Komponisten.

SOLISTEN: *Don Pedro,* Befehlshaber der sizilianischen Truppen (Seriöser Baß, gr. P.) – *Leonato,* Gouverneur von Messina (Charakterbaß, auch Charakterbariton, m. P.) – *Hero,* dessen Tochter (Lyrischer Koloratursopran, gr. P.) – *Béatrice,* Leonatos Nichte (Soubrette, gr. P.) – *Claudio,* Adjutant Don Pedros (Lyrischer Bariton, gr. P.) – *Bénédict,* sizilianischer Offizier, Freund Claudios (Lyrischer Tenor, gr. P.) – *Somarone,* Kapellmeister (Spielbaß, m. P.) – *Ursula,* Heros Gesellschaftsdame (Spielalt, gr. P.) – *Ein Notar* (Spieltenor, kl. P.).

CHOR: Musiker, Sänger und Sängerinnen. Volk von Messina. Hochzeitsgefolge des Don Pedro und des Gouverneurs. Diener (gr. Chp.).

BALLETT: Tänzer und Tänzerinnen (Sicilienne, I. und II. Akt).

ORT: Messina.

SCHAUPLÄTZE: Ein prächtiger Park vor dem Palast Leonatos, zu welchem Stufen führen. Im Vordergrund links ein kleines Boskett, davor ein Ruhesitz. Rechts gegenüber eine Statue, zu deren Füßen Blumen. Im Hintergrund Ausblick auf Messina und das Meer. – Im Palast des Gouverneurs. Großer Saal, durch dessen Säulen man in einen kleineren sieht.

ZEIT: Beginnt mittags und endet in derselben Nacht.

ORCHESTER: 1 Picc., 2 Fl., 2 Ob. (II. auch Eh.), 2 Kl., 2 Fag., 4 Hr., 2 Cornetts, 3 Pos., P., Schl., 2 Hrf., Gitarre, Str. – Bühnenmusik: 2 Ob., 2 Fag., 2 Trp., Tr.

GLIEDERUNG: Ouvertüre und 15 Musiknummern, die durch einen gesprochenen Dialog miteinander verbunden werden.

SPIELDAUER: etwa 2½ Stunden.

HANDLUNG: Im Park vor dem Palast Leonatos, des Gouverneurs von Messina, bereitet die Volksmenge dem aus dem Krieg heimkehrenden, siegreichen Befehlshaber der sizilianischen Truppen Don Pedro und seinen Adjutanten Claudio und Bénédict einen begeisterten Empfang mit Gesang und Tanz. Auch die Tochter des Gouverneurs, Hero, und seine Nichte Béatrice sind zugegen. Erstere ist mit Claudio verlobt; auf Wunsch des Gouverneurs soll das Paar noch in dieser Nacht getraut werden. Béatrice und Bénédict hingegen verachten Liebe und Ehe; beide haben bissige Zungen, und mit spöttischen Bemerkungen bringen sie ihre gegenseitige Abneigung zum Ausdruck. Auch seinem Kriegsherrn, Don Pedro, wie seinem Freund Claudio gegenüber erklärt Bénédict, eher ins Kloster gehen, ja in die Hölle fahren zu wollen als zu heiraten. Er bemerkt nicht, wie sich die beiden Kameraden über sein Ereifern amüsieren. Gereizt erklärt er schließlich im Weggehen, sollte er je unters Ehejoch sich beugen, möge man an seine Haustür schreiben: »Hier ist zu sehen Bénédict als Ehemann!« Don Pedro ist jedoch überzeugt, daß Bénédicts Abneigung gegen die Frauen nicht echt und daß auch Béatrices widerspenstiges Verhalten den Männern gegenüber nur Schein ist. Er will daher die Herzen der beiden von ihrem Eis befreien und geht daran, sein Vorhaben mit Claudios Unterstützung sogleich auszuführen. Nachdem sich Pedro und Claudio entfernt haben, erscheint der skurrile Kapellmeister Somarone im Kreis seiner Musiker und Sänger. Mit emsiger Geschäftigkeit probiert er noch rasch seine für die Trauung komponierte Hochzeitskantate. Nach Beendigung der Probe zieht er sich befriedigt mit seiner Musikantenschar zurück. Bénédict kommt aus dem Palast; er kann die Verliebtheit seines Kameraden Claudio nicht mehr mitansehen. Als er Don Pedro, Leonato und Claudio herankommen sieht, verbirgt er sich schnell hinter dem Gebüsch. Dort vernimmt er aus der Unterhaltung der drei Männer zu seinem Erstaunen, daß Béatrice rasend in ihn verliebt sei. Er ahnt freilich nicht, daß es sich um ein verabredetes Komödienspiel Don Pedros handelt, entdeckt jedoch mit einem Mal seine bis jetzt unterdrückten wahren Gefühle für Béatrice. Aber auch diese hat inzwischen ihre starrköpfige Haltung gegen die Liebe aufgegeben, bekehrt durch ihre Base Hero, die nach der Weisung ihres Vaters Béatrice eingeredet hat, daß Bénédict ihr Herz begehre. Beglückt setzt sich Hero mit ihrer Gesellschafterin bei Einbruch der Dunkelheit auf die Gartenbank und preist im Mondschein Liebe und Natur. – Inzwischen stärken sich im großen Saal des Gouverneurpalastes die Musiker und Sänger mit ihrem Maestro an der Spitze für die Hochzeitsfeier mit feinen Speisen und sizilianischen Weinen. Nachdem sie sich, um frische Luft zu schöpfen, in den Park begeben haben, erscheint erregt Béatrice. Aufrichtig gesteht sie, daß sie Bénédict mit Sorge habe in den Krieg ziehen sehen und daß sie einmal mit einem lauten Schrei aus dem Schlaf erwacht sei, weil sie ihn im Traum fallen und sterben gesehen hatte. Jetzt gibt sie jubelnd zu, ihn zu lieben und ihm treu angehören zu wollen. Da treten Hero und Ursula zu ihr. Schlau wissen sie Béatrice, die sich zunächst wieder unempfindlich gegen Liebe stellt, das Geheimnis ihres Herzens zu entlocken, indem sie ihre Eifersucht reizen, weshalb sie schließlich ihre wahren Gefühle verrät. Damen und Herren betreten den Saal. Hero wird unter den Klängen des Brautlieds von den Brautjungfern mit Schleier und Kranz geschmückt. Als sich der Zug entfernt hat, bleibt Béatrice unschlüssig zurück. Bénédict tritt an sie heran. Nach einem kurzen Wortgeplänkel sind sich die beiden schnell einig. In diesem Augenblick naht sich im feierlichen Aufzug die Hochzeitsgesellschaft mit dem Brautpaar Hero und Claudio und dem Notar. Nach der Zeremonie der Unterschrift des Ehekontrakts erklärt der Notar, er sei beauftragt worden, noch ein zweites Paar zu trauen. Zögernd nähert sich Bénédict Béatrice; in einer kurzen leisen Auseinandersetzung weiß er sie zu bestimmen zu unterschreiben. Triumphierend läßt Leonato vier Diener mit Tafeln vortreten, deren Aufschrift zunächst nicht zu sehen ist. Auf je einen Trommelschlag hin drehen die Diener nacheinander ihre Tafeln um, auf denen nunmehr zu lesen ist: »Hier ist – zu sehen – Bénédict – als Ehemann.« Alle lachen und beglückwünschen die beiden jungen Paare. Bénédict ergreift Béatricens Hand; verliebt necken sich die beiden gegenseitig mit der Behauptung, der jeweils andere sei der Unterlegene. Schließlich einigen sie sich unter der Devise: »Heute reichen wir uns die Hand – und neu beginnt der Krieg morgen!« Belustigt stimmt die Hochzeitsgesellschaft in den Ruf »Morgen!« ein.

Stilistische Stellung: Berlioz hat zu ›Béatrice und Bénédict‹ eine heiter-beschwingte Lustspielmusik mit lyrischem Einschlag geschrieben. Die Faktur der Partitur ist durchsichtig, ein Spielopern-Orchester, ähnlich wie bei Adam, Auber oder Boieldieu, ermöglicht dezente Wirkungen und fördert die Wortverständlichkeit. Dramatisch erregten Stellen, wie sie zum Beispiel Béatricens große Arie Nr. 10 aufweist, steht die zarte Lyrik des Duett-Notturnos (Hero–Ursula) gegenüber, das den I. Akt wirkungsvoll abschließt. Von grotesk-komischer Wirkung ist die Probe der Hochzeitskantate mit der Doppelfuge, deren Beziehung zu dem Geschehen Somarone mit den Worten definiert: »Das Wort Fuge kommt her von fuga = Flucht. Ich habe deshalb eine Fuge mit zwei Subjekten gewählt, um das junge Ehepaar an die Flucht der Zeit zu erinnern. Beide Subjekte haben einen verschiedenen Charakter: das eine lacht, das andere weint – Tod und Leben – alles ist darin!« Musikalisch wirkungsvoll ist auch der Schluß der Oper gestaltet. Er wird zunächst eingeleitet mit einem großen kunstvoll gearbeiteten Ensemble, dem einzigen in dem ganzen Werk (Hochzeitsmarsch Nr. 13), bei dem alle Solisten und der Chor beteiligt sind und das ernsten Charakter hat: die Anwesenden beten zu Gott, der Herr möge den Bund segnen. Ein tändelndes Scherzo-Duettino (Béatrice und Bénédict) mit einem launischen Triolenthema, aus dem auch die Ouvertüre gebaut ist, bewirkt schließlich einen dem graziösen Grundton des Werkes entsprechenden Ausklang. – Berlioz hat ›Béatrice und Bénédict‹ als Opéra comique komponiert, also als Oper, bei der die einzelnen Musiknummern durch einen gesprochenen Dialog miteinander verbunden werden. Felix Mottl, der ein großer Berlioz-Verehrer war, hat in Zusammenarbeit mit Gustav Heinrich Gans zu Putlitz diese Dialoge zu orchesterbegleiteten musikalischen Szenen und Rezitativen umgestaltet.

Textdichtung: Die der Oper zugrundeliegende Textvorlage ist Shakespeares 1599 entstandenem Bühnenstück ›Much Ado About Nothing‹ (›Viel Lärm um nichts‹) entnommen. In diesem Werk laufen zwei Handlungen parallel: die Liebesgeschichte des seriösen Paares Hero und Claudio sowie eine komödiantische Nebenhandlung mit dem streitlustigen Paar Béatrice und Bénédict. Berlioz hat in seiner Oper nur letztere verarbeitet, wobei er einzelne Teile des Shakespeareschen Originals in wörtlicher Übersetzung übernahm und anstelle der einfältigen Gerichtsdiener Holzapfel und Schlehwein die komische Figur des Kapellmeisters Somarone mit seinen Musikanten einfügte.

Geschichtliches: Berlioz hatte in dem ebenso großzügigen wie geschäftstüchtigen Pächter der Baden-Badener Spielsäle Eduard Benazet einen treuen Gönner. Dieser war es denn auch, der dem Komponisten den Auftrag erteilte, zur Einweihung des neuerbauten Theatersaals in Baden-Baden eine Oper zu schreiben. Berlioz sagte sogleich zu und beschloß, einen Stoff nach Shakespeares ›Viel Lärm um nichts‹ zu verarbeiten, den er schon früher einmal – im Jahre 1833 – in Erwägung gezogen hatte. Das nunmehr ›Béatrice und Bénédict‹ betitelte Werk wurde in der Zeit von Herbst 1861 bis Frühjahr 1862 geschrieben. Es war nicht nur die letzte Oper, sondern zugleich auch die letzte Komposition des Meisters, die er ausgeführt hat. Benazet scheute keine Kosten für die Verpflichtung erstklassiger Pariser Kräfte und für eine prächtige Bühnenausstattung. So ging die Oper vor erlesenem Publikum am 9. August 1862 unter der Leitung des Komponisten und mit den Damen Charton-Demeur (Béatrice) und Monrose (Hero) sowie mit den Herren Montaubry (Bénédict) und Lefort (Claudio) in den Hauptrollen unter großem Beifall erstmals in Szene.

Günter Bialas

* 19. Juli 1907 in Bielschowitz (Oberschlesien), lebt in München

Hero und Leander (1966 Mannheim), T: nach Franz Grillparzer u. Musaios v. Eric Spiess, V: BV

Die Geschichte von Aucassin und Nicolette (1969 München), T: Tancred Dorst, V: BV

Der gestiefelte Kater oder Wie man das Spiel spielt (1975 Schwetzingen/Hamburg), T: T. Dorst nach Ludwig Tieck, kO., V: BV

Die Geschichte von Aucassin und Nicolette

Oper in dreizehn Bildern von Tancred Dorst nach einer Chantefable aus dem 13. Jahrhundert.

Solisten: *Aucassin,* Sohn des Grafen von Beaucaire (Lyrischer Bariton, auch Kavalierbariton, gr. P.) – *Nicolette* (Lyrischer Koloratursopran, gr. P.) – *Graf von Beaucaire* (Spielbaß, m. P.) – *Vizgraf* (Bariton, auch Baßbariton, m. P.) – *Cirage,* eine schwarze Amme (Mezzosopran, auch Alt, m. P.) – *König Karthago* (Lyrischer Tenor, auch Spieltenor, kl. P.) – *Lehrer* (doppelt zu besetzen mit Vizgraf) – Die Spielmacher *Anton 1* (Lyrischer Tenor, gr. P.) – *Anton 2* (Bariton, gr. P.) – *Anton 3* (Seriöser Baß, gr. P.).

Die Spielmacher übernehmen außerdem noch die folgenden Rollen: 3 Köhler, Herr und Frau Bartholomée, Wegweiser, Bürger von Torelore, 3 Vezire, Soldaten, 2 Mörder, Stimmen des Waldes, Stimmen der Delphine, Stimmen des Windes.

Chor: 5 Kinder (Knabenchor, kl. Chp.).

Ballett und Pantomime: Soldaten. Pfeifer und Trommler, 2 Mörder.

Musiker und Gäste. Antipoden. Der Metzger und die Schweine. Angelique. Sylvia. Valence. Seefahrer. Bürger und Frauen von Torelore.
ORT UND SCHAUPLÄTZE: Der Garten von Beaucaire – Die Schloßmauer – Turm und Gefängnis – Der Wald – Fest im Schloß von Beaucaire – Laube Nicolettes – Auf der Reise – Die Stadt Torelore – Meerfahrt – Karthago.
ZEIT: In sagenhafter Zeit.
ORCHESTER: Fl., Picc., Ob., Kl., Fag., Hr., Trp., Pos., Tuba, 3 P., Schl., Hrf., Klav., präpariertes Klav. oder Cemb., Str. – Bühnenmusik: Trp., Hr., verstimmtes Klav.
GLIEDERUNG: Ouvertüre und 13 Bilder. Einzelne, in sich geschlossene musikalische Nummern.
SPIELDAUER: etwa 2¼ Stunden.
HANDLUNG: Im Prolog erklären die drei Spielmacher, die »Antons«, das Spiel für eröffnet. Sie stellen die Frage: kann es so eine ewige, ideale Liebe wie die zwischen Aucassin und Nicolette überhaupt geben? – Aucassin lehrt seine Geliebte, die Mohrin Nicolette, die französische Sprache. Der Vizgraf kommt und warnt ihn vor dem Zorn seines Vaters, des Grafen von Beaucaire, der Nicolette nicht zur Schwiegertochter will. – Der Graf hat Nicolette gefangensetzen lassen. Aucassin irrt durchs Schloß und sucht nach seiner Geliebten, ohne sie zu finden. Da der Graf von Valence mit Truppen die Grafschaft bedroht, bietet Aucassin seinem Vater einen Vertrag an: wenn er die Feinde besiege, dürfe er Nicolette wiedersehen. Der Graf stimmt widerstrebend zu. – Auf der Schloßmauer beobachten der alte Graf und der Vizgraf die Schlacht. Zuerst scheint es, als würden die Truppen Aucassins geschlagen, doch als dieser erfährt, daß der Graf von Valence eine Prämie auf seinen Kopf ausgesetzt hat, packt ihn die Wut, und er schlägt die feindlichen Truppen und nimmt den Grafen von Valence gefangen. Als er vom Vater die Einlösung des Vertrages fordert, kann dieser sich angeblich nicht daran erinnern, einen solchen abgeschlossen zu haben. Aucassin empört sich und läßt den gefangenen Grafen von Valence frei. Dafür sperrt ihn sein Vater ein. – Nicolette gelingt es, mit der schwarzen Amme Cirage, die sie bewachen soll, den Schleier zu tauschen und zu fliehen. Da sie fürchtet, ermordet zu werden, flieht sie in den Wald. – Im Wald begegnet sie drei Köhlern und läßt durch sie Aucassin die Botschaft zukommen, er möge in den Wald kommen und die Hirschkuh jagen. Der alte Graf hat zwei Mörder ausgeschickt, um Nicolette zu töten, doch diese treffen nur die alte Amme an. Da Nicolette geflohen ist, wird Aucassin wieder aus der Haft befreit. Am Hofe feiert man den Sieg über den Grafen von Valence mit einem großen Fest; nur Aucassin ist traurig. Da erreicht ihn die Nachricht des Köhlers. Er versteht und will sofort zur Jagd aufbrechen. – Vor ihrer selbstgebauten Laubhütte findet Aucassin seine Nicolette. Da sie nicht nach Beaucaire zurück können, laufen sie »durch wenigstens dreißig

Grafschaften und über mehrere Gebirge«. Sie kommen in die Stadt Torelore. Während er die Stadt besehen will, geht Nicolette ans Meer, um die Füße zu kühlen. Für Aucassin werden in dieser verdrehten Stadt, in der die Antipoden auf den Händen gehen, Kinderträume und Kinderängste Wirklichkeit. Hier ziehen die Frauen in den Krieg, gebären die Männer, die Kinder sind Richter, und die Schweine schlachten den Metzger. In Torelore erreicht ihn durch eine Brieftaube die Nachricht vom Tode seines Vaters; er ist jetzt Graf von Beaucaire. Als er nach Nicolette ruft, antwortet niemand – so kehrt er nach Hause zurück. – Nicolette ist, als sie am Meer war, von Sarazenen nach Karthago entführt worden. Auf dieser Meerfahrt lauscht sie lateinisch singenden Delphinen. Nicolette wird zum König von Karthago gebracht, der an einem Muttermal in ihr seine vor 18 Jahren geraubte Tochter wiedererkennt. Doch nach einigen Wochen langweilt sie sich in Karthago. Sie denkt an Aucassin, und die Winde erzählen ihr, er sei jetzt Graf von Beaucaire geworden und werde heiraten. Da bittet sie die Winde, sie mit zurück nach Beaucaire zu nehmen. – In Beaucaire redet der Vizgraf dem jungen Grafen Aucassin zu, doch endlich zu heiraten. Viele Bräute werden ihm zur Auswahl angeboten, doch in allen erkennt er einen Zug, der ihn an Nicolette erinnert. Da erscheint eine unförmige alte Frau namens Margot (in ihr verbirgt sich Nicolette), und sie will er heiraten, da ihn an ihr nichts an die schöne junge Nicolette erinnere. Ein großes Fest wird gefeiert.

Stilistische Stellung: In Bialas zweiter Oper ging es ihm nicht um eine Oper im traditionellen Sinn, sondern – in Fortsetzung von Strawinskys ›Geschichte vom Soldaten‹ und Brecht/Weills Stücken aus den zwanziger Jahren – um ein unpsychologisches Theater, ein heiter-ironisches Spiel, das nie verhüllt, daß es sich um ein Spiel handelt. Musikalisch und dramaturgisch erreicht Bialas dies zum einen durch die Rollen der drei Spielmacher, die stets den unmittelbaren Kontakt mit dem Zuschauer halten, also aus der Bühnenwirklichkeit ausbrechen, und die zudem viele Rollen übernehmen; zum anderen dadurch, daß er musikalisch eine Fülle traditionell vorbelasteter Nummern – Lieder, Chansons, Arien, Ensembles, Schlacht- und Jagdmusiken, Barcarolen – zitierend verfremdet.

Textdichtung: Das Libretto zu ›Aucassin und Nicolette‹ entstand in unmittelbarer Zusammenarbeit zwischen dem Komponisten und dem Librettisten Tancred Dorst. Dorst hatte bereits Anfang der fünfziger Jahre für eine Schwabinger Marionettenbühne nach der anonymen Chantefable des 13. Jahrhunderts ein Stück ›Aucassin und Nicolette‹ geschrieben, das er 1964 in das Schauspiel ›Die Mohrin‹ umarbeitete. Dieses Schauspiel war dann der Ausgangspunkt für das Libretto, das gleichwohl noch zahlreiche Umarbeitungen erfuhr.

Geschichtliches: Bialas' ›Aucassin und Nicolette‹ wurde am 12. Dezember 1969 an der Bayerischen Staatsoper in München uraufgeführt, es dirigierte Matthias Kuntzsch, es inszenierte Dietrich Haugk, die Hauptpartien sangen Ingeborg Hallstein und Hans Wilbrink. Als eine der wenigen unpsychologischen skeptisch-melancholischen komischen Opern unserer Tage hat sich das Werk seitdem recht gut im Spielplan gehalten.

W. K.

Georges Bizet

* 25. Oktober 1838 in Paris, † 3. Juni 1875 in Bougival bei Paris

Le Docteur Miracle (1857 Paris); T: Léon Battu u. Ludovic Halévy; Neubearb. v. Klaus Jossa, kO., E., V: AE

Don Procopio (1860, uraufgeführt 1906 Monte Carlo), T: Paul Collin u. Paul Bérel, V: Choudens, A&S

Les pêcheurs de perles (1863 Paris), T: Michel Carré u. Eugène Cormon, V: A&S

Ivan IV. (1865, uraufgeführt 1951 Bordeaux), T: François Hippolyte Leroy u. Henri Trianon; deutsche Fassung v. Henri Busser u. Fritz Schröder, V: Schott

La jolie fille de Perth (1867 Paris), T: Jules Henri Vernoy de Saint-Georges u. Jules Adenis, V: Choudens, A&S

Djamileh (1872 Paris), T: nach Alfred de Musset v. Louis Gallet, kO., E., V: U. E., A&S

Carmen (1875 Paris), T: nach Prosper Mérimée v. Henri Meilhac u. L. Halévy, Rezitative nachkomponiert v. Ernest Guiraud, V: Choudens, A&S; Neufassung v. Heinrich Strobel (1960), V: A&S; Neuausg. u. deutsche Texteinrichtung der Guiraud-Rezitative v. Fritz Oeser (deutsche Übertragung der Originalfassung v. Walter Felsenstein), V: AE

Die Perlenfischer

Oper in drei Akten. Dichtung von Michel Carré und Eugène Cormon.

Solisten: *Leila,* eine Tempelpriesterin (Lyrischer Koloratursopran, gr. P.) – *Nadir,* ein Jäger (Lyrischer Tenor, gr. P.) – *Zurga,* ein Perlenfischer (Lyrischer Bariton, auch Kavalierbariton, gr. P.) – *Nourabad,* Gemeindeältester (Seriöser Baß, m. P.).

Chor: Perlenfischer (gr. Chp.).

Ort: Ceylon.

Schauplätze: Wilde Küstenlandschaft – Ruinen eines Tempels – Zurgas Zelt.

Orchester: 2 Fl., 2 Ob., 2 Kl., 2 Fag., 4 Hr., 2 Trp., 3 Pos., 2 Hrf., Schl., Str. – Bühnenmusik: Fl., kl. Tr., Hrf.

(Eine Partitur von Bizets Hand ist nicht erhalten, das Orchestermaterial der Uraufführung ist verloren. Alle Instrumentationen sind von fremder Hand, und ihre Authentizität ist zweifelhaft. Lediglich ein Klavierauszug Bizets von 1863 ist erhalten und liegt der Ausgabe bei Choudens zugrunde.)

GLIEDERUNG: Vorspiel und 16 ineinander übergehende Musiknummern.

SPIELDAUER: etwa 2 Stunden.

HANDLUNG: Am Strande von Ceylon beschwören die Perlenfischer die Dämonen. Die alljährliche Fangzeit ist angebrochen, und man wählt Zurga zum Anführer des gefährlichen Unternehmens. Da taucht der lange verschollene Jäger Nadir auf. Zurga begrüßt den Jugendfreund herzlich und erinnert ihn an ein gemeinsames Erlebnis: in der heiligen Stadt Kandy waren beide in heißer Liebe zu einer Frau entbrannt; beide schworen einander damals, mit Rücksicht auf ihre Freundschaft nicht um diese Tempelschönheit zu werben, und sie erneuern jetzt diesen Eid. Da bringt der Oberpriester Nourabad eine verschleierte Jungfrau, die während des Fanges Tag und Nacht im Tempel beten soll, um das Meer zu beruhigen. Leila gelobt, sich nie unverschleiert zu zeigen, um sich nach Abschluß des Fanges die größte Perle zu verdienen. Sollte sie diesen Schwur brechen, so droht ihr der Tod. Während der Zeremonie hat Nadir in Leila die früher verehrte Frau aus Kandy wiedererkannt, und auch Leila hat ihn wiedererkannt. Trotzdem schwört sie und betritt mit dem Priester den Tempel. Dort betet sie zu Brahma. Nadir ruft vom Fuße des Tempelberges, und jetzt singt Leila nur noch für ihn. – Der II. Akt spielt im Tempel: Leila berichtet dem Oberpriester von einem Mann, den sie einst im Hause ihres Vaters vor seinen Verfolgern verbarg. Zum Dank erhielt sie von dem Geretteten eine Kette. In der Zwischenzeit nähert sich Nadir dem Tempel; er will zu der Geliebten, die ihn vergebens anfleht, die Gefahr zu meiden. Die Wächter und der Oberpriester jedoch sind aufmerksam geworden und eilen hinter dem fliehenden Tempelschänder her. Ein Sturm bricht aus, als man den gefangenen Nadir hereinschleppt. Die aufgebrachten Fischer verlangen den Tod der beiden, doch Zurga versucht, den Freund zu retten. Da zerreißt der Priester den Schleier des Mädchens, und erschüttert muß Zurga in ihr das Mädchen aus Kandy wiedererkennen. Nun kennt auch er – aufgebracht über den Treubruch – kein Mitleid mehr. Ein wildes Gebet zu Brahma beschließt den Akt. – Von Eifersucht und Freundschaft zu Nadir gleichermaßen bewegt, sitzt Zurga grübelnd in seinem Zelt, als Leila erscheint. Sie bittet um Gnade für den Geliebten, sie werde dann selbst gern sterben. Zurga verweigert die Bitte, und Leila verflucht ihn. Sie wirft ihm die Kette jenes Mannes hin, den sie einst beschützt hat, und verlangt, man möge sie nach ihrem Tod ihrer Mutter aushändigen. Zurga wirft einen Blick auf das Schmuckstück und eilt dann Leila nach, die das Zelt schon verlassen hat. – An der Küste ist das Opferfest vorbereitet, und man erwartet den Morgen, um die beiden Tempelschänder zu töten. Die Verurteilten werden zum Richtplatz geführt, als plötzlich ein Flammenschein den Himmel erhellt. Zurga eilt herbei und ruft, die Hütten des Dorfes stünden in Flammen – der Himmel habe dies Feuer als Strafe geschickt. Alles stürzt davon, um zu löschen, nur Nourabad verbirgt sich. Zurga offenbart sich dem Paar als der Mann, der Leila sein Leben verdanke. Er habe die Hütten angezündet, um das Volk abzulenken und ihnen die Flucht zu ermöglichen. So wolle er Leilas Hilfe belohnen. Während Leila und Nadir mit einem Boot fliehen können, wird Zurga von Nourabad und dem aufgebrachten Volk gefangen und zum Tode durch das Feuer verurteilt.

Stilistische Stellung: ›Die Perlenfischer‹ ist die erste große Oper, die Bizet, nachdem ihm der Rompreis des Conservatoire 1857 zuerkannt worden war, an einer renommierten Bühne herausbringen konnte. Die Uraufführung am 30. September 1863 im Pariser Théâtre Lyrique fand jedoch kaum Resonanz. Bizet orientierte sich, dem Sujet gemäß, an dem damals in Frankreich verbreiteten Interesse an außereuropäischer Kultur und an einem zivilisationsmüden Exotismus. Der Orientalist und Komponist Félicien David (1810–1876) hatte mit seiner Orchester-Ode ›Le Désert‹ und seiner »indischen« Oper ›Lalla Roukh‹ (dasselbe Sujet verwendete schon Robert Schumann in ›Das Paradies und die Peri‹) bereits einer orientalischen Melodik, Rhythmik und Instrumentation gehuldigt. Bizet knüpfte hier an und vermochte, insbesondere mit den von der Kritik gerügten »bizarreries harmoniques«, einen vermeintlich orientalischen Ton zu treffen.

Textdichtung: Das Libretto, das der Direktor des Théâtre Lyrique Bizet vorgelegt hatte, stammt von den vielbeschäftigten Autoren Michel Carré und Eugène Cormon (eigentlich: Pierre-Etienne Priestre). Es ist nicht viel mehr als ein Tribut an die Exotismus-Mode und steht durch Schwulst und dramaturgische Ungeschicklichkeit dem Werk eher im Wege.

Geschichtliches: Die Uraufführung der ›Perlenfischer‹ am 30. September 1863 im Pariser Théâtre Lyrique war kein großer Erfolg. Lediglich Hector Berlioz, der über diesen Abend seine letzte Kritik für das ›Journal des Débats‹ schrieb, äußerte sich positiv: »Die Partitur der ›Perlenfischer‹ macht Bizet die größte Ehre, und man wird sich genötigt sehen, ihn als Komponisten anzuerkennen ...« 1863 brachte es die Oper immerhin auf 18 Vorstellungen, und 1866 wurde sie – auf Initiative von Carré – wieder in den Spielplan aufgenommen. Dann aber verschwand sie so nachhaltig, daß bis heute die Partitur und das Orchestermaterial der Uraufführung verschollen sind. Erst nach Bizets Tod interessierte man sich – vom Erfolg der ›Carmen‹ beeindruckt – für die früheren Werke Bizets, und 1885 und 1893 erschienen zwei Klavierauszüge des Werkes, die jedoch stark in das schwache Libretto eingreifen und auch die Musik nicht unangetastet lassen, zum Teil originale Musik gestrichen haben und zum anderen fremde Musik einfügen. 1973 wurde zum ersten Mal seit mehr als einhundert Jahren an der Nationaloper von Wales die Originalfassung von 1863 wieder gespielt, soweit sie sich nach dem einzig erhaltenen Klavierauszug von Choudens rekonstruieren läßt.

W. K.

Carmen

Oper in vier Akten. Dichtung nach einer Novelle des Prosper Mérimée von Henri Meilhac und Ludovic Halévy.

SOLISTEN: *Don José,* Sergeant (Jugendlicher Heldentenor, gr. P.) – *Escamillo,* Stierfechter (Kavalierbariton, auch Charakterbariton, m. P.) – *Remendado* (Spieltenor, auch Charaktertenor, m. P.) und *Dancaïro* (Spieltenor, auch Spielbaß, m. P.), Schmuggler – *Zuniga,* Leutnant (Seriöser Baß, auch Charakterbaß, m. P.) – *Moralès,* Sergeant (Lyrischer Bariton, kl. P.) – *Carmen,* ein Zigeunermädchen (Dramatischer Mezzosopran, auch Dramatischer Alt, auch Charaktersopran, gr. P.) – *Micaëla,* ein Bauernmädchen (Lyrischer Sopran, auch Jugendlichdramatischer Sopran, m. P.) – *Frasquita* (Koloratursoubrette, auch Lyrischer Sopran, m. P.) und *Mercédès* (Lyrischer Mezzosopran, m. P.), Zigeunermädchen – *Lillas Pastia,* Schenkwirt (Stumme Rolle).

CHOR: Soldaten. Stierfechter. Schmuggler. Zigarettenarbeiterinnen. Straßenjungen. Zigeuner und Zigeunerinnen. Volk (I. Akt: Männerchor geteilt in Soldaten, Stutzer und Bürger. I. und IV. Akt: Kinderchor; gr. Chp.).

BALLETT: II. Akt: Tanz der Zigeunerinnen. IV. Akt: Gewöhnlich Ballett-Einlage mit Musik aus Bizets ›L'Arlésienne‹ und ›La jolie fille de Perth‹.

ORT: In und bei Sevilla.

SCHAUPLÄTZE: Ein Platz in Sevilla mit Tabakfabrik (rechts) und Hauptwache (links), im Hintergrund eine gangbare Brücke – In der Schenke bei Lillas Pastia – Wilde Gebirgsgegend – Ein Platz in Sevilla, im Hintergrund die Mauern einer alten Arena.

ZEIT: 1820.

ORCHESTER: 2 Fl. (auch 2 Picc.), 2 Ob. (II. auch Eh.), 2 Kl., 2 Fag., 4 Hr., 2 Trp., 3 Pos., P., Schl., Hrf., Str. – Bühnenmusik: 2 Trp., 3 Pos. (aus dem Orchester zu entnehmen).

GLIEDERUNG: Vorspiel und je ein Zwischenspiel vor den einzelnen Akten sowie 27 Musiknummern, die durch einen gesprochenen Dialog oder durch die nachkomponierten Rezitative miteinander verbunden werden.

SPIELDAUER: etwa 3 Stunden.

HANDLUNG: Der brave Sergeant Don José liebt treu das schlichte Bauernmädchen Micaëla aus seinem Heimatdorf. Sie besucht ihn in Sevilla, als er gerade auf Wache ist, und überbringt ihm nebst einigen Gaben Gruß und Kuß von der Mutter. Während Micaëla zu Besorgungen in die Stadt eilt, erhält José den Befehl, die Zigeunerin Carmen ins Gefängnis zu bringen, die bei einem Streit unter den Arbeiterinnen der nahen Zigarettenfabrik ein Mädchen mit dem Messer verletzt hat. Das zurückhaltende und gleichgültige Benehmen des Sergeanten reizt Carmen, der alle Männer anbetend zu Füßen liegen, und bald hat sie durch ihre Verführungskünste erreicht, daß José sie während des Abführens entwischen läßt, wofür er eine Arreststrafe erhält. – In der Schenke des Lillas Pastia, dem Absteigequartier der Schmuggler und Zigeuner, amüsieren sich Sevillas Lebemänner mit den Zigeunermädchen bei Wein und Tanz. Auch der gefeierte Stierkämpfer Escamillo kehrt dort ein. Nachdem sich die Gäste entfernt haben, fordern die Zigeuner die Mädchen auf, ihnen bei ihrer bevorstehenden Schmugglerfahrt die Zöllner fernzuhalten. Doch Carmen will diesmal nicht mitmachen, denn sie erwartet José, der heute aus dem Arrest entlassen worden ist. Die Kameraden drängen Carmen, den Soldaten zur Fahnenflucht zu verleiten. Der pflichtgetreue Bursche will sich aber beim Ertönen der Trompeten zum Zapfenstreich trotz aller verführerischen Einflüsterungen Carmens nicht abhalten lassen, zur Kaserne zurückzueilen. In diesem Augenblick kommt Zuniga zu einem heimlichen nächtlichen Besuch Carmens. In besinnungsloser Eifersucht greift José gegen den Vorgesetzten sogar zur Waffe. Die von Carmen eiligst herbeigerufenen Zigeuner nehmen Zuniga in Gewahrsam. Nun kann José nicht mehr zurück; er schließt sich daher der Schmugglerbande an. – Aber Carmens Liebe währt nie lange, und ihre Leidenschaft für den weichen José verrauscht um so schneller, als sich zeigt, daß dieser sich zu dem Schmugglerhandwerk schlecht eignet. Überdies gehört ihr Herz bereits wieder einem anderen: Escamillo. Als dieser sie bei den Schmugglern im Gebirge aufsucht und zunächst an den eifersüchtigen José gerät, der ihn zu einem Messerzweikampf herausfordert, rettet ihm Carmen durch ihr Dazwischentreten das Leben. Gleich darauf erscheint die unglückliche Micaëla, die sich in die unheimliche Gegend gewagt hat, um ihren ehemaligen Verlobten zur sterbenden Mutter zurückzurufen. José geht mit ihr, doch warnt er Carmen drohend, daß er wiederkommen werde. – Beim nächsten Stierkampf lauert er, vollkommen gebrochen, vor der Arena auf das dämonische Weib und fleht es an, ihm zu folgen und mit ihm ein neues Leben zu beginnen. Aber Carmen weist ihn kalt ab. Als sie auf den lauten Jubel der Zuschauermenge hin zu ihrem siegreichen Torero eilen will, sticht José sie nieder.

STILISTISCHE STELLUNG: Die selbständige Haltung, die Bizet in seiner ›Carmen‹ dem Orchester zugewiesen hat, brachte den Komponisten bei seinen Landsleuten in den Verruf eines Wagnerianers. Daraus erklärt sich auch der schwache Erfolg des Werkes bei seiner Uraufführung, die gerade in die Zeit leidenschaftlicher Auseinandersetzungen für und gegen den Bayreuther Meister fiel. In Wirklichkeit hat aber die Meisterschöpfung des in Italien ausgebildeten Bizet mit dem Wagnerismus so gut wie nichts gemein, wenn auch das aus den Intervallen der Zigeunertonleiter gebildete Carmen-Thema sich leitmotivartig durch das ganze Stück zieht. Die Form der alten Nummern-Oper ist beibehalten. Melodik, Harmonik, Instrumentation und Koloristik tragen typisch französisches Gepräge, untermischt mit italienischen Einflüssen. In der Original-Partitur verbindet die Musiknummern ein gesprochener Dialog, an dessen Stelle Bizets Studienfreund Ernest Guiraud (1837–1892) Rezitative nachkomponierte. Heute wird in der Regel die dramaturgisch dichtere Dialogfassung aufgeführt.
TEXTDICHTUNG: Das Libretto verfaßten die erfolgreichen französischen Bühnenautoren Henri Meilhac (1831–1897) und Ludovic Halévy (1834–1908). Als Vorlage diente ihnen die gleichnamige Novelle von Prosper Mérimée (1845). Die Gestaltung des Stoffes für die Bühne erforderte gewisse Abweichungen von dem Original, die vor allem in einer Idealisierung der von Mérimée sehr realistisch gezeichneten Charaktere, in der Schaffung wirksamer Kontraste (Carmen – Micaëla, José – Escamillo) sowie in der Abänderung des Schlusses zu erblicken sind. Die an den deutschen Bühnen gebräuchliche Übersetzung besorgte D. Louis (Pseudonym für Julius Hopp), neuere deutsche Bearbeitungen stammen von Heinrich Strobel und Walter Felsenstein.
GESCHICHTLICHES: Im Sommer 1872, während die Librettisten noch an der Ausgestaltung des Textes arbeiteten, entschloß sich Bizet zur Vertonung der ›Carmen‹. Die Uraufführung erfolgte am 3. März 1875 an der Opéra-Comique zu Paris mit geringem Erfolg, so daß das Werk Ende des Jahres bereits wieder vom Spielplan dieser Bühne verschwand. Erst nachdem die Oper im Ausland, besonders in Deutschland (deutschsprachige Erstaufführung am 23. Oktober 1875 an der Wiener Hofoper), lebhaften Anklang gefunden hatte, erschien sie – 7½ Jahre nach dem Tode ihres Schöpfers – am 21. April 1883 wieder in Paris, nun auch dort von bleibendem Erfolg gekrönt.

Boris Blacher

* 19. Januar 1903 Newchang/China, † 30. Januar 1975 Berlin
Fürstin Tarakanowa (1941 Wuppertal), T: Karl O. Koch nach Hans v. Hülsens Roman ›Die Kaiserin und ihr Großadmiral‹, V: B&B
Die Flut (1947 Dresden), T: Heinz v. Cramer, E., V: B&B
Die Nachtschwalbe (1948 Leipzig), dramatisches Nocturno, T: Friedrich Wolf, E., V: B&B
Preußisches Märchen (1952 Berlin), Ballett-Oper v. H. v. Cramer, V: B&B
Abstrakte Oper Nr. 1 (1952 Berlin), T: Werner Egk, V: B&B
Rosamunde Floris (1960 Berlin), T: Gerhart v. Westerman nach Georg Kaiser, V: B&B
Zwischenfälle bei einer Notlandung (1966 Hamburg), Reportage für Elektronik, Instrumente u. Sänger in 2 Phasen u. 14 Situationen, T: H. v. Cramer, V: B&B
200000 Taler (1969 Berlin), T: Scholom Aleichem, V: B&B
Yvonne, Prinzessin von Burgund (1973 Wuppertal), T: B. Blacher nach Witold Gombrowicz, E., V: B&B
Das Geheimnis des entwendeten Briefes (1974), T: Herbert Brauer nach Edgar Allen Poe, V: B&B

Preußisches Märchen

Ballett-Oper in fünf Bildern. Text von Heinz von Cramer.

Solisten: *Vater Fadenkreutz,* etwa 70 Jahre alt (Sopran, m. P.) – *Mutter Fadenkreutz,* etwa 65 (Spielbaß, m. P.) – *Wilhelm Fadenkreutz,* 40 (Lyrischer Bariton, gr. P.) – *Auguste Fadenkreutz,* 35 (Lyrischer Sopran, gr. P.) – *Assessor Birkhahn,* 30 (Lyrischer Tenor, gr. P.) – *Bürgermeister,* 50 (Seriöser Baß, m. P.) – *Bürgermeisterin,* Anfang 40 (Alt, m. P.) – *Adelaide,* beider Tochter, Mitte 20 (Soubrette, m. P.) – *Steuerinspektor Zitzewitz,* 35 (Spieltenor, m. P.) – *Trödler* (Bariton, m. P.) – *Leutnant von der Feuerwehr* (Tenor, kl. P.) – *Versicherungsagent* (Baß, kl. P.) – *Ein Soldat* (Tänzer) – *Der Wirt* (Baß, kl. P.) – *Ein Schreiber* (Tenor, auch Bariton, kl. P.) – *Vier Schauspieler* (zwei Damen, zwei Herren, Sprechrollen) – *Ein Laternenanzünder* (Sprechrolle, kl. P.).
Chor: Schreiber. Bürodiener. Ballbesucher (m. Chp.).
Ballett: Soldaten. Polizei. Damen und Herren.
Ort: Berlin.
Schauplätze: Schreibstube im Bürgermeisteramt – Wohnung der Familie Fadenkreutz – Ein Trödlerladen – Ball der »Concordia«-Feuerversicherungsgesellschaft – Straße.
Zeit: Um die Jahrhundertwende.
Orchester: 3 Fl. (auch Picc.), 2 Ob., 2 Kl., 2 Fag., 4 Hr., 3 Trp., 3 Pos., 1 Tuba, P., Schl., Hrf., Cel., Str. – Bühnenmusik: 2 Fl. (auch Picc.), 1 Kl., 2 Hr., 1 Trp., 1 Pos., 1 Tuba, Schl., Klav.

GLIEDERUNG: Kein Vorspiel, 20 ineinander übergehende musikalische Nummern.

SPIELDAUER: etwa 2½ Stunden.

HANDLUNG: Der I. Akt der Oper spielt in der Stadtkasse. Der Steuerinspektor Zitzewitz bemerkt das Fehlen des Schreibers Wilhelm Fadenkreutz, der sich verspätet hat, weil er ein durchgehendes Pferd aufhielt. Als dieser zum Bürgermeister zitiert wird, befürchtet er wegen seiner Verspätung eine Bestrafung, wird aber wegen Aufdeckung einer Unterschlagung mit einem Orden ausgezeichnet. Adelaide, die frisch vom Pensionat gekommene Tochter des Bürgermeisters, kommt und schäkert mit dem Inspektor, erregt aber auch das Interesse des Schreibers Fadenkreutz. Als sie bei ihm ein Konto eröffnen will, wird er, durch den Orden mutig geworden, handgreiflich. Adelaide flieht zu ihrem Vater, und dieser entläßt das »Subjekt« Fadenkreutz. – Auguste Fadenkreutz, die schon etwas ältliche Schwester von Wilhelm, kommt aufgeregt nach Hause und berichtet ihrer Mutter, auf der Straße sei ihr ein Mann gefolgt. Sie macht sich schnell zurecht, da läutet es, und Assessor Birkhahn macht seine Aufwartung. Während der Assessor um Auguste wirbt, kommt Wilhelm traurig nach Hause. Auguste weiß es einzurichten, daß der Vater das Paar überrascht, als Birkhahn sie küssen will. Diesem bleibt nichts anderes übrig, als um ihre Hand anzuhalten. Während er mit dem Vater über die zu zahlende Mitgift verhandelt, berichtet Wilhelm der Mutter und Auguste von der Entlassung. Da Auguste die gute Partie nicht gleich wieder aufs Spiel setzen will, gibt sie ihren Bruder als Hauptmann beim Garde-Regiment aus. Der Assessor lädt, zur Feier der Verlobung, alle zum Ball der Feuerversicherungsgesellschaft »Concordia« ein, bei dem er auch als Autor eines Schauspiels debütieren werde. – Vor einem Trödlerladen beobachtet Wilhelm, wie die Frau des Bürgermeisters mit Adelaide Stoff zu einem Seidenkleid kauft. Als sie gegangen sind, tritt er in den Laden und fragt nach einer Hauptmannsuniform. Der Trödler zeigt ihm eine Uniform und läßt ihn allein; Wilhelm beginnt die Macht der Uniform zu spüren: er ist in Hauptmannsuniform auf einem imaginären Ball und tanzt mit seiner Traum-Adelaide. Der zurückkehrende Trödler bringt ihn in die Wirklichkeit zurück. Er kauft die Uniform und verläßt in ihr den Laden. – Auf dem Ball der Feuerversicherungsgesellschaft »Concordia« wird ein Theaterstück von Assessor Birkhahn aufgeführt. Familie Fadenkreutz kommt verspätet, was den Assessor erbost. Doch als das Stück beim Publikum durchzufallen droht, klatscht Wilhelm – in Hauptmannsuniform – demonstrativ Beifall, und das Publikum pflichtet ihm bei. Was ein Hauptmann gut findet, kann nicht schlecht sein. Während der Assessor, ein Feuerwehrleutnant, ein Versicherungsagent und Wilhelm trinken und politisieren, sitzt Auguste mit ihrer Mutter und einigen älteren Damen zusammen. Nur widerstrebend kann sie den Assessor zu einem Tanz überreden, dann zieht es ihn wieder zum Schanktisch, wo immer mehr getrunken und politisiert wird. Wilhelm gerät mit dem Versicherungsagenten in Streit, beschimpft den Bürgermeister als »Liberalen«, prügelt sich. Der Ball löst sich auf. – Wilhelm, angetrunken, findet sich auf der Straße wieder. Immer noch verleiht ihm die Hauptmannsuniform Selbstsicherheit. Er begegnet einem Soldaten, herrscht ihn an, unterstellt sich einen vorbeikommenden Trupp Soldaten und befiehlt den Marsch aufs Rathaus. Auguste und Birkhahn versuchen verzweifelt, ihn zu finden. – Wilhelm besetzt mit seinem Trupp das Rathaus, konfisziert die Stadtkasse, verhaftet den Bürgermeister. Es kommt zu chaotischem Durcheinander, in dem sich Wilhelm, den in der Uniform niemand erkannt hat, und Adelaide finden. Da stürzen Auguste und Birkhahn in den Raum, Wilhelm Fadenkreutz wird entlarvt, man erkennt ihn und holt die Polizei. Birkhahn verläßt Auguste. Der Bürgermeister will ein Exempel statuieren, doch die Bürgermeisterin greift ein, um einen Skandal zu verhindern. Alles wird vertuscht, Wilhelm Fadenkreutz als Schreiber wieder eingestellt. – Der Epilog, der sich an den Zuschauer wendet, gipfelt in der Moral: »was niemand weiß, das macht auch niemanden heiß«.

STILISTISCHE STELLUNG: Blacher und Cramer nannten ihr Werk eine Ballett-Oper. Das tänzerische Element wird zur Darstellung übersteigerten Kleinbürger-Rausches und für alle imaginären und Traum-Szenen eingesetzt. Blachers Musik ist knapp, sehr prägnant, mit Anleihen an die Unterhaltungsmusik der zwanziger Jahre, aber stets mit ironischer Distanz.

TEXTDICHTUNG: Heinz von Cramer griff in seinem Libretto auf wichtige Handlungselemente von Carl Zuckmayers Schauspiel ›Der Hauptmann von Köpenick‹ zurück, das dieser 1931 geschrieben hatte und das seinerseits auf eine wahre Begebenheit aufbaut, die sich 1906 in Berlin abspielte. Der changierende Wechsel zwischen Musik- und Tanztheater, die surreale Geschlechtsvertauschung der Eltern Fadenkreutz verstärken den »zitierten« Charakter der Handlung und stellen die Satire gegen Untertanengeist und Preußenverherrlichung besonders deutlich heraus.

GESCHICHTLICHES: Die Uraufführung am 23. September 1952 an der Städtischen Oper Berlin war ein großer Erfolg, und bis heute hat die Deutsche Oper Berlin das wirkungssichere Stück in mehrfachen Neuinszenierungen im Spielplan gehalten; auch eine Fernsehproduktion liegt vor. Auch außerhalb von Berlin ist das Stück vielfach und mit gutem Erfolg gespielt worden.

W. K.

(François-)Adrien Boieldieu

* 16. Dezember 1775 in Rouen, † 8. Oktober 1834 in Jarcy bei Paris
Le calife de Bagdad (1800 Paris), T: Claude Godard d' Aucour de Saint-Just, kO., E.; deutsche Fassung v. Fritz Schröder, V: Schott
Jean de Paris (Johann von Paris; 1812 Paris), T: Saint-Just, kO., V: B&H
Le nouveau seigneur du village (1813 Paris), T: Augustin François Creuzé de Lesser, kO., E.; deutsche Übersetzung v. Peter Cornelius
Le petit chaperon rouge (Das Rotkäppchen; 1818 Paris), T: Emmanuel Guillaume Marguerite Théaulon de Lambert, V: Litolff
Les voitures versées (Das Loch auf der Landstraße; 1806 Paris als Vaudeville; 1808 St. Petersburg, umgearb. 1820 Paris), T: Emmanuel Dupaty, kO.; deutsche Bühnenbearb. v. Erich Freund, V: Allegro
La dame blanche (Die weiße Dame; 1825 Paris), T: Eugène Scribe, kO.; deutsche Fassung v. Karlheinz Gutheim, V: Schott

Die weiße Dame

Komische Oper in drei Akten. Dichtung von Eugène Scribe.

Solisten: *Gaveston,* Verwalter des Familienbesitzes der Grafen von Avenel (Charakterbaß, gr. P.) – *Anna,* sein Mündel (Lyrischer Koloratursopran, gr. P.) – *George Brown,* ein junger englischer Offizier (Lyrischer Tenor, gr. P.) – *Dikson,* Pächter auf den Avenelschen Gütern (Spieltenor, gr. P.) – *Jenny,* seine Frau (Soubrette, gr. P.) – *Margarethe,* alte Dienerin im Avenelschen Hause (Spielalt, m. P.) – *Mac Irton,* Friedensrichter (Spielbaß, m. P.) – *Gabriel,* Knecht auf dem Pachthof (Tenor, kl. P.).
Chor: Bauern und Bäuerinnen aus dem schottischen Hochland. Gerichtspersonen (gr. Chp.).
Ort: Das Stammschloß und Gut der Grafen von Avenel in Schottland.
Schauplätze: Das Innere eines schottischen Pachthofes – Gotischer Saal mit großen Mittel- und Seitentüren, links eine durch ein lebensgroßes Familienporträt verdeckte Tür – Gotischer Rittersaal mit einer Galerie, zu welcher eine breite Treppe hinaufführt, an deren Fuß sich vier Postamente befinden, wovon aber nur drei Bildsäulen tragen, links eine geheime Tür.
Zeit: 1759.
Orchester: 2 Fl. (II. auch Picc.), 2 Ob., 2 Kl., 2 Fag., 2 Hr., 2 Trp., 1 Pos., P., Hrf., Str.
Gliederung: Ouvertüre und 18 Musiknummern, die durch einen gesprochenen Dialog miteinander verbunden werden.
Spieldauer: etwa 2¾ Stunden.
Handlung: Der junge englische Offizier George Brown lenkt auf einer Urlaubswanderung seine Schritte in die Gegend, wo er während

des Krieges verwundet worden war. Er hofft das Mädchen wiederzufinden, das ihn damals gesund gepflegt hatte und das nach seiner Genesung plötzlich verschwunden war. Auf einem Gutshof, der zu dem nahen Schloß der Grafen Avenel gehört, wird er von dem Pächterehepaar Dikson gebeten, bei der bevorstehenden Taufe ihres Kindes für den erkrankten Paten einzuspringen. Aber auch noch aus einer anderen Verlegenheit soll ihnen George helfen: Der unlautere und bei allen Pächtern höchst unbeliebte Verwalter Gaveston will sich das durch die Kriegsereignisse verwaiste Schloß bei der morgigen Versteigerung aneignen. Nun geht das Gerücht um, man habe in diesen Tagen auf den Zinnen des Schlosses wieder einmal die weiße Dame gesehen, die nach dem Volksglauben seit Jahrhunderten die Beschützerin des Hauses Avenel ist. Auch Dikson verdankt ihr sein ganzes Glück; denn sie warf ihm einst einen Beutel mit Gold zu, als er sie in höchster Not in einem unterirdischen Gang des Schlosses um Hilfe anrief. Jetzt soll er, der im Auftrag der Pächter bei der Versteigerung als Gavestons Gegenspieler fungieren wird, auf Grund einer von einem Zwerg überbrachten Weisung der weißen Dame aufs Schloß kommen, um ihr einen Gegendienst zu leisten. Der abenteuerlustige Offizier geht anstelle des furchtsamen Dikson aufs Schloß. Dort haust noch die alte Beschließerin Margarethe mit Anna, einem ehemaligen Pflegekind der gräflichen Familie und jetzigem Mündel des Verwalters Gaveston. In der Nacht erscheint dem Offizier nun tatsächlich die weiße Dame. Sie fordert ihn auf, hier im Schloß das geliebte Mädchen, seine einstige Pflegerin, zu erwarten, die ihm ihre Befehle überbringen werde. Freudig schwört George ihr Gehorsam. Nachdem Gaveston am nächsten Morgen Dikson überboten hat und seine Sache schon für gewonnen hält, erscheint plötzlich Anna, in der George sogleich die gesuchte Geliebte erkennt; sie ermutigt ihn im Auftrag der weißen Dame, höher zu steigern, bis schließlich mit der Summe von 500000 Talern der Besitz an ihn fällt. Der Kaufpreis muß aber bis Mittag erlegt werden. Unterdessen belauscht Anna ein Gespräch zwischen Gaveston und dem Friedensrichter Mac Irton, wobei sie erfährt, daß George Brown in Wirklichkeit Julius von Avenel ist, der totgeglaubte Sohn des alten Grafen. Kurz vor Ablauf der Zahlungsfrist kommt die weiße Dame in den Schloßsaal und überreicht George, den sie den Anwesenden als Grafen Julius und rechtmäßigen Erben des Schlosses vorstellt, in einem Kästchen den wertvollen Familienschatz. Aber der nüchterne Gaveston glaubt nicht an Wunder und reißt der weißen Dame den Schleier vom Gesicht. Das Geheimnis um die weiße Dame ist geklärt: Es ist Anna, welcher die alte Gräfin auf dem Sterbebett das Versteck des Familienschatzes anvertraut hatte und die in der Verkleidung als weiße Dame mit der Rettung des Besitzes eine Dankesschuld an die gräfliche Familie abstattete und nun durch ein gütiges Geschick in dem jungen Grafen den geliebten Lebensgefährten gefunden hat.

STILISTISCHE STELLUNG: Der romantische Gehalt des Stoffes verlieh auch der diskreten Komik in der ›Weißen Dame‹ eine reizvolle Abtönung. Dazu schrieb der Komponist eine Musik von delikater melodisch-rhythmischer Struktur mit kunstvollen, dramatisch belebten Ensemblesätzen, wobei er duch die Verwendung originaler schottischer Volksweisen den Grundton auf das Milieu feinsinnig abzustimmen wußte.
TEXTDICHTUNG: Das Libretto stellt eine der gelungensten Schöpfungen des erfolgreichen französischen Bühnenautors Eugène Scribe (1791–1861) in der Reihe seiner etwa 60 Operndichtungen dar. Als Stoffquelle dienten ihm die beiden Romane ›Guy Mannering‹ (1815) und ›Das Kloster‹ des schottischen Dichters Walter Scott (1771–1832). An den deutschen Bühnen ist die Übersetzung von Friederike Ellmenreich gebräuchlich. Neuerdings hat Karlheinz Gutheim eine Bearbeitung des Werks vorgenommen.
GESCHICHTLICHES: Noch mehr Sorgfalt als bei seinem ›Rotkäppchen‹ verwandte Boieldieu, dessen frühere Opern in kurzen Abständen aufeinander folgten, auf die Ausarbeitung seiner ›Weißen Dame‹, die einen Zeitraum von sieben Jahren beanspruchte. Der große Erfolg bei der Uraufführung am 10. Dezember 1825 an der Opéra-Comique zu Paris hatte eine rasche und weite Verbreitung des Werkes zur Folge. Die Ouvertüre führte nach Boieldieus Skizzen sein Schüler Adolphe Adam aus.

ARRIGO BOITO

* 24. Februar 1842 in Padua, † 10. Juni 1918 in Mailand
Mefistofele (1868 Mailand), T: nach Goethes ›Faust‹ I und II vom Komponisten, umgearbeitet 1875 Bologna, V: Ricordi
Nerone (1924 Mailand), T: vom Komponisten, vollendet v. Vincenzo Tommasini u. Antonio Smareglia (1924), V: Ricordi

Mefistofele

Oper in einem Prolog, vier Akten und einem Epilog. Dichtung vom Komponisten nach Johann Wolfgang von Goethes ›Faust‹ I und II.

SOLISTEN: *Mephisto* (Seriöser Baß, auch Baßbariton, gr. P.) – *Faust* (Jugendlicher Heldentenor, gr. P.) – *Margarete* (Jugendlich-dramatischer Sopran, gr. P.) – *Wagner* (Tenor, auch Bariton, kl. P.) – *Martha*

(Mezzosopran, auch Alt, m. P.) – *Helena* (Jugendlich-dramatischer Sopran, auch Lyrischer Sopran, m. P.) – *Pantalis* (Mezzosopran, auch Alt, kl. P.) – *Nereus* (Tenor, auch Bariton, kl. P.).
CHOR: Himmlische Heerscharen. Chorus mysticus. Cherubim. Büßer. Studenten. Bürger. Mädchen. Bauern. Höllenbewohner. Hexen. Zauberer. Nymphen (gemischter Chor, gr. Chp.).
BALLETT: Tänze im I., II. und IV. Akt.
ORT UND SCHAUPLÄTZE: Prolog im Himmel – Stadtmauer und Stadttor von Frankfurt – Fausts Studierzimmer – Ein Garten – Walpurgisnacht auf dem Brocken – Margaretes Gefängniszelle – Klassische Walpurgisnacht. Am Ufer des Peneus – Fausts Studierzimmer.
ZEIT: Deutsches Mittelalter.
ORCHESTER: 3 Fl., 3 Ob., 3 Kl., 2 Fag. – 4 Hr., 2 Trp., 3 Pos., 1 Tuba – P., Schl., Org., Akkordeon, Gl., Glsp., 2 Hrf. – Str. – Bühnenmusik.
GLIEDERUNG: Durchkomponierte Großform, szenische Einschnitte.
SPIELDAUER: etwa 2½ Stunden.
HANDLUNG: Prolog im Himmel. Ein himmlischer Chor singt ein Loblied zu Ehren des Herrn. Mephisto tritt den himmlischen Heerscharen entgegen: der göttliche Herr mitsamt seiner weltlichen Schöpfung langweile ihn, denn der Mensch sei auch schon ohne sein, des Teufels, Zutun so verdorben, daß er es nicht mehr verdiene, in Versuchung geführt zu werden. Da hält ihm ein Geisterchor das Beispiel des Gelehrten Faust entgegen. Ja, den kenne er, bestätigt Mephisto, der sei einer der sonderbarsten Toren in seiner endlosen Suche nach Erkenntnis. Mephisto wettet mit Gott, daß es ihm gelingen werde, Faust zu überlisten. Auch der Gelehrte werde den Lockungen des Lasters nicht widerstehen können, und dies bedeute für Mephisto den Sieg über Gott. – Ein Ostersonntag in Frankfurt am Main. Auf einem Spaziergang besprechen Studenten, Bürger und Mädchen ihre Pläne für den Tag. Ein grau gekleideter Mönch geht durch die Menge; einige weichen ihm aus, andere verbeugen sich. Doch da lenkt ein Trompeter die Menge ab, der eine Reitergesellschaft mit dem Kurfürsten ankündigt. Faust und sein Schüler Wagner treten auf. Wagner sagt ihm, wie sehr er es schätze, bei ihm studieren zu können, und wie sehr er das gemeine Volk verabscheue. In der Dämmerung bemerkt Wagner, wie Faust den grauen Mönch beobachtet, der vor dem Stadttor durch die Felder streift. Der Schüler findet nichts Ungewöhnliches an ihm, doch Faust erschrickt und glaubt feurige Spuren auf dem Boden zu erkennen. Es wird Nacht, Faust kehrt in sein Studierzimmer zurück. Der Mönch folgt ihm unbemerkt und versteckt sich in einer Nische, doch ein schriller Ton zwingt ihn hervor. Faust zeichnet einen Drudenfuß, und Mephisto – denn er ist der Mönch – muß seine Verkleidung ablegen. Jetzt in schwarzer Ritterkleidung, stellt er sich dem Gelehrten vor als der Geist, der stets verneint. Mephisto bietet Faust an, ihm auf der Erde zu dienen; nach seinem Tode jedoch solle es umgekehrt sein.

Faust willigt ein unter der Bedingung, er müsse einen Augenblick des Glücks erleben, von dem er sagen könne: »Verweile doch, du bist so schön.« Dann wolle er zufrieden sterben. Der Vertrag wird unterzeichnet und besiegelt. – Faust, nun ein junger Ritter mit Namen Heinrich, macht Margarete den Hof; Mephisto ist mit ihrer Nachbarin Martha beschäftigt, die sich durch seine Aufmerksamkeit geschmeichelt fühlt und mit ihm kokettiert. Margarete fragt Faust nach seinem Glauben, doch dieser erwidert, er suche nach tieferer Wahrheit, nach dem Geheimnis der Liebe. Als Faust fragt, ob er Margarete zu Hause besuchen dürfe, antwortet sie ihm, sie teile das Schlafzimmer mit ihrer Mutter, die einen leichten Schlaf habe. Da gibt ihr Faust einen Schlaftrunk, den ihm Mephisto verschafft hat. – In heftigem Sturm reiten Faust und Mephisto auf den Brocken. Faust soll den Hexensabbat dort erleben. Irrlichter umschweben sie, Zauberer und Hexen kommen näher und huldigen ihrem König Mephisto. Da erblickt Faust am Himmel eine Vision: die Gestalt eines gefesselten Mädchens, das Margarete gleicht. Mephisto versucht ihm einzureden, es sei eine Täuschung, doch Faust erkennt Margarete, die er verlassen hat. – In einer Gefängniszelle liegt Margarete und wartet auf ihre Hinrichtung. Sie wurde zum Tode verurteilt, weil sie ihre Mutter vergiftet und ihr Kind, dessen Vater Faust ist, ertränkt habe. Faust bittet Mephisto, sie zu retten. Der Teufel sperrt sich, doch dann händigt er ihm den Gefängnis-Schlüssel aus. Faust versucht, Margarete zu gemeinsamer Flucht zu überreden, doch sie weigert sich. Mephisto warnt: der Tag ist angebrochen, und die Trompeten geben das Signal zur Hinrichtung. Margarete wendet sich voll Grauen von Faust ab und bittet Gott um Vergebung. Ein Himmelschor verkündet, daß sie gerettet sei. Faust und Mephisto entkommen noch rechtzeitig den Häschern. – Faust sucht nun sein Glück in der Mythologie des antiken Griechenland. In einem Boot auf dem Flusse Peneus besingen Helena und ihre Gefährtin Pantalis den Vollmond. Am Ufer hört man Faust, er sehnt sich nach der schönen Helena. Da lädt sie ihn ein in ihr Gefolge von Nymphen und Sirenen. Faust ist berauscht von der Umgebung, doch Mephisto fühlt sich recht unbehaglich und folgt Faust nur widerstrebend zur Königin. In einer Vision erlebt diese erneut die Zerstörung Trojas. Faust, wie ein Ritter des 15. Jahrhunderts gekleidet, kniet vor Helena nieder und gesteht ihr seine Liebe, während Mephisto, Pantalis und die Nymphen ihn erstaunt beobachten. – Im Studierzimmer. Faust ist wieder ein alter Mann, der seine Erlebnisse an sich vorüberziehen läßt, und er teilt dem erstaunten Mephisto mit, er habe nie den ersehnten Augenblick des Glücks erfahren. Die Wirklichkeit bringe nur Leiden, und das angestrebte Ideal sei nur ein leerer Traum. Er will nur noch weise über ein Volk regieren. Mephisto ist besorgt, das Opfer könne ihm doch noch entkommen, da Faust so sehr mit guten Werken beschäftigt ist. Der alte Faust liest in der Bibel und betet, von den Teufeln befreit zu werden. Er findet die richtigen Worte und stirbt in einem Zustand innerer Erlösung. Mephisto ist besiegt.

STILISTISCHE STELLUNG: Arrigo Boito, dem Opernbesucher in der Regel nur bekannt als Librettist von Verdi (›Otello‹, ›Falstaff‹) und Ponchielli (›La Gioconda‹), war gleichermaßen ein begabter, allem Neuen aufgeschlossener Musiker. In Italien galt er lange Zeit als Anführer einer neuen, französisch beeinflußten Literatur; Benedetto Croce nannte ihn den einzigen Romantiker, den Italien gehabt habe. Beeinflußt durch die Werke von Berlioz und Gounod faßte er schon früh den Plan, eine ›Faust‹-Oper zu verfassen. Musikalisch tendierte er zur Abschaffung der festen Nummern-Schemata italienischer Opern; seine musikalischen Hausgötter waren Johann Sebastian Bach, Ludwig van Beethoven, Carl Maria von Weber und Felix Mendelssohn. So steht der ›Mefistofele‹ einigermaßen quer zur Entwicklung der italienischen Operngeschichte des 19. Jahrhunderts, doch seine dramatischen und musikalischen Qualitäten haben dem Werk auch heute noch Lebensfähigkeit gegeben.

TEXTDICHTUNG: Boito als einer der kenntnisreichsten und geschmackssichersten Literaten seiner Zeit, zudem mit allen Gesetzen der Oper vertraut, schuf aus dem unübersehbar reichen Stoff der beiden Teile von Goethes ›Faust‹ ein Opernlibretto, das – anders als Gounod, der sich auf die Gretchen-Tragödie konzentrierte und den II. Teil ganz außer acht ließ – etwas von der Weite und weltdramatischen Dimension des Stoffes spüren läßt. Die 1. Fassung seiner Oper, die – nicht zuletzt wegen ihrer Länge von mehr als fünf Stunden – beim Publikum durchfiel, enthielt noch mehr Szenen aus dem II. Teil (Szene am Kaiserhof, Schlacht der Truppen von Kaiser und Gegenkaiser). In der revidierten Fassung konzentrierte sich Boito dann auf die Gretchen-Tragödie und die klassische Walpurgisnacht samt der Helena-Szene, hielt aber die größere Dimension, den Kampf zwischen Gut und Böse, durch den eindrucksvollen Prolog im Himmel und den erschütternden Epilog, im Werk.

GESCHICHTLICHES: Konnte Gounods ›Faust‹ gerade dadurch überzeugen, daß er sich auf das vordergründig Opernhafte an diesem Stoff beschränkte, so scheiterte Boito bei der Uraufführung seiner Oper am 5. März 1868 in der Mailänder Scala an der Maßlosigkeit seines Versuches – selbst Freunde wie Antonio Ghislanzoni (der später das Libretto zu Verdis ›Aida‹ schrieb) warfen ihm »wagnerismo« vor. Er zog nach wenigen Aufführungen die Partitur zurück, revidierte und kürzte sie gründlich. Die Aufführung der revidierten Fassung am 4. Oktober 1875 in Bologna war dann ein Erfolg, und in den 80er und 90er Jahren des 19. Jahrhunderts ging der ›Mefistofele‹ nicht nur über alle großen italienischen Bühnen, sondern hatte auch Erfolge in Deutschland (Wien, Hamburg, Köln, Weimar), in England, Frankreich und den USA. Die legendärste aller Besetzungen dürfte aus dem Jahre 1901 stammen: mit Fjodor Schaljapin in der Titelrolle und Enrico Caruso als Faust dirigierte und inszenierte Arturo Toscanini das Werk an der Mailänder Scala. Während in Deutschland das Werk in den letzten Jahrzehnten seltener aufgeführt wurde, hält es sich in Italien im Repertoire der größeren Theater – in der Arena von Verona steht es bis heute an vierter Stelle der Aufführungshäufigkeit. Für auch darstellerisch begabte Bassisten ist der ›Mefistofele‹ auch hierzulande eine reizvolle und lohnende Aufgabe.

W. K.

Aleksander P. Borodin

* 12. November 1833 und † 27. Februar 1887 in St. Petersburg
Fürst Igor (1890 St. Petersburg), T: vom Komponisten, vollendet v. Nikolaj A. Rimskij-Korssakow u. Aleksander K. Glasunow, V: Belaieff, Boosey; Neubearb. v. Winfried Zillig u. H. Franz, V: U. E.

Fürst Igor

Oper in einem Vorspiel und vier Akten. Dichtung vom Komponisten.

Solisten: *Igor Swjatoslawitsch,* Fürst von Sewersk (Heldenbariton, gr. P.) – *Jaroslawna,* seine Frau in zweiter Ehe (Dramatischer Sopran, gr. P.) – *Wladimir Igorewitsch,* sein Sohn aus erster Ehe (Jugendlicher Heldentenor, auch Lyrischer Tenor, m. P.) – *Wladimir Jaroslawitsch,* Fürst Galitzkij, Bruder der Fürstin Jaroslawna (Charakterbariton, auch Baßbariton, auch Charakterbaß, m. P.) – *Kontschak* (Seriöser Baß, m. P.) und *Gzak* (Stumme Rolle), Polowezer Khane – *Kontschakowna,* Tochter des Khan Kontschak (Dramatischer Mezzosopran, auch Dramatischer Alt, m. P.) – *Owlur,* ein getaufter Polowezer (Tenor, kl. P.) – *Skula* (Spielbaß, auch Bariton, m. P.) und *Jeroschka* (Spieltenor, m. P.), Goudokspieler – *Die Amme* der Fürstin Jaroslawna (Sopran, auch Mezzosopran, kl. P.) – *Ein Polowezer Mädchen* (Sopran, kl. P.).
Chor: Russische Fürsten und Fürstinnen. Bojaren und Bojarenfrauen. Greise. Russische Krieger. Junge Mädchen. Volk. – Polowezer Khane. Gefährtinnen der Kontschakowna. Sklavinnen (Tschagen) des Khans Kontschak. Russische Kriegsgefangene. Wachen und Polowezer Heer (III. Akt: Männerchor geteilt in Chor der Khane, der Polowezer und der russischen Kriegsgefangenen; IV. Akt: Männerchor geteilt in Chor der Landleute und Chor der Bojaren und Greise; gr. Chp.).

Ballett: Tänze der Polowezer Mädchen, der Sklavinnen, Knaben und Männer.
Ort: Prolog, I. und IV. Akt: In der Stadt Putiwl; II. und III. Akt: Im Polowezer Feldlager.
Schauplätze: Ein öffentlicher Platz in der Stadt Putiwl – Hof des Hauses des Fürsten Wladimir Galitzkij – Ein Zimmer im Terem Jaroslawnas – Im Polowezer Feldlager – Ein Rand des Polowezer Lagers – Die Mauern der Stadt Putiwl und ein Platz.
Zeit: 1185.
Orchester: 2 Fl., 1 Picc., 2 Ob., 1 Eh., 2 Kl., 1 Bkl., 2 Fag., 4 Hr., 2 Trp., 3 Pos., 1 Bt., P., Schl., Hrf., Klav., Str. – Bühnenmusik: 2 Trp., 2 Althr., 2 Tenorhr., 2 Baßhr., 1 Bt., 1 gr. Tr.
Gliederung: Ouvertüre und 29 Musiknummern, die pausenlos ineinandergehen.
Spieldauer: etwa 3 Stunden.
Handlung: Der russische Fürst Igor ist im Begriff, mit einem großen Heerbann gegen die heidnischen Polowezer auszuziehen, die unter Führung der beiden mächtigen Khane Kontschak und Gzak das heilige Rußland durch Überfälle und Raubzüge ständig beunruhigen. Eine plötzlich eintretende Sonnenfinsternis wird als unheildrohendes Omen für die bevorstehende Kriegsfahrt gedeutet. Aber weder die besorgten Mahnungen der Bojaren noch die rührenden Bitten Jaroslawnas, der Gattin Igors, vermögen den entschlossenen Helden von seinem kühnen Vorhaben abzuhalten. – Viele Monate sind seit Igors Auszug vergangen, ohne daß in Putiwl eine Nachricht von ihm eingetroffen wäre. Der von Igor mit seiner Stellvertretung betraute Bruder Jaroslawnas, Fürst Galitzkij, praßt unterdessen in unentwegten Zechgelagen mit seinen Freunden, die ihn gerne zum Herrscher ausrufen möchten. Gewaltakte gegen Frauen und Mädchen von seiten der besoffenen Horden kann auch Jaroslawna nicht abstellen. Die Not wächst ins Unermeßliche, als eines Tages der Khan Gzak mit einem Polowezer Heer vor den Toren der Stadt erscheint, die, ihrer wehrhaften Männer entblößt, dem mächtigen Ansturm nicht zu widerstehen vermag. Jaroslawna erfährt erst jetzt, daß ihr Gatte nach einer vernichtenden Niederlage verwundet mit seinem Sohn Wladimir in die Hände der Polowezer gefallen war. – Fürst Igor wird indes von seinem Feind, dem Khan Kontschak großmütig behandelt. Kontschak trägt ihm sogar die Freilassung an für den Fall, daß er sich mit ihm verbünden wolle. Aber Igor lehnt einen derartigen Vaterlandsverrat ab. Mit aufrechter Ritterlichkeit schlägt er auch eine Fluchtmöglichkeit aus, zu der ihm Owlur, ein zum Christentum übergetretener Polowezer, verhelfen will. Als er jedoch erleben muß, wie Khan Gzak nach Eroberung und Plünderung von Putiwl mit reicher Beute, darunter auch Frauen und Kinder, zurückkommt, entschließt er sich doch zur Flucht, um die Heimat vor dem Untergang zu retten. Er entkommt auf schnellen Pferden mit

Owlur, während Kontschakowna, die Tochter Kontschaks, das Entweichen des von ihr leidenschaftlich geliebten Wladimir durch Alarmieren der Wachen zu verhindern weiß. Der großzügige Kontschak rächt aber nicht an dem Sohn die Flucht des Vaters, sondern vereint sogar das verliebte Paar, während er gleichzeitig seine Heerscharen zu einem neuen Krieg gegen Igor sammelt. – Von der verhärmten Jaroslawna und seinem Volk freudig begrüßt, kehrt Fürst Igor glücklich in die Heimat zurück, um sogleich zum Vergeltungsschlag gegen die Polowezer zu rüsten.

STILISTISCHE STELLUNG: ›Fürst Igor‹, Borodins einzige Oper, stellt die reifste Schöpfung in seinem Schaffen dar, in der sich das eigenartige Talent des Komponisten am umfassendsten offenbart. Borodin schöpfte aus dem reichen Schatz nationalen Melodiengutes (Volks- und Kirchenmusik), das er in den Formen der westlichen Oper (Arien, Duette, Terzette, Finales) verarbeitet hat. Mit Feinsinn mischte er den Polowezer Szenen ein orientalisches Kolorit bei, wodurch er das russische Milieu von der fremden asiatischen Welt abhob und wirksame Kontraste erzielte.

TEXTDICHTUNG: Das Textbuch wurde von dem Komponisten selbst verfaßt. Er gestaltete es nach einem Szenarium, das ihm sein Freund Wladimir Wassiljewitsch Stassow auf Grund altrussischer Geschichtsquellen erstellt hatte. (›Die Mär vom Heereszug Igors‹ und ›Ipatjewskier Chronik‹). Nach seinen eigenen Worten war Borodin bestrebt, bei ›Fürst Igor‹ eine »epische russische Oper« zu schreiben. Daher verzichtet die Dichtung auf die Entwicklung einer regelrechten dramatischen Handlung mit Konflikt und Lösung, sie vermittelt vielmehr mosaikartig in farbenreichen Bildern eine Episode aus der sagenumwobenen russischen Frühgeschichte. In der feinen psychologischen Nachzeichnung der Charaktere mit ihren Tugenden und Schwächen sowie in der realistischen Darstellung von wirkungsvollen Massenszenen spiegelt sie die russische Volksseele wider. Eine deutsche Übersetzung besorgte Frau A. Alexandrow.

GESCHICHTLICHES: Borodin hat an ›Fürst Igor‹ mit Unterbrechungen von 1862 bis zu seinem Lebensende (1887) gearbeitet. Als er starb, war die Partitur nur zu einem Teil vollendet. Aleksander Glasunow führte nach den Skizzen des Komponisten den III. Akt aus und instrumentierte ihn auch. Nikolaj Rimskij-Korssakow instrumentierte das Vorspiel, den I., II. und IV. Akt sowie aus dem III. Aufzug den Marsch Nr. 18. Die Ouvertüre hatte Borodin überhaupt nicht aufgezeichnet. Glasunow, dem der Komponist sie wiederholt auf dem Klavier vorgespielt hatte, schrieb sie nach Borodins Tod aus dem Gedächtnis nieder. Die Uraufführung erfolgte am 4. November 1890 in St. Petersburg. ›Fürst Igor‹ wurde, ähnlich wie die Opern Glinkas, den russischen Komponisten ein Vorbild. Im Lauf der Zeit hat das Werk auch außerhalb Rußlands starken Widerhall gefunden.

Benjamin Britten

* 22. November 1913 in Lowestoft (England), † 4. Dezember 1976 in Aldeburgh (England)

Paul Bunyan, op. 17 (1941 New York; revidiert 1974, 1976 BBC London), T: Wystan Hugh Auden (deutsche Textfassung v. Erich Fried), heitere Legende, V: FM

Peter Grimes, op. 33 (1945 London), T: nach George Crabbe v. Montagu Slater, V: Boosey

The Rape of Lucretia, op. 37 (Der Raub der Lukretia; 1946 Glyndebourne), T: nach André Obey v. Ronald Duncan, V: Boosey

Albert Herring, op. 39 (1947 Glyndebourne), T: nach Guy de Maupassant v. Eric Crozier, kO., V: Boosey

Let's Make an Opera, op. 45 (1949 Aldeburgh), Kinderoper, T: E. Crozier, V: Boosey

Billy Budd, op. 50 (1951 London), T: nach Herman Melville v. Edward Morgan Forster u. E. Crozier, V: Boosey

Gloriana, op. 53 (Krönungsoper; 1953 London), T: William Plomer, V: Boosey

The Turn of the Screw (Die sündigen Engel; 1954 Venedig), T: nach Henry James v. Myfanwy Piper, V: Boosey

Noye's Fludde (Noahs Sintflut; 1958 Orford), T: nach dem Chester Mirakelspiel, Kinderoper, V: Boosey

Sommernachtstraum, op. 64 (1960 Aldeburgh Festival), T: nach William Shakespeare, V: Boosey

Owen Wingrave (1971 BBC Fernsehen London), T: nach H. James v. M. Piper, Fernsehoper, V: FM

The Death in Venice, op 88 (Der Tod in Venedig; 1973 Snape Maltings [Aldeburgh]), T: nach Thomas Mann v. M. Piper, V: FM

Peter Grimes

Oper in drei Akten und einem Vorspiel. Dichtung nach George Crabbe von Montagu Slater.

Solisten: *Peter Grimes,* ein Fischer (Heldentenor, auch Jugendlicher Heldentenor, gr. P.) – *Der Junge,* sein Lehrling (Stumme Rolle) – *Ellen Orford,* Witwe und Gemeindelehrerin (Dramatischer Sopran, auch Jugendlich-dramatischer Sopran, gr. P.) – *Balstrode,* ehemals Kapitän eines Kauffahrers (Heldenbariton, auch Charakterbariton, gr. P.) – *Tantjen,* Wirtin im Krug »Zum Hai« (Dramatischer Alt, gr. P.) – *1. Nichte* und *2. Nichte,* die Hauptattraktion des »Hai« (Jugendlich-dramatische Soprane, auch Lyrische Soprane, m. P.) – *Boles,* Fischer und eifriger Anhänger der Methodistensekte (Charaktertenor, auch Spieltenor, m. P.) – *Swallow,* Rechtsanwalt und Bürgermeister (Charakterbaß, auch Charakterbariton, m. P.) – *Mrs. Sedley,* Witwe eines Faktors der Ostindischen Handelskompanie (Charaktersopran, m. P.)

– *Pastor Adams* (Lyrischer Tenor, m. P.) – *Ned Keene,* Apotheker und Quacksalber (Bariton, m. P.) – *Dr. Thorp,* Arzt (Stumme Rolle) – *Hobson,* Fuhrmann, Amtsdiener und Konstabler (Charakterbaß, m. P.).

CHOR: Städter. Fischer und ihre Frauen. Einige halbwüchsige Jungen (gr. Chp.).

ORT: Ein Fischerstädtchen an der Ostküste Englands.

SCHAUPLÄTZE: Saal im Stadthaus – Platz am Hafen, links Stadthaus, im Hintergrund die Schenke »Zum Hai«, an der Ecke einer einmündenden Straße Keenes Apotheke, vorn links Eingang zur Kirche, rechts Wellenbrecher, die sich seitwärts zum Meer hinabziehen – Trinkstube im »Hai«, kein Schanktisch, Bänke mit hohen Lehnen, Tische, Stühle, Feuer im offenen Kamin – 4. Bild wie 2. – Peters Hütte; sie ist ein umgestürztes großes Boot, Tür Mitte hinten, aus der Bordwand geschnitten, geht auf den Klippenrand, die andere rechts hinten, im Heck des Bootes, auf den Weg, der vom Städtchen heraufführt; Einrichtung: Fischereigeräte – 6. und 7. Bild wie 2.

ZEIT: Gegen 1830.

ORCHESTER: 2 Fl. (auch Picc.), 2 Ob. (II. auch Eh.), 2 Kl. (II. auch Es-Kl.), 2 Fag., 1 Kfag., 4 Hr., 3 Trp., 3 Pos., 1 Bt., P., Schl., Cel., Hrf., Str. – Bühnenmusik: 2 Kl., 1 Soloviol., 1 Kb., Schl., Org., Gl. in B und Es.

GLIEDERUNG: Durchkomponierte musikdramatische Großform.

SPIELDAUER: etwa 3 Stunden.

HANDLUNG: Das Leben der Fischer in dem Städtchen Borough ist hart. Peter Grimes, wegen seines mürrischen und brutalen Wesens von der Gemeinde wenig geschätzt, hat weder Weib noch Kind. Sein ganzes Sinnen und Trachten ist auf Gelderwerb gerichtet. Denn er möchte sich baldigst die materielle Grundlage schaffen, um die Witwe Ellen Orford heiraten zu können, die neben dem ehemaligen Handelskapitän Balstrode die einzige im Ort ist, die Verständnis für ihn hat. Um eine billige Hilfskraft zu haben, hatte sich Peter aus dem Armenhaus einen Waisenjungen gekauft, der aber bei einem ausgedehnten Fischfang infolge Erschöpfung gestorben war. Peter hat sich nun vor dem Bürgermeister Swallow zu verantworten. Vergeblich verlangt er, zur Erweisung seiner Unschuld vor ein Gericht gestellt zu werden. Der Bürgermeister gibt ihm den Rat, sich in Zukunft nicht mehr eines schwächlichen Knabens, sondern eines kräftigen Mannes für seine harte Arbeit zu bedienen. Ellen verspricht Peter, auch weiterhin treu zu ihm zu stehen. – Als Peter einige Tage später, von einem Fischfang zurückkommend, kurz vor der Hochflut um Hilfe beim Anlegen seines Bootes bittet, wenden sich die Fischer ab. Lediglich der großherzige Balstrode und der Apotheker Ned Keene sind ihm behilflich. Keene überredet Peter, sich wieder einen Jungen aus dem Armenhaus zu holen, er habe bereits einen für ihn gekauft. Aber der Fuhrmann Hobson weigert sich, den Jungen zu holen. Da tritt Ellen hinzu; sie erklärt sich bereit, den Jungen unterwegs zu betreuen. Während die Fischer mit ihren Frauen vor dem herannahenden Sturm in der Schenke »Zum Hai« Schutz suchen, bleibt Peter mit Balstrode auf der Mole zurück. Er schlägt Balstrodes wohlmeinenden Rat, sich als Janmaat einmal auf große Fahrt in die weite Welt zu begeben, aus. Er kann sich nicht von der heimatlichen Scholle trennen und ist überzeugt, daß ihm ein wirtschaftlicher Aufstieg beschieden sei. – In der Kneipe berichtet Keene, daß die Sturmflut das Kliff an Peters Haus weggerissen habe. Dann erscheint auch Peter. Da die anderen von ihm abrücken, sitzt er allein am Tisch. Balstrode verhindert durch sein Dazwischentreten, daß es zu einer Schlägerei kommt, die der betrunkene scheinheilige Methodist Boles zu provozieren sucht. Völlig durchnäßt erscheint schließlich Ellen mit dem Fuhrmann und dem Jungen. Peter entfernt sich alsbald mit ihm. – Während sich die Ortsbewohner am Sonntagvormittag beim Gottesdienst befinden, weilt Ellen mit Peters Jungen am Hafen. Bei dieser Gelegenheit bemerkt sie an dem Hals des Jungen Spuren von Mißhandlung. Als Peter hinzukommt und den Jungen auffordert, sofort mit ihm zum Fischfang hinauszufahren, gerät er mit Ellen in eine Auseinandersetzung, bei der er sogar gegen sie handgreiflich wird. Aus der Kirche kommende Leute bemerken dies. Man holt den Pastor herbei, auf dessen Vorschlag hin die Männer unter Führung des Bürgermeisters sich zu Peters Haus begeben. – Als Peter den sich seinem Haus nähernden Zug gewahrt, befiehlt er dem Jungen, von dem Kliff aus auf das Boot zu springen. Dieser verliert jedoch den Halt und stürzt mit einem gellenden Schrei ab. Peter steigt schnell zur Hintertür hinaus. Als die Männer daraufhin Peters Haus leer finden, entfernen sie sich wieder. Nur Balstrode bleibt zurück; er will die offenstehende Hintertür schließen und wirft dabei einen Blick über den Klippenrand, woraufhin er eiligst, wie vorher Peter, hinunterklettert. – Einige Abende später findet im Stadthaus ein Tanzfest statt. Während sich die Ortsbewohner dort amüsieren, kommen Balstrode und Ellen vom Strand herauf. Sie haben das Boot von Peter, den man seit zwei Tagen nicht mehr gesehen hat, leer vorgefunden. Ellen entdeckte am Flutenrand den Pullover, den sie für den Jungen gestrickt hatte. Die sensationslüsterne Mrs. Sedley, die das Gespräch der beiden belauscht hat, ruft den Bürgermeister aus der Schenke, um ihm die Neuigkeit zu berichten. Swallow fordert den Konstabler Hobson auf, sofort mit einigen Männern nach Peter zu fahnden. – Erschöpft und dem Wahnsinn nahe, gelangt Peter auf den verlassenen Hafenplatz; aus der Ferne hört er ein Nebelhorn und die Rufe der Suchenden: Grimes! Grimes! Da kommt Balstrode mit Ellen. Er hilft Peter, dem er den Rat gegeben hatte, hinauszufahren und dann das Boot absaufen zu lassen, sein Boot ins Wasser zu schieben. Dann führt er die still vor sich hinschluchzende Ellen weg. Allmählich ist es Tag geworden. Der Bürgermeister ist mit einigen Leuten von der vergeblichen Suche nach Peter zurückgekommen. Die Wache hat ihm soeben gemeldet, daß weit draußen ein Boot im Sinken sei ...

STILISTISCHE STELLUNG: Der dramatische Erstling des führenden englischen Komponisten der Gegenwart hat in bezug auf seine stilistische Stellung eine verschiedenartige Beurteilung erfahren: Erblickte man einerseits in der Fischertragödie mit dem anheimelnden Milieu eine echte britische Volksoper, so sprach andererseits die realistische Gestaltung der Charaktere und des Geschehens dafür, das Werk als eine veristische Oper anzusehen. Die Vertonung läßt wohl die letztere Auffassung als zwingender erscheinen. Die Musik hat größtenteils illustrativen Charakter. Erinnerungs- und Leitmotive tonmalerischer Prägung bilden das Fundament. Bei einem ariosen, manchmal auch rezitativischen Deklamationsstil ist in der Hauptsache die Singstimme Trägerin des dramatischen Ausdrucks. Musikalische Wirkungen werden in erster Linie durch imposante Steigerungen in den Chor- und Ensembleszenen erzielt, aber auch die orchestralen Zwischenspiele, von denen der Komponist vier zu einer Orchestersuite zusammengefaßt hat, weisen reiche farbige Klangeffekte auf.

TEXTDICHTUNG: Als Vorlage diente die Dichtung ›The Borough‹ (1810) des aus Aldeburgh stammenden anglikanischen Geistlichen George Crabbe (1754–1832), der hier ein Zeit- und Charakterbild der Lebensumstände des Fischervolks der englischen Ostküste vermittelt hat. Der Librettist Montagu Slater dramatisierte nach Brittens Idee einige Abschnitte von Crabbes Erzählung, wobei er dem Komponisten geschickt in die Hand arbeitete, indem er dem Titelhelden den Chor als Gegenspieler gegenüberstellte. Die Problemstellung der Handlung, die übrigens keine Liebesszenen enthält, kommt der angelsächsischen Mentalität weitgehend entgegen, woraus sich wohl in erster Linie der enorme Erfolg des Werkes in England und Amerika erklären läßt. Die deutsche Übersetzung, die in Anlehnung an den Seemannsdialekt zum Teil auch das Plattdeutsche verwendet, stammt von Herberth E. Herlitschka.

GESCHICHTLICHES: Bereits während seines Aufenthalts in Amerika (1939–1942) beschäftigte sich Britten mit ›Peter Grimes‹. Nach England zurückgekehrt, fand der Komponist in Montagu Slater einen geeigneten Librettisten. Die Komposition wurde im Januar 1944 begonnen und im Februar 1945 abgeschlossen. Die Uraufführung erfolgte am 7. Juni 1945 bei Sadler's Wells in London. Der außerordentliche Erfolg des Werkes, das bald auch seinen Weg ins Ausland fand, eröffnete in England eine neue Ära des Opernschaffens und der Opernpflege.

Albert Herring

Komische Oper in drei Akten. Dichtung nach Guy de Maupassant von Eric Crozier.

SOLISTEN: *Lady Billows,* eine herrische ältere Dame (Dramatischer Sopran, gr. P.) – *Florence Pike,* ihre Haushälterin (Spielalt, auch Dramatischer Alt, gr. P.) – *Miss Wordsworth,* Schulvorsteherin (Dramatischer Koloratursopran, auch Lyrischer Sopran, gr. P.) – *Mr. Gedge,* Pfarrer (Charakterbariton, auch Lyrischer Bariton, gr. P.) – *Mr. Upfold,* Bürgermeister von Loxford (Charaktertenor, auch Spieltenor, gr. P.) – *Mr. Budd,* Chef der Ortspolizei (Charakterbaß, auch Spielbaß, gr. P.) – *Sid,* Metzgerbursche bei Upfold (Lyrischer Bariton, gr. P.) – *Albert Herring* (Lyrischer Tenor, gr. P.) – *Nancy Waters,* Bäckerstochter (Lyrischer Mezzosopran, auch Soubrette, gr. P.) – *Mrs. Herring,* Alberts Mutter (Dramatischer Mezzosopran, auch Dramatischer Alt, m. P.) – *Emmy, Siss, Harry,* Schulkinder aus Loxford (Soprane, m. P.). Die Partie des Harry soll von einem Knaben gesungen werden, der noch nicht mutiert hat.
CHOR: Kinderchor (kl. Chp.).
ORT: Loxford, ein kleines Marktstädtchen der Grafschaft East Suffolk.
SCHAUPLÄTZE: Frühstücksraum (Halle) mit einer nach oben führenden Treppe in Lady Billows' Haus – Mrs. Herrings Obst- und Gemüseladen mit einem großen Schaufenster nach der Straße. Daneben die Ladentür, von der die obere Hälfte offensteht, die untere Hälfte geschlossen ist. Eine Treppe führt nach oben – Das Innere eines Festzeltes im Pfarrgarten – 4. und 5. Bild wie 2. Bild.
ZEIT: April und Mai des Jahres 1900.
ORCHESTER: 1 Fl. (auch Picc. und Altflöte), 1 Ob., 1 Kl. (auch Bkl.), 1 Fag., 1 Hr., Schl., Hrf., Solo-Streichquartett, 1 Kb. Die Rezitative werden vom Dirigenten am Klavier begleitet.
GLIEDERUNG: Musikalische Nummern und Szenen, die durch Rezitative miteinander verbunden werden.
SPIELDAUER: etwa 2½ Stunden.
HANDLUNG: In dem Städtchen Loxford in der Grafschaft East Suffolk übt Lady Billows, eine autokratische ältere Dame, die zwar hilfsbereit und wohltätig wirkt, in allen die Öffentlichkeit interessierenden Angelegenheiten einen herrischen Einfluß aus, wobei sie stets ihren Willen tyrannisch durchzusetzen versteht. Ihre Haushälterin Florence muß über ihre Wünsche und Anordnungen genau Tagebuch führen. Heute hat sie für halb elf die Schulleiterin Miss Wordsworth, den Pfarrer Gedge, Polizeichef Budd und Bürgermeister Upfold zu sich bestellt. Die Geladenen sind pünktlich zur Stelle. Lady Billows erwartet von ihnen Vorschläge für die Wahl der Maienkönigin. Einem alten Brauch zufolge wird alljährlich für die Maifeier die tugendhafteste Jungfrau

der Stadt zur Maienkönigin gekrönt. Aber keines der vorgeschlagenen Mädchen wird von Lady Billows dieser Ehre für würdig befunden. Da regt Polizeichef Budd an, statt einer Königin einen Mai-König aufzustellen. Er hat auch schon einen Kandidaten: Albert Herring, einen etwas naiven, aber braven und arbeitsamen Jungen, der seiner Mutter im Gemüsegeschäft behilflich ist. Lady Billows ist dagegen; man könnte ja auch eine Bauernjungfer wählen. Doch Florence wendet ein, daß die Bauerntöchter noch viel weniger als die Stadtmädchen den strengen Bedingungen gerecht würden. Nun stimmt auch Lady Billows dem von allen Anwesenden gutgeheißenen Vorschlag zu: Albert Herring wird Maienkönig. – In dem Laden von Mrs. Herring ertappt der Metzgerbursche Sid die Schulkinder Emmy, Siss und Harry beim Äpfel-Klauen. Er jagt sie weg und ruft daraufhin nach Albert. Dieser erscheint, beladen mit einem schweren Sack. Sid fragt Albert, ob er außer zu arbeiten nicht auch ein wenig sich vergnügen würde, etwa mit Knobeln, Schöppchen trinken, tanzen und Mädchen poussieren. Albert verneint; denn seine Mamm' würde es nicht wollen. Da kommt die Bäckerstochter Nancy zum Einkaufen. Sid schenkt ihr zwei Pfirsiche und verabredet mit ihr ein Rendezvous für den Abend. Als die beiden vergnügt weggegangen sind, überlegt Albert, ob es vielleicht nicht Zeit sei, daß er einmal aus dem Käfig mütterlicher Betreuung herauskomme. In diesem Augenblick betritt Florence das Geschäft. Sie läßt Mrs. Herring rufen und berichtet ihr, daß gleich Lady Billows mit Miss Wordsworth und den Herren Pfarrer, Polizeichef und Bürgermeister kommen werde, um ihr einen wichtigen Beschluß mitzuteilen, der ihren Sohn Albert betrifft. Als Mutter Herring sodann von Lady Billows erfährt, daß Albert zum Maienkönig aufgestellt sei, dazu einen weißen Anzug mit Königskrone und einen Preis von zwanzig Pfund in Gold erhalten werde, ist sie außer sich vor Glück. Um so aufgebrachter ist sie, als ihr der Sohn nach dem Weggang von Lady Billows und ihrer Begleitung erklärt, daß er nicht mitmachen wolle. – Am Festtag werden im Zelt die letzten Vorbereitungen getroffen: zahlreiche Leckerbissen werden aufgestellt, Miss Wordsworth probiert nochmals mit den Kindern die Festhymne, Sid und Nancy bringen Krüge mit Limonade. Sid zieht heimlich aus seiner Tasche eine Flasche Rum und gießt daraus eine tüchtige Portion in Alberts Limonade. Kurz darauf erscheinen die Gäste. Das Fest wird eingeleitet mit Miss Wordsworths Kinderchor, daraufhin wird Albert mit Reden und Geschenken gefeiert. Mit einem schüchternen »Vielen Dank!« quittiert er die Ehrungen. Als daraufhin auf sein Wohl angestoßen wird, leert Albert sein Glas in einem Zug, worauf er zur Belustigung der Gäste einen Schluckauf bekommt. Auf Lady Billows' Aufforderung hin setzen sich dann alle vergnügt zu Tisch, und das Festmahl beginnt. – In angeheiterter Stimmung kommt Albert spät abends heim. Durch das Ladenfenster beobachtet er, wie Sid und Nancy im

Vorbeigehen sich leidenschaftlich küssen. Da wird er sich mit einem Male bewußt, daß auch er nach dem englischen Spruch handeln müsse: »Hilf Dir selbst und der Himmel wird Dir helfen!« Dabei erinnert er sich des Zwanzig-Pfund-Goldstücks in seiner Tasche. Es soll entscheiden: Kopf ist »Ja«, Zahl ist »Nein«. Er wirft die Münze zu Boden, sie fällt mit dem Kopf nach oben. Mit plötzlichem Entschluß steckt er das Geld ein, nimmt Hut und Mantel und entfernt sich die Straße hinunter. Müde kehrt Mutter Herring zurück, die noch schnell bei ihrer Schwester Eth einen Besuch gemacht hatte. Sie glaubt ihren Albert längst im Bett und begibt sich schläfrig nach oben. – Am Nachmittag des 2. Mai ist Albert immer noch nicht heimgekehrt, er ist spurlos verschwunden. Nancy hat ein schlechtes Gewissen, auch Sid ist es nicht wohl bei dem Gedanken, der Rum könnte die Ursache des Unglücks sein. Er hat schon den Teich bis auf den Grund durchsucht. Nancy führt die tiefschwarz gekleidete Mutter Herring herbei, die dem Polizeichef ein Kinderbild des Sohnes für den Suchdienst übergibt; Lady Billows läßt einen Kriminalinspektor von Scotland Yard mit dem Liverpool-Street-Express kommen. Schließlich wird Alberts Orangenblütenkranz herbeigebracht, der am Weg nach Campsey-Ash zerdrückt und beschmutzt aufgefunden worden ist. Alle stimmen nun einen Klagegesang an. Da tritt plötzlich Albert, schmutzig und zerzaust, zur Ladentür herein. Entgeistert schauen ihn die Anwesenden an. Dann wird er in ein strenges Verhör genommen. Empört verlassen Lady Billows, ihre Begleitung und auch Mutter Herring den Laden, nur Sid und Nancy sind zurückgeblieben. Das Mädchen gibt Albert einen kräftigen Kuß, dann öffnet dieser lustig und ausgelassen die Läden. Die drei Schulkinder kommen und singen ihr Spottliedchen auf Albert, er ist ihnen aber nicht böse, sondern beschenkt sie mit Pfirsichen. Sid wirft Albert den Orangenblütenkranz zu, den er auffängt und dann über die Köpfe der Zuschauer hinwegfliegen läßt.

Stilistische Stellung: Mit leichter Hand hat Britten die musikalische Zeichnung des Kammerspiels ausgeführt. Hervorstechend ist der flüssige und fein charakterisierte Konversationsstil, der nicht nur in den Rezitativen, sondern auch bei geschlossenen Bildungen, wie in den Arien, Songs, Duetten, ja sogar in den Ensembles die Wortverständlichkeit fördert. Anderseits erzielt der Komponist an einigen Stellen des »Maifeier«-Bildes die realistische Wirkung des Durcheinandersprechens einer sich unterhaltenden Gesellschaft dadurch, daß die einzelnen Sänger ihren Part in der natürlichen Diktion der Sprache ohne Rücksichtnahme auf Takt und Tempo singen. Die Tempo-Angabe gilt in diesen Fällen nur für den Orchesterpart. Die Darsteller wiederholen ihre Phrasen so lange, bis ein Sforzato-Akkord bzw. das Fallen des Vorhanges das Durcheinander der Stimmen abschneidet. Die Wahldebatte, die als Exposition zur Handlung eine gewichtige Bedeutung hat, wird von fugierten Ensembles eingefaßt (»Wir haben nachgeforscht« – »Maienkönig!«). Den Aktschluß bildet eine von dem Solisten-Ensemble sekundierte, brillant kolorierte Ode der Lady Billows im Händelschen Stil (»Frohlocket laut und freuet Euch mit mir!«). Von pikanter Wirkung ist das Marschduett, bei dem die von Nancy und Sid in Oktaven gesungenen Strophen von einem Bläser-Kanon mit Pizzikato-Begleitung des Kontrabasses kontrapunktiert werden. Ein aus zwölf Solisten zusammengesetztes Kammerorchester interpretiert farbig und delikat den instrumentalen Part, der bisweilen mit Zitaten aus berühmten dramatischen Opern Handlungsvorgänge witzig persifliert. Den musikalischen Höhepunkt bildet die neunstimmige Trauerode im letzten Akt: über einer ostinaten Akkordfolge tritt jeder der neun Darsteller mit einem Solo-Vers aus dem Ensemble hervor, das schließlich in eine Unisono-Psalmodie mündet, die wiederum von einem trauermarschartigen ostinaten Rhythmus der Pauken begleitet wird.

Textdichtung.: Über die Entstehungsgeschichte des Librettos zu ›Albert Herring‹ hat sich der Textdichter Eric Crozier ausführlich geäußert. Als Vorlage diente die Kurzgeschichte des französischen Romanciers Guy de Maupassant (1850–1893) ›Le Rosier de Madame Husson‹ (›Der Rosenstock der Madame Husson‹). Für die Operngestaltung wurde der Schauplatz der Geschichte von der Normandie nach East Suffolk verlegt, woraus sich schließen läßt, daß die Autoren ihre Bearbeitung des Stoffes als Satire auf gewisse puritanische Sitten und Bräuche Englands auffaßten. Die Anpassung an die englische Mentalität und die Rücksichtnahme auf die zur Verfügung stehenden Sänger bewirkten gegenüber dem Vorwurf manche Veränderungen, von denen vor allem der Handlungsverlauf nach der Maienkrönung betroffen wurde. Während Maupassants tugendhafter Isidor acht Tage lang ein ausschweifendes Leben führt, vollkommen abgerissen, betrunken und mit üblen Gerüchen nach Gosse und Laster zurückkehrt und schließlich an Delirium tremens stirbt, ist Alberts Herumziehen in einigen Kneipen während einer Nacht von verhältnismäßig harmloser Natur. Hinsichtlich der dramaturgischen und sprachlichen Gestaltung des Stoffes hielt sich Crozier ganz an die Forderung des Komponisten, der von einem Operntext verlangt, daß er »einfach, knapp und kristallklar« sein müsse.

Geschichtliches: Auf der Suche nach einem neuen Opernsujet stießen Britten und seine Mitarbeiter im Jahre 1946 auf Maupassants Novelle ›Le Rosier de Madame Husson‹. Der Stoff schien ihnen geeignet sowohl als Vorwurf zu einer chorlosen Kammeroper mit wenigen Solisten und geringen szenischen Anforderungen, wie auch als Gegenstück zu der vorangegangenen tragischen ›Lucretia‹ (›The Rape of Lucretia‹). Der verhältnismäßig kleine Apparat versprach auch die Möglichkeit, das Werk auf Gastspielreisen innerhalb und außerhalb Englands aufführen zu können. So ist ›Albert Herring‹ 1946/47 entstanden. Die Uraufführung fand am 20. Juli 1947 durch die English Opera Group unter der Leitung des Komponisten in Glyndebourne mit großem Erfolg statt. Die Oper fand anschließend in Europa und Amerika weite Verbreitung.

Billy Budd

Oper in zwei Akten. Libretto nach der Erzählung von Herman Melville von Edward Morgan Forster und Eric Crozier. Deutsch von Alfred H. Unger.

SOLISTEN: *Edward Fairfax Vere,* Kapitän der »Indomitable« (Jugendlicher Heldentenor, auch Charaktertenor, gr. P.) – *Billy Budd,* Vortoppmann (Lyrischer Bariton, gr. P.) – *John Claggart,* Schiffsprofoß (Seriöser Baß, gr. P.) – *Mr. Redburn,* erster Leutnant (Bariton, gr. P.) – *Mr. Flint,* Segelmeister (Baßbariton, auch Baß, gr. P.) – *Leutnant Ratcliffe* (Baß, m. P.) – *Red Whiskers,* ein gepreßter Matrose (Tenor, m. P.) – *Donald,* ein Seemann (Bariton, m. P.) – *Dansker,* ein alter Seemann (Baß, m. P.) – *Der Neuling* (Tenor, m. P.) – *Squeak,* ein Schiffskorporal (Tenor, m. P.) – *Mr. Bosun* (Bariton, m. P.) *1. Maat* (Bariton, kl. P.) – *2. Maat* (Bariton, auch Baß, kl. P.) – *Ausguck* (Tenor, kl. P.) – *Der Freund des Neulings* (Bariton, kl. P.) – *Arthur Jones,* ein gepreßter Matrose (Bariton, kl. P.) – *Vier Seekadetten* (Knabenstimmen) – *Kapitän Veres Kabinenjunge* (Sprechrolle).
CHOR: Offiziere. Matrosen (mehrfach geteilt, Männerchor, gr. Chp.).
ORT UND SCHAUPLÄTZE: An Bord der »Indomitable«.
ZEIT: Während des englisch-französischen Seekriegs 1797.
ORCHESTER: 4 Fl. (auch Picc.), 2 Ob., 1 Eh., 2 Kl., Bkl., Altsaxophon, 2 Fag., Kfag., 4 Hr., 4 Trp., 3 Pos., Tuba, P., Schl., Hrf., Str.
GLIEDERUNG: Durchkomponierte musikalische Großform, szenische Gliederungen, ausgedehnte Zwischenspiele.
SPIELDAUER: etwa 2½ Stunden.
HANDLUNG: Prolog. Der alte Kapitän Vere, einst Kommandant des Kriegsschiffes »Indomitable« im englisch-französischen Seekrieg, denkt an Billy Budd, seinen ehemaligen Untergebenen. – Auf der »Indomitable«, die in Erwartung des Feindes bei Cap Finisterre kreuzt, wird das Großdeck gescheuert. Ein Neuling stellt sich dabei ungeschickt an und wird dafür geprügelt. Ein Boot kommt längsseits; Leutnant Ratcliffe hat an Bord des Handelsfrachters »Menschenrecht« drei Matrosen zwangsrekrutiert. Während die beiden anderen protestieren, ist Billy Budd, mit ganzem Herzen Seemann, mit seinem Los zufrieden. Er ist ein offener, fröhlicher Charakter, hat aber die Eigen-

schaft, in Erregung in ein schwer beherrschbares Stottern zu verfallen. Allen Besatzungsmitgliedern gefällt Billy Budd, nur der Schiffsprofoß John Claggart verfolgt ihn vom ersten Augenblick an mit dumpfem Haß und beauftragt den Korporal Squeak, Billy genau zu beobachten und ihm, wo immer möglich, Fallen zu stellen. Der alte Seemann Dansker warnt Billy vor dem hinterhältigen Profoß, doch Billy glaubt sich von allen an Bord geliebt. Von der Mannschaft begeistert begrüßt, erscheint Kapitän Vere, genannt »Sternen-Vere«, an Deck und stellt baldige Feindberührung in Aussicht. – In der Kapitänskajüte sitzt Vere mit Redburn und Flint beim Wein. Das Gespräch dreht sich um den neuen Geist, der – als Folgeerscheinung der Französischen Revolution – die Welt erfülle und die Disziplin bedrohe. Claggarts Verdächtigungen gegen Billy Budd haben beim Leutnant und beim Segelmeister gewirkt, doch Vere widerspricht ihnen: Billy sei ein ehrlicher Junge und guter Seemann. – Im Zwischendeck feiern die Matrosen und singen anspielungsreiche Shanties. Billy entdeckt, daß Squeak sein Gepäck durchschnüffelt hat, und stellt ihn zur Rede. Squeak greift zum Messer, eine Rauferei beginnt, die durch das Erscheinen Claggarts beendet wird. Da die Mannschaft für Billy Partei ergreift, läßt der Profoß Squeak verhaften, verfolgt im Innern aber Billy mit noch größerem Haß. Er bestimmt durch Geld und Drohungen den durch Prügel demoralisierten Neuling, Billy zum Schein zur Meuterei zu verlocken, doch mit empörtem Stottern jagt Billy den Versucher davon. Der alte Dansker, der dazu kommt, rät Billy, das Schiff so schnell wie möglich zu verlassen, denn gegen den Schiffsprofoß komme er nicht auf. Billy aber, der nicht an die Ränke Claggarts glauben will, entschließt sich zu bleiben. – Eine französische Fregatte wird gesichtet. Man macht klar zum Gefecht, feuert auch eine Salve, aber nachlassender Wind und aufkommender Nebel machen eine Verfolgung unmöglich. Claggart geht zum Kapitän und beschuldigt Billy der versuchten Meuterei. Vere will dies nicht glauben und besteht auf einer Gegenüberstellung. Als Claggart seine Verdächtigungen wiederholt und Billy sich verteidigen soll, verfällt er erneut in ein fassungsloses Stottern. Der Worte nicht mächtig, holt er zum Schlag aus und trifft den Profoß tödlich. Der Kapitän muß ein Kriegsgericht einberufen, das unter dem Vorsitz von Redburn tagt; der Kapitän fungiert als Zeuge. Billy gibt die Tat zu, und dem Gericht bleibt nichts anderes übrig, als ihn nach dem Buchstaben des Kriegsrechtes zum Tode zu verurteilen. – Billy, an zwei Kanonen gekettet, erwartet den Tag, bei dessen Anbruch er gehängt werden soll. Dansker schleicht mit einem Krug Grog herbei und berichtet von der Empörung, die das Urteil ausgelöst habe, und von der Absicht der Mannschaft, den Vollzug des Urteils zu verhindern. Billy aber bittet, dem Recht seinen Lauf zu lassen. Der Morgen graut, die Mannschaft tritt zur Exekution an, und mit dem Ausruf »Sternen-Vere, Gott schütze Euch« läßt sich Billy Budd zur Hinrichtung führen. – Epilog. Den alten Vere quälen Zweifel, ob er damals richtig gehandelt

habe. Nur der Gedanke, Billy Budd habe sein Festhalten am Buchstaben des Gesetzes verstanden und ihm verziehen, gibt ihm Trost.
STILISTISCHE STELLUNG: Mit ›Billy Budd‹ hat Britten nach ›Peter Grimes‹ ein weiteres Bühnenwerk geschrieben, in dem spezifisch englisches Nationalkolorit eine große Rolle spielt. Auch hier ist das Meer – als durchgehender, die dramatische Handlung kommentierender Hintergrund – aus der Handlung nicht wegzudenken, prägt es die Charaktere, erklärt es Situationen. Die Konzentration auf den Handlungsablauf an Bord eines englischen Kriegsschiffes bringt die dramaturgische Besonderheit mit sich, daß Britten ganz auf Frauenstimmen verzichtet. Die Atmosphäre ist musikalisch geprägt durch die Einbeziehung von Matrosenliedern, militärischen Signalen, seemännischen Ausdrücken. Die Faktur des Werkes ist knapp, konzentriert, die Einzelstimmen bewegen sich in prägnanter Diktion – ariose Verdichtungen sind den wenigen eher kontemplativen Szenen und den Hauptfiguren Vere, Budd und Claggart vorbehalten.
TEXTDICHTUNG: Edward Morgan Forster und Eric Crozier, der schon das Libretto für Brittens ›Albert Herring‹ schrieb, stützten sich bei ihrer Textfassung ganz auf die gleichnamige Erzählung des amerikanischen Dichters Herman Melville, dessen Bedeutung als einem der größten und genauesten Darsteller des Meeres und seiner Wirkung auf den Menschen (besonders in seinem Roman ›Moby Dick‹) erst in unserem Jahrhundert recht gewürdigt worden ist.
GESCHICHTLICHES: Brittens ›Billy Budd‹ entstand 1950/51 als Auftragswerk des Arts Council für das Royal Opera House Covent Garden und wurde dort am 1. Dezember 1951 uraufgeführt. Unter der Stabführung des Komponisten und in der Inszenierung von Basil Coleman sang damals Peter Pears die Rolle des Kapitäns Vere, die er auch auf einer Platteneinspielung verkörpert hat. Die deutsche Erstaufführung fand am 2. März 1952 in Wiesbaden statt. Ungeachtet seiner musikalischen und dramatischen Qualitäten hat sich das Werk auf den deutschen Bühnen nur teilweise durchsetzen können.

W. K.

Ein Sommernachtstraum

Oper in drei Akten. Text nach William Shakespeares gleichnamiger Komödie, eingerichtet von Benjamin Britten und Peter Pears. Deutsche Übertragung nach August Wilhelm von Schlegel von Ernst Roth.

SOLISTEN: *Oberon,* König der Elfen (Contratenor, auch Alt, gr. P.) – *Titania,* Königin der Elfen (Koloratursopran, auch Lyrischer Sopran, gr. P.) – *Puck,* ein Elfe (Sprechrolle, gr. P.) – *Theseus,* Herzog von Athen (Seriöser Baß, m. P.) – *Hippolyta,* Königin der Amazonen, mit Theseus verlobt (Alt, m. P.) – *Lysander,* Liebhaber der Hermia (Lyrischer Tenor, gr. P.) – *Demetrius,* ebenfalls Liebhaber der Hermia (Lyrischer Bariton, gr. P.) – *Hermia,* in Lysander verliebt (Mezzosopran, gr. P.) – *Helena,* in Demetrius verliebt (Lyrischer Sopran, gr. P.) – *Zettel,* der Weber (Baßbariton, gr. P.) – *Peter Squenz,* der Zimmermann (Spielbaß, gr. P.) – *Flaut,* der Bälgeflicker (Lyrischer Tenor, auch Spieltenor, gr. P.) – *Schnock,* der Schreiner (Baß, m. P.) – *Schnauz,* der Kesselflicker (Tenor, m. P.) – *Schlucker,* der Schneider (Bariton, m. P.) – *Spinnweb, Bohnenblüte, Senfsamen, Motte* (Knabenstimmen oder Soprane, m. P.).

CHOR: Elfenchor (Knabenstimmen oder Soprane, kl. Chp.).

ORT: Athen und ein nahegelegener Wald.

ZEIT: In sagenhafter Zeit.

ORCHESTER: 2 Fl. (auch Picc.), 1 Ob. (auch Eh.), 2 Kl., 1 Fag., 2 Hr., 1 Trp., 1 Pos., Schl., 2 Hrf., Cemb., Cel., Str. – Bühnenmusik: 2 Sopranino-Blockfl., kl. Zimbeln, 2 Holzblöcke.

GLIEDERUNG: Durchkomponierte Großform mit szenischen Einteilungen.

SPIELDAUER: etwa 2¼ Stunden.

HANDLUNG: Das Elfenkönigspaar Oberon und Titania hat sich entzweit wegen eines indischen Fürstenkindes, das jeder seinem Gefolge einzuverleiben wünscht, das Titania aber ihrem Gemahl verweigert. Oberon beauftragt seinen Diener Puck, ihm einen Zaubersaft zu beschaffen, der, auf die Augenlider eines Schlafenden geträufelt, diesen beim Erwachen in jede Kreatur, die er zuerst erblickt, sinnlos vergafft macht. Mit diesem Zauber hofft er, Titanias Trotz zu brechen. – Lysander und Hermia sind gemeinsam aus Athen in den nahen Wald geflohen. Sie lieben einander, aber da Hermias Vater seine Tochter lieber mit Demetrius verheiraten will und in Athen das Gesetz gilt, die Tochter habe dem Wunsch ihres Vaters zu folgen, sind sie entschlossen, anderswo ihr gemeinsames Glück zu finden. Helena, die Freundin Hermias, die Demetrius liebt, hat diesem die Flucht verraten. Auch er ist in den Wald gekommen, gefolgt von Helena, die er jedoch zurückstößt. Oberon, der dies beobachtet hat, beauftragt den mit dem Zauberkraut auftauchenden Puck, auch den Athener mit dem Kraut zu salben, damit dieser anderen Sinnes werde. – Sechs Handwerker aus Athen treffen sich im Wald. Sie haben sich verabredet, hier, wo sie niemand belauschen kann, für die bevorstehende Hochzeit ihres Herzogs Theseus ein Schauspiel einzustudieren, das sie bei den Festlichkeiten aufführen wollen. Geprobt werden soll das Trauerspiel von Pyramus und Tisbe. Peter Squenz, der älteste der Meister, verteilt die Rollen. Zettel, der Weber, der den Pyramus spielen soll, würde lieber einen Tyrannen geben, erklärt sich dann aber einverstanden. Flaut, der

Bälgeflicker, ziert sich, weil er mit Tisbe eine Frau spielen soll. Doch schließlich einigt man sich und verabredet für die Nacht eine Probe. – Lysander und Hermia haben im Wald den Weg verloren und legen sich zum Schlaf. Da findet sie Puck, der Lysander mit Demetrius verwechselt, und träufelt ihm den Zaubersaft ins Auge. Auch Demetrius und die ihm folgende Helena gelangen an diesen Ort. Während Demetrius davonläuft, erblickt Helena den schlafenden Lysander und weckt ihn. Dieser, vom Zauberkraut betört, schmachtet sie an, sie aber hält alles für Hohn. Als sie davonläuft, folgt ihr Lysander, und als Hermia erwacht, ist sie allein. – Titania läßt sich von ihren Elfen den Schlafplatz herrichten und ein Wiegenlied singen. Als sie eingeschlafen ist, erscheint Oberon und netzt ihr Auge mit dem Zaubersaft. – Am Abend treffen sich die sechs Handwerker und fangen an, zu probieren. Nachdem man beschlossen hat, dem Stück einen Prolog zu geben, um die vornehmen Damen nicht durch den im Stück vorkommenden Selbstmord und durch einen Löwen zu schrecken, beginnt die Probe. Zettel verläßt den Schauplatz, um aufs Stichwort zu erscheinen, und Puck, der zugeschaut hat, verpaßt ihm einen Eselskopf. Als er auftritt, fliehen seine Kollegen. Durch den Lärm gestört, erwacht Titania und verliebt sich in den eselsköpfigen Zettel, der sich von den Elfen pflegen läßt und schließlich mit Titania einschlummert. – Oberon und Puck bemerken mit Zufriedenheit, daß bei Titania der Zaubersaft schon gewirkt hat, doch Puck hat die beiden Liebhaber verwechselt und dadurch alles durcheinandergebracht, denn jetzt lieben Lysander und Demetrius Helena, während Hermia sich verschmäht sieht. Puck gefällt dies tolle Treiben, doch Oberon befiehlt ihm, die beiden rivalisierenden Liebhaber, die mit dem Schwert aufeinander losgehen wollen, voneinander weg in den Wald zu locken, bis sie müde sind, und dann alles wieder ins Lot zu bringen. – Oberon löst den Bann von Titania. Die Liebenden erwachen und glauben, sie hätten alles nur geträumt. Auch Zettel, von seinem Eselskopf befreit, kommt wieder zu sich und überrascht die verzweifelten Freunde, die das Schauspiel am Hofe nun schon verlorengeben, mit der Nachricht, ihr Stück sei zur Aufführung ausgewählt. – Die vier Liebenden erbitten von Theseus Gnade, und dieser gewährt sie und ordnet an, daß die beiden Paare gemeinsam mit ihm und Hippolyta im Tempel getraut würden. Zu den Hochzeitsfestlichkeiten wird zur allgemeinen Erheiterung das »komische Trauerspiel« von Pyramus und Tisbe aufgeführt. Nachdem sich die Hochzeitsgäste zur Ruhe begeben haben, betritt Oberon mit der versöhnten Titania den Palast, um das Brautbett der Neuvermählten zu segnen.

Stilistische Stellung: Brittens Shakespeare-Oper entstand ursprünglich für Kammerorchester, später hat der Komponist die Partitur dann für normales Orchester erweitert. Er sah in dem musikträchtigen Stoff die Chance, die verschiedenen Welten der Feen und Geister, der Liebenden und der Handwerker mit unterschiedlichen Orchesterklängen

zu illustrieren und voneinander abzuheben. Während für das Elfenreich aparte Klangfarben von Harfe, Xylophon und Celesta stehen, sind die bisweilen ins Opernhaft-Pathetische gesteigerten Szenen der Liebenden durch Streicher und Holzbläser gekennzeichnet und die Rüpelszenen durch tiefe Holz- und Blechbläser, Kontrabässe und Schlagzeug. Besondere Farbe erhält die Elfenwelt auch durch die Besetzung Oberons mit einem Contratenor (die Ersetzung durch eine weibliche Altstimme ist nur ein Notbehelf, der vermieden werden sollte) und durch die Knabenstimmen der Elfen. Brittens Partitur ist höchst farbenreich, aber stets durchsichtig und schmiegt sich ganz dem Text an.
TEXTDICHTUNG: Britten und Peter Pears, der Freund und Tenor, hielten sich bei der Umformung der fünfaktigen, aus dem Jahre 1594 stammenden Komödie Shakespeares eng an das Original, verkürzten jedoch die Exposition, indem sie den ersten Auftritt bei Theseus entfallen ließen und die notwendige dramaturgische Information in dem ersten Dialog Hermia–Lysander entwickelten. Im weiteren Verlauf beschränkten sie sich auf vorsichtige Kürzungen und Raffungen und gliederten das ursprünglich fünfaktige Schauspiel in 3 Akte.
GESCHICHTLICHES: Shakespeares Komödie war schon früh Ausgangspunkt für musikalische Ausgestaltungen verschiedenster Art . Zu den frühesten dürfte Henry Purcells Masque ›The Fairy Queen‹ (1692) gehören, 1777 schrieb ein englischer Komponist namens Smith eine ›Sommernachtstraum‹-Oper auf ein Libretto des berühmten Shakespeare-Schauspielers David Garrick, 1850 vertonte Ambroise Thomas diesen Stoff. Ganz zu schweigen ist von den zahlreichen Schauspielmusiken, von denen Felix Mendelssohn Bartholdys wohl die berühmteste ist. Britten schrieb seine Oper für das von ihm und Pears gegründete und geleitete Aldeburgh Festival. Uraufgeführt wurde das Werk am 11. Juni 1960 in Aldeburgh unter der musikalischen Leitung von Britten und in der Inszenierung von John Cranko mit so prominenten englischen Solisten wie Alfred Deller als Oberon, Jennifer Vyvyan als Titania, George Maran und Thomas Hemsley sowie Marjorie Thomas und April Cantelo in der Rolle der Liebenden, Owen Brannigan als Zettel und Peter Pears als Flaut. In der gleichen Besetzung gastierte das Ensemble im Juli 1960 beim Holland Festival. Die deutsche Erstaufführung fand am 21. Februar 1961 an der Hamburgischen Staatsoper statt. Seitdem ist Brittens ›Sommernachtstraum‹ ein regelmäßiger Gast auf deutschen Bühnen.

W. K.

Tod in Venedig

Oper in zwei Akten. Libretto von Myfanwy Piper nach der Novelle von Thomas Mann. Deutsch von Claus H. Henneberg und Hans Keller.

SOLISTEN: *Gustav von Aschenbach,* Schriftsteller (Charaktertenor, gr. P.) – *Der Reisende,* auch: *Der ältliche Geck, der alte Gondoliere, der Hotelmanager, der Coiffeur des Hauses, der Führer der Straßensänger, die Stimme des Dionysos* (Baßbariton, auch Heldenbariton, gr. P.) – *Die Stimme Apollos* (Contratenor, m. P.) – *Hotelportier* (Charaktertenor, m. P.) – *Hotelkellner* (Baß, kl. P.) – *Bootsmann am Lido* (Bariton, kl. P.) – *Straßensängerin* (Sopran, auch Mezzosopran, kl. P.) – *Straßensänger* (Tenor, kl. P.) – *Erdbeerverkäuferin* (Sopran, kl. P.) – *Fremdenführer in Venedig* (Bariton, auch Baß, kl. P.) – *Bettlerin* (Alt, kl. P.) – *Glasbläser* (Tenor, kl. P.) – *Spitzenverkäuferin* (Sopran, kl. P.) – *Priester in San Marco* (Baß, kl. P.) – *Clerk im englischen Reisebüro* (Bariton, kl. P.) – *Schiffs-Stewart* (Bariton, auch Baß, kl. P.) – *Zeitungsverkäuferin* (Sopran, kl. P.).
CHOR: Junge Männer und Mädchen. Hotelgäste und Kellner. Gondolieri und Bootsmänner. Straßenverkäufer. Kundenwerber und Bettler. Bürger von Venedig. Chor in San Marco. Touristen. Gefolgschaft des Dionysos (vielfach geteilt, gr. Chp.).
Aus dem Chor sind noch die folgenden Solopartien zu besetzen:
Soprane: Dänische Frau. Russische Mutter. Englische Frau. Französische Mädchen.
Alte: Französische Mutter. Deutsche Mutter. Russisches Kindermädchen.
Tenöre: Zwei Amerikaner. Zwei Gondolieri.
Bässe: Polnischer Vater. Deutscher Vater. Russischer Vater. Restaurantkellner.
TÄNZER: Die polnische Mutter. Tadzio, ihr Sohn. Ihre beiden Töchter. Die Erzieherin. Jaschiu. Tadzios Freund. Weitere Jungen und Mädchen. Straßenmusikanten. Strandwärter.
ORT: Die Oper spielt in München, in Venedig und am Lido.
SCHAUPLÄTZE: München, Straße – Auf dem Boot nach Venedig – Die Reise zum Lido – Hotel am Lido – Am Strand – In der Hotelhalle – Beim Coiffeur des Hauses – Im Reisebüro – In den Straßen von Venedig – In San Marco.
ZEIT: Um 1900.
ORCHESTER: 2 Fl. (auch Picc.), 2 Ob., 2 Kl. (II. auch Bkl.), 2 Fag., 2 Hr., 2 Trp., 2 Pos., 1 Tuba, Hrf., Klav., P., Schl., Str.
GLIEDERUNG: Durchkomponierte Großform, gegliedert in 17 Szenen.
SPIELDAUER: etwa 2½ Stunden.
HANDLUNG: Der Münchner Schriftsteller Gustav von Aschenbach, international anerkannt, ist nach dem Tod seiner Frau und der Verheira-

tung seiner Tochter völlig vereinsamt. Auch sein Schaffensimpuls scheint versiegt. Auf einem seiner einsamen Spaziergänge, der ihn in die Nähe des Nordfriedhofs führt, trifft er einen Fremden, einen unbehaust wirkenden Reisenden, der jene Gedanken ausspricht, die ihn im Innern schon lange bewegen: Sehnsucht nach Veränderung, nach Abenteuer. Er beschließt, nach Venedig zu reisen. – Auf dem Schiff von Triest nach Venedig sieht sich Aschenbach erneut der Begegnung mit einem Fremden ausgesetzt, einem ältlichen, geschminkten Stutzer, der ihn zugleich fasziniert und ekelt. – Nach der Ankunft in Venedig fährt ihn ein alter Gondoliere gegen seinen Willen nicht zum Anlegeplatz des Vaporetto, sondern direkt zum Lido. Als ihn dort der Hotelportier in Empfang nimmt, ist der alte Gondoliere, der Aschenbach wie Charon vorkam, ebenso schnell verschwunden wie wenige Tage zuvor der Fremde in München. – Der Hoteldirektor führt ihn in sein Zimmer. Er blickt auf das Meer. Grauer Himmel liegt über Venedig, die Luft ist stickig. – Aschenbach empfindet die internationale, unverbindliche Atmosphäre des Hotels als angenehm. Angeregt wird seine Phantasie durch das Erscheinen einer polnischen Aristokratenfamilie mit zwei Töchtern und einem Sohn. Die Schönheit des Jünglings fasziniert ihn. – Dunst und trübes Wetter lassen ihm den vertrauten Strand des Lido anders als sonst erscheinen. Die Anmut des polnischen Jungen verscheucht seine Depressionen, läßt ihn an die Vollkommenheit glauben. Aschenbach macht einen Ausflug nach Venedig. Der Dunst der Stadt, die Zudringlichkeit der Bettler und Straßenhändler widert ihn an. Er beschließt, abzureisen. – Die Koffer sind gepackt, doch als Aschenbach in der Hotelhalle den Knaben Tadzio sieht, schwankt er erneut in seinem Entschluß. Aber es ist zu spät, den Entschluß zu revidieren. Er verläßt das Hotel. Am Bahnhof teilt ihm der ungeduldig wartende Hotelportier mit, man habe sein Gepäck nach Como aufgegeben. Aufgebracht erklärt er, er wolle ja gar nicht nach Como, findet aber diesen Irrtum des Portiers im Grunde hilfreich, denn jetzt kann er, bis das Gepäck zurückbeordert ist, im Hotel bleiben. – Aschenbach kehrt in sein Hotelzimmer zurück. Vom Balkon aus erblickt er Tadzio am Strand. In ihm sieht er das Prinzip des Apollinischen verwirklicht, verkörpert. – In einem Liegestuhl am Strand, halb träumend, sieht Aschenbach den Spielen Tadzios und seiner Kameraden zu. Plötzlich erkennt er – übergangslos, verschreckt wie beglückt –, daß er die Grenzen seiner bisherigen Welt überschreitet – er bekennt sich zu seiner Liebe zu dem Knaben. – Immer mehr glaubt Aschenbach, in Tadzio die Möglichkeiten vollkommener Form zu erkennen, um die er als Schriftsteller ein Leben lang gekämpft hat. Beunruhigt erfährt er durch den Coiffeur des Hotels von einer Epidemie, die in Venedig grassieren soll, und mehr und mehr werden ihm verdächtige Anzeichen bewußt, die er bisher übersehen hat. – Bei einem erneuten Ausflug nach Venedig erfährt er, daß die Behörden der Stadt Anordnungen getroffen

haben, um die Ausbreitung der Epidemie zu verhindern, aber auch dafür sorgen, daß nichts an die Öffentlichkeit dringen kann. Straßenhändler erklären ihm, es gebe keine Gefahr, aber aus einer deutschen Zeitung erfährt er den Ernst der Situation. Als er in Venedig der Familie Tadzios begegnet, ist sein erster Gedanke: Sie dürfen nichts erfahren. Die Familie nimmt in einem Café Platz und besucht dann Sann Marco. Aschenbach folgt ihnen. – Im Hotel wird Aschenbach Zeuge, wie Tadzio sein Zimmer betritt. Fast von Sinnen nähert er sich der Tür, die sich jedoch vor ihm schließt. Mit wachsendem Erschrekken erkennt Aschenbach die völlige Verwandlung seines Wesens – aus dem ernsten, gesetzten Schriftsteller wird ein vom Eros des Knaben verzauberter, willenloser Mensch. – Auf der Hotelterrasse findet ein Auftritt von Straßensängern statt. Um die wachsende Unruhe unter den Hotelgästen zu überspielen, hat die Hotelleitung diesen Auftritt arrangiert. Die Gäste, durch die Anzeichen der Seuche verängstigt und eben dadurch zu unkonventionellem Verhalten angestachelt, genießen die Darbietungen, und die Straßensänger, die die Empfänglichkeit ihres Publikums spüren, steigern sich zu immer größerer Wildheit. Als Aschenbach deren Anführer auf die Epidemie anspricht, verneint dieser jegliche Gefahr. Die Darbietung steigert sich zu solch brutalen Anzüglichkeiten, daß die Gäste vertrieben werden. Aschenbach hat nur Augen für Tadzio. – Im Reisebüro erfährt Aschenbach von einem englischen Clerk, der das Vertuschungsbemühen der Behörden mißbilligt, daß die Gefahr für Bevölkerung und Gäste inzwischen aufs höchste gestiegen ist. Aschenbach beschließt, mit Tadzios Mutter zu sprechen, aber er vermag es nicht. – Träumend vernimmt er die Stimmen des Dionysos und Apollons, die um ihn ringen. – Der Hotelfriseur färbt Aschenbach die grauen Schläfen, er überredet ihn, sich zu schminken, damit er jugendlicher wirke. – In den Straßen Venedigs trifft Aschenbach erneut die polnische Familie. Tadzio löst sich von den Seinen, doch die kurze Begegnung bleibt stumm. – Alles flüchtet aus Venedig, das Hotel wird schließen, auch die Polen reisen ab. Die allgemeine Ordnung löst sich auf: der Portier ist betrunken, der Direktor tritt aus seiner scheinbaren Reserve – er prophezeit Aschenbach, auch er werde sie nun verlassen. – Tadzio ist noch einmal zum Strand gelaufen. Dort rauft er mit seinem Freund Jaschiu, der ihn niederwirft. Aschenbach, vom Fieber der Cholera erfaßt, glaubt ihn in Gefahr, will ihm zu Hilfe eilen, seinen Namen rufen. Er bricht sterbend zusammen.
STILISTISCHE STELLUNG: Brittens letzte Oper umfaßt verschiedene dramaturgische und kompositorische Aspekte. Er sieht in ihr nicht nur die Vertonung einer Novelle Thomas Manns, sondern zugleich die Möglichkeit, die Arbeit schöpferischen Geistes, zwischen dem apollinischen und dem dionysischen Prinzip, deutlich zu machen. Und er sieht hier auch die Chance eines Plädoyers für die »Normalität« der andersartigen Liebe. Musikalisch ist der ›Tod in Venedig‹ der Versuch,

eine Fülle stilistisch divergierender Tendenzen noch einmal unter einem gedanklichen Überbau zu vereinen. Die Palette reicht von klarer Tonalität bis zu vielfach geschichteten Ostinatomodellen, von einfachen, klavierbegleiteten, rhythmisch freien Rezitativen bis zu komplizierten Ensemblesätzen.

TEXTDICHTUNG: Brittens Librettistin Myfanwy Piper hat sich bei der Konzeption des Dramas im äußeren Handlungsablauf eng an der 1912 erschienenen Novelle Thomas Manns orientiert. Sie hat lediglich die Figur des Fremden – durchaus bühnengerecht – in die verschiedenen Erscheinungsformen aufgesplittert, sie aber – als Inkarnation des dionysischen Prinzips – einem Sänger vorbehalten. Thomas Mann hat – wie Katia Mann berichtete – die Geschichte selbst bei einem Venedig-Aufenthalt im Sommer 1911 teilweise erlebt; der gleichzeitige Tod Gustav Mahlers, von dem Mann aus den Zeitungen erfuhr, hat die Figur des Dichters Aschenbach »in ihren äußeren Zügen« geprägt; gleichermaßen hat sie aber auch Züge von August Graf von Platen, von Richard Wagner, ja solche eines Selbstporträts.

GESCHICHTLICHES: Brittens letzte Oper entstand in einer Zeit, in der die Beschäftigung mit Mahler fast so etwas wie eine Mode war. Luchino Viscontis Film ›Tod in Venedig‹ (1971) setzte die Figuren Aschenbach/Mahler gleich, und so schien Brittens Werk vielen nur auf einer Modewelle zu schwimmen. Der Uraufführung am 16. Juni 1973 im Rahmen des Aldeburgh Festivals folgten alsbald eine Plattenaufnahme in der Uraufführungsbesetzung (mit Peter Pears, dem die Oper gewidmet ist, in der Rolle des Aschenbach) und, in der darauffolgenden Spielzeit die deutsche Erstaufführung an der Deutschen Oper Berlin. Auch andere deutsche Bühnen schlossen sich an. Heute, nachdem die Mahler-Mode etwas abgeklungen ist, könnte die Chance bestehen, das gedankenschwere, nicht gerade leicht zugängliche, zudem szenisch anspruchsvolle Werk erneut zur Diskussion zu stellen.

W. K.

FERRUCCIO BUSONI

* 1. April 1866 in Empoli bei Florenz, † 27. Juli 1924 in Berlin

Sigune oder Das versunkene Dorf (1889), T: nach Rudolf Baumbachs ›Sommermärchen‹ v. Frieda Schanz, unvollendet, Ms.

Die Brautwahl (1912 Hamburg), T: nach Ernst Theodor Amadeus Hoffmann vom Komponisten, V: B&H

Arlecchino oder Die Fenster (1917 Zürich), T: vom Komponisten, E., V: B&H

Turandot (1917 Zürich), T: nach Carlo Gozzi vom Komponisten, V: B&H

Doktor Faust (1925 Dresden), T: nach dem Puppenspiel vom Komponisten, unvollendet, ergänzt v. Philipp Jarnach, V: B&H

Arlecchino

Ein theatralisches Capriccio in einem Akt. Worte vom Komponisten.

SOLISTEN: *Ser Matteo del Sarto,* Schneidermeister (Heldenbariton, auch Charakterbariton, auch Spielbaß, m. P.) – *Abbate Cospicuo* (Lyrischer Bariton, m. P.) – *Dottore Bombasto* (Schwerer Spielbaß, m. P.) – *Arlecchino* (Sprecher, gr. P.) – *Leandro,* Cavaliere (Lyrischer Tenor, auch Spieltenor, m. P.) – *Annunziata,* Matteos Frau (Stumme Rolle) – *Colombina,* Arlecchinos Frau (Mezzosopran, auch Jugendlich-dramatischer Sopran, gr. P.). – Zwei Sbirren, ein Kärrner, Personen an den Fenstern, ein Esel (Stumme Rollen).
CHOR: kein Chor.
ORT: Bergamo.
SCHAUPLÄTZE: Eine Straße, mit dem Haus Ser Matteos und einer Schenke.
ZEIT: 18. Jahrhundert.
ORCHESTER: 2 Fl., 2 Ob., 2 Kl., 2 Fag. – 3 Hr., 2 Trp., 3 Pos., P., Schl., Cel., Str. – Bühnenmusik: 2 Trp., P.
GLIEDERUNG: 10 musikalische Nummern, durch gesprochenen Dialog verbunden.
SPIELDAUER: etwa 60 Minuten.
HANDLUNG: Während der etwas tölpelhafte Schneider Matteo vor seinem Haus arbeitet und dabei hingerissen Dante liest, sieht man, wie über ihm am Fenster Arlecchino versucht, Matteos Frau Annunziata zu verführen. Da Matteo das Haus verschlossen hat, springt Arlecchino aus dem Fenster direkt vor den lesenden Matteo und klappt ihm das Buch zu. Er schüchtert den Schneider mit der Drohung ein, die Barbaren würden die Stadt überfallen. Matteo flüchtet ins Haus, und Arlecchino sperrt mit dem Schlüssel, der aus des Schneiders Manteltasche gefallen ist, die Türe zu. Während der Schneider angstvoll alle Läden schließt, erscheinen Abbate Cospicuo und Dottore Bombasto. Der Schneider teilt ihnen die drohende Gefahr mit, und zum Schein gehen sie auf seinen Unsinn ein und versprechen, sich beim Bürgermeister zu erkundigen, gehen aber stattdessen ins Weinhaus. In der Zwischenzeit hat sich Arlecchino als Kriegskapitän verkleidet und trommelt den Schneider mit einem Rekrutierungsbefehl aus dem Haus. Dieser folgt, in einer grotesk improvisierten Kriegsausrüstung, den beiden Sbirren, während Arlecchino vorgibt, das Haus bewachen zu wollen. Doch ehe er zu Annunziata vordringen kann, ertappt Colombina ihren entlaufenen Ehemann. Arlecchino kann sie jedoch ablenken und entkommen. Da tritt Leandro, ein etwas dümmlicher Cavaliere, auf und weiß Colombina mit seinen Liebesschwüren bald auf andere Gedanken zu bringen. Doch der eifersüchtige Arlecchino fordert den Nebenbuhler zum Zweikampf und sticht ihn nieder, dann flüchtet er in Matteos Haus.

Aus dem Weinhaus kommen der Abbate und der Dottore, beide nicht mehr nüchtern, sowie Colombina. Sie finden den bewußtlosen Leandro, den sie zuerst für tot halten, dann aber, als er wieder zu sich kommt, mit einem Eselskarren ins Lazarett schaffen. Arlecchino flieht mit der Schneidersfrau. Matteo, den die Sbirren ganz in die Irre geführt haben, kommt zurück nach Hause, findet aber nur einen Zettel seiner Frau, sie sei in die Messe gegangen. Wartend vertieft er sich wieder in seine Arbeit und seine Dante-Lektüre.

Stilistische Stellung: Busonis spielerisch-unkomplizierter Einakter lebt ganz von der Typenstilisierung und Situationskomik der Commedia dell'arte, die der Komponist als sein eigener Textdichter mit viel Sinn für subtile musikalische Gestaltung wiederzuerwecken gewußt hat. Die kleinen, duftig-virtuosen musikalischen Nummern, von der Canzonette über die Arietta bis zu rossinihaft abschnurrenden Ensembles, beschwören eine kunstvoll-stilisierte Gegenwelt, deren Witz durch eine Reihe phantasievoller Anspielungen und Zitate erhöht wird.

Textdichtung: Busoni griff bei seinem in vier »Sätze« eingeteilten Text (Arlecchino als Schalk – Arlecchino als Kriegsmann – Arlecchino als Ehemann – Arlecchino als Sieger) auf die bewährten Typen der oberitalienischen Stegreifkomödie zurück: der betrogene Ehemann ist dort ebenso vertreten wie der heuchlerische Abbate, der prahlerische Doktor und der einfältige Ritter, und auch die szenische Konstruktion, von einfachster Bauart, greift auf den Situations-Schatz der Commedia dell'arte zurück.

Geschichtliches: Busonis Einakter wurde – zusammen mit seiner Oper ›Turandot‹ – am 11. Mai 1917 in Zürich uraufgeführt. Seitdem gehört das reizende kleine Werk immer wieder zum Repertoire abwechslungsreicher Einakter-Abende an deutschen Opernbühnen.

W. K.

Turandot

Eine chinesische Fabel in zwei Akten. Text nach Carlo Gozzi vom Komponisten.

Solisten: *Altoum,* Kaiser von China (Seriöser Baß, gr. P.) – *Turandot,* seine Tochter (Jugendlich-dramatischer Sopran, auch hochdramatischer Sopran, gr. P.) – *Adelma,* ihre Vertraute (Mezzosopran, m. P.) – *Kalaf,* Sohn des Timur, ein Prinz (Jugendlicher Heldentenor, gr. P.) – *Barak,* sein Getreuer (Bariton, auch Baß, kl. P.) – *Die Königinmutter von Samarkand,* eine Mohrin (Jugendlich-dramatischer Sopran, auch Charaktersopran, kl. P.) – *Truffaldino,* Haupt der Eunuchen (Spielte-

nor, auch Lyrischer Tenor, m. P.) – *Pantalone,* Minister (Schwerer Spielbaß, m. P.) – *Tartaglia,* Minister (Baß, auch Baßbariton, m. P.) – *Eine Vorsängerin* (Mezzosopran, auch Sopran, kl. P.) – *Acht Doktoren* (4 Tenöre, 4 Bässe, auch Chorsoli, kl. P.) – *Scharfrichter* (Stumme Rolle).
CHOR: Sklaven. Sklavinnen. Tänzerinnen. Klageweiber. Eunuchen. Soldaten. Hofgesellschaft (m. Chp.).
ORT: Der äußerste Orient.
SCHAUPLÄTZE: Vor dem Stadttor Pekings – Thronsaal im Kaiserpalast – Das Frauengemach Turandots.
ZEIT: Zeit der Fabel.
ORCHESTER: 2 Fl., 2 Ob., 2 Kl., 2 Fag., 4 Hr., 3 Trp., 3 Pos., P., Schl., Hrf., Cel., Str. – Bühnenmusik: 2 Trp., 2 Pos., P., Schl.
GLIEDERUNG: Vorspiel, durchkomponierte Großform mit szenischen Einschnitten.
SPIELDAUER: etwa 1¾ Stunden.
HANDLUNG: Prinz Kalaf, Sohn des Timur, ist in der Stadt Peking angekommen; dort trifft er auf Barak, einen Vertrauten, den es nach einer verlorenen Schlacht nach China verschlagen hat. Kalaf will in Verhandlungen mit dem Kaiser seinem Vaterland die Freiheit zurückbringen, doch Barak warnt ihn: am Hofe herrsche die Kaiserstochter Turandot, so schön wie weise, doch grausam und allen Männern abgeneigt. Kalaf hat schon davon gehört: sie stelle allen Freiern drei Rätsel, und wer die nicht lösen könne, werde enthauptet. Kalaf hält die Freier, die ein solches Risiko eingehen, für Narren. In der Stadt ertönen Signale: ein Zeichen, daß wieder ein Freier die Fragen nicht hat beantworten können und nun hingerichtet wird. Ein Zug von Klageweibern verläßt die Stadt, an ihrer Spitze die Königinmutter von Samarkand. Ihr Sohn ist es, der gerade hingerichtet wird – sie verflucht die Stadt und wirft ein Bildnis der Prinzessin Turandot, das sie ihrem Sohne entrissen hat, fort. Barak will den Prinzen zurückhalten, doch dieser hebt das Bildnis auf und ist verzaubert – sogleich vergißt er sein eigentliches Vorhaben und beschließt, um die Prinzessin zu werben. Der Scharfrichter steckt den Kopf des enthaupteten Mohrenprinzen aus Samarkand zu den anderen auf die Zinnen der Mauer. – Truffaldino, der Anführer der Eunuchen, beaufsichtigt die Herrichtung des Thronsaales. Der Kaiser, seine zwei Minister Pantalone und Tartaglia aus Venedig, die acht Doktoren und der Hofstaat ziehen ein. Der Kaiser ist des ewigen Mordens müde und versucht, Kalaf von seiner Werbung abzubringen, und auch die beiden Minister reden auf ihn ein und warnen vor der Schwierigkeit der Rätsel, doch Kalaf besteht darauf, die Rätsel zu hören. Turandot kommt, doch sie ist seltsam bewegt vom Anblick des Prinzen. Ihre Vertraute Adelma, eine gefangene Prinzessin, erkennt Kalaf, der seinen Namen allen anderen verschwiegen hat; er hat sie früher einmal abgewiesen, als sie in ihn verliebt war. Turandot stellt die Rätsel, doch Kalaf kann sie alle lösen. Turandot

gesteht ihre Niederlage ein, doch sie will lieber sterben als den fremden Prinzen heiraten. Da schlägt Kalaf seinerseits ein Rätsel vor: wenn Turandot seinen Namen errate, so wolle er sich geschlagen geben und von dannen ziehen. – Im Frauengemach sitzt Turandot mit ihrer Vertrauten Adelma. Gesang und Tanz der Sklavinnen vermögen sie nicht aufzumuntern; sie schickt die Tänzerinnen fort und grübelt über die seltsame Faszination nach, die Kalaf auf sie ausübt. Ob es wohl Liebe ist? Gleichwohl beschließt sie, sich noch nicht geschlagen zu geben. Truffaldino, der ausgeschickt wurde, um Kalaf auszuhorchen, kehrt unverrichteter Dinge zurück – er hat den Namen des fremden Prinzen nicht erfahren können. Altoum kommt und hofft, die Demütigung, den Namen nicht erfahren zu können, werde endlich den Stolz seiner Tochter brechen, doch auch er kann nichts ausrichten. Endlich entdeckt sich Adelma der Prinzessin: um den Preis ihrer Freilassung verrät sie Turandot den Namen des Prinzen. Am nächsten Tag versammelt sich alles im Thronsaal, und zum Erstaunen des Kaisers, der Minister und der Hofgesellschaft weiß Turandot den richtigen Namen des fremden Prinzen – »Kalaf, Sohn des Timur« – zu sagen. Kalaf gibt sich geschlagen und will verzweifelt den Hof verlassen, da bekennt sich Turandot zu ihrer Liebe, und die festliche Hochzeit wird vollzogen.
STILISTISCHE STELLUNG: Busonis ›Turandot‹ entstand lange Jahre bevor Puccini den Plan zur Veroperung dieses Stoffes faßte – und anders als in Puccinis letztem musikdramatischen Werk, in dem die Psychologie und Pathologie der Hauptfiguren den Märchenton Gozzis gänzlich verdrängen, hat sich Busoni nicht nur inhaltlich, sondern auch in der strengen Stilisierung seiner Musik, die mit Chinoiserien distanziert spielt (und darin eher noch auf Carl Maria von Webers ›Turandot‹-Fragmente sich zurückbezieht) auf die späte, bei aller Tragik doch in der Tradition der Commedia dell'arte stehende Gozzi-Komödie eingelassen. Und so gelingt hier auch – anders als bei Puccini – die Einbeziehung der ausgesprochenen Buffo-Figuren (Truffaldino, Pantalone und Tartaglia) in den ernsten Handlungsablauf wie in die differenzierte, aber stets Distanz wahrende Tonsprache Busonis.
TEXTDICHTUNG: Busonis eigenes Textbuch hält sich eng an das Märchenspiel des venezianischen Barockdichters Carlo Gozzi (1720–1806) und konzentriert den Handlungsablauf ganz auf die große Rätselszene, den inneren Wandel der Prinzessin Turandot und das schließliche heitere Ende.
GESCHICHTLICHES: Busonis »chinesische Fabel« wurde, gemeinsam mit dem ›Arlecchino‹, am 11. Mai 1917 in Zürich aufgeführt, doch wird sie heute leider recht selten auf deutschen Opernbühnen gespielt. Die Beliebtheit der Musik dokumentiert jedoch seine häufig aufgeführte Orchestersuite op. 41 mit Musik aus ›Turandot‹.

W. K.

Doktor Faust

Dichtung für Musik in zwei Vorspielen, einem Zwischenspiel und drei Hauptbildern. Text vom Komponisten, Musik ergänzt von Philipp Jarnach.

SOLISTEN: *Doktor Faust* (Heldenbariton, gr. P.) – *Wagner,* sein Famulus, dann Rector Magnificus (Seriöser Baß, m. P.) – *Mephistopheles,* als schwarzgekleideter Mann, Mönch, Herold, Hofkaplan, Kurier, Nachtwächter (Jugendlicher Heldentenor, gr. P.) – *Der Herzog von Parma* (Lyrischer Tenor, auch Lyrischer Bariton, m. P.) – *Der Zeremonienmeister* (Baß, kl. P.) – *Die Herzogin von Parma* (Jugendlich-dramatischer Sopran, gr. P.) – *Des Mädchens Bruder,* Soldat (Lyrischer Bariton, m. P.) – *Ein Leutnant* (Tenor, kl. P.) – *Drei Studenten aus Krakau* (Tenor, auch Bariton, kl. P. – Tenor, auch Bariton, kl. P. – Baß, auch Bariton, kl. P.) – *Theologe* (Baß, kl. P.) – *Jurist* (Baß, auch Bariton, kl. P.) – *Naturgelehrter* (Bariton, kl. P.) – *Fünf Studenten in Wittenberg* (Tenöre, kl. P.) – *Ein Student* (Baß, kl. P.) – Fünf Geisterstimmen: *Gravis* (Baß, kl. P.) – *Levis* (Baß, kl. P.) – *Asmodus* (Bariton, kl. P.) – *Beelzebuth* (Tenor, kl. P.) – *Megäros* (Tenor, kl. P.) – Erscheinungen: *Salomo* und die *Königin von Saba, Samson* und *Dalila, Johannes* und *Salome,* ein *Scharfrichter, Helena* (Stumme Rollen).
CHOR: Kirchgänger. Soldaten. Hofleute. Jäger. Landleute. Katholische und lutherische Studenten (Frauenchor, m. Chp.; Männerchor, gr. Chp.).
ORT: Wittenberg und Parma.
SCHAUPLÄTZE: Fausts Studierzimmer in Wittenberg – Kapelle im Münster – Der herzogliche Park in Parma – Schenke in Wittenberg – Park in Wittenberg.
ZEIT: Ausgehendes Mittelalter.
ORCHESTER: 3 Fl., 2 Ob., 3 Kl., 3 Fag., 5 Hr., 3 Trp., 3 Pos., 1 Tuba, P., Schl., 2 Hrf., Cel., Org., Str. – Bühnenmusik: 2 Hr., 3 Trp., 1 Pos., Gl., Viol., Viola, Vcl.
GLIEDERUNG: Durchkomponierte musikalische Großform mit szenischen Einschnitten, Vorspiel und symphonischem Intermezzo.
SPIELDAUER: etwa 2¾ Stunden.
HANDLUNG: Faust ist in seiner Studierstube mit einem chemischen Experiment beschäftigt. Da meldet ihm sein Famulus Wagner den Besuch von drei Studenten. Faust will sie abweisen, hält jedoch inne, als ihm Wagner erklärt, sie wollten ihm das Buch ›Clavis Astartis magica‹ überreichen, und läßt sie eintreten. Die drei stellen sich als Studenten aus Krakau vor, überreichen Buch, Schlüssel und Eigentumsurkunde – und gehen. Der wieder eintretende Wagner hat ihren Weggang nicht bemerkt – da weiß Faust, wer ihm das Buch übergeben hat. Um Mitternacht beschwört Faust mit Hilfe des Buches die Mäch-

te der Hölle. Sechs Flammenzungen geistern durch den Raum. Faust forscht nach ihrer Geschwindigkeit und verwirft fünf; erst die sechste, die sich rühmt, so schnell zu sein wie der Gedanke des Menschen, genügt ihm – Mephisto erscheint. Er schlägt Faust einen Pakt vor: auf Erden wolle er ihm dienen und ihm Macht, Reichtum, Ruhm und die Liebe schöner Frauen verschaffen; dann aber müsse er ihm dienen. Faust scheut die ewige Verdammnis, aber ihm bleibt keine Wahl. Seine Gläubiger bedrängen ihn, die Kirche verfolgt ihn wegen Ketzerei. Auf Fausts Geheiß vernichtet Mephisto die Schergen, die gekommen sind, Faust zu holen. Mit einem Tropfen seines Blutes unterschreibt Faust den Pakt. Während draußen die Osterglocken klingen und das jubelnde Gloria gesungen wird, sinkt Faust ohnmächtig zu Boden. – In einer Kapelle des Münsters kniet ein Soldat, der Bruder jenes Mädchens (Gretchen), das Faust geliebt, verführt und dann verlassen hat. Der Soldat will sich an dem Verführer rächen, und Faust verlangt deshalb von Mephisto, er möge ihn ihm vom Halse schaffen. Als Mönch verkleidet nähert sich Mephisto dem betenden Soldaten, der ihn jedoch abweist. An der Spitze einer Patrouille erscheint ein Leutnant, glaubt in dem Soldaten den Mörder seines Hauptmanns zu erkennen und stößt ihn nieder. – Im Park des herzoglichen Schlosses in Parma feiert das Herzogspaar Hochzeit. Als besondere Attraktion weiß der Zeremonienmeister das Auftreten des berühmten Doktor Faust anzukündigen. Gegen den Willen des Herzogs, aber auf Wunsch der Herzogin beginnt Faust mit seinen Zaubereien. Er ruft berühmte Liebespaare der Vergangenheit vor das Auge der Hofgesellschaft: Salomo und die Königin von Saba, Samson und Dalila, schließlich Salome und Johannes. Die Herzogin verfällt dem Bann des Magiers, Faust ist von ihrer Schönheit hingerissen. Der Herzog, der dies bemerkt hat, unterbricht die Vorführung und lädt Faust zur Tafel, doch Mephisto warnt ihn – die Speisen seien vergiftet. Beide fliehen. Als sich die Hofgesellschaft entfernt hat, erscheint verschleiert auch die Herzogin, um Faust zu folgen. In der Maske des Hofkaplans berichtet Mephisto dem Herzog von der Entführung und rät ihm, an Stelle der Treulosen die Schwester des Herzogs von Ferrara zu heiraten und damit einen Krieg zwischen den beiden Ländern zu verhindern. – In einer Wittenberger Schenke diskutieren Studenten mit Faust. Einer versucht, anhand eines zerbrochenen Tellers zu beweisen, daß – nach der Philosophie Platons – der Begriff des Tellers gleichwohl erhalten bleibe. Ein Theologe, ein Jurist und ein Naturgelehrter nehmen dazu im Sinne ihrer Fakultäten Stellung. Faust, um Rat gefragt, verweist auf Luther, und dessen Name spaltet die Studenten in zwei Gruppen: während die katholischen Studenten das »Te Deum« anstimmen, versuchen die lutherischen Studenten, sie mit »Ein feste Burg« niederzusingen. Man befragt Faust nach seinen Liebesabenteuern, und er berichtet von der Herzogin von Parma. Da betritt Mephisto in Gestalt eines Kuriers die Schenke – als letzten Gruß der sterbenden Herzogin, die Faust ebenfalls verlassen hatte, überreicht er ihm ein totes Kind. Alles erstarrt, zumal, als Mephisto in einer spöttischen Ballade aufdeckt, daß Faust schuld am Tode der Herzogin sei. Doch dann löst er die Erstarrung: das tote Kind ist nur ein Strohbündel, das er verbrennt. Während sich die Studenten davonstehlen, tritt aus dem Rauch des Strohbündels die Gestalt Helenas hervor. Faust versucht sie, das Idealbild menschlicher Vollkommenheit, zu fassen, doch sie entzieht sich ihm und verweht unter seinen Händen. Da erscheinen die drei Studenten aus Krakau, fordern das Buch zurück und verkünden Faust, um Mitternacht sei seine Lebensfrist abgelaufen. – In einer verschneiten Straße, vor dem Hause, das einst Faust gehörte, feiern die Studenten ihren neuen Rector Magnificus Wagner, den sie nach seiner Antrittsrede heimgeleitet haben. Bei ihrem Ständchen werden sie vom Nachtwächter (Mephisto) gestört. Faust kommt herbei. Auf den Stufen seines Hauses sieht er eine Bettlerin mit einem Bündel sitzen. In der Absicht, ein gutes Werk zu tun, will er ihr seine letzte Habe geben, da reicht ihm die Herzogin ihr Kind entgegen. Faust nimmt es, die Erscheinung verschwindet. Faust will im Münster Schutz suchen, doch der Soldat verwehrt ihm den Eintritt. Darauf wirft sich der verzweifelte Faust vor dem Kruzifix an der Straße nieder, doch Mephisto verwandelt es in Helena. Mit letzter Kraft rafft sich Faust zu einer phantastischen Beschwörung auf. Er beschreibt einen magischen Zirkel, legt das Kind hinein, damit sein Sohn vollenden möge, was ihm zu bewirken versagt war. Mit dem Mitternachtsruf des Nachtwächters sinkt Faust sterbend zusammen – aus dem Kreis jedoch erhebt sich ein Jüngling und schreitet, mit einem blühenden Zweig in der Hand, in die Stadt – Fausts ewiger Wille ist nicht gestorben, sondern ist zu neuem Leben erwacht.

STILISTISCHE STELLUNG: Für Ferruccio Busoni hatte die Gattung Oper – ganz anders als bei Verdi oder den italienischen Veristen – nichts zu tun mit dramatischen Konflikten oder dramatischer Psychologie. »Es sollte«, so schrieb er, »die Oper des Übernatürlichen und Unnatürlichen, als der ihr allein zufallenden Region der Erscheinungen und Empfindungen, sich bemächtigen und dergestalt eine Scheinwelt schaffen, die das Leben entweder in einem Zauberspiegel oder einem Lachspiegel reflektiert; die bewußt das geben will, was in dem wirklichen Leben nicht zu finden ist.« Mit dem Stoff zu einer ›Faust‹-Oper hat sich Busoni mehr als zwanzig Jahre lang beschäftigt; diese Aufgabe erschien ihm – gerade während des Ersten Weltkriegs – als eine Art Mission, sollte sie doch deutlich machen, wie ein zwischen damals verfeindeten Nationen stehender Künstler nur im Auftrag des Geistes und der Humanität die Kraft finden konnte, sie über alle politische Entzweiung hinaus im Kunstwerk zu einen. »Busonis ›Faust‹-Oper ist«, wie Hans Heinz Stuckenschmidt schrieb, »ein gerade deshalb besonders bezeichnendes Kunstwerk sehr moderner Art, als in ihr das

Formgewissen das erste und das letzte Wort hat.« Das Prinzip geschlossener, autonomer musikalischer Formen, wie es zur gleichen Zeit Alban Berg in seinem ›Wozzeck‹ bevorzugte, strebt auch Busoni an: der Auftritt der drei Studenten aus Krakau ist ein phantastischer Gespenstermarsch, die Dämonenbeschwörung eine Variationsreihe. Besonders eindrucksvoll ist Busonis Partitur überall dort, wo er simultane Klangereignisse zu binden versteht: in der Szene des Teufelspakts, in der Sequenzen des Meßordinariums und organumartige Klanggebilde von draußen in die gespenstige Szenerie hineindrängen, in der Münsterszene, in der sakrale Orgelmusik mit militärischen Signalen verschwistert wird, und schließlich in dem berühmten, hochkomplexen Doppelchor, in dem »Te Deum« und »Ein feste Burg« miteinander wetteifern. Daneben atmet die Szene am Hof zu Parma südländischen Geist und zeremonielle Formstrenge zugleich. Man wird im 20. Jahrhundert nicht leicht ein Bühnenwerk finden, in dem die Organik der Synthese verschiedener Stilebenen und Ausdruckswelten so vollkommen gelungen ist.

TEXTDICHTUNG: Busoni, hervorragender »Faust«-Kenner und Besitzer einer berühmten »Faust«-Bibliothek, ging bei seiner Textfassung Goethes Drama weitgehend aus dem Weg. Er legte seinem Text das alte Volksbuch zugrunde und verwendet auch Elemente aus den ›Faust‹-Dichtungen von Christopher Marlowe und Lessing sowie aus George Bernard Shaws ›Mensch und Übermensch‹. Letztlich ist aber Busonis »Faust«-Gestalt eine höchst komplexe, mit zahlreichen autobiographischen Zügen ausgestattete Originalfigur.

GESCHICHTLICHES: Busoni konnte die Partitur seiner Oper nicht vollenden – nach seinem Tode ergänzte sein Freund und Schüler Philipp Jarnach die Partitur, und in dieser Form wurde sie am 21. Mai 1925 in der Dresdner Staatsoper unter der Leitung von Fritz Busch und in der Inszenierung von Alfred Reucker uraufgeführt. Es folgten Inszenierungen an großen deutschen Opernhäusern wie Frankfurt, Berlin und Hannover. Nach dem Zweiten Weltkrieg begann eine vorsichtige Busoni-Renaissance, aus der eine wichtige Gesamteinspielung des ›Doktor Faust‹ auf Schallplatten hervorging. Besondere Beachtung fand 1980 die Frankfurter Neuinszenierung von Hans Neuenfels.

W. K.

EMILIO DE' CAVALIERI

* um 1550 und † 11. März 1602 in Rom

Rappresentazione di Anima e di Corpo (1600 Rom), T: Agostino Manni; Faksimile-Neudruck der Partitur Rom 1912 in Francesco Manticas ›Collezione di

Prime Fioriture del Melodramma Italiano«; Neuausg. des Klavierauszugs v. Giovanni Tebaldini, Turin 1915, u. v. Gianfrancesco Malipiero 1919 im Istituto Edizione Italiana, Mailand; Neufassung v. Emilia Gubitosi, V: Ricordi; v. Bernhard Paumgartner (deutscher Text v. Ingeborg Handl), V: BV

Rappresentazione di Anima e di Corpo (Das Spiel von Seele und Körper)

Melodramma spirituale. Dichtung von Agostiono Manni.

SOLISTEN: *Die Zeit* (Bariton, auch Baß, kl. P.) – *Der Verstand* (Tenor, gr. P.) – *Der Körper* (Bariton, gr. P.) – *Die Seele* (Sopran, gr. P.) – *Der gute Rat* (Baß, gr. P.) – *Die Lust* (Mezzosopran, auch Alt, kl. P.) – *1. Gefährte* (Tenor, kl. P.) – *2. Gefährte* (Baß, kl. P.) – *Antwort aus dem Himmel* (Echo, Mezzosopran, kl. P.) – *Der Schutzengel* (Sopran, auch Mezzosopran, m. P.) – *Die Welt* (Bariton, auch Baß, kl. P.) – *Das weltliche Leben* (Mezzosopran, kl. P.) – *Engel im Himmel* (je 1 Sopran I und II, 1 Mezzosopran und 1 Tenor, m. P.) – *Vier verdammte Seelen in der Hölle* (je 1 Tenor I und II, je 1 Baß I und II, m. P.) – *Vier selige Seelen im Himmel* (je 1 Sopran I und II, je 1 Alt I und II, m. P.).
CHOR: 4–8stimmiger gemischter Chor (gr. Chp.).
BALLETT: Festa (Feier).
ORCHESTER (in der Einrichtung von Bernhard Paumgartner): 2 Fl., 1 Ob., 1 Eh., 2 Fag., 3 Pos., Triangel, Tamburin, Tamtam, Cemb., Org., Viol. I und II, Viola I und II, Viola da gamba I und II, Vcl., Kb.
GLIEDERUNG: Sinfonia; I. Akt: 5 Szenen, II. Akt: 9 Szenen, III. Akt: 9 Szenen.
SPIELDAUER: etwa 1½ Stunden.
INHALT: Das Spiel von Seele und Körper stellt den Menschen in den Mittelpunkt des szenischen Geschehens. Daneben hat der Chor eine betrachtende Funktion. Die beiden Komponenten der menschlichen Spezies – Körper und Seele – treten einander gegenüber, wobei die mit dem ewigen Leben ausgestattete Seele über den irdischen Freuden und Genüssen zuneigenden, jedoch der Sterblichkeit verfallenen Leib obsiegt. In dem Spiel suchen verschiedene allegorische Erscheinungen die gegensätzlichen Auffassungen von Seele und Körper über Sinn und Zweck des menschlichen Daseins zu beeinflussen oder zu bestärken. – Zunächst verweist die Zeit (Tempo) auf die rasche Vergänglichkeit des Lebens. Der Verstand (Intelletto) verzichtet auf Reichtum, Ehre und Vergnügen; sein heißer Wunsch ist, mit Gott im Himmel vereint zu sein. Der Körper (Corpo) gibt der leidenden Seele (Anima) den Rat, in dem Genuß irdischen Glücks Ruhe und Frieden zu suchen, doch sie ist sich des Trugs weltlicher Lust bewußt und erstrebt, vereint mit dem

Leib, das ewige Leben in Gott. – Der gute Rat (Consiglio) weiß, daß Flittergold die Fäulnis des Fleisches verdecke; der kluge Streiter werde mit Hilfe des Glaubens als Sieger aus dem irdischen Kampf hervorgehen und dafür seinen Lohn im Himmel erhalten. Die Lust (Piacere) preist mit ihren zwei Gefährten die Freude, welche die kleinen Vögel und flinken Fische, die grünen Fluren, schattigen Wälder und bunten Blumen, die schönen Gewänder und die Liebe bereiten. Der Körper läßt sich von den verführerischen Tönen beeindrucken, während die Seele die verräterischen Trugbilder energisch zurückweist. Den von Zweifel bedrückten Körper sucht die Seele zu bekehren mit Unterstützung der Antwort (Riposta) aus dem Himmel, die verlangt, törichte Vergnügungen zu meiden und Gott und die Wahrheit zu lieben. Vom Himmel gesandt, sichert der Schutzengel (Angelo custode) den Streitern im Kampf um die wahre Erkenntnis seinen Beistand zu. Die Welt (Mondo) verspricht, dank ihren unermeßlichen Reichtümern alle Wünsche erfüllen zu können. Jetzt wird sogar die Seele wankend und überlegt, ob es nicht möglich sei, beiden Mächten, der Welt und dem Himmel, zugleich zu dienen. Aber der Schutzengel warnt, der Mensch könne nicht zwei Herren dienen. Da kommt das weltliche Leben (Vita mondana) der Welt zu Hilfe. Auf seine lockenden Versprechungen hin fordert der Körper die Welt auf, ihre wahre Natur zu zeigen. Enttäuscht muß der Körper die Armseligkeit der Welt und des weltlichen Lebens erkennen, nachdem diese sich ihrer verführerischen Kleider entblößt haben. – Vor Seele und Körper beschwört der gute Rat in einem dreimaligen Anruf die verdammten Seelen in der Hölle, die bekennen, durch ihre Sünden das ewige Feuer und den ewigen Tod erleiden zu müssen, Qualen, von denen sie niemals erlöst würden. Andererseits ruft der Verstand – ebenfalls dreimal – die seligen Seelen im Himmel, deren Stimmen verkünden, der Freuden des ewigen Reichs teilhaftig zu sein, die immerdar währen und niemals enden würden. Seele und Körper sind nun entschlossen, auf schnellem Pfad zum Himmel aufzusteigen. In einem Hymnus und unter feierlichen Tänzen spenden Seele und Körper, die Engel und die seligen Seelen, der Verstand und der gute Rat Preis und Dank dem Herrn des ewigen Alls.

STILISTISCHE STELLUNG: Emilio De' Cavalieri (um 1550–1602) gehörte dem hochgebildeten, aus Dichtern, Musikern und Kunstmäzenen bestehenden Kreis der Florentiner Camerata des Grafen Giovanni Bardi di Vernio an, deren Bestrebungen, das antike Drama zu erneuern, zur Auffindung einer neuen Kunstgattung, der Oper, führten. Der Komponist wird nicht nur oft als der Erfinder des Bezifferten Basses bezeichnet, sondern er hat auch nach dem Zeugnis Jacopo Peris, des Komponisten der ersten erhaltenen Oper ›Euridice‹, die am 6. Oktober 1600 im Palazzo Pitti zu Florenz aufgeführt wurde, als erster den »stile recitativo«, die Monodie (Einzelgesang) auf die Bühne gebracht.

In den ›Rappresentazione‹ verbinden sich Elemente des mittelalterlichen Mysterienspiels mit den neuartigen Ausdrucksmitteln des frühen Oratoriums und der jungen Oper. In einem der Dichtung entsprechenden symmetrischen Aufbau wechseln Sinfoniesätze und Ritornelle mit solistischen Partien und Chören. Der Satzbau ist fast durchwegs homophon gehalten, die Sologesänge bewegen sich in einem primitiven rezitativischen Stil über einem bezifferten Baß. Cavalieri hat der Partitur eine Vorrede vorangestellt, in der er mit erstaunlicher Ausführlichkeit ins Detail gehende Angaben macht über den Aufführungsstil, die Größe und Beschaffenheit des Saals oder Theaters, die Aufstellung des Orchesters, die Einteilung in Akte, die Kostümierung der Darsteller, den wechselweisen Einsatz von Sängern verschiedener Stimmlagen sowie des Chors und der Tänzer, die zahlenmäßige Besetzung der Instrumentalisten und Chorsänger, den Umfang der Dichtung und über die alternative Gestaltung des Werkschlusses entweder durch einen achtstimmigen Chor oder durch ein Ballett mit einer präzisen Anleitung der auszuführenden Tänze.

TEXTDICHTUNG: Die Dichtung zu Cavalieris ›Rappresentazione‹ wurde früher Laura Guidiccioni, der Verfasserin des Textes zu den drei berühmten Pastoralszenen des Komponisten, zugeschrieben. Nach neueren Forschungsergebnissen dürfte aber mit ziemlicher Sicherheit der »Filippiner« Agostino Manni († 1618) als Textautor anzusehen sein, dessen literarisch-poetische Neigungen geistig im Humanismus verwurzelt waren.

GESCHICHTLICHES: ›Rappresentazione di Anima e di Corpo‹ wurde erstmals aufgeführt zu Rom im Februar 1600 in dem Oratorio Santa Maria di Vallicella, dem Betsaal des Philosophen und Theologen Filippo Neri (1515–1595), der später heiliggesprochen wurde und der eine Brüderschaft, die »Congregatio Oratorii«, begründete, deren Mitglieder sich »Oratorianer« oder »Filippiner« nannten. Das dem Kardinal Pietro Aldobrandini gewidmete Werk hinterließ bei der Aufführung tiefen Eindruck und ist bald danach im Druck erschienen. Im Jahr 1968 legte Bernhard Paumgartner eine Neuausgabe der ›Rappresentazione‹ vor, die bei Aufführungen in der Kollegienkirche (seit 1969; 1968 in der Felsenreitschule) im Rahmen der Salzburger Festspiele großen Anklang gefunden hat. Der Bearbeiter ließ – von einigen Umstellungen abgesehen – das Original unangetastet, setzte den Continuo aus und legte der von ihm ebenfalls vorgenommenen instrumentalen Bearbeitung das Orchester der Barockzeit zugrunde.

Pier Francesco Cavalli

* 14. Februar 1602 in Crema, † 17. Januar 1676 in Venedig
L'Egisto (1643 Venedig), T: Giovanni Faustini, V: Faber (BV)
L'Ormindo (1644 Venedig), T: G. Faustini, V: Faber (BV)
La Calisto (1651 Venedig), T: G. Faustini, V: Faber (BV)
Il Serse (1654 Venedig), T: Nicolò Minato
L'Ercole amante (1662 Paris), T: Francesco Buti

La Calisto

Oper in zwei Akten mit einem Prolog. Libretto von Giovanni Faustini. Deutsche Übersetzung von Karl Robert Marz, herausgegeben und eingerichtet von Raymond Leppard.

Solisten: *Die Natur* (Alt, auch Mezzosopran, kl. P.) – *Die Ewigkeit* (Sopran, auch Mezzosopran, kl. P.) – *Das Schicksal* (Sopran, kl. P.) – *Jupiter* (Baß, gr. P.) – *Merkur* (Lyrischer Bariton, gr. P.) – *Calisto,* eine Nymphe aus Dianas Gefolge (Jugendlich-dramatischer Sopran, auch Lyrischer Sopran, gr. P.) – *Endimione,* ein Schäfer, verliebt in Diana (Contratenor, auch Mezzosopran, gr. P.) – *Diana,* Göttin der Jagd (Mezzosopran, gr. P.) – *Linfea,* Nymphe im Gefolge der Diana (Tenor, m. P.) – *Satirino,* ein kleiner Satyr, Begleiter des Pan (Sopran, m. P.) – *Pan,* Gott der Schäfer (Baß, m. P.) – *Sylvanus,* Waldgott (Baßbariton, auch Baß, m. P.) – *Juno,* Jupiters Gattin (Koloratursopran, m. P.) – *Echo* (Sopran, kl. P.).
Chor: Satyre. Himmlische Geister. Furien (kl. Chp.).
Ort: In einer Waldlichtung in Arkadien.
Schauplätze: Verschiedene Waldgegenden.
Zeit: Zeit der griechischen Mythologie.
Orchester (in der Fassung von Leppard): 2 Cemb., 2 Lauten, Theorbe, Gitarre, Hrf., Org., Str. (3 Vcl., 2 Kb.).
Gliederung: Durchkomponierte Großform.
Spieldauer: etwa 2¼ Stunden.
Handlung: Die symbolischen Prologfiguren Natur, Ewigkeit und Schicksal feiern den Aufstieg der Nymphe Calisto zu den Sternen. – Jupiter ist mit Merkur auf die Erde hinabgestiegen, um zu sehen, wie ein Feuer gewirkt hat, das er den Menschen wegen ihrer Freveltaten schickte. Da begegnet ihm die verdurstende Nymphe Calisto auf der vergeblichen Suche nach Wasser. Jupiter, der sich sofort in die schöne Nymphe verliebt hat, läßt eine Quelle aus dem Felsen springen und wirbt um Calisto, doch diese weist ihn ab. Merkur rät ihm, er solle sich, um die Spröde zu gewinnen, in seine Tochter Diana verwandeln

– der Göttin würde die Nymphe Küsse sicherlich nicht abschlagen. Calisto, von Durst verzehrt, kehrt zur Quelle zurück und hält den verwandelten Jupiter für Diana, deren Zärtlichkeiten sie unbefangen erwidert. Als beide sich in eine Grotte zurückgezogen haben, rät Merkur allen Männern, die Frauen zu betrügen – so komme man schneller zum Ziel. – Die frische Quelle hat die wüste Erde wieder mit Gras und Blumen bedeckt, aber auch dies vermag den Schäfer Endimione nicht aufzumuntern, denn er ist sterblich in die Göttin Diana verliebt. Auf der Suche nach jagdbarem Wild treibt es auch Diana und ihre etwas ältliche Gefährtin Linfea in diese Waldlichtung. Endimione bekennt Diana seine Liebe, doch die Göttin, die einen Eid der Keuschheit geschworen hat, muß ihn – obwohl sie ihn auch liebt – abweisen. Die altjüngferliche Linfea scheucht ihn davon. – Calisto kommt, noch ganz berauscht von Jupiters Küssen. Als Diana sie fragt, was sie so glücklich mache, versteht die Nymphe nicht so recht: die Göttin mit ihren Küssen sei es doch gewesen – ob sie es schon vergessen habe. Diana, die sich den Vorfall nicht erklären kann, ist erzürnt und weist Calisto aus ihrem Gefolge. Auch Linfea weiß nicht, was in die Nymphe gefahren ist, zumal sie die Liebe noch nicht erfahren hat. Heimlich aber bekennt sie, auch sie hätte gern einen Mann. Da macht ihr Satirino, ein kleiner Satyr, der sie belauscht hat, ein recht eindeutiges Angebot, doch Linfea will lieber sterben, als so ein Zotteltier im Bett zu haben. – Nicht nur der Schäfer Endimione, auch der Hirtengott, der bocksfüßige Pan, wirbt um die keusche Diana und wird dabei von Satirino und dem Waldgott Sylvanus sekundiert, doch Diana weist ihn empört ab. Der liebestolle Pan weiß sich nicht zu helfen, aber seine Kumpanen Satirino und Sylvanus, die nicht an die Keuschheit der Göttin glauben, sondern vermuten, sie habe schon einen anderen Liebhaber, versprechen ihm, ihr nachzuspüren. Auf einem Hügel hat sich Endimione zum Schlafen niedergelegt. Leise nähert sich ihm Diana, im Schlaf will sie ihn küssen, so daß er den Kuß für ein Traumgebilde halten soll. Im Schlaf umarmt Endimione Diana, und als sie sich leise von ihm lösen will, erwacht er. Beide beschwören ihre Liebe, dann verläßt die Göttin den Schäfer. Satirino hat alles beobachtet, beklagt den Wankelmut der Frauen und will alles seinem Herrn Pan berichten. – Durch Eifersucht getrieben ist auch Juno, Jupiters Gattin, vom Olymp auf die Erde herabgekommen. Sie vermutet den Göttervater bei neuen Abenteuern und will ihn aufspüren. Da begegnet ihr die weinende Calisto. Als sich die Göttin teilnahmsvoll nach dem Leid der Nymphe erkundigt, erfährt sie, Diana habe sie zuerst geherzt und geküßt, dann aber, als wüßte sie nichts davon, aus ihrem Gefolge verstoßen. Juno, die die Verwandlungstricks ihres Mannes kennt, vermutet ihn hinter dieser verwickelten Geschichte, und als Jupiter, immer noch als Diana, mit Merkur auftaucht, verbirgt sie sich. Jupiter berichtet freudestrahlend von der süßen Liebesnacht, die er mit Calisto verlebt habe. Calisto will es noch einmal wagen, sich Diana zu zeigen, und ist überglücklich, als jetzt alles wieder im Lot scheint. Jupiter herzt sie und schickt sie voraus in eine Grotte, wo sie auf ihn warten soll. Da tritt Juno hervor und macht Jupiter deutlich, daß sie seine Verwandlung durchschaut habe. Dann kehrt sie zum Olymp zurück. Jupiter jedoch will nicht von seiner Calisto lassen und ihr gerade nachgehen, als Endimione auftaucht, verfolgt von Pan und seinen Kumpanen. Endimione zeigt sich entzückt, Diana schon wieder zu sehen, während Jupiter so erfährt, auch Diana spiele nur die Keusche. Pan und seine Kumpane aber, die nun Endimione und Diana auf frischer Tat ertappt zu haben glauben, fesseln Endimione und wollen ihn töten. Endimione bittet den als Diana verwandelten Jupiter, ihm zu helfen, aber der Gott verläßt ihn, und Pan verspottet ihn, weil er sich auf die Liebe der Götter verlassen habe. Währenddessen irrt Linfea liebesverwirrt durch den Wald, und Satirino sieht eine Chance, sie zu entführen – er ruft seine Satyrn herbei und schleppt sie davon. – Calisto, vom Echo begleitet, schwelgt in süßen Liebeserinnerungen, während sie an der Quelle auf Jupiter wartet – da erscheint Juno mit den Furien und verwandelt sie zur Strafe, daß sie sich mit Jupiter eingelassen habe, in eine Bärin. – In einem anderen Teil des Waldes versucht Pan, dem gefangenen Endimione die Liebe zu Diana auszureden – schließlich habe ihn die Undankbare verlassen. Doch er beharrt auf seiner Liebe, und so soll er sterben. Als die Satyrn ihn gerade an einem Baum aufhängen wollen, erscheint Diana und verjagt den Hirtengott und seine Helfershelfer. Sie befreit Endimione, und beide sinken einander glücklich in die Arme. Von einem Himmelschor angekündigt, erscheint Jupiter in eigener Gestalt und befreit Calisto von ihrer Verwandlung. Um sie immer bei sich zu haben, erhebt er sie zu sich zu den Sternen.

STILISTISCHE STELLUNG: Pier Francesco Cavalli, Schüler von Claudio Monteverdi und mit diesem der Schöpfer der venezianischen Oper des 17. Jahrhunderts, hat insgesamt mehr als 40 Opern geschrieben – von ihnen kehren in letzter Zeit einige in musikalischen Neufassungen, die die Realisation im heutigen Theater ermöglichen, in die Spielpläne zurück. Cavalli war ein genuiner Musikdramatiker, dabei – anders als sein Lehrer Monteverdi, der die Charakterisierung der einzelnen Figuren ausprägte – auf das Schaffen dramatischer Situationen aus. Mehr und mehr ersetzte er so die aus der römischen Operntradition stammenden Pastoralspiele durch handfeste Intrigendramen, in denen insbesondere die heitere Seite immer mehr an Boden gewann. Anders als die römische Oper vermied Cavalli die schematische Trennung in Rezitativ und Arie, sondern schrieb höchst differenzierte, ausdrucksvolle rezitativische Monologe und aufgelockerte Dialoge, aus denen heraus sich kantablere, lyrisch empfundene Ariosi entwickeln. Eines seiner reifen Opernwerke ist ›La Calisto‹ – ein höchst verwickeltes Intrigenstück, in dem vom alten Schäferspiel lediglich noch die Figuren übrig-

geblieben sind, in dem aber nur eine Macht herrscht: sensible Liebe, handfeste Erotik. Alle – ob Götter oder Menschen – sind von diesem Liebestaumel erfüllt, wobei es zu höchst komischen Verwechslungen, Verwandlungen und Situationen kommt, aber auch zu lyrisch überhöhten Passagen. Die Ausrichtung auf die kommerziellen venezianischen Opernunternehmen garantiert Abwechslungsreichtum, übersprudelnde Phantasie und kluge Beschränkung der Aufführungsmittel.
TEXTDICHTUNG: Über mehrere Jahre hinweg arbeitete Cavalli regelmäßig mit dem Librettisten Giovanni Faustini zusammen, der – weit mehr als nur ein Textbuch-Handwerker – mit den bekannten Figuren der antiken Götter- und Mythenwelt ein höchst vergnügliches Wechsel-das-Bäumchen-Spiel auf die Bühne bringt. Dabei ist der in der vorbildhaften Commedia dell'arte-Tradition bestehende Unterschied zwischen hohen, seriösen Liebespaaren und niederen, derb-komischen Figuren aufgehoben – hier sind Götter genau so liebestoll, verführerisch, hinterhältig und tölpelhaft wie Sterbliche.
GESCHICHTLICHES: Cavallis ›La Calisto‹ wurde 1651 am Teatro S. Apollinare in Venedig uraufgeführt. Weitere Aufführungen sind nicht belegt und auch nicht wahrscheinlich, da eine Repertoirebildung damals eher unüblich war. Die Edition und Spielfassung von Raymond Leppard wurde 1970 beim Glyndebourne Festival zum ersten Mal realisiert und fand danach Eingang auf verschiedenen deutschen Bühnen. Ihre Praktikabilität und Bühnenwirksamkeit sollten ihre weitere Verbreitung garantieren können.

W. K.

GUSTAVE CHARPENTIER

* 25. Juni 1860 in Dieuze (Lothringen), † 18. Februar 1956 in Paris
Louise (1900 Paris), T: vom Komponisten, V: Heugel (Junne)
Julien ou la vie du poète (1913 Paris), T: vom Komponisten, V: Eschig (Schott)

Louise

Musikalischer Roman in vier Akten (fünf Bildern). Dichtung vom Komponisten. Deutsche Übertragung von Otto Neitzel.

SOLISTEN: *Louise* (Jugendlich-dramatischer Sopran, gr. P.) – *Julien* (Jugendlicher Heldentenor, gr. P.) – *Louisens Mutter* (Dramatischer Mezzosopran, auch Dramatischer Alt, gr. P.) – *Louisens Vater* (Heldenbariton, auch Baßbariton, gr. P.) – *Die Milchfrau* (Mezzosopran, auch Alt, kl. P.) – *Das Zeitungsmädchen* (Sopran, kl. P.) – *Die Lumpensammlerin* (Sopran, auch Mezzosopran, kl. P.) – *Die Kohlensammlerin* (Mezzosopran, auch Alt, kl. P.) – *Der Trödler* (Baß, kl. P.) – *Der Nachtschwärmer* (Lyrischer Tenor, m. P.) – *Der Lumpensammler* (Baß, kl. P.) – *1. Schutzmann* (Tenor, kl. P.) – *2. Schutzmann* (Tenor, kl. P.) – *Straßenjunge* (Tenor, kl. P.) – *Straßenkehrerin* (Mezzosopran, auch Alt, kl. P.) – *Eine Stuhlflechterin* (Mezzosopran, auch Alt, kl. P.) – *Ein Althändler* (Tenor, auch Bariton, kl. P.) – *Eine Artischockenhändlerin* (Sopran, kl. P.) – *Ein Möhrenhändler* (Tenor, auch Bariton, kl. P.) – *Eine Vogelfutter-Verkäuferin* (Sopran, kl. P.) – Die Bohemes: *Der Maler* (Tenor, auch Bariton, kl. P.) – *Der Bildhauer* (Tenor, auch Bariton, kl. P.) – *Der Liederdichter* (Tenor, m. P.) – *Ein Student* (Tenor, auch Bariton, kl. P.) – *Ein junger Dichter* (Tenor, auch Bariton, kl. P.) – *1. Philosoph* (Bariton, auch Baß, kl. P.) – *2. Philosoph* (Bariton, auch Baß, kl. P.) – *Ein alter Bohemien* (Tenor, auch Bariton, kl. P.) – Die Arbeiterinnen: *Blanche, Marguerite, Irma, Camilla,* Lehrmädchen (Soprane, kl. P.) – *Susanne, Elise, Jeanne, Madeleine* (Soprane, auch Mezzosoprane, kl. P.) – *Gertrud* (Alt, auch Mezzosopran, m. P.) – *Aufseherin* (Alt, auch Mezzosopran, kl. P.) – *Straßenverkäuferin* (Sopran, kl. P.) – *Kleiderhändler* (Tenor, auch Bariton, kl. P.) – *Der Narrenkönig* (Lyrischer Tenor, m. P.).

Chor: Bohemes. Grisetten. Bewohner von Montmartre. Bummler. Strolche. Straßenjungen. Bettler. Gemüseverkäufer. Böttcher. Besenbinder. Jüngere und ältere Näherinnen. Kinder (m. Chp.).

Ballett: Krönung der Muse des Montmartre (im III. Akt).

Ort und Zeit: Paris um 1900.

Schauplätze: Ein Mansardenzimmer in einer Arbeiterwohnung – Ein Platz am Fuße des Montmartre – Ein Näherinnen-Atelier – Ein Garten auf der Höhe von Montmartre.

Orchester: 3 Fl., 2 Ob., 3 Kl., 2 Fag. – 4 Hr., 4 Trp., 3 Pos., Tuba – P., Schl., Cel., Gitarre, 2 Hrf. – Str.

Gliederung: Durchkomponierte dramatische Großform.

Spieldauer: etwa 3 Stunden.

Handlung: Mansarde in einer Arbeiterwohnung – über den Balkon hinaus sieht man die Dächer von Paris und einen gegenüberliegenden Balkon. Die Näherin Louise liebt ihren Nachbarn Julien, doch die Mutter, eine biedere Arbeiterfrau, lehnt diese Verbindung ab – für sie ist der Künstler Julien ein Nichtstuer, ein Herumtreiber. Louise bittet Julien, schriftlich bei ihrem Vater um sie zu werben, als die Mutter hinzutritt und die Tochter in die Wohnung zurückholt. Der Vater, ein aufrechter Arbeiter, hängt mit großer Liebe an seiner schönen Tochter; das Familienleben, das Zusammengehörigkeitsgefühl ist für ihn Entschädigung für alle Entbehrungen, die er in seinem Leben hat hinnehmen müssen. Zu Juliens Werbung äußert er sich nicht so ablehnend wie die Mutter, warnt aber die Tochter vor vorschnellen Entscheidungen, will erst Erkundigungen einziehen und erwartet von Louise, daß sie sich auf jeden Fall seiner Entscheidung füge. Louise, die den Vater liebt, ist verwirrt und eingeschüchtert. – Es ist früher Morgen am Fuße des Montmartre; Paris erwacht. Lumpensammler und Straßenhändler gehen ihren Geschäften nach, die Milchfrau und das Zeitungsmädchen werden von einem Nachtschwärmer, der jetzt erst nach Hause geht, spielerisch umworben. Julien hat sich mit seinen Boheme-Freunden hier verabredet – er will Louise auf dem Wege zur Arbeit sprechen und sie bitten, ihm zu folgen, die ausgelassenen Freunde raten sogar zu einer Entführung. Als Louise, von der Mutter begleitet, erscheint, versteckt sich Julien; dann, als die Mutter gegangen ist, bestürmt er sie, ihm zu folgen – sie aber schwankt zwischen ihrer Liebe und der Pflicht, dem Willen der Eltern zu folgen, reißt sich von ihm los und eilt zu ihrer Arbeit. – Im Schneideratelier, in dem Louise arbeitet, sitzen die Nähmädchen an der Arbeit, plaudern und amüsieren sich. Louise erscheint ihnen merkwürdig still, man lacht sie aus und vermutet, sie sei verliebt. Da ertönt von der Straße her Musik: Julien singt ein Liebeslied, in dem er um Louise wirbt und ihr schließlich schmerzerfüllt Untreue vorwirft. Während die anderen Mädchen begeistert oder amüsiert an den Fenstern hängen, bleibt Louise an ihrem Platz – doch dann kann sie nicht mehr widerstehen, sie entschuldigt sich, verläßt das Atelier, und durch das Fenster sehen die Näherinnen, daß sie mit Julien davoneilt. – In einem kleinen Haus am Montmartre verleben Louise und Julien ihr Liebesidyll, sie preisen Paris, die Freiheit und die Liebe. – Es ist Abend geworden – den Hügel herauf ziehen Bohemiens, Bewohner von Montmartre und Arbeiter der Umgebung, um bei einem bunten Fest Louise zur Muse des Montmartre zu krönen. Als das Fest gerade seinen lärmenden Höhepunkt erreicht hat, tritt Louises Mutter in den Kreis – alles zieht sich zurück. Die Mutter bittet Louise, nach Hause zurückzukehren – der Vater verzehre sich vor Sehnsucht und sei krank, nur ihre Rückkehr könne ihm Heilung bringen. Nachdem die Mutter Julien versprochen hat, diese Rückkehr sei nur vorübergehend, Louise dürfe zu ihm zurückkehren, willigt er widerstrebend ein und gibt die Geliebte frei. – Der Vater ist glücklich, Louise wieder bei sich zu haben; er sieht in ihr nur das Kind, das für ihn allein da sei. Louise dagegen pocht auf ihre Freiheit und erinnert die Eltern an das Versprechen, sie dürfe zu Julien zurückkehren. Doch Vater und Mutter halten diese freie Verbindung der Liebenden für unmoralisch und fühlen sich deshalb an ihr Versprechen nicht gebunden. Leidenschaftlich bekennt sich Louise zu ihrer Liebe, sie zeigt sich ergriffen von den lockenden Stimmen der Großstadt Paris. Der Vater sieht darin nur Verworfenheit, erzürnt und verzweifelt weist er der Tochter die Tür. Louise flieht. Der Vater bleibt zurück – Paris hat ihm die Tochter endgültig genommen.

Stilistische Stellung: Charpentiers einziger großer Opernerfolg – die »Fortsetzungsoper« ›Julien‹ erreicht nicht das Niveau der ›Louise‹ – ist zugleich eine Hymne an die französische Hauptstadt. Mit feinem Gespür für die Farben, Schattierungen und Stimmungen einer Großstadt hat er in seinem »Musikroman« ein Panorama der Lebensfülle entworfen, das in seiner Detailgenauigkeit und feingefühlten Realistik noch den II. Akt der ›Bohème‹ übertrifft. Hineingestellt in diese Straßenszenen, das Schneider-Atelier oder das Fest am Montmartre ist die realistisch gezeichnete Liebesgeschichte zwischen dem Arbeiterkind Louise und dem Bohemien Julien, deren Liebe in Konflikt gerät mit der Strenge und als Liebe getarnten Eigensucht der Eltern von Louise.
Textdichtung: Gustave Charpentier hat als sein eigener Textdichter versucht, verschiedene Ebenen des Lebens in Paris miteinander in Beziehung zu setzen. Dabei gelingen ihm gleichermaßen treffende wie sensible Milieuschilderungen, die aber – wie im III. Akt, bei der Krönung der Muse vom Montmartre, aber auch im IV. Akt – fast surrealistisch überhöht werden, wenn die Stadt Paris, die große Verführerin, sozusagen zur handelnden und singenden Person wird. Der Komponist Charpentier erweist sich gerade in den Milieuschilderungen als sensibler Musikdramatiker, dessen melodische und instrumentale Phantasie durchweg überzeugt, während in manchen der Liebesszenen Lyrismen und Schmelz nicht immer die dramatische Spannung weiterzutragen vermögen.
Geschichtliches: Die Uraufführung in der Opéra-Comique in Paris am 2. Februar 1900 war ein stürmischer Erfolg – noch in demselben Jahr brachte es die Oper allein in Paris auf mehr als einhundert Vorstellungen. Auch außerhalb von Frankreich verbreitete sich das Werk schnell – in New York kam es ebenfalls schon im Jahre 1900 heraus. Ins deutsche Repertoire hat es – trotz eifriger Bemühungen angesehener Dirigenten – nicht so recht eindringen können; die letzte großbesetzte Neuinszenierung an einer deutschen Bühne leitete in den fünfziger Jahren Hans Knappertsbusch, ein großer Verehrer des Werkes, in München. ›Louise‹ hat – ungeachtet einiger musikalischer Schwächen – eine Wiederbelebung verdient und dürfte in einer detailgenauen Inszenierung auch heute noch – oder wieder – ein Erfolg werden können.

W. K.

Luigi Cherubini

* 14. September 1760 in Florenz, † 15. März 1842 in Paris
Ifigenia in Aulide (1788 Turin), T: Ferdinando Moretti
Démophoon (1788 Paris), T: nach Pietro Metastasio v. Jean François Marmontel, V: Peters; Neubearb. v. Adolf Krücke (1943 Göttingen)
Lodoïska (1791 Paris), T: Claude François Fillette-Loraux, V: Peters, Ricordi
Médée (1797 Paris), T: François Benoît Hoffmann. V: Peters, Ricordi; Neubearb. v. Johannes Schüler u. Heinrich Strobel (1925 Erfurt); v. Horst Goerges u. Wilhelm Reinking (1958 Berlin), V: BV
L'hôtellerie portugaise (Der portugiesische Gasthof; 1798 Paris), T: Étienne Aignan, kO., E., V: U. E.
Les deux journées (Der Wasserträger; 1800 Paris), T: Jean Nicolas Bouilly, V: Peters, Litolff; Neubearb. v. Ernest Bloch (1932)
Anacréon ou l' amour fugitif (1803 Paris), T: C. R. Mendouze, V: Peters
Faniska (1806 Wien), T: nach René Charles Guilbert de Pixérécourt v. Joseph Sonnleithner, V: Peters, Ricordi
Les Abencérages (Das Feldlager in Granada; 1813 Paris), T: Victor Joseph Étienne de Jouy, V: Peters; Neubearb. v. Ludwig Schemann (1930 Freiburg i. Br.); v. Vito Frazzi, V: Ricordi
Ali-Baba ou Les quarante voleurs (1833 Paris), T: Eugène Scribe u. Anne Honoré Joseph Duveyrier, genannt Mélesville; deutsche Fassung v. Helmut Käutner, V: BV

Medea

Oper in drei Akten. Dichtung von François Benoît Hoffmann.

Solisten: *Medea* (Dramatischer Sopran, gr. P.) – *Jason,* Anführer der Argonauten (Jugendlicher Heldentenor, gr. P.) – *Kreon,* König von Korinth (Heldenbariton, gr. P.) – *Kreusa,* seine Tochter (Dramatischer Koloratursopran, auch Jugendlich-dramatischer Sopran, gr. P.) – *Neris,* Dienerin Medeas (Dramatischer Alt, auch Mezzosopran, gr. P.) – *1. Begleiterin der Kreusa* (Lyrischer Sopran, kl. P.) – *2. Begleiterin der Kreusa* (Lyrischer Mezzosopran, kl. P.) – *Ein Hauptmann der Argonauten* (Tenor, kl. P.) – *Ein Hauptmann der königlichen Wache* (Bariton, kl. P.) – *Zwei Kinder Medeas und Jasons* (Stumme Rollen).
Chor: Dienerinnen Medeas. Volk von Korinth. Argonauten. Priester. Diener (gr. Chp.).
Ort: Korinth.
Schauplätze: Eine Galerie im Palast König Kreons – Auf der einen Seite der Bühne ein Flügel von Kreons Palast mit einer großen Treppe. Am hinteren Ende des Palastes führt eine ausgedehnte, zierliche Säulenhalle zum Tempel der Juno, der auf der anderen Bühnenseite dem Palast schräg gegenübersteht, so daß die Vorderfront des Tempels mit

der Eingangstür sichtbar ist. – Auf einer Seite und im Hintergrund der Bühne ein mit Büschen bestandenes felsiges Gebirge. Am Fuß der Berge eine Grotte, aus der ein schnellfließender Quell sprudelt. Auf dem Bergrücken im Hintergrund steht ein Tempel, durch dessen offene Tür man eine brennende Lampe sieht. Eine Treppe führt zum Tempel hinauf. Auf der anderen Bühnenseite ein Flügel von Kreons Palast, Gärten und Häuser.

ZEIT: In sagenhafter Vorzeit.

ORCHESTER: 2 Fl. (II. auch Picc.), 2 Ob., 2 Kl., 2 Fag., 4 Hr., P., Str. – Bühnenmusik: 2 Fl., 2 Ob., 2 Kl., 2 Fag., 2 Hr., 3 Pos. (aus dem Orchester zu entnehmen).

GLIEDERUNG: Ouvertüre und 15 musikalische Nummern, die entweder durch einen gesprochenen Dialog (Original) oder durch Rezitative (von Franz Lachner) miteinander verbunden werden.

SPIELDAUER: etwa 2¾ Stunden.

VORGESCHICHTE DER HANDLUNG: Jason war von seinem Oheim, dem König Pelias von Jolkos (Thessalien) ausgeschickt worden, das »Goldene Vlies«, einen von einem Drachen bewachten geflügelten Widder, dessen Vlies (= Fell) aus Gold war, von Kolchis am Schwarzen Meer nach Griechenland zu holen. Nach Überwindung zahlreicher gefährlicher Abenteuer des nach dem Schiff »Argo« benannten Argonautenzugs gelang es Jason mit Hilfe der Zauberkünste Medeas, der jüngeren Tochter des Königs Aetes von Kolchis, den Schatz zu gewinnen und ihn in die Heimat zu bringen. Die in Jason verliebte Medea war heimlich mit den Argonauten geflohen und dem Helden angetraut worden. Nach Jolkos zurückgekehrt, erhielt Jason jedoch nicht den ihm vom Oheim versprochenen Thron, sondern mußte mit seiner Gattin nach Korinth flüchten, wo er mit Medea, die ihm inzwischen zwei Söhne geboren hatte, eine glückliche Zeit verbrachte, bis nach Ablauf von zehn Jahren Kreusa, die Tochter des Korintherkönigs Kreon, ihn zu betören wußte, Medea zu verlassen und sich mit ihr zu vermählen.

HANDLUNG: Am Morgen des Hochzeitstags ist Kreusa von der heimlichen Sorge bedrückt, ob ihr Glück von Bestand sein werde; denn Jason habe um ihretwillen Medea verstoßen, mit der er lange Zeit verbunden gewesen sei. Die Begleiterinnen verscheuchen die dunklen Gedanken der Braut mit dem Hinweis, daß Hymen, der Gott der Liebe und Ehe, ihr Glück behüten werde. Als Kreusa ihrem Vater, König Kreon, angsterfüllt entgegenhält, daß wohl einmal Medea ihren treulosen Gatten und die Kinder zurückfordern werde, beruhigt er sie mit der Versicherung, daß Medeas Zauberkünste, mit denen diese dereinst den jungen Abenteurer an sich gefesselt habe, nicht mehr wirksam seien und daher Jason die Barbarin aus Kolchis nicht mehr liebe. Da meldet ein Hauptmann der Argonauten, daß Jason das Goldene Vlies Kreusa als Hochzeitsgeschenk zu Füßen legen wolle. Aber dieser durch Medeas Zaubermittel erbeutete Siegespreis versetzt Kreusa von neuem in

Schrecken. Jason beteuert der Braut, daß sie durch ihr liebendes Herz ihn endlich von einem unheilvollen Bann erlöst habe und daß keine Macht dieser Welt das Band seiner Liebe zu ihr zerreißen werde. In einem feierlichen Anruf bitten Kreon und das Volk die Götter, den Bund der Neuvermählten zu segnen und sie vor Leid zu bewahren. Ein Hauptmann der Leibwache berichtet dem König, daß eine mit einem Schleier verhüllte Frau Einlaß in den Palast begehre. Gleich darauf erscheint diese selbst und gibt sich zu erkennen: Medea! Kreusa ist ohnmächtig zu Boden gesunken, und schon ziehen sich alle bis auf Jason zurück. Medea hält dem Undankbaren vor, was sie alles für ihn getan habe, und erinnert ihn an das gemeinsame Glück; schließlich fleht sie ihn an, ihr nur eines wiederzugeben: sich selbst. Jason bleibt stumm. Da kommt Kreon zurück, der Medea auffordert, noch diese Nacht Korinth zu verlassen. Sie beantwortet sein Verbannungsurteil mit der Verfluchung seines ganzen Hauses. Aber Kreon läßt sich nicht einschüchtern und droht der Barbarin, ihre Macht mit Gewalt zu brechen. Als Kreon sich mit den Seinen wieder entfernt hat, verwünschen Medea und Jason unter gegenseitigen Drohungen das Geschick, das sie zusammengeführt hat. – Scheu ist Medea mit ihren beiden Kindern heimlich aus dem Palast entkommen, da stürzt ihre Dienerin Neris herbei und berichtet, daß das Volk die Straßen versperre und Medeas Tod verlange. Gleich darauf treten aus dem Palast Kreon und Kreusa. Die Kinder laufen rasch zu Kreusa, die sie in den Palast zurückführt. Medea, dem Zusammenbruch nahe, fleht den König um Mitleid an. Als dieser darauf besteht, daß sie Korinth für immer verlassen müsse, erklärt sie sich nach einer kurzen Pause hierzu bereit; sie bittet nur um die Gnade, noch einen Tag bleiben zu dürfen. Gerührt über ihr Leid, erklärt sich Kreon einverstanden. Kaum hat sich der König entfernt, ruft Medea den Gott der Rache; nicht eine Nacht soll Kreusa in Jasons Armen liegen, ja noch tiefer will sie sein Herz treffen: die Kinder ... Jason erscheint und will von Medea den Grund ihrer verzögerten Abreise erfahren. Sie gibt vor, von ihren Kindern Abschied für immer nehmen zu wollen. Daraufhin willigt er ein, für diesen einen Tag ihr die Söhne zu überlassen. Innerlich ist er unsicher geworden; denn, wie er sich heimlich bewußt wird, nistet Medea immer noch in seinem Herzen. Erregt verläßt er sie, um sich zu dem Hochzeitsfest zu begeben. Schnell beauftragt nun Medea ihre Dienerin, die Kinder zu holen und Kreusa als Hochzeitsgeschenk einen Schleier zu überbringen, in den sie geheimnisvolle Zeichen und Zaubersprüche eingewebt hat. Bei der Hochzeitszeremonie überreicht Neris Kreusa das Kästchen mit Medeas Gewirk. – Im Dunkel der Nacht steht Medea vor dem Palast, während von fern Donnerrollen vernehmbar ist. Neris bringt die Kinder. Schon will Medea sie in die Arme schließen, da sieht sie in ihren Augen Jasons Blick. Sie greift nach dem Dolch, läßt ihn aber wieder fallen und dankt dem Gott, der sie davor bewahrt hat, an den Unschuldigen ihre Rache zu stillen. Von Neris erfährt sie, daß Kreusa, hocherfreut über ihr Geschenk, den mit tödlichem Gift getränkten Schleier im Brautbett anlegen will. Rasch entfernt sich Neris mit den Kindern. Nun lodert in Medeas Herz der Haß gegen Jason wieder mächtig auf. Sollen die Kinder in den Händen dieses Vaters bleiben? Da ertönen aus dem Palast Schreckensschreie Jasons und des Volkes: »Kreusa ist tot!« Medea triumphiert. Jetzt bleibt ihr nur noch eine Tat zu vollbringen. Sie ergreift den auf dem Boden liegenden Dolch und verschwindet eilig. Jason stürzt mit dem Volk herbei, um den Mord an Kreusa zu sühnen. Gleich darauf kommt Neris und beschwört Jason, die Kinder vor Medeas Dolch zu retten, aber schon erscheint diese selbst und entgegnet kalt auf Jasons Frage: »Die Kinder schlafen ... Du wirst sie nie mehr sehen.« Anschließend fährt sie fort, er solle, den Menschen verhaßt und verlassen von allen, einsam die Länder durchziehen; sie selbst gehe den ihr vom Schicksal bestimmten Weg, und erst im dunklen Reich der Schatten würden sie sich wiedersehen. Unter dem Fluch aller geht sie durch die voller Entsetzen zurückweichende Menge weg.

STILISTISCHE STELLUNG: Cherubini wurde von den großen Meistern der Tonkunst hochgeschätzt. Beethoven pries ihn als »den ersten unter den Zeitgenossen«, Joseph Haydn nannte ihn seinen »lieben Sohn«, Robert Schumann »den herrlichen«; Carl Maria von Weber stellte ihn Mozart und Beethoven gleich, und auch Felix Mendelssohn und Richard Wagner verehrten ihn sehr; Johannes Brahms, den Hans von Bülow einmal als »den Erben Luigis und Ludwigs« bezeichnete, hielt Cherubinis ›Medea‹ für »das Höchste in dramatischer Musik«. Der Medea-Stoff ist seit Pier Francesco Cavallis ›Giasone‹ (1649 Venedig) von den Opernkomponisten immer wieder mit Vorliebe aufgegriffen worden. Cherubinis im Geiste Glucks gestaltete ›Médée‹ kann wohl als die bedeutendste unter den zahlreichen Medea-Opern angesehen werden dank der groß und eindrucksvoll gezeichneten Titelgestalt, die in gleicher Weise Mitleid und Abscheu erregt. Mit überzeugender Aussagekraft charakterisiert auch die Musik die Schlangennatur der Zauberin, die warmen Gefühle der Liebenden und Mutter, den leidenschaftlichen Rachetrieb gegen den untreuen Mann und die Nebenbuhlerin, den Gram der Verstoßenen, das seelische Leid der Mörderin ihrer Kinder. Dementsprechend ist die Partie der Medea, so wie Wagners Brünnhilde oder Strauss' Salome und Elektra, dem Rollenkreis des sogenannten »interessanten Fachs« zuzurechnen. Der Aufbau des Werks erfolgt in einer Reihe musikalischer Nummern, wobei den mit teils lyrischem, teils leidenschaftlichem Ausdruck erfüllten Solonummern (Arien, Duette) imposante Chor- und Ensemblesätze gegenübergestellt sind; beide Formen halten sich zahlenmäßig ungefähr die Waage. Manche Themen kehren im Sinn von Erinnerungsmotiven im Verlauf des Stückes mehrmals wieder. Auch mit tonmalerischen Wirkungen ist auf die Seelenschilderung Bezug genommen. So symbolisiert der stürmische

Charakter der Introduktion zum III. Akt, ähnlich wie in der Einleitungsmusik zu Glucks ›Iphigenie auf Tauris‹, nicht nur das Gewitter, sondern gleichzeitig die seelische Unrast der Heldin vor dem entscheidenden Racheakt. Der Komponist hat ›Medea‹ im Stil der Opéra comique geschrieben, worunter man zur Zeit der Entstehung des Werks eine Oper mit gesprochenem Dialog verstand. Für die Aufführung in Wien hat Franz Lachner die Prosatexte durch Rezitative ersetzt.

TEXTDICHTUNG: Die wohl bedeutendste dichterische Gestaltung der Medea-Sage, auf der auch die späteren Bearbeitungen fußen, besorgte der große attische Tragödiendichter Euripides (484–406 v. Chr.). Nach Cherubini wurde der Stoff von dem österreichischen Bühnendichter Franz Grillparzer (1791–1872) in seiner Trilogie ›Das Goldene Vlies‹ (1822) dramatisch verarbeitet. Das Libretto zu Cherubinis Oper wurde von dem Pariser Musikschriftsteller François Benoît Hoffmann verfaßt. Eine neuere deutsche Übertragung des Textes des französischen Originals besorgten Horst Goerges und Wilhelm Reinking.

GESCHICHTLICHES: Cherubini, der zunächst nur Werke der Kirchenmusik geschrieben hatte, widmete sich von 1780 an der Oper, auf deren Gebiet er seine größten Erfolge erzielen konnte. Er komponierte 15 Opern auf italienische und 14 auf französische Texte. Für Wien schrieb er 1805/06 seine einzige deutsche Oper: ›Faniska‹. ›Médée‹ ist im Jahr 1797 entstanden und wurde am 13. März des gleichen Jahres am Théâtre Feydeau in Paris uraufgeführt.

FRANCESCO CILEA

* 26. Juli 1866 in Palmi (Kalabrien), † 19. November 1950 in Varazze

L'arlesiana (1897 Mailand), T: Leopoldo Marenco nach Alphonse Daudet, V: Sonzogno/M&B

Adriana Lecouvreur (1902 Mailand), T: nach Eugène Scribe u. Ernest Legouvé v. Arturo Colautti, V: Sonzogno/M&B

Gloria (1907 Mailand), T: A. Colautti; Neubearb. v. Ettore Moschino (1932), V: Sonzogno

Adriana Lecouvreur

Dramatisches Schauspiel von Eugène Scribe und Ernest Legouvé, in vier Akten für die Opernbühne bearbeitet von Arturo Colautti.

SOLISTEN: *Moritz*, Graf von Sachsen (Jugendlicher Heldentenor, gr. P.) – *Der Fürst von Bouillon* (Seriöser Baß, auch Charakterbaß, auch Baß-

bariton, m. P.) – *Der Abbé von Chazeuil* (Lyrischer Tenor, auch Charaktertenor, m. P.) – *Michonnet,* Regisseur der Comédie Française (Heldenbariton, auch Kavalierbariton, gr. P.) – *Adriana Lecouvreur,* Schauspielerin der Comédie Française (Jugendlich-dramatischer Sopran, gr. P.) – *Die Fürstin von Bouillon* (Dramatischer Mezzosopran, gr. P.) – *Mademoiselle Jouvenot,* Mitglied der Comédie Française (Lyrischer Sopran, m. P.) – *Mademoiselle Dangeville,* Mitglied der Comédie Française (Lyrischer Mezzosopran, m. P.) – *Quinault,* Mitglied der Comédie Française (Baß, auch Baßbariton, m. P.) – *Poisson,* Mitglied der Comédie Française (Lyrischer Tenor, auch Spieltenor, m. P.) – *Ein Haushofmeister* (Tenor, kl. P.) – *Eine Zofe* (Stumme Rolle).
CHOR: Damen und Herren der Gesellschaft (gemischter Chor, kl. Chp.).
BALLETT: Paris. Merkur. Juno. Pallas Athene. Venus. Götterboten. Amazonen.
ORT: Paris.
SCHAUPLÄTZE: Ein Foyer in der Comédie Française – Ein Salon in der Villa der Schauspielerin Duclos – Ein Festsaal im Palais Bouillon – Im Hause Adrianas.
ZEIT: Im Jahre 1730.
ORCHESTER: 3 Fl., 3 Ob., 2 Kl., 2 Fag. – 4 Hr., 3 Trp., 3 Pos., Tuba – P., Schl., Hrf. – Str.
GLIEDERUNG: Durchkomponierte Großform.
SPIELDAUER: etwa 2¾ Stunden.
HANDLUNG: Im Foyer der Comédie Française, kurz vor einer Aufführung von Racines ›Bajazet‹. Der Regisseur Michonnet sieht überall noch einmal nach dem Rechten. Das Ensemble drängt auf die Bühne, sucht nach den Requisiten, nach Hut und Mantel. Der Fürst von Bouillon und der Abbé treffen im Theater ein. Des Fürsten Geliebte, die Schauspielerin Duclos, ist noch in ihrer Garderobe, wo sie, wie man hört, einen Brief schreibt. Der mißtrauische Fürst beauftragt den Abbé, den Brief abzufangen. Adriana Lecouvreur, die beifallsumrauschte Schauspielerin, um deretwegen auch heute wieder das Haus bis zum letzten Platz gefüllt ist, kommt, ihren Text memorierend, aus ihrer Garderobe. Als alle anderen auf der Bühne sind, will der alte Michonnet die Gelegenheit nutzen und Adriana seine Liebe gestehen, aber sie kommt ihm zuvor, indem sie dem väterlichen Freund erzählt, ihr Herz gehöre einem Offizier aus dem Gefolge des Grafen von Sachsen. Er ist heute abend im Theater, und nur für ihn will sie spielen. Michonnet resigniert. In der Zwischenzeit hat der Abbé die Zofe der Duclos bestochen und so den Brief erhalten. Er vereinbart ein Stelldichein kurz vor Mitternacht in der Villa der Schauspielerin, die ihr der Fürst zur Verfügung gestellt hat. Der Fürst will die vermeintlich treulose Geliebte überraschen und arrangiert für den Abend ein Fest in der Villa. Er weiß nicht, daß der Brief nicht von der Duclos stammt,

sondern von der Fürstin von Bouillon; er richtet sich an deren ehemaligen Geliebten, den Grafen Moritz von Sachsen. Dieser hat in der Zwischenzeit, in der Uniform eines einfachen Offiziers, Adriana seine Aufwartung gemacht. Beide verabreden, sich nach der Vorstellung zu treffen. Dann aber erhält der Graf den Brief der Fürstin, in der sie von einer wichtigen politischen Sache schreibt, und so sagt Moritz, der den Einfluß der Fürstin für seine Kandidatur um die Krone Polens verwenden will, der Schauspielerin mittels eines Briefes ab. Adriana ist enttäuscht und um so eher bereit, des Fürsten Einladung auf das schnell arrangierte Fest zu folgen. – Die Fürstin von Bouillon wartet unruhig in der Villa der Duclos. Endlich erscheint Moritz, aber er verhält sich ihren Liebesschwüren gegenüber kühl und will nur über politische Dinge sprechen. Zudem entdeckt die eifersüchtige Fürstin ein Veilchenbukett an seinem Gewand, ein Geschenk von Adriana. Verwirrt schenkt er es ihr, sie aber weiß nun, daß er eine andere liebt. Doch ehe sie ihn deswegen zur Rede stellen kann, ist draußen das Geräusch eines vorfahrenden Wagens zu hören, und durchs Fenster entdeckt sie ihren Gatten. Moritz verspricht, ihr zu helfen, und versteckt sie in einem Kabinett. Der Fürst, der der Duclos bereits müde geworden ist, und der Abbé necken den vermeintlichen »ertappten Liebhaber« und wundern sich, daß Moritz, der zuerst nicht versteht, barsch reagiert und sich sogleich duellieren will. Schließlich aber durchschaut er das Spiel und hofft so, das Inkognito der Fürstin wahren zu können. Da trifft Adriana ein; sie wird dem Grafen von Sachsen vorgestellt und erkennt verwirrt in ihm den von ihr geliebten Offizier. Michonnet erscheint eilig und will mit der Duclos über eine neue Rolle sprechen, und der Abbé bedeutet ihm, er habe nicht weit zu gehen, die Schauspielerin sei ja hier. Adriana, die nun glaubt, Moritz habe ein Stelldichein mit ihrer Kollegin und Rivalin am Theater, ist eifersüchtig, aber der Graf schwört ihr, er habe sich nicht mit der Duclos getroffen, sondern – in einer politischen Mission – mit einer hochgestellten Dame, die auf keinen Fall entdeckt werden dürfte. Adriana glaubt ihm und verspricht ihm überdies, der Dame bei ihrer heimlichen Flucht zu helfen. Michonnet hat inzwischen in einem dunklen Zimmer die Fürstin entdeckt, weiß aber nicht, wer es ist. Adriana schaltet sich ein. In einem heimlichen Gespräch entdecken Adriana und die Fürstin, daß sie Rivalinnen um die Liebe des Grafen sind: doch eingedenk ihres Versprechens ermöglicht sie ihr die Flucht. – Im Hause des Fürsten von Bouillon wird ein großes Fest vorbereitet, der Abbé organisiert die Vorbereitungen. Es soll ein großes Ballett aufgeführt werden, und der Fürst hat Adriana eingeladen und sie gebeten, zu rezitieren. Die Fürstin ist verwirrt und ängstlich: weiß sie doch nicht, wer ihre Rivalin um die Gunst des Grafen ist. Da erscheint Adriana neben anderen Gästen: an der Stimme glaubt die Fürstin sie zu erkennen, und auch Adriana weiß nun, wer ihre Nebenbuhlerin ist. Um ihren Verdacht zu erhärten, stellt die Fürstin eine Falle: sie erzählt, Moritz würde zum Fest nicht kommen; er sei bei einem Duell schwer verwundet worden. Adriana fällt vor Schreck fast in Ohnmacht, und die Fürstin weiß nun, daß sie Recht gehabt hat. Im selben Augenblick betritt Moritz von Sachsen den Raum; er ist unversehrt. Während der Ballettvorführung – man gibt die mythologische Allegorie »Das Urteil des Paris« – macht die Fürstin spöttische Bemerkungen; Adriana will erbost gehen, doch da bittet sie der Fürst, zu rezitieren. Adriana nutzt die Gelegenheit zur Rache: sie rezitiert einen Monolog aus Racines ›Phaedra‹ und weiß den Schluß des Monologs so anzulegen, daß ihn die Fürstin auf sich beziehen muß. – Im Hause Adrianas. Der alte Michonnet wartet auf sie. Dann erscheinen die Kollegen vom Theater, die ihr zum Geburtstag gratulieren wollen. Sie überreichen ihr alle kleine Präsente – das wertvollste ist von Michonnet, der ihr damit seine vergebliche Liebe zeigen will –, aber Adriana hat nur Moritz im Kopf; sie ist verzweifelt, weil sie fürchtet, ihn an die Rivalin verloren zu haben. Schließlich bringt ein Bote noch ein Geschenk; in einem Kästchen ist das verwelkte Veilchenbukett, das sie einst Moritz geschenkt hat, dabei eine Karte des Grafen von Sachsen. Adriana ist zuerst gerührt, dann verzweifelt, daß ihr der Graf die Blumen zurückschickt; sie atmet tief den Duft der verwelkten Blumen ein, um damit noch einmal das Glück der vergangenen Tage einzusaugen. Dann wirft sie das Bukett ins Feuer. Da erscheint Moritz; sie will ihn zuerst abweisen, aber seine stürmische Liebe, ja sein Versprechen, sie zu heiraten, überzeugen sie schließlich; glücklich liegen die Liebenden einander in den Armen. Da faßt ein Schwindel die Schauspielerin; Moritz ruft um Hilfe, aber es ist zu spät. Die Fürstin hat das Bukett, daß sie ehemals von Moritz erhielt, vergiftet und so an die Rivalin geschickt. In den Armen des Grafen und Michonnets stirbt Adriana Lecouvreur.

STILISTISCHE STELLUNG: Von den fünf Opern Cileas hat außerhalb Italiens nur ›Adriana Lecouvreur‹ einen festen Platz im Repertoire erobern können. Cilea, der wenig komponierte und auch ungern im Rampenlicht der Öffentlichkeit stand, gehört stilistisch zur Gruppe der »veristischen« Komponisten, aber er vermied gleichermaßen die effektvolle Brutalität eines Leoncavallo wie die schmeichelnde Süße Puccinis, doch ist die Partitur der ›Adriana Lecouvreur‹ voller feiner Klangwirkungen, aber auch dankbar-wohlklingender Gesangspartien. Am ehesten vergleichbar ist das zarte Flair der Musik mit Puccinis ›Manon Lescaut‹, ohne daß Cilea als Puccini-Epigone anzusehen wäre.

TEXTDICHTUNG: Das Libretto von Arturo Colautti geht zurück auf ein schon 1849 geschriebenes Schauspiel von Eugène Scribe und Ernest Legouvé. Die Figur der Schauspielerin Lecouvreur ist, ebenso wie die des Grafen von Sachsen, historisch: die Lecouvreur (1692–1730) war eine der großen französischen Schauspielerinnen des 18. Jahrhunderts, ebenso wie ihre berühmte Rivalin auf der Bühne, die Duclos

(1668–1748). Auch andere Figuren kennt man aus der Theatergeschichte; die von Scribe und Legouvé erzählte dramatische Handlung aber verarbeitet höchst virtuos Wirklichkeit und Fiktion, wie sie – im I. Akt, aber auch im III. Akt – Theater und Leben zu vermischen versteht. Und aus diesem Ineinander von Realität und Fiktion, von Traum und Wachheit, von Hoffnung und Verzweiflung schöpft Cilea die Kraft für seine Musik, der es um die seelischen Zwischenstadien geht.

GESCHICHTLICHES: Cileas ›Adriana Lecouvreur‹ wurde am 6. November 1902 am Teatro Lirico in Mailand uraufgeführt. Das Werk war ein großer Erfolg und setzte sich schnell an anderen italienischen Bühnen, aber auch im Ausland durch, so bereits 1903 in Spanien und Portugal sowie in Polen. Die deutsche Erstaufführung (in deutscher Übersetzung) fand am 15. November 1903 in Hamburg statt. 1930 überarbeitete Cilea das Werk und straffte es etwas; in dieser heute allgemein verbreiteten Neufassung wird es in Italien regelmäßig gespielt und erscheint mehr und mehr auch auf anderen Bühnen.

W. K.

DOMENICO CIMAROSA

* 17. Dezember 1749 in Aversa (Neapel), † 11. Januar 1801 in Venedig

I due Baroni (Die beiden Barone; 1783 Rom), T: Giuseppe Palomba, kO., V: Ricordi

L'impresario in angustie (1786 Neapel), T: Giuseppe Maria Diotati; Neubearb. als ›Der Operndirektor‹ v. Walter Zimmer u. Hermann Börner (1962), V: He (AE)

Il matrimonio segreto (Die heimliche Ehe; 1792 Wien), T: Giovanni Bertati, kO., V: U. E.; Neubearb. v. Heinrich Stüwe, V: Robert Lienau (B&B); v. Joachim Popelka, V: Ricordi

Le astuzie femminili (Weiberlist; 1794 Neapel), T: G. Palomba, kO.; Neubearb. v. Ottorino Respighi, V: Ricordi

Die heimliche Ehe

Komische Oper in zwei Akten. Dichtung von Giovanni Bertati.

SOLISTEN: *Geronimo,* ein reicher Kaufherr (Spielbaß, auch Charakterbaß, gr. P.) – *Lisetta* (Lyrischer Sopran, auch Soubrette, gr. P.) und *Carolina* (Lyrischer Koloratursopran, gr. P.), seine Töchter – *Fidalma,* seine Schwester (Spielalt, auch Mezzosopran, gr. P.) – *Graf Robinsone*

(Kavalierbariton, auch Lyrischer Bariton, gr. P.) – *Paolino,* Buchhalter bei Geronimo (Lyrischer Tenor, auch Spieltenor, gr. P.).

ORT: Die Handlung spielt in einer reichen Handelsstadt in Geronimos Haus.

SCHAUPLÄTZE: Zimmer in Geronimos Haus.

ZEIT: Zweite Hälfte des 18. Jahrhunderts.

ORCHESTER: 2 Fl., 2 Ob., 2 Kl., 2 Fag., 2 Hr., 2 Trp., P., Schl., Str.

GLIEDERUNG: Ouvertüre und 18 Musiknummern, die durch Secco-Rezitative miteinander verbunden werden.

SPIELDAUER: etwa 2¾ Stunden.

HANDLUNG: Der reiche Kaufherr Geronimo ist ehrgeizig; er möchte mit seinem vielen Geld nicht nur sich selbst in den adeligen Stand erheben, sondern er sucht auch für seine beiden Töchter Lisetta und Carolina vornehme Männer. So kommt es, daß Carolina dem Vater ihre Liebe (und heimliche Ehe) zu dem schüchternen Buchhalter Paolino bis heute noch nicht zu gestehen wagte. Als Geronimo nach Hause kommt, übergibt ihm Paolino einen Brief von seinem Gönner, dem Grafen Robinsone, in dem dieser seinen baldigen Besuch ankündigt. Er hat die Absicht, Lisetta zu heiraten, die er zwar noch nicht kennt, die aber immerhin die stattliche Mitgift von 100000 Talern in die Ehe bringt. Aufgeregt ruft Geronimo seine beiden Töchter sowie seine Schwester Fidalma, die den Haushalt führt, und teilt ihnen die Neuigkeit mit. Lisetta, die sich als ältere Schwester Carolinen gegenüber an sich überlegen fühlt, triumphiert hochnäsig, während Carolinas gedrückte Stimmung als Neid ausgelegt wird. Fidalma tröstet Carolina, daß auch ihr noch das Glück der Ehe winken werde, so wie es ihr, Fidalma, selbst demnächst beschieden sein würde. Da erscheint Graf Robinsone; er wird von der Familie ehrfurchtsvoll begrüßt. Er ist ein Feind von Zeremonien und schlägt daher gleich einen familiären Ton an. Nachdem der Graf nunmehr die beiden Töchter in Augenschein genommen hat, entscheidet er sich aber plötzlich um; nicht Lisetta, sondern Carolina soll seine Frau werden. Die Mädchen haben sich enttäuscht auf ihre Zimmer zurückgezogen. Paolino nützt die Gelegenheit, den Grafen allein sprechen zu können, um ihn um seine Fürbitte bei Geronimo zu ersuchen. Aber der Graf verlangt erst von ihm einen Dienst: zu Paolinos Schrecken beauftragt er ihn, seinem Herrn mitzuteilen, daß er statt der älteren Tochter die jüngere heiraten und sich dafür mit 50000 Talern als Mitgift begnügen wolle. Als dann Carolina zurückkommt, erklärt sie dem Grafen, sie könne keine gnädige Frau werden. Lisetta kommt hinzu; eifersüchtig keift sie die Schwester und auch den Grafen an; Fidalma sucht zu beschwichtigen; schließlich erscheint Geronimo, dem nun der Graf seinen Entschluß selbst mitteilt. Der schwerhörige Alte verliert auf das Geschrei hin, mit dem alle auf ihn einreden, die Fassung; wütend jagt er die Weiber aus dem Zimmer. Dann bleibt er zunächst hartnäckig darauf bestehen, daß der Graf Lisetta heiraten müsse. Als ihm dieser aber den Vorschlag macht, auf die Hälfte der Mitgift zu verzichten, wenn er Carolina bekäme, ist der profitgierige Alte schnell mit dem Handel einverstanden. Der arme Paolino fällt in Ohnmacht, als ihm Fidalma einen Heiratsantrag macht; während sie Medikamente herbeiholt, klärt er Carolina auf, die ahnungslos hinzugekommen war und schon geglaubt hatte, ihr Paolino sei ihr untreu geworden. Die beiden beschließen nun, heimlich in der kommenden Nacht zu fliehen. Fidalma hat dabei das Paar beobachtet, wie es sich zärtlich umarmte. Sie verbündet sich nun mit Lisetta, der inzwischen der Graf seine Abneigung zu verstehen gegeben hat; die beiden Frauen dringen in Geronimo, Carolina, die allen jungen Männern im Hause den Kopf verdrehe, ins Kloster zu stecken. Geronimo will erst davon nichts wissen, willigt aber doch ein, als ihm Fidalma droht, ihr Vermögen aus dem Geschäft zu ziehen, wenn er Carolina nicht aus dem Hause schicke. Als dann der Graf Carolina in Tränen antrifft, beteuert er, für ihr Glück und ihre Zufriedenheit alles zu geben. Daraufhin erklärt sie ihm, wenn er sie so sehr liebe, ihr ganzes Geschick in seine Hände legen zu wollen. Freudig schwört er, wenn es sein soll, ihr die schönste Hoffnung seines Lebens zum Opfer bringen zu wollen. Spät abends überlegt der Graf vor Carolinas Zimmer, ob er nicht zu ihr gehen solle. Dabei wird er von der eifersüchtig lauernden Lisetta ertappt. Kaum haben sich beide zurückgezogen, als Carolina mit Paolino aus ihrem Zimmer schleicht, um die Flucht zu wagen. Da sie Schritte hören, gehen sie wieder eilig zurück. Lisetta, noch immer auf der Lauer, weckt jetzt den Vater und die Tante; sie behauptet, der Graf sei bei ihrer Schwester. In diesem Augenblick kommt aber der Graf aus seinem Zimmer und gleich darauf erscheint aus ihrem Zimmer Carolina mit Paolino. Sie werfen sich dem Vater zu Füßen und gestehen, seit zwei Monaten heimlich verheiratet zu sein. Geronimo will sie verstoßen, aber der Graf fordert den Vater auf, dem Paar zu verzeihen; er ist dafür bereit, Lisetta seine Hand zu reichen, die daraufhin mit einem Mal, ebenso wie Fidalma, auch für eine Versöhnung ist. Nun kann Geronimo nicht umhin, seinen Segen zu geben.

Stilistische Stellung: Der geistreiche Wiener Kritiker Eduard Hanslick sagte, daß zwischen Mozarts ›Figaro‹ und Cimarosas ›Matrimonio segreto‹ eine Art heimlicher Ehe bestünde, deren Sprößling Rossinis ›Barbier von Sevilla‹ sei. Damit ist treffend der Stil von Cimarosas Meisterwerk gekennzeichnet. Der Komponist, der der neuneapolitanischen Schule zugehört, hat in Wien seine eigene Tonsprache mit dem Idiom des Salzburger Meisters so geschickt und geschmackvoll zu verbrämen gewußt, daß in seiner Musik zu ›Matrimonio segreto‹ wenn auch nicht direkt Anklänge, so doch Mozarts Patenschaft dauernd spürbar ist. Träger des musikalisch-dramatischen Ausdrucks sind die Singstimmen, die von einem filigranhaften Orchester dezent begleitet werden. Das Orchester tritt selbständig nur in der von sprudelndem Buffageist erfüllten Ouvertüre in Erscheinung, die nicht nur durch die gleiche Tonart, sondern auch in Form und Charakter der ›Figaro‹-Ouvertüre verwandt ist. Im Gegensatz zu der sinnlich weichen Melodik, wie sie sonst für die neapolitanische Oper typisch ist, bediente sich Cimarosa in seiner Melodieführung kräftigerer und frischerer Farben, ohne nicht auch gelegentlich einmal warme, gefühlvolle Töne anzuschlagen. Das geschliffene Parlando weist bereits auf Rossini und Donizetti. Wie Mozart läßt Cimarosa die Handlung nicht durchwegs im Secco-Rezitativ abrollen; der Ablauf des Geschehens vollzieht sich teilweise auch in den geschlossenen Nummern, wobei durch Ensemblewirkungen Steigerungen und musikalische Höhepunkte erzielt werden.

TEXTDICHTUNG: Das Libretto verfaßte nach dem Lustspiel ›The Clandestine Marriage‹ von George Colman und David Garrick Giovanni Bertati (1735–1815), einer der angesehensten Operntextdichter seiner Zeit, dessen ›Don Juan‹-Text Mozart und Da Ponte als Vorlage für ihren ›Don Giovanni‹ gedient hat. Der Aufbau des Stückes ist schlicht und dennoch kunstvoll. Auf die so beliebten Requisiten der Opera buffa: Verwechslungen und Verkleidungen, wurde gänzlich verzichtet; die Lösung der Verwicklungen wirkt zwanglos, und auch die Charaktere sind natürlich und lebensnah gezeichnet. Eine neue deutsche Textübertragung besorgte Joachim Popelka.

GESCHICHTLICHES: Da Cimarosa das Klima in St. Petersburg, wohin er 1788 aus Italien einem ehrenvollen Ruf der Kaiserin Katharina II. gefolgt war, nicht vertrug, übersiedelte er 1791 nach Wien. Dort schrieb er noch im gleichen Jahr im Auftrag des Kaisers Leopold II. die komische Oper ›Il matrimonio segreto‹. Die Uraufführung erfolgte am 7. Februar 1792 am Burgtheater in Wien; sie wurde mit derartigem Beifall aufgenommen, daß die ganze Oper am gleichen Abend wiederholt werden mußte. Das Werk eroberte sich im Sturm die Opernbühnen der Welt und fand vor allem in Italien begeisterte Aufnahme, wo es auch heute noch dauernd im Spielplan steht. ›Die heimliche Ehe‹ erscheint in jüngerer Zeit wieder häufiger, auch an deutschen Bühnen; ihre Wiederbelebung stellt eine willkommene Bereicherung des Repertoires dar und ist eines guten Erfolges sicher, wenn sie in einer den künstlerischen Forderungen unserer Zeit angepaßten Einstudierung geboten wird.

Peter Cornelius

* 24. Dezember 1824 und † 26. Oktober 1874 in Mainz
Der Barbier von Bagdad (1858 Weimar), T: der Komponist, kO., Originalausgabe v. Max Hasse, V: B&H; Bearb. v. Hermann Levi – Felix Mottl (1885 München), V: Kahnt
Der Cid (1865 Weimar), T: der Komponist, Originalausgabe v. M. Hasse, V: B&H; Bearb. v. H. Levi (1893 München), V: U. E.
Gunlöd (unvollendet), T: der Komponist, Originalausgabe des Fragments v. M. Hasse, V: B&H. Ergänzt u. instrumentiert v. Carl Hoffbauer; v. Eduard Lassen (1891 Weimar); v. Waldemar v. Baußnern (1908), V: B&H

Der Barbier von Bagdad

Komische Oper in zwei Aufzügen. Dichtung vom Komponisten.

SOLISTEN: *Der Kalif* (Bariton, kl. P.) – *Baba Mustapha,* ein Kadi (Spieltenor, auch Charaktertenor, m. P.) – *Margiana,* dessen Tochter (Lyrischer Sopran, m. P.) – *Bostana,* eine Verwandte des Kadi (Alt, m. P.) – *Nureddin* (Lyrischer Tenor, gr. P.) – *Abul Hassan Ali Ebn Bekar,* Barbier (Schwerer Spielbaß, auch Seriöser Baß, gr. P.) – *1. Muezzin* (Baß, kl. P.) – *2. Muezzin* (Tenor, kl. P.) – *3. Muezzin* (Tenor, kl. P.) – *Ein Sklave* (Tenor, kl. P.) – *Vier Bewaffnete* (2 Tenöre und 2 Bässe, kl. P.).
CHOR: Diener Nureddins. Freunde des Kadi. Volk von Bagdad. Klagefrauen. Gefolge des Kalifen (II. Akt: Männerchor geteilt in Diener Nureddins, Freunde des Kadi und Bewohner Bagdads; Männerchor, gr. Chp.; Frauenchor, m. Chp.).
ORT: Bagdad.
SCHAUPLÄTZE: Zimmer im Haus Nureddins mit Ruhebett – Reiches, geräumiges Frauengemach im Haus des Kadi Mustapha.
ORCHESTER: 2 Fl., 1 Picc., 2 Ob., 2 Kl., 2 Fag., 4 Hr., 2 Trp., 3 Pos., P., Schl., Hrf., Str.
GLIEDERUNG: Ouvertüre in h-moll (oder an deren Stelle die nachkomponierte Ouvertüre in D-dur). Die in sich geschlossenen musikalischen Szenen gehen pausenlos ineinander über.
SPIELDAUER: etwa 2 Stunden.
HANDLUNG: Nureddin liegt sterbenskrank vor Liebeskummer darnieder, seit ihn auf einem Spaziergang in Bagdad ein Blick aus den schönen Augen Margianas, der liebreizenden Tochter des Kadi Mustapha, getroffen hat, als sie gerade an ihrem Fenster die Blumen goß. Schon wähnen ihn seine Diener dem Tode nah, da überbringt ihm Bostana eine Aufforderung Margianas, beim Ruf des Muezzin zu einem Stelldichein zu ihr zu kommen, weil dann ihr Vater zum Gebet in die Moschee gehe. Die freudige Nachricht macht Nurredin mit einem

Schlag gesund. Er muß sich aber, bevor er zu dem Mädchen geht, noch barbieren lassen; denn die lange Krankheit hat ihn entstellt. Bostana verspricht ihm, sogleich einen alten Freund, den Abul Hassan Ali Ebn Bekar, die Krone aller Barbiere, zu schicken. Der geschwätzige Alte martert jedoch den zur höchsten Eile drängenden Nureddin mit allerlei umständlichen Vorbereitungen und mit Erzählungen von seinen Brüdern und von seinen tausenderlei Künsten und Wissenschaften. Er stellt ihm auch das Horoskop, wonach ihm die Sterne zwar günstig für das Rasiertwerden stünden, ihn aber mit Unheil bedrohten, wenn er das Haus verließe. Während des Rasierens weiß nun Abul dem Nureddin nach und nach sein Liebesgeheimnis herauszulocken. Zu seinem Schutz will er ihn zu Margiana begleiten. Nur mit List und mit Hilfe seiner Diener kann Nureddin den Alten in seinem Haus zurückhalten, während er selbst zu Margiana eilt. – Im Hause des Kadi herrscht freudige Stimmung. Margiana und Bostana erwarten Nureddin, Mustapha seinen alten Jugendfreund, den reichen Selim aus Damaskus, den er als Gatten für seine Tochter ausersehen und der soeben dem Mädchen eine große Kiste mit Kostbarkeiten als Morgengabe zugesandt hat. Mit dem Ruf der Muezzine geht Mustapha zur Moschee, und glückstrahlend eilt Nureddin in die Arme der Geliebten. Das traute Stelldichein wird jäh gestört durch das Wehgeschrei eines Sklaven, den der zurückkehrende Kadi wegen Zerbrechens einer wertvollen Vase auspeitscht. Eiligst verstecken die Mädchen Nureddin in der Kiste mit Selims Schätzen. Aber Abul Hassan, der inzwischen Nureddins Dienern entwischen konnte und vor dem Haus Mustaphas Wache hält, glaubt, daß die Wehrufe von seinem Schützling herrühren. Mit Straßenpassanten stürzt er ins Haus und erfährt von Bostana, daß Nureddin in der Kiste liege. Immer mehr Leute strömen herein, die unter lauten Wehklagen und Verwünschungen teils eine drohende Haltung gegen den vermeintlichen Mörder Mustapha einnehmen, teils sich schützend vor ihn stellen, bis der große Tumult sogar den Kalifen ins Haus ruft. Der Kadi klagt nun dem Herrscher, daß der Alte den in der Kiste befindlichen Schatz der Tochter stehlen wollte, während Abul beteuert, daß die Truhe seinen vom Kadi ermordeten Freund berge. Auf Befehl des Kalifen wird die Kiste geöffnet, und der Barbier weiß mit einem Zitat aus seinem Liebeslied auf Margiana den Ohnmächtigen schnell zum Leben zurückzurufen. Belustigt nimmt der Kalif den Kadi beim Wort, den »Schatz der Tochter« nun Margiana zu überlassen, und lädt selbst alle Anwesenden zur Hochzeit ein. Den wunderlichen Alten aber will er mit sich in seinen Palast nehmen. Unter tiefen Verbeugungen huldigt der Barbier dem Beherrscher aller Gläubigen mit dem muselmanischen Gruß Salemaleikum, in den alle begeistert einstimmen.

STILISTISCHE STELLUNG: Schon die Dichtung zeugt von einer neuartigen Formung des heiteren musikalischen Dramas. Gegenüber der komischen Oper eines Lortzing, Nicolai oder Flotow wird das Humoristische dezenter gehandhabt, es bewirkt nicht ein Lachen, sondern nur ein Lächeln, und an die Stelle des Rührseligen tritt eine feinsinnige Lyrik, deren subtile Reize bisweilen durch kammermusikalische Wirkungen im Orchester unterstrichen werden. So kann Cornelius als Vater des modernen musikalischen Lustspiels bezeichnet werden. Äußerlich ist noch das Bild der Nummern-Oper beibehalten, doch sind die geschlossenen Formen durch Einbeziehung des musikdramatischen Dialogs zu ganzen Szenen erweitert. Dabei war der Meister nach seinen eigenen Worten bestrebt, »mit Courage auf Wagners Bahn voranzugehen«, aber »nur melodisch pikanter, freier humorvoll zu sein« und »sich mehr zu dem sprudelnden Berlioz zu neigen«. In der Tat hat Cornelius durch die feine Komik, die zarte und blühende Lyrik sowie die flüssige Sprachbehandlung in seinem ›Barbier‹ einen durchaus persönlichen Eigenstil entwickelt, ohne in Abhängigkeit von Wagner zu geraten, obgleich er im gewissen Sinn Wagners Wege zu gehen scheint, wenn er, wie allerdings auch schon Weber, Marschner und Lortzing, sich der poetisierenden Wirkung von Themenwiederholungen im Sinne von Erinnerungsmotiven bedient. Die Ouvertüre in h-moll weist als »objektiv gehaltene Lustspielouvertüre« keine thematischen Zusammenhänge mit der Oper auf, während die nachkomponierte Ouvertüre in D-dur, abgesehen von dem Seitenthema mit dem eingeschobenen 5/4-Takt, durchweg Themen aus dem Werk verarbeitet.

TEXTDICHTUNG: Cornelius entnahm den Stoff den Erzählungen aus ›Tausendundeine Nacht‹ (›Geschichte des Schneiders‹). Der ›Barbier von Bagdad‹ erschien bereits vor Cornelius auf der Bühne, und zwar um die Mitte des 18. Jahrhunderts in der einaktigen Komödie des Franzosen Charles Palissot de Montenoy (1730–1814), die einige Nachahmungen zur Folge hatte (darunter ein Singspiel von Johann André, 1783 Berlin). In der Originalpartitur heißt es bei dem Namen des Barbiers: Ebn (arabisch), in der Mottlschen Bearbeitung: Ebe.

GESCHICHTLICHES: Der erste Entwurf (als Einakter mit einer Verwandlung, 7 Szenen und einem großen Finale) wurde am 11. Oktober 1855 in Bernhardshütte beendet. Im November 1856 erfolgte dann die Fertigstellung des Textes (nunmehr als Zweiakter); mit der Vertonung begann Cornelius noch im gleichen Monat. Ab Oktober 1857 konnte er sich dann in Johannisgrunde bei Johannisberg am Rhein ganz der Komposition des ›Barbier‹ widmen. Die Reinschrift der Partitur wurde im März 1858 abgeschlossen. Die Uraufführung erfolgte am 15. Dezember 1858 in Weimar unter Franz Liszt. Das Werk fiel durch, wohl in erster Linie einer organisierten Opposition des Dingelstedt-Kreises zufolge, die sich eigentlich gegen Liszt richtete, der daraufhin die Weimarer Operndirektion niederlegte. Im Jahre 1874 komponierte Cornelius auf Anregung von Liszt eine zweite Ouvertüre (in D-dur), die aber der Komponist nicht mehr instrumentieren konnte. Diese Ouvertüre liegt nun in vier Instrumentationen vor: von Carl Hoffbauer, Franz Liszt, Felix Mottl und Waldemar von Baußnern. Nach einem ebenfalls mißglückten Wiederbelebungsversuch in Hannover (am 24. Mai 1877 unter Karl Ludwig Fischer) begeisterte sich der junge Felix Mottl für das Werk, dem er auf Liszts Rat mit Strichen und Uminstrumentierungen ziemlich radikal zu Leibe rückte. In dieser Fassung führte Mottl es (einaktig) mit nur lauem Erfolg am 1. Februar 1884 in Karlsruhe auf. Hermann Levi übernahm sodann die Mottlsche Fassung für München, wobei er allerdings hinsichtlich der Striche und der Instrumentation wieder mehr auf das Original zurückgriff (zweiaktig mit D-dur-Ouvertüre). In dieser Gestalt erlebte das Werk am 15. Oktober 1885 in München unter Leitung von Hermann Levi und mit Eugen Gura in der Titelrolle zum erstenmal einen wirklich durchschlagenden Erfolg. Die aus dem Zeitgeist geborene Bearbeitung Mottls beeinträchtigt durch ihre »Wagnerische« Instrumentierung die Wirkung der feinen Komik und Lyrik und verwischt somit den Eigenstil des Werkes. Max Hasse nahm im Jahre 1904 in einer polemischen Broschüre gegen die Mottl–Levische Bearbeitung Stellung und veröffentlichte 1905 bei Breitkopf & Härtel die Originalpartitur. Die Oper wurde in der Originalfassung beim Cornelius-Fest in Weimar am 10. Juni 1904 mit jubelndem Beifall aufgenommen.

Luigi Dallapiccola

* 3. Februar 1904 in Pisino, † 19. Februar 1975 in Florenz

Volo di notte (Nachtflug; 1940 Florenz), T: nach Antoine de Saint-Exupéry vom Komponisten, E., V: U. E.

Il Prigioniero (Der Gefangene; 1949 Turin), T: nach Villiers de l'Isle-Adam u. Charles de Coster vom Komponisten, V: Suvini (Schott)

Hiob (1950 Rom), T: nach Worten der Bibel vom Komponisten, V: Suvini (Schott)

Ulisse (Odysseus; 1968 Berlin), T: der Komponist nach Homer, V: Suvini (Schott)

Il Prigioniero (Der Gefangene)

Oper in einem Prolog und einem Akt. Dichtung nach ›La torture par L'espérance‹ von Villiers de l'Isle-Adam und ›La légende d'Ulenspiegel et de Lamme Goedzak‹ von Charles de Coster vom Komponisten.

SOLISTEN: *Die Mutter* (Dramatischer Sopran, auch Dramatischer Mezzosopran, m. P.) – *Der Gefangene* (Kavalierbariton, auch Heldenbariton, gr. P.) – *Der Kerkermeister* (Lyrischer Tenor, auch Jugendlicher Heldentenor, m. P.) – *1. Priester* (Tenor, kl. P.) – *2. Priester* (Baß, kl. P.) – *Der Großinquisitor* (Tenor, kl. P.; Kerkermeister und Großinquisitor können von einem Darsteller gesungen werden) – *Ein Fra Redemptore* (Stumme Rolle).
CHOR: Hinter der Bühne (kl. Chp.).
ORT: Ein Gefängnis in Saragossa.
SCHAUPLÄTZE: Die Gefängniszelle – Ein Garten.
ZEIT: Zweite Hälfte des 16. Jahrhunderts.
ORCHESTER: 2 Fl., Picc., 2 Ob., Eh., 3 Kl., Bkl., Alt-Saxophon, Tenor-Saxophon, 2 Fag., Kfag., 4 Hr., 3 Trp., 5 Pos., Tuba, P., Schl., Vibraphon, Xyl., Cel., 2 Hrf., Klav., Str. – Bühnenmusik: Org., 2 Trp., Pos., 3 Gl.
Vereinfachte Orchesterfassung: 2 Fl., 2 Ob., 2 Kl., 2 Fag., 4 Hr., 2 Trp., 2 Pos., Tuba, P., Schl., Vibraphon, Xyl., Cel., Hrf., Klav., Str.
GLIEDERUNG: Durchkomponierte Großform.
SPIELDAUER: etwa 50 Minuten.
HANDLUNG: Der Prolog der Oper ist ein Monolog der Mutter des Gefangenen, die ihren Sohn – wie sie fürchtet – zum letzten Mal sehen soll. Sie spricht von ihren düsteren Ahnungen und erzählt einen Traum, der sie jede Nacht quält: ihr erscheint der Geist des spanischen Königs Philipp II. und verwandelt sich allmählich in die Figur des Todes. – In einer Zelle des Inquisitionsgefängnisses von Saragossa liegt der Gefangene. Seine Mutter ist bei ihm. Er erzählt von den Qualen der Folter, die er erlitten hat. Hoffnung habe er erst wieder gewonnen, als ihn eines Abends der Kerkermeister »Bruder« genannt habe. Der Kerkermeister kommt und fordert die Mutter auf, zu gehen. – Der Kerkermeister nennt den Gefangenen wieder »Bruder« und erzählt ihm vom flandrischen Aufstand gegen die Spanier und von den Taten der Geusen – sein glühender Bericht gibt dem Gefangenen neue Hoffnung. Als der Kerkermeister gegangen ist, bleibt die Zellentür unverschlossen; hinter ihr öffnet sich ein langer Gang, der Gefangene geht langsam hinaus. – In den unterirdischen Gewölben der Inquisition hat sich der Gefangene verborgen; verzweifelt sucht er nach einem Ausgang, immer in der Furcht, entdeckt zu werden. Aber ein Fra Redemptore mit Folterwerkzeugen und zwei Priester, die einen theologischen Disput führen und dabei erwähnen, die Gefangenen müßten morgen sterben, scheinen ihn nicht zu bemerken. Endlich findet er eine Tür und gelangt in einen Garten, in dem eine Zeder steht. Voller Freude, endlich frei zu sein, umarmt der Gefangene den Baum. Da berührt ihn eine Hand – es ist der Großinquisitor, der ihn mit sanfter Stimme als »Bruder« anspricht und ihm vorwirft, er habe sich der

Strafe entziehen wollen. Da versteht der Gefangene: er hat nun auch die härteste Folter erlitten – die Illusion der Hoffnung, der Freiheit. Wie ein Wahnsinniger lachend läßt er sich willenlos zum Scheiterhaufen führen.

STILISTISCHE STELLUNG: Bereits während des Krieges und der Bedrohung durch den Faschismus dachte Dallapiccola daran, eine Oper über die Freiheit zu schreiben, doch erst 1944, im befreiten Florenz, fand er dazu die Gelegenheit. Voraufgegangen sind der einaktigen Oper die ›Canti di prigionia‹ (Gesänge aus der Gefangenschaft). Obwohl sich die Handlung auf den flandrischen Aufstand gegen die spanische Willkürherrschaft Philipps II. und die Ketzerverfolgung der Inquisition bezieht, ist sie von Dallapiccola im Sinne des Widerstandes gegen den Faschismus und als flammender Protest gegen jede Art von Diktatur und Unterdrückung gemeint und auch so verstanden worden. Dallapiccolas komplexe, oft zwölftönig geprägte Musik verleugnet in keinem Augenblick ihre Herkunft aus der italienischen Operntradition, ihre Wirkung ist elementar und unmittelbar, ungeachtet komplexer Formstrukturen.

TEXTDICHTUNG: Dallapiccola hat als sein eigener Librettist Handlungs- und Situationselemente aus den ›Contes cruels‹ von Villiers de l'Isle-Adam und aus de Costers ›Ulenspiegel‹ entnommen, diese jedoch neu zusammengefügt und ins Symbolische überhöht, so daß die historische Konstellation nur als eine Deutungsmöglichkeit verstanden werden kann und die Aussage des Stückes weit darüber hinaus reicht.

GESCHICHTLICHES: Dallapiccolas ›Il Prigioniero‹ wurde am 1. Dezember 1949 in einer konzertanten Aufführung von Radio Turin herausgebracht; die szenische Uraufführung fand im Rahmen des Maggio musicale fiorentino am 20. Mai 1950 in Florenz statt; es dirigierte Hermann Scherchen. Während das Werk in Italien zu Beginn heiß umstritten war, setzte es sich in anderen Ländern schneller durch. Fast alle wichtigen deutschen Bühnen haben es in den fünfziger und sechziger Jahren aufgeführt. In der Zwischenzeit ist es um dieses Meisterwerk human engagierten Musiktheaters unserer Zeit etwas ruhiger geworden – zu Unrecht sicherlich, denn die Aussagekraft und die hohe musikalische Qualität machen eine Aufführung auch heute lohnend.

W. K.

Claude Debussy

* 22. August 1862 in St. Germain-en-Laye, † 25. März 1918 in Paris
Pelléas et Mélisande (1902 Paris), T: Maurice Maeterlinck, V: Durand, A & S
L'enfant prodigue (Der verlorene Sohn; 1910 London), T: Edouard Guinand, V: Durand, Sonzogno, A & S
Le martyre de Saint-Sébastien (1911 Paris), Mysterium, T: Gabriele d'Annunzio, V: Durand, A & S

Pelleas und Melisande

Musikdrama in fünf Akten. Dichtung von Maurice Maeterlinck.

SOLISTEN: *Arkel,* König von Allemonde (Seriöser Baß, m. P.) – *Genoveva,* Mutter von Pelleas und Golo (Tiefer Alt, m. P.) – *Pelleas* (Lyrischer Tenor, auch Lyrischer Bariton, gr. P.) und *Golo* (Heldenbariton, auch Charakterbariton, gr. P.), König Arkels Enkel – *Melisande* (Charaktersopran, auch Jugendlich-dramatischer Sopran, gr. P.) – *Der kleine Yniold,* Golos Sohn aus erster Ehe (Soubrette, wenn möglich, mit einem Knaben zu besetzen, m. P.) – *Ein Arzt* (Baß, kl. P.) – *Die Stimme des Hirten* (Baß, kl. P.).
CHOR: Dienerinnen. Drei Greise (Gesangspart: nur Chor hinter der Szene für Alt, Tenor und Baß, kl. Chp.).
ORT: Schloß Allemonde und Umgebung.
SCHAUPLÄTZE: Im Wald – Ein Saal im Schloß – Vor dem Schloß – Springbrunnen im Park – Ein Gemach im Schloß – Vor einer Felsgrotte – Schloßturm mit einem unter einem Turmfenster laufenden Rundweg – In den Gewölben unter dem Schloß – Terrasse am Ausgang der Gewölbe – Vor dem Schloß – Ein Gemach im Schloß – Springbrunnen im Park – Ein Gemach im Schloß.
ORCHESTER: 3 Fl. (III. auch Picc.), 2 Ob., 1 Eh., 2 Kl., 3 Fag., 4 Hr., 3 Trp., 3 Pos., 1 Bt., P., Schl., 2 Hrf., Str.
GLIEDERUNG: Durchkomponierte musikdramatische Großform (musikalische Szenen, die durch kurze Zwischenspiele miteinander verbunden werden und pausenlos ineinandergehen).
SPIELDAUER: etwa 2¾ Stunden.
HANDLUNG: Der flämische Ritter Golo, ein Enkel des Königs Arkel von Allemonde, stößt bei der Jagd im Wald auf ein junges Mädchen, das einsam und verlassen am Rand einer Quelle sitzt und weint. Er kann von der Schönen, die ihn beschwört, sie nicht zu berühren, weder ihre Herkunft noch den Grund ihrer Betrübnis erfahren. Sie lehnt auch sein Anerbieten ab, ihr die goldene Krone, die ihr in den Bach gefallen ist, wieder verschaffen zu wollen. Sie gesteht nur, Melisande

zu heißen, und sie folgt schließlich dem Ritter auf dessen inständiges Drängen. – Golo hat es erst nach sechs Monden gewagt, seinem Großvater Arkel und seiner Mutter Genoveva seine Vermählung mit Melisande in einem Brief an seinen geliebten Stiefbruder Pelleas bekannt zu geben. Denn der König hatte für Golo nach dem Tode von dessen erster Frau eine politische Heirat gewünscht. Arkel und Genoveva bestimmen Pelleas, der das Schloß verlassen möchte, um einen sterbenden Freund zu besuchen, hier zu bleiben. Er soll den eigenen Vater, der gegenwärtig schwer erkrankt ist, durch seine Anwesenheit trösten und außerdem die von Golo vorgeschlagenen Lichtzeichen nachts vom Turm aus nach der See geben zum Zeichen, daß der König Melisande als Tochter anerkennen wolle. – Eine seltsame Gewitterstimmung liegt über dem Meer, als Melisande am Abend nach ihrer Ankunft mit Genoveva in dem dunklen Schloßpark weilt und das Schiff absegeln sieht, das sie hierher gebracht hat. Pelleas, von der Mutter herbeigerufen, begleitet in der anbrechenden Dunkelheit Melisande zum Schloß zurück. Er spricht davon, daß er wahrscheinlich schon morgen sich auf die Reise begeben werde; mehr enttäuscht als neugierig fragt ihn Melisande, warum er reisen wolle. – Am nächsten Tag führt Pelleas Melisande zu einem Springbrunnen im Schloßpark, dessen Quelle früher Blinde sehend gemacht haben soll. Melisande setzt sich an den Rand des Beckens, ihre Hand kann den Wasserspiegel nicht erreichen, aber ihr langes Haar taucht in den Quell. Indessen fragt Pelleas sie nach Einzelheiten über ihr erstes Zusammentreffen mit seinem Stiefbruder. Sie erzählt, daß sie nicht eingewilligt habe, als Golo sie küssen wollte; sie spielt dabei über dem Brunnen mit ihrem kostbaren Ehering. Da schlägt die Schloßuhr zwölf Uhr Mittag; in diesem Augenblick entgleitet Melisande der Ring und fällt in die Tiefe des Brunnens. Pelleas führt die über den Verlust des Ringes Erschrockene weg und ermahnt sie, ihrem Mann die Wahrheit zu sagen. – Gerade auch mit dem Schlag zwölf Uhr war Golo von seinem scheuenden Pferd gestürzt. Des Abends gesteht Melisande ihrem Gatten, der ihre Pflege wegen der geringfügigen Verletzungen ablehnt, daß sie sich hier im Schloß unglücklich fühle. Vergeblich dringt Golo in sie, ihr den Grund anzugeben, den sie selbst nicht zu erkennen vermag. Als er dann ihre Hand liebkost, bemerkt er das Fehlen des Ringes. Melisande gibt vor, ihn wohl beim Suchen nach Muscheln für den kleinen Yniold, Golos Sohn aus erster Ehe, am Meer bei der Felsengrotte verloren zu haben. In einem Angstgefühl fordert Golo sie auf, sofort dort nach dem Ring zu suchen, bevor ihn des Nachts die Flut wegspüle. – Melisande sucht, auf Golos Wunsch von Pelleas begleitet, im Mondenschein die Grotte auf, die ihr Fuß noch nie betreten hat, um sie kennenzulernen, falls ihr Gatte sie nach Einzelheiten fragen sollte. Als sie jedoch am Eingang der Grotte drei vom Hunger erschöpfte, eingeschlafene Greise erblickt, kehrt sie entsetzt um und geht mit Pelleas zum Schloß zurück. –

Am geöffneten Fenster im Schloßturm kämmt Melisande in der Dämmerung ihr Haar. Da naht Pelleas; er will sich von ihr verabschieden, da er nun morgen fort soll. Aber Melisande reicht ihm erst dann die stürmisch begehrte Hand zum Fenster herab, als er ihr zusagt, sich noch nicht so bald auf die Reise zu begeben. Pelleas kann die Hand mit seinen Lippen nicht erreichen, Melisande neigt sich tiefer aus dem Fenster, da fällt ihr langes Haar auf Pelleas, der es an einem Weidenzweig festknüpft, damit sie ihm nicht mehr entweiche. Während er das Haar leidenschaftlich küßt, flattern aus dem Turm Tauben in die Nacht hinaus. Auf Melisandes Flehen löst er endlich das Haar von den Zweigen, als sich jemand naht. Es ist Golo, der mit nervösem Lachen die beiden zurechtweist, von den Kindereien zu lassen. – Am nächsten Tag führt Golo Pelleas in den unterirdischen Gewölben des Schlosses an eine Zisterne, in deren Abgrund er ihn blicken läßt, während er ihn am Arm festhält. Pelleas sieht darin ein Licht vorüberhuschen, es ist die Leuchte, mit der Golo den Felsen beleuchtet. Stark beeindruckt geht Pelleas schweigend mit Golo weg. Am Ausgang der Gewölbe atmet Pelleas erleichtert auf; Golo richtet ein ernstes Wort an ihn. Er weiß von den traulichen Beziehungen des Bruders zu seiner Gattin; er warnt ihn und fordert ihn auf, Melisande künftig zu meiden. – Mit geheuchelter Ruhe sucht Golo aus seinem kleinen Sohn Yniold Näheres über Melisandes Beziehungen zu Pelleas herauszubekommen. Arglos erzählt der Kleine, daß die beiden sich geküßt haben. Als Licht aus Melisandes Fenster fällt, hebt Golo Yniold hoch, so daß dieser in das Zimmer blicken kann. Der Knabe berichtet, daß Onkel Pelleas bei dem Mütterchen sei und daß beide in die Flamme des Lichtes schauten. Das Kind wird von einer namenlosen Angst befallen, Golo muß es zu Boden bringen und, bedrückt von der Sorge der Ungewißheit, geht er mit Yniold davon. – Im Schloß begegnet Melisande Pelleas, als er gerade aus dem Zimmer seines nun wieder genesenen Vaters kommt. Er verabredet sich mit ihr für den Abend am Springbrunnen zum Abschiednehmen; denn auf Wunsch des Vaters muß er nun endgültig fort. – König Arkel begrüßt die Genesung von Pelleas' Vater als gutes Omen und betrachtet Melisande als die Bringerin einer glückhafteren Zeit für das Schloß. Golo kommt hinzu und erklärt, daß Pelleas noch diese Nacht reise. Er läßt sich von Melisande seinen Degen bringen; dann macht er seinem Unmut in einem unbeherrschten Wutanfall gegen Melisande Luft und entfernt sich, als der König dazwischentritt, mit drohenden Andeutungen. – Beim Spielen am Springbrunnen war Yniold sein goldener Ball zwischen die Felsen gefallen; er bemüht sich vergeblich, den schweren Stein wegzuheben. Es wird finster. Eine Schafherde naht blökend. Als der Hirte die Tiere in der Nähe des Springbrunnens vorbeitreibt, verstummen sie plötzlich, weil dieser Weg nicht zum Stall führe, wie der Schäfer Yniold erklärend sagt. Angstvoll entfernt sich das Kind, während die Nacht anbricht. Pelleas erscheint, auch Melisande kommt alsbald. In heftiger Umarmung gestehen sich die beiden zum ersten Mal ihre Liebe. Dann hört man, wie das große Schloßtor geschlossen wird; Melisande weiß, daß es sich für immer für sie geschlossen habe. Schließlich bemerken die beiden in der Dunkelheit eine Gestalt, die sie beobachtet. Es ist Golo. Mit gezogenem Degen stürzt er sich auf das sich stürmisch umarmende Liebespaar; er streckt Pelleas nieder, dann verfolgt er die fliehende Melisande. – Mit tiefer Besorgnis umstehen Arkel und Golo Melisandes Krankenlager. Der Arzt beruhigt Golo, Melisande könne unmöglich an der kleinen Wunde sterben, die er ihr geschlagen hat. Golo bittet mit seiner Gattin allein gelassen zu werden. Dann beschwört er sie, ihm wenigstens jetzt im Angesicht des Todes die Wahrheit über Pelleas zu gestehen; Melisande gibt zu, ihn geliebt zu haben, aber die Antwort auf die Frage, ob sie ihn mit verbotener Liebe geliebt habe, bleibt sie schuldig. Lautlos stirbt sie, nachdem man ihr noch ihr Kind gereicht hatte. Arkel tröstet Golo, er sei schuldlos, das Schicksal habe es so gewollt und habe bestimmt, daß an Stelle dieses armen kleinen Wesens das Kind lebe.

Stilistische Stellung: Die stilistische Geschlossenheit von Debussys ›Pelléas et Mélisande‹ beruht vor allem auf einer seltenen Einheitlichkeit von Wort und Ton. Die Handlung wird in einer Reihe lose miteinander verknüpfter lyrischer Szenen vermittelt. Die Dichtung vermeidet kräftigere Akzente und läßt die Gefühle und Leidenschaften gleichsam nur durchschimmern. Ihr mystisch-symbolischer, verschwommener Charakter, ihr Nuancenreichtum sowie ihre zarten Farben inspirierten die Phantasie des Komponisten zu einer entsprechenden sensiblen Vertonung. Das Klangbild der ›Pelléas‹-Musik wird vornehmlich durch zwei Faktoren bestimmt: durch die subtile, dem Tonfall und Rhythmus der Sprache abgelauschte Deklamation und durch eine darauf abgestimmte Klangatmosphäre des Orchesters, die in einer um alterierte Akkordmischungen und -folgen bereicherten modernen polytonalen Harmonik und in der farbigen Instrumentation ersteht. Hinsichtlich der Deklamation knüpft Debussy an den Rezitativstil der alten französischen Tragédie lyrique (Jean-Baptiste Lully, Jean-Philippe Rameau) an. Die ihrer tonalen Funktionen entkleideten und dadurch spannungslosen Dissonanzen vermitteln in erster Linie koloristische Wirkungen. Das unentwegt dahinfließende musikalische Gefüge setzt sich mosaikartig aus symmetrisch gebauten kleinen und kleinsten Formgebilden zusammen, die bisweilen von rezitativischen Partien unterbrochen werden. Debussy hat in ›Pelléas et Mélisande‹ den Stil des musikalischen Impressionismus vielleicht am reinsten dargetan. Als Ziel schwebte dem Komponisten wohl die Schaffung eines richtunggebenden Typus des modernen französischen Musikdramas vor, das in Abkehr von Wagner der kühlen Mentalität des Franzosen entsprechend jeden Aufwand von Pathos und Gefühlsüberschwang vermeiden sollte. In der konsequenten Durchführung dieser Einstellung bedient er sich oft sogar der Pausen als Ausdrucksmittel, die er in solchen Fällen als einzige Art betrachtet, den Gefühlsgehalt eines Augenblicks »musikalisch« auszudeuten. Obwohl Debussy bis zu einem gewissen Grad unter dem Einfluß Wagners stand (Harmonik), lehnte er dessen musikdramatisches Gestaltungsprinzip grundsätzlich ab (das Pathos der Deklamation und der Tonsprache, die konsequente Anwendung des Leitmotivs, eine Methode, die er als aufdringlich empfand, die symphonische Technik, die nach seiner Ansicht im Widerspruch zur dramatischen Aktivität der handelnden Personen steht). Das Musikdrama ›Pelléas et Mélisande‹ verzichtet gänzlich auf die sogenannten dankbaren Opernwirkungen, wie auf die Entfaltung der Schönheit und des Glanzes der Singstimmen in Arien, Monologen, Duetten usw. oder auf Chor- und Ensemblewirkungen, es verlangt aber außergewöhnlich intelligente und musikalisch-sensible Darsteller, insbesondere in den beiden Titelrollen, und einen ebensolchen Dirigenten, ohne die jegliches Bemühen um dieses Ausnahmewerk von vornherein zum Scheitern verurteilt ist.

TEXTDICHTUNG: Debussy komponierte das originale gleichnamige Schauspiel des belgischen Dichters Maurice Maeterlinck (1862–1949), der als einer der hervorragendsten Vertreter des Symbolismus anzusehen ist. Die Dichtung, die auf eine alte flämische Sage zurückgeht, versinnbildlicht die Abhängigkeit des Menschen vom Schicksal und seine innere Erhebung über den Zwang. Für die musikdramatische Gestaltung erfuhr das Drama Kürzungen, die dem Komponisten zum Teil vom Dichter selbst vorgeschlagen worden waren. Die an den deutschen Bühnen gebräuchliche Textbearbeitung stammt von Otto Neitzel.

GESCHICHTLICHES: Vor Debussy hatte schon der französische Komponist Gabriel Fauré Musik zu dem Maeterlinckschen Stück geschrieben. Debussy kannte das Drama seit seinem Erscheinen im Druck. Er hatte bereits bei der Lektüre des Stückes spontan ein paar Themen aufgezeichnet (Golo-Mélisande), aber wohl erst im Anschluß an die Aufführung des Schauspiels im Mai 1893 in den »Bouffes Parisiens« faßte er den Entschluß, den ›Pelléas‹ zu einem Musikdrama auszugestalten. Als erstes war im September 1893 die Springbrunnen-Szene (IV. Akt) entstanden. Debussy fand sie dann jedoch noch zu »wagnerisch« und arbeitete sie vier Wochen später nochmals um. Nach Einholung der Erlaubnis zur Vertonung beim Dichter in Gent waren zu Anfang des Jahres 1894 bereits der I. Akt sowie Teile des III. Aufzuges und im Frühjahr 1895 so ziemlich die ganze Oper in der Skizze fertig. Aber der Komponist nahm immer wieder Veränderungen und Umarbeitungen vor, bis er durch seinen Verleger Georges Hartmann den Dirigenten der Opéra-Comique André Messager kennenlernte, der sich alsbald für das Werk begeisterte und es seinem Direktor Albert Carré empfahl.

Debussy vollendete nun im Oktober 1899 die Komposition in der Skizze, aber erst im Frühjahr 1901 nahm Carré den ›Pelléas‹ endgültig zur Aufführung an. Als im Januar 1902 die Proben begannen, mußte Debussy eiligst die Instrumentierung vollenden, daneben hatte er auch noch auf Verlangen der Bühnentechniker einige Verlängerungen bei den Zwischenspielen nachzukomponieren. Verdrießlichkeiten mancher Art erschwerten den Gang der Einstudierung: Der ungewohnte Stil bereitete Sängern und Orchester Schwierigkeiten; der Dichter Maeterlinck suchte mit allen Mitteln und Intrigen die Besetzung der Mélisande mit seiner für diese Partie völlig unzulänglichen Freundin durchzusetzen, was aber schließlich unterblieb. Am 30. April 1902 ging ›Pelléas et Mélisande‹ dann endlich unter Leitung von Messager an der Opéra-Comique zum ersten Mal in Szene. Publikum wie Kritik standen dem neuartigen Werk, das nicht einmal das gewohnte Ballett servierte, größtenteils verständnislos gegenüber. Trotzdem gab es auch einige positive Stimmen. Angefacht durch den Streit der Meinungen, wurde dem ›Pelléas‹ immer mehr Interesse entgegengebracht, so daß sich der Erfolg wie auch der Besuch von Aufführung zu Aufführung steigerte. Es dauerte aber noch einige Jahre, bis sich das Werk mit dem wachsenden Ruhm seines Schöpfers auch die großen Bühnen des Auslandes eroberte (Brüssel 1906, Frankfurt 1907, München und New York 1908, London 1909).

Delius, Frederick

* 29. Januar 1862 in Bradford (England), † 10. Juni 1934 in Grez-sur-Loing (Frankreich)

Irmelin (1890/92, Urauff. 1953 Oxford), T: nach Hans Christian Andersen vom Komponisten; Neuausg. v. Thomas Beecham, V: Boosey

Koanga (1904 Elberfeld), T: Charles Francis Keary; Neuausg. v. Th. Beecham (1935 London), V: Boosey

A village Romeo and Juliet (Romeo und Julia auf dem Dorfe; 1907 Berlin), T: nach Gottfried Keller vom Komponisten, V: U. E., Boosey

Fennimore und Gerda (1919 Frankfurt/M.), T: nach Jens Peter Jacobsen vom Komponisten, V: U. E., Boosey

Hassan or The golden journey to Samarkand (1923 Darmstadt), T: James Elroy Flecker, V: U. E.

Romeo und Julia auf dem Dorfe

Musikdrama in sechs Szenen nach der gleichnamigen Novelle von Gottfried Keller, Text vom Komponisten.

SOLISTEN: *Manz,* ein reicher Bauer (Hoher Bariton, auch Kavalierbariton, m. P.) – *Marti,* ein reicher Bauer, sein Nachbar (Heldenbariton, auch Baßbariton, m. P.) – *Sali,* Manzens Sohn (Lyrischer Tenor, gr. P.) – *Vrenchen,* Martis Tochter (Lyrischer Sopran, auch Jugendlich-dramatischer Sopran, gr. P.) – *Der schwarze Geiger* (Charakterbariton, m. P.) – *1. Bauer* (Bariton, auch Tenor, kl. P.) – *2. Bauer* (Bariton, auch Baß, kl. P.) – *1. Bäuerin* (Sopran, kl. P.) – *2. Bäuerin* (Sopran, auch Mezzosopran, kl. P.) – *3. Bäuerin* (Mezzosopran, auch Alt, kl. P.) – *Pfefferkuchenfrau* (Sopran, kl. P.) – *Glücksradfrau* (Sopran, auch Mezzosopran, kl. P.) – *Schmuckwarenfrau* (Alt, auch Mezzosopran, kl. P.) – *Possenreißer* (Tenor, kl. P.) – *Karussellmann* (Bariton, auch Tenor, kl. P.) – *Schießbudenmann* (Baß, auch Bariton, kl. P.) – *Das schlanke Mädchen,* Vagabundin (Sopran, kl. P.) – *Das wilde Mädchen,* Vagabundin (Alt, auch Mezzosopran, kl. P.) – *Der arme Hornist,* Vagabund (Tenor, kl. P.) – *Der bucklige Baßgeiger* (Baß, auch Bariton, kl. P.) – *Der 1. Schiffer* (Bariton, auch Tenor, kl. P.) – *Der 2. Schiffer* (Bariton, kl. P.) – *Der 3. Schiffer* (Tenor, auch Bariton, kl. P.).
CHOR: Bauern. Vagabunden. Schiffer (gemischter Chor, m. Chp.).
ORT: Seldwyla in der Schweiz.
SCHAUPLÄTZE: Ein Brachland – Martis Haus – Die Kirche in Seldwyla – Eine Dorfkirmes – Das Gasthaus »Zum Paradiesgarten«.
ZEIT: Mitte des 19. Jahrhunderts. Zwischen dem 1. und 2. Bild liegen sechs Jahre.
ORCHESTER: 3 Fl. (III. auch Picc.), 3 Ob., Eh., 3 Kl., Bkl., 3 Fag., Kfag. – 6 Hr., 3 Trp., 3 Pos., Tuba – P., Schl., 2 Hrf. – Str. – Bühnenmusik: Soloviol., 6 Hr., 2 Kornette, 2 Altpos., Tr., Stahlplatten, Kirchengl., Org.
GLIEDERUNG: In sechs Szenen gegliederte durchkomponierte Großform.
SPIELDAUER: etwa 2½ Stunden.
HANDLUNG: Zwei Felder werden durch ein Stück verwildertes Brachland getrennt. Auf beiden Feldern pflügen die reichen Bauern Manz und Marti; beide haben schon längst ein Auge auf das herrenlose Land geworfen. Ihre Kinder Sali und Vrenchen kommen mit dem Vesperbrot für die Väter. Sie spielen gerne auf dem verwilderten, verzaubert wirkenden Land. Da taucht auf einmal der schwarze Geiger auf; ein Vagabund, dem das Brachland gehört, doch der – da er ein Fahrender und zudem ein Bastard ist – sein Recht nirgendwo durchsetzen kann. Er erlaubt den Kindern, im Brachland zu spielen, warnt aber davor, wenn das Land urbar gemacht würde – davon könne nur Unglück kommen. Die beiden Bauern wissen, daß das herrenlose Brachland demnächst öffentlich versteigert wird und daß sie beide nur als Käufer in Frage kommen. Über der Frage, ob der eine oder andere von ihnen beim Pflügen nicht schon vorab ein Stück Land »abgeknapst« hat, geraten sie in bösen Streit. Sie laufen auseinander, jeder in seine Rich-

tung, und verbieten den Kindern den Umgang miteinander. – Es ist sechs Jahre später: die beiden reichen Bauern haben sich wegen des Brachlandes in einen jahrelangen Prozeß eingelassen, der sie beide ins Elend gestürzt hat. Vrenchen und Sali sind herangewachsen und haben sich lange nicht gesehen. Dann aber hält es Sali nicht mehr aus, und er geht zu Vrenchen. Beide entdecken, daß sie sich lieben, aber aus Angst vor Entdeckung verabreden sie sich für den Abend an altbekannter Stelle auf dem Brachland. Dort treffen sie erneut auf den schwarzen Geiger, der sie auffordert, mit ihm in die schöne, weite Ferne zu ziehen; im Dorfe hätten sie nichts mehr zu erhoffen. Doch Sali und Vrenchen haben nur Sinn füreinander. Sie umarmen und küssen sich, als Marti auftaucht, der seine Tochter gesucht hat, und schimpfend und fluchend seine Tochter wegreißen will. Sali gerät in Zorn und schlägt den Bauern nieder. – Vrenchen hat ihren Vater, der durch die Kopfverletzung blödsinnig geworden ist, ins Krankenhaus nach Seldwyla gebracht und sitzt nun allein im verödeten Haus, das sie hat verkaufen müssen und das sie am kommenden Morgen verlassen muß. Da tritt Sali ein; er bereut seine Tat. Vrenchen tröstet ihn; beide wollen einander nicht mehr verlassen. In zarter Umarmung schlafen sie ein und träumen beide denselben Traum: sie sehen sich als glückliches Brautpaar in der Kirche von Seldwyla, beglückwünscht von den Menschen. Als sie in der Morgendämmerung erwachen, nehmen sie den Traum als gutes Vorzeichen. Sie wollen den Tag fröhlich und unbeschwert verbringen und gehen zur Dorfkirmes ins Nachbardorf Berghald. Dort stehen viele Buden, und fliegende Händler preisen ihre Waren an. Sali und Vrenchen sind ganz fasziniert von all den Dingen, aber zu arm, um etwas kaufen zu können. Ein paar Bauern aus Seldwyla erkennen sie und machen spöttische Bemerkungen. Hier fühlen sich Sali und Vrenchen nicht wohl; Sali aber weiß ein einsames Gasthaus »Zum Paradiesgarten«, wo sie niemand kennt und wo sie unbeschwert tanzen könnten. Sie machen sich auf den Weg in den »Paradiesgarten«. Dort erwartet sie zum dritten Mal der schwarze Geiger mit seinen Kumpanen, dem schlanken und dem wilden Mädchen, dem armen Hornisten und dem buckligen Baßgeiger. Wieder fordert er sie auf, mit ihnen zu ziehen und ein freies, hemmungsloses Leben zu genießen. Sali und Vrenchen aber fühlen sich in der Umgebung der Vagabunden nicht wohl; und sie beherzigen den Rat des wilden Mädchens, sie seien für ein solches Leben nicht geschaffen. Sie müssen erkennen, daß sie durch ihr Schicksal zueinander gehören, aber ohne Geld, heimatlos und rechtlos, keine Möglichkeit haben, ein gemeinsames Leben in Ehre und Anstand zu führen. Nur im Tode kann sie keine äußere Macht und kein Leid mehr trennen. Sie besteigen ein hochbepacktes Heuboot; Sali bindet es vom Ufer los und zieht den Pfropfen aus dem Schiffsboden. Eng umschlungen treiben sie auf dem sinkenden Boot auf den Fluß hinaus.

STILISTISCHE STELLUNG: ›Romeo und Julia auf dem Dorfe‹ ist Frederick Delius' wichtigste Oper; dem Komponisten, dessen feinsinnige, höchst subtil instrumentierte Musik stilistisch zwischen Edvard Grieg, Richard Strauss und Claude Debussy anzusiedeln ist, gelang hier eine bruchlose Einheit von Text und Musik, und seine in erster Linie atmosphärische Stimmungen beschwörende Musik hat hier das rechte Sujet gewonnen. Die stärksten Eindrücke des Werkes gewinnt der Hörer aus einer breit angelegten, wohlklingenden Gesangslinie, die von einer farbig-ruhigen Harmonik getragen ist, und von einer höchst differenzierten Orchestersprache, die aber stets lyrisch-dezent bleibt.
TEXTDICHTUNG: Gottfried Kellers den Handlungsfaden aus Shakespeares Veroneser Tragödie aufgreifende Novelle, die 1856 zum ersten Mal in den ›Geschichten aus Seldwyla‹ erschien, gehört in ihrer namenlosen Sehnsucht und todgeweihten Seligkeit zu den eindringlichsten, dabei aber stets die die ausweglose Verstrickung hervorbringenden gesellschaftlichen Voraussetzungen mitdenkenden Beispielen deutscher Prosa des 19. Jahrhunderts. Delius ist es gelungen, den Text einfühlsam zum Libretto umzuformen, ohne seine bei Keller angelegten melodramatischen Elemente allzu sehr zu betonen, sondern gerade, in dem er den lyrisch-epischen Fluß der Handlung bestehen läßt und die eher innere als äußere Handlung vielfach im Orchester fortführt.
GESCHICHTLICHES: Frederick Delius schrieb seine wichtigste Oper in den Jahren 1900 und 1901 auf eine deutsche Libretto-Fassung seiner Frau Jelka Rosen; die Uraufführung fand am 21. Februar 1907 an der Komischen Oper in Berlin statt. Nach England kam das Werk am 22. Februar 1910 in einer Aufführung, die Thomas Beecham, einer der nachdrücklichsten Delius-Förderer, an Covent Garden leitete. Danach blieb es lange still um das Werk; erst im Rahmen einer Renaissance der spätromantischen Musik eines Zemlinsky, Schreker und Pfitzner ist man in den letzten Jahren auch wieder auf Delius gestoßen; Aufführungen in Zürich und Darmstadt haben die hohen poetischen, dramatischen und musikalischen Qualitäten des Werkes deutlich gemacht.

W. K.

PAUL DESSAU

* 19. Dezember 1894 in Hamburg, † 28. Juni 1979 in Zeuten bei Berlin
Die Verurteilung des Lukullus (1951 Berlin), T: Bertolt Brecht, V: Schott
Puntila (1966 Berlin), T: nach B. Brecht vom Komponisten, V: B&B
Lanzelot (1969 Berlin), T: nach Jewgenij Schwarz v. Heiner Müller, V: Henschel (B&B)

Einstein (1973 Berlin), T: Karl Mickel, V: Henschel (B&B)
Leonce und Lena (1979 Berlin), T: Thomas Körner nach Georg Büchner, V: Henschel (B&B)

Die Verurteilung des Lukullus

Oper in 12 Szenen. Text von Bertolt Brecht.

SOLISTEN: *Lukullus,* römischer Feldherr (Jugendlicher Heldentenor, gr. P.) – Friesgestalten: *Der König* (Seriöser Baß, m. P.) – *Die Königin* (Koloratursopran, m. P.) – *Zwei Kinder* (Kinderstimmen, kl. P.) – *Zwei Schatten* (Bässe, kl. P.) – *Zwei Legionäre* (Bässe, kl. P.; können auch von den Zwei Schatten gesungen werden) – *Lasus,* Koch des Lukullus (Tenor, kl. P.) – *Kirschbaumträger* (Tenor, kl. P.) – Totenschöffen: *Das Fischweib* (Alt, m. P.) – *Die Kurtisane* (Mezzosopran, m. P.) – *Der Lehrer* (Lyrischer Tenor, m. P.) – *Der Bäcker* (Tenor, m. P.) – *Der Bauer* (Baß, m. P.) – *Tertullia,* eine alte Frau (Mezzosopran, auch Alt, kl. P.). – *Drei Frauenstimmen/Drei Ausruferinnen* (Soprane, kl. P.) – *Der Totenrichter* (Baß, auch Baßbariton, gr. P.) – *Fünf Offiziere* (Tenor, 2 Baritone, 2 Bässe, kl. P.) – *Lehrer der Kinder* (Tenor, kl. P.) – *Sprecher des Totengerichts* (Sprecher, m. P.) – *Drei Ausrufer* (Sprecher, kl. P.) – *Zwei junge Mädchen* (Sprecherinnen, kl. P.) – *Zwei Kaufleute* (Sprecher, kl. P.) – *Zwei Frauen* (Sprecherinnen, kl. P.) – *Zwei Plebejer* (Sprecher, kl. P.) – *Ein Kutscher* (Sprecher, kl. P.).

CHOR: Chor der Menge. Soldaten. Sklaven. Schatten. Kinder (m. Chp.).

ORT: Das antike Rom.

SCHAUPLÄTZE: Der Totenzug des Lukullus – Das Grabmal des Lukullus – Das Totengericht.

ZEIT: Antike.

ORCHESTER: 3 Fl. (auch Picc., auch Altfl.), 3 Trp., 3 Pos., Tuba, 4 Vcl., 2 Kb., 2 Klav., 1 Konzertfl., 1 Hrf., 1 Akkordeon, 1 Trautonium (elektrische Org.), Schl.

GLIEDERUNG: Durchkomponierte Großform.

SPIELDAUER: etwa 1¾ Stunden.

HANDLUNG: Der römische Feldherr Lukullus ist gestorben. Im Trauerzug wird auch ein riesiger Grabfries mitgeführt, der die Taten des Feldherrn verherrlicht. Das Volk, das den Trauerzug begafft, verhält sich eher verwundert oder kritisch zu den Feierlichkeiten. Als der Zug vorüber ist, geht alles wieder seiner Arbeit nach. – Auch der Trauerzug löst sich schnell auf, als die Feierlichkeiten beendet sind – der Alltag kehrt wieder ein. Nur noch für die Schulklassen, die zum Grabmal geführt werden, ist Lukullus historisches Wissen, abfragbar und überprüfbar. – In einem Vorraum des Totengerichts, wo die frisch verstorbenen Schatten auf ihre Verhandlung warten, steht auch Lukullus. Er beschwert sich, daß man ihn hier warten läßt. Tertullia, eine alte Frau, die vor ihm an der Reihe ist, versucht, ihn zu beruhigen. Tertullia wird vor das Totengericht gerufen, doch ihre Verhandlung ist schnell vorüber – dann ruft man Lukullus herein. Die Verhandlung wird – unter dem Vorsitz des Totenrichters – von fünf Schöffen geführt; die Schöffen waren einst Fischweib, Kurtisane, versklavter Lehrer, Bäcker und Bauer. Lukullus wird aufgefordert, einen Fürsprecher zu benennen, doch der von Lukullus geforderte Alexander der Große ist im Totenreich unbekannt. So beantragt der Feldherr, man möge seinen Grabfries holen – die dort abgebildeten Taten sollen für ihn sprechen. – Der Grabfries wird von Sklaven herbeigeschafft. Das Gericht beschließt aber, nicht die Abbildungen, sondern die Abgebildeten sollen aussagen. Die Friesgestalten: ein König und seine Königin, zwei Legionäre, zwei Kinder, ein Koch und ein Kirschbaumträger, werden als Zeugen gerufen. Der König – einer von sieben, die Lukullus überfiel – berichtet von dem Überfall. Die Königin schildert ihre Vergewaltigung durch römische Soldaten. Lukullus hält sich für schuldlos: der König selbst sei auch nicht gerade ein gerechter Herrscher gewesen, und er sei ja nur auf Befehl Roms in den Krieg gezogen. Der Lehrer-Schöffe weist dies zurück: nicht das römische Volk, sondern die Reichen hätten ihn geschickt. Die Kinder berichten von der Vernichtung von 53 Städten. Zu Lukullus' Gunsten kann nur vermerkt werden, daß er Gold nach Rom gebracht habe. Da der Feldherr müde scheint, ordnet das Gericht eine Pause an. – Lukullus hört das Gespräch von zwei neu eingetroffenen Schatten an und sehnt sich zurück nach Rom. Das Verhör wird fortgesetzt: das Fischweib fragt nach dem Verbleib des Goldes. Lukullus antwortet, er sei nicht für Roms Fischweiber in den Krieg gezogen, – aber mit unseren Söhnen, antwortet das Fischweib. Die beiden gefallenen Legionäre werden befragt. Lukullus lehnt es ab, mit denen über den Krieg zu sprechen, die nichts davon verstünden, doch das Gericht entscheidet, daß das Fischweib den Krieg sehr wohl verstehe, denn ihr Sohn sei gefallen. – Seine Triumphe und Taten, so faßt das Gericht zusammen, könnten nicht für ihn sprechen – so soll er von seinen Schwächen berichten; vielleicht lasse sich da ein menschlicher Zug finden. Lukullus benennt seinen Koch Lasus, und dieser nennt ihn menschlich, weil er ihn nach Herzenslust habe kochen lassen, und der Kirschbaumträger zeigt den Kirschbaum, den der Feldherr aus Asien nach Europa gebracht habe. Der Bauer und der Bäcker zeigen Verständnis für diese Eigenschaften, und der Bauer nennt den Kirschbaum die beste Eroberung, die Lukullus gemacht habe. Aber 80000 Legionäre wurden für die »Eroberung« des Kirschbaums geopfert. Die Gefallenen der asiatischen Kriege treten auf, und mit ihnen spricht das Gericht das Urteil: »Ins Nichts mit ihm und mit allen wie er.«

STILISTISCHE STELLUNG: Dessau/Brechts ›Die Verurteilung des Lukullus‹ ist zu sehen in der Tradition der musikalischen Bühnenwerke auf Brecht-Texte aus den dreißiger Jahren, einschließlich der Lehrstücke. In einer Gegenüberstellung konventioneller und »epischer« Oper bezeichnet Brecht den erzählenden, distanzierten Charakter der epischen Oper als deren Grundgestus, bei dem es darauf ankomme, zu verstehen, nicht aber, ergriffen zu sein. Dessau hat versucht, diese Prämisse auch musikalisch umzusetzen, indem er viele Stilmittel des »Darstellungstheaters« (Sprecher, kommentierende Stimmen, distanziert klingendes Orchester) verwendete; gleichwohl sind gerade die musikalischen Höhepunkte des unaufwendigen Werkes (die Erzählung der Königin, der Bericht des Fischweibs über den Tod des Sohnes) so voll musikalischer Dramatik und so anrührend, daß gleichwohl das Gefühl des Besuchers angesprochen wird und sich die Musik über das theoretische Postulat hinwegsetzt.

TEXTDICHTUNG: Vorlage für die Oper war ein Hörspiel ›Das Verhör des Lukullus‹, das Brecht 1939 in Dänemark geschrieben hatte. In diesem Hörspiel blieb das Urteil offen: es lag beim Zuhörer, den Feldherrn zu verurteilen oder freizusprechen. Bereits 1943 in Kalifornien gab es erste Besprechungen mit Dessau hinsichtlich der Komposition, aber erst 1949, als beide nach Berlin zurückgekehrt waren, kam der Plan zur Ausführung. In verschiedene Szenen wurde von offizieller Seite eingegriffen, so, als es um Heldenverehrung ging oder um die Verteidigung von Abwehrkriegen – hier behielt ideologische Festlegung auf die Parteilinie die Oberhand vor der ursprünglichen, radikaleren Konzeption. Gleichwohl ist der ›Lukullus‹ eine höchst eindringliche Friedensoper geblieben, in der deutlich gemacht wird, was vermeintliche militärische »Großtaten« in Wirklichkeit sind – Kriegsverbrechen, Verbrechen wider den Frieden und die Menschlichkeit. Dramaturgisch greift Brecht dabei auf ein altes Theatermittel zurück: das Totenreich und das Totengericht, das über Verdammung oder Aufnahme in das »Gefilde der Seligen« entscheidet, ist ein »umgekehrter Spiegel der Realität« – was »oben« als bewundernswert gilt in der öffentlichen Meinung und im Bild der Geschichte, gilt »unten« als verbrecherisch.

GESCHICHTLICHES: Brecht/Dessaus Oper wurde – noch unter dem Titel ›Das Verhör des Lukullus‹ – am 17. März 1951 im Ost-Berliner Admiralspalast unter der Leitung von Hermann Scherchen uraufgeführt – allerdings vor einem engeren Kreis. Die Autoren reagierten auf den Widerspruch von offizieller Seite mit den erwähnten Änderungen, und so konnte das Werk am 12. Oktober 1951 seine »öffentliche« Uraufführung – jetzt unter dem Titel ›Die Verurteilung des Lukullus‹ – erleben. Eine vor allem die Sprechtexte vereinfachende Neufassung nahm Paul Dessau 1957 anläßlich einer Neuinszenierung in Leipzig vor, und für die Berliner Neuinszenierung von Ruth Berghaus 1960 änderte er nochmals Details in der Partie des Lukullus (Wegfall der Kochbuch-Arie) und im Schlußchor. In der Zwischenzeit ist das Werk an weit mehr als dreißig Bühnen in der DDR und in der Bundesrepublik, aber auch im Ausland, aufgeführt worden. Von nachhaltiger Wirkung war eine Inszenierung des Werkes von Giorgio Strehler 1973 in Mailand. Heute gehört der ›Lukullus‹ zu den meistgespielten Bühnenwerken der zweiten Hälfte unseres Jahrhunderts.

W. K.

Karl Ditters von Dittersdorf

* 2. November 1739 in Wien, † 24. Oktober 1799 in Neuhof, Bezirk Pilgram (Böhmen)

Betrug durch Aberglauben (1786 Wien), T: Ferdinand Eberl, kO., V: Peters
Doktor und Apotheker (1786 Wien), T: Stephanie d. J., kO.; Neubearb. v. Rudolf Hirschfeld; v. Heinrich Burkard, V: U. E.; v. E. Fischer u. F. Gessner, V: B&B
Die Liebe im Narrenhaus (1787 Wien), T: Stephanie d. J., kO.
Hieronymus Knicker (1789 Wien), T: Stephanie d. J., kO., V: U. E.
Die lustigen Weiber von Windsor (1796 Oels), T: Carl Alexander Herklots, kO.
Der Mädchen-Markt (1797 Oels), T: C. A. Herklots, kO.

Doktor und Apotheker

Komische Oper in zwei Akten. Dichtung von Stephanie dem Jüngeren.

Solisten: *Apotheker Stößel* (Spielbaß, gr. P.) – *Claudia,* dessen Frau (Spielalt, gr. P.) – *Leonore,* beider Tochter (Lyrischer Koloratursopran, gr. P.) – *Rosalie,* Stößels Nichte (Soubrette, gr. P.) – *Doktor Krautmann* (Charakterbariton, auch Charakterbaß, m. P.) – *Gotthold,* dessen Sohn (Lyrischer Tenor, gr. P.) – *Sturmwald,* invalider Hauptmann (Charaktertenor, gr. P.) – *Chirurgus Sichel* (Spieltenor, gr. P.) – *Ein Polizeikommissär* (Charakterbaß, kl. P.) – *Gallus,* Diener eines Patienten (Tenor, kl. P.) – *Marx,* Apothekerlehrling (Stumme Rolle).
Ort: Eine Kleinstadt.
Schauplätze: Freier Platz, rechts Apotheke mit einer Laube davor, über der Laube ein transparentes Fenster, rechts vorn ein Fenster zu ebener Erde mit Fensterladen, rechts hinten Eingang in die Apotheke –

Zimmer mit je einer Tür in der Mitte, rechts und links – Straße – Zimmer wie vorher – Straße – Garten.

ZEIT: 1786.

ORCHESTER: 2 Fl., 2 Ob., 2 Fag., 2 Hr., 2 Trp., Str.

GLIEDERUNG: Ouvertüre und 24 Musiknummern, die durch einen gesprochenen Dialog miteinander verbunden werden.

SPIELDAUER: etwa 2 Stunden.

HANDLUNG: Der Apotheker Stößel hat Ehrgeiz; er strebt nach dem Doktorhut. Daher betrachtet er den Doktor des Ortes, Krautmann, als unbequemen Konkurrenten, ja sogar als seinen Todfeind, da dieser seiner Leidenschaft für Quacksalberei kein Verständnis entgegenbringt. Des Apothekers Tochter Leonore und des Doktors Sohn Gotthold lieben sich nun ausgerechnet. Aber der dickköpfige Stößel kann niemals seinen Segen zu diesem Bund geben, obwohl er seiner Tochter sehr viel lieber einen Mann ihrer Wahl gönnte als den zwar reichen, aber stelzfüßigen und einäugigen Hauptmann Sturmwald, den seine Frau Claudia sich durchaus als Schwiegersohn wünscht. Um den Auseinandersetzungen wegen der Heiratsfrage ein Ende zu machen, beschließen die Eltern kurzerhand mit dem Hauptmann für morgen die Hochzeit. Spät abends sucht Gotthold vor dem Apothekerhaus eine Gelegenheit, seine Leonore zu sprechen. Der Chirurgus Sichel, ein findiger Kopf, der Rosalie, die Nichte des Apothekers, liebt, kommt ihm zu Hilfe. Mit List lockt Sichel zunächst den Alten aus dem Haus, indem er sich als Kammerdiener eines schwerkranken fremden Grafen ausgibt und ihn bittet, sofort dem Patienten mit seiner Kunst beizustehen. Hochgeehrt eilt Stößel weg, während die beiden Liebhaber sich durch das Ladenfenster zu ihren Mädchen schleichen. Nach anfänglichem Zögern ist Leonore bereit zu fliehen, aber inzwischen ist Stößel wieder nach Hause gekommen, und alle Türen sind jetzt verschlossen. Von dem Lärm geweckt, ruft aus dem Nebenzimmer Mutter Claudia; schnell verstecken die Mädchen ihre Liebhaber im Laboratorium, dem Heiligtum des Quacksalbers, dessen Tür sonst immer verschlossen, heute aber zufällig nicht abgesperrt ist. Claudia erscheint im Zimmer und entdeckt in der Tasche ihrer Tochter den Heiratskontrakt, den ihr vorher Gotthold übergeben hat. Die gerissene Rosalie sucht mit einer rasch erfundenen Geschichte Leonore aus der Verlegenheit zu helfen. Aber da kommt Stößel mit dem Hauptmann Sturmwald, der auf dem Heimweg vom Wirtshaus, wo er mit einer tüchtigen Portion Alkohol von seiner Junggesellenzeit Abschied gefeiert hatte, die beiden Liebhaber durch das Ladenfenster einsteigen sah und daraufhin sogleich den Apotheker verständigte. Claudia vermutet die Eindringlinge noch im Haus; die Männer schicken sich an, sie zu suchen, zunächst in Claudias Zimmer, wohin ihnen aber diese den Zutritt verwehrt, dann im Laboratorium, das zu betreten wiederum Stößel niemand gestattet. Man geht also unverrichteter Dinge ins Bett; zum Entsetzen der Mädchen erklärt Sturmwald sich bereit, als Wache hier im Zimmer zurückzubleiben. Doch kaum haben sich alle entfernt, fällt der Betrunkene auf dem Stuhl in tiefen Schlaf. Leise schleichen die Liebhaber aus dem Laboratorium; Sichel nimmt dem Hauptmann das hölzerne Bein sowie Rock, Weste und Degen ab, dann tragen ihn die beiden ins Laboratorium, verschließen die Tür von außen, nehmen den am Türpfosten hängenden Hausschlüssel zu sich und machen sich mit Sturmwalds Sachen eiligst aus dem Staub. Am nächsten Tag erscheinen Gotthold und Sichel schon in aller Frühe im Apothekerhaus, und zwar in der Verkleidung als Notar, beziehungsweise Hauptmann Sturmwald. Der »Notar« hat in seiner Mappe einen echten und einen falschen Ehevertrag. »Hauptmann Sturmwald« übergibt Stößel den echten Kontrakt, und als dieser damit zu den Frauen weggegangen ist, weiht er schnell Rosalie in das Komplott ein. Der Apotheker kommt mit Claudia und Leonore zurück und übergibt dem »Notar« den Ehekontrakt, worauf dieser schnell den echten mit dem falschen Exemplar vertauscht und die Anwesenden zur Unterschrift auffordert. Aber Leonore weigert sich zu unterschreiben. Auf Vorschlag des Pseudobräutigams spricht der »Notar« einen Augenblick mit dem Mädchen allein, angeblich um es durch seine Überredungskunst zur Vernunft zu bringen. Bei dieser Gelegenheit gibt sich Gotthold heimlich Leonore zu erkennen, worauf diese zur Freude der Eltern sogleich unterschreibt. Der »Schwiegersohn« fordert nun die Mädchen auf, das Frühstück mit ihm und dem »Notar« zusammen in seinem Garten einzunehmen. Aber Claudia will auch mitkommen; sie bittet, noch etwas zu bleiben, bis sie sich in Staat geworfen hat. Gotthold geht auf Drängen Sichels mit den beiden Mädchen voraus. Inzwischen ist der wirkliche Sturmwald im Laboratorium aus tiefem Schlummer erwacht. Er pocht energisch an die verschlossene Türe. Stößel vermutet, es seien die Einbrecher von heute Nacht. Während er zur Polizei eilt, entledigt sich Sichel schnell der Sachen des Hauptmanns und entkommt in Weiberkleidung, die er sich in Rosaliens Zimmer verschafft hat. In dem verabredeten Garten treffen nun alle zusammen: die beiden Mädchen mit ihren Liebhabern, Stößel mit dem Polizeikommissär, der inzwischen aus seiner mißlichen Lage befreite Sturmwald und schließlich Claudia, die, weil sie von dem Hauptmann und von ihrem Mann nicht genügend ästimiert worden war, nunmehr aus Rache den jungen Krautmann protegiert. Aber auch der Vater Dr. Krautmann erscheint dort, der erfahren hat, daß sein Patient an der nächtlichen Pfuschkur des Apothekers gestorben ist. Jetzt versöhnen sich Doktor und Apotheker, da einer den andern in die gleiche unerquickliche Lage bringen könnte; Krautmann verzichtet auf eine Anzeige gegen Stößel wegen Pfuscherei, und dieser auf die Verhaftung Gottholds wegen Entführung. Nun steht der Heirat der Kinder nichts mehr im Wege, und auch der Feldscher Sichel, der als fleißiger Studiosus es noch zu etwas bringen kann, erhält Rosaliens Hand. Hauptmann Sturmwald trägt die Wendung mit Humor, nachdem er erkannt hat, daß es ein Narrenstreich von ihm gewesen sei, ein junges Mädchen ohne Liebe zur Ehe zwingen zu wollen.

STILISTISCHE STELLUNG: ›Doktor und Apotheker‹ zeichnet sich durch Einheitlichkeit von Text und Musik aus. Die Vorzüge des Librettos liegen vornehmlich in dem gemütvollen, manchmal auch etwas derben Humor sowie in der lebensnahen Charakterzeichnung im Rahmen einer kleinbürgerlichen Welt. Diesem Milieu paßt sich Dittersdorfs Musik vortrefflich an. Der Komponist steht in seinem ›Doktor und Apotheker‹ ganz auf dem Boden der Wiener Klassik. Die Errungenschaften der Haydnschen Instrumentalmusik hat er sich zunutze gemacht. Die Melodik entbehrt wohl des Adels der Mozartschen Kantilene, offenbart aber dafür in ihrer natürlichen Frische und in ihrer sonnigen Heiterkeit und Grazie einen Zug ins Volkstümliche, wie er der Ausdruckswelt des Werkes sehr wohl ansteht. Der schlichte, durchsichtige Satz sowie der subtil behandelte Orchesterpart vermitteln eine Unzahl trefflich charakterisierter Details und vor allem komischer Wirkungen. Dem Stil des Singspiels entsprechend herrschen einfache Liedformen vor. Ein stark ausgeprägtes Gefühl für Symmetrie ist durchwegs – am auffallendsten vielleicht bei den Ensembles – zu beobachten. An Dittersdorfs ›Doktor und Apotheker‹ knüpft unmittelbar Lortzing mit seinen heiteren bürgerlichen Spielopern an.

TEXTDICHTUNG: Der Schauspieler und Inspizient der deutschen Oper in Wien (»Nationalsingspiel«) Stephanie der Jüngere (eigentlich Gottlieb Stephan, 1741–1800) verfaßte das Libretto nach dem französischen Stück ›L'apothicaire de Murcie‹ von einem anonymen Autor (Graf von N . . .). Merkwürdigerweise gibt der Komponist selbst den Titel seines Werkes verschieden an; in dem von ihm herausgegebenen Klavierauszug (1787): ›Der Apotheker und Doktor, eine deutsche komische Opera‹; in seiner Autobiographie: ›Doktor und Apotheker‹.

GESCHICHTLICHES: Nachdem Dittersdorf im April 1786 mit der Aufführung seines Oratoriums ›Hiob‹ zugunsten der »Tonkünstlersocietät« in Wien großen Erfolg hatte und auch mit Kaiser Joseph II. persönlich bekannt geworden war, erhielt er, wie er in seiner Lebensbeschreibung mitteilt, von der Direktion des k. k. National- und Hoftheaters durch Stephanie d. J. den Auftrag übermittelt, eine deutsche Oper für das »Nationalsingspiel« zu schreiben. Stephanie verfaßte anschließend sofort das Libretto, und am 11. Juli 1786 ging bereits ›Doktor und Apotheker‹ an der Wiener Hofoper zum ersten Mal in Szene. Der Erfolg war enorm, so daß die Oper eine rasche Verbreitung erfuhr und überall, auch in Paris und London (hier allerdings in einer Bearbeitung von Stephen Storace), zahlreiche Aufführungen erlebte. In Wien wurde durch sie sogar Mozarts ›Figaro‹ für einige Zeit von der Bühne verdrängt. Das köstliche Werk, das Richard Wagner zu den besten deutschen komischen Opern zählte, verfehlt bei stilgerechter Aufführrung dank seinem überzeitlichen Charakter als Satire auf menschliche Schwächen auch heute nicht seine Wirkung.

Gaetano Donizetti

* 29. November 1797 und † 8. April 1848 in Bergamo

Il Borgomastro di Saardam (1827 Neapel), T: Domenico Gilardoni

Viva la Mamma oder: Le convenienze e le inconvenienze teatrali (1827 Neapel), T: Simeone Antonio Sografi, kO., V: U. E.

Il Giovedi grasso (1828 Neapel), T: D. Gilardoni, kO., V: Ricordi; Neubearb. v. Vito Frazzi

Anna Bolena (1830 Mailand), T: Felice Romani, V: Ricordi; Neubearb. v. Hans Hartleb u. Heinz Moehn, V: BV

L'elisir d'amore (Der Liebestrank; 1832 Mailand), T: F. Romani, kO., V: Ricordi; Neubearb. v. Felix Mottl (1906), V: A&S; v. Dietrich Wolf, Leo Nedomansky u. Walter Hessel, V: DVfM (BV)

Il Furioso all'isola di San Domingo (Der Verrückte auf San Domingo; 1833 Rom), T: Jacopo Ferretti, V: Ricordi

Parisina d'Este (1833 Florenz), T: F. Romani, V: Ricordi; deutsche Textfassung W. Wöhler

Lucrezia Borgia (1833 Mailand), T: nach Victor Hugo v. F. Romani, V: Ricordi

Lucia di Lammermoor (1835 Neapel), T: nach Walter Scott v. Salvatore Cammarano, V: Ricordi; Neubearb. v. Max Ettinger, V: A&S

Il campanello (1836 Neapel), T: vom Komponisten, kO., V: Ricordi, deutscher Text v. Bernhard Paumgartner; Neubearb. v. Peter Ebert, V: Peters

Roberto Devereux (1837 Neapel), T: S. Cammarano, V: Ricordi; Neubearb. v. M. Parenti

La fille du régiment (Marie oder die Regimentstochter; 1840 Paris), T: Jules Henri Vernoy de Saint-Georges u. Jean François Alfred Bayard, kO., V: Ricordi; Neubearb. v. A. Baumann, V: U. E.; v. W. Frank u. Horst Platen, V: A&S; v. Kurt Honolka, V: Peters

Poliuto (Die Märtyrer; 1840 Paris), T: S. Cammarano, V: Ricordi

La Favorite (1840 Paris), T: nach François Thomas de Baculard D'Arnaud v. Eugène Scribe, Alphonse Royer u. Gustav Vaëz, V: Ricordi; Neubearb. v. Richard Wagner, V: Schlesinger

Linda di Chamounix (1842 Wien), T: Gaetano Rossi, V: Ricordi

Don Pasquale (1843 Paris), T: nach Angelo Anelli vom Komponisten, kO., V: Ricordi; Neubearb. v. Otto Julius Bierbaum u. Wilhelm Kleefeld (1902), V: Lienau (B&B); v. Alfred Jerger, V: Lienau (B&B)

Maria di Rohan (Der Graf von Chalais; 1843 Wien), T: S. Cammarano, V: Ricordi

Dom Sébastien, roi de Portugal (1843 Paris), T: E. Scribe, V: Ricordi

Rita ou Le mari battu (Zwei Männer und eine Frau; 1860 Paris), T: G. Vaëz, kO., E.; Neubearb. v. Umberto Cattini, deutsche Fassung v. Joachim Popelka, V: Ricordi; Neuausg. v. P. Ebert, V: Peters

Herzog von Alba (1882 Rom), T: E. Scribe u. Angelo Zanardini, V: Ricordi; Neubearb. v. Martin Eberhard Fischer u. C. Malberto, V: Ricordi

Viva la Mamma oder: Le convenienze e le inconvenienze teatrali

Oper in zwei Akten nach einer Komödie von Simeone Antonio Sografi.

SOLISTEN: *Corilla Sartinecchi,* die Primadonna (Lyrischer Koloratursopran, gr. P.) – *Stefano,* ihr Ehemann (Lyrischer Bariton, auch Kavalierbariton, gr. P.) – *Luigia Boschi,* die zweite Sängerin (Lyrischer Sopran, auch Soubrette, m. P.) – *Agata,* ihre Mutter (Schwerer Spielbaß, auch Heldenbariton, auch Charakterbariton, gr. P.) – *Dorotea Caccini,* die Mezzosopranistin (Mezzosopran, auch Alt, kl. P.) – *Guglielmo Antolstoinolonoff,* der erste Tenor (Lyrischer Tenor, m. P.) – *Vincenzo Biscroma,* der Komponist (Bariton, auch Baßbariton, m. P.) – *Orazio Prospero,* der Librettist (Baß, auch Baßbariton, m. P.) – *Der Impresario* (Bariton, m. P.).
CHOR: Männerchor (m. Chp.).
BALLETT
ORT: Das Theater in Rimini während der Proben zu der Oper ›Romulus und Ersilia‹.
SCHAUPLÄTZE: Eine Probenbühne – Die Bühne des Theaters in Rimini.
ZEIT: 1840.
ORCHESTER: 2 Fl., 2 Ob., 2 Kl., 2 Fag. – 2 Hr., 2 Trp., 3 Pos. – P., Schl. – Str.
GLIEDERUNG: Ouvertüre, durch Rezitative gegliederte Musiknummern.
SPIELDAUER: etwa 2 Stunden.
HANDLUNG: Im Theater von Rimini steckt man mitten in den Proben zu der neuen Oper ›Romulus und Ersilia‹, die zu Beginn der Stagione uraufgeführt werden soll. Komponist und Librettist sind anwesend, und man probt die Arie der Ersilia mit Herrenchor; es singt die Primadonna Corilla Sartinecchi, die sich von den Koloraturen und Trillern höchst angetan zeigt, kann sie doch damit ihre virtuose Technik vorführen. Dann soll sich die Arie des Tenors anschließen, doch der russische Tenor ist nicht recht bei Stimme und auch sprachlich etwas eigenwillig. Corilla hat noch Sonderwünsche an den Librettisten; so wünscht sie den Romulus in Ketten, doch der Librettist wehrt ab, denn Romulus ziehe als Triumphator ein – wo sollten da Ketten herkommen. Corilla aber findet Ketten sehr effektvoll, denn sie könne sich bei ihrem Rondo daran hängen. Der Impresario kommt mit dem Plakatentwurf. Plötzlich entsteht Tumult hinter der Bühne: Mamma Agata, die Mutter der zweiten Sängerin, tritt auf. Man hat versucht, ihr den Zutritt zur Probe zu verwehren, aber da kennt man die alte Dame schlecht. Agata knöpft sich sogleich den Komponisten vor: immer noch fehle das Rondo für Luigia; wenn Luigia kein Rondo

bekäme, würde die ganze Stadt revoltieren. Agata hat sogleich auch Vorschläge, wie dies Rondo auszusehen habe: zuerst viele Triller, dann ein Presto mit Synkopen und alles dezent vom Orchester begleitet. Der Komponist beruhigt sie; er werde es schon recht machen. Dann vertieft man sich wieder in den Plakatentwurf: Stefano, der Ehemann der Primadonna, wünscht, daß der Titel des Werkes geändert werde: es müsse heißen ›Ersilia und Romulus‹, doch Prospero überzeugt ihn, schon seit Adam und Eva werde der Männername immer zuerst genannt. Der Name des russischen Tenors ist verdruckt und wird korrigiert. Agata bittet den Russen um etwas Schnupftabak und bewundert seine Tabatiere; galant schenkt ihr der Russe das Schmuckstück; doch als sie bei seiner Uhr denselben Trick versucht, weigert er sich. Man streitet sich über die Applausordnung, die Mezzosopranistin verläßt empört das Theater. Agata macht einige bissige Bemerkungen über die etwas zweifelhafte Herkunft von Corilla, die noch vor kurzem auf der Piazza Arancini verkauft habe, und Stefano sieht sich genötigt, in einer großen Arie die Ehre und die Kunst seiner Frau zu verteidigen. Agata macht sich noch einmal an den Komponisten heran: er solle für Luigia auch noch ein Duett mit der Primadonna komponieren. Als Corilla dies hört, wird sie böse: mit Luigia, diesem Flittchen, werde sie nie ein Duett singen; es kommt zu einem wilden Schimpfduett. Der Impresario kommt verzweifelt wieder: die Mezzosopranistin ist abgereist. Stefano erbietet sich, deren Rolle zu übernehmen; aus der gefangenen Königin könne man ja einen gefangenen König machen. Doch auch Agata will einspringen: mit dem russischen Tenor wird das Duett probiert. Der Tenor jedoch ist empört: Agata schreie zu sehr und singe immer zu tief, zu solchem Dilettantismus lasse er sich nicht herab. Er zerreißt seine Partie und geht ebenfalls. Nun soll Stefano die Partie des Tenors übernehmen. Der Impresario bringt die Post: Luigia erhält einen Brief, Stefano eine Zeitung. Während Stefano die Ankündigung der Premiere vorliest, aber auch die Meldung, daß die Stadt noch über die Theatersubventionen berate, erfahren Luigia und ihre Mutter aus dem Briefe, dem Impresario sei nicht recht zu trauen; er habe nie Geld. Alle sind erschrocken, denn sie haben noch keinen Vorschuß bekommen; und als der Impresario zurückkommt, weigern sie sich, mit der Probe fortzufahren; erst wollen sie Geld sehen. Doch der Impresario droht ihnen, wenn sie vertragsbrüchig werden, noch zusätzlich mit einer Konventionalstrafe. Es herrscht große Verwirrung. – Mit viel Überredungskunst hat der Impresario die widerspenstigen Künstler dazu gebracht, weiterzuarbeiten; wer ein großer Künstler sein wolle, der dürfe erst zuletzt an die Gage denken. – Die Generalprobe beginnt; Corilla singt ihre Arie mit Chor. Agata bietet dem Impresario an, mit ihrem Schmuck, der Beute einer vielfältigen erotischen Vergangenheit, notfalls die Aufführung zu finanzieren; auf jeden Fall aber will sie die Rolle der Mezzosopranistin singen. Man probiert ihre Arie, das Orchester transponiert auf ihren Wunsch und spielt mit Dämpfer. Dann folgt die Arie Corillas und das Ballett, und schließlich der Triumphakt. Stefano kann seine Rolle noch nicht so recht und muß wiederholen; schließlich springt man zum Trauermarsch, bei dem Ersilia zum Opfertod geführt wird. Romulus soll Ersilia, obwohl er sie liebt, den Göttern opfern, doch ehe er zusticht, kommt Luigia als Götterbote und sorgt fürs glückliche Ende. Doch Corilla ist die Szene zu kurz: sie wünscht vom Komponisten eine Verlängerung: er soll eine rechte Tempesta, eine Sturmmusik schreiben; auch der Chor ist angetan, denn Sturmmusiken sind traditionell mit Chor. Ein Bote stört die Probe: der Impresario geht hinaus und kommt verzweifelt wieder: da die wichtigen Gesangsstars abgereist seien, könne man die in Rimini gewohnte Qualität nicht garantieren und verweigert jeden Zuschuß, ja, man macht die Aufführung davon abhängig, daß eine hohe Kaution hinterlegt wird. Alles ist empört, entrüstet, bestürzt. Da kommt Agatas große Stunde: sie stellt ihren Schmuck zur Verfügung; die Kaution kann gestellt werden, die Aufführung stattfinden. Alles feiert Mamma Agata.

Stilistische Stellung: Donizettis 25. Oper macht, wie ihr Untertitel ausweist, die »Sitten und Unsitten des Theaters« selbst zum Thema; die Bühnenkräche und Finanzierungsschwierigkeiten, die Eitelkeiten und Eifersüchteleien werden parodierend vorgeführt, und der Stoff bietet dem Buffa-Komponisten Donizetti genügend Raum für zugleich karikierende wie hochvirtuose Musik, für die glossierende Präsentation traditioneller Formen und Inhalte, für die zugleich belächelte und geliebte Sinnlosigkeit der Gattung. Und der Stoff erlaubt ihm zudem ein Stück Absurdität: die Oper endet, bevor die Oper beginnt.

Textdichtung: Donizetti verwendete als Textvorlage für seine Oper die höchst erfolgreiche gleichnamige Farce von Simeone Antonio Sografi aus dem Jahre 1794, in der schon die bis heute aktuellen Theaterfiguren angelegt sind: die eitle Primadonna, der dümmliche Tenor, der aufgeblasene Impresario, schließlich die theaterverrückte Mamma Agata, die endlich auch einmal – und koste es sie ein Vermögen – auf den »Brettern, die die Welt bedeuten«, stehen will.

Geschichtliches: Donizettis Oper ›Viva la Mamma‹ kam am 21. November 1827 am Teatro Nuovo in Neapel heraus; sie war ein großer Erfolg und wurde allein in der ersten Saison fünfzigmal gegeben; Berlioz sah sie noch 1831. Für die Mailänder Premiere am 20. April 1831 hat Donizetti das ursprünglich einaktige Werk umgearbeitet und erweitert; die heute übliche zweiaktige Fassung entspricht weitgehend der Mailänder Aufführung. In der zweiten Hälfte des 19. Jahrhunderts geriet das Werk in Vergessenheit; erst 1963 wurde es, nachdem man die Noten in der Musikbibliothek in Siena wiederentdeckt hatte, anläßlich der XX. Settimana Musicale Senese wiederaufgeführt und hatte großen Erfolg. Die deutsche Erstaufführung in der Fassung von Horst

Goerges und Karlheinz Gutheim kam 1969 an der Bayerischen Staatsoper in München heraus, und seitdem hat das heiter-unkomplizierte Werk seinen Siegeszug über alle Bühnen angetreten.

W. K.

Anna Bolena (Anne Boleyn)

Oper in zwei Akten. Dichtung von Felice Romani.

SOLISTEN: *Heinrich VIII.*, König von England (Seriöser Baß, gr. P.) – *Anne Boleyn,* seine Gattin (Dramatischer Koloratursopran, gr. P.) – *Jane (Johanna) Seymour,* Hofdame Annes (Dramatischer Mezzosopran, gr. P.) – *Lord Rochefort,* Bruder Annes (Kavalierbariton, gr. P.) – *Lord Richard Percy* (Jugendlicher Heldentenor, gr. P.) – *Smeton,* Page Annes (Lyrischer Tenor, m. P.) – *Sir Hervey,* Offizier (Charaktertenor, m. P.).
CHOR: Hofgesellschaft. Offiziere. Jäger. Soldaten (gr. Chp.).
ORT: I. Akt in Windsor, II. Akt in London.
SCHAUPLÄTZE: Empfangssaal der Königin im Schloß Windsor – Park beim Schloß Windsor – Salon der Königin im Schloß Windsor – Gemächer der Königin in London – Vorhalle zum Saal der Pairs in London – Vorhalle im Tower zu London.
ZEIT: 1536.
ORCHESTER: 2 Fl. (II. auch Picc.), 2 Ob. (II. auch Eh.), 2 Kl., 2 Fag., 4 Hr., 2 Trp., 3 Pos., P., Schl., Hrf., Str. – Bühnenmusik: 2 Hr., Tr., Banda.
GLIEDERUNG: Ouvertüre und 28 musikalische Szenen.
SPIELDAUER: etwa 2¾ Stunden.
HANDLUNG: Auf Schloß Windsor warten im hellerleuchteten Empfangssaal der Königin Anne die Hofherren auf den König; sie befürchten, daß der Herrscher sein Herz bereits wieder einer anderen zugewandt hat. Unterdessen hat die Königin ihre Hofdame Johanna Seymour rufen lassen, mit der sie ein Vertrauensverhältnis verbindet, ohne freilich zu ahnen, daß diese in ihrem ehrgeizigen Streben nach der Krone dem lüsternen Begehren des Königs entgegenkommt. Jetzt erscheint Anne selbst mit ihrem Pagen Smeton und den Hofdamen. Sie ist gedrückter Stimmung und fordert daher Smeton auf, zum Zeitvertreib etwas zu singen. Durch sein Lied weckt der Jüngling bei der Königin die Erinnerung an das verlorene Glück ihrer ersten Liebe, die sie dem Glanz der Königskrone geopfert hat. Resigniert entläßt sie die Hofgesellschaft zur Ruhe, da der König zu so später Stunde wohl doch nicht mehr kommen werde. Johanna ist allein zurückgeblieben; sie bereut bereits den Verrat an ihrer Herrin. Durch eine Geheimtür er-

scheint König Heinrich. Mit glühender Begierde verlangt er Johannas Liebe. Doch sie erklärt, ihm nur als Gattin angehören zu wollen, denn sie verlange nicht nur Liebe, sondern auch die Krone. Freudig stimmt Heinrich zu, ihre Wünsche zu erfüllen. Da wendet Johanna ein, ihre Ehre lasse es jedoch nicht zu, daß der König seine Gattin um ihretwillen verstoße. Heinrich erwidert erfahren zu haben, daß Anne vor ihm einen anderen geliebt und nur wegen des Thrones, nicht aber aus Liebe ihn geheiratet habe. Johanna tut, als ob sie sich entfernen wolle. Doch der König fordert sie in herrischem Ton auf zu bleiben und versichert ihr, er wolle und könne seine Ehe mit Anne lösen. Unter Gewissensbissen ist sich Johanna bewußt, nicht mehr zurück zu können. – Im Schloßpark stößt Lord Rochefort, der Bruder der Königin, auf Lord Richard Percy, den ehemaligen Geliebten Annes. Letzterer wurde vom König aus der Verbannung zurückgerufen. Er erkundigt sich sogleich bei dem Jugendfreund nach Anne und fragt, ob es wahr sei, daß Heinrich sie jetzt hasse. Rochefort reagiert ausweichend. Percy will sie aber noch einmal sehen, obwohl ihn der Freund auf die Gefahren seines Verlangens hinweist. Hörnerklang kündet den Beginn der königlichen Jagd an. Heinrich erscheint mit Herren seines Gefolges, auch Anne kommt mit ihren Hofdamen. Der König begrüßt die Gattin kühl und bedeutet Percy, daß er seine Begnadigung nur der Fürsprache der Königin verdanke. Mit Kniefall und Handkuß bezeugt Percy der höchst verlegenen Herrin seinen Dank. Als er bemerkt, sich in die Einsamkeit zurückziehen zu wollen, befiehlt Heinrich, er solle am Hof bleiben, Rochefort möge sich um ihn kümmern. – Der Page Smeton weilt allein im Salon der Königin, die er heimlich liebt. Er will ein Medaillon mit Annes Bild, das er sich unbemerkt angeeignet hatte, wieder zurückbringen. Doch da vernimmt er Schritte; eilig versteckt er sich hinter einem Paravent. Anne und Rochefort betreten erregt den Salon. Angstvoll gibt sie dem Drängen des Bruders nach, Percy zu empfangen, der darauf bestehe, sie ein einziges Mal allein zu sehen. Als sie mit dem Hinweis auf ihre eheliche Bindung den stürmischen Liebesbeteuerungen des Jugendfreunds gegenüber standhaft bleibt, zieht dieser einen Dolch, um sich das Leben zu nehmen. Da stürzt Smeton aus seinem Versteck hervor. Percy geht auf den Horcher los, in diesem Augenblick erscheint Heinrich mit seinem Gefolge. In naivem Ton beteuert der Page dem König, daß die Herrin schuldlos sei. Dabei fällt ihm das Medaillon auf den Boden. Heinrich hebt es auf und hat nun einen willkommenen Beweis für die Untreue seiner Gattin. Er läßt Anne, Percy und Smeton durch die Wache sogleich verhaften und erklärt der verzweifelt ihre Schuldlosigkeit beteuernden Königin, nicht vor ihm, sondern vor dem Richter solle sie sich rechtfertigen. – In dem streng bewachten Vorzimmer von Annes Gemächern in London überbringt Sir Hervey den Befehl des Königs, daß die auch jetzt noch treu zu ihrer Herrin stehenden Hofdamen sich einem Verhör des Richters unterziehen müßten. Inzwischen hat Johanna die Königin aufgesucht. Sie gibt ihr den dringenden Rat, sich schuldig zu bekennen, um dadurch dem König die Möglichkeit für die eheliche Verbindung mit einer anderen zu verschaffen und sich damit das Leben zu retten. Erbost verflucht Anne die Buhlerin, die ihr das Herz des Gatten geraubt hat. Als Johanna endlich gesteht, sie selbst sei die verruchte Verräterin, verzeiht die Königin in der Überzeugung, daß der König allein schuldig sei, da er ja in Johanna die Liebe erweckte. – In der Vorhalle zum Gerichtssaal berichtet Hervey den Hofherren, Smeton habe ein Geständnis abgelegt. Niemand ahnt freilich, daß der König die Aussage erpreßt hat unter dem Vorwand, der Page werde dadurch Annes Leben retten. Heinrich betritt den Raum, gleich darauf werden Anne und Percy von Wachen herbeigebracht. Im Verlauf der nun folgenden Auseinandersetzung fordert Percy seine älteren Rechte auf Annes Hand, denn sie und er seien bereits von einem Priester getraut worden, bevor Anne mit Heinrich die Ehe eingegangen war. Dem König paßt diese Enthüllung, die er zwar für erfunden hält, doch sehr wohl in seinen Plan. Triumphierend erklärt er, Englands Thron werde eine andere, würdigere besteigen, während Annes Namen verflucht und aus dem Buch der Geschichte ausgelöscht sei. Nachdem daraufhin Johanna den König vergeblich angefleht hat, Annes Leben zu schonen, überbringt Hervey das Urteil der Pairs: Anne ist des Ehebruchs überführt; sie wird mit ihren Komplizen zum Tod verurteilt. Umsonst bitten Johanna und die anwesende Hofgesellschaft den König um Gnade. – In der Vorhalle des Tower nehmen Percy und Rochefort voneinander Abschied. Da kommt Hervey und meldet, der König habe die beiden Freunde begnadigt. Als sie hören, daß Anne jedoch sterben müsse, verzichten sie auf die Gnade. In geistiger Verwirrung erscheint die Königin. Percy, Rochefort und Smeton werden gefesselt vor sie gebracht. Der Page gesteht seine große Schuld, durch eine falsche Aussage, zu der ihn der König verleitet hätte, zum Mörder der Königin geworden zu sein. Die Klänge einer aus der Ferne ertönenden Marschmusik bringen Anne wieder zu sich. Sie wird sich ihrer Situation bewußt. In der Stunde des Todes verzeiht sie Johanna und dem König so, wie der Himmel auch ihre Sünden vergeben möge. Als sie sich zu Percy wenden will, wird sie von den Wachen gewaltsam abgeführt.

STILISTISCHE STELLUNG: Zu einer Zeit, als Rossini sein Bühnenschaffen eben abgeschlossen hatte, ist Donizetti mit ›Anna Bolena‹ hervorgetreten und hat aufgrund des durchschlagenden Erfolgs dieses Werks neben dem gleich erfolgreichen Sizilianer Vincenzo Bellini allgemein Anerkennung als einer der führenden Opernkomponisten Italiens gefunden. Anknüpfend an den Stil Rossinis, ohne ihn jedoch epigonenhaft nachzuahmen, offenbart sich Donizetti bei ›Anna Bolena‹ nicht nur als Meister des lyrischen Ausdrucks, sondern stellt gleichzeitig seine Befähigung als dramatischer Komponist unter Beweis. So ist vor allem die

Titelpartie mit allen Nuancen musikdramatischer Charakterisierungskunst ausgestattet. Die vielfach mit energisch punktierten Rhythmen versehene Gesangslinie des Königs Heinrich zeichnet trefflich das hartherzige Wesen des Despoten. Bei der ausgedehnten Rolle von Annas Nebenbuhlerin, Johanna Seymour, herrscht ein leidenschaftlicher Stil vor, während in den Partien der Jugendfreunde, Percy und Rochefort, mehr das Lyrische bevorzugt ist. Instrumentation wie Ensembleszenen sind dagegen manchmal etwas unausgeglichen geraten. Das Allegro-Thema der Ouvertüre entnahm Donizetti der Sinfonia zu seiner 1828 entstandenen Oper ›Alina, regina di Golconda‹.

TEXTDICHTUNG: Donizettis Oper ›Anna Bolena‹ handelt von den Ehewirren des sinnlichen Wüterichs und brutalen Despoten Heinrich VIII. von England und von einem der abscheulichsten Prozesse der Weltgeschichte. Um Anne Boleyn, die Hofdame seiner ersten Gattin Katherina von Aragon heiraten zu können, ließ er sich – ohne Dispens des Papstes Clemens VII. – von dieser scheiden (1533), was zu einem Bruch mit Rom führte. Der König setzte beim Parlament seine Erhebung zum »Obersten Lehensherrn und einzigem Haupt der englischen Kirche« durch. Daraufhin wurde jede Auflehnung gegen die königliche Gewalt, insbesondere die Bestreitung der Gültigkeit der Ehe mit Anne Boleyn und der alleinigen Erbfolgeberechtigung der aus dieser Ehe entsprossenen Prinzessin Elisabeth, der nachmals berühmten Königin, als Hochverrat geahndet. Aber schon nach drei Jahren seiner Verheiratung mit Anne Boleyn war der König seiner Gattin überdrüssig geworden; er ließ die Ehe mit der offenkundig schuldlosen Königin scheiden und diese wegen Untreue hinrichten. Daraufhin heiratete Heinrich, der von seinen sechs Frauen außer Anne Boleyn auch die fünfte, Catherine Howard, aufs Schafott brachte, Annes Hofdame Jane Seymour. – Der Genueser Theaterdichter Felice Romani (1788–1865), einer der angesehensten Librettisten zu Donizettis Zeit, verarbeitete den Stoff operngerecht zu einer theaterwirksamen Handlung. Eine neuere deutsche Bühnenfassung des Werks wurde von Hans Hartleb und Heinz Moehn besorgt.

GESCHICHTLICHES: Der im allgemeinen etwas langsam schaffende Felice Romani hat sein Libretto zu ›Anna Bolena‹, dessen Stoff ihn sehr fesselte, in kurzer Zeit vollendet und es Anfang November 1830 Donizetti übergeben. Aber auch der Komponist arbeitete mit Feuereifer an dem Werk, das er in der Villa der berühmten Sängerin Giuditta Pasta am Comer See im Verlauf eines Monats beendete. Die Uraufführung erfolgte am 26. Dezember 1830 am Teatro Carcano in Mailand mit Giuditta Pasta in der Titelrolle. Das Werk wurde mit außerordentlichem Beifall aufgenommen und erfuhr in der Folge eine rasche Verbreitung im In- und Ausland.

Der Liebestrank

Komische Oper in zwei Aufzügen. Dichtung von Felice Romani.

SOLISTEN: *Adina,* eine junge reiche Pächterin (Lyrischer Koloratursopran, gr. P.) – *Nemorino,* ein junger Landmann (Lyrischer Tenor, gr. P.) – *Belcore,* Sergeant (Lyrischer Bariton, auch Kavalierbariton, gr. P.) – *Dulcamara,* ein Quacksalber (Spielbaß, gr. P.) – *Gianetta,* ein Wäschermädchen (Soubrette, auch Mezzosopran, m. P.) – *Ein Notar* (Stumme Rolle) – *Ein Soldat* (Baß, kl. P.) – *Ein Diener* (Stumme Rolle) – *Ein Mohr* (Stumme Rolle).

CHOR: Wäscherinnen. Landleute. Schnitter. Unteroffizier. Trommler. Trompeter. Soldaten. Knechte (gr. Chp.).

ORT: Ein Dorf im Florentinischen.

SCHAUPLÄTZE: Dorfgegend, Berge, Wald, Getreidefelder, hinten eine felsige Erhöhung, links vorn der Pachthof mit Eingangstür – Innerer Hof von Adinas Pachtgut, Eingangstor links Mitte, rechts davon Musikantentribüne, rechts Eingang in das Pachthaus, links Wirtschaftsgebäude.

ZEIT: 1815.

ORCHESTER: 2 Fl. (II. auch Picc.), 2 Ob. (II. auch Eh.), 2 Kl., 2 Fag., 4 (2) Hr., 2 Trp., 3 Pos., P., Schl., Hrf., Str. – Bühnenmusik: 1 Hr., 1 kl. Tr., Banda (Blasmusik-Ensemble), Trp.

GLIEDERUNG: Präludium und 22 Musiknummern, die teils pausenlos ineinandergehen, teils durch Secco-Rezitative miteinander verbunden werden.

SPIELDAUER: etwa 2¼ Stunden.

HANDLUNG: In einem Dorf im Florentinischen trägt die junge, reiche und belesene Pächterin Adina ihren Leuten die Geschichte von Tristan und Isolde vor, die ihr reichlich komisch erscheint: Tristan, krank vor Sehnsucht nach Isolde, die ihn nicht erhört, erhält von einem Wundermann einen Liebestrank, durch dessen Zauber er Isoldens grausames Herz bezwingt. Adina bemerkt nicht, daß ihr der junge Bauer Nemorino eifrig zuhört, der sie innig, aber hoffnungslos liebt. Da kommt der Sergeant Belcore mit einer Abteilung Soldaten; er bezieht mit seinen Leuten Quartier in Adinas Hof. Galant überreicht er der Pächterin einen Blumenstrauß; als Gegengabe verlangt er ihr Herz. Schelmisch ermahnt ihn Adina, nicht gar so stürmisch vorzugehen. Als sich alle in den Pachthof begeben, hält Nemorino Adina zurück. Höhnisch lachend weist sie seine neuerlichen Liebesbeteuerungen ab; sie hält Treue für einen leeren Wahn und möchte frei und ungebunden bleiben. Ein Posthorn ertönt. Die Landleute halten den Fremden, der in einem vergoldeten Wagen vorfährt, für einen vornehmen großen Herrn. Er stellt sich den staunend gaffenden Bauern als Doktor Dulcamara vor, der durch seine Pillen, Medikamente und Wunderkuren in ganz Europa berühmt sei, und gibt vor, gegen alle nur erdenklichen Leiden und Kümmernisse Mittel zu haben. Die Landleute kaufen eifrig, als der Wunderdoktor ihnen einen Ausnahmepreis von nur drei Lire macht. Schließlich fragt Nemorino den Quacksalber schüchtern, ob er wohl auch den Liebestrank des Tristan habe. Der pfiffige Dulcamara ist sogleich im Bilde und verkauft Nemorino gegen dessen ganze Barschaft von einem Golddukaten eine Flasche Bordeauxwein als den gewünschten Wundertrank. Vorsichtigerweise fügt er hinzu, daß sich die Wirkung des Trankes erst in 24 Stunden einstellen würde; denn um diese Zeit weiß er sich längst über alle Berge. Nemorino nimmt sogleich den Trank zu sich; seine Stimmung hebt sich, und er singt fröhlich. Als Adina hinzukommt, stellt er sich plötzlich kalt; es soll nun umgekehrt sein wie bisher, und sie soll um seine Liebe flehen. Als er vollends behauptet, in 24 Stunden werde er seinen Liebeskummer gänzlich überwunden haben, will sich Adina Klarheit verschaffen, ob Nemorinos Gefühle für sie tatsächlich erkaltet seien. Sie erklärt kurzerhand, daß sie mit Belcore, der eben Befehl erhalten hat, morgen früh wieder weiterzuziehen, noch heute abend Hochzeit machen werde, woraufhin Nemorino sie anfleht, nur noch einen Tag zu warten, und hilflos nach dem Wunderdoktor ruft. Es wird sogleich ein splendides Hochzeitsmahl gerüstet, bei dem Dulcamara mit Adina eine improvisierte Liebesszene spielt. Der Notar erscheint, aber Adina will erst abends den Ehekontrakt unterzeichnen. Inzwischen hat sich Nemorino von dem Quacksalber noch eine zweite Flasche von dem Wunderelixier erbeten, die ihm dieser gerne zu geben verspricht, wenn er sie ihm bezahlen kann. Aber Nemorino hat gar kein Geld mehr; in seiner Verzweiflung läßt er sich von Belcore als Soldat anwerben. Für das Handgeld besorgt er sich dann rasch den Trank. Bei der Rückkehr in den Pachthof wundert er sich über die rasche Wirkung des Elixiers; denn er wird jetzt plötzlich von einer Schar Mädchen umschmeichelt. Freilich ahnt er nicht, daß das Wunder einen realen Hintergrund hat: die kleine Wäscherin Gianetta hatte soeben den Mädchen die Neuigkeit mitgeteilt, daß Nemorinos Onkel gestorben sei und ihn zum alleinigen Erben seines großen Besitzes gemacht habe. Adina kommt hinzu; Nemorino verspricht den Mädchen, mit ihnen zu tanzen, während er Adina ignoriert. Das erweckt ihre Eifersucht. Gianetta und die Mädchen ziehen Nemorino mit sich fort. Jetzt bietet Dulcamara der Betrübten ebenfalls sein Liebeselixier an; aber sie fällt ihm nicht herein, sondern sie bemerkt, ein besseres Mittel zu haben: ihre Augen. Als Nemorino wieder zurückkommt, übergibt ihm Adina zunächst den Kontrakt der Anwerbung zu den Soldaten. Sie hat Belcore das Handgeld zurückgegeben und Nemorino freigekauft. Dann gesteht sie ihm endlich ihre Liebe. Während sich die beiden in den Armen liegen, erscheinen Belcore mit den Soldaten und Dulcamara mit den Landleuten. Der Sergeant verbirgt seine Enttäuschung gegenüber Adina mit dem Bemerken, ein Soldat brauche nicht lange zu suchen, es gäbe für ihn der Mädchen mehr. Dulcamara brüstet sich aber mit seiner Kunst, der Nemorino nicht nur sein Liebesglück, sondern auch seine reiche Erbschaft verdanke. Die Landleute drängen sich daraufhin, auch einen solchen Trank zu erwerben, während der Quacksalber strahlend das Geld kassiert. Triumphierend fährt er dann in seinem Wagen ab; die Landleute rufen ihm nach, baldigst wiederzukommen; nur Belcore verwünscht den Scharlatan.

STILISTISCHE STELLUNG: Der feingebildete Donizetti hat, ähnlich wie Rossini, ernste und heitere Opern geschrieben – letztere wohl mit mehr Glück, wie der Erfolg bewiesen hat –, ohne allerdings an das Genie Rossini heranzureichen. So hat sich neben dem Meisterwerk ›Don Pasquale‹ auch die komische Oper ›L'elisir d'amore‹ auf den Spielplänen der Opernbühnen bis auf unsere Tage gehalten. Die Musik zum ›Liebestrank‹ ist anmutig, lebendig und frisch, vor allem aber in der blühenden und eingängigen Melodik voller Inspiration und ohne billige Sentimentalität. Die einzelnen Figuren erfahren, sowohl in den lyrischen wie in den Buffopartien, eine treffliche Charakterisierung, wie überhaupt das Schwergewicht auf dem Vokalen liegt. Selbständige Instrumentalnummern, wozu die Handlung Gelegenheit geben würde, fehlen, sogar die Einleitungsmusik ist nur in Form eines kurzen Vorspiels gehalten. So beschränkt sich der orchestrale Teil im großen und ganzen auf die Begleitung der Singstimmen. Instrumentale Pikanterien wie bei Rossini sind in den Donizettischen Opern weniger anzutreffen oder höchstens nur ausnahmsweise, wie zum Beispiel beim ›Liebestrank‹ die Begleitung mit Harfe und Holzbläsern zu Nemorinos berühmter Romanze Nr. 19. Das orchesterbegleitete Rezitativ ist den geschlossenen Formen eingebaut, die meist ineinander gehen; die Partitur weist nur wenige, vom Klavier begleitete Secco-Rezitative auf.

TEXTDICHTUNG: Das Libretto verfaßte der Genueser Felice Romani (1788–1865), der beste italienische Operntextdichter zu Donizettis Zeit. Mit der kundigen Hand des Theaterpraktikers gestaltete er die Handlung abwechslungsreich und würzte sie mit Witz und Humor, wobei er auch gelegentlich einige feine poetische Züge einzuflechten verstand. Von ›L'elisir d'amore‹ existieren mehrere deutsche Übersetzungen; die gebräuchlichste ist die Übertragung von Johann Christoph Grünbaum, die durch eine Überarbeitung von Alfred Stender-Stefani noch einige Verbesserungen erfahren hat. Neuere deutsche Übertragungen stammen von Joachim Popelka sowie von Dietrich Wolf und Leo Nedomansky.

GESCHICHTLICHES: Möglicherweise empfing Donizetti die Anregung zu seinem ›L'elisir d'amore‹ durch die komische Oper ›Le philtre‹, Dichtung von Scribe und Musik von Auber, die etwa ein Jahr vorher, im Juni 1831, in Paris zur Aufführung gelangt war und die denselben Stoff behandelt. Der überbeschäftigte Donizetti soll den ›Liebestrank‹

in 14 Tagen komponiert haben. Die Uraufführung erfolgte am 12. Mai 1832 am Teatro della Canobbiana in Mailand. Dank dem großen Erfolg verbreitete sich die Oper anschließend auch bald im Ausland. Der Komponist nahm später (1837 für Paris und 1842 für Neapel) noch einige Änderungen vor, während die Primadonna Malibran sich die Arie Nr. 20 eigenmächtig umkomponierte. Felix Mottl besorgte eine musikalische Neueinrichtung des ›Liebestrank‹, die durch Striche und allerlei kleine Veränderungen den künstlerischen Organismus des Werkes angreift und daher nicht als sehr glücklich bezeichnet werden kann.

Lucia di Lammermoor

Oper in drei Akten. Dichtung von Salvatore Cammarano.

SOLISTEN: *Lord Heinrich Ashton* [Enrico] (Kavalierbariton, gr. P.) – *Lucia,* seine Schwester (Koloratursopran, gr. P.) – *Sir Edgard von Ravenswood* [Edgardo] (Lyrischer Tenor, gr. P.) – *Lord Arthur Buklaw* [Arturo] (Jugendlicher Heldentenor, auch Lyrischer Tenor, m. P.) – *Raimund* [Raimondo], ein Geistlicher, Erzieher Lucias (Seriöser Baß, gr. P.) – *Alice* [Alisa], Lucias Vertraute (Spielalt, m. P.) – *Normann* [Normanno], Befehlshaber der Reisigen von Ravenswood (Tenor, m. P.). (Die in eckigen Klammern angeführten Namen bezeichnen die Personen in dem italienischen Originaltext.)
CHOR: Ritter und Edelfrauen. Jäger. Krieger. Bewohner von Lammermoor und Ravenswood. Pagen. Diener (gr. Chp.).
ORT: Schottland, teils im Schloß von Ravenswood, teils im verfallenen Turm von Wolferag.
SCHAUPLÄTZE: Wald in der Nähe des Schlosses Ravenswood – Park beim Schloß Ravenswood – Gemach im Schloß Ravenswood – Saal im Schloß Ravenswood – Saal im Turm von Wolferag – Saal wie 4. Bild – Begräbnisstätte der Ravenswood.
ZEIT: Ende des 16. Jahrhunderts.
ORCHESTER: 2 Fl. (II. auch Picc.), 2 Ob., 2 Kl., 2 Fag., 4 Hr., 2 Trp., 3 Pos., P., Schl., Hrf., Str. – Bühnenmusik: 4 Hr.
GLIEDERUNG: 14 Musiknummern, die pausenlos ineinandergehen; keine Ouvertüre.
SPIELDAUER: etwa 2½ Stunden.
HANDLUNG: Lord Heinrich Ashton ist in großer Sorge wegen der politischen Entwicklung, die ihn und seine Existenz bedroht. Nur eines könnte ihn vor dem Untergang retten: die Vermählung seiner Schwester Lucia mit dem bei Hof einflußreichen Lord Arthur Buklaw. Aber Lucia will von einer Heirat nichts wissen. Beschwichtigend meint Lucias Erzieher, der Priester Raimund, daß die Trauer um die erst kürz-

lich verstorbene Mutter bei dem Mädchen keine Lebensfreude aufkommen lasse. Normann, Ashtons Getreuer, berichtet indessen, daß Lucia sich täglich mit Sir Edgard von Ravenswood heimlich am Grab der Mutter träfe. Der junge Ritter habe durch die Erlegung eines Lucia angreifenden wilden Stiers offenbar das Herz des Mädchens gewonnen. Ashton ist außer sich; denn Edgard, der letzte Sproß der von ihm vertriebenen Familie Ravenswood, ist sein erbittertster Feind. Normann und seine Jäger versichern dem Lord, den Verhaßten bis zum nächsten Morgen aus dem Weg zu räumen. – Im Park des Schlosses Ravenswood erwartet zu später Abendstunde Lucia den Geliebten, um ihn vor drohenden Gefahren zu warnen. Sie steht an einer Quelle, in die einst ein Ravenswood seine in blinder Eifersucht ermordete Gattin geworfen hatte. Der Schatten dieser Unglücklichen war jüngst Lucia im Traum erschienen; warnend winkte die Tote ihr zu und verschwand wieder. Daraufhin floß die silberklare Quelle plötzlich rot wie Blut. Auch Lucias Begleiterin Alice ist über den Traum erschrokken; sie drängt Lucia, ihrer unglückverheißenden Liebe zu entsagen. Aber Lucia ist hierzu um keinen Preis der Welt bereit. Da naht Edgard. Er teilt der Geliebten mit, in einer wichtigen Mission für Schottland nach Frankreich reisen zu müssen. Zuvor möchte er sich jedoch mit ihrem Bruder aussöhnen. Angstvoll bittet ihn Lucia, dies zu unterlassen und ihre Liebe vorläufig noch geheim zu halten. Lucias Ablehnung seiner großzügigen Versöhnungsbereitschaft reizt Edgard. In bitterem Ton hält er ihr vor, daß es ihr Bruder gewesen sei, der ihm Hab und Gut und den Vater geraubt hätte, und daß er deshalb am Grabe seines Vaters ihrer Familie ewige Feindschaft geschworen habe. Seine Liebe zu ihr habe ihn zwar den Haß vergessen lassen, doch bestehe der Eid immer noch. Lucia fällt Edgard zu Füßen und beschwört ihn, nur ihrer Liebe zu gedenken. Gerührt hebt er Lucia empor und fordert sie auf, ihm als Braut ewige Treue zu schwören. Zur Bestätigung des Eides wechseln die beiden gegenseitig ihre Ringe. Lucia bittet den Geliebten, ihr bald zu schreiben, und Edgard beteuert, daß er unentwegt ihrer gedenken werde. – Um Lucia für seine Pläne gefügig zu machen, hat Ashton Edgards Briefe abfangen lassen und sie der Schwester unterschlagen. Er läßt Lucia, die über das Ausbleiben jeglicher Nachricht von dem Geliebten untröstlich ist, zu sich kommen und redet ihr zu, doch Lord Arthur Buklaw ihre Hand zu reichen. Erregt antwortet Lucia: »Niemals! Niemals!« Sie gesteht dem Bruder, bereits einem anderen ewige Treue geschworen zu haben. Da übergibt ihr Ashton ein fingiertes Schreiben, das von Edgards Untreue Kunde gibt. Lucia sinkt wie vernichtet auf einen Stuhl. Dennoch hält sie sich auch weiterhin an ihren Eid gebunden. Die Klänge einer festlichen Musik aus dem Schloßhof künden die Ankunft Lord Arthurs an. Eindringlich beschwört Ashton die Schwester, ihn jetzt nicht im Stich zu lassen; denn nur eine sofortige Heirat mit Arthur könne ihr Haus noch vor der

Vernichtung bewahren. – Lucia sucht Hilfe und Rat bei ihrem Erzieher. Aber auch Raimund ist der Auffassung, daß sie ihrem Bruder das Opfer bringen müsse, nachdem Edgard ihre Liebe schnöde verraten habe. – Im Saal des Schlosses hat sich die Hochzeitsgesellschaft versammelt. Arthur stellt Ashton völlige Rehabilitierung in Aussicht, da die bestehenden Schwierigkeiten jetzt durch einen Freundschaftsbund beseitigt worden seien. Lucia erscheint im Brautgewand. Arthur versichert sie seiner Liebe und Treue. Auf Ashtons Aufforderung hin unterschreibt er sodann den Ehevertrag. Wankend setzt sich Lucia an den Tisch. Ashton flüstert ihr heimlich drohend zu, mit der Unterschrift nicht zu zögern. Da unterschreibt Lucia in größter Verwirrung den Kontrakt. In diesem Augenblick erscheint unerwartet Edgard auf der Estrade. Lähmendes Entsetzen ergreift alle. Arthur und Ashton fordern mit gezogenen Schwertern Edgard auf, sofort den Saal zu verlassen. Raimund tritt dazwischen und gebietet im Namen des Allerhöchsten, jede Gewaltanwendung zu unterlassen. Er mahnt Edgard, seiner Liebe zu entsagen; denn Lucia sei bereits Braut. Mit finsterem Blick fragt Edgard Lucia, ob die Unterschrift auf dem Ehevertrag die ihre sei. Als sie dies leise bejaht, gibt er ihr ihren Ring zurück. In größter Angst zieht auch sie Edgards Ring vom Finger, den dieser sogleich an sich reißt, zu Boden wirft und mit Füßen tritt. Sodann schleudert er sein Schwert von sich und bietet wehrlos die Brust seinen Gegnern dar. Diese fordern ihn auf, sich zu entfernen, während Lucia den Himmel zu seinem Schutz anruft und Raimund ihn mit dem Trost hinausbegleitet, daß die Zeit alle Wunden heilen werde. – Bei Blitz und Donner sucht Ashton nachts Edgard in dem halbverfallenen Turm von Wolferag auf, der diesem allein noch als Besitz verblieben ist. Mit sadistischer Freude teilt er dem Unglücklichen mit, daß die Vermählung Lucias mit Arthur nunmehr stattgefunden habe. Eingedenk seines Schwurs, den Vater zu rächen, fordert jetzt Edgard für den nächsten Morgen Ashton zum Duell an der Begräbnisstätte der Ravenswood. – Inzwischen nimmt das frohe Fest im Schloß ein jähes Ende, als Raimund den Hochzeitsgästen die entsetzliche Nachricht überbringt, daß Lucia soeben im Brautgemach Lord Arthur mit dessen Schwert getötet habe. Der Priester erzählt, daß ihm Lucia blutbesudelt entgegengetreten sei und ihn lächelnd gefragt habe: »Wo ist mein Bräutigam, sprich!« Ihr starrer Blick verriet Verwirrung des Geistes. Da erscheint Lucia selbst. In ihren Wahnvorstellungen spricht sie mit Edgard; sie wähnt, mit ihm an den Altar zu treten, und jubelt, nun endlich die Seine geworden zu sein. Bestürzt kommt Ashton, der von den furchtbaren Ereignissen bereits gehört hat. Lucia hält ihn für Edgard. Als Ashton sich betroffen abwendet, fleht sie ihn an, ihr zu verzeihen; sie wolle im Himmel für ihn beten, und erst, wenn sie dereinst mit ihm dort vereint sei, werde sie der Himmel freuen. Ashton empfiehlt Lucia der Obhut des Priesters und stürzt verzweifelt davon mit dem Bemerken, daß jetzt alles für ihn verloren sei. Nun wendet sich Raimund an Normann, den er allein für das Unglück verantwortlich macht; denn durch seine Intrigen habe er den Zündstoff für den Brand geliefert, der jetzt dieses Haus vernichtet habe. – Gebrochen erscheint Edgard an der Begräbnisstätte der Ravenswood. Er hat mit dem Leben abgeschlossen und erwartet hier von der Hand seines Feindes den Tod. Da kommen heimkehrende Hochzeitsgäste an ihm vorbei. Sie berichten von den grauenhaften Ereignissen. Edgard will eilig ins Schloß, um Lucia nochmals zu sehen. Aber schon läutet die Totenglocke. Raimund kommt hinzu und teilt Edgard mit: »Lucia ist nicht mehr!« Edgard ruft den Geist der Geliebten und bittet sie um Vergebung. Wenn sie hier auf Erden nicht zusammenkommen konnten, so werde Gott sie im Himmel vereinen. Unversehens zieht er seinen Dolch und durchbohrt sich. Raimund und die Ritter beten zu Gott, daß er ihm sein Vergehen verzeihen möge.

STILISTISCHE STELLUNG: Bei ›Lucia di Lammermoor‹ mag Donizetti vor allem der romantische Gehalt des Stoffes angezogen haben, der ihm Gelegenheit gab, dem von ihm hochverehrten Bellini nachzueifern. Zum andern reizte ihn wohl auch die zentrale Figur der Titelheldin, die seiner musikalisch-dramatischen Charakterisierungskunst große Entfaltungsmöglichkeiten bot. Koloristisch nimmt die Musik in keiner Weise auf das nordische Milieu der Handlung Bezug. So präsentierte Donizetti das grauenvolle Geschehen durchwegs in dem Wohlklang einer echten italienischen Melodienoper. Dabei konzentrierte er den musikalischen Ausdruck in bewundernswerter Weise auf das Seelische. Dies tritt trotz der virtuosen Ausschmückung der Gesangslinie vor allem bei der Partie der Lucia in Erscheinung, so in der außerordentlich wirkungsvoll gestalteten Wahnsinnsszene und in den Duetten mit Edgard, Ashton und Raimund. Daneben fehlt es aber auch nicht an Stellen von dramatischer Schlagkraft. Von meisterhafter Faktur sind die Ensembles, die in dem berühmten Sextett und dem darauffolgenden Finale des II. Aktes musikalische Höhepunkte schaffen. Bemerkenswert ist die farbige Instrumentation. Hier werden bisweilen durch die obligate Verwendung einzelner Instrumente in Korrespondenz zur Singstimme, wie zum Beispiel mit der Harfe in Nr. 3 oder in der Wahnsinnsszene mit der Flöte, delikate Wirkungen erzielt. Etwas stiefmütterlich behandelt erscheinen die Chöre, die kaum über den Rahmen einer musikalischen Staffage hinausgehen.

TEXTDICHTUNG: Der neapolitanische Librettist Salvatore Cammarano (1801–1852) verfaßte trotz seines verhältnismäßig kurzen schriftstellerischen Wirkens – er betätigte sich erst als Maler – vierzig Opernbücher, die größtenteils von den bedeutendsten italienischen Komponisten seiner Zeit: Saverio Mercadante, Giovanni Pacini, Donizetti und Verdi vertont wurden. Das Libretto zu ›Lucia di Lammermoor‹ gestaltete er nach der Erzählung ›Die Braut von Lammermoor‹ des schottischen Dichters Walter Scott (1771–1832). Bei der gedrängten Darstellung des Stoffes, wie sie für eine Opernhandlung erforderlich ist, wurden, ähnlich wie bei dem ebenfalls von Cammarano verfaßten Textbuch zu Verdis ›Troubadour‹, verschiedene für das Verständnis wichtige Stellen des Scottschen Romans entweder gar nicht oder nur andeutungsweise verarbeitet. Auf diese Weise ist es für den unvorbereiteten Zuschauer manchmal schwierig, die Zusammenhänge der Handlungsvorgänge zu erkennen. Dennoch ist das Handlungsgerüst in dem einfach und klar gegliederten Szenarium anschaulich aufgebaut. Somit stellt das Libretto zu ›Lucia‹, dessen dichterischer Wert nicht nach den schlechten deutschen Übersetzungen zu beurteilen ist, eines der wirkungsvollsten Opernbücher Cammaranos wie überhaupt der italienischen Oper vor Verdi dar. Die deutsche Übersetzung stammt von C. E. Käßner. Eine spätere deutsche Textfassung besorgte Johann Christoph Grünbaum.

GESCHICHTLICHES: Donizetti schrieb ›Lucia di Lammermoor‹ für das Teatro San Carlo in Neapel. Die Uraufführung erfolgte am 26. September 1835 mit der hervorragenden Sopranistin Fanny Tacchinardi-Persiani als Lucia und dem Tenor Gilbert Duprez als Edgard. Der überwältigende Erfolg, welcher dem Werk beschieden war, hatte eine rasche Verbreitung über alle Opernbühnen der Welt zur Folge.

Die Regimentstochter

Opéra comique in zwei Akten. Text von Jules Henri Vernoy de Saint-Georges und Jean François Alfred Bayard.

SOLISTEN: *Marie,* Marketenderin, Tochter des Regiments (Lyrischer Koloratursopran, auch Lyrischer Sopran, gr. P.) – *Die Marchesa von Maggiorivoglio,* ihre Mutter (Alt, m. P.) – *Die Herzogin von Craquitorpi* (Sopran, auch Mezzosopran, kl. P.) – *Tonio,* ein junger Tiroler (Lyrischer Tenor, gr. P.) – *Sulpiz,* Feldwebel (Spielbaß, gr. P.) – *Hortensio,* Haushofmeister der Marchesa (Baß, auch Bariton, m. P.) – *Ein Korporal* (Baß, kl. P.) – *Ein Landmann* (Tenor, kl. P.) – *Ein Notar* (Sprechrolle) – *Ein Tanzmeister* (Stumme Rolle).

CHOR: Grenadiere. Landleute. Damen und Herren. Bediente der Marchesa (gr. Chp.).

ORT: In den Tiroler Bergen.

SCHAUPLÄTZE: Eine ländliche Gegend – Schloß der Marchesa Maggiorivoglio.

ZEIT: Um 1805.

ORCHESTER: Fl., Picc., 2 Ob., 2 Kl., 2 Fag., 4 Hr., 2 Trp., 3 Pos., P., Schl., Str.

GLIEDERUNG: Ouvertüre, 10 musikalische Nummern, verbunden durch gesprochenen Dialog.
SPIELDAUER: etwa 2½ Stunden.
HANDLUNG: Marie ist die Tochter aus einer Liaison zwischen dem Offizier von Thalheim und der Marchesa von Maggiorivoglio. In den Kriegswirren kommt der Offizier um, und Marie gerät als Findelkind an ein österreichisches Regiment, wo sie als »Tochter des Regiments« aufgezogen wird. Inzwischen ist sie zur jungen Frau herangewachsen und verdient sich ihren Lebensunterhalt als Marketenderin im Regimente. Sie selbst hat zugestimmt, als ihre 2000 Väter bestimmten, nur ein Mitglied des Regiments dürfe ihr Mann werden. Aber verliebt hat sie sich in Tonio, einen jungen Tiroler, der ihr das Leben gerettet hat, als sie in einen Abgrund zu stürzen drohte. Dieser Tonio wird nun gerade von den Wachen des Regiments gefangengenommen und soll als Spion hingerichtet werden, als Marie die Sache aufklärt – was Tonio den Hals rettet, ihm aber in seiner Liebessache nicht weiterhilft, denn nur ein Soldat des Regiments darf Maries Mann werden. Die Kriegswirren haben auch die gealterte Marchesa mit ihrem Haushofmeister Hortensio in die Nähe des Regiments getrieben. An einem Brief, den der alte Sergeant Sulpiz aufgehoben hat und der damals bei dem Kinde gefunden worden war, erkennt sie ihre Tochter – gibt sich aber, um dem Kinde die Schmach einer unehelichen Geburt zu ersparen, als ihre Tante aus und will sie mit aufs Schloß nehmen. – Währenddessen hat sich Tonio entschlossen, aus Liebe zu Marie ins Regiment einzutreten, denn dann darf man sie ihm ja nicht mehr verweigern – doch er kommt zu spät: mit der Marchesa verläßt sie traurig das Regiment, um nun ein standesgemäßes Leben zu führen: Tonio aber muß beim Regimente bleiben. – Nach einigen Monaten standesgemäßer Erziehung weiß sich Marie äußerlich zwar in der neuen Umgebung zu behaupten, aber immer wieder bricht in ihr die Anhänglichkeit an das alte Soldatenleben durch, kräftig geschürt von dem alten Sulpiz, der sie – da er Invalide ist – als einziger ihrer »Väter« hat aufs Schloß begleiten dürfen. So gerät sie beim Vortrag einer langweiliggestelzten Arie, bei der sie von der Marchesa begleitet wird, unvermittelt in das anfeuernde Regimentslied; was zwar Sulpiz befriedigt, aber ihre »Tante« entsetzt – will sie doch Marie mit dem hochadeligen Herzog Scipio von Craquitorpi verheiraten. Da trifft Tonio, inzwischen zum Oberst des Regiments aufgestiegen, mit seinen Leuten auf dem Schloß ein – er hat Marie nicht vergessen und liebt sie noch immer, und auch Marie liebt ihn. Sulpiz unternimmt bei der Marchesa einen erneuten Vorstoß: immerhin ist der Bewerber ja jetzt Offizier, aber die Marchesa besteht auf der adeligen Verheiratung, auch, als ihr Tonio klarmacht, daß er Nachforschungen angestellt habe – nicht ihre gar nicht existierende Schwester, sondern sie selbst sei die Mutter Mariens. Vor dem ganzen Hofe wird der Heiratskontrakt verlesen; da

greift Tonio, um sein Glück zu retten, zu einem letzten Mittel: er enthüllt der Mutter des Bräutigams und dem ganzen Hofe Maries »Vergangenheit« als Marketenderin. Eine adlige Verheiratung ist nun ausgeschlossen, auch die Marchesa will dem Lebensglück ihrer Tochter nicht mehr im Wege stehen, und so kann Soldatenhochzeit gefeiert werden.

STILISTISCHE STELLUNG: ›Die Regimentstochter‹ war zu Lebzeiten Donizettis eines seiner erfolgreichsten Bühnenstücke, und durch das ganze 19. Jahrhundert hin war es das Paradestück aller Koloratursopranistinnen. In der Faktur wie im musikalischen Anspruch hat sich Donizetti hier ganz der Tradition der französischen Opéra comique eines Auber und Boieldieu angepaßt. Musikalisch ist das Werk ein wenig uneinheitlich: neben gleichermaßen volkstümlichen wie melodisch eingängigen Arien, in denen sich Donizetti dem verbreiteten Romanzenton nähert, überzeugt die sorgfältig gearbeitete Chorbehandlung, während es in den Ensembles durchaus auch weniger inspirierte Teile gibt.

TEXTDICHTUNG: Donizettis Textdichter schrieben für die ›Regimentstochter‹ zwar ein Original-Libretto, griffen dabei aber auf stereotype Situationen und Handlungsstränge der Opéra comique zurück: so auf den Gegensatz zwischen derb-ehrlichem Soldatenleben und verzärtelthochgestochener Hofwelt; so auch auf die Verwicklungen und das schließlich glückliche Ende einer Liebesgeschichte.

GESCHICHTLICHES: Donizettis ›La fille du régiment‹ wurde am 11. Februar 1840 an der Opéra-Comique in Paris uraufgeführt und hatte dort einen großen Erfolg: das Regimentslied wurde schnell zum vielgesungenen »Schlager«, die Arie im II. Akt das Glanzstück aller Koloratursoprane. Bereits am 11. Mai 1841 wurde das Werk in der deutschen Übertragung von Karl Gollmick in Wien zur deutschen Erstaufführung gebracht, alsbald folgten auch Aufführungen in Italien, für die – ob von Donizetti selbst, ist ungeklärt – Rezitative anstelle der gesprochenen Dialoge nachkomponiert wurden; seine rechte Wirkung entfaltet das Werk aber nur in der Originalgestalt. Obwohl das heitere, problemlose Stück in den letzten Jahren eher seltener auf deutschen Spielplänen auftaucht, gibt es eine Reihe von Neuübertragungen.

W.K.

Don Pasquale

Komische Oper in drei Akten. Dichtung vom Komponisten.

SOLISTEN: *Don Pasquale,* ein alter Junggeselle (Spielbaß, auch Charakterbaß, gr. P.) – *Doktor Malatesta,* Arzt, Freund von Ernesto (Spielbari-

ton, gr. P.) – *Ernesto,* Neffe des Don Pasquale (Lyrischer Tenor, gr. P.) – *Norina,* eine junge Witwe (Lyrischer Koloratursopran, gr. P.) – *Ein Notar* (Tenor, auch Bariton, auch Baß, kl. P.).
CHOR: Diener und Kammerzofen. Ein Haushofmeister, eine Modistin, ein Friseur (kl. Chp.).
ORT: Rom.
SCHAUPLÄTZE: Saal im Haus Don Pasquales – Garten mit Gebüsch am Haus von Don Pasquale.
ZEIT: Zweite Hälfte des 18. Jahrhunderts.
ORCHESTER: 2 Fl. (II. auch Picc.), 2 Ob. (II. auch Eh.), 2 Kl., 2 Fag., 4 Hr., 2 Trp., 3 Pos., 1 Bt., P., Schl., Hrf., Gitarre, Str.
GLIEDERUNG: Ouvertüre und 14 Musiknummern, die durch orchesterbegleitete Rezitative miteinander verbunden werden.
SPIELDAUER: etwa 2½ Stunden.
HANDLUNG: Der ebenso reiche wie geizige Junggeselle Don Pasquale hegt den Wunsch, sich noch auf seine alten Tage mit einem jungen Mädchen zu verehelichen, nicht zuletzt mit der Absicht, damit den Heiratsplan seines Neffen Ernesto, der die junge hübsche Witwe Norina liebt, zu durchkreuzen. Der Alte kennt zwar Norina nicht, sein Geiz will es aber nicht zulassen, daß ihm der Neffe eine vermögenslose Frau ins Haus bringt, die später auch seines Erbes teilhaftig werden sollte. Er stellt daher Ernesto vor die Wahl, entweder von Norina zu lassen und ein von ihm vorgeschlagenes reiches Mädchen zu heiraten oder enterbt und aus dem Haus gejagt zu werden. Da ersinnt Don Pasquales Arzt, Dr. Malatesta, ein intimer Freund Ernestos, – allerdings ohne zunächst diesen davon zu verständigen – eine köstliche Intrige, um dem Freund zu seinem Lebensglück zu verhelfen und gleichzeitig den alten Gecken von seinen Heiratsgelüsten zu kurieren: Er schlägt dem Alten seine im Kloster erzogene, so bescheidene und sparsame Schwester Sofronia als Braut vor. – Unter diesem Namen führt er dann die tief verschleierte und sich äußerst schüchtern stellende Norina bei Don Pasquale ein, der höchst entzückt auf eine sofortige Eheschließung drängt. Als Notar fungiert ein von Dr. Malatesta mitgebrachter Freund, als Zeuge Ernesto, der sich schon von Malatesta verraten glaubte, jetzt aber in das Komplott eingeweiht wird. Kaum ist der Ehekontrakt unterzeichnet, erscheint die junge Frau plötzlich wie umgewandelt und zeigt ihrem erstaunten Gatten erst Krällchen, dann Krallen: Sie verhält sich ablehnend gegenüber seinen unbeholfenen Zärtlichkeiten, während sie seine Eifersucht reizt, indem sie mit Ernesto kokettiert. – Zu ihrer Bedienung engagiert sie sich zwei Dutzend Kammerzofen und Diener, und auf Pasquales Tisch türmen sich die Rechnungen für Kleider, Hüte und Schmuck. Abends geht sie ins Theater und schickt den Alten, als er zu widersprechen versucht, mit einer Ohrfeige ins Bett. Als er gar einen Zettel findet, auf dem ein Liebhaber Sofronia zu einem abendlichen Stelldichein in den Garten

bestellt, hat er nur noch den einen Wunsch, sie wieder loszuwerden. – Don Pasquale versteckt sich mit Dr. Malatesta im Garten, um Sofronia in flagranti zu ertappen. In seiner Verzweiflung ist er jetzt sogar bereit, Norina als Gattin Ernestos in sein Haus aufzunehmen, wenn dann Sofronia geht. Bei dem nun folgenden listigen Doppelspiel Norinas und Malatestas geht der leichtgläubige Alte prompt in die Falle und er muß seine Zusage auch aufrecht erhalten, als er schließlich erfährt, daß seine vermeintliche Gattin in Wirklichkeit Norina ist. Gelassen nimmt der gutmütige Pasquale Norinas Moral hin: »Weiße Haare sollen nicht freien um der Jugend Lockenkranz!«

Stilistische Stellung: Die Einheit von Dichtung und Musik verleiht Donizettis Meisterwerk, das den Höhepunkt in seinem künstlerischen Schaffen darstellt, ein charakteristisches Profil. In flottem Lustspieltempo zieht die witzig geformte Intrigenhandlung leichtbeschwingt vorüber; sie wird von nur vier Figuren getragen, die unschwer als Abkömmlinge der entsprechenden Typen der alten Commedia dell'arte zu erkennen sind. Sie werden von dem Autor folgendermaßen charakterisiert: »Don Pasquale, altmodisch, geizig, leichtgläubig, eigensinnig, im Grunde gutmütig; Malatesta, ein Mann, der Rat weiß, witzig, unternehmend; Ernesto, ein leidenschaftlicher Jüngling; Norina, eine impulsive Natur, ungeduldig bei Widerspruch, aber aufrichtig und empfindsam.« Die Partitur ist sorgfältig gearbeitet, auch in der Instrumentation, wenngleich die häufige Anwendung des Blechs das Klangbild vielfach vergröbert. Ein blühender Belkanto- und perlender Ziergesangsstil stellt das feine musikalische Kammerspiel, das jeder derb-platten Komik aus dem Weg geht, dicht neben Rossinis ›Barbier von Sevilla‹, dem es auch in der formalen Anlage sehr ähnlich ist nur mit dem Unterschied, daß Donizetti die Rezitative vom Orchester begleiten läßt. Besondere Erwähnung verdient die delikate Behandlung des Chores (Dienerschaftschor).

Textdichtung: Donizetti schrieb sich das Libretto zu ›Don Pasquale‹ selbst. Als Vorlage diente ihm die von Stefano Pavesi vertonte komische Oper ›Ser Marc'Antonio‹ (1810 Mailand), deren Text von dem hervorragenden Librettisten Angelo Anelli (1761–1820) stammt. Eine originalgetreue deutsche Textübertragung des ›Don Pasquale‹ lieferte der Wiener Hofkapellmeister Heinrich Proch, während neuerdings die Bearbeitung von Otto Julius Bierbaum und Wilhelm Kleefeld an den deutschen Bühnen heimisch geworden ist. Eine weitere Übersetzung besorgte Joachim Popelka.

Geschichtliches: Während seiner Pariser Zeit vollendete Donizetti den ›Don Pasquale‹ Ende des Jahres 1842 in wenigen Wochen. Die Uraufführung fand am 3. Januar 1843 im Théâtre Italien zu Paris statt. Sie hatte großen Erfolg, der dem Werk eine rasche Verbreitung sicherte.

Paul Dukas

* 1. Oktober 1865 und † 17. Mai 1935 in Paris
Ariane et Barbe-Bleue (1907 Paris), T: Maurice Maeterlinck, V: Durand (A&S)

Ariane und Blaubart

Märchen in drei Aufzügen von Maurice Maeterlinck. Deutsche Übertragung von Harry la Violette.

Solisten: *Ariane* (Dramatischer Mezzosopran, auch Dramatischer Sopran, gr. P.) – *Ihre Amme* (Alt, gr. P.) – *Blaubart* (Baß, kl. P.) – *Selysette* (Mezzosopran, gr. P.) – *Melisande* (Lyrischer Sopran, auch Jugendlich-dramatischer Sopran, m. P.) – *Ygräne* (Jugendlich-dramatischer Sopran, m. P.) – *Bellangère* (Sopran, auch Mezzosopran, m. P.) – *Alladine* (Stumme Rolle) – *Alter Bauer* (Baß, kl. P.) – *2. Bauer* (Tenor, kl. P.) – *3. Bauer* (Baß, auch Bariton, kl. P.).
Chor: Bauern (m. Chp.).
Ort: Blaubarts Schloß.
Schauplätze: Saal in Blaubarts Schloß, mit Tor und sechs Türen – Unterirdisches Gewölbe in Blaubarts Schloß.
Zeit: 16. Jahrhundert.
Orchester: 3 Fl., Picc., 2 Ob., Eh., 2 Kl., Bkl., 3 Fag., Kfag., 4 Hr., 3 Trp., 3 Pos., Tuba, P., Schl., 2 Hrf., Cel., Str.
Gliederung: Durchkomponierte dramatische Großform.
Spieldauer: etwa 3 Stunden.
Handlung: Ritter Blaubart ist beim Volk als Frauenmörder verrufen – sechs Frauen soll er schon umgebracht haben, und so begleitet die Menge seinen Einzug ins Schloß mit der siebten Frau, Ariane, mit unverhohlenem Widerstand und mit Warnungen. Doch Ariane, von ihrer Amme begleitet, ist ohne Furcht. Sie kennt die Geschichten, die man sich im Volk erzählt, aber sie glaubt, Blaubarts frühere Frauen seien noch am Leben, und will sie retten. Sieben Schlüssel hat Blaubart ihr übergeben – sechs silberne und einen goldenen –, die zu den sechs silbernen Schlüsseln passenden Türen darf sie öffnen, nicht aber die siebte Tür. Doch Ariane will das unbegründete Verbot mißachten und sucht nach der verbotenen Tür, doch vergebens. Die Amme überredet sie, doch zuerst die anderen, erlaubten Türen zu öffnen, und Ariane läßt sie gewähren. Mengen von Edelsteinen und Perlen finden sich und versetzen die Amme in einen glückseligen Taumel, doch Ariane zeigt sich unberührt. Da entdeckt sie hinter der sechsten Türe die siebte und öffnet sie. Doch dahinter ist nur ein dunkler Gang, aus dem – von weither – ein trauriger Gesang dringt. Blaubart, der hinzukommt,

bedroht Ariane wegen ihres Ungehorsams. Da dringen die Bauern ins Schloß ein, um Ariane zu retten, doch sie schickt die Helfer weg. Sie fühlt sich Blaubart gewachsen. – Blaubart hat die Burg verlassen. Zusammen mit der Amme dringt Ariane in den dunklen Gang ein, um die Frauen zu suchen. Sie findet sie schließlich im Dunkel eines tiefen Verlieses. Zögernd nur antworten sie auf ihre Fragen, und erst nach und nach gelingt es Ariane, die anderen aus ihrer Abwehr und Verängstigung zu lösen. Die Lampe verlischt, und auch Ariane scheint gefangen, aber sie sucht das Verlies ab und entdeckt ein Tor, das sie öffnet, und ein Fenster, das sie zerschlägt – das helle Tageslicht dringt in den Kerker ein. Nur vorsichtig entdecken die anderen Frauen die äußere Welt. Ariane überredet sie, mit ihr das Verlies zu verlassen. – Mit Ariane sind die Frauen in die oberen Burggemächer zurückgekehrt und haben sich mit den Edelsteinen geschmückt. Das Schloß können sie nicht verlassen, da Wasser und Mauern es ihnen wehren. Sie scheinen dem Zwange Blaubarts entkommen, doch als die Amme die Rückkehr des Schloßherrn meldet, kehrt ihre alte Furcht zurück. Aber die Bauern haben Blaubart aufgelauert, erschlagen seine Wache und richten ihn selbst übel zu. Gefesselt liefern sie ihn den Frauen aus, damit diese ihre Rache an ihm vollziehen können, doch niemand ist dazu in der Lage. Ariane versorgt die Wunden Blaubarts und löst seine Fesseln, dann fordert sie die anderen Frauen auf, mit ihr das Schloß zu verlassen – doch keine ist bereit, ihr zu folgen. Sie geht allein.

Stilistische Stellung: Paul Dukas griff in seiner einzigen Oper einen Text auf, den der belgische Dichter Maurice Maeterlinck, anders etwa als bei seinem Drama ›Pelléas et Mélisande‹, von vornherein als Opernlibretto angelegt hatte – und anders als Debussy verwendete Dukas in weit größerem Maße »symphonische« musikalische Mittel, in denen er an Wagner und Richard Strauss anknüpfend dem literarischen Symbolismus Maeterlincks weniger eine anschmiegsame als großangelegte, zur umfassenden Operngeste fähige Musik beigesellte und damit so etwas wie ein Gegenstück zu Debussys Oper schuf. Getragen ist diese anspruchsvoll-klangvolle, in allen Farben spätromantischen Raffinements schwelgende Musik durch die aktive, selbstgewisse Figur der Ariane, neben der Blaubart sich als der Schwächere, als der von Anfang an Unterlegene erweist, weil sich Ariane ohne Furcht über seine Verbote hinwegsetzen kann und so seine Macht untergräbt. Gleichwohl erweist sich Arianes heroische Befreiungstat als sinnlos, denn die früheren Frauen wollen die Befreiung nicht.

Textdichtung: Maurice Maeterlinck (1862–1949) schuf sein Drama ›Ariane et Barbe-Bleue‹ im Jahre 1899 und wollte es von Anfang an als eher beiläufig verfaßtes Opernlibretto verstanden wissen. Gleichwohl ist das Drama nicht frei von autobiographischen Zügen – nicht zufällig heißen die im Kerker gefangenen Frauen Selysette, Melisande, Ygrâne, Bellangère und Alladine nach Frauengestalten aus seinen früheren

Dramen, deren passiver Duldung die aktive Lebenskraft Arianes entgegengesetzt ist – der scheuen, dumpfen Schicksalsfurcht der früheren Werke begegnet hier ein kraftvoll-neuer Weltglaube, der sich des alten französischen Volksmärchens vom »Blaubart« bedient, um – den Handlungsverlauf umdrehend – die starke, selbstbewußte Frau als Befreierin darzustellen.

GESCHICHTLICHES: Dukas komponierte die Oper ›Ariane und Blaubart‹ zwischen 1904 und 1906; uraufgeführt wurde sie am 10. Mai 1907 unter Albert Carré in der Opéra-Comique. Sehr schnell verbreitete sich der Ruhm dieses Werkes, das Kenner und Zeitgenossen wie Karol Szymanowski, Ferruccio Busoni und der Dirigent Bruno Walter für das wichtigste Opernwerk der französischen Moderne neben Debussys ›Pelléas‹ hielten. Die deutschsprachige Erstaufführung in der Wiener Volksoper am 2. April 1908 dirigierte Alexander von Zemlinsky, die deutsche Erstaufführung fand am 26. Dezember 1911 statt. Der Chauvinismus des Ersten Weltkriegs verhinderte eine größere Verbreitung. In Frankreich blieb das Werk lebendig – allein in Paris wurde es zwischen 1907 und 1952 mehr als 125mal aufgeführt – seit 1935 an der Grand Opéra, wo es zuletzt 1975 neu herauskam. In der Bundesrepublik ist das gleichermaßen musikalisch wie szenisch anspruchsvolle Werk zuletzt 1979 in Kiel in einer Neuinszenierung zu sehen gewesen.

W.K.

Antonín Dvořák

* 8. September 1841 in Nelahozeves (Mühlhausen) bei Kralup (Böhmen), † 1. Mai 1904 in Prag

Alfred (1870, konzertante Urauff. 1937 Rundfunk, Prag, szenisch Olomouc 1938), T: Theodor Körner

Der König und der Köhler, op. 14 (1871, Urauff. 1929 Prag), T: Bernhard Guldener, V: AE; 2. Fassung 1874 Prag, V: Beseda

Die Dickschädel, op. 17 (1881 Prag), T: Josef Štolba, kO., E., V: Beseda

Vanda, op. 25 (1876 Prag), T: Václav Beneš-Šumavský

Der Bauer ein Schelm, op. 37 (Der Schelm und die Bauern; 1878 Prag), T: Josef Otakar Veselý, kO., V: Simrock; Neubearb. v. Kurt Honolka (1965), V: AP (AE)

Dimitrij, op. 64 (1882 Prag), T: Marie Červinková-Riegrová, V: Beseda; 2. Fassung 1894; Neubearb. v. K. Honolka (1959 Hamburg), V: AP (AE)

Der Jakobiner, op. 84 (1889 Prag), T: M. Červinková-Riegrová, V: A&S; Neubearb. v. K. Honolka, V: AP (AE)

Die Teufelskäthe, op. 112 (Katinka und der Teufel; 1899 Prag), T: Adolf Wenig; deutsche Fassung v. Richard Batka u. Hans Reinmar, V: AP (AE)

Rusalka, op. 114 (Die Nixe; 1901 Prag), T: Jaroslav Kvapil; deutsche Fassung v. Robert Brock, V: AP (AE)

Armida, op. 115 (1904 Prag), T: Jaroslav Vrchlický, V: Beseda; deutsche Fassung v. K. Honolka, V: AP (AE)

Der Jakobiner

Oper in drei Akten. Libretto von Marie Červinková-Riegrová.

SOLISTEN: *Graf von Harasov* (Seriöser Baß, m. P.) – *Bohuš,* sein Sohn (Kavalierbariton, auch Lyrischer Bariton, gr. P.) – *Adolf,* sein Neffe (Charakterbariton, m. P.) – *Julia,* Bohuš' Gattin (Jugendlich-dramatischer Sopran, gr. P.) – *Filip,* Schloßverwalter (Spielbaß, gr. P.) – *Jiří,* ein junger Jäger (Lyrischer Tenor, gr. P.) – *Benda,* Lehrer und Regens chori (Spieltenor, auch Charaktertenor, m. P.) – *Terinka,* seine Tochter (Lyrischer Koloratursopran, auch Lyrischer Sopran, gr. P.) – *Lotinka,* Beschließerin im Schloß (Alt, auch Mezzosopran, kl. P.).
CHOR: Bürger. Bürgerinnen. Jugend. Schulkinder. Musikanten. Wachen. Landleute (gemischter Chor und Kinderchor, gr. Chp.).
BALLETT
ORT: Ein Landstädtchen in Böhmen.
SCHAUPLÄTZE: Marktplatz am Kirchweihsonntag – Stube bei Benda – Prunksaal im Schloß.
ZEIT: Während der Französischen Revolution, um 1793.
ORCHESTER: 2 Fl., Picc., 2 Ob., Eh., 2 Kl., Bkl., 2 Fag., Kfag. – 4 Hr., 2 Trp., 3 Pos., Tuba – P., Schl., Hrf. – Str.
GLIEDERUNG: Durchkomponierte Großform.
SPIELDAUER: etwa 2¾ Stunden.
HANDLUNG: In einem kleinen böhmischen Landstädtchen feiert man den Kirchweihsonntag. Während die Gemeinde in der Kirche noch den Schlußchoral anstimmt, kommen Bohuš und Julia. Bohuš ist der Sohn des Grafen, dem das Schloß und die Stadt gehören. Der alte Graf hat ihn vor Jahren verstoßen, weil Bohuš mit den Ideen der Französischen Revolution sympathisierte und weil ihn des Grafen Neffe Adolf denunzierte, er sei zu den Jakobinern übergelaufen, sei ein Räuber und Mörder geworden. Mit seiner Frau Julia ist Bohuš nun zurückgekehrt aus der Fremde; das Heimweh hat ihn nach Hause getrieben. Die Messe ist zu Ende; die jungen Leute streben zum Wirtshaus gegenüber, wo schon zum Tanze aufgespielt wird. Aus der Kirche kommt auch der Regens chori Benda mit seiner Tochter Terinka. Terinka will mit ihrem Liebsten, dem jungen Jäger Jiří, ebenfalls zum Tanz gehen, doch da erscheint der ältliche, aufgeblasene Schloßverwalter, macht Terinka den Hof und fordert sie zum Tanze auf. Da ihr Vater darauf besteht, kann Terinka sich nicht widersetzen. Jiří platzt fast vor Eifersucht, zumal er nun von den anderen jungen Burschen verspottet wird, der

Alte habe ihm wohl seine Freundin ausgespannt. Terinka gelingt es, den alten Freier loszuwerden, und kommt zurück. Der aufgebrachte Jiří singt nun, von der Dorfjugend sekundiert, ein bissiges Spottlied auf den Schloßverwalter, der zunehmend böser wird und allen Konsequenzen androht. Bohuš tritt auf und fragt den Schloßverwalter nach dem Weg zum Grafen, doch dieser macht sich wichtig und will erst das Wer und Woher wissen, doch als er erfährt, die Fremden seien Künstler, wird er zugänglicher. Als der Schloßverwalter den mißratenen Sohn als Jakobiner verleumdet, ergreift Bohuš, sein Inkognito wahrend, dessen Partei – wer für die Freiheit der Menschen eintrete, sei noch lange kein Jakobiner. Als die Künstler dann auch noch sagen, sie wüßten, was wahre Jakobiner seien, denn sie kämen aus Paris, wird der Vogt vollends mißtrauisch. Doch ehe er etwas unternehmen kann, wird er unterbrochen: ganz überraschend für alle wird die Ankunft des Grafen gemeldet, der seit dem Tod seiner Frau das Schloß und das Dorf gemieden hatte. Er will den Bürgern ihren neuen Herrn, seinen Neffen Adolf, präsentieren. Als die Rede auf den Sohn kommt, zeigt er sich unversöhnlich. – Der Lehrer und Chordirektor hat aus Anlaß der Erhebung des neuen Herrn ein musikalisches Festspiel geschrieben, das er nun einstudiert: Terinka und Jiří, der einen schönen Tenor hat, singen die Solopartien einer Allegorie um Amor, Flora und den Genius. Alles klappt vorzüglich. Als Benda den Chor entlassen hat, bleibt Terinka allein, denn Benda weiß es einzurichten, daß Jiří mit ihm geht – der Vater erhofft sich Ehre und Sicherheit für die Tochter aus einer Heirat mit dem Schloßverwalter und sieht deshalb den Umgang des Mädchens mit dem jungen Jäger nicht gern. Terinka wünscht, die ewige Heimlichtuerei vor dem Vater möge endlich ein Ende haben. Jiří schleicht sich herzu, und beide versichern sich ihre Liebe. Da kommt Benda plötzlich zurück: schnell greifen die beiden nach Noten und »proben« noch einmal das Duett aus dem Festspiel. Doch der Lehrer ist mißtrauisch, weil die beiden so oft »probieren« und vorhin ja ganz richtig gesungen haben. Er entdeckt, daß die beiden aus den falschen Noten singen, und will Jiří hinauswerfen, denn er erwartet den Schloßverwalter, der um Terinkas Hand anhalten will. Doch da weigert sich Terinka, dem Alten anzugehören, und auch Jiří opponiert: beide drohen, wenn der Vater nicht nachgebe, würden sie am Abend beim Festspiel nicht singen. Der Lehrer gerät in arge Not: wenn das Festspiel ausfallen müßte, welche Schande. Da erscheinen verängstigt einige Chormitglieder mit den neuesten Nachrichten: im Dorf sollen sich zwei Jakobiner herumtreiben, die Polizei suche schon nach ihnen, aber sie seien wie vom Erdboden verschluckt. Da betreten Bohuš und Julia die Schulstube: sie wollen bei Benda um Quartier bitten, bis Bohuš beim Grafen vorgelassen wird. Alles erstarrt: da sind ja die Jakobiner, die man sich hier in Böhmen als finstere Mörder, Räuber und Kinderfresser vorstellt. Doch als sie versichern, sie seien

Künstler, will Benda sie auf die Probe stellen und fragt, ob sie etwas von Musik verstünden. Das sehnsuchtsvoll vertraute böhmische Lied, das daraufhin Bohuš und Julia anstimmen, überzeugt den Lehrer, dies könnten keine Jakobiner sein. Er nimmt sie herzlich auf und will auch für Bohuš beim Grafen vermitteln. Er befiehlt Terinka, die Fremden gut unterzubringen. Da erscheint, prächtig aufgeputzt und mit einem riesengroßen Blumenstrauß, der auf Freiersfüßen wandelnde Schloßverwalter. Benda begrüßt ihn ehrfurchtsvoll, aber er ist hin und her gerissen, denn er muß um sein Festspiel fürchten. Der eifersüchtige Jiří zudem will nicht aus dem Zimmer gehen. Doch Terinka weiß einen Rat: sie erzählt dem Schloßverwalter, sie habe am Grabe ihrer Mutter einen Schwur getan, nicht vor Ablauf von fünf Jahren zu heiraten. So sei der Antrag für sie zwar sehr ehrenvoll, aber der Freier möge halt die fünf Jahre noch warten. Der Schloßverwalter ist entsetzt, doch ehe er sich recht fassen kann, erscheint Adolf, um mit ihm Details der Herrschaftseinführung zu besprechen. Besonders geht es ihm darum, daß die beiden »Jakobiner« eingesperrt werden, denn er hat den Verdacht, daß Bohuš zurückgekehrt sein könnte, und dann würde es nichts mit seiner Übernahme der Herrschaft. Jiří, dem der Schloßvogt mit der Zwangsrekrutierung gedroht hat, wenn er ihm noch weiter im Wege stehe, hofft, bei dem neuen Herrn Gehör zu finden: er tritt hinzu und klagt den Schloßverwalter der Unterdrückung der Leute an. Doch bei Adolf ist er damit beim Falschen; er weist ihn barsch ab, und der Vogt droht ihm, er werde ihn zum Bettler machen. Da hält sich Bohuš nicht mehr zurück: er tritt ins Zimmer und gibt sich zu erkennen, ja, er beschuldigt Adolf, ihn beim alten Grafen verleumdet zu haben. Adolf hält ihm vor, er habe sich seinen Sturz selbst zuzuschreiben, warum habe er auch mit den neuen Ideen sympathisiert; es kommt zu einem heftigen Wortwechsel. Inzwischen hat sich der Verwalter fortgeschlichen und holt die Polizei. Adolf läßt Bohuš festnehmen; den Leuten sagt er, man solle ihn vor den Grafen führen, in Wirklichkeit aber läßt er ihn in den Kerker werfen. Alles ist entsetzt und verwirrt. – Jiří versucht, zum Grafen vorzudringen, um ihn von den Machenschaften seines Neffen und des Verwalters zu unterrichten, wird aber nicht vorgelassen. Adolf und der Verwalter verlassen das Schloß, um die letzten Vorbereitungen für das Fest der Herrschaftsübergabe zu treffen; sie schärfen der alten Beschließerin ein, niemanden zum Grafen zu lassen. Doch diese, die Bohuš aufgezogen hat, läßt heimlich Benda und Julia ein. Benda will zuerst versuchen, den alten Grafen umzustimmen. Er überreicht ihm seine neukomponierte musikalische Serenade und weiß das Gespräch auf die vergangenen Zeiten und auf den verlorenen Sohn zu bringen, aber der Graf läßt nicht mit sich reden, obwohl ihn die Erinnerungen an frühere, schöne Zeiten rühren. Da will Julia ihr Glück versuchen: sie spielt auf der Harfe der verstorbenen Gräfin jenes alte Wiegenlied, daß diese einst ihrem Sohn vorgesungen hat. Der Graf traut seinen Ohren nicht; er kommt, um zu sehen, wer da spielt, und Julia bittet ihn um Gerechtigkeit für Bohuš. Sie kann dem alten Grafen beweisen, daß Bohuš zu den gemäßigten Girondisten gehörte und nur mit Hilfe eines falschen Passes der Guillotine entfliehen konnte. Das Fest beginnt: die Bürger treten auf und bringen ihre Huldigungen dar. Doch ehe der Graf Adolf zum neuen Herrn machen will, verkündet er, er wolle nach altem Brauch Gnade walten lassen über jene, die gefehlt haben, und er befiehlt, daß man die Eingesperrten vorführt. Bohuš erscheint, und der alte Graf schließt ihn glücklich in seine Arme. Adolf und der Schloßverwalter haben ausgespielt; Bohuš und Julia werden nun mit dem Grafen wieder auf dem Schlosse leben, und Bohuš sorgt auch dafür, daß Terinka und Jiří ein Paar werden. Dann kann das lang erwartete Festspiel beginnen.

STILISTISCHE STELLUNG: Antonín Dvořáks siebente Oper ist – anders als die voraufgegangenen Werke, die sich an der großen historischen Oper und am Vorbild Wagners orientieren – bewußt volkstümlich gehalten. Nicht auf dramatische Situationen kam es Dvořák hier an, sondern auf die detailgenaue Zeichnung von Milieu und Typen: so liegt das Hauptgewicht der Partitur, die mit zahlreichen schlichten Gesängen und heiteren Tänzen durchsetzt ist, auf der Betonung der genrehaften Volks-Szenen und auf der heiteren Charakterisierung der Figuren: Terinka, ihr widerspenstig-störrischer Geliebter Jiří, der eitle, aufgeblasene, in seiner Verliebtheit lächerliche Schloßverwalter, der ernst-väterliche Lehrer Benda, mit dem Dvořák – zumal in der Serenadenprobe des II. Aktes – allen böhmischen Dorflehrern und Musikern ein unverlierbares Denkmal gesetzt hat; sie alle bieten den heiteren Hintergrund, vor dem sich die Heimkehr des verlorenen Sohnes vollzieht; ja, vor der Lebhaftigkeit des ländlichen Treibens droht der Hauptkonflikt der Oper – sieht man einmal vom III. Akt ab – fast in den Hintergrund zu geraten.

TEXTDICHTUNG: Das Libretto der Oper schrieb Marie Červinková-Riegrová für Dvořák; sie mag dabei so etwas wie eine heiter-böhmische Variante der ›Räuber‹ im Sinn gehabt haben. Die pralle Charakteristik der Figuren mag für sie wichtiger gewesen sein als die dramaturgische Logik des Stückes, in dem es zu einer Entwicklung nicht kommt, sondern – in fast märchenhafter Weise – das Gute siegt und das Böse bestraft wird.

GESCHICHTLICHES: Dvořák komponierte vom November 1887 bis zum November 1888 am ›Jakobiner‹. Die Uraufführung am 12. Februar 1889 im Prager Nationaltheater dirigierte Adolf Čech. Das Werk hatte großen Erfolg, allein 1889 wurde es zwanzigmal aufgeführt. 1897 entschloß sich Dvořák zu einer eingreifenden Umarbeitung; er straffte und konzentrierte die Handlung. In dieser bis heute gültigen Form kam das Werk am 19. Juni 1899 wieder am Prager Nationaltheater heraus, allerdings mit nur mäßigem Erfolg. 1909 gab es eine neue, mit einigen Strichen versehene Einstudierung, die dem Werk zum dauerhaften Erfolg verhalf. Bis heute gehört der ›Jakobiner‹ zu den meistgespielten Opern in der Tschechoslowakei: 1948 verzeichnete man die dreihundertste Aufführung allein in Prag. Außerhalb der Tschechoslowakei konnte sich das Werk nur langsam durchsetzen: die erste Aufführung (als Gastspiel aus Bratislava) in Wien war 1929, in deutscher Sprache kam die Oper zuerst am Stadttheater Teplitz-Schönau am 12. Dezember 1931 heraus. Danach faßte es Fuß an verschiedenen deutschsprachigen Bühnen (Mannheim, Dresden, Berlin, Kassel, Wiesbaden, Nürnberg, Weimar, Essen) und verdient noch heute wegen seiner hohen musikalischen Schönheiten häufigere Berücksichtigung.

W. K.

Rusalka

Lyrisches Märchen in drei Akten. Dichtung von Jaroslav Kvapil.

Solisten: *Der Prinz* (Jugendlicher Heldentenor, gr. P.) – *Die fremde Fürstin* (Dramatischer Sopran, m. P.) – *Rusalka* (Jugendlich-dramatischer Sopran, gr. P.) – *Der Wassermann* (Seriöser Baß, auch Heldenbariton, gr. P.) – *Die Hexe* (Dramatischer Alt, auch Dramatischer Mezzosopran, m. P.) – *Der Heger* (Tenor, auch Bariton, m. P.) – *Der Küchenjunge* (Mezzosopran, m. P.) – *1. Elfe* (Sopran, m. P.) – *2. Elfe* (Mezzosopran, auch Alt, m. P.) – *3. Elfe* (Alt, m. P.) – *Ein Jäger* (Tenor, auch Bariton, kl. P.).
Chor: Gefolge des Prinzen. Hochzeitsgesellschaft. Elfen und Nixen (kl. Chp.).
Ballett: Elfen (3 Solotänzerinnen). Hochzeitstanz (1 Solotänzerin und 12 Paare).
Schauplätze: Eine Wiese am Ufer eines Sees, ringsum Wälder; seitwärts eine morsche Hütte (Behausung der Hexe) – Schloßpark. Im Hintergrund rechts: Säulengang und der Festsaal. Im Vordergrund links: unter alten Bäumen ein Weiher, zu dem aus der Loggia des Schlosses Stiegen führen – Wie 1. Bild.
Orchester: 2 Fl., 1 Picc., 2 Ob., 1 Eh., 2 Kl., 1 Bkl., 2 Fag., 4 Hr., 3 Trp., 3 Pos., 1 Bt., P., Schl., Hrf., Str. – Bühnenmusik: Hörner, Harm.
Gliederung: Durchkomponierte symphonisch-dramatische Großform.
Spieldauer: etwa 3 Stunden.
Handlung: Auf einer Weide, deren Zweige den Wasserspiegel des Sees berühren, sitzt traurig eine Rusalka (Nixe). Auch die fröhlichen

Tänze der Elfen im Mondenschein, die sogar den alten Wassermann aus der Tiefe des Sees herbeilocken, können sie nicht erheitern. Nachdem sich die Elfen entfernt haben, gesteht die Nixe dem Wassermann, unter den Menschen leben und einer menschlichen Seele teilhaftig werden zu wollen. Denn nur so werde sie die Liebe des schönen Prinzen gewinnen, der neulich hier im See gebadet habe und nach dem sich ihr Herz seither in Sehnsucht verzehre. Vergeblich warnt der Wassermann sie vor den Gefahren eines solchen Unterfangens. Schließlich, von Mitleid gerührt, rät ihr der gutmütige Alte, sich an die Hexe zu wenden. Diese erklärt der Rusalka, die Erfüllung ihres Wunsches sei möglich, aber nur unter harten Bedingungen: ihr Mund werde jedem menschlichen Ohr verschlossen bleiben, und sollte sie das Glück, das sie ersehnt, nicht finden, müsse sie wieder in das Geisterreich zurückkehren und gleichzeitig dem Geliebten den Tod bringen. Die Nixe ist zu allem bereit, ist sie doch überzeugt, durch ihre Liebe allen bösen Zauber zu bannen. Während die Hexe in ihrer Hütte die Verzauberung vornimmt, erscheint der Prinz, angelockt von einem weißen Reh. Träumend läßt er sich am Ufer des Sees nieder. Da erscheint aus der Hexenhütte, barfuß und ärmlich gekleidet, die Nixe in Gestalt eines bezaubernd schönen Mädchens. Der Prinz ist hingerissen. Während aus der Tiefe des Sees die klagenden Stimmen des Wassermanns und der Nixen ertönen, fällt ihm die Rusalka stumm in die Arme. Er hüllt sie in seinen Mantel und führt sie hinweg auf sein Schloß. – Im Schloßpark unterhält sich der Heger mit dem Küchenjungen über das aufregende Ereignis, daß der Prinz heute ein Mädchen heirate, dessen Name und Herkunft niemand kenne und das noch mit keinem ein Wort gewechselt habe. Als die beiden das junge Paar herankommen sehen, laufen sie schleunigst davon. Mit ängstlichem Blick forscht der Prinz nach den Gründen des seltsamen Gebarens der Geliebten, die seinen leidenschaftlichen Liebesbeteuerungen gegenüber bis jetzt stumm geblieben ist. Da tritt zwischen die beiden eine fremde Fürstin, die als Hochzeitsgast gekommen ist. Spöttisch fragt sie den Prinzen, warum seine Braut sich nur durch Blicke mit ihm unterhalte. Schlagfertig antwortet der Prinz, daß ihre Blicke ihn offenbar seine Pflichten als Gastgeber vergessen ließen. Er reicht der Fürstin galant den Arm und entfernt sich mit ihr, während er die Rusalka in rauhem Ton auffordert, sich jetzt im Schloß für das Fest zu schmücken. Die Hochzeitsfeierlichkeiten beginnen mit einem höfischen Tanz. Der Prinz erscheint an der Seite der Fürstin. Gleichzeitig taucht, von den Anwesenden unbemerkt, der Wassermann aus dem Schloßteich auf. Schließlich kommt, reich gekleidet, die Rusalka. Während die Gäste kostbare Geschenke überreichen, unterhält sich der Prinz ausschließlich mit der Fürstin, und als sich anschließend die Gesellschaft in den Festsaal begibt, bleibt die Rusalka allein zurück. Verzweifelt stürzt sie an den Teich, wo sie den Wassermann erblickt, dem sie ihr tiefes Leid klagt.

Da kommt der Prinz mit der Fürstin. Er macht ihr eine feurige Liebeserklärung und nennt die Hochzeit mit dem bleichen Mädchen nur ein Abenteuer zum Zeitvertreib. Als die Rusalka ihm daraufhin in die Arme stürzt, stößt er sie entsetzt von sich. Mit geisterhafter Stimme verkündet nun der Wassermann dem Prinzen das Schicksal, das ihm droht, und verschwindet mit der Rusalka in die Tiefe. In Todesangst beschwört der Prinz die Fürstin, ihm beizustehen. Sie weist ihn jedoch kalt ab und entfernt sich mit hochmütiger Miene. – Die Rusalka sitzt, gebrochen und gealtert, auf dem Weidenbaum am See. Aus dem frohen Kreis ihrer Schwestern ist sie für immer verbannt. Da kommt die Hexe. Sie weiß der Rusalka Rat für eine Rückkehr zu den Ihren: Mit dem Messer, das sie ihr überreicht, soll sie das Herz des Mannes durchbohren, der sie treulos verlassen hat. Aber die Nixe wirft das Messer in den See; lieber wolle sie ewig leiden, als dem Geliebten ein Leid antun. Während die Hexe hohnlachend in ihre Hütte zurückhumpelt, versinkt die Rusalka in hoffnungsloser Trauer in den See. Nun erscheint vor der Hexe der Heger mit dem Küchenjungen. Sie wollen ein Heilmittel für ihren kranken Herrn, den ein teuflisches Waldmädchen, das er heiraten wollte, verlassen und verzaubert habe. Empört taucht der Wassermann aus dem See; er verflucht das verlogene Menschenpack und schwört ihm Rache, woraufhin Heger und Küchenjunge sich eilig aus dem Staub machen. Bei Aufgang des Mondes versammeln sich wieder die Elfen zu fröhlichem Reigen. Betroffen ziehen sie sich in den Wald zurück, als der Wassermann ihnen von dem traurigen Los seiner liebsten Nixe berichtet. Von Gewissensbissen verfolgt stürmt der Prinz herbei. Er sucht nach seinem weißen Reh. Da taucht langsam aus dem See die Rusalka auf. Über ihrem Haupt glänzt ein Irrlicht. Sie ruft dem Prinzen, der sie um Vergebung bittet. Wehmütig hält sie ihm vor, daß ihr Kuß, der einst ein Labsal ihres Liebesglücks, ihm nun den Tod bringen werde. Der Prinz will aber seine Schuld sühnen. Die Rusalka umarmt den Wiedergefundenen, der an ihrem Kuß stirbt. Mit einem letzten Kuß empfiehlt sie die Menschenseele der Gnade Gottes, worauf sie in den Fluten des Sees verschwindet.

Stilistische Stellung: Dvořák war in seinem dramatischen Schaffen stark von Richard Wagner beeinflußt. Dies wird auch bei seiner vorletzten Oper, ›Rusalka‹, offenbar. Der zart-romantische Stoff, dessen poetischen Gehalt Lortzing in seiner ›Undine‹ durch eine volkstümliche Gestaltung in Libretto und Musik so stilvoll gewahrt hat, erscheint hier in dem schweren Gewand des Musikdramas, wobei nach dem Wagnerschen Vorbild die Erlösungsidee in den Brennpunkt gerückt ist. Auch rein äußere Parallelen, wie zum Beispiel die Szene der drei Elfen mit dem Wassermann (›Rheingold‹), finden sich vor. Wenngleich sich der tschechische Meister in seiner Musik der Wagnerschen Errungenschaften bedient hat (Harmonik, Instrumentation, formale Anlage), wahrt er in dem nationalen Stil seiner klangüppigen Tonsprache, in der charakteristischen Melodik und Rhythmik absolut ein starkes Eigenprofil. Überdies verzichtet er vollends auf das wesentlichste musikalische Gestaltungsmittel Wagners, die Leitmotivtechnik, obwohl gewisse prägnante Themen (wie das Rusalka-, das Wassermann-, das Elfenthema) im Lauf der Oper immer wiederkehren. In den musikdramatischen Dialog sind verschiedentlich geschlossene Gebilde eingebaut, die besonders der Titelheldin und dem Prinzen Gelegenheit zu lyrischen Ergüssen und arioser Entfaltung verschaffen.

TEXTDICHTUNG: Das tragische Los jener verführerischen, aber seelenlosen Wasserweibchen, die ihr feuchtes Element verlassen haben, um die Liebe von Menschensöhnen zu gewinnen, hat in allen Kulturländern und zu allen Zeiten immer wieder Dichter und Musiker zu künstlerischer Gestaltung dieses Themas angeregt. Der tschechische Dichter Jaroslav Kvapil (1868–1950) verfuhr bei der Abfassung seines Textbuches zu Dvořáks ›Rusalka‹ ähnlich wie Richard Wagner bei der Gestaltung seiner Sagenstoffe, indem er nicht ein bestimmtes Märchen dramatisierte, sondern die Opernhandlung nach verschiedenen Quellen aufbaute. So liegt der Operndichtung in erster Linie Hans Christian Andersens Märchen ›Die kleine Seejungfrau‹ zugrunde. Daneben verarbeitete der Librettist auch noch Motive aus dem altfranzösischen Sagenkreis um die schöne Melusine sowie aus Friedrich Fouqués ›Undine‹ und Gerhard Hauptmanns ›Versunkene Glocke‹. Entsprechend der sentimentalischen Zeichnung der Titelheldin, welche die Handlung des Stückes dominierend trägt, gab Kvapil dem Opernbuch die Bezeichnung ›Lyrisches Märchen‹. Die erste deutsche Übersetzung besorgte die Wiener Schriftstellerin Josa Will (Willden), eine neue deutsche Fassung stammt von Robert Brock.

GESCHICHTLICHES: ›Rusalka‹ ist das vorletzte Werk, das Dvořák vor seinem Tod geschrieben hat. Die Oper ist in der Zeit vom 21. April bis 27. November 1900 entstanden und wurde am 31. März 1901 am Tschechischen Nationaltheater in Prag uraufgeführt. Beim tschechischen Opernpublikum erfreut sich das Werk der gleichen Beliebtheit wie Smetanas ›Verkaufte Braut‹. Auch in den anderen slawischen Ländern hat es einen festen Platz im Repertoire der Opernbühnen erlangt. Neuerdings begegnet ›Rusalka‹ dank ihren musikalischen Schönheiten auch in Deutschland Interesse.

Werner Egk

* 17. Mai 1901 in Auchsesheim (Bayern), † 10. Juli 1983 in Inning am Ammersee

Die Zaubergeige (1935 Frankfurt/M.), T: nach Franz v. Pocci v. Ludwig Andersen u. vom Komponisten, kO., V: Schott; Neufassung 1954 Stuttgart

Peer Gynt (1938 Berlin), T: nach Henrik Ibsen vom Komponisten, V: Schott

Columbus (1942 Frankfurt/M.), T: der Komponist, V: Schott; Neufassung 1951

Circe (1948 Berlin), T: nach Pedro Calderón de la Barca vom Komponisten, V: Schott

Irische Legende (1955 Salzburg), T: nach William Butler Yeats vom Komponisten, V: Schott; Neufassung 1971 (München, Rundfunk); Neufassung 1975 (Augsburg)

Der Revisor (1957 Schwetzingen), T: nach Nikolaj W. Gogol vom Komponisten, kO., V: Schott

Die Verlobung in San Domingo (1963 München), T: nach Heinrich v. Kleist vom Komponisten, V: Schott

17 Tage und 4 Minuten (1966 Stuttgart), T: nach P. Calderón vom Komponisten, V: Schott

Die Zaubergeige

Spieloper in drei Akten. Dichtung nach Franz von Pocci von Ludwig Andersen und Werner Egk.

Solisten: *Kaspar* (Spielbariton, gr. P.) – *Gretl* (Lyrischer Sopran, auch Soubrette, gr. P.) – *Der Bauer* (Charakterbaß, kl. P.) – *Ninabella* (Dramatischer Koloratursopran, auch Jugendlich-dramatischer Sopran, gr. P.) – *Amandus* (Lyrischer Tenor, gr. P.) – *Guldensack* (Schwerer Spielbaß, auch Charakterbariton, gr. P.) – *Amalie* (Spielalt, kl. P.) – *Cuperus* (Seriöser Baß, m. P.) – *Fangauf* (Spieltenor, m. P.) – *Schnapper* (Spielbaß, m. P.) – *Der Bürgermeister* (Charaktertenor, auch Charakterbaß, kl. P.) – *Der Richter* (Tenor, kl. P.) – *1. Lakai* (Tenor, kl. P.) – *2. Lakai* (Baß, kl. P.) – *Ein Offizier* (Stumme Rolle).

Chor: Elementargeister. Dienerschaft der Ninabella. Gäste. Gerichtspersonen. Trommler. Stadtwache. Volk (im III. Akt Bässe geteilt in Volk und in Stadtwache, m. Chp.).

Schauplätze: Bauernstube – Wald, Kreuzweg mit Wegweiser – Speisesaal im Schloß der Ninabella – Zimmer in einem vornehmen Gasthof – Parkartiger Garten vor dem Schloß der Ninabella – Hügeliges Gelände außerhalb der Stadt.

Orchester: 2 Fl. (beide auch Picc.), 2 Ob. (II. auch Eh.), 2 Kl., 2 Fag. (II. auch Kfag.), 4 Hr., 3 Trp., 3 Pos., 1 Bt., P., Schl., Cel., Str. (in möglichst starker Besetzung). – Bühnenmusik: 2 Viol., 2 Kl., 2 Hr.,

2 Fag., 1 Kb. (aus dem Orchester zu entnehmen), 4 Rührtrommeln oder 4 kl. Tr., Armesünderglöcklein.
GLIEDERUNG: Durchkomponierte Großform; vor dem 1., 2., 4. und 6. Bild je ein Vorspiel.
SPIELDAUER: etwa 2¾ Stunden.
HANDLUNG: Kaspar, der in sich die Berufung zu etwas Höherem fühlt, will nicht länger bei dem groben Bauern dienen. Als die Magd Gretl, seine Geliebte, kommt und ihn auffordert, Mist zu fahren, teilt er ihr seinen Entschluß mit. Gretl will mit ihm ziehen. Als Kaspar sodann von dem Bauern seinen Lohn von fünf Talern verlangt, rechnet ihm dieser vor, daß er, da er Axt, Hacke und Pflug verdorben habe, nicht nur nichts mehr ausbezahlt bekomme, sondern ihm noch drei Taler schulde. Damit nun Kaspar fortziehen kann, bleibt Gretl als Pfand zurück. Sie gibt ihm noch drei Kreuzer mit auf den Weg, die ihm Glück bringen mögen, und in einem zärtlichen Abschied, bei dem er ihr treu zu bleiben verspricht, entläßt sie ihn mit frommen Segenswünschen. – An einer Straßenkreuzung im Wald treffen die beiden Banditen Fangauf und Schnapper zusammen; sie klagen über lausige Zeiten und trennen sich schließlich wieder, um auf Beutefang auszugehen, nachdem sie noch vereinbart haben, sich um sechs Uhr wieder an diesem Ort einzufinden. Da kommt Kaspar müde des Weges. Während er auf dem Wegweiser die Namen der darauf verzeichneten Orte liest, erscheint plötzlich vor ihm Cuperus, der mächtige Beherrscher der Elementargeister, in Gestalt eines Bettlers. Der gutherzige Kaspar, obwohl selbst hungrig, schenkt ihm seine drei Glückskreuzer. – Kaspar sieht sich plötzlich in das Erdinnere versetzt; vor ihm thront, umgeben von seinen Elementargeistern, Cuperus. Als Belohnung für seine gute Tat darf Kaspar einen Wunsch äußern. Er überlegt zunächst, ob er sich ein Haus, einen Hof, ein Schloß oder Liebe, Geld, Mut, Geist, Ehre wünschen soll. Mit einem Mal kommt ihm die Idee, eine Wundergeige zu verlangen, durch deren Zauberton er sich alles verschaffen könnte, nach dem sein Herz verlangt. Kaspar erhält das Gewünschte von den Geistern überreicht; die Zauberwirkung der Geige ist allerdings an eine Bedingung gebunden: Kaspar muß der Liebe entsagen und darf diese Bedingung auch nicht verraten. – An die Wegkreuzung zurückversetzt, versucht Kaspar sogleich auf seiner Geige zu spielen. Die Straße herbei kommt Guldensack mit einem Sack voll Gold, den er sich ergaunert hat. Er preist das Geld als das beste Skapulier, weil man sich dafür alles, was das Herz begehrt, verschaffen kann. Kaspar ist entrüstet über den »Geldwolf« und springt ihm unversehens in den Weg. Guldensack zieht aber rasch zwei Pistolen, woraufhin Kaspar ganz kleinlaut wird und sich als harmloser Musikant ausgibt. Auf Guldensacks Verlangen spielt er seine Geige. Da fängt dieser an, sich zu drehen, und tanzt, bis er besinnungslos zusammenbricht. Kaspar entfernt sich jetzt schleunigst. Die beiden Banditen kommen ver-

abredungsgemäß zurück; sie stoßen auf den schnarchenden Guldensack und rauben ihn bis aufs Hemd aus, worauf sie mit ihrer Beute befriedigt abziehen. Als Guldensack zu sich kommt, schwört er dem Teufelsmusikanten Rache, da er sich von ihm beraubt glaubt. – Im Speisesaal des Schlosses der schönen Ninabella wartet Amandus des Morgens sehnsüchtig, von der Schloßherrin empfangen zu werden. Er ist untröstlich, daß seine Gefühle von ihr bis jetzt noch unerwidert geblieben sind, während seine Liebe zu ihr ständig zunimmt. Gretl, die jetzt Zofe bei Ninabella ist, überbringt Amandus im Auftrag ihrer Herrin die Einladung zur Abendtafel und meldet ihm, Ninabella lasse ihn bitten nachzusehen, ob die Schauspieler schon angekommen seien. Überglücklich verspricht Amandus, den Bescheid der Herrin selbst überbringen zu wollen. Als Guldensack, schlechtgelaunt, zum Frühstück kommt, läßt Gretl sogleich für den »Marschalk« den Tisch dekken. Zu Guldensacks Entsetzen berichtet der zurückkommende Amandus, daß die Schauspieler abgesagt hätten. Unerwartet betritt Ninabella den Speisesaal. Als sie von der Absage erfährt, fordert sie Guldensack auf, als Ersatz den hochberühmten Geiger Spagatini für das Fest herbeizubringen. Den seine Liebe stürmisch beteuernden Amandus entläßt sie mit neuen Hoffnungen; dann schickt sie Gretl mit einem kostbaren Schmuck und einem seltsamen Begleitspruch zu dem sehnlichst erwarteten Geiger. – Auf seinem Zimmer in einem vornehmen Gasthof hat Kaspar soeben fein gespeist, als Guldensack erscheint, der Kaspar gleich wiedererkennt. Mit geheuchelter Unterwürfigkeit entledigt er sich seines Auftrags und bietet zunächst ein Honorar von zehn Dukaten an, das aber Kaspar rasch auf tausend steigert. In dem Hochgefühl, nun Gelegenheit zur Rache zu bekommen, geht Guldensack weg. Kaspar läßt sich daraufhin von den Lakaien auskleiden. Als er eben im Begriff ist einzuschlafen, kommt Gretl. Während sie Ninabellas Spruch vorträgt, erkennt sie plötzlich ihren Kaspar. Entzückt will sie ihm um den Hals fallen. Kaspar wehrt sie jedoch ab und erklärt, er dürfe ihr den Grund seiner Ablehnung nicht sagen. Tiefbetrübt entfernt sich Gretl und klagt, daß sie sich erst jetzt verlassen fühle. Kaspar betäubt seine düstere Stimmung mit Alkohol. Alsbald erhält er den Besuch einer Abordnung mit dem Bürgermeister an der Spitze, der ihm salbungsvoll eine schwergoldene Kette überreicht. – In Ninabellas Garten klärt Guldensack Amandus über den Teufelsmusiker auf, während aus dem Schloß Kaspars Geigenspiel ertönt. Nach dem Konzert erscheinen die Gäste mit Ninabella und Kaspar auf der Terrasse. Das ältliche Fräulein Amalie sucht sich an Kaspar heranzumachen, wird aber von Ninabella gehindert, die von Kaspar zum Tanz geführt wird, während Amandus sich mit Amalie begnügen muß. Nach einer Weile erscheint Ninabella, verführerisch gekleidet, im Pavillon; sie hatte Kaspar durch Gretl heimlich ein Briefchen überreichen lassen, in welchem sie ihn hierher bestellte. Kaspar kommt, die Geige unterm Arm. Nach anfänglichem Zögern kann er ihren zärtlichen Werbungen nicht mehr widerstehen und küßt sie leidenschaftlich. Da stürmt Gretl herbei und warnt Kaspar vor der Wache, die unter Guldensacks Führung soeben den Garten betritt. Eiligst führt Amandus Ninabella, in seinen Mantel gehüllt, fort. Kaspar ergreift seine Geige, aber er vermag sie nicht zu spielen. Guldensack läßt ihn fesseln und abführen. Daraufhin erscheint Cuperus im Bettlergewand, er nimmt die Geige unter seinen Mantel und entfernt sich. – Auf dem hügeligen Gelände vor der Stadt treffen sich die Banditen Fangauf und Schnapper in der Nähe des Galgens. Fangauf gibt Schnapper die von Guldensack erbeutete Geldkatze. Bald darauf erscheint ein düsterer Zug mit dem gefesselten Kaspar, begleitet von einer großen Menge. Nach dem Urteilsspruch wirft sich Gretl dem Richter zu Füßen und fleht um Gnade für den Verurteilten. Vergebens: Kaspar darf lediglich noch einen Wunsch äußern. Er bittet, noch einmal mit Gretl sprechen zu dürfen. Kaspar gesteht jetzt Gretl, daß er sie immer und unerschütterlich geliebt habe, und bittet sie um Verzeihung. Nach einem rührenden Abschied wird Kaspar mit dem Armesünderhemd bekleidet. In diesem Augenblick erscheint Cuperus. Er reicht Kaspar die Geige, was Guldensack bemerkt. Als dieser erregt ruft: »Nehmt ihm die Geige weg!«, befiehlt der Richter, Cuperus festzunehmen. Irrtümlich wird aber Guldensack verhaftet. Auf Verlangen der Menge spielt Kaspar die Geige, woraufhin alle zurückweichen. Cuperus winkt Fangauf, der tänzelnd hervortritt und erklärt, daß Kaspar Guldensack nicht beraubt habe. Dann folgt Schnapper mit dem Geständnis, das Geld dem Gauner abgenommen zu haben, der es selbst gestohlen habe. Inzwischen sind nach und nach alle bis auf Kaspar, Gretl und Cuperus verschwunden. Dieser erklärt Kaspar, ihm ein zweites Mal nicht mehr helfen zu können, er dürfe die Geige behalten, solle jedoch in Zukunft besser der Bedingung eingedenk bleiben. Aber Kaspar verzichtet; er wünscht, von nun an zeitlebens mit Gretl zusammen zu sein, gesund zu bleiben und sein tägliches Brot zu haben. Cuperus sagt ihm die Erfüllung seiner Wünsche zu und verschwindet.

Stilistische Stellung: Die in klarer Anschaulichkeit gestaltete Märchenhandlung, die auch mit humorvollen Episoden gewürzt ist, bestimmte den Komponisten, die Vertonung im Stil einer Spieloper vorzunehmen. Egks einfallsreiche, von volkstümlichen Melodien und Rhythmen durchsetzte Musik sowie die plastische, farbenreiche formale Gestaltung zeugen von einem imponierenden Können. Freilich wird bisweilen durch harmonische Kühnheiten (bitonale Klangmischungen) und eine komplizierte Rhythmik, die zu der schlichten Zeichnung des Märchenstoffes in der Dichtung in einem gewissen Gegensatz stehen, der Rahmen der Spieloper gesprengt, was der Einheitlichkeit des Werkes Abbruch tut.

Textdichtung: Die Operndichtung wurde unter Verwendung deutscher Barockdichtung in Zusammenarbeit mit dem Komponisten von Ludwig Andersen (Pseudonym für Dr. Ludwig Strecker) ausgeführt. Als Vorlage diente ein Märchen des Zeichners, Dichters und Musikers Franz Graf von Pocci (1807–1876), dessen Kasperl-Komödien bis heute auf Marionettentheatern und ähnlichen Bühnen lebendig geblieben sind.

GESCHICHTLICHES: Die Uraufführung der ›Zaubergeige‹ erfolgte am 22. Mai 1935 am Opernhaus zu Frankfurt/M. mit aufsehenerregendem Erfolg, auf den hin das Werk über zahlreiche weitere Bühnen Verbreitung fand.

Peer Gynt

Oper in drei Akten in freier Neugestaltung nach Henrik Ibsen. Dichtung vom Komponisten.

SOLISTEN: *Peer Gynt* (Heldenbariton, auch Kavalierbariton, auch Charakterbariton, gr. P.) – *Solveig* (Jugendlich-dramatischer Sopran, m. P.) – *Aase* (Dramatischer Alt, m. P.) – *Ingrid* (Sopran, kl. P.) – *Mads* (Spieltenor, kl. P.) – *Der Alte* (Heldentenor, auch Charaktertenor, m. P.) – *Die Rothaarige* (Charaktersopran, auch Dramatischer Sopran, auch Jugendlich-dramatischer Sopran, gr. P.) – *Drei Kaufleute* (Tenor, Bariton und Baß, kl. P.) – *Der Präsident* (Baß, kl. P.) – *Drei schwarze Vögel* (Soprane, kl. P.) – *Ein Unbekannter* (Baß, kl. P.) – *Der Haegstadbauer* (Baß, kl. P.) – *Der Schmied* (Baß, auch Bariton, kl. P.) – *Der Vogt* (Tenor, kl. P.) – *Frau des Vogtes* (Alt, auch Mezzosopran, kl. P.) – *Ein alter Mann* (Baß, kl. P.) – *Ein Hoftroll* (Tenor, kl. P.) – *Ein ganz kleiner Troll* (Sopran, kl. P.) – *Ein Kellner* (Tenor, kl. P.) – *Ein häßlicher Junge* (Sprechrolle, kl. P.) – Solotänzer: *Solveigs Eltern – Klein Helga – Eine Kuh – Ein Ziegenbock – Ein Matrose – Ein Neger – Arlecchino – Pagliaccio – Gracioso – Hanswurst – Clown*.

CHOR: Hochzeitsgäste. Trolle. Schiffsbesatzung. Matrosen. Neger. Dirnen. Tänzerinnen (8. Bild: Bässe geteilt in 6 Würdenträger und allgemeinen Chor, 9. Bild: Doppelchor; m. Chp.).

BALLETT: 3. Bild: Tanz Kuh-Ziegenbock; 6. Bild: Pantomime (siehe auch unter Solisten).

SCHAUPLÄTZE: Eine kahle Anhöhe – Hofplatz auf Haegstad – Geröllhalde im Hochgebirge – Ein Saal im Berg des Alten – Waldlichtung im Hochgebirge – Kai einer mittelamerikanischen Hafenstadt – Hafenschenke in Mittelamerika – Ein niedergebrannter Wald in Peers Heimat – Saal im Berg des Alten – Die Waldlichtung mit Peers Blockhütte.

ZEIT: Etwa Mitte des 19. Jahrhunderts.

Orchester: 2 Fl., 1 Picc., 2 Ob., 1 Eh., 2 Kl., 1 Bkl., 2 Fag., 1 Kfag., 4 Hr., 3 Trp., 3 Pos., 1 Bt., P., Schl., Cel., Hrf., Str. – Bühnenmusik: Harm., Gl.
Gliederung: Durchkomponierte musikdramatische Großform.
Spieldauer: etwa 3 Stunden.
Handlung: Auf einer Anhöhe ist der Träumer Peer Gynt in den Anblick einer Wolke versunken; er ruft ihr zu, sie möge ihn doch mitnehmen, fort in die weite Welt. Auf dem Weg zum Hof des Haegstadbauern gehen Hochzeitsgäste an ihm vorüber. Der Schmied fordert Peer auf, sich auch dorthin zu begeben, wo heute die vordem auch von Peer begehrte Ingrid Hochzeit mit dem Tölpel Mads mache. Peer erklärt lakonisch zu tun, was ihm behage. – Auf Haegstad beklagt sich der Bräutigam beim Vater der Braut, daß diese sich in ihrer Kammer eingesperrt habe. Inzwischen ist Peer als ungeladener Gast auf dem Hof erschienen. Die Mädchen weigern sich aber, mit ihm zu tanzen. Als er sich empört wieder entfernen will, erregt die schöne Solveig seine Aufmerksamkeit, die soeben mit ihren Eltern und ihrer kleinen Schwester Helga angekommen ist. Aber auch sie will vorerst nicht tanzen. Da sie erst seit kurzem in dieser Gegend ansässig ist, fragt sie Peer nach seinem Namen. Als er ihn nennt, wendet sie sich mit einem Ausruf des Schreckens von ihm. Unter der Einwirkung des Alkohols enthüllt nun Peer den Burschen und Mädchen, die darüber teils belustigt, teils ungehalten sind, seine phantastischen Zukunftspläne: er werde von einem Wolkenwagen, gezogen von einem Drachen, Dukaten herabwerfen und sich dann in England zum Kaiser der Welt ausrufen lassen. Da ersucht ihn Mads, er, der Tausendkünstler, möge ihm doch seine Ingrid verschaffen. Unterdessen erscheint wieder Solveig; sie weigert sich, mit dem betrunkenen Peer zu tanzen, woraufhin er wütend erklärt, er werde ihr des Nachts als Werwolf erscheinen. Er bereut aber sogleich seinen Jähzorn, als er Solveigs traurige Miene bemerkt, und bittet sie um Vergebung. Nachdem Solveig mit ihren Angehörigen weggegangen ist, begibt sich Peer mit Mads zu Ingrids Kammer. Die angetrunkenen Burschen erscheinen, um Peer für seine Prahlereien zu verprügeln. Peers Mutter Aase tritt ihnen jedoch in den Weg. Da stürzt aufgeregt Mads herbei: Peer habe ihm seine Ingrid entführt. Trotz eines sich eben entladenden heftigen Gewitters nehmen die Anwesenden sogleich die Verfolgung des Paares auf; Mutter Aase betet zu Gott um Schutz für den geliebten Sohn. – Auf einer Geröllhalde im Hochgebirge erscheint der Alte (König der Trolle), als Landstreicher gekleidet, mit seiner Tochter, der Rothaarigen. Ihr Gesicht ist von einer häßlichen Maske verhüllt. Nachdem beide ein Lied von der Vergänglichkeit des Schönen gesungen haben, verspricht der Alte der Tochter Peer zum Mann. Auf der Suche nach Peer kommt Aase mit Solveig, die dem Mädchen Peers seltsame Veranlagung, Traum und Wirklichkeit zu vermischen, erklärt. Kaum haben sich die beiden ent-

fernt, erscheint Peer mit Ingrid. Er ist ihrer überdrüssig, da auch sie ihn nicht auf den rechten Weg zu leiten vermochte. Als sie ihn schließlich mit einer Verwünschung verläßt, singen der Alte und die Rothaarige wieder ihr Lied von der Vergänglichkeit des Schönen. Jetzt tritt die Rothaarige an Peer heran; sie erzählt ihm von den Wundern des Reiches ihres Vaters und streift, da Peer an der Wahrheit ihrer Worte zweifelt, ihre Maske ab. Sie erscheint nunmehr als blendend schönes Mädchen, während gleichzeitig durch die Luft ein gesatteltes Schwein heranbraust, auf dem sie anschließend mit Peer in die Erde versinkt. – Peer und die Rothaarige landen mit dem Schwein im Reich des Dovrealten in einem Saal, wo die Würdenträger des Trollhofes sie empfangen. Peer erklärt dem Alten, er wolle mit der Tochter, die er sich bereits genommen habe, sich auch des Trollreichs bemächtigen. Daraufhin wird er mit dem Symbol der Trolle, einem langen Schwanz, ausgestattet; gleichzeitig muß er schwören, nie etwas anderes zu tun, als was ihm behage. Jetzt folgt die Augenprobe. Der Tanz einer Kuh mit einem Ziegenbock kann Peer nicht begeistern. Als dann der Alte sich anschickt, mit einem Messer dem Peer das eine Auge auszustechen und das andere zu ritzen, damit er alles wie die Trolle sehen könne, will dieser von dem Trollreich und seiner Schönen nichts mehr wissen. Empört bedrohen ihn die Trolle mit ihrer Rache, da ruft er den Namen Solveig, worauf unter Glockengeläute der Spuk verschwindet. – Peer hat sich einsam im Hochgebirge eine Hütte erbaut. Da kommt Solveig mit einem Bündel; sie hat die Eltern verlassen, um für immer bei dem Geliebten zu bleiben. Überglücklich glaubt Peer, nun gegen alles Böse gefeit zu sein. Aber plötzlich steht vor ihm die Rothaarige mit einem häßlichen Knaben, den sie als ihr und Peers Kind ausgibt. Sie erklärt, daß sie ihr Recht auf Peer niemals aufgeben würde, sie sei aber bereit, ihn mit Solveig zu teilen. Peer sieht keinen anderen Ausweg, sich vor der Rache der Trolle zu schützen, als fort in die weite Welt zu ziehen. Er gibt Solveig gegenüber vor, im Wald noch allein arbeiten zu müssen, und während sie ihm nachruft: »So bleib nicht so lange, ich warte, warte!«, entfernt er sich. – Im Hafen einer mittelamerikanischen Stadt liegt ein großer Dampfer namens »Peer Gynt« vor Anker. Peer, elegant gekleidet, erzählt drei Kaufleuten, mit denen er auf der Terrasse des Strandhotels sitzt, von seinem Aufstieg, wie er vor zwanzig Jahren bettelarm in dieses Land gekommen sei und dann eingesehen habe, daß nicht Mitleid, sondern nur die Tat zum Erfolg führe. Da kommt der Präsident der Republik; er erklärt Peer, daß sein Schiff mit tausend Kisten Gold an Bord laut Gesetz nicht auslaufen dürfe. Peer besticht ihn mit einer hohen Summe, worauf der Präsident sich mit dem Versprechen entfernt, für eine Abänderung des Gesetzes eintreten zu wollen. Peer setzt nun den Kaufleuten seine hochtrabenden Zukunftspläne auseinander: er will Kaiser der Welt werden. Daraufhin entfernt er sich. Die Kaufleute besteigen eilig das Schiff und stechen in See. Als

Peer zurückkommt, wünscht er die Strafe des Himmels auf die Räuber herab. Da vernichtet eine Kesselexplosion das Schiff. In demselben Augenblick erscheint der Präsident und meldet Peer, daß das Parlament auf seine Fürsprache hin das Auslaufen des Schiffes mit der Goldladung gestatte. – In einer Hafenschenke, deren Wirt dem Dovrealten ähnlich sieht, sitzt Peer allein an einem Tisch, während die Rothaarige in Gestalt einer verführerischen Tänzerin bei den anwesenden Männern Eifersuchtsszenen verursacht. Nachdem sich die streitenden Gäste entfernt haben, nähert sich die Tänzerin Peer. Ihre Frage, ob er schon einmal einer anderen die Treue geschworen habe, verneint er. Da kräht draußen ein Hahn; der Wirt läßt die beiden allein. Die Tänzerin verlangt von Peer, wolle er ihre Liebe, daß er sie als seine Kaiserin verehre, ja, er müsse ihr die Schuhe lösen und ihr das Sonnenschirmchen nachtragen. Peer erklärt sich zu allem bereit. Nach einem langen Kuß verlangt die Tänzerin, Peer solle etwas singen. Er erfüllt ihren Wunsch und macht sich dabei außerordentlich lächerlich. Die Tänzerin will nun zu Bett gehen; sie verlangt von Peer etwas Taschengeld. Als er ihr seine Börse reicht, gibt sie ihm eine Ohrfeige. Peer sinkt mit dem Kopf auf den Tisch und sieht nun in einer Vision die Tänzerin als Dompteuse, die fünf Männer – Arlecchino, Pagliaccio, Gracioso, Hanswurst und Clown – nach ihrem Willen tanzen läßt. Angeekelt erhebt sich Peer mit dem Ruf: »Ich hab genug!« – In seiner norwegischen Heimat kommt Peer, nun fünfundvierzigjährig, durch einen niedergebrannten Wald, in dem er auf drei schwarze Vögel stößt, die ihn verhöhnen. Sie verschwinden im Nebel, und an ihrer Stelle steht ein schwarzgekleideter Unbekannter mit schneeweißem Gesicht. Auf Peers Frage, was er wolle, entgegnet der Mann: »Nur Euren Leichnam, Herr!«; denn Peer habe offensichtlich nichts mehr zu tun. Als Peer energisch widerspricht, erfährt er von dem Unbekannten, daß seine Mutter längst tot und sein Hof versteigert sei; er möge sich aber überlegen, ob nicht doch noch jemand auf ihn warte. Peer weiß, was der Fremde meint, und ist sich mit einem Mal bewußt geworden, daß das von ihm erträumte Kaisertum dort sei. Aber der Unbekannte führt Peer nicht aufwärts, sondern ins Erdinnere. – Peer wird von dem Dovrealten in seinem Reich freundlich willkommen geheißen, er soll nun nach Verdienst gekrönt werden. Zunächst werden die Zeugen aufgerufen: Mads, dem Peer sein Lebensglück geraubt, Ingrid, die er verführt und betrogen, die drei Kaufleute, die ihm seine skrupellosen Lebensgrundsätze vorhalten, und schließlich Aase, die aber den Sohn, den sie als Kind zu sehr verwöhnt hat, in Schutz nimmt. Auf Befehl des Alten soll Peer mit Schmutz und Kot gesalbt werden. Obwohl die Rothaarige Einspruch erhebt, wird aber Peer auf Aases Fürbitte eine letzte Frist von einem Jahr gewährt. Der Alte und die Trolle sind sich sicher, ihn in einem Jahr wiederzusehen. – Vor Peers Blockhütte gedenkt Solveig des Geliebten; sie weiß, daß er wiederkehren werde.

Peer kommt mit dem Unbekannten, der ihm Solveigs Lied gegenteilig ausdeutet und ihm rät, dem Fluch zu fliehen. Peer will aber bleiben und sich hier dem Gericht stellen. Der Unbekannte ist verschwunden. Peer kann jedoch nur erlöst werden, wenn Solveig das Rätsel löst, wo er die lange Zeit über geweilt habe. Mit ihrer Erklärung, der Geliebte habe in ihrem Glauben, Hoffen und Lieben stets bei ihr geweilt, hat sie den Schuldbeladenen entsühnt und mit einem Lied singt sie ihn, der tief bewegt seinen Kopf in ihre Hände legt, in sanften Schlummer: »Ich hüte Deine Ruh, du bist zu Haus.«

Stilistische Stellung: Egk hat wohl bei der musikalischen Gestaltung seines ›Peer Gynt‹ absichtlich jede folkloristische Färbung vermieden, um seinen Helden als eine Gestalt von allgemein menschlicher Gültigkeit zu zeichnen. Lediglich einmal, bei dem Hochzeitsfest, wurde eine original-norwegische Weise verwendet (der »Gjeite-Lok« = Ziegen-Ruf). Auch die ›Peer Gynt‹-Partitur zeugt wiederum von der urmusikantischen Inspirationskraft, dem Phantasiereichtum und dem Temperament sowie von dem hohen technischen Können des Komponisten, sowohl in den Stimmungsmalereien (Natur, Landschaft) wie auch in der Charakterisierung der Personen (z. B. Solveig). Insbesondere gab die musikalische Zeichnung des Trollreiches und seiner Einflußsphäre Gelegenheit zur Entfaltung farbenreicher und kühner harmonischer Bildungen, wobei in den Tänzen die hervorstechende Begabung des Komponisten für Rhythmik und Parodie offenbar wird.

Textdichtung: Egk schrieb sich das Buch zu seiner ›Peer Gynt‹-Oper selbst in freier Anlehnung an Ibsens gleichnamiges Drama (1867). Der grundlegende Unterschied zwischen beiden Fassungen des Stoffes liegt in der Zeichnung des Titelhelden: während Peer Gynt bei Ibsen, weil willensschwach und selbstsüchtig, nie den Entschluß zur entscheidenden Tat findet, ist er bei Egk hauptsächlich ein Opfer schicksalhafter Verkettungen, die auf den bösen Einfluß des Trollreiches zurückzuführen sind. Die Charakterisierung der übrigen Gestalten wurde zum Teil dieser Auffassung entsprechend verändert (z. B. Anitra). Auch eigene Ideen wurden verarbeitet, so ist zum Beispiel das dramatisch lebendige 8. Bild, in welchem »die bösen Taten« (Ingrid, Mads, Kaufleute und Aase) Peer anklagend gegenübertreten, Egks eigene Erfindung.

Geschichtliches: Nach dem verheißungsvollen Erfolg der ›Zaubergeige‹ erhielt Egk von der Generalintendanz der Berliner Staatsoper einen Opernauftrag, für den der Komponist Ibsens ›Peer Gynt‹ bearbeitete. Die Oper ging am 24. November 1938 an der Berliner Staatsoper unter der Leitung des Komponisten zum ersten Mal in Szene.

Der Revisor

Komische Oper in fünf Akten nach Nikolaj W. Gogol. Dichtung vom Komponisten.

SOLISTEN: *Chlestakow* (Lyrischer Tenor, auch Charaktertenor, gr. P.) – *Ossip,* sein Diener (Spielbaß, auch Charakterbaß, m. P.) – *Stadthauptmann* (Schwerer Spielbaß, auch Charakterbaß, gr. P.) – *Anna,* seine Frau (Spielalt, m. P.) – *Marja,* seine Tochter (Lyrischer Sopran, m. P.) – *Mischka,* sein Diener (Spieltenor, m. P.) – *Postmeister* (Charaktertenor, m. P.) – *Kurator* (Charakterbaß, auch Seriöser Baß, m. P.) – *Richter* (Seriöser Baß, m. P.) – *Bobtschinskij* (Spieltenor, auch Charaktertenor, m. P.) – *Dobtschinskij* (Spielbariton, m. P.) – *Eine junge Witwe* (Soubrette, auch Lyrischer Mezzosopran, kl. P.) – *Die Frau des Schlossers* (Spielalt, kl. P.) – *Ein Kellner* (Stumme Rolle.)
BALLETT: Für das Traumballett: 1 Tänzer (Chlestakow), 2 Tänzerinnen (Anna, Marja).
SCHAUPLÄTZE: Zimmer im Haus des Stadthauptmanns – Schäbiges Zimmer im Gasthof – III., IV. und V. Akt wie I. Akt.
ORCHESTER: 1 Fl. (auch Picc.), 2 Ob., 1 Kl. in B, 1 Fag. (auch Kfag), 2 Hr., 2 Trp., 1 Pos., P., Schl. (2 Spieler), Hrf., Klav., Str.
GLIEDERUNG: Durchkomponierte, nach Szenen gegliederte musikdramatische Großform.
SPIELDAUER: etwa 3 Stunden.
HANDLUNG: Mit Besorgnis liest der Stadthauptmann einer russischen Kleinstadt dem Kurator und dem Richter den Brief eines Freundes vor, der ihm die Ankunft eines geheimen Beamten aus St. Petersburg ankündigt; der Revisor gebe sich als Privatperson aus und reise in Zivil. Der Stadthauptmann meint, man müsse Maßnahmen treffen, denn jeder habe Dreck am Stecken. Der Postmeister kommt hinzu. Auf den Vorschlag des Stadthauptmanns, die ein- und auslaufenden Briefe ein wenig zu öffnen, entgegnet er, daß er dies ohnehin mache; er erklärt sich mit größtem Vergnügen bereit, Briefe mit Anzeigen gegen die Stadt-Prominenz verschwinden zu lassen. Da stürzen atemlos die geschwätzigen Klatschmäuler Bobtschinskij und Dobtschinskij ins Zimmer und berichten den Herren, daß sie im Gasthaus einen jüngeren Mann in Zivil, der offenbar mit Überlegungen beschäftigt war, auf- und abgehen gesehen hätten. Sie wandten sich an den Wirt, der ihnen sagte, der Herr sei ein gewisser Chlestakow, ein Beamter aus St. Petersburg, der sich schon gute drei Wochen hier aufhalte, aber nicht bezahle. Da dachten die beiden, das sei sicherlich der Revisor. Mit Entsetzen stellt der Stadthauptmann fest, daß in diesen drei Wochen die Sträflinge keine Verpflegung erhalten hätten, der Witwe des Sergeanten eine Prügelstrafe verabreicht worden sei und auf den Straßen nichts als Besoffene und Dreck zu sehen gewesen seien. Er will nun

gleich selbst zu dem Gasthof fahren; inzwischen soll der Kurator in seinem Armenhaus für saubere Wäsche sorgen, der Richter in dem Gerichtssaal den Dreck und die dort aufgehängte Wäsche sowie die Gänse aus dem Hausflur entfernen und darauf achten, daß der Assessor nicht immer nach Wodka und Schnaps rieche. Die Herren machen sich auf den Weg. Der Stadthauptmann verlangt nach dem Polizeimeister, aber Prochorow ist wieder einmal besoffen. Nachdem der Diener Mischka Hut und Degen des Stadthauptmanns herbeigebracht hat, befiehlt dieser, daß Prochorow sofort geweckt werde; er habe in seinem Revier alle Straßen bis zum Wirtshaus zu fegen und den Mist neben dem Schusterhaus abzufahren; außerdem solle die Wache bei der Visitation angeben, daß man »äußerst zufrieden« sei und daß die mit Etatmitteln aufgebaute Kirche leider verbrannt sei. Während der Stadthauptmann mit seiner Kutsche abfährt, kommt seine Frau Anna mit ihrer Tochter Marja ins Zimmer. Neugierig ruft sie ihrem Mann nach, was es für eine Bewandtnis mit dem Revisor habe. Sie schilt ihre Tochter, daß sie nicht vom Spiegel wegzubringen sei, wenn der Postmeister das Haus betrete, der doch gar nichts von ihr wissen wolle. Dann schickt sie die Magd Awdotja ihrem Mann nach mit dem Auftrag, sie solle durchs Fenster schauen und sich Augen, Bart und Nase des Fremden merken. – Auf dem Bett seines Herrn liegend, klagt der Diener Ossip über den Leichtsinn Chlestakows, in der Welt herumzufahren und sein Geld zu verprassen. Jetzt, da ihm sein Vater kein Geld mehr schicke, säßen sie auf dem Trockenen und kämen um vor Hunger, weil auch der Wirt ihnen nichts mehr borge. Schlechtgelaunt kommt Chlestakow von einem Spaziergang zurück. Er schickt Ossip zum Wirt. Doch dieser kommt nicht, er droht mit einer Anzeige bei der Polizei, wenn Chlestakow nicht bezahle. Auf das Versprechen hin, später zu zahlen, läßt der Wirt – unwiderruflich zum letzten Mal – ein Essen servieren. Chlestakow ist mit der stinkenden Wassersuppe, in der Hühnerfedern herumschwimmen, und mit dem steinharten Braten äußerst unzufrieden. Nach dem Essen meldet Ossip, Polizei sei da. Der Stadthauptmann tritt ein und nimmt stramme Haltung an. Etwas unsicher erklärt Chlestakow, daß er zahlen werde; dann aber beklagt er sich über das schmutzige Quartier mit Wanzen. Er mißversteht den schüchtern reagierenden Stadthauptmann und droht, daß er, ein Beamter aus St. Petersburg, dem Minister Meldung machen werde. Der Stadthauptmann, der glaubt, daß der »Revisor« schon über die Mißstände unterrichtet sei, fleht zitternd um Gnade für sich und seine Familie; schließlich hält er das merkwürdige Benehmen des Beamten für eine geschickte Tarnung. Das gibt ihm wieder Mut, und er versucht, den »Revisor« zu schmieren. Er bietet an, ihm mit 200 Rubel aushelfen zu wollen, und übergibt ihm in Wirklichkeit 400 Rubel. Erleichtert läßt Chlestakow durch seinen Diener sofort den Kellner rufen. Dann bittet er den Stadthauptmann und seinen Begleiter Dobtschinskij Platz zu nehmen. Der Stadthauptmann lädt ihn ein, in seinem sauberen Haus zu wohnen. Den Kellner, der gekommen ist, um die Rechnung zu kassieren, wirft er hinaus. Er schlägt vor, daß der »Revisor« zunächst die Armenanstalt besuchen solle. Mit einer Benachrichtigung, die er, da Papier nicht vorhanden ist, hastig auf die auf dem Tisch liegende Rechnung schreibt, schickt er Dobtschinskij zu seiner Frau und zu dem Kurator, während er Chlestakows Koffer durch Ossip in sein Haus bringen läßt. – Anna wartet mit Marja immer noch am Fenster. Da kommt endlich Dobtschinskij, der ihr den Zettel ihres Mannes übergibt. Neugierig erkundigt sich Anna nach dem Aussehen und der Kleidung des Revisors. Dann ruft sie den Diener Mischka, den sie zum Kaufmann schickt, um, entsprechend der Weisung ihres Mannes, Wein zu holen; anschließend solle er das Gastzimmer richten. Nach einer Auseinandersetzung über Kleid und Augenfarbe, bei der die Mutter ihre Autorität gegenüber ihrer Tochter mit einer schallenden Ohrfeige durchsetzt, bringt Ossip den Koffer seines Herrn. Endlich erscheint Chlestakow in Begleitung des Kurators, des Stadthauptmanns, Bobtschinskijs und Dobtschinskijs. Die Visitierung der Anstalt hat ihn befriedigt; denn das Frühstück war vorzüglich. Der Stadthauptmann stellt ihm nun Frau und Tochter vor, die sich inzwischen in Staat geworfen haben. Anna bewundert den feinen Herrn, der sich mit ihr auf französisch unterhält, Marja ist völlig hingerissen. Chlestakow kommt unter dem Einfluß des starken Alkohols immer mehr in Fahrt: er brüstet sich mit seinen großen Fähigkeiten, mit seinem Ansehen bei hoch und nieder, bis er schließlich völlig betrunken zu Boden stolpert. Der Stadthauptmann bringt ihn, der mit einem Mal schläfrig geworden ist, ins Nebenzimmer und entfernt sich mit den anderen Herren auf den Zehenspitzen. Anna und Marja sind zurückgeblieben und über ihrer Handarbeit eingenickt. Ihre Träume werden sichtbar: Marja sieht sich von Chlestakow umworben und als Braut im Schleier an seiner Seite zum Traualtar schreiten, Anna spielt mit Chlestakow ein Reifenspiel, es entwickelt sich ein Flirt, der schließlich einen Sturm der Leidenschaft entfacht, dem sie nur mit Mühe entgeht. Als Mischka eine angezündete Petroleumlampe bringt, wachen die beiden Damen auf. Der Stadthauptmann ist zurückgekommen, und gleich darauf erscheint auch Ossip, der inzwischen gut gegessen hat. Er wird nach den Gewohnheiten seines Herrn befragt. Da dieser gerne in die Oper geht, beschließt Marja ihm vorzusingen. Während sie das Volkslied ›Die Birke‹ vorträgt, beauftragt der Stadthauptmann durch Mischka den Polizeimeister, sofort den Platz vor dem Haus mit zwei Mann gegen Stänkerer und Beschwerdeführer abzuriegeln. – Auf Rat des Postmeisters haben sich die Honoratioren der Stadt entschlossen, den Versuch zu unternehmen, den Revisor zu bestechen. Chlestakow kommt schlaftrunken aus dem Zimmer; es gefällt ihm hier. In einer surrealistischen Szene treten nun der Reihe nach der Richter, der Postmeister, der Kurator, Bobtschinskij und Dobtschinskij vor Chlestakow und lassen, gleichsam unbemerkt, vor ihm Banknoten fallen, die der »Revisor« mehr oder minder hastig zu sich nimmt. Chlestakow läßt sich von Ossip Papier und Tinte bringen; er will seinem Freund Christian in St. Petersburg von dem lustigen Abenteuer berichten, das ihm fast tausend Rubel eingebracht hat. Ossip meint, es wäre nun Zeit zu verduften. Im Auftrag seines Herrn bestellt er bei dem Postmeister als eilige Regierungssache ein Dreigespann. Auf das laute Getöse vor dem Haus hin läßt Chlestakow zwei Frauen hereinkommen, die Witwe und die Schlossersfrau, die Klagen gegen den Stadthauptmann vorbringen; die Witwe zeigt ihm sogar ihr nacktes Hinterteil zum Beweis dafür, daß sie gesetzwidrig mit Prügel bestraft worden sei. Als Ossip einen Korb voll von Beschwerdebriefen herbeibringt, läßt Chlestakow diesen durch das Fenster und die beiden Frauen durch die Tür hinauswerfen. Da kommt Marja. Auf ihre Bitte singt ihr Chlestakow ein französisches Chanson vor; er zieht das Mädchen immer mehr an sich und küßt es schließlich leidenschaftlich. Die Mutter kommt dazwischen; sie schickt die Tochter aus dem Zimmer. Daraufhin spielt sich zwischen ihr und dem »Revisor« der gleiche Vorgang wie vorher mit Marja ab. Jetzt überrascht Marja die beiden beim Küssen. Kurz entschlossen hält Chlestakow bei der Mutter um die Hand ihrer Tochter an. Da erscheint der Stadthauptmann gnadeflehend; der »Revisor« möge den beiden als Lügnerinnen bekannten Frauen, die sich eben über ihn beschwert hätten, keinen Glauben schenken. Als Anna ihrem Mann erzählt, daß der hohe Gast um Marjas Hand angehalten habe, ist er vollends konsterniert. Ossip meldet, der Wagen sei zur Stelle. Chlestakow erklärt, er müsse nur über einen Tag zu seinem reichen Erbonkel fahren, um die Erlaubnis zur Verlobung einzuholen; morgen sei er wieder zurück. Der Stadthauptmann bietet ihm Reisegeld an; bei dieser Gelegenheit weiß Chlestakow nochmals 800 Rubel zu ergattern. – Am nächsten Tag sind, festlich gekleidet, der Kurator und der Richter zur Gratulationskur in das Haus des Stadthauptmanns gekommen; auch die Witwe und die Schlossersfrau fehlen nicht. Da erscheint der Postmeister mit dem von ihm geöffneten Brief, den Chlestakow an seinen Freund geschrieben hatte und aus dem hervorgeht, daß der hier gewesene »Revisor« gar kein Revisor ist. Das Schreiben, in dem sich Chlestakow weidlich über die bornierten Provinz-Honoratioren lustig gemacht hat, wird zur allgemeinen Heiterkeit vorgelesen. Der Stadthauptmann schnaubt vor Wut; schließlich bezeichnet er Bobtschinskij und Dobtschinskij als die Schuldigen an der Blamage. Schon fallen alle über die beiden Schwätzer her, da erscheint Mischka mit der Ausruferschelle. Er gibt bekannt, daß soeben ein mit Ausweis versehener Beamter aus St. Petersburg angekommen sei, der alle Einwohner sehen wolle. Wie versteinert verharren die Anwesenden wortlos in ihrer augenblicklichen Stellung.

STILISTISCHE STELLUNG: Auch bei seinem ›Revisor‹ zeigt sich Egk wieder als farbenfreudiger Meister eines musikalischen Stils, der in erster Linie den Erfordernissen der Bühne, also einer lebendigen Charakterzeichnung der handelnden Personen, verpflichtet ist. Daher nimmt in dieser Partitur das streng rhythmisierte, rezitativartige Parlando eine dominierende Stellung ein, was zugleich im Interesse der Wortverständlichkeit bei einer musikalischen Komödie von großer Bedeutung ist. Dazwischen sind geschlossene Gebilde eingebaut, die als solche unschwer zu erkennen sind und die meistens die ariose Gesangslinie bevorzugen. Auch die Ensembles, insbesondere das gegen Schluß der Oper eingefügte A-cappella-Nonett, dienen hauptsächlich der musikalischen Wirkung. Die russische Folklore ist an einigen Stellen dezent angedeutet, so vor allem bei den vier Pantomimen der Bestechungsszene, die in sinnvoller Entsprechung zur Handlung über vier Varianten des gleichen Tanzthemas gestaltet sind, und bei dem von Marja gesungenen Lied ›Die Birke‹, das auch Tschaikowskij im letzten Satz seiner 4. Symphonie verarbeitet hat. In den Flirt-Episoden Chlestakows mit Anna und Marja hat ein originales französisches Chanson von Charles-Simon Favart Verwendung gefunden. Die feinsinnig reduzierte Orchesterbesetzung fördert differenzierte, dem musikalischen Kammerspiel angepaßte Klangwirkungen, ohne auf gelegentliche Kraftentfaltungen zu verzichten.
TEXTDICHTUNG: Egk schrieb sich das Textbuch selbst nach der gleichnamigen Komödie des russischen Dichters Nikolaj W. Gogol (1809–1852). Das nach einer Idee Aleksander S. Puschkins geschriebene Stück, das eine bissige Satire auf die in dem damaligen Rußland allenthalben herrschende Korruption darstellt, war zunächst von der Zensur verboten worden und erst auf Befehl Zar Nikolajs I. in St. Petersburg zur Aufführung gekommen (1836). Der Komponist folgte bei seiner Librettogestaltung in großen Zügen Gogols Vorlage, aus der er durch eine konzentrierte Fassung eine wirkungsvolle Opernhandlung schuf.
GESCHICHTLICHES: Egks ›Revisor‹ ist als Auftragswerk des Süddeutschen Rundfunks für die Schwetzinger Festspiele 1957 entstanden. Die Oper wurde am 9. Mai 1957 zur Eröffnung der Festspiele unter der musikalischen Leitung des Komponisten mit großem Erfolg im Schloßtheater Schwetzingen uraufgeführt.

Gottfried von Einem

* 24. Januar 1918 in Bern

Dantons Tod (1947 Salzburger Festspiele), T: nach Georg Büchner v. Boris Blacher u. vom Komponisten, V: U. E.

Der Prozeß (1953 Salzburger Festspiele), T: nach Franz Kafka v. B. Blacher u. Heinz v. Cramer, V: B&B

Der Zerrissene (1964 Hamburg), T: nach Johann Nestroy v. B. Blacher, V: B&B

Der Besuch der alten Dame (1971 Wien), T: nach dem gleichnamigen Schauspiel v. Friedrich Dürrenmatt, V: Boosey

Jesu Hochzeit (Wien 1980), T: Lotte Ingrisch, V: B&B

Der Besuch der alten Dame

Oper in drei Akten. Text von Friedrich Dürrenmatt, als Umarbeitung seiner gleichnamigen tragischen Komödie.

Solisten: *Claire Zachanassian,* geborene Wäscher, Multimillionärin (Dramatischer Mezzosopran, gr. P.) – *Ihr Gatte VII* (Stumme Rolle) – *Ihr Gatte IX* (Tenor, kl. P.) – *Der Butler* (Spieltenor, auch Charaktertenor, m. P.) – *Toby* und *Roby* (Stumme Rollen) – *Koby* und *Loby,* zwei alte blinde Männer (Tenöre, m. P.) – *Alfred Ill* (Heldenbariton, auch Kavalierbariton, gr. P.) – *Seine Frau* (Lyrischer Sopran, kl. P.) – *Seine Tocher* (Lyrischer Mezzosopran, m. P.) – *Sein Sohn* (Tenor, m. P.) – *Der Bürgermeister* (Heldentenor, gr. P.) – *Der Pfarrer* (Baßbariton, auch Baß, m. P.) – *Der Lehrer* (Charakterbariton, auch Heldenbariton, m. P.) – *Der Arzt* (Bariton, auch Baß, m. P.) – *Der Polizist* (Baßbariton, auch Baß, m. P.) – *1. Frau* (Sopran, kl. P.) – *2. Frau* (Sopran, kl. P.) – *Hofbauer* (Tenor, kl. P.) – *Hellmesberger* (Bariton, auch Baß, kl. P.) – *Bahnhofsvorstand* (Baßbariton, auch Bariton, kl. P.) – *Zugführer* (Baß, kl. P.) – *Kondukteur* (Tenor, kl. P.) – *Pressemann* (Sprechpartie, kl. P.) – *Kameramann* (Baß, kl. P.) – *Eine Stimme* (Tenor, kl. P.).

Chor: Güllener Bürger. Gefolge der Claire Zachanassian. Presseleute (gemischter Chor, m. Chp.).

Ort: Güllen, eine Kleinstadt.

Schauplätze: Der Bahnhof von Güllen – Der Konradsweilerwald – Im Gasthaus »Goldener Apostel« – Der Laden des Alfred Ill – Die Sakristei – Die Petersche Scheune – Der Theatersaal im »Goldenen Apostel«.

Zeit: Gegenwart.

Orchester: 2 Fl., Picc., 2 Ob., 2 Kl., 2 Fag., 4 Hr., 3 Trp., 3 Pos., Tuba, P., Schl. Gitarre – Str. – Bühnenmusik: Gl.

Gliederung: Durchkomponierte Großform mit instrumentalen Zwischenspielen.

Spieldauer: etwa 2¼ Stunden.

Handlung: Auf dem Bahnhof von Güllen, einer heruntergekommenen verarmten Kleinstadt, erwarten die Honoratioren des Ortes die Ankunft der Multimillionärin Claire Zachanassian, die Güllen einst als Klara Wäscher verließ. Ihr Reichtum und ihre Wohltätigkeit sind bekannt, und so erhofft man sich vieles für den Ort. Der Kaufmann Alfred Ill, der vor mehr als vierzig Jahren Klaras Geliebter war, soll vermitteln. Früher als erwartet erscheint Claire Zachanassian; sie hat nicht den Personenzug benutzt, der in Güllen hält, sondern den Expreßzug mit Hilfe der Notbremse zum Halten gezwungen. Den aufgebrachten Zugführer beruhigt sie mit Geld. Die überraschten Orts-Honoratioren können den Empfang gar nicht mehr richtig organisieren. In der Begleitung der Millionärin befinden sich seltsame Gestalten: zwei kaugummikauende amerikanische Gangster, die ihre Sänfte tragen, und zwei alte blinde Männer. Und auch, daß sie im Gepäck einen Sarg mitführt, erregt Aufsehen. – Im Konradsweiler Wald frischen Claire und Alfred Ill Jugenderinnerungen auf. Ill versucht, seine damalige Handlungsweise – er hat Claire verlassen, nachdem er sie verführt hatte – zu rechtfertigen. Er habe damals nur auf sie verzichtet, um ihr nicht im Wege zu stehen; er selbst lebe jetzt in einer Hölle. Er beklagt sein Leben und erklärt ihr, er liebe sie noch immer und wünsche, er könne die Zeit zurückdrehen. – Im »Goldenen Apostel« findet der offizielle Empfang für die Millionärin statt. Alles ist gutgelaunt; Ill berichtet, Claire wolle ihrer Vaterstadt Millionen schenken. Nach der Begrüßungsrede des Bürgermeisters ergreift die Millionärin das Wort. Sie verspricht der Gemeinde eine Stiftung von einer Milliarde: 500 Millionen für die Stadt, 500 Millionen auf die Bürger verteilt, und fordert dafür Gerechtigkeit. Die Erklärung liefert ihr Butler: er war vor vielen Jahren Oberrichter in Güllen, als Alfred Ill mit Hilfe zweier bestochener Zeugen die Vaterschaft am Kind der Klara Wäscher bestritt und sie so, als Dirne gebrandmarkt, zwang, den Ort zu verlassen. Die falschen Zeugen hat Claire suchen lassen; geblendet und kastriert sind sie die zwei alten Männer in ihrer Begleitung. Jetzt fordert Claire Zachanassian den Tod Alfred Ills. Der Bürgermeister lehnt empört ab, doch die Millionärin sagt, sie könne warten. – Während die Millionärin im »Goldenen Apostel« logiert und dort prunkvolle Kränze und Blumen angeliefert werden, steht Alfred Ill in seinem Laden. Konnte er sonst kaum etwas verkaufen, da niemand Geld hatte, muß er nun entsetzt feststellen, daß die versprochene Milliarde ihre Wirkung tut: die Bürger kaufen auf Pump, lassen anschreiben, staffieren sich neu aus – und so kann er den Beteuerungen, der ganze Ort stehe zu ihm, nicht mehr glauben. – Ill sucht in der Sakristei Beistand und Hilfe vom Pfarrer. Er hat Todesangst. Der Pfarrer versucht, ihm diese auszureden, doch da erklingt die neue Glocke. Auch der Pfarrer ist der Versuchung schon erlegen. Der Pfarrer rät ihm verzweifelt, zu fliehen. – Ill nähert sich mit einem Koffer dem Bahnhof; er wird aufmerksam beobachtet und schließlich begleitet von allen Güllenern, die in ihrem Tun nichts Schlechtes sehen. Verzweifelt fügt er sich in sein Schicksal und läßt den Zug abfahren. – Claire Zachanassian hat sich einen alten Jugendtraum erfüllt und im Dom von Güllen ihren Gatten IX, einen Nobelpreisträger, geheiratet. Von der Hochzeitsgesellschaft hat sie sich in die Petersche Scheune zurückgezogen. Der Lehrer und der Arzt gehen zu ihr und versuchen, sie von ihrem Vorhaben abzubringen. Sie schlagen stattdessen ein Geschäft vor: Claire Zachanassian soll die alten, maroden Wirtschaftsunternehmen Güllens kaufen und sanieren. Doch die Millionärin winkt ab: ganz Güllen gehört ihr bereits, und sie hat die Unternehmen mit Absicht verkommen lassen. Sie besteht auf dem, was sie »Gerechtigkeit« nennt. – Der Bürgermeister besucht Ill in seinem Laden. Auch die Familie ist vom Wohlstandsfieber angesteckt: der Laden ist renoviert, die Tochter nimmt Tennisstunden, der Sohn hat sich ein Auto gekauft, die Mutter führt den neuen Pelzmantel vor. Der Bürgermeister versucht Ill dazu zu überreden, Selbstmord zu begehen; so könne er ein Ehrenmann bleiben und der Gemeinde die Entscheidung abnehmen. Ill aber hat seine Angst überwunden; er will sich dem Urteilsspruch der Gemeinde stellen, besteht aber auf der Verurteilung durch seine Mitbürger. – Noch einmal treffen sich Ill und Claire im Konradsweilerwald: die Millionärin mit ihrem neuesten Gatten, den sie forschen schickt, um mit Ill allein zu reden. Noch einmal tauschen sie Erinnerungen aus, und Ill sagt ihr, daß er bereit sei zu sterben. Claire versichert ihm, sie werde ihn in einem schon errichteten Mausoleum auf Capri beisetzen lassen. – Im Theatersaal des »Goldenen Apostel« beschließt die Gemeinde in Anwesenheit von Presse, Rundfunk und Fernsehen die Annahme der Zachanassian-Stiftung. Ill akzeptiert die Entscheidung. Da eine Wochenschau-Kamera ausgefallen ist, wird auf Wunsch des Fernsehens der Jubel über die Annahme mediengerecht wiederholt. Dann verläßt das Publikum den Saal, nur die Männer Güllens bleiben zurück. Das Urteil an Alfred Ill wird vollstreckt, die offizielle Todesursache: Herzschlag. Claire erscheint, läßt den Toten in den mitgebrachten Sarg legen und überreicht dem Bürgermeister den Scheck. Das Volk der Güllener bricht in einen furios-rauschhaften Tanz aus.

STILISTISCHE STELLUNG: Gottfried von Einems unzweifelhaft wirkungsvollste Oper wahrt die vom Komponisten stets beibehaltene Tonalität; die durchlaufenden Szenen werden durch quasi objektivierende, vom Schlagzeug akzentuierte Zwischenspiele gegliedert. Einems Bekenntnis zum lyrischen Espressivo, das sich in manchen Szenen unverhohlen Mahlerschem Naturton nähert, wirkt bisweilen wie zitiert und verstärkt so noch die Künstlichkeit der Situation. Höchst kontrastreich charakterisiert sind die Hauptfiguren: die perverse Liebesrache der Zachanassian, die zerbröckelnde bürgerliche Wohlanstän-

digkeit Alfred Ills, der dann aber im Akzeptieren seines Schicksals neues, fast pathetisch anmutendes Gewicht gewinnt, die Aufgeblasenheit des Bürgermeisters. Die im Text vielfach angelegten Möglichkeiten zur Parodie sind eher sparsam genutzt.
TEXTDICHTUNG: Einem gelang es, Dürrenmatt dazu zu bewegen, seine 1956 geschriebene satirische Komödie, eine Parabel auf die Amoralität einer vermeintlich wohlanständigen, aber der Gier nach Geld verfallenen Kleinbürgergesellschaft, zum Opernlibretto umzuschreiben – etwa ein Viertel des Textes und zwei Szenen (die des Lehrers, der sich ein letztes Mal gegen die drohende moralische Unterwerfung zur Wehr setzt, und die Autofahrt Ills) wurden gestrichen. Wichtiger erscheint jedoch die Umakzentuierung: aus der Parabel, dem brechtisch anmutenden Denkspiel wird ein Opernlibretto mit der Paraderolle der Claire Zachanassian, einem physisch-psychischen Monstrum, das – verletzte Geliebte – zu perverser Rache in ihre Heimat zurückkehrt und in ihrer zynisch-realistischen Einschätzung mit Geld genau das erreicht, was sie will: Befriedigung ihrer Rache durch einen kollektiven Mord vermeintlich wohlanständiger Bürger.
GESCHICHTLICHES: Einem schrieb seine Oper ›Der Besuch der alten Dame‹ zwischen 1968 und 1969; die Uraufführung fand am 23. Mai 1971 im Rahmen der Wiener Festwochen in der Wiener Staatsoper statt – die Hauptpartie sang Christa Ludwig, es inszenierte Otto Schenk, es dirigierte Horst Stein. Kurz darauf folgten Aufführungen an weiteren großen Bühnen: in Zürich, Berlin, Glyndebourne und Karl-Marx-Stadt. Auch heute noch gehört das Werk – kann man es in den Hauptpartien der Claire, des Ill und des Bürgermeisters (einer ungemein schwierigen Heldentenor-Partie) gut besetzen – zu den Erfolgsstücken zeitgenössischen Musiktheaters.

W. K.

MANUEL DE FALLA

* 23. November 1876 in Càdiz, † 14. November 1946 in Alta Gracia (Argentinien)

La vida breve (1913 Nizza), T: Carlos Fernández Shaw, V: Eschig (Schott)

El amor brujo (1915 Madrid), T: Gregorio Martínez Sierra, E., V: Chester, Eschig

El retablo de Maese Pedro (Meister Pedros Puppenspiel; 1923 Sevilla), T: nach Miguel de Cervantes Saavedra, E., V: Chester

Atlantis (Atlántida; 1962 Mailand), T: nach Jacinto Verdaguer vom Komponisten; nachgelassen, ergänzt v. Ernesto Halffter, szenische Kantate, V: Ricordi

Ein kurzes Leben (La vida breve)

Ein Spiel in zwei Akten. Dichtung von Carlos Fernández Shaw.

SOLISTEN: *Salud* (Jugendlich-dramatischer Sopran, gr. P.) – *Die Großmutter* (Spielalt, m. P.) – *Carmela* (Mezzosopran, kl. P.) – *1. Verkäuferin* (Mezzosopran, kl. P.) – *2. Verkäuferin* (Sopran, kl. P.) – *3. Verkäuferin* (Sopran, kl. P.) – *4. Verkäuferin* (Sopran, kl. P.) – *Paco* (Jugendlicher Heldentenor, m. P.) – *Der Onkel Sarvaor* (Charakterbaß, auch Charakterbariton, m. P.) – *Der Sänger* (Lyrischer Bariton, kl. P.) – *Manuel* (Charakterbariton, kl. P.) – *Eine Stimme aus der Schmiede* (Tenor, kl. P.) – *Die Stimme eines Verkäufers* (Tenor, kl. P.) – *Eine Stimme in der Ferne* (Tenor, kl. P.).
CHOR: Stimmen hinter der Szene. Hochzeitsgäste (m. Chp.).
BALLETT: Tänze in der Hochzeitsszene.
ORT: Granada.
SCHAUPLÄTZE: Hof eines Zigeunerhauses im Albaicín. Rechts das Wohnhaus, links der Eingang zu einer Schmiede. Im Hintergrund ein breites Tor mit Ausblick auf eine kleine freundliche Gasse – Panorama von Granada vom Sacro Monte aus – Eine kleine Straße in Granada. Giebelseite des Hauses von Carmela; durch die großen offenen Fenster erblickt man den Innenhof. – Der Innenhof des Hauses von Carmela; in der Mitte ein Marmorspringbrunnen, im Hintergrund ein Gitter, links und rechts Türen.
ORCHESTER: 3 Fl. (III. auch Picc.), 3 Ob. (III. auch Eh.), 3 Kl. (III. auch Bkl.), 2 Fag., 4 Hr., 2 Trp., 3 Pos., 1 Bt., P., Schl., 2 Hrf., Cel., Gitarren, Str. – Auf der Bühne: Ambosse und Hämmer, kl. Gl. von Albaicín, Gl. von Granada.
GLIEDERUNG: Durchkomponierte symphonisch-dramatische Großform.
SPIELDAUER: etwa 70 Minuten.
HANDLUNG: Im Albaicín, dem Zigeuner- und Armenviertel von Granada, erklingen aus einer Werkstätte Hammerschläge und der melancholische Gesang der Schmiede: »Das Glück ist nur für die einen, das Elend für die andern; wehe über den Armen, dem Unheil die Sterne künden! Als Amboß ward er geboren und nicht als Hammer!« Da erscheint im Hof die junge hübsche Andalusierin Salud, die, wie jeden Abend um sieben Uhr, mit Ungeduld ihren Verlobten Paco erwartet. Ihre Großmutter beruhigt sie; Salud wisse selbst am besten, wie er sie liebe, daher könne sie auf seine ernsthaften Absichten bauen. Salud fleht die Großmutter an, auf die Straße hinauszugehen und Ausschau nach Paco zu halten; ihr selber fehlten hierzu die Kräfte. Die Großmutter entfernt sich. In gedrückter Stimmung gedenkt Salud des Liedes von den Blumen und von dem Vöglein, das ihre Mutter oft gesungen hat: glücklich sind die Blumen, die morgens erblühen und abends

sterben; denn sie erfahren nicht, welch großes Unglück es ist zu leben; – das arme Vöglein fällt tot zur Erde, weil es in seiner Liebe betrogen ward; denn gegen verratene Liebe hilft einzig der erlösende Tod. Die Großmutter kommt eilig herbei mit dem Ruf: »Er kommt!« Salud stürzt Paco in die Arme und erklärt ihm in überschwenglichen Worten ihre Liebe. Er verspricht, niemals von ihr zu lassen, weil er sie allein liebe. Da naht, ohne von dem im Glück versunkenen Paar beachtet zu werden, Onkel Sarvaor. Die Großmutter tritt ihm rasch in den Weg. Er wolle den Schuft erschlagen, erklärt er der sich besorgt erkundigenden Schwester; denn dieser feiere, wie er soeben erfahren habe, morgen mit einem schönen Mädchen seines Standes Hochzeit. Während sich die Großmutter und Onkel Sarvaor in die Schmiede zurückziehen, verabschiedet sich Paco zärtlich von Salud mit dem Versprechen, morgen wiederzukommen. – Im goldenen Licht der untergehenden Sonne erstrahlt das Panorama der Stadt Granada. – Am nächsten Tag findet im Kreise einer vornehmen Gesellschaft bei Gesang und Tanz das fröhliche Hochzeitsfest von Paco und Carmela statt. Ein Sänger preist in Form eines andalusischen Liedes die schönen Augen der Braut. In ängstlicher Erregung nähert sich Salud dem Haus und überzeugt sich mit einem Blick durch die offenen Fenster von dem Verrat des Geliebten. Der Schmerz droht ihr das Herz zu brechen, und der Tod erscheint ihr willkommener als ein Leben voller Qual und Leiden. Die Stimme des Volkssängers ist wieder zu hören; er bewundert den Bräutigam, wie zärtlich er die Braut betrachtet. Da fährt Salud auf. Sie will dem Verräter unter die Augen treten. In diesem Augenblick kommen die Großmutter und Onkel Sarvaor. Dieser verflucht das Leben, die Seele, das Schicksal, die Mutter und die Familie des Betrügers, während sich Salud des Gesangs der Schmiede erinnert. Paco hat ihre Stimme vernommen; er erbleicht, faßt sich aber schnell wieder und fordert die Gäste zum Tanz auf. Nun begeben sich Salud und Onkel Sarvaor ins Haus. – Carmela beobachtet während des Tanzes besorgt ihren Bräutigam, der ihr aber versichert, daß er sich wieder wohlfühle. Da führt Onkel Sarvaor die vor Erregung zitternde Salud herbei. Manuel, der Bruder der Braut, fragt die beiden erstaunt, was sie wünschten. Mit höhnischem Ausdruck sagt Onkel Sarvaor, sie seien gekommen, weil auch sie gerne einmal tanzen und singen wollten. Salud entgegnet aber, sie sei nicht zum Gesang und Tanz gekommen, sondern, um den Mann, der sie betrogen, verlassen und entehrt habe, anzuflehen, daß er sie töte. Paco versucht zu leugnen, doch Salud schwört beim Kreuz des Heilands. Als er daraufhin behauptet, sie lüge, und fordert, man solle sie fortjagen, sinkt sie zu Boden. Mit dem zärtlich gehauchten Namen des Geliebten auf den Lippen stirbt sie. Verachtungsvoll schreien die Großmutter und Onkel Sarvaor dem Bräutigam vor der Hochzeitsgesellschaft ins Gesicht: »Verräter, Feigling, Judas!«

Stilistische Stellung: Manuel de Falla gilt neben Isaac Albéniz und Enrique Granados als Repräsentant jener Richtung der spanischen Kunstmusik, die auf dem Boden eines gesunden »Espagnolismus« bewußt das nationale Element zum Gestaltungsprinzip erhoben hat. So wandte sich der Komponist schon bei seinen Jugendwerken dem Zarzuela, dem volkstümlichen spanischen Singspiel, zu. Auch bei seiner ersten Oper, ›La vida breve‹, dominiert die nationale Note. Der junge Meister bedient sich in dem Werk eines homophonen Stils unter Verzicht auf größere Ensemblewirkungen, jedoch mit einer originellen Harmonik. Seine Melodik ist in erster Linie dem andalusischen Volkslied verbunden, dessen vielfach synkopierte und melismatisch verzierte Gesangslinie auf eine von den Arabern nach Spanien exportierte orientalische Folklore zurückgeht. Sie ist in reiner Prägung vorhanden bei Saluds Monolog »Eine Blume, morgens geboren« sowie bei den von dem Volkssänger vorgetragenen Solearen (d. i. andalusischen Gesängen), die von Händeklatschen und von den Olé-Rufen des Chores sowie von Gitarren begleitet werden. In ähnlicher Weise sind die rhythmisch feurigen Tänze des Hochzeitsbildes im Charakter volkstümlicher Tanzweisen gestaltet. Gelegentlich hat de Falla seine Partitur mit impressionistischen Zügen ausgestattet, so vor allem in dem malerischen Stimmungsbild des Sonnenuntergangs, bei dem auch der hinter der Szene singende Chor maßgeblich beteiligt ist. Schließlich tritt bisweilen neben Anklängen an Wagner ein veristischer Einschlag nach dem Vorbild Mascagnis oder Puccinis in Erscheinung, insbesondere da, wo die melodische Linie sich zur blühenden Kantilene entfaltet.

Textdichtung: Das Libretto verfaßte Carlos Fernández Shaw, einer der erfolgreichsten Zarzuela-Dichter der Zeit um die Jahrhundertwende. Dem Textbuch liegt ein Gedicht des gleichen Autors zugrunde, das de Falla in einer Madrider Zeitschrift gelesen hatte und nach dem die Handlung der Oper gestaltet wurde. Dem Stoff fehlt es zwar an schlagkräftigen dramatischen Wirkungen, doch bot die Dichtung mit ihrer wirklichkeitsnahen Zeichnung des andalusischen Menschen und mit ihren feinen Stimmungsgehalten dem Komponisten reiche Entfaltungsmöglichkeiten. Die deutsche Übersetzung des Textes besorgte Ludwig Andersen.

Geschichtliches: Die Academia de Bellas Artes, Madrid, veröffentlichte im Jahre 1905 ein Preisausschreiben für eine einaktige Oper. De Falla schrieb hierfür ›La vida breve‹. Das Werk war nicht nur seine erste Oper, sondern es ist auch sein erstes Erfolgsstück geworden. Die Jury, an ihrer Spitze Konservatoriumsdirektor Tomás Bretón, erkannte de Falla den ersten Preis zu. Die in Aussicht gestellte Aufführung am Teatro Real in Madrid unterblieb jedoch. Im Frühjahr 1907 übersiedelte der Komponist nach Paris, wo er bald wertvolle Kontakte zu einflußreichen Musikern wie Debussy, Ravel und Dukas anknüpfen konnte. Für ›La vida breve‹ interessierte sich vor allem Paul Milliet, ein maßgebendes Mitglied der französischen Autorengesellschaft, der das Textbuch ins Französische übersetzte und das Werk dem Leiter der Grand Opéra, André Messager, und dem Direktor des Casino Municipal in Nizza, de Farconnet, empfahl. Verhandlungen mit Ricordi, Mailand, führten zwar zu keinem Ergebnis, dafür nahm der bekannte Verleger Max Eschig, Paris, die Oper in seinen Verlag. Inzwischen hatte der Komponist sein Werk mehrmals einer gewissenhaften Umarbeitung unterzogen, wobei er auch die ursprünglich einaktige Fassung in eine zweiaktige mit vier Bildern umwandelte. Am 1. April 1913 kam ›La vida breve‹ unter der musikalischen Leitung von J. Miranne und mit Lillian Grenville (Salud) und David Devries (Paco) im Casino zu Nizza endlich zur Uraufführung. Auf den großen Erfolg hin wurde das Werk noch im gleichen Jahr, am 31. Dezember, auch an der Opéra-Comique in Paris aufgeführt.

Friedrich von Flotow

* 27. April 1812 auf dem Rittergut Teutendorf (Mecklenburg), † 24. Januar 1883 in Darmstadt

Alessandro Stradella (1844 Hamburg), T: Wilhelm Friedrich (Friedrich Wilhelm Riese), kO., V: U. E.

Martha oder Der Markt zu Richmond (1847 Wien), T: nach Jules Henri Vernoy de Saint-Georges v. W. Friedrich, kO., V: U. E., B&H

Die Großfürstin Sophia Katharina (1850 Berlin), T: Charlotte Birch-Pfeiffer, V: B&B

Indra (1853 Berlin), T: Gustav Heinrich Gans zu Putlitz, V: B&B

Rübezahl (1853 Frankfurt/Main), T: Gans zu Putlitz, ergänzt v. Rudolf Senger, Braunschweig, V: André

L'ombre (Sein Schatten; 1870 Paris), T: nach Saint-Georges v. Richard Genée; Neubearb. v. Herbert u. Siegfried Scheffler (1933 Hamburg), V: B&B

Alessandro Stradella

Romantische Oper in drei Aufzügen. Dichtung von Wilhelm Friedrich.

Solisten: *Alessandro Stradella,* Sänger (Lyrischer Tenor, auch Jugendlicher Heldentenor, gr. P.) – *Bassi,* ein reicher Venezianer (Charakterbaß, auch Spielbaß, m. P.) – *Leonore,* dessen Mündel (Lyrischer Koloratursopran, gr. P.) – *Malvolino* (Spielbaß, auch Charakterbaß, gr. P.) und *Barbarino* (Spieltenor, gr. P.), Banditen.

CHOR: Schüler Stradellas. Masken. Diener. Römische Landleute. Pilger (gr. Chp.).
BALLETT: I. Akt: Tarantella. II. Akt: Pas de deux.
ORT: Im I. Aufzug Venedig, im II. und III. Aufzug Gegend bei Rom.
SCHAUPLÄTZE: Ein kleiner Platz in Venedig, im Hintergrund ein Kanal mit Fernsicht aufs Meer, rechts Bassis Haus mit Balkon – Links das Haus Stradellas mit Schild »Alla Campana«, rechts ein Wirtshaus mit Tischen und Stühlen – Vorhalle in Stradellas Haus, im Hintergrund ein großer Vorhang zur Veranda.
ZEIT: Zweite Hälfte des 17. Jahrhunderts; der II. Aufzug spielt drei Monate später als der I.
ORCHESTER: 2 Fl. (II. auch Picc.), 2 Ob., 2 Kl., 2 Fag., 4 Hr., 2 Trp., 3 Pos., P., Schl., Hrf., Str.
GLIEDERUNG: Ouvertüre; vor dem II. und III. Akt jeweils eine Introduktion, ferner 12 Musiknummern, die pausenlos ineinandergehen.
SPIELDAUER: etwa 2¼ Stunden.
HANDLUNG: Alessandro Stradella, der berühmte Sänger und Komponist, liebt die schöne Venezianerin Leonore. In heller Mondnacht bringt er der Geliebten mit einigen Schülern ein Ständchen. Sie erscheint auf dem Balkon und teilt traurig dem Freund mit, daß sie morgen ihrem Vormund Bassi angetraut werden soll. Eine Flucht sei unmöglich, da dieser Tür und Tor sorgsam bewachen lasse. Da kommt dem gefeierten Sänger eine fröhliche Karnevalsgesellschaft zu Hilfe, die zufällig in ihren Gondeln die Lagunenstraße herauffährt. Leonore steigt mittels einer ihr zugeworfenen Strickleiter vom Balkon herab, und während sie mit ihrem Stradella in einer Gondel eiligst davonfährt, halten die Masken den mit seinen Dienern aus dem Haus stürzenden Bassi zurück. Das Paar entkommt glücklich nach Rom. – Am Hochzeitstag erscheinen vor Stradellas Haus zwei unheimliche Burschen: Malvolino und Barbarino. Jeder hat, wie es sich herausstellt, von Bassi den Auftrag, den verhaßten Nebenbuhler Stradella zu töten. Als die Hochzeitsgesellschaft von der Trauung zurückkommt und sich die beiden Banditen als Pilger zu dem morgigen Madonnenfest ausgeben, gewährt ihnen Stradella in seinem Haus Asyl. Dort werden sie reichlich bewirtet, vor allem aber werden sie durch die hohe Kunst ihres Gastgebers, der mit seiner Räuberromanze unbewußt auf die Situation anspielt, derart beeindruckt, daß sie sich entschließen, von ihrem finsteren Vorhaben Abstand zu nehmen. – Nachdem am nächsten Morgen Leonore und Stradella weggegangen sind, um mit den eben angekommenen Pilgern das Madonnenbild zu schmücken, erscheint unerwartet Bassi, der sich von der Erledigung seines Auftrages selbst überzeugen und das entsprungene Mündel wieder heimholen will. Er bietet den Banditen, die anfänglich auf ihrer Weigerung beharren, nach und nach steigernd eine immer höhere Summe, bis sie schließlich um den Preis von 400 Dukaten sich neuer-

dings für die Durchführung der Tat bereit erklären. Unterdessen ist Stradella nach Haus gekommen, um nochmals seine Marien-Hymne vor Beginn des Festes zu probieren. Die Macht des Gesanges bezwingt jetzt auch den hartherzigen Bassi. Er schließt mit Stradella Freundschaft und überläßt den Banditen die als Vorschuß gewährte Summe von 200 Dukaten.

STILISTISCHE STELLUNG: Mit bewundernswertem Geschick wußte der Textdichter aus dem handlungsarmen Stoff eine abendfüllende Oper zu gestalten. Die sichere Hand des erfahrenen Bühnenpraktikers schuf farbenreiche Kontraste, wobei er durch seine auf ansprechende Opernwirkungen bedachte Textgestaltung dem Komponisten dankbare Möglichkeiten bot. Von besonderem Reiz ist die humorvolle, jeder Übertreibung abholde Zeichnung der beiden Banditen. Die musikalische Struktur ist der Anspruchslosigkeit des Buches entsprechend einfach, die Melodik eingängig und einschmeichelnd, die Charakterisierung in den lyrischen wie in den komischen Partien trefflich. Das italienische Kolorit ist glücklich getroffen, wenngleich die Oper bei dem französisch orientierten Kompositionsstil des in Paris ausgebildeten Flotow der Opéra comique eines Boieldieu oder Auber nahesteht. Auf den gesprochenen Dialog ist ganz verzichtet, und die knappen Rezitative sind den musikalischen Nummern eingebaut.

TEXTDICHTUNG: Der Bühnenautor Wilhelm Friedrich (eigentlich: Friedrich Wilhelm Riese, um 1820–1879), dessen zahlreiche Stücke – meist wirkungssichere Bearbeitungen französischer, italienischer und englischer Lustspiele – sich seinerzeit äußerster Beliebtheit erfreuten, schrieb das Libretto nach einem französischen Vaudeville. Das Buch folgt in der Darstellung der Liebesaffaire des berühmten Komponisten (der später bei einem zweiten Mordversuch in Turin schwer verwundet worden war und schließlich in Genua auf Anstiften einer eifersüchtigen Schauspielerin einem dritten Attentat zum Opfer gefallen ist) genau den historischen Tatsachen (mit Ausnahme der Versöhnung des geprellten Bassi), wie sie Pierre Bourdelot in seiner ›Histoire de la musique et de ses effets‹ schildert.

GESCHICHTLICHES: Flotows ›Alessandro Stradella‹ hatte zwei Vorläufer, die beide im Jahre 1837 in Paris zur Aufführung gelangten: die gleichnamige Oper des Belgiers Louis Niedermeyer (Text von Émile Deschamps und Emiliano Pacini) sowie das Vaudeville ›Stradella‹, das Wilhelm Friedrich als Vorlage für sein Opernbuch gedient hat. Durch die Vermittlung des Textdichters, der zu dem Stadttheater in Hamburg enge Beziehungen unterhielt, kam dort das Werk am 30. Dezember 1844 zur Uraufführung, deren außerordentlicher Erfolg eine rasche Verbreitung der Oper im In- und Ausland zur Folge hatte.

Martha

Romantisch-komische Oper in vier Akten. Dichtung von Wilhelm Friedrich.

SOLISTEN: *Lady Harriet Durham,* Ehrenfräulein der Königin (Lyrischer Koloratursopran, gr. P.) – *Nancy,* ihre Vertraute (Spielalt, auch Lyrischer Mezzosopran, gr. P.) – *Lord Tristan Mickleford,* ihr Vetter (Spielbaß, m. P.) – *Lyonel* (Lyrischer Tenor, gr. P.) – *Plumkett,* ein reicher Pächter (Schwerer Spielbaß, auch Seriöser Baß, gr. P.) – *Ein Richter* zu Richmond (Charakterbaß, kl. P.) – *Drei Mägde* (Sopran und Alt, kl. P.) – *1. Pächter* (Baß, kl. P.) – *2. Pächter* (Tenor, kl. P.) – *1. Diener* (Baß, kl. P.) – *2. Diener* (Baß, kl. P.) – *3. Diener* (Tenor, kl. P.).
CHOR: Pächter. Mägde. Knechte. Jäger, Jägerinnen im Gefolge der Königin. Pagen. Diener, Dienerinnen. Der Gerichtsschreiber (gr. Chp.).
ORT: Teils auf dem Schloß der Lady, teils zu Richmond und dessen Umgebung.
SCHAUPLÄTZE: Boudoir der Lady – Der Marktplatz zu Richmond – Das Innere einer Pächterwohnung – Wald mit einem kleinen Wirtshaus – Pächterwohnung wie im II. Akt – Platz vor dem Pächterhaus.
ZEIT: Regierung der Königin Anna (1702–1714).
ORCHESTER: 2 Fl. (II. auch Picc.), 2 Ob., 2 Kl., 2 Fag., 4 Hr., 2 Trp., 3 Pos., 1 Bt., P., Schl., Hrf., Str. – Bühnenmusik: 2 Hr., 2 Trp., 1 kl. Tr.
GLIEDERUNG: Ouvertüre und 18 Musiknummern, die pausenlos ineinandergehen.
SPIELDAUER: etwa 2¾ Stunden.
HANDLUNG: Das langweilige Einerlei des Hoflebens versetzt die junge Lady Harriet, Ehrenfräulein der Königin, oft in trübe Stimmung. Weder ihre glanzvolle Stellung bei Hof noch Schmuck und prächtige Kleider können sie erheitern. Ihren schmachtenden Verehrer, den gekkenhaften Lord Tristan, hält sie nur zum Narren. Gegen die Seelentrübsal weiß ihre Vertraute Nancy ein einziges Mittel: sich einmal richtig zu verlieben. Als an ihrem Fenster vorbei Mädchen nach Richmond ziehen, wo alljährlich die Landleute ihre Mägde dingen, bekommt sie Lust, diesen traditionellen Mädchenmarkt mitzuerleben. Sie beschließt daher, in Bauerntracht mit Nancy dorthin zu gehen. Lord Tristan muß sie, als Bauer »Bob« verkleidet, begleiten. Das bunte Volkstreiben macht den beiden Damen Spaß, und während die stellensuchenden Mädchen sich alle um den vermeintlich sehr reichen Meier »Bob« drängen, lassen sich die Lady und Nancy in übermütiger Stimmung von den Pächtern Lyonel und Plumkett anwerben. Nachdem sie aber das Handgeld angenommen haben, müssen sie nun auch zu ihrem Schrecken ihren neuen Herren auf den Gutshof folgen. Sie

tun es, um einen Skandal zu vermeiden, der ihrem Ruf bei Hof schaden könnte. – Lyonel bewirtschaftet zusammen mit Plumkett nach dem Tod von dessen Eltern den Hof. Er war dort als Pflegekind aufgewachsen, und niemand kennt seine Herkunft. Als einziges Vermächtnis von seinem Vater besitzt er einen Ring, den er, wenn er einmal in große Bedrängnis geraten sollte, der Königin selbst übergeben soll. Auf dem Pachthof stellt sich heraus, daß die beiden Mägde von der Feld- und Hausarbeit nichts verstehen, ja nicht einmal das Spinnrad bedienen können. Trotzdem wollen die gutmütigen Männer sie nicht wieder fortlassen; denn ihr Interesse für die ungewöhnlichen Mägde geht tiefer: Plumkett findet großen Gefallen an der temperamentvollen »Julia«, wie sich Nancy nennt, während Lyonel der Lady, die sich den Namen »Martha« zulegt, offen seine Liebe gesteht, die sie mit leichtem Hohn zurückweist. Nachdem sich alle zur Ruhe begeben haben, entführt Lord Tristan in der Stille der Nacht die beiden Damen heimlich durch ein Fenster aus dem Gutshof. – Gelegentlich einer Jagd der Königin treffen die Lady und Nancy bei der Rast in einem Wirtshaus wieder mit Lyonel und Plumkett zusammen. Aus Angst vor der Aufdeckung ihres Abenteuers erklärt die Lady vor der Hofgesellschaft Lyonel für wahnsinnig, als er seine Rechte energisch geltend machen will, und läßt ihn festnehmen. Als sie jedoch der Königin Lyonels Ring zeigt, den ihr Plumkett übergab, erfährt sie, daß Lyonel der Sohn des seinerzeit unschuldig verbannten Grafen Derby sei. – Reumütig begibt sie sich wieder auf den Pachthof, um dem Schwergeprüften sein Glück zu verkünden und ihm die Hand fürs Leben zu reichen. Aber der von ihr so gedemütigte und in Schwermut verfallene Lyonel stößt sie jetzt zurück. Da versucht sie, mit einem Verkleidungsspiel wie damals das Herz des Geliebten von neuem zu gewinnen. – Auf dem Pachthof arrangiert sie in der Art wie auf dem Marktplatz zu Richmond ein Mägde-Dingen und wieder erscheint sie mit Nancy als einfaches Bauernmädchen. Die Erinnerung an die frohe Stunde, in der seine Liebe zu diesem Mädchen erwachte, erweckt Lyonels Blick aus der Nacht dumpfer Verzweiflung, und strahlend folgt er dem Glück eines neuen Lebens, während »Julia«-Nancy ihrem Plumkett freudig die Hand reicht mit dem Versprechen, alles nachlernen zu wollen, was sie als Gutsherrin können muß.

STILISTISCHE STELLUNG: Der durch Studiengang und langjährigen Aufenthalt in Paris bestimmte französische Kompositionsstil Flotows ist auch bei ›Martha‹ unverkennbar. Er erscheint nur bei dem deutschen Komponisten etwas vergröbert, besonders im Instrumentalen. Das Werk ist (wie ›Alessandro Stradella‹) durchkomponiert. Es fehlt also der gesprochene Dialog, während sonst an der Struktur der Opéra comique festgehalten ist. Die wirkungsvolle Dramatisierung des volkstümlichen Stoffes wie die eingängige Melodik und die rhythmisch lebendige Darstellung der humoristischen Szenen sichern der Oper mit ihren dankbaren Solopartien bleibende Anziehungskraft.

Textdichtung: Das Libretto verfaßte der versierte Theaterdichter Wilhelm Friedrich (um 1820–1879, Pseudonym für Friedrich Wilhelm Riese), der seinerzeit mit seinen deutschen Übertragungen ausländischer Lustspiele viel Erfolg hatte. Als Vorlage diente ihm das am 21. Februar 1844 an der Großen Oper zu Paris gegebene Pasticcio-Ballett ›Lady Harriet ou La servante de Greenwich‹ von Jules Henri Vernoy de Saint-Georges und Marzillier, Musik von Flotow (I. Akt), Friedrich Burgmüller (II. Akt) und Edouard Deldevez (III. Akt). Friedrich, der einen ausgesprochenen Sinn für musikalische Wirkungen in der Sprache besaß, konnte gerade bei dem ›Martha‹-Libretto mit sprudelnden Versen und witzigen Pointen seine besondere Befähigung für die komische Oper beweisen, so daß sich daraufhin eine Reihe Komponisten, darunter Heinrich Marschner und Konrad Kreutzer, bei ihm um Opernsujets bewarb. Leider kamen weitere Projekte nicht zur Ausführung, da Riese anscheinend ein empfindlicher Sonderling war und sich nach ›Martha‹ auch mit Flotow überworfen hatte. Der volle Titel des Werkes lautet: ›Martha oder der Markt zu Richmond‹.

Geschichtliches: Der Stoff mit dem Mädchenmarkt war bereits vor Flotow verschiedentlich dramatisch gestaltet worden, so in Frankreich schon im 17. Jahrhundert in einem ›Ballet des Chambrières à louer‹ und später in einem Vaudeville ›La Comtesse d'Egmont‹, in Deutschland in Singspielen von Karl Ditters von Dittersdorf, Dionys Weber, Erdmann von Kospoth und anderen, in England fast gleichzeitig mit Flotows ›Martha‹ in der komischen Oper ›The maid of honour‹ (20. Dezember 1847 in London) von Michael William Balfe. Auf Grund seines Erfolges mit ›Alessandro Stradella‹ erhielt Flotow im Herbst 1845 von der Direktion der Wiener Hofoper den Kompositionsauftrag für eine neue Oper, wofür er sich von Wilhelm Friedrich ein Libretto nach dem Ballett ›Lady Harriet‹ ausarbeiten ließ. Die Uraufführung der nunmehr ›Martha‹ betitelten Oper erfolgte am 25. November 1847 am Theater an der Wien. Der Erfolg war außerordentlich, und auch heute noch gehört das ansprechende Werk zum eisernen Bestandteil des Opernrepertoires in aller Welt.

Wolfgang Fortner

* 12. Oktober 1907 in Leipzig

Creß ertrinkt (1930), T: Andreas Zeitler, Schulspiel, V: Schott

Der Wald (1953 Hessischer Rundfunk, Frankfurt/M.), T: nach Federico García Lorca, Dramatische Szene, V: Schott

Bluthochzeit (1957 Köln), T: F. García Lorca, V: Schott
Corinna (1958 Berlin), T: nach Gérard de Nerval v. Heiner Schmidt, kO., E., V: Schott
›In seinem Garten liebt Don Perlimplin Belisa‹ (1962 Schwetzingen), T: nach F. García Lorca v. Enrique Beck, V: Schott
Elizabeth Tudor (1972 Berlin), T: Matthias Braun, V: Schott

Bluthochzeit

Lyrische Tragödie in zwei Akten (sieben Bildern) von Federico García Lorca.

SOLISTEN: *Die Mutter* (Dramatischer Mezzosopran, gr. P.) – *Die Braut* (Jugendlich-dramatischer Sopran, gr. P.) – *Die Magd* (Lyrischer Mezzosopran, gr. P.) – *Die Frau Leonardos* (Spielalt, m. P.) – *Die Schwiegermutter Leonardos* (Dramatischer Alt, m. P.) – *Die Bettlerin* (Der Tod; Charaktersopran, kl. P.) – *Das Kind* (Lyrischer Sopran, Soubrette, eventuell hohe Kinderstimme, kl. P.) – *Ein Mädchen* (im 2. Bild, Lyrischer Koloratursopran, kl. P.) – *Drei Mädchen* (im 4. Bild, 2 Soprane, 1 Alt, m. P.) – *Zwei Mädchen* (im 7. Bild, sind nicht identisch mit den Mädchen aus dem 4. Bild, 2 Alte, kl. P.) – *Der Mond* (Lyrischer Tenor, m. P.) – *Leonardo* (Kavalierbariton, gr. P.) – *2 Burschen* (2 Tenöre, kl. P.) – *Drei Gäste* (3 Baritone, kl. P.) – *Die Nachbarin* (Sprechrolle, kl. P.) – *Der Bräutigam* (Sprechrolle, gr. P.) – *Der Vater der Braut* (Sprechrolle, m. P.) – *Drei Holzfäller* (Sprechrollen, kl. P.).
CHOR: Gäste. Burschen. Mädchen. Nachbarinnen. Stimmen hinter der Szene (m. Chp.).
BALLETT: Tänzer, Tänzerinnen.
SCHAUPLÄTZE: Gelb gestrichener Wohnraum im Haus der Mutter – Rosa gestrichenes Zimmer im Haus Leonardos – Inneres der in den Berg gehauenen Behausung der Braut. Im Hintergrund ein Kreuz aus großen rosa Blumen – Großer Vorraum im Heim der Braut. Tor im Hintergrund – Vor der in den Berg gehauenen Behausung der Braut. Grauweiße und kalkblaue Farbtonführung. Große Nopalbäume. Schattige und silbrige Gründe. Panorama waffelfarbener Tafelberge; alles sehr hart wie eine Landschaft auf Volkskeramik – Wald. Große, feuchte Stämme – Weißer Raum mit Bögen und dicken Mauern. Rechts und links weiße Treppen. Großer Bogen im Hintergrund und große weiße Wand. Fußboden leuchtend weiß. Dieser Raum macht den monumentalen Eindruck einer Kirche.
ORCHESTER: 3 Fl. (III. auch Picc.), 2 Ob., 1 Eh., 2 Kl., 1 Bkl., 1 Tenorsaxophon, 2 Fag., 1 Kfag., 3 Trp. in C, 3 Pos., 1 Bt., P., Schl. (5 Spieler), Hrf., Cel., 2 Mandolinen, 2 Gitarren, Str. – Bühnenmusik: 1

Picc., 1 Kl. in B und Es, 2 Mandolinen, 2 Gitarren, Schl. (3 Spieler), 1 Viol., 1 Kb.

GLIEDERUNG: Durchkomponierte, bisweilen von gesprochenen Partien unterbrochene Großform.

SPIELDAUER: etwa 2½ Stunden.

HANDLUNG: Der Bräutigam ist im Begriff, sich nach seinem Weinberg zu begeben, den er eben erst erworben hat. Er bittet seine Mutter um ein Messer, weil er Trauben schneiden möchte. Bei dem Wort Messer fährt die Mutter heftig auf; sie verflucht alle Messer und ähnliche Geräte, mit denen man den Körper eines Mannes zerfetzen kann. Sie will nicht aufhören, in Verbitterung und Haß jener Bluttat der feindlichen Sippe Félix zu gedenken, die ihr den Mann und einen Sohn raubte. Der Bräutigam versucht, die Mutter von ihren trüben Gedanken abzubringen, indem er das Gespräch auf seine bevorstehende Verlobung und Heirat lenkt. Die Mutter ist mit der Braut einverstanden, da sie anständig und fleißig sein soll. Dennoch wird ihr bei dem Gedanken an das Mädchen bang zumute. Dessenungeachtet wird sie morgen bei dem Vater der Braut in deren zehn Meilen entfernten Behausung im Ödland für ihren Sohn werben und dem Mädchen antike Ohrringe und durchbrochene Strümpfe zum Geschenk bringen. Als der Bräutigam sich entfernt hat, erfährt sie von der Nachbarin, daß die Braut erst mit Leonardo Félix verlobt war, der aber inzwischen eine ihrer Cousinen geheiratet hat. Die Nachbarin glaubt, es sei besser, dem Sohn nichts davon zu sagen. Die Mutter verspricht es. – Im Hause Leonardos singen die Frau und die Schwiegermutter das Kind in den Schlaf. Leonardo kommt vom Hufschmied zurück, bei dem er sein Pferd neu beschlagen ließ. Er stellt sich verwundert, warum das Pferd seit zwei Monaten immer wieder die Hufeisen verliere. Forschend fragt ihn die Frau, ob er das Tier nicht zu sehr beanspruche. Es sei gestern schweißtriefend zurückgekommen von einem Ritt ins Ödland, wo es von Nachbarinnen gesehen worden sei. Leonardo bestreitet, dort gewesen zu sein. Die Frau bringt das Gespräch auf ihre Cousine, die morgen Verlobung feiern werde. In diesem Augenblick kommt ein Mädchen zu Besuch, das berichtet, daß der Bräutigam im Laden das Beste, was da war, für seine Braut gekauft habe. Leonardo reagiert barsch und entfernt sich. Die Schwiegermutter holt das Kind; mit dem Wiegenliedchen singen es die beiden Frauen wieder in den Schlaf. – Mutter und Bräutigam erscheinen im Haus der Braut. Der Vater ist mit der Heirat einverstanden; als Hochzeitstag wird der nächste Donnerstag festgelegt. Daraufhin läßt der Vater die Braut kommen. Die Mutter übergibt ihr die Geschenke, dann mahnt sie aufzubrechen, da der Weg nach Haus weit sei. Der Bräutigam verspricht, morgen wiederzukommen. Als Mutter, Vater und Bräutigam weggegangen sind, bedrängt die Magd die Braut, sich die Geschenke anzusehen. Diese widersetzt sich heftig; sie will jetzt von etwas anderem reden. Die

Magd fragt, ob sie morgens um drei Uhr das Pferdegetrampel unter ihrem Fenster gehört habe. Die Braut meint, es sei wohl, wie öfters schon um diese Zeit, ihr Bräutigam vorbeigeritten. Die Magd entgegnet, sie habe deutlich den Reiter erkannt, es sei Leonardo gewesen. Da ist wieder der Hufschlag eines Pferdes vernehmbar, und wieder reitet Leonardo an dem Haus vorüber. – Am frühen Morgen des Hochzeitstages ist die Magd damit beschäftigt, die Braut anzukleiden und zu schmücken. Schließlich setzt sie ihr, obwohl sie sich dagegen sträubt, den Brautkranz auf. Gleich darauf erscheint Leonardo, der den anderen Hochzeitsgästen vorausgeritten ist. Er erinnert die Braut, daß sie das Verlöbnis mit ihm gelöst habe, da ihr sein bescheidener Besitz nicht genügte. Er habe geglaubt, die Zeit würde die Wunden heilen, doch dies sei nicht der Fall. Die Braut reagiert unsicher. Jetzt fordert die Magd Leonardo energisch auf, sich zu entfernen, weil bereits die Gäste angekommen seien. Die Hochzeitsfeier wird mit Liedern und Tänzen eingeleitet. Der Bräutigam erscheint mit seiner Mutter. Leonardo und seine Frau beglückwünschen den Bräutigam. Die Braut drängt, sofort zur Kirche zu fahren. – Die Mutter und der Vater kommen als erste von der Trauung zurück. Sie erfahren von der Magd, daß vor ihnen bereits das Ehepaar Leonardo in rasender Fahrt angekommen sei. Der Anblick von Angehörigen der Mörder ihres Mannes und Sohnes hat bei der Mutter wieder neuen Groll erweckt; der Vater tröstet sie mit dem Hinweis auf die zu erwartenden Enkel. Nun kommen auch das Brautpaar und mit ihm die anderen Gäste aus der Kirche zurück. Leonardo hat sich wieder entfernt; auch die Braut ist weggegangen, doch sie kommt bald wieder mit einem schwermütigen Ausdruck in Gesicht und Haltung. Leonardos Frau sucht unruhig nach ihrem Mann, während die Braut sich in das Haus begibt unter dem Vorwand, sich etwas ausruhen zu wollen. Die Gäste fordern das Brautpaar auf, den Bänderreigen zu tanzen. Vergeblich sucht man im Haus nach der Braut. Da stürzt die Frau Leonardos herbei und ruft in höchster Erregung, die Braut sei eng umschlungen mit Leonardo zu Pferd entflohen. Mit zwei Burschen eilt der Bräutigam den Flüchtigen nach. – Im nächtlich dunklen Wald unterhalten sich drei Holzfäller über die schicksalhaften Folgen der heutigen Hochzeit. Der Mond erscheint als Holzfäller mit bleichem Gesicht, und gleich darauf der Tod in Gestalt einer alten Bettlerin. Der Mond will mit seinem Schein alles durchleuchten, damit seine Wangen sich in dieser Nacht noch mit Blut röten. Die Bettlerin hat sich an den Wegrand gesetzt und begleitet sodann den aufgeregt an ihr vorbeieilenden Bräutigam dorthin, wo er auf das flüchtige Paar stoßen werde. Nun erscheint Leonardo mit der Braut. Sie beschwört ihn, allein zu fliehen, damit er sein Leben rette. Die Verfolger sind jedoch schon nahe. Leonardo nimmt die Braut in seine Arme und zieht sie mit sich fort. Aus der Ferne ertönt ein Schrei – und dann zwei Schreie . . . Die Bettlerin kommt aus dem Wald und öffnet ihren Um-

hang wie ein riesiger Vogel seine ausgebreiteten Flügel. – Zwei Mädchen und ein Kind erwarten am Morgen die Rückkehr der Hochzeitsgäste. Zunächst kommen Leonardos Frau und die Schwiegermutter. Verängstigt fragt die Frau, was wohl geschehen sein möge. Die Schwiegermutter, die das Unheil ahnt, schickt die Frau nach Hause mit dem Auftrag, sie möge ein Aschenkreuz auf das Kopfkissen ihres Mannes streuen. Als sich die Frauen entfernt haben, erscheint die Bettlerin, die genießerisch den Mädchen berichtet, daß die beiden Männer gefallen seien, die Braut jedoch heimkehren werde. Zuletzt kommen die Mutter mit einer Nachbarin und schließlich die Braut. Die Mutter schlägt sie, die sie für eine ehrlose Ehebrecherin hält. Aber die Braut erklärt, sie, die rein und unberührt geblieben, sei nur zurückgekommen, um aus der Hand der Mutter den Tod zu empfangen. Sie habe ihren Sohn nicht betrogen, aber der andere habe sie wie Meeresbrandung zu sich gerissen und sie hätte diesem Zwang folgen müssen selbst noch in späteren Jahren, wenn sie alt geworden sei. Leonardos Frau bringt die Kunde, daß vier Burschen auf ihren breiten Schultern die beiden Toten herbeibringen. Die Mutter läßt sich ein Kreuz geben. Ihre erschütternde Anklage gilt nicht mehr der Braut, sondern dem von ihr dereinst verfluchten winzigen Messer, durch das zwei kraftvolle Männer an einem vorbestimmten Tag für Liebe ihr Leben gaben.
Stilistische Stellung: Fortner, der ursprünglich einen an Max Reger und Paul Hindemith orientierten Stil schrieb, wandte sich nach dem Krieg der atonal-konstruktiven Richtung Arnold Schönbergs und der seriellen Musik zu. Auch der musikalische Bau seiner Oper ›Bluthochzeit‹ basiert auf einer Zwölftonreihe, mit der gleich die erste Szene des Werkes bedeutungsvoll eingeleitet wird. In feinsinniger Weise wird anschließend, gleichsam in Art eines musikalischen Stenogramms, Milieu und Tragik des Geschehens angedeutet: eine unbegleitete Volksweise, welche die andalusische Erde verinnbildlicht, mündet in einen polytonal-dissonanten Holzbläser-Akkord. In Anpassung an den intellektualistischen Stil der Komposition ist das folkloristische Element in streng stilisiertem Gewand eingearbeitet. Die einzelnen Bilder sind durch instrumentale Zwischenspiele, unter denen das vom 3. zum 4. Bild in einer geschlossenen Form (Thema mit Variationen) gestaltet ist, nahtlos miteinander verbunden, wodurch das Werk den Charakter einer dramatischen Volksballade erhält. Wohl nach dem Vorbild Schönbergs (›Moses und Aron‹) bewegt sich die Interpretation des Textes vom gesprochenen Wort über Melodram und dem in Tonhöhe und Rhythmus fixierten Wort bis zur Gesangslinie. Im Gegensatz zu dem stofflich verwandten Musikdrama Mascagnis (›Cavalleria rusticana‹), dessen tragischen Handlungsverlauf eine leidenschaftlich-sinnliche Tonsprache kommentiert, herrscht bei Fortners Werk ein objektiv-kühler Ausdruck vor. So zeichnet zum Beispiel im 6. Bild die Musik nicht den Wald, sondern sie charakterisiert durch einen auf das Büh-

nengeschehen bezogenen Kanon von zwei Violinen die ausweglose Situation. Mit dieser Gestaltungsweise realisierte der Komponist seine künstlerische Idee, im Stil des »andalusischen Urgesangs« der meisterhaften Dichtung »die Tragödie zu Ende zu singen«.

TEXTDICHTUNG: Die literarische Vorlage zu Fortners ›Bluthochzeit‹ ist die gleichnamige lyrische Tragödie des spanischen Dichters Federico García Lorca (1899–1936), die 1933 in Madrid uraufgeführt wurde. Die deutsche Übersetzung des Dramas besorgte Enrique Beck. Fortner hat diese Fassung, abgesehen von einigen unbedeutenden Veränderungen, im Original vertont.

GESCHICHTLICHES: García Lorcas ›Bluthochzeit‹ hat Fortner bereits vor seiner Oper zu Vertonungen angeregt: zunächst im Jahre 1948 zu einer Bühnenmusik und sodann zu der Dramatischen Szene ›Der Wald‹, die 1953 im Hessischen Rundfunk, Frankfurt, erstmalig dargeboten wurde. Die Uraufführung der Oper erfolgte am 8. Juni 1957 im Rahmen der Festvorstellungen zur Eröffnung des neuerbauten Kölner Opernhauses unter der musikalischen Leitung von Günter Wand.

GEORGE GERSHWIN

*26. September 1898 in Brooklyn (New York), † 11. Juli 1937 in Hollywood

Porgy and Bess (1935 New York), T: Du Bose Heyward u. Ira Gershwin, V: Chappell; deutsche Textübertragung v. Ralph Benatzky, Apollo-Verlag, Zürich; neuere deutsche Fassung v. Horst Seeger u. Götz Friedrich (1969)

Porgy and Bess

Oper in drei Akten. Dichtung von Du Bose Heyward und Ira Gershwin.

SOLISTEN: *Porgy,* ein verkrüppelter Neger (Bariton, gr. P.) – *Bess,* eine junge Negerin (Sopran, gr. P.) – *Sporting Life,* Rauschgifthändler und Schmuggler (Tenor, gr. P.) – *Crown,* ein gut verdienender, aber brutaler Neger (Bariton, gr. P.) – *Jake,* ein Fischer, Besitzer des Bootes »Möve« (Bariton, m. P.) – *Clara,* seine Frau, Mutter eines kleinen Sohnes (Sopran, m. P.) – *Robbins,* ein junger Fischer (Tenor, kl. P.) – *Serena,* seine Frau (Sopran, m. P.) – *Peter,* ein alter Neger, Honigverkäufer (Tenor, m. P.) – *Maria,* seine Frau (Mezzosopran, m. P.) – *Jim* (Bariton, kl. P.), *Mingo* (Tenor, kl. P.) und *Nelson* (Tenor, kl. P.), Neger, Fischer – *Lily* (Mezzosopran, kl. P.) und *Annie* (Mezzosopran, kl. P.), Negerinnen – *Scipio,* Negerjunge (Sprechrolle, kl. P.) – *Eine Erdbeerfrau* (Mezzosopran, kl. P.) – *Ein Krabbenverkäufer* (Tenor, kl. P.) – *Mr. Archdale,* ein weißer Rechtsanwalt (Sprechrolle, kl. P.) – *Simon Frazier,* ein Negeradvokat (Bariton, kl. P.) – *Ein Leichenbestatter* (Bariton, kl. P.) – *Ein Leichenbeschauer* (Sprechrolle, kl. P.) – *Ein Detektiv* (Sprechrolle, kl. P.).

CHOR: Negerbevölkerung: Erwachsene und Kinder der Catfish Row. Polizisten (gr. Chp.).

ORT: Charleston in dem Staat Süd-Carolina (USA).

SCHAUPLÄTZE: Platz vor den Mietshäusern der Catfish Row – Zimmer Serenas – Wie 1. Bild – Strand von Kittiwah Island, im Hintergrund ein Dickicht – Wie 1. Bild – Zimmer Serenas – Letzte 3 Bilder wie 1. Bild.

ZEIT: Übergangszeit nach dem Bürgerkrieg, um 1866 im Spätsommer.

ORCHESTER: 2 Fl., 2 Ob. (II. auch Eh.), 1 Kl., 1 Bkl., 2 Altsaxophone, 1 Tenorsaxophon, 1 Fag., 3 Hr., 3 Trp., 2 Pos., 1 Bt., Schl., Klav., Str.

GLIEDERUNG: Durchkomponierte Großform.

SPIELDAUER: etwa 2 ½ Stunden.

HANDLUNG: Die Häuser der Catfish Row, einer zum Hafen führenden engen Gasse in der Stadt Charleston, die früher von wohlhabenden Weißen bewohnt waren, dienen heute in halbverfallenem Zustand armen Negern, die sich aus Fischern, Gelegenheitsarbeitern, Hausierern und Bettlern zusammensetzen, als Mietwohnungen. Ein starkes Gemeinschaftsgefühl verbindet sie wie eine Familie und läßt sie gegenseitig Anteil nehmen an ihren Geschicken. So sitzen sie am Sommerabend zusammen beim Würfelspiel, während Clara, die Frau des Fischers Jake, ihr Baby mit dem Lied ›Summertime‹ in den Schlaf singt. Jim ist unzufrieden mit seiner mühseligen Arbeit auf der Baumwollplantage, er läßt sich gern von dem Fischer Jake auf dessen Boot »Möve« anheuern. Da das Baby immer noch schreit, versucht Jake selbst es zum Schlafen zu bringen mit einem Spottlied auf die Frauen: »A woman is a sometime thing ...«. Da kommt Porgy auf seinem mit einer Ziege bespannten Wagen. Er wird von allen freundlich begrüßt. Jim sieht Crown herankommen. Porgy erkundigt sich, ob auch Bess mitkommt. Lachend fragt ihn Jake, ob er wohl ein Auge auf die hübsche Negerin geworfen habe, die Geliebte des gewalttätigen Crown. Porgy antwortet, er habe noch kaum zwei Worte mit ihr gewechselt, überdies interessierten sich die Mädchen für einen Krüppel wie ihn nicht. Crown erscheint mit Bess. Er ist schwer betrunken und verlangt von dem Rauschgifthändler Sporting Life Whisky und eine Prise »happy dust« (Rauschgift). Das Würfelspiel wird fortgesetzt. Als der junge Fischer Robbins gegen das unfaire Spiel Crowns Einspruch erhebt, kommt es zu einer Prügelei, in deren Verlauf er von Crown mit Jims Baumwollhacke erschlagen wird. Crown ergreift die Flucht und läßt

Bess zurück. Die Frauen weigern sich, sie, die sie als Hure verachten, in der Catfish Row aufzunehmen, Porgy gewährt ihr jedoch bei sich Unterkunft. Als in der Ferne Polizeisignale ertönen, verschwindet alles eiligst in die Häuser. – Im Zimmer Serenas, der Frau des Erschlagenen, liegt Robbins' Leiche aufgebahrt. Mit dem Spiritual »Where ist brudder Robbins?« veranstalten seine Freunde eine Totenehrung. Alle spenden in einen Teller Geld für das Begräbnis. Porgy und Bess erscheinen. Serena lehnt eine Gabe von Bess ab, nimmt sie aber schließlich doch an, als sie erfährt, daß das Geld von Porgy stammt. Die Totengesänge werden fortgesetzt, bis ein Detektiv erscheint. Dieser gibt bekannt, daß die Leiche, wenn sie nicht bis morgen bestattet sei, den Medizinstudenten ausgeliefert würde. Den alten Honigverkäufer Peter nimmt er als Tatzeugen ins Gerichtsgefängnis mit, wo er als Geisel bis zur Ergreifung des Mörders verbleiben soll. Nun erhebt Serena die Totenklage. Der Leichenbestatter kommt. Er weigert sich, die Bestattung für die gesammelten fünfzehn Dollar vorzunehmen. Als ihm aber Serena erklärt, sie wolle sich das fehlende Geld durch Arbeit verdienen, ist er bereit, die Leiche morgen früh zu bestatten. Die Totengesänge setzen wieder ein. Da erhebt sich Bess und verkündet ekstatisch, der Zug warte schon, um den Verstorbenen ins Gelobte Land zu bringen. – Die Fischer flicken ihre Netze, wobei sie unter Gesang (worksong) ihren Körper im Rhythmus von Ruderbewegungen schaukeln. Annie fordert sie auf, die Arbeit einzustellen, um sich zur Abfahrt für die heute anberaumte Picknick-Party auf Kittiwah Island fertig zu machen. Jake rüstet zur Ausfahrt mit seiner »Möve« zum Fischfang. Seine Frau bittet ihn, in diesen Tagen der gefährlichen Septemberstürme nicht auf See zu gehen. Aber Jake weist darauf hin, wie solle er seinem Sohn eine College-Erziehung ermöglichen, wenn er nicht genug Geld verdiente. Porgy, der die Unterredung mitangehört hat, ist über solche materiellen Sorgen erhaben. Er singt sein Lied von dem freien Leben eines Habenichts (»I got plenty of nutting ...«). Da naht der Neger-Advokat Frazier, der dunkle Geschäfte mit Ehescheidungen zu machen pflegt. Er bietet Porgy an, gegen eine Gebühr von einem Dollar Bess von Crown zu scheiden. Es stellt sich heraus, daß Bess mit Crown gar nicht verheiratet ist. Frazier erklärt diesen Umstand für eine Komplikation, wegen der sich der Preis um einen halben Dollar erhöhe. Porgy erhält nun für 1 ½ Dollar eine Scheidungsurkunde, durch die Bess wieder zu einer ehrsamen Lady erhoben ist und die Porgy angeblich das Recht verschaffe, mit Bess zusammen zu leben. In diesem Augenblick erscheint der weiße Rechtsanwalt Mr. Archdale. Er kommt, um Porgy die baldige Freilassung seines Freundes Peter mitzuteilen. Dem Frazier untersagt er unter Androhung der Erstattung einer Anzeige den weiteren Handel mit Ehescheidungsurkunden. Ein Bussard fliegt vorüber. Porgy weiß, ein Bussard bringt Unglück, aber gegen ein Glück wie das seine kann auch ein

Bussard nichts ausrichten. Inzwischen hat sich Sporting Life heimlich an Bess herangemacht. Er bietet ihr an, mit ihm nach New York zu kommen, wo er ihr ein luxuriöses Leben bereiten wolle. Bess lehnt energisch ab. Vor Porgys harter Faust weicht endlich der Verführer. Bess will sich nicht an der Picknick-Party beteiligen und Porgy nicht allein lassen. Maria bittet sie jedoch, ihr behilflich zu sein, und als Porgy selbst ihr zuredet, schließt sie sich der zur Insel aufbrechenden Gesellschaft an. – Ausgelassen vergnügen sich die Neger während der Party bei Tanz, Spiel und Gesang. Sporting Life doziert in einer Ansprache (»It ain't necessarily so . . .«), alles im Leben, ja selbst das, was in der Bibel stünde, sei nicht so ernst zu nehmen. Schließlich ruft die Schiffssirene zur Rückkehr. Als alle schon an Bord gegangen sind, kommt als letzte Bess. Da tritt ihr plötzlich Crown in den Weg, der sich hier auf der Insel seit seinem Mord an Robbins vor der Polizei verborgen gehalten hat. Bess gesteht ihm offen, daß sie jetzt Porgy angehöre. Als er aber schließlich sie küssend in seine starken Arme nimmt, geht sie zurück in den Wald; triumphierend folgt er ihr. – Jake besteigt mit den Fischern sein Boot und fährt aufs Meer. Da kommt Peter aus der Haft zurück. Aus Porgys Zimmer vernimmt man Schreie von Bess in ihren Fieberträumen. Maria erzählt Peter, daß sich Bess bei der Picknick-Party im Dickicht der Insel verirrt habe und erst nach zwei Tagen schwerkrank zurückgekehrt sei. Porgy kommt aus seinem Zimmer und begrüßt seinen Freund Peter herzlich, der ihm rät, Bess in ein Krankenhaus der Weißen zu bringen. Aber Serena weiß ein besseres Hilfsmittel. Sie will, was sie schon öfters mit Erfolg getan habe, Bess gesund beten. In einem Spiritual, in das Peter und Porgy einstimmen, vollzieht sie die Zeremonie, und pünktlich um fünf Uhr, wie Serena prophezeit hatte, erscheint Bess, von Fieber und Krankheit befreit. Porgy ahnt, was auf der Insel vorgefallen war. Bess bittet ihn um Beistand gegen Crown, und er versichert ihr, daß sie nichts mehr von ihrem früheren Geliebten zu fürchten habe. Jakes Frau sitzt sorgenvoll vor ihrer Wohnung und schaut auf das Meer. Der Himmel verfinstert sich, und es ertönt die Sturmglocke. Ohnmächtig bricht Clara zusammen. –Während draußen der Sturm tobt, singen die Neger, in Angst und Schrecken zusammengedrängt in Serenas Zimmer, ein Spiritual an Jesus zum Schutz ihrer Angehörigen auf hoher See. Da pocht es an die Tür. Die Neger glauben, es sei der Tod, und stemmen sich gegen die Tür, aber sie wird gewaltsam aufgerissen, und Crown erscheint. Er ist trotz Sturm von Kittiwah gekommen, um sich Bess zu holen. Hätte er nicht Gottes Schutz, wäre er jetzt umgekommen. Übermütig mischt er in den frommen Gesang der Negerinnen ein laszives Lied von einem rothaarigen Weib. Mit einem Aufschrei sieht Bess Jakes Boot kieloben in den Fluten treiben. Clara übergibt ihr schnell das Baby und stürzt hinaus in den Sturm. Bess fordert die Männer auf, Clara beizustehen. Mit einem höhnischen Hinweis auf den Krüppel Porgy rühmt sich Crown als den einzigen Mann in dem Zimmer, er gehe, erst Clara zu retten, dann werde er sich Bess holen. – In einer frommen Betrachtung gedenken abends die Neger der in den Fluten umgekommenen Fischer, Jakes und Claras. Sporting Life stört diese Stimmung, indem er sich mit frechen Worten über Bess' unglückliche Situation zwischen zwei Männern lustig macht. Bess singt Claras Baby in den Schlaf. Nachdem sich alle entfernt haben, schleicht sich Crown an Porgys Wohnung heran. Er kriecht an die Tür, da öffnet sich der Fensterladen, ein Arm wird sichtbar, dessen Hand ein Messer umfaßt. Es ist Porgy, der blitzschnell das Messer in Crowns Rücken stößt. Mit starker Kraft würgt er sodann Crowns Kehle, bis dieser stirbt. Dann schleudert er den Toten mit einem wuchtigen Stoß auf den Platz vor den Häusern. Triumphierend ruft er: »Bess, jetzt hast du einen Mann, jetzt hast du Porgy!« – Am nächsten Morgen sucht der Detektiv den Mörder Crowns ausfindig zu machen. Der Verdacht liegt nahe, daß die Witwe des gerade vor zwei Monaten von Crown erschlagenen Robbins eine Verbindung zu dem Mörder habe. Serena kann jedoch nachweisen, daß sie diese Nacht krank in ihrem Bett gelegen habe. Da kommt Porgy hinzu. Der Leichenbeschauer erkennt in ihm den gutmütigen Ziegen-Mann. Er ersucht ihn, mit ihm zu kommen, um die Leiche Crowns zu identifizieren. Als sich Porgy weigert, wird er gewaltsam fortgebracht. Nun macht sich Sporting Life an Bess heran. Er redet ihr ein, daß Porgy lange Zeit, vielleicht auch gar nicht mehr zurückkommen werde, und macht ihr neuerdings den Antrag, ihm nach New York zu folgen in ein neues, herrliches Leben. Entrüstet weist ihn Bess zurück. Aber Sporting Life ist sich jetzt seines Erfolges sicher. Lachend entfernt er sich, nicht ohne Bess ein Päckchen Rauschgift vor die Tür gelegt zu haben. – Nach einer Woche kehrt Porgy zurück. Er wird von allen freudig begrüßt. Zunächst erzählt er, daß er wegen Zeugnisverweigerung ins Gefängnis gesperrt wurde. (Er hatte in der Furcht, als Mörder Crowns entdeckt zu werden, in der Leichenhalle die Augen geschlossen, weil nach einem Neger-Aberglauben die Wunde eines Getöteten zu bluten beginnt, wenn sein Mörder den Leichnam ansieht.) Dann erkundigt er sich sogleich nach Bess, für die er eine Überraschung habe. Die Neger weichen erst aus, schließlich gestehen die Frauen die Wahrheit: Bess ist fort, sie ist zurückgekehrt zum Rauschgift; sie habe sich dem Teufel ergeben, für Porgy sei es ein Glück, diese Frau sei seiner nicht wert, er möge sie vergessen. Porgy erkundigt sich zunächst, ob Bess noch am Leben sei. Er erfährt, daß sie nach New York gegangen sei. Porgy läßt sich die Richtung zeigen, wo New York liegt. Dann läßt er sich seinen Wagen mit der Ziege bringen und macht sich auf den Weg nach New York, wo er mit Gottes Hilfe seine Bess wiederzufinden hofft.

STILISTISCHE STELLUNG: George Gershwin schrieb zu dem bühnenwirksamen Stück eine farbige Musik. Der Komponist legte dabei großen Nachdruck auf die Bezeichnung »Oper«. Der Naturalismus der Handlung wies bei der musikalischen Gestaltung von vorneherein in den Bereich der veristischen Oper. Eine opernhafte Vertonung erfuhr in erster Linie der dramatische Dialog, der, abgesehen von einigen wenigen gesprochenen Stellen, durchkomponiert ist. Darüber hinaus verwandte Gershwin aber auch Gestaltungsmittel der amerikanischen Operette (Musical) und des Films. So durchsetzte er das Werk mit einer Reihe geschickt in den Handlungsablauf eingefügter Spirituals und Songs, geschlossener Gebilde, deren Melodien bisweilen im Sinne von Erinnerungsmotiven wiederkehren. Im allgemeinen zeigt die Musik das für Gershwin typische stilistische Gepräge, einen Mischstil von ernster Musik im symphonischen Charakter und von Unterhaltungsmusik, die stark von Jazzelementen durchsetzt ist.

TEXTDICHTUNG: Das Textbuch verfaßte Du Bose Heyward nach seiner Novelle ›Porgy‹, die er auf Anraten und unter Mitarbeit seiner Frau Dorothy erst zu einem erfolgreichen »Kriminal-Schauspiel« bearbeitet hatte. Heyward, der in Charleston, dem Ort, in welchem die Oper spielt, geboren wurde, lernte als Aufseher in einer Baumwollplantage das Leben der Neger kennen. Zu seiner Novelle ›Porgy‹ wurde er angeregt durch einen damals stadtbekannten verkrüppelten Neger, der auf einem »Geißen-Wägelchen« zu betteln pflegte und deshalb den Spitznamen »Goat-Sammy« führte. Die Liedertexte schrieben Du Bose Heyward und Ira Gershwin, der Bruder des Komponisten. Der Textdichter und die Brüder Gershwin hatten während eines monatelangen Aufenthalts auf Folly Island, einer zehn Meilen von Charleston entfernten Insel, Lebensart und Bräuche des in der Oper dargestellten Negerstammes studiert. Die in dieser Gegend lebenden Neger heißen »Gullah«, wohl als Nachkommen des gleichnamigen, ehemals aus Portugiesisch-Angola als Sklaven importierten Negerstammes. Das Opernbuch ist durchwegs in der Dialektsprache des Neger-Englisch abgefaßt. Eine deutsche Übersetzung besorgte Ralph Benatzky. Im Auftrag von Walter Felsenstein schufen Horst Seeger und Götz Friedrich 1969 eine neue deutsche Textübertragung.

GESCHICHTLICHES: ›Porgy and Bess‹ ist in den Jahren 1934/35 entstanden. George Gershwin führte die Komposition im Laufe von zwanzig Monaten aus. Das Werk kam zunächst in einer Probeaufführung am 30. September 1935 in Boston heraus, die eigentliche Premiere fand am 10. Oktober 1935 am Alvin-Theater in New York statt. Bei der in den USA besonders in der damaligen Zeit noch sehr starken Pointierung der Rassenunterschiede hatte die Neger-Oper zunächst wenig Erfolg; insbesondere wurde sie von der Kritik heftig abgelehnt, so daß sie wieder vom Spielplan verschwand. Erst bei einer Neueinstudierung im Jahre 1943 konnte sie einen sensationellen Erfolg verzeichnen, der sich später durch die Gastspiele von Neger-Opernensembles außerhalb der USA zu einem Welterfolg steigerte.

Umberto Giordano

*27. August 1867 in Foggia bei Neapel, † 12. November 1918 in Mailand
André Chénier (1896 Mailand), T: Luigi Illica, V: Sonzogno (M&B)
Fedora (1898 Mailand), T: nach Victorien Sardou v. Arturo Colautti, V: Sonzogno (M&B)
La cena delle beffe (Das Mahl der Spötter; 1924 Mailand), T: Sem Benelli, V: B&B
Il Rè (Der König; 1929 Mailand), T: Giovacchino Forzano, V: Sonzogno

André Chénier

Oper in vier Akten. Text von Luigi Illica.

SOLISTEN: *André Chénier,* ein Dichter (Jugendlicher Heldentenor, gr. P.) – *Charles Gérard* (Heldenbariton, auch Kavalierbariton, gr. P.) – *Madeleine von Coigny* (Jugendlich-dramatischer Sopran, gr. P.) – Die Mulattin *Bersi* (Lyrischer Mezzosopran, auch Lyrischer Sopran, m. P.) – *Die Gräfin von Coigny* (Mezzosopran, m. P.) – Die alte *Madelon* (Alt, auch Mezzosopran, m. P.) – *Roucher,* ein Freund Chéniers (Bariton, auch Baß, m. P.) – *Pierre Fléville,* der Romancier (Bariton, auch Baß, kl. P.) – *Fouquier-Tinville,* der öffentliche Ankläger (Bariton, auch Baß, kl. P.) – *Mathieu,* ein Sansculotte (Bariton, m. P.) – *Ein Incroyable,* ein Spion der Revolution (Lyrischer Tenor, auch Spieltenor, m. P.) – *Der Abbé* (Tenor, kl. P.) – *Schmidt,* der Schließer des Gefängnisses von St. Lazare (Baß, auch Baßbariton, kl. P.) – *Ein Haushofmeister* (Baß, auch Baßbariton, kl. P.) – *Dumas,* Präsident des Wohlfahrtsausschusses (Baß, auch Bariton, kl. P.).
Nach Angabe des Komponisten können die folgenden Partien auch von einem Darsteller ausgeführt werden: Die Gräfin/Madelon; Roucher/Pierre Fléville/Fouquier-Tinville; Ein Incroyable/Der Abbé; Schmidt/Der Haushofmeister/Dumas.
CHOR: Damen und Herren. Abbés. Lakaien. Diener. Pagen. Schäferinnen. Bettler. Sansculotten. Mitglieder der Nationalgarde. Gendarmen. Marktweiber. Richter. Geschworene. Gefangene (gemischter Chor, m. Chp.).
ORT: Paris.
SCHAUPLÄTZE: Im Schloß der Gräfin von Coigny – Pariser Straßenszene – Der Sitzungssaal des Revolutionstribunals – Das Gefängnis St. Lazare.
ZEIT: Vor und während der Französischen Revolution.
ORCHESTER: 2 Fl., Picc., 2 Ob., Eh., 2 Kl., 2 Fag. – 4 Hr., 3 Trp., 3 Pos., Tuba – P., Schl., Hrf. – Str. – Bühnenmusik: Trommeln.
GLIEDERUNG: Durchkomponierte Großform.

SPIELDAUER: etwa 2 ¾ Stunden.

HANDLUNG: Im Ballsaal des Schlosses der Gräfin von Coigny bereiten Gérard und andere Diener eine Abendgesellschaft vor. Gérard schreit seinen Haß auf die aristokratische Gesellschaft heraus und klagt die Reichen an; er prophezeit ihren baldigen Tod. Die Gräfin tritt ein, um zu sehen, ob alles vorbereitet ist; sie wird begleitet von ihrer Tochter Madeleine und deren Mulattenzofe Bersi. Gérard verliert sich in Gedanken um die schöne Madeleine, mit der er aufgewachsen ist und die er heimlich, aber aussichtslos liebt. – Die Gäste treffen ein, unter ihnen der Romancier Fléville, der seinen Freund, den Dichter André Chénier, mitgebracht hat. Man erörtert die letzten, beunruhigenden Nachrichten aus Paris, dann bittet Fléville um Aufmerksamkeit für das Schäferspiel. Die Gräfin versucht, Chénier zum Rezitieren einiger Verse zu bewegen, aber er weicht aus. Madeleine aber gelingt dies, doch aus einer poetischen Beschreibung von Naturschönheiten wird plötzlich eine Anklage gegen die Tyrannei und die Bitte, den Armen zu helfen. Die aristokratische Gesellschaft ist empört. Chénier tadelt Madeleine wegen ihrer naiven Einstellung zum Leben, so daß diese, verletzt, aber doch angerührt von den Worten des Dichters, die Gesellschaft verläßt. Um die fröhliche Stimmung wiederherzustellen, befiehlt die Gräfin, mit dem Tanz zu beginnen. Da werden die Türen des Ballsaals aufgerissen, eine Menge armer Leute dringt herein, geführt von Gérard. Die Gräfin, aufgebracht über die erneute Störung, weist die Eindringlinge ab, und Gérard wirft seine Diener-Livree von sich; mit der Aristokratie will er nichts mehr zu tun haben. Verlegen sind alle Gäste, doch dann geht der Tanz weiter. – Einige Jahre sind vergangen; Paris steht unter dem Schrecken des Terror-Regimes von Robespierre. Die Mulattin Bersi, die mit Madeleine nach Paris fliehen konnte, lebt als Kurtisane, um ihre ehemalige Herrin zu unterstützen. Sie sitzt vor einem Café am Tisch mit einem Spitzel Robespierres. Dieser beobachtet Chénier, der mit seinem Freund Roucher in der Nähe ist. Roucher rät dem Freund, Paris zu verlassen, bevor es zu spät sei, doch Chénier hofft auf eine große Liebe, hat er doch in der letzten Zeit einige geheimnisvolle Briefe erhalten. Er will hier den Boten der Absenderin treffen. Roucher liest den letzten Brief und macht Chénier klar, bei der geheimnisvollen Dame könne es sich nur um eine Kurtisane handeln; entmutigt willigt der Dichter ein, mit einem falschen Paß in der Dämmerung Paris zu verlassen. – Gérard, nun ein Führer der Revolution, geht mit anderen vorbei. Der Spitzel fragt ihn aus über eine schöne Frau, die Gérard sucht; es ist Madeleine. Der Spitzel glaubt, sie als Begleiterin Bersis gesehen zu haben, und verspricht Gérard, er solle sie bald sehen. In der Dämmerung nähert sich Bersi Chénier und teilt ihm mit, eine Frau, die sich in großer Gefahr befinde, wolle ihn sprechen. Der Spitzel bleibt in der Nähe, um zu beobachten, ebenso Roucher, der eine Falle vermutet. Madeleine kommt, im Gewand einer Dienerin; Chénier erkennt sie, als sie die Verse wiederholt, die er auf der Abendgesellschaft im Schlosse von Coigny vorgetragen hatte. Der Spitzel eilt fort, um Gérard davon zu unterrichten, daß er die Frau gefunden habe, die dieser suche. Madeleine erklärt, daß sie im Untergrund leben müsse, und Chénier entgegnet mit einer Liebeserklärung und der Bereitschaft, ihr zu helfen. Sie wollen gehen, doch der zurückkehrende Spion und Gérard halten sie auf. Roucher kommt ebenfalls dazu, und Chénier ruft ihm zu, er solle sich um Madeleine kümmern. Mit einer Pistole weiß Roucher den Spion im Schach zu halten. Chénier und Gérard fechten, und Chénier gelingt es, den Revolutionsführer zu verwunden. Der Spion ist fortgelaufen, um Hilfe zu holen. Im Fallen erkennt Gérard den Dichter, und er rät ihm, schnell zu fliehen, da sein Name auf der Liste des öffentlichen Anklägers mit den Konterrevolutionären stehe. Chénier entkommt, und als der Spion Hilfe herbeigeholt hat, behauptet Gérard, er habe seinen Gegner nicht erkannt. – Im Sitzungssaal des Revolutionstribunals versucht Mathieu vergebens, das Volk dazu zu bewegen, einen Beitrag für den Revolutionsfond zu spenden. Da erscheint der wiedergenesene Gérard, und ihm gelingt es mit einer aufrüttelnden patriotischen Ansprache, Spenden zu erhalten. Sogar die alte, blinde Madelon erscheint, die schon ihren Sohn und ihren ältesten Enkel in den Revolutionskriegen verloren hat, und die nun auch noch ihren jüngsten Enkel, einen fünfzehnjährigen Jungen, für den Kampf um die Freiheit Frankreichs hergibt. Der Spion erzählt Gérard, daß man Chénier am frühen Morgen bei einem Freund gefangengenommen habe, und er hofft, so auch Madeleine aus ihrem Versteck zu holen. Er bedrängt Gérard, die Anklageschrift gegen Chénier vorzubereiten, damit dieser vor Gericht gestellt werden könne. Gérard ist von gegensätzlichen Gefühlen zerrissen: einerseits will er den unerwünschten Rivalen um die Gunst Madeleines aus dem Wege schaffen, andererseits fühlt er sich schuldig, wenn er die Ziele der Revolution, an die er auch nicht mehr glaubt, zynisch für seine eigene Gier und Eifersucht einsetzt. Doch das Verlangen nach Madeleine siegt: er fertigt die Anklageschrift aus. Madeleine betritt den Sitzungssaal; Gérard erzählt ihr von seiner Suche nach ihr; er berichtet, er habe Chénier festnehmen lassen, um sie zu finden, und daß er sie für sich begehre. Erschüttert bietet sie sich ihm zum Austausch für Chéniers Freiheit an. Sie schildert ihm ihr Schicksal, seit ihre Mutter von Revolutionären umgebracht wurde, und ergriffen schreibt Gérard ein Billett an den Präsidenten des Revolutionstribunals und versichert, er wolle alles zur Rettung Chéniers unternehmen. Die Gefangenen werden hereingeführt, und Chénier darf sich verteidigen gegen die Anschuldigung, er sei ein Konterrevolutionär, der zum Feind überlaufen wolle. Er spricht von seiner Vaterlandsliebe, die er mit der Feder wie mit dem Schwert bewiesen habe, und fordert, man solle ihm – wenn schon nicht das Leben – so doch die Ehre lassen.

Gérard gibt zu, daß er die Anklageschrift gefälscht habe, doch der Pöbel brüllt ihm entgegen, er sei bestochen. Das Gericht zieht sich zurück. Chénier ist glücklich, Madeleine zu sehen. Trotz der Intervention Gérards wird Chénier zum Tode verurteilt. – Im Gefängnis von St. Lazare wartet Chénier auf seine Hinrichtung. In Anwesenheit seines Freundes Roucher schreibt er seine letzten Verse nieder. Roucher muß gehen, und Madeleine und Gérard kommen. Madeleine will lieber mit Chénier sterben als ohne ihn weiterleben. Mit Geld und Schmuck besticht sie den Gefängnisaufseher und tauscht den Platz mit einer Verurteilten, Idia Legray. Die Liebenden finden einander, und Gérard eilt fort, um Robespierre um Straferlaß zu bitten, doch vergebens. Gemeinsam treten Chénier und Madeleine den Weg zur Guillotine an.

STILISTISCHE STELLUNG: Umberto Giordano gehört – in der Ästhetik seines Opernschaffens wie in seiner musikalischen Ausdruckskraft – in den Umkreis der italienischen »Veristen« um ihren Wortführer Pietro Mascagni. Mascagni war es auch, dessen Urteil den zögernden Verleger Sonzogno zur Annahme des Werkes, das vorher als unaufführbar bezeichnet worden war, bewegte. Giordanos Musik ist in ihrer Verquickung von Melodienseligkeit und Revolutionsklängen der wenige Jahre späteren ›Tosca‹ von Puccini ähnlich, doch über den auch heute noch unmittelbar zündenden klanglichen und dramatischen Effekt hinweg hat die Partitur durchaus eigene Reize in ihrem plastischen, ausgeformten Wohlklang, in der Einbindung vor-revolutionärer (Menuett, Gavotte) und revolutionärer (Ça ira, Carmagnole, Marseillaise) Klangwelten, in der szenisch motivierten Tendenz zur Auflösung festgefügter Arienformen.

TEXTDICHTUNG: Luigi Illica, später enger Mitarbeiter Puccinis, schrieb das Libretto zu ›André Chénier‹ zuerst für den Komponisten Alberto Franchetti, der das Werk dann aber an Giordano abtrat (wie übrigens später das Libretto der ›Tosca‹ an Puccini). Die Handlung benutzt die historische, ein wenig zwielichtige Figur des Dichters André Chénier (1762–1794), der zuerst vor der Aristokratie die Revolution beschwor, später aber den ihn früher stützenden Adelskreisen verhaftet blieb, an der Verteidigung Ludwigs XVI. mitwirkte und so unter Robespierres Schreckensregiment hingerichtet wurde. Doch die historische Figur und der ganze, sehr spektakulär eingesetzte Revolutionshintergrund sind nur Folie für eine operngerechte Dreiecks-Geschichte, in der Liebe und Eifersucht und großmütiges Verzeihen ohnehin eine größere Rolle spielen als politische Auseinandersetzungen.

GESCHICHTLICHES: Giordano komponierte in den Jahren 1894/95 an seiner Oper – zur gleichen Zeit, als Puccini die ebenfalls in Paris spielende ›Bohème‹ schrieb. Die Uraufführung am 28. März 1896 an der Scala in Mailand war ein überwältigender Erfolg; das Werk kam noch in demselben Jahr in mehreren italienischen Städten sowie in New

York heraus, 1897 bereits in deutscher Übersetzung in Breslau. Gustav Mahler konnte das Werk in Wien gegen den Widerstand des Hofes nicht durchsetzen. Marksteine der Werkrezeption in Deutschland sind Aufführungen unter Fritz Busch 1925 in Dresden (mit Tino Pattiera) und 1926 in Wien (mit Lotte Lehmann und Alfredo Piccaver). Benjamino Gigli war ein begeisterter Anwalt der Oper, und auch heute noch weiß sie Erfolg zu machen, wenn man die drei Hauptpartien hochkarätig besetzen kann.

W. K.

Michail I. Glinka

*1. Juni 1804 in Nowospaskoje bei Jelna, † 15. Februar 1857 in Berlin

Ein Leben für den Zaren (1836 St. Petersburg), T: Baron Georgij F. Rosen; revidiert v. Aleksander Glasunow u. Nikolaj Rimskij-Korssakow, deutsch v. Hans Schmidt, V: Belaieff, U. E., Fürstner, Boosey

Ruslan und Ludmila (1842 St. Petersburg), T: Aleksander S. Puschkin, V: Suvini (Schott)

Ein Leben für den Zaren

Oper in vier Akten mit einem Epilog. Text von Baron Georgij F. Rosen. Oper revidiert von Nikolaj Rimskij-Korssakow und Aleksander Glasunow.

Solisten: *Iwan Sussanin,* ein alter Bauer aus dem Dorfe Domnin (Seriöser Baß, gr. P.) – *Antonida,* seine Tochter (Jugendlich-dramatischer Sopran, gr. P.) – *Bogdan Sobinin,* ein junger Bauer, ihr Bräutigam (Jugendlicher Heldentenor, gr. P.) – *Wanja,* ein von Sussanin adoptierter Waisenknabe (Lyrischer Alt, gr. P.) – *Ein polnischer Hauptmann* (Baß, kl. P.) – *Ein Bote* (Tenor, kl. P.) – *Ein russischer Hauptmann* (Baß, kl. P.).
Chor: Bauern. Polen. Krieger. Volk (gr. Chp.).
Ballett: Tanzfolge im II. Akt.
Ort: Rußland.
Schauplätze: Eine Straße im Dorfe Domnin – Am Hofe des polnischen Königs Sigismund – Die Hütte Sussanins – Ein dichter Wald – Das Kloster – Der rote Platz in Moskau.
Zeit: 1613.
Orchester: 2 Fl., 2 Ob., 2 Kl., 2 Fag. – 4 Hr., 2 Trp., 3 Pos., 1 Tuba – P., Schl., Hrf. – Str.

GLIEDERUNG: Ouvertüre und 26 musikalische Nummern.
SPIELDAUER: etwa 2 ¾ Stunden.
HANDLUNG: In dem Dorf Domnin in der Nähe von Moskau begrüßen die Bewohner voller Freude die Rückkehr eines Freiwilligenheeres, das gerade einen Sieg über die polnischen Invasoren des Königs Sigismund errungen hat. Die Polen haben versucht, in den Wirren nach dem Tod des Zaren Boris Godunow die Macht in Rußland an sich zu reißen und einen Polen auf den Zarenthron zu setzen. Nur Antonida, die Tochter des alten Bauern Iwan Sussanin, ist traurig, denn ihr Verlobter Sobinin ist noch nicht zurückgekehrt, und ihr Vater will auch in so unruhigen Zeiten einer Hochzeit noch nicht zustimmen, zumal er befürchtet, Moskau könne in die Hand der Feinde gefallen sein. Da ertönen vom Fluß her Rufe, und auf einem Boot erscheint der lang erwartete Sobinin, der nicht nur seine Braut freudig begrüßt, sondern auch gute Nachricht bringt: das Heer unter Führung des Fürsten Posharskij hat die auf Moskau marschierenden Polen zurückgeschlagen. Zwar zögert Sussanin immer noch mit der Zusage zur Heirat, doch als Sobinin erzählt, daß in Moskau bereits der große Rat zusammengetreten ist, um einen neuen Zar zu wählen, und daß der Gutsherr des Dorfes, Michail Romanow, wohl der neue Zar sein würde, willigt er ein. Die Dorfbewohner feiern den neuen Zaren, von dem sie sich Friede für Rußland erhoffen. – Am polnischen Hofe in Warschau feiert man den vermeintlichen Sieg über Rußland. Die ganze Adel ist versammelt, man singt und tanzt – es erklingen die polnischen Nationaltänze: Polonaise, Krakowiak und Mazurka. Da betritt ein Bote den festlich geschmückten Saal: er berichtet, daß Moskau wieder in die Hand der Russen gefallen sei, daß der von den Polen eingesetzte Zar Wladislaw verjagt und Michail Romanow zum neuen Zaren gewählt worden sei. Doch dieser, der in einem Kloster bei Kostroma lebe, wisse noch gar nichts von seiner Wahl. Erzürnt beschließen die Polen, zum Gegenangriff überzugehen und sich so schnell wie möglich des neuen Zaren zu bemächtigen – dann sei der Aufruhr im Keime erstickt. – Im Hause Sussanins wird die Hochzeit von Sobinin und Antonida vorbereitet. Im Hause lebt noch der Waisenknabe Wanja, den Sussanin wie einen eigenen Sohn aufzieht. Sussanin berichtet ihm von dem Erfolg des Heeres gegen die Polen und von der Wahl Romanows, und Wanja hofft, bald so erwachsen zu sein, daß er auch gegen die Polen ziehen kann. Die Dorfleute versammeln sich, und auch Sobinin und Antonida erscheinen, und dem Glück scheint nichts mehr im Wege zu stehen. Sobinin verläßt kurz das Haus, um auswärtige Hochzeitsgäste abzuholen, als plötzlich polnische Soldaten eindringen und Sussanin auffordern, sie unverzüglich zum Versteck des neuen Zaren zu bringen. Sussanin versucht sie, davon abzulenken, indem er sich unwissend stellt, und indem er die Polen zur Hochzeit einlädt, doch sie bedrohen ihn und bieten ihm schließlich Geld, damit er sie führe. Sussanin be-

schließt schweren Herzens, zum Schein auf das Angebot einzugehen, die Polen aber in die Irre zu führen. In einem unbeobachteten Augenblick beauftragt er Wanja, schnell zum Kloster zu reiten, in dem sich der Zar aufhält, und ihn zu warnen; dann verabschiedet er sich schmerzerfüllt von seiner Tochter, denn er fühlt, daß er sie wohl nicht wiedersehen wird. Mit den Polen verläßt er das Haus und geht in die Nacht. Antonida bleibt verzweifelt zurück, und als die Dorfmädchen kommen, um ihr einen Hochzeitsgesang vorzutragen, berichtet sie von dem schrecklichen Ereignis. Als Sobinin endlich mit den Gästen zurückkehrt und von Sussanins Verschleppung hört, ruft er eilends die Bauern zusammen, die zu den Waffen greifen und den Polen folgen. – Trotz Dunkelheit und wildem Wetter erreicht Wanja noch in der Nacht das Kloster, in dem sich der Zar aufhält, und klopft die Bewohner aus dem Schlaf, die sich zuerst erstaunt und unwillig äußern, dann aber, als Wanja ihnen von der Gefahr berichtet hat, ebenfalls ihre Waffen nehmen und den Polen entgegenmarschieren. – Sussanin hat unterdes die Polen in unwegsame Wildnis geführt. Da sie immer noch nicht am Ziel sind, werden sie unruhig und mißtrauisch, aber da Nacht ist, können sie sich über den Weg nicht vergewissern. Erschöpft legen sie sich zum Schlaf, und Sussanin erhofft und befürchtet zugleich das Herannahen des Morgens – denn er weiß, daß dann der Zar gerettet ist, daß aber die Polen ihn, wenn sie seinen Betrug entdecken, sicherlich töten werden. Als der Morgen graut, sieht Sussanin seine Aufgabe erfüllt – er gesteht den Polen, daß er sie in die Irre geführt hat, und in blinder Wut erschlagen ihn die Feinde. Sobinin und seine Freunde kommen zu spät. – Vor dem Kreml in Moskau feiert das russische Volk die endgültige Befreiung von den Polen – dabei gedenkt man der Heldentat des alten Iwan Sussanin, der sein Leben ließ, um den Zaren und das Vaterland zu retten.

Stilistische Stellung: Michail Glinka, der seine hauptsächliche musikalische Ausbildung außerhalb Rußlands, in der Begegnung mit den Opern Bellinis und Donizettis und im Unterricht bei dem Berliner Kompositionsprofessor Siegfried Dehn, erworben hatte, war gleichwohl der »Vater« einer national geprägten russischen Musik. Und so ist seine erste Oper ›Ein Leben für den Zaren‹ zwar formal und in vielen Instrumentationsdetails geprägt durch die italienische Opera seria der dreißiger Jahre des 19. Jahrhunderts, doch melodisch und harmonisch herrscht in ihr der zugleich auch dramaturgisch verstandene Gegensatz zwischen elegant-aristokratischer polnischer Gesellschaftskunst und urtümlich-ungeschönter russischer Volksmusik vor. Dabei überwiegen die eher statischen Situationen, zumal in den ersten beiden Akten; es wird selten gehandelt, sondern fast nur vom Handeln berichtet. Peter I. Tschaikowskij, ein kritischer Bewunderer Glinkas, bezeichnete ihn als »lyrischen Symphoniker«, und dieser durchaus richtig gesehene Charakterzug der Glinkaschen Musik wird zumal in der breit angelegten Tanzfolge des II. Aktes, aber auch in den zahlreichen Chören deutlich, die selten – wie später bei Modest P. Mussorgskij – dramatische Funktion haben, sondern ganz im Dienste liebevoller folkloristischer Detailschilderung stehen.

TEXTDICHTUNG: Die Geschichte der Textfassungen ist höchst verwikkelt. Die Anregung zu dem historischen Stoff erhielt Glinka 1834 von dem Petersburger Dichter Wassilij A. Shukowskij, der dann aber die Erstellung des Librettos dem deutschstämmigen Baron Georgij von Rosen, dem Sekretär des Zarewitsch, übertrug. Den Plan, eine »vaterländisch-heroische Oper« zu komponieren, hatte Glinka selbst gefaßt, und Rosen beschränkt sich aufs mehr handwerkliche Verseschmieden. Gleichwohl erhielt das Werk eine durchaus zarenfreundliche Tendenz, die Glinka, der politisch eher den Dekabristen nahestand, aber nicht zu stören schien. Sie trug ihm die Förderung durch den Zaren Nikolaj I. ein, der nicht nur die Uraufführung besuchte, sondern Glinka auch anschließend zum Kapellmeister des Hofchores ernannte. So galt die Oper als Repräsentationsoper des Zarismus, und da man nach der russischen Revolution 1917 nicht auf das Werk verzichten wollte, verfaßte zuerst 1924 N. A. Krascheninnikow eine proletarisch-revolutionäre Textparaphrase, die zwar keine Note von Glinkas Werk antastete, aber einen Helden Grigorij Suslow für »Hammer und Sichel« – so hieß das Werk jetzt – sterben ließ. Da diese Fassung wenig Erfolg hatte, erstellte 1938 Sergej M. Gorodezkij eine weitere Neufassung, die den Handlungsverlauf beibehielt, lediglich alle an den Zaren gemahnenden Textpassagen durch die historische Figur des Nowgoroder Kaufmanns Kusma Minin ersetzte und der Oper den Titel ›Iwan Sussanin‹, der von Glinka und Shukowskij ursprünglich vorgesehen war, zurückgab. In dieser Fassung wird das Werk heute in allen Ostblockstaaten aufgeführt.

GESCHICHTLICHES: Den Hinweis auf den Stoff erhielt Glinka 1834 von Shukowskij – bereits in Berlin. Noch vor der Kenntnis des genauen Textes, hatte Glinka weite Teile des Werkes musikalisch entworfen, und zurück in St. Petersburg, vollendete er die Oper innerhalb eines Jahres (1835) – eine unglaubliche Leistung, wenn man bedenkt, daß Glinka zuvor kaum ein größeres Werk hatte fertigstellen können. Die Uraufführung fand am 9. Dezember 1836 im Großen Theater in St. Petersburg in Anwesenheit des Zaren unter der Leitung des Dirigenten Catterino Cavos statt, und wenn auch das italienische Musik gewöhnte Hofpublikum verächtlich von »Kutschermusik« sprach, so hatte die Oper doch Erfolg, zuerst in Rußland, dann auch im Ausland, wo sie 1866 in Prag, 1874 in Mailand, 1878 unter der Leitung von Hans von Bülow in Hannover, 1887 in London und 1896 in Paris herauskam.

W. K.

Ruslan und Ludmila

Oper in fünf Akten. Text nach dem Poem von Aleksander S. Puschkin von Konstantin A. Bakturin, Walerijan F. Schirkow, Nestor W. Kukolnik, M. A. Gedeonow, N. A. Markewitsch und vom Komponisten.

SOLISTEN: *Swetosar,* Großherzog von Kiew (Seriöser Baß, m. P.) – *Ludmila,* seine Tochter (Dramatischer Koloratursopran, gr. P.) – *Ruslan,* 1. Freier (Heldenbariton, auch Baßbariton, gr. P.) – *Ratmir,* Prinz von Khosaria, 2. Freier (Alt, gr. P.) – *Farlaf,* ein Ritter, 3. Freier (Schwerer Spielbaß, auch Charakterbaß, gr. P.) – *Gorislawa,* Geliebte Ratmirs (Lyrischer Sopran, auch Jugendlich-dramatischer Sopran, m. P.) – *Finn,* ein guter Zauberer (Charaktertenor, m. P.) – *Naina,* böse Zauberin (Mezzosopran, m. P.) – *Bajan,* ein Sänger (Lyrischer Tenor, m. P.) – *Der Zwerg Tschernomor* (Stumme Rolle).
CHOR: Gäste. Kammerzofen. Kinderfrauen. Edelknaben. Diener. Waffenbrüder. Musikanten. Volk von Kiew. Der Riesenkopf. Ungeheuer. Persische Sklavinnen der Naina. Wasserjungfrauen. Zaubermädchen. Untertanen von Tschernomor (gemischter Chor, gr. Chp.).
BALLETT
ORT: Im sagenhaften Rußland.
SCHAUPLÄTZE: Ein Saal im Schlosse Swetosars in Kiew – Die Höhle des Zauberers Finn – Eine öde Gegend – Ein verlassenes Schlachtfeld – Das Zauberschloß Nainas – Der Zaubergarten Tschernomors – Ein Tal.
ZEIT: In sagenhafter Zeit.
ORCHESTER: 2 Fl., 2 Ob., 2 Kl., 3 Fag. – 4 Hr., 2 Trp., 3 Pos. – P., Schl., Hrf., Klav. – Str. – Bühnenmusik: Glsp. – Akkordeon – Trp.
GLIEDERUNG: Vorspiel und Zwischenspiele, 27 musikalische Nummern.
SPIELDAUER: etwa 3¼ Stunden.
HANDLUNG: Am Hofe des Großfürsten Swetosar von Kiew wird ein großes Fest gefeiert; Swetosars Tochter Ludmila wird den tapferen Ritter Ruslan heiraten. Anwesend sind auch die beiden abgewiesenen Freier, der Prinz Ratmir, der sich zurück in seine orientalische Heimat sehnt, und der Ritter Farlaf, der sich noch nicht geschlagen geben will bei seiner Werbung um Ludmila. Ludmila aber liebt Ruslan. Die ganze Festgesellschaft hört den Liedern des Sängers Bajan zu; da verdunkelt sich plötzlich der Saal, und ein Ungeheuer entführt Ludmila. Als sich der entsetzte Swetosar gefaßt hat, verspricht er demjenigen der drei Freier, der ihm Ludmila zurückbringt, die Hand seiner Tochter und das halbe Zarenreich dazu. Alle drei machen sich, von Segenswünschen des Volkes begleitet, in verschiedene Richtungen auf den Weg. – In der Höhle des Zauberers Finn erfährt Ruslan, daß sich Ludmila in der Gewalt des bösen Zwerges Tschernomor befindet. Finn, der allen

Liebenden wohl will, warnt ihn zudem vor der Zauberin Naina und prophezeit ihm, er werde ein Schwert finden, mit dem er Tschernomor besiegen könne. Ruslan macht sich auf die Suche nach dem Zwergenschloß. Unterdessen begegnet, ebenfalls auf der Suche nach Ludmila, Farlaf der Zauberin Naina, die ihm rät, ruhig zu Hause abzuwarten, bis Ruslan Ludmila gefunden habe. Dann wolle sie ihm schon zu seinem Glück verhelfen. Bei seiner Suche ist Ruslan auf ein verlassenes Schlachtfeld geraten; verzweifelt irrt er im Nebel umher. Da bemerkt er einen riesenhaften Schädel, dessen Atem wie ein Sturmwind weht. Der Schädel fordert ihn auf, die Ruhe des Schlachtfeldes nicht zu stören, sonst werde er ihn wegblasen. Ruslan zertrümmert mit seiner Lanze den Schädel und findet darunter das verheißene Schwert und nimmt es an sich. Der Schädel berichtet ihm, er sei der Bruder Tschernomors, der ihn im Kampf um das mächtige Schwert hinterrücks umgebracht habe. Ruslan solle den Mord rächen; dazu müsse er Tschernomor seinen langen Bart abschlagen, in dem die ganze Macht des Zwerges stecke. – Im Palast der Zauberin Naina wartet Gorislawa sehnsüchtig auf Ratmir, ihren Geliebten, der sie verlassen hat, um um Ludmila zu werben. Ratmir erscheint; auch er ist auf der Suche nach Ludmila. Er gerät in den Bann der Naina ergebenen tanzenden Sirenen und verfällt ihrem Zauber; Gorislawa, die ihn warnen will, erkennt er nicht. Auch Ruslan kommt und droht dem Zauber der schönen Mädchen zu erliegen und damit in den Bann von Naina zu geraten. Doch da erscheint Finn: er verwandelt Nainas Zauberschloß in einen Wald und befreit Gorislawa, Ratmir und Ruslan. Gorislawa und Ratmir finden wieder zueinander; vereint wollen sie nun weiterziehen, um Ludmila zu befreien. – Im Zaubergarten Tschernomors seufzt Ludmila nach dem geliebten Ruslan. Verzweifelt will sie sich ins Wasser stürzen, doch die Nixen halten sie zurück. Der alte Zwerg Tschernomor erscheint und hofft, mit orientalischen Tänzen Ludmila für sich zu gewinnen, doch sie weist ihn ab. Da ertönt Geschrei: Ruslan ist ins Schloß eingedrungen. Tschernomor stellt sich zum Kampf, versenkt aber vorher Ludmila in einen tiefen Zauberschlaf. Im Zweikampf unterliegt der Zwerg Ruslan, der ihm mit dem Schwerte den Bart abschlägt. Doch Ruslan gelingt es nicht, die schlafende Ludmila aufzuwecken. So trägt er sie in Richtung des Palastes von Swetosar. Während einer Rast haben Geister der Nacht, die in Diensten Nainas stehen, die schlafende Ludmila geraubt. Während Ruslan ihnen nachjagt, begibt sich Ratmir zu Finn, der ihm einen Zauberring überreicht, mit dem Ludmila wieder aufgeweckt werden könne. Naina hat die schlafende Ludmila Farlaf übergeben, der nun stolz an den Hof nach Kiew zurückgekehrt ist, aber Ludmila nicht aufwecken kann. Da erscheint Ruslan mit dem Zauberring, und Ludmila kommt wieder zu sich. Ein jubelndes Freudenfest beschließt die Oper.

STILISTISCHE STELLUNG: In seiner zweiten Oper erweist sich Glinka als ein Meister der musikalischen Verwandlungskunst. Der spielerisch-heitere Märchenstoff Puschkins bot ihm – anders als der strenge ›Iwan Sussanin‹ – ausreichend Gelegenheit zu Orientalismen und Exotismen jeglicher Art. Stilistisch sind weiterhin formale und dramaturgische Elemente nach dem Vorbild von Mozart, aber auch Bellini und Donizetti bunt gemischt; ihren hohen Reiz gewinnt die Partitur aus blühender vokaler Kantabilität und genialer Instrumentationskunst; mit leichter Hand eingewebt sind Anklänge an kaukasische, arabische und finnische Folklore, die in Verbindung mit dem russischen Melos eine ganz eigene, damals sensationell neue Klangästhetik erzeugten.

TEXTDICHTUNG: Die Werke Aleksander Puschkins waren Vorbild für eine ganze Reihe von russischen Opern: den 1820 erschienenen Versroman, dessen märchenhafte Mischung aus Ritterpoem, historisierendem Abenteuergeist, Erotik und Folklore die Adaption zum Opernlibretto gleichermaßen nahelegte wie in der Durchführung schwierig gestaltete, wollte ursprünglich Puschkin selbst zum Libretto einrichten; sein früher Tod verhinderte dies. Nicht weniger als fünf Librettisten arbeiteten zeitweise an dem Stoff, der in einzelnen Fragmenten entstand – zum Teil komponierte Glinka bereits, wie er in seinen Memoiren schrieb, ohne das Szenarium im Detail zu kennen. Diese kollektive Libretto-Arbeit mag Schuld sein an gewissen Schwächen des Textes, doch der märchenhaft-phantastische Charakter des Sujets läßt diese in den Hintergrund treten.

GESCHICHTLICHES: Glinka schrieb seine zweite Oper zwischen 1838 und 1842; zurückzuführen ist die Entstehung auf den Erfolg des ›Iwan Sussanin‹, der Glinka 1837 höchste Protektion (er wurde Kapellmeister der königlichen Kapelle mit hohem Gehalt) eintrug. Doch als ›Ruslan und Ludmila‹ am 9. Dezember 1842 in St. Petersburg uraufgeführt wurde, blieb der Erfolg aus. Zwar kam es zwischen 1842 und 1846 zu immerhin 56 Aufführungen, doch außerhalb von Rußland blieb das Werk eher unbekannt. Während man in St. Petersburg 1893 die 300. Aufführung feiern konnte (und 1899 das Werk in italienischer Sprache [!] herausbrachte), wurde es erst 1867 in Prag gespielt und erst 1930 in Paris. Eine konzertante Aufführung in deutscher Sprache fand am 19. Januar 1900 in der Berliner Philharmonie statt, die erste szenische Aufführung gab es 1950 an der Staatsoper Unter den Linden in Berlin. 1980 spielte man ›Ruslan und Ludmila‹ in Leipzig. Auf bundesdeutschen Bühnen ist es – ungeachtet seiner Bilderfülle und musikalisch mitreißenden Genialität – meines Wissens noch nicht gespielt worden.

W. K.

Christoph Willibald Gluck

* 2. Juli 1714 in Erasbach bei Berching (Oberpfalz), † 15. November 1787 in Wien

Le Nozze d'Ercole e d'Ebe (1747 Pillnitz-Dresden); Neuausg. v. Hermann Abert in DDT II (DTB), Jahrgang XIV, Band 2

Le Cinesi (Die Chinesinnen; 1754 Schloßhof, Gut bei Preßburg), T: Pietro Metastasio, kO., E.; Neuausg. v. Gerhard Croll, V: BV (GGA = Chr. W. Gluck, Sämtliche Werke)

La Danza (Der Hirtenreigen; 1755 Laxenburg), T: P. Metastasio; Neuausg. v. G. Croll (deutsche Fassung v. Emilie Dahnk-Baroffio), E., V: BV (GGA)

Il rè pastore (1756 Wien), T: P. Metastasio; Neuausg. v. László Somfai (deutsche Textfassung v. Hans Swarowsky), V: BV (GGA)

L'île de Merlin (Merlins Insel; 1758 Schönbrunn-Wien), T: nach Jean de Lafontaine v. Louis Anseaume, kO., E.; Neuausg. v. Günther Haußwald, V: BV (GGA)

L'arbre enchanté ou Le tuteur dupé (Der verzauberte Baum; 1759 Schönbrunn-Wien), T: nach Lafontaine v. Pierre Louis Moline, kO., E., V: Calwey

La Cythère assiégée (Die Belagerung von Kythera; 1759 Wien u. Schwetzingen), T: Charles Simon Favart; Neubearb. v. Ludwig Karl Mayer (1927), kO., E., V: Athenäum, Berlin

L'ivrogne corrigé ou Le mariage du diable (1760 Wien), T: nach Lafontaine v. L. Anseaume, kO., Klavierauszug v. Vincent d'Indy (1926), V: Legouix; Neubearb. als ›Der bekehrte Trunkenbold‹ v. Franz Rühlmann, V: BV (GGA)

Le cadi dupé (Der betrogene Kadi; 1761 Wien), T: Pierre René Lemonnier, kO., E.; Neubearb. v. Johann Nepomuk Fuchs u. Fritz Krastl, V: U.E., Sikorski

Orfeo (1762 Wien), T: Ranieri de Calzabigi, V: DTÖ Band 44a (H. Abert), B & H; Neuausg. v. Anna Amalie Abert u. Ludwig Finscher (deutsche Fassung v. H. Swarowsky), V: BV (GGA)

La rencontre imprévue ou Les pélerins de la Mecque (Die Pilger von Mekka; 1764 Wien), T: L. H. Dancourt, kO.; Neubearb. v. Carl Hagemann u. Max Arend, V: B & H; Neuausg. v. Harald Heckmann (deutsche Textfassung v. H. Swarowsky), V: BV (GGA)

Telemaco ossia L'isola di Circe (1765 Wien), T: nach Carlo Sigismondo Capeci v. Marco Coltellini; Neuausg. v. Karl Geiringer, V: BV (GGA)

Alceste (1767 Wien), T: R. de Calzabigi; Neuausg. v. H. Abert (1925), V: B & H

Paride e Elena (Paris und Helena; 1770 Wien), T: R. de Calzabigi, V: Peters, Schlesinger; Neuausg. v. Rudolf Gerber, V: BV (GGA)

Iphigénie en Aulide (Iphigenie in Aulis; 1774 Paris), T: nach Jean Racine v. Marius-François-Louis Gand Lebland, Bailli du Roullet, V: Pelletan, B & H (deutscher Text v. Peter Cornelius); Bearb. v. Richard Wagner (1847 Dresden), V: B & H; deutsche Fassung v. Paul Friedrich (= Fritz Oeser) u. Günther Rennert, V: BV

Orphée et Euridice (1774 Paris), T: nach R. de Calzabigi v. P. L. Moline (Orpheus nun für Tenor!), V: Pelletan, B & H; Verschmelzung der 1. u. 2. Fassung v. Alfred Dörffel, V: Peters; Neuausg. v. L. Finscher (deutsche Fassung v. H. Swarowsky), V: BV (GGA)

Alceste (1776 Paris), T: Nach R. de Calzabigi v. du Roullet, V: Pelletan, B & H (deutscher Text v. P. Cornelius), Peters; Neubearb. v. Felix Mottl (1911), V: A & S, U. E.; Neuausg. v. R. Gerber (1957), V: BV (GGA)

Armide (1777 Paris), T: Philippe Quinault, V: Pelletan, B & H; Neuausg. v. Klaus Hortschansky, V: BV (GGA)

Iphigénie en Tauride (Iphigenie auf Tauris; 1779 Paris), T: Nicolas François Guillard, V: Pelletan, B & H (deutscher Text v. P. Cornelius); Neubearb. v. Richard Strauss (1891), V: Schott, Boosey; v. H. Abert (1927), V: Eulenburg (deutscher Text v. P. Cornelius); Neuausg. m. deutschem Text v. Joseph M. Müller-Blattau, V: Peters; deutsche Fassung (1781) v. Johann Baptist v. Alxinger u. Gluck, V: BV (GGA); Neuausg. v. G. Croll (deutscher Text v. Peter Schmidt), V: BV (GGA)

Echo et Narcisse (1779 Paris), T.: Louis Théodore Baron de Tschudi, V: Pelletan, B & H; Neubearb. v. Henri Montan Berton (1806); v. Maria Merz (1913 Hamburg); Neuausg. v. R. Gerber (deutscher Text v. Adolf Krücke), V: BV (GGA)

Der bekehrte Trunkenbold

Komische Oper in zwei Aufzügen. Dichtung von Louis Anseaume.

Solisten: *Mathurin* (Zipperlein), ein Trunkenbold (Spieltenor, gr. P.) – *Mathurine* (Katharine), seine Frau (Spielalt, gr. P.) – *Colette* (Marie), seine Nichte (Soubrette, m. P.) – *Lucas* (Lukas), sein Zechkumpan, ein Winzer (Spielbaß, m. P.) – *Cléon* (Anton), Colettes Liebhaber [Pluto] (Spielbariton, gr. P.) – *1. Furie* (Sopran, kl. P.) – *2. Furie* (Alt, kl. P.).
Chor: Bauern und Bäuerinnen. Schauspieler und Schauspielerinnen, mit Cléon (Anton) befreundet (kl. Chp.).
Ort: Mathurins Haus.
Schauplätze: Mathurins Stube – Mathurins Keller.
Orchester: 2 Ob. (2 Eh.), 1 Fag., 2 Hr., Str.
Gliederung: Ouvertüre und 15 Musiknummern, die durch einen gesprochenen Dialog miteinander verbunden werden.
Spieldauer: etwa 1 Stunde.
Handlung: Mathurin ist dem Wein zugetan. Seit er sich in der Dorfschenke mit dem Säufer Lucas angefreundet und in diesem einen Zechkumpanen gefunden hat, ist er zum Trunkenbold geworden. In seiner Stube sitzt Mathurin mit Lucas bei einer Kanne Wein. Lucas fordert ihn auf, mit dem Rebensaft seinen Trübsinn zu verjagen; Mathurin solle sich nicht an das Gekeife seiner Frau Mathurine kehren und seine junge Nichte Colette zwingen, ihm und nicht dem eitlen Milchgesicht Cléon ihre Hand zu reichen. Mathurin ist einverstanden. Als die Kanne leer ist, ruft Mathurin seine Frau, sie solle neuen Wein bringen. Aber Mathurine schilt die beiden Männer Säufer und fordert sie auf, in die Schenke zu gehen. Als sie sich entfernt haben, erscheint Colette. Sie erklärt, auf keinen Fall den alten Trunkenbold Lucas zum Mann nehmen zu wollen. Mathurine gibt ihr recht und rät ihr, überhaupt

nicht zu heiraten. Solange sie unverheiratet sei, würde sie von allen Männern verwöhnt und angebetet werden; die Ehe bringe aber nur Mühen und Sorgen. Colette ist jedoch überzeugt, mit Cléon, einem jungen, wohlgebildeten Mann, dem ihr Herz gehört, schon glücklich zu werden. Mathurine bemerkt, daß ihr Mann jedoch gegen diese Heirat sei. Cléon, der eben das Zimmer betreten hat, hört ihre Worte. Er äußert, ein Mittel zu wissen, das nicht nur dem jungen Paar zu seinem Glück verhelfen, sondern auch gleichzeitig Mathurin von seiner Trunksucht heilen würde. Cléon, der gerne Theater spielt, will mit einigen sich zufällig im Dorf aufhaltenden Komödianten eine Maskerade inszenieren. Zögernd willigt Mathurine ein, nachdem ihr Cléon versichert hat, daß das Spiel für ihren Gatten ungefährlich verlaufen würde. Die drei entfernen sich, um sogleich ans Werk zu gehen. Mathurin kommt wankend nach Haus. Er setzt sich in einen Stuhl und schläft ein. Daraufhin erscheint Cléon mit einigen Bauern, die den Schlafenden in den Keller tragen. – Auch Lucas war auf die gleiche Weise dorthin gebracht worden. Als Mathurin und Lucas aufwachen, werden sie von Geistern und Furien erschreckt. Sie finden sich in dem als Unterwelt drapierten Keller nicht zurecht und glauben verstorben und in die Hölle gekommen zu sein. Schließlich erscheint, umgeben von Furien, Pluto, der König der Unterwelt, als der sich Cléon maskiert hat. Die Furien klagen die beiden Verbrecher an: der eine sei ein Säufer, der seine Frau schlage, der andere suche ein reizendes Mädchen, das von ihm nichts wissen will, zur Ehe zu zwingen. Pluto verurteilt die beiden Zechkumpane zu einer Prügelstrafe, die einer an dem andern ausführen solle, und zwar mit soviel Schlägen, als sie Gläser Wein getrunken hätten. Zögernd schicken sich die beiden an, Plutos Urteil zu vollstrecken, da meldet ein Höllenbote, daß zwei ängstlich verstörte Frauen um Einlaß bäten. Es sind Mathurine und Colette. Mathurine wirft sich Pluto zu Füßen und bittet um Gnade für ihren Mann. Lucas fordert sie auf, auch für ihn ein gutes Wort einzulegen. Aber Colette erklärt, dieser verdiene keine Gnade. Pluto läßt Lucas von seinen Höllengeistern wegschaffen. Daraufhin flehen Mathurine, Colette und Mathurin Pluto neuerdings um Gnade an. Er will sie gewähren, aber nur unter der Bedingung, daß Mathurin keinen Tropfen Wein mehr trinke, seine Frau um Verzeihung bitte und Colette dem Cléon zur Frau gebe. Mathurin ist zu allem bereit. Pluto verlangt des weiteren, daß Mathurin sofort den Ehekontrakt unterzeichne. Eilig ist ein Notar zur Stelle, Mathurin und Colette unterschreiben den Vertrag. Als Mathurin bemerkt, daß auch Cléon den Kontrakt unterzeichnen müsse, reißt sich Pluto die Maske vom Gesicht. Betroffen findet sich Mathurin allmählich in der Situation zurecht. Er verzeiht aber den Streich. Jetzt wird auch Lucas freigelassen. Er ist froh, nicht in Wirklichkeit tot zu sein, und eilt gleich hinweg in die Schenke, um das Ereignis zu begießen. Mathurin wiederholt aber sein Versprechen, künftig keinen Tropfen Wein mehr trinken zu wollen, selbst nicht bei der bevorstehenden Hochzeit des glücklichen Paares Cléon und Colette.

STILISTISCHE STELLUNG: Als eigentliche Vorläufer der komischen Oper in Frankreich (Opéra comique) sind jene Pariser Jahrmarktskomödien anzusehen, in denen die Opera seria und die Tragödien der königlichen Hofbühne parodiert wurden. Sie waren gewöhnlich mit einer großen Anzahl von Strophenliedern durchsetzt, die auf bekannte Gassenhauermelodien von den Komödianten vorgetragen und zum Teil auch vom Publikum mitgesungen wurden. Diese Einlagen hießen »Vaudevilles«, eine Bezeichnung, die wahrscheinlich aus »voix de ville« (Stimme der Stadt) entstanden ist. Im Anschluß an den großen Erfolg, den die italienische Opera buffa mit Giovanni Battista Pergolesis ›La serva padrona‹ im Jahre 1752 in Paris verzeichnen konnte, erfuhr die Vaudeville-Komödie eine Niveauhebung, indem sie neben den Vaudevilles auch mit musikalischen Nummern im Stile der Italiener (Ariette, Duett, Terzett) ausgestattet wurde. In diese Entwicklung griff Gluck während seiner zehnjährigen Tätigkeit als Kapellmeister des Französischen Theaters (Burgtheater) in Wien ein. Verschiedene der erfolgreichen Pariser Vaudeville-Komödien wurden auf Veranlassung der Burgtheaterintendanten Graf Giacomo Durazzo auch in Wien aufgeführt. Diese Stücke mußten jedoch dem Geschmack des Wiener Publikums entsprechend umgearbeitet werden. Gluck fiel dabei die Aufgabe zu, die musikalischen Nummern neu zu komponieren. Die Vaudevilles wurden im Laufe der Zeit immer mehr ausgemerzt, und bei dem letzten der von Gluck bearbeiteten Stücke, ›La rencontre imprévue‹ (›Die Pilger von Mekka‹), waren sie bereits vollkommen verschwunden. Die Überlegenheit Glucks gegenüber der Pariser Vertonung des Sänger-Komponisten Jean-Louis Laruette (1731–1792) zeigt sich vor allem in der feinen Charakterzeichnung, der Pikanterie in Harmonik und Instrumentation sowie in dem gefühlvollen Ton der lyrischen und in dem kontrastreichen musikalischen Humor der parodistischen Nummern.

TEXTDICHTUNG: Das Textbuch zu der komischen Oper ›L'ivrogne corrigé ou Le mariage du diable‹, die am 23. oder 24. Juli 1759 in der Opéra-Comique auf der Foire St. Laurent in Paris mit der Musik von Jean-Louis Laruette uraufgeführt wurde, hatte Louis Anseaume († 1784), einer der erfolgreichsten Opernlibrettisten jener Zeit, nach einer Fabel von Jean de Lafontaine verfaßt. Der Vaudeville-Dichter Charles Simon Favart richtete das Buch für Wien ein, wobei er den Handlungsverlauf unangetastet ließ und nur einige unwesentliche Veränderungen gegenüber dem Pariser Libretto vornahm. Eine deutsche Textfassung fertigte in neuerer Zeit Bernhard Engelke 1936 für Kiel. Eine weitere deutsche Textübertragung stammt von Franz Rühlmann, die in der Gluck-Gesamtausgabe 1951 der Öffentlichkeit vorgelegt wurde.

GESCHICHTLICHES: Der Termin der Wiener Erstaufführung des ›Ivrogne‹ ist nicht bekannt, ein erhaltenes gedrucktes Textbuch trägt die Jahreszahl 1760. Der Erfolg der Oper muß ansprechend gewesen sein, denn sie erschien in den folgenden Jahren auch an deutschen Bühnen, für die deutsche Textfassungen hergestellt wurden: 1780 in Mannheim als ›Der letzte Rausch‹ und 1784 in Weimar unter dem Titel ›Die Trunkenbolde in der Hölle‹. Dann verschwand das Werk in den Archiven, bis im Jahre 1922 der französische Komponist Vincent d'Indy eine Neubearbeitung des ›Ivrogne‹ vornahm, nach der im Juni des gleichen Jahres die Oper am Théâtre Albert I. in Paris aufgeführt wurde. 1943 brachte Franz Rühlmann das Werk in seiner deutschen Bühnenfassung an der Berliner Musikhochschule zur Aufführung; sie wurde richtunggebend für die Wiederbelebung der reizenden Kammeroper zu neuem Bühnendasein.

Der betrogene Kadi

Komische Oper in einem Akt. Dichtung von Pierre René Lemonnier.

SOLISTEN: *Der Kadi* (Spielbaß, gr. P.) – *Fatime,* seine Frau (Spielalt, m. P.) – *Zelmire* (Lyrischer Sopran, gr. P.) – *Nuradin* (Lyrischer Tenor, m. P.) – *Omar,* ein Färber (Charakterbariton, m. P.) – *Omega,* seine Tochter (Spieltenor, auch Charaktersopran, m. P.) – *Ein Aga* (Stumme Rolle).
ORT: Im Haus des Kadi.
SCHAUPLATZ: Kurze Vorhalle mit Türen zu den inneren Gemächern, Hintergrund arkadenartig mit Ausblick auf einen mit Mauern umgebenen kleinen Hof mit Springbrunnen, hinter der Mauer Minaretts und Häuser der Stadt sichtbar.
ORCHESTER: 2 Fl., 2 Ob., 2 Fag., 2 Hr., 2 Trp., P., Schl., Hackbrett (Salterio), Str.
GLIEDERUNG: Ouvertüre und 15 Musiknummern, die durch einen gesprochenen Dialog miteinander verbunden werden.
SPIELDAUER: etwa 1 Stunde.
HANDLUNG: Der Kadi hatte von der Schönheit eines jungen Mädchens namens Zelmire Kunde erhalten und ihr den Antrag zukommen lassen, seine Nebenfrau zu werden. Zelmire hat ihm aber einen Korb gegeben und gleichzeitig seiner Frau Fatime durch ein Briefchen die treulosen Absichten ihres Gatten hinterbracht. Fatime beklagt das Los der armen Türkenweiber. Sie ruft Mohammed an und fragt, ob sein Gesetz denn gerecht sei, das den Männern erlaube, sich zu ihrem Vergnügen andere Frauen ins Haus zu nehmen, während die Ehefrauen, eingesperrt in ihren Mauern, die Zeit vertrauern müßten. Auf Fatimes Vorwürfe antwortet der Kadi schlagfertig, daß er um Zelmire nicht für

sich, sondern für einen guten Freund angehalten habe. Aber Fatime will ihm nicht glauben. Da behauptet der Kadi, er sei gerade deshalb zu ihr gekommen, um ihr selbst die lustige Geschichte zu erzählen. In der Absicht, sich für den lieben Freund an Zelmire zu rächen, habe er einen fremden jungen Mann namens Nuradin, der sich bei ihm beklagt hätte, auf der Reise von Dieben seines gesamten Hab und Guts beraubt worden zu sein, zu den Verwandten des Mädchens geschickt und ihm geraten, sich dort als reicher Mann auszugeben und um Zelmires Hand anzuhalten. Zelmire habe tatsächlich Nuradin geheiratet und auf diese Weise einen Bettler zum Mann bekommen. Fatime ist empört über diesen üblen Streich. Der Kadi entgegnet ihr aber in aufgebrachtem Ton, daß er der Herr seiner Handlungen sei und es auch bleiben werde. Er ahnt freilich nicht, daß Zelmire in ihrem Nuradin, dem in Wirklichkeit nur ein kleiner Teil seines Guts von den Räubern gestohlen worden war, das Glück ihres Lebens gefunden hat. Zelmire will aber den lüsternen Kadi für seine schlechte Absicht bestrafen. Daher teilt sie zunächst Fatime in einem weiteren Briefchen mit, daß der Kadi neuerdings einem Mädchen nachstelle. Dann schleicht sie sich selbst in das Haus des Kadi ein. Dort gibt sie sich dem von ihrer Schönheit berauschten Kadi gegenüber als Omega aus, Tochter des Färbers Omar, der, wie sie dem Kadi klagt, von ihr, seiner Tochter, immerzu behauptet, sie sei ungemein häßlich. Sie erklärt sich bereit, des Kadi Frau zu werden. Der Kadi will sie gleich hier behalten. Aber sie verlangt, daß er erst mit ihrem Vater einen Ehevertrag abschließe. Eilig läßt der Kadi den Omar herbeiführen, der zunächst glaubt, von seiner bösen Frau angeschuldigt worden zu sein. Er beteuert, nichts Unrechtes angestellt zu haben. Als der Färber von dem Kadi den Sachverhalt erfährt, schildert er in drastischer Weise die Häßlichkeit seiner Tochter. Der Kadi besteht aber trotzdem auf einer sofortigen Unterzeichnung des Ehekontrakts. Nun nützt der schlaue Omar die Gelegenheit, von dem offenbar verrückt gewordenen Kadi tausend Zechinen als Morgengabe zu fordern. Als dann die wirkliche Omega in ihrer erschreckenden Häßlichkeit erscheint, kommen auch Fatime sowie Zelmire und Nuradin und machen sich über den in der Falle zappelnden Kadi lustig. Schließlich muß der Geprellte dankbar sein, daß Omar für die bereits bezahlte Summe von tausend Zechinen den Ehevertrag zurücknimmt und Stillschweigen verspricht, damit die Geschichte nicht noch dem Sultan zu Ohren komme. Kleinmütig bittet schließlich der betrogene Kadi Fatime um Verzeihung, während ihm Nuradin in der falschen Omega seine junge Frau Zelmire zu erkennen gibt und sich für das große Glück bedankt, daß er ihnen ungewollt verschafft hat.

Stilistische Stellung: ›Der betrogene Kadi‹ ist die vorletzte in der Reihe der zwölf komischen Opern, die Gluck während seines zehnjährigen Engagements als Kapellmeister des Französischen Theaters in Wien geschrieben hat. In stilistischer Hinsicht verfuhr Gluck auch bei

›Le cadi dupé‹ wie bei ›L'ivrogne corrigé‹ und ›La rencontre imprévue‹ (vgl. hierzu die Absätze ›Stilistische Stellung‹ dieser Opern). Bemerkenswert ist, daß Gluck das Zankduett Fatime-Kadi (Nr. 10) später bei seiner ›Iphigenie in Aulis‹ für die hochdramatische Auseinandersetzung Agamemnon-Achill wiederverarbeitet hat. Exotische Farbtöne werden in der Hauptsache durch instrumentale Mittel erzielt: Piffero, Triangel, kleine Trommel, Hackbrett (Salterio) und Stromento turco (Große Trommel). Dem Singspielbrauch entsprechend wird das Stück mit einem Rundgesang der Hauptdarsteller beschlossen.

TEXTDICHTUNG: Gluck benützte das Libretto des Vaudeville-Dichters Pierre René Lemonnier, das kurz vorher von Pierre Alexandre Monsigny für Paris vertont worden war. Die erste deutsche Übersetzung besorgte Johann André für Berlin und Hamburg. Heute ist an den deutschen Bühnen die freie Nachdichtung von Fritz Krastl gebräuchlich.

GESCHICHTLICHES: Die im Jahre 1761 am Französischen Theater in Wien erfolgte Uraufführung des Gluckschen ›Le cadi dupé‹ hatte einen derartigen Erfolg, daß das Stück auch an deutschen Bühnen gegeben wurde. So kam der ›Betrogene Kadi‹ am 1. Dezember 1783 in Berlin an Döbbelins Theater zur Aufführung, wo die Oper, ebenso wie in Hamburg, viele Wiederholungen erlebte. Da später die Partitur für verloren galt, nahmen Fritz Krastl (Text) und Johann Nepomuk Fuchs (Musik) im Jahre 1878 eine Neubearbeitung des Werkes vor. Fuchs instrumentierte dabei die Musik nach dem Klavierauszug und verwässerte den Humor mancher Stellen durch eigenmächtige Veränderungen. So verlangte er für die Rolle der häßlichen Ali (Omega), die Gluck mit einem Tenor besetzte, eine Sopranistin, bei dem sprudelnden Parlando-Lied des Omar schwächte er die originale Tempobezeichnung Allegro in ein den Charakter des Stückes entstellendes Moderato ab und Fatimes ironisierende Schmeichel-Ariette (Nr. 9) ersetzte er ganz unmotiviert durch eine Arie aus den ›Pilgern von Mekka‹ (Nr. 13, Arie der Amina); auch das Schlußquartett wurde abgeändert. Da inzwischen die Original-Partitur durch Max Arend im Archiv des Hamburger Stadttheaters aufgefunden worden ist, kann die Oper heute wieder in ihrer authentischen musikalischen Gestalt gegeben werden.

Orpheus und Eurydike

Oper in drei Akten. Dichtung von Ranieri de Calzabigi.

SOLISTEN:
a. Wiener Fassung von 1762: *Orpheus* (Lyrischer Alt, auch Lyrischer Mezzosopran, gr. P.*) – *Eurydike* (Lyrischer Sopran, auch Jugendlich-dramatischer Sopran, gr. P.) – *Amor/Eros* (Lyrischer Sopran, auch Soubrette, kl. P.).
* Gegebenenfalls kann, wenn man die Besetzung mit einer Hosenrolle vermeiden will, die Partie des Orpheus auch von einem lyrischen Bariton oder Kavalierbariton gesungen werden.
b. Pariser Fassung von 1774: *Orpheus* (Jugendlicher Heldentenor, auch Lyrischer Tenor, gr. P.) – *Eurydike* (Jugendlich-dramatischer Sopran, auch Lyrischer Sopran, gr. P.) – *Amor/Eros* (Lyrischer Sopran, auch Soubrette, kl. P.).
CHOR: Schäfer und Schäferinnen. Furien und Höllengeister. Selige Geister (gemischter Chor, gr. Chp.).
BALLETT: Pantomime der Schäfer und Schäferinnen. Furientanz. Tanz der seligen Geister.
ORT: Das sagenhafte Griechenland.
SCHAUPLÄTZE: Einsamer Hain mit Lorbeerbäumen – Felsige Gegend – Ideale Landschaft – Finstere Höhle – Dem Eros geweihter Tempel.
ZEIT: In sagenhafter Vorzeit.
ORCHESTER:
a. Wiener Fassung von 1762: 2 Fl., 2 Ob., 2 Eh., 2 Chalumeau (Kl.), 2 Fag. – 2 Hr., 2 Trp., 2 Kornette, 3 Pos. – P., Hrf., Cemb. – Str.
b. Pariser Fassung von 1774: 2 Fl., 2 Ob., 2 Kl., 2 Fag. – 2 Hr., 2 Trp., 3 Pos. – P., Hrf. – Str.
GLIEDERUNG:
a. Wiener Fassung von 1762: Ouvertüre und 45 Musiknummern (geschlossene Formen und Rezitative).
b. Pariser Fassung von 1774: Ouvertüre und 58 Musiknummern (geschlossene Formen und Rezitative, ausgedehntes Ballett).
SPIELDAUER: Wiener Fassung etwa 2 Stunden, Pariser Fassung etwa 2½ Stunden.
HANDLUNG: Ein grausames Geschick hat dem apollinischen Sänger Orpheus die heißgeliebte Gattin Eurydike entrissen, die durch den Biß einer giftigen Schlange getötet worden war. Seither ist seine Leier verstummt, und in dumpfem Schmerz klagt er den Hirten und der Natur sein Leid, das überall bewegte Teilnahme findet. In wilder Verzweiflung faßt er den kühnen Entschluß, Eurydike den unerbittlichen Göttern der Unterwelt wieder zu entreißen. Da erscheint plötzlich Eros, der Gott der Liebe, und teilt ihm mit, daß die Götter, gerührt über seine unerschütterliche Treue, ihm Eurydike wiedergeben wol-

len, er müsse sie aber selbst aus dem Reich der Schatten holen, wobei er sie nicht anblicken dürfe, bis er die Oberwelt wieder erreicht habe. – Mit der Macht seines Saitenspiels und seines Gesanges besänftigt Orpheus an der Schwelle des Tartarus den wilden Höllenhund Cerberus sowie die rasenden Furien und verdammten Geister, worauf er ungehindert in die Gefilde der Seligen gelangt. – Angelockt und gerührt durch die holden Töne seines sanften Bittgesanges, geben ihm die scheuen Schatten Eurydike heraus. – Mit hastigen Schritten und abgewandtem Blick eilt nun Orpheus, Eurydike an der Hand führend, durch die dunklen unterirdischen Klüfte der Oberwelt zu. Doch Eurydike ist das seltsame Benehmen des Gatten unerklärlich. Sie beginnt an seiner Liebe zu zweifeln, als er auf ihre Bitte sie anzusehen, ausweichend reagiert. Trotz ihrer vorwurfsvollen Klagen bleibt Orpheus standhaft, eingedenk des Gebotes der Götter. Als aber Eurydike mit matter Stimme aus Schmerz über des Gatten erkaltete Liebe zu sterben vorgibt, verliert Orpheus für einen Augenblick die Fassung und wendet sich nach ihr um. Sogleich sinkt sie tot zu seinen Füßen nieder. In rasender Verzweiflung über seine Schuld will Orpheus sich daraufhin das Leben nehmen. Aber Eros hindert ihn durch sein Dazwischentreten daran. Er verkündet ihm die verzeihende Gnade der Götter als Lohn für treue Gattenliebe und erweckt Eurydike neuerdings zum Leben. – Auf die Erde zurückgekehrt, huldigt das glückliche Paar mit der Hirtenschar in einem Dankfest dem mächtigen Gott der Liebe.

STILISTISCHE STELLUNG: Der von dem Intrigenapparat der Metastasio-Oper gereinigte Text zeichnet das dramatische Geschehen in einfachen, klaren Linien, ähnlich wie bei der alten Renaissance-Oper eines Ottavio Rinuccini oder Alessandro Striggio. Der Dichtung folgend, ordnet sich Glucks geradlinige Musik ganz der Wahrheit des dramatischen Ausdrucks unter. Trotz der klassisch-strengen Haltung ermöglicht das durchwegs orchesterbegleitete dramatische Rezitativ den Sängern einen von Spannungen und natürlicher Lebendigkeit erfüllten Vortrag, freilich unter Verzicht auf die Würze brillanten Bravourgesanges. Auch Chor und Ballett sind sinnvoll in die Handlung eingebaut. In bewußtem Gegensatz zu dem feierlichen Ernst und der pathetischen Tonsprache bei den Klagegesängen des Orpheus und des Chors sowie bei den Szenen in der Unterwelt und den elysäischen Gefilden steht die zarte, graziöse Zeichnung des Liebesgottes im Geist des Rokokos. Auch bei der Ouvertüre, die mit ihren hellen C-dur-Klängen sehr zu dem Folgenden kontrastiert, handelt es sich nicht um ein geistloses Lärmstück im Zeitgeschmack; sie schildert vielmehr das rauschende Hochzeitsfest, das Calzabigis Dichtung nicht auf die Bühne bringt und das dafür der Komponist, weil es der Handlung unmittelbar vorangeht, in musikalischer Stilisierung an den Beginn der Oper stellt.

TEXTDICHTUNG: Die Dichtung stammt von dem aus Livorno gebürtigen, feingebildeten Theaterschriftsteller Ranieri de Calzabigi (1714 bis 1795), der, ein geborener Dramatiker, Glucks Reformideen praktisch auszuwerten verstand. Gluck selbst schätzte offenbar Calzabigis Mitarbeit hoch, gestand er doch in der Bescheidenheit des echten Künstlers seinem Textdichter das Hauptverdienst an seiner Opernreform zu. Calzabigi gestaltete das Buch nach der Fabel in Ovids ›Metamorphosen‹, wobei er als Konzession an den Zeitgeschmack lediglich den Schluß veränderte (glücklicher Ausgang). Seine musikdramatische Formung des Stoffes stand infolge Weglassens des gesamten Ballastes an Nebensächlichem in starkem Gegensatz zu den anderen, nach metastasianischem Zuschnitt verfaßten ›Orfeo‹-Libretti seiner Zeit (wie z.B. bei dem wenige Jahre vorher von Leopoldo di Villati für Carl Heinrich Graun geschriebenen Textbuch). Die textliche Einrichtung für die französische Fassung anläßlich der Aufführung des Werkes in Paris besorgte der Opernlibrettist Pierre Louis Moline (um 1750–1821); die deutsche Übersetzung stammt von dem Berliner Verleger Johann Daniel Sander; eine neuere deutsche Textbearbeitung verfaßte Max Kalbeck für Wien. Anstelle der im Original stehenden römischen Bezeichnung »Amor« ist richtiger der griechische Name des Liebesgottes, »Eros«, zu setzen.

GESCHICHTLICHES: Calzabigi war 1761 nach Wien gekommen. Nach einem Bericht, den er 1785 im ›Mercure de France‹ veröffentlichte, soll er damals auf der Suche nach einem geeigneten Komponisten für seine angeblich bereits vollendete Operndichtung ›Orfeo‹ von dem Hofopern-Intendanten Graf Giacomo Durazzo an Gluck verwiesen worden sein. Die Uraufführung fand unter der Leitung des Komponisten am 5. Oktober 1762 am Wiener Hofburgtheater in Anwesenheit des Hofes statt; Regie führte der Dichter, die Titelrolle sang der Altkastrat Gaetano Guadagni. Das Werk hinterließ einen tiefen Eindruck, verschwand aber trotzdem nach einigen Vorstellungen wieder vom Spielplan. Seine Verbreitung erfolgte nur langsam und in vereinzelten Aufführungen (z.B. 1765 anläßlich der Kaiserkrönung Josephs II. in Frankfurt), fand doch die Vertonung des Stoffes durch Ferdinando Gasparo Bertoni damals weit größeren Zuspruch, während man in Italien Glucks Reform in Tommaso Traettas Buffaoper ›Il cavaliere errante‹ (Venedig 1778) sogar parodierte. Einen durchschlagenden Erfolg erzielte das Werk erst bei seiner Erstaufführung in Paris (am 2. August 1774). Gluck hatte die Partitur für diese Aufführung zusammen mit dem Dichter Moline einer Umarbeitung unterzogen, wobei er mehrere Nummern neu hinzukomponierte. Die Besetzung der Titelrolle mit einem Tenor (Joseph Le Gros) hatte auch zahlreiche Veränderungen im musikalischen Text, besonders bei den Rezitativen, zur Folge. In dem Bestreben, die Vorzüge der Wiener und der Pariser Partitur in einer Fassung zu vereinen, wobei an der Besetzung der Titelrolle mit einer Altistin festgehalten wurde, entstanden Bearbeitungen des Werkes, die in Frankreich von Hector Berlioz und in

Deutschland von Alfred Dörffel vorgenommen wurden. In der Gluck-Gesamtausgabe liegen heute beide Fassungen in getrennten Editionen für die Praxis neu vor.

Die Pilger von Mekka

Komische Oper in drei Aufzügen. Dichtung von L. H. Dancourt.

Solisten: *Ali,* Prinz von Balsora (Lyrischer Tenor, gr. P.) – *Osmin,* sein Diener (Spieltenor, gr. P.) – *Meister Überschwang,* ein Maler (Charakterbariton, m. P.) – *Der Sultan von Ägypten* (Charaktertenor, kl. P.) – *Ein Kalender* (Schwerer Spielbaß, m. P.) – *Ein Karawanenführer* (Spielbariton, kl. P.) – *Rezia,* Favoritin des Sultans (Lyrischer Koloratursopran, gr. P.) – *Balkis,* ihre Vertraute (Spielalt, gr. P.) – *Amina* (Soubrette, m. P.) und *Dardanea* (Mezzosopran, m. P.), Sklavinnen der Rezia – *Morakin,* ein Neger (Stumme Rolle) – *Banu,* ein Sklave (Stumme Rolle).
Statisterie: Gefolge und Wachen des Sultans. Sklaven der Rezia. Lastträger (kein Chor).
Ballett: Im Original kein Ballett! In der Neubearbeitung Max Arend/Artur Rother: Tanzstücke aus ›Iphigenie in Aulis‹ und aus dem Ballett ›Der Prinz von China‹ als Ballett-Einlage.
Ort: Kairo.
Schauplätze: Ein öffentlicher Platz in Kairo – Ein prachtvoller Raum des Serails – Der Lagerraum einer Karawanserei.
Orchester: 2 Fl. (II. auch Picc.), 2 Ob., 2 Fag., 2 Hr., 2 Trp., P., Schl., Str.
Gliederung: Ouvertüre und 34 Musiknummern, die durch einen gesprochenen Dialog miteinander verbunden werden.
Spieldauer: etwa 2 Stunden.
Handlung: Prinz Ali aus Balsora sucht mit seinem Diener Osmin schon seit zwei Jahren in aller Welt nach seiner geliebten Rezia, die ihm von Seeräubern geraubt worden war. Nahezu mittellos gelangen die beiden nach Kairo, wo sich Osmin von einem Kalender, einem Landsmann aus Balsora, überreden läßt, ebenfalls ein Betteldérwisch zu werden, weil er dadurch am bequemsten zu Geld kommen könne. Indessen wird Ali von einer Muselmanin, Balkis, aufgefordert, sich in den Palast des Sultans zu begeben; ihre Herrin, die Lieblingssklavin des Sultans, habe ihn vom Fenster aus gesehen und sehne sich nach ihm. Der Prinz weigert sich, wird aber schließlich von Balkis und Osmin in das Haus gedrängt. – Zu seiner freudigen Überraschung findet er dort seine Rezia wieder. Da kehrt unerwartet der Sultan von der Jagd zurück. Mit knapper Not entkommen die Liebenden durch einen Ge-

heimgang. – Durch den Kalender, den Prinz Ali mit seinem kostbaren Ring besticht, findet das Paar und Osmin Aufnahme in eine Karawane mit Mekka-Pilgern, die in einigen Stunden die Stadt verlassen soll. Inzwischen verrät aber der geldgierige Kalender das Versteck der Flüchtigen, um auch noch in den Besitz der hohen Belohnung zu gelangen, die der Sultan auf ihre Ergreifung gesetzt hat. Geführt von dem Kalender, erscheint der Sultan in der Karawanserei. Nach dem Willen des Herrschers sollen Rezia und die Entführer ihre Schuld mit dem Tod büßen. Als sich jedoch Ali als Prinz von Balsora zu erkennen gibt und Rezia erklärt, dem Geliebten trotz zweijähriger Trennung unerschütterlich die Treue gehalten zu haben, ist der Sultan gerührt. Er bestraft den Kalender, der seinen angestammten Fürsten verraten hatte, und gibt die Gefangenen frei.
Stilistische Stellung: ›Die Pilger von Mekka‹ stellen Glucks reifste Schöpfung in der Reihe seiner komischen Opern dar, die der Meister während seiner zehnjährigen Tätigkeit als Kapellmeister des Französischen Theaters in Wien geschrieben hat. Es handelte sich hier um französische Vaudevilles, die Gluck für Wien musikalisch einzurichten hatte. Während er bei den ersten nur die eine oder andere Arie (Ariette) aus eigener Feder beisteuerte, hatte er die drei letzten (›L'ivrogne corrigé‹, ›Le cadi dupé‹ und ›La rencontre imprévue‹) durch eine selbständige Gestaltung des musikalischen Teils ihres Vaudevillecharakters entkleidet und damit fernab von Paris, wo sich damals gerade eine ähnliche Entwicklung vollzog, seinen Beitrag zur Entstehung der Opéra comique, aber auch des deutschen Singspiels geleistet. Die Ansicht, daß Glucks komische Opern für sich und abseits des großen Reformwerkes stünden, ist abwegig. Dies beweist schon allein die Tatsache, daß der Meister manche Stücke aus seinen komischen Opern bei seinen späteren Reformopern wieder verarbeitet hat. Die feine Charakterisierungskunst, die schlichte Thematik, die harmonischen Pikanterien sowie die kleinen Formen sind stilistische Merkmale, die alle bei den großen Reformopern wiederzufinden sind. Der Charakter der Vaudevillekomödie ist bei ›Die Pilger von Mekka‹ völlig abgestreift. Dennoch klingt bei den köstlichen Arien und Arietten immer wieder der Volkston durch; auch das orientalische Kolorit fehlt nicht, so daß das reizvolle Werk schon im Hinblick auf die stoffliche Ähnlichkeit und vor allem durch seine stilistische Annäherung an die italienische Opera buffa als Brücke zu Mozarts ›Entführung aus dem Serail‹ angesehen werden kann.
Textdichtung: Das Libretto verfaßte auf Veranlassung des Burgtheater-Intendanten Graf Giacomo Durazzo Charles Simon Favarts Freund L. H. Dancourt nach den ›Pélerins de la Mecque‹ von Alain René Lesage. Der Titel lautete: ›La rencontre imprévue‹ (›Die unvermutete Zusammenkunft oder die Pilgrime von Mekka‹). Die deutsche Textübersetzung besorgte in der Neubearbeitung von Max Arend und Carl Hagemann Gräfin Charlotte Rittberg.

GESCHICHTLICHES: Die Uraufführung erfolgte am 7. Januar 1764 am Burgtheater in Wien. Das Werk, das sich eines stets wachsenden Publikumserfolges erfreute, wurde seit 1770 auch in deutscher Sprache gegeben.

Alkeste

Oper in drei Akten. Dichtung von Ranieri de Calzabigi (italienische Fassung) / Dichtung nach Ranieri de Calzabigi von Marius-François-Louis Gand Lebland, Bailli du Roullet (französische Fassung).

SOLISTEN: *Alkeste* (Dramatischer Sopran, gr. P.) – *Admetos* (Jugendlicher Heldentenor, gr. P.) – *Euander* (Tenor, kl. P.) – *Herakles* (Charakterbariton, m. P.) – *Der Oberpriester* (Heldenbariton, auch Charakterbariton, m. P.) – *Apollo* (Seriöser Baß, kl. P.) – *Thanatos* (Charakterbaß, kl. P.) – *Die Stimme des Orakels* (Baß, kl. P.) – *Ein Herold* (Bariton, kl. P.) – *Eine Thessalierin* (Sopran, kl. P.) – *Die beiden Kinder Alkestes* (Stumme Rollen).
CHOR: Thessalier und Thessalierinnen. Höllengeister (Doppelchor, Soloquartett; gr. Chp.).
BALLETT: Pantomime der Priesterinnen im Tempel des Apoll. Festballett anläßlich der Genesung Admets. Schlußballett.
ORT: Pherä in Thessalien.
SCHAUPLÄTZE: Platz vor dem Königspalast – Im Tempel des Apollo – Im Innern des Palastes – Platz vor dem Palast – An der Eingangspforte zur Unterwelt.
ORCHESTER: 2 Fl., 2 Ob., 2 Eh., 2 Fag., 2 Hr., 2 Trp., 3 Pos., Str. – Bühnenmusik: 1 Trp.
GLIEDERUNG: Ouvertüre und 33 Musiknummern, die pausenlos ineinandergehen (französische Fassung).
SPIELDAUER: etwa 2¾ Stunden.
HANDLUNG (französische Fassung): Ein Herold verkündet der vor dem Palast zu Pherä versammelten Menge, daß König Admetos hoffnungslos darniederliege und sein Leben dem Ende entgegengehe. Gleich darauf erscheint Alkeste, Admets Gattin, mit ihren beiden Kindern. Sie fleht zu den Göttern um Hilfe und fordert das wehklagende Volk auf, mit ihr in den Tempel des Apoll zu kommen, um dort mit Opferspenden das Mitleid der Himmlischen zu wecken. – Aber das Orakel des Apollo verkündet einen unbarmherzigen Spruch: Admet kann nur gerettet werden, wenn ein anderer sein Leben für ihn gibt. Mit Schaudern verläßt das Volk das Heiligtum. Alkeste bleibt allein zurück und erklärt sich bereit, für den Gatten zu sterben. Der Oberpriester kündet ihr an, daß die Gottheit sie erhört habe: Admet werde genesen, doch

sie werde bei Einbruch der Dunkelheit in das Reich der Schatten abberufen. – Hocherfreut über die plötzliche Heilung des geliebten Königs, huldigt das thessalische Volk Admet mit Tänzen und Geschenken. Als dieser jedoch durch seinen Vertrauten Euander erfährt, daß er seine Genesung nur dem Opfertod eines Untertanen verdanke, weist Admet spontan eine Rettung um solchen Preis zurück. Da kommt Alkeste. Admet bemerkt Kummer und Gram in ihren Zügen, und auf sein inständiges Drängen gesteht Alkeste endlich den wahren Sachverhalt. Verzweifelt stürzt Admet in den Tempel, um die Götter anzuflehen, sein Leben, aber nicht Alkestes Aufopferung entgegenzunehmen. – Auf seinen Heldenfahrten gelangt Herakles an den thessalischen Hof, wo er von dem herben Geschick seines Freundes Admet erfährt. Er beschließt, sogleich dem König zu Hilfe zu eilen. – Vor den Pforten der Unterwelt bieten sich Alkeste und Admet beide dem Todesgott Thanatos zum Opfer, als dieser zur Dämmerstunde am Ufer des Styx erscheint, um nach dem Willen der Götter das Leben des einen oder des anderen in Empfang zu nehmen. Aber Herakles' Keule hält die Höllengeister in Schach, bis schließlich Apollo selbst erscheint und zum Lobe des Helden die Rettung des Paares Alkeste-Admet verkündet. In den Dankesjubel der drei zu Ehren des Gottes stimmen auch die herbeigeeilten Scharen des Volkes ein.

Stilistische Stellung: In der berühmten Vorrede, die Gluck der gedruckten ›Alkeste‹-Partitur voranstellte, faßte der Meister in gedrängter Form die Grundsätze seiner Opernreform zusammen, indem er auf die Mißstände der zeitgenössischen italienischen Oper hinwies und seine künstlerischen Absichten in dem Satz formulierte: »Ich versuchte daher, die Musik zu ihrer wahren Bestimmung zurückzuführen, d. h. die Dichtung zu unterstützen, um den Ausdruck der Gefühle und das Interesse der Situationen zu verstärken, ohne die Handlung zu unterbrechen oder durch unnütze Verzierungen zu entstellen.« Es ist erstaunlich, wie Gluck die dramatische Wirkung von Calzabigis handlungsarmer Dichtung mit den einfachsten musikalischen Ausdrucksmitteln rhythmischer, harmonischer und instrumentaler Natur so zu steigern wußte, daß das Interesse des Zuhörers bis zum Schluß wachgehalten wird. Ein Vergleich der italienischen mit der französischen ›Alkeste‹ zeigt, wie sehr der Meister in dem zwischen beiden Fassungen liegenden Zeitraum von etwa acht Jahren als Musikdramatiker gewachsen war. Mit Ausnahme der Ouvertüre, die – ähnlich wie die zu ›Iphigenie in Aulis‹ – ohne Abschluß in die erste Szene überleitet und die ebenfalls ob ihrer edlen klassischen Monumentalität ein beliebtes Repertoirestück auf den Konzertprogrammen geworden ist, hat Gluck bei der französischen Bearbeitung die Partitur einer durchgreifenden Revision unterzogen, wobei oft kleine, auf den ersten Blick belanglos erscheinende Veränderungen gegenüber der Urfassung sich als Genieblitze offenbaren. In der Hauptsache erstreckte sich die Neubearbeitung auf eine Straffung der allzu breit geratenen lyrischen Partien. Bei dieser Gelegenheit fiel freilich so manche musikalische Perle den Kürzungen zum Opfer, wie zum Beispiel die Szene Alkestes bei den Totengöttern. Anderes wurde wiederum breiter ausgeführt, zum Beispiel der Schluß des I. Aktes, Alkestes Entschluß ihrer Aufopferung (mit den für Gluck ungewöhnlichen Tempi rubati), der in der berühmten Arie »Divinités du Styx« gipfelt, oder das Fest anläßlich Admets Genesung (Anfang II. Akt), das eine Auflichtung des düsteren Grundtons der Handlung bezweckt. Auf die Figur der Ismene und auf die Kinder konnte Gluck in der Zweitfassung verzichten, dafür nahm er – wohl nicht zum Vorteil des Werkes – den euripideischen Herakles herein, dessen Arie aber nicht von François-Joseph Gossec stammt, wie lange Zeit angenommen wurde, sondern Glucks ›Ezio‹ entnommen ist. Die Szene an der Pforte der Unterwelt bildet den grandiosen Höhepunkt der Oper; hier wurde ein Terzett Alkeste-Admet-Herakles neu eingefügt. Das abschließende Divertissement stammt größtenteils von Gossec. Es ist schwer zu entscheiden, welcher von den beiden Fassungen der Vorzug zu geben ist. Für Konzertaufführungen des Werkes dürfte sich vielleicht die Urfassung ihres lyrisch-epischen Charakters wegen, für die Bühne aber die französische ›Alkeste‹ besser eignen.

TEXTDICHTUNG: Nach dem ersten glückhaften Zusammenwirken bei ›Orfeo‹ bearbeitete der Dichter Ranieri de Calzabigi (1714–1795) für Gluck die Alkeste-Sage, wobei ihm als Vorlage in erster Linie das Drama des Euripides gedient haben mag. (Die Griechen hatten für diese mythologische Frauengestalt zwei Namen: Alkeste und Alkestis.) In dem Bestreben, das dramatische Geschehen auf den schlichten Kern des Mythos zu konzentrieren und es von allem Nebensächlichen zu lösen, ging Calzabigi sogar weiter als Euripides (Streichung der Herakles-Szenen); allerdings war die Überbetonung des Seelischen und Verinnerlichten letzten Endes der dramatischen Schlagkraft abträglich. Gluck suchte deshalb bei der Neubearbeitung hier einen Ausgleich zu schaffen. Das französische Textbuch für die Neufassung, die in ihrer Gründlichkeit fast einer Neuschöpfung gleichkommt, schrieb der französische Gesandtschaftsattaché in Wien Bailli du Roullet, der dem Meister bereits das Libretto zu ›Iphigenia in Aulis‹ verfaßt hatte.

GESCHICHTLICHES: Die Alkestis-Sage wurde im 17. und 18. Jahrhundert wiederholt als Opernstoff verwertet, so unter anderen von Jean-Baptiste Lully (Text: Philippe Quinault, 1674), Georg Friedrich Händel (Text: Aurelio Aureli, 1727) und Anton Schweitzer (Text: Christoph Martin Wieland, 1773). Gluck und Calzabigi glaubten wohl, wie schon bei ›Orfeo‹, durch die Wahl eines bekannten Stoffes, die einen Vergleich mit den damaligen Bearbeitungen im Zeitstil ermöglichte, ihre Reformideen am eindringlichsten präsentieren zu können. Die

Uraufführung der italienischen Fassung erfolgte am 26. Dezember 1767 am Burgtheater zu Wien mit Antonie Bernasconi in der Titelrolle und mit Giuseppe Tibaldi als Admet. Der Erfolg der von den Autoren mit großer Sorgfalt einstudierten Vorstellung war stark, wenn es auch nicht an abfälligen Urteilen fehlte; so bezeichnete zum Beispiel Leopold Mozart »Glucks traurige Alkeste« als »Seelenmesse«. Die 1769 in Wien gestochene Partitur widmete der Meister der Kaiserin Maria Theresia, der damit wohl nach einem Brauch der Zeit als Abbild der Alkeste geschmeichelt werden sollte. Nach dem großen Erfolg seiner ›Iphigenie in Aulis‹ arbeitete Gluck zusammen mit Bailli du Roullet im Sommer 1775 die ›Alkeste‹ für Paris um. Die Partitur des I. und II. Aktes sandte er Ende des Jahres von Wien aus nach der französischen Hauptstadt, den III. Akt brachte er Anfang März 1776 selbst dorthin. Die Zweitfassung ging sodann am 23. April 1776 in der Académie Royale zum ersten Mal in Szene; die Titelrolle sang Rose Levasseur, den Admet Joseph Le Gros. Das von dem gewohnten Schema der Tragédie lyrique abweichende Werk hatte zunächst bei der Premiere einen Mißerfolg, doch steigerte sich später der Beifall von Aufführung zu Aufführung.

Iphigenie in Aulis

Große Oper in drei Aufzügen. Dichtung von Marius-François-Louis Gand Lebland, Bailli du Roullet.

SOLISTEN: *Agamemnon* (Heldenbariton, gr. P.) – *Klytämnestra* (Dramatischer Mezzosopran, gr. P.) – *Iphigenie* (Jugendlich-dramatischer Sopran, gr. P.) – *Achilles* (Jugendlicher Heldentenor, gr. P.) – *Patroklos* (Bariton, auch Baß, kl. P.) – *Kalchas* (Seriöser Baß, auch Baßbariton, m. P.) – *Arkas* (Baß, auch Bariton, kl. P.) – *Artemis* (Lyrischer Sopran, kl. P.).
CHOR: Fürsten und Heerführer der Griechen. Thessalier. Leibwache des Agamemnon. Frauen der Klytämnestra. Mädchen von Aulis. Gefangene Frauen von Lesbos. Priesterinnen der Artemis (gr. Chp.).
BALLETT: Tänze zu Ehren Iphigenies bei ihrer Ankunft in Aulis (I. Akt) sowie bei der Hochzeitsfeier (II. Akt).
ORT: Am Strand von Aulis.
SCHAUPLÄTZE: Das griechische Lager – Das Innere des Zeltes von Agamemnon – Freier Platz am Meeresufer mit einem Altar, die griechische Flotte im Hintergrund.
ORCHESTER: 2 Fl., 2 Ob., 2 Kl., 2 Fag., 2 Hr., 2 Trp., 3 Pos., P., Str. (in Richard Wagners Bearbeitung: 3 Fag., 4 Hr., 3 Trp.).
GLIEDERUNG: Ouvertüre, die in die 1. Szene überleitet, sowie 55 Musiknummern (Orchester-Rezitative und geschlossene Formen).

SPIELDAUER: etwa 2½ Stunden.

HANDLUNG: Schon seit längerer Zeit wird das griechische Heer, das zur Ausfahrt nach Troja bereitsteht, durch vollkommene Windstille in Aulis festgehalten. Die Göttin Artemis straft damit Agamemnon, den Führer der Griechen, für die Erlegung einer heiligen Hirschkuh. Nach einem Orakelspruch kann er die Erzürnte nur durch die Opferung seiner Tochter Iphigenie wieder versöhnen. In schweren Seelenkämpfen schwankt der König zwischen Vaterliebe und Pflicht. Ein Versuch, das geplante Kommen Iphigenies zur Vermählung mit dem jungen Thessalierfürsten Achilles durch Entsendung eines Getreuen (Arkas) zu verhindern, scheitert. Als Iphigenie mit ihrer Mutter Klytämnestra im Lager erscheint, wagt Agamemnon immer noch nicht, das furchtbare Begehren der Göttin bekannt zu geben; er sucht vielmehr durch die falsche Verdächtigung, Achilles habe sein Herz einer anderen zugewandt, die Tochter zur schleunigen Abreise zu veranlassen. Aber die feurigen Liebesbeteuerungen des strahlenden Helden verscheuchen bald alle Zweifel in dem Herzen des Mädchens, und eilig wird das Hochzeitsfest gerüstet. – Als das Paar im feierlichen Zug zum Tempel ziehen will, stürzt Arkas mit der Schreckensbotschaft dazwischen, daß Agamemnon und der Oberpriester Kalchas dort den Willen der Göttin vollziehen wollen. Achilles beruhigt Klytämnestra, die ihn auf den Knien um Schutz anfleht, daß er die Tat niemals zulassen werde, während Iphigenie den Geliebten beschwört, ihren Vater zu schonen. – Sie läßt sich nicht zurückhalten, in den Tempel zu gehen, um ihr junges Leben und ihr Glück der großen Sache des Vaterlandes zu opfern. Am Altar erscheint nun aber Artemis selbst, um dem unglücklichen Vater ihre Verzeihung zu verkünden und Iphigenie für eine hohe Aufgabe in ein fernes Land zu entrücken.

STILISTISCHE STELLUNG: Gluck baut bei ›Iphigenie in Aulis‹ seinen im ›Orfeo‹ entwickelten neuen Stil weiter aus. Mit lapidaren Strichen und edler Einfachheit zeichnet er eine ganze Skala menschlicher Gefühle und Leidenschaften, so vor allem in den Rezitativen, aber auch bei den geschlossenen Formen, die in ihrer schlichten Klassizität vielfach liedhafte Prägung tragen. Dabei steigert er die Charaktere über ihre Zeichnung in der zeitgebundenen Textvorlage hinaus ins Monumentale gemäß der altgriechischen Auffassung der Helden des homerischen Zeitalters. In den Chor- und Ensembleszenen erstehen musikalische Höhepunkte von großartiger Wirkung. Wie nach Glucks eigenen Worten alles in seiner Partitur, sogar die Pausen, so werden auch die Ballett-Einlagen – eine unumstößliche Forderung der Zeit und des Pariser Publikums im besonderen – durch ihre geschickte Placierung als Ruhepunkte der Handlung in den Dienst des dramatischen Ausdrucks gestellt. Richard Wagners Neufassung trägt bei der starken eigenschöpferischen Persönlichkeit des Bearbeiters trotz aller Pietät stilfremde Züge in das Werk. Von hervorragender Bedeutung sind seine dramaturgischen Bemerkungen über die szenische Gestaltung der Oper. Eine auf Stilreinheit bedachte Aufführung wird jedoch der von Gluck selbst überarbeiteten Partitur von 1775 in einer dem künstlerischen Empfinden unserer Zeit entsprechenden textlichen und musikalischen Einrichtung den Vorzug geben.

TEXTDICHTUNG: Der Verfasser des Textes war der französische Diplomat du Roullet (1716–1786). Als Vorlage benutzte er die gleichnamige Tragödie des französischen Klassizisten Jean Racine (1639–1699). Racines Dichtung unterscheidet sich von dem Urbild aller Bearbeitungen des Iphigenien-Stoffes, der Tragödie des Euripides (406 v. Chr.), vor allem durch die Einführung der Liebschaft Iphigenie-Achilles. Die Charaktere sind im Sinne des empfindsamen Zeitalters gezeichnet, und auch die Fassung des Schlusses entspricht dem Geschmack der Zeit (die von Richard Wagner getadelte »unerläßliche Mariage«). Gluck hat selbst noch in einer der Uraufführung folgenden Überarbeitung des Werkes (1775) auf den Schluß des Euripides zurückgegriffen (Entrükkung der Iphigenie durch die Göttin Artemis). Johann Daniel Sander besorgte 1809 für Berlin eine deutsche Übersetzung, die in der Folge auf den deutschen Bühnen allgemein gebräuchlich wurde. Wagner schuf für seine Bearbeitung des Werkes eine fast durchwegs neue Gestaltung des Textes, während die deutsche Übertragung von Peter Cornelius getreu dem originalen Notenbild folgt. Anstelle der römischen Bezeichnung »Diana« ist richtiger der griechische Name der Göttin, »Artemis«, zu setzen.

GESCHICHTLICHES: Im August 1772 empfahl du Roullet im ›Mercure de France‹ dem Direktor der Pariser Oper Antoine d'Auvergne die Annahme von Glucks ›Iphigenie in Aulis‹, die aber erst erfolgte, als sie von der Dauphine Marie Antoinette, Glucks ehemaliger Schülerin, befohlen worden war. Der Meister besorgte selbst die Einstudierung, und nach Überwindung mancherlei Schwierigkeiten und Intrigen erfolgte am 19. April 1774 die Uraufführung in der Académie Royale, die von dem überfüllten Haus zunächst mit Zurückhaltung aufgenommen wurde. Aber schon die zweite Aufführung hatte durchschlagenden Erfolg, der sich von Vorstellung zu Vorstellung steigerte und Serienaufführungen des Werkes zur Folge hatte. Glucks Sieg über seine Widersacher war damit endgültig. In Deutschland kam dagegen die Oper erst verhältnismäßig spät und nur in vereinzelten Aufführungen zu Gehör, bis Richard Wagners erfolgreiche Bearbeitung (24. Februar 1847 in Dresden) neues Interesse für das Werk erwecken konnte.

Iphigenie auf Tauris

Oper in vier Akten. Dichtung von Nicolas François Guillard.

SOLISTEN: *Iphigenie,* Oberpriesterin der Artemis (Dramatischer Sopran, gr. P.) – *Orest,* Bruder der Iphigenie (Heldenbariton, gr. P.) – *Pylades,* griechischer Prinz, Freund des Orest (Jugendlicher Heldentenor, auch Lyrischer Tenor, gr. P.) – *Thoas,* König der Taurer (Heldenbariton, auch Charakterbariton, m. P.) – *Artemis* (Mezzosopran, kl. P.) – *Ein Aufseher des Thoas* (Baß, kl. P.) – *Ein Skythe* (Bariton, auch Tenor, kl. P.) – *Eine Griechin* (Sopran, kl. P.).
CHOR: Priesterinnen. Skythen. Leibwache des Thoas. Eumeniden und Dämonen. Griechen im Gefolge des Pylades (Frauenchor, gr. Chp.; Männerchor, m. Chp.).
BALLETT: Kriegerischer Freudentanz der Skythen (I. Akt).
ORT: Das Land der Taurer (Halbinsel Krim und südrussische Steppe).
SCHAUPLÄTZE: Der heilige Hain der Göttin Artemis, im Hintergrund die Vorhalle des Tempels – Innerer Raum des Tempels, für die Opfer bestimmt – Das Gemach der Iphigenie – Das Innere des Tempels der Artemis mit Bildsäule der Göttin.
ORCHESTER: 2 Fl. (auch 2 Picc.), 2 Ob., 2 Kl., 2 Fag., 2 Hr., 2 Trp., 3 Pos., P., Schl., Str.
GLIEDERUNG: Kurzes Vorspiel, das in die 1. Szene überleitet. Die Akte werden in Szenen untergeteilt. Die geschlossenen Formen, die nicht mehr mit ihren Gattungsnamen bezeichnet sind, werden durch Orchesterrezitative miteinander verbunden.
SPIELDAUER: etwa 2½ Stunden.
HANDLUNG: Ein Orakelspruch hatte dem rauhen Barbarenfürsten Thoas den Tod durch die Hand eines Fremdlings verkündet, und deshalb wird jeder Fremde, der das Land der Taurer (Skythen) betritt, der Göttin Artemis geopfert. Iphigenie, die edle Tochter des Agamemnon, die von der Göttin in dieses unwirtliche Land als Hüterin ihres Heiligtums versetzt worden war, muß dieses blutige Amt vollziehen. Sie schmachtet in Sehnsucht nach der fernen Heimat und den Ihren, von denen sie seit ihrem Scheiden in Aulis keine Kunde mehr erhalten hat. Böse Träume erfüllen ihr Herz mit banger Sorge. Durch zwei Landsleute aus Mykene, die ihr von einer wilden Skythenschar zur Opferung übergeben werden, erfährt sie von den furchtbaren Ereignissen in ihrem Vaterhaus: Klytämnestra ermordete den Gatten Agamemnon nach seiner Rückkehr vom Trojanischen Krieg, und Iphigeniens Bruder Orest tötete in besinnungsloser Rache die eigene Mutter. Nun sei auch Orest tot, erzählt der Gefangene weiter, dem sich Iphigeniens Mitleid und Teilnahme in steigendem Maße zuwendet und den sie mit einer Nachricht an die verwaiste Schwester Elektra heimlich nach der Heimat entkommen lassen will. Aber der junge Mann, dessen verstör-

tes Wesen auf ein schwer zerrüttetes Inneres deutet, bittet und beschwört die Priesterin, die Gunst seinem mitgefangenen Freund Pylades zu gewähren, der es jedoch leidenschaftlich ablehnt und gerne bereit ist, den Tod auf sich zu nehmen. Betrübten Herzens willigt Iphigenie schließlich ein, Pylades entfliehen zu lassen, der in der heimlichen Absicht forteilt, den Freund mit Hilfe der in der Nähe verborgenen Landsleute noch rechtzeitig zu befreien. Auf dem Opferaltar erkennt nun aber Iphigenie in dem Fremdling ihren Bruder Orest. Inzwischen hat König Thoas von der Flucht des einen Fremden erfahren; wütend stürzt er in den Tempel, um die Priesterin zur Rechenschaft zu ziehen. In diesem Augenblick kommt Pylades mit einer Schar Griechen zurück und streckt Thoas nieder. Dem darauffolgenden Kampf mit den Leibwachen des Königs gebietet die Göttin Artemis durch ihr Erscheinen Halt. Sie verkündet Orest die Vergebung seiner durch Reue gesühnten Schuld und fordert ihn auf, ihr Bild und Iphigenie nach Mykene zurückzubringen und dort den verwaisten Thron als König zu besteigen.

Stilistische Stellung: Glucks reifste Reformoper war dank ihrer dramatischen Schlagkraft und Einheitlichkeit in Text und Musik den Zeitgenossen als etwas Neuartiges erschienen. Die Bezeichnungen für Rezitative und geschlossene Formen fehlen in der Partitur, an ihre Stelle ist eine Einteilung in Szenen getreten. Das Idealziel der italienischen Oper, die als Ohrenschmaus präsentierte schöne musikalische Linie, ist hier völlig aufgegeben; alles ordnet sich der Wahrheit eines echten und natürlichen Ausdrucks unter. Dieser wird bei Ausschaltung des Erotischen in erster Linie durch eine ergreifende Darstellung des rein Menschlichen, der Gefühle und Leidenschaften erzielt. Auch die Lösung des Konflikts erfolgt durch die sittliche Kraft geläuterten Menschentums. Selbst äußere Vorgänge des Spiels wollen als Spiegelbild innerer Erlebnisse aufgefaßt werden: So deutet der Sturm zu Anfang der Oper auf Iphigeniens Unruhe und Angst, während die Erscheinung der Eumeniden die Seelenqual des Orest symbolisiert. Mit den Chören werden durch die Gegenüberstellung von Kultur und Unkultur (Priesterinnen – Skythen) wirksame Kontraste erzielt, und sogar das Ballett ist diesmal nur zu pantomimischen Aufgaben im Dienst der Handlung herangezogen. Im Jahre 1892 besorgte Richard Strauss eine Neubearbeitung, die beträchtliche und stilistisch bedenkliche Veränderungen an dem künstlerischen Organismus des Werkes aufweist (Striche, Umstellungen, eigene Zutaten). Eine Bearbeitung erscheint bei der taurischen Iphigenie überflüssig, da gerade diese Oper von allen Bühnenwerken des Meisters die wenigsten Bindungen an den Zeitgeschmack aufweist.

Textdichtung: Das Buch schrieb der junge Nicolas François Guillard (1752–1814), ein Freund des Bailli du Roullet. Mehr als je bei einem anderen seiner Werke lenkte der Komponist die Gestaltung des Textes nach seinen Ideen und beeinflußte sie mit Anregungen. Die Dichtung geht, ähnlich wie bei ›Iphigenie in Aulis‹, die dem Verfasser bis zu einem gewissen Grad auch als Vorbild gedient haben mag, nicht eigentlich auf die Tragödie des Euripides zurück, sondern nähert sich mehr dem im Racineschen Geist gehaltenen gleichnamigen Stück des Franzosen Guymond de la Touche (1723–1760). Eine deutsche Übersetzung besorgte zunächst Johann Daniel Sander 1795 für Berlin, ferner schuf eine wertvolle, sich genau an den originalen Notentext haltende Verdeutschung Peter Cornelius. Gluck selbst hat zusammen mit dem jungen Dichter Johann Baptist von Alxinger eine deutsche Bearbeitung des Werkes für die Erstaufführung in Wien hergestellt. Der Titel der Oper ist richtiger, ebenso wie bei Euripides, mit ›Iphigenie bei den Taurern‹ anzugeben, da es im griechischen Altertum wohl ein Volk der Taurer (das später von den Skythen aufgesogen wurde), nicht aber ein Land »Tauris« gab. Ebenso wird die im Original stehende, römische Bezeichnung »Diana« besser durch den griechischen Namen der Göttin, »Artemis«, ersetzt.

GESCHICHTLICHES: Im Jahre 1778 beschäftigte sich Gluck mit der Komposition von zwei neuen Opern, der ›Iphigénie en Tauride‹ und von ›Echo et Narcisse‹, seinem letzten Bühnenwerk. Bereits Ende des gleichen Jahres konnte sich der Meister zur Einstudierung der ›Iphigenie‹ nach Paris begeben. Die Uraufführung am 18. Mai 1779 wurde ein Sensationsereignis ersten Ranges. Nach dem stürmischen Erfolg konnte das Werk noch mehr Wiederholungen mit außergewöhnlichen Einnahmen verzeichnen als ›Iphigenie in Aulis‹. In Deutschland setzte sich die Oper schwerer durch, obwohl sie bereits am 23. Oktober 1781 in einer glanzvollen Aufführung in Wien tiefen Eindruck hinterlassen hatte und Hermann Grimm in seinen ›Goethe-Vorlesungen‹ (1877) die Feststellung machte, wenn von der ›Iphigenie‹ gesprochen werde, dann sei immer nur die Glucksche, nie aber die Goethesche gemeint.

HERMANN GOETZ

* 7. Dezember 1840 in Königsberg, † 3. Dezember 1876 in Hottingen bei Zürich

Der Widerspenstigen Zähmung (1874 Mannheim), T: nach William Shakespeare v. Josef Viktor Widmann, kO., V: Kistner

Francesca da Rimini (1877 Mannheim), T: J. V. Widmann u. der Komponist, unvollendet, III. Akt instrumentiert v. Ernst Frank, V: Kistner

Der Widerspenstigen Zähmung

Komische Oper in vier Akten. Dichtung von Josef Viktor Widmann.

SOLISTEN: *Baptista Minola,* ein reicher Edelmann in Padua (Charakterbaß, auch Seriöser Baß, m. P.) – *Catharina* (Charaktersopran, auch Dramatischer Sopran, gr. P.) und *Bianca* (Lyrischer Sopran, gr. P.), seine Töchter – *Hortensio* (Spielbaß, auch Spielbariton, gr. P.) und *Lucentio* (Lyrischer Tenor, auch Spieltenor, gr. P.), Biancas Freier – *Petruchio,* ein Edelmann aus Verona (Kavalierbariton, auch Charakterbariton, gr. P.) – *Grumio,* sein Diener (Spielbaß, m. P.) – *Ein Schneider* (Spieltenor, kl. P.) – *Haushälterin* bei Petruchio (Sopran, kl. P.) – *Haushofmeister* bei Petruchio (Tenor, kl. P.) – *Eine Witwe* (Alt, kl. P.) – *Eine Zofe* (Stumme Rolle).
CHOR: Baptistas und Petruchios Dienerschaft. Nachbarinnen. Hochzeitsgäste (im III. Akt ganzer Chor geteilt in Dienerschaft und Hochzeitsgäste; m. Chp.).
ORT: In den ersten drei Akten: Padua; im letzten Akt: Landsitz Petruchios bei Verona.
SCHAUPLÄTZE: Straße in Padua, rechts Baptistas Haus mit Balkon – Zimmer in Baptistas Haus – Saal in Baptistas Haus – Saal in Petruchios Landhaus.
ZEIT: 16. Jahrhundert.
ORCHESTER: 2 Fl. (II. auch Picc.), 2 Ob., 2 Kl., 2 Fag., 4 Hr., 2 Trp., 3 Pos., P., Hrf., Gitarre, Str. – Bühnenmusik: 1 Fl., 1 Ob., 2 Kl., 2 Fag., 2 Hr.
GLIEDERUNG: Ouvertüre und musikalische Szenen, die pausenlos ineinandergehen.
SPIELDAUER: etwa 3 Stunden.
HANDLUNG: Der reiche Edelmann Baptista Minola in Padua hat zwei Töchter; die eine Bianca, ist sanft und voll Liebreiz, die andere, Catharina, zänkisch und widerspenstig. Kein Wunder, daß erstere von Verehrern umschwärmt wird, während letzterer kein Mann näherzutreten wagt. Als Lucentio, ein junger Student aus Pisa und einer der eifrigsten Freier Biancas, vor dem Fenster der Geliebten ein Liebeslied singt, wird er durch das Geschrei der Dienerschaft unterbrochen, die, der schlechten Behandlung durch Catharina überdrüssig, das Haus verlassen will; nur durch das Versprechen von Wein und höherem Lohn kann Baptista die Empörten zum Verbleiben in ihrem Dienst veranlassen. Nachdem wieder Ruhe eingetreten ist, erscheint Bianca auf dem Balkon. Nach anfänglichem Schäkern wird sie plötzlich ernst, als ihr Lucentio versichert, daß die Liebe ein neues Leben eröffnen werde, ein Leben, nach dem auch sie sich sehnt. Inzwischen hat ein anderer Freier mit Musikanten Aufstellung zu einem Ständchen genommen: der alte Geck Hortensio. Die beiden Rivalen greifen alsbald zu den Degen. Da

erscheint im Schlafrock Baptista, der Hortensio erinnert, daß er ihm doch das Haus und die nächtliche Musiziererei verboten habe, worauf Lucentio schnell die Gelegenheit ergreift, um Biancas Hand anzuhalten. Baptista bietet den Freiern Catharina an, doch beide wenden sich mit langen Gesichtern ab. Daraufhin erklärt Baptista, daß er Bianca nicht heiraten lasse, bevor nicht Catharina einen Mann gefunden habe. Die Mädchen sollen sich inzwischen in Wissenschaft und Musik bilden, wozu er Lehrer verpflichten wolle. Da kommen die beiden Freier, und zwar jeder für sich, auf die Idee, in der Verkleidung als Lehrer sich der Geliebten zu nähern, und jeder sieht den anderen bereits um den Besitz Biancas geprellt. Beim Auseinandergehen stößt Hortensio auf seinen Freund, den Veroneser Petruchio, der gerade mit seinem Diener Grumio des Weges kommt. An der unwirschen Begrüßung erkennt er sogleich den wegen seiner schrulligen Rauheit im ganzen Land bekannten Edelmann, der unentwegt auf der Suche nach einer Frau umherreist; er hat es sich in den Kopf gesetzt, nur eine Frau zu heiraten, die es wagt, ihm Widerstand entgegenzubringen. Hortensio verweist ihn auf Catharina. Petruchio erinnert sich, das kecke, trotzige Mädchen schon einmal vor Jahren bei Baptista kennengelernt zu haben. – Gleich am nächsten Morgen hält Petruchio bei Baptista um Catharinas Hand an, gleichzeitig führt er den verkleideten Hortensio als »Maestro Cembaloni aus Bergamo« ein und empfiehlt ihn als Lehrer für Bianca. Lucentio ist ebenfalls in Verkleidung erschienen und gibt sich als Philolog Francesco aus. Nachdem sich die beiden »Lehrer« in den Garten begeben haben, fühlt sich Baptista verpflichtet, Petruchio vor Catharina zu warnen, aber dieser ist überzeugt, daß er die Widerspenstige schon zähmen werde. In diesem Augenblick kommt Hortensio-Cembaloni hereingestürzt; Catharina hat ihm die Laute über den Kopf geschlagen, so daß er sie wie einen Kragen um den Hals trägt. In der darauffolgenden Begegnung Catharinas mit Petruchio imponiert ihr der männlich bestimmte Ton seiner Werbung, wenn sie ihm auch noch trotzig ein zehnmaliges Nein entgegenschleudert. Sie läßt sich sogar mit ihm auf einen Ringkampf ein; aber Petruchio ist der Stärkere und küßt sie widerholt. Catharina ist außer sich, doch sie sagt sich schon ein wenig resigniert: »Ich möcht' ihn zerreißen und möcht' ihn doch mein eigen heißen.« Baptista kommt mit Hortensio und Lucentio zurück. Petruchio ergreift Catharina bei der Hand und zieht die Widerstrebende vor den Vater, den er um seinen Segen bittet. Daraufhin erklärt Petruchio kurzerhand, daß nächsten Montag die Hochzeit stattfinde; er gehe inzwischen nach Venedig, um Schmuck und Kleider für die Braut zu holen. – An dem vereinbarten Tag warten jedoch Catharina im Brautkleid, die Familie und die Hochzeitsgäste vergeblich auf den Bräutigam. Enttäuscht schickt Baptista die Gäste weg, während er Lucentio und Hortensio auffordert, Bianca Unterricht zu erteilen. In der darauffolgenden Lektion gibt sich erst Lucentio durch seine sonderbare Übersetzung der ›Aeneis‹ und dann Hortensio durch sein Skalenlied der Geliebten zu erkennen. Während Bianca Lucentio bittet, sich ja nicht dem Vater zu verraten, lacht sie Hortensio aus, der sich daraufhin tief gekränkt zurückzieht. Da stürmt Baptista ins Zimmer und jubelt: »Er kommt!« Petruchio und Grumio erscheinen, jedoch in einem sonderbaren Aufzug mit zerrissenen Röcken und mit Reitstiefeln von verschiedener Farbe und Größe. Catharina ist sprachlos, geht aber nach einigen Versuchen, ihrer unterdrückten Wut Luft zu machen, schließlich doch zur Kirche. Inzwischen bereiten die Dienstboten geschäftig die Tafel, und als sich die Hochzeitsgesellschaft nach der Rückkehr von der Kirche zu Tisch setzt, erklärt Petruchio, daß er sofort mit seiner jungen Frau abreisen müsse. Alles Bitten hilft nichts; als sogar Catharina selbst vergeblich bittet, erwacht in ihr der alte Trotz. Sie erklärt zu bleiben, die Hochzeitsgäste unterstützen sie und greifen zu Messern, Gabeln und andern Gegenständen, während Petruchio seinen Degen zieht. Auf einen heimlichen Wink seines Herrn verschwindet Grumio, um alsbald mit zwei Pferden an die Tafel heranzusprengen; in diesem Augenblick springt Petruchio, Catharina mit sich ziehend, auf den Tisch und von dort in den Sattel, worauf er, Catharina vor sich, mit Grumio davonreitet. – In den ersten Flitterwochen weiß Petruchio Catharinas Willen völlig zu brechen. Er tyrannisiert die Dienstboten, und als sie auszugleichen sucht, wirft er die aufgetragenen Speisen vom Tisch und geht aus dem Zimmer. Catharina ist bereits kampfmüde, sie sehnt sich nach Ruhe und Versöhnung. Da naht ein von ihrem Gatten geschickter Schneider mit kostbaren Dingen. Aber Petruchio verwirft die von Catharina ausgesuchten Kleider, Häubchen und Spitzen, er bezahlt den empörten Schneider mit einem Beutel Zechinen und jagt ihn davon. Als Petruchio dann am hellichten Tag Catharina zu einem Spaziergang im Mondenschein auffordert und diese ergebungsvoll nickend den Mondschein sieht, erklärt er endlich die Prüfung für beendet. Die Liebe hat gesiegt. Gleich darauf fahren drei Wagen vor, denen Baptista und das neuvermählte Paar Bianca-Lucentio entsteigen sowie Hortensio mit Gattin, der sich für den Verlust Biancas rasch anderweitig zu trösten wußte. Mit Staunen bemerken die Angekommenen Catharinas Umwandlung. Petruchio ruft schleunigst Gäste herbei, und in einem fröhlichen Fest wird nachträglich Hochzeit gefeiert, wobei Petruchio sich glücklich bekennt und Catharina ihn als den Erneuerer ihres Lebens preist.

Stilistische Stellung: Mit Recht ist Goetz' ›Widerspenstige‹ in der künstlerischen Bewertung Peter Cornelius' ›Barbier von Bagdad‹ gleichgestellt worden. Die Einheitlichkeit von Text und Musik bildet auch bei dem musikalischen Lustspiel von Goetz ein hervorstechendes Aktivum, wobei besonders wohltuend die sprachliche und deklamatorische Sauberkeit auffällt. Einem zarten Pastell vergleichbar, wirkt das Werk in seiner Lyrik vielleicht noch ätherischer, in seiner Komik noch feiner als der ›Barbier‹. Goetz' künstlerisches Vorbild war Mozart, auch auf dem Gebiet des musikalischen Theaters; der Einfluß der Romantiker und Richard Wagners macht sich dagegen nur in gelegentlichen melodischen oder harmonischen Wendungen bemerkbar. Dementsprechend waren ihm »die geschlossenen Formen ästhetisches Bedürfnis, auch innerhalb der lebendigsten Handlung«. So ist die Anlage der Szenen, die jeweils durch musikalische Zäsuren abgeschlossen sind und die dennoch pausenlos ineinandergehen, streng symmetrisch. Den Grundstock stellen geschlossene Gebilde dar, die von orchesterbegleiteten Rezitativen oder von freieren musikalischen Dialogpartien eingerahmt werden. Die Melodik ist, insbesondere bei den lyrischen Stellen, zart und duftig; Personen und Situationen werden bisweilen durch prägnante Motive charakterisiert, die dann leitmotivartig wiederkehren. Die Eigenart des Komponisten offenbart sich in einem gepflegten und wohlklingenden Satz, in einer gewählten und aparten Harmonik sowie in einem dezenten und dennoch witzigen musikalischen Humor; von billigen Effekten ist nichts in der Partitur zu finden. Die Instrumentierung ist freilich etwas farblos und an manchen Stellen auch zu dickflüssig. Die Ouvertüre gewährt eine kurze Inhaltsangabe des Folgenden in Tönen: Zunächst treten sich die beiden Trutz-Themen Catharinas und Petruchios gegenüber, die sich dann in einem Durchführungsteil gegenseitig bekämpfen, bis schließlich das Motiv von Catharinas Überwindung strahlend das gute Ende des Spiels verrät. Den Schlußchor der Oper hat Goetz aus seinem Singspiel ›Die Heiligen drei Könige‹ übernommen.

TEXTDICHTUNG: Das Libretto verfaßte der Schweizer Theologe und Dichter Josef Viktor Widmann (1842–1912) unter Zugrundelegung des gleichnamigen Lustspiels von William Shakespeare. Die ursprünglich dreiaktige Anlage der Operndichtung wurde auf Veranlassung des Komponisten auf vier Akte erweitert. Auch sonst beteiligte sich Goetz an der Ausgestaltung des Textes rege; von den insgesamt 1345 Versen steuerte er allein 480 bei. Der Münchner Dichter Paul Heyse gab, von Goetz um Rat befragt, ebenfalls einige Anregungen. Gegenüber der Vorlage idealisierten die Autoren vor allem die beiden Hauptfiguren Catharina und Petruchio, die ihnen in der derb-realistischen Charakterzeichnung Shakespeares für den verfeinerten neuzeitlichen Geschmack nicht tragbar erschienen. Sonst gestaltete Widmann das Buch in engem Anschluß an Shakespeare, wobei er allerdings das Geschehen straffte und dadurch auch auf eine Reihe von Personen verzichten konnte. Trotzdem war, wie es sich später herausstellte, die Anlage des Werkes noch zu breit geraten, was schon während der Vertonung und auch noch vor der Uraufführung verschiedene Kürzungen nötig machte.

GESCHICHTLICHES: Nach dem glückhaften ersten Zusammenwirken bei einem kleinen Singspiel ›Die Heiligen drei Könige, ein pläsierlich Neujahrsspiel, in Reim und Töne gesetzt von Zween, die's gern taten‹ (aufgeführt am 6. Januar 1866 in Winterthur mit dem Komponisten am Klavier) planten Goetz und sein Freund, der Pfarrhelfer Josef Viktor Widmann eine Oper ›Parzival‹. Diese Idee wurde aber bald wieder fallen gelassen, und Widmann schrieb dafür ein Opernbuch ›Der Widerspenstigen Zähmung‹, das Goetz freudigst annahm, sollte doch dadurch sein lang gehegter Opernwunsch endlich in Erfüllung gehen. (Übrigens war der Stoff schon einmal zu einer Oper verarbeitet worden, und zwar von Lorenzo Da Ponte unter dem Titel ›La scuola dei maritati‹ [auch ›La capricciosa corretta‹], komponiert von Vicente Martín y Soler, 1795.) Am 8. März 1868 erhielt der Komponist den Plan des Librettos und die 1. Szene, am 28. April folgten der II. und der III. Akt. Im Lauf des Sommers wurde dann der Text unter Goetz' Mitarbeit endgültig fertiggestellt, und der Komponist begann Ende des gleichen Jahres noch mit der Vertonung, die in der glücklichen Zeit unmittelbar nach seiner Verheiratung zunächst rasche Fortschritte machte. Ostern 1870 war die Oper in der Skizze vollendet, die Partitur wurde am 10. Juni 1872 abgeschlossen. Hans von Bülow empfahl das Werk seines ehemaligen Schülers zunächst Intendant Hans von Bronsart (Hannover), dem Goetz in München seine Oper vorspielte; auch Hermann Levi erklärte sich zu einer Aufführung in München bereit, in beiden Fällen scheiterte jedoch die endgültige Annahme des Werkes an Besetzungsschwierigkeiten. Wieder durch Bülows Vermittlung unterbreitete daraufhin der Komponist seine Partitur dem Mannheimer Hofkapellmeister Ernst Frank, der die Aufführung der Oper durch seine begeisterte Empfehlung an den entscheidenden Mann des Theaterkomitees, August Scipio, Ende des Jahres 1873 durchsetzte. Nachdem die Ouvertüre bereits in einem Züricher Konzert unter Friedrich Hegar am 11. Februar 1873 erklungen war und der Komponist noch eine Reihe Änderungen an der Partitur vorgenommen hatte, erfolgte die Uraufführung der ›Widerspenstigen‹ am 11. Oktober 1874 am Nationaltheater zu Mannheim unter der Leitung von Ernst Frank. Der durchschlagende Erfolg führt noch im gleichen Jahr zur Annahme des Werkes in Wien und in Weimar; anschließend ging die Oper über zahlreiche weitere Bühnen und gelangte auch in England zur Aufführung.

Charles Gounod

* 17. Juni 1818 und † 18. Oktober 1893 in Paris

Le médecin malgré lui (Der Arzt wider Willen; 1858 Paris), T: nach Molière v. Jules Barbier u. Michel Carré, kO., V: Gallet; Neubearb. v. Emil Nikolaus v. Reznicek (1910 Berlin)

Margarethe (Faust; 1859 Paris), T: nach Johann Wolfgang v. Goethe v. J. Barbier u. M. Carré, V: Choudens, B & B; neue deutsche Textfassung v. Georg C. Winkler, V: B & B: Neuausg. v. Fritz Oeser u. Walter Zimmer, V: He (AE)
Philémon und Baucis (1860 Paris), T: J. Barbier u. M. Carré, V: A & S
Mireille (1864 Paris), T: nach Frédéric Mistral v. M. Carré, V: A & S
Roméo et Juliette (1867 Paris), T: nach William Shakespeare v. J. Barbier u. M. Carré, V: Choudens, Fürstner, Ricordi, A & S

Margarethe (Faust)

Oper in vier/fünf Akten. Dichtung von Jules Barbier und Michel Carré.

SOLISTEN: *Faust* (Jugendlicher Heldentenor, auch Lyrischer Tenor, gr. P.) – *Mephistopheles* (Schwerer Spielbaß, auch Seriöser Baß, auch Heldenbariton, gr. P.) – *Valentin* (Kavalierbariton, auch Lyrischer Bariton, m. P.) – *Wagner* [*Brander*] (Baß, kl. P.) – *Margarethe* (Dramatischer Koloratursopran, auch Jugendlich-dramatischer Sopran, gr. P.) – *Siebel* (Lyrischer Sopran, auch Lyrischer Tenor, auch Spieltenor, m. P.) – *Marthe Schwerdtlein* (Spielalt, m. P.).
CHOR: Studenten. Soldaten. Bürger. Mädchen und Frauen. Volk. Geistererscheinungen. Hexen und Gespenster. Dämonen. Engel (gr. Chp.).
BALLETT: II. Akt: Walzerszene; V. Akt: Walpurgisnacht (nur in der Grand Opéra-Fassung).
ORT: Die Handlung spielt in Deutschland.
SCHAUPLÄTZE: Fausts Studierzimmer – Vor einem Stadttor, links eine Herberge mit dem Schild »Zum Gott Bacchus« – Garten bei Margarethe, im Hintergrund Mauer mit Pforte, links Buschwerk, rechts ein Pavillon – Margarethens Zimmer – In der Kirche – Straße, rechts Margarethens Haus, links eine Kirche – Im Harzgebirge, bei geöffnetem Berg prachtvoller Palast – Brocken-Tal – Im Gefängnis.
ORCHESTER: 2 Fl., 1 Picc., 2 Ob., 2 Kl., 2 Fag., 4 Hr., 2 Trp., 3 Pos., 1 Bt., P., Schl., 2 Hrf., Str. – Bühnenmusik: Org., 1 Sopran-Saxhorn, 2 Cornetts in B, 2 Trp. in Es, 2 Altpos. in Es, 1 Tenorpos. in C, 1 Baßsaxhorn in B, 1 Kontrabaßsaxhorn in B.
GLIEDERUNG: Originalfassung: Vorspiel und geschlossene Nummern, verbunden durch Dialoge; Grand Opéra-Fassung: Vorspiel und durch Rezitative verbundene Musiknummern.
SPIELDAUER: Originalfassung etwa 2½ Stunden, Grand Opéra-Fassung etwa 3 Stunden.
HANDLUNG: Verzweifelt erhebt sich Faust, der die ganze Nacht hindurch wieder über seinen Folianten gesessen hat, mit den ersten Son-

nenstrahlen, die der anbrechende Morgen in seine Studierstube sendet. Trotz eifrigen Forschens ist es ihm nicht gelungen, den Nebel vor den Geheimnissen und Rätseln der Welt zu zerreißen. Bei seinem vorgerückten Alter ist er des Ringens nach Erkenntnissen müde geworden. Aber nur der Tod kann ihn von dem angeborenen Trieb nach Wissen befreien; er greift daher nach dem Giftbecher. In diesem Augenblick ertönt aus der Ferne der frohe Gesang junger Mädchen und der Landleute, die mit einem Lob auf Gott zu ihrer Arbeit ziehen. Die Nennung des Namens Gott erweckt in Faust neuen Unmut; er verflucht alles irdische Glück und ruft schließlich den Satan herbei. Dieser erscheint augenblicklich vor ihm in Gestalt eines Edelmannes und fragt ihn nach seinem Begehr; er bietet ihm seine Dienste an mit der Versicherung, daß er ihm alles verschaffen könnte, was sich sein Herz wünsche. Als Gegenleistung verlangt Mephisto die Unterzeichnung eines Paktes, wonach Faust im Jenseits ihm gehören solle. Faust hat nur einen Wunsch: die Wiedererlangung der Jugend mit ihrer Kraft, ihrer Hoffnungsfreudigkeit und ihrer Liebeslust. Mephisto zaubert ihm das Bild eines liebreizenden jungen Mädchens vor die Augen, worauf Faust berauscht den Vertrag unterschreibt. Nach dem Genuß eines Trankes, den ihm Mephisto reicht, verwandelt sich Faust in einen jungen, eleganten Junker. – An einem schönen Frühlingssonntag herrscht am Stadttor vor der Schenke ein lebhaftes Treiben von Jung und Alt. Der Soldat Valentin ist im Begriff, die Stadt zu verlassen; er betrachtet das geweihte Amulett, das ihm seine Schwester Margarethe zum Schutz in Gefahren mit auf den Weg gegeben hat. Studenten, an ihrer Spitze Siebel und Brander, versichern ihm, während seiner Abwesenheit Margarethe zu beschützen. Brander stimmt sodann ein fröhliches Lied an, da tritt plötzlich Mephisto dazwischen. Er ergötzt die lustige Gesellschaft mit dem Lied vom »Goldenen Kalb«; hierauf prophezeit er aus der Hand, und zwar Brander den baldigen Tod auf dem Schlachtfeld, Siebel, daß jede Blume, die er berührt, fortan verwelken werde, und Valentin ebenfalls den Tod in nicht allzu ferner Zeit. Als er gar aus dem als Kneipenschild dienenden Faß Wein hervorzaubert und höhnisch ein Hoch auf Margarethe ausstößt, gehen Valentin und die Studenten mit dem Degen gegen den Unheimlichen vor. Dabei zerbricht Valentins Schwert in der Luft. Beschwörend richten er und die Studenten den Schwertgriff im Zeichen des Kreuzes gegen Mephisto, der daraufhin bebend zurückweicht. Als sie sich entfernt haben, erscheint Faust. Er verlangt, daß Mephisto ihm das schöne Mädchen zuführen solle, das er ihm im Bild gezeigt hat. Während die Jugend mit dem Tanz beginnt, kommt Margarethe vorüber. Mephisto tritt Siebel, der Margarethe liebt und sie gerne sprechen möchte, in den Weg; inzwischen bietet ihr Faust sein Geleit an, was aber das Mädchen ablehnt. Faust ist von dem Liebreiz hingerissen, und Mephisto verspricht, ihm bald zum Ziel seiner Sehnsucht zu verhelfen. – Des Abends will Siebel

Margarethe einen kleinen Blumengruß übermitteln, aber jede Blume, die er pflückt, verwelkt sogleich. Erst als er seine Hand mit dem geweihten Wasser an der Tür von Margarethens Häuschen benetzt, weicht der Zauber. Da betreten Faust und Mephisto den Garten. Mephisto schafft eiligst ein Kästchen mit kostbaren Juwelen herbei und stellt es vor Margarethens Tür. Dann entfernt er sich mit Faust, weil Margarethe aus der Kirche zurückkommt. Nachdenklich singt sie das Lied vom »König in Thule«, während zwischendurch ihre Gedanken immer wieder abschweifen in Erinnerung an das heutige Erlebnis auf der Straße mit dem vornehmen fremden Herrn. Als sie ins Haus gehen will, bemerkt sie neben Siebels Blumensträußchen das Schmuckkästchen. Neugierig öffnet sie die Schatulle und legt den Schmuck an. Als sie sich in dem dabeiliegenden Spiegel betrachtet, wünscht sie unwillkürlich, daß der fremde Herr sie so sehen möchte. Da kommt eine Nachbarin, die geschwätzige Frau Marthe Schwerdtlein. Sie redet Margarethe zu, den Schmuck zu behalten. In diesem Augenblick kehren Faust und Mephisto zurück. Um Faust Gelegenheit zu bieten, sich Margarethen zu nähern, beschäftigt sich Mephisto mit Frau Marthe, der er die Nachricht vom Tod ihres Mannes überbringt und die sogleich mit dem Satan zu kokettieren beginnt. Beide Paare wandeln im Garten. Als Marthe Schwerdtlein immer zärtlicher wird, macht sich Mephisto plötzlich aus dem Staub; rufend und suchend läuft sie davon. Margarethe mahnt Faust, sie zu verlassen. Dämonisch beschwört nun Mephisto die Nacht, mit ihrem ganzen Liebeszauber das tugendsame Mädchen in ihren Bann zu ziehen. Aber Margarethe reißt sich schließlich aus Fausts Armen los. Ihrem innigen Flehen nachgebend, verläßt er sie, da tritt ihm Mephisto in den Weg, der ihn auffordert, noch zu lauschen, was sein Liebchen zu den Sternen spricht. »Geliebter komm!« ruft Margarethe sehnsüchtig aus dem geöffneten Fenster in die schwüle, von Blütenduft erfüllte Nacht hinaus. Faust stürzt in leidenschaftlicher Glut in ihre Arme und folgt ihr ins Haus, während Mephisto mit höhnischem Gelächter den Garten verläßt. – Margarethe ist von ihrem Geliebten verlassen worden; sie erwartet ein Kind. Ihre Umgebung höhnt und verachtet sie, nur Siebel steht ihr nach wie vor treu zur Seite. In der Kirche sucht sie Trost im Gebet. Aber Mephistos Stimme, die Stimme des Gewissens, hält ihr auch hier ihre Sünde anklagend vor; bewußtlos bricht sie schließlich unter Mephistos Fluch zusammen. – Aus dem Kriege zurückgekehrt, erfährt Valentin von der Schande seiner Schwester. Da naht Mephisto mit Faust, der reumütig zu der verlassenen Geliebten zurückzukehren beabsichtigt. Mit einem frivolen Ständchen begehrt Mephisto Einlaß. Aber anstelle von Margarethe erscheint Valentin, der den Verführer mit der Waffe zur Rechenschaft zieht. Unter Assistenz von Mephisto verwundet Faust Valentin tödlich, nachdem dieser das von Margarethe erhaltene schützende Amulett verächtlich weggeworfen hatte. Faust und Mephisto entfernen sich eilig, während die Nachbarn und schließlich auch Margarethe und Siebel sich um Valentin versammeln, der mit einem Fluch auf die Schwester stirbt. – Mephisto führt Faust zur Walpurgisnacht-Feier auf den Brocken im Harz, wo er die gespenstische Landschaft in einen üppigen, prächtig ausgestatteten Palast verzaubert. Hier erfreuen Faust sinnliche Genüsse aller Art, schöne Frauen, Wein, Gesang und Tanz. Aber plötzlich erscheint vor seinem Blick Margarethe, gefesselt und mit einem roten Ring um den Hals, gleich dem Schnitt eines Henkerbeils. Faust eilt davon, Mephisto mit sich ziehend. – Im Gefängnis wird Margarethe in der Nacht vor dem Tag, an dem sie wegen Ermordung ihres Kindes hingerichtet werden soll, von Fausts Stimme geweckt. Sie, die ihn immer noch liebt, ist entzückt über die Rückkehr des Freundes. Mit Hilfe Mephistos kann Faust Margarethe aus den Ketten befreien, doch muß sie ihm freiwillig folgen. Sie erinnert sich des vergangenen Glücks, hört aber nicht auf Fausts Drängen, mit ihm zu fliehen. Mephisto erscheint und mahnt zur Eile. Voll Angst bittet Margarethe den Geliebten, sie vor dem Bösen zu beschützen. Sie betet zum Himmel um Errettung ihrer armen Seele und stößt schließlich mit Abscheu Faust von sich. Auf Mephistos Ausruf »Gerichtet!« antwortet ein Engelchor »Gerettet!«, und während der Kerker versinkt, schwebt Margarethe in verklärter Gestalt, von Engeln umgeben, zum Himmel.

Stilistische Stellung: Gounods ›Faust‹ verdankt seine Weltberühmtheit nicht nur der Fülle schöner und eingängiger Melodien, sondern wohl auch zu einem Großteil dem geschickt angelegten Libretto, das in seinem Charakter ebenso typisch französisch ist wie die Musik. Die kluge Auswertung der verschiedenen Theaterwirkungen, wie sie das bunte Bühnengeschehen bietet, führte zu einer glücklichen Mischung der Stilelemente, woraus sich ein neuer Operntypus ergab: die Opéra lyrique, bei der das Lyrisch-Sentimentalische vorherrscht, daneben aber auch das Volkstümliche und der Humor zur Geltung kommen. Allerdings ist dieser Typus gerade bei Gounods ›Faust‹, der in vielem zur »Großen Oper« tendiert, noch nicht so rein ausgeprägt. Auch zur Berührung mit seinem ursprünglichen Schaffensgebiet, der Kirchenmusik, bot sich dem Komponisten bei ›Faust‹ Gelegenheit. Der gepflegte Satz zeugt von der gediegenen Bildung des Meisters, der neben Giovanni Pierluigi da Palestrina vor allem Mozart, Beethoven und Schumann eifrig studiert hat. Seine subtile Instrumentationskunst verdankt er wohl der Beschäftigung mit den Werken Hector Berlioz', denen er ebenfalls großes Interesse entgegenbrachte. Die Verflechtung von Dichtung und Musik wird in feinsinniger Weise durch Erinnerungsmotive sowie durch die Bezogenheit der Themen aufeinander erzielt. Die Musiknummern, denen das orchesterbegleitete dramatische Rezitativ eingebaut ist, stellen vielfach geschlossene musikalische Szenen dar. Der großen Anzahl der von Erfindungsreichtum strotzenden geschlossenen Gebilde (Valentins Gebet, das Lied vom Goldenen

Kalb, die Ballade vom König in Thule, die Juwelen-Arie, das Quartett und das Liebesduett im III. Akt, die Kirchenszene, Mephistos Ständchen, Valentins Tod, die Kerker-Szene) stehen auch einige schwächere Partien gegenüber (die beiden Szenen zu Anfang des IV. Aktes sowie die Walpurgisnacht). Dankbare Aufgaben sind Chor und Ballett zugeteilt (Volkschor im II. Akt, der Soldatenchor im IV. Akt; die Walzerszene im II. Akt sowie die große Ballett-Pantomime in der Walpurgisnacht-Szene). Die bei Aufführungen häufig vorgenommene Vorwegnahme der Straßenszene (IV. Akt) vor der Kirchenszene analog der Bilderfolge bei Goethe ist unrichtig, insbesondere wenn die beiden ersten Szenen des IV. Aktes gestrichen werden, da das Goethesche Szenarium zwei in der Oper fehlende Bilder vor der Straßenszene enthält, die die Kenntnis von Gretchens Bewußtsein ihrer Schuld und Schande als Voraussetzung für das Verständnis der Valentin-Szene vermitteln; auch ist der originale Aktschluß mit Valentins Tod musikalisch ungleich wirksamer.

TEXTDICHTUNG: Obwohl das von Jules Barbier (1822–1901) und Michel Carré (1819–1872) verfaßte Libretto den Vermerk »nach Goethe« trägt, besteht nur ein loser und äußerlicher Zusammenhang zwischen dem Opernbuch und dem erhabenen Werk des deutschen Dichters. Denn die Librettisten benützten die Goethesche Dichtung hauptsächlich als eine Art Geländer für die Erstellung ihres Szenariums. Sie behandelten unter Verzicht auf jede tiefsinnige philosophische Ausdeutung lediglich die Gretchen-Tragödie, deren Gestaltung in ihrer Theatralik und in der sentimentalischen Zeichnung der Charaktere (das deutsche »Gretchen« ist zum Beispiel etwas anderes als die französische »Marguerite«) typisch französisches Gepräge aufzeigt, während deutsche Wesenszüge (wie das Schwärmerische oder das Gefühlswarme) nur sporadisch und andeutungsweise in Erscheinung treten. In Deutschland hat sich daher mit Recht der treffendere Operntitel ›Margarethe‹ durchgesetzt. Die Partie des »Wagner« wird an den deutschen Bühnen gewöhnlich mit »Brander« bezeichnet. Die deutsche Textübersetzung stammt von Julia Behr. Neuere deutsche Textfassungen wurden von Georg C. Winkler sowie von Fritz Oeser und Walter Zimmer vorgelegt, die auch die Originalfassung erstmals wieder zugänglich machen.

GESCHICHTLICHES: In der stattlichen Reihe der musikdramatischen Bearbeitungen des Faust-Stoffes (u. a. von Louis Spohr, 1816; Arrigo Boito, 1868; Heinrich Zöllner, 1887; Ferruccio Busoni, 1925; Hermann Reutter, 1936) ist lediglich Gounods Meisterwerk ein dauerhafter Erfolg beschieden geblieben. Gounod, von Haus aus Kirchenkomponist, hatte mangels nötiger Bühnenerfahrung mit seinen ersten Opern wenig Erfolg. Sein dramatisches Talent kam erst zur vollen Entfaltung, als er im Jahre 1856 den versierten Theaterdichter Jules Barbier und dessen Mitarbeiter Michel Carré als Librettisten gewinnen konnte. Sie akzeptierten Gounods Vorschlag, nach Goethes ›Faust‹ eine Oper zu schreiben, mit dem sich der Komponist von Jugend auf beschäftigt hatte, und da Léon Carvalho (eigentlich Carvaille), der Direktor des Théâtre Lyrique, zusagte, diese Oper aufführen zu wollen, machten sich die Textdichter sogleich an die Arbeit. Das Werk war bereits zur Hälfte gediehen, als das Theater Porte-Saint-Martin die Aufführung eines Melodrams ›Faust‹ in großer szenischer Aufmachung herausbrachte. Carvalho zog daraufhin seine Zusage für Gounods Oper zurück und bot den Autoren an, als Ersatz dafür eine Oper nach Molières ›Le médecin malgré lui‹ aufführen zu wollen. Nachdem dieses Werk guten Erfolg (15. Januar 1858) und andererseits der ›Faust‹ bei Porte-Saint-Martin wenig Zuspruch gefunden hatte, entschloß sich Gounod, seinen ›Faust‹ zu vollenden. Die Partitur wurde am 1. Juli 1858 abgeschlossen. Die Proben begannen im September des gleichen Jahres, und am 19. März 1859 ging das Werk am Théâtre Lyrique zum ersten Mal in Szene; die Partie der Margarethe sang die Frau des Direktors, Caroline Carvalho, eine ausgezeichnete Sopranistin. Merkwürdigerweise wurde die Oper zunächst kühl und mit Zurückhaltung aufgenommen; sie erschien den französischen Opernfreunden als zu deutsch. Diese Einstellung änderte sich aber bald, und Gounods ›Faust‹ entwickelte sich zu einem Welterfolg. Zehn Jahre nach der Uraufführung nahm auch die Grand Opéra den ›Faust‹ in ihren Spielplan auf (mit der gefeierten Christine Nilsson als Margarethe und mit Jean Baptiste Faure als Mephisto). Gounod hatte hierfür das Werk, das erst im Stil der Opéra comique, also mit Dialog, gestaltet war, zu einer Volloper umgearbeitet und auch einige Änderungen und Ergänzungen an den musikalischen Nummern vorgenommen: so wurde zum Beispiel der aus einer unvollendet gebliebenen Oper (›Ivan le terrible‹) übernommene Soldatenchor im IV. Akt neu eingefügt und aus dem zweiten Thema des Vorspiels das in die Originalpartitur nicht aufgenommene Gebet Valentins gestaltet.

Mireille

Oper in fünf Akten nach einem Poem von Frédéric Mistral. Libretto von Michel Carré.

SOLISTEN: *Mireille,* Tochter des Ramon (Jugendlich-dramatischer Sopran, auch Lyrischer Sopran, gr. P.) – *Vincent,* Sohn des Ambroise (Lyrischer Tenor, auch Jugendlicher Heldentenor, gr. P.) – *Taven,* eine Hexe (Lyrischer Mezzosopran, auch Spielalt, m. P.) – *Ourrias,* Stierhüter (Kavalierbariton, gr. P.) – *Ramon,* ein reicher Pächter (Baßbariton, auch Seriöser Baß, gr. P.) – *Vincenette,* Schwester von Vincent (Lyrischer Sopran, auch Soubrette, m. P.) – *Clémence,* ein junges Mädchen aus Arles (Sopran, kl. P.) – *Ambroise,* ein Korbflechter (Baß, auch Baßbariton, m. P.) – *Der Fährmann* (Baß, kl. P.) – *Andreloun,* ein Schäfer (Kinderstimme, auch Mezzosopran, kl. P.) – *Eine Stimme von oben* (Sopran, kl. P.).

CHOR: Landleute. Seidenraupenzüchterinnen. Kameraden von Ourrias. Schnitter. Gläubige (gemischter Chor, gr. Chp.).

ORT: Provence, in der Nähe von Arles.

SCHAUPLÄTZE: Ein Maulbeerhain – Vor der Arena von Arles – Das Höllental – An der Rhone – Auf dem Hofe Ramons – Die Einöde von Crau – Die Kapelle in Saintes-Maries-de-la-Mer.

ZEIT: Mitte des 19. Jahrhunderts.

ORCHESTER: 2 Fl., Picc., 2 Ob., 2 Kl., 2 Fag. – 4 Hr., 2 Trp., 3 Pos., Tuba – P., Schl., Hrf. – Str. – Bühnenmusik: Trp., Org.

GLIEDERUNG: Vorspiel, durchkomponierte Großform.

SPIELDAUER: etwa 2¾ Stunden.

HANDLUNG: Am Morgen des Johannistages pflücken die Magnanarelles, die Seidenraupenzüchterinnen, in einem Maulbeerhain die für die Seidenraupen bestimmten Blätter. Die Mädchen singen. Da erscheint Taven, eine Zigeunerin, die in den Felsen des Höllentales lebt und von der man sagt, sie verstehe sich aufs Hexen. Sie schreitet durch die heitere Schar der Pflückerinnen und stellt, fatalistisch, deren Sorglosigkeit in Frage. Die Mädchen lachen, und Clémence, eine von ihnen, singt laut von ihrer Sehnsucht nach einem reichen Bräutigam. Mireille, die Tochter des reichen Pächters Ramon dagegen erklärt, sie würde denjenigen heiraten, der sie liebe, selbst wenn er arm und schüchtern sei. Die Pflückerinnen necken sie damit, zumal sie wissen, daß Mireille ihre Wahl schon getroffen hat: sie liebt Vincent, den Sohn des Korbflechters Ambroise. Als Mireille mit Taven allein ist, warnt die Alte sie vor den Schwierigkeiten, die aus arm und reich zu entstehen pflegen, verspricht ihr aber ihre Hilfe. Da erscheint Vincent und gesteht Mireille seine Liebe. Als die anderen Mädchen nach Mireille rufen, müssen sie sich trennen, versprechen einander aber, in der Kapelle von Saintes-Maries-de-la-Mer aufeinander zu warten, wenn je ein Unglück geschähe. – Am Nachmittag desselben Tages vor der Arena von Arles. Man tanzt die Farandole. Mireille und Vincent erscheinen; sie werden freudig begrüßt und aufgefordert, ein Lied vorzutragen. Sie singen die Geschichte von Magali, die sich, um ihrem Liebsten zu entfliehen, in einen Vogel verwandelt, sich aber schließlich selbst verliebt. Auch die alte Taven ist da; sie nimmt Mireille zur Seite und vertraut ihr an, daß sie Zeuge wurde, wie sich drei junge Leute – der Stierhirt Ourrias, der Schäfer Alari und der Roßhirt Pascal, um sie stritten. Mireille jedoch sagt zu sich selbst, nichts könne ihre Entscheidung für Vincent beeinflussen. Ourrias macht ihr im Vorübergehen Komplimente und will ihr seine ganze Verehrung zu verstehen geben, doch umsonst – sie weist ihn ab. Da erscheinen Ramon und Ambroise. Ambroise berichtet ihm, Vincent habe sich in ein reiches Mädchen verliebt. Dagegen gebe es Mittel, meint Ramon gelassen, und deutet auf seinen Stock. Als ihm Ambroise widerspricht, erinnert ihn Ramon an die Rechte des Familienvaters, dem die Herrschaft über alle Familienmitglieder zustehe und der früher sogar über Leben und Tod habe entscheiden können. Da hält Mireille nicht mehr an sich. »So töte mich«, ruft sie, »ich bin es, die er liebt«. Ramon ist bestürzt und will die Tochter zuerst verstoßen, doch dann befiehlt er ihr, zu bleiben. Vergebens appelliert Mireille unter Tränen an seine väterlichen Gefühle für sie und beschwört die Erinnerung an die verstorbene Mutter herauf; nichts will helfen, und auch Vincent, seine Schwester Vincenette und Ambroise vermögen nichts gegen den Starrsinn des Pächters. – Es ist Abend geworden. Ourrias und seine Freunde streifen durch das Höllental. Er will zu Taven, weil die Zigeunerin, wie man sagt, einen Zaubertrank brauen könne, der unglücklich Liebenden hilft. Die Freunde lassen ihn allein. Vor der Höhle der Alten trifft Ourrias auf Vincent: zunächst verspottet er den Korbflechter, doch dann reißt ihn Wut und Eifersucht mit, und mit seinem eisenbeschlagenen Stock schlägt er Vincent nieder. Entsetzt fürchtet er, er habe den Nebenbuhler erschlagen, und flieht. Taven hört einen Schrei und stürzt zu dem ohnmächtig daliegenden Vincent. Sie erkennt den fliehenden Ourrias und verflucht ihn. – Wie von Sinnen und von Gewissensbissen geplagt ist Ourrias bis ans Ufer der Rhone gelaufen. Erst als er merkt, daß alles um ihn ruhig ist, kommt er wieder zu sich. Er ruft nach dem Fährmann, doch nur das Echo scheint ihm zu antworten, und er hört seufzende Stimmen auf dem Wasser. Endlich erscheint der Fährmann mit dem Boot; und Ourrias drängt ihn zur Eile. Doch das Boot sinkt, und der Fährmann mahnt Ourrias an sein Verbrechen. Er ist verdammt zum Tode. – Auf dem Hof des Pächters sind die Schnitter um das Feuer versammelt und feiern das Johannisfest. Ramon aber ist schwermütig: er weiß, daß seine Weigerung Mireille das Herz gebrochen hat und daß er damit sich selbst den glücklichen Lebensabend, den er erhoffte, zerstört hat. Fern hört man Mireille das Lied der Magali singen. Ein Schäfer geht vorüber; Mireille wünscht, sie wäre so unbeschwert wie er. Als es dunkel geworden ist, schleicht sich Vincenette in Mireilles Kammer: sie berichtet ihr, daß der Bruder verwundet sei, aber lebe. Mireille entschließt sich, nach Saintes-Maries-de-la-Mer zu gehen, um für Vincent zu beten. – Über der Einöde von Crau steht die Sonne hoch am Himmel. Mireille, die seit dem Morgengrauen unterwegs ist, ist am Ende ihrer Kräfte. Vor dem schwierigsten Wegstück ruft sie Magelone an, die Heldin eines alten provenzalischen Epos. Die Sonne brennt herab, und Mireille schwinden die Sinne; sie glaubt, Jerusalem und das heilige Grab zu sehen. In der Ferne hört man den Schäfer. Mit letzter Kraft rafft sich Mireille auf und zieht weiter. –

In der Kapelle von Saintes-Maries-de-la-Mer singen die Pilger. Vincent kommt und sucht nach Mireille. Er fleht den Himmel um Schutz an. Schließlich kommt Mireille völlig erschöpft an; in Vincents Armen fällt sie in Ohnmacht. In der Kapelle singen die Gläubigen das »Lauda Sion Salvatorem«. Mireille kommt wieder zu sich, Vincenette ist mit Ramon herbeigeeilt, der ihr verzeihen will, doch es ist schon zu spät. In den Armen von Vincent stirbt Mireille; eine himmlische Stimme ruft sie.

Stilistische Stellung: Zu Recht halten viele Kenner die Oper ›Mireille‹ für den Höhepunkt in Gounods dramatischem Schaffen, auch wenn das Werk nie aus dem Schatten des ›Faust‹ getreten ist und außerhalb Frankreichs wenig bekannt ist. In ›Mireille‹ hat Gounod den für seine primär lyrische Begabung passenden Stoff gefunden, und es ist ihm zudem gelungen, die mittelmeerische Atmosphäre der Provence in Klang und Farbe der Partitur einzufangen, wobei Anleihen an die provenzalische Folklore (etwa im »Lied der Magali«) deutlich werden, jedoch stets so umgewandelt sind, daß sie bruchlos in Gounods farbenreich-lyrischer Tonsprache aufgehen.

Textdichtung und Geschichtliches: Das Libretto zu ›Mireille‹ geht zurück auf die 1859 in provenzalischer Sprache erschienene Novelle ›Mirèio‹ des in der Sprache des »langue d'oc« schreibenden Frédéric Mistral. Gounod, der die Novelle 1862 kennenlernte, fragte den Dichter, ob er der Einrichtung eines Librettos zustimme. Darauf antwortete ihm Mistral: »Mich freut, daß Ihnen mein Töchterchen gefallen hat – dabei haben Sie es nur in meinen Versen gesehen. Aber kommen Sie nach Arles, nach Avignon und Saint-Rémy und schauen es sich an, wenn es sonntags aus der Vesper kommt: bei soviel Schönheit, Licht und Anmut werden Sie sehen, wie leicht und bezaubernd es ist, in diesem Land Seiten voller Poesie zu sammeln. Das heißt, Meister, daß die Provence und ich Sie im April erwarten.« Das Libretto richtete der erfahrene Michel Carré ein, und im Frühjahr 1863 fuhr Gounod für mehr als zwei Monate nach Saint-Rémy, wo er – in stetem Kontakt mit Mistral – die Oper in einem Zuge schrieb. Nach Paris zurückgekehrt, stellte er die Partitur im Spätsommer und Herbst 1863 fertig. Doch schon vor der Uraufführung gab es Probleme: Madame Carvalho, die schon die Margarethe im ›Faust‹ uraufgeführt hatte und die die Gattin des Direktors des Théâtre Lyrique war, erwies sich als unfähig, die Anforderungen der Partie zu bewältigen; die Uraufführung am 19. März 1864 war wenig erfolgreich, das Werk wurde bald abgesetzt. Der Realismus der Handlung, die Rezitative und das tragische Ende der Heldin verunsicherten die Opernbesucher. So sah sich Gounod gezwungen, gegen seinen Willen das Werk umzuarbeiten; er strich die Oper auf drei Akte zusammen, fügte – auf Wunsch von Madame Carvalho – eine brillante Walzer-Arie der Titelheldin ein und ließ das Werk – das nun auch Dialoge aufwies – glücklich enden. Doch auch diese Entstellung des Werkes sorgte nicht für den gewünschten Erfolg. Bis ins 20. Jahrhundert hinein experimentierte man an diesem Werk herum, bis 1939 Gounods Schüler Henri Busser die zum Teil in der Partitur verlorene Originalfassung wiederherstellte. Heute hat sich das Werk in Frankreich (zumal in den regelmäßigen Aufführungen bei den Festspielen in Aix-en-Provence) in dieser fünfaktigen Fassung durchgesetzt. Außerhalb Frankreichs ist ›Mireille‹ seltener zu hören. Zwar wurde das Werk schon im Juli 1864 in London gespielt, nach Wien kam es aber erst 1876 und nach Deutschland erst 1893 in Berlin (in französischer Sprache) und 1903 in Bremen (in deutscher Sprache). Die hohen musikalischen Qualitäten der Partitur und die Poesie des Sujets sollten ›Mireille‹ aber auch auf deutschen Bühnen heimisch machen können.

W. K.

Joseph Haas

* 19. März 1879 in Maihingen (Bayern), † 30. März 1960 in München

Tobias Wunderlich, op. 90 (1937 Kassel), T: nach Hermann Heinz Ortner v. Ludwig Andersen, V: Schott

Die Hochzeit des Jobs, op. 93 (1944 Dresden), T: L. Andersen, kO., V: Schott

Tobias Wunderlich

Oper in drei Aufzügen. Dichtung nach Hermann Heinz Ortner von Ludwig Andersen.

Solisten: *Tobias Wunderlich,* Holzschuhmacher (Charakterbariton, auch Heldenbariton, gr. P.) – *Die heilige Barbara* (Jugendlich-dramatischer Sopran, auch Lyrischer Sopran, gr. P.) – *Die Zigeunerbarbara* (Dramatischer Mezzosopran, auch Spielalt, m. P.) – *Der Bürgermeister* (Baß, m. P.) – *Fink* (Spieltenor, m. P.) und *Wurm* (Spielbaß, m. P.), Gemeinderäte – *Der Gemeindeschreiber* (Spielbariton, auch Spielbaß, m. P.) – *Mister Brown* (Baß, kl. P.) und *Rosenzweig* (Tenor, auch Bariton, kl. P.), Kunsthändler – *Der Mesner* (Sprechrolle, kl. P.).

Chor: Ortsbewohner. Wallfahrer. Musikanten (im 5. Bild Chor geteilt in Ortsbewohner und Wallfahrer; m. Chp.).

Ort: Spielt irgendwo in den deutschen Alpenländern.

Schauplätze: In der Kirche – Gemeindestube – Stube bei Tobias – Gemeindestube – Platz vor der Kirche, rechts und links Wallfahrtsverkaufsstände, in der Mitte ein Brunnen, auf der einen Seite eine Wirtschaft, durch Lauben verdeckt – Stube bei Tobias.

ORCHESTER: 2 Fl. (II. auch Picc.), 2 Ob., 2 Kl., 2 Fag., 4 Hr., 2 Trp., 3 Pos., 1 Bt., P., Schl., Hrf., Str. – Bühnenmusik: 2 Trp., 2 Hr., 1 Bt., Schl., Org.

GLIEDERUNG: Durchkomponierte musikdramatische Großform.

SPIELDAUER: etwa 2¾ Stunden.

HANDLUNG: In der Kirche eines Alpendorfes liegt ein junges Mädchen, das von den Ortsbewohnern »Zigeunerbarbara« genannt wird, betend vor der Statue der heiligen Barbara auf den Knien. Sie war von durchziehenden Zigeunern in dem Dorf zurückgelassen worden und fleht nun die Heilige an, sie wieder in ihre Heimat zurückzuführen. Da naht, eifrig disputierend, der Gemeinderat Fink mit dem Kunsthändler Rosenzweig. Die Statue der heiligen Barbara, das Kunstwerk eines alten unbekannten Meisters, soll nämlich auf Gemeinderatsbeschluß heute versteigert werden. Als auch der Bürgermeister mit einem weiteren Interessenten, dem Amerikaner Mister Brown, erschienen ist, beginnt die Versteigerung. Brown steigert schließlich bis auf eine halbe Million. Als eben der Gemeinderat Wurm ihm den Zuschlag erteilen will, stürzt der Holzschuhmacher Tobias Wunderlich herein und gebietet energisch dem Schacher Halt, der hier mit einer Heiligen getrieben wird. Sein Einspruch findet aber kein Gehör; Mister Brown unterschreibt den Scheck und erhält die Figur zugesprochen. Nachdem alle die Kirche verlassen haben, nimmt Tobias unter Tränen von der Heiligen Abschied. Da belebt sich plötzlich die Figur; sie spricht Tobias an und bittet ihn, ihr beim Heruntersteigen vom Altar behilflich zu sein. Dann erzählt sie ihm, daß sie einst in dieser Gegend zu Hause war und Elisabeth Velbacherin heiße; ihr Herr und Meister, bei dem sie im Dienst stand, habe sie damals in Lindenholz geschnitzt. Sie will nun Tobias, wie einst ihrem Meister, als Magd dienen und sie folgt ihm in sein Haus. – Der Gemeindeschreiber vertreibt sich in der Amtsstube die Zeit mit Singen eines fröhlichen Liedes. Da stürmen aufgeregt der Bürgermeister und die Gemeinderäte Fink und Wurm herein. Sie sind über das plötzliche Verschwinden der Heiligenfigur verschiedener Meinung. Während Fink an ein Wunder glaubt, ist Wurm der Ansicht, daß es sich um einen Diebstahl handle, was ein auf den Altarstufen gefundenes rotes Schnupftuch mit weißen Tupfen beweise. Plötzlich fällt Fink ein, zwei solche Tücher in seinem Laden verkauft zu haben; er erinnert sich aber nur mehr des einen Käufers, der Zigeunerbarbara. Während diese von dem Gemeindeschreiber herbeigeholt wird, kommt Mister Brown und verlangt seinen Scheck zurück. Der nüchterne Amerikaner glaubt nicht an Wunder, er entfernt sich daher eilig, um telefonisch den Scheck bei seiner Bank sperren zu lassen. Die Gemeinderäte machen sich über ihn lustig, denn der Bürgermeister hatte bereits vorsorglich die Telefonleitung unterbrechen lassen. Anschließend führt der Gemeindeschreiber die Zigeunerbarbara vor. Bei dem nun folgenden Verhör bleibt sie zunächst stumm. Vom Gemeindeschreiber zum Singen aufgefordert, verulkt sie den stupiden Bürgermeister und zieht schließlich triumphierend ihr eigenes Taschentuch hervor. Perplex geben die Gemeinderäte zu, auf der falschen Fährte gewesen zu sein. – Während Tobias mit einem fröhlichen Lied in seiner Werkstatt bei der Arbeit ist, tritt Barbara ein, die sich inzwischen ein Kleid seiner verstorbenen Schwester angelegt hat. Sie erzählt ihm von ihrem berühmten, verehrten Meister. In Ekstase kniet Tobias vor ihr nieder, er verehrt in ihr seine Heilige, die in ihm künstlerische Kräfte weckt. Spontan fordert Barbara ihn auf, sie auch in Holz zu schnitzen. Tobias erhebt sich begeistert, um sogleich Lindenholz zu holen. Kaum ist er fort, erscheint der Gemeindeschreiber, um die Gemeindeumlagen einzuheben. Die Magd gefällt ihm, und er lädt sie ein, mit ihm am Sonntag zum Tanzen zu gehen. Als er sie gar küssen will, tritt Tobias dazwischen und weist dem Zudringlichen die Tür. Tobias will sich sogleich an die Arbeit machen, aber Barbara nimmt ihm, bevor sie den Bund mit ihm eingeht, das Versprechen ab, niemandem zu verraten, wer sie sei und woher sie komme; sonst dürfe sie nicht mehr bei ihm bleiben. – Tobias wird mit Barbara vor den Gemeinderat zitiert, da Fink inzwischen eingefallen war, daß er das andere Taschentuch an den Holzschuhmacher verkauft hatte. Als der Bürgermeister im Verlauf des Verhörs die Magd eines liederlichen Lebenswandels zeiht und beide als Diebe abführen lassen will, verrät Tobias in aufflammendem Zorn das Geheimnis seiner Heiligen. Im gleichen Augenblick ist es dunkel geworden; nur um Barbara leuchtet ein überirdischer Schein, der allmählich schwindet. Als es wieder hell geworden ist, ist Barbara verschwunden. Die Glocken der Kirche läuten, und aufgeregt kommt der Mesner hereingestürzt und berichtet, daß die heilige Barbara wieder auf ihrem Platz am Altar stehe. Neugierig laufen alle nach der Kirche, während Tobias verzweifelt allein zurückbleibt. – Auf das Wunder hin ist das Dorf zu einem berühmten Wallfahrtsort geworden. Vergeblich macht Mister Brown sein Recht auf die Figur geltend; der Bürgermeister hat inzwischen ein Ausfuhrverbot für die wundertätige Heilige erwirkt. Mit Empörung verurteilt Tobias in aller Öffentlichkeit das unwürdige, geschäftstüchtige Treiben der Dorfbewohner. Da sucht der Gemeindeschreiber ihn mit dem lauten Einsatz der Musikanten zum Schweigen zu bringen. Aber Tobias läßt sich nicht irritieren, und auch die frommen Wallfahrer nehmen für ihn Partei. Verzückt preist ihn die Zigeunerbarbara als einen Heiligen, dem sie nunmehr folgen wolle, worauf der Gemeindeschreiber boshaft ausruft: »Der heilige Tobias hat einen neuen Schatz!« – Tobias hat seine Statue vollendet. Die Zigeunerbarbara erscheint in der Werkstatt mit Blumen für den Meister; sie schmückt damit die Figur und bietet Tobias als Ersatz für die Blumen ihr Taschentuch zum Geschenk, das er schließlich verlegen annimmt, als sie ihm erklärt, es drohe einem Zigeunerkind der Tod, wenn sein in Liebe gereichtes Geschenk abgewiesen würde. Tobias ist ein berühmter Mann geworden. Der Bürgermeister und sein Gemeinderat kommen mit Musik, um ihm die Ehrenbürgerurkunde zu überreichen. Er lehnt aber ab, weil eine solche Ehrung, wie er erklärt, für beide Teile eine Lüge wäre. Wütend schimpft ihn der Bürgermeister einen Narren und zieht mit seinen Leuten ab. Tobias ist endlich mit seiner Heiligen allein. Er gedenkt der schönen Stunden, als Barbara noch bei ihm war, und schläft am Tisch ein. Da wird die Figur plötzlich lebendig; sie steigt von dem Sockel und richtet das Abendessen, und als Tobias erwacht, bittet ihn Barbara mit einer abwehrenden Geste, sie nicht nach dem geheimnisvollen Wunder zu fragen. Nach dem gemeinsamen Vaterunser geht die Heilige auf das Postament zurück und erstarrt wieder zur Statue, während Tobias am Tisch eingeschlafen ist.

STILISTISCHE STELLUNG: Joseph Haas wurde einmal sehr treffend als »Joseph II.« bezeichnet, womit die geistige Verwandtschaft des Komponisten mit dem großen klassischen Meister der volksnahen Melodik und des musikalischen Humors, Joseph Haydn, zum Ausdruck gebracht werden sollte. Die musikalische Welt lernte in Haas bei seiner ersten Oper ›Tobias Wunderlich‹ einen feinsinnigen Musikdramatiker kennen, der einen gesunden Instinkt für das Wesen des musikalischen Theaters offenbarte und der in klaren Linien die Personen und die jeweiligen Situationen musikalisch eindringlich zu zeichnen vermochte. Die Verbindung von frischem Humor und innerer Gefühlswärme, die abwechslungsweise der Handlung entsprechend dominieren, zeichnet den ›Tobias Wunderlich‹ als Typus der modernen deutschen Volksoper ab. Einige prägnante Themen werden im Sinne von Erinnerungsmotiven behandelt und kehren im Verlauf der Oper immer wieder. Geschlossene Formen und Gebilde überwiegen und wechseln mit freieren, zum Teil rezitativischen Partien ab. Die dezente Instrumentation fördert die Wortverständlichkeit.

TEXTDICHTUNG: Dem Opernbuch liegt das erste Stück einer Trilogie (›Tobias Wunderlich‹, ›Sebastianslegende‹ und ›Himmlische Hochzeit‹, 1928–1936) des österreichischen Bühnendichters Hermann Heinz Ortner (1895–1950) zugrunde, der mittelalterliche und barocke Legendenspiele in zeitgemäßer Form auf die Bühne brachte. Bei ›Tobias Wunderlich‹ wird das Geheimnis künstlerischen Schaffens auf das Einwirken transzendenter Kräfte, das heißt bei der tiefreligiösen Einstellung des Dichters auf die göttliche Begnadung zurückgeführt. Für die musikdramatische Gestaltung bearbeitete Ortners Schauspiel der Mainzer Verleger Dr. Ludwig Strecker unter dem Pseudonym Ludwig Andersen, der wiederholt als sachkundiger Verfasser von Operntexten hervorgetreten ist.

GESCHICHTLICHES: Die Oper ›Tobias Wunderlich‹ gelangte am 24. November 1937 am Staatstheater in Kassel zur erfolgreichen Uraufführung. Anschließend ging das Werk über zahlreiche weitere deutsche Bühnen.

GEORG FRIEDRICH HÄNDEL

* 23. Februar 1685 in Halle, † 14. April 1759 in London

Almira (1705 Hamburg), T: Friedrich Christian Feustking; Neubearb. v. Johann Nepomuk Fuchs (1879), V: Kistner

Agrippina (1709 Venedig), T: Vincenzo Grimani; Neubearb. v. Hellmuth Christian Wolff (1943), kO., V: BV

Rinaldo (1711 London), T: nach Aaron Hill v. Giacomo Rossi, V: Chrysander

Il pastor fido (1712 London), T: G. Rossi, umgearbeitet 1734, V: Chrysander; Neubearb. (Zusammenziehunge der beiden Fassungen) v. August Wenzinger (1948 Basel), V: BV

Teseo (Theseus; 1713 London), T: Nicola Francesco Haym; Neubearb. v. Rudolf Gerber (deutsche Textfassung v. Emilie Dahnk-Baroffio), V: BV

Amadigi (1715 London), T: John James Heidegger; Neubearb. v. Hans Dütschke (1929 Osnabrück), V: Dütschkes Erben, Berlin; v. Horst-Tanu Margraf (deutsche Textfassung v. Waldtraut Lewin), V: DVfM (BV)

Radamisto (1720 London); T: nach Domenico Lalli (= Sebastiano Biancardi) v. N. Fr. Haym; Neubearb. v. Josef Wenz (1927 Göttingen), V: Chrysander; v. H. Franz u. E. Martini (1937 Düsseldorf); freie Nachdichtung v. Heinz Rückert, V: DVfM (BV)

Floridante (1721 London), T: Paolo Antonio Rolli; Neubearb. v. Georg Gottfried Gervinus (1895), V: B & H

Ottone (1723 London); T: nach Stefano Benedetto Pallavicini v. N. Fr. Haym; Neubearb. v. Oskar Hagen als ›Otto u. Theophano‹ (1921 Göttingen), V: Chrysander; v. H.-T. Margraf, freie Nachdichtung v. H. Rückert, V: DVfM (BV)

Flavio (1723 London), T: N. Fr. Haym; Neuausg. v. John Merrill Knapp (deutsche Textfassung v. E. Dahnk-Baroffio), V: BV

Giulio Cesare (1724 London), T: nach Giacomo Francesco Bussani v. N. Fr. Haym; Neubearb. v. O. Hagen (1922 Göttingen), V: Peters, Aufführungsmaterial B & B; Neuausg. v. Frieder Zschoch (deutsche Textfassung v. E. Dahnk-Baroffio), V: BV (HHA = Hallische Händel-Ausgabe)

Tamerlano (1724 London), T: nach Agostino Piovene v. N. Fr. Haym; Neubearb. v. Herman Roth (1924 Karlsruhe), V: B & H

Rodelinda (1725 London), T: nach Antonio Salvi v. N. Fr. Haym; Neubearb. v. O. Hagen (1920 Göttingen), V: Peters, B & B; v. R. Gerber (1952 Göttingen) u. v. Fritz Lehmann (1958), V: BV

Scipio (1726 London), T: P. A. Rolli, V: DVfM (BV)

Admeto (1727 London), T: nach Aurelio Aureli u. Ortensio Mauro; Neubearb. v. H. Dütschke (1925 Braunschweig), V: Chrysander

Riccardo Primo (1727 London), T: P. A. Rolli, deutsche Textfassung v. E. Dahnk-Baroffio, V: BV

Siroe (1728 London), T: nach Pietro Metastasio v. N. Fr. Haym; Neubearb. v. Ralph Meyer (1925 Gera)

Tolomeo (Ptolomäus; 1728 London), T: N. Fr. Haym; Neubearb. v. Anton Heilmann, V: Verlag für musikalische Kultur u. Wissenschaft Albert Küster, Hannover; deutsche Textfassung v. W. Lewin, V: DVfM (BV)

Parthenope (1730 London), T: Silvio Stampiglia; Neubearb. v. F. Lehmann (deutsche Textfassung v. E. Dahnk-Baroffio), V: BV

Poro (König Porus; 1731 London), T: P. Metastasio (›Alessandro nell'Indie‹ mit verkürzten Rezitativen); Neubearb. v. H. Dütschke (1928 Braunschweig), V: Dütschkes Erben; freie Nachdichtung v. H. Rückert, V: DVfM (BV)

Ezio (1732 London), T: P. Metastasio; Neuausg. v. F. Zschoch (deutsche Textfassung v. Herbert Koch u. H. Rückert), V: BV (HHA)

Orlando (Der rasende Roland; 1733 London), T: Grazio Braccioli; Neubearb. v. Hans Joachim Moser (1922 Halle), V: Chrysander; v. H.-T. Margraf, freie Nachdichtung v. W. Lewin, V: DVfM (BV)

Arianna (Ariadne; 1734 London), T: Francis Colman; Neubearb. v. F. Lehmann (deutsche Textfassung v. E. Dahnk-Baroffio), V: BV

Ariodante (1735 London), T: A. Salvi; Neubearb. v. Anton Rudolph (1926 Stuttgart), V: Chrysander; Neuausg. v. Walther Siegmund-Schultze (deutsche Textfassung v. E. Dahnk-Baroffio), V: BV (HHA)

Alcina (1735 London), T: Antonio Marchi; Neubearb. v. H. Roth, V: B & H; v. H. Rückert, V: DVfM (BV)

Arminio (Arminius und Thusnelda; 1737 London), T: A. Salvi; Neubearb. v. H. J. Moser u. Max Seiffert (1935 Leipzig), V: Chrysander

Serse (Xerxes oder der verliebte König; 1738 London), T: Nicolò Minato u. Christian Postel; Neubearb. v. O. Hagen (1924), kO., V: Peters, B & B; Neuausg. v. Rudolf Steglich, V: BV (HHA)

Deidamia (1741 London), T: P. A. Rolli; Neubearb. v. R. Steglich (1953 Halle), V: BV

Otto und Theophano (Ottone)

Oper in drei Aufzügen. Dichtung von Nicola Francesco Haym.

SOLISTEN: *Otto II.,* Deutscher Kaiser (Heldenbariton, gr. P.) – *Theophano,* Tochter des griechischen Kaisers Romanos II. (Dramatischer Koloratursopran, gr. P.) – *Emirenus,* Piratenführer, in Wirklichkeit Theophanos Bruder Basilios (Charakterbaß, auch Charakterbariton, m. P.) – *Gismunde,* Witwe Berengars, des Tyrannen von Rom (Dramatischer Mezzosopran, gr. P.) – *Adalbert,* ihr Sohn (Lyrischer Tenor, gr. P.) – *Mathilde,* Ottos Base (Dramatischer Alt, m. P.).

CHOR: Mannen und Frauen Gismundes, Ottos, Theophanos. Maurische Schiffer. Kriegsleute (kl. Chp.).

ORT: Gismundes Schloß bei Rom, am Tiber gelegen.

SCHAUPLÄTZE: Halle im Schloß, in der Mitte ein Thronsitz – Schloßtor – Hofartiger Raum, rechts ein turmartig ausgebauter Flügel des Schlosses mit Altan, zu dem eine Freitreppe hinaufführt und unter dem eine Tür in die unter der Erde gelegenen Verliese führt – Ein wilder Teil des Tiberufers – Halle wie zu Anfang.

ZEIT: Ende des 1. Jahrtausends n. Chr. (etwa 972).

ORCHESTER: Ob., Fag., Str., Continuo (1–2 Cemb., 1 Vcl.).

GLIEDERUNG: Ouvertüre und 27 Musiknummern, die durch Secco-Rezitative miteinander verbunden werden (Bearbeitung von Oskar Hagen).

SPIELDAUER: etwa 2¼ Stunden.

HANDLUNG: Gismunde, die Witwe des Tyrannen Berengar, betreibt mit allen Mitteln die Erlangung der römischen Krone für ihren Sohn Adalbert. Als die Nachricht eintrifft, daß die Piraten unter der Führung des Emirenus dem deutschen Kaiser Otto, dem rechtmäßigen Inhaber des Thrones, den Zutritt nach Rom streitig machen, betrachtet sie sich bereits am Ziel ihrer Wünsche. Adalbert hofft, mit der Krone gleichzeitig die Hand der schönen griechischen Prinzessin Theophano zu gewinnen, die eben eingetroffen ist, um dem Kaiser Otto vermählt zu werden. Er gibt sich bei dem feierlichen Empfang Theophano gegenüber als Otto aus. Die Prinzessin ist über den ihr wenig sympathischen Bräutigam enttäuscht, dessen Züge in keiner Weise mit dem Porträt auf dem Medaillon übereinstimmen, das ihr Otto zugesandt und auf Grund dessen sie Neigung zu dem Kaiser gefaßt hatte. Da tritt Gismunde bestürzt in den Saal. Es wurde ihr soeben die Kunde überbracht, daß die Römer dem Kaiser Otto huldigen und ihm widerstandslos die Tore öffnen. Sie fordert Adalbert auf, sofort zu den Waffen zu greifen und entweder den Eindringling zu besiegen oder zu fallen. – Nach der Überwindung Adalberts, den er zusammen mit dem Piratenführer Emirenus in den Kerker werfen läßt, nimmt Otto sogleich die Suche nach Theophano auf. Im Schloßhof stellt Mathilde, Ottos Base und Verlobte Adalberts, den treulosen Bräutigam, als er in das Verlies geführt wird. Er bereut jetzt sein Vergehen, worauf Mathildes Zorn schwindet. Sie berät mit Gismunde, wie Adalbert zu retten sei, und schlägt der Mutter vor, Otto kniefällig um Gnade zu bitten. Aber Gismunde lehnt eine derartige Erniedrigung empört ab. Mathildes inniges Flehen um Mitleid mit dem Geliebten läßt schließlich bei Gismunde das mütterliche Gefühl über Ehrgeiz und Verblendung obsiegen. Sie fleht zu Gott um Rettung des Kindes. Als dann Otto den Schloßhof betritt, wirft sich ihm Mathilde zu Füßen. Aber der Kaiser kennt keine Gnade für Adalbert. Wütend entfernt sich Mathilde mit der Verwünschung, daß ihm Theophano ebenso Unglück bringen möge, wie er Adalbert und ihr. In diesem Augenblick ist die Prinzessin auf dem Balkon erschienen; entzückt geht ihr Otto entgegen, aber er wird von ihr mit leichtem Hohn zurückgewiesen, weil er bereits jetzt vor ihren Augen mit anderen Frauen tändle. Der Kaiser ist von Theophanos Schönheit ebenso hingerissen wie von ihrem anmutigen Schmollen. Nachdem er sich wieder entfernt hat, steigen Adalbert und Emirenus aus dem Kerker, dessen Gitter sie mit einer von Gismunde und Mathilde heimlich zugesandten Feile erbrochen hatten. Emirenus eilt sogleich zum Ufer, um nach seinen Leuten Ausschau zu halten, während sich Adalbert schnell unter dem Balkon verbirgt, als Theophano heraustritt. Sie ruft die stille Nacht an, ihrer Sehnsucht Ruhe zu verschaffen. Inzwischen ist Emirenus zurückgekommen, um Adalbert zu holen. Ein Boot liegt zur Flucht bereit. Adalbert ergreift rasch Theophano und schleppt sie mit sich fort in die Barke. Als dann Gismunde und Mathilde zurückkommen, erkennen die beiden Frauen hochbeglückt im Mondenschein Adalbert auf dem sich vom Ufer entfernenden Schiff. Ein plötzlicher Sturm läßt aber das Boot nicht aufs hohe Meer gelangen. Während Adalbert auf Emirenus' Geheiß Umschau nach einer Fischerhütte hält, gibt sich dieser Theophano als ihr totgeglaubter Bruder Basilios zu erkennen, der sich als Erbe der griechischen Krone nur in der Verkleidung als Pirat vor den Nachstellungen des Tyrannen, Adalberts Vater, retten konnte. Dann läßt sich Emirenus mit Theophano und dem gefesselten Adalbert nach der Stadt zurückrudern. Hier übergibt er dem Kaiser Theophano, die Braut, und Adalbert, den Rebellen. Otto befiehlt den Schützen des Emirenus, Adalbert sogleich zu richten. Schützend stellt sich Gismunde vor den Sohn, und als auch Theophano um Adalberts Leben bittet, kann Otto nicht widerstehen. Er verzeiht dem Feind und schenkt ihm die Freiheit. Gismunde überreicht versöhnt Otto die Krone, während dieser beglückt die Geliebte in die Arme schließt.

Stilistische Stellung: Die Händelschen Opernlibretti sind alle mit den dramaturgischen Schwächen des Zeitstils behaftet: schablonenhafte Anlage, Unwahrscheinlichkeiten im Ablauf der Handlung, unmotivierte Auftritte, konventionelle Gefühle und Leidenschaften, marionettenhafte Charaktere. Dem Grundcharakter der neapolitanischen Oper als Musizieroper entsprechend, dominiert die Arie. Sie ist der Hauptträger des Ausdrucks der Affekte, während die dramatische Handlung in den Secco-Rezitativen abrollt. Eine Mittelstellung nimmt das bisweilen einer großen Arie vorangestellte orchesterbegleitete Rezitativ ein, das dramatische und rein musikalische Elemente in sich vereint. Eine weitere in den Händelschen Opern vorkommende Form ist das Kammerduett, das zwei gleichberechtigte Solostimmen sich über einer Baßmelodie in kunstvollen kontrapunktischen Verbindungen entfalten läßt. Es dient als konzertanter lyrischer Ruhepunkt und wird mit feinem Gefühl für die sensible Ausdeutung einer dramatischen Situation verwendet. Als Vorbild mag hier die unerreichte Meisterschaft Agostino Steffanis eingewirkt haben. Der Vielfalt der in den Arien ausgedeuteten Affekte entspricht eine große Reihe von Arientypen, deren Gegensätzlichkeit schon im Tempo in Erscheinung tritt: es werden hier alle Stufen von Grave und Adagio über Largo (was bei

Händel etwa unserem Andante entspricht) bis zum Presto berührt. In der formalen Anlage stehen neben freien ariosen Sätzen alte Tanzformen, wie Sarabande, Siciliano, Gavotte, Menuett, Gigue und andere. Die Aufeinanderfolge der einzelnen Arien ist keine willkürliche, sondern zeugt in der subtilen Abstimmung auf das dramatische Geschehen von einer weisen künstlerischen Planung. Diese Architektonik äußert sich auch in der Wahl der Tonarten. Weitere Kontrastwirkungen entstehen durch die charakteristische Melodik und Rhythmik. Das Orchester begleitet öfters nur mit einer bezifferten Baßmelodie (Continuo-Arien), die manchmal sogar mit der Singstimme unisono geht, bisweilen tritt auch ein konzertierendes Soloinstrument (z. B. Violoncello, Horn) hinzu. Den Grundstock des Orchesters bilden die Streicher mit dem die Füllstimmen interpretierenden und das Secco-Rezitativ stützenden Cembalo. Die stilistischen Eigenarten des konzertierenden Stils (Soli – Tutti) sind auch in den Opern Händels beibehalten. In Anpassung an die lokalen Bedingtheiten, die eine Verlegung des Schwergewichts auf den Sologesang erforderten, treten Ensembles weniger und der Chor so gut wie gar nicht in Erscheinung.

TEXTDICHTUNG: Händel hat nur wenige Libretti vertont, die eigens für ihn geschrieben worden waren. Im allgemeinen bediente er sich italienischer Operntexte, die aber für London umgearbeitet werden mußten, da das englische Publikum von den hochbezahlten Starsängern in erster Linie Arien zu hören wünschte. Die Bearbeitung erfolgte dementsprechend in der Weise, daß die Rezitative gekürzt und dafür eine Reihe Arien (meistens neun bis zehn) hinzugedichtet wurden. Einer der Hauptlibrettisten Händels war der vielseitige Nicola Francesco Haym (1679–1729); er war Orchestercellist, Librettist, Gesangslehrer sowie Sekretär der Academy und er trug durch den Vertrieb italienischer Partituren viel zur Verbreitung der italienischen Oper in London bei. Hayms ›Ottone‹ lag das Libretto ›Teofane‹ des italienischen Textdichters Stefano Benedetto Pallavicini, komponiert von Antonio Lotti (Dresden 1719), zugrunde. Das Stück vermittelt in freier Behandlung der historischen Tatsachen eine Episode aus der Zeit des Kampfes der Ottonen um die Macht in Italien; durch die Vermählung des jungen Kaisers Otto II. mit der griechischen Prinzessin Theophano war hierbei eine vorübergehende Befriedung eingetreten. – Oskar Hagen schuf in freier Nachdichtung eine deutsche Übersetzung des Librettos.

GESCHICHTLICHES: Händel vollendete die Partitur des ›Ottone‹ am 21. August 1722. Die Aufführung des Werkes stellte er zunächst noch zurück, da er erst das Eintreffen der hervorragenden Sopranistin Francesca Cuzzoni (gegen Weihnachten) abwarten mußte. Dann ging der ›Ottone‹ am 12. Januar 1723 am Haymarket-Theater in London zum ersten Mal in Szene, und zwar in einer Starbesetzung, bestehend aus den besten und teuersten Sängern der damaligen Zeit. Die unter der künstlerischen Leitung von Händel stehende Royal Academy of Music verfügte, insbesondere während der Glanzperiode von 1720 bis 1729, über sechs bis sieben prominente Gesangskräfte. Die Männerrollen wurden fast durchwegs von Kastraten, bisweilen auch von Sängerinnen (Altistinnen) dargestellt; nur ausnahmsweise, und dann nur für eine oder zwei Spielzeiten, war einmal ein Tenor (z. B. für den Bajazet in ›Tamerlano‹) oder ein Bassist (für kleine Partien) verpflichtet. Den Ottone sang der weltberühmte Kastrat Senesino (eigentlich Francesco Bernardi, Senesino genannt nach seiner Heimatstadt Siena), die Teofane die Cuzzoni, den Alberto der Altkastrat Gaetano Berenstadt, die Matilda Anastasia Robinson und die Gismonda Margherita Durastanti. Mit ›Ottone‹ hatte sich Händel nicht nur endgültig in London durchgesetzt, sondern das Werk war vielleicht der stärkste Opernerfolg des Meisters überhaupt. So nannte der englische Musikhistoriker Charles Burney die Melodien dieser Oper »die musikalische Sprache der Nation«, die »sprichwörtlich in einer Weise wie in den Gesellschaften die Bonmots eines witzigen Mannes« geworden seien. – Die von dem Göttinger Kunsthistoriker Oskar Hagen durch eine Aufführung von Händels ›Rodelinde‹ (1920) mit überraschendem Erfolg ins Leben gerufene Händelopern-Renaissance setzte der Bearbeiter mit einer textlichen und musikalischen Neueinrichtung des ›Ottone‹ unter dem Titel ›Otto und Theophano‹ erfolgreich fort, die ihre erste Aufführung am 5. Juli 1921 in Göttingen erfuhr. Das Werk ging anschließend über fast alle deutschen Bühnen. Heute liegt die Oper in einer Händels Original stärker verpflichteten Neuausgabe mit deutscher Textfassung von Heinz Rückert vor.

Julius Cäsar

Oper in drei Akten. Dichtung von Nicola Francesco Haym.

Solisten: Römer: *Gajus Julius Cäsar* (Seriöser Baß, auch Heldenbariton [Original: Altkastrat], gr. P.) – *Curio,* römischer Tribun (Charakterbaß, auch Bariton, kl. P.) – *Cornelia,* Gattin des Pompejus (Dramatischer Alt, gr. P.) – *Sextus Pompejus,* ihr Sohn (Lyrischer Mezzosopran, auch Lyrischer Tenor [Original: Soprankastrat], m. P.) – Ägypter: *Cleopatra,* Königin von Ägypten (Dramatischer Koloratursopran, auch Lyrischer Sopran, gr. P.) – *Ptolemäus,* ihr Bruder, König von Ägypten (Seriöser Baß, auch Baßbariton [Original: Altkastrat], m. P.) – *Achillas,* ägyptischer Feldherr, sein Berater (Bariton, auch Baß, m. P.) – *Nirenus,* Vertrauter der Cleopatra (Baß [Original: Altkastrat], kl. P.).
Mögliche Doppelbesetzung: Curio-Nirenus.
Chor: Römische und ägyptische Große. Krieger. Sklaven. Frauen der Cleopatra (kl. Chp.).

ORT: Der Schauplatz der Handlung ist Ägypten.
SCHAUPLÄTZE: Weite Ebene am Nil – Galerie im Palast des Ptolemäus – Grabmal des Pompejus im Lager Cäsars, Urne auf hohem, mit Waffen und Trophäen geschmücktem Sockel – Festsäle im Palast des Ptolemäus, vorderer Empfangsraum und viele rückwärtige Räume – Terrassen der Cleopatra, an Festräume anschließend – Gemach im Serail des Ptolemäus – Ebene am Meer – Das Innere des Zeltes des Ptolemäus in dessen Feldlager – Ebene am Nil.
ZEIT: Nach der Schlacht bei Pharsalus, 48 v. Chr.
ORCHESTER: Fl., 2 Ob. – 4 Hr., Trp. – Continuo (Cemb., Vcl., Kb., Fag.), Theorbe, Hrf. – Str.
GLIEDERUNG: Ouvertüre und 40 Musiknummern, die durch Secco-Rezitative miteinander verbunden sind.
SPIELDAUER: etwa 2¾ Stunden.
HANDLUNG: In einem triumphalen Empfang huldigen die Ägypter dem römischen Feldherrn und Staatsmann Julius Cäsar als Sieger in der Auseinandersetzung mit seinem politischen Gegner Pompejus, der bei Ptolemäus, dem König von Ägypten, Beistand gesucht hatte. Cornelia, die Gattin, und Sextus, der Sohn des Pompejus, bitten Cäsar, sich nunmehr mit seinem Gegner auszusöhnen, wozu dieser bereit ist. Er läßt Pompejus rufen, aber an dessen Stelle erscheint der ägyptische Feldherr Achillas, der Cäsar in einer Schüssel das abgeschlagene Haupt des von Ptolemäus meuchlings ermordeten Pompejus überreicht. Cäsar ist empört über die an einem Römer begangene Freveltat; er befiehlt, daß eine kostbare Urne die Asche verwahren solle; dem Mörder kündet er aber seine Strafe an, während Sextus seinerseits schwört, den Vater zu rächen. – Cleopatra, die Schwester des Königs Ptolemäus, erhebt als Erstgeborene Anspruch auf den Thron Ägyptens. Sie beschließt, Cäsars Herz zu umgarnen, und hofft, auf diese Weise zu ihrem Ziel zu gelangen. Andererseits bietet Achillas Ptolemäus an, um den Preis von Cornelias Hand Cäsar zu ermorden; Ptolemäus ist einverstanden. – An der Urne des Pompejus ergeht sich Cäsar in Betrachtungen über die Nichtigkeit des Daseins. In diesem Augenblick erscheint in einfacher Kleidung Cleopatra. Sie gibt vor, Lydia zu heißen und dem Gefolge Cleopatras anzugehören, und bittet Cäsar um Beistand gegen den brutalen Ptolemäus. Cäsar ist sogleich von ihrem Liebreiz hingerissen und verspricht seine Hilfe. Nachdem er sich entfernt hat, beauftragt Cleopatra ihren Vertrauten Nirenus, Cäsar abends in ihre Gemächer zu führen, wo sie ihm ein Liebesfest bereiten wolle. Dann erscheint in tiefer Trauer Cornelia vor der Urne. Als sie eben aus den Waffen am Sockel der Urne einen Dolch für die Rache an Ptolemäus nehmen will, kommt Sextus herbei, der die Durchführung der Vergeltung für sich beansprucht. – Am Abend bereitet Ptolemäus in seinem Palast zu Ehren Cäsars ein Fest; bei dieser Gelegenheit soll der römische Feldherr, ähnlich wie Pompejus, aus dem Hinterhalt ermor-

det werden. Cäsar ahnt jedoch die Gefahr und zieht sich lauernd zurück. Da tritt plötzlich Sextus mit Cornelia vor Ptolemäus, den er zum Zweikampf herausfordert. Er wird aber blitzschnell von ägyptischen Soldaten entwaffnet und auf Geheiß des Königs festgenommen; die schöne Cornelia wird von Ptolemäus zur Dienstleistung in seinem Serail gezwungen. – Inzwischen ist Cäsar zu Cleopatra geführt worden, die, nunmehr festlich gekleidet, aber immer noch in ihrem Inkognito, ihn mit der ganzen Macht ihrer strahlenden Erscheinung bezaubert. Aufgeregt kommt Nirenus zurück; er warnt Cäsar vor den ihm auflauernden ägyptischen Soldaten. Nun gibt sich Cleopatra Cäsar zu erkennen; sie will ihn selbst beschützen. Aber Cäsar kennt keine Furcht, er zieht sein Schwert und eilt hinweg. – Unterdessen hat sich Ptolemäus zu Cornelia begeben; er verlangt ihre Liebe, und als sie den Gattenmörder empört abweist, droht er ihr mit Gewalt. Da stürzt Sextus mit gezücktem Schwert herbei, und fast gleichzeitig kommt Achillas mit Soldaten. Man reicht Ptolemäus ein Schwert, und Achillas fordert ihn auf, sich sogleich zu seinen Truppen zu begeben. Cäsar, der Übermacht weichend, sei ins Meer gesprungen und wohl ertrunken, während gleichzeitig Cleopatra die römischen Soldaten alarmiert habe. Als dann Achillas für seine treuen Dienste von Ptolemäus die Hand Cornelias verlangt, die ihm dieser versprochen hatte, wird er von dem König barsch abgewiesen. Empört kündigt ihm darauf Achillas die Treue. – Cleopatra, die von Ptolemäus in Haft genommen worden ist, muß annehmen, daß Cäsar umgekommen sei, und glaubt schon ihre Sache verloren. Aber Cäsar ist glücklich den Fluten entronnen; erschöpft steht er am Ufer. Der Anblick des gewaltigen Meeres erweckt in ihm neuen Mut und neue Kraft. Da führt Sextus den tödlich verwundeten Achillas herbei, der jetzt gesteht, daß er es war, der den Mord an Pompejus angestiftet habe, weil er Cornelia liebte und sie besitzen wollte; sterbend übergibt er Sextus einen Siegelring; beim Vorzeigen dieses Ringes würden ihm hundert in der Nähe sich verborgen haltende Bewaffnete Gefolgschaft leisten. Cäsar hat die Unterredung belauscht; er zieht nun zusammen mit Sextus los, um mit Hilfe der Soldaten Cornelia und Cleopatra zu befreien. – In einem feierlichen Festakt setzt Cäsar Cleopatra die ägyptische Krone auf, während er Sextus, der Ptolemäus erschlagen und dadurch den Tod seines Vaters gerächt hatte, in seine Arme schließt und ihn zu seinem Freund erklärt.

STILISTISCHE STELLUNG: Gegenüber dem ein Jahr vorher entstandenen ›Ottone‹ erscheint bei ›Giulio Cesare‹ Händels musikdramatische Gestaltungsfähigkeit noch gesteigert. Dem heroischen Charakter und der pompösen Theatralik entsprechend wurde das Orchester um Flöte, Hörner, Trompeten und Harfe bereichert, wozu als besondere Delikatesse in der Verführungsszene der Cleopatra ein auf der Bühne placiertes Kammerorchester kommt. Die Partitur weist auch sonst eine große Anzahl musikalischer Perlen auf, wie die feinsinnig auf die Situation bezogene Arie des Cäsar mit dem konzertierenden Jagdhorn, das an die Ombraszenen-Tradition der alten venezianischen Oper anknüpfende Rezitativ Cäsars an der Urne des Pompejus, das stimmungsreiche Kammerduett Cornelia–Sextus sowie die verschiedenen charakteristischen Arien, unter denen besonders die ausdrucksvolle Arie der Cleopatra »Se pietà« hervorzuheben ist.

TEXTDICHTUNG: Bei ›Giulio Cesare‹ diente als Vorlage das gleichnamige venezianische Libretto von Francesco Bussani, das der vielseitige Nicola Francesco Haym (1679–1729) für Händel einrichtete. Die Opernhandlung bewegt sich auf einem historischen Hintergrund: Pompejus war nach der Schlacht von Pharsalus (48 v. Chr.) vor Cäsar, dem Sieger in dem Bürgerkrieg, nach Ägypten geflohen, wo er von Achillas, einem Vormund des minderjährigen Königs Ptolemäus XII. meuchlings erschlagen wurde. Bei seiner Ankunft in Ägypten wurde Cäsar das abgeschlagene Haupt des Pompejus als Zeichen der Unterwürfigkeit überreicht; Cäsar verurteilte aber die Bluttat an einem Römer schärfstens und schlug die Ägypter zur Sühne in dem darauffolgenden alexandrinischen Krieg vernichtend, wobei Ptolemäus und Achillas das Leben verloren. Anschließend erhob er die Schwester des Ptolemäus, die überaus schöne Cleopatra, die den römischen Feldherrn mit allem orientalischen Liebeszauber zu umbuhlen wußte, auf den Thron von Ägypten.

GESCHICHTLICHES: ›Giulio Cesare‹ entstand gegen Ende des Jahres 1723. Die Uraufführung erfolgte am 20. Februar 1724 am Haymarket-Theater in London, das unter der künstlerischen Leitung Händels über die besten und teuersten Sänger der damaligen Zeit verfügte. Die Titelrolle sang der hochberühmte Kastrat Senesino, die Cleopatra die nicht minder angesehene Primadonna Francesca Cuzzoni, den Tolomeo den Altkastrat Gaetano Berenstadt, den Sesto Margherita Durastanti und die Cornelia Anastasia Robinson. Der Göttinger Kunsthistoriker Oskar Hagen schuf eine textliche und musikalische Einrichtung für die deutsche Bühne, die der Praxis dienen soll und die den veränderten künstlerischen Anschauungen unserer Zeit Rechnung trägt. Die erste Aufführung dieser Fassung erfolgte am 5. Juli 1922 in Göttingen.

R. K.

Heute spielt man das Werk in der Regel in der von Walther Siegmund-Schultze herausgegebenen Ausgabe der Hallischen Händel-Ausgabe, da diese sich – bis auf einige Oktavversetzungen in den ursprünglich Kastraten zugedachten Partien – eng an Händels Autograph hält, während die ältere Fassung Oskar Hagens deutlich davon abweicht.

W. K.

Rodelinde

Oper in drei Akten. Dichtung von Nicola Francesco Haym.

SOLISTEN: *Rodelinde,* Königin der Langobarden und Gemahlin des Bertaridus (Dramatischer Koloratursopran, gr. P.) – *Bertaridus* (Alt, auch Heldenbariton [Original: Altkastrat], gr. P.) – *Grimwald,* Herzog von Benevent, Verlobter Hedwigs (Jugendlicher Heldentenor, gr. P.) – *Hedwig,* Erbin des Throns von Pavia, Schwester des Bertaridus (Dramatischer Alt, m. P.) – *Unulf,* Langobardischer Edler (Alt, auch Kavalierbariton [Original: Altkastrat], m. P.) – *Garibald,* Herzog von Turin (Charakterbaß, auch Charakterbariton, m. P.).
ORT: Der königliche Palast in Mailand.
SCHAUPLÄTZE: In Rodelindes Gemächern – Zypressenhain mit den Grabstätten der Langobardenkönige, darunter auch die neuaufgestellte Urne des Bertaridus – Saal – Park – Halle in den Gemächern Rodelindes – Halle – Stockfinsterer Kerker – Garten des königlichen Palastes.
ZEIT: etwa 11. Jahrhundert.
ORCHESTER: 2 Fl., 2 Ob., 2 Fag., Str., Cemb.
GLIEDERUNG: Ouvertüre und 36 musikalische Nummern, die durch Secco-Rezitative miteinander verbunden sind.
SPIELDAUER: etwa 2¾ Stunden.
HANDLUNG: Die Langobardenkönigin Rodelinde beweint ihren Gatten Bertaridus, der auf der Flucht nach Ungarn umgekommen ist, nachdem ihn der ehrgeizige Herzog Grimwald von Benevent seines Thrones beraubt hatte. Grimwald begnügt sich aber nicht mit der Königskrone allein, er will auch noch die Hand der schönen Rodelinde erlangen, obwohl er bereits mit Hedwig, der Schwester des Königs Bertaridus und Erbin des Throns von Pavia, verlobt ist. Rodelinde setzt jedoch Grimwalds Werben heftigen Widerstand entgegen. Herzog Garibald von Turin rät seinem Freund Grimwald, zunächst sein Verlöbnis mit Hedwig zu lösen. Er verfolgt dabei ein eigennütziges Ziel: sobald Hedwigs Hand frei ist, wird er selbst sie heiraten, um sich auf diese Weise auch noch des Throns von Pavia zu bemächtigen. – An den Grabstätten der Langobardenkönige liest der in Wirklichkeit gar nicht ums Leben gekommene König Bertaridus die Inschrift auf seiner Urne. Da erscheint Unulf, ein langobardischer Edelmann, der Bertaridus treu ergeben ist. Er beschwört seinen Herrn, sich vorerst verborgen zu halten. Auch die Königin, die sich soeben mit ihrem Söhnchen Flavius der Grabstätte nähert, soll noch nicht erfahren, daß er am Leben sei. Bertaridus und Unulf verstecken sich hinter den Zypressen und sind Zeuge, wie Rodelinde zärtlich die Urne küßt. Nur mit Mühe kann jedoch Unulf den König zurückhalten, als Garibald am Grab erscheint und Rodelinde droht, daß ihr Söhnchen sterben müsse, wenn sie nicht Grimwald die Hand reiche. Aus Angst um das Leben ihres Kindes

erklärt sie sich zur Ehe mit Grimwald bereit; allerdings, so fügt sie hinzu, werde sie von ihrem zukünftigen Gatten als Preis für ihre Einwilligung den Kopf des erpresserischen Garibald verlangen. Kaum hat sich Rodelinde entfernt, kommt Grimwald. Er fühlt sich bereits am Ziel seiner Wünsche und beruhigt Garibald mit der Versicherung, er wisse ihn zu schützen. Als die beiden weggegangen sind, stürzt Bertaridus verzweifelt aus seinem Versteck. Unulf glaubt, daß es nunmehr Zeit sei, Rodelinde von der Rückkehr des Gatten zu verständigen. Der König will jedoch erst nach der Vermählung Rodelindes mit Grimwald in Erscheinung treten, um sie dafür zu strafen, daß sie schon so kurze Zeit nach seinem vermeintlichen Tod sich mit einem anderen Mann getröstet habe. – Der intrigante Garibald läßt Hedwig gegenüber die Maske fallen: sobald er ihr Gatte sei, habe er als Schwager des verstorbenen Königs Bertaridus einen legalen Anspruch auf den Thron der Langobarden; er werde dann entsprechend handeln. Als er sich entfernt hat, erscheint Rodelinde mit Flavius. Hedwig warnt sie, ihr Herz an den falschen Grimwald zu verschenken, dem ihre, Hedwigs, Rache drohe. Aufgeregt kommt Grimwald mit Garibald und Unulf. Er will von Rodelinde selbst hören, daß sie der Vermählung mit ihm zustimme. Die Königin erklärt sich bereit, jedoch nur unter der Bedingung, daß Grimwald zuvor ihr Kind vor ihren Augen töte; denn sie könne niemals mit ihrem Sohn, dem rechtmäßigen König, gleichzeitig seinen Henker ans Herz drücken. Grimwalds wie auch Garibalds Pläne sind damit ins Wanken geraten. Unulf beeilt sich aber, dem betrübten Bertaridus die frohe Botschaft zu überbringen, daß Rodelinde ihm treu geblieben sei. – Im Park erkennt Hedwig ihren Bruder Bertaridus trotz seiner Verkleidung an der Stimme. Er erklärt seiner Schwester, daß er nur gekommen sei, um die Gattin und sein Kind aus den Händen des Tyrannen hinwegzuführen. Hedwig ist erleichtert, denn ihr Herz ist immer noch Grimwald zugetan. So verspricht sie dem Bruder ihre Hilfe zur Durchführung seines Vorhabens. Unulf führt Bertaridus zu Rodelinde. – Der König fällt der Gattin stürmisch in die Arme, nachdem er sie für seine Zweifel an ihrer Treue um Verzeihung gebeten hat. In diesem Augenblick kommt Grimwald. Er erkennt Bertaridus nicht und ist wütend, daß Rodelinde wegen eines geheimen Buhlen ihn zurückgewiesen hat. Aus Angst um das Leben des Gatten gibt Rodelinde selbst vor, daß der Mann nicht Bertaridus sei. Grimwald fordert die beiden auf, sich mit einem Kuß zu verabschieden, und läßt hierauf den vermeintlichen Fremden in einen stockfinsteren Kerker werfen. – Hedwig übergibt Unulf den Schlüssel zu einer Geheimtür, durch die er ihren Bruder aus dem Kerker in die Freiheit führen soll. – Mit einem Schwert, das Hedwig in das Verlies hinabgeworfen hat, verwundet Bertaridus den zu seiner Befreiung erschienenen Unulf, den er in der Dunkelheit für einen Schergen Grimwalds gehalten hat. Unulf veranlaßt den König, den ungarischen Überrock abzulegen und das Schwert mit sich zu nehmen. Daraufhin entfernen sich die beiden rasch durch den Geheimgang in den königlichen Park. Als anschließend Hedwig und Rodelinde den Kerker betreten und den Rock in einer Blutlache vorfinden, glauben sie, daß Grimwald den König ermordet und seine Leiche bereits weggeschafft hat. – Im Garten des königlichen Palastes versteckt sich Bertaridus, als er Grimwald herannahen sieht. Dieser legt sich, erschöpft von Eifersucht und Gewissensqualen, in den Schatten der Bäume zur Ruhe. An den Schlafenden schleicht sich Garibald heran und nimmt ihm das Schwert von der Seite, um ihn damit zu töten. In diesem Augenblick stürzt Bertaridus aus seinem Versteck und streckt den Verräter Garibald mit seinem Schwert nieder. Unulf führt Rodelinde, Flavius und Hedwig herbei. Grimwald erklärt seinem Lebensretter zu seinem Freund und gibt ihm dankerfüllt den Thron zurück; er ist bereit, Hedwig zur Gattin zu nehmen und sich mit ihrem Erbe, dem Herzogtum Pavia, begnügen zu wollen.

STILISTISCHE STELLUNG: Das stilistische Gepräge der ›Rodelinde‹-Partitur entspricht ganz dem Typus Händelscher Opernkunst, wie er auch bei den übrigen Werken der Ersten Akademie (1720–1728) anzutreffen ist (vgl. hierzu den Abschnitt Stilistische Stellung bei ›Otto und Theophano‹). In Sonderheit fällt bei ›Rodelinde‹ die weise architektonische Disposition dieser Arien-Oper auf, die außer dem als »Coro« bezeichneten Ensemble der Solisten in der Schlußszene nur ein einziges Kammerduett (Nr. 21) enthält. Es ist zu bewundern, wie der Meister durch seine großartige musikdramatische Charakterisierungskunst die Arienfolge farbig und abwechslungsreich zu gestalten wußte, so daß die unentwegte Aneinanderreihung des gleichen Formtypus weder ermüdend noch gar steril wirkt.

TEXTDICHTUNG: Das Libretto zu ›Rodelinde‹ schrieb Händels bewährter Textdichter Nicola Francesco Haym, der schon die Texte zu den vorangegangenen Meisteropern ›Radamisto‹, ›Ottone‹, ›Giulio Cesare‹ und ›Tamerlano‹ verfaßt hatte. Hayms Operndichtung geht auf das gleichnamige Stück von Antonio Salvi (Pratolino 1710) zurück, das eine Episode aus der Zeit der Machtkämpfe der langobardischen Fürsten behandelt. Die neue deutsche Textübertragung besorgte Emilie Dahnk-Baroffio.

GESCHICHTLICHES: ›Rodelinde‹ ist im Winter 1724/25 entstanden und wurde am 13. Februar 1725 am Haymarket-Theater in London unter der Leitung des Komponisten uraufgeführt. Die Besetzungsliste wies wiederum die teuersten Sänger der damaligen Zeit auf: die Sopranistin Francesca Cuzzoni (Rodelinde), die Kastraten Francesco Bernardi, genannt Senesino (Bertaridus) und Andrea Pacini (Unulf), die Altistin Anna Vincenza Dotti (Hedwig) und den Tenor Francesco Borosini (Grimwald). Der Göttinger Kunsthistoriker Oskar Hagen richtete im Jahre 1920 ›Rodelinde‹ textlich und musikalisch für die Bühnenpraxis unserer Zeit ein. Der ersten Aufführung dieser Fassung am 26. Juni 1920 als Veranstaltung des Göttinger Universitätsbundes war ein großer Erfolg beschieden, der eine Händelopern-Renaissance zur Folge hatte. Im Jahre 1951 legten Rudolf Gerber und Fritz Lehmann eine Neufassung des Werkes vor, die, abgesehen von der Umlegung der Kastratenpartien für Männerstimmen, sich eng an Händels Original anschließt.

Alcina

Oper in drei Akten. Text von Antonio Marchi.

SOLISTEN: *Alcina,* Zauberin (Lyrischer Koloratursopran, auch Lyrischer Sopran, gr. P.) – *Ruggiero* (Lyrischer Sopran, auch Lyrischer Mezzosopran, gr. P.*) – *Morgana,* Schwester Alcinas (Lyrischer Sopran, auch Soubrette, m. P.) – *Bradamante,* Braut des Ruggiero (Lyrischer Alt, gr. P.) – *Oronte,* Feldherr Alcinas (Lyrischer Tenor, m. P.) – *Melisso,* Vertrauter der Bradamante (Baßbariton, auch Baß, m. P.) – *Oberto,* Sohn des Astolfo (Lyrischer Sopran, m. P.)
* Wenn man die Hosenrolle vermeiden will, auch Lyrischer Tenor.
CHOR: Gefolge der Alcina. Opfer ihrer Zauberkünste (gemischter Chor, kl. Chp.).
BALLETT
ORT: Die Insel der Zauberin Alcina.
ZEIT: In sagenhafter Zeit.
ORCHESTER: 2 Fl., 2 Ob., 1 Fag. – 2 Hr. – Cemb. – Str.
GLIEDERUNG: Ouvertüre, durch Rezitative gegliederte Arien und Chöre.
SPIELDAUER: etwa 2½ Stunden.
HANDLUNG: Bradamante, die Braut des Ritters Ruggiero, ist auf der Suche nach ihrem verschwundenen Bräutigam gemeinsam mit ihrem Erzieher Melisso auf eine wilde Insel verschlagen worden, als ihr Schiff kenterte. Es ist die Insel der Zauberin Alcina, die alle, die in ihre Gewalt kommen, verzaubert: im günstigsten Fall in Liebessklaven, sonst in Tiere, Pflanzen oder Felsen. Morgana, die ein wenig kokette Schwester Alcinas, heißt die beiden Verirrten willkommen und verliebt sich auf den ersten Blick in Bradamante, die sich als Mann verkleidet hat. Mit einem Donnerschlag verwandelt sich die wüste Insel in einen blühenden Garten, und Alcina erscheint, umgeben von ihrem Hofstaat, und mit ihrem neuesten Liebhaber: Ruggiero. Sie beauftragt Ruggiero, den Fremden die Insel zu zeigen, und läßt sie allein. Bradamante und Melisso überschütten ihn mit Vorwürfen, doch der verzauberte Ruggiero weiß nur, daß er Alcina liebt, und hält Bradamante in

Männerkleidern für ihren Bruder Ricciardo. Schnell eilt er zu Alcina zurück. Der Knabe Oberto erscheint; er ist auf der Suche nach seinem Vater. Melisso vermutet zwar, Alcina habe ihn in ein Tier verwandelt, kann ihm aber nicht helfen. Kaum ist Oberto verschwunden, erscheint – voller Zorn – Oronte, der Feldherr Alcinas; er vermutet – nicht zu Unrecht – Bradamante-Ricciardo habe ihm die Liebe Morganas gestohlen. In ohnmächtiger Wut flüstert er Ruggiero ein, Alcina habe sich in Ricciardo verliebt, sei seiner überdrüssig und werde ihn alsbald in ein Tier verwandeln, wie sie dies mit abgelegten Liebhabern zu tun pflegt. Obwohl Alcina ihm ihre Liebe beteuert, glaubt Ruggiero den Einflüsterungen und wird seinerseits eifersüchtig auf Bradamante-Ricciardo; als sie sich ihm verzweifelt als seine Braut zu erkennen gibt, glaubt er ihr nicht. Morgana, die sich in Bradamante-Ricciardo verliebt hat, kommt, um ihn zu warnen: Alcina sei entschlossen, ihn/sie in ein Tier zu verwandeln, um Ruggieros Eifersucht zu besänftigen. Alcina wirbt noch einmal um Ruggieros verlorene Liebe. Tänze beschließen den Akt. – Ruggiero, der Alcina für untreu hält, liebt die Zauberin immer noch. Da tritt Melisso auf, in der Gestalt Atlantes, des alten Erziehers von Ruggiero. Er reicht ihm einen Zauberring. Als Ruggiero ihn überstreift, weicht Alcinas böser Zauber, der Garten verwandelt sich in eine Wüste, und Ruggiero wird vom Gedanken an die verlassene Bradamante überwältigt. Ruggiero und Melisso planen, von der Insel zu fliehen. Bradamante erscheint und gibt sich dem Bräutigam zu erkennen, doch dieser, immer noch verwirrt, hält dies für einen neuen Zaubertrick Alcinas und stößt die Braut von sich. Alcina bereitet sich vor, Bradamante in ein Tier zu verwandeln: im letzten Augenblick erscheint Morgana und hält sie auf, indem sie gesteht, Bradamante-Ricciardo liebe nicht Alcina, sondern sie, Morgana. Auch Ruggiero erscheint und erklärt, er sei von seiner Eifersucht geheilt und seiner Erwählten treu (doch diese sei, so spricht er für sich, nicht länger Alcina). Er bittet um Urlaub, weil er sich ablenken und auf die Jagd gehen will. Oberto erscheint zum zweiten Mal, wird aber von Alcina mit leeren Versprechungen abgewiesen. Da kommt Oronte und enthüllt den Verrat der Fremden; jetzt begreift Alcina, daß die Jagd nur ein Vorwand war, um zu den Waffen zu kommen; sie bricht verzweifelt zusammen. Morgana dagegen ist sich der Liebe Bradamante-Ricciardos sicher und verspottet den eifersüchtigen Oronte. Erst als sie Bradamante und Ruggiero zusammen beobachtet und entdeckt, daß Bradamante eine Frau ist, eilt sie zu Alcina und ruft die Schwester zur Rache auf. Ruggiero nimmt Abschied von den Schönheiten der Zauberinsel. Zerrissen von Rachedurst und Liebesschmerz, beschwört Alcina die Geister der Unterwelt, doch sie versagen ihr zum ersten Mal den Dienst: Alcinas echte Liebe zu Ruggiero hat die Zauberkraft zerstört. – Oronte hat nun den Spieß umgedreht und zeigt sich der reumütigen Morgana gegenüber störrisch. Ruggiero begegnet Alcina; als

sie ihn zur Rede stellen will, weist er sie ab. Alcina, nun ganz beleidigte Herrscherin, schwört ihm furchtbare Rache. Melisso, Bradamante und Ruggiero bereiten sich auf den Kampf mit dem Heer und den wilden Tieren Alcinas vor. Ruggieros Schild mit dem Medusenhaupt läßt alle Angriffe abprallen; Oronte muß seiner Herrin melden, daß die Fremden siegen und die Insel zu zerstören drohen. Noch einmal beklagt sie den Verlust ihrer Liebe und der Zauberkraft, als aber Oberto zum dritten Mal erscheint und nach seinem Vater fragt, erwacht ihre Bosheit. Sie hetzt einen Löwen auf den Knaben und befiehlt ihm, die Bestie zu töten. Doch als sich das Tier freundlich nähert, erkennt dieser seinen verzauberten Vater. – Als Bradamante und Ruggiero erscheinen, versucht Alcina ein letztes Mal, sie schmeichelnd zu betören, sie verspricht sogar, die verzauberten Tiere zu erlösen. Aber sie bittet umsonst: Ruggiero zerschlägt mit seinem Schwert Alcinas Zauberurne; Alcina, Morgana und Oronte versinken mit ihrem Zauberschloß, den Gärten und den Wäldern; und Tiere, Pflanzen und Felsen verwandeln sich zurück in Menschen, die ihre Freiheit und ihre Befreier mit Chören und Tänzen begrüßen und feiern.
STILISTISCHE STELLUNG: Händels Oper ›Alcina‹ entstand in einer Zeit größter wirtschaftlicher Schwierigkeiten: die Auseinandersetzungen mit der rivalisierenden »Opera of Nobility«, die ihm neben den berühmtesten Sängern auch den Librettisten abgeworben hatte, führten ebenso wie das Ausbleiben des bürgerlichen Publikums zur Existenzkrise seines Opernunternehmens. Doch dessen ungeachtet schuf er mit ›Alcina‹ auf ein eher schematisch-verwickeltes, konventionelles Textbuch ein musikdramatisches Werk, das in der Kunst der Personencharakterisierung, in der Individualität der Gestalten und ihrer anrührenden Leidenschaften weit alles übersteigt, was sonst um diese Zeit komponiert wurde, und darin bereits auf Gluck und Mozart vorausweist. Hinzu kommt, daß es dem Komponisten gelingt, von Station zu Station fortschreitend immer neue Charakterzüge zu enthüllen und so die Figuren glaubwürdig zu machen. Dies gilt in erster Linie für die liebende, auf Täuschung bauende und selbst getäuschte Alcina, die in Lieben und Hassen tragische Dimensionen gewinnt wie sonst kaum eine Frauengestalt Händels; dies gilt ebenso für Bradamante mit ihrem jugendlich-heroischen Opfermut wie auch für den zuerst schwankenden, dann Festigkeit gewinnenden Ruggiero, und auch die Nebenfiguren Morgana und Oronte sind, mit Anleihen an die Buffotöne Italiens, plastisch gezeichnet.
TEXTDICHTUNG: Das Libretto des sonst nicht in Erscheinung getretenen Antonio Marchi geht – wie zuvor schon die Texte zu ›Ariodante‹ und ›Orlando‹ – zurück auf eine Episode aus Ludovico Ariostos Versepos ›Orlando Furioso‹ und stützt sich zudem auf Antonio Fanzaglias Libretto ›L'isola di Alcina‹, das dieser 1728 für Riccardo Broschi verfaßt hatte. Das Libretto ist höchst schematisch in einer verwickelten

Intrigengeschichte und bleibt unpsychologisch-typenhaft; Gewicht gewinnt das Werk erst durch die Vertonung.
GESCHICHTLICHES: Händel schrieb ›Alcina‹ im Frühjahr 1735; die Uraufführung fand am 16. April 1735 im Covent Garden Theatre statt und hatte stürmischen Erfolg, der allerdings nicht lange anhielt. Die deutsche Erstaufführung fand bereits im Februar 1738 in Braunschweig statt. Dann jedoch blieb das Werk lange vergessen. 1869 erschien ›Alcina‹ als erste Oper in der alten Gesamtausgabe, 1928 wurde die Oper in Leipzig (in der Revision von Herman Roth) zum ersten Mal wieder szenisch realisiert.

W.K.

Xerxes

Oper in drei Akten. Dichtung nach Nicolò Minato und Christian Postel.

SOLISTEN: *Xerxes,* König von Persien (Sopran, auch Lyrischer Tenor, auch Jugendlicher Heldentenor [Original: Soprankastrat], gr. P.) – *Arsamenes,* sein Bruder (Sopran, auch Lyrischer Tenor, auch Lyrischer Bariton [Original: Soprankastrat], gr. P.) – *Amastris,* eine Königstochter, Xerxes' Braut (Dramatischer Alt, m. P.) – *Romilda* (Lyrischer Koloratursopran, auch Jugendlich-dramatischer Sopran, gr. P.) und *Atalanta* (Spielalt, auch Lyrischer Mezzosopran, auch Charaktersopran, m. P.), Töchter des Ariodates – *Ariodates,* Fürst und Feldhauptmann des Xerxes (Seriöser Baß, auch Charakterbaß, m. P.) – *Elviro,* Diener des Arsamenes (Spielbaß, gr. P.).
CHOR: Soldaten. Matrosen. Priester. Volk (kl. Chp.).
SCHAUPLÄTZE: Aussichtsterrasse am Rande eines prächtigen Gartens; inmitten eine Platane – Hof des Schlosses – Platz in der Stadt mit Säulenhalle – Lager des Xerxes am asiatischen Ufer der Dardanellen mit der Schiffsbrücke, die Asien mit Europa verbindet – Einsame Gegend nahe der Stadt – Galerie – Ein Waldstück im Park – Hellerleuchteter Festsaal. Im Hintergrund ein Sonnenbild mit einem Altar davor, auf dem das Opferfeuer brennt.
ZEIT: 481 v. Chr.
ORCHESTER: 2 Fl., 2 Ob., 2 Fag., 2 Hr., 1 Trp., Str., Cemb.
GLIEDERUNG: Ouvertüre und 50 musikalische Nummern, die durch Secco-Rezitative miteinander verbunden sind.
SPIELDAUER: etwa 2¾ Stunden.
HANDLUNG: Auf einer Aussichtsterrasse genießt der Perserkönig Xerxes im Schatten einer Platane die Ruhe der friedlichen Natur. Da naht der Bruder des Königs, Arsamenes, mit seinem Diener Elviro, um

seine geliebte Romilda zu sehen, die hier wohnt. Sie singt ein fröhliches Lied, das Xerxes bezaubert. Mit Schrecken vernimmt Arsamenes aus dem Mund des Bruders, daß dieser Romilda zu seiner Gattin machen möchte. Vergeblich weist er darauf hin, daß das Mädchen nur aus fürstlichem Geblüt und daher einem König nicht ebenbürtig sei. Xerxes begibt sich zu Romilda, um ihr selbst seine Liebe zu gestehen. Als Arsamenes, der in einem Versteck das Gespräch belauscht hat, dazwischentritt und sich weigert, von Romilda zu lassen, wird er von dem König sogleich in die Verbannung geschickt. Aber Romildas Herz hält Arsamenes die Treue. – Indessen ist Xerxes' Braut, die Königstochter Amastris, mit ihrem Schildknappen im Schloßhof erschienen. Sie trägt Männerkleidung und verbirgt sich, als gerade Ariodates, der Heerführer des Königs und Vater von Romilda und Atalanta, mit seinen Soldaten von einer siegreichen Schlacht zurückkommt. Zu ihrem Erstaunen entnimmt sie dem Gespräch, das Xerxes mit Ariodates führt, daß der König zum Dank für die Verdienste seines Feldherrn dessen Tochter Romilda zur Gattin nehmen werde. Empört tritt Amastris mit dem Ausruf »Lügner!« aus ihrem Versteck. Xerxes erkennt die Verkleidete nicht, die verlegen eine Ausrede vorbringt. Das Intrigenspiel nimmt nun seinen Anfang: Arsamenes beauftragt seinen Diener Elviro, Romilda einen Brief zu überbringen, Amastris schwört dem ungetreuen König Rache, während Atalanta ihrer Schwester Romilda gesteht, daß sie Arsamenes' Herz begehre. – Um nicht bei der Ausführung des Auftrags seines Herrn erkannt zu werden, hat sich Elviro als Blumenverkäufer verkleidet. Auf dem Platz in der Stadt begegnet er Amastris, der er das Geheimnis von der bevorstehenden Heirat des Königs mit Romilda verrät. Anschließend stößt er auf Atalanta, die ihm vorlügt, daß Romilda soeben einen Liebesbrief an den König geschrieben habe. Da Elviro Xerxes herankommen sieht, übergibt er Atalanta Arsamenes' Brief mit der Bitte, ihn Romilda zu überbringen, und läuft eilig davon. Der König erscheint. Neugierig fragt er Atalanta, ob der Brief, den sie eben lese, Liebesangelegenheiten enthalte. Atalanta überreicht das Schreiben Xerxes und behauptet, Arsamenes habe es an sie gerichtet; denn seine wahre Liebe gehöre ihr. Freudig gibt der König ihr daraufhin die Genehmigung, Arsamenes zu heiraten. Den Brief hat er an sich genommen, um ihn Romilda persönlich zu übergeben. – Diese ist zwar empört, als Xerxes ihr das Schreiben triumphierend zeigt; sie hält aber nach wie vor an ihrer Treue zu Arsamenes fest. Inzwischen hat Elviro seinem Herrn berichtet, daß Romilda dem König einen Liebesbrief geschrieben habe. Arsamenes ist über die vermeintliche Untreue seiner Geliebten verzweifelt. – An den Dardanellen hat Xerxes eine Schiffsbrücke errichten lassen, die Asien mit Europa verbindet. Über sie sollen, wie er Ariodates befiehlt, übermorgen seine Heere nach Griechenland vordringen. – Nachdem sich in einer Aussprache der Brüder Xerxes und Arsamenes Atalantas Lügengeschichte aufgeklärt hat, begegnet der König Amastris, die – noch immer in Männerkleidern – sich als verwundeter Krieger ausgibt und dem König Undankbarkeit vorwirft. Xerxes schickt sie eilig weg, als er Romilda herankommen sieht. Nun versucht er, dem Mädchen eine endgültige Zusage abzuringen. Da tritt Amastris, die das Gespräch belauscht hat, dazwischen mit dem Ruf: »Haltet ein! Der König täuscht Euch!« Zornig ruft Xerxes seine Wachen herbei und befiehlt ihnen, den Wahnwitzigen abzuführen. Romilda weiß aber durch ihr mutiges Auftreten Amastris vor der Festnahme durch die Soldaten zu bewahren, nachdem sich der König entfernt hat. – Atalanta hat Romilda und Arsamenes eingestanden, den Diener Elviro belogen zu haben. Daher macht Xerxes einen neuerlichen Versuch, Romilda das Jawort abzuringen. Er erklärt sich bereit, ihren Vater um ein Einverständnis zu der Heirat selbst zu bitten. Doch Xerxes hat sich Ariodates gegenüber mißverständlich ausgedrückt, so daß dieser der Meinung ist, der König wünsche Romildas Vermählung mit Arsamenes. Im Anschluß an seinen Besuch bei Ariodates begibt sich Xerxes zu Romilda. Sie gesteht, daß Arsamenes sie bereits geküßt habe. Wütend befiehlt der König seinen Wachen, daß Arsamenes sogleich zum Tod geführt werden solle. – In einem Festsaal empfängt Ariodates das Paar Romilda–Arsamenes. Feierlich übergibt er Arsamenes seine Tochter zur Gattin, wie es der König befohlen habe. – Xerxes läßt Ariodates zu sich kommen, um ihm endlich mitzuteilen, daß er selbst die Hand Romildas begehre. Das Mißverständnis wird jetzt offenbar. Empört wirft Xerxes dem Feldherrn vor, seinen König betrogen zu haben. In diesem Augenblick wird ihm durch einen Diener Romildas ein Brief überreicht. Aus der Unterschrift sieht Xerxes, daß das Schreiben, das schwere Vorwürfe über die Treulosigkeit des Königs enthält, nicht von Romilda, sondern von Amastris stammt. Als Xerxes in großer Erregung weggehen will, treten ihm Romilda, Atalanta, Amastris und Arsamenes entgegen. In seinem Unmut zieht er sein Schwert und fordert Arsamenes auf, Romilda damit zu durchbohren. Da tritt Amastris vor und bemerkt, daß es ihre Aufgabe sei, verratene Liebe zu rächen. Der König ist einverstanden. Jetzt gibt sich Amastris zu erkennen; sie richtet die Spitze des Degens gegen die Brust des Königs, der bereit ist, wegen seiner Treulosigkeit zu sterben. Als sie daraufhin erklärt, sich eher selbst den Tod zu geben, ist Xerxes bezwungen. Er schließt reumütig Amastris in seine Arme und wünscht allen, in Freuden und Frieden ihrer Liebe zu leben.

Stilistische Stellung: Bei ›Xerxes‹, dem drittletzten Werk in der Reihe seiner Opern, hat Händel entsprechend der Schwerelosigkeit des amourösen Intrigenspiels dem lyrischen Element den Vorrang eingeräumt. Die Einfügung buffonesker Züge (die Figur des Dieners Elviro, Verkleidung, Verwechslung) verleiht dem Geschehen Abwechslung und Würze. Die überwiegend mit Arien und Ariosi ausgestattete

Partitur enthält auch drei Kammerduette und drei Chöre. Eine reiche Ausdruckspalette steht dem Komponisten zur Charakterisierung der einzelnen Arien-Typen zur Verfügung, wobei auch tonmalerische Wirkungen, wie bei Nr. 13 »Der Gedanke an die Flammen der Liebe« und bei Nr. 48 »Finstre Furien, ihr Geister der Hölle«, nicht fehlen.
TEXTDICHTUNG: Die Dichtung zu Händels ›Xerxes‹ geht auf ein altes italienisches Libretto des Nicolò Minato zurück, das 1654 von Francesco Cavalli für Venedig vertont wurde. Der Hamburger Opern- und Oratoriendichter Christian Postel schrieb nach diesem Text ein Libretto ›Der mächtige Monarch der Perser Xerxes in Abydus‹, das Johann Förtsch 1689 komponierte. Wer diesen Text für Händel eingerichtet hat, ist nicht bekannt. Die Identität des verliebten Opernhelden mit der historischen Gestalt des großen Perserkönigs Xerxes I. ist nur in der kurzen Dardanellen-Szene (II, 8) angedeutet. Im Jahre 1958 legte Rudolf Steglich eine textliche und musikalische Neufassung vor, die, abgesehen von der Umlegung der Kastraten-Partien für Männerstimmen, Händels autographer Partitur folgt.
GESCHICHTLICHES: Händel arbeitete an seinem ›Xerxes‹ vom Dezember 1737 bis Februar 1738. Die Uraufführung des Werkes fand am 15. April 1738 in London unter der Leitung des Komponisten und mit der Sopranistin Elisabeth Duparc, genannt la Francesina (Romilda) und dem Soprankastraten Gaetano Majorano, genannt Caffarelli (Xerxes) in den Hauptrollen statt. Während die erste Nummer der Oper – das sogenannte »Largo« – eine weltweite Verbreitung gefunden hat, verschwand das Werk nach einigen Wiederholungen von der Bühne, bis der Kunsthistoriker Oskar Hagen es im Rahmen seiner Göttinger Händel-Festspiele am 5. Juli 1924 zu neuem Leben erweckte. 1958 legte Rudolf Steglich eine kritische Neuausgabe des Werkes (mit deutschem Text) im Rahmen der Hallischen Händel-Ausgabe vor.

Deidamia

Oper in drei Akten. Text von Paolo Antonio Rolli.

SOLISTEN: *Deidamia,* Tochter des Königs Lycomedes von Scyros (Lyrischer Sopran, auch Lyrischer Koloratursopran, gr. P.) – *Nerea,* eine Prinzessin, Freundin der Deidamia (Lyrischer Koloratursopran, gr. P.) – *Achilles,* unter dem Namen Pirrha, in Mädchenkleidern (Lyrischer Sopran, auch Lyrischer Mezzosopran [Original: Soprankastrat], m. P.) – *Odysseus,* König von Ithaka, unter dem Namen Antilochos (Kontraalt, auch Lyrischer Tenor [Original: Altkastrat], gr. P.) – *Phönix,* König von Argos (Lyrischer Bariton, auch Kavalierbariton, gr. P.) –

Lycomedes, König von Scyros (Seriöser Baß, m. P.) – *Nestor,* König von Pylos (Baß, auch Bariton, kl. P.).
CHOR: Gefährtinnen der Deidamia. Hofstaat. Volk von Scyros (gemischter Chor, kl. Chp.).
ORT: Die Handlung spielt auf Scyros, einer Insel im Ägäischen Meer.
SCHAUPLÄTZE: Der Vorhof der Königsburg von Scyros – Das Gemach der Deidamia – Eine Jagd im Walde.
ZEIT: Zu Beginn des Trojanischen Krieges.
ORCHESTER: 2 Ob., 1 Fag. – 2 Hr., 2 Trp. – P. – Cemb. – Str.
GLIEDERUNG: Ouvertüre, Rezitative und Arien.
SPIELDAUER: etwa 2¾ Stunden.
HANDLUNG: Dem Myrmidonenkönig Peleus ist geweissagt worden, sein Sohn Achilles werde nach kurzem, ruhmvollen Leben den Tod in der Schlacht finden. Um ihn vor diesem Schicksal zu bewahren, wurde das Kind zu Peleus' Freund, dem König Lycomedes nach Scyros gebracht und dort als Mädchen erzogen. Als Achilles, der auf Scyros unter dem Namen Pirrha lebt, heranwächst, verliebt sich Deidamia, die Tochter von Lycomedes, in die »Freundin«; an Pirrhas Vorliebe für die Jagd und das Bogenschießen hat sie schon längst erkannt, daß in den Frauenkleidern ein junger Mann steckt. – Den in Aulis versammelten Griechenfürsten, die zum Kampf gegen Troja aufbrechen wollen, weissagt der Seher Kalchas, nur die Teilnahme Achills am Kriege verbürge den Sieg; gleichzeitig verrät er, daß Achilles sich auf Scyros aufhalte. Odysseus, der unter dem Namen Antilochos auftritt, Phönix und Nestor werden ausgesandt, um Achill aufzufinden und für den Krieg gegen Troja zu gewinnen. – Nach dieser Vorgeschichte setzt die Oper ein: Die Griechenfürsten sind in Scyros gelandet und werden von Lycomedes willkommen geheißen. Er selbst stellt sechzig Schiffe für den Krieg, kann aber wegen seines Alters nicht mitziehen. Als ihn Odysseus nach Achill fragt, behauptet Lycomedes, der Myrmidone sei schon längst zu seinem Vater zurückgekehrt. Als Beweis für seine Behauptung erlaubt er den Griechen, Achill auf der Insel zu suchen; in den Frauenkleidern hofft er ihn sicher vor Entdeckung. Deidamia und ihre Freundin Nerea warten zusammen auf die Rückkehr von Pirrha, die wieder einmal ihrer Lieblingsbeschäftigung, der Jagd nachgeht. Endlich kommt Achill und bekennt, er sei des Lebens in Frauenkleidern überdrüssig. Groß ist Deidamias Sorge, der Geliebte könnte sich so den Griechen verraten, von deren Ankunft Nerea erzählt hat. Odysseus trifft mit Deidamia zusammen und versucht, ihr ein wenig »auf den Zahn zu fühlen«, indem er den schmerzlichen Verlust des Geliebten beschreibt; doch die Prinzessin durchschaut, ebenso wie Nerea, das Spiel. Da der erste Plan Odysseus nicht zum Ziele geführt hat, er aber sicher ist, daß Deidamia verliebt sei, will er nun versuchen, die Eifersucht des Geliebten, hinter dem er Achill vermutet, zu reizen. Zwar verfängt sein Werben um Deidamia nicht, aber Achill/Pirrha, der die

beiden beobachtet hat, wirft der Geliebten Treulosigkeit vor. Nerea kommt mit der bestürzenden Nachricht, Lycomedes habe zu Ehren der griechischen Gäste eine Jagd angeordnet, an der auch die Mädchen teilnehmen sollen. – Nestor und Odysseus sind zum geselligen Trunk bei Lycomedes, der ihnen eine erfolgreiche Jagd wünscht, an der er selbst wegen seines Alters nicht mehr teilnehmen will. Die Jagd beginnt, Odysseus und sein Freund Phönix halten sich immer in der Nähe von Deidamia und Nerea. Als ein mächtiger Hirsch in Sicht kommt, gelingt es weder Odysseus noch Phönix, ihn zu erlegen; das Mädchen Pirrha ist schnell und geschickt genug. Nun beginnt Odysseus die Zusammenhänge zu ahnen: listig macht er der spröd-abweisenden Pirrha eine Liebeserklärung; die lauschende Deidamia ist fassungslos und läßt sich auch von Achilles nicht beruhigen. Auch Phönix nähert sich Pirrha und kommt, wie Odysseus, zu dem Schluß, daß dies der verkleidete Achill sein müsse. So wendet er sich der reizenden Nerea zu. – Odysseus holt nun zum letzten Schlag aus, um Achill zu entlarven. Er läßt, als Dank für die Gastfreundschaft, vom Schiff kostbare Geschenke holen, die sich die Mädchen aussuchen dürfen. Die List gelingt: während Deidamia und Nerea nach kostbaren Stoffen und Schmuck greifen, zeigt sich Pirrha fasziniert von Helm und Schwert. Um ganz sicher zu gehen, läßt Odysseus ein Trompetensignal ertönen und gibt vor, der Feind greife die Insel an – da ist Achill nicht mehr zu halten. Verzweifelt muß Deidamia sehen, daß die Verlockung von Ruhm und Ehre auch Liebesschwüre zu zerreißen vermag; sie verflucht Odysseus. – Deidamia erzählt ihrem Vater Lycomedes von ihrer Liebe; Lycomedes, der längst von der Neigung seiner Tochter weiß, läßt sie lächelnd mit Achill allein. Odysseus tritt zu ihnen, gibt sich zu erkennen und richtet Deidamia wieder auf, indem er von seiner Gattin Penelope erzählt, die er ebenfalls allein zu Hause zurücklassen mußte. Zwar ist Deidamia nicht vollends getröstet, denn sie weiß von dem Seherspruch, der Achill einen frühen Tod prophezeit; doch ihr Kummer geht unter in dem Jubel des Volkes, das zwei Ehebündnisse feiert: die Verheiratung von Deidamia und Achill wie die zwischen Nerea und Phönix.

STILISTISCHE STELLUNG: Händels letzte Oper hat sich zwar nicht formal, aber doch inhaltlich von der Steifheit und Typenhaftigkeit der neapolitanischen Seria-Oper gelöst; sie schlägt vielmehr die gelöst-graziösen Töne einer Semi-Seria an, in der heitere Elemente eine ebenso große Rolle spielen wie die fein ausgeführte lyrische Empfindsamkeit der Hauptpartien. Der formale Rahmen mit seiner Reihung von Rezitativ und Arie verbleibt in der italienischen Operntradition, was auch der Verzicht auf große Accompagnati und Ensembles (das Werk hat, neben 29 Arien, nur ein Schlußduett und zwei kleine Chöre) zeigt. In der Verknüpfung jedoch von echten und vorgegebenen Gefühlen, in Affekt und Parodie weist das Werk weit über seine Entstehungszeit hinaus in die Nähe von Mozarts ›Così fan tutte‹.

TEXTDICHTUNG: Das Libretto von Paolo Antonio Rolli geht zurück auf Ippolito Bentivoglios bereits 1663 für Giovanni Legrenzi geschriebenes Operntextbuch ›Achille in Sciro‹, erweitert jedoch den eher in traditionellen Bahnen gehaltenen Text um die Momente der Doppelbödigkeit zwischen Spiel und Ernst. Bemerkenswert erscheint, daß der »Deidamia«-Stoff in den dreißiger und vierziger Jahren des 18. Jahrhunderts offensichtlich sehr beliebt war: so schrieb André Campra 1735 ein Werk zum gleichen Thema für Paris; Antonio Caldara verwendete den Stoff 1736 für Wien, Niccolò Jommelli 1749 ebenfalls für Wien, beide auf ein Metastasio-Libretto.

GESCHICHTLICHES: Der alternde Georg Friedrich Händel schrieb die letzte seiner 46 Opern im Herbst 1740 innerhalb weniger Wochen. Wirtschaftliche Schwierigkeiten und soziale Umwälzungen machten die Rolle der italienischen Oper in London immer schwieriger, und die mäzenatische Unterstützung durch die Adelsgesellschaft blieb aus. So kam es nach der eher erfolglosen Uraufführung am 10. Januar 1741 im Lincoln's Inn Fields Theatre nur zu zwei Wiederholungen; danach geriet das Werk so gründlich in Vergessenheit, daß es – sieht man von einigen Konzertausschnitten ab – erstmals wohl erst 1953 bei den Halleschen Händel-Festspielen wieder aufgeführt wurde. 1968 erstellten Wolfgang Kersten und Waldtraut Lewin eine Neuübersetzung und Neufassung, die zugunsten einer größeren dramatischen Einheit das Werk tragisch enden läßt, doch mag nicht nur historische Treue, sondern auch ein Theaterverständnis, das die Szene nicht nur als Verdoppelung der Musik versteht, in Händels »lieto fine« durchaus Möglichkeiten für eine glaubwürdig-überzeugende Inszenierungskonzeption finden.

W.K.

JACQUES FRANÇOIS FROMENTAL ELIAS HALÉVY

* 27. Mai 1799 in Paris, † 17. März 1862 in Nizza

La juive (Die Jüdin; 1835 Paris), T: Eugène Scribe, V: A & S, U. E.

L'eclair (Der Blitz; 1835 Paris), T: François Antoine Eugène de Planard u. Jules Henri Vernoy de Saint-Georges, kO., V: Schlesinger (B & B)

Die Jüdin

Oper in fünf Akten. Text von Eugène Scribe.

SOLISTEN: *Prinzessin Eudoxia,* die Nichte des Kaisers (Lyrischer Koloratursopran, gr. P.) – *Rachel/Recha,* eine Jüdin (Jugendlich-dramatischer Sopran, gr. P.) – *Eleazar,* ihr Vater, Goldschmied in Konstanz (Jugendlicher Heldentenor, gr. P.) – *Der Kardinal Brogni* (Seriöser Baß, gr. P.) – *Roger/Ruggiero,* Statthalter von Konstanz (Bariton, auch Baß, m. P.) – *Albert,* Offizier der kaiserlichen Leibgarde (Bariton, auch Baß, m. P.) – *Leopold,* Reichsfürst (Lyrischer Tenor, gr. P.) – *Ein Ausrufer* (Bariton, auch Baß, kl. P.) – *Ein Haushofmeister* (Baß, auch Bariton, kl. P.) – *Ein Offizier* (Tenor, kl. P.) – *Kaiser Sigismund* (Stumme Rolle).
CHOR: Volk von Konstanz. Soldaten. Würdenträger. Gesellschaft am Hofe des Kaisers. Juden (gr. Chp.).
BALLETT
ORT: Konstanz.
ZEIT: Während des Konzils im Jahre 1414.
SCHAUPLÄTZE: Platz vor dem Dom, in der Nähe Eleazars Haus – Zimmer in Eleazars Haus – Garten. Festliches Bankett zu Ehren des Kaisers – Gotisches Gemach – Der Richtplatz vor den Toren von Konstanz.
ORCHESTER: 2 Fl. (II. auch Picc.), 2 Ob., 2 Kl., 2 Fag. – 4 Hr., 3 Trp., 3 Pos., Tuba – P., Schl., Hrf. – Str.
GLIEDERUNG: Ouvertüre und 22 musikalische Nummern.
SPIELDAUER: etwa 3 Stunden.
HANDLUNG: Im Dom von Konstanz wird, anläßlich des Konzils, ein Te Deum gefeiert. Der kaiserliche Statthalter Roger verkündet als kaiserlichen Erlaß, daß heute der Sieg des Reichsfürsten Leopold über die Hussiten öffentlich gefeiert werden soll. Leopold erscheint, verkleidet und nur von Albert begleitet, aber der Volksauflauf vertreibt ihn wieder. Als aus dem Hause des jüdischen Goldschmieds Eleazar Arbeitsgeräusche zu hören sind, wird dieser mit seiner Tochter Rachel auf Befehl Rogers sogleich festgenommen. Beide sollen, wegen Verstoßes gegen eine kaiserliche Anordnung, die den Tag zum Festtag bestimmt, zum Tode verurteilt werden. Der Gottesdienst ist beendet, und aus der Kirche kommt der Konzilspräsident Kardinal Brogni. Er läßt sich die Gefangenen vorführen und erkennt Eleazar wieder. Beide hatten sich einmal in Rom getroffen, vor vielen Jahren, als der Kardinal noch der weltlichen Macht diente und gerade durch ein tragisches Schicksal Frau und Tochter verloren hatte. Der Kardinal ordnet die Freilassung der Gefangenen an, denn ein Christ müsse verzeihen können. Das Volk zerstreut sich, und erst jetzt traut sich Leopold, sich dem Hause Eleazars zu nähern. Er ist verliebt in Rachel, die ihn als Samuel, einen jungen jüdischen Maler, kennt. Rachel freut sich, daß er zurückgekehrt ist, und lädt ihn zum jüdischen Ostermahl ins Haus ihres Vaters

ein. Als Eleazar und Rachel das Haus verlassen und vor dem Gedränge des Volkes, das nun ein großes Fest feiert, auf die Stufen des Domes ausweichen, fallen sie erneut Roger in die Hände, der der Begnadigung nur ungern zugesehen hat und nun erneut einen Frevel sieht, der mit dem Tode gesühnt werden müsse – hat doch der Jude die geweihten Stufen betreten. Leopold verteidigt sie, ohne sich zu erkennen zu geben, doch der Pöbel kann erst abgewehrt werden, als Albert ihm mit den kaiserlichen Wachen zu Hilfe kommt. – Im Hause Eleazars wird, heimlich vor den Christen, das jüdische Osterfest gefeiert, auch Leopold ist anwesend. Entsetzt muß Rachel sehen, wie der Geliebte heimlich das geweihte Brot fortwirft. Sie fordert Aufklärung, da wird das Fest durch lautes Klopfen gestört. Die Prinzessin Eudoxia, die Nichte des Kaisers erscheint. Sie will bei Eleazar für den nächsten Tag eine kostbare goldene Kette kaufen und dort den Namen ihres Verlobten eingravieren lassen – der Verlobte ist der Reichsfürst Leopold, der am Abend in der Stadt erwartet wird. Den anwesenden Leopold, in der Verkleidung des Malers Samuel, erkennt Eudoxia nicht – erwartet sie doch erst die Ankunft ihres Bräutigams. Leopold verabschiedet sich, verabredet aber mit Rachel, daß er später wiederkehren wolle, um ihr Aufklärung zu geben. Als alles dunkel ist, erscheint er und gesteht der Geliebten, er sei Christ; nur aus Liebe zu ihr habe er gelogen. Rachel ist entsetzt und fürchtet den Fluch des Vaters. Leopold versucht, sie zur Flucht zu überreden, aber sie zögert. Da überrascht Eleazar das Paar, und will Leopold töten, als er erfährt, daß dieser ein Christ ist. Das Entsetzen, die Trauer und die Liebe seiner Tochter lassen ihn jedoch von diesem Vorhaben abstehen, ja, er will schließlich der Eheschließung zustimmen, doch das lehnt Leopold ab, ohne eine Begründung geben zu wollen. Eleazar bedroht ihn mit seinem Fluch. – In den Gärten des Kaisers wird, zu Ehren Leopolds, ein großes Fest gefeiert. Prinzessin Eudoxia will hier Leopold die bei Eleazar bestellte Goldkette überreichen und ihn offiziell als Verlobten anerkennen. Eleazar und Rachel überbringen die Kette. Eleazar erkennt Leopold wieder, aber er schweigt; Rachel jedoch kann die Überreichung der Kette nicht mitansehen. Sie stürzt vor und beschuldigt Leopold des Meineids und Treuebruchs. Die Gesellschaft ist verstört, doch da Leopold die Anschuldigungen der Jüdin nicht abstreitet, wird er, gemeinsam mit Rachel und Eleazar, verhaftet. Kardinal Brogni legt auf Leopold den schärfsten Kirchenbann. – Eudoxia hat sich Zugang zum Gefängnis verschafft. Sie läßt Rachel herbeiholen und beschwört die Rivalin, den gemeinsam Geliebten vor dem Tode zu bewahren – nicht für sie, denn ihr Glück sei zerstört, aber nur noch die Aussage der Jüdin vor dem Gericht könne Leopold retten. Rachel, die den Treulosen dennoch liebt, willigt ein. Der Kardinal läßt Eleazar rufen und erklärt ihm, er könne seine Tochter retten, wenn er seinem Glauben abschwöre, doch Eleazar weigert sich. Hohnlachend berichtet er dem Kardinal, bei dem schrecklichen Brand seines Hauses in Rom, als Brogni glauben mußte, Frau und Kind seien ein Opfer der Flammen geworden, sei seine Tochter von einem Juden gerettet worden. Obwohl der Kardinal inständig bittet, er möge ihm sagen, ob die Tochter noch lebe, und wo sie sei, verweigert er jede Auskunft. Der Statthalter Roger verliest, auf einem Platz vor dem Tore, das Urteil: Eleazar und Rachel sollen hingerichtet werden; Leopold, den Rachel entlastet hat, ist ins Exil verbannt worden und hat die Stadt schon verlassen. Eleazar teilt der Tochter mit, sie könne gerettet werden, wenn sie sich taufen lasse, aber stolz weist sie dies Angebot ab; sie will lieber mit dem Vater sterben. Noch einmal dringt der Kardinal in Eleazar, ihm, in der Stunde seines Todes, zu enthüllen, wo sich seine gerettete Tochter befinde. Da weist der Jude nur auf Rachel, die man eben in einen Kessel mit siedendem Wasser stößt; sie ist die Tochter des Kardinals, und Eleazar hat seine Rache vollzogen.

STILISTISCHE STELLUNG: Halévy war in den dreißiger Jahren des 19. Jahrhunderts der große Rivale Giacomo Meyerbeers. In der Tradition Luigi Cherubinis, dessen Schüler er war, schrieb er eine Reihe von großen, zumeist historisch inspirierten tragischen Opern. Als sein Meisterwerk gilt ›La juive‹, in der die der Grand Opéra eigene Mischung von großen, effektvoll-dramatischen Chorszenen und intimen Soloszenen und Ensembles hervorragend getroffen ist. Dabei gelingt es Halévy, sich in den eindrucksvollsten Momenten der Partitur von schematischen Lösungen zu befreien, so im berühmten Gebet Eleazars, in dem dramatisch-spannungsvollen Duett von Eudoxia und Rachel, in der Cavatine des Kardinals gleich zu Beginn des Werkes.

TEXTDICHTUNG: Eugène Scribes Libretto für Halévy zählt, was die Logik der Handlung angeht, sicherlich nicht zu seinen besten; zu unausgeformt sind da die Charaktere, zumal des Leopold; andererseits aber schafft der Text die besten Voraussetzungen für plakative Szenen, für große Chorauftritte, für Kolorit und Ausstattungsprunk.

GESCHICHTLICHES: Die Uraufführung der ›Jüdin‹ am 23. Februar 1835 an der Grand-Opéra in Paris war ein triumphaler Erfolg für den Komponisten wie für die führenden Solisten, denen Halévy die Partien »auf den Leib« geschrieben hatte – so für Adolphe Nourrit den Eleazar, so der außergewöhnlichen Sopranistin Marie Cornélie Falcon die Partie der Rachel. Das Werk blieb ein Serienerfolg der Opéra, bereits am 3. Juni 1840 verzeichnete man die 100. Aufführung, und bis 1893 spielte man das Werk mehr als 550mal. Bereits im Dezember 1835 kam es, in deutscher Sprache, in Leipzig heraus, am 3. März 1836 in Wien. Die Oper wurde in mehr als 20 Sprachen übersetzt und an fast allen großen Bühnen gespielt, 1921 wurde sie in New York in jiddischer Sprache, 1924 in Jerusalem in hebräischer Sprache aufgeführt. Heute ist der Ruhm des Werkes, wie überhaupt der der Grand Opéra, etwas verblaßt, auch dürften einer szenischen Wiederbelebung in Deutschland aufgrund des Inhalts, der mißverstanden werden kann, Grenzen gesetzt sein – eine konzertante Wiedergabe dagegen rechtfertigt die Schönheit der Musik auch heute.

W.K.

Joseph Haydn

* 31. März 1732 in Rohrau an der Leitha, † 31. Mai 1809 in Wien

Der krumme Teufel (1751 Wien), T: nach Alain-René Lesage v. Johann Joseph Felix Kurz, genannt Bernardon (Musik u. Text verloren)

Der neue krumme Teufel (1758 Wien), T: Kurz-Bernardon (Musik verloren)

La canterina (1767 Preßburg); Neuausg. 1959 v. Dénes Bartha, V: Henle, GA

Lo speziale (Der Apotheker; 1768 Esterháza), T: Carlo Goldoni, kO., E.; Neubearb. v. Robert Hirschfeld (1895 Dresden), V: Doblinger; Neuausg. 1959 v. Helmut Wirth, V: Henle, GA

Le pescatrici (1770 Esterháza), T: C. Goldoni; Neuausg. 1972 v. D. Bartha, Jenő Vécsey u. Maria Eckhardt, V: Henle, GA

L'infedeltà delusa (1773 Esterháza), T: Marco Coltellini, kO., V: Doblinger; Neuausg. 1964 v. D. Bartha u. J. Vécsey, V: Henle, GA

Philemon und Baucis (1773 Esterháza), Marionettenoper (aufgefunden v. Jens Peter Larsen); Neuausg. v. Howard C. Robbins Landon, V: BV; Neuausg. 1971 v. Jürgen Braun, V: Henle, GA

L'incontro improvviso (1775 Esterháza), T: nach L. H. Dancourt v. Karl Friberth; Neubearb. v. Helmut Schultz (1936 Lauchstädt), V: AE; Neuausg. 1962/63 v. H. Wirth, V: Henle, GA

Il mondo della luna (Die Welt auf dem Monde; 1777 Esterháza), T: C. Goldoni, kO.; Neubearb. v. Wilhelm M. Treichlinger u. Mark Lothar (1932 Schwerin), V: B&B; v. Hans Swarowsky u. H. C. Robbins Landon (1958), V: BV; Neuausg. 1979–1982 v. Günter Thomas, V: Henle, GA

La vera costanza (1779 Esterháza), T: Francesco Puttini; Neuausg. 1976 v. Horst Walter, V: Henle, GA

L'isola disabitata (Die wüste Insel; 1779 Esterháza), T: Pietro Metastasio, Singspiel; Neuausg. Wien 1909, V: Oertel; Neuausg. v. H. C. Robbins Landon, V: Henle, GA

La fedeltà premiata (Die belohnte Treue; 1781 Esterháza), T: Giambattista Lorenzi, V: U. E.; Neuausg. 1968 v. G. Thomas, V: Henle, GA

Orlando paladino (Ritter Roland; 1782 Esterháza), T: Nunziato Porta; Neubearb. v. Ernst Latzko (1932 Hamburg), V: Beck; Neuausg. 1972/73 v. Karl Geiringer, V: Henle, GA, danach: BV, Aufführungsmaterial

Armida (1784 Esterháza), T: nach Torquato Tassos ›Gerusalemme liberata‹; Neuausg. 1965 v. Wilhelm Pfannkuch, V: Henle, GA, danach: BV (deutsche Bühnenfassung v. Hans Hartleb)

L'anima del filosofo (1791), T: Carlo Francesco Badini (»Orpheus«-Stoff), bruchstückweise gedruckt, V: B&H; (uraufgeführt 1951 Florenz), V: Doblinger

Der Apotheker (Lo speziale)

Opera buffa in einem Aufzug. Dichtung von Carlo Goldoni.

SOLISTEN: *Sempronio,* Apotheker (Spielbaß, auch Baßbariton, gr. P.) – *Mengone,* in Diensten bei dem Apotheker (Spieltenor, gr. P.) – *Grilletta,* Sempronios Mündel (Soubrette, gr. P.) – *Volpino,* ein junger reicher Geck (Charaktersopran, auch Spielalt, gr. P.).
CHOR: Lehrjungen. Hausgesinde. Nachbarn. Türkisches Gefolge (Gesangspart nur Bässe, kl. Chp.).
SCHAUPLATZ: Vollkommen eingerichteter Apothekerladen, im Hintergrund eine nach außen führende Glastür, daneben ein breites durchsichtiges Fenster, links Tür zum Laboratorium, rechts Tür in den Wohnraum.
ZEIT: Mitte des 18. Jahrhunderts.
ORCHESTER: 1 Fl., 2 Ob., 2 Fag., 2 Hr., Schl., Str.
GLIEDERUNG: 10 Musiknummern, die durch Secco-Rezitative miteinander verbunden sind.
SPIELDAUER: etwa 1 Stunde.
HANDLUNG: Der Apotheker Sempronio ist ein Sonderling. Die Pharmazie interessiert ihn so gut wie gar nicht, dafür beschäftigt er sich um so mehr mit Zeitunglesen und Kartenstudieren. Er träumt von Reisen nach fernen Ländern und zu fremden Völkern. Aber auch noch ein anderes Ziel erstrebt er eifrig: die Heirat mit seinem reichen Mündel Grilletta. Natürlich will das junge Ding von dem alten Geizkragen nichts wissen; denn sie hat andere, junge Verehrer: den etwas zaghaften Mengone, der ihr zuliebe als Gehilfe in Sempronios Apotheke arbeitet, obwohl er von Rezepten und Medizinen keinen Dunst hat, und den reichen geckenhaften Volpino, der zunächst einmal mit fingierten Rezepten Gelegenheit sucht, in der Apotheke Grilletta zu sprechen. Aus den unzweideutigen Bemerkungen des Mädchens kann er jedoch schließen, das Grillettas Herz Mengone zuneigt. Er überlegt, ob er mit seinem Degen den Rivalen fordern soll; aber der Gedanke, daß dieser vielleicht ihn treffen könnte, läßt es ihm ratsam erscheinen, eine andere Lösung zu suchen. Als Mengone mit der Medizin für den inzwischen verschwundenen Volpino aus dem Laboratorium zurückkommt, ruft ihn Grilletta. Sie fordert ihn auf, nun endlich Mut zu fassen und offen bei Sempronio um ihre Hand anzuhalten. Da kommt der Apotheker nach Hause, und schon stellen sich bei Mengone die alten Hemmungen wieder ein. Sempronio beauftragt den Gehilfen, Pulver zu reiben, und Grilletta, Rechnungen zu schreiben, während er die Karte von dem neuen Kriegsschauplatz studiert. Als er sich seine Brille holt, nützt das Liebespaar die Gelegenheit sich zu küssen. Die beiden werden vom zurückkommenden Sempronio ertappt, der sie wütend auseinanderjagt. Dann erscheint Volpino; er hat sich inzwi-

schen eine List erdacht. So erzählt er dem leichtgläubigen Alten, daß ein ihm bekannter Pascha gekommen sei, um im Auftrag des Sultans für den Türkenkrieg einen Feldapotheker gegen einen Sold von zehntausend Dukaten zu engagieren. Volpino verlangt dafür als Vermittlungslohn die Hand Grillettas. Sempronio will sich natürlich das Geld und die Reise ins Türkenland nicht entgehen lassen; er schickt Volpino eiligst fort, dem Pascha zuzusagen. Um aber gleichzeitig Grilletta nicht zu verlieren, läßt er rasch durch Mengone einen Notar besorgen, damit das Mündel seine Frau ist, bis Volpino wiederkommt. Grilletta sowie Mengone und Volpino haben jedoch sein Selbstgespräch belauscht. Die beiden Liebhaber erscheinen daraufhin als Notare verkleidet, und jeder behauptet, Mengone habe ihn zuerst bestellt. Sempronio diktiert schließlich beiden den Ehevertrag, wobei jeder anstelle des Wortes Sempronio den eigenen Namen setzt. Beim Unterschreiben kommt der Schwindel auf. Der Apotheker jagt die Liebhaber davon und beschließt, schnell selbst einen Notar herbeizuholen. Er kommt aber gleich wieder in höchster Aufregung zurück; denn es wurde ihm auf der Straße ein Brief übergeben, in dem Volpino das persönliche Erscheinen des Pascha ankündigt. Bald darauf kommen schon die »Türken«, an ihrer Spitze der als Pascha verkleidete Volpino, den zunächst nur die schlaue Grilletta erkennt. Sie verlangen sogleich Grilletta für Volpino, und als sich Sempronio weigert, werfen sie, in der scheinbaren Absicht einzupacken, klirrend in ihre Körbe, was sie nur an Flaschen, Büchsen, Tiegeln erreichen können. Verzweifelt fleht der Apotheker Mengone und Grilletta an, ihm gegen die Eindringlinge beizustehen. Jene sind hierzu bereit, aber nur gegen Unterschrift eines eiligst von ihnen aufgesetzten Schreibens, wonach der Alte Grillettas Hand Mengone zuerkennt. Zitternd unterschreibt Sempronio schließlich. Volpino und seine Helfershelfer sind einen Augenblick starr über diese Wendung. Da reißen ihnen Mengone und Grilletta rasch Bart und Turban ab. Die inzwischen zusammengeströmte Nachbarschaft beglückwünscht das Liebespaar und verlacht höhnisch die geprellten Freier Volpino und Sempronio.

STILISTISCHE STELLUNG: Die federleichte Satire ›Lo speziale‹ ist mit den bewährten Typen und Requisiten der Opera buffa gestaltet (der heiratslustige und schließlich geprellte, alte, geizige Junggeselle, das junge, hübsche, reiche Mündel, Verkleidung, Verwechslung). Haydn wahrt sein musikalisches Eigenprofil, wie es dem Stil seiner Instrumentalmusik entspricht. So ist typisch Haydnscher Prägung die frische, unbeschwerte Melodik, aber auch die feine musikalische Charakterisierung, deren Humor vielfach durch tonmalerische Effekte verdeutlicht wird. Dazwischen sind warme Töne von ausdrucksvoller Zartheit eingestreut (Arie der Grilletta, Terzett). Im allgemeinen herrscht der Zug ins Schlichte, Volkstümliche vor; im Türkenmarsch und in der E-dur-Arie des Volpino schimmern exotische Farbtöne

durch. Von köstlicher Wirkung ist das Quartett mit konzertierender Oboe in der Szene, in der Sempronio den Ehekontrakt diktiert. Sehr feinsinnig besetzte Haydn den jungen Gecken Volpino mit einem Sopran, wodurch diese Figur als Parodie auf die Kastraten-Liebhaber der neapolitanischen Opera seria wirkt. Robert Hirschfeld hat in seiner Bearbeitung des ›Apotheker‹ die original für Tenor geschriebene Titelrolle wohl der Kontrastwirkung wegen einem Baßbuffo zugeteilt, freilich nicht ohne dadurch dem authentischen Willen des Komponisten Gewalt anzutun. (Haydn hatte seine Opern bewußt auf die Verhältnisse des Esterházyschen Theaters zugeschnitten; er gab sie in seiner fast pedantischen Gewissenhaftigkeit daher für Aufführungen an anderen, größeren Bühnen nicht frei.) Da das Manuskript der Musik des III. Aktes bis auf den Türkenmarsch und die Schlußszene verloren gegangen ist, hat der Bearbeiter ein Duett aus Haydns ›Orlando Paladino‹ hereingenommen. Die Handlung straffte er durch Zusammenziehung der drei Akte des Originals in einen Aufzug; die Kürzungen wurden durch Striche bei den langen Rezitativen erzielt; von musikalischen Nummern kam nur eine Arie (Sempronio) in Wegfall. Die Konzentrierung des Geschehens und vor allem die Abänderung des Schlusses (im Original macht Mengone ebenfalls die Türkenverkleidung mit) hatten einige Umstellungen und kleinere musikalische Veränderungen zur Folge. An der subtilen Instrumentation Haydns hat der Bearbeiter keine nennenswerten Retouchen vorgenommen.
TEXTDICHTUNG: Haydn komponierte in ›Lo speziale‹ eine Komödie des italienischen Lustspieldichters Carlo Goldoni (1707–1793), nach der bereits der Neapolitaner Domenico Fischietti eine Opera buffa geschrieben hatte (1755 Venedig). Die deutsche Übersetzung und freie Bearbeitung der Dichtung besorgte Robert Hirschfeld.
GESCHICHTLICHES: ›Lo speziale‹ war, wenn man von den in den fünfziger Jahren entstandenen Vertonungen der Komödien von Johann Joseph Felix Kurz (genannt Bernardon) absieht, die dritte in der Reihe der musikdramatischen Schöpfungen des Altmeisters der Wiener Klassik. Haydn führte dieses Werk im Herbst 1768 im Theater des Schlosses Esterháza zum ersten Male auf. Am 22. März 1770 brachte der Meister gelegentlich eines Gastspiels der Fürstlich Esterházyschen Kapelle in Wien seinen ›Apotheker‹ im Palais des Freiherrn Gottfried von Sumerau (Mariahilf, Hauptstraße Nr. 12) nochmals zur Aufführung; die Oper mußte tags darauf in einer »Academie im Beysein vieler hoher Herrschaften« wiederholt werden. Dann verschwand sie im Esterházyschen Schloß-Archiv, bis Robert Hirschfeld sie dank der tatkräftigen Unterstützung durch die Fürstin Pauline Metternich im Juni 1895 wieder dem lebendigen Theater zuführen konnte. Das entzückende Werk, das als Typus der vormozartischen Buffaoper angesehen werden kann, eignet sich vortrefflich für Einakter-Abende oder für die Koppelung mit einem Ballett.

Die Welt auf dem Monde (Il mondo della luna)

Dramma giocoso in drei Akten. Dichtung nach Carlo Goldoni.

SOLISTEN: *Ecclitico,* vorgeblicher Astrologe (Lyrischer Tenor, gr. P.) – *Ernesto,* ein Kavalier (Lyrischer Bariton [ursprünglich Altkastrat, also auch mit Lyrischem Mezzosopran zu besetzen], gr. P.) – *Buonafede* (Spielbaß, gr. P.) – *Clarice* (Lyrischer [Mezzo-]Sopran, m. P.) und *Flaminia* (Lyrischer Koloratursopran, m. P.), Buonafedes Töchter – *Lisetta,* Kammerzofe des Buonafede (Spielalt, auch Mezzosopran, gr. P.) – *Cecco,* Diener des Ernesto (Spieltenor, gr. P.).
CHOR: Scholaren des Ecclitico. Kavaliere. Pagen. Diener. Soldaten in der vermeintlichen »Welt auf dem Monde« (Gesangspart: 4 Bässe; kl. Chp.).
BALLETT: Nymphen und Schäfer.
SCHAUPLÄTZE: Terrasse auf dem Haus des Ecclitico – Zimmer im Haus des Buonafede – Phantastischer Lustgarten im Haus des Ecclitico, der die vermeintliche »Welt auf dem Monde« darstellt – Saal im Haus des Ecclitico.
ORCHESTER: 2 Fl., 2 Ob., 2 Fag., 2 Hr., 2 Trp., P., Str., Cemb. – Bühnenmusik: 2 Fag., 2 Hr.
GLIEDERUNG: Sinfonia (Ouvertüre) und 29 Musiknummern, die durch Secco-Rezitative miteinander verbunden sind.
SPIELDAUER: etwa 2¾ Stunden.
HANDLUNG: Dem schlitzohrigen Ecclitico macht es Spaß, Dummköpfe zum Narren zu halten und sich dabei Vorteile zu verschaffen. In einer Dunkelkammer auf seinem Haus hat er, der sich als Astrologe ausgibt, ein Fernrohr aufgestellt. Vor der Linse des Fernrohrs ist eine von innen beleuchtete Maschinerie angebracht, in der sich verschiedene Figuren bewegen. In einer mondhellen Nacht erscheint im Haus des Ecclitico der wohlhabende Buonafede, der sich lebhaft für die Welt des Mondes interessiert. Als er durch das Fernrohr das Gestirn betrachtet, setzt Ecclitico heimlich die Maschinerie in Gang. Buonafede ist hingerissen von den Beobachtungen, die ihm, wie er glaubt, einen Einblick in das Leben und Treiben auf dem Mond gewähren. Beim Weggehen überreicht er Ecclitico zum Dank eine Börse und erklärt, bald wiederzukommen. Ecclitico ist jedoch weniger an Buonafedes Geld als an dessen hübscher Tochter Clarice interessiert, die von dem Alten streng behütet wird. Da kommt Signor Ernesto mit seinem Diener Cecco zu Besuch. Wie sich alsbald herausstellt, ist Ernesto in Buonafedes zweite Tochter Flaminia und Cecco in die niedliche Kammerzofe Lisetta verliebt. Ecclitico schlägt den beiden vor, sich mit Geld zu versehen; er werde dann Buonafede mit Hilfe der Künste eines ihm bekannten Mechanikers so verblenden, daß sie alle drei ans Ziel ihrer Wünsche gelangten. – In einem Gespräch auf der Loggia von Buonafedes Haus

bringen Flaminia und Clarice ihre Hoffnung auf eine baldige Vermählung zum Ausdruck; sie wollen heiraten, und sei es auch gegen den Widerstand des Vaters. Buonafede kommt heim. Er erzählt der Kammerzofe, der er sehr zugetan ist, begeistert, was er auf dem Monde gesehen hat, und verspricht ihr, sie das nächste Mal zu dem Astrologen mitzunehmen. Kurz darauf erscheint Ecclitico. Er gibt vor, vom Kaiser des Mondes eine Einladung erhalten zu haben, Mondbürger zu werden; ein Mond-Astrologe habe ihm durch sein Fernrohr einen Trank herabgeschickt, der ein Aufwärts-Schweben zu dem Gestirn bewirken würde. Buonafede ist sogleich entschlossen, Ecclitico zum Mond zu begleiten. Nach einigem Sträuben erklärt sich dieser bereit, ihm die Hälfte des Elixiers zu überlassen. Buonafede fällt nach dem Genuß des Tranks in tiefen Schlaf. Entsetzt eilt Clarice mit Lisetta auf ihr Zimmer, um ihr Riechsalz zur Rettung des Vaters zu holen. Unterdessen läßt Ecclitico von seinen Dienern den Schlafenden rasch in seinen Garten fortschaffen. – Ecclitico hat in seinem Haus einen phantastischen Lustgarten aufbauen lassen, der mit einigen sonderbaren Gebilden die Welt auf dem Mond vorstellen soll. Er selbst ist bizarr gekleidet. Ernesto erfährt von ihm, daß Flaminia und Clarice in das bevorstehende Trugspiel eingeweiht worden seien; Lisetta sei vorsichtigerweise nicht informiert worden. Mit einem scharfen Riechsalz weckt Ecclitico den auf einem Blumenbett liegenden Buonafede aus seinem Opiumschlaf. Der Alte ist berauscht von den Schönheiten der Mondwelt, von den duftreichen Blumen, von dem wohlklingenden Gesang der Vögel, von den süßen Harmonien der sanft rauschenden Bäume, von dem Reigen der reizenden Nymphen und Schäfer. Buonafede will nun dem Kaiser seine Aufwartung machen. Zunächst bringen Kavaliere prächtige Gewänder herbei, die Buonafede von Pagen angelegt werden. Gleich darauf naht ein Triumphwagen, gezogen von vier phantastisch gekleideten Männern; auf ihm befinden sich Cecco, der den Mondkaiser darstellt, sowie Ernesto, der einen Stern vor der Stirn trägt und vorgibt, der Abendstern Hesperos zu sein. Buonafede richtet an den Kaiser die untertänige Bitte, zur Vollendung seines Glücks seine beiden Töchter und seine Zofe auf den Mond kommen zu lassen. Der Kaiser gewährt die Gnade, doch verlangt er, daß die Zofe ihm zu Diensten stehen müsse. Zunächst kommt Lisetta, die mit verbundenen Augen von Ecclitico herbeigeführt wird. Das schlaue Mädchen will jedoch, nachdem ihm die Binde abgenommen ist, nicht an das Märchen glauben, im Schlaf von einer Wolke auf den Mond getragen worden zu sein. Es möchte wissen, warum es aus seinem Bett von unbekannten Männern entführt worden sei. Ecclitico bemerkt, daß Buonafede die Frage beantworten könne. Dieser behauptet, Lisetta verdanke ihm das Glück, auf dem Mond zu sein, weil er sich nach ihr sehnte. Als er immer zudringlicher wird und einen Kuß verlangt, tritt der Kaiser dazwischen. Lisetta erkennt in ihm sogleich ihren Cecco.

Großmütig erklärt sich der Kaiser bereit, Lisetta auf den Thron zu erheben und sie zur Kaiserin des Mondes zu machen. Ein Flugwerk bringt Flaminia und Clarice herbei. Die Mädchen huldigen dem Kaiser, der daraufhin Ernesto beauftragt, Flaminia zu betreuen, und Ecclitico auffordert, Clarice seinen Arm zu reichen. Buonafede versucht, Einspruch zu erheben, fügt sich aber schließlich doch den Anordnungen des Kaisers. Nun bringen zwei Pagen auf Präsentiertellern Krone und Zepter. Feierlich krönt der Kaiser Lisetta zur Kaiserin. Zum Lohn für treue Dienste will er aber auch Buonafedes Töchtern zur Ehe verhelfen. Nachdem er von Buonafede den Schlüssel zu dem Schrein, der die Mitgift enthält, in Empfang genommen hat, wünscht er, daß Ecclitico Clarice und Ernesto Flaminia die Hand zum Lebensbund reichen. Die Komödie ist damit zu Ende. Wutentbrannt schwört Buonafede Rache, als er erkannt hat, daß er auf einen Schwindel hereingefallen ist. – Der Geprellte wird in Eccliticos Haus festgehalten. Er soll erst freigelassen werden, wenn er allen an dem Intrigenspiel Beteiligten Verzeihung gewährt hat. Zunächst verlangt Buonafede den Schlüssel zu seinem Geldschrank zurück. Er hat aber eingesehen, daß er durch seine Schrulligkeit und durch seine närrische Leichtgläubigkeit die Blamage selbst verschuldet hat. So gibt er den drei Paaren seinen Segen und bedenkt jede seiner Töchter mit sechstausend Scudi Mitgift; die Kammerzofe Lisetta erhält ein Hochzeitsgeschenk von tausend Scudi. In froher Stimmung preisen alle das Glück, das ihnen heute vom Mond auf die Erde gefallen ist.

Stilistische Stellung: Unter den Bühnenwerken Joseph Haydns nehmen seine Buffa-Opern eine bevorzugte Stellung ein. Kommt doch der Stil einer Tonsprache, wie sie die Opera buffa oder das Singspiel erfordert, der Eigenart des Meisters in besonderem Maß entgegen. So ist, ähnlich wie bereits bei der neun Jahre früher entstandenen Goldoni-Oper ›Lo speziale‹ (›Der Apotheker‹), auch bei ›Il mondo della luna‹ das typische Bild Haydnscher Instrumentalkunst gewahrt: die eingängige Melodik teils volkstümlich frischen, teils warm empfundenen Ausdrucks, die feine Charakterzeichnung sowie der musikalische Humor, der mitunter durch tonmalerische Effekte verdeutlicht wird (z. B. im Finale I die Empfindung des Schwebens, charakterisiert durch ostinate Zweiunddreißigstel-Figuren). Den beengten Möglichkeiten des Esterházyschen Theaters entsprechend spielt der mit vier Männerstimmen besetzte und einstimmig singende Chor eine untergeordnete Rolle. Dafür werden die Ensemblewirkungen von den Solisten bestritten, so besonders in den Finali II und III, die musikalische Höhepunkte darstellen. Wie bei keiner anderen seiner Opern hat Haydn in seine ›Welt auf dem Monde‹ eine Anzahl reiner Instrumentalsätze eingestreut. So wird jeder der drei Akte mit einem Vorspiel (Sinfonia) eröffnet. Der II. Akt enthält drei Ballette (Nr. 13, 14 und 23) sowie einen Marsch (Nr. 17). In reizvoller Weise ist im I. Akt Buonafedes dreimalige Mondbetrachtung durch das Fernrohr von drei Intermezzi in varianter Instrumentierung und Tonart untermalt (Nr. 3), während im Ballett Nr. 13 die »süßen Harmonien« der Mondlandschaft durch die Bühnenmusik von zwei Fagotten und zwei Hörnern in Korrespondenz mit dem Hauptorchester zum Ausdruck gebracht werden.

TEXTDICHTUNG: Dem Libretto liegt das gleichnamige Dramma giocoso des italienischen Bühnendichters Carlo Goldoni (1707–1793) zugrunde, das wohl als Satire auf menschliche Borniertheit aufzufassen ist. Wer das Textbuch für Haydn eingerichtet hat, ist unbekannt. Die Oper folgt im allgemeinen dem Vorwurf Goldonis; das Finale des II. Aktes und der III. Akt enthalten allerdings größere Abweichungen von dem Original. Die deutsche Textübertragung besorgte Hans Swarowsky.

GESCHICHTLICHES: Goldonis Stück erschien bereits vor Haydn mehrfach auf der Opernbühne, so in Vertonungen von Baldassare Galuppi (1750 Venedig), von Nicola Piccini (1770 Mailand), von Giovanni Paisiello (1774 Neapel) und von Gennaro Astaritta (1775 Venedig). Wie auf der Titelseite des gedruckten Textbuches angegeben ist, wurde Haydns Oper anläßlich der Verlobung des Sohnes Nikolaus von Fürst Nikolaus Esterházy am 3. August 1777 am Schloßtheater zu Esterháza uraufgeführt. Die in Paris, Berlin, Wien und Budapest erhaltenen Autographe des Werkes weichen im Notentext bisweilen voneinander ab, woraus geschlossen werden kann, daß Haydn seine Oper mehrfach überarbeitet hat. Im Frühjahr 1958 wurde ›Die Welt auf dem Monde‹ von Howard C. Robbins Landon in einer Neufassung vorgelegt, die im allgemeinen Haydns Original von 1777 folgt. Die vom Komponisten ursprünglich für einen Altkastraten gesetzte Partie des Ernesto wurde dabei für Bariton umgeschrieben.

Die belohnte Treue (La fedeltà premiata)

Dramma pastorale giocoso in drei Akten. Text von Giambattista Lorenzi.

SOLISTEN: *Celia,* die eigentlich *Fillide* heißt (Lyrischer Alt, gr. P.) – *Fileno,* Geliebter der Fillide (Lyrischer Tenor, auch Spieltenor, gr. P.) – *Amaranta,* eine eitle Dame (Lyrischer Mezzosopran, gr. P.) – *Lindoro,* Amarantas Bruder, zunächst verliebt in Nerina, später in Celia (Lyrischer Tenor, gr. P.) – *Perruchetto,* ein Graf von überspanntem Charakter (Lyrischer Bariton, gr. P.) – *Nerina,* eine Nymphe, verliebt in Lindoro (Lyrischer Sopran, auch Soubrette, gr. P.) – *Melibeo,* Priester des Diana-Tempels, verliebt in Amaranta (Spielbaß, auch Baßbariton,

gr. P.) – *Die Göttin Diana* (Lyrischer Sopran, auch Jugendlich-dramatischer Sopran, kl. P.).
CHOR: Nymphen und Schäfer. Jäger und Jägerinnen. Das Gefolge der Diana (gemischter Chor, kl. Chp.).
BALLETT: Schäfer und Schäferinnen. Nymphen. Satyrn (ad libitum).
ORT: Die Handlung spielt in der Ebene von Cumae.
SCHAUPLÄTZE: Tempel und heiliger Hain der Diana – Ein Garten – Eine düstere Höhle – Eine Ebene am Meer.
ZEIT: In pastoraler Zeit.
ORCHESTER: Fl., 2 Ob., 2 Fag. – 3 Hr., 2 Trp. – P., Cemb. – Str.
GLIEDERUNG: Ouvertüre, durch Rezitative gegliederte musikalische Nummern.
SPIELDAUER: etwa 3 Stunden.
HANDLUNG: Eine Gruppe von Nymphen und Schäfern hat sich vor dem Tempel der Diana versammelt und bittet die Göttin um Barmherzigkeit. Der Diana-Priester Melibeo heißt die schöne Amaranta willkommen, die der Göttin ein Opfer bringt. Während sich alles auf die heilige Jagd der Diana vorbereitet, erfährt Amaranta aus einer Inschrift, warum alles so besorgt ist, denn jedes Jahr müssen dem Ungeheuer, das im See lebt, zwei treue Liebende geopfert werden, bis eine heldenhafte Seele sich freiwillig zum Opfer darbringt. Dann soll wieder Frieden ins Land einziehen. Melibeo, der in Amaranta verliebt ist, ergänzt die Kunde durch den Hinweis, der Diana-Priester sei von dieser Regelung natürlich ausgenommen. Die Nymphe Nerina beklagt sich bitter über Lindoro, den Bruder Amarantas, der sie früher liebte, ihr nun aber, seit Celia angekommen ist, keine Beachtung schenkt. Amaranta ist die Situation unangenehm; sie bittet deshalb Melibeo, seinen Einfluß geltend zu machen und Lindoro mit Celia zu verheiraten; sie werde sich dann auch den Liebesschwüren Melibeos gewogen zeigen. Doch ihre vorgetäuschte Bereitschaft wird jäh unterbrochen durch das plötzliche Auftauchen des Grafen Perruchetto, der von Räubern verfolgt worden ist und angstschlotternd hereinstürzt. Seine Angst schwindet allerdings, als er die schöne Amaranta sieht, und er beginnt sogleich ihr den Hof zu machen. Der Priester sieht mit Argwohn und unterdrückter Wut, daß seine Schöne offensichtlich Gefallen an dem Grafen findet. – Der Hirte Fileno trauert seiner verlorenen Liebe nach; er trifft auf Nerina, die ihrerseits traurig ist. Beide klagen einander ihr Leid: Nerina hat ihren geliebten Lindoro an Celia verloren, während Filenos geliebte Fillide von einer giftigen Schlange gebissen wurde. Sie wissen noch nicht, daß sie von derselben Person sprechen. Fileno verspricht der Nymphe, er wolle mit Celia reden und sie bitten, von Lindoro zu lassen. – In einem anderen Teil des Waldes hütet Celia, die in Wirklichkeit Fillide heißt, ihre Schafe und beklagt ihr Los; ihr Geliebter Fileno ist verschwunden, und unter dem Namen Celia reist sie umher, um ihn zu suchen. Sie schläft ein. Fileno er-

scheint, geführt von Nerina, um mit Celia zu reden. Zuerst verjagt er den eifersüchtig herumlungernden Lindoro, der seinerseits nun Melibeo holt. Dann weckt er das Mädchen, und überrascht und erfreut erkennen sich Fillide und Fileno. Doch aus dem Augenwinkel sieht Celia/Fillide Lindoro und Melibeo herankommen, und sie fürchtet, Melibeo könne sie – mit allen negativen Folgen – zum »treuen Liebespaar« des Jahres aussuchen. So leugnet sie ab, Fileno je gesehen zu haben, was diesen in Verzweiflung stürzt. Er will sich erstechen, doch man hält ihn zurück. Lindoro bemüht sich erneut um Celia, aber auch der Graf macht der Schäferin verliebte Augen – was Amaranta in Wut versetzt. Trotz Celias Geistesgegenwart ahnt Melibeo die Zusammenhänge und setzt Celia unter Druck: entweder soll sie Lindoro heiraten oder dem Ungeheuer geopfert werden. Celia bittet Nerina, ihre unbegründete Eifersucht zu vergessen und Fileno zu warnen; Nerina jedoch versteht die Zusammenhänge nicht; zudem gefällt es ihr, daß der Graf Perruchetto auch sie umwirbt, wobei er erneut von Amaranta ertappt wird, deren Wut sich steigert. Amaranta, Lindoro und Melibeo besprechen ihren Plan, wie Celia zur Heirat gezwungen werden könne. Doch als Lindoro Celia umwirbt, antwortet sie ihm mit einer Ohrfeige und läuft fort. Nerina wird von Perruchetto umworben, und Amaranta hat Celia herbeigeholt, die nur in Sorge ist um das Wohlergehen Filenos, den man gefesselt herangeschleppt hat. Als man ihm erzählt, Celia werde Lindoro heiraten, bricht er in wilde Verzweiflung aus, doch aus Angst davor, dem Ungeheuer vorgeworfen zu werden, schweigt Celia. Die Verwirrung wird vollständig, als eine Gruppe von Satyrn hereinbricht, die ein Auge auf Nerina geworfen haben, nun aber Celia entführen. Da Fileno noch gefesselt ist und Melibeo und Perruchetto eher zu den Hasenfüßen gehören, bleibt Widerstand aus. Der Akt endet in totaler Verwirrung. – Nerina hat Fileno losgebunden, und dieser hat Celia aus der Gewalt der Satyrn befreit, um sie jedoch gleich wieder zu verlieren. Amaranta und Perruchetto geraten wegen der Unbeständigkeit des Grafen aneinander, doch löst sich – sehr zum Mißfallen von Melibeo – alles in schönster Eintracht auf. Melibeo rät Nerina, sich um Fileno zu bemühen, und dieser macht nun seinerseits der Nymphe den Hof, um sich an Celia zu rächen, die, wie er weiß, die Szene beobachtet. Als er gegangen ist, beklagt sich Celia bei Nerina, doch diese rät ihr, vom untreuen Fileno abzulassen. Die Jagd beginnt, doch scheinen die Rollen vertauscht: Perruchetto wird von einem Bären verfolgt und rettet sich auf einen Baum, Amaranta flieht vor einem wilden Keiler und wird von Fileno gerettet, der dann jedoch wieder verschwindet. Perruchetto klettert von seinem Baum und rühmt sich, als Amaranta aus ihrer Ohnmacht erwacht, das wilde Tier erlegt zu haben, was ihm allerdings niemand glaubt, so daß er den toten Keiler und den Baum, auf dem er gesessen, als Zeugen anruft. Fileno, von Verzweiflung getrieben, beschließt zu sterben: Zuvor

schnitzt er jedoch als Botschaft in den Baum: »Für Fillide, die Treulose, starb Fileno.« Als er jedoch feststellt, daß seine Lanze zerbrochen ist, verschiebt er den Selbstmord. Celia findet die Inschrift und ist nun ihrerseits verzweifelt, da sie den Geliebten tot wähnt. Melibeos Intrige nähert sich dem Erfolg. Es gelingt ihm, es so zu arrangieren, daß Celia und Perruchetto zusammen in einer Höhle gefunden werden und nun als »treues Liebespaar« dem Ungeheuer vorgeworfen werden sollen. Amaranta glaubt sich nun zum dritten Mal vom Grafen betrogen. Fileno streift umher, um Celia zu suchen; Nerina, bereits von Gewissensbissen geplagt, möchte ihm helfen, wagt es aber nicht. Nerina, Lindoro und Fileno sehen, daß Melibeos schreckliche Pläne Erfolg zu haben scheinen. Amaranta fleht sie an, den Grafen zu retten; auch wenn er nicht gerade ein beständiger Ehemann sein dürfte, so möchte sie doch die Chance, Gräfin zu werden, nicht im Bauche des Ungeheuers verschwinden sehen. Melibeo führt, in vollem Priesterornat, die weißgekleideten Opfer herein. Celia und Perruchetto begehren auf gegen die Ungerechtigkeit des Schicksals, aber Melibeo bringt die Klage zum Verstummen und treibt alle zur Eile an – man dürfe die Göttin nicht warten lassen. Rettung scheint nicht mehr möglich. – Celia und Fileno sehnen sich nach Versöhnung. Melibeo führt alle ans Ufer des Meeres, um das Ungeheuer zu erwarten. Es erscheint, und alle Hoffnung scheint vergebens; da bietet sich Fileno als freiwilliges Opfer an, das Cumae allein den Frieden bringen könne. Doch als er sich dem Ungeheuer vorwerfen will, ertönt ein Donnerschlag, und die Szene wandelt sich. Das Ungeheuer verschwindet und an seiner Stelle erscheint die Göttin Diana. Sie zeigt sich versöhnt durch Filenos Großmut und schenkt allen den langersehnten Frieden. Den betrügerischen Melibeo jedoch haben ihre Pfeile getötet. Diana bestimmt, daß Fileno seine Fillide bekommt und daß Perruchetto Amaranta heiraten soll (von Nerina und Lindoro ist nicht die Rede, ja Nerina ist gar nicht auf der Bühne – wohl, weil bei der Premiere die Partien der Nerina und der Diana von derselben Sängerin ausgeführt wurden). Die Oper endet mit einem Freudenfest und einem Lobgesang auf die Milde der Göttin.
STILISTISCHE STELLUNG: Erst in jüngster Zeit hat man – neben dem weltberühmten Komponisten von Symphonien, Messen, Oratorien und Streichquartetten – auch den Opernkomponisten Haydn wiederentdeckt. Seine 1780 komponierte Oper ›La fedeltà premiata‹ gehört in ihrer Mischung aus tragikomischen und pastoralen Elementen zu den faszinierendsten und zukunftweisenden Partituren dieser Zeit; ihr musikalischer Charme, die Vielfalt der Formen und Emotionen und die faszinierende Behandlung der Singstimmen und der Instrumente machen sie zu einem Meisterwerk, das durchaus gleichberechtigt neben den Opern Mozarts Platz findet (der übrigens ›La fedeltà premiata‹ offensichtlich gut kannte, denn die Arie »Dell mio amor« der Amaranta aus dem II. Akt war unüberhörbar Vorbild für »Deh, per questo

istante« aus ›La clemenza di Tito‹). Die komischen Elemente (interessanterweise nicht, wie im 18. Jahrhundert üblich, in den »niederen Schichten«, sondern in der überdreht-verrückten Figur des Grafen Perruchetto), der parodistische Sinn des Komponisten, seine Vielfalt in überraschenden Orchester-Reaktionen und Instrumentations-Illustrationen (die manche »Effekte« aus den späten Oratorien vorwegnehmen), aber auch die anrührende Leidenschaftlichkeit und vokale Sensibilität sollten der Oper (mit einigen überlegten Strichen) auch heute noch zu bühnenwirksamem Leben verhelfen können.

TEXTDICHTUNG: Haydns Oper ›La fedeltà premiata‹, vom Fürsten Esterházy nach dem Brand des Opernhauses 1779 zur Neueröffnung des geplanten Neubaus in Auftrag gegeben, entstand in wenigen Monaten. So blieb keine Zeit, ein neues Libretto zu verfassen, und Haydn griff zurück auf das Textbuch, das Giambattista Lorenzi 1779 für Domenico Cimarosa verfaßt hat. In der pastoralen Szene (die ihrerseits in vielen Handlungsdetails auf den Renaissance-Dichter Battista Guarini zurückgeht) mischen sich die tragischen und die komischen Elemente; denn anders als noch zu Beginn des Jahrhunderts war jetzt die pastorale Szene nicht mehr ungebrochen, als schöne Utopie eines vergangenen Arkadien zu erleben, sondern reizte gerade durch ihre geschlossene Welt der Sujets und Situationen zur Doppelbödigkeit, zur Parodie.

GESCHICHTLICHES: Im November 1779 brannte das Opernhaus in Esterháza ab; dabei ging ein Großteil der Haydnschen Aufführungsmaterialien verloren (die meisten Partituren wurden, da Haydn sie in seiner Wohnung aufbewahrte, gerettet). Fürst Nikolaus befahl den Wiederaufbau, zu dessen Einweihung Haydn ›La fedeltà premiata‹ komponierte. Die Uraufführung fand statt am 25. Februar 1781 und hatte großen Erfolg; bis 1785 spielte man das Werk in Esterháza allein fünfunddreißigmal; in deutscher Sprache wurde es 1785 in Preßburg und – von Emanuel Schikaneders Operntruppe – 1784 in Wien aufgeführt, wo es ebenfalls höchst erfolgreich war. Dann geriet das Werk aber in Vergessenheit. Erst 1958 stieß der Haydn-Forscher Howard C. Robbins Landon in Budapest auf das unvollständige Partiturautograph und konnte nach und nach aus verschiedenen Abschriften die Partitur rekonstruieren. Seit der erfolgreichen Wiederaufführung im Rahmen des Holland-Festivals 1970 ist das Werk in Kiel, London, Braunschweig, Zürich und Karlsruhe mit Erfolg aufgeführt worden und liegt auch in einer authentischen Schallplatteneinspielung unter Antal Dorati vor.

W. K.

Hans Werner Henze

* 1. Juli 1926 in Gütersloh

Das Wundertheater, Oper für Schauspieler (1949 Heidelberg), T: nach Miguel Cervantes de Saavedra, E.; neue Fassung für Sänger 1964, V: Schott

Ein Landarzt (1951 Nordwestdeutscher Rundfunk, Hamburg), T: nach Franz Kafka vom Komponisten, Funkoper; Bühnenfassung 1964, E., V: Schott

Boulevard Solitude (1952 Hannover), T: Grete Weil u. Walter Jockisch, V: Schott

Das Ende einer Welt (1953 Nordwestdeutscher Rundfunk, Hamburg), T: Wolfgang Hildesheimer, Funkoper; Bühnenfassung 1964, kO., E., V: Schott

König Hirsch (1956 Berlin), T: Heinz v. Cramer; reduzierte Fassung als ›Il re cervo oder Die Irrfahrten der Wahrheit‹ (1963 Kassel), V: Schott

Der Prinz von Homburg (1960 Hamburg), T: nach Heinrich v. Kleist v. Ingeborg Bachmann, V: Schott

Elegie für junge Liebende (1961 Schwetzingen), T: Wystan Hugh Auden u. Chester Kallman, V: Schott

Der junge Lord (1965 Berlin), T: nach Wilhelm Hauff v. I. Bachmann, kO., V: Schott

Die Bassariden (1966 Salzburg), T: nach Euripides v. W. H. Auden u. Ch. Kallman, V: Schott

Moralities (1967), T: nach Aesop v. W. H. Auden, drei szenische Kantaten, V: Schott

Der langwierige Weg in die Wohnung der Natascha Ungeheuer (1971), T: Gaston Salvatore, V: Schott

La Cubana (1973), T: nach Miguel Barnet v. Hans Magnus Enzensberger, Vaudeville, V: Schott

Wir erreichen den Fluß (1974–1976), T: Edward Bond, Actions for Music, V: Schott

Don Chisciotte della Mancia (1976), kO. nach Giovanni Paisiello, V: Schott

Pollicino (1979/80), T: Giuseppe di Leva nach Carlo Collodi, Gebrüder Grimm u. Charles Perrault, Märchen für Musik, V: Schott

Die englische Katze (1983 Schwetzingen), T: Edward Bond, V: Schott

Boulevard Solitude

Lyrisches Drama in sieben Bildern. Text von Grete Weil, Szenarium von Walter Jockisch.

Solisten: *Manon Lescaut* (Lyrischer Koloratursopran, gr. P.) – *Armand des Grieux,* ein Student (Lyrischer Tenor, gr. P.) – *Lescaut,* Bruder von Manon (Lyrischer Bariton, gr. P.) – *Francis,* ein Freund von Armand (Bariton, kl. P.) – *Lilaque le père,* ein reicher alter Kavalier (Spieltenor, auch Charaktertenor, m. P.) – *Lilaque le fils,* sein Sohn (Baßbariton, auch Baß, m. P.) – *Eine Dirne* (Tänzerin) – *Diener* bei Lilaque le fils (Stumme Rolle).

CHOR: Studenten. Kinder (Männerchor, kl. Chp.; Kinderchor, kl. Chp.).
BALLETT: Kokainisten. Zigarettenboy. Blumenmädchen. Zeitungsjungen. Bettler. Dirnen. Polizisten. Reisende. Studenten und Studentinnen.
ORT: Frankreich.
SCHAUPLÄTZE: Bahnhofshalle einer französischen Großstadt – Kleines Mansardenzimmer in Paris – Elegantes Boudoir bei Lilaque le père – Universitätsbibliothek – Rauschgift-Kaschemme – Wohnung von Lilaque le fils – Grauer Wintertag vor dem Gefängnis.
ZEIT: Gegenwart.
ORCHESTER: 2 Fl. (II. auch Picc.), Ob., Eh., Kl., Bkl., 2 Fag. – 4 Hr., 4 Trp., 3 Pos., Tuba – P., Schl., Hrf., Klav., Mandoline – Str.
GLIEDERUNG: Durchkomponierte Großform, instrumentale Intermezzi vor jedem Bild.
SPIELDAUER: etwa 2 Stunden.
HANDLUNG: In einer Bahnhofshalle sitzen Armand und Francis an einem Kaffeehaustischchen. Francis verabschiedet sich. Da kommt Lescaut mit seiner Schwester Manon, die er in ein Pensionat nach Lausanne bringen soll. Manon setzt sich zu Armand, und die beiden jungen Menschen verlieben sich ineinander. Manon reist mit Armand nach Paris. Lescaut, der sich an die Bar gesetzt hatte, greift nicht ein. – Manon und Armand bewohnen eine Mansarde in Paris. Manon möchte einen neuen Hut, aber Armand hat kein Geld mehr; sein Vater hat die Unterstützung eingestellt, weil der Sohn nicht mehr ordentlich studiert. Er will aber versuchen, Francis anzupumpen. Als er geht, erscheint Lescaut. Er hat einen neuen, reichen Liebhaber, den alten Lilaque, für Manon aufgetrieben. Manon zögert, doch dann willigt sie ein und gibt dem auf der Straße wartenden Lilaque das verabredete Zeichen. – In der eleganten Wohnung des alten Lilaque schreibt Manon einen Liebesbrief an Armand. Lescaut kommt dazu, zerreißt den Brief und fordert Geld von ihr. Als sie sich weigert, bricht er den Tresor auf. Der alte Lilaque kommt dazu, schöpft bei dieser »Familienidylle« Verdacht, entdeckt den Einbruch und wirft Manon und Lescaut aus dem Hause. – In der Universitätsbibliothek erzählt Francis seinem Freunde Armand von dem Skandal; Armand jedoch erklärt, er wolle zu Manon halten, selbst wenn sie ins Gefängnis käme. Francis geht, und Armand liest in Catulls Liebesgedichten. Da erscheint Manon und liest mit ihm gemeinsam; wieder verfällt der Student ihrer Schönheit und verzeiht ihr ihre Untreue. – Manon hat Armand erneut verlassen; aus Liebeskummer ist Armand rauschgiftsüchtig geworden und lungert in einer Kaschemme herum, wo ihn Lescaut mit Kokain versorgt. Während Armand wirren Träumen nachhängt, in denen er sich für Orpheus hält, der seine Eurydike befreien muß, verkuppelt Lescaut Manon an den jungen Lilaque. Als sie gegangen sind, über-

bringt eine Dirne Armand einen Brief von Manon, in dem sie ihm schreibt, sie erwarte ihn in der kommenden Nacht im Hause ihres neuen Liebhabers, der dann verreist sei. – Armand und Manon erwachen am Morgen. Armand muß gehen, denn Lilaque le fils kann jeden Augenblick zurückkommen. Lescaut kommt und drängt den Studenten, zu gehen. Da er erneut in Geldnöten ist, schneidet er ein modernes Bild aus dem Rahmen, um es zu verkaufen. Der Diener, dem dies alles nicht geheuer ist, hat den alten Lilaque alarmiert; Armand und Lescaut verbergen sich im Schlafzimmer. Manon zeigt sich liebenswürdig, und der Alte ist durchaus bereit, darauf einzugehen, und zerrt sie ins Schlafzimmer. Obwohl Manon Widerstand leistet, betritt er es und entdeckt den Diebstahl, aber auch Armand und Lescaut. Er läßt den Diener die Polzei rufen und versucht, die jungen Leute an der Flucht zu hindern. Lescaut drückt Manon eine Pistole in die Hand, und sie erschießt den alten Lilaque. Lescaut flüchtet mit dem gestohlenen Bild. Der junge Lilaque erscheint und findet die Leiche seines Vaters. Manon wird verhaftet. – An einem grauen Wintermorgen wartet Armand vor dem Gefängnis, um Manon, die in eine andere Strafanstalt gebracht werden soll, noch einmal zu sehen. Sie aber geht grußlos an ihm vorüber. Armand bleibt allein zurück.

Stilistische Stellung: Es ist sicher kein Zufall, daß sich Henze bei seiner ersten abendfüllenden Oper eines Sujets bediente, das zuvor schon Daniel François Esprit Auber, Jules Massenet und Giacomo Puccini vertont haben. Doch die Handlung wird in die Gegenwart gelegt. Die »asoziale Agressivität« der Handlung (Klaus Geitel) kontrastiert dabei mit einem lyrisch-desperaten Grundgefühl: dem von Liebe, Sehnsucht und Verzweiflung, wodurch auch – mehr als bei den Vorbildern – die Rolle des Armand in den Mittelpunkt gerückt wird. Das Bürgerschreck-Moment, das das Stück auch hatte, tritt – heute erst recht – zurück hinter dem Sehnsuchtston. Henzes schöpferischer Eklektizismus verwendet bei diesem Stück traditionelle Formen und Abläufe; eine zwölftönige organisierte Musik erreicht durch klanglich diskret abgestimmte Atmosphäre, subtile tonale Grundlegungen und höchst differenzierte Vokalbehandlung (von gesprochenen Teilen bis zu fast puccinesken Arien) phantastische Biegsamkeit und kühle Schönheit. Die Musik identifiziert sich nicht: sie kommentiert und beschreibt.

Textdichtung: Das Szenarium zu Henzes ›Boulevard Solitude‹ (der Titel leitet sich ab von Billy Wilders Erfolgsfilm ›Sunset Boulevard‹, der in Paris, wo ihn Henze sah, unter dem Titel ›Boulevard du Crépuscule‹ gespielt wurde) entwarf der Regisseur Walter Jockisch, die – bewußt künstlich gereimten – Texte schrieb Jockischs Frau Grete Weil. Dabei ging es – darin abweichend von der literarischen Vorlage, dem Roman des Abbé Prévost (›L'Histoire du Chevalier des Grieux et de Manon Lescaut‹, 1731) – nicht um eine moralisierende Sicht, sondern

um das Grundgefühl der Einsamkeit in Beziehungen wie in allen gesellschaftlichen Situationen. Verdeutlicht wird dieses Element durch die kommentierende und Figuren verdoppelnde Rolle des Balletts.
GESCHICHTLICHES: Henze schrieb ›Boulevard Solitude‹ ohne Auftrag zwischen Sommer 1950 und Herbst 1951. Die Uraufführung fand, nachdem sich Verhandlungen mit München und Hamburg zerschlagen hatten, am 17. Februar 1952 am Landestheater Hannover statt. Es dirigierte Johannes Schüler, es inszenierte Walter Jockisch in den Bühnenbildern von Jean-Pierre Ponnelle. Der große Erfolg des Werkes sorgte für zahlreiche Aufführungen an deutschen Theatern, aber auch im Ausland, zumal in Italien.

W.K.

König Hirsch

Oper in drei Akten von Heinz von Cramer.

SOLISTEN: *Der König* (Jugendlicher Heldentenor, gr. P.) – *Das Mädchen* (Jugendlich-dramatischer Sopran, gr. P.) – *Der Statthalter* (Heldenbariton, auch Charakterbariton, gr. P.) – *Scolatella,* eine teilbare Frauenperson (Koloratursopran, gr. P.) – *Scolatella II* (Soubrette, m. P.) – *Scolatella III* (Mezzosopran, kl. P.) – *Scolatella IV* (Alt, kl. P.) – *Checco,* ein verträumter Bursche (Spieltenor, auch Lyrischer Tenor, m. P.) – *Coltellino,* ein schüchterner Mörder (Spieltenor, auch Charaktertenor, m. P.) – *Eine Dame in Schwarz* (Alt, auch Mezzosopran, kl. P.) – *Die Clowns* (Clowns mit Gesang, Sprechpartien, m. P.) – *Der Hirsch* (Stumme Rolle) – *Der Papagei* (Tänzerin) – *Die Statuen* (2 Knabensoprane, auch 2 Frauensoprane, kl. P.) – *Stimmen des Waldes* (Sopran, Mezzosopran, Alt, Tenor, Baß, m. P.) – *1. Wache* (Tenor, kl. P.) – *2. Wache* (Baß, kl. P.) – *Stimmen der Menschen* (Sopran, Mezzosopran, Alt, Tenor, Bariton, Baß, Chorsoli, kl. P.) – *1. Frau* (Sopran, kl. P.) – *2. Frau* (Sopran, kl. P.) – *3. Frau* (Mezzosopran, kl. P.) – *4. Frau* (Alt, kl. P.) – *Drei Männer* (Tenöre, kl. P.).
CHOR: Stimmen der Menschen. Volk. Jäger. Soldaten (Kinderchor, gemischter Chor, im III. Akt dreifach geteilter Männerchor, m. Chp.).
BALLETT: Die Windgeister.
STATISTERIE: Tiere, Erscheinungen.
ORT: Die Szene spielt in einer südlichen Landschaft – Ein Venedig zwischen Wald und Meer.
SCHAUPLÄTZE: Im Innern eines Schlosses – Der Wald – Plätze und Straßen.
ZEIT: In märchenhafter Zeit.

Orchester: 3 Fl. (III. auch Picc.), 2 Ob., Eh., 2 Kl., Bkl., 2 Fag., Kfag. – 4 Hr., 3 Trp., 2 Pos., Tuba – P., Schl., Klav., Cel., Cemb., Hrf., Akkordeon, Mandoline, Gitarre – Str. – Bühnenmusik: Fl., Kl., 3 Trp., Schl., Org., Cel., Mandoline, Viol.
Gliederung: Durchkomponierte, szenisch gegliederte Großform.
Spieldauer: etwa 4½ Stunden.

Il re cervo oder Die Irrfahrten der Wahrheit

Oper in drei Akten, reduzierte Fassung des ›König Hirsch‹

Solisten: *Leandro,* der König (Jugendlicher Heldentenor, gr. P.) – *Costanza,* das Mädchen (Jugendlich-dramatischer Sopran, gr. P.) – *Tartaglia,* der Statthalter (Heldenbariton, auch Charakterbariton, gr. P.) – *Scolatella I* (Koloratursopran, m. P.) – *Scolatella II* (Soubrette, auch Lyrischer Sopran, kl. P.) – *Scolatella III* (Mezzosopran, kl. P.) – *Scolatella IV* (Alt, kl. P.) – *Checco,* ein melancholischer Musikant (Spieltenor, auch Lyrischer Tenor, m. P.) – *Coltellino,* ein schüchterner Mörder (Spieltenor, auch Charaktertenor, m. P.) – *Die beiden Statuen* (Knabensoprane, auch Frauensoprane, kl. P.) – *Sechs Alchimisten* (Clowns mit Gesang, Sprechrollen, kl. P.) – *Der Hirsch* (Stumme Rolle) – *Cigolotti,* ein Zauberer (Sprechrolle) – *Stimmen des Waldes* (Sopran, Mezzosopran, Alt, Tenor, Baß, kl. P.) – *Stimmen der Menschen* (Sopran, Mezzosopran, Alt, Tenor, Bariton, Baß, Chorsoli) – *1. Frau* (Sopran, kl. P.) – *2. Frau* (Sopran, kl. P.) – *3. Frau* (Mezzosopran, kl. P.) – *4. Frau* (Alt, kl. P.) – *Drei Männer* (Tenöre, kl. P.).
Chor: Stimmen der Menschen. Kinder. Volk (Kinderchor, gemischter Chor, im III. Akt dreifach geteilter Männerchor; m. Chp.).
Ballett
Orchester: 2 Fl. (II. auch Picc.), 2 Ob. (II. auch Eh.), 2 Kl. (II. auch Bkl.), 2 Fag. (II. auch Kfag.) – 3 Hr., 2 Trp., 1 Trp. piccola antica, 2 Pos. – P., Schl., Klav., Cemb., Cel., Hrf., Gitarre, Mandoline, Org. – Str. – Bühnenmusik: 2 Hr., 3 Trp., Gl., Glsp., Mandoline, Vibraphon, Schl.
Spieldauer: etwa 2½ Stunden.
Handlung: Scolatella, ein etwas ordinäres weibliches Wesen, das die Gabe hat, in mehreren Gestalten zu erscheinen, kommt aus dem Regen ins Königsschloß; der junge König hat alle Mädchen des Landes zur Brautschau befohlen. Sie versucht, ihr ramponiertes Äußeres wieder herzurichten. Aus dem Spiegel zaubert sie ihr zweites Ich und berät mit ihm, wie man den jungen König zum Gemahl gewinnen könnte; doch als sich das zweite Ich selbständig machen will, scheucht sie es wieder in den Spiegel zurück. Der Statthalter kommt in den noch leeren Thronsaal. Er, dessen Macht jetzt zu Ende geht, kann das Krönungsfest nicht ertragen. Er hat vor Jahren den jungen König im Wal-

de aussetzen lassen in der Hoffnung, dieser werde dort sterben, doch der König wuchs dort auf und kam, von den Tieren des Waldes geleitet, in die Stadt, um seine Herrschaft anzutreten. Aber der Statthalter hat noch nicht aufgegeben; er brütet über finsteren Plänen und beachtet auch Scolatella nicht, die ihn für den König hält. Checco, ein verträumter Jüngling, fragt den vermeintlichen König nach einem Papagei, fragt, ob die Statuen schon gesprochen hätten, und ob er »das Wort« wisse. Da der Statthalter nicht antworten kann, entlarvt ihn Checco, dann könne er nicht der König sein, und geht. Windgeister flattern vorüber, die dem schüchternen Mörder Coltellino die Pistole geraubt haben; verwirrt läuft er hinterher, kann aber die Waffe nicht erhaschen. Wachen schleppen ein Mädchen herein, das sich geweigert hat, zur Brautschau zu gehen: einen Mann, den sie nicht kennt, könne sie doch auch nicht heiraten. Der Statthalter schildert ihr den König als ein wildes Tier und drückt ihr einen Dolch in die Hand; damit solle sie den König ermorden. Die Tiere des Waldes, die den König in die Stadt begleitet haben, treten auf und bilden einen Kreis um den Statthalter, der ängstlich um sein Leben fleht, aber schließlich entfliehen kann. Der eben gekrönte König kommt in den Saal; er fühlt sich einsam, zumal er feststellen muß, daß er nun nicht mehr die Sprache der Tiere spricht, daß sie seinen Blick meiden und sich von ihm zurückziehen. Er bittet die beiden Statuen um Hilfe; dann beginnt die Brautschau. Eine Dame in Schwarz tritt auf, außerdem Scolatella in vierfacher Gestalt; die Statuen aber bedeuten dem König, sie alle strebten nur nach Macht, ohne ihn zu lieben. Die Frauen verwandeln sich in allerlei schreckliche Gestalten, bis sie der König wegschickt. Das Mädchen wird hereingebracht. Sie erkennt, daß der König ganz anders ist, als ihn der Statthalter geschildert hat, und verliebt sich in ihn wie er sich in sie. Die Statuen schweigen; aus Angst, sie könnten ihm auch hier abraten, zerschlägt der König sie. Nun tritt der Statthalter auf; er klagt das Mädchen des Mordversuches an und weist auf den Dolch. Der König glaubt zwar an die Unschuld der Geliebten, wird aber vom Statthalter mit den Gesetzen konfrontiert; wer den König ermorden wolle, müsse sterben. Unter solchen Gesetzen will der König jedoch nicht König sein: er begnadigt das Mädchen, gibt dem Statthalter freiwillig die Krone zurück und kehrt zurück in den Wald. Der Statthalter befiehlt Coltellino, dem König zu folgen und ihn im Wald zu ermorden; dazu gibt er ihm eine schwarze Pistole. Die Clowns erscheinen: sie haben für das Krönungsfest eine große Gala vorbereitet, sind jetzt aber traurig, weil der König in den Wald zurückgekehrt ist, und wollen ihn dort suchen. – Der Wald gleicht einem einzigen riesigen Lebewesen. Er spürt, daß Fremde kommen, und schweigt. Checco liegt im Wald und träumt: er sieht den König mit dem Papagei umherirren, er sieht Scolatella mit ihren drei Inkarnationen vor einer Hütte, er sieht Coltellino, der hinter dem König herschleicht, doch zu ungeschickt ist, den Mord auszuführen. Der König ist durstig und bittet Scolatella um einen Schluck Wasser, der ihm verweigert wird; er zieht weiter. Da erscheint der Statthalter. Er folgt dem König und hofft, ihn zu töten, denn vorher fühlt er sich nicht sicher in seiner Macht. Er wirft einen Dolch auf den König, doch der Papagei fängt ihn ab, wobei er am Flügel verwundet wird. Der König verschwindet, und Checco versorgt die Wunde des Papageis. Zum Dank gibt ihm der Vogel einige Maßregeln für den weiteren Weg, verrät ihm das Wort für den König und schenkt ihm eines seiner Augen, mit dem er die Wege des Königs sehen könne. Auch warnt er ihn vor dem Statthalter, bevor ihn die Windgeister wegführen, damit er seine Wunde ausheilen kann. Die Clowns, als Tiere verkleidet, sind im Wald und suchen ihren König. Sie haben Angst vor den Tieren, aber auch vor den Jägern des Statthalters, die sie für Tiere halten könnten. Checco und Coltellino ihrerseits fürchten sich vor den Tier-Clowns und klettern auf einen Baum. Da erscheint ein Hirsch. Die Clowns spielen mit ihm, doch da erscheint wieder der Statthalter und erschießt das Tier, das sterbend zu Boden fällt. Da der Statthalter vortäuscht, er habe den Papagei in seiner Gewalt, vermag er aus Checco, der um den Freund fürchtet, dessen Geheimnisse herauszupressen. Durch das Auge des Papageis sieht er den König bei dem toten Hirsch stehen. Er zwingt Checco, den Spruch in den Sand zu schreiben, der König liest ihn und verwandelt sich in den Hirsch, der davonschreitet, während die Hülle des Königs wie tot liegenbleibt. Da erkennt der Statthalter seine Chance: er tritt hinzu, murmelt ebenfalls den Spruch und verwandelt sich nun in den König. Um eine Rückkehr auszuschließen, schlägt er dem Körper des Statthalters den Kopf ab. Doch dann erkennt der falsche König, daß er versäumt hat, den König Hirsch zu töten. Er hetzt die Jäger auf alle Hirsche im Wald, aber der Wald verschließt sich und läßt niemanden ein außer dem echten König in Hirschgestalt. Dieser jedoch wandert unruhevoll und sehnsüchtig umher. Im Wandel der Jahreszeiten, in dem Scolatella und ihre Verdoppelungen immer mehr von Menschen zu Bäumen wachsen, erkennt er, daß er hier keinen inneren Frieden finden kann; er sehnt sich nach dem Mädchen, die Liebe ruft ihn in die Stadt zurück. – Der falsche König regiert die Stadt, doch alles ist verfallen und menschenleer; sein Terror-Regime hält die Menschen in Angst und Heimlichkeit, und das Mädchen kann der falsche König trotz aller Suche auch nicht finden. Zudem läßt ihn die Angst vor der Rückkehr des wahren Königs keine Ruhe finden. Checco hat er in Ketten legen lassen, da dieser ja der einzige Zeuge seiner Verwandlung ist und ihn verraten könnte. Der erfolglose Coltellino aber ist wahnsinnig geworden. König Hirsch ist in die Stadt gekommen. Auch das Mädchen, das sich den Häschern des falschen Königs hat entziehen können, sucht ihn; als sie sich finden, erkennt sie ihn nicht, fühlt sich aber zu ihm hingezogen. Er aber ist noch zu sehr Tier und hält den Blick des Menschen noch nicht aus. Der falsche König taucht auf und umwirbt das Mädchen, aber es empfindet nichts für ihn. Das Volk bemerkt das Auftauchen des Hirsches und erinnert sich an eine Prophezeiung, daß jetzt alles Leid ein Ende habe. Der Statthalter will nun den Hirsch töten, aber die Windgeister schützen ihn. Der Papagei, der mit dem König Hirsch aus dem Walde gekommen ist, kann Coltellino dazu veranlassen, im richtigen Moment abzudrücken und den falschen König zu töten. Der Hirsch verwandelt sich in den richtigen König zurück, Checco wird befreit, der König und das Mädchen finden einander, das Volk jubelt ihnen zu, und die Clowns geben eine Festvorstellung.

STILISTISCHE STELLUNG: Henze hat sich bemüht, in der Partitur des ›König Hirsch‹ vielerlei Elemente zusammenzufassen: Erfahrungen aus der zwölftönigen und seriellen Musik und der Opernliteratur zwischen Alban Berg und Igor Strawinsky ebenso wie Einflüsse der italienischen Volksmusik, etwa in Canzonen und Arien. Henze schrieb zu seinem Werk: »Die Wunder, die in der Legende vom ›König Hirsch‹ vor sich gehen, die Idee der Metamorphose, der Gedanke einer grenzenlosen Freiheit, die über das Erträgliche hinausgeht, der Tod des Tyrannen und der Friede, all dies sind Motive, die dargestellt werden mußten ohne die geringste Verzerrung oder Perversion und ohne Trick. Der ›König Hirsch‹ ist weder als Märchenoper noch als Traumspiel gedacht und auch nicht als moderne commedia dell'arte, wiewohl er von alledem etwas an sich hat. Mit seinem ganz einfachen Titel ›Oper‹ ist angedeutet, welche Disziplin angestrebt wird. Es handelt sich auch nicht um ein modernes psychologisches Drama. Das von wunderlichen Vorgängen erfüllte Szenarium lenkt anfangs von dem Realismus, der gemeint ist, ab, um dann doch am Ende bestärkend auf ihn hinzuwirken. Auch hinsichtlich des theatralischen Aspektes versuche man sich in der Freiheit und der Auffindung der Schönheit.«

TEXTDICHTUNG: Das Libretto Heinz von Cramers geht zurück auf Carlo Gozzis 1762 in Venedig uraufgeführte Tragikomödie ›Il re cervo‹, in der dieser – im Gegenzug zu Carlo Goldonis vermeintlichem »Realismus« – den Beweis erbringen wollte, daß selbst die absurdesten Zauberstücke und Verwandlungsszenen Lebenswahrheit vermitteln und dramatische Überzeugungskraft haben können. Von Cramers Libretto weicht deutlich von Gozzis Handlungsgerüst ab und überhöht (aber auch kompliziert) den Handlungsverlauf durch Symbolismen, die sich bisweilen schwer erschließen. Doch bei näherer Kenntnis gewinnt das Drama an Schönheit und differenzierter Vielschichtigkeit.

GESCHICHTLICHES: Henze schrieb zwischen 1952 und 1955 auf Ischia und in Neapel das umfangreiche Werk. Die Uraufführung an der Deutschen Oper Berlin war mit Nino Sanzogno am Pult und Gustav Rudolf Sellner als Regisseur geplant, wurde dann aber mit Leonard Steckel als Regisseur und Hermann Scherchen als Dirigent realisiert. Die tief in das Werkgefüge eingreifenden Striche brachten Henze dazu, die Partitur zurückzuziehen; die Uraufführung am 25. September 1956 in Berlin war teilweise ein Theaterskandal, da das Publikum der gut fünfstündigen Aufführung nicht folgen wollte. Eine Reihe von kürzenden Fassungen wurden erarbeitet, bis Henze schließlich selbst mit Heinz von Cramer unter dem Titel ›Il re cervo‹ eine erheblich gekürzte und in der Instrumentation reduzierte Fassung erarbeitete, die den Handlungsverlauf beibehält, aber deutlich rafft und als dramaturgisches Hilfsmittel den auch bei Gozzi vorkommenden Zauberer Cigolotti einführt, der als eine Art Spielführer die Handlung kommentiert und weitertreibt. Die Neufassung wurde am 10. März 1963 am Staatstheater Kassel uraufgeführt. Sie hat den Vorteil der Praktikabilität und Spielbarkeit (der Kürzung des Originals fiel u. a. die Jahreszeiten-Szene des II. Aktes zum Opfer, aus der Henze seine 4. Symphonie zusammenstellte, indem er – wie Berg bei der ›Lulu‹-Symphonie – die Singstimmen ins Orchester einbezog), aber sie rückt das Werk auch sehr in die Nähe der Commedia dell'arte und nimmt ihm dadurch den weiten Atem, die fast barock anmutende Vielfalt und die poetische Differenziertheit. Eine vollständige, den Intentionen des Komponisten entsprechende Aufführung der Originalfassung steht bis heute aus.

W.K.

Elegie für junge Liebende

Oper in drei Akten von Wystan Hugh Auden und Chester Kallman.

SOLISTEN: *Gregor Mittenhofer,* ein Dichter (Heldenbariton, auch Charakterbariton, gr. P.) – *Dr. Wilhelm Reischmann,* ein Arzt (Seriöser Baß, auch Baßbariton, gr. P.) – *Toni Reischmann,* sein Sohn (Lyrischer Tenor, gr. P.) – *Elisabeth Zimmer* (Jugendlich-dramatischer Sopran, auch Lyrischer Sopran, gr. P.) – *Carolina Gräfin von Kirchstetten,* Sekretärin von Mittenhofer (Alt, gr. P.) – *Hilda Mack,* eine Witwe (Lyrischer Koloratursopran, gr. P.) – *Josef Mauer,* ein Bergführer (Sprechrolle, kl. P.) – *Bedienstete im »Schwarzen Adler«* (Stumme Rollen).
CHOR: kein Chor.
ORT: Halle und Terrasse des Berggasthofs »Schwarzer Adler« in den österreichischen Alpen.
ZEIT: um 1910.
ORCHESTER: Fl. (auch Picc., auch Altfl.), Eh. (auch Ob.), Kl. (auch Bkl.), Altsaxophon, Fag. – Hr., Trp., Pos. – P., Glsp., Cel., Flexaton, Marimbaphon, Vibraphon, Schl., Mandoline, Gitarre, Hrf., Klav., 2 Viol., Viola, Vcl., Kb.
GLIEDERUNG: In 34 Situationen gegliederte durchkomponierte Großform.
SPIELDAUER: etwa 2¼ Stunden.

HANDLUNG: Der alternde Dichter Gregor Mittenhofer, begleitet von seinem »Hofstaat«, residiert in einem Gasthaus in den österreichischen Alpen. Sein Gefolge bilden eine ihm hörige, altjüngferliche Gräfin, die zugleich Sekretärin wie Mäzenin des Dichters ist, seine Geliebte, die junge Elisabeth Zimmer, sein Leibarzt Dr. Reischmann und Frau Hilda Mack, an deren Visionen sich Mittenhofers dichterische Inspiration zu entzünden pflegt. Hilda Mack hat vor vierzig Jahren, gleich nach ihrer Verheiratung, bei einer Bergtour auf das Hammerhorn ihren Gatten verloren. Jetzt lebt sie in einer irren Traumwelt und beobachtet, von Halluzinationen heimgesucht, die Berge, immer noch hoffend, der Verschollene werde zu ihr zurückkehren. Carolina Gräfin von Kirchstetten weiß alle Alltäglichkeit, alles Unangenehme vom »Meister« abzuhalten, und Dr. Reischmann kümmert sich um die Gesundheit des Dichters. Alle sind ihm blind ergeben. Die Ankunft Tonis, des Sohnes von Dr. Reischmann, bringt Unruhe in den geregelten Tagesablauf des Dichters und seiner Gefolgschaft. Aber noch mehr: der Bergführer Josef Mauer kommt und meldet, man habe im Gletscher einen Toten gefunden; es ist der vor vierzig Jahren verschollene Gatte von Hilda Mack. Elisabeth fällt die Aufgabe zu, diese Nachricht der Witwe zu überbringen; doch entgegen allen Befürchtungen bewirkt die Mitteilung bei Hilda Mack einen heilsamen Schock. Die Visionen verstummen, sie findet aus der Traumwelt in die Wirklichkeit zurück. Der Dichter sieht sich seiner Inspiration beraubt. Toni Reischmann lernt Elisabeth kennen, und die beiden jungen Leute verlieben sich ineinander. – Toni und Elisabeth haben sich ihre Liebe gestanden; die Gräfin überrascht sie bei einer Umarmung. Die Gräfin und auch Dr. Reischmann sehen in dieser Liebe nur einen Affront gegen den Meister und versuchen, sie den jungen Leuten auszureden, doch umsonst. Toni Reischmann besteht auf einer Konfrontation mit Mittenhofer. Die Gräfin und der Arzt wollen diese verhindern, doch da erscheint der Dichter. In einem Akt imposanter Selbstüberwindung, garniert von altersweiser Resignation, gibt Mittenhofer das junge Mädchen, die sich ihrer Gefühle nicht sicher ist, frei und fesselt sie durch seinen edelmütigen Verzicht zugleich fester an sich. Toni jedoch, der die Gefahr spürt, besteht auf der sofortigen Abreise. Mittenhofer willigt ein, bittet aber vorher die jungen Leute noch um einen letzten Dienst: sie mögen ihm vom Hammerhorn einen Strauß Altvaternblüten mitbringen – Sinnbild seiner Resignation und zugleich Gegenstand neuer Inspiration, der er so nötig bedarf, arbeitet er doch an einem neuen großen Gedicht, das er bei der Feier seines bevorstehenden 60. Geburtstages vortragen will. Toni und Elisabeth willigen erleichtert ein - doch als sie Mittenhofer verlassen haben, läßt er seinen Gefühlen gekränkter Eigenliebe und wilden Zornes hemmungslosen Lauf. – Elisabeth und Toni sind auf den Berg gestiegen. Da kommt ein Schneesturm auf. Hilda und Dr. Reischmann sind bereits abgereist.

Der Bergführer Josef Mauer kommt in den Gasthof und fragt die Zurückgebliebenen, den Dichter und seine Sekretärin, ob sich jemand aus ihrem Kreise auf dem Berg befinde, damit man Hilfe organisieren könne. Der Dichter verneint; und in einem Akt stillen Einverständnisses und wortloser Komplizenschaft schweigt auch die Gräfin. So überrascht der Schneesturm die beiden Liebenden auf dem Berg. Sie kämpfen um ihr Leben, sehen in einer seltsamen Vision ihre eigenen Gestalten Jahre später und erkennen schließlich, daß sie verloren sind. In enger Umarmung sterben sie gemeinsam. – Einige Tage später wird der 60. Geburtstag des berühmten Dichters Gregor Mittenhofer gefeiert: er selbst trägt sein neuestes Werk vor, dessen Anregung er aus dem wirklichen Leben geschöpft hat – es ist die Toni Reischmann und Elisabeth Zimmer gewidmete ›Elegie für junge Liebende‹.

STILISTISCHE STELLUNG: Nach dem überbordenden, in seinen Ansprüchen fast megalomanen ›König Hirsch‹ ist die ›Elegie für junge Liebende‹ in fast allen Elementen ein Gegenzug: eine auf sechs Solisten beschränkte Sängerbesetzung, Verzicht auf Chor und Ballett, ein kleines, nicht einmal dreißig Musiker umfassendes Kammerorchester. Aber auch inhaltlich geht Henze hier andere Wege: anstelle der farbenreichen, vielstimmigen Partitur des ›König Hirsch‹ tritt musiktheatralische Kammermusik, mit klarer Instrumentenzuordnung zu den einzelnen handelnden Personen (Hilda Mack/Flöte; Carolina Kirchstetten/Englischhorn; Dr. Reischmann/Fagott; Elisabeth Zimmer/Violine; Toni Reischmann/Viola; Mittenhofer/Blechblasinstrumente), mit knappen, höchst delikat durchgeformten musikalischen »Situationen«, mit feiner vokaler Variabilität zwischen rhythmisiertem Sprechen bis zu reinem Vokalisen-Gesang (beim Vortrag der »Elegie«), mit kunstvoll ineinander verflochtenen Ensembles.

TEXTDICHTUNG: Der englische Dramatiker Wystan Hugh Auden und der amerikanische Lyriker Chester Kallman, die schon gemeinsam Igor Strawinskys ›The Rake's Progress‹-Libretto geschrieben hatten, schrieben für Henze ein Textbuch, in dessen Mittelpunkt das Künstlergenie des 19. und frühen 20. Jahrhunderts steht. Das Thema der ›Elegie‹ läßt sich, wie es Auden formulierte, in zwei Zeilen von William Butler Yeats zusammenfassen: »Der Geist des Menschen muß sich entscheiden für die Vollkommenheit des Lebens oder des Werkes.« Dabei standen durchaus Modelle aus der Wirklichkeit Pate: neben Yeats selbst etwa Stefan George, Rainer Maria Rilke oder Richard Wagner. Henze schrieb zu seiner ›Elegie‹: »Nur, wenn die Künstlichkeit der Form ausreichend zum Vorschein gebracht werden kann, können die Reibungen zwischen Farce, Tragödie, Buffa und Psychodrama verstanden und genossen werden. Im wesentlichen geht es um die Geburt eines Gedichtes, dessen Werden wir verfolgen vom ersten Augenblick der ersten Idee bis zum schließlichen öffentlichen Vorlesen. Was sich abspielt um diesen Geburtsprozeß herum an Groteskem, Lächerlichem, Vulgärem, Bösartigem, Gemeinem, dient dazu, die Figur des Künstlers als Helden, dieses Konzept vom Heldenleben in Frage stellen, wie es das 19. Jahrhundert geschaffen und das 20. noch nicht vollständig losgeworden ist.«

GESCHICHTLICHES: Henzes ›Elegie‹ geht zurück auf einen Kompositionsauftrag des Süddeutschen Rundfunks für die Schwetzinger Festspiele. Henze schrieb das Werk in den Jahren 1959 bis 1961, die Uraufführung fand am 20. Mai 1961 in Schwetzingen statt, in einer Produktion der Bayerischen Staatsoper mit Dietrich Fischer-Dieskau in der Hauptrolle; es inszenierte der Komponist, die musikalische Leitung hatte Heinrich Bender. Die Oper hatte großen Erfolg, wurde noch im selben Sommer in Zürich, Glyndebourne und München aufgeführt und gehört unterdessen zum festen Repertoire von Opern des 20. Jahrhunderts.

W.K.

Der junge Lord

Komische Oper in zwei Akten. Dichtung nach Wilhelm Hauff von Ingeborg Bachmann.

SOLISTEN: *Sir Edgar* (Stumme Rolle) – *Sein Sekretär* (Spielbariton, gr. P.) – *Lord Barrat,* Neffe Sir Edgars (Charaktertenor, m. P.) – *Begonia,* die Köchin aus Jamaica (Lyrischer Mezzosopran, auch Alt, m. P.) – *Der Bürgermeister* (Spielbaß, auch Charakterbaß, gr. P.) – *Oberjustizrat Hasentreffer* (Charakterbariton, auch Lyrischer Bariton, gr. P.) – *Ökonomierat Scharf* (Charakterbaß, gr. P.) – *Professor von Mucker* (Spieltenor, auch Lyrischer Tenor, gr. P.) – *Baronin Grünwiesel* (Dramatischer Mezzosopran, gr. P.) – *Frau von Hufnagel* (Spielalt, gr. P.) – *Frau Oberjustizrat Hasentreffer* (Koloratursopran, gr. P.) – *Luise,* Mündel der Baronin (Jugendlich-dramatischer Sopran, gr. P.) – *Ida,* deren Freundin (Lyrischer Koloratursopran, gr. P.) – *Ein Kammermädchen* (Soubrette, kl. P.) – *Wilhelm,* der Student (Lyrischer Tenor, gr. P.) – *Amintore La Rocca,* Zirkusdirektor (Heldentenor, auch Charaktertenor, m. P.) – *Ein Lichtputzer* (Baß, m. P.).

CHOR: Damen und Herren. Junge Mädchen und junge Herren der guten Gesellschaft von Hülsdorf-Gotha. Einiges Volk (1. Bild: Chor geteilt in Damen und Herren – Volk. 3. Bild: Chor geteilt in Feine Leute – Volk, einige Chorsoli, gr. Chp.) – Kinder (Kinderchor, m. Chp.).

BALLETT: Herr La Truaire, Anstands- und Tanzmeister. Meadows, der Butler. Jeremy, ein Mohr. Der Lehrer. Der Laubkehrer. Zwei Männer mit Farbe und Pinsel. Zirkusleute: Rosita, das Mädchen der Lüfte, eine kleine Seiltänzerin aus den beiden Sizilien. Brimbilla, Jongleur aus dem gefährlichen Istrien. Vulcano, Feuerschlucker aus dem großen Mailand. Der Affe Adam.

ORT: Hülsdorf-Gotha.

SCHAUPLÄTZE: Auf dem kleinen schönen Hauptplatz von Hülsdorf-Gotha. Nach einer Seite ist die Szene zum Stadtpark hin offen. Dahinter das Kasino. Eine einzige Fassade, die eines prächtigen alten Haues, ist vernachlässigt. Die Fenster sind geschlossen und von Spinnweben versponnen. – Der große Salon bei der Baronin Grünwiesel – Kleiner Zirkus auf dem Hauptplatz von Hülsdorf-Gotha – Das Portal des Hauses von Sir Edgar von der Seite, Park hinter dem Haus – Die große Halle mit Bibliothek im Haus Sir Edgars mit Besonderheiten, wie eine Gesteinssammlung, Landkarten, Skelette, ausgestopfte Tiere, Amphibien in Glasbehältern, Glaskästen mit Reptilien – Der große Ballsaal im Kasino.

ZEIT: Im Jahre 1830.

ORCHESTER: 2 Fl. (auch Picc.), 2 Ob., 2 Kl., 2 Fag., 4 Hr., 2 Trp., 2 Pos., 1 Bt., P., Schl. (6 Spieler), Hrf., Cel., Klav., Gitarre, Mandoline, Str. – Bühnenmusik (Die Garnisonskapelle): 2 Picc., 2 Ob., 2 Kl., 2 Trp., 2 Pos., 1 Bt., gr. Tr., Becken, Triangel, Schellenbaum. – Klavier – 2 Röhrenglocken – 1 Viol., 1 Vcl., 1 Kb.

GLIEDERUNG: Durchkomponierte dramatische Großform.

SPIELDAUER: etwa 2¾ Stunden.

HANDLUNG: Auf dem Hauptplatz der kleinen Residenzstadt Hülsdorf-Gotha promeniert das Volk am Wochenend-Nachmittag. Die Leute beobachten neugierig eine Gruppe von prominenten Herren, die erwartungsvoll vor einem schönen, aber heruntergekommenen Haus stehen. Es sind dies der Bürgermeister, der Oberjustizrat Hasentreffer, der Ökonomierat Scharf und der Professor von Mucker. Sie wollen den vornehmen Engländer Sir Edgar offiziell begrüßen. der auf Empfehlung des Prinzen Heinrich das verlassene Haus gekauft hat. Die Herren sind indigniert, daß der Fremde nicht pünktlich zur avisierten Stunde eingetroffen ist. Während des Promenierens mit ihrer Freundin Ida bemerkt Luise, das reiche Mündel der Baronin Grünwiesel, den Studiosus Wilhelm von Thingen, der dauernd zu ihr herüberschaut. Der junge Mann hatte sie auf dem letzten Kasinoball immer wieder zum Kotillon geholt. Schüchtern wechselt sie jetzt mit ihm einige Blicke. Indessen hat der Lehrer seine Schulkinder aufgestellt. Als er gerade angefangen hat, den Empfangschor noch einmal zu probieren, setzt schmetternd die Garnisonskapelle ein. Eine Kutsche ist angerollt, aus der jedoch zum Erstaunen aller eine Ziege, ein Kranich, ein Äffchen, zwei Persianerkatzen und ein Käfig mit Perlhühnern ausgeladen werden. Es folgt eine zweite Kutsche. Ihr entsteigen der Mohr Jeremy, der würdige Butler Meadows und die Negerin Begonia aus Jamaica, während die Knechte das Gepäck ins Haus bringen: verhangene Kassetten, Koffer, griechische Plastiken, ein Fernrohr. Schließlich fährt eine dritte, reichbeschlagene Kutsche vor, aus der zunächst der Sekretär mit zwei Windhunden und endlich Sir Edgar steigen. Nach einer kurzen Begrüßung durch den Bürgermeister mit einem Tusch der Garnisonskapelle dankt der Sekretär im Namen seines Herrn für den Empfang, lehnt aber höflich die zugedachten Ehrungen, wie Empfangsdiner, Kasinofest, mit der Begründung ab, daß Sir Edgar seinen Studien nachgehen müsse und die Stadt nicht inkommodieren wolle. Ein plötzlich einsetzender Platzregen macht der Zeremonie ein rasches Ende. – Baronin Grünwiesel, eine Dame von Welt, hat mit den Damen der Gesellschaft von Hülsdorf-Gotha Sir Edgar zum Tee geladen. Sie verfolgt heimlich den Plan, Luise mit dem reichen und vornehmen Herrn in Kontakt zu bringen, den sie gerne als Mann für ihr Mündel hätte. Während alle den Gast mit Spannung erwarten, überbringt der Mohr Jeremy eine Absage seines Herrn. Die Baronin ist empört, sie wird zur Strafe den hochmütigen Engländer in der ganzen Stadt zu diffamieren wissen. – Auf dem Hauptplatz stellt Zirkusdirektor Amintore La Rocca im Anschluß an die soeben zu Ende gegangene Darbietung dem Publikum seine Artisten vor. Da kommt aus dem stattlichen Haus Sir Edgar mit seinem Sekretär. Er läßt sich weder durch die feindselige Haltung der Leute noch durch die Anbiederungsversuche des Bürgermeisters stören, der Vorstellung zuzusehen. Als zuletzt die Zirkusleute sich anschicken, mit ihren Hüten Geld einzusammeln, zerstreuen sich die Zuschauer rasch, als hätten sie gar nicht zugesehen. Lediglich Sir Edgar läßt jedem Mitwirkenden einen Beutel mit Geld überreichen. Nun nähert sich der Bürgermeister mit seinen Stadtvätern Sir Edgar und erklärt, die Zirkusleute müßten sofort die Stadt verlassen, da sie die Platzgebühren nicht voll entrichtet hätten. Sir Edgar läßt sogleich durch seinen Sekretär die Schuld begleichen; über diese Einmischung eines Fremden in die Angelegenheiten der Stadt herrscht allgemein Empörung. Jetzt bittet Sir Edgar die Zirkusleute als Gäste in sein Haus. Erneute Empörung bei den Stadtbewohnern! Schließlich malen zwei Männer auf Sir Edgars Haus mit weißer Farbe das Wort »Schande«. – An einem Winterabend vernimmt der Laternenputzer gräßliche Schreie aus Sir Edgars Haus. Eilig entfernt er sich. Im Park hinter dem Haus treffen sich Luise und Wilhelm zu einem heimlichen Rendezvous, bei dem sie sich gegenseitig ihre Liebe gestehen. Erneute Schreie aus dem Haus verschrecken das Paar. Nun kommt der Lichtputzer in Begleitung des Bürgermeisters und seiner Herren zurück. Wieder ertönen Schreie im Haus. Von den Anwesenden gedrängt, klopft der Bürgermeister an die Tür. Als geöffnet wird, erscheinen auf der Schwelle zunächst der Mohr, der Butler, der Sekretär und schließlich Sir Edgar. Auf die Frage, was die entsetzlichen Schreie zu bedeuten hätten, antwortet der Sekretär, daß Sie Edgars Neffe, der junge Lord Barrat aus London, zu Besuch sei, um die deutsche Sprache zu lernen. Sie Edgar sei sehr streng mit der Erziehung des Neffen. Als vollends der Sekretär die Herren einlädt, in Bälde Gäste Sir Edgars zu sein, um sich von den Fortschritten des jungen Lords, besonders im Umgang mit Damen, selbst zu überzeugen, nehmen diese hochgeehrt die Einladung an. – Mit großer Spannung erwarten die Gäste Sir Edgars in der Bibliothek Lord Barrat. Nur Wilhelm interessiert sich mehr für die Sammlungen. Endlich erscheint Sir Edgar mit dem jungen Lord. Dieser ist extravagant gekleidet: er trägt eine Brille, Handschuhe und einen Anzug von großer Eleganz. Nach Sir Edgar küßt auch der Lord galant der Baronin die Hand. Sie macht ihn daraufhin mit Luise bekannt, der er erst beide Hände küßt, dann das Handtäschchen entreißt, es durchwühlt und wieder zurückwirft. Die Baronin fordert Luise auf, dem Lord eine Tasse Tee zu bringen. Er trinkt in einem Zug die Tasse aus und schleudert sie dann gegen die Wand. Die Baronin ist hingerissen, daß endlich einmal jemand aus der großen Welt gekommen ist, der frischen Wind in die provinzielle Kleinstadt bringt. Während der Sekretär durch ein Gespräch über Goethes Farbenlehre Wilhelm abzulenken weiß und der Bürgermeister auf plumpe Weise Begonia den Hof macht, beschäftigen sich die Damen mit dem jungen Lord, der mit Schmeicheleien und Einladungen überhäuft wird. Da verliert Wilhelm die Beherrschung; er beschwört Luise, die in Tränen ausbricht, Vernunft anzunehmen. Ehe es zu einem Eklat kommt, greift der Sekretär ein: er erklärt den Gästen, Lord Barrat müsse sich jetzt zu seinen Studien zurückziehen. Sich nach allen Seiten hin verneigend verläßt der Lord den Raum. Luise fällt in Ohnmacht. Wilhelm glaubt, das Mädchen habe den Verstand verloren, trotzdem will er noch nicht aufgeben. – Beim großen Ball im Kasino überreicht Lord Barrat Luise eine Rose, mit deren Dornen er ihre Hand blutig ritzt. Wilhelm beobachtet die beiden im Gespräch, er fürchtet, das durch einen augenblicklichen Leidenschaftsrausch verblendete Mädchen endgültig zu verlieren. Denn allgemein wird angenommen, daß das Fest mit einer Verlobung Luisens und des jungen Lords enden wird. Beim Tanz bewegt sich Lord Barrat ausgelassen, die Gäste imitieren sein extravagantes Benehmen. Plötzlich entreißt er einem Musiker die Trompete und spielt darauf wilde Töne; dann wirft er das Instrument dem Musiker an den Kopf. Nun beginnt er wieder mit Luise zu tanzen, er wirbelt verrückt mit ihr durch den Saal und wirft sie schließlich an die Wand, wo sie niedersinkt. Daraufhin springt er den Tisch hinauf und wieder herunter, demoliert alle möglichen Gegenstände und reißt sich in rasender Erregung die Handschuhe, das Halstuch, die Brille, die Perücke und die Jacke vom Leib. Die Gäste erkennen jetzt mit Entsetzen in ihm den Menschenaffen Adam aus dem Zirkus La Rocca. Sir Edgar kommt mit der Peitsche, auf einen Wink von ihm entfernt sich der Affe aus dem Saal. Luise fällt zaghaft und beschämt Wilhelm in die Arme.

STILISTISCHE STELLUNG: In seiner komischen Oper ›Der junge Lord‹ unterstreicht Henze durch die musikalische Zeichnung die heterogenen Seiten des Geschehens: buffoneske Persiflage – romantische Lyrik. Im übrigen folgt die Musik in engem Anschluß der im Stil der traditionellen Buffa-Oper dramatisierten Fabel. Hieraus resultieren sowohl der Verzicht auf intellektualistische Dodekaphonik als auch die Rückkehr zu tonaler Gebundenheit trotz einer reich und zum Teil scharfgewürzten Harmonik. In den musikalisch abwechslungsreich und witzig behandelten Dialog sind immer wieder geschlossene Gebilde und kunstvoll gearbeitete Ensembles eingebaut. Höhepunkte des instrumentalen Teils der Partitur sind die symphonischen Zwischenspiele, die unter Verarbeitung des motivischen Materials nahtlose Übergänge im szenischen Ablauf schaffen. In Übereinstimmung mit dem leichten und sprudelnden Buffa-Charakter des Werkes hat der Komponist den instrumentalen Apparat auf die Größe des Rossini-Orchesters beschränkt unter Hinzufügung der Baßtuba, die das tierische Wesen des Lords charakterisiert, und einer reichbesetzten Schlagzeuggruppe, die bei der Zirkusszene und am Schluß des I. Aktes auch solistisch zur Geltung kommt.
TEXTDICHTUNG: Dem Libretto liegt eine Parabel aus der Märchensammlung ›Der Scheik von Alexandria und seine Sklaven‹ von Wilhelm Hauff zugrunde. In diesem Zyklus erscheint die Geschichte unter dem Titel ›Der Affe als Mensch‹ oder auch ›Der junge Engländer‹. Bei Hauff erzählt ein deutscher Sklave den Vorfall, der sich in seiner Heimat abgespielt hat, dem Scheik und seinem Gefolge, die sich über die Borniertheit der Franken weidlich ergötzen. Die Operndichtung wurde in Anlehnung an diese Vorlage von Ingeborg Bachmann gestaltet.
GESCHICHTLICHES: ›Der junge Lord‹ ist im Auftrag der Deutschen Oper, Berlin, entstanden. Das Werk wurde am 7. April 1965 unter der musikalischen Leitung von Christoph von Dohnányi an dieser Bühne mit großem Erfolg uraufgeführt.

Die Bassariden

Opera seria mit Intermezzo in einem Akt nach den ›Bakchen‹ des Euripides von Wystan Hugh Auden und Chester Kallman.

SOLISTEN: *Dionysos,* auch *Die Stimme* und *Der Fremde* (Jugendlicher Heldentenor, auch Charaktertenor, gr. P.) – *Pentheus,* König von Theben (Heldenbariton, auch Charakterbariton, gr. P.) – *Kadmos,* sein Großvater, Gründer von Theben (Seriöser Baß, gr. P.) – *Teiresias,* ein blinder Seher (Charaktertenor, gr. P.) – *Der Hauptmann der königlichen Wache* (Lyrischer Bariton, m. P.) – *Agaue,* Tochter des Kadmos und

Pentheus' Mutter, im Intermezzo *Venus* (Dramatischer Mezzosopran, gr. P.) – *Autonoe,* ihre Schwester, im Intermezzo *Proserpina* (Lyrischer Koloratursopran, auch Hoher lyrischer Sopran, gr. P.) – *Beroe,* eine alte Sklavin, vormals Amme der Semele und des Pentheus (Alt, auch Mezzosopran, m. P.) – *Junge Frau,* Sklavin (Stumme Rolle) – *Kind,* ihre Tochter (Stumme Rolle) – *Fünf Bacchanten* (Bässe, Chorsoli).

CHOR: Bassariden. Mänaden. Bacchanten. Bürger von Theben. Wachen. Diener (gemischter Chor, gr. Chp.).

ORT: Theben.

SCHAUPLÄTZE: Der Hof des königlichen Palastes – Eine pastorale Idylle (Intermezzo) – Der Berg Kytheron.

ZEIT: Mythologische Zeit.

ORCHESTER: 4 Fl. (III. und IV. auch Picc., IV. auch Altfl.), 2 Ob., 2 Eh., 4 Kl. (III. und IV. auch Altsaxophon, IV. auch Es-Kl.), Bkl. (auch Alt- und Tenorsaxophon), 4 Fag. (IV. auch Kfag.) – 6 Hr., 4 Trp., 3 Pos., 2 Tuben, P., Schl., 2 Hrf., Cel., 2 Klav. – Str. – Bühnenmusik: 4 Trp., 2 Mandolinen, 1 Gitarre.

GLIEDERUNG: Durchkomponierte Großform.

SPIELDAUER: etwa 3 Stunden.

HANDLUNG: Der alte König Kadmos, der Gründer Thebens, hat sich von der Regierung zurückgezogen und hat die Herrschaft seinem Enkel Pentheus übergeben. Pentheus ist der Sohn der Agaue. Agaues Schwester Semele wurde von Zeus in der Gestalt eines Sterblichen verführt. Hera aber redete ihr ein, sie solle von ihrem Liebhaber verlangen, daß er sich ihr in göttlicher Gestalt zeige; unter Zeus' Blitzstrahl aber wurde sie zu Asche. Zeus rettete ihr ungeborenes Kind – Dionysos. Das Grabmal der Semele ist für die Anhänger des neuen Dionysoskultes eine Kultstätte geworden; Semeles Schwestern Agaue und Autonoe aber glauben nicht, daß Zeus ihr Liebhaber war, und verachten deshalb den neuen Kult. – Der Chor berichtet von Kadmos' Rücktritt und wünscht dem neuen König Pentheus Weisheit und der Stadt Theben Wohlergehen. Da ertönt der Ruf: Der Gott Dionysos zieht ein in Böotien. Das Volk der Thebaner stürzt hinaus, um ihn willkommen zu heißen. – Der alte Kadmos, seine Tochter Agaue, die alte Amme Beroe und der blinde Seher Teiresias reden über den neuen Dionysos-Kult. Während der alte Kadmos abwartend-skeptisch bleibt und Agaue offen ihre Ablehnung zeigt, meint Teiresias, man solle mit Vorsicht und Klugheit sich dem neuen Kulte nähern. Pentheus hat sich seit seiner Krönung in den Palast zurückgezogen, wo er die Zeit mit Fasten und Gebet verbringt. Teiresias geht zu dem anderen Volk hinaus zum Berg Kytheron. Der Hauptmann der Wache, ein gutaussehender junger Mann, ist auf dem Weg zu Pentheus, um des Königs Befehle entgegenzunehmen. Agaue versucht, mit ihm zu flirten, aber ohne Erfolg; Autonoe gesellt sich zu ihr, und beide scherzen über das gute Aussehen und die ernsthafte Naivität des Hauptmanns. Der Hauptmann kommt aus dem Palast und verliest eine Verlautbarung des Königs: den Bürgern von Theben wird verboten, daran zu glauben, daß Semele mit Zeus einen Sohn zeugte; der König untersagt bei Todesstrafe auch jede andere Form des Dionysos-Kultes. Darauf erscheint Pentheus selbst, ein verstandesbewußter Asket. Er geht zu Semeles Grab, erstickt mit seinem Mantel die darauf brennende Opferflamme und bedroht jeden, der sie wieder entzünden sollte, mit dem Tod. Dann kehrt er, gefolgt vom Hauptmann, in den Palast zurück. Kadmos ist entsetzt über die Handlungsweise des Enkels: er hat zu seiner Zeit, als er Theben groß machte, alle Götter geduldet und allen Altäre gebaut. Pentheus aber sieht im Dionysos-Kult, in der Verehrung der Sinnenleidenschaft, des Irrationalen, nur eine Gefahr, die es abzuwehren gilt. Agaue und Autonoe stimmen Pentheus zu. Da ertönt hinter der Bühne ein Saiteninstrument; eine Stimme singt und fordert dazu auf, zum Berg Kytheron zu gehen und seine verheißenden Entzückungen zu kosten. Wie hypnotisiert tanzen Agaue und Autonoe davon. – Kadmos warnt Pentheus vor übereilten Handlungen; Pentheus aber will den Dionysos-Kult ausrotten, selbst, wenn es die eigene Familie betrifft. Er befiehlt dem Hauptmann, mit seinen Wachen alle in Gewahrsam zu nehmen, die er auf dem Kytheron antreffe, und zu ihm zu bringen. Seiner alten Amme Beroe vertraut er an, was er wirklich glaubt: er hält alle alten Götter für tot und glaubt nur an ein unpersönliches Gutes, das der menschlichen Vernunft fähig ist – nicht aber den Göttern, die den menschlichen Leidenschaften und Lastern unterworfen sind. Er schwört, nicht mehr zu trinken, kein Fleisch mehr zu essen und allen Frauen zu entsagen. Beroe betet für ihn. Der Hauptmann führt die Gefangenen herein, unter denen sich Teiresias, Autonoe und Agaue befinden, eine junge Frau mit ihrer Tochter und ein fremder junger Mann. Sie alle – bis auf den jungen Mann – sind in Trance und summen vor sich hin. Teiresias schwatzt hysterisch von Dionysos und Wein. Pentheus befiehlt ihm, zu schweigen, und beauftragt den Hauptmann, die junge Frau und die festgenommenen Bacchanten abzuführen und zu foltern, um von ihnen etwas Genaues über den neuen Kult zu erfahren. Er selbst befragt seine Mutter, die aber singt eine entrückte Arie über ihre Erfahrungen auf dem Berge Kytheron. Beroe, die sich im Hintergrund hält, hat in dem Fremden Dionysos erkannt und versucht Pentheus zu warnen; er hört aber nicht auf sie. Der Hauptmann kehrt zurück und berichtet, die Folter habe nichts geholfen: die Gefangenen blieben stumm. Pentheus läßt Agaue und Autonoe im Palast einschließen; Teiresias wird verbannt, sein Haus soll zerstört werden. Pentheus hält den Fremden für einen Priester des Dionysos und versucht ihn zu befragen, erhält aber nur rätselhafte Antworten. – Der Hauptmann kehrt zurück, und Pentheus befiehlt ihm, auch den Fremden zu foltern. Allein gelassen, gibt der König seinem Zorn und seiner Verwirrung Ausdruck. Da verdunkelt sich der

Palast; ein Erdbeben läßt Mauerwerk einstürzen, ein geheimnisvoller Wind hebt Pentheus' Mantel von Semeles Grab, die Opferflamme sticht wieder empor. Die Gefangenen fliehen. Der Fremde tritt wieder auf und bietet Pentheus an, ihn sehen zu lassen, was seine Mutter und die anderen nun wirklich auf dem Kytheron tun. Pentheus, zugleich abgestoßen wie fasziniert von der kühl-sinnlichen Souveränität des Fremden, willigt ein und befiehlt Beroe, den Spiegel seiner Mutter zu bringen. Der Fremde hält ihn hoch, und Pentheus schaut hinein. – Intermezzo: Was der Zuschauer sieht, sind Pentheus' unterdrückte Phantasievorstellungen: eine überzüchtet-dekadente Welt, in der das Sexuelle zum Gegenstand des lüsternen Kicherns geworden ist. In einer dem Schäferspiel des französischen 18. Jahrhunderts nachempfundenen Szenerie schäkern Agaue und Autonoe ungeniert mit dem Hauptmann und führen als Scharade die Geschichte vom Urteil der Kalliope auf: Der König Kinryas prahlte, seine Tochter Myrrha sei schöner als Aphrodite. Die Göttin rächte sich für diese Beleidigung. Sie ließ Myrrha in Liebe zu ihrem Vater entbrennen und mit ihm schlafen, als er betrunken war. Sie wurde schwanger, und der erboste König jagte sie aus dem Palast und wollte sie töten. Doch da verwandelte Aphrodite die Tochter in eine Myrte; der Schwerthieb des Vaters spaltete den Baum, und heraus fiel Adonis. Aphrodite sah voraus, daß er zu einem schönen Jüngling heranwachsen würde, verbarg ihn in einem Kasten und gab ihn Persephone, der Totengöttin, zur Aufbewahrung. Diese aber gab ihrer Neugier nach, öffnete den Kasten und verliebte sich in den herangewachsenen Jüngling. Als Aphrodite davon Kunde erhielt, wandte sie sich an Zeus, der die Muse Kalliope beauftragte, das Urteil zu sprechen. Die Muse befand, beide Göttinen hätten das gleiche Anrecht auf Adonis; die eine habe ihn gerettet, die andere aus dem Kasten befreit – darum solle er ein Drittel des Jahres bei Aphrodite sein, ein weiteres Drittel bei Persephone und ein Drittel frei und allein. Aber Aphrodite hintertrieb die Abmachung; mit ihrem Zaubergürtel fesselte sie Adonis das ganze Jahr an sich. Die betrogene Persephone hinterbrachte dies Aphrodites Ehemann Ares, und dieser tötete in Gestalt eines Ebers den sterblichen Nebenbuhler. – Pentheus ist angewidert von dem, was er da gesehen hat, aber unter dem hypnotischen Einfluß des Fremden beschließt er, selbst auf den Berg zu gehen. Der Fremde rät ihm, sich als Frau zu verkleiden, damit er nicht erkannt werde. Pentheus ist entsetzt, aber dann fügt er sich. Beroe fleht Dionysos an, Pentheus zu schonen, doch der Gott schenkt ihr keine Beachtung. Mit Pentheus steigt er auf den Berg. Die alte Amme bricht in Wehklagen aus, und Kadmos hält vor dem Palast Wache; er fürchtet, er werde den Enkel nicht wiedersehen, und falls doch, so werde er wünschen, er hätte ihn nie gesehen. Den Hauptmann, der Pentheus nachgehen will, hält er zurück, denn dies würde seinen sicheren Tod bedeuten. – Nachts auf dem Kytheron. Man hört die Bassariden, die Rehfell-Träger, die hymnisch den Ruhm des Dionysos singen. Pentheus hat sich auf einem Baum versteckt, steigt aber dann herab. Die Mänaden beschwören den Gott. Eine Stimme antwortet ihnen, es sei ein Spion im Walde versteckt, sie sollten ihn jagen und fangen. Pentheus wird eingekreist. Er weiß, daß seine Mutter unter den Mänaden ist, und beschwört sie, zu bedenken, wer sie sei und wer ihr Sohn sei, doch vergebens. Die Mänaden stürzen sich auf ihn, aus der Dunkelheit kommt sein Todesschrei. Die Mänaden feiern Agaue, die große Jägerin. – Kadmos und Beroe halten Wache; der Morgen dämmert. Teiresias kommt dazu. Die Mänaden, unter ihnen Agaue und Autonoe, nähern sich und betreten die Bühne. Agaue trägt im Arm den Kopf des Pentheus, aber meint, sie habe einen Löwen erlegt. Immer noch in Trance fragt Agaue nach Pentheus. Kadmos spricht zu ihr, und allmählich verliert sich die Trance; entsetzt muß sie feststellen, daß sie den Sohn getötet hat. Der Hauptmann und einige Wachen bringen auf einer Bahre den verstümmelten Leichnam des Pentheus herein. Agaue fleht Kadmos an, sie zu töten, und bricht in Wehklagen aus. Beroe führt sie beiseite. Autonoe, Teiresias und der Chor bestehen darauf, daß sie mit diesem schrecklichen Unheil nichts zu tun haben: sie waren nicht dabei, haben nichts gesehen und gehört. Agaue nimmt Abschied von ihrem Sohn; es ist nicht ihre Schuld und nicht die seine, die bösen Götter haben es so gewollt. Da betritt der Fremde den Hof: er erklärt, er sei Dionysos, schickt Kadmos und seine Töchter in die ewige Verbannung und befiehlt dem Hauptmann, Feuer an den Palast zu legen. In einer letzten, trotzenden Rede wendet sich Agaue an ihn: sie erinnert ihn an das Schicksal des Uranos und des Kronos – auch auf die Götter warte der Tartaros. – Die Bühne ist von einem Flammenmeer gefüllt. Dionysos ruft aus der Unterwelt seine Mutter Semele, die er nun gerächt hat und die mit ihm als Göttin Thyone zum Olymp emporsteigen wird. Die Flammen ersterben; auf Semeles Grab, das von Reben bekränzt ist, stehen zwei seltsame Statuen, die Dionysos und Thyone darstellen. Das Volk hat sich in blinder Ergebung niedergeworfen.

STILISTISCHE STELLUNG: Der mythologische Symbolismus, den Auden und Kallman im Drama des Euripides entdeckten und klärend und verstärkend ins Libretto einbrachten, bedeutete für Henze eine gewaltige Herausforderung. Er stellte sich ihr, indem er den Zusammenprall von Ratio und Eros, wie er in den Figuren des Pentheus und des Dionysos personifiziert ist, formal einzubinden suchte in vier wie in einer Symphonie gegliederte ausufernde Klangblöcke; Henzes intensives Studium der Partituren Gustav Mahlers beeinflußt die Klangsprache der ›Bassariden‹, macht sie bisweilen grell, vulgär, kontrastreich im Aufeinanderprall von Komponiertem und zitathaft Montiertem. So beginnt das einaktige Werk mit einer sonatensatzähnlichen Exposition, in der mit Pentheus und Dionysos die »zwei Prinzipe« thematisch und

klanglich aufeinandertreffen: hier blockhaft dichte Klänge, von Fanfarenmotiven durchsetzt, dort schwirrende luxurierende Klangwelten. Auf den Sonatensatz folgt als Scherzo eine Reihe bacchantischer Tänze, darunter die Arie des Dionysos, die den Anfang der Sarabande aus Johann Sebastian Bachs erstem Teil der ›Clavierübung‹ zitiert. Mit dem Adagio, der großen Konfrontation der beiden Protagonisten, nimmt die Musik düstere Schwere an – es wird unterbrochen durch die bewußt dünn-satyrspielhafte Musik des Intermezzo und setzt sich fort in einer Fuge. Den Beschluß bildet eine höchst differenziert ausgeführte Passacaglia.
TEXTDICHTUNG: Auden und Kallman haben sich streng an die um 408 v. Chr. entstandene letzte Tragödie des Euripides gehalten, doch geht es in der Tendenz ihrer Version nicht, wie bei Euripides, darum, zu zeigen, wohin menschliche Hybris führt, sondern um eine durchaus aktualisierte Sicht einerseits auf die revolutionär wirkende Sprengkraft einer unmittelbar erlebten Sinnlichkeit, andererseits auf die repressiven, ja totalitären Auswirkungen einer Rationalität, die sich aus der Unterdrückung von Emotion und Eros speist.
GESCHICHTLICHES: Henze arbeitete an der Partitur der ›Bassariden‹ 1964 und bis zum Herbst 1965. Die Uraufführung des im Auftrag der Salzburger Festspiele komponierten Werkes fand am 6. August 1966 im Großen Festspielhaus in Salzburg statt. Die Produktion war eine Zusammenarbeit zwischen der Deutschen Oper Berlin, von der das Inszenierungsteam (Dirigent: Christoph von Dohnanyi, Regie: Gustav Rudolf Sellner, Ausstattung: Filippo Sanjust) und die Solisten (u. a. Ingeborg Hallstein, Kerstin Meyer, Loren Driscoll, Kostas Paskalis, William Dooley, Helmut Melchert, Vera Little) stammten, und Chor und Orchester der Wiener Staatsoper. Nach den Aufführungen in Salzburg übernahm Sellner die Produktion im Rahmen der Berliner Festwochen ins eigene Haus. Obwohl die Aufführungen in Salzburg und Berlin großen Beifall fanden, haben die hohen musikalischen Anforderungen des Werkes einer großen Verbreitung bisher im Wege gestanden.

W.K.

Die englische Katze

Eine Geschichte für Sänger und Instrumentalisten in zwei Akten (sieben Bildern) von Edward Bond.

SOLISTEN: *Lord Puff,* ein alter Kater (Charaktertenor, gr. P.) – *Arnold,* sein Neffe (Seriöser Baß, auch Charakterbaß, gr. P.) – *Louise,* eine Waisenmaus (Soubrette, m. P.) – *Mr. Keen/Peter/Der Verteidiger/Lu-*

cian/Der Pfarrer (Lyrischer Tenor, m. P.) – *Mr. Fawn* (Lyrischer Bariton, auch Charakterbariton, m. P.) – *Mr. Plunkett/Der Staatsanwalt* (Seriöser Baß, auch Charakterbaß, gr. P.) – *Miss Crisp* (Lyrischer Sopran, auch Jugendlich-dramatischer Sopran, m. P.) – *Mrs. Gomfit* (Mezzosopran, m. P.) – *Lady Toodle* (Alt, auch Mezzosopran, m. P.) – *Minette,* eine Landkatze (Lyrischer Koloratursopran, gr. P.) – *Babette,* ihre Schwester (Lyrischer Mezzosopran, gr. P.) – *Tom* (Kavalierbariton, gr. P.) – *Mr. Jones,* ein Geldverleiher/*Der Richter* (Baßbariton, auch Charakterbaß, m. P).
Die Partien der Sterne übernehmen die Darsteller von Louise, Miss Crisp, Mrs. Gomfit und Lady Toodle, die des Mondes die Darstellerin der Babette; die Jury bei Gericht übernehmen die Darsteller von Louise, Miss Crisp, Mrs. Gomfit, Lady Toodle und Babette.
CHOR: kein Chor.
ORT: London.
SCHAUPLÄTZE: Ein Salon im Hause von Mrs. Halifax – Das Dach des Hauses von Mrs. Halifax – Die Hauskapelle von Mrs. Halifax – Ein Gerichtssaal im Londoner Justizpalast – Die Anwaltskammer im Londoner Justizpalast.
ZEIT: In viktorianischer Zeit.
ORCHESTER: 2 Fl. (II. auch Blockfl.), 2 Ob., 2 Kl., 2 Fag. – 2 Hr., Trp., Pos. – Schl., Hrf., Zither, Gitarre, Org., Cel., Klav. – Str. (6.4.3.3.1).
GLIEDERUNG: Szenengliedernde instrumentale Zwischenspiele, durchkomponierte Großform.
SPIELDAUER: etwa 2 ½ Stunden.
HANDLUNG: Lord Puff, der alte Kater von Mrs. Halifax, soll auf Wunsch seiner Herrin (die nie auftritt) noch heiraten, damit sein Geschlecht nicht aussterbe. Mrs. Halifax hat für ihn auch die rechte Gattin ausgewählt, eine junge Landkatze, die man heute erwartet. Lord Puff hat seine Freunde von der K.G.S.R., der »Königlichen Gesellschaft zum Schutz der Ratten«, zusammengerufen, um ihn bei der Wahl zu unterstützen. Arnold, der böse Neffe von Lord Puff, argumentiert gegen die Verheiratung, denn er hat hohe Spielschulden und hofft diese durch eine baldige Erbschaft zu decken, doch bei einer Verheiratung von Lord Puff ginge er leer aus. Es klopft, und man erwartet die Braut, doch zuerst erscheint deren etwas resolutere Schwester Babette, um sich umzuschauen, ob der Bräutigam auch ehrbar sei. Dann erscheint die schüchterne und fromme und dabei bildhübsche Minette. Lord Puff ist sehr angetan, und Arnold sieht die Erbschaft schwinden und beschließt, die Heirat, wo er kann zu hintertreiben. Minette und Babette zeigen sich erstaunt über die Ernährungssitten der Londoner Katzen der K.G.S.R., die nur vegetarisch leben. Zum Zeichen ihrer friedvollen Gesinnung versorgen sie im Hause auch die Waisenmaus Louise, deren Familie von einem gefräßigen Kater vom Kontinent ausgerottet worden ist. Babette ist etwas skeptisch,

ob Lord Puff der richtige Partner für ihre Schwester ist, und Minette zieht sich, verwirrt von den vielen neuen und fremden Eindrücken, erst einmal aufs Dach des Hauses zurück. Dort singen verliebte Katzen und Kater eine Serenade. Die beiden Straßenkatzen Peter und Tom bemerken die hübsche Minette. Tom macht ihr verliebt den Hof, aber die unschuldige Minette erinnert sich der Warnungen, die ihr der Pfarrer auf dem Lande mitgab, und ist abweisend. Als sich Tom ihr zu Füßen wirft, erscheint Arnold und beobachtet die kompromittierende Szene. Tom jagt ihn davon. Minette hofft nun, Tom für die hehren Ziele der K.G.S.R. gewinnen zu können und den neuen Konvertiten ihrem Gatten als Hochzeitsgeschenk zu präsentieren. Der Mond und die Sterne singen den Katzen eine Serenade. – Die Hochzeit zwischen Lord Puff und Minette ist beschlossen. Arnold versucht, zusammen mit seinem Geldverleiher, Mr. Jones, doch noch an die Erbschaft zu kommen. Jones tritt als Arzt auf, untersucht Lord Puff und attestiert ihm Heiratsunfähigkeit, aber Puff beharrt mit sanfter Hartnäckigkeit auf der Ehe; schließlich will er im kommenden Jahr Präsident der K.G.S.R. werden. Der Pfarrer erscheint. Als letztes Mittel versucht Jones, den Lord mit einer als Medizin getarnten Essenz zu vergiften, doch da das Gebräu nach Brandy riecht, werfen die streng abstinenten Mitglieder der K.G.S.R. den vermeintlichen Arzt hinaus. Die Hochzeitszeremonie beginnt, doch Arnold erhebt Einspruch und berichtet von Minettes Rendezvous auf dem Dach. Minette leugnet nichts ab, sondern berichtet von ihrem Versuch, den Kater Tom (der bei der Zeremonie heimlich anwesend ist) für die K.G.S.R. zu gewinnen. Zwar werden Zweifel an der Glaubwürdigkeit der Braut laut, doch schließlich wird die Ehe geschlossen. – Einige Zeit später. Minette übt sich in städtischen Tugenden; sie bemüht sich, Cello spielen zu lernen. Dabei geht ihr aber der charmant-draufgängerische Tom nie aus dem Kopf. Babette kommt zu Besuch, da sie gehört hatte, Minette sei krank. Sie vermutet, die Schwester erwarte Nachwuchs, doch davon kann nicht die Rede sein. Als Minette erfährt, daß es der Schwester und der Mutter schlecht geht, gibt sie Babette das Geld, von dem sie sich ein neues Kleid für die Jahresversammlung der K.G.S.R. kaufen sollte. Babette bedankt sich und geht. Draußen vor dem Fenster bringt Tom Minette ein Ständchen. Sie öffnet das Fenster und läßt ihn ein. Er ist in Uniform und erzählt, er sei zur Armee gegangen, um sie zu vergessen. Doch als sein Schiff nach Indien ablegte, sprang er von Bord und kam zu ihr, weil er sie nicht vergessen kann. Beide gestehen sich ihre Liebe und schwören sich ewige Treue. Zu Toms Entsetzen schlägt ihm die immer noch ehrbar-unschuldsvolle Minette vor, er solle ins Gefängnis gehen, seine Strafe absitzen, dann ein Geschäft eröffnen, reich werden, und nach Lord Puffs Tod werde sie ihm angehören. Doch Toms Wünsche sind auf weitaus kürzere Fristen berechnet; er wirft sich Minette verzweifelt zu Füßen, als die Tür aufgeht und die ehrenwerten Mitglieder der K.G.S.R. hereinkommen. Lord Puff hat nur milden Tadel für seine Frau, der er nichts Schlechtes zutraut, zumal, wenn sie ihm seine Ruhe läßt, aber auf den Druck der Freunde besteht er auf der Scheidung. Tom wird von der Polizei abgeführt. – In einem Gerichtssaal des Londoner Justizpalastes wird das Scheidungsverfahren von Lord Puff abgewickelt. Eine gewisse Voreingenommenheit von Richter und Jury ist nicht zu übersehen. Tom, der nach einer Prügelstrafe hat entkommen können, hat im Gericht den Verteidiger Minettes überwältigt und agiert nun selbst in Perücke und Talar. Er versucht nachzuweisen, daß Lord Puff mit Minette nie die Ehe vollzogen habe, aber man läßt ihn nicht zu Worte kommen. Da stürzt der wahre Verteidiger herein, der sich hat befreien können. Tom ist entdeckt, und Minette wird schuldig gesprochen. Doch der Staatsanwalt hat, als man Tom die Perücke entriß, eine Familienähnlichkeit festgestellt: Tom, der als Waise aufwuchs, ist der verschollen geglaubte Lord Fairport jr., der Erbe eines der größten Vermögen Englands. Staatsanwalt und Richter beschließen, die Ehebruchs- und Desertionsgeschichte zu vertuschen – sind halt »Jugendsünden« eines der reichsten Männer Englands. Tom will nun mit seinem Vermögen Minettes Strafe zahlen und sie dann heiraten. – Doch da greift Mrs. Halifax ein: sie befindet, Minette sei nach ihrer Scheidung dem ehrenwerten Hause nicht mehr zuzumuten, läßt sie in einen Sack stecken und befiehlt dem Hausknecht, sie in der Themse zu ertränken. Babette kommt, um der Schwester nach ihrer Scheidung beizustehen, und findet sie weinend im Sack. Tom kommt dazu, will sich, da er ihr nicht helfen kann, mit ihr ertränken, doch dann findet er Gefallen an Babette. Minette im Sack gibt großmütig-selbstlos ihren Segen, und die beiden geloben, ihre Kinder nach der toten Tante zu benennen. Die ehrenwerten Mitglieder erscheinen, und Lord Puff dringt in den neuen Lord Fairport, sein Vermögen der K.G.S.R. zur Verfügung zu stellen, der es auch zugefallen wäre, wenn man den Erben nicht gefunden hätte. Doch Tom lehnt ab und geht mit Babette. Da es um einen guten Zweck geht, beschließt die K.G.S.R., Tom ermorden zu lassen, bevor er sein Erbe antreten kann. – In der Anwaltskammer des Londoner Justizpalastes erscheint Tom beim Staatsanwalt, um mit einer Unterschrift sein Erbe anzutreten, doch der Sekretär des Staatsanwalts sticht ihn von hinten nieder – das Erbe fällt nun der K.G.S.R. zu, die bereitwillig die Anwaltskosten übernimmt. Die Seelen von Tom und Minette vereinen sich zu einem jenseitigen Duett, und Louise, die Waisenmaus, beschließt, diese vermeintlich so ehrenwerte Gesellschaft zu verlassen und sich auf eigene Füße zu stellen.

Stilistische Stellung: Henzes bislang (1983) letztes musikalisches Bühnenwerk ist wieder – nach dem anspruchsvoll-umfangreichen ›Wir erreichen den Fluß‹ – ein intimes Kammerspiel; der Komponist hat es selbst in einem ausführlichen Werkstattbericht als »seinen Falstaff« bezeichnet. Die Partitur dieses Ensemblestückes gehört zum technisch Kunstvollsten und Kammermusikalisch-Durchsichtigsten, was im 20. Jahrhundert wohl für die Opernbühne geschrieben worden ist – in einer handwerklich souveränen Weise verfügt Henze über eine Fülle traditioneller und neuer Formen und Tonsprachen, die er zu einem höchst differenziert-anspruchsvollen Ganzen zu verbinden weiß.

TEXTDICHTUNG: Das Libretto des englischen Dichters Edward Bond, der nach ›Wir erreichen den Fluß‹ und dem abendfüllenden Ballett ›Orpheus‹ mit der ›Englischen Katze‹ das dritte Textbuch für Henze schrieb, fußt auf dem Theaterstück ›Peines de coeurs d'une chatte anglaise‹ von Geneviève Serrault, das seinerseits wieder auf den gleichnamigen Briefroman Honoré de Balzacs wie auf die satirischen Tierfiguren Grandvilles (eigentlich Ignace-Isidore Gérard) zurückgeht. Bond hat die Handlung ins viktorianische England versetzt. Erweitert wird der Text – ganz im Sinne der jahrhundertealten Tradition der Tierfabeln – durch die kritische Beleuchtung, in der bürgerliche Institutionen wie Familie, Kirche und Justiz gesehen werden.

GESCHICHTLICHES: Henze schrieb seine ›Englische Katze‹ zwischen 1978 und 1982; die Uraufführung des Werkes, eine Auftragskomposition des Süddeutschen Rundfunks, fand in einer Produktion des Staatstheaters Stuttgart (Dirigent: Dennis Russell Davies, Regie: Hans Werner Henze, Bühne: Jakob Niedermeier) am 2. Juni 1983 in Schwetzingen statt. Der einhellige Uraufführungserfolg und die Aufführungen in Hannover und Paris dürften dem Werk den Weg zu breiterer Wirkung öffnen.

W. K.

PAUL HINDEMITH

* 16. November 1895 in Hanau, † 28. Dezember 1963 in Frankfurt/Main

Mörder, Hoffnung der Frauen, op. 12 (1921 Stuttgart), T: Oskar Kokoschka, E., V: Schott

Das Nusch-Nuschi, op. 20 (1921 Stuttgart), T: Franz Blei, E., V: Schott

Sancta Susanna, op. 21 (1922 Frankfurt/M.), T: August Stramm, E., V: Schott

Tuttifäntchen (1922 Darmstadt), T: Hedwig Michel u. Franziska Becker, Weihnachtsmärchen, V: Schott

Cardillac, op. 39 (1926 Dresden), T: nach E. T. A. Hoffmann v. Ferdinand Lion, V: Schott; Neufassung 1952 Zürich, T: der Komponist

Hin und zurück, op. 45a (1927 Baden-Baden), T: Marcellus Schiffer, Kurzoper, V: Schott

Lehrstück (1929), T: Bertolt Brecht, E., V: Schott

Neues vom Tage (1929 Berlin), T: M. Schiffer, kO., V: Schott; Neufassung 1954 Neapel

Wir bauen eine Stadt (1930 Berlin), T: Robert Seitz, Kinderoper, V: Schott
Mathis der Maler (1938 Zürich), T: der Komponist, V: Schott
Die Harmonie der Welt (1957 München), T: der Komponist, V: Schott
Das lange Weihnachtsmahl (1961 Mannheim), T: Thornton Wilder, E., V: Schott

Sancta Susanna

Oper in einem Akt von August Stramm.

SOLISTEN: *Susanna* (Jugendlich-dramatischer Sopran, gr. P.) – *Klementia* (Dramatischer Alt, auch Dramatischer Mezzosopran, gr. P.) – *Eine alte Nonne* (Alt, kl. P.) – *Eine Magd* (Sprechrolle) – *Ein Knecht* (Sprechrolle).
CHOR: Nonnen (Frauenchor, kl. Chp.).
ORT: Eine Klosterkirche.
ZEIT: Gegenwart.
ORCHESTER: 3 Fl., 3 Ob., 4 Kl., 3 Fag. – 4 Hr., 2 Trp., 3 Pos., Tuba – Hrf. – Cel., Org. – Str.
GLIEDERUNG: Durchkomponierte Großform.
SPIELDAUER: etwa 40 Minuten.
HANDLUNG: Eine Mainacht in der Klosterkirche. Die Nonnen Susanna und Klementia knien im Gebet vor dem Altar mit einem großen Kruzifix. Die junge Nonne Susanna fällt in religiöse Ekstase. Plötzlich vernimmt sie durch ein geöffnetes Kirchenfenster von draußen eine unterdrückte Frauenstimme. Sie bittet Klementia, nachzusehen, und die alte Nonne kommt mit einer ängstlich-widerstrebenden Magd zurück, die bekennt, sie habe dort draußen unter dem Flieder mit ihrem Liebsten geschlafen. Der Knecht kommt und holt seine Geliebte weg von den beiden Nonnen, die nun auch die schwül-sinnliche Atmosphäre der Mainacht ergreift. Klementia erinnert sich an ein Ereignis, das sie vor vierzig Jahren erlebte: sie überraschte nachts in der Kirche eine Mitschwester, die sich nackt an den Leib des Gekreuzigten preßte. Zur Strafe wurde sie lebendig eingemauert. Die schwärmerische Erzählung löst bei Susanna die letzten Hemmungen: sie zieht sich aus und schreitet nackt auf das Kruzifix zu. Klementia versucht, ihr das Gelübde der Keuschheit in Erinnerung zu rufen, aber umsonst. Die Stundenglocke ertönt, die anderen Nonnen betreten die Kirche und sehen fassungslos zu, was geschieht. Sie brechen angesichts der nackten Frauengestalt aus in den Schrei: »Satana«.
STILISTISCHE STELLUNG UND TEXTDICHTUNG: Hindemith schrieb 1921 drei Einakter – neben der ›Sancta Susanna‹ auf einen Text des 1915 gefallenen expressionistischen Lyrikers und Dramatikers August

Stramm, den Hermann Uthicke als Libretto einrichtete, noch Oskar Kokoschkas absurdes, dem Dadaismus nahes Spektakelstück ›Mörder, Hoffnung der Frauen‹ und Franz Bleis Marionettenspiel ›Das Nusch-Nuschi‹. In allen drei Werken verband sich die Lust an »l'épater le bourgeois« mit dem Versuch, gerade an expressionistischen Texten eine Musiksprache zu entwickeln, die den Expressionismus aus der Sicht Hindemiths überwindet; mit einer Musik also, die sich unter dem Signum der »Neuen Sachlichkeit« auflehnt gegen romantisierende Wagner-Verehrung. Gerade der Text der ›Sancta Susanna‹, die Darstellung einer religiös-sexuellen Obsession, bot Gelegenheit für eine antiromantische Tonsprache, die nicht illustriert, sondern – quasi musikalisch objektiv – den Handlungsverlauf kühl-distanziert begleitet. Da sich das Werk nicht – wie das Kokoschka-Stück und das für damalige Zeit schockierend zitatmontierende Marionettenspiel vom ›Nusch-Nuschi‹ (bei dem das ›Tristan‹-Zitat eine Kastrations-Szene begleitet) – in aggressiver, zeitgebundener Polemik erschöpft, mag es auch heute noch Aufführungschancen haben, wie jüngst eine Wuppertaler Neuinszenierung erwies.

GESCHICHTLICHES: ›Sancta Susanna‹ sollte gemeinsam mit den beiden anderen Einaktern am 4. Juni 1921 in Stuttgart uraufgeführt werden, wurde aber wegen des als blasphemisch empfundenen Textes vom dortigen Theater abgelehnt und kam so erst am 26. März 1922 am Frankfurter Opernhaus zu seiner skandalträchtigen Uraufführung.

W. K.

Cardillac

a. Originalfassung von 1926

Oper in drei Akten nach E. T. A. Hoffmanns Novelle ›Das Fräulein von Scuderi‹. Text von Ferdinand Lion.

SOLISTEN: *Cardillac,* der Goldschmied (Heldenbariton, auch Charakterbariton, gr. P.) – *Seine Tochter* (Dramatischer Koloratursopran, auch Jugendlich-dramatischer Sopran, m. P.) – *Der Offizier* (Jugendlicher Heldentenor, auch Lyrischer Tenor, m. P.) – *Der Goldhändler* (Seriöser Baß, auch Charakterbaß, m. P.) – *Der Kavalier* (Jugendlicher Heldentenor, auch Lyrischer Tenor, m. P.) – *Die Dame* (Jugendlich-dramatischer Sopran, auch Dramatischer Mezzosopran, m. P.) – *Der Führer der Prévôté* (Bariton, auch Baßbariton, kl. P.) – *Der König* (Stumme Rolle).
CHOR: Kavaliere und Damen des Hofes. Die Prévôté. Volk (m. Chp.).

b. Neufassung von 1952

Oper in vier Akten nach einer Bühnenhandlung von Ferdinand Lion. Text vom Komponisten.

SOLISTEN: *Cardillac,* der Goldschmied (Heldenbariton, auch Charakterbariton, gr. P.) – *Seine Tochter* (Dramatischer Koloratursopran, auch Jugendlich-dramatischer Sopran, m. P.) – *Sein Geselle* (Lyrischer Tenor, auch Spieltenor, m. P.) – *Erste Sängerin der Oper* (Dramatischer Sopran, auch Jugendlich-dramatischer Sopran, m. P.) – *Der Offizier* (Seriöser Baß, auch Charakterbaß, m. P.) – *Der junge Kavalier* (Jugendlicher Heldentenor, auch Lyrischer Tenor, m. P.) – Figuren in Jean-Baptiste Lullys Oper ›Phaeton‹: *Die Altistin* (Alt, kl. P.) – *Der Tenor* (Tenor, kl. P.) – *Der Baß* (Baß, kl. P.) – *Der reiche Marquis* (Stumme Rolle).
CHOR: Kavaliere und Damen des Hofes. Volk. Choristen und Tänzer in Lullys Oper.

ORT: Paris.
SCHAUPLÄTZE: Freier Platz in der Stadt – Werkstatt Cardillacs – Das Zimmer der Primadonna – Bühne der Académie Royale – Eine Straße.
ZEIT: 17. Jahrhundert.
ORCHESTER:
a. Originalfassung von 1926: 2 Fl., 2 Ob., 3 Kl., Tenorsaxophon, 3 Fag. – 1 Hr., 2 Trp., 2 Pos., Tuba – P., Schl. – Klav. – Str. – Bühnenmusik: 1 Ob., 2 Hr., 1 Trp., 1 Pos. – 1 Viol., 2 Kb.
GLIEDERUNG: Vorspiel, durchkomponierte Großform.
SPIELDAUER: etwa 2 Stunden.

b. Neufassung von 1952: 2 Fl., 2 Ob., 3 Kl., Tenorsaxophon, 3 Fag. – 1 Hr., 2 Trp., 2 Pos., Tuba – P., Schl. – Klav. – Str. (6.0.4.4.4). – Bühnenmusik: Fl., Ob., Fag. – Hrf., Cemb. – Viol., Viola, Vcl., Kb.
SPIELDAUER: etwa 2 ½ Stunden.

HANDLUNG DER ORIGINALFASSUNG: Ganz Paris ist in Aufregung wegen der in letzter Zeit sich häufenden Mordfälle, die offenbar von ein und demselben Verbrecher herrühren. Der Führer der Prévôté beruhigt die Menge, die sich auf einem großen Platz der Stadt drängt, mit der Bekanntmachung, daß vom König zur Aufklärung der geheimnisvollen Morde eine eigene Instanz, die »brennende Kammer«, eingesetzt worden sei. Von der Menge ehrerbietig begrüßt, schreitet Cardillac vorüber. Neugierig fragt eine Dame einen Kavalier, der sie höflich grüßt, wer wohl dieser vornehme Mann sei. Der Kavalier berichtet, es sei der angesehene Goldschmied Cardillac. An seinen kunstreichen Schmuckgegenständen klebe jedoch Blut; denn jeder, der bei ihm etwas kaufe, fiele alsbald von Mörderhand. Die Dame fragt den Kavalier, ob er sie liebe. Als dieser antwortet, mehr als sein Leben, fordert sie ihn auf, ihr zum Beweis seiner Liebe den schönsten Schmuck aus Cardillacs Werkstatt zu erstehen. Mit leisem Schaudern verspricht der Kavalier, den Wunsch zu erfüllen. – Des Abends erwartet die Dame den Kavalier in ihrem Schlafzimmer, doch er kommt nicht. Kaum ist sie eingeschlafen, betritt der Kavalier das Zimmer. Er überreicht der Dame einen prächtigen goldenen Gürtel. Als er liebeglühend seinen Kopf in ihren Schoß legt, bemerkt die Dame mit tödlichem Schrecken eine vermummte Gestalt, die soeben durch das geöffnete Fenster in das Zimmer eingedrungen ist. Der Kavalier deutet ihre Gebärde als Angst vor der Liebe. Sie umschlingt ihn, um ihn gleichsam mit den Armen zu beschützen. In diesem Augenblick tritt der Eindringling ans Bett; er reißt den goldenen Gürtel an sich und erdolcht gleichzeitig den Kavalier. Blitzschnell entfernt er sich daraufhin wie ein Raubtier mit seiner Beute durchs Fenster. – Am nächsten Tag erhält Cardillac in seiner Werkstatt Besuch von seinem Goldlieferanten. Der Goldschmied prüft mißtrauisch das ihm vom Händler überbrachte Gold. Dann fragt er den Händler, warum er sich beim Betreten der Werkstatt bekreuzigt habe. Nach einer ausweichenden Anwort gibt dieser zu, angesichts des neuerlichen Mordes in der vergangenen Nacht mit Unbehagen dieses Unglückshaus betreten zu haben. Er ist überzeugt, daß Cardillac im Bunde mit der Hölle steht. Um sich Klarheit zu verschaffen, beschließt er, ihn in den kommenden Nächten einmal zu überwachen. Cardillac geht aus und beauftragt seine Tochter, inzwischen seine Schätze zu behüten. Da betritt die Werkstätte ein junger Offizier, der Cardillacs Tochter liebt und sie auffordert, mit ihm zu entfliehen. Sie kann sich aber nicht von dem geliebten Vater trennen. Nach seiner Rückkehr wird Cardillac durch den Besuch des Königs geehrt. Der Goldschmied weigert sich jedoch, die ausgesuchten Schmuckgegenstände dem König zu verkaufen unter der Ausrede, für ihn noch sehr viel schönere anfertigen zu wollen. Nachdem der König weggegangen ist, kommt der Offizier wieder. Er begehrt von dem Goldschmied das Schönste, was er geschaffen habe; Cardillac ist zu Tode erschrocken. Als der Offizier aber dann um die Hand der Tochter anhält, atmet Cardillac erleichtert auf und gewährt sie ihm sogleich. Der Offizier will nun eine goldene Kette für seine Braut kaufen. Cardillac warnt ihn vor dem drohenden Unheil; aber der Offizier kennt keine Furcht und entfernt sich mit dem Schmuck. Cardillac zwingt sich zur Arbeit; sein Blick heftet sich jedoch wie gebannt auf die Stelle, wo die goldene Kette gelegen hat. Schließlich nimmt er aus einem Schrank Mantel, Maske und Dolch und entfernt sich. – In einer dunklen Straße wird der Offizier von einer vermummten Gestalt angefallen und verwundet. Cardillac, von dem Offizier erkannt, muß fliehen, ohne der Kette habhaft geworden zu sein. Der Goldhändler hatte den Überfall heimlich beobachtet und sogleich die Polizei alarmiert. Als Cardillac herbeigebracht wird, beschuldigt der Offizier den Goldhändler der Tat. Während dieser abgeführt wird, jubelt die Menge Cardillac zu und drängt ihn in eine Taverne. Die Tochter erfährt nun von dem Offizier den wahren Sachverhalt. Da stürzt Cardillac aus der Taverne, angeekelt von den

Huldigungen, die ihm dort entgegengebracht wurden. Er gesteht jetzt, den Mörder zu kennen. Erregt fordert die Menge ihn auf, den Namen zu nennen. Als Cardillac sich weigert, droht schließlich das Volk, sein Haus zu stürmen und seine Werke zu vernichten. Da bekennt Cardillac endlich sich selbst als Täter. Er hat die Verbrechen begangen, weil er sich von seinen Werken nicht trennen konnte. Da er keine Reue zeigt, ja sogar kaltblütig erklärt, seinem dämonischen Trieb auch weiterhin folgen zu werden, stürzt sich die Menge spontan auf ihn und schlägt ihn nieder. Vor dem Sterbenden knien die Tochter und der Offizier. Als sein irrer Blick am Hals des Offiziers die goldene Kette erblickt, verklären sich seine Züge; er greift nach dem Schmuck, küßt ihn und sinkt tot zusammen. R. K.

HANDLUNG DER NEUFASSUNG: Vor dem Laden des Goldschmieds Cardillac läuft das Volk zusammen. Ein Mann ist getötet worden; der geheimnisvolle Mörder, der die Stadt in Schrecken hält, hat wieder einmal zugeschlagen. Am Morgen öffnet der Goldschmied seinen Laden. Die Primadonna der Oper betritt ihn mit einem jungen Kavalier, der ihr den Hof macht. Man unterhält sich über die Morde – allen gemeinsam ist, daß die Opfer kostbare Juwelen trugen, die sämtlich verschwunden sind. Auf das Drängen des Kavaliers bemerkt die Sängerin, sie werde ihr Herz dem schenken, der ihr wirklich einmal etwas ganz Besonderes bieten könne. Der Kavalier berät sich mit Cardillac; ein herrliches Diadem hat es ihm angetan. Er möchte es kaufen, doch Cardillac lehnt ab – das Stück sei unverkäuflich. Da ergreift es der junge Mann und flieht. – Die Primadonna verabschiedet in ihrem Zimmer gerade den reichen Marquis; da kommt der junge Kavalier und gewinnt ihr Herz mit dem herrlichen Schmuckstück. Doch plötzlich schwingt sich ein maskierter Mann durchs offene Fenster ins Zimmer, erdolcht den Kavalier und entflieht mit dem Schmuck. – Cardillacs Geselle weiß, daß sein Meister der geheimnisvolle Mörder ist, der es nicht ertragen kann, seine Schmuckstücke in anderen Händen zu sehen, aber aus Liebe zur Tochter des Goldschmiedes hat er vor der Polizei falsche Angaben gemacht und wird deshalb selbst als verdächtig verhaftet. Der Goldschmied bleibt mit seiner Tochter allein und sagt ihr, mit diesem schlechten Menschen wolle er sie nicht verheiraten. In einer Vision erinnert er sich an die Szene des vergangenen Abends und an alle voraufgegangenen Morde. Plötzlich wird er aufgeschreckt durch das Erscheinen der Primadonna und des Marquis, die seinen Laden betreten. Als die Sängerin das Diadem erblickt, das ihr gestern der junge Kavalier schenkte, fällt sie in Ohnmacht. Der Marquis kauft das Diadem und verläßt mit der Sängerin den Laden. Der Geselle kommt herein: er ist der Polizei entflohen, droht seinem Meister, er wolle die Geschichte mit dem Diadem verraten und dringt in die Goldschmiedstochter, mit ihm zu fliehen; doch sie zögert, und

Cardillac verjagt ihn. Da macht er sich erneut auf die Suche nach dem Diadem. – Auf der Bühne der Académie Royale wird Lullys ›Phaeton‹ aufgeführt. Während die Handlung ihren Fortgang nimmt, erscheint in den Kulissen der Geselle, um die Primadonna, die in der Rolle der Téo Cardillacs Diadem trägt, zu warnen. Sie aber zeigt sich fasziniert von der spannungsgeladenen Situation. Auch ein Offizier und Cardillac erscheinen. Beim Schlußapplaus vor dem Vorhang sieht die Sängerin den Goldschmied, und sie begreift, was in ihm vorgeht. Sie reicht ihm das Diadem, aber der Offizier stürzt dazwischen und reißt das Diadem an sich. Wutentbrannt folgt ihm Cardillac. Vor dem Theater kommt es zu einem Handgemenge, bei dem der Offizier verwundet wird; als sich aber der Geselle einmischt, flieht Cardillac. Der Geselle berichtet nun dem Offizier, dem Marquis, der Sängerin und der Tochter des Goldschmieds, daß sein Meister der geheimnisvolle Mörder ist. Man schenkt ihm Glauben, und die Primadonna schenkt das Schmuckstück der Goldschmiedstochter, die nun auch an die Liebe des Gesellen glaubt. Doch der Goldschmied ist nicht bereit, auf das zu verzichten, was er für sein Eigentum hält: das Diadem und die Tochter. Er kommt zurück, aber die inzwischen versammelte Menge, die den Bericht des Gesellen gehört hat, bedrängt ihn so, daß er seine Taten gesteht. Die Menge lyncht ihn; die Primadonna aber, Cardillacs Tochter und der Geselle beklagen das Schicksal dieses in seiner krankhaften Liebe zum eigenen Werk keine Grenzen kennenden Wahnsinnigen. W. K.

STILISTISCHE STELLUNG: Hindemiths ›Cardillac‹ stellt einen Markstein in der Entwicklung des modernen musikalischen Theaters dar. Stoff und Gestaltung der Operndichtung knüpfen an die Tradition vorangegangener Richtungen (Romantik, Verismo) an, während die Musik mit ihren konzertanten Formen und ihrer polyphonen Tonsprache neue Wege weist. Dieser Zwiespalt zwischen Textbuch und Musik macht wohl die Inszenierung des Werkes zu einem Problem, die stilisierende Haltung der Musik beeinträchtigt aber durchaus nicht die dramatische Wirkung, wie der große Erfolg des ›Cardillac‹ bei Aufführungen bewiesen hat.

TEXTDICHTUNG: Der Stoff ist der Novelle ›Das Fräulein von Scuderi‹ des romantischen Dichters E. T. A. Hoffmann (1776–1822) entnommen, die in dem ›Taschenbuch für Liebe und Freundschaft auf 1820‹ und in den ›Serapionsbrüdern‹ erschienen ist. Ferdinand Lion führte die Operndichtung aus, in welcher der Stoff unter Ausschaltung alles Nebensächlichen in klarer Anschaulichkeit äußerst bühnenwirksam dramatisiert ist.

GESCHICHTLICHES: ›Cardillac‹ wurde am 9. November 1926 an der Dresdner Staatsoper unter Fritz Busch uraufgeführt. Das Werk erregte damals großes Aufsehen und war in musikalischen Kreisen Gegenstand eifriger Diskussionen über die Formen und Ausdrucksarten des musikalischen Theaters. – Später hat der Komponist eine ziemlich radikale Umarbeitung des Werkes vorgenommen, bei der er den Text selbst neufaßte und musikalisch eine Angleichung an den ›Mathis‹-Stil vollzog. In dieser Form wurde ›Cardillac‹ am 20. Juni 1952 in Zürich zum ersten Mal aufgeführt. R. K.

Hindemiths Neufassung ist der wohl folgenreichste Fall, in dem ein Komponist glaubte, er müsse ein älteres Werk seiner gewandelten neuen Kompositionsästhetik anpassen. So hat Hindemith nicht nur den Text verändert (und dabei Ferdinand Lions dicht-fesselnde Handlung eher verunklart und in ihrem Verlauf gehemmt), er hat auch seine Tonsprache in Anlehnung an den ›Mathis‹ geglättet. Zu Recht bevorzugen die Bühnen heute in der Regel die dramaturgisch glaubwürdigere und musikalisch einheitlichere Originalfassung.

W. K.

Hin und zurück

Sketch mit Musik. Text von Marcellus Schiffer.

SOLISTEN: *Robert,* der Ehemann (Lyrischer Tenor, gr. P.) – *Helene,* seine Frau (Lyrischer Sopran, gr. P.) – *Tante Emma,* taub (Stumme Rolle) – *Der Professor* (Lyrischer Bariton, m. P.) – *Der Krankenwärter* (Baß, m. P.) – *Das Dienstmädchen* (Sprechrolle, kl. P.) – *Ein Weiser* (Tenor, m. P.).
CHOR: kein Chor.
ORT: Ein bürgerliches Wohnzimmer.
ZEIT: Gegenwart.
ORCHESTER: Fl., Kl., Altsaxophon, Fag. – Trp., Pos., Klav. zu 4 Hd., Klav. – Bühnenmusik: Harm.
GLIEDERUNG: Durchkomponierte Großform.
SPIELDAUER: etwa 15 Minuten.
HANDLUNG: Es ist Morgen. Tante Emma sitzt in einem Lehnstuhl und strickt. Helene kommt fröhlich herein, sie will der Tante Gesellschaft leisten. Robert kommt vorzeitig aus dem Geschäft; da Helene Geburtstag hat, übergibt er ihr ein Geschenk – einen falschen Zopf. Auch die Tante erhält eine Kleinigkeit. Das Dienstmädchen bringt einen Brief, den Helene vor ihrem Mann verstecken will. Er besteht darauf, zu wissen, von wem der Brief sei; sie gibt vor, er komme von der Schneiderin. Er dringt in sie, und sie gibt zu, der Brief sei von ihrem Geliebten. Ein Streit entspinnt sich, auf dessen Höhepunkt der Ehemann seine Frau erschießt. Der Professor kommt und stellt fest, daß er

nicht mehr helfen kann; gemeinsam mit dem Krankenwärter trägt er die Tote hinaus. Auch der Ehemann will nun nicht mehr leben und stürzt sich aus dem Fenster. Da greift ein Weiser in die Handlung ein: aus der Sicht des Himmels ist es egal, ob der Mensch zuerst geboren wird und dann stirbt oder umgekehrt, also wird das Schicksal rückwärts gedreht. Der Ehemann steigt wieder zum Fenster herein, die Tote erwacht zum Leben, der Streit läuft rückwärts, und alles endet in schönster Harmonie.

STILISTISCHE STELLUNG: Hindemiths Kurzoper ›Hin und zurück‹, auf einen Text aus einer Revue von Marcellus Schiffer, war – wie viele ähnliche Stücke der Zwanziger Jahre – eine Reaktion gegen die riesigen Dimensionen der spätromantischen Oper, insbesondere der Musikdramen Wagners: sozusagen eine Neugeburt der Oper aus dem Geist des Kabaretts. Das kleine Werk ist zugleich eine Parodie auf die Ehekatastrophen der damaligen Trivialfilme wie der reizvolle musikalische Versuch, das Zurückdrehen der Handlung in Form eines – selten ganz wörtlichen – Krebses zu realisieren. Knapp umrissene Formen, eine bewußt buffohafte Melodik in den Singstimmen und ein eher an Tanzcafé-Besetzungen orientiertes Instrumentarium aus Bläsern und Klavier mit deutlichen Anklängen an die Jazzmusik der zwanziger Jahre ergeben so eine witzig-absurde Kleinform, deren knappe Dimensionen eine einfache Realisierung zulassen. Uraufgeführt wurde Hindemiths ›Hin und zurück‹ auf dem Baden-Badener Musikfest am 15. Juli 1927.

W. K.

Neues vom Tage

Lustige Oper in drei Teilen. Text von Marcellus Schiffer.

SOLISTEN: *Laura* (Dramatischer Koloratursopran, auch Jugendlich-dramatischer Sopran, gr. P.) – *Eduard,* ihr Ehemann (Kavalierbariton, auch Charakterbariton, gr. P.) – *Der schöne Herr Hermann* (Jugendlicher Heldentenor, auch Lyrischer Tenor, gr. P.) – *Herr M.* (Lyrischer Tenor, auch Spieltenor, m. P.) – *Frau M.* (Lyrischer Mezzosopran, m. P.) – *Ein Standesbeamter** (Baß, kl. P.) – *Ein Fremdenführer** (Baß, auch Bariton, kl. P.) – *Ein Hoteldirektor** (Baß, auch Bariton, kl. P.) – *Ein Zimmermädchen* (Sopran, auch Mezzosopran, kl. P.) – *Ein Oberkellner* (Tenor, kl. P.) – *Sechs Manager* (zwei Tenöre, zwei Baritone, zwei Bässe, kl. P.).

* Diese Partien können von einem Darsteller übernommen werden.

CHOR: Standesbeamte. Sekretärinnen. Museumsbesucher. Hotelpersonal. Theaterpublikum (gemischter Chor, m. Chp.).

ORT: Großstadt.

SCHAUPLÄTZE: Ein Wohnzimmer – Das Standesamt – Das Büro für Familienangelegenheiten – Ein Saal im Museum – Badezimmer im Hotel Savoy – Geteilte Bühne: links ein Hotelzimmer, rechts eine Gefängniszelle – Ein Theaterfoyer – Die Bühne eines Varieté-Theaters.
ZEIT: Die Zwanziger Jahre des 20. Jahrhunderts.
ORCHESTER: 2 Fl. (auch Picc.), Ob., Eh., Es-Kl., Kl., Bkl., Altsaxophon, 2 Fag., Kfag. – Hr., 2 Trp., 2 Pos., Tuba – Klav., Klav. zu 4 Hd., Hrf., Mandoline, Banjo, Schl. – Str. (6.0.4.4.4).
GLIEDERUNG: Vor- und Zwischenspiele, elf Bilder mit ineinander übergehenden musikalischen Nummern.
SPIELDAUER: etwa 2 ½ Stunden.
HANDLUNG: Am gedeckten Frühstückstisch geraten Laura und Eduard, ein junges Ehepaar, wie schon öfter in Streit. Sie zanken sich, werfen sich Schimpfworte zu und zertrümmern das Geschirr. Schließlich kommt ihnen ein erlösender Gedanke: sie werden sich scheiden lassen. Die Nachbarn, das jung verheiratete Ehepaar M., kommen, um ihren Antrittsbesuch zu machen. Sie werden in die Auseinandersetzung hineingezogen, nehmen Partei und streiten sich ebenfalls. Auch sie wollen sich scheiden lassen. Auf dem Standesamt herrscht viel Betrieb: Geburten und Todesfälle werden angemeldet. Herr und Frau M. kommen zufrieden aus einem Büro; sie sind eben geschieden worden. Laura und Eduard kommen, um die zur Scheidung nötigen Unterlagen vorzulegen, und begegnen dem Ehepaar M. Auf die Frage, wieso es mit der Scheidung so schnell gegangen sei, berichten die M.s, daß sie sich vom »Büro für Familienangelegenheiten« einen »Scheidungsgrund« gemietet hätten. Eduard legt dem Standesbeamten die notwendigen Unterlagen vor, doch dieser sagt ihm, ohne Scheidungsgrund könnte die Ehe nicht geschieden werden. Dann schließt er den Schalter. Im Sekretariat des »Büros für Familienangelegenheiten« ist viel Betrieb: Trauzeugen werden bestellt, Kindspaten. Der beliebteste »Scheidungsgrund« ist der schöne Herr Hermann, von allen geliebt. Doch er ist schwermütig; sein Herz nimmt zuviel Anteil am Schicksal der Klienten, besonders der weiblichen. So hat er sich – ganz gegen seine Geschäftsgrundsätze – leider in Frau M. verliebt. – Im Museum, im Saal mit der berühmten Venus-Statue. Ein Museumsführer schleust eine uninteressierte Besuchergruppe vorbei. Laura tritt ein; sie ist hier mit dem »Scheidungsgrund« verabredet. Sie informiert sich anhand eines Reiseführers über Venus, griechisch Aphrodite, Göttin der Liebe. Da erscheint Herr Hermann; in einem Duett heucheln beide leidenschaftliche Ekstase. Als sie sich küssen, stürzt – verabredungsgemäß – Eduard herein und ertappt die beiden. Doch er zeigt sich wirklich eifersüchtig, beschimpft den schönen Herrn Hermann und Laura; dann droht er dem »Scheidungsgrund« Prügel an und wirft schließlich dem Flüchtenden die Venus-Statue nach, die am Boden zerschellt. – In einem Badezimmer im Hotel Savoy sitzt Laura nackt in der Wanne

und besingt die Vorzüge der Warmwasserversorgung. Da es mit dem ersten Termin nicht geklappt hat, ist sie hier – zwecks Schaffung eines neuen Scheidungsgrundes – mit dem schönen Herrn Hermann verabredet. Dieser tritt ins Badezimmer und beginnt, ungeachtet des Protestes von Laura, die einen etwas weniger verfänglichen Ort vorgesehen hatte, sich zu entkleiden. Außerdem wird er leider wieder seinen Geschäftsgrundsätzen untreu; er hat sich schon wieder verliebt. Doch da platzt Frau M. herein, die ihrerseits ein Bad bestellt hatte und nun höchst erstaunt und befremdet ist, Laura und ihren Geliebten, den schönen Hermann, zusammen in eindeutiger Situation zu ertappen. Hermann ist für sie erledigt, und gegenüber Laura besteht sie darauf, daß das Badezimmer für sie reserviert war, und klingelt das ganze Hotelpersonal zusammen, das peinlich berührt die Situation betrachtet. – Die Szene ist geteilt: Laura in ihrem Hotelzimmer, Eduard in der Gefängniszelle, wohin man ihn wegen der Zertrümmerung der Venus gesteckt hat, lesen beide in der Zeitung über die skandalösen Taten des anderen. Eduard wird zuerst sehr böse, als er von Lauras aufsehenerregendem Rendezvous liest, aber dann tröstet er sich: denn jetzt werden sie sicherlich geschieden. – Eduard ist auf Bewährung entlassen worden, muß aber achtzigtausend Mark Entschädigung an das Museum zahlen, und weiß nicht, wie er das Geld aufbringen soll. Der schöne Hermann erscheint und bietet Eduard die erforderliche Summe an, denn ihm liegt daran, daß Eduard möglichst schnell geschieden wird: zum einen wegen der Reputation seines Geschäftes, zum anderen, weil er Laura liebt. Doch Eduard, der seine Frau immer noch liebt, wirft ihn hinaus. Hermann geht, nicht ohne seinerseits eine Rechnung für erbrachte Dienste als »Scheidungsgrund« zu hinterlassen. Da erscheinen auf einmal sechs Manager und bieten Eduard Verträge, viel Geld und Vorschuß. Ein Ehemann, der dem Liebhaber seiner Frau eine Venus nachwirft, eine Ehefrau, die nackt in der Badewanne Besucher empfängt: das ist eine Sensation für jedes Varieté-Theater, für den Zirkus und für die Wochenschau. Eduard ist fast so populär wie Friedrich Schiller. Froh, so zu Geld zu kommen, unterzeichnet Eduard die Verträge. – Im »Büro für Familienangelegenheiten« läuft alles wieder seinen geordneten Gang, denn der schöne Hermann pflegt jetzt und künftig sein Herz aus dem Spiel zu lassen. – Im Theaterfoyer des Varieté-Theaters »Alkazar« versammeln sich sensationslüsterne Zuschauer: Eduard und Laura, das berühmte Ehepaar, geben heute ihre Abschiedsvorstellung. Unter den Besuchern sind auch die M.s, soeben glücklich zum zweiten Mal miteinander verheiratet. Die Vorstellung beginnt: nach diversen anderen Attraktionen kommt es endlich zur Hauptsache: Laura und Eduard treten auf, beschimpfen sich und zertrümmern Teller, die ihnen eine Dame im Trikot zureicht. Revuegirls umtanzen die Szene. Das Publikum ist begeistert. Die letzte Vorstellung ist beendet. Eduard und Laura sind erleichtert; endlich können sie alle Schulden zahlen; aber an Scheidung denken sie nicht mehr; sie wollen es noch einmal miteinander versuchen. Doch da protestiert der Chor: Laura und Eduard sind keine Privatpersonen mehr, die machen können, was sie wollen; sie stehen im öffentlichen Interesse, sind – als Sensation – eine Handelsware ohne eigenen Willen: sie sind »Neues vom Tage«.

STILISTISCHE STELLUNG: Hindemiths abendfüllende Oper ›Neues vom Tage‹ setzt die Tendenz des kritisch-persiflierenden Zeitstücks fort, die bereits in dem Sketch ›Hin und zurück‹ angelegt ist. Dabei geht es – anders als in Richard Strauss' ähnlich angelegtem ›Intermezzo‹ – nicht um einen Familienkrieg, um eine Zimmerschlacht, sondern weit eher – und darin stets parodistisch geschärft, voller satirischer Aperçus – um Kritik am Sensationsrummel, an der Neuigkeitswut der Medien der Zwanziger Jahre, deren Schlüsselloch-Journalismus auch vor dem Privatbereich nicht Halt machte. Hindemiths Musik ist eine gelungene Mischung aus Jazz-Elementen mit einem motorischen, bisweilen sich überdrehenden Neoklassizismus; prägend wirken knappe, oft revuehaft angelegte Szenen und Situationen, in denen traditionelle Opernformen durch die Inkongruenz des Textes der Lächerlichkeit preisgegeben werden, etwa, wenn eine virtuose Arie die Vorzüge der Warmwasserversorgung preist. Doch daneben gibt es auch eindringlich lyrische Stellen von kühl-anrührender Schönheit.

TEXTDICHTUNG: Der Varieté-Dichter Marcellus Schiffer, der schon die Textvorlage für ›Hin und zurück‹ geliefert hatte, geißelt in seinem Libretto auf parodistisch-witzige Weise gleichermaßen die modische Scheidungslust der Zwanziger Jahre wie den Run auf intime Sensatiönchen. Stilistisch ist der Text in der Nähe der quasi objektiven, Gefühle nur »ausstellenden« Gebrauchstexte der späten zwanziger Jahre gehalten, wie wir sie auch in Brecht/Weills sehr viel erfolgreicherer ›Dreigroschenoper‹ finden.

GESCHICHTLICHES: Die Uraufführung von ›Neues vom Tage‹ am 8. Juni 1929 in der Berliner Kroll-Oper unter der Leitung von Otto Klemperer war nicht viel mehr als ein Achtungserfolg; zu sehr sah man das Werk in der Nachfolge der ›Dreigroschenoper‹. Gleichwohl attestierte ihm die Kritik eine »Parodie, hinter der eine latente Traurigkeit, Resignation steht«. Nach dem Krieg versuchte sich Hindemith an einer Neufassung, die eine Aktualisierung darstellen sollte, dabei aber zuviel tut und sich als nur noch irritierende Persiflage selbst aufhebt. Nach der Quellenlage scheint Hindemith allerdings diese Neufassung, die den Handlungsverlauf beibehält, aber einige Figuren ändert, trotz einer »Uraufführung« am 7. April 1954 in Neapel nie endgültig abgeschlossen zu haben. Da die im Stück angesprochenen Probleme heute so aktuell sind wie vor gut fünfzig Jahren, könnte eine theaterwirksame Wiederbelebung eine erfreuliche Erweiterung des Spielplans darstellen.

W. K.

Mathis der Maler

Oper in sieben Bildern. Dichtung vom Komponisten.

SOLISTEN: *Albrecht von Brandenburg,* Kardinal, Erzbischof von Mainz (Heldentenor, auch Charaktertenor, gr. P.) – *Mathis,* Maler in seinen Diensten (Heldenbariton, auch Charakterbariton, gr. P.) – *Lorenz von Pommersfelden,* Domdechant von Mainz (Seriöser Baß, auch Charakterbaß, m. P.) – *Wolfgang Capito,* Rat des Kardinals (Lyrischer Tenor, auch Charaktertenor, m. P.) – *Riedinger,* ein reicher Mainzer Bürger (Seriöser Baß, auch Charakterbaß, auch Charakterbariton, m. P.) – *Hans Schwalb,* Führer der aufständischen Bauern (Jugendlicher Heldentenor, m. P.) – *Truchseß von Waldburg,* Befehlshaber des Bundesheeres (Baß, auch Bariton, kl. P.) – *Sylvester von Schaumberg,* einer seiner Offiziere (Tenor, m. P.) – *Der Graf von Helfenstein* (Stumme Rolle) – *Der Pfeifer* des Grafen (Tenor, kl. P.) – *Ursula,* Riedingers Tochter (Dramatischer Sopran, auch Jugendlich-dramatischer Sopran, gr. P.) – *Regina,* Schwalbs Tochter (Lyrischer Sopran, m. P.) – *Gräfin Helfenstein* (Alt, m. P.).
CHOR: Antoniterbrüder. Humanistische Studenten. Päpstliche und lutherische Bürger. Bürgersfrauen. Volk. Bauern. Offiziere und Truppen des Bundesheeres. Dämonen (m. Chp.).
SCHAUPLÄTZE: Antoniterhof am Main, Stiftsgebäude im Hintergrund, ebenso ein großes Tor, links bunter Blumengarten, ein Brunnen davor, dessen Wasser in einen ausgehöhlten Baumstamm läuft, rechts ein gedeckter Gang – Saal in der Martinsburg zu Mainz – Haus Riedingers am Marktplatz in Mainz, eine nach rückwärts offene Halle – Königshofen. Ein kleiner Platz mit beschädigten Häusern, links kleine Gastwirtschaft mit Tischen und Bänken, Fensterscheiben sind eingeschlagen, die Läden hängen halb abgerissen herunter, rechts eine offene Kapelle mit Marienbild und Ewiger Lampe. Die Stadt ist ziemlich zerstört – Arbeitszimmer des Kardinals auf der Martinsburg in Mainz – Odenwald. Gegend mit großen Bäumen – (Erscheinungen: Ein mittelalterliches Schloß – Ein Gewölbe – Platz vor einem Stadttor – Die auf der Versuchungstafel des Isenheimer Altars dargestellte Landschaft – Landschaft des Bildes der Begegnung zweier Heiliger auf dem Isenheimer Altar – Die Stadt Mainz und der Rhein) – Mathis' Werkstatt in Mainz mit einer Anzahl herumstehender Bildtafeln.
ZEIT: Zur Zeit des Bauernkrieges, das letzte Bild einige Zeit später.
ORCHESTER: 2 Fl. (auch Picc.), 2 Ob., 2 Kl., 2 Fag., 4 Hr., 2 Trp., 3 Pos., 1 Bt., P., Schl., Str. – Bühnenmusik: 3 Trp. in C.
GLIEDERUNG: Vorspiel (Engelkonzert) und 35 Musiknummern, die pausenlos ineinandergehen.
SPIELDAUER: etwa 3 Stunden.

HANDLUNG: In der Mittagspause eines sonnigen Frühlingstages betrachtet der Maler Mathis, der gerade damit beschäftigt ist, den Kreuzgang des Antoniterklosters in Mainz auszumalen, sinnend die wachsende Natur, deren Anblick in ihm Zweifel weckt, ob er alles, was Gott ihm aufgetragen, erfüllt habe. Da stürzt in Begleitung seiner jugendlichen Tochter Regina der verwundete Bauernführer Schwalb in den Hof. Während die Mönche sich des Erschöpften annehmen, unterhält sich Mathis mit Regina, deren unschuldiges Wesen tiefen Eindruck auf ihn macht. Sie wünscht sich ein Band, um sich das Haar zu binden. Mathis nimmt ein buntes Band von seinem Tisch und schenkt es ihr. Inzwischen ist Schwalb wieder zu sich gekommen; er hält dem nur seiner Kunst lebenden Mathis die Sorgen und Nöte des unterdrückten Bauernvolkes vor. Regina meldet ihrem Vater, daß ihm seine Feinde hart auf den Fersen folgten. Schwalb entflieht eilig auf Mathis' Pferd, das ihm dieser zur Verfügung stellt, und als Sylvester von Schaumberg, ein Offizier des Bundesheeres, hereinstürmt, gesteht der Maler offen, daß er dem Bauernführer zur Flucht verholfen habe. – Im Saal der Martinsburg zu Mainz sind katholische und protestantische Bürger in Erwartung des Fürsterzbischofs von Mainz, Kardinal Albrecht von Brandenburg, versammelt. Nach einem heftigen Wortgeplänkel geraten die beiden Parteien in ein Handgemenge. Erst das Erscheinen des Kardinals, der die Reliquie des heiligen Martin überbringt, macht dem Streit ein Ende. Jetzt erscheint auch Mathis; er wird von dem Kardinal freundlich begrüßt. Ursula, die Tochter des reichen protestantischen Bürgers Riedinger, ist freudig erregt, den Maler, den sie liebt, nach langer Zeit wiederzusehen. Inzwischen berichtet Riedinger dem Kardinal, daß auf dem Marktplatz sogenannte ketzerische Schriften verbrannt werden sollen. Albrecht verbietet die Verbrennung, widerruft aber schließlich widerwillig das Verbot, als ihm der fanatische Domdechant von Pommersfelden vorhält, daß ein Priester den Weisungen Roms zu folgen habe. Der Kardinal wendet sich dann an Mathis und beauftragt ihn, für die Reliquie einen kostbaren Schrein anzufertigen. Da kommt Sylvester von Schaumberg. Er verklagt Mathis bei dem Kardinal, dem Rebellen Schwalb die Flucht ermöglicht zu haben. Mathis, der seine Tat nicht leugnet, bittet den Kardinal kniefällig, den Bauern die Freiheit zu gewähren. Als ihm dieser entgegenhält, er möge sich nicht in fremde Händel mischen, und ihn schließlich in scharfem Ton an seine Arbeit verweist, verlangt der Maler leidenschaftlich seinen Abschied. Empört gibt Pommersfelden den Befehl, den Aufständischen zu verhaften. Aber der Kardinal bestimmt anders: er entbindet Mathis seiner Verpflichtungen und stellt ihm anheim zu tun, was sein Herz verlangt. – Die protestantischen Bürger bringen heimlich ihre Bücher in Riedingers Haus, um sie dort sicherzustellen. Da erscheint Capito, der gerissene Rat des Kardinals, der das Versteck alsbald entdeckt und die Schriften den Landsknechten zur Verbrennung übergibt. Capito beruhigt die erregten Bürger, indem er sie von einem Schreiben Luthers an den Kardinal in Kenntnis setzt, in welchem dieser aufgefordert wird, zum Protestantismus überzutreten und sich dann als weltlicher Fürst zu verheiraten. Capito meint, daß der aufgeschlossene Bischof sich durchaus zu einem solchen Schritt entschließen könnte, weil er Frauen nicht ungern sieht und vor allem weil er durch eine reiche Heirat die Gesundung seiner Finanzen herbeiführen könnte. Jetzt kommt Ursula hinzu. Sie erklärt sich bereit, für ihren Glauben jedes Opfer bringen zu wollen. Als Riedinger sie fragt, ob sie im Interesse der Zukunft des Luthertums einen Mann heiraten würde, den er ihr vorschlage, wird sie allerdings wankend. Die Männer entfernen sich zur Bücherverbrennung. Gleich darauf erscheint Mathis, dem Ursula stürmisch in die Arme fällt. Er erklärt ihr jedoch, daß er, ein alter Mann, ihr junges, hoffnungsvolles Leben nicht an sein ungewisses Schicksal ketten könne, zumal er sich jetzt an dem Bauernkrieg beteiligen wolle. Er läßt sich auch nicht umstimmen, als Ursula sich bereit erklärt, mit ihm alle Mühsale auf sich zu nehmen, und entfernt sich. Riedinger und seine Glaubensgenossen kehren von der Bücherverbrennung zurück. Sie trinken auf den Sieg ihres Glaubens, während Ursula abseits in dumpfer Verzweiflung verharrt. – Die Bauern haben die Stadt Königshofen erobert, wo sie plündern und rauben. Während Graf Helfenstein hingerichtet wird, muß die Gräfin die zechenden Bauern bedienen. Mit Entrüstung tritt Mathis den wüsten Ausschreitungen entgegen. Als er der Gräfin ritterlich seinen Schutz angedeihen läßt, wird er von den radikalen Elementen niedergeschlagen. Daraufhin erscheint Schwalb mit Regina. Mit Mühe kann er die Bauern bewegen, sich den heranrückenden Bundestruppen zum Kampf zu stellen. Die Bauern werden vernichtend geschlagen, Schwalb fällt vor den Augen seiner Tochter. Der Befehlshaber des Bundesheeres, Truchseß von Waldburg, will Mathis festnehmen lassen, die Fürbitte der Gräfin bewahrt ihn aber vor dem Henker. Vollends gebrochen entfernt er sich. Beim Weggehen stößt er auf Regina, die verzweifelt an der Leiche ihres Vaters zusammengebrochen war, und führt die Verwaiste fort. – Inzwischen hat Rat Capito Kardinal Albrecht zu überreden gewußt, den Plan einer Verheiratung in Erwägung zu ziehen. Er hat Ursula auf die Martinsburg zu einer Aussprache mit dem Kirchenfürsten bestellt. Dieser durchschaut aber bald die Zusammenhänge. Als ihn jedoch Ursula mit begeisterten Worten auffordert, als Bekenner seines Glaubens das Unentschiedene zu bezwingen, ruft Albrecht Capito und Riedinger herein. Er teilt ihnen seinen Entschluß mit, der Kirche treu zu bleiben. Die Richtschnur seines künftigen Handelns laute: Dienen, Schweigen und Gehorchen, und sein Leben werde von nun an mehr dem eines Eremiten als dem eines Kirchenfürsten gleichen. – Auf einer Rast im Odenwald gelingt es Mathis, die über den Tod ihres Vaters untröstliche Regina mit der visionären Er-

zählung musizierender Engel in Schlaf zu versenken. Die Vision verdichtet sich bei dem Künstler schließlich zu einer göttlichen Eingebung: Vor Mathis, in Gestalt des heiligen Antonius, taucht zunächst ein prächtiges Schloß auf: die Gräfin Helfenstein als Sinnbild des Reichtums, Pommersfelden in Gestalt eines Kaufherrn als Symbol irdischer Macht, Ursula, erst als Bettlerin, dann als Buhlerin und schließlich als Märtyrerin, Capito als die Macht der Wissenschaft vertretender Gelehrter, Schwalb als die Kraft der Jugend versinnbildlichender Krieger und zuletzt die Dämonen seines eigenen Innern treten mit Versuchungen an ihn heran, denen Mathis-Antonius standhaft widersteht. Dann naht Kardinal Albrecht in Gestalt des heiligen Paulus. Mit den Worten: »Geh hin und bilde!« mahnt er den Künstler, seiner Berufung zu folgen. Während Mainz in goldenem Licht erscheint, krönt ein Hymnus der beiden Heiligen die Vision. – Die Gestaltung des nach der Intuition geschaffenen Altars hat Mathis' Lebenskraft aufgezehrt. In der Werkstatt des Künstlers haucht Regina, von Ursula liebevoll gepflegt, ihr junges Leben aus, nachdem sie zuvor noch Ursula das Band, das Mathis ihr einst geschenkt, überreicht hatte mit der Bitte, es dem Freund zurückzugeben. – Am frühen Morgen steht Mathis sinnend vor dem Tisch, auf dem seine Habseligkeiten zum Einpacken bereit liegen. Kardinal Albrecht sucht Mathis auf; er bietet dem Künstler an, nach Vollendung seines Lebenswerks den Rest des Lebens als Freund in seiner Nähe zu verbringen. Aber Mathis will in der Stille der Abgeschiedenheit seine Tage beschließen. Der Kardinal fügt sich dem Wunsch und entfernt sich. Mathis öffnet nun eine Truhe und versenkt darin Dinge, die Symbole sind für das, was seine Seele bewegte: Eine Papierrolle – seine guten Taten; Maßstab und Zirkel – sein Streben; Farben und Pinsel – seine Werke; einige Bücher – sein Wissen; und schließlich Reginas Band, das er zärtlich küßt – seine Liebe.
STILISTISCHE STELLUNG: Auch bei ›Mathis‹ hält Hindemith an dem stilisierenden Prinzip fest, doch weist das Werk in der formalen Anlage eine größere Mannigfaltikeit als bei ›Cardillac‹ auf. Die einzelnen Musiknummern sind durchkomponierte Szenen, die freilich von zahlreichen geschlossenen Gebilden (liedartige Gesänge, Duette, Vokalensembles, Chorsätze) oder rezitativischen Partien durchzogen sind. Das hervorstechende Merkmal der ›Mathis‹-Musik ist das transparente Klangbild. Es symbolisiert vortrefflich die mittelalterlich-mystische Atmosphäre eines Geschehens, das von Religionsstreit, Bauernaufstand und apokalyptischen Visionen handelt. Obwohl die Gesangslinie konzertant behandelt und motivisch mit dem Orchester verzahnt ist, hebt sie durch ihre Intensität die Ausdruckskraft der Worte.
TEXTDICHTUNG: Die Operndichtung, die von dem Komponisten selbst verfaßt wurde, handelt von der legendären Entstehungsgeschichte eines der größten Meisterwerke der abendländischen Malerei, des Isenheimer Altars, und von dem rätselvollen Leben seines Schöpfers, des

Malers Matthias Grünewald, über dessen Leben und Wirken historisch so gut wie nichts überliefert ist. Hindemith identifiziert Grünewald mit dem um 1480 in Aschaffenburg erwähnten Maler Mathis, der seit 1511 Hofmaler und Baumeister des Mainzer Erzbischofs war.
GESCHICHTLICHES: Die Uraufführung des 1934 entstandenen ›Mathis‹ erfolgte am 28. Mai 1938 am Stadttheater zu Zürich, die deutsche Erstaufführung am 13. Dezember 1946 an der Staatsoper in Stuttgart. Anschließend ging das Werk mit großem Erfolg über viele andere deutsche Bühnen.

ARTHUR HONEGGER

* 10. März 1892 in Le Havre, † 27. November 1955 in Paris

Le roi David (König David; 1921 Mézières), T: René Morax, Oratorienoper, V: Foetisch, A & S

Judith (1926 Monte Carlo), T: R. Morax, Biblisches Drama, V: Senart, Salabert, A & S

Antigone (1927 Brüssel), T: nach Sophokles v. Jean Cocteau, V: Salabert, A & S

Les aventures du roi Pausole (1930 Paris), T: nach Pierre Louys v. Albert Willemetz, Operette, V: Senart

L'aiglon (1937 Paris), T: nach Edmond Rostand v. Henri Cain, in Zusammenarbeit mit Jacques Ibert, V: Heugel

Les petites Cardinal (1938 Paris), T: A. Willemetz u. Paul Brach, in Zusammenarbeit mit J. Ibert, V: Choudens

Jeanne d'Arc au bûcher (Johanna auf dem Scheiterhaufen; 1938 Basel), T: Paul Claudel, szenisches Oratorium, V: Salabert, A & S

Johanna auf dem Scheiterhaufen
Szenisches Oratorium von Paul Claudel.

SOLISTEN [SPRECHROLLEN]: *Jeanne d'Arc* (gr. P.) – *Bruder Dominik* (m. P.) – *3. Herold* (kl. P.) – *Der Esel* (kl. P.) – *Bedford* (kl. P.) – *Johann von Luxemburg* (kl. P.) – *Mühlenwind* (m. P.) – *Ein Bauer* (kl. P.) – *Der Zeremonienmeister* (kl. P.) – *Regnault von Chartres* (kl. P.) – *Wilhelm von Flavy* (kl. P.) – *Perrot* (kl. P.) – *Ein Priester* (kl. P.) – *Mutter Weinfaß* (m. P.).

[GESANGSPARTIEN]: *Die Jungfrau* (Dramatischer Koloratursopran, kl. P.) – *Margarete* (Jugendlich-dramatischer Sopran, m. P.) – *Katharina* (Tiefer Alt, m. P.) – *Eine Stimme* (Tenor, kl. P.) – *Porcus* (Jugendlicher Heldentenor, kl. P.) – *1. Herold* (Charaktertenor, kl. P.) – *Der Schreiber*

(Tenor, kl. P.) – *Eine Stimme* (Baß, kl. P.) – 2. *Herold* (Bariton, auch Baß, kl. P.) – *Ein anderer Bauer* (Baß, kl. P.) – *Eine Kinderstimme* (Sopran, kl. P.).
CHOR: Gemischter Chor – Kinderchor (gr. Chp.):
ORCHESTER: 2 Fl. (II. auch Picc.), 2 Ob., 1 Es-Kl., 1 B-Kl., 1 Bkl., 3 Altsaxophone in Es, 3 Fag., 1 Kfag., 1 D-Trp., 3 C-Trp., 3 Pos., 1 Bpos. (ersatzweise Bt.), 2 Klav., P., Schl., Cel., Ondes Martenot, Str.
GLIEDERUNG: Szene 1: Die Stimmen des Himmels; Szene 2: Das Buch; Szene 3: Die Stimmen der Erde, Szene 4: Johanna, den Tieren ausgeliefert; Szene 5: Johanna am Pfahl; Szene 6: Die Könige oder die Erfindung des Kartenspiels; Szene 7: Katharina und Margarete; Szene 8: Der König zieht nach Reims; Szene 9: Das Schwert der Jungfrau; Szene 10: Jeanne d'Arc in Flammen.
SPIELDAUER: etwa 1 ¼ Stunden.
HANDLUNG: Johanna steht auf dem Scheiterhaufen, die Hände mit Ketten gefesselt. Bruder Dominik, im weißen Kleid des Dominikaners, ist vom Himmel gestiegen, um Johanna die markanten Stationen ihrer Lebensgeschichte aus einem Buch vorzutragen, in dem der Beurteilung ihres Wirkens durch ihre irdischen Richter die Auffassung des himmlischen Gerichts gegenübergestellt ist. In ihre Ohren gellen die Anklagen der Priester, die sie so sehr verehrte, und die Schreie des Volkes, das sie so sehr geliebt: »Ketzerin, Hexe, Abtrünnige!« Bruder Dominik zeigt Johanna die Priester und die Männer des Staates, die sie zum Tod auf dem Scheiterhaufen verurteilt haben, der Maske ihrer Würde entblößt, in Gestalt von Tieren: Nachdem der Tiger, der Fuchs und die Schlange es abgelehnt haben, das Richteramt zu übernehmen, schwingt sich das Schwein zum Richter über Johanna auf; die Beisitzer sind Schafe und als Schreiber fungiert der Esel. Johanna weist die Anklage zurück, mit dem Teufel im Bunde zu sein; ihre Aussage wird aber verdreht, und das Tribunal fällt das Todesurteil. Johanna fragt nun Bruder Dominik, wieso sie, das arme Hirtenmädchen aus Domremy, in die Hände dieses Gerichts gefallen sei. Dominik erklärt, es sei wegen eines Kartenspiels, das ein närrischer König erfunden hat. Das Spiel enthält vier Könige, vier Damen und vier Buben. Die Könige wechseln ihren Platz, die Damen nicht; die Buben entscheiden das Spiel. Zunächst erscheinen der Reihe nach der König von Frankreich in Begleitung Ihrer Majestät der Torheit; dann der König von England mit Majestät Hochmut; weiterhin der Herzog von Burgund mit Majestät Geiz; und schließlich als vierter König der Tod mit Ihrer Majestät der Wollust. Die Könige wechseln ihren Platz, aber die Königinnen Torheit, Hochmut, Geiz und Wollust bleiben. Nun treten die Buben auf: Der Herzog von Bedford, Johann von Luxemburg, Regnault von Chartres und Wilhelm von Flavy. Sie spielen um Johanna; von Flavy ist Gewinner. Totenglocken läuten; sie laden die frommen Seelen ein,

für Johanna zu beten. Johanna vernimmt unter ihnen die Stimmen der heiligen Katharina und der heiligen Margarete, die sie anrufen: »Johanna, Tochter von Gott, geh fort!« Jeanne d'Arc denkt zurück, wie ihr auf den Feldern ihrer Heimat Stimmen des Himmels den Auftrag gegeben haben, den König zurückzuführen und ihr Land zu befreien; sie erlebt nochmals den Einzug ihres Königs zur Krönung in Reims. Bruder Dominiks Buch ist zu Ende, es verbleibt auf dem Pergament nur noch ein goldenes Schriftzeichen. Johanna erzählt Dominik, daß ihr in Domremy von St. Michael Banner und Schwert übergeben wurden. Und wie niemand nach Winterfrösten das Erwachen und Erblühen der Natur hindern kann, hätte dank der Macht dieses Schwertes die Befreiung Frankreichs aus den Ketten niemals verhindert werden können. Bruder Dominik, der ihr beistehen wollte, hat Johanna verlassen. Aber sie hört eine Stimme: »Johanna, Du bist nicht einsam!« Dennoch überkommt sie plötzlich Furcht vor dem Tode. Da erscheint ein anderer Priester. Er will ihre Ketten lösen, wenn sie unterschreibt, daß sie gelogen habe. Johanna bleibt jedoch standhaft und erklärt: »Wahrheit ist's, die mir die Hände bindet. Ich kann nicht lügen!« Da fordert die Stimme der Heiligen Jungfrau Johanna auf, sich der befreienden Flamme anzuvertrauen, die ihre Ketten brechen wird, und Stimmen des Himmels begleiten die Befreiung der Seele von dem irdischen Körper mit dem Gesang: »Wohl keinem ward eine größ're Gnad, dem sein Leben zu weih'n, dem, den er liebte!«

STILISTISCHE STELLUNG: Die absolute Einheit von Dichtung und Musik war das Resultat einer seltenen Übereinstimmung der künstlerischen Ansichten von Dichter und Komponist. Honegger gestaltete Claudels ›Johanna auf dem Scheiterhaufen‹ in Form eines szenischen Oratoriums nach dem Vorbild von Strawinskys in lateinischer Sprache abgefaßtem ›Oedipus rex‹. Diese neuartige, an der Grenze von Oper und Oratorium liegende Form des musikalischen Theaters mischt die heterogensten Darstellungsmittel. Aus dem Oratorium sind die betrachtenden Chöre sowie der Testo, der Erzähler (Bruder Dominik), übernommen. Honegger war von Haus aus Lyriker, sein großes Vorbild ist Johann Sebastian Bach gewesen, dessen polyphone Schreibweise er seinem Schaffen zugrunde legte, allerdings unter Anwendung der modernen Harmonik. Diese Eigenart und sein starkes Formgefühl führten ihn daher wohl auch zum epischen Musiktheater. Die Musik zu ›Johanna‹ ist von suggestiver Wirkung. Eine große Mannigfaltigkeit der Ausdrucksformen kennzeichnet das Wesen der Partitur, angefangen vom gesprochenen Wort bis zu gewaltigen, klangmassiven musikalischen Höhepunkten: melodramatischen, volksliedhaften und madrigalistischen Partien treten polyphone, homophone und gesummte Chöre, Formen der Gregorianik, moderne Jazzrhythmen gegenüber. Die Kontrastwirkungen sind mit zwingender Logik angelegt.

TEXTDICHTUNG: Der große französische Dichter Paul Claudel (1868 bis 1955) hat den Stoff im Gegensatz zu Friedrich Schiller und George Bernard Shaw in Form des mittelalterlichen Mysterienspiels gestaltet. Er verfolgte dabei das Ziel, alle Elemente der Schauspielkunst zu vereinigen, wobei jedes seinen ihm gebührenden Platz findet.

GESCHICHTLICHES: ›Jeanne d'Arc au bûcher‹ ist 1935 auf Anregung der Pariser Tanzmeisterin Ida Rubinstein entstanden. Das Werk wurde zunächst nur konzertmäßig als Oratorium aufgeführt. Die Uraufführung erfolgte 1938 in Basel, die erste szenische Aufführung fand im Mai 1939 am Stadttheater in Orléans anläßlich der Jeanne d'Arc-Feier statt.

ENGELBERT HUMPERDINCK

* 1. September 1854 in Siegburg (Rheinland), † 27. September 1921 in Neustrelitz

Hänsel und Gretel (1893 Weimar), T: Adelheid Wette, V: Schott

Die sieben Geislein (1895 Berlin), T: A. Wette, Märchenspiel mit Klavier, V: Heinrichshofen

Königskinder (1897 München melodramatische Fassung; als Oper 1910 New York), T: Ernst Rosmer, V: Brockhaus

Dornröschen (1902 Frankfurt/M.), T: E. B. Ebeling-Filhès (= Elisabeth Ebeling u. Bertha Filhès), V: Brockhaus

Die Heirat wider Willen (1905 Berlin), T: nach Alexandre Dumas v. Hedwig Humperdinck, kO., V: Brockhaus; textliche Neubearb. v. Wolfram Humperdinck u. Adolf Vogl (1935 Leipzig)

Die Marketenderin (1914 Köln), T: Robert Misch, V: Fürstner

Gaudeamus (1919 Darmstadt), T: R. Misch, Spieloper, V: Fürstner

Hänsel und Gretel

Märchenspiel in drei Bildern. Dichtung von Adelheid Wette.

SOLISTEN: *Peter,* Besenbinder (Charakterbariton, auch Charakterbaß, m. P.) – *Gertrud,* sein Weib (Dramatischer Mezzosopran, auch Dramatischer Sopran, m. P.) – *Hänsel* (Lyrischer Mezzosopran, auch Spielalt, gr. P.) und *Gretel* (Lyrischer Sopran, gr. P.), deren Kinder – *Die Knusperhexe* (Dramatischer Mezzosopran, auch Charaktersopran oder Spieltenor, auch Charaktertenor, m. P.) – *Sandmännchen* (Sopran, kl. P.) – *Taumännchen* (Sopran, kl. P.).

CHOR: Kinder (Sopran und Alt; kl. Chp.).

BALLETT: Pantomime der vierzehn Engel.
SCHAUPLÄTZE: Daheim (kleine dürftige Stube mit Herd und Rauchfang) – Im Wald (tiefer Wald, im Hintergrund der »Ilsenstein«, von dichtem Tannengehölz umgeben) – Das Knusperhäuschen (Szene wie vorher, aber anstelle des Tannengehölzes das Knusperhäuschen, links ein Backofen, rechts ein großer Käfig, beide mit dem Knusperhäuschen durch einen Zaun von Kuchenmännern verbunden).
ORCHESTER: 3 Fl. (III. auch Picc.), 2 Ob. (II. auch Eh.), 2 Kl., 1 Bkl., 2 Fag., 4 Hr., 2 Trp., 3 Pos., 1 Bt., P., Schl., Hrf., Str.
GLIEDERUNG: Durchkomponierte, symphonisch-dramatische Großform; Ouvertüre; das Vorspiel zum 2. Bild kann pausenlos an das 1. Bild angeschlossen werden.
SPIELDAUER: etwa 2 Stunden.
HANDLUNG: Hänsel und Gretel, die Kinder armer Besenbindersleute, fröhlichen Gemüts, obwohl Not und Sorge in der dürftigen Hütte heimisch sind, vertreiben sich die Zeit mit Singen und Tanzen, anstatt die von der Mutter aufgetragenen Arbeiten zu verrichten. Als diese nach Hause kommt und zornig die Kinder zurechtweist, zerschlägt sie im Eifer mit dem Stock den Milchtopf. Daraufhin jagt sie das Geschwisterpaar fort in den Wald mit dem Auftrag, ein Körbchen Beeren zu pflücken; denn sie hat nichts mehr im Haus, was sie der hungrigen Familie zum Abendessen vorsetzen könnte. In ihrer Verzweiflung über die große Not ist sie am Tisch eingeschlafen, da kommt angeheitert, trällernd und singend der Besenbinder heim und kramt zum Erstaunen seiner Frau aus seinem Kober Wurst, Speck, Butter, Kaffee, Eier, Bohnen und andere feine Dinge. Vor Freude tanzend, erzählt er, daß er drüben hinterm Herrenwald seine Waren, die dort wegen bevorstehender Festlichkeiten gerade sehr begehrt sind, zu höchsten Preisen verkaufen konnte. Mit einem Mal erinnert er sich der Kinder, und als auf sein Befragen, wo sie sich befänden, die Frau etwas schnippisch entgegnet: »Meinetwegen am Ilsenstein«, bemerkt er mit besorgtem Ernst, daß die Kleinen sich leicht in der Dämmerung verirren und der dort hausenden bösen Knusperhexe ins Garn gehen könnten. Von plötzlicher Angst gepackt, rennt die Mutter weg in den Wald, der Besenbinder ihr nach. – Inzwischen waren die Kinder bis in die Nähe des Ilsensteins gelangt. Gretel sitzt unter einer mächtigen Tanne und windet sich einen Kranz von Hagebutten, jubelnd schwenkt Hänsel das eben mit Erdbeeren vollgepflückte Körbchen. Er setzt nun der Schwester den Hagebuttenkranz auf den Kopf, überreicht ihr einen Blumenstrauß und das Erbelkörbchen und huldigt ihr als Waldkönigin. Beim Ruf eines Kuckucks beginnen sie – ähnlich wie es dieser nach dem Volksglauben mit den Eiern macht, die er in fremden Nestern findet – sich gegenseitig mit Erdbeeren zu füttern, bis schließlich das Körbchen leer gegessen ist. Rasch wollen sie neue Beeren suchen, aber es ist inzwischen dunkel geworden, und der Wald, der vorher so

traut und freundlich gewesen war, sieht mit einem Mal drohend und gespenstisch aus. Gretel fürchtet sich immer mehr, Hänsel, dem selbst nicht recht geheuer zu Mute ist, sucht sie zu beruhigen. Da erscheint ein kleines Männlein mit einem Sack auf dem Rücken, das Sandmännchen; es nähert sich den Kindern freundlich und streut ihnen Sand in die Augen. Daraufhin beten sie ihren ›Abendsegen‹ und schlafen, Arm in Arm verschlungen, unter der Tanne ein. Alsbald zerstreuen sich die Nebel, und auf einer aus den Wolken sich bildenden Himmelsleiter schreiten in immer heller strahlendem Lichtscheine vierzehn Engel herab, die sich der Reihenfolge des ›Abendsegens‹ entsprechend schützend um die Kinder gruppieren. – Am frühen Morgen erscheint das Taumännchen und schüttet aus einer Glockenblume Tautropfen auf die Schlafenden. Zunächst erwacht Gretel. Sie grüßt die lieben Vöglein und wendet sich anschließend an den Siebenschläfer Hänsel, um ihn mit ihrem lerchenartigen Tirelireli-Liedchen zu wecken. Beide hatten den gleichen wunderschönen Traum, und als sich Hänsel nach rückwärts wendet, um der Schwester zu zeigen, wohin die Engel gegangen sind, erblicken die Kinder zu ihrem Erstaunen ein Häuschen aus Kuchen, Torten, Fladen, Zucker und Rosinen, umgeben von einem Lebkuchen-Zaun. Neugierig treten sie näher und brechen ein Stückchen von einer Kante ab. Da tönt eine Stimme heraus mit der Frage, wer an dem Häuschen knuspere. Die Kinder antworten: »Der Wind, der Wind, das himmlische Kind«, und knabbern lustig weiter. Sie lassen sich auch nicht stören, als die Stimme zum zweiten Mal ruft. Hänsel bricht nun ein großes Stück Kuchen ab, und während sich das Paar eifrig darüber hermacht, fühlt Hänsel plötzlich eine Schlinge um seinen Hals. Zu ihrem Schrecken erblicken die Kinder ein häßliches altes Weib auf sie zuhumpeln. Sie mißtrauen ihren heuchlerisch-freundlichen Worten und wollen eiligst davonlaufen, nachdem sich Hänsel freigemacht hat. Aber die Hexe bannt sie mit ihrem Zauberstab und einem Zauberspruch; beide stehen starr und können sich nicht mehr rühren. Sodann sperrt die Alte den Hänsel in einen Käfig, wo sie ihn mit Rosinen und Mandeln mästet, während sie Gretels Gliederstarre mittels eines Wacholderzweiges und einer Entzauberungsformel wieder löst. Hierauf schickt sie Gretel ins Haus, um dort den Tisch zu decken; sie selbst schürt inzwischen den Backofen, und in der Vorfreude über den zu erwartenden feinen Schmaus unternimmt sie auf einem Besen einen wilden Hexenritt um ihr Häuschen. Dann bringt Gretel auf Geheiß der Hexe Mandeln und Rosinen für Hänsel. Während die Alte den Buben im Käfig füttert, entzaubert ihn Gretel nach der erlauschten Entzauberungsformel. Die Hexe befiehlt nun dem Mädchen, in dem Backofen nach den Lebkuchen zu gucken; Hänsel warnt die Schwester. Die schlaue Gretel stellt sich äußerst ungeschickt an und bittet die Hexe, es ihr vorzumachen. Mürrisch steckt die Alte ihren Kopf in den Backofen, gleichzeitig schleicht sich Hänsel aus dem Käfig, und mit einem kräftigen Schwupps werfen die Kinder die Hexe in den Ofen. Jubelnd fallen sich die geretteten Geschwister in die Arme. Als mit einem lauten Knall der Backofen zusammenstürzt, erblicken sie anstelle des Zaunes eine große Anzahl verzauberter Kinder, von denen die Kuchenhülle abgefallen ist. Mit Wacholderzweig und Entzauberungsformel werden auch diese befreit. In den Freuden- und Dankesjubel klingt plötzlich aus der Ferne der Gesang des Besenbinders. Jauchzend eilen Hänsel und Gretel den beglückten Eltern in die Arme. Mittlerweile ziehen die anderen Kinder aus den Trümmern des Backofens die zu einem großen Lebkuchen verwandelte Hexe hervor. Mit einem lustigen Moral-Verslein leitet der Besenbinder-Vater zu seinem frommen Wahlspruch über, in den alle bewegt einstimmen: »Wenn die Not aufs höchste steigt, Gott der Herr die Hand uns reicht.«

STILISTISCHE STELLUNG: Humperdincks ›Hänsel und Gretel‹ ist in zweifacher Hinsicht von operngeschichtlicher Bedeutung: Einmal stellt die liebenswürdige Märchenoper einen überragenden Gipfel in der zwar üppigen, aber größtenteils sterilen Produktion der Wagner-Epigonen dar, anderseits schuf sie ein wirksames Gegengewicht dem Verismo gegenüber, der in seinem siegreichen Vordringen das stagnierende Kunstschaffen zu verflachen drohte. Der hochpoetische Gehalt der Dichtung inspirierte die Phantasie des Meisters, vor allem in bezug auf das Stimmungshafte. Seit Carl Maria von Weber hatte kein Komponist mehr die Poesie des deutschen Waldes so eindrucksvoll zu gestalten gewußt wie Humperdinck; auch hinsichtlich der volkstümlichen Melodik ist er mit dem großen Romantiker in Parallele zu ziehen. Die meisten Themen in ›Hänsel und Gretel‹ hält man für originale Volksweisen, in Wirklichkeit hat aber Humperdinck nur drei Volkslieder in seiner Oper verwertet (»Suse, liebe Suse, was raschelt im Stroh?«; »Ein Männlein steht im Walde«; »Schwesterlein, hüt' dich fein!«). Die äußerst kunstvolle Verarbeitung der schlichten und eingängigen Motive besorgte der Wagner-Jünger ganz im Sinne seines Meisters. Bewundernswert ist die Symmetrie der musikalischen Architektur, die hinsichtlich der formalen Anlage eine große Anzahl geschlossener Gebilde aufweist.

TEXTDICHTUNG: Ein nicht zu unterschätzendes Verdienst an der Breitenwirkung des Märchenspiels kommt der Verfasserin der feinsinnigen Dichtung zu, Humperdincks Schwester Adelheid Wette. Die glückhafte Gestaltung der Handlung und der Charaktere zeugt nicht nur von einer innigen Vertrautheit mit der Welt des Märchens, sondern auch von einem liebevollen Versenken in die Kinderseele. Die natürliche und dennoch poetische Diktion ist in geschickter Weise mit einer Reihe von Volksliedtexten und volkstümlichen Redensarten durchsetzt (Tanzduett »Brüderchen, komm tanz mit mir«; der einem bergischen Kindergebet wörtlich entnommene ›Abendsegen‹; die Grimm-

schen Märchentexte »Knusper, knusper Knäuschen« und »Der Wind, der Wind, das himmlische Kind«). Gegenüber der Vorlage, der 15. Erzählung aus den Grimmschen Kinder- und Hausmärchen, hat die Dichterin mit intuitivem Blick für die Bühnenwirkung manches verändert und psychologisch verbessert; daneben hat sie auch Motive aus anderen Märchen verwertet und eigene Ideen beigesteuert.
GESCHICHTLICHES: Im Frühjahr 1890 verfaßte Adelheid Wette zu ihrem Märchenspiel ›Hänsel und Gretel‹ einige Kinderlied-Verse, die sie ihren Bruder zu vertonen bat. Die Darbietung dieser Lieder im Familienkreis entzückte so sehr, daß sich daraufhin das Geschwisterpaar entschloß, das Märchen singspielartig für eine Haustheater-Aufführung zu bearbeiten. Humperdinck begeisterte sich aber im Verlauf der Arbeit immer mehr an dem Vorwurf, so daß entgegen dem ursprünglichen Plan schließlich ein schwieriges Opernwerk entstand, das nicht nur einen beträchtlichen szenischen Apparat, sondern auch ein großes Orchester und reife Bühnenkünstler verlangt. Ende 1891 war die Komposition in der Skizze fertig, die Partitur wurde im Lauf der beiden folgenden Jahre ausgearbeitet. Im Mai 1893 nahm Hermann Levi das Werk für München an, bald darauf erwarben es auch Felix Mottl für Karlsruhe und Richard Strauss für Weimar. Da sich die für Mitte Dezember in München geplante Uraufführung verzögerte und Karlsruhe die Premiere wegen Erkrankungen ebenfalls verschieben mußte, ging die Märchenoper in einer Nachmittags-Vorstellung am 23. Dezember 1893 in Weimar unter Leitung von Richard Strauss erstmalig in Szene. Gegen die Erwartungen der Fachleute schlug das liebenswürdige Werk sogleich gewaltig ein, kurz darauf auch in München und Karlsruhe, was seine rasche Verbreitung im In- und Ausland zur Folge hatte.

Königskinder

Märchenoper in drei Aufzügen. Dichtung von Ernst Rosmer.

SOLISTEN: *Der Königssohn* (Jugendlicher Heldentenor, auch Lyrischer Tenor, gr. P.) – *Die Gänsemagd* (Jugendlich-dramatischer Sopran, auch Lyrischer Sopran, gr. P.) – *Der Spielmann* (Lyrischer Bariton, gr. P.) – *Die Hexe* (Dramatischer Alt, m. P.) – *Der Holzhacker* (Spielbaß, m. P.) – *Der Besenbinder* (Spieltenor, m. P.) – *Sein Töchterchen* (Soubrette, m. P.) – *Der Ratsälteste* (Charakterbariton, kl. P.) – *Der Wirt* (Baß, kl. P.) – *Die Wirtstochter* (Charaktersopran, m. P.) – *Der Schneider* (Tenor, kl. P.) – *Die Stallmagd* (Spielalt, kl. P.) – *Zwei Torwächter* (Bariton, kl. P.).
CHOR: Volk. Ratsherren und Ratsfrauen. Bürger und Bürgersfrauen.

Handwerker. Spielleute. Mädchen. Burschen. Kinder (im II. Akt ganzer Chor geteilt in Volk und in Ratsfrauen-Ratsherren; Kinderchor; m. Chp.).

Ort: I. und III. Akt vor der Hexenhütte im Hellawald, der II. auf dem Stadtanger von Hellabrunn.

Schauplätze: Kleine sonnige Waldwiese, im Hintergrund das Hellagebirge, links vorn Hexenhütte, von einem niedrig eingezäunten Gemüsegärtchen umgeben, im Hintergrund laufender Röhrenbrunnen, davor ein bemooster angefaulter Baumstamm als Trog, links vom Brunnen ein Felsblock als Sitz, rechts vorne ein uralter Lindenbaum über einem kleinen Grashügel – Anger in Hellabrunn, rechts Herberge mit langen Tischen und Bänken, links eine Tribüne aus Brettern, an deren Seite eine junge Linde mit Bank davor, im Hintergrund das durch Querbalken verschlossene Stadttor – Wie 1. Bild, Waldwiese in tiefem Winter, Hütte gewaltsam beschädigt, die Fenster von Steinwürfen zerbrochen, der Brunnen eingefroren, die Linde kahl.

Zeit: Die Kleidung ist mittelalterlich phantastisch.

Orchester: 3 Fl. (III. auch Picc.), 2 Ob., 1 Eh., 2 Kl., 1 Bkl., 2 Fag., 1 Kfag., 4 Hr., 3 Trp., 3 Pos., 1 Bt., P., Schl., Xyl., Glsp., Cel., Hrf., Str. – Bühnenmusik: 1 Eh., Hrf., 1 Soloviol., Str.

Gliederung: Durchkomponierte symphonisch-dramatische Großform.

Spieldauer: etwa 2 ¾ Stunden.

Handlung: Tief im Hellawald haust eine alte Hexe. Sie hatte dereinst ein kleines Mädchen zu sich genommen, ein Kind freier Liebe, deren Eltern in ihrem Freiheitsdrang zugrunde gegangen waren. Die Hexe hat das Kind, dem gegenüber sie sich als seine Großmutter ausgibt und das jetzt bei ihr im Dienst als Gänsemagd steht, in der Absicht großgezogen, ihm ihre bösen Hexenkünste zu vererben. Daher schließt sie die kleine Gänsemagd streng von der Welt ab und bannt sie, die von ihren Eltern den Drang nach Licht und Freiheit ererbt hat, durch Zauber an sich. Sie läßt sie heute ein Hexenbrot backen, das nicht alt und hart wird und das sie in einem Kästchen versteckt aufbewahren will, versehen mit dem Zauberspruch: »Wer von diesem Brot ißt, mag das Schönste sehen, was er sich wünscht, und wer es zur Hälfte ißt, stirbt ganzen Tod.« Der Gänsemagd ist es schwer ums Herz geworden. Als sich aber die Hexe in den Wald fortbegeben hat, schmückt sie sich mit einem Blumenkranz und freut sich ihrer Schönheit, die ihr der Brunnen widerspiegelt. In diesem Augenblick kommt vom Berghang herunter der junge Königssohn, der das Schloß seiner Väter verlassen hat, um als schlichter Wandersmann Menschen und Welt kennenzulernen. Die Gänsemagd, die noch nie einen Menschen gesehen hat, staunt den schönen Jüngling an. Er erzählt ihr, woher er gekommen und daß er ein Königssohn sei. Zärtlich nimmt er sie, die Schönste, die er je gesehen hat, in seine Arme und küßt sie. Da wirft ein Windstoß der

Gänsemagd den Blumenkranz vom Kopf. Der Königssohn hebt ihn rasch auf, aber sie will ihn nicht missen und sucht, ihn ihm wieder zu entreißen. Bei dieser Gelegenheit zerreißt der Kranz. Da holt der Königssohn eine goldene Krone aus seinem Bündel und bietet sie der Gänsemagd zum Geschenk. Sie hält sich aber einer Krone nicht wert; der Königssohn will die Krone nicht mehr haben, achtlos wirft er sie ins Gras. Jetzt, nachdem der Königssohn seinen Nimbus von sich geworfen hat, ist sie bereit, ihm zu folgen. Da fährt wieder ein Windstoß durch die Bäume, die Gänse flattern wild um die Gänsemagd, die mit einem Mal wie gebannt stehen bleibt. Der Hexenzauber wirkt, aber der Königssohn kann es nicht verstehen; enttäuscht und verächtlich stößt er das Bettelkind von sich und stürzt fort in den Wald. Verzweifelt bleibt die Gänsemagd allein zurück. Sie legt der grauen Gans die Krone um den Hals und zwingt sie durch einen Zauberspruch, das Kleinod vor der Großmutter zu verstecken. Wütend erfährt die Hexe bei ihrer Rückkehr, daß ein Mensch hier gewesen sei. Da ertönt aus der Ferne das Lied des Spielmanns, der im Auftrag der Bürger von Hellabrunn mit dem Holzhacker und dem Besenbinder die Hexe aufsucht, um sich einen Rat zu holen: Den Bürgern der Hellastadt fehlt zu ihrem Glück und Wohlstand noch ein König; die weise Hexe soll ihnen verraten, wo ein Königssohn oder -töchterlein zu finden wäre. Unwirsch antwortet sie den Männern, daß der erste, der morgen beim Schlag der Mittagsglocke zum Stadttor hereinkomme, ihr König sein möge. Der Spielmann hat die hinter dem Fenster des Hexenhauses lauschende Gänsemagd gesehen; er schickt seine beiden Begleiter zurück, während er, der offenbar Gewalt über die Hexe besitzt, sich die Gänsemagd aus der Hütte kommen läßt. Als er von dieser erfährt, daß der Königssohn bei ihr gewesen sei, fordert er sie auf, mit ihm sofort den Königssohn zu suchen. Die Hexe höhnt, daß ein Königssohn das Kind eines Mörders und der roten Henkerstochter freien soll, aber der Spielmann preist die Eltern der Gänsemagd »königsecht in ihrem Lieben und Leiden«. Er glaubt, somit in der Gänsemagd ein Königskind gefunden zu haben. Jetzt hat sie auch keine Scheu mehr, die Krone zu zeigen, die sie sich von der grauen Gans herbeibringen läßt. Aber noch darf sie sie nicht tragen, denn sie muß erst selbst den Hexenbann brechen. Die Krone gegen den Himmel haltend, fleht sie zu ihren Eltern um ein Zeichen, ob sie den Königssohn wieder finden werde. Da fällt ein Stern vom Himmel auf die einsam im Hexengarten stehende Lilie, deren Kelch, bisher stets verschlossen, sich mit einem Mal leuchtend öffnet. Die Gänsemagd setzt sich jubelnd die Krone auf und entfernt sich mit dem Spielmann in den Wald. In ohnmächtiger Wut schlägt die Hexe mit ihrem Stock die Lilie zu Boden; der Kelch verlischt. – Am nächsten Tag rüsten sich die Bürger von Hellabrunn zum festlichen Empfang des verheißenen Königs. Der Königssohn, der als Bettler im Schweinestall des Wirtes nächtigen mußte, erscheint blaß und niedergeschlagen. Der schlanke Jüngling gefällt der drallen Wirtstochter. Als ihr aber trotz zudringlichen Werbens mit fettem Frühstück und schwerem Wein der Königssohn freimütig erklärt, sie gefalle ihm nicht, haut sie ihm eine Ohrfeige herunter. Enttäuscht über seine trüben Erfahrungen, will der Königssohn wieder nach der Heimat zurückkehren. Da dünkt ihm, daß die Blumen des zerrissenen Kränzleins der Gänsemagd, das er noch in seinem Wams trägt, ihm zuflüsterten zu bleiben. Er verdingt sich kurzerhand dem Wirt als Schweinehirt. Gegen die Mittagsstunde versammeln sich die Ratsherren auf der Tribüne an dem Tor, das, von zwei Hellebardisten bewacht, mit einem Querbalken verriegelt ist. Der Holzhacker erzählt von seinen Erlebnissen im Zauberwald, wobei er sehr aufschneidet. Der Königssohn vernimmt jetzt die Kunde, daß hier ein fremdes Königskind seinen Einzug halten werde. Mit Begeisterung erklärt er den Bürgern, was echte Königsart sei; er wird weidlich verlacht und schließlich bedroht. Als er die Hand an den Schwertgriff legt, ertönt der Mittagsschlag. Beim zwölften Glockenton reißen die Wächter das Tor auf; in strahlendem Sonnenlicht steht die Gänsemagd inmitten ihrer Gänseschar vor dem Tor, die Krone auf dem Haupt und begleitet von dem Spielmann. Sie schreitet auf den Königssohn zu, der ihr aufjauchzend zu Füßen fällt und sie als seine hohe Königin begrüßt. Unter dröhnendem Gelächter, das bald in Wut umschlägt, werden die beiden zum Tor hinausgejagt, während der Spielmann, der, wie man annimmt, den Bürgern einen schlechten Streich spielen wollte, in den Turm geworfen wird. Nur das kleine Töchterchen des Besenbinders bleibt zurück und erklärt schluchzend dem Ratsältesten: »Das ist der König und seine Frau gewesen!« – Der Winter ist ins Land gezogen. Der Spielmann, dem bei dem Ausbruch der Volkswut ein Bein lahm geschlagen worden war, ist schließlich wieder aus dem Kerker entlassen worden. Er haust jetzt in der halbzerstörten Hütte der Hexe, die von den Hellabrunnern auf dem Scheiterhaufen verbrannt worden war. Da naht, geführt von einer Kinderschar, der Besenbinder mit dem Holzhacker. Sie verkünden dem Spielmann, daß auf das unentwegte Drängen der Kinder hin der Rat ihm die Rückkehr in die Stadt wieder gestatte. Aber der Spielmann hat sich geschworen, nie wieder dorthin zu ziehen; doch ist er gerne bereit, mit den Kleinen nach den Königskindern zu suchen. Während er sich mit der Kinderschar in den Wald entfernt, durchsuchen der Holzhacker und der Besenbinder neugierig das Hexenhaus. Indessen kommt über den Berghang herab der Königssohn; er trägt die Gänsemagd. Sie rasten bei der Hütte. Der Königssohn klopft an die Tür und bittet für sein krankes Mägdlein um ein Stück Brot, wird aber von dem Holzhacker barsch abgewiesen. Nun erkennt der Königssohn die grenzenlose Not: er hat den Pfad nach seiner Heimat, dessen Spur der Winter verweht hat, nicht mehr finden können. Da erinnert er sich plötzlich seiner im Bündel verwahrten Krone. Er will dafür ein Bettelgericht erstehen; die Gänsemagd fleht ihn an, seine Krone nicht zu verkaufen. In äußerster Verzweiflung zerbricht er die Krone und erhält dafür von dem Holzhacker ein Laibchen Brot, das dieser in einem versteckten Kästchen in der Hütte gefunden hatte. Die Königskinder essen das Brot je zur Hälfte, dann überkommt sie eine wohlige Müdigkeit, und sie schlafen, eng aneinandergeschmiegt, Lippe an Lippe ein. Schneeflocken fallen auf die Schlafenden, so daß sie bald unter einer leichten Schneedecke liegen. Der Spielmann kommt mit den Kindern aus dem Wald zurück. Der Holzhacker zeigt ihm das Gold, während eine Taube den Spielmann umflattert und seinen Blick zu den Ruhenden lenkt. Mit dem Aufschrei: »Verdorben! Gestorben!« stürzt er sich über die toten Königskinder. Der Holzhacker und der Besenbinder bringen eine Bahre aus Tannenzweigen, auf welche die Toten gebettet werden; der Spielmann bedeckt sie mit dem Mantel, auf den er die zerbrochene Krone legt. Im leuchtenden Abendrot schreitet der Zug langsam den Berg hinauf unter den leisen Rufen der Kleinen: »Königskinder!«

STILISTISCHE STELLUNG: Seine erste Märchenoper, ›Hänsel und Gretel‹, hatte Humperdinck für die Kleinen geschrieben, bei ›Königskinder‹ wendet er sich an die Großen. Mit ihrer tiefsinnigen Symbolik handelt die Dichtung von der Tragik des nach hohen Zielen strebenden idealistischen Menschen; er zerbricht bei der Berührung mit der materialistischen Welt, in deren Augen er ein Bettler ist. Wohl giert auch sie nach Höherem, sie kann aber das wahrhaft Edle nicht erkennen. Nur die Einfalt der Kinderseele, noch jenseits von Gut und Böse, ist hierzu imstande. Humperdincks poesievolle Musik mit ihren vielfältigen und gegensätzlichen Stimmungswerten und mit ihrer sensiblen Deutung der seelischen Regungen kommentiert gleichsam das Hintergründige des Dargestellten. Der Dichtung entsprechend herrscht ein lyrisch-elegischer Grundton vor, doch kommt auch bisweilen der Humor zu seinem Recht. An dem Wagnerschen Gestaltungsprinzip hält Humperdinck auch bei ›Königskinder‹ fest. Die Thematik ist feinsinnig auf das Märchenmilieu abgestimmt und trotz ihrer Verwurzelung mit dem schlichten Volkslied originell und Humperdincks eigene Erfindung. Einmal zitiert sich der Meister selbst mit der aus ›Hänsel und Gretel‹ übernommenen Melodie »Der Besen, der Besen, was macht man damit«. Der Organismus der Motivik ist von zwingender Logik. Die Abwandlung der Themen und ihre farbige Verarbeitung in einem kunstvollen polyphonen Satz zeugen in gleicher Weise von dem Phantasiereichtum des schöpferischen Musikers wie von der meisterlichen Beherrschung des handwerklichen Könnens.

TEXTDICHTUNG: Das Textbuch verfaßte die Münchner Schauspielerin und Dichterin Elsa Bernstein (1866–1949), Tochter des Musikschriftstellers und Wagner-Jüngers Heinrich Porges, die ihre Werke unter dem Pseudonym Ernst Rosmer veröffentlichte. Der Stoff zu ›Königskinder‹ wurde von der Dichterin frei erfunden. Die Träger der Handlung sind Gestalten aus bekannten deutschen Märchen (Hexe, Gänsemagd, Spielmann, Königssohn, Besenbinder).

GESCHICHTLICHES: Humperdinck erhielt am 15. Dezember 1894 die Dichtung, die er auf Veranlassung des Münchner Generalintendanten Ernst von Possart mit einigen Musikstücken durchsetzen sollte. Die Komposition wurde mit der Vertonung des Kinderliedes ›Rosenringel‹ (II. Akt) im Februar 1895 in Frankfurt/Main begonnen. Im Verlauf der Arbeit begeisterte sich jedoch der Komponist an dem poetischen Gehalt des Stückes derart, daß er ein großes dramatisches Melodram schuf, bei dem Rhythmus und Tonhöhe des Sprechers durch die von Humperdinck eingeführten »Sprechnoten« (Sternchen statt Notenköpfe) genau festgelegt waren (»gebundenes Melodram«). Die Partitur wurde Ende Dezember 1896 in Frankfurt abgeschlossen. Die Uraufführung des Melodrams erfolgte unter großem Beifall am 23. Januar 1897 unter der musikalischen Leitung von Hugo Röhr in München. Die technischen Schwierigkeiten für ein Schauspielensemble (großes Orchester, Chor, die musikalisch gebundene Sprechweise) standen jedoch einer weiteren Verbreitung des Werkes hindernd im Weg. Daher entschloß sich Humperdinck, das Melodram zu einer Oper umzugestalten. Die Umarbeitung erfolgte in der Zeit von 1908 bis 1910 in Berlin. Die Partitur wurde am 3. Mai 1910 vollendet. Die Oper ›Königskinder‹ ging sodann am 28. Dezember 1910 an der Metropolitan Opera in New York mit triumphalem Erfolg zum ersten Mal in Szene; Dirigent war Alfred Hertz, die Hauptrollen sangen Geraldine Farrar (Gänsemagd), Hermann Jadlowker (Königssohn) und Otto Goritz (Spielmann).

LEOŠ JANÁČEK

* 3. Juli 1854 in Hochwald (Hukvaldy, Mähren), † 12. August 1928 in Mährisch-Ostrau (Ostrava)

Její pastorkyňa (Jenufa; Ihre Ziehtochter; 1904 Brünn), T: Gabriela Preissová, V: U. E.

Výlet pana Broučka do měsíce u. Výlet pana Broučka do XV. století (Die Ausflüge des Herrn Brouček; 1920 Prag), T: nach Svatopluk Čech v. Viktor Dyk u. František S. Procházka, V: U. E.

Katja Kabanowa (1921 Brünn), T: nach Aleksander N. Ostrowskijs ›Gewitter‹ v. Vincenc Červinka, V: U. E.

Přihody lišky bystroušky (Das schlaue Füchslein; 1924 Brünn), T: nach Rudolf Těsnohlídek vom Komponisten, V: U. E.

Šárka (1925 Brünn), T: Julius Zeyer, Ms.

Věc Makropulos (Die Sache Makropoulos; 1926 Brünn), T: nach Karel Čapek vom Komponisten, V: U. E.

Z mrtvého domu (Aus einem Totenhaus; 1930 Brünn), T: nach Fjodor M. Dostojewskij vom Komponisten, V: U. E., nachgelassen, musikalische Einrichtung: Břetislav Bakala

Osud (Schicksal; 1934 Radio Brünn), T: Fedora Bartošová; deutsche Bearb. v. Kurt Honolka (1958 Stuttgart), V: AP (AE)

Jenufa

Oper aus dem mährischen Bauernleben in drei Akten. Dichtung von Gabriela Preissová.

SOLISTEN: *Die alte Buryja,* Ausgedingerin und Hausfrau in der Mühle (Tiefer Alt, auch Dramatischer Alt, m. P.) – *Laca Klemen* (Jugendlicher Heldentenor, auch Charaktertenor, gr. P.) und *Stewa Buryja* (Lyrischer Tenor, auch Jugendlicher Heldentenor, gr. P.), Stiefbrüder, Enkel der alten Buryja – *Die Küsterin Buryja,* Witwe, Schwiegertochter der alten Buryja (Dramatischer Sopran, auch Dramatischer Mezzosopran, gr. P.) – *Jenufa,* ihre Ziehtochter (Jugendlich-dramatischer Sopran, gr. P.) – *Altgesell* (Charakterbariton, auch Charakterbaß, m. P.) – *Dorfrichter* (Baß, m. P.) – *Seine Frau* (Spielalt, auch Mezzosopran, m. P.) – *Karolka,* ihre Tochter (Sopran, auch Mezzosopran, m. P.) – *Eine Magd* (Mezzosopran, auch Sopran, kl. P.) – *Barena,* Dienstmagd in der Mühle (Sopran, auch Mezzosopran, kl. P.) – *Jano,* Schäferjunge (Sopran, m. P.) – *Tante* (Alt, kl. P.) – *1. Stimme* (Sopran, kl. P.) – *2. Stimme* (Bariton, kl. P.).

CHOR: Musikanten. Dorfvolk (im I. Akt Männerchor geteilt in Rekruten und in Gesinde; m. Chp.).

BALLETT: Tanz der Burschen und Mädchen im I. Akt.

ORT: Der I. Akt spielt in der Mühle der Buryja, der II. und III. Akt in der Stube der Küsterin.

SCHAUPLÄTZE: Einsame Mühle im Gebirge, rechts vor dem Haus ein Vorbau aus Holzpfählen, gefällte Baumstämme, hinten die Bachrinne – Slowakische Bauernstube, Ofen, Bett mit hochaufgeschichteten Federbetten.

ZEIT: Ende des 19. Jahrhunderts. Zwischen dem I. und II. Akt liegt ein halbes Jahr, zwischen dem II. und III. Akt sind zwei Monate vergangen.

ORCHESTER: 2 Fl., 1 Picc., 2 Ob., 1 Eh., 2 Kl., 1 Bkl., 3 Fag., 4 Hr., 2 Trp., 3 Pos., 1 Bt., P., Schl., Hrf., Str. – Bühnenmusik: Streichquintett, 2 Hr., 1 Kindertrompete, Schl., Xyl.

GLIEDERUNG: Musikalische Szenen, die pausenlos ineinandergehen.

SPIELDAUER: etwa 2½ Stunden.

HANDLUNG: In einer einsamen Mühle im Gebirge haust die alte Mutter

Buryja mit ihrem Enkel Stewa Buryja und dessen Stiefbruder Laca Klemen. Die schöne Jenufa, Ziehtochter der Küsterin Buryja, einer Schwiegertochter der alten Buryja, betet zur Heiligen Jungfrau, daß ihr geliebter Stewa nicht zu den Soldaten kommen möge. Sie erwartet ein Kind, was noch niemand weiß, nicht einmal ihre Ziehmutter; wird Stewa bei der heutigen Assentierung ausgehoben, so kann er nicht heiraten, und dann ist sie der Schande preisgegeben. Der stille Laca liebt auch Jenufa, obwohl sie von ihm nichts wissen will. In verhaltener Eifersucht vergräbt er heimlich in ihrem Rosmarintopf Würmer, da blühender Rosmarin nach dem Volksglauben Freude bringt, welker dagegen ein Fehlschlagen der Hoffnungen. Als der Altgeselle der Mühle die Nachricht überbringt, daß Stewa freigekommen sei, ist Laca empört, Jenufa jubiliert. Die Rekruten erscheinen blumengeschmückt, unter ihnen Stewa, dem Jenufa stürmisch um den Hals fällt. Ihre Freude erfährt aber sogleich eine Dämpfung, als sie bemerkt, daß der Geliebte schon wieder betrunken ist. Er wirft Geld unter die Musikanten und fordert sie auf, Jenufas Lieblingslied aufzuspielen, worauf er mit ihr einen ausgelassenen Tanz aufführt. Die Küsterin kommt dazwischen und gebietet Einhalt. Sie besteht auf einer Prüfungszeit von einem Jahr und will dem Haltlosen die Ziehtochter nur dann zur Frau geben, wenn er in der Zwischenzeit nüchtern geblieben ist; Jenufa soll nicht mehr in der Mühle verbleiben, sondern wieder zu ihr nach Hause kommen. In einer darauffolgenden Aussprache beruhigt Stewa Jenufa, daß er schon ihrer »apfelglatten Wangen« wegen niemals von ihr lassen werde. Laca hat das Gespräch, das seine Eifersucht gewaltig anfacht, mitangehört. Als Stewa weggegangen ist, um sich auszuschlafen, steigert Jenufas Verhalten noch Lacas gereizte Stimmung: Sie steckt das liegengebliebene Blumensträußchen von Stewas Hut an ihren Busen und schlägt Laca bei dem Versuch, sie zu umarmen, ins Gesicht. In diesem Augenblick zerschneidet er ihr mit seinem Messer die Wange, ist aber gleich darauf verzweifelt über seine besinnungslose Gewalttat. Jenufa läuft ins Haus, wo sie der Großmutter ohnmächtig in die Arme fällt. – Die Küsterin versteckte Jenufa in ihrem Haus, nachdem diese der Ziehmutter ihr Geheimnis anvertraut hatte, und gab nach außen hin vor, das Mädchen sei für einige Zeit nach Wien verreist. In aller Heimlichkeit war dann das Kind zur Welt gekommen und von der Küsterin getauft worden. Während sich Jenufa in stiller Freude ihrem Mutterglück hingibt, brütet die Küsterin Tag und Nacht darüber, wie sie die Ziehtochter vor der Schande bewahren könnte. Schließlich ringt sie sich zu einem Entschluß durch: sie gibt Jenufa einen Trank, der sie in einen langen und tiefen Schlaf versetzt. Inzwischen erscheint auf Veranlassung der Küsterin Stewa, der sich um Jenufa überhaupt nicht mehr gekümmert hatte. Die Küsterin beschwört ihn auf den Knien, Jenufas Ehre zu retten, aber Stewa gesteht, daß er das Mädchen seit der Entstellung durch Lacas Messerstich nicht mehr liebe, und läuft davon. Als kurz darauf Laca kommt, der von Zeit zu Zeit nachzufragen pflegt, ob Jenufa schon zurückgekommen sei, erfährt er von der Küsterin die volle Wahrheit, und da sie befürchtet, Laca schrecke jetzt wegen des Kindes vor einer Heirat mit Jenufa zurück, beruhigt sie den Erregten mit der Behauptung, das Kind sei inzwischen gestorben. Eiligst schickt sie Laca weg, dann wickelt sie unter schrecklichen Gewissensqualen das Kind in ein Wolltuch und verschwindet mit ihm. Inzwischen ist Jenufa aufgewacht; sie sucht das Kind und glaubt, daß die Ziehmutter es zu Stewa gebracht habe. Während sie für eine gute Heimkehr des Kindes betet, kommt die Küsterin verstört zurück. Sie gibt nun vor, daß der kleine Stewa während Jenufas zweitägigem Fieberschlaf gestorben sei, und sie fordert die Tochter auf, nicht zu klagen, sondern Gott zu danken, daß sie wieder frei sei. Sie erzählt auch von Stewas Besuch und, daß dieser sich inzwischen mit Richters Karolka verlobt habe. Als Laca zurückkommt und er trotz aller Einwände Jenufas darauf besteht, sie zu heiraten, willigt sie schließlich ein. Ein eisiger Zugwind, der die Küsterin maßlos erschreckt, reißt das Fenster auf, als sie dem Paar ihren Segen erteilt. – Am Hochzeitstag kommen auf Einladung Lacas auch Stewa mit seiner Braut Karolka sowie deren Eltern in das Haus der Küsterin. Die Gratulanten wundern sich, daß Jenufa nicht im Brautschmuck zur Kirche gehe. Während die Gäste im Nebenzimmer Jenufas stattliche Aussteuer besichtigen, überreicht Laca seiner Braut einen Blumenstrauß, den er heimlich besorgt hatte. Nachdem die Großmutter Buryja das Paar gesegnet hat und eben die Küsterin ihren Segen erteilen will, dringen von außen Stimmen ins Haus, daß unter dem Eis ein totes Kind gefunden worden sei. Jenufa, die verzweifelt klagend in dem kleinen Leichnam ihr Kind erkannt hat, wird von den ins Zimmer strömenden Dorfbewohnern bedroht. Da tritt die Küsterin dazwischen und bekennt sich als die Mörderin. Jenufa verzeiht der Unglücklichen, die sodann von dem Richter weggeführt wird. Karolka erblickt in Stewa den Hauptschuldigen; empört läuft sie weg mit der Erklärung, daß sie ihn niemals zum Mann nehmen werde. Laca hat Jenufa verziehen; er steht trotz des Vorgefallenen weiterhin treu zu ihr. Überwältigt sinkt Jenufa dem Edelgesinnten in die Arme, dessen unbeirrbare Liebe nun auch in ihr die gleichen Gefühle zu wecken vermochte.

Stilistische Stellung: Die starke Eigenart des Komponisten hat zu einer verschiedenartigen Beurteilung seiner Oper hinsichtlich ihrer stilistischen Einordnung geführt. Dadurch, daß Janáček bei ›Jenufa‹ einen Text in ungebundener Sprache zu vertonen hatte, kam er auf die Idee einer neuartigen musikdramatischen Gestaltungsweise, die aus einer Stilisierung der »Melodie des gesprochenen Wortes« resultiert. Durch intensives Beobachten sprechender Menschen im Alltag, und zwar im Zusammenhang aller Begleitumstände, gewann der Komponist den Eindruck, daß jedes Wort unendlich viele Variationen der Sprachmelodie zu vermitteln vermag; er fühlte und hörte dabei aus dieser Melodik auch »seelische Elemente« heraus. Janáček betrachtete daher seine Wortmelodie-Theorie direkt als einen unentbehrlichen Zweig der Kompositionslehre, und er bezeichnete das Skizzieren von Wortmelodien als »Aktzeichnen der Musik«, also als eine Art Vorschule für den angehenden Opernkomponisten, der, ähnlich wie der junge Maler durch das Zeichnen nach der Natur, sich durch Einfühlen in die Melodie des gesprochenen Wortes erst die Fähigkeit erwirbt, alle Ausdrucksmittel souverän zu beherrschen. In Mißverstehung dieser Theorie ist Janáček fälschlich als Naturalist und Verist beurteilt worden. Der Komponist hat die Sprachmelodie nicht zum Gestaltungsprinzip erhoben, sondern sie diente ihm gewissermaßen nur als Wegweiser für die Auffindung des richtigen Ausdrucks bei der tondichterischen Ausdeutung einer Situation. Wagners Leitmotivtechnik ist ihm fremd. Die Szenen setzen sich aus geschlossenen Gebilden und aus freieren, aber immer symmetrisch gebauten Partien mit oft weit geschwungenen Melodiebögen zusammen. Janáček war ein hervorragender Kenner des mährischen Volksliedes; trotzdem hat er originale Volksliedmelodien bei ›Jenufa‹ nicht verarbeitet. Seine Melodik ist aber tief in der nationalen Volksmusik verwurzelt, desgleichen auch die Harmonik mit ihren charakteristischen, überwiegend dunklen und satten Farbtönen. Nicht zuletzt wird das Eigenprofil von Janáčeks Musik durch die feinnervige Rhythmik bestimmt. Der orchestrale Satz als Untergrund der Wortmelodie ist durchsichtig und erdrückt selbst bei explosiven Höhepunkten die Singstimme nicht, was zu einem Teil auch den instrumentalen Retouchen des Prager Kapellmeisters Karel Kovařovic zu danken ist.

TEXTDICHTUNG: Janáček benutzte als Textvorlage für seine Oper ›Její pastorkyňa‹ (Ihre Ziehtochter) oder ›Jenufa‹, wie sie dann später an den deutschen Bühnen betitelt wurde, das gleichnamige, in Prosa abgefaßte Drama von Gabriela Preissová. Allerdings mußte der Komponist das Stück, dessen starke Wirkungsfähigkeit sich auf der Sprechbühne bereits erwiesen hatte, für die musikdramatische Gestaltung wesentlich kürzen. Gabriela Preissová war mit dem mährischen Volks- und Bauernleben innig verwachsen, daher liegen die Vorzüge ihres Dramas in der trefflichen realistischen Charakterzeichnung und in der anschaulichen, die Volksseele widerspiegelnden Darstellung des Stoffes. Die deutsche Übersetzung des Operntextes stammt von Max Brod; Hugo Reichenberger richtete das Werk textlich für die Aufführung an der Wiener Hofoper ein.

GESCHICHTLICHES: ›Její pastorkyňa‹ ist in den Jahren 1896 bis 1903 entstanden. Obwohl das Werk bei seiner 1904 erfolgten Uraufführung in Brünn starken Beifall fand und es auch in den folgenden Jahren immer wieder auf dem Spielplan des Brünner Nationaltheaters erschien, blieb ihm der Zugang auf die Bühne des Prager Nationaltheaters zwölf Jahre lang versperrt. Die Ablehnung erfolgte wohl auf Veranlassung des damaligen leitenden Dirigenten Kovařovic, der aber später seine Ansicht über den künstlerischen Wert des Werkes revidierte. So kam die Oper am 26. Mai 1916 endlich auch in Prag zur Erstaufführung. Der durchschlagende Erfolg in der böhmischen Hauptstadt hatte eine rasche Verbreitung der ›Jenufa‹ nicht nur an sämtlichen tschechischen Bühnen, sondern auch im Ausland zur Folge, wo sie, wie vor allem in Deutschland, die erfolgreichste tschechische Oper nach Smetanas ›Verkaufter Braut‹ geworden ist.

Die Ausflüge des Herrn Brouček

Oper in zwei Teilen (9 Bildern). 1. Teil: Der Ausflug des Herrn Brouček auf den Mond, 2. Teil: Der Ausflug des Herrn Brouček ins XV. Jahrhundert. Nach einem Libretto von Svatopluk Čech, verfaßt von Viktor Dyk und František Serafin Procházka.

SOLISTEN: *Mathias Brouček,* Hausbesitzer in Prag (Charaktertenor, auch Heldentenor, gr. P.) – *Mazal,* ein junger Techniker/*Mazalun,* Chefkonstrukteur/*Mazal,* Amalkas Bräutigam (Lyrischer Tenor, gr. P.) – *Der Sakristan von St. Veit/Lukristan/Der Glöckner der Teinkirche* (Baßbariton, auch Spielbaß, gr. P.) – *Málinka,* seine Tochter/*Lunamali,* seine Tochter/*Amalka,* seine Tochter (Lyrischer Sopran, auch Jugendlich-dramatischer Sopran, gr. P.) – *Würfl,* Gastwirt/*Präsident Würflun/Kostka,* Ratsherr (Baß, m. P.) – *Piccolo* in Würfls Gasthaus »Vikárka«/*Der Kultusminister/Ein Scholar* (Sopran, m. P.) – *Fanny Nowak,* Broučeks Haushälterin/*Der Ernährungsminister/Františka,* Wirtschafterin im Hause des Glöckners (Alt, m. P.) – *Ein Trambahn-Kondukteur/Der Verkehrsminister/Miroslav,* Torwächter (Tenor, kl. P.) – *Vacek* mit der eisernen Hand (Bariton, kl. P.).
CHOR: Gäste der »Vikárka«. Zuschauer. Abgeordnete der Mondrepublik. Mondmädchen. Bürger und Bewaffnete. Volk (gemischter Chor, m. Chp.).
ORT: Prag.
SCHAUPLÄTZE: Auf dem Hradschin in Prag, bei Würfls Gasthaus – Eine Landschaft auf dem Monde – Der Start von Mazals Raumschiff auf dem Barrandow-Felsen über der Moldau – Der Altstädter Ring in Prag im Sommer 1420.
ZEIT: Die Nacht vom 12. auf den 13. Juli 1920.
ORCHESTER: 4 Fl. (alle auch Picc.), 2 Ob., Eh., 2 Kl., Bkl., 2 Fag., Kfag., 4 Hr., 4 Trp., 3 Pos., Tuba, P., Schl., Cel., Gl., Dudelsack, Org., Hrf., Str.
GLIEDERUNG: Durchkomponierte Großform.
SPIELDAUER: etwa 2½ Stunden.

HANDLUNG: Mathias Brouček, Hausbesitzer in Prag, das Urbild des biederen Spießbürgers, verläßt in heiterer Stimmung seine Stammkneipe auf dem Hradschin in Prag, ehrerbietig zur Tür geleitet vom Gastwirt Würfl. Doch die heiteren Gedanken vergehen ihm, als er seinen Mieter Mazal mit Málinka, der hübschen Tochter des Sakristans von St. Veit, beim Stelldichein sieht. Zum einen ist ihm Mazal schon länger die Miete schuldig, zum andern ist er durchaus auch noch empfänglich für die weiblichen Reize von Málinka und weiß doch, daß er bei dem Mädchen nie eine Chance haben wird, auch wenn sie – verärgert über einige Sticheleien von Mazal – mit ihm tändelt. Herr Brouček wünscht sich weg von dieser Stelle, sein Blick fällt auf den hellerleuchteten Mond. Dort müßte man sein – da gibt er sicher weder zahlungsunfähige Mieter noch Steuern, die einem Hausbesitzer zusetzen. Herrn Broučeks hochfliegende Gedanken lassen ihn übersehen, daß er nicht mehr recht sicher zu Fuß ist – er stolpert, stürzt und schläft sofort ein. Sein Traum versetzt ihn auf den Mond, aber da ist die Welt ganz anders, als er es sich vorgestellt hat: er begegnet seltsamen Wesen, die ihn anstarren, entsetzt auf seine Reden hören und sich die Ohren verstopfen, wenn von der Liebe die Rede ist. Er kommt vor den Mondpräsidenten Würflun, der gern wissen will, wie es auf der Erde aussieht, und sieht verwundert, daß sich die seltsamen Wesen dadurch ernähren, daß sie bunte Bilder einsaugen oder von Blumendüften leben. Und als er, hungrig bei diesen seltsamen Genüssen, ein paar Schweinswürstl herauszieht und abbeißt, ekeln sich die Mondbewohner sehr. Am meisten geht Brouček aber eine exaltierte Mondbewohnerin auf die Nerven, die ihm liebestoll nachsteigt und immer zudringlicher wird. Da ist er froh, daß er wieder vom Mond herunter kommt. In Prag ist es inzwischen früher Morgen. Die letzten Gäste verlassen das Gasthaus, Mazal und Málinka schleichen sich leise herbei – Mazal hat Málinka seine Mondrakete gezeigt, an der er baut. Brouček wälzt sich unruhig herum und fällt sogleich wieder in einen Traum. Er ist dabei, wie Mazals Raumschiff auf dem Barrandow-Felsen über der Moldau gestartet werden soll – ja, er ist der Flieger, der erste Prager, der auf den Mond fliegt. Er hält eine angemessene Abschiedsrede, klettert dann in die Rakete, und unter dem Beifall der Zuschauer, unter ihnen der Wirt der Stammkneipe und Broučeks Haushälterin Fanny, entfernt sich das Fahrzeug. – Doch Brouček ist nicht auf dem Mond gelandet, sondern im Prag des Jahres 1420, mitten in den Auseinandersetzungen zwischen den Hussiten und dem deutschen Kaiser Sigismund. Eine Wache überrascht ihn, weil er so seltsam bekleidet ist und sein Tschechisch so fremdartig klingt. Man hält ihn für einen Spion des Kaisers und will ihn vor Gericht stellen, als sich der Glöckner der Teinkirche für ihn verwendet und Brouček die Ausrede einfällt, er sei Auslandstscheche und lange in Paris gewesen. Der Glöckner nimmt ihn auf in sein Haus, gibt ihm ein »zeitgemäßes« Gewand und macht ihn mit seiner Tochter und seinen Freunden bekannt – einen weiteren Kämpfer für die hussitische Sache kann man immer brauchen. Als der Angriff des kaiserlichen Heeres angekündigt wird, drückt man ihm eine Waffe in die Hand, doch Brouček versteht es, sich geschickt im Hintergrund zu halten. – Die Schlacht ist geschlagen, die Hussiten haben das kaiserliche Heer vertrieben, doch die zurückkehrenden Prager entdecken wutentbrannt, daß sich der seltsame Fremde feig aus dem Kampf geschlichen hat und stellen ihn zur Rede. Als Brouček sich gar eine Pfeife anzündet, halten sie ihn für den Teufel und wollen ihn auf einem schnell errichteten Scheiterhaufen verbrennen – vorher stekken sie ihn noch in ein altes Faß. – Brouček kommt wieder zu sich: im Schlaf hat er sich umhergewälzt und ist in ein altes Faß gefallen, das beim Gastwirt im Hofe steht. Dieser hört das verzweiflungsvolle Ächzen Broučeks und hilft dem Stammgast aus dem Faß. Brouček deutet ihm an, er sei weit weg gewesen – zuerst auf dem Mond und dann bei den Hussiten –, aber er solle niemandem etwas erzählen.

Stilistische Stellung: Auch innerhalb von Janáčeks Schaffen stehen ›Die Ausflüge des Herrn Brouček‹ einzig da – in diesem Werk ist Janáček ganz Satiriker, der in der Figur des Hausbesitzers Mathias Brouček seine Landsleute in ihrer selbstzufriedenen Biederkeit, die sich nur auf Essen, Trinken und Auskommen bezieht, aufs Korn nimmt. Von der musikalischen Charakteristik her umfaßt das Werk höchst unterschiedliche Elemente: während die Rahmenteile Janáčeks sprachgezeugtem Realismus entsprechen, ist die Mondepisode durch Einflüsse des musikalischen Impressionismus geprägt, während die mittelalterliche Episode von den Rückgriffen auf alte tschechische Kirchenmusik – darunter den Hussitenchoral – lebt.

Textdichtung: Janáček stützt sich bei seiner Oper auf zwei 1887 und 1888 erschienene Novellen des tschechischen Dichters Svatopluk Čech. Die Vielschichtigkeit der literarischen Vorlage mag mit dazu beigetragen haben, daß die Entstehung des Werkes sich relativ lange hinzog und nicht weniger als sechs Librettisten (neben den Autoren Dyk und Procházka, die jeweils die Mond- und die Hussitenepisode texteten, auch noch Karel Mašek, Zikmund Janke, František Gellner und Jiří Mahen) beschäftigt waren.

Geschichtliches: Janáček arbeitete von 1908 bis 1917 an der Oper, die zuerst nur den Ausflug auf den Mond umfassen sollte, dann aber – auch unter dem Eindruck des Ersten Weltkriegs – um die Hussitenepisode erweitert wurde. Die Uraufführung fand am 23. April 1920 in Prag statt. Nach Deutschland fand das Werk erst 1958, als Joseph Keilberth es in München herausbrachte, außerdem wurde es auch im Rahmen des Janáček-Zyklus' 1976 in Düsseldorf inszeniert.

W. K.

Katja Kabanowa

Oper in drei Akten. Dichtung nach Aleksander N. Ostrowskijs ›Gewitter‹ von Vincenc Červinka.

SOLISTEN: *Sawjol Prokofjewitsch Dikoj,* ein Kaufmann (Seriöser Baß, auch Charakterbaß, auch Charakterbariton, gr. P.) – *Boris Grigorjewitsch,* sein Neffe (Lyrischer Tenor, auch Jugendlicher Heldentenor, gr. P.) – *Marfa Ignatjewna Kaban* (Kabanicha), eine reiche Kaufmannswitwe (Dramatischer Mezzosopran, gr. P.) – *Tichon Iwanytsch Kabanow,* ihr Sohn (Jugendlicher Heldentenor, auch Lyrischer Tenor, gr. P.) – *Katherina* (Katja), seine Frau (Jugendlich-dramatischer Sopran, gr. P.) – *Wanja Kudrjasch,* Lehrer, Chemiker, Mechaniker (Charaktertenor, auch Lyrischer Tenor, gr. P.) – *Barbara,* Pflegetochter im Hause Kabanow (Mezzosopran, gr. P.) – *Kuligin,* Freund des Kudrjasch (Bariton, auch Baß, m. P.) – *Glascha* und *Fekluscha,* Dienstboten (Mezzosopran, kl. P.) – *Ein Vorbeigehender* (Stumme Rolle) – *Eine Frau aus dem Volk* (Alt, kl. P.).
CHOR: Bürger beiderlei Geschlechtes (kl. Chp.).
ORT: Das Städtchen Kalinow am Ufer der Wolga.
SCHAUPLÄTZE: Park am Steilufer der Wolga. Rechts das Haus der Familie Kabanow – Zimmer im Kabanowschen Haus – Gemütliche Arbeitsstube (Erker) mit Tür im Hintergrund – Felsen, Gebüsch. Oben der Kabanowsche Gartenzaun mit Türchen. Den Abhang hinab ein Fußsteig – Vorn Galerie und Gewölbe eines zerfallenden Gebäudes. Hinter dem Bogen Ufer und Ausblick auf die Wolga – Einsame Gegend am Ufer der Wolga.
ZEIT: Sechziger Jahre des 19. Jahrhunderts. Zwischen dem II. und III. Akt liegen zwei Wochen.
ORCHESTER: 4 Fl. (auch Picc.), 2 Ob., 1 Eh., 2 Kl., 1 Bkl., 3 Fag., 4 Hr., 3 Trp., 3 Pos., 1 Bt., P., Schl., Hrf., Cel., Str.
GLIEDERUNG: Durchkomponierte symphonisch-dramatische Großform.
SPIELDAUER: etwa 2½ Stunden.
HANDLUNG: Es ist Feiertag. Kudrjasch, ein Lehrer der Chemie und Physik in der Kleinstadt Kalinow an der Wolga, sitzt am Ufer des mächtigen Flusses, den er als Symbol der ewigen Natur bewundert. Durch das Erscheinen des Kaufmanns Dikoj wird er aus seinen Betrachtungen gerissen. Dikoj macht seinem ihn begleitenden Neffen Boris Vorwürfe, daß er untätig umhergehe; er verlangt von ihm, auch am Feiertag zu arbeiten. Nachdem sein Onkel sich in das Haus Kabanow begeben hat, wo die reiche Kaufmannswitwe Marfa Ignatjewna Kaban, genannt die Kabanicha, tyrannisch herrscht, schildert Boris Kudrjasch seine prekäre Situation: Seine Mutter, die dem Adel entstammte, konnte die widerwärtige Enge eines Lebens in der Kleinstadt

nicht ertragen. Daher zog der Vater mit der Familie nach Moskau, wo er, Boris, und seine Schwester eine gehobene Erziehung genossen. Doch allzufrüh sind die Eltern an Cholera gestorben. Die Großmutter hat nach ihrem Tod ihr Vermögen wohl den beiden Waisen vererbt, jedoch mit der testamentarischen Bestimmung, daß sie es nur dann erhalten sollen, wenn Boris bis zu seiner Volljährigkeit seinem Onkel Dikoj zu Diensten stehe. Da kommt die Kabanicha mit ihrem Sohn Tichon und dessen Frau Katja aus der Kirche zurück. Boris gesteht Kudrjasch seine heimliche Liebe zu der jungen Frau und verschwindet eilig mit dem Lehrer. Die Kabanicha wünscht, daß Tichon noch heute zum Markt nach Kasan abreise. Obwohl dieser sich sogleich dazu bereit erklärt, macht sie ihm Vorhalte, daß seine Liebe nur mehr seiner Frau, nicht aber mehr seiner Mutter gelte. Katja weist diese Vorwürfe als ungerechtfertigt zurück und begibt sich ins Haus. – Mit Stickarbeiten beschäftigt, erzählt Katja Barbara, der Pflegetochter im Kabanowschen Haus, von ihrer fröhlichen Jungmädchenzeit, von ihren frommen Empfindungen beim Gottesdienst und von ihren schwärmerischen Träumen. In wachsender Erregung gesteht sie schließlich, einen anderen Mann zu lieben. In diesem Augenblick erscheint Tichon reisefertig, um sich von seiner Frau zu verabschieden. Katja fleht ihn an, entweder hierzubleiben oder sie mit auf die Reise zu nehmen. Tichon lehnt beides ab. Daraufhin bedrängt sie ihn kniefällig, ihr den Eid abzunehmen, daß sie während seiner Abwesenheit mit keinem Fremden einen Blick oder ein Wort wechsle. Aber Tichon findet einen solchen Eid lasterhaft. Da kommt die Kabanicha. Sie fordert den Sohn auf, dem guten alten Brauch entsprechend seinem Weib ausdrücklich den Auftrag zu geben, den Haushalt gut zu führen, immer höflich zu sein, sie wie die eigene Mutter zu ehren, nicht zu trödeln und nicht zum Fenster hinauszusehen, vor allem nicht nach anderen Männern. Schließlich verlangt sie, daß der Sohn vor ihr niederknie und sie küsse. Tichon verfährt nach dem Willen der Mutter. Als Katja ihrem Mann zum Abschied um den Hals fällt, ist die Kabanicha empört über dieses Verhalten, das der guten Sitte widerspricht. – Auch nach der Abreise Tichons macht sie Katja Vorwürfe, daß sie nicht weine und verzweifelt sei, wie es die Schicklichkeit erfordert, wenn der Mann verreist ist. Das Gartentürchen zum Wolga-Ufer ist stets abgeschlossen, und die Kabanicha verwahrt den Schlüssel bei sich. Die schlaue Barbara hat aber heimlich einen Nachschlüssel angefertigt. Diesen übergibt sie Katja mit dem Bemerken, daß sie Boris für den Abend dorthin bestellt habe. Katja wehrt sich zunächst gegen die Verführung. Als die Kabanicha Besuch von Dikoj erhält, mit dem sie stundenlang zu schwätzen pflegt, begibt sich Barbara zu dem Gartentürchen, wo sie von Kudrjasch zu einem nächtlichen Spaziergang abgeholt wird. Bald darauf kommt auch Katja; erst verlegen, schließlich aber von einer schicksalhaften Macht getrieben, fällt sie dem sie erwartenden Boris in die

Arme. Zur späten Nachtstunde ruft Barbara Katja zurück, und alsbald geht diese langsam, wie mit einer schweren Last beladen, ins Haus zurück. – Zwei Wochen sind vergangen. Kudrjasch und sein Freund Kuligin suchen in einem halbverfallenen Haus Schutz vor einem aufziehenden Gewitter. Auch andere Passanten, darunter Dikoj, stellen sich dort unter. Während Kudrjasch in einem Gewitter einen elektrischen Ausgleich erblickt, hält Dikoj es für eine Strafe, durch welche die Menschen Gottes Macht zu fühlen bekämen. Hastig erscheint Barbara und flüstert Boris, der mit Dikoj gekommen war, heimlich zu, daß Katjas Mann zurückgekehrt sei. Gleich darauf erscheint angsterfüllt die junge Frau selbst, sie fürchtet sich vor den Blitzen. Als sodann die alte Kabanicha folgt, die, lauernd wie ein Raubtier, die Schwiegertochter nicht mehr aus den Augen läßt, fällt Katja ihr zu Füßen und bekennt laut vor allen die Schuld des Ehebruchs. Blitze und Donnerschläge begleiten das Geständnis; anschließend stürmt sie fort in das Gewitter hinaus. – In der Dunkelheit suchen mit einer Laterne Tichon und die Magd Glascha das Wolga-Ufer nach Katja ab. Als sich die beiden entfernt haben, naht Katja. Ekstatisch ruft sie die Lüfte an, ihr Boris herbeizuführen. Der Geliebte erscheint, beglückt liegen sich die beiden in den Armen. Boris ist gekommen, um sich von Katja zu verabschieden; denn sein Onkel hat ihn zu einem Geschäftsfreund an die chinesische Grenze nach Sibirien kommandiert. Vergeblich bittet ihn Katja, sie mitzunehmen. Ihre Verstandeskräfte schwinden, sie hört aus den Wellen der Wolga geheimnisvolle Stimmen. Verzweifelt entfernt sich Boris. Katja stürzt sich in den Strom. Der Vorgang wurde von den nach Katja Suchenden bemerkt. Dikoj holt in einem Kahn die Leiche aus dem Wasser. Während sich Tichon schmerzerfüllt über seine tote Frau stürzt, dankt die Kabanicha kalt und ungerührt den Umstehenden für die Anteilnahme.

Stilistische Stellung: Die Oper ›Katja Kabanowa‹ ist neben ›Jenufa‹ Janáčeks bedeutendste Bühnenschöpfung. Ebenso wie bei ›Jenufa‹ dürfte den Komponisten in erster Linie das Milieu der Handlung zur musikdramatischen Bearbeitung gereizt haben. Janáček hatte nicht nur familiäre Kontakte zu Rußland, sondern auch Gelegenheit, bei zwei längeren russischen Studienaufenthalten einen persönlichen Eindruck von dem Land und seinen Menschen zu gewinnen. In Ostrowskijs Drama fand er Landschaft und Lebensstil der russischen Welt in unverfälschter Weise vorgezeichnet: das von Menschenschicksalen unberührte ewige Naturgeschehen, symbolisiert durch den das weite Land durchziehenden mächtigen Wolga-Strom; das steinharte tyrannische Wesen der alten Kabanicha und des Kaufmanns Dikoj als Sinnbild des zaristischen Absolutismus; die Figur des schwächlichen Tichon als Symbol des willenlos gehorchenden Volkes; die weiche russische Seele, verkörpert durch den jugendlichen Boris, die bei der empfindsamen Katja einen elementaren Ausbruch aus der Zwangsjacke ihrer familiären Versklavung auslöst; die für die russische Mentalität typische freiwillige Selbstanklage der Heldin vor aller Öffentlichkeit zur Erleichterung ihres Gewissens. Katja hat sich aber gerade dadurch eine Rückkehr ins bürgerliche Leben selbst unmöglich gemacht und wählt daher als einzigen Ausweg aus ihrer hoffnungslosen Lage den Freitod. Bei der musikalischen Gestaltung hat Janáček den in seiner ›Jenufa‹ eingeschlagenen Weg weiter beschritten (siehe ›Jenufa‹, Absatz: Stilistische Stellung). Die Struktur des Klangbildes ist wohl noch konzentrierter als bei ›Jenufa‹, so daß der Komponist mit einer kleinen Anzahl von Themen auskommt, aus denen der orchestrale Untergrund gestaltet ist. Darüber bewegen sich die überwiegend im dramatischen Deklamationsstil gehaltenen Singstimmen. Selbst bei lyrischen Ergüssen, wie in den Liebesszenen Katja–Boris des 4. und 6. Bildes, oder bei Handlungshöhepunkten, wie in der Selbstbezichtigungsszene, wird der musikalische Ausdruck weitgehend vom Orchester getragen. Bemerkenswert ist die Einfühlung in den Charakter des russischen Volksliedes bei den Barbara–Kudrjasch-Szenen des 4. Bildes.

TEXTDICHTUNG: Der Oper liegt als Stoffquelle das Schauspiel ›Gewitter‹ des russischen Dichters Aleksander N. Ostrowskij (1823–1886) zugrunde. Der Moskauer Popensohn befaßte sich in seinen Dramen vielfach mit bürgerlichen Themen aus der von der Neuzeit verdorbenen Kaufmannsklasse. Das viel aufgeführte Bühnenstück ›Gewitter‹, das eine Ehetragödie unter Provinzleuten behandelt, hat auch Peter I. Tschaikowskij zu einer gleichnamigen Tondichtung inspiriert. Das von Vincenc Červinka übersetzte Drama wurde von Janáček für seine Oper stark gekürzt. Die deutsche Fassung stammt von Max Brod.

GESCHICHTLICHES: ›Katja Kabanowa‹ ist in der Zeit von 1919 bis 1921 entstanden. Die Uraufführung fand am 23. Oktober 1921 unter der musikalischen Leitung von František Neumann am Nationaltheater in Brünn statt.

Das schlaue Füchslein

Oper in drei Akten. Dichtung nach einer Novelle von Rudolf Těsnohlídek.

SOLISTEN: Die Menschen: *Der Förster* (Charakterbariton, auch Charakterbaß, gr. P.) – *Die Frau Försterin* (Spielalt, m. P.) – *Der Schulmeister* (Charaktertenor, auch Spieltenor, m. P.) – *Der Pfarrer** (Charakterbaß, auch Spielbaß, m. P.) – *Háraschta,* ein Landstreicher (Spielbaß, auch Charakterbaß, m. P.) – *Der Gastwirt Pasek* (Tenor, kl. P.) – *Die Gastwirtin* (Sopran, kl. P.) – *Sepp,* Sohn des Försters (Sopran, kl. P.) – *Franzl,* sein Freund (Sopran, kl. P.) – Die Tiere: *Füchslein Schlaukopf*

(Sopran, gr. P.) – *Fuchs* (Sopran, gr. P.) – *Das junge Füchslein Schlaukopf* (Kinderstimme, Sopran, kl. P.) – *Dackel* (Mezzosopran, m. P.) – *Hahn* (Sopran, kl. P.) – *Schopfhenne* (Sopran, kl. P.) – *Grille, Heuschreck, Frosch, Fliege* (Kinderstimmen, kl. P.) – *Dachs** (Charakterbaß, auch Spielbaß, kl. P.) – *Eule* (Alt, kl. P.) – *Eichelhäher* (Sopran, kl. P.).
Doppelbesetzung: *Pfarrer und Dachs sollen von dem gleichen Sänger dargestellt werden.
CHOR: Ganzer Chor: Stimmen des Waldes. Frauenchor: Dorfbewohner. Hennen. Tiere des Waldes. Fuchskinder (Männerchor, kl. Chp.; Frauenchor, m. Chp.).
BALLETT: Libelle, Igel, Eichhörnchen, kleine Fliegen, allerlei Waldtiere (Tänze im 1. Bild und Hochzeitsreigen der Waldtiere im 6. Bild).
SCHAUPLÄTZE: Waldlandschaft. Im Hintergrund eine Dachshöhle – Hof der Seeförsterei – Vor der Dachshöhle – Paseks Gastwirtschaft. Das Honoratiorenzimmer. Nebenan die Schenkstube – Wald, links ein Weg bergauf mit Zaun. Hinter dem Zaun eine vollerblühte Sonnenblume – Füchsleins Höhle – Am Waldrand – Gastwirtschaft Pasek. Im Garten bei der Kegelbahn – Wie 1. Bild.
ORCHESTER: 4 Fl. (auch Picc.), 2 Ob., 1 Eh., 2 Kl., 1 Bkl., 3 Fag., 4 Hr., 3 Trp., 3 Pos., 1 Bt., P., Schl., Hrf., Cel., Str.
GLIEDERUNG: Durchkomponierte musikdramatische Großform.
SPIELDAUER: etwa 2¾ Stunden.
HANDLUNG: I. Akt: Wie das Füchslein Schlaukopf gefangen ward. – Das Füchslein in der Seeförsterei. – Das Füchslein politisiert. – Und entläuft.
II. Akt: Das Füchslein treibt den Dachs aus seiner Klause. – Füchsleins Liebesabenteuer. – Liebe und Hochzeit.
III. Akt: Das Füchslein läuft dem Landstreicher Háraschta in den Weg. – Füchsleins Tod. – Das kleine Füchslein Schlaukopf, »der Mutter wie aus dem Gesicht geschnitten«.
An einem warmen Sommertag will der Förster nach einer am Stammtisch verbrachten Nacht im Schwarzgrund des Hochwalds noch ein kurzes Schläfchen machen, bevor er nach Haus geht. Er wird das nächtliche Ausbleiben seiner Frau gegenüber mit »Anstand auf die Wilderer« begründen genauso, wie er es damals machte, nach der heißen Nacht mit dem schönen Zigeunermädchen Terynka. Die Tiere des Waldes verleihen im Tanz ihrer Lebensfreude Ausdruck. Als ein Frosch nach der auf der Nase des schlafenden Försters sitzenden Mükke schnappt, fährt dieser jäh aus dem Schlaf. Vor sich sieht er die leuchtenden Augen eines jungen Füchsleins, das neugierig seiner »Mami« zuruft, was das für ein Tier sei. Der Förster ergreift rasch das unerfahrene Füchslein und nimmt es mit nach Haus. – In der Seeförsterei leidet das gefangene Füchslein unter der schlechten Behandlung durch die Försterin, unter den verliebten Annäherungsversuchen des Dackels und unter den lästigen Neckereien des Förstersohnes Sepp und

dessen Freundes Franzl. Wütend schnappt es schließlich nach Sepp, zerreißt ihm die Hose und stürmt davon. Es wird aber von Franzl eingeholt und zurückgebracht. Der Förster bindet es jetzt mit einem Strick an. In der Nacht weint das Füchslein im Schlaf nach seinem heimatlichen Wald, dem Förster verwandelt sich im Traum das Tier in die Gestalt Terynkas. Mißgestimmt gegen seine ganze Umgebung sucht das Füchslein am Morgen durch aufreizende Reden die arbeitsamen Hühner gegen ihren nur seinem Vergnügen lebenden Hahn aufzuhetzen. Vergeblich! Als der Hahn jedoch dem sich schlafend stellenden Füchslein nahekommt, springt es ihn plötzlich an und erwürgt ihn und zwei Hühner. Wütend verlangt die Försterin von ihrem Mann, das wilde Tier sofort zu erschießen. Aber der Förster will es nur verprügeln. Da umwickelt Füchslein Schlaukopf mit dem Strick rasch die Beine des Mannes, beißt das Seil durch und entkommt in die Freiheit. – Begeistert wird das Füchslein von den Tieren des Waldes empfangen. Es braucht nun zunächst eine Behausung. Mit Schmähungen und Verunglimpfungen vor den Waldtieren treibt es den allgemein unbeliebten Dachs aus seinem Bau und nimmt, als dieser entrüstet abgezogen ist, von seiner Höhle Besitz. – Im Honoratiorenstübchen des Gasthofes Pasek erwarten der Förster und der Schulmeister den Pfarrer zum Kartenspiel. Als dieser die Schenkstube betritt, treffen ihn feindselige Blicke der Dorfbewohner. Die Leute sind entrüstet, daß Terynka bei ihm haust. Der Förster hatte die junge Zigeunerin, ähnlich wie das Füchslein, erst in sein Haus genommen. Aber sie entpuppte sich bald als Lügnerin und Diebin. Daraufhin übergab er sie zur Erziehung dem Schulmeister. Dieser machte jedoch mit seinen schüchternen Annäherungsversuchen auf das ungezähmte Naturkind nur einen lächerlichen Eindruck. So kam Terynka in die Obhut des Pfarrers. Nun setzte das teuflische Mädchen im Dorf das Gerücht in Umlauf, daß sie von dem Geistlichen Herrn ein Kind erwarte. In Wirklichkeit ist der Vater des Kindes ein Landstreicher. Dem Pfarrer blieb nichts anderes übrig, als um seine Versetzung nach Neudorf nachzusuchen. Der Schulmeister muß jetzt Anspielungen des Försters und einen lateinischen Moralspruch des Pfarrers hinnehmen; ärgerlich verläßt er die Wirtschaft. Aber auch Hochwürden entfernt sich eilig, als der Wirt Pasek ihm heimlich zuflüstert, er könne die aufgebrachten Dorfleute nicht länger mehr zurückhalten. Als letzter geht der Förster wütend nach Hause, als ihn der Wirt auf das entsprungene Füchslein anredet. – Auf dem Heimweg hält der angetrunkene Schulmeister eine Sonnenblume für Terynka. Das Füchslein Schlaukopf schleicht sich heran und versetzt die Sonnenblume in eine schwankende Bewegung, die der verliebte Schulmeister als Zustimmung Terynkas zu seiner Werbung auffaßt. Als er daraufhin die vermeintliche Geliebte stürmisch umarmt, fällt er in das Gebüsch. Über die Herkunft eines griechischen Zitats grübelnd, geht der Pfarrer vorüber. Er bemerkt die leuchtenden Augen des

Füchsleins. Sie lassen seine Gedanken zu der trügerischen Terynka abschweifen, der er doch nicht einmal die Hand berührt hatte. Jetzt fällt ihm ein, daß der Spruch: »Gedenk ein tugendsamer Mann zu bleiben!« aus Xenophons ›Anabasis‹ stammt. Nun kommt auch der Förster. Er erkennt sogleich sein Füchslein. Rasch gibt er zwei Schüsse ab, die aber ihr Ziel verfehlen. – In einer sommerlichen Mondnacht erwachen in dem Füchslein beim Anblick des stattlichen Fuchses Liebesgefühle. Als dieser ihm seine Lieblingsspeise, ein Kaninchen, galant überbringt und dazu eine feurige Liebeserklärung macht, schlüpft es mit ihm in seine Höhle. Die alte Eule macht den Tieren des Waldes gegenüber ihrer Empörung Luft über die Unmoral des Fuchspaares. Als das Paar bei Sonnenaufgang aus dem Bau steigt und Füchslein Schlaukopf dem Fuchs ins Ohr flüstert, daß es sich Mutter fühle, begibt sich dieser zum Pfarrer Specht, der sogleich die Trauung vornimmt. Jubelnd nehmen alle Tiere an der Hochzeitsfeier teil. – Fröhlich trällernd macht sich der Landstreicher Háraschta auf den Weg zur Stadt, um Geflügel für seine Hochzeit mit Terynka einzukaufen. Am Rand des Holzschlags bemerkt er einen toten Hasen; schon will er ihn an sich nehmen, da sieht er gerade noch rechtzeitig den Förster herankommen. Eine Fuchsspur enthebt ihn des Verdachts, hier gewildert zu haben. Der Förster legt eine Fuchsfalle aus. Nachdem die beiden sich entfernt haben, nähert sich das Fuchspaar mit seinen kleinen Fuchskindern dem Hasen. Füchslein Schlaukopf wittert aber sogleich an dem Tabakgeruch das Fangeisen des Försters. Háraschta kommt zurück, auf seinem Rücken trägt er einen mit Geflügel gefüllten Korb. Eilig holt er seinen Stutzen hervor und zielt auf die Füchsin, deren Fell einen schönen Muff für Terynka abgeben soll. Indessen haben sich die Fuchskinder über die Enten in Háraschtas Korb gemacht. Wütend schießt der Landstreicher gegen den Korb. Die jungen Füchse stieben auseinander. Füchslein Schlaukopf bleibt jedoch tödlich getroffen liegen. – Im Garten des Gasthofes Pasek sitzen in gedrückter Stimmung der Förster und der Schulmeister beim Bier. Nebenan feiert bei lauter Musik und Tanz der Landstreicher mit Terynka Hochzeit. Frau Pasek erzählt, daß die junge Frau von Háraschta einen Muff als Hochzeitsgeschenk erhalten habe. Nun ist sich der Förster sicher, daß sein Füchslein tot ist. – Er begibt sich in den Wald, wo das Leben immer wieder neu anfängt, und rastet im Schwarzgrund. Dort nickt er ein. Im Traum kommt ein junges Füchslein an ihn heran, im Wesen und Aussehen ganz und gar der Mutter gleich. Der Förster will es ergreifen. Da wacht er auf, und in seiner Hand hält er einen Frosch, den Enkel jenes Frosches, mit dem dereinst die Geschichte mit dem schlauen Füchslein begonnen hatte.

Stilistische Stellung: Die Tieroper ›Das schlaue Füchslein‹ behandelt symbolhaft das freie, durch keine Zivilisation verbildete ewige Naturgeschehen. So wenig das wilde Füchslein ein Leben in der Gefangenschaft, kann das ungezähmte Naturkind Terynka ein bürgerliches Dasein ertragen. Sie vermählt sich daher folgerichtig mit dem Landstreicher. Janáčeks Musik zeichnet liebevoll die poetischen Wirkungen des Stoffes, so vor allem die romantische Atmosphäre des Waldes und seiner Tiere. Den in seiner ›Jenufa‹ fixierten Stil seiner Tonsprache hat der Komponist beibehalten (siehe ›Jenufa‹, Absatz: Stilistische Stellung). Kühne harmonische Verbindungen, sensible Instrumentation und charakteristische Rhythmik sind die Wahrzeichen der kunstvoll gearbeiteten Partitur. Entsprechend der textlichen Vorlage sind hier wieder mehr geschlossene Bildungen anzutreffen als etwa bei ›Katja Kabanowa‹. Für die szenische Gestaltung des Werkes besteht allerdings die große Schwierigkeit, eine befriedigende Lösung des Problems zu finden, Tiere von Menschen darstellen zu lassen. Der Komponist verlangte eine realistische Inszenierung und lehnte jede stilisierte szenische Wiedergabe, wie sie beispielsweise die Prager Erstaufführung (1925) bot, strikt ab.

TEXTDICHTUNG: Im Februar 1920 erwarb die Brünner Tageszeitung ›Lidové noviny‹ von dem Zeichner Stanislav Lolek eine Anzahl heiterer Zeichnungen aus dem Leben eines Fuchses. Die Redaktion beauftragte einen ihrer Reporter, den Schriftsteller Rudolf Těsnohlídek, nach den durch die Zeichnungen dargestellten Episoden eine frei erfundene Erzählung zu schreiben. Těsnohlídek studierte zunächst auf Spaziergängen Leben und Gewohnheiten der Tiere und Bewohner des Waldes und schrieb hierauf eine Novelle ›Füchslein‹, die allgemein großen Beifall fand. Auch Janáček war von der Erzählung entzückt, die in einer Fortsetzungsreihe von April 1920 an in der Brünner Zeitung erschien. Er holte von dem Verfasser die Genehmigung ein, nach dem Stoff eine Oper zu schreiben. Nach der Uraufführung stellte Max Brod eine deutsche Textfassung her, bei der mit Erlaubnis des Komponisten zur Verdeutlichung der Handlungszusammenhänge und, ohne an der Musik etwas zu verändern, das Geschehen konzentrierter gestaltet wurde: Förster, Schulmeister und Pfarrer haben nicht, wie in der Janáčekschen Urfassung, ihre eigenen Jugendlieben, sondern schmachten alle drei nach dem gleichen Mädchen, der Zigeunerin Terynka, die wiederum in ihrem triebhaften Wesen zu der wilden Natur des Füchsleins in Parallele gezogen erscheint. Eine neue deutsche Textfassung unter Benutzung der Bearbeitung von Max Brod schuf Walter Felsenstein für seine Aufführung des Werkes an der Komischen Oper in Berlin (30. Mai 1956).

GESCHICHTLICHES: Janáček arbeitete an der Oper ›Příhody lišky bystroušky‹ in der Zeit von 1921 bis 1923. Die Uraufführung des Werkes fand am 6. November 1924 unter der Leitung von František Neumann an der Tschechischen Oper Brünn mit großem Erfolg statt.

Die Sache Makropoulos

Oper nach der gleichnamigen Komödie von Karel Čapek. Dichtung vom Komponisten. Deutsche Übertragung von Max Brod.

SOLISTEN: *Emilia Marty,* Sängerin (Dramatischer Sopran, gr. P.) – *Albert Gregor* (Jugendlicher Heldentenor, gr. P.) – *Vitek,* Sollizitator in der Kanzlei des Dr. Kolenaty (Charaktertenor, m. P.) – *Christa,* seine Tochter (Mezzosopran, m. P.) – *Jaroslav Prus* (Heldenbariton, gr. P.) – *Janek,* sein Sohn (Lyrischer Tenor, m. P.) – *Advokat Dr. Kolenaty* (Charakterbariton, auch Baßbariton, m. P.) – *Ein Theatermaschinist* (Baß, kl. P.) – *Eine Aufräumefrau* (Alt, kl. P.) – *Hauk-Schendorf* (Operettentenor, auch Spieltenor, m. P.) – *Kammerzofe Emilias* (Alt, kl. P.).
CHOR: Männerchor (hinter der Bühne, kl. Chp.).
ORT: Prag.
SCHAUPLÄTZE: Das Zimmer des Sollizitators Vitek in der Kanzlei von Dr. Kolenaty – Die leere Bühne eines großen Theaters – Hotelzimmer von Emilia Marty.
ZEIT: Gegenwart.
ORCHESTER: 4 Fl. (IV. auch Picc.), 2 Ob., Eh., 3 Kl., Bkl., 2 Fag., Kfag., 4 Hr., 4 Trp., 3 Pos., Bt., P., Schl., Hrf., Cel., Str. – Bühnenmusik: 2 Hr., 2 Trp., P.
GLIEDERUNG: Durchkomponierte Großform.
SPIELDAUER: etwa 2 Stunden.
HANDLUNG: In der Kanzlei des Rechtsanwalts Dr. Kolenaty ist der Sollizitator Vitek dabei, die Akten eines jahrhundertealten Erbschaftsstreits um den Nachlaß des Barons Josef Ferdinand Prus in die Registratur einzustellen. Albert Gregor, einer der prozessierenden Parteien, kommt, um zu erfahren, wie das Verfahren vor dem Appellationsgericht ausgegangen ist, aber der Anwalt ist noch nicht vom Gericht zurückgekommen. In die erwartungsvolle Atmosphäre kommt Viteks Tochter Christa, eine junge Sängerin am Stadttheater. Sie ist voll des Lobes über die Gesangskunst und die Schönheit der hier gastierenden Sängerin Emilia Marty. Da erscheint, von Dr. Kolenaty begleitet, die Bewunderte selbst; sie interessiert sich für die Einzelheiten des langjährigen Streites. Der Anwalt erklärt ihr den Fall: der Baron Josef Ferdinand Prus ist 1827 kinderlos gestorben. Ein Testament ist nicht bekannt. Seine Vettern haben Ansprüche auf die Erbschaft gestellt, zu der auch das Gut Loukov gehört; für dieses Gut macht auch ein Ferdinand Gregor Ansprüche geltend, die sich aus einer Schenkung des Barons herleiten. Seither streiten sich die Erben seit mehr als einhundert Jahren um das Erbe. Emilia Marty, die interessiert zugehört hat und durch Einwürfe und Hinweise offensichtlich die Situation sehr gut kennt, überrascht den Anwalt plötzlich mit der Behauptung, Ferdinand Gregor, der Großvater Albert Gregors, sei ein unehelicher Sohn

des Barons und der Sängerin Ellian MacGregor gewesen, und der Baron habe in einem Testament diesem unehelichen Sohn das Gut vermacht – also sei Albert Gregor der rechtmäßige Erbe. Sie weiß auch, daß sich das Testament, das über einhundert Jahre unauffindbar war, in der Registratur im Hause des Barons befindet, und zwar unter der Jahreszahl 1816, dem Geburtsjahr von Ferdinand Gregor. Der Anwalt ist höchst skeptisch, zumal Emilia Marty behauptet, den Inhalt des versiegelten Testaments zu kennen, und erst, als Albert Gregor, der der Sängerin fasziniert zugehört hat, ihm droht, den Anwalt zu wechseln, ist er bereit, zu Prus zu gehen und nach dem Testament zu forschen. – Gregor bleibt allein mit der Sängerin zurück, spricht zu ihr von dem Eindruck, den ihre Schönheit auf ihn gemacht habe, aber sie weist ihn ab. Er versucht, zu erfahren, wieso sie so viel über seinen Großvater wisse, aber sie weigert sich. Seine Annäherungsversuche weist sie kalt ab, ja sie, die jünger ist als Gregor, behandelt ihn, als sei sie seine Großmutter, tituliert ihn »Bertel« und geht mit ihm um wie mit einem ungezogenen Jungen. Nur eines erbittet sie von ihm: er solle ihr die Briefe der Ellian MacGregor und ein dabei befindliches altes Dokument in griechischer Sprache aushändigen, doch Gregor weiß von diesen Dokumenten nichts. – Der Anwalt kehrt mit Baron Jaroslav Prus in die Kanzlei zurück: zu seinem Erstaunen hat sich das Testament wirklich gefunden, daneben auch die Briefe und das alte Dokument – doch noch ist die Identität jenes unehelichen Ferdinand mit Ferdinand Gregor nicht bewiesen, und so können auch die Briefe noch nicht ausgehändigt werden. Emilia Marty verspricht, die nötigen Papiere dem Anwalt zu übersenden, die diese Identität beweisen. Das ist dem Anwalt zuviel, er bittet Gregor, sich einen anderen Rechtsbeistand zu nehmen. – Eine Aufräumefrau und ein Theatermaschinist unterhalten sich über den ungeheuren Erfolg, den das Gastspiel der Emilia Marty am vergangenen Abend hatte. Eine Reihe von Bewunderern wartet vor ihrer Garderobe, zu ihnen gesellt sich der Baron Prus, der Emilia geschäftlich sprechen will. Er zieht sich wartend in die Kulissen zurück. Christa kommt und mit ihr Prus' Sohn Janek, ein etwas scheuer junger Mann, der in die junge Sängerin verliebt ist. Christa hat nach dem Erlebnis der ungeheuren Kunst der Marty Zweifel an der eigenen Karriere. Emilia Marty erscheint, Prus stellt seinen Sohn vor, und dieser ist so fasziniert von der Sängerin, daß er auf alle ihre Fragen nur mit »Ja« antworten kann. Emilia verspottet ihn deswegen. Vitek und Gregor kommen, und Gregor überreicht der Sängerin einen Blumenstrauß mit einem Geschenk, das sie jedoch als Geldverschwendung zurückweist. Vitek preist ihren Gesang, indem er ihn mit der Kunst der Strada vergleicht, doch die Marty weist dieses Lob zurück – die Strada habe unsauber gesungen. Vitek wendet ein, dies könne man wohl kaum wissen, sei sie doch mehr als hundert Jahre tot. Die Sängerin bespöttelt das junge Paar Christa-Janek und fragt, ob sie schon miteinander geschlafen hätten. Da kommt der alte, närrische Diplomat Hauk-Schendorf, den die Marty an ein Zigeunermädchen, Eugenia Montez, erinnert, das er vor fünfzig Jahren in Spanien kennengelernt und geliebt habe. Die Marty spricht ihn auf spanisch an, nennt seinen Vornamen und befiehlt ihm schließlich, zu gehen. Vitek erbittet ein Autogramm für seine Tochter Christa, das sie ihm widerwillig gibt. Dann schickt sie alle Bewunderer weg, weil sie mit Prus zu reden hat. Dieser berichtet, er habe in der vergangenen Nacht die Briefe der Ellian MacGregor gelesen; er sei ja nicht unerfahren, aber aus diesen intimen Einzelheiten könne ja ein Lebemann noch lernen. Emilia reagiert heftig, als Prus Ellian MacGregor eine Vagabundin nennt, doch dann beruhigt sie sich. Prus berichtet weiter, alle Briefe seien nur mit E. M. unterzeichnet – er habe im Pfarr-Register nachgesehen: Ferdinands Mutter hieß in Wirklichkeit Elina Makropoulos, und der Vater sei dort nicht genannt. Prus wird das Gut – und das versiegelte Dokument – weiter behalten, bis sich ein Erbe Makropoulos melde. Emilia versucht, dem Baron das Dokument abzukaufen, aber er weigert sich. Gregor kehrt zurück, bis zum Wahnsinn in Emilia verliebt – sie aber will ihn nur benutzen, um das Dokument, das sie an Kolenaty geschickt hat, durch ihn wieder zurückzubekommen; denn man brauche jetzt ein anderes, das auf den Namen Elina Makropoulos laute. Gregor bittet sie um ihre Liebe, doch sie weist ihn streng ab. Erschöpft schläft sie ein, und Gregor verläßt sie. Janek erscheint – auch er ist der Marty rettungslos verfallen. Sie versucht, ihn dazu zu bringen, das Dokument aus dem Hause des Vaters zu stehlen. Er willigt schließlich ein, doch in diesem Moment tritt Prus, der alles mit angehört hat, aus der Kulisse und schickt den Sohn weg. Auch er ist der Faszination der Marty erlegen, und er verspricht ihr das Dokument, wenn sie ihm eine Liebesnacht gewähre. – Im Hotelzimmer der Sängerin, früher Morgen. Prus hat mit Emilia Marty geschlafen, aber er fühlt sich betrogen: ihm ist, als habe er einen Leichnam umarmt. Gleichwohl händigt er der Sängerin das versiegelte Dokument ein, das sie schnell öffnet, um sicherzugehen. Sie werden von der Kammerzofe gestört, die meldet, draußen frage ein Diener nach Herrn Prus. Prus geht hinaus, die Zofe beginnt, die Sängerin zu frisieren und berichtet, der Diener habe furchterregend ausgesehen – sicher sei etwas Schreckliches geschehen. Prus kommt zurück und schickt die Zofe weg – er ist völlig gebrochen. Janek hat sich umgebracht, und er hat in seinem Abschiedsbrief keinen Zweifel daran gelassen, daß seine Liebe zu Emilia Marty der Grund dafür war. Die zynische Reaktion der Sängerin läßt ihn fast tätlich werden, doch erneut werden sie gestört – durch Hauk-Schendorf, der die Sängerin wieder nach Spanien bringen will. Er hat die Juwelen seiner Frau gestohlen, um die Reise zu finanzieren. Emilia beschließt, mit ihm zu fahren, doch da betreten Gregor, Kolenaty, Vitek, Christa und Prus das Zimmer – und ein Nervenarzt, der

Hauk zurück ins Spital bringen wird. – Kolenaty hat die Handschrift auf dem Dokument, das ihm die Marty geschickt hat, mit dem Autogramm verglichen, sie ist identisch. Er bezichtigt die Sängerin der Fälschung. Diese schwört, Ellian MacGregor habe das Dokument geschrieben, will aber nicht sagen, wann. Sie zieht einen Revolver hervor und versucht, mit Gewalt zu entkommen, aber Gregor entwindet ihr die Waffe. Da sie noch im Negligé ist, geht sie ins Nebenzimmer, um sich anzukleiden: Kolenaty, Gregor und Vitek durchsuchen ihr Gepäck: sie finden eine ganze Anzahl von Schriftstücken, mit den Namen Elina Makropoulos, Elsa Müller, Ekaterina Myschkin – allen gemeinsam sind die Initiale E. M. Die Sängerin erscheint wieder, und nach und nach legt sie ein Geständnis ab: sie selbst ist Elina Makropoulos und 330 Jahre alt. Ihr Vater war Leibarzt und Alchemist von Kaiser Rudolf II., sie war die Geliebte von Josef Ferdinand Prus und also die Großmutter von Albert Gregor. Das Dokument, das sie so sehr zu erlangen gesucht hatte, hatte sie einst Josef Ferdinand Prus überlassen – dem einzigen, der ihr Geheimnis kannte. Das Dokument enthält die »Sache Makropoulos« – ein Lebenselixier, das ihr Vater für den Kaiser entdeckte, der jedoch befahl, der Alchemist solle es an seiner eigenen Tochter ausprobieren. Der Kaiser, der an dem »Versuchsobjekt« keinerlei Veränderungen wahrnahm, ließ den Vater als Betrüger verhaften und hinrichten, sie selbst sei mit dem Dokument geflohen. Jetzt, da sie merke, daß ihre Lebensspanne abzulaufen drohe, sei sie zurückgekehrt, um sie mit Hilfe des Elixiers zu erneuern. – Unter den drängenden Fragen Kolenatys ist sie müde geworden, schließlich bricht sie zusammen. Man glaubt ihr endlich und ruft nach einem Arzt. Doch der Arzt kann ihr nicht helfen, und von ihm gestützt kehrt sie, wie ein Schatten ihrer selbst, zurück. Sie hat den Atem des Todes gespürt, und sie entsagt, ihres langen, leeren Lebens müde, dem Elixier – sie übergibt die Formel Christa. Diese verbrennt das Dokument – und Elina Makropoulos bricht tot zusammen.

STILISTISCHE STELLUNG: Die ›Sache Makropoulos‹ ist die vorletzte Oper Janáčeks, entstanden auf dem Höhepunkt seines Wirkens und seiner äußeren Wirksamkeit. Ähnlich wie das folgende ›Aus einem Totenhaus‹ ist die ›Sache Makropoulos‹ geprägt von schöpferischem Wagemut hinsichtlich der Stoffwahl wie der musikalischen Mittel. Janáčeks realistische Tonsprache, ausgebildet an ›Jenufa‹ und ›Katja Kabanowa‹, wird hier erweitert um expressionistische Züge, gleichermaßen aber um eine differenzierte psychologische Deutung der Figuren, in deren Mittelpunkt die dämonisch-tragische dreihundertjährige Emilia Marty steht, der Janáček – bei aller Knappheit der musikalischen Mittel – eine eigene, unverwechselbare Aura zu verleihen vermag. Den Typus des Konversationsstücks, den Čapeks utopische Komödie darstellt, behielt Janáček bei, ohne der Gefahr stereotypen Deklamierens zu verfallen. Neben der Hauptfigur sind die anderen Protagonisten zwar weniger

entwicklungsfähig, aber stets knapp und unverwechselbar charakterisiert, wobei auch ironische Lichter dieser höchst kunstvollen und dabei unmittelbar dramatisch wirkenden Partitur nicht fehlen.
TEXTDICHTUNG: Nach den schlechten Erfahrungen mit diversen Librettisten verließ sich Janáček bei der Erstellung des Textbuches der ›Sache Makropoulos‹ ganz auf sich selbst. Dabei verschob er – mit Zustimmung des Dichters – die Tendenz der 1922 veröffentlichten Komödie Karel Čapeks: war es Čapek darauf angekommen, mit der Figur der dreihundertjährigen Emilia Marty das Problem der Unsterblichkeit distanziert und fast wie ein intellektuelles Spiel darzulegen, so stellt Janáček nicht die Voraussetzungen infrage, sondern geht von der Realität der Komödie aus, versucht aber, die Tragik dieser unsterblichen Frau in den Mittelpunkt der dramatischen Handlung zu stellen, die damit von der Komödie unversehens zur ernsten Oper gerät. Als eigener Librettist erweist sich Janáček als höchst konzentriert arbeitender Figurenzeichner, der den Konversationscharakter der Čapekschen Vorlage beibehält und gleichwohl Raum für seine Musik läßt.
GESCHICHTLICHES: Janáček komponierte von 1923 bis 1925 an der dreiaktigen Oper. Die Uraufführung fand am 18. Dezember 1926 in Brünn statt. Schon 1929 gab es in Frankfurt/Main die deutsche Erstaufführung in der bis heute gültigen Übertragung von Max Brod, 1935 folgte die Erstaufführung in Wien. Im Rahmen der Janáček-Renaissance nach dem Zweiten Weltkrieg fand die Oper nach Stockholm (1965), Paris (1965) und New York (1970) in der Bundesrepublik an mehreren großen Bühnen (Hannover, Düsseldorf, zuletzt in einer aufsehenerregenden Inszenierung in Stuttgart) Platz im Repertoire.

W. K.

Aus einem Totenhaus

Oper in drei Akten nach Fjodor M. Dostojewskijs ›Aufzeichnungen aus einem Totenhaus‹. Text vom Komponisten. Deutsche Übersetzung von Max Brod.

SOLISTEN: *Aleksander Petrowitsch Gorjantschikow,* ein politischer Gefangener (Bariton, m. P.) – *Alej,* ein junger Tartar (Spieltenor, auch Sopran, m. P.) – *Filka Morosow,* im Gefängnis unter dem Namen Luka Kusmitsch (Heldentenor, auch Jugendlicher Heldentenor, gr. P.) – *Der große Sträfling* (Jugendlicher Heldentenor, auch Charaktertenor, m. P.) – *Der kleine Sträfling* (Baßbariton, auch Baß, m. P.) – *Der Platzkommandant* (Baß, m. P.) – *Der ganz alte Sträfling* (Charaktertenor, auch Spieltenor, m. P.) – *Skuratow,* der Narr (Lyrischer Tenor, auch Jugendlicher Heldentenor, gr. P.) – *Tschekunow* (Baß, auch Baßbariton,

m. P.) – *Der betrunkene Sträfling* (Tenor, auch Bariton, kl. P.) – *Der Koch* (Baß, auch Bariton, kl. P.) – *Der Schmied* (Bariton, auch Baß, kl. P.) – *Der Pope* (Bariton, auch Baß, kl. P.) – *Der junge Sträfling* (Tenor, auch Bariton, kl. P.) – *Dirne* (Sopran, auch Mezzosopran, kl. P.) – *Ein Sträfling in der Rolle des Don Juan* und *des Brahminen* (Bariton, auch Baß, m. P.) – *Kedril* (Tenor, kl. P.) – *Schapkin* (Charaktertenor, gr. P.) – *Schischkow* (Heldenbariton, auch Baßbariton, auch Baß, gr. P.) – *Tscherewin* (Tenor, auch Bariton, m. P.) – *Eine Stimme hinter der Szene* (Lyrischer Tenor, kl. P.) – *1. Wache* (Tenor, auch Bariton, kl. P.) – *2. Wache* (Bariton, auch Baß, kl. P.) – *Ritter, Elvira, Die Schustersfrau, Die Popenfrau, Müller, Müllerin, Schreiber, Teufel* (Stumme Rollen in dem von den Sträflingen aufgeführten Stück. Alle Partien sind von Männern auszuführen).
CHOR: Sträflinge (Männerchor, m. Chp.).
ORT: Ein Sträflingslager in Sibirien.
SCHAUPLÄTZE: Der Hof des Lagers – Arbeitsstelle der Sträflinge am Ufer des Irtysch – Das Gefängnislazarett.
ZEIT: 19. Jahrhundert.
ORCHESTER: 4 Fl. (II., III. und IV. auch Picc.), 2 Ob., Eh., 3 Kl. (III. auch Bkl.), 3 Fag. (III. auch Kfag.), 4 Hr., 3 Trp., Btrp., 3 Pos., Tuba, P., Schl., Hrf., Cel., Str.
GLIEDERUNG: Durchkomponierte Großform.
SPIELDAUER: etwa 1¾ Stunden.
HANDLUNG: Das Stück spielt in einer russischen Gefangenenstation in Ostrogg am Flusse Irtysch. Es ist früher Morgen. Die Gefangenen kommen aus den Hütten und werden an die Arbeit getrieben. Zwei geraten sich in die Haare, andere beschäftigen sich mit einem flügellahmen Adler, dem sie einen Käfig gebaut haben. Da wird ein neuer Häftling hereingeführt: der städtisch gekleidete Aleksander Petrowitsch Gorjantschikow. Der Platzkommandant verhört ihn, und als er erfährt, daß Gorjantschikow ein politischer Häftling ist, schlägt er ihn und läßt ihn zur Prügelstrafe abführen. Hinter der Szene hört man die Schmerzensschreie des Gefolterten. Ein Sträfling bemüht sich um den kranken Adler, doch der kann nicht fliegen, sondern humpelt nur hilflos über den Hof. Die Wachen treiben die Häftlinge mit Stockschlägen an die Arbeit. Während diese an die Arbeit gehen, singt der Häftling Skuratow, dem die Haft den Verstand geraubt hat, von seinem früheren schönen Leben und steigert sich in einem wilden Tanz, bis er zusammenbricht. Filka Morosow, der im Gefängnis unter dem Namen Luka Kusmitsch bekannt ist, erzählt, wie er in einem anderen Lager den Kommandanten, der die Häftlinge mißhandelte, mit einem gestohlenen Messer umgebracht hat und wie er dafür halb zu Tode geprügelt wurde. Der gefolterte Gorjantschikow wird hereingeführt. Auch er hat sich eine Waffe besorgt, doch als die Wache kommt, um ihn abzuholen, verläßt ihn der Mut, und er läßt sich willenlos abfüh-

ren. – Am Ufer des Irtysch sind die Häftlinge damit beschäftigt, alte Schiffe abzuwracken. Gorjantschikow unterhält sich mit dem jungen Tartaren Alej, der sich ihm angeschlossen hat und ihm erzählt, daß er ins Lager kam, weil er bei einem Raubzug seines Bruders mitgemacht habe. Gorjantschikow bietet dem Jungen an, ihn lesen und schreiben zu lehren. Glocken ertönen, es ist Feiertag. Der Platzkommandant kommt mit dem Popen, der den Fluß und die Häftlinge segnet. Dann soll es eine von den Sträflingen vorbereitete Theateraufführung geben. Skuratow berichtet, warum er eingesperrt wurde. Er lebte als Soldat in der Garnison in Dorpat und verliebte sich in eine Deutsche, die auch seine Liebe erwiderte, dann aber nicht mehr zu ihm kam, weil sie mit einem reichen Verwandten verheiratet werden sollte. Skuratow erschoß den Nebenbuhler und bekam dafür lebenslänglich. Dann beginnt die Theateraufführung: man spielt zuerst das Stück von ›Kedril und Don Juan‹, der nacheinander Elvira und die Popenfrau verführen will, dabei aber von den Teufeln, die ihn holen wollen, gestört wird; schließlich schleppt ihm sein Diener Kedril die Schustersfrau zu, die auch liebeswillig ist, aber da will Don Juan nicht – sie ist zu häßlich. Schließlich holen ihn die Teufel. Die Häftlinge sind begeistert, zumal noch die Pantomime von der schönen Müllerin folgt, die in Abwesenheit ihres Mannes ihre Liebhaber – den Nachbarn, den Schreiber und schließlich Don Juan im Gewande eines Brahminen empfängt. Der heimkehrende Müller wirft die beiden anderen Liebhaber hinaus, doch Don Juan ist er nicht gewachsen. Das Stück ist zu Ende, die Sträflinge kehren in ihre Hütten zurück. Ein junger Sträfling hat sich mit einer alten Dirne eingelassen, Gorjantschikow und Alej trinken Tee. Eifersüchtig nähert sich ihnen der kleine Sträfling, der erbost ist, daß Alej sich offensichtlich etwas Besonderes leisten kann. Er wirft mit einem Zuber und verletzt den Tartarenjungen. Die Wache treibt die Sträflinge auseinander. – Alej liegt im Gefängnislazarett, wo ihn Gorjantschikow besucht. Luka Kusmitsch ist auch dort – er liegt im Sterben. Sein Stöhnen kommentiert Schapkin, nur er wisse, was Schmerz sei – wenn man, wie er, lange an den Ohren gezogen würde. Er war bei einem Einbruch erwischt worden und wurde vom Wachtmeister, der ihn verhörte, so lange an den Ohren gezogen, bis sie einrissen. Es wird ruhig im Lazarett – nur Schischkow erzählt Tscherewin recht umständlich, warum er eingesperrt wurde. In seinem Dorfe lebte ein reicher Mann, der eine schöne Tochter hatte. Dort arbeitete auch Filka Morosow, der eines Tages den Dienst quittierte, sich auszahlen ließ und zudem überall herumposaunte, er habe mit der Tochter seines Dienstherrn Akulka geschlafen. Das ganze Dorf verachtete das »leichte« Mädchen, und schließlich wurde sie mit ihm, Schischkow, verheiratet. In der Hochzeitsnacht jedoch stellte er fest, daß Morosow gelogen hatte – Akulka war noch unschuldig. Am nächsten Tag jedoch machte ihm Filka weis, er sei in der Hochzeitsnacht ja stockbetrunken gewesen und hätte gar nicht merken können, ob seine Frau noch unberührt gewesen sei. Schischkow prügelte seine Frau, bis Filka, als er zu den Soldaten muß, sich von allen verabschiedet und bekennt, daß er gelogen habe. Als Schischkow seine Frau zur Rede stellt, bekennt sie, daß sie – trotz aller Schmach, die dieser über sie gebracht habe – sie nur Filka liebe. Daraufhin habe er sie in den Wald geführt und dort erstochen. Während der Erzählung Schischkows hat Luka Kusmitsch angstvoll zugehört, aber sein schwaches Herz erträgt die Verzweiflung nicht – er stirbt – und erst an dem Toten erkennt Schischkow, daß dieser sein früherer Nebenbuhler Filka Morosow war. Die Wache trägt die Leiche fort, und Gorjantschikow wird aufgerufen. Der halbbetrunkene Platzkommandant entschuldigt sich bei ihm, daß er ihn habe prügeln lassen, und verkündigt ihm, er sei frei. Alej fürchtet den Weggang des väterlichen Freundes, doch Gorjantschikow tröstet ihn – es werde sicherlich ein Wiedersehen in der Freiheit geben. Die unerwartete Freilassung eines der Ihren hat die Häftlinge erregt, sie öffnen die Käfigtür, und der geheilte Adler fliegt davon – und auch dies erfüllt sie mit Hoffnung.

STILISTISCHE STELLUNG: Janáčeks letztes Bühnenwerk, dessen Premiere er nicht mehr hat erleben können, öffnet noch einmal weit die Türen zur Neuen Musik – in einer kühnen Mischung aus wortsprachlich gezeugtem Realismus und düsterem Expressionismus schuf er ein Musikwerk, in seiner Knappheit, Härte und klanglichen Sprödigkeit wohl nur dem ›Wozzeck‹ Alban Bergs vergleichbar. Dem ungewöhnlichen Thema und dem hohen Ethos dieses Musikdramas entsprechend verzichtete Janáček auf einzelne Helden, und bis auf die kleine Szene mit der Dirne sparte er auch Frauenrollen aus – es ist eine reine Männeroper und zugleich ein fast kollektives Theaterwerk. Angelpunkt sind die »Erzählungen« des Luka Kusmitsch, des Skuratow, des Schapkin und Schischkow, um die sich einzelne Kleinszenen des Lageralltags – bis hin zu dem szenischen Höhepunkt des »Theaters auf dem Theater« – gruppieren. Janáčeks Musik hat, bei aller klanglichen Sprödigkeit und fast verbissen wirkenden Expressivität, stetig vorwärtstreibenden, motorisch-ostinaten Charakter – die ungeschminkte Wahrheit des Ausdrucks stand für ihn im Vordergrund, und so wenig er die Härte und Brutalität des Lagerlebens mildert, so sehr kommt es ihm doch auf Verständnis, ja Mitleid mit den Ärmsten der Armen an. »In jeder Kreatur ein Funke Gottes« – dieses Motto von Dostojewskij steht auch als Motto des Werkes auf der Originalpartitur.

TEXTDICHTUNG: Quelle für Janáčeks ›Totenhaus‹ ist der 1861 erschienene Roman ›Aufzeichnungen aus einem Totenhaus‹ von Fjodor M. Dostojewskij, der ja selbst als politischer Häftling von 1848 bis 1859 in der sibirischen Katorga eingesperrt war und in dem Roman seine Erlebnisse verarbeitete. Janáček selbst verfaßte das Libretto und übernahm weite Passagen des Romans wörtlich. In der Urfassung ist das Textbuch ein Gemisch aus russischen und tschechisch-mährischen Sprachteilen, erst nach Janáčeks Tod wurde das Libretto in ein einheitliches Tschechisch übertragen. Die deutsche Übertragung besorgte der tschechische Dichter Max Brod.

GESCHICHTLICHES: Janáček arbeitete vom Februar 1927 bis zum Juni 1928 an seinem ›Totenhaus‹ – die Instrumentation konnte er nicht mehr vollenden; seine Schüler, der Komponist Osvald Chlubna und der Dirigent Břetislav Bakala, vervollständigten die Oper nach Janáčeks Hinweisen – dem Schluß gaben sie auf Wunsch des Regisseurs Otakar Zítek durch hinzugefügte Takte eine befreiendere Wirkung. Die Uraufführung am 12. April 1930 in Brünn dirigierte Bakala, die deutsche Erstaufführung am 14. Dezember 1930 (in der die Partie des Alej einem Tenor übertragen wurde) fand in Mannheim statt, 1931 dirigierte Otto Klemperer das Stück an der Kroll-Oper in Berlin. Nach dem Zweiten Weltkrieg kam das Werk zuerst wieder in Wiesbaden auf die Bühne; inzwischen gehört es zum festen Repertoire der Werke des Musiktheaters des 20. Jahrhunderts. 1964 wurde in Prag erstmals der originale Schluß realisiert, 1974 stellte Václav Nosek in Brünn endgültig die auch heute gebräuchliche Urfassung der Partitur wieder her. Mehrere Gesamtaufnahmen und Aufführungen an allen großen europäischen Bühnen zeugen von der Lebenskraft dieses ungemein eindrucksvollen Werkes.

W. K.

WILHELM KIENZL

* 17. Januar 1857 in Waizenkirchen (Oberösterreich), † 3. Oktober 1941 in Wien

Urvasi, op. 20 (1886 Dresden), T: nach Kalidasa v. Alfred Gödel, V: Ries, umgearbeitet 1909

Heilmar der Narr, op. 40 (1892 München), T: Wilhelm Kienzl sen., V: Ries; Neubearb. 1902

Der Evangelimann, op. 45 (1895 Berlin), T: nach Leopold Florian Meißner vom Komponisten, V: B&B

Don Quixote, op. 50 (1898 Berlin), T: der Komponist, Tragikomödie, V: B&B; Neubearb. 1934 Graz

In Knecht Ruprechts Werkstatt, op. 75 (1907 Graz), T: Hildegard Voigt, Märchenspiel, E., V: Reibenstein, Berlin

Der Kuhreigen, op. 85 (1911 Wien), T: nach Rudolf Hans Bartsch v. Richard Batka, V: Sikorski

Das Testament, op. 90 (1916 Wien), T: der Komponist, kO., V: Sikorski

Hassan der Schwärmer, op. 100 (1925 Chemnitz), T: Henny Bauer, V: Sikorski

Sanctissimum, op. 102 (1925 Wien), T: H. Bauer, melodramatische Allegorie, E., V: U. E.

Der Evangelimann

Musikalisches Schauspiel in zwei Aufzügen. Dichtung vom Komponisten.

SOLISTEN: *Friedrich Engel,* Justiziär (Pfleger) im Kloster St. Othmar (Baß, m. P.) – *Martha,* dessen Nichte und Mündel (Jugendlich-dramatischer Sopran, m. P.) – *Magdalena,* deren Freundin (Alt, m. P.) – *Johannes Freudhofer,* Schullehrer zu St. Othmar (Charakterbariton, m. P.) – *Mathias Freudhofer,* dessen jüngerer Bruder, Aktuarius (Amtsschreiber) im Kloster (Jugendlicher Heldentenor, auch Lyrischer Tenor, gr. P.) – *Xaver Zitterbart,* Schneider (Spieltenor, kl. P.) – *Anton Schnappauf,* Büchsenmacher (Spielbaß, kl. P.) – *Friedrich Aibler,* ein älterer Bürger (Charakterbaß, kl. P.) – *Dessen Frau* (Mezzosopran, kl. P.) – *Frau Huber* (Sopran, kl. P.) – *Hans,* ein junger Bauernbursch (Tenor, kl. P.) – Die Stimme des *Kegelbuben* (Sopran, kl. P.) – Die Stimme des *Nachtwächters* (Baß, kl. P.) – *Eine Lumpensammlerin* (Mezzosopran, auch Alt, kl. P.) – *Ein Knabe* (Sopran, kl. P.) – *Ein alter Leiermann* (Stumme Rolle).
CHOR: Benediktiner. Der Abt. Bürger. Bauern. Knechte. Kinder (in der Brandszene Männerchor geteilt in sechs Knechte [4 Tenöre und 2 Bässe], in Benediktiner und in Bauern. Im II. Akt Frauenchor möglichst durch Kinderchor zu verstärken; m. Chp.).
BALLETT: Kinderballett im II. Akt (Marsch, Lanner-Walzer und Reigen).
ORT: Der I. Aufzug spielt im Benediktinerkloster St. Othmar in Niederösterreich, der II. Aufzug in Wien.
SCHAUPLÄTZE: Klosterhof zu St. Othmar: im Hintergrund: rechts die Stiftskirche, links durch einen offenen Kreuzgang verbunden das Kloster; Vordergrund: links das Klosterwirtshaus, rechts mit Weinlaub umrankter Spielerstand einer Kegelbahn, hinter dem Spielerstand hohe Tenne – Ein Hof, von den Rückseiten verschiedener Häuser gebildet, im Hintergrund rechts ein altgeschwärzter »Durchgang«, im Hause rechts vorn offener Eingang zu einer Küche, in der Mitte Linde mit herbstlich gefärbten Blättern, links davon ein Brunnen – Großes Wohnzimmer eines wohlsituierten Junggesellen, links vorn freistehendes Ruhebett, links seitwärts Fenster, gegenüber und im Hintergrund je eine Tür.
ZEIT: Das 19. Jahrhundert (1820–1850). Zwischen dem I. und II. Aufzug liegt ein Zeitraum von dreißig Jahren.
ORCHESTER: 2 Fl., 1 Picc., 2 Ob. (II. auch Eh.), 2 Kl., 1 Bkl., 2 Fag., 1 Kfag., 4 Hr., 3 Trp., 3 Pos., 1 Bt., P., Schl., Hrf., Glsp., Klav., Str. – Bühnenmusik: Hrf., 1 Trp., 3 Pos., 1 Bt., P., Signalhorn in Fis und A, Org., Harm., Gl. in B, A, G und A, Fis, Gis.
GLIEDERUNG: Durchkomponierte symphonisch-dramatische Großform.

SPIELDAUER: etwa 2½ Stunden.

HANDLUNG: Mathias Freudhofer, Amtsschreiber im Kloster St. Othmar, und Martha, Nichte und Mündel des gestrengen Justiziärs Friedrich Engel, lieben sich heimlich. Niemand hat es noch bemerkt außer des Mathias Bruder, Johannes Freudhofer, der das Mädchen ebenfalls begehrt. Er sucht daher den Bruder zu verdrängen. Mit der heuchlerischen Begründung, dem Justiziär einen Gegendienst für die Befürwortung seiner Beförderung zum Oberlehrer erweisen zu wollen, macht er durch eine Denunziation der Liebschaft diesen gegen Mathias und Martha scharf. Als daraufhin das Liebespaar dem Justiziär in die Hände läuft, versichert Mathias seine ehrlichen Absichten, aber der harte Onkel will sein Mündel nicht einem Habenichts geben und er jagt, damit die Sache ein Ende habe, den unglücklichen Jüngling kurzerhand aus Amt und Stelle. Der allein zurückgebliebenen Martha nähert sich nun Johannes; er schockiert das verzweifelte Mädchen mit einem lüsternen Liebesantrag, wird aber von ihr scharf und handgreiflich abgewiesen. Wütend beschließt er, sich dafür zu rächen. Inzwischen haben sich die Dorfbewohner zu einem Dämmerschoppen mit Kegelspiel in der Klosterwirtschaft eingefunden. Als während des Abendläutens alle in stillem Gebet ihre Blicke zur Stiftskirche richten, schleicht sich Mathias unbemerkt an Magdalena heran und bittet sie, ihrer Freundin Martha auszurichten, daß er sie nachts um elf Uhr am Spielerstand bei der Tenne erwarten würde, um Abschied zu nehmen. Johannes hat dieses Gespräch belauscht; er findet sich zur verabredeten Stunde im Klosterhof ein, um bei dieser Gelegenheit seine bösen Absichten gegen das verhaßte Paar zu verwirklichen. Als die beiden Liebenden innig umschlungen auf der Bank der Kegelbahn Platz genommen haben und sich ewige Treue geloben, schlägt plötzlich Rauch und Feuer aus der Tenne. Mathias stürzt sogleich nach dem Stiftsgebäude, um Löschwerkzeuge zu holen. In diesem Augenblick kommen Knechte aus dem Haus; sie halten Mathias für den flüchtenden Brandstifter. Der Justiziär kommt hinzu; er ist überzeugt, daß Mathias aus Rache für die Entlassung den Brand gelegt hat, und läßt ihn daher, obwohl jener seine Unschuld beteuert, sogleich festnehmen. – Dreißig Jahre sind vergangen. In einem Hof, umgeben von Häusern, sitzt Magdalena handarbeitend in der Herbstsonne. Sie pflegt den aus der Fremde todkrank nach Wien zurückgekehrten Johannes Freudhofer, der in seinem Fieberwahn immer wieder stöhnend den Namen seines verschollenen Bruders Mathias nennt. Erinnerungen tauchen bei dieser Gelegenheit in Magdalena auf; an jene schreckliche Brandnacht in St. Othmar und an den unglücklichen Mathias, den sie nach wie vor für schuldlos hält; wehmütig gedenkt sie der längst vergangenen schönen Jugendzeit. Singend und tanzend spielen Kinder zu den Klängen einer Drehorgel. Da naht ein Evangelimann. Die Kinder unterbrechen sogleich ihr Spiel und singen ihm die frommen Weisen auf Worte der Heiligen Schrift nach. Beim Überreichen eines Bechers mit Wasser glaubt Magdalena in dem leiddurchfurchten Antlitz des Evangelimanns bekannte Züge zu finden, und als er auf Befragen von seiner Jugend in St. Othmar berichtet, weiß sie, daß es tatsächlich Mathias ist. Auch er erkennt Magdalena wieder und nun erzählt er ihr seine ganze Leidensgeschichte, wie er schuldlos zwanzig Jahre lang eingekerkert war, wie er anschließend in der Heimat seine geliebte Martha nicht mehr angetroffen habe, da sie den Tod in den Fluten der Donau gesucht und gefunden hatte, und wie man ihm die Arbeit verweigerte, bis er schließlich Evangelimann wurde. Tief erschüttert läßt Magdalena von den Kindern Suppe und Brot für den Armen bringen; dann fordert sie ihn auf, bald wiederzukommen, und zwar zu einem Sterbenden, der dringend der Tröstung bedarf: noch wagt sie es nicht, ihm die Nähe des Bruders bekannt zu geben. – Die Seelenqualen des Johannes nehmen zu, je näher er sein Ende herankommen fühlt. Er will zuvor noch sein Gewissen erleichtern, und als ihm Magdalena den Evangelimann zuführt, ist er bereit, sich dem Frommen anzuvertrauen. Mathias errät bald, wen er vor sich hat. Beglückt will er dem wiedergefundenen Bruder um den Hals fallen; dieser wehrt ihn aber mit fürchterlichem Gesichtsausdruck ab und bekennt nun, daß er es gewesen sei, der seinerzeit den Brand gelegt und ihm sein Leben zerstört habe. Mathias stürzt auf den Bruder zu, als ob er ihn würgen wolle, aber er hält plötzlich inne und gewährt schließlich die von Johannes so flehentlich erbetene Verzeihung. Diskret war bei den letzten Worten Magdalena ins Zimmer getreten, um bestätigt zu hören, was sie schon immer vermutet hatte. Mit einem Seufzer des Dankes auf den Lippen stirbt Johannes, während aus dem Hof herauf der Gesang der Kinder ertönt, die den Bibelspruch wiederholen, den sie vom Evangelimann gelernt hatten: »Selig sind, die Verfolgung leiden ...«

STILISTISCHE STELLUNG: Kienzl bezeichnete seinen ›Evangelimann‹ als »Musikalisches Schauspiel«; nach seinen eigenen Worten wollte er damit einen neuen Gattungsbegriff prägen, den der »ernsten bürgerlichen Oper«. Der Dichterkomponist konnte mit dem Werk in der Tat – ähnlich wie Engelbert Humperdinck mit seiner Märchenoper ›Hänsel und Gretel‹ – einen neuartigen Operntypus vorstellen: die auf den Errungenschaften des Wagnerstils basierende spätromantische deutsche Volksoper, bei der ein volkstümlicher Stoff in schlichter Darstellung musikdramatisch gestaltet ist. Die anschaulich vorgeführte Handlung vermittelt ein Schicksal, bei dem in erster Linie das von Ort und Milieu unabhängige rein Menschliche ergreift. Da das ethische Moment entscheidend in den Vordergrund gerückt ist, ist das Werk trotz seines religiösen Gehaltes nicht konfessionell gebunden. Die verschiedenartigen Stimmungen und Gefühle boten für die musikalische Ausdeutung dankbare Möglichkeiten. Die Thematik ist im allgemeinen auf den Volkston abgestimmt, besonders bei der humorvollen Kegel-

Episode mit ihrer behaglichen kleinbürgerlichen Atmosphäre oder bei den stimmungsvollen Kinderszenen, aber auch bei den gefühlswarmen lyrischen Stellen, die echt empfunden und fern jeder verlogenen Sentimentalität sind (Liebesduett Martha – Mathias; Jugendlied der Magdalena). Die Hauptthemen ziehen sich leitmotivartig durch das ganze Stück. In der Harmonik und in der Deklamation erweist sich Kienzl ebenfalls als Jünger Richard Wagners. Hinsichtlich der formalen Anlage erfahren die einzelnen Szenen eine klare Gliederung durch geschlossene oder symmetrische Gebilde; auch hier gehen manche Abschnitte, wie die große Erzählung des Mathias oder die Beichte des Johannes, auf Wagnersche Vorbilder zurück.

TEXTDICHTUNG: Kienzls Operndichtung liegt die gleichnamige Erzählung in der Sammlung Wiener Sittenbilder ›Aus den Papieren eines Polizeikommissars‹ von Leopold Florian Meißner (1835–1895) zugrunde. Die geschickte Dramatisierung der Geschichte folgt bis auf ein paar geringfügige Abänderungen genau der Vorlage, wobei der Komponist auch einige eigene Ideen beisteuerte, wie die Kegelszene und die Figur der Magdalena, die frei erfunden wurden. Der Schauplatz der wahren Begebenheit, das stattliche Benediktinerkloster Göttweig a. d. Donau (Niederösterreich) wird sowohl bei Meißner als auch bei Kienzl St. Othmar genannt. Ein Evangelimann, eine Lokalerscheinung des alten Wien, wie man sie noch bis gegen Ende des vorigen Jahrhunderts hin und wieder antreffen konnte, war ein frommer, schwarz gekleideter Almosengänger, der an Freitagen, Samstagen und Sonntagen vormittags im Hofraum der Häuser jeweils das nächstsonntägliche Evangelium aus seinem Evangelienbuch vortrug, worauf ihm aus den Fenstern in Papier gewickelte kleine Geldspenden zugeworfen wurden; besonders aufmerksame Zuhörer waren Kinder. Die in der Oper vorkommenden Bibelzitate stammen aus: Ev. Matth. 5; 10–12 und Psalm 51; 3–6.

GESCHICHTLICHES: Im Juli 1893 entdeckte Kienzl zufällig in dem Schaufenster einer Münchner Buchhandlung das Reclam-Bändchen von Meißners Erzählungen ›Aus den Papieren eines Polizeikommissars‹. Der Komponist interessierte sich erst gar nicht für diese Geschichten; denn er war damals gerade mit einem Opernplan nach Karl Immermanns Roman ›Freiherr von Münchhausen‹ beschäftigt. Einige Wochen später, während der Sommerfrische in Lofer, las er die Erzählung vom ›Evangelimann‹, auf die ihn seine Frau nachdrücklich hingewiesen hatte. Er wurde von dem Stoff so sehr ergriffen und gefesselt, daß er gleich am nächsten Tag ein Szenarium entwarf. Die Skizze wurde bald darauf weiter ausgeführt, wozu sich Kienzl vom Pfarrer in St. Martin bei Lofer auch die Heilige Schrift auslieh. Auf das begeisterte Zureden des ihm befreundeten Dichters Franz Keim entschied sich der Komponist endgültig zur Ausführung des ›Evangelimann‹. Nachdem sich Kienzl von dem damals bereits schwerkranken Autor Dr.

Meißner, k. u. k. Regierungsrat in Wien, die bereitwilligst erteilte Erlaubnis zur Dramatisierung eingeholt hatte, besorgte er im Herbst 1893 in Vöcklabruck die endgültige Ausarbeitung des Textes; auch die ersten musikalischen Skizzen entstanden bereits dort. Von einem außergewöhnlichen Schaffensdrang besessen – die Kegelszene wurde zum Beispiel in sechs Minuten konzipiert –, vollendete Kienzl die Komposition von Mitte Oktober 1893 bis Mitte Januar 1894 in Graz. Die Instrumentierung wurde im Sommer des gleichen Jahres in Aussee innerhalb von drei Monaten abgeschlossen. Auf Empfehlung Dr. Karl Mucks wurde das Werk von der Berliner Hofoper angenommen, wo es am 4. Mai 1895 unter Mucks Leitung zum ersten Mal in Szene ging und sehr beifällig aufgenommen wurde. Anschließend gelangte der ›Evangelimann‹, der seinen Schöpfer mit einem Schlag berühmt machte, zu großer Popularität, und zwar nicht nur im Inland, sondern auch im Ausland. Das Textbuch wurde in 13 Sprachen übersetzt.

Klebe, Giselher

* 28. Juni 1925 in Mannheim

Die Räuber, op. 25 (1957 Düsseldorf), T: nach Friedrich v. Schiller vom Komponisten, V: B&B; Neufassung 1962

Die tödlichen Wünsche, op. 27 (1959 Düsseldorf), T: nach Honoré de Balzac vom Komponisten, V: B&B

Die Ermordung Caesars, op. 32 (1959 Essen), T: der Komponist, V: B&B

Alkmene, op. 36 (1961 Berlin), T: nach Heinrich v. Kleist vom Komponisten, V: B&B

Figaro läßt sich scheiden, op. 40 (1963 Hamburg), T: nach Ödön v. Horváth vom Komponisten, V: B&B

Jacobowsky und der Oberst, op. 49 (1965 Hamburg), T: nach Franz Werfel vom Komponisten, V: B&B

Das Märchen von der schönen Lilie op. 55 (1969 Schwetzingen), T: nach Johann Wolfgang v. Goethe vom Komponisten, V: BV

Ein wahrer Held, op. 69 (1975 Zürich), T: vom Komponisten nach ›The Playboy of the Western World‹ v. John Millington Synge, Übersetzung v. Annemarie u. Heinrich Böll, V: BV

Das Mädchen aus Domrémy, op. 72 (1976 Stuttgart), T: nach Schiller vom Komponisten, V: BV

Das Rendezvous, op. 78 (1977 Hannover), T: nach Michail Soschtschenko vom Komponisten, V: BV

Der jüngste Tag, op. 82 (1979 Mannheim), T: nach Ö. v. Horváth vom Komponisten, V: BV

Jacobowsky und der Oberst

Oper in vier Akten (sechs Bildern). Libretto nach dem gleichnamigen Drama von Franz Werfel vom Komponisten.

SOLISTEN: *Jacobowsky* (Heldenbariton, auch Charakterbariton, gr. P.) – *Oberst Stjerbinsky* (Jugendlicher Heldentenor, auch Charaktertenor, gr. P.) – *Marianne Deloupe* (Dramatischer Koloratursopran, auch Jugendlich-dramatischer Sopran, gr. P.) – *Szabuniewicz* (Charakterbariton, m. P.) – *Der tragische Herr* (Kavalierbariton, auch Lyrischer Bariton, m. P.) – *Madame Bouffier,* Inhaberin des Hotels »Mon repos et de la Rose« (Mezzosopran, auch Alt, kl. P.) – *Salomon,* der Concierge (Baß, auch Bariton, kl. P.) – *Die alte Dame aus Arras* (Alt, kl. P.) – *Die leichte Person* (Sopran, auch Mezzosopran, kl. P.) – *Chauffeur* (Baß, auch Bariton, kl. P.) – *Clairon,* Wirt eines Cafés in Saint Jean-de-Luz (Baß, auch Bariton, kl. P.) – *Der Brigadier von St. Cyrill* (Baß, auch Bariton, m. P.) – *Ein Oberleutnant der Deutschen Armee* (Tenor, kl. P.) – *Der Würfelspieler* (Baß, auch Bariton, kl. P.) – *Der Ewige Jude* (Tenor, kl. P.) – *Der Heilige Franziskus* (Bariton, kl. P.) – *Chef d'Ilot,* auch *Polizei-Commissaire von Saint Jean-de-Luz* (Sprechrolle) – *Ein Gestapobeamter* (Sprechrolle) – *Hotel- und Cafégäste* (2 Soprane, 1 Alt, 1 Tenor).
CHOR: kein Chor.
ORT: Frankreich.
SCHAUPLÄTZE: Die zum Luftschutzkeller umgebaute Waschküche des Hotels »Mon repos et de la Rose« in Paris – Straße vor dem Hotel – Straße vor der Villa von Marianne Deloupe in St. Cyrill – Waldlichtung an einer Straße in der Nähe von Bayonne – Hafencafé in Saint Jean-de-Luz – Mole im alten Hafen von Saint Jean-de-Luz.
ZEIT: 1940.
ORCHESTER: 3 Fl. (III. auch Picc.)., 2 Ob., Eh., 2 Kl., Bkl., 2 Fag., Kfag. – 4 Hr., 3 Trp., 3 Pos., Tuba – P., Schl., Klav., Hrf. – Str. – Orchester hinter der Szene: I. Akt: Klav., Hrf., P., gr. Tr. – II. Akt: Viol., Mundharmonika, Org., Klav., Hrf., 4 Picc., Schl. – III. Akt: 4 Picc., Org., 3 P., Schl., Windmaschine – IV Akt: 4 Picc., Schl.
GLIEDERUNG: Durchkomponierte Großform.
SPIELDAUER: etwa 2¾ Stunden.
HANDLUNG: Luftangriffe in Paris kurz vor der Einnahme der Stadt durch die deutschen Truppen im Sommer 1940. In der zum Luftschutzbunker umgebauten Waschküche des Hotels »Mon repos et de la Rose« sitzen die Hotelgäste, die Wirtin, Madame Bouffier, mit ihrem Concierge Salomon, den sie beauftragt, die Verdunkelung zu kontrollieren. Eine alte Dame aus der Provinz bejammert ihr Schicksal. Madame Bouffier beauftragt Salomon, zur Aufmunterung der Gäste das Grammophon zu holen. Sie vermißt Monsieur Jacobowsky, der aber alsbald erscheint; er hat, ganz galanter Kavalier, in der Rue Royale

noch glasierte Maronen für die Damen gekauft. Er tröstet die verwirrte alte Dame, die ihm von ihrer Flucht aus Arras erzählt, und versucht sie zu beschwichtigen, indem er ihr berichtet, er selbst sei schon viermal geflohen. Zuerst als kleines Kind vor einem Pogrom des Zaren in Polen; dann, als aus Polen stammender Jude, 1933 aus Deutschland nach Wien, von dort nach Prag und schließlich nach Paris. Plötzlich stürzt der Luftschutzchef des Bezirks herein: im Hotel brennt noch Licht und die Vorhänge sind nicht geschlossen. Der Concierge eilt nach oben und kommt wieder mit dem polnischen Oberst Stjerbinsky und einem leichten Mädchen. Der draufgängerische Soldat, der bis vor ein paar Tagen noch mit der polnischen Exilarmee gegen die Deutschen in Frankreich gekämpft hat, ließ sich von den Luftschutzsirenen in seinem Vergnügen nicht stören. Als Madame Bouffier befürchtet, der Luftschutzchef könne am nächsten Tag ihr Hotel schließen lassen, beruhigt sie der Oberst; am nächsten Tag könnten schon die Deutschen in Paris sein. Der Bursche des Obersten übergibt ihm heimlich eine Mappe, die er von einem Agenten bekommen hat – der Oberst soll die wichtigen Dokumente in die Hände der Alliierten bringen. Die alte Dame ist in Ohnmacht gefallen. Jacobowsky tritt dem Oberst entgegen; der pessimistischen Prognose des Soldaten setzt er seine optimistische entgegen: es sei noch gar nicht gesagt, daß die Deutschen Paris besetzen würden, denn immer im Leben gebe es zwei Möglichkeiten ... – Am kommenden Morgen, die Deutschen sind näher auf Paris zumarschiert, verhandelt Jacobowsky vor dem Hotel mit dem Chauffeur eines reichen Hauses. Es gelingt ihm, dem Chauffeur eine alte Luxuslimousine für die Flucht aus Paris abzukaufen. Doch Jacobowsky kann nicht fahren. So lädt er zuerst den »tragischen Herrn« ein, mit ihm zu fahren, doch dieser will lieber zu Fuß gehen. Da erscheinen der Oberst und sein Bursche. Der Oberst will mit den Geheimpapieren nach London, doch zuerst will er seine Geliebte Marianne Deloupe aus St. Cyrill abholen. Jacobowsky lädt nun den Oberst ein, mit ihm zu fahren, und erklärt sich auch mit dem »Umweg« nach St. Cyrill einverstanden, obwohl der Weg eher in die Nähe der deutschen Truppen führt. – Marianne Deloupe wartet als einzige in St. Cyrill auf ihren Oberst, mit dem sie in Paris drei liebevolle Nächte verbracht hat. Der Oberst hat ihr telegraphiert, er werde kommen. Es wird Abend; der Oberst, Jacobowsky und Szabuniewicz sind angekommen; das Benzin ist fast alle. Es gibt einen kleinen Streit zwischen Jacobowsky, der sich möglichst schnell möglichst weit weg wünscht, und dem Oberst, der keinen Sinn für die Gefahr hat. Jacobowsky beschuldigt in der Person des Obersten die Alliierten, sie hätten zu lange zugeschaut, wie Hitler sein Regime aufgebaut und die Juden verjagt hätte, ohne einzugreifen; nun seien sie mitschuldig. Oberst Stjerbinsky will Marianne, die inzwischen schlafen gegangen ist, nicht »normal« durch ein Klopfen wecken; er bringt ihr auf seiner mitgebrachten Geige ein Ständchen. Marianne erscheint, es gibt eine längere Begrüßung, und dann beschließt man, gemeinsam weiter zu fliehen. Während der Oberst und sein Bursche Marianne beim Packen helfen, soll Jacobowsky, der sich darin immer geschickt zeigt, Benzin organisieren. Ein französischer Landgendarm erscheint, kontrolliert Jacobowskys Papiere, bemängelt deren Unvollständigkeit (ein Ausländer darf sich ohne Erlaubnis nicht von seinem Wohnort entfernen) und beschreibt Jacobowsky ungerührt den hindernisreichen Instanzenweg, der zur Erlangung der notwendigen Erlaubnis führt. Schließlich will er ihn abführen, und auch die außergewöhnlich bedrohliche Situation scheint ihn in seinem Diensteifer nicht zu irritieren. Doch da schlägt die Turmuhr, der Dienst des Gendarmen ist beendet, und er läßt – nun nicht mehr Beamter, sondern mitfühlender Mensch – Jacobowsky nicht nur frei, sondern gibt ihm auch einen Bezugsschein für Benzin. Man kann zu viert weiterfliehen. Der Oberst ist irritiert, da Jacobowskys galante Ritterlichkeit auf Marianne Eindruck zu machen scheint. – Die Flüchtlinge sind bis in die Nähe von Bayonne gekommen, als wieder einmal das Benzin alle ist. Marianne und der Oberst sitzen am Straßenrand. Der Oberst ist schwermütig: sein Stolz ist verflogen, er fühlt sich dem geschickt Geld, Papiere, Verpflegung, Hotelzimmer und Benzin organisierenden Jacobowsky immer mehr unterlegen, auch wenn er dessen »Händlernatur« verachtet. Seine Eifersucht auf Jacobowsky wird immer größer, zumal ihm Marianne sagt, Kopf und Herz könnten wichtigere Organe sein als lange Beine und schmale Hüften. Szabuniewicz kommt entmutigt wieder: das letzte Schiff ist ausgelaufen, und Benzin gibt es auch nicht. Jacobowsky kommt; er hat Lebensmittel aufgetrieben, eine Flasche Cognac und – wie jeden Tag – Rosen für Marianne. Der Oberst betäubt seine wachsende Eifersucht mit dem Cognac. Da nähert sich ein Tandem der Gruppe, auf dem der Ewige Jude und der Heilige Franz von Assisi sitzen; auch sie fliehen vor den deutschen Armeen. Sie warnen: das geschlagene Frankreich hat mit dem deutschen Reich einen Waffenstillstand geschlossen, und überall schon treffen Voraustruppen mit Auslieferungslisten in den Bürgermeisterämtern ein. Jacobowsky fordert den Oberst, der auf einer der Auslieferungslisten steht, auf, alles wegzuwerfen, was ihn identifizieren könnte. Der Oberst aber widerspricht nicht nur und schimpft Jacobowsky feige; vom Alkohol ermutigt, drückt er ihm einen Armee-Revolver in die Hand und fordert ihn zum Duell um Marianne. Doch warnend eilt Szabuniewicz herbei; die deutschen Truppen kommen, und Jacobowsky kann gerade noch den verräterischen Rucksack des Obersten in den Bach werfen. Der Oberst will mit der Waffe auf die Deutschen los, doch Jacobowsky und der Bursche halten ihn zurück. Ein deutscher Oberleutnant, begleitet von einem Gestapobeamten, kommt und kontrolliert die Papiere: Jacobowsky wird als ausgebürgerter deutscher Jude erkannt, kann aber vorläufig auf freiem Fuß bleiben; der Bursche wird kontrolliert, und der Gestapobeamte vergleicht seinen Namen mit der Liste der ehemaligen Offiziere der polnischen Armee, findet ihn aber nicht. Der Bursche, der sich unter anderem als Masseur und Aushilfsirrenwärter betätigt hat, gibt dies alles an, und da kommt Jacobowsky eine Idee. Er gibt den Obersten als den irrsinnigen, aus dem Irrenhaus in Nantes ausgebrochenen Ehemann von Marianne aus, und so unterbleibt eine genauere Kontrolle, ja, Jacobowsky kann den Deutschen sogar noch einige Liter Benzin abschwatzen. Die Patrouille entfernt sich, die Flüchtlinge sind gerettet. Jacobowsky schlägt vor, daß man sich trennen möge: er selbst will nach Bayonne gehen, um dort ein Visum für den Übergang nach Spanien zu erhalten, und der Oberst soll mit Marianne und dem Burschen versuchen, nach Saint Jean-de-Luz zu kommen, wo ihn ein englischer Agent erwartet, der ihn nach London bringen wird. – In einem Café in Saint-Jean-de-Luz sitzen Einheimische und Emigranten. An der Bar würfelt ein schweigsamer Mann. Jacobowsky trifft hier auf den »tragischen Herrn,« den er aus Paris kennt. Er sitzt zusammen mit einem schweigsamen Herrn, dem Generalmusikdirektor Siegfried Kamnitzer, und ist niedergeschlagen; alle Versuche, ein Durchreisevisum durch Spanien zu erhalten, sind gescheitert. Als Jacobowsky seinen Freund, den er schlafend glaubt, wecken will, muß er entsetzt feststellen, daß sich dieser vergiftet hat. Da ertönt draußen ein Pfiff: eine Razzia. Die Deutschen, unterstützt von der örtlichen Gendarmerie, verhaften wieder Geiseln, die – zur Vergeltung von Anschlägen der Résistance – wahllos aufgegriffen und dann erschossen werden. Jacobowsky verschwindet auf der Damentoilette. Die Caféhausgäste werden verhaftet, nur der schweigsame Würfelspieler wird, nach Vorlage seines Passes, respektvoll in Ruhe gelassen. Als die Deutschen abgezogen sind, schließt der Wirt Clairon seinen Laden, doch wenig später wird draußen geklopft. Eine verabredete Parole ertönt, und Marianne erscheint mit dem durch eine dunkle Brille als blind getarnten Oberst. Die beiden sind zuerst allein, und der Oberst bittet Marianne, seine Frau zu werden. Dann taucht der Würfelspieler wieder auf und entpuppt sich als Commander Wright von der Royal Navy, beauftragt, Stjerbinsky und Marianne nach London zu bringen. Man verabredet, sich nachts an einer Mole des alten Hafens zu treffen. Nachdem der Engländer gegangen ist, erscheint Jacobowsky; er war auf der Damentoilette eingeschlafen. Überrascht – denn sie hatten ihn längst in Sicherheit geglaubt – erkennen sich die Flüchtlinge wieder, und sie beschließen, auch Jacobowsky müsse mit. – Trotz Ausgangssperre treffen sie sich heimlich auf der Mole. Doch der englische Offizier hat auf seinem Boot nur zwei Plätze frei und will nur den Obersten und Marianne mitnehmen. Jacobowsky aber droht, wenn er bleibt, der sichere Tod. Mit Glück kann man sich vor einer deutschen Streife, die den Hafen kontrolliert, verbergen. Schließlich entschließt sich Marianne, zu bleiben; sie wird auf den Obersten warten, bis der Krieg vorbei ist. Mit Stjerbinsky und Jacobowsky legt das Boot ab.

STILISTISCHE STELLUNG: Giselher Klebe, einer der fruchtbarsten Opernkomponisten in deutscher Sprache nach dem Zweiten Weltkrieg, mischt in seinem bis heute wohl erfolgreichsten Bühnenwerk frei gehandhabte Zwölftonreihen mit tonalen Klängen. Das Werk beginnt im ersten Teil weitgehend rezitativisch, steigert sich aber im Verlauf zu lyrischen Aufschwüngen, die bis zu einem unbegleiteten a cappella-Quartett im IV. Akt reichen. Formal orientiert sich Klebe an traditionellen Mustern; der Klang des differenziert eingesetzten Orchesters ist stets so angepaßt, daß der Text durchgehend verständlich bleibt.

TEXTDICHTUNG: Klebe, der in der Regel Opern nach literarischen Texten schreibt und dabei stets sein eigener Librettist ist, hat die 1941/42 entstandene, 1944 in Basel uraufgeführte »Komödie einer Tragödie« Franz Werfels durch geschickte Kürzungen zu einem bühnenwirksamen, die Charaktere fein herausarbeitenden Operntextbuch umgearbeitet. Im Vordergrund stehen dabei die höchst gegensätzlichen Figuren des draufgängerisch-starrsinnigen, stolzen Obersten und des nobel-geschickten, klugen Juden Jacobowsky; surreale Überhöhungen (wie die Personifikation Mariannes als Symbolfigur und das groteske Auftreten des Ewigen Juden und des Heiligen Franziskus auf einem Tandem) lassen über der wehmütig-persiflierenden Darstellung das Grauen der Flucht und des Krieges nicht in den Hintergrund treten.

GESCHICHTLICHES: Klebe schrieb seine sechste Oper 1964/65 als Auftragswerk der Hamburgischen Staatsoper, wo das Werk am 2. November 1965 unter der musikalischen Leitung von Leopold Ludwig und in der Regie von Günter Rennert sowie mit Gerhard Stoltze und Oscar Czerwenka in den Hauptpartien uraufgeführt wurde. Seitdem erfolgten eine Reihe von weiteren Inszenierungen des bühnenwirksamen Stückes.

W. K.

ERICH WOLFGANG KORNGOLD

* 29. Mai 1897 in Brünn, † 29. November 1957 in Hollywood

Der Ring des Polykrates, op. 7 (1916 München), T: nach Heinrich Teweles, kO., E., V: Schott

Violanta, op. 8 (1916 München), T: Hans Müller, E., V: Schott

Die tote Stadt, op. 12 (1920 Hamburg u. Köln), T: nach Georges Rodenbach v. Paul Schott, V: Schott

Das Wunder der Heliane, op. 20 (1927 Hamburg), T: nach Hans Kaltneker v. H. Müller, V: Schott

Die Kathrin, op. 28 (1939 Stockholm), T: Ernst Heinrich Franz Decsey, V: Weinberger

Die stumme Serenade, op. 36 (1954 Dortmund), T: Clement (= E. W. Korngold u. Hans Reisfeld), kO., ungedruckt

Die tote Stadt

Oper in drei Bildern. Frei nach Georges Rodenbachs ›Bruges la morte‹ von Paul Schott.

SOLISTEN: *Paul* (Heldentenor, gr. P.) – *Marietta,* Tänzerin/*Die Erscheinung Mariens,* Pauls verstorbener Gattin (Jugendlich-dramatischer Sopran, gr. P.) – *Frank,* Pauls Freund (Kavalierbariton, auch Lyrischer Bariton, m. P.) – *Brigitta,* Haushälterin bei Paul (Alt, auch Mezzosopran, m. P.) – *Juliette,* Tänzerin (Sopran, kl. P.) – *Lucienne,* Tänzerin (Sopran, auch Mezzosopran, kl. P.) – *Gaston,* Tänzer (Pantomime, kl. P.) – *Victorin,* der Regisseur in Mariettas Truppe (Lyrischer Tenor, m. P.) – *Fritz,* der Pierrot (Lyrischer Bariton, auch Kavalierbariton, m. P; laut Hinweis des Komponisten kann diese Partie auch vom Sänger des Frank mit übernommen werden) – *Graf Albert* (Spieltenor, kl. P.).

CHOR: Die Erscheinung der Prozession. Mönche. Kinder (gemischter Chor, kl. P.; Kinderchor, kl. P.).

STATISTERIE: Beghinen. Tänzer und Tänzerinnen.

ORT: Brügge.

SCHAUPLÄTZE: Ein Zimmer in Pauls Wohnung in Brügge – Ein öder Kai in Brügge, im Hintergrund ein Kloster und das Haus Mariettas.

ZEIT: Ende des 19. Jahrhunderts.

ORCHESTER: 3 Fl. (II. und III. auch Picc.), 2 Ob., Eh., 2 Kl., Bkl., 2 Fag., Kfag., 4 Hr., 3 Trp., Btrp., 3 Pos., Tuba, Mandoline, 2 Hrf., Cel., Klav., Harm., Schl., Str. – Bühnenmusik: Org., 2 Trp., 2 Kl., Schl., Gl., Windmaschine, 3 Trp., 2 Pos.

GLIEDERUNG: Durchkomponierte Großform.

SPIELDAUER: etwa 2¾ Stunden.

HANDLUNG: Paul hat sich nach dem Tode seiner jungen Frau Marie ganz vom Leben zurückgezogen. In der »toten Stadt« Brügge betreibt er, nur betreut von der Haushälterin Brigitta, einen sonderbaren Totenkult. Ein Zimmer des Hauses ist ganz dem Gedenken der Verstorbenen gewidmet. Hier hängt ein großes Bild, das sie zeigt, hier bewahrt er unter einem Glassturz eine Flechte ihres goldenen Haares, hier stehen mit Blumen geschmückte Photographien, hier hängt Mariens Laute. Pauls Freund Frank hat ihn in seinem Refugium aufgespürt; Brigitta berichtet ihm, der Herr sei auf einmal ganz verändert, und als Paul den Freund begrüßt hat, berichtet er ihm von einer wunderbaren Erscheinung: bei einem seiner einsamen Spaziergänge an den Kanälen Brügges sei er einer Frau begegnet, die in allem das vollkommene Ebenbild der Verstorbenen sei – er habe sie angesprochen, und sie habe versprochen, zu kommen. Frank warnt ihn, er solle nicht das Leben zur Puppe der Toten machen, aber Paul ist ganz fasziniert vom Traum der Wiederkehr. Frank verabschiedet sich, und Paul erwartet sehnsüchtig das Ebenbild. Marietta kommt, ist etwas erstaunt über die seltsame Dekoration des Zimmers. Paul, Traum und Wirklichkeit immer mehr verwirrend, will sie ganz der Verstorbenen gleich sehen: er gibt ihr einen Schal und die Laute Mariens. Marietta, seltsam angerührt, und gleichzeitig den Kampf mit dem Bild der Toten aufnehmend, singt ein sehnsüchtiges Lautenlied, in das Paul einstimmt. Doch die sentimentale Stimmung wird gestört durch heitere Klänge, die von draußen hereindringen – Mariettas Kollegen ziehen, ein freches Chanson singend, vorbei. Marietta erzählt Paul, daß sie Tänzerin in der Truppe sei, die gerade in Brügge in Meyerbeers ›Robert der Teufel‹ gastiere, und verführerisch fängt sie an zu tanzen und enthüllt dabei versehentlich das Bild Mariens. Paul verdeckt es bestürzt, und Marietta spürt, daß ein anderer Zauber jetzt stärker wirkt als ihr eigener, und verläßt ihn, nicht ohne die Chance eines Wiedersehens anzudeuten. Paul ist überwältigt vom Traum der Wiederkehr und sinkt in seinen Sessel zurück – in einer Vision tritt aus dem Rahmen das Bild der Verstorbenen, die ihn zur Treue mahnt. – Einige Wochen später: Paul verzehrt sich nach Marietta, die seine Geliebte geworden ist. Da er sie im Theater nicht gefunden hat, steht er wartend vor ihrem Hause. Eine Schar Beghinen zieht vorbei zum Gottesdienst, eine von ihnen ist Brigitta, die seinen Dienst verlassen hat, als er sich mit Marietta einließ – sie verspricht, für ihn zu beten. Da nähert sich eine männliche Gestalt dem Hause: es ist Frank, auch er den Reizen Mariettas erlegen, doch glücklicher als Paul, denn er hat den Schlüssel zu Mariettas Haus. Nach heftigem Wortwechsel gelingt es Paul, dem Freunde den Schlüssel zu entreißen. Tief enttäuscht und verwundet verläßt Frank den Platz. Auf einem Boote nähert sich singend und lachend die Tänzergesellschaft, man will nach Marietta sehen, die heute auf der Probe gefehlt hat, und bringt ihr eine karikierende Serenade. Von hinten nähert sich Marietta, Arm in Arm mit Gaston. Man beschließt, am Kai zu tafeln, holt Sekt und Gläser aus dem Boot, und Marietta bittet Fritz, den ebenfalls unglücklich in sie verliebten Pierrot der Truppe, um ein Lied. Dann will Marietta tanzen, und man beschließt, die ausgefallene Probe vom Vormittag jetzt zu veranstalten – die Totenerweckung von Helene aus Meyerbeers ›Robert der Teufel‹. Der Gottesdienst ist zu Ende, die Glocken ertönen majestätisch, die Beghinen kommen aus der Kirche zurück, und für einen Augenblick scheint die tote Stadt durch das Spiel der Tänzertruppe zu orgiastischem Leben erweckt.

Doch Paul, der hinter einem Baum verborgen das Treiben beobachtet hat, hält es nicht mehr aus – er stürzt auf Marietta zu und schreit ihr in plötzlicher Erkenntnis ins Gesicht, er habe in ihr nur die Tote geliebt, sie selbst aber verachte er. Marietta schickt die anderen weg, sie will nun erst recht den Kampf mit der Toten aufnehmen und läßt alle ihre Verführungskünste spielen. Paul wird schwach, und die neue Liebesnacht will sie mit Paul im Haus der Toten feiern, um das Gespenst für immer zu verscheuchen. – Am Morgen nach der Liebesnacht findet Paul Marietta triumphierend vor dem Bild der Toten. Draußen zieht eine Prozession vorbei – Marietta will zum Fenster treten, um das Schaugepränge zu beobachten, doch Paul, der immer noch die Leute fürchtet, verwehrt es ihr. Marietta, schmollend, wirft sich in einen Sessel und trällert das Lied des Pierrot und das freche Chanson Gastons, während Paul immer faszinierter die Prozession mit Kindern, Mönchen, historisch gekleideten Brügger Patriziern und schließlich dem Bischof mit einer Monstranz beschreibt. Ihm scheint fast, als schreite der Zug durchs Zimmer. Marietta, zugleich amüsiert und ergriffen von Pauls frommer Verzückung, will ihn wieder an sich ziehen, doch angstvoll weist er sie zurück. Sie wirft ihm Heuchelei vor, wenn er sie erst liebe, dann aber die Reinheit der Verstorbenen preise. Herausfordernd posiert sie, ihre Schönheit vergleichend, vor dem Bild der Toten und nimmt die Haarflechte aus der Kristallschale und legt sie sich spielerisch um den Hals. Hohnlachend steigert sie sich in einen ekstatischen Tanz, während Paul in wilder Raserei ihr die Haarflechte zu entreißen versucht. Er wirft sie zu Boden und erdrosselt sie mit der Haarflechte – jetzt gleicht sie ganz der Verstorbenen. – Verwirrt kommt Paul wieder zu sich: er sitzt in seinem Sessel in Mariens Zimmer – das Bild ist verhängt, die Haarflechte unberührt – alles war nur ein böser Traum. Marietta kommt zurück – sie hat ihren Schirm und die Rosen vergessen. Kokett deutet sie dies als einen Wink zum Bleiben, doch Paul reagiert nicht. Da verläßt sie ihn achselzukkend. Als sie geht, begegnet ihr der zurückkehrende Frank und findet Paul von seinem Totenwahn geheilt – der Traum hat ihm die Augen geöffnet. Mit dem Freunde wird er die tote Stadt Brügge verlassen – auf Erden wird es mit den Gestorbenen kein Wiedersehen geben.

STILISTISCHE STELLUNG: Korngolds erstes abendfüllendes Opernwerk war zugleich auch sein größter Erfolg. Nicht nur die geschickt und dramaturgisch wirkungssicher Traum und Wirklichkeit, Tod und pralles Leben, erotische Verstrickung und Verfallenheit an die Vergangenheit mischende Handlung, sondern mehr noch Korngolds höchst raffinierte Partitur sicherten die Bühnenpräsenz des Werkes. Korngold, der früh von Gustav Mahler gefördert wurde und bei Alexander von Zemlinsky Unterricht erhielt, bediente sich in diesem Werk der Klangfarben und Orchesterräusche eines Richard Strauss und Giacomo Puccini, verknüpft die Handlung auf mehreren Ebenen mit von

Richard Wagner abgeleiteter Leitmotivik, entbehrt aber bei allem Eklektizismus und bei aller effektsicheren, auch Sentimentalität nicht scheuenden Kompositionsart nicht eines eigenen Tones, in dem – sonst vielleicht nur noch Franz Schreker vergleichbar – die gebrochenen, diffusen Töne überwiegen. Zudem versteht Korngold, hervorragend für Stimmen zu schreiben – die Partien des Paul und der Marietta sind höchst anspruchsvolle, aber zugleich auch höchst dankbare Rollen.

Textdichtung: Der belgische Symbolist Georges Rodenbach (1855–1898) veröffentlichte 1892 seinen Roman ›Bruges la morte‹ (›Das tote Brügge‹), der schnell ein großer Erfolg wurde. Maurice Maeterlinck schätzte ihn hoch, und alsbald wurde das Werk dramatisiert (›Le mirage‹) und auch ins Deutsche übertragen. Das Raffinement der Szenen, das unentwirrbare Ineinander von Traum und Wirklichkeit faszinierte Korngold, dem Paul Schott das Libretto schrieb, das sich eng an Rodenbachs Roman anlehnt.

Geschichtliches: Dem Erfolg der ›Toten Stadt‹ war 1916 der Münchner Einakter-Abend mit ›Violanta‹ und dem ›Ring des Polykrates‹ voraufgegangen. Die neue, abendfüllende Oper des damals dreiundzwanzigjährigen Komponisten wurde am 4. Dezember 1920 gleichzeitig in Hamburg und Köln uraufgeführt, der überwältigende Erfolg führte dazu, daß sie schnell über alle europäischen Bühnen ging, schon 1921 in Wien und in New York herauskam, wo Maria Jeritza eine gefeierte Marietta war. Korngolds Vertreibung durch die Nationalsozialisten und das Verbot seiner Werke ließ die ›Tote Stadt‹ in Vergessenheit geraten: erst lange nach dem Zweiten Weltkrieg kehrte sie – vereinzelt – auf die Bühnen zurück – so 1955 in München, 1967 in Wien und 1975 in New York sowie 1983 in Berlin. Auch eine Schallplatten-Gesamtaufnahme zeugt von ihrer neuen Aktualität. Wenn ein Theater die beiden Hauptpartien gut besetzen kann, ist auch heute noch der ›Toten Stadt‹ der Erfolg sicher.

W. K.

Ernst Krenek

* 23. August 1900 in Wien

Die Zwingburg, op. 14 (1924 Berlin), T: der Komponist, szenische Kantate, E., V: U. E.

Der Sprung über den Schatten, op. 17 (1924 Frankfurt/M.), T: der Komponist, kO., V: U. E.

Orpheus und Eurydike, op. 21 (1926 Kassel), T: Oskar Kokoschka, V: U. E.

Jonny spielt auf, op. 45 (1927 Leipzig), T: der Komponist, V: U. E.

Der Diktator, op. 49 (1928 Wiesbaden), T: der Komponist, E., V: U. E.

Das geheime Königreich, op. 50 (1928 Wiesbaden), T: der Komponist, E., V: U. E.

Schwergewicht oder die Ehre der Nation, op. 55 (1928 Wiesbaden), T: der Komponisten, kO., E., V: U. E.
Das Leben des Orest, op. 60 (1930 Leipzig), T: der Komponist, V: U. E.
Karl V., op. 73 (1938 Prag), T: der Komponist, V: U. E.; Neufassung 1958 Düsseldorf, V: U. E.
Cefalo e Procri, op. 77 (1934 Venedig), T: Rinaldo Küfferle, V: U. E.
Vertrauenssache (What Price Confidence), op. 111 (1945; 1960 Saarbrücken), T: der Komponist, V: BV
Tarquin, op. 90 (1950 Köln), T: Emmet Lavery, Kammeroper
Dunkle Wasser (1950 Los Angeles), T: der Komponist, E., V: BV
Pallas Athene weint (1955 Hamburg), T: der Komponist, V: Schott
Der Glockenturm (1957 Urbana, Illinois), T: nach Herman Melville vom Komponisten, E., V: BV
Ausgerechnet und verspielt (1962 Wien), T: der Komponist, V: BV
Der goldene Bock, op. 186 (1964 Hamburg), T: der Komponist, V: BV
Der Zauberspiegel (1966 München), T: der Komponist, Fernsehoper, V: BV

Jonny spielt auf

Oper in zwei Akten. Libretto vom Komponisten.

Solisten: *Der Komponist Max* (Jugendlicher Heldentenor, gr. P.) – *Die Sängerin Anita* (Jugendlich-dramatischer Sopran, gr. P.) – *Der Neger Jonny,* Jazzband-Geiger (Lyrischer Bariton, auch Charakterbariton, gr. P.) – *Der Violinvirtuose Daniello* (Kavalierbariton, gr. P.) – *Das Stubenmädchen Yvonne* (Lyrischer Sopran, auch Soubrette, gr. P.) – *Der Manager* (Spielbaß, auch Charakterbaß, m. P.) – *Der Hoteldirektor* (Tenor, kl. P.) – *Ein Bahnangestellter* (Tenor, auch Bariton, kl. P.) – *1. Polizist* (Tenor, kl. P.) – *2. Polizist* (Bariton, auch Baß, kl. P.) – *3. Polizist* (Baß, kl. P.).
Chor: Hotelgäste. Autogrammjäger. Passanten. Stimmen des Gletschers (m. Chp.).
Statisterie: Stubenmädchen. Groom. Nachtwächter. Polizeibeamte. Chauffeure. Ladenmädchen. Gepäckträger.
Ballett: ad libitum.
Ort: In einer mitteleuropäischen Großstadt, in Paris, an einem Gletscher in den Hochalpen.
Schauplätze: Der Gletscher – Anitas Wohnung in einer Großstadt – Ein Hotelflur – Eine Bahnhofshalle.
Zeit: Gegenwart (20er Jahre des 20. Jahrhunderts).
Orchester: 2 Fl. (auch Picc.), 2 Ob., 3 Kl., 2 Fag. – 2 Hr., 3 Trp., 3 Pos., Tuba – P., Schl., Klav. – Str. – Bühnenmusik: 2 Saxophone, Harm., Glasharmonika ad libitum.
Gliederung: Durchkomponierte Großform.
Spieldauer: etwa 2½ Stunden.

HANDLUNG: Auf einem Gletscher in der Nähe eines Berghotels. Der Komponist Max will den Gletscher ersteigen, den er liebt und als Symbol seines Lebens versteht. Die Sängerin Anita hat sich verlaufen und fürchtet sich; ihr macht der Gletscher Angst. Die beiden begegnen einander und verlieben sich. Gemeinsam kehren sie in die Stadt zurück, in der beide leben. Doch nach ein paar Tagen schöner Gemeinsamkeit muß Anita zu einem Gastspiel nach Paris, wo sie in einer Oper von Max auftritt. Die beiden nehmen Abschied voneinander, der dem schwerblütigen Max sehr ans Herz geht; der Manager von Anita treibt zur Eile. – In dem Hotel in Paris, wo Anita abgestiegen ist, logiert auch der feurige Violinvirtuose Daniello, der eine wunderschöne, kostbare Amati-Geige spielt. In der Hotelband spielt der schwarze Jazzgeiger Jonny aus Alabama, verliebt in das Stubenmädchen Yvonne, die auch ihn liebt; er ist ihr aber nicht ganz treu. Jonny will unbedingt die Geige Daniellos haben und treibt sich in der Nähe seines Zimmers herum. Dabei begegnet er Anita, die neben Daniello wohnt, und macht der schönen Sängerin recht eindeutige Angebote. Anita ist teilweise angewidert, teilweise fasziniert; Yvonne, die die Szene beobachtet, wird eifersüchtig. Doch da erscheint Daniello und »kauft« Jonny Anita für 1000 Francs ab. Er führt sie ins Restaurant des Hotels; Yvonne gibt Jonny den Laufpaß. Später führt Daniello Anita zu ihrem Zimmer, küßt sie und gesteht ihr seine Liebe. Anita nimmt ihn mit in ihr Zimmer; sie braucht Nähe und Wärme. Jonny hat die Szene beobachtet und nutzt die Gelegenheit, um aus dem Zimmer Daniellos die kostbare Geige zu stehlen. Da er sie aus Angst vor Entdeckung nicht bei sich verstecken will, verbirgt er sie in der Banjohülle, die vor Anitas Zimmer hängt. Dort werde sie schon niemand suchen, hofft er. Am nächsten Morgen hofft Daniello auf eine Fortsetzung des Abenteuers, doch Anita gesteht ihm, daß sie Max liebe, und will abreisen. In der Banjohülle nimmt sie nichtsahnend, aber von Jonny beobachtet, die Geige mit. Daniello entdeckt den Diebstahl und alarmiert die Polizei, doch die Geige wird nicht entdeckt. Der Hoteldirektor ist aufgebracht und entläßt das Stubenmädchen Yvonne, weil der Diebstahl auf ihrem Flur passierte, doch Yvonne wird von Anita, die vor ihrer Abreise Zeugin der Szene wird, als Zofe engagiert. Da sieht Daniello eine Chance, sich an Anita, der er den plötzlichen Abschied übelnimmt, zu rächen; er gibt Yvonne den Ring Anitas, den ihm diese als Andenken geschenkt hat, und bittet sie, den Ring Max – mit schönem Gruß von ihm – auszuhändigen. Jonny erscheint beim Hoteldirektor und kündigt: angeblich aus Angst, auch seine Geige könne gestohlen werden, in Wirklichkeit aber, um der Geige nachreisen zu können. – In Anitas Wohnung wartet Max auf die Geliebte, die ihm telegraphiert hat, daß sie komme. Er ist voller Sehnsucht und Unruhe. Doch Anita kommt nicht mit dem verabredeten Zug; sie kommt erst am kommenden Tag. Max hat die Nacht wartend und träumend in einem Sessel verbracht. Als Anita da ist, wirkt sie seltsam geistesabwesend und hat kaum ein Ohr für ihn. Yvonne übergibt Max den Ring und richtet den Gruß Daniellos aus, und Max glaubt nun, Anitas Verhalten und ihre Verspätung zu verstehen: verzweifelt über ihre Untreue stürzt er aus der Wohnung. Durch ein Fenster steigt Jonny in die Wohnung, auf der Suche nach der Geige. Er trifft auf Yvonne, die glücklich hofft, er sei ihr nachgereist, aber auch als sie erfährt, daß er nur auf die Geige aus ist, freut sie sich, ihn zu sehen. Jonny nimmt die Geige aus dem Banjofutteral und verschwindet. Als Anita kommt und nach Max fragt, erzählt Yvonne ihr die Sache mit dem Ring, und Anita versteht, warum er gegangen ist. – Max ist zum Gletscher hinausgefahren. Es ist Nacht, und er steigt hinauf, um sich dort umzubringen. Aber plötzlich hört er Stimmen des Gletschers, die ihn zurückweisen und ihm Mut und Vertrauen einflößen. Ruhig steigt er wieder hinab zum Hotel, angerührt durch Anitas Stimme, die er aus einem Hotel-Lautsprecher hört, wie sie eines seiner Lieder singt. Dann ertönt die Musik einer Jazzband. Daniello, der sich vom Verlust seiner Geige hier erholen will, ist elektrisiert: er erkennt sofort den Ton seiner gestohlenen Amati und stürzt zur Polizei, um feststellen zu lassen, von woher die Übertragung kam. Nun wird Jonny seines Lebens nicht mehr froh. Überall muß er fliehen, denn die Polizei ist ihm dicht auf den Fersen. Er beschließt, nach Amsterdam zu fahren, um von dort mit dem Schiff in seine Heimat Amerika zurückzukehren. Unterwegs verliert er seine Bahnfahrkarte, so daß die Polizei die verlorene Spur wiederfindet. – Auf dem Bahnhof wartet Max auf Anita; gemeinsam wollen sie nach Amerika fahren, wo die Sängerin eine große Tournee absolvieren wird. Als Jonny sieht, daß die Polizei dicht hinter ihm ist, muß er die Geige loswerden. Er legt sie in einem unbeobachteten Moment zum Gepäck von Max. Daraufhin wird dieser von der Polizei verhaftet und abgeführt. Anita erscheint auf dem Bahnhof, begleitet von Yvonne und dem Manager. Sie wartet auf Max, der nicht erscheint. Die Abfahrt des Zuges nach Amsterdam rückt immer näher. Da erscheint Daniello und teilt der Sängerin triumphierend mit, man habe Max als Dieb der Geige überführt und verhaftet; sie müsse nun wohl ohne ihn nach Amerika fahren. Anita ist entsetzt: sie glaubt an die Unschuld von Max und bittet Yvonne, die ja damals im Hotel Zeugin war, zur Polizei zu gehen und das Mißverständnis aufzuklären. Yvonne ist hin und hergerissen: will sie doch Jonny nicht gefährden. Schließlich will sie gehen. Daniello versucht sie daran zu hindern und ihr den Weg zu verstellen; dabei fällt er auf die Gleise und wird vom einfahrenden Zug nach Amsterdam überfahren. Jonny hat die Geige immer noch nicht aufgegeben. Er überwältigt den Chauffeur des wartenden Polizeiautos und setzt sich an dessen Stelle. Von Yvonne darum gebeten, bringt er Max, nachdem er auch die beiden anderen Polizisten überwältigt hat, rechtzeitig zum Bahnhof zurück. Max erreicht noch den Zug, und Jonny schwingt triumphierend die Geige, die nun herrenlos ist. Alles beginnt zu tanzen, die Bahnhofsuhr verwandelt sich zur Weltkugel, auf der Jonny steht und aufspielt – der Jazz erobert Europa.

STILISTISCHE STELLUNG: Ernst Kreneks vierte Oper war – für gut ein halbes Jahrzehnt – ein Welterfolg, zurückzuführen sicherlich darauf, daß der Komponist es verstand, mit seinem Textbuch und seiner Musik wie in einem Brennspiegel das Lebensgefühl der späten Zwanziger Jahre einzufangen: Offenheit für Neues, Faszination durch Amerika und den Jazz (der in der Oper übrigens so gut wie keine Rolle spielt; das, was man damals in Deutschland für Jazz hielt, war eher die Unterhaltungsmusik eines Paul Whiteman), Sinn für surreale Elemente und die Übernahme von Traditionen aus dem vertrauten Operngenre – bis hin zu Puccini-nahen Melodien.

TEXTDICHTUNG: Ernst Krenek, der häufig als sein eigener Librettist arbeitete, umschreibt mit seinem Operntext auf der Basis traditioneller Figurenbeziehungen (das ernste Liebespaar – Max/Anita, das heitere Liebespaar – Yvonne/Jonny, der Nebenbuhler – Daniello) und unter Einbeziehung kolportagehafter Elemente Gefühle und Sehnsüchte, die den Menschen der Zwanziger Jahre wie eh und jeh vertraut waren, die aber die »Zeitoper« aus Angst vor Sentimentalität vermied.

GESCHICHTLICHES: Krenek schrieb seine zweiteilige Oper in den Jahren 1925/26 während seines Engagements am Stadttheater in Kassel. ›Jonny spielt auf‹ wurde am 10. Februar 1927 unter Gustav Brecher im Opernhaus Leipzig uraufgeführt und war ein überwältigender Erfolg; noch in demselben Jahr kam das Werk in Prag, Zürich, Berlin und Wien sowie an einer Reihe weiterer deutscher Opernbühnen heraus, bald folgten Budapest, Paris, Leningrad (1928) und Moskau (1929) und schließlich New York (1929), wo – wie Krenek mitteilt – kein Schwarzer, sondern ein schwarz geschminkter Weißer in der Rolle des Jonny auftrat. Doch schon vor der Machtübernahme der Nationalsozialisten wurde das Stück als »Asphaltkunst« angefeindet und verschwand dann 1933 von den Spielplänen. Aufgrund seiner bewußten Zeitgebundenheit ist es nach dem Zweiten Weltkrieg trotz einiger Versuche (Salzburg 1963, Graz/Wiener Festwochen 1980) nicht so recht gelungen, das Werk für den Spielplan zurückzugewinnen, zumal die Partitur für das heutige Publikum einiges an Ursprünglichkeit und überwältigend-provokanter Ausdruckskraft verloren haben dürfte.

W. K.

Pallas Athene weint

Oper in einem Vorspiel und drei Akten. Dichtung vom Komponisten.

SOLISTEN: *Pallas Athene* (Dramatischer Mezzosopran, kl. P.) – *Sokrates* (Heldenbariton, gr. P.) – *Alkibiades* (Heldentenor, gr. P.), *Meletos* (Charaktertenor, gr. P.) und *Meton* (Lyrischer Bariton, m. P.), seine Freunde und Schüler – *Althaea,* Priesterin von Eleusis (Dramatischer Sopran, gr. P.) – *Nauarchos* (Charakterbariton, kl. P.) – *Ein athenischer Senator* (Tenor oder Bariton, kl. P.) – *Agis,* König von Sparta (Seriöser Baß, m. P.) – *Timaea,* Königin (Jugendlich-dramatischer Sopran, auch Lyrischer Sopran, m. P.) – *Lysander,* General (Charaktertenor, m. P.) – *Brasidas,* Hauptmann (Bariton, kl. P.) – *Ktesippos,* sein Sohn (Tenor, kl. P.).
CHOR: Schatten im Elysium. Volk von Athen (m. Chp.).
ORT: Athen und Sparta.
SCHAUPLÄTZE: Elysium – Straße in Athen vor dem Haus des Sokrates – Haus des Königs von Sparta – Höhle am Hymettos – Platz in Athen, im Hintergrund die Stadtmauer.
ZEIT: Während der letzten Phase des Peloponnesischen Krieges.
ORCHESTER: 2 Fl. (II. auch Picc.), 2 Ob., 2 Kl. (II. auch Bkl.), 2 Fag. (II. auch Kfag.), 4 Hr., 2 Trp., 2 Pos., P., Schl., Hrf., Cel., Klav., Str.
GLIEDERUNG: Durchkomponierte dramatische Großform.
SPIELDAUER: etwa 2½ Stunden.
HANDLUNG: Im Elysium vernimmt der Chor der Schatten einen ungeheuren Klagelaut: Pallas Athene weint. Die Schatten fragen sich: Was geschah? Die Göttin der Weisheit erscheint. Sie weint um das Ende Athens, der Stadt, die sie gegründet hat und deren Schirmherrin sie ist. In ihrer Burg wohnte die Freiheit und in ihren Mauern, die jetzt nur noch von dem Tritt der Knechte Spartas widerhallen, blühten Kunst und Wissenschaft. Sie weint um Sokrates, den Weisen, den sein eigenes Volk umgebracht hat. Sokrates betritt das Elysium. Pallas Athene rühmt die Weisheit seiner Lehre, die in der Forderung gipfelte, der Mensch solle sich selbst erkennen, auf daß Friede und Gerechtigkeit walte und er Achtung vor der Würde seiner selbst und der anderen habe. Die Schatten fragen Sokrates, wieso bei dieser Lehre sein Volk zu Fall kam. Pallas Athene fordert ihn auf zu erzählen, wie alles geschah. Sokrates wendet sich nicht nur an die Abgeschiedenen, sondern auch an das Publikum, damit die noch Ungeborenen lernen zu vermeiden, was sein Volk ins Unglück gebracht hat. Der Untergang begann, als man in Athen nach jahrelangem Krieg einen letzten entscheidenden Schlag im fernen Sizilien gegen Sparta beschloß. – Der Senat hat sich versammelt, um den Strategos zu wählen, der die Flotte führen soll. Vor dem Haus des Sokrates treffen sich seine Schüler Alkibiades und Meletos. Beide streben das hohe Amt an. Der erstere, leichtlebig und

skrupellos, aber ehrgeizig, eilt nach einer kurzen Auseinandersetzung mit Meletos hinweg zum Senat; er ist sich seines Sieges dank seiner glänzenden Beredsamkeit sicher. Da taucht aus der Menge ein weiterer Schüler des Sokrates auf: Meton. Er verabscheut den Krieg und sucht, das Volk von der Sinnlosigkeit des geplanten Kampfes zu überzeugen. Nur das schnelle Dazwischentreten des Sokrates rettet ihn vor den Ausschreitungen des kriegslustigen Pöbels. Triumphierend kommt Alkibiades zurück; der Senat hat ihn zum Strategos gewählt. Begeistert eilt die Menge zu den Schiffen. Da tritt Althaea, die Priesterin von Eleusis, ihr entgegen. Sie schickt unter einem Vorwand das Volk weg und warnt den zurückgebliebenen Alkibiades vor dem Fluch der Götter, die ihm zürnten, weil er die heiligen Mysterien entweiht habe. Kein anderer als er könne der Starke gewesen sein, der in der Maske des Gottes in den Tempel eindrang und sie beinahe vergewaltigt hätte, wäre er nicht verscheucht worden. Nun sei sie ihm verfallen. Aber Alkibiades erklärt, erst wenn er mit Ruhm bedeckt zurückgekehrt sei, sei er zur mystischen Hochzeit bereit. Während er Althaea umarmt und küßt, erscheint mit Meletos der Flottenkapitän Nauarchos. Er bittet die Priesterin, die Schiffe zu segnen. Althaea hält sich für unwürdig, auf Alkibiades' herrischen Befehl begibt sie sich jedoch mit Nauarchos zum Hafen. Die Nacht bricht an. Als Sokrates aus dem Haus kommt, versteckt sich Meletos. Sokrates entläßt, nachdem er sich von Alkibiades verabschiedet hat, Meton im Schutz der Dunkelheit. Meletos folgt ihm unbemerkt. In philosophischem Meditieren verbringt Sokrates die Nacht vor seinem Haus. Als es tagt, erscheint Althaea. Sie berichtet Sokrates von einem neuen Frevel: Ein Unbekannter hat in der vergangenen Nacht die heiligen Hermensäulen verstümmelt. Nach und nach erscheinen Senatoren und Volk, darunter Alkibiades, Meletos und Meton. Der Verdacht fällt auf den gottlosen Spötter Alkibiades. Dieser weist jedoch entschieden die Anschuldigung zurück und stellt sein Amt zur Verfügung, bis eine gerichtliche Klärung stattgefunden habe. Da erklärt Nauarchos, die Flotte weigere sich, den Feldzug durchzuführen, wenn nicht Alkibiades sie anführe. Unter diesen Umständen nimmt der Senat den Rücktritt nicht an, und Meletos selbst fordert Alkibiades auf, mit den Schiffen auszulaufen, freilich, wie er nach Abzug des Alkibiades gesteht, nur um den lästigen Schwätzer los zu sein und dann in seiner Abwesenheit ein um so leichteres Spiel gegen ihn zu haben. – Am Hof des Königs Agis von Sparta herrscht Besorgnis wegen der Fortschritte der Athener in Sizilien. Der Hauptmann Brasidas wird vorgeführt. Er war von seinem eigenen Sohn wegen defaitistischen Verhaltens angezeigt worden. Der König befiehlt seine Hinrichtung und überträgt dem Sohn als Belohnung das Amt des Vaters. Königin Timaea warnt den Gatten davor, das unmenschliche Blutregiment weiterzuführen. Da überbringt der Feldherr Lysander die sensationelle Meldung, Alkibiades stehe im

Vorsaal und wünsche Agis zu sprechen. Der König läßt ihn sofort hereinführen. Alkibiades berichtet, er sei den Athenern entlaufen, weil ihn der Senat auf Betreiben seines Neiders Meletos nach Athen zurückbeordert habe, um ihn wegen der ihm zur Last gelegten Schändung der Hermen zur Rechenschaft zu ziehen. Er bietet nun Agis seine Dienste an und verrät die geheimen strategischen Pläne der Athener. Unterdessen ist die Priesterin Althaea vor Königin Timaea erschienen. Sie war Alkibiades' Spuren zwischen den feindlichen Linien gefolgt, weil sie den »hinreißenden Verräter« nicht lassen kann. Aber auch Timaea, die es fort aus dem dumpfen blutigen Kerker ihres Palastes hin zur Freiheit zieht, unterliegt Alkibiades' verführerischem Charme und sie ist rasch bereit, mit ihm zu entfliehen. Althaea setzt den König von der neuen Schandtat des Alkibiades in Kenntnis und macht sich erbötig, den Verfolgern des flüchtigen Paares den Weg zu weisen. – Meton hat sich aus Furcht vor Kriegsdienstzwang in einer Höhle des Hymettosgebirges versteckt. Sokrates sucht seinen Schüler dort auf, um ihm mitzuteilen, daß Athen von den Spartanern erobert worden sei. Dabei erfährt er von Meton, daß er es gewesen sei, der auf Anstiften von Meletos die Hermen zerstört hatte. Er habe Meletos gefolgt in dem Glauben, dadurch den Krieg zu verhindern, nun müsse er erkennen, daß Meletos nur den Alkibiades verderben wollte. Meletos, der Sokrates heimlich gefolgt war, ersticht Meton, weil er das Geheimnis der Hermenverstümmelung preisgegeben hat. Er warnt Sokrates, daß er nun der einzige Mitwisser des Geheimnisses sei, und entfernt sich. Da erscheint Alkibiades mit Timaea. Althaea tritt, gleich der Nemesis, ihnen in den Weg und verkündet, daß die Höhle von spartanischen Soldaten umstellt sei. Alkibiades fordert Althaea auf, die Häscher fortzuschicken, dafür wolle er mit ihr weiter über die Berge, um mit ihr die versprochene mystische Hochzeit zu feiern. Doch Althaea erklärt, jetzt sei es zu spät. Alkibiades versucht sich nun durchzuhauen, da wird er von den Speeren der Verfolger getötet. Althaea befiehlt den Soldaten, die Leiche nach Athen und die gefesselte Timaea vor König Agis zu bringen. Sie selbst wolle hier in der Höhle ihre Tage beschließen und warten, bis sie hinsinke in das ewige Reich, dem treulosen Dämon für immer vereint. – In Athen ist der letzte Widerstand gebrochen. König Agis ernennt Meletos zu seinem Statthalter. Da naht der Zug mit der gefesselten Timaea und der Leiche des Alkibiades. Sokrates ist im Gefolge. Agis ordnet für Alkibiades ein Heldenbegräbnis an, während er Timaea für ihre Untreue grausam bestrafen läßt. Nun wendet sich Agis an Sokrates. Der Dialektik des Philosophen nicht gewachsen, wird er bald in die Enge getrieben. Kurzerhand befiehlt Agis, Sokrates zu hängen. Meletos rät dem König, man solle ihm lieber den Prozeß machen. Unter dem Spiel spartanischer Flötisten, wie es einst Alkibiades gewünscht hatte, werden jetzt die an Ketten gelegten athenischen Männer mit Peitschenhieben angetrieben, ihre Stadtmauer einzureißen. Die Frauen empfinden das Flötenspiel als Höllengekreisch, das zum »ungeheuren Klagelaut« wird: Pallas Athene weint.

Stilistische Stellung: Das Schaffen des Komponisten Ernst Krenek hat manche Wandlung erfahren. Ausgehend von der Klangsinnlichkeit seines Lehrmeisters Franz Schreker wandte er sich bald der revolutionären Richtung des musikalischen Expressionismus zu, wobei er ein eifriger Verfechter der »linearen Atonalität« wurde. Daraufhin erfolgte eine vorübergehende Rückkehr zur Tonalität und puccinischen Kantilene. In dieser Zeit entstand die mit sensationellem Erfolg aufgenommene Jazz-Komödie ›Jonny spielt auf‹. Wenige Jahre später brachte die endgültige Abkehr von der spätromantisch-veristischen Schreibweise eine überzeugte Hinwendung zur Zwölftontechnik Arnold Schönbergs. Weiterhin wirkte auch die Beschäftigung mit dem Musikdramatiker Claudio Monteverdi, dessen ›Krönung der Poppea‹ er für die moderne Bühne neubearbeitete, stilbildend auf den Opernkomponisten Krenek. In ›Pallas Athene weint‹ verbinden sich die Elemente dieser Entwicklung: die in jahrelangem Ringen erarbeitete meisterliche Handhabung der Zwölftontechnik und eine auf den Prinzipien Monteverdis basierende musikdramatische Gestaltungsweise ließen den Komponisten in dieser Oper ein markant profiliertes Werk des modernen Musiktheaters schaffen. Über die Struktur seiner Partitur äußert sich Krenek: »Elastische Diktion, die in jedem Augenblick schnellen Übergang von flinkem Rezitativ zu ausladendem Arioso erlaubt, und durchsichtige Orchestration, die die Singstimme stets dominieren läßt und restlose Verständlichkeit des Wortes möglich macht, schwebten mir als Ideale vor.«

Textdichtung: Nach seinen eigenen Worten erstrebte Krenek bei der Abfassung seiner Operndichtungen eine Synthese von packendem Musiktheater (d.i. einem interessanten Schaustück, das den Sängern Entfaltungsmöglichkeiten ihrer schönen Stimmen bietet) mit einer den Zuhörer ansprechenden philosophischen Idee. So beschäftigten den Komponisten bei ›Pallas Athene weint‹ der Kampf zwischen Athen und Sparta um die Vormachtstellung in Griechenland und die Tragödie des Peloponnesischen Krieges (431–404 v. Chr.). Dabei zog ihn vor allem die Gestalt des athenischen Staatsmannes und Feldherrn Alkibiades an. Dennoch geht es in Kreneks Werk weniger um die Darstellung dieses Mannes, bei dem sich hohe Begabung mit unbegrenzter Leichtfertigkeit mischte, als um die Behandlung des Problems der menschlichen Freiheit in ihren verschiedentlichen Aspekten, das der Autor hier in historischer Perspektive zur Diskussion zu stellen versuchte. Die Gestaltung der Handlung erfolgte natürlich nur in loser Anlehnung an die geschichtlichen Ereignisse.

Geschichtliches: Die Uraufführung fand in der Festwoche anläßlich der Eröffnung der neuerbauten Staatsoper am 17. Oktober 1955 in Hamburg statt.

Ruggero Leoncavallo

* 23. April 1857 in Neapel, † 9. August 1919 in Montecatini (Toscana)
I Pagliacci (Der Bajazzo; 1892 Mailand), T: der Komponist, V: Sonzogno, Fürstner (Schott)
I Medici (1. Teil einer geplanten, aber nicht beendeten Trilogie ›Crepusculum‹; 1893 Mailand), T: der Komponist, V: Ricordi, B&B
Chatterton (1896 Rom), T: nach Alfred de Vigny vom Komponisten, V: Sonzogno, Fürstner
La Bohème (1897 Venedig), T: nach Henri Murger vom Komponisten, V: Sonzogno, A&S
Zazà (1900 Mailand), T: nach Pierre Berton u. Charles Simon vom Komponisten, V: Sonzogno, Gutheil, A&S
Der Roland von Berlin (Il Rolando; 1904 Berlin), T: nach Willibald Alexis vom Komponisten, V: Sonzogno
Maia (1910 Rom), T: Paul de Choudens (Paul Bérel), V: Choudens, Sonzogno
I Zingari (1912 London), T: Enrico Cavacchioli u. Guglielmo Emanuel, V: Sonzogno; deutsche Fassung v. Georg C. Winkler, V: Peters
Edipo Re (König Ödipus; 1920 Chicago), T: vom Komponisten, E., V: Peters

Der Bajazzo

Drama in zwei Akten und einem Prolog. Dichtung vom Komponisten.

SOLISTEN: *Canio,* Haupt einer Dorfkomödiantengruppe; in der Komödie: Bajazzo (Jugendlicher Heldentenor, auch Heldentenor, gr. P.) – *Nedda,* sein Weib; in der Komödie: Colombine (Lyrischer Koloratursopran, auch Jugendlich-dramatischer Sopran, auch Lyrischer Sopran, gr. P.) – *Tonio,* Komödiant; in der Komödie: Taddeo (Heldenbariton, auch Charakterbariton, gr. P.) – *Beppo,* Komödiant: in der Komödie: Harlekin (Spieltenor, m. P.) – *Silvio,* ein junger Bauer (Lyrischer Bariton, m. P.) – *Ein Bauer* (Baß, kl. P).
CHOR: Landleute beiderlei Geschlechts. Gassenbuben (gr. Chp.).
ORT: Bei Montalto in Kalabrien.
SCHAUPLATZ: Platz vor der Dorfmauer, rechts eine aus Brettern aufgebaute Spielbude »Theater«.
ZEIT: 15. August (Festtag) 1865.
ORCHESTER: 2 Fl., 1 Picc., 2 Ob., 1 Eh., 2 Kl., 1 Bkl., 3 Fag., 4 Hr., 3 Trp., 3 Pos., 1 Bt., P., Schl., 2 Hrf., Str. – Bühnenmusik: 1 Viol., 1 Ob., 1 Trp., 1 gr. Tr., Gl. in F, A, C.
GLIEDERUNG: Prolog und musikalische Szenen, die pausenlos ineinandergehen; zwischen I. und II. Akt: Intermezzo.
SPIELDAUER: etwa 1¼ Stunden.
HANDLUNG: Im Prolog des Stückes tritt der Darsteller des Tonio vor

den Vorhang und teilt dem Publikum mit, auch wenn es jetzt Figuren der Commedia dell'arte sehe, handele es sich um richtige Menschen, denn der Dichter habe »ein Stück Leben« aufzeichnen wollen. – Mit freudiger Begeisterung begrüßen die Bewohner des Dorfes Montalto eine eben angekommene Komödiantentruppe, deren Haupt, Canio, das Publikum zum Besuch des »herrlichen Schauspiels« für heute abend einlädt. Tonio, der häßliche, mißgestaltete Tölpel der Komödie, will Canios junger und hübscher Frau Nedda beim Herabsteigen vom Wagen behilflich sein, wird aber zum Gaudium der Zuschauer von dem Gatten mit einer Ohrfeige barsch weggewiesen. Canio liebt nämlich Nedda mit ebensolcher Leidenschaft wie Eifersucht, und er erklärt den Bauern, daß er im Leben auf einen Treubruch Neddas ganz anders reagieren würde als auf der Bühne, wo er als dummer, geprellter Bajazzo nachgibt und schließlich noch verprügelt wird. Dann kommen die Musikanten, die sich mit den Dorfbewohnern zur Festtags-Vesper in die Kirche begeben, während Canio mit dem Komödianten Beppo auf Einladung eines Bauern in die Taverne zu einem Glas Chianti geht. Inzwischen nähert sich Tonio, der sich vorgenommen hat, an Canio für die Demütigung bittere Rache zu nehmen, der allein zurückgebliebenen Nedda. Er verlangt mit tierischer Gier Liebe, wird aber, als er versucht, Gewalt anzuwenden, von Nedda mit einer Peitsche ins Gesicht geschlagen. Unter Androhung seiner Rache zieht er sich daraufhin lauernd zurück. Kurz danach schwingt sich der junge Bauer Silvio über die Dorfmauer, der Nedda liebt und sie, die seine Gefühle erwidert, inständig bedrängt, mit ihm heute Nacht ihrem rohen Gatten zu entfliehen. Nach anfänglichem Zögern willigt sie schließlich ein. Während sich die beiden mit einem langen Kuß in den Armen liegen, schleicht Tonio mit Canio herbei, den er rasch aus dem Wirtshaus geholt hat. Mit einem Aufschrei stürzt dieser dem über die Mauer entfliehenden Silvio nach, er kann ihn aber nicht mehr einholen. Von Nedda will er nun den Namen des Nebenbuhlers erfahren und er geht in höchster Erregung sogar mit gezücktem Dolch auf sie los, als sie sich weigert, den Geliebten zu verraten. Mit Mühe gelingt es dem eben dazukommenden Beppo, Canio zurückzuhalten. Tonio beruhigt ihn mit der Versicherung, er werde Nedda nicht aus den Augen lassen; denn vermutlich dürfte der Liebhaber zur Vorstellung kommen. Erschüttert über den Gedanken, jetzt in dieser Verfassung spielen zu müssen, schreitet Canio apathisch der Spielbude zu. – Vor der Vorstellung hat Nedda beim Geldeinsammeln Gelegenheit, Silvio zu warnen. Das gespannte Publikum kann kaum den Beginn erwarten, endlich hebt sich der Vorhang: Bajazzo (Canio) ist ausgegangen und kommt gewöhnlich erst nachts heim; inzwischen pflegt Colombine (Nedda), mit ihrem Liebhaber Harlekin (Beppo) süße Stunden zu verbringen. Der blöde Taddeo (Tonio), der auf dem Markt ein Huhn eingekauft hat und es Colombine bringt, verlangt von ihr Liebe; er wird aber mit einem Fußtritt zur Türe gewiesen, als Harlekin zum Fenster einsteigt. Mit einem ironischen Segen für das Liebespaar zieht sich Taddeo unter dem Gelächter der Zuschauer zurück. Als Colombine und Harlekin dann verliebt beim Mahl sitzen, reicht dieser ihr einen Trank, mit dem sie ihren Mann betäuben soll, damit sie beide zusammen entfliehen können. Da naht Bajazzo unerwartet; rasch verschwindet Harlekin durchs Fenster. Colombine ruft ihm die gleichen Worte nach wie am Nachmittag ihrem Silvio. Bajazzo-Canio hört diese Worte, und die Ähnlichkeit der Situation zwischen Spiel und Wirklichkeit verleitet ihn, alsbald aus seiner Rolle zu fallen, ohne daß die Zuschauer es zunächst bemerken. Er verlangt, wie vor der Vorstellung, den Namen des Buhlen zu erfahren. Mit kalter Ruhe setzt Colombine-Nedda das Komödienspiel fort. Aber Canio, nicht bloß Bajazzo, sondern betrogener Gatte, verlangt immer energischer den Namen und stellt schließlich zur Wahl: entweder den Namen oder das Leben. Nedda weigert sich auch jetzt noch, Verräterin zu werden, obwohl sie sich bewußt ist, daß aus dem Spiel Ernst geworden ist. Daraufhin sticht Canio sie in blinder Wut nieder. Sterbend ruft sie Silvio zu Hilfe, und Canio tötet blitzschnell den dadurch endlich entlarvten Nebenbuhler ebenfalls. Völlig gebrochen läßt er sich daraufhin von den Bauern entwaffnen und festnehmen.

STILISTISCHE STELLUNG: Der ›Bajazzo‹ ist, ähnlich wie Mascagnis ›Cavalleria rusticana‹, in erster Linie wegen der wirklichkeitsgetreuen Darstellung des Stoffes der naturalistischen Stilrichtung zuzuordnen. Sehr geschickt erläutert Leoncavallo das Wesen des Verismo und seine Berechtigung als künstlerische Ausdrucksform in dem Prolog (anstelle eines instrumentalen Vorspiels), in dem auch – ähnlich wie nachher bei Canios berühmter Arie – das herbe Los des Künstlers geschildert wird, Kummer und Leid hinter der lachenden Maske verbergen zu müssen. Ein geistreicher Einfall des Dichterkomponisten war es, der heiteren Behandlung des Konfliktstoffes im Spiel den Ernst des Lebens gegenüberzustellen. Ebenso feinsinnig wird der Kontrast auch musikalisch gezeichnet: Der leidenschaftlichen Tonsprache und den freieren Formen bei den Szenen der Haupthandlung treten in der Komödie die spielerischen und graziösen Melodien sowie die strengen Formen von Menuett, Sarabande und Gavotte, etwa im Stile François Couperins, gegenüber. Die Chöre erfahren eine besonders farbige und rhythmisch lebendige musikalische Gestaltung, trefflich charakterisiert durch die dem Volkston abgelauschte Melodik (Glockenchor). Der Einfluß Richard Wagners beschränkt sich auf einige melodische oder harmonische Wendungen (z. B. Tonios Rache-Baßmotiv) und auf gelegentliche Themenwiederholungen im leitmotivischen Sinn. Die große Wirkungskraft verdankt aber der ›Bajazzo‹ der äußerst ansprechenden musikalischen Interpretierung der Gefühle und Leidenschaften durch die Macht des Belkanto.

TEXTDICHTUNG: Leoncavallo schrieb sich das Textbuch zu ›I Pagliacci‹ selbst. Die Operndichtung handelt von einer wahren Begebenheit, die der Dichterkomponist am Festtag Mariä Himmelfahrt, dem 15. August 1865, bei Montalto in Kalabrien persönlich erlebt hatte. Der damals siebenjährige Leoncavallo besuchte in Begleitung des Dieners der Familie die Vorstellung einer wandernden Komödiantentruppe, und als der Diener während der Vorstellung hinter den Kulissen mit der Frau des Bajazzo von dem eifersüchtigen Gatten ertappt wurde, erstach dieser beide; die Vorstellung endete mit der Verhaftung des Mörders. – Die deutsche Übersetzung stammt von Ludwig Hartmann. Die Titelübertragung ist ungenau; wohl wegen des schlecht klingenden deutschen Plurals (»Die Bajazzos« oder »Bajazzi«) wurde der Singular quasi als Sammelbegriff gewählt. »I Pagliacci« bedeutet im Italienischen zunächst die zu Strohmännchen auf dem abgemähten Felde zusammengestellten Getreidegarben, im übertragenen Sinn dann die aus der Commedia dell'arte stammenden Lustspieltypen wie Harlekin, Taddeo, Colombine usw.

GESCHICHTLICHES: Leoncavallo beteiligte sich 1890 an dem Preisausschreiben des Mailänder Verlegers Edoardo Sonzogno mit seiner Oper ›I Pagliacci‹, nachdem es zwischen ihm und seinem bisherigen Verleger Giulio Ricordi zu einem Bruch gekommen war. Preisgekrönt wurden damals Pietro Mascagnis ›Cavalleria rusticana‹ und Nicola Spinellis ›Labilia‹; der ›Bajazzo‹ mußte aus einem formalen Grunde bei der Konkurrenz ausscheiden, weil die Bedingungen des Preisausschreibens eine einaktige Oper verlangten, während Leoncavallos Werk, wenngleich es nicht abendfüllend ist, immerhin zwei Akte hat. Sonzogno setzte sich aber dennoch für das Werk ein, und zwei Jahre nach der Uraufführung der ›Cavalleria rusticana‹ (17. Mai 1890), am 21. Mai 1892, ging der ›Bajazzo‹ im Teatro dal Verme in Mailand zum ersten Mal in Szene. Leoncavallos Oper war derselbe Welterfolg beschieden wie Mascagnis ›Cavalleria rusticana‹, mit der sie gewöhnlich an einem Abend zusammen aufgeführt zu werden pflegt. Der außergewöhnliche Beifall, den der ›Bajazzo‹ bei seiner Erstaufführung in Berlin fand, trug Leoncavallo einen Opernauftrag Kaiser Wilhelms II. für einen Berliner Stoff ein (›Der Roland von Berlin‹).

GYÖRGY LIGETI

* 28. Mai 1923 in Dicsöszentmárton/Ungarn
Aventures (1962 Hamburg) für 3 Sänger u. 7 Instrumentalisten, V: Peters
Nouvelles Aventures (1965 Hamburg) für 3 Sänger u. 7 Instrumentalisten, V: Peters

gemeinsam aufzuführen als musikalisch-dramatische Aktion in 14 Bildern (1973 Scheveningen; eine nicht autorisierte Auff. 1966 Stuttgart)
Le Grand Macabre (1978 Stockholm), T: nach Michel de Ghelderode v. Michael Meschke u. vom Komponisten, V: Schott

Le Grand Macabre

Oper in zwei Akten (vier Bildern). Text von Michael Meschke und György Ligeti frei nach Michel de Gheldérodes ›La Ballade du Grand Macabre‹.

SOLISTEN: *Chef der Geheimen Politischen Polizei* (*Gepopo;* Lyrischer Koloratursopran, m. P.) – *Venus* (Koloratursopran, kl. P.; kann auch von der Darstellerin des Gepopo mit übernommen werden) – *Clitoria* (Lyrischer Sopran, m. P.) – *Spermando* (Lyrischer Mezzosopran, m. P.) – *Go-Go,* Fürst von Breughelland (Knabensopran, auch Sopran, auch Contratenor, gr. P.) – *Astradamors,* Hofastrologe von Breughelland (Baß, gr. P.) – *Mescalina,* seine Frau (Dramatischer Mezzosopran, auch Dramatischer Alt, m. P.) – *Piet-vom-Faß,* Totengräber in Breughelland (Hoher Spieltenor, auch Charaktertenor, gr. P.) – *Nekrotzar* (Heldenbariton, auch Charakterbariton, gr. P.) – *Ruffiak* (Bariton, auch Baß, kl. P.) – *Schobiak* (Bariton, auch Baß, kl. P.) – *Schabernack* (Bariton, auch Baß, kl. P.) – *Weißer Minister* (Sprechrolle, m. P.) – *Schwarzer Minister* (Sprechrolle, m. P.).
CHOR: Knabenchor, gemischter Chor (hinter der Bühne, m. Chp.).
ORT: Im Fürstentum Breughelland.
SCHAUPLÄTZE: Im schönen Breughelland – Im Hause des Hofastrologen – Am Hof des Fürsten Go-Go – Nach dem Weltuntergang im schönen Breughelland.
ZEIT: Im soundsovielten Jahrhundert.
ORCHESTER: 3 Fl. (II. und III. auch Picc.), 3 Ob. (II. auch Ob. d'amore, III. auch Eh.), 3 Kl. (II. auch Kl. in Es, auch Altsaxophon, III. auch Bkl.), 3 Fag. (III. auch Kfag.) – 4 Hr., 4 Trp., Btrp., 3 Pos., Tuba – Schl. (3 Spieler), 3 Mundharmonikas, Cel., Cemb., Klav./elektrisches Klav., Org./Regal, Mandoline, Hrf. – 3 Viol., 2 Violen, 6 Vcl., 4 Kb. – Bühnenmusik: Picc., Ob., Eh., Kl. in Es, Fag, 2 Trp., 2 Pos., Schl., Viol. (aus dem Orchester).
GLIEDERUNG: Durchkomponierte Großform.
SPIELDAUER: etwa 2 Stunden.
HANDLUNG: Im schönen Lande Breughelland. Piet-vom-Faß, von Beruf Totengräber und Weinabschmecker und stets betrunken, erblickt mit Staunen ein schönes junges Liebespaar, Clitoria und Spermando, die außerhalb der Stadt ein ruhiges, ungestörtes Plätzchen suchen. Da

erklingt aus einem Grab die warnende Stimme Nekrotzars, des Großen Makabren, der den nahen Untergang Breughellands prophezeit und die Zerstörung der Welt verkündet. Voller Zweifel und Angst fügt sich Piet dem Befehl Nekrotzars, ihm bei seinem Unternehmen als Knecht zu dienen, während das Liebespaar das leerstehende Grab entdeckt – der geeignete Ort für ungestörte Liebe. Nekrotzar schwingt die Sense, bläst auf der Trompete und präsentiert sich als Knochenmann; mit Piet im Gefolge bricht er auf, die Welt zu vernichten. – Im Haus des Hofastrologen. Von seinem Weib Mescalina wird der Hofastrologe Astradamors ausgepeitscht. Als er wie leblos zu Boden fällt, weckt sie ihn mit einer Spinne, vor der er sich höllisch fürchtet, wieder auf und treibt ihn zur Arbeit an. Durch sein Fernrohr entdeckt Astradamors sonderbare Lichterscheinungen und berechnet entsetzt die Ankunft eines Kometen, der um Mitternacht die Welt zerstören wird. Mescalina ist unterdesssen eingeschlafen; im Traum erscheint ihr die Göttin Venus, und Mescalina fleht sie an, ihr endlich einen richtigen Mann zu schicken, denn ihre ersten zwei waren unbrauchbar. Da brechen Nekrotzar und Piet ein. Der Astrologe erschrickt, doch als ihm verkündet wird, er werde als Letzter sterben, bricht er in einen Freudentaumel aus. Nekrotzar geht auf die schlafende Mescalina los, und während diese noch glaubt, von Venus erhört worden zu sein, beißt ihr Nekrotzar in den Hals, worauf sie leblos zu Boden sinkt. Nekrotzar, Piet und Astradamors ziehen weiter zum fürstlichen Palast. – Am Hofe des Fürsten Go-Go. Der weiße und der schwarze Minister streiten sich und drohen dem kindlich-hilflosen Fürsten Go-Go mit ihrer Demission. Der Fürst ist hungrig, doch die Minister verweigern ihm das Essen, solange er nicht ein Dekret über astronomische Steuererhöhungen unterzeichnet. Da ändert der sonst so unterwürfige Go-Go seine Haltung: er akzeptiert – zum Entsetzen der Minister – die Demission und stopft sich den Mund mit Essen voll. Der Chef der Geheimpolizei überbringt eine verschlüsselte Nachricht und deutet an, das Volk wolle den Palast stürmen. Die Minister versuchen, das Volk zu beschwichtigen, doch das Volk, voller Angst vor dem herannahenden Unheil, will seinen Fürsten sehen. Als dieser sich endlich an die Bürger von Breughelland wendet, erscheint der Geheimpolizeichef erneut und berichtet von der Ankunft einer schrecklichen, Unheil bringenden Gestalt. Es erscheint jedoch zuerst nur Astradamors, der fröhlich verkündet, er sei Witwer. Doch dann ertönen Alarmsirenen, und Go-Go versteckt sich voller Angst. Nekrotzar hält düster-prunkvollen Einzug und verkündet das Ende der Welt. Das Volk fleht um Erbarmen. Piet und Astradamors gelingt es, Nekrotzar zu einem Saufgelage zu überreden, und dieser hält im Rausch den Wein für Menschenblut. Plötzlich eine Explosion, blendendes Licht: der Komet ist da. Nekrotzar scheint den Weltuntergang zu verpassen, doch dann verkündet er mit heroischer Geste: »Im Namen des Allmächtigen zerschmettere ich jetzt die Welt« und stürzt zu Boden. Alles ist still und dunkel. – Im schönen Lande Breughelland. Piet und Astradamors träumen, sie seien im Himmel; Fürst Go-Go erscheint, und drei übriggebliebene Haudegen namens Ruffiak, Schobiak und Schabernack wollen die anderen Überlebenden ausrauben, als sie ihren Fürsten erkennen. Da humpelt Nekrotzar herein, arg lädiert, und stellt entsetzt fest, daß seine Weltvernichtungsaktion fehlgeschlagen ist – der Komet hat die Erde knapp verfehlt. Mescalina, die Totgeglaubte, ist plötzlich springlebendig und erkennt in Nekrotzar ihren ersten Mann, und während Go-Go befiehlt, sie zu fesseln, schleppt Schabernack die beiden Minister herbei, die nun gegenseitig Mescalina beschuldigen, die Beseitigung des Fürsten geplant zu haben. Während des Streites dringen plötzlich erotische Laute aus dem Grab, und Clitoria und Spermando treten heraus; das Liebespaar hat den ganzen vermeintlichen Weltuntergang »verliebt«. Nekrotzar ist blamiert – war er der Tod oder nur ein Gaukler, der sich anmaßte, den Tod darzustellen? Während er von der Bühne schrumpft, feiern die Überlebenden das Hier und Jetzt. »Fürchtet den Tod nicht, gute Leut! Irgendwann kommt er, doch nicht heut'. Und wenn er kommt, dann ist's so weit . . . lebt wohl solang in Heiterkeit.«

Stilistische Stellung: Dem Komponisten György Ligeti ging es in seiner ersten abendfüllenden Oper (voraufgegangen waren nur die beiden knappen, lettristischen Aktionsstücke ›Aventures‹ und ›Nouvelles Aventures‹ ohne konkrete dramatische Handlung) darum, den Phantasieraum des Theaters zu nutzen zu einer raum- und zeitübergreifenden theatralischen Vision vom Ende der Welt; er griff dabei bewußt und vielfach parodierend auf die Gattungstradition der Oper zurück. Auch formal orientierte er sich an traditionellen Mustern und ging aus von einer Handlung »als Rückgrat, als Gerüst für Affekte, Charaktere und Bühnensituationen« (Ligeti). Dabei ging es ihm um eine primär musikalisch inspirierte Idee des »über-farbigen, comic-artigen« Geschehens: Charaktere und Bühnensituationen sollten direkt, knappgehalten, unpsychologisch und verblüffend sein. Bühnengeschehen und Musik sollten gefährlich-bizarr, ganz übertrieben, ganz verrückt sein: die Neuartigkeit dieses Musiktheaters sollte sich nicht in den Äußerlichkeiten der Aufführung, sondern im Innern der Musik, durch die Musik manifestieren. Ligetis Musik ist – gesehen von diesen Voraussetzungen – durchaus theatergerecht: vor allem aber weiß er kompositorische Latenz, die die Opernbühne braucht, mit rigorosen musikalischen Strukturen zu verbinden. So bleiben etliche Teile weitgehend unkomponiert, nur vom Orchester akzentuiert, während andererseits höchst komplexe Zitatcollagen und passacaglia-artige Strukturen musikalische Dominanz beanspruchen. Ligeti selbst hat seine Musik so charakterisiert: »Die Musik zum ›Macabre‹ ist nicht atonal, ist aber auch keine Rückkehr zur Tonalität. Sie nähert sich der Pop-Art. Sie ist auf eine Weise gegenständlich, es gibt darin Linien, melodische Zusammenhänge, die wie Gegenstände behandelt werden. Das Stück ist voll mit sehr viel Zitaten aus der Tradition, auch mit Pseudozitaten, ja oft falschen Zitaten.«

TEXTDICHTUNG: Das Libretto von Ligetis Oper geht zurück auf das Schauspiel ›La Ballade du Grand Macabre‹ (1936) des flämischen Dichters Michel de Ghelderode. Ghelderode, der als Dramatiker der Todesgrotesken gilt, beschwört in all seinen Stücken die Breughel-Landschaft seiner Heimat: die eschatologische Atmosphäre der Bilder eines Hieronymus Bosch oder James Ensor, mit Szenen voll Unheimlichkeit und oft beklemmender Lächerlichkeit und grotesker Tragik – im ›Macabre‹ zumal deutlich bezogen auf den europäischen Faschismus. Ligeti und der Librettist Michael Meschke haben den Text in der Libretto-Fassung nicht nur gekürzt, sondern auch entpolitisiert: neben dem wortmächtigen, barock ausufernden Original wirkt das Libretto nicht nur sprachärmer, sondern auch trivialer – was sicher daran liegt, daß es Ligeti darauf ankam, den Text zu »jarryfizieren«, wobei bisweilen aber eher Kalauer produziert wurden, und auch die Obszönität des Originals weicht einer bisweilen eher verklemmten Maulhurerei.

GESCHICHTLICHES: Ligetis ›Le Grand Macabre‹ entstand als Auftragswerk des Königlichen Opernhauses in Stockholm. Den Auftrag erteilte der damalige Opernchef Göran Gentele Ligeti bereits 1965, aber nach mehreren dann verworfenen Arbeitsansätzen und nach dem plötzlichen Unfalltod Genteles wurde ›Le Grand Macabre‹ erst im April 1977 abgeschlossen. Die Uraufführung fand am 12. April 1978 in Stockholm in der Inszenierung von Michael Meschke statt, die deutsche Erstaufführung am 15. Oktober 1978 inszenierte Gilbert Deflo in Hamburg; danach wurde das Werk in Saarbrücken, Bologna, Nürnberg, Paris, London und Houston (Texas) aufgeführt.

W. K.

ALBERT LORTZING

* 23. Oktober 1801 und † 21. Januar 1851 in Berlin

Ali Pascha von Janina oder Die Franzosen in Albanien (1828 Münster), T: der Komponist, E., V: U. E.

Die beiden Schützen (1837 Leipzig), T: nach Gustav Cords vom Komponisten, kO., V: B&H; Neubearb. v. Arthur Treumann-Mette, V: A&S; v. Toni Impekoven u. Edmund Nick (1941 Nürnberg), V: U. E.

Zar und Zimmermann oder Die beiden Peter (1837 Leipzig), T: nach Mélesville u. a. (übersetzt v. Georg Christian Römer) vom Komponisten, kO., V: B&H, Peters

Caramo oder Das Fischerstechen (1839 Leipzig), T: nach Amable Vilain de Saint-Hilaire u. Paul Duport vom Komponisten; Neubearb. v. Georg Richard Kruse (Mannheim); v. Dietrich Wolf, Leo Nedomansky, Christoph Hamm u. Walter Hessel, V: DVfM, Schott

Hans Sachs (1840 Leipzig), T: nach Johann Ludwig Ferdinand Deinhardtstein v. Philipp Reger, kO., V: B&H; Neubearb. v. Willy Hanke u. Max Loy, V: Sikorski

Casanova (1841 Leipzig), T: nach Karl August Lebrun vom Komponisten, kO., V: U. E.; Neubearb. v. Fritz Tutenberg (1934); v. Rolf Lauckner u. Mark Lothar als ›Casanova in Murano‹ (1942), V: Oertel

Der Wildschütz oder Die Stimme der Natur (1842 Leipzig), T: nach August v. Kotzebue vom Komponisten, kO., V: Peters, B&H, U. E.

Undine (1845 Magdeburg), T: nach Friedrich de la Motte Fouqué vom Komponisten, V: Peters, B&H, U. E.

Der Waffenschmied von Worms (1846 Wien), T: nach Friedrich Wilhelm Ziegler vom Komponisten, kO., V: Peters, B&H, U. E.

Zum Großadmiral (1847 Leipzig), T: nach Alexandre Duval vom Komponisten, kO., V: B&H; Neubearb. v. A. Treumann-Mette, V: A&S

Die Rolandsknappen oder Das ersehnte Glück (1849 Leipzig), T: nach Johann Karl August Musäus v. Georg Meisinger, Karl Haffner u. dem Komponisten; Neubearb. v. G. R. Kruse u. Preben Nodermann, V: Stahl; v. Paul Hensel-Haerdrich, V: A&S (›Die Glücksnarren‹)

Die Opernprobe oder Die vornehmen Dilettanten (1851 Frankfurt/M.), T: nach Philippe Poisson u. Johann Friedrich Jünger vom Komponisten, kO., E.; Neubearb. v. Richard Kleinmichel, V: U. E.

Regina oder Die Marodeure (nachgelassen), T: der Komponist; Neufassung v. Adolf l'Arronge (1899 Berlin), V: B&B

Zar und Zimmermann

Komische Oper in drei Aufzügen. Dichtung vom Komponisten.

SOLISTEN: *Peter I.,* Zar von Rußland, unter dem Namen Peter Michailow als Zimmergeselle (Kavalierbariton, auch Lyrischer Bariton, gr. P.) – *Peter Iwanow,* ein junger Russe, Zimmergeselle (Lyrischer Tenor, auch Spieltenor, gr. P.) – *van Bett,* Bürgermeister von Saardam (Schwerer Spielbaß, gr. P.) – *Marie,* seine Nichte (Lyrischer Sopran, auch Soubrette, gr. P.) – *Admiral Lefort,* russischer Gesandter (Charakterbaß, m. P.) – *Lord Syndham,* englischer Gesandter (Baß, m. P.) – *Marquis von Chateauneuf,* französischer Gesandter (Lyrischer Tenor, m. P.) – *Witwe Brown,* Zimmermeisterin (Spielalt, kl. P.) – *Ein Offizier* (Sprechrolle, kl. P.) – *Ein Ratsdiener* (Sprechrolle, kl. P.).

CHOR: Holländische Offiziere. Soldaten. Magistratspersonen. Ratsdiener. Einwohner von Saardam. Zimmerleute. Matrosen. Volk (gr. Chp.).

BALLETT: Holzschuhtanz (III. Akt).

ORT: Saardam in Holland.

SCHAUPLÄTZE: Arbeitsplatz auf den Schiffswerften zu Saardam – Das Innere einer großen Schenke – Große Halle im Stadthaus zu Saardam mit großem Bogen im Hintergrund, der mit einem Vorhang geschlossen ist, bei geöffnetem Vorhang Ausblick auf den Hafen von Saardam.
ZEIT: Das Jahr 1698.
ORCHESTER: 2 Fl. (II. auch Picc.), 2 Ob., 2 Kl., 2 Fag., 4 Hr., 2 Trp., 3 Pos., P., Schl., Str. – Bühnenmusik: 1 Picc., 2 Kl., 2 Fag., 2 Hr., 1 kl. Tr.
GLIEDERUNG: Ouvertüre und 16 Musiknummern, die durch einen gesprochenen Dialog miteinander verbunden werden.
SPIELDAUER: etwa 2¾ Stunden.
HANDLUNG: Zar Peter I. von Rußland, der unter dem Namen Peter Michailow sich auf der Werft von Saardam als einfacher Zimmermann Kenntnisse in der Schiffsbaukunst erwirbt, entschließt sich zur sofortigen Heimreise, als ihm vom russischen Gesandten, Admiral Lefort, alarmierende Nachrichten über einen Aufstand in der Heimat überbracht werden. Er verschiebt jedoch die Abreise um einen Tag, um noch einem günstigen Vertragsangebot des französischen Gesandten Chateauneuf näherzutreten, der mit diplomatischem Geschick das Inkognito des Zaren zu lüften verstand. Auch der englische Gesandte, Lord Syndham, sucht Verbindung mit dem Zaren aufzunehmen. Der phlegmatische Engländer zieht es aber vor, den Gesuchten nicht selbst, sondern durch den Bürgermeister van Bett ermitteln zu lassen, und bietet diesem 2000 Pfund an für den Fall, daß er einen ausländischen Zimmergesellen namens Peter auf der Werft ausfindig macht. Das ebenso aufgeblähte wie einfältige Stadtoberhaupt erblickt hierin eine ehrenvolle Aufgabe für seine staatsmännische Klugheit und glaubt, den gewünschten Mann in dem munteren Peter Iwanow entdeckt zu haben, der in des Bürgermeisters hübsche Nichte Marie vernarrt ist und das Mädchen ständig mit übertriebener Eifersucht quält. – Am Abend beim Hochzeitsfest des Sohnes der Zimmermeisterin Witwe Brown führt van Bett dem Lord seinen Kandidaten zu, der aber in Wirklichkeit ein fahnenflüchtiger Ausreißer ist und in Syndham einen Abgesandten seines Obersts vermutet, während am Nebentisch der Zar mit Lefort und Chateauneuf ungestört den Staatsvertrag entwirft und abschließt. Eine gefährliche Situation entsteht für den Zaren, als plötzlich eine Abteilung Soldaten auf Weisung der holländischen Regierung den Hafen von Saardam sperrt, um die sich in letzter Zeit häufende Ausreise hochwertiger Arbeitskräfte zu verhindern, die von Agenten eines fremden Landes angeworben worden waren. – Aber während van Bett am nächsten Morgen mit großer Wichtigtuerei ein glänzendes Fest mit Kantate und Ballett zu Ehren des vermeintlichen Zaren vorbereitet, gelingt es Michailow, dem gutmütigen Iwanow einen Paß abzugewinnen, den dieser vom englischen Gesandten erhalten hat. Als Zar Peter sodann unter Kanonendonner auf einer ebenfalls

vom Lord zur Verfügung gestellten englischen Yacht im Hafen zur Ausfahrt ansetzt, wird endlich allen offenbar, wer der echte Kaiser ist. Nach bewegten Worten des Abschieds nimmt der Zar auch Marie und Iwanow an Bord, den er zum Dank für seine wertvollen Dienste als kaiserlichen Oberaufseher in die Heimat mitnimmt. Unter jubelnden Huldigungsbezeugungen des Volkes läuft das Schiff aus.
STILISTISCHE STELLUNG: Von frühester Jugend auf mit den Brettern der Bühne verwachsen, war Lortzing als ausübender Praktiker (Schauspieler, Sänger, Spielleiter und zuletzt auch Kapellmeister) mit allen Zweigen der dramatischen Kunst in Berührung gekommen. Sein guter Geschmack verwies ihn als Schaffenden auf den Bereich, der seinem Talent entsprach: das volkstümliche musikalische Lustspiel. Anknüpfend an das deutsche Singspiel eines Johann Adam Hiller–Christian Felix Weiße und eines Karl Ditters von Dittersdorf verfaßte er wirkungsvolle Opernbücher; auf der Grundlage des musikalischen Vorbilds Mozart und unter Einbeziehung des flüssigen Konversationstons der Opéra comique (z. B. die filigranhafte Eifersuchts-Ariette der Marie) gelang ihm die Auffindung eines eigenen Stils, den er bereits in seiner Oper ›Die beiden Schützen‹ erfolgreich entwickelte und in ›Zar und Zimmermann‹ im wesentlichen endgültig festlegte. Die deutsche Oper bereicherte er dadurch um einen neuen Zweig: die Spieloper. Charakteristisch für diese Gattung ist die sinnfällige Darstellung einer Welt, deren Denken und Fühlen dem natürlichen Empfinden der Volksseele entspricht. Musikalisch sublimiert sich diese Gestaltungsweise in erster Linie in dem schlichten, unsentimentalen Lied, einem Wahrzeichen der Lortzingschen Partituren. Es erscheint im ›Zar und Zimmermann‹ in verschiedenen Schattierungen: bei dem kernigen Zimmermannslied, dem »Flandern«- und dem Brautlied, denen eine flandrische beziehungsweise russische Volksweise zugrunde liegt, sowie bei dem gefühlswarmen Zarenlied. Die Duette weisen eine für Lortzing typische Form auf, deren komische Wirkung darauf beruht, daß die Wiederholung der musikalischen Gedanken mit vertauschten Rollen erfolgt. Unter den Ensemblestücken, die auch für Chor und Ballett dankbare Aufgaben enthalten, ragen besonders das kunstvoll gearbeitete Sextett mit den diplomatischen Verhandlungen sowie die urkomische Kantatenprobe hervor.
TEXTDICHTUNG: In der langen Reihe der Opern-Lustspiel- und Singspielbearbeitungen des ›Zar‹-Stoffes sind zunächst hervorzuheben das bereits 1780 erschienene musikalische Drama ›Peter der Große‹ des Gothaer Komponisten Christoph Gottlob Hempel (1715–1801) sowie die Oper ›Pierre le Grand‹ von André-Ernest-Modeste Grétry (1790 Paris), Text von Jean Nicolas Bouilly, den Georg Friedrich Treitschke als Festoper für den Wiener Kongreß deutsch bearbeitete und Josef Weigl neu komponierte (1814 Wien). Auch Saverio Mercadante (1827 Lissabon), Gaetano Donizetti (1827 Neapel), Adolphe Adam (1829

Paris), Friedrich von Flotow (1835 Ludwigslust) und nach Lortzing noch Giacomo Meyerbeer (›Der Nordstern‹, 1854 Paris) bedienten sich dieses dankbaren Sujets. Lortzing lernte den ›Zar‹-Stoff schon als Knabe in Bamberg kennen, wo die Oper ›Frauenwert oder Der Kaiser als Zimmermann‹ von Karl August Ludwig Freiherr von Lichtenstein 1814 aufgeführt wurde. Als unmittelbare Vorlage diente ihm aber das französische Vaudeville ›Le bourgmestre de Sardam ou Les deux Pierres‹ (1818 Paris) von Mélesville (Pseudonym für Anne Honoré Joseph Duveyrier; 1787–1865), Jean Toussaint Merle und Eugène Cantiran de Boirie, das in zwei deutschen Übersetzungen von Ferdinand von Biedenfeld (1788–1862) und von Georg Christian Römer (1766–1829) erschienen war und in dem Lortzing selbst wiederholt den Marquis de Chateauneuf spielte. Während der Dichterkomponist das zweiaktige Lustspiel ziemlich szenengetreu übernommen hat, ist der III. Akt seiner Oper mit der köstlichen Kantatenprobe, dem wirksamen Zarenlied und dem veränderten Schluß seine eigene Erfindung. Die Anregung zu dem reizenden Duett Marie-Iwanow verdankte er wahrscheinlich einer entsprechenden Szene in Donizettis ›Borgomastro di Saardam‹, der am 2. August 1837 in Berlin zur Aufführung kam. Der volle Titel des Werkes lautet: ›Zar und Zimmermann oder Die beiden Peter‹. Die Handlung folgt den historischen Tatsachen nur in loser Anlehnung. Der holländische Ort, auf dessen Werft Peter der Große als Zimmermann arbeitete, heißt in Wirklichkeit Zaandam.

GESCHICHTLICHES: Bereits zehn Monate nach der freundlichen Aufnahme seiner Oper ›Die beiden Schützen‹ konnte Lortzing am 22. Dezember 1837 in Leipzig seinen ›Zar und Zimmermann‹ zur Uraufführung bringen, in der er selbst die Partie des Peter Iwanow übernahm. Erfuhr das Werk in Leipzig, vor allem von seiten der Kritik, noch keine einmütige Zustimmung, so hatte es bei seiner Erstaufführung in Berlin (4. Januar 1839) einen durchschlagenden Erfolg, der ihm bis auf unsere Tage treu geblieben ist. Die Oper wurde mehrfach in fremde Sprachen übersetzt. Bei Aufführungen des Werkes in Rußland wurde die Handlung unter Umbenennung der männlichen Hauptrollen nach Deutschland verlegt, weil dort der Zar auf der Bühne nicht erscheinen durfte.

Der Wildschütz

Komische Oper in drei Akten. Dichtung vom Komponisten.

SOLISTEN: *Graf von Eberbach* (Kavalierbariton, auch Lyrischer Bariton, gr. P.) – *Die Gräfin,* seine Gemahlin (Alt, m. P.) – *Baron Kronthal,* Bruder der Gräfin (Lyrischer Tenor, gr. P.) – *Baronin Freimann,* eine junge Witwe, Schwester des Grafen (Lyrischer Koloratursopran, auch

Lyrischer Sopran, gr. P.) – *Nanette,* ihr Kammermädchen (Mezzosopran, kl. P.) – *Baculus,* Schulmeister auf dem Gut des Grafen (Spielbaß, gr. P.) – *Gretchen,* seine Braut (Soubrette, m. P.) – *Pankratius,* Haushofmeister auf dem gräflichen Schloß (Spielbaß, auch Charaktertenor, m. P.).

CHOR: Dienerschaft und Jäger des Grafen. Dorfbewohner. Schuljugend (im Finale des I. Aktes Männerchor geteilt in Jäger und Bauern, im Finale des III. Aktes Kinderchor; m. Chp.).

BALLETT: Bäuerliche Contredanse zu Anfang der Oper.

ORT: Der I. Akt spielt in einem eine Stunde vom Schloß gelegenen Dorf, der II. und III. Akt im Schloß selbst.

SCHAUPLÄTZE: Ländliche Gegend, seitwärts das Haus des Schulmeisters, diesem gegenüber Gretchens Wohnung, im Hintergrund das Wirtshaus – Eleganter Salon mit Billard im Schloß zu Eberbach – Eleganter Park mit Gittertor im Hintergrund, links ein Pavillon, rechts Eingang zum Schloß und Laube.

ZEIT: Anfang des 19. Jahrhunderts.

ORCHESTER: 2 Fl. (II. auch Picc.), 2 Ob., 2 Kl., 2 Fag., 4 Hr., 2 Trp., 3 Pos., P., Schl., Str.

GLIEDERUNG: Ouvertüre und 16 Musiknummern, die durch einen gesprochenen Dialog miteinander verbunden werden.

SPIELDAUER: etwa 2¾ Stunden.

HANDLUNG: Das fröhliche Verlobungsfest des ältlichen Schulmeisters Baculus mit dem niedlichen Gretchen findet eine jähe Unterbrechung, als dem Lehrer ein Brief überreicht wird, in dem der Herr des Dorfes, Graf Eberbach, ihn wegen Wilderns seines Postens enthebt. Baculus hatte sich nämlich durch seine Braut verleiten lassen, zur Bereicherung des Verlobungsmahles in den gräflichen Wäldern einen Bock zu schießen, wobei er ertappt worden war. Gretchen will nun selbst beim gnädigen Herrn Fürbitte für ihren Bräutigam einlegen, aber der eifersüchtige Alte läßt das hübsche Mädchen nicht aufs Schloß, da ihm dieser Schritt bei dem Grafen, der als Schürzenjäger bekannt ist, zu gewagt erscheint. Als Retter in der Not erscheinen zwei Studenten, von denen sich der eine bereit erklärt, in Mädchenkleidung aufs Schloß zu gehen und dort die Rolle der Braut zu übernehmen. Baculus und Gretchen sind froh und zugleich belustigt über diese Lösung. Sie ahnen freilich nicht, daß sie in den beiden jungen Männern die Schwester des Grafen, Baronin Freimann, und ihre Kammerzofe Nanette vor sich haben. Die Baronin wählte diese Verkleidung, um auf dem Schloß ihres Bruders, der sie seit ihrer Kindheit nicht mehr gesehen hat, zunächst einmal unerkannt sich den Baron Kronthal, Bruder der Gräfin Eberbach, zu besehen. Der Baron wie die Baronin sind verwitwet und wollen nach den trüben Erfahrungen ihrer Ehe unter Ignorierung aller Standesrücksichten bei einer Wiederverheiratung nur mehr der Stimme des Herzens folgen. Daher wahrt auch der Baron sein Inkognito als bürgerlicher Stallmeister, und außer dem Grafen weiß niemand auf dem Schloß, wer er ist, auch seine Schwester nicht, die ihn zuletzt als Säugling gesehen hat. Auf der Rückkehr von der Jagd lädt der Graf bei einer Rast im Dorfwirtshaus Gretchen und die nunmehr als Bauernmädchen verkleidete Baronin, von deren natürlichem Charme Baron Kronthal sogleich entzückt ist, zu seinem morgigen Geburtsfest ein. – Am Abend gewinnt sich Baculus im Anschluß an eine Sophokles-Vorlesung der gräkomanischen Gräfin bald die Gunst der Schloßherrin als Fürsprecherin, indem er auf Rat des Haushofmeisters Pankratius sich ihr gegenüber mit ein paar rasch zusammengeklaubten Zitaten als begeisterter Gräzist ausweist. Da betritt der Graf den Salon. Zornig erklärt er, keine Gnade für den Wilddieb walten zu lassen. In seiner Bedrängnis ruft Baculus aus dem Fenster nach dem »Studenten«, der ihm Beistand leisten soll. Daraufhin erscheint zunächst der Baron und gleich danach die Baronin, die sich jetzt als Braut des Lehrers ausgibt. Sie fährt Baculus scharf an, weil er sie unbedacht als »Student« apostrophiert hat. Die Gräfin verlangt, daß sich das »Brautpaar« augenblicklich zur Versöhnung küssen soll. Als Baculus daraufhin der Baronin einen derben Schmatz gibt, reagieren der Graf und der Baron eifersüchtig. Ein Gewitter gibt den willkommenen Vorwand, das Mädchen die Nacht über auf dem Schloß festzuhalten. Nach eifriger Debatte, bei wem die »Braut« und bei wem der »Bräutigam« übernachten soll, ist der Graf einverstanden, daß beide die Nacht im Salon verbringen. Sowohl der Graf wie auch der Baron machen sich sogleich erbötig, als Hüter des Anstands im Salon zu verbleiben. Die beiden wollen sich die Zeit mit Billardspielen vertreiben. Baculus memoriert aus seinem Gesangbuch für den morgigen Festtag den Choral, während die Baronin aus ihrem Körbchen ein Strickzeug hervorholt und höchst amüsiert die Situation beobachtet. Da klingelt die Gräfin. Ärgerlich geht der Graf zu ihr, in der Zwischenzeit nützt der Baron eilig die Gelegenheit, der Baronin eine feurige Liebeserklärung zu machen. Der Graf kommt zurück und schickt den Baron unter einem Vorwand zur Gräfin. Rasch macht der Graf den Versuch, die Baronin zu küssen, aber der Baron ist gleich wieder zurück. Nun setzen die beiden ihre Billard-Partie in gereizter Stimmung fort, während Baculus durch wiederholtes Brüllen des Chorals »Wach auf mein Herz und singe!« sich »in den Schlaf zu singen« versucht. Die Spieler geraten schließlich so in Harnisch, daß sie mit ihren Stöcken die Lampe zum Verlöschen bringen. In der Dunkelheit sucht jeder der beiden Männer, die Baronin zu haschen, die sich aber schnell unter dem Billardtisch versteckt hat. Auf den Lärm hin erscheint die Gräfin im Negligé, gleich nach ihr kommt der Haushofmeister Pankratius mit Licht. Im Dunkeln hat der Graf die Gräfin, der Baron den Schulmeister in die Arme geschlossen. Die Gräfin ist sogleich im Bild, was hier vorgegangen ist, und holt das Mädchen für die Nacht auf ihr Zimmer. Der Baron nimmt sich aber schnell noch Baculus vor und bietet ihm fünftausend Taler an für den Fall, daß er ihm seine Braut abtritt. Freudig willigt der Schulmeister ein und überlegt sogleich hochtrabende Zukunftspläne. – Am nächsten Morgen führt aber Baculus dem erstaunten Baron seine wirkliche Braut, Gretchen, zu; verdutzt gesteht er schließlich dem Enttäuschten, daß »die andere« gar kein Frauenzimmer, sondern eine Mannsperson sei. Nun fallen der Reihe nach die Masken und jeder der in komischer Situation Betroffenen zieht sich dadurch aus der Affaire, daß er vorgibt, schuldlos zu sein und bei seinen Gefühlen nur der Stimme der Natur gefolgt zu haben. Dem Baron steht jetzt zu seinem Glück nichts mehr im Weg. Als bei der Gratulationscour der Dorfbewohner Baculus seine Schuljugend um Gnade für ihren Lehrer bitten läßt, will der Graf schon gerührt seine Vergebung bekannt geben, da wird ihm von Pankratius gemeldet, daß auch der schuldbewußte Schulmeister unschuldig sei, denn er habe in der Dämmerung statt eines Rehbockes seinen eigenen Esel geschossen.

Stilistische Stellung: ›Der Wildschütz‹ ist Lortzings gelungenste und wertvollste Bühnenschöpfung. Mit Feinsinn und Geschmack wußte der Dichterkomponist die derbe Pikanterie des Kotzebueschen Stückes durch Veränderungen und eigene Zutaten zu veredeln und das Sujet durch seine liebenswürdige Musik in eine gehobene künstlerische Atmosphäre zu rücken. In diesem Sinn wird das Werk mit Recht in Parallele zu Mozarts ›Figaros Hochzeit‹ gezogen. Musikalisch baut Lortzing seinen im ›Zar und Zimmermann‹ entwickelten Eigenstil weiter aus. Schon die Ouvertüre stellt mit ihrer Anknüpfung an die charakteristischen Themen der Oper den Grundton des Werkes fest: sonnige Heiterkeit und Lebensfreude in einem ländlich-idyllischen Milieu; ein reizvoller Einfall: der Flintenschuß des Wildschützen Baculus hinter dem Vorhang während einer Generalpause der Ouvertüre, durch den die Vorgeschichte der Handlung angedeutet wird. Entsprechend der alten Singspielpraxis wird der Gegensatz Dorfbewohner und vornehme Adelspersonen in Melodik und Formen zum Ausdruck gebracht: die schlichte, volkstümliche Weise beim Lied der als Bäuerin verkleideten Baronin, Dudelsackbässe bei der altväterischen Contredanse der Dorfjugend und beim Aufzug der Landleute, der kindlich-naive Ton beim Gesang der Schulkinder sowie der lustige Dreher bei der Tanzprobe der Mädchen mit dem Grafen; demgegenüber: die elegant geschliffene Tonsprache bei der Arie des Grafen (Polonaise) und bei den Ensemble-Gesängen der Schloßbewohner, von denen das Billard-Quintett mit dem Choral des Schulmeisters als Cantus firmus besonders kunstvoll gearbeitet ist. Ein frisches Tempo wahrt den Lustspielcharakter der mit witzigen und humorvollen Zügen reich ausgestatteten Partitur, die den Begründer der deutschen Spieloper zugleich als Vollender dieser spezifisch deutschen Operngattung erscheinen läßt.

Textdichtung: Lortzing schrieb sich den Text zu seinem ›Wildschütz‹ nach dem 1815 erschienenen und seinerzeit viel gespielten Lustspiel ›Der Rehbock oder Die schuldlosen Schuldbewußten‹ von August von Kotzebue (1761–1819). Dabei wußte er die komische Wirkung der Vorlage durch eine Reihe glücklicher Einfälle wesentlich zu bereichern. So ist Lortzings eigene Erfindung: die köstliche Billard-Szene, der urkomische Haushofmeister Pankratius sowie vor allem die prächtige Buffo-Figur des Schulmeisters Baculus (anstelle des wenig sympathischen Pächters Grauschimmel bei Kotzebue). Lortzing wollte diese Partie ursprünglich nach dem Erziehungs-Reformator Johannes Bernhard Basedow (1724–1790) benennen, auf den er auch mit dem ›A-B-C-D-Lied‹ (»A-B-C-Buch der realen und nominalen menschlichen Erkenntnis«) sowie mit den von allen Mitwirkenden betonten »Grundsätzen« anspielte. Gretchen ist nicht wie im ›Rehbock‹ bereits Frau, sondern erst Braut, wodurch die Situation mit der Verwechslung wahrscheinlicher und schlagkräftiger geworden ist. Mit der Sophokles-Schwärmerei der Gräfin Eberbach parodierte Lortzing die Gräkomanie, von der ganz Leipzig im Anschluß an die Aufführung der ›Antigone‹ (mit der Musik von Felix Mendelssohn, 5. März 1842) befallen war. Sie erscheint so ungezwungen und natürlich mit der Oper verwachsen, daß sie auch heute noch ihre unverminderte Wirkung ausstrahlt, obwohl sie doch nur als Satire auf eine augenblickliche Tagesströmung gedacht war. Der volle Titel des Werkes lautet: ›Der Wildschütz oder Die Stimme der Natur‹.

Geschichtliches: ›Der Wildschütz‹ entstand 1842 und wurde am 31. Dezember des gleichen Jahres im Alten Theater zu Leipzig uraufgeführt. Die Oper fand dank einem ausgezeichneten spielgewandten Sängerensemble lebhafte Anerkennung und hatte bereits im nächsten Jahr auch in Dresden und Berlin besten Erfolg.

Undine

Romantische Zauberoper in vier Aufzügen. Dichtung vom Komponisten.

Solisten: *Bertalda,* Tochter Herzog Heinrichs von Schwaben (Dramatischer Koloratursopran, auch Jugendlich-dramatischer Sopran, m. P.) – *Ritter Hugo von Ringstetten* (Jugendlicher Heldentenor, auch Lyrischer Tenor, gr. P.) – *Kühleborn,* ein mächtiger Wasserfürst (Kavalierbariton, auch Heldenbariton, auch Charakterbariton, gr. P.) – *Tobias,* ein armer alter Fischer (Charakterbaß, m. P.) – *Marthe,* sein Weib (Spielalt, m. P.) – *Undine,* ihre Pflegetochter (Lyrischer Sopran, auch Koloratursopran, gr. P.) – *Pater Heilmann,* Ordensgeistlicher aus dem Klo-

ster Maria-Gruß (Seriöser Baß, kl. P.) – *Veit,* Schildknappe des Ritters Hugo (Spieltenor, gr. P.) – *Hans,* Kellermeister (Spielbaß, m. P.).
CHOR: Edle des Reiches. Gesandte. Ritter und Frauen. Herolde. Pagen. Knappen. Jagdgefolge. Landleute. Fischer und Fischerinnen. Gespenstige Erscheinungen. Wassergeister. Nixen. Genien (m. Chp.).
BALLETT: Festballett im II. Akt, Hochzeits-Menuett (IV. Akt).
ORT: Der I. Aufzug spielt in einem Fischerdorf, der II. in der Reichsstadt im herzoglichen Schloß, der III. und IV. Aufzug spielen in der Nähe und auf der Burg Ringstetten am Rhein.
SCHAUPLÄTZE: Das Innere einer Fischerhütte, der Hintergrund ist offen und durch einen Vorhang zeltartig verdeckt – Prachtvoll geschmückte Halle, im Hintergrund ein Garten mit einem Marmorbassin, in dessen Mitte auf einem Postament die Statue des Meergottes steht – Romantische Gegend am Fuß der Burg Ringstetten, im Hintergrund ein See – Der Hof der Burg Ringstetten, in der Mitte ein mit einem großen Stein bedeckter Brunnen, im Hintergrund die Burg mit erleuchteten Sälen – Festlich erleuchteter Prunksaal mit großen Bogenfenstern – Der Kristallpalast des Wasserfürsten mit funkelnden Steinen, Muscheln, Zieraten usw.
ZEIT: Um das Jahr 1450.
ORCHESTER: 2 Fl. (II. auch Picc.), 2 Ob., 2 Kl., 2 Fag., 4 Hr., 2 Trp., 3 Pos., 1 Bt., P., Schl., Str. – Bühnenmusik: Gl. in D und A.
GLIEDERUNG: Ouvertüre (in der Wiener Fassung mit neuem Schluß) und 18 Musiknummern, die durch einen gesprochenen Dialog miteinander verbunden werden.
SPIELDAUER: etwa 2¾ Stunden.
HANDLUNG: Der Ritter Hugo von Ringstetten war beim Durchstreifen des Zauberwaldes, dessen wundersame Geheimnisse er auf Verlangen der ebenso schönen wie stolzen Herzogstochter Bertalda auskundschaften wollte, zu einem kleinen Dorf an einem See gelangt, wo er in einer armen Fischerhütte übernachtete. Am nächsten Morgen war aber das Bächlein, das vom Wald zum See führte, zu einem mächtigen unpassierbaren Strom angewachsen, ebenso tobte der See im wilden Wellengang, so daß der Ort wie eine Insel von aller Welt abgeschnitten war. Drei Monate währt schon dieser Zustand; inzwischen hat sich der Ritter in Undine, die bildschöne Pflegetochter des alten Fischerpaares, verliebt und beschlossen, sie zu seiner Gattin zu machen. Das Mädchen war vor fünfzehn Jahren am Allerseelentag wassertriefend vor der Hütte gestanden und wurde von den frommen Leuten anstelle des eigenen Töchterchens, das am gleichen Tage auf rätselhafte Weise verschwunden war, aufgezogen. Während noch die Vorbereitungen zur Hochzeit getroffen werden, läßt das Hochwasser plötzlich nach, und Hugo entschließt sich, sogleich nach der Trauung mit seiner jungen Frau und seinem Knappen Veit zur Reichsstadt zurückzukehren. Dort erzählt Undine ihrem Gatten, der sie seit der Vermählung seltsam

verändert findet, das Geheimnis ihrer Herkunft: sie entstamme dem Reich der Wassergeister und sei jetzt durch ihre Verbindung mit einem Menschen ein beseeltes Wesen geworden. Inzwischen ist Bertalda, die in Sehnsucht um die Wiederkehr Hugos bangt, von der Jagd zurückgekehrt. Als ihr der Ritter seine junge Frau vorstellt, verbirgt sie ihre tiefe Enttäuschung hinter geheucheltem Gleichmut. Mit hochmütigen Spitzen gegen Undine gibt sie ihre Verlobung mit dem König von Neapel bekannt, dessen Abgesandter nunmehr auf ihre Bitte hin zur Verschönerung des Festes eine Romanze vorträgt. Das Lied endet aber mit der fatalen Enthüllung der Herkunft der vermeintlichen Herzogstochter, die durch die Eröffnung der in einer Schatulle verwahrten Urkunde aus dem Nachlaß des Herzogs bestätigt wird: Bertalda ist in Wirklichkeit das Kind armer Fischersleute, Undines Pflegeeltern, das von dem Herzog am Tage Allerseelen aufgefunden und an Kindes Statt erzogen worden war. Als die Hofleute dem höhnenden Gesandten zu Leibe rücken wollen, gibt sich dieser als Kühleborn, Fürst der Fluten, zu erkennen, der in dieser und anderen Gestalten Undine gefolgt war und nunmehr durch einen Brunnen in sein Reich zurückkehrt. Bertalda folgt auf Undines Bitten dem jungen Paar auf das Schloß Ringstetten, dem Stammsitz des Ritters. Dort erwacht bei Hugo die alte Leidenschaft für Bertalda. Er verstößt Undine, um sich mit Bertalda vermählen zu können. In der Hochzeitsnacht entsteigt aber Undine, die schmerzgebrochen wieder zu den Ihren in die Wassertiefe zurückgekehrt war, als weißverschleierte Gestalt dem Schloßbrunnen und erscheint Schlag zwölf Uhr im Festsaal, wo sie ihren treulosen Gatten in die Arme nimmt und mit ihm in die Tiefe versinkt. Durch die Gnade des Wasserfürsten Kühleborn darf jedoch der Ritter, der durch seine Untreue eigentlich sein Leben verwirkt hatte, in den Kristallpalästen der Wassergeister an der Seite Undines weiterleben.

Stilistische Stellung: Mit ›Undine‹ wagte der Klassiker der deutschen Spieloper den Sprung in das Reich der romantischen Oper. Der sich der Grenzen seiner Begabung wohlbewußte Meister hielt dabei an dem Herkömmlichen fest, ohne etwas Neues, Bahnbrechendes schaffen zu wollen wie etwa Richard Wagner, der um die gleiche Zeit den ›Tannhäuser‹ vollendete. Dennoch entbehrt das Werk nicht einer persönlichen Note, vor allem dank der Einfügung des komischen Elements. Musikalisch bot der Stoff dem Komponisten die Möglichkeit, in Ausdrucksbezirke vorzudringen, die ihm sonst, bei der Spieloper, verschlossen waren. Die romantische Welt der Wassergeister gab ihm die Anregung zu Ton- und Stimmungsmalereien und damit zu farbenreicherer Instrumentierung, die dramatischen Szenen führten zur Gestaltung musikalischer Höhepunkte und kunstvoller Ensemblesätze, während die poetisierende Wiederkehr der Hauptthemen im leitmotivischen Sinn die Einheitlichkeit des Werkes förderte. In feinsinniger Weise sind auch die Gegensätze musikalisch charakterisiert (Fischervolk sowie die beiden lustigen Typen Veit und Hans – vornehme Hofgesellschaft – Wassergeister), was im besonderen Maß bei der Titelpartie der Fall ist, die nach ihrer Beseelung ganz andere Töne anschlägt wie vorher als seelenloses ungezähmtes Naturkind. Für die Wiener Erstaufführung (20. Oktober 1847) unterzog Lortzing die Partitur einer Revision, wobei er einige Kürzungen vornahm und vor allem den Schluß der Ouvertüre sowie den des II. und des letzten Aktes abänderte. In dieser Gestalt wollte der Meister das Werk, das sich später Verballhornungen durch fremde Zutaten gefallen lassen mußte, endgültig aufgeführt wissen.

TEXTDICHTUNG: Friedrich de la Motte Fouqué (1777–1843) bearbeitete bereits selbst seine 1811 erschienene, hochpoetische romantische Märchennovelle ›Undine‹ als Opernbuch, das E. T. A. Hoffmann vertonte (Uraufführung: 3. August 1816 Berlin). Unter den zahlreichen Opern- und Ballettbearbeitungen des dankbaren Stoffes vor und nach Lortzing seien hier nur Peter I. Tschaikowskijs ›Undine‹ und Antonín Dvořáks ›Rusalka‹ erwähnt. Die ungewohnte Arbeit an einem lyrisch-romantischen Sujet bereitete dem Meister einige Mühe, er dachte sogar daran, sich »einen ernsthaften Versmacher anzuschnallen«, und in der Tat scheint er sich der dichterischen Mithilfe seines Freundes Philipp Jakob Düringer bedient zu haben. An dem Fouqué–Hoffmannschen Szenarium nahm Lortzing einige Veränderungen und Kürzungen vor. Anderseits fügte er die beiden köstlichen Figuren Veit und Hans neu ein. Schließlich änderte er auf Anregung des Bühnenbildners Joseph Mühldorfer den originalen Schluß mit dem Tode Hugos in einen versöhnenden Ausgang ab. Er folgte damit einem vielgeübten Usus seiner Zeit, der damals manchmal sogar bei Shakespeare-Tragödien gepflegt wurde, vielleicht aber auch einer inneren Stimme; denn tragische Töne lagen dem Meister der sonnigen Heiterkeit nicht.

GESCHICHTLICHES: Vielleicht hat der Tod Fouqués (23. Januar 1843) Lortzing veranlaßt, dessen ›Undine‹ als Oper zu gestalten, jedenfalls beschäftigte er sich bald danach mit dem Stoff. Ende 1844 war die Partitur vollendet. Da sich Lortzings Direktor in Leipzig für die ›Undine‹ nicht interessierte, sollte die Uraufführung im März 1845 in Hamburg stattfinden; sie mußte aber verschoben werden, da die Dekorationen nicht rechtzeitig fertig wurden. So kam Magdeburg zuvor, wo die Oper am 21. April 1845 unter enthusiastischem Beifall uraufgeführt wurde. Hamburg folgte drei Tage später, am 24. April. Dort fand aber das Werk infolge unzulänglicher Besetzung und anderer Widerwärtigkeiten eine weniger günstige Aufnahme, obwohl der Komponist selbst dirigierte und Mühldorfers prachtvolle Dekorationen großen Eindruck machten. ›Undine‹ blieb zeitlebens ein Schmerzenskind ihres Schöpfers; dennoch konnte sie sich allmählich einen festen Platz auf den Spielplänen der Bühnen erringen und ihre Stellung als beliebte Repertoireoper bis auf unsere Tage behaupten.

Der Waffenschmied

Komische Oper in drei Aufzügen. Dichtung vom Komponisten.

SOLISTEN: *Hans Stadinger,* berühmter Waffenschmied und Tierarzt (Schwerer Spielbaß, auch Seriöser Baß, gr. P.) – Marie, seine Tochter (Soubrette, auch Lyrischer Sopran, gr. P.) – *Graf von Liebenau,* Ritter (Spielbariton, gr. P.) – *Georg,* sein Knappe (Spieltenor, gr. P.) – *Adelhof* aus Schwaben, Ritter (Spielbaß, m. P.) – *Irmentraut,* Mariens Erzieherin (Spielalt, gr. P.) – *Brenner,* Gastwirt, Stadingers Schwager (Charaktertenor, m. P.) – *Ein Schmiedegeselle* (Baß, kl. P.).
CHOR: Schmiedegesellen. Bürger und Bürgerinnen. Ritter. Herolde. Knappen. Pagen. Volk (m. Chp.).
ORT: Worms.
SCHAUPLÄTZE: Stadingers Werkstätte – Ein einfaches Zimmer in Stadingers Wohnung – Weinberg – Großer Hof vor Stadingers Haus.
ZEIT: 16. Jahrhundert.
ORCHESTER: 2 Fl. (II. auch Picc.), 2 Ob., 2 Kl., 2 Fag., 4 Hr., 2 Trp., 3 Pos., P., Schl., Str.
GLIEDERUNG: Ouvertüre und 15 Musiknummern, die durch einen gesprochenen Dialog miteinander verbunden werden.
SPIELDAUER: etwa 2½ Stunden.
HANDLUNG: Der Ritter Graf von Liebenau liebt Marie, die Tochter des berühmten Waffenschmieds und Tierarztes Hans Stadinger in Worms. Er will das Mädchen heiraten, aber der Vater verweigert seinen Segen; denn er hat eine Abneigung gegen Adelige, da ihm die eigene Gattin einst von einem Ritter entführt worden war. Um nun auf anderem Weg zu seinem Ziel zu gelangen, hat sich der Graf seinen Bart abgeschnitten und ist unter dem Namen Konrad als Schmiedegeselle bei dem Waffenschmied in Dienst getreten. Die arme Marie gerät in Bedrängnis, wem sie ihr Herz schenken soll, dem vornehmen Ritter oder dem einfachen Schmied; denn sie liebt beide. Und als Liebenau am Abend wieder einmal als Ritter kommt, um die Treue des Mädchens auf die Probe zu stellen, bekennt sie ihm, daß sie ihre Hand bereits einem andern versprochen habe. Wie Liebenau von seinem Knappen Georg, der in derselben Verkleidung wie sein Herr in Stadingers Werkstatt arbeitet, erfahren hat, ist das ältliche Fräulein von Katzenstein, das den Grafen gern heiraten möchte, ihm nachgereist und hat bei dem Gastwirt Brenner, Stadingers Schwager, Logis genommen. Um die Heirat Liebenaus mit Marie zu verhindern, sucht ihr Reisebegleiter, der pfiffige schwäbische Ritter Adelhof, in ihrem Auftrag Stadinger zu bewegen, daß er seine Tochter dem Gesellen Konrad geben möge. Aber dem Waffenschmied ist auch Konrad, den er wegen seiner geringen handwerklichen Fähigkeiten wenig schätzt, als Schwiegersohn nicht genehm. Inzwischen hat sich das reiche Fräulein

von Katzenstein den geldgierigen Brenner gekauft, der bisher für den Grafen Liebenau gearbeitet hatte. Sie schickt auf Brenners Rat Adelhof mit einer neuen Weisung zu Stadinger: er solle seine Tochter mit dem Gesellen Georg verheiraten. Da der muntere Georg ganz nach seinem Sinn ist, beschließt Stadinger kurzerhand, bei seinem morgigen Jubiläumsfest auf dem Weinberg die Tochter mit Georg zu verloben, obwohl beide nichts voneinander wissen wollen. Auf Rat seines Knappen versucht nun der Graf, durch eine List Stadingers Gunst zu erringen. Er arrangiert zu der Stunde, als Marie sich mit ihrer Erzieherin Irmentraut zum Fest nach dem Weinberg begibt, einen Entführungsüberfall des Ritters, den er dann, natürlich als Geselle Konrad, vereitelt. Aber auch dadurch vermag er nicht den dickköpfigen Alten umzustimmen. Brenner hat dem Fräulein von Katzenstein verraten, daß Konrad und Georg mit Graf Liebenau und dessen Knappen identisch sind. Sie schickt daher Adelhof nochmals zu dem Waffenschmied, und als der schwäbische Ritter sich anschickt, das ganze Komplott Stadinger zu enthüllen, weiß es der Graf gerade noch dadurch zu verhindern, daß er, leise flüsternd, Adelhof seiner Ritterpflicht gemahnt, den Waffenbruder nicht zu verraten. Schließlich unternimmt Liebenau einen letzten, gewagten Versuch mit Hilfe des von ihm neuerlich bestochenen Brenner, der dem Waffenschmied ein fingiertes Schreiben überreichen läßt, in welchem vom Stadtrat die sofortige Verheiratung Maries mit dem Gesellen Konrad gefordert wird, weil der Ritter von Liebenau mit Bewaffneten im Anzug sei und die Stadt bedrohe. Daraufhin gibt Stadinger auf Zureden seines Schwagers die Einwilligung zur eiligen Trauung. Als sich dann das Brautpaar in einem feierlichen Hochzeitszug dem Hause nähert, muß Stadinger zu seinem größten Erstaunen in Konrad den Grafen Liebenau erkennen. Jetzt kann der polternde, aber im Grunde gutmütige Alte doch nicht anders, als den vornehmen Gatten seines glücklichen Kindes als Schwiegersohn willkommen zu heißen.

STILISTISCHE STELLUNG: Nach dem Abstecher auf romantisches Gebiet (›Undine‹) kehrte Lortzing mit dem ›Waffenschmied‹ wieder auf seine ureigene Domäne, die Spieloper, zurück. Die Dichtung gibt ein anmutig-heiteres Bild mittelalterlichen Bürgerlebens und mag in dieser Hinsicht neben des gleichen Komponisten Oper ›Hans Sachs‹ in manchem auf Richard Wagner bei der Konzeption seiner ›Meistersinger von Nürnberg‹ eingewirkt haben. Das wirksame Buch, das auch in seinen drollig-komischen Episoden nie die Grenzen des guten Geschmacks überschreitet, hat in Verbindung mit einer entsprechend glücklichen musikalischen Gestaltung dem Werk eine seltene Volkstümlichkeit verliehen. In der Anlage weist die Partitur gegenüber den früheren komischen Opern des Meisters keine Veränderung auf. Die Ouvertüre knüpft diesmal nur in der Einleitung mit der Melodie der Liebeserklärung des Grafen an die Oper an, stellt aber sonst eigene

Themen auf, die im Durchführungsteil in einem Fugato verarbeitet sind. Schlicht empfundene Lieder und Arien sowie durch feine Situationsmalerei charakterisierte Duette stehen gediegen gearbeiteten Ensemblesätzen gegenüber.

TEXTDICHTUNG: Lortzings ›Waffenschmied‹ geht auf das Lustspiel ›Liebhaber und Nebenbuhler in einer Person‹ des Burgtheaterschauspielers Friedrich Wilhelm Ziegler (1760–1827) zurück, dessen zahlreiche Theaterstücke sich großer Beliebtheit erfreuten und im Repertoire aller Bühnen standen. Lortzing spielte in diesem Stück während seines Detmolder Engagements (1826–1833) den Grafen Liebenau. Bei der Gestaltung seines Opernbuchs hielt er sich im allgemeinen an die Vorlage, die er aber durch Ausmerzung des Unsympathischen und durch Veränderungen bei der Zeichnung der Charaktere nicht unwesentlich veredelte. Dabei wußte er auch die Handlung um ein paar poetische Wirkungen zu bereichern, wie beispielsweise durch die Schlußszene des I. Aktes, die Lortzings eigene Erfindung ist.

GESCHICHTLICHES: Bereits vor Lortzing wurde das Zieglersche Lustspiel (Uraufführung: 28. September 1790 am Burgtheater in Wien) von Karl Friedrich Hensler als Opernbuch bearbeitet und von Ferdinand Kauer (1751–1831), dem Komponisten der erfolgreichen Oper ›Das Donauweibchen‹, vertont. Lortzing arbeitete an seinem ›Waffenschmied‹ in der zweiten Hälfte des Jahres 1845 und beendete ihn Anfang 1846. Die Uraufführung erfolgte am 30. Mai 1846 am Theater an der Wien unter persönlicher Leitung des Komponisten. Sie fand eine freundliche Aufnahme, obwohl die Besetzung, abgesehen von der Titelpartie, unzulänglich war. Der Erfolg des Werkes, der sich von Aufführung zu Aufführung steigerte, brachte dem durch die Kündigung in Leipzig in Bedrängnis geratenen Meister das ersehnte Engagement als Kapellmeister in Wien, ein Glück, das freilich nicht von langer Dauer sein sollte. Der ›Waffenschmied‹ fand bald seinen Weg über alle Bühnen und zählt noch heute zu den beliebtesten Stücken des Opernrepertoires.

Die Opernprobe

Komische Oper in einem Akt. Dichtung vom Komponisten.

SOLISTEN: *Der Graf* (Spielbaß, m. P.) – *Die Gräfin* (Spielalt, m. P.) – *Louise,* ihre Tochter (Lyrischer Sopran, m. P.) – *Hannchen,* Louisens Kammermädchen (Soubrette, gr. P.) – *Der alte Baron von Reinthal* (Charakterbaß, kl. P.) – *Der junge Baron Adolph von Reinthal* (Lyrischer Tenor, gr. P.) – *Johann,* dessen Diener (Spielbariton, gr. P.) – *Martin* (Baß, kl. P.) und *Christoph* (Baß, kl. P.), Diener des Grafen.

CHOR: Männliche und weibliche Dienerschaft (kl. Chp.).
ORT: Die Handlung spielt auf dem Schloß des Grafen.
SCHAUPLATZ: Salon mit offener Aussicht in den Garten.
ZEIT: Um 1850.
ORCHESTER: 2 Fl. (II. auch Picc.), 1 Ob., 1 Kl., 1 Fag., 1 Hr., 1 Trp., Schl., Str.
GLIEDERUNG: Ouvertüre und 10 Musiknummern, die durch einen gesprochenen Dialog miteinander verbunden werden.
SPIELDAUER: etwa 1 Stunde.
HANDLUNG: Der alte Graf ist ein großer Musiknarr. Seine Vorliebe für die Oper geht so weit, daß er sich häufig in Rezitativen unterhält und daß er vor allem regelmäßig Opernaufführungen in seinem Schloß veranstaltet, wobei die gesamte aus Musikern und Sängern bestehende Dienerschaft mitwirkt. Als Kapellmeister fungiert Hannchen, die hübsche Kammerzofe von Komtesse Louise, der Tochter des gräflichen Paares. Hannchen bricht die Orchesterprobe ab, als der Diener Martin kommt, der ihr gegen den Detektivlohn von einem Gulden auskundschaften sollte, wer die beiden Fremden seien, die sich seit einigen Tagen im Schloßpark zeigten. Aber Martin konnte nichts Näheres in Erfahrung bringen; im Gegenteil, er hat den Eindruck, daß man umgekehrt ihn aushorchen wollte. Da erscheinen die beiden Zugereisten wieder im Garten; sie nähern sich der Veranda, so daß Hannchen ihre Unterhaltung belauschen kann. Dabei erfährt sie, daß es der Baron Adolph von Reinthal mit seinem Diener Johann ist. Der junge Baron ist seinem Onkel durchgebrannt, weil er auf dessen Wunsch eine Konvenienzheirat eingehen sollte, noch dazu mit einem Mädchen, das er gar nicht kennt. Jetzt sucht er Gelegenheit, die hübsche Tochter des Grafen kennenzulernen, in die er sich bereits aus der Ferne verliebt hat. Von Johann auf die Marotte des Schloßherrn aufmerksam gemacht, beschließt Adolph, da er über eine gute Stimme verfügt und zum Glück seine Gitarre mithat, sich zusammen mit seinem Diener als »reisende Sänger« auszugeben. Während die beiden sich in ihrem Gasthof durch einen Trödeljuden als »Künstler« ausstaffieren lassen, erzählt Hannchen das Erlauschte der Komtesse, die gerade die Braut ist, die der alte Reinthal seinem Neffen bestimmt hat und der dieser aus dem Weg gehen wollte. Die beiden »Sänger« werden alsdann von dem Grafen freundlichst willkommen geheißen, um so mehr, als der eigene Tenor heiser geworden ist. Auf Wunsch der Gräfin sollen sie Proben ihres Könnens ablegen. Zunächst sing Adolph ein schmachtendes Liebeslied, das den Beifall aller findet. Als dann auch Johann singen soll, kommt ihm Adolph zu Hilfe; sie improvisieren zum Ergötzen von Hannchen und Louise eine Rezitativ-Szene aus der angeblichen Oper ›Die verkleideten Liebhaber‹, die der Graf höchst interessant findet. Als sich schließlich Herrschaft und Bedienstete zur Hauptprobe versammeln, kommt unerwartet der alte Baron Reinthal zu Besuch. Jetzt

zieht sich Adolph mit seinem schlauen Diener durch eine weitere improvisierte Rezitativ-Szene geschickt aus der Affäre. Anschließend fallen die Masken, und statt der geplanten Opernvorstellung findet ein Verlobungsmahl für zwei glückliche Paare statt, die sich inzwischen rasch einig geworden waren: Louise–Adolph und Hannchen–Johann.
STILISTISCHE STELLUNG: Ein kleines Orchester und eine dementsprechend subtile Instrumentation wahren trefflich den Charakter des musikalischen Kammerspiels. Die mit den bewährten Requisiten des komischen Theaters (Verwechslung – Verkleidung) gezimmerte unterhaltsame Lustspielhandlung verläßt trotz des burlesken Einschlags, wodurch die gesellschaftliche Geringschätzung des Künstlerstandes mit bitterer Ironie gegeißelt wird, nie die Grenzen des guten Geschmacks. Köstliche Charaktertypen sowie die leichtbeschwingte, im Mozart-Stil gehaltene Musik mit ihren lustigen Parodien auf die Opera seria verleihen dem Einakter jene Wirkungskraft, dank der die ›Opernprobe‹ bis auf unsere Tage lebensfähig geblieben ist.
TEXTDICHTUNG: Lortzing verfaßte das Libretto nach dem Lustspiel ›Die Komödie aus dem Stegreif‹ von Johann Friedrich Jünger (1759–1797), das auf ein französisches Sujet von Philippe Poisson zurückgeht. Der Komponist hielt sich ziemlich genau an die Vorlage, wußte aber auch wieder einige feine Eigenzüge beizusteuern, die sich aus der Bearbeitung für das musikalische Milieu ergaben. Der volle Titel lautet: ›Die vornehmen Dilettanten oder Die Opernprobe‹.
GESCHICHTLICHES: Trotz seiner mißlichen wirtschaftlichen Lage, die ihn zwang, für ein kärgliches Brot zum Teil unwürdige Aufgaben als Kapellmeister und Schauspieler auszuführen, brachte Lortzing in seinen letzten Lebensjahren noch die Kraft und den Humor zu dem burlesken Einakter ›Die Opernprobe‹ auf. Er schuf das liebenswürdige Werkchen in der ersten Hälfte des Jahres 1850 für das Friedrich Wilhelmstädtische Theater in Berlin, an dem er seit Mai 1850 als Kapellmeister tätig war. ›Die Opernprobe‹ kam aber dort erst nach Lortzings Tod am 14. Oktober 1851 heraus, während die Uraufführung bereits am 20. Januar 1851 in Frankfurt/Main stattfand. Tragischerweise konnte der Komponist nicht mehr von dem guten Erfolg, der zahlreiche weitere Aufführungen zur Folge hatte, erfahren, da am Morgen nach dem Tag der Uraufführung ein Schlaganfall dem Leben des durch Krankheit und Not Zermürbten in Berlin ein Ende gemacht hatte.

Heinrich Marschner

* 16. August 1795 in Zittau, † 14. Dezember 1861 in Hannover
Der Holzdieb (1825 Dresden), T: Friedrich Kind, kO., E., V: B&B; Neubearb. v. Heinrich Burkard u. Otto Rombach, V: B&B
Der Vampyr, op. 42 (1828 Leipzig), T: Wilhelm August Wohlbrück; Neubearb. v. Hans Pfitzner (1925), V: Fürstner (Schott)
Der Templer und die Jüdin, op. 60 (1829 Leipzig), T: nach Walter Scott v. W. A. Wohlbrück; Neubearb. v. H. Pfitzner (1912), V: Brockhaus
Hans Heiling, op. 80 (1833 Berlin), T: Eduard Devrient, V: Peters

Der Vampyr

Romantische Oper in zwei Akten (vier Bildern). Dichtung von Wilhelm August Wohlbrück.

Solisten: *Sir Humphrey,* Lord von Davenaut (Seriöser Baß, m. P.) – *Malwina,* seine Tochter (Jugendlich-dramatischer Sopran, gr. P.) – *Edgar Aubry,* ein Anverwandter des Hauses Davenaut (Jugendlicher Heldentenor, gr. P.) – *Lord Ruthven,* auch als Lord Marsden auftretend, der Vampyr (Heldenbariton, auch Charakterbariton, gr. P.) – *Sir Berkley* (Baß, kl. P.) – *Janthe,* seine Tochter (Jugendlich-dramatischer Sopran, auch Lyrischer Sopran, m. P.) – *George Dibdin,* in Davenauts Diensten (Lyrischer Tenor, auch Spieltenor, m. P.) – *John Perth,* Verwalter auf dem Gute des Lord Marsden (Sprechrolle) – *Emmy,* seine Tochter, George Dibdins Braut (Lyrischer Sopran, auch Jugendlich-dramatischer Sopran, gr. P.) – *James Gadshill* (Tenor, m. P.) – *Richard Scrop* (Tenor, auch Bariton, m. P.) – *Robert Green* (Bariton, auch Baß, m. P.) – *Tom Blunt* (Baß, m. P.) – *Suse,* Blunts Frau (Mezzosopran, auch Alt, m. P.) – *Der Vampyrmeister* (Sprechrolle) – *Ein Diener Berkleys* (Baß, auch Bariton, kl. P.).
Chor: Edelherren und Damen. Jäger und Diener Davenauts und Berkleys. Landleute von Davenaut und Marsden. Geister. Hexen. Teufelsfratzen (gemischter Chor, gr. Chp.).
Ort: Auf dem schottischen Hochland.
Schauplätze: Wildnis mit Vampyrhöhle – Saal im Schlosse Davenaut – Platz vor dem Schlosse Marsden mit Schenktischen und Laube.
Zeit: 17. Jahrhundert.
Orchester: 2 Fl., 2 Ob., 2 Kl., 3 Fag. – 4 Hr., 2 Trp., 3 Pos. – P., Schl. – Str.
Gliederung: 20 musikalische Nummern, durch Dialog verbunden.
Spieldauer: etwa 2¾ Stunden.
Handlung: Der Vampyr Lord Ruthven ist dem Vampyrmeister und damit der Hölle auf ewig verfallen, wenn es ihm nicht gelingt, binnen

24 Stunden drei junge Mädchen zu opfern. Aber er ist voller Hoffnung, denn mit der ersten hat er sich schon in der Nähe der im Volksmund so genannten Vampyrhöhle verabredet. Janthe, die Tochter von Lord Berkley, liebt Lord Ruthven, von dessen Vampyr-Eigenschaften sie nichts weiß. Sie ist von zu Hause weggelaufen, um sich mit ihm am verschwiegenen Ort zu treffen. Der aufgestörte Vater und die Dienerschaft, die das Verschwinden der Tochter bemerkt haben, kommen zu spät: Ruthven hat Janthe schon totgebissen, aber die Diener schleppen ihn aus der Höhle, und Lord Berkley sticht den Mörder seiner Tochter nieder. Doch als sie erfahren, daß sie sich bei der Vampyrhöhle befinden, flieht die ganze Gesellschaft. Der tödlich getroffene Vampyr versucht mit letzter Kraft, sich auf einen Hügel zu schleppen, denn der Schein des Mondlichtes kann ihn heilen; doch das Vorhaben droht zu scheitern. Da kommt Edgar Aubry, dem Ruthven einmal das Leben gerettet hat, und trägt ihn auf seine Bitten hin auf den Hügel, wo die Mondstrahlen ihn heilen. Edgar muß schwören, das Geheimnis, daß Ruthven ein Vampyr sei, auf 24 Stunden für sich zu behalten. – Malwina, die Tochter des Lords von Davenaut, erwartet freudig gestimmt den geliebten Edgar, doch ihr Vater hat beschlossen, sie mit Lord Marsden zu verheiraten, und hat den Schwiegersohn gleich mitgebracht. Malwina erschrickt, als sie den bleichen Mann sieht, und Edgar erkennt Lord Ruthven, muß aber, durch seinen Schwur gebunden, schweigen. Die Hochzeit wird noch für denselben Abend festgesetzt. – Auch im Hause von Lord Marsden gibt es eine Hochzeit. Emmy, die Tochter des Schloßverwalters Perth, will George Dibdin, Bedienten auf Schloß Davenaut, heiraten. Alle Gäste sind schon versammelt, nur der Bräutigam, den der Dienst zurückhält, läßt auf sich warten. So trinkt man, und Emmy unterhält die Gäste mit der Schauerballade vom bleichen Manne, dem Vampyr. Da schrickt alles zusammen, denn Lord Marsden ist plötzlich hinzugetreten. Alles begrüßt ihn ehrerbietig, aber er wendet sich sogleich Emmy zu, macht ihr Komplimente und schenkt ihr einen Ring. Emmy fühlt sich wider Willen zu ihm hingezogen, und Marsden bestürmt sie, doch da tritt George dazwischen. Der Schloßbesitzer läßt von ihr ab, aber es gelingt ihm später, sie aus dem Schloß und in eine Laube zu locken. Edgar, der Zeuge des Geschehens wird, kann nicht eingreifen, denn sein Schwur bindet ihn, und Ruthven hat ihm prophezeit, wenn er seinen Schwur breche, müsse er selbst als Vampyr umgehen. Vier Landleute trinken und singen ein heiteres Trinklied, als plötzlich Schüsse zu hören sind. George hat Marsden mit Emmy überrascht, kann aber nicht mehr helfen: die Braut ist tot, und Marsden ist entkommen. – Edgar ist auf Schloß Davenaut zurückgekehrt, und gemeinsam mit Malwina hofft er auf den Schutz des Himmels. Da taucht Marsden auf, und er drängt den Vater, die Hochzeit stattfinden zu lassen, wie er es versprochen habe. Edgar wirft sich ihm in

den Weg und versucht, die Zeremonie wenigstens so zu verzögern, daß der Tag anbricht, aber der erzürnte Davenaut läßt ihn abführen. Auch Malwina bittet um Verschiebung, aber Marsden-Ruthven besteht auf dem Versprechen des Grafen, und man begibt sich zur Kapelle. Noch einmal gelingt es Edgar, sich loszureißen und einzudringen. Im letzten Augenblick spricht er das rettende Wort: »Dies Scheusal hier ist ein Vampyr.« Rechtzeitig schlägt die Turmuhr die erste Stunde, ein Blitz vernichtet den Vampyr, Edgar und die gerettete Malwina werden ein Paar.

STILISTISCHE STELLUNG: ›Der Vampyr‹ war Marschners erster großer Erfolg. In diesem Werk fand er zu seiner ihm eigenen Tonsprache, die heute vielfach nur durch die Mittlerstellung zwischen Carl Maria von Weber und Richard Wagner charakterisiert wird, die jedoch darüberhinaus hohen Eigenwert besitzt. Zu besonderer, individueller Gestaltung führte Marschner die formale Ausweitung der traditionellen Arienformen zu Szenen, dabei zum Teil durchaus noch auf ›Freischütz‹-Formen zurückgreifend (so hat die Arie der Malwina formale Ähnlichkeit mit der großen Szene der Agathe), aber auch vorausweisend auf Wagner, der nicht nur die Ouvertürenform des ›Fliegenden Holländer‹ an der des ›Vampyr‹ (für den er 1833 in Würzburg eine Arieneinlage komponierte) ausrichtete, sondern auch die Ballade der Senta aus der Romanze vom bleichen Mann aus dem ›Vampyr‹ entwickelte. Geschickt weiß Marschner die dämonischen Klänge des Vampyr und seiner Umwelt zu verbinden mit dem emphatischen Lyrismus der Liebenden und der derb-charakteristischen Realistik der Volksszenen.

TEXTDICHTUNG: Wilhelm August Wohlbrück, der Librettist des ›Vampyr‹, stützte sich bei seinem Text auf ein Prosafragment, das Lord Byron zugeschrieben wird, und mag wohl auch das 1820 in Paris aufgeführte ›Vampyr‹-Drama von Charles Nodier, Pierre François Adrien Carmouche und Achille de Jouffroy gekannt haben. Der Stoff traf durchaus die Vorliebe der Zeit für das Dämonisch-Düstere und für tragisch verstrickte Zwischenwesen wie den Vampyr, der – in einem zweiten, ruhelosen Leben – morden muß, ohne es zu wollen, zur Strafe für Sünden seines ersten Lebens.

GESCHICHTLICHES: ›Der Vampyr‹ wurde am 29. März 1828 in Leipzig uraufgeführt und war dort und in einigen anderen Städten, wo man ihn alsbald spielte (Hannover, Magdeburg, Budapest, Braunschweig, Weimar, Mannheim, Bremen, Königsberg, Breslau) ein großer Erfolg. Schon 1829 spielte man das Werk in London, wo es in der ersten Saison allein 60mal gegeben wurde. In der zweiten Jahrhunderthälfte nahm die Zahl der Aufführungen spürbar ab, und Hans Pfitzners intensiver Einsatz für das Werk, das er in einer musikalischen und textlichen Neueinrichtung 1925 in Stuttgart vorstellte, war so etwas wie eine Neuentdeckung. Seit dem Ende der siebziger Jahre ist Marschner

– und mit ihm der ›Vampyr‹ – wieder häufiger auf den Spielplänen vertreten – zu Recht, wie der Publikumszuspruch ausweist.

W. K.

Hans Heiling

Romantische Oper in drei Aufzügen und einem Vorspiel. Dichtung von Eduard Devrient.

SOLISTEN: *Die Königin der Erdgeister* (Dramatischer Mezzosopran, m. P.) – *Hans Heiling* (Heldenbariton, gr. P.) – *Anna,* seine Braut (Jugendlich-dramatischer Sopran, auch Lyrischer Sopran, gr. P.) – *Gertrud,* ihre Mutter (Spielalt, m. P.) – *Konrad,* burggräflicher Leibschütz (Jugendlicher Heldentenor, gr. P.) – *Stephan,* Schmied (Spielbaß, m. P.) – *Nicklas,* Schneider (Spieltenor, m. P.).
CHOR: Gnomen, Erdweibchen, Zwerge. Schützen. Jäger. Bauern, Bäuerinnen. Musikanten. Brautjungfern (im Finale Nr. 19 Männerchor geteilt in Erdgeister und Landleute; gr. Chp.).
ORT: Das böhmische Erzgebirge.
SCHAUPLÄTZE: Weitgewölbte Höhle im tiefsten Grund der Erde mit scharfgeklüfteten Wänden von Bergkristall und mit Eingängen zu mehreren Seitenhöhlen – Heilings Studierzimmer mit Herd, Büchern, Schmelztiegel und astronomischen Geräten, links vorn eine nach unten führende Falltür – Platz unter Bäumen vor der Waldschenke – Wilde Wald- und Felsengegend – Das Innere von Getruds Hütte mit Eingangstür, links ein breites Fenster – Ödes, rings geschlossenes Felsental – Wald- und Felsengegend mit Kapelle.
ZEIT: Das 14. Jahrhundert.
ORCHESTER: 2 Fl. (II. auch Picc.), 2 Ob., 2 Kl., 2 Fag., 4 Hr., 2 Trp., 3 Pos., P., Schl., Str. – Bühnenmusik: 2 Fl., 2 Kl., 2 Fag., 2 Hr., 1 Trp., (3 Pos.).
GLIEDERUNG: Vorspiel, Ouvertüre und 19 Musiknummern, die durch einen gesprochenen Dialog miteinander verbunden werden.
SPIELDAUER: etwa 2¾ Stunden.
HANDLUNG: Hans Heiling, der Sohn der Königin der Erdgeister, will fort aus dem Reich seiner kalten, seelenlosen Brüder; er sehnt sich hin zur warmen Erde und will durch den Herzensbund mit Anna, einem schlichten Bauernmädchen, ganz zum Menschen werden. Er verzichtet dafür auf Krone und Szepter, allen Warnungen und Drohungen seiner Mutter und seiner Untertanen zum Trotz, und erklärt, nie wieder zurückzukommen, es sei denn, sein Herz wäre durch Enttäuschungen gebrochen. – In seinem Studierzimmer erhält Heiling alsbald den Besuch von Anna und deren Mutter Gertrud. Während er für die

Braut ein Geschenk herbeiholt, blättert diese neugierig in dem auf dem Schreibpult liegenden Zauberbuch, dessen Blätter plötzlich sich von selbst umzuwenden beginnen. Der zurückkehrende Heiling gibt den verzweifelten Bitten des zu Tode erschrockenen Mädchens nach und wirft das Buch, das die Zauberformeln zur Beherrschung der Geister enthält, ins Feuer; denn er liebt Anna mit glühender Leidenschaft, aber auch mit heftiger Eifersucht. Daher willigt er nur unter der Bedingung ein, mit ihr das Volksfest zu besuchen, daß sie dort nicht mit anderen Burschen tanze. – Als auf dem Festplatz vor der Waldschenke der junge burggräfliche Leibschütz Konrad Heiling um die Erlaubnis bittet, mit seiner Braut tanzen zu dürfen, lehnt dieser barsch ab. Auch Annas und Gertruds Bitten finden kein Gehör. Schließlich kann jedoch das fröhliche Mädchen nicht widerstehen und es läßt sich, seinem Versprechen entgegen, von Konrad auf den Tanzboden entführen. Verzweifelt stürzt Heiling fort in der Überzeugung, daß ihn Anna nie geliebt habe. – Am nächsten Tag klagt das verzweifelte Mädchen auf dem Heimweg dem stillen Wald ihr Leid: Sie hat wohl Heiling ihre Hand versprochen, ihr Herz gehört aber Konrad. Da erscheint in der inzwischen eingetretenen Dämmerung die Königin der Erdgeister mit ihren Kobolden und Gnomen. Sie beschwören Anna, von Heiling zu lassen; denn er sei »Geisterfürst der Berge«. Unter Androhung ihrer Rache für den Fall, daß Anna nicht gehorche, verschwinden sie wieder in die Tiefe. Konrad findet daraufhin die ohnmächtig zusammengesunkene Geliebte, die ihm erklärt, daß sie Heiling auf keinen Fall heiraten werde, für das eben Erlebte aber noch keine Worte findet. Der Jäger geleitet sie nach Hause, wo Gertrud in Angst und Sorge der Tochter harrt. – Dort erscheint auch Heiling. Als er Anna den kostbaren Brautschmuck überreichen will, eilt sie in Konrads Arme und bittet ihn um Schutz vor dem »Erdgeist«. Heiling ist vernichtet. Als ihm Konrad drohend die Tür weist, stößt er dem Jäger unversehens seinen Dolch in den Rücken und entfernt sich hohnlachend. – In einer Felsenschlucht ruft Heiling sodann seine Geister. Sie erscheinen und berichten ihm, daß der Jäger gar nicht tot sei, sondern eben seine Hochzeit mit der schönen Anna vorbereite. Sie höhnen ihn, der sich aller seiner Machtsymbole entblößt hat, worauf Heiling verzweifelt zusammensinkt. Die Geister holen jetzt rasch das Szepter, in der Überzeugung, daß ihr Fürst sie nun nie wieder verlassen wird. Heiling, jetzt wieder Herr über das Geisterreich, will Rache für den Treubruch. – Als beim Hochzeitstanz Bräutigam und Braut nach dem alten Brauch des Brautsuchens die Augen verbunden werden, tritt plötzlich Heiling dazwischen. Auf das Geschrei der Mädchen hin eilt Konrad herbei, aber sein Hirschfänger bricht entzwei, wie er gegen den Geisterfürsten losgeht. In diesem Augenblick erscheint die Königin der Erdgeister selbst; sie fordert den Sohn auf, sich verzeihend über die Menschen zu erheben und zur Mutter zurückzukehren. Heiling erinnert sich jetzt seines Versprechens wiederzukehren, wenn sein Herz gebrochen sei; resigniert erklärt er, daß ihn kein Sterblicher mehr sehen werde, worauf er mit der Mutter in sein unterirdisches Reich zurückkehrt. Das Liebespaar und die Hochzeitsgäste erheben ihren Blick zum Himmel, dessen Allmacht sie ihre Rettung verdanken.

STILISTISCHE STELLUNG: Marschners ›Hans Heiling‹ ist neben Carl Maria von Webers ›Euryanthe‹ als Bindeglied zwischen ›Freischütz‹ (als eigentlichem Beginn der deutschen romantischen Oper) und Richard Wagners ›Fliegendem Holländer‹, ›Tannhäuser‹ und ›Lohengrin‹ (als Vollendung dieser Gattung) anzusehen. Gegenüber dem ›Freischütz‹ bedeutet vor allem die konsequente Anwendung eines dramatischen Deklamationsstils sowie die leidenschaftliche Sprache des Orchesters eine fortschrittliche musikdramatische Gestaltungsweise, an die Wagner nur anzuknüpfen brauchte. Eine gewisse Verwandtschaft mit dem ›Fliegenden Holländer‹, mit welchem ›Hans Heiling‹ manchmal in Parallele gezogen wird, besteht zwar nicht in stofflicher Hinsicht, wohl aber in bezug auf die Mischung der Stile (Fortschrittliches mit Überkommenem). Auch die Zuteilung der Hauptrolle an einen Bariton war für die damalige Zeit ungewöhnlich. Wie schon bei ›Freischütz‹ ist wieder der deutsche Wald einer der Hauptdarsteller. Die kontrastreiche Gegenüberstellung zweier heterogener Welten fördert die dramatische Wirkung: dem tiefernsten, menschenscheuen Wesen Heilings tritt das kindlich-naive Temperament der sich gern in fröhlicher Gesellschaft bewegenden Anna sowie das frische Naturburschentum des Jägers Konrad gegenüber; das muntere Volkstreiben auf dem Tanzboden der Waldschenke oder beim Hochzeitsfest steht in scharfem Gegensatz zu dem dämmerigen Leben und Treiben der Geister. Musikalisch ist die Schattierung der Stimmungen meisterhaft geraten, wobei oft mit einfachen Mitteln, wie zum Beispiel durch die Mischung von Melodram und Gesang (in Nr. 12 und 14), frappante Wirkungen erzielt werden. Die Ouvertüre, die zwischen Vorspiel und I. Akt gespielt wird und die nur in der Einleitung ein Thema aus der Oper verwertet, stellt ein klangprächtiges, ganz im romantischen Geist gehaltenes Tongemälde in der üblichen Ouvertürenform (Sonatenform) dar. Anläßlich der Aufführung des Werkes an der Wiener Hofoper (1846) erweiterte Marschner Annas Arie Nr. 8 sowie das Duett Nr. 18; für den Sänger des Heiling, den Baßbariton Josef Staudigl, komponierte er eine Arie (Nr. 17) nach.

TEXTDICHTUNG: Eduard Devrient (1801–1877), der nicht nur als Sänger, Schauspieler, Regisseur und Theaterleiter, sondern auch als vielseitiger Schriftsteller großes Ansehen genoß (er schrieb außer Dramen und Operntexten unter anderem eine grundlegende fünfbändige ›Geschichte der deutschen Schauspielkunst‹, ferner 1851 eine Betrachtung über das Passionsspiel in Oberammergau), gestaltete seine Operndichtung ›Hans Heiling‹ nach einer alten deutsch-böhmischen Volkssage.

Er behandelte den Stoff unter Berücksichtigung der Bühnenwirkung frei, indem er mit Geschick und Feinsinn auch den Humor zur Geltung kommen ließ und gegenüber der Sage vor allem den Ausgang veränderte: Während in dem Volksmärchen Heiling in seiner Eifersucht das Liebespaar und die Hochzeitsgäste in Stein verwandelt und sich dann selbst in einen Abgrund stürzt, – noch heute werden im Egertal bei Karlsbad die Heiling-Felsen gezeigt – verzichtet er in der Oper, durch Leid geläutert und in Selbstüberwindung seiner Natur, schließlich auf Rache. Devrient folgte mit der Wahl des glücklichen Endes wohl auch einem Usus der Zeit (bekanntlich wurde damals nicht selten sogar bei Shakespeareschen Trauerspielen der Schluß abgeändert). Einen nicht geringen Einfluß auf die Gestaltung des Stoffes übte der Komponist aus, der besonders entscheidend auf die Charakterisierung des Titelhelden einwirkte, den er nicht als Sonderling und »dummen Teufel«, sondern als eine in hohem Maße Teilnahme und Mitgefühl erregende tragische Figur gezeichnet sehen wollte.

GESCHICHTLICHES: Im Juli 1831 erhielt Marschner anonym eine Operndichtung ›Hans Heiling‹ zugeschickt, die ihn so sehr begeisterte, daß er sich sogleich zur Vertonung dieses Buches entschloß. Erst daraufhin bekannte sich der damals am Berliner Hoftheater wirkende Eduard Devrient als Autor, der das Libretto ursprünglich für seinen Freund Felix Mendelssohn Bartholdy verfaßt hatte (1827); Mendelssohn hatte aber die Komposition des ›Hans Heiling‹ mit der Begründung abgelehnt, der Stoff sei in seiner Atmosphäre dem ›Freischütz‹ zu ähnlich. In regem Briefwechsel erfolgte nun ein künstlerischer Meinungsaustausch zwischen Devrient und Marschner. Am 14. August 1832 konnte der Komponist seinem Librettisten die Vollendung der Partitur mitteilen, und am 24. Mai 1833 erfolgte in Anwesenheit Marschners an der Berliner Hofoper die Uraufführung mit dem Textdichter in der Titelpartie. Obwohl der Beifall stark war, verhielt sich die Berliner Kritik größtenteils ablehnend. Dagegen hatte das Werk einige Wochen später bei seiner Erstaufführung in Leipzig am 19. Juli 1833 unter Leitung des Komponisten einen durchschlagenden Publikums- und Presse-Erfolg; die Universität Leipzig zeichnete dafür Marschner mit der Ernennung zum Ehrendoktor aus.

BOHUSLAV MARTINŮ

* 8. Dezember 1890 in Polička (Tschechoslowakei), † 28. August 1959 in Liestal (Schweiz)

Der Soldat und die Tänzerin (1928 Brünn), T: nach Plautus v. J. L. Budín (Pseudonym v. Jan Löwenbach), kO., V: AP (BV), deutsche Textfassung v. Kurt Honolka

Marienlegenden (1935 Brünn), T: Vitězslav Nezval, Henri Ghéon, Vilém Závada u. Julius Zeyer, V: AP (BV), deutsche Textfassung v. K. Honolka
Theater hinter dem Stadttor (1936 Brünn), T: Leo Štraus, V: AP (BV), deutsche Textfassung v. Robert Brock
Zweimal Alexander (1937; 1964 Mannheim), T: André Wurmser, kO., E., V: BV, deutsche Textfassung v. K. Honolka
Komödie auf der Brücke (1937 Prag, Rundfunk; umgearb. 1951), T: nach Václav Kliment Klicpera vom Komponisten, kO., E., V: Boosey
Julietta (1938 Prag), T: nach Georges Neveux, V: AP (AE), deutsche Textfassung v. Ludwig Kaufmann
Mirandolina (1959 Prag), T: nach Carlo Goldoni, kO., V: BV, deutsche Textfassung v. Carl Stueber
Griechische Passion (1961 Zürich), T: nach Nikos Kazantzakis vom Komponisten, V: U. E.
Ariadne (1961 Gelsenkirchen), T: nach G. Neveux, E., V: BV, deutsche Textfassung v. Fritz Schröder

Griechische Passion

Oper in vier Akten. Text vom Komponisten nach dem Roman von Nikos Kazantzakis.

SOLISTEN: *Priester Grigoris* (Baßbariton, auch Heldenbariton, auch Charakterbaß, m. P.) – *Patriarcheas,* Dorfältester (Baßbariton, auch Baß, kl. P.) – *Ladas,* Dorfältester (Sprechrolle) – *Michelis,* Sohn des Patriarcheas (Lyrischer Tenor, m. P.) – *Kostandis,* Besitzer einer Kaffeeschenke (Lyrischer Bariton, auch Charakterbariton, m. P.) – *Yannakos,* Händler (Lyrischer Tenor, auch Charaktertenor, gr. P.) – *Manolios,* Schafhirt (Jugendlicher Heldentenor, auch Lyrischer Tenor, gr. P.) – *Panait,* Hirte (Tenor, m. P.) – *Nikolios,* Hirtenknabe (Sopran, auch Spieltenor, m. P.) – *Andonis,* Dorfbarbier (Tenor, kl. P.) – *Die Witwe Katerina* (Dramatischer Mezzosopran, auch Jugendlich-dramatischer Sopran, gr. P.) – *Lenio,* die Verlobte des Manolios (Lyrischer Sopran, m. P.) – *Ein altes Weib* (Alt, auch Mezzosopran, kl. P.) – *Priester Fotis* (Baßbariton, auch Charakterbaß, m. P.) – *Despinio,* eine junge Frau (Sopran, kl. P.) – *Ein alter Mann* (Baß, m. P.) – *Die alte Magdalena* (Stumme Rolle) – *Ein riesiger Bannerträger* (Stumme Rolle).
CHOR: Die Bewohner des Dorfes Lycovrissi. Die Flüchtlinge (gemischter Chor, Doppelchor, gr. Chp.).
ORT: Das Dorf Lycovrissi am Fuße des Sarakina-Berges in Kleinasien.
SCHAUPLÄTZE: Vor der Kirche – Vor dem Haus des Yannakos und der Katerina – Quelle des heiligen Vasilis – Siedlung der Flüchtlinge – Hütte des Manolios – Zimmer Katerinas – Straße am Berge Sarakina.
ZEIT: Gegenwart.

ORCHESTER: 3 Fl. (III. auch Picc.), 3 Ob. (III. auch Eh.), 3 Kl., 3 Fag. – 4 Hr., 3 Trp., 3 Pos., Tuba – P., Schl., Hrf., Klav., Akkordeon – Str.
GLIEDERUNG: Durchkomponierte Großform.
SPIELDAUER: etwa 2¾ Stunden.
HANDLUNG: Es ist das Osterfest in dem kleinen griechischen Dorf Lycovrissi in Kleinasien. Nach altem Brauch haben die Dorfältesten mit dem Priester Grigoris einige Dorfbewohner ausgewählt, die in der kommenden Karwoche – wie alle sieben Jahre – die Passion Christi aufführen sollen. Der Priester verkündet die Namen: der Kaffeehausbesitzer Kostandis soll den Jacobus, der Händler Yannakos den Petrus, Michelis, der Sohn des Dorfältesten Patriarcheas den Johannes spielen, der Hirte Panait den Judas, die Witwe Katerina, die als die Dorfhure gilt, soll die Maria Magdalena spielen und der Schafhirt Manolios den Christus selbst. Der Priester ermahnt die Ausgewählten, sich der Würde ihrer Aufgabe zu stellen und ihr Leben danach einzurichten. Die einfachen Leute sind tief beeindruckt und wissen nicht recht, wie sie sich verhalten sollen. Lenio, die Verlobte Manolios', nähert sich ihm, aber er, tief in Gedanken versunken, reagiert nicht. Es ist Abend geworden. Da hört man sich nähernde Stimmen: es sind, geführt von dem Priester Fotis, andere Griechen, die von den Türken aus ihrem Dorf vertrieben worden sind und nun, hungrig, entkräftet, verzweifelt, um Hilfe bitten. Die Dorfbewohner laufen zusammen, unter ihnen auch Katerina und Panait, der ihr nachstellt. Die Dorfbewohner sind bereit zu helfen, während der Priester Grigoris, bedacht auf die Wahrung seiner Macht und seines Einflusses, die Fremden hier nicht haben will. Eine junge Frau aus der Gruppe der Flüchtlinge, Despinio, bricht plötzlich tot zusammen, und Grigoris hofft, die Dorfbewohner einschüchtern zu können, indem er behauptet, die Flüchtlinge hätten die Cholera, aber dies gelingt ihm nur teilweise. Insbesondere die für das Mysterienspiel Ausgewählten werden sich immer mehr ihrer Verantwortung für die Armen und Elenden bewußt und spenden für sie, was sie übrig haben. Manolios rät ihnen, sich am Berge Sarakina niederzulassen und dort ein neues Dorf zu erbauen. – Vor den Häusern des Yannakos und der Katerina. Der einfache Händler spricht mit seinem Esel, auf dem der Herr im kommenden Jahr einreiten werde nach Jerusalem. Katerina kommt und berichtet, daß sie des Nachts von Manolios geträumt habe, zu dem sie sich hingezogen fühlt. Als die Witwe gegangen ist, kommt der geizige Ladas und macht Yannakos einen Vorschlag: die Flüchtlinge oben am Berg hätten sicher Schmuck bei sich, sie brauchten aber zu essen und zu trinken – das sei eine gute Gelegenheit, auf einfache Weise zu viel Geld zu kommen. Yannakos wird überwältigt von der Aussicht auf ein gutes Leben und stimmt zu. Katerina ist zu Manolios gegangen, der sich am Brunnen wäscht; sie bittet ihn, sie in ihren Träumen zu verschonen, fühlt sich aber zu ihm hingezogen. Auch er empfindet Begehren, aber er beherrscht sich.

Katerina geht. – Auf dem Berge Sarakina weihen die Flüchtlinge unter der Führung des Priesters Fotis die Erde für das neue Dorf; der alte Mann, der schon mehrfach aus seiner Heimat vertrieben worden ist, gibt den anderen neuen Mut – schon bald werde hier ein blühendes Dorf stehen. Der Priester und die Flüchtlinge weihen den Platz dem heiligen Georg, der heiligen Jungfrau. Yannakos, der die Zeremonie heimlich beobachtet, ist zuerst verwundert, dann aber sehr fasziniert und angerührt. Der alte Mann läßt ein Grab ausheben und legt sich hinein: hier will er sterben, denn ein Dorf habe nur Bestand, wenn in seinen Grundmauern ein menschliches Wesen eingesiegelt sei. Yannakos nähert sich voller Reue dem Priester Fotis: er beichtet, daß er sich auf den üblen Vorschlag des Ladas eingelassen habe, aber jetzt besser wisse, was für ihn gut sei. Er wolle den Flüchtlingen beim Aufbau des Dorfes helfen. Der Priester umarmt ihn, als die Flüchtlinge melden, der alte Mann sei gestorben. Yannakos zieht fröhlich wieder zu seinem Haus. – Es ist Abend. Manolios und der Hirtenjunge Nikolios legen sich zum Schlafe. Nikolios bläst noch ein wenig auf seiner Flöte. Manolios fällt in unruhigen Schlaf: ihm erscheinen in Visionen Lenio, die ihn fragt, wann er sie denn endlich heirate, der Priester Grigoris, der ihn ermahnt, ein seiner großen Aufgabe angemessenes Leben zu führen, die Witwe Katerina, die in ihm Begierden erzeugt, schließlich Yannakos, der ihn ermahnt. Am Morgen kommt Lenio mit der alten Magdalena, um nun endlich eine Antwort von Manolios zu bekommen, aber er wendet sich ab und geht. Nikolios spielt auf seiner Flöte, und Lenio nähert sich – wie magisch angezogen – dem Hirtenjungen, der sie umarmt. – Die Witwe Katerina sitzt nachts in ihrem Zimmer, als es klopft und Manolios kommt. Katerina hofft, er werde mit ihr schlafen, aber er bittet sie, nicht mehr an ihn zu denken, und nennt sie »Schwester«. Yannakos kommt singend vom Berg Sarakina herab; er hat den Flüchtlingen Waren gebracht; da begegnet ihm die Witwe Katerina, die ihrerseits ihr Schaf den Flüchtlingen schenken will. Im Gespräch mit Yannakos erzählt Katerina, daß sie nun endlich begriffen habe, warum man sie, die Sünderin des Dorfes, als Maria Magdalena ausgewählt habe; sie wolle wie eine treue Magd dem Herrn dienen. Die Dorfältesten mit dem Priester Grigoris kommen: ihnen sind die Aktivitäten des Manolios, der sich für die Flüchtlinge einsetzt, ein Dorn im Auge. Sie wittern Aufruhr gegen ihre Herrschaft. Manolios kommt mit einer kleinen Schar von Dorfbewohnern, die ihm zuhören, wie er – aus seiner Sicht – die Lehre Christi auslegt. Der Priester Grigoris beschließt, er müsse aus dem Dorfe. Der Dorfbarbier Andonis und eine alte Frau geloben Manolios, sie wollten wohltätig sein und für die armen Flüchtlinge auf dem Berge sorgen. Am Abend treffen sich Michelis, Yannakos und Kostandis, um Neuigkeiten auszutauschen. Lenio ist zum Dorfältesten Patriarcheas gelaufen und hat ihm gesagt, sie wolle lieber Nikolios heiraten. Nikolios gesteht Manolios ängstlich und zum Kampf bereit, daß er Lenio heiraten werde. Er erwartet Widerspruch, ja, eine Auseinandersetzung, aber Manolios stimmt ihm zu. Zu den Leuten gesellt sich Katerina, und die für das Mysterienspiel Ausgewählten hören Manolios zu, wie er von Christus erzählt. – Im Dorf feiert man die Hochzeit von Lenio und Nikolios; es wird gefeiert und getanzt. Da tritt der Priester Grigoris aus der Kirche und erklärt Manolios für ausgestoßen aus der Dorfgemeinschaft. Er habe gegen Gott und die gottgewollte Ordnung rebelliert, niemand dürfe ihn aufnehmen, niemand ihm zu essen geben. Michelis, Yannakos und Kostandis bekennen sich zu Manolios und werden von den Dorfbewohnern ängstlich gemieden. Manolios kommt gelaufen und setzt sich auf die Kirchentreppe. Er berichtet von dem Gefühl des Hochmuts, als er vom Priester für die Rolle des Christus ausgewählt wurde, er berichtet von seinen Ängsten vor der Ehe mit Lenio, vor dem Bett der Witwe Katerina. Nun aber habe er diese Ängste überwunden, er sei zu einem neuen Menschen gereift, der wisse, was er zu tun habe. Von weitem hört man die Rufe der Flüchtlinge, und Manolios erklärt, er führe sie an, damit sie sich von den Dorfbewohnern durch Kampf holten, was man ihnen freiwillig nicht gebe. Die Kinder dort stürben vor Hunger. Auf ein Zeichen des Priesters Grigoris stürzen sich die Dorfbewohner auf Manolios; der Judas Panait ersticht ihn. Die Dorfbewohner weichen ernüchtert zurück. Der Zug der Flüchtlinge nähert sich: sie beklagen den Tod des Manolios, aber sie werden, im Glauben gestärkt, weiter ziehen.

STILISTISCHE STELLUNG: Bohuslav Martinů bemüht sich, in seiner ›Griechischen Passion‹, die auch außerhalb der Tschechoslowakei zu den meistaufgeführten Bühnenwerken des Komponisten gehört, die Atmosphäre dieser bäuerlichen Allegorie auf die Passion Christi einzufangen. Die Hauptaufgabe liegt bei den Chören, deren inbrünstige Gesänge nach Gottes Gnade zwar an die Liturgie der orthodoxen Kirche erinnern, aber über melodische und formale Anleihen hinaus zu einer eigenen kompositorischen Lösung drängen. Eingebettet in diese Atmosphäre von Glaubenshoffnung und Glaubensverstrickung, aber auch Unsicherheit und Autoritätsgläubigkeit sind die Hauptfiguren des Dramas; einfache Leute, die bemerken, wie sehr sie durch ihre Wahl für das Mysterienspiel immer mehr dazu gebracht werden, das Leben Christi als vorbildhaft anzusehen – frei von den Machtverhältnissen und machterhaltenden Regeln einer erstarrten kirchlichen Orthodoxie.

TEXTDICHTUNG: Martinů richtete den 1948 geschriebenen, aber erst 1954 veröffentlichten Roman des Griechen Nikos Kazantzakis selbst als Libretto ein. Stehen bei Kazantzakis in der Allegorie der Passion die Sozialkritik an den Pharisäern und Schriftgelehrten, an der machtbesessenen Obrigkeit und die Hoffnung auf ein anarchisches Urchristentum im Vordergrund (im Roman sind Manolios' letzte Worte, die er dem Priester entgegenschleudert: »Ihr Popen habt Christus gekreuzigt, und stiege er wiederum zur Erde herab, so würdet ihr ihn wieder kreuzigen«), so steht bei Martinů eher das gleichnishafte Element des Lebens und Sterbens Christi in der Gestalt des griechischen Schafhirten Manolios im Vordergrund.

Geschichtliches: Martinů schrieb seine vorletzte Oper 1956 in Prag und in der Schweiz; die Uraufführung des Werkes fand jedoch erst zwei Jahre nach seinem Tode, am 9. Juni 1961 in Zürich statt und war ein großer Erfolg. Seither wurde das Werk, das unzweifelhaft zu den wichtigsten »geistlichen Opern« unseres Jahrhunderts gehört, eher selten aufgeführt, zuletzt an der Oper in Düsseldorf.

W. K.

Pietro Mascagni

* 7. Dezember 1863 in Livorno, † 2. August 1945 in Rom

Cavalleria rusticana (Sizilianische Bauernehre; 1890 Rom), T: nach Giovanni Verga v. Giovanni Targioni-Tozzetti u. Guido Menasci, E., V: Sonzogno, B&B

L'amico Fritz (1891 Rom), T: nach Emile Erckmann u. Pierre Alexandre Chatrian v. P. Suardon, V: Sonzogno, B&B

I Rantzau (1892 Florenz), T: nach E. Erckmann u. P. A. Chatrian v. G. Targioni-Tozzetti u. G. Menasci, V: Sonzogno, B&B

Guglielmo Ratcliff (1895 Mailand), T: nach Heinrich Heine v. Andrea Maffei, V: Sonzogno, B&B

Iris (1898 Rom), T: Luigi Illica, V: Ricordi

Parisina (1913 Mailand), T: Gabriele d'Annunzio, V: Sonzogno

Si (Ja; Die Dame aus Folies-Bergères; 1919 Rom), T: Carlo Lombardo u. Arturo Franci, V: Sonzogno, Wiener Bürgerverlag

Il piccolo Marat (1921 Rom), T: Gioavacchino Forzano, V: Sonzogno, Sikorski

Cavalleria rusticana

Melodram in einem Aufzug. Dichtung von Giovanni Targioni-Tozzetti und Guido Menasci.

Solisten: *Santuzza,* eine junge Bäuerin (Dramatischer Sopran, auch Dramatischer Mezzosopran, gr. P.) – *Turiddu,* ein junger Bauer (Jugendlicher Heldentenor, gr. P.) – *Lucia,* seine Mutter (Dramatischer Alt, auch Spielalt, kl. P.) – *Alfio,* ein Fuhrmann (Heldenbariton, auch Charakterbariton, m. P.) – *Lola,* seine Frau (Lyrischer Mezzosopran, auch Soubrette, m. P.).

CHOR: Landleute. Kinder (in der 3. Szene sechsstimmiger Chor auf der Bühne und fünfstimmiger Chor hinter der Bühne; gr. Chp.).
ORT: Sizilianisches Dorf.
SCHAUPLATZ: Hauptplatz des Dorfes, im Hintergrund rechts eine alte Kirche, links das Wirtshaus und das Haus der alten Lucia.
ORCHESTER: 2 Fl., 1 Picc., 2 Ob., 2 Kl., 2 Fag., 4 Hr., 2 Trp., 3 Pos., 1 Bt., P., Schl., Hrf., Str. – Bühnenmusik: Hrf., Org., Gl. in A und E.
GLIEDERUNG: Vorspiel und Siciliana sowie 10 musikalische Szenen, die pausenlos ineinandergehen, zwischen der 8. und 9. Szene: Intermezzo sinfonico.
SPIELDAUER: etwa 1¼ Stunden.
HANDLUNG: In einem sizilianischen Dorf hatte sich der junge Bauer Turiddu vor seiner Rekrutierung mit der ebenso hübschen wie koketten Lola verlobt. Als er aus dem Militärdienst zurückkam, hatte Lola inzwischen den Fuhrmann Alfio geheiratet. Turiddu suchte daraufhin bei der jungen Bäuerin Santuzza Trost, zu der er alsbald intime Beziehungen anknüpfte und der er auch die Ehe versprach. Dies reizte Lolas Eifersucht, und als ihr Mann mit seinen Pferden auswärts ist, gelingt es ihr unschwer, den früheren Verlobten aufs neue zu umgarnen. Am Ostermorgen kehrt Alfio zurück. Er berichtet Turiddus Mutter Lucia, ihren Sohn in der Nähe seines Hauses gesehen zu haben, als diese behauptet, Turiddu sei noch nicht von Francofonte zurück, wohin er gestern gegangen sei, um Wein zu holen. Ängstlich unterbricht Santuzza die Unterhaltung. Als sich die Landleute in die Kirche begeben, hält Santuzza Mutter Lucia zurück und gesteht ihr ihren schweren Kummer. Sie weiß, daß Lola Turiddus Herz von neuem gewonnen hat, und sie will nun den Treulosen erwarten, um ihn zu beschwören, sie, die Entehrte, nicht zu verlassen. Aber Turiddu leugnet seine Liebe zu Lola, und als diese, ein Liebesliedchen singend und die Situation sofort erfassend, kurz darauf auf dem Weg zur Kirche bei beiden vorbeikommt, versteht sie mit koketten Blicken und scheinheiligen Bemerkungen Turiddu derart zu reizen, daß er in einer darauffolgenden heftigen Auseinandersetzung die verzweifelt um ihre Liebe kämpfende Santuzza schließlich brutal von sich stößt und zu Boden wirft. Turiddu ist Lola in die Kirche nachgeeilt. Santuzzas Liebe ist aber plötzlich in Haß umgeschlagen, und als Alfio kommt, klärt sie den Ahnungslosen über das, was während seiner Abwesenheit vorgefallen war, auf. Wütend beschließt Alfio, die verruchte Tat zu rächen; Santuzza, die ihre Aussage bereits wieder bereut, stürzt verzweifelt fort. Nach dem Kirchgang fordert Turiddu die Landleute auf, mit ihm Wein zu trinken. Alfio kommt hinzu. Er weist den ihm von Turiddu kredenzten Becher zurück; nach sizilianischer Sitte umarmen sich die Gegner und Turiddu beißt Alfio in das rechte Ohr zum Zeichen, daß er ihm für die Auseinandersetzung mit dem Messer zur Verfügung stehe. Während Alfio vorausgeht, ruft Turiddu seine Mutter. Er bittet sie um ihren

Segen und fleht sie, die sich sein sonderbares Verhalten nicht erklären kann, an, der armen Santuzza beizustehen, wenn er nicht wiederkehren sollte. Dann küßt er die Mutter und läuft rasch weg. Bald darauf kommen Santuzza und die Dorfbewohner; entsetzte Spannung malt sich in ihren Gesichtern, bis schließlich eine Frauenstimme aus der Ferne ruft, daß Turiddu tot sei. Ohnmächtig sinken Santuzza und Lucia zu Boden.

STILISTISCHE STELLUNG: Die in der zweiten Hälfte des 19. Jahrhunderts in Erscheinung getretene Stilrichtung des Naturalismus – in Italien als »Verismo« bezeichnet – fand mit Mascagnis ›Cavalleria rusticana‹ Eingang in die Oper. Naturalistische Züge finden sich zwar auch schon in früheren Opern (z. B. in Verdis ›Rigoletto‹ und ›La Traviata‹ oder in Bizets ›Carmen‹), doch erscheint in ›Cavalleria rusticana‹ die naturalistische Tendenz zum ersten Mal in einer Oper konsequent durchgeführt. Freilich erstreckt sich das naturalistische Prinzip hier zunächst nur auf Stoff und Formung der Dichtung, die musikalische Gestaltung ist noch rein opernhaft im Sinn der italienischen Melodienoper, und es fehlt noch die für die spätere veristische Oper typische musikalische Diktion: das Illustrierende und das Farbige in Harmonik und Instrumentation. Die ›Cavalleria rusticana‹ verdankt ihre große Wirkungskraft einem klar gebauten Textbuch und der Macht des Belkanto. In kontrastreicher Aufeinanderfolge sind zwischen die dramatisch erregten Szenen musikalische Ruhepunkte gestreut: das choralartige Ensemble, das mit dem aus der Kirche klingenden Chor in großartiger Steigerung kombiniert wird; Alfios originell harmonisiertes Fuhrmannslied, Turiddus schmissiges Trinklied, Lolas verführerisches Rispetto von den süßen »Lilien« und vor allem das berühmte Intermezzo sinfonico, dessen Placierung als retardierendes Moment mitten in die Atmosphäre wilder menschlicher Leidenschaften, zu denen die friedliche Stille des Ostermorgens und die warme sizilianische Frühlingssonne in scharfem Gegensatz stehen, zweifellos als genialer Einfall zu bewerten ist. Sehr geschickt wird die Vorgeschichte der Handlung durch Turiddus hinter dem Vorhang gesungene Siciliana zum Preise der schönen Lola angedeutet, mit der er die Geliebte in früher Morgenstunde verläßt. Die eingängige, bisweilen im leitmotivischen Sinn verarbeitete Thematik atmet die heiße Glut des südlichen Himmels; in den symmetrisch gebauten musikalischen Szenen sind die geschlossenen Gebilde nahtlos verankert. Dem leidenschaftlichen Charakter des Werkes entsprechend ist die Instrumentation füllig, an manchen Stellen wirkt sie freilich unmotiviert brutal.

TEXTDICHTUNG: Das Libretto wurde von Giovanni Targioni-Tozzetti und Guido Menasci verfaßt. Als Vorlage diente den Textdichtern das durch die Schauspielerin Eleonora Duse bekannt gewordene naturalistische Volksstück ›Cavalleria rusticana – Volksszenen aus Sizilien‹ von Giovanni Verga (1840-1922), das dieser nach einer eigenen, 1889 erschienenen Novelle dramatisiert hatte. Die Librettisten verarbeiteten durch geringfügige Änderungen das meisterhaft gebaute Drama Vergas mit Geschick zu einem Opernsujet, indem sie einerseits durch die Weglassung einiger Nebenfiguren das Geschehen noch mehr strafften und anderseits zur dramatischen Belebung und für die musikalische Wirkung ausgiebig und dennoch zwanglos den Chor einbauten. Die erste deutsche Textübertragung wurde von Oskar Berggruen vorgenommen. Sie enthält zahlreiche Divergenzen zwischen Wort- und Musikbetonung. Diese Ungereimtheit wurde in dem neueren Klavierauszug wenigstens etwas geglättet. Der Titel ›Sizilianische Bauernehre‹ stammt von A. Kellner, der Vergas Schauspiel ins Deutsche übersetzte.

GESCHICHTLICHES: ›Cavalleria rusticana‹ entstand in dem apulischen Städtchen Cerignola, wo Mascagni als Klavierlehrer und Kapellmeister der Stadtmusik wirkte. Um sich gleichsam von der musikalischen Fronarbeit seines Alltags zu erholen, beschloß er, sich auch einmal an einem der Preisausschreiben für eine einaktige Oper von bisher unaufgeführten Komponisten zu beteiligen, die der Mailänder Verleger Edoardo Sonzogno von Zeit zu Zeit veranstaltete. Die Librettisten konnten mit ihren Textlieferungen kaum dem von Schaffensdrang besessenen Komponisten nachkommen, und es soll vorgekommen sein, daß Mascagni die stellenweise vor Erhalt der Verse entstandene Musik erst nachträglich textierte. Unter den siebzig zur Konkurrenz stehenden Opern erhielt die im Frühjahr 1890 eingereichte ›Cavalleria rusticana‹ den ersten, Nicola Spinellis ›Labilia‹ den zweiten Preis. Mascagnis Werk wurde am 17. Mai 1890 am Teatro Costanzi zu Rom uraufgeführt und mit grenzenloser Begeisterung aufgenommen. Mit dem gleichen Erfolg verbreitete sich die ›Cavalleria rusticana‹ anschließend in raschem Siegeszug über den Erdball; ihr Schöpfer war mit einem Schlag weltberühmt geworden.

JULES MASSENET

* 12. Mai 1842 in Montaud bei St-Etienne (Loire), † 13. August 1912 in Paris

Le roi de Lahore (1877 Paris), T: Louis Gallet, V: Heugel, Fürstner

Hérodiade (1881 Brüssel), T: Paul Milliet, Henri Grémont (Pseudonym v. Georges Hartmann) u. Angelo Zanardini, V: Heugel

Manon (1884 Paris), T: nach Abbé Prévost v. Henri Meilhac u. Philippe Gille, V: Heugel, Fürstner; deutsche Textfassung v. Kurt Honolka, V: AE

Le Cid (1885 Paris), T: nach Guillén de Castro y Bellvis u. Pierre Corneille v. Adolphe Philippe d'Ennery, L. Gallet u. Edouard Blau, V: Heugel, Sonzogno, Fürstner (Schott)

Werther (1892 Wien), T: nach Johann Wolfgang v. Goethe v. E. Blau, P. Milliet u. G. Hartmann, V: Heugel, Gutheil, Sonzogno

Thaïs (1894 Paris), T: nach Anatole France v. L. Gallet, V: Heugel
Le portrait de Manon (1894 Paris), T: Georges Boyer, kO., V: Heugel
Le jongleur de Notre-Dame (Der Gaukler unserer lieben Frau; 1902 Monte Carlo), T: Maurice Léna, V: Heugel, Sonzogno
Don Quichotte (1910 Monte-Carlo), T: Henri Cain nach Jacques Le Lorrain u. Miguel de Cervantes Saavedra, V: Heugel

Manon

Oper in vier Akten und sechs Bildern. Dichtung von Henri Meilhac und Philippe Gille.

SOLISTEN: *Manon Lescaut* (Lyrischer Koloratursopran, gr. P.) – *Poussette* (Lyrischer Sopran, m. P.), *Javotte* (Soubrette, m. P.) und *Rosette* (Mezzosopran, auch Spielalt, m. P.), Manons Freundinnen – *Dienerin* bei Manon (Sprechrolle, kl. P.) – *Der Chevalier Des Grieux* (Lyrischer Tenor, gr. P.) – *Der Graf Des Grieux*, dessen Vater (Seriöser Baß, m. P.) – *Lescaut*, Garde-du-Corps, Manons Cousin (Kavalierbariton, auch Lyrischer Bariton, gr. P.) – *Guillot-Morfontaine*, ein reicher Pächter (Charaktertenor, auch Spieltenor, m. P.) – *von Brétigny* (Kavalierbariton, m. P.) – *Der Wirt* (Baß, kl. P.) – *Zwei Gardisten* (Tenöre, kl. P.) – *Der Pförtner* im Seminar St. Sulpice (Sprechrolle, kl. P.) – *Ein Sergeant* (Sprechrolle, kl. P.) – *Ein Soldat* (Sprechrolle, kl. P.).
CHOR: Spieler, Falschspieler, Spielgehilfen. Soldaten. Reisende. Postillone. Gepäckträger. Bürger und Bürgerinnen. Verkäufer und Verkäuferinnen. Vornehme Damen. Fromme. Spaziergänger (1. Bild: Hauptchor: Bürger und Bürgerinnen; einige Mitglieder des Frauenchores: Reisende; einige Tenöre: Reisende, Postillone und Gepäckträger. – 3. Bild: Hauptchor: Bürger und Bürgerinnen, mehrere Solorollen [Verkäufer]. – 5. Bild: Tenöre geteilt in Falschspieler und allgemeinen Chor; m. Chp.).
BALLETT: 4 Tänze (3. Bild).
SCHAUPLÄTZE: Der große Hof einer Gastwirtschaft in Amiens – Zimmer bei Manon und Des Grieux in der Rue Vivienne – Die Promenade Cours-la-Reine, zwischen großen Bäumen stehen Buden – Das Sprechzimmer im Seminar Saint-Sulpice – Das Transsylvanische Hotel (Spielsaal) – Auf der Landstraße nach Le Havre.
ZEIT: Zweite Hälfte des 18. Jahrhunderts.
ORCHESTER: 2 Fl., 2 Ob., 2 Kl., 2 Fag., 4 Hr., 2 Trp., 3 Pos., P., Schl., Hrf., Str. – Bühnenmusik: Streichquintett, 1 Kl., 1 Fag., Org.
GLIEDERUNG: Durchkomponierte musikdramatische Großform; kurzes Vorspiel.
SPIELDAUER: etwa 3 Stunden.

HANDLUNG: In dem Gasthof zu Amiens, wo die Postkutsche nach Paris haltzumachen pflegt, kehren der Roué Guillot und der elegante von Brétigny mit drei jungen Freundinnen ein. Die Gäste sind hungrig und durstig; auf ihr lautes Rufen erscheint endlich der Wirt, der sie auffordert, in einem Pavillon zur Tafel Platz zu nehmen. Mit dem Glockenzeichen, das die Ankunft der Postkutsche anzeigt, versammeln sich Neugierige, unter ihnen auch der Soldat Lescaut, der seine Cousine Manon abholen möchte. Lescaut, der Manon noch gar nicht kannte, ist überrascht von ihrer Schönheit. Manons Eltern haben sie wegen ihrer leichtfertigen Veranlagung für das Kloster bestimmt. Mit kindlichem Charme, untermischt von leichter Koketterie, erzählt sie dem Vetter von den Eindrücken ihrer ersten Reise. Nach Abfahrt der Kutsche versorgt Lescaut Manons Gepäck. Unterdessen ruft Guillot aus dem Pavillon nach dem Wirt. Er sieht die allein zurückgebliebene Manon und macht, gefesselt von ihrer Schönheit, ihr schnell das Angebot, mit ihm in einer Kutsche heimlich nach Paris zu fahren. Lescaut kommt mit zwei befreundeten Gardisten zurück, die ihn zu einem Spiel auffordern. Er ersucht daher Manon, eine kurze Weile hier auf ihn zu warten, und ermahnt sie, nicht zu antworten, sollte sie von jemandem angesprochen werden. Kaum ist sie allein, erscheint ein junger Mann, der die Post versäumt hatte. Beim Anblick Manons gerät er in Entzücken; er spricht sie an, erfährt ihren Namen und beteuert, daß er, Chevalier Des Grieux, es nicht zugeben werde, daß eine solche Schönheit hinter Klostermauern lebendig begraben würde, und daß er ihr sein Leben weihen wolle. Da kommt der von Guillot bestellte Kutscher. Des Grieux betrachtet es als eine Fügung des Himmels und beide fahren eilig mit dem Wagen ab. Gleich darauf kommt Lescaut betrunken zurück. Er macht Guillot den Vorwurf, ihm Manon geraubt zu haben. Der Wirt tritt dazwischen und berichtet von der Flucht des Paares. Guillot wird weidlich ausgelacht, er schwört aber der Falschen und ihrem Entführer Rache. – In der Rue Vivienne verleben Manon und Des Grieux in bescheidenen Verhältnissen eine glückliche Zeit. Des Grieux bittet nun in einem Schreiben seinen Vater um seinen Segen; denn er möchte Manon zu seiner Frau machen. Er will eben den Brief zur Post bringen, als Lescaut und der als Gardist verkleidete Herr von Brétigny ungestüm eindringen; Brétigny hat in der Nähe Wohnung bezogen und Manon bereits seit längerem heimlich Blumen geschickt. Lescaut spielt sich als Rächer der Familienehre auf, in Wirklichkeit trachtet er, seine Cousine an den reichen Brétigny zu verkuppeln. Des Grieux zeigt Lescaut den Brief als Beweis seiner ehrlichen Absichten. Indessen verständigt Brétigny Manon, daß ihr Freund noch heute auf Veranlassung von Des Grieux' Vater gewaltsam entführt werde; Brétigny bietet ihr gleichzeitig für ihre Liebe Reichtum und Glanz an. Trotz ehrlicher Gefühle für Des Grieux kann Manon nicht den Verlockungen eines Luxuslebens widerstehen. Sie unterläßt es daher, den Geliebten zu warnen, nachdem Lescaut, scheinbar befriedigt, mit Brétigny weggegangen ist. Schmerzerfüllt sieht sie dann vom Fenster aus den Wagen mit Des Grieux abrollen. – In dem Gedränge auf der Promenade Cours-la-Reine erfährt Manon aus einem zufällig mitangehörten Gespräch ihres jetzigen Freundes Brétigny mit dem alten Grafen Des Grieux, daß ihr einstiger Geliebter in den Priesterstand treten will und heute seine erste Predigt halte. Sie weiß Brétigny unter einem Vorwand zu entfernen. Dann spricht sie den Grafen an, dem gegenüber sie vorgibt, eine Freundin von Manon zu sein; sie erkundigt sich lebhaft nach Des Grieux, aber der Graf, der weiß, wen er vor sich hat, beendet die Unterhaltung bald mit dem Bemerken, sein Sohn habe die einzig vernünftige Lehre gezogen: er habe vergessen. – Des Grieux hat in St-Sulpice seine erste Predigt absolviert, die Andächtigen waren begeistert. Vergeblich sucht ihm sein Vater in einer Unterredung nach dem Gottesdienst sein Vorhaben Geistlicher zu werden auszureden. Aber der Graf ist auch mit dieser Lösung einverstanden; er verständigt den Sohn beim Abschied, daß er ihm noch heute sein mütterliches Erbe, dreißigtausend Livres, anweisen werde. Kurz nachdem der alte Des Grieux fortgegangen ist, erscheint Manon. Des Grieux, erst kühl und abweisend, erliegt sehr bald Manons verführerischen Worten; er verzeiht ihr die Vergangenheit und er liiert sich mit ihr aufs neue. – Aber Manons Luxusbedürfnis verschlingt hohe Summen. Ihrem Drängen nachgebend, besucht Des Grieux mit ihr das Transsylvanische Hotel, wo die Lebewelt, Falschspieler und auch Lescaut ihr Glück im Pharao versuchen. Des Grieux wird von Guillot zu einem Spiel herausgefordert, und da er auch hier Glück hat, inszeniert Guillot einen Skandal, indem er den Chevalier der Falschspielerei bezichtigt. Er holt die Polizei, die Manon und Des Grieux verhaftet. Fast gleichzeitig erscheint Graf Des Grieux, der dem Sohn die baldige Befreiung aus dem Gefängnis flüsternd in Aussicht stellt. – Auf der Landstraße nach Le Havre erwartet Des Grieux zusammen mit Lescaut das Kommando mit den zur Deportation verurteilten Mädchen, unter denen sich auch Manon befindet. Er plant, die Geliebte mit Gewalt zu befreien. Aber die hierfür gedungenen Leute haben im entscheidenden Augenblick abgesagt. Als die Soldaten nahen, weiß Lescaut den Sergeanten mit Geld zu bestechen. Manon wird für kurze Zeit freigelassen. Während die Soldaten zum nächsten Dorf weitermarschieren, bleibt ein Mann zur Bewachung Manons zurück. Lescaut will auch diesen bestechen, um dem Paar die Flucht zu ermöglichen. Aber die Aufregungen haben Manons zarte Lebenskraft zermürbt; sie stirbt in den Armen des verzweifelten Geliebten, nachdem sie ihn für das ihm durch ihre Flatterhaftigkeit zugefügte Leid um Verzeihung gebeten und ihm nochmals die einzelnen Stationen ihres Glückes in Erinnerung gebracht hatte.

Stilistische Stellung: Mit Massenets ›Manon‹ erreichte die Opéra lyrique dank der stilistischen Geschlossenheit des Werkes einen ihrer Höhepunkte, obwohl gleichzeitig Dekadenzerscheinungen (Verweichlichung durch eine nur auf sinnlichen Klangreiz bedachte Melodik) dem absoluten künstlerischen Wert dieser Oper Abbruch tun. Die Dichtung, einem der größten Meisterwerke französischer Erzählungskunst nachgestaltet, wußte der Komponist aus der Tradition bodenständiger Kultur und der Erbschaft des Blutes heraus mit einer adäquaten Musik zu verbinden, die den richtigen Ausdruck trifft für die Zeichnung dieses eigenartigen Wesens mit der Mischung von Liebesleidenschaft und Leichtsinn und seiner Umgebung, dieser äußerlich charmanten und innerlich morbiden Gesellschaft. Träger des Ausdrucks ist das Melodische, das mit einigen eingängigen, sich leitmotivartig durch das Stück ziehenden Themen Personen und Situationen bald sinnlich-weich, bald duftig-zart, bald zierlich-elegant charakterisiert. Bei dem stark entwickelten Formensinn Massenets baut sich die Oper aus musikalischen Szenen auf, die in sich wiederum häufig geschlossene Gebilde bergen. Der gesprochene Dialog kommt in ›Manon‹ nicht mehr vor, doch weist eine Reihe melodramatischer Stellen auf die Herkunft von der Opéra comique. Der Tonsatz ist, von gelegentlichen Imitationen abgesehen, durchwegs homophon gehalten. Der Einfluß Richard Wagners ist bei ›Manon‹ noch nicht in dem Grade vorhanden wie bei den späteren Bühnenwerken des Komponisten (z. B. ›Werther‹).

Textdichtung: Das Libretto wurde von dem erfolgreichen französischen Bühnendichter Henri Meilhac (1831–1897) zusammen mit Philippe Gille verfaßt. Als Vorlage diente die berühmte Erzählung ›Les aventures du chevalier Des Grieux et de Manon Lescaut‹ aus dem 1728 erschienenen Roman ›Mémoires d'un homme de qualité‹ von Abbé Antoine-François Prévost d'Exiles (1697–1763). Die Librettisten hielten sich bei der Dramatisierung ziemlich genau an das Original; lediglich der Schluß wurde abgeändert: Manon stirbt nicht in der unwirtlichen Prärie der Südstaaten, sondern auf dem Weg zur Deportation auf der Landstraße nach Le Havre. Dadurch wurde eine Konzentrierung des Geschehens und eine Vereinfachung des Szenariums erreicht, was zweifellos für die Oper von Vorteil war. Die dramaturgische Anlage zeugt auch hinsichtlich der Auswahl der Schauplätze und der Charakterzeichnung von dem sicheren Theaterinstinkt der Autoren. Die deutsche Textübertragung besorgte Ferdinand Gumbert, eine neue deutsche Bühnenfassung stammt von Kurt Honolka.

Geschichtliches: Die Geschichte der kleinen Manon (der Name ist eine Koseform von Marie) wurde bereits vor Massenet für die Musikbühne dramatisiert, und zwar von Eugène Scribe, dessen Libretto zunächst von Jacques François Fromental Elias Halévy als Choreographie zu einem dramatischen Ballett (1830 Paris) verwertet und später von Daniel François Esprit Auber als Opéra comique (1856 Paris) vertont wurde. Massenet begann im Jahre 1881 sich mit ›Manon‹ zu beschäftigen. Die Uraufführung erfolgte am 19. Januar 1884 an der Opéra-Comique in Paris mit der hervorragenden Sopranistin Marie Heilbronn in der Titelrolle. Wenn auch einige abfällige Urteile mit dem Vorwurf des »Wagnerismus« erfolgten, so war doch die Anerkennung von allem Anfang an eine allgemeine. Die ›Manon‹ gehört bis auf unsere Tage neben Bizets ›Carmen‹ und Gounods ›Faust‹ zu den meistgespielten französischen Opern, nicht nur in Frankreich, sondern auch im Ausland.

Werther

Lyrisches Drama in vier Akten (fünf Bildern) nach Johann Wolfgang von Goethe. Dichtung von Edouard Blau, Paul Milliet und Georges Hartmann.

Solisten: *Werther* (Lyrischer Tenor, auch Jugendlicher Heldentenor, gr. P.) – *Albert* (Lyrischer Bariton, auch Kavalierbariton, gr. P.) – *Le Bailli,* der Amtmann (Charakterbariton, auch Spielbaß, m. P.) – *Schmidt,* ein Freund des Amtmanns (Spieltenor, auch Charaktertenor, m. P.) – *Johann,* ein Freund des Amtmanns (Charakterbariton, auch Charakterbaß, m. P.) – *Brühlmann,* ein junger Mann (Tenor, auch Bariton, auch Baß, kl. P.) – *Charlotte,* Tochter des Amtmanns (Lyrischer Mezzosopran, gr. P.) – *Sophie,* ihre Schwester (Lyrischer Sopran, auch Soubrette, m. P.) – *Kätchen,* junges Mädchen (Sopran, auch Alt, kl. P.) – *Fritz, Max, Hans, Karl, Gretel, Clara* (Kinder) – *Ein Bauernjunge, ein Diener* (Stumme Rollen).
Chor: Frauenchor zur Verstärkung der Kinderstimmen hinter der Szene, ad libitum.
Ort: Wetzlar.
Schauplätze: Das Haus des Amtmanns – Ein Dorfplatz mit Kirche, Pfarrhaus und Wirtschaft – Ein Salon im Hause Alberts – Werthers Arbeitszimmer.
Zeit: Sommer bis Weihnachten 178–.
Orchester: 2 Fl., 2 Ob., 2 Kl., Saxophon, 2 Fag. – 4 Hr., 2 Trp., 3 Pos., Tuba – P., Schl., 2 Hrf., Org., Glsp. - Str.
Gliederung: Kurzes Vorspiel, durchkomponierte Großform.
Spieldauer: etwa 2½ Stunden.
Handlung: Ein kurzes Vorspiel leitet den I. Akt ein. Die Szene spielt im Haus des verwitweten Amtmanns, der mit sechs seiner kleineren Kinder ein Weihnachtslied einstudiert. Er tadelt ihren Gesang mit dem Hinweis, daß Charlotte, die älteste Tochter, die die Mutterpflichten übernommen hat, es im Nebenzimmer hören könnte. Schmidt und

Johann, die Freunde des Amtmanns, schauen herein und wundern sich, daß schon im Sommer ein Weihnachtslied probiert wird. Sie erinnern den Amtmann daran, daß er sie später zu einem geselligen Abend im Wirtshaus treffen soll. Sophie, Charlottes jüngere Schwester, kommt hinzu, und man spricht vom Ball, auf den Charlotte gehen wird, und von Werther, ihrem Tanzpartner, einem melancholischen jungen Mann, und von Albert, dem künftigen Ehemann Charlottes, der in Geschäften unterwegs ist. Unbemerkt tritt Werther auf und sinniert über die Sommerabend-Atmosphäre. Charlotte, für den Ball angekleidet, kommt, und da ihr Partner noch auf sich warten läßt, findet sie Zeit, den Kindern ihr Abendbrot zu geben. So findet sie Werther, tiefbewegt von dieser Szene zufriedener Häuslichkeit. Zusammen mit anderen Ballgästen macht er sich mit Charlotte auf den Weg. Der Amtmann überläßt die Kinder der Obhut von Sophie und geht ins Wirtshaus; da taucht Albert, Charlottes Verlobter auf. Er ist überraschend früh zurückgekommen, verwundert, daß Charlotte abwesend ist, bittet aber, ihr nichts davon zu erzählen, um sie am nächsten Morgen zu überraschen. – Im Mondschein kehren Werther und Charlotte vom Ball zurück. Charlotte erinnert sich an ihre Mutter, und Werther gesteht ihr seine Liebe. Da ruft der Amtmann vom Hause her, Albert sei zurückgekommen. Der Zauber ist gebrochen, und als Werther von Charlotte erfährt, Albert sei der Mann, den Charlottes sterbende Mutter für ihre Tochter bestimmt habe, ist er verzweifelt. – Ein Sonntagnachmittag im September. Schmidt und Johann sitzen vor dem Wirtshaus und beobachten die Dorfbewohner, die in die Kirche gehen, um die goldene Hochzeit des Pfarrers zu feiern. Auch Charlotte und Albert, seit drei Monaten zufrieden verheiratet, sind unter ihnen. Werther beobachtet die Szene aus der Ferne; er beklagt bitter, daß er Charlotte verloren habe. Albert, der von der kurzen Begegnung vor drei Monaten weiß, zeigt Verständnis für Werthers Gefühle. Sophie unterbricht das Gespräch und fordert Werther zum Tanz auf, doch dieser sucht das Gespräch mit Charlotte und spricht zu ihr von seiner Liebe, doch sie weist ihn sanft ab und rät ihm, sie zu vergessen. Er solle den Ort verlassen und erst zu Weihnachten zurückkehren. Wieder allein, überläßt sich Werther seiner Verzweiflung und weist Sophie, die ihn zum Tanz holen will, brüsk zurück. Er verläßt sie mit der Bemerkung, er werde nie zurückkommen. Als sie dies dem jungvermählten Paar erzählt, erkennt Albert an der Reaktion von Charlotte, daß ihr Werther nicht gleichgültig ist. – Es ist Weihnachtsnachmittag. Im Salon von Alberts Haus denkt Charlotte an Werther und liest wieder und wieder seine Briefe, in denen er sie an gemeinsame Erlebnisse erinnert. Sie weiß, daß sie ihn trotz aller Bemühungen, ihn zu vergessen, ebenso liebt wie er sie. Sophie kommt und lädt sie ein, den Weihnachtsabend im Hause des Vaters zu verbringen, kann sie aber nicht aus ihrer niedergeschlagenen Stimmung reißen. Charlotte ist hin und her gerissen zwischen einem übermächtigen Gefühl der Liebe zu Werther und ihrer Pflicht als Ehefrau Alberts. Plötzlich erscheint Werther selbst, bleich und verstört. Die Abwesenheit hat nichts an seinen Gefühlen geändert. Gemeinsam beschwören sie zärtliche Erinnerungen, an das Cembalo, an dem sie sangen, und an Bücher, die sie lasen, insbesondere die Balladen Ossians, die Werther für sie übersetzte. Doch Charlotte überwindet ihr Gefühl und weist Werthers heftige Werbung erneut zurück. Sie verläßt den Raum, und Werther entfernt sich ohne Hoffnung. Albert kehrt heim und ist verwirrt durch Charlottes offensichtliche Erregung. Als er zu erfahren sucht, was geschehen ist, tritt ein Diener auf und überreicht einen Brief Werthers, in dem dieser Albert, einer Reise wegen, um seine Pistolen bittet. Albert zwingt Charlotte, die Pistolen auszuhändigen, und als ihr der schreckliche Sinn des Briefes klar wird, stürzt sie aus dem Haus, um Werther zu finden. – Ein Zwischenspiel, das den IV. Akt mit dem vorausgehenden verbindet, kontrastiert den Weihnachtsfrieden mit der Tragödie Werthers. Charlotte kommt in Werthers Arbeitszimmer und findet ihn tödlich verwundet auf dem Fußboden liegen. Er bittet sie um Verzeihung, sie aber, von Reue gequält, klagt sich an. Werther verbietet ihr, Hilfe zu holen, die ohnehin zu spät komme – hier, in ihren Armen, will er sterben. Sie bekennt ihm ihre Liebe und erwidert seinen Kuß. Und während draußen die Kinder fröhlich ihr Weihnachtslied singen, muß Charlotte erkennen, daß der Mann, den sie liebte, tot ist.

Stilistische Stellung: Mit ›Werther‹, wenige Jahre nach ›Manon‹ komponiert, aber erst 1892 in Wien uraufgeführt, hat Massenet den weitgehend lyrischen Stil der ›Manon‹ weiterentwickelt, ohne das Primat der Melodik aufzugeben. Dramatischen Zuschnitt erhält das Werk durch die Einbeziehung einer von Wagner abgeleiteten Leit- und Erinnerungsmotivik sowie durch eine verknappende Lakonik. Der Orchestersatz ist lyrisch grundiert, findet aber an dramatischen Höhepunkten zu einer Schlagkraft, die veristische Töne vorwegnimmt.

Textdichtung: Das Libretto wurde von Edouard Blau und Paul Milliet und unter Mitarbeit von Massenets Verleger Georges Hartmann verfaßt. Vorlage ist Goethes berühmter Briefroman ›Die Leiden des jungen Werthers‹ von 1774, der wiederum zwei reale Begebnisse, Goethes vergebliches Werben um Charlotte Buff, später verheiratete Kestner, und den Selbstmord des Legationssekretärs Carl Wilhelm Jerusalem, zusammenzieht. Das Libretto hält sich in den Grundzügen ans Original, hat aber in der Personencharakteristik verändernd eingegriffen und auch den Gefühlskonflikt Charlottes verschärft: bei Goethe ist von einem Schwur am Totenbett der Mutter, Albert zu heiraten, keine Rede; ebenso wenig gibt es dort die im Libretto zu einer echten Partnerin herangewachsene Schwester Sophie. Albert erhält deutlich negative Züge: er ist nicht nur – gegenüber dem wirren Feuerkopf Werther –

der kühle Rationalist; der Zwang, den er auf Charlotte ausübt und unter dem sie die Pistolen aushändigen muß, hat etwas grausam Zynisches. Die hinzuerfundenen Randfiguren Johann und Schmidt, ironisch charakterisierte deutsche Biederkeit, personifizieren die idyllisch-spießbürgerliche Atmosphäre, in der – kontrastierend – das Gefühlsdrama abläuft.

GESCHICHTLICHES: Massenet arbeitete sogleich nach dem Erfolg der ›Manon‹ an ›Werther‹; das Werk entstand zwischen 1884 und 1886, doch nach der Vollendung fand sich keine Uraufführungsbühne. So lag die Komposition, bis sie – auf Betreiben des Tenors Ernest van Dyck, des ersten Sängers der Titelpartie – am 16. Februar 1892 in deutscher Übersetzung des Brahms-Biographen Max Kalbeck am Wiener k. u. k. Hofoperntheater uraufgeführt wurde. Der große Erfolg, den das Werk dort errang (trotz der Stimmen, die in jeder Veroperung eines Goethe-Sujets, zumal durch einen Franzosen, ein Sakrileg sahen), führte zur französischen Erstaufführung an der Opéra-Comique am 16. Januar 1893. In Paris erlebte das Werk eine Erfolgsserie wie sonst nur ›Carmen‹, ›Faust‹ und ›Manon‹: 1905 spielte man ›Werther‹ zum 500. Mal, 1938 feierte man die 1000. Aufführung. In Deutschland setzte es sich langsamer durch: nach Wien folgte 1892 Weimar, 1895 Hamburg, 1905 Berlin. Massenets Tod und der Chauvinismus des Ersten Weltkriegs verdrängten das Stück aus den deutschen Spielplänen, in die es erst – im Gefolge einer Massenet-Renaissance auf dem Schallplattenmarkt – in den letzten Jahren (München, Augsburg, Basel, Nürnberg, Aachen, Münster) mit nachhaltigem Erfolg zurückkehrte.

W. K.

Don Quichotte

Heroische Komödie in fünf Akten. Dichtung von Henri Cain nach dem Schauspiel von Jacques Le Lorrain ›Le chevalier de la longue figure‹ nach Miguel de Cervantes Saavedra.

SOLISTEN: *Don Quichotte* (Seriöser Baß, auch Charakterbaß, auch Heldenbariton, gr. P.) – *Sancho Pansa,* sein Knecht (Charakterbariton, auch Baßbariton, auch Spielbaß, gr. P.) – *Dulcinea* (Dramatischer Sopran, auch Dramatischer Mezzosopran, auch Charaktersopran, gr. P.) – *Pedro* (Sopran, m. P.) – *Garcias* (Sopran, auch Mezzosopran, m. P.) – *Rodriguez* (Lyrischer Tenor, auch Charaktertenor, m. P.) – *Juan* (Lyrischer Tenor, auch Lyrischer Bariton, m. P.) – *Anführer der Banditen* (Sprechrolle) – *Vier Banditen* (Sprechrollen) – *Zwei Diener* (Tenöre, auch Baritone, kl. P.).

CHOR: Volksmenge. Verehrer Dulcineas. Festgäste. Banditen (gemischter Chor, m. Chp.).
ORT: Spanien.
SCHAUPLÄTZE: Ein öffentlicher Platz vor dem Hause Dulcineas – Landschaft mit Windmühlen – In der Sierra – Ein Saal in Dulcineas Haus – Straße in einem Wald.
ZEIT: 16. Jahrhundert.
ORCHESTER: 3 Fl., 3 Ob., 3 Kl., 3 Fag. – 4 Hr., 3 Trp., 3 Pos., Tuba – P., Schl., 2 Hrf., Gitarre – Str. – Bühnenmusik: Fl., Ob., Schl., Cel., Org., Klav., Hrf., Viol., Viola, Kb.
GLIEDERUNG: Durchkomponierte, durch instrumentale Vor- und Zwischenspiele gegliederte Großform.
SPIELDAUER: etwa 2 Stunden.
HANDLUNG: Markttag in einer spanischen Kleinstadt. Die Menge und die vier Kavaliere Pedro, Garcias, Juan und Rodriguez huldigen vor ihrem Haus der schönen Kurtisane Dulcinea. Dulcinea tritt auf den Balkon ihres Hauses und bedankt sich mit einem Lied, das die Vergänglichkeit der Schönheit besingt, bei ihren Verehrern. Dann verschwindet sie. Fröhliches Lachen klingt die Straße herauf: Kinder und Volk begleiten den grotesk-gravitätischen Einzug von Don Quichotte, auf seinem alten Klepper Rosinante reitend, und seinem Diener Sancho Pansa auf einem Esel. In der Begrüßung des Volkes mischen sich Spott und ehrlicher Respekt; ist doch Don Quichotte bekannt als ein fahrender Ritter, der sich furchtlos und freigiebig für die Armen und Entrechteten einsetzt. So befiehlt er auch jetzt seinem Diener, Almosen an die Bettler zu verteilen. Es wird Abend. Don Quichotte will der schönen Dulcinea seine Aufwartung machen; den durstigen Sancho Pansa beurlaubt er in die nächste Schenke. Dann beginnt er ein Ständchen, zu dem er sich auf der Mandoline begleitet. Eifersüchtig taucht da Juan auf, dem es nicht gefällt, daß der komische Ritter seiner Angebeteten ein Ständchen bringt. Es kommt fast zum Duell; nur das Auftauchen Dulcineas verhindert einen Kampf. Um Juan eifersüchtig zu machen, kokettiert Dulcinea mit dem Ritter und macht ihm das Kompliment, er sei ein vorzüglicher Poet und tapferer Mann. Und wenn er ihr den kostbaren Schmuck zurückbringe, der ihr von Banditen geraubt worden sei, dann – so macht sie dem verliebten Don Quichotte Hoffnung – könne sie ihn auch lieben. Lächelnd kehrt sie dann mit ihren Kavalieren ins Haus zurück, und Don Quichotte, alleingelassen, glaubt sich geliebt und schwört, er wolle nicht zurückkehren, bevor er ihr nicht den geraubten Schmuck zu Füßen legen könne. – Don Quichotte ist mit Sancho Pansa aufgebrochen und in einer Ebene unterwegs, in der Windmühlen stehen. Er ist ganz damit beschäftigt, ein neues Lied für Dulcinea zu dichten und sucht dabei ganz versunken nach Reimen; während Sancho jammert, sie seien gewiß auf dem falschen Wege, gestern erst hätten sie sich mit einer Hammelherde einen Streit gelie-

fert, und heute wüßten sie noch nicht, was sie essen und wo sie schlafen sollten – und all dies nur wegen Dulcinea, der Schlange, der man kein Wort glauben könne. Als Don Quichotte ihn zurechtweist, bricht er aus in ein großes Lamento über die Untreue der Frauen im allgemeinen und die Dulcineas im besonderen, aber Don Quichotte beachtet ihn nicht. Er hat vielmehr die Windmühlen entdeckt, die er für Riesen hält, und läßt sich darin auch von seinem Diener nicht irre machen. Mit eingelegter Lanze stürmt er auf sie zu, wird aber von den sich drehenden Flügeln aus dem Sattel geworfen. – In der Sierra ist Don Quichotte den Räubern auf die Spur gekommen. Er will ihnen das Geschmeide Dulcineas wieder abjagen, während Sancho Pansa ängstlich rät, sich lieber zu verstecken. Da tauchen die Räuber auf: Sancho flieht und versteckt sich, Don Quichotte stellt sich zum Kampf, wird aber von der Übermacht schnell überwältigt und gefesselt. Die Räuber beschließen, ihn zu töten, aber er läßt alles stoisch und schweigend über sich ergehen. Dann erhebt er die Hände zum Gebet, und als ihn der Räuberhauptmann ergriffen fragt, wer er sei, berichtet Don Quichotte, er sei ein irrender Ritter, der durch die Welt ziehe und für die Armen eintrete. Alle Räuber sind gerührt, auf Don Quichottes Bitte gibt der Hauptmann auch den geraubten Schmuck wieder heraus. Sancho kann unbehelligt wieder aus seinem Versteck hervorkommen: die Räuber schenken beiden die Freiheit und erbitten den Segen des Ritters, der so aufrecht und mannhaft für das Gute kämpft. – Im Hause der Dulcinea wird ein großes Fest gefeiert. Die Kavaliere bemühen sich eifersüchtig um die schöne Kurtisane, doch diese langweilen die immergleichen Liebesschwüre und Beteuerungen. In einem feurigen Trinklied fordert sie ihre Verehrer zu neuem, aufregendem Liebesdienst auf. Sancho Pansa kommt und befiehlt zwei Dienern, die Ankunft seines Herrn zu melden. Don Quichotte verspricht seinem treuen Knappen, er wolle ihn fürstlich belohnen. Als Dulcinea mit ihren Gästen kommt, macht Don Quichotte förmlich seine Aufwartungen, aber den Gästen vergeht der Spott, als er der Angebeteten den geraubten Schmuck zurückgibt. Sie bedankt sich herzlich bei ihm dafür, doch als ihr der Ritter, von Liebesglut übermannt, den Antrag macht, seine Frau zu werden, weist sie ihn lachend ab. Als sie aber sieht, wie sehr dies Don Quichotte verletzt, schickt sie die Gäste fort und erklärt ihm, sie wolle ihm nicht weh tun, aber als Kurtisane, die heute diesen, morgen jenen erhöre, sei sie für die Ehe nicht geeignet. Trotz der bitteren Enttäuschung dankt ihr Don Quichotte für ihre Offenheit und segnet sie. Sancho Pansa versucht, den gebrochen wirkenden Ritter zu trösten, und Dulcinea weist die Kavaliere, die ihn verspotten wollen, streng zurecht: der Ritter sei vielleicht ein Narr, aber einer mit dem Herz auf dem rechten Fleck und ohne Fehler. Als Dulcinea gegangen ist, bricht sich doch die Spottlust Bahn; Sancho Pansa, den diese Erniedrigungen seines Herrn verletzen, rafft sich auf zu einer flammenden Anklagerede gegen jene oberflächlichen Geister, die sich an Äußerlichkeiten aufhalten, aber den inneren Wert nicht sehen können. Gemeinsam mit Don Quichotte bricht er auf zu neuen Taten. – In einer Schlucht im Walde bewacht Sancho Pansa den Schlaf seines Herrn. Don Quichotte kommt zu sich und fühlt sich krank zum Sterben. Er tröstet den verzweifelten Knappen. Aus der Ferne klingt Dulcineas Stimme, die das verlorene Glück beklagt. In Sanchos Armen stirbt der irrende Ritter.

STILISTISCHE STELLUNG: All jenen, die in Massenet nur den Komponisten luxurierend-einschmeichelnder Musik sahen, dessen »Harmonien sind wie menschliche Arme, die Melodien wie Nacken, die von diesen Armen umschlungen werden« (Claude Debussy), mag die Stoffwahl seines letzten erfolgreichen Werkes etwas fremd vorkommen. Doch Massenet, der sich in seinem Werk vorschnellen Festlegungen immer zu entziehen wußte, hat mit dieser heroischen Komödie auf die lyrische Basis seiner Musiksprache geschickt Elemente des italienischen Verismo wie der Wagnerschen Leitmotivtechnik bezogen und vermochte mit seinem feinfühlig psychologisierendem Stil die grotesktragische Gestalt des irrenden Ritters ebenso einzufangen wie den biederen Realismus Sancho Pansas, der in manchen Momenten doch die Größe seines Herrn spürt, und wie die schillernde Gestalt der Dulcinea, durch deren vermeintliche Lebenslust Angst vor Vergänglichkeit, vor dem Verfehlen des eigentlichen Glücks schimmert.

TEXTDICHTUNG: Massenet hatte am 3. April 1904 an der Comédie française die Uraufführung von Jacques Le Lorrains Schauspiel ›Don Quichotte‹ erlebt und war begeistert; der Plan, diesen Stoff zu einer Oper zu gestalten, kam ihm jedoch erst, nachdem er in Fjodor Schaljapin, dem berühmten russischen Bassisten, den idealen Interpreten für die Titelrolle entdeckt zu haben schien. Henri Cain arbeitete das Schauspiel des in der Zwischenzeit verstorbenen Le Lorrain durch geschickte Kürzungen und Zusammenziehungen zu einem Libretto um.

GESCHICHTLICHES: Massenet schrieb seinen ›Don Quichotte‹ 1908/09. Die Uraufführung am 19. Februar 1910 in Monte Carlo mit Schaljapin in der Titelrolle, Giuseppe De Luca als Sancho Pansa und Mary Garden als Dulcinea war ein großer Erfolg. Noch in demselben Jahr wurde die Oper in Brüssel, Moskau, Marseille und Paris aufgeführt; die deutsche Erstaufführung fand am 31. März 1911 in Nürnberg statt. Mit Massenets Tod und dem Ausbruch des Ersten Weltkriegs ging die Zahl der Aufführungen zurück. In den letzten Jahren haben Aufführungen in Belgrad (mit zahlreichen Gastspielen), an der Oper in Paris (die Mitwirkenden dieser Aufführung sind auch die Solisten einer Plattenaufnahme) sowie in Hamburg und Braunschweig die Wirksamkeit dieses späten Meisterwerks erneut erwiesen.

W. K.

Gian Carlo Menotti

* 7. Juli 1911 in Cadegliano

Amelia Goes to the Ball (Amelia geht zum Ball; 1937 Philadelphia), T: der Komponist, kO., E., V: Ricordi

The Old Maid and the Thief (Die alte Jungfer und der Dieb; 1939 NBC, amerikanischer Rundfunk, 1. Bühnenauff. 1941 Philadelphia), T: der Komponist, kO., E., V: Ricordi

The Island God (Der Inselgott; 1942 New York), T: der Komponist, E.

The Medium (1946 New York), T: der Komponist, E.

The Telephone (1947 New York), T: der Komponist, E., V: A&S

The Consul (1950 Philadelphia), T: der Komponist, V: Apollo-Verlag, Zürich, F. Bloch Erben

Amahl and the Night Visitors (Amahl und die nächtlichen Besucher; 1951 NBC, amerikanisches Fernsehen, 1. Bühnenauff. 1952 Bloomington, Indiana), T: nach dem Gemälde v. Hieronymus Bosch ›Die Anbetung der drei Könige‹ vom Komponisten, V: F. Bloch Erben

The Saint of Bleecker Street (Die Heilige der Bleecker Street; 1954 New York), T: der Komponist, V: F. Bloch Erben

Maria Golovin (1958 Brüssel), T: der Komponist, V: Ricordi, New York

The Last Savage (Der letzte Wilde; 1963 Paris), T: der Komponist, V: Ricordi

Der Konsul

Musikalisches Drama in drei Akten. Worte vom Komponisten.

Solisten: *John Sorel* (Charakterbariton, auch Heldenbariton, gr. P.) – *Magda Sorel* (Jugendlich-dramatischer Sopran, auch Charaktersopran, gr. P.) – *Die Mutter* (Dramatischer Alt, gr. P.) – *Agent der Geheimpolizei* (Charakterbaß, m. P.) – *1.* und *2. Detektiv* (Stumme Rollen) – *Die Sekretärin* (Dramatischer Mezzosopran, auch Spielalt, gr. P.) – *Mr. Kofner* (Seriöser Baß, auch Spielbaß, m. P.) – *Die Italienerin* (Sopran, m. P.) – *Anna Gomez* (Sopran, m. P.) – *Vera Boronel* (Spielalt, m. P.) – *Der Zauberer Nika Magadoff* (Spieltenor, gr. P.) – *Assan* (Charakterbariton, kl. P.) – *Stimme auf der Schallplatte* (Sopran, kl. P.).

Ort: Irgendwo in Europa.

Schauplätze: John Sorels Heim, eine kleine ärmliche Wohnung, links außen Eingang, in der Mitte Fenster, rechts außen Alkoven; Kücheneinrichtung mit Gasherd, Telefon und Wiege – Wartezimmer im Konsulat, freudloser, kalter Raum mit Bänken und Schreibpulten; eine schwere Holzbarriere trennt den Schreibtisch der Sekretärin von den Besuchern – 3. und 6. Bild wie 1. Bild – 4. und 5. Bild wie 2. Bild.

Zeit: Gegenwart.

Orchester: 1 Fl., 1 Ob., 1 Kl., 1 Fag., 2 Hr., 2 Trp., 1 Pos., P., Schl., Hrf., Klav., Str.

Gliederung: Durchkomponierte musikdramatische Großform.

SPIELDAUER: etwa 3 Stunden.

HANDLUNG: In der Morgendämmerung stürzt John Sorel atemlos und leicht verwundet zur Tür seines ärmlichen Heims herein. Während seine Mutter und seine Gattin Magda die Wunde behandeln, erzählt er den Frauen, daß die nächtliche Versammlung des Geheimbundes, dem der freiheitlich gesonnene Sorel angehört, von der Polizei gesprengt worden sei, wobei er bei der Flucht über die Dächer angeschossen wurde. Umsonst fleht ihn die Mutter an, von dem gefährlichen Tun zu lassen; Magda, die John über alles liebt, hat dagegen Verständnis für ihn. Bei einem Blick durchs Fenster bemerkt die Mutter, daß soeben Polizei das Haus betritt. Die Frauen verstecken John rasch im Alkoven. Die Durchsuchung der Wohnung verläuft ebenso ergebnislos wie das Verhör Magdas, bei dem sie standhaft bleibt und nicht die Namen der Mitglieder des Geheimbundes verrät. John will nun augenblicklich das Land verlassen. Magda soll sich sogleich auf dem Konsulat ein Visum verschaffen, um ihm mit dem Kind ins Ausland zu folgen. Nach einem rührenden Abschied an der Wiege seines Söhnchens reißt er sich von Mutter und Gattin los und geht. – Im Wartezimmer des Konsulats bemühen sich verschiedene Leute, endlich das seit langem beantragte Visum für eine dringende Reise zu erhalten. Doch vergeblich, denn sie haben die hierzu benötigten zahlreichen Papiere noch immer nicht vollzählich beigebracht. Da erscheint Magda. Sie fleht die Sekretärin an, zu dem Konsul vorgelassen zu werden; sie stellt sich vor als Frau des Freiheitskämpfers Sorel und bemerkt, sie müsse mit ihrem Kind fliehen; alles umsonst. Die Sekretärin reicht ihr die Formulare, die erst ausgefüllt und beglaubigt werden müssen. – Schon ist ein Monat vergangen, Magda konnte bis jetzt weder den Konsul sprechen noch ein Visum erhalten. Sie hat von John nichts mehr gehört. Todmüde sinkt sie an der Wiege in Schlaf. Im Traum erscheint ihr John, hinter ihm wie ein Gespenst die Sekretärin des Konsuls. John ist verwundet, über seinem steifen Arm trägt er Steine und Zweige. Sie seien für das Kreuz und das Grab bestimmt, erklärt er der ängstlich fragenden Magda, während er die Sekretärin als seine Schwester bezeichnet. John verlangt, noch einmal sein Kind zu sehen. Da erscheint Magda der ungeheuerliche Fötus eines Kindes. Mit einem Schrei erwacht sie, die Mutter beruhigt sie. Plötzlich fällt ein Stein durchs Fenster, der die Scheibe zerbricht. Es ist das verabredete Zeichen, daß Nachricht von John eingetroffen sei. In dem beglückten Gefühl des Befreitseins stürzt Magda zum Telefon und ruft den Glaser Assan an, er möge sofort kommen. Da klopft es an die Tür; es ist der Geheimagent der Polizei, Sorels Haus wird überwacht. Er will wieder die Namen der Geheimbündler erfahren, dann könnte Magda bald ihren Gatten wiedersehen. Empört weist sie dem Agenten die Tür. In dem gleichen Augenblick kommt Assan. Magda erfährt, daß sich John noch immer diesseits der Grenze in den Bergen versteckt halte, er warte mit dem Grenzübertritt, bis sie ihr Visum erhalten habe. Sie bittet Assan, John zu veranlassen, sofort die Grenze zu überschreiten, und ihm zu berichten, daß zu Hause alles in Ordnung sei; die Krankheit des Kindes möge er ihm verheimlichen. – Bei ihrem nächsten Besuch auf dem Konsulat verliert Magda die Fassung; in einem Ausbruch der Verzweiflung zerreißt sie Papiere und Akten, wodurch die Sekretärin zum ersten Mal aus ihrer bürokratischen Gleichgültigkeit gerissen wird. Sie geht ins Zimmer des Konsuls und meldet gleich darauf, daß der Konsul Magda empfangen wolle, wenn der gerade bei ihm weilende hohe Gast weggegangen sei. Nach kurzer Pause wird Magda zu dem Konsul gerufen. Als sie aber in dem weggehenden Besucher den Agenten der Kriminalpolizei erkennt, fällt sie vor Schrecken in Ohnmacht. – Einige Tage später wartet Magda wie immer vergeblich darauf, von dem Konsul empfangen zu werden. Während die Sekretärin Vera Boronel, die endlich ihr Visum erhalten hat, mit umständlichen Unterschriften und Stempeleien die Papiere aushändigt, erscheint aufgeregt Assan, um Magda zu berichten, daß John auf die Nachricht vom Tod seines Söhnchens und seiner Mutter wieder zurückkommen wolle. Assan ist überzeugt, daß die Polizei ihn fangen würde, und dann wären sie alle verloren. Er fragt Magda, ob sie nicht einen Ausweg wüßte. Sie erhebt sich und schreibt ein Briefchen. Assan solle es John übermitteln, er werde auf diese Zeilen hin bestimmt nicht wieder zurückkommen. Es ist Büroschluß. Als eben die Sekretärin weggehen will, betritt John erregt das Wartezimmer. Er sucht seine Frau. Die Polizei ist ihm auf den Fersen. Die Detektive stürzen herein und, da die Sekretärin gegen eine Verhaftung auf dem exterritorialen Boden des Konsulats Einspruch erhoben hat, folgt John ihnen freiwillig. Er hat nur noch den Wunsch, seine Frau anzurufen. – Magda kommt nach Hause und öffnet nach kurzem Zögern die Gashähne. Im Delirium erscheinen ihr die Gestalten aus dem Konsulat, aber auch John und die Mutter, die ihr zurufen: »Die Zeit ist da.« Das Klingeln des Telefons weckt sie aus ihrem Trancezustand. Sie versucht den Hörer zu erreichen und bricht zusammen. Das Telefon klingelt weiter.

Stilistische Stellung: Menotti verfügt zweifellos über ein starkes Gefühl und einen gesunden Sinn für die Wirkungsmöglichkeiten des musikalischen Theaters. Als Italiener steht er auf dem Boden der Tradition. Dabei sucht er die Oper vom Stofflichen her zu aktualisieren, wobei er gelegentlich auch dem Geschmack des amerikanischen Publikums entgegenkommt. So kann sein Stil etwa als italienisch-amerikanischer Neo-Verismus bezeichnet werden. In den Ausdrucksmitteln strebt Menotti möglichste Einfachheit an. Wie bei seinen großen Landsleuten Giuseppe Verdi und Giacomo Puccini, deren Ahnherrschaft deutlich in seiner Musik zu spüren ist, ist die Gesangslinie Trägerin des dramatischen Ausdrucks, wobei die schlichte, aus dem Herzen kommende Melodie nach des Komponisten eigenen Worten eine

Bereicherung dessen bildet, was die Bühne darstellt. Aus diesem Grunde resultiert wohl auch die innige Verschmelzung von Musik und Handlung, von Wort und Ton, die bei den bisherigen musikdramatischen Werken Menottis ausgesprochen vorhanden ist. Hinsichtlich der formalen Anlage stehen neben freien Partien vielfach geschlossene Gebilde, auch Ensemblesätze fehlen nicht; mit Vorliebe ist das Rezitativ verwendet, bei dem Menotti sich Claudio Monteverdi zum Vorbild genommen hat.

TEXTDICHTUNG: Menotti schrieb sich das Textbuch selbst. Auch in bezug auf die Stoffwahl vertritt der Komponist die Ansicht, daß ein Bühnenstück in erster Linie zu Herzen gehen solle; der philosophische Gehalt ergebe sich dann von selbst. Die Idee des ›Konsul‹-Stoffes geht von dem eigenen Erlebnis aus. Er befaßt sich mit dem Durchschnittsmenschen unserer Tage, der sich mit den kleinen Schikanen der Bürokratie herumschlagen muß: »Es ist mir klar, daß unsere heutige Gesellschaft nicht ohne irgend eine Form von Bürokratie auskommt, aber ich kann die kleinen Diktatoren nun mal nicht ausstehen, die ihr kleines Stückchen Macht, das ihnen gegeben ist, grausam und hart anwenden. Ich kann die subalternen Beamten nicht leiden, die bei jeder Gelegenheit zu schreien pflegen: ›Das ist verboten‹!« – Die deutsche Übersetzung des englischen Originaltextes besorgte Werner Gallusser.

GESCHICHTLICHES: Menottis ›The Consul‹ errang bei der Aufführung am Ethel Barrymore Theatre am New Yorker Broadway (15. März 1950) einen sensationellen Erfolg (Uraufführung 1. März 1950 in Philadelphia). Das Werk machte auch bei den bisherigen Aufführungen an verschiedenen deutschen Bühnen starken Eindruck.

GIACOMO MEYERBEER

* 5. September 1791 in Vogelsdorf bei Berlin, † 2. Mai 1864 in Paris

Robert le diable (Robert der Teufel; 1831 Paris), T: Eugène Scribe u. Germain Delavigne, V: Peters, Schlesinger

Les Huguenots (Die Hugenotten; 1836 Paris), T: E. Scribe u. Émile Deschamps, V: Benoit, Joubert, Choudens, Lemoine, B&B; Neubearb. v. Julius Kapp, V: U.E.

Le Prophète (1849 Paris), T: E. Scribe, V: Benoit, B&H

L'étoile du nord (Der Nordstern; 1854 Paris), T: E. Scribe, kO., V: Benoit, Choudens, Lemoine, Schlesinger

Le pardon de Ploërmel (Dinorah oder Die Wallfahrt nach Ploërmel; 1859 Paris), T: Jules Barbier u. Michel Carré, kO., V: Benoit, B&B

L'Africaine (Die Afrikanerin; 1865 Paris), T: E. Scribe (1. Fassung 1842, 2. Fassung 1860 als ›Vasco da Gama‹), V: Benoit, B&B, Choudens, Lemoine; Neubearb. v. J. Kapp (1949 Kassel), V: A&S

Die Hugenotten

Große Oper in fünf Aufzügen. Dichtung von Eugène Scribe und Émile Deschamps.

SOLISTEN: *Margarethe von Valois,* Königin von Navarra, Schwester Karls IX., verlobt mit Heinrich IV. (Dramatischer Koloratursopran, m. P.) – *Graf von Saint-Bris,* Gouverneur des Louvre (Charakterbaß, auch Charakterbariton, m. P.) und *Graf von Nevers* (Kavalierbariton, m. P.), Katholiken, französische Große von der Partei des Hofes – *Valentine,* Tochter des Grafen von Saint-Bris, Edelfräulein (Dramatischer Sopran, auch Dramatischer Mezzosopran, auch Jugendlich-dramatischer Sopran, gr. P.) – *Urban,* Page der Königin (Lyrischer Koloratursopran, m. P.) – *Cossé* (Tenor, m. P.), *Tavannes* (Tenor, m. P.), *Thoré* (Baß, m. P.), *de Retz* (Baß, m. P.), *Méru* (Baß, m. P.) und *Maurevert* (Baß, m. P.), katholische Edelleute von der Partei des Hofes – *Raoul von Nangis* (Jugendlicher Heldentenor, gr. P.), *Marcel,* Soldat, Raouls Diener (Schwerer Spielbaß, auch Seriöser Baß, gr. P.) und *Bois Rosé,* Soldat (Tenor, kl. P.), Hugenotten von der Partei des Admirals Coligny – *Ein Wächter* (Baß, kl. P.) – *Drei Mönche* (Bässe, kl. P.).
CHOR: Ehrendamen, Hofdamen. Katholische und protestantische Edelleute. Hofherren. Pagen. Königsdiener. Nobeldiener. Offiziere. Hellebardiere. Soldaten. Bürgermeister. Schöffen. Studenten. Schreiber. Grisetten. Angler. Musikanten. Marionettenspieler. Zigeuner. Zuschauer. Matrosen. Schiffsleute. Arbeiter. Hausierer. Händler. Gondelführer. Vermummte. Taschenspieler. Aufwärter. Bürger. Priester. Mönche. Annunziaten-, Zisterzienser-, Humiliaten-Nonnen. Chorknaben. Volk. Kinder (I. Akt: Männerchor geteilt in Ritter und in allgemeinen Chor; III. Akt: Männerchor geteilt in katholische Studenten [Tenöre], protestantische Soldaten [Bässe], Ritter und Hochzeitsgäste; gr. Chp.).
BALLETT: III. Akt: Zigeunertanz (V. Akt: Ballett, wird meist gestrichen).
ORT: Die zwei ersten Aufzüge in der Touraine, die drei letzten in Paris.
SCHAUPLÄTZE: Säulenhalle im Schloß des Grafen von Nevers – Schloß und Garten von Chenonceau, auf eine Brücke gebaut, in der Mitte kleine Bodenerhebung zum Seeufer – Die Schreiberwiese vor Paris (Prés-aux-Clercs) mit Aussicht auf die Stadt, Mitte sehr großer Baum, rechts vorn die katholische Schenke, links vorn die Hugenottenschenke, rechts hinten Eingang zu einer Kapelle, links hinten das Stadttor mit Kletterbaum, hinten ein Marionettentheater – Großes gotisches Gemach im Haus des Grafen von Nevers zu Paris, breite Mitteltür, rechts Tür zu Valentines Schlafzimmer, links vorn ein hohes gotisches Glasfenster, links hinten eine Tür, hohe Gobelins mit Ahnenbildern – (Ballsaal im Hôtel de Nesle zu Paris) – Düsterer Kirchhof, im Hinter-

grund eine protestantische Kirche, links Gittertor als Eingang zum Kirchhof – (Quai von Paris, links hinten ein Kloster, davor Saint-Bris' Palast).

ZEIT: Im Monat August 1572.

ORCHESTER: 2 Fl. (II. auch Picc.), 2 Ob. (II. auch Eh.), 2 Kl. (II. auch Bkl.), 2 Fag., 4 Hr., 4 Trp., 3 Pos., 1 Bt., P., Schl., 2 Hrf., 1 Viola d'amore, Str. – Bühnenmusik: Gl. in F und C, 1 Picc., 1 Es-Kl., 6 C-Kl., 2 Ob., 2 Fag., 4 Hr., 4 Tr., 1 Piston, 2 Pos., 1 Bt., Schl.

GLIEDERUNG: Ouvertüre und 28 Musiknummern; die orchesterbegleiteten Rezitative (musikalische Szenen) verbinden die geschlossenen Formen untereinander, sind aber auch teilweise diesen eingebaut.

SPIELDAUER: etwa 3½ Stunden.

HANDLUNG: Der ritterliche Graf Nevers, Katholik und Anhänger der Hofpartei, veranstaltet auf seinem Schloß in der Touraine ein Fest zu Ehren des jungen protestantischen Edelmanns Raoul von Nangis, den er damit offiziell in seinen Freundeskreis aufnimmt. Er folgt dem Beispiel des Hofes: die Schwester König Karls IX., Margarethe von Valois, hat sich mit dem Protestanten Heinrich von Navarra verlobt, der mächtige Admiral und Führer der Hugenotten Coligny mit den Katholiken Frieden geschlossen. Nevers gibt Raoul bekannt, daß er morgen heiraten werde. Er fordert den Gast auf, der Tafelrunde den Namen seines Liebchens zu nennen. Raoul berichtet von einem Erlebnis, wie er bei einem Spaziergang ein junges Mädchen von Studenten befreite, die es bedrängten; er verliebte sich auf der Stelle in die Schöne, wisse aber nicht einmal ihren Namen. Da erscheint ein alter, derber Soldat; es ist Marcel, Raouls Diener, der ihm treu ergeben ist und der als fanatischer Lutheraner seinen unüberwindlichen Haß gegen alle Anhänger Roms kaum verbergen kann. Ihm ist nicht wohl in diesem Kreis und er befürchtet Gefahren für seinen Herrn; daher stimmt er den Lutherchoral an, den Raoul und die protestantischen Edelleute andächtig mit anhören. Auf die Aufforderung, etwas zu singen, trägt Marcel unbekümmert das blutrünstige Hugenottenlied vor. Raoul entschuldigt sich für Marcel bei dem Gastgeber, den der ungeschminkte rauhe Ton des alten Haudegens belustigt. Ein Diener meldet Nevers, daß ihn eine Dame dringend zu sprechen wünsche. Der Graf begibt sich in ein Nebenzimmer. Neugierig blicken einige Edelleute durch den Vorhang in das Zimmer; auf ihre Aufforderung hin wirft auch Raoul einen Blick in das Gemach. Zu seinem Schrecken erkennt er in der Dame jene Schöne, in die er sich verliebt hatte. Er glaubt sich von ihr in seinen heiligsten Gefühlen verraten, ahnt aber freilich nicht, daß sie, Valentine, die Tochter des Gouverneurs Saint-Bris und Braut Nevers', hierher gekommen ist, um ihren Bräutigam um die Lösung des Verlöbnisses zu bitten, welcher dieser als großzügiger Kavalier auch zustimmt. Als Nevers zurückkommt, betritt ein Page den Saal; er hat im Auftrag einer hochgestellten Dame einen Brief an den Ritter von

Nangis abzugeben. Raoul wird in dem Schreiben aufgefordert, sich in einer Hofkutsche mit verbundenen Augen zu dieser Dame bringen zu lassen. Raoul erklärt sich hierzu bereit, obgleich er aus dem Brief den Namen der Auftraggeberin nicht entnehmen kann. Wohl aber erkennen Nevers und die anderen Edelleute mit Staunen das Siegel und die Handschrift der Königin; gratulierend drängen sie sich um den vom Glück begünstigten Edelmann. – Valentine erfreut sich der besonderen Gunst der Königin Margarethe von Valois, die sie glücklich machen will. Die Königin hat daher eine Zusammenkunft Valentines mit Raoul in ihrem Lustschloß arrangiert. Raoul wird mit verbundenen Augen vor die Königin geführt; als ihm die Binde abgenommen wird, sinkt er, geblendet von dem Glanz, vor Margarethe auf die Knie. Feurig gelobt er, ihr sein Leben zu weihen. Als dann der Page ehrfurchtsvoll der Majestät die Hof- und Edelleute anmeldet, erkennt Raoul erst die Königin. Margarethe erklärt ihm nun, sie wünsche, daß er zur Festigung des Religionsfriedens die Tochter des mächtigen Katholikenführers Saint-Bris heiraten möge. Raoul ist bereit, ihrem Befehl nachzukommen. Auf einen Wink der Königin werden die katholischen Edelleute, an der Spitze Saint-Bris und Nevers, sowie die protestantischen, unter ihnen Marcel, hereingerufen. Margarethe verlangt zunächst, daß die Parteien feierlich schwören, in Zukunft keinen Haß mehr gegeneinander zu hegen. Als aber dann Valentine herbeigeführt wird, erklärt Raoul zum großen Erstaunen aller, sie niemals zu seiner Gattin nehmen zu können. Empört will Saint-Bris Raoul für diese Kränkung mit dem Degen zur Rechenschaft ziehen, und nur mit Mühe kann die Königin verhindern, daß die beiden Parteien in ihrer Gegenwart aufeinander losgehen. – Raoul hat durch Marcel dem Grafen Saint-Bris eine Forderung überreichen lassen; das Duell soll auf der Schreiberwiese vor Paris ausgetragen werden. Saint-Bris' Freunde planen, bei dieser Gelegenheit den verhaßten Gegner durch einen Überfall zu erledigen. Valentine hat die Verabredung des Komplotts belauscht. Sie nähert sich verschleiert Marcel und warnt ihn vor der Gefahr, die seinem Herrn droht. Als dann bei dem Zweikampf Raoul sich plötzlich einer Übermacht gegenüber sieht, ist Marcel zur Stelle, der schnell hugenottische Soldaten aus der Schenke zu Hilfe ruft; auch die Katholiken erhalten Verstärkung durch Studenten. Da erscheint unerwartet die Königin; sie gebietet dem Kampf Einhalt. Beide Parteien geben vor, von der Gegenseite angegriffen worden zu sein. Aber Marcel hat einen Zeugen; er weist auf die verschleierte Dame, die eben herbeikommt. Saint-Bris muß zu seinem Entsetzen in der eigenen Tochter die Verräterin erblicken. Jetzt erst erkennt Raoul seinen Irrtum, freilich zu spät; denn Valentine hat neuerdings dem Grafen Nevers ihre Hand gereicht. Nevers erscheint mit dem Hochzeitszug, um die Braut zur Trauung abzuholen. – Raoul sucht an einem der folgenden Abende Valentine im Palast ihres Gatten Nevers auf. Er ist lebensmüde und will Valentine vor seinem Tod noch einmal sprechen. In diesem Augenblick betreten Saint-Bris, Nevers und die katholischen Edelleute das Haus zu einer Beratung. Nur mit Mühe kann Valentine Raoul bewegen, sich im Nebenzimmer zu verbergen. Von hier aus wird er Zeuge einer furchtbaren Verschwörung: wenn bei St. Theobald zum zweitenmal die Abendglocke ertönt, sollen die Hugenotten meuchlings überfallen und ermordet werden. Nevers, der seinen makellosen Namen, vererbt durch eine staatliche Reihe von Ahnen, nicht durch gemeinen Mord beflecken will, weigert sich mitzumachen. Auf Weisung von Saint-Bris wird er in Haft genommen. Feierlich segnen Mönche die Waffen, und Nonnen verteilen weiße Armbinden mit einem Kreuz als Erkennungszeichen für die Verschworenen. Daraufhin entfernen sich alle, um sich auf ihre Posten zu begeben. Raoul kommt aus seinem Versteck und will eiligst fort, um die Freunde zu warnen. Aber Valentine tritt ihm in den Weg. Sie gesteht ihm ihre Liebe und fleht ihn an hierzubleiben, um sein Leben zu retten. Raoul schwankt zwischen Liebe und Pflicht. Als aber die Glocke von St. Theobald ertönt und Feuerschein sichtbar wird, enteilt er durch das Fenster. – Raoul hat sich zunächst in das Hôtel de Nesle begeben, wo bei einem Ball die protestantischen Edelleute versammelt sind. Er ruft sie eilig zu den Waffen und verkündet ihnen, daß Admiral Coligny bereits den Mördern zum Opfer gefallen sei. – Auf einem Kirchhof trifft sodann Raoul mit dem verwundeten Marcel zusammen. Kurz danach erscheint auch Valentine. Sie hat inzwischen von der Königin die Zusicherung für Raouls Leben erhalten für den Fall, daß er den katholischen Glauben annähme. Raoul lehnt ab. Da ist sie bereit, seinen Glauben anzunehmen, und da Nevers getötet worden ist, segnet Marcel das Paar ein. Die fanatischen Horden dringen in die Kirche ein und metzeln die dort schutzsuchenden Hugenotten nieder. – Valentine, Raoul und Marcel entkommen; sie suchen den Louvre zu erreichen, um bei der Königin selbst Hilfe zu finden. Am Quai de Paris tritt ihnen Saint-Bris mit Bewaffneten entgegen. Als sie auf Anruf antworten, Hugenotten zu sein, läßt Saint-Bris sie niederschießen. Zu seinem Entsetzen erkennt er unter den Getöteten die eigene Tochter.

Stilistische Stellung: Mit einem ausgezeichneten Anpassungsvermögen begabt, wußte sich Giacomo Meyerbeer an den einzelnen Stationen seines Werdegangs (Deutschland, Italien und Paris) die Vorzüge der jeweiligen nationalen stilistischen Eigenarten eklektisch anzueignen. So wird Meyerbeers Stil trefflich durch die Definierung charakterisiert: seine Melodik ist italienisch, seine Rhythmik französisch und seine Harmonik deutsch. Die Vermengung der Stilelemente tritt auch bei den ›Hugenotten‹ in Erscheinung. Der Handlungsverlauf spielt sich ohne Rücksicht auf die daraus entstehenden Unwahrscheinlichkeiten in den verschiedensten und gegensätzlichsten Situationen und Episoden ab, die Gelegenheit geben, alle nur möglichen dankbaren Theater- und Opernwirkungen zu entfalten: rauschende Feste, Kampfszenen, Romanzen, Kampflieder und Soldatenchöre, Choräle, Prozession, Litanei und Abendgeläut, die friedliche Atmosphäre im Lustschloß der Königin mit einer Badeszene, Schwurszene und feierliche Schwerterweihe, Hochzeitszug und Zigeunertänze. Der musikalische Höhepunkt ist unstreitig der grandiose Verschwörungsakt mit dem anschließenden Duett Valentine–Raoul (IV. Akt), wo die Konfliktspole (leidenschaftlicher Religionsfanatismus einerseits und anderseits die Tragik einer unseligen Schicksalsverkettung bei zwei sich liebenden Menschen) in packender musikdramatischer Form dargestellt werden. Die Ouvertüre ist auf den Lutherchoral »Ein feste Burg ist unser Gott« gestellt, dessen Melodie gleichsam als musikalisches Grundmotiv auch noch im Verlauf der Oper öfters wiederkehrt. Den Sängern sind durchwegs schwierige, aber dankbare Aufgaben zugewiesen. Die große Farbigkeit der Partitur wird bewirkt durch die zahlreichen Ensembles, an denen auch der Chor hervorragend beteiligt ist, und vor allem durch die feine und pikante Instrumentation, die hinsichtlich der musikalischen Charakteristik wettmacht, was eine allzu glatte, immer ansprechende Melodik vernachlässigt.

Textdichtung: Eugène Scribe (1791–1861), der äußerst fruchtbare, auf dem Gebiet der ernsten wie der komischen Oper gleich versierte französische Librettist, benützte als Vorlage für seine ›Hugenotten‹-Dichtung den 1829 erschienenen Roman ›Chronik der Regierung Karls IX.‹ von Prosper Mérimée (1803–1870). Das Stück behandelt in freier Anlehnung an die historischen Tatsachen die Ereignisse, die im Anschluß an die Hochzeit Heinrichs von Navarra mit Margarethe von Valois zu der berüchtigten Bartholomäusnacht (23./24. August 1572) führten. Die Bezeichnung »Hugenotten« (Iguenots) bedeutet soviel wie Eidgenossen. An der Abfassung des Librettos war auch Émile Deschamps de Saint-Amand (1791–1871) beteiligt, der, obwohl von Beruf Verwaltungsbeamter, auch ein angesehener Literat war; unter anderem stammen die berühmte Cavatine des Pagen sowie die wirkungsvolle Szene der Schwerterweihe aus seiner Feder. Aber auch Meyerbeer selbst nahm auf die Entstehung des Buches mit Vorschlägen und Abänderungswünschen Einfluß. Die gebräuchlichste deutsche Textübertragung stammt von dem österreichischen Theaterdichter Franz Ignaz Castelli.

Geschichtliches: Im Anschluß an den überwältigenden Erfolg seines ›Robert le diable‹ (1831) erhielt Meyerbeer von der Direktion der Opéra in Paris sogleich einen neuen Opernauftrag. Er wünschte nunmehr ein Sujet mit historischem Hintergrund. Scribe schlug zunächst die ›Sizilianische Vesper‹ vor, die später Giuseppe Verdi vertonte; schließlich entschied sich aber Meyerbeer für die ›Hugenotten‹. Die Komposition, der er sich mit Feuereifer hingab, sollte vertragsgemäß 1833 abgeschlossen sein. Infolge schwerer Erkrankung von Meyerbeers

Frau, die eine Reise nach dem Süden notwendig machte, wurde jedoch das Werk zu dem vereinbarten Termin nicht fertig, und der Komponist mußte eine Konventionalstrafe von 30000 Francs bezahlen, die ihm allerdings später nach dem glänzenden Erfolg der Oper wieder zurückerstattet wurde. Meyerbeer ließ sich auch in der Folge trotz verschiedener Versuche der Operndirektion, ihn durch Druckmittel zur Eile anzuspornen, nicht aus der Ruhe bringen und arbeitete im Verlauf von drei Jahren die Partitur sorgfältig aus. Die Uraufführung erfolgte dann am 29. Februar 1836 an der Großen Oper in Paris. Der Publikums- und Presseerfolg war gewaltig. Die Oper wurde bald in alle Kultursprachen übersetzt und feierte in aller Welt Triumphe. Freilich erfuhr sie dabei in katholischen Gegenden zum Teil weitgehende textliche Umgestaltungen: so wurde in einer Bearbeitung von Charlotte Birch-Pfeiffer die Handlung von Paris nach London verlegt und die Katholiken und Hugenotten in Anglikaner und Puritaner verwandelt; in dieser Gestalt wurde das Werk unter dem Titel ›Die Anglikaner und Puritaner‹ 1838 in München erstmals aufgeführt. In Wien erschien es unter dem Titel ›Die Welfen und Ghibellinen‹, in Kassel und in Prag als ›Die Ghibellinen in Pisa‹. Angesichts des außerordentlichen Erfolgs der ›Hugenotten‹ in Berlin (1842) ernannte Friedrich Wilhelm IV. den Komponisten zum preußischen Generalmusikdirektor und verlieh ihm den Orden pour le mérite.

Claudio Monteverdi

getauft 15. Mai 1567 in Cremona, † 29. November 1643 in Venedig

Orfeo (1607 Mantua), T: Alessandro Striggio; Faksimileausgabe v. Adolf Sandberger, V: K. Filser, Augsburg 1927; Neubearb. v. Giacomo Orefice (1909); v. Gian Francesco Malipiero, V: Chester, London 1923, u. U. E., 1930; v. Carl Orff, V: Schott, 1928 u. 1940; v. Robert Eitner in ›Publikationen der Gesellschaft für Musikforschung‹, Jahrgang 9, Band 10, V: B&H, 1881; v. Ottorino Respighi, V: Carisch, 1935; v. August Wenzinger, V: BV, 1955; v. Giulio Cesare Brero, V: Ricordi; v. Paul Hindemith, V: Schott; v. Raymond Leppard, V: FM (BV), 1965

Arianna (1608 Mantua), T: Ottavio Rinuccini (das Werk ist bis auf das berühmte ›Lamento‹ verschollen); Neubearb. des ›Lamento‹ v. C. Orff, V: Schott, 1940

Il ballo delle ingrate (1608 Mantua), T: O. Rinuccini, Ballettoper; Neubearb. v. Alceo Toni, V: Ricordi; v. C. Orff als ›Der Tanz der Spröden‹, V: Schott, 1931 u. 1940; v. Denis Stevens, V: Schott

Tirsi e Clori (1616 Mantua), T: A. Striggio, Ballettoper; Neuausg. v. G. Fr. Malipiero, V: U. E., 1926 (im Rahmen des 7. Madrigalbuches)

Il combattimento di Tancredi e Clorinda (1624 Venedig), T: Torquato Tasso (aus ›Gerusalemme liberata‹), weltliches Oratorium; Neuausg. v. Luigi Torchi in ›L'arte musicale in Italia‹, Band 6, V: Ricordi, 1907; v. G. Fr. Malipiero

(1931), V: Chester, Heugel, Schott; freie Übertragung v. A. Toni, V: Schott; v. Virgilio Mortari, V: Carisch; v. Giorgio Federico Ghedini, V: Suvini (Schott)

Il ritorno d'Ulisse in patria (1640 Venedig), T: Giacomo Badoaro; Neuausg. v. Robert Haas in DTÖ, Band 57, V: U. E., 1922; v. G. Fr. Malipiero, V: Ricordi, 1942; v. Vincent d'Indy, V: Heugel, 1924; v. Luigi Dallapiccola, V: Suvini (Schott), 1942; v. Erich Kraack u. Günther Rennert, V: BV, 1958; v. Götz Friedrich u. Siegfried Matthus, V: He, 1966; v. R. Leppard, V: FM (BV), 1972; v. Hans Werner Henze, V: Schott, 1985

L'incoronazione di Poppea (1642 Venedig), T: Giovanni Francesco Busenello; Neuausg. v. Hugo Goldschmidt in ›Studien zur Geschichte der italienischen Oper im 17. Jahrhundert‹, Band 2, V: B&H, 1904; v. G. Fr. Malipiero (1931), V: U. E., Heugel; vollständige Neubearb. v. Ernst Krenek, V: U. E.; Neufassung v. Giacomo Benvenuti, V: Suvini, 1938; v. Hans Ferdinand Redlich u. Hans Swarowsky, V: BV, 1958; v. G. F. Ghedini, V: Ricordi; v. R. Leppard, V: FM (BV)

Orfeo

Favola in musica. Dichtung von Alessandro Striggio.

Solisten: *Die Musik* (Lyrischer Sopran, kl. P.) – *Orfeo* (Lyrischer Tenor, auch Lyrischer Bariton, gr. P.) – *Euridice* (Lyrischer Sopran, kl. P.) – *Botin* (Dramatischer Mezzosopran, kl. P.) – *Hoffnung* (Dramatischer Mezzosopran, kl. P.) – *Charon* (Seriöser Baß, kl. P.) – *Proserpina* (Dramatischer Sopran, kl. P.) – *Pluto* (Seriöser Baß, kl. P.) – *Apollo* (Jugendlicher Heldentenor, auch Lyrischer Bariton, kl. P.) – *Nymphe* (Lyrischer Sopran, kl. P.) – *Echo* (Sopran, kl. P.) – *1. Hirt* (Spielalt, kl. P.) – *2.* und *3. Hirt* (Spieltenor, m. P.) – *4. Hirt* (Spielbaß, m. P.) – *1.* und *2. Geist* (Spieltenor, kl. P.) – *3. Geist* (Spielbaß, kl. P.). Mögliche Doppelbesetzungen: Die Musik – Euridice; Botin – Hoffnung; Charon – Pluto; Nymphe – Echo; 2. Hirt – 1. Geist; 3. Hirt – 2. Geist; 4. Hirt – 3. Geist.

Chor: Nymphen und Hirten. Geister der Unterwelt (m. Chp.).

Ballett: Pantomimische Ausgestaltung der Ritornelle, Sinfonien und des Schlusses (Moresca).

Orchester: Flautino alla vigesima seconda (Blockflöte in f''), 2 Flautini (Blockflöten in c''), 2 Cornetti (Zinken), 2 Contrabassi da viola (Kontrabaßgamben), 3 Chitarroni, 1 Harpa doppia, Harfen, Cetteroni (Lauten oder Zistern), 3 Trp., 5 Pos., 2 Violini piccoli, 10 Viole da brazzo (Violinen, Violen, Tenorviola, Violoncello), 3 Viole da gamba, 2 Cembali, 2 Organi di legno (Positive), 1 Regal.

Gliederung: Toccata (Einleitungsmusik), Prolog (La Musica) und fünf Akte, die im monodischen Parlandostil (stile rappresentativo) durchkomponiert sind, gelegentlich unterbrochen von einem Arioso (strophische Liedform), von kleinen Duetten oder Terzetten sowie von Chören, instrumentalen Ritornellen und Sinfonien.

SPIELDAUER: etwa 1¾ Stunden.

HANDLUNG: Zu Beginn erscheint die allegorische Figur der Musik. Sie kündet der erlauchten Zuhörerschaft an, daß ihr Lied, dessen Zauber sich kein menschliches Ohr entziehen könne, von Orfeo, dem göttlichen Sänger, handeln werde. – Die Nymphen und Hirten preisen das Liebesglück des neuvermählten Paares Orfeo und Euridice. Einer der Hirten bittet Orfeo, in Tönen Ausdruck zu verleihen, was seine Seele bewegt. Begeistert ruft Orfeo die Sonne als Zeuge seines Glückes an. Er preist den Tag, an dem Euridice ihr Herz an das seinige verlor. Euridice ruft ihrerseits Gott Amor als Zeugen ihrer Liebe an. Die Hirten fordern die Liebenden auf, sich in den Tempel zu begeben, um dem allmächtigen Gott für seine Gunst zu danken und ihn zu bitten, daß er ihr Glück lange erhalten und sie vor Leid bewahren möge. – Orfeo und die Hirtenschar haben vor den sengenden Strahlen der Mittagssonne im Schatten des Haines Zuflucht gesucht. Die Nymphen und Hirten bitten den Sänger, den Liebreiz der Natur durch seine Leier zu verschönen. Orfeo fragt die Wälder, ob sie seiner Klagelieder gedächten, als Euridice ihn noch unerhört ließ; um so freudiger künde jetzt sein Sang von der glücklichen Wendung seines Geschicks. Da stürzt eine Botin herbei mit einer Schreckenskunde: Euridice wurde, als sie auf einer Frühlingswiese Blumen pflückte, von einer Natter gebissen; vergeblich suchten die eilig herbeigeeilten Nymphen die Unglückliche mit Zaubersprüchen zu retten, sie starb, mit dem Namen »Orfeo« auf den Lippen, in den Armen der Botin. Orfeo ist starr vor Schrecken, dann rafft er sich auf und erklärt, sich in die Unterwelt begeben zu wollen, um den Schattenfürsten mit seiner Leier zu erweichen, ihm Euridice wiederzugeben. Sollte Pluto dies verweigern, so wolle er dort bleiben, um sich mit der Geliebten im Tod zu vereinen. Weheklagend machen sich die Nymphen und Hirten auf, die Tote zu bergen. – Die Göttin Hoffnung hat Orfeo an die Pforte der Unterwelt geleitet. Hier ist Charon, der die Seelen der Abgeschiedenen in seinem Kahn über den schwarzen See in das Reich der Schatten fährt. An der Schreckensschwelle stehen die Worte eingemeißelt: »Laßt, die ihr eingeht, alle Hoffnung fahren«. Daher muß die Göttin Hoffnung hier umkehren. Charon fordert Orfeo auf, seine Schritte zu hemmen; in seinen Nachen steige keiner, der noch mit Fleisch behaftet sei. Orfeo wendet ein, er habe durch den Tod seines Weibes sein Herz verloren; wie sei aber ohne Herz Leben möglich? Charon ist gerührt von der schmerzzerrissenen Klage des Sängers, doch vermag auch dessen Leier in seiner versteinten Brust nicht Mitleid zu erwecken. Er schläft ein. Orfeo nutzt den Augenblick, um ans andere Ufer zu steuern. – Proserpina, von Mitleid erregt über den Klagegesang des Orfeo, bittet ihren

Gatten Pluto, eingedenk des eigenen Eheglücks, Euridice freizugeben. Der Herr der Unterwelt kann sich dieser Bitte nicht entziehen: Orfeo möge Euridice zurückführen, er dürfe sie aber nicht eher anblicken, bis er die Oberwelt erreicht habe. Orfeo erscheint. Er preist seine edle Leier, die ihm erneut sein Glück beschert. Doch gleichzeitig ergreift ihn Zweifel: Wer gibt ihm Gewähr, daß Euridice ihm tatsächlich folge? Vielleicht neiden ihm die Götter des Inferno sein großes Glück? Mit Schrecken glaubt er das Herannahen liebestoller Furien zu vernehmen, die ihm sein Glück wieder zu rauben suchen. In höchster Angst wendet er sich um. Mit Entzücken erblickt er Euridice. Er will ihr in die Arme eilen, aber die Gestalt entschwindet seinen Augen. Orfeo hat die Gnade verwirkt und Euridice für immer verloren. Er will nun dem Leben entfliehen und der Gattin folgen, aber eine geheimnisvolle Macht treibt ihn zurück zur verhaßten Sonne. – Auf der Oberwelt angelangt, klagt Orfeo der Natur sein tiefes Leid, an dem diese im Echo mitleidsvoll teilnimmt. Er will über den Tod hinaus Euridice die Treue halten, und Amor soll ihm nie einem andern wertlosen Weib zuliebe mit seinem goldenen Pfeil das Herz durchbohren. Da erscheint Apollo, Orfeos Vater. Er fordert den Sohn auf, über irdisches Leid nicht des unvergänglichen Lebens zu vergessen, das ihn, den Musensohn, oben erwarte. Dort im Raum von Sonne und Sternen werde er auch Euridices Licht aufs neue bewundern. Orfeo folgt dem Gott empor zum Himmel. Die Hirten feiern in einem kultischen Tanz die Verklärung des göttlichen Sängers.

STILISTISCHE STELLUNG: Stellten die ersten musikalischen Dramen (›Dafne‹ von Ottavio Rinuccini/Jacopo Peri und Jacopo Corsi, 1597, und ›Euridice‹ von Rinuccini/Peri und Giulio Caccini, 1600) noch tastende Versuche dar, die vor allem eine Wiederbelebung des antiken Dramas galten, so hat Claudio Monteverdi in seinem ›Orfeo‹ die Metamorphose zu einer neuen Gattung der dramatischen Kunst, nämlich zum »Dramma per musica«, der Oper, endgültig vollzogen. Monteverdi war ein Vollblutmusiker, er war nicht nur Theoretiker und Komponist, sondern auch Praktiker (Sänger und Instrumentalvirtuose). Sein Wirken fällt in die Zeit der Stilwende um 1600. Auf diese Weise beherrschte er sowohl den polyphonen Stil der ausgehenden Palestrina-Epoche, als auch die ars nova, das heißt den um diese Zeit aufkommenden monodischen Stil, der als Hauptprinzip die Beachtung des Wortes forderte und die lediglich von einem bezifferten Baß begleitete Einzel- oder Melodiestimme zum hauptsächlichen Träger des musikalischen Ausdrucks erhob. So finden sich im ›Orfeo‹ homophone und polyphone Chöre. Vor allem wußte aber Monteverdi die fade Monodie seiner Vorgänger durch eine von prachtvollem Ausdruck erfüllte, flüssige und gelenkige Gestaltung des Rezitativs zu ersetzen. Alles ist den Forderungen des Bühnengeschehens untergeordnet, so besonders die Behandlung der Singstimme (teils mit Koloratur, teils unverziert) und der Instrumentation, die eine feine Differenzierung der Farbenwirkungen der dramatischen Situation entsprechend aufweist (z. B. in der Verwendung der Posaunen oder des Flötenwerks [organo di legno], eines Lieblingsinstruments Monteverdis). Neuartig ist weiterhin die Fixierung gewisser musikalischer Gedanken auf Personen oder Handlungsvorgänge. So geschieht die Wiederkehr eines Ritornells oder einer Sinfonia (Zwischenspiel) in einer ganz bestimmten Absicht, nämlich in erinnernder und in Beziehung zum Drama stehender Weise.

TEXTDICHTUNG: Im Zeitalter der Renaissance war in Italien eine der beliebtesten Formen der dramatischen Dichtung das Schäferdrama (dramma pastorale). Es scheint von den frühesten Anfängen an mit Musik verbunden gewesen zu sein, und da beim Pastoraldrama bisweilen bereits rezitativische Stellen auftraten, ist es neben den Intermedien als unmittelbarer Vorläufer der Oper anzusehen. Auch in Monteverdis ›Orfeo‹ ist die Fabel von Orpheus und Eurydike in der Art eines Schäferspiels gestaltet. Textdichter war Alessandro Striggio d. J., Sekretär des Herzogs Vincenzo I. von Mantua. Er gestaltete den Stoff nach der berühmten antiken Sage, gab aber der Handlung durch die abschließende Apotheose einen versöhnenden Ausklang. (Nach der alten Fabel haben Bacchantinnen den wehklagenden Orpheus in Stükke gerissen, als er sich weigerte, an ihren ausgelassenen Tänzen teilzunehmen.) Die deutsche Übersetzung des Textbuchs von Johannes Oeschger schließt sich eng an den italienischen Originaltext des Partitur-Erstdrucks von 1609 an.

GESCHICHTLICHES: Monteverdi komponierte seinen ›Orfeo‹ für den Karneval des fürstlichen Hofes von Mantua. Die Uraufführung erfolgte am 22. Februar 1607 als Produktion der höfisch-exklusiven Accademia degli Invaghiti in Mantua. Der Eindruck auf die damalige Zuhörerschaft war überwältigend. In neuerer Zeit haben die Bestrebungen, das monumentale Werk wieder dem lebendigen Theater zugänglich zu machen, zu verschiedenen mehr oder minder freien Bearbeitungen geführt (Giacomo Orefice, Gian Francesco Malipiero, Carl Orff u. a.). Im Jahre 1955 legte August Wenzinger eine Neuausgabe vor, die sich streng an die Originalfassung hält und die vor allem durch eine historisch fundierte Rekonstruierung des Monteverdischen Instrumentalapparats eine dem Stil und Ausdruck der Entstehungszeit gemäße Aufführung zu ermöglichen sucht.

Die Heimkehr des Odysseus (Il ritorno d'Ulisse in patria)

Oper in einem Prolog und drei Akten. Text von Giacomo Badoaro.

SOLISTEN: *Die menschliche Gebrechlichkeit* (Alt, auch Lyrischer Bariton, kl. P.) – *Die Zeit* (Seriöser Baß, auch Spielbaß, kl. P.) – *Das Glück* (Lyrischer Mezzosopran, auch Lyrischer Sopran, kl. P.) – *Die Liebe* (Lyrischer Sopran, auch Koloratursopran, kl. P.) – *Odysseus* (Kavalierbariton, auch Lyrischer Bariton, auch Lyrischer Tenor, gr. P.) – *Penelope,* seine Frau (Alt, auch Mezzosopran, gr. P.) – *Telemachos,* ihr Sohn (Lyrischer Tenor, auch Lyrischer Mezzosopran, gr. P.) – *Euryclea,* Penelopes Amme (Alt, auch Mezzosopran, m. P.) – *Melanto,* Penelopes Zofe (Lyrischer Sopran, auch Lyrischer Mezzosopran, m. P.) – *Zeus,* Göttervater (Tenor, auch Bariton, kl. P.) – *Hera (Juno),* seine Gemahlin (Sopran, kl. P.) – *Poseidon (Neptun),* Gott der Meere (Seriöser Baß, m. P.) – *Pallas Athene,* Göttin der Weisheit (Dramatischer Koloratursopran, auch Jugendlich-dramatischer Sopran, m. P.) – *Eurymachos,* ein Höfling (Lyrischer Tenor, auch Lyrischer Bariton, m. P.) – *Eumaios,* ein alter Hirte (Charaktertenor, m. P.) – Freier: *Anfinomos* (Lyrischer Tenor, auch Spieltenor, m. P.) – *Pisandros* (Lyrischer Bariton, auch Lyrischer Tenor, m. P.) – *Antinoos* (Baßbariton, auch Charakterbaß, m. P.) – *Iros,* im Gefolge der Freier (Charaktertenor, auch Spieltenor, m. P.).
CHOR: Phäaken. Hirten. Höflinge. Freier (kl. Chp.).
ORT: Die Insel Ithaka.
SCHAUPLÄTZE: Am Meer – Strand von Ithaka – Halle im Königspalast – Vor dem Gehöft des Eumaios – Gemach im Königspalast.
ZEIT: Nach Beendigung des Trojanischen Krieges.
ORCHESTER: Monteverdi selbst hat keine Orchesterpartitur hinterlassen, sondern lediglich eine Notierung der Singstimme und des bezifferten Baßverlaufes. Die verschiedenen orchestralen Fassungen weichen erheblich voneinander ab. Die heute vielfach gebräuchliche Fassung von Raymond Leppard sieht vor: 2 Ob., Eh., 2 Fag. – 4 Pos. – Continuo: 2 Cemb., Hrf., Lauten, Gitarre, Org. – Str.
GLIEDERUNG: Durch instrumentale Ritornelle und Sinfonien gegliederte szenisch-musikalische Einheiten.
SPIELDAUER: etwa 2¾ Stunden.
HANDLUNG: Im Prolog beklagt die menschliche Gebrechlichkeit ihre Abhängigkeit von höheren Mächten: von der Zeit, dem Glück, der Liebe. – Penelope, die Gattin des Odysseus, beklagt ihre lange, nun schon zwanzig Jahre währende Einsamkeit. Sie wünscht, ebenso wie ihre alte treue Amme Euryclea, die Rückkehr des Odysseus. Dagegen versucht Penelopes leichtlebige Zofe, ihre Herrin umzustimmen. Odysseus komme nicht mehr zurück, sie solle doch das Trauern lassen und einen der Freier erwählen, die ihr seit längerer Zeit den Hof ma-

chen. Melanto wird dazu angespornt durch ihren Liebhaber Eurymachos, und der hat durchaus egoistische Gründe; denn solange Penelope trauert, kann er seine Liebschaft mit Melanto kaum in aller Öffentlichkeit genießen. – Am Strand von Ithaka liegt Odysseus in tiefem Schlaf: die Phäaken haben ihn dorthin zurückgebracht. Zwar grollt Poseidon, der so lange die Rückkehr vereitelte, aber Zeus kann ihn dazu bewegen, nun endlich auf seine Rache zu verzichten und die Rückkehr zu ermöglichen. Als Odysseus erwacht, glaubt er sich von den Phäaken verraten und in einer Wildnis ausgesetzt. Da erscheint die Göttin Athene, erklärt ihm, daß er in Ithaka sei und bittet ihn, ihren Befehlen zu gehorchen: als Bettler verkleidet soll er zu Penelope und den Freiern an den Hof gehen. Odysseus macht sich auf den Weg zum Palast, wo Melanto noch einmal in ihre Herrin dringt, einen der Freier zu erhören. – Auf seinem Wege trifft Odysseus den alten Schweinehirten Eumaios, der ihm treu blieb. Eumaios ärgert sich über Iros, einen verfressenen Parasiten im Gefolge der Freier. Den Hirten, der ihn in der Verkleidung nicht erkennt, beruhigt Odysseus mit der Versicherung, der Herr der Insel komme bald zurück. Athene führt Telemachos herbei, dem der Hirt die baldige Ankunft seines Vaters verrät. Dann eilt er zum Palast, um Penelope die gute Nachricht zu bringen. Odysseus gibt sich seinem Sohne zu erkennen. Im Palast schildert Melanto dem Eurymachos, daß sie sich vergeblich bemüht hat, Penelope die Trauer auszureden. Eurymachos erklärt, möge die Königin auch trauern, er wolle sein Leben der Liebe weihen. – Die Freier, die sich am Hofe längst häuslich niedergelassen haben, bitten Penelope, nun endlich ihre Trauer aufzugeben und sich für einen von ihnen zu entscheiden. Mit Späßen und Unterhaltung wollen sie sie aufheitern. Da stürzt Eumaios herein und kündigt des Odysseus baldige Ankunft an. Die Freier verstärken daraufhin ihre Werbung und beschließen insgeheim, Telemachos ermorden zu lassen, damit dieser seinen Vater nicht warnen könne. – Kurz vor dem Palast erscheint dem Odysseus noch einmal Athene und verspricht, ihm bei dem unausweichlichen Kampf mit den Freiern beizustehen. Eumaios berichtet dem Bettler, in dem er Odysseus immer noch nicht erkannt hat, von dem Aufruhr im Palast, den seine Nachricht hinterlassen hat. Dort tritt in der Zwischenzeit, wie mit dem Vater verabredet, Telemachos auf und berichtet von seiner Begegnung mit Helena, die ihm die baldige Rückkehr des Vaters angedeutet habe. – Alles hat sich in der Halle versammelt: neben Penelope, Telemachos und den Freiern auch Eumaios und ein alter Bettler (Odysseus), der sich am Feuer wärmt. Zu ihrer Unterhaltung haben die Freier Iros aufgefordert, mit dem alten Bettler zu ringen; zu ihrem Erstaunen unterliegt der verfressene Parasit. Die Freier breiten ihre Geschenke aus und tragen ihre Heiratsanträge vor, und Penelope sieht nur noch einen Ausweg, sich vor den Freiern zu schützen oder eine Entscheidung herbeizuführen. Sie läßt den Bogen des

Odysseus holen und stellt den Freiern – dem alten, reichen Anfinomos, dem aufgeblasenen Gecken Pisandros und dem brutalen Antinoos – die Aufgabe, den Bogen zu spannen. Wer es vermöchte, dem wolle sie angehören und der solle Herrscher sein in Ithaka. Keinem Freier gelingt es, da bittet der Bettler darum, auch den Bogen spannen zu dürfen. Lachend gesteht man es ihm zu, sicher, daß er sich damit blamieren werde. Doch Odysseus spannt den Bogen und erschießt die Freier. – Iros trauert um die Freier und sein schönes sattes Leben: Da er nun niemanden hat, bei dem er schmarotzen kann, nimmt er sich selbst das Leben. Penelope, die fasziniert und entsetzt dem dramatischen Geschehen zugesehen hat, ist unsicher, und sie wird darin von Melanto unterstützt: Ist es ein neuer Betrug? Eumaios und auch Telemachos gelingt es nicht, die Mutter davon zu überzeugen, daß Odysseus zurückgekehrt sei. Noch einmal greifen die Götter ein: Athene und Hera bitten bei Zeus für Odysseus um Ruhe und Frieden, und Poseidon läßt endlich ab von seinem Groll. – Euryclea hat Odysseus erkannt: als sie dem vermeintlichen Bettler die Füße wusch, spürte sie die Narbe von der Wunde, die ihm einst der wilde Eber schlug. Sie weiß nicht, ob sie der Herrin ihr Geheimnis enthüllen soll. Eumaios und Telemachos dringen in Penelope, sie möge endlich an die Rückkehr des Odysseus glauben, der nun in seiner wahren Gestalt auftritt, aber immer noch glaubt Penelope, ein Gott habe dem Fremden die Macht gegeben, in des Odysseus' Gestalt zu ihr zu kommen. Da bricht Euryclea ihr Schweigen, aber erst, als Odysseus Penelope die Decke des ehelichen Bettes beschreibt, die außer ihm und ihr niemand kennt, erkennt sie ihren Gatten wieder und will nun mit ihm den Tag der Freude feiern.

Stilistische Stellung: Monteverdi schrieb seinen ›Ulisse‹, ebenso wie die ein Jahr später konzipierte ›Poppea‹, 1640 für das Teatro San Cassiano in Venedig. So liegen nicht nur dreiunddreißig Jahre zwischen dem ›Orfeo‹ und dem ›Ulisse‹ – und damit einschneidende stilistische Entwicklungen –, sondern auch ein Wechsel des Aufführungsortes: vom höfischen Zeremoniell am Hofe von Mantua zum öffentlich zugänglichen, kommerziell geführten Operntheater einer Stadtrepublik. Musikalisch wirkt sich dieser Wechsel aus in einem Übergang von dem madrigalisch bestimmten, renaissancehaften Ton des ›Orfeo‹ zu einem wortgezeugten, rezitativischen Stil im Spätwerk, das weitgehend auf den Chor (aus Kostengründen) verzichtete und in der Instrumentation flexibel sich den jeweiligen Aufführungsmöglichkeiten anpaßte. Überliefert sind von Monteverdi – abgesehen von einigen fünfstimmigen Ritornellen – lediglich Vokallinie und Baß, dieser oftmals unbeziffert; es ist aber davon auszugehen, daß dieses – nur in Abschriften vorliegende – Material sozusagen nur der Ausgangspunkt für eine jeweils individuelle Aufführungsfassung war, die jedes Theater nach dem in ihm vorhandenen Instrumentarium erarbeitete.

TEXTDICHTUNG: Monteverdi und sein Textdichter Giacomo Badoaro nahmen als Textvorlage für ›Il ritorno d'Ulisse‹ den 13. bis 23. Gesang aus Homers ›Odyssee‹. Sie folgten dem Ablauf der epischen Handlung fast pedantisch und übernahmen auch durchweg die bei Homer angelegten Personencharakteristiken; vorangestellt ist der eigentlichen Handlung, dem Zeitgebrauch entsprechend, ein allegorischer Prolog.

GESCHICHTLICHES: Monteverdis vorletzte Oper war nach dem Tode des Komponisten mehr als zweihundert Jahre verschollen. Erst 1885 entdeckte August Wilhelm Ambros in der Wiener Staatsbibliothek ein anonymes Manuskript, das er aufgrund von Textvergleichen mit dem gedruckten Libretto Badoaros Monteverdi zuschreiben konnte. Zwar entspann sich im Anschluß an diese Entdeckung und an die erste Publikation durch Robert Haas 1922 in den ›Denkmälern der Tonkunst in Österreich‹ eine lange wissenschaftliche Kontroverse, doch heute zweifelt ernsthaft niemand mehr an die Authentizität des Werkes, wobei allerdings offenbleiben muß, inwieweit die überlieferte Abschrift – die das Werk, anders als die erhaltenen Libretti, die fünfaktig sind, in Prolog und drei Akte einteilt – Abweichungen eines Bearbeiters aufweist. 1942 veröffentlichte Gian Francesco Malipiero den ›Ulisse‹ als Band 12 seiner Monteverdi-Gesamtausgabe. Aufführungspraktische Bearbeitungen gibt es von Vincent d'Indy (1924), Luigi Dallapiccola (1942), Hans Ferdinand Redlich (1948), Erich Kraack (1958), Götz Friedrich und Siegfried Matthus (1966), Raymond Leppard (1972) und Nikolaus Harnoncourt (1972), wobei wohl nur die beiden letztgenannten Fassungen versuchen, sich stilistisch und in der Instrumentation an der Aufführungspraxis des 17. Jahrhunderts zu orientieren, während die anderen Fassungen in der Regel modernes Instrumentarium verwenden und auch vor eingreifenden Bearbeitungen und Strichen nicht zurückschrecken. Monteverdis ›Ulisse‹ wurde nach seiner Wiederentdeckung zuerst am 16. Mai 1925 in der Fassung von Vincent d'Indy in Paris gespielt. Seither ist das Werk immer wieder auf den europäischen Bühnen aufgetaucht. Die durch die maßstabsetzende Produktion der drei Opern Monteverdis am Opernhaus Zürich (musikalische Leitung: Nikolaus Harnoncourt, Inszenierung und Bühnenbild: Jean-Pierre Ponnelle) und deren Verbreitung durch Fernsehen und Schallplatte ausgelöste Monteverdi-Renaissance hält an und dürfte den ungemein bühnenwirksamen und musikalisch eindrucksvollen Werken des ersten großen Musikdramatikers an unseren Bühnen bleibende Geltung verschaffen.

W. K.

Die Krönung der Poppea (L'incoronazione di Poppea)

Drama in musica in einem Prolog und drei Akten. Dichtung von Giovanni Francesco Busenello.

SOLISTEN: *Ottone* (Dramatischer Mezzosopran, auch Heldenbariton, auch Charakterbariton, gr. P.) – *Ottavia* (Dramatischer Sopran, auch Dramatischer Mezzosopran, gr. P.) – *Nero* (Jugendlicher Heldentenor, auch Charaktertenor, auch Lyrischer Bariton, gr. P.) – *Poppea* (Dramatischer Koloratursopran, auch Jugendlich-dramatischer Sopran, gr. P.) – *Arnalta* (Spielalt, m. P.) – *Seneca* (Seriöser Baß, gr. P.) – *Drusilla* (Jugendlich-dramatischer Sopran, auch Lyrischer Sopran, gr. P.) – *Liberto* (Tenor, auch Bariton, kl. P.) – *Valetto* (Lyrischer Tenor, auch Spieltenor, m. P.) – *Damigella* (Soubrette, m. P.) – *Lucano* (Lyrischer Tenor, kl. P.) – *Petronio* (Spielbariton, kl. P.) – *Littore* (Baß, kl. P.) – *Pallas Athene* (Mezzosopran, kl. P.) – *Merkur* (Tenor, kl. P.) – *Amor* (Lyrischer Sopran, kl. P.) – *1. Soldat* (Tenor, auch Bariton, kl. P.) – *2. Soldat* (Tenor, auch Bariton, kl. P.).
CHOR: Diener des Seneca. Konsuln und Tribunen (nur Alt, Tenor und Baß; Frauenchor, kl. Chp.; Männerchor, m. Chp.).
ORT: Rom.
SCHAUPLÄTZE: Platz vor dem Haus der Poppea – Saal im kaiserlichen Palast – Garten der Poppea – Vor dem Landhaus des Seneca in der Campagna – Saal in Neros Palast – Wie 3. Bild (eine halboffene Laube, darin ein Ruhebett) – Wie 1. Bild – Thronsaal in Neros Palast.
ZEIT: 62 n. Chr.
ORCHESTER: je nach Fassung unterschiedlich.
GLIEDERUNG: Musikalische Szenen, die aus Rezitativen, Ariosi, Arien, Duetten, instrumentalen Ritornellen und Sinfonien gestaltet sind.
SPIELDAUER: etwa 2¾ Stunden.
HANDLUNG: Der römische Prätor Ottone ist von seinem Provinzposten nach Rom zurückgekehrt. Er brennt danach, in Liebesglut seine Gattin Poppea wieder in die Arme zu schließen. Als er vor seinem Haus angelangt ist, nimmt er mit Entsetzen wahr, daß der Eingang von zwei Soldaten der kaiserlichen Leibwache besetzt ist. Das Geräusch hat die Posten aus ihrem Dösen geweckt. Ottone hat sich rasch im nächtlichen Dunkel versteckt und wird nun Zeuge des Gesprächs der beiden Soldaten, die schwere Klagen gegen ihren kaiserlichen Herrn erheben: während die arme Kaiserin in Gram über ihren untreuen Gatten vergeht, während Armenien und ganz Pannonien sich in Aufruhr erheben, ist Nero im Liebesnetz der ehrgeizigen Poppea gefangen. Es wird Tag. Poppea und Nero kommen aus dem Haus. Poppea bedrängt den Kaiser, bei ihr zu bleiben. Doch er entgegnet, angesichts ihres hohen Standes und ihrer hohen Herkunft dürfe die Öffentlichkeit von ihrem Liebesbund nicht erfahren, bis er von seiner Gattin

Ottavia getrennt sei; er werde aber bald wieder bei ihr oder sie bei ihm sein. Nachdem er sich von der Geliebten verabschiedet hat, triumphiert Poppea, daß sie mit Gott Amor im Bunde stehe. Vergeblich sucht ihre treubesorgte Amme Arnalta, sie von Ottavias Rache zu warnen. – Ottavia, die von Nero gedemütigte und verstoßene Kaiserin des Römischen Reiches, erwartet in einem Saal des Palastes Seneca, den Philosophen und einstigen Erzieher ihres Gatten. Dieser sucht zunächst Ottavia mit dem Hinweis zu trösten, daß Glück und Schönheit vergängliche Güter seien und nur das Streben nach Tugend das Schicksal besiegen würde. Die Kaiserin fordert ihn jedoch auf, zu Senat und Volk als ihr Anwalt zu sprechen, während sie sich jetzt in den Tempel begebe, um den Göttern ein Gelübde zu leisten. Seneca blickt ihr bekümmert nach und bedenkt, wie doch Glanz und Macht der Fürsten Leid und Qualen im Gefolge hätten. Da erscheint vor ihm plötzlich Pallas Athene; sie verkündet ihm, daß sein Lebensende nahe sei und daß noch heute Merkur ihm die Todesbotschaft überbringen werde. Seneca ist gefaßt und ruhig. Jetzt kommt Nero, begleitet von zwei Sklaven. Er setzt Seneca von seinem Entschluß in Kenntnis, sich von Ottavia zu trennen und Poppea zur Gemahlin zu nehmen. Seneca hält ihm die Gesetzwidrigkeit seines Handelns vor, aber Nero entgegnet, daß er die Macht habe, Gesetze nach seinem Willen zu ändern. Die Auseinandersetzung nimmt immer schärfere Formen an, bis schließlich der Kaiser in herrischem Ton erklärt, Poppea noch heute zu seiner Frau zu machen. Wütend fordert er Seneca auf, sich zu entfernen. Nachdenklich sieht Nero dem Philosophen nach, dessen mannhafte Verteidigung des Rechts ihn immerhin beeindruckt hat. Heimlich betritt Poppea im Rücken des Kaisers den Saal. Als dieser die Geliebte erblickt, sind sogleich alle Bedenken verflogen. Heimtückisch weiß Poppea Neros Glücksrausch für ihre Zwecke auszunützen und ihn vor Seneca zu warnen, der mit seinem Einfluß auf des Kaisers Entschlüsse sich als der wirkliche Herrscher fühle. Heftig aufbrausend schickt Nero einen der beiden Sklaven zu Seneca mit dem Befehl, daß er noch heute Nacht aus dem Leben scheiden müsse. – Ottone hat sich aus seinem Versteck hervorgewagt. Gleich darauf erscheint Poppea auf dem Balkon. Sie entschuldigt den Treubruch ihrem unglücklichen Gatten gegenüber mit dem Vorwand, daß sie einem Zwang des Schicksals folgen müsse, das ihren Aufstieg zur Kaiserin bestimmt habe. Da erscheint Drusilla, Poppeas Freundin, deren Hand Ottone dereinst zugunsten Poppeas ausgeschlagen hatte. Ottone liebt Drusilla noch immer, und auch sie ist bereit, Vergangenes zu vergessen. Als Drusilla sich wieder entfernt hat, gesteht sich Ottone den Zwiespalt seines Inneren ein; sein Mund spreche von Drusilla, doch Poppea trage er im Herzen. – Im Garten vor Senecas Haus erscheint in einer Wolke Merkur vor dem Gelehrten. Er übermittelt ihm die Kunde von Pallas Athene, daß ihm, dem Götterliebling, noch heute das ewige Leben seliger Götter zuteil werde. Kaum ist der Gott verschwunden, kommt Liberto, der Hauptmann der Prätorianergarde, und überbringt den Befehl des Kaisers; er wundert sich, daß Seneca den Auftrag, aus dem Leben zu scheiden, so gelassen hinnimmt. Nachdem Liberto sich entfernt hat, ruft Seneca seine Diener, um sich zu verabschieden; vergeblich flehen sie ihn an, dem Befehl nicht nachzukommen. – Erleichtert über Senecas Tod, ergötzt sich Nero in seinem Palast bei Gesang und Tanz; er schwelgt in Glück und fühlt sich bereits am Ziel seiner Wünsche. – Inzwischen hat Ottavia Ottone aufgesucht. Sie verlangt von ihm als Gegendienst für frühere Hilfeleistung von seiten ihrer Familie, daß er Poppea töte. Um unerkannt zu bleiben, solle er die Tat in Frauenkleidern ausführen. Ottone, dessen Gefühle für seine treulose Gattin noch immer nicht erloschen sind, bittet um Aufschub, doch Ottavia droht, sie werde ihn bei Nero des Verbrechens der Vergewaltigung bezichtigen, was mit Folter und Tod bestraft würde, sollte er nicht sofort Poppea ermorden. Jetzt erklärt sich Ottone bereit, nach dem Willen der Kaiserin zu handeln. Er legt sich Drusillas Kleider an, die in ihrer grenzenlosen Liebe zu Ottone jeden seiner Wünsche zu erfüllen bereit ist. – Ottone naht sich mit dem Schwert der im Park ruhenden Poppea. Aber Gott Amor selbst verhindert durch sein Dazwischentreten die blutige Tat. Ottone ergreift rasch die Flucht, während Arnalta Mägde und Sklaven zur Verfolgung der vermeintlichen Täterin herbeiruft. – In der Morgendämmerung erwartet Drusilla freudig erregt den Geliebten. Statt seiner erscheint jedoch ein Liktor, der sie als die vermeintliche Täterin in Haft nimmt. Nero kommt hinzu; er will wissen, wer den feigen Mord an Poppea angestiftet habe. Drusilla nimmt alle Schuld auf sich. Der Kaiser ordnet an, daß sie ihr Verbrechen mit dem Tod unter grausamen Martern und Folterungen sühnen solle. Da stürzt Ottone herbei. Er gesteht, daß er es war, der in Drusillas Kleidern auf Befehl der Kaiserin Poppea ermorden sollte. Nero erklärt ihn seines Amtes und seines Besitzes verlustig und schickt ihn in die Verbannung, während er Drusilla zum Lohne ihrer edlen Gesinnung seine Gnade zuteil werden läßt. Sie hält jedoch dem Geliebten auch im Unglück die Treue und folgt ihm ins Exil. Der Kaiser hat jetzt einen Grund, vor allem Volk Ottavia als Gattin zu verstoßen und sie aus Rom zu verbannen. – Poppea hat ihr ehrgeiziges Ziel erreicht. Vor Senat und Volk erhebt Nero sie in dem Thronsaal des kaiserlichen Palastes zu seiner Gattin, indem er ihr feierlich die Krone aufsetzt.

STILISTISCHE STELLUNG: ›L'incoronazione di Poppea‹ stellt eine außerordentliche Leistung Monteverdis dar. Der Komponist zeigt sich bei diesem Werk als Meister eines musikdramatischen Stils, der für eine ganze Periode der Operngeschichte, der sogenannten Venezianischen Schule, richtunggebend wurde. Bei der Vertonung ist Monteverdi kritisch vorgegangen: so ließ er sechs Szenen des Librettos unberücksichtigt, anderseits vermied er lange und ermüdende Monologe, indem er bei Soloszenen jeweils einen weiteren Akteur hinzutreten ließ, so daß ein Dialog entstand. Anstelle der vom Dichter vorgesehenen Schluß-Apotheose mit Venus, Amor und Amoretten setzte er das Liebesduett Poppea–Nero. Dadurch vermied er den fatalen Eindruck einer Verherrlichung des Ehebruchs; gleichzeitig legte er Poppeas Handeln ein milderndes Motiv zugrunde: während in der Dichtung Poppeas hervorstechendster Charakterzug ihr kalter Ehrgeiz ist, wird sie bei Monteverdi durch die Macht einer schicksalhaften Liebe zu ihrem Tun bestimmt. In feiner Seelen- und Charaktermalerei sind die handelnden Personen gezeichnet: das brutale, tierische Wesen Neros, wie es in der Szene Nero–Seneca, bei dem Urteilsspruch über Ottavia und Ottone oder in den Koloraturen zum Zeichen der freudigen Genugtuung über Senecas Tod zum Ausdruck kommt; die hingebungsvolle Darstellung Ottones, der, obgleich er eine unmännliche Figur darstellt, ebenso Mitleid erregt wie die in ihrer Würde gekränkte, gramverzehrte Ottavia; die aufrechte sympathische Gestalt des lebensweisen Seneca, dessen profunder Baß das unbeirrbare Festhalten am Recht versinnbildlicht. Sogar die beiden Wachsoldaten sind differenziert behandelt. Die Partien der beiden männlichen Hauptrollen (Nero–Ottone) sind im Original für Kastratenstimmen gesetzt. Der instrumentale Teil hält sich in bescheidenem Rahmen; er ist auf drei Sinfonien und eine Anzahl von Ritornellen beschränkt. In der Partitur ist der Orchesterpart meistens nur auf einem System notiert. Gegenüber den früheren Renaissance-Opern ist ein Vordringen der Streicher festzustellen. Auch die Verwendung des Chors ist auf ein Minimum begrenzt, was als ein charakteristisches Merkmal der Venezianischen Oper anzusehen ist. Das Schwergewicht der musikalischen Diktion liegt auf dem Rezitativ und auf den aus ihm sich organisch entwickelnden Ariosi (in strophischer Liedform). Manche Melodien erfahren eine leitmotivartige Behandlung. Die Arien und die breitangelegten Duette, die bisweilen in Form eines Kanons oder einer Passacaglia kunstvoll gebaut sind, vervollständigen das Bild einer großartigen musikalischen Gestaltung.

Textdichtung: Das Libretto wurde von dem venezianischen Advokaten Giovanni Francesco Busenello (1598–1659) verfaßt. Er entnahm den Stoff, den auch spätere Komponisten, wie Georg Friedrich Händel (›Agrippina‹), Anton Rubinstein (›Nero‹), Arrigo Boito (›Nerone‹) behandelten, den ›Annalen‹ des römischen Geschichtsschreibers Tacitus (XIII. und XIV. Buch). ›L'incoronazione di Poppea‹ ist die erste Oper mit einem historischen Sujet. Im Mittelpunkt steht die Gestalt des römischen Kaisers Claudius Drusus Germanicus Nero (54–68 n. Chr.), der im Jahre 59 seine Mutter und 62 seine Gattin Octavia ermorden ließ und sich im gleichen Jahr mit Poppea Sabina vermählte. Busenello hat bei der Darstellung des geschichtlichen Geschehens frei gewaltet und hierbei auch Gestaltungsmittel des zeitgenössischen spanischen Theaters (Verkleidung) und der italienischen Commedia dell'arte (Fest bei Nero) verwendet. Der Vorzug seines Librettos ist in einer konsequenten Zeichnung der Charaktere sowie in einem dramaturgisch gutgelungenen Aufbau der Handlung zu erblicken.

GESCHICHTLICHES: ›L'incoronazione di Poppea‹ ist Monteverdis letztes Bühnenwerk. Es wurde, ein Jahr vor seinem Tod, 1642 am Teatro Santi Giovanni e Paolo in Venedig uraufgeführt. Die eine der beiden erhaltenen Partituren, die über zweihundert Jahre lang in Archiven schlummerten, wurde im Jahre 1888 von dem italienischen Bibliographen Taddeo Wiel aufgefunden. Die hohe künstlerische Bedeutung des Werkes führte zu einer Wiederbelebung in unserer Zeit, wobei die Oper mehrere Bearbeitungen erfahren hat. Die diesen Ausführungen zugrunde gelegte Neufassung vom Jahre 1958 stammt von Hans Ferdinand Redlich in der deutschen Übersetzung von Hans Swarowsky.

WOLFGANG AMADEUS MOZART

* 27. Januar 1756 in Salzburg, † 5. Dezember 1791 in Wien

Die Schuldigkeit des ersten Gebots, KV 35 (1767 Salzburg), T: Ignaz Anton Weiser, geistliches Singspiel, I. Teil, V: B&H; Neuausg. v. Franz Giegling, V: BV (NMA = Neue Mozart-Ausgabe)

Apollo und Hyacinth, KV 38 (1767 Salzburg), T: Rufinus Widl, lateinisches Intermedium, E., V: B&H; Neuausg. v. Alfred Orel, V: BV (NMA)

Bastien und Bastienne, KV 50 = 46b (1768 Wien), T: nach Charles Simon Favart v. Friedrich Wilhelm Weiskern u. Johann Andreas Schachtner, deutsches Singspiel, E., V: B&H, U. E.; Neuausg. v. Rudolph Angermüller, V: BV (NMA)

La finta semplice, KV 51 = 46a (Die verstellte Einfalt; 1769 Salzburg), T: nach Carlo Goldoni v. Marco Coltellini, kO., V: B&H; Neufassung v. Bernhard Paumgartner, V: Ricordi; Neuausg. v. R. Angermüller u. Wolfgang Rehm, V: BV (NMA)

Mitridate, re di Ponto, KV 87 = 74a (1770 Mailand), T: nach Jean Racine v. Vittorio Amedeo Cigna-Santi, V: B&H; Neuausg. v. Luigi Ferdinando Tagliavini, V: BV (NMA)

Ascanio in Alba, KV 111 (1771 Mailand), T: Giuseppe Parini, V: B&H; Neuausg. v. L. F. Tagliavini (deutsche Textfassung v. Günter Haußwald), V: BV (NMA)

La Betulia liberata, KV 118 = 74c (1771 Salzburg?), T: Pietro Metastasio, azione sacra, V: B&H; Neuausg. v. L. F. Tagliavini, V: BV (NMA)

Il sogno di Scipione, KV 126 (1772 Salzburg), T: P. Metastasio, E., V: B&H; Neuausg. v. Josef-Horst Lederer, V: BV (NMA)

Lucio Silla, KV 135 (1772 Mailand), T: Giovanni de Gamerra, V: B&H; Neubearb. v. E. Geiger als ›Lucius Sulla‹ (1955 Dresden); v. B. Paumgartner, V: BV (NMA)

La finta giardiniera, KV 196 (Die Gärtnerin aus Liebe; 1775 München; deutsche Fassung als ›Die verstellte Gärtnerin‹ v. Franz Xaver Stierle, 1780 Augsburg),

T: Giuseppe Petrosellini(?), kO., V: B&H; Neubearb. v. Oscar Bie 1916 als Einakter, V: U. E.; v. R. u. L. Berger 1915, V: B&H; v. Siegfried Anheißer 1934, V: U. E.; v. Karlheinz Gutheim (1956 Stuttgart); v. B. Paumgartner, V: BV; v. Hansulrich Kaegi u. Robert Werner, V: B&B; v. Karl Schleifer, Ernst Legal u. Hans Henny Jahnn, V: Peters; Neuausg. v. R. Angermüller u. Dietrich Berke, V: BV (NMA)

Il re pastore, KV 208 (1775 Salzburg), T: P. Metastasio, V: B&H; Neubearb. v. S. Anheißer als ›Der Hirtenkönig‹ 1930, V: U. E.

Zaide, KV 344 = 336b (Das Serail; 1781), T: J. A. Schachtner, deutsches Singspiel; Neuausg. v. Friedrich-Heinrich Neumann, V: BV (NMA); Bearb. des Fragments v. Werner Oehlmann, V: BV

Idomeneo, KV 366 (1781 München), T: nach Antoine Danchet v. Giambattista Varesco, V: B&H; Neubearb. v. Richard Strauss u. Lothar Wallerstein, Wien 1931, V: Heinrichshofen (B&B); v. Ermanno Wolf-Ferrari u. Ernst Leopold Stahl 1941, V: Schott; v. Ernst Lewicki (1917 Karlsruhe), Artur Rother (1931 Dessau), Willi Meckbach (1931 Frankfurt), B. Paumgartner (1956 Salzburg), V: BV; v. Vittorio Gui, V: Suvini (Schott); Neuausg. v. Daniel Heartz (deutsche Textfassung v. Kurt Honolka), V: BV (NMA)

Die Entführung aus dem Serail oder Belmonte und Constanze, KV 384 (1782 Wien), T: Christoph Friedrich Bretzner in der Bearb. v. Gottlieb Stephanie d. J., V: B&H; Neuausg. v. Gerhard Croll, V: BV (NMA)

L'oca del Cairo, KV 422 (Die Gans von Kairo; 1783), V: G. Varesco; Bearb. des Fragments v. Virgilio Mortari, V: Carisch; Neuausg. v. F.-H. Neumann, V: BV (NMA); Neubearb. des Fragments v. August Schmid-Lindner u. Willi Wöhler, V: BV

Der Schauspieldirektor, KV 486 (1786 Schönbrunn b. Wien), T: G. Stephanie d. J., kO., E., V: B&H; Neubearb. v. Louis Schneider (Berlin 1845), V: Reclam; Neuausg. v. G. Croll, V: BV (NMA)

Le nozze di Figaro, KV 492 (Figaros Hochzeit; 1786 Wien), T: nach Pierre-Augustin Caron de Beaumarchais v. Lorenzo Da Ponte, kO., V: B&H (Hermann Levi), Peters (Georg Schünemann); Neuausg. v. Ludwig Finscher (deutsche Textfassung v. K. Honolka), V: BV (NMA)

Il dissoluto punito ossia il Don Giovanni, KV 527 (1787 Prag), T: L. Da Ponte, V: B&H (Levi), Peters (Schünemann), Schott (Herman Roth); Neuausg. v. Wolfgang Plath u. W. Rehm (deutsche Textfassung v. Walther Dürr), V: BV (NMA)

Così fan tutte, KV 588 (1790 Wien), T: L. Da Ponte, kO., V: B&H (Levi), Peters (Schünemann)

La clemenza di Tito, KV 621 (Titus; 1791 Prag), T: nach P. Metastasio v. Caterino Mazzolà, V: B&H; Neubearb. v. W. Meckbach, V: Schott; v. Hans Curjel u. B. Paumgartner, V: Peters; Neuausg. v. Fr. Giegling (deutsche Textfassung v. K. Honolka), V: BV (NMA)

Die Zauberflöte, KV 620 (1791 Wien), T: nach Karl Ludwig Giesecke v. Emanuel Schikaneder, V: B&H, Peters; Neuausg. v. Gernot Gruber u. A. Orel, V: BV (NMA)

Bastien und Bastienne

Deutsches Singspiel in einem Akt. Dichtung von Friedrich Wilhelm Weiskern.

Solisten: *Bastienne,* eine Schäferin (Lyrischer Sopran, auch Soubrette, gr. P.) – *Bastien,* ihr Geliebter (Mezzosopran, auch Lyrischer Tenor, auch Spieltenor, gr. P.) – *Colas,* ein vermeintlicher Zauberer (Spielbaß, m. P.).
Ort: Die Handlung geht in einem Dorfe vor.
Schauplatz: Dorf mit Aussicht aufs Feld.
Orchester: 2 Fl., 2 Ob., 2 Hr., Str.
Gliederung: Intrada und 16 Musiknummern, die durch einen gesprochenen Dialog miteinander verbunden werden.
Spieldauer: etwa 45 Minuten.
Handlung: Die junge Schäferin Bastienne ist zu Tode betrübt, da sie sich von ihrem geliebten Bastien verlassen glaubt, den das Edelfräulein vom Schloß durch kostbare Geschenke an sich zu ketten sucht. Der wunderwirkende Zauberer Colas, dem Bastienne ihr Leid klagt, belehrt sie, man dürfe einem Liebhaber seine Gefühle nicht so offen zeigen, sondern müsse etwas flatterhaft erscheinen, um dadurch seine Eifersucht zu reizen. Als Bastien, der leeren Schmeicheleien des Edelfräuleins überdrüssig, in Sehnsucht zu seiner Bastienne zurückkehren will, gibt der verschlagene Colas vor, aus seiner Kunst zu wissen, daß die geliebte Schäferin inzwischen eine andere Wahl getroffen habe. Nach Befragen seines Zauberbuches macht er aber dem unglücklichen Jüngling Hoffnung, das Herz des Mädchens aufs neue gewinnen zu können, wenn er seinen leichten Sinn ändere. In der darauffolgenden Aussprache der Liebenden, bei der Bastien mit seinen Chancen bei dem schönen Edelfräulein und Bastienne mit ihren Aussichten bei den reichen jungen Herren der Stadt prahlen, erfolgt bald die Aussöhnung, und strahlend preist das glückliche Paar die große Zauberkunst des weisen Colas.
Stilistische Stellung: Nach frühen Versuchen in der dramatischen Komposition gelegentlich der Vertonung einiger Schulspiele trat Mozart mit ›Bastien und Bastienne‹ zum ersten Mal als Singspielkomponist vor die Öffentlichkeit. Er knüpfte hierbei an den Wiener Liedstil eines Philipp Hafner an. Auch die Wiener Stegreifkomödie und vor allem Glucks komische Opern dürften als Vorbilder gedient haben. Das noch heute lebendige musikalische Schäferspiel mit seinen reizvollen Liedern, die Arien genannt werden, Duetten, einem Terzett, einem Dudelsackzwischenspiel und einem Orchesterrezitativ zeigt nicht nur die erstaunliche technische Frühreife des Wunderknaben, sondern auch bereits seinen instinktiven Sinn für das Theater und seine Berufung zum dramatischen Komponisten. Eine Seccorezitativfassung, die aller-

dings nur bis Nr. 7 geht, über einen anderen Text in Versen (wahrscheinlich von dem Salzburger Hoftrompeter Johann Andreas Schachtner) war wohl für eine Schulaufführung bestimmt, da die Partie des Colas darin für Alt umgelegt ist.

TEXTDICHTUNG: In den Jahren 1755 bis 1763 wurde in Wien vielfach die Opéra comique ›Les amours de Bastien et Bastienne‹ gespielt, deren Libretto den Singspieldichtern Harny de Guerville und Charles Simon Favart (1710–1792) oder auch dessen Gattin Madame (Marie Justine) Favart (1727–1772) zugeschrieben wird. Dieses Stück stellte eine Parodie auf Jean-Jacques Rousseaus berühmtes Intermède ›Le Devin du village‹ (›Der Dorfwahrsager‹, 1752) dar, das statt der fein stilisierten Schäfer-Figuren des Rousseauschen Originals realistische Bauerntypen setzte; dem Vaudeville-Charakter entsprechend wurde der musikalische Teil mit bekannten volkstümlichen Melodien bestritten, und anstelle der Rezitative trat ein gesprochener Dialog. Nach dieser Vorlage gestaltete der Wiener Hofschauspieler und Komödiendichter Friedrich Wilhelm Weiskern (1710–1768) den deutschen Singspieltext, den Mozart komponierte.

GESCHICHTLICHES: Im Alter von zwölf Jahren vertonte Mozart ›Bastien und Bastienne‹ für seinen Gönner, den berühmten Heilmagnetiseur Dr. Franz Anton Mesmer in Wien. Der Auftrag bestimmte vielleicht auch die Stoffwahl; denn es liegt nahe, daß mit der Gestalt des wohltätigen Zauberkünstlers Colas die Persönlichkeit des Wunderdoktors Mesmer verherrlicht werden sollte. Die Uraufführung fand im Oktober(?) 1768 in Mesmers Gartentheater, Wien, Landstraße Nr. 261, statt. Anläßlich der Mozart-Zentenarfeier am 25. Dezember 1891 wurde das Werk an der Wiener Hofoper in der textlichen Bearbeitung von Max Kalbeck wieder aufgeführt. Die musikalische Einrichtung besorgte Johann Nepomuk Fuchs (1842–1899), die in Kürzungen und in einer Überarbeitung der Instrumentation bestand (Nr. 5, 6, 8 und 11 fielen weg, in Nr. 13 und 16 wurden Striche gemacht und Nr. 12 anschließend an Nr. 4 vorverlegt). Eine weitere textliche Neugestaltung nahm im Jahre 1905 der Direktor der Wiener Volksoper Rainer Simons unter Zugrundelegung der musikalischen Einrichtung von Fuchs vor. Heute ist man in der Regel zur Originalfassung des Werkes zurückgekehrt.

La finta semplice (Die verstellte Einfalt)

Opera buffa in drei Akten. Dichtung nach Carlo Goldoni von Marco Coltellini.

SOLISTEN: *Rosina,* ungarische Baronin, Schwester von Fracasso (Lyrischer Koloratursopran, gr. P.) – *Fracasso,* Hauptmann (Spieltenor, gr. P.) – *Ninetta,* Zimmermädchen (Soubrette, gr. P.) – *Donna Giacinta,* Schwester von Don Polidoro und Don Cassandro (Spielalt, m. P.) – *Don Polidoro* (Lyrischer Tenor, gr. P.) – *Don Cassandro,* reicher Landbewohner (Spielbariton, gr. P.) – *Simone,* Diener (Spielbaß, m. P.).

ORT: In der Umgebung von Cremona.

SCHAUPLÄTZE: Garten mit Allee, die sich bis zur Spitze eines von einem Landschlößchen gekrönten Hügels erstreckt – Vorhof im Haus des Don Cassandro – Saal im Haus des Don Cassandro – Garten.

ORCHESTER: 2 Fl., 2 Ob., 2 Fag., 2 Hr., Str.

GLIEDERUNG: Sinfonia und 26 Musiknummern, die teils durch Secco-, teils durch Accompagnato-Rezitative miteinander verbunden sind.

SPIELDAUER: etwa 2 Stunden.

HANDLUNG: Auf dem Landgut der Geschwister Giacinta, Polidoro und Cassandro ist seit geraumer Zeit der Hauptmann Fracasso mit seinem Diener Simone einquartiert. Zwischen Giacinta und Fracasso sowie zwischen Simone und dem Zimmermädchen Ninetta haben sich bereits zarte Bande angesponnen, und die Paare sind zur Heirat entschlossen. Sie benötigen aber hierzu die Zustimmung der reichen Brüder Polidoro und Cassandro, die große Weiberfeinde sind. Die gerissene Ninetta weiß Rat: man müßte sie verliebt machen. Die Zeit ist günstig, denn für heute wird der Besuch von Fracassos Schwester, der ungarischen Baronin Rosina erwartet. Auf Vorschlag des Dieners Simone soll die Überlistung der beiden Brüder der bewährten weiblichen Schläue überlassen werden. Daher wird Rosina gleich nach ihrer Ankunft von Ninetta in den Intrigenplan eingeweiht. Rosina versteht es sehr geschickt, in der Verstellung als einfältiges Mädchen sowohl dem zwar stets verliebten, aber aus Angst vor seinem Bruder gehemmten Polidoro als auch dem durch eine Liebesenttäuschung zu einem schrullenhaften Frauenverächter gewordenen Cassandro nach und nach den Kopf zu verdrehen, so daß schließlich beide ihre Hand begehren. Als letzten Endes Giacinta und Ninetta angeblich mit der gesamten Habe der Brüder verschwunden sind, verspricht Fracasso um den Preis von Giacintas Hand das Geraubte wieder zu beschaffen. Rosina macht den Vorschlag, Simone solle Ninetta zur Frau erhalten, wenn er sie auffinde. Freudig stimmen die geizigen Brüder zu. Aber auch Rosina hat in dem schalkhaft-listigen Spiel ihr Herz verloren, und zwar an den von seinen Schrullen geheilten Cassandro, dessen männliches Gehabe ihr von Anfang an imponiert hatte. Natürlich bringen

Fracasso Giacinta und Simone Ninetta zurück, und auch die »geraubten« Schätze sind wieder da. Zum Schluß präsentieren sich drei glückliche Paare: Fracasso–Giacinta, Cassandro–Rosina und Simone–Ninetta, während der geprellte Polidoro der verstellten Einfalt der schlauen Rosina zum Opfer gefallen ist.

STILISTISCHE STELLUNG: Die frische, unbekümmerte Vertonung des federleichten, im Zeitgeschmack gestalteten Intrigenspiels bedeutet eine erstaunliche Leistung des zwölfjährigen Komponisten. Das Hauptgewicht liegt auf den trefflich charakterisierten Arien – 21 an der Zahl –, während der Handlungsverlauf in den Secco- bzw. Accompagnato-Rezitativen sich abspielt. Die Melodik ist meistens im Liedton gehalten, die Satztechnik und Instrumentation mit überraschender Kunstfertigkeit gehandhabt. Außer den Arien enthält die Partitur an geschlossenen Nummern ein Duett, in dem Cassandro prahlerisch den Hauptmann zum Duell herausfordert, und eine pantomimische Szene, in der Rosina ihrem um sie werbenden Partner Cassandro nur mit nichtssagenden Gesten antwortet; dazu kommen an den Aktschlüssen umfangreicher gebaute Finales, die – was bei der Jugend des Komponisten verständlich ist – einfach und ohne komplizierteren Aufbau angelegt sind. Bemerkenswert ist, daß Mozart die Arie Nr. 7 aus seinem szenischen Oratorium ›Die Schuldigkeit des ersten Gebots‹ übernommen hat, ein Verfahren, das bei dem Meister sonst nicht üblich war. Als Ouvertüre zu ›La finta semplice‹ verwendete Mozart seine D-dur-Symphonie KV 45.

TEXTDICHTUNG: Die Handlung bewegt sich auf dem Gebiet der Posse, der Lieblingsgattung der Zeit. Dem Libretto liegt die gleichnamige Komödie von Carlo Goldoni (1707–1793) zugrunde; das Opernbuch wurde von dem in Wien lebenden und dem Gluckkreis zugehörenden Florentiner Marco Coltellini ohne größere Abänderungen des Originals für das Burgtheater eingerichtet.

GESCHICHTLICHES: Als Mozart mit den Eltern und Schwester Nannerl im September 1767 nach Wien reiste, wurden die Kinder zunächst von der dort herrschenden Blatternepidemie befallen. Nach ihrer Genesung von der gefährlichen Erkrankung wurde im Januar 1768 die Familie von der Kaiserin Maria Theresia und ihrem mitregierenden Sohn Joseph II. huldvoll empfangen. Bei dieser Gelegenheit äußerte Kaiser Joseph den Wunsch, Wolfgang solle einmal eine Oper für Wien gegen ein Honorar von 100 Dukaten schreiben. Die Wahl fiel auf Carlo Goldonis ›La finta semplice‹. Mozart machte sich unverzüglich an die Arbeit und hat die Partitur in kurzer Zeit fertiggestellt. Aber den Neidern des jungen Komponisten, mit dem zwielichtigen Pächter der Hofoper Giuseppe Afflisio an der Spitze, war schon damals das aufstrebende Genie unheimlich. Sie wußten mit allen Mitteln der Intrige die Aufführung zu hintertreiben; sogar eine persönliche Beschwerde Vater Leopolds bei Joseph II. nützte nichts. Nach Salzburg zurückgekehrt, wurde Mozart von dem ihm wohlgesonnenen Erzbischof Sigismund von Schrattenbach mit einer Aufführung des Werks entschädigt, das am 1. Mai 1769 an dem Fürsterzbischöflichen Theater in Salzburg in Szene ging.

Mitridate, re di Ponto (Mithridates, König von Pontos)

Opera seria in drei Akten. Dichtung von Vittorio Amedeo Cigna-Santi.

SOLISTEN: *Mithridates,* König von Pontos und anderer Reiche, Liebhaber von Aspasia (Jugendlicher Heldentenor, gr. P.) – *Aspasia,* Verlobte von Mithridates und bereits als Königin proklamiert (Dramatischer Koloratursopran, gr. P.) – *Sifare,* Sohn von Mithridates und Stratonica, Liebhaber von Aspasia (Sopran [Lyrischer Tenor], gr. P.) – *Farnace,* Mithridates' erster Sohn, gleichfalls Liebhaber von Aspasia (Alt [Kavalierbariton], gr. P.) – *Ismene,* Tochter des Königs von Parthien, Geliebte des Farnace (Lyrischer Koloratursopran, m. P.) – *Marzio,* römischer Tribun, Freund des Farnace (Lyrischer Tenor, auch Charaktertenor, m. P.) – *Arbate,* Statthalter von Ninfea (Sopran [Lyrischer Tenor], m. P.).
CHOR: Offiziere. Soldaten. Stadträte. Priester. Königliche Wachen (kein Gesangspart).
ORT: Ninfea.
SCHAUPLÄTZE: Platz in Ninfea mit Blick auf das Stadttor – Tempel der Venus mit einem von Myrthen und Rosen geschmückten Altar – Hafen am Meer mit zwei sich gegenüberliegenden Flotten; auf einer Seite Blick auf Ninfea – Gemächer – Feldlager des Mithridates, rechts das große Königszelt, im Hintergrund dichter Wald – Hängende Gärten – Inneres eines Turms der Mauer von Ninfea – An den Königspalast von Ninfea grenzender Vorhof, von dem aus man die brennende römische Flotte auf dem Meer sieht.
ZEIT: 63 v. Chr.
ORCHESTER: 2 Fl., 2 Ob., 2 Fag., 4 Hr., 2 Trp., Str.
GLIEDERUNG: Ouvertüre und 23 musikalische Nummern, die teils durch Secco-, teils durch Accompagnato-Rezitative miteinander verbunden sind.
SPIELDAUER: etwa 2½ Stunden.
HANDLUNG: Farnace, der erstgeborene Sohn des Königs Mithridates und Gouverneur von Pontos, sowie Sifare, Fürst von Kolchis, welcher der Ehe des Herrschers mit Stratonica entstammt, sind in die Residenzstadt Ninfea gekommen, da sich die Nachricht verbreitet hat, Mithridates sei im Kampf gegen die Römer gefallen. Die Brüder sind

zwar politische Gegner – Farnace ist ein Freund der Römer, Sifare steht auf seiten der Griechen –, lieben aber beide die Griechin Aspasia, die Verlobte ihres Vaters. Auf dem großen Platz von Ninfea begegnet Sifare dem königlichen Statthalter Arbate, der ihm seine Treue bekundet. Da erscheint Aspasia. Sie bittet Sifare um Schutz vor seinem Halbbruder Farnace, dessen Liebe sie nicht zu erwidern vermag. Sifare gesteht, sie gleichfalls zu lieben, obwohl er befürchte, daß auch seine Liebe keine Erhörung finden werde. Aspasia beklagt ihre schicksalhafte Situation. Sifare hält ihr entgegen, es betrübte ihn, wenn sie ihn verschmähe, doch ein Rivale seiner Liebe errege seinen Zorn. – Im Tempel der Venus wird Aspasia von Farnace bestürmt, ihn zu heiraten. Sifare versichert sie seines Beistands, als sie ihm ihre Sympathie zu erkennen gibt. Arbate überbringt die Nachricht, daß Mithridates noch lebe. Da beschließen die rivalisierenden Brüder, dem Vater gegenüber ihre Liebe zu Aspasia zu verheimlichen. Aspasia und Sifare haben sich entfernt. Jetzt erscheint der römische Tribun Marzio; er ermutigt Farnace mit dem Versprechen seiner Unterstützung. – Im Hafen von Ninfea ist der von den Römern besiegte Mithridates gelandet. Er führt Farnace die Tochter des Königs der Parther, Ismene, zu, die er ihm als Braut bestimmt hat. Doch dieser verhält sich ablehnend. Mithridates, der, um sich Klarheit über die Einstellung seiner Söhne zu verschaffen, die Meldung von seinem Tod selbst veranlaßt hatte, wird sich bewußt, daß beide Aspasias Hand zu erlangen suchen. Er schwört, den schuldigen Rebellen rücksichtslos zu vernichten. – Als Farnace die Erkaltung seiner Gefühle gegenüber Ismene gesteht, soll er nach Mithridates' Willen die Beleidigung mit dem Tod büßen. Doch Ismene weist eine solche Vergeltung zurück. Der König ist jetzt entschlossen, sich noch heute mit Aspasia zu vermählen. Sifare soll dem Mädchen Mithridates' Wunsch übermitteln. Da kommt die Liebe zwischen Aspasia und Sifare elementar zum Ausbruch. Aspasia schwankt zwischen Liebe und Pflicht. – Im Feldlager des Königs erklärt sich Sifare bereit, anstelle des Vaters den Kampf gegen die Römer aufzunehmen. Aber Farnace drängt darauf, das von Marzio überbrachte Friedensangebot Roms anzunehmen. Dadurch macht er sich der Zusammenarbeit mit dem Feind verdächtig; er wird daher festgenommen. Umsonst sucht Ismene zu vermitteln. Farnace streitet seine verräterischen Beziehungen zu Rom nicht ab, beschuldigt aber Sifare, Aspasias Herz dem König geraubt zu haben. Um die Richtigkeit der Anschuldigung zu überprüfen, erklärt der König arglistig Aspasia, seine Rechte auf ihre Hand an Sifare abzutreten, woraufhin sie, freudig überrascht, ihre Liebe zu Sifare gesteht. Jetzt wird auch Sifare verhaftet, und beide Söhne sollen nun mit dem Tod bestraft werden. – Ismene sucht wiederum vergebens, den König von seinem grausamen Entschluß abzubringen. Er ist hierzu nur bereit, wenn Aspasia zu ihm zurückkehren würde, was diese aber ausschlägt. Arbate meldet Mithridates, daß ein römisches Heer sich der Stadt nähere. Bevor sich der König zu seinen Truppen begibt, läßt er Aspasia als sein letztes Geschenk Gift überreichen. Der von Ismene befreite Sifare kommt gerade noch zurecht, Aspasias Tod zu verhindern. Er will durch die Teilnahme an dem bevorstehenden Kampf seine Befreiung rechtfertigen. – Unterdessen ist Farnace von Marzio befreit worden. Er ist sich jedoch seiner Treuepflicht gegenüber dem Vaterland bewußt geworden und verschmäht die von dem römischen Tribun angebotene Unterstützung. – Um nicht dem Feind in die Hände zu fallen, hat sich Mithridates in sein Schwert gestürzt. Der Sterbende wird in den Vorhof des Königsschlosses getragen. Dort ernennt er Sifare zu seinem Nachfolger auf dem Thron und gibt ihm Aspasia zur Gattin. Schließlich verzeiht er auch dem reumütig vor ihm knienden Farnace, als er von Ismene erfahren hat, daß dieser Feuer an die feindlichen Schiffe gelegt und auf diese Weise die Römer zum Rückzug gezwungen hat.

STILISTISCHE STELLUNG: Mozart stellte bei ›Mithridates‹ sein erstaunliches Einfühlungsvermögen in die Tradition der herkömmlichen Opera seria unter Beweis. Mit frischer Unbekümmertheit und in großer Eile machte sich der Vierzehnjährige an die Komposition des umfangreichen Werks, wobei er bei den Rezitativen sich wohl von Padre Giovanni Battista Martini beraten ließ und bei den zahlreichen Arien sich der Mithilfe der hochqualifizierten Sänger anvertraute. Läßt auf diese Weise die Musik bis auf wenige Ausnahmen stärkere individuelle Züge vermissen, so war dafür dem Werk der Publikumserfolg um so sicherer. Die Partitur enthält außer der Ouvertüre 21, zum Teil umfangreiche Arien, ein Duett und das Schlußensemble. Dem Brauch der Seria entsprechend sind die Hauptpartien (außer der des Mithridates) für Kastraten geschrieben, denen in den Arien ein weites Feld zur Entfaltung ihrer virtuosen Gesangskunst geboten ist. Die Handhabung des orchestralen Parts bewegt sich im Rahmen konventioneller Praxis.

TEXTDICHTUNG: Die historische Persönlichkeit des im Mittelpunkt der Opernhandlung stehenden Königs von Pontos war Mithridates VI. Eupator (auch Mithridates der Große genannt, 111–63 v. Chr.), ein Mann von genialer Tatkraft, der zu seinem Stammland Kappadokien am Pontos das Bosporanische Reich der Krim, Kolchis sowie fast das ganze nördliche Pontosufer erobert hatte. Weitere Expansionsbestrebungen brachten ihn in Konflikt mit Rom. Es kam zu den drei Mithridatischen Kriegen, in denen er zunächst siegreich war, später aber von den römischen Feldherren Sulla und Pompejus geschlagen wurde (87–66 v. Chr.). Schließlich mußte er in sein Bosporanisches Reich fliehen, wo er sich im Jahre 63 v. Chr. den Tod gab. – Das Libretto zu Mozarts ›Mitridate, re di Ponto‹ geht auf das gleichnamige Drama des französischen Dichters Jean Racine (1639–1699), des »Dramatikers der höfisch kostümierten Liebesleidenschaft« zurück. Der Turiner Vittorio Amedeo Cigna-Santi gestaltete das Opernbuch nach Racines Dichtung, wobei er nach dem Vorbild Pietro Metastasios die Welt der Antike im Geist barocker Anschauung behandelte.

GESCHICHTLICHES: Auf seiner 1. Italienreise (Dezember 1769 bis März 1771) hatte Mozart in Mailand bei einem Hauskonzert im Palast des österreichischen Generalgouverneurs Graf Karl Joseph von Firmian großen Erfolg, der dem Dreizehnjährigen einen mit hundert Gigliati honorierten Opernauftrag für die Karnevalssaison 1770/71 einbrachte. In Bologna, wo der Komponist mit Vater Leopold von Juli bis Oktober 1770 als Gast im Haus des Feldmarschalls Graf Gian Luca Pallavicini-Centurioni weilte, begann er neben seinen Studien bei Padre Martini mit der Arbeit an der Oper ›Mithridates‹, deren Libretto ihm von Mailand zugeschickt worden war. In den letzten Wochen vor der Uraufführung vollendete er unter der Mitarbeit der ausgezeichneten Sänger in intensiver Arbeit die Partitur. Schon während der Proben waren die Mitwirkenden von dem Werk und seinem Schöpfer eingenommen. Die erste Aufführung am 26. Dezember 1770 unter der Leitung des Komponisten erbrachte einen triumphalen Erfolg, der etwa zwanzig Wiederholungen des ›Mithridates‹ zur Folge hatte.

Ascanio in Alba

Festa teatrale in zwei Teilen. Dichtung von Giuseppe Parini.

SOLISTEN: *Venus* (Dramatischer Koloratursopran, auch Jugendlich-dramatischer Sopran, m. P.) – *Ascanio,* ihr Sohn (Mezzosopran [Lyrischer Bariton], gr. P.) – *Silvia,* dessen künftige Gattin (Lyrischer Koloratursopran, gr. P.) – *Aceste,* Priester der Venus (Lyrischer Tenor, m. P.) – *Fauno,* ein Anführer der Hirten (Sopran [Spieltenor], m. P.).

CHOR: Genien. Hirten. Hirtinnen. Nymphen (m. Chp.).

BALLETT: Grazien, Amoretten.

ORT: Alba (eine nach dem gleichnamigen sagenhaften Tier benannte Stadt).

SCHAUPLATZ: Weite Landschaft, von hohen belaubten Eichen begrenzt. In der Mitte ein ländlicher Altar mit dem Bild des seltsamen Tiers Alba. Am Horizont ein Gebirge.

ORCHESTER: 2 Fl., 2 Ob., 2 Serpentini (Zinken), 2 Fag., 4 Hr., 2 Trp., P., Str.

GLIEDERUNG: Ouvertüre und 33 musikalische Nummern, die teils durch Secco-, teils durch Accompagnato-Rezitative miteinander verbunden sind.

SPIELDAUER: etwa 1½ Stunden.

HANDLUNG: Venus erscheint mit ihrem Sohn Ascanio auf ihrem Wolkenwagen. Grazien, Genien, Amoretten und Nymphen huldigen ihr mit Gesang und Tanz. Die Göttin hat Ascanio vor den ihr geweihten Feldaltar gebracht, den dereinst sein Vater Äneas errichtet hat, um ihm heute die aus göttlichem Geschlecht stammende Nymphe Silvia als Gattin zuzuführen. Diese hat Ascanio noch nie gesehen; Gott Amor war ihr aber schon mehrmals in Ascanios Gestalt erschienen und hat bewirkt, daß ihr Herz in Liebe zu dem Jüngling entbrannt ist. Ascanio soll Silvia sehen, doch darf er ihr nicht Namen und Herkunft verraten, um die wahren Gefühle ihres Herzens zu prüfen. Die Göttin verschwindet mit ihrem Gefolge in den Wolken. Ascanio ist allein zurückgeblieben und sehnt sich nach der Geliebten. Jetzt versammeln sich die Hirten und Hirtinnen mit ihrem Anführer Fauno vor dem Altar, um der gnädigen Göttin ein Dankesfest zu bereiten. Als Aceste, der Priester der Venus, mit der Nymphe Silvia herankommt, fordert Fauno Ascanio auf, sich unter der Schäferschar zu verbergen; denn kein Fremdling dürfe der Reinen, Unberührten nahekommen. Aceste verkündet Silvia, daß sie noch heute Ascanios Gattin werde. Die Nymphe ist erschrocken: sie ehre Ascanio, den Venussohn, aber sie könne ihn, den sie nie gesehen habe, nicht lieben; denn ihr Herz gehöre dem Jüngling, der ihr wiederholt im Traum erschienen war. Aceste entgegnet, sie solle sich nur der Huld der Göttin anvertrauen. Ascanio ist hingerissen von der Schönheit und dem lieblichen Wesen Silvias, doch, gehorsam dem Gebot seiner Mutter, gibt er sich dem Mädchen nicht zu erkennen. – Silvia eilt Ascanio entgegen; denn er ist der Jüngling, den sie im Traum gesehen hat. Aber mit einem Mal hält sie inne und entfernt sich rasch mit dem Bemerken, sie solle ja Ascanio ihre Hand reichen. Die Hirten eröffnen unter Weihrauchspenden das Fest. Die Wolken zerteilen sich, und Venus erscheint wieder auf ihrem Wagen. Sie führt Ascanio in Silvias Arme; unter den jubelnden Dankesbezeugungen des glücklichen Paares und der Hirten kehrt sie auf den Olymp zurück.

Stilistische Stellung: Das theatralische Festspiel ›Ascanio in Alba‹ besteht in der Hauptsache aus Arien – 14 an der Zahl –, die wiederum durch Secco- und Accompagnato-Rezitative miteinander verbunden sind und in denen sich in allegorisierender Weise der Handlungsverlauf abspielt. Zum szenischen Aufputz sind auch Chor und Ballett ausgiebig eingesetzt. Die Chöre werden allerdings zum Teil mehrfach im Verlauf des Stücks unverändert wiederholt: der 1. Chor der Genien und Grazien erscheint noch zweimal, der zweistimmige, nur von Bläsern begleitete Hirtenchor noch fünfmal und die feierliche Herbeirufung der Göttin Venus im ganzen dreimal. Die Darbietung des instrumentalen Teils durch ein vollbesetztes Orchester mit Serpentini (Zinken), Trompeten und Pauken entspricht dem festlichen Charakter der kleinen Oper.

Textdichtung: Das Libretto zu der dramatischen Serenata verfaßte der Wiener Abbate Giuseppe Parini. Nach barockem Vorbild nimmt die Handlung auf den festlichen Anlaß Bezug: Venus ist die erlauchte, huldvolle Kaiserin Maria Theresia, Ascanio, der gehorsame Bräutigam, ihr Sohn Erzherzog Ferdinand; die tugendreiche Nymphe Silvia versinnbildlicht die Braut, Prinzessin Maria Ricciarda Beatrice von Modena.

GESCHICHTLICHES: Nach der Rückkehr von seiner ersten Italienreise erhielt Mozart im März 1771 den ehrenvollen Auftrag, zur Hochzeitsfeier des Erzherzogs Ferdinand in Mailand ein theatralisches Festspiel zu schreiben. Der Komponist begab sich daher mit seinem Vater am 13. August 1771 zum zweiten Mal nach Italien. In Mailand erhielt er sodann aus Wien das Libretto ›Ascanio in Alba‹ zugesandt. In anstrengender Arbeit stellte er während kurzer Zeit die Komposition fertig. Als Hauptwerk der Festlichkeit wurde am 16. Oktober 1771 Johann Adolf Hasses Oper ›Ruggiero‹ aufgeführt; tags darauf folgte Mozarts Serenata mit dem berühmten Kastraten Giovanni Manzuoli (Ascanio) und der ebenso beliebten Antonia Maria Girelli (Silvia). Nach der Darstellung Vater Leopolds fiel Hasses Oper ab, während Mozarts Werk außerordentlichen Beifall fand und sogleich am nächsten Tag wiederholt werden mußte.

Lucio Silla

Dramma per musica in drei Akten. Dichtung von Giovanni de Gamerra.

SOLISTEN: *Lucio Silla,* Diktator (Kavalierbariton, auch Charakterbariton, gr. P.) – *Giunia,* Tochter des Gaius Marius, Verlobte des Cecilio (Dramatischer Koloratursopran, gr. P.) – *Cecilio,* proskribierter Senator (Lyrischer Tenor, gr. P.) – *Lucio Cinna,* Patrizier, Freund Cecilios und heimlicher Feind Sillas (Charaktertenor, gr. P.) – *Celia,* Schwester Sillas (Lyrischer Mezzosopran, m. P.) – *Aufidio,* Tribun, Freund Lucio Sillas (Charakterbaß, m. P.).

CHOR: Wachen. Senatoren. Edle. Soldaten. Volk. Mädchen (m. Chp.).

ORT: Rom.

SCHAUPLÄTZE: Einsamer Ort am Ufer des Tiber. Bäume, Ruinen. Blick auf den Quirinal in der Ferne mit einem kleinen Tempel auf der Spitze des Hügels – Gemächer Giunias mit Statuen berühmter Frauen Roms – Stattlicher, etwas dunkler Vorhof mit unterirdischen Räumen verbunden, in denen prächtige Denkmäler römischer Helden sich befinden – Mit kriegerischen Trophäen geschmückter Säulengang – Hängende Gärten – Kapitol – Vorhof, der zu den Kerkern führt – Großer Saal.

ZEIT: Nach dem Jahr 85 v. Chr.

Orchester: 2 Fl., 2 Ob., 2 Fag., 2 Hr., 2 Trp., P., Str.
Gliederung: Ouvertüre und 23 musikalische Nummern, die teils durch Secco-, teils durch Accompagnato-Rezitative miteinander verbunden sind.
Spieldauer: etwa 2½ Stunden.
Handlung: Der Diktator Lucio Silla, Sieger im Pontus, hat den Senator Cecilio, der mit Giunia, der Tochter seines Widersachers Marius, verlobt ist, in die Verbannung geschickt. Mit der Verbreitung der Nachricht von dem angeblichen Tod ihres Verlobten glaubt er, Giunia für sich gewinnen zu können. Der Patrizier Lucio Cinna, Cecilios Freund und Sillas Feind, rät Cecilio bei einer heimlichen Zusammenkunft, sich in der Heldengruft zu verbergen, wo Giunia täglich das Grabmal ihres Vaters Marius besucht. – Würdevoll und stolz weist Giunia Sillas Werbung zurück mit der Begründung, ihrem toten Geliebten die Treue zu halten. Aber der Tyrann gibt nicht auf; denn er hat die Macht, das Mädchen nötigenfalls zur Liebe zu zwingen. – Als Giunia an der Urne ihres Vaters seinen und des Verlobten Tod beklagt, tritt zu ihrer großen Überraschung Cecilio vor sie. Beglückt liegt sich das Paar in den Armen. – Silla hat die Absicht, öffentlich vor Senat und Volk Giunia zur Gattin zu erheben; gleichzeitig solle seine Schwester Celia sich mit Cinna vermählen. Auf diese Nachricht hin beschließt Cecilio, den Nebenbuhler mit dem Schwert zu beseitigen. Cinna hält ihn jedoch vor einer unüberlegten Tat zurück mit dem Hinweis, er gefährde dadurch auch Giunias Leben. Cinna will nun selbst den Tyrannen töten; als aber Celia ihm ihre Liebe gesteht, gibt er sein dunkles Vorhaben auf. Er schlägt jetzt Giunia vor, zum Schein Sillas Gattin zu werden und den ungeliebten Mann im Brautbett zu töten. Doch Giunia verabscheut einen hinterhältigen Mord. – Nachdem Silla nochmals Giunia vergeblich um ihre Hand gebeten hat, erklärt er vor Senat und Volk, daß er sich mit ihr vermählen werde. Giunia weist ihn auch jetzt energisch ab. Da tritt zum Entsetzen aller Cecilio mit gezogenem Schwert vor die Versammlung. Auf Befehl Sillas wird er sogleich in Ketten gelegt. – Giunia erscheint im Kerker, um von ihrem dem Tod verfallenen Verlobten Abschied zu nehmen. Der Tribun Aufidio läßt Cecilio zur Aburteilung wegführen. – Zum Erstaunen von Senat und Volk erklärt Silla jedoch Cecilio für frei und führt die Liebenden zusammen. Gleichzeitig gibt er Cinna, der offen seine Feindschaft gegen ihn bekannt hatte, seine Schwester Celia zur Gattin; schließlich verkündet er, daß er seinen Feinden verziehen habe und daß die Verbannten wieder nach Rom zurückkehren dürften. Jubelnd preisen alle die Großmut des Diktators.
Stilistische Stellung: Die auf Reisen gewonnenen Erfahrungen, vermischt mit Wiener Einflüssen, führten bei ›Lucio Silla‹ bereits zur Konsolidierung eines Eigenstils. Im Dienst des dramatischen Ausdrucks wurden bei den Singstimmen große Intervallsprünge sowie

harmonische Manipulierungen gewagt (z. B. mit dem verminderten Septakkord oder mit dem Querstand). Aus der gesteigerten Beschäftigung mit der symphonischen Komposition resultiert die Verfeinerung der Orchestertechnik. So sind bei den Accompagnato-Rezitativen auch die Bläser herangezogen, in der großartigen Gruftszene, die auf barocke Vorbilder zurückgeht, treten Hörner und Trompeten hinzu. Gesanglich hervorstechend ist der Part der Giunia gestaltet, der mit seinen vier anspruchsvollen Arien schon Vergleichen mit späteren Partien der Meisterzeit (Donna Anna, Donna Elvira, Fiordiligi) standhält. Die Anlage der Partitur zeigt das gewohnte Bild: bei den musikalischen Nummern überwiegen die Arien, denen jeweils ein Secco- oder Accompagnato-Rezitativ vorangeht und denen an Ensemblesätzen lediglich ein Duett, ein Terzett sowie einige Chöre gegenübergestellt sind.

TEXTDICHTUNG: Den historischen Hintergrund der Handlung bildet die politische Situation Roms nach dem Ersten Bürgerkrieg. In blutiger Auseinandersetzung hatte der römische Feldherr und Staatsmann Lucius Cornelius Sulla (138–78 v. Chr.) die Macht an sich gerissen und anschließend seine Gegner, an der Spitze den Feldherrn Gaius Marius, in die Verbannung geschickt. – Das Libretto zu ›Lucio Silla‹ wurde von dem österreichischen Offizier Giovanni de Gamerra verfaßt. Während Mozart sich auf seiner dritten Italienreise (24. Oktober 1772 bis 13. März 1773) befand, war das dilettantisch ausgeführte Textbuch in Wien von Pietro Metastasio durchgesehen und zum Teil noch verändert worden. Als der Komponist, der sich schon in Salzburg mit dem Werk beschäftigt hatte, das überarbeitete Libretto Anfang November 1772 in Mailand erhielt, mußte er entsprechende Abänderungen an seinen Vorarbeiten durchführen.

GESCHICHTLICHES: Nach dem großen Erfolg seiner ersten Mailänder Oper (›Mitridate‹, 1770) erhielt Mozart von Mailand gleich zwei weitere Aufträge für dramatische Kompositionen, und zwar einen für ein theatralisches Festspiel (›Ascanio in Alba‹, Herbst 1771) und einen weiteren für die erste Karnevalsoper der Saison 1772/73. Dies war der Anlaß, daß der junge Meister im Anschluß an seine erste große Italienfahrt (Dezember 1769 bis März 1771) noch zweimal über die Alpen reiste. Für den dritten Auftrag hat Mozart die Oper ›Lucio Silla‹ geschrieben, die am 26. Dezember 1772 in Mailand zur Uraufführung gelangte. Die Vorstellung hatte unter allerlei Theatermißgeschick zu leiden, in erster Linie infolge der Erkrankung des Darstellers der Titelrolle, für den ein theaterunerfahrener Kirchensänger eingesprungen war. Aber auch die von der gewohnten Schablone abweichende musikalische Gestaltung des inzwischen gereiften Komponisten irritierte das Publikum, so daß das Werk nicht den Beifall der vorangegangenen Opern fand. Die Folge war, daß Mozart keinen weiteren Opernauftrag mehr für Italien erhalten konnte. 1965 legte Bernhard Paumgartner eine Neueinrichtung und deutsche Textfassung des Werks vor, bei der er einige Kürzungen vorgenommen und die Kastratenpartien (Cecilio und Cinna) für Männerstimmen umgelegt hatte.

La finta giardiniera (Die Gärtnerin aus Liebe)

Opera buffa in drei Akten. Dichtung von Giuseppe Petrosellini (?), von Mozart autorisierte deutsche Fassung von Franz Xaver Stierle.

SOLISTEN: *Don Anchise,* Podestà von Lagonero (Spieltenor, auch Charaktertenor, gr. P.) – *Marchesa Violante Onesti,* unter dem Namen *Sandrina* als Gärtnerin verkleidet (Lyrischer Koloratursopran, gr. P.) – *Contino Belfiore* (Lyrischer Tenor, gr. P.) – *Arminda,* ein edles Fräulein aus Mailand (Jugendlich-dramatischer Sopran, auch Dramatischer Koloratursopran, m. P.) – *Cavaliere Ramiro* (Mezzosopran, auch Lyrischer Bariton, m. P.) – *Serpetta,* Kammermädchen beim Podestà (Soubrette, gr. P.) – *Roberto,* Diener der Marchesa Violante, unter dem Namen *Nardo* Gärtnerbursche beim Podestà (Spielbaß, auch Lyrischer Bariton, gr. P.).
ORT: Die Handlung spielt auf dem Landgut des Podestà im Mailändischen.
SCHAUPLÄTZE: Vor dem Landschloß des Podestà – Vorhof im Palast des Podestà – Öder und bergiger Ort mit einer Grotte – Hof – Garten.
ORCHESTER: 2 Fl., 2 Ob., 2 Fag., 4 Hr., 2 Trp., P., Str.
GLIEDERUNG: Ouvertüre und 28 musikalische Nummern, die in der italienischen Fassung durch Secco-Rezitative, in der deutschen Fassung durch gesprochene Dialoge miteinander verbunden sind.
SPIELDAUER: etwa 3 Stunden.
HANDLUNG: Im Garten vor seinem Palast betrachtet der Podestà mit verliebten Augen die junge, hübsche Sandrina, die er vor kurzem zugleich mit ihrem Vetter, dem Gärtnerburschen Nardo, als Gärtnerin in seine Dienste genommen hat. Die Kammerzofe Serpetta beobachtet mit Eifersucht die Verliebtheit des Podestà, hat sie es doch darauf abgesehen, den reichen Junggesellen sich selbst als Mann zu ergattern. Daher schenkt sie den schüchternen Annäherungsversuchen des Gärtnerburschen Nardo, der sie liebt, keine Beachtung. Aber auch die Gärtnerin Sandrina reagiert auf die Zärtlichkeiten des Podestà nur mit Ausflüchten; ihre Seele ist offenbar von einem schweren Kummer bedrückt. Der zu Gast weilende Cavaliere Ramiro steht abseits; seine Leiden über enttäuschte Liebe lassen in ihm keine Lebensfreude aufkommen, und er ist fest entschlossen, sein Herz nicht ein zweites Mal in ein Liebesnetz verstricken zu lassen. Der Podestà erwartet seine

Nichte Arminda, ein Edelfräulein aus Mailand, und ihren Bräutigam, den jungen Grafen Belfiore, die auf seinem Gut Hochzeit feiern wollen. Um mit Sandrina allein zu sein, schickt er Serpetta und Nardo weg mit dem Auftrag, die nötigen Vorbereitungen für die Gäste zu treffen. Der Podestà gesteht sodann Sandrina seine Liebe und verspricht ihr sogar die Ehe. Als er sich entfernt hat, um seine Nichte zu empfangen, beklagt Sandrina Nardo gegenüber ihr Geschick: der Gärtnerbursche ist nämlich gar nicht ihr Vetter, sondern ihr Diener Roberto, und sie ist nicht ein armes Landmädchen, sondern die Marchesa Violante Onesti, die vor einem Jahr von ihrem Verlobten, dem Grafen Belfiore, in einem Eifersuchtsanfall niedergestochen worden war. Ihr Herz hängt noch immer an dem Geliebten, der nach der Tat geflohen war in dem Glauben, seine Braut getötet zu haben. Um Gelegenheit zu bekommen, ihn wiederzusehen, hat sie sich bei dem Podestà als Gärtnerin verdingt; denn sie hat in Erfahrung gebracht, daß Belfiore die Nichte des Podestà zu heiraten beabsichtige. Traurig geht sie nun mit Nardo ins Schloß zurück. Da erscheint der Podestà mit seiner Nichte Arminda, und gleich darauf fährt ein Wagen mit Graf Belfiore vor. Mit schmeichelhaften Worten macht er seiner Braut den Hof, die ihm aber nüchtern zu verstehen gibt, daß sie einen ungetreuen Mann mit eigener Hand zur Rechenschaft ziehen würde. Der Graf begibt sich mit dem Podestà in den Palast. Unterdessen ist Sandrina zurückgekommen. Als ihr Arminda renommierend mitteilt, daß sie heute dem Grafen Belfiore ihre Hand reichen werde, fällt Sandrina in Ohnmacht. Während Arminda wegeilt, um ihr Riechfläschchen zu holen, erscheint Belfiore. Er müht sich um die Ohnmächtige. Zu seinem Schrecken erkennt er in der Gärtnerin seine frühere Verlobte Violante. Arminda kommt mit dem Riechfläschchen zurück, während von der anderen Seite Cavaliere Ramiro herbeieilt. Bestürzt erkennen sich auch Arminda und Ramiro wieder, die vordem miteinander verlobt waren. Schließlich erscheint der Podestà. Serpetta berichtet ihrem Herrn, belauscht zu haben, wie sich Sandrina mit dem Grafen küßte. Nardo nimmt die Gärtnerin in Schutz und bezeichnet Serpettas Angaben als Lüge. Der Podestà und die beiden Paare beschuldigen sich gegenseitig, hintergangen worden zu sein. Belfiore ist in größter Verlegenheit, für welche der zwei Bräute er sich jetzt entscheiden soll. Die Verwirrung erreicht ihren Höhepunkt, und alle fragen sich, ob es denn keinen Ausweg aus dem Dilemma gäbe. – Ramiro macht Arminda Vorwürfe, daß sie aus Ehrgeiz einem Grafen den Vorzug gegeben habe. Er werde aus Gram über die verratene Liebe den Tod suchen. Nachdem er sich entfernt hat, kommt Belfiore; er sucht Sandrina. Als er Arminda bemerkt, gibt er vor, sie gesucht zu haben. Wütend verläßt sie den ertappten Lügner, den sie aber, wie sie zugibt, trotzdem noch liebt. Jetzt erscheint Sandrina. Sie verstellt sich dem Grafen gegenüber und behauptet, eine Freundin der Marchesa Violante gewesen zu sein. Belfiore ist unsicher; denn Sandrinas Augen erscheinen ihm genau wie die Violantes. Sandrina schickt sich an zu gehen. Belfiore will ihr noch die Hand küssen. Er ergreift aber, ohne es zu merken, die Hand des Podestà, der sich lauschend herangeschlichen hat und der sich grinsend über das Versehen des Grafen lustig macht. Belfiore geht verärgert weg. Nun sucht der Podestà, Sandrina mit der Reihe seiner stolzen Ahnen zu imponieren. Sandrina stellt sich verschämt und läuft davon. Arminda kommt und meldet dem Podestà, daß der Graf bereut habe und der Hochzeitskontrakt zur Unterzeichnung bereit liege. In diesem Augenblick übergibt Ramiro dem Podestà ein Schreiben, das ihm von Sandrina zugesteckt worden war und in dem angezeigt wird, daß Graf Belfiore die Marchesa Onesti ermordet habe. Mit aufgeblähter Amtsmiene ordnet der Podestà an, den Grafen sofort herbeizuholen. Als dieser erscheint, fordert ihn der Podestà in einem Verhör auf, seine Unschuld zu beweisen. Da gibt sich Sandrina als die Marchesa Onesti zu erkennen. Enttäuscht bricht der Podestà die Verhandlung ab. Er entfernt sich mit Arminda, die fürchterliche Rache schwört. Kaum ist Sandrina mit Belfiore allein, erklärt sie ihm, sie wollte ihn durch ihre Aussage nur retten; er möge aber jetzt ungehindert zu seiner Arminda gehen. Unter dem Eindruck der Widersprüche verwirren sich Belfiores Sinne. – Aber auch Sandrina hat die Nerven verloren. In der Dunkelheit ist sie weggelaufen und hat sich in einer einsamen Grotte versteckt. Auf der Suche nach Sandrina erscheinen nach und nach Belfiore, Nardo, Arminda, der Podestà, Serpetta und schließlich Ramiro mit Fackelträgern. In dem Licht der Fackeln wird offenbar, daß in der Finsternis eine allgemeine Verwechslung der Partner stattgefunden hat. In dem Wirrwarr bedrohen sich alle gegenseitig mit ihrer Rache, nur Sandrina und der Graf sind sich bereits einig. – Am nächsten Morgen löst sich endlich der verwickelte Knoten. Die Paare haben in der standesgemäßen Zusammengehörigkeit zueinander gefunden: Graf Belfiore und die Marchesa Violante Onesti, Cavaliere Ramiro und das Edelfräulein Arminda sowie der Diener Roberto und die Kammerzofe Serpetta. Der Podestà gibt seinen Segen und erklärt, warten zu wollen, bis er eine andere Sandrina gefunden habe. Violante dankt ihm für seine Herzensgüte. Alle stimmen ein Hoch an auf die Gärtnerin aus Liebe.

STILISTISCHE STELLUNG: Mozarts Originalpartitur von ›La finta giardiniera‹, deren I. Akt verlorengegangen ist, enthält 28 musikalische Nummern, die überwiegend aus Arien bestehen. Dem Buffa-Geist des Werkes entsprechend herrschen die Parti buffe vor. Den Hauptakteuren, insbesondere den beiden Liebhabern Belfiore und Ramiro, sind auch dankbare lyrische Aufgaben zugewiesen. Bisweilen nähert sich der musikalische Ausdruck dem schlichten Ton des Singspiels, an manchen Stellen dem dramatischen Charakter der Opera seria, so zum Beispiel in Armindas Arie Nr. 13, bei der sogar vier Hörner besetzt sind. Als instrumentaler Leckerbissen verdient die sogenannte Instrumenten-Arie des Podestà hervorgehoben zu werden. Musikalische Höhepunkte schaffen die lebendigen Finales, bei denen jeweils alle sieben Solisten mitwirken. Für die Entwicklung Mozarts als dramatischer Komponist stellt die Oper des Achtzehnjährigen eine bedeutsame Vorstufe zu den späteren Meisterwerken dar.

TEXTDICHTUNG: Das Textbuch stammt vermutlich von dem römischen Librettisten Giuseppe Petrosellini. Es war kurz vor der Entstehung von Mozarts Oper 1773 von Pasquale Anfossi vertont worden. Mozart benutzte mit größter Wahrscheinlichkeit das Textbuch für die Aufführung dieser Vertonung Anfossis, die Anfang 1774 in Rom stattfand. Die Handlung mit ihren Verkleidungen, Verwechslungen und komplizierten Verwicklungen, aber auch mit ihren Unwahrscheinlichkeiten, ist typisch für die Buffa-Oper jener Zeit. Um 1780 nahm ein Mitglied der Böhmschen Theatergruppe, Franz Xaver Stierle, eine von Mozart offensichtlich autorisierte textliche Umarbeitung von ›La finta giardiniera‹ in ein deutsches Singspiel vor: In den geschlossenen Nummern traten an die Stelle der italienischen Texte deutsche Gesangstexte, während die Secco-Rezitative durch gesprochene Dialoge ersetzt wurden. In der Neufassung des Werkes von Bernhard Paumgartner, die den vorliegenden Ausführungen weitgehend zugrunde liegt, führte der Bearbeiter die deutsche Übersetzung unter teilweiser Benutzung der Stierleschen Übertragung aus; heute liegt auch eine deutsche Textfassung mit Rezitativen (Übersetzung: Dagny Müller) vor.

GESCHICHTLICHES: Im Jahre 1774 erhielt Mozart den ehrenvollen Auftrag, für den Münchner Karneval 1775 eine heitere Oper zu schreiben. Am 6. Dezember 1774 begab sich Wolfgang mit Vater Leopold in die bayerische Hauptstadt, und am 13. Januar 1775 gelangte die Opera buffa ›La finta giardiniera‹ im Salvatortheater zur erfolgreichen Uraufführung. Mozart arbeitete 1780 die Oper für Johannes Böhm, den Impresario eines reisenden Theaterunternehmens, zu einem deutschen Singspiel mit dem Titel ›Die verstellte Gärtnerin‹ um. In dieser Fassung brachte die Böhmsche Gesellschaft das Werk 1780 in Augsburg und danach in weiteren Städten zur Aufführung. Das zeitgebundene Textbuch von geringem literarischen Wert war wohl in erster Linie schuld daran, daß ›La finta giardiniera‹ nicht zu einem Dauererfolg geworden ist. In neuerer Zeit wurden verschiedene Versuche unternommen, durch Umarbeitungen, die allerdings dem Original mehr oder minder radikal zu Leibe rückten, das Werk dem lebendigen Theater wieder zugänglich zu machen. Die jüngste szenische und musikalische Neueinrichtung besorgte Bernhard Paumgartner, deren erfolgreiche Aufführung bei den Salzburger Festspielen 1965 wieder neues Interesse für die liebenswürdige Jugendoper des Meisters weckte. Die ›Neue Mozart-Ausgabe‹ bringt erstmals die originale italienische Fassung des gesamten Werkes und die von Mozart autorisierte deutsche Fassung einschließlich der gesprochenen Dialoge.

Il re pastore (Der König als Hirte)

Dramma per musica in zwei Aufzügen. Dichtung von Pietro Metastasio.

SOLISTEN: *Alexander der Große,* König von Mazedonien (Jugendlicher Heldentenor, m. P.) – *Amintas,* Sohn des von Strato vertriebenen Königs von Sidon, unkundig seiner Herkunft als Schäfer lebend (Sopran [Lyrischer Tenor], gr. P.) – *Elisa,* eine junge edle Phönizierin aus dem Stamm von Kadmos (Lyrischer Koloratursopran, gr. P.) – *Tamiris,* Tochter des Tyrannen Strato, flüchtig in Hirtenkleidung (Lyrischer Mezzosopran, m. P.) – *Agenor,* ein edler Phönizier, Freund des Alexander (Charaktertenor, auch Spielbariton, m. P.).
CHOR: Königswache. Edle Sidonier. Griechische Hauptleute (kein Gesangspart).
ORT: Die phönizische Königsstadt Sidon.
SCHAUPLÄTZE: Eine weite, anmutige Landschaft; vorn links eine Hütte; in der Ferne die Türme von Sidon – Im Lager Alexanders; auf der einen Seite das große Königszelt, auf der anderen bewachsene Ruinen; im Hintergrund das Lager der Griechen – Eine große natürliche Grotte, fast ganz von herabhängendem Rankenwerk umwachsen; in der Ferne Lagerzelte – Vorhof des Herkules-Tempels zu Sidon; weiter, reichgeschmückter Platz; rechts vorn ein Thron mit zwei Sitzen, auf derselben Seite der prächtige Tempeleingang mit breiter Treppe; hinten links Leuchtturm und Hafen von Sidon.
ZEIT: Um das Jahr 334 v. Chr.
ORCHESTER: 2 Fl., 2 Ob., 2 Eh., 2 Fag., 4 Hr., 2 Trp., Str.
GLIEDERUNG: Ouvertüre und 14 musikalische Nummern, die teils durch Secco-, teils durch Accompagnato-Rezitative miteinander verbunden sind.
SPIELDAUER: etwa 2 Stunden.
HANDLUNG: Die junge Phönizierin Elisa, die dem Geschlecht des Königs von Theben, Kadmos, entstammt, liebt den armen Hirten Amintas. Sie kommt, um dem Geliebten zu berichten, daß ihre Mutter endlich dem Bund mit ihm zugestimmt habe, obwohl sie, Elisa, dadurch das vornehme Vaterhaus mit einer ärmlichen Schäferhütte vertauschen werde. Ohne sich erkennen zu geben, tritt Alexander mit seinem Freund Agenor vor Amintas. Das edle Antlitz und das bescheidene Benehmen des Hirten beeindrucken den König; er schenkt daher Agenors Behauptung Glauben, daß sich in dem jungen Mann, ohne

daß er es weiß, der Erbe des Königsthrons von Sidon verberge. Als Agenor dem weggehenden Alexander folgen will, hält ihn Tamiris, die Tochter des gefallenen Tyrannen Strato zurück, die jetzt, ebenfalls in Hirtenkleidung, Aufnahme bei Elisa gefunden hat. Agenor, der sie liebt, rät ihr, sich an Alexander zu wenden; sie scheut es jedoch, sich in die Hände des Mörders ihres Vaters zu begeben. Kaum hat sie sich entfernt, erscheint Elisa überglücklich mit der Nachricht, daß jetzt auch ihr Vater ihrer sofortigen Vermählung mit Amintas zugestimmt habe. Da überbringt Agenor dem erstaunten Hirten die Königsinsignien und enthüllt ihm, daß er in Wirklichkeit Abdolonymus, der rechtmäßige König von Sidon, sei. König Alceus, der von dem Tyrannen Strato seines Thrones beraubte Vater von Amintas, habe seinerzeit ihn als kleines Kind Agenors Vater übergeben, der ihn als Findelkind erzogen habe. Auf Wunsch des Pflegevaters sollte das Geheimnis von Amintas' Herkunft nur einem großmütigen Mann gegenüber gelüftet werden; diesen habe nun Agenor in Alexander gefunden. Elisa ist zwar hocherfreut über die glückhafte Wendung des Geschicks, fordert aber den Geliebten auf, vorerst seinen Pflichten als König nachzugehen. – Alexander erkundigt sich bei Agenor nach Tamiris, der Tochter des von ihm bestraften Tyrannen Strato. Zögernd gesteht Agenor, daß sie hier lebe. Alexander will nun eine weitere gute Tat vollbringen: die schuldlose Tochter des Tyrannen soll als Gattin des Königs von Sidon ebenfalls den Thron besteigen. Inzwischen hat Elisa erfahren, daß auf Alexanders Wunsch Tamiris ihre Hand Amintas reichen solle. Agenor bestätigt das Gerücht und fügt hinzu, daß des Königs Pflicht Vorrang vor der Liebe haben müsse. Verzweifelt besteht Elisa darauf, daß dann Amintas selbst vor aller Welt den Verzicht auf ihre Liebe erklären solle. – Tamiris stürzt Alexander zu Füßen: sie bittet ihn zu prüfen, ob es anginge, daß sie um eines Thrones willen ihre Liebe zu Agenor zum Opfer bringen müsse. Gleich darauf erscheint Elisa; auch sie macht ihre älteren Rechte auf Amintas geltend. Alexander wendet ein, es sei der Hirte Amintas gewesen, der ihr sein Herz geschenkt habe, nicht aber der König Abdolonymus. Da erscheint Amintas in Hirtenkleidung und erklärt, er verzichte auf den Thron und wolle lieber der schlichte Hirte bleiben, als von Elisa zu lassen. Gerührt über solch treue Liebe, gibt Alexander die Paare Elisa–Amintas und Tamiris–Agenor zusammen, die nunmehr beide über Sidon gebieten sollen.

STILISTISCHE STELLUNG: Mozart hat – ähnlich wie bei ›Ascanio in Alba‹ – das Schäferspiel ›Il re pastore‹ mit einer teils frischlebendigen, teils gefühlsinnigen Musik ausgestattet. Das Schwergewicht liegt auf den zwölf Arien, die wieder ausgiebig mit Koloraturen und diesmal auch mit einer farbigen Orchesteruntermalung verbrämt sind. Letztere beruht auf einer im Opernorchester der damaligen Zeit nicht alltäglichen Besetzung (eine obligate Solovioline, konzertant behandelte Flöten und Oboen, zwei Englischhörner, vier Hörner). Das bekannteste

Stück des Werks ist Amintas Gesangsrondo (Nr. 10) mit Solovioline und Englischhörnern »L'amerò, sarò constante«. Das Hauptthema von Amintas Arie Nr. 3 hat der Meister in dem 1. Satz seines kurz nach der Oper entstandenen G-dur-Violinkonzerts KV 216 nochmals verwertet. Die Ouvertüre in Sonatensatzform mit verkürzter Reprise leitet ohne Abschluß unmittelbar in die Arie Nr. 1 über.

TEXTDICHTUNG: Das Opernbuch zu ›Il re pastore‹ war bereits im Jahr 1751 von Pietro Metastasio verfaßt worden. Es war ein begehrtes Libretto und wurde von den bekanntesten Opernkomponisten der damaligen Zeit vertont (Giuseppe Bonno, Giuseppe Sarti, Johann Adolf Hasse, Christoph Willibald Gluck, Niccolò Jommelli, Niccolò Piccinni, Pietro Alessandro Guglielmi, Baldassare Galuppi). Für die Salzburger Aufführung wurde es wohl wegen der knappen Vorbereitungszeit gekürzt (statt drei nur zwei Akte). Eine deutsche Textfassung besorgte Siegfried Anheißer.

GESCHICHTLICHES: Im Frühjahr 1775 erhielt Mozart von Erzbischof Hieronymus Graf Colloredo den Auftrag, anläßlich des Besuchs von Erzherzog Maximilian, dem jüngsten Sohn der Kaiserin Maria Theresia und nachmaligem Erzbischof und Kurfürst von Köln, Metastasios Libretto als Festoper zu vertonen. Der Komponist vollendete das Werk innerhalb kurzer Zeit. Die Aufführung fand am 23. April des gleichen Jahres im Fürsterzbischöflichen Residenztheater zu Salzburg unter der Leitung des Komponisten und mit dem Münchner Kastraten Tommaso Consoli in der Titelrolle (Amintas) statt.

Idomeneo

Dramma per musica in drei Akten. Dichtung von Giambattista Varesco.

Solisten: *Idomeneo,* König von Kreta (Jugendlicher Heldentenor, auch Heldentenor, gr. P.) – *Idamantes,* sein Sohn (Lyrischer Tenor, gr. P.) – *Elektra,* Tochter des Agamemnon (Dramatischer Sopran, auch Dramatischer Mezzosopran, m. P.) – *Ilia,* Tochter des Priamus (Lyrischer Koloratursopran, auch Lyrischer Sopran, gr. P.) – *Arbaces,* Vertrauter des Königs (Charaktertenor, in der Fassung von Bernhard Paumgartner: Charakterbariton, auch Charakterbaß, m. P.) – *Der Oberpriester des Poseidon* (Tenor, kl. P.) – *Die Stimme* (Orakel; Baß, kl. P.).
Chor: Volk von Kreta. Schiffsvolk. Heimkehrende Krieger. Kriegsgefangene Trojaner. Priester und Priesterinnen (bei Nr. 5: Männerchor geteilt in Chor von ferne [Schiffbrüchige] und Chor in der Nähe [Volk]; bei Nr. 26: Bässe [Priester], anschließend gemischter Chor [Volk hinter der Szene]; m. Chp.).
Ballett: Am Schluß der Oper (Nr. 32 Ballett KV 367) sowie an verschiedenen Stellen im I. und II. Akt.
Ort: Sidon, die Hauptstadt der Insel Kreta.
Schauplätze: Gemächer Ilias im Königspalast, im Hintergrund eine Galerie – Abschüssiger Strand am noch aufgewühlten Meer, Schiffstrümmer am Meer – Königliche Gemächer – Der Hafen von Sidon mit Schiffen längs des Ufers – Garten des Königs – Großer Platz mit Statuen vor dem Palast, dessen Vorderseite zu sehen ist – Der prächtige Poseidon-Tempel von außen, umgeben von einem weiten Atrium, durch das man in der Ferne den Meeresstrand erblickt.
Zeit: Nach Beendigung des Trojanischen Krieges.
Orchester: 2 Fl., 1 Picc., 2 Ob., 2 Kl., 2 Fag., 4 Hr., 2 Trp., 3 Pos., P., Str.
Gliederung: Ouvertüre und 32 Musiknummern, die durch Secco-Rezitative (z. T. auch Orchester-Rezitative) miteinander verbunden sind.
Spieldauer: etwa 3 Stunden.
Handlung: Zwei Mädchenherzen sind für Idamantes, den Sohn des Kreterkönigs Idomeneo, in Liebe entbrannt: Elektra, die an den kretischen Hof geflüchtete Tochter des Agamemnon, und die als Kriegsgefangene dort weilende trojanische Prinzessin Ilia. Mit Eifersucht bemerkt Elektra Idamantes' wachsendes Interesse für die Rivalin, während Ilia dem Geliebten gegenüber ihre Gefühle noch verborgen hält. Idamantes lebt in großer Sorge um den Vater, da die griechische Flotte auf der Rückfahrt von Troja von einem Sturm nahezu vollständig zerstört worden ist. Als ihm Arbaces meldet, daß Idomeneo an einer fremden Küste ertrunken sei, eilt er verzweifelt an den Strand, um

nach den Schiffbrüchigen Ausschau zu halten. Dort stößt er auf einen Fremden, in dem er bald den geliebten Vater erkennt. Aber statt den freudig erregten Sohn in die Arme zu schließen, eilt Idomeneo schnell hinweg und läßt den enttäuschten Jüngling allein zurück, der sich das sonderbare Verhalten des Vaters nicht erklären kann. Idomeneo sucht sogleich seinen weisen Freund Arbaces auf, um sich bei ihm Rat in seiner verzweifelten Lage zu holen: Der König hatte nämlich in furchtbarer Seenot Poseidon für seine Rettung ein Menschenopfer gelobt, und zwar den ersten Sterblichen, dem er an der heimatlichen Küste begegnen würde. Die Erfüllung dieses Gelübdes würde ihn zwingen, zum Mörder des eigenen Sohnes zu werden. Idomeneo wagt es aber nicht, Idamantes und dem Volk das furchtbare Geschick zu enthüllen. Als Ausweg schlägt Arbaces seinem Herrn vor, den Sohn für eine Zeitlang außer Landes zu schicken, bis sich der Zorn der Gottheit gelegt habe. Idomeneo bestimmt daher, daß Idamantes Elektra nach Argos zurückbringen und ihr dort den väterlichen Thron wiedergewinnen solle. Als jedoch Idamantes, tief betrübt über die vermeintliche Abneigung des Vaters und traurig wegen des Scheidens von Ilia, die glückstrahlende Elektra an die Küste geleitet, vernichtet ein plötzlich einsetzender Gewittersturm das zur Abfahrt bereitliegende Schiff. Gleichzeitig entsteigt dem Meer ein fürchterliches Ungeheuer, das im Lande schwere Verwüstungen anrichtet und mit unersättlicher Gier ein Blutopfer um das andere verschlingt. In Verwirrung und Angst fordert das empörte Volk von dem König, den erzürnten Gott der Meere zu versöhnen. Inzwischen war es Idamantes gelungen, das Untier mit seinem Schwert zu erlegen, nachdem ihn selbst Ilias Liebesgeständnis nicht hatte abhalten können, sein Leben für die Rettung des Vaterlandes in die Schanze zu schlagen. Als er im Tempel des Poseidon dem Vater stolz seinen Sieg verkündet, erfährt er von diesem sein Los. Spontan erklärt sich der Jüngling zu dem Opfer bereit. Aber Ilia wirft sich dem Schwert des Priesters entgegen und bietet den Göttern das eigene Leben für das des Geliebten zur Versöhnung an. In diesem Augenblick ertönt die Stimme des Orakels und verkündet Poseidons Verzeihung: Idomeneo verzichte auf den Thron, Idamantes herrsche an seiner Stelle und Ilia sei seine Gattin! Beglückt gibt Idomeneo den Willen der Gottheit dem Volk bekannt, das den Göttern für die Gnade dankt und begeistert dem jungen Paar zujubelt.

STILISTISCHE STELLUNG: ›Idomeneo‹ eröffnet die Reihe der dgamatischen Meisterwerke Mozarts. Der theatralischen Wirkung steht leider ein verunglücktes Textbuch hindernd im Wege, eine Tatsache, an der auch die zahlreichen späteren Bearbeitungen nichts zu ändern vermochten. Die der französischen Operntradition nahestehende Fassung des mythologischen Stoffes begünstigte Glucksche Einflüsse, die besonders bei den Chor- und Priesterszenen (Orakel) sowie bei den dramatischen Orchesterrezitativen spürbar sind. Daneben fällt eine von

Johann Christian Bach und Giuseppe Sarti beeinflußte weiche, zum Teil mit Chromatik durchsetzte Gestaltungsweise auf. Mit jugendlicher Schöpferkraft verschmolz das Genie diese Anregungen von außen mit seinem Eigenstil. Rücksichten auf Sängerwünsche und auf die Aufführungsverhältnisse durchkreuzten Mozarts Ideen. So konnte er nicht, wie beabsichtigt, die Titelrolle für einen Baß (Bariton) schreiben, da in München kein geeigneter Sänger für die betreffende Stimmlage vorhanden war; daher mußte der Idomeneo einem Tenor (Anton Raaff) zugeteilt werden, den Idamantes sang bei der Uraufführung (29. Januar 1781) ein Kastrat (Vincenzo Del Prato). Mozart hat zeitlebens den ›Idomeneo‹ als Lieblingsschöpfung betrachtet. Er hat sich immer wieder einmal mit dem Werk befaßt. So wollte er gleich nach seiner Ankunft in Wien, also noch im Jahre 1781, für die Wiener Hofbühne eine Umarbeitung vornehmen, bei der auch eine Neuübersetzung des Textes ins Deutsche durch den Dichter Johann Baptist von Alxinger, dem Übersetzer von Glucks ›Iphigenie auf Tauris‹, erfolgen sollte. Der Plan kam leider nicht zur Durchführung. Gelegentlich einer späteren Wiener Liebhaberaufführung im Palais des Fürsten Johann Adam Auersperg (1786) setzte Mozart den Idamantes für Tenor um, ersetzte zu Beginn des II. Aktes die Arbaces-Arie mit vorangehendem Rezitativ Arbaces–Idomeneo durch ein Rondo mit Violinsolo (KV 490) für Idamantes mit vorangestelltem Rezitativ Ilia–Idamantes, komponierte das Liebesduett Ilia–Idamantes im III. Akt (KV 489) neu und veränderte wegen der Stimmlagenveränderung in der Partie des Idamantes die Vokalpartituren der Ensemblesätze (Terzett im II. Akt, Quartett im III. Akt). – Die Bearbeitungen des ›Idomeneo‹ von Richard Strauss/Lothar Wallerstein und Ermanno Wolf-Ferrari/Ernst Leopold Stahl weichen infolge radikaler Veränderungen beträchtlich vom Original ab, wobei durch das Hereintragen stilfremder Züge (eigene Zutaten) die stilistische Einheit des Werkes bedenklich zerstört wird. Bernhard Paumgartner legte im Mozart-Jahr 1956 eine dem Original Mozarts näher stehende Bearbeitung vor, während Daniel Heartz 1972 im Rahmen der ›Neuen Mozart-Ausgabe‹ das Werk in seiner Originalform herausgab (deutsche Übersetzung von Kurt Honolka). Diese erste Originalausgabe bringt die Oper in der Fassung der Münchner Premiere von 1781 unter Einbezug der Revision Wien 1786; sie enthält darüberhinaus in einem Anhang die eindeutigen Münchner Striche (Idamantes-, Elektra- und Idomeneo-Arie aus dem III. Akt, Strich in der Opferszene des III. Aktes) und die ursprünglichen Fassungen der mutmaßlich für die Münchner Premiere umgearbeiteten und dabei verkürzten Teile.

TEXTDICHTUNG: Das Textbuch zu ›Idomeneo‹ schrieb der Salzburger Hofkaplan Abbate Giambattista Varesco. Als Vorlage diente ihm ein alter französischer Operntext, den Antoine Danchet 1712 für André Campra verfaßte. Varesco übertrug dieses Libretto mit einigen dem

Zeitgeschmack (Pietro Metastasio) angepaßten Veränderungen (Idomeneo wirbt nicht mehr gleichzeitig mit dem Sohn um Ilia; glücklicher Ausgang) ins Italienische, wobei er in dilettantischer Weise das Fortschreiten der Handlung durch endlose kontemplative Verse im Secco-Rezitativ verzögerte, die Mozart für die Münchner Premiere jedoch zum Teil verkürzt und umgearbeitet hat.

GESCHICHTLICHES: Im Jahre 1780 erhielt Mozart den ehrenvollen Auftrag, für den Hof Kurfürst Karl Theodors in München eine Opera seria zu schreiben. Auch der Stoff soll in München bestimmt worden sein. Am 5. November begab sich Mozart zur Einstudierung des ›Idomeneo‹ in die bayerische Hauptstadt, wo er noch im Verlauf der Proben verschiedene Änderungen an dem Werk vornahm. Am 29. Januar 1781 erfolgte in dem von François Cuvilliés d. Ä. erbauten Rokoko-Theater die vom Kurfürsten beifällig aufgenommene Uraufführung unter Leitung des Komponisten.

Die Entführung aus dem Serail

Singspiel in drei Aufzügen. Dichtung von Christoph Friedrich Bretzner, frei bearbeitet von Gottlieb Stephanie d.J.

SOLISTEN: *Selim,* Bassa (Sprechrolle, gr. P.) – *Konstanze,* Geliebte des Belmonte (Dramatischer Koloratursopran, gr. P.) – *Blonde,* Mädchen der Konstanze (Lyrischer Koloratursopran, auch Koloratursoubrette, gr. P.) – *Belmonte* (Lyrischer Tenor, gr. P.) – *Pedrillo,* Bedienter des Belmonte und Aufseher über die Gärten des Bassa (Spieltenor, gr. P.) – *Osmin,* Aufseher über das Landhaus des Bassa (Schwerer Spielbaß, auch Seriöser Baß, gr. P.) – *Klaas,* ein Schiffer (Sprechrolle, kl. P.) – *Ein Stummer* (Stumme Rolle).
CHOR: Frauen des Bassa. Sklaven. Janitscharen. Wachen (kl. Chp.).
ORT: Auf dem Landgut des Bassa.
SCHAUPLÄTZE: Platz vor dem Palast des Bassa am Ufer des Meeres – Garten am Palast des Bassa – Platz vor dem Palast des Bassa mit der Wohnung Osmins – Halle im Palast des Bassa.
ZEIT: Mitte des 16. Jahrhunderts.
ORCHESTER: 2 Fl., 1 Picc., 2 Ob., 2 Kl., 2 Bh., 2 Fag., 2 Hr., 2 Trp., P., Schl., Str.
GLIEDERUNG: Ouvertüre und 21 Musiknummern, die durch einen gesprochenen Dialog miteinander verbunden werden.
SPIELDAUER: etwa 2½ Stunden.
HANDLUNG: Belmonte, ein junger vornehmer Spanier, erscheint vor den Toren des Landhauses von Bassa Selim, um seine Braut Konstanze zu befreien. Sie wie ihre Zofe Blonde und sein Diener Pedrillo waren von Piraten geraubt und an den Bassa als Sklaven verkauft worden. Belmontes erster Versuch, in den Palast zu gelangen, scheitert an dem Widerstand des muselmanischen Aufsehers Osmin, der ein wütender Christenfresser ist. Glücklicherweise trifft Belmonte bald darauf Pedrillo, der ihm berichtet, daß Konstanze zwar die Favoritsklavin des Bassa sei, daß aber weder Selims Bitten noch seine Drohungen sie zu bewegen vermochten, seine Geliebte zu werden. Dem Blondchen stelle der lüsterne Osmin nach. In dieser Situation erscheint ein Loskaufen der Gefangenen aussichtslos; daher wird eine Entführung beschlossen. Zunächst verschafft Pedrillo seinem Herrn Zutritt in den Palast, indem er ihn dem Bassa als Baumeister vorstellt. Auf diese Weise kann Belmonte endlich seine Konstanze wiedersehen und den Plan der Entführung mit den dreien besprechen. Vor Eintritt der Nacht weiß der schlaue Pedrillo den gefährlichen Osmin zum Genuß einer reichlichen Portion schweren Cypernweines zu verführen; er hofft, ihn dadurch für einige Stunden aktionsunfähig zu machen. – Die schon nahezu geglückte Entführung wird jedoch im letzten Augenblick durch Osmin verhindert, den ein Sklave aus seinem tiefen Schlaf geweckt hat.

Beide Paare werden vor den Bassa geführt, und dieser – selbst ein spanischer Renegat – erkennt in Belmonte den Sohn seines größten Feindes. Er verzichtet jedoch großmütig auf Rache und schenkt allen die Freiheit.

Stilistische Stellung: Das Wiener Singspiel, das bis dahin nur von kleineren Begabungen gepflegt wurde und dementsprechend ein verhältnismäßig bescheidenes musikalisches Niveau aufwies, erreichte in Mozarts Türkenoper mit einem Schlag einen Grad der Veredelung, der dem Werk eine epochemachende Bedeutung für die Entwicklung der deutschen Oper zukommen läßt. Durch die glückliche Mischung von Stilelementen der »Mannheimer Schule« mit solchen der neapolitanischen Opera buffa prägte der Meister einen höchst persönlichen Eigenstil, der die bisherige Alleinherrschaft der italienischen Oper in Wien in ihren Grundfesten erschütterte. Schon allein die Bereicherung der Klangwirkungen durch die Farbe der Klarinetten, deren Verwendung als neuartiges Orchesterinstrument Mozart in Mannheim kennengelernt hatte, setzte die Zeitgenossen in Staunen. Die Ouvertüre stellt mit dem feinsinnig angedeuteten orientalischen Kolorit, das sogleich in das märchenhafte Milieu einführt, und mit dem nach Moll abgewandelten Einschub aus Belmontes erster Arie die musikalische Exposition zur Handlung auf. Mit auserlesenem Geschmack in der melodischen Erfindung und mit frischem, ungekünsteltem Ausdruck werden die Gefühle und Stimmungen sowohl in den lyrischen als auch in den komischen Partien musikalisch gezeichnet. Selbst die brillante »Martern«-Arie sprengt nicht den Rahmen des Stückes. Sie stellt zwar nach Mozarts eigenem Zeugnis ein Zugeständnis an Primadonnenwünsche und wohl auch an den Kaiser dar, der den virtuosen Gesang im Singspiel nicht missen wollte, überbrückt aber in ihrer dramatischen Beweglichkeit die gesangliche Passivität des Bassa an einem Höhepunkt der Handlung. Den Abschluß des Werkes bildet nach Wiener Singspielart ein Vaudeville, ein Rundgesang zum Lob des Bassa, an dem sich alle Darsteller und auch der Chor beteiligen. Die Entstehung der Oper fällt in die zeitliche Nähe von Mozarts Verheiratung mit Constanze Weber (4. August 1782). Seine Freunde nannten die Hochzeit scherzhaft die »Entführung aus dem Auge Gottes« nach dem Namen des Hauses, aus dem sich der Bräutigam seine Constanze gegen den Willen der Mutter holte. Das Erlebnis dieser überaus glücklichen Zeit fand in der Musik zur ›Entführung‹ ihren sublimierten künstlerischen Niederschlag und machte diese Oper zur liebenswürdigsten Schöpfung unter den Bühnenwerken des Meisters.

Textdichtung: Der dem norddeutschen Singspielkreis angehörende Dichter Christoph Friedrich Bretzner (1748–1807) verfaßte 1780 nach der englischen Operette ›The captive‹ (1769 London) ein Libretto ›Bellmont und Constanze oder die Verführung aus dem Serail‹, das in Berlin (Mai 1781) in der Vertonung von Johann André aufgeführt wurde. Der Wiener Operninspizient Gottlieb Stephanie, genannt Stephanie der Jüngere (1741–1800) arbeitete den Text für Mozart um, der an der Umgestaltung auch selber bestimmenden Anteil nahm. Die Veränderungen betreffen, abgesehen von der Ausmerzung einiger Unwahrscheinlichkeiten, hauptsächlich die Figur des Osmin, der bei Bretzner nebensächlich behandelt ist und nun zu einer großen Gesangspartie ausgestaltet wurde. Den dichterischen Wert des Buches konnte freilich auch Stephanies Bearbeitung trotz der dramaturgischen Verbesserungen nicht heben.

GESCHICHTLICHES: Kaiser Joseph II. beauftragte 1781 Mozart, anläßlich des bevorstehenden Besuches einer hohen fürstlichen Persönlichkeit eine Oper für das Nationalsingspiel zu schreiben. Stephanie schlug dem Komponisten Bretzners ›Bellmont und Constanze‹ vor. Am 30. Juli 1781 war die Umarbeitung des Librettos fertiggestellt, und Mozart begann sogleich mit der Komposition. Der I. Akt wurde am 22. August 1781, der II. Akt am 7. Mai 1782 und die Vollendung der ganzen Oper Ende desselben Monats abgeschlossen. Mozarts Gegner, an der Spitze Antonio Salieri, der fürchtete, von dem Genie aus dem Feld geschlagen zu werden, versuchten jedoch, mit allerlei intriganten Machenschaften die Aufführung des Werkes zu verhindern, bis endlich der Kaiser ein Machtwort sprach. Die Uraufführung erfolgte sodann am 16. Juli 1782 im Burgtheater zu Wien unter Leitung des Komponisten mit außergewöhnlichem Erfolg.

Der Schauspieldirektor

Komödie mit Musik in einem Aufzug. Dichtung von Gottlieb Stephanie d.J.

SOLISTEN: *Frank,* Schauspieldirektor (Sprechrolle) – *Eiler,* ein Bankier (Sprechrolle) – *Buff,* Schauspieler (Spielbaß, auch Charakterbaß) – *Herz,* Schauspieler (Sprechrolle) – *Madame Pfeil,* Schauspielerin (Sprechrolle) – *Madame Krone,* Schauspielerin (Sprechrolle) – *Madame Vogelsang,* Schauspielerin (Sprechrolle) – *Herr Vogelsang,* ein Sänger (Lyrischer Tenor, auch Spieltenor) – *Madame Herz,* Sängerin (Koloratursopran) – *Mademoiselle Silberklang,* Sängerin (Koloratursopran).
SCHAUPLATZ: Ein Zimmer.
ZEIT: Um 1785.
ORCHESTER: 2 Fl., 2 Ob., 2 Kl., 2 Fag., 2 Hr., 2 Trp., P., Str.
GLIEDERUNG: Ouvertüre und 4 Musiknummern, die durch einen gesprochenen Dialog miteinander verbunden werden.
SPIELDAUER: etwa 1 Stunde.
HANDLUNG: Der Theaterdirektor Frank ist soeben mit der Aufstellung einer Wanderbühne beschäftigt. Buff, ein alter Theaterhase, rät ihm, mit einer imponierenden Anzahl von Schauspielern zu blenden, wogegen ohne weiteres schlechte und daher billige Kräfte hingenommen würden, ferner bei der Wahl der Stücke auf hochtrabende künstlerische Pläne zu verzichten und dem Geschmack des Publikums entgegenzukommen. Die Sorge um die Finanzierung des Unternehmens nimmt dem Direktor der reiche Bankier Eiler ab, der aber als Gegenleistung das Engagement seiner Freundin, der Madame Pfeil fordert, die angeblich alle Rollen spielen kann und auch spielen möchte. Es stellen sich der Reihe nach die Actricen Madame Krone, Madame Vogelsang und der Schauspieler Herz sowie die Sängerinnen Madame Herz, Mademoiselle Silberklang und der Tenor Vogelsang vor, die alle Proben ihres Könnens vor dem Direktor ablegen. Beim Aushandeln der Gagen kommt es aber unter dem Komödiantenvölkchen sogleich zu Rivalitäts- und Rangstreitigkeiten, die abrupt aufhören, als Frank erklärt, in Anbetracht der Uneinigkeit auf die Errichtung der Theatergesellschaft lieber ganz zu verzichten. In einem Rundgesang stellen die Sänger fest, daß bei allem persönlichen Ehrgeiz nur durch das einträchtige Zusammenwirken aller Kräfte das Kunstwerk gedeihen könne und der Künstler sich durch Überheblichkeit selbst verkleinere, während die Qualifizierung der Leistungen Sache des Publikums sei. Dazwischen scherzt der komödiantische Buff, den Sington der Sänger aufnehmend, daß er leicht und ohne Streit durch Anhängung eines O an seinen Namen zum ersten Buffo werde. Als er renommierend hinzufügt, daß ihn auch das Publikum, wenn es ihn singen höre, als den Besten des Ensembles anerkennen werde, weisen ihn die drei Sänger

mit der Wiederholung des moralisierenden Refrains in die Schranken.
STILISTISCHE STELLUNG: Die Partitur des ›Schauspieldirektor‹ enthält, abgesehen von der kunstvoll gearbeiteten Ouvertüre, nur vier Musiknummern, und zwar für die beiden Sängerinnen je eine Arie, ferner ein Terzett mit dem Tenor sowie den für das Wiener Singspiel typischen Schluß-Rundgesang (Vaudeville), an dem sich auch der Schauspieler Buff beteiligt. Schon in Hinblick auf die Konkurrenz mit dem mächtigen Salieri setzte Mozart seine ganze Meisterschaft für die Komposition des belanglosen Gelegenheitsstückes ein. Daher gehört die in der zeitlichen Nähe von ›Figaros Hochzeit‹ entstandene ›Schauspieldirektor‹-Musik zu dem Wertvollsten, was wir von Mozart besitzen.
TEXTDICHTUNG: Das Buch verfaßte der Textbearbeiter der ›Entführung‹, Gottlieb Stephan, genannt Stephanie der Jüngere (1741–1800). Der Originaltext der für einen besonderen Anlaß zurechtgedichteten Theatersatire ist für Aufführungen in unserer Zeit veraltet und bedarf einer von Stilgefühl getragenen Umgestaltung, wobei jedoch eine Verballhornung wie die von Louis Schneider (1845 Berlin), die neben anderen Zutaten Mozart selbst auf die Bühne bringt, abzulehnen ist.
GESCHICHTLICHES: Im Jahre 1785 trug sich Mozart mit dem Gedanken, einen deutschen Text des durch seinen ›Günther von Schwarzburg‹ bekannt gewordenen Mannheimer Operndichters Anton Klein zu vertonen; leider verwirklichte er den Plan nicht. Dagegen schrieb er im Auftrag des Kaisers im gleichen Jahr für einen Wettstreit die Musik zu der einaktigen deutschen Komödie ›Der Schauspieldirektor‹. Die Aufführung erfolgte gleichzeitig mit einem ähnlich gearteten Konkurrenzstück Salieris (›Prima la musica – poi le parole‹) am 7. Februar 1786 in Schönbrunn. Das Salierische Singspiel hatte dank seines witzig pointierten Textes von Gian Battista Casti, der das Aschenbrödel-Dasein der Librettisten brandmarkte und auch auf lokale Theaterverhältnisse anspielte, damals eine ansprechendere Wirkung, während der ›Schauspieldirektor‹ durch Mozarts unvergängliche Musik bis auf unsere Tage lebendig geblieben ist.

Le nozze di Figaro (Figaros Hochzeit)

Opera buffa in vier Akten. Dichtung von Lorenzo Da Ponte.

Solisten: *Graf Almaviva* (Kavalierbariton, auch Lyrischer Bariton, gr. P.) – *Gräfin Almaviva* (Jugendlich-dramatischer Sopran, auch Dramatischer Koloratursopran, gr. P.) – *Susanna,* deren Kammermädchen, Braut des Figaro (Lyrischer Sopran, auch Lyrischer Koloratursopran, gr. P.) – *Figaro,* Kammerdiener des Grafen (Baßbariton, auch Spielbaß, auch Charakterbaß, gr. P.) – *Cherubin,* Page des Grafen (Lyrischer Mezzosopran, auch Lyrischer Sopran, gr. P.) – *Marcellina* (Spielalt, auch Mezzosopran, m. P.) – *Basilio,* Musikmeister (Spieltenor, auch Lyrischer Tenor, m. P.) – *Don Curzio,* Richter (Spieltenor, auch Charaktertenor, kl. P.) – *Bartolo,* Arzt aus Sevilla (Seriöser Baß, auch Spielbaß, auch Charakterbaß, m. P.) – *Antonio,* Gärtner des Grafen, Onkel der Susanna (Baß, m. P.) – *Barbarina,* seine Tochter (Soubrette, m. P.) – *Zwei Mädchen* (Sopran und Alt, kl. P.).
Chor: Bauern und Bäuerinnen. Gäste. Jäger. Diener (kl. Chp.).
Ballett: Fandango (Hochzeitstanz, III. Akt).
Ort: Das Schloß des Grafen Almaviva.
Schauplätze: Ein noch nicht vollständig möbliertes Zimmer – Ein prächtiges Zimmer mit einem Alkoven – Ein reicher, zur Hochzeitsfeier geschmückter Saal mit zwei Thronsesseln – Kabinett (schmaler Korridor) – Dichter Garten mit zwei praktikablen Lauben. (Das vorletzte Bild wird meist in der Dekoration des letzten Bildes gespielt.)
Zeit: Um 1780.
Orchester: 2 Fl., 2 Ob., 2 Kl., 2 Fag., 2 Hr., 2 Trp., P., Str.
Gliederung: Ouvertüre und 28 (29) Musiknummern, die durch Secco-Rezitative miteinander verbunden sind.
Spieldauer: etwa 3 Stunden.
Handlung: Die Liebe des Grafen Almaviva zu seinem einst so leidenschaftlich begehrten Rosinchen ist, nachdem er sie als Gattin heimgeführt hat, im Laufe der Jahre etwas erkaltet. Dafür ist der Schloßherr um so eifriger hinter allen jungen Mädchen her. Er hat zwar im Zug des Zeitalters der Aufklärung auf das alte feudale Herrenrecht des jus primae noctis feierlich verzichtet, bereut aber bereits wieder seine Großzügigkeit, als die Vorbereitungen zur Hochzeit seines Kammerdieners Figaro mit Susanna, dem Kammermädchen der Gräfin, getroffen werden. Um auf andere Weise zu seinem Ziel zu gelangen, hatte er zunächst vergeblich versucht, Susanna zu bewegen, ihn bei einer bevorstehenden diplomatischen Mission als »geheime Gesandtschaftssekretärin« nach London zu begleiten. Nun hat er dem jungen Paar als Schlafzimmer einen Raum im Herrschaftstrakt des Schlosses zugeteilt, angeblich um es stets zur Bedienung in der Nähe zu haben, in Wirk-

lichkeit aber mit dem Hintergedanken, rasch und unbemerkt zu Susanna schlüpfen zu können, wenn Figaro abwesend ist. Außerdem sucht er die Hochzeit dadurch zu verhindern, daß er Marcellina, die ältliche Haushälterin des Dr. Bartolo, mit Hilfe des intriganten Musiklehrers Basilio aufstachelt, ihre älteren Rechte auf Figaro geltend zu machen. Dieser hatte ihr nämlich einst bei der Gewährung eines Darlehens im Falle der Zahlungsunfähigkeit die Ehe versprochen. Ein Störenfried bei den amourösen Unternehmungen des Grafen ist der blutjunge Page Cherubin, der in alle weiblichen Wesen des Schlosses verliebt ist. So hat Cherubin bei einem Ausflug zu der niedlichen Barbarina, der Tochter des Gärtners Antonio und Susannas Base, die Wege des Grandseigneurs gekreuzt und ist von diesem daraufhin aus seinem Dienst entlassen worden. Der Page sucht nun bei Susanna Hilfe und bittet sie um ihre Fürsprache bei der Gräfin. In diesem Augenblick betritt der Graf das Zimmer. Cherubin, der in einem Sessel Platz genommen hat und von Susanna rasch mit einem großen Tuch zugedeckt worden ist, wird nun Zeuge der zudringlichen Liebesbeteuerungen Almavivas. Kurz darauf erscheint Basilio, der beobachtet hatte, daß der Graf in Susannas Zimmer gegangen war. Almaviva verbirgt sich rasch hinter einem Vorhang. Scheinheilig lenkt Basilio das Gespräch auf Cherubins Schwärmerei für die Gräfin, worüber bereits alle Welt spreche. Empört tritt der Graf aus seinem Versteck und fordert Basilio auf, den Pagen sofort aus dem Schloß zu jagen. Als er, die gestrige Entdeckung Cherubins bei Barbarina demonstrierend, die Decke von dem Stuhl zieht und den Pagen in ähnlicher Situation auch hier wieder antrifft, befiehlt er, halb zornig halb eifersüchtig, sogleich Figaro herbeizuholen. Im selben Augenblick kommt dieser mit einer Schar Landleute, die dem Grafen huldigen und Susannas Brautkranz präsentieren. Figaro beabsichtigt, ihn auf diese Weise zu überrumpeln, damit er seine Einwilligung zur sofortigen Hochzeit mit Susanna erteile. Almaviva fordert jedoch einen kleinen Aufschub unter dem Vorwand, das Fest würdig vorbereiten zu wollen, in Wirklichkeit aber, damit Marcellina inzwischen Einspruch erheben könne. Den Pagen muß er jetzt, um ihn zur Diskretion zu zwingen, wieder in Gnaden aufnehmen; er will sich aber den Lästigen vom Hals schaffen, daher versetzt er ihn unter Ernennung zum Offizier sofort zu seinem Regiment nach Sevilla. – Nun holt der gerissene Figaro zu einem neuen Schlag aus. Er plant, wie er der Gräfin und Susanna mitteilt, die Aufmerksamkeit des eifersüchtigen Grandseigneurs augenblicklich auf eine fingierte Liebesaffäre der Gräfin abzulenken. Deshalb ließ er ihm durch Basilio einen Brief zukommen, der ihm die heimliche Zusammenkunft der Gräfin mit einem Liebhaber anzeigt. Gleichzeitig soll Susanna den Grafen für den Abend zu einem Stelldichein in den Garten bestellen, bei dem jedoch an Susannas Stelle der Page in deren Kleidern erscheinen müßte. Durch das plötzliche Dazwischentreten der Gräfin sollte dann der Graf blamiert werden, und in dieser Situation würde er es wohl nicht mehr wagen, die Hochzeit länger hinauszuschieben. Als Cherubin, den Figaro von der Abreise abgehalten hat, zur Verkleidungsprobe für das abendliche Abenteuer gerade im Salon der Gräfin weilt, kehrt der Graf auf Figaros Brief hin unerwartet von der Jagd zurück. Er pocht an die verschlossene Salontür. Die Gräfin, die eben Susanna mit einem Auftrag auf ihr Zimmer geschickt hat, ist mit Cherubin allein. Eilig riegelt sich der Page im Kabinett ein, woraufhin die Gräfin die Salontür aufschließt. Die verschlossene Salontür, die sonst nie abgesperrt ist, die Verlegenheit der Gräfin und vollends das geräuschvolle Umfallen eines Gegenstands in dem Kabinett bestärken den Grafen in seinem Verdacht. Die Gräfin gibt vor, Susanna befände sich in dem Kabinett. Nachdem Almaviva vergeblich befohlen hat, die Kabinettür zu öffnen, geht er mit der Gräfin weg, um Werkzeuge zum Aufsprengen der Tür zu holen, nicht ohne vorher sorgfältig die Tür zu Susannas Zimmer und auch die Salontür abgeschlossen zu haben. Susanna, die während der Auseinandersetzung zwischen Graf und Gräfin heimlich aus ihrem Zimmer geschlichen war und sich hinter einem Vorhang versteckt gehalten hatte, veranlaßt nun rasch den Pagen, die verriegelte Tür zu öffnen. Durch einen kühnen Sprung aus dem Fenster gelingt es Cherubin zu entkommen. Susanna schließt sich hierauf selbst in dem Kabinett ein. Als das gräfliche Paar zurückkommt, macht die Gräfin stockend ein Geständnis. In höchstem Zorn fordert der Graf den Pagen auf herauszukommen. Da öffnet sich endlich die Tür, aber statt Cherubin tritt ihm Susanna entgegen, worüber die Gräfin nicht minder erstaunt ist als der Graf. Reumütig bittet Almaviva die sich jetzt gekränkt stellende Gattin um Verzeihung. Nun erscheint Figaro mit der Meldung, daß die Hochzeitsgäste schon versammelt seien. Aber der Graf will erst die Sache mit dem Briefchen geklärt wissen. Figaro zieht sich geschickt aus der Affäre und drängt, von der Gräfin und Susanna unterstützt, den gnädigen Herrn, seine Einwilligung endlich zu gewähren. In diesem Augenblick meldet der Gärtner Antonio entrüstet dem Grafen, daß soeben ein aus dem Fenster entsprungener Mann ihm die schönsten Blumen zertrampelt hätte. Geistesgegenwärtig rettet Figaro die Situation, indem er vorgibt, daß er es gewesen sei, um auf diese Weise vom Grafen bei seiner heimlichen Zusammenkunft mit Susanna nicht ertappt zu werden. Er kommt auch nicht in Verlegenheit, als Antonio daraufhin dem Grafen ein Papier überreicht, das der Mann beim Sprung aus dem Fenster verloren hat; denn Figaro fängt mit großer Gewandtheit die zugeflüsterten Stichworte der Gräfin auf, der Cherubin die Urkunde vorher gezeigt hatte, und lügt dem staunenden Grafen vor, der Page habe ihm sein Offizierspatent übergeben, weil das Siegel darauf fehle. Da kommt endlich Marcellina mit Bartolo und Basilio, um den vom Grafen sehnlichst erwarteten Einspruch zu erheben. In erregter Auseinandersetzung treten die Parteien (Susanna, Gräfin, Figaro – Marcellina, Bartolo, Basilio) einander gegenüber, während der Graf Aufschub verlangt, um den Fall dem Richter zur Entscheidung vorzulegen. – Jetzt ergreift die Gräfin die Initiative. Sie schickt zunächst Susanna zu ihrem Gatten, die ihm gegen Gewährung des benötigten Lösegeldes für den Abend ein Schäferstündchen im Garten in Aussicht stellt. Die Gräfin beabsichtigt, mit Susanna die Kleider zu tauschen und anstelle des Kammermädchens selbst zu dem Stelldichein zu gehen. Durch eine unvorsichtige Bemerkung, die Susanna beim Weggehen von dem höchst entzückten Almaviva dem ihr zufällig in den Weg tretenden Figaro zuflüstert, merkt der Graf die Intrige, was bei ihm einen Ausbruch von Zorn und Eifersucht auslöst. Der stotternde Richter Don Curzio fällt das Urteil: Figaro muß entweder das Darlehen zurückzahlen oder Marcellina heiraten! Doch da stellt sich plötzlich heraus, daß Figaro der Sohn Marcellinas und Dr. Bartolos ist, die nun gleichzeitig mit dem jungen Paar die Ehe eingehen wollen. Als Susanna das Lösegeld Marcellina überbringen will, gewahrt sie Figaro in den Armen der Rivalin. Mit einer Ohrfeige zieht sie den vermeintlich Treulosen zur Rechenschaft, woraufhin sie von den Anwesenden über die seltsame Wendung aufgeklärt wird. Die schlaue Barbarina hat inzwischen ihren Cherubin in Mädchenkleider gesteckt, damit er unerkannt das Fest mitmachen könne. Als Antonio den Schwindel aufdeckt, erinnert die Raffinierte den gnädigen Herrn in Gegenwart der Gräfin, daß er ihr zum Dank für zärtliche Küsse die Erfüllung jeden Wunsches versprochen habe; nun möge er ihr Cherubin zum Mann geben. Die Gräfin will das Abenteuer, wie es Figaro vorgeschlagen, zu Ende durchführen, um ihren treulosen Gatten von seinen Gelüsten nach jungen Mädchen zu heilen. Sie diktiert daher Susanna ein Briefchen, worin diese dem Grafen den Ort des Stelldicheins mitteilt, und verschließt das Billett mit einer Nadel, die sie von dem Empfänger zurückerbittet. Bei der Hochzeitszeremonie spielt dann Susanna den Brief Almaviva heimlich in die Hand. – Im Halbdunkel des mondhellen Schloßparks stößt Figaro auf Barbarina, die verzweifelt nach der verlorenen Nadel des Briefchens der Gräfin sucht. Durch eine Indiskretion Barbarinas erfährt er von der Verabredung Susannas mit dem Grafen. Wütend beteuert er, mit seiner Rache allen betrogenen Ehemännern ein Beispiel geben zu wollen. Als sodann Susanna in den Kleidern der Gräfin erscheint, erkennt der Schlaue sein Susannchen sogleich an der Stimme; er läßt sie es aber nicht merken, sondern macht der vermeintlichen Gräfin mit komischem Pathos den Hof, wofür er schließlich ein paar schallende Ohrfeigen einstecken muß. Der Graf indes läßt sich durch Susannas Kleider täuschen und macht auf diese Weise der eigenen Gattin glühende Liebeserklärungen, bis er schließlich beschämt vor seinen Untergebenen seinen Irrtum erkennen und um Verzeihung bitten muß. Die Worte liebevoller Vergebung der Gräfin geben dem tollen Tag, der mit der Fortsetzung des fröhlichen Hochzeitsfestes beendet wird, einen versöhnenden Ausklang.

STILISTISCHE STELLUNG: Einflüsse aus dem Schaffen Joseph Haydns und Carl Philipp Emanuel Bachs, die auf Mozart seit seiner Niederlassung in Wien einwirkten, erweiterten und ergänzten die in Mannheim und in Paris gesammelten Erfahrungen. Der produktive Geist des jungen Meisters verarbeitete diese Eindrücke zu einem Stil der vollen Reife. Die dadurch erlangte universale Beherrschung des musikalischen Ausdrucks ermöglichte ihm bei ›Figaros Hochzeit‹ eine unübertreffliche Charakterzeichnung, durch die ein Stoff, der die Schwächen und Verirrungen eines Zeitalters geißelt und der mit den bewährten Requisiten der Opera buffa (Verkleidungen, Intrigen usw.) gestaltet ist, ins allgemein Menschliche gesteigert wurde. Der Zufall wollte es, daß die beiden erfolgreichsten Lustspiele des Beaumarchais auch gleichzeitig Stoffquelle für die beiden Spitzenwerke der Opera buffa werden sollten: Mozarts ›Figaros Hochzeit‹ und Rossinis ›Der Barbier von Sevilla‹. Doch welch grundlegender Unterschied in der künstlerischen Physiognomie ist beiden Opern zu eigen! Der mit spielerischer, virtuoser Brillanz gestalteten sinnlichen Melodik des Italieners tritt bei dem deutschen Meister die ideale Schönheit in Linie und Form sowie die Tiefe des Gemüts und die Erfüllung mit einem verklärenden Geist gegenüber. So ist Mozarts ›Figaro‹ trotz des italienischen Textes und trotz der stilistischen Zugehörigkeit zur Opera buffa als eines der vollendetsten Kunstwerke der deutschen Klassik anzusehen. Die klassische Haltung offenbart sich zunächst schon in der konzentrierten Ausdrucksweise sowie in der Symmetrie der Anlage: den 14 Arien sind 14 Ensemblenummern gegenübergestellt. Alles ist durchdrungen von dem göttlichen Funken genialer Inspiration: die vor allem im Gesanglichen sich entfaltende unvergängliche Melodik, die kunstvolle Filigranarbeit des Orchesterparts, die in sinnreicher Beziehung zur Handlung gebrachte Tonartenfolge sowie die freie und gelenkige Handhabung der Formen, wobei auch hier eine feinsinnige Bezogenheit auf Handlung und Milieu (z. B. der Fandango des Hochzeitstanzes der Bauernmädchen) zu beobachten ist.

TEXTDICHTUNG: Lorenzo Da Ponte (eigentlich: Emmanuele Conegliano, 1749–1838) war im Jahre 1784 auf Vorschlag Antonio Salieris, für den er zunächst als Librettist tätig war, zum kaiserlichen Textdichter in Wien ernannt worden. Nach dem Mißerfolg seiner ersten Oper mit Da Ponte lehnte aber Salieri die weitere Zusammenarbeit mit dem Dichter ab, worauf dieser Mozart seine Dienste anbot. Auf Wunsch des Meisters arbeitete Da Ponte nun das hochaktuelle französische Lustspiel ›La folle journée, ou Le mariage de Figaro‹ (1783/84) von Pierre-Augustin Caron de Beaumarchais (1732–1799) zum Opernbuch um. Mozart war wiederum an der Umgestaltung persönlich beteiligt. Hinsichtlich der Handlung folgte Da Ponte ziemlich genau der Vorlage, doch wurde der Dialog für die Oper im einzelnen gekürzt und vereinfacht. Die politische Atmosphäre des französischen Lustspiels, das als bissige Satire auf die gesellschaftlichen Gegensätze der damaligen Zeit gedacht war, erscheint bei Da Ponte durch eine veränderte Zeichnung der Charaktere in den Hintergrund gerückt. So wurde aus dem kratzigen Figaro des Beaumarchais bei Mozart–Da Ponte jener lustige Typ des einfallsreichen, nie verlegenen, gewandten Faktotums, der dem Publikum schon von Giovanni Paisiellos ›Barbier von Sevilla‹ her bekannt war. Lediglich in der Cavatine »Will der Herr Graf« klingt noch ein revolutionärer Ton durch. Ähnlich wurde auch bei den anderen Partien verfahren. Schließlich war auch eine Milderung des sittlich-frivolen Elements der Beaumarchaisschen Dichtung für die veredelnde Wirkung der musikalischen Ausgestaltung geboten. – Die erste deutsche Übertragung des Textes besorgte ein Jahr nach der Uraufführung ein Anonymus für das Donaueschinger Theater. Nach weiteren anonymen Versuchen folgten: Christian August Vulpius (1788 Frankfurt/M., 1790 Berlin), Adolf Freiherr von Knigge und seine Tochter Philippine (1789 Hannover, 1791 Hamburg), Johann Georg Karl Ludwig Giese(c)ke (1792 Wien), Eduard Devrient (1847), Bernhard Gugler (1857), Karl Friedrich Niese (1874 in der alten Gesamtausgabe), Hans Michael Schletterer (1880), Hermann Levi (1899), Max Kalbeck (1906 Wien), Siegfried Anheißer (1930 Westdeutscher Rundfunk Köln), Georg Schünemann (1941 Berlin) und neuerdings Kurt Honolka (Neue Mozart-Ausgabe). 1978 erschien eine Übersetzung von Karl Wolfskehl.

Geschichtliches: Mozart arbeitete an der Komposition von Oktober 1785 bis April 1786. Wie schon bei der ›Entführung‹, erfuhren auch die Arbeiten am ›Figaro‹ Störungen durch Intrigen von seiten Mozarts Gegnern, die erst durch das Eingreifen des Kaisers zum Schweigen gebracht werden konnten. Die Uraufführung fand am 1. Mai 1786 im Burgtheater in Wien unter Leitung des Komponisten statt. Der Erfolg war außerordentlich, fast jede Nummer mußte wiederholt werden. Mozart komponierte für die berühmte Sängerin Adriana Ferrarese del Bene anläßlich der Wiener Neueinstudierung von ›Figaros Hochzeit‹ im Jahre 1789 nach: ein Rondo (KV 577), das an die Stelle der Rosen-Arie (IV. Akt) trat, und eine Ariette (KV 579), durch die Susannas Arie aus dem II. Akt (»Nur näher, knien Sie hin vor mir«) ersetzt werden sollte.

Don Giovanni

Dramma giocoso in zwei Akten. Dichtung von Lorenzo Da Ponte.

SOLISTEN: *Don Giovanni,* ein sehr leichtfertiger junger Edelmann (Kavalierbariton, auch Heldenbariton, gr. P.) – *Donna Anna,* Verlobte des Don Ottavio (Dramatischer Koloratursopran, auch Dramatischer Sopran, auch Jugendlich-dramatischer Sopran, gr. P.) – *Don Ottavio* (Lyrischer Tenor, gr. P.) – *Komtur* (Seriöser Baß, m. P.) – *Donna Elvira,* Dame aus Burgos, von Don Giovanni verlassen (Jugendlich-dramatischer Sopran, auch Dramatischer Koloratursopran, gr. P.) – *Leporello,* Diener Don Giovannis (Spielbaß, gr. P.) – *Masetto,* Bräutigam der Zerlina (Charakterbaß, m. P.) – *Zerlina,* Bäuerin (Sopran, m. P.).
CHOR: Bauern. Bäuerinnen. Musikanten. Diener (kl. Chp.).
BALLETT: Ballszene im Finale des I. Aktes.
ORT: Eine Stadt in Spanien.
SCHAUPLÄTZE: Garten – Straße – Garten mit zwei Pforten – Ballsaal – Straße – Dunkle Vorhalle mit drei Türen – Umfriedeter Kirchhofsplatz mit Standbild des Komturs – Düsteres Gemach – Saal.
ZEIT: Mitte des 18. Jahrhunderts.
ORCHESTER: 2 Fl., 2 Ob., 2 Kl., 2 Fag., 2 Hr., 2 Trp., 3 Pos., P., Mandoline, Str. – Bühnenmusik: Ballszene (Orchester I) 2 Ob., 2 Hr., Viol. I und II, Br., Kb. (Fag. ad libitum). – (Orchester II) Viol., Kb. (Orchester III) Viol., Kb. – Friedhofbild: 2 Ob., 2 Kl., 2 Fag., 3 Pos., Vcl., Kb. (kann aus dem Orchester entnommen werden). – Schlußbild: 2 Ob., 2 Kl., 2 Fag., 2 Hr., Vcl.
GLIEDERUNG: Ouvertüre und 24 Musiknummern, die durch Secco-Rezitative miteinander verbunden sind.
SPIELDAUER: etwa 3 Stunden.
HANDLUNG: Der junge spanische Edelmann Don Giovanni, der mit dämonischem Trieb jedem weiblichen Wesen nachstellt, ob jung oder alt, schön oder häßlich, hoch oder niedrig, hat sich als nächstes Opfer seiner fessellosen Sinnenlust Donna Anna, die Tochter des Komturs, ausersehen. Als der Vater auf die Hilferufe des Mädchens in den Garten eilt, ersticht Don Giovanni ihn im Zweikampf. Der Mörder entkommt unerkannt in der Dunkelheit. Donna Annas Bräutigam, Don Ottavio, schwört ihr, die Tat zu rächen. – Als das Brautpaar nach einiger Zeit zum ersten Mal seit dem Tod des Komturs mit Don Giovanni auf der Straße zusammentrifft, tritt das Edelfräulein Donna Elvira, eine von Don Giovannis verlassenen Geliebten, dazwischen und warnt Donna Anna vor dem Verführer. Tonfall und Redewendungen des Ausflüchte heuchelnden Don Giovanni erwecken in Donna Anna die Gewißheit, daß er der Mörder ihres Vaters ist. – Don Ottavio sucht nun eine Gelegenheit, den Frevler mit dem Degen zur Rechenschaft zu ziehen, und zwar zunächst bei einem Ball auf Don

Giovannis Schloß, wo er zusammen mit Donna Anna und Donna Elvira maskiert erscheint. Don Giovanni hat zu dem Fest auch die junge Bäuerin Zerlina mit ihrem Bräutigam Masetto geladen, nachdem ihm die schon beinahe geglückte Entführung der Braut auf sein Schloß am Morgen durch Donna Elvira vereitelt worden war. Trotz Masettos Wachsamkeit gelingt es dem Verführer, das Mädchen während des Balles unbemerkt in sein Schlafgemach zu locken. Als er auf Zerlinas Hilferufe den Verdacht auf seinen Diener Leporello abzulenken versucht, lassen sich die Anwesenden nicht täuschen und bedrohen ihn. In der allgemeinen Verwirrung entschlüpft aber der gerissene Schürzenjäger dem Arm der Gerechtigkeit. – Ein neues Abenteuer gilt Elviras Zofe, deren Gunst sich Don Giovanni in den Kleidern seines Dieners leichter zu erringen hofft. Während er mit Leporello die Kleider tauscht, erscheint jedoch Donna Elvira selbst auf dem Balkon des Hauses. Mit heuchlerischen Worten weckt der leichtfertige Kavalier neue Hoffnungen in dem Herzen des armen Mädchens; er veranlaßt seinen Diener zu einem nächtlichen Spaziergang mit dem Edelfräulein, das diesen in der Dunkelheit für Don Giovanni hält, während er selbst Gelegenheit findet, den ihm mit seinen Bauern auflauernden Masetto durch die Verkleidung zu täuschen und beinahe totzuprügeln. – Inzwischen stößt Leporello bei seiner Promenade mit Donna Elvira auf die Paare Donna Anna–Don Ottavio und Zerlina–Masetto, die dem vermeintlichen Don Giovanni sogleich zu Leibe rücken wollen. Nun kommt der Schwindel auf, und nur mit Mühe entzieht sich Leporello der Rache der Geprellten durch die Flucht. – Als schließlich Don Giovanni auf dem Friedhof wieder mit Leporello zusammentrifft und ihm in ausgelassener Stimmung von einem Abenteuer mit dessen eigener Braut berichtet, die sich ebenfalls durch den Kleidertausch täuschen ließ, ertönt plötzlich eine Stimme von dem Standbild des Komturs herab, den Toten Ruhe zu gönnen und den geweihten Ort zu verlassen. Übermütig lachend fordert Don Giovanni seinen Diener auf, den Komtur zum Nachtmahl einzuladen, und als er zuletzt selbst die Statue fragt, ob sie die Einladung annehme, sagt diese zu. – Bei der Abendtafel erscheint zunächst Donna Elvira. Sie erklärt Don Giovanni, auf seine Rückkehr zu ihr verzichten zu wollen, und beschwört ihn kniefällig, sein Lasterleben zu ändern. Als er darauf nur mit Hohn reagiert, stürzt sie verzweifelt davon. Gleich danach ist ein gellender Schrei Elviras von außen zu vernehmen. Don Giovanni schickt seinen Diener vor die Tür um nachzusehen, was los sei. Dieser kommt gleich wieder zurück und meldet zitternd seinem Herrn, das Standbild des Komturs sei tatsächlich der Einladung gefolgt. Der steinerne Gast erscheint und bietet dem Frevler eine letzte Möglichkeit, seine Untaten zu bereuen, um dadurch sein Seelenheil zu retten. Don Giovanni weigert sich trotzig, worauf ihn die Flammen der Hölle verschlingen. Als sodann Ottavio, Masetto und die Damen hereinstürzen in der Erwartung, nun endlich des Verführers habhaft zu werden, berichtet ihnen Leporello, noch vor Angst schlotternd, was er soeben erlebt hat. Tief beeindruckt ziehen die Anwesenden die Moral aus der Geschichte von dem bestraften Wüstling.

STILISTISCHE STELLUNG: Die Doppelgeschlechtigkeit des Dramma giocoso gab Mozart bei ›Don Giovanni‹ Gelegenheit zur musikalischen Nachzeichnung der mannigfaltigsten Gefühle, Leidenschaften und Stimmungen; mystische Klänge (Einleitung der Ouvertüre, Friedhof-Bild, Szene des steinernen Gastes) begleiten die Erscheinung aus der Welt des Jenseits. Die Verschmelzung der seriösen und komischen Partien geschieht in nahtlosen Übergängen und mit einer Natürlichkeit, daß der Aufführungsstil schon allein vom Musikalischen her eindeutig festgelegt erscheint. Die Anlage der Partitur ist ähnlich der von ›Figaros Hochzeit‹. Das Gleichgewichtsverhältnis zwischen Arien und Ensemblesätzen (13 Solonummern zu 12 Ensembles) wurde beibehalten, in der Instrumentation treten, ganz im Gluckschen Geist, bei den Szenen des steinernen Gastes (Friedhof- und Schlußbild) die Posaunen hinzu, deren Echtheit vielfach angezweifelt wurde, die jedoch durch die als authentisch anzusehenden Partiturkopien verbürgt ist. In realistischer Weise gibt Mozart im Ballakt ein Zeitbild gesellschaftlicher Veranstaltungen, wobei drei Orchester gleichzeitig spielen, und zwar zwei für die vornehme Gesellschaft (Menuett und Contredanse) und das dritte für die Landleute (»Deutscher«, d. i. Schnellwalzer). Bei der Tafelmusik im letzten Bild zitiert der Meister drei beliebte Stücke aus den erfolgreichen zeitgenössischen Opern ›Una cosa rara‹ von Vicente Martín y Soler, ›Fra i due litiganti‹ von Giuseppe Sarti und ›Figaros Hochzeit‹ von Mozart.

TEXTDICHTUNG: Der Don Juan-Stoff, der auf die alte kastilianische Volkssage von dem lüsternen Wüstling Don Juan Tenorio zurückgeht, hat vor und nach Mozart in allen Kulturländern immer wieder Dichter und Musiker zu künstlerischer Gestaltung angezogen und insbesondere zur dramatischen Bearbeitung in allen Formen der theatralischen Kunst angeregt (Drama, Komödie, Puppenspiel, Schaustück, Ballett, Oper). Mozarts Librettisten Lorenzo Da Ponte (1749–1838) diente als unmittelbare Vorlage die Oper ›Don Giovanni Tenorio o sia il convitato di pietra‹, Text von Giovanni Bertati, Musik von Giuseppe Gazzaniga (1787 Venedig), deren Szenarium er in den Grundzügen übernahm. Der Dichter will Mozart den ›Don Juan‹ vorgeschlagen haben. Es ist aber anzunehmen, daß sich der Komponist schon früher für den Stoff interessierte. Wie Anklänge beweisen, kannte er Glucks Ballettpantomime ›Don Juan‹ und auch Vincenzo Righinis Oper ›Il convitato di pietra, o sia il dissoluto punito‹ (1776 Prag und 1777 Wien). Die der Stegreifkomödie nahestehende Ballettfassung von Gasparo Angiolini hatte er bereits im Jahre 1779 in Salzburg bei Aufführungen der Johannes Böhmschen Theatergesellschaft mit Peter Vogt, einem Schüler von Jean Georges Noverre, als Ballettmeister kennengelernt. Jedenfalls nahm Mozart wieder an der Gestaltung des Textbuches bestimmenden Anteil, und Da Ponte mußte noch während der Komposition, die teils in Wien und teils in Prag erfolgte, mit Änderungen und Ergänzungen den Wünschen des Meisters Rechnung tragen. Mozart hatte offenbar selbst versucht, eine deutsche Übertragung des ›Don Giovanni‹-Textes herzustellen, von der sich aber nur zwei Auftritte erhalten haben. In der Folge entstanden zahllose deutsche Textfassungen, wobei sich das Werk, ähnlich wie ›Così fan tutte‹, manche Verballhornung durch fremde Zutaten (z. B. bei der Wiener Aufführung 1792 durch Emanuel Schikaneder) gefallen lassen mußte. Die wichtigsten deutschen Übersetzungen stammen von Christian Gottlob Neefe (1789 Mannheim), Heinrich Gottlieb Schmieder (1789 Mainz), Friedrich Ludwig Schroeder (1789 Hamburg), Christian Heinrich Spieß und Schikaneder (1792 Wien), Friedrich Rochlitz (1801 Leipzig, er verfaßte anstelle der Secco-Rezitative einen gesprochenen Dialog), Richard Wagner (1850 Zürich, nicht erhalten), Eduard Devrient (1853), W. Viol (1858), Ludwig Bischoff (1860), Carl Hermann Bitter (1865), Bernhard Gugler (1868), Alfred von Wolzogen (1869), Karl Friedrich Niese (1872 in der Gesamtausgabe), Franz Grandaur (1874), M. Staegemann, Max Kalbeck (1886 Wien), Hermann Levi (1896), Karl Scheidemantel (1914), Siegfried Anheißer (1935 Köln), Herman Roth (1936 Hamburg), Georg Schünemann (1941) und neuerdings Walther Dürr (Neue Mozart-Ausgabe). Der volle Titel des Werkes lautet: ›Il dissoluto punito ossia il Don Giovanni‹.

GESCHICHTLICHES: Zu Anfang des Jahres 1787 erhielt Mozart gelegentlich seines triumphalen Erfolges mit ›Figaros Hochzeit‹ in Prag von dem Theaterdirektor Pasquale Bondini den Auftrag, gegen ein Honorar von 100 Dukaten eine neue Oper für das dortige Theater zu schreiben. Nach seiner Rückkehr nach Wien nahm der Meister sogleich die Arbeit am ›Don Giovanni‹ auf. Anfang September kam er wieder nach Prag, wo er den restlichen Teil der Komposition abschloß. Die ursprünglich für den 14. Oktober vorgesehene Uraufführung anläßlich eines hohen fürstlichen Besuches mußte wegen technischer Schwierigkeiten verschoben werden; sie erfolgte sodann am 29. Oktober 1787 im Gräflich Nostitzschen Nationaltheater unter der Leitung des Komponisten. Während das Werk in Prag mit begeistertem Beifall aufgenommen worden war, konnte die Wiener Erstaufführung am 7. Mai 1788 nicht den gleichen Erfolg aufweisen, sicherlich eine Folge der intriganten Machenschaften der Italiener, die inzwischen dort wieder Oberhand gewonnen hatten und wohl auch das Urteil des Kaisers ungünstig zu beeinflussen wußten. Für die Erstaufführung des Werkes in Wien nahm Mozart Änderungen in der Partitur vor: unter anderem strich er im II. Akt Ottavios Arie (Nr. 21) »Folget der Heißgeliebten« (»Il mio tesoro intanto«) und fügte stattdessen im I. Akt eine neue Arie ein »Nur ihrem Frieden« (»Dalla sua pace«) KV 540a, die dem Gesangsstil des Wiener Sängers dieser Partie (Francesco Morella) besser entsprach; Leporellos Arie im II. Akt (Nr. 20) ersetzte Mozart durch ein Rezitativ und schaltete dann vor der Friedhofszene zwei neukomponierte Nummern ein, ein Duett Zerlina/Leporello (KV 540b) und Elviras große Szene (KV 540c) »In welchem Abgrund, o Himmel« (»In quali eccessi, o Numi«). In der seit 1968 vorliegenden Edition des ›Don Giovanni‹ im Rahmen der ›Neuen Mozart-Ausgabe‹ ist eine eindeutige Trennung der beiden Fassungen vorgenommen, indem im Hauptteil die Fassung Prag (1787) wiedergegeben wird, während die Zusätze und Änderungen für Wien (1788) in den Anhang verwiesen sind. – Mozarts Autograph des ›Don Giovanni‹ ist über verschiedene Umwege in den Besitz der Konservatoriums-Bibliothek, Paris (heute Bibliothèque nationale) gelangt. Auf seiner Wanderschaft sind leider wichtige Teile des Manuskripts verlorengegangen: so fehlen das letzte Blatt, das Rezitativ mit den beiden Komturstellen in der Friedhofszene sowie vor allem die Bläserstimmen bei den Ensembles, die aus Platzmangel der Komponist auf eigene Blätter notiert hatte; bei der Drucklegung des Werkes mußten sie aus zeitgenössischen Partitur-Abschriften ergänzt werden.

Così fan tutte

Opera buffa in zwei Akten. Dichtung von Lorenzo Da Ponte.

SOLISTEN: *Fiordiligi* (Dramatischer Koloratursopran, auch Jugendlich-dramatischer Sopran, gr. P.) und *Dorabella* (Lyrischer Mezzosopran, gr. P.), Damen aus Ferrara und Schwestern, in Neapel wohnend – *Guglielmo,* Offizier, Liebhaber Fiordiligis (Lyrischer Bariton, gr. P.) – *Ferrando,* Offizier, Liebhaber Dorabellas (Lyrischer Tenor, gr. P.) – *Despina,* Kammermädchen der Damen (Koloratursoubrette, auch Lyrischer Sopran, gr. P.) – *Don Alfonso,* ein alter Philosoph (Spielbaß, auch Charakterbaß, gr. P.).
CHOR: Soldaten. Diener. Schiffsleute. Hochzeitsgäste. Volk (kl. Chp.).
ORT: Neapel.
SCHAUPLÄTZE: Kaffeehaus – Garten am Meeresstrand – Vornehmes Zimmer – Ziergärtchen – Zimmer-Garten am Ufer – Zimmer – Äußerst festlich erleuchteter Saal. (Das Werk kann nötigenfalls in drei Dekorationen gespielt werden: 1. Bild: Uferlandschaft am Meer mit Terrasse, links das Haus Don Alfonsos und rechts das der beiden Damen; in dieser Dekoration können dann die beiden ersten Bilder ohne Verwandlung durchgespielt werden. 2. Bild: Das Zimmer der Damen. 3. Bild: Ein Saal.)
ZEIT: Um 1780.
ORCHESTER: 2 Fl., 2 Ob., 2 Kl., 2 Fag., 2 Hr., 2 Trp., P., Str.
GLIEDERUNG: Ouvertüre und 31 Musiknummern, die durch Secco-Rezitative miteinander verbunden sind.
SPIELDAUER: etwa 2¾ Stunden.
HANDLUNG: Die beiden verliebten Freunde, die Offiziere Ferrando und Guglielmo, sind mit ihrem alten Lehrer, dem Philosophen Don Alfonso, beinahe in Streit geraten. In einer Unterhaltung über den weiblichen Wankelmut stellte dieser nämlich die Behauptung auf, daß kein weibliches Wesen unverbrüchliche Treue halten könne. Er will hiervon auch das Schwesternpaar Fiordiligi und Dorabella, die Bräute der Offiziere, nicht ausnehmen. Man einigt sich schließlich auf eine Wette: Ferrando und Guglielmo sollen nach Alfonsos Plan in einer Verkleidung als fremde Liebhaber die Treue ihrer Geliebten im Verlauf eines Tages auf die Probe stellen. – Ein angeblicher Befehl des Königs ruft die Offiziere plötzlich fort in den Krieg. Nach tränenreichem Abschied von den Mädchen ziehen sie weg, kommen aber bald darauf wieder, verkleidet und mit mächtigen Bärten, als albanesische Freunde Don Alfonsos, der sich inzwischen mit einer wohlgefüllten Börse die Mithilfe Despinas, der in Liebesangelegenheiten erfahrenen Zofe Fiordiligis und Dorabellas, gesichert hat. Die beiden Freunde machen den Damen sogleich stürmisch den Hof, und zwar über Kreuz, jeder der

Braut des andern. Doch sie werden entrüstet abgewiesen. Daraufhin versuchen sie, durch Erregung von Mitleid zu ihrem Ziel zu gelangen. Sie geben vor, sich aus Gram vergiftet zu haben, und stellen sich sterbend. Der Medicus (Despina in Verkleidung) heilt sie nach Art des Wunderdoktors Mesmer, des zu Mozarts Zeit sehr angesehenen Wiener Heilmagnetiseurs. Als die bärtigen Männer zu ihrer völligen Genesung von den Damen Küsse begehren, werden sie zwar wieder empört zurückgewiesen, doch hat ihre Liebesekstase den Mädchen immerhin Eindruck gemacht, so daß diese sich für die beiden zu interessieren beginnen. – Sie schenken jetzt auch den verführerischen Ratschlägen Despinas eher Gehör, sich doch ohne Scheu etwas zu amüsieren, wie es sicherlich die Freunde im Feld auch machten. – Beim nachmittäglichen Spaziergang im Garten fällt die Entscheidung. Die temperamentvollere Dorabella beginnt als erste zu wanken, Fiordiligi folgt ihrem Beispiel nicht viel später, und schließlich sind die beiden Schwestern bereit, sich mit den fremden Männern zu verloben. Don Alfonso hat also gewonnen. Die Freunde sind verzweifelt und sinnen auf Vergeltung, doch der lebenskluge Philosoph ändert ihren Sinn mit dem Trost: »So machen sie's alle!« – Seinem Rat folgend, verzeihen sie ihren Geliebten, nachdem sie als die früheren Verlobten in die abendliche Hochzeitszeremonie, bei der Despina als Notar fungierte, hereingeplatzt waren und die Bräute ihren Fehltritt beschämt eingestehen mußten.

STILISTISCHE STELLUNG: Mozart und Da Ponte gestalteten in ›Così fan tutte‹ eine unbeschwerte Farce des galanten Zeitalters, bei der zu dem Kreis der Geprellten und an der Nase Herumgeführten letzten Endes auch der Zuschauer gehört. Die Erkenntnis, daß dem herrlichen, aber schwierigen Werk mit einer stilvollen Wiedergabe der Originalgestalt am besten gedient ist, gewann verhältnismäßig erst spät an Boden, nachdem alle möglichen verkrampften Versuche, die luftige Handlung einer ungemein beschwingten, die Grenzbezirke der Posse streifenden Komödie durch Textumgestaltungen und Zutaten in ein »glaubwürdiges« Sujet zu verbessern, sich als absurd erwiesen hatten. Die bewährten Mittel der Opera buffa werden mit Virtuosität gehandhabt, auch bekannte Typen der Commedia dell' arte (der Medicus, der Notar, die Zofe) sowie die beliebten Opernparodien fehlen nicht. Mozarts mit reifer Meisterschaft gestaltete Musik voll blühender Melodien und geistreichen Witzes umhüllt das Ganze gleichsam mit einem goldenen Schleier, der das satirische Stück der Sphäre der Wirklichkeit entrückt.

TEXTDICHTUNG: Den Text gestaltete Lorenzo Da Ponte (1749–1838) frei nach einer Idee, die Kaiser Joseph II. selbst mit dem Auftrag der Oper gegeben hatte. Der Stoff fußt angeblich auf einer wahren Begebenheit, die sich in Wien kurz vor Entstehung der Oper zugetragen haben soll. – Aus der Unzahl der deutschen Textbearbeitungen sind hervorzuheben die Übertragungen von Christoph Friedrich Bretzner

(›Weibertreue oder Die Mädchen sind von Flandern‹, 1794 Leipzig), Johann Georg Karl Ludwig Giese(c)ke (›Die Schule der Liebe‹, 1794 Wien), Georg Friedrich Treitschke (erst ›Mädchentreue‹, 1804 Wien, später ›Die Zauberprobe ode So sind sie alle‹, 1814), Carl Alexander Herklots (›Die verfängliche Wette‹, 1820 Berlin), Louis Schneider (›So machen es alle‹, 1846 Berlin), Bernhard Gugler (›Sind sie treu?‹, 1856 Stuttgart, mit Wiedereinführung der Secco-Rezitative), Eduard Devrient (1860 Karlsruhe; bei dieser Bearbeitung arrangierte Wilhelm Kalliwoda die Secco-Rezitative für Streichquartett und komponierte für die verkürzten Szenen Überleitungen hinzu!); Karl Scheidemantel legte der Musik einen vollkommen neuen Text unter nach Pedro Calderóns Lustspiel ›Dame Kobold‹ (1909 Dresden). Auf die Originalgestalt griff Karl Friedrich Niese unter Benützung der Guglerschen Übertragung zurück (1871 in der Gesamtausgabe). Weitere Übersetzungen besorgten Hermann Levi (1899), Siegfried Anheißer (1936) und Georg Schünemann (1941).

GESCHICHTLICHES: Mozart beeilte sich gegen Ende des Jahres 1789, den neuen Opernauftrag des Kaisers, der ihm in einer Zeit schwerer wirtschaftlicher Nöte 200 Dukaten einbringen sollte, möglichst schnell auszuführen. So konnte die Uraufführung bereits am 26. Januar 1790 unter Leitung des Komponisten im Burgtheater in Wien stattfinden. Der Titel der Oper lautete auf dem Theaterzettel der ersten Vorstellung: ›Così fan tutte o sia la scuola degli amanti – So machen sie's oder die Schule der Liebhaber. Ein komisches Singspiel in zwey Aufzügen.‹

La clemenza di Tito (Titus)

Opera seria in zwei Akten. Dichtung nach Pietro Metastasio von Caterino Mazzolà.

SOLISTEN: *Titus Vespasianus,* römischer Kaiser (Jugendlicher Heldentenor, gr. P.) – *Vitellia,* Tochter des Kaisers Vitellius (Dramatischer Koloratursopran, gr. P.) – *Servilia,* Schwester des Sextus (Lyrischer Sopran, auch Lyrischer Koloratursopran, m. P.) – *Sextus,* Freund des Titus (Dramatischer Sopran, auch Dramatischer Mezzosopran, gr. P.) – *Annius,* Freund des Sextus (Lyrischer Mezzosopran, gr. P.) – *Publius,* Anführer der Prätorianer (Seriöser Baß, m. P.).
CHOR: Senatoren. Abgesandte fremder Völker. Prätorianer. Liktoren. Volk (m. Chp.).
ORT: Rom.
SCHAUPLÄTZE: Im Haus der Vitellia – Forum mit Triumphbogen – Kaiserlicher Garten auf dem Palatinischen Hügel – Platz vor dem Kapitol – Die kaiserlichen Gärten – Großer Saal – Prachtvoller Platz vor einem Amphitheater.
ZEIT: Im Jahre 79 n. Chr.
ORCHESTER: 2 Fl., 2 Ob., 2 Kl. (I. auch Bh.), 2 Fag., 2 Hr., 2 Trp., P., Str.
GLIEDERUNG: Ouvertüre und 26 musikalische Nummern, die teils durch Secco-, teils durch Accompagnato-Rezitative miteinander verbunden sind.
SPIELDAUER: etwa 2½ Stunden.
HANDLUNG: Vitellia, die Tochter des entthronten Kaisers Vitellius, wird von dem jungen Römer Sextus geliebt. Sie ist jedoch nur unter der Bedingung bereit, ihn zu heiraten, daß er den ihr verhaßten Kaiser Titus töte. Denn dieser hat sie, die einen legitimen Anspruch auf den Thron zu haben glaubt, nicht zu seiner Gattin erwählt. Der ihr hörige Sextus ist bereit, die Tat auszuführen, obwohl er einer der besten Freunde des Kaisers ist. Als sich Vitellia entfernt hat, erscheint Annius, der mit Sextus befreundet ist und dessen Schwester Servilia liebt. Sextus ist einverstanden, daß er Servilia heirate. – Auf dem Forum begrüßt das Volk mit lautem Jubel Titus. Der Kaiser dankt und bekennt, daß er es als seine höchste Pflicht erachte, Bedrängten beizustehen und Wohltaten zu erweisen. Nachdem sich das Volk zerstreut hat, gibt Titus dem Sextus seinen Entschluß bekannt, Servilia zu heiraten. Als Annius der Geliebten die Nachricht von dem Vorhaben des Kaisers überbringt, versichert sie ihn ihrer Treue aufs neue. – Mutig begibt sie sich zu dem Kaiser selbst und teilt ihm offen mit, daß sie ihre Hand bereits dem Annius versprochen habe. Titus ist von der ehrlichen Gesinnung des Mädchens bewegt und verzichtet zugunsten seines Freundes Annius auf die Heirat mit Servilia. Sextus schickt sich an,

obwohl von Gewissensqualen bedrängt, Vitellias grausames Verlangen zu erfüllen. Unterdessen teilt Publius, der Führer der Prätorianer, Vitellia mit, daß Titus sich entschlossen habe, nunmehr sie als seine Gattin zur Kaiserin zu erheben. Verzweifelt sucht Vitellia Sextus von der veränderten Situation zu verständigen. Es ist jedoch zu spät. Das Kapitol steht bereits in Flammen. Auf dem Platz vor dem Kapitol begegnet Annius dem ihm scheu ausweichenden Sextus. Er kann sich das sonderbare Verhalten des Freundes nicht erklären. Aus der Ferne ertönen die Schreckensschreie der Menge. Publius ist um Titus besorgt. Da stürzt Vitellia herbei; sie stößt auf Sextus, der mit verstörtem Gesichtsausdruck berichtet, daß Titus von Verräterhand gefallen sei. Mit Mühe kann Vitellia ihn davon abhalten, sich selbst als Täter zu bezichtigen. Erschüttert schließen sich die Anwesenden den von weitem vernehmbaren empörten Äußerungen des Volkes über die verruchte Tat an. – Annius beschwört Sextus, nicht zu fliehen, sondern sich dem Kaiser, der bei dem Aufruhr nicht ums Leben gekommen war, reumütig anzuvertrauen. Inzwischen wurde aber Sextus von Lentulus, dem Haupt der Verschwörer, verraten. Publius erscheint und nimmt Sextus das Schwert ab; sodann läßt er ihn von den Wachen abführen. – In einem großen Saal haben sich Römer und Abgesandte fremder Völker versammelt. Sie danken Zeus für die Errettung des gütigen Kaisers, während dieser sich über die Liebe und Zuneigung des Volkes beglückt zeigt. Der Senat hat Sextus zum Tod in der Arena verurteilt; der Kaiser muß aber das Urteil noch bestätigen. Annius weiß Titus zu bestimmen, vorher Sextus noch anzuhören. Tief beschämt tritt dieser vor die Augen seines Kaisers. Er wagt nicht, ihn um Begnadigung zu bitten, fleht ihn aber an, ihm angesichts seiner Reue noch einmal sein gütiges Herz zu öffnen und ihm zu verzeihen, dann würde er leichter sterben. Nachdem Sextus wieder abgeführt worden ist, bedenkt Titus die Sinnlosigkeit eines Herrschertums, das nur auf Tyrannei gegründet ist: könne er sich die Treue des Volkes nicht durch Liebe erringen, nütze ihm ein durch Sklaverei erzwungenes Untertanentum auch nichts. – Inzwischen wußte Servilia Vitellia zu überzeugen, daß sie nicht durch Tränen, sondern nur durch Taten den Geliebten retten könne. Vitellia ringt sich zu dem Entschluß durch, dem Kaiser zu gestehen, daß sie es war, die Sextus zu dem Verrat verführt habe. – Vor dem Kolosseum, in dem die Verräter angesichts einer großen Menschenmenge von wilden Tieren zerrissen werden sollen, fällt Vitellia dem Kaiser zu Füßen und bekennt sich als Anstifterin des Aufruhrs, die allein die harte Strafe verdiene. Aber Titus verzeiht großmütig seinen Feinden und läßt den Verurteilten die Ketten abnehmen. Bewegt rufen alle die ewigen Götter an, daß sie dem römischen Volk den gütigen Herrscher noch lange erhalten mögen.

Stilistische Stellung: Mozart hat bei seinem ›Titus‹ das starre Formschema der Opera seria dadurch aufgelockert, daß er elf Arien die gleiche Anzahl von Ensemble-Nummern gegenüberstellte. Ganz dem Brauch der Seria entsprechend erfolgt die Verwendung von Kastraten, die allerdings bei der Uraufführung nicht zur Verfügung standen und deren Partien (Sextus und Annius) daher mit Frauen besetzt werden mußten. Zur Erzielung prunkhafter musikalischer Wirkungen gehört auch die Ausstattung mit brillantem Koloraturgesang und mit viruosen Instrumentalsoli (Nr. 9 mit Soloklarinette und Nr. 23 mit obligatem Bassetthorn). Aus einem Erstentwurf geht hervor, daß Mozart die Partie des Sextus ursprünglich für Tenor setzen wollte. Dem Auftrag entsprechend ist das Werk vornehmlich auf äußeren Glanz angelegt.

TEXTDICHTUNG: Das Libretto ›La clemenza di Tito‹ (›Die Güte des Titus‹) wurde von Pietro Metastasio (1698–1782), dem von den Zeitgenossen vergötterten kaiserlichen Hofpoeten Wiens, verfaßt. Das Stück kam zunächst mit der Musik von Antonio Caldara im Rahmen der Namenstagsfeierlichkeiten für Kaiser Karl VI. im Jahre 1734 in Wien zur Aufführung. Für Mozart wurde das Textbuch von dem Dresdner Hofdichter Caterino Mazzolà eingerichtet. Dabei kürzte der Bearbeiter das Original Metastasios auf zwei Akte und baute der Operndichtung – wohl auf Verlangen des Komponisten – eine Reihe von Ensemble-Nummern neu ein (neue deutsche Übersetzung von Kurt Honolka, 1971).

GESCHICHTLICHES: Mitte Juli 1791 erhielt Mozart von den böhmischen Ständen den Auftrag, zur Feier der Krönung Leopolds II. zum König von Böhmen eine Festoper zu schreiben. Als Sujet wurde dem Meister das schon früher vielfach vertonte Libretto Metastasios bestimmt. Mozart entledigte sich der Aufgabe neben der Arbeit an der ›Zauberflöte‹ in der kurzen Zeit von etwa fünfzig Tagen. Mitte August begab er sich nach Prag, wo er die Partitur zum Abschluß brachte und das Werk einstudierte. Zur Vertonung der Secco-Rezitative war der vielbeschäftigte Komponist in der Eile allerdings nicht mehr gekommen; er ließ sie von seinem Schüler Franz Xaver Süßmayr schreiben. Am 6. September 1791 erfolgte sodann unter der Leitung des Meisters die Uraufführung in Prag. Das Werk wurde nicht mit dem gleichen Enthusiasmus aufgenommen wie seinerzeit die Aufführungen von ›Figaros Hochzeit‹ und ›Don Giovanni‹. Der Hauptgrund hierfür dürfte wohl darin zu erblicken sein, daß Ende des 18. Jahrhunderts der Typus der Opera seria infolge der veränderten Kunstanschauungen nicht mehr zeitgemäß war.

Die Zauberflöte

Deutsche Oper in zwei Aufzügen. Dichtung von Emanuel Schikaneder.

SOLISTEN: *Sarastro* (Seriöser Baß, gr. P.) – *Tamino* (Lyrischer Tenor, auch Jugendlicher Heldentenor, gr. P.) – *Sprecher* (Heldenbariton, auch Charakterbaß, kl. P.)* – *1. Priester* (Tenor, kl. P.)* – *2. Priester* (Bariton, auch Baß, kl. P.)* – *3. Priester* (Sprechrolle, kl. P.) – *Die Königin der Nacht* (Dramatischer Koloratursopran, m. P.) – *Pamina,* ihre Tochter (Lyrischer Sopran, auch Jugendlich-dramatischer Sopran, gr. P.) – *1. Dame* der Königin (Dramatischer Sopran, auch Jugendlich-dramatischer Sopran, m. P.) – *2. Dame* der Königin (Jugendlich-dramatischer Sopran, auch Dramatischer Mezzosopran, m. P.) – *3. Dame* der Königin (Tiefer Alt, m. P.) – *1. Knabe* (Sopran, m. P.)** – *2. Knabe* (Sopran, auch Mezzosopran, m. P.)** – *3. Knabe* (Alt, m. P.)** – *Papageno* (Lyrischer Bariton, auch Spielbariton, gr. P.) – *Ein altes Weib* [*Papagena*] (Soubrette, m. P.) – *Monostatos,* ein Mohr (Spieltenor, auch Charaktertenor, m. P.) – *1. geharnischter Mann* (Heldentenor, auch Charaktertenor, kl. P.) – *2. geharnischter Mann* (Seriöser Baß, auch Schwerer Spielbaß, auch Charakterbaß, kl. P.) – *1., 2.* und *3. Sklave* (Sprechrollen, kl. P.).

* In der ›NMA‹ entsprechend den Quellen: *1. Priester* (Charakterbariton, kl. P. = die im Finale I üblicherweise mit *Sprecher* bezeichnete Partie) – *2. Priester* (Tenor, kl. P.) – *Sprecher* (Baß, kl. P.). (2. Priester und Sprecher singen das Duett Nr. 11 »Bewahret euch vor Weibertükken« im II. Akt, das in der Bühnenpraxis entsprechend der oben angegebenen Rollenverteilung mit 1. und 2. Priester besetzt wird.)

** am besten mit Knabenstimmen zu besetzen!

CHOR: Priester. Sklaven. Gefolge (im Finale Nr. 8 Männerchor geteilt in Mohrensklaven und Priester; Männerchor, m. Chp., Frauenchor, kl. Chp.).

BALLETT: Mohrentanz (I. Akt, Finale).

ORT: Ägypten.

SCHAUPLÄTZE: Rauhe Felsengegend – Sternenhimmel, in der Mitte der mit Sternen gezierte Thron der Königin der Nacht – Reich ausgestattetes Zimmer der Pamina in Sarastros Palast im ägyptischen Geschmack – Hain, in dessen Mitte drei Tempel, durch Kolonnaden verbunden, mit der Aufschrift: »Tempel der Weisheit« (Mitte), »Tempel der Vernunft« (rechts), »Tempel der Natur« (links) – Palmenwald, auf jeder Seite neun mit Sitzen versehene Pyramiden, in der Mitte die größte Pyramide – Kurzer Vorhof des Tempels – Garten mit einem See im Hintergrund, in dessen Mitte eine große Sphinx – Eine kurze Halle – Zwischen den Pyramiden, in der Mitte eine große Pyramide mit Hieroglyphen geziert – Kurzer Palmengarten – Wilde Felsengegend mit

einem eisernen Mitteltor, im Hintergrund Felsenhöhlen zu beiden Seiten des Mitteltors, in der einen (rechts) brausende Wasserflut, in der anderen (links) hellflammende Feuerglut – Breiter Eingang in einen Tempel – Kurze Gartendekoration, rechts ein Baum mit einem verdorrten Ast – Kurze Felsengegend – Sonnentempel.
ORCHESTER: 2 Fl. (II. auch Picc.), 2 Ob., 2 Kl. (auch Bh.), 2 Fag., 2 Hr., 2 Trp., 3 Pos., P., Glsp., Str. – Bühnenmusik: Papageno-Flöte; die dreimaligen Akkorde der Priester in der 1. und 20. Szene des II. Aktes werden auf der Bühne geblasen, die Besetzung kann aus dem Orchester entnommen werden: 2 Fl., 2 Ob., 2 Bh., 2 Fag., 2 Hr., 2 Trp., 3 Pos.
GLIEDERUNG: Ouvertüre und 21 Musiknummern, die durch einen gesprochenen Dialog miteinander verbunden werden.
SPIELDAUER: etwa 3 Stunden.
HANDLUNG: In einer rauhen Felsengegend wird Prinz Tamino von einer wilden Schlange fast zu Tode gehetzt. Drei Damen, Abgesandte der Königin der Nacht, retten ihm das Leben. Als er aus seiner Ohnmacht erwacht, sieht er einen wundersamen Gesellen im bunten Federkleid und mit einem großen Vogelbauer auf dem Rücken herankommen. Es ist der muntere Vogelfänger Papageno, der hier seine Vögel der »sternflammenden Königin« gegen Speise und Trank zu verkaufen pflegt. Als Papageno behauptet, die Schlange erdrosselt zu haben, erscheinen die drei Damen wieder; er erhält aber von ihnen nicht wie sonst Wein, Zuckerbrot und Feigen, sondern einen Stein und einen Krug Wasser; überdies wird ihm zur Strafe für seine lügenhafte Prahlerei ein goldenes Schloß vor den Mund gehängt. Dem Prinzen überreichen die Damen im Auftrag ihrer Herrin das Bildnis ihrer Tochter Pamina. Als sich Tamino sogleich in die Züge des Porträts verliebt, erscheint die Königin der Nacht selbst. Sie fordert den Prinzen auf, die Tochter zu befreien, die Sarastro, der Beherrscher des Sonnentempels, festhält. Nachdem die sternflammende Königin verschwunden ist, nehmen die Damen Papageno das Schloß ab; er soll nun den Prinzen zu Sarastros Burg begleiten. Seltsame Talismane werden ihnen übergeben: eine Zauberflöte für Tamino und ein Glockenspiel für Papageno. Die sollen ihnen in Gefahren Rettung bringen. Von drei Knaben des Weges geleitet, gelangen sie an die Pforten von Sarastros Reich. – Dort trifft Papageno Pamina an, als sie gerade von dem lüsternen Mohren Monostatos bedrängt wird, der einen Fluchtversuch des Mädchens vereitelt hatte. Im Augenblick hält Papageno den Mohren und der Mohr den gefiederten Vogelfänger für den Teufel und beide laufen vor einander davon. Von Papageno, der gleich wieder zurückkommt, erfährt nun Pamina, daß ein Prinz gekommen sei, der sie liebe und sie befreien wolle. – Unterdessen sucht Tamino, den die drei Knaben mit einigen Lehren entlassen haben, Zutritt zu dem Weisheitstempel. Ein Sprecher tritt ihm entgegen. Der stürmische Jüngling, der angibt, »der

Lieb und Tugend Eigentum« zu suchen, wird von dem Weisen belehrt, daß er irregeführt sei und den vermeintlich Bösen hier nicht finden werde; die Wahrheit werde er erst erkennen, wenn ihn »der Freundschaft Hand« in dieses Heiligtum geführt habe. Stimmen aus dem Tempel verraten Tamino, daß Pamina noch am Leben sei. Er hofft nun, mit den Tönen seiner Flöte, die selbst wilde Tiere anzulokken vermögen, auch Pamina herbeizurufen. Da antwortet aus der Ferne Papagenos Faunenflötchen. Entzückt eilt Tamino nach der Richtung fort, aber Pamina und Papageno laufen Monostatos in die Hände, der sogleich seinen Sklaven befiehlt, die beiden zu fesseln. Jetzt läßt Papageno seine Glöckchen erklingen, woraufhin sich die Mohren singend und tanzend mit den Tieren entfernen. Rufe aus der Ferne künden das Erscheinen des Sarastro an. Pamina wirft sich dem Herrscher zu Füßen; sie gesteht, die Sehnsucht nach der Mutter habe sie veranlaßt zu fliehen. Mit gütigem Ausdruck versichert Sarastro, es sei nur im Interesse ihres Lebensglückes, wenn er ihr die Freiheit nicht gewähre. In diesem Augenblick führt Monostatos Tamino herbei. Pamina und Tamino erkennen auf den ersten Blick, daß sie vom Schicksal füreinander bestimmt sind, und fallen sich in die Arme. Wütend reißt der Mohr sie auseinander und fordert von Sarastro ihre Bestrafung. Der Weise kennt aber den wahren Grund von Monostatos' eifriger Wachsamkeit; er läßt daher dem »Ehrenmann« als Belohnung sogleich siebenundsiebzig Sohlenstreiche verabreichen. Die Fremdlinge werden daraufhin in den Prüfungstempel gebracht. – In einer Priesterversammlung findet Sarastros Entschluß, Tamino einer höheren Bestimmung zuzuführen, einstimmige Billigung. Der Prinz und sein Reisegefährte sowie auch Pamina müssen sich aber erst einer Reihe von Prüfungen unterziehen. Zunächst wird Tamino und Papageno ein strenges Schweigegebot auferlegt. Dann erscheinen die drei Damen aus dem Reiche der Königin der Nacht; sie suchen die beiden Männer mit der Behauptung aus der Fassung zu bringen, daß ihnen hier der Tod drohe. Während Tamino standhaft bleibt, plaudert Papageno, bis ihn ein Donnerschlag, unter dem die Damen wieder verschwinden, zu Boden wirft. – Die Königin der Nacht erscheint ihrer Tochter; sie übergibt ihr einen Dolch und droht, sie zu verstoßen, wenn sie nicht Sarastro töte und ihr den mächtigen Sonnenkreis ausliefere. Monostatos hat das Gespräch belauscht; er versucht nun, Pamina zu erpressen, und da sie ihn zurückweist, zückt er den Dolch gegen sie. Sarastro tritt dazwischen; während der Mohr beabsichtigt, nunmehr über Paminas Mutter zu seinem Ziel zu gelangen, beruhigt Sarastro das Mädchen, das um Gnade für die Mutter bittet, mit dem Hinweis, daß man in diesen heiligen Hallen die Rache nicht kenne. – Papageno erhält auf seinen Wunsch einen Becher Wasser, der ihm von einem alten, häßlichen Weib überbracht wird. Auf sein Befragen behauptet die Alte, achtzehn Jahre alt zu sein und einen Liebhaber namens Papageno zu haben. Als

sie ihren Namen nennen will, ertönt heftiger Donner, worauf sie schnell verschwindet. Die drei Knaben überreichen nun den beiden Männern die Flöte und das Glockenspiel, die ihnen abgenommen worden waren; gleichzeitig erscheint ein Tisch mit Speisen und Trank. Während Papageno sich darüber hermacht, bläst Tamino auf seiner Flöte. Da kommt Pamina. Als Tamino auf ihre zärtlichen Worte mit Schweigen reagiert, entfernt sie sich, zu Tode betrübt in der Annahme, daß seine Liebe bereits erkaltet sei. Ihre Trauer erfährt noch eine Steigerung, als sie von Sarastro gerufen wird, um Tamino ein letztes Lebewohl zu sagen. – Inzwischen ist Papageno zur Strafe für sein Plaudern in einem tiefen, dunklen Gewölbe eingeschlossen worden. Er, der primitive Naturbursche, hat aber keine höheren Ziele; er wünscht sich jetzt ein gutes Glas Wein, das ihm sogleich gereicht wird. Nach dem Genuß des Weines sehnt er sich nach einem Mädchen oder Weibchen, wobei er auf seinen Glöckchen spielt. Da humpelt wieder die Alte herbei. Auf ihre Drohung hin, hier ewig eingemauert zu bleiben, wenn er sie nicht zum Weibe nähme, schwört er ihr Treue; da steht plötzlich, ebenfalls im Federkleid, ein junges hübsches Mädchen vor ihm: Papagena. Noch ehe er sie aber in die Arme schließen kann, führt ein Priester sie hinweg. – In ihrer Verzweiflung will Pamina sich das Leben nehmen. Die drei Knaben entreißen ihr jedoch den Dolch und führen sie mit der Versicherung, daß ihr Jüngling sie nach wie vor treu liebe, zu ihm. Mit dem Geliebten durchschreitet sie nun furchtlos die Feuer- und die Wasserhöhle, während Tamino auf der Zauberflöte bläst. Damit haben die beiden die Prüfungen siegreich bestanden. – Inzwischen sucht Papageno, von Sehnsucht nach seiner Papagena verzehrt, seinem Leben ein Ende zu machen, indem er sich an einem Baum aufhängen will. Die drei Knaben erinnern ihn aber noch rechtzeitig an seine Zauberglöckchen, mit denen er Papagena herbeilockt; die Gnade der Götter läßt ihn dann froh und glücklich mit seinem Weibchen seines Weges ziehen. – Von Monostatos geführt, versucht die Königin der Nacht mit den drei Damen in den Tempel einzudringen; sie werden aber unter Blitz und Donner in die Tiefe gestoßen. – Feierlich zieht das glückliche Paar Pamina – Tamino in den Sonnentempel ein, wo Sarastro sie in den Kreis der Eingeweihten aufnimmt.
STILISTISCHE STELLUNG: Mozart führte die junge deutsche Oper in seiner ›Zauberflöte‹ zu einem ersten Höhepunkt, der zugleich Ausgangspunkt für ihre spezifische Eigenentwicklung werden sollte. Bindungen an die italienische Oper sind nahezu völlig abgestreift. Durch die Mischung Gluckscher Stilelemente mit solchen des Singspiels erstand in diesem Werk der Typus der deutschen klassischen Oper. Von hier führt ein direkter Weg zu Ludwig van Beethoven und zu den Romantikern. In ihrer abgeklärten, streng klassischen Haltung adelt Mozarts Musik mit der edlen Einfachheit unvergänglicher Melodien den volkstümlich naiven Ton bei den komischen Szenen und erhebt das Werk,

das nicht für das kaiserliche Hoftheater, sondern für eine Vorstadtbühne geschrieben wurde, durch die vergeistigte, zeitlose Ausdeutung ewigen Menschentums, stilisiert in einer teils erbauenden, teils unterhaltsamen Handlung im Rahmen einer mystisch-phantastischen Welt, zu einem der erhabensten Kunstdenkmäler, das einen Goethe zur Dichtung einer Fortsetzung der ›Zauberflöte‹ anreizte.

TEXTDICHTUNG: Auf dem Theaterzettel der Uraufführung von ›Zauberflöte‹ ist unter dem Titel, pointiert hervorgehoben, zu lesen: »Eine große Oper in 2 Akten von Emanuel Schikaneder«. Der Name des Komponisten, der überdies erst »Mozart« und im nächsten Satz »Mozard« gedruckt ist, erscheint als Nebensächlichkeit im Kleindruck. Über die Entstehungsgeschichte des Librettos ist nichts Genaues überliefert. Es ist aber mit hoher Wahrscheinlichkeit anzunehmen, daß auch Mozarts Einfluß bei der Gestaltung des Stoffes kein geringer war. Das Zusammenwirken des Meisters mit einem der größten Theaterpraktiker seiner Zeit – Schikaneder (1751–1812) war musikalisch und ein hervorragender Schauspieler (berühmt war seine Hamlet-Darstellungen), Regisseur, Ausstattungskünstler und Theaterleiter in einer Person – zeitigte bei gegenseitiger Befruchtung eines der wirkungsvollsten Opernbücher aller Zeiten. Die erste Fassung des Textbuches stellte eine Dramatisierung des Märchens ›Lulu oder Die Zauberflöte‹ aus Christoph Martin Wielands ›Dschinnistan‹ dar, die Mozart auch bereits bis zum Finale des I. Aktes vertont hatte, als die erfolgreiche Erstaufführung der Zauberposse ›Kaspar der Fagottist oder Die Zauberzither‹ (Text von Joachim Perinet, Musik von Wenzel Müller, 8. Juni 1791), die den gleichen Stoff behandelte, Schikaneder zu einer grundlegenden Änderung seines Sujets veranlaßte. Bei der Umarbeitung erfuhr nun das Ganze mit der Hereinnahme freimaurerischer Tendenzen und Riten eine Wendung ins Gegenteil: Aus dem bösen Zauberer wurde der weise Beherrscher des Sonnentempels und aus der guten Fee seine Gegenspielerin, die Repräsentantin der Mächte der Finsternis. Vorbilder für die Priester- und Tempelszenen fanden sich in Wenzel Müllers und Karl Friedrich Henslers ›Das Sonnenfest der Brahminen‹ (9. September 1790 bei Carl von Marinelli in der Leopoldstadt). Die Wahl des ägyptischen Milieus geht auf den 1778 von Matthias Claudius übersetzten Roman ›Sethos‹ von Jean Terrason (1731) zurück, aus dem Stellen zum Teil wörtlich in den Text übernommen wurden.

GESCHICHTLICHES: Im Jahre 1790 konnte Schikaneder mit der Aufführung von Paul Wranitzkys Oper ›Oberon‹, zu der Johann Georg Karl Ludwig Giese(c)ke nach Wieland und mit Benützung der gleichnamigen Dichtung von Friederike Sophie Seyler das Textbuch geschrieben hatte, in seinem Freihaustheater auf der Wieden einen großen Kassenerfolg erzielen. Er plante daraufhin die Bearbeitung eines ähnlichen Zauberstoffes und verstand es, Mozart, mit dem er schon während seiner Salzburger Zeit (1780) bekannt geworden war, für seine Idee zu interessieren. Ungefähr ein halbes Jahr vor seinem Tod, im Frühjahr 1791, begann Mozart die Arbeit an der ›Zauberflöte‹, die im August eine Unterbrechung erfuhr, als der Meister zur Uraufführung seines ›Titus‹ in Prag weilte. Nach seiner Rückkehr nach Wien, Mitte September, beendete Mozart den restlichen Teil der Komposition. Die Uraufführung erfolgte am 30. September 1791 im k. u. k. privilegierten Theater auf der Wieden unter Leitung des Komponisten. Der Beifall war bei der Premiere noch nicht übermäßig, steigerte sich aber von der zweiten Aufführung an schnell von Vorstellung zu Vorstellung, so daß Schikaneder im November 1792 bereits die 100. Aufführung ankündigen konnte.

Modest P. Mussorgskij

* 21. März 1839 in Karewo (Gouvernement Pskow), † 28. März 1881 in St. Petersburg

Boris Godunow (Bearb. v. 1871/72, 1874 St. Petersburg), T: nach Aleksander S. Puschkin u. Nikolaj M. Karamsin vom Komponisten; bearbeitet u. neuinstrumentiert v. Nikolaj Rimskij-Korssakow (1896 St. Petersburg), V: Bessel, Peters, B&H; Urfassung v. 1868/69, V: Chester; Neuausg. der Urfassung v. Pawel A. Lamm (1928 Leningrad), V: B&H; Neuinstrumentierung v. Dmitrij Schostakowitsch (1940), V: Sikorski

Chowanschtschina (1886 St. Petersburg), T: nach Wladimir W. Stassow vom Komponisten, beendet u. instrumentiert v. N. Rimskij-Korssakow, V: Bessel, B&H; Neufassung v. D. Schostakowitsch (1960 Moskau), V: Sikorski

Der Jahrmarkt von Sorotschinzy (1917 Petrograd), T: nach Nikolaj W. Gogol vom Komponisten, beendet v. Cesar A. Cui, kO., V: Bessel; neue Bearb. v. Nikolaj N. Tscherepnin (1923 Monte Carlo), V: Bessel, B&H

Die Heirat, T: N. W. Gogol, nur I. Akt 1868 v. Mussorgskij, der II. Akt 1934 v. Aleksander N. Tscherepnin vollendet (1937 Essen), kO., V: U. E.

Boris Godunow

Musikalisches Volksdrama in vier Aufzügen und einem Prolog. Dichtung nach Aleksander S. Puschkin und Nikolaj M. Karamsin vom Komponisten.

Solisten: *Boris Godunow* (Heldenbariton, auch Baßbariton, auch Seriöser Baß, gr. P.) – *Fjodor* (Mezzosopran, auch Lyrischer Sopran, m. P.) und *Xenia* (Lyrischer Sopran, auch Jugendlich-dramatischer Sopran, kl. P.), seine Kinder – *Xenias Amme* (Alt, m. P.) – *Fürst Wassilij Iwanowitsch Schujskij* (Heldentenor, auch Jugendlicher Heldentenor, auch Charaktertenor, m. P.) – *Andrej Schtschelkalow,* Geheimschreiber (Charakterbariton, kl. P.) – *Pimen,* Chronikschreiber, Mönch (Baß, m. P.) – *Grigorij Otrepjew,* später *Dimitrij,* der falsche Demetrius genannt (Jugendlicher Heldentenor, gr. P.) – *Marina Mnischek,* Tochter des Wojewoden von Sandomir (Dramatischer Sopran, auch Dramatischer Mezzosopran, m. P.) – *Rangoni,* geheimer Jesuit (Charakterbaß, auch Charakterbariton, m. P.) – *Warlaam* (Spielbaß, m. P.) und *Missaïl* (Spieltenor, m. P.), entlaufene Mönche – *Eine Schenkwirtin* (Mezzosopran, auch Spielalt, kl. P.) – *Ein Schwachsinniger* (Lyrischer Tenor, auch Spieltenor, kl. P.) – *Nikititsch,* Vogt (Charakterbaß, auch Charakterbariton, kl. P.) – *Ein Leibbojar* (Tenor, kl. P.) – *Bojar Chruschtschow* (Tenor, kl. P.) – *Lowitzkij* (Baß, kl. P.) und *Tschernjakowskij* (Baß, kl. P.), Jesuiten – *1. Bäuerin* (Sopran, kl. P.) – *2. Bäuerin* (Alt, kl. P.) – *1. Bauer* [Mitjuch] (Baß, kl. P.) – *2. Bauer* (Tenor, kl. P.) – *Hauptmannn der Streifenwache* (Baß, kl. P.).

Im Notfall können folgende Doppelbesetzungen vorgenommen werden: Amme – Schenkwirtin; Pimen – Rangoni; Schujskij – Der Schwachsinnige; Schujskij – Missaïl; Der Leibbojar – Bojar Chruschtschow; Vogt – Einer der Jesuiten; Mitjuch – Der andere Jesuit.
Chor: Bojaren. Bojarenkinder. Strelitzen. Wachen. Hauptleute. Magnaten. Polnische Damen. Mädchen aus Sandomir. Wandernde Pilger. Volk (im 1. Bild Chor geteilt in Volk und in Pilger, bei letzteren auch Knabenchor [Sopran und Alt]. Im 2. Bild Bässe geteilt in Volk und in Bojaren (8). Im letzten Bild auch Knabenchor [Sopran und Alt]; gr. Chp.).
Schauplätze: Hof des Nowodjewitschij-Klosters bei Moskau, in der Klostermauer ein Tor mit einem Türmchen – Platz im Moskauer Kreml, im Hintergrund die rote Freitreppe des Zarenpalastes, Uspenskij- und Archangelskij-Kathedrale – Zelle im Kloster Tschudow – Schenke in der Nähe der litauischen Grenze mit Tür und Fenster – Inneres eines prunkvollen Zarengemaches im Moskauer Kreml – Gemach im Schloß zu Sandomir – Garten mit Springbrunnen im Schloß zu Sandomir – Der große Empfangssaal im Kreml zu Moskau – Eine Waldlichtung bei Kromy, rechts ein Abhang mit einem Baumstumpf, dahinter die Stadtmauer.
Zeit: 1598–1605.
Orchester: 2 Fl., 1 Picc., 2 Ob. (II. auch Eh.), 2 Kl., 1 Bkl., 2 Fag., 4 Hr., 3 Trp., 3 Pos., 1 Bt., P., Schl., Hrf., Klav., Str. – Bühnenmusik: Trp., Tamtam, Gl.
Gliederung: In der Urfassung 7, in der Originalfassung sowie in der Bearbeitung von Nikolaj Rimskij-Korssakow 9, in der Fassung von Pawel A. Lamm 10 durchkomponierte Bilder, bei denen geschlossene Gebilde mit freieren Partien abwechseln.
Spieldauer: etwa 3½ Stunden.
Vorgeschichte der Handlung: Der einem tatarischen Geschlecht entstammende Bojar Boris Godunow, dessen Schwester mit Zar Fjodor I., einem Sohn Iwans des Schrecklichen, verheiratet war, übte einen beherrschenden Einfluß auf den schwachen, kinderlosen Zaren aus. In Verfolgung seiner ehrgeizigen Pläne ließ Boris seines Schwagers Stiefbruder Dimitrij (Demetrius), den letzten männlichen Nachkommen der Dynastie Rurik, 1591 ermorden, als dieser noch ein Kind war. Im Jahre 1598 starb Zar Fjodor.
Handlung: Im Hof des Nowodjewitschij-Klosters drängt sich das Volk. Der Vogt Nikititsch droht mit der Knute, wenn die Menge in ihren Bittkundgebungen für die Wahl eines neuen Zaren müde zu werden droht. Da naht der Geheimschreiber Schtschelkalow und verkündet, daß sich Boris nicht entschließen könne, den Thron zu besteigen. Pilger ziehen zur Kirche mit dem Bittgesang, daß Aufruhr und Gottlosigkeit dem heiligen Rußland erspart bleiben mögen. – Die Entscheidung ist gefallen, und unter den Huldigungen der Bojaren und

des Volkes begibt sich Boris zur feierlichen Krönung in die Kathedrale. – Im Kloster Tschudow arbeitet nachts der alte Mönch Pimen an der Vollendung seiner Geschichtschronik. Der in Klöstern aufgewachsene junge Grigorij Otrepjew schläft in der gleichen Zelle. Er erwacht und erzählt Pimen von seinem wundersamen Traum: er sei eine steile Treppe hoch über Moskau emporgestiegen, unter ihm drängte sich das Volk, bis er jäh herabstürzte und aufwachte. Der altersweise Mönch warnt den Jüngling vor dem zweifelhaften Glück weltlichen Treibens. Es ist ihm vor der Zukunft bange, seit Rußland sich einen Mörder als Herrscher auserkoren hat. Pimen will seine Chronik mit der Geschichte von der Ermordung Dimitrijs abschließen, der jetzt rechtmäßiger Zar und mit Grigorij ungefähr gleichaltrig wäre. Grigorij ist überzeugt, daß diese Annalen, die er nach Pimens Tod fortführen soll, dereinst auch die Vergeltung für Boris' Freveltat enthalten würden. – In einer Schenke unweit der litauischen Grenze erkundigt sich Grigorij bei der Wirtin nach dem nächsten Weg zur Landesgrenze. Sie warnt ihn vor den Häschern, die in diesen Tagen wieder einmal besonders eifrig schnüffelten. Kurz darauf erscheint eine Streifenwache; der Hauptmann zeigt einen Haftbefehl des Zaren gegen den Ketzer Grigorij Otrepjew und schöpft Verdacht gegen Warlaam, den einen der beiden abtrünnigen Mönche, die sich zufällig in dem Wirtshaus aufhalten. Da der Häscher des Lesens unkundig ist, läßt er Grigorij das Dokument verlesen, der die Personenbeschreibung so fälscht, daß sie auf Warlaam paßt. Als daraufhin die Häscher Warlaam festnehmen wollen, entreißt dieser Grigorij den Befehl und entziffert ihn mühsam, worauf der Schwindel herauskommt und Grigorij eiligst entflieht. – Im Kreml sucht Boris Entspannung im Familienkreis; er tröstet seine Tochter Xenia, die den frühen Tod ihres Bräutigams beweint, und er überwacht die Erziehung des Zarewitsch Fjodor. Seit seinem Regierungsantritt ist das Land unentwegt von Seuchen, Hunger und Aufruhr heimgesucht worden; seine Gewissensqualen rauben ihm nachts den Schlaf. Da naht der intrigante Fürst Schujskij und überbringt dem Zaren die Nachricht, daß von Polen aus ein Usurpator das Reich bedrohe, der sich für den seinerzeit angeblich gar nicht ums Leben gekommenen Dimitrij ausgibt und den der polnische König und Adel sowie auch der Papst unterstützen. Boris beschwört Schujskij, ihm wenigstens jetzt die Wahrheit zu sagen, ob damals Dimitrij wirklich getötet worden sei oder nicht. Im Anschluß an Schujskijs Schilderung des im Dom zu Uglitsch aufgebahrten ermordeten Kindes wird Boris von einem fürchterlichen Wahnsinnsausbruch befallen. – Die ebenso schöne wie ehrgeizige Marina Mnischek, Tochter des polnischen Magnaten und Wojewoden von Sandomir, hat sich in Grigorij verliebt, der glücklich über die litauische Grenze entkommen war und sich nun als Zar Dimitrij ausgibt. Der Jesuitenpater Rangoni setzt Marina unter Gewissensdruck, ihre Hand dem falschen Demetrius, nur unter der

Bedingung zu reichen, daß er als Zar den Anschluß der russischen Kirche an Rom vollziehe. – Nachts erwartet Grigorij Marina zu einem Stelldichein im Garten des Schlosses der Mnischek. Aber es erscheint Rangoni, der zu verstehen gibt, daß er kraft der hinter ihm stehenden Macht Grigorij zu seinem Glück verhelfen werde, sofern er sich seinem Willen gefügig erweise. Marina naht aus dem Schloß in Gesellschaft einiger Magnaten, die vergeblich um ihre Gunst buhlen. Als die Gäste sich wieder entfernt haben, kommt Marina zu Dimitrij. Aber die Ehrgeizige will keinen schmachtenden Liebhaber, sondern einen Helden, der sie zu Glanz und Ruhm erhebe. Empört über das kalte Spiel mit seinen Gefühlen, erklärt ihr Dimitrij, er werde sie als Zar wie eine dumme Sklavin behandeln. Der herrische Ton imponiert Marina und versöhnt liegen sich schließlich die beiden in den Armen. – Die Bojarenduma verurteilt den falschen Dimitrij, der sich an der Spitze einer polnischen Armee Moskau nähert, in contumaciam zum Tode. Als daraufhin Schujskij den Bojaren von dem Wahnsinnsanfall des Zaren erzählt, den er durch einen Türspalt beobachtet hatte, betritt Boris in einem ähnlichen Zustand den Saal, ohne zunächst die Anwesenden zu bemerken. Zur Besinnung gekommen, erklärt er sich bereit, den von Schujskij angemeldeten Mönch Pimen sogleich zu empfangen, der ihm berichtet, daß ein an dem Grab des ermordeten Dimitrij betender Blinder plötzlich sehend geworden sei. Aufs neue umnachten sich Boris' Sinne; er fühlt sein Ende nahen und läßt den Zarewitsch rufen, dem er seine letzten Ratschläge erteilt. In feierlicher Prozession bringen die Bojaren das von Boris gewünschte Büßergewand, und mit der letztwilligen Verfügung, daß sein Sohn Zar werde, stirbt er. – Eine Gruppe aufständischer Bauern hat sich des Bojaren Chruschtschow bemächtigt und verhöhnt ihn. Buben nehmen einem Schwachsinnigen eine Kupfermünze ab, worüber dieser in herzzerreißendes Wehklagen ausbricht. Dann erscheinen die beiden abtrünnigen Mönche Missaïl und Warlaam, die das Volk gegen den Zaren aufstacheln; fast gleichzeitig kommen zwei Jesuiten, die für Demetrius Propaganda machen. Die Bauern wollen die verhaßten »schwarzen Raben« kurzerhand aufhängen. Diese werden aber ebenso wie der Bojar Chruschtschow aus ihrer mißlichen Lage durch das plötzliche Auftreten des falschen Dimitrij an der Spitze seiner Krieger befreit, dem die Menge sogleich zujubelt und begeistert folgt. Der Schwachsinnige bleibt allein zurück und beklagt wehmütig das tragische Geschick seines Heimatlandes, während aus der Ferne der Widerschein der brennenden Stadt Kromy flackert. . . .

Stilistische Stellung: Mussorgskij hat selbst eine schlagwortartige Charakterisierung des Stils seines ›Boris Godunow‹ gegeben, indem er das Werk als »Musikalisches Volksdrama« bezeichnete. Die Hauptrolle spielt also weniger der Titelheld als vielmehr das russische Volk. Mit großartiger Anschaulichkeit offenbart sich die Volksseele in den einzelnen Phasen der schicksalhaften Ereignisse, sei es bei den gewaltigen

Massenszenen oder auch bei den realistisch gezeichneten Einzeltypen. So legte denn auch der Dichtermusiker weniger Wert auf eine nach den Regeln der dramatischen Kunst gestaltete geschlossene Handlung. Die Darstellung des Stoffes erfolgt in farbigen, kontrastreichen Einzelszenen, die nur lose miteinander verknüpft sind. Die stark nationale Note der Musik äußert sich vor allem in der Thematik und Harmonik, wobei ein enger Kontakt zur russischen Kirchen- und Volksmusik feststellbar ist (unregelmäßige, besonders fünftaktige Perioden, Schwergewichtsverschiebungen, häufiger Taktwechsel). Die Themen erfahren zeitweise eine leitmotivartige Behandlung. Auch einige originale Volkslied-Melodien wurden verarbeitet: in der Krönungsszene bei dem Huldigungschor ›Heil der Sonne‹, eine Melodie, die schon Beethoven in seinem Streichquartett op. 59, Nr. 2 (Rasumowsky-Quartett) verwertete, für das zweite Lied des Warlaam im Wirtshausbild ein Polterabendgesang ›Die Glocken von Nowgorod‹, im Revolutionsakt der Hohnchor der Bauern nach dem Volkslied ›Mädchens Rache‹ und schließlich der Duogesang der abtrünnigen Mönche im gleichen Bild nach dem Volkslied ›Jung Wolga und Mikula‹. In den Polenbildern grundieren nationale Tanzrhythmen das Milieu (Mazurka, Krakowiak, Polonaise), aber auch Italienismen charakterisieren die fremde Atmosphäre (Rangoni, Liebesszene). In formaler Hinsicht gehen geschlossene Gebilde, Parlando- und ariose Rezitative unmerklich ineinander über. Die Bezeichnungen »Arie«, »Duett« usw. sind nicht original und stammen von Nikolaj Rimskij-Korssakow. Auch sonst hat dessen Bearbeitung manche geniale Stelle des Originals verwischt, so vor allem durch Veränderung der Harmonien (bei unaufgelösten Vorhaltsakkorden, Einfügung von Leittönen), ferner durch rhythmische Vereinfachungen, durch Beseitigung des häufigen Taktwechsels oder durch Verweichlichung knorriger Kühnheiten infolge Uminstrumentierung; im allgemeinen stellen aber die instrumentalen Retouchen noch das Beste an der Bearbeitung Rimskij-Korssakows dar, der ja über eine meisterhafte Instrumentationstechnik verfügte. Die in der Originalpartitur kleinen Soli (Bauern, Bäuerinnen) zugeteilten Partien im ersten und im Revolutions-Bild wurden bei der Uraufführung in Ermangelung geeigneter Kräfte vom ganzen Chor gesungen; Rimskij-Korssakow hat in seiner Bearbeitung diese kleinen solistischen Aufgaben ebenfalls dem Chor zugeteilt.

TEXTDICHTUNG: Mussorgskij gestaltete das Opernbuch in engem Anschluß an Puschkins ›Dramatische Chronik vom Zaren Boris und Grischka Otrepjew‹ (1830). Puschkin hatte den Stoff, der auch von Friedrich Schiller, Friedrich Hebbel und fast gleichzeitig mit Mussorgskij von Aleksej Tolstoj (1866–1870 in einer Trilogie) dichterisch behandelt wurde, dem großen Geschichtswerk von Karamsin (›Geschichte des russischen Reiches‹, 1816–1829) entnommen, dessen Darstellung der Ereignisse allerdings nicht immer exakt den historischen

Tatsachen folgt. Mussorgskij mußte die in epischer Breite ausgeführte Handlung des Puschkinschen Dramas für die Verwendung als Libretto eines Musikdramas kürzen; so konzentrierte er zunächst das Geschehen von den 24 Szenen bei Puschkin auf 7 Szenen in seinem »Ur-Boris«: 1) Klosterhof, noch etwas breiter ausgeführt als bei der 2. Fassung; 2) Krönungsszene; 3) Klosterszene mit einer bei der 2. Fassung fallengelassenen Erzählung Pimens von der Ermordung des kleinen Dimitrij; 4) Wirtshausszene, noch ohne das Lied vom ›Enterich‹; 5) Kremlgemach; 6) Szene auf dem Roten Platz vor der Basilius-Kathedrale, die in der 2. Fassung ganz wegblieb; 7) Bojarenduma und Tod des Boris. Die spätere Umarbeitung erfuhr eine freiere Gestaltung, bei der vor allem auch eigene Ideen verarbeitet wurden. In der Hauptsache wurden bei der Zweitfassung, dem sogenannten »Original-Boris«, folgende Veränderungen vorgenommen: Die 1. Szene wird mit dem Gesang der abziehenden Pilger beendet. Bei der Szene in der Klosterzelle wurden die mystischen Choralgesänge der Mönche hinter der Bühne eingefügt. Der Text des im Wirtshausbild neu hinzugekommenen Liedes vom ›Enterich‹ stammt aus einer Sammlung russischer Kinderlieder von Paul W. Schein; aus der gleichen Sammlung wurden entnommen die Texte des Liedes ›Mück' und Wanze‹ sowie des ›Klatschhändchenspiels« im Kremlgemach-Bild, das ferner noch bereichert wurde durch das ›Papageienlied‹ (zu Anfang des 16. Jahrhunderts kamen die ersten Papageien nach Rußland!), durch das sogenannte »kleine Glockenspiel« am Anfang und das »große Glockenspiel« am Ende dieses Bildes sowie durch das Arioso des Boris und die Begrüßung Schujskijs. Die beiden Polenszenen kamen ebenfalls neu hinzu, wobei die Figur des Jesuiten Rangoni Mussorgskijs eigene Erfindung war. Die Sterbeszene des Boris steht nun an vorletzter Stelle, während das Werk mit der vom Komponisten frei erfundenen Revolutionsszene bei Kromy abgeschlossen wird. Die Anregung zu den beiden Jesuiten fand Mussorgskij bei Karamsin, den Text des Revolutionschores entnahm er einem alten russischen Räuberlied. Der schon bei Puschkin vorkommende Schwachsinnige ist ein in der russischen Literatur häufig zu findender Typus. Rimskij-Korssakow hatte bei seiner 1. Bearbeitung des ›Boris Godunow‹, abgesehen von den musikalischen Veränderungen, einschneidende Kürzungen vorgenommen, die er aber mit Ausnahme des erneut gestrichenen »kleinen Glockenspiels« bei der 2. Überarbeitung wieder beseitigte. Auch die Umstellung der beiden letzten Bilder des »Original-Boris« (Sterbeszene als Abschluß) stammt von Rimskij-Korssakow. Die deutsche Textübertragung, die neuerdings von Heinrich Möller redigiert wurde, besorgte Max Lippold. Im Jahre 1927 legte der russische Musikforscher und Mitherausgeber der Mussorgskij-Gesamtausgabe Pawel Aleksandrowitsch Lamm eine auf Grund sorgfältigen Studiums des Quellenmaterials erstellte Neufassung des Werkes vor, bei der in der Hauptsache eine Wiederherstellung von Mussorgskijs Originalpartitur vorgenommen ist: Aus dem »Ur-Boris« wurde auch das Bild auf dem Roten Platz vor der Basilius-Kathedrale (mit der Szene des Schwachsinnigen) wieder aufgenommen. Aus der 2. Fassung des Komponisten wurde das Lied vom ›Enterich‹ (4. Bild), die beiden Polenbilder, die Begrüßung Schujskijs sowie das Revolutionsbild beibehalten. – Eine Neuinstrumentierung des Werkes besorgte 1940 der russische Komponist Dmitrij Schostakowitsch.

GESCHICHTLICHES: Mussorgskij begann mit der Arbeit an seinem ›Boris Godunow‹ im September 1868. Sein Freund Professor Wladimir Nikolskij hatte ihn auf den Stoff aufmerksam gemacht. Der Meister begeisterte sich so sehr für die Aufgabe, daß er jede freie Stunde, soweit es ihm sein Beamtendienst erlaubte, dafür benutzte. So wurde die Oper bereits Ende 1869 in der Skizze fertiggestellt, im Sommer 1870 auch schon in der Instrumentation abgeschlossen. Die Kaiserliche Oper in St. Petersburg lehnte jedoch eine Aufführung des Werkes ab; die Prüfungskommission, in der übrigens nicht ein Russe vertreten war, beanstandete hauptsächlich das Fehlen einer großen Frauenrolle sowie das Überwiegen der Massenszenen. Auf Drängen seiner Freunde, in erster Linie Wladimir W. Stassows, arbeitete Mussorgskij daraufhin das Werk um. Die neue Fassung, die zum Unterschied von den späteren Bearbeitungen Rimskij-Korssakows als »Original-Boris« bezeichnet wird, stellt in der Hauptsache eine Erweiterung des »Ur-Boris« dar. Die vom Komponisten mit fanatischer Hingabe besorgte Umarbeitung wurde im Sommer 1872 beendet. Inzwischen war ›Boris Godunow‹ unter Mitwirkung Mussorgskijs an musikalischen Abenden bei Freunden wiederholt bruchstückweise oder auch ganz mit Klavier aufgeführt worden. An der Kaiserlichen Oper kamen zunächst nur drei Szenen (die beiden Polenbilder und die Wirtshausszene) zusammen mit einem Akt aus ›Lohengrin‹ im Februar 1873 zum Benefiz des Oberspielleiters Gennadij P. Kondratjew zur Aufführung. Der leitende Dirigent Eduard Franzewitsch Naprawnik, ein Tscheche, der kein Verhältnis zu Mussorgskijs Musik hatte, wußte eine Aufführung des ganzen ›Boris Godunow‹ zu verhindern, bis die gefeierte Primadonna Julija F. Platonowa, eine Verehrerin der Kunst Mussorgskijs, für die Erneuerung ihres Vertrags eine Aufführung des ›Boris Godunow‹ zur Bedingung stellte. Auf diese Weise gelangte das Werk am 8. Februar 1874 in St. Petersburg zur Uraufführung, obwohl es noch ein zweites Mal vom Prüfungskomitee abgelehnt worden war und nachdem ein letzter Versuch, die Aufführung mit dem Argument des Zeitmangels zu hintertreiben, dadurch zum Scheitern gebracht worden war, daß der Komponist selbst mit den Sängern die Partien in der Wohnung der Platonowa einstudierte. Die Aufführung, bei der vor allem die Sänger Osip A. Petrow (Warlaam), Iwan A. Melnikow (Boris), Platonowa (Marina) und Antonina I. Abarinowa (Schenkwirtin) hervorragten, fand geteilte Aufnahme: Begeistert war vor allem die Jugend, die Fachkritik verhielt sich dagegen fast durchwegs ablehnend, wobei selbst ein Anhänger der »Gruppe der Fünf«, Cesar A. Cui, das Werk verständnislos beurteilte. Trotzdem erzielte ›Boris Godunow‹ damals zwanzig ausverkaufte Häuser. Im Jahre 1896 bearbeitete Rimskij-Korssakow die Oper, eine zweite Überarbeitung ließ er im Jahre 1908 nachfolgen. Die Erstaufführung der Bearbeitung von Rimskij-Korssakow erfolgte am 10. Dezember 1896 am Konservatorium in St. Petersburg. Die Kaiserliche Oper nahm das Werk erst im Herbst 1904 wieder in ihren Spielplan auf. Die Titelrolle sang Fjodor Schaljapin, durch dessen grandiose Gestaltungskunst auch das Ausland auf den ›Boris Godunow‹ aufmerksam gemacht wurde. In Deutschland ging das Werk zum ersten Mal am 29. Oktober 1913 in Breslau in Szene.

Chowanschtschina

Musikalisches Volksdrama in fünf Aufzügen. Text nach Wladimir W. Stassow vom Komponisten.

SOLISTEN: *Fürst Iwan Chowanskij,* Führer der Strelitzen (strelzy = Schützen) (Seriöser Baß, auch Heldenbariton, auch Charakterbaß, gr. P.) – *Fürst Andrej Chowanskij,* sein Sohn (Jugendlicher Heldentenor, auch Lyrischer Tenor, gr. P.) – *Fürst Wassilij Golizyn* (Jugendlicher Heldentenor, auch Charaktertenor, gr. P.) – *Schaklowityj,* Bojar (Kavalierbariton, auch Charakterbariton, m. P.) – *Dosifej,* Oberhaupt der Altgläubigen (Seriöser Baß, gr. P.) – *Marfa,* eine junge Witwe, Altgläubige (Dramatischer Mezzosopran, auch Dramatischer Alt, gr. P.) – *Ein Schreiber* (Spieltenor, auch Charaktertenor, m. P.) – *Emma,* ein junges Mädchen aus der deutschen Vorstadt (Jugendlich-dramatischer Sopran, auch Lyrischer Sopran, m. P.) – *Warssonofjew,* Vertrauter Golyzins (Baß, auch Baßbariton, kl. P.) – *Kuska,* ein Strelitze (strelez = Schütze) (Bariton, auch Baß, kl. P.) – *1. Schütze* (Baß, auch Bariton, kl. P.) – *2. Schütze* (Baß, kl. P.) – *3. Schütze* (Tenor, kl. P.) – *Streschnew,* Bojar (Tenor, auch Bariton, kl. P.) – *Susanna,* eine Altgläubige (Sopran, kl. P.).

CHOR: Strelitzen. Altgläubige. Garde des Zaren. Volk (gemischter Chor, gr. Chp.).

BALLETT: Persischer Tanz.

ORT: Moskau.

SCHAUPLÄTZE: Der rote Platz – Golizyns Arbeitszimmer in seinem Sommerhaus – In der Strelitzen-Vorstadt – Speisesaal im Schlosse Iwan Chowanskijs – Platz vor der Kirche des heiligen Basilius – Einsiedelei in einem Fichtenwald.

ZEIT: 1682.
ORCHESTER:
a. Fassung von Rimskij-Korssakow: 3 Fl., 2 Ob., 2 Kl., 2 Fag. – 4 Hr., 2 Trp., 3 Pos., Tuba – P., Schl., Hrf. – Str. – Bühnenmusik: 4 Trp., 3 Pos.
b. Fassung von Schostakowitsch: 3 Fl. (III. auch Picc.), 3 Ob. (III. auch Eh.), 3 Kl. (III. auch Bkl.), 3 Fag. (III. auch Kfag.) – 4 Hr., 3 Trp., 3 Pos., Tuba – Okarina, Schl., Glsp., Gl., Cel., 2 Hrf., Klav. – Str. – Bühnenmusik: Hr., Trp., Pos.
GLIEDERUNG: Vorspiel, fünf Akte mit 34 musikalischen Nummern, die ineinander übergehen.
SPIELDAUER: etwa 2¾ Stunden.
HANDLUNG: Auf dem roten Platz in Moskau. Zwei Strelitzen wecken den eingeschlafenen Posten Kuska und brüsten sich mit den Greueltaten, die sie vollbracht haben, und loben ihren Herrn, den Fürsten Chowanskij. Der rote Platz füllt sich mit Menschen. Ein öffentlicher Schreiber bezieht seinen Stand. Der Bojar Schaklowityj tritt zu ihm und diktiert ihm eine anonyme Anschuldigung gegen Iwan Chowanskij und seinen Sohn Andrej wegen angeblichen Hochverrats gegen den jungen Zaren Peter. Die Ängste des Schreibers beschwichtigt er mit Geld. Fürst Iwan tritt mit großem Gefolge auf und läßt sich vom Volk und seinen Strelitzen feiern. Sein Sohn Andrej, der nach der Anzeige Schaklowityjs angeblich neuer Zar werden soll, hat derzeit wenig mit Staatsgeschäften im Sinn – er stellt der jungen Deutschen Emma nach, die ihn beschuldigt, der Mörder ihres Vaters zu sein und ihren Bräutigam vertrieben zu haben. Andrej kennt kein Pardon und will das Mädchen ins Haus schleppen, als Marfa, seine frühere Verlobte, die er verlassen hat, die ihn jedoch immer noch liebt, dazwischentritt. Der Fürst geht mit einem Dolch auf Marfa los, doch diese weiß mit einer eigenen Waffe den Stoß zu parieren. Lärm des Volkes stört die Szene: Iwan Chowanskij kommt, und da ihm die junge Deutsche gut gefällt, will er sie für sich haben. Der Sohn widersetzt sich, und der Vater will ihn festnehmen lassen, als Dosifej, der Führer der Raskolniki, der Altgläubigen, hinzukommt und Emma in die Obhut Marfas gibt. Während Chowanskij mit seinen Leuten und mit Andrej weiter zum Kreml zieht, beklagt Dosifej die Zerrissenheit des Vaterlandes und betet zu Gott, er möge das Volk zum alten Glauben zurückführen. – In seinem Arbeitszimmer liest Fürst Golizyn, der das russische Heer gegen Polen geführt hat, einen Liebesbrief der Zarewna Sofia, die für ihren jüngeren Bruder Peter die Regentschaft führt. Golizyn, allen westlichen Einflüssen aufgeschlossen und von daher ein natürlicher Gegner der Altgläubigen wie der Bojaren, deren Einfluß er zugunsten des Zaren beschnitten hat, glaubt jedoch, die Waage des Schicksals werde sich Zar Peter zuneigen, und will sich deshalb nicht festlegen. Sein Vertrauter Warssonofjew kommt und meldet die Wahrsagerin.

Marfa kommt, läßt sich ein Glas Wasser reichen und beschwört die Seelen der Abgeschiedenen, ihr das Schicksal Golizyns zu enthüllen. Als sie ihm mitteilt, er werde aller Macht beraubt und in die Verbannung geschickt, befiehlt er seinen Dienern, sie zu fangen und im Sumpf zu ertränken. Unangemeldet erscheint Chowanskij und beklagt sich darüber, daß Golizyn die Macht der Bojaren eingeschränkt habe. Die Fürsten geraten in Streit, und der hinzukommende Dosifej versucht, zu vermitteln. Marfa eilt hinzu und bittet das Oberhaupt der Altgläubigen um Schutz – da ihr die Palastwache zu Hilfe eilte, konnte sie den Häschern Golizyns entkommen. Der Bojar Schaklowityj erscheint: sein Brief hat Früchte getragen. Triumphierend meldet er, daß Peter seine Schwester in Haft genommen hat und nun allein regiert; außerdem habe er die Verbannung Golizyns verfügt und wolle die Chowanskij-Schurkereien (dies ist die wörtliche Übersetzung des Operntitels ›Chowanschtschina‹) untersuchen lassen. – Durch die Strelitzenvorstadt ziehen betend die Altgläubigen. Vor dem Hause Andrejs bleibt Marfa allein zurück. Sie beklagt ihre vergebliche Liebe zu dem jungen Fürsten, dem sie immer noch treu ist, und wird dabei belauscht von Susanna, einer eifernden Altgläubigen, die ihr wegen ihrer Sünden schwere Vorwürfe macht. Dosifej kommt hinzu und nimmt Marfa in Schutz, die keifende Alte schickt er weg, das Mädchen versucht er zu trösten. Die Strelitzen wissen noch nichts davon, daß sich der Zorn Peters über ihrem Haupte zusammenbraut. Sie singen und saufen und prügeln sich mit ihren Weibern, als schreckensbleich der Schreiber gerannt kommt und berichtet, die Reiter des Zaren seien auf dem Vormarsch gegen die Strelitzenstadt. Die Strelitzen sind zuerst ungläubig, aber dann faßt sie die Angst, und sie rufen nach ihrem Fürsten Iwan Chowanskij – doch seine beruhigenden Worte vermögen die Menge nicht zu zerstreuen. – In seinem Schlosse feiert Iwan Chowanskij ein Gelage: er fordert die leibeigenen Mädchen auf, nicht so traurige Lieder zu singen. Plötzlich erscheint Warssonofjew und übermittelt ihm eine Warnung Golizyns, doch Chowanskij hält dies für eine Verhöhnung und läßt den Boten durchprügeln. Dann sollen ihm seine persischen Sklavinnen mit ihren Tänzen die Sorgen vertreiben. Der Bojar Schaklowityj erscheint und sucht den Fürsten fortzulocken, indem er vorgibt, die Regentin Sofia begehre seinen Rat. Chowanskij geht in die Falle und wird beim Verlassen des Saales von Schaklowityj erstochen. – Vor der Basilius-Kathedrale erwartet das Volk den Zug der Verbannten: unter ihnen ist Fürst Golizyn – Marfas Prophezeiung ist eingetroffen. Dosifej und Marfa spüren, daß nun für die Altgläubigen eine Zeit schwerer Prüfungen komme, denn Zar Peter gilt als fortschrittlicher Mann. Andrej versucht, von Marfa zu erfahren, wohin Emma gekommen sei, muß aber hören, daß sein Vater umgekommen ist. Die Strelitzen werden von den Reitern Zar Peters in die Enge getrieben, doch dann erscheint, als alle schon um ihr Leben fürchten, der junge Bojar Streschnew und verkündet im Namen des Zaren, daß die Strelitzen begnadigt würden, wenn sie ihrem neuen Herrn Treue gelobten. Marfa und Andrej fliehen. – In einer Einsiedelei im Wald halten sich die Altgläubigen vor ihren Verfolgern verborgen. Als jedoch Zar Peters Truppen heranrücken, wollen sie lieber gemeinsam den Freitod auf dem Scheiterhaufen suchen als den Feinden in die Hände fallen. Marfa gelingt es, den verzweifelten Andrej zum gemeinsamen Opfertod zu überreden. Zu spät erscheinen die Reiter Zar Peters.

STILISTISCHE STELLUNG: Mussorgskij hat seine zweite große Volkstragödie als Torso hinterlassen; das macht eine Bewertung schwer, zumal auch der Handlungsablauf eher die Statik einer Reihe von Historienbildern annimmt und kaum durchlaufende Situationen kennt. Hinzu kommt, daß sich dem nicht-russischen Zuschauer die Verwicklung von politischen und religiösen Auseinandersetzungen kaum erschließt. Mussorgskij versucht – darin allerdings weniger auf Genauigkeit der Geschichte als auf kontrastreiche Dramatik ausgehend – die verworrene Situation nach dem Tod des Zaren Fjodor III. 1682 zum Ausgangspunkt der Handlung zu machen. Ein erster Streit entspann sich zwischen der Familie von Fjodors erster Frau, den Miloslawskijs (aus dieser Ehe stammt Sofia, die Zarewna), und der von Peters Mutter, den Naryschkins. Hinzu kommen religiöse Auseinandersetzungen: die altgläubigen Sektierer, die Raskolniki, verschworen sich gegen den fortschrittlichen Peter (den späteren Zar Peter den Großen). Die Strelitzen in der Hand des ganz auf Machterhalt ausgehenden Fürsten Chowanskij versuchten, die Macht des Zaren in dieser Übergangsperiode zu mindern. Fürst Golizyn, der für die Zarewna Sofia einen Krieg gegen Polen geführt hatte, setzte sich zwar auch für ein modernes, fortschrittliches Rußland ein, wurde aber zur zaristischen Gegenpartei gerechnet. – Musikalisch spielt in diesem Werk der Chor fast eine noch größere Rolle als im ›Boris Godunow‹, wo dem Volk die Figur des unglückseligen Zaren gegenübergestellt ist. Mussorgskij greift dabei in vielen Szenen auf folkloristische Quellen zurück; durch die getragenen Gesänge der Altgläubigen, in denen kirchenslawische Liturgie zitiert wird, erhalten weite Partien des Werkes einen sakral-elegischen Ton. Weit mehr als im eher deklamatorisch angelegten ›Boris Godunow‹ sind auch die Solopartien, allen voran jene der Marfa, durch lyrisch-ariose Elemente geprägt.

TEXTDICHTUNG: Mussorgskij arbeitete an ›Chowanschtschina‹ auf eine Textvorlage von Wladimir W. Stassow, die er selbst ergänzte und erweiterte, doch scheint es so gewesen zu sein, daß er bereits zu komponieren anfing, ehe noch das Gerüst des Volksdramas fertig entwickelt war. Zudem gelang es ihm nicht, die Stoff-Fülle in den Griff zu bekommen.

GESCHICHTLICHES: Mussorgskij arbeitete seit 1872 an ›Chowanschtschina‹; bei seinem Tode jedoch hinterließ er lediglich eine umfängliche Klavierskizze, der der Schluß fehlte. Nikolaj Rimskij-Korssakow nahm sich des Fragmentes an und arbeitete nicht nur die Instrumentation aus, sondern hatte die Aufgabe, den einzelnen Nummern eine sinnvolle Reihenfolge zu geben, Übergänge zu entwerfen und auch Teile der Musik wegzulassen. Seine Einrichtung des Werkes wurde von der Prüfungskommission des Petersburger Konservatoriums verworfen, so daß es lediglich zu einer von der Zensur deutlich gekürzten Laienaufführung am 21. Februar 1886 kam. Die erste offizielle Aufführung datiert man mit dem 20. November 1911 im Petersburger Mariinskij-Theater, voraufgegangen waren öffentliche Aufführungen 1892 in Kiew, 1892 in Moskau und 1893 in St. Petersburg. Zu ersten Auslandsaufführungen kam es kurz darauf: 1913 in London und in Paris, wo Maurice Ravel und Igor Strawinsky Teile der Partitur neu instrumentierten. Die deutsche Erstaufführung war am 19. Februar 1924 in Frankfurt/Main, besonders starkes Echo fand 1927 eine Dresdner Aufführung unter Issai Dobrowen. 1931 wurde erstmals Mussorgskijs originales ›Chowanschtschina‹-Material veröffentlicht; 1938 schrieb Boris Assafjew eine neue, sehr romantisierende Instrumentation, die aber kaum aufgeführt wird. 1958 legte Dmitrij Schostakowitsch eine stilsichere, sich stärker an der schärferen Instrumentation des ›Boris Godunow‹ orientierende Orchesterfassung vor, die in Belgrad und London, aber auch bei Inszenierungen in Köln und Hamburg verwendet wurde.

W. K.

Der Jahrmarkt von Sorotschinzy

Komische Oper in drei Akten. Dichtung nach Nikolaj W. Gogol vom Komponisten.

Solisten: *Tscherewik* [Solopij], ein Bauer (Schwerer Spielbaß, gr. P.) – *Gritzko,* ein junger Bauer (Jugendlicher Heldentenor, auch Lyrischer Tenor, gr. P.) – *Afanassij Iwanowitsch,* der Sohn des Popen [Popowitsch] (Spieltenor, auch Charaktertenor, m. P.) – *Der Gevatter* (Baßbariton, auch Charakterbariton, gr. P.) – *Ein Zigeuner* (Charakterbaß, m. P.) – *Parassja,* Tscherewiks Tochter (Lyrischer Sopran, gr. P.) – *Chiwrja* [Chawronia Nikiforowna], Tscherewiks Frau (Dramatischer Mezzosopran, auch Spielalt, gr. P.) – *Tschernobog,* Oberteufel (Bariton, auch Baß, m. P.) – *1.* und *2. Gast* (Tenor, kl. P.) – *3. Gast* (Baß, kl. P.).
Chor: Mädchen und Burschen. Zigeuner. Händler, Händlerinnen. Kosaken. Juden (I. Akt: Frauenchor geteilt in Mädchen [Sopran und Alt] und in Händlerinnen [Sopran und Alt]; Männerchor geteilt in Händler [Tenor und Baß], Zigeuner [Baß], Juden [Tenor], Burschen [Tenor] und Kosaken [Baß]; m. Chp.).

BALLETT: Hopak.
ORT: Sorotschinzy, Dorf in Klein-Rußland (Ukraine).
SCHAUPLÄTZE: Jahrmarkt (Verkaufsstände, Buden, Zelte, eine Menge verschiedener Wagen; seitlich ein Wirtshaus) – Im Haus des Tscherewik – Dorfplatz, seitwärts das Haus des Tscherewik.
ZEIT: Ein heißer Tag in Klein-Rußland.
ORCHESTER: 2 Fl., 1 Picc., 2 Ob., 1 Eh., 2 Kl., 2 Fag., 4 Hr., 3 Trp., 3 Pos., 1 Bt., P., Schl., Hrf., Klav., Str.
GLIEDERUNG: Introduktion, I. Akt: 7; II. Akt: 8; III. Akt: 7 geschlossene musikalische Szenen, die pausenlos ineinander gehen.
SPIELDAUER: etwa 2½ Stunden.
HANDLUNG: In dem Dorf Sorotschinzy findet seit vielen Jahren wieder einmal ein Jahrmarkt statt. Es herrscht ein buntes Treiben; Händler, Juden und Zigeuner bieten ihre Waren an. Der Bauer Tscherewik erscheint mit seiner Tochter Parassja, die zum erstenmal einen Jahrmarkt erlebt. Sie betrachtet mit Entzücken die Bänder und Glasperlen und bittet ihren Vater, ihr einen solchen Schmuck zu kaufen. Aber Tscherewik will erst seine Stute und seinen Weizen gut verkaufen. Während er sich mit den Händlern in ein Gespräch einläßt, macht sich der junge Bauer Gritzko an Parassja heran. Ein Zigeuner warnt die Burschen und Mädchen davor, sich hier in einen Handel einzulassen; denn dort hinten in der Scheune wohne die »Rote Jacke«, sie betöre das Volk und verleite es zu Betrug und Diebstahl, nachts erschrecke sie die Leute, und Schweinerüssel kröchen aus ihrer Hütte. Gritzko hat inzwischen Parassja heimlich eine Liebeserklärung gemacht; unversehens raubt er ihr einen Kuß. Da tritt Tscherewik dazwischen. Gritzko gibt sich ihm als alter Familienfreund zu erkennen und erklärt gleichzeitig, Parassja heiraten zu wollen. Tscherewik willigt ein, und die drei begeben sich ins Wirtshaus, um die Verlobung zu begießen. Inzwischen ist es dunkel geworden. Die Händler haben ihre Verkaufsbuden geschlossen, und die Leute haben sich zerstreut. Tscherewik kommt mit dem Gevatter aus dem Wirtshaus. Die beiden sind reichlich angetrunken und stolpern über verschiedene Gegenstände. Da erscheint Chiwrja, Tscherewiks Frau und Parassjas Stiefmutter. Tscherewik berichtet ihr sogleich, daß er einen Eidam für die Tochter habe. Aber Chiwrja lehnt mit wüstem Geschimpfe diesen Schwiegersohn ab, der sie vorhin auf dem Weg zum Jahrmarkt mit Kot beworfen habe und der wohl auch so ein nichtsnutziger Säufer sei wie er. Wütend entfernt sie sich. Tscherewik folgt ihr resigniert mit dem Bemerken, nun sei es mit der schönen Verbindung wieder aus. Gritzko, der den Streit zwischen Tscherewik und Chiwrja heimlich mitangehört hat, ist tief betrübt über die schlimme Wendung. Er bemerkt nicht, daß er von dem Zigeuner belauscht wird. Jetzt tritt ihm der Zigeuner in den Weg. Er verspricht Gritzko, ihm zu Parassja zu verhelfen, wenn er ihm seine Ochsen für zwanzig Rubel verkaufen würde. Gritzko ist bereit, sie

ihm schon für fünfzehn zu geben, wenn er sein Versprechen wahrmachen könnte. Als Handgeld bietet der Zigeuner fünf Rubel an. Aber Gritzko zweifelt an der Aufrichtigkeit des Zigeuners. Dieser erklärt jedoch, Gritzko brauche die fünf Rubel nicht zurückzugeben, falls sein Vorhaben nicht den gewünschten Erfolg haben sollte. Freudig willigt Gritzko jetzt ein. Als der Zigeuner sich entfernt hat, erscheint Parassja. In der Stille der Nacht gestehen sich die beiden gegenseitig ihre Liebe. – In seiner Stube liegt Tscherewik in tiefem Schlaf und schnarcht, während Chiwrja eifrig mit Kochen beschäftigt ist. Mit Ekel betrachtet sie ihren besoffenen Mann. »Wie anders wirkt dagegen der so bescheidene, hübsche Jüngling«, denkt sie, »der jeden Augenblick erscheinen kann«. Als Tscherewik erwacht, provoziert sie einen Streit. Sie jagt schließlich ihren Mann hinaus, er solle die Nacht unter seinem auf dem Jahrmarktsplatz abgestellten Wagen verbringen, um den Weizen und die Stute zu bewachen. Kaum ist er weggegangen, tischt sie die feinen Gerichte auf, die sie für ihren jungen Schatz gekocht hat. Sie legt die neuen Schuhe an und macht sich schön. Da wird sie durch einen Ruf von außen erschreckt. Sie geht mit einem Krug Wasser zum Fenster, um einen unerwünschten Eindringling damit zu begießen. Aber es ist der Popensohn Afanassij Iwanowitsch, den sie erwartet. Er war in der Dunkelheit vor dem Haus in die Nesseln gefallen. Der Popowitsch kommt herein und begrüßt Chiwrja mit überschwenglich schmeichelhaften Worten. Dann stürzt er sich mit Heißhunger auf die leckeren Speisen, die er gierig und hastig verschlingt. Dazwischen seufzt er, daß sein Herz noch nach etwas viel Süßerem als alle Knödel und Kuchen verlange: nach der unvergleichlichen Chawronia Nikiforownas Liebe. Einen Knödel in der Hand, umschlingt er mit dem anderen Arm die umfangreiche Taille Chiwrjas. Als sie ihn ziemlich unmißverständlich zum Kuß auffordert, verschlingt er erst rasch den Knödel und küßt sie dann auf den Mund. In diesem Augenblick klopft es an der Tür. Der Popensohn ist zu Tode erschrocken; ängstlich plappert er unentwegt Gebete, während Chiwrja eine Stelle sucht, wo sie ihn verstecken kann. In ihrer Verzweiflung packt sie ihn am Rockschoß und zieht ihn hinauf auf den Kornboden. Daraufhin öffnet sie die Tür. Es erscheint Tscherewik mit dem Gevatter und einigen Gästen. Sie kommen angeheitert aus der Wirtschaft und sind noch etwas verängstigt wegen der Gerüchte über das angebliche Herumgeistern der »Roten Jacke« auf dem Jahrmarkt. Da knarren unter dem Popowitsch die Bretter. Erschrocken horchen alle auf. Der Gevatter schickt Chiwrja hinaus, sie solle eine Flasche Schnaps aus seinem Wagen holen. Er bemerkt zu den Anwesenden, daß Chiwrja gezittert habe. Aber Tscherewik wirft ein, seine Frau fürchte sich nicht, vor der habe sogar der Teufel Angst. Chiwrja kommt mit der Flasche zurück. Unter dem Einfluß des Alkohols spielt nun der Gevatter den Tapferen und prahlt, der »Roten Jacke« mit der Faust ins Gesicht zu schlagen, wenn sie erschiene. Um sich weiteren Mut zu machen, singen Tscherewik und die Gäste das Kosakenlied »Du, du, rududu«. Da fällt plötzlich ein Teller vom Kornboden, wo der Popensohn liegt. Um die Aufmerksamkeit abzulenken, stimmt Chiwrja schnell in das Lied mit ein und bemerkt, von dem dummen Dudeln würden schon ihre Teller herabfallen. Tscherewik meint jedoch, das Geräusch sei von der »Roten Jacke« gekommen. Rasch erwidert Chiwrja, es habe doch geklirrt, die »Rote Jacke« könne aber nur grunzen. Sie fordert die Männer auf, ihr auch etwas zu trinken zu geben. Aber Tscherewik verlangt, sie solle erst einmal das Fenster öffnen. Chiwrja tut es. Nun spielt Tscherewik den Tapferen und ruft, die »Rote Jacke« solle doch jetzt erscheinen. Angstvoll warnen ihn die Gäste, den Teufel nicht zu provozieren. Da fordert Tscherewik den Gevatter auf, einmal die Geschichte von der »Roten Jacke« zu erzählen. Dieser ist hierzu bereit, obwohl er es für nicht ratsam hält, gerade jetzt zur Nachtzeit von der unheimlichen Geschichte zu reden: Einstens ward ein Teufel für ein Vergehen aus der Hölle gejagt. Auf der Erde war es ihm langweilig. Zuerst dachte er an Selbstmord, dann ergab er sich aber dem Trunk. Von morgens bis abends saß er im Wirtshaus und soff, bis ihn der Wirt eines Tages hinausschmiß, weil er nicht mehr zahlen konnte. Da mußte der Teufel seine rote Jacke versetzen. Ein Jude gab ihm auf dem Jahrmarkt von Sorotschinzy für sie einige Kopeken. Der Teufel fügte jedoch hinzu, er werde sich seine Jacke in einem Jahr wieder abholen, der Jude möge sie also gut aufbewahren. Damit war er verschwunden. Als eines Tages ein vornehmer Herr sich für die Jacke interessierte, verkaufte der Jude sie ihm für fünf Rubel. Bald darauf erschien ein Mann bei dem Juden und sagte: »He, Jude, gib mir meine Jacke zurück!« Der Jude stellte sich dumm und gab vor, nichts von einer Jacke zu wissen. Als er dann abends sich anschickte zu beten, vernahm er plötzlich ein lautes Grunzen, und an allen Fenstern des Hauses erschienen gewaltige Schweinsrüssel. Ein Geräusch unterbricht die Erzählung des Gevatters. Tscherewik glaubt, ein Grunzen gehört zu haben. Chiwrja schilt die Männer Feiglinge, die besser ans Spinnrad oder an den Kochtopf gehörten. Der Gevatter fährt fort: Die Schweine, auf Beinen so lang wie Stelzen, sprangen ins Zimmer und hieben mit Peitschen auf den Juden ein, bis er so hoch wie die Decke sprang. Seit dieser Zeit wurde Sorotschinzy von den Fremden gemieden. Man hat daher auch keinen Jahrmarkt mehr abgehalten. Nun wollte man es jetzt wieder einmal versuchen. In diesem Augenblick erscheint an dem geöffneten Fenster ein Schweinskopf mit einem riesigen Rüssel. Gleichzeitig betritt der Zigeuner mit Gritzko, Burschen und Mädchen die Stube. Da fällt vom Kornboden der Popowitsch herunter, eingewickelt in einen alten Unterrock der Chiwrja, den er oben gefunden hatte. Mit starrem Schrecken halten ihn alle für den Teufel. Aber der Zigeuner geht mutig an ihn heran und zieht ihm die Hülle weg. Tscherewik steht wie vom Blitz getroffen.

Wütend geht er auf Chiwrja los, während alle in ein dröhnendes Gelächter ausbrechen. – Am nächsten Morgen gedenkt Parassja wehmütig ihres glücklichen Erlebnisses auf dem Jahrmarkt. In Erinnerung daran tanzt sie den Hopak. Da tritt ihr Vater hinzu und tanzt mit. Gleich darauf erscheint Gritzko. Tscherewik erklärt, nun sei der Herzensbund der beiden jungen Leute endgültig beschlossen und noch heute solle die Trauung stattfinden. Mit freudiger Erregung gesteht sich das Paar, wunschlos glücklich zu sein. Jetzt kommt auch Chiwrja. Umsonst versucht sie es nochmals, gegen die Heirat Einspruch zu erheben. Mit einem bestimmten und männlichen Ton weist Tscherewik sie in die Schranken. Anschließend fordert er die Burschen und Mädchen auf, das freudige Ereignis mit dem Tanz des Hopak zu feiern.

Stilistische Stellung: In der musikalischen Gestaltung seiner Oper ›Der Jahrmarkt von Sorotschinzy‹ knüpfte Mussorgskij etwa an den Stil der Wirtshausszene des ›Boris Godunow‹ an. Dabei erstrebte er »eine Umschmelzung des Rezitativs in Melodie«, also eine Verfeinerung des Charakterisierens durch die Ausdruckskraft des Melodischen. Das Rezitativ tritt dementsprechend in den Hintergrund, vorherrschend ist das melodische Element. Hier schöpfte Mussorgskij aus dem Reichtum der ukrainischen Volksmusik. Das kleinrussische Kolorit tritt vor allem in Erscheinung bei dem von Temperament und vitaler Rhythmik erfüllten Hopak (ukrainischer Nationaltanz) sowie in der farbenfrohen Musik der Jahrmarktszene, die einer ähnlichen Szene der Oper ›Mlada‹ (1872) entnommen ist. Nach einer kleinrussischen Volksweise ist Chiwrjas Liebeslied im II. Akt gestaltet. Von starker Wirkung sind anderseits die zu dem beschwingten Lustspielton kontrastierenden lyrischen Ruhepunkte: Gritzkos in phrygischer Tonart stehende Dumka im I. Akt und das Lied der Parassja im III. Akt, das nach einem schwermütigen Anfang in den ausgelassenen Ton einer fröhlichen Stimmung umschlägt. Das Motiv der »Roten Jacke« (fallende kleine None) kehrt im Verlauf der Oper in leitmotivischem Sinn immer wieder. In ähnlicher Weise wird auch das Thema der Chiwrja behandelt.

Textdichtung: Mussorgskij schrieb sich das Libretto zu seiner Oper nach der gleichnamigen Novelle des in Sorotschinzy geborenen russischen Dichters Nikolaj W. Gogol (1809–1852). Der Komponist hielt sich dabei eng an die Vorlage, wie ein 1877 entworfenes Szenarium zeigt. Nikolaj N. Tscherepnin nahm bei der Bearbeitung und Vollendung der Oper an diesem ursprünglichen Entwurf verschiedene Änderungen vor, die sich vor allem auf Kürzungen, besonders im III. Akt erstrecken. Die Übersetzung des Textbuchs ins Deutsche besorgte Heinrich Möller.

Geschichtliches: Mussorgskij arbeitete an dem Werk in den Jahren 1875 bis 1880. Die Oper blieb unvollendet. In dem Nachlaß des Komponisten fanden sich aber umfangreiche Skizzen. So wurden der I. und II. Akt fast ganz von Mussorgskij fertiggestellt. Vom III. Akt hat der Komponist allerdings nur die Dumka der Parassja vollendet. Bei den ersten Aufführungen (1911 in St. Petersburg und 1913 in Moskau) ersetzte man die fehlenden Teile einfach durch einen gesprochenen Dialog. Dies befriedigte jedoch nicht. Im Jahre 1915 vollendete der russische Komponist Cesar A. Cui (1835–1918) die Oper. Etwa ein Drittel dieser Bearbeitung war in einer dem Stil Mussorgskijs angepaßten Schreibweise von Cui neu hinzukomponiert worden. Die Erstaufführung erfolgte am 13. Oktober 1917 im Theater des musikalischen Dramas in St. Petersburg ohne besonderen Erfolg. Daraufhin unternahm Nikolaj Tscherepnin (1873–1945) eine neuerliche Bearbeitung des Werks. Diese Fassung hat gegenüber der von Cui den Vorzug, daß nur originale Kompositionen von Mussorgskij zur Vollendung der Oper herangezogen wurden. Zunächst bediente sich Tscherepnin der bis dahin nicht ausgewerteten Skizzen Mussorgskijs zum ›Jahrmarkt‹, und soweit diese nicht ausreichten, ergänzte er mit anderen Kompositionen des Meisters das Werk. Bei der Instrumentierung der Oper folgte er demjenigen Stil der nationalrussischen Schule, der ungefähr der Entstehungszeit des ›Jahrmarkts‹ entspricht. Die Ergänzungen Tscherepnins beziehen sich in der Hauptsache auf folgende Stellen: Den Hopak, mit dem Mussorgskij den I. Akt abschließen wollte, verlegte er an den Schluß der Oper. Dafür beendete er den I. Akt mit einer Liebesszene des Paares Parassja–Gritzko, zu der er Mussorgskijs Lied »An dem Don ein Garten blüht« und Teile aus dem ›Gebet der Salambo‹ aus der gleichnamigen Oper verwandte. Im II. Akt übernahm er das Anfangsthema aus Mussorgskijs symphonischer Dichtung ›Eine Nacht auf dem Kahlen Berge‹; außerdem brachte er eine Wiederholung des Kosakenliedes aus dem I. Akt (»Du, du, rududu«). Im III. Akt benützte er eine Reihe anderer Mussorgskij-Themen, darunter auch wieder solche aus ›Salambo‹. Tscherepnins Fassung hatte bei ihrer Erstaufführung am 17. März 1923 in Monte Carlo einen durchschlagenden Erfolg. Aus Anlaß des 50. Todestages von Mussorgskij veröffentlichte der sowjetische Komponist Wissarion Schebalin 1933 eine neue Fassung des ›Jahrmarkts‹, die dem fragmentarischen Original wohl am nächsten kommt.

Otto Nicolai

* 9. Juni 1810 in Königsberg, † 11. Mai 1849 in Berlin

Rosmonda d'Inghilterra (1839 Triest, als ›Enrico II‹), T: Felice Romani

Il templario (auch als ›Teodosia‹; 1840 Turin), T: Girolamo Maria Marini; deutsche Bearb. als ›Der Tempelritter‹ (1845 Wien) v. Siegfried Kapper, V: Schlesinger

Gildippe ed Odoardo (1840 Genua), T: Temistocle Solera

Il proscritto (1841 Mailand), T: Gaetano Rossi; deutsche Bearb. als ›Die Heimkehr des Verbannten‹ (1844 Wien) v. Otto Prechtler u. S. Kapper; Neubearb. v. Willy Hanke u. Max Loy als ›Mariana‹ (1942 Nürnberg), V: Sikorski

Die lustigen Weiber von Windsor (1849 Berlin), T: nach William Shakespeare v. Salomon Hermann Mosenthal, kO., V: B&B, Peters, B&H; Bearb. mit Rezitativen v. Otto Neitzel (1911), V: B&B

Die lustigen Weiber von Windsor

Komisch-phantastische Oper in drei Aufzügen nach William Shakespeares gleichnamigem Lustspiel. Dichtung von Salomon Hermann Mosenthal.

SOLISTEN: *Sir John Falstaff* (Schwerer Spielbaß, gr. P.) – *Herr Fluth* (Lyrischer Bariton, auch Kavalierbariton, auch Charakterbariton, gr. P.) und *Herr Reich* (Seriöser Baß, auch Spielbaß, auch Charakterbaß, m. P.), Bürger von Windsor – *Fenton* (Lyrischer Tenor, m. P.) – *Junker Spärlich* (Spieltenor, auch Charaktertenor, m. P.) – *Dr. Cajus* (Baß, m. P.) – *Frau Fluth* (Dramatischer Koloratursopran, gr. P.) – *Frau Reich* (Mezzosopran, auch Spielalt, gr. P.) – *Jungfer Anna Reich* (Lyrischer Sopran, auch Soubrette, m. P.) – *Der Wirt* vom »Gasthaus zum Hosenbande« (Sprechrolle, kl. P.) – *Der Kellner* im »Gasthaus zum Hosenbande« (Sprechrolle, kl. P.) – *1. Bürger* (Tenor, kl. P.) – *2., 3.* und *4. Bürger* (Sprechrollen, kl. P.).

CHOR: Bürger und Frauen von Windsor. Kinder. Masken von Elfen und anderen Geistern, Wespen, Mücken usw. (m. Chp.).

BALLETT: Elfen-, Mücken- und allgemeiner Geistertanz (III. Akt).

ORT: Die Stadt Windsor.

SCHAUPLÄTZE: Hofraum, links das Haus des Herrn Reich, rechts das des Herrn Fluth – Zimmer in Fluths Haus mit einem großen Waschkorb – Gastzimmer im »Gasthaus zum Hosenbande« – Garten hinter Reichs Haus mit verschiedenen Baumgruppen – Zimmer in Fluths Haus ohne den Korb – Zimmer in Reichs Haus – Der Wald bei Windsor mit der Eiche des Jägers Herne.

ZEIT: Anfang des 17. Jahrhunderts.

ORCHESTER: 2 Fl., 1 Picc., 2 Ob., 2 Kl., 2 Fag., 4 Hr., 2 Trp., 3 Pos., P., Schl., Hrf., Str.

GLIEDERUNG: Ouvertüre und 17 Musiknummern, die durch einen gesprochenen Dialog miteinander verbunden werden. Ein als Einlage gedachtes Rezitativ mit Arie des Fenton, bezeichnet mit Nr. 13, ist in der Originalpartitur nicht enthalten.

SPIELDAUER: etwa 2¾ Stunden.

HANDLUNG: Die junge kapriziöse Frau Fluth und ihre Nachbarin, Frau Reich, stellen mit Entrüstung fest, daß sie beide von dem dicken Ritter Sir John Falstaff Liebesbriefe gleichlautenden Inhalts erhalten haben. Sie beschließen, ihre Frauenehre an dem lüsternen Alten zu rächen, indem sie scheinbar auf sein Begehren eingehen, um ihn dann tüchtig auszulachen, wenn er in der Falle zappelt. Frau Fluth beabsichtigt dabei auch, ihrem Gatten für seine ewige Eifersucht eine Lektion zu erteilen. Kurz nachdem Falstaff zu dem verabredeten Stelldichein bei Frau Fluth erschienen ist, stürzt wutschnaubend Herr Fluth mit Nachbarn ins Haus. Ein Briefchen, das ihm Frau Reich zukommen ließ, hatte ihm die Anwesenheit eines Liebhabers bei seiner Frau angezeigt. Wie geplant, stecken die schlauen Frauen den dicken Ritter rasch in einen großen Wäschekorb, den sie vor Fluths Augen fortschaffen lassen mit dem Auftrag, den Inhalt sogleich in die Themse zu entleeren. Die Durchsuchung des Hauses verläuft natürlich ergebnislos, und Fluth muß reumütig seine Frau, die sich tief gekränkt stellt, um Verzeihung bitten. – In übermütiger Laune bestellen die Frauen Falstaff gleich für den nächsten Tag zu einem neuen Stelldichein, und zwar zu der Stunde, wo Herr Fluth auf die Vogelbeize geht. Inzwischen hat aber der argwöhnische Fluth unter dem Namen Bach den Ritter in seinem Quartier selbst aufgesucht und ihm mit Hilfe von Sekt, Geld und Schmeicheleien die Zunge gelöst. Auf diese Weise erfährt er von dem mißglückten Abenteuer mit dem Wäschekorb und der neuerlichen Verabredung. Das unvermutete Erscheinen Fluths während des zweiten Stelldicheins bringt aber die geistesgegenwärtigen Frauen nicht in Verlegenheit; sie stecken Falstaff schnell in die Kleider der Verwandten einer Magd, der dicken Frau aus Brentford. Zunächst amüsieren sich die Frauen köstlich, als der äußerst aufgebrachte Fluth wütend mit seinem Degen in dem großen Wäschekorb herumsticht, der zufällig an ihm vorbeigetragen wird. Hierauf prügelt er die vermeintliche alte Vettel, der er das Betreten seines Hauses verboten hatte, zur Tür hinaus. Nachdem Herr Fluth wiederum das ganze Haus vergeblich nach dem dicken Kavalier abgesucht hatte, war endlich ein Geständnis der Frauen und die Aussöhnung des Ehepaares Fluth erfolgt. – Nunmehr wird beschlossen, den hartgesottenen Sünder in aller Öffentlichkeit zu blamieren. Er wird in der Verkleidung als Jäger Herne mit einem Hirschgeweih auf dem Kopf um Mitternacht zur Heiligen Eiche in den Wald von Windsor bestellt, wo er ohne Störung des gewünschten

Liebesglücks teilhaftig werden könne, da nach einem alten Volksaberglauben dort um diese Zeit die Erscheinung des wilden Jägers Herne umgehe und daher niemand diesen Ort zu betreten wage. Halb Windsor wird zur Mitwirkung in der Maskierung als Elfen und andere Geister herangezogen. Gleichzeitig soll auch Ännchen, die Tochter des Ehepaares Reich, um deren Hand sich drei Verehrer bewerben, in der nahen Waldkapelle heimlich getraut werden, und zwar auf Wunsch des Vaters mit dem einfältigen, aber sehr reichen Junker Spärlich, und nach dem Willen der Mutter mit dem radebrechenden Franzosen und Prahlhans Dr. Cajus. Beide Ehegatten hoffen, den anderen auf diese Weise vor eine vollendete Tatsache zu stellen. Ännchen liebt aber treu und innig den sympathischen jungen Fenton, den sie trotz des Widerspruchs der Eltern heiraten will. Der abendliche Mummenschanz soll ihr nun zum Ziel ihrer Wünsche verhelfen, indem sie nicht, wie es die Eltern wünschen, als roter, beziehungsweise grüner Elf erscheint, sondern im weißen Kleid als Fee Titania. Außer Fenton verrät sie niemandem ihre Maske. Das lustige Abenteuer gelingt: Falstaff wird beim Stelldichein mit Frau Fluth und Frau Reich von dem ebenfalls als Jäger Herne verkleideten Herrn Reich aufgestöbert und von seinen »Geistern« solange mißhandelt, bis er ein Geständnis ablegt. Zum großen Erstaunen der Eltern kommt aber Ännchen an der Hand Fentons von der Kapelle zurück, während sich die beiden anderen Bewerber, von denen jeder in der Maske des anderen die Braut vermutet hatte, zum Gelächter aller geprellt sehen. Nach einer allgemeinen Versöhnung wenden sich die Frauen zum Schluß auch an das Publikum mit der Bitte um Verzeihung und geneigte Aufnahme ihrer lustigen Schwänke.

Stilistische Stellung: Die Titelrolle ist ausschließlich im Sinn einer lustigen Buffofigur gezeichnet; sie verliert dadurch an tragikomischer Wirkung, die der Held bei Shakespeare und auch bei Verdi auslöst, wo der heruntergekommene Edelmann ein Herr bleibt, der letzten Endes immer wieder über der Situation steht. Dafür entschädigt das mit romantischen Zügen ausgestattete komisch-phantastische Stück durch eine Vielfalt von glücklichen Eingebungen, die vor allem im Musikalischen zum Ausdruck kommen. Mit unvergänglichen Melodien sind die einzelnen Szenen bald voll inniger Gemütstiefe, bald voll köstlichen Humors farbig und abwechslungsreich gestaltet. Die Verbindung italienischer Einflüsse, die sich vor allem in der Hereinnahme des bravourösen Ziergesanges zeigen, mit Stilelementen der französischen Spieloper und deutscher Vorbilder (Mozart, Romantiker) verleiht dem Werk den Charakter einer Musizieroper von eigenartigem Reiz. Daneben zeugt die Partitur von dem imponierenden satztechnischen Können sowie der feinsinnigen Instrumentationskunst des Meisters. Obwohl dem in Italien geschulten Komponisten die durchwegs musikalisch ausgestaltete Opernform geläufig war, gab er bei seinen ›Lustigen

Weibern von Windsor‹ doch der Dialogfassung den Vorzug, da er die deutsche Sprache für den rezitativischen Parlandostil der Opera buffa ungeeignet hielt. Die für die Wiener Erstaufführung nachkomponierten Rezitative von Heinrich Proch sind daher abzulehnen.

Textdichtung: Nicolai war auf der Suche nach einem geeigneten Text für seinen Wiener Opernauftrag zuerst von dem Librettisten Siegfried Kapper auf den Falstaff-Stoff aufmerksam gemacht worden, nachdem sowohl ein Preisausschreiben in der ›Schmidtschen Musikzeitung‹ wie auch ein intensives Befassen des Komponisten mit Carlo Goldoni, Carlo Gozzi, Félix Lope de Vega, Pedro Calderón de la Barca und anderen nicht zu dem gewünschten Ergebnis geführt hatten. Verhältnismäßig spät erst wurde das 1602 erschienene Shakespearesche Lustspiel von dem dicken Ritter ›The Merry Wives of Windsor‹ in Deutschland bekannt und da zunächst nur in mehr oder minder freien Bearbeitungen als Lokalstück: ›Die lustigen Abentheuer an der Wienn‹ von J. B. Pelzel (1772), ›Gideon von Tromberg‹ von W. H. Brömel (1785 Berlin) und von einem anonymen Bearbeiter ›Die lustigen Weiber in Wien‹ (1794 Wien). Unter den Opernbearbeitungen des Stoffes vor Nicolai sind hervorzuheben: ein Singspiel von Peter Ritter (1794 Mannheim) sowie Karl Ditters von Dittersdorfs ›Lustige Weiber von Windsor‹ (1796 Oels) und Antonio Salieris ›Falstaff oder Der dreyhmal Gefoppte‹, Text von Carlo Prospero Defranceschi (1799 Wien), schließlich in England die komische Oper ›Falstaff‹, Text von Manfredo J. Maggioni, Musik von Michael William Balfe (1838 London). Ursprünglich hatte Nicolai mit der Textgestaltung den Kasseler Librettisten Jakob Hoffmeister (1813–1893) betraut, der auch bereits die beiden ersten Musiknummern (Nr. 1 noch als Terzett) dichtete, dann aber von Wien nach Kassel zurückkehrte, ohne das Buch vollendet zu haben. Unter reger Mitwirkung des Komponisten, der das Szenarium selbst entwarf, stellte hierauf der junge Salomon Hermann Mosenthal (1821–1877) die Dichtung fertig. Die Handlung folgt in den Grundzügen dem Shakespeareschen Lustspiel. Dabei wußten die Autoren eine glückliche Auswahl des für die Opernwirkung Zweckmäßigen zu treffen, indem sie das Szenarium gegenüber der Vorlage wesentlich kürzten und mehrere Nebenrollen teils ganz fallen ließen (Quickly, Bardolph, Pistol, Evans usw.), teils in etwas veränderter Zeichnung übernahmen (Dr. Cajus, Spärlich).

Geschichtliches: Nicolai begann im Dezember 1845 mit Feuereifer die Komposition seiner ›Lustigen Weiber von Windsor‹, die Arbeit erfuhr aber wiederholte Unterbrechungen wegen der starken Inanspruchnahme des Meisters durch seine Tätigkeit als Kapellmeister. Als er im September 1846 dem Wiener Hofoperndirektor Balochino die vertraglich vereinbarte Fertigstellung seiner neuen Oper für Ende des Jahres ankündigte, lehnte dieser unter verschiedenen Ausflüchten die Annahme des Werkes ab. Nicolai gab auf diese Kränkung hin seine

Stellung in Wien auf, wo er sich am 1. April 1847 in einem Philharmonischen Konzert mit Bruchstücken aus den ›Lustigen Weibern von Windsor‹ verabschiedete. Die unterbrochene Arbeit an der Komposition nahm er aber erst nach seinem Stellungsantritt in Berlin (1. März 1848) wieder auf. Revolution und Besetzungsschwierigkeiten verzögerten abermals die Uraufführung, die dann endlich am 9. März 1849 an der Königlichen Oper zu Berlin unter Leitung des Komponisten mit großem Erfolg stattfand. Die Verbreitung der Oper setzte erst zögernd ein; heute gehört das liebenswürdige Werk, das auch in alle Kultursprachen übersetzt wurde, zum eisernen Bestand des deutschen Opernrepertoires.

Luigi Nono

* 29. Januar 1924 in Venedig
Intolleranza 1960 (1961 Venedig), T: nach Angelo Maria Ripellino, V: Schott
Al gran sole carico d'amore (1975 Mailand), Textzusammenstellung vom Komponisten, V: Ricordi

Intolleranza 1960

Handlung in zwei Teilen nach einer Idee von Angelo Maria Ripellino. Texte von A. M. Ripellino, Julius Fučik, Jean Paul Sartre, Paul Eluard, Wladimir Majakowskij und Bert Brecht.

Solisten: *Der Emigrant* (Jugendlicher Heldentenor, auch Lyrischer Tenor, gr. P.) – *Eine Frau* (Dramatischer Mezzosopran, auch Dramatischer Alt, m. P.) – *Seine Gefährtin* (Jugendlich-dramatischer Sopran, auch Dramatischer Koloratursopran, gr. P.) – *Sopran-Solo* (Koloratursopran, m. P.) – *Ein Algerier* (Lyrischer Bariton, auch Charakterbariton, kl. P.) – *Ein Gefolterter/Stimme des Julius Fučik* (Seriöser Baß, auch Charakterbaß, m. P.) – *Vier Gendarmen* (Sprecher) – *Henri Alleg* (Sprecher) – *Stimme Sartres* (Sprecher) – *Vier Paras* (Sprecher).
Chor: Bergarbeiter. Demonstranten. Gefangene. Gefolterte. Bauern (gemischter Chor, gr. Chp., kann auch vom Band kommen, dann Statisterie auf der Bühne).
Ort: Mitteleuropa.
Schauplätze: In einem Bergarbeiterdorf – Demonstration in einer Stadt – Auf dem Polizeibüro – Folterung – Im Konzentrationslager – Hochwasser.

ZEIT: Gegenwart.
ORCHESTER: 3 Fl., 3 Ob., 3 Kl., 3 Fag. – 6 Hr., 4 Trp., 4 Pos. – P., Schl. – Tonband – Hrf., Cel. – Str.
GLIEDERUNG: Szenisch gegliederte, durchkomponierte Großform.
SPIELDAUER: etwa 1½ Stunden.
HANDLUNG: Ein ausgewanderter Bergarbeiter wird von Heimweh nach seinem Land ergriffen und will das Bergarbeiterdorf verlassen. Er verläßt auch die geliebte Frau, die ihn nicht versteht und seine Handlungsweise ablehnt. Allein und allen unbekannt, gerät er auf dem Wege in seine Heimat in einer Großstadt in die Nähe einer Demonstration, die von der Polizei zerschlagen wird. Er wird als Demonstrationsteilnehmer verhaftet und verhört und, als er nichts auszusagen weiß, gefoltert. Er wird in ein Konzentrationslager gesperrt, wo er Willkür und Brutalität (in den Personifikationen der Nationalsozialisten gegen Julius Fučik und der französischen Paras gegen einen Algerier) erlebt, aber auch – unter seinen Mitgefangenen – Solidarität. Gemeinsam mit dem Algerier gelingt es ihm, aus dem Lager zu fliehen – beide wollen weiter gegen die Unterdrückung kämpfen. Der Bergarbeiter erlebt – zusammen mit seiner ihm in Liebe verbundenen Gefährtin – Bilder des Schreckens und des Fanatismus, Symbole und Alpträume der Intoleranz. Am Ende finden wir beide in einem Dorf, das von den Fluten eines Hochwassers hinweggerissen wird: das Wasser als reinigende Flut, die Neues möglich macht. Die Handlung schließt mit Brechts Gedicht ›An die Nachgeborenen‹.
STILISTISCHE STELLUNG: Luigi Nonos erstes Opernwerk (nach dem 1954 geschriebenen Ballett ›Der rote Mantel‹) »entwickelte sich im Wechselverhältnis zwischen den Erfordernissen des Inhalts, seiner ideologischen Struktur und den heutigen technischen und sprachlichen Möglichkeiten: auf der einen Seite einige Situationen des menschlichen Lebens, darunter der Intoleranz, und das Wachsen des Bewußtseins und des Widerstandes gegen sie; auf der anderen Seite zum Beispiel die technischen Möglichkeiten der ›Laterna magica‹; sie ermöglicht durch ein mehrdimensionales Gesichtsfeld in der Einheit eines oder in der Gleichzeitigkeit mehrerer Fakten eine mehrschichtige Ausleuchtung in Konzeption und Abfassung des Textes« (Nono). Der Komponist knüpfte bei der Konzeption des musikdramatischen Ablaufs bewußt an Arnold Schönbergs experimentell-symbolische ›Glückliche Hand‹ an; wie Schönberg, dem ›Intolleranza‹ auch gewidmet ist, kam es Nono weit mehr auf die auf mehreren Ebenen (Darstellung, Musik, Szene, Licht) zugleich ablaufende und einander kommentierende symbolisch-stellvertretende Darlegung von Grundsituationen (Unterdrükkung, Widerstand) an als auf eine durchgehende »Handlung« im traditionellen Sinne. Dabei bezieht sich Nono bewußt auf aktuelle Ereignisse (ein Bergwerksunglück in Belgien, Demonstrationen in Italien gegen eine Faschistische Restauration, der Kampf der Algerier um ihre

Befreiung, Überschwemmungen in der Po-Ebene) des Jahres 1960. Musikalisch geht Nono von einem frei gehandhabten Serialismus aus, der – ausgehend von den Grundintervallen kleine Sekunde, große Sekunde, Quarte und Tritonus – diese den einzelnen Stimmen und Situationen zuordnet und sie in den chorischen und instrumentalen Elementen der Partitur kommentierend und kontrapunktierend aufgreift. Hohe strukturelle Differenziertheit geht – wie immer bei Nono – einher mit einer höchst eindrucksvollen Farbigkeit und einer durch alle Komplexität hindurchscheinenden zutiefst menschlichen Ausdruckskraft, die sich auch dem Hörer mitteilt, dem die kompositorische Technik fremd bleibt.

TEXTDICHTUNG: Nono verbindet durch den eher losen Faden eines durchlaufenden Handlungsstranges, der mit der Person des Bergarbeiters verbunden ist (die deutsche Textfassung von Alfred Andersch, die von einem »Flüchtling« spricht, verschiebt etwas die Perspektiven des Gemeinten, der Begriff »Gastarbeiter« dürfte eher zutreffen), eine Reihe von Situationen, für die er collagenartig zumeist lyrische Texte verwendet. Dabei knüpft er an an experimentelle Theaterformen der Zwanziger Jahre (Ernst Toller, Friedrich Wolf, Erwin Piscator) wie an das zeitgenössische amerikanische Theater (Eugene O'Neill, Arthur Miller) und zielt ab auf eine durchaus als erlebbar empfundene utopische Situation, »in der der Mensch dem Menschen Helfer sei«.

GESCHICHTLICHES: Luigi Nonos ›Intolleranza‹ entstand 1960/61 auf Anregung von Mario Labroca als Auftragswerk für das Festival Internazionale della Musica Contemporanea im Rahmen der Biennale Venedig 1961. Die Uraufführung fand am 13. April 1961 im Teatro La Fenice in Venedig statt; die musikalische Leitung hatte Bruno Maderna, es inszenierte Václav Kašlík in den Bühnenbildern von Josef Svoboda und mit Projektionen von Emilio Vedova. Es folgten Aufführungen in Köln und 1970 eine durch elektronische Musik erweiterte und im Text (von Yaak Karsunke) teilweise neugefaßte »Nürnberger Fassung«, die am 10. Mai 1970 aufgeführt wurde. Die französische Erstaufführung war am 26. März 1971 in Nancy. 1985 wurde das Werk in den Spielplan der Hamburgischen Staatsoper aufgenommen.

W. K.

JACQUES OFFENBACH

* 20. Juni 1819 in Köln, † 5. Oktober 1880 in Paris

Pépito (Das Mädchen von Elizondo; 1853 Paris), T: Léon Battu u. Jules Moinaux, kO., E., V: B&B

Les deux aveugles (Die beiden Blinden; 1855 Paris), T: J. Moinaux, kO., E., V: B&B

Ba-ta-clan (Tschin, Tschin oder Japaner in Berlin; 1855 Paris), T: Ludovic Halévy, Chinoiserie musicale, E., V: B&B

Le mariage aux lanternes (Die Verlobung bei der Laterne; 1857 Paris), T: Michel Carré u. L. Battu, kO., E., V: B&B; Neubearb. v. Renato Mordo, V: B&B

Orphée aux enfers (Orpheus in der Unterwelt; 1858 Paris), T: Hector Crémieux u. L. Halévy, kO.; Neubearb. v. denselben (1874 Paris), V: B&B, Peters; v. Karlheinz Gutheim u. Wilhelm Reinking, V: B&B

La chanson de Fortunio (Fortunios Lied; 1861 Paris), T: H. Crémieux u. L. Halévy, kO., E., V: B&B; Neubearb. v. Sigurd Baller, V: B&B

Apothicaire et perruquier (Apotheker und Friseur; 1861 Paris), T: Elie Frébault, Operette bouffe, E., V: B&B

Lischen und Fritzchen (Französische Schwaben; 1863 Ems), T: Paul Boisselot, Elsässer Singspiel, E., V: Reclam, B&B

La belle Hélène (Die schöne Helena; 1864 Paris), T: Henri Meilhac u. L. Halévy, kO.; Neubearb. v. Werner Finck u. K. Gutheim, V: B&B; v. Max Reinhardt u. Erich Wolfgang Korngold, V: B&B; v. Otto Maag, V: B&B

Coscoletto (Der Lazzarone; 1865 Ems), T: Charles Nuitter u. Etienne Tréfeu, kO., V: B&B

Barbe-Bleue (Blaubart; 1866 Paris), T: H. Meilhac u. L. Halévy, kO., V: B&B; Neubearb. v. Lothar Jansen, V: B&B; v. K. Gutheim, V: B&B; v. Walter Felsenstein u. Horst Seeger, V: He (AE)

La vie Parisienne (Pariser Leben; 1866 Paris), T: H. Meilhac u. L. Halévy, kO., V: B&B; Neubearb. v. W. Felsenstein, V: B&B; v. Ernst u. Maria Matray, V: B&B

La grande-duchesse de Gérolstein (Die Großherzogin von Gerolstein; 1867 Paris), T: H. Meilhac u. L. Halévy, kO., V: B&B

Robinson Crusoé (1867 Paris), T: Eugène Cormon u. H. Crémieux, kO., Neubearb. v. Georg C. Winkler u. Erich Walther als ›Robinsonade‹ (1930 Leipzig), V: U. E.

L'île de Tulipatan (Die Insel Tulipatan; 1868 Paris), T: Henri Charles Chivot u. Alfred Duru, kO., E., V: B&B; Neubearb. v. S. Baller, V: B&B; v. R. Mordo, V: B&B

La Périchole (1868 Paris), T: H. Meilhac u. L. Halévy, deutsche Fassung v. Karl Kraus, kO., V: U. E.

Les Brigands (Die Banditen; 1869 Paris), T: H. Meilhac u. L. Halévy; Neubearb. v. Gustaf Gründgens, kO., V: B&B

Fantasio (1872 Paris), T: Paul de Musset, kO., V: B&B

Madame Favart (1878 Paris), T: H. Ch. Chivot u. A. Duru, kO., V: Sikorski

Belle Lurette (Die schöne Lurette; 1880 Paris), T: Ernest Blum, Edouard Blau u. Raoul Toché, V: He (AE)

Les contes d'Hoffmann (Hoffmanns Erzählungen; 1881 Paris), T: nach Jules Barbier u. M. Carré v. J. Barbier, Instrumentierung v. Ernest Guiraud, V: B&B, A&S; Neuausg. v. Fritz Oeser (deutsche Textfassung v. Gerhard Schwalbe), V: AE

Der Goldschmied von Toledo (nachgelassen, 1919 Mannheim), T: Karl Georg Zwerenz; aus dem Nachlaß bearbeitet v. Julius Stern u. Alfred Zamara, V: U. E.

Hoffmanns Erzählungen

Phantastische Oper in drei Akten, einem Vor- und einem Nachspiel. Dichtung von Jules Barbier.

SOLISTEN: *Olympia*⋆ (Lyrischer Koloratursopran, m. P.) – *Giulietta*⋆ (Jugendlich-dramatischer Sopran, auch Dramatischer Mezzosopran, m. P.) – *Antonia*⋆ (Jugendlich-dramatischer Sopran, auch Lyrischer Sopran, m. P.) – *Stella*⋆ (Sprechrolle, kl. P.) – *Andreas*⋆⋆ (Spieltenor, auch Charaktertenor, m. P.) – *Cochenille*⋆⋆ (Spieltenor, auch Charaktertenor, m. P.) – *Pitichinaccio*⋆⋆ (Spieltenor, auch Charaktertenor, m. P.) – *Franz*⋆⋆ (Spieltenor, auch Charaktertenor, m. P.) – *Lindorf*⁺ (Heldenbariton, auch Charakterbariton, gr. P.) – *Coppelius*⁺ (Heldenbariton, auch Charakterbariton, gr. P.) – *Dapertutto*⁺ (Heldenbariton, auch Charakterbariton, gr. P.) – *Mirakel*⁺ (Heldenbariton, auch Charakterbariton, gr. P.) – *Niklaus* (Mezzosopran, auch Spielalt, m. P.) – *Stimme der Mutter* (Dramatischer Mezzosopran, auch Alt, kl. P.) – *Hoffmann* (Jugendlicher Heldentenor, gr. P.) – *Spalanzani* (Charaktertenor, auch Spielbaß, m. P.) – *Nathanael* (Tenor, kl. P.) – *Crespel* (Seriöser Baß, auch Charakterbaß, m. P.) – *Luther* (Spielbaß, auch Charakterbaß, kl. P.) – *Hermann* (Bariton, kl. P.) – *Schlemihl* (Bariton, auch Baß, kl. P.).

⋆ Die Darstellung der vier Frauenrollen durch eine Sängerin wird sich nur selten durchführen lassen; daher werden die vier Partien gewöhnlich von vier verschiedenen Fächern ausgeführt.

⋆⋆ und ⁺ Diese vier Rollen sind jeweils von einem Sänger darzustellen.

CHOR: Studenten. Aufwärter. Gäste. Diener (m. Chp.).

BALLETT: Walzerszene im Olympia-Akt.

ORT: Vor- und Nachspiel: In Luthers Keller zu Berlin. I. Akt: In Spalanzanis physikalischem Kabinett. II. Akt: Im Palast Giuliettas zu Venedig. III. Akt: Im Haus Crespels.

SCHAUPLÄTZE: Das Innere einer altdeutschen Schenkstube mit großen und kleinen Fässern, Weinflaschen usw. – Reich ausgestattetes physikalisches Kabinett, im Hintergrund eine Galerie mit verhängten Türen, ebenfalls an den Seiten verhängte Türöffnungen – Festlich geschmückte Galerie eines Palastes mit Aussicht auf den Canale grande, rechts eine Flügeltür – Zimmer mit Türen, verhängte Fensternische, an der Wand großes Gemälde einer Frau.

ZEIT: Um 1800.

ORCHESTER: 2 Fl. (II. auch Picc.), 2 Ob., 2 Kl., 2 Fag., 4 Hr., 2 Trp., 3 Pos., 1 Bt., P., Schl., Hrf., Str.

GLIEDERUNG: Die Partitur enthält 25 Musiknummern, die teils ohne Pause ineinandergehen, teils durch orchesterbegleitete Rezitative miteinander verbunden sind. Das Nachspiel in der Fassung von

Offenbachs Nachlaß enthält 4 Nummern. Vor jedem Bild kurzes Vorspiel.

SPIELDAUER: etwa 2¾ Stunden.

HANDLUNG: In Luthers Weinkeller zu Berlin fängt der Stadtrat Lindorf einen Brief der von ihm angebeteten Sängerin Stella ab, in dem diese ihrem Geliebten, dem Dichter Hoffmann, den Schlüssel zu ihrem Schlafzimmer übersendet. Empört beschließt Lindorf, den Rivalen bei Stella zu verdrängen. Die Studenten kommen aus dem Theater; begeistert trinken sie auf das Wohl der unvergleichlichen Stella. Sie vermissen Hoffmann. Da naht auch er mit seinem Freund Niklaus. Der übelgelaunte Dichter wird aufgefordert, seine Legende von Klein-Zack vorzutragen. Als Hoffmann von den Gesichtszügen des Zwerges spricht, schweifen seine Gedanken ab zur Geliebten. Durch höhnische Bemerkungen der Freunde aus seinem Traum gerissen, beendet er die Ballade und verlangt daraufhin vom Wirt Punsch, um seine melancholische Stimmung zu betäuben. Beim Anblick des lauernd hinzutretenden Lindorf erinnert er sich wieder Stellas, in der er das Wesen von drei Frauen vereint findet, die er einstens geliebt hat. Auf seinen von den Studenten lebhaft akklamierten Vorschlag beginnt er seine drei Liebeserlebnisse zu erzählen. Der Name seiner ersten Geliebten war Olympia. – Bei dem Physikprofessor Spalanzani zu einer Abendgesellschaft geladen, verliebt sich Hoffmann in dessen zierliche Tochter Olympia, von der er schon viel gehört hatte, ohne aber zu erfahren, daß es sich bei ihr um ein lebloses physikalisches Kunstwerk handelt, das singen und tanzen kann. Während der Dichter die im Nebenzimmer befindliche Puppe durch den Vorhang verliebt betrachtet, tritt Coppelius, ein Kollege Spalanzanis, ein. Dieser überredet Hoffmann zum Kauf einer Brille, durch die man alle Dinge in idealer Verklärung sehen kann. Hoffmann ist, nachdem er die Brille aufgesetzt hat, von der Schönheit des Mädchens vollends hingerissen. Unterdessen wird Coppelius, der die Augen der Puppe konstruiert hatte, mit Spalanzani handelseinig: er erhält einen Wechsel über 500 Dukaten als Bezahlung für Olympias Augen. Nachdem sich die Gäste in dem Saal versammelt haben, führt Spalanzani die Puppe herein; sie trägt eine mit Koloraturen ausgestattete Arie vor, die reichen Beifall findet. Verzückt bittet Hoffmann den Professor, die Tochter zu Tisch führen zu dürfen. Als dieser erwidert, Olympia sei jetzt zu müde, an dem Diner teilzunehmen, bleibt Hoffmann allein mit ihr im Saal zurück und macht ihr eine schwärmerische Liebeserklärung. Zärtlich legt er seinen Arm um sie, da läuft sie plötzlich weg. Als dann die Gäste zum Tanz in den Saal zurückkommen, bringt Spalanzani die Tochter wieder herbei. Hoffmann tanzt mit ihr, wobei er durch das immer schneller ablaufende Uhrwerk des Automaten derart außer Atem gehetzt wird, daß er schließlich erschöpft auf das Sofa fällt. Dabei zerbricht ihm die Brille. Der Diener Cochenille führt die Puppe in ihr Kabinett zurück. Während sich Spalanzani und

Niklaus um Hoffmann bemühen, ertönt plötzlich aus Olympias Zimmer das Geklirre von Scherben. Coppelius ist zurückgekommen und hat die Puppe aus Rache zerschlagen, weil Spalanzani ihm seine Dienste mit einem ungedeckten Wechsel honoriert hatte. Die beiden Physiker verprügeln sich gegenseitig, während die Gäste sich über Hoffmann amüsieren, der ohnmächtig in einen Stuhl sinkt, als er sich überzeugt hat, daß er sich in einen leblosen Automaten verliebt hatte. – In Venedig ist Hoffmann bei der strahlend schönen Kurtisane Giulietta zu Gast. Diese steht im Dienst des Bösen (Dapertutto), der sie als Werkzeug für seine Zwecke benützt: Wer Giulietta besitzen will, muß ihm dafür seine Seele als Tribut opfern. So verlor Schlemihl, ihr derzeitiger Liebhaber, seinen Schatten. Dapertutto verlangt nun von Giulietta, daß sie ihm Hoffmann verschaffe; er überreicht ihr einen Spiegel, durch den sie mit dem Spiegelbild des Dichters gleichzeitig auch seine Seele einfangen und ihm ausliefern soll. Hoffmann kommt verärgert aus dem Spielsaal, da er immer verloren hat, und will fortgehen. Giulietta hält ihn zurück und weiß ihn schnell in ihre Netze zu verstricken. Schon droht er zu erliegen, da kommt Schlemihl mit dem mißgestalteten Pitichinaccio dazwischen. Giulietta flüstert Hoffmann zu, daß Schlemihl den Schlüssel zu ihrem Boudoir habe. Sie entfernt sich unter dem Vorwand, es sei jetzt die Stunde der Barkarolen. Hoffmann verlangt nun von Schlemihl Giuliettas Schlüssel. Eifersüchtig zieht dieser den Degen; Dapertutto, der plötzlich hinzugetreten ist, reicht dem Dichter den seinen, womit dieser den Rivalen ersticht. Hoffmann nimmt dem Toten eiligst den Schlüssel ab und begibt sich in Giuliettas Gemächer, während Pitichinaccio sich entfernt, um die Wache zu verständigen. Enttäuscht, Giulietta in ihrem Schlafzimmer nicht angetroffen zu haben, kehrt Hoffmann wieder; in diesem Augenblick fährt eine Gondel mit der Kurtisane vor, die den eben zurückkommenden Pitichinaccio kosend zu sich zieht und daraufhin lachend abfährt. Niklaus führt den verzweifelten Freund vor der herannahenden Polizei gewaltsam davon. – Der alte Rat Crespel hat seiner Tochter Antonia, die von der Mutter nicht nur die schöne Stimme, sondern auch die Schwindsucht ererbt hat, das Singen verboten. Er erlaubt auch nicht den Besuch Hoffmanns, der Antonia liebt; denn dieser verleitet sie mit seinen Liebesliedern immer wieder zum Singen. Als Crespel fortgegangen ist, kommt Hoffmann doch ins Haus. Beim Musizieren mit der Geliebten erregt ein krampfartiger Hustenanfall Antonias seine Besorgnis. Er will Näheres durch den Vater erfahren, der soeben heimkommt. Fast gleichzeitig erscheint auch der dem Rat Crespel verhaßte Doktor Mirakel, der schon Crespels Frau zu Tode kuriert hatte. Hoffmann, der sich rasch in einer Fensternische versteckt, beobachtet nun, wie der unheimliche Doktor die im Zimmer gar nicht anwesende Antonia beschwört und zum Singen auffordert. Der verzweifelte Vater wirft Mirakel zur Tür hinaus, worauf dieser aber durch die Wand wiederkommt und ihm seine Medizinfläschchen zur Heilung des Kindes aufzudrängen sucht. Nachdem es Crespel endlich gelungen ist, den Doktor aus dem Haus zu jagen, und nachdem auch er sich entfernt hat, kommt Antonia zurück. Unter dem Eindruck des eben Erlebten beschwört Hoffmann die Geliebte, nie wieder zu singen, was sie ihm schließlich auch verspricht. Kaum ist der Dichter weggegangen, erscheint Mirakel neuerdings. Nachdem er vergeblich versucht hat, das Mädchen von seinem Hoffmann gegebenen Versprechen abzubringen, beschwört er den Geist der verstorbenen Mutter, die ebenfalls die Tochter auffordert zu singen. Nun kann Antonia nicht mehr widerstehen; sie singt, angefeuert von dem wie rasend auf seiner Violine spielenden Doktor, mit letzter Kraft, bis sie sterbend zusammenbricht. Kurz hintereinander kommen Crespel, Hoffmann und Niklaus; letzterer entreißt dem aufgebrachten Vater das Messer, mit dem dieser gegen den vermeintlich schuldigen Hoffmann losgeht. Der nochmals erscheinende Mirakel stellt kalt den Tod des Mädchens fest. – Es dämmert bereits, als der Dichter mit der Erzählung der letzten Geschichte fertig ist. In Erinnerung an Giulietta singt er den dritten Vers des Liedes von Klein-Zack, der, ähnlich wie er, sein Liebesleid schließlich im Alkohol erstickte. Erschöpft sinkt dann Hoffmann auf einen Stuhl. In diesem Augenblick betritt Lindorf mit Stella den Weinkeller; er zeigt ihr den völlig betrunkenen Hoffmann; angeekelt wendet sie sich ab. Die Freunde wecken eiligst Hoffmann, aber zu spät, Stella hat am Arm Lindorfs bereits das Lokal verlassen. Mit fröhlichem Gesang zechen die Studenten weiter.

STILISTISCHE STELLUNG: Sehr treffend hält das Libretto den Grundzug der Gestaltungsweise des Dichters fest: das Ineinanderflechten von Traum und Wirklichkeit. In erster Linie vermittelt die symmetrische Anlage den Eindruck der Einheitlichkeit, obwohl in dem Werk vier, stofflich stark kontrastierende Handlungen mosaikartig aneinandergereiht sind. Die Geschlossenheit wird weiterhin bewirkt durch die polare Erscheinung des Dichters mit seinem Freund und guten Geist Niklaus, welcher die Inkarnation der Muse darstellt; die Partie wurde daher vom Komponisten mit einer Frauenstimme besetzt. Weitere Träger des dramatischen Geschehens sind vier Frauen, das heißt eigentlich drei Frauentypen (der seelenlos-kalte [Puppe], der verführerisch-berechnende [Kurtisane] und der sensibel-empfindsame [Künstlerin] Typ), die letztlich die Sängerin Stella in sich vereinigt, sowie vier mephistophelische Gestalten (Lindorf, Coppelius, Dapertutto und Mirakel), die in der gleichen Zielrichtung handeln. Auch die vier Handlungen laufen in ihrer Tendenz parallel: Die Berührung mit der realen Welt, deren materialistischer Geist dem Musensohn feindlich gegenübersteht, bringt dem Künstler Enttäuschungen und Leid. Sehr feinsinnig hat Offenbach die Zusammengehörigkeit der einzelnen Typen musikalisch dadurch fixiert, daß er sie jeweils für die gleiche Stimmlage komponierte; daher sind sie sinngemäß auch von ein und demselben Sänger darzustellen. Die kaleidoskopartig bunte Szenenfolge ermöglichte dem Komponisten, alle Register seines Könnens zu ziehen. Während einerseits große Partien des Werkes dem Stil der Offenbachschen Opéra comique und Operette nahestehen (Vor- und Nachspiel, Olympia-Akt), überrascht anderseits bei dem Meister der leichten Muse die dramatische Schlagkraft seiner Musik in den phantastisch-dämonischen Szenen (im Giulietta- und Antonia-Akt), eine Gestaltungsweise, die wohl auf deutsche Vorbilder (Carl Maria von Weber, Heinrich Marschner) zurückzuführen ist. Die Instrumentierung wurde mit stilistischem Geschick von Ernest Guiraud nach Hinweisen in dem Klavierauszug-Manuskript des Komponisten ausgeführt. In Offenbachs eigener Instrumentation belassen wurden die berühmte Barkarole sowie Hoffmanns Lied im Giulietta-Akt, die beide der Komponist aus seiner Operette ›Die Rheinnixen‹ in die Oper übernommen hat. Die im Jahre 1907 bei Choudens erschienene Partitur enthält eine Reihe neu eingefügter Nummern aus Offenbachs Nachlaß. Sie betreffen in der Hauptsache das Septett im Giulietta-Akt, die Erscheinung der Muse im Nachspiel sowie die anstelle des ursprünglich gesprochenen Dialogs tretenden orchesterbegleiteten Rezitative, bei denen Themen der Oper in der Art von Erinnerungsmotiven verarbeitet sind. Letztere stammen aber offenbar von fremder Hand, möglicherweise von Guiraud, der in ähnlicher Art bei Georges Bizets ›Carmen‹ den Prosadialog in Rezitative umgestaltete. Die knappe Fassung des reichhaltigen, phantastisch-romantischen und wirklichkeitsfernen Stoffes läßt verschiedene Deutungen zu; daher mußte sich wohl keine Oper so viele Inszenierungsexperimente gefallen lassen wie ›Hoffmanns Erzählungen‹.

TEXTDICHTUNG: Das wirkungsvolle Libretto von Jules Barbier (1822–1901) folgt dem fünfaktigen, teils in Prosa, teils in Versen abgefaßten Sprechstück ›Les Contes d'Hoffmann‹ von Michel Carré und Jules Barbier (1851). Die Autoren stellten die Gestalt des deutschen Romantikers, dessen phantastische Geschichten bereits in den dreißiger Jahren des vorigen Jahrhunderts in französischer Sprache erschienen waren, in den Mittelpunkt ihres Dramas. Die vom Dichter erzählten, hier dramatisch dargestellten drei Liebeserlebnisse sind entnommen der Novelle ›Der Sandmann‹ aus den ›Nachtstücken‹ (Olympia-Akt), der ›Geschichte vom verlorenen Spiegelbild‹ aus den ›Phantasiestücken in Callots Manier‹ (Abenteuer in der Silvesternacht; Giulietta-Akt) und der Novelle ›Rat Crespel‹ aus den ›Serapionsbrüdern‹ (Antonia-Akt). Die frei erfundene Rahmenhandlung (Vor- und Nachspiel) ist wohl von der Novelle ›Don Juan‹ inspiriert. Der Schauplatz des Giulietta-Bildes wurde der Barkarole wegen von Florenz nach Venedig verlegt. Der mißgestaltete Pitichinaccio stammt aus der Novelle ›Signor Formica‹, die Namen der Studentenfreunde aus den ›Se-

rapionsbrüdern‹. ›Das Märchen vom Klein-Zaches‹ (Zinnober) trägt Hoffmann in Form eines Strophenliedes selbst vor. Der Name des Wirtes Luther weist auf die Berliner Weinstube J. C. Lutter, in der Hoffmann verkehrte. In dem Erstdruck des Opernbuches vom Jahre 1881 erscheint im Vor- und Nachspiel die Muse als Schutzgeist Hoffmanns, die durch die Mithilfe der »Geister des Bieres und Weines« erreicht, daß sie die einzige und wahre Geliebte des Dichters bleibt. In der Berliner Einrichtung wurde dann auf die Muse gänzlich verzichtet.
GESCHICHTLICHES: Nachdem 1870 Léo Delibes in seinem Ballett ›Coppelia‹ bereits den Stoff des Olympia-Aktes auf die Musikbühne gebracht hatte, arbeitete im Jahre 1871 Jules Barbier für Offenbach – nach anderen Quellen für Hector Salomon, der aber dann auf die Vertonung zugunsten Offenbachs verzichtete – das von ihm zusammen mit Michel Carré verfaßte und 1851 am Odéon-Theater zu Paris aufgeführte Drama ›Les Contes d'Hoffmann‹ zu einem Opernlibretto um. Eine schon 1877 am Théâtre Lyrique vorgesehene Aufführung scheiterte wegen Bankrotts dieser Bühne, ebenso waren die daraufhin getätigten Verhandlungen mit der Opéra-Comique und mit dem Wiener Ringtheater ohne Erfolg geblieben. Als dann der Komponist am 18. Mai 1879 bei sich ein Hauskonzert veranstaltete, bei dem einige Stücke aus ›Hoffmanns Erzählungen‹ mit großem Beifall aufgenommen wurden, entschloß sich die Opéra-Comique doch zur Annahme der Oper. Der bereits vom Tod gezeichnete Komponist beeilte sich daraufhin, ›Hoffmanns Erzählungen‹ zu vollenden, doch war es ihm nicht mehr vergönnt, die Uraufführung zu erleben, die wohl für Herbst 1880 vorgesehen war, aber wegen technischer Schwierigkeiten verschoben werden mußte. Nachdem Ernest Guiraud (1837–1892) die nur im Klavierauszug hinterlassene Oper instrumentiert hatte, gingen ›Hoffmanns Erzählungen‹ am 10. Februar 1881 an der Opéra-Comique in Paris zum ersten Mal in Szene. Bei der Generalprobe war man übereingekommen, den ganzen Giulietta-Akt wegzulassen, in der Annahme, das Werk sei zu lang und speziell dieser Akt wirke unverständlich; um wenigstens die Barkarole zu retten, verlegte man den Schauplatz des Antonia-Aktes von Deutschland nach Venedig. Statt der erwarteten raschen Verbreitung auf den stürmischen Uraufführungserfolg hin widerfuhr aber der Oper ein schweres Mißgeschick: Am Tage nach der Erstaufführung in Wien (7. Dezember 1881) wurde bei der zweiten Vorstellung das vollbesetzte Ringtheater ein Raub der Flammen, wobei eine große Anzahl der Besucher ums Leben kam. Abergläubisch, wie Theaterleute sind, scheuten sich daraufhin lange Zeit die Direktoren, die Unglücksoper auf den Spielplan zu setzen, bis der Bann durch die erfolgreiche Erstaufführung des Werkes an der Komischen Oper in Berlin (17. November 1905) gebrochen wurde. Hier wurde auch der Giulietta-Akt aufgenommen und von Max Morris der Aufführung eine dem Offenbachschen Original angeblich am nächsten stehende

Fassung zugrunde gelegt, nach der die Oper im Jahre 1907 auch im Druck erschien. Den heutigen Stand der Forschung repräsentiert der Klavierauszug von Fritz Oeser.

Carl Orff

* 10. Juli 1895 in München, † 29. März 1982 in München

Carmina Burana (Cantiones profanae; 1937 Frankfurt/M.), Lieder aus der Benediktbeurer Handschrift, deutsche Übersetzung v. Michael Hofmann u. Wolfgang Schadewaldt, V: Schott

Der Mond (Ein kleines Welttheater; 1939 München), T: der Komponist, musikalisches Märchenspiel; 2. Fassung 1941 Frankfurt/M., V: Schott

Die Kluge (Die Geschichte vom König und der klugen Frau; 1943 Frankfurt/M.), T: der Komponist, V: Schott

Catulli Carmina (1943 Leipzig), T: der Komponist, ein szenisches Spiel, V: Schott

Die Bernauerin (1947 Stuttgart), T: der Komponist, V: Schott

Antigonae (1949 Salzburg), T: Friedrich Hölderlin, V: Schott

Trionfo di Afrodite (1953 Mailand), T: Lieder Catulls, der Sappho und des Euripides, concerto scenico, V: Schott

Comoedia de Christi resurrectione (1956 München, Fernsehen, 1957 Stuttgart), T: der Komponist, ein Osterspiel, V: Schott

Oedipus der Tyrann (1959 Stuttgart), T: Fr. Hölderlin, V: Schott

Ludus de nato Infante mirificus (1960 Stuttgart), T: der Komponist, V: Schott

Prometheus (1968 Stuttgart), T: Aischylos (alt-griechisch), V: Schott

De temporum fine comoedia (1973 Salzburg), T: aus den griechischen Sibyllinischen Weissagungen u. der Sammlung der orphischen Hymnen zusammengestellt vom Komponisten, V: Schott

Monteverdi-Bearbeitungen: siehe bei Claudio Monteverdi

Der Mond

Ein kleines Welttheater. Dichtung vom Komponisten.

Solisten: *Der Erzähler* (Lyrischer Tenor, auch Charaktertenor, m. P.) – *Vier Burschen, die den Mond stehlen* (1. Bursche, Spielbaß, auch Charakterbaß, gr. P.; 2. Bursche, Spielbariton, auch Charakterbariton, gr. P.; 3. Bursche, Spieltenor, auch Charaktertenor, gr. P.; 4. Bursche, Spielbaß, auch Charakterbaß, gr. P.) – *Ein Bauer* (Bariton, kl. P.) – *Ein Schultheiß* (Tenor, kl. P.) – *Ein Wirt* (Sprechrolle, kl. P.) – *Ein anderer Schultheiß* (Sprechrolle, kl. P.) – *Ein alter Mann, der Petrus heißt und den Himmel in Ordnung hält* (Spielbaß, auch Seriöser Baß, auch

Heldenbariton, m. P.) – *Ein kleines Kind, das den Mond am Himmel entdeckt* (Sprechrolle, kl. P.).

CHOR: Leute, die in der Schenke zechen und sich den Mond stehlen lassen. Leute, die sich über den gestohlenen Mond freuen und die Tote begraben. Leute, die längst gestorben sind und die der Mond aufweckt (gr. Chp.) – Kinderchor (kl. Chp.). – Von einem Extrachor auszuführen: Gemischter Chor hinter der Szene (alle Sänger mit Megaphon). Kleiner gemischter Chor im Orchester (kl. Chp.).

SCHAUPLÄTZE: In einem Haselstrauch (Mitte der Bühne): Der Erzähler – Links ein Eichbaum, an dem der Mond hängt; dahinter ein Wirtshaus – Rechts ein Eichbaum, dahinter ein Wirtshaus – Gruftgewölbe der Toten.

ORCHESTER: 3 Fl. (auch 3 Picc.), 3 Ob. (III. auch Eh.), 3 Kl. (III. auch Bkl.), 2 Fag. (II. auch Kfag.), 4 Hr., 3 Trp., 3 Pos., 1 Bt., 5 P., Schl. (gr. Tr., kl. Tr., Rührtrommel, Tamburin, Triangel, Xylophon, Zimbel, verschiedene Becken, gr. Tamtam, Ratsche, Rute, Schlittenschellen, Kastagnetten, Uhrglocke in e'', Röhrenglocken, Gläserspiel, Glsp., Metallophon), Harm., Ziehharmonika, Cel., Klav., Hrf., Zither, Str. – Bühnenmusik: Org., Gl. in fis'', 3 Rührtrommeln, gr. Tr., verschiedene Becken und Tamtams, Wächterhorn, Donner- und Windmaschine.

GLIEDERUNG: In Art von geschlossenen Nummern durchkomponierte Szenen, die bisweilen von einem gesprochenen Dialog unterbrochen werden.

SPIELDAUER: etwa 1½ Stunden.

HANDLUNG: Bei der Erschaffung der Welt hat das nächtliche Licht nicht für alle Teile der Erde ausgereicht. So gab es vorzeiten ein Land, das nachts völlig im Dunkel lag, weil dort weder Mond noch Sterne aufgingen. Aus diesem Land gelangen vier Burschen auf der Wanderschaft in ein anderes, wo sie, aufgehängt auf einem Eichbaum, eine leuchtende Kugel wahrnehmen, die nachts ein sanftes Licht verbreitet, so daß man alles wohl sehen und unterscheiden kann. Die Wandergesellen fragen einen aus dem Wirtshaus kommenden Bauern, was das für ein Licht sei. Er gibt zur Antwort: »Der Mond«. Die Lampe sei dereinst von dem Schultheiß für drei Taler gekauft worden; dieser müsse sie täglich reinigen und Öl aufgießen, dafür erhalte er wöchentlich von der Gemeinde einen Taler. Die Burschen meinen, so ein Licht könnte man auch in ihrem Land gebrauchen, und auch dort hätte man einen Eichbaum, an dem man die Kugel aufhängen könnte. Sie verschaffen sich daher schnell einen Wagen, holen den Mond vom Baum herunter und schaffen ihn heimlich weg, während die Bauern in der Schenke zechen und tanzen. Als die Leute mit ihrem betrunkenen Schultheiß an der Spitze aus dem Wirtshaus kommen, herrscht Finsternis. Sie fordern den Bürgermeister auf, den offenbar ausgegangenen Mond wieder anzuzünden. Als dieser seine Laterne anzündet und auf den Baum klettert, bemerken sie zu ihrem großen Entsetzen den Diebstahl. – Zu Hause angelangt, geben die vier Burschen vor, den Mond für drei Taler gekauft zu haben. Für seine Wartung verlangt jeder von ihnen einen wöchentlichen Lohn von einem Taler. Der Schultheiß ist einverstanden, und nachdem der Mond an der Eiche aufgehängt worden ist, freut sich Alt und Jung über die neue Lampe, die mit mildem Licht Feld und Wald, Stuben und Kammern beleuchtet. – Symbolisch ertönt ein Nachtwächterhorn; man sieht, wie in den Wolken sich das »Weltrad« dreht. – Die Zeit vergeht, und aus den vier jungen Burschen sind Greise geworden. Sie stehen an der Schwelle des Grabes und haben ihre ganze Habe verlebt und vertrunken; übriggeblieben ist nur die Lampe auf der Eiche, die sie ihr Leben lang gepflegt haben. Jeder von ihnen verlangt daher, den auf ihn treffenden Teil dieses Lichts in den Sarg gelegt zu bekommen. Zum Entsetzen des Volkes schneidet der Schultheiß jeweils nach dem Ableben eines der vier Burschen mit einer Heckenschere ein Viertel der Mondscheibe ab und legt sie auf die Totenbahre. Der Schein des Mondes wird von Mal zu Mal blasser, und als der letzte der vier Burschen gestorben ist, tritt die alte Finsternis wie ehedem wieder ein. – Im Gruftgewölbe der Toten erwachen nacheinander die vier Burschen. Sie erkennen sich gegenseitig und freuen sich, daß jeder seinen Mondteil mitgebracht hat. Eilig leimen sie die Teile aneinander und hängen die Mondlampe an der Decke auf. Als das Mondlicht sich über die Särge ergießt, erwachen die Toten langsam aus ihrem Schlaf. Sie starren wie gebannt in den Mond und fragen erregt, was das sei. Die vier Burschen antworten: »Das ist der Mond, den haben wir hierher gebracht.« Die Kraft des Mondscheins erweckt die Abgeschiedenen zu neuem Leben, und bald vergnügen sie sich, wie ehedem auf Erden, mit Zechen und Saufen, mit Würfel-, Karten- und Kegelspiel. – Durch das laute Treiben der Toten aufgestört, schiebt Petrus die Wolken auseinander. Doch er kann auf der Erde nichts bemerken, alles ist dort still und ruhig. Im Gruftgewölbe erhitzen sich indes die Gemüter immer mehr beim Spiel, das schließlich in eine wüste Rauferei und Schlägerei ausartet. Da stürzen die vier Burschen zum Mond und blasen ihn aus. Es wird sofort stockfinster, nur der Himmel leuchtet in bläulichem Gewitterschein. Petrus hat nunmehr bemerkt, daß der Lärm aus der Unterwelt kommt. Er reißt einen großen Schweifstern vom Himmel und schleudert ihn zu den Toten hinab, die vor Schrecken zu Boden fallen. Inzwischen haben die vier Burschen mit einem Feuerstein den Mond wieder angezündet. Da betritt Petrus das Gewölbe. Lachend fragt er die vier Burschen, was das für ein Licht sei. Sie antworten: »Das ist der Mond, den haben uns die Menschen aufgedrängt.« In gemütlichem Ton fordert Petrus die Toten auf, sich gütlich zu tun und mit ihm zu trinken. Eine Kapelle mit phantastisch aussehenden Instrumenten ist zur Stelle, die zum Tanz aufspielt. Ein magischer Zauber geht von

Petrus aus. Die Toten trinken unentwegt. Allmählich werden sie schlafmüde, während Petrus in Gedanken über den ewigen Rhythmus des Weltenlaufs versunken ist. Schließlich nimmt er den Mond wie eine Laterne in die Hand und weist die Toten mit dem Nachtwächterruf »Hört Ihr Toten, laßt Euch sagen ...« in ihre Särge zurück. Als alle wieder in ihre Gräber gekrochen sind, verbirgt Petrus den Mond unter seinem Mantel; er steigt zum Himmel auf und verschwindet in den Wolken. Bald darauf zerteilen sich die Wolken, und hoch am Himmel hängt der Mond, der mit seinem Licht die ganze Landschaft überflutet. Ein kleines Kind kommt im Nachthemd aus dem Haus und ruft: »Ach, da hängt ja der Mond!« Es holt eilig andere Kinder und Leute herbei, die staunend den Mond betrachten. Aus der Gruft hört man die Toten friedlich schnarchen. Eine Wolke zieht wie ein Vorhang über den Mond.

STILISTISCHE STELLUNG: Der Untertitel ›Ein kleines Welttheater‹ deutet darauf hin, daß das in dem naiv-heiteren Ton einer Jahrmarktskomödie oder Moritat sich gebende Werk einen ernsten Hintergrund hat. Die sprachlich-dramaturgische Gestaltungsweise erfährt eine entsprechende Kompensierung im Musikalischen. Hier zeigt sich ein ähnliches Bild, wie bei der einige Jahre später entstandenen Märchenoper ›Die Kluge‹ (siehe dort Absatz: Stilistische Stellung).

TEXTDICHTUNG: Orff verfaßte das Textbuch nach dem gleichnamigen Märchen in der Sammlung ›Kinder- und Hausmärchen‹ der Brüder Grimm (Nr. 175), das er ohne Veränderungen dramatisierte.

GESCHICHTLICHES: Das Werk ist in den Jahren 1937/38 entstanden. Die Uraufführung erfolgte am 5. Februar 1939 unter Clemens Krauss an der Bayerischen Staatsoper in München.

Die Kluge

Die Geschichte von dem König und der klugen Frau. Dichtung vom Komponisten.

SOLISTEN: *Der König* (Heldenbariton, auch Kavalierbariton, auch Charakterbariton, gr. P.) – *Der Bauer* (Spielbaß, auch Charakterbaß, m. P.) – *Des Bauern Tochter* (Jugendlich-dramatischer Sopran, auch Lyrischer Sopran, gr. P.) – *Der Kerkermeister* (Baß, m. P.) – *Der Mann mit dem Esel* (Tenor, m. P.) – *Der Mann mit dem Maulesel* (Bariton, m. P.) – *1. Strolch* (Tenor, m. P.) – *2. Strolch* (Bariton, m. P.) – *3. Strolch* (Baß, m. P.).

SCHAUPLATZ: Das Werk wird auf einer Simultanbühne gespielt. Vor- und Hauptbühne sind seitlich durch Stufen verbunden. Kostüme und Masken phantastisch und stark in Farben und Ausdruck.

ORCHESTER: 3 Fl. (auch 3 Picc.), 3 Ob. (III. auch Eh.), 3 Kl. (auch Es-Kl. und Bkl.), 2 Fag., 1 Kfag., 4 Hr., 3 Trp., 3 Pos., 1 Bt., P., Schl., Hrf., Cel., Klav., Str. – 2. Fassung: keine Ob. und nur 3 Hr. – Bühnenmusik: verschiedene Tr., 1 kl. hellklingendes Trömmelchen, kl. Glöckchen, 3 Trp., Org.
GLIEDERUNG: 12 teils gesprochene, teils musikalische Szenen.
SPIELDAUER: etwa 1½ Stunden.
HANDLUNG: Der Bauer schmachtet im Kerker. Monoton klagt er unentwegt: »O, hätt ich meiner Tochter nur geglaubt!« Er hatte nämlich beim Pflügen in seinem Acker einen goldenen Mörser gefunden und diesen dem König überbracht, obwohl seine Tochter ihm davon abgeraten hatte, weil der König ihn möglicherweise verdächtigen würde, den dazugehörigen Stößel unterschlagen zu haben. Denn, so argumentierte sie, wer Macht hat, habe das Recht und beuge es, weil über allem die Gewalt herrsche. Nun ist es tatsächlich so gekommen, wie es die Tochter vorausgesehen hat. Als der König die Klagerufe des Bauern vernimmt, läßt er diesen durch den Kerkermeister aus dem Turm heraufholen. Der Bauer erzählt dem König von dem klugen Rat seiner Tochter. Da möchte der König diese Kluge einmal kennenlernen. – Drei Strolche ziehen des Wegs und jammern über schlechte Zeiten für Leute ihres Standes, die ehrbar stehlen wollen. Sie verstekken sich schnell, als der Bauer mit seiner Tochter und dem Kerkermeister naht. Enttäuscht lassen sie die drei vorüberziehen mit dem Bemerken, daß bei armen Teufeln nichts zu holen sei. – Der König will von einer Bestrafung der Tochter des Bauern absehen, wenn sie ihm drei Rätsel richtig löse. Da sie dies spielend vermag und sie außerdem dem König gefällt, nimmt er sie sogleich zu seiner Frau. Den Bauern läßt er frei. – Man weiß nicht, ob die neue Frau des Königs schön oder häßlich, klug oder dumm ist. Die drei Strolche sind der Ansicht, der König werde sie nicht lange behalten, wenn sie klug ist. Da gesellt sich zu ihnen der Mann mit dem Maulesel. Er will die Zeit der ersten Verliebtheit des Königs nützen, um durch einen königlichen Machtspruch einen Streitfall zu seinen Gunsten entscheiden zu lassen; die Strolche sollen ihm dabei behilflich sein. – Geführt von dem Kerkermeister, erscheinen der Mann mit dem Esel und der Mauleselmann sowie die drei Strolche vor dem König, als dieser gerade mit seiner jungen Frau beim Brettspiel sitzt. Der Eselmann erhebt die Anklage: Sein Esel und der Maulesel waren zusammen in einer Herberge untergebracht. In dieser Nacht hatte sein Esel ein Füllen geworfen. Obwohl ein Maulesel doch niemals ein Füllen werfen könne, habe der Mauleselmann das Junge als sein Eigentum erklärt, weil es näher bei seinem Maulesel gelegen habe. Schließlich kommt es zwischen den Streitenden zu einer Balgerei, die der König, nachdem er gerade ein Spiel gegen seine Frau verloren hat, ärgerlich mit dem Richtspruch gegen den Eselmann beendet. Die Anwesenden ziehen aus dem Urteil die

ironisierende Moral: »Wer klug ist, wählt Betrug und List, weil anders nichts zu holen ist.« – Enttäuscht verflucht der Eselmann den König. Da naht die Königin. Sie tröstet ihn mit dem Bemerken, auch ein König könne sich einmal irren, und verspricht ihm, daß er schon noch zu seinem Recht kommen werde, sofern er ihren Rat befolge, den sie ihm noch übermitteln werde. – Die drei Strolche bestechen mit dem Geld, das sie von dem Mauleselmann für ihre Mithilfe erhalten haben, den Kerkermeister, der auch den Weinkeller des Königs verwaltet. Sie erhalten von ihm Wein, und in feuchtfröhlicher Stimmung singen sie ein Lied von der Unbeständigkeit der Treue. Als sie sich dann auf den Weg machen, stoßen sie auf den Eselmann, der unentwegt ein großes Fischernetz über den Boden hinzieht, in der Art wie die Fischer beim Fischfang. Da kommt auch der König mit dem Kerkermeister hinzu. Verwundert fragt er den kuriosen »Fischer«, was er hier mache. Dieser antwortet, die Welt habe sich anscheinend umgedreht, und wenn schon ein Maulesel Junge werfen könne, warum sollte er nicht auf dem Trockenen fischen, und wenn schon keinen Fisch, so werde er vielleicht ein anderes Vieh erwischen. Der König ist sich sogleich bewußt, daß der Mann diese Weisheit nicht von sich habe, sondern das listige Spiel auf Rat einer Frau ausgeführt habe, was der Eselmann zitternd zugibt. Wütend läßt er den Verdutzten in den Turm werfen. – In grimmigem Zorn über die Hinterlist und auch aus Eifersucht verstößt daraufhin der König seine Frau. Sie darf aber in einer Truhe von den Schätzen des Palastes das mitnehmen, woran ihr Herz am meisten hängt. Die Königin richtet noch das Nachtmahl, bei dem sie dem König heimlich einen Schlaftrunk mischt. – In der Nacht wird eine große Truhe aus dem Haus des Königs getragen. Die drei Strolche bemerken es, empfinden aber mit einem Mal Hemmungen und lassen die Kiste unbehelligt. – Der Eselmann wird von dem Kerkermeister aus dem Gefängnis entlassen; er erhält sein Füllen wieder und noch Geld vom König obendrein. Der Eselmann ist überzeugt, sein Glück der fremden Frau zu verdanken. – Zu seinem großen Erstaunen erwacht der König am nächsten Morgen in der Truhe. Schelmisch bemerkt die Kluge, sie habe lediglich von der Gnade des Königs Gebrauch gemacht, sich das Liebste aus dem Palast mitnehmen zu dürfen. Entzückt ruft der König aus, sie sei doch die Klügste. Aber die Königin entgegnet, sie habe sich nur verstellt, denn klug sein und lieben könne niemand auf der Welt. Glückstrahlend nimmt der König die Kluge in den Arm. Da geht der Bauer mit einer Laterne vorüber und meint: »Am End hat sie den Stößel doch gefunden!«

Stilistische Stellung: Orff gestaltete seine Bühnenwerke aus dem Urelement des Theaters, dem Mimisch-Tänzerischen, das unlösbar mit dem rhythmischen Erlebnis verwachsen ist. Mit einem überaus feinen Klangsinn verbindet er einen gleichgearteten Farbensinn. Auf diese Weise bewegt sich die Ausdrucksskala vom gesprochenen und zum Teil streng rhythmisierten Wort bis zur lyrischen Kantilene. Ähnliche Wirkungen werden bei dem untermalenden Orchester, das übrigens auf selbständige symphonische Formen verzichtet, durch eine entsprechende Klanggestaltung bei den einzelnen Instrumentengruppen: Streichern, Bläsern und Schlagzeug erzielt, wobei besonders letzteres mit raffinierter Differenzierung eingesetzt ist. Die Deklamation ist fein nuanciert und jeweils auf das szenische Geschehen sublim abgestimmt. Bei den komischen Partien herrscht ein leichtbeschwingtes Parlando vor, dessen Wirkung durch häufige Satz- und Wortwiederholungen eine bizarre Steigerung erfährt.

TEXTDICHTUNG: Der Komponist schrieb sich das Buch nach dem Grimmschen Märchen ›Die kluge Bauerntochter‹ selbst. Die Geschichte von dem König und der klugen Frau stellt eine Variante jener zahllosen Fassungen des Stoffes von dem klugen Mädchen dar, der in dem Märchenschatz aller Kulturvölker vertreten ist. Zur Auflockerung der Handlung hat Orff mit großem Geschick drei episodenhaft wirkende Shakespeare-Gestalten, die drei Strolche, eingefügt, die in grotesk-komischen Rüpelszenen die Situationen auf ihre Art philosophisch kommentieren.

GESCHICHTLICHES: ›Die Kluge‹ ist in den Jahren 1941/42 entstanden. Das Werk wurde am 20. Februar 1943 am Opernhaus in Frankfurt/Main uraufgeführt. Seither ging das liebenswürdige Stück über zahlreiche in- und ausländische Bühnen, überall mit der gleichen Begeisterung aufgenommen.

Antigonae

Ein Trauerspiel des Sophokles von Friedrich Hölderlin.

SOLISTEN: *Antigonae* (Dramatischer Sopran, auch Dramatischer Mezzosopran, gr. P.) – *Ismene* (Jugendlich-dramatischer Sopran, kl. P.) – *Kreon* (Seriöser Baß, auch Baßbariton, gr. P.) – *Ein Wächter* (Lyrischer Tenor, auch Charaktertenor, m. P.) – *Hämon* (Jugendlicher Heldentenor, m. P.) – *Tiresias* (Lyrischer Tenor, auch Charaktertenor, m. P.) – *Ein Bote* (Baß, m. P.) – *Euridice* (Lyrischer Sopran, kl. P.).

CHOR: Chor der Thebanischen Alten (Tenöre und Bässe; einige Chorsoli; gr. Chp.).

ORCHESTER: 6 Fl. (auch Picc.), 6 Ob. (auch 3 Eh.), 6 Trp. mit Dämpfer, 7–8 P., 4 Hrf., 6 Klav., 9 Kb., Schl. (1 Steinspiel, 2–3 Xylophone, 2 [1] Trogxylophone [Sopran], 6 [4] Trogxylophone [Tenor], 2 [1] Trogxylophone [Baß], 1 kl. Holztrommel, 1 gr. Holzschlitztrommel [afrikanisch], 2 Gl. in D und E, 3 Glsp., 4 Paar Zymbeln, 3 Becken [türkisch], 3 Paar Becken [türkisch], 1 kl. Amboß, 3 Triangeln, 2 gr.

Tr., 6 Tamburins, 6 Paar Kastagnetten, 10 gr. Buckelgongs [javanisch]).

GLIEDERUNG: 5 szenische Abschnitte.

SPIELDAUER: etwa 2½ Stunden.

HANDLUNG: Die Brüder Eteokles und Polyneikes hatten sich bei der Belagerung von Theben feindlich gegenüber gestanden und hatten beide den Tod gefunden. Nach dem Sieg der Thebaner ordnete König Kreon an, daß Polyneikes, der im feindlichen Lager gestanden hatte, unbestattet bleiben sollte. Antigonae, die Schwester von Eteokles und Polyneikes, will die dem toten Bruder zugedachte Schmach abwenden. Sie beschließt daher, Polyneikes zu bestatten. Ihre Schwester Ismene soll ihr dabei behilflich sein. Diese scheut sich jedoch, gegen den Befehl des Königs zu handeln, und warnt Antigonae vor der Ausführung ihres Vorhabens, das ihr sicherlich den Tod bringen würde. Nachdem sich die beiden Mädchen entfernt haben, naht König Kreon. Er legt den Thebanischen Alten die Gründe seines Verbotes dar. In diesem Augenblick kommt ein Wächter, der zögernd meldet, daß der Tote soeben von jemand Unbekanntem mit Erdenstaub überstreut worden sei. Erbost befiehlt Kreon, den Täter ausfindig zu machen. Der Wächter erscheint alsbald nochmals vor dem König und berichtet, daß Antigonae aufgegriffen worden sei, als sie in der Abenddämmerung die Leiche des Polyneikes zu bestatten versuchte. Als Antigonae dem König vorgeführt wird, bekennt sie ruhig die Tat. Damit ist Antigonae dem Tod verfallen; auch Ismene, die treu zur Schwester steht und ihr Handeln gutheißt, soll das gleiche Los treffen. Nachdem die beiden abgeführt worden sind, erscheint Hämon, Kreons Sohn, der mit Antigonae verlobt ist. Auch er vermag den Vater nicht umzustimmen. Nach einer scharfen Auseinandersetzung mit Kreon entfernt sich Hämon mit der Drohung, daß der Vater den Sohn nicht mehr zu Angesicht bekommen werde, sollte Antigonae sterben müssen. Kreon gibt auf den Vorhalt der Alten, daß sie unschuldig sei, Ismene frei, während Antigonae in einer Felsenkammer lebend begraben werden soll. Antigonae wird zum Tode geführt; die Alten beklagen ihr Geschick und trösten sie. Nun erscheint, geführt von einem Knaben, der greise blinde Seher Tiresias; er hat noch nie eine Prophezeiung ausgesprochen, die sich nicht erfüllt hätte. Zunächst fordert er die Bestattung des Polyneikes, und als sich Kreon auch jetzt noch hartnäckig weigert, kündet ihm der Seher, daß er bald sein unerbittliches Verhalten mit Blutopfern aus dem eigenen Haus bezahlen werde. Kreon ist mit einem Mal unsicher geworden, und er eilt hinweg, um das Verhängnis aufzuhalten. Ein Bote berichtet der aus dem Palast kommenden Euridice, Kreons Gattin, daß der König, obwohl er sogleich den Polyneikes habe bestatten lassen, das Unheil nicht mehr abwenden konnte. Antigonae habe sich mit einem Gürtel erhängt, und Hämon sich an ihrer Seite mit dem Schwert durchbohrt. Verzweifelt entfernt sich Euridice. Da naht wehklagend Kreon mit der Leiche seines Sohnes. Wieder erscheint der Bote; er meldet dem unglücklichen König, daß Euridice dem Sohn in den Tod gefolgt sei. Zerschmettert entfernt sich Kreon, sein furchtbares Schicksal beklagend.

STILISTISCHE STELLUNG: Orff griff bei der Komposition seiner ›Antigonae‹ auf den monodischen Rezitativstil der Oper zu ihrer Entstehungszeit (Ende des 16. Jahrhunderts) zurück. Die Singstimmen tragen den Text in einem streng rhythmisierten Deklamationsstil vor. Die Gesangslinie verläuft oft auf einem liegenbleibenden Ton, an einigen Stellen ist keine Tonhöhe, sondern nur der Rhythmus vorgeschrieben; streckenweise, wie zum Beispiel gleich zu Beginn des Werkes, erfolgt der Vortrag der Singstimmen (auch des Chores) ohne orchestrale Stütze. Das Instrumentarium besteht aus Streichbässen, Klavieren, Harfen, Flöten, Oboen, gedämpften Trompeten und in der Hauptsache aus einer großen Zahl von Schlagzeug-Instrumenten (61–67). Orffs ›Antigonae‹ stellt den interessanten Versuch dar, einen neuartigen Formtypus des musikalischen Theaters zu entwickeln, bei dem die Darstellungsmittel der dramatischen Kunst auf ihre Urform zurückgeführt werden. Träger des dramatischen Ausdrucks ist das rhythmische Element. Der orchestrale Part vermittelt einen rhythmisch-schillernden Klangteppich, auf dem sich die psalmodierende Gesangslinie bewegt. Freilich birgt dieses ausgesparte Stilisierungsprinzip die Gefahr in sich, infolge der mehr oder minder gleichbleibenden Ausdrucksmittel auf die Dauer ermüdend und abstumpfend zu wirken. Dennoch finden sich dramatische Höhepunkte von leidenschaftlicher Eindringlichkeit.

TEXTDICHTUNG: Der große attische Tragödiendichter Sophokles (um 496–406 v. Chr.) schrieb 123 Dramen, von denen jedoch nur sieben erhalten sind. Friedrich Hölderlin (1770–1843), dessen Lyrik in ihrer Klangkraft der Worte eine Mischung altgriechischen Formensinns mit deutschem Wesen darstellt, schuf eine freie deutsche Nachdichtung zu zwei Sophokleischen Dramen, dem ›König Oedipus‹ und der ›Antigonae‹. Die Hölderlinsche Dichtung diente Orff als Textvorlage, die er – abgesehen von einigen Streichungen – wörtlich vertonte. Die knappen szenischen Bemerkungen wurden von dem Komponisten in lateinischer Sprache angegeben.

GESCHICHTLICHES: Die 1947/48 entstandene ›Antigonae‹ erlebte am 9. August 1949 bei den Salzburger Festspielen ihre Uraufführung. Das ungewöhnliche Werk war dort wie bei den nachfolgenden Aufführungen an verschiedenen deutschen Bühnen Gegenstand lebhafter Diskussionen, die teils begeisterte Zustimmung, teils schroffe Ablehnung ergaben.

Trionfi

Trittico teatrale

1. Carmina Burana

Cantiones profanae cantoribus et choris cantandae comitantibus instrumentis atque imaginibus magicis.

SOLISTEN: *Sopran* (Lyrischer Sopran, m. P.) – *Bariton* (Kavalierbariton, auch Lyrischer Bariton, m. P.) – *Tenor* (Lyrischer Tenor, kl. P.).
CHOR: Kleiner Chor – Großer Chor (gr. Chp.).
BALLETT: Tanz Nr. 6 und Nr. 9a.
ORCHESTER: 3 Fl. (II. und III. auch Picc.), 2 Ob., 1 Eh. (auch III. Ob.), 1 Es-Kl. (auch III. Kl.), 2 Kl. (II. auch Bkl.), 2 Fag., 1 Kfag., 4 Hr., 3 Trp., 3 Pos., 1 Bt. (auch Stierhorn in Ges), P., Schl. (2 kl. Tr., 1 gr. Tr., 1 Schelle, 1 Triangel, 1 Paar Cymbeln, 2 Paar Becken, 1 gr. Gong in tief D, 1 kl. Gong [oder Glockenplatten], 3 Gl. in f', c'', f'', Röhrenglocken, 3 Glsp., 1 Xyl., 1 Kastagnette, 1 Ratsche), Cel., 2 Klav., Str. (in entsprechender Besetzung).
GLIEDERUNG: 25 geschlossene Musiknummern.
SPIELDAUER: etwa 1 Stunde.
INHALT: Das Werk ist in drei Abschnitte gegliedert. Diese werden eingerahmt von einem breit angelegten Chor auf die launische Schicksalsgöttin Fortuna, die unentwegt an dem Schicksalsrad dreht, wodurch die Menschen bald zu Reichtum und Macht getragen, bald in Armut und Ohnmacht gestoßen werden. Der erste Teil trägt den Titel: ›Veris leta facies‹ (Des Frühlings beglückende Beschaffenheit). Er behandelt das Erwachen der Natur im Frühling, wo Phoebus mit seinen warmen Strahlen den grimmigen Winter vertreibt und Flora mit frischem Grün und mit Blüten- und Blumenpracht die Welt in ein Prunkgewand hüllt. Der ersehnte Lenz bringt neue Lebenslust, und mit ihr kehrt auch die Liebe neu in die Seele ein. Die Mädchen fragen: »Wo bleibt mein Geselle?«, die Männer antworten: »Er ritt von hinnen.« Da wenden sich die Mädchen an den Krämer um Hilfe, er möge ihnen mit Farbe die Wangen röten, damit die jungen Männer Feuer fingen. Und nun ergeht der Ruf: »Komme, komm Geselle mein, ich kann ohne Dich nicht sein!« – Der zweite Teil, ›In Taberna‹, führt den Hörer in eine Schenke. In dem Kreis ausgelassener Zecher bekennt einer, sein Heil einzig in den leiblichen Genüssen zu suchen, nachdem es ihm nicht gelungen war, eine solide Lebensbasis zu finden. Ein anderer schildert die Gefühle eines in der Pfanne als Braten schmorenden Schwanes, der jämmerlich den Wankelmut des irdischen Glücks beklagt: einst war er stolz und herrlich anzusehen und jetzt endet er, schwarz und angebrannt, als Beute schmatzender Fresser. Ein dritter Zecher versetzt sich in die Rolle des Abts eines Phantasieklosters, der

irdischen Freuden, wie Trinken und Glücksspiel, durchaus nicht abhold ist. In ausgelassener Stimmung erheben die Zecher einen ekstatischen Lobgesang auf Bacchus und preisen alle Säufer und Trunkenbolde. – Der dritte Teil, ›Amor volat undique‹ (Amor flattert umher) betitelt, schildert zunächst Leid und Nöte des ungestillten Herzens. Im weiteren werden sodann die einzelnen Phasen des Liebesspiels gestreift: die erst schüchterne und dann stürmische Werbung des Jünglings und die allmähliche Überwindung der jungfräulichen Scheu, die schließlich in der Verheißung des Gewährens gipfelt. In einem mächtigen Hymnus huldigt der Chor der »Leuchte aller Welt, Venus generosa«. Aber nicht Venus, sondern Fortuna lenkt die Geschicke dieser Welt; daher schließt das Werk mit der Reprise des Einleitungschors auf die Schicksalsgöttin.

Stilistische Stellung: Orff hat seine ›Carmina Burana‹ weder als Oper noch als Oratorium oder Kantate bezeichnet. Das Werk steht wohl der letzteren Gattung am nächsten, doch strebte der Komponist neue Ausdrucksformen für das musikalische Theater an, wobei er dieses Ziel zunächst durch eine radikale Abkehr von den geläufigen musikdramatischen Stilmitteln zu erreichen suchte und weiterhin auf die Urelemente des Theaters, das Kultische und das Volkstümlich-Tänzerische zurückgriff. Auf diese Weise erstand in ›Carmina Burana‹ ein neuartiger Typus Musiktheater, dem stilistisch keinerlei Berührungspunkte mit irgend einer anderen zeitgenössischen Richtung nachzuweisen sind. Der urwüchsig-naive Ton und zeitlose Charakter der mittelalterlichen Gedichte in der Benediktbeurer Handschrift kam den Absichten des Komponisten weitgehend entgegen. Die Musik knüpft sowohl im Melodischen wie im Rhythmischen an primitive Formen des Volkslieds und des Volkstanzes an, dementsprechend hält auch die Harmonik an einer durchgehend diatonisch fundierten Gestaltungsweise fest. Trotz dieser Primitivität in den Ausdrucksmitteln wird eine imponierende klangliche Differenzierung vom zarten lyrischen Erguß bis zu ausladenden Höhepunkten erzielt. Auch in der formalen Anlage herrscht elementare Einfachheit vor, die wieder in erster Linie von der vitalen Kraft des Rhythmischen bestimmt erscheint. Über einer ostinaten Bewegungsfläche des Begleitapparats sind aus kurzen Perioden, die zumeist mehrfach wiederholt werden, schlichte Liedformen gebaut. Für eine szenische Wiedergabe läßt Orff durch das Fehlen szenischer Vorschriften der Phantasie der Inszenatoren freien Lauf.

Textdichtung: Orff stellte die Texte aus der Liederhandschrift eines anonymen Sammlers (Ende 13. Jahrhundert) zusammen, die jetzt im Besitz der Bayerischen Staatsbibliothek München ist und die von dem Sprachforscher Johann Andreas Schmeller nach ihrem Fundort, dem Kloster Benediktbeuren (Oberbayern), den Namen Carmina Burana erhalten hat. Die Handschrift enthält eine große Anzahl Gedichte, die moralisch-satirische, Natur-, Trink- und Liebeslieder darstellen. Sie sind teils in lateinischer, teils in deutscher, teils in französischer Sprache abgefaßt. Der mittelalterlichen Geisteshaltung entsprechend mischen sich christliche und heidnische Züge, der sublimierten Sprache des höfischen Minnegesangs tritt der knorrig-derbe Ton der Sauf- und Vagantenlieder gegenüber. Allen gemeinsam ist ein einheitlicher Grundzug: die betonte Bejahung des Diesseitigen mit all dem Schönen, den Freuden und Genüssen, die das Irdische zu bieten vermag. – Eine deutsche Übertragung der Texte (unter dem Titel ›Lieder aus der Benediktbeurer Handschrift. Weltliche Gesänge für Soli und Chor mit Begleitung von Instrumenten und mit Bildern‹) besorgten Michael Hofmann und Wolfgang Schadewaldt.

GESCHICHTLICHES: Als künstlerisches Ergebnis seiner Beschäftigung mit der Entstehungsepoche des musikalischen Dramas (Monteverdi-Bearbeitungen) sowie seiner Tätigkeit als Leiter der Günther-Schule für tänzerische Musikerziehung in München, deren Erfahrungen er in seinem großangelegten »Schulwerk« zusammenfaßte, entwickelte Orff in langen Jahren einen neuen, eigenen musikalisch-dramatischen Stil, den er zum ersten Mal bei ›Carmina Burana‹ manifestierte. So kam es, daß der Komponist verhältnismäßig erst spät sein erstes Bühnenwerk der Musikwelt vorlegte. Die Uraufführung der ›Carmina Burana‹ erfolgte am 8. Juni 1937 am Opernhaus in Frankfurt/Main mit außergewöhnlichem Erfolg, der eine rasche Verbreitung sowohl auf der Bühne als auch im Konzertsaal zur Folge hatte.

2. Catulli Carmina
Ludi scaenici

SOLISTEN: Dramatis personae: *Catullus* – *Lesbia,* amica (seine Freundin) – *Caelus,* amicus (sein Freund) – *Ipsitilla, Ammiana,* meretrices (Buhlerinnen, Solotänzerinnen) – *Sopran* (Lyrischer Sopran, kl. P.) – *Tenor* (Lyrischer Tenor, gr. P.).

BALLETT: Amatores ac meretrices (Liebhaber und Buhlerinnen).

CHOR: Vor der Bühne: Juvenes (Jünglinge, Tenor), Juvenculae (Mädchen, Sopran und Alt), Senes (Greise, Baß) (m. Chp.).
Im Orchester: Kleiner Chor (Madrigalchor; gr. Chp.).

ORCHESTER: 4 Klav., 4 P., 2 Kastagnetten, Xyl., Sopran-Xyl., Tenor-Xyl., Baß-Xyl., 2 Glsp., Metallophon, Steinspiel, Sandrassel, Gitterrassel, 3 Tamburine, Triangel, gr. Tr., Cymbeln, 4 Becken, Gong in tief C, gr. Tamtam.

GLIEDERUNG: Rahmen-Chor (zu Anfang und zu Ende), dazwischen 12 der Szenen-Einteilung entsprechende Abschnitte für Soli und a cappella-Chor.

Spieldauer: etwa 45 Minuten.

Inhalt: Vor der Bühne haben links die Jünglinge und rechts die Mädchen Platz genommen, zwischen beiden Gruppen sitzen die Greise. Die Jünglinge und Mädchen rufen sich, werbend und verheißend, immer kühnere Liebkosungen zu. Da werden sie aus ihrer Verzückung durch die Zwischenrufe der Greise gerissen, die behaupten, daß aller Liebeswahn wie ein Lufthauch vergehe und daß es keine Treue gäbe. Die Wahrheit ihrer Thesen würde durch die Lieder des Catull bewiesen. – Nun beginnt das szenische Spiel. Die Handlung wird auf der Bühne pantomimisch durch Tänzer dargestellt, während die Gesangssolisten und der Chor, die im Orchester aufgestellt sind, das szenische Geschehen kommentieren. – Unzertrennlich erscheint dem Catull das Band, das ihn mit der leidenschaftlich geliebten Lesbia vereint. Erschöpft schläft er in Lesbias Schoß ein. Liebhaber treten auf. Lesbia verläßt den schlummernden Catull und tanzt in der Schenke vor den Liebhabern. Inzwischen erwacht Catull. Verzweifelt klagt er dem soeben hinzukommenden Freund Caelus seine tiefe Enttäuschung über die weibliche Untreue. Die Greise applaudieren: »Bravo! Ausgezeichnet!« – Es ist Nacht. Catull schläft vor Lesbias Haus und sieht sich im Traum mit Lesbia auf dem Lager. Aber plötzlich erkennt er in seiner Gestalt den Caelus. Verzweifelt fährt er aus dem Schlaf mit der Erkenntnis, daß es auch keine Freundestreue gibt. Wieder rufen die Greise applaudierend: »Bravo! Ausgezeichnet!« – Catull erblickt am Fenster ihres Hauses die reizende Buhlerin Ipsitilla. Rasch entflammt, bittet er sie in einem Brief um ein verschwiegenes Stündchen. Aber es erscheint die abgebrauchte Buhlerin Ammiana, die für die Gewährung ihrer Gunst zehntausend Sesterzen verlangt. Wütend jagt Catull sie fort. Unter den vorbeigehenden Liebhabern und Buhlerinnen sucht Catull immer und immer nur Lesbia. Schließlich stürzt er zu Boden. Da kommen Lesbia und Caelus. Mit einem Aufschrei gewahrt Lesbia Catull. Doch dieser erklärt, daß sich sein Herz, wenn auch in sich selbst entzweit, durch ihre Schuld von ihr abgewandt habe, weil es sie nicht mehr achten noch lieben könnte. Lesbia eilt verzweifelt in ihr Haus. – Mit einem Ausruf des Unwillens haben die griesgrämigen Greise wahrgenommen, daß die Jünglinge und Mädchen vor der Bühne längst nicht mehr auf die Handlung geachtet haben und wieder von neuem in gegenseitiger Leidenschaft entbrennen.

Stilistische Stellung: In origineller Weise interpretiert Orff bei seinen ›Catulli Carmina‹ ein antikes Werk der Dichtkunst in den Ausdrucksformen des Renaissancezeitalters. Während die Rahmenchöre in einer elementar-motorischen Tonsprache, gestützt auf die für Orff typische ostinate Orchesterbegleitung, gestaltet sind, verlangt der musikalische Part des eigentlichen Spiels, etwa in der Art des szenischen Madrigals eines Orazio Vecchi, lediglich einen a cappella-Chor mit einem Solosopran und einem Solotenor, wobei alle Möglichkeiten einer ebenso farbigen wie sensibel differenzierten Klangwerdung mit vitalem Sinn für das Theatralische ausgeschöpft sind.

TEXTDICHTUNG: Eine schicksalhafte Rolle spielte in dem kurzen Dasein des römischen Lyrikers Gaius Valerius Catullus (um 84–um 54 v. Chr.) die Liebe zu einer Dame namens Clodia. Sie war, obwohl sie aus vornehmem Hause stammte, von lockerem Lebenswandel, und durch sie hat der junge Dichter alle Freuden und Leiden einer hemmungslosen Leidenschaft erfahren. Diese Erlebnisse erfuhren ihren künstlerischen Niederschlag in kürzeren oder längeren poetischen Ergüssen an oder über die »Lesbia« genannte Geliebte. Orff formte aus diesen Dichtungen sein szenisches Spiel. Zur Vereinheitlichung seiner Bühnendichtung faßte er auch die von ihm hinzugedichteten Rahmenchöre sowie das Personenverzeichnis und die verschiedenen szenischen Bemerkungen in lateinischer Sprache ab. Eine deutsche Übertragung des Textbuchs besorgte Rudolf Bach.

GESCHICHTLICHES: Das szenische Spiel ›Catulli Carmina‹ ist im Jahre 1942 entstanden. Seine Uraufführung erfolgte am 6. November 1943 am Stadttheater in Leipzig.

3. Trionfo di Afrodite
Concerto scenico

SOLISTEN: *La Sposa* (Die Braut, Lyrischer Koloratursopran, gr. P.) – *Lo Sposo* (Der Bräutigam, Lyrischer Tenor, gr. P.) – *Coriferi* (Chorführer: Lyrischer Koloratursopran, m. P.; Charaktertenor, m. P.; Seriöser Baß, auch Bariton, m. P.).

CHOR: Doppelchor, Großer Chor und Tanzchor: Vergini (Jungfrauen), Giovani (Jünglinge), Vecchi (Greise), Parenti (Eltern), Amici (Freunde), Popolo (Volk) (gr. Chp.).

ORCHESTER: 3 Fl. (auch Picc.), 3 Ob. (auch 2 Eh.), 1 Kl. in Es, 2 Kl. in B, 3 Fag. (III. auch Kfag.), 6 Hr., 3 Trp., 3 Pos., 2 Bt., 2 Hrf., 3 Gitarren, 3 Klav., 12–14 Viol. I, 12–14 Viol. II, 12 Br., 12 Vcl., 8 Kb., 6 P., 3 Glsp., Xyl., Marimbaphon, Tenor-Xyl., 4 Legni, Kastagnetten, Triangel, 4 Becken, Tamtam, Gl., 2 kl. Tr., 2 gr. Tr., 4 Rasseln. – Bühnenmusik: 1 Hrf., 2 Klav., 10 Viol. (ad libitum), 2 Br., 1 Kb., Glsp., Xyl., Marimbaphon, 4 Becken.

GLIEDERUNG: 7 der Szenen-Einteilung entsprechende Abschnitte.

SPIELDAUER: etwa 45 Minuten.

INHALT: Bereits der Untertitel ›Szenisches Konzert‹ weist darauf hin, daß dem Stück keine eigentliche Handlung zugrundegelegt ist. Es hat lediglich eine Hochzeitszeremonie nach antiker Sitte zum Inhalt. – Mit einem Wechselgesang an den Abendstern erwarten die Jungfrauen und die Jünglinge Braut und Bräutigam. In feierlichem Zug naht das Paar. Die Anwesenden rühmen die edle Männlichkeit des Bräutigams und den Liebreiz der Braut. Nun ruft der Chor Hymenaios, den Gott der Ehe, und preist ihn als den unvergleichlichen Beglücker der Liebenden. Es folgen hochzeitliche Spiele, Weihe- und Spottgesänge. Schließlich wird die Braut zur Hochzeitskammer geleitet; der Chorführer fordert den Bräutigam auf, ihr zu folgen. Der ekstatisch gesteigerte Gesang der Jungvermählten in der Hochzeitskammer kündet von der vollzogenen Vermählung. In der Apotheose erscheint Aphrodite, die Göttin der Liebe, Schönheit und Fruchtbarkeit. Der Chor huldigt ihr, der Allgewaltigen, mit einem Lobgesang, der, ähnlich wie vorher der Gesang der Jungvermählten, in einen orgastischen Schrei mündet, mit dem das Werk abschließt.

STILISTISCHE STELLUNG: Orff hat bei ›Trionfo di Afrodite‹ im wesentlichen an dem in seiner ›Antigonae‹ entwickelten Stil festgehalten. Auch hier treten klanglich ausladenden und rhythmisch streng deklamierten Chorsätzen das feindifferenzierte Rezitativ der Solisten gegenüber. Dazu kommt wiederum im Orchester das pulsierende Element der ostinaten Begleitfiguren und die farbige Untermalung eines reichbesetzten Schlagzeug-Apparates. Eine bewußte Anlehnung an die Ausdruckswelt der Renaissance ist eklatant. Daraus resultiert auch die Idee einer Zusammenfassung der drei Werke ›Carmina Burana‹, ›Catulli Carmina‹ und ›Trionfo di Afrodite‹ zu einem Triptychon unter dem Gesamttitel ›Trionfi‹. Mit dem gleichen Namen wurden in der Renaissancezeit die Maskenzüge bezeichnet, bei denen Begriffe wie Liebe, Tod, Tugend, Laster, Wahrheit usw. personifiziert dargestellt wurden. Aus ihnen entwickelten sich jene mit Musik durchsetzten, »Rappresentazioni« genannten Schauspiele, denen entwicklungsgeschichtlich eine gewichtige Bedeutung als Vorläufer der Oper zukommt. Wenngleich sich die zeitliche Spanne in der Entstehung der einzelnen Teile des Orffschen Triptychons in bezug auf die stilistische Einheitlichkeit fühlbar geltend macht, ist ihre Zusammenfassung zu einem Zyklus dennoch gerechtfertigt durch ein gemeinsames inhaltliches Motto: die Verherrlichung der Allmacht des Eros.

TEXTDICHTUNG: Die Texte zu ›Trionfo di Afrodite‹ wurden vom Komponisten zusammengestellt aus den in Bruchstücken erhaltenen Epithalamien der griechischen Dichterin Sappho (um 600 v. Chr.), aus den Hochzeitsliedern des Catull (um 84–um 54 v. Chr.) und aus einem Fragment des Euripides (um 480–406 v. Chr.). Sie werden in den Originalsprachen (lateinisch und griechisch) gesungen. Das Personenverzeichnis, die Überschriften der einzelnen Abschnitte sowie die Vortragsbezeichnungen hat Orff in italienischer Sprache abgefaßt. Eine deutsche Übertragung des Textbuchs besorgte Wolfgang Schadewaldt.

GESCHICHTLICHES: ›Trionfo di Afrodite‹ ist in den Jahren 1950/51 entstanden. Die Uraufführung erfolgte im Rahmen einer erstmaligen Gesamtaufführung des Triptychons ›Trionfi‹ an der Scala in Mailand am 14. Februar 1953. Die konzertante Erstaufführung fand am 5. März 1953 in München statt.

GIOVANNI PAISIELLO

* 9. Mai 1740 in Tarent, † 5. Juni 1816 in Neapel

Don Chisciotte della Mancia (Don Quichotte; 1769 Neapel), T: Giovanni Battista Lorenzi, kO., V: Ricordi; Neubearb. v. Hans Werner Henze, V: Schott

Duello comico (Das komische Duell; 1774 Neapel), T: G. B. Lorenzi, kO., E., V: Ricordi

Gli astrologi immaginari (Die Astrologen; 1779 St. Petersburg), T: Giovanni Bertati, V: A&S (He)

Il barbiere di Siviglia (Der Barbier von Sevilla; 1782 St. Petersburg), T: nach Pierre-Augustin Caron de Beaumarchais v. Giuseppe Petrosellini, kO., V: BV, Ricordi

Il Re Teodoro in Venezia (1784 Wien), T: Giovanni Battista Casti, kO., V: BV (DVfM)

La Molinara ossia L'amor contrastato (Die schöne Müllerin oder Die streitig gemachte Liebschaft; 1788 Neapel), T: Giuseppe Palomba, kO., V: Ricordi

Nina ossia La pazza per amore (1789 Caserta), T: G. B. Lorenzi, kO., V: Carisch (BV), Ricordi

Der Barbier von Sevilla oder Alle Vorsicht war vergebens

Komische Oper in zwei Akten (vier Bildern). Nach dem gleichnamigen Schauspiel von Pierre-Augustin Caron de Beaumarchais von Giuseppe Petrosellini.

SOLISTEN: *Rosina,* Mündel des Bartolo, eine junge Waise (Lyrischer Sopran, auch Lyrischer Mezzosopran, gr. P.) – *Graf Almaviva,* Grande von Spanien, unter dem Namen Lindoro (Lyrischer Tenor, gr. P.) – *Bartolo,* Arzt in Sevilla, Rosinas Vormund (Spielbaß, auch Baßbariton, gr. P.) – *Figaro,* Barbier von Sevilla (Lyrischer Bariton, auch Kavalierbariton, gr. P.) – *Don Basilio,* Organist und Rosinas Musiklehrer (Baß, m. P.) – *Giovinetto** (Adonis), ein alter Diener (Tenor, kl. P.) – *Lo Svegliato*+ (Argus), ein junger Diener (Baß, auch Bariton, kl. P.) – *Ein Notar*+ (Baß, auch Bariton, kl. P.) – *Ein Alkalde** (Tenor, kl. P.) – *Polizeidiener, Bediente* (Stumme Rollen).

Die mit * und + gekennzeichneten Partien können von denselben Sängern ausgeführt werden.
CHOR: kein Chor.
ORT: Sevilla.
SCHAUPLÄTZE: Auf der Straße vor dem Hause des Doktor Bartolo – Im Hause des Doktor Bartolo.
ZEIT: 18. Jahrhundert.
ORCHESTER: 2 Fl., 2 Ob., 2 Kl., 2 Fag., 2 Hr., Mandoline ad libitum, Str.
GLIEDERUNG: Ouvertüre und 29 musikalische Nummern.
SPIELDAUER: etwa 2 Stunden.
HANDLUNG: Vor dem Hause des Doktor Bartolo in Sevilla wartet, inkognito, der Graf Almaviva. Er hofft, Rosina zu sehen, wird aber gestört durch Figaro, der gerade dabei ist, ein Liedchen auf Wein und Müßiggang zu komponieren. Beide erkennen einander – Figaro war einmal der Diener des Grafen –, der Graf vertraut ihm an, daß er wegen Rosina da sei, und Figaro erzählt von seinen Reisen durch Spanien. Da erscheint Rosina auf dem Balkon. Ein Blatt Papier in ihrer Hand erregt den Argwohn des eifersüchtigen Bartolo. Sie läßt es auf die Straße fallen und fordert den Doktor auf, es wieder heraufzuholen. Doch während dieser hinuntergeht, hat der Graf das Billett schon an sich genommen. Bartolo kann nichts finden und zieht sich verärgert zurück, Rosina mit ins Haus nehmend. Der Graf und Figaro lesen das Billett, in dem Rosina den unbekannten Verehrer bittet, ihr in einem Ständchen Name und Stand mitzuteilen. Als der Doktor das Haus verlassen hat, stellt sich der Graf als Lindoro vor; Rosina antwortet, wird aber plötzlich gestört und zieht sich zurück. Der Graf ist begeistert von ihr, und Figaro verspricht ihm seine Hilfe, geht er doch als Barbier des Doktors im Hause ein und aus. Der Graf, so der Vorschlag des Barbiers, solle sich als Soldat verkleiden und vorgeben, bei Bartolo einquartiert zu sein. – Rosina schreibt einen Brief an Lindoro. Figaro hat die Diener mit einem Schlaftrunk übertölpelt und ist so ins Haus eingedrungen. Er versichert ihr, daß der Graf sie liebe, und verspricht, den Brief zu überbringen. Als er Bartolo kommen hört, versteckt er sich und wird so Zeuge der folgenden Szene. Der Doktor macht den Dienern heftige Vorwürfe, daß sie sich von Figaro haben hinters Licht führen lassen. Dann erscheint Don Basilio, der Musiklehrer Rosinas, mit einer schlechten Nachricht: Graf Almaviva halte sich in Sevilla auf. Da Bartolo weiß, daß der Graf Rosina nachstellt, versetzt ihn die Kunde in berechtigte Aufregung, hat er sich doch in den Kopf gesetzt, sein Mündel selbst zu heiraten. Don Basilio empfiehlt ihm, zur Sicherheit den Grafen bei Rosina tüchtig zu verleumden, aber Bartolo scheint die sofortige Heirat noch erfolgversprechender. Gerade, als er Rosina dabei ertappt, daß sie unerlaubterweise einen Brief geschrieben hat, erscheint der verkleidete Graf, spielt den betrunkenen Soldaten und

verlangt Quartier. Bartolo, der ihn nicht erkennt, weist dies Ansinnen ab, da er von Einquartierungen befreit sei. Während er die Urkunde holt, die dies bezeugt, gibt sich der Graf Rosina gegenüber als Lindoro zu erkennen und steckt ihr ein Briefchen zu. Der Graf muß unverrichteterdinge wieder abziehen, und Rosina bleibt mit dem Liebesbrief allein. Bartolo ist von dem ganzen Geschehen etwas verwirrt, als erneut jemand auftaucht: diesmal erscheint der Graf in der Verkleidung des Don Alonso, des Schülers und Vertreters des angeblich erkrankten Don Basilio, um Rosina eine Gesangstunde zu erteilen. Bartolo nickt bei der Musik ein, und die Liebenden kommen sich endlich näher. Da dem wieder erwachten Doktor die »neumodische« Musik nicht gefällt, singt er selbst eine Arie aus seiner Jugendzeit. Da betritt plötzlich Don Basilio das Zimmer, doch der Graf weiß die Situation zu retten, indem er dem Musiker Geld zusteckt, so daß sich dieser plötzlich »krank« fühlt und sich zurückzieht. In der Zwischenzeit ist Figaro gekommen, um den Doktor zu rasieren, doch obwohl er ihn abzulenken versucht, belauscht der mißtrauische Bartolo, wie Rosina und der Graf einen Fluchtplan bereden, und wirft alle drei aus dem Hause. – Ein Gewitter zieht vorüber. Don Basilio hat inzwischen den Doktor über die Ursachen seiner »Krankheit« aufgeklärt, und Bartolo beauftragt ihn, sofort den Notar zu holen, um den Ehevertrag aufzusetzen. Dann redet er Rosina ein, daß Lindoro sie gar nicht wirklich liebe, sondern sie nur dem Grafen Almaviva in die Arme treiben wolle: enttäuscht willigt sie in die Heirat mit dem Vormund ein. Bartolo, der nun alles in seinem Sinne geregelt glaubt, eilt davon, um die Wache zu holen. Der Graf und Figaro erscheinen, um Rosina zu entführen, doch sie weigert sich; erst, als sich der vermeintliche Lindoro als Graf Almaviva zu erkennen gibt, stimmt sie zu, und als Don Basilio mit dem Notar herbeikommt, sorgen ein paar diskret gewechselte Geldscheine dafür, daß er sogar als Trauzeuge fungiert. Bartolo kehrt mit der Wache zurück, doch zu spät: er muß sich in alles fügen.

STILISTISCHE STELLUNG: Paisiello war einer der meistbeschäftigten und berühmtesten Opernkomponisten seiner Zeit. Besonderen Rang hatten dabei seine komischen Opern, in denen sich ein handfester Realismus mit blühender vokaler Kantabilität, zumal in den weiblichen Hauptpartien, sowie mit höchst subtilen Instrumentationsdifferenzierungen und mit viel Sinn für heitere und parodistische Situationen verband. Er hielt sich formal an die Konventionen der Zeit, erfüllte sie – wie den Wechsel von Rezitativ und Arie – aber durchaus frei und im engen Bezug auf den Text, in dem sich durchaus Sinn für musikalisch-szenische Psychologie mit den Forderungen des Buffa-Genres verband.

TEXTDICHTUNG: 1775 wurde Beaumarchais' ›Le barbier de Séville‹ uraufgeführt und fiel durch: erst langsam setzte sich das Stück durch, insbesondere auch auf der Opernbühne, für die es wegen seiner einfachen Handlung und der Herkunft der Figuren aus dem Reservoir der alten Commedia dell'arte besonders geeignet schien: neben Paisiello komponierten Friedrich Ludwig Benda (1776 Leipzig), Johann Abraham Peter Schulz (1786) und Nicolas Isouard (1796 Malta) einen ›Figaro‹.

GESCHICHTLICHES: Knapp fünfundzwanzig Jahre lang beherrschte Paisiellos ›Barbier von Sevilla‹ die Bühnen Europas – dann mußte er, 1816, der Vertonung Rossinis weichen, nach dem Sprichwort vom Besseren, das des Guten Feind ist. Über ein Jahrhundert war das Werk – und mit ihm sein Komponist – so gut wie verschollen; erst seit einigen Jahrzehnten taucht das Stück vermehrt wieder auf den Spielplänen der Bühnen auf, und es zeigt sich, daß es mit seiner realistischen Charakterisierung, seiner Komik und sprühenden Laune (und nicht zuletzt dadurch, daß es ohne Chor zu realisieren ist) durchaus einen Platz neben dem Meisterwerk Rossinis beanspruchen darf.

W. K.

KRZYSZTOF PENDERECKI

* 23. November 1933 in Dębica (Polen)

Die Teufel von Loudun (1969 Hamburg), T: nach Aldous Huxley u. John Whiting vom Komponisten, V: Schott

Das verlorene Paradies (Paradise Lost; 1978 Chicago), T: nach John Milton v. Christopher Fry, V: Schott

Die Teufel von Loudun

Oper in drei Akten. Libretto vom Komponisten nach ›The Devils of Loudun‹ von Aldous Huxley in der Dramatisierung von John Whiting.

SOLISTEN: *Jeanne,* Priorin des Ursulinenordens (Dramatischer Sopran, auch Dramatischer Mezzosopran, gr. P.) – *Claire* (Mezzosopran, m. P.), *Gabrielle* (Sopran, m. P.) und *Louise* (Alt, m. P.), Schwestern des Ursulinenordens – *Philippe,* ein junges Mädchen (Sopran, kl. P.) – *Ninon,* eine junge Witwe (Mezzosopran, auch Alt, kl. P.) – *Grandier,* Pfarrer von St. Peter (Heldenbariton, auch Charakterbariton, gr. P.) – *Vater Barré,* Vikar von Chinon (Baß, gr. P.) – *Baron de Laubardemont,* Kommissar des Königs (Tenor, gr. P.) – *Vater Rangier* (Seriöser Baß, auch Charakterbaß, gr. P.) – *Vater Mignon,* Beichtvater der Ursulinen

(Tenor, gr. P.) – *Adam,* Apotheker (Tenor, gr. P.) – *Mannoury,* Chirurg (Bariton, gr. P.) – *d'Armagnac,* Bürgermeister (Sprechrolle, m. P.) – *de Cerisay,* Stadtrichter (Sprechrolle, m. P.) – *Prinz Henri de Condé,* Gesandter des Königs (Bariton, kl. P.) – *Vater Ambrose,* ein alter Priester (Baß, kl. P.) – *Bontemps,* Kerkermeister (Baßbariton, auch Baß, kl. P.) – *Gerichtsvorsteher* (Sprechrolle, kl. P.).
CHOR: Ursulinen. Karmeliter. Volk. Kinder. Wachen. Soldaten (gr. Chp.).
ORT: Loudun.
SCHAUPLÄTZE: Jeannes Zelle – Die Straßen von Loudun – In einem Zuber – Auf der Straße – In der Kirche – Auf der Straße – Im Beichtstuhl – Auf den Stadtmauern – Auf der Straße – Ein Kreuzgang – In der Apotheke – Jeannes Zelle – Die Kirche – Eine Zelle – Die Apotheke – Der Klostergarten – Auf den Befestigungswerken – Die Kirche – Straße und Kirche – Drei Zellen – 3. Zelle – Offener Platz – St. Peterskirche – Das Kloster St. Ursulas – Der Ort des Autodafés.
ZEIT: 1634.
ORCHESTER: 4 Fl. (auch 2 Picc. und Altflöte), 2 Eh., 1 Kl. in Es, 1 Kontrabaßklarinette, 2 Alt-Saxophone, 2 Bariton-Saxophone, 3 Fag., 1 Kfag., 6 Hr., 4 Trp. (auch 1 Trp. in D), 4 Pos., 2 Bt., Schl. (4 Spieler): P., kl. Tr., Saiten-Tr. (Caccavella, Reibtrommel), gr. Tr., Peitsche, 5 Holzblöcke, Raganella, Guiro, Sapo cubana, Beckenteller, 6 aufgehängte Becken, 2 Tamtam, 2 Gong, Javanischer Gong, Triangel, Röhrenglocken I, Röhrenglocken II, etwa 30 verschiedene Metallröhren ohne bestimmte Klanghöhe, Meßglöckchen, Kirchenglocke, Säge, Flexaphon, Elektrische Baßgitarre, Hrf., Klav., Harm., Org., 20 Viol., 8 Br., 8 Vcl., 6 Kb., Tonband mit Glockengeläute.
GLIEDERUNG: I. Akt: 13 Szenen, II. Akt: 10 Szenen, III. Akt: 7 Szenen. (Die Szenen gehen aktweise pausenlos ineinander.)
SPIELDAUER: etwa 3 Stunden.
HANDLUNG: Die mißgestaltete Priorin des Ursulinenordens Jeanne liegt nachts auf ihrem Bett und betet. Sie sieht in einer Vision Grandier, den Pfarrer von St. Peter, gefoltert auf eine Tragbahre geschnallt und begleitet von einer großen Prozession. Der Zug hält vor Jeanne an. Grandier wird auf den Boden gesetzt. Er fragt, was das für ein Ort und wer diese Frau sei. Der Kommissar des Königs antwortet, es sei das Ursulinenkloster und die Frau sei die Priorin Jeanne, an der er gesündigt habe und die er um Vergebung bitten solle. Grandier beteuert, nichts dergleichen getan zu haben. Die Vision verschwindet. Schwester Claire kommt mit einem Brief, in dem Pfarrer Grandier der Priorin mitteilt, er könne zu seinem Bedauern die angebotene Einladung, geistlicher Berater des Klosters zu werden, wegen seiner zahlreichen anderweitigen Pflichten nicht annehmen. Jeanne zerreißt den Brief und drückt ihn an ihr Herz. Sie gesteht sich ein, bei der Einladung nicht an Gott, sondern an den Mann gedacht zu haben. In ihrer

krankhaften Phantasie sieht sie Grandier in den Armen der jungen schönen Witwe Ninon. Unter Zuckungen fällt sie auf die Knie und ruft: »Wo bist Du, Geliebter? Liebe? Jetzt, jetzt, jetzt!« – Aus der Kirche St. Peter kommen Adam, der Apotheker, und Mannoury, der Chirurg. Adam äußert sich begeistert über die Predigt des Pfarrers. Als gleich danach die Witwe Ninon die Kirche verläßt, meint der Chirurg, dem zufriedenen Aussehen nach bekümmere die junge Frau anscheinend der Witwenstand nicht. Es folgen verdächtigende Andeutungen der beiden Männer. Der widerliche Anblick eines an der Straße baumelnden Gehenkten bringt sie von ihrem Gespräch ab. – In einem Zuber weilt Grandier bei Ninon. Sie erklärt, daß sie in ihm einfach den Mann gesehen habe, als er erstmals zu ihr gekommen war, um ihr nach dem Tod ihres Mannes, des reichen Weinhändlers, Trost zuzusprechen. Mit einem Kuß verabschiedet sich Grandier von ihr, die ihm heute ein »gutes kleines Tierchen« gewesen sei. – Auf dem Heimweg stößt Grandier auf Adam und Mannoury; letzterer hat soeben den Kopf des Gehenkten zu Studienzwecken erworben. Grandier läßt sich auf kein näheres Gespräch ein und entfernt sich. Adam bemerkt sogleich, der Pfarrer habe nach dieser Witwe gerochen, und beide Männer sind sich darüber einig: erst lasse er sich am Morgen im Beichtstuhl von den Sünden der jungen Mädchen anregen, dann lebe er sich nachmittags im Bett der jungen Witwe aus und dann gähne er ihnen ins Gesicht. – Jeanne betritt mit den Ursulinen die Kirche; sie fragt Schwester Claire, ob sie schöne Augen habe; das Beten fällt ihr schwer. Da erscheint Grandier im vollen Priesterornat. Als Jeanne ihn erblickt, schreit sie auf und flieht aus der Kirche, während der Chor das Confiteor anstimmt. – Auf der Straße unterhalten sich Adam und Mannoury; sie beschließen, eine Anklage gegen Grandier einzureichen wegen seiner Ausschweifungen, seines Lasterlebens, seiner Gottlosigkeit. – Im Beichtstuhl bekennt das junge Mädchen Philippe dem Pfarrer seine unreinen Gedanken; es will von einem Mann genommen und besessen sein. Als sie schließlich flüstert: »Ich liebe Dich!«, zieht Grandier sie mit den Worten: »Komm Kind, ich will Dir helfen« in den Beichtstuhl und macht den Vorhang zu. – Auf den Stadtmauern begegnet Grandier dem Bürgermeister d'Armagnac und dem Baron de Laubardemont, der den Befehl des Königs überbringt, die Befestigungsmauern schleifen zu lassen. Als der Pfarrer sich gegen die Ausführung des Befehls ausspricht, entfernt sich der Baron wortlos. Der Bürgermeister warnt Grandier vor Richelieu, der den König gegen ihn aufbringen werde unter dem Vorwand, durch die Erhaltung der Befestigungswerke den Protestanten Gelegenheit zu einem Aufstand zu bieten. – Adam sammelt eifrig anschuldigendes Material gegen Grandier, aber auch Jeanne belastet ihn schwer, als sie ihrem Beichtvater, dem einfältigen Mignon erzählt, Vater Grandier sei ihr in einer der Visionen, die ihr der Teufel eingebe, nachts in Gestalt des verstorbenen Kanonikus Moussant erschienen und habe sie mit Obszönitäten heimgesucht. – In der Apotheke erscheint Mignon und berichtet Adam und Mannoury, Jeanne klage über akutes Anschwellen des Bauches, was Mannoury jedoch als ein nicht ungewöhnliches falsches Schwangerschaftssymptom bezeichnet, das nichts mit dem Teufel zu tun habe. Da kommt de Laubardemont, der Sonderkommissar Seiner Majestät; er muß in höherem Auftrag gewisse Erkundigungen über Vater Grandier einholen. – Mignon hat Vater Barré aus Chinon kommen lassen, der den Ruf hat, der beste Teufelsaustreiber zu sein. Dieser sucht Jeanne in ihrer Zelle auf und beschwört den bösen Geist, der durch die mit verzerrtem Mund und mit einer tiefen unnatürlichen Stimme sprechenden Priorin angibt, durch Vermittlung seines Freundes Grandier Einlaß in Jeanne erlangt zu haben. – In der Kirche nimmt in Gegenwart von Adam, Mannoury und den Ursulinen Barré zusammen mit Mignon und Rangier in lateinischer Sprache die Zeremonie des Exorzismus an Jeanne vor. Sie wird schließlich von Barré und Rangier hinter ein Leinentuch gebracht, wo Mannoury ihr eine Klistierspritze verabreicht. – Der Bürgermeister und der Stadtrichter de Cerisay begegnen Grandier. D'Armagnac legt dem Pfarrer nahe, etwas zu seiner Rechtfertigung zu unternehmen, denn sein Name werde ständig im Zusammenhang mit der Affaire der Priorin genannt. Grandier beteuert, das Frauenzimmer nie gesehen zu haben. – Jeanne wird in ihrer Zelle verhört. Auf die Frage, wann sich ihre Gedanken erstmals diesen bösen Dingen zugewandt haben, antwortet sie, es sei nachts gewesen, als Grandier, der »herrliche goldene Löwe«, ihre Zelle betreten habe; er habe mit sechs Kreaturen sie und ihre Schwestern in die Kapelle gebracht, dort seien sie gezwungen worden, nackt mit ihren Leibern eine obszöne Andacht zu verrichten. Barré bestätigt dem Richter, daß drei Schwestern zu Protokoll gegeben hätten, mit Dämonen kohabitiert zu haben; auch eine Untersuchung durch den Arzt Mannoury habe erwiesen, daß die Mädchen nicht unberührt waren. Der Richter läßt sich jedoch nicht überzeugen und bemerkt, man wisse ja, was es für alle möglichen Verbindungen zwischen jungen Frauenzimmern in Klöstern gäbe. Er ordnet daraufhin an, die Exorzismen sofort einzustellen. – Grandier bedankt sich bei de Cerisay, daß er ihm geholfen habe. Da bringt der Bürgermeister die Nachricht, Grandier habe sich die Feindschaft des mächtigen Kardinals Richelieu zugezogen, weil er sich in der Frage der Schleifung der Befestigungsmauern gegen ihn gestellt habe. Den Pfarrer befällt nun Angst. – Grandier begibt sich in die Kirche, wo Philippe auf ihn zukommt und gesteht, schwanger zu sein. Angstvoll fleht sie ihn an, ihr zu helfen. Er rät ihr, ihrem Vater die Wahrheit zu sagen; dieser möge einen guten Mann für sie finden. Grandier reicht ihr seine eiskalte Hand zum Abschied und geht. – In der Apotheke berichtet Barré Vater Mignon, Adam und Mannoury, Wachposten hätten ihm den Zutritt zu dem Kloster verwehrt; der Vertrauensarzt des Erzbischofs habe die

Frauenzimmer untersucht und festgestellt, daß keine echte Besessenheit bei ihnen vorliege. – An der Stadtmauer begegnen sich der Bürgermeister, der Richter und Grandier. D'Armagnac verständigt den Pfarrer, daß Richelieu beim König durchgesetzt habe, die Befestigungswerke zu schleifen. Grandier wird von dem Kardinal als Anstifter des Widerstands in dieser Angelegenheit beschuldigt. – In der Kirche weiß Mignon den Pfarrer zu belasten, indem er Jeanne und den Schwestern unter Androhung ewiger Verdammnis die Aussage erpreßt, durch Grandiers Vermittlung von der Hölle besessen zu sein. – Barré ist aus Chinon zurückgeholt worden, auch ein Vertreter des Hofes, Prinz Henri de Condé, kommt aus Paris, und der Exorzismus soll nun in aller Öffentlichkeit vorgenommen werden. – Der Prinz übergibt Barré ein Kästchen, das angeblich eine Phiole mit dem Blut des Herrn Jesus Christus enthält und das Jeanne von Barré aufgelegt wird. Nach schrecklichen Schreien erklärt sie sich plötzlich von der Besessenheit befreit. Der Prinz stülpt die Kassette um, sie ist leer. Verlegen reagiert Barré auf die Frage de Condés, was für ein Kunststück er vorgespielt habe. In der Menge entsteht Unruhe: Mignon und Rangier fangen an, unter hysterischen Rufen zu tanzen, zwei Frauen fühlen sich besessen, Barré legt betend Besessenen wie Nichtbesessenen ein Kruzifix auf, die Ursulinen rühmen sich mit heiterer Stimme, nun in ganz Frankreich berühmt geworden zu sein. Nur Jeanne steht ängstlich abseits; der Prinz hält ihr entgegen, daß ihr Verhalten ihrer unsterblichen Seele die ewige Verdammnis einbringen würde, und entfernt sich. Unterdessen erklärt de Laubardemont Pfarrer Grandier, als dieser seine Kirche betreten will, für verhaftet und läßt ihn abführen. – In der Nacht liegt Grandier auf Stroh im Gefängnis, während draußen sich nach und nach die Menge versammelt, um das Schauspiel der Hinrichtung zu erleben. Grandier verlangt aber zunächst den Prozeß. – Zu gleicher Zeit weilt Beichtvater Mignon in Jeannes Zelle. Sie bittet ihn zu bleiben, denn sie wolle nicht mit Grandier, den sie in ihrer Vision bei sich glaubt, alleingelassen werden. – Der Priester Ambrose hat Grandier in seiner Zelle aufgesucht; der harmlose alte Mann wird aber von dem Kerkermeister herausgeholt; Grandier könne, wenn er den Beistand eines Priesters benötige, um Vater Barré oder Vater Rangier bitten. – Auf offenem Platz wird von dem Gerichtsvorsteher vor einer großen Menschenmenge das einstimmig gefaßte Urteil verlesen: Grandier ist schuldig befunden, Umgang mit dem Teufel gehabt und im Bund mit ihm gewisse Ordensschwestern von St. Ursula verführt und zu Ausschweifungen verleitet zu haben. Er ist auch der Unzucht und der Gotteslästerung schuldig befunden worden. Er soll vor den Toren von St. Peter und St. Ursula mit einem Strick um den Hals und einer zweipfündigen Kerze in der Hand Gott, den König und die Justiz um Vergebung bitten und schließlich auf dem Platz St. Croix an einen Pfahl gebunden und auf dem Scheiterhaufen bei lebendigem Leib verbrannt werden. Zuvor soll er einer peinlichen Befragung unterzogen werden, und zwar der ordentlichen wie auch der außerordentlichen Tortur. Im Verlauf der Vollstreckung des Urteils erduldet Grandier furchtlos die schrecklichen Martern der Folterung, er bittet auch vor St. Ursula die Schwestern nicht um Vergebung, da er ihnen nichts angetan habe, und er weigert sich bis zuletzt, das Dokument des Geständnisses seiner Schuld zu unterschreiben. Aus dem brennenden Scheiterhaufen ist seine Stimme zu vernehmen: »Vergib ihnen, vergib meinen Feinden!« Jeanne tritt durch die verstummte Menge vor den Scheiterhaufen und verharrt dort, allein sichtbar, im Gebet.

Stilistische Stellung: Mit seinem höchst persönlichen, avantgardistischen Stil hat sich Krzysztof Penderecki in kurzer Zeit und in steilem Aufstieg die Anerkennung der Musikwelt erobert. Nach seiner 1966 entstandenen erfolgreichen ›Lukaspassion‹ wandte er sich mit der gleichen Zustimmung von seiten des Publikums dem musikalischen Theater zu. In seiner ersten Oper, ›Die Teufel von Loudun‹, ist der Text in gewissem Sinn in der Art, wie Carl Orff bei der musikalischen Gestaltung seiner antiken Hölderlin-Dramen vorgegangen war, teils in rezitativischem Stil vertont, wobei die höchst anspruchsvoll geführten Singstimmen dem jeweiligen dramatischen Ausdruck entsprechend instrumental behandelt sind, teils werden die Worte über einer äußerst farbig behandelten Orchester- und Choruntermalung gesprochen. Dazwischen drängen sich immer wieder Blöcke von faszinierenden Geräuschklängen, die durch raffinierte Ton- und Schlagzeugmischungen erzeugt werden. Durch sie werden, oft mit aufpeitschender Realistik, seelische Reaktionen in bezug auf das grausige Geschehen gezeichnet. Instrumentation und Dynamik sind subtil behandelt. Für diese Klangimpressionen, die ohne Vorbild sind, hat der Komponist eine neuartige Notierungsweise erfunden, deren Symbole in einer eigenen Tabelle zu Anfang der Partitur erklärt werden.

Textdichtung: Das Textbuch wurde von dem Komponisten selbst verfaßt. Es ist als »Libretto« bezeichnet, womit der Autor wohl zum Ausdruck bringen wollte, daß es ausschließlich als Textvorlage für ein musikalisches Theaterstück aufzufassen sei. Pendereckis Opernbuch folgt dem Roman ›The Devils of Loudun‹ von Aldous Huxley, der einen historischen Hexenprozeß des Jahres 1634 behandelt. Huxleys Dichtung wurde von John Whiting dramatisiert. Auch die von Erich Fried besorgte deutsche Übersetzung dieser Bühnenfassung wurde von dem Komponisten benutzt. Die Handlung spielt im 17. Jahrhundert zu einer Zeit, in der – besonders in Frankreich und in Deutschland – der Hexenwahn weitverbreitet war und Teufelsaustreibungen und Hexenverbrennungen an der Tagesordnung waren. Der Stoff weist manche Parallelen zu ähnlichen Praktiken unserer Zeit auf. So führen auch heute noch da und dort in der Welt Widerstände gegen die Ideologien politischer Machthaber zu Folterungen und Schauprozessen, und wie oft werden Menschen durch bösartiges, aus Neid resultierendes Spitzeltum oder durch unwahre, sexuellen Nöten entsprungene hysterische Anschuldigungen ins Verderben gestürzt. In diesem Sinn dürfte das Sujet dem Komponisten als zeitnah erschienen sein und ihn zur Ausführung des Werks gereizt haben. Penderecki setzte der Partitur den Ausspruch des Kirchenlehrers St. Chrysostomos (um 345–407) voraus: »Daemoni, etiam vera dicenti, non est credendum« (Dem Teufel ist nicht zu glauben, wenn er auch die Wahrheit spricht).

GESCHICHTLICHES: Penderecki schrieb ›Die Teufel von Loudun‹ im Auftrag der Hamburgischen Staatsoper. Das Werk erlebte seine Uraufführung am 20. Juni 1969 in Hamburg unter der musikalischen Leitung von Henryk Czyz, dem die Oper auch gewidmet ist.

Giovanni Battista Pergolesi

* 4. Januar 1710 in Jesi bei Ancona, † 16. März 1736 in Pozzuoli bei Neapel

Lo frate 'nnamorato (1732 Neapel [verloren], 2. Fassung 1734 Neapel), T: Gennaro Antonio Federico; Neubearb. v. Richard Falk, kO.; Neufassung als ›Die Heiratslustigen von Neapel‹ v. Werner Oehlmann (1959 Hannover), V: BV

La serva padrona (Die Magd als Herrin; 1733 Neapel), T: G. A. Federico, komisches Intermezzo, V: Istituto editoriale italiano Milano, U. E., Wiener Philharmonischer Verlag, Ricordi, Peters; Neubearb. v. Fritz Reuter (1946), V: B&B; v. Heinrich Stüwe, V: A&S; v. Joachim Popelka, V: Ricordi; v. Wolf Ebermann u. Manfred Koerth, V: DVfM (BV)

La contadina astuta (Livietta e Tracollo; 1734 Neapel), T: Tommaso Mariani, komisches Intermezzo; Neuausg. des Klavierauszugs v. Giuseppe Radiciotti, V: Paris 1914, Senart; Neuausg. v. Alceo Toni, V: Mailand 1920, Istituto editoriale italiano; v. Vito Frazzi, V: Ricordi; deutsche Fassung v. W. Ebermann u. M. Koerth, V: DVfM (Schott)

L'Olimpiade (1735 Rom), T: Pietro Metastasio; Neubearb. v. R. Falk

Die Magd als Herrin

Intermezzo in einem Aufzug. Dichtung von Gennaro Antonio Federico.

SOLISTEN: *Uberto,* ein Hagestolz (Spielbaß, gr. P.) – *Serpina,* seine Magd (Lyrischer Sopran, auch Soubrette, gr. P.) – *Vespone,* sein Diener (Stumme Rolle).

SCHAUPLATZ: Ein Zimmer.

ZEIT: Erste Hälfte des 18. Jahrhunderts.

ORCHESTER: Str., Cemb.

Gliederung: 7 Musiknummern, die durch Secco-Rezitative miteinander verbunden sind.

Spieldauer: etwa 1 Stunde.

Handlung: Der reiche Herr Uberto beklagt die Leiden des Junggesellendaseins: immer warten und nicht klagen; schlaflos liegen, wenn Sorgen nagen; artig bitten und dafür Grobheiten einstecken müssen. Seit drei Stunden wartet er vergeblich auf seine Frühstücksschokolade. Er bedauert tief, seine Magd Serpina so verzogen zu haben, daß sie seine Wünsche und Befehle frech ignoriert und sich wie eine allergnädigste Madame aufführt. Auch der Diener Vespone vermag nichts gegen sie auszurichten. Schnippisch erklärt Serpina dem Herrn, daß die Zeit des Frühstücks längst vorüber sei und bereits das Mittagsmahl bereitet werde; somit gäbe es heute kein Frühstück. Als Uberto energisch entgegnet, so gehe es nicht mehr weiter, und sie warnt, sie werde ihr Benehmen noch bereuen, steckt Serpina plötzlich um und schmollt. Ärgerlich will Uberto ausgehen, aber die Dienerin erlaubt es nicht, weil jetzt Mittagszeit ist; im Haus geschehe einzig ihr Wille, solle Frieden und Ruhe sein. Uberto zeigt sich zwar wieder nachgiebig, aber seine Geduld hat nun ein Ende. Er beauftragt den Diener, ihm unverzüglich eine Frau zu verschaffen, die er noch heute heiraten wolle. Serpina ist sehr einverstanden mit einer Heirat ihres Herrn, nur darf er, wie sie hinzufügt, keine andere als sie zu seiner Frau nehmen. Aber dazu ist Uberto nicht bereit. Als sie ihm jedoch schelmisch ihre Reize anpreist, wird er schon unsicher; sie bemerkt es und ist sich ihres Sieges gewiß. Um den Alten endgültig herumzukriegen, bedient sie sich einer List. Zunächst gibt sie vor, daß ein Freier, der Hauptmann Sturmwind, ein rauher Krieger, gekommen sei, der sie heiraten möchte. Uberto bemerkt, daß die Ehe zwischen dem eigenwilligen Mädchen und einem alten Haudegen wohl nicht sehr harmonisch verlaufen würde. Die gerissene Serpina schließt aus seinen Worten, daß der gutmütige Alte bereits Mitleid mit ihr empfinde. Jetzt spielt sie rasch die Sanftmütige und rührt sein Herz, indem sie ihm vorhält, daß er sich später ihrer, des armen Mädchens, in Reue und Sehnsucht erinnern werde und daß er ihr verzeihen möge, sollte sie ihn je einmal gekränkt haben. Uberto gesteht sich jetzt heimlich, daß er eigentlich ganz gerne Serpina heiraten würde, die er doch großgezogen habe und der er immer gut war. Aber was würden die Leute sagen, wenn er eine Dienerin zur Frau nähme? Er ist ganz verwirrt und weiß nicht, was er machen soll. Serpina führt daraufhin den als Hauptmann verkleideten Diener Vespone herein. Sie behauptet, ihr Bräutigam wünsche, daß Uberto sofort die Mitgift in Höhe von viertausend Talern ausbezahle. Als dieser sich weigert, macht der Krieger eine drohende Gebärde. Vergeblich ruft der Alte seinen Diener zu Hilfe. Serpina verkündet nun ein Ultimatum ihres Bräutigams: entweder zahle Uberto die Mitgift oder er nehme sie zu seiner Frau; sollte er sich weigern, zöge der

Hauptmann seinen Degen. Uberto entscheidet sich schnell für Serpina. Vespone demaskiert sich, während Serpina sich herzlich bei ihm bedankt. Uberto verzeiht die Überlistung und schließt Serpina zärtlich in seine Arme.

STILISTISCHE STELLUNG: Charakteristisch für Pergolesis Buffa-Technik ist zunächst die kurzgliedrige Thematik, die konsequent und stets mit feiner Bezugnahme auf die dramatische Situation durchgeführt wird und aus der kunstvoll in Arien, Duetten (Da capo-Arienform) und Rezitativen eine quellfrische Lustspielmusik gestaltet ist. Die Melodik ist in der neapolitanischen Volksmusik verwurzelt. Meisterhaft ist Pergolesis überlegene Charakterisierungskunst, welche die witzige Wirkung des Textes aufs glücklichste unterstreicht und hebt und die es dem Komponisten ermöglichte, mit nur zwei singenden Darstellern auszukommen. Auch die so beliebten Parodien auf die Pathetik der Opera seria fehlen nicht (z. B. das Accompagnato-Rezitativ vor Ubertos letzter Arie). Der anspruchslosen Handlung entsprechend ist der orchestrale Apparat bescheiden; er beschränkt sich auf Streicher und Cembalo, das den bezifferten Baß ausführt.

TEXTDICHTUNG: Das wirkungsvolle Libretto verfaßte der neapolitanische Dichter Gennaro Antonio Federico, der die schlichte Handlung mit ihren harmlosen Verwicklungen lebens- und volksnah gestaltete. Er bediente sich dabei nicht nur der Sprache des Volkes, des neapolitanischen Dialekts, sondern auch der nie versagenden Kraft gewisser Wirkungen des komischen Theaters, die Urinstinkte des naiven Publikums ansprechen (z. B. Verwicklungen durch Verkleidung und Verwechslung, Düpierung von gehobenen Personen durch Leute aus dem niederen Volk, die, mit Mutterwitz ausgestattet, jenen in Fragen des praktischen Lebens überlegen sind). Die gebräuchlichste deutsche Übersetzung stammt von Hans Michael Schletterer, eine neuere deutsche Bearbeitung nahm Hermann Abert vor.

GESCHICHTLICHES: ›La serva padrona‹ wurde gelegentlich einer Festvorstellung zur Feier des Geburtstags der Kaiserin Elisabeth Christine am 28. August 1733 am Teatro San Bartolomeo in Neapel uraufgeführt, und zwar nicht in Form einer selbständigen Oper, sondern aufgeteilt in zwei Intermezzi, die während der beiden Pausen der dreiaktigen Festoper, der Opera seria ›Il prigionier superbo‹ von Pergolesi, zur Unterhaltung des Publikums eingelegt wurden. Die Intermezzi hatten einen derartigen Erfolg, daß sie, losgelöst von der Rahmenoper, als selbständiges Stück schon gleich an den folgenden Abenden wiederholt werden mußten. Die außerordentliche Wirkung von ›La serva padrona‹, nicht nur in Italien, sondern auch im Ausland, besonders aber in Paris (1. August 1752) hatte zahlreiche Nachahmungen zur Folge, die zur Entstehung der komischen Oper (Opera buffa, Opéra comique) führten. Pergolesis Meisterwerk ist bis auf unsere Tage lebendig geblieben.

Hans Pfitzner

* 5. Mai 1869 in Moskau, † 22. Mai 1949 in Salzburg
Der arme Heinrich (1895 Mainz), T: nach Hartmann von Aue v. James Grun, V: Brockhaus
Die Rose vom Liebesgarten (1901 Elberfeld), T: J. Grun, V: Brockhaus
Palestrina (1917 München), T: der Komponist, V: Fürstner; seit 1950: Schott
Das Christ-Elflein, op. 20 (1. Fassung 1906 München, 2. Fassung 1917 Dresden), T: nach Ilse v. Stach vom Komponisten, V: Fürstner (Schott)
Das Herz, op. 39 (1931 Berlin u. München), T: Hans Mahner-Mons, V: Fürstner (Schott)

Der arme Heinrich

Ein Musikdrama in drei Akten. Dichtung von James Grun.

Solisten: *Heinrich,* ein deutscher Ritter (Heldentenor, auch Jugendlicher Heldentenor, gr. P.) – *Dietrich,* einer seiner Mannen (Heldenbariton, auch Charakterbariton, gr. P.) – *Hilde,* dessen Weib (Dramatischer Sopran, gr. P.) – *Agnes,* beider Tochter, 14 Jahre alt (Lyrischer Sopran, gr. P.) – *Der Arzt,* Mönch im Kloster zu Salerno (Seriöser Baß, auch Charakterbaß, m. P.).
Chor: Mönche (m. Chp.).
Ort: I. und II. Akt: Heinrichs Burg in Schwaben; III. Akt: Kloster zu Salerno.
Schauplätze: Gemach in einem Turm, in der Mitte des Hintergrundes ein mit einem schweren Vorhang verhülltes hohes und breites Fenster, im Hintergrund großes, schweres Ruhebett, bis zur Hälfte mit Vorhängen verhüllt – Schlafgemach Dietrichs und Hildes – Offener Hofraum im Kloster zu Salerno, rechts und links niedrige Kreuzgänge, im Hintergrund begrenzende Mauer mit großem Doppeltor in der Mitte, links hinten Tür der Klosterkirche, drei durch schwere eiserne Halter an den Säulen befestigte Fackeln.
Zeit: Um das Jahr 1100.
Orchester: 3 Fl. (III. auch Picc.), 3 Ob. (III. auch Eh.), 3 Kl. (III. auch Bkl.), 3 Fag. (III. auch Kfag.), 4 Hr., 3 Trp., 3 Pos., 1 Bt., P., Schl., 2 Hrf., Str. – Bühnenmusik: 1 Hr., Org.
Gliederung: Durchkomponierte symphonisch-dramatische Großform, vor jedem Akt ein Vorspiel.
Spieldauer: etwa 2½ Stunden.
Handlung: Heinrich, einer der angesehensten deutschen Ritter, liegt auf seiner Burg in Schwaben seit geraumer Zeit an einem geheimnisvollen Siechtum darnieder. Da trotz liebevoller Pflege durch seinen treuen Waffengefährten Dietrich und dessen Weib Hilde sowie beider

Tochter Agnes keine Linderung in dem qualvollen Leiden eingetreten war, hat sich Dietrich nach Salerno begeben, um dort den berühmten Arzt-Mönch zu befragen, ob und durch welches Mittel der Ritter zu retten sei. Heinrich ist eben aus seinen Fieberträumen erwacht, als Dietrich von seiner gefahrvollen Fahrt glücklich zurückkommt. Aber er bringt eine niederschmetternde Kunde: Heinrichs Siechtum ist eine Strafe Gottes für jugendlichen Frevelmut; der Ritter kann wohl Heilung finden, aber nur, wenn eine reine Jungfrau am Altar des Klosters für ihn ihr Leben opfert. Wehmütig nimmt Heinrich von seinen Waffen Abschied, die er sich von Dietrich reichen läßt. Erinnerungen an vergangene Heldenfahrten werden in ihm wach, und in einem Verzweiflungsausbruch fleht er zu Gott um Erlösung durch den Tod. Erschüttert bedeutet Dietrich den Frauen, das Gemach zu verlassen. Da stürzt Agnes am Bett des Kranken nieder; ahnungsvoll treffen sich Heinrichs und des Mädchens Blicke, während Hilde und Dietrich den Vorgang entsetzt und erstarrt mitansehen. – In ihrem Schlafgemach werden des Nachts Hilde und Dietrich von einem dumpfen Gefühl drohenden Unheils bedrückt. Dietrich rüttelt sich gleichsam selbst aus seinem Hinbrüten auf, indem er Hildes angsterfüllte Stimmung zu verscheuchen sucht. Als sie schließlich auf sein inständiges Drängen den Grund ihrer Besorgnis gestehen will, betritt plötzlich Agnes den Raum. Mit schlichten Worten kündet sie den Eltern den Entschluß an, ihr Leben für den siechen Mann als Sühneopfer hingeben zu wollen. Sie läßt sich weder durch die polternde Abweisung des Vaters noch durch die herzzerreißenden Bitten der Mutter beirren. Nach einem stillen Gebet vor dem Kruzifix wendet sich Hilde in feierlichem Ton zu Agnes: sie sei durch höhere Eingebung ihrer Pflicht inne geworden, sich der göttlichen Bestimmung nicht widersetzen zu dürfen, und sie segne die in ihrem Kinde wirkende Kraft des Herrn. Aus den gleichen Beweggründen erklärt mit bebender Stimme jetzt auch Dietrich sein Einverständnis. Nun steht Agnes nach Ansicht des Vaters noch ein schwerer Strauß bevor: die Erlangung der Zustimmung des Ritters. – In seiner Apathie hatte Heinrich auf Zureden von Agnes' Eltern das Anerbieten des Mädchens angenommen. In Salerno angekommen, begeben sich Hilde und Dietrich in früher Morgenstunde mit den Mönchen in die Klosterkirche, während sich unmittelbar darauf Agnes und Heinrich dem Tor des Opferraumes nähern, an dem sie der Arzt erwartet. Der Mönch wendet sich zunächst an Agnes und stellt die Frage, ob sie aus freiem Entschluß und ohne Furcht ihr Leben zu geben bereit sei, da sonst das Opfer wirkungslos wäre; er schildert auch in eindringlichen Worten die Schrecken des Märtyrer-Todes, aber Agnes weiß ihn in schalkhafter Art von ihrer Festigkeit und ihrem Mut zu überzeugen. Mit zarter und fast mütterlicher Innigkeit verabschiedet sie sich von dem Ritter und folgt furchtlos dem Arzt über die Schwelle des Heiligtums, dessen Tor sodann geschlossen wird. Da erwacht mit einem Mal Heinrich aus seiner Lethargie; er pocht gegen das Tor und beschwört den Arzt einzuhalten. Als dieser ablehnt, ruft er in höchster Verzweiflung den Ewigen um Hilfe an und erklärt gleichzeitig, auf die eigene Rettung verzichten zu wollen. In diesem Augenblick flammt ein greller Blitz auf. Heinrich, plötzlich im Vollbesitz seiner Kraft, schlägt mit wuchtigen Hieben das Tor auf, entreißt dem Arzt das Messer und reißt Agnes mit verzweifelter Kraft an sich. Durch seine Selbstüberwindung war dem Ritter das Wunder der Heilung zuteil geworden. Überglücklich schließen die Eltern, die mit den Mönchen aus der Kirche gekommen sind, ihr Kind in die Arme. Dietrich huldigt seinem Herrn, der aber nicht stolz zu Roß, sondern demütig zu Fuß in die Heimat zurückkehren will, während der Arzt kniend Agnes wie einer Heiligen den Saum des Kleides küßt.

Stilistische Stellung: In einem genialen Wurf hat der erst zweiundzwanzigjährige Pfitzner bei seinem Musikdrama ›Der arme Heinrich‹ bereits schöpferische Eigenart bewiesen. Mit erstaunlicher Frühreife schuf der junge Meister ein dramatisches Werk von konzentrierter Geschlossenheit, das hinsichtlich des Reichtums der musikalischen Erfindung auch von seinen späteren Bühnenschöpfungen nicht überboten wurde. Der Einfluß Richard Wagners tritt am stärksten bei der Dichtung in Erscheinung, die einen mittelalterlichen Sagenstoff behandelt und auch die Erlösungsidee aufgreift. Ihre religiös-mystische Grundhaltung verleiht dem Werk den Charakter einer musikalischen Legende. Hinsichtlich der musikalischen Gestaltung weisen zunächst Deklamationsstil und Leitmotivtechnik wieder auf Wagner, doch geht Pfitzner bei der Thematik und vor allem bei der Harmonik völlig eigene Wege. Das Profil der Motive sowie die Art und Weise ihrer polyphonen Verarbeitung zeugen von Phantasie und Formgefühl. Trotz engem Anschluß an das dramatische Geschehen ist – ähnlich wie bei der absoluten Musik – eine klar disponierte Gebundenheit im Musikalischen vorhanden. Der symphonisch-dramatische Fluß wird vielfach auch von geschlossenen Gebilden lyrisch-epischen Charakters durchbrochen.

Textdichtung: Die Dichtung stammt von James Grun (1868 bis 1928). Er war Engländer, jedoch Sohn deutscher Eltern, und wurde während seiner Studienzeit am Hochschen Konservatorium in Frankfurt/Main Pfitzners Mitschüler und Freund. – Als Vorlage diente die gleichnamige mittelalterliche Legende von Hartmann von Aue († um 1215), die dem Sagenkreis um König Artus angehört. Grun folgte bei der Dramatisierung ziemlich genau dem alten Epos, mit dem sich auch schon Richard Wagner beschäftigt hatte. Freilich stand ihm dabei der Komponist mit Rat und Tat zur Seite. So gab Pfitzner, noch ehe Grun mit der Ausführung seiner Aufgabe begonnen hatte, mit der Dichtung des Textes von Heinrichs Fiebertraum (I. Akt, 2. Szene) den Charakter an, in welchem er die dichterische Gestaltung haben wollte. Das

Hauptverdienst des Textdichters bestand darin, wie Pfitzner selbst bezeugt (›Zur Grundfrage der Operndichtung‹ in Band 3 der ›Gesammelten Schriften‹), daß er Krankheit und Heilung des Helden psychologisch begründete: Die mittelalterliche Mystik des Wunders deutet Grun nach der Richtung, daß durch die innere Wandlung und Selbstüberwindung des Ritters die Ursache seines Leidens überwunden ist, wodurch auch die für sündhafte Selbstsucht als Strafe verhängte Krankheit sinnlos geworden und daher gewichen ist.

GESCHICHTLICHES: Pfitzner wurde auf den Stoff von seinem Jugendfreund Paul Nikolaus Coßmann hingewiesen, dem das Musikdrama auch gewidmet ist. Im Jahre 1891 begann der Komponist zusammen mit dem Dichter James Grun die Arbeit am ›Armen Heinrich‹, und als er am 1. Oktober 1892 seine Lehrerstelle am Konservatorium zu Koblenz antrat, war das Werk nahezu fertig. Nachdem Pfitzner in einem Konzert mit den Berliner Philharmonikern (4. Mai 1893) bereits Dietrichs Erzählung erfolgreich aufgeführt hatte, vollendete er in den Sommermonaten den ›Armen Heinrich‹ auf Schloß Rheingrafenstein bei Kreuznach. Im Herbst begab sich der junge Meister zunächst auf Reisen, um an verschiedenen Theatern seine Oper vorzuspielen. Seine Bemühungen blieben indes erfolglos; lediglich in Berlin interessierte sich Dr. Karl Muck für das Werk, konnte aber die Annahme bei seiner Intendanz auch nicht durchsetzen. Überall stieß man sich an der Handlung, die als untragbar für die Bühne bezeichnet wurde. In Köln begeisterte sich der musikalisch vielseitige Heldentenor Bruno Heydrich für den ›Armen Heinrich‹ und versprach dem Komponisten, die Titelpartie zu studieren und sie zu singen, wo auch immer die Uraufführung stattfinden sollte. Im Herbst 1894 trat Pfitzner als unbezahlter Korrepetitor in den Verband des Mainzer Stadttheaters in der Hoffnung, als Mitarbeiter eines Theaters seinen dramatischen Erstling leichter anbringen zu können. Direktor Rainer Simons stellte ihm in der Tat die Aufführung des Werkes zu Ende der Spielzeit in Aussicht. Aber es bedurfte erst noch eines Druckmittels, um die Inszenierung endgültig durchzusetzen. Ohne Wissen Pfitzners war die Schwester des Textdichters, Frances Grun, bei dem kunstsinnigen Landgrafen Alexander Friedrich von Hessen, der selbst komponierte, in Darmstadt vorstellig geworden; sie ließ ihm einen Klavierauszug des Werkes überreichen mit der Bitte, er möge durch die Ankündigung seines persönlichen Besuches der Uraufführung die Intendanz zur baldigen Aufführung des ›Armen Heinrich‹ ermutigen. Der Landgraf kam dem Ersuchen nach, worauf mit Hochdruck die Einstudierung betrieben wurde. Die für den 24. März angesetzte Uraufführung, zu der Landgraf Alexander tatsächlich nach Mainz gereist war, kam zwar an diesem Tag wegen plötzlicher Heiserkeit Heydrichs nicht zustande, dafür ging das Werk dann endlich am 2. April 1895 unter der Stabführung des Komponisten am Stadttheater in Mainz zum ersten Mal in Szene. Der Erfolg war bei Publikum und Presse groß, doch konnte wegen Spielzeitschluß nur noch eine Wiederholung stattfinden, was der Verbreitung des Werkes natürlich hinderlich war. In der Folge erschien der ›Arme Heinrich‹ nur sporadisch auf der Bühne; einen festeren Platz errang sich das Musikdrama, das schon seiner schwierigen Besetzung wegen selten im Opernalltag eine überzeugende Interpretation erfahren wird, erst an der Münchner Oper, wo Bruno Walter den Pfitznerschen Bühnenwerken liebevolle Pflege zuteil werden ließ.

Palestrina

Musikalische Legende in drei Akten. Dichtung vom Komponisten.

SOLISTEN: I. Singende Personen: *Papst Pius IV.* (Seriöser Baß, kl. P.) – *Giovanni Morone,* Kardinallegat des Papstes (Charakterbariton, m. P.) – *Bernardo Novagerio,* Kardinallegat des Papstes (Charaktertenor, m. P.) – *Kardinal Christoph Madruscht,* Fürstbischof von Trient (Seriöser Baß, auch Spielbaß, m. P.) – *Carlo Borromeo,* römischer Kardinal (Heldenbariton, gr. P.) – *Der Kardinal von Lothringen* (Seriöser Baß, auch Charakterbaß, m. P.) – *Abdisu,* der Patriarch von Assyrien (Lyrischer Tenor, auch Charaktertenor, kl. P.) – *Anton Brus von Müglitz,* Erzbischof von Prag (Bariton, auch Baß, m. P.) – *Graf Luna,* Orator des Königs von Spanien (Kavalierbariton, auch Heldenbariton, m. P.) – *Der Bischof von Budoja,* italienischer Bischof (Lyrischer Tenor, auch Spieltenor, m. P.) – *Theophilus,* Bischof von Imola, italienischer Bischof (Tenor, kl. P.) – *Avosmediano,* Bischof von Cádiz, spanischer Bischof (Charakterbariton, auch Charakterbaß, m. P.) – *Giovanni Pierluigi Palestrina,* Kapellmeister an der Kirche St. Maria Maggiore in Rom (Jugendlicher Heldentenor, gr. P.) – *Ighino,* sein Sohn, 15 Jahre alt (Lyrischer Sopran, m. P.) – *Silla,* sein Schüler, 17 Jahre alt (Mezzosopran, m. P.) – *Bischof Ercole Severolus,* Zeremonienmeister des Konzils von Trient (Charakterbariton, auch Charakterbaß, m. P.) – *1. Kapellsänger* von St. Maria Maggiore in Rom (Baß, kl. P.) – *2. Kapellsänger* (Baß, kl. P.) – *3. Kapellsänger* (Tenor, kl. P.) – *4. Kapellsänger* (Tenor, kl. P.) – *5. Kapellsänger* (Tiefer Baß, kl. P.).
II. Stumme Personen: Zwei päpstliche Nuntien. Lainez, Salmeron, Jesuitengenerale. Masarelli, Bischof von Thelesia, Sekretär des Konzils. Giuseppe, der alte Diener Palestrinas.
III. Singende Erscheinungen: Die Erscheinung Lukrezias, Palestrinas verstorbener Frau (Dramatischer Alt, kl. P.) – Die Erscheinungen 9 verstorbener Meister der Tonkunst: 1., 2., 3. (Tenor, kl. P.) – 4., 5., 6. (Bariton, kl. P.) – 7., 8., 9. (Baß, kl. P.) – 1. Engelstimme (Dramatischer Koloratursopran, auch Lyrischer Sopran, kl. P.) – 2. Engelstim-

me (Jugendlich-dramatischer Sopran, kl. P.) – 3. Engelstimme (Dramatischer Mezzosopran, kl. P.).
Mögliche Doppel- und Tripel-Besetzungen: Papst Pius – Kardinal Madruscht; Morone – 4. Meister; Kardinal von Lothringen – 8. Meister – 5. Kapellsänger; Abdisu – 1. Meister; Brus von Müglitz – 9. Meister – 2. Kapellsänger; Graf Luna – 5. Meister; Bischof von Budoja – 2. Meister – 4. Kapellsänger; Theophilus – 3. Meister – 3. Kapellsänger; Avosmediano – 6. Meister – 1. Kapellsänger; Bischof Ercole – 7. Meister.
CHOR: Kapellsänger der päpstlichen Kapelle. Erzbischöfe, Bischöfe, Äbte, Ordensgenerale, Gesandte, Prokuratoren geistlicher und weltlicher Fürsten, Theologen, Doktoren aller christlichen Nationen. Diener. Stadtsoldaten. Straßenvolk. Engel (I. Akt: Engelchor möglichst durch Knabenstimmen verstärken! II. Akt: Männerchor geteilt in Spanier und in Italiener und andere Nationen, später geteilt in spanische und in italienische und deutsche Diener. III. Akt: Männerchor geteilt in 3 Gruppen päpstlicher Kapellsänger; Frauenchor, kl. Chp., Männerchor, m. Chp.) – Kleine Chorsoli: Dandini von Grosseto (Tenor, kl. P.) – Bischof von Feltre (Baß, kl. P.) – Bischof von Fiesole (Tenor, kl. P.) – Ein spanischer Bischof (Baß, kl. P.) – Ein junger Doktor (Alt, kl. P.).
ORT: Der I. und III. Akt in Rom, der II. in Trient.
SCHAUPLÄTZE: Zimmer im Wohnhaus Palestrinas, nicht groß, einfach, fast ärmlich, in der Mitte Arbeitstisch mit sehr großem Armlehnstuhl, Mitte hinten eine Tür nach einem Vorraum und dann eine zweite größere Eingangstür nach dem Freien, links eine kleine Hausorgel (Portativ), links vorne eine kleine Tür ins Hausinnere, an der linken Hinterwand großes Bild Lukrezias, rechts großes Fenster mit Blick auf das ziemlich entfernte Rom – Eine große, hohe, saalartige Vorhalle; im Hintergrund, etwas tiefer, die Straße, im Vordergrund ein kleines Gärtchen; auf beiden Seiten, die ganze Tiefe der Bühne beschreibend, zwei schwache Halbkreise von Stühlen und Bänken, in mindestens vier Abstufungen amphitheatralisch ansteigend; linker Halbkreis zweimal durch Treppen unterbrochen, die durch zwei Türen in Höhe der höchsten Bankreihe in den Palast führen – Zimmer Palestrinas wie zu Anfang, ohne Arbeitstisch.
ZEIT: Die Handlung spielt im November und Dezember 1563, dem Jahr der Beendigung des Tridentiner Konzils. Zwischen dem I. und II. Akt liegen etwa 8 Tage, zwischen dem II. und III. etwa 14 Tage.
ORCHESTER: 4 Fl. (auch Altflöte und Picc.), 3 Ob. (auch Eh.), 4 Kl. (auch Bkl.), 4 Fag. (auch Kfag.), 6 Hr., 4 Trp., 4 Pos., 1 Bt., P., Schl., 2 Hrf., Cel., Str. – Bühnenmusik: 3 Mandolinen, Gitarre, 2 Picc., 2 Kl., Org., Gl. in C, A, G, 3 tiefe Gl. in E, G, C, Tamtam.
GLIEDERUNG: Durchkomponierte symphonisch-dramatische Großform, vor jedem Akt ein Vorspiel.

SPIELDAUER: etwa 4 Stunden.

HANDLUNG: Silla, Schüler des großen Kirchenkomponisten Giovanni Pierluigi Palestrina, probiert während der Abwesenheit des Meisters heimlich eine eigene Komposition in dem neuen Stil, der jüngst von Florenz ausgegangen ist. Da tritt Ighino, Palestrinas Sohn, ins Zimmer. Er macht sich Sorgen um den Vater, der offensichtlich an schwerem seelischen Kummer leidet. Aber Silla findet, der Meister habe keinen Grund zu klagen; denn er sei berühmt und daher glücklich. Schmerzerfüllt weist Ighino darauf hin, daß der ehrlich erworbene Ruhm dem Vater nur den Neid der Kollegen eingebracht und daß er, der für Ehe- und Familienglück seine Stelle bei der päpstlichen Kapelle aufgeben mußte, jetzt in dürftigen Verhältnissen sein Leben fristen müsse. Seit dem Tod der geliebten Gattin Lukrezia ist nun auch seine Schaffenskraft gebrochen; denn er hat seither keine Note mehr geschrieben. Um Ighino aus seinen trüben Gedanken zu reißen, singt und spielt Silla ihm sein Schäferliedchen vor. In seinem Eifer bemerkt er gar nicht, daß inzwischen Palestrina mit dem Kardinal Borromeo eingetreten ist. Der hohe Geistliche ist erstaunt, solche seltsam sündhaften Klänge im Haus des strengen Meisters zu vernehmen. Aber Palestrina legt, nachdem er die beiden Jungen weggeschickt hat, ein gutes Wort für Silla ein, in dem die neue Zeit gäre und dem vielleicht der Erfolg der Entwicklung recht geben werde. Mit Befremden vernimmt Borromeo die resignierten Worte des Meisters, er hat jedoch ein Mittel, das ihn von seiner Lethargie heilen soll. Der hohen Kunst, wie sie die großen Meister zweier Jahrhunderte gepflegt hatten, droht weniger von eitlen Dilettanten als von höchster Stelle Gefahr: Der Papst hat beschlossen, die Figuralmusik mit ihrem überladenen Stimmgefüge aus der Kirche zu verbannen und wieder auf die alten herben Klänge des Gregorianischen Chorals zurückzugreifen. Umsonst suchte er, Borromeo, die Kardinäle im Konsistorium für die Erhaltung der großen Meisterwerke umzustimmen. Da kam eine unerwartete Wendung: Kaiser Ferdinand setzte sich in einem Schreiben selbst für die Musik ein. Nun zeigte sich auch der Papst nachgiebiger, und Borromeo wußte ihn schließlich für folgenden Entschluß zu gewinnen: Sollte ein Meister eine neue Messe vorlegen, die den kirchlich-religiösen wie den künstlerischen Forderungen gleichermaßen gerecht werde, dann sollte dieses Werk fortan als Norm für den Stil der Kirchenmusik dienen. Borromeo ist nun heimlich gekommen, um Palestrina mit dieser Aufgabe von außerordentlicher Tragweite zu betrauen. Dieser dankt für die große Ehre, erklärt aber zur Enttäuschung des Kardinals, daß er nicht der Mann sei, ein solch gewaltiges Werk zu vollbringen. Umsonst droht ihm Borromeo mit der Vernichtung seiner Werke, mit dem Befehl des Papstes, und als Palestrina gar noch bezweifelt, ob Gottes Stimme aus seinem Inneren spreche, verläßt ihn der Kardinal in heftigstem Zorn. Traurig, aber gefaßt ist sich der

Meister bewußt, nun auch den letzten Freund verloren zu haben. Er gedenkt der Zeit, als Lukrezia noch am Leben war und ihn der Quell der Eingebung beglückte. Unwillkürlich greift er nach den Notenblättern auf dem Tisch, aber dann fragt er sich wieder verzweifelt: »Wozu?« Da erklingen leise Stimmen: »Für ihn!« Überrascht sieht sich Palestrina um. Vor ihm stehen die Erscheinungen von neun verstorbenen Meistern der Tonkunst, die ihm wohlbekannt und vertraut sind. Sie mahnen ihn an seine Pflicht; sein Erdenpensum sei noch nicht erfüllt, daher müsse er schaffen, der alte Weltenmeister befehle es. Die Erscheinungen verschwinden. Voll Angst ruft Palestrina nach oben, da erscheinen nach und nach zahlreiche Engel, die Stube erstrahlt in hellem Himmelslicht, und auch die Gestalt Lukrezias wird sichtbar. Im Hochgefühl wiedererwachter Schaffenslust zeichnet Palestrina die musikalischen Gedanken auf, die ihm die Abgesandten des Himmels eingeben, und als der Morgen graut, ist die Messe vollendet. Ighino und Silla finden den Meister erschöpft und schlafend am Tisch. Zu ihrer Überraschung entdecken sie die beschriebenen Notenblätter. Die Komposition erscheint Ighino besonders schön und persönlich, während Silla feststellt, es sei wohl der alte Stil, aber nicht so schwer. – Im Palast des Fürstbischofs Madruscht zu Trient werden unter Anleitung des Zeremonienmeisters Ercole Severolus die letzten Vorbereitungen für die Abhaltung einer Generalkongregation, einer letzten gemeinsamen Vorberatung vor der feierlichen Session, getroffen. Man erwartet die Rückkehr des Kardinallegaten Morone, den der Papst zum Kaiser geschickt hat, um dadurch ihn und die deutschen Bischöfe möglichst von dem Konzil fernzuhalten. Novagerio, der andere Kardinallegat des Papstes, gewährt Borromeo, der eben in Trient angekommen ist, Einblick in die augenblickliche Situation. Max, der Sohn des Kaisers Ferdinand, sympathisiert heimlich mit den Protestanten; ein Übertritt hätte unabsehbare Folgen; er muß daher verhindert werden. So überbrachte Morone dem Kaiser die Zusicherung der Römischen Krone für seinen Sohn Max und des weiteren die Inaussichtstellung des spanischen Königsthrones. Auch sonst machte der Papst dem Kaiser Zugeständnisse in bezug auf seine reformatorischen Wünsche, so zum Beispiel in der Frage der Kirchenmusik. Borromeo berichtet nun von seinem Mißerfolg bei Palestrina; er fügt aber hinzu, daß er den Widerspenstigen habe festnehmen lassen, um ihn zur Einsicht zu bringen. Novagerio bemerkt kalt, die Messe müsse erzwungen werden, und sei es durch die Folter. Was die sonstigen Konzessionen gegenüber dem Kaiser anlangt, so ist Novagerio unbesorgt; denn der Papst behält sich die Auslegung der Konzilsbeschlüsse allein vor. Die Kurie wünscht schnellste Beendigung des Konzils. Aus diesem Grund wurden für die letzten Sitzungen italienische Bischöfe und Geistliche in großer Überzahl nach Trient beordert, damit der Gang der Verhandlungen durch Majoritätsbeschlüsse im Sinn der Kurie gelenkt werde. Inzwischen ist

Morone von Innsbruck eingetroffen. Seine Mission war von Erfolg gekrönt. Die Sitzung beginnt. Nach der Begrüßungsansprache des Kardinallegaten Morone wird zur Abstimmung über die noch strittigen Punkte geschritten. Zunächst wird die Frage der Kirchenmusik aufgeworfen. Die Italiener stimmen entsprechend ihren Instruktionen für die Erhaltung der Figuralmusik, dagegen erkundigen sich die Bischöfe von Cádiz und Prag sowie der Kardinal von Lothringen nach der versprochenen Probemesse. Borromeo erklärt ruhig und kalt: »Die Messe wird geschrieben.« Im weiteren Verlauf der Sitzung kommen sich der Kardinal von Lothringen und der Orator des Königs von Spanien, Graf Luna, in die Haare; letzterer besteht auf gründlichster Behandlung der einzelnen Fragen, worauf der Lothringer gereizt reagiert, da er sich ärgert, daß man dem Spanier durch Anweisung eines außerhalb der Reihe stehenden Ehrensessels den Vorrang vor ihm zedierte. Graf Luna drängt auf eine Verlängerung des Konzils und verlangt schließlich sogar die Einladung der Protestanten zur Schlußsession. Daraufhin entsteht ein großer Tumult, mit Mühe kann sich Morone Gehör verschaffen, und da es gerade zwölf Uhr schlägt, vertagt er die Sitzung auf den Nachmittag. Nachdem sich der Saal geleert hat, kommen während des Aufräumens die spanischen Diener mit den italienischen und deutschen in Streit. Als die beiden Parteien mit Dolchen gegeneinander losgehen, erscheint Madruscht mit Soldaten, die mit einigen Gewehrsalven Ordnung schaffen und die Überlebenden zur Folterkammer abführen. – In seinem Lehnstuhl sitzt müde und gealtert Palestrina zu der Stunde, als die Messe vor dem Papst und den Kardinälen zum ersten Mal erklingt. Erwartungsvoll lauschen Ighino, der alte Diener Giuseppe sowie einige Kapellsänger von St. Maria Maggiore dem Glockengeläute von St. Peter. Nur Silla fehlt; er ist inzwischen fort nach Florenz zu Bardi, seinem neuen Lehrer. Ighino erzählt dem Vater die Vorgänge nach seiner Einkerkerung, wie er schließlich die Messe ausgeliefert habe, um ihn aus den Ketten zu befreien. In diesem Augenblick ertönen aus der Ferne Evviva-Rufe. Päpstliche Kapellsänger stürmen ins Haus; sie künden den großen Erfolg der Messe und das Erscheinen des Papstes, der dem Meister persönlich seine Anerkennung ausdrückt und ihn zum Leiter der Sixtina auf Lebenszeit ernennt. Nachdem sich alle bis auf Borromeo entfernt haben, stürzt dieser in tiefer Erschütterung Palestrina zu Füßen. Palestrina hebt ihn auf, und, von Rührung übermannt, reißt sich Borromeo aus der stummen Umarmung los und verläßt mit abgewandtem Gesicht das Zimmer. Den überglücklichen Ighino drängt es hinaus auf die Straße, wo noch immer das Volk mit lauten Evviva-Rufen den Retter der Musik feiert, während Palestrina, nachdem er eine Weile vor dem Bild Lukrezias gestanden, sich an seiner Orgel in musikalische Gedanken versenkt.

Stilistische Stellung: Pfitzner hat die musikalische Legende ›Palestrina‹ als sein Lebenswerk bezeichnet, und das wohl aus zwei Gründen:

einmal stellt dieses Musikdrama sein größtes und einheitlichstes Werk dar, das in langer Entstehungszeit gereift war, und dann ist es als eine Art Selbstbildnis zu betrachten, in dem der Meister aus eigener Erfahrung Wesen und Wirken des schöpferischen Menschen dem weltlichen Treiben gegenüberstellt. Bei der Qualitätsgleichheit von Dichtung und Musik ist es schwer zu unterscheiden, welcher von beiden der Vorzug zu geben ist. Schon allein die Idee und ihre dramaturgische Gestaltung in einem musikalischen Bühnenwerk trägt den Stempel des Außergewöhnlichen. Das in seiner Gegensätzlichkeit und Symbolhaftigkeit wohlausgewogene Geschehen ohne Erotik, die mit dichterischem Feingefühl behandelte Sprache ohne Pathos und die realistische Darstellung der typenhaft wirkenden Personen sind die Komponenten dieses Operntextes von seltenem Niveau. Im Musikalischen liegt der Schwerpunkt beim Orchester, das dementsprechend einen gewaltigen Instrumentenapparat mobilisiert. In der Thematik dominieren einige scharf profilierte Motive, die teils die Palestrina-Sphäre, teils die Außenwelt charakterisieren; sie ziehen sich leitmotivartig durch das ganze Musikdrama und bilden das eigentliche Fundament des musikalischen Baues. Aus der ›Missa Papae Marcelli‹ von Giovanni Pierluigi Palestrina, die nach der Legende die Rettung der Kirchenmusik bewirkte, wurden nur zwei Themen – und diese sehr frei – in der Komponierszene verarbeitet; einmal zitiert Pfitzner sich selbst mit dem Siechtums-Thema aus dem ›Armen Heinrich‹. Die Harmonik offenbart vornehmlich den Zug zum Diatonischen und eine Anlehnung an die Kirchentonarten, worauf die eigentümliche archaisierende Färbung der ›Palestrina‹-Musik beruht. Sehr feinsinnig werden auch die verschiedenen musikalischen Stile angedeutet: die Polyphonie der Niederländer (Erscheinung der verstorbenen Meister), der Gregorianische Choral (z. B. bei der Eröffnung der Sitzung durch den Zeremonienmeister) und die Florentiner Monodie (Schäferlied des Silla). Hinsichtlich der Stimmführung wird durchwegs eine strenge Linearität gewahrt. Der Anlage der Dichtung entsprechend herrscht das Deklamatorische vor, wobei die Dialogszenen trotz ihrer scheinbaren Ungebundenheit einen wohlgegliederten Aufbau fast im Sinn der absoluten Musik aufweisen. Hier ist – besonders im Konzilakt – auch das feine Charakterisierungsvermögen des Meisters zu bewundern, das, ohne den Boden des Reinmusikalischen zu verlassen, immer den richtigen Ausdruck vermittelt. Pfitzners ›Palestrina‹ ist ähnlich wie Wagners ›Parsifal‹ ein Weihespiel, das eine würdige Aufführung nur im besonderen, festlichen Rahmen, selten aber im Opernalltag erfahren dürfte.

Textdichtung: Bevor Pfitzner die Dichtung selbst ausführte, erhielt er zwei Textentwürfe, die jedoch seine Billigung nicht fanden: in dem einen war die Frau Palestrinas in den Mittelpunkt des Geschehens gerückt, in dem anderen die Heirat von Palestrinas Tochter mit einem Schüler. Als Quelle diente Pfitzner zunächst die ›Geschichte der Musik‹ von August Wilhelm Ambros. Über das Tridentiner Konzil informierte er sich auf Vorschlag des Straßburger Historikers Martin Spahn vor allem in den beiden großen Geschichtswerken über dieses Konzil: das eine stammt von Pater Paolo Sarpi, der wegen seiner ungeschminkten Darstellung der Ereignisse von der Kurie ziemlich verfolgt wurde, das andere von Sforza Pallavicini, der im Auftrag des Vatikans gegenüber Sarpi die Tatsachen in milderer Form interpretierte. Bei der Gestaltung des Stoffes nahm der Meister das Recht der dichterischen Freiheit in Anspruch. Die ›Missa Papae Marcelli‹ wurde weder zur Zeit des Tridentiner Konzils geschrieben, noch ist ihr der Konzilsbeschluß über die Beibehaltung der Figuralmusik zu verdanken. Auch die Zeichnung der Persönlichkeit Palestrinas sowie die Darstellung seiner Lebensumstände entsprechen nicht den historischen Tatsachen. Die Monodie ist als neue Stilrichtung in Wirklichkeit später in Erscheinung getreten. Pfitzner war es in erster Linie um die Herausarbeitung einer Idee zu tun entsprechend dem als Motto seiner Dichtung vorangestellten Schopenhauer-Zitat: die einsame Stellung des schöpferischen Menschen, der »wie eine ätherische Zugabe über dem Weltentreiben steht«. Der Konflikt ergibt sich aus dem Zusammenprall zweier Welten, die sich von Natur aus feindlich gegenüberstehen: der äußeren mit ihrem eigensüchtigen, lauten Getriebe und der inneren, stillen des um ideelle Güter ringenden Künstlers. Der III. Akt bringt dann als glücklichen Ausgang die Verständigung der beiden Welten, ausgelöst durch die Macht des Kunstwerks, sowie die Befriedung der durch den Schaffensprozeß geläuterten Künstlerseele.

GESCHICHTLICHES: Bereits vor Pfitzner war Palestrina schon einmal als Held einer Oper auf der Bühne erschienen: Die 1886 in Regensburg aufgeführte gleichnamige Oper des Münchner Theorieprofessors Melchior Ernst Sachs behandelt die Intrige eines Mitbewerbers um die Stelle des päpstlichen Kapellmeisters, wobei der Konkurrent Palestrina ein Manuskript stiehlt und es für sein eigenes Werk ausgibt. Pfitzner beschäftigte sich mit der ›Palestrina‹-Idee etwa fünfzehn Jahre lang, ehe er an die Ausführung ging. Nach Abschluß seiner Studien am Hochschen Konservatorium in Frankfurt/Main befaßte er sich intensiv mit Musikgeschichte. Dabei begeisterte er sich für die Gestalt des großen Kirchenkomponisten Palestrina und dessen legendäre Rettungstat zugunsten der Figuralmusik. Nachdem Pfitzner vergeblich Ausschau nach einer geeigneten Dichterpersönlichkeit gehalten hatte (er stellte sogar in zwei Fällen seine eigenen Entwürfe zur Verfügung), war er zu der Einsicht gekommen, daß aus seinem Plan nichts würde, wenn er nicht auch die Dichtung selbst gestaltete. In einer Zeit äußerer und innerer Kämpfe (Boykott seiner Werke an der Münchner Hofoper – Zweifel an der eigenen Schaffenspotenz) entschloß er sich, förmlich einem Zwang seines Genius folgend, zur Ausführung des Werkes. So entstanden zunächst, Ende des Jahres 1909, der vierzeilige Epilog des

Musikdramas »Nun schmiede mich ...« und im April 1910 die Szene mit den Erscheinungen der verstorbenen Meister. Am 7. August 1911 lag die ganze ›Palestrina‹-Dichtung fertig vor, und am 13. August las der Dichterkomponist sie seinen Freunden in München zum ersten Mal vor. Die Komposition wurde aber erst am Fronleichnamstag, dem 6. Juni 1912, in Straßburg begonnen, nachdem der Meister zuvor schon, am 1. Januar des gleichen Jahres, das Anfangsmotiv aufgezeichnet hatte. Während des Urlaubs in der Schweiz ging die Arbeit an der Vertonung weiter, die am 8. August ungefähr bis zur Mitte des I. Aktes gediehen war, und zwar gleich in Partitur. Dann trat infolge anderweitiger beruflicher Inanspruchnahme des Komponisten eine längere Unterbrechung ein. Erst im Juni 1914 konnte Pfitzner sich wieder intensiv mit dem ›Palestrina‹ beschäftigen. Trotz Ausbruch des Krieges arbeitete der Meister unermüdlich weiter und am 24. Juni 1915 war die Komposition des ganzen Werkes endgültig fertig. Die Uraufführung sollte nun auf Wunsch des Autors erst nach dem siegreichen Ende des Krieges erfolgen. Als Bruno Walter für den Sommer 1917 in München eine Pfitzner-Woche plante und das Ende des Krieges immer noch nicht abzusehen war, entschloß sich Pfitzner, die Uraufführung des ›Palestrina‹ zur Eröffnung der Münchner Pfitzner-Woche freizugeben. Vor einem illustren Kreis ging das Werk in der Inszenierung des Komponisten am 12. Juni 1917 im Münchner Prinzregententheater zum ersten Mal in Szene; die musikalische Leitung hatte Bruno Walter, in den Hauptpartien sangen Karl Erb (Titelrolle), Fritz Feinhals (Borromeo), Friedrich Brodersen (Morone), Paul Bender (Papst), Gustav Schützendorf (Luna), Paul Kuhn (Novagerio), Maria Ivogün (Ighino) und Emmy Krüger (Silla). Der Erfolg war überwältigend. Auf Veranlassung des Auswärtigen Amtes erfolgte im November des gleichen Jahres ein Gesamtgastspiel der Münchner Oper mit ›Palestrina‹ zu Propagandazwecken in der Schweiz (Basel, Bern, Zürich); auch hier errang das Werk einen bedeutenden Erfolg. Die weitere Verbreitung des schwierigen Musikdramas mit dem großen Aufgebot von männlichen Darstellern konnte zwangsläufig erst nach dem Krieg einsetzen.

Das Christ-Elflein

Spieloper in zwei Akten. Nach der Originaldichtung von Ilse von Stach umgedichtet vom Komponisten.

SOLISTEN: *Das Elflein* (Lyrischer Koloratursopran, auch Jugendlich-dramatischer Sopran, gr. P.) – *Das Christkindchen* (Lyrischer Sopran, auch Soubrette, m. P.) – *Der Tannengreis* (Seriöser Baß, auch Schwerer Spielbaß, m. P.) – *Knecht Ruprecht* (Schwerer Spielbaß, auch Charakterbariton, m. P.) – *Herr von Gumpach* (Spielbariton, m. P.) – *Frieder,* sein Sohn (Spieltenor, m. P.) – *Trautchen,* seine Tochter (Sprechrolle, kl. P.) – *Franz* (Spielbaß, m. P.) und *Jochen* (Spieltenor, kl. P.), in Gumpachs Diensten – *Der Dorfarzt* (Sprechrolle, kl. P.) – *Frau von Gumpach* (Stumme Rolle) – *St. Petrus* (Stumme Rolle).

CHOR: Engel. Tannenjunker und -jungfrauen. Elfen. Dorfarme, Dorfkinder. Bedienstete Gumpachs (Engelchor I. Akt: 4 Sopransoli und stark besetzter Frauenchor; II. Akt: Kinderchor. Gesangspart nur Frauenchor, kl. Chp.).

BALLETT: I. Akt: Tanz der Tannenjunker und -jungfrauen und Elfen, II. Akt: Engelreigen (Kinderballett).

ORT: I. Akt: Im Winterwald, II. Akt: Im Schloß.

SCHAUPLÄTZE: Winterwald, Vordergrund links eine besonders große breite Tanne (Tannengreis), verschiedene Wege durch den nicht dichten Wald – Wohnzimmer bei Gumpachs, Mitte hinten Eingangstür, rechts und links ebenfalls Türen, im Hintergrund rechts ein Ofen – Bei geöffnetem Hintergrund: das große Himmelstor.

ORCHESTER: 2 Fl. (II. auch Picc.), 2 Ob. (II. auch Eh.), 2 Kl., 2 Fag., 2 Hr., 1 Trp., Hrf., P., Schl., Glöckchen, Str. (stark besetzt). – Bühnenmusik: 1 Trp., 3 Hrf.

GLIEDERUNG: Ouvertüre und 14 Musiknummern, die durch einen gesprochenen Dialog miteinander verbunden werden.

SPIELDAUER: etwa 2 Stunden.

HANDLUNG: Das Lieblingselflein des brummigen Tannengreises fühlt sich, sehr zum Verdruß des Alten, zu den Menschen hingezogen, deren Klugheit und Wissen es bewundert. Aus einer Unterhaltung zweier Menschenkinder hat es erfahren, daß heute das Weihnachtsfest sei. Neugierig fragt es den Tannengreis, was dies zu bedeuten habe. Dieser verweist das wissensdurstige Naturkind an den eben herannahenden Frieder, den Sohn des Schloßbesitzers Herrn von Gumpach. Der Tannengreis, der die Menschen verachtet, schätzt ausnahmsweise den Frieder, weil dieser nicht blindlings jede Lehre glaubt, wie sie in frommen Büchern steht, und weil er die Natur liebt und kennt. So jemand kann auch, was die anderen Menschen nicht vermögen, das Elflein sehen und sprechen. Es richtet gleich eine ganze Reihe von Fragen an Frieder, doch der hat es eilig; er muß rasch für sein schwerkrankes Schwesterchen Trautchen einen Arzt herbeiholen. Das dumme Elflein kann sich unter dem Begriff »krank« nichts vorstellen, und da wieder Menschen nahen, verbirgt es sich. Der alte Franz und sein Gehilfe Jochen, beide im Dienste des Herrn von Gumpach, kommen mit Äxten, um eine Tanne als Christbaum zu fällen. Aber noch ehe sie mit ihrer Arbeit begonnen haben, erscheint ein Mann mit einem riesigen Sack auf dem Buckel, aus dem beim Abnehmen eine Menge Puppen und Spielsachen herausfallen. Die beiden Diener halten den Fremden für einen Hexenmeister, als er die zerbrochenen Puppen mit Spucke wieder zusammenflickt. Sie werden sogar handgreiflich gegen den vermeintlichen Antichristen. Dieser ruft aber seinen Zechkumpanen St. Petrus zu Hilfe, worauf Franz unter einem Donnerschlag in den Schnee fliegt. Lachend gibt sich der Fremde beim Weggehen als Knecht Ruprecht zu erkennen. Gleich darauf erscheint das Christkindchen. Es schickt die beiden Diener nach Hause mit dem Bemerken, daß es zu dem Trautchen selbst kommen werde. Neugierig tritt das Elflein hinzu und bittet das Christkind, es begleiten zu dürfen, wenn es dem Trautchen den Lichterbaum überbringt. Aber der Tannengreis will es nicht dulden, daß sein Elflein den Wald verläßt. Er ruft deshalb die Elfen sowie seine Tannenjunker und -jungfrauen zu Hilfe, nachdem das Christkind weggegangen ist. Sie verstellen alle Wege, so daß der mit dem Doktor zurückkommende Frieder kaum aus dem Wald herausfindet. Das Elflein erzählt dem Frieder schnell sein Erlebnis mit dem Christkind und fragt ihn, was eine unsterbliche Seele sei, von der das Christkind gesprochen habe. Aber Frieder beantwortet die Frage nur mit leichtem Hohn und geht weiter. Um sein Elflein wieder aufzuheitern, fordert der gute Tannengreis jetzt alle Tannenjunker und -jungfrauen auf, einen Reigen zu tanzen, an dem schließlich auch das Elflein teilnimmt. Da läuten die Glocken, Stimmen ertönen: »Die heilige Nacht!« Begleitet von dem Gesang der Engel, erscheint das Christkind, das Elflein folgt ihm. – Herr von Gumpach schickt wütend seinen Diener Franz, dessen Erzählung von dem Erscheinen des Christkindchens er keinen Glauben schenkt, zurück in den Wald mit dem Auftrag, sofort einen Tannenbaum herbeizuschaffen. Frieder ist in Sorge um Trautchen allein im Wohnzimmer zurückgeblieben, da tritt plötzlich der Tannengreis herein. Er ist gekommen, um sein Elflein zurückzuholen. Frieder verspricht, ihm beim Auffinden des Elfleins behilflich sein zu wollen, und fordert ihn auf, sich vorerst hinter dem Ofen zu verstecken. Nun wird das kranke Trautchen zur Bescherung in das Zimmer gebracht. Gleichzeitig erscheinen Kinder und Arme aus dem Dorf, die Trautchen zur Entgegennahme ihrer Geschenke bestellt hat. Auch Knecht Ruprecht kommt. Er steckt einen bösen Buben in seinen Sack und beschert die braven Kinder. Als diese hierauf ein Weihnachtslied anstimmen, betritt das Christkind in Begleitung des Elfleins mit einem Lichterbaum das Zimmer. Empört beklagt der Tannengreis seine armen Tannen, die jährlich als Christbäume leiden und sterben müssen. Aber Knecht Ruprecht weiß ihn mit dem Trost zu besänftigen, daß jeder Weihnachtsbaum als des Heilands liebster deutscher Baum für ewige Zeit im Himmelsraum grüne. Nun sagt Trautchen ihren Weihnachtsspruch auf; dann schläft sie ein. Frieder weint. Das Christkind stellt ihm einen Wunsch frei, und er, der jetzt an das Christkind glaubt, hat nur das eine Verlangen, daß Trautchen wieder gesunde. Aber Gott Vater hat bestimmt, daß ihm das Christkind ein Seelchen bringe, und so muß Trautchen ihm in den

Himmel folgen. Auch das Elflein darf sich etwas wünschen; es bittet, mit dem Christkind in den Himmel gehen zu dürfen. Der Wunsch kann erfüllt werden. Das Elflein erhält eine unsterbliche Seele, dafür darf Trautchen auf Erden weiter leben. Da legt der Tannengreis polternd Protest ein. Aber das Christkind bestimmt ihm zum Trost, daß das Elflein, das nunmehr den Namen Christ-Elflein führen soll, jedes Jahr zur Weihnachtszeit wiederkehren und den Wald mit Christblumen und -rosen schmücken werde. Auf Trautchens Wunsch erscheinen schließlich viele große und kleine Engel, die einen Reigen um den Christbaum tanzen. Als die Eltern überglücklich ihr plötzlich gesund gewordenes Töchterchen in die Arme schließen, öffnet sich der Hintergrund: Man sieht Sankt Petrus mit den Schlüsseln vor dem großen Himmelstor, durch das erst Knecht Ruprecht mit leerem Sack und dann das Christkind mit dem Elflein schreiten, während der Tannengreis, bekehrt von seiner Abneigung, das begnadete Menschenvolk seligpreist.

Stilistische Stellung: Das Reizvollste an dem Märchen Ilse von Stachs ist wohl die liebevolle poetische Ausdeutung verschiedener weihnachtlicher Bräuche. Auch eine Reihe romantischer Motive ist darin verwoben (Beseelung der Natur, die Sehnsucht des Naturgeistes nach der unsterblichen Seele des Menschen), ebenso spielt wie bei den anderen Pfitznerschen Bühnenwerken die Läuterungsidee eine gewisse Rolle (Elflein, Frieder, Tannengreis). Die Musik hat weihnachtliche Atmosphäre, obwohl originale Weihnachtsweisen, abgesehen von den kurzen thematischen Andeutungen des ›Tannenbaum‹- und des ›Christuskind‹-Liedes (»Alle Jahre wieder«), nicht verwendet wurden. Bei den durchwegs knapp gehaltenen musikalischen Nummern herrscht der liedartige Charakter vor. Lediglich die Ouvertüre ist breit angelegt; sie enthält die wichtigsten Themen der Oper, die sich leitmotivartig durch das ganze Stück ziehen. Die Fülle der Melodik größtenteils volkstümlicher Prägung, die kunstvolle Verarbeitung des thematischen Materials in einem wohlklingenden, filigranartigen polyphonen Satz, die schlichte, manchmal apart-würzige Harmonik sowie die subtile Instrumentation mit ihren köstlichen Farbenwirkungen sind die Wahrzeichen der ›Christ-Elflein‹-Partitur, die als eine der stärksten und persönlichsten Schöpfungen des Meisters anzusehen ist.

Textdichtung: Die Originaldichtung ist von Ilse von Stach. Sie vermittelt ein schlichtes, deutsches Weihnachtsmärchen, das sich im allgemeinen innerhalb der Grenzen der kindlichen Vorstellungswelt bewegt, darüber hinaus aber auch, besonders in der Pfitznerschen Bearbeitung, einige tiefsinnige, mehr für die Erwachsenen bestimmten Gedankengänge enthält. Bei der Neubearbeitung mußte der Komponist verschiedene Prosastellen infolge der Umstellung von Melodram auf Gesang in Versform umdichten. Ferner wurde die Handlung gestrafft, wodurch auf einige Nebenpersonen verzichtet werden konnte; die drei

Akte wurden in zwei zusammengezogen, während der Schluß des Stückes die größte Veränderung erfuhr. (In der Urfassung stirbt Trautchen im II. Akt, der III. Aufzug spielt sodann im Engelsgarten.)
GESCHICHTLICHES: Pfitzner hatte sich im Jahre 1901 schon einmal mit dem Gedanken getragen, das Märchen Ilse von Stachs, die zu dem Berliner Freundeskreis des Komponisten gehörte, zu vertonen. Aber erst fünf Jahre später kam die Idee zur Ausführung. Die Arbeit am ›Christ-Elflein‹ wurde im Frühjahr 1906 begonnen; im Juni war die Komposition, die teils als Melodram, teils als Liederspiel mit Dialog bezeichnet werden kann, bis auf die Instrumentation fertig. Felix Mottl nahm das Werk für München an, und nachdem die Ouvertüre bereits am 23. November in einem Berliner Kammerkonzert unter Emil Nikolaus von Reznicek erklungen war, erfolgte die Uraufführung des ganzen Stückes am 11. Dezember 1906 an der Münchner Hofoper unter Leitung von Mottl und mit Maja Reubke in der Titelrolle. Da das ›Christ-Elflein‹ in dieser Form keine Resonanz finden konnte, arbeitete der Meister es nach der Uraufführung des ›Palestrina‹ im Sommer 1917 in München um. Am 22. September war die neue Partitur abgeschlossen. Die zweite Fassung des jetzt als Spieloper bezeichneten Werkes ging am 11. Dezember 1917 an der Dresdner Hofoper unter der Leitung von Fritz Reiner und mit Grete Merrem-Nikisch in der Titelrolle zum ersten Mal in Szene.

AMILCARE PONCHIELLI

* 31. August 1834 in Paderno Fasolaro bei Cremona, † 16. Januar 1886 in Mailand

I promessi sposi (1856 Cremona; Neufassung 1872 Mailand), T: Antonio Ghislanzoni, V: Ricordi
La Savoiarda (Lina; 1861 Cremona), T: Francesco Guidi, V: Ricordi
Roderico, Re dei Goti (1863 Piacenza), T: F. Guidi
I Lituani (1874 Mailand), T: A. Ghislanzoni, V: Ricordi
La Gioconda (1876 Mailand), T: Tobia Gorrio (= Arrigo Boito), V: Ricordi
Marion Delorme (1885 Mailand), T: Enrico Golisciani, V: Ricordi

La Gioconda

Oper in vier Akten. Text nach Victor Hugo von Tobia Gorrio.

SOLISTEN: *La Gioconda,* Straßensängerin (Jugendlich-dramatischer Sopran, gr. P.) – *Die Blinde,* ihre Mutter (Alt, m. P.) – *Enzo Grimaldo,* ein genuesischer Fürst (Jugendlicher Heldentenor, gr. P.) – *Alvise Badoero,* ein hoher Inquisitionsbeamter (Seriöser Baß, gr. P.) – *Laura,* seine Frau (Dramatischer Mezzosopran, gr. P.) – *Barnaba,* ein Spitzel (Heldenbariton, auch Charakterbariton, gr. P.) – *Zuane,* ein Gondoliere (Baß, auch Bariton, kl. P.) – *Isepo,* ein öffentlicher Schreiber (Tenor, kl. P.) – *Ein Bootsmann* (Baß, auch Bariton, kl. P.) – *Ein Sänger* (Baß, auch Bariton, kl. P.) – *Ein Steuermann* (Baß, auch Bariton, kl. P.) – *Ein Kirchendiener* (Bariton, auch Baß, kl. P.).

CHOR: Priester und Mönche. Schiffsleute. Edelleute. Masken. Matrosen und Schiffsjungen. Straßensänger. Volk (gemischter Chor, m. Chp.).

BALLETT: Furlana im I. Akt, »Tanz der Stunden« im III. Akt.

ORT: Venedig.

SCHAUPLÄTZE: Im Hof des Dogenpalastes – Auf einer Insel in der Lagune – In der Ca d'Oro – In einem verfallenen Palast auf der Insel Giudecca.

ZEIT: Im 18. Jahrhundert, während des Karnevals.

ORCHESTER: 3 Fl., 2 Ob., 2 Kl., 2 Fag. – 4 Hr., 4 Trp., 3 Pos., Tuba – P., Schl., Glsp., Org., Hrf. – Str. – Bühnenmusik.

GLIEDERUNG: Vorspiel, 21 Musiknummern.

SPIELDAUER: etwa 2¾ Stunden.

HANDLUNG: Venedig feiert den Karneval. Das Volk und die Masken drängen sich vor San Marco und vor dem Dogenpalast. Am Rande des Trubels steht – bekümmert – der Spion Barnaba. Er liebt die Straßensängerin Gioconda, doch sie hat ihn mehrfach abgewiesen. Er will nun sein Ziel mit List erreichen und sieht auch schon eine Gelegenheit: Gioconda nähert sich mit ihrer alten blinden Mutter dem Dome. Dort bittet sie sie, zu warten, weil sie nach ihrem geliebten Enzo sehen will. Das Volk, das einer Regatta zugeschaut hat, kommt zurück. Barnaba nähert sich dem unterlegenen Gondoliere Zuane und redet ihm ein, er habe verloren, weil die alte blinde Hexe die Gondel verzaubert habe. Die aufgebrachte Menge will die vermeintliche Hexe zum Scheiterhaufen schleppen, als Alvise Badoero, ein mächtiger Ratsherr und hoher Inquisitionsbeamter, auf dem Wege zur Messe in San Marco mit seiner jungen Frau Laura vorbeikommt und dem wilden Treiben Einhalt gebietet. Laura macht ihn aufmerksam auf den Rosenkranz in den Händen der alten Frau und auf ihre offensichtliche Unschuld und erreicht so deren Freilassung. Zum Dank dafür schenkt die Alte Laura ihren Rosenkranz. Inzwischen war auch Gioconda mit Enzo aufgetaucht, um der Mutter beizustehen. Barnaba sieht seinen Plan gescheitert, sich der Mutter zu bemächtigen, um damit die Tochter unter Druck zu setzen, aber er beobachtet befriedigt, daß Laura in Enzo – trotz seines Schiffergewandes – jenen genuesischen Fürsten Grimaldo wiedererkennt, den sie geliebt hatte, bevor man sie zur Ehe mit dem älteren Alvise Badoero zwang. Enzo war ihr nach Venedig gefolgt, jedoch von den Behörden ausgewiesen worden. Als alles zur Messe in die Kirche geht, bleibt Enzo zurück: Barnaba nähert sich ihm, deckt sein Inkognito auf und bietet ihm zugleich an, ein Rendezvous mit Laura zu vermitteln. Enzo ist außer sich vor Freude und wird auch nicht mißtrauisch, als ihm Barnaba gesteht, daß er als Spitzel der venezianischen Inquisition arbeite und ihm nur helfe, weil er sich an der Gioconda rächen will und sich erhofft, eine Untreue Enzos sei für die Sängerin ein größerer Schmerz als sein Tod oder seine Verbannung. Enzo geht, nachdem er mit Barnaba verabredet hat, er wolle Laura am Abend auf seinem in der Lagune liegenden Schiff treffen und dann mit ihr fliehen. Barnaba diktiert einen Denunziationsbrief und wirft ihn in die »bocca di leone«, das Löwenmaul im Hofe des Dogenpalastes. Die aus der Kirche zurückkehrende Gioconda hat alles mit angehört; sie ist verzweifelt über die Untreue des geliebten Enzo. – Enzo erwartet an Bord seines Schiffes die geliebte Laura. Die Mannschaft bereitet alles für eine schnelle Abfahrt vor. Barnaba kommt, in Verkleidung eines Fischers, und inspiziert unauffällig die Größe und Bewaffnung des Schiffes. Dann bringt er Laura zum verabredeten Stelldichein. Die Liebenden treffen sich zu einem leidenschaftlich-verzückten Wiedersehen. Dann verläßt Enzo die Geliebte, um die letzten Vorbereitungen zur Abreise zu treffen. Die von der Aufregung überwältigte Laura bittet die Jungfrau Maria um Kraft. Da erscheint plötzlich die rasende Gioconda; in einem leidenschaftlichen Duett wetteifern die beiden Rivalinnen um ihre Liebe zu Enzo. Gioconda will die Nebenbuhlerin erstechen, als sie in deren Händen den Rosenkranz der Mutter sieht. Zugleich nähert sich ein Boot mit Lauras Ehemann Alvise, den Barnaba verständigt hat. Gioconda sieht, daß Laura es war, die durch ihre Fürsprache ihre Mutter gerettet hat; aus der zornigen Rivalin wird sie zum Schutzengel und verhilft Laura zur Flucht. Als Enzo wieder an Deck erscheint, enthüllt ihm Gioconda den Verlauf der Sache. Sie rät ihm, ebenfalls zu fliehen; doch er will bleiben und der Gefahr ins Auge sehen. Als die Venezianer das Schiff angreifen, setzt er es selbst in Brand und springt ins Meer. – In seinem goldenen Palast, der Ca d'Oro, sinnt Alvise Badoero, der sich in seiner Ehre verletzt fühlt, auf Rache. Er hat für den Abend zu einem großen Fest geladen und will den versammelten Gästen Laura präsentieren – tot, denn sie soll sich vergiften. Er ruft seine Frau, klagt sie der Untreue an und befiehlt ihr, eine Phiole mit Gift auszutrinken, bevor das heitere Lied, das vom Canal Grande heraufdringt, verklungen sei. Dann verläßt er sie. Laura ist verzweifelt, sie will nicht sterben, sieht aber keinen Ausweg. Da erscheint Gioconda, die beschlossen hat, Laura um Enzos Willen zu retten. Sie vertauscht die Phiolen und reicht Laura einen Trank, der einen totenähnlichen Schlaf erzeugt. Alvise begrüßt seine Gäste zum Fest und präsentiert in einer prachtvollen Ballettaufführung den »Tanz der Stunden«. Auch Gioconda ist unter den Gästen. Da erscheint Barnaba mit der Mutter Giocondas, die er im Palast entdeckt hat, weil sie für die Seele eines Sterbenden beten wolle. In diesem Augenblick ertönt eine Totenglocke, und Barnaba enthüllt Enzo, der sich heimlich ebenfalls Zutritt zum Fest verschafft hat, die Glocke läute für Laura. Alvise berichtet seinen entsetzten Gästen von der Untreue und der Vergiftung Lauras und enthüllt ihren leblosen Körper auf einem Katafalk im Nebenzimmer. Enzo will sich auf ihn stürzen, wird aber von den Wachen überwältigt. – Gioconda ist in ihre Behausung in einem alten verfallenen Palazzo auf der Insel Giudecca zurückgekehrt. Freunde bringen ihr die aus dem Grab geborgene scheintote Laura, und durch Freunde hat sie auch Enzo hierher bestellt. Sie hat seine Freilassung aus dem Gefängnis erreicht, weil sie Barnaba versprach, sie wolle sich ihm hingeben. Vor der scheintot daliegenden Laura widerstreiten in ihr noch einmal die Gefühle von Haß und Liebe; sie will selbst sterben und erwägt, Laura ebenfalls zu töten, doch sie widersteht der Versuchung. Enzo gerät außer sich, als er erfährt, Gioconda habe die Leiche Lauras stehlen lassen; er dringt in sie, ihm zu sagen, wo sich Laura befinde, sonst wolle er sie töten. Doch da erwacht Laura, und Gioconda enthüllt, alle ihre Pläne hätten nur dazu gedient, dem Paar die Flucht aus Venedig zu ermöglichen. Ein Boot trifft ein, die Liebenden stammeln Dank und Lebewohl. Kurz nach ihrer Abfahrt erscheint Barnaba, um seinen Lohn abzuholen. Gioconda versucht, Zeit zu gewinnen, indem sie vorgibt, sie wolle sich für ihn schön machen, doch dann ersticht sie sich vor seinen Augen. Der sich betrogen fühlende Barnaba schreit ihr noch ins Ohr, er habe ihre Mutter in der Lagune ertränkt, doch dieser Schmerz erreicht sie nicht mehr.

STILISTISCHE STELLUNG: Ponchiellis einzige erfolgreiche Oper steht stilistisch zwischen der Verdi-Nachfolge und ersten veristischen Anklängen; sie ist zudem, mehr noch als die Werke Giuseppe Verdis, in ihren auf venezianische Lieder und Tänze zurückgehenden Chören eine ausgesprochene Volksoper mit großen, effektvollen Massenszenen und leidenschaftlich-dramatischen Soloauftritten.

TEXTDICHTUNG: Das Libretto fußt auf Victor Hugos ›Angelo, Tyrann von Padua‹; den gleichermaßen effektvoll-wirkungsvollen wie in seinen übertriebenen Gefühlen und düsteren Schauerfiguren fragwürdigen Text verfaßte Arrigo Boito, jedoch benutzte er (als Anagramm seines Namens) das Pseudonym Tobia Gorrio. Der Text bietet ausreichend Chancen für kontrastreiche Musik und ist auch – akzeptiert man seine gattungsbedingten Voraussetzungen – in sich schlüssig, doch die Häufung von Schauereffekten und der Zusammenprall allzu edler und allzu schurkischer Charaktere mag dort, wo es auf szenische Glaubwürdigkeit ankommt, der Verbreitung im Wege stehen – andererseits ließe sich Gleiches sicherlich auch von Puccinis ›Tosca‹ sagen.

GESCHICHTLICHES: Eine Reihe von lokalen Erfolgen und die auf einen Text von Antonio Ghislanzoni geschriebene Oper ›I Lituani‹ (nach

Adam Mickiewicz), die 1874 mit Erfolg an der Scala herauskam, ebneten dem damals schon achtunddreißigjährigen Komponisten den Weg zu seinem theatralischen Meisterwerk. Die Premiere am 8. April 1876 am Teatro alla Scala in Mailand war durchaus ein Erfolg, doch der Premierentermin am Ende der Spielzeit verhinderte eine höhere Zahl von Aufführungen. 1880 wurde sie – in einer überarbeiteten Fassung – erneut an der Scala vorgestellt, danach fand sie Eingang in die Spielpläne auch außerhalb Italiens: sie wurde 1882 in Santiago de Chile, 1883 in St. Petersburg, London, Barcelona, Budapest und New York und am 5. Mai 1884 in Wiesbaden zur deutschen Erstaufführung herausgebracht. Während das Werk außerhalb Italiens eher selten auf den Spielplänen erscheint, gehört es in Italien (zumal in der Arena von Verona) fest zum Repertoire. Die Ballettmusik vom »Tanz der Stunden« hat über die Oper hinaus große Popularität errungen.

W. K.

Sergej Prokofjew

* 23. April 1891 in Sonzowka (Gouvernement Jekaterinoslaw), † 5. März 1953 in Moskau

Der Spieler, op. 24 (1. Fassung 1917 St. Petersburg, 2. Fassung 1929 Brüssel), T: nach Fjodor M. Dostojewskij vom Komponisten, V: Russischer Musikverlag, Boosey

Die Liebe zu den drei Orangen, op. 33 (1921 Chicago), T: nach Carlo Gozzi vom Komponisten, V: Gutheil, Boosey

Der feurige Engel, op. 37 (konzertante Teilauff. 1928 Paris, szenisch 1955 Venedig), T: nach Walerij J. Brjussow vom Komponisten, V: Gutheil, Boosey

Semjon Kotko, op. 81 (1940 Moskau), T: Walentin P. Katajew u. der Komponist, V: Musyka

Die Verlobung im Kloster, op. 86 (1946 Leningrad), T: nach Richard Sheridans ›The Duenna‹ vom Komponisten u. Mira Mendelson, kO., V: Musyka, A&S

Krieg und Frieden, op. 91 (1. Fassung 1944 Moskau, 2. Fassung 1946 Leningrad), T: vom Komponisten u. M. Mendelson, V: Musyka; deutsche Fassung v. Ljubomir Romansky, V: AE

Die Geschichte eines wahren Menschen, op. 117 (1948 Leningrad), T: nach Boris N. Polewoj vom Komponisten u. M. Mendelson, V: Musyka

Die Liebe zu den drei Orangen

Oper in vier Akten (zehn Bildern) und einem Vorspiel. Dichtung nach Carlo Gozzi vom Komponisten.

SOLISTEN: *Der König Treff,* König eines imaginären Königreichs, kostümiert wie der Treffkönig im Kartenspiel (Seriöser Baß, auch Spielbaß, gr. P.) – *Der Prinz,* sein Sohn (Jugendlicher Heldentenor, gr. P.) – *Die Prinzessin Clarisse,* Nichte des Königs (Mezzosopran, auch Dramatischer Alt, m. P.) – *Leander,* Erster Minister, kostümiert wie der Piquekönig im Kartenspiel (Charakterbariton, auch Charakterbaß, m. P.) – *Truffaldino,* ein Spaßmacher (Spieltenor, auch Charaktertenor, gr. P.) – *Pantalon,* Höfling, Vertrauter des Königs (Kavalierbariton, auch Lyrischer Bariton, auch Charakterbariton, m. P.) – *Der Zauberer Tschelio,* Beschützer des Königs (Heldenbariton, auch Spielbaß, gr. P.) – *Fata Morgana,* Zauberin, Beschützerin Leanders (Dramatischer Sopran, gr. P.) – *Linetta* (Alt, kl. P.), *Nicoletta* (Mezzosopran, auch Sopran, kl. P.) und *Ninetta* (Lyrischer Sopran, m. P.), in Orangen verzauberte Prinzessinnen – *Die Köchin* (Charakterbaß [rauhe Stimme], kl. P.) – *Farfarello,* ein Teufel (Spielbaß, auch Charakterbaß, auch Baßbariton, kl. P.) – *Smeraldina,* eine Negerin (Soubrette, auch Mezzosopran, kl. P.) – *Der Zeremonienmeister* (Tenor, kl. P.) – *Der Herold* (Baß, kl. P.).

CHOR: Die Lächerlichen (5 Tenöre und 5 Bässe). Die Tragischen (Baß). Die Komischen (Tenor). Die Lyrischen (Sopran und Tenor). Die Hohlköpfe (Alt und Bariton). Die kleinen Teufel (Baß). Die Ärzte (Tenor und Baß). Die Hofgesellschaft (ganzer Chor; Männerchor, gr. Chp., Frauenchor, m. Chp.).

BALLETT: Die Mißgeburten. Die Fresser. Die Säufer. Die Wachen. Die Diener. Vier Soldaten (Stumme, z. T. tänzerische Rollen). – 2. Bild: Infernalischer Tanz der kleinen Teufel. 5. Bild: Pantomime der Mißgeburten, der Säufer und Fresser sowie der Hofgesellschaft.

SCHAUPLÄTZE: Vor dem Vorhang auf beiden Seiten des Proszeniums je ein Turm mit kleinen Balkonen und Balustraden – Saal im Königspalast – Vor einem kabbalistischen Vorhang – Wie 1. Bild – Zimmer des Prinzen – Der große Hof des Königspalastes – Wüste – Der Schloßhof der Zauberin Kreonta – Wie 6. Bild – Wie 2. Bild – Thronsaal im Palast des Königs.

ORCHESTER: 2 Fl., 1 Picc., 2 Ob., 1 Eh., 2 Kl., 1 Bkl., 2 Fag., 1 Kfag., 4 Hr., 3 Trp., 3 Pos., 1 Bt., 2 Hrf., P., Schl., Str. – Bühnenmusik: 1 Baßpos., 3 Trp., 2 Pos., kl. Tr., Becken, Triangel, Hrf.

GLIEDERUNG: Durchkomponierte symphonisch-dramatische Großform.

SPIELDAUER: etwa 3 Stunden.

HANDLUNG: Im Proszenium erscheint vor dem noch geschlossenen

Vorhang nacheinander je eine Gruppe von Anhängern der Tragödie (die Tragischen), der Komödie (die Komischen), des lyrischen Theaters (die Lyrischen) sowie des leichten Unterhaltungsstücks (die Hohlköpfe). Sie fordern nachdrücklich die Aufführung eines jeweils ihrem Geschmack zusagenden Stückes und geraten dabei in Streit. Da springen die Lächerlichen dazwischen. Sie treiben die Streitenden mit ihren großen Schaufeln zurück in die Kulissen. Mit Enthusiasmus verkündigen sie sodann, ein echtes Theater zeigen zu wollen: ›Die Liebe zu den drei Orangen‹. Daraufhin begeben sie sich in die zu beiden Seiten des Proszeniums postierten Türme, um von den dort angebrachten Balkonen aus das Spiel anzusehen. Auf ihren Ruf: »Vorhang auf!« erscheint zunächst ein Herold, der nach einem Fanfarenstoß auf seiner Baßposaune verkündet, daß König Treff verzweifelt sei über seinen einzigen Sohn, den Erbprinzen, der an einer unheilbaren Krankheit, der Hypochondrie, langsam zu Tode sieche. Gespannt rufen die Lächerlichen dazwischen: »Jetzt geht es los!« Der Vorhang hebt sich. Vor dem König sind die Ärzte versammelt. Sie zählen die lange Reihe der Leiden des Prinzen auf; die Diagnose lautet: unheilbare Hypochondrie. Der König ist gebrochen. Da erinnert ihn sein Vertrauter Pantalon daran, daß früher einmal die Ärzte sagten, es gäbe ein einziges Mittel gegen die Krankheit des Prinzen: Lachen. Der König ist pessimistisch. Aber Pantalon ruft kurzentschlossen den Spaßmacher Truffaldino herbei. Der König gibt diesem den Auftrag, Feste mit Maskeraden und lustigen Schwänken zu arrangieren, die den Prinzen zum Lachen bringen könnten. Leander, der Erste Minister, wird gerufen. Pantalon sieht es ungern, denn er weiß, daß Leander den Tod des Prinzen herbeiwünscht. Leander sucht sogleich, dem König sein Vorhaben auszureden, aber dieser bleibt bei seinem Entschluß. – Vor einem kabbalistischen Vorhang erscheinen unter Blitz und Donner der mächtige Magier Tschelio, der Beschützer des Königs, und die Zauberin Fata Morgana, welche die verräterischen Pläne des Ministers Leander unterstützt. Kleine Teufel bringen einen Tisch mit Spielkarten herbei und stellen die helleuchtenden Bilder des Treff- und Piquekönigs auf, das erstere hinter Tschelio, das letztere hinter Fata Morgana. Unter dem Geheule der Teufel machen Tschelio und Fata Morgana mehrere Spiele, bei denen der Magier stets verliert. Triumphierend verschwindet Fata Morgana, das leuchtende Bild des Piquekönigs im Arm, in die Erde, Tschelio folgt ihr mit dem inzwischen verdunkelten Bild des Treffkönigs nach. – Clarisse, die Nichte des Königs, verspricht Leander die Heirat, wenn der Prinz gestorben und sie des Thrones teilhaftig geworden sei. Sie ist unzufrieden mit Leander, weil er nicht schnell genug die Beseitigung des Prinzen herbeiführt. Leander hält es jedoch für richtig, langsam und vorsichtig, dafür aber mit um so sicherem Erfolg zu handeln: Er will dem Prinzen überaus tragische Prosa und martellianische Gedichte zur Nahrung geben, dann wird er eines Tages an hypochondrischem Alpdruck sterben. Begeistert stürzen die Tragischen mit dem Ausruf: »Tragödien! Tragödien!« aus den Kulissen, sie werden aber sogleich wieder von den Lächerlichen zurückgetrieben. Clarisse ist der Ansicht, man müsse zu anderen Mitteln greifen: Opium oder eine Kugel! Da eilt Truffaldino im Narrengewand vorüber, hinter ihm eine Schar Diener mit Requisiten für ein Maskenfest. Clarisse und Leander werden von einer dumpfen Ahnung befallen: Am Ende könnte der Prinz vielleicht doch zum Lachen gebracht werden. In diesem Augenblick fällt klirrend eine Vase vom Tisch. Leander rückt den Tisch mit einem Fußtritt beiseite, unter ihm wird die kleine Negerin Smeraldina sichtbar. Leander glaubt sich belauscht, er will daher das Mädchen sofort dem Henker übergeben. Aber Smeraldina überbringt eine wichtige Kunde: Auf der Seite des Prinzen steht der Spaßmacher Truffaldino und dieser wird von dem Magier Tschelio inspiriert. Erregt fordert Clarisse Leander auf, sofort zu handeln: dem Prinzen Opium oder eine Kugel und Smeraldina an den Galgen! Smeraldina weiß jedoch ein Mittel gegen das Lachen: die Zauberin Fata Morgana; diese sei für Leander, und wenn sie beim Maskenfest erscheine, werde der Prinz nicht lachen. Mit erhobenen Armen rufen Smeraldina, Clarisse und Leander Fata Morgana an, beim Fest zu erscheinen. – Truffaldino sucht mit einem grotesken Tanz den Prinzen zu erheitern; vergeblich. Der Prinz ächzt und stöhnt, hustet und spuckt. Truffaldino findet, daß die Spucke des Prinzen moderig nach alten Versen rieche. Zornig werfen die Lächerlichen ein, das komme von den martellianischen Gedichten des Schurken Leander. Truffaldino fordert nun den Prinzen auf, sich für ein fröhliches Fest anzukleiden. Mit dem Ruf: »Komödien! Kömödien!« stürzen die Komischen auf die Bühne, sie werden aber gleich wieder von den Lächerlichen zurückgetrieben. In der Ferne ertönt der Königsmarsch. Truffaldino wirft Spucknapf und Medizinfläschchen zum Fenster hinaus. Eilig legt er dem sich verzweifelt wehrenden Prinzen einen Mantel um und trägt ihn auf seinen Schultern weg. – Vor versammeltem Hof beginnt das Fest zunächst mit einem Tanz der Mißgeburten. Die Hofgesellschaft applaudiert, aber der Prinz lacht nicht; er klagt und will fort. Als Nummer zwei der Veranstaltung werden nunmehr zwei Springbrunnen geöffnet. Aus dem einen kommt Öl und aus dem anderen Wein. Auf Truffaldinos Wink stürzen mit Krügen und Eimern die Fresser und Säufer herein und balgen sich um die Beute. Aber der Prinz lacht wieder nicht. Da erscheint Fata Morgana. Truffaldino tritt ihr entgegen und kommt mit ihr in ein Handgemenge. Schließlich fällt sie auf den Rücken, wobei sie die Beine hoch in die Luft reckt. Über diesen Anblick fängt der Prinz plötzlich leise zu lachen an, er lacht immer stärker und lauter bis zur Erschöpfung. Der König und die Hofgesellschaft jubeln. Da erhebt sich Fata Morgana, gleichzeitig erscheinen von allen Seiten kleine Teufel, die sie heulend umringen. Mit schreckenerregender Gebärde stößt sie einen Fluch gegen den Prinzen aus: er sei auf der Stelle in drei Orangen verliebt und finde keine Ruhe, bis er sie in seinen Besitz gebracht habe. Nachdem Fata Morgana mit den Teufeln verschwunden ist, wird ihr Fluch sogleich wirksam. Eine unstillbare Sehnsucht nach den drei Orangen ergreift den Prinzen. Er verlangt nach seiner Rüstung und will sich sofort auf die Suche begeben. Umsonst flehen ihn der König, Pantalon und Truffaldino an, von dem gefährlichen Abenteuer zu lassen, denn die drei Orangen habe die böse Zauberin Kreonta in Verwahr. Ärgerlich erklärt der König, dies sei letzten Endes das Ergebnis jener dummen Schwänke. Mit dem Ruf: »Schwänke, Schwänke!« stürzen die Hohlköpfe aus den Kulissen, die Lächerlichen treiben sie zurück. Schließlich gibt der König dem Sohn seinen Segen. Daraufhin erscheint der Teufel Farfarello mit einem Blasebalg und bläst den Prinzen und Truffaldino pfeilschnell hinweg. – Der Magier Tschelio zwingt mit Zaubergesten Farfarello, vor ihm zu erscheinen. Tschelio beschwört ihn, den Prinzen und Truffaldino nicht zur Zauberin Kreonta zu blasen. Aber Farfarello erwidert spöttisch dem Magier, daß hier seine Zaubermacht versage, denn er habe im Kartenspiel mit Fata Morgana verloren. Als Farfarello verschwunden ist, kommen der Prinz und Truffaldino. Tschelio tritt ihnen in den Weg. Er warnt die beiden vor ihrem Vorhaben, denn die drei Orangen würden von einer fürchterlichen Köchin gehütet, die mit ihrem riesigen Suppenlöffel jeden Fremdling zu erschlagen pflege. Aber der Prinz läßt sich nicht abschrecken. Da übergibt Tschelio dem Truffaldino ein zauberisches Band, mit dem er vielleicht die Köchin besänftigen könnte. Außerdem gibt der Magier den beiden den Rat, sollten sie sich der Orangen bemächtigt haben, sie nur an einer Quelle zu öffnen. Farfarello erscheint wieder mit seinem Blasebalg und bläst den Prinzen und Truffaldino vor das Schloßtor der Zauberin Kreonta. – Bald darauf kommt die Köchin mit einem riesigen Löffel. Angsterfüllt verstecken sich der Prinz und Truffaldino. Aber die Köchin macht Truffaldino bald ausfindig. Sie droht, ihn in den Ofen zu stecken oder ihn mit ihrem Löffel zu erschlagen. Da bemerkt sie plötzlich das Zauberband. Während sich ihre ganze Aufmerksamkeit auf das Band konzentriert, schleicht sich der Prinz rasch in die Küche und entwischt mit den drei Orangen ebenso schnell durch das Tor. Mit zärtlichem Ausdruck bittet die Köchin Truffaldino, ihr das Band als Geschenk zu überlassen. Als er bemerkt, daß der Prinz sein Ziel erreicht hat, übergibt er das Band der Köchin und entfernt sich eilig. – Der Prinz und Truffaldino werden auf dem Heimweg nicht mehr von dem Rückenwind getragen. Sie ziehen die drei Orangen, die inzwischen zu Menschengröße angewachsen sind, hinter sich mit einem Seil her. In einer wüsten, dürren Gegend schläft der Prinz erschöpft ein. Truffaldino kommt vor Durst fast um. Nach längerem Zögern öffnet er mit seinem Schwert eine Orange. Zu seinem Erstaunen springt aus ihr ein junges Mädchen, das sich als Prinzessin Linetta zu erkennen gibt. Sie fleht Truffaldino an, ihr sofort zu trinken zu geben, sonst müsse sie verdursten. In seiner Verzweiflung öffnet Truffaldino eine weitere Orange; aus ihr hüpft Prinzessin Nicoletta, die ebenfalls um einen Trunk bittet. Aber Truffaldino kann nicht helfen, und so sterben die beiden Mädchen vor seinen Augen. Entsetzt ergreift er die Flucht. Der Prinz erwacht. Er bemerkt die beiden Toten. Zauberisch sind vier Soldaten zur Stelle, welche die Leichname auf Befehl des Prinzen entfernen. Nun ist er allein mit seiner Orange. Vorsichtig ritzt er mit seinem Schwert die Schale; da erscheint wiederum ein Mädchen: Prinzessin Ninetta. Leidenschaftlich erklärt ihr der Prinz sogleich seine Liebe. Sie gesteht, schon lange seiner zu harren. Aber auch sie droht zu verdursten, wenn sie nicht gleich einen Schluck Wasser erhalten könne. Da greifen die Lächerlichen in das Spiel ein. Sie übergeben dem Prinzen eine Kanne mit Wasser. Nun ist die Prinzessin gerettet. Beglückt liegt sich das Paar in den Armen. Jetzt sind auch die Lyrischen zufrieden. Auf Zuruf der Lächerlichen, das Liebesglück des Paares nicht zu stören, entfernen sie sich geräuschlos in die Kulissen. Der Prinz will die Geliebte nun rasch zum Schloß seines Vaters führen. Sie möchte aber nicht in diesen Kleidern vor den König treten. Daher bittet sie den Prinzen, ihr königliche Kleider zu verschaffen, sie werde unterdessen hier auf ihn warten. Kaum ist der Prinz fort, erscheint Fata Morgana mit Smeraldina. Die Zauberin verwandelt Ninetta in eine Ratte, an ihrer Stelle soll Smeraldina den Prinzen erwarten. In feierlichem Aufzug erscheint der König mit dem Prinzen und der Hofgesellschaft. Zu seinem Entsetzen entdeckt der Prinz den Betrug. Aber der König besteht darauf, daß sein Sohn das gegebene Wort halte und Ninetta, für die sich jetzt die Negerin ausgibt, zur Frau nehme. – Vor dem kabbalistischen Vorhang beschimpfen sich gegenseitig Tschelio und Fata Morgana. Letztere triumphiert, Tschelio ist machtlos. Da greifen nochmals die Lächerlichen in das Spiel ein. Sie locken Fata Morgana zu sich und werfen sie mit einem plötzlichen Stoß in den einen Turm und sperren sie dort ein. Jetzt kann Tschelio handeln. – Die Hofgesellschaft betritt den Thronsaal. Man öffnet die Vorhänge. Auf dem für die Prinzessin Ninetta bestimmten Sessel sitzt zum Entsetzen aller eine Ratte. Da erscheint Tschelio. Vergeblich sucht er die Ratte zu entzaubern. Der König ruft die Wachen herbei und befiehlt, auf die Ratte zu schießen. Der Schuß fällt, und anstelle der Ratte erscheint die wirkliche Prinzessin Ninetta. Der Prinz stürzt ihr, seiner geliebten Orange, in die Arme. Nun wendet sich der König gegen Smeraldina, die er als Hehlerin Leanders bezeichnet. Vergeblich suchen sich Leander und Clarisse zu verteidigen. Der König befiehlt, alle drei zu hängen. Die Hofgesellschaft bittet für sie um Gnade, aber der König bleibt hart. Da suchen die Verurteilten zu entkommen. Die ganze Hofgesellschaft verfolgt sie. Plötzlich erscheint aus dem Turm Fata Morgana. Vor ihr öffnet sich die Erde und sie verschwindet mit Smeraldina, Clarisse und Leander in die Tiefe. Die Lächerlichen beendigen das Spiel mit einem Hoch auf den König, das dieser mit einem Hoch auf den Prinzen und die Prinzessin beantwortet. Begeistert stimmen alle Anwesenden ein.

STILISTISCHE STELLUNG: Prokofjew schrieb zunächst einen von impressionistischen Zügen untermischten farbigen Stil, bei dem neben dem tonmalerischen Element vor allem Witz und Ironie eine hervorstechende Rolle spielten. Dieser Schaffensperiode gehört die Oper ›Die Liebe zu den drei Orangen‹ an. Die phantastische irrationale Welt des Gozzischen Märchens mit seiner teils feinen, teils bizarr-grotesken Komik wußte Prokofjew mit unerschöpflichem Erfindungsreichtum und imponierendem technischen Können ins Klangliche umzusetzen. Dabei werden die musikalischen Farbenwirkungen hauptsächlich durch eine differenzierte Instrumentation erzielt, welche die klangliche Mischung der orchestralen Mittel virtuos handhabt. Ein vom Orchester subtil untermalter dramatischer Deklamationsstil herrscht vor, wobei die einzelnen Szenen nicht nur musikalisch auf eine gewisse Grundfarbe abgestimmt sind, sondern auch in formaler Hinsicht jeweils eine der dichterischen Vorlage entsprechende geschlossene Struktur aufweisen. Einige Themen (z. B. das Thema der drei Orangen oder der Königsmarsch) werden in leitmotivischem Sinn behandelt.

TEXTDICHTUNG: Graf Carlo Gozzi (1720–1806), der Antipode des italienischen Lustspieldichters Carlo Goldoni, gestaltete seine Farcen und Maskenspiele aus der orientalischen Märchenwelt sowie aus den burlesken Elementen der alten venezianischen Volkskomödie, der Commedia dell'arte. Neben ›Turandot‹ war wohl sein erfolgreichstes Stück das Märchenspiel ›Die Liebe zu den drei Pomeranzen‹, das er im Jahre 1761 für die Truppe des berühmten Harlekin Antonio Sacchi schrieb. Nach dieser Vorlage verfaßte Prokofjew sein Opernbuch, wobei er einige unwesentliche Veränderungen vornahm und auch eigene Ideen beisteuerte. Die deutsche Übersetzung des Textbuchs stammt von F. H. Schneider.

GESCHICHTLICHES: Im Jahre 1918 hatte sich Prokofjew nach den Vereinigten Staaten begeben, wo ihm im darauffolgenden Jahr von der Chicago Opera Company der Opernauftrag erteilt wurde. Die Uraufführung der ›Liebe zu den drei Orangen‹ erfolgte am 30. Dezember 1921 in Chicago.

Giacomo Puccini

* 22. Dezember 1858 in Lucca, † 29. November 1924 in Brüssel

Le Villi (2aktige Fassung 1884 Turin), T: Ferdinando Fontana, Tanzoper, V: Ricordi

Edgar (1889 Mailand), T: nach Alfred de Musset v. F. Fontana, V: Ricordi

Manon Lescaut (1893 Turin), T: nach Abbé Prévost v. Luigi Illica, Domenico Oliva, Marco Praga, Ruggero Leoncavallo, Giuseppe Giacosa, Puccini u. Giulio Ricordi, V: Ricordi

La Bohème (1896 Turin), T: nach Henri Murger v. G. Giacosa u. L. Illica, V: Ricordi

Tosca (1900 Rom), T: nach Victorien Sardou v. L. Illica u. G. Giacosa, V: Ricordi

Madame Butterfly (1904 Mailand), T: nach John Luther Long u. David Belasco v. L. Illica u. G. Giacosa, V: Ricordi

La fanciulla del West (Das Mädchen aus dem goldenen Westen; 1910 New York), T: nach D. Belasco v. Guelfo Civinini u. Carlo Zangarini, V: Ricordi

La rondine (Die Schwalbe; 1917 Monte Carlo), T: Giuseppe Adami, Alfred Maria Willner u. Heinz Reichert, V: Sonzogno, U. E.

Il tabarro (Der Mantel; 1918 New York), T: nach Didier Gold v. G. Adami, E., V: Ricordi

Suor Angelica (1918 New York), T: Giovacchino Forzano, E., V: Ricordi

Gianni Schicchi (1918 New York), T: G. Forzano, kO., E., V: Ricordi

Turandot (1926 Mailand), T: nach Carlo Gozzi v. G. Adami u. Renato Simoni, V: Ricordi; unvollendet, ergänzt v. Franco Alfano

Manon Lescaut

Lyrisches Drama in vier Akten.

Solisten: *Manon Lescaut* (Dramatischer Koloratursopran, auch Jugendlich-dramatischer Sopran, gr. P.) – *Lescaut,* ihr Bruder, Sergeant der Königlichen Garde (Kavalierbariton, auch Charakterbariton, gr. P.) – *Chevalier Renato Des Grieux,* Student (Jugendlicher Heldentenor, gr. P.) – *Geronte de Ravoir,* Königlicher Steuerpächter (Seriöser Baß, auch Charakterbaß, m. P.) – *Edmond,* Student (Lyrischer Tenor, auch Spieltenor, m. P.) – *Der Wirt* (Baß, kl. P.) – *Ein Musiker* (Lyrischer Sopran, auch Mezzosopran, kl. P.) – *Ein Ballettmeister* (Tenor, kl. P.) – *Ein Lampenanzünder* (Tenor, kl. P.) – *Ein Sergeant* der Bogenschützen (Bariton, auch Baß, kl. P.) – *Ein See-Kapitän* (Baß, kl. P.) – *Ein Perückenmacher* (Stumme Rolle).

Chor: Mädchen. Bürger. Männer und Frauen aus dem Volk. Studenten. Musiker. Alte Herren. Abbés. Hofleute, Schützen. Seeleute (I. Akt: Frauenchor geteilt in Mädchen und in Studenten; Tenöre geteilt in Studenten und in Bürger; m. Chp.).

ORT: I. Akt in Amiens; II. Akt in Paris; III. Akt in Le Havre; IV. Akt in Amerika.
SCHAUPLÄTZE: Ein weiter Platz bei der Pariser Post zu Amiens, rechts eine Allee, links Wirtshaus mit Vorhalle, äußere in den ersten Stock führende Treppe – Eleganter Salon, im Hintergrund große Türen, rechts durch Vorhänge verhüllter Eingang zu einem Alkoven, links Fenster und luxuriöser Toilettentisch – Platz am Hafen, im Hintergrund Ausblick auf das Meer und die Schiffe, links die Ecke einer Kaserne, im Parterre ein mit dicken Eisenstäben vergittertes Fenster, Tor geschlossen, im Hafen die Hälfte eines Kriegsschiffes sichtbar, rechts ein Haus und ein Stück Trottoir, in der Ecke Leuchtturm – Unermeßliche Ebene an der fernsten Grenze von New Orleans, Boden gewellt und öde.
ZEIT: Zweite Hälfte des 18. Jahrhunderts.
ORCHESTER: 2 Fl., 1 Picc. (auch III. Fl.), 2 Ob., 1 Eh., 2 Kl., 1 Bkl., 2 Fag., 4 Hr., 3 Trp., 3 Pos., 1 Bt., P., Schl., Hrf., Str. – Bühnenmusik: 1 Cornett in A, Schellen.
GLIEDERUNG: Durchkomponierte musikdramatische Großform.
SPIELDAUER: etwa 2½ Stunden.
HANDLUNG: Auf dem Platz bei der Pariser Post zu Amiens herrscht lebhaftes Treiben. Die Studenten necken ihren Kommilitonen Des Grieux wegen seines unbeholfenen Benehmens den jungen Mädchen gegenüber. Da kommt die Post an. Aus dem Wagen steigen neben anderen Passagieren der Sergeant Lescaut sowie der reiche Steuerpächter Geronte de Ravoir, der galant der auffallend schönen Manon, Lescauts achtzehnjähriger Schwester, beim Aussteigen behilflich ist. Während die beiden Männer dem Wirt auf die Zimmer folgen, nähert sich Des Grieux, der von dem Anblick des Mädchens bezaubert ist, Manon. Er fragt sie nach ihrem Namen und erfährt, daß sie nach dem Willen ihres Vaters morgen im Kloster den Schleier nehme. Des Grieux bedrängt sie, ihn nachts hier heimlich zu erwarten; er wolle ihrem Geschick eine andere Wendung geben. Nach anfänglichem Zögern sagt Manon zu und geht zu ihrem Bruder ins Haus. Lescaut und Geronte kommen zurück; während ersterer mit den Studenten spielt und zecht, ruft Geronte heimlich den Wirt herbei. Er bestellt einen Wagen, der bei Einbruch der Dunkelheit eine Dame und einen Herrn nach Paris bringen soll. Des Grieuxs Freund Edmond hat die Unterredung belauscht. Er verständigt Des Grieux und schlägt ihm vor, anstelle des alten Geronte selbst das Mädchen in dem Wagen zu entführen. Manon erscheint, wie verabredet; sie wehrt sich erst gegen eine Flucht, besteigt aber dann mit Des Grieux den Wagen, als sie erfährt, daß Geronte sie zu entführen beabsichtige. Der betrunkene Lescaut und der geprellte Geronte werden nach der Abfahrt des Wagens von den Studenten weidlich verlacht. – In dem eleganten Salon in Gerontes Haus ist Manon eifrig mit ihrer Toilette beschäftigt. Sie hatte nach

einer Zeit überschwenglichen Liebesglücks, der Nöte und Sorgen überdrüssig, Des Grieux verlassen und war, dem Rat ihres Bruders folgend, der dabei die Hand im Spiel hatte, die Geliebte des alten Roués Geronte geworden. Aber sie sehnt sich in der kalten Pracht jetzt wieder nach Des Grieuxs heißen Küssen. Von Lescaut erfährt sie, daß Des Grieux sie immer noch liebe. Ihr zuliebe ist er, um sich rasch ein Vermögen zu gewinnen, zum Spieler geworden. Als Geronte mit einigen Gästen den Saal betritt, entfernt sich Lescaut heimlich. Manon fasziniert durch ihre Schönheit und Grazie gelegentlich einer Tanzlektion die Gäste, die anschließend zu einer Spazierfahrt aufbrechen. Geronte bittet Manon, bald zu folgen. Kaum ist sie allein, erscheint zu ihrer Überraschung Des Grieux, dem Lescaut inzwischen Manons Aufenthalt verraten hatte. Sie weiß schnell den Zorn des verlassenen Geliebten zu besänftigen, und bald liegt er ihr verzeihend in den Armen. In dieser Situation werden die beiden von Geronte überrascht. Mit boshaftem Zynismus hält Manon dem Verblüfften den Spiegel vor und stellt die Frage, wer von den beiden Rivalen ihr Herz wohl mehr entflammen müsse. Geronte entfernt sich daraufhin und bemerkt in drohendem Ton, daß sie ihn bald wiedersehen würde. Des Grieux, dem unheimlich zumute ist, mahnt Manon zur raschen Flucht. Aber sie will eilig noch verschiedene Schmuckgegenstände an sich nehmen. Indessen kommt atemlos Lescaut hereingestürzt; er berichtet, daß sich eine Wache dem Haus nähere. Schon ist es zu spät; triumphierend erscheint Geronte mit Soldaten, die Manon festnehmen. Lescaut hält mit Mühe Des Grieux zurück, der mit seinem Degen der Geliebten beistehen will; denn er muß in Freiheit bleiben, um Manon retten zu können. – Des Grieuxs zahlreiche Bemühungen, Manons Entlassung aus der Haft zu erlangen, waren ohne Erfolg geblieben. Sie ist des Landes verwiesen worden. In der Nacht vor ihrer Deportierung nach Amerika macht Des Grieux zusammen mit Lescaut, der einen Wachtposten bestochen hat, in Le Havre einen letzten Versuch, die Geliebte aus dem Gefängnis zu befreien. Das Unternehmen schlägt jedoch fehl, und Manon wird mit anderen Mädchen zum Schiff gebracht. Als ein Sergeant Manon brutal aus Des Grieuxs Armen reißt, droht dieser mit dem Mut der Verzeiflung, sich das Mädchen von niemandem entreißen zu lassen. Der Kommandant des Schiffes tritt dazwischen. Er hat Mitleid mit dem nun völlig gebrochenen Des Grieux, der ihn schluchzend anfleht, ihm die Mitfahrt gegen jede Art von Diensten zu gestatten; der Kommandant willigt schließlich ein. – Auch in Amerika hatte sich Manon in ihrem Luxusbedürfnis wieder von Des Grieux abgewandt. Da dieser dabei in eine blutige Affaire verwickelt worden war, mußte er mit Manon Rettung in der Flucht suchen. An der äußersten Grenze von New Orleans bricht Manon in der weiten öden Ebene völlig erschöpft zusammen. Von Fieber gepeinigt, fleht sie den Geliebten an, ihr Wasser zu verschaffen. Umsonst sucht der Verzweifelte in der trostlosen verdorrten Prärie nach einer Quelle oder einer Behausung. Manons Lebenskraft ist gebrochen. Mit verlöschender Stimme haucht sie, daß durch ihren Tod ihre Schuld wohl beglichen sei, ihre Liebe aber nicht stürbe. Schluchzend stürzt Des Grieux über die tote Geliebte.

Stilistische Stellung: Puccini hatte in seinen beiden ersten Opern noch Stoffe mit romantischer Färbung verarbeitet. Inzwischen war Mascagnis ›Cavalleria rusticana‹ erschienen, mit welcher der Naturalismus seinen Einzug in die Oper hielt. In seiner ›Manon Lescaut‹ wandte sich Puccini bereits merklich der neuen Stilrichtung zu, die er – insbesondere dann bei den folgenden Werken – durch Einbeziehung von Stilelementen der französischen Opéra lyrique eines Thomas und Massenet weiter ausbaute. Die Titelheldin in Puccinis ›Manon Lescaut‹ hat zwar infolge der mehr realistischen Auffassung viel von dem eigenartigen Zauber der Originalfigur eingebüßt, doch verstand es der Komponist durch seine von üppiger Erfindung strotzende und von südlicher Glut und leidenschaftlichem Temperament erfüllte Musik diesem Werk einen nicht minder einheitlichen Charakter zu verleihen, als es bei Massenets gleichnamiger Oper der Fall ist. Auch bei Puccini fehlen historisierende Farben nicht (das aus einem Jugendwerk, dem Agnus Dei der 1880 geschaffenen As-Dur-Messe, übernommene Madrigal; das duftige Menuett im II. Akt). Bei Vorherrschaft des Belkanto tritt die musikalische Charakterisierung etwas in den Hintergrund, obwohl manche Themen und ihre Verarbeitung ausgesprochen auf die dramatische Situation zugeschnitten sind. Puccini offenbart sich in ›Manon Lescaut‹ auch bereits als feiner Stimmungsmaler; in dieser Hinsicht ist bemerkenswert das Vorspiel zum III. Akt, dem der Komponist eine programmatische Erläuterung durch ein Zitat aus Prévosts Erzählung beigefügt hat. In der Harmonik ist Puccini bei dieser Oper noch ziemlich traditionsgebunden, der Einfluß Verdis, aber auch Richard Wagners, dessen ›Tristan‹ und ›Parsifal‹ er besonders liebte, ist unverkennbar. Die Instrumentation ist leuchtend und füllig; der feine Klangsinn des Komponisten ist bereits spürbar, wenngleich noch das Raffinement subtiler Mischungen wie bei den späteren Werken fehlt. Ein symmetrischer Aufbau bei den musikalischen Szenen, aus denen sich die geschlossenen Formen unschwer herauslösen lassen, ist durchwegs gewahrt. Sehr geschickt werden in den Massenszenen Stellen, bei denen es nicht so sehr auf die Wortverständlichkeit ankommt, zu großen Ensemblewirkungen ausgenützt.

Textdichtung: Als Stoffquelle diente die gleichnamige meisterhafte Erzählung des französischen Schriftstellers Abbé Antoine-François Prévost d'Exiles (1697–1763), die ursprünglich in dem Roman ›Mémoires d'un homme de qualité‹ (1728) erschienen und die bereits im Jahre 1884 von Jules Massenet als Vorlage zu einer Oper benützt worden war. Um der Gefahr eines Plagiats oder zum mindesten dem

Vorwurf der Abhängigkeit zu entgehen, war Puccini bemüht, den Stoff in einem von Massenets Oper möglichst abweichenden Szenarium zu dramatisieren. Allerdings mußte dadurch auf wichtige Episoden verzichtet werden, die zur Charakterisierung der beiden Hauptfiguren wesentlich sind. Andererseits war aber wohl auch eine veränderte Zeichnung der Charaktere beabsichtigt. Manon (Kosename für Marie), jenes seltsame Wesen, in dem sprunghaft durcheinander leidenschaftliche Liebe mit Leichtfertigkeit, Koketterie und Untreue gemischt ist, erscheint in Puccinis Oper ebenso wie ihr Partner Des Grieux realistischer gezeichnet; es sind Typen, denen man auch im Alltag begegnet. Die Partitur trägt keinerlei Angaben über den Textdichter. Entscheidenden Einfluß auf die Gestaltung des Textbuchs hatte wohl der Komponist selbst; außerdem waren noch einige Librettisten an der Ausarbeitung der Textdichtung beteiligt: Marco Praga entwarf das Szenarium, von Domenico Oliva stammt die Mehrzahl der Verse, Giulio Ricordi dichtete einen Teil des III. Aktes und Luigi Illica den Schluß. Es ist merkwürdig, daß Puccini, der nicht nur über einen zuverlässigen Theaterinstinkt, sondern auch über dichterische Fähigkeiten verfügte, sich zeitlebens mit Librettisten herumquälte, anstatt sich seine Opernbücher selbst zu schreiben. Die deutsche Übersetzung des ›Manon Lescaut‹-Textes stammt von Ludwig Hartmann, eine neue Übertragung besorgten Joachim Popelka und Georg C. Winkler.

Geschichtliches: Bei seinem sensiblen literarischen Gefühl erkannte Puccini nach der Aufführung seines ›Edgar‹ (1889) die Zwecklosigkeit einer weiteren Zusammenarbeit mit dem Verseschmied Ferdinando Fontana, dem Librettisten seiner beiden ersten Opern. Unentwegt auf der Suche nach einem geeigneten Stoff und noch mehr nach einem guten Textdichter – Puccini bemühte sich zu dieser Zeit vor allem, den ›Aida‹-Librettisten Antonio Ghislanzoni zu gewinnen, der jedoch ablehnte –, begeisterte sich der Komponist schließlich für Prévosts ›Manon Lescaut‹ so sehr, daß er sich zur Bearbeitung dieses Sujets entschloß, obwohl er eigentlich vorhatte, eine komische Oper zu schreiben. Das Werk entstand aktweise in Lucca, Mailand und Torre del Lago; die Vertonung wurde in dem Schweizer Gebirgsort Vacallo über Chiasso im Sommer 1892 abgeschlossen. Am 1. Februar 1893 ging ›Manon Lescaut‹ am Teatro Regio in Turin unter Leitung von Arturo Toscanini zum erstenmal in Szene. Das Werk wurde mit riesigem Beifall aufgenommen und auch von der Fachkritik rückhaltlos anerkannt. Puccini hatte sich durch diesen Erfolg endgültig als Opernkomponist durchgesetzt.

La Bohème

Szenen aus Henri Murgers ›Vie de Bohème‹ in vier Bildern. Dichtung von Giuseppe Giacosa und Luigi Illica.

SOLISTEN: *Rudolf,* Poet (Jugendlicher Heldentenor, auch Lyrischer Tenor, gr. P.) – *Schaunard,* Musiker (Charakterbariton, auch Lyrischer Bariton, m. P.) – *Marcel,* Maler (Kavalierbariton, gr. P.) – *Collin,* Philosoph (Seriöser Baß, auch Schwerer Spielbaß, m. P.) – *Bernard,* der Hausherr (Baß, kl. P.) – *Mimi* (Jugendlich-dramatischer Sopran, auch Lyrischer Sopran, gr. P.) – *Musette* (Lyrischer Koloratursopran, auch Koloratursoubrette, m. P.) – *Parpignol* (Spieltenor, auch Charaktertenor, kl. P.) – *Alcindor* (Charakterbaß, auch Baßbariton, auch Charaktertenor, kl. P.) – *Sergeant* bei der Zollwache (Baß, kl. P.).
CHOR: Studenten. Näherinnen. Hutmacherinnen. Bürger. Verkäufer in Läden und Hausierer. Soldaten. Kellner. Buben und Mädchen usw. (II. Akt: Ganzer Chor geteilt in Verkäuferinnen und Verkäufer, Bürgerinnen und Bürger; ein Teil des Männerchors: Kaffeegäste und Studenten; Kinderchor; m. Chp.).
ORT: Paris.
SCHAUPLÄTZE: In der Mansarde; durch ein großes Dachfenster übersieht man eine Menge von Giebeln, Dächern, Kaminen, alles im Schnee, hinten und seitlich eine Tür – Im Quartier Latin; Kreuzungspunkt mehrerer belebter Straßen, die hier einen kleinen Platz bilden, Kaufläden aller Art, Wirtschaften, an der einen Seite das »Café Momus« – Die Barrière d'Enfer; jenseits der Zollschranke der äußere Boulevard, ganz hinten die Chaussée d'Orléans, vor der Zollbarriere links ein kleines Wirtshaus, davor ein kleiner Platz, rechts der Boulevard d'Enfer, links der Boulevard St. Jacques; an der Kneipe Wirtsschild »Der Zug durchs Rote Meer« mit dem Titel »Zum Hafen von Marseille«, auf die Türflügel sind ein »Turco« und ein »Zuave« al fresco hingemalt, beide mit großen Lorbeerkränzen um den Fes. Die Mauer der Kneipe hat ein Fenster im Parterre – 4. Bild wie 1. Bild.
ZEIT: Um 1830.
ORCHESTER: 2 Fl., 1 Picc. (auch III. Fl.), 2 Ob., 1 Eh., 2 Kl., 1 Bkl., 2 Fag., 4 Hr., 3 Trp., 3 Pos., 1 Bt., P., Schl., 2 Hrf., Str. – Bühnenmusik: 2–6 Picc., 2–6 Trp., kl. Tr.
GLIEDERUNG: Durchkomponierte dramatische Großform.
SPIELDAUER: etwa 2½ Stunden.
HANDLUNG: In der Mansarde, hoch über den Dächern von Paris, in der Rudolf, der »große Dichter«, Marcel, der »große Maler«, Schaunard, der »große Musiker« und Collin, der »große Philosoph« hausen, herrscht wieder einmal – und ausgerechnet heute, am Heiligen Weihnachtsabend – große Geldnot. Marcels Finger sind vor Kälte so steif geworden, daß sie nicht mehr den Pinsel zu halten vermögen. Schon

will er eine Kostbarkeit des Mobiliars, einen der vier Stühle, dem streikenden Ofen zum Opfer bringen, da hat Rudolf den glorreichen Einfall, mit Ideen zu heizen: er stellt das Manuskript seines dreiaktigen Dramas zur Verfügung, dessen Liebesszenen den Frierenden für einige Minuten Wärme spenden. Inzwischen ist Collin mit einem Pack Bücher zurückgekehrt, bitter enttäuscht, daß das Leihhaus bereits geschlossen war. Da treten plötzlich zwei Burschen ein, die Speisen, Wein, Zigarren und Brennholz herbeischleppen; ihnen auf dem Fuß folgt Schaunard, der den Freunden Geld vor die Füße wirft und ihnen triumphierend berichtet, woher der plötzliche Reichtum kommt: ein vornehmer Engländer verlangte von ihm, er solle einen Papagei zu Tode spielen; er musizierte drei Tage lang, dann gelang es ihm mit Hilfe der Dienerin, das Tier zu vergiften, wofür ihn der Lord fürstlich bezahlte. Auf Schaunards Vorschlag wollen die Freunde den Weihnachtsabend in ihrem Stammcafé Momus im Quartier Latin feiern. Als sie eben aufbrechen, klopft es an der Tür. Es ist Bernard, der Hausherr, der die Miete verlangt. Marcel zeigt ihm erst das auf dem Tisch liegende Geld, dann aber flößen ihm die vier reichlich Wein ein und schmeicheln dem eitlen Alten mit angedichteten Liebesabenteuern; er fällt ihnen prompt herein. In theatralischer Entrüstung jagen sie ihn daraufhin zur Tür hinaus mit der Begründung, daß sie einen solchen Wüstling in ihrem Hause nicht duldeten. Rudolf will noch seinen Artikel für die Zeitung beenden, die anderen gehen einstweilen voraus, sie wollen ihn unten beim Portier erwarten. Kaum ist er allein, klopft es wieder. Vor der Tür steht ein zierliches Mädchen, das Rudolf um Licht für die erloschene Kerze bittet. Ein plötzlicher Hustenanfall zwingt die Schöne, etwas zu verweilen. Rudolf reicht ihr zur Stärkung ein Glas Wein und zündet dann ihre Kerze an. Doch kaum ist sie weggegangen, kommt sie wieder zurück; sie hat ihren Wohnungsschlüssel vergessen. Da verlöschen im Zugwind beider Lichter; im Finstern suchen sie nun auf dem Boden nach dem Schlüssel, bis Rudolf plötzlich die Hand des Mädchens ergreift. Er stellt sich jetzt der Unbekannten vor und auf sein Befragen erfährt er von ihr, daß sie, die eigentlich Lucia heiße, Mimi genannt werde und Stickerin sei. Die Freunde rufen ungeduldig vom Hof herauf. Rudolf veranlaßt sie, zu Momus vorauszugehen, und bald darauf geht ihnen das Paar, das sich schnell in Liebe gefunden hat, Arm in Arm nach. – Auf dem Weihnachtsmarkt im Quartier Latin machen die Freunde, die sich wieder einmal als Krösusse fühlen, Einkäufe: Schaunard besorgt sich ein Horn, Collin Bücher und einen alten Mantel, während Rudolf ein rosa Häubchen für Mimi ersteht. Nur Marcel ist unbefriedigt. Er sucht unter den hübschen Verkäuferinnen etwas für sein verwaistes Herz. Im Café Momus treffen sich die vier unzertrennlichen Musketiere, wie sie dort genannt werden. Rudolf stellt Mimi der Tafelrunde vor, in die sie von den Freunden mit komischem Pathos aufgenommen wird. Um das sich daran anknüpfende Gespräch über die Liebe, auf das Marcel sauer reagiert, zu beenden, bringen Schaunard und Collin einen Toast auf den Sorgenbrecher Wein aus. In diesem Augenblick erscheint ein reizendes, reich aufgeputztes Mädchen mit einem alten, vornehm gekleideten Herrn. Es ist Musette, Marcels ehemalige Geliebte, die in ihrem Luxusbedürfnis den Freund verlassen hatte, jetzt aber, des alten Roués Alcindor überdrüssig, sich wieder nach ihm zurücksehnt. Marcel reizt durch sein erheucheltes gleichgültiges Benehmen Musette, die in immer aufdringlicherer Weise seine Aufmerksamkeit auf sich zu lenken sucht. Als sie ihres Erfolges sicher ist, entledigt sie sich listig des Alten, dem Musettes skandalöses Betragen äußerst peinlich ist, indem sie Schmerzen am Fuß vorgibt und Alcindor zur Besorgung neuer Schuhe wegschickt. Stürmisch fliegt sie Marcel in die Arme. Die Wachparade zieht vorüber; die Freunde schließen sich dem Zug an, Marcel und Collin tragen unter dem Beifall der belustigten Menge triumphierend Musette auf ihren Schultern, und als Alcindor mit seinem Schuhpaket zurückkommt, überreicht ihm der Kellner die von den Freunden zurückgelassene unbezahlte Rechnung. – Marcel hat mit Musette in einem kleinen Wirtshaus nächst der Barrière d'Enfer Logis genommen. An einem düsteren Februarmorgen erscheint Mimi an der Zollschranke und verlangt nach Marcel. Verzweifelt sucht sie bei ihm Rat. Sie weiß, daß Rudolf sie liebt, aber er macht sich und ihr durch seine Eifersucht das Leben schwer. Marcel meint, in diesem Fall sei es das beste auseinanderzugehen. Mimi verbirgt sich, als Rudolf aus der Kneipe tritt. Er war am frühen Morgen hierher gekommen, um sich ebenfalls mit Marcel zu beraten. Er gesteht, daß ihn wohl die Eifersucht, vor allem aber die große Sorge um Mimis Gesundheit, die sich in seinem kalten Nordzimmer von Tag zu Tag verschlechtere, veranlasse, sich von ihr zu trennen. Mimi tritt hinzu. Während die beiden in wehmütigem Gedenken an die gemeinsam verlebten schönen Stunden voneinander scheiden, macht Marcel Musette eine Eifersuchtsszene, die auch bei diesem Paar zu einer Trennung führt. – Rudolf und Marcel sind in ihrer Dachstube bei der Arbeit. Rudolf berichtet dem Freund, daß er Musette in einem Wagen mit zwei Pferden und livrierten Dienern begegnet sei, während Marcel erzählt, in einem ebenso üppigen Aufzug Mimi gesehen zu haben. Ohne sich gegenseitig ihre Verstimmung einzugestehen, küßt Marcel heimlich ein von ihm zärtlich aufbewahrtes Seidenband Musettes und Rudolf das ihm von Mimi zurückgelassene rosa Häubchen. Schaunard und Collin kommen heim mit vier Broten und einem geräucherten Hering. Die Freunde setzen sich zu Tisch und fingieren ein lukullisches Mahl, bei dem sie sich gegenseitig servieren. Dann folgt ein Tänzchen, das in einen lustigen Streit ausartet: Schaunard und Collin duellieren sich mit Schaufel und Feuerzange, Rudolf und Marcel tanzen dazu immer ausgelassener. Da tritt plötzlich atemlos Musette zur Tür herein. Sie erzählt, daß die sterbenskranke Mimi ihr auf dem Fuß folge. Rudolf stürzt ihr entgegen und bettet sie auf den Schlafdivan. Musette übergibt Marcel ihre Ohrringe, er solle dafür Medizin und einen Doktor besorgen; sie entfernt sich dann mit ihm, um Mimi den von ihr so heiß gewünschten Muff zu kaufen. Collin nimmt zärtlich von seinem Mantel Abschied, für den er im Leihhaus etwas Geld beschaffen will, und Schaunards gutes Werk besteht darin, daß er das Paar allein läßt. Mimi versichert Rudolf ihrer unermeßlichen Liebe, und als er aus seiner Weste das rosa Häubchen hervorholt, gedenkt sie ihres ersten Zusammentreffens. Ein neuer Erstickungsanfall hindert sie weiterzusprechen. Die Freunde kehren der Reihe nach zurück. Musette überreicht Mimi den Muff, über den sie sich kindlich freut; sie bedankt sich bei Rudolf, den sie für den Spender hält, und schläft hierauf ein. Während Musette betet und Rudolf das Fenster verhängt, nähert sich Schaunard dem Bett. Er bemerkt, daß Mimi tot ist. Aus den ratlosen Mienen und dem Flüstern der Freunde errät Rudolf die Katastrophe. Schreiend und weinend stürzt er über die tote Geliebte.

Stilistische Stellung: ›La Bohème‹ ist zweifellos das bedeutendste Werk nicht nur Puccinis, sondern der italienischen Oper überhaupt seit Verdi. Die Gestaltung des Stoffes ist von einer menschlich unmittelbaren Wirkung. Mag sein, daß Puccini durch eigene Erlebnisse während seiner Studienzeit das nötige Einfühlungsvermögen in die Welt dieses Sujets besaß, hatte er doch damals vorübergehend selbst ein Bohèmedasein geführt und sowohl die fröhlichen Seiten mit dem lustigen, ungebundenen Leben und den Liebeleien, wie auch die Schattenseiten mit Hunger und Kälte kennengelernt. Text und Musik bilden eine absolute Einheit. Das Themenmaterial ist ganz auf das szenische Geschehen abgestimmt, bei dem in kontrastreicher Gegenüberstellung lyrisch-sentimentale mit humorvollen lebendigen Partien abwechseln. Das erste ›Bohème‹-Thema (zu Anfang der Oper) stammt aus einem Jugendwerk, dem nur in der Fassung für zwei Klaviere veröffentlichten ›Capriccio sinfonico‹; Rudolfs Arioso »Ich starr zum Himmel« (I. Akt), das später umrhythmisiert ($^{4}/_{4}$ Takt) in dessen berühmter Arie wiederkehrt, ist aus den Skizzen zu einer unvollendet gebliebenen Oper (›La lupa‹) übernommen. Die Themen werden ziemlich ausgiebig in leitmotivischem Sinn verarbeitet, aber nicht in der symphonisch-dramatischen Art wie bei Richard Wagner, sondern entsprechend dem ausgeprägten Formgefühl des Romanen in symmetrisch gebauten, geschlossenen Gebilden, die oft nur einige wenige Takte oder kurze Perioden umfassen. So ist, wie Puccini selbst sagt, der »ganze letzte Akt aus logischen Erinnerungsmotiven aufgebaut«. Die Eleganz und Brillanz der Stimmführung hatte gegenüber ›Manon Lescaut‹ auch eine Verfeinerung der Instrumentierung zur Folge, die in subtilen Klangmischungen (Soloinstrumente, Harfe), insbesondere bei den lyrischen Partien des Werkes, in Erscheinung tritt. Auch in der

Harmonik finden sich bereits die typisch Puccinischen Wendungen vor (Quintenparallelen, übermäßige Dreiklänge).

TEXTDICHTUNG: Nachdem es Puccini nicht gelungen war, einen Librettisten im idealen Sinne zu finden, bei dem Dichter und Dramatiker in einer Person vereinigt gewesen wären, hat er das Problem auf einfache Weise dadurch gelöst, daß er zwei sich ergänzende Begabungen mit der Ausführung der Dichtung gleichzeitig betraute. So verschrieb er sich für die Dramatisierung der ›Scènes de la vie de bohème‹ (1851) des Pariser Schriftstellers Henri Murger (1822–1861) den versierten Theaterpraktiker und Dramatiker Luigi Illica (1857–1919) und den mit einem sensiblen Sprachgefühl begabten Giuseppe Giacosa (1847–1906), bei dem die dichterischen Fähigkeiten dominierten. Puccini, wie immer ebenso anspruchsvoll wie unnachgiebig, hatte bei dem Entstehungsprozeß des ›Bohème‹-Buches manch harten Strauß mit seinen Librettisten durchzustehen, die ursprünglich in der Anlage der Oper viel zu weitschweifig zu Werke gegangen waren, bis die Dichtung die konzentrierte Fassung erhielt, die ihm vorschwebte. Giulio Ricordi hatte dabei oft vermittelnd und auch entscheidend eingreifen müssen. Die Richtlinien ihrer Arbeit faßten die Librettisten in einer kurzen Vorrede zusammen, die sie ihrem Buch voranstellten: In der Charakterisierung der Personen und in der Beibehaltung der lokalen Einzelheiten seien sie der Originalerzählung völlig treu geblieben, bei der Gestaltung der dramatischen und komischen Episoden arbeiteten sie jedoch frei. Für die musikdramatische Darstellung war eine möglichst knappe Formung des Stoffes geboten; deshalb wurden auch die zarten Gestalten von Mimi und Francine, die nach Auffassung der Autoren in ihrem Charakter identisch sind, in ein einziges Wesen verschmolzen, das man anstatt Mimi und Francine das »Ideal« nennen könnte. Den einzelnen Bildern wurden in der Partitur jeweils einige für die Handlung und ihre Personen charakteristische Stellen aus Murgers Roman vorangesetzt. Die deutsche Textbearbeitung stammt von Ludwig Hartmann, eine neue Übertragung besorgte 1965 Hans Swarowsky.

GESCHICHTLICHES: Noch während der Arbeit an ›Manon Lescaut‹ beschäftigte sich Puccini bereits wieder mit neuen Opernplänen. Dichter von Rang wie Maurice Maeterlinck, Gabriele d'Annunzio, Alphonse Daudet, Emile Zola wurden um Vorschläge angegangen, mehrere Stoffe (u. a. ein ›Buddha‹, Zolas ›Le faute de l'Abbé Mouret‹, des ›Cavalleria rusticana‹-Dichters Giovanni Verga ›La lupa‹) bereits in Angriff genommen, dann aber wieder aufgegeben, bis endgültig der Entschluß mit Murgers ›La vie de bohème‹ gefaßt wurde. Es ist wohl nicht einwandfrei nachzuweisen, auf wessen Initiative diese Entscheidung erfolgt war. War es der Verleger Giulio Ricordi, der Puccini hierzu bestimmte, nachdem ihm bekannt geworden war, daß sein Konkurrent Edoardo Sonzogno Ruggero Leoncavallo mit der Bearbeitung dieses wirksamen Sujets beauftragt hatte? Jedenfalls war Puccini bereits im Jahre 1893 von dem ›Bajazzo‹-Dichterkomponisten selbst dessen Operndichtung ›Bohème‹ angeboten worden, da dieser wegen anderer Verpflichtungen nicht in der Lage war, das Buch zu vertonen. Puccini lehnte damals ab. Ungefähr zwei Jahre später stellte sich bei einer Begegnung der zwei Komponisten heraus, daß sie beide gleichzeitig den nämlichen Stoff bearbeiteten. Zwischen Puccini und Leoncavallo kam es daraufhin zu einem Bruch, der die ursprünglichen Freunde zeitlebens entfremdete. Die endgültige Fertigstellung des Textes zog sich bis in das Frühjahr 1895 hin. Puccini arbeitete zwischendurch mit großer Begeisterung an der Vertonung, die, wie nunmehr alle seine Opern (mit Ausnahme von ›Turandot‹), in seiner Villa in Torre del Lago entstand. Ende November 1895 wurde die Partitur abgeschlossen. Die Schlußszene soll Puccini während einer der gemütlichen Abendgesellschaften komponiert haben, die er häufig mit seinen Freunden in seinem Haus unter dem Namen »Bohèmeklub« abzuhalten pflegte. (Merkwürdigerweise arbeitete Puccini am liebsten im Kreis einer lauten Gesellschaft, deren Lärm ihn nicht nur nicht ablenkte, sondern im Gegenteil zu inspirieren schien.) Die Oper ging genau drei Jahre nach der Uraufführung von ›Manon Lescaut‹, am 1. Februar 1896, an dem gleichen Theater, dem Teatro Regio in Turin, und unter dem gleichen Dirigenten, Arturo Toscanini, zum erstenmal in Szene. Der Erfolg war freundlich, wenngleich lange nicht so enthusiastisch wie bei ›Manon Lescaut‹. Die Kritik war diesmal fast ausnahmslos ablehnend. Auch in Rom fand ›La Bohème‹ anschließend eine laue Aufnahme. Bei der Aufführung in Palermo (April 1896) wurde sie jedoch mit nicht endenwollendem Beifall aufgenommen. Von da an erfolgte eine rasche Verbreitung des Werkes im In- und Ausland. ›La Bohème‹ begründete Puccinis Weltruhm.

Tosca

Musikdrama in drei Akten. Dichtung nach Victorien Sardou von Luigi Illica und Giuseppe Giacosa.

Solisten: *Floria Tosca,* berühmte Sängerin (Dramatischer Sopran, auch Jugendlich-dramatischer Sopran, gr. P.) – *Mario Cavaradossi,* Maler (Jugendlicher Heldentenor, gr. P.) – *Baron Scarpia,* Chef der Polizei (Charakterbariton, auch Kavalierbariton, auch Heldenbariton, gr. P.) – *Cesare Angelotti* (Baß, kl. P.) – *Der Mesner* (Spielbaß, m. P.) – *Spoletta,* Agent der Polizei (Spieltenor, auch Charaktertenor, kl. P.) – *Sciarrone,* Gendarm (Charakterbaß, kl. P.) – *Ein Schließer* (Baß, kl. P.) – *Ein Hirt* (Knabenstimme, auch Mezzosopran, kl. P.) – *Ein Kardinal* (Stum-

me Rolle) – *Der Staatsprokurator* (Stumme Rolle) – *Roberti,* Gerichtsbüttel (Stumme Rolle) – *Ein Schreiber* (Stumme Rolle) – *Ein Offizier* (Stumme Rolle) – *Ein Sergeant* (Stumme Rolle).
CHOR: Soldaten. Sbirren. Damen. Herren. Bürger. Volk. Geistliche. Ordensbrüder. Chorschüler. Kapellsänger usw. (m. Chp.).
ORT: Rom.
SCHAUPLÄTZE: In der Kirche von Sant' Andrea della Valle; rechts die Kapelle Attavanti, links ein Malgerüst, darauf ein großes mit einer Leinwand bedecktes Gemälde – Palazzo Farnese; Scarpias Zimmer im oberen Stockwerk, weites, nach dem Hof des Palastes sehendes Fenster – Auf der Plattform der Engelsburg, links eine Kasematte, an der einen Wand ein Kruzifix mit einer Leuchte, rechts die Öffnung für eine kleine Treppe zur Plattform, im Hintergrund St. Peter mit dem Vatikan.
ZEIT: 1800.
ORCHESTER: 2 Fl., 1 Picc., 2 Ob., 1 Eh., 2 Kl., 1 Bkl., 2 Fag., 1 Kfag., 4 Hr., 3 Trp., 3 Pos., 1 Bt., P., Schl., Hrf., Cel., Str. – Bühnenmusik: 1 Fl., 1 Br., Hrf., kl. Tr., Org., Gl. in B, G, As, F, H, D, E, C (dazu ad libitum 4 Hr., 3 Pos.).
GLIEDERUNG: Durchkomponierte dramatische Großform.
SPIELDAUER: etwa 2½ Stunden.
HANDLUNG: Atemlos und sich scheu umblickend betritt ein Mann in Sträflingskleidern die Kirche Sant' Andrea della Valle. Nach einigem Suchen findet er an dem Pfeiler mit dem Madonnenbild den Schlüssel zur Kapelle Attavanti, den dort seine Schwester, wie sie ihm schrieb, versteckt hatte. Eilig schließt er sich in der Kapelle ein, als er Schritte vernimmt. Es kommt der Mesner, der die Kirche inspiziert und dem Maler Mario Cavaradossi die ausgewaschenen Pinsel überbringen will. Cavaradossi ist gegenwärtig mit dem Malen eines Bildes für die Kirche beschäftigt, das die Maria Magdalena darstellt. Während des Angelus-Läutens kommt Cavaradossi. Er begibt sich sogleich an die Arbeit. Mit dem Ausdruck der Verwunderung stellt der Mesner eine große Ähnlichkeit des Bildes mit der unbekannten Dame fest, die in letzter Zeit öfters andächtig vor dem Madonnenbild gebetet hat. Cavaradossi wiederum bemerkt eine Wesensgleichheit zwischen der von ihm gemalten schönen Blondine mit dem in seinem Medaillon verwahrten Bild seiner Geliebten, der Sängerin Floria Tosca. Der Mesner überreicht nun dem Maler die Pinsel sowie einen Korb mit Speisen, den er sich heimlich beiseite stellt, als Cavaradossi erklärt, keinen Hunger zu haben. Kaum hat sich der Mesner entfernt, kommt aus der Kapelle der Mann in den Sträflingskleidern. Nach anfänglichem Zögern streckt er plötzlich dem Maler freudig die Hände entgegen; jetzt erkennt auch Cavaradossi ihn wieder: es ist Angelotti, der Konsul der ehemaligen Republik von Rom, der soeben der Engelsburg glücklich entkommen ist. Seine Schwester, die Marchesa Attavanti, hatte hier in der Kapelle

Frauenkleider für ihn versteckt, um ihm die Flucht vor den Sbirren des berüchtigten Polizeichefs Baron Scarpia zu ermöglichen, der unter der heuchlerischen Maske des Kavaliers Sadist und Erpresser, Denunziant und Henker in einer Person ist. Da ruft von außen Tosca, die Einlaß begehrt. Auf Cavaradossis Drängen versteckt sich Angelotti rasch wieder in der Kapelle; der Maler übergibt dem Erschöpften seinen Essenskorb, damit er sich in der Zwischenzeit stärke. Dann öffnet er endlich die Tür. Tosca tritt argwöhnisch umherblickend in die Kirche; sie ist verwundert, daß Cavaradossi sich eingeschlossen hat. Nachdem sie die mitgebrachten Blumen vor dem Madonnenbild niedergelegt und dort gebetet hat, fordert sie den Freund auf, sie heute Abend nach der Oper abzuholen; in ihrem Häuschen werden sie sich dann ungestört ihrem Liebesglück hingeben. Unter dem Vorwand, daß die Zeit für seine Arbeit dränge, sucht Cavaradossi sie zum Gehen zu bewegen. Aber ihr Argwohn erhält wieder neue Nahrung, als sie auf dem Gemälde die Attavanti zu erkennen glaubt. Mit Mühe kann der Maler die Eifersüchtige beruhigen; er schwört ihr, daß er die Schöne gestern ganz zufällig beim Beten und, ohne daß sie es selbst bemerkte, gemalt habe. Durch seine leidenschaftlichen Liebesbeteuerungen endlich wieder von seiner Treue überzeugt, entfernt sich Tosca. Gleich darauf kommt Angelotti aus der Kapelle, aber schon kündet ein Kanonenschuß von der Engelsburg, daß man Angelottis Flucht bemerkt hat. Eilig geleitet Cavaradossi den Flüchtigen nach einem sicheren Versteck in einer Zisterne nahe seinem Haus. In großer Aufregung kommt der Mesner herein, um Cavaradossi eine frohe Neuigkeit, Melas' Sieg über Bonaparte, zu berichten. Er ist erstaunt, den Maler nicht anzutreffen. Die sich versammelnden jungen Geistlichen und Kapellsänger fordert er auf, sich für das Sieges-Tedeum fertig zu machen. Während diese lachend und singend ein Freudentänzchen aufführen, tritt Scarpia mit seinen Häschern durch die Tür. Scheu schleichen alle davon. Der Mesner wird von Scarpia zurückgehalten. Die Häscher entdecken in der Kapelle einen Fächer mit dem Wappen der Attavanti sowie den leeren Eßkorb. Scarpia ist nach den Aussagen des vor Angst schlotternden Mesners sogleich im Bilde, und als unmittelbar darauf Tosca erscheint, die ihren Mario davon verständigen will, daß sie heute Abend bei einer Abendgesellschaft vor der Königin im Palazzo Farnese eine Kantate zu singen habe, benützt er den Fächer als Beweis dafür, daß der Maler anscheinend bei einem Schäferstündchen mit der Marchesa durch eine Störung von hier verscheucht worden sei. Empört eilt Tosca weg, um in Cavaradossis Heim die beiden in flagranti zu ertappen. Scarpia schickt ihr seinen Agenten Spoletta mit Häschern nach. Er triumphiert über den glücklichen Zufall, der ihm die Möglichkeit gewährt, gleichzeitig die von ihm lüstern begehrte Tosca durch Erpressung seinem Willen gefügig zu machen und den verhaßten Rivalen als Staatsfeind dem Henker auszuliefern. Das feierliche Tedeum hat begonnen, in dessen Lobgesang Scarpia heuchlerisch frömmelnd mit einstimmt. – Im Palazzo Farnese erwartet abends Scarpia ungeduldig Spolettas Rapport. Endlich naht jener und meldet zitternd, zwar Angelotti selbst nicht gefunden, dafür aber den der Beihilfe verdächtigen Cavaradossi verhaftet zu haben. Scarpia läßt ihn sogleich vorführen; er bestellt auch den Richter und den Gerichtsbüttel Roberti. Während durch das geöffnete Fenster die Töne der Siegeskantate und Toscas Stimme aus dem Festsaal des Palastes heraufklingen, fragt Scarpia Cavaradossi nach dem Versteck Angelottis. Dieser beharrt auf seiner Aussage, nichts zu wissen. Da betritt Tosca, die Scarpia durch ein Billett hierher gebeten hat, das Zimmer. Cavaradossi soll nun durch die Folter zur Aussage gezwungen werden; er wird in das angrenzende Folterkabinett abgeführt, aber sowohl er wie auch Tosca bleiben standhaft, bis auf einen furchtbaren Schmerzensschrei hin die von Scarpia seelisch gefolterte Tosca Angelottis Versteck verrät. Der ohnmächtige Cavaradossi wird hereingetragen. Kaum zu sich gekommen, entnimmt er Scarpias Befehl an Spoletta, daß Tosca nicht standhaft geblieben war. Er ist empört über sie, da stürzt Sciarrone mit der Meldung herein, daß Bonaparte bei Marengo Melas vernichtend geschlagen habe. Cavaradossi jubelt laut über diese Nachricht. Scarpia läßt ihn, der dadurch seinen Kopf verwirkt hat, abführen. Dann fordert er Tosca mit liebenswürdigster Miene auf, sich zu Tisch zu setzen und mit ihm zu überlegen, was man zur Rettung des Freundes tun könnte. Verächtlich fragt Tosca ihn nach der Höhe des Lösegeldes. Laut lachend erwidert Scarpia, daß diese ihm nachgesagte Praxis bei einer schönen Dame nicht in Frage käme, hier kenne er nur einen Lohn: Liebe. Tosca will eilig zur Königin, aber Scarpia bedeutet ihr zynisch, daß die Königin nur einen Leichnam begnadigen würde. Als schließlich Spoletta meldet, daß sich Angelotti selbst umgebracht habe und daß man Cavaradossis Hinrichtung vorbereite, gibt Tosca in höchster Angst mit einem Nicken des Kopfes ihre Bereitwilligkeit zu erkennen, Scarpias Begehren zu erfüllen. Mit einem bedeutungsvollen Blick, den Spoletta entsprechend erwidert, zum Zeichen, daß er ihn verstanden habe, gibt Scarpia Befehl, daß Cavaradossi genau so wie seinerzeit im Falle des Grafen Palmieri nur zum Schein erschossen werde. Auf Wunsch Toscas stellt er ihr einen Geleitbrief aus; denn sie will nach der Befreiung mit Cavaradossi aus dem Staate fliehen. Inzwischen hat sie sich dem Tisch genähert, auf dem sie ein dolchartiges Messer bemerkt. Sie nimmt es heimlich zu sich, und als Scarpia ihr mit geöffneten Armen entgegenkommt, stößt sie ihm das Messer in die Brust. Aus der verkrampften Hand des Toten nimmt sie den zusammengeballten Passierschein, dann stellt sie links und rechts von Scarpias Haupt einen brennenden Handleuchter und legt das von der Wand genommene Kruzifix auf seine Brust. Ein Trommelwirbel aus der Ferne schreckt sie auf; mit großer Vorsicht geht sie weg und schließt die Tür hinter sich ab. – Cavaradossi wird im Morgengrauen in eine Kasematte auf der Plattform der Engelsburg gebracht. Er gibt dem Schließer seinen Ring zum Geschenk, wofür ihm dieser einen letzten schriftlichen Gruß an eine geliebte Person überbringen soll. Von Erinnerung übermannt, bricht Cavaradossi schließlich in Tränen aus, da kommt, geführt von Spoletta, Tosca. Sie zeigt dem überraschten Geliebten den Geleitbrief und berichtet ihm von den Ereignissen, die sich nach seiner Verhaftung zugetragen haben; sie ermahnt ihn auch, bei der nun folgenden Scheinerschießung sich ja nicht zu verraten. Mit Begeisterung sehen die Liebenden hoffend dem neuen Tag entgegen. Die Soldaten kommen, die Gewehrsalve kracht, Tosca bewundert ihren Mario, wie geschickt er fällt. Als die Soldaten endlich abgezogen sind und sie den Geliebten vergeblich anruft, sich zu erheben, erkennt sie den Betrug. Schreiend wirft sie sich über Cavaradossis Leiche. Inzwischen war die Ermordung Scarpias bemerkt worden, man vermutet Tosca als Täterin. Als Spoletta mit Soldaten herankommt, um sie festzunehmen, springt Tosca auf die Plattform und stürzt sich in die Tiefe.

Stilistische Stellung: Mit ›Tosca‹ hat sich Puccini eindeutig und klar als Verist bekannt. Das in nacktem Naturalismus dargebotene krasse Geschehen erfährt allerdings durch eine von Wohllaut getränkte und von dem Schmelz eingängiger Kantilenen durchzogene Musik eine starke Milderung. Sie wird in erster Linie erzielt durch musikalische Stimmungskontraste, bei denen die auf die Umwelt bezogene Musik in schroffem Gegensatz zu den Handlungsvorgängen steht: das feierlich-pompöse Tedeum, über dessen liturgisch-stilgerechte Anlage sich der Komponist von einem befreundeten Priester beraten ließ, die zierlich-elegante Gavotte und die von Tosca und einem sechsstimmigen a cappella-Chor hinter der Szene vorgetragene Kantate im Zeitstil (hierfür war zuerst die Einlage einer Originalkomposition von Giovanni Paisiello geplant) sowie das friedliche Bild des erwachenden Rom mit dem Läuten der Kirchenglocken und dem Gesang des Hirtenknaben. Aber auch die blühenden Lyrismen bei Cavaradossis ariosen Monologen, bei Toscas sogenanntem Gebet und bei den beiden großen Duetten Tosca–Cavaradossi, von denen das des III. Aktes aus der Jugendoper ›Edgar‹ übernommen wurde, sowie die heiteren Szenen des Mesners und der tanzenden Chorknaben und Novizen stehen im wirksamen Gegensatz zu den Vorgängen des Grauens. Diese werden allerdings bisweilen auch musikalisch mit drastischem Naturalismus gezeichnet (z. B. das die Vorgänge in der Folterkammer charakterisierende Motiv). Der Einfluß Richard Wagners ist unter allen Puccini-Opern bei der als Musikdrama bezeichneten ›Tosca‹ vielleicht am stärksten spürbar. Hinsichtlich der formalen Anlage und der technischen Ausführung weist die farbenreiche Partitur gegenüber ›La Bohème‹ keine wesentlichen Unterschiede auf.

TEXTDICHTUNG: Als Vorlage zur Operndichtung diente das gleichnamige Sensationsdrama des erfolgreichen französischen Theaterschriftstellers Victorien Sardou (1831–1908). Die Ausführung des Librettos besorgten wieder Luigi Illica und Giuseppe Giacosa unter der bestimmenden Mitwirkung des Komponisten. Das Opernbuch folgt ziemlich genau dem Original, wobei von den vier Akten Sardous die beiden mittleren in einen Aufzug zusammengezogen wurden; auch der letzte Akt, der bei Sardou im Kerker spielt, erfuhr einige Veränderungen. Die deutsche Übersetzung des ›Tosca‹-Textes stammt von Max Kalbeck, eine neue Übertragung besorgte 1965 Günther Rennert.

GESCHICHTLICHES: Die erste Anregung empfing Puccini lange vor der Entstehung seiner Oper, als er im Winter 1889 in Mailand Sardous Drama mit Sarah Bernhardt als Tosca im Teatro dei Filodrammatici sah. Er war von dem Stück gepackt, obwohl er, des Französischen unkundig, kein Wort verstand. Aus diesem Grund hielt er sogleich das Sujet für einen guten Opernstoff, verlangte er doch grundsätzlich bei einer Oper zunächst eine rein mimodramatisch verständlich wirkende Handlung. Dennoch hatte er wegen der krassen Handlungsvorgänge gewisse Bedenken, die aber mit einem Mal schwanden, als er hörte, daß Verdi erklärt haben sollte, er würde die ›Tosca‹ komponieren, wenn er nicht schon zu alt wäre. Puccini überlegte daraufhin mit Illica das Szenarium, stellte aber dann den Plan wieder zurück, als er mit der Arbeit an ›La Bohème‹ begann. Nach der Uraufführung dieses Werkes erfuhr Puccini, daß der durch seine Oper ›Asrael‹ bekannt gewordene Komponist Alberto Franchetti ein von Illica verfaßtes Opernbuch ›Tosca‹ vertone. Puccini wollte nun aber auf den wirksamen Stoff doch nicht verzichten, und Giulio Ricordi, der auch der Verleger von Franchetti war, erwartete sich offenbar mehr von der Vertonung der ›Tosca‹ durch Puccini; denn er überredete zusammen mit Illica unter Hinweis auf die bedenklichen Klippen dieses Sujets Franchetti zum Verzicht, worauf Puccini sogleich mit Ricordi und den Librettisten Illica und Giacosa den Vertrag abschloß. Die Ausarbeitung der Dichtung erforderte wiederum geraume Zeit und verursachte infolge der Meinungsverschiedenheiten zwischem dem Komponisten und den Textdichtern aufregende Auseinandersetzungen; die Arbeit wurde diesmal auch noch dadurch erschwert, daß Sardou sich ebenfalls in den Entstehungsprozeß einschaltete. Aber Puccini ließ sich weder durch ihn noch durch die Librettisten beirren und bestand rücksichtslos auf der seiner Überzeugung entsprechenden Lösung der Probleme. Schließlich mußte selbst Sardou zugeben, daß das Opernbuch bühnenwirksamer geraten sei als sein Originaldrama. Die Uraufführung erfolgte am 14. Januar 1900 am Teatro Costanzi in Rom unter der musikalischen Leitung von Leopoldo Mugnone. Obwohl das Werk teilweise mit großem Beifall aufgenommen wurde – das Tedeum mußte wiederholt werden –, war der Erfolg doch unentschieden, mag hierzu viel die nervöse

Spannung beigetragen haben, hervorgerufen durch Gerüchte von einem während der Vorstellung geplanten Bombenattentat. Aber auch die Kritik war größtenteils ablehnend, und nur wenige Stimmen prophezeiten dem Werk eine Zukunft. Die Verbreitung der ›Tosca‹ erfolgte zwar zunächst etwas zögernd, insbesondere im Ausland, doch im Laufe der Zeit wurde auch diese Oper ein Welterfolg.

Madame Butterfly

Tragödie einer Japanerin in drei Aufzügen. Dichtung von Luigi Illica und Giuseppe Giacosa.

SOLISTEN: *Cho-Cho-San,* genannt *Butterfly* (Jugendlich-dramatischer Sopran, auch Dramatischer Koloratursopran, gr. P.) – *Suzuki,* Cho-Cho-Sans Dienerin (Mezzosopran, auch Spielalt, m. P.) – *Kate Linkerton* (Sopran, auch Mezzosopran, kl. P.) – *F. B. Linkerton* (Lyrischer Tenor, gr. P.) – *Sharpless,* Konsul der Vereinigten Staaten in Nagasaki (Kavalierbariton, auch Lyrischer Bariton, m. P.) – *Goro,* Nakodo (Spieltenor, auch Charaktertenor, m. P.) – *Der Fürst Yamadori* (Charaktertenor, kl. P.) – *Onkel Bonze* (Seriöser Baß, auch Spielbaß, auch Charakterbaß, kl. P.) – *Yakusidé* (Baß, kl. P.) – *Der kaiserliche Kommissar* (Bariton, kl. P.) – *Der Standesbeamte* (Baß, kl. P.) – *Die Mutter Cho-Cho-Sans* (Mezzosopran, auch Alt, kl. P.) – *Die Base* (Sopran, kl. P.) – *Die Tante* (Sopran, kl. P.) – *Das Kind* (Stumme Rolle).
CHOR: Verwandte, Freunde und Freundinnen von Cho-Cho-San. Diener (nur Frauenchor und Tenöre; kl. Chp.).
ORT: Nagasaki.
SCHAUPLÄTZE: Ein Hügel bei Nagasaki. Japanisches Haus, Terrasse und Garten, im Hintergrund, tief unten, die Stadt mit Hafen – Inneres von Butterflys Häuschen.
ZEIT: Anfang des 20. Jahrhunderts.
ORCHESTER: 2 Fl., 1 Picc., 2 Ob., 1 Eh., 2 Kl., 1 Bkl., 2 Fag., 4 Hr., 3 Trp., 3 Pos., 1 Bt., P., Schl., japanischer Gong, Glsp., Hrf., Str. – Bühnenmusik: 1 Viola d'amore, japanisches Glöckchen, Tamtam.
GLIEDERUNG: Durchkomponierte dramatische Großform.
SPIELDAUER: etwa 2½ Stunden.
HANDLUNG: Der amerikanische Marineleutnant F. B. Linkerton, der auf dem Kriegsschiff »Abraham Lincoln« Dienst tut, hat sich während eines längeren Aufenthaltes seines Kreuzers in Nagasaki in Cho-Cho-San, genannt Butterfly, eine der hübschen, zierlichen Geishas von Goros Teehaus, verliebt. Um bei dem von ihren Verwandten streng behüteten Mädchen – es entstammt einer verarmten adeligen Familie – zum Ziel seiner Wünsche zu gelangen, geht er eine landesübliche Ehe

ein, bei der nach japanischem Recht der Mann jederzeit ausspringen kann. Der geschäftstüchtige Nakodo Goro hat gegen die Summe von hundert Yen alles Nötige besorgt: ein kleines Häuschen auf einem Hügel oberhalb Nagasakis, den kaiserlichen Kommissar mit dem Standesbeamten sowie die Braut und ihre Familie. Linkerton hat auch seinen Landsmann, den Konsul Sharpless zu der Zeremonie eingeladen. Dieser weist den leichtfertigen Offizier, der lachend mit ihm auf seinen zukünftigen Bund mit einer Amerikanerin anstößt, darauf hin, daß nach seinem Empfinden Butterfly die Eheschließung ernst nehme. Da naht Butterfly mit ihren Freundinnen. Sie begrüßen Linkerton ehrerbietig nach der Sitte ihres Landes. Sharpless fragt Butterfly nach ihrer Herkunft und ihrer Familie sowie nach ihrem Alter; auch er ist von dem Liebreiz des zierlichen Wesens entzückt. In einem seltsamen Aufzug kommen sodann die Verwandten den Hügel herauf, die über den Bräutigam und über die Braut teils freundliche, teils unfreundliche Betrachtungen anstellen und sich neugierig das Häuschen und den Garten besehen. Butterfly zeigt Linkerton inzwischen verschiedene kleine Dinge, die sie im Ärmel bei sich trägt, darunter auch Sachen, die ihr heilig sind, wie ein Futteral, das – wie Goro erklärend hinzufügt – einen Dolch enthält, mit dem ihr Vater auf Weisung des Mikado Harakiri machte, und die Ottokés, Figürchen, welche die Seelen ihrer Ahnen bedeuten. Leise und ohne daß es die Verwandten hören, gesteht sie Linkerton, daß sie heimlich im Missionshaus den Glauben des Bräutigams angenommen hat. Nach der Trauungszeremonie geht Sharpless mit dem kaiserlichen Kommissar und dem Standesbeamten zur Stadt zurück. Linkerton will sich nun auch der Familie entledigen, da naht mit drohender Stimme Onkel Bonze, der von Cho-Cho-Sans Besuch im Missionshaus Kenntnis erhalten hat. Er verflucht und vestößt sie, die den alten Glauben verraten hat, und als Linkerton ihn energisch fortweist, begeben sich alle hastig und schreiend den Pfad hinab. Linkerton tröstet das schluchzende Mädchen. Inzwischen ist es dunkel geworden. Butterfly legt ein weißes Gewand an. Linkerton, hingerissen von dem Zauber ihrer Erscheinung im Licht des Mondes, nimmt sie liebeglühend in seine Arme und führt sie in das Haus. – Drei Jahre sind bereits vergangen, seit Linkerton von Butterfly geschieden ist. Obwohl sie nichts mehr von ihm gehört hat und ihre Dienerin Suzuki starke Zweifel hegt, ist sie überzeugt, daß er eines Tages auf seinem Schiff zu ihr zurückkehren werde. Da kommt der Konsul, den sie fröhlich als Landsmann begrüßt. Sharpless hat einen Brief von Linkerton erhalten. Butterfly, außer sich vor Glück, als sie hört, daß es ihm gut geht, fragt neugierig, ob die Rotkehlchen in Amerika ihr Nest später bauten als hier; denn Linkerton habe ihr versprochen, zur Zeit der neuen Brut wiederzukommen. Höhnisch lacht Goro, der mit Sharpless gekommen war. Butterfly beklagt sich über den schlimmen Burschen, der sie seit Linkertons Scheiden immerzu durch Geschenke zu bestechen sucht, einen anderen Mann zu heiraten, vor allem den reichen Fürsten Yamadori, der eben in einer Sänfte hereingetragen wird. Aber Butterfly hält sich für gebunden. Während sie den Tee bereitet, berichtet Goro, daß Linkertons Schiff schon im Hafen gemeldet sei. Sharpless macht dem Fürsten Hoffnung, indem er ihm mitteilt, daß Linkerton nicht die Absicht habe, sich Butterfly zu zeigen. Yamadori muß aber einsehen, daß alles Werben zwecklos ist. Nachdem er sich entfernt hat, beginnt Sharpless mit ernster Miene Linkertons Brief vorzulesen; er kommt aber nicht weit, da ihn Butterfly ständig unterbricht; endlich rafft er sich auf und fragt sie, was sie wohl begänne, wenn Linkerton nicht mehr zu ihr zurückkäme. Butterfly ist starr, wie zu Tode getroffen, dann erwidert sie in stockendem Ton, daß sie entweder als Geisha wieder vor den Leuten singen und tanzen oder sterben müßte; und als Sharpless ihr rät, doch den reichen Yamadori zu nehmen, verliert sie vollends die Fassung und gibt dem Konsul zu verstehen, er möge sich entfernen. In einem plötzlichen Entschluß verläßt sie dann das Zimmer, um gleich darauf triumphierend mit einem kleinen Knaben, Linkertons Kind, zurückzukommen. Gerührt nimmt Sharpless Abschied und verspricht, Linkerton zu berichten. Mit lautem Schreien zerrt Suzuki Goro ins Haus, der überall behauptet, niemand wüßte, wer der Vater des Kindes sei. Butterfly holt aus dem Reliquienschrein das Harakirimesser, mit dem sie auf den Lügner losgeht, der sich darauf eiligst aus dem Staub macht. Da dröhnt ein Kanonenschuß vom Hafen herauf. Ein Schiff mit dem Sternenbanner am Mast geht eben vor Anker. Mit dem Fernglas kann Butterfly den Namen erkennen: »Abraham Lincoln«. Eilig schmückt sie mit Suzuki das Zimmer mit Kirschblüten. Dann läßt sie das Kind bringen. Sie rötet sich und dem Kind mit einem Pinsel die Wangen, legt das Gewand an, das sie als Braut trug, und läßt sich von Suzuki eine rote Mohnblume ins Haar stecken. Da die Nacht anbricht, macht sie in die Hauswand drei kleine Löcher, durch die sie, Suzuki und das Kind nach Linkerton Ausschau halten. – Am nächsten Morgen blickt Butterfly immer noch regungslos hinaus, während Suzuki und das Kind eingeschlafen sind. Die Dienerin erwacht und schickt Butterfly mit dem Kind zur Ruhe auf ihr Zimmer mit dem Versprechen, sie zu wecken, sobald Linkerton kommt. Kaum ist sie weggegangen, klopfen Linkerton und Sharpless an die Tür. Suzuki will sogleich Butterfly holen, doch Linkerton hält sie zurück. Im Garten bemerkt Suzuki eine Dame, es ist, wie Sharpless gesteht, Linkertons Gattin. Suzuki fällt wie betäubt auf die Knie. Aber Linkerton bringt nicht den Mut auf, Butterfly die Wahrheit zu sagen, und geht weg. Erregt kommt Butterfly zurück. Sie vermutet den Geliebten bereits hier und sucht nach ihm. Da bemerkt sie die fremde Dame. Aus den ausweichenden Antworten der weinenden Suzuki und des verlegenen Sharpless wird ihr klar, daß Linkerton gekommen ist, nicht um sie in seine Heimat mitzunehmen, sondern um sich sein Kind zu holen. Butterfly erklärt Linkertons Gattin, daß sie das Kind nur ihm selbst geben wolle; sie erwarte ihn in einer halben Stunde. Als sich alle entfernt haben, geht sie zum Reliquienschrein, nimmt das Messer und liest die darauf eingravierten Worte: »Ehrenvoll sterbe, wer nicht mehr in Ehren leben kann.« Da schiebt Suzuki das Kind ins Zimmer. Nach einem herzzerreißenden Abschied schickt Butterfly den Kleinen in den Garten zum Spielen. Dann verriegelt sie die Eingänge und geht mit dem Messer hinter die spanische Wand. Alsbald fällt das Messer zu Boden. In diesem Augenblick ertönt von außen Linkertons Stimme, der nach Butterfly ruft. Wankend versucht sie sich zur Tür zu schleppen, sie bricht aber zusammen und stirbt.

STILISTISCHE STELLUNG: Das Prinzip der Detailmalerei hat Puccini bei ›Butterfly‹ vielleicht am virtuosesten gehandhabt. Dies war wohl auch der Grund, daß diese Oper Puccini ganz besonders ans Herz gewachsen war und daß er sie zeitlebens als sein bestes und modernstes Werk bezeichnete. Es ist in der Tat erstaunlich, wie trotz der subtilen Kleinarbeit und trotz des mosaikartigen Aufbaus dieser »Musik der kleinen Dinge« bei leitmotivartiger Verarbeitung der Themen der Eindruck einer geschlossen dahinfließenden musikdramatischen Großform gewahrt ist. Bewunderungswürdig ist weiterhin die meisterhafte Technik, mit welcher der Charakter des Exotischen und der Zauber des fremdartigen Milieus vermittelt wird. Wohl hat sich Puccini einiger japanischer Volksweisen bedient, ihre Verarbeitung erfolgte aber durchwegs im Rahmen seiner eigenen Tonsprache, deren stilistische Eigenart, wie Ganztonfolgen, übermäßige Dreiklänge, Quintenparallelen, auch bei früheren Werken schon vorhanden war. Von der Verwendung originaler japanischer Instrumente wurde abgesehen; zur folkloristischen Färbung wurden lediglich der japanische Gong und einmal japanische Glöckchen auf der Bühne herangezogen. Die verschiedenartigen Farbenwirkungen dürften in erster Linie auf die feinnervige Instrumentation zurückzuführen sein. Puccinis Klangphantasie hat hier in ebenso subtilen wie raffinierten Mischungen die Ausdrucksmöglichkeiten des modernen Orchesters in einer Art und Weise aufgedeckt, wie sie anschließend einem großen Teil der jungen Komponistengeneration zum Vorbild diente. Das muß gerechterweise anerkannt werden, wenn anderseits – und sicherlich nicht ohne Berechtigung – sich kritische Stimmen an der operettenhaften Rührseligkeit des Stoffes und seiner naturalistischen Darstellung sowie auch an der weichen, klangsinnlichen Melodik stoßen.

TEXTDICHTUNG: Als Vorlage diente die gleichnamige amerikanische Tragödie von David Belasco, dramatisiert nach einer japanischen Novelle von John Luther Long. Möglicherweise lag der rührseligen Geschichte der kleinen Japanerin eine wahre Begebenheit zugrunde, die von den geschäftstüchtigen Autoren zu einem wirkungssicheren Theaterstück verarbeitet worden war. Die Librettisten Luigi Illica und Giuseppe Giacosa übernahmen wieder die Ausführung des Textbuches, die natürlich ganz nach den Intentionen des Komponisten erfolgte. Puccini bestand auf einer Gliederung der Oper in zwei Akten, die durch Weglassung eines im Konsulat spielenden Aktes erzielt wurde. Auf diese Weise war der zweite Akt übermäßig lang geworden. Bei der Umarbeitung wurde dann eine Einteilung in drei Akte vorgenommen und der II. und III. Aufzug durch ein großes Orchesterzwischenspiel miteinander verbunden. Neben anderen kleineren Retouchen wurde auch eine überflüssige Szene mit dem betrunkenen Onkel Bonze (I. Akt) herausgenommen und dafür dem dürftig bedachten Tenor, der überdies im Rahmen des Geschehens eine unsympathische Figur darstellt, ein Arioso im III. Akt neu zugeteilt. Die deutsche Textübersetzung besorgte Alfred Brüggemann. Der Name des amerikanischen Leutnants Pinkerton wurde in der deutschen Fassung in Linkerton umgeändert. Eine neue deutsche Übertragung besorgte 1966 Hans Hartleb.

GESCHICHTLICHES: Obwohl Puccini kein Vielschreiber war – seine Werke erschienen in verhältnismäßig größeren Zeitabständen –, war er doch unglücklich, wenn er einmal in Ermangelung eines geeigneten Textes zur Untätigkeit gezwungen war. So erging es ihm nach Vollendung der ›Tosca‹. Wieder wurden verschiedene Stoffe erwogen (u. a. eine Dante-Trilogie: Hölle–Fegefeuer–Paradies; Oscar Wildes ›Florentinische Tragödie‹; Gabriele D'Annunzios ›Alchimist‹), bis endlich aus New York die Genehmigung David Belascos zur Bearbeitung seiner Geisha-Tragödie ›Madame Butterfly‹ eintraf, für die sich Puccini unter all den Opernplänen am meisten begeisterte. Er hatte Belascos Drama in einer Aufführung in New York kennengelernt und war, ebenso wie bei der Aufführung des Schauspiels ›Tosca‹ in einer ihm unverständlichen Sprache, von dem rein bildhaften Eindruck derart gepackt, daß er sogleich eine Bearbeitung dieses Sujets in Erwägung zog. Puccini ging nach Erhalt des Originalbuches sofort mit seinen Librettisten an die Arbeit. Er ließ sich aus Tokyo eine große Anzahl Schallplatten mit Aufnahmen von originalen japanischen Volksliedern übersenden, er sah sich in Mailand die berühmte japanische Tragödin Sada Yacco an und er informierte sich auch bei der japanischen Gesandtin in Viareggio über einschlägige Fragen. Eine unliebsame Unterbrechung erfuhr die Arbeit an der Komposition durch einen Autounfall Puccinis (Februar 1903), bei dem er einen schweren Beinbruch erlitt, wodurch er monatelang ans Bett gefesselt wurde. Er nahm aber, sobald es ging, die Arbeit wieder auf und vollendete gegen Ende des Jahres 1903 die Partitur, die er unter dem Datum: 5. 2. 04 der Königin Elena widmete. Die Uraufführung fand am 17. Februar 1904 an der Scala in Mailand statt. Obwohl die Vertreterin der Titelpartie, Rosina Storchio, selbst den nicht leicht zufriedenzustellenden Maestro begeistert hatte, wurde das Werk unfreundlich aufgenommen. Auch die Kritik reagierte gehässig. Puccini entschloß sich hierauf zu einer Umarbeitung. In der Neufassung ging ›Madame Butterfly‹ am 28. Mai 1904 am Teatro Grande in Brescia mit Salomea Krusceniski in der Titelrolle und unter der musikalischen Leitung von Cleofonte Campanini zum erstenmal in Szene. Puccini hatte mit seinem unbeirrbaren Glauben an sein Werk Recht behalten; die Oper wurde jetzt mit Enthusiasmus aufgenommen und verbreitete sich anschließend rasch um den Erdball; sie ist wohl Puccinis populärstes Werk geworden.

Das Mädchen aus dem goldenen Westen (La fanciulla del West)

Oper in drei Aufzügen. Dichtung nach dem Drama von David Belasco von Guelfo Civinini und Carlo Zangarini.

SOLISTEN: *Minnie* (Dramatischer Sopran, auch Jugendlich-dramatischer Sopran, gr. P.) – *Jack Rance,* Sheriff (Heldenbariton, auch Charakterbariton, gr. P.) – *Dick Johnson* [Ramerrez] (Jugendlicher Heldentenor, gr. P.) – *Nick,* Kellner der Schenke zur »Polka« (Lyrischer Tenor, auch Spieltenor, auch Charaktertenor, gr. P.) – *Ashby,* Agent der Versandgesellschaft Wells Fargo (Senöser Baß, auch Charakterbaß, m. P.) – *Sonora* (Bariton, m. P.), *Trin* (Tenor, m. P.), *Sid* (Bariton, m. P.), *Bello* (Bariton, m. P.), *Harry* (Tenor, m. P.), *Joe* (Tenor, m. P.), *Happy* (Bariton, m. P.), *Larkens* (Baß, kl. P.), Goldgräber – *Billy Jackrabbit,* Rothaut (Baß, kl. P.) – *Wowkle,* Billys Indianerweib (Spielalt, kl. P.) – *Jake Wallace,* Bänkelsänger, Minstrel (Bariton, auch Baß, kl. P.) – *José Castro,* Mestize, aus Ramerrez' Räuberbande (Baß, kl. P.) – *Ein Postillon* (Tenor, kl. P.).

CHOR: Männer aus dem Lager (gr. Chp.).

ORT: Ein Goldgräberlager am Fuß der Sierra Nevada in Kalifornien.

SCHAUPLÄTZE: Das Innere der »Polka«: Ein großer hölzerner Raum, roh gezimmert, rechteckig. Im Hintergrund eine große, zweiflügelige Tür, die von innen verrammelt wird. Auf einem der Türflügel ist ein primitiver Briefkasten festgenagelt. An der rechten Seitenwand ein Treppchen, das zu einem Zwischenstock führt, der die Form einer ins Zimmer hineinragenden Galerie hat. Unter der Galerie ein kurzer Durchgang in ein anderes Zimmer. In der linken Wand führt vorn eine breite Tür, über der ein Bärenfell hängt, in den Tanzsaal; nahe der Tür ein etwas vorragender Kamin. – Minnies Wohnung: Sie besteht aus einem einzigen Zimmer und einem darüber befindlichen Söller. Hinten in der Mitte eine Tür zu einem kleinen Vorraum. Rechts und links zwei Fenster mit Vorhängen. Auf den Söller gelangt man mittels einer Leiter. – Im Kalifornischen Urwald: Eine freie Stelle inmitten der langen, umfangreichen, kerzengeraden Stämme uralter Nadelbäume, die ringsum eine Art riesigen Säulenganges bilden. Im Hintergrund ein Pfad. Auf der Lichtung liegen große umgehauene Stämme herum, die als Bänke dienen.

ZEIT: In der Zeit des Goldfiebers 1849–1850.

ORCHESTER: 3 Fl., 1 Picc., 3 Ob., 1 Eh., 3 Kl., 1 Bkl., 3 Fag., 1 Kfag., 4 Hr., 3 Trp., 3 Pos., 1 Bt., P., Schl., Cel., Gl., Glsp., 2 Hrf., Str. (Reduzierte Orchesterfassung: 2 Fl., 1 Picc., 2 Ob., 2 Kl., 2 Fag., 4 Hr., 3 Trp., 2 Pos., 1 Bt., P., Schl., Cel., Gl., Glsp., 1 Hrf., Str.) – Bühnenmusik: 1 Hrf., 1 Fonica, 1 Windmaschine.

GLIEDERUNG: Durchkomponierte dramatische Großform.

SPIELDAUER: etwa 3 Stunden.

HANDLUNG: In der »Polka«, der Schenke eines Goldgräberlagers am Fuß der Sierra Nevada, herrscht abends lebhafter Betrieb. Die Männer kommen von der Arbeit zurück und vertreiben sich die Zeit mit Trinken, Spielen und Tanzen. Nur zwei halten sich abseits: der von der Regierung bestellte Sheriff Rance, ein Mann mit rauher Schale, der ungeduldig auf die von ihm umworbene hübsche Wirtin Minnie wartet, und der junge Larkens, der immer krank vor Heimweh ist. Der geschäftstüchtige Kellner Nick gibt bald dem, bald jenem der Männer heimlich zu verstehen, daß er hoffen dürfe, bei Minnie Gehör zu finden, was den Betreffenden veranlaßt, sogleich eine große Bestellung zu machen. Da erscheint der Bänkelsänger und Minstrel des Lagers, Jake Wallace, der mit seinem Heimweh-Lied vom alten Mütterchen, vom teuren Elternpaar und vom fernen Heimatland die sonst so rauhen und gierigen Herzen der Männer zu erweichen versteht. Gerührt stimmen sie in den Gesang ein und spenden dem armen Larkens Geld für die Heimreise. Das Spiel geht weiter. Plötzlich entsteht ein Tumult um den beim Falschspiel ertappten Sid; die Männer drohen ihm mit dem Revolver und schicken sich an, ihn zu lynchen. Sheriff Rance schreitet ein und schafft wieder Ruhe. Er bestimmt, daß Sid eine Spielkarte angeheftet werde, die ihn als Falschspieler brandmarke; sollte er sie je ablegen, werde er gehenkt. Nun erscheint Ashby, ein Agent der Versandgesellschaft Wells Fargo. Er berichtet Rance, daß er dem berüchtigten Anführer einer aus Mexikanern bestehenden Räuberbande auf der Spur sei. Ermüdet von den Strapazen des anstrengenden Tages geht er ins Nebenzimmer, um sich etwas auszuruhen. Nick bringt eine Karaffe mit Wein, die Minnie den Goldgräbern spendet. Als Rance prahlend bemerkt, Minnie werde bald Mistress Rance sein, entgegnet Sonora hämisch, daß sie ihn, den Sheriff, nur zum Narren halte. Die beiden gehen mit dem Revolver gegeneinander los, da erscheint Minnie, welche die Streitenden trennt und sie auffordert, sich wieder zu vertragen. Die ebenso anmutige wie energische Wirtin, das einzige weibliche Wesen in dem Lager, hat eine seltsame Autorität bei den Goldgräbern, die ihr in kindlicher Anhänglichkeit ergeben sind. Sie machen ihr kleine Geschenke und hören aufmerksam zu, wenn sie ihnen Bibelunterricht erteilt. Der Postillon bringt Briefe und Zeitungen; er übergibt Ashby, der inzwischen wieder in den Saal zurückgekommen ist, ein Telegramm, in dem eine Spanierin namens Nina Micheltorena sich erbötig macht, ihm an einem bestimmten Treffpunkt um Mitternacht das Versteck des Räuberhauptmanns Ramerrez verraten zu wollen. Da meldet Nick, draußen sei ein Fremder, der Whisky mit Wasser verlange. Minnie läßt ihm ausrichten, er solle nur hereinkommen, dann werde sie ihm schon klar machen, daß man in der »Polka« nur Whisky pur erhalten könne. Unterdessen hat sich Rance zu Minnie gesetzt. Er erklärt ihr, Frau und Kinder, deren er überdrüssig sei, verlassen zu wollen, wenn sie ihn zum Mann nähme. Minnie hält ihm entgegen, sie habe daheim an dem Beispiel ihrer sich treu liebenden Eltern kennengelernt, was ideale Liebe sei. Jetzt betritt der Fremde das Lokal. Er wie auch Minnie sind von ihrem gegenseitigen Anblick überrascht. Minnie läßt sogleich den begehrten Whisky mit Wasser servieren. Der Gast stellt sich als Johnson aus Sacramento vor; Minnie heißt ihn willkommen. Beide erinnern sich in allen Einzelheiten einer früheren Begegnung und schauen sich tief in die Augen. Von Eifersucht gepackt, alarmiert Rance die Goldgräber in dem Tanzsaal, daß ein Fremder widerrechtlich das Lager betreten habe. Als Minnie daraufhin erklärt, der Mann sei ihr wohlbekannt, wird Johnson von allen freundlich begrüßt und aufgefordert, mit ihnen zu tanzen. Während Johnson mit Minnie im Saal einen Walzer tanzt, bringt Ashby mit einigen Männern einen der Räuberbande angehörigen Mexikaner namens Castro herbei, der angibt, Ramerrez zu hassen und daher die Goldgräber auf seine Spur führen zu wollen. Johnson kommt zurück. Castro flüstert ihm heimlich zu, er habe sich fangen lassen, um die Goldgräber von der Schenke, in welcher der Goldschatz verwahrt sei, wegzulocken. Ein Pfiff werde das Zeichen sein, daß die Luft rein sei, Johnson möge ihnen dann durch einen Pfiff seinerseits das Signal zu dem Überfall geben. Der Sheriff und die Goldgräber entfernen sich mit Castro. Minnie bleibt allein zurück zur Bewachung des Hauses. Johnson leistet ihr Gesellschaft. Sie erzählt ihm, daß sie auf halber Höhe in einer Hütte hause, jetzt aber hier warten müsse, bis die Goldgräber zurückgekommen seien. Denn die armen Teufel hätten die Früchte ihrer Arbeit ihr zur Aufbewahrung anvertraut; der Weg zu dem Goldfaß ginge daher nur über ihre Leiche. Johnson beruhigt Minnie und sagt, daß niemand in seiner Gegenwart es wagen würde, ihr ein Leid anzutun. Er bricht nun auf und verspricht, Minnies Einladung, sie während der Nacht in ihrer Hütte zu besuchen, Folge zu leisten, um dort die Unterhaltung mit ihr fortzusetzen. – In Minnies Wohnung, die nur aus einem Zimmer besteht, singt die Indianerin Wowkle ihr Kind in den Schlaf. Der rothäutige Billy Jackrabbit betritt den Raum und teilt Wowkle mit, daß sie beide auf Wunsch des Fräuleins morgen heiraten werden. Nun erscheint Minnie; sie beauftragt ihre Dienerin, ein Essen für zwei Personen anzurichten. Dann kleidet sie sich um und steckt sich Rosen ins Haar. Da kommt schon Johnson. Forschend fragt Minnie zunächst, ob er sich heute nicht im Weg geirrt habe und statt zu Nina Micheltorena in die »Polka« geraten sei. Rasch lenkt Johnson ab. Minnie erzählt nun von ihrem Leben hier auf dem Berg und im Lager, wo sie in den Wintermonaten den Goldgräbern Unterricht erteile. Johnson bringt das Gespräch auf die Liebe und erfleht schließlich von Minnie einen Kuß. Leidenschaftlich wirft sie sich an seine Brust und gibt ihm den Kuß, den ersten Liebeskuß ihres Lebens. In einem plötzlichen Entschluß öffnet Johnson die Tür, um sich zu entfernen. Draußen weht ein Schneesturm, der Saumpfad ist bereits tief verschneit. Minnie fordert Johnson auf, die Nacht in der Hütte zu verbringen, da fallen kurz hintereinander drei Schüsse. Johnson entschließt sich, zu bleiben. Minnie überläßt ihm ihr Bett, während sie sich am Herd ein Nachtlager bereitet. Kaum haben die beiden sich niedergelegt, ertönt von draußen die Stimme Nicks. Johnson greift nach seinem Revolver, aber Minnie beschwört ihn, sich hinter den Bettvorhängen zu verbergen; denn Rance sei sehr eifersüchtig. Minnie öffnet die Tür. Rance, Ashby, Nick und Sonora treten ein. Sie sind gekommen, weil sie sich um Minnie ängstigten: ihr Tänzer in der »Polka« sei in Wirklichkeit der Räuberchef Ramerrez gewesen, wie ihnen Nina Micheltorena verraten habe. Als Beweis für die Wahrheit ihrer Angabe habe sie ihnen eine Photographie dieses Johnson übergeben, die Rance jetzt Minnie triumphierend vor die Augen hält. Minnie macht es Mühe, sich zu beherrschen; sie faßt sich aber und bittet die Herren, sie zu verlassen, damit sie schlafen könne. Kaum sind die Männer weggegangen, ruft sie wütend Johnson; er erscheint gebrochen und gibt zu, Ramerrez zu sein. Minnie kann es nicht verwinden, daß es ein Räuber war, der ihr den ersten Kuß abgerungen hat. Verstört weist sie ihm die Tür. Kaum hat sich Johnson entfernt, fällt ein Schuß. Johnson stürzt verwundet gegen die Tür. Minnie zieht ihn rasch in das Zimmer, und als er sich dagegen sträubt, gesteht sie, daß sie ihn liebe. Sie läßt die Leiter, die zum Söller führt, herab und hilft ihm hinaufzuklettern. Auf ein kräftiges Klopfen von draußen hin nimmt sie hastig die Leiter weg und öffnet die Tür. Rance stürzt mit vorgehaltenem Revolver ins Zimmer. Er weiß, Johnson ist hier. Brutal verlangt er nun von Minnie Liebe, sie wehrt sich jedoch und stößt ihn energisch zur Tür hinaus. In diesem Augenblick fällt ein Bluttropfen vom Söller herab auf Rances Hand. Der Sheriff zwingt den verwundeten Johnson, herunterzusteigen. Da kommt Minnie eine rettende Idee. Sie schlägt dem leidenschaftlichen Spieler Rance ein Pokerspiel vor: gewinnt er, so gehören sie und Johnson ihm, gewinnt aber sie, so gehört Johnson für immer ihr. Mit Hilfe einer falschen Spielkarte, die sie heimlich aus ihrem Strumpf holt und die sie, von Rance unbemerkt, in die Karten steckt, gewinnt sie das Spiel. Kalt grüßend entfernt sich Rance sogleich. Mit krampfhaftem Lachen fällt Minnie Johnson an den Hals. – Am Rande des kalifornischen Urwalds erwarten beim Morgengrauen Ashby, Rance, Nick und einige andere Männer die Goldgräber, die auf der Jagd nach Johnson sind. Der Räuber soll hier in der Waldlichtung abgeurteilt werden. Rance kann seine Schadenfreude nicht verbergen; denn der Augenblick ist nahe, sich an dem Nebenbuhler und an Minnie zu rächen. Eine Gruppe von Männern erscheint; sie berichten, daß ihnen Johnson wieder entwischt sei, da er sich eines Pferdes bemächtigen konnte. Da galoppiert Sonora herbei und erzählt atemlos, der Räuber sei gefangen und werde in Kürze hier sein. Lärmend rufen die herbeieilenden Goldgräber, er solle sogleich gehenkt und, wenn er baumelt, wie eine Schießscheibe mit Revolverschüssen durchlöchert werden. Kurz darauf erscheint Ashby mit einigen Reitern, die den gefesselten Johnson herbeibringen. Ashby übergibt den Räuber Sheriff Rance zur Aburteilung. Die Goldgräber bringen die Verbrechen vor, die Johnson und seine Bande verübt haben. Johnson verteidigt sich: er habe wohl gestohlen, jedoch nie gemordet. Sodann bittet er die Goldgräber um eine letzte Gnade: das Mädchen, das er liebe und das auch sie alle liebhaben, möge nie erfahren, wie er gestorben sei; sie möge glauben, er sei frei entkommen. Johnson wird unter einen Baum gestellt, die Schlinge wird ihm um den Hals gelegt, da galoppiert Minnie herbei. Mit einem Sprung stellt sie sich vor Johnson und bedroht die Goldgräber mit dem Revolver, die daraufhin scheu zurückweichen. Als Rance die aufgebrachte Menge antreibt, die Strafe endlich zu vollziehen, erklärt Minnie mit vorgehaltenem Revolver, erst Johnson und dann sich töten zu wollen, wenn sie nicht von ihm abließen. Jetzt tritt Sonora dazwischen; er ergreift für Minnie und Johnson Partei. Minnie hält den Goldgräbern vor, daß sie ihre Jugend ihnen geopfert habe, und erinnert sie daran, was jeder einzelne ihr verdanke. Die hartherzigen Männer werden nach und nach von Rührung überwältigt; schließlich erklärt Sonora im Namen aller, Minnie den Geliebten zu schenken; das Paar möge das Land verlassen und sich anderswo ein neues Leben aufbauen.

STILISTISCHE STELLUNG: Die Oper ›Das Mädchen aus dem goldenen Westen‹ vermittelt in naturalistischer Darstellung eine Episode aus dem Jahre 1849, jener Zeit, in der die Auffindung eines Goldklumpens durch den Goldgräber Marshall in dem damals noch ziemlich unzivilisierten äußersten Westen der Vereinigten Staaten von Amerika ein wahres Goldfieber hervorrief. Die Sorge um die Aufrechterhaltung der Ordnung überließ die Regierung ihren nach Kalifornien entsandten Sheriffs, die aber nicht verhindern konnten, daß die aus allen Teilen Amerikas zusammengeströmten Goldgräber, die in Lagern hausten, eine Art Selbstverwaltung mit eigener Justiz ausübten. Dabei wurden Delikte gegen fremdes Eigentum, wie sie vor allem von Räuberbanden verübt wurden, durch ein primitives Gerichtsverfahren mit Revolver und Strick blitzschnell und unbarmherzig geahndet. In diesem rauhen Milieu spielt die Geschichte einer Liebe, deren vielfach sentimentale und rührselige Darstellung eher einem Film- als einem Opernsujet anstehen würde. Die Partitur bietet das gewohnte Bild des Puccini-Stils mit den symmetrisch gebauten geschlossenen Gebilden, den leitmotivisch behandelten Themen, den übermäßigen Dreiklängen sowie mit den subtilen Farbenmischungen und den robusten Klangausbrüchen. Die Besetzung des Orchesters ist die stärkste unter den Opern des Komponisten. In Übereinstimmung mit der wirklichkeitsnahen Darstellung des Geschehens herrscht ein naturalistischer Deklamationsstil vor, während das Lyrische in den Hintergrund gerückt erscheint. Wie bei ›Madame Butterfly‹ verschaffte sich Puccini auch bei ›La fanciulla del West‹ originale Volkslieder aus dem Land, in welchem die Handlung spielt. Er hat hier jedoch nur eine Indianerweise bei dem Heimweh-Lied des Minstrels Wallace verwertet.

Textdichtung: Als Vorlage für ›La fanciulla del West‹ diente das Drama des amerikanischen Bühnenautors David Belasco, dessen Handlung angeblich eine wahre Begebenheit zugrunde gelegen haben soll. Puccini sah das Stück bei einer Aufführung in englischer Sprache. Dabei erging es ihm ähnlich wie bei Belascos ›Butterfly‹-Drama: Die Handlung war ihm verständlich, obwohl er des Englischen unkundig war. Das dürfte nicht zuletzt der Grund gewesen sein für seinen Entschluß, den Stoff musikdramatisch zu verarbeiten, verlangte er doch von einem Opernstoff, daß er allein schon von der mimischen Darstellung her verständlich sei. Das Libretto wurde von den Textdichtern Guelfo Civinini und Carlo Zangarini abgefaßt. Puccini bediente sich ihrer Mitarbeit, da er sich mit dem jähzornigen Luigi Illica überworfen hatte und Giuseppe Giacosa bereits verstorben war. Wie bei seinen anderen Opern beteiligte sich der Komponist wieder maßgebend an der dramaturgischen Gestaltung des Stoffes, besonders bei dem gegenüber Belasco stark veränderten III. Akt. Die Textbearbeitung für die deutsche Bühne besorgte Alfred Brüggemann.

Geschichtliches: Die Uraufführung von ›La fanciulla del West‹ fand am 10. Dezember 1910 an der Metropolitan Opera in New York statt. Die musikalische Leitung hatte Arturo Toscanini, die Hauptrollen waren mit Emmy Destinn (Minnie) und Enrico Caruso (Johnson) besetzt. Die Aufführung war für New York ein großes gesellschaftliches Ereignis und brachte dem anwesenden Komponisten einen triumphalen Erfolg. Es folgten rasch hintereinander weitere Wiedergaben in Chicago, Boston und am 12. Juni 1911 – ebenfalls unter Toscaninis Leitung – die italieniche Erstaufführung am Teatro Costanzi in Rom.

Der Mantel

Dichtung von Giuseppe Adami.

Solisten: *Marcel,* Herr des Schleppkahns, 50 Jahre alt (Heldenbariton, auch Charakterbariton, gr. P.) – *Henri,* Löscher, 20 Jahre alt (Jugendlicher Heldentenor, gr. P.) – *Der »Stockfisch«,* Löscher, 35 Jahre alt (Spieltenor, auch Charaktertenor, m. P.) – *Der »Maulwurf«,* Löscher, 55 Jahre alt (Charakterbaß, auch Spielbaß, m. P.) – *Georgette,* Marcels Frau, 25 Jahre alt (Jugendlich-dramatischer Sopran, gr. P.) – *Das »Frettchen«,* die Frau des »Maulwurf«, 50 Jahre alt (Spielalt, m. P.) – *Ein Liederverkäufer* (Lyrischer Tenor, auch Spieltenor, kl. P.) – *Ein Liebespärchen* (Sopran und Tenor, kl. P.) – *Sopranstimmchen* (Sopran, kl. P.) – *Tenorstimmchen* (Tenor, kl. P.).
Chor: Löscher. Midinetten (kl. Chp.).
Ort: Paris.
Schauplatz: Ein Winkel der Seine mit Marcels Schleppkahn (im Charakter der üblichen Frachtfahrzeuge, das Steuer ragt hoch über die Kabine, diese anmutig und sauber, hübsch bemalt, mit grünen Fensterchen, Kaminrohr und flachem Dach). Der Kahn nimmt fast die ganze Vorderbühne ein, ein Landungssteg zum Kai, im Hintergrund die Pariser Altstadt und Notre-Dame, rechts im Hintergrund Gebäude längs der Seine, davor hohe Platanen.
Zeit: Gegenwart.
Orchester: 2 Fl., 1 Picc., 2 Ob., 1 Eh., 2 Kl., 1 Bkl., 2 Fag., 4 Hr., 3 Trp., 3 Pos., 1 Bt., P., Schl., Cel., Hrf., Str. – Bühnenmusik: 1 Trp., 1 Gl., 1 Schleppdampfersirene, 1 Autohupe.
Gliederung: Durchkomponierte dramatische Großform.
Spieldauer: etwa 1 Stunde.
Handlung: In einem Winkel der Seine liegt Marcels Schleppkahn vor Anker. Die Löscher sind damit beschäftigt, die letzten Säcke auszuladen. Georgette, Marcels junge Frau, spendiert ihnen mit Einverständnis ihres Mannes in Anerkennung ihrer guten Dienste eine Karaffe Wein. Ein Drehorgelmann, der zufällig am Kai vorübergeht, spielt ihnen auf seinem verstimmten Leierkasten einen Walzer. Einer der Löscher mit dem Spitznamen »Stockfisch« tanzt unbeholfen mit Georgette, worauf ihn der junge Henri zur Seite stößt. Georgette überläßt sich wohlig seinen Armen. Als Marcel naht, hören die beiden rasch auf zu tanzen. Die Löscher begeben sich zum Umkleiden in den Schiffsraum. Während ein Liederverkäufer drüben am Kai einigen Midinetten sein neuestes Chanson vorsingt, sucht Georgette aus Marcel herauszubekommen, ob er Henri auch weiterhin beschäftigen will. Forschend fragt sie den teils zerstreut, teils erregt Antwortenden, ob ihm etwas fehle. Da kommt das fröhliche »Frettchen«, um ihren Ehegespons, von den Löschern »Maulwurf« genannt, abzuholen. Sie hat die

Marotte, in einem Sack alle möglichen Gegenstände zu sammeln, deren sie habhaft werden kann. Wollüstig wühlt sie in den Sachen, unter denen sie einen Kamm hervorholt, den sie Georgette schenkt. Triumphierend zeigt sie auch eine Tüte, in der sich ein Kalbsherz befindet für ihren geliebten Hausfreund, einen gelben Kater mit grünen Augen. Die Löscher kommen nach und nach aus dem Schiffsraum und verlassen, Marcel grüßend, über den Landungssteg den Kahn. Der »Stockfisch« macht sich auf zum Wirtshaus, wo er seine elenden Gedanken wieder im Wein ersäufen will. Henri hat Verständnis für ihn und ergeht sich in bitteren Betrachtungen über dieses Sklavendasein. »Frettchen« erinnert ihren »Maulwurf« an ihren Wunschtraum, ein kleines Häuschen mit einem hübschen Gärtchen zu besitzen, während Georgette, das Großstadtkind, davon träumt, daß Marcel eines Tages von dem unsteten Leben lassen wird und sie dann wieder in der geliebten Vorstadt leben darf. Henri stimmt ihr bei; denn auch er entstammt diesem Milieu. Als »Maulwurf« und »Frettchen« gehen, wird Henri von Georgette zurückgehalten. Mit leiser Stimme gedenken sie der glücklichen Stunde ihrer gestrigen nächtlichen Zusammenkunft. Henri verspricht auch heute wieder zu kommen, und wieder soll Georgette ihm mit einem brennenden Zündholz das Zeichen geben, wenn Marcel eingeschlafen ist und er gefahrlos zu ihr auf den Kahn kommen kann. Als Marcel mit den brennenden Schiffslaternen aus der Wohnkabine tritt, macht sich Henri, von Georgette angetrieben, eilig davon. Georgette ahnt nicht, daß ihr sehr viel älterer Mann längst den Betrug bemerkt hat. Sie findet es richtig, daß Marcel den Henri weiterhin beschäftigen will, und sie meint, lieber möge er den Säufer »Stockfisch« entlassen; sie wird aber sichtlich nervös, als Marcel bemerkt, der »Stockfisch« trinke nur, um seine Frau, die eine Metze sei, nicht zu töten. Mit warmen Worten erinnert Marcel nun Georgette an die vergangene schöne Zeit, wo er sie und ihr inzwischen verstorbenes Kind an den kühlen Herbstabenden schützend in seinen Mantel einzuhüllen pflegte. Sie hört nicht auf sein inniges Flehen, jetzt hier bei ihm zu bleiben, und sie gibt vor, todmüde zu sein und schlafen gehen zu wollen. Mit einem schmerzlich verächtlichen Ausdruck ruft er ihr »Dirne« nach, als sie in die Kabine geht. Nachdem er die Lichter an den dazu bestimmten Stellen des Kahnes angebracht hat, hüllt er sich in seinen Mantel und betrachtet, auf das Steuer gestützt, sinnend die Fluten der Seine. Er zündet sich seine Pfeife an, da huscht eine Gestalt über den Landungssteg. Marcel packt den Eindringling mit einem plötzlichen Sprung an der Gurgel. Es ist Henri. Marcel erwürgt ihn, nachdem er ihn zu einem Geständnis seiner ehebrecherischen Liebe gezwungen hat. Dann hüllt er die Leiche in seinen Mantel. Ängstlich und schuldbewußt naht sich Georgette aus der Kabine. Marcel fordert sie, die sich mit geheuchelter Zärtlichkeit an ihn schmiegt, auf, unter seinen Mantel zu kommen. Zu ihrem Entsetzen rollt ihr aus dem Mantel Henris Leiche vor die Füße. Mit furchterregender Miene packt Marcel Georgette und drückt sie auf das Gesicht des toten Buhlen nieder.

STILISTISCHE STELLUNG: In Puccinis ›Mantel‹ werden feinsinnig Milieu und seelische Empfindungen miteinander verquickt und aufeinander abgestimmt. Das Stimmungshafte dominiert, ja, die Partitur setzt sich eigentlich nur aus einer Reihe unmittelbar aufeinanderfolgender knapper Stimmungsbilder zusammen; denn an Handlung ereignet sich nichts mit Ausnahme der erst ganz am Schluß eintretenden Katastrophe des Ehedramas. Die Musik ist wohl in der Erfindung nicht mehr so ursprünglich wie bei den vorangegangenen Werken, dafür aber in ihrer Sensibilität und in ihren Stimmungswerten von einer feinnervigen Spannkraft, die ungemein fesselnd wirkt. In Verbindung mit der subtilen Instrumentation vermitteln tonmalerische, aber auch naturalistische Färbungen Klangbilder von eigenartigem Reiz: das unentwegte, zeitlose Dahingleiten des Flusses; die verstimmte Drehorgel; »Frettchens« Katerlied; das Zapfenstreichsignal in B über der Quint auf A. Episoden von duftiger Zartheit (das Chanson des Liederverkäufers mit dem ›Bohème‹-Zitat; das kleine Duett des Liebespärchens) stehen leidenschaftliche Ausbrüche gegenüber (Duett Georgette–Henri; Marcels Monolog »Fließe ewiges Wasser«, dessen Melodie aus einer vor Jahren komponierten ›Elegie‹ übernommen wurde). Streckenweise tritt auch ein naturalistischer Deklamationsstil in Erscheinung. Ein herber, gedämpfter Grundton durchzieht das ganze Stück.

TEXTDICHTUNG: Giuseppe Adami (1878–1946) verfaßte das Opernbuch zu ›Il tabarro‹ nach dem erfolgreichen Pariser Drama ›La Houppelande‹ von Didier Gold. Die deutsche Übersetzung besorgte Alfred Brüggemann.

GESCHICHTLICHES: Siehe ›Gianni Schicchi‹.

Schwester Angelica

Dichtung von Giovacchino Forzano.

SOLISTEN: *Schwester Angelica* (Dramatischer Sopran, auch Jugendlich-dramatischer Sopran, gr. P.) – *Die Fürstin,* Schwester Angelicas Muhme (Dramatischer Mezzosopran, auch Alt, kl. P.) – *Die Äbtissin* (Mezzosopran, auch Alt, kl. P.) – *Die Schwester Eifrerin* (Sopran, kl. P.) – *Die Lehrmeisterin der Novizen* (Spielalt, kl. P.) – *Schwester Genoveva* (Lyrischer Sopran, m. P.) – *Schwester Osmina* (Lyrischer Sopran, auch Soubrette, kl. P.) – *Schwester Dolcina* (Spielalt, kl. P.) – *Die Schwester Pflegerin* (Sopran, kl. P.) – *1. Almosensucherin* (Sopran, kl. P.) – *2. Almosensucherin* (Alt. kl. P.) – *Zwei Novizen* (Sopran und Alt, kl. P.) – *1. Laienschwester* (Sopran, kl. P.) – *2. Laienschwester* (Alt, kl. P.).

CHOR: Nonnen (m. Chp.); Chor hinter der Szene: Knaben-, Frauen- und Männerchor (kl. Chp.).
ORT: Ein Kloster.
SCHAUPLATZ: Kirchlein und Klosterhof, nach dem rechten Bogengang der Friedhof, nach dem linken Bogengang der Nutzgarten, in der Mitte Zypressen, ein Kreuz, Kräuter und Blumen, im Hintergrund links ein Brunnen mit Steintrog, umgeben von wilden Schwertlilien.
ZEIT: Gegen das Ende des 17. Jahrhunderts.
ORCHESTER: 2 Fl., 1 Picc., 2 Ob., 1 Eh., 2 Kl., 1 Bkl., 2 Fag., 4 Hr., 3 Trp., 3 Pos., 1 Bt., P., Schl., Cel., Hrf., Str. – Bühnenmusik: 1 Picc., 3 Trp., Org., Klav., 1 Bronzeglöckchen in C, Gl. in C, D, E, F, G, A.
GLIEDERUNG: Durchkomponierte dramatische Großform.
SPIELDAUER: etwa 50 Minuten.
HANDLUNG: Aus dem Kirchlein ziehen nach der Abendandacht die Nonnen an der Äbtissin vorbei in den Klosterhof, wo die Schwester Eifrerin den Mitschwestern, die sich Verfehlungen haben zuschulden kommen lassen, Bußen auferlegt. Beglückt begrüßen die Schwestern heute zum erstenmal wieder die Sonne, die ihre goldenen Strahlen nur an drei Abenden des Jahres zur Maienzeit in den düsteren Klostergarten sendet. In stillem Gebet gedenken die Nonnen ihrer Mitschwester, die in dem nun wieder dahingegangenen Jahr gestorben ist. Sie glauben, es würde einem Wunsch der Verstorbenen entsprechen, wenn sie einen Eimer von dem sich im Sonnenglanz zu Golde färbenden Wasser auf ihr Grab gießen würden. Schwester Angelica meint dagegen, Wünsche hegten nur die Lebenden, die Toten hätten sie dank der Gnade der Heiligen Jungfrau nicht mehr nötig. Die Frage, ob sie auch einen Wunsch habe, verneint Angelica. Die Schwestern wissen sehr wohl, daß dem nicht so ist. Sie erzählen einer Novize, daß Schwester Angelica, die anscheinend einer vornehmen Familie entstamme, in den sieben Jahren, seit sie dem Konvent angehört, sehr zu ihrem Kummer von ihrer Familie nichts mehr gehört habe. Zwei Schwestern Almosensucherinnen bringen auf einem Esel allerlei köstliche Sachen für die Küche, die sie von mildtätigen Menschen geschenkt erhielten. Sie berichten, vor der Pforte eine vornehme Kutsche gesehen zu haben. Erregt fragt Angelica nach dem Aussehen des Wagens, da läutet schon das Sprechzimmerglöckchen. Die Spannung ist groß, als die Äbtissin kommt, um die Schwester aufzurufen, die Besuch erhält. Es ist Angelica. Die Nonnen ziehen sich auf einen Wink der Äbtissin mit einem Eimer Wasser aus dem sonnenbestrahlten Brunnen zum Klosterfriedhof zurück. Angelica erfährt von der Äbtissin, daß ihre Muhme, die Fürstin, gekommen sei. Zitternd vor Erregung geht Angelica der alten Dame entgegen, die ihr aber nur mit einem kurzen Blick, kalt und ohne irgendwelche Rührung die Hand zum Kuß entgegenstreckt. Die Fürstin eröffnet ihr zunächst, daß sie von den verstorbenen Eltern der Nichte mit der Verteilung des Familienerbes betraut worden sei. Da

nun Angelicas jüngere Schwester heirate, habe sie die Vermögensauseinandersetzung nach Recht und Billigkeit vorgenommen; die Nichte möge sich nun die Urkunde ansehen und sie unterschreiben. Als Angelica sich nach dem Namen des Bräutigams ihrer Schwester erkundigt, erwidert die Fürstin bloß, es sei jemand, der aus Liebe zu seiner Braut Nachsicht geübt hätte gegenüber der Schande, die sie, Angelica, über die Familie gebracht habe. Demütig bemerkt Angelica, zu ihrer Buße alles der Heiligen Jungfrau geopfert zu haben, nur ein Opfer könne sie nicht bringen: ihr Kind zu vergessen. In großer Erregung erkundigt sie sich nun nach ihrem Söhnchen. Die Fürstin schweigt, und als ihr Angelica entgegenhält, die Heilige Jungfrau werde sie richten, wenn sie noch länger schweige, berichtet die Fürstin kalt, daß das Kind vor zwei Jahren einer schweren Krankheit erlegen sei. Mit einem Aufschrei stürzt Angelica zu Boden. Die Fürstin flüstert der Schwester Schließerin, die eben ein Öllämpchen bringt, einige Worte zu. Gleich darauf kommt diese mit der Äbtissin sowie mit Tinte und Feder zurück. Angelica erhebt sich und unterschreibt mit bebender Hand das Pergament. Als die Fürstin sich der Nichte zum Abschied nähern will, wird sie von ihr mit einer Bewegung des Widerwillens abgewiesen, worauf sie sich wortlos entfernt. Jetzt bricht Angelica in lautes Weinen aus, das in Verzückung übergeht, als sie sich plötzlich der Gnade der Heiligen Jungfrau teilhaftig geworden fühlt. Nachdem sich die Schwestern zur Nachtruhe in ihre Zellen begeben haben, kocht Angelica im Garten auf einem mit Steinen improvisierten Herd aus verschiedenen giftigen Kräutern einen Trank, den sie zu sich nimmt. Sie erblickt in dem Leuchten eines Sternes ein Zeichen dafür, daß ihr Kind sie zu sich in den Himmel ruft. Doch jetzt wird sie sich mit einem Mal der schweren Sünde des Selbstmords bewußt. Verzweifelt ruft sie die Madonna um Rettung und um ein Zeichen der Gnade an. Da ertönt aus der Ferne ein Engelchor und die Türe des in hellem Glanz erstrahlenden und mit Engeln angefüllten Kirchleins öffnet sich. An der Schwelle erscheint die Königin des Trostes, die Angelica ein lichtes blondes Knäblein zuschickt. Angelica streckt, durch die Vision in Verzückung geraten, dem Kind die Arme entgegen und stirbt.

STILISTISCHE STELLUNG: Wie beim ›Mantel‹ herrscht auch bei ›Schwester Angelica‹ das Stimmungshafte vor, das aber hier mehr auf intime Wirkungen abgestimmt ist. Die spannungsgeladene Szene zwischen Angelica und der Fürstin bildet, abgesehen von der musikalisch erfindungsmatten Schlußszene, den dramatischen wie musikalischen Höhepunkt des schon allein wegen der Besetzung mit lauter Frauenstimmen kontrastarmen Stückes. Puccini verarbeitete in dieser Oper auch einige Stellen aus den Skizzen zu einer unvollendet gebliebenen Oper nach Emile Zolas ›Abbé Mouret‹ sowie das Vorspiel zu der ebenfalls nicht zu Ende geführten Oper ›Die Holzpantöffelchen‹.

Textdichtung: Puccini wünschte für sein ›Triptychon‹ zwischen dem tragischen und dem heiteren Stück ein stark gegensätzliches lyrisches Intermezzo. Zur Vertonung einer Klostergeschichte dürfte ihn, der seine Laufbahn als Kirchenkomponist begonnen hatte, schon einmal das ausgefallene Milieu gereizt haben, das ihm auch durch die Besuche bei seiner im Kloster lebenden Schwester Ramelde vertraut geworden war. (Da diese bei der strengen Klausur kein Theater besuchen durfte, spielte und sang Puccini am Klavier ihr und ihren Mitschwestern einmal die ›Suor Angelica‹ im Kloster vor.) Das Opernbuch zu ›Suor Angelica‹ verfaßte Giovacchino Forzano (1884–1970), der erst Mediziner und Baritonist, dann Journalist und schließlich ein erfolgreicher Librettist geworden war. Der Stoff, der die Tragödie einer Mutterschaft behandelt, wurde von ihm frei erfunden und gleichsam als dramatische Charakterstudie in Form des knappen Einakters gestaltet. Die deutsche Übersetzung besorgte Alfred Brüggemann.
Geschichtliches: Siehe ›Gianni Schicchi‹.

Gianni Schicchi

Dichtung von Giovacchino Forzano.

Solisten: *Gianni Schicchi,* 50 Jahre alt (Schwerer Spielbaß, auch Heldenbariton, auch Charakterbariton, gr. P.) – *Lauretta,* seine Tochter, 21 Jahre alt (Lyrischer Sopran, m. P.) – Die Verwandten des Buoso Donati: [*Zita,* genannt die Alte, Base des Buoso, 60 Jahre alt (Dramatischer Mezzosopran, auch Dramatischer Alt, gr. P.) – *Rinuccio,* Neffe der Zita, 24 Jahre alt (Lyrischer Tenor, gr. P.) – *Gherardo,* Neffe des Buoso, 40 Jahre alt (Lyrischer Tenor, auch Charaktertenor, gr. P.) – *Nella,* seine Frau, 34 Jahre alt (Sopran, gr. P.) – *Gherardino,* beider Sohn, 7 Jahre alt (Knabenstimme, kl. P.) – *Betto von Signa,* Schwager des Buoso, unbestimmbares Alter, arm und schlecht gekleidet (Baß, gr. P.) – *Simon,* Vetter des Buoso, 70 Jahre alt (Baß, gr. P.) – *Marco,* sein Sohn, 45 Jahre alt (Bariton, gr. P.) – *Ciesca,* Frau des Marco, 38 Jahre alt (Alt, gr. P.)] – *Magister Spinelloccio,* Arzt (Baß, kl. P.) – *Herr Amantio di Nicolao,* Notar (Bariton, kl. P.) – *Pinellino,* ein Schuster (Baß, kl. P.) – *Guccio,* ein Färber (Baß, kl. P.).
Ort: Florenz.
Schauplatz: Das Schlafzimmer Buoso Donatis. Links die Eingangstür, dahinter ein Treppenabsatz und Treppe, dann eine Glastür mit Scheiben bis zum Fußboden, durch sie gelangt man auf den mit einem Holzgeländer abgeschlossenen Balkon. Im Hintergrund links großes Fenster, durch das der Turm des Arnolfo zu sehen ist. Rechts eine hölzerne Treppe zu einer Galerie, auf der sich ein Schrein und eine Tür

befinden. Unter der Treppe ebenfalls eine kleine Tür, rechts im Hintergrund ein Bett.
ZEIT: 1299.
ORCHESTER: 2 Fl., 1 Picc., 2 Ob., 1 Eh., 2 Kl., 1 Bkl., 2 Fag., 4 Hr., 3 Trp., 3 Pos., 1 Bt., P., Schl., Hrf., Cel., Str. – Bühnenmusik: 1 tiefe Gl. in Fis.
GLIEDERUNG: Durchkomponierte dramatische Großform.
SPIELDAUER: etwa 1 Stunde.
HANDLUNG: Mit scheinheiliger Anteilnahme umstehen, Gebete leiernd, die Verwandten das Bett, in dem der tote Buoso Donati liegt. Sie beteuern, den Verstorbenen ihr Leben lang zu beweinen. Da flüstert Betto, Buosos Schwager, seiner Nichte Nella etwas ins Ohr, das nach und nach alle in Schrecken versetzt: in Signa gehe das Gerücht um, der alte Buoso habe sein großes Vermögen dem Kloster vermacht. Man wendet sich an Simon, den Vetter des Verstorbenen, der als ehemaliger Podestà in Rechtsangelegenheiten bewandert ist. Dieser meint, wenn das Testament beim Notar liege, sei nichts zu machen, anders dagegen, wenn es hier im Haus des Buoso aufbewahrt sei, dann hätten die Klosterbrüder nichts zu lachen. Fieberhaft beginnen nun alle, nach dem Testament zu suchen. Betto nützt die Gelegenheit der allgemeinen Verwirrung und steckt heimlich einen schönen silbernen Teller mit Stilett und Schere zu sich. Da findet endlich Rinuccio, der Neffe von Buosos Base Zita, in einem Schrein die Pergamentrolle. Die Verwandten stürzen sich auf ihn, er wehrt sie aber ab und nimmt ihnen erst noch das Versprechen ab, seiner Verheiratung mit Gianni Schicchis Tochter Lauretta nichts mehr in den Weg zu legen, falls ihm der Onkel ein schönes Erbe hinterlassen habe. Während Zita umständlich des Testament öffnet, schickt Rinuccio den kleinen Gherardino zu Gianni Schicchi mit der Bitte, er möchte mit seiner Tochter sogleich hierher kommen. Die Verwandten drängen sich um Zita, und alles liest gespannt und lautlos das Vermächtnis. Aber bald verfinstern sich ihre Mienen und sie setzen sich schließlich wie versteinert nieder. Simon verlöscht die Kerzen am Bett des Toten. Nach und nach geht ihre Niedergeschlagenheit in helle Empörung gegen den Verblichenen über, der den lieben Verwandten überhaupt nichts und alles den Klosterbrüdern vermacht hat. Mit einem Mal halten sie inne und fragen sich, ob es denn nicht ein Mittel gäbe, das Testament zu umgehen. Wieder wenden sie sich forschend an Simon. Da bedeutet ihnen Rinuccio, es gebe nur einen Mann, der dies fertig brächte: der schlaue Gianni Schicchi, den er soeben habe herbeiholen lassen. Die Verwandten wollen aber nichts von ihm wissen, sie wollen jetzt auch nicht mehr, daß ein Donati die Tochter eines zugewanderten Kerls heirate. Rinuccio weist darauf hin, daß Florenz seinen Ruhm und seine Größe in erster Linie den Künstlern und Gelehrten verdanke, die von außerhalb in die Stadt gezogen waren. Da klopft es, und Gianni Schicchi tritt mit Lau-

retta ein. Die alte Zita lehnt barsch ein Mädchen ohne Mitgift für ihren Neffen ab; gekränkt will sich Gianni Schicchi mit seiner Tochter wieder entfernen. Als ihn aber Lauretta innig anfleht, um ihrer Liebe willen zu bleiben, läßt er sich das Testament reichen. Zunächst findet auch er, daß nichts zu machen sei, doch plötzlich hat er einen Einfall. Er schickt erst Lauretta aus dem Zimmer auf den Balkon, dann vergewissert er sich, ob außer den Verwandten noch jemand von dem Ableben Buosos Kenntnis erhalten habe. Als die Verwandten dies verneinen, läßt er den Toten in das Nebenzimmer bringen und von den Frauen das Bett machen. In diesem Augenblick klopft es. Es ist der Arzt. Auf Gianni Schicchis Weisung lassen die Verwandten den Doktor nur durch den Türspalt mit dem »Patienten« reden, der so täuschend die Stimme Buosos imitiert, daß der Arzt den Schwindel nicht merkt. Gianni Schicchi-Buoso bittet den Doktor, erst abends zu kommen, da er jetzt ruhen wolle, worauf sich dieser befriedigt über den Erfolg seiner Kunst entfernt. Nun schickt Gianni Schicchi eiligst nach dem Notar, um ihm das Testament neu zu diktieren. Die Verwandten machen Schicchi Vorschläge, wie er die einzelnen Erbgüter verteilen soll, wobei sie sich gegenseitig in die Haare kommen. Da ertönt plötzlich die Sterbeglocke; alle erbleichen, aber Gherardo kann in Erfahrung bringen, daß das Läuten dem tödlich verunglückten Mohren des Hauptmanns gegolten habe. Gianni Schicchi legt nun Nachthemd, Haube und Halstuch von Buoso an; die Verwandten machen inzwischen im Zimmer Ordnung. Dann erinnert Gianni Schicchi sie an das florentinische Gesetz, wonach ihnen, falls der Schwindel aufkomme, die rechte Hand abgehackt werde und sie verbannt würden. Da klopft es an der Tür. Gianni Schicchi schlüpft schnell ins Bett, während die Verwandten durch Zuziehen der Vorhänge das Zimmer abdunkeln. Der Notar erscheint mit zwei Zeugen. Gianni Schicchi beginnt sodann mit dem Diktat des Testamentes: für sein eigenes, Buosos Begräbnis, setzt er bescheiden bloß zwei Gulden ein, den Klosterbrüdern vermacht er gar nur ganze fünf Lire, dann verteilt er das Bargeld und die geringeren Werte unter die Verwandten, während er die fetten Brokken der Reihe nach seinem »lieben Freund Gianni Schicchi« verschreibt. Als die Wut und die Empörung der Verwandten immer lauter wird, erinnert er sie zwischendurch mit leiser Stimme an die drohende Strafe. Nachdem er noch den Notar und die Zeugen großzügig aus Zitas Tasche hat bezahlen lassen, verabschieden diese sich gerührt von ihm. Wutschnaubend gehen jetzt die Verwandten auf Gianni Schicchi los, der rasch aus dem Bett springt und sie aus seinem Haus, das er sich eben vermacht hat, hinausjagt. In der Eile raffen sie noch, was nicht niet- und nagelfest ist, dann entfernen sie sich unter wüsten Beschimpfungen. Durch die Balkontür betreten nun, innig umschlungen, Lauretta und Rinuccio das Zimmer. Gerührt betrachtet Gianni Schicchi das Liebespaar. Dann wendet er sich an das Publikum mit dem Bemerken, daß ihn der große Dante für diese Schelmerei in die Hölle steckte, doch da er das Ganze zu einem guten Ende geführt habe, bitte er die Zuschauer um mildernde Umstände.

STILISTISCHE STELLUNG: ›Gianni Schicchi‹ ist nach ›La Bohème‹ fraglos Puccinis kunstvollste Oper, wenngleich die musikalische Erfindung nicht mehr so frisch und ursprünglich erscheint. Trotz des mosaikartigen Aufbaus wirkt das ganze Werk außerordentlich geschlossen dank einer weisen Disposition und dank der leitmotivartigen Verarbeitung einiger prägnanter, originell harmonisierter Themen. Das ariose Element tritt lediglich in ein paar lose dazwischengestreuten lyrischen Episoden in Erscheinung (Rinuccios Hymnus auf Florenz, Laurettas zärtlich-schwärmerischer Bittgesang und das abschließende kleine Liebesduett). Im allgemeinen herrscht ein trefflich charakterisierender, manchmal sich in ein rhythmisiertes Sprechen auflösender Deklamationsstil vor, der von dem untermalenden Orchester sinnenfällig gestützt wird.

TEXTDICHTUNG: Mit ›Gianni Schicchi‹ hatte Puccini endlich den von ihm seit langem gesuchten Stoff für eine musikalische Komödie gefunden. Ein paar Verse aus Dantes ›Divina Commedia‹ (1311 bis 1321, Hölle, 30. Gesang, Vers 32 und 43) gaben ihm die Anregung zu dem burlesken Spiel, das Giovacchino Forzano in den Grundzügen nach den Terzinen und dem erläuternden Kommentar der Vorlage gestaltete. Die deutsche Übersetzung besorgte wieder Alfred Brüggemann.

GESCHICHTLICHES: Noch während der Arbeit an ›La fanciulla del West‹ sah Puccini sich bereits wieder nach neuen Opernstoffen um; Maurice Maeterlincks ›Pelléas und Mélisande‹, Gabriele D'Annunzios ›Kinderkreuzzug‹ und Victor Hugos ›Der Glöckner von Notre-Dame‹ wurden unter anderem erwogen. Aber zunächst mußte ein geeigneter Textdichter gefunden werden. Mit Illica hatte sich Puccini überworfen und mit Civinini und Zangarini, die ihm das Buch zu ›Fanciulla‹ geschrieben hatten, wollte er keine weitere Arbeitsgemeinschaft eingehen. Seinen Mentor in Operntextangelegenheiten, Giulio Ricordi, hatte er durch den Tod verloren (1912). Endlich glaubte er in dem phantasiebegabten Schriftsteller Giuseppe Adami eine geeignete Persönlichkeit gefunden zu haben. Dieser arbeitete zunächst ein Libretto nach einem spanischen Sujet (›Die fröhliche Seele‹) aus, das aber nicht ausgeführt wurde. Jetzt tauchte auch der schon früher erwogene Plan für einen Einakter-Zyklus wieder auf, der ein tragisches, ein lyrisches und ein burleskes Stück zur Aufführung an einem Abend umfassen sollte. Inzwischen hatte Puccini in Paris am Théâtre Marigny Didier Golds Einakter ›La Houppelande‹ gesehen, von dem er stark beeindruckt worden war. Er schickte das Buch zunächst an den Dichter Ferdinando Martini, der aber ablehnte. Daraufhin ließ er sich von Adami versuchsweise das Opernbuch entwerfen. Schon nach einer Woche erhielt Puccini das Gewünschte, worauf er sich anschließend sogleich an die Ausarbeitung von ›Il tabarro‹ machte, die – wiederum nach langwierigem Meinungsaustausch zwischen Dichter und Komponisten – im Jahre 1913 zum Abschluß gebracht werden konnte. In Ermangelung geeigneter Stoffe für die beiden anderen Einakter nahm Puccini dann die Operette ›La rondine‹ in Angriff, zu der er sich für das Carltheater in Wien vertraglich verpflichtet hatte. Nach der Uraufführung dieses Werkes (1917) konnte Puccini endlich von dem Librettisten Giovacchino Forzano zwei Bücher erhalten, die in ihrer Gegensätzlichkeit hinsichtlich des Milieus und des Zeitkolorits ihm für die Komplettierung des Einakter-Zyklus' geeignet erschienen. Zunächst arbeitete Forzano zur vollen Zufriedenheit des Komponisten das Libretto zu ›Gianni Schicchi‹ aus und, während Puccini bereits mit der Komposition der Komödie beschäftigt war, das Buch zu ›Suor Angelica‹. Da ›Il tabarro‹, ›Suor Angelica‹ und ›Gianni Schicchi‹ für die Aufführung an einem Abend gedacht waren, wurden sie unter dem Namen ›Il trittico‹ zusammengefaßt. Die geschlossene Uraufführung des Triptychons erfolgte am 14. Dezember 1918 an der Metropolitan Opera in New York unter der musikalischen Leitung von Roberto Moranzoni, die italienische Erstaufführung am Teatro Costanzi in Rom am 11. Januar 1919. Obwohl der Publikums- und Presse-Erfolg enorm war, erfuhr – besonders im Ausland – zunächst nur ›Gianni Schicchi‹ weitere Verbreitung. Erst in neuerer Zeit hat sich ›Der Mantel‹ durchgesetzt, auch geschlossene Aufführungen des ganzen Triptychons werden immer häufiger.

Turandot

Lyrisches Drama in drei Akten (fünf Bildern). Dichtung von Giuseppe Adami und Renato Simoni.

SOLISTEN: *Turandot,* eine chinesische Prinzessin (Dramatischer Sopran, gr. P.) – *Altoum,* Kaiser von China (Charaktertenor, auch Lyrischer Tenor, m. P.) – *Timur,* entthronter König der Tataren (Charakterbaß, auch Seriöser Baß, m. P.) – *Der unbekannte Prinz* [*Kalaf*], sein Sohn (Jugendlicher Heldentenor, gr. P.) – *Liù,* eine junge Sklavin (Lyrischer Sopran, m. P.) – *Ping,* Kanzler (Spielbariton, auch Charakterbariton, gr. P.) – *Pang,* Marschall (Spieltenor, auch Charaktertenor, gr. P.) – *Pong,* Küchenmeister (Spieltenor, auch Charaktertenor, gr. P.) – *Ein Mandarin* (Bariton, kl. P.) – *Der junge Prinz von Persien* (Stumme Rolle) – *Der Scharfrichter* (Stumme Rolle).

CHOR: Die kaiserlichen Wachen. Die Gehilfen des Henkers. Knaben. Priester. Mandarine. Würdenträger. Die acht Weisen. Turandots Kammerfrauen. Diener. Soldaten. Bannerträger. Musikanten. Schat-

ten der Verstorbenen. Geheimnisvolle Stimmen. Die Menge (I. Akt: Männerchor geteilt in Volk, in Wachen [Tenöre], in Henker [12 Bässe] und in Weiße Priester; II. Akt: Bässe geteilt in Volk und in 8 Weise; Knabenchor; gr. Chp.).
ORT: Peking.
SCHAUPLÄTZE: Die Mauer der großen »violetten Stadt«, der »Kaiserstadt«, fast die ganze Szene im Halbkreis umschließend, rechts großer Laubengang voller Skulpturen und Schnitzereien, die Ungeheuer, Einhörner, Phönixe usw. darstellen, während die Pfeiler der Lauben auf den Rücken gewaltiger Schildkröten ruhen. Zu Füßen des Laubengangs großer bronzener Gong, auf den Zinnen Pfähle mit den Schädeln der Hingerichteten, links und im Hintergrund drei riesige Tore, in der Ferne die Stadt Peking – Ein von einem großen Zelt gebildeter Pavillon mit einem mittleren und zwei seitlichen Ausgängen – Der große Schloßplatz, fast in der Mitte eine riesige Marmortreppe, welche sich in der Höhe zwischen durchbrochenen Bogen verliert, mit drei geräumigen Zwischenebenen – Der Schloßgarten, bestehend aus lauter wellenförmigen Bodenerhebungen, Gebüschen und Götterbildnissen in dunkler Bronze, rechts ein Pavillon, zu dem fünf Stufen führen und den eine reich bestickte Zeltwand abschließt – Die Außenseite des Kaiserpalastes, ganz in weißem, durchbrochenem Marmor, in der Mitte eine hohe Treppe.
ZEIT: In vergangenen Zeiten.
ORCHESTER: 2 Fl., 1 Picc., 2 Ob., 1 Eh., 2 Kl., 1 Bkl., 2 Fag., 1 Kfag., 4 Hr., 3 Trp., 3 Pos., 1 Bt., P., Schl., 2 Hrf., 12 chinesische Gongs, Klav., Org., Cel., Str. – Bühnenmusik: Hörner, 6 Trp., 4 Pos., 2 Altsaxophone, 1 Tr.
GLIEDERUNG: Durchkomponierte dramatische Großform.
SPIELDAUER: etwa 2¾ Stunden.
HANDLUNG: Von den hohen Zinnen der Mauer, die den kaiserlichen Palast in Peking umgibt, verkündet ein Mandarin der Menge einen tragischen Erlaß: die Prinzessin Turandot heiratet den Mann aus königlichem Blut, der die drei Rätsel löst, die sie ihm aufgibt. Wer die Probe nicht besteht, ist dem Henker verfallen. Der junge Prinz von Persien konnte die Rätsel nicht lösen, daher muß er bei Mondaufgang sterben. Unter großem Tumult akklamiert das Volk die Bekanntmachung. Während die Henkersknechte das große Henkersschwert schleifen, richtet der junge Prinz Kalaf einen von der Menge zu Boden gestoßenen alten Mann auf, in welchem er seinen Vater Timur erkennt. Dieser war als König der Tataren von dem Kaiser von China entthront worden; er befindet sich jetzt, wie sein Sohn Kalaf, unerkannt auf der Flucht, behütet von einer zierlichen Sklavin, Liù, die ihrem Herrn die Treue hält, weil ihr einst Prinz Kalaf zugelächelt hatte. Beglückt schließt der Greis den totgeglaubten Sohn in die Arme. Inzwischen ist der Mond aufgegangen. Das Volk empfindet jetzt Mit-

leid mit dem schönen persischen Prinzen, als er zur Richtstätte geführt wird. Aber Turandot, die in ihrer kalten Schönheit einer Vision gleich auf den Zinnen der Mauer erschienen ist, lehnt eine Begnadigung ab. Kalaf ist von Turandots Anblick geblendet. Angsterfüllt suchen Timur und Liù, ihn von hier wegzuführen, aber er hört nicht auf sie. Schon geht er zu dem großen Gong, da treten ihm drei Masken, der Kanzler Ping, der Marschall Pang und der Küchenmeister Pong in den Weg. Auch sie fordern den Unbekannten auf, von dem Wahn zu lassen und sich zu entfernen, und auch ihre Ermahnungen sind ebenso vergeblich wie Timurs und Liùs inniges Flehen. Selbst das Erscheinen des Henkers Pu-Tin-Pao mit dem abgeschlagenen Haupt des persischen Prinzen kann ihn nicht abschrecken, gegen den Gong die drei Schläge zu führen als Zeichen, daß er sich als Freier melde. Hohnlachend entfernen sich die drei Masken, während sich Liù verzweifelt an Timur schmiegt. – In einem Pavillon treffen sich Ping, Pang und Pong zur Beratung: siegt der Fremde, dann bereitet Pong, der Küchenmeister, das Hochzeitsfest; rät er fehl, dann richtet der Marschall Pang das Begräbnis. Der Kanzler Pong ist besorgt um das alte heilige China, in dem jahrtausendelang die Dinge nach alter Regel ihren Lauf nahmen, bis Turandot kam. Aus ihren Papyrusrollen rekapitulieren sie die Zahl der bisherigen Opfer der grausamen Prinzessin, die heuer im Jahr des Tigers bereits die Zahl von dreizehn erreichten. Sie rufen den großen Himmelsmarschall Tiger an, er möge China endlich wieder seine Ruhe geben. Aber der aus dem kaiserlichen Palast dringende Lärm ruft sie wieder in die traurige Wirklichkeit zurück. – Auf dem großen Schloßplatz versammelt sich die Menge. Die acht Weisen nehmen Aufstellung, von denen jeder drei versiegelte Rollen mit den Lösungen zu Turandots Rätseln in der Hand hält. Schließlich erscheint Kaiser Altoum mit Prinzessin Turandot. Nachdem auch der Kaiser den unbekannten Prinzen vergeblich aufgefordert hat, von seinem Vorhaben abzustehen, und ein Mandarin die Satzung verlesen hat, gibt Turandot dem Fremden bekannt, daß sie, die kein Mann jemals besitzen soll, es auf sich genommen habe, die Freveltat eines Mannes an einer ihrer Ahnen an all den Prinzen zu rächen, die um ihre Hand anhalten. Dann stellt sie die erste Frage: welches Phantom jede Nacht von neuem in den Herzen der Menschen geboren würde, um tags darauf wieder zu sterben. Der Prinz antwortet, es sei die Hoffnung. Die Weisen bestätigen aus der ersten Rolle die Richtigkeit der Lösung. Zornig tritt die Prinzessin näher und fragt weiter: es lodere wie eine Flamme und sei doch kein Feuer, im Fieber rase es ungestüm und es sei kalt im Tode, im Gedanken an den Sieg glühe es auf und gleich der Sonne am Abend sei sein Glanz. Nach einigem Überlegen erwidert Kalaf, es sei das Blut. Und wieder erklären die Weisen die Antwort als richtig. In höchster Erregung steigt jetzt Turandot die Treppe herab und beugt sich über den Prinzen, während sie die letzte Frage an ihn richtet: an welchem Eis, das durch des Prinzen Feuer noch mehr erstarre, verbrenne er? Höhnisch lächelt die Prinzessin, als sie bemerkt, daß ihre Nähe Kalaf verwirrt. Dieser springt jedoch plötzlich auf und nennt das Eis: Turandot. Die Weisen bestätigen, daß auch das dritte Rätsel richtig gelöst sei. Das Volk jubelt. Aber Turandot fleht außer sich den Kaiser an, sie, sein Kind, nicht wie eine Sklavin zu verschenken. Der Kaiser beruft sich jedoch auf sein gegebenes Wort. Als Turandot sich dann an den Prinzen selbst wendet mit der Frage, ob er sie denn mit Gewalt zwingen wolle, antwortet er, er begehre nur ihre Liebe. Jetzt gibt er ihr ein Rätsel auf, und zwar soll sie ihm, dem Unbekannten, bis zum nächsten Morgengrauen seinen Namen nennen; vermag sie es, so will er sterben. – In einem Erlaß befiehlt Turandot der gesamten Bevölkerung Pekings, diese Nacht nicht zu schlafen, und unter Androhung von Tod und Folter wird das Volk aufgefordert, den Namen des Fremdlings ausfindig zu machen. Ping, Pang und Pong schleichen in den Pavillon, in dem Kalaf ruht. Sie suchen vergeblich, mit schönen Mädchen, mit Körben und Säcken voll Gold und Kleinodien und mit dem Versprechen, ihm zur Flucht zu verhelfen, ihn zur Preisgabe seines Namens zu bewegen. Schließlich bedrohen sie ihn mit dem Dolch, da werden von Häschern Timur und Liù herbeigeschleppt, die mißhandelt und mit Blut besudelt sind. Der Prinz behauptet, daß diese seinen Namen nicht kennten. Turandot wird gerufen, und als neuerdings der greise Timur bedroht wird, tritt rasch Liù vor und gesteht, daß sie allein den Namen kenne. Aber sie läßt sich ihn durch keine Folter erpressen, und als man den Henker herbeiholt, tritt sie vor die Prinzessin und prophezeit ihr, daß Turandot Kalaf lieben werde, während sie, die ihn heimlich liebte, ihre Augen schließen werde, damit er nochmals siege und auf daß sie ihn dann nimmer sähe. Unversehens ergreift sie den Dolch eines Soldaten und ersticht sich. Nachdem die Tote, begleitet von Timur und der tief ergriffenen Menge, weggetragen worden ist, stehen sich Turandot und Kalaf allein gegenüber. Der Prinz reißt ihr den Schleier vom Gesicht, damit sie Liùs Blut sähe, das für sie geflossen ist, und als sie ihm entgegenhält, daß er in ihre Seele werde niemals vordringen können, packt er sie mit Gewalt und überschüttet sie mit Küssen. Nach und nach gibt sie zu, ihm, den sie von Anfang an gefürchtet und, wie sie jetzt erkennt, geliebt habe, unterlegen zu sein; er möge sich aber mit diesem Sieg zufrieden geben und mit seinem Geheimnis von dannen ziehen. Da nennt ihr Kalaf selbst seinen Namen mit dem Bemerken, sie möge ihn verderben, wenn sie es könne. Aus dem Palast ertönen die Fanfaren, der Morgen graut und es naht die Entscheidung. Vor dem Kaiser und allem Volk erklärt Turandot, den Namen des Fremdlings zu kennen: er heiße Gemahl. Kalaf stürzt unter dem Jubel aller in Turandots Arme.

Stilistische Stellung: Das hervorstechendste Merkmal der ›Turandot‹-Partitur ist in dem Raffinement ausgesuchter und subtilster koloristischer Wirkungen zu erblicken, mit denen Puccini das bunte, farbenprächtige exotische Märchenmilieu in Klang umsetzte. Der ganze Zauber einer fernen, unwirklichen Welt tut sich auf, vermittelt durch musikalische Wirkungen verschiedener Art: zunächst durch die pittoreske Melodik, die in ihrer Pentatonik zum Teil originalen chinesischen Volksweisen nachgestaltet ist; die Klangwerdung der fremdländischen Atmosphäre bewirkt aber auch eine mit Figurenwerk verbrämte heterophone Harmonik, vielfach über Orgelpunkten und ostinaten Bässen, ferner die charakteristische Rhythmik mit zahlreichem Taktwechsel und Schwergewichtsverschiebungen und ganz besonders die feinnervige Instrumentation, die zur Erzielung des nationalen Kolorits neben Harfe und Celesta Saxophone und zwölf chinesische Gongs mobilisiert. Auch Chorwirkungen (Knabenstimmen, Brummchöre) tragen zur folkloristischen Malerei bei. Dem pompösen Prunk der Massenszenen und dem leidenschaftlichen Pathos der Kalaf–Turandot-Stellen stehen die zart-lyrische Zeichnung der Liù einerseits und die scherzoartigen Intermezzi der drei Masken anderseits gegenüber. Im Vergleich zu den früheren Werken erscheint die formale Anlage breiter und großzügiger. Die ›Turandot‹ ist sicherlich Puccinis technisch gekonntestes Werk, wenngleich die musikalische Inspiration nicht mehr die Höhe der Welterfolge ›La Bohème‹, ›Tosca‹ und ›Butterfly‹ erreicht. Franco Alfanos Ergänzung stützt sich wohl auf die vom Meister hinterlassenen Skizzen, doch ist die Naht, auch schon rein äußerlich im Notenbild, deutlich spürbar.

Textdichtung: Die chinesische Prinzessin Turandot ist Heldin einer persischen Erzählung aus ›1001 Tag‹. Das der Commedia dell'arte nahestehende skizzenartige Märchenspiel ›Turandot‹ des venezianischen Dichters Carlo Gozzi (1720–1806) erfuhr zunächst eine dramatische Bearbeitung durch Friedrich Schiller (1802) und in neuerer Zeit durch Waldfried Burggraf (1925). Es diente auch schon einmal vor Puccini als Opernvorlage, und zwar für die gleichnamige Oper von Ferruccio Busoni (1917). Die Operndichtung für Puccini führten unter der bestimmenden Mitwirkung des Komponisten die Librettisten Giuseppe Adami (1878–1946) und Renato Simoni (1875–1952) aus. Gegenüber Gozzi und auch gegenüber Schiller erblickte Puccini in Turandot nicht jene kalte Schönheit, die ihre jungfräuliche Scheu vor dem Männergeschlecht hinter sadistischer Grausamkeit verbirgt, sondern eine liebesfähige Frau, deren unnatürliches, blutrünstiges Gebaren mit Rachsucht in echt asiatischem Sinn motiviert ist. Die Handlung wird, von einigen Veränderungen abgesehen, der Vorlage folgend in konzentrierter Form vermittelt, wodurch auch auf eine Reihe von Personen verzichtet werden konnte. An die Stelle der Commedia dell'arte-Figuren (Pantalone, Truffaldino, Brighella) treten in der Oper drei im Rahmen des Milieus bleibende, bizarre und feinkomische Märchengestalten (Ping, Pang, Pong). Die deutsche Textfassung stammt von Alfred Brüggemann.

Geschichtliches: Nach der Vollendung des ›Triptychon‹ suchte Puccini mit nervöser Ungeduld wie noch nie, gleichsam als ob er sein nicht allzufernes Ende ahnte, nach einem neuen Opernstoff. Eine Vorlage des französischen Lustspieldichters Tristan Bernard hatte er abgelehnt. Im Herbst 1920 bat der Komponist den Journalisten Renato Simoni gelegentlich eines Jagdbesuches in Torre del Lago, zusammen mit Adami ein Libretto auszuarbeiten. Adami war mit der Zusammenarbeit sehr einverstanden, und die beiden Autoren bearbeiteten zunächst ein Stück ›Fanny‹ (nach Charles Dickens), das aber dem Komponisten nicht gefiel. Simoni schlug nun vor, einen Märchenstoff zu wählen, und bald fiel der Name Gozzi. Puccini stellte dessen ›Turandot‹ zur Debatte, die ihm vor Jahren beim Besuch einer Aufführung bei Max Reinhardt in Berlin großen Eindruck gemacht hatte. Simoni, der früher als Journalist in China lebte, kannte Land und Literatur sehr genau. Puccinis Freund, Baron Fassini, der ehemals in einem italienischen Konsulat in China tätig gewesen war, bot den Librettisten und dem Komponisten eine große Anzahl Vorlagen in seinem Haus, das im chinesischen Stil eingerichtet war, darunter auch eine kostbare Spieluhr; diese spielte die echte chinesische Kaiserhymne, die Puccini ziemlich unverändert in das Finale des II. Aktes übernahm, und eine weitere Melodie, nach der das Motiv der drei Masken gestaltet wurde. Eine chinesische Prinzessin, die vorgab, von Turandot direkt abzustammen, übermittelte ebenfalls einige Originalmelodien. Auch das Londoner Museum stellte dem Komponisten Anschauungsmaterial zur Verfügung. Anfang September 1924 wurde mit der Mailänder Scala der Aufführungsvertrag abgeschlossen. Die Partitur war bereits bis zu dem großen Duett Turandot–Kalaf (III. Akt) gediehen, da nahm der Tod dem Komponisten die Feder aus der Hand (29. November 1924). Der unvollendet gebliebene restliche Teil der Oper (Duett Turandot–Kalaf sowie das kurze Schlußbild) wurde sodann mit Pietät von Franco Alfano aus den 36 Skizzenblättern vervollständigt, die Puccini hinterlassen hatte. Die Uraufführung fand am 25. April 1926 unter Leitung von Arturo Toscanini in der Scala in Mailand statt. Toscanini brach an der Stelle, an der Puccinis Original zu Ende ist, die Vorstellung mit den an das Publikum gerichteten Worten ab: »Hier endet das Werk des Meisters«, und erst bei der zweiten Aufführung wurde die ›Turandot‹ ganz, also mit Alfanos Ergänzungen, gegeben.

Henry Purcell

* 1659, † 21. November 1695 in Westminster (London)

Dido and Aeneas (1688 London), Oper, T: Nahum Tate, V: Novello (The Works of Henry Purcell, Band 3); Neuausg. v. Artur Bodanzky (1924), V: U. E.; v. Benjamin Britten, V: B&H; v. Thurston Dart, V: DVfM (BV)

Halbopern:

The Prophetess, or The History of Dioclesian (1690 London), T: Thomas Betterton, V: Novello (Band 9)

King Arthur (1691 London), T: John Dryden, V: Novello (Band 26)

The Fairy Queen (1692 London), T: nach William Shakespeares ›Sommernachtstraum‹, V: Novello (Band 12); deutsche Bearb. v. Carl Stueber, Fritz Schröder u. Kurt Jooss (1959 Schwetzingen), V: BV

The Indian Queen (1695 London), T: Robert Howard u. J. Dryden, V: Novello (Band 19)

The Tempest (um 1695 London), T: nach W. Shakespeare, V: Novello (Band 19)

Dido und Aeneas

Oper in drei Akten. Libretto von Nahum Tate.

Solisten: *Dido,* Königin von Karthago (Lyrischer Sopran, gr. P.) – *Aeneas,* ein trojanischer Prinz (Lyrischer Bariton, auch Lyrischer Tenor, gr. P.) – *Belinda,* eine Edelfrau im Gefolge der Königin (Sopran, m. P.) – *2. Frau* (Sopran, kl. P.) – *Zauberin* (Mezzosopran, m. P.) – *1. Hexe* (Mezzosopran, auch Sopran, m. P.) – *2. Hexe* (Mezzosopran, auch Alt, m. P.) – *Geist* (Sopran, kl. P.) – *Erster Matrose* (Sopran oder Tenor, kl. P.)

Chor: Gefolge der Dido. Hexen. Matrosen des Aeneas (gemischter Chor, m. Chp.).

Ballett: Diverse Tänze, ad libitum.

Ort: Karthago.

Schauplätze: Palast der Dido – Eine Felsenhöhle – Die Schiffe des Aeneas.

Zeit: Nach dem Ende des Trojanischen Krieges.

Orchester: Cemb. – Str.

Gliederung: Vorspiel, Rezitative, Arien, Ensembles, Chöre und Tänze.

Spieldauer: etwa 1 Stunde.

Handlung: Eine Gruppe der überlebenden Trojaner unter der Führung des Prinzen Aeneas ist auf der Fahrt nach Italien in Karthago gelandet. Aeneas hat sich in die schöne verwitwete Königin Dido verliebt, und auch sie erwidert seine Liebe, doch zögert sie; weiß sie doch um seinen Auftrag, in Italien ein neues Troja zu errichten. Ihre Vertraute Belinda und der ganze Hof reden ihr zu, das Glück nicht auszuschlagen, und als Aeneas erneut kommt und um sie wirbt, willigt sie schließlich ein. – In einer wilden Felsenhöhle berät sich die Zauberin mit ihren Hexen, wie sie ihrer Feindin, der Königin Dido, schaden können. Die Zauberin will Aeneas durch einen Geist, der als Götterbote Merkur auftreten wird, an seinen Auftrag erinnern und ihn zur schnellen Abreise gemahnen; dies wird sicherlich Didos Herz brechen. – Dido und Aeneas befinden sich auf der Jagd und sind dabei sehr erfolgreich, als – von den Hexen angezettelt – ein Unwetter droht. Alles zieht sich schnell zurück ins Schloß, doch dem alleingebliebenen Aeneas erscheint Merkur – so muß er jedenfalls glauben – und fordert ihn auf, noch in der Nacht das Land zu verlassen. Aeneas durchschaut weder den Betrug, noch vermag er sich dem göttlichen Gebot zu widersetzen. Die Zauberin und die Hexen triumphieren. – Die Matrosen rüsten fröhlich die Schiffe; endlich geht es weiter. Dido jedoch ist in ihrer Liebe tief verletzt. Als Aeneas kommt, um sich zu verabschieden, wirft sie ihm Heuchelei vor. Als Aeneas ihren Schmerz sieht, will er sich dem Spruch der Götter widersetzen, doch er vermag es nicht. Trauer umgibt Dido, sie stirbt.

STILISTISCHE STELLUNG: ›Dido und Aeneas‹ ist – ungeachtet ihrer Kürze – Purcells einzige Oper im Wortsinne, seine übrigen Bühnenwerke stehen mehr in der Tradition der englischen »Masques« und mischen Elemente des Musikdramas mit solchen des Balletts, des Masken- und des Schauspiels. Purcells Musik, voll reichen dramatischen Atems und lyrischer Empfindungen, macht dieses frühe Operndokument zu einem höchst abwechslungsreichen Meisterwerk: den tiefempfundenen Arien Didos stehen einfache Lieder, grotesk-höhnende Gesänge der Hexen, volkstümliche Matrosenlieder und virtuos-gefällige Tänze gegenüber.

TEXTDICHTUNG: Purcell schrieb ›Dido und Aeneas‹ 1688/89 auf einen Text des englischen Dichters Nahum Tate, der sich darin eng an die entsprechenden Episoden in Vergils ›Aeneis‹ anlehnte und den Stoff, nach dem Vorbild der italienischen Oper, in drei Akte teilte, dabei aber – der englischen Tradition folgend – sehr viel Raum für Chöre und Tänze schuf.

GESCHICHTLICHES: ›Dido und Aeneas‹, für eine Privataufführung gedacht, wurde wahrscheinlich im Dezember 1689 in einem Pensionat für Edelfräulein in Chelsea uraufgeführt, dessen Leiter Josias Priest allerdings als Choreograph und Regisseur verschiedener Londoner Bühnen ein Mann vom Fach war. In den Jahren 1700 und 1704 sind Londoner Aufführungen als Einlagen in Schauspielaufführungen (u. a. Shakespeares ›Maß für Maß‹) nachgewiesen. Dann geriet das Werk für gut eineinhalb Jahrhunderte in Vergessenheit. 1841 wurde eine Abschrift aus dem 18. Jahrhundert (das Originalmanuskript ist verschollen) zum ersten Mal publiziert, es folgte eine Reihe von weiteren Editionen. Die erste Bühnenaufführung gab es erst 1895 anläßlich des 200. Todestages von Purcell in London. Die deutsche Erstaufführung fand am 14. März 1926 in Münster statt, in Wien kam das Werk zuerst am 27. März 1927 heraus. Heute gehört ›Dido und Aeneas‹ zu den meistaufgeführten Opern des 17. Jahrhunderts.

W. K.

Jean-Philippe Rameau

Getauft 25. September 1683 in Dijon, † 12. September 1764 in Paris

Hippolyte et Aricie (1733 Paris), T: Simon Joseph de Pellegrin, V: Durand (GA Band 6), B&H, Choudens, deutsche Bearb. v. Lothar Janssen (Ms.)

Les Indes galantes (1735 Paris), T: Louis Fuzelier, V: Durand (GA Band 7), B&H

Castor et Pollux (1737 Paris), T: Pierre Joseph Justin Bernard, V: Durand (GA Band 8), B&H

Les Fêtes d'Hébé (1739 Paris), T: Antoine Gautier de Montdorge, V: Durand (GA Band 9), B&H

Dardanus (1739 Paris), T: Charles Antoine Le Clerc de la Bruère, V: Durand (GA Band 10), B&H

Les Fêtes de Polymnie (1745 Paris), T: Louis de Cahusac, V: Durand (GA Band 13), B&H

La Princesse de Navarre (1745 Versailles; Neufassung als ›Les Fêtes de Ramire‹ [1745 Versailles]), T: Voltaire, V: Durand (GA Band 11), B&H

Platée (Junon jalouse; 1745 Versailles), T: Jacques Autreau u. Adrien Joseph Le Valois d'Orville, kO., V: Durand (GA Band 12), B&H; Neubearb. v. Hans Schilling-Ziemssen, V: A&S

Le temple de la gloire (1745 Versailles), T: Voltaire, V: Durand (GA Band 14), B&H

Les Fêtes de l'Hymen et de l'Amour (1747 Versailles), T: L. de Cahusac, V: Durand (GA Band 15), B&H

Zaïs (1748 Paris), T: L. de Cahusac, V: Durand (GA Band 16), B&H

Pygmalion (1748 Paris), T: nach Antoine Houdar de La Motte v. Ballot de Sovot, E., V: Durand (GA Band 17/I), B&H

Les surprises de l'amour (1748 Versailles), T: P. J. J. Bernard, V: Durand (GA Band 17/I), B&H

Naïs (1749 Paris), T: L. de Cahusac, V: Durand (GA Band 18), B&H

Zoroastre (1749 Paris), T: L. de Cahusac, V: B&H

Les Sybarites (1753 Fontainebleau), T: Jean François Marmontel, E., V: Durand (GA Band 17/II), B&H

Anacréon (1757 Paris), T: P. J. J. Bernard, E., V: Durand (GA Band 17/II), B&H

Castor und Pollux

Oper in einem Prolog und fünf Akten. Libretto von Pierre Joseph Justin Bernard.

SOLISTEN: Im Prolog: *Minerva* (Lyrischer Sopran, auch Lyrischer Koloratursopran, m. P.) – *Venus* (Lyrischer Sopran, m. P.) – *Amor* (Lyrischer Tenor, m. P.) – *Mars* (Lyrischer Bariton, auch Baßbariton, kl. P.) – In der Tragödie: *Télaire,* Tochter der Sonne (Lyrischer Sopran, gr. P.) – *Phébé,* Prinzessin von Sparta (Lyrischer Mezzosopran, auch Lyrischer Alt, gr. P.) – *Castor,* Sohn des Tindarus (Lyrischer Tenor, m. P.) – *Pollux,* Sohn des Jupiter und der Leda (Lyrischer Bariton, auch Baßbariton, gr. P.) – *Jupiter* (Baß, m. P.) – *Hebe* (Stumme Rolle) – *Zwei Begleiterinnen der Hebe* (Sopran, kl. P.) – *Ein Schatten* (Sopran, kl. P.) – *Der Hohepriester des Jupiter* (Tenor, kl. P.) – *Zwei Athleten* (Tenor, Bariton, kl. P.) – *Ein Planet* (Sopran, kl. P.).
CHOR: Spartaner. Chor der Künste und Vergnügungen. Dämonen. Selige Geister. Himmlische Genien.
BALLETT: Divertissements in jedem Akt.
ORT: Griechenland.
SCHAUPLÄTZE: Eine zerstörte Halle – Die Begräbnisstätte der Könige von Sparta – Die Vorhalle des Jupitertempels – Eingang zur Hölle – Himmlische Gefilde – Ein hübscher Platz in der Umgebung von Sparta.
ZEIT: Antike.
ORCHESTER: 2 Fl., 2 Ob., 2 Fag. – 2 Trp. – P., Cemb. – Str.
GLIEDERUNG: Vorspiel, szenisch gegliederte Arien, Rezitative und Tänze.
SPIELDAUER: etwa 2¾ Stunden.
HANDLUNG: Im Prolog, zwischen umgestürzten Statuen und zerborstenen Säulen, bitten die Künste, die Vergnügungen sowie Minerva den Gott Amor um Fürsprache bei seiner Mutter Venus, damit diese den Kriegsgott Mars in Liebesfesseln lege und so endlich Friede einkehre. Venus steigt vom Himmel; Mars, von Amors Pfeil getroffen, ist bei ihr – Glück und Friede kehren wieder ein. – Die Spartaner beklagen an der Grabstätte ihrer Könige den Tod von Castor, der von Lynkeus erschlagen worden ist. Télaire ist verzweifelt über den Tod ihres Geliebten, auch Phébé vermag sie nicht zu trösten. Da kündigt Trompetenklang die Rückkehr der siegreichen Krieger an: Pollux hat Lynkeus getötet und damit den Tod des Bruders gerächt. Er versucht, Télaire zu trösten und gesteht ihr, daß er sie liebe. Sie aber liebt nur Castor und fordert Pollux auf, aus Liebe zu ihr und zu seinem Bruder hinab in die Unterwelt zu steigen und ihr Castor wiederzubringen. – Für Jupiter wird ein Opfer vorbereitet. Pollux ist zerrissen zwischen seiner Liebe zu Télaire und zu seinem Bruder, denn wenn er diesen aus

der Unterwelt zurückholt, verzichtet er zugleich auf Télaire. Auf deren Drängen entschließt er sich, seinen Vater Jupiter zu bitten, Castor aus der Unterwelt zurückzuholen. Jupiter kann, obwohl der Höchste der Götter, die Gesetze von Leben und Tod nicht aus den Angeln heben. So kann er den Wunsch von Pollux nur erfüllen, wenn dieser sich bereit erklärt, für den Bruder in der Unterwelt zu bleiben. In einem Tanzdivertissement malt er ihm die Freuden des Lebens vor, auf die er dann verzichten müsse, um Pollux von seinem Vorhaben abzubringen: aber auch die Göttin Hebe und ihre lieblichen Gespielinnen können Pollux nicht umstimmen. – Vor der Pforte zur Hölle versucht Phébé, die Pollux liebt, ihn von seinem Gang in die Unterwelt abzuhalten. Sie feuert die Dämonen, die den Eingang bewachen, an, ihn nicht hineinzulassen; Télaire dagegen ermutigt Pollux, den gefahrreichen Gang zu tun. Pollux gesteht Phébé, daß er nicht sie, sondern Télaire liebe, und verzweifelt muß sie mit ansehen, wie er mit Merkurs Hilfe die Dämonen überwindet. – Im Elysium, dem Reich der seligen Geister, findet Castor keine Ruhe. Die glücklichen Schatten können ihn nicht trösten, weil er sich nach Télaire sehnt. Da erscheint Pollux und erklärt ihm, er könne das Tageslicht und seine Geliebte wiedersehen. Doch als Castor erfährt, daß dies nur möglich ist, wenn Pollux dafür sein Leben hingibt, will er das Opfer nicht annehmen. Nur einen Tag wird er auf der Erde bleiben, dann aber zurückkehren und Pollux dem Leben wiedergeben. – In einer lieblichen Landschaft bei Sparta begegnen sich Télaire und Castor. Als Phébé dies sieht, glaubt sie den geliebten Pollux endgültig verloren und nimmt sich das Leben. Als Castor Télaire mitteilt, er sei nur für einen Tag gekommen, beschuldigt sie ihn, er liebe sie nicht, sondern wolle sie seinem Bruder und Rivalen um ihre Gunst überlassen. Doch er bleibt bei seinem Entschluß, und auch die Spartaner können ihn nicht davon abbringen, sein Versprechen einzulösen. Ein plötzliches Gewitter läßt Télaire in Ohnmacht fallen. Doch dann steigt Jupiter freundlich und versöhnlich vom Olymp herab und löst Castors Versprechen. Pollux lebt und steigt aus der Unterwelt herauf. Dem Bruder opfert er seine Liebe zu Télaire. Gerührt von dieser Leben und Tod überwindenden Bruderliebe macht Jupiter Castor und Pollux unsterblich und gibt ihnen einen Platz als Sternbild (der Dioskuren) am Firmament; Télaire wird als Göttin den Himmel zieren. Im Schlußdivertissement singen und tanzen Sterne, Planeten, Satelliten und Götter.
STILISTISCHE STELLUNG: Rameau komponierte seine dritte Oper im Alter von 54 Jahren; versammelt sind in diesem Werk die Traditionen der französischen Oper Jean-Baptiste Lullys, aber auch Einflüsse der italienischen Oper und Rameaus individuelle Weiterentwicklungen des Tradierten, die sich insbesondere in der farbigen Instrumentation, in der Illustration von Naturereignissen (das Gewitter im V. Akt) und dramatisch belebten Accompagnati, die bereits auf Christoph Willibald Gluck vorausweisen, manifestieren.

TEXTDICHTUNG: Das Libretto zu ›Castor und Pollux‹ schrieb Pierre Joseph Justin Bernard, ein Günstling der Madame Pompadour, der in Paris so hohes Ansehen genoß, daß ihn Voltaire mit dem Beinamen »Gentil« auszeichnete. Bernard ging von dem antiken Mythos von Castor und Pollux aus, wandelte ihn aber geschickt so ab, daß beide Brüder dieselbe Frau (Télaire, in der Sage oft auch Hilaire) liebten, was den Gewissenskonflikt von Pollux erhöhte und damit das dramaturgische Konzept enger gestaltete. Zugleich entstand als Kontrast die unerfüllte, unglückliche Phébé.

GESCHICHTLICHES: Rameaus ›Castor und Pollux‹ wurde am 24. Oktober 1737 in Paris mit großem Erfolg uraufgeführt; zu seinen Lebzeiten gab es 1754 und 1764 zwei weitere größere Aufführungsserien, für deren erste er das Werk einschneidend umarbeitete, den Prolog strich und die Personencharakteristik verdeutlichte. Steht die Originalfassung noch ganz in der Tradition der französischen Barock-Oper mit ihren vielschichtigen Divertissements, so zeigt die Neufassung bereits den Einfluß der beginnenden Opernreform des Zeitalters der Aufklärung. Allein bis 1785 wurde das Werk in Paris mehr als 250mal aufgeführt – für das 18. Jahrhundert mit seinem schnell wechselnden Repertoire eine erstaunlich hohe Zahl. 1758 war die italienische Erstaufführung in Parma. Mit dem Ende des 18. Jahrhunderts geriet Rameau in Vergessenheit: erst am 29. Januar 1903 wurde ›Castor und Pollux‹ von der Schola Cantorum in Paris wieder aufgeführt (konzertant), seitdem erscheint das Werk zunehmend auch auf Opernbühnen außerhalb Frankreichs.

W. K.

MAURICE RAVEL

* 7. März 1875 in Ciboure (Niederpyrenäen), † 28. Dezember 1937 in Paris

L'heure espagnole (Die spanische Stunde; 1911 Paris), T: Franc-Nohain, kO., E., V: Durand, A&S

Daphnis et Chloë (1912 Paris), T: Michail Fokin, Ballettoper, V: Durand, A&S

L'enfant et les sortilèges (1925 Monte Carlo), T: Sidonie-Gabrielle Colette, V: Durand, A&S

Die spanische Stunde (L'heure espagnole)

Musikalische Komödie in einem Akt. Dichtung von Franc-Nohain.

SOLISTEN: *Concepcion,* Frau des Torquemada (Mezzosopran, auch Sopran, gr. P.) – *Gonzalvo,* ein Schöngeist (Lyrischer Tenor, m. P.) –

Torquemada, Uhrmacher (Spieltenor, auch Charaktertenor, kl. P.) – *Ramiro,* Mauleseltreiber (Kavalierbariton, gr. P.) – *Don Inigo Gomez,* Bankier (Spielbaß, auch Charakterbaß, m. P.).
Ort: Toledo.
Schauplatz: Der Laden eines spanischen Uhrmachers. Links der Eingang, rechts führt eine Tür in die Wohnung des Uhrmachers. Im Hintergrund ein breites, großes Fenster mit Blick auf die Straße. Rechts und links vom Fenster je eine große katalanische (d. h. normannische) Standuhr. Da und dort: Automaten, ein Kanarienvogel, ein kleiner Hahn, Spieldosen-Figuren.
Zeit: Im 18. Jahrhundert.
Orchester: 2 Fl., 1 Picc., 2 Ob., 1 Eh., 2 Kl., 1 Bkl., 2 Fag., 1 Kfag., 4 Hr., 2 Trp., 3 Pos., 1 Bt., 2 Hrf., Cel., Glsp., P., Schl., Str.
Gliederung: Durchkomponierte Großform.
Spieldauer: etwa 1 Stunde.
Handlung: Der Uhrmacher Torquemada sitzt an seinem Werktisch bei der Arbeit. Man hört das Pendelschlagen der Uhren, die alle verschiedene Stunden schlagen; zwischendurch lassen Spieldöschen und Musikautomaten, wie ein Kanarienvogel oder ein kleiner Hahn, ihre Weisen ertönen. Im Laden erscheint der Mauleseltreiber Ramiro, der seine vom Onkel, einem Toreador, ererbte Uhr reparieren lassen möchte. Er braucht eine pünktlich gehende Uhr, weil er täglich zu bestimmter Zeit für die Obrigkeit Pakete mit seinen Tieren transportieren muß. Da kommt des Uhrmachers Frau Concepcion. Sie mahnt ihren Mann, sich eilig auf den Weg zu machen, denn er müsse heute doch wieder die Rathausuhren aufziehen. Mißmutig fragt sie Torquemada, warum er immer noch nicht eine von den beiden Standuhren auf ihr Schlafzimmer gebracht habe. Als er antwortet, so eine Uhr sei nicht so leicht zu heben, bemerkt sie verächtlich, sie wisse nur zu gut, daß es ihm an Muskelkraft fehle. Im Weggehen ersucht der Uhrmacher den Mauleseltreiber zu warten, bis er wieder zurück sei. Concepcion will auch Ramiro entfernen, denn sie hat zu dieser Stunde ihren Galan, den schwärmerischen Dichterjüngling Gonzalvo hierher bestellt. Sie fragt den Mauleseltreiber, ob er nicht eine von den beiden Uhren auf ihr Zimmer bringen könne, was dieser bereitwillig und ohne Mühe tut. Gleich darauf erscheint Gonzalvo. Während er sich in phrasenhaften Tiraden ergeht, kommt Ramiro zurück. Verlegen erklärt Concepcion, er habe leider die falsche Uhr transportiert. Ramiro geht sofort zurück. Indessen steckt die junge Frau Gonzalvo schnell in den Uhrenkasten. Da betritt der wohlbeleibte Bankier Inigo Gomez den Laden. Auch er nützt die Stunde, in der Torquemada außer Haus ist, bei der schönen Concepcion sein Glück zu versuchen. Aber schon kommt Ramiro mit der Uhr zurück. Er nimmt die andere Uhr, in der Gonzalvo eingeschlossen ist, wie einen Strohhalm auf seine Schultern. Concepcion begleitet ihn, angeblich um behilflich sein zu können. Der

enttäuscht zurückgebliebene Inigo zwängt seinen dicken Leib in die zurückgebliebene Uhr mit der Absicht, der Uhrmacherin für die kalte Abweisung einen Schabernack zu spielen. Ramiro kommt allein zurück. Er findet die junge Frau, die ihn gebeten hat, für kurze Zeit den Laden zu bewachen, äußerst charmant. Da kommt Concepcion zurück. Wütend erklärt sie, die scheußliche Uhr, die vollkommen versagt habe, nicht in ihrem Zimmer behalten zu wollen. Während Ramiro sich anschickt, die Uhr sogleich wieder zurückzuholen, entdeckt Concepcion den in der anderen Uhr eingeschlossenen Inigo, der ihr die Vorzüge eines gestandenen Mannes gegenüber einem unerfahrenen Poetenjüngling vorhält, und als Ramiro die Uhr mit Gonzalvo zurückbringt, bittet sie ihn kurzentschlossen, wieder die andere Uhr auf ihr Zimmer zu tragen. Concepcion öffnet daraufhin die zurückgebliebene Uhr; sie erklärt Gonzalvo, seine schmachtenden Reime nicht mehr anhören zu können, und geht auf ihr Zimmer. Ramiro kommt zurück. Er findet Gefallen an den klingenden Schlägen der Uhren, die ihn an die Schellen seiner Tiere erinnern, und gesteht, am liebsten als Uhrmacher bei der Uhrmacherin bleiben zu wollen. Die junge Frau erscheint, wiederum enttäuscht über die Uhr auf ihrem Zimmer. Ramiro geht sogleich, sie zu holen. Concepcion beklagt das jämmerliche Abenteuer und die Temperamentlosigkeit jener Männer, die sich Spanier und Landsleute Don Juans nennen. Sie bewundert den starken Ramiro, und als dieser die Uhr mit Inigo zurückbringt, fordert sie ihn auf, mit auf ihr Zimmer zu kommen – aber ohne Uhr. Gonzalvo steigt aus der Uhr. Als er Torquemada herannahen sieht, will er schnell wieder zurück, verwechselt aber in der Aufregung die Uhren und stößt auf Inigo. Der Uhrmacher betritt den Laden, hocherfreut gleich zwei Kunden anzutreffen. Er bietet den beiden die Uhren an. Sie gehen auf den Kauf ein, um keinen Verdacht zu erregen. Als Concepcion mit Ramiro wiederkommt, versuchen Torquemada, Gonzalvo und Concepcion vergeblich, Inigo aus dem Uhrkasten zu zerren. Da hebt ihn Ramiro mit einem kräftigen Ruck heraus. Der Uhrmacher sagt seiner Frau, sie müsse nun doch auf eine Uhr verzichten. Sie aber erklärt ihm frohgestimmt, dieser nicht mehr zu bedürfen; denn pünktlicher als seine Uhren käme der Herr mit den Mauleselfuhren früh an ihrem Bett vorüber, um sie zu wecken. Die Anwesenden wenden sich zum Publikum und ziehen die Moral aus der Geschichte: für jeden komme beim Liebesspiel ein Augenblick, wo der Maultiermann Glück verschaffe.

STILISTISCHE STELLUNG: Ravel war ein großer Uhrenliebhaber. Kein Wunder, daß ihn das pikante, geistreich-ironische Uhrenlustspiel ›L'heure espagnole‹ von Franc-Nohain schon wegen des Milieus der Handlung anzog. Überdies gab ihm die mechanische Welt des feindifferenzierten Uhren- und Spieldosengeklingels Gelegenheit, seinen sensiblen Sinn für impressionistische Farbenwirkungen in Harmonik und Instrumentation auszuwerten. Zum anderen kam dem gebürtigen Basken dieses Stück mit »ein wenig Spanien drum herum« seiner Vorliebe für iberische Tanzrhythmen entgegen. So ist das abschließende Quintett in Form einer Habanera, eines andalusischen Tanzes, gestaltet. Im übrigen vertonte Ravel den Text in Art einer musikalischen Konversationskomödie, wobei er etwa an den Parlando-Stil der italienischen Opera buffa anknüpfte. Deshalb verlangte er in einer Bemerkung der Partitur für die Aufführung; »Mit Ausnahme des Schlußquintettes und, zum größten Teil, der Rolle des Gonzalvo, diese lyrisch mit Affektation, mehr reden als singen (kurze Schlußsilben, portando usw.)!« Auch für die Besetzung der Darsteller schwebten ihm bestimmte, außergewöhnliche Sängertypen vor, so für den Torquemada ein »Trial« und für den Ramiro ein »Bariton-Martin«. (»Trial« war eine im 18. Jahrhundert gebräuchliche Fachbezeichnung für einen Tenorbuffo, der tölpelhafte Bauern oder Diener darzustellen hatte, als »Bariton-Martin« wurde ein tenoraler Bariton mit spezieller Begabung für das komische Fach bezeichnet.)

TEXTDICHTUNG: Der französische Lyriker und Romancier Franc-Nohain (eigentlich Maurice Legrand, 1873–1934), dessen Werke vielfach von geistreichem, echt französischem Humor zeugen, hat ›L'heure espagnole‹ ursprünglich als Sprechstück geschrieben. Bevor er seine Zustimmung für die Aufführung seines Werkes als Oper erteilte, mußte Ravel ihm die Vertonung erst auf dem Klavier vorspielen. Die deutsche Übersetzung des Librettos besorgten Rudolf Leonhard und Stefan Strasser.

GESCHICHTLICHES: Ravel komponierte ›L'heure espagnole‹ in der Zeit von Mai bis September 1907. Bis zur Aufführung vergingen aber noch Jahre. Denn das ungewöhnliche und schwierige Werk verlangte eine ausgedehnte Vorbereitungszeit. Schließlich kam die Oper am 19. Mai 1911 an der Opéra-Comique zu Paris mit geteiltem Erfolg zur Uraufführung. Das Verständnis für die köstlichen Werte dieses Werkes blieb späteren Zeiten vorbehalten.

L'enfant et les sortilèges (Das Kind und die Zauberdinge)

Lyrisch-phantastische Begebenheit in zwei Bildern. Dichtung von Colette.

SOLISTEN: *Das Kind* (Lyrischer Mezzosopran, gr. P.) – *Die Mutter* (Alt, m. P.) – *Eine Bergère* (Sopran, kl. P.) – *Die chinesische Tasse* (Mezzosopran, auch Alt, m. P.) – *Das Feuer* (Koloratursopran, gr. P.) – *Die Prinzessin* (Koloratursopran, gr. P.) – *Die Katze* (Mezzosopran, m. P.) – *Die Libelle* (Mezzosopran, m. P.) – *Die Nachtigall* (Koloratursopran, m. P.) – *Die Fledermaus* (Sopran, kl. P.) – *Die Eule* (Sopran, kl. P.) –

Das Eichhörnchen (Mezzosopran, kl. P.) – *Eine Schäferin* (Sopran, kl. P.) – *Ein Schäfer* (Alt, kl. P.) – *Der Sessel* (Seriöser Baß, m. P.) – *Die Standuhr* (Bariton, m. P.) – *Die Wedgwood-Teekanne* (Tenor, m. P.) – *Das alte Männchen* (Contratenor, auch falsettierender Tenor, m. P.) – *Der Kater* (Bariton, m. P.) – *Ein Baum* (Baß, kl. P.) – *Der Laubfrosch* (Tenor, kl. P.).

Laut Angaben des Komponisten *sollen* von einem Darsteller gesungen werden: Das Feuer/Die Prinzessin/Die Nachtigall; Das alte Männchen/Der Laubfrosch; *können* von einem Darsteller gesungen werden: Die Mutter/Die chinesische Tasse/Die Libelle; Die Bergère/Die Eule; Die Katze/Das Eichhörnchen; Die Standuhr/Der Kater; Der Sessel/Der Baum.

CHOR: Die Bank, das Kanapee, der Fußschemel, der Korbsessel, die Ziffern (Kinderchor, m. Chp.) – Hirtenmädchen. Hirten. Frösche. Tiere. Bäume (gemischter Chor, kl. Chp.).

ORT: Ein Kinderzimmer.

SCHAUPLÄTZE: Ein Kinderzimmer mit überdimensional großen Möbeln (aus der Perspektive des Kindes) – Ein Hausgarten mit Teich.

ZEIT: Gestern und heute.

ORCHESTER: 2 Fl., Picc., 2 Ob., Eh., Es-Kl., 2 Kl., Bkl., 2 Fag., Kfag. – 4 Hr., 3 Trp., 3 Pos., Tuba – P., Schl., Cel., Hrf., Klav. – Str.

GLIEDERUNG: Durchkomponierte Großform.

SPIELDAUER: 1 Stunde.

HANDLUNG: Ein Kind müht sich verzweifelt bei seinen Hausaufgaben. In Gedanken hängt es verbotenen Wünschen nach: es möchte die Katze am Schwanz ziehen oder die Mutter bestrafen. Als die Mutter kommt, muß sie feststellen, daß das Kind mit seinen Aufgaben nicht einmal angefangen hat. Zur Strafe bekommt es nur eine Tasse Tee ohne Zukker und ein Stück trockenes Brot und muß allein bleiben. Die Mutter geht, und das Kind läßt seine Wut an der Einrichtung des Zimmers aus: es wirft die Möbel um, zerreißt die Schulbücher, zerfetzt die Tapete, zieht die Katze am Schwanz, quält das Eichhörnchen im Käfig und reißt das Pendel aus der Uhr. Schließlich fällt es erschöpft in einen Sessel. Doch da beginnt plötzlich ein Zauber: der alte Lehnstuhl zieht sich vor dem Kind zurück, und mit einer zierlichen Bergère beginnt er einen altertümlich-graziösen Tanz, bei dem beide Möbel beschließen, fortan solle das Kind auf ihnen keinen Platz mehr finden; sie seien die dreckigen Schuhe und die Mißhandlungen leid. Die alte Standuhr kommt angetrippelt: sie jammert, weil ihr das Pendel fehlt und sie jetzt viel zu schnell schlagen muß. Vom Fußboden ertönen zwei näselnde Stimmen: die englische Wedgwood-Teekanne, ganz britisch, und die aus Hongkong stammende chinesische Teetasse tauschen ihre Erfahrungen aus der weiten Welt aus und beklagen das zügellose Treiben des Kindes. Das Kind ist niedergeschmettert; vorsichtig nähert es sich dem Kaminfeuer, doch das Feuer züngelt ihm bedrohlich entgegen und rügt den Mißbrauch der Feuerzange; schließlich geht es aus, und das Zimmer liegt im Dunkeln. Das Kind fürchtet sich. Die Märchenfiguren der zerfetzten Tapete beleben sich: es sind Schäferinnen und Schäfer, die nun klagen, daß sie nicht mehr zusammenkommen können. Das Kind weint. Plötzlich erscheint die wunderschöne Prinzessin aus dem Märchenbuch. Sie beklagt, daß sie den schönen Prinzen nun nicht finden könne, da der Knabe das Buch zerrissen habe, und sie ohne Schutz in der Welt stehe. Plötzlich versinkt sie, und das Kind kann ihr nicht helfen. Es sucht nach dem Schluß der Märchenerzählung, kann sie aber nicht finden. Stattdessen beleben sich die Ziffern des Mathematikbuches, an ihrer Spitze ein altes Männchen, das Brocken von Rechenaufgaben murmelt und tausend Fragen stellt – die Mathematik. – Unterdessen ist der Mond aufgegangen, und der Kater erhebt sich, um die Katze zu umschnurren. Beide singen ein herzzerreißendes, rechtes Katzenduett, und das Zimmer öffnet sich zum Garten. Die Frösche am Teich quaken. Das Kind läuft in den Garten und lehnt sich an einen alten Baum, der aber ächzt, weil ihn die Wunden schmerzen, die ihm das Kind mit einem Messer beigebracht hat. Die Libellen tanzen, warnen aber vor dem Kinde – wenn man sich in seine Nähe begebe, werde man gefangen und mit einer Nadel an die Wand gepickt. Die Nachtigall singt, und die Fledermaus beklagt den Verlust ihrer Frau, die das Kind aus Mutwillen getötet hat. Ein vorwitziger Frosch nähert sich dem verschüchterten Kind, doch da warnt das Eichhörnchen: wer sich dem Kinde nähere, werde in einen Käfig gesperrt. Das Kind sieht, daß die Tiere einander zugetan sind – nur es selbst ist allein und von niemandem geliebt. Er ruft nach der Mama. Doch da werden alle Tiere aufmerksam: sie bedrohen es, haben alle an ihm etwas auszusetzen und kommen immer näher; ein Handgemenge entsteht, bei dem das Kind, aber auch ein junges Eichhörnchen verletzt werden. Das Kind bindet sein Halstuch ab und verbindet damit die Pfote des Eichhörnchens. Die Tiere sind gerührt und beschämt durch die unerwartete Sanftheit und das Mitleid des Kindes. Vielleicht ist es doch gar nicht böse. Schließlich tragen sie es gemeinsam zum Haus zurück und rufen gemeinsam nach der Mama. Das Kind kommt zu sich, ruft auch nach der Mama, und der Traum ist aus.

Stilistische Stellung: Ravels ›L'enfant et les sortilèges‹ hat es bis heute schwer, sich im Spielplan durchzusetzen, und dies ungeachtet seiner hohen musikalischen Qualität. Dies mag zum einen daran liegen, daß das Stück höchst anspruchsvoll ist und sich kaum als Märchen für Kinder, wohl eher für Erwachsene eignet, und zudem szenisch nur sehr schwer zu realisieren ist. Doch dessenungeachtet gehört das Werk nach Meinung von Kennern nicht nur zu den unbestreitbaren Höhepunkten in Ravels reichem Schaffen, sondern auch zu den – bei aller subtilen Intimität – maßstabsetzenden musiktheatralischen Werken des 20. Jahrhunderts.

TEXTDICHTUNG: Die Dichterin Sidonie-Gabrielle Colette suchte einige Zeit nach einem Komponisten für ihr Bühnenstück, bis sie auf Ravel stieß. Die Zusammenarbeit gestaltete sich schwierig und langwierig, da Ravel viele Änderungswünsche hatte. Gleichwohl faszinierte ihn der Stoff ungeheuer: hatte er doch nicht nur selbst eine tiefe Neigung zu Kindern und zu allen schönen Dingen, sondern spürte er auch – durch seine eigene, kleine Figur – die Bedrohlichkeit überdimensional wirkender Gegenstände.

GESCHICHTLICHES: Ravel schrieb von 1920 bis 1924 an dem knapp einstündigen Werk, und hätte nicht Raoul Gunsbourg, der damalige Direktor des Theaters von Monte Carlo, Ravel einen Termin gesetzt, der ihn dazu zwang, die Partitur abzuschließen, vielleicht wäre das ursprünglich als Ballett geplante Werk nie abgeschlossen worden. Die Uraufführung fand statt am 21. März 1925 in Monte Carlo; es dirigierte Victor de Sabata, es inszenierte Raoul Gunsbourg, es choreographierte Georges Balanchine. Das Werk war zuerst beim Publikum und bei der Kritik stark umstritten; erst nach und nach, als weitere Aufführungen in Paris, Brüssel, New York und Florenz folgten, konnte es sich durchsetzen. Die deutsche Erstaufführung fand am 6. Mai 1927 in Leipzig statt, die österreichische in Wien am 14. März 1929. Heute ist das Werk ein zwar rarer und weiterhin schwierig zu realisierender, aber stets lohnender Gast auf unseren Opernbühnen.

W. K.

ARIBERT REIMANN

* 4. März 1936 in Berlin

Ein Traumspiel (1965 Kiel), T: nach August Strindberg v. Carla Henius, V: Schott

Melusine (1971 Schwetzingen), T: nach Yvan Goll v. Claus H. Henneberg, V: Schott

Lear (1978 München), T: nach William Shakespeare v. C. H. Henneberg, V: Schott

Gespenstersonate (1984 Berlin), T: nach A. Strindberg v. C. H. Henneberg, V: Schott

Melusine

Oper in vier Akten. Libretto nach dem gleichnamigen Schauspiel von Yvan Goll von Claus H. Henneberg.

SOLISTEN: *Melusine* (Lyrischer Koloratursopran, gr. P.) – *Pythia* (Dramatischer Alt, auch Dramatischer Mezzosopran, gr. P.) – *Madame Laperouse* (Lyrischer Mezzosopran, auch Charaktersopran, m. P.) – *Max Oleander,* Melusines Ehemann (Charaktertenor, m. P.) – *Graf von Lusignan* (Lyrischer Bariton, gr. P.) – *Der Geometer* (Baßbariton, auch Baß, kl. P.) – *Der Maurer* (Baß, auch Bariton, kl. P.) – *Der Architekt* (Lyrischer Tenor, auch Charaktertenor, m. P.) – *Oger* (Seriöser Baß, auch Charakterbaß, m. P.) – *1. Dame* (Sopran, auch Mezzosopran, kl. P.) – *2. Dame* (Mezzosopran, auch Alt, kl. P.) – *3. Dame* (Sopran, auch Mezzosopran, kl. P.) – *1. Herr* (Tenor, kl. P.) – *2. Herr* (Bariton, auch Baß, kl. P.) – *3. Herr* (Tenor, kl. P.) – *Ein Arbeiter* (Sprechrolle) – *Ein Werkmeister* (Sprechrolle) – *Der Sekretär des Grafen* (Sprechrolle).
CHOR: kein Chor.
ORT: In der Nähe einer Großstadt.
SCHAUPLÄTZE: Ein Zimmer in Oleanders Villa mit Blick auf den Park – Seeufer mit einer Weide im Park – Vor dem Schlosse Lusignans – Ein Weg im Park – Schlafzimmer im Schlosse des Grafen.
ZEIT: Jahrhundertwende.
ORCHESTER: Fl. (auch Picc.), Altfl., Ob., Eh., Kl., Bkl., Fag., Kfag. – 2 Hr., 2 Trp., 2 Pos. – P., Cel., Hrf. – Str. (4.4.3.3.2).
GLIEDERUNG: Durchkomponierte Großform mit Zwischenspielen.
SPIELDAUER: etwa 2¼ Stunden.
HANDLUNG: Melusine ist von ihrer vermeintlichen Mutter, Madame Laperouse, mit dem Immobilienmakler Max Oleander verheiratet worden. Obwohl die Ehe bereits seit einem halben Jahr besteht, ist Melusine immer noch unberührt. Oleander beschwert sich bei seiner Schwiegermutter, die früher einmal seine Geliebte war, über Melusine; nicht nur, daß sie sich ihm verweigert, Angst vor seinen behaarten Armen hat und nächtelang am Fenster sitzt, um in den Park zu starren – sie versäumt auch ihre Haushaltspflichten, sorgt weder für heißes Rasierwasser noch für Kaffee. Oleander geht mürrisch in sein Büro; was ihn einzig aufmuntert, ist die Hoffnung auf ein großes Geschäft. Melusine kommt mit einem Arm voller Blumen aus dem Park. Ihre Mutter macht ihr Vorhaltungen und verbietet ihr, sich mit der in einer Weide im Park wohnenden Pythia zu treffen, die die Menschen für eine Wahrsagerin halten – doch für Melusine ist sie eine Waldfee. – Im Park trifft Melusine auf einen Geometer, der ihr erzählt, der Park sei verkauft, und der Graf Lusignan wolle darin ein Schloß bauen. Melusine ist entsetzt, daß ihre Bäume gefällt, ihr Teich zugeschüttet werden soll. Um dies zu verhindern, nutzt sie die Faszination, die ihre rätsel-

hafte Schönheit und unwirkliche Zerbrechlichkeit auf den Geometer ausüben, und verspricht, ihn zu lieben, wenn er den Bau des Schlosses verhindere. – Oleander kommt wütend aus dem Büro nach Hause: das große Geschäft, der Verkauf des Parks, ist ihm entgangen. Melusine sagt ihm, sie werde verhindern, daß das Schloß gebaut, daß ihre Blumen, ihre Bäume, ihre Tiere vernichtet würden. Da stürzt Madame Laperouse mit der Nachricht herein, der Geometer sei von der Parkmauer gestürzt und tot. – Melusine geht zur Pythia, der Königin der Weiden, und will sie um Rat fragen, was man gegen die zerstörerischen Menschen tun könne. Die Pythia ist böse, weil Melusine durch ihre Heirat mit einem Menschen die Geisterwelt verraten habe; doch als sie erfährt, daß Melusine sich ihre Jungfräulichkeit bewahrt habe, rät ihr die Pythia, alle Männer, die mit dem Bau des Schlosses zu tun haben, zu verführen, sie aber nicht zu lieben – denn wenn sie liebe, verliere sie die Macht ihres Geheimnisses und müßte, wie alle Wesen des Parks, sterben. – Melusine bringt einen Maurer dazu, seine Arbeitskollegen zum Streik zu veranlassen, und auch der Architekt, der das Schloß bauen soll, verfällt ihrem Zauber. Er will ihretwegen seine Familie verlassen, mit ihr fliehen – er legt schließlich die Arbeit nieder, brennt mit einer Halbweltdame durch. – Doch Melusines Bemühungen fruchten nichts. Während des Winters, in dem die Natur erstarrt ist und ruht, wird das Schloß fertiggestellt. – Es ist der Tag der Schloßeinweihung: Oleander und Melusine sind auch eingeladen. Bevor die Festlichkeit beginnt, treffen sich vor dem Schloß Pythia und der alte Oger, der Vater Melusines. Pythia hat Angst vor dem Grafen Lusignan, dessen Charme und Liebenswürdigkeit alle Frauen verfallen sind, und Oger beschließt, die Tochter zu schützen. Er läßt sich als Lakai anwerben, um ihr nahe sein zu können. Melusine wird dem Grafen Lusignan vorgestellt, und nicht nur er verliebt sich in sie – und erkennt dabei ihre wahre Herkunft –, auch sie verliebt sich, ungeachtet der Warnungen der Pythia, in ihn. Melusine hat sich vom Fest weg in den Wald geflüchtet, wohin ihr der Graf folgt. Beide gestehen einander ihre Liebe. Oger kommt zu spät. Melusines Verrat macht die Natur leiden: Pythia, die ihre Macht schwinden sieht, hat ihre Weide, in der sie wohnt, angezündet. Der ganze Park brennt, die Flammen greifen auch auf das Schloß über. – Oleander beobachtet mit Madame Laperouse von seiner Villa aus den Schloßbrand. Die Feuerwehr kommt, aber es ist nicht mehr viel zu retten. Aus der Ruine trägt man zwei Leichen: den Grafen Lusignan und Melusine.

STILISTISCHE STELLUNG: Reimanns Vorliebe für Irrealität und Zwischenwelten, die schon in seinem Opern-Erstling ›Ein Traumspiel‹ eine Rolle spielten, prägt auch die sehr lyrisch-intime ›Melusine‹, ein musikalisches Kammerspiel, in dem die fein changierenden, flirrenden Klänge dominieren – eine Klangwelt zwischen Claude Debussy und Alban Berg hat man der Partitur attestiert. Im Mittelpunkt steht die extrem anspruchsvolle Koloraturpartie der Melusine: enge, schwebende Fiorituren mit chromatischen Färbungen und irisierenden Vokalen, oft mit extremen Höhenanforderungen. Daneben ist der Graf durch kantabel-weitschwingende Gesangsbögen charakterisiert, die große dramatische Geste kennzeichnet die Pythia und den Oger, die Melusine verfallenen Männer sind eher karikierend gezeichnet. Ein kleines Instrumentarium, oft reduziert auf weite Melismen der Altflöte oder der Viola, trägt den Handlungsverlauf in oft beklemmender Intensität und – bei aller Transparenz – hoher Ausdruckskraft.

TEXTDICHTUNG: Die Figur der Nixe Melusine ist alt, sie reicht zurück bis in die griechische Antike. Die Kernsage von Melusine und dem Grafen Lusignan wurzelt im französischen Mittelalter; besonders beliebt war der Stoff in der deutschen Romantik, in der Ludwig Tieck und Friedrich de la Motte Fouqué Novellen um den Stoff schrieben und Franz Grillparzer ein Opernlibretto für Konradin Kreutzer verfaßte. 1922 schrieb der deutsch-französische Expressionist Yvan Goll ein ›Melusinen‹-Drama, das jedoch erst 1956 in Wiesbaden uraufgeführt wurde. Dieses Schauspiel, das den Gegensatz zwischen einer verwunschen-belebten Natur und einer rationalistischen Zivilisation zu dem Konflikt zwischen Mensch und Zwischenwesen hinzufügte, wurde von Claus H. Henneberg gekürzt und konzentriert und so den Erfordernissen eines Librettos angepaßt.

GESCHICHTLICHES: Aribert Reimann schrieb seine Oper ›Melusine‹ 1970, die Uraufführung dieses Auftragswerks des Süddeutschen Rundfunks fand am 29. April 1971 im Rahmen der Schwetzinger Festspiele statt. Die musikalische Leitung hatte Reinhard Peters, es inszenierte Gustav Rudolf Sellner, in der Titelpartie war die großartige Catherine Gayer zu hören. Nachgespielt wurde das Werk mit Erfolg in Berlin, Darmstadt und Braunschweig.

W. K.

Lear

Oper in zwei Teilen nach William Shakespeare eingerichtet von Claus H. Henneberg.

SOLISTEN: *König Lear* (Heldenbariton, auch Charakterbariton, gr. P.) – *König von Frankreich* (Baßbariton, auch Charakterbaß, auch Seriöser Baß, m. P.) – *Herzog von Albany* (Charakterbariton, m. P.) – *Herzog von Cornwall* (Charaktertenor, m. P.) – *Graf von Kent* (Charaktertenor, m. P.) – *Graf von Gloster* (Baßbariton, auch Charakterbariton, auch Heldenbariton, gr. P.) – *Edgar,* Sohn Glosters (Contratenor, auch Lyrischer Tenor, gr. P.) – *Edmund,* Bastard Glosters (Jugendlicher Heldentenor, auch Charaktertenor, gr. P.) – *Goneril,* Lears Tochter (Dramatischer Sopran, gr. P.) – *Regan,* Lears Tochter (Jugendlich-dramatischer Sopran, auch Dramatischer Koloratursopran, gr. P.) – *Cordelia,* Lears Tochter (Jugendlich-dramatischer Sopran, gr. P.) – *Narr* (Sprechrolle, gr. P.) – *Bedienter* (Tenor, kl. P.) – *Ritter* (Sprechrolle).

CHOR: Gefolge von König Lear und Graf Gloster (Männerchor, m. Chp.).

ORT: England.

SCHAUPLÄTZE: Platz vor dem Schloß von König Lear – Hof im Palast – Heide – Eine Hütte – In Glosters Schloß – In Albanys Palast – Im französischen Lager bei Dover – Freies Feld.

ZEIT: In mythischer Zeit.

ORCHESTER: 3 Fl. (III. auch Baßfl., alle drei auch Picc.), 1 Altfl., 2 Ob., 1 Eh., 2 Kl. in B (II. auch in Es), 1 Bkl. in B, 2 Fag., 1 Kfag., 6 Hr. in F, 4 Trp. in C, 3 Pos., 1 Bt., P., Schl. (5 Bongos, 5 Tomtoms, 5 Tempelblocks, 5 Holzblocks, 3 Schlitztr., Rührtr., kl. Tr., gr. Tr., Becken, 4 hohe Gongs, 3 tiefe Gongs, 4 Tamtams, hängende Bronzeplatten, Metallfolie, Metallblock, Holzfaß), 2 Hrf. – 24 Viol., 10 Violen, 8 Vcl., 6 Kb.

GLIEDERUNG: Zwei Akte: im I. Akt 4 Szenen und 3 Zwischenspiele, im II. Akt 7 Szenen und 2 Zwischenspiele.

SPIELDAUER: etwa 2 Stunden.

HANDLUNG: Des Regierens müde geworden, will der alte König Lear das Reich unter seine drei Töchter Goneril, Regan und Cordelia aufteilen. Diejenige unter ihnen, die von ihrer Liebe zum Vater am stärksten sprechen kann, soll den größten Anteil erhalten. Goneril und Regan überbieten sich an wortreichen Bezeugungen ihrer Liebe zum Vater und erhalten jede ein Drittel des Reiches. Cordelia, die nicht mehr und nicht weniger als echte Liebe zu ihrem Vater empfindet, vermag nichts zu sagen; sie schweigt. Lear gerät darüber in Zorn und will sein Kind verstoßen, doch sein Gefolgsmann widersetzt sich. Der Graf von Kent wird geächtet und Cordelia in aller Eile an den König von Frankreich verheiratet, der sie um ihrer Ehrlichkeit willen nimmt und es nicht auf die Mitgift abgesehen hat. Das junge Paar muß das Land verlassen, während sich Goneril und ihr Mann, der Herzog von Albany, sowie Regan und ihr Mann, der Herzog von Cornwall, in das Erbe teilen. Beide Schwestern sind sich darin einig, sich sobald als möglich des lästig gewordenen Vaters zu entledigen. Mit einem gefälschten Brief täuscht der Bastard Edmund seinen Vater, den Grafen von Gloster, der an Mordpläne des ehelichen Sohnes Edgar glauben muß. Edgar wird von Gloster verstoßen. – Als Diener verkleidet verdingt sich Kent bei Lear. Goneril und Regan bitten ihren Vater, er möge sein großes Gefolge entlassen. Als er ihren Wünschen nicht entsprechen will, jagen sie ihn vom Hof. – Über die Heide jagt ein Sturm. Der einsame Lear ist dem Wahnsinn nahe. Kent und der Narr, die bei ihm geblieben sind, bringen ihn zu einer Hütte. – Edgar, Glosters Sohn, ist vor den Verfolgungen durch seinen Vater in diese Hütte geflohen, wo er wie ein Gespenst haust. Vorgetäuschte und echte Geistesverwirrung begegnen sich. Gloster, der königstreu geblieben ist, erscheint mit seinem Gefolge, um den König zu retten. Den in der Maske des Toren auftretenden Sohn erkennt er nicht. Lear wird nach Dover gebracht. Cornwall hat Gloster gefangengesetzt, um den Parteigänger des alten Lear auszuschalten. Goneril und Edmund, der auf seiten der neuen Machthaber steht, werden zu Albany entsandt, um diesen zu einem gemeinsamen Feldzug gegen den König von Frankreich zu bewegen, denn dieser ist mit seinem Heer in Dover gelandet, um mit Waffengewalt Cordelia in ihre Rechte einzusetzen. – Gloster verteidigt sich gegen die Unmenschlichkeit der Töchter Lears; er steht zur Rettung Lears. Da drückt ihm Cornwall ein Auge aus, wird aber von einem Bedienten, der seinen Herrn verteidigt, erstochen. Regan tötet den Bedienten und blendet Gloster vollständig, und als Gloster nach Edmund ruft, damit dieser ihm zu Hilfe komme, enthüllt ihm Regan den Verrat des Sohnes. Man wirft Gloster auf die Straße nach Dover. – Goneril verspricht Edmund die Krone, wenn er ihr gegen Albany helfe, den die Mordlüsternheit seiner Frau anekelt. – Cordelia klagt um ihren sinnesverwirrten Vater. Sie hat Leute ausgeschickt, die ihn suchen sollen. – Der blinde Gloster bittet seinen Sohn Edgar, ohne ihn zu erkennen, ihm den Weg nach Dover zu zeigen. – Gloster will seinem Leben ein Ende machen und bittet Edgar, ihn an eine Klippe am Meeresstrand zu führen, von der er sich hinabstürzen will. Edgar jedoch täuscht ihn und macht ihn glauben, er sei abgestürzt. Als den beiden der alte Lear begegnet, erkennt ihn Gloster an seiner Stimme und neidet ihm den Wahnsinn. Soldaten bringen König Lear ins Lager der Franzosen zu Cordelia. – Cordelia und Lear sind in Dover vereint. Die Tochter verspricht dem Vater ein ruhiges Alter und die Macht, das Land zu befrieden. – Edmund hat Lear und Cordelia gefangen genommen. Er gibt den Befehl, man solle Cordelia im Gefängnis umbringen. Als er sich am Ziel seiner Wünsche glaubt, stellt sich ihm Albany entgegen. Regan, die Edmund für sich gewinnen will, stellt sich auf seine Seite und ernennt ihn zum Führer des durch Cornwalls Tod verwaisten Heeres. Doch Goneril, die der Schwester nicht traut, hat ihr ein Gift gegeben, das nun seine Wirkung tut; und während Regan stirbt, tritt Edgar bewaffnet auf und fordert Edmund zum Zweikampf auf, in dem der Bastard fällt. Die Aussichtslosigkeit ihrer Lage treibt Goneril in den Selbstmord. Lear erscheint mit der toten Cordelia im Arm. In der Klage um die ermordete Tochter versagt ihm die Stimme; er stirbt.

STILISTISCHE STELLUNG: Reimanns dritte Oper kennzeichnet eine neue Stilentwicklung des Komponisten nicht nur in seinem musikdramatischen Schaffen, sondern in seinem Gesamtwerk – vorausgegangen waren Vokal- und Orchesterkompositionen wie ›Wolkenloses Christfest‹, die Sylvia Plath-Songs und die Orchestervariationen. Reimanns Tonsprache gewinnt hier an größerer Differenzierungskunst und erschließt sich eine düster-dramatische Klangwelt, die im ›Traumspiel‹ und in ›Melusine‹ noch fehlen. Die eingesetzten Kompositionsmittel reichen vom unbegleiteten Sprechgesang und solistischer Vokalise über die Streichquartettbegleitung der Monologe und Lieder des Narren bis zu vielfach geteilten vierteltönig gestuften Streicherclustern. Die Figuren der Oper sind durch genaue Instrumentalzuordnung und prägnante, zum Teil außerordentlich virtuose Stimmführung charakterisiert.

TEXTDICHTUNG: Shakespeares ›King Lear‹ zum Libretto umzuformen, gehört sicherlich zu den schwersten Aufgaben eines Librettisten, der sich bemühen muß, den Text ohne allzu große Veränderungen zu reduzieren und zu straffen und Platz für die Musik zu schaffen. Der Librettist Claus H. Henneberg benutzte als Grundlage seiner Fassung die 1777 entstandene deutsche Übersetzung von Johann Joachim Eschenburg, die härter, klarer und theatralischer ist als die auf deutschen Bühnen gebräuchliche von Wolf Graf Baudissin. Henneberg hat die Zahl der Personen reduziert, insbesondere die verschiedenen Heide-Bilder Shakespeares zu einer großen Szene zusammengezogen und im zweiten Teil Handlungsstränge, die im Original zu verschiedenen Szenen gehören, zu Simultanszenen kombiniert und somit die dramatische Konstellation zugleich verknappt und verschärft.

GESCHICHTLICHES: Shakespeares ›King Lear‹ hatte schon Giuseppe Verdi zur Komposition gereizt, doch glaubte dieser, den dramatischen Dimensionen des Werkes nicht gewachsen zu sein, und verwarf den Plan. Die Anregung, den ›Lear‹ zu komponieren, ging von Dietrich Fischer-Dieskau aus, der seinen langjährigen Liedbegleiter und Freund Reimann immer wieder mit dieser Aufforderung konfrontierte. Seit 1972 befaßte sich Reimann intensiver mit dem Werk und bat Claus H. Henneberg, ihm das Libretto zu schreiben. 1975 erteilte ihm die Bayerische Staatsoper den Kompositionsauftrag. Die Uraufführung fand – im Rahmen der Münchner Opernfestspiele – am 9. Juli 1978 an der Bayerischen Staatsoper statt. Dietrich Fischer-Dieskau sang die Titelpartie, Gerd Albrecht dirigierte, Jean-Pierre Ponnelle inszenierte und entwarf die Bühnenbilder. Die Uraufführung wurde für eine Schallplattenproduktion mitgeschnitten. Inzwischen ist das Werk mehrfach nachgespielt worden: 1979 in Düsseldorf, 1981 in Mannheim, 1982 in Nürnberg und San Francisco, 1984 in Berlin (DDR) und 1985 in Braunschweig.

W. K.

Wolfgang Rihm

* 13. März 1952 in Karlsruhe
Faust und Yorick (1976 Karlsruhe), T: nach Jean Tardieu v. Frithjof Haas, E., V: U. E.
Jakob Lenz (1979 Hamburg), T: nach Georg Büchner v. Michael Fröhling, E., V: U. E.

Jakob Lenz

Kammeroper Nr. 2. Text von Michael Fröhling frei nach Georg Büchners Novelle ›Lenz‹.

Solisten: *Lenz* (Lyrischer Bariton, auch Charakterbariton, gr. P.) – *Oberlin* (Seriöser Baß, auch Charakterbaß, m. P.) – *Kaufmann* (Spieltenor, auch Charaktertenor, m. P.) – *Stimmen* (2 Soprane, 2 Alte, 2 Bässe, m. P.) – *2 Kinder* (Kinderstimmen).
Chor: kein Chor.
Ort: Elsaß.
Schauplätze: Einheitsdekoration, darin Gebirge, Dorf, Haus des Pfarrers Oberlin, ein Bett.
Zeit: Um 1778.
Orchester: 2 Ob. (II. auch Eh.), Kl. (auch Bkl.), Fag. (auch Kfag.) – Trp., Pos., Schl., Cemb. – 3 Vcl.
Gliederung: Durchkomponierte Großform.
Spieldauer: etwa 1¼ Stunden.
Handlung: Im Mittelpunkt der Handlung steht der Aufenthalt des Dichters Jakob Michael Reinhold Lenz im Hause des Elsässer Pfarrers Oberlin. Lenz, in Straßburg mit dem jungen Goethe befreundet, war als einer der Wortführer des »Sturm und Drang« mit seinen Dramen ›Die Soldaten‹ und ›Der Hofmeister‹ früh bekannt geworden. Er ging mit Goethe nach Weimar, doch dort zerbrach die Freundschaft; Goethe lehnt das »Kranke« im Charakter von Lenz ab. Unerwidert blieb auch die Liebe von – wie er sich selbst nannte – »Goethes jüngerem Bruder« zu Friederike Brion. In der Angst vor aufkommendem Wahnsinn suchte er 1778 Schutz und Hilfe bei dem vermögenden Literaturfreund Christoph Kaufmann in Winterthur, der ihn bei dem sozial engagierten Pfarrer Oberlin im Elsaß unterbringt. Jedoch weder der gütig-großherzige Oberlin noch der verstandesmäßig argumentierende Kaufmann können Lenz vor dem Verfall bewahren. Seine Schaffenskraft erlischt. Er quält die Freunde mit jähen Stimmungswechseln, mit Halluzinationen, mit wiederholten Selbstmordversuchen. Er versucht zu predigen, wird aber nicht verstanden, er versucht, ein totes Mädchen, in dem er Friederike wiederzuerkennen glaubt, wiederzuerwek-

ken. Er bleibt allein, kann sich den Gesunden um ihn herum, kann sich der Umwelt nicht mehr anpassen, wird nicht mehr verstanden. Ihm bleibt nur die Verwahrung.

STILISTISCHE STELLUNG: Rihm versteht das Textvorbild des Lenz als unaufhaltsamen Abstieg, als Stadien eines Scheiterns an sich selbst und an der Umwelt; was er zu komponieren sich bemühte, sind Chiffren der Verstörung, des Außer-sich-Geratens, ausgedrückt in einer Art »extremer Kammermusik« – insistierend, hart, bisweilen monomanisch. Der extrem anspruchsvollen Titelpartie des Lenz sind – als personifizierte Umwelt – der hilfreich-hilflose Oberlin und der kühl-abwägende Kaufmann gegenübergestellt; im weiteren Sinne bilden die sechs Stimmen Lenzens Umwelt (Gemeinde, Bauern), aber auch die unbelebte »Natur«, schließlich Elemente der in Lenz vorgehenden Gefühle.

TEXTDICHTUNG: Das Libretto Michael Fröhlings geht zurück auf die 1835 niedergeschriebene, aber erst 1839 veröffentlichte Novelle ›Lenz‹ von Georg Büchner, bei der dieser auf Briefe des Dramatikers und auf ein Tagebuch des Pfarrers Johann Friedrich Oberlin aus Waldbach bei Straßburg zurückgriff, bei dem Lenz vom 20. Januar bis 8. Februar 1778 gewesen war. Der bewußt fragmentarische Charakter der Novelle, die quasi objektiv-collagierend einzelne Details des Aufenthaltes aneinanderreiht, ist auch im Libretto beibehalten und durch die irrealen »sechs Stimmen« zugleich überhöht worden.

GESCHICHTLICHES: Rihms ›Jakob Lenz‹ entstand 1977/78 als Auftragswerk der Hamburgischen Staatsoper und wurde dort am 8. März 1979 in der Regie von Siegfried Schoenbohm und unter der Leitung von Klauspeter Seibel sowie mit dem Bariton Richard Salter in der Hauptrolle uraufgeführt. Das eindrucksvoll-publikumswirksame Stück erschien alsbald in einer Reihe von weiteren Produktionen (Gelsenkirchen, Nürnberg, Freiburg, Stuttgart, Hannover, Graz) sowie in einer Schallplattenaufnahme und gehört derzeit zu den meistaufgeführten Werken der aktuellen Gegenwart.

W. K.

NIKOLAJ RIMSKIJ-KORSSAKOW

* 18. März 1844 in Tichwin (Gouvernement Nowgorod), † 21. Juni 1908 in Ljubensk (Gouvernement St. Petersburg)

Pskowitjanka (Das Mädchen von Pskow, Die Pleskauerin, Iwan der Schreckliche; 1873 St. Petersburg), T: nach Lew A. Mej vom Komponisten, 3. Fassung 1894, V: Bessel, U. E.

Majskaja notsch (Die Mainacht; 1880 St. Petersburg), T: nach Nikolaj W. Gogol vom Komponisten, V: Belaieff, Boosey

Snegurotschka (Schneeflöckchen; 1882 St. Petersburg), T: nach Aleksander N. Ostrowskij vom Komponisten, V: Bessel, U. E., B&H
Mlada (1892 St. Petersburg), T: nach Stepan A. Gedeonow vom Komponisten, V: Belaieff, Boosey
Notsch pered roshdestvom (Die Weihnacht; 1895 St. Petersburg), T: nach N. W. Gogol vom Komponisten, V: Belaieff, Boosey
Sadko (1898 Moskau), T: der Komponist, Wladimir W. Stassow u. Wladimir I. Bjelskij, V: Belaieff, Boosey
Mozart i Saljeri (Mozart und Salieri; 1898 Moskau), T: nach Aleksander S. Puschkin vom Komponisten, V: Belaieff, Boosey
Bojarynja Wera Scheloga (Die Bojarin Wera Scheloga; 1898 Moskau), E., als Prolog zur 2. Fassung v. ›Das Mädchen von Pskow‹ (1901 Moskau), V: Bessel
Zarskaja newesta (Die Zarenbraut; 1899 Moskau), T: nach L. A. Mej vom Komponisten, V: Belaieff, Boosey
Skaska o zare Saltane (Das Märchen vom Zaren Saltan; 1900 Moskau), T: nach A. S. Puschkin v. W. I. Bjelskij, V: Bessel, B&H; Neubearb. v. Paul Friedrich (1960), V: AE
Serwilija (1902 St. Petersburg), T: nach L. A. Mej vom Komponisten, V: Bessel
Kaschtschej bessmertnyj (Der unsterbliche Kaschtschej, Unhold ohne Seele; 1902 Moskau), T: der Komponist, V: Bessel, U. E., B&H
Pan Wojewoda (Der Wojewode; 1904 St. Petersburg), T: J. F. Tjumenjew, V: Bessel
Skasanije o newidimom grade Kiteshe i dewe Fewronii (Die Sage von der unsichtbaren Stadt Kitesh und der Jungfrau Fewronija; 1907 St. Petersburg), T: W. I. Bjelskij u. der Komponist, V: Belaieff, Boosey
Solotoj petuschok (Der goldene Hahn; 1909 Moskau), T: nach A. S. Puschkin v. W. I. Bjelskij, V: Forberg (B&B)

Die Mainacht

Oper in drei Akten. Text vom Komponisten nach einer Erzählung von Nikolaj W. Gogol.

SOLISTEN: *Der Dorfschulze* (Seriöser Baß, auch Baßbuffo, m. P.) – *Lewko,* sein Sohn (Jugendlicher Heldentenor, auch Lyrischer Tenor, gr. P.) – *Hanna* (Lyrischer Mezzosopran, gr. P.) – *Die Schwägerin des Dorfschulzen* (Alt, kl. P.) – *Der Schreiber* (Baß, m. P.) – *Der Schnapsbrenner* (Tenor, kl. P.) – *Der betrunkene Kalenik* (Bariton, auch Baß, m. P.) – *Das als Nixe verzauberte Mädchen* (Lyrischer Sopran, m. P.) – *1. Nixe* (Die Henne; Sopran, kl. P.) – *2. Nixe* (Der Rabe; Sopran, kl. P.) – *3. Nixe* (Die Stiefmutter; Sopran, auch Mezzosopran, kl. P.).
CHOR: Burschen und Mädchen. Gemeindewächter. Nixen (gemischter Chor, auch Doppelchor, m. Chp.).
ORT: Ein kleinrussisches Dorf bei Dikanka.
SCHAUPLÄTZE: Vor der Hütte Hannas – In der Hütte des Dorfschulzen – Die Hütte des Schreibers – Am Ufer des Sees.

ZEIT: Frühes 19. Jahrhundert.
ORCHESTER: 3 Fl., 2 Ob., 2 Kl., 2 Fag. – 4 Hr., 2 Trp., 3 Pos. – P., Schl., 2 Hrf. – Str.
GLIEDERUNG: Ouvertüre, durchkomponierte Großform.
SPIELDAUER: etwa 2½ Stunden.
HANDLUNG: Die Burschen und Mädchen des kleinrussischen Kosakendorfes singen das Lied von der Hirse. Der junge Lewko, der Sohn des Dorfschulzen, erscheint; vor der Hütte der jungen Kosakin Hanna singt er ein Liebeslied. Hanna kommt heraus, und beide versichern sich ihrer Liebe. Es wird Nacht – von jenseits des Sees zeichnen sich in der Dämmerung die Umrisse des alten, verwahrlosten Herrenhauses ab. Hanna bittet Lewko, ihr von diesem lange verlassenen Haus zu erzählen, und er berichtet von dem verwitweten Kosakenhauptmann, der dort mit seiner Tochter lebte, sich spät noch einmal verheiratete – aber die junge Frau war eine Zauberin. Sie haßte ihre Stieftochter und erreichte es, daß der Hauptmann sie aus dem Hause jagte. Das verzweifelte Mädchen sprang aus Kummer in den See und verwandelte sich in eine Nixe. Gemeinsam mit den anderen Nixen des Sees wollte sie auch ihre Stiefmutter ins Wasser ziehen, aber jene verwandelte sich ebenfalls in eine Nixe, so daß die Tochter des Kosakenhauptmanns jetzt nicht weiß, welche ihrer Nixen-Freundinnen die böse Stiefmutter ist. Lewko wird unterbrochen durch die ins Dorf einziehenden jungen Mädchen, die mit ihren Pfingstliedern das Fest des frühlingshaften Erwachens besingen. Da kommt der betrunkene Kalenik, der unbeholfen versucht, einen Hopak zu tanzen und dabei in aller Öffentlichkeit den Dorfschulzen beschimpft. Da er vor lauter Betrunkenheit seine Hütte nicht finden kann, machen sich die Dorfmädchen einen Spaß und schicken ihn zur Hütte des Schulzen. Sie wollen gerade auseinandergehen, als vor der Hütte von Hanna die beleibte, kurzatmige Figur des großsprecherischen Dorfschulzen auftaucht, der der hübschen Hanna nachstellt. Der eifersüchtige Lewko beobachtet sie Szene und beschließt, dem Vater eine Lektion zu erteilen; er verabredet mit den Burschen des Dorfes, dem Schulzen eins auszuwischen, und da dieser, wie auch der Schreiber, herzlich unbeliebt ist, wollen alle mitmachen. – In der Hütte des Dorfschulzen unterhalten sich der Hausherr und seine Schwägerin mit einem Gast, dem ehrenwerten Schnapsbrenner, der im Dorf eine Brennerei einrichten will. Da kommt Kalenik, der die Hütte für seine eigene hält, hereingetorkelt. Er nimmt keine Notiz von den Anwesenden, zieht noch ein wenig über den Schulzen her und legt sich dann schlafen, als sei er zu Hause. Der empörte Schulze will gerade den ungebetenen Gast hinauswerfen, als ein Stein das Fenster zertrümmert und auf der Straße ein Spottlied auf den Schulzen erklingt. Wütend stürzt dieser auf die Straße, um den Anstifter dieser spöttischen »Serenade« zu packen, und schleppt den in einem schwarzen Schafspelz verkleideten Lewko herein. Doch da ver-

lischt das Licht, Lewko kann sich befreien, und die Burschen schieben dem Schulzen seine Schwägerin zu. Diese protestiert, aber der Schulze, der ihre aufgeregt hohe Stimme für Verstellung hält, glaubt den Rädelsführer gefangen zu haben und sperrt sie in eine dunkle Kammer. – Da erscheint der Schreiber des Dorfes, der die Gemeindewache alarmiert hat, und teilt dem Schulzen mit, man habe den Anführer des nächtlichen Aufruhrs gefangengenommen. Aber den habe doch er selbst in die Kammer gesperrt, antwortet der Schulze. Um den Streit zu beenden, wird die Kammer geöffnet, und aus ihr kommt die wütende Schwägerin. Darauf beschließen der Schulze, der Schreiber und der Schnapsbrenner, nun den wahren Anführer, der in der Hütte des Schreibers eingesperrt ist, zu verhören. Doch an der Hütte angekommen, blicken sie erst einmal furchtsam durchs Schlüsselloch – und sehen erneut die Schwägerin. Sie halten diese Erscheinung für den Teufel und wollen die Hütte mitsamt Inhalt verbrennen, wogegen der vermeintliche Teufel lauthals protestiert. Da ermannt sich der Schreiber, öffnet die Tür, schlägt ein Kreuz – und steht wieder vor der Schwägerin, die die Burschen des Dorfes gepackt und durch ein Fenster in die Hütte geschoben hatten. Da erscheinen andere Dorfleute mit triumphierendem Geschrei. Auch sie glauben, sie hätten den Unruhestifter gefangen, aber es ist nur der betrunkene Kalenik, den sie mitschleppen. – Alles hat sich verstreut, es ist wieder Ruhe eingekehrt. Lewko kommt ans Ufer des Sees. Er denkt an die geliebte Hanna und spielt auf der Pandora: da erhellt sich ein Fenster des alten Herrenhauses, und es erscheint der Kopf des ertrunkenen Mädchens, der Tochter des Kosakenhauptmanns. Sie bittet ihn, weiterzusingen, und auch andere Nixen tauchen auf und tanzen einen nächtlichen Reigen. Das Mädchen bittet Lewko, aus der Schar der Nixen die böse Stiefmutter herauszufinden, und er verspricht es ihr. Die Nixen beginnen mit einem Fangspiel, aber niemand will der böse Rabe sein, der der Henne ihr Küken raubt – nur eine bietet sich schließlich an, und Lewko erkennt sie: das ist die Zauberin. Aufschreiend stürzen sich die Nixen auf die Stiefmutter und ziehen sie ins Wasser. Das Mädchen bedankt sich bei Lewko, wünscht ihm Glück und übergibt ihm ein Schreiben für den Vater. – Es wird Tag. Lewko erwacht und findet das Schreiben in seiner Hand. An der Spitze der Dorfleute kommen der Schulze und der Schreiber; man hat in Lewko den Anstifter des nächtlichen Treibens erkannt und will ihn fesseln, aber da gibt Lewko dem Vater das Schreiben, durch das das Kommissariat dem Schulzen den Befehl gibt, seinen Sohn mit Hanna zu verheiraten. Nichts kann das Glück der Liebenden mehr stören.

Stilistische Stellung: Rimskij-Korssakows zweite Oper setzt ganz auf den lyrischen Märchenton und knüpft dabei in der Durchsichtigkeit der Instrumentation sowie im Rückgriff auf ukrainische Folklore eng an den Stammvater der russischen Oper Michail Glinka an. Dabei mischen sich – wie auch später bei Rimskij-Korssakow – stets grotesk-realistische, durchaus auch von Sozialkritik erfüllte Szenen mit Elementen märchenhafter Phantastik; für die theatralische Wahrheit dieses russischen »Sommernachtstraums« mit Elfen- und Nixenspuk und Rüpelszenen gibt es keine Grenzen der Logik. Der volkstümliche Zuschnitt der Gesangspartien ebenso wie die realistische Zeichnung der komischen Figuren und das auch musikalisch subtil ausbalancierte Ineinander von parodistischer Schärfe und poetischer Stimmungsmalerei machen den hohen Reiz dieser kunstvollen Partitur aus.

TEXTDICHTUNG: Rimskij-Korssakow griff bei dem von ihm selbst geschriebenen Libretto zurück auf die Erzählung ›Die Mainacht‹, die in Nikolaj Gogols Novellensammlung ›Die Abende auf dem Vorwerk nahe Dikanka‹ enthalten ist. Die Handlung spielt in der »Rusalka«(Nixen)-Woche vor dem russischen Pfingsten, in der in christlicher Zeit noch in Rußland ein halbheidnischer Mummenschanz stattfand. Das Libretto wahrt diese Atmosphäre und setzt die einzelnen Schichten der literarischen Vorlage – derb-realistische Szenen, phantastisch-märchenhafte Elemente und die Liebesgeschichte zwischen Hanna und Lewko – kongenial um. Auch die Sprachebene und die ukrainische Dialektfärbung in Gogols Novelle sind im Libretto gewahrt, lassen sich aber kaum adäquat übersetzen.

GESCHICHTLICHES: Rimskij-Korssakow komponierte die ›Mainacht‹ im Jahre 1878; uraufgeführt wurde sie am 21. Januar 1880 unter der Leitung von Eduard Naprawnik im Mariinskij-Theater in St. Petersburg. Während das Werk in Rußland durchweg populär blieb und noch heute viel gespielt wird, hat es sich auf deutschen Bühnen nur vereinzelt durchsetzen können.

W. K.

Das Märchen vom Zaren Saltan

Oper in sechs Bildern nach Aleksander S. Puschkin. Dichtung von Wladimir I. Bjelskikj.

SOLISTEN: *Zar Saltan* (Seriöser Baß, auch Heldenbariton, m. P.) – *Zarin Militrissa* (Jugendlich-dramatischer Sopran, gr. P.) – *Prinz Gwidon,* beider Sohn (Jugendlicher Heldentenor, auch Lyrischer Tenor, gr. P.) – *Muhme Babaricha* (Spielalt, m. P.) – *Ihre jüngere Tochter* (Charaktersopran, auch Soubrette, m. P.) – *Ihre ältere Tochter* (Mezzosopran, m. P.) – *Prinzessin Swanhild* (Lyrischer Sopran, auch Lyrischer Koloratursopran, gr. P.) – *Der Narr* (Spielbaß, auch Charakterbaß, auch Bariton, m. P.) – *Der Bote* (Bariton, kl. P.) – *Der alte Mann* (Spieltenor, auch

Charaktertenor, kl. P.) – *1. Seemann* (Bariton, kl. P.) – *2. Seemann* (Baß, auch Bariton, kl. P.).

CHOR: Diener. Bewaffnete. Soldaten. Kinderfrauen. Wächter. Adlige. Priester. Mädchen. Seeleute. Narren. Herolde. Volk (gemischter Chor, m. Chp.).

BALLETT

ORT: Rußland.

SCHAUPLÄTZE: Am Hofe des Zaren Saltan – Auf dem hohen Meer – Eine einsame Insel – Die versunkene Stadt.

ZEIT: In alter Märchenzeit.

ORCHESTER: 3 Fl. (III. auch Picc.), 2 Ob., Eh., 3 Kl. (III. auch Bkl.), 2 Fag., Kfag. – 4 Hr., 3 Trp., 3 Pos., Tuba – P., Schl., Cel., Hrf. – Str. – Bühnenmusik: 3 Trp.

GLIEDERUNG: Durchkomponierte Großform, gliedernde instrumentale Zwischenspiele.

SPIELDAUER: etwa 2¼ Stunden.

HANDLUNG: Babaricha, die alte Muhme des Zaren Saltan, und ihre beiden einfältigen Töchter sind neidisch auf die junge Zarin Militrissa und das Kind, das sie in Kürze erwartet. Die Töchter selbst wären gern Zarin geworden, doch jetzt müssen sie Windeln für den Thronfolger weben. Alle drei überlegen, ob es kein Mittel gibt, die Zarin bei ihrem Gatten zu verleumden. Der Zar erscheint, um sich von seiner Frau zu verabschieden; er zieht in den Krieg und bittet, man möge ihm schreiben, ob ein Junge oder ein Mädchen geboren worden ist. Er bittet die Muhme Babaricha, auf die Zarin und das Kind achtzugeben. Darauf gründet die neidische Babaricha nun ihren Plan: sobald der Zarewitsch geboren ist, wird sie dem Zaren eine falsche Botschaft schicken: Militrissa habe kein menschliches Wesen geboren, sondern einen Wechselbalg, ein Ungeheuer. – Der Zar ist in den Krieg aufgebrochen; die Zarin hat einem gesunden Knaben das Leben geschenkt. Das ganze Volk freut sich, aber Babaricha schreibt den denunzierenden Brief an den Zaren und schickt einen Boten damit ins Heerlager. Ein alter Mann kommt und erzählt, was ihm geträumt habe: für den Zarewitsch und seine Mutter werde es siebzehn Jahre der Leiden und Not geben, aber auch einen glücklichen Ausgang, wenn der Zarewitsch den Greif bezwingen könnte. Da erscheint ein Bote: der Zar, von Babarichas falscher Nachricht aufgebracht, hat einen Brief an den Hofnarren geschrieben. Darin ordnet er an, man solle die Zarin und das, was sie geboren habe, in einem offenen Boot auf dem hohen Meere aussetzen. Jedermann ist entsetzt über den grausamen Befehl, aber Babaricha wehrt dem Widerstand, indem sie den opponierenden Narren einsperren läßt. Da sich die Zarin auch nicht weigert, wird sie mit ihrem Kind ausgesetzt. – Siebzehn Jahre später: Die Zarin und ihr Kind haben die Meerfahrt glücklich bestanden und sind auf einer einsamen Insel gelandet, wo sie seither leben. Die Zarin ist alt geworden, der Prinz ist zum jungen Mann herangewachsen, als ihn die Mutter über seine Herkunft aufklärt. Schon länger ist er auf der Jagd nach dem bösen Vogel Greif, der auch heute wieder erscheint und einen Schwan jagt. Doch Gwidon weiß ihn mit einem gezielten Schuß seines Bogens zu erlegen. Der Schwan ist gerettet. Er ist der menschlichen Sprache mächtig, dankt dem Zarewitsch für seine Rettung und verspricht ihm jeden Beistand. Gwidon und Militrissa sinken in Schlaf – da steigt eine versunkene Stadt aus dem Meer, die der Greif in seiner Gewalt hatte. Jetzt, wo das Untier tot ist, preist das Volk seine Erlösung und macht den Befreier zum neuen Herrscher. – Alles scheint gut, aber Militrissa lebt in Kummer über die Trennung von Saltan, den sie immer noch liebt, und Gwidon sehnt sich nach der Prinzessin Swanhild, von der er gehört hat. Er ruft den Schwan, ihm zu helfen, und dieser verspricht ihm, die Prinzessin herbeizuholen, wenn er ihm, dem Schwan, ewige Treue schwöre. Gwidon willigt ein, und der Schwan verwandelt sich in die Prinzessin. Die hochbeglückte Zarin segnet den Bund. – Gwidon überlegt, wie er den Kummer der Mutter lindern kann, und Swanhild rät ihm, zum Zaren Saltan zu reisen und ihn zu holen. Sie selbst will ihn in der Gestalt einer Hummel begleiten. – Der Zar ist ebenfalls alt geworden; er verzehrt sich in Reue wegen seiner bösen Tat, da er annehmen muß, daß Frau und Kind tot sind, und auch der traurige Narr kann ihn nicht trösten. Babaricha und ihre Töchter beherrschen das Leben am Hofe. Da erscheint Gwidon, als einfacher Seemann gekleidet, und berichtet seinen Kameraden von der wunderbaren, von Schätzen reichen meerentstiegenen Stadt, von deren Fürsten Gwidon und der zaubermächtigen Prinzessin Swanhild. Im Zaren erwacht der Wunsch, diese Wunder mit eigenen Augen zu sehen. Babaricha und ihre Töchter, die um ihren Einfluß fürchten, wollen ihn davon abhalten, werden aber von der Hummel gestochen. Der Zar rüstet sich zur Reise übers Meer. – Gwidon ist in die meerentstiegene Stadt zurückgekehrt und bereitet alles für den Empfang des Zaren vor, der wenig später eintrifft. Saltan ist beeindruckt von der Pracht der Stadt und der Schönheit der Prinzessin und bittet sie, mit ihrer Zauberkraft das Bild der Zarin Militrissa zu beschwören. Militrissa erscheint, und der Zar muß überwältigt und glücklich feststellen, daß die Vision Wirklichkeit ist. Glücklich schließt er die Gattin in die Arme und freut sich an seinem Sohn Gwidon. Babaricha und ihren Töchtern wird gnädig verziehen, da alles ein gutes Ende gefunden hat. Glück und Jubel beschließen das Märchen vom Zaren Saltan.

Stilistische Stellung: Rimskij-Korssakows lyrisch-märchenhafte Oper vom ›Zaren Saltan‹ kennzeichnet vielleicht noch deutlicher als die ›Mainacht‹ sein Bestreben, zu einer lyrisch-epischen Märchenform zu gelangen; anders als Aleksander Borodin, der mit seinem ›Fürst Igor‹ so etwas wie das Nationalepos der Russen in Form einer großen Historienoper in Musik zu setzen sich bemühte, ging es ihm um weniger: um die heiter-ironisch erzählte Märchengeschichte vom Zaren Saltan, seiner Frau Militrissa, der bösen Babaricha und der wunderschönen Swanhild. Es ist fast ein Ballettstoff, den Rimskij-Korssakow hier vertont: voller Poesie, Bilderfülle und Farbenreichtum, gefaßt in eine Musik, die weitausschwingende Kantabilität, folkloristisch abgetönte Chorsätze und höchst virtuos-abwechslungsreiche instrumentale Zwischenspiele zu einem faszinierenden Bilderbogen zusammenfaßt – nicht nur der weltbekannte »Hummelflug«, das Zwischenspiel zwischen dem 4. und 5. Bild, sondern auch die weitere Musik dieses Werkes verdienen Beachtung.

TEXTDICHTUNG: Aleksander Puschkins Oeuvre war für die russischen Komponisten des 19. Jahrhunderts eine unerschöpfliche Fundgrube; allein Rimskij-Korssakow vertonte drei auf Puschkin zurückgehende Libretti (neben dem ›Zaren Saltan‹ noch ›Mozart und Salieri‹ und ›Der goldene Hahn‹). Der Textdichter Wladimir Iwanowitsch Bjelskij hielt sich bei der Erstellung seines Librettos eng an Puschkins um 1830 entstandene Verserzählung.

GESCHICHTLICHES: Bjelskij und Rimskij-Korssakow arbeiteten in engem Kontakt in den Jahren 1898/99 an der Oper; im Winter 1899 war das Werk fertiggestellt. Die Oper wurde am 2. November 1900 in Moskau uraufgeführt. In Rußland war das Werk (und ist es bis heute) sehr erfolgreich, ins Ausland gelangte es erst in den 1920er Jahren: so war die deutsche Erstaufführung am 2. März 1928 in Aachen, in Paris kam das Werk 1929, in London 1933, in New York 1937 heraus.

W. K.

Der goldene Hahn

Ein Märchen. Oper in drei Akten. Text nach Aleksander S. Puschkin von Wladimir I. Bjelskij.

SOLISTEN: *König Dodon* (Spielbaß, auch Charakterbaß, auch Heldenbariton, gr. P.) – *Prinz Gwidon* (Lyrischer Tenor, auch Jugendlicher Heldentenor, kl. P.) – *Prinz Afron* (Lyrischer Bariton, auch Kavalierbariton, kl. P.) – *General Polkan* (Spielbaß, auch Charakterbaß, m. P.) – *Amelfa,* Aufseherin (Dramatischer Alt, auch Spielalt, m. P.) – *Der Astrologe* (Contratenor, auch Lyrischer Tenor, auch Spieltenor, m. P.) – *Die Königin von Schemacha* (Lyrischer Koloratursopran, gr. P.) – *Der goldene Hahn* (Sopran, auch Tenor, kl. P.) – *1. Bojar* (Tenor, auch Bariton, kl. P.) – *2. Bojar* (Baß, auch Bariton, kl. P.).

CHOR: Adlige. Volk. Soldaten. Dienerinnen der Königin von Schemacha (gemischter Chor, m. Chp.).

BALLETT: Tänze im II. Akt.

ORT: Rußland.
SCHAUPLÄTZE: Halle im Palast des Königs Dodon – Eine Schlucht mit dem Zelt der Königin von Schemacha – Vor der Halle des Palastes.
ZEIT: Märchenzeit.
ORCHESTER: 3 Fl. (II. und III. auch Picc.), 2 Ob., Eh., 3 Kl., Bkl., 2 Fag., Kfag. – 4 Hr., 3 Trp., 3 Pos., Tuba – P., Schl., 2 Hrf., Cel. – Str.
GLIEDERUNG: Durchkomponierte Großform.
SPIELDAUER: etwa 2 Stunden.
HANDLUNG: Der Astrologe tritt vor den Vorhang und kündigt das märchenhaft vieldeutige Spiel an. – Im Palaste des alt, faul und fett gewordenen Königs Dodon ist der Rat der Bojaren versammelt. König Dodon hat Sorgen, denn ringsum bedrohen Feinde das Reich und lassen ihm, der doch viel lieber ißt und schläft, keine Ruhe. Bei seinen beiden Söhnen, Prinz Gwidon und Prinz Afron, sucht der König Rat, was zu machen sei, doch ihre Abwehrvorschläge sind Hirngespinste und werden alsbald vom alten Haudegen, dem General Polkan, abgewehrt, und obwohl der König den Realismus Polkans nicht schätzt, muß er ihm doch schließlich zustimmen. Keiner weiß einen Rat, als ein Astrologe den Saal betritt. Er trägt in den Händen einen kunstvoll gearbeiteten goldenen Hahn, der mit den Flügeln schlägt und laut kräht, wenn dem Land Gefahr drohe. Dodon ist sehr erleichtert und bietet dem Astrologen an, er wolle ihm einen Wunsch erfüllen. Doch der Astrologe bittet, die Erfüllung des Wunsches zu verschieben, bis er das Richtige gefunden habe. – Dodon kann nun seinen Lieblingsbeschäftigungen frönen. Von der alten Aufseherin Amelfa betreut, nippt er ein wenig an den dargebotenen Köstlichkeiten, dann schlummert er ein. Da beginnt der Hahn mit den Flügeln zu schlagen und zu krähen. Auf Befehl des Königs rücken Gwidon und Afron, ein wenig widerwillig, mit dem Heer ins Feld. Dodon gibt sich wieder dem süßen Schlummer hin und träumt von einer unbekannten, verführerischen Schönen. Da warnt ihn der Hahn zum zweiten Mal. Ängstlich versammelt sich das Volk, und Polkan gelingt es, den König zu wecken. Mißmutig läßt sich der König die alte Rüstung bringen, die ihm längst zu eng ist, nimmt sein verrostetes Schwert und zieht mit dem Rest des Heeres unter dem Jubel der Untertanen los, um seinen Söhnen beizustehen. – In einer engen Schlucht, es ist dunkel, findet Dodon die Reste seines Heeres, das vom Feinde geschlagen wurde. Auch die beiden Söhne sind tot. Dodon will sich fürchterlich rächen. Aus dem Morgennebel tauchen die Umrisse eines Prunkzeltes auf. In ihm vermuten Dodon und Polkan den Feind, und so wird die letzte Kanone feuerbereit gemacht. Doch da tritt aus dem Zelt eine verführerische junge Frau, in der Dodon sogleich sein Traumbild wiedererkennt, und besingt die aufgehende Sonne. Es ist die Königin von Schemacha, die Dodon gegenübertritt und unverhohlen bekennt, sie wolle sein Reich mit der Macht der Schönheit erobern. Dodon weiß

gar nicht so recht, wie ihm geschieht: mit rätselhaft-spöttischem Lächeln umgarnt ihn die Königin, und auch, als sie ihm erzählt, seine beiden Söhne seien ihr verfallen gewesen, hätten ihr beide die Krone angeboten und seien im Kampf um sie aneinander geraten und hätten sich gegenseitig getötet, weicht der Zauber nicht. Dodon ist ihrer gleißenden Schönheit ganz verfallen, läßt sich umwerben, läßt sich zum Tanze führen und merkt nicht, wie ihn die Königin verhöhnt. Ganz im Liebesrausch bietet er der Königin seine Hand und sein Reich. Mit Sklaven, Soldaten und kostbaren Schätzen tritt das ungleiche Paar den Zug in die Hauptstadt an. – Dort berichtet die Aufseherin Amelfa dem wartenden Volk, wie der Krieg ausgegangen sei, und daß Dodon mit einer fremden Königin heimkehren werde. Als der Festzug naht, wundern sich die Untertanen über die seltsamen Wesen – Riesen, Zwerge, Hundeköpfige – im Gefolge der Königin. Kaum hat Dodon mit der Königin im Palast Platz genommen, da erscheint der Astrologe; nun weiß er, was er als Belohnung für den Wundervogel haben will: die Königin von Schemacha. Diese lächelt amüsiert, doch Dodon schlägt wutentbrannt mit dem Zepter auf den Astrologen ein und tötet ihn. Der Himmel verfinstert sich, ein Unwetter zieht auf. Dodon will die Königin küssen, doch die weist ihn brüsk ab. Der goldene Hahn erhebt sich in die Luft, fliegt zum König und hackt ihn mit seinem eisernen Schnabel tot. Ein Donnerschlag ertönt, die Erde verfinstert sich: und als es wieder hell ist, sind Königin und Wundervogel verschwunden. Verlegen betrachtet das Volk die neue Lage. – Der Astrologe tritt noch einmal vor den Vorhang und warnt davor, die Geschichte zu ernst zu nehmen.

Stilistische Stellung: Rimskij-Korssakows letztes musikdramatisches Werk bedient sich erneut der Märchenform, und auch hier – wie bei ›Mozart und Salieri‹ und beim ›Zaren Saltan‹ – lieferte Puschkin das Vorbild. Rimskij-Korssakows Musik ist noch einfallsreicher, vielgestaltiger, farbiger als im ›Zaren Saltan‹ – die Konzentration auf wenige Situationen anstelle des Bilderbogens ermöglicht eine präzisere Personencharakterisierung. Von chromatisch schweifender Kühnheit ist die Harmonik der Partitur, die Feinheit der Melodiebildung, die Raffinesse der am französischen Impressionismus Claude Debussys geschulten Orchestration machen die späte Partitur zu einem Meisterwerk. Illustrative und aggressiv-parodistische Momente wechseln einander ab.

Textdichtung: Wladimir Bjelskij, bereits erprobter Mitarbeiter Rimskij-Korssakows, hat das 1834 veröffentlichte satirisch-hintergründige Kunstmärchen Puschkins zum Libretto umgeformt. Dabei ging es ihm und dem Komponisten, der 1905 offen für die Revolution Partei ergriffen hatte und deshalb vorübergehend seinen Posten am Konservatorium in St. Petersburg verlor, in erster Linie um die satirischen Züge, die eher verschärft werden: Zarentum, Herrscherwillkür und Despotie werden deutlich gebrandmarkt.

GESCHICHTLICHES: Rimskij-Korssakow arbeitete vom November 1906 bis zum Herbst 1907 an seiner letzten Oper. Als die Zensur Einwände erhob und Kürzungen und Änderungen verlangte, blieb das Werk liegen und konnte erst nach seinem Tod am 7. Oktober 1909 in Moskau uraufgeführt werden. 1914 errang das Werk in Paris als Ballett-Oper (in einer Choreographie von Michail Fokin) einen großen Erfolg, ebenfalls 1914 kam es in London heraus. Die deutsche Erstaufführung fand am 18. Juni 1923 in Berlin statt. Nach dem Krieg wurde ›Der goldene Hahn‹, der zu den meistgespielten Opern Rimskij-Korssakows gehört, unter anderem in München, Leipzig, Berlin, Hagen und beim Edinburgh Festival gespielt.

W. K.

GIOACCHINO ROSSINI

* 29. Februar 1792 in Pesaro (Romagna), † 13. November 1868 in Passy bei Paris

La cambiale di matrimonio (Der Heiratswechsel; 1810 Venedig), T: Gaetano Rossi, kO., E., V: Ricordi

L'inganno felice (Der glückliche Betrug; 1812 Venedig), T: Giuseppe Foppa, kO., E., V: Ricordi

La scala di seta (Die seidene Leiter; 1812 Venedig), T: G. Foppa, kO., E., V: Ricordi; Neubearb. v. Walter Panofsky, V: Peters

La pietra del paragone (Die Liebesprobe; 1812 Mailand), T: Luigi Romanelli, kO.; deutsche Fassung v. Paul Friedrich (= Fritz Oeser) u. Günther Rennert, V: BV

L'occasione fa il ladro (Gelegenheit macht Diebe; 1812 Venedig), T: Luigi Prividali, kO., E., V: Ricordi

Il Signor Bruschino ossia Il figlio per azzardo (1813 Venedig), T: G. Foppa, kO., E., V: Ricordi; Neubearb. v. Ludwig Landshoff u. Karl Wolfskehl (1932), V: Schott

Tancredi (1813 Venedig), T: nach Voltaire v. G. Rossi, V: Ricordi

L'italiana in Algeri (Die Italienerin in Algier; 1813 Venedig), T: Angelo Anelli, V: Ricordi; Neubearb. v. Hugo Röhr (1931, Freiburg im Breisgau), V: B&B

Il turco in Italia (Der Türke in Italien; 1814 Mailand), T: Felice Romani, kO., V: Ricordi

Il barbiere di Siviglia (Der Barbier von Sevilla; 1816 Rom), T: nach Pierre-Augustin Caron de Beaumarchais v. Cesare Sterbini, kO., V: Ricordi, A&S (Otto Neitzel)

Otello (1816 Neapel), T: Francesco Berio di Salsa, V: Ricordi

La Cenerentola (Aschenbrödel; 1817 Rom), T: Jacopo Ferretti, V: Ricordi; Neubearb. v. H. Röhr als ›Angelina‹ (1929 Hamburg), V: Drei Masken; v. G. Rennert u. Joachim Popelka, V: Ricordi; v. W. Panofsky, V: Peters

La gazza ladra (Die diebische Elster; 1817 Mailand), T: Giovanni Gherardini, V: Ricordi; Neubearb. v. Riccardo Zandonai; v. Arthur Treumann-Mette (1937 Breslau), V: A&S

Armida (1817 Neapel), T: Giovanni Schmidt, V: Ricordi; Neubearb. v. Vito Frazzi

Mosè in Egitto (1818 Neapel), T: Andrea Leone Tottola, V: Ricordi; Neubearb. als ›Moisë‹ (1827 Paris), T: Luigi Balocchi u. Victor Joseph Étienne de Jouy

Adina o Il Califfo di Bagdad (Adina oder Der Kalif von Bagdad; 1818; 1826 Lissabon), T: Gherardo Bevilacqua-Aldobrandini, kO., E., V: Ricordi

La donna del lago (Die Frau vom See; 1819 Neapel), T: A. L. Tottola, V: Ricordi

Maometto II. (1820 Neapel), T: Cesare della Valle; V: Ricordi; Neubearb. als ›Le siège de Corinthe‹ (Die Belagerung von Korinth; 1826 Paris), T: L. Balocchi u. Alexandre Soumet

Semiramide (1823 Venedig), T: nach Voltaire v. G. Rossi, V: Ricordi

Le Comte Ory (Graf Ory; 1828 Paris), T: Eugène Scribe u. Charles Gaspard Delestre-Poirson, V: Ricordi; Neubearb. v. Karlheinz Gutheim u. M. H. Fischer

Guillaume Tell (Wilhelm Tell; 1829 Paris), T: nach Friedrich Schiller v. V. J. Étienne de Jouy u. Hippolyte Louis Florent Bis, V: Ricordi; Neubearb. v. Julius Kapp u. Robert Heger (1934 Berlin), V: U. E.

Die Italienerin in Algier

Komische Oper in zwei Akten. Text von Angelo Anelli.

SOLISTEN: *Mustafa,* Bey von Algerien (Baßbuffo, auch Baßbariton, gr. P.) – *Elvira,* seine Gattin (Lyrischer Sopran, m. P.) – *Zulima,* Lieblingssklavin Elviras (Mezzosopran, auch Alt, kl. P.) – *Haly,* Kapitän der algerischen Korsaren (Baß, auch Bariton, m. P.) – *Lindoro,* ein junger Italiener, Lieblingssklave Mustafas (Lyrischer Tenor, gr. P.) – *Isabella,* eine italienische Dame (Koloratur-Mezzosopran, auch Koloratursopran, gr. P.) – *Taddeo,* Isabellas ältlicher Verehrer (Bariton, auch Baßbuffo, gr. P.).

CHOR: Eunuchen im Harem. Algerische Korsaren. Italienische Sklaven. Pappataci. Haremsdamen. Europäische Sklaven. Seeleute (gemischter Chor, m. Chp.).

ORT: Algier.

SCHAUPLÄTZE: Ein Gemach im Palast des Beys von Algier – Eine Küste – Ein Prunksaal im Palast – Der Harem des Beys – Ein Prunksaal.

ZEIT: 18. Jahrhundert.

ORCHESTER: 2 Fl., 2 Ob., 2 Kl., 2 Fag. – 2 Hr., 2 Trp., 1 Pos. – P., Schl. – Cemb. – Str.

GLIEDERUNG: Ouvertüre, durch Secco-Rezitative verbundene Arien und Ensembles.

SPIELDAUER: etwa 2½ Stunden.

HANDLUNG: Im Harem des Beys von Algier herrscht Trübsinn: der Bey möchte seine Hauptfrau Elvira nach langer Ehe loswerden, und mit orientalischer Offenheit sagt er ihr ins Gesicht, wie sehr sie ihn langweilt. Elvira, von ihrer Lieblingssklavin Zulima assistiert, bejammert ihr Schicksal. Der Bey Mustafa hat auch schon einen Plan: er will Elvira kurzerhand weiterverheiraten, und er weiß auch schon mit wem – mit seinem Lieblingssklaven, dem jungen Italiener Lindoro, der sich seit einigen Monaten im Palast befindet. Dem Bey sind die sanften orientalischen Frauen langweilig, deshalb beauftragt er Haly, den Kapitän der ihm unterstellten Piratenflotte, ihm sofort eine junge, schöne Italienerin zu besorgen. Er hat gehört, wie diese Italienerinnen mit ihren Ehegatten umspringen, und es reizt ihn ungeheuer, zu zeigen, daß man so etwas mit ihm nicht machen kann. – Lindoro betrauert seine Gefangenschaft und die Trennung von der Geliebten; da erscheint Mustafa und will ihn bereden, Elvira zu heiraten. Lindoro, der sich ja schon gebunden fühlt, macht allerhand Ausflüchte und stellt höchste Ansprüche, aber der ungeduldige Mustafa versichert ihm, die Dame sei unwiderstehlich, und jeder, der sie sähe, würde sich sofort in sie verlieben. – An der wilden Küste Algeriens ist ein Schiff im Sturm gestrandet. Die Piraten jubeln, weil sie fette Beute gemacht haben. Haly erscheint und fragt, ob sich unter den neuen Sklaven auch hübsche Mädchen befinden, aber er kann sich sogleich selbst überzeugen – denn Isabella tritt auf. Sie hat die Gefahren dieser Reise auf sich genommen, nur um den geliebten Lindoro, der in die Sklaverei gelangt ist, wiederzufinden. Sie weiß sich sogleich in die neue Situation zu schicken, denn solange es ihr gelingt, alle Männer um den Finger zu wickeln, fürchtet sie nichts. Isabella ist nicht allein – sie wird begleitet von Taddeo, einem älteren, etwas geckenhaften Herrn, der sie hoffnungslos liebt und mit der Anhänglichkeit eines Hundes überallhin begleitet. Isabella weiß die Situation zu retten, indem sie Taddeo als ihren Onkel ausgibt, doch als die beiden einen Augenblick allein sind, lassen sie die Maske fallen und überhäufen sich mit gegenseitigen Verwünschungen: sie ist aufgebracht über die Eifersucht des ältlichen Freiers, er ist gereizt, weil sie ihn nie erhört; zudem fürchtet er um seine Männlichkeit, hat er doch gehört, daß die Orientalen damit wenig Umstände machen. Doch beide merken, daß sie aufeinander angewiesen sind, und hoffen, daß das Spiel mit Onkel und Nichte ihnen weiterhelfen wird. – In der Zwischenzeit hat Mustafa beschlossen, sich Elvira so schnell wie möglich vom Halse zu schaffen – er schenkt Lindoro die Freiheit, nach Italien zurückzukehren, wenn dieser Elvira und Zulima mitnimmt; und Lindoro, der hofft, so wieder die Freiheit zu erlangen, willigt ein – später kann man ja immer noch weitersehen. Da meldet Haly, daß man eine hübsche Italienerin gefangen habe, und Mustafa läßt alles für ihren Empfang vorbereiten. In einem großen Prunksaal, vor dem ganzen Harem, wird Isabella vorgestellt: Mustafa ist glücklich, weil der Anblick seine kühnsten Hoffnungen übertrifft, und Isabella erkennt, daß sie mit diesem pompösen, innerlich jedoch weichen Mann leichtes Spiel haben wird. Taddeo, den nur die Onkel-Rolle davor bewahrt, sogleich eingesperrt zu werden, ist wütend, denn er sieht, daß sich der Bey bereits in die lange Reihe der Bewunderer Isabellas eingereiht hat. Elvira, Zulima und Lindoro betreten den Raum, um sich vom Bey zu verabschieden. Da erkennt Isabella ihn, dem sie unter Lebensgefahr in die Barbarei gefolgt ist, an der Hand einer anderen, und er erkennt sie und glaubt, sie habe sich bereits der Gewalt Mustafas gebeugt – Befangenheit breitet sich aus. Doch dann zeigt Isabella Geistesgegenwart: sie sagt zum Bey, sie könne doch an seinem Hofe nicht ohne Dienstpersonal sein, und er solle ihr Lindoro zum Sklaven geben. Mustafa protestiert, aber Isabella ist siegessicher. Der Akt endet in völliger Konfusion; keiner weiß mehr, woran er ist. – Die Abreise Elviras ist erst einmal verschoben; ja, Elvira ist erheitert, weil sie sieht, daß sich der tyrannische Mustafa in einen hilflosen Liebhaber verwandelt hat. Da ordnet Mustafa an, man solle Isabella darauf vorbereiten, er wolle in einer halben Stunde mit ihr Kaffee trinken. Isabella sinnt unterdessen über die Treulosigkeit Lindoros nach, doch Lindoro findet sie, und es gelingt ihm, alle ihre Ängste und Zweifel zu zerstreuen. Beide beschließen, sich später im Garten zu treffen, um dort einen Fluchtplan zu besprechen. Lindoro ist glücklich. – Mustafa hat, um Isabella zu schmeicheln, ihren »Onkel« Taddeo zu einem Kaimakan, einem hohen Offizier, ernannt. Sklaven kleiden ihn in orientalische Gewänder, setzen ihm einen Turban auf und huldigen ihm, doch Taddeo ist dies alles lästig; er empfindet nur die Liebelosigkeit seines Lebens. – Isabella wird für das Kaffeestündchen mit Mustafa angekleidet, Elvira und Zulima warten im Nebenzimmer. In ihrer großen Arie schwärmt Isabella von ihrem Geliebten, wohl wissend, daß die drei Männer, die sie anbeten – Lindoro, Taddeo, Mustafa – sie dabei belauschen; eine Szene voller sublimer Koketterie. Mustafa stürzt zu ihr, zusammen mit Taddeo und Lindoro, den niemand beachtet – er ist ja nur ein Sklave. Mustafa will ihr kurz den Onkel als Kaimakan vorstellen und dann mit Isabella allein sein; er schärft dem »Onkel« ein, wenn er niese, habe dieser zu gehen. Isabella ist amüsiert über die Verkleidung Taddeos, bedankt sich dann aber ganz herzlich für die hohe Ehre. Der Bey niest, aber Taddeo scheint ertaubt; er rührt sich nicht von der Stelle. Der Kaffee wird serviert, und Isabella versucht Mustafa einzureden, er solle sich doch wieder mit Elivra aussöhnen. Dies aber will der Bey nun am wenigsten hören, und er gönnt sich einen cholerischen Ausbruch. In einer Art Intermezzo singt Haly eine kleine Arie, ein Ständchen über die Frauen Italiens. Isabella hat Lindoro und Taddeo in ihren Plan eingeweiht. Dem immer noch wütenden Mustafa teilt Lindoro nun mit, auch ihm werde eine hohe Ehre zuteil: Isabella sei zur Versöhnung bereit, und die Versöhnung zwischen Abendland und Morgenland solle mit einer großen symbolischen Handlung gefeiert werden. Mustafa habe Taddeo zum Kaimakan gemacht; dafür würden die Italiener jetzt Mustafa zum Pappataci machen. Mustafa fühlt sich hochgeehrt, weiß aber nicht, was die Ehre bedeutet. Lindoro erklärt ihm, zu dem Orden der Pappataci würden nur die standhaften und seelisch ausgeglichenen Liebhaber gewählt, dafür hätten sie ein Gelübde abzulegen, daß sie, um ihre überragende Konzentrationsfähigkeit zu beweisen, eine Zeitlang nichts anderes tun als essen, trinken und schlafen und nicht auf das achten, was um sie herum passiert. Mustafas Aufnahme in den Orden der Pappataci soll groß gefeiert werden – alles wird festlich vorbereitet, und währenddessen ordnet Isabella die Vorbereitungen zur Flucht an. Unter zeremoniellen Klängen wird Mustafa hereingeführt; er legt den Eid ab, ein guter Pappataci zu sein, dann wird ein Test durchgeführt. Während sich Mustafa übers Essen hermacht, beteuern sich Isabella und Lindoro laut ihre Liebe. Mustafa will eingreifen, aber Taddeo rügt ihn, weil er die Regeln des Ordens offensichtlich noch nicht begriffen habe, und Mustafa beteuert reumütig, er wolle nun ein wahrer Modell-Pappataci sein. Dann geht alles sehr schnell: ein Schiff erscheint im Hintergrund, die italienischen Sklaven gehen an Bord, ebenso auch Isabella und Lindoro. Jetzt erst merkt Taddeo, den man nur teilweise eingeweiht hat, woran er ist. Er will Isabella nicht dem Rivalen Lindoro überlassen und versucht, Mustafa zum Handeln zu bewegen, doch vergebens: der frischgebackene Pappataci ist durch nichts zu erschüttern, er ißt und schweigt. Da gibt Taddeo klein bei und rennt schnell aufs Schiff: dann will er doch lieber ungeliebt, aber als freier Mann in die Heimat zurückkehren. Kaum ist das Schiff fort, stürzen Elvira, Zulima und Haly auf die Bühne und erzählen dem Bey, wie man ihn betrogen hat. Doch auch sein Wutausbruch nützt nichts mehr, die Liebenden sind in Sicherheit. So wendet sich Mustafa wieder seiner Elvira zu – die Italienerinnen sind nichts für ihn.

STILISTISCHE STELLUNG: Obwohl innerhalb eines Monats komponiert, ist die ›Italienerin in Algier‹ Rossinis erster großer Erfolg gewesen. Es gelang ihm in diesem Werk, nicht nur an die seit Mozart und Gluck beliebten Serail-Stücke anzuknüpfen, sondern die Handlung mit ihren vielen Windungen und überraschenden Situationen vollständig zu »musikalisieren« – am deutlichsten vielleicht im Finale des I. Aktes, in dem die handelnden Personen so verwirrt sind, daß sie keinen Text mehr singen, sondern Geräusche: die Damen haben das Gefühl, in ihren Ohren läuten Glocken, Lindoro hört einen Hahn krähen, Haly hört Hammerschläge, Mustafa Kanonen; Dindin, cra, cra, bum, bum, tac, tac – besser läßt sich die Verwirrung nicht ausdrücken. Rossini gelingt es darüberhinaus, die Figuren der Komödie musikalisch subtil zu charakterisieren: die Geistesgegenwart und List, aber auch die Liebesfähigkeit Isabellas, die lyrische Emphase Lindoros, die verklemmte Zuneigung Taddeos, die bramarbasierende Weichheit Mustafas sind so überzeugend ausgeformt, daß wir es nicht mit den üblichen Buffa-

Typen zu tun haben, sondern mit liebenswürdig-lebendigen Menschen.

TEXTDICHTUNG: Das Libretto von Angelo Anelli geht wahrscheinlich zurück auf eine wahre Geschichte, die Roxelane, die wunderschöne Lieblingssklavin des Sultans Soliman II., in einer Erzählung überliefert hat. Anellis Libretto war bereits 1808 von dem heute vergessenen Luigi Mosca vertont worden.

GESCHICHTLICHES: Rossini schrieb die ›Italienerin in Algier‹ im Frühjahr 1813 im Auftrag des Teatro San Benedetto in Venedig. Die Uraufführung am 22. Mai 1813, mit Marietta Marcolini als Isabella, Filippo Galli als Mustafa und Serafino Gentili als Lindoro, war ein überwältigender Erfolg, der zweite in diesem Jahr nach der Premiere des ›Tancredi‹ am 6. Februar, ebenfalls in Venedig. Das Werk kam auch als erste Rossini-Oper über die Alpen – die Münchner Erstaufführung am 18. Juni 1816 wird als die erste deutsche Aufführung einer Rossini-Oper verzeichnet. Die erste deutschsprachige Aufführung fand am 6. September 1818 in Stuttgart statt, und innerhalb weniger Jahre eroberte das Werk nicht nur ganz Europa, sondern die ganze Welt – so kam es bereits 1824 in Mexiko heraus, 1826 in Buenos Aires, 1832 in New York, 1836 in Havanna und 1842 in Algerien. In der zweiten Hälfte des 19. Jahrhunderts geriet die ›Italienerin in Algier‹ in Deutschland weitgehend in Vergessenheit, wird aber – seit der Rossini-Renaissance nach dem Zweiten Weltkrieg – auch hierzulande immer häufiger mit Erfolg in die Spielpläne aufgenommen.

W. K.

Der Türke in Italien

Opera buffa in drei Akten. Text von Felice Romani.

SOLISTEN: *Selim,* türkischer Prinz (Baß, auch Baßbariton, gr. P.) – *Don Geronio* (Spielbaß, gr. P.) – *Donna Fiorilla,* seine Gattin (Lyrischer Sopran, auch Dramatischer Koloratursopran, gr. P.) – *Don Narciso,* Verehrer der Donna Fiorilla (Lyrischer Tenor, m. P.) – *Prosdocimo,* ein Dichter (Lyrischer Bariton, auch Kavalierbariton, gr. P.) – *Zaide,* eine Zigeunerin (Lyrischer Mezzosopran, m. P.) – *Albazar,* ein Offizier, Vertrauter des Selim (Tenor, kl. P.).

CHOR: Zigeuner. Türken. Italiener. Masken (gemischter Chor: Frauenchor, kl. Chp.; Männerchor, m. Chp.).

BALLETT

ORT: In der Nähe von Neapel.

SCHAUPLÄTZE: Hafengegend – Eine Terrasse im Hause Don Geronios – Meeresstrand bei Nacht.

ZEIT: 18. Jahrhundert.
ORCHESTER: 2 Fl., 2 Ob., 2 Kl., 2 Fag. – 2 Hr., 2 Trp., 1 Pos. – P., Schl. – Str.
GLIEDERUNG: Ouvertüre und 19 durch Rezitative verbundene Musiknummern.
SPIELDAUER: etwa 2½ Stunden.
HANDLUNG: Der Dichter Prosdocimo soll eine neue Oper schreiben, aber es fällt ihm nichts ein. Da beschließt er, die Personen seiner Bekanntschaft – so die hübsche Fiorilla, die Frau des reichen, aber alten Don Geronio – für die Handlung zu verwenden. Nicht wissend, wie die Handlung ausgehen wird, läßt er die Handlung sich aus sich selbst entwickeln und übernimmt – teilweise beobachtend, teilweise eingreifend – selbst eine Rolle in dem Stück. Am Hafen begegnet er der Zigeunerin Zaide, der ehemaligen Geliebten des Türkenprinzen Selim, der sie aber verstoßen hat. Don Geronio läßt sich von der Zigeunerin das Horoskop stellen und erfährt nur, was er schon weiß: daß ihm seine Gattin Hörner aufsetzt. Fiorilla kommt, von einem Haufen von Verehrern umgeben, die sie jedoch langweilen. Da landet ein Schiff an der Mole: ein Türkenprinz ist in Neapel angekommen, um die Schönheiten Italiens kennenzulernen. Auch er verfällt sogleich der Schönheit Fiorillas, und sie findet nichts dabei, ihn zum Kaffeetrinken einzuladen. Geronio ist ganz entsetzt, einen Türken in seinem Haus zu finden: mit dem Dichter und Don Narciso, einem unerhörten, aber hartnäckigen Verehrer Fiorillas, beratschlagt er, was nun zu tun sei. Furchtsam nähert er sich dem Türkenprinzen, der zuerst mit dem Dolch auf ihn los will, dann aber erfahren muß, wie sehr – durch leichten Druck ihrer Ehefrauen – die italienischen Ehemänner »tolerant« sind. Da Fiorilla und der Türke nicht mehr unbeobachtet sind, verabreden sie, sich später am Strand zu treffen. Geronio will nicht länger den Pantoffelhelden spielen und beschimpft – nachdem der Türke gegangen ist – seine Frau, doch sie weiß ihn mit falschen Tränen und Schmeicheleien erneut »einzuwickeln«. Der Poet ist zufrieden, der erste Akt ist vollständig. Nun gilt es, Selim und seine verlassene Geliebte Zaide wieder zusammenzubringen. Selim findet sich am Strand ein: er will Fiorilla mit sich in die Türkei nehmen, sie notfalls entführen. Der Poet arrangiert ein Zusammentreffen mit Zaide, die Selim sofort erkennt. Er jedoch will sich von der unbekannten Zigeunerin die Zukunft vorhersagen lassen, und als sie ihm sagt, Zaide liebe ihn immer noch, und er habe sie zu Unrecht verstoßen, erkennt er die Geliebte. Beide finden wieder zueinander, aber damit lösen sich, nach dem Geschmack des Poeten, die Verwicklungen zu schnell – er arrangiert ein Zusammentreffen aller vier Hauptfiguren. Fiorilla freut sich, den Prinzen zu sehen, Zaide ist, ebenso wie Geronio, eifersüchtig, und schließlich kommt es fast noch zu einer handgreiflichen Auseinandersetzung zwischen Fiorilla und Zaide. Das Tohuwabohu ist vollkommen, der Dich-

ter sehr zufrieden mit diesem Finale. – Doch Don Geronio ist ganz verzweifelt. Da taucht Selim auf und bietet ihm an, ihm nach türkischem Brauch Fiorilla zu verkaufen, Geronio will aber nicht, und Selim droht ihm an, Fiorilla zu entführen. In der Zwischenzeit hat Fiorilla Zaide zu sich gebeten: sie lehnt es ab, sich hinter dem Rücken der Rivalin mit Selim zu treffen; er soll vielmehr zwischen ihnen wählen. Selim ist hin und hergerissen und will schließlich Zaide folgen, doch zuvor arrangiert der Poet noch ein Duett zwischen Fiorilla und Selim. Dann warnt er Geronio: eine Entführung werde vorbereitet; Don Narciso, der dies mit anhört, ist verzweifelt. Dann entwickelt der Dichter seinen Plan: er hat einen Maskenball für den Türken arrangiert, auf dem Fiorilla verkleidet erscheinen wird. Der Türke hofft dort, Fiorilla entführen zu können, weiß aber nicht, daß auch Zaide, in derselben Verkleidung wie die Rivalin, auf dem Fest sein wird. Geronio soll sich als Türke verkleiden, dann könne er auf seine Frau aufpassen. Narciso, der alles mit angehört hat, will seinerseits die Flucht verhindern und beklagt die Treulosigkeit seiner angebeteten Fiorilla. – Auf dem Ball erscheint Fiorilla in Verkleidung, im ebenfalls verkleideten Don Narciso glaubt sie den Türken zu sehen, während Selim Zaide für Fiorilla hält und ihr den Hof macht. Zuletzt erscheint auch Geronio und ist total verwirrt, weil er nun zwei Fiorillen und zwei Selims sieht. Er will sie zwingen, sich zu demaskieren, aber die Paare entkommen ihm immer wieder, und als er Geschrei macht, verlassen sie das Fest. Der Poet ist zufrieden, doch eine neue Schwierigkeit tut sich auf: als er Fiorilla überreden will, mit dem Türken zu fliehen, weigert sie sich; sie spielt nicht mehr mit und will lieber bei ihrem alten, reichen Geronio bleiben, mit dem sie machen kann, was sie will, und bei ihrem »offiziellen« Verehrer Don Narciso. Da auch Zaide und Selim wieder zueinander gefunden haben und gemeinsam Italien verlassen wollen, deutet alles auf ein glückliches Ende hin, dem schließlich auch der Dichter zustimmen kann.

STILISTISCHE STELLUNG: Rossinis ›Der Türke in Italien‹ fand nach der Uraufführung nicht so viel Anklang wie die voraufgegangene ›Italienerin in Algier‹ oder wie später der ›Barbier von Sevilla‹. Dies lag sicherlich weniger daran, daß es der Musik an Einfallskraft, zündendem Rhythmus und perlend-virtuoser Instrumentation gefehlt hätte, denn darin steht der ›Türke in Italien‹ den beiden anderen Werken kaum nach; es mag zurückzuführen sein auf die geniale, aber ihrer Zeit wohl ein wenig fremde Handlungsidee, die fortwährend auf zwei Ebenen abläuft und damit theatralische Prinzipien des 20. Jahrhunderts, etwa die Luigi Pirandellos, vorwegnimmt.

TEXTDICHTUNG: Felice Romani, einer der meistbeschäftigten Librettisten seiner Zeit, der zwischen 1813 und 1840 Operntexte für Johann Simon (Giovanni Simone) Mayr, Rossini, Francesco Morlacchi, Giovanni Pacini, Giacomo Meyerbeer und später für Vincenzo Bellini und

Gaetano Donizetti schrieb, wich mit dieser doppelbödigen Komödie deutlich ab von den konventionellen Operntexten seiner Zeit, indem er – in ironischer Brechung – die Handlung stets kommentieren ließ von einem Außenstehenden, der die Figuren und Situationen als Elemente einer zu schreibenden Oper sieht und somit die Distanz zu den dargestellten Gefühlen sogleich mitliefert und sich dabei über die festgelegten Orte für Liebe, Eifersucht und Verzweiflung lustig machen und das Genre Oper liebevoll verspotten kann.

GESCHICHTLICHES: Rossinis ›Türke in Italien‹ wurde am 14. August 1814 am Teatro alla Scala in Mailand uraufgeführt und stand stets etwas im Schatten der sehr erfolgreichen ›Italienerin in Algier‹. Die erste deutsche Aufführung war am 30. November 1816 in Dresden, die erste in deutscher Sprache am 23. April 1819 in Stuttgart. Auch in Deutschland erreichte das Werk nie so zahlreiche Aufführungen wie der ›Barbier von Sevilla‹, aber besonders in der neuen Übersetzung Günther Rennerts hat sich das ironisch-heitere Spiel auch hierzulande durchgesetzt.

W. K.

Der Barbier von Sevilla

Komische Oper in zwei Akten. Dichtung von Cesare Sterbini.

SOLISTEN: *Graf Almaviva* (Lyrischer Tenor, gr. P.) – *Bartolo,* Doktor der Medizin (Spielbaß, gr. P.) – *Rosina,* dessen Mündel (Koloratur-Mezzosopran*, gr. P.) – *Figaro,* Barbier (Lyrischer Bariton, gr. P.) – *Basilio,* Rosinas Musiklehrer (Schwerer Spielbaß, auch Seriöser Baß, gr. P.) – *Fiorillo,* Diener Almavivas (Tenor, auch Bariton, kl. P.) – *Ambrosio,* Diener Dr. Bartolos (Baß, kl. P.) – *Marzelline* [*Berta*], alte Haushälterin Dr. Bartolos (Sopran*, m. P.) – *Ein Notar* (Stumme Rolle) – *Ein Offizier* (Baß, kl. P.).

* Gebräuchlich ist an den Bühnen auch eine von Rossinis Original abweichende Fassung, in der die Partie der Rosina mit einem Lyrischen Koloratursopran und die der Marzelline mit einem Spielalt besetzt wird.

CHOR: Musikanten. Soldaten (kl. Chp.).

SCHAUPLÄTZE: Straße mit dem Haus des Dr. Bartolo, an dem sich ein praktikabler Balkon befindet – Zimmer in Bartolos Haus.

ZEIT: Mitte des 18. Jahrhunderts.

ORCHESTER: 2 Fl. (beide auch Picc.), 2 Ob., 2 Kl., 2 Fag., 2 Hr., 2 Trp., 3 Pos., P., Schl., Gitarre (Hrf.), Str.

GLIEDERUNG: Ouvertüre und 16 Musiknummern, die durch Secco-Rezitative miteinander verbunden sind.

SPIELDAUER: etwa 2½ Stunden.

HANDLUNG: Dr. Bartolo, ein alter geiziger Junggeselle, will sein hübsches Mündel Rosina heiraten, um sich in den Besitz ihrer reichen Erbschaft zu setzen. Seit einigen Tagen erregt ein junger Mann, der jeden Morgen ein Ständchen bringt, die Aufmerksamkeit des Mädchens. Trotz der Wachsamkeit des Vormundes gelingt es Rosina, ihrem Verehrer bei dieser Gelegenheit einen Zettel zuzuwerfen, auf dem sie ihn um Bekanntgabe seines Namens und seiner Absichten ersucht. Als sie nach Weggang des Alten wieder den Balkon betritt, erfährt sie von ihrem Galan, daß er Lindoro heiße und sie zu seiner Gattin machen möchte. Er verschweigt absichtlich, daß er Graf Almaviva ist, um erst die aufrichtige und uneigennützige Liebe des Mädchens festzustellen. Zur Erreichung seines Zieles sichert sich Almaviva mit einer wohlgefüllten Börse die Mithilfe des schlauen Barbiers Figaro. – Inzwischen hat Rosina heimlich ein Briefchen an Lindoro geschrieben, das sie schnell in ihrem Busen verbirgt, als Figaro das Zimmer betritt. Gleich darauf naht Dr. Bartolo. Figaro versteckt sich in einem Seitenkabinett und wird nun Zeuge einer Unterredung Dr. Bartolos mit Rosinas Musiklehrer, dem intriganten Don Basilio. Dieser teilt dem Alten aufgeregt mit, daß Graf Almaviva in Sevilla angekommen sei. Bartolo wittert in dem Grafen einen gefährlichen Rivalen, aber Basilio weiß Rat: Der Graf soll durch böswillige Verleumdungen unschädlich gemacht werden. Siegesgewiß entfernen sich die beiden, während Figaro triumphierend aus seinem Versteck hervorkommt. Als Rosina wieder im Zimmer erscheint, berichtet er ihr, daß Lindoro sie liebe und gerne auch von ihr ein Liebeszeichen hätte. Schelmisch überreicht daraufhin Rosina dem Barbier das bereits geschriebene Briefchen, das dieser eiligst seinem Auftraggeber übermittelt. Um das von Dr. Bartolo ängstlich bewachte Mädchen endlich sprechen zu können, dringt Almaviva auf Figaros Rat zunächst als quartiersuchender Soldat in Bartolos Haus ein. Der Versuch schlägt jedoch fehl, da Bartolo als Arzt von Einquartierungen befreit ist. – Daraufhin gelingt es dem Grafen, sich in der Verkleidung als Gesangslehrer »Don Alonzo« für den angeblich erkrankten Basilio bei Dr. Bartolo Zutritt zu verschaffen. Allerdings kann er das Vertrauen des argwöhnischen Alten nur dadurch gewinnen, daß er ihm Rosinas Liebesbriefchen übergibt mit dem Bemerken, er habe dieses von dem Grafen Almaviva erhalten und er wolle nun gelegentlich einer Gesangsstunde Rosina davon überzeugen, daß Almavivas Absichten unehrlich seien. Da erscheint unerwartet Basilio. Er erfaßt sogleich die Situation, als Figaro bei ihm das »gelbe Fieber« diagnostiziert, während Almaviva ihm gleichzeitig eine mit Gold gefüllte Börse zusteckt, und entfernt sich wieder. Bartolo ist immerhin mißtrauisch geworden und läßt sich daher während der Lektion im gleichen Zimmer von Figaro barbieren; dennoch findet »Don Alonzo« Gelegenheit, am Klavier der Geliebten zuzuflüstern, daß er Lindoro sei und sie in der kommenden Nacht aus den lästigen Ketten ihres Vormunds befreien werde. Durch eine unvorsichtige Bemerkung Almavivas, die Bartolo auffängt, kommt jedoch der Schwindel mit der Verkleidung auf. Wütend jagt der Alte daraufhin »Don Alonzo« und Figaro zur Tür hinaus. Durch den eiligst herbeigerufenen Don Basilio läßt er einen Notar für seine sofortige Trauung besorgen, während er Rosina triumphierend das von Alonzo erbeutete Briefchen zeigt. Empört über Lindoros vermeintlichen Verrat ihrer Liebe erklärt sie sich jetzt zur Heirat mit Bartolo bereit. Als dieser durch Rosina von der geplanten Entführung erfährt, eilt er schleunigst weg, um die Wache zu holen. Inzwischen kommen Almaviva und Figaro durch die Balkontür zurück, deren Schlüssel sich der schlaue Figaro vorher anzueignen wußte. Der Graf zerstreut Rosinas Zweifel schnell, indem er endlich seine Identität mit Lindoro zu erkennen gibt. Sobald dann Basilio mit dem Notar erscheint, veranlaßt Figaro die Unterzeichnung des Ehevertrags zwischen Rosina und dem Grafen, wobei er und der mit einem goldenen Ring bestochene und durch Drohungen eingeschüchterte Basilio als Zeugen fungieren. Schließlich stürzt Bartolo mit der Wache ins Zimmer, um nun aber erkennen zu müssen, daß all seine »Vorsicht« unnütz gewesen war. Der überglückliche Graf entschädigt dafür den geprellten Alten, indem er ihm großzügig Rosinas Mitgift überläßt.

Stilistische Stellung: Sprühende Melodik, Eleganz der Formen, pikante Rhythmik, subtile Instrumentation, geistreicher Witz und virtuose Buffa-Technik sind die Wahrzeichen von Rossinis ›Barbier‹-Partitur. Die ideale Verschmelzung des bühnenwirksamen Librettos mit einer von einem göttlichen Funken inspirierten Musik macht dieses musikalische Lustspiel zu einem der bewunderungswürdigsten Meisterwerke der gesamten Opernliteratur.

Textdichtung: Das Libretto verfaßte der römische Dichter Cesare Sterbini nach dem gleichnamigen, 1775 in Paris erschienenen Lustspiel von Pierre-Augustin Caron de Beaumarchais. Die an den deutschen Bühnen gebräuchliche Übersetzung stammt von dem Grazer Schriftsteller und Maler Ignaz Kollmann, der anstelle der originalen Secco-Rezitative einen gesprochenen Dialog setzte. Die erste deutsche Übertragung der Secco-Rezitative besorgte der Berliner Komponist Theobald Rehbaum (1890). Eine Neuübersetzung von Otto Neitzel, die dieser auf Anregung von Richard Strauss (1910) für die Berliner Hofoper unternahm, greift auf die Originalgestalt einschließlich der Secco-Rezitative zurück.

Geschichtliches: Rossini verpflichtete sich am 15. Dezember 1815 vertraglich, für das Teatro Argentina in Rom eine Karnevalsoper auf irgend ein ihm zu übergebendes Libretto zu schreiben. Da die Zensur die in Aussicht genommenen Texte ablehnte, entschloß man sich in der Eile für die Neubearbeitung eines älteren Werkes und kam so auf

Beaumarchais' beliebtes und zugkräftiges Lustspiel, das bereits mehrfach vertont worden war (1776 von Friedrich Ludwig Benda, 1782 von Giovanni Paisiello, 1786 von Johann Abraham Peter Schulz und 1797 von Niccolò Isouard). Rossini vollbrachte die Komposition in 26 Tagen. Allerdings nahm er dabei auch einige passende Stücke aus früheren Werken in die ›Barbier‹-Partitur auf, so zunächst die Ouvertüre, die ursprünglich für die Oper ›Aureliano in Palmira‹ geschrieben und später auch bei ›Elisabetta, regina d'Inghilterra‹ verwendet worden war; ebenfalls aus ›Elisabetta‹ wurde der zweite Teil von Rosinas Auftritts-Arie übernommen. Auch die Musik zu Almavivas Ständchen war bereits in zwei früheren Werken Rossinis erschienen, erst als Chor in ›Ciro in Babilonia‹ und dann in ›Aureliano in Palmira‹. Dennoch konnte der vertraglich vereinbarte Uraufführungstermin vom 5. Februar nicht eingehalten werden. Die Premiere fand schließlich am 20. Februar 1816 unter Leitung des Komponisten im Teatro Argentina zu Rom statt. Die von allerlei Theatermißgeschick heimgesuchte Aufführung stieß auf eine scharfe Ablehnung der zahlreichen Paisiello-Anhänger, die das Werk als einen Affront gegen den verehrten alten Meister und seinen als unübertrefflich geltenden ›Barbier‹ betrachteten, obwohl Rossini vorsichtshalber den Titel seiner Oper in ›Almaviva o sia L'inutile precauzione‹ abgeändert, auf eine Anfrage bei Paisiello dessen ausdrückliche Zustimmung zur Komposition erhalten und überdies durch Abdruck einer entsprechenden Erklärung im Textbuch auch das Publikum aufgeklärt hatte. Aber bereits die zweite Vorstellung, die der Komponist nicht mehr selbst dirigierte und für die er einige Abänderungen und Kürzungen vorgenommen hatte, konnte einen großen Erfolg verzeichnen, der sich von Aufführung zu Aufführung steigerte. In raschem Siegeszug eroberte sich dann das Werk die Herzen der Opernfreunde in aller Welt. Der ›Barbier‹ mußte sich wie kaum eine andere Oper willkürliche Veränderungen und Zutaten von seiten der Interpreten gefallen lassen, die im Laufe der Zeit die Originalgestalt immer mehr verwischten. Es war daher eine verdienstvolle Tat des Verlages Ricordi, Mailand, durch die Drucklegung der Partitur auf Grund des am Konservatorium »G. B. Martini« zu Bologna erhaltenen Autographs den authentischen Noten- und Gesangstext von Rossinis Meisterschöpfung der Musikwelt vermittelt zu haben.

La Cenerentola

Komische Oper in zwei Akten. Dichtung von Jacopo Ferretti.

SOLISTEN: *Don Ramiro,* Prinz von Salerno (Lyrischer Tenor, gr. P.) – *Dandini,* sein Kammerdiener (Lyrischer Bariton, gr. P.) – *Don Magnifi-*

co, Baron von Montefiascone (Spielbaß, gr. P.) – *Tisbe* (Spielalt, gr. P.) und *Clorinde* (Lyrischer Sopran, gr. P.), seine Töchter – *Angelina,* seine Stieftochter (Koloratur-Mezzosopran*, gr. P.) – *Alidoro,* Philosoph, Erzieher des Prinzen (Seriöser Baß, auch Charakterbaß, m. P.).

* Daneben gibt es eine von Rossinis Original abweichende Fassung, die die Partie der Angelina mit einem Lyrischen Koloratursopran besetzt.

CHOR: Kavaliere des Prinzen. Damen und Herren der Hofgesellschaft. Pagen. Trabanten (Gesangspart nur Männerchor, m. Chp.).

ORT: Teils in einem alten, vernachlässigten Palast des Don Magnifico, teils in einem eine halbe Stunde davon entfernten prächtigen Lustschloß des Prinzen.

SCHAUPLÄTZE: Ein alter Saal, rechts ein Kamin – Kabinett im Palast des Don Ramiro – Herrlicher Saal im Palast des Don Ramiro, rechts Tür zu einem Kabinett, links große Tür zum Speisesaal – Saal wie zu Anfang – Reicher Thronsaal in Ramiros Palast.

ZEIT: Zweite Hälfte des 18. Jahrhunderts.

ORCHESTER: 2 Fl. (auch 2 Picc.), 2 Ob., 2 Kl., 2 Fag., 2 Hr., 2 Trp., 1 Pos., P., Schl., Str.

GLIEDERUNG: Ouvertüre und 13 Musiknummern, die durch Secco-Rezitative miteinander verbunden sind.

SPIELDAUER: etwa 2¾ Stunden.

HANDLUNG: Clorinde und Tisbe, die beiden ebenso hochmütigen wie hartherzigen Töchter des Barons Don Magnifico, behandeln ihre Stiefschwester Angelina als Aschenbrödel. Sie, die immer nur mit ihrem Putz beschäftigt sind, lassen sich von Angelina wie von einer Magd bedienen und dulden nicht, von ihr als Schwestern angesprochen zu werden. Der reiche Prinz Don Ramiro von Salerno ist auf der Suche nach einer Lebensgefährtin. Er läßt daher seinen Erzieher, den Philosophen Alidoro, Ausschau halten unter den Töchtern des Landes. Der schlaue Gelehrte nähert sich aber den Heiratskandidatinnen in der Verkleidung als Bettler, um so ein ungeschminktes Bild von ihrem wahren Charakter zu erhalten. Als er um eine milde Gabe bittend an die Türe des Palastes von Don Magnifico klopft, wird er von den beiden gefühlsrohen Schwestern schroff abgewiesen, während ihm Angelina heimlich Brot und Kaffee zusteckt. Als die Schwestern dies bemerken, schlagen sie das Aschenbrödel. Prinz Ramiro läßt durch seine Diener den Töchtern des Hauses eine Einladung überbringen. Clorinde und Tisbe beziehen diese natürlich nur auf sich, und jede von ihnen sieht sich schon als die Auserwählte des Prinzen. Eilig erzählen sie die Neuigkeit ihrem Vater Magnifico, der sich durch eine reiche Verheiratung einer seiner Töchter Rettung vor dem finanziellen Ruin erhofft. Während sich die beiden Mädchen und Don Magnifico in Staat werfen, betritt der Prinz selbst das Haus. Er hat sich, als Stallmeister verkleidet, neugierig hierher begeben, nachdem ihm sein Meister Alidoro verraten hatte, daß er unter diesem Dach die rechte Braut finden würde. Da kommt Angelina. Der Prinz ist sogleich von ihrer Anmut und ihrem Liebreiz entzückt, und auch sie faßt schnell Zutrauen zu dem fremden Mann. Kurz darauf erscheint in Begleitung von Hofkavalieren Dandini, Don Ramiros Kammerdiener, der verabredungsgemäß jetzt den Prinzen spielt. Zu Ramiros Belustigung läßt er sich von Magnifico, Clorinde und Tisbe huldigen. Als Angelina dann schüchtern den Vater bittet, auch zum Tanz mit aufs Schloß genommen zu werden, weist dieser sie barsch ab. Da tritt Alidoro dazwischen. Er bringt Don Magnifico in große Verlegenheit, als er ihn nach seiner dritten Tochter fragt, von deren Existenz er aus einem Dokument Kenntnis erhalten habe. Magnifico behauptet, daß diese gestorben sei. Als Angelina seiner Lüge entgegenzutreten sucht, ergeht er sich in wütenden Drohungen gegen das Mädchen. Daraufhin begibt er sich mit den beiden Töchtern, Dandini und den Hofherren nach dem Schloß des Prinzen. Der allein bei Angelina zurückgebliebene Alidoro tröstet sie mit dem Versprechen, daß er in einer halben Stunde mit prächtigen Kleidern und Schmuck zurückkommen und sie zum Fest des Prinzen fahren werde. – Während nun Clorinde und Tisbe dort Dandini, den vermeintlichen Prinzen, umschmeicheln, wobei jede die andere auszustechen sucht, weisen sie den »Plebejer« Don Ramiro verächtlich ab, als er erklärt, daß er die vom Prinzen verschmähte heiraten wolle. Von Alidoro eingeführt, erscheint Angelina in strahlender Schönheit auf dem Fest. Don Magnifico und seine Töchter sowie auch Don Ramiro sind erstaunt über die auffallende Ähnlichkeit mit dem Aschenbrödel. Nach der Tafel gesteht Angelina dem vermeintlichen Prinzen Dandini, der ihr ebenfalls den Hof macht, daß sie nicht ihn, sondern den »Stallmeister« liebe. Don Ramiro, der das Gespräch belauscht hat, bietet ihr daraufhin hochentzückt seine Hand an. Da übergibt ihm Angelina ein Armband und bemerkt dazu, er möge sie suchen; er werde sie daran erkennen, daß sie genau das gleiche Armband an ihrer Rechten trage, und wenn sie ihm dann nicht mißfalle, werde sie die Seine. Nachdem sie sich entfernt hat, befiehlt der Prinz seinem Kammerdiener, daß nunmehr die Rollenvertauschung ein Ende habe, und noch in der gleichen Nacht macht er sich mit Dandini auf, die Geliebte zu suchen. – Alidoro arrangiert vor Don Magnificos Palast einen Wagenunfall, und da gerade ein heftiges Gewitter niedergeht, sucht Don Ramiro mit Dandini in dem Haus Schutz vor dem Regen. Dort findet er, wieder in Lumpen gehüllt, das arme Aschenbrödel. Zu seiner großen Überraschung entdeckt er aber an ihrer Rechten das Armband. Mit einem feierlichen Schwur reicht er der Geliebten die Hand zum Lebensbund. Obwohl Magnifico und die vor Neid platzenden Schwestern in ihrer Enttäuschung auch jetzt noch Angelina schmähen, verzeiht ihnen die Herzensgute und läßt sie als Gattin des Prinzen teilhaben an ihrem Glück und ihrem Glanz.

STILISTISCHE STELLUNG: Die ›Cenerentola‹-Partitur zeigt das gewohnte stilistische Gepräge der Rossinischen Buffa-Oper: einerseits in den lyrischen Partien die blühende Kantilene, die durch perlende Koloraturen reich verziert und variiert ist, und anderseits bei den komischen Szenen das sprudelnde Parlando. Pikante Wirkungen werden auch bei den Ensembles durch rhythmisch-dynamische Effekte erzielt (z. B. Sextett Nr. 12). Im formalen Aufbau entspricht die Anlage ganz der des ›Barbier von Sevilla‹, sogar die »Tempestà« (Gewittermusik) fehlt nicht. Von meisterhafter Faktur ist wiederum die filigranhafte, witzige und delikate Instrumentation.

TEXTDICHTUNG: Das Libretto zu Rossinis ›La Cenerentola ossia La bontà in trionfo‹ (Aschenbrödel oder der Triumph der Herzensgüte) schrieb der römische Textdichter Jacopo Ferretti. Als Vorlage diente ihm die 1810 in Paris mit außerordentlichem Erfolg gegebene Oper ›Cendrillon‹ von Niccolò Isouard, Text von Charles Guillaume Étienne. Das alte Zaubermärchen vom Aschenbrödel ist seit Carlo Goldonis berühmter ›Buona figliuola‹ (La Cecchina), komponiert von Niccolò Piccinni (1760 Rom), immer wieder als Opernstoff herangezogen worden. Ferrettis Bearbeitung hält mit dem Gestaltungsprinzip der Opera buffa (Verkleidung, Verwechslung) auch an der von der Commedia dell'arte hergeleiteten Typisierung der Charaktere fest; sie rückt daher gegenüber der feineren, von duftiger Märchenstimmung erfüllten Zeichnung in Isouards Opéra comique mehr das Komische in den Vordergrund. Für Aufführungen des Werkes an deutschen Bühnen besorgte 1929 Hugo Röhr eine textliche und musikalische Einrichtung, in die auch eine Arie aus Rossinis ›Semiramide‹ aufgenommen worden ist. Heute pflegt man die Originalfassung aufzuführen.

GESCHICHTLICHES: Der Impresario Domenico Barbaja (1778–1841), dessen Aufstieg vom Kellner über Zirkusdirektor zum Theaterkönig und Beherrscher des gesamten italienischen Opernwesens (nicht bloß in Italien, sondern auch in Wien) eine der merkwürdigsten Karrieren in der Theatergeschichte darstellt, hatte mit Rossini in den Jahren 1815 bis 1823 einen Vertrag, wonach ihm dieser jährlich zwei neue Opern liefern mußte. Barbajas Geliebte war die dramatische Koloratur-Mezzosopranistin Isabella Colbran, eine der gefeiertsten Sängerinnen ihrer Zeit, die später Rossinis Frau wurde (1822). Für sie schrieb Rossini die meisten seiner großen Frauenpartien, so auch die Titelrolle in ›Cenerentola‹. Die Uraufführung des Werkes erfolgte am 25. Januar 1817 am Teatro della Valle zu Rom mit großem Erfolg. Nach Rossinis Triumphen in Wien, wo ihn Barbaja 1822 eingeführt hatte, brachte es ›Cenerentola‹ auch an deutschen Bühnen zu hohen Aufführungsziffern.

Wilhelm Tell

Oper in vier Akten. Dichtung von Victor Joseph Étienne de Jouy und Hippolyte Louis Florent Bis.

SOLISTEN: *Geßler,* Kaiserlicher Landvogt der Schweiz (Seriöser Baß, auch Charakterbaß, m. P.) – *Rudolph der Harras,* sein Vertrauter (Charaktertenor, m. P.) – *Wilhelm Tell* (Heldenbariton, gr. P.), *Walther Fürst* (Baßbariton, auch Charakterbaß, m. P.), *Melchthal* (Seriöser Baß, m. P.), *Arnold,* Melchthals Sohn (Lyrischer Tenor, gr. P.) und *Leuthold* (Charakterbariton, kl. P.), Schweizer – *Prinzessin Mathilde von Habsburg* (Jugendlich-dramatischer Sopran, gr. P.) – *Hedwig,* Tells Gattin (Dramatischer Mezzosopran, auch Spielalt, gr. P.) – *Gemmy,* Tells Sohn (Lyrischer Sopran, auch Soubrette, gr. P.) – *Ein Fischer* (Tenor, kl. P.).
CHOR: Edelherren und Frauen. Zwei Herolde. Hellebardiere. Soldaten. Pagen. Männer, Frauen und Kinder aus Schwyz, Uri und Unterwalden. Ein Scherenschleifer. Fischer. Bogenschützen. Volk (I. Akt, Finale: Männerchor geteilt in Soldaten und in Volk; Rütli-Szene: Männerchor geteilt in drei Gruppen; Apfelschuß-Szene: Männerchor geteilt in Soldaten und in Volk, auch Doppelchor a cappella; gr. Chp.).
BALLETT: Hochzeitsfest (I. Akt); Festszene (III. Akt).
ORT: Die Schweiz; Umgebung des Vierwaldstättersees; Bürglen, Altdorf und das Rütli.
SCHAUPLÄTZE: Freier Platz im Dorf Bürglen, im Hintergrund der See, an einer Landungsbrücke ein Kahn, rechts vorn Tells Haus, einige Häuser nach rechts rückwärts, links vorn eine Laube, weiter zurück ein Felsweg von oben nach unten, links hinten ein Scheibenstand, Scherenschleiferkarren – Wald – Das Rütli, Aussicht auf den Vierwaldstättersee, im Hintergrund die Gletscher von Schwyz, in der Tiefe Dorf Brunnen, dichte Tannenwälder und Felssteige – Marktplatz zu Altdorf mit Linden- und Apfelbäumen, rechts hinten Geßlers Burg, Stange, an der ein hermelinverbrämter Hut angebracht ist, links vorn Estrade mit zwei Thronsesseln, links rückwärts großer Baum – Wohnung des alten Melchthal – Felsgegend am Vierwaldstättersee, auf einer Anhöhe rechts Tells Wohnhaus, links eine Felsplatte.
ZEIT: Zu Anfang des 14. Jahrhunderts.
ORCHESTER: 2 Fl. (II. auch Picc.), 2 Ob. (II. auch Eh.), 2 Kl., 2 Fag., 4 Hr., 4 Trp., 3 Pos., 1 Bt., P., Schl., 2 Hrf., Str. – Bühnenmusik: 4 Hr.
GLIEDERUNG: Ouvertüre und 21 Musiknummern, die pausenlos ineinandergehen.
SPIELDAUER: etwa 3 Stunden.
HANDLUNG: Die Bewohner des inmitten einer friedlichen Berg- und Seelandschaft gelegenen Schweizer Dorfes Bürglen feiern heute die Hochzeit von drei jungen Paaren aus ihrer Gemeinde. Nur Wilhelm

Tell, der vortrefflichste Bogenschütze weit und breit, steht abseits und nimmt nicht an den fröhlichen Vorbereitungen teil. Er freut sich auch nicht der warmen Maiensonne; denn es bedrückt ihn tief die Not des nunmehr schon seit hundert Jahren seiner Freiheit beraubten Vaterlandes, dessen Schmach durch die Willkürherrschaft des Kaiserlichen Landvogts Geßler gegenwärtig wieder so recht offenbar geworden ist. Der greise Melchthal, der als aufrechter Patriot und Ältester der Gegend die Hochachtung aller genießt, naht mit seinem Sohn Arnold. Dieser hatte sich sehr zum Gram des Vaters um seiner Liebe zur habsburgischen Prinzessin Mathilde willen in den Dienst der Feinde seiner Heimat gestellt. Von Tell an seine Pflicht gemahnt, verspricht Arnold, künftig treu zu den Schweizern zu stehen. Der Gedanke, daß er der Sache des Vaterlandes auch seine Liebe opfern müßte, macht ihn allerdings wieder schwankend, was er aber Tell gegenüber verbirgt. Der Hochzeitszug erscheint, und Melchthal segnet feierlich die drei Brautpaare. Da verkündet Hörnerschall das Nahen von Geßlers Jagdgesellschaft. Arnold stiehlt sich heimlich weg, es zieht ihn mit unwiderstehlicher Gewalt dorthin, wo er Mathilde vermutet. Indessen ist ein Gewitter aufgezogen. Plötzlich stürzt atemlos der Hirte Leuthold herbei, der, um seine Tochter vor Schändung zu bewahren, einen fremden Landsknecht mit seiner Axt erschlagen hat. Er fleht den Fischer an, ihn mit seinem Kahn an das andere Ufer in Sicherheit vor den Verfolgern zu bringen. Aber dieser wagt es nicht, bei dem fürchterlichen Gewittersturm überzusetzen. Im Vertrauen auf den Himmel unternimmt es daraufhin Tell, Leuthold ans andere Ufer zu rudern. Wütend über die gelungene Flucht des Verfolgten legen die Landsknechte Feuer an die Häuser und schleppen den greisen Melchthal als Geisel mit sich fort. – Inzwischen hat Arnold Mathilde bei der Jagdgesellschaft angetroffen. Um den Preis ihrer Hand will er sich nun ganz von dem Land seiner Väter wenden. Als ihm jedoch kurz darauf Tell und Walther Fürst in den Weg treten und ihm berichten, daß die kaiserlichen Schergen seinen Vater ermordet hätten, schlägt er sich endgültig auf die Seite seiner Landsleute. – Nachts treffen sich heimlich auf dem Rütli über dem Vierwaldstättersee die Männer aus Uri, Schwyz und Unterwalden. Sie verschwören sich, das Vaterland von der Tyrannei zu befreien. – Auf dem Marktplatz von Altdorf hat Geßler zur Feier der vor hundert Jahren erfolgten Besiegung der Schweiz seinen Hut auf einer Stange anbringen lassen. Feierlich erklärt er der Menge, daß jeder, der dem Hut als Symbol der kaiserlichen Hoheit nicht Reverenz erweise, sein Leben verwirkt habe. Bald darauf geht Tell mit seinem Sohn Gemmy achtlos an dem Hut vorüber. Als er sich auch dem Landvogt gegenüber weigert, dem Befehl der Ehrenbezeugung nachzukommen, erklärt Geßler, daß Tell seinen Sohn, der mit ihm dem Tod verfallen sei, nur dadurch retten könne, daß er mit seiner Armbrust einen Apfel von des Kindes Haupt schösse. Vergeblich fleht der arme Vater, schließlich

sogar auf den Knien, den sadistischen Machthaber um Gnade an. Da wagt denn Tell den Schuß; er gelingt. Auf Geßlers Frage, warum er einen zweiten Pfeil zu sich genommen habe, antwortet Tell erst ausweichend. Als ihm dann der Landvogt das Leben zusichert, gesteht Tell freimütig, daß dieser Pfeil ihm gegolten hätte, falls er sein liebes Kind getroffen hätte. Tell soll nun dafür in einen tiefen Kerker geworfen werden; denn der feige Landvogt fühlt sich jetzt nicht mehr sicher vor den unfehlbaren Pfeilen des Schützen. Mit Mühe kann Mathilde wenigstens Gemmy vor der Wut des Tyrannen in Sicherheit bringen. Die Festnahme Tells wirkt als Fanal zur offenen Volkserhebung. Unter Führung Arnolds ziehen die Schweizer nach Geßlers Burg bei Altdorf, um Tell zu befreien. Inzwischen ist aber das Schiff, auf dem der Landvogt den gefesselten Tell nach Altdorf bringt, in einen schweren Gewittersturm geraten. In der Angst, das Schiff könnte an dem felsigen Ufer zerschellen, läßt der Vogt Tell die Ketten abnehmen und befiehlt ihm, das Steuer zu übernehmen. Tell steuert das Boot an eine Felsenplatte und springt mit einem kühnen Satz an Land, während er das Schiff mit seinem Fuß in die Wellen zurückstößt. Es gelingt Geßler und seinen Trabanten den Fluten zu entkommen. Sogleich nehmen sie die Verfolgung des Flüchtigen auf. Als sie an dem Felsen in der Nähe des Tell-Hauses vorbeikommen, wird der Tyrann von Tells Geschoß tödlich getroffen. Triumphierend erscheint bald darauf Arnold mit den Schweizern: Geßlers Zwingburg bei Altdorf wurde erstürmt, als Siegespreis gewann sich Arnold Mathildes Hand. Im Strahl der Abendsonne feiern alle hochbeglückt die Stunde der Befreiung.
STILISTISCHE STELLUNG: Der ›Barbier von Sevilla‹ ist wohl Rossinis genialstes, der ›Tell‹ aber sein reifstes Bühnenwerk. Der Komponist war sich offenbar dieser Tatsache selbst bewußt; denn, obwohl er noch vierzig Jahre lebte, schrieb er nach ›Tell‹ keine Oper mehr, um sein Lebenswerk auf dem Höhepunkt seiner Schöpferkraft abzuschließen. Der ›Tell‹ stellt aber nicht nur einen Höhe-, sondern auch einen stilistischen Wendepunkt in Rossinis Schaffen dar, den er bei einigen früheren Werken (›Otello‹, ›Mosè‹) bereits angebahnt hatte. Die angeblich von dem Komponisten selbst stammende Charakterisierung seines Stils, daß, wer eine seiner Opern kenne, sie alle kenne, trifft jedenfalls bei seinem letzten Bühnenwerk nicht zu. Die oberflächliche, zum Teil flüchtige Arbeitsweise, die Manieren und stereotypen Kadenzen, die geistlosen Koloraturen und Rouladen sind bei ›Tell‹ verschwunden. Der kontrastreichen Vielfalt des dramatischen Geschehens entsprechend erfuhr das Werk in musikalischer Hinsicht bei großzügiger Anlage eine formen- und farbenreiche Gestaltung, die hauptsächlich bei der lebendigen Individualisierung der Personen (im Gegensatz zu den früheren kalten, attrappenhaften Sänger-Typen) sowie bei den Stimmungsmalereien (Kolorit) und grandiosen Steigerungen, aber auch bei der glänzenden Instrumentation in Erscheinung tritt. So ist eigentlich

von der Struktur der früheren Rossinischen Oper nur mehr die typische Melodik mit ihrer blühenden Anmut und ihrem sinnlichen Schmelz übriggeblieben. Die orchesterbegleiteten Rezitative sind den musikalischen Nummern eingebaut. Das berühmteste Stück ist die Ouvertüre; sie schildert zunächst in der Einleitung mit dem Hirten-Idyll das friedliche Schweizer Land, über das dann (im Hauptteil) Gewitterstürme hinwegbrausen; mit dem strahlenden Schluß wird der glückliche Ausgang angedeutet. Von eindringlicher Wirkung sind des weiteren: die Verschwörungsszene auf dem Rütli, das Duett Tell – Arnold, die Arie der Mathilde zu Anfang des II. Aktes, die Sturmmusik bei Tells Flucht aus dem Geßlerschiff, das Finale des I. Aktes sowie das Quartett und das große Ensemble in der Apfelschuß-Szene, für die mit stilistischem Geschick der Opernkapellmeister Carl Wilhelm Ferdinand Guhr ein Rezitativ auf Schillers Worte als Einlage komponierte.
TEXTDICHTUNG: Das Libretto wurde von den französischen Schriftstellern Victor Joseph Étienne de Jouy, so genannt nach seinem Geburtsort (1764–1846), und Hippolyte Louis Florent Bis (1789–1855) verfaßt. Beide waren versierte Theaterdichter und insbesondere Étienne de Jouy ein erfolgreicher Opern-Librettist, der Textbücher für Gasparo Spontini, Luigi Cherubini, Charles-Simon Catel, Étienne Nicolas Méhul und Rossini schrieb. Die Autoren lehnten sich bei ›Guillaume Tell‹ einigermaßen an den Schillerschen Vorwurf an, aus dem sie aber nur die handlungsmäßig wichtigsten Szenen herausgriffen und ihrem Opernbuch zugrunde legten. Auf diese Weise ging natürlich die von Schiller feinsinnig psychologisch begründete Entwicklung der einzelnen Phasen des Freiheitskampfes verloren. Infolge der Kürzung konnte auf eine Reihe von Personen des Schillerschen Schauspiels verzichtet werden; auch die Namen wurden zum Teil verändert; so wurde aus dem Freiherrn von Attinghausen und seinem Neffen Ulrich von Rudenz ein Dorfältester Melchthal mit seinem Sohn Arnold, aus dem Fräulein Bertha von Bruneck eine habsburgische Prinzessin Mathilde, aus Baumgarten wurde Leuthold; Tell hat in der Oper nur einen Sohn. Auch im Handlungsverlauf ist einzelnes anders als bei Schiller. Die erste deutsche Übersetzung des Librettos stammt von Theodor von Haupt. In neuerer Zeit wurde der deutsche Text (unter Zugrundelegung einer musikalischen Einrichtung von Robert Heger) von Julius Kapp überarbeitet.
GESCHICHTLICHES: Im Jahre 1828 ging in Paris mit aufsehenerregendem Erfolg Daniel François Esprit Aubers ›Stumme von Portici‹ zum ersten Mal in Szene. Auch Rossini war von dem Werk und vor allem von der meisterhaften Behandlung des Orchesterparts tief beeindruckt. Es reizte ihn, den Parisern zu beweisen, daß auch er imstande sei, ein Werk im Stil der Großen Oper zu schreiben. Wahrscheinlich angeregt durch eine im gleichen Jahr (1828) erfolgte Neueinstudierung von André-Ernest-Modeste Grétrys ›Guillaume Tell‹ (in der Bearbeitung

von Henri-Montan Berton), entschloß sich Rossini zu diesem Stoff. Um mit Intensität und Konzentration arbeiten zu können, zog er sich von der Großstadt zurück und komponierte den ›Tell‹ im Verlauf eines halben Jahres auf dem Landgut seines Freundes, des Bankiers Aguado in Petit-Bourg. Die Uraufführung erfolgte am 3. August 1829 an der Großen Oper zu Paris. Der Eindruck war jedoch zwiespältig: während die Musiker in ihrer Begeisterung über den ›Tell‹ den Meister mit Ehrungen überhäuften – Rossini wurde unter anderem in die Ehrenlegion aufgenommen –, war die breite Masse des Publikums, das diesmal auf den Ohrenschmaus von Koloraturen und Rouladen verzichten mußte, zunächst enttäuscht. Es dauerte noch geraume Zeit, bis die Pariser die Qualität des Werkes erkannten und es dann allerdings mit uneingeschränktem Enthusiasmus aufnahmen. Der ›Tell‹ wurde bald Repertoire-Oper auf allen Bühnen Europas, wobei er mancherorts, möglicherweise aus politischer Rücksichtnahme, böse Verstümmelungen erfahren mußte. So wurde zum Beispiel bei der Erstaufführung des Werkes an der Berliner Hofoper (1830) der Rossinischen Musik ein ganz neuer Text nach einem von Freiherr Carl August Ludwig von Lichtenstein zurechtgezimmerten englischen Opernlibretto (›Hofer, the Tell of Tirol‹ von James Robinson Planché) unterlegt und die Oper unter dem Titel ›Andreas Hofer‹ aufgeführt; erst 1842 wurde in Berlin die Originalfassung gegeben.

Camille Saint-Saëns

* 9. Oktober 1835 in Paris, † 16. Dezember 1921 in Algier

Le timbre d'argent (Die Zauberglocke; 1877 Paris), T: Jules Barbier u. Michel Carré, V: Durand, Choudens, A&S

Samson et Dalila, op. 47 (1877 Weimar), T: Ferdinand Lemaire, V: Durand, Sonzogno, A&S

Henry VIII (1883 Paris), T: Léonce Détroyat u. Paul Armand Silvestre, V: Durand, Sonzogno

Phryné (1893 Paris), T: Lucien Augé de Lassus, kO., V: Durand, A&S

Samson und Dalila

Oper in drei Akten. Dichtung von Ferdinand Lemaire.

Solisten: *Dalila* (Dramatischer Mezzosopran, auch Dramatischer Alt, gr. P.) – *Samson* (Jugendlicher Heldentenor, auch Heldentenor, gr. P.) – *Oberpriester des Dagon* (Heldenbariton, m. P.) – *Abimelech,* Satrap von

Gaza (Charakterbaß, kl. P.) – *Ein alter Hebräer* (Seriöser Baß, kl. P.) – *Ein Kriegsbote der Philister* (Tenor, kl. P.) – *1. Philister* (Tenor, kl. P.) – *2. Philister* (Baß, kl. P.).

CHOR: Philister. Hebräer (m. Chp.).

BALLETT: Tanz der Priesterinnen (I. Akt); Bacchanale (III. Akt).

ORT: Gaza in Palästina.

SCHAUPLÄTZE: Freier Platz, links das Portal des Dagon-Tempels – Das Tal Sorek, links Dalilas Haus, Eingang mit einem leichten Portikus überdacht – Gefängnis – Das Innere des Dagon-Tempels, vor der Kolossal-Statue des Gottes ein Opferaltar, in der Mitte des Tempels zwei Säulen, dicht nebeneinander, auf denen das Deckengewölbe ruht.

ZEIT: 1150 v. Chr.

ORCHESTER: 2 Fl., 1 Picc., 2 Ob., 1 Eh., 2 Kl., 1 Bkl., 2 Fag., 1 Kfag., 4 Hr., 4 Trp., 3 Pos., 1 Bt., 2 Hrf., P., Schl., Str.

GLIEDERUNG: Musikalische Szenen, die pausenlos ineinandergehen.

SPIELDAUER: etwa 2½ Stunden.

HANDLUNG: Die von den Philistern unterworfenen Israeliten rufen die Hilfe Gottes für ihre Befreiung vom fremden Joch an. Samson gebietet den vorwurfsvollen Klagen Halt. Mit der Aufforderung, dem Herrn zu vertrauen, der so oft ihre Väter in Not und Sorge beschirmt hat, erweckt er neuen Mut bei den Verzagten. Da naht der Satrap von Gaza, Abimelech, mit seinem Gefolge. Er preist Dagon, den mächtigen Gott der Philister, und schmäht den schwachen Judengott Jehova, der sein Volk, das an ihn glaubt, nicht aus der Sklaverei zu befreien vermag. Jetzt überkommt Samson der Geist des Herrn. Er ruft die Hebräer auf, sich zu erheben. Abimelech zieht sein Schwert, doch Samson entreißt es ihm und erschlägt ihn damit. Entsetzen und Verwirrung ergreift die philisträischen Krieger. Während Samson mit den Hebräern fortstürmt, kommt der Oberpriester aus dem Dagon-Tempel; wütend schilt er die Philister Feiglinge. Ein Bote meldet, daß die Juden unter Führung Samsons die Felder von Gaza verwüstet und die Ernte vernichtet hätten. Mit einem Fluch auf Israel flieht der Oberpriester mit seinem Gefolge, das Abimelechs Leiche mit sich nimmt, in die Berge. Dann versammeln sich die siegreichen Hebräer vor den Toren des Dagon-Tempels, aus dem jetzt die strahlend schöne Dalila mit einer Anzahl blumenbekränzter Mädchen schreitet. Mit verführerischen Worten fordert sie Samson auf, sie im Tale Sorek zu besuchen, wo ihn der Liebe Freuden erwarteten. Ein alter, weiser Hebräer warnt Samson vor der Gefahr, und auch Samson bittet den Himmel um Kraft gegen die Netze der Versuchung. – Nachts erscheint bei Dalila zunächst der Oberpriester. Er verspricht ihr jeden Lohn, sollte sie den Feind gefangen ausliefern. Dalila weist eine Belohnung zurück; wenn sie Samson zu vernichten trachte, dann geschehe es nur deshalb, weil sie ihn als Gegner der Philister hasse. Dalila hatte Samson schon dreimal nach der geheimnisvollen Macht gefragt, die ihm übernatürliche

Kräfte verleiht; aber jedesmal wurde sie von ihm getäuscht. Doch heute hofft sie ihm das Geheimnis zu entlocken. Endlich naht Samson. Er erklärt Dalila, daß er nur gekommen sei, um ihr Lebewohl zu sagen; denn er sei auserwählt, sein Volk von allen Leiden zu erlösen. Aber Dalila weiß ihn mit allen Registern ihrer Verführungskunst in ihren Bann zu ziehen. Völlig in ihre Fallstricke verfangen, stürzt er ihr ins Haus nach, als sie, Empörung heuchelnd, sich von ihm abwendet. Unterdessen versammeln sich lauernd philisträische Krieger vor Dalilas Türe. Mit einem Triumphschrei ruft Dalila nach geraumer Zeit die Männer herbei. Sie hat Samson das Geheimnis entrissen: Nachdem sie ihm das Haar abgeschnitten hat, ist er machtlos seinen Feinden ausgeliefert. – Im Gefängnis von Gaza dreht Samson unentwegt eine Handmühle; die Augen sind ihm geblendet worden. Von außen dringen die vorwurfsvollen Klagen seiner nunmehr wieder in Knechtschaft schmachtenden Stammesbrüder an sein Ohr. Philisträische Krieger kommen; sie lösen seine Ketten und führen ihn ab. – Er wird in den Tempel des Dagon gebracht, wo die Philister eben ihr Siegesfest feiern. Mit kaltem Hohn wendet sich Dalila an Samson und bekennt, daß sie die Liebe nur dazu benutzt habe, um ihm sein Geheimnis zu entlokken. Der Oberpriester erklärt spöttisch, dem Geist Jehova ein Opfer bringen zu wollen, wenn er Samson wieder sehend machen könnte. Mit Inbrunst fleht dieser zu Gott, er möge ihm noch einmal das Augenlicht und seine frühere Kraft verleihen, damit er den Frevel an den Feinden rächen könnte. Alles lacht brüllend, als der Held darauf weiterhin blind bleibt. Jetzt fordert ihn der Oberpriester auf, dem über Jehova triumphierenden Gott Dagon ein Siegesopfer zu bringen. Samson läßt sich von einem Knaben zwischen die Säulen führen, auf denen das Deckengewölbe des gewaltigen Tempelbaues ruht. Nach einem nochmaligen Hilferuf zu Jehova umschlingt er mit seinen Armen die Säulen, die er plötzlich mit riesiger Kraft zum Bersten bringt. Krachend stürzt der Tempel zusammen und begräbt mit Samson die vieltausendköpfige Menge des Philistervolkes.

Stilistische Stellung: Im Ringen um die Durchsetzung seiner Kunst erging es Saint-Saëns ähnlich wie seinen Zeitgenossen Bizet, Verdi und Tschaikowskij; es erfolgte in einer Zeit leidenschaftlicher Auseinandersetzungen für oder gegen Richard Wagner, wobei damals noch die größere Anzahl der Musiker gegen den deutschen Meister eingenommen war. Insbesondere war jeder Opernkomponist, der dem Orchester eine größere Selbständigkeit einräumte, von vornherein verdächtigt, ein Wagnerianer zu sein. So wurde ›Samson et Dalila‹ nicht nur des biblischen Stoffes wegen, sondern auch aus dem Grund lange Zeit in Frankreich abgelehnt, weil sein Schöpfer als ein »Wagnérien impénitent« oder als »partisan de la musique de l'avenir« galt. Saint-Saëns stand Wagner wohl näher, als es bei Bizet der Fall war, doch war er, der kühle Romane und Klassizist, weit davon entfernt, in eine Abhängigkeit von dem deutschen Musikdramatiker zu geraten. Hans von Bülow urteilte sehr treffend nach einer Aufführung von ›Samson und Dalila‹ in Hamburg, Saint-Saëns habe in dem Werk bewiesen, daß er der einzige zeitgenössische Musiker sei, der sich von der Wagnerschen Doktrin nicht habe beirren lassen, der aber eine heilsame Lehre aus ihr gezogen hätte. Wenngleich einige Themen im leitmotivischen Sinn verarbeitet sind, so ist doch die Anwendung des Leitmotivs nicht zum Gestaltungsprinzip erhoben. Saint-Saëns, der in seinem Stil stets Reinheit und Formvollendung anstrebte, suchte eine Erneuerung des musikalischen Dramas auf traditionsgebundenem Weg, also auf dem Fundament der Großen Oper unter Abschüttelung des ganzen Ballastes geistloser Schablone. In feinsinniger musikalischer Charakterisierung stellt der Komponist die beiden Stämme, Hebräer und Philister, einander gegenüber: bei ersteren durch eine gewisse Nüchternheit und Strenge in Melodik und Formen (z. B. die alten Synagogengesängen assimilierte Psalmodie der hebräischen Greise; Fugatos) und durch einen primitiven (Unisono-Arioso des Abimelech) oder sinnlich-weichen Ausdruck (Chor der philisträischen Mädchen, Chromatik bei den Dalila-Szenen) bei den Heiden. Exotischen Einschlag weist das Bacchanale auf, während der Tanz der Priesterinnen im I. Akt mehr konventioneller Natur ist. Es ist bewunderungswürdig, wie der Komponist dem handlungsarmen Stoff durch einige packende musikalische Steigerungen dramatische Impulse zu verleihen vermochte. Symmetrie und Geschlossenheit der Form, die nur gelegentlich von einigen sporadisch dazwischengestreuten Rezitativen unterbrochen wird, feine kontrapunktische Arbeit sowie vor allem ein farbenreiches Orchester zeugen von der Meisterhand des Komponisten ebenso wie originelle melodische Einfälle, denen zufolge besonders die beiden Dalila-Arien des II. Aktes Berühmtheit erlangten. ›Samson und Dalila‹ stellt jedenfalls eine der markantesten Schöpfungen der neueren musikdramatischen Literatur Frankreichs dar.

TEXTDICHTUNG: Saint-Saëns entwarf das Szenarium selbst. Als Stoffquelle diente ihm die Bibel: Altes Testament, Buch der Richter, 16. Kapitel. Der Handlungsverlauf folgt ziemlich genau dem Vorwurf, nur wird die entscheidende Wendung: das Abschneiden von Samsons Haarschmuck durch Dalila, wodurch der Held seiner übernatürlichen Kräfte verlustig geht, hinter die Szene verlegt. Die Autoren setzten somit die Kenntnis der biblischen Geschichte beim Zuschauer voraus. Die Operndichtung führte ein angeheirateter Verwandter Saint-Saëns aus: Ferdinand Lemaire, ein junger Kreole aus Martinique. Auch er suchte, ähnlich wie der Komponist, durch strenge Gebundenheit der Sprache dem der Handlung entsprechenden altbiblischen Charakter Form zu geben. Die deutsche Übersetzung des Textes besorgte Richard Pohl.

GESCHICHTLICHES: Die Geschichte des von der buhlerischen Heidin

Delila überlisteten israelitischen Volkshelden Simson (Saint-Saëns wählte die Namenslesung gemäß der »Vulgata«, der von der katholischen Kirche einzig anerkannten Bibelübersetzung des Hieronymus) hat Dichter und Musiker wiederholt zu künstlerischer Gestaltung angeregt: Schauspiele von Hans Sachs (1556) und Frank Wedekind (1914), Oratorium von Georg Friedrich Händel (1741) und Oper von Jean-Philippe Rameau auf einen Text von Voltaire (1732), letztere wurde wegen des biblischen Sujets nicht zur Aufführung angenommen. Zu Anfang des Jahres 1868 wurde Saint-Saëns von einem Freund auf den Samson-Stoff hingewiesen. Der Komponist wollte zunächst ein Oratorium nach diesem Sujet schreiben; aber der Textdichter Ferdinand Lemaire wußte ihn umzustimmen, daraus eine Oper zu machen. Kaum hatte Saint-Saëns die Operndichtung erhalten, begann er sich eifrig mit der Vertonung zu beschäftigen. Das große Duett Samson–Dalila im II. Akt ist zuerst entstanden, und bald darauf (Frühjahr 1868) führte er diese Szene auf einer seiner musikalischen Soireen vor, die er an Montagen bei sich zu veranstalten pflegte. Enttäuscht und entmutigt über den lauen Erfolg dieser Probe legte er daraufhin die ›Dalila‹, wie die Oper ursprünglich heißen sollte, beiseite. Ende Juni 1870 erwähnte Saint-Saëns gelegentlich eines Besuches bei Franz Liszt in Weimar den aufgegebenen ›Samson‹-Plan. Liszt zeigte aber großes Interesse für die Oper und ermutigte Saint-Saëns zur Weiterarbeit mit dem Versprechen, das Werk in Weimar zur Aufführung bringen zu lassen. Aber infolge des Ausbruchs des Deutsch-Französischen Krieges und dessen Folgen blieb ›Samson‹ weiterhin liegen. Erst bei einem Erholungsaufenthalt in Algier fand Saint-Saëns die Kraft, die Arbeit an der Oper wieder aufzunehmen. Am 20. August 1874 führte die berühmte Sängerin Pauline Viardot-García, für die eigentlich die Rolle der Dalila geschrieben und der auch das Werk später gewidmet wurde, in einem Parktheater in Croissy den II. Akt mit dem Komponisten am Klavier auf. Obwohl diesmal der Beifall größer war als 1868 in Saint-Saëns' Hauskonzert, wurden doch wieder die alten Einwände erhoben. Der Direktor der Großen Oper, welcher der Aufführung beiwohnte, erklärte sich entschieden gegen die Annahme eines »biblischen Oratoriums«. Am 26. März 1875 gelangte sodann in einem Châtelet-Konzert der I. Akt mit Orchester zur Aufführung; auch diesmal war die Beurteilung kühl. Im Januar 1876 hatte Saint-Saëns die Partitur endgültig abgeschlossen. Liszt hielt Wort, und nachdem die Oper in Frankreich überall abgelehnt worden war, kam durch seine Vermittlung ›Samson und Dalila‹ am 2. Dezember 1877 in Weimar unter Leitung von Eduard Lassen zur Uraufführung, die in Anwesenheit des Großherzoglichen Hofes ein bedeutendes künstlerisches und gesellschaftliches Ereignis wurde. Saint-Saëns, der die letzten Proben persönlich überwacht hatte, wurde stürmisch gefeiert. Trotzdem dauerte es noch 13 Jahre, bis die Oper zum ersten Mal auf einer französischen

Bühne erschien (3. März 1890 in Rouen; 31. Oktober 1890 in Paris am Eden-Theater und erst am 23. November 1892 an der Pariser Oper), nachdem sie inzwischen an verschiedenen deutschen und ausländischen Bühnen (in Brüssel erst in Form eines Oratoriums) erfolgreich aufgeführt worden war.

Max von Schillings

* 19. April 1868 in Düren, † 24. Juli 1933 in Berlin

Ingwelde (1894 Karlsruhe), T: Ferdinand Graf Sporck, V: U. E.; umgearb. v. Barbara Schillings-Kemp (1938 Berlin)

Der Pfeifertag (1899 Schwerin), T: F. Graf Sporck, kO., V: B&B; Neubearb. vom Komponisten (1931 Berlin)

Moloch (1906 Dresden), T: nach Friedrich Hebbel v. Emil Gerhäuser, V: B&B

Mona Lisa (1915 Stuttgart), T: Beatrice Dovsky, V: U. E.

Mona Lisa

Oper in zwei Akten. Dichtung von Beatrice Dovsky.

Solisten: Personen der ersten und letzten Szene: *Ein Fremder* (Heldenbariton) – *Eine Frau* (Dramatischer Sopran) – *Ein Laienbruder* (Jugendlicher Heldentenor).

Personen der übrigen Szenen: *Messer Francesco del Giocondo* (Heldenbariton, gr. P.) – *Messer Pietro Tumoni* (Charakterbaß, m. P.) – *Messer Arrigo Oldofredi* (Lyrischer Tenor, m. P.) – *Messer Alessio Beneventi* (Spieltenor, m. P.) – *Messer Sandro da Luzzano* (Lyrischer Bariton, m. P.) – *Messer Masolino Pedruzzi* (Charakterbaß, m. P.) – *Messer Giovanni de' Salviati* (Jugendlicher Heldentenor, m. P.) – *Mona Fiordalisa,* Gattin des Francesco (Dramatischer Sopran, gr. P.) – *Mona Ginevra* ad Alta Rocca (Charaktersopran, m. P.) – *Dianora,* Francescos Töchterchen aus erster Ehe (Soubrette, kl. P.) – *Piccarda,* Zofe der Mona Fiordalisa (Spielalt, kl. P.) – *Sisto,* Diener des Messer Francesco (Tenor, kl. P.).

Doppelbesetzungen: Fremder – Francesco; Frau – Mona Lisa; Laienbruder – Giovanni.

Chor: Volk von Florenz. Nonnen von Santa Trinità. Mönche von San Marco, darunter Savonarola. Diener (kl. Chp.).

Ort: Florenz.

Schauplätze: Von der ersten Gasse rechts zur ersten Gasse links eine al fresco bemalte Wand mit Mitteltür, rechts vorn eine Tür, links vorn

ein Spitzbogenfenster mit bunten Scheiben – Saal mit Loggia und Balkon, von dem eine Freitreppe hinunterführt; festliche Tafel (farbenprächtiges Bild im Stil eines Gemäldes von Paolo Veronese).
ZEIT: Die erste und letzte Szene in der Gegenwart, die anderen zu Ende des 15. Jahrhunderts.
ORCHESTER: 3 Fl. (III. auch Picc.), 2 Ob., 1 Eh. (auch III. Ob.), 1 Heckelphon, 2 Kl. (II. auch Es-Kl.), 1 Bkl. (auch III. Kl.), 3 Fag. (III. auch Kfag.), 6 Hr., 4 Trp., 3 Pos., 1 Bt., P., Schl., 2 Hrf., Cel., Mandoline, Str. – Bühnenmusik: 2 Viol., 1 Br., 1 Vcl., Mandoline, Hrf., kleine Gl. in B, große Gl. in A, E, Fis, D.
GLIEDERUNG: Kurzes Vorspiel, durchkomponierte dramatische Großform.
SPIELDAUER: etwa 2½ Stunden.
HANDLUNG: Bei der Besichtigung der Sehenswürdigkeiten von Florenz läßt sich ein Ehepaar von einem Laienbruder durch den Palast führen, den einstens der reiche Handelsherr Francesco del Giocondo mit seiner schönen jungen Frau Mona Fiordalisa Gherardini bewohnte, die er im vorgerückten Alter ehelichte und die durch Leonardo da Vincis Meisterwerk »Mona Lisa« Unsterblichkeit erlangt hat. Die junge Fremde, die zweite Frau ihres wesentlich älteren Gatten, zeigt lebhaftes Interesse für Mona Lisa. Sie blickt heimlich dem jungen Laienbruder in die Augen; dabei zerreißt sie durch eine ungeschickte Bewegung ihre Perlenschnur, das Hochzeitsgeschenk ihres Mannes; sie, die Perlen nicht liebt, übergibt ihrem Gatten hastig die Kette zur Aufbewahrung. Innerlich erregt beginnt der Bruder, seinen Blick auf die junge Frau geheftet, das Drama jener Karnevalsnacht zu erzählen. – In fröhlicher, ausgelassener Stimmung sitzen einige Freunde des Edelmannes Francesco im Saal seines Hauses am Nachmittag des Karnevaldienstag in Erwartung des Festzuges. Während einer der jungen Leute zum Zeitvertreib ein »Lied auf die Jugend« singt, kommt Francesco von einer geschäftlichen Besprechung zurück. Da naht endlich der Karnevalszug, in dessen ausgelassene Klänge sich, näherkommend, religiöse Töne mischen. Es sind Nonnen, die in feierlicher Prozession ein Standbild der Heiligen Maria unter dem Baldachin tragen. Auf dem Höhepunkt des Tumultes erscheinen die Mönche von San Marco mit Savonarola an der Spitze, die mit Donnerstimme »Florenz, die feile Dirne und schamlose Buhlerin« zur Buße auffordern. Das Volk reagiert mit dem demütigen Bußschrei »Misericordia«; alle Fröhlichkeit ist zerstört, und die Züge lösen sich auf. Ginevra, die Darstellerin der Venus auf dem Venuswagen des Karnevalszuges fühlt sich durch Savonarolas Fluch empfindlich getroffen. Francescos Freunde holen sie von der Straße herauf in den Saal, wo im Kreise der jungen Männer ihre gedrückte Stimmung sich bald wieder legt und sie bei Wein und Gesang ihrem ungebundenen Naturell zügellos den Lauf läßt. Inzwischen ist unauffällig Mona Lisa heimgekehrt, von Francesco ungedul-

dig erwartet. Er fragt sie mißtrauisch, wer ihr die Blumen gegeben habe; ruhig wie immer antwortet Mona Lisa, sie komme von der Beichte und habe die weißen Iris, ihre Lieblingsblumen, zufällig auf der Straße gefunden. Als sie sich mit Ginevra auf ihr Zimmer begeben hat, findet Francesco Gelegenheit, mit einem der Gäste, dem Kardinal Pietro, kurz allein zu sprechen. Er gesteht dem Kardinal, wohl keinen Grund zu einem Mißtrauen gegen seine junge Frau zu haben; sein Argwohn werde aber immer wieder aufs neue geweckt, wenn er Mona Lisas Bild von Meister Leonardo betrachte: dieser Blick und dieses Lächeln stünden in seltsamem Widerspruch zu der sonstigen kühlen Art und zu dem ruhigen, marmorblassen Gesicht seiner Frau. In wilder Erregung erklärt Francesco schließlich, er müsse das Rätsel ihres Lächelns lösen. Da kommen die anderen Gäste vom Balkon zurück, und gleich darauf erscheint der schlanke, schöne Giovanni de' Salviati, ein junger Römer, der bei dem berühmten Perlensammler Francesco eine kostbare Perle für den Heiligen Vater erwerben soll. Er erzählt zunächst von dem Erlebnis, einer unbekannten jungen Frau mit ein paar unirdisch schönen Augen begegnet zu sein; aber leider müsse er bereits morgen früh wieder zurück nach Rom. Francesco fordert die Freunde auf, dazubleiben und einmal seine Schätze in Augenschein zu nehmen. In einer Kammer, die durch zwei Türen mit komplizierten Schlössern versperrt ist und die so eng ist, daß ein dort eingeschlossener Mensch kaum eine Stunde würde atmen können, befindet sich ein nochmals verschlossener Schrein, in dem mittels einer Winde ein goldenes Kästchen heraufgeholt werden kann, das bis auf den Grund des unter dem Haus fließenden Arno versenkt ist; in dem Kästchen befinden sich winzige Löcher, durch die immerzu Wasser sickert, das die Perlen umspült. Inzwischen ist Mona Lisa mit Ginevra zurückgekommen. Während erstere auf den Balkon tritt, verabschiedet sich Ginevra von den Herren. Dabei läßt sie sich Giovanni vorstellen, den sie während des Weggehens sogleich für die Nacht zu sich lädt. Dann zeigt Francesco den Freunden die Perlen, die er über alles liebt; Mona Lisa steht abseits; sie mag Perlen nicht. Trotzdem muß sie allabendlich die schönsten Perlen um ihren Hals legen, da Francesco glaubt, daß sie mit ihrem jungen Blut den Perlen eine Seele einhauche. Die rosa Perle für seine Heiligkeit zeigt ein mattes Fleckchen; Mona Lisa soll sie daher noch die Nacht über tragen; Francesco will sie dann am Morgen dem Messer Giovanni übergeben. Während Francesco das Kästchen wieder zurück in den Tresor bringt, tritt Mona Lisa näher. Als Giovanni sie erblickt, taumelt er zurück. Mona Lisa faßt sich schnell, da Francesco zurückkommt. Die Freunde brechen nun auf, und Francesco will sie noch ein Stück des Weges geleiten; Giovanni schließt sich ihnen nicht an, er geht nach der anderen Seite weg. Nach kurzer Weile kommt er jedoch zurück. Mona Lisa und Giovanni kommen sich langsam näher: sie, die sich schon früher kannten und liebten, ließ ein widriges Geschick nicht zusammenkommen. Giovanni will sie nun aber aus den Händen des ungeliebten Mannes befreien. Er schlägt vor, Mona Lisa solle mit ihm morgen nach der Frühmette entfliehen. Da Francesco zurückkommt, fordert sie Giovanni auf, sich in der Loggia zu verstekken. Francesco nähert sich langsam Mona Lisa, die in Gedanken versunken, selig vor sich hinlächelnd, dasteht. Zum ersten Mal sieht er bei seiner Frau jenes rätselhafte Lächeln wie auf Leonardos Bild. Als sie aber Francesco gewahrt, nimmt ihr Gesicht wieder die gewohnte Maske an. Vergeblich sucht Mona Lisa den mißtrauisch gewordenen Gatten davon abzuhalten, das Tor nach der Piazza selbst abzuschließen. Er entfernt sich, da stürzt Giovanni aus der Loggia, preßt Mona Lisa in seine Arme und küßt sie. In dem gleichen Augenblick erscheint Francesco auf dem Balkon. Er verschließt nun mit geheuchelter Ruhe alle Fenster, während Giovanni von Versteck zu Versteck huscht. Schließlich flieht er durch die offengebliebene Doppeltüre in die kleine Tresorkammer. Francesco, der es bemerkt hat, wirft rasch die Außentür ins Schloß. Zu Lisas tödlichem Schrecken versperrt er daraufhin die Tür mit dem Schlüssel. Dann zieht er plötzlich einen Dolch aus dem Gürtel und zwingt Mona Lisa, die Inschrift auf dem eingelegten Griff zu lesen: »Ich räche den Verrat an Lieb' und Ehre«. Ein von der Piazza herübertönendes Liebesmadrigal erregt jetzt Francescos verhaltene Leidenschaft. Mona Lisa sucht verzweifelt, Giovanni zu befreien. Francesco sagt ihr die Erfüllung einer großen Bitte zu, wenn sie sich ihm willfährig zeige. Mona Lisa verlangt den Schlüssel zum Schrein. Unter forciertem Lachen wirft Francesco jedoch den einzigen Schlüssel zu der Tresorkammer hinunter in den Arno, damit Mona Lisa, wie er höhnt, in Zukunft nicht mehr auf die Perlen eifersüchtig zu sein brauche. Mit tierischer Begierde ergreift er daraufhin Besitz von der kraftlos auf das Ruhebett Gesunkenen. – Am nächsten Morgen, dem Aschermittwoch, erwacht Mona Lisa, am Boden vor dem Ruhebett im Saal liegend, aus tiefem Schlaf. Sie glaubt erst, einen bösen Traum gehabt zu haben, überzeugt sich aber, als ihr Blick auf die Tür des Tresors fällt, daß der Traum Wirklichkeit war. Ängstlich pocht sie an die Tür und ruft nach Giovanni; es kommt aber keine Antwort. Da erscheint Dianora, Francescos Töchterchen aus erster Ehe; sie übergibt Mona Lisa einen sonderbaren Schlüssel, ähnlich dem zu dem Perlenschrein ihres Vaters, den sie soeben in ihrem neuen Boot am Lungarno gefunden hat. Mona Lisa schickt das Kind schnell fort zur Frühmette. Dann sperrt sie zögernd die erste Tür auf; wieder ruft sie nach Giovanni, und wieder kommt keine Antwort. Sie findet nicht den Mut, auch die zweite Tür zu öffnen, und schlägt schaudernd die erste Tür wieder zu. Nun kommt Francesco; bleich berichtet er Mona Lisa, den Messer Salviati nicht angetroffen zu haben. Lauernd bemerkt er, vielleicht sei dieser in ein Liebesabenteuer verwickelt worden, das nicht gut für ihn ausgegangen sei. Da wendet sich plötzlich Mona Lisa mit jenem geheimnisvollen Lächeln gegen ihn. Sie zeigt ihm den wiedergefundenen Schlüssel und sie ersucht ihn, die Perlenkette für Mona Borgia aus dem Schrein zu holen, die sie anlegen wolle, damit sie an Glanz gewänne. Francesco ist sich unsicher, ob Giovanni nicht doch noch entkommen ist. Er öffnet die erste Tür, wendet sich um und sieht Lisa sanft lächelnd hinter sich stehen, dann springt durch einen Druck auf die Feder die innere Tür auf; mit einem Aufschrei prallt Francesco zurück; aber Lisa fordert ihn auf, sollte sich jemand eingeschlichen haben, doch den Schurken zu fassen. Wütend springt Francesco in die Kammer, und blitzschnell schlägt Lisa hinter ihm die Außentür zu. Sie zieht den Schlüssel ab und birgt ihn in ihrem Busen. Mit wilder Leidenschaft triumphiert sie, daß Francesco, durch ihr Lächeln berückt, in die Falle gegangen ist. Alsdann will sie sich zur Frühmette begeben; aber da erinnert sie sich Savonarolas Fluch; wankend bricht sie zusammen. – »Hier endet die Chronik«, bemerkt der Laienbruder. Die Frau legt ihre Börse auf den Opferstock, der Laienbruder soll dafür eine Messe für das Seelenheil der armen Mona Lisa lesen lassen. Betroffen reagiert der Gatte und fordert seine Frau auf zu gehen. Die Frau läßt unmerklich vor dem Bruder einen Strauß weißer Iris fallen, den sie am Gürtel trägt, und blickt im Weggehen nochmals mit großen Augen lächelnd zurück. Der Bruder preßt den Irisstrauß an seine Lippen und ruft, ihr mit leidenschaftlichem Ausdruck nachblickend: »Mona Lisa!«

Stilistische Stellung: Die Berührung mit dem lebendigen Theater seit Antritt seiner Stellung als Operndirektor in Stuttgart erweiterte Schillings' Blick für die Bühnenwirkung. Die dramaturgisch geschickt angelegte Dichtung ›Mona Lisa‹ erfährt bei Schillings' gepflegtem Stil eine musikalische Ausdeutung, durch die einerseits das Grausige gemildert und anderseits die Schlagkraft der dramatischen Wirkung noch gesteigert wird. Das melodische Element herrscht in dem symphonisch-dramatischen Tongemälde vor, das durch eine Reihe scharfprofilierter, polyphon verarbeiteter Motive und in einer mit Chromatik kräftig dosierten Harmonik nach dem Wagnerschen Gestaltungsprinzip geformt ist und in das sich auch gelegentlich impressionistische Züge mischen. Die üppige Farbenpracht des starkbesetzten Orchesters versinnbildlicht die lebensfrohe Atmosphäre des medizäischen Florenz mit der ganzen Zügellosigkeit der Leidenschaften, wie sie für jene Zeit typisch ist.

Textdichtung: Die bühnenwirksame Dichtung wurde von der Wiener Schriftstellerin Beatrice von Vay-Dovsky (1866–1923) verfaßt nach einer Legende um das Geheimnis jenes rätselhaften Lächelns der Mona Fiordalisa auf Leonardo da Vincis berühmtem Gemälde. Man hat nach diesem Lächeln den Charakter Mona Lisas, über die historisch so gut wie nichts überliefert ist, verschieden beurteilt: hochmütig, kokett, lüstern, grausam. Die Dichterin interpretiert die Geschichte in wirklichkeitsnaher Darstellung, wobei sie die Alltäglichkeit der Mona Lisa-

Tragödie dadurch zum Ausdruck brachte, daß sie das Stück durch eine in unserer Zeit spielenden knappen Rahmenhandlung einfaßte, die in der Problemstellung mit der Haupthandlung konform geht.
GESCHICHTLICHES: Im April 1911 lernte Schillings in Stuttgart Beatrice von Dovsky kennen, von der er zunächst eine dramatische Legende ›Lady Godiva‹ vertonen wollte. Die Arbeit an dem Werk war bereits weit gediehen, als im Frühjahr 1913 Frau von Dovsky dem Komponisten ihre Dichtung ›Mona Lisa‹ zur Beurteilung zusandte. Schillings war gleich so begeistert von dem Sujet, daß er beschloß, anstelle der ›Lady Godiva‹ ›Mona Lisa‹ zu komponieren. Er fuhr nach Wien, um mit der Dichterin die Einzelheiten zu besprechen. Während des Sommers 1913 entstand sodann innerhalb von sechs Wochen die komplette Klavierskizze auf dem Gutshof Gürzenich. Aber Schillings ging nur zögernd an die Vollendung der ›Mona Lisa‹, hatte er doch noch immer Hemmungen, mit einem Werk an die Öffentlichkeit zu treten, das so weitgehend von seiner bisherigen künstlerischen Linie abwich. Bei Ausbruch des Weltkriegs (1914) war die Instrumentation bis zur Mitte des II. Aktes gediehen; den Rest vollendete der Komponist, der sich freiwillig an die Front gemeldet hatte, während der Kampfpausen im Feld; kurz vor Weihnachten 1914 wurde die Partitur abgeschlossen. Im Hinblick auf die Aktualität des Stoffes, hervorgerufen durch den Diebstahl von Leonardo da Vincis Gemälde aus dem Louvre in Paris wenige Jahre vor Entstehung der Oper (1911, Wiederauffindung 1913 in Florenz), bewarben sich um die Uraufführung New York, Berlin und Wien. Aber Schillings überließ sie der Stätte seines Wirkens. So ging ›Mona Lisa‹ am 26. September 1915 in Stuttgart unter Leitung des Komponisten zum ersten Mal in Szene. Das Werk erfuhr eine widerspruchsvolle Beurteilung; fast einmütig wurde die »allzu krasse« Handlung abgelehnt, derentwegen es auch zu Aufführungsverboten (z. B. in München) kam. Aber der Publikumserfolg war überall durchschlagend, so vor allem in Berlin unter Richard Strauss mit Barbara Kemp sowie in Wien mit Maria Jeritza in der Titelrolle. ›Mona Lisa‹ ging anschließend über die meisten Bühnen des In- und Auslandes.

OTHMAR SCHOECK

* 1. September 1886 in Brunnen (Vierwaldstättersee), † 8. März 1957 in Zürich

Erwin und Elmire, op. 25 (1916 Zürich), T: Johann Wolfgang v. Goethe, V: B&H

Don Ranudo de Colibrados, op. 27 (1919 Zürich), T: nach Ludvig Holberg v. Armin Rüeger, kO., V: B&H

Das Wandbild, op. 28 (1921 Halle), T: Ferruccio Busoni, E., V: B&H

Venus, op. 32 (1922 Zürich, neue Fassung 1933 Zürich), T: nach Prosper Mérimée v. A. Rüeger, V: B&H

Penthesilea, op. 39 (1927 Dresden), T: nach Heinrich v. Kleist vom Komponisten, E., V: Hüni, Zürich; Neufassungen 1928 Zürich, 1942 Leipzig, V: BV

Vom Fischer un syner Fru, op. 43 (1930 Dresden), T: nach den Gebrüdern Grimm v. Philipp Otto Runge, dramatische Kantate, V: B&H

Massimilla Doni, op. 50 (1937 Dresden), T: nach Honoré de Balzac v. A. Rüeger, V: U. E.

Das Schloß Dürande, op. 53 (1943 Berlin), T: nach Joseph v. Eichendorff v. Hermann Burte (= Strübe), V: U. E.

Penthesilea

Nach dem Trauerspiel von Heinrich von Kleist in einem Aufzug. Dichtung vom Komponisten.

Solisten: *Penthesilea,* Königin der Amazonen (Dramatischer Mezzosopran, auch Dramatischer Alt, gr. P.) – *Prothoe* (Dramatischer Sopran, gr. P.) und *Meroe* (Dramatischer Mezzosopran, m. P.), Fürstinnen der Amazonen – *Die Oberpriesterin der Diana* (Dramatischer Alt, m. P.) – *1. Priesterin* (Sopran, kl. P.) – *2. Priesterin* (Sprechrolle, kl. P.) – *1.* und *2. Amazone* (Sprechrollen, kl. P.) – *Achilles* (Heldenbariton, gr. P.) und *Diomedes* (Jugendlicher Heldentenor, m. P.), Könige des Griechenvolkes – *Ein Herold* (Charakterbariton, kl. P.) – *Ein Hauptmann* (Sprechrolle, kl. P.).

Chor: Griechen (Männerchor, m. Chp.) und Amazonen (Frauenchor, gr. Chp.).

Schauplatz: Schlachtfeld bei Troja.

Orchester: 3 Fl. (auch Picc.), 1 Ob. (auch Eh.), 2 kleine Kl., 6 Kl., 2 Bkl. (auch für insgesamt 3 Kl. aufführbar), 1 Kfag., 4 Hr., 4 Trp., 4 Pos., 1 Bt., P., Schl., 2 Klav., 4 Soloviolinen, tiefe Str. (Br., Vcl., Kb.). – Bühnenmusik: 3 Trp.

Gliederung: Durchkomponierte dramatische Großform.

Spieldauer: etwa 1½ Stunden.

Handlung: Auf dem Schlachtfeld vor Troja hält die Oberpriesterin der Amazonen mit ihren Priesterinnen Ausschau nach dem Stand der Kämpfe. Aus der Ferne ertönt Schlachtengetümmel. Die Amazonenfürstin Meroe stürzt herbei und berichtet der Oberpriesterin mit Entsetzen, daß Penthesilea im Kampf mit Achilles gefallen sei. Der Pelide sei aber sofort vom Roß gesprungen, habe die Ohnmächtige emporgerichtet und seine Waffen weggeworfen. Jetzt folge er unerschrocken der Königin nach; denn ein Gott habe offenbar sein erzhartes Herz in Liebe erweichen lassen. Da kommt, gestützt auf Prothoe, Penthesilea. Die Amazonen beschwören sie, vor Achilles zu fliehen. Aber sie kann es nicht, denn »lieber Staub als ein Weib sein, das nicht reizt!« Vor den herannahenden Griechen fliehen die Amazonen, nur Penthesilea bleibt mit Prothoe zurück. Der Griechenfürst Diomedes stürmt herbei; er fordert die Frauen auf, sich zu ergeben. Aber Prothoe entgegnet wild, daß sich Penthesilea nur dem Sieger ergeben würde. Da kommt Achilles. Er fordert Diomedes auf, die fliehenden Amazonen zu verfolgen; er selbst wolle hier bleiben. Teilnahmsvoll erkundigt sich der Pelide nach den Wunden der ohnmächtig niedergesunkenen Penthesilea. Prothoe wendet ein, nicht der Wundschmerz, sondern das Bewußtsein, im Kampf unterlegen zu sein, habe die Unglückliche zu Boden geschmettert. Da gesteht Achilles, daß er Penthesilea liebe. Freudig erregt bittet ihn Prothoe, sich zu verbergen, da soeben Penthesilea aus der Ohnmacht erwache. Die Königin erzählt Prothoe, sie habe geträumt, im Kampf dem Peliden unterlegen und unter Hohngelächter als Gefangene in sein Zelt abgeführt worden zu sein. Erregt erklärt sie, nie einem Mann zu folgen, den ihr das Schwert nicht würdig zugeführt. Prothoe sucht sie zu beruhigen, da erblickt Penthesilea Achilles. Rasch greift sie nach ihrem Dolch. Prothoe hält sie aber zurück und bedeutet ihr, der Waffenlose gäbe sich ihr gefangen. Freimütig bekräftigt Achilles Prothoes Worte, indem er sein Knie vor Penthesilea beugt. Überwältigt jauchzt Penthesilea auf: »Der junge Nereïdensohn ist mein!« Sie schmückt Achilles mit Rosenranken. Als er ihr auf ihre Frage bestätigt, daß er es war, der den großen Priamiden im Kampf gefällt hat, küßt sie ihn emphatisch. In jubelnder Freude bekennen sich die beiden gegenseitig ihre Liebe. Jetzt nennt Penthesilea dem Geliebten auch ihren Namen und erklärt, sie schenke ihm die Freiheit; er möge ihr sogleich auf die Amazonenburg Themiscyra folgen, dort könne sie sich ihm erst ganz weihen. Zuvor habe sie aber noch Pflichten zu erledigen. In der Ferne ertönt Feldgeschrei. Achilles fordert Penthesilea auf, mit ihm nach dem blühenden Phtya zu kommen, wo er sie auf den Thron seiner Väter als seine Herzenskönigin setzen werde. Penthesilea versteht den Sinn seiner Worte nicht. Da wird Achilles deutlicher. Durch der Liebe Macht sei wohl er ihr Gefangener, aber durch das Waffenglück gehöre sie ihm. Mit wilder Gebärde ruft Penthesilea die Himmelsmächte an. Ein Hauptmann naht mit der Kunde, das Schlachtenglück habe sich gewendet; die Amazonen bedrängten jetzt die Griechen und stürmten mit der Losung: »Penthesilea!« siegreich heran. Während sich das Schlachtengetümmel immer mehr nähert, sucht Penthesilea Achilles zu überreden, ihr nach Themiscyra zu folgen, der Pelide seinerseits drängt Penthesilea, mit ihm nach Phtya zu kommen. Fluchtartig stürzen die Griechen vorüber. Alsbald erscheint Meroe mit den Amazonen. Sie legen ihre Pfeile auf Achilles an, doch Penthesilea hält sie mit drohender Gebärde zurück. Gelassen, aber siegesbewußt ruft Achilles Penthesilea entgegen: »Nach Phtya, Königin!« Dann eilt er rasch hinweg. Die Amazonen erheben ein

Triumphgeschrei, aber Penthesilea verflucht diesen Triumph. Da stößt die Oberpriesterin einen Fluch gegen Penthesilea aus, die ihr Volk verraten habe, da sie ihr Herz nicht mäßigen konnte. Sie entbindet im Namen des Volkes Penthesilea ihrer Pflichten als Königin und gibt sie frei, auf daß sie dem folgen könne, der sie in Fesseln schlug. Penthesilea ist gebrochen. Jetzt erscheint ein Herold, der einen Auftrag von Achilles bringt. Da Penthesilea ihn als Gefangenen nach ihrer Heimat abzuführen wünsche und er umgekehrt dasselbe mit ihr, so schlage er einen neuen Zweikampf vor, bei dem das Waffenglück entscheiden solle, wer der Stärkere sei und wer als der Schwächere dem anderen folgen müsse. Penthesilea glaubt, ihren Ohren nicht zu trauen: Er, der sie zu schwach weiß, sich mit ihm zu messen, ruft sie zum Kampf. Die provozierende Demütigung läßt ihre Liebe in Haß umschlagen. In einem bis zum Wahnsinn gesteigerten Zornesausbruch legt sie die Rüstung an, und mit Hunden, Elefanten und Sichelwagen bricht sie mit ihren Amazonen zum Kampf auf. Achill erscheint mit Diomedes. Verwundert sieht dieser in der Ferne Penthesilea mit Waffentroß herannahen. Aber Achilles ist unbesorgt. Er legt seine Waffen ab und erklärt, auf ein bis zwei Monate sich Penthesileas Willen fügen zu wollen, um sie dann in seine Heimat zu führen. Nachdem der Pelide weggegangen ist, rafft Diomedes dessen Waffen auf und entfernt sich kopfschüttelnd. Kurz darauf stürzt Achilles, nach Diomedes rufend, herbei. Penthesilea folgt ihm auf den Fersen. Mit erhobenen Händen ruft er Penthesilea an: »Meine Braut! Was tust Du?« Eilig entflieht er vor ihrer drohenden Gebärde. Da legt plötzlich Penthesilea den Bogen an und schießt. Mit einem rasenden Triumphschrei stürzt sie Achilles nach. Entsetzt beobachten die Amazonen, wie ihre Königin mit Unterstützung von grimmigen Hunden die Glieder des Achilles zerreißt. Die Nacht ist hereingebrochen. In feierlichem Zug wird die mit Purpur bedeckte Leiche herbeigetragen. Anschließend naht, mit den Zeichen des Wahnsinns behaftet, Penthesilea. Mit Grauen wenden sich die Amazonen von ihr ab; nur Prothoe nimmt sich ihrer an. Penthesilea will den Leichnam sehen. Erstaunt fragt sie, warum sich Achilles nicht gewehrt habe. Von Prothoe erfährt sie die tragisch-schuldhafte Verkettung des Geschicks: Achilles habe sie zum Kampf aufgefordert, um sich ihr als Gefangener zu ergeben und sie zum Tempel der Artemis zu führen. Erst jetzt weicht von Penthesilea die Verwirrung ihrer wilden Sinne, die sie »Küsse und Bisse« verwechseln ließ. Sie beugt sich über den Toten und küßt ihn. Einem giftigen Dolch gleich durchbohrt ihr die Reue über ihre Untat die Brust. Sie stirbt und gleitet aus den Armen Prothoes auf die Leiche Achills.

STILISTISCHE STELLUNG: Es ist unschwer zu erkennen, daß bei Schoecks ›Penthesilea‹ die Tondramen ›Salome‹ und ›Elektra‹ von Richard Strauss Pate standen. Hier wie dort dienten als Textvorlagen literarisch wertvolle Dichtungen, die eigentlich für die Sprechbühne geschrieben waren. Die Darstellung eines übermenschlichen Stoffes mit den Elementen des Musikdramas erforderte eine ekstatisch gesteigerte Tonsprache und ein entsprechendes Format in der Wahl und Anwendung der musikalischen Mittel. In diesem Zusammenhang ist es zunächst erstaunlich, daß Schoeck, der von Haus aus Lyriker war, das Kleistsche Trauerspiel vertonte, das so gut wie keine Gelegenheit zu lyrischen Ergüssen bietet. Immerhin wurde auf einem Höhepunkt der Handlung nachträglich das Duett zwischen Penthesilea und Achilles eingefügt, das mit seinen melodischen Bögen einen wirksamen Kontrast schafft, zu dem sonst überwiegend im scharf akzentuierten Deklamationsstil gestalteten dramatischen Dialog. Dieser umfaßt eine ganze Skala von Ausdrucksschattierungen vom gesungenen über das rhythmisch fixierte und melodramatisch behandelte bis zum frei gesprochenen Wort. Sehr wirkungsvoll ist das im Verlauf der Handlung wiederholt vernehmbare Schlachtengetümmel stilisiert durch den vibrierenden Klang der Frauenstimmen (Amazonen) und die Rufe des Männerchors (Griechen) im Verein mit dem Geschmetter von drei scharf dissonierenden Trompeten. In formaler Hinsicht ergibt sich eine Gliederung in geschlossene Szenen. Dem düsteren Charakter des Trauerspiels entsprechend herrschen bei den Singstimmen wie im Orchestralen die dunklen Farben vor. Ähnliche Wirkungen werden auch durch die Harmonik erzielt, bei der die Dissonanz polytonaler Akkordverbindungen überwiegt. Bei der Instrumentation fällt die starke Bevorzugung der Bläser auf, die vielfach im Zusammenklang mit zwei Klavieren wuchtige dramatische Akzente vermitteln und in Ausnutzung ihrer exponierten Register das klangliche Profil der Partitur entscheidend bestimmen.

TEXTDICHTUNG: Schoeck benützte als Textvorlage das gleichnamige, im Jahre 1808 entstandene Trauerspiel von Heinrich von Kleist (1777–1811). Der Komponist nahm den dramaturgischen Forderungen des Musikdramas entsprechend Kürzungen und einige unwesentliche Veränderungen an dem Kleistschen Stück vor. Im übrigen übernahm er die Dichtung Kleists wörtlich.

GESCHICHTLICHES: Die Uraufführung des Werkes erfolgte am 8. Januar 1927 an der Staatsoper zu Dresden. Anschließend nahm der Komponist eine Umarbeitung vor, bei der das Duett Penthesilea/Achilles neu hinzukomponiert und einzelne Stellen metrisch umnotiert wurden. Die veränderten künstlerischen Anschauungen gegenüber denen der Entstehungszeit des Werkes haben neues Interesse für Schoecks ›Penthesilea‹ erweckt; daher hatten Aufführungen dieser Oper in jüngster Zeit einen nachhaltigen Eindruck zu verzeichnen.

ARNOLD SCHÖNBERG

* 13. September 1874 in Wien, † 13. Juli 1951 in Los Angeles

Erwartung, op. 17 (1924 Prag), T: Marie Pappenheim, Monodram, E., V: U. E.

Die glückliche Hand, op. 18 (1924 Wien), T: der Komponist, E., V: U. E.

Von Heute auf Morgen, op. 32 (1930 Frankfurt/M.), T: Max Blonda (= Gertrud Schönberg), E., V: Schott

Moses und Aron (konzertante Urauff. des ganzen Fragments 1954 Hamburg, szenische 1957 Zürich), T: der Komponist, V: Schott

Erwartung

Monodram. Dichtung von Marie Pappenheim.

SOLISTIN: *Die Frau* (Dramatischer Sopran, auch Dramatischer Mezzosopran, gr. P.).
CHOR: kein Chor.
SCHAUPLÄTZE: Am Rande eines Waldes – Im Dunkel des Waldes – Vor einem Haus am Waldrand.
ZEIT: Gegenwart.
ORCHESTER: 3 Fl. (III. auch Picc.), Picc., 4 Ob. (IV. auch Eh.), 4 Kl., Bkl., 3 Fag., Kfag. – 4 Hr., 3 Trp., 4 Pos., Tuba – Hrf., Cel., P., Schl. – Str.
GLIEDERUNG: Durchkomponierte Großform.
SPIELDAUER: etwa 30 Minuten.
HANDLUNG: Am Waldrand im Mondlicht erwartet eine Frau ihren Geliebten. Sie scheut sich vor der unbewegten Nachtluft, schließlich geht sie in den Wald hinein, um den Geliebten zu suchen. Im Walde hat die Frau den Eindruck, ein Weinen zu hören, aber sie sieht niemanden; sie fühlt zugleich unsichtbare Gestalten, die sie festzuhalten scheinen. Das Rauschen der Bäume, einige Vogeltöne ängstigen sie. Sie läuft davon und stolpert über einen Baumstumpf. Auf einer Waldlichtung hält sie inne, weil sie die Stimme des Geliebten zu hören glaubt. Doch sie hat sich getäuscht; erneut überfällt sie die Angst – ihr ist, als faßten hundert Hände nach ihr, als starrten sie riesige Augen an. Am Waldrand in der Nähe des Hauses der Rivalin will sie sich, erschöpft, an den Händen blutig gerissen, ausruhen. Sie sinkt auf eine Bank nieder und stößt dabei mit dem Fuß gegen etwas: es ist der tote Körper des Geliebten, ermordet. Sie kann nicht fassen, was sie sieht, dann bedeckt sie, wie im Delirium, den toten Körper mit Küssen und stürzt über ihm zusammen.
STILISTISCHE STELLUNG: Schönbergs erstes Bühnenwerk auf den Text der jungen, expressionistischen Dichterin Marie Pappenheim ist das

Werk weniger Wochen; wie in einer Explosion entstand die ausdrucksgeladene, klanglich fast überbordende Szene, in der die Stimme oft Teil des differenziert-virtuosen Orchesterparts ist. Ein zeitgenössischer Kritiker schrieb anläßlich der Uraufführung, das Monodram sei »die konzentrierteste Zusammenfassung alles dessen, was die Zeit nach Wagner hervorgebracht habe, sozusagen ein kritischer Essay nicht aus Worten, sondern aus Tönen, der mit der Kraft seiner Absicht, seiner schöpferischen Vision keinerlei rationalistische Erklärung mehr erlaubt«. Schönbergs Werk, die seismographische Aufzeichnung traumatischer Schocks, steht in der Stilentwicklung des Komponisten am Ende seiner frei-atonalen Periode und ist so etwas wie eine unüberbietbare Extremposition spätexpressionistischen Komponierens, in dem sich Klangdifferenziertheit und Klangvariabilität eines Richard Strauss und Franz Schreker verbinden mit einer radikal nur aus sich selbst und aus dem Text heraus ableitbaren nichttonalen Harmonik und einer subtilen Weiterentwicklung Wagnerscher Leitmotivtechnik.

GESCHICHTLICHES: Die Uraufführung des Monodrams fand am 6. Juni 1924 am Deutschen Theater in Prag statt; Alexander Zemlinsky dirigierte, die Solopartie sang Marie Gutheil-Schoder. Die enormen vokalen und instrumentalen Anforderungen der bereits 1909 abgeschlossenen Partitur waren nicht nur der Grund für die späte Uraufführung, sondern verhinderten auch eine größere Verbreitung: vor dem 2. Weltkrieg kam das Werk noch in Wiesbaden, Berlin (1930 an der Kroll-Oper) und in Brüssel heraus, nach dem Krieg gab es erfolgreiche Aufführungen in Hamburg (1954) und Hannover (1963), aber sonst hat das Werk fast mehr durch Schallplatte und Rundfunk Verbreitung gefunden.

W. K.

Die glückliche Hand

Drama mit Musik. Text vom Komponisten.

SOLISTEN: *Der Mann* (Heldenbariton, auch Charakterbariton, gr. P.) – *Eine Frau* (Stumme Rolle) – *Ein Herr* (Stumme Rolle) – *Sechs Frauen* (3 Soprane, 3 Alte, m. P.) – *Sechs Männer* (3 Tenöre, 3 Bässe, m. P.).
CHOR: kein Chor.
ORCHESTER: 3 Fl. (III. auch Picc.), Picc., 3 Ob., Eh., 4 Kl., Bkl., 3 Fag., Kfag. – 4 Hr., 3 Trp., 4 Pos., Tuba – P., Schl., Glsp., Xyl., Cel., Hrf. – Str.
GLIEDERUNG: Durchkomponierte Großform.
SPIELDAUER: etwa 20 Minuten.
HANDLUNG: Noch weniger als bei dem Monodram ›Erwartung‹ kann man bei der ›Glücklichen Hand‹ von einer Handlung im traditionellen

Sinn der Operngeschichte reden. Es sind eher – fast im Sinne August Strindbergs – theatralisch gedeutete Gefühlsobsessionen der Hauptfigur. Vier Szenen folgen aufeinander. In der ersten liegt der Mann auf dem Boden; ein Fabelwesen, ein Ungeheuer hockt ihm im Nacken. Der Chor ermahnt den Mann, der Wirklichkeit zu glauben und nicht den Träumen, auf das Unerreichbare zu verzichten und den Gefühlen nicht zu trauen. Das Ungeheuer verschwindet; der Mann springt auf. – In der zweiten Szene: der Mann glaubt sich von der schönen Frau geliebt, die ihm einen Becher überreicht. Doch die Frau wendet sich von ihm ab und dem Herrn, Symbol der kalten Realität, zu. – In der dritten Szene kommt der Mann bewaffnet in eine Felsgegend, in der Arbeiter in einer Goldschmiedewerkstatt arbeiten. Ohne ihre drohende Reaktion zu beachten, läßt er mit einem einzigen Hammerschlag aus einem Stück Gold ein herrliches Diadem entstehen. In einer Höhle hockt die Frau, halb entkleidet: der Herr hat ihr vom Oberteil des Kleides ein Stück Stoff weggerissen. Der Herr geht und läßt den Stoff fallen. Der Mann versucht, die Frau wieder für sich zu gewinnen, kann aber nicht zu ihr gelangen. Sie läuft fort und löst mit ihrem Tritt einen Felsbrocken, der den Mann unter sich begräbt. – Im vierten Bild hat sich der Felsbrocken wieder in das Ungeheuer verwandelt, das seine Zähne in den Nacken des Mannes geschlagen hat. Auch der Chor vermag ihm nun keinen Mut mehr zuzusprechen.

STILISTISCHE STELLUNG: Schönberg entwarf den Text zu seinem »Drama mit Musik« 1910; die Partitur jedoch wurde erst 1913 abgeschlossen. ›Die glückliche Hand‹ ist der Versuch, mit symbolischen Bildelementen und theatralischen Situationen eine Allegorie auf die Isolierung des Künstlers zu realisieren; eine Isolierung angesichts der Arbeitsteiligkeit der modernen Gesellschaft, aber auch angesichts der Beziehungsarmut zwischen den Geschlechtern. Als Bühnenstück geht das Werk gänzlich neue, experimentelle Wege, zumal in der dritten Szene, in der Schönberg – anknüpfend an Wassily Kandinskys farbsymbolische Theorie – auch die Farbabfolge der Beleuchtung präzise in der Partitur festhält. Musikalisch verwendet Schönberg dasselbe große Orchester wie in der ›Erwartung‹, doch weniger expressionistisch aufgeladen als farblich höchst differenziert abgestuft, das strukturell ausbalancierte Ineinander verschiedener Farbwelten wird – mit feinsten dynamischen Schattierungen – unmittelbar als dramatisches Mittel eingesetzt. Noch mehr als in der ›Erwartung‹ tritt das vokale Element zurück: der Chor beschränkt sich auf rhythmisch fixierten Sprechgesang (wie später im ›Pierrot lunaire‹), die Frau und der Herr sind stumme Figuren, nur der Mann hat eher rezitativische Gesangslinien und einen großen vokalen Ausbruch. Nicht zu Unrecht hat man Schönbergs Theaterpartitur mit dem expressionistischen Stummfilm derselben Zeit verglichen.

GESCHICHTLICHES: Die Uraufführung der ›Glücklichen Hand‹ fand am 14. Oktober 1924 in Wien unter der Leitung von Fritz Stiedry statt und war ein großer Publikumserfolg. Gleichwohl wurde das Werk nur selten aufgeführt: 1928 in Breslau, 1930 in Berlin und in New York, nach dem Kriege in Hannover. Die hohe Sensibilität und Überzeugungskraft der Musik verdiente eine überlegte Neu-Realisierung des anspruchsvollen Stückes.

W. K.

Von Heute auf Morgen

Oper in einem Akt. Text von Max Blonda.

SOLISTEN: *Der Mann* (Heldenbariton, auch Charakterbariton, gr. P.) – *Die Frau* (Jugendlich-dramatischer Sopran, gr. P.) – *Der Sänger* (Jugendlicher Heldentenor, m. P.) – *Die Freundin* (Lyrischer Sopran, m. P.) – *Das Kind* (Sprechrolle).
CHOR: kein Chor.
SCHAUPLATZ: Ein modernes Wohn-Schlafzimmer.
ZEIT: Gegenwart.
ORCHESTER: 2 Fl. (auch Picc.), 1 Ob., 1 Eh., 3 Kl., Bkl., 1 Altsaxophon (auch Sopransaxophon), 1 Tenorsaxophon (auch Baritonsaxophon), 2 Fag. (II. auch Kfag.) – 2 Hr., 2 Trp., 3 Pos., Tuba – P., Schl., Hrf., Klav., Mandoline, Gitarre oder Banjo – Str.
GLIEDERUNG: Durchkomponierte Großform.
SPIELDAUER: etwa 1 Stunde.
HANDLUNG: Der Mann und die Frau kommen nachts von einem Fest zurück. Während die Frau nach dem Kind sehen will, ist der Mann noch ganz fasziniert von der Freundin seiner Frau, die er am Abend kennengelernt hat. Als ihn die Frau auffordert, zu Bett zu gehen, da er doch am kommenden Morgen früh zur Arbeit müsse, wehrt er ab und besteht darauf, über die Freundin zu sprechen: wie klug sie sei, wie anziehend, wie modern. Innerlich vergleicht er die Nüchternheit der ehelichen Umarmung mit der aufreizenden Trunkenheit, die ihm ein Kuß der Freundin bedeuten würde. Die Frau ist verärgert: sie weist darauf hin, wie leicht es sei, die Männer zu faszinieren, wenn man sich nicht um Kinder, um den Haushalt kümmern müsse. Zudem könne auch sie selbst so ganz passé ja auch nicht sein, habe sich doch den ganzen Abend über die Berühmtheit der Einladung, der angesehene Sänger, zu ihr gesetzt und ihr Komplimente gemacht. Sie wirft ihrem Mann vor, er lasse sich blenden von allem, was ein bißchen modern daher komme. Jede Frau könne beides sein: treusorgende Hausfrau und Mutter und faszinierend-modernes Weib. Der Mann tut dies ab:

ein Vergleich zwischen der Freundin – einer Frau von Welt – und ihr – einer braven Hausfrau – sei nun wirklich nicht möglich. Doch die Frau will es ihm beweisen: sie schminkt sich, zieht ein verführerisches Negligé an und präsentiert sich so ihrem Mann. Und er ist fasziniert, macht ihr den Hof und zeigt sich eifersüchtig auf den Sänger. Sie aber übergeht seine Komplimente: sie will sich jetzt vergnügen, das mondäne Leben genießen, spricht nur noch von ihren zahlreichen Bewunderern und künftigen Liebhabern. Mit ihrer (gespielten) Aufregung weckt sie das schlafende Kind auf, überläßt es aber dem Mann, es wieder zur Ruhe zu bringen. Er muß auch das Frühstück machen und den Gasmann bezahlen. Dann läutet das Telefon: aus einem Nachtklub in der Nähe ruft der Sänger an, wo er sich mit der Freundin amüsiert. Er lädt die Frau ein, noch herüber zu kommen – natürlich mit ihrem Mann, wenn sie wolle. Der Mann platzt fast vor Eifersucht. Außerdem muß er befürchten, er habe mit seiner Schwärmerei für die »moderne Frau« seine eigene Frau verloren. Die Frau geht und verwandelt sich wieder zurück in die »normale«, tüchtige, ruhige Ehefrau. Der Mann ist zugleich verunsichert, aber doch erleichtert, als sie ihm sagte, das Ganze sei ein – allerdings gefährliches – Spiel gewesen. Als das Ehepaar beim Frühstück sitzt, kommen die Freundin und der Sänger vorbei, die im Nachtklub vergeblich gewartet haben, und bewundern etwas spöttisch die »Familienidylle«. Für den Mann steht fest, daß der mondäne Charme und die Geistreicheleien der beiden »modernen Menschen« an Faszination für ihn verloren haben. Sie prallen ab an dem schweigenden Einverständnis der Eheleute. Die Freundin und der Sänger verabschieden sich enttäuscht: auch in dem Ehepaar haben sie keine wirklich »modernen Menschen« gefunden. Als sie gegangen sind, meint der Mann, jetzt kenne er den Unterschied: sie werden von der Mode geleitet, wir aber von der Liebe. Und das Kind fragt neugierig: »Mama, was sind das, moderne Menschen?«

Stilistische Stellung: Schönbergs dritter Beitrag zum Genre des Musiktheaters versucht stilistisch, sich ein ganz neues Genre zu erschließen: das des unterhaltsamen Gesellschafts-Stückes, der leicht kritisch-satirischen Zeitoper. Nicht zufällig steht das Werk in engem zeitlichen Zusammenhang mit Paul Hindemiths ›Neues vom Tage‹, mit Kurt Weills ›Dreigroschenoper‹ und ›Aufstieg und Fall der Stadt Mahagonny‹, mit Ernst Kreneks ›Jonny spielt auf‹. Doch im Gegensatz zu diesen Werken, die sich musikalisch an die verbreitete Unterhaltungsmusik der späten Zwanziger Jahre anpassen, schreibt Schönberg ein weitgehend strenges Zwölftonstück, in dem allerdings – stark parodistisch verfremdete – Karikaturen von gängiger Unterhaltungs- und Tanzmusik sowie – aus dem Munde des Sängers – witzig verformte Wagner-Zitate auflockernd wirken. Den ironisch-liebenswürdigen Text schrieb – unter dem Pseudonym Max Blonda – Schönbergs Frau Gertrud, und auch dieses Werk mag – wie die voraufgegangene ›Glückliche Hand‹ – in Details autobiographische Züge tragen.

GESCHICHTLICHES: Die Oper entstand 1928/29 und wurde am 1. Februar 1930 an der Frankfurter Oper unter der Leitung von Hans-Wilhelm Steinberg und in der Regie von Herbert Graf uraufgeführt, fand aber wenig Beachtung; auch nach dem Krieg gab es (bis 1975) lediglich eine Inszenierung. Gleichwohl dürfte auch hier ein erneuter Versuch lohnen, auch wenn Schönbergs Vermutung, er habe mit diesem Werk ein publikumswirksames Stück geschrieben, wohl nicht zutrifft.

W. K.

Moses und Aron

Oper in drei Akten. Dichtung vom Komponisten.

SOLISTEN: *Moses* (Sprechrolle, gr. P.) – *Aron* (Heldentenor, auch Jugendlicher Heldentenor, gr. P.) – *Ein junges Mädchen* (Lyrischer Sopran, m. P.) – *Eine Kranke* (Alt, kl. P.) – *Ein junger Mann* (Tenor, m. P.) – *Der nackte Jüngling* (Tenor, kl. P.) – *Ein anderer Mann* (Lyrischer Bariton, m. P.) – *Ephraimit* (Charakterbariton, kl. P.) – *Ein Priester* (Seriöser Baß, m. P.) – *Vier nackte Jungfrauen* (1. und 2. Sopran, 3. und 4. Alt, kl. P.) – 6 Solostimmen (im Orchester, Sopran, Mezzosopran, Alt, Tenor, Bariton, Baß, m. P.).

Doppelrolle: Ein junges Mädchen – 1. nackte Jungfrau.

CHOR: Stimme aus dem Dornbusch (Sopran, Knaben, Alt, Tenor, Bariton, Baß, mehrfach besetzt, je 3–6). Bettlerinnen und Bettler (6–8 Alt, 6–8 Bässe). Einige Greise (Tenöre). Die 70 Ältesten (Bässe: ein Drittel Sänger [etwa 25], die übrigen Komparserie). Die 12 Stammesfürsten (1. und 2. Tenor, 1. und 2. Baß). Chor (ausreichend besetzt: Sopran, Mezzosopran, Alt, Tenor, Bariton, Baß; gr. Chp.).

BALLETT: Tänzer, Tänzerinnen.

Statisten aller Art.

ORCHESTER: 3 Fl. (auch Picc.), 3 Ob. (III. auch Eh.), 1 Kl. in Es, 2 Kl., 1 Bkl., 2 Fag., 1 Kfag., 4 Hr., 3 Trp., 3 Pos., 1 Bt., P., Schl., Hrf., Klav., Cel., 2 Mandolinen, Str. – Bühnenmusik: 1 Picc., 1 Fl., 1 Eh., 1 Kl., 1 Hr., 2 Trp., 2 Pos., P., gr. dumpfe Trommeln, Schellen, hohe und tiefe Gongs, Becken, Xylophon, Klav., 2 Mandolinen, 2 Gitarren.

GLIEDERUNG: Musikalische Szenen, die pausenlos ineinandergehen; zwischen dem I. und II. Akt: Zwischenspiel (mit Chor). – I. Akt, 1. Szene: Moses' Berufung – 2. Szene: Moses begegnet Aron in der Wüste – 3. Szene: Moses und Aron verkünden dem Volk die Botschaft Gottes – 4. Szene – Zwischenspiel. – II. Akt, 1. Szene: Aron und die 70 Ältesten vor dem Berg der Offenbarung – 2. Szene – 3. Szene: Das

Goldene Kalb und der Altar – 4. Szene – 5. Szene: Moses und Aron. – III. Akt, 1. Szene (Sprechszene).

SPIELDAUER: etwa 2½ Stunden.

HANDLUNG: Aus dem Dornbusch spricht die Stimme Gottes zu Moses. Er erhält den Auftrag, sein Volk aus der Macht der Blindheit zu befreien, auf daß es nicht mehr dem Vergänglichen diene. Durch Wunder und durch die Kraft seines Stabes werde er seine Sendung glaubhaft legitimieren. Moses wendet ein, er könne denken, aber nicht reden. Die Stimme erwidert, aus Aron werde Moses' Stimme sprechen, wie Gottes Stimme aus Moses' Mund spreche. Aron solle dem Volk verkünden, daß es auserwählt sei, das Volk des einzigen Gottes zu sein. Moses solle sich in die Wüste begeben, wo ihm Aron entgegenkommen werde. – Moses begegnet in der Wüste seinem Bruder Aron, dem er die schwere Bürde auferlegt, die Botschaft Gottes zu verkünden und das Volk, das nur glaubt, was es sieht, von der Existenz des unvorstellbaren und unsichtbaren Gottes zu überzeugen. – Die Kunde von dem neuen Gott löst zunächst geteilte Meinungen aus. Während die einen in ihm einen stärkeren Gott als Pharao erhoffen, der die Kinder Israels vor den falschen Göttern schützen werde, befürchten andere, daß der neue Gott Blutopfer fordern werde; sie zögen es vor, weiterhin den alten Göttern zu dienen und im Frieden ihrer Sklavenarbeit nachzugehen. Aus der Ferne nahen Moses und Aron. Dieser fordert das Volk auf, sich niederzuwerfen und den Einzigen, Ewigen, Allmächtigen, Allgegenwärtigen, Unsichtbaren, Unvorstellbaren anzubeten. Aber das Volk, das in der ägyptischen Gefangenschaft durch die Bilder und Statuen eine Vorstellung von den Gottheiten hat, erwidert höhnisch, wie könne es jemanden anbeten, der unsichtbar und unvorstellbar ist. Aron weiß durch zwei sichtbare Wunder die Existenz des unvorstellbaren Gottes zu beweisen: er wirft Moses' Stab zur Erde, der sich sogleich in eine Schlange verwandelt, und als er sie in Moses' Hand zurückgibt, ist sie wieder zum Stab geworden; sodann führt er die plötzlich vom Aussatz befallene Hand Moses' an dessen Herz, woraufhin sie geheilt ist. In großer Bewegung erhebt sich das Volk. Aron verspricht, es durch die Wüste in ein Land zu führen, wo Milch und Honig fließt. – Aron, der Priester und die siebzig Ältesten liegen nun schon vierzig Tage lang vor dem Berg der Offenbarung und erwarten Moses, dem Gott auf dieser Höhe das Gesetz offenbaren soll. In großer Erregung stürzt das Volk herbei und verlangt die Auslieferung von Moses, der es betrogen und ins Unglück gestürzt habe. Vergeblich sucht Aron, die Menge zu beruhigen, die stürmisch ihre alten Götter wiederverlangt. Da resigniert Aron. Im Hintergrund erscheint das Goldene Kalb mit dem Opferaltar. Von allen Seiten kommen Züge beladener Kamele, Esel und Pferde; Lastträger und Wagen bringen Gold, Getreide, Wein- und Ölschläuche sowie Vieh aller Arten herbei. Eine auf der Bahre herbeigetragene Kranke berührt mit ihrem Finger das Goldene Kalb; sie steht auf und geht geheilt durch die staunende Menge. Bettlerinnen und Bettler legen ihre letzten Habseligkeiten vor dem Kalb nieder, Greise bieten sich als Opfer und nehmen sich das Leben. Im Galopp reiten die Stammesfürsten und der Ephraimit vor das Kalb und fallen vor ihm auf die Knie, um ihre Unterwerfung zu demonstrieren. Ein junger Mann, der die Umstehenden von dem Götzendienst abzuhalten sucht, wird von den Stammesfürsten erschlagen. Es folgen der Reihe nach eine Orgie der Trunkenheit und des Tanzes, eine Orgie der Vernichtung und des Selbstmordes von vier nackten Jungfrauen und schließlich eine erotische Orgie, bei der die Männer sich entkleiden, den Frauen ihre Gewänder abreißen und mit ihnen am Altar vorbei unter Geschrei und Gejohle im Hintergrund verschwinden. Allmählich ist Beruhigung eingetreten. Da erhebt sich ein Mann in der Ferne und ruft: »Moses steigt vom Berg herab!« Die Schlafenden erwachen. Auf einen verächtlichen Wink Moses' verschwindet das Goldene Kalb. Rasch entfernt sich das Volk. – Aron sucht seine Tat vor Moses zu rechtfertigen. Mit zunehmender Überlegenheit erinnert er den Bruder, daß er an seinen Gedanken, seine Mission gebunden sei. Verzweifelt zertrümmert Moses die Gesetzestafeln, die er von Gott empfangen hatte. Im Hintergrund zieht das Volk, geführt von einer Feuersäule, weiter durch die Wüste hin zum Gelobten Land. Aron erklärt, die Feuersäule weise nachts, eine Wolkensäule tags den Weg; es seien keine Götzenbilder, wie Moses meint, sondern sichtbare Zeichen, mit denen Gott nicht sich, sondern den Weg zu sich zeige. Während sich Aron langsam entfernt, sinkt Moses verzweifelt zu Boden. – Aron wird als Gefangener gefesselt vor Moses geführt. Dieser beschuldigt den Bruder, mit seinem Handeln das Volk, das auserwählt ist, dem Gottesgedanken zu dienen, den fremden Göttern, dem Goldenen Kalb, der Feuer- und der Wolkensäule unterworfen zu haben. So sei der Gott, den er zeige, ein Bild der Ohnmacht, der tun müsse, um was er gebeten wird. Der Allmächtige sei jedoch an nichts gebunden. Und immer, wenn die Gaben für den Gottesgedanken zu kämpfen zu nichtigen Zwecken niedriger Freuden mißbraucht würden, folge der Sturz zurück in die Wüste. Aron soll leben, wenn er es vermöge. Die Krieger nehmen ihm die Fesseln ab; er aber fällt tot zu Boden.

Stilistische Stellung: Schönberg hat ›Moses und Aron‹ als Oper bezeichnet. Das Werk, das in weiten Abschnitten eine epische, ja undramatische Anlage zeigt, könnte wohl auch als Oratorium aufgefaßt werden. Noch zwei Jahre vor seinem Tod hat der Komponist erklärt, er habe ›Moses und Aron‹ nicht im Gedanken an Aufführungen geschrieben und halte das Werk zum Teil überhaupt nicht für aufführbar. Anderseits hat er die Partitur, wie zum Beispiel in der Szene vor dem Goldenen Kalb, vielfach mit ausführlichen Regieanweisungen versehen, die unmißverständlich für eine szenische Darstellung gedacht sind. Bei der musikalischen Gestaltung knüpfte Schönberg an den Stil seines unmittelbar vorher entstandenen Einakters ›Von Heute auf Morgen‹ an, bei dem er als erster das Zwölftonprinzip in die Opernkomposition eingeführt hat. Trotz ihrer ins Monumentale gesteigerten Ausdruckswelt basiert die Musik zu ›Moses und Aron‹ auf einer einzigen Zwölftonreihe, aus der in allen möglichen kunstvollen Verarbeitungen der musikalische Bau konstruiert ist. Neuartig ist die Besetzung der Hauptrolle in einer Oper mit einem Sprecher, bei dem allerdings der Vortrag des gesprochenen Wortes durch eine genaue Fixierung von Rhythmus und Tonhöhe festgelegt ist. Auch die Gesangsrollen und insbesondere die gewaltigen Chöre, auf die das Schwergewicht des musikalischen Geschehens gelegt ist, sind mit gesprochenen Partien durchsetzt. In dieser Art ist sogleich die Exposition des Werkes, der Dialog zwischen der Stimme aus dem Dornbusch und Moses, gestaltet. In origineller Weise interpretieren hier sechs Soli und ein Sprechchor die Stimme des Herrn. Derartige differenzierte Mischungen, die aus der Kombination von polyphoner Stimmführung, abwechslungsreicher Instrumentation und abgestufter Dynamik resultieren, ergeben interessante Klangbilder, die bisweilen bereits in die Bezirke elektronischer Wirkungen vorstoßen.

TEXTDICHTUNG: Schönberg, der sich das Textbuch zu seiner Oper ›Moses und Aron‹ selbst geschrieben hat, entnahm den Stoff den Geschichtsbüchern des Alten Testaments: 2. Mose 3, 4, 12, 13, 19, 32; 3. Mose 20. Der Komponist legte dem Geschehen als philosophische Leitidee die Auseinandersetzung zweier gegensätzlicher Auffassungen der Gottes-Erkenntnis zugrunde: Moses, der Denker, fordert Abkehr von dem Irdischen und Unterordnung unter den ewigen, unsichtbaren Geist. Aron, der Erdenverbundene, glaubt, dem in der Materie verwurzelten und der Sinneswahrnehmung unterworfenen Menschen eine entsprechende Anschauung des Göttlichen zugestehen zu müssen. So ist Schönbergs Operndichtung als eine symbolhafte Versinnbildlichung der unüberbrückbaren Kluft zwischen Idealismus und Materialismus, zwischen Gedanken und Wort, zwischen Geist und Ungeist, zwischen Freiheit und Versklavung gedeutet worden. Möglicherweise wollte Schönberg selbst die Frage offenlassen. Denn er zögerte in jahrelanger Überlegung, die nur dichterisch ausgeführte einzige Szene des III. Aktes zu vertonen und damit das Werk zum Abschluß zu bringen.

GESCHICHTLICHES: Der Komponist arbeitete an ›Moses und Aron‹ in den Jahren 1930 bis 1932. Das Werk wurde in Berlin begonnen, die weitere Ausführung erfolgte teils an der Riviera, teils in Bachada de Briz bei Barcelona, wo der II. Akt am 10. März 1932 abgeschlossen wurde. Aus Briefzitaten, welche die Witwe des Komponisten veröffentlicht hat, geht hervor, daß Schönberg in Amerika immer wieder die Absicht geäußert hat, auch noch den III. Akt vertonen zu wollen. Kurz vor seinem Tod (13. Juli 1951) hat er sich einverstanden erklärt, daß der III. Akt gesprochen werde, falls er nicht mehr zur Ausführung der Komposition kommen sollte. Nachdem die große Szene »Tanz um das Goldene Kalb« aus dem II. Akt bereits 1951 von Hermann Scherchen in einem Konzert in Darmstadt aufgeführt worden war, erfolgte die konzertante Uraufführung der ganzen Oper (ohne den III. Akt) durch den Nordwestdeutschen Rundfunk unter der musikalischen Leitung von Hans Rosbaud am 12. März 1954 in Hamburg. Im Rahmen der Juni-Festwochen und des Kongresses der Internationalen Gesellschaft für Neue Musik wurde das Werk, wieder ohne den III. Akt, unter dem gleichen Dirigenten am 6. Juni 1957 am Stadttheater in Zürich szenisch uraufgeführt. Die enormen Schwierigkeiten, die eine Realisierung der gewaltigen Partitur bereitet, stehen freilich einer weiten Verbreitung des Werkes, das bei den bisherigen Aufführungen starken Eindruck hinterlassen hat, hindernd im Weg.

Dmitrij D. Schostakowitsch

* 25. September 1906 in St. Petersburg, † 9. August 1975 in Moskau

Die Nase (1927/28; 1930 Leningrad), T: nach Nikolaj W. Gogol vom Komponisten, V: U. E.

Lady Macbeth von Mzensk (1934 Leningrad), T: nach Nikolaj S. Ljeskow vom Komponisten u. Aleksander G. Preiss, V: U. E., Sikorski

Die Nase

Oper in drei Akten und einem Epilog. Text vom Komponisten nach der Novelle von Nikolaj W. Gogol.

Solisten: *Platon Kusmitsch Kowaljow* (Charakterbariton, auch Lyrischer Bariton, gr. P.) – *Iwan Jakowlewitsch,* Barbier (Baßbariton, auch Charakterbaß, m. P.) – *Ein Wachtmeister der Polizei* (Sehr hoher Tenor, m. P.) – *Iwan,* Diener des Kowaljow (Lyrischer Tenor, auch Spieltenor, m. P.) – *Die Nase in Gestalt eines Staatsrates* (Lyrischer Tenor, auch Charaktertenor, m. P.) – *Aleksandra Grigorjewna Podtotschina* (Mezzosopran, auch Spielalt, m. P.) – *Ihre Tochter* (Lyrischer Sopran, m. P.) – *Eine vornehme Matrone* (Alt, kl. P.) – *Praskowja Ossipowna,* Frau des Iwan Jakowlewitsch (Sopran, kl. P.) – *Brezelverkäuferin* (Sopran, kl. P.) – *Angestellter in der Annoncenredaktion* (Baßbariton, auch Bariton, kl. P.) – *Ein Arzt* (Baßbariton, auch Baß, kl. P.).

Chorsoli und Chor: Kunden und Bekannte des Iwan Jakowlewitsch. Reisende. Beter in der Kathedrale von Kasan. Arme Verwandtschaft.

Spaziergänger und Gaffer. Eunuchen. Polizisten (gemischter Chor, m. Chp.).

ORT: St. Petersburg.

SCHAUPLÄTZE: Wohnung des Iwan Jakowlewitsch – Uferstraße an der Newa – Kowaljows Schlafzimmer – Kathedrale von Kasan – Annoncen-Redaktion – Poststation am Rand von Petersburg – Wohnzimmer Kowaljows und Wohnzimmer der Podtotschina – Ein Teil der Newsker Promenade.

ZEIT: Um 1870.

ORCHESTER: Fl. (auch Picc., auch Altfl.), Ob. (auch Eh.), Kl. (auch Es-Kl., auch Bkl.) – Fag. (auch Kfag.) – Hr., Trp., Pos. – 2 Hrf., Klav., Schl. – Str.

GLIEDERUNG: Ineinander übergehende Nummernfolge.

SPIELDAUER: etwa 1¾ Stunden.

HANDLUNG: Der Barbier Iwan Jakowlewitsch entdeckt zu seinem Entsetzen in seinem Frühstücksbrot eine abgeschnittene Nase. Seine Frau wirft ihm vor, er habe sie wohl aus Versehen einem Kunden abgeschnitten und befiehlt ihm, sie schleunigst aus dem Hause zu schaffen. Auf der Straße wird er sie nicht los, also wirft er sie kurzentschlossen in die Newa. – Der Kollegienassessor Platon Kusmitsch Kowaljow erwacht und muß verzweifelt feststellen, daß seine Nase verschwunden ist. Er macht sich auf die Suche. In der Kathedrale von Kasan begegnet Kowaljow der Nase in der Uniform eines Staatsrates. Kowaljow spricht sie an und bedeutet ihr, sie solle an ihren Platz zurückkehren, doch der Staatsrat versteht nicht. Als Kowaljow einmal kurz abgelenkt wird, verschwindet die Nase im Gewühl. – Da Kowaljow den Polizeimeister nicht antrifft, fährt er zur Zeitungsredaktion, um eine Annonce aufzugeben. Nachdem der Angestellte einen Lakai abgefertigt hat, kann Kowaljow sein Anliegen vorbringen, aber der Angestellte lehnt es ab, das Inserat anzunehmen – da könnte ja jeder kommen; selbst, als er und die Umstehenden sich überzeugen können, daß die Nase fehlt. Kowaljow kommt verzweifelt nach Hause, wo sein Diener sich einen guten Tag gemacht hat, auf dem Sofa liegt und Balalaika spielt. – Auf einer Poststation am Rande von St. Petersburg ist viel Betrieb. Ein Wachtmeister mit zehn Polizisten tritt auf und schärft den Beamten ein, sie sollten sich verstecken, um auf sein Zeichen einen Räuber zu fangen. Verschiedene Reisende treffen ein, die Postkutsche füllt sich. Eine hübsche Brezelverkäuferin verdreht den Polizisten die Köpfe. Als die Postkutsche losfahren will, kommt die Nase gerannt und versucht, die Kutsche aufzuhalten, um noch mitfahren zu können. Es gibt großen Tumult, der Wachtmeister befiehlt, die Nase festzunehmen, doch diese gibt einen Schuß ab; sie kann allerdings nicht entkommen und wird festgenommen. Der Wachtmeister wickelt sie vorsichtig in Papier. Er gibt die Nase bei Kowaljow ab und erhält dafür eine Belohnung. Kowaljow versucht, die Nase wieder im

Gesicht zu befestigen, aber vergeblich; auch ein Arzt kann nicht helfen. Kowaljow vermutet, die Podtotschina habe ihm die Nase aus dem Gesicht gehext, weil er ihre Tochter nicht heiraten wolle, und schreibt deshalb einen geharnischten Brief an sie. Gleichzeitig wird das Wohnzimmer der Podtotschina sichtbar, in der diese mit ihrer Tochter sitzt und aus den Karten die Zukunft liest. Der Diener Iwan bringt den Brief Kowaljows, erhält eine Antwort und kehrt zurück. Der Inhalt des Antwortbriefes überzeugt Kowaljow, daß die Podtotschina nicht Urheberin seines Unglücks sein könne. In der Stadt ist währenddessen große Unruhe. Jeder glaubt die Nase gesehen zu haben, und die Gaffer laufen hinterher: zuerst ins Kaufhaus, dann in den Sommergarten, doch keine Nase ist zu sehen. Polizei und Feuerwehr haben Mühe, im Gedränge Ordnung zu halten. – Eines Morgens wacht Kowaljow auf: die Nase ist wieder am rechten Platz. Aber erst, als er ein Stück spazierengegangen ist und verschiedenen Bekannten begegnet ist, denen allen nichts Außergewöhnliches auffällt, kann er sein Glück genießen.

Stilistische Stellung: Schostakowitschs erste Oper ist in ihrer zeitlichen Erstreckung und der orchestralen Besetzung eine Kammeroper, verlangt aber bis zu 46 verschiedene, durchweg allerdings episodenhafte Solorollen, die vielfach von denselben Darstellern ausgeführt werden können. Ausgehend von dem grotesk-satirischen Text Gogols hat Schostakowitsch ein Werk geschrieben, bei dem sich Verzicht auf herkömmliche Kantabilität und vokale Lyrik mit expressionistischen Elementen und solchen der westlichen neuen Sachlichkeit (Ernst Krenek) verbinden zu einer formal vielfach doppeldeutigen, höchst virtuosen Partitur, in der das groteske Moment auch in der Musik Platz findet.

Textdichtung: Gogols 1836 zuerst erschienene Novelle nahm das Petersburger Hofleben mit seinen festgefügten Hierarchien und bürokratischen Schemata satirisch aufs Korn, erlaubte sich allerdings die damals schon von Realisten bemängelte Freiheit der nicht-logischen Assoziation. Vieles bleibt unerklärt. Auch Schostakowitsch hat sich in seinem Libretto nicht damit befaßt, zu erklären, warum die Nase aus dem Gesicht des Kollegienassessors Kowaljow verschwindet und schließlich wieder auftaucht, sondern nutzt die bizarre Situation und die grotesken Verwicklungen als Anlaß für satirische Szenen.

Geschichtliches: Schostakowitschs erste Oper, an der der Komponist 1927/28 arbeitete, kam – nach einigen Voraufführungen und kritischen Anmerkungen der offiziellen Kulturpolitik – am 18. Januar 1930 in Leningrad heraus. Trotz eines unbestreitbaren Erfolges beim Publikum geriet das Werk ins Kreuzfeuer der Kritik und wurde vom Komponisten zurückgezogen. Die deutsche Erstaufführung des Werkes fand 1963 in Düsseldorf statt, es folgten Aufführungen 1966 in Frankfurt und 1969 an der Deutschen Staatsoper Berlin. 1974 präsentierte die

Moskauer Kammeroper eine erste russische Neuinszenierung, die dann auf vielen Gastspielreisen im westlichen Europa zu sehen war.

W. K.

Lady Macbeth von Mzensk

Oper in vier Akten (neun Bildern). Libretto von Aleksander G. Preiss und vom Komponisten nach Nikolaj S. Ljeskows gleichnamiger Erzählung.

SOLISTEN: *Boris Timofejewitsch Ismailow,* Kaufmann (Heldenbariton, auch Charakterbariton, auch Charakterbaß, gr. P.) – *Sinowij Borissowitsch Ismailow,* sein Sohn, Kaufmann (Charaktertenor, auch Lyrischer Tenor, m. P.) – *Katerina Ismailowa,* dessen Frau (Dramatischer Sopran, auch Jugendlich-dramatischer Sopran, gr. P.) – *Sergej,* Handlungsgehilfe bei Ismailow (Jugendlicher Heldentenor, gr. P.) – *Aksinja,* Köchin (Charaktersopran, auch Dramatischer Mezzosopran, m. P.) – *Der Schäbige,* ein verkommener Arbeiter (Spieltenor, auch Charaktertenor, m. P.) – *Verwalter* (Baß, auch Bariton, kl. P.) – *Hausknecht* (Baß, auch Bariton, kl. P.) – *1. Vorarbeiter* (Tenor, kl. P.) – *2. Vorarbeiter* (Tenor, kl. P.) – *3. Vorarbeiter* (Tenor, auch Bariton, kl. P.) – *Mühlenarbeiter* (Bariton, kl. P.) – *Kutscher* (Tenor, kl. P.) – *Pope* (Baß, m. P.) – *Polizeichef* (Bariton, auch Baßbariton, m. P.) – *Polizist* (Baß, auch Bariton, kl. P.) – *Lehrer* (Tenor, kl. P.) – *Betrunkener Gast* (Tenor, kl. P.) – *Sergeant* (Baß, auch Bariton, kl. P.) – *Wächter* (Baß, auch Bariton, kl. P.) – *Sonjetka,* Zwangsarbeiterin (Alt, auch Mezzosopran, kl. P.) – *Alter Zwangsarbeiter* (Baß, auch Bariton, kl. P.) – *Zwangsarbeiterin* (Sopran, kl. P.) – *Geist des Boris Timofejewitsch* (falls nicht vom Darsteller des Boris Timofejewitsch gesungen: Baß, auch Bariton, kl. P.).
CHOR: Arbeiter. Polizisten. Gäste. Zwangsarbeiter (gemischter Chor, m. Chp.).
ORT: Die Kreisstadt Mzensk.
SCHAUPLÄTZE: Ein Zimmer im Haus des Boris Timofejewitsch Ismailow – Der Hof des Kaufmannshauses – Katerinas Schlafzimmer – Ein Keller im Kaufmannshaus – Die Polizeistation – Ein freies Feld.
ZEIT: 1865, im zaristischen Rußland.
ORCHESTER: 2 Fl., Picc., 2 Ob., Eh., Es-Kl., 2 Kl., Bkl., 2 Fag., Kfag. – 4 Hr., 3 Trp., 3 Pos., Tuba – P., Schl., Glsp., Xyl., 2 Hrf., Cel. – Str. – Bühnenmusik: Banda ad libitum: 5 Kornette, 2 Trp., 2 Altsaxophone, 2 Tenorsaxophone, 2 Baritonsaxophone, 2 Baßsaxophone.
GLIEDERUNG: Szenisch durchkomponiert, gliedernde Zwischenmusiken.
SPIELDAUER: etwa 2¾ Stunden.

HANDLUNG: Die junge, schöne Katerina hat den langweiligen Kaufmann Sinowij Borissowitsch Ismailow geheiratet. Sie leidet unter der Liebesunfähigkeit ihres Gatten und unter der Ereignislosigkeit ihres Daseins und hat es außerdem noch mit dem tyrannischen Boris Timofejewitsch, ihrem Schwiegervater, zu tun, der im Hause zu sagen hat. Sinowij muß für einige Zeit verreisen, da ein Mühlendamm gebrochen ist und der Mühlbach die Speicher überflutet hat; er muß dort die Instandsetzungsarbeiten überwachen. Vor seiner Abreise zwingt der Schwiegervater Katerina, ihrem Gatten ewige Treue zu schwören. Sinowij hat vor seiner Abreise noch einen neuen Handlungsgehilfen eingestellt, Sergej, dem der Ruf eines Schürzenjägers vorausgeht. – Unbeaufsichtigt treiben auf dem Hof des Kaufmannshauses der Verwalter und einige Arbeiter, unter ihnen Sergej, ihr gnadenloses Spiel mit der alten fetten Köchin Aksinja, die sie in ein Faß gesperrt haben, dem der Boden fehlt, und der Sergej sexuell zusetzt. Da kommt Katerina dazu: die Arbeiter lassen von der Köchin ab, und auf die Vorhaltungen von Katerina, sie sollten die Frauen doch nicht immer nur als Spielzeug betrachten, sondern einsehen, daß sie ebenso wie die Männer leistungsfähig seien, reagiert Sergej mit der Aufforderung an die Herrin, sie solle mit ihm ihre Kräfte messen. Katerina, die an dem jungen draufgängerischen Arbeiter längst Gefallen gefunden hat, läßt sich auf den Ringkampf ein, den Boris Timofejewitsch laut schimpfend unterbricht. Er befiehlt Katerina ins Haus. – In ihrem Schlafzimmer findet Katerina keine Ruhe: unerfüllt ist ihr Leben ohne Liebe und ohne Verständnis. Da klopft es an der Tür: unter dem Vorwand, er wolle sich ein Buch leihen, verschafft sich Sergej Einlaß und erreicht es, daß Katerina sich ihm hingibt. – Der alte, schlaflose Boris Timofejewitsch umschleicht aus Angst vor Dieben mißtrauisch Haus und Hof. Als er sieht, daß in Katerinas Zimmer noch Licht ist, verwünscht er seinen kraftlosen Sohn. Er selbst war in seiner Jugend ein ganz anderer Draufgänger, ja, selbst jetzt fühlt er sich noch stark genug, Katerina zu verführen. Gerade, als er diesen Entschluß in die Tat umsetzen will, sieht er, wie sich das Fenster von Katerinas Zimmer öffnet und Sergej hinaussteigt. Boris ergreift ihn, schreit das Haus zusammen und prügelt ihn – unter der hämischen »Anteilnahme« der anderen Arbeiter, die jenem seine Liebschaft mit der Kaufmannsfrau längst neiden, halbtot. Erschöpft läßt er ihn einsperren und befiehlt Katerina, die versucht hat, den Geliebten zu schützen, ihm noch etwas zu essen zu bringen. Katerina rächt sich, indem sie Rattengift in das Pilzgericht mischt. Bald windet sich Boris Timofejewitsch in Todesqualen. Katerina nimmt ihm die Hausschlüssel weg und läßt ihn allein. Am frühen Morgen finden ihn einige Arbeiter, die nur noch den Popen holen können. Boris stirbt, ohne daß er etwas von der Vergiftung erzählen kann, so daß kein Verdacht auf Katerina fällt. – Katerina verbringt nun regelmäßig ihre Nächte mit Sergej im ehelichen Bett. Doch das Gewissen läßt ihr keine Ruhe; immer wieder erscheint ihr der Geist des toten Boris Timofejewitsch. Unerwartet kommt mitten in der Nacht Sinowij von der Reise zurück. Sergej kann sich gerade noch verstekken. Sinowij ist aufgebracht und stellt Katerina zur Rede, weil man sich überall schon Geschichten von ihrer Untreue erzähle. Katerina streitet dies ab, doch da findet Sinowij im Zimmer einen fremden Gürtel, und mit diesem schlägt er auf seine Frau ein. Da kommt Sergej aus seinem Versteck und hält Sinowij fest, Katerina würgt ihn, und Sergej erschlägt ihn mit einem Leuchter. Gemeinsam schaffen sie die Leiche in den Keller, wo sie sie notdürftig vergraben. – Katerina hat ihr Ziel erreicht: sie kann Sergej heiraten. Die Hochzeit wird aufgeboten. Betrunken kommt der Schäbige aus dem Wirtshaus auf den Hof: er hat kein Geld mehr, und er vermutet in dem fest verschlossenen Keller Wodka. Deshalb bricht er das Schloß auf, flieht aber dann zuerst vor dem Gestank und entdeckt schließlich die Leiche. Entsetzt rennt er zur Polizei. – Auf der Polizeistation ist der Polizeichef ungehalten, denn Katerina hat ihn nicht zur Hochzeit eingeladen, wo es viel zu essen und zu trinken gäbe. Leider gibt es auch keinen Anlaß, uneingeladen dorthin zu gehen. Ein Polizist erscheint: er hat einen »gefährlichen Nihilisten« verhaftet, der sich als hilfloser, etwas wirr denkender Lehrer entpuppt, aber dennoch eingesperrt wird. Die Anzeige des Schäbigen, bei Katerina habe er eine Leiche entdeckt, bietet nun den gewünschten Anlaß, an der festlichen Tafel mitzuprassen. – Das Hochzeitsfest ist auf seinem Höhepunkt; die meisten Gäste sind schon betrunken oder liegen schlafend auf den Tischen. Da entdeckt Katerina, daß der Keller aufgebrochen ist. Sie will schnell mit Sergej fliehen, aber es ist zu spät – schon erscheint die Polizei. Obwohl der Polizeichef eher ans gute Essen denkt als an die Untersuchungen der Anzeige, muß er Katerina, die sofort gesteht, ebenso wie Sergej, der noch fliehen will, festnehmen. – Katerina und Sergej sind zu lebenslanger Zwangsarbeit verurteilt worden. Auf dem Wege ins Zwangsarbeiterlager macht der Gefangenentransport für die Nacht Rast. Katerina besticht einen Wächter, um zu Sergej zu gelangen, aber dieser will nichts mehr von ihr wissen; ihm gefällt die junge Verurteilte Sonjetka viel besser. Doch die will erst mit ihm schlafen, wenn er ihr warme Strümpfe verschaffen könne. Sergej nähert sich Katerina und schwatzt ihr mit falschen Versprechungen ihre Strümpfe ab, um sie der Rivalin zu bringen. Als Katerina den Betrug entdeckt, wird sie von Sonjetka und den anderen Gefangenen verspottet. Doch als der Zug weitergeht und über eine Brücke führt, stößt sie Sonjetka in den reißenden Fluß und springt selbst hinterher. Beide kommen um; der Zug aber geht weiter.

Stilistische Stellung: Schostakowitschs zweite Oper ist, ausgehend von dem krassen Realismus des Textes, gekennzeichnet durch ungeheure dramatische Spannung und suggestive Kraft. Gespeist wird diese zum einen – zumal in den Chören – durch Rückgriffe auf russische Volksmusik, zum anderen durch eine der irregulären Rhythmik und den schneidenden Orchesterfarben des jungen Igor Strawinsky nahe krasse Realistik. Lyrisches Pathos wechselt mit groteskem Zwielicht, illustrative Vulgarität mit parodistischer Überspitzung zumal in der Zeichnung der Figuren des alten, herrschsüchtig-lüsternen Boris Timofejewitsch und seines schwächlichen Sohnes, des dummen Popen und der aufgeblasenen Polizisten. Daneben gibt es Stellen voll lyrischer Zartheit und weiter kantabler Spannung und in den Zwischenspielen oft streng gebaute symphonische Formen von raffinierter, oft schlagzeuggrundierter Farbigkeit.

TEXTDICHTUNG: Nikolaj Ljeskows Novelle ›Lady Macbeth des Mzensker Bezirks‹ geht zurück auf ein authentisches Geschehen; doch der Dichter beschreibt dieses Geschehen in dem grauenhaft niederdrükkenden Milieu der russischen Provinz unter dem Aspekt der erbarmungslosen Sozialkritik. Die 1865 veröffentlichte Novelle unter dem ironisch auf Shakespeare anspielenden Titel präsentiert vitale Menschen voller Leidenschaft, von Ljeskow aber quasi objektivierend-distanziert beschrieben. Schostakowitschs und Preiss' Libretto-Einrichtung kürzt den Handlungsverlauf etwas, ohne ihn zu verändern; das Hauptgewicht des Librettos aber liegt in einer von der Hauptfigur ausgehenden Psychologisierung, die die Leidenschaften und Handlungen der Katerina Ismailowa für den Zuhörer als nachvollziehbar, als verstehbar ablaufen läßt.

GESCHICHTLICHES: Schostakowitsch komponierte zwischen Ende 1930 und Dezember 1932 an seiner Oper, deren Uraufführung am 22. Januar 1934 im Kleinen Akademischen Opernhaus in Leningrad stattfand. Zwar gab es kritische Stimmen gegen den krassen Realismus und die bisweilen obszönen Vulgarismen des Textbuches, aber die Oper hatte großen Erfolg. Sie wurde innerhalb von zwei Jahren mehr als 80mal aufgeführt und sogleich nachgespielt. Erst ein in der ›Prawda‹ vom 26. Januar 1936 erschienener, anonymer Artikel, der heftige Angriffe gegen Schostakowitsch richtete und die ›Lady Macbeth‹ als »Negation der Oper« bezeichnete, zwang den Komponisten dazu, das Werk für Rußland zurückzuziehen. Im Ausland fand es ebenso schnell Verbreitung: 1935 wurde es in New York, Philadelphia und Stockholm aufgeführt, 1936 kam es – in deutscher Sprache – in Prag und Zürich heraus sowie in London. Der Stalinismus verhinderte dann weitere Aufführungen. Nach dem Krieg gab es noch zwei Aufführungen: 1950 eine Rundfunkproduktion in München und 1959 eine Inszenierung in Düsseldorf. Anschließend arbeitete der Komponist das Werk um: er änderte Orchesterzwischenspiele, milderte »Vulgarismen« und entschärfte die Partitur. Unter dem neuen Titel ›Katerina Ismailowa‹ kam das Werk am 8. Januar 1963 in Moskau heraus und konnte fortan auch in dieser – nun allein zugänglichen – Neufassung viel gespielt werden. Seit 1979 jedoch kann auch die Originalfassung von 1932, die unzweifelhaft den Vorzug verdient, wieder aufgeführt werden.

W. K.

Franz Schreker

* 23. März 1878 in Monaco, † 21. März 1934 in Berlin
Der ferne Klang (1912 Frankfurt/M.), T: der Komponist, V: U. E.
Das Spielwerk und die Prinzessin (1913 Frankfurt/M. u. Wien), T: der Komponist, V: U. E.; Neufassung als ›Das Spielwerk‹, E. (1920 München)
Die Gezeichneten (1918 Frankfurt/M.), T: der Komponist, V: U. E.
Der Schatzgräber (1920 Frankfurt/M.), T: der Komponist, V: U. E.
Irrelohe (1924 Köln), T: der Komponist, V: U. E.
Christophorus, Vision einer Oper (1927; 1978 Freiburg im Breisgau), T: der Komponist, V: Heinrichshofen
Der singende Teufel (1928 Berlin), T: der Komponist, V: U. E.
Der Schmied von Gent (1932 Berlin), T: der Komponist, V: U. E.

Der ferne Klang

Oper in drei Aufzügen. Dichtung vom Komponisten.

Solisten: *Der alte Graumann,* pensionierter kleiner Beamter (Baß, kl. P.) – *Seine Frau* (Mezzosopran, auch Alt, kl. P.) – *Grete,* beider Tochter (Jugendlich-dramatischer Sopran, gr. P.) – *Fritz,* ein junger Künstler (Jugendlicher Heldentenor, gr. P.) – *Der Wirt des Gasthauses zum »Schwan«* (Charakterbaß, m. P.) – *Ein Schmierenschauspieler* (Charakterbariton, auch Lyrischer Bariton, m. P.) – *Dr. Vigelius,* ein Winkeladvokat (Charakterbariton, auch Heldenbariton, auch Charakterbaß, m. P.) – *Ein altes Weib* (Dramatischer Mezzosopran, auch Alt, m. P.) – *Mizzi,* Tänzerin (Lyrischer Sopran, kl. P.) – *Milli,* Tänzerin (Mezzosopran, auch Sopran, kl. P.) – *Mary,* Tänzerin (Sopran, auch Soubrette, kl. P.) – *Eine Spanierin* (Mezzosopran, auch Alt, kl. P.) – *Der Graf* (Kavalierbariton, auch Lyrischer Bariton, m. P.) – *Der Baron* (Baßbariton, auch Charakterbaß, m. P.) – *Der Chevalier* (Lyrischer Tenor, auch Charaktertenor, m. P.) – *Rudolf,* Fritzens Freund und Arzt (Seriöser Baß, auch Charakterbariton, kl. P.) – *1. Chorist* (Tenor, kl. P.) – *2. Chorist* (Baß, kl. P.) – *Kellnerin* (Mezzosopran, auch Alt, kl. P.) – *Ein zweifelhaftes Individuum* (Charaktertenor, auch Spieltenor, kl. P.) – *Ein Polizist* (Baß, auch Bariton, kl. P.) – *Ein Mädchen* (Sopran, auch Mezzosopran, kl. P.) – *Ein Diener* (Sprechrolle).

CHOR: Gäste. Kellner und Kellnerinnen des Gasthauses zum »Schwan«. Mädchen. Tänzerinnen. Männer und Frauen. Theaterpersonal. Theaterbesucher. Kellnerinnen. Wagenausrufer (gemischter Chor, gr. Chp.).
BALLETT: Im II. Akt ad libitum.
ORT: Europa.
SCHAUPLÄTZE: Das Haus des alten Graumann in einer Kleinstadt, gegenüber das Gasthaus zum »Schwan« – Ein Wald in der Nähe eines Sees – »La casa di maschere«, ein etwas zweifelhaftes Tanzetablissement bei Venedig – Vorgarten eines Theaterbeisels, in der Nähe des Hoftheaters – Das Arbeitszimmer von Fritz.
ZEIT: Jahrhundertwende.
ORCHESTER: 3 Fl. (III. auch Picc.), 3 Ob. (III. auch Eh.), 2 Kl., Bkl., 2 Fag., Kfag. – 4 Hr., 3 Trp., 3 Pos., Tuba – P., Schl., 2 Hrf., Cel. – Str. – Bühnenmusik: Fl., Kl., 2 Hr., P., Schl., 3 Mandolinen, 2 Gitarren, Zymbal, Hrf. – Str. (mindestens: 2.2.1.1.1).
GLIEDERUNG: Durchkomponierte Großform mit umfangreichen instrumentalen Zwischenspielen.
SPIELDAUER: etwa 2¾ Stunden.
HANDLUNG: Der junge Künstler Fritz nimmt Abschied von seiner Geliebten Grete, der Tochter des pensionierten Beamten Graumann. Er jagt einem fremden »fernen Klang« nach, Symbol für künstlerischen Erfolg. Erst wenn er diesen Klang gefunden hat, wenn er anerkannt, berühmt, reich ist, will er zurückkehren und Grete zur Frau nehmen. Vergebens bittet sie ihn, sie mitzunehmen, sie aus ihrer grauen Umwelt herauszunehmen, oder bei ihr zu bleiben. Nach einem letzten Kuß verläßt er sie. Eine alte Frau hat diese Szene beobachtet; sie drängt sich zu Grete und spricht aus, was diese fühlt: sie möchte frei sein, selbständig, möchte arbeiten, doch die Mutter verbietet dies, obwohl der Vater sein Geld vertrinkt und die Familie Schulden hat. Der Vater ist wieder im Gasthaus beim Kegelschieben; man hört das Gejohle der Zechkumpanen. Plötzlich kommen sie – neben dem Vater der Wirt des Gasthauses, ein Winkeladvokat und ein Schmierenschauspieler – ins Haus, und Schauspieler und Advokat berichten, daß der alte Graumann beim Kegelspiel gegen den Wirt seine Tochter als Preis eingesetzt und verloren hat. Grete ist entsetzt und bekennt, sie sei schon verlobt. Darauf beginnt der Vater zu toben und kann von den Saufkumpanen nur mit Mühe von Tätlichkeiten zurückgehalten werden. Der Wirt macht Grete noch einmal einen förmlichen Antrag, und da er zwar nicht mehr jung, aber reich und somit »eine gute Partie« ist, hat auch die Mutter nichts gegen die Verbindung. Grete stimmt zum Schein zu, doch nur, um in Ruhe gelassen zu werden. In einem unbeobachteten Moment flieht sie aus dem Elternhaus, Fritz nach. – Am Ufer eines Waldsees verlassen sie die Kräfte. Fritz ist längst weit weg, und so einsam und verzweifelt will sie nur noch sterben. Doch da geht

der Mond auf und taucht die Gegend in wundersames Licht; hingerissen von der Schönheit des Anblicks entdeckt das Mädchen seinen Lebenswillen, seine Lebenslust, seine Sinnlichkeit. Sie will nicht sterben, sie will das Leben genießen. Die alte Frau taucht wieder auf und verheißt ihr eine verführerische Zukunft. Grete, die nur nicht nach Hause zurück will, geht willenlos mit ihr. – Der II. Akt spielt etwa zehn Jahre später. Grete ist von der alten Kupplerin in ein Halbwelt-Etablissement auf einer Insel im Golf von Venedig gebracht worden, wo sie als »die schöne Greta« und als Königin der »Casa di maschere« gefeiert wird. Für alle Männer ist sie zu haben, nur nicht für einen jungen Grafen, der sie glühend begehrt, den sie aber bis heute zurückgewiesen hat, weil er sie flüchtig an Fritz und damit an ein vergangenes Glück erinnert. Auch heute sind der Graf und eine Reihe anderer Lebemänner auf der Insel, und wie immer steht Greta im Mittelpunkt. Um sich von ihren düsteren Gedanken zu befreien, schlägt sie einen poetischen Wettkampf vor: wer sie und die anderen Mädchen durch eine Erzählung am meisten rühren könne, dem wolle sie für eine Liebesnacht angehören. Zuerst trägt der Graf die eher düster-traurige »Ballade von der glühenden Krone« vor, doch er wird übertrumpft von dem Chevalier, der ein zweideutiges Lied von den Blumenmädchen aus Sorrent singt. Da nähert sich ein Schiff der Insel; ihm entsteigt Fritz, ein gereifter, vom Leben enttäuschter Mann. Er berichtet der Jugendliebe, daß er das Phantom, den fernen Klang, dem er nachgejagt sei, nicht gefunden habe. Grete wirft sich voll Freude an seine Brust; er hat den Preis gewonnen. Doch als Fritz merkt, was aus Grete geworden ist, stößt er sie von sich und geht. Verzweifelt über den Verlust der letzten Hoffnung gibt Greta nun dem Werben des Grafen nach und verläßt mit seiner Gondel die Insel. – Der III. Akt spielt erneut fünf Jahre später. Der Graf hat Greta nach einiger Zeit verlassen; sie ist zur Großstadtdirne herabgesunken. Im Hoftheater wird an diesem Abend das Stück ›Die Harfe‹ von Fritz uraufgeführt. In der Theaterkneipe nebenan sitzen der Schmierenschauspieler und der Winkeladvokat und kommentieren das neue Stück. Ein Chorist kommt und prophezeit einen großen Erfolg; ein Polizist führt Grete herein, die im Theater war, aber vor lauter Erregung einen Ohnmachtsanfall hatte und sich hier erholen will. Der Advokat glaubt Grete wiederzuerkennen, ihn reut längst das frivole Spiel, das er vor Jahren mit angeführt hat. Als sich ein zweifelhaftes Individuum Grete nähert und in ihr die Dirne Tini zu erkennen glaubt, nimmt er sie vor ihm in Schutz. Das Theater ist zu Ende; das Stück, das so erfolgreich zu sein schien, ist aufgrund des schwachen dritten Aktes durchgefallen. – Fritz sitzt verzweifelt in seinem Arbeitszimmer. Er hat längst erkannt, daß er damals auf der Insel falsch gehandelt hat, noch immer sehnt er sich nach Grete. Und nun, da sein Stück, auf das er alle Hoffnungen gesetzt hat, durchgefallen ist, schwindet ihm der Lebensmut. Sein Freund Rudolf will ihn trösten und rät ihm, den dritten Akt umzuarbeiten, doch Fritz fühlt sich dazu nicht in der Lage. Das Elend habe er schildern können, aber die Liebe zu beschreiben, sei ihm versagt. Rudolf macht sich auf seine Bitten hin auf den Weg, um Grete zu suchen. Da läßt sich der Advokat Dr. Vigelius melden: Fritz kennt ihn nicht und beachtet auch zuerst seine Rede nicht, doch dann wird er aufmerksam. Da führt Vigelius Grete herein. Glücklich umarmen die Liebenden einander; Fritz schöpft neuen Mut und will das Stück umschreiben; jetzt wisse er, wie die Liebe sei. Doch die Aufregungen waren zuviel für sein krankes, müdes Herz. Er stirbt in den Armen der verzweifelten Grete.

STILISTISCHE STELLUNG: Franz Schrekers erste Oper brachte einen neuen Ton in die nachromantische Opernliteratur vor dem Ersten Weltkrieg. Seine Tonsprache, aufbauend auf einem riesigen, differenziert und farbenreich behandelten Orchester, knüpft an den Richard Strauss der ›Salome‹ und der ›Elektra‹ an, geht aber in der frei schweifenden, hyperchromatischen Harmonik darüber hinaus und weiß zudem mit fast puccinihafter Kantabilität für Singstimmen zu schreiben. Neben Strauss werden auch Einflüsse des französischen Impressionismus, etwa von Claude Debussy, Gabriel Fauré und Paul Dukas, spürbar. Auch inhaltlich knüpft Schreker, der in der Regel sein eigener Textdichter war, an den damals aktuellen Symbolismus eines Maurice Maeterlinck, Hugo von Hofmannsthal oder Hermann Bahr an; die enge Verbindung von Text und Musik und ein psychologisierendes Feingefühl, das von der damals entstehenden Psychoanalyse Sigmund Freuds geprägt war, machten sicherlich einen Großteil der unmittelbaren Wirkung aus.

TEXTDICHTUNG: Schreker, der bei seinem Text von dem Dichter Ferdinand von Saar beraten wurde, vereinte in dem wirkungsvollen Libretto Elemente der Künstlerproblematik mit einer feinfühligen Beschreibung der aktuellen Aufbruchsstimmung – heraus aus bürgerlicher Enge – und den ästhetisierenden Fluchtbewegungen in künstliche Paradiese zu einer reale, irreale und symbolische Figuren und Konstellationen virtuos mischenden Handlung.

GESCHICHTLICHES: Schreker arbeitete – nach den Forschungen Gösta Neuwirths – zwischen 1901 und 1909 am ›Fernen Klang‹; die Arbeit wurde immer wieder unterbrochen durch Selbstzweifel und Kritik seines klassizistisch ausgerichteten Wiener Kompositionslehrers Robert Fuchs, aber auch durch die Notwendigkeit, sich durch Stundengeben wirtschaftlich über Wasser zu halten. Die Uraufführung am 18. August 1912 in Frankfurt am Main (die musikalische Leitung hatte Ludwig Rottenberg) war ein geradezu sensationeller Erfolg: alsbald folgten Aufführungen in Prag, Graz, Leningrad, Berlin und Stockholm. Nach der Machtübernahme der Nationalsozialisten und Schrekers frühem Tod geriet sein Werk in Vergessenheit – erst seit gut zwanzig Jahren haben eine Funkproduktion der Oper in Wien und

Aufführungen in Kassel den ›Fernen Klang‹ wieder mehr ins Bewußtsein zurückgeholt. Als reizvoll-wirkungssichere Alternative zu manchen Werken Richard Strauss' dürften Schrekers Werke auch heute das Repertoire sinnvoll bereichern.

W. K.

Die Gezeichneten

Oper in drei Akten. Dichtung vom Komponisten.

SOLISTEN: *Herzog Antoniotto Adorno* (Heldenbariton, auch Charakterbariton, gr. P.) – *Graf Andrea Vitelozzo Tamare* (Kavalierbariton, gr. P.) – *Lodovico Nardi,* Podestà der Stadt Genua (Seriöser Baß, auch Charakterbaß, gr. P.) – *Carlotta Nardi,* seine Tochter (Jugendlich-dramatischer Sopran, auch Dramatischer Mezzosopran, gr. P.) – *Alviano Salvago,* ein genuesischer Edelmann (Jugendlicher Heldentenor, auch Charaktertenor, gr. P.) – *Guidobaldo Usodimare,* Edler (Lyrischer Tenor, auch Spieltenor, m. P.) – *Menaldo Negroni,* Edler (Lyrischer Tenor, m. P.) – *Michelotto Cibo* (Lyrischer Bariton, auch Charakterbariton, m. P.) – *Gonsalvo Fieschi,* Edler (Lyrischer Bariton, auch Charakterbariton, m. P.) – *Julian Pinelli,* Edler (Baßbariton, auch Baß, m. P.) – *Paolo Calvi,* Edler (Baß, m. P.) – *Der Capitano di giustizia* (kann von dem Darsteller des Herzogs Adorno gegeben werden; Charakterbariton, auch Charakterbaß, m. P.) – *Ginevra Scotti* (Lyrischer Sopran, auch Lyrischer Mezzosopran, kl. P.) – *Martuccia,* Haushälterin bei Salvago (Alt, m. P.) – *Pietro,* ein Bravo (Tenor, m. P.) – *Ein Jüngling* (Lyrischer Tenor, kl. P.) – *Dessen Freund* (Baß, auch Bariton, kl. P.) – *Ein Mädchen* (Sopran, kl. P.) – *1. Senator* (Tenor, kl. P.) – *2. Senator* (Bariton, kl. P.) – *3. Senator* (Baß, auch Bariton, kl. P.) – *Diener* (Baß, auch Bariton, kl. P.) – *1. Bürger* (Tenor, kl. P.) – *2. Bürger* (Bariton, kl. P.) – *3. Bürger* (Baß, auch Bariton, kl. P.) – *Vater* (Baß, auch Bariton, kl. P.) – *Mutter* (Sopran, auch Mezzosopran, kl. P.) – *Kind* (Kinderstimme, kl. P.) – *Drei junge Leute* (Baß, Bariton, Tenor, kl. P.) – *Ein riesiger Bürger* (Baß, auch Bariton, kl. P.) – *Die Frau des Podestà* (Stumme Rolle).
CHOR: Acht Vermummte. Volk. Edle. Bürger. Soldaten. Dienerinnen. Frauen. Mädchen. Kinder (gemischter Chor, m. Chp.).
BALLETT: Faune, Najaden, Bacchanten und Bacchantinnen (im III. Akt).
ORT: Genua.
SCHAUPLÄTZE: Eine Halle im Palaste Alviano Salvagos – Eine Halle im Palast des Herzogs Adorno – Carlottas Atelier – Das Eiland Elysium – Eine unterirdische Grotte.

Zeit: 16. Jahrhundert.
Orchester: 3 Fl., Picc., 3 Ob., Eh., 3 Kl., Bh., Bkl., 2 Fag., Kfag. – 6 Hr., 4 Trp., 3 Pos., Tuba – P., Schl., Glsp., Xyl., Gl., Cel., Klav., 2 Hrf. – Str. (16.14.12.10.8). – Bühnenmusik: Aus dem Orchester zu besetzen.
Gliederung: Durchkomponierte Großform.
Spieldauer: etwa 2¾ Stunden.
Handlung: Der reiche, aber häßliche und verkrüppelte genuesische Edelmann Alviano Salvago hat sein halbes Vermögen und seine ganze liebesbedürftige Phantasie in die Ausgestaltung eines Eilandes vor der Stadt gesteckt, das er Elysium nennt. Mit seinem Wissen haben dort die genuesischen Edlen in einer unterirdischen Grotte ein Liebesnest eingerichtet, wohin sie die schönen Bürgertöchter Genuas verschleppen, um sie dort zu verführen und mit ihnen Orgien zu feiern. Salvago selbst hat seitdem die Insel nicht mehr betreten, und ihn plagen Gewissensbisse. So hat er sich entschlossen, die Insel den Bürgern Genuas zu schenken. Die jungen Adligen, die er von seinem Plan unterrichtet hat, versuchen, etwas dagegen zu unternehmen, müssen sie doch fürchten, daß ihr Liebesnest verlorengeht, ja, daß ihr Treiben aufgedeckt wird. Sie dringen in ihren Anführer, den Grafen Vitelozzo Tamare, bei seinem Freund, dem Herzog Adorno, vorstellig zu werden und ihn zu bitten, seine Erlaubnis zu verweigern. Tamare aber hat anderes im Sinn: er hat eben eine wunderschöne junge Frau gesehen und sich in sie verliebt, weiß aber nicht, wer sie ist. Da betritt der Podestà der Stadt Genua zusammen mit seiner Tochter Carlotta sowie mit einigen Senatoren den Palast Salvagos: sie sind gekommen, um sich für die Schenkung zu bedanken. Tamare erkennt in Carlotta seine unbekannte Schöne wieder und macht ihr den Hof, aber sie behandelt ihn kühl und spöttisch. Die Gesandtschaft verhandelt mit Salvago die Einzelheiten der Schenkung und einigt sich mit ihm, noch die Zustimmung des Herzogs Adorno einzuholen. Dann lädt Salvago alle zu einem festlichen Gastmahl. Die Haushälterin Salvagos, Martuccia, erhält Besuch von ihrem Geliebten, dem Bravo Pietro, der im Auftrag der jungen genuesischen Edelleute die schönen Töchter der Stadt entführt, um sie auf die Liebesinsel zu bringen. Er ist in Bedrängnis, denn man ist ihm auf der Spur, und er hat die junge Ginevra Scotti bei sich. So bittet er Martuccia, die Schöne für einige Zeit im Hause zu verbergen. Carlotta hat Alviano aus dem Saal gebeten; allein mit ihm gesteht sie ihm, daß sie eine Malerin sei und sich bemühe, Seelen zu malen. Sie bittet ihn, ihr Modell zu sitzen. Alviano fühlt sich zuerst verspottet, stimmt aber dann zu, als er merkt, daß sie ihn schätzt und ernst nimmt. – Der Podestà und die Senatoren sind bei Herzog Adorno vorstellig geworden, um ihn um Zustimmung für die Schenkung zu bitten, aber er hat – das Interesse der Edelleute im Sinne – Ausflüchte gemacht und um Bedenkzeit gebeten. Nachdem ihn die Vertreter der Stadt verärgert

verlassen haben, spricht Tamare bei ihm vor und gesteht ihm seine Liebe zu der schönen Carlotta, die ihn aber abgewiesen habe. Außerdem berichtet er – als Sprecher der jungen Edelleute – über das Treiben auf Salvagos Eiland und bringt deren Forderung vor, der Herzog solle die Schenkung verhindern. Adorno ist entsetzt über das Treiben dort und will Salvago zur Verantwortung ziehen, Tamare warnt er, die Insel weiter zu besuchen, will aber für ihn bei Carlotta den Fürsprecher machen. – Carlotta hat Alviano in ihrem Atelier empfangen. Während sie ihn malt, erzählt sie ihm von einer Malerin, die mit ihr in Antwerpen gelernt habe und nur Hände gemalt hätte – zuletzt eine kalte Totenhand, die sich um ein Herz krampfe. Schließlich gesteht sie ihm ihre Liebe, und Alviano kann, nachdem er seine Angst vor Zurückweisung, vor Spott überwunden hat, diese Liebe erwidern. Als das Bild fertiggestellt ist, sinkt Carlotta erschöpft zu Boden; Alviano bemüht sich um sie und enthüllt dabei ein Bild, daß eine Totenhand zeigt, die sich um ein Herz krampft – er versteht nun und ist Carlotta noch mehr zugetan. In zarter Liebe umfangen die Beiden einander. Alviano ist unendlich glücklich. – Der Herzog hat schließlich die Schenkung genehmigt. Alviano gibt ein großes Fest, und zum ersten Mal dürfen die Bürger Genuas die Insel betreten und stehen staunend, ängstlich und verwundert vor den Herrlichkeiten, aber auch vor den ihnen heidnisch vorkommenden Darstellungen der Liebe. Der Podestà läßt sich von Alviano die Insel zeigen. Alviano ist glücklich über die Liebe Carlottas, aber er vermißt seine Braut und geht sie suchen. Herzog Adorno kommt mit Carlotta, die plötzlich vor dem Anblick Alvianos zurückschreckt. Sie hat zwar den Antrag Tamares erneut zurückgewiesen, aber fühlt sich in ihrer Liebe zu Alviano auch nicht mehr sicher, ja, sie glaubt, daß diese ein Irrtum sei. Da erscheint der maskierte Tamare, und es gelingt ihm, Carlotta, die fasziniert ist von der sinnlichen Atmosphäre der Insel, in die unterirdische Grotte zu ziehen. Alviano sucht nach Carlotta, da huldigt ihm das dankbare Volk für seine Großherzigkeit. Plötzlich erscheint der Polizeichef und beschuldigt ihn; er sei es gewesen, der die schönen Bürgertöchter geraubt und zu den Orgien auf der Insel gebracht habe. Das Volk stellt sich vor ihn und verlangt Beweise. Da tritt die schöne Ginevra Scotti auf, die Martuccia hatte entfliehen lassen, und bezeugt, daß sie im Hause Salvagos festgehalten worden sei. Alviano aber ist nur in Sorge und Sehnsucht nach Carlotta, und als man ihm meldet, sie sei mit einem Maskierten verschwunden, begreift er die Zusammenhänge. Er ruft dem Volke zu, er wolle ihm die geraubten und geschändeten Töchter zeigen, und führt alle in die Grotte. Nach kurzem Kampf werden die Edlen dort überwältigt, unter ihnen Tamare. Alviano beschuldigt ihn, Carlotta entführt und vergewaltigt zu haben, aber Tamare besteht darauf, sie habe sich ihm freiwillig und mit höchster Lust hingegeben. In rasender Eifersucht ersticht Alviano den Nebenbuhler. Da kommt die zuvor ohnmächtig niedergesunkene Carlotta zu sich, verlangt nach Tamare und stößt den Krüppel Alviano voller Abscheu von sich. Dann sinkt sie sterbend zusammen. Alviano taumelt, von Wahnsinn geschlagen, davon.

STILISTISCHE STELLUNG: Schrekers dritte Oper setzt die schon in seinem ›Fernen Klang‹ angelegten Grundelemente seines Schaffens fort: differenzierteste Orchesterbehandlung, ausgehend von einem riesigen Orchesterapparat, der selten zu voller Tuttiwirkung, aber in höchst raffinierten Klangmischungen und Farbvaleurs eingesetzt wird. Noch mehr als im ›Fernen Klang‹ bietet der Text in seiner Mischung aus psychologischen Details in der Deutung der Psyche des verkrüppelt häßlichen Alviano, aus Mystik und Erotik ein reiches Feld für schwebend-einfühlsame, dabei oft höchst anspruchsvolle Gesangsmelodik und eine Fülle instrumentaler Klangvarianten.

TEXTDICHTUNG: Schreker schrieb das Textbuch zu den ›Gezeichneten‹ ursprünglich für Alexander Zemlinsky, der ihn um einen Stoff über die »Tragödie des häßlichen Mannes« gebeten hatte, entschloß sich dann aber selbst, den Text zu vertonen. (Zemlinsky vertonte schließlich Oscar Wildes ›Der Geburtstag der Infantin‹, dessen Problematik ähnlich ist.) Die Ansiedlung der Handlung in der italienischen Renaissance sowie erneut das Bild eines »künstlichen Paradieses« und die in Carlotta und in Alviano enthaltene Darstellung der Künstlerproblematik bilden so etwas wie Leitmotive in der Dramaturgie Schrekers.

GESCHICHTLICHES: Auch die Uraufführung der ›Gezeichneten‹ fand in Frankfurt statt, am 25. April 1918. Der Erfolg des Werkes führte alsbald zu Aufführungen in München, Wien und Berlin sowie in zahlreichen anderen deutschen Städten. Seit 1933 war das Werk dann vergessen und kam erst 1979 in einer vielbeachteten, allerdings auch umstrittenen szenischen Realisierung von Hans Neuenfels und unter der musikalischen Leitung von Michael Gielen in Frankfurt neu heraus. Das Werk verdient eine Neudeutung, die sich mehr auf den Text Schrekers einläßt.

W. K.

BEDŘICH SMETANA

* 2. März 1824 in Litomyšl (Leitomischl), † 12. Mai 1884 in Prag

Braniboři v Čechách (Die Brandenburger in Böhmen; 1866 Prag), T: Karel Sabina, V: Urbánek, Prag

Prodaná nevěsta (Die verkaufte Braut; 1866 Prag), T: K. Sabina, V: Sikorski; neue deutsche Textfassung v. Walter Felsenstein, V: B&H; v. Kurt Honolka, V: AP (AE); v. Pavel Ludikar, V: Peters

Dalibor (1868 Prag), T: Josef Wenzig, deutsche Umarbeitung v. Julius Kapp (1940); Neufassung v. K. Honolka, V: AP (AE)

Libuše (Libussa; 1872; 1881 Prag), T: J. Wenzig, V: Urbánek, Prag
Dvě vdovy (Zwei Witwen; 1874 Prag), T: nach Jean Pierre Felicien Malefille v. Emanuel Züngel, kO.; Neufassung v. K. Honolka, V: AP (AE)
Hubička (Der Kuß; 1876 Prag), T: Eliška Krásnohorská, V: Urbánek, Prag; Neufassung v. K. Honolka (1953 Karlsruhe), V: Weinberger, London; Bars, Hamburg
Tajemství (Das Geheimnis; 1878 Prag), T: E. Krásnohorská, kO., V: Urbánek, Prag
Čertova stěna (Die Teufelswand; 1882 Prag), T: E. Krásnohorská, V: Urbánek, Prag

Die verkaufte Braut

Komische Oper in drei Akten. Dichtung von Karel Sabina.

SOLISTEN: *Kruschina,* ein Bauer (Bariton, m. P.) – *Kathinka,* seine Frau (Sopran, auch Mezzosopran, m. P.) – *Marie,* beider Tochter (Lyrischer Sopran, auch Jugendlich-dramatischer Sopran, gr. P.) – *Micha,* Grundbesitzer (Seriöser Baß, auch Charakterbaß, m. P.) – *Agnes,* seine Frau (Spielalt, m. P.) – *Wenzel,* beider Sohn (Spieltenor, auch Charaktertenor, m. P.) – *Hans,* Michas Sohn aus erster Ehe (Jugendlicher Heldentenor, gr. P.) – *Kezal,* Heiratsvermittler (Schwerer Spielbaß, gr. P.) – *Springer,* Direktor einer wandernden Künstlertruppe (Tenor, auch Bariton, kl. P.) – *Esmeralda,* Tänzerin (Soubrette, kl. P.) – *Muff,* ein als Indianer verkleideter Komödiant (Baß, kl. P.) – *1. Knabe* (Sprechrolle, kl. P.) – *2. Knabe* (Sprechrolle, kl. P.).
CHOR: Dorfbewohner beiderlei Geschlechts. Artisten (m. Chp.).
BALLETT: Finale I. Akt: Polka; II. Akt: Furiant; III. Akt: Komödiantenszene.
ORT: Ein großes Dorf in Böhmen.
SCHAUPLÄTZE: Der Hauptplatz des Dorfes mit Wirtshaus – Wirtsstube – 3. Bild wie 1.
ZEIT: Mitte des 19. Jahrhunderts.
ORCHESTER: 2 Fl., 1 Picc., 2 Ob., 2 Kl., 2 Fag., 4 Hr., 2 Trp., 3 Pos., P., Schl., Str. – Bühnenmusik: 1 Picc., 1 Trp., kl. und gr. Tr., Becken.
GLIEDERUNG: Ouvertüre und 23 Musiknummern, die durch orchesterbegleitete Rezitative miteinander verbunden sind.
SPIELDAUER: etwa 2¾ Stunden.
HANDLUNG: Marie, die bildhübsche Tochter des Bauernehepaares Kruschina und Kathinka, liebt den aus der Fremde zugewanderten Knecht Hans, dessen Herkunft niemand im Dorf kennt. Selbst Marie konnte von ihm nicht mehr erfahren, als daß er, Sohn eines reichen Bauern, durch eine böse Stiefmutter aus dem elterlichen Haus verdrängt wor-

den sei. Am heutigen Kirchweihfest soll sich nun aber das Mädchen auf Wunsch der Eltern mit dem Sohn des auswärtigen Grundbesitzers Micha verloben, den es gar nicht kennt und den es auch niemals heiraten will. Marie und Hans versprechen daher einander, einander treu zu bleiben, komme, was da kommen möge. Der geschwätzige Heiratsvermittler Kezal erscheint mit Kruschina und Kathinka. Er preist mit emsiger Geschäftigkeit die Vorzüge des von ihm vermittelten Freiers Wenzel an, und er erinnert auch Kruschina an sein dem alten Micha gegebenes Versprechen, Marie dessen Sohn zur Frau geben zu wollen. Auf Kathinkas Frage, welcher von den beiden Söhnen Michas sich um ihre Tochter bewerbe, erwidert Kezal, daß nur einer, der Wenzel, in Frage käme, da der andere von zu Hause weg und wahrscheinlich verstorben sei. Die Eltern erklären sich mit dem begüterten Schwiegersohn einverstanden. Da kommt Marie; sie versichert, ihrem Hans treu zu bleiben, und erklärt das Schriftstück, in dem die beiden Väter die Ehe ihrer Kinder vereinbart hatten, ohne ihre Unterschrift für ungültig. – Als sie im Wirtshaus mit Michas blödem und stotterndem Sohn Wenzel zusammentrifft, gibt sie sich nicht zu erkennen. Mit koketter Verstellung weiß sie den schüchternen Tölpel zu dem Schwur zu bewegen, um ihretwillen auf Marie, die sie als falsch und ungetreu schildert, zu verzichten. Kezal wendet sich nun an Hans. Er ist überzeugt, den armen Schlucker mit einer ansehnlichen Abstandssumme bewegen zu können, auf Marie zu verzichten. Hans geht auch auf den Vorschlag ein, allerdings unter der Bedingung, daß Marie nur den Sohn Michas und keinen anderen heiraten dürfe und daß der alte Micha den vereinbarten Kaufpreis von dreihundert Gulden nach der Trauung nicht wieder von Mariens Vater zurückverlangen könne. Der Vertrag wird sogleich von Kezal aufgesetzt und von Hans sowie von den als Zeugen herbeigerufenen Mädchen und Burschen unterzeichnet, die empört den Verkauf der eigenen Braut als Schande bezeichnen. – Auf dem Hauptplatz gibt eine wandernde Komödiantengruppe, die anläßlich des Kirchweihfestes abends eine Vorstellung veranstalten wird, vor den neugierigen Dorfbewohnern einige Proben ihrer Kunst zum besten. Wenzel fängt dabei sogleich Feuer bei der zierlichen Tänzerin Esmeralda, Tochter des Artisten-Direktors Springer, und als man für den völlig betrunkenen Darsteller des Bären unter der Dorfjugend einen Ersatz sucht, läßt sich Wenzel von Esmeralda, die vorgibt, ihn zu lieben, zur Mitwirkung bei der Vorstellung bereden. – Marie will nun den Betrug, den sie ihrem geliebten Hans nicht zutraut, absolut nicht glauben. Aber Kezal zeigt ihr den Vertrag. Nachdem sie sich eine kurze Bedenkzeit erbeten hat und Hans selbst ihr gegenüber vorgibt, es sei sein Wille, daß sie Michas Sohn nehme, erklärt sie sich hierzu bereit in der Überzeugung, dadurch ihren treulosen Geliebten für den Verrat zu strafen. In diesem Augenblick erscheinen Micha und dessen Frau Agnes, die in Hans sogleich den verschollen geglaubten

Sohn beziehungsweise Stiefsohn erkennen. Hans stellt nun an Marie die Frage, welchen von den beiden Söhnen Michas sie heiraten wolle; glückstrahlend eilt sie dem Geliebten in die Arme. Kezal erkennt jetzt sein Spiel als verloren und läuft wütend davon. Da naht unter dem Gekreisch der Weiber und Kinder ein Bär; es ist aber nur Wenzel, dem die Komödianten bereits sein Kostüm für die Vorstellung, ein Bärenfell, angelegt hatten. Beschämt zieht Agnes ihren einfältigen Sohn mit sich fort. Nun gibt auch Vater Micha dem Liebespaar seinen Segen, und jubelnd feiern die Anwesenden die Verlobung der »verkauften Braut«.

Stilistische Stellung: Smetanas ›Verkaufte Braut‹ bedeutet den Tschechen das, was den Deutschen Richard Wagners ›Die Meistersinger von Nürnberg‹ sind: die nationale Festtagsoper. Allerdings war dies nicht von Anfang an der Fall, war doch der Komponist wegen seiner freundschaftlichen und künstlerischen Beziehungen zu Franz Liszt dem tschechischen Publikum zunächst als Wagnerianer verdächtig. Die böhmische Volksseele spricht gleichermaßen aus Text und Musik, was dem Werk einen ausgesprochen einheitlichen Charakter verleiht. Der urwüchsige Humor, wie er vor allem in der grotesk-realistischen Schmierenkomödiantenszene zum Ausdruck kommt, und die köstliche Zeichnung der Dorftypen bestimmen schon von der textlichen Seite her eine wirkungssichere Atmosphäre. Der volkstümliche Einschlag offenbart sich im Musikalischen besonders in den lyrisch-elegischen sowie in den rhythmisch lebendigen tänzerischen Partien der Oper. In formaler Hinsicht hält die Partitur an der Nummerneinteilung der Spieloper fest, die nationalen Tänze des Balletts sind zwanglos der Handlung eingebaut. Farbige Wirkungen vermitteln auch die Chöre, von denen in erster Linie der Einleitungschor in seiner folkloristischen Eigenart zu den Paradestücken der Opernchor-Literatur gehört. Die glanzvolle Instrumentation ist freilich für den leichten Konversationston der Spieloper manchmal etwas zu dickflüssig geraten. Die Meisterschaft des Komponisten tritt wohl am eindringlichsten in der vielfältigen und kontrastreichen Gestaltung der Gesangslinie in Erscheinung, sei es in dem geschwätzigen Parlando des geschäftstüchtigen Kezal oder in der stockenden Diktion des stotternden Wenzel oder in der teils gefühlswarmen, teils koketten, teils leidenschaftlichen Ausdrucksweise der Marie. Sehr geschickt werden auch musikalische Ruhepunkte in das von pulsierendem Leben erfüllte Geschehen eingestreut (das Duett des Liebespaares im I. Akt, die Arien des Hans und der Marie und das feinsinnig nuancierte Sextett). Die Ouvertüre, die ob ihrer rhythmischen Vitalität ein dankbares, virtuoses Orchesterstück darstellt, ist auch im Konzertsaal heimisch geworden.

Textdichtung: Das Libretto wurde von Karel Sabina (1813–1877) verfaßt, der Smetana schon das Textbuch zu seiner Oper ›Die Brandenburger in Böhmen‹ geschrieben hatte. Sabina dramatisierte den volkstümlichen Stoff im Charakter eines beschwingten Singspiels mit Dialog. Der tschechische Titel lautet: ›Prodaná nevěsta‹. Die deutsche Übersetzung des Opernbuches besorgte Max Kalbeck. Neuere deutsche Textfassungen schufen Walter Felsenstein und Kurt Honolka.

GESCHICHTLICHES: Der Anlaß zur Entstehung der Oper ›Die verkaufte Braut‹ war eigentlich ein äußerlicher. Smetanas erste, im Jahre 1862 entstandene Oper ›Die Brandenburger in Böhmen‹ hatte trotz ihres nationalen Charakters dem Komponisten den Vorwurf eingebracht, ein Wagnerianer zu sein. Smetana wollte seinen Kritikern, die ihm damit Mangel an Originalität nachsagten, beweisen, daß er auch den nationalen volkstümlichen Stil beherrsche, und so entschloß er sich am 5. Juli 1863 zur Vertonung der ›Verkauften Braut‹. Smetana arbeitete zwei Jahre an der Komposition dieses Werkes. Die Uraufführung erfolgte am 30. Mai 1866 am tschechischen Interimstheater zu Prag (dem ersten national-tschechischen Operntheater) mit schwachem Erfolg, der wohl der hastig vorbereiteten, unzulänglichen Aufführung und vielleicht auch der Ungunst der Zeit (österreichisch-preußischer Krieg) zuzuschreiben war. Der Beifall steigerte sich zwar später, aber immerhin interessierte sich für das Werk nicht einmal Wien, geschweige denn das Ausland. Für eine an der Opéra-Comique zu Paris vorgesehene, aber nicht zustandegekommene Aufführung komponierte Smetana den Chor der Dorfburschen zu Anfang des II. Aktes, ferner die Arie der Marie sowie die Polka und den Furiant nach, für St. Petersburg (1871) ersetzte er den Dialog durch Rezitative und gliederte er die ursprünglich zweiaktige Oper in drei Aufzüge. In dieser (endgültigen) Gestalt hatte die ›Verkaufte Braut‹ anläßlich einer Aufführung durch die Prager Oper unter Šubrt bei der großen Musik- und Theaterausstellung 1892 in Wien einen sensationellen Erfolg zu verzeichnen, auf den hin das Werk alsbald zu seinem Siegeszug in die Welt startete. Die erste Aufführung in deutscher Sprache fand am 2. April 1893 am Theater an der Wien statt.

Dalibor

Oper in drei Akten. Dichtung von Josef Wenzig.

SOLISTEN: *Wladislaw II.*, König von Böhmen (Heldenbariton, auch Seriöser Baß, m. P.) – *Dalibor* (Jugendlicher Heldentenor, gr. P.) – *Budivoj,* Befehlshaber der Wache (Charakterbariton, auch Charakterbaß, m. P.) – *Ein Richter* (Charakterbaß, kl. P.) – *Benesch,* Kerkermeister (Seriöser Baß, auch Charakterbaß, m. P.) – *Vitek,* Dalibors Knappe (Lyrischer Tenor, auch Spieltenor, m. P.) – *Milada,* Schwester des ermordeten Burggrafen (Dramatischer Sopran, auch Dramatischer

Mezzosopran, gr. P.) – *Jitka* [*Jutta*], ein Waisenmädchen (Lyrischer Sopran, auch Jugendlich-dramatischer Sopran, m. P.).
CHOR: Hofstaat. Vasallen des Königs. Volk. Krieger. Frauen. Räte des königlichen Gerichts (m. Chp.).
ORT: Die Burg in Prag und ihre Umgebung.
SCHAUPLÄTZE: Hofraum in der Prager Burg; im Hintergrund der Königsthron und die Sitze der Richter, durch eine Barriere vom Volk getrennt – Straße der unteren Stadt mit Wirtshaus – Hof und offene Halle in der Burg mit der Wohnung des Kerkermeisters – Ein finsterer Kerker, hinten eine Steintreppe mit geschlossenem Gitter – Königshalle mit Thron – Freier Platz vor der Burg.
ZEIT: 15. Jahrhundert.
ORCHESTER: 2 Fl., 1 Picc., 2 Ob., 2 Kl., 2 Fag., 4 Hr., 2 Trp., 3 Pos., 1 Bt., P., Schl., Hrf., Str. – Bühnenmusik: 4 Trp., 3 Pos., 1 Bt., Gl.
GLIEDERUNG: In Szenen unterteilte durchkomponierte Großform.
SPIELDAUER: etwa 2½ Stunden.
HANDLUNG: In dem von Wachen besetzten Hofraum der Prager Burg drängt sich das Volk in Erwartung der vom König Wladislaw geleiteten Gerichtsverhandlung gegen den aufständigen Ritter Dalibor. Jitka hat Angst vor dem Urteil gegen ihren Wohltäter, der sie, die heimatlose Waise, treusorgend in seine Burg aufgenommen hat. Der König erhebt nun vor seinen Räten und dem Volk Anklage auf Hochverrat gegen Dalibor, den Milada beschuldigt, ihren Bruder, den Burggrafen, ermordet und sein Schloß in Schutt und Asche gelegt zu haben. Der gefangengesetzte Ritter wird vorgeführt. Er bekennt offen seine Tat, die er als Vergeltungsakt bezeichnet. Der Burggraf hatte in einer ritterlichen Auseinandersetzung Dalibors Herzensfreund Zdenko, der mit dem Schwert ebenso umgehen konnte wie mit Gesang und Fiedel, gefangengenommen. Als er, Dalibor, für die Freilassung des Freundes Lösegeld anbot, schickte ihm der Burggraf Zdenkos abgeschlagenes Haupt. Der Ritter reizt Wladislaw, als dieser die Tat verurteilt, mit der verächtlichen Äußerung, daß ein König, der das Recht mit Füßen trete, nicht nach seinem Sinn sei. Dalibor wird zu lebenslänglichem Kerker verurteilt. Er nimmt den Richterspruch im Gedenken an die Lieder und Geigentöne seines toten Freundes mit stolzer Gelassenheit entgegen und wird abgeführt. Da wendet sich Milada, auf die die männliche Haltung Dalibors Eindruck gemacht hatte, an seine Richter und fleht sie an, den Verurteilten freizugeben. Doch der König entgegnet, der Frevler, der mit Empörung gedroht habe, sei einer Begnadigung nicht würdig. Wladislaw verläßt mit seinem Gefolge und dem Volk den Hof. Miladas Haß gegen Dalibor ist jedoch in Liebe umgeschlagen. Jitka, die sich verborgen gehalten hatte, tritt jetzt zu Milada und fordert sie auf, zusammen mit ihr den Helden zu befreien. – Aus dem Wirtshaus der unteren Stadt ist lauter Gesang von Zechern zu vernehmen. Es sind die von Dalibors Knappen Vitek angeworbenen

Soldaten, die hier in der Nähe des Gefängnisses auf das Zeichen zur Befreiung Dalibors warten. Von seiner Braut Jitka erfährt Vitek, daß Milada in Männerkleidern in den Dienst des Kerkermeisters Benesch getreten sei. Mit ihrer Hilfe soll Dalibor freikommen. – Vor der Wohnung Beneschs ermahnt Budivoj, der Befehlshaber der Wache, den Kerkermeister, das Verlies streng und sorgsam zu bewachen. Da naht Milada in Knabenkleidern; sie kommt mit einem Korb vom Einkauf aus der Stadt zurück und lädt Benesch zum Abendtisch, den sie ihm mit feinen Speisen und Wein gerichtet habe. Doch der Kerkermeister will vorher noch dem gefangenen Helden, dessen Unglück ihm nahegeht, die sehnlich verlangte Geige bringen, die er aus seiner Jugendzeit in seiner Kammer aufbewahrt hat. Milada erklärt sich spontan bereit, das Instrument selbst in den Kerker hinunterzutragen, damit Beneschs Essen nicht kalt werde. Der Kerkermeister willigt ein, da die Wachen jetzt abgezogen sind. Er übergibt dem »Jungen« die Geige und eine Fackel und entläßt ihn in das tiefe Verlies mit der Anweisung, die sieben eisernen Zwischentüren zu öffnen und sie auf dem Rückweg wieder sorgsam zu verriegeln. – In dem dunklen untersten Kerker tritt Milada vor Dalibor, als er eben aus einem Traum erwacht, in dem ihm, die vertraute Melodie geigend, der Geist seines Freundes Zdenko erschienen war. Erstaunt fragt der Ritter den »Knaben«, wer er sei und woher er komme. Da gibt sich Milada zu erkennen; sie, die ihn gehaßt und sein Unglück verschuldet habe, sei jetzt in Liebe zu ihm entbrannt und wolle ihn befreien. Auch in Dalibor sind tiefe Gefühle für das tapfere Mädchen erwacht; zärtlich liegen sich die beiden in den Armen. – In dem hellerleuchteten Thronsaal erklärt Budivoj dem König, erfahren zu haben, daß ein neuer Aufstand der Anhänger Dalibors bevorstehe. Er läßt als Zeugen den Kerkermeister herbeibringen, der einen Zettel und eine Geldbörse in Händen hält. Benesch erzählt, daß er, der stets treu und gewissenhaft seinen Dienst versehen habe, auf einen bettelnden Knaben hereingefallen sei, der, wie sich jetzt herausstellte, ein Freund Dalibors gewesen sei. Dieser sei plötzlich spurlos verschwunden und habe eine Geldbörse und einen Zettel mit der Aufschrift »Dies zum Dank!« hinterlassen. Zum Glück habe er, Benesch, sogleich bemerkt, daß die Riegel der Kerkertüren geöffnet waren, und so ein Entkommen des Gefangenen verhindern können. Im Einvernehmen mit dem Richter bestimmt der König, daß Dalibor noch heute hinzurichten sei. Der Häftling wird gefesselt vorgeführt; das Todesurteil wird ihm verkündet. Gefaßt erklärt er, Milada und er würden in Treue dem toten Freund Zdenko ins Jenseits folgen. – Auf dem Platz vor der Burg erwarten in kriegerischer Rüstung Milada, Jitka, Vitek und Dalibors Getreue das verabredete Zeichen: das Ertönen der Geige. Doch plötzlich erklingen in der Stille der Nacht das Armesünderglöckchen und dumpfer Gesang der Mönche. Rasch entschlossen setzen Dalibors Anhänger mit Milada an der Spitze zum Sturm auf die Burg an. In dem Kampfgetümmel erscheint Dalibor mit der tödlich verwundeten Milada, die er auf den Rasen bettet. Mit verklärtem Ausdruck nimmt Milada von Dalibor Abschied und stirbt. Aus der Burg stürmen Bewaffnete auf Dalibor los, doch ehe sie seiner habhaft werden, ersticht er sich mit seinem Schwert.

STILISTISCHE STELLUNG: Schon bei Smetanas erster Oper, ›Die Brandenburger in Böhmen‹ (1862), wurde dem Komponisten Abhängigkeit von Richard Wagner vorgeworfen. Es war zu der Zeit, als auch in Böhmen Musiker und Publikum sich noch leidenschaftlich für oder gegen den Bayreuther Meister auseinandersetzten. Nach dem großen Erfolg seiner hauptsächlich auf dem Boden der Volksmusik basierenden ›Verkauften Braut‹ glaubte der Meister, mit einem historischen Stoff die nationalen Gefühle seiner Landsleute ansprechen zu können. Aber auch die Vertonung des ›Dalibor‹ rief wieder die alten Einwände epigonaler Verbundenheit mit Wagner wach, obwohl Smetanas blühende Melodik durchwegs Züge von profilierter Eigenart aufweist. Die Themen sind vielfach im Sinn von Erinnerungsmotiven verarbeitet, ohne die Leitmotivtechnik Wagners zum Gestaltungsprinzip zu erheben. In feinsinniger Beziehung zu dem Bühnengeschehen steht den in dramatischem Deklamationsstil gestalteten Partien der volkstümliche Ausdruck in den Szenen mit Jitka–Vitek und den Soldaten gegenüber. Eine Farbe von apartem Reiz vermittelt das harfenumrauschte und sehnsuchtsgetränkte Violinsolo bei der Erscheinung von Zdenkos Geist, während das Fehlen von größeren Ensemblewirkungen musikalische Höhepunkte allerdings vermissen läßt.

TEXTDICHTUNG: Das Libretto wurde von Schulrat Josef Wenzig in deutscher Sprache abgefaßt. Die tschechische Übersetzung des Textes, auf die Smetana das Werk vertonte, besorgte der Jurist Ervín Špindler. Die Opernhandlung bewegt sich auf historischem Hintergrund: Dalibor von Kozojed lebte während der Regierungszeit König Wladislaws II. (1456-1516). Der freiheitlich gesonnene Ritter eignete sich mit Unterstützung seiner Bauern, denen er die Freiheit geschenkt hatte, das Gut seines Nachbarn Adam Ploschkovsky von Drahonitz an. Er wurde daraufhin als Landfriedensbrecher gefangen gesetzt und als erster Häftling in dem neuerrichteten Turm der Prager Burg festgehalten, der noch heute den Namen »Daliborka« führt. Mit Urteil vom 13. März 1498 wurden seine Güter eingezogen; er selbst wurde gefoltert und schließlich mit dem Schwert enthauptet. Die Geschichte mit dem ermordeten Freund Zdenko und der Geige ist Legende, die wohl darauf zurückzuführen ist, daß im Volksmund die Folterbank »Geige« und die bei der Folter verwendeten Stricke »Saiten« genannt wurden. Um das düstere Geschehen aufzulichten, hat Wenzig das Liebespaar Jitka–Vitek eingefügt. Die dilettantische Verarbeitung des an sich operngerechten Stoffes steht leider Smetanas Musik hindernd im Weg. So zieht der nach dem Vorbild ›Fidelio‹ gestaltete Befreiungsversuch –

anders als in Beethovens Werk – Unwahrscheinlichkeiten nach sich, und die in das Geschehen verwobene Erscheinung von Zdenkos Geist vermag zwar dem romantischen Charakter des Werks entgegenzukommen, wirkt aber – ähnlich wie die mystische Episode Emma–Udo bei Carl Maria von Webers ›Euryanthe‹ – im Rahmen der realistisch gezeichneten Handlung verwirrend. Als Vorlagen dürften dem Librettisten gedient haben die romantischen Dichtungen: ›Der Turm des Dalibor‹ (1824) von Eduard von Bauernfeld, ferner ›Dalibor‹ (1829) von Karl Egon Ebert, ›Dalibor, der blinde Geiger‹ (1839) von J. N. Vogel sowie ›Das Blutgericht im Turm der Daliborka‹ (1841) von Josef Alois Gleich.

GESCHICHTLICHES: Smetana hat seinen ›Dalibor‹ in der Zeit vom Sommer 1866 bis Ende 1867 komponiert. Die Uraufführung des Werks erfolgte am 16. Mai 1868 unter der Leitung des Komponisten, der seit dem 15. September 1866 am tschechischen Interimstheater in Prag als Kapellmeister angestellt war; sie war zugleich Festvorstellung zur Feier der Grundsteinlegung des großen tschechischen Nationaltheaters. ›Dalibor‹ hatte an diesem Abend einen außergewöhnlichen Erfolg. Er war allerdings in erster Linie der gehobenen Stimmung der von allen Seiten des Landes herbeigeströmten Zuhörerschaft zuzuschreiben; denn die Oper fand in der Folge nicht den gleichen Zuspruch, und es dauerte noch geraume Zeit, bis sich das Werk – dann allerdings mit steigendem Erfolg – durchsetzen konnte. Nach der ›Verkauften Braut‹ ist ›Dalibor‹ Smetanas meistgespielte Opernschöpfung geworden. Für Aufführungen des Werks an deutschsprachigen Bühnen existieren mehrere Fassungen. So nahm Gustav Mahler, der ›Dalibor‹ sehr schätzte, für Wien einen veränderten Schluß vor. Weitere deutsche Einrichtungen besorgten Julius Kapp (1940) sowie neuerdings Kurt Honolka.

Zwei Witwen

Komische Oper in zwei Akten. Dichtung nach Jean Pierre Felicien Mallefille von Emanuel Züngel.

SOLISTEN: *Karoline* (Lyrischer Koloratursopran, gr. P.) und *Agnes* (Jugendlich-dramatischer Sopran, gr. P.), zwei junge Witwen – *Ladislav,* ein Gutsbesitzer (Lyrischer Tenor, gr. P.) – *Mumlal,* Heger (Spielbaß, gr. P.) – *Tonik,* Gärtner (Spieltenor, m. P.) – *Lidka,* Kammermädchen (Lyrischer Sopran, auch Soubrette, m. P.).
CHOR: Landvolk (m. Chp.).
BALLETT: Tanzszene (Polka).
ORT: Ein Schloß in Böhmen.
SCHAUPLÄTZE: Im Schloßgarten – Gartensaal mit großer Terrasse.

Zeit: In der Biedermeierzeit.
Orchester: 2 Fl., 2 Ob., 2 Kl., 2 Fag., 4 Hr., 2 Trp., 3 Pos., P., Triangel, Str.
Gliederung: Ouvertüre, Vorspiel zum II. Akt sowie 18 Auftritte (Musiknummern), die durch orchesterbegleitete Rezitative miteinander verbunden sind.
Spieldauer: etwa 2½ Stunden.
Handlung: Am Kirchweihtag versammelt sich das Landvolk im Schloßgarten. Es läßt Karoline, die Gutsherrin, hochleben, die freundlich dankend die Leute auffordert, nach altem Brauch das Fest mit einem fröhlichen Trunk zu feiern. Nachdem das Landvolk zum Wirtshaus abgezogen ist, erscheint Agnes im schwarzen Kleid, die ebenso wie ihre Cousine Karoline in jungen Jahren bereits Witwe geworden ist. Der Witwenstand bedrückt Karoline keineswegs; sie entbehrt nichts und genießt, umschwärmt von Kavalieren, ihr junges Leben in vollen Zügen. Anders Agnes, die ihren verstorbenen Gatten nicht vergessen kann und es als Pflicht betrachtet, sich nicht wiederzuverheiraten. Da erscheint Mumlal, ein altes redseliges Faktotum der Familie, der seit dreißig Jahren in treuen Diensten Wald und Wild hegt. Er beklagt sich, daß ihm die beiden Damen nicht erlaubten, den Wilderer festzunehmen, der seit einiger Zeit sein Unwesen in den Wäldern des Gutes treibe. Aber die beiden Witwen amüsieren sich nur über Mumlal, der sich so sehr ereifert wegen eines harmlosen Wilddiebs, der immer nur in die Luft schießt und nie etwas trifft. Da krachen wieder ein paar Schüsse. Jetzt beauftragt Karoline den Heger, den Kerl einmal vorzuführen; es interessiert sie, ob er jung und hübsch sei. Brummig führt Mumlal den Wilderer vor sich her, der ihn so lange mit Beschimpfungen reizt, bis er ihn endlich für verhaftet erklärt und ihn in das Gartenhäuschen sperrt. Jeder von ihnen ist nun befriedigt: der Wilddieb, der in Wirklichkeit der Gutsbesitzer Ladislav Podhajsky ist und der hofft, jetzt endlich sich der angebeteten Agnes nähern zu können, sowie Mumlal, der sich für seine Heldentat klingenden Lohn erhofft. Ladislav wird den Damen vorgeführt; die schlaue Karoline bemerkt sogleich die innere Erregung, von der er und Agnes erfaßt sind. Mit komischem Pathos sitzt nun Karoline über Ladislav zu Gericht, der gesteht, daß es ihm so ergehe, wie es in dem alten Lied vom Jägersmann heißt: »Ruhelos vor Herzensweh sucht er die schöne Fee, die ihn verzaubert hat.« Das Verhör geht weiter: Ladislav nennt Namen, Stand und Alter und übergibt Agnes eine Spende für die Armen des Ortes. Inzwischen hat sich Mumlal eine Personenbeschreibung des Delinquenten notiert, welche die Damen belustigt entgegennehmen. Nun verkündet Karoline den Urteilsspruch: Ladislav erhält einen Tag Gefängnis, den er hier im Schloß abzusitzen hat. Die Frauen begeben sich auf ihre Zimmer, während Ladislav von Mumlal ins Gartenhäuschen abgeführt wird. Unterdessen haben sich Burschen und Mädchen

aus dem Dorf eingefunden, die sich neugierig bei Mumlal erkundigen, was es mit dem merkwürdigen Besuch für eine Bewandtnis habe. Die Kammerzofe Lidka und der Gärtner Tonik vermuten, daß etwas »Verliebtes« dahinterstecke. – Ladislav vertreibt sich die Zeit mit Singen. Agnes ist auf den Zehenspitzen aus ihrem Zimmer gekommen und lauscht mit sichtlichem Entzücken dem Gesang. Sie entfernt sich eilig, als Lidka und Tonik nahen. Ladislav übergibt Tonik einen Brief, den er Agnes überreichen soll. Lidka steckt alsbald das Schreiben Agnes heimlich zu. Im Gartensaal unterhalten sich Karoline und Agnes, wer von ihnen bei dem jungen Mann wohl mehr Chancen hätte. Ihrem Vorsatz entsprechend winkt Agnes sogleich ab. Nun, dann werde sie ihn nehmen, erklärt Karoline und amüsiert sich heimlich über ihre Cousine, die ihre Enttäuschung schlecht verbergen kann. Karoline geht auf ihr Zimmer, während Agnes zurückbleibt und schnell Ladislavs Brief öffnet. Sie zündet eine Kerze an und will das Schreiben verbrennen. Aber gleich zieht sie es wieder zurück und drückt es liebevoll ans Herz. Da steht plötzlich Ladislav vor ihr. Agnes lügt ihm vor, sie habe seinen Brief ungelesen verbrannt. Ladislav entgegnet, dann wolle er ihr mündlich mitteilen, was in dem Brief gestanden hat: er, der sie schon vor ihrer Verheiratung geliebt habe, flehe sie an, offen zu bekennen, ob sie Angst vor ihm habe. Mit ihrer vorschnellen Antwort, dies habe in dem Brief aber nicht gestanden, verrät sich Agnes; schließlich erklärt sie sich zu einer Freundschaft, nicht aber zu einer Ehe bereit. Ladislav geht daraufhin entschlossen zur Tür, wo ihm die festlich gekleidete Karoline in den Weg tritt. Sie fordert ihn auf, sie zum Tanz auf das Kirchweihfest zu begleiten. Arm in Arm gehen die beiden ab, während Agnes zerknirscht zurückbleibt in der Erkenntnis, sich selbst belogen zu haben, als sie glaubte, Ladislavs Werbung aus Pietätsgründen abweisen zu müssen. Sie haßt nun mit einem Mal ihr schwarzes Witwenkleid und fragt sich, ob ihr Herz verwelken und sie an diesem schönen Tag mit ihrer Pein einsam, ohne Hoffnung und ohne Liebe sein soll. Mumlal kommt und berichtet, daß die Herrin zärtlich mit dem Wilddieb schäkere. Agnes ist empört. Da rät ihr Mumlal, die Sache philosophisch zu nehmen und sich nicht aufzuregen, so wie er es in einem solchen Fall immer zu tun pflege. Mit dem Bemerken, daß sie sich so schnell nicht geschlagen gebe, eilt Agnes auf ihr Zimmer. Gleich darauf kommen Lidka und Tonik; vergeblich sucht der neiderfüllte Mumlal ihr verliebtes Tändeln zu stören. Nun erscheinen auf der Terrasse die Burschen und Mädchen. Karoline und Ladislav haben Platz genommen und lassen sich von den jungen Leuten eine Polka vortanzen. Danach will Ladislav fort; er gesteht Karoline seinen Herzenskummer. Als sie andeutet, ihm in seiner Not helfen zu wollen, fällt er dankerfüllt vor ihr auf die Knie. In diesem Augenblick betritt Agnes in einem eleganten Ballkleid den Saal. Während Ladislav in höchster Verwirrung sich zurückzieht, klärt Karoline ihre

Cousine auf, daß sie das ganze Spiel mit Ladislav nur getrieben habe, um Agnes von ihrem Vorsatz, nicht mehr zu heiraten, abzubringen. Mit heiterem Pathos winkt sie Ladislav sowie die Burschen und Mädchen herein. Agnes und Ladislav fallen sich in die Arme. Mit Zustimmung aller stellt Mumlal fest, gegen zwei Witwen sei man verloren, denn »der Liebe sich zu entziehen, bleibt doch am Ende eitles Bemühen«.

STILISTISCHE STELLUNG: Nach seinen pathetischen Musikdramen ›Dalibor‹ und ›Libuše‹ hat Smetana bei dem musikalischen Lustspiel ›Dvě vdovy‹ wieder auf den Stil der tschechischen Volksoper zurückgegriffen, trotz des aristokratischen Milieus, in welchem die Handlung spielt. Der formale Bau des Werkes ist, wie bei der ›Verkauften Braut‹, in eine Reihe musikalischer Nummern gegliedert, die, wieder wie bei der ›Verkauften Braut‹, zunächst durch einen gesprochenen Dialog, in der Zweitfassung vom Jahre 1877/78 durch orchesterbegleitete Rezitative miteinander verbunden wurden. Die überwiegend mit zarten Farben getönte Musik, die ebenso von dem Erfindungsreichtum ihres Schöpfers wie von der hohen Qualität seines technischen Könnens zeugt, schließt sich mit den zum Teil volksliedartigen Arien und mit den locker gestalteten Ensembles eng an das mit harmlosen Verwicklungen ausgestattete Bühnengeschehen an. Dabei verdient besonders hervorgehoben zu werden die feine musikalische Charakterzeichnung der vier Hauptdarsteller mit ihren unterschiedlichen Temperamenten: die sanguinische Karoline, die melancholische Agnes, der draufgängerische Ladislav und der cholerische Mumlal. Bemerkenswert ist auch die Verwendung des Melodrams in der wichtigen Szene, in der Ladislav sein lustiges Spiel unterbricht und zum ersten Mal ernsthaft mit Agnes über seine Absichten spricht. Die Chöre, die in keiner direkten Beziehung zur Handlung stehen, unterstreichen, ähnlich wie die schmissige Polka, das nationale Kolorit. Die Ouvertüre, die in der Hauptsache mit den Themen des Verhaftungsduetts (Ladislav–Mumlal) und des Liedes vom Jägersmann (Ladislav) gebaut ist, leitet in ihrem unproblematischen Charakter und mit ihrem zündenden Brio trefflich das heitere Spiel ein.

TEXTDICHTUNG: Dem Textbuch liegt der Einakter ›Les deux veuves‹ des französischen Vaudeville-Dichters Jean Pierre Felicien Mallefille zu Grunde, der in der Übersetzung von Emanuel Züngel 1868 am Tschechischen Theater zu Prag gespielt wurde. Der als Übersetzer und Gelegenheitsdichter bekannte Züngel formte aus Mallefilles Einakter ein Libretto für eine zweiaktige Oper, indem er zu dem Dialog des französischen Stücks die Verse für die Musiknummern hinzudichtete. Auf Wunsch des Komponisten verlegte er die Handlung von Frankreich nach Böhmen.

GESCHICHTLICHES: Smetana hat seine Oper ›Zwei Witwen‹ in der verhältnismäßig kurzen Zeit vom Juni 1873 bis Januar 1874 geschrieben.

Das Werk gelangte bereits am 27. März des gleichen Jahres unter der Leitung des Komponisten am Interimstheater in Prag zur erfolgreichen Uraufführung. Dennoch hielt sich die Oper nicht lange auf dem Spielplan, so daß sich Smetana im Jahre 1877 zu einer Umarbeitung entschloß, bei der er anstelle des gesprochenen Dialogs orchesterbegleitete Rezitative, mehrere neue Musiknummern sowie das Buffo-Paar Lidka–Tonik einfügte. Den lauten Beifall der Erstaufführung der Zweitfassung am 15. März 1878 konnte der Komponist nicht hören, da er inzwischen – am 20. Oktober 1874 – völlig ertaubt war. Für die deutsche Bühne hat 1958 der Stuttgarter Musikschriftsteller Kurt Honolka eine Neufassung in einer ausgezeichneten Übersetzung hergestellt. Ohne die Partitur anzutasten, hat der Bearbeiter auch einige kleine Veränderungen vorgenommen, wodurch das Werk zweifellos an Bühnenwirkung gewonnen hat.

Richard Strauss

*11. Juni 1864 in München, † 8. September 1949 in Garmisch

Guntram, op. 25 (1894 Weimar), T: der Komponist; Neubearb. (1940 Weimar), V: Fürstner (Schott)

Feuersnot, op. 50 (1901 Dresden), T: Ernst v. Wolzogen, E., V: Fürstner (Schott)

Salome, op. 54 (1905 Dresden), T: nach Oscar Wilde v. Hedwig Lachmann, E., V: Fürstner (Schott)

Elektra, op. 58 (1909 Dresden), T: Hugo v. Hofmannsthal, E., V: Fürstner (Schott)

Der Rosenkavalier, op. 59 (1911 Dresden), T: H. v. Hofmannsthal, V: Fürstner (Schott)

Ariadne auf Naxos, op. 60 (1. Fassung 1912 Stuttgart, 2. Fassung 1916 Wien), T: H. v. Hofmannsthal, V: Fürstner (Schott)

Die Frau ohne Schatten, op. 65 (1919 Wien), T: H. v. Hofmannsthal, V: Fürstner (Schott)

Intermezzo, op. 72 (1924 Dresden), T: der Komponist, V: Fürstner (Schott)

Die ägyptische Helena, op. 75 (1928 Dresden), T: H. v. Hofmannsthal; Neubearb. (1933 Salzburg), V: Fürstner (Schott)

Arabella, op. 79 (1933 Dresden), T: H. v. Hofmannsthal, V: Franz Strauss (Schott)

Die schweigsame Frau, op. 80 (1935 Dresden), T: nach Ben Jonson v. Stefan Zweig, V: Franz Strauss (Schott)

Der Friedenstag, op. 81 (1938 München), T: Joseph Gregor, E., V: Franz Strauss (Schott)

Daphne, op. 82 (1938 Dresden), T: J. Gregor, E., V: Franz Strauss (Schott)

Die Liebe der Danae, op. 83 (1940; Generalprobe 1944 Salzburg, Urauff. 1952 Salzburg), T: J. Gregor, V: Franz Strauss (Schott)

Capriccio, op. 85 (1942 München), T: Clemens Krauss, E., V: Franz Strauss (Schott)

Feuersnot

Ein Singgedicht in einem Akt. Dichtung von Ernst von Wolzogen.

Solisten: *Schweiker von Gundelfingen,* der Burgvogt (Charaktertenor, m. P.) – *Ortlof Sentlinger,* der Bürgermeister (Seriöser Baß, m. P.) – *Diemut,* seine Tochter (Jugendlich-dramatischer Sopran, gr. P.) – *Elsbeth* (Mezzosopran, m. P.), *Wigelis* (Tiefer Alt, m. P.) und *Margret* (Charaktersopran, m. P.), deren Gespielinnen – *Kunrad,* der Ebner (Heldenbariton, gr. P.) – *Jörg Pöschel,* der Leitgeb (Tiefer Baß, m. P.) – *Hämerlein,* der Fragner (Charakterbariton, m. P.) – *Kofel,* der Schmied (Spielbaß, m. P.) – *Kunz Gilgenstock,* der Bäck und Bräuer (Charakterbaß, m. P.) – *Ortlieb Tulbeck,* der Schäfflermeister (Spieltenor, m. P.) – *Ursula,* seine Frau (Spielalt, m. P.) – *Ruger Aspeck,* der Hafner (Spieltenor, m. P.) – *Walpurg,* seine Frau (Hoher Sopran, m. P.) – *Ein Mädchen* (Sopran, kl. P.).

Chor: Bürger. Bürgerinnen. Kinder. Herzogliche Knechte (Frauenchor geteilt in Kinder und in Volk; m. Chp.).

Ort: München.

Schauplatz: Die Sentlinger Gasse zu München mit dem Blick aufs Tor, Architektur frühmittelalterlich, womöglich ins Groteske übertrieben, rechts das Haus des Bürgermeisters, besonders stattlich, im Giebel eine Speichertür, darüber ein Balken mit Flaschenzug, an dem Seil ein Förderkorb, zum Eingang führen einige Stufen empor, zu beiden Seiten der Haustür steinerne Sitze, ähnlich bei einigen anderen der vorderen praktikablen Häuser, das zweite Haus links ist das Wirtshaus »Zum großen Christofl«. Hinter den beiden vordersten Häusern rechts und links Seitengassen (Färbergraben und Rosenthal), hinter dem offenen Tor freier Platz mit Bäumen.

Zeit: Am Sonnwendtage, in alter Zeit »Subend« genannt, zu fabelhafter Unzeit (Grundcharakter: 12. Jahrhundert).

Orchester: 2 Fl., 1 Picc. (auch III. Fl.), 2 Ob. (II. auch Eh.), 1 Eh., 2 Kl., 1 Bkl. (auch D-Kl.), 3 Fag. (III. auch Kfag.), 4 Hr., 3 Trp., 3 Pos., 1 Bt., P., Schl., 2 Hrf., 1 Glsp., 12 Viol. I, 12 Viol. II, 8 Br., 8 Vcl., 6 Kb. – Bühnenmusik: 1 Soloviol., 1 Solovcl., 1 Hrf., 1 Harm., 1 Glsp., 2 kl. Tr.

Gliederung: Durchkomponierte symphonisch-dramatische Großform.

Spieldauer: etwa 1½ Stunden.

Handlung: Auf der Sentlinger Gasse zu München herrscht heute am Sonnwendtag ein lebhaftes Treiben von Jung und Alt. Dem alten Brauch zufolge sammeln Kinder mit großem Geschrei unter Spiel und Sang Holzscheite bei den Bürgern. Das Holz wird auf dem freien Platz vor dem Tor aufgeschichtet, und der Scheiterhaufen bei eintretender Dunkelheit angezündet. Beim Bürgermeister Sentlinger erhalten die

Kinder auch noch Zuckerwerk und Met; sie bedanken sich bei der Spenderin, des Bürgermeisters liebreizender Tochter Diemut, mit der Prophezeiung, daß die Jungfer noch heuer Braut werde. Als dann die Buben an die verschlossene Tür des gegenüberliegenden Hauses klopfen, wird ihnen zunächst nicht aufgemacht. Die Bürger sind über den derzeitigen Bewohner, einen jungen stattlichen Junker, der das verlassene Haus erst vor kurzem bezogen hat und der sich gegen alle absondert, verschiedener Meinung; sie halten ihn für einen Nachkommen des großen Hexenmeisters, der zuletzt in diesem Heim gehaust hat. Auf das dreiste Klopfen der Kinder erscheint endlich der vornehme Herr. Über dem Studium seiner Schriften war ihm entgangen, daß heute Sonnwend ist. Er fordert die Kinder auf, aus dem Haus so viel Holz zu holen, wie sie wollen, und wenn sie dabei das ganze alte Hexenhaus zusammenschlagen sollten. Während die Buben herausschaffen, was nicht niet- und nagelfest ist, betrachtet Kunrad, der Fremde, mit wachsendem Gefallen die hübsche Tochter des Bürgermeisters. Auch Diemut steht wie entrückt zur Seite. Als aber ihre Freundinnen sie deshalb necken, weist sie deren Anspielungen mit höhnischen Worten zurück. Kunrad hat sich ihr jedoch genähert; er umarmt sie plötzlich und küßt sie fest auf den Mund. Unter dem großen Gelächter des Volkes hat sich das Mädchen losgerungen und läuft auf die Stufen ihres Hauses. Der Bürgermeister weist den ungestümen Freier zurecht und entfernt sich mit den langsam zum Tor hinausströmenden Kindern und Erwachsenen, nachdem er den eben erschienenen Burgvogt, Kunrads Freund, gebeten hat, dem Übermütigen die Leviten zu lesen. Diemut hat inzwischen mit ihren Gespielinnen heimlich getuschelt; sie verschwindet daraufhin ins Haus. Vor dem Tor beginnt das Sonnwendfeuer zu brennen. Kunrad achtet nicht auf den Burgvogt, der alsbald kopfschüttelnd auch zum Tor hinausgeht, denn Diemut ist auf den Söller getreten. Sie ködert Kunrad mit zärtlichen Worten, worauf er sie bedrängt, ihn in ihre Kammer zu lassen. Da fordert sie ihn schließlich auf, in den Förderkorb zu steigen, in dem sie ihn mittels des Flaschenzuges zum Söller heraufziehen wolle. Der Korb mit Kunrad steigt langsam auf, bleibt aber plötzlich auf halber Höhe unterhalb des Söllers stehen. Unterdessen haben die drei Gespielinnen, die den Vorgang heimlich beobachtet hatten, wie mit Diemut verabredet, das Volk herbeigeholt, das unter großem Geschrei und Gelächter Kunrad in seiner mißlichen Situation verspottet. Aber dieser hebt plötzlich beschwörend die Hände gegen den Himmel; er ruft den großen Hexenmeister zu Hilfe, woraufhin mit einem Schlag sämtliche Lichter und auch das Sonnwendfeuer vor dem Tor verlöschen. Das Volk nimmt eine drohende Haltung gegen den Zauberer an, der sich inzwischen auf den Söller geschwungen hat. In scharfen Worten erinnert er nun die Bürger, wie sie seinerzeit in ihrem Kleinmut den großen Meister Reichhart vertrieben hätten, der ihrer Stadt nur Ruhm gebracht habe. Auf Rat des alten Reichhart sei er jetzt heimgekehrt, um dessen Werk fortzusetzen und sich weder durch einen »Spatzenschreck« noch durch »grimmig Ergroben« irritieren zu lassen. Da das wahre ewige Licht und Feuerelement im Weibe beruhe (Bezugnahme auf Wagners Brief an August Röckel [24. August 1851]: »Nicht eher sind wir das, was wir sein können und sollen, bis – das Weib nicht erweckt ist«) und die von ihm Erwählte sein »Ewiglicht« nicht sein wollte, habe er der ganzen Stadt das Licht und Feuer verlöscht; es könne daher auch nur aus »heiß-jung-fraulichem« Leibe ihnen wieder das Feuer neu erflammen. Diemut hat seine Worte verstanden; sie tritt auf den Söller und zieht ihn rasch in ihre Kammer hinein, ohne daß es in der Dunkelheit bemerkt worden ist. Den engstirnigen Bürgern wird jetzt bewußt, daß sie wieder einmal in ihrem Unverstand einen verkannt hatten, der eines hohen Amtes zu walten hat. Immer lauter werden die Rufe des Volkes, Diemut möge der Minne Gebot achten und die Stadt aus Feuersnot erlösen. Da erscheint hinter Diemuts Fenster ein schwacher, geisterhafter Schimmer, und plötzlich flammen mit einem Schlag sämtliche Lichter und auch das Feuer vor dem Tor hell auf. Mit einem Jubelschrei begrüßt das Volk das Licht, während die beglückten Stimmen der Liebenden durch das offene Kammerfenster erklingen.

Stilistische Stellung: »Weil er vom Ort gebürtig wär, meint Ihr, wär's net weit mit ihm her.« Diese oft vertretene Ansicht mußte auch ein Mann wie Strauss in seiner Vaterstadt erfahren. Als Künstler revanchierte er sich dafür mit einem Kunstwerk, das in seinem Sarkasmus die kleinmütige Engstirnigkeit und die amusische Gleichgültigkeit seiner Landsleute geißelt. Die starke lokale Bezogenheit des Stükkes stand und steht freilich seiner Breitenwirkung hindernd im Weg, da die verschiedenen Anspielungen und damit die Pointen nur Eingeweihten verständlich sind. Die Widersacher und Neider erhoben ihre gehässigen Stimmen und stellten das Ganze als ein Machwerk überheblicher Selbstglorifizierung hin, weil sich der Komponist in Identifizierung mit der Figur des Kunrad als der berufene Nachfolger und »Ebner« des großen Meisters Reichhart = Richard (Wagner) bezeichnet und weil in dem parodistischen Wortspiel der Verse in Kunrads Strafpredigt gegen die philiströsen Münchner neben Wagner sogar direkt die Namen Strauss und Wolzogen erscheinen. Zweifellos haben sich die Autoren in dem Bestreben, den satirischen Charakter des Werkes möglichst zu unterstreichen, weit vorgewagt. Die Dichtung ist der freien Atmosphäre des Schwabinger Milieus entwachsen; sie geht dementsprechend hinsichtlich der Verdeutlichung ihrer Absichten ziemlich unbekümmert zu Werk, angefangen von der ungezügelten, die bajuwarische Derbheit charakterisierenden Ausdrucksweise bis zu der drastisch angedeuteten Defloration, die dem Komponisten als Vorwurf zu einem symphonischen Zwischenspiel diente. Aber schon der ungewöhnliche Untertitel »Singgedicht« verrät, daß eine Art Moritat vorgeführt wird, bei der Pathos, Satire und Parodie zusammenwirken. Dem trägt die musikalische Gestaltung vor allem mit einer entsprechend differenzierten Thematik Rechnung. Einer teils zarten, teils schwungvollen Lyrik (Diemuts »Mittsommernacht«, Kunrads »Daß ich den Zauber lerne«, Duett Diemut–Kunrad) und der pathetischen Motivik (Kunrad-, Zauberer-Motiv, Flammensprung) sind volkstümlich-frische Themen (Kinderchöre, Diemuts Amarellen-Lied, Spottgesänge der drei Gespielinnen) gegenübergestellt. Daneben dienen Wagner-Zitate (›Rheingold‹, ›Der fliegende Holländer‹) ebenso der Verulkung wie die Hereinnahme Altmünchner Bierlieder-Melodien (»Der alte Peter«, »Mir san net von Pasing«, »Guten Morgen, Herr Fischer«). Sogar Wendungen aus späteren Opern (›Rosenkavalier‹, ›Ariadne‹) werden bereits vorweggenommen; auch Walzerrhythmen erklingen hier erstmalig in einem Strauss'schen Bühnenwerk. Die geschlossenen Gebilde lassen sich aus dem unentwegt dahinfließenden musikdramatischen Dialog, in dem die Motive ebenso geistreich wie gekonnt verarbeitet sind, unschwer herauslösen. Auch bei ›Feuersnot‹ war Strauss über den ›Meistersinger‹-Stil im wesentlichen noch nicht hinausgewachsen. Bei seiner großen Verehrung für Wagner blieb er in der Oper länger traditionsgebunden als bei seinen symphonischen Dichtungen, in denen er damals (bis einschließlich ›Ein Heldenleben‹) bereits einen profilierten Eigenstil fixiert hatte. Die Errungenschaften dieser fortschrittlichen Entwicklung verwertete Richard Strauss bei ›Feuersnot‹ vor allem in der Orchesterbehandlung, die humoristische Wirkungen, aber auch manche klangliche Delikatesse vermittelt, wie zum Beispiel ein originell zusammengesetztes Bühnenorchester (Soloviolline und -cello, Glockenspiel, Harmonium und Harfe).

TEXTDICHTUNG: Die Erzählung Nr. 407 aus dem Sammelwerk ›Niederländische Sagen‹ (Brockhaus 1843): ›Das erloschene Feuer zu Audenaerde‹ gab Strauss die Anregung zu seiner ›Feuersnot‹. Der Komponist übernahm den Stoff in seinen Grundzügen nach der Vorlage und lokalisierte ihn auf seine Vaterstadt München. In Ernst von Wolzogen (1855–1934), dem Dichter des »Überbrettl«, fand er den geeigneten Mitarbeiter, der ihm die Burleske in einer mit Münchner Dialektausdrücken gefärbten Sprache und in Versen im Simplicissimus-Stil gestaltete.

GESCHICHTLICHES: Es dauerte etwa sechs Jahre, bis Strauss nach seinem dramatischen Erstling ›Guntram‹ sich wieder dem Opernschaffen zuwandte. Die trüben Erfahrungen, die er mit der Erlösungs- und Entsagungsoper im Stil Wagners machen mußte, bestimmten den Meister, sich anderen Stoffgebieten zuzuwenden. Er erwog verschiedene Stoffe, darunter auch einen ›Eulenspiegel‹, und verwarf sie wieder, bis er sich um die Jahrhundertwende für die ›Feuersnot‹-Idee begeisterte, die anschließend sogleich ausgeführt wurde. Die Uraufführung erfolgte am 21. November 1901 an der Dresdner Hofoper unter der musikalischen Leitung von Ernst von Schuch mit Annie Krull (Diemut) und Karl Scheidemantel (Kunrad) in den Hauptrollen. Das Werk wurde mit großem Beifall aufgenommen und bereits in der darauffolgenden Spielzeit an über dreißig Bühnen gegeben.

Salome

Musikdrama in einem Aufzug nach Oscar Wildes gleichnamiger Dichtung in deutscher Übersetzung von Hedwig Lachmann vom Komponisten.

SOLISTEN: *Herodes* (Charaktertenor, auch Heldentenor, gr. P.) – *Herodias* (Dramatischer Mezzosopran, auch Dramatischer Alt, m. P.) – *Salome* (Dramatischer Sopran, auch Jugendlich-dramatischer Sopran, gr. P.) – *Jochanaan* (Heldenbariton, gr. P.) – *Narraboth* (Jugendlicher Heldentenor, auch Lyrischer Tenor, m. P.) – *Ein Page* der Herodias (Mezzosopran, auch Alt, kl. P.) – *1. Jude* (Tenor, kl. P.) – *2. Jude* (Tenor, kl. P.) – *3. Jude* (Tenor, kl. P.) – *4. Jude* (Tenor, kl. P.) – *5. Jude* (Baß, kl. P.) – *1. Nazarener* (Seriöser Baß, kl. P.) – *2. Nazarener* (Charaktertenor, kl. P.) – *1. Soldat* (Baß, kl. P.) – *2. Soldat* (Baß, kl. P.) – *Ein Cappadocier* (Baß, kl. P.) – *Ein Sklave* (Sopran, auch Tenor, kl. P.).
SCHAUPLATZ: Eine große Terrasse im Palast des Herodes.
ZEIT: Zur Zeit der Regierung des Herodes II. Antipas.
ORCHESTER: 3 Fl., 1 Picc., 2 Ob., 1 Eh., 1 Heckelphon (Baßoboe), 1 Es-Kl., 2 A-Kl., 2 B-Kl., 1 Bkl., 3 Fag., 1 Kfag., 6 Hr., 4 Trp., 4 Pos., 1 Bt., P., Schl., Xyl., 1 Glsp., 2 Hrf., Cel., 16 Viol. I, 16 Viol. II, 10–12 Br., 10 Vcl., 8 Kb. – Bühnenmusik: Org., Harm. – (Im Verlag Fürstner sind mit Genehmigung des Komponisten auch die Stimmen für folgende vereinfachte Bläser-Besetzung erschienen: 3 Fl. [III. auch Picc.], 2 Ob., 1 Eh., 2 Kl., 1 Bkl., 3 Fag., 4 Hr., 3 Trp., 3 Pos., 1 Bt.).
GLIEDERUNG: Durchkomponierte symphonisch-dramatische Großform.
SPIELDAUER: etwa 1¾ Stunden.
HANDLUNG: Die judäische Prinzessin Salome ist ein seltsames Wesen. Die Männer ihrer Umwelt – Juden, die immerzu über Religionsfragen streiten, listige Ägypter und brutale Römer – sind ihr unsympathisch; dekadente Schwächlinge wie ihren Stiefvater Herodes, der sie fortwährend mit seinen lüsternen Blicken verfolgt, oder den weichlichen, jungen Hauptmann Narraboth verachtet sie. Als sie gelegentlich des nächtlichen Festbanketts auf die Terrasse des Palastes tritt, vernimmt sie aus einer Zisterne die Stimme des Propheten Jochanaan, den der Tetrarch wegen seiner Schmähreden auf das Lasterleben der Herodias

dort gefangen setzen ließ und den er aber dennoch vor dem Zugriff der Juden schützt, weil er ihn für einen heiligen Mann hält. Salome will Jochanaan sehen und sprechen, als sie erfährt, daß er ein junger Mann sei. Mit bestrickenden Worten weiß sie Narraboth zu überreden, daß er ihn trotz des Verbots des Tetrarchen heraufkommen läßt. Das asketische und unnahbare Wesen des Propheten reizt Salomes Sinnlichkeit gewaltig, sie will seinen Leib und sein Haar berühren und seinen Mund küssen. Als schließlich Jochanaan ihre leidenschaftlichen Verführungsversuche mit einer Verfluchung beantwortet und wieder in die Zisterne zurückkehrt, reift in ihrem Innern ein unheilvoller Plan. Herodes erscheint mit Gefolge auf der Terrasse. Er sucht Salome und will, daß sie vor ihm tanze. Die Prinzessin lehnt es ab. Als aber der Tetrarch unter Eid verspricht, ihr zur Belohnung jeden Wunsch erfüllen zu wollen, zeigt sie sich plötzlich bereit, seinem Verlangen zu willfahren. Hingerissen von der erotischen Wirkung des Tanzes, im Verlauf dessen nach und nach die sieben, Salomes Körper bedeckenden Schleier gefallen waren, fragt Herodes die Prinzessin, was sie sich wünsche. Mit kalter Miene verlangt sie den Kopf des Jochanaan in einer Silberschüssel. Umsonst bittet und beschwört sie der Tetrarch, ein anderes Geschenk zu fordern, umsonst bietet er ihr die kostbarsten Schätze, ja sogar den Vorhang des Allerheiligsten an. Salome besteht auf ihrem Verlangen. Als sie dann das abgeschlagene Haupt des Propheten aus der Hand des Henkers empfangen hat, küßt sie triumphierend den Mund des Toten. Angeekelt und in unheimlicher Angst vor dem zu erwartenden Unheil als Strafe für die Ermordung des Gottgesandten, gibt Herodes seinen Soldaten den Befehl, Salome augenblicklich zu töten.

Stilistische Stellung: Mit dem genialen Wurf der ›Salome‹ hatte Strauss die seiner künstlerischen Individualität gemäße Form des musikalischen Dramas gefunden, an der er auch in seinem späteren Bühnenschaffen im wesentlichen festgehalten hat. Das Wagnersche Gestaltungsprinzip ist beibehalten, etwa 30 Leitmotive bilden das Fundament der ›Salome‹-Musik. Die Struktur des Werkes zeigt aber in Thematik, Rhythmik, Harmonik und Instrumentation so sehr das Gepräge eines Eigenstils, den der Komponist in seinen symphonischen Werken bereits vor der Entstehung der ›Salome‹ zu hoher Meisterschaft entwickelt hatte, daß man gar nicht mehr an Wagner denkt. Die formale Anlage folgt dem wohlgegliederten Aufbau der Dichtung. Dementsprechend enthält die Partitur eine Reihe geschlossener Gebilde, die zum Teil ganze Szenen umfassen (Jochanaans Gesänge, das Juden-Quintett, Salomes Tanz, die Szene Salome–Jochanaan, Herodes' Geschenkangebote, Salomes große Schlußszene). Die Verarbeitung der Thematik, die jeweils aus der Situation geboren ist, scheut im Dienst des dramatischen Ausdrucks gelegentlich auch nicht vor häßlichen Verzerrungen zurück. Oft werden die vielseitigen Abwandlungen der

Themen und Motive durch rhythmische und metrische Veränderungen erzielt (häufiger Taktwechsel und Schwerpunktsverschiebungen). Die Harmonik hält trotz kühner Erweiterung des Alterierungsbegriffes immer die Beziehung zu einer Dur- oder Moll-Tonika aufrecht. Erstaunlich ist, was der feine Farbensinn des Komponisten aus dem instrumentalen Apparat, der das Wagner-Orchester im wesentlichen nur um die Farbe der Baßoboe (Heckelphon) bereichert, herauszuholen vermochte. Die virtuos differenzierte Behandlung des gewaltigen Klangkörpers, dessen Vollwerk nur an den dramatischen Höhepunkten, insbesondere bei den symphonischen Zwischenspielen, entfesselt wird, gestattet den Singstimmen einen nuancenreichen Vortrag.

TEXTDICHTUNG: Der englische Dichter Oscar Wilde (1856–1900) schloß sich bei der Darstellung des Salome-Stoffes in seinem 1893 in französischer Sprache geschriebenen Dramolet ›Salome‹ nicht der Auffassung des Franzosen Gustave Flaubert an, in dessen ›Hérodias‹ (1877) die judäische Prinzessin auf Anstiften ihrer rachsüchtigen Mutter den Kopf des Täufers verlangt, wie auch die schlichte Historie der Bibel berichtet (Matthäus 14, 1–12 und Markus 6, 14–29). Für Strauss arbeitete zunächst der Wiener Dichter Anton Lindner einen Operntext nach dem Wildeschen Stück aus, der aber nicht den Intentionen des Komponisten entsprach. Schließlich übernahm Strauss das Wildesche Original selbst als Textvorlage, das er in der deutschen Übersetzung von Hedwig Lachmann ohne wesentliche Veränderungen vertonte.

GESCHICHTLICHES: Schon bald nach der Uraufführung der ›Feuersnot‹ (1901) befaßte sich Strauss mit dem Plan der ›Salome‹, zu dem ihn der große Bühnenerfolg des Wildeschen Stückes (deutsche Erstaufführung in der Übersetzung von Dr. Kiefer, 1901 Breslau) angeregt hatte. Infolge starker anderweitiger beruflicher Inanspruchnahme erfolgte die Vollendung des Musikdramas, dessen Komposition im Sommer 1903 begonnen wurde, erst am 20. Juni 1905. Die Uraufführung fand unter Leitung von Ernst von Schuch und mit Maria Wittich (Salome), Karel Burian (Karl Burrian; Herodes), Carl Perron (Jochanaan) in den Hauptrollen am 9. Dezember 1905 an der Dresdner Hofoper statt. Der triumphale Erfolg machte Strauss mit einem Schlag zum führenden Musikdramatiker der Gegenwart, und weder das Zetergeschrei der Philister noch die Prüderie mancher Hoftheater-Zensurstellen konnten es verhindern, daß sich das aufsehenerregende Werk in Kürze alle großen Bühnen des In- und Auslandes eroberte.

Elektra

Tragödie in einem Aufzug. Dichtung von Hugo von Hofmannsthal.

Solisten: *Klytämnestra* (Dramatischer Mezzosopran, m. P.) – *Elektra* (Dramatischer Sopran, gr. P.) und *Chrysothemis* (Jugendlich-dramatischer Sopran, gr. P.), ihre Töchter – *Aegisth* (Jugendlicher Heldentenor, auch Heldentenor, kl. P.) – *Orest* (Heldenbariton, auch Seriöser Baß, m. P.) – *Der Pfleger* des Orest (Seriöser Baß, auch Charakterbaß, kl. P.) – *Die Vertraute* (Sopran, kl. P.) – *Die Schleppträgerin* (Sopran, kl. P.) – *Ein junger Diener* (Tenor, kl. P.) – *Ein alter Diener* (Baß, kl. P.) – *Die Aufseherin* (Sopran, kl. P.) – *1. Magd* (Alt, kl. P.) – *2. Magd* (Mezzosopran, kl. P.) – *3. Magd* (Mezzosopran, kl. P.) – *4. Magd* (Sopran, kl. P.) – *5. Magd* (Sopran, kl. P.).
Chor: Dienerinnen und Diener (kl. Chp.).
Ort: Mykene.
Schauplatz: Der innere Hof, begrenzt von der Rückseite des Palastes und niedrigen Gebäuden, in denen die Diener wohnen, links vorn ein Ziehbrunnen.
Orchester: 1 Picc., 3 Fl. (auch 2 Fl. und 2 Picc.), 2 Ob., 1 Eh. (auch III. Ob.), 1 Heckelphon (Baßoboe), 1 Es-Kl., 4 B-Kl. (auch 2 B- und 2 A-Kl.), 2 Bh., 1 Bkl., 3 Fag., 1 Kfag., 4 Hr., 2 B-Tbn., 2 F-Tbn. (auch 5.–8. Hr.), 6 Trp., 1 Btrp., 3 Pos., 1 Kpos., 1 Ktb., 6–8 P., Glsp., Schl., Cel., 2 Hrf. (womöglich zu verdoppeln), 8 Viol. I, 8 Viol. II, 8 Viol. III, 6 Br. I (auch Viol. IV), 6 Br. II, 6 Br. III, 6 Vcl. I, 6 Vcl. II, 8 Kb. – (Im Verlag Fürstner sind mit Genehmigung des Komponisten auch die Stimmen für folgende vereinfachte Bläserbesetzung erschienen: 3 Fl., 2 Ob., 1 Eh., 4 Kl., 3 Fag., 4 Hr., 6 Trp., 3 Pos., 1 Bt.).
Gliederung: Durchkomponierte symphonisch-dramatische Großform.
Spieldauer: etwa 1¾ Stunden.
Handlung: Auf dem Herrscherhaus der Pelopiden oder Atriden, wie das Geschlecht nach dem Stammvater Pelops beziehungsweise nach dessen Sohn Atreus heißt, lastet von alters her ein Fluch, der sich darin auswirkt, daß Mord und Totschlag unter den nächsten Familienangehörigen im Königspalast zu Mykene heimisch geworden sind. Agamemnon, ein Enkel des Atreus und Heerführer der Griechen vor Troja, war nach seiner Heimkehr von dem siegreichen Feldzug von seiner Gattin Klytämnestra und deren Buhlen Aegisth im Bad mit einem Beil erschlagen worden. Das verbrecherische Paar wollte auch Agamemnons minderjährigen Sohn Orest umbringen, aber dessen Schwester Elektra wußte den Bruder noch rechtzeitig durch einen getreuen Diener zu König Strophios nach Phokis in Sicherheit zu bringen. Seit dieser Zeit muß sich Elektra schlechte Behandlung und Demütigungen schlimmster Art gefallen lassen. In ständiger Klage um den Vater und

erfüllt von Ekel vor ihrer Umgebung, lebt sie nur mehr dem Tag der Vergeltung, für die der junge Orest von seinem Pfleger, einem harten und entschlossenen Mann, sorgsam herangezogen wird. Elektra will daher nichts von einer Flucht wissen, wozu sie ihre jüngere Schwester Chrysothemis, die sich nach Liebe und Mutterglück sehnt, zu veranlassen sucht. Sie läßt sich auch nicht durch Chrysothemis' Warnung abschrecken, daß man sie in einem Turm einzukerkern beabsichtige. Im Gegenteil! Sie stellt sich ihrer Mutter zu einer Aussprache, als diese, über und über mit Amuletten und Edelsteinen behangen, mit einem Opferzug herannaht. Klytämnestra sucht nach einer Opfergabe zur Versöhnung der Götter, damit ihre quälenden Träume aufhörten. Mit gleisnerischen Worten gibt Elektra vor, das einzig wirksame Mittel dagegen zu kennen. Sie lenkt dabei das Gespräch auf Orest. In wildem Haßausbruch schleudert sie schließlich der Mutter ins Gesicht, daß sie erst bluten müsse für ihre Verbrechen, bevor sie Ruhe fände. Die auf den Siedepunkt gelangte Auseinandersetzung wird durch das eilige Erscheinen der Vertrauten Klytämnestras unterbrochen. Diese flüstert der Herrin einige Worte ins Ohr, worauf Klytämnestra strahlend und triumphierend abgeht. Gleich darauf meldet Chrysothemis der Schwester, es seien soeben zwei Männer – ein älterer und ein junger – angekommen mit der Botschaft, daß Orest tot sei. Daraufhin beschwört Elektra Chrysothemis, die Tat in der kommenden Nacht mit ihr zusammen zu vollbringen. Aber diese weigert sich und läuft davon. Mit einem Fluch auf die Schwester beschließt Elektra, nunmehr die Vergeltung allein durchzuführen. Hastig scharrt sie nach dem vergrabenen Beil, mit dem einst der Vater getötet worden war. In diesem Augenblick nähert sich ihr der jüngere Trauerbote, dem Elektra zunächst mißtrauisch und scheu gegenübersteht. Er erzählt ihr von Orests Ende; als ihm aber Elektra ihren Namen nennt, flüstert er der Verzweifelten zu, daß Orest noch am Leben sei. Gleich darauf stürzen einige ältere Diener in den Hof und küssen dem Fremden ehrfurchtsvoll den Saum des Gewandes, der sich nun endlich Elektra zu erkennen gibt: Es ist Orest selbst. Nach Worten seligen Entzückens wehrt sich die in ihrer Schmach gedemütigte Elektra, sich von ihrem Bruder umarmen zu lassen. Das Elend und die Trauer der Schwester erinnern Orest wieder an seine Mission der rächenden Sühne. Mahnend erscheint der alte Pfleger am Hofeingang; sichtlich von einem inneren Schauer erregt, rafft sich Orest auf und geht mit seinem Erzieher ins Haus. In höchster Aufregung läuft Elektra wie ein wildes Tier im Käfig vor der Türe hin und her; sie konnte dem Bruder das Beil nicht mehr geben. Aber bald verraten gellende Schreie Klytämnestras aus dem Innern des Hauses, daß der Rächer bereits am Werk ist. Als dann Aegisth, der eiligst herbeigeholt worden ist, um die Nachricht von dem Tod des Orest aus dem Munde der Boten selbst zu hören, in den Hof schlendert, leuchtet ihm Elektra, heuchlerisch-liebenswürdig, mit einer Fakkel ins Haus. Auf die Hilferufe und Todesschreie des Aegisth strömen die Diener und Mägde des Hauses herbei, die Anhänger des Aegisth werden von der überwiegend dem Orest ergebenen Dienerschaft rasch überwältigt. Klytämnestra und Aegisth haben ihre Schuld gesühnt, Elektra ihr Lebensziel erreicht. Sie hört nicht auf die Jubelrufe der treuen Dienerschaft und nicht auf den von neuen Lebenshoffnungen erfüllten Zuspruch der Schwester. Im Taumel des Glückes fordert sie Chrysothemis und das Gesinde auf, sich an ihrem Freudentanz zu beteiligen, den sie in wilder Ekstase zu einem Gipfel seelischen Lustrausches steigert, bis sie, in diesem gleichsam ertrinkend, tot zusammenbricht.

Stilistische Stellung: Es ist in hohem Grade bewunderungswürdig, wie Strauss Hofmannsthals Dichtung, die ja gar nicht als Textvorlage für ein Musikdrama gedacht war, trotz ihres beklemmend-schauerlichen Stoffes, in Musik zu setzen und dadurch die Wirkungskraft des allein schon durch seine sprachlichen Qualitäten wertvollen literarischen Kunstwerkes noch erheblich zu steigern wußte. Das Pathologische in Handlung und Charakteren erforderte eine außergewöhnliche musikalische Gestaltungsweise: diese äußert sich zunächst schon in der melodisch-rhythmischen Prägnanz einer Thematik, die in ihrem tonmalerischen Naturalismus oft von greifbarer Plastik ist, dann vor allem in einer kühnen Harmonik, die sich bei der Schilderung des Gräßlichen und Häßlichen durch das polyphone Gewebe der Motive (etwa 45 an der Zahl) vielfach in harten Dissonanzen und Mißklängen oder auch in kalten und fahlen Klanggebilden ergeht. Dabei wird die Verbindung polytonaler Klänge bis an die Grenze der Atonalität getrieben. Gleichsam wie ein anklagender Aufschrei leitet das Agamemnon-Thema ein, das im Verlauf des Werkes immer wieder erklingt, wenn auf den Griechenfürsten Bezug genommen wird. Hinsichtlich der Instrumentation ist als wesentliches Charakteristikum der ›Elektra‹-Partitur die in ihrem Stärkeverhältnis genau vorgeschriebene Unterteilung der Streicher anzusehen. Die Gliederung der Streichinstrumente in der Hauptsache in drei Chöre bewirkt offenbar den eigentümlich gedämpften Grundklang des ›Elektra‹-Orchesters, der selbst im Fortissimo des mit 40 Blasinstrumenten besetzten Riesenapparates keine brutalen Wirkungen aufkommen läßt. Daher werden auch die Singstimmen bei richtiger Beachtung der dynamischen Vorschriften nicht nur nicht zugedeckt, sondern in ihrer plastischen Wirkung gehoben und getragen. Die Auflichtung der schwülen Atmosphäre bei den Szenen, in denen normal-natürliche Gefühle die Oberhand gewinnen (Chrysothemis, Erkennungsszene), schafft wirkungsvolle Kontraste.

Textdichtung: Die Tragödie des mykenischen Königshauses wurde im Altertum von den drei großen attischen Trauerspieldichtern Aeschylos (›Orestie‹), Euripides (›Elektra‹ – ›Orestes‹) und Sophokles (›Elektra‹) dramatisch behandelt. Hofmannsthals im Jahre 1903 als

Sprechstück entstandene Dichtung stellt gegenüber der lichten hellenistischen Darstellung des Stoffes, die das Heroische betont, die dunklen Gewalten des Mythos in den Vordergrund. Das dramatische Interesse konzentriert sich auf die Gestalt der Elektra. Sie ist zwar aktiv an der eigentlichen Durchführung des Rachewerks gar nicht beteiligt, führt aber in der großen Spannweite ihrer Emotionen die ganze Tragik der schicksalhaften Ereignisse mit packender Realistik vor Augen.

GESCHICHTLICHES: Nach ›Salome‹ wollte Strauss ursprünglich eine komische Oper schreiben; es fehlte ihm aber ein geeigneter Stoff. Ein Freund machte ihn auf ›Elektra‹ aufmerksam. Strauss entschloß sich, Hofmannsthals Dichtung zu vertonen, nachdem er das Stück in Max Reinhardts Inszenierung mit Gertrud Eysolt am Deutschen Theater, Berlin, gesehen hatte. Für die Komposition wurden ein paar unwesentliche Kürzungen vorgenommen, die Erkennungsszene Elektra–Orest wurde um einige Verse erweitert. Im September 1906 hatte Strauss mit der Arbeit an der ›Elektra‹ begonnen. Die Berliner Hofoper gewährte ihm für die Ausarbeitung des Werkes einen einjährigen Sonderurlaub ab 1. Oktober 1908; denn das gewaltige Drama beanspruchte die gesamte Schaffenskraft des Komponisten, mußten doch manche Abschnitte mehrmals entworfen werden, bis sie die endgültige Gestalt annahmen. Die Uraufführung erfolgte am 25. Januar 1909 unter Ernst von Schuch und mit Annie Krull (Titelrolle), Margarete Siems (Chrysothemis), Ernestine Schumann-Heinck (Klytämnestra), Carl Perron (Orest) in den Hauptrollen an der Dresdner Hofoper. Der äußere Erfolg stand zwar hinter dem der ›Salome‹ zurück, doch fand das Werk trotzdem eine rasche Verbreitung im In- und Ausland. ›Elektra‹ wird heute von vielen Musikern als der Höhepunkt im Schaffen des Meisters angesehen.

Der Rosenkavalier

Komödie für Musik in drei Aufzügen von Hugo von Hofmannsthal.

SOLISTEN: *Die Feldmarschallin Fürstin Werdenberg* (Dramatischer Sopran, auch Jugendlich-dramatischer Sopran, gr. P.) – *Der Baron Ochs auf Lerchenau* (Schwerer Spielbaß, auch Seriöser Baß, auch Baßbariton, gr. P.) – *Octavian,* genannt Quinquin, ein junger Herr aus großem Haus (Dramatischer Mezzosopran, gr. P.) – *Herr von Faninal,* ein reicher Neugeadelter (Heldenbariton, auch Charakterbariton, gr. P.) – *Sophie,* seine Tochter (Lyrischer Koloratursopran, auch Lyrischer Sopran, gr. P.) – *Jungfer Marianne Leitmetzerin,* die Duenna (Sopran, m. P.) – *Valzacchi,* ein Intrigant (Spieltenor, auch Charaktertenor, m. P.) – *Annina,* seine Begleiterin (Mezzosopran, auch Spielalt, m. P.)

– *Ein Polizeikommissar* (Baß, kl. P.) – *Der Haushofmeister* bei der Feldmarschallin (Tenor, kl. P.) – *Der Haushofmeister* bei Faninal (Tenor, kl. P.) – *Ein Notar* (Baß, kl. P.) – *Ein Wirt* (Tenor, kl. P.) – *Ein Sänger* (Jugendlicher Heldentenor, auch Lyrischer Tenor, kl. P.) – *Ein Flötist* (Stumme Rolle) – *Ein Gelehrter* (Stumme Rolle) – *Ein Friseur* (Stumme Rolle, Solotänzer) – *Dessen Gehilfe* (Stumme Rolle, Tänzerin) – *Eine adelige Witwe* (Stumme Rolle) – *Drei adelige Waisen* (Sopran, Mezzosopran und Alt, kl. P.) – *Eine Modistin* (Sopran, kl. P.) – *Ein Tierhändler* (Tenor, kl. P.) – *Vier Lakaien* der Feldmarschallin (2 Tenöre und 2 Bässe, kl. P.) – *Vier Kellner* (1 Tenor und 3 Bässe, kl. P.).
Mögliche Doppelbesetzungen: Haushofmeister bei der Feldmarschallin – Wirt; Sänger – Haushofmeister bei Faninal; Notar – Polizeikommissar.
CHOR: Ein kleiner Neger. Lakaien. Lauffer. Haiducken. Küchenpersonal. Gäste. Musikanten. Zwei Wächter. Vier kleine Kinder. Verschiedene verdächtige Gestalten (soweit es sich um stumme Rollen handelt, ist auch eine Besetzung mit Ballettmitgliedern möglich; kl. Chp.).
BALLETT: (Siehe oben unter Solisten und Chor!)
ORT: Wien.
SCHAUPLÄTZE: Das Schlafzimmer der Feldmarschallin – Saal bei Herrn von Faninal – Ein Extrazimmer in einem Gasthaus.
ZEIT: In den ersten Jahren der Regierung Maria Theresias.
ORCHESTER: 3 Fl. (III. auch Picc.), 2 Ob., 1 Eh. (auch III. Ob.), 1 D-Kl. (auch Es-Kl. und III. B-Kl.), 2 B-Kl., 1 Bh. (auch Bkl.), 3 Fag. (III. auch Kfag.), 4 Hr., 3 Trp., 3 Pos., 1 Bt., P., Schl. (3 Spieler), Cel., 2 Hrf., 16 Viol. I, 16 Viol. II, 12 Br., 10 Vcl., 8 Kb. – Bühnenmusik: I. und II. Viol., Br., Vcl., Kb. (die Streicher auf der Bühne entweder 5 sehr gute Solisten mit klangvollen Instrumenten oder in reichlicher Verdopplung, nur nicht je zwei!), 2 Fl., 1 Ob., 1 C-Kl., 2 B-Kl., 2 Fag., 2 Hr., 1 Trp., 1 kl. Tr., Klav., Harm.
GLIEDERUNG: Durchkomponierte symphonisch-dramatische Großform.
SPIELDAUER: etwa 3½ Stunden.
HANDLUNG: Der blutjunge Octavian Graf Rofrano, genannt Quinquin, liebt mit schwärmerischer Leidenschaft die Feldmarschallin Fürstin Werdenberg. Doch sie wird immer wieder durch die schleichende Sorge bedrückt, daß früher oder später der Tag kommen wird, an dem sie, die reife Frau, das Glück ihres Herzens einer Jüngeren abtreten muß. Und seltsamerweise lenkt sie selbst des Schicksals Lauf nach dieser Richtung, als sie mit ihrem Schatz eines Morgens während des Frühstücks durch den Besuch eines entfernten Verwandten, Baron Ochs auf Lerchenau, in ihrem Schlafzimmer überrascht wird. Octavian pariert geistesgegenwärtig die bedenkliche Situation, indem er sich hinter dem Wandschirm schnell mit Hilfe einiger Kleidungsstücke der Feldmarschallin in eine Zofe »Mariandl« verwandelt. Der Land-

edelmann Ochs ist nach Wien gekommen, um zur Rettung aus tiefer Schuldennot die bildhübsche Sophie, Tochter des steinreichen neugeadelten Armeelieferanten von Faninal zu heiraten. Er benötigt nun die Vermittlung der Marschallin bei der Bestellung eines vornehmen Kavaliers, der einer alten Gepflogenheit gemäß der Braut bei dem bevorstehenden Verlobungszeremoniell eine silberne Rose überreichen soll. Die Fürstin schlägt ihm belustigt Octavian vor; denn der alte Schwerenöter merkt von der Verkleidung nichts. Im Gegenteil! Nur mit Mühe kann sich »Mariandl« durch Hereinrufen der im Vorzimmer wartenden Antichambre seinen Zudringlichkeiten entziehen. Während die Fürstin frisiert wird, tragen die Bittsteller ihre Anliegen vor. Inzwischen bearbeitet der Baron den Notar der Feldmarschallin, ihm in den Ehevertrag eine Klausel über die Zuerkennung einer Morgengabe von seiten des Brautvaters einzufügen. Als der Notar unterwürfig bemerkt, daß dies juristisch nicht möglich sei, herrscht ihn Ochs, mit der Faust auf den Tisch schlagend, an, daß die Vorschriften eben dann entsprechend ausgelegt werden müßten. Die Fürstin fordert die Anwesenden auf, sich nunmehr zurückzuziehen; auch Ochs geht jetzt endlich. Die geplante Verheiratung der blutjungen Sophie mit dem aufgeblasenen schlechten Kerl erinnert die Feldmarschallin in gewissem Sinn an die eigene Jugend, wie auch sie, »die kleine Resi«, frisch aus dem Kloster in den Ehestand kommandiert worden war. Dabei verliert sie sich in schwermütigen Gedanken über den Lauf der Welt, das unabwendbare Los des Alterns. Als Octavian zurückkommt, hält sie seinen leidenschaftlichen Liebesbeteuerungen philosophierende Betrachtungen über die Zeit entgegen. Nachdem Quinquin, ihrer Aufforderung folgend, weggegangen ist, bereut sie es doch, ihn ohne Kuß fortgelassen zu haben. Rasch schickt sie ihm einige Diener nach, doch zu spät, der Graf war eiligst davongeritten. Daraufhin ruft sie ihren kleinen Mohren und übergibt ihm das Futteral mit der silbernen Rose, das er dem Grafen Rofrano überbringen soll. – Am Verlobungstag wartet Sophie mit Spannung darauf, ihren Zukünftigen kennenzulernen. Aber schon bei der Begrüßung schockieren die platt-derben und anzüglichen Redensarten des lüsternen Lebemanns das junge Mädchen, während es zu Octavian gleich bei der Überreichung der silbernen Rose ungemeines Zutrauen faßt. Nachdem sich der Baron zur Beratung des Ehevertrags mit dem Notar in ein Nebenzimmer begeben hat, gesteht Sophie dem Grafen, Ochs auf keinen Fall heiraten zu wollen. Das Intrigantenpaar Annina–Valzacchi, das die trauliche Unterredung der beiden jungen Leute belauscht hat, ruft schreiend den Baron herbei. Octavian gibt ihm nun Sophiens Entschluß bekannt, und als der rücksichtslose Mitgiftjäger sich harthörig stellt, fordert ihn der Graf ritterlich auf die Klinge. Aber der Baron versucht feig zu kneifen. Da zieht Octavian in höchster Erregung seinen Degen und verwundet ihn leicht am Arm. In tödlicher Aufregung über den Skandal, den der hohe Herr in seinem Haus erfahren mußte, verspricht Faninal dem Baron Satisfaktion und erklärt der Tochter, daß er darauf bestehe, daß sie Ochs heiraten werde. Octavian beschließt nun, dem reizenden Mädchen, für das sein Herz rasch in Liebe entbrannt ist, aus seiner fatalen Situation zu helfen. Im Verein mit Annina und Valzacchi, die, enttäuscht über die Knickrigkeit des Barons, nunmehr zur Gegenpartei übergegangen sind, ersinnt er einen köstlichen Plan, um den alten Schürzenjäger in eine Falle zu locken und ihn als solchen vor aller Welt und besonders vor Faninal zu entlarven. Octavian fungiert dabei wieder als »Mariandl«. – Zunächst wird über Annina brieflich ein Stelldichein für den nächsten Abend in dem Extrazimmer eines Vorstadt-Wirtshauses verabredet. Als Ochs dort bei Wein und »Musi« anfängt zärtlich zu werden, hebt plötzlich ein Spuk an: Es erscheinen der Reihe nach verdächtige Gestalten sowie eine von Ochs angeblich verlassene Frau mit ihren Kindern. Auf die Hilferufe des Barons kommt ein Polizeikommissar, der aber den Bedrängten selbst einem peinlichen Verhör unterzieht. In die Enge getrieben, erklärt Ochs, das Mädchen sei seine Braut, die Tochter des Edlen von Faninal. In diesem Augenblick betritt Faninal, den Octavian inzwischen eiligst herbeiholen ließ, das Wirtshaus. Bestürzt sucht Ochs nach Ausreden, aber der empörte Vater läßt sogleich seine Tochter hereinkommen, damit diese sich selbst von dem Skandal überzeugen könne. Nachdem Faninal, einer Ohnmacht nahe, von Sophie in das Nebenzimmer gebracht worden ist, gibt sich Octavian heimlich dem Kommissar zu erkennen. Da erscheint aber unerwartet die Feldmarschallin, welche der Leiblakai des Barons seinem Herrn zur Rettung aus der gefährlichen Situation zu Hilfe gerufen hat. Ochs läßt sich durch die deutliche Abfuhr, die ihm von Faninal durch Sophie übermittelt wird, zunächst nicht aus der Fassung bringen. Als ihm aber die Fürstin den Rat gibt zu verschwinden, beginnt er, der trotz seines hemmungslosen Benehmens den Schliff einer weltgewandten Erziehung nicht verleugnen kann, sich nach und nach in dem delikaten Quiproquo: Feldmarschallin–Octavian–Mariandl zurechtzufinden. Schlau sucht er aus der Situation Nutzen zu ziehen, aber die Fürstin bedeutet ihm erst fein und schließlich unmißverständlich, daß die Sache mit der Brautschaft zu Ende sei. Ochs erkennt jetzt, daß sein Spiel verloren ist, und während ihm von allen Seiten die Rechnungen für sein Abenteuer präsentiert werden, zieht er blamiert ab. Octavian ringt der Fürstin gegenüber nach einer Erklärung, doch sie resigniert ebenso überlegen wie still und vornehm. Sie entfernt sich mit Faninal, den sie, um den alten Mann zu rekreieren, in ihrem Wagen nach Hause bringen will. Octavian schließt Sophie in seine Arme und küßt sie, wobei ihr unbemerkt das Taschentuch herunterfällt. Hand in Hand verläßt das junge Paar das Lokal. Gleich darauf erscheint der kleine Mohr der Feldmarschallin. Er sucht und findet das Tüchlein und trippelt hinaus.

Stilistische Stellung: Straussens Verwurzeltsein mit Geist und Tradition des bayrisch-österreichischen Barock und Rokoko verdankt die Welt zwei der schönsten Schöpfungen der Opernliteratur: den ›Rosenkavalier‹ und die ›Ariadne auf Naxos‹. Stand bei den vorangegangenen Musikdramen ›Salome‹ und ›Elektra‹ Richard Wagner zu Pate, so war es die besondere Vorliebe des Meisters für Mozart, die ihn veranlaßte, einmal ein Werk im Geist des großen Salzburgers zu schreiben, das heißt ein heiter-ernstes Spiel im Charakter der Opera buffa mit Bevorzugung des Lyrischen und Melodischen, bereichert um die pikante Würze moderner Harmonik und Rhythmik und verbrämt mit den leuchtenden und schillernden Farben des großen Orchesters. Schon der Untertitel »Komödie für Musik« weist auf die Ahnherrschaft der Buffaoper, die vielfach die Bezeichnung »commedia in musica« trug. Den Anschluß an Mozart vermittelt in erster Linie eine große Reihe geschlossener Gebilde (Monologe, Duette, Terzette, Ensembles). Anstelle des Secco-Rezitativs tritt ein virtuos gestalteter musikalischer Konversationsstil, dessen polyphon untermalendes Orchester bei mangelhafter Sprechtechnik der Sänger und bei Nichtbeachtung der dynamischen Vortragszeichen freilich vielfach die Wortverständlichkeit gefährdet. Dominierend durchziehen die schwungvollen Klänge des Wiener Walzers die Partitur, der trotz seiner anachronistischen Placierung in einem Rokokostück überaus glücklich die lokale Atmosphäre bestimmt.

Textdichtung: Die vom Dichter Hugo von Hofmannsthal (1874 bis 1929) frei erfundene Komödienhandlung vermittelt ein lebendiges Sitten- und Kulturbild aus dem Maria-Theresianischen Zeitalter. Auch in der Dichtung wurde auf bewährte Gestaltungsmittel der alten Buffaoper zurückgegriffen (Verkleidung, Verwechslung, Intrigenspiel), und selbst die dieser Gattung geläufigen Typen fehlen nicht (z. B. die Zofe, der Notar, die Amme, der Medicus). Wie in der Musik die Hereinnahme des Walzers, dient in der Dichtung die Verwendung des Wiener Dialekts als Kunstmittel zur Stilisierung des Lokalkolorits.

Geschichtliches: Schon um die Zeit der Uraufführung der ›Elektra‹ stand Strauss mit Hofmannsthal in Unterhandlung wegen eines neuen Buches, und zwar sollte dieses als Textvorlage für eine Art »Mozart-Oper« geeignet sein. Der Dichter hatte bald darauf die Skizze zum ›Rosenkavalier‹ fertig und er begann anschließend sogleich mit der Ausarbeitung des Textes, den Strauss ab Mai 1909 stückweise jeweils nach Erhalt der einzelnen Teile sofort in Musik setzte. Bisweilen griff der Komponist auch bestimmend in den Entstehungsprozeß der Dichtung ein (zweite Hälfte des II. Aktes, Schluß des III. Aktes); auch kritische Stimmen Außenstehender, zum Beispiel des Intendanten Nikolaus Graf von Seebach, wurden berücksichtigt. Am 26. September 1910 wurde die Komposition mit der Fertigstellung der Partitur in Garmisch abgeschlossen, nachdem das ursprünglich ›Ochs‹ benannte

Werk am 17. September 1910 endgültig den Titel ›Der Rosenkavalier, Komödie für Musik‹ erhalten hatte. Die Uraufführung fand an der Dresdner Hofoper unter Leitung Ernst von Schuchs und in der Inszenierung von Max Reinhardt, der erst kurz vor der Premiere herbeigeholt worden war, am 26. Januar 1911 statt. In den Hauptrollen sangen: Margarete Siems (Feldmarschallin), Eva von der Osten (Octavian) und Carl Perron (Ochs). Der Erfolg übertraf noch den von ›Salome‹ und ›Elektra‹, und wenige Monate später stand das Werk bereits auf den Spielplänen der meisten großen Bühnen des In- und Auslandes.

Ariadne auf Naxos

Oper in einem Aufzug nebst einem Vorspiel. Dichtung von Hugo von Hofmannsthal.

SOLISTEN: Personen des Vorspiels: *Der Haushofmeister* (Sprechrolle, kl. P.) – *Ein Musiklehrer* (Heldenbariton, auch Charakterbariton, m. P.) – *Der Komponist* (Dramatischer Mezzosopran, auch Jugendlich-dramatischer Sopran, m. P.) – *Der Tenor* [*Bacchus*] (Heldentenor, auch Jugendlicher Heldentenor, m. P.) – *Ein Offizier* (Tenor, auch Bariton, kl. P.) – *Ein Tanzmeister* (Spieltenor, auch Charaktertenor, m. P.) – *Ein Perückenmacher* (Bariton, kl. P.) – *Ein Lakai* (Baß, kl. P.) – *Zerbinetta* (Lyrischer Koloratursopran, gr. P.) – *Primadonna* [*Ariadne*] (Dramatischer Sopran, auch Jugendlich-dramatischer Sopran, gr. P.) – *Harlekin* (Spielbariton, m. P.) – *Scaramuccio* (Spieltenor, auch Charaktertenor, m. P.) – *Truffaldin* (Spielbaß, m. P.) – *Brighella* (Tenor, m. P.). Personen der Oper: *Ariadne* (Dramatischer Sopran, auch Jugendlich-dramatischer Sopran, gr. P.) – *Bacchus* (Heldentenor, auch Jugendlicher Heldentenor, m. P.) – *Najade* (Lyrischer Koloratursopran, auch Lyrischer Sopran, m. P.) – *Dryade* (Mezzosopran, auch Spielalt, m. P.) – *Echo* (Lyrischer Sopran, auch Jugendlich-dramatischer Sopran, m. P.) – Als Intermezzo: *Zerbinetta* (Lyrischer Koloratursopran, gr. P.) – *Harlekin* (Spielbariton, m. P.) – *Scaramuccio* (Spieltenor, auch Charaktertenor, m. P.) – *Truffaldin* (Spielbaß, m. P.) – *Brighella* (Tenor, m. P.).

ORT: Wien.

SCHAUPLÄTZE: Ein tiefer, kaum möblierter Raum im Haus eines großen Herrn, links und rechts je zwei Türen, im Hintergrunde Zurichtungen zu einem Haustheater – Vor einer Höhle (Grotte).

ORCHESTER: 2 Fl., 2 Ob., 2 Kl., 2 Fag., 2 Hr., 1 Trp., 1 Pos., P., Schl., 2 Hrf., Klav. (Konzertflügel), Cel., Harm., 6 Viol., 4 Br., 4 Vcl., 2 Kb.

GLIEDERUNG: Im Vorspiel: Durchkomponierte, häufig vom streng rhythmisierten Rezitativ durchzogene Großform; in der Oper: Freie

Nachbildungen von geschlossenen Formen der Barockoper und der Opera buffa, die pausenlos ineinandergehen.
SPIELDAUER: etwa 2 ¼ Stunden.
HANDLUNG: In dem Palais eines reichen Grafen werden auf der Bühne des Haustheaters eifrig die letzten Vorbereitungen zur Aufführung einer Oper ›Ariadne auf Naxos‹ getroffen. Es herrscht große Aufregung, da der Lehrer des jungen Komponisten soeben erfahren hat, daß nach der Oper seines Schülers noch ein lustiges Tanzspiel: ›Die ungetreue Zerbinetta mit ihren vier Liebhabern‹ gespielt werden soll. Man erblickt hierin eine Entwürdigung der hohen Kunst. Anderseits macht sich die kokette Zerbinetta mit dem komödiantischen Tanzmeister über die langweilige Oper lustig, und die Buffoleute erhoffen sich mit ihren amüsanten Darbietungen einen um so größeren Erfolg. In diese an sich schon geladene Atmosphäre platzt nun wie eine Bombe der durch den Haushofmeister überbrachte Befehl des großen Herrn, die beiden Stücke, also die seriöse Oper und das Tanzspiel, nicht hintereinander, sondern gleichzeitig vorgeführt zu bekommen. Schon will der Komponist sein Werk zurückziehen, da rettet der Tanzmeister die Situation, indem er vorschlägt, die Oper zu kürzen und dazwischen an geeigneten Stellen die sich in jeder Lage zurechtfindende Zerbinetta mit ihren aufeinander eingespielten Partnern Brighella, Scaramuccio, Harlekin und Truffaldin auftreten zu lassen. Schweren Herzens willigen der Musiklehrer und schließlich auch der Komponist ein. Durch das zwischen Ironie und Ernst pendelnde Wortgeplänkel mit dem unglücklichen Jüngling erweckt Zerbinetta, die ihre Bühnenrolle als kapriziöses, verführerisches Weibchen auch im Leben zu spielen pflegt, bei diesem neuen Mut, den er daraufhin seinem Lehrer gegenüber in pathetischen Worten und mit einem schwärmerischen Hymnus auf »die heilige Musik« zum Ausdruck bringt. Ein frecher Pfiff, mit dem Zerbinetta ihre Partner zu der nunmehr beginnenden Vorstellung auf den Plan ruft, reißt ihn aber wieder in die rauhe Wirklichkeit zurück, und in verzweifelter Resignation begibt er sich zu seinen Musikern. – Die Vorstellung auf dem Haustheater beginnt zunächst mit der Oper ›Ariadne auf Naxos‹. Auf einem Lager vor einer Grotte ruht Ariadne in dumpfem Schmerz. Der melancholische Gesang der Nymphen Najade, Dryade und Echo symbolisiert die Teilnahme der Natur an Ariadnes Trauer. Mit einem Klageruf erwacht Ariadne aus dunklen Träumen. Soll sie nochmals zum Leben zurückkehren? In ihrer Erinnerung taucht ein schönes Bild auf: Die Liebe Theseus–Ariadne, doch sie will vergessen, und ihre Sehnsucht kennt nur mehr ein Ziel: das Totenreich. Sie erwartet den Götterboten Hermes, der die Seelen der Abgeschiedenen in das dunkle Reich geleitet. Nun erscheint auf der Bühne die Buffogruppe, Zerbinetta mit ihren vier Partnern, die schon vorher Ariadnes Monolog mit ironisierenden Bemerkungen unterbrochen hatten. In einem duftigen Tänzchen im Polkaschritt suchen sie die

trauernde Prinzessin zu erheitern. Doch vergeblich! Zerbinetta schickt ihre Leute weg. Sie will nun allein die im Schmerz Erstarrte zu ihrer Auffassung über die Männer und die Liebe bekehren und fordert sie auf, dem weiblichen Urtrieb zu folgen und sich hinzugeben, sobald sich Gelegenheit bietet. Empört hat sich Ariadne in ihre Grotte zurückgezogen. Daraufhin beginnt Zerbinetta ein kokettes Spiel mit ihren vier Liebhabern, bei dem schließlich der feurige Harlekin den Sieg davonträgt und die drei anderen geprellt und zornig abziehen. Aufgeregt stürzen die drei Nymphen herbei und künden der Ariadne das Nahen eines Schiffes mit dem jugendlichen Gott Bacchus an, dem Sohn des Zeus und der Semele. Die Mutter war nach der Geburt des Bacchus von den Strahlen des Zeus in Asche verwandelt worden, und Nymphen zogen den jungen Gott auf. Er kommt soeben von seinem ersten Abenteuer, das er gegen die Zauberin Circe bestanden hat. Diese pflegt, harmlos an einem Webstuhl sitzend, die Fremdlinge, die zu ihr kommen, zum Mahle zu laden und sie dann mit einem Zauberstab in Tiere zu verwandeln. An Bacchus, dem Gott, versagte jedoch ihre Zauberkunst, und er entkam heil. Im strahlenden Glanz der Jugend erscheint er auf dem Felsen der Insel, noch benommen von dem Erlebnis mit der Circe. Ist Ariadne, deren Schönheit ihn mächtig erregt, auch so eine Zauberin, fragt sich der Unerfahrene. Ariadne ihrerseits vermutet in Bacchus den ersehnten Todesboten, der ihre Seele in die Unterwelt geleiten soll. In tastender Annäherung überwinden die vom Schicksal füreinander Bestimmten ihre gegenseitige Scheu, und beide erfahren durch das wunderwirkende Erlebnis der Liebe eine Wandlung: Ariadne zum Leben und Bacchus zum Gott. Befriedigt über den Erfolg ihrer Lehre, erscheint Zerbinetta und weist ironisch mit ihrem Fächer gegen das Paar, auf das sich vom Himmel herab ein Baldachin aus Weinlaub und Efeu gesenkt hat: »Kommt der neue Gott gegangen, hingegeben sind wir stumm, stumm . . .«

STILISTISCHE STELLUNG: In Hofmannsthals Dichtung tritt dem Pathos der mythologischen Opernhandlung die Ironie des Tanzspiels gegenüber. Strauss folgte dem Dichter durch eine entsprechend gegensätzliche Gestaltung der Tonsprache: homophon bei der Oper und polyphon bei der Buffonerie. Die Angleichung des Musikalischen an die Atmosphäre der Molièreschen Rahmenhandlung bestimmte den Komponisten, auf die Welt der Barockoper zurückzugreifen. Die archaisierende Tendenz zeigt sich am meisten bei den geschlossenen Gesangsnummern, die trotz einer in ihrer harmonischen Würze modernen musikalischen Diktion unschwer als freie Nachbildungen älterer Opernformen zu erkennen sind. In den Zerbinetta-Szenen erfährt die prunkhafte barocke Bravourgesangs-Praxis ihre Wiedererweckung. Von reizvoller Wirkung ist schließlich im Orchestralen die Nachahmung des alten konzertanten Soli-Tutti-Stils inklusive der Continuo-Instrumente (Klavier, Harmonium und Harfe). Der Charakter des

Werkes als Spiel im Spiel, und zwar im intimen Rahmen einer privaten Haustheater-Aufführung, bestimmte den Kompositionsstil entscheidend: Das feine musikalische Kammerspiel verzichtet auf Chor und großes Orchester, verlangt aber dafür ein hochqualifiziertes Ensemble von Sängern und Instrumentalvirtuosen. Der stoffliche Dualismus, der fraglos das Verständnis des an sich durchsichtigen Werkes – besonders für den unvorbereiteten Hörer – wesentlich erschwert, wurde von Strauss in der Gegensätzlichkeit seiner Stimmungs- und Gefühlswelten musikalisch virtuos gestaltet. In ihrer überreichen Fülle von Einfällen stellt die ›Ariadne‹-Musik das Schönste und Kunstvollste dar, was Richard Strauss je geschrieben hat.

TEXTDICHTUNG: Bei der ersten Fassung zog Hofmannsthal die fünf Akte der Molièreschen Komödie ›Der Bürger als Edelmann‹ unter Streichung des bürgerlichen Liebespaares Cléonte–Lucile und der Türkenszenen in zwei Aufzüge zusammen. Das Stück handelt in dieser Gestalt von der Düpierung des tölpelhaften, den Allüren großer Herren nacheifernden Emporkömmlings Jourdain durch das adelige Liebespaar Dorantes–Dorimène. An die Stelle des abschließenden Balletts (bei Molière) setzte der Dichter den burlesk-lyrischen Operneinakter ›Ariadne auf Naxos‹, den er durch eine selbständige, höchst geistreiche Dialogszene mit dem Vorhergehenden verband. Bei der Umgestaltung vom Jahre 1916 wurde dann das Schauspiel, also die Molièresche Komödie, von der Oper ›Ariadne‹ abgetrennt; aus der ursprünglichen Verbindungsszene dichtete Hofmannsthal ein burleskes Vorspiel als ersten Teil des gesamten Werkes. Die Handlung wurde nach Wien verlegt und aus Jourdain wurde ein reicher Graf, der aber auf der Bühne nicht in Erscheinung tritt. Für die Opernhandlung hat der Dichter die Kenntnis der griechischen Mythologie vorausgesetzt, ohne die jedoch die Oper ›Ariadne auf Naxos‹ schwer verständlich ist: Die Königstochter Ariadne rettete dem griechischen Helden Theseus das Leben, als er sich anschickte, ein Ungeheuer, den Minotauros, zu töten, der in einem Labyrinth auf der Insel Kreta hauste. Sie steckte ihm heimlich einen Knäuel Bindfaden zu, den er am Eingang des Labyrinths festband, dann in der Hand abspulen ließ und mit Hilfe dessen er nach Tötung des Minotauros den Weg durch die Irrgänge wieder zurückfand. Ariadne entfloh anschließend mit Theseus auf die Insel Naxos, wo beide eine überaus glückliche Zeit verbrachten, bis dem Helden der Gott Dionysos (Bacchus) im Traum erschien und ihm ein schweres Unheil androhte, wenn er nicht von Ariadne ließe, die das Schicksal ihm, Dionysos, als Braut bestimmt hätte. Theseus segelte daher eines Nachts heimlich ab und ließ Ariadne verlassen zurück. – Die Griechen stellten sich die ganze Natur von Gottheiten beseelt vor. So ist jede Grotte von einer Najade bewohnt, der die Quellen und Flüsse heilig sind. Jeder Baum beherbergt eine Dryade und jeder Fels ist Wohnsitz einer Echo, die in der

Sprache gehemmt, nur einzelne aufgefangene Worte nachzureden vermag.

GESCHICHTLICHES: Max Reinhardt hatte Hofmannsthal und Strauss durch sein hilfsbereites Einspringen kurz vor der ›Rosenkavalier‹-Uraufführung einen großen Dienst erwiesen. Die beiden Autoren revanchierten sich dafür in der Weise, daß sie bei ihrem nächsten Zusammenwirken dem Meister der Szene ein Werk zum Geschenk machten, das seiner Regiekunst zahlreiche Entfaltungsmöglichkeiten bieten sollte. ›Ariadne auf Naxos, zu spielen nach dem Bürger als Edelmann des Molière‹ wurde nach etwa einjähriger Arbeit am 24. April 1912 beendet. Der große Raum der Dresdner Hofoper erschien für die intimen Wirkungen des feinen Kammerspiels wenig geeignet. Man entschloß sich daher, die Uraufführung in das neu erbaute »Kleine Haus« des Stuttgarter Hoftheaters zu verlegen. Ein auserlesenes Ensemble von Sängern, Schauspielern und Instrumentalisten (mit wertvollen alten Instrumenten) wurde hierfür verpflichtet. Die musikalische Leitung besorgte der Komponist selbst, die Inszenierung Max Reinhardt; die Titelrolle sang Maria Jeritza (Wien), den Bacchus Hermann Jadlowker (Berlin), Zerbinetta Margarete Siems (Dresden). Am 24. Oktober 1912 erfolgte zunächst eine Voraufführung für geladene Gäste. Dabei stellte sich heraus, daß die überaus lange Spieldauer das Publikum ermüdete und die Aufnahmefähigkeit bereits erschöpft war, bevor die eigentliche Oper begann. Man nahm daher für die bereits am nächsten Tag stattfindende erste öffentliche Aufführung in der Eile noch einige Streichungen vor. Aber auch dadurch konnte der zwiespältige Eindruck nicht verhindert werden, den die Überfülle von Wirkungen der aus Schauspiel, Oper und Ballett zusammengekoppelten Ausstattungskomödie hinterließ. Als ein Hemmnis für die Verbreitung des Werkes erwies sich auch die betriebstechnische Schwierigkeit, an einem Abend gleichzeitig ein komplettes Schauspiel- und Opernensemble einsetzen zu müssen. Die Autoren entschlossen sich daher zu einer grundlegenden Umarbeitung, für die Hofmannsthal bereits im Sommer 1913 einen Entwurf abfaßte und die im Jahre 1916 dann endgültig abgeschlossen werden konnte. Das neue Vorspiel wurde von Strauss durchkomponiert und der Wortverständlichkeit zuliebe großenteils im streng rhythmisierten Rezitativstil gestaltet. Als einzige Sprechrolle verblieb nur noch der Haushofmeister. Im Opernakt wurden einige Striche bei den Buffoszenen vorgenommen. In dieser Form erlebte ›Ariadne auf Naxos‹ ihre erfolgreiche Erstaufführung am 4. Oktober 1916 an der Wiener Hofoper unter Franz Schalk mit Maria Jeritza (Titelrolle), Selma Kurz (Zerbinetta) und Béla Környei (Bacchus) in den Hauptrollen. Strauss hat in den nunmehr abgetrennten Schauspielteil, der in Neubearbeitung als ›Der Bürger als Edelmann‹ im Jahre 1917 erschien, in der Art, wie seinerzeit Jean-Baptiste Lully die Molièreschen Komödien mit musikalischen Stücken durchsetzte, eine Reihe köstlicher, von überreichem Klangreiz erfüllter Musiknummern eingestreut. Im Jahre 1920 faßte er neun dieser Stücke zu einer Orchestersuite unter dem Titel ›Der Bürger als Edelmann‹ zusammen, die alsbald ein beliebtes Repertoirestück auf den Konzertprogrammen geworden ist. Die Suite wird auch gelegentlich als Ballettmusik verwendet, wobei ihr eine der Molièreschen Komödienhandlung entsprechende Choreographie unterlegt wird.

Die Frau ohne Schatten

Oper in drei Akten. Dichtung von Hugo von Hofmannsthal.

SOLISTEN: *Der Kaiser* (Jugendlicher Heldentenor, m. P.) – *Die Kaiserin* (Dramatischer Sopran, auch Jugendlich-dramatischer Sopran, gr. P.) – *Die Amme* (Dramatischer Mezzosopran, auch Dramatischer Sopran, gr. P.) – *Der Geisterbote* (Heldenbariton, auch Charakterbariton, kl. P.) – *Ein Hüter der Schwelle des Tempels* (Sopran oder besonders begabter Falsettsänger, kl. P.) – *Erscheinung eines Jünglings** (Lyrischer Tenor, kl. P.) – *Die Stimme des Falken* (Sopran, kl. P.) – *Eine Stimme von oben* (Alt, kl. P.) – *Barak,* der Färber (Heldenbariton, gr. P.) – *Sein Weib* (Dramatischer Sopran, gr. P.) – *Der Einäugige* (Bariton, auch Baß, m. P.), *Der Einarmige* (Charakterbaß, m. P.) und *Der Bucklige* (Tenor, m. P.), des Färbers Brüder – *Sechs Kinderstimmen*** (je zwei Sopran, Mezzosopran und Alt, kl. P.) – *Die Stimmen der Wächter der Stadt* (drei hohe Bässe, kl. P.).

* am besten durch einen Tänzer oder eine Tänzerin darzustellen, während der Sänger im Souffleurkasten zu postieren ist.

** auch zarte Frauenstimmen, im Orchester aufgestellt.

CHOR: Kaiserliche Diener. Fremde Kinder. Dienende Geister. Geisterstimmen (m. Chp.).

SCHAUPLÄTZE: Auf einer Terrasse über den kaiserlichen Gärten, seitlich der Eingang in Gemächer – Färberhaus, Werkstatt und Wohnung in einem – Wald vor dem Pavillon des Falkners – Färberhaus – Schlafgemach der Kaiserin im Falknerhaus – Färberhaus – Unterirdische Gewölbe, durch eine querlaufende, dicke Mauer in zwei Kammern geteilt – Felsenterrasse, steinerne Stufen führen vom Wasser aufwärts zu einem mächtigen, tempelartigen Eingang ins Berginnere – Das Innere eines tempelartigen Raumes mit einer von einem Schleiervorhang verhängten Nische, dahinter ein steinerner Thron – Eine schöne Landschaft, steil aufsteigend, inmitten ein goldener Wasserfall, durch eine Kluft abstürzend.

ORCHESTER: 2 Fl., 2 Picc. (auch II. und IV. Fl.), 2 Ob., 1 Eh. (auch III. Ob.), 1 Es-Kl. (auch D-Kl.), 2 B-Kl. (auch C-Kl.), 1 Bh., 1 Bkl. (auch

C-Kl.), 3 Fag., 1 Kfag. (auch IV. Fag.), 4 Hr., 4 Tenortuben in F und B (auch 5.–8. Hr.), 4 Trp., 4 Pos., 1 Bt., 1 Glasharmonika, 2 Cel., 1 Glsp., 5 chinesische Gongs, P., Schl., 2 Hrf., 16 Viol. I, 16 Viol. II, 12 Br., 12 Vcl., 8 Kb. – Bühnenmusik: 2 Fl., 1 Ob., 2 C-Kl., 1 Fag., 1 Hr. (im Notfall im Orchester zu spielen), 6 Trp., 6 Pos., 4 Tamtams, Org.

GLIEDERUNG: Durchkomponierte symphonisch-dramatische Großform (kein Vorspiel, 8 Zwischenspiele).

SPIELDAUER: etwa 3 ½ Stunden.

HANDLUNG: Auf einer einsamen Insel, umflossen vom schwarzen Wasser und eingerahmt von sieben hohen Mondbergen, suchte der mächtige Geisterkönig Keikobad seine Tochter, die von der Mutter den Trieb zu den Menschen ererbte, unter dem Schutze ihrer Amme den Sterblichen fernzuhalten. Er verlieh ihr auch die zauberische Fähigkeit, sich in Tiere verwandeln zu können. Der junge Kaiser dieses südöstlichen Inselreiches erjagte sie jedoch in der Gestalt einer weißen Gazelle mit Hilfe seines roten Lieblingsfalken, der mit seinen Schwingen die Augen des Tieres schlug, so daß des Jägers Pfeil die in ihrem schnellen Lauf Gehemmte erreichen konnte. Zum großen Erstaunen des Kaisers stand nun aber plötzlich anstelle der Gazelle ein junges schönes Weib vor ihm. Er verliebte sich augenblicklich in die Tochter des Geisterkönigs und machte sie zu seiner Frau. Nunmehr bewohnt sie schon fast ein Jahr lang mit ihrer Amme einen Garten-Pavillon; der Kaiser begehrt sie jede Nacht, während er tagsüber der Jagd obliegt. Durch ihre Vermählung mit einem Sterblichen ist die Kaiserin wohl dem Geisterreich entrückt, nach dem Geistergesetz gehört sie aber erst dann völlig zu den Menschen, wenn sie einen Schatten wirft, das heißt, sich Mutter fühlt. Der zürnende Keikobad sandte jeden Monat heimlich einen Boten zur Amme, um sich zu erkundigen, ob die Tochter des Schattens teilhaftig sei. Als jetzt zum zwölften Mal ein Bote erscheint, berichtet hochbefriedigt die dämonische Alte, welche die Menschen und auch den Kaiser haßt, daß das Ereignis noch immer nicht eingetreten sei. Es verbleiben nur mehr drei Tage bis zum Ablauf der Jahresfrist; wirft die Kaiserin bis dahin keinen Schatten, dann kehrt sie wieder in das Geisterreich zurück, und der Kaiser muß zur Strafe versteinern. So hat es Keikobad bestimmt. Die Kaiserin, welche die Sprache der Vögel versteht, erfährt dies aus dem Klageruf des plötzlich über dem Pavillon kreisenden roten Falken, den der Kaiser seit der Jagd auf die weiße Gazelle nicht mehr gesehen hat. Sie beschwört nun die Amme, ihr zur Rettung des Gatten einen Schatten zu verschaffen. Diese weiß, daß bei den Menschen unter Umständen ein solcher zu erhandeln wäre, und sie hält als geeignetes Objekt hierfür die junge Frau des Färbers Barak, die, unzufrieden mit ihrem Los, ihren gutmütigen Mann verachtet und in kaltem Egoismus seinen Herzenswunsch nach Kinderglück unerfüllt läßt. – Nachdem der Färber Barak mit einem großen Pack Fellen zum Markt weggegangen ist, betreten Kaiserin und Amme das ärmliche Färberhaus. Die Amme, welche die Kaiserin als ihre Tochter ausgibt, bietet der Färbersfrau für drei Tage ihre Dienste an. Als höheres Wesen mephistophelischer Natur verfügt die Alte über allerlei Zaubermittel. So gaukelt sie der verdrossenen Färbersfrau ein Wohlleben mit feinsten Speisen, Schmuck und Dienerinnen vor. Als Lohn für solche Dinge soll die Frau ihren Schatten verkaufen. Zögernd erklärt sich diese hierzu bereit, freilich nicht ohne heimliches Bangen im Herzen, und der Angstschweiß tritt ihr auf die Stirn, als sie nach dem Weggang von Kaiserin und Amme aus der Bratpfanne, in der fünf durch Zauber dorthin gelangte Fischlein schmoren, die wimmernden Stimmen ihrer ungeborenen Kinder vernimmt. Barak findet bei seiner Heimkehr sein Lager von dem der Gattin getrennt. Mit stiller Resignation vernimmt er von draußen den Ehe und Elternschaft verherrlichenden Ruf der Stadtwächter. – Die in das böse Spiel der Amme verstrickten Paare müssen nun zu ihrer Reinigung Prüfungen bestehen. Am nächsten Tag zaubert die Amme der Färbersfrau zunächst das Phantom eines schönen Jünglings vor, dem diese bereits früher einmal bewundernd begegnet sein will; die Frau bringt es aber nicht fertig, ihren Mann zu betrügen. – Des Abends führt der rote Falke den Kaiser vor das Falknerhaus, in das er seine mit Menschendunst behaftete Gattin hineinhuschen sieht. Er verzichtet, die vermeintlich Treulose zu töten und stürzt verzweifelt davon. – Im Färberhaus reicht die Amme dem bei der Arbeit sitzenden Barak einen Trank, in den sie heimlich einen Schlafsaft gemischt hat. Wieder zaubert sie den schönen Jüngling herbei, nachdem der Färber eingeschlafen ist. Doch die Färbersfrau weckt, wie aus einem Traum erwachend, eilig ihren Mann. Sie macht ihm Vorwürfe, daß er das Haus nicht vor Dieben und Eindringlingen bewache. Als er zum Hammer greift, verläßt sie höhnend mit der Amme das Haus. – In unruhigem Schlaf liegt die Kaiserin im Falknerhaus. Mit Gewissensbissen gedenkt sie des gutmütigen Barak. Dann schläft sie ein. Im Traum sieht sie den Kaiser in Begleitung seines Falken, wie er eine Felsenhöhle betritt, in der sich Grabstätten befinden. Er schreitet durch eine eherne Tür, die sich hinter ihm wieder schließt, während die Stimme des Falken kläglich ruft: »Die Frau wirft keinen Schatten, der Kaiser muß versteinen!« Mit einem Schrei fährt die Kaiserin aus dem Schlaf. Sie ist sich bewußt geworden, den Kaiser wie Barak durch ihre Schuld ins Verderben gestürzt zu haben. – Im Färberhaus wird es mitten am Tag dunkler und dunkler. Ängstlich heulen Baraks Brüder auf. In dieser unheilschwangeren Situation bezichtigt sich die Färbersfrau ihrem Mann gegenüber des ehelichen Treuebruchs und gesteht, daß sie unter Verzicht auf ihre weibliche Fruchtbarkeit dafür ihren Schatten verkauft habe. Im Schein des von den Brüdern angezündeten Feuers wirft sie tatsächlich keinen Schatten mehr. Triumphierend über den gelungenen Handel fordert die Amme die Kaiserin auf, eiligst den Schatten zu greifen und an sich zu reißen.

Der gutmütige Barak zeigt sich nun aber mit einem Mal verwandelt: Mit einem Schwert, das ihm höhere Mächte aus der Luft in die Hand drücken, will er die Schmach vergelten. In höchster Angst weist die Kaiserin den Schatten zurück, den sie nicht für Menschenblut erkaufen will. Demütig nähert sich jetzt die Frau – ebenfalls wie gewandelt – ihrem Gatten mit der Erklärung, die Tat gar nicht begangen zu haben. Zur Sühne ihres kalten Spiels mit seinen Gefühlen möge er sie töten! In diesem Augenblick strömt Wasser in das Haus, die Erde öffnet sich, und Barak und seine Frau versinken – jedes für sich – in die Tiefe. Ein Kahn, der zauberisch zur Stelle ist, bringt Kaiserin und Amme auf dem Wasser vor den Tempeleingang, den die Kaiserin in der vergangenen Nacht schon im Traum gesehen hatte, als gerade ihr Gatte dort eintrat. Umsonst sucht die Amme die Kaiserin zurückzuhalten, sie überschreitet furchtlos die unheimliche Schwelle. Zur gleichen Zeit ruft eine Geisterstimme Barak und seine Frau, die getrennt in den tiefen Gewölben des Tempels in Sehnsucht nach einander schmachten, nach oben. Mit teuflischer Freude weist die Amme sie auf eine falsche Fährte, als die beiden – sich gegenseitig suchend – nacheinander an ihr vorbeikommen. Ein Geisterbote vertritt der Alten den Weg, als sie den Tempel betreten will. Keikobad verstößt sie zu den ihr so verhaßten Menschen, mit denen sie zur Strafe für ihre schlechten Dienste nunmehr hausen muß. – Im Tempelinnern erblickt die Kaiserin ihren schon nahezu versteinerten Gatten auf einem Thron sitzend. Ein goldener Quell sprudelt aus dem Boden. Die Stimme des Tempelhüters fordert die Kaiserin auf, von dem Lebenswasser zu trinken, worauf sie des Schattens der Färberin teilhaftig würde und der Kaiser zum Leben zurückkehrte. Aber sie will sich ihr Glück – und selbst das Leben des Geliebten – nicht um den Preis des Lebensglücks zweier Menschen erkaufen. Durch ihre Selbstüberwindung hat die Kaiserin die von Keikobad auferlegte Prüfung siegreich bestanden. Ihr Körper wirft plötzlich einen scharfen Schatten, der Kaiser erhebt sich, und jubelnd klingen von draußen die Stimmen der Ungeborenen herein. – In eine schöne, steil ansteigende Landschaft versetzt, schickt das kaiserliche Paar seinen Freudengesang nach unten, den Menschen entgegen, während das Färberpaar – nun ebenfalls glücklich vereint – nach oben singt. Dazu erklingt ein unsichtbarer Chor, der symbolisch ein brüderliches Band um beide Welten schließt. In ihn mischen sich jubelnd die Stimmen der Ungeborenen.

Stilistische Stellung: Die ›Frau ohne Schatten‹ wurde von Hofmannsthal selbst zu Mozarts ›Zauberflöte‹ in Parallele gezogen. Aber während der große Theaterpraktiker Emanuel Schikaneder bei der Abfassung seines Opernbuchs vor allem auf die Bühnenwirksamkeit, also auf die Forderungen des lebendigen Theaters bedacht war, in sprachlicher Hinsicht dagegen mit ziemlicher Unbekümmertheit zu Werke ging, ist bei Hofmannsthal gerade das Gegenteil der Fall. Der sensiblen dichterischen Gestaltung in Form und Sprache steht eine in ihrer dämmerigen Märchensymbolik episch-lyrische, also im Grund undramatische Formung des Stoffes gegenüber. Daran können auch die zahlreichen Zaubereffekte wie die abwechslungsreiche Bilderfolge nichts ändern. Statt der beabsichtigten Wirkung – nämlich durch theatralische Überraschungen zu fesseln – tritt das Gegenteil ein: die Überfülle des Zauberspuks verwirrt den Zuschauer, so daß er sich in dem Labyrinth von Vorgängen nicht mehr zurechtfindet und ihm die Handlung unverständlich wird. Wenn Strauss trotz seiner konträren künstlerischen Individualität dieses Buch dennoch vertonte, so offenbar deshalb, weil ihn die ethische Grundidee anzog; vielleicht mag ihn aber auch die reiche Artistik gereizt haben, die seiner Klangphantasie weite Entfaltungsmöglichkeiten eröffnete. Nach seinen eigenen Worten beabsichtigte er bei der ›Frau ohne Schatten‹-Musik eine Synthese von ›Elektra‹- und ›Ariadne‹-Stil zu schaffen. Das bedeutet zunächst, daß Strauss auf seinem bisherigen Weg weiterschritt, ohne in neue Regionen vorzustoßen. In der Tat zeigt die ›Frau ohne Schatten‹-Partitur den in seiner Vollreife schaffenden Komponisten auf dem Höhepunkt seiner Meisterschaft, wenngleich hinsichtlich der Inspiration streckenweise Ermattungserscheinungen zutage treten. Bewunderungswürdig ist wieder die plastische, tonmalerische Gestaltung der Motive (z. B. das Amme-Motiv, das mit seinen zackigen Intervallsprüngen das ruhelose und zerrissene Wesen dieser Persönlichkeit widerspiegelt) und ihre kunstvolle polyphone Verarbeitung im unentwegt dahinfließenden musikdramatischen Dialog. Dazwischen schieben sich geschlossene, symmetrisch gebaute Partien, die auf lyrischen Grundton gestellt, eine schlicht homophone, ja zum Teil volksliedhafte Behandlung erfahren (Lied der Stadtwächter, Gesang der Ungeborenen, Barak-Thema) oder die auch von romantischem Klangzauber erfüllt sind (Monolog des Kaisers). Beim Vorstoß in die Geisterwelt charakterisieren seltsame harmonische Folgen (Motiv des Zu-Steinwerdens) oder kühne Verbindungen alterierter Klänge das Unheimliche der Situation. Ganz im Sinn der Romantiker wird das Melodram als dramatisches Steigerungsmittel auf einem Spannungshöhepunkt verwendet. Ein Namensrhythmogramm (Keikobad) zeichnet den auf der Bühne nicht in Erscheinung tretenden Spiritus rector des Dramas, das in ähnlicher Weise behandelt wird wie das Agamemnon-Thema in ›Elektra‹; es eröffnet die Oper und kehrt in ihrem Verlauf immer wieder, sobald auf den Geisterfürsten Bezug genommen wird. Die Instrumentation ist vielleicht als die stärkste Potenz des Werkes anzusehen; sie vermittelt ungezählte Farbenwirkungen vom blechgepanzerten Tutti bis zum leuchtenden Kammerklang der Soloinstrumente, zu denen sich diesmal außer den für die besonderen Effekte der Zauberoper beanspruchten chinesischen Gongs und der Glasharmonika auch die menschliche Stimme im Orchester gesellt.

TEXTDICHTUNG: Der Dichter befaßte sich zur Zeit der Entstehung der ›Frau ohne Schatten‹ eingehend mit den Textbüchern Wagners, dessen Methode der Verbindung verschiedener verwandter Sagenkreise bei der Abfassung seiner Texte er sich bis zu einem gewissen Grade zu eigen machte. So verarbeitete der universal gebildete Hofmannsthal (1874–1929) in der frei erfundenen Märchenhandlung von ›Frau ohne Schatten‹ eine stattliche Reihe von Motiven und Symbolen aus der morgen- und abendländischen Märchen- und Sagenwelt; aber auch Zusammenhänge mit anderen Literaturzweigen sind erkennbar (Altes Testament; Goethe ›Faust‹ II). Das in ein sagenhaft fernöstliches Inselreich verlegte Spiel bevorzugt orientalische Motive, die insonderheit der persisch-arabischen Mythologie sowie der Märchensammlung ›Tausendundeine Nacht‹ entlehnt sind (der verwundete Falke, das feenhafte Wesen in Gazellengestalt, das Zu-Stein-werden, die in der Pfanne schmorenden Fischlein gleich den ungeborenen Kindern). Der Schatten als Symbol der weiblichen Fruchtbarkeit ist dagegen ein mehr in nordischen Gegenden beheimatetes Sagenelement. Das in der christlichen Legende vielfach behandelte Motiv des Verkaufens der Seele wird hier abgewandelt in einen Handel mit dem Schatten, und anstelle des Teufels fungiert eine mephistophelische Amme. Mit ihrer tiefsinnigen poetischen Symbolik ist der Hofmannsthalschen Dichtung – abgesehen von der Verherrlichung der menschheitserhaltenden weiblichen Fruchtbarkeit – eine uralte ethische Forderung zugrunde gelegt: Das in den Kreis dieser Erde tretende Wesen baut sich sein Lebensglück durch leid-geläuterte Selbstüberwindung; unterliegt seine sittliche Kraft den lockenden Einflüsterungen des bösen Prinzips, dann ist es der vernichtenden Strafe höherer Mächte verfallen.

GESCHICHTLICHES: Die Entstehung des Werkes fällt in der Hauptsache in die Zeit des Ersten Weltkriegs 1914–1918. Die Idee der ›Frau ohne Schatten‹ tauchte zwar schon in den Jahren 1910–1912 auf, doch reifte die Dichtung, die von Hofmannsthal zunächst in Form einer Märchenerzählung abgefaßt war, erst nach langem, regem Meinungsaustausch zwischen Dichter und Komponisten, der nicht zuletzt durch die Zeitverhältnisse behindert wurde, da Hofmannsthal zwischendurch zur Kriegsdienstleistung herangezogen worden war. Im Sommer 1917 wurde die Partitur vollendet. Die außergewöhnlichen Schwierigkeiten, die diese Zauber- und Geisteroper vor allem an den bühnentechnischen und Ausstattungsapparat stellt, machten jedoch eine Aufführung während des Krieges unmöglich. So kam die Uraufführung erst am 10. Oktober 1919 zustande. Sie fand an der Wiener Staatsoper unter Leitung von Franz Schalk statt mit Maria Jeritza (Kaiserin), Lotte Lehmann (Färberin), Lucie Weidt (Amme), Karl Aagard Oestvig (Kaiser) und Richard Mayr (Barak) in den Hauptrollen. Unter dem Eindruck der verwirrenden Märchensymbolik in Dichtung und Musik waren die Urteile – selbst bei der sonst Strauss gegenüber freundlich eingestellten Fachkritik – größtenteils ablehnend. Trotzdem ging der mit Spannung erwartete »neue Strauss« rasch über alle Bühnen, die den gewaltigen Anforderungen des Werkes gewachsen waren.

Intermezzo

Eine bürgerliche Komödie mit sinfonischen Zwischenspielen in zwei Aufzügen. Dichtung vom Komponisten.

SOLISTEN: *Christine* (Dramatischer Sopran, auch Jugendlich-dramatischer Sopran, gr. P.) – *Der kleine Franzl* (8jährig), ihr Sohn (Sprechrolle, kl. P.) – *Hofkapellmeister Robert Storch,* ihr Mann (Heldenbariton, auch Kavalierbariton, gr. P.) – *Anna,* ihre Kammerjungfer (Lyrischer Sopran, auch Soubrette, m. P.) – *Baron Lummer* (Jugendlicher Heldentenor, auch Lyrischer Tenor, gr. P.) – *Der Notar* (Bariton, kl. P.) – *Seine Frau* (Sopran, kl. P.) – Roberts Skat-Partner: *Ein Kapellmeister* (Spieltenor, auch Charaktertenor, m. P.), *Ein Kommerzienrat* (Bariton, m. P.), *Ein Justizrat* (Bariton, auch Baßbariton, m. P.), *Ein Kammersänger* (Seriöser Baß, m. P.) – *Ein junges Mädchen* (Sopran, kl. P.) – *Stubenmädchen, Hausmädchen, Köchin* bei Storch (Sprechrollen, kl. P.).
CHOR: kein Chor.
ORT: Die Handlung spielt teils am Grundlsee, teils in Wien.
SCHAUPLÄTZE: Im Ankleidezimmer – Auf der Rodelbahn – Ball beim Grundlseewirt – Möbliertes Zimmer im Haus des Notars – Wohnung der Frau Storch. Eßzimmer – Zimmer des Barons im Haus des Notars (wie 4. Bild) – Eßzimmer der Frau (wie 5. Bild) – Das Schlafzimmer des Kindes – Komfortables Wohnzimmer mit guten modernen Bildern und Bronzen im Haus des Kommerzienrats – Büro des Notars – Im Prater – Das Toilettenzimmer der Frau – Das Eßzimmer (wie 5. Bild).
ORCHESTER: 2 Fl., 2 Ob., 2 Kl., 2 Fag., 3 Hr., 2 Trp., 2 Pos., P., Schl., Hrf., Klav., Harm., 11 Viol. I, 9 Viol. II, 5 Br., 5 Vcl., 3 Kb.
GLIEDERUNG: Durchkomponierte Großform; die einzelnen Bilder sind durch sinfonische Zwischenspiele miteinander verbunden.
SPIELDAUER: etwa 2 ½ Stunden.
HANDLUNG: Es ist 7 Uhr früh. Der Herr des Hauses, Hofkapellmeister Robert Storch, steht vor der Abreise zu einem längeren Dirigentengastspiel in Wien. In dem Ankleideraum herrscht große Unordnung, offene Koffer stehen herum. Die Packerei wird von einem erregten Disput zwischen Storch und seiner Frau Christine begleitet, wobei das mehr oder minder scharfe Wortgeplänkel alle neuralgischen Punkte des häuslichen Lebens berührt: Dienstboten, die Betreuung der Küche,

Haus und Garten, das ewige Telefonieren, Rechnungen bezahlen, lauter Aufgaben der Frau, die vom Mann nicht als Arbeit anerkannt würden. Dieser entgegnet, er sei ständig in seinem produktiven Denken eingesponnen, was für Künstler, Gelehrte und Erfinder nicht Arbeit, sondern Vergnügen bedeute. Nach dem Frühstück geht die Unterhaltung teils in gereiztem, teils in fürsorglichem Ton weiter, bis das Hausmädchen meldet, daß der Schlitten zur Abfahrt bereitstehe. Als die Frau dem Mann den Abschiedskuß verweigert, geht er verärgert mit dem Ausdruck »unausstehliche Kratzbürste« weg; hinter der Gardine versteckt, erspäht sie mit Befriedigung, daß ihr Mann zum Abschied heraufwinkt. Die schlechte Laune der Frau ergießt sich nun auf die Kammerjungfer Anna beim Frisieren und auf die Köchin, die sich wegen des Speisezettels erkundigt. Nur als Bubi, der achtjährige Sohn, fragt, welche Schuhe er anziehen solle, schlägt sie einen zärtlichen Ton an. Dann klagt sie der Kammerjungfer weiter, sie fühle sich einsam, entweder sei ihr Mann verreist oder, wenn er zu Hause ist, bei der Arbeit; es wäre ihr auch sehr viel lieber, wenn er sie gelegentlich brutal behandeln würde, als ihr immer nur mit süffisanter Überlegenheit zu begegnen, womit er zeige, daß er alle Weiber für dumme Gänse halte. Da läutet das Telefon. Eine Bekannte will Frau Christine zum Schlittschuhlaufen abholen. Plötzlich vergnügt und aufgeräumt, überlegt sie sogleich, was sie anziehen solle. – Auf der Rodelbahn stößt Frau Christine bei der Abfahrt mit einem jungen Mann zusammen, der sich unter Entschuldigungen als Baron Lummer vorstellt. Es stellt sich heraus, daß er der Sohn guter Freunde von Frau Christine ist. Sie lädt ihn daraufhin ein, sie einmal zu besuchen. – Auf dem Ball beim Grundlseewirt tanzt sie ausgiebig mit dem Baron. Sie genießt es außerordentlich, denn, wie sie bemerkt, ihr Mann tanze nicht mehr. In mütterlicher Art erklärt sie dem jungen Mann, der hier zur Kur weilt, daß sie sich seiner etwas annehmen wolle. Sie fügt gleichzeitig hinzu, daß ihr Mann immer sage, sie sei der beste Arzt. – Frau Christine bringt den Baron auf eigene Kosten in einem angenehmen, luftigen Zimmer bei der Frau Notar unter. Sie kümmert sich in allen Einzelheiten um die Sauberkeit des Raumes sowie um die Bequemlichkeit und Pflege ihres Schützlings. – In einem langen Brief erzählt sie ihrem Mann von dem netten, bescheidenen jungen Baron, der ein selten geeigneter Begleiter für seine arme, verlassene, von ihm stets so vernachlässigte Frau sei. Sie fügt hinzu, daß er ihr versprechen müsse, sich des jungen Mannes etwas anzunehmen, dessen Familie anscheinend nicht in den besten Verhältnissen lebe und auch kein Verständnis für seine geistigen Interessen habe. Die Köchin bringt das Küchenbuch, gleichzeitig meldet das Mädchen Baron Lummer. Er hilft Frau Christine bei der Abrechnung und sagt, daß er wegen einer Verabredung mit einem Freund nicht zum Abendessen bleiben könne. Die Unterhaltung ist stockend, beide lesen zunächst Zeitung. Der Baron hat etwas auf dem Herzen, Frau Christine läßt ihn aber nicht dazukommen, sich näher zu äußern. Auf seine Bemerkung, daß er von keiner Seite Hilfe habe, spricht sie in schwärmerischen Worten von ihrem Mann, der immer das Richtige fände und der sich auch für ihn verwenden werde. Schließlich gelingt es ihr, ihn mit dem Hinweis auf seine Verabredung zu verabschieden, nicht ohne ihn morgen zu einem neuen Rendezvous, einem Spaziergang nach Aussee, bestellt zu haben. – Der Baron sitzt auf seinem Zimmer, denn die Gesellschaft seiner Gönnerin langweilt ihn auf die Dauer. Da steckt sein »Theresulein« den Kopf zur Tür herein und fragt, ob er fertig sei. Er wirft sie schleunigst hinaus und ruft ihr nach, daß er in einer Viertelstunde bei ihr sein werde. Dann setzt er sich an den Tisch und schreibt einen Brief an Frau Christine, den er ihr morgen beim Spaziergang überreichen will. – Der Baron hat seine Gönnerin um tausend Mark angepumpt. Als er bei ihr erscheint, erklärt sie ihm, daß es ausgeschlossen sei, ihm das erbetene Darlehen zu geben; es würde nur ihre Freundschaft zerstören. Da bringt das Mädchen einen Brief, adressiert an Herrn Hofkapellmeister Robert Storch. Frau Christine denkt, es sei wieder ein Bettelbrief oder ein Operntext; sie öffnet den Umschlag und schreit entsetzt auf. Wie versteinert liest sie: »Lieber Schatz! Schicke mir doch wieder zwei Billetts morgen zur Oper! Nachher in der Bar wie immer! Deine Mieze Maier.« Sie schickt den Baron gleich weg, nimmt ein Telegrammformular und schreibt: »Du kennst Mieze Maier! Deine Untreue erwiesen! Wir sind auf immer geschieden!« Rasch läßt sie das Telegramm zur Post bringen und befiehlt ihrer Kammerjungfer, sofort die Koffer zu packen. – Weinend sitzt sie am Bett ihres kleinen Sohnes. Sie sagt dem Kind, Papa sei furchtbar böse, es müsse mit ihr gehen und werde Papa nie wieder sehen. Bubi fängt zu heulen an und meint, Papa sei immer gut zu ihr, sie sei aber böse zu Papa und zanke sich mit ihm. – Im Haus des Kommerzienrats sitzen der Justizrat, der Kommerzienrat, der Kammersänger und Kapellmeister Stroh gemütlich beim Kartenspiel. Die Herren unterhalten sich über die Frau ihres Skatbruders Storch, wobei sie eine verschiedenartige Beurteilung erfährt. Jetzt erscheint Storch selbst, er kommt von der Probe und freut sich auf die Entspannung beim Skat. Er tritt sogleich in das Spiel ein, das von den üblichen Kartenspielersprüchen begleitet wird. Der Kommerzienrat setzt zwischendurch seine stichelnden Bemerkungen gegen Frau Christine fort, Storch verteidigt ihre für Außenstehende gewiß unverständlichen Allüren und nennt sie eine von den ganz zarten, schamhaften Naturen mit rauher Schale. Da übergibt das Dienstmädchen Storch ein Telegramm, über dessen Inhalt er zunächst sprachlos ist. Dann liest er es vor. Bei dem Namen Mieze Maier stutzt Kapellmeister Stroh und fragt verwundert: »Sie kennen die auch?« Auf Storchs Frage, wer diese Mieze Maier sei, entgegnet Stroh, dieses Mädchen sei »etwas – so, so, la, la«. Storch faßt sich nun und verabschiedet sich. Das Spiel geht weiter. – Frau Christine erscheint schon frühmorgens beim Notar, um die Scheidung zu beantragen. Der Notar vermutet zunächst, der Grund sei der bei ihm wohnende Herr Baron. Als er aber hört, daß Storch der schuldige Teil sein soll, lehnt er eine Behandlung des Falles ab, da er den Künstler viel zu sehr verehre. Trotzdem interessiert ihn natürlich der Scheidungsgrund. Triumphierend hält Frau Christine den Brief hoch und fragt, ob er Mieze Maier kenne. Da eine Verwechslung ausgeschlossen sei, will sie sofort die Scheidung. Als der Notar entgegnet, er könne nichts machen, bevor er ihren Mann gesprochen habe, rauscht Frau Christine empört ab mit der Bemerkung, es gäbe ja auch noch andere Notare. – Indessen irrt Storch verzweifelt im Prater herum; er bekommt auf seine Telegramme und Briefe keine Antwort. Da trifft er auf den Kollegen Stroh. Stockend erklärt dieser, ein Geständnis machen zu müssen: er habe mit Mieze Maier gesprochen, der Brief habe ihm gegolten, das Mädchen habe die Namen verwechselt und im Telefonbuch Storchs Adresse gefunden. Wütend verlangt Storch, Stroh solle sofort an Frau Christine telegraphieren und zur Aufklärung mit einer schriftlichen Bestätigung seiner Donna zu ihr fahren. Storch ist erleichtert. – Inzwischen rast Frau Christine planlos in ihrem Toilettenzimmer umher, mit dem Packen einer Unzahl von Koffern beschäftigt. Die Mädchen bekommen ihre schlechte Laune zu spüren. Sie hat den Baron Lummer auf ihre Kosten zu Mieze Maier nach Wien geschickt. Die Kammerjungfer Anna bemerkt schüchtern, der Herr Baron hätte vergessen, eine Photographie des Herrn mitzunehmen. Wie sollte da das Mädchen die Identität ihres Liebhabers mit dem Herrn feststellen? Wieder kommt ein Telegramm. Frau Christine will es schon gar nicht mehr aufmachen. Auf Annas Zureden läßt sie es sich schließlich doch vorlesen: »Unselige Verwechslung mit Kollege Stroh« . . . Unterschrift »Dein unschuldiger, höchst vergnügter Robert«. Frau Christine hält das Ganze für ein abgekartetes Spiel ihres Mannes, sich mit Hilfe des Untergebenen aus der Affaire zu ziehen. Da meldet das Mädchen Herrn Kapellmeister Stroh. – Im festlich geschmückten Eßzimmer erwartet Frau Christine freudig erregt die Ankunft ihres Mannes. Schon ist er da. Als er sie in seine Arme schließen will, weicht sie, sich kühl überlegen stellend, zurück. Für sie sei die Sache noch nicht in Ordnung, entgegnet sie: denn ihre Erkundigungen seien noch nicht abgeschlossen. Wütend geht Storch schließlich aus dem Zimmer, während Baron Lummer erscheint. Er gesteht, nicht viel ausgerichtet zu haben, da er keine Photographie des Herrn Hofkapellmeisters zur Hand hatte. Er macht ein dämliches Gesicht, als Frau Christine ihn über die Verwechslung aufklärt. Rasch empfiehlt er sich, gleichzeitig kommt Storch ins Zimmer zurück, der verwundert fragt, wer der junge Mann war. Er erkundigt sich näher nach dem Baron, und Frau Christine gesteht, für ihn ein wenig Sympathie gehabt zu haben, bis er sie um tausend Mark gebeten habe. Storch amüsiert sich über das Malheur seines armen Christinchens; er verspricht, sich für den jungen Mann verwenden zu wollen, weil er zu seiner Frau nett gewesen sei. Frau Christine läßt nun endlich ihren wahren Gefühlen freien Lauf und bittet ihren Mann um Verzeihung. Als er sie gerührt in seine Arme schließt, meint sie, man nenne das doch wahrhaftig eine glückliche Ehe.

STILISTISCHE STELLUNG: Strauss hat, ähnlich wie Gluck bei seiner ›Alkeste‹, der Partitur seines ›Intermezzos‹ ein bedeutsames Vorwort vorangestellt. Neben verschiedenen, besonders für Dirigenten wertvollen Ratschlägen zur Aufführungspraxis, gibt hier der Komponist eine Definition des Stils seiner »Bürgerlichen Komödie«. Demnach entspricht die musikalische Gestaltung dem »eigentümlichen, ganz aus dem realen Leben geschöpften, von nüchternster Alltagsprosa durch mancherlei Dialogfarbenskalen bis zum gefühlvollen Gesang sich steigernden Stoff«. Ein lebendig sprudelndes Parlando, das auch das gesprochene Wort mit einbezieht, bildet das Wahrzeichen der ›Intermezzo‹-Partitur. Lyrische Ergüsse mit der für Strauss typischen schwelgerischen Kantilene finden sich verhältnismäßig wenig in dieser Opera domestica, bei der nach den Worten des Komponisten »keine Arienappläuse zu holen und für die arme Claque nicht mal ein Abendbrot zu verdienen ist«. Sie sind in der Hauptsache bei den zwei Aktschlüssen und bei den symphonischen Zwischenspielen anzutreffen. Mit letzteren werden die zwölf Verwandlungen überbrückt, die in symphonisch-programmatischer Zeichnung teils den meist knapp behandelten Inhalt des vorangegangenen Bildes weiter ausführen oder ergänzen, teils thematisch zu der nächsten Szene überleiten. Eine wichtige Rolle spielt das Orchester, das eine der Buffaoper entsprechende reduzierte Besetzung aufweist. Der Instrumentalpart, der bisweilen mit Zitaten aus dem klassich-romantischen Repertoire witzig durchsetzt ist, untermalt den musikalischen Dialog der Darsteller in feinsinniger Charakterisierung. Die wirkungsvolle Verwendung des Ländlers und des Walzers sowie die Raffinesse tonmalerischer Kolorierungen, wie zum Beispiel die Illustration des Rodelns, verdienen besondere Erwähnung. Die leitmotivisch behandelten Themen erfahren, insbesondere in den Zwischenspielen, eine kunstvolle polyphone Verarbeitung. Der »Alltagsprosa« des Textbuches entspricht eine unproblematische Harmonik, die sich jedoch gelegentlich, wenn es die Situation erfordert, auch in scharfgewürzten Dissonanzen ergeht.

TEXTDICHTUNG: Wie der Titel des Werkes andeutet, behandelt ›Intermezzo‹ eine Episode aus dem Alltagsleben. Es ist unschwer zu erkennen, daß der Komponist hier, ähnlich wie bei seiner ›Symphonia domestica‹, zur Demonstrierung seiner künstlerischen Idee, nämlich einer neuartigen Formung des musikalischen Lustspiels, einen Ausschnitt aus der Intimsphäre des eigenen Familienlebens preisgegeben hat. Der Stoff zu der »kleinen Eheoper« beruht auf einer wahren Bege-

benheit, verursacht durch den Brief eines kessen Berliner Mädchens namens Mitze Mücke, in dem diese ihren »lieben Schatz« um eine Freikarte für die Oper bat. Infolge einer Namensverwechslung hatte sie im Telefonbuch die Adresse des Komponisten herausgesucht, und da Strauss damals sich gerade auf einer Reise befand, fiel der Brief Frau Pauline in die Hände. Neben den Hauptpersonen, Hofkapellmeister Robert Storch und Frau Christine (Richard und Pauline Strauss) sowie deren Sohn Franzl haben auch andere Akteure der bürgerlichen Komödie ihre Urbilder, so die Kammerjungfer Anna (die langjährige treue Hausangestellte der Familie Strauss), der Baron Lummer (ein sich schüchtern benehmender junger Hochstapler, den Frau Pauline erst bemuttern zu müssen glaubte und der sie schließlich anpumpte), der Kammersänger (Paul Knüpfer), der Kommerzienrat (der Berliner Kommerzienrat Willy Levin) sowie der Kapellmeister Stroh (Kapellmeister Edmund von Strauss, der an der Berliner Oper unter Richard Strauss tätig war). Da Hugo von Hofmannsthal es ablehnte, nach diesem Stoff eine Operndichtung zu verfassen, schrieb sich Strauss, wie er es schon früher einmal, bei ›Guntram‹, gemacht hatte, das Textbuch selbst. Das Libretto ist in ungebundener Sprache ausgeführt.
GESCHICHTLICHES: Gleichsam zur Erholung von der Beschäftigung mit der im Symbolischen verhafteten irrealen und metaphysischen Welt der ›Frau ohne Schatten‹, wollte Strauss mit der seinem Sohn Franz gewidmeten »Bürgerlichen Komödie« ein unbeschwertes Gegenstück schaffen, das er neben der Ballett-Pantomime ›Schlagobers‹ den Bühnen zu seinem sechzigsten Geburtstag präsentierte. Das Werk, dessen Partitur am 21. August 1923 in Buenos Aires abgeschlossen wurde, kam am 4. November 1924 im Schauspielhaus der Sächsischen Staatstheater zu Dresden unter der musikalischen Leitung von Fritz Busch mit Lotte Lehmann und Josef Correck in den Hauptrollen zur erfolgreichen Uraufführung.

Die ägyptische Helena

Oper in zwei Aufzügen. Dichtung von Hugo von Hofmannsthal.

SOLISTEN: *Helena* (Dramatischer Sopran, gr. P.) – *Menelas* (Jugendlicher Heldentenor, gr. P.) – *Hermione,* beider Kind (Sopran, kl. P.) – *Aithra,* eine ägyptische Königstochter und Zauberin (Dramatischer Koloratursopran, gr. P.) – *Altair* (Heldenbariton, m. P.) – *Da-ud,* sein Sohn (Lyrischer Tenor, auch Charaktertenor, kl. P.) – *Die Erste* und *die Zweite Dienerin der Aithra* (Sopran und Mezzosopran, gr. P.) – *1. Elf* (Sopran, m. P.) – *2. Elf* (Sopran, m. P.) – *3. Elf* (Alt, m. P.) – *Die alleswissende Muschel* (Tiefer Alt, kl. P.).

CHOR: Elfen (4 Soli, Sopran und Alt, im Orchester aufgestellt). Männliche und weibliche Krieger. Sklaven. Eunuchen (Männerchor, kl. Chp.; Frauenchor, gr. Chp.).
ORT: Der I. Aufzug spielt auf der kleinen Insel der Aithra, unweit von Ägypten, der II. in einem einsamen Palmenhain zu Füßen des Atlas.
SCHAUPLÄTZE: Gemach in Aithras Palast. Ein Ausgang ins Freie seitlich rechts. Zur Linken ein Tisch, zwei thronartige Stühle dabei. In der Mitte auf einem Dreifuß die alles-wissende Muschel. An der rechten Seitenwand der Thronsessel Aithras, vor ihm ein niedriger schemelartiger Stuhl. – Ein Gezelt, weitgeöffnet auf einen Palmenhain, hinter dem das Atlasgebirge sichtbar wird. Zur Linken Eingang in den inneren Raum des Gezeltes. Truhe mit reichen vergoldeten Beschlägen.
ORCHESTER: 2 Fl., 2 Picc. (auch III. und IV. Fl.), 2 Ob., 1 Eh., 1 C-Kl., 2 B-Kl., 1 Bkl., 3 Fag. (III. auch Kfag.), 6 Hr., 6 Trp., 3 Pos., 1 Bt., P., Schl., 2 Hrf., Glsp., Cel., Org., 16 Viol. I, 14 Viol. II, 10 Br., 10 Vcl., 8 Kb. – Bühnenmusik: 6 Ob., 6 Kl., 4 Hr., 2 Trp., 4 Pos., 4 Triangeln, 2 Tamburine, P., Windmaschine.
GLIEDERUNG: Durchkomponierte symphonisch-dramatische Großform.
SPIELDAUER: etwa 2 ½ Stunden.
HANDLUNG: Auf einer kleinen Felseninsel herrscht Aithra, eine ägyptische Königstochter und Zauberin. Sie erwartet ihren Geliebten, den Meeresgott Poseidon zum Mahl. In ihrem Gemach befindet sich auf einem Dreifuß eine Muschel, die allwissend und redekundig ist. Sie berichtet Aithra, daß Poseidon in Äthiopien weile. Aithra will aber Gesellschaft haben. Da spricht die Muschel von einem an der Insel vorbeifahrenden Schiff, auf dem sich der von Troja heimkehrende Held Menelas gerade anschickt, seine ehedem geraubte und jetzt zurückgewonnene Gattin Helena, die Ursache jenes blutigen zehnjährigen Krieges, als Sühneopfer zu töten. Zur Rettung der schönsten Frau der Welt entfacht Aithra rasch einen Sturm; das Schiff zerbricht, schwimmend rettet Menelas Helena und sich an den Strand von Aithras Insel. Das Paar betritt den Palast der Zauberin. Helena soll nun hier ihr buhlerisches Verbrechen büßen. Entschlossen zieht Menelas sein krummes Schwert, mit dem er dereinst auch Paris getötet hatte, und zückt es gegen die Kehle des ungetreuen Weibes. Aithra, welche hinter einem Vorhang die Auseinandersetzung verfolgt hat, beschließt, mit Hilfe der ihr zu Diensten stehenden zauberischen Wesen und Mittel, der schönen Frau beizustehen: Elfen, teilweise als Krieger verkleidet, erheben ein lautes Kampfgetöse. Menelas hält sie für trojanische Soldaten und glaubt, unter ihnen auch Paris zu erkennen. Er stürzt hinaus. Unterdessen reicht Aithra Helena einen aus Lotos bereiteten Beruhigungstrank und läßt sie durch ihre Dienerinnen auf ihr Ruhelager betten. Menelas kommt mit hochgehaltenem Dolch zurück. Er hat mit ihm draußen zwei Truggestalten durchbohrt, die er für Paris und

Helena hielt. Nun gibt Aithra auch ihm von dem Vergessenssaft zu trinken und erzählt ihm, daß vor zehn Jahren nicht Helena, sondern ein Phantom von dem jungen Königssohn Paris nach Troja entführt worden und daß die wirkliche Helena damals von den Göttern nach Ägypten in den Palast ihres, Aithras, Vaters entrückt worden sei, wo sie, ohne zu altern, die ganze Zeit hindurch geschlafen habe. Da erstrahlt das Nebengemach in hellem Licht. Die auf dem Bett ruhende Helena wacht auf und geht in jugendlicher Schönheit Menelas entgegen, der nunmehr Aithras Erzählung Glauben schenkt. Mit leiser Stimme bittet Helena Aithra, sie und Menelas durch ihre magische Kunst in ein fremdes Land zu versetzen, wo noch niemand etwas von dem Namen Helena und dem Trojanischen Krieg vernommen habe. Helena zieht den vor ihr knienden Menelas zärtlich zu sich empor und geht mit ihm in das Schlafgemach, vor dem sich sogleich ein Vorhang senkt. Aithra läßt von ihren Dienerinnen in die Truhe Kleider, Schmuck und Kostbarkeiten, darunter das in einem goldenen Behälter verschlossene Fläschchen mit dem Lotossaft, legen und wendet sich dann, ihren schwarzen Zaubermantel schwingend, dem Schlafgemach zu. – Auf Aithras Zaubermantel ist das Paar während der Liebesnacht in einen Palmenhain am Fuß des Atlasgebirges versetzt worden. In Menelas erwachen jetzt Zweifel. Die Wirkung des Vergessenheitstranks ist nicht so vollkommen, daß in ihm alle Erinnerung ausgelöscht wäre. So ist er davon überzeugt, gestern auf der Insel der Aithra die wirkliche Helena getötet zu haben, und er glaubt, diese junge Helena sei nur ein zauberisches Trugbild der wirklichen, das ihm Aithra zum Trost in die Arme geführt habe. Auf dem Ritt durch die Wüste stößt Altair, der Fürst der Berge, mit seinem Sohn Da-ud und seinem Gefolge auf das Zelt. Vater und Sohn sind von Helenas Schönheit geblendet. Altair bietet Menelas Waffen zum Geschenk. Er veranstaltet zu Ehren des Fremden eine Jagd, und Da-ud soll sein Begleiter sein. Nachdem sich Menelas umgekleidet hat, bricht er mit den schwarzen Dienern, die ihm Jagdwaffen überreicht haben, auf, nicht ohne auch sein Schwert in den Gürtel gesteckt zu haben. Aus dem Zeltinnern erscheinen drei als Sklavinnen gekleidete Frauen: es ist Aithra mit ihren zwei Dienerinnen. Sie ist gekommen, um Helena zu schützen; denn ihre Dienerin hatte in der Eile neben dem Vergessenstrank auch einen Erinnerungstrank in die Truhe verpackt. Aber Helena ist entschlossen, sich Menelas jetzt ganz zurückzugewinnen. Trotz Aithras Warnung will sie, daß er durch den Erinnerungstrank wieder hellsichtig werde und in ihr die zu bestrafende Schuldige erkenne. Während die Dienerinnen den Trank mischen, kommt Altair. Er macht Helena gegenüber keinen Hehl aus seinen lüsternen Absichten, die er gelegentlich eines ihr zu Ehren veranstalteten nächtlichen Gastmahls in die Tat umzusetzen gedenkt. Die Dienerinnen verfolgen unterdessen den Gang der Jagd, bei der mit einem Mal Menelas und Da-ud gegeneinander losgehen. Da-ud stürzt, von Menelas' Waffe tödlich getroffen. Seine Leiche wird hereingetragen; traurig erklärt Menelas, daß er nunmehr den gleichen Weg gehen müsse. Da entgegnet Helena, er bedürfe eines Tranks. Auf ihren Wink bringen die Dienerinnen den Mischkrug herbei, in den Helena den Zaubersaft des Erinnerungstranks träufelt. Unter den dröhnenden Schlägen der Pauke naht sich ein Zug exotischer Gestalten, die Altairs Einladung zu dem nächtlichen Gastmahl überbringen. Helena kredenzt jetzt in der Stunde der Entscheidung Menelas den Erinnerungstrank. Er, der noch immer wähnt, die Gattin getötet zu haben, glaubt, durch den von ihrem Spiegelbild gereichten Todestrank seine Tat sühnen zu müssen. So leert er mit Helena den Becher. Vollbewußt geworden, zückt Menelas den Dolch, doch Helena lächelt dem Rächer entgegen; er läßt die Waffe sinken und fällt der Gattin versöhnt in die Arme. In diesem Augenblick betritt Altair mit seinen Kriegern das Zelt, um Menelas wegen des gebrochenen Gastrechts zur Rechenschaft zu ziehen. Als er sich Helenas zu bemächtigen versucht, erscheinen gepanzerte Mannen des Poseidon, die der Gott Aithra zur Hilfe geschickt hat. Altair und die Seinen werfen sich vor Aithra in den Staub. Auf einem weißen Roß naht Menelas' und Helenas Kind Hermione, das den Vater fragt, wo seine schöne Mutter sei. Zwei prächtig gezäumte Pferde werden vorgeführt, die Menelas und Helena, aufs neue vereint, zu ihrer Burg nach Sparta bringen.

STILISTISCHE STELLUNG: Nach dem Ausflug auf das Gebiet der unbeschwerten Konversationsoper bei ›Intermezzo‹ wandte sich Strauss in seinem Bühnenschaffen wieder dem mythologischen Stoffkreis zu. Der Dichtung mit ihrer überfeinerten, ausgeklügelten Mischung heterogener Elemente stellte der Meister eine geradlinig empfundene musikalische Gestaltung gegenüber, die das Melodische bevorzugt und polyphone Überladungen meidet. Die leitmotivartig sich durch das Werk ziehenden Motive sind von einfacher Struktur. Auffallend ist ein natürlich dahingleitender Deklamationsstil, der die Stimmen nicht in exponierten Lagen forciert und der damit auch die Wortverständlichkeit fördert. Das orientalische Milieu des Geschehens sowie die Zeichnung der verschiedenen Zaubertränke und magischen Wirkungen haben Gelegenheit zu üppiger Klangfarben-Malerei gegeben, die von einem umfangreichen Instrumentalapparat realisiert wird. Bemerkenswert ist die originelle Besetzung der Bühnenmusik mit je sechs Oboen und Klarinetten, zwei Tamburinen, vier Triangeln und Pauke, die mit exotischen Klängen den Aufzug von Altairs Gefolge begleitet. So wahrt auch die ›Helena‹-Partitur trotz manchen Ermüdungserscheinungen bei der musikalischen Erfindung das typisch Strauss'sche Gepräge.

TEXTDICHTUNG: Hugo von Hofmannsthal (1874–1929) knüpfte bei der von ihm frei erfundenen Märchenhandlung seiner Operndichtung ›Die ägyptische Helena‹ an den großen griechischen Dramatiker Euripides (um 480–407 v. Chr.) an, der in seiner ›Helena‹ bereits die Sage einer Doppelexistenz, nämlich einer »griechischen« und einer »ägyptischen« Helena behandelt hat: danach habe Paris nur ein Phantom entführt, die wirkliche Helena sei aber von den Göttern nach Ägypten entrückt worden und dort nach zehn Jahren unberührt wieder in die Arme ihres Gatten zurückgekehrt. In den Mittelpunkt des Geschehens hat Hofmannsthal die Zauberin Aithra gestellt, die als Spiritus rector die Titelheldin vor dem drohenden Unheil bewahrt und mit Hilfe der ihr zu Gebote stehenden Zaubermacht ein glückliches Ende herbeiführt. Die auf hohem Kothurn sich bewegende, sprachlich feingeschliffene Dichtung gab zweifellos der Phantasie des Komponisten reiche Anregungen. Anderseits führt die überwiegend epische, also im Grund undramatische Darstellung des Geschehens mit seinen oft schwerverständlichen Zusammenhängen den unvorbereiteten Zuschauer in ein Labyrinth verwirrender Eindrücke und an die Grenze seines Aufnahmevermögens. Für den Griechenfürsten Menelaos wählte Hofmannsthal die dorische Form des Namens: Menelas.

GESCHICHTLICHES: Der Briefwechsel zwischen dem Dichter und dem Komponisten gewährt auch einen interessanten Einblick in die Entstehungsgeschichte der ›Ägyptischen Helena‹. Das Werk ist in der Zeit vom Frühjahr 1923 bis Herbst 1927 entstanden. Die Partitur wurde am 8. Oktober 1927 in Garmisch abgeschlossen. Die erfolgreiche Uraufführung fand unter der musikalischen Leitung von Fritz Busch und mit Elisabeth Rethberg (Helena), Maria Rajdl (Aithra) und Curt Taucher (Menelas) in den Hauptrollen am 6. Juni 1928 im Dresdner Opernhaus statt. Zu den Äußerungen begeisterter Zustimmung fanden sich auch kritische Urteile der Ablehnung, die vor allem den mystisch verschlüsselten II. Akt betrafen. Auf Anregung von Clemens Krauss nahm Strauss daher eine Umarbeitung dieses Aktes vor und zwar ab der Stelle, wo Menelas zur Jagd davoneilt. Dabei wurde versucht, dem Zuschauer die Zusammenhänge des szenischen Geschehens in einer verständlicheren Form näher zu bringen. Die musikalische Neufassung besorgte der Meister selbst, während die textliche von Lothar Wallerstein ausgeführt wurde, da Hofmannsthal bereits verstorben war. Die Zweitfassung wurde am 14. August 1933 bei den Salzburger Festspielen unter der musikalischen Leitung von Clemens Krauss erstmals aufgeführt.

Arabella

Lyrische Komödie in drei Aufzügen. Dichtung von Hugo von Hofmannsthal.

SOLISTEN: *Graf Waldner,* Rittmeister a. D. (Spielbaß, auch Seriöser Baß, m. P.) – *Adelaide,* seine Frau (Dramatischer Mezzosopran, auch Spielalt, m. P.) – *Arabella* (Dramatischer Sopran, auch Jugendlich-dramatischer Sopran, gr. P.) und *Zdenka* (Lyrischer Sopran, auch Jugendlich-dramatischer Sopran, auch Lyrischer Koloratursopran, gr. P.), ihre Töchter – *Mandryka* (Kavalierbariton, auch Heldenbariton, gr. P.) – *Matteo,* Jägeroffizier (Jugendlicher Heldentenor, auch Lyrischer Tenor, m. P.) – *Graf Elemer* (Jugendlicher Heldentenor, auch Lyrischer Tenor, m. P.), *Graf Dominik* (Lyrischer Bariton, kl. P.) und *Graf Lamoral* (Charakterbaß, kl. P.), Verehrer Arabellas – *Die Fiaker-Milli* (Lyrischer Koloratursopran, m. P.) – *Eine Kartenaufschlägerin* (Sopran, kl. P.) – *Welko,* Leibhusar des Mandryka (Sprechrolle, kl. P.) – *Djura* (Sprechrolle, kl. P.) und *Jankel* (Sprechrolle, kl. P.), Diener des Mandryka – *Ein Zimmerkellner* (Sprechrolle, kl. P.) – *Begleiterin* der Arabella (Stumme Rolle) – *Drei Spieler* (Bässe, kl. P.) – *Ein Arzt* (Stumme Rolle) – *Groom* (Stumme Rolle).
CHOR: Fiaker. Ballgäste. Hotelgäste. Kellner (kl. Chp.).
ORT: Wien.
SCHAUPLÄTZE: Salon in einem Wiener Stadthotel – Vorraum zu einem öffentlichen Ballsaal, links und rechts logenartige Räume, in der Mitte eine Treppe zu einer Estrade, von der man in den eigentlichen Ballsaal hinabsieht und zu dem man links und rechts von dieser Treppe hinabsteigt – Offener Raum im Hotel, zugleich Stiegenhaus, vorn rechts die Portierloge und der Ausgang auf die Straße.
ZEIT: 1860.
ORCHESTER: 2 Fl., 1 Picc. (auch III. Fl.), 2 Ob., 1 Eh., 3 Kl., 1 Bkl., 3 Fag. (III. auch Kfag.), 4 Hr., 3 Trp., 3 Pos., 1 Bt., P., Schl., Hrf., Str.
GLIEDERUNG: Durchkomponierte symphonisch-dramatische Großform. Bei der zweiaktigen Fassung schließt der III. Akt unmittelbar an den II. an, wobei ein kleiner Sprung am Ende des II. Aktes direkt in das Vorspiel zum III. Akt überleitet.
SPIELDAUER: etwa 3 Stunden.
HANDLUNG: Der k. u. k. Rittmeister a. D. Graf Waldner, ein leidenschaftlicher Spieler und gänzlich verarmt, aber peinlichst bedacht auf das adelige Ansehen, suchte sich die Geldmittel für eine standesgemäße Lebenshaltung seiner Familie im Glücksspiel zu erwerben. Allmählich bis über die Ohren verschuldet, erblickte er in einer reichen Verheiratung seiner bildschönen Tochter Arabella die einzige Rettung vor dem Ruin. Er übersiedelte daher mit seiner Familie nach Wien, wo in einem vornehmen Hotel Logis genommen wurde. Dabei war seine Gattin

Adelaide auf die absonderliche Idee gekommen, ihre liebreizende jüngere Tochter Zdenka unter dem Namen Zdenko als Buben zu verkleiden, damit sich das Interesse der heiratslustigen Verehrer ganz auf Arabellas Schönheit als etwas Einmaliges konzentrierte. – In ihrer verzweifelten Lage sucht die Gräfin Rat bei einer Kartenschlägerin, die wohl eine nahe bevorstehende Verlobung mit einem reichen Herrn prophezeit, gleichzeitig aber das Zustandekommen der Heirat durch das Dazwischentreten der zweiten Tochter in Frage gestellt sieht. Vier Anbeter werben stürmisch um Arabellas Hand: der forsche und reiche Graf Elemer, der liebenswürdige Graf Dominik, der vornehme Graf Lamoral und der gänzlich vermögenslose Leutnant Matteo, der, da seine leidenschaftliche Liebe unerwidert bleibt, sich sogar mit Selbstmordgedanken trägt. In tiefer Besorgnis setzt Zdenka, die sich ihrer Herzensregungen für den schmucken jungen Offizier zunächst wohl selbst gar nicht bewußt ist, alles daran, diesen durch die Erweckung immer neuer Hoffnungen von seinem finsteren Vorhaben abzuhalten. So bedrängt sie nicht nur ihre Schwester, Matteo zu erhören, sondern sie schreibt sogar fingierte Liebesbriefe Arabellas an ihn. Die schöne Komtesse wartet indes immer noch auf den »Richtigen«, den, wie sie überzeugt ist, ihr das Schicksal eines Tages ungesucht in die Arme führen wird. Aber die Zeit drängt, die unbezahlten Rechnungen türmen sich, und Arabella wird sich am heutigen Faschingsdienstag auf dem »Fiaker-Ball« notgedrungen entscheiden müssen. Graf Waldner hatte sich vor einiger Zeit an seinen alten Regimentskameraden, den steinreichen Gutsbesitzer Mandryka gewandt; er legte dem Brief, auf den merkwürdigerweise keine Antwort erfolgt ist, auch Arabellas Bild bei. Da überreicht der Zimmerkellner eine Visitenkarte mit dem Namen Mandryka. Zu Waldners Erstaunen tritt ihm aber ein fremder, äußerst sympathisch wirkender Kavalier entgegen, der erzählt, daß er als Erbe und neuer Gutsherr den an seinen verstorbenen Onkel gerichteten Brief erhalten hätte und so sehr von dem beigelegten Bild hingerissen gewesen wäre, daß er nach Wien gekommen sei, um bei dem Vater um die Hand der Schönen anzuhalten. Dieser willigt um so freudiger ein, als ihm Mandryka bei der Schilderung seiner Besitzverhältnisse die mit Tausendern prall gefüllte Brieftasche entgegenhält mit der Bitte sich zu bedienen, wenn er gerade in Geldverlegenheit sein sollte. – Auf dem Fiaker-Ball wird Mandryka Arabella vorgestellt. Sie erkennt sogleich in ihm den Fremden wieder, den sie bereits auf der Straße und von ihrem Fesnter aus gesehen hatte und dessen männlich-vornehme Erscheinung mit den klugen, ernsten Augen ihr nicht mehr aus dem Sinn gehen wollte. Beide erblicken in ihrem Zusammentreffen eine schicksalhafte Bestimmung und sind sich daher schnell einig. Arabella erbittet sich von dem Bräutigam noch eine Stunde, um von ihren gräflichen Verehrern und damit von ihrer Jungmädchenzeit Abschied zu nehmen. Dann hinterläßt sie einige Zeilen an Mandryka und begibt sich – allein mit ihrem Glück – ins Hotel zurück. Inzwischen hatte jedoch Zdenka in ihrer Angst um Matteos Leben einen verhängnisvollen Plan ersonnen: Auf dem Fiaker-Ball übergibt sie in ihrer Verkleidung als Zdenko Matteo ein Kuvert mit einem Schlüssel, der, wie sie erklärend beifügt, das Zimmer neben dem Arabellas sperre; dort solle er in einer Viertelstunde die Geliebte erwarten. Mandryka, der das Gespräch zufällig belauscht, glaubt sich betrogen. Das ihm überreichte Billett Arabellas bestärkt ihn in seinem Argwohn, und in einer skandalösen Szene verdächtigt er die Braut öffentlich vor der Ballgesellschaft. Von Graf Waldner aufgefordert, begibt er sich schließlich ins Hotel und trifft dort in der Halle Arabella mit Matteo, der diese bei ihrer Rückkehr ins Hotel zufällig im Stiegenhaus angetroffen und anschließend mit ihr eine erregte Auseinandersetzung hatte, weil sie nach dem Liebesabenteuer, das er – wie er glaubt – soeben mit ihr erlebt hatte, noch ausgehen wolle. Mandrykas Aufgeregtheit erfährt durch die kompromittierende Situation noch eine Steigerung, und er beleidigt mit verletzenden Worten die Braut, die sich diese plötzliche unglückliche Wendung nicht erklären kann. Schon werden Vorbereitungen zu einem Duell Waldner–Mandryka in die Wege geleitet, da schafft das unvermutete Erscheinen Zdenkas im weiblichen Nachtgewand und mit aufgelösten Haaren die Lösung des verwirrten Knotens. Sie gesteht der Schwester, sich im Finstern Matteo hingegeben zu haben, damit der Verzweifelte in dem Glauben, Arabella besessen zu haben, wieder neuen Lebensmut fände. Tief beschämt tritt Mandryka als Brautwerber für Matteo und Zdenka vor den Vater und bleibt schließlich, nachdem sich alle beruhigt und zurückgezogen haben, zerknirscht allein zurück in der Überzeugung, durch sein sträfliches Mißtrauen sich Arabellas Liebe verscherzt zu haben. Aber sie kommt aus ihrem Zimmer zurück und überreicht ihm ein Glas Wasser, das, wie sie von Mandryka erfahren hat, in dessen Heimat einem alten Brauch zufolge ein Mädchen dem Freier zu übergeben pflegt zum Zeichen, daß sie ihn in Liebe zum Herrn ihres Lebens mache.

STILISTISCHE STELLUNG: Nach den mystisch-symbolistischen Opernmärchen ›Frau ohne Schatten‹ und ›Ägyptische Helena‹ verließ das Dioskurenpaar Strauss–Hofmannsthal das mythologische Gebiet, um sich mit ›Arabella‹ wieder einmal einem unbeschwerten Stoff zuzuwenden. Dem Charakter der »Lyrischen Komödie« entsprechend sind in den vom Komponisten virtuos behandelten Lustspiel-Dialog lyrische Partien, das heißt geschlossene Gebilde von melodieseliger Zartheit eingestreut (vor allem die Duette Arabella–Zdenka und Arabella–Mandryka, denen je eine südslawische Volksweise zugrunde gelegt ist). Wie beim ›Rosenkavalier‹ charakterisieren auch hier schwungvolle Walzerweisen das Wiener Milieu. Die halsbrecherischen Koloraturen der Fiaker-Milli versinnbildlichen in stilisierter Form die Jodlerfreudigkeit des historischen Vorbildes dieser Figur. Der Verzicht auf scharfe Dissonanzen und die Bevorzugung einfacher Harmonien schaffen eine sonnige Atmosphäre und unterstreichen den biedermeierlichen Charakter des Werkes. Die außerordentlich kunstvolle und feine polyphone Verarbeitung der prägnanten Motive zeugt von einer weisen und souveränen Beherrschung der Materie, die in ihrer Gestaltungsreife wettmacht, was dem nahezu Siebzigjährigen an Erfindungskraft nicht mehr zu Gebote stand.

TEXTDICHTUNG: Die von Hofmannsthal frei erfundene Geschichte hatte dieser ursprünglich (1910) in Form einer Prosa-Novelle ›Lucidor oder Figuren zu einer ungeschriebenen Komödie‹ verarbeitet. Strauss fand Gefallen an dem Stoff, worauf der Dichter die Erzählung in ein Opernlibretto umgestaltete. Die leichtgeschürzte Handlung mit ihren zahlreichen Unwahrscheinlichkeiten hätte sich freilich vielleicht ebenso gut für ein Operetten- oder Filmsujet geeignet. Hofmannsthals feingeschliffene Bühnendichtung vermittelt – ähnlich wie beim ›Rosenkavalier‹ – wieder ein lebendiges Sitten- und Kulturbild, diesmal aus dem biedermeierlichen Wien zur Faschingszeit mit seinem traditionellen Fiaker-Ball, auf dem in den 1860er Jahren die berühmte »Fiaker-Milli« als »Lady Patroness« mit ihren Gstanzln und Jodlern Alt und Jung, Hoch und Niedrig faszinierte.

GESCHICHTLICHES: Hofmannsthal hatte kurz vor seinem Tod (15. Juli 1929) die Operndichtung ›Arabella‹ beendet. Strauss begann noch im gleichen Jahr mit der Komposition, die aber eine Unterbrechung durch die Vornahme der ›Idomeneo‹-Bearbeitung erfahren mußte. Die Uraufführung der ›Arabella‹ erfolgte an der Dresdner Staatsoper am 1. Juli 1933 unter der musikalischen Leitung von Clemens Krauss und mit Viorica Ursuleac (Arabella) und Alfred Jerger (Mandryka) in den Hauptrollen. Das leichtbeschwingte Werk fand trotz den von der Fachkritik vorgebrachten Bedenken gegen die Handlung eine begeisterte Aufnahme und anschließend eine rasche Verbreitung.

Die schweigsame Frau

Komische Oper in drei Aufzügen. Dichtung frei nach Ben Jonson von Stefan Zweig.

SOLISTEN: *Sir Morosus* (Seriöser Baß, auch Heldenbariton, gr. P.) – *Seine Haushälterin* (Alt, m. P.) – *Der Barbier* (Spielbariton, gr. P.) – Komödianten: *Henry Morosus* (Lyrischer Tenor, gr. P.) – *Aminta,* seine Frau (Lyrischer Koloratursopran, gr. P.) – *Isotta* (Dramatischer Koloratursopran, auch Jugendlich-dramatischer Sopran, gr. P.) – *Carlotta* (Spielalt, auch Lyrischer Mezzosopran, gr. P.) – *Morbio* (Charakter-

bariton, auch Charakterbaß, gr. P.) – *Vanuzzi* (Spielbaß, auch Charakterbaß, gr. P.) – *Farfallo* (Spielbaß, auch Charakterbaß, gr. P.).
CHOR: Komödianten (Chorus: 2 Tenöre und 2 Bässe) und Nachbarn (ganzer Chor, kl. Chp.).
ORT: In einem Vorort Londons.
SCHAUPLATZ: Zimmer des Sir Morosus, weiter, unordentlich gehaltener Raum mit vielen Zeichen, die erkennen lassen, daß hier ein ehemaliger Seemann haust: Schiffsmodelle, Fahnen, Gewehre, Anker, Fischgerippe, Takelwerk. Besonders auffällig, daß alle Türen mit dichten Vorhängen oder Säcken geschützt sind.
ZEIT: Etwa 1780.
ORCHESTER: 3 Fl. (III. auch Picc.), 2 Ob., 1 Eh., 1 Kl. in C, 2 Kl. in A und B, 1 Bkl., 3 Fag. (III. auch Kfag.), 4 Hr., 3 Trp., 3 Pos., 1 Bt., P., Schl. (3–4 Spieler), kl. Gl., gr. Gl. (4 Spieler), Cel., Hrf., 14 Viol. I, 12 Viol. II, 8 Br., 8 Vcl., 5–6 Kb. – Bühnenmusik: Org., Cemb., Trompeten, Dudelsäcke, Trommeln.
GLIEDERUNG: In Szenen untergeteilte durchkomponierte symphonisch-dramatische Großform; zu Anfang der Oper: Potpourri (an Stelle von Ouvertüre).
SPIELDAUER: etwa 2¾ Stunden.
HANDLUNG: Sir Morosus, ehemals Offizier der britischen Flotte, bewohnt mit seiner Haushälterin ein behagliches Haus, das angefüllt ist mit Schätzen, die er sich während seiner ruhmreichen Seemannslaufbahn erworben hat. Als am Morgen der Barbier kommt, um Morosus zu rasieren, tut die treue Haushälterin ihrem Redebedürfnis Genüge, wozu sie sonst keine Gelegenheit hat. Denn ihr Herr ist äußerst geräuschempfindlich, seit er dereinst mit der Pulverkammer seines Schiffes in die Luft geflogen war und dabei sein Trommelfell verloren hatte. Durch die laute Unterhaltung aus dem Schlaf geweckt, erscheint Morosus im Morgenrock und schickt in barschem Ton die Haushälterin sogleich aus dem Zimmer. Während des Rasierens gibt der Barbier Morosus den Rat zu heiraten; da er wohlhabend und ohne familiären Anhang sei, würde er trotz seines vorgerückten Alters sicherlich eine junge, schweigsame Frau finden, die ihn umsorgen könnte. Lauter Lärm von außen deutet auf einen Besuch. Schon geht Morosus mit einem Stock zur Tür, da erkennt er zu seinem großen Erstaunen in dem Eindringling seinen totgeglaubten Neffen Henry. Freudig bietet er dem jungen Mann an, in seinem Haus zu bleiben und später sein Erbe anzutreten. Stockend gesteht jetzt Henry, daß er nicht allein, sondern mit seiner Truppe gekommen sei. Morosus hat »Truppen« verstanden und glaubt, es handle sich um Soldaten. Zu seinem Entsetzen muß er jedoch erfahren, daß der Neffe als Sänger einer italienischen Operntruppe angehört, deren Erste Sängerin, Aminta, überdies seine Frau sei. Schon betreten die Komödianten unter der Führung ihres Prinzipals Cesare Vanuzzi das Haus. Der Gedanke, lärmende

Schauspieler und Sänger bei sich zu haben, bringt Morosus außer Fassung. Er enterbt Henry und weist ihm und seiner Truppe die Tür. Gleichzeitig beauftragt er den Barbier, ihm sofort eine Frau zu besorgen, wie dieser sie vorgeschlagen habe, und verläßt wutschnaubend das Zimmer. Schon will Henry resignieren, da hält ihn der Barbier zurück mit der Frage, ob er denn auf eine so große Erbschaft verzichten wolle. Gegen gute Bezahlung will der gerissene Bader Morosus den Geschmack an der Ehe abgewöhnen. In einem Intrigenspiel soll unter Mitwirkung der Operntruppe der Alte zum Eingehen einer Scheinehe verleitet werden. Sogleich werden die Rollen verteilt: es spielen Vanuzzi den Pfarrer, Morbio den Notar, Farfallo und der Chorus rüde Seeleute, Carlotta eine dumme Landmagd, Isotta ein kokettes Zierpüppchen und Aminta ein stilles, bescheidenes Mädchen. – Am Nachmittag des nächsten Tages erwartet Morosus, der sich in großen Staat geworfen hat, die vom Barbier verschafften Heiratskandidatinnen. Die Mitglieder der Komödiantengruppe treten in der verabredeten Verkleidung auf. Wie erwartet, fällt Morosus' Wahl auf die schüchterne, schweigsame Aminta, die sich Timida nennt. Der »Pfarrer« und der »Notar« nehmen die Trauungszeremonie vor, der Barbier und die Haushälterin sind die Trauzeugen. Unter großem Tumult kommen mit Farfallo an der Spitze die »Seemänner« zur Gratulationskur; auch die Nachbarn werden hereingerufen. Morosus ist aufgebracht über das laute Getriebe; erst die Aufforderung des Barbiers, im Wirtshaus auf Kosten von Sir Morosus drei Fässer vlämischen Biers zu trinken, kann die Leute bewegen, sich zu entfernen. Als Timida und Morosus endlich allein sind und dieser beginnt zärtlich zu werden, zeigt sich die junge Frau plötzlich wie umgewandelt. Sie schreit und brüllt, daß sie ihre Ruhe haben wolle und daß sie nicht daran denke, ihr Leben still und schweigsam zu vertrauern. Sodann reißt sie die dicken Vorhänge von den Türen und zerschlägt zu Morosus' Entsetzen die an den Wänden hängenden Trophäen aus seiner Seemannszeit. Auf den Krach hin erscheint Henry, der natürlich sofort für den Onkel Partei ergreift und Timida aus dem Zimmer jagt. Er verspricht, umgehend eine Scheidung in die Wege zu leiten. Gerührt und beglückt begibt sich Morosus zur Ruhe. Leise ruft Henry Aminta herbei und nimmt sie liebevoll in seine Arme; sie gesteht froh zu sein, wenn das böse Spiel mit dem alten Herrn zu Ende sei, für den sie Mitleid empfinde. – In aller Frühe des nächsten Tages sind Handwerker, die das Zimmer neu einrichten, mit lärmenden Arbeiten beschäftigt. Auch ein Clavecin wird aufgestellt. Timida erhält sogleich Unterricht von Henry und Farfallo, die in der Verkleidung als Gesangslehrer und Klavierbegleiter aufgetreten sind. Vergebens bittet Morosus um eine Pause. Endlich kommt der Barbier mit dem »Hohen Gericht«. Vanuzzi als »Chief-Justice« sowie Farfallo und Morbio als »Advokaten« verkleidet, treten mit feierlichem Pomp auf. Sie absolvieren schnell noch ein lustiges Tänzchen, bis Morosus wiederkommt, der sich inzwischen seine Uniform mit Orden angelegt hat. In der nun beginnenden Verhandlung zählt zunächst der eine der »Advokaten« die zwölf Ehehindernisse auf, die als Scheidungsgründe gelten. Morosus nimmt gleich den ersten für sich in Anspruch: er habe gemeint, »eine andere Person zu heiraten, als die er geheiratet hat«. Das »Gericht« hält jedoch einen solchen Irrtum für eine Scheidung nicht ausreichend. Als weiteren »error« führt der »Advokat« an: verletzte Jungfräulichkeit. Sofort bezeugen der Barbier sowie Carlotta und Isotta, daß Timida vor ihrer Eheschließung bereits mit einem anderen Mann Umgang gehabt habe, was diese energisch bestreitet; sie beschwört, nie einem anderen als ihrem Ehegatten angehört zu haben. Der Barbier ruft jedoch einen weiteren Zeugen auf den Plan. Henry, der, unkenntlich getarnt durch einen Bart, sogleich auftritt, beeidet, mit der jungen Frau Umgang gepflogen zu haben. Da opponiert der eine der »Advokaten«: in dem Ehevertrag habe Sir Morosus nicht die Bedingung der jungfräulichen Unberührtheit gestellt, daher liege auch kein »error« vor; somit könne die Ehe nicht geschieden werden. Morosus sinkt wie vernichtet auf die Liegestatt. Jetzt lassen Henry und Aminta endlich die Masken fallen. Morosus nimmt das Spiel, das mit ihm getrieben wurde, schließlich mit Humor auf und bekennt, auf diese Weise von seiner Schrulligkeit und von seiner Abneigung gegen Musik geheilt worden zu sein. Leise entfernen sich nach und nach die Komödianten. Dankbar drückt Morosus Aminta und Henry die Hände und genießt, behaglich seine Pfeife schmauchend, die neugewonnene Ruhe.

Stilistische Stellung: ›Die schweigsame Frau‹ ist das einzige Bühnenwerk von Richard Strauss, das den Untertitel »Komische Oper« trägt. Daraus läßt sich schließen, daß das Werk dem Stil der alten Opera buffa angenähert ist und ein witzig geformtes Intrigenspiel mit den für diese Gattung typischen Verkleidungen und Verwechslungen behandelt. In der Tat weist die Oper stofflich manche Parallelen zu Donizettis ›Don Pasquale‹ und Rossinis ›Barbier von Sevilla‹ auf. Die Oper wird eingeleitet von einem Potpourri, einer Form, bei der in loser Aneinanderreihung die wichtigsten Themen eingeführt werden. Anstelle der Nummerneinteilung tritt eine Gliederung in Szenen mit je einem Finale an den Aktschlüssen. Musikalisch herrscht ein flüssiger Konversationsstil vor, der häufig von melodramatischen oder gesprochenen Stellen unterbrochen ist. Sprudelnden Parlandopartien in schnellem Tempo sind getragene ariose und lyrische Abschnitte gegenübergestellt. In Anlehnung an die alte Buffaoper enthält das Werk zahlreiche geschlossene Gebilde, wie die Canzonen des Barbiers im I. und II. Akt, die Arie des Henry im III. Aufzug sowie bei der Musikunterrichts-Szene die Arie der Aminta und das Duett Aminta–Henry, die Claudio Monteverdis ›L'incoronazione di Poppea‹ (1642) beziehungsweise der Oper ›Eteocle e Polinice‹ von Giovanni Legrenzi (1675) entnommen sind. Das pompöse Auftreten des »Chief Justice« im III. Akt erfolgt über das Thema »In Nomine« des Doktors John Bull (1563–1628) aus dem ›Fitzwilliam Virginal Book‹. Der musikalische Fluß wird gelegentlich von größeren und kleineren Ensembles unterbrochen, unter denen der wirkungsvolle Schluß des I. Aktes hervorragt, dem nach den Worten des Komponisten das Schlußensemble des II. Aktes von Mozarts ›Figaros Hochzeit‹ als Vorbild gedient hat.

TEXTDICHTUNG: Nach dem Tod Hugo von Hofmannsthals (15. Juli 1929) hielt Strauss Ausschau nach einem Textdichter. Die Wahl fiel noch Ende desselben Jahres auf einen Künstler aus dem Kreis des Verstorbenen, den Lyriker, Roman- und Bühnenschriftsteller Stefan Zweig (1881–1942). Dieser brachte sogleich einen Stoff zum Vorschlag, der den Komponisten interessierte: ›Epicoene or The Silent Woman‹ des englischen Dichters und Zeitgenossen Shakespeares Ben Jonson (1573– 1637), der mit seinen realistischen Sittenkomödien zu seiner Zeit viel Erfolg hatte. Zweig hat eine freie Nachdichtung von dessen Erbschleicherkomödie ›Volpone‹ und auf Strauss' Wunsch nach ›The Silent Woman‹ ein Opernlibretto geschrieben. Der Komponist war mit seinem neuen Textdichter sehr zufrieden, denn er hat, wie Zweig in seinem Buch ›Die Welt von Gestern‹ bemerkte, an dem ganzen Libretto nicht eine einzige Zeile geändert und nur einmal ihn gebeten, um einer Gegenstimme willen noch drei oder vier Zeilen einzufügen.

GESCHICHTLICHES: Noch während der Instrumentierung des III. Akts von ›Arabella‹ hat Strauss am 1. Oktober 1932 mit der Komposition seiner ›Schweigsamen Frau‹ begonnen. Die Partitur wurde am 20. Oktober 1934 abgeschlossen; das die Oper einleitende Potpourri wurde nachkomponiert und am 17. Januar 1935 in Garmisch vollendet. Nach den Bestimmungen der damaligen politischen Machthaber war es zunächst fraglich, ob eine Oper, deren Textdichter Jude war, in Deutschland gespielt werden dürfe. Strauss setzte jedoch die Uraufführung an höchster Stelle durch, und so ging ›Die schweigsame Frau‹ am 24. Juni 1935 unter der Leitung von Karl Böhm und mit Friedrich Plaschke (Morosus), Mathieu Ahlersmeyer (Barbier), Martin Krämer (Henry), Maria Cebotari (Aminta) und Kurt Böhme (Vanuzzi) in den Hauptrollen an der Dresdner Staatsoper erstmals in Szene. Aber schon nach der dritten Vorstellung wurden weitere Aufführungen des Werks in Deutschland verboten. Strauss legte daraufhin sein Amt des Präsidenten der Reichsmusikkammer nieder.

Daphne

Bukolische Tragödie in einem Aufzug. Dichtung von Joseph Gregor.

Solisten: *Peneios* (Seriöser Baß, m. P.) – *Gaea* (Dramatischer Alt, m. P.) – *Daphne* (Dramatischer Koloratursopran, auch Jugendlich-dramatischer Sopran, gr. P.) – *Leukippos* (Lyrischer Tenor, gr. P.) – *Apollo* (Jugendlicher Heldentenor, gr. P.) – *1. Schäfer* (Bariton, kl. P.) – *2. Schäfer* (Tenor, kl. P.) – *3. Schäfer* (Bariton, auch Baß, kl. P.) – *4. Schäfer* (Baß, kl. P.) – *1. Magd* (Lyrischer Sopran, kl. P.) – *2. Magd* (Mezzosopran, auch Spielalt, kl. P.).
Chor: Schäfer. Maskierte des bacchischen Aufzugs. Mägde (Gesangspart nur Männerchor, kl. Chp.).
Ballett: Tanz-Pantomime beim Dionysosfest (Furioser Tanz der Widder und Rundtanz der Thyrsosträgerinnen).
Ort: Bei der Hütte des Peneios am Fluß dieses Namens.
Schauplatz: Steiniges Flußufer, dichte Ölbaumgruppen, rechts ansteigende Landschaft zum Haus des Fischers Peneios, im Hintergrund der Fluß, als Abschluß das gewaltige Massiv des Olymp.
Orchester: 2 Fl., 1 Picc. (auch III. Fl.), 2 Ob., 1 Eh., 1 C-Kl., 1 A-Kl., 1 Bh., 1 Bkl., 3 Fag., 1 Kfag., 4 Hr., 3 Trp., 3 Pos., 1 Bt., P., Schl., 2 Hrf., 16 Viol. I, 16 Viol. II, 12 Br., 10 Vcl., 8 Kb. – Bühnenmusik: Alphorn, Org.
Gliederung: Durchkomponierte symphonisch-dramatische Großform.
Spieldauer: etwa 1¾ Stunden.
Handlung: In einer von Ölbaumgruppen durchzogenen Flußlandschaft am Fuß des Olymp lädt mit den letzten Strahlen der untergehenden Sonne das Horn des Fischers Peneios die Schäfer zur Dionysos-Feier, dem Fest der blühenden Rebe, das die große Hochzeit aller Natur im Leben der Herden und im Herzen der Hirten weiht, die Zeit der Paarung. Daphne, die Tochter des Peneios und der Gaea, beklagt das Scheiden der Sonne, in deren Schein ihr die Bäume und Sträucher, die Blumen und Blüten, die tanzende Quelle und die bunten Falter als Gespielen und Gespielinnen lachen, die sie alle als ihre Brüder und Schwestern betrachtet. Sie schmiegt sich innig an den Baum, der in ihrer Kindheit gepflanzt, ihr besonders geliebter Bruder ist. Da springt hinter diesem der junge Leukippos hervor. Er erinnert sie daran, wie sie als Kinder zusammen spielten und wie Daphne gern den Tönen seiner Flöte lauschte, in denen sie jedoch nur die Stimmen der sie umgebenden Natur vernommen zu haben vorgibt. Nun aber ist Leukippos zum Mann gereift; er haßt die Spiele und zerbricht deshalb seine Flöte; er begehrt jetzt Daphne selbst, die er liebt. Ihr ist aber das Fest des Dionysos fremd, und fremd erscheint ihr jetzt auch Leukippos, in dem sie nur den Gespielen sehen kann. Verzweifelt hat sich

Leukippos entfernt. Mutter Gaea ist besorgt wegen Daphnes Verhalten. Sie läßt ihr durch zwei Mägde ein prächtiges Kleid und Schmuck für das Fest überbringen. Aber Daphne will so bleiben, wie sie ist. Sinnend geht ihr die Mutter ins Haus nach. Die beiden Mägde überreden indes Leukippos, das von Daphne verschmähte Kleid anzulegen; in der Verkleidung könne er sich Daphne nähern und sich so Liebe erringen. Nach kurzem Zögern geht Leukippos auf den Vorschlag ein. Vater Peneios erscheint mit Gaea im Kreis der Hirten. Er, der selbst einst ein Gott war, schildert in einer Vision, wie die Bewohner des Olymp zum Mahl herabschreiten und lachen. Sein Lachen wiederholt sich von überall wie ein Echo; erschreckt flüchten sich die Hirten zu Gaea. Da kommt ein fremder Rinderhirt mit Bogen und Köcher herbei. Er erzählt, daß er eine Herde am Fuß des Olymp weide. Durch einen seltsamen Dunst aus Blütendüften und Fettdämpfen, der von dieser Gegend hergekommen sei, sei der Stier brünstig geworden, und jetzt, nachdem er mit Hilfe seiner Knechte die Tiere wieder beruhigt habe, habe es ihn, den Hirten, hierhergezogen. Gaea und die Schäfer atmen erleichtert auf, während Peneios den Fremden zum Fest einlädt und durch Gaea seine Tochter herbeirufen läßt. Allein zurückgeblieben, schämt sich der Hirte, der Gott Phöbus Apollo ist, in dem niederen Gewande und mit Lügen sich bei den Menschen eingeschlichen zu haben, nur weil er selbst ein brünstiges Tier ist. Daphne naht, eine Schale mit beiden Händen tragend. Apollo ist fasziniert von der Erscheinung. Er hält sie zunächst für seine Zwillingsschwester Artemis. Der Anruf »Schwester« erweckt Vertrauen bei Daphne. Sie gießt die Schale über Apollos Hände aus und legt ihm einen weiten blauen Mantel um. Seine Worte von den Fahrten mit des Lichtes Wagen erscheinen ihr rätselhaft; sie ahnt in dem Hirten einen Gewaltigen, kann aber den Gott nicht erkennen. Anderseits vermag sie sich ihm doch auch nicht zu verschließen, als er sie in wachsender Begeisterung in seine Arme nimmt und sie schließlich küßt. In höchster Verwirrung entringt sich daraufhin Daphne seiner Umarmung; in seiner Liebesglut erscheint er ihr mit einem Mal als der Fremdeste von allen. Das Dionysosfest beginnt. Nach dem Tanz der als Widder maskierten Schäfer naht ein Zug Mädchen, unter ihnen der verkleidete Leukippos. Er nähert sich mit lockenden Gebärden Daphne. Sie trinkt aus der Schale, die er ihr reicht, und folgt ihm mit hieratischen Tanzschritten, da sie ihn, der ihr in Aussehen und Kleidung ähnlich ist, für eine schwesterliche Gespielin hält. Aber Apollo deckt den Betrug auf. Die Schäfer scharen sich schützend vor Leukippos. Apollo schafft jedoch mit Donner und Gewitter große Verwirrung unter den Herden, so daß sich die Hirten eiligst mit Peneios und Gaea zu den Hürden entfernen. Leukippos reißt sich nun selbst die Frauenkleider ab und mit männlicher Entschlossenheit fordert er Daphne in Dionysos' Namen auf, sich von dem Fremden abzuwenden und ihm und seiner Liebe zu folgen. Dann verlangt er von Apollo, seine Maske ebenfalls fallen zu lassen, und als auch Daphne die Wahrheit wissen will, gibt der Gott zu erkennen, daß er die Sonne sei. In der darauffolgenden Auseinandersetzung erklärt schließlich Daphne, daß sie wohl dem Gott des Lichtes, nicht aber seinen Gluten folgen wolle, und als Leukippos ihre Entscheidung zu seinen Gunsten mit einem Fluch auf Apollo begleitet, streckt dieser ihn mit seinem Pfeil nieder. Daphne, nun mit einem Mal geläutert, bekennt an der Leiche des Geliebten ihre große Schuld; zur Sühne will sie ihm alles opfern, was sie je geliebt, die Blumen, die Falter, die Quelle, die Spiele und ihr kindliches Glück. Aber auch Apollo ist sich seines Unrechts bewußt geworden. Er hatte sich fälschlich mit Dionysos' Kraft geziert und bittet daher den Bruder um Verzeihung für die Tötung seines Jüngers. Dann wendet er sich an Vater Zeus, er möge ihm Daphne wiedergeben, aber nicht in Menschengestalt, sondern in Form des ewig grünen, göttlichen Lorbeers, den er zum Symbol höchster Ehre für seine besten, im friedlichen Wettstreit ringenden Jünger erheben wolle. Nachdem Apollo verschwunden ist, will sich auch Daphne entfernen; doch plötzlich bleibt sie festgewurzelt stehen, ihr Körper verwandelt sich langsam in einen Baum und ihre Rede geht in ein Lispeln der Blätter über.

STILISTISCHE STELLUNG: Dem Grundcharakter des idyllenhaften Stoffes entsprechend dominiert in Strauss' bukolischer Tragödie das Lyrische, das zunächst schon in dem pastoralen Vorspiel, sodann in dem ersten, das anmutig-kindliche, aber kühle Wesen trefflich zeichnenden Daphne-Monolog sowie in der wundervollen, die Metamorphose begleitenden symphonischen Musik am Schluß des Werkes besonders eindrucksvoll blüht. Aber auch leidenschaftliche und dramatische Akzente fehlen nicht, die vor allem in der Gewitterszene und in der darauffolgenden Auseinandersetzung Daphne–Apollo–Leukippos wirksame Gegensätze schaffen. Das Dionysosfest bringt mit seinen teils furiosen, teils graziösen Tanzrhythmen ebenfalls Farbe und Abwechslung in das musikalische Geschehen. Obwohl das Werk äußerlich auf eine Gliederung in Szenen oder musikalische Abschnitte verzichtet, ist in formaler Hinsicht eine weise Architektonik zu bewundern. Als Wahrzeichen der ›Daphne‹-Partitur könnte man ihre Instrumentation bezeichnen, die außerordentlich kunstvoll gehandhabt ist. In seiner abgeklärten Schönheit und in seinem ausgewogenen Wohllaut ist das Klangbild von einer Durchsichtigkeit, wie sie unter den Strauss'schen Bühnenwerken höchstens noch bei ›Ariadne auf Naxos‹ anzutreffen ist. Das immense technische Können schuf hier einen Ausgleich gegenüber dem Nachlassen der Erfindungskraft des im achten Lebensjahrzehnt schaffenden Meisters.

TEXTDICHTUNG: Die Dichtung entstand in drei Phasen, deren Entwicklung vom Komponisten entscheidend beeinflußt wurde. Die erste Anregung zur Gestaltung des alten griechischen Mythos (Daphne ist das griechische Wort für Lorbeerbaum) erfuhr Joseph Gregor (1888–1960) durch eine Lithographie ›Apollo und Daphne‹ von Théodore Chassériau, die ob ihrer romantischen Grundhaltung aber zur späteren Operndichtung in keiner Beziehung steht. Auf Strauss hinwieder wirkte inspirierend das Standbild ›Apollo und Daphne‹ des großen Barockmeisters Gian Lorenzo Bernini (1598–1680) in der Villa Borghese zu Rom, später neigte der Komponist der mehr archaischen Auffassung zu, wie sie in dem Gemälde ›Primavera‹ des Sandro Botticelli (1445–1510), des Hauptmeisters der italienischen Frührenaissance zum Ausdruck kommt. In der ersten Skizze identifizierte Gregor, gemäß der hellenistischen Auffassung von der Beseelung der Natur, die Menschen mit der Natur und mit den Göttern. Der alte Peneios ist gleichzeitig der Fluß und der am Fluß wohnende Fischer, Gaea ist sein Weib und zugleich die grünende Erde am Fluß, beider Tochter Daphne das rätselhafte und unerschlossene Naturwesen. Demgegenüber erblickte Strauss zunächst in Daphne »die menschliche Verkörperung der Natur, die von den beiden Gottheiten Apollo und Dionysos, den Elementen des Künstlerischen, berührt wird, die sie ahnt, aber nicht begreift und erst durch den Tod zum Symbol des ewigen Kunstwerkes, des vollkommenen Lorbeer, wieder auferstehen kann«. Die Hereinnahme des Schuldbegriffs im antiken Sinn hält der Komponist für notwendig: »Apollo vergeht sich gegen seine Gottheit, indem er mit dionysischen Gefühlen sich Daphne naht, welche diese Untreue im Kuß fühlt und den unreinen Gott als reines Instinkt- und Naturwesen ablehnt ... Apollo muß also in sich eine Läuterung vollziehen, die darin ihren Gipfel hat, daß er in Leukippos das dionysische Element in sich selbst tötet. Das Symbol für diese eigene Läuterung wäre die Erlösung der Daphne durch Verwandlung in den Lorbeer.« Ergänzend fügt er später noch hinzu: »Auch Daphne kann nicht weiterleben, nachdem sie einmal durch den Dionysostrank ihrer wahren Natur untreu geworden. Da findet der Gott zu seiner eigenen Läuterung und zu ihrer Erlösung das Wunder der Verwandlung in den Lorbeer.« Schließlich war es auch Strauss, der, als er bereits mit der Arbeit an der Komposition ziemlich weit fortgeschritten war, noch eine Abänderung des Schlusses der Dichtung verlangte, nämlich daß am Ende der Oper auf leerer Bühne der singende Baum allein übrigbleiben soll.

GESCHICHTLICHES: Am 7. Juli 1935 legte Gregor in einem Alpenkurort dem Komponisten unter anderen Opernstoffen auch den flüchtigen Entwurf der ›Daphne‹ vor. Strauss zeigte sogleich für diesen Vorschlag Interesse, da er sich seit langem schon mit dem Gedanken trug, den ältesten Opernstoff, der nicht nur der ersten Oper überhaupt (›Dafne‹ von Jacopo Peri und Jacopo Corsi, komponiert 1597), sondern auch der ersten deutschen Oper (komponiert von Heinrich Schütz 1627) zugrunde lag, durch eine neuzeitliche musikdramatische Bearbeitung der Opernbühne wieder zuzuführen. Daher arbeitete Gregor noch im

Verlauf des Sommers 1935 eine von der ersten Skizze abweichende »bukolische Tragödie mit Tänzen und Chören« aus. Nach einem regen Briefwechsel zwischen Dichter und Komponisten, der einen interessanten Einblick in die Entstehung des Werkes gewährt, wurde die Dichtung in ihrer dritten und endgültigen Fassung im Frühjahr 1936 vollendet. Nach Fertigstellung des ›Friedenstag‹ (Januar 1936) konnte sich der Komponist intensiv der ›Daphne‹ widmen. Die Partitur wurde am 24. Dezember 1937 in Taormina abgeschlossen. Die Uraufführung erfolgte am 15. Oktober 1938 an der Dresdner Staatsoper unter der musikalischen Leitung von Karl Böhm und mit Margarethe Teschemacher (Titelpartie), Torsten Ralf (Apollo) und Martin Kremer (Leukippos) in den Hauptrollen.

Capriccio

Ein Konversationsstück für Musik in einem Aufzug. Dichtung von Clemens Krauss.

SOLISTEN: *Die Gräfin* (Dramatischer Sopran, auch Jugendlich-dramatischer Sopran, gr. P.) – *Der Graf,* ihr Bruder (Kavalierbariton, gr. P.) – *Flamand,* ein Musiker (Jugendlicher Heldentenor, auch Lyrischer Tenor, gr. P.) – *Olivier,* ein Dichter (Kavalierbariton, auch Charakterbariton, gr. P.) – *La Roche,* der Theaterdirektor (Spielbaß, auch Baßbariton, gr. P.) – *Die Schauspielerin Clairon* (Dramatischer Mezzosopran, auch Jugendlich-dramatischer Sopran, gr. P.) – *Monsieur Taupe* (Spieltenor, kl. P.) – *Eine italienische Sängerin* (Lyrischer Koloratursopran, kl. P.) – *Ein italienischer Tenor* (Lyrischer Tenor, kl. P.) – *Eine junge Tänzerin* (Solotänzerin) – *Der Haushofmeister* (Baß, kl. P.).

CHOR: 8 Diener (4 Tenöre und 4 Bässe, von denen 3 Tenöre [1., 3. und 6. Diener] sowie 3 Bässe [2., 4. und 5. Diener] auch solistisch eingesetzt sind; kl. Chp.).

BALLETT: 1 Solotänzerin.

ORT: Ein Schloß in der Nähe von Paris zur Zeit, als Gluck dort sein Reformwerk der Oper begann.

SCHAUPLATZ: Gartensaal eines Rokokoschlosses.

ZEIT: Etwa um 1775.

ORCHESTER: 3 Fl., 2 Ob., 1 Eh., 3 Kl., 1 Bkl., 3 Fag., 4 Hr., 2 Trp., 3 Pos., P., Schl., 2 Hrf., Str. – Bühnenmusik: Ein Streichsextett, 1 Solovioline, 1 Solovioloncello, Cemb.

GLIEDERUNG: Durchkomponierte, symphonisch-dramatische Großform.

SPIELDAUER: etwa 2¼ Stunden.

HANDLUNG: Im Gartensaal eines Rokokoschlosses in der Nähe von Paris betrachten der Komponist Flamand und der Dichter Olivier durch die geöffnete Tür die junge verwitwete Gräfin, die sich soeben in ihrem Salon eine Komposition Flamands vorspielen läßt. Beide sind verliebt in die Kunstbegeisterte und sind überzeugt, daß sie ihr Herz demjenigen von ihnen schenken werde, dessen Kunst sie den Vorzug gebe. Natürlich glaubt jeder, daß er der Erwählte sein werde. Denn der Dichter vertritt den Grundsatz: Prima le parole – dopo la musica! (Erst die Worte, dann die Musik), während der Musiker den gegensätzlichen Standpunkt einnimmt: Prima la musica – dopo le parole! Den alten Streit, welcher von den beiden Schwesterkünsten der Vorrang einzuräumen sei, soll also die Gräfin durch ihre Herzenswahl entscheiden. In dem Saal befindet sich auch noch der Theaterdirektor La Roche. Er war während der Musik in einem Armlehnstuhl eingeschlafen. Als der musikalische Vortrag zu Ende ist, erwacht er und bemerkt, bei sanfter Musik könne man am besten schlafen. Empört beklagen sich Dichter und Musiker, einem Mann mit einer derartigen Einstellung gegenüber der hohen Kunst ausgeliefert zu sein. Aber der Direktor weist darauf hin, daß die Werke der Künstler ohne ihn totes Papier blieben. Er weiß aus Erfahrung, daß die große Masse des Publikums heiteren Stücken mit gefälliger Musik, wie der der italienischen Opera buffa des Maestro Piccinni, entschieden den Vorzug gebe, während man sich bei den heroischen Opern eines Lully, Rameau oder Gluck langweile und hier im besten Fall schöne Dekorationen und Kostüme oder die hohen Töne eines beliebten Tenors Interesse erwekken würden. Im Theatersaal des Schlosses soll heute ein Stück des Dichters Olivier geprobt werden, wozu die berühmte Schauspielerin Clairon aus Paris erwartet wird, die zwar ihre zarten Beziehungen zu Olivier abgebrochen hat, von dem Dichter aber immer noch wegen ihrer großen Kunst bewundert und verehrt wird. Musiker, Dichter und Direktor begeben sich in den Theatersaal, als sie die Gräfin mit ihrem Bruder herankommen sehen. Die Gräfin schwärmt von dem heutigen musikalischen Erlebnis. Ironisch bemerkt der Graf, daß ihre Bewunderung nicht bloß der Musik, sondern wohl auch deren Schöpfer Flamand gelte. Ihn lasse Musik kalt, dagegen begeistere ihn das geistreiche Wort, wie es in dem vortrefflichen Stück Oliviers zu finden sei. Sarkastisch antwortet die Gräfin, daß sich sein Interesse wohl noch in höherem Maß der Mittlerin des Wortes, der schönen Clairon zuwende. Flamand, Olivier und La Roche kommen aus dem Theatersaal zurück. Der Direktor gibt jetzt dem gräflichen Geschwisterpaar das Programm für die Geburtstagsfeier der gnädigsten Frau Gräfin bekannt: Zunächst eine berauschende Sinfonia des jungen Flamand, dann Oliviers Drama, in dem der Graf die Rolle des Liebhabers spielen werde, und zum Schluß eine grandiose »azione teatrale«, bei der man die erhabensten Dekorationen, das schönste Ballett und Sänger der italienischen Oper bewundern werde. Schließlich soll ein Huldigungsfestspiel vorgeführt werden, über dessen Inhalt und Titel er aber vorerst nichts verraten wolle. Inzwischen ist Clairon angekommen. Nach der Begrüßung rezitiert sie mit dem Grafen eine Szene aus Oliviers Drama, die mit einem schönen Sonett abschließt, das dem Dichter erst heute früh eingefallen war. Clairon ist zufrieden mit dem theatralischen Talent ihres Partners; sie begibt sich sogleich mit dem Grafen und dem Direktor zur Probe in den Theatersaal. Olivier trägt nun sein Liebes-Sonett der Gräfin vor, währenddessen sich Flamand an das Clavecin setzt und eine Melodie improvisiert. Daraufhin entreißt der Musiker der Gräfin das Blatt mit dem Gedicht und eilt in den Salon, um dort die Verse zu komponieren. Olivier ist entsetzt über den Gedanken, daß sein schönes Gedicht durch eine Vertonung entstellt werden solle. Er nützt aber die Gelegenheit, mit der Gräfin allein zu sein, um ihr seine Liebe zu gestehen, und er fordert sie auf, doch endlich den Sieger zu krönen. Mit den Worten »Hier ist er!« stürzt Flamand herein. Er setzt sich an das Clavecin und singt und spielt das soeben von ihm komponierte Sonett. Begeistert nimmt die Gräfin das Notenblatt zu sich und erklärt den beiden Autoren: »Unzertrennlich seid Ihr vereint in meinem Sonett!« Als Olivier von dem Direktor in den Theatersaal gerufen wird, macht Flamand der Gräfin eine leidenschaftliche Liebeserklärung. Aber sie will sich heute noch nicht entscheiden. Sie bestellt den Komponisten auf morgen mittag um elf in die Bibliothek; dort will sie ihm ihren Entscheid mitteilen. Die Probe ist beendet. Der Graf kommt in den Rokokosaal zurück und hört von seiner Schwester, daß Dichter und Musiker zugleich ihr Herz bestürmen. Belustigt fragt er, was daraus werden solle. Die Gräfin meint: »Vielleicht gar – eine Oper!« Jetzt kehren auch Clairon, Direktor und Dichter frohgelaunt aus dem Theatersaal zurück. Zur Erfrischung wird nun Schokolade serviert. Dazu bietet der Direktor eine kleine Abwechslung für Auge und Ohr: eine Tänzerin und ein italienisches Sängerpaar. Während der Darbietungen entspinnt sich eine Diskussion über das Thema »Wort oder Ton« und über das Problem »Oper«. Schließlich bedrängt die Gräfin den Direktor, nun endlich seine Pläne für das Huldigungsfestspiel zu verraten. La Roche gibt bekannt, es bestehe aus zwei Teilen: zunächst die erhabene Allegorie »Die Geburt der Pallas Athene«. Als der Direktor die Fabel erzählt, rufen ironische Bemerkungen der Anwesenden ein allgemeines Gelächter hervor. Halb enttäuscht, halb verärgert teilt der Direktor auf Befragen der Gräfin den Titel des zweiten Teils mit: »Der Untergang Karthagos«. Dichter und Musiker finden ein solches Sujet für ein Festspiel wenig geeignet. Sie fallen mit Schmähungen über den Direktor her. La Roche beendet den Streit, indem er Flamand und Olivier in die Schranken weist und sie fragt, was ihnen, die noch nichts für das Theater geleistet hätten, das Recht gebe, überheblich den wissenden Fachmann zu schmähen. Mit komödiantischem

Pathos weist er, der heute im Zenith seiner ruhmreichen Laufbahn stehe, auf seine großen Verdienste um das lebendige Theater hin, die noch späteren Generationen durch die Inschrift auf seinem Grabstein vor Augen gehalten würden: »Die Götter haben ihn geliebt, die Menschen ihn bewundert! – Amen.« Stürmischer Applaus der Anwesenden folgt seinen Ausführungen. Nun ergreift die Gräfin die Initiative. Sie fordert die Künstler auf, die Worte des Freundes zu beherzigen und gemeinsam ein Werk für das Fest zu schaffen. Clairon, Flamand und Olivier stimmen zu; im Verein mit der Gräfin huldigen sie der Göttin Harmonie in theatralischem Ton. Man ist sich nun einig: Eine neue Oper soll entstehen. Doch aus welchem Stoff? Da hat der Graf einen verblüffenden Einfall: »Schildert die Konflikte, die uns bewegen! Die Ereignisse des heutigen Tages – was wir alle erlebt – dichtet und komponiert es als Oper!« Die Idee wird begeistert aufgenommen. Ein Diener meldet, daß der Reisewagen bereitstehe. Der Graf begleitet Clairon nach Paris; Dichter, Musiker und Direktor folgen ihnen. Diener erscheinen, um den Salon aufzuräumen. Sie glossieren und kommentieren auf ihre Art die Ereignisse, die sich hier abgespielt haben. Während der Haushofmeister die Armleuchter anzündet, stolpert ein kleiner, unscheinbarer Mann mit einem großen Buch unter dem Arm herein. Es ist Monsieur Taupe, der Souffleur, der während der Probe eingeschlafen war. Auf die Frage des Haushofmeisters, wer er sei, bezeichnet er sich als den »unsichtbaren Herrscher einer magischen Welt«. Aber, wie soll er jetzt nach Paris zurückkommen? Der freundliche Haushofmeister läßt ihm einen Wagen einspannen und entfernt sich mit ihm. Hierauf betritt die Gräfin in Abendtoilette den leeren Saal. Der Haushofmeister kommt zurück und meldet der Gräfin, daß der Herr Graf sich für heute abend entschuldigen lasse; Herr Olivier werde morgen um elf Uhr in der Bibliothek seine Aufwartung machen, um von der gnädigsten Frau Gräfin den Schluß der Oper zu erfahren. Bestürzt erinnert sich die Gräfin, daß sie um die gleiche Zeit auch Flamand bestellt hat. Nun ist es ihr klar: Seit dem Sonett sind Dichter und Musiker unzertrennlich verbunden. Sie setzt sich an die Harfe und beginnt, sich selbst begleitend, das Sonett zu singen. Sodann erhebt sie sich leidenschaftlich und erblickt sich plötzlich im Spiegel. Erregt fragt sie sich, für wen sie sich nun entscheiden solle. Sie ist sich bewußt, daß sie, wenn sie den einen wählt, den andern verlieren wird. Aber auch ihr Spiegelbild weiß ihr nicht Rat für die Auffindung des richtigen Schlusses ihrer Oper. Da erscheint der Haushofmeister und bittet die Gräfin zum Souper. Sie winkt mit dem Fächer kokett ihrem Spiegelbild zu und verabschiedet sich von diesem graziös mit einem tiefen Knix. Daraufhin begibt sie sich in heiterer Laune, die Melodie des Sonetts summend, in den Speisesaal. Verwundert sieht ihr der Haushofmeister, mit einem Blick auf den Spiegel, nach.

Stilistische Stellung: Hatte Strauss bei ›Frau ohne Schatten‹ eine Synthese ›Elektra‹-›Ariadne‹-Stil angestrebt, so scheint ihm bei ›Capriccio‹, das sein musikdramatisches Lebenswerk abschließen sollte, in retrospektiver Weise eine Verschmelzung der Gestaltungselemente jener Meister vorgeschwebt zu haben, die er zeitlebens als Schöpfer vollendeten musikalischen Theaters liebte und verehrte: Mozart und Wagner. Dank einer aus fünfzigjähriger Opernerfahrung und Altersweisheit resultierenden sublimierten Meisterschaft konnte Strauss auf dieser Basis ein neuartiges Werk schaffen, obwohl er auch bei ›Capriccio‹ hinsichtlich der musikalischen Diktion seinem Eigenstil treu geblieben war. Nicht zuletzt verdankt diese Oper aber auch, ähnlich wie Verdis ›Falstaff‹, ihre Bühnenwirksamkeit der glückhaften Zusammenarbeit des Komponisten mit einem in Fragen der Theaterpraxis höchst versierten Textautor von kultiviertem Geschmack. Dominierend ist ein überaus durchsichtiger Parlando- und Konversationsstil. Die zwanglos eingebauten geschlossenen Formen geben Raum für die verschiedensten musikalischen Wirkungen: Zu Anfang führt das klangprächtige Streichsextett feinsinnig in das Spiel mit seinem Dualismus der Problemstellung. Musikalischer Mittelpunkt ist das Sonett, dessen Kantilene in dem anschließenden Terzett eine hymnusartige Steigerung erfährt und das auch am Schluß der Oper in der großen Soloszene der Gräfin wiederkehrt. Zu den weiteren lyrischen Ergüssen des Werkes gehören das die letzte Szene einleitende Orchesterzwischenspiel, ein melodieseliges Stück mit einem Thema aus des Komponisten satirischem Liederzyklus ›Krämerspiegel‹, sowie das Belkanto-Duett des italienischen Sängerpaares. Von fein charakterisierender Wirkung sind die stilisierten Tänze (Passepied, Gigue und Gavotte), das mit komischer Pathetik vorgetragene »Huldigungsquartett« an die Göttin Harmonie sowie vor allem die große Ansprache des Theaterdirektors La Roche, bei der er in komödienhaft-eitler Selbstgefälligkeit seine Verdienste um das Theater rühmt. Die hohe satztechnische Meisterschaft des Komponisten offenbaren schließlich die großen Ensemblesätze: die »theatralische Fuge«, eine in Form eines Fugatos mit ariosen Zwischensätzen komponierte Diskussion der sechs Hauptdarsteller über das Thema »Wort oder Ton« sowie das gewaltige Oktett (I. Teil: Lach-Ensemble, II. Teil: Streit-Ensemble), in welchem die Pläne des Theaterdirektors für seine »azione teatrale« in entsprechender Weise von den Beteiligten kommentiert werden.

Textdichtung: Die Anregung zu ›Capriccio‹ empfing Strauss durch das Libretto des Abbé Giambattista Casti ›Prima la musica – poi le parole‹. Es war von Antonio Salieri als Konkurrenzstück zu Mozarts ›Schauspieldirektor‹ komponiert worden und hatte bei seiner Aufführung im Schloß Schönbrunn (1786) dank seiner witzigen Pointen, die auch auf lokale Theaterverhältnisse anspielten, den Sieg Salieris über Mozart bewirkt. Strauss interessierte sich für das Sujet; denn auch er hatte, ähnlich wie Casti, das Bedürfnis, künstlerische Fragen, die ihm am Herzen lagen, einmal auf der Bühne zur Diskussion zu stellen. So wollte er zunächst keine Oper, sondern nur eine »dramaturgische Abhandlung«, »Verstandestheater mit trockenem Humor, ohne Lyrik und ohne Arien«, eine »theatralische Fuge«, ein »Diskussionsöperchen« schreiben, das als Vorspiel zu seiner ›Daphne‹ dienen sollte. Als er diesen Plan dem ihm befreundeten Münchner Staatsopernintendanten Clemens Krauss mitteilte, wies dieser den Komponisten darauf hin, daß kein Bühnenwerk ohne Handlung bestehen könne. Strauss ließ sich überzeugen und betraute Krauss mit der Ausarbeitung der Textdichtung, die dann in fruchtbarem Gedankenaustausch zwischen Komponisten und Librettisten entstanden ist. Ein Sonett des französischen Klassizisten Pierre de Ronsard (1525–1585), ins Deutsche übertragen von Hans Swarowsky, wurde in den Mittelpunkt des Geschehens gerückt. Krauss verlegte die Komödienhandlung sehr geschickt nach Paris, in die Zeit, als Gluck dort wirkte, also in einen Ort und eine Zeit, wo die im ›Capriccio‹ behandelten Probleme allgemein heftig diskutiert wurden. Auch die Idee der Fuge (Diskussion über das Thema »Wort oder Ton«) stammt vom Textdichter. Anderseits war es wiederum Strauss, der die Gestaltung des Stoffes bestimmend beeinflußte. So wünschte er ein großes Ensemble »à la Figaro, Finale II. Akt«, wonach Krauss, sehr zur Zufriedenheit des Komponisten, das Oktett schrieb. Vor allem aber geht die Fassung des Schlusses auf Strauss selbst zurück, der kein »happy end, sondern alles in der Schwebe gelassen« haben wollte, sowohl die persönlichen Beziehungen der Paare als auch die Entscheidung über das Problem »Wort oder Ton«. Mit dieser Lösung gab Strauss sein künstlerisches Testament, wie er es selbst ausdrückte: Es besteht in einer geistreichen Definition des musikdramatischen Stils, dessen Eigenart auf einer Synthese Verstand – Gefühl beruht, bewirkt durch die Verschmelzung von Wort und Ton zu einer unzertrennlichen Einheit. Den Titel des Werkes erfand Krauss. Über den Untertitel konnten sich Komponist und Textdichter erst nach längerer Auseinandersetzung einig werden. Während Strauss hierfür »Musikalisch-dramatische Herzensfragen« – »Theatralische Fuge über das Thema Wort und Ton« – »Theoretische Komödie« und anderes vorschlug, proponierte Krauss »Ein Theaterstück für Musik« oder »Ein Konversationsstück für Musik«. Für letzteren Vorschlag entschieden sich schließlich die Autoren.

Geschichtliches: Bereits im Spätsommer 1939 beschäftigte sich Strauss mit dem Plan einer »Theoretischen Komödie« und schon am 22. November des gleichen Jahres lag eine Kompositionsskizze des Sonetts vor. Die Vertonung des ganzen Werkes wurde im Februar 1941 in Skizze und im Juli 1941 in Partitur abgeschlossen. Bei der glanzvollen Uraufführung an der Münchner Staatsoper am 28. Oktober 1942 hatte ›Capriccio‹ unter der musikalischen Leitung des Textdichters Clemens Krauss und mit Viorica Ursuleac in der Hauptrolle (Gräfin) einen durchschlagenden Erfolg.

Igor Strawinsky

* 17. Juni 1882 in Oranienbaum bei St. Petersburg, † 6. April 1971 in New York

Le rossignol (Die Nachtigall; 1914 Paris), T: nach Hans Christian Andersen v. Stepan Mitussow u. dem Komponisten, V: Russischer Musikverlag, Berlin, Boosey

L'histoire du soldat (Die Geschichte vom Soldaten; 1918 Lausanne), T: Charles Ferdinand Ramuz, V: Chester; neue deutsche Textfassung nach dem 1946 v. Ramuz überarbeiteten französischen Originaltext v. H. R. Hilty u. Ernst Holliger (1961), V: Tschudi-Verlag, St. Gallen

Renard (Reineke; 1922 Paris), T: nach russischen Volkserzählungen vom Komponisten, gesungene u. gespielte Burleske, E., V: Chester

Mavra (1922 Paris), T: nach Aleksander S. Puschkin v. Boris Kochno, kO., E., V: Russischer Musikverlag, Boosey

Les noces (Russische Bauernhochzeit; 1923 Paris), T: nach Peter W. Kirejewskij vom Komponisten, Ballettszenen mit Gesang, V: Chester, Philharmonischer Verlag, Wien

Oedipus Rex (König Oedipus; konzertant 1927 Paris; szenisch 1928 Wien), T: nach Sophokles v. Jean Cocteau u. dem Komponisten, lateinischer Text v. Jean Daniélou, Opern-Oratorium, V: Russischer Musikverlag; Neufassung 1948, V: Boosey

Persephone (1934 Paris), T: André Gide, szenisches Melodram, V: Boosey

The Rake's Progress (Der Wüstling; 1951 Venedig), T: Wystan Hugh Auden u. Chester Kallman, V: Boosey

The Flood (1963 Hamburg), T: Robert Craft, V: Boosey

Die Geschichte vom Soldaten

Gelesen, Gespielt und Getanzt. In zwei Teilen. Dichtung von Charles Ferdinand Ramuz.

Solisten: *Der Vorleser* (Sprechrolle) – *Der Soldat* (Sprechrolle) – *Der Teufel* (Sprech- und Tanzrolle) – *Die Prinzessin* (Tanzrolle).

Schauplatz: Eine kleine bewegliche Jahrmarktbühne auf erhöhtem Gerüst. Auf jeder Seite ein trommelförmiges Podium. Auf dem einen sitzt der Vorleser an einem kleinen Tisch, vor sich einen Schoppen Weißwein und ein Glas. Das Orchester installiert sich auf dem anderen Podium.

Orchester: 1 Viol., 1 Kb., 1 Kl., 1 Fag., 1 Cornet à piston, 1 Pos., Schl.

GLIEDERUNG: 13 Musikstücke, die teils durch die Rezitation des Vorlesers, teils durch den gesprochenen Dialog der Darsteller miteinander verbunden werden.
SPIELDAUER: etwa 45 Minuten.
HANDLUNG: Auf der Straße zwischen Chur und Wallenstadt macht ein Soldat am Ufer eines Baches Rast. Er hat vierzehn Tage Urlaub, den er in seinem Heimatdorf verbringen will. Aus seinem Tornister holt er seine Habseligkeiten hervor: das Bild seiner Geliebten, einen Spiegel, einen Kamm und eine verstimmte Geige. Während er darauf spielt, erscheint der Teufel in Gestalt eines alten Mannes. Er nähert sich lauernd dem Soldaten von hinten und tritt dann plötzlich vor ihn hin. Erschrocken erhebt sich der Soldat. Der Teufel möchte ihm gern die Geige abkaufen; er bietet ihm ein Buch zum Tausch. Der Soldat bemerkt, ein Buch sei für ihn wertlos, da er nicht lesen könne. Als ihm aber der Alte erklärt, der Besitz dieses Buches würde ihm großen Reichtum bringen, ist er mit dem Tausch einverstanden. Nun schlägt der Teufel vor, der Soldat solle ihn das Geigenspielen lehren, gleichzeitig wolle er ihn unterweisen, die Zauberkraft des Buches zu nützen. Um diesen Preis ist der Soldat bereit, als Gast des Alten drei Tage seines Urlaubs zu opfern. – Nachdem die drei Tage vorüber sind, läßt der Teufel den Soldaten seines Wegs ziehen. In seinem Heimatdorf angelangt, bemerkt der Soldat zu seinem Erstaunen, daß man ihn dort nicht mehr erkennt. Sein Gastgeber hatte ihn nämlich nicht drei Tage, sondern drei Jahre festgehalten und offenbar sein Aussehen verändert. Der Soldat weiß jetzt, daß er dem Teufel ins Garn gegangen ist. Am Grenzpfahl des Dorfes wird er von dem Teufel, diesmal in Gestalt eines Viehhändlers, angehalten, der ihn darauf aufmerksam macht, daß er sich mit dem Zauberbuch ihm verschrieben habe und ihm weiterhin folgen müsse. – Unter Anleitung des Teufels hat sich der Soldat durch das Zauberbuch große Schätze erworben. Trotz seines Reichtums ist er aber einsam; er sehnt sich nach seiner Geige. Da tritt, Almosen bettelnd und die Geige im Arm, der Teufel in Gestalt einer alten Frau zu ihm. Der Soldat entreißt ihm die Geige; sie gibt aber keinen Ton von sich. Verzweifelt wirft der Soldat sie von sich und zerreißt das Zauberbuch. – Mit dem Zauberbuch ist der Soldat auch seines Reichtums verlustig gegangen. Er schreitet wieder auf der Straße zwischen Chur und Wallenstadt seinem Heimatdorf zu. Bei der Rast in einem Wirtshaus erfährt er, daß der König dem, der seine kranke Tochter heilen würde, diese zur Frau geben wolle. Der Soldat macht sich sofort auf den Weg zum Palast. – Dort trifft er in einem Saal den Teufel in Gestalt eines Geigenvirtuosen. Der Soldat macht ihn betrunken und nimmt ihm die Geige weg, woraufhin er mit seinem Spiel die Prinzessin gesund macht. In dem Augenblick als diese ihm in die Arme fällt, erscheint drohend der Teufel. Der Soldat spielt aber sogleich seine Geige. Der Teufel beginnt zu tanzen, und der Soldat

spielt, bis dieser erschöpft zu Boden fällt. Dann nimmt der Soldat die Prinzessin bei der Hand, und beide schleifen den Teufel aus dem Saal. Sie fallen sich beglückt in die Arme. Da erscheint der Teufel plötzlich wieder. Er warnt den Soldaten, nicht zu viel zu wagen; denn sollte er die Grenze seines Heimatdorfes überschreiten, würde er ihn stracks zur Hölle hinabführen. – Eines Tages erwacht bei dem Soldaten die Sehnsucht nach der Heimat und nach seiner Mutter. Er macht sich mit der Prinzessin auf den Weg. Als er den Grenzpfahl des Dorfes überschreitet, erscheint der Teufel. Triumphierend treibt er den Soldaten geigend in die Hölle.

STILISTISCHE STELLUNG: Strawinskys ›L'histoire du soldat‹ ist eine in Szene gesetzte Moritat, ein Jahrmarktspiel in der Art des alten Puppenspiels vom Doktor Faust. Ein Sprecher erzählt die Geschichte, soweit sie nicht szenisch dargestellt wird. Dem konzentrierten Aufbau der einzelnen Szenen entspricht Strawinskys ebenso geartete Musik, die sich aus kleinen, in sich geschlossenen und suitenartig aneinandergereihten Stücken zusammensetzt. Trotz Anwendung sparsamster Mittel verlebendigt sie mit zwingender Ausdruckskraft die jeweilige Situation des Geschehens. Wie immer bei Strawinsky dominiert das rhythmisch-tänzerische Element (Marsch des Soldaten, Königsmarsch, Teufelstriumphmarsch, Teufelstanz sowie die Tänze der Prinzessin: Tango, Walzer, Ragtime). Völlig neuartig ist die persiflierende Anwendung dieser Formen, in die sogar der Choral einbezogen wurde. Nicht weniger umwälzend wirkte beim Erscheinen des Werkes die Zusammensetzung des Miniaturorchesters aus sechs Instrumenten und großem Schlagzeug ohne Pauken, die jede Bindung mit den traditionellen Begriffen der Instrumentierungspraxis gelöst zu haben schien.

TEXTDICHTUNG: Auf Strawinskys Anregung verfaßte der Schweizer Erzähler Charles Ferdinand Ramuz (1878–1947) die Dichtung nach einer Legende aus der Sammlung russischer Erzählungen von Nikolaj Afanassjew. Hans Reinhart schuf eine freie deutsche Nachdichtung.

GESCHICHTLICHES: Als 1918 der Krieg immer noch nicht zu Ende war und alle Theater geschlossen waren, kamen Strawinsky und Ramuz auf die Idee, ein Stück zu schreiben, das einen Saal und ein breites Publikum entbehren kann, ein Stück, das nur wenige Instrumentalisten und Darsteller erfordert. Die Autoren verfolgten dabei die Absicht, durch Anknüpfung an die Tradition der Schaubuden und fahrenden Theater sich an alle Arten von Publikum wenden zu können. Aus solchen praktischen Erwägungen heraus entstand ›Die Geschichte vom Soldaten‹. Das Werk ging am 28. September 1918 in Lausanne unter der musikalischen Leitung von Ernest Ansermet zum ersten Mal in Szene.

Oedipus Rex (König Oedipus)

Opern-Oratorium in zwei Akten. Dichtung nach Sophokles von Jean Cocteau. Lateinischer Text von Jean Daniélou.

SOLISTEN: *Oedipus* (Jugendlicher Heldentenor, gr. P.) – *Jokaste* (Dramatischer Mezzosopran, m. P.) – *Kreon* (Charakterbariton, kl. P.) – *Teiresias* (Seriöser Baß, kl. P.) – *Der Hirte* (Lyrischer Tenor, kl. P.) – *Der Bote* (Charakterbariton, kl. P.) – *Der Sprecher* (Sprechrolle, m. P.). Mögliche Doppelbesetzung: Kreon – Der Bote.
CHOR: Männerchor (Tenor und Baß, gr. Chp.).
SCHAUPLATZ: Die sonnenüberflutete Szenerie des I. Aktes ist blau gehalten. Weiße Vorhänge. Im II. Akt die gleiche Dekoration, jedoch keine Vorhänge und schwarzer Hintergrund.
ORCHESTER: 3 Fl. (III. auch Picc.), 2 Ob., 1 Eh., 3 Kl. (III. auch Es-Kl.), 2 Fag., 1 Kfag., 4 Hr., 4 Trp., 3 Pos., Bt., P., Hrf., Klav., Str.
GLIEDERUNG: Durchkomponierte Großform.
SPIELDAUER: etwa 1 Stunde.
HANDLUNG: In der Nähe von Theben hauste die Sphinx, ein Ungeheuer, das jeden tötete, der das ihm aufgegebene Rätsel nicht lösen konnte. Oedipus war es gelungen, die Sphinx durch Erraten ihres Rätsels zu besiegen. Zum Dank dafür erhoben ihn die Thebaner zu ihrem König und gaben ihm Jokaste, die Witwe des ermordeten Königs Laios, zur Frau. – Ein neues Unglück ist über Theben hereingebrochen: die Pest. Das Volk fleht den König an, die Stadt auch von dieser Not zu befreien. Selbstbewußt verspricht Oedipus es zu tun. Er hat seinen Schwager Kreon, den Bruder der Jokaste, beauftragt, das Orakel zu erkunden. Kreon erscheint und berichtet den Orakelspruch des Gottes Apollo: »In Thebens Mauern hält sich der Mörder des Königs Laios verborgen. Man muß ihn ausfindig machen und ihn vertreiben.« Der König erklärt sich sofort bereit, die Forderung der Gottheit zu erfüllen, er, »der hochberühmte Oedipus«, werde auch dieses Rätsel lösen. Er will zu diesem Zweck den Quell der Wahrheit, den blinden Seher Teiresias befragen. Das Volk ruft Athene, Artemis, Apollo und Bacchus um Beistand an. Aber Teiresias will nicht reden. Als Oedipus sein Schweigen dahin deutet, daß wohl Teiresias selbst der Mörder sei, enthüllt dieser das Geheimnis: »Des Königs Mörder ist der König.« Oedipus, der sich keiner Schuld bewußt ist, glaubt an eine Intrige seines Schwagers Kreon, der wohl auf diese Weise die Krone an sich zu reißen suche. Da erscheint Jokaste, vom Volk jubelnd begrüßt. Sie ermahnt die Untertanen, sich wegen eines Orakels oder eines Seherspruchs nicht zu streiten; denn die Orakel und Sehersprüche würden immer lügen. Nach einem früheren Orakelspruch sollte ihr Sohn ihren Gatten Laios erschlagen. Nun sei aber Laios von Räubern an einer Wegkreuzung getötet worden. Oedipus horcht mit Schrecken auf. Er erinnert

sich, auf dem Weg von Korinth nach Theben an einer Wegkreuzung einen Greis im Streit erschlagen zu haben. Jokaste fleht Oedipus an, den Orakeln nicht zu glauben und nicht weiter zu forschen. Aber er will Klarheit haben. Da erscheinen ein Hirte und ein Bote. Letzterer meldet Oedipus, daß der eben verstorbene König Polybos von Korinth nicht sein Erzeuger, sondern nur sein Pflegevater gewesen sei. Der Bote habe seinerzeit den kleinen Oedipus mit durchbohrten und gefesselten Füßen im Gebirge aufgefunden und ihn, wie der Hirte bezeugt, König Polybos übergeben. Jokaste entfernt sich. Oedipus glaubt, daß Jokaste befürchte, nun erfahren zu müssen, daß ihr Gatte niederer Herkunft sei. Aber Hirte und Bote berichten weiterhin, daß Oedipus der Sohn Jokastes und des Laios sei und von der Mutter im Gebirge ausgesetzt worden war. Nun weiß Oedipus alles. – In dem Epilog schildern der Bote und der Chor, was anschließend geschah: Jokaste hat sich in ihrem Gemach eingeschlossen und sich dort erhängt. Oedipus bricht die Tür auf, er löst Jokaste von der Schlinge und legt sie auf das Lager; dann sticht er sich mit ihrer goldenen Spange die Augen aus. Anschließend zeigt er, »der fluchbeladene Frevler, der Blutschänder, der Vatermörder«, sich dem Volk. Man vertreibt ihn schweren Herzens, denn man hatte ihn geliebt.

Stilistische Stellung: Strawinsky war bei seinem kompositorischen Schaffen in den Balletten ›Der Feuervogel‹ und ›Petruschka‹, die seinen Weltruhm begründeten, zunächst von dem russisch-französischen Impressionismus ausgegangen. Das folgende Ballett ›Le sacre du printemps‹ brachte die Hinwendung zu einem kühnen revolutionären Stil, in den, wie später bei der ›Geschichte vom Soldaten‹ auch Elemente des Jazz einbezogen wurden. Im Jahre 1920 erfolgte mit dem Ballett ›Pulcinella‹ überraschend eine retrospektive Ausrichtung zur musikalischen Welt des 18. Jahrhunderts. Diese neugewonnene neoklassizistische Haltung befestigte er sodann in dem Opern-Oratorium ›Oedipus Rex‹. Bei der Uraufführung des Werkes gingen die Meinungen auseinander: die einen bezeichneten den neuen Stil als ein »retour à Bach«, die andern als eine Rückkehr Strawinskys zu sich selbst. In der Tat finden sich in ›Oedipus Rex‹ Anklänge an die russische Folklore, an die russische Kirchenmusik und an Modest P. Mussorgskij (›Boris Godunow‹). Die kühlobjektivierten Ausdrucksformen, die schon durch den oratorienhaften Charakter bestimmt werden, konzentrieren den Spannungsgehalt auf das rein Musikalische. Ein konzertanter Stil ist vorherrschend, der aber bisweilen durch Tutti-Wirkungen – Strawinsky verwendet bei ›Oedipus Rex‹ zum ersten Mal seit seiner Oper ›Die Nachtigall‹ wieder ein vollbesetztes Orchester – zu imposanten musikalischen Höhepunkten gesteigert wird. Strawinsky hat in ›Oedipus Rex‹ den Begriff des »statuarischen Musiktheaters« geschaffen, der für die Weiterentwicklung der modernen Opernbühne von richtunggebender Bedeutung geworden ist.

Textdichtung: Im Sommer 1925 fiel Strawinsky in einer Buchhandlung in Genua die Lebensbeschreibung ›Der hl. Franziskus von Assisi‹ des dänischen Dichters Johannes Jörgensen in die Hand. Aus diesem Buch erfuhr er, daß der Heilige bei allen feierlichen Gelegenheiten sich nicht seiner Muttersprache, sondern des Französischen bediente. Dies brachte den Komponisten auf die Idee, sein nächstes Vokalwerk, das in Form einer Oper oder eines Oratoriums einen allgemein bekannten Stoff der Weltliteratur behandeln sollte, auf einen lateinischen Text zu schreiben, was allein schon den praktischen Vorzug hätte, daß das Werk nicht in mehrere Sprachen übersetzt zu werden brauchte, falls es in verschiedenen Ländern zur Aufführung kommen sollte. Die Wahl fiel auf den Oedipus-Stoff. Als Librettisten konnte Strawinsky den französischen Dichter Jean Cocteau gewinnen, der bereits Jahre vorher einmal den Wunsch geäußert hatte, mit ihm zusammenzuarbeiten. Cocteau schuf nach dem Drama des Sophokles und unter Mitarbeit des Komponisten eine äußerst konzentrierte Fassung des Handlungsablaufs. Die sprachliche Gestaltung nahm vor allem auf den Oratorium-Charakter Bedacht, der ganz nach den Bedürfnissen der musikalischen Konzeption durchgehend Wortwiederholungen möglich machte. Cocteau faßte den Text in französischer Sprache ab, die Übertragung ins Lateinische besorgte Jean Daniélou. Um das Verständnis der Handlung dem des Lateinischen unkundigen Hörer zu erleichtern, wurde ein Sprecher (in der Art des Evangelisten bei den Passionen) eingeführt, der abschnittweise in französischer Sprache das Geschehen der folgenden Szene dem Publikum in gedrängter Form erzählt. Die Autoren haben ihrem Opernbuch ein Szenarium mit einem Bühnenbild-Entwurf von Strawinskys Sohn Théodore vorangestellt, das ebenso knappe wie präzise Angaben für eine stilgerechte szenische Gestaltung und für die Kostüme der Darsteller enthält. Eine deutsche Textübertragung besorgte H. Thurneiser.

Geschichtliches: Strawinsky begann die Komposition am 11. Januar 1926 und beendete sie am 14. März 1927. Da bei dem gedrängt angesetzten Aufführungstermin für eine szenische Gestaltung weder ausreichend Zeit noch Geldmittel zur Verfügung standen, kam ›Oedipus Rex‹ zunächst in konzertanter Form am 30. Mai 1927 am Sarah-Bernhardt-Theater in Paris unter Leitung des Komponisten zur Uraufführung. Zu Beginn des Jahres 1928 brachten Robert Heger in Wien und Otto Klemperer an der Krolloper in Berlin szenische Aufführungen. Die epochemachende Bedeutung des Werkes ist damals jedoch nur von wenigen erkannt worden. So kam es, daß ›Oedipus Rex‹ wieder von den Spielplänen verschwand. Nach dem Zweiten Weltkrieg (1948) nahm Strawinsky eine Umarbeitung vor, die zu einer Wiederentdekkung des Werkes führte und die unter der Perspektive einer Neuorientierung des Musiktheaters zahlreiche Aufführungen, besonders in Deutschland, zur Folge hatte.

The Rake's Progress (Der Wüstling)

Oper in drei Akten. Eine Fabel von Wystan Hugh Auden und Chester Kallman.

SOLISTEN: *Trulove* (Seriöser Baß, m. P.) – *Ann,* seine Tochter (Lyrischer, auch Jugendlich-dramatischer Sopran, gr. P.) – *Tom Rakewell* (Jugendlicher Heldentenor, gr. P.) – *Nick Shadow* (Heldenbariton, auch Charakterbariton, gr. P.) – *Mutter Goose* (Alt, kl. P.) – *Baba,* genannt die Türkenbab (Dramatischer Mezzosopran, gr. P.) – *Sellem,* Auktionator (Spieltenor, auch Charaktertenor, m. P.) – *Wärter* des Irrenhauses (Baß, kl. P.).
CHOR: Diener. Dirnen und gröhlende Burschen. Bürger. Irre (m. Chp.).
ORT: Die Handlung spielt in England.
SCHAUPLÄTZE: Garten an Vater Truloves Haus auf dem Land, rechts das Haus, im Mittelgrund die Gartenpforte, links vorn eine Laube – Mutter Gooses Freudenhaus in London – 3. Bild wie 1. Bild – Frühstückszimmer in Toms Haus in einem Villenviertel Londons – Straße vor Toms Haus, links Eingang für die Dienerschaft, rechts ein Baum – Zimmer wie 4. Bild, jetzt überladen mit allen möglichen Gegenständen, wie ausgestopfte Vögel und Tiere, Schaukästen mit Mineralien, Porzellan, Glas usw. – Wie voriges Bild, nur daß alles mit Spinngewebe und Staub bedeckt ist – Kirchhof, Gräber, vorn Mitte ein unbeschrifteter, hochgestellter Grabstein, davor ein frisch ausgehobenes Grab, rechts eine Eibe – Irrenhaus, im Mittelgrund ein Strohsack.
ZEIT: 18. Jahrhundert.
ORCHESTER: 2 Fl. (II. auch Picc.), 2 Ob. (II. auch Eh.), 2 Kl., 2 Fag., 2 Hr., 2 Trp., P., Str., Cemb. (Klav.).
GLIEDERUNG: Geschlossene Formen (Arien, Duette, Terzette usw., Chöre), die teils unmittelbar ineinandergehen, teils durch Secco- oder Accompagnato-Rezitative miteinander verbunden sind.
SPIELDAUER: etwa 2¾ Stunden.
HANDLUNG: Tom Rakewell, ein stattlicher junger Mann mit guten Anlagen, aber von leichtfertigem Charakter, schlägt, obwohl er seine Verlobte Ann Trulove aufrichtig liebt, eine vom Schwiegervater angebotene Stellung aus, die ihm eine baldige Verheiratung ermöglichen würde. Er will frei sein und er will vor allem Geld. Da erscheint an der Gartentür ein Fremder, der sich als Nick Shadow vorstellt und der Tom die Nachricht von einer großen Erbschaft überbringt. Shadow bietet Tom seine Dienste an, für die er erst nach Ablauf eines Jahres einen Lohn entgegennehmen möchte. Glückstrahlend begibt sich Tom auf Aufforderung seines Dieners sogleich nach London, um dort seinen Pflichten zu obliegen. Beim Abschied erklärt ihm Ann, daß sie mit ihrem liebenden Herzen immer und überall bei ihm sein werde; Tom

verspricht seinerseits, die Geliebte alsbald nachkommen zu lassen, um sie dann als Gattin heimzuführen. – In der Weltstadt gibt sich Tom, angeleitet von seinem Diener Shadow, in vollen Zügen den Freuden und Genüssen des Lebens hin. Er hat Ann nicht vergessen, dennoch findet er nicht die Kraft, zu ihr zurückzukehren. So ist Ann auch ohne Nachricht von ihm geblieben. In der Überzeugung, daß der Geliebte ihrer dringend bedürfe, macht sie sich nachts heimlich und ohne Wissen des Vaters auf den Weg nach London. Dort trifft sie Tom, als er gerade von der Trauung mit einem Jahrmarkts-Monstrum mit wallendem schwarzen Vollbart, der Türkenbab, nach Hause kommt, die er, wiederum auf Veranlassung seines Famulus Shadow, aus Sensationslust geheiratet hat. Nach einer Auseinandersetzung mit dem Treulosen vor den Toren seines Hauses entfernt sich Ann mit wehmutsvollem Herzen. – Die Türkenbab mit ihrem unentwegten Plappern und ihren Wutausbrüchen geht Tom aber bald so sehr auf die Nerven, daß er ihr mit seiner Perücke den Mund verstopft. Erschöpft schläft er daraufhin ein. Da naht sich Shadow mit einer phantastisch-seltsamen Maschine, in die er einen Brotlaib legt. Als Tom aufwacht, wirft Shadow einen Porzellanscherben in die Maschine, worauf durch Drehen einer Kurbel das Brot zum Vorschein kommt. Mit dieser schwindelhaften Manipulation macht er Tom weis, Steine in Brot verwandeln zu können. Tom sieht sich als Wohltäter der Menschheit und ist bereit, den Rest der durch sein zügelloses Leben ohnehin stark zusammengeschrumpften Erbschaft zur Finanzierung des Unternehmens aufs Spiel zu setzen. – Tom hat Bankrott gemacht. Das Mobiliar wird versteigert. Im Frühstückszimmer sitzt immer noch die Türkenbab mit der über ihr Gesicht gestülpten Perücke. Als der Auktionator ihr die Perücke abnimmt, erhebt die Bab ein wüstes Geschrei gegen die Plünderer, die ihr ihre Habe wegzunehmen versuchen. In diesem Augenblick tritt Ann herein. Sie sucht Tom. Verzweifelt erklärt sie der Bab, durch ihre Zaghaftigkeit verschuldet zu haben, daß es mit Tom so weit gekommen sei. Die Türkenbab fordert sie auf, ihn vor seinem Begleiter zu retten, der sein böser Geist sei. Damit betrachtet die Bab das Abenteuer für beendet und sie entfernt sich mit der Erklärung, daß sie nun wieder zu ihrer Kunst zurückkehren werde. – Auf einem Kirchhof trifft Tom mit Shadow zusammen. Vor einem offenen Grab verlangt nun Shadow seinen nach Ablauf der Jahresfrist fälligen Lohn. Es ist Toms Seele. Zynisch legt Shadow ihm einige Mordwerkzeuge zur Auswahl der Todesart vor die Füße. Tom weiß jetzt, mit wem er es zu tun hat. Aber Shadow will ihm nochmals eine Chance geben. In einem Kartenspiel, bei dem der Einsatz Toms Los sei, soll dieser drei Karten erraten. Geheimnisvoll schützt Anns Liebe Tom vor dem teuflischen Zauber, und er gewinnt das Spiel. Wütend über seine Niederlage verschwindet Shadow durch das Grab in die Erde, zuvor raubt er aber durch eine Zaubergeste seinem Opfer noch den Verstand. – Im Irrenhaus lebt Tom in dem Wahn, er sei Adonis. Er fordert die ihn umstehenden Leidensgenossen auf, sich festlich zu kleiden zum Empfang von Venus, die ihn besuchen werde. Während die Irren mit höhnischen Gebärden um ihn herumtanzen, öffnet sich die Tür, und Ann betritt mit dem Wärter den Saal. Sie geht auf Toms Wahnidee ein und erklärt ihm, hier im Gefilde des Elysiums gäbe es keine »Entfremdung« und kein »Zuspät«, sondern nur den Sieg der Liebe. Tom ist plötzlich müde geworden, er bittet seine Venus, ihn in den Schlaf zu singen. Sie tut es und entfernt sich, als Vater Trulove sie abholt, nicht ohne dem schlafenden Geliebten noch zu versichern, daß ihr Eid ewig gelte. Tom erwacht, er beschuldigt die Irren, ihm Venus geraubt zu haben, dann bricht sein Herz. – Nach Fallen des Vorhangs erscheinen die Hauptdarsteller vor dem Publikum und ziehen die Moral aus der soeben erlebten Geschichte: »Wo Faule sind auf dieser Welt, der Teufel find't sein Feld bestellt.«

STILISTISCHE STELLUNG: Strawinsky hatte sich in seiner Schrift ›Poétique musicale‹ zu der Aufforderung Verdis bekannt: »Laßt uns zu den alten Meistern zurückkehren, und es wird ein Fortschritt sein!« In ›Rake's Progress‹ hat er für die Richtigkeit dieser Theorie den praktischen Beweis erbracht, indem er die alten klassischen Ausdrucksformen mit dem Geist moderner Gestaltungsprinzipien erfüllte. Er knüpfte hierbei zunächst an einen Stil an, den er schon einmal bei seiner 1922 entstandenen Opera buffa ›Mavra‹ vertreten hatte. Hatten damals Glinka und Tschaikowskij Pate gestanden, so ist diesmal die Ahnherrschaft Rossinis, Bellinis und vielleicht auch Mozarts spürbar. ›The Rake's Progress‹ ist eine Musizier- und Sängeroper, bei der Strawinsky vor allem die ebenfalls in der »Musikalischen Poetik« vorgebrachte Forderung praktisch durchgeführt hat, daß »die Melodie den obersten Platz in der Hierarchie der Elemente behalten muß, aus denen die Musik sich zusammensetzt«. Die klassizistische Haltung des ›Rake's Progress‹-Stils offenbart sich aber auch in der formalen Anlage des Werkes. Es ist nach dem Schema der alten Nummern-Oper gebaut, wobei entsprechend den zahlreichen gegensätzlichen Stimmungen in den lyrischen, grotesken, heiteren und tragischen Episoden in bunter Reihenfolge geschlossene Formen, wie Arien, Duette, Terzette und Chöre, mit dem vom Cembalo (Klavier) oder auch hin und wieder vom Orchester begleiteten Rezitativgesang abwechseln. In der Harmonik unproblematisch, hält die Musik durchwegs an der Tonalität fest. Dennoch wahrt Strawinsky in der Melodiebildung wie auch in der Rhythmik, die gegenüber früheren Werken wesentlich vereinfacht erscheint, sein Eigenprofil. Mit Delikatesse ist der instrumentale Part behandelt; hier begnügt sich der Komponist mit dem kleinen Apparat des Mozart-Orchesters, aus dem er – insbesondere bei den überwiegend solistisch eingesetzten Bläsern – farbenreiche Wirkungen hervorbringt.

TEXTDICHTUNG: Eine wörtliche Übersetzung des Titels ›The Rake's Progress‹ ins Deutsche ist nicht möglich. Dem Sinne nach bedeutet der Originaltitel etwa: das stufenweise fortschreitende (progressive) Absinken eines liederlichen Menschen. Als Vorlage für das Sujet diente die Bilderfolge ›Das Leben eines Wüstlings‹ des englischen Malers William Hogarth (1697–1764), der in moralisierender Absicht in einigen Sittenbilderserien das gesellschaftliche Leben Englands kritisch-satirisch beleuchtete. Das Libretto wurde von den anglo-amerikanischen Schriftstellern Wystan Hugh Auden und Chester Kallman geschrieben, wobei die Autoren aus der in der Hogarthschen Bilderreihe gebotenen Substanz die Fabel gestalteten. Mit der von ihnen erfundenen mephistophelischen Figur des Nick Shadow verwoben sie auch das uralte Teufelspakt-Motiv in die Handlung. Die deutsche Übersetzung des englischen Originaltextes besorgte Fritz Schröder.
GESCHICHTLICHES: Im Jahre 1947 lernte Strawinsky die berühmte Kupferstich-Serie von Hogarth kennen, die ihm die Anregung zu dem Opernstoff vermittelte. Die Oper wurde am 11. September 1951 in Venedig im Rahmen der Musikwochen am Teatro La Fenice unter der Leitung des Komponisten und unter Mitwirkung von Chor und Orchester der Mailänder Scala mit stürmischem Erfolg uraufgeführt.

HEINRICH SUTERMEISTER

* 12. August 1910 in Feuerthalen bei Schaffhausen

Die schwarze Spinne (1936 Bern, Radio), T: nach Jeremias Gotthelf v. Albert Roesler, Funkoper; Neubearb. als Kammeroper (1949 St. Gallen), E., V: Schott

Romeo und Julia (1940 Dresden), T: nach William Shakespeare vom Komponisten, V: Schott; neue reduzierte Fassung 1965

Die Zauberinsel (1942 Dresden), T: nach W. Shakespeares ›Der Sturm‹ vom Komponisten, V: Schott

Niobe (1946 Zürich), T: Peter Sutermeister, Monodrama, V: Schott

Raskolnikow (1948 Stockholm), T: nach Fjodor M. Dostojewskij v. P. Sutermeister, V: Schott

Der rote Stiefel (1951 Stockholm), T: nach Wilhelm Hauff vom Komponisten, V: Schott

Titus Feuerfuchs (1958 Basel), T: nach Johann Nestroy vom Komponisten, kO., V: Schott

Seraphine oder Die stumme Apothekerin (1959 Schweizer Fernsehen, Zürich, szenische Uraufführung 1960 München), T: nach François Rabelais vom Komponisten, kO., E., V: Schott

Das Gespenst von Canterville (1964 Zweites Deutsches Fernsehen, Mainz), T: nach Oscar Wilde vom Komponisten, Fernsehoper, V: Schott

Madame Bovary (1967 Zürich), T: nach Gustave Flaubert vom Komponisten, V: Schott

Raskolnikow (Schuld und Sühne)

Oper in zwei Akten (sechs Bildern). Dichtung nach dem gleichnamigen Roman von Fjodor M. Dostojewskij von Peter Sutermeister.

SOLISTEN: *Raskolnikow,* ein mittelloser Student (Jugendlicher Heldentenor, gr. P.) – *Raskolnikows zweites Ich* (Charakterbariton, m. P.) – *Frau Raskolnikow,* die Mutter Raskolnikows (Dramatischer Alt, m. P.) – *Rasumichin,* Raskolnikows Freund (Sprechrolle, kl. P.) – *Marmeladow,* ehemaliger Staatsbeamter (Charakterbaß, m. P.) – *Frau Marmeladow,* dessen schwindsüchtige Frau (Charaktersopran, auch Dramatischer Mezzosopran, m. P.) – *Sonja,* deren Tochter, ein Straßenmädchen (Lyrischer Sopran, gr. P.) – *Lene* (Mezzosopran, kl. P.) und *Poletschka* (Stumme Rollen), Sonjas kleine Schwestern – *Eine Wucherin* (Sprechrolle, kl. P.) – *Ein Bärenführer* (Spielbariton, kl. P.) – *Ein Polizist* (Baß, kl. P.) – *Ein Kleinbürger* (Sprechrolle, kl. P.) – *Ein kleiner Knabe,* Begleiter des Bärenführers (Stumme Rolle) – *Stimme des Priesters* (Bariton, kl. P.) – *Zwei Männer* (Sprechrollen, kl. P.).
CHOR: Volk. Budenleute (im 2. Bild Frauenchor geteilt in Volk und in Händlerinnen; im 6. Bild Doppelchor; Chöre hinter der Szene und teilweise im Orchesterraum; gr. Chp.).
ORT: St. Petersburg.
SCHAUPLÄTZE: Ärmliche Mansarde – Der Heumarkt in St. Petersburg, vorn seitlich rechts das Haus der Wucherin, davor deren Verkaufsbude; weitere Buden; im Hintergrund der Eingang zum Vergnügungspark – 3. und 4. Bild wie 1. Bild – Friedhof vor der Stadt mit Kirche – Einsame, verlorene Gegend am Ufer der Newa, Schutthaufen, niederes Gebüsch; in der Ferne die Silhouetten der Kuppeln von St. Petersburg; eine Brücke führt über den Strom nach der Stadt.
ORCHESTER: 3 Fl. (auch Picc.), 2 Ob. (II. auch Eh.), 2 Kl. (II. auch Bkl.), 1 Altsaxophon in Es, 2 Fag. (II. auch Kfag.), 4 Hr., 3 Trp., 3 Pos., 1 Bt., P., Schl., Hrf., Klav., Str. – Bühnenmusik: 1 Picc., 1 Ob., 1 Kl. in Es, 1 Altsaxophon in Es, 1 Trp., Schl., Klav. (vierhändig), Harm., Cel. (aus dem Orchester zu entnehmen).
GLIEDERUNG: Durchkomponierte musikdramatische Großform.
SPIELDAUER: etwa 3 Stunden.
HANDLUNG: Raskolnikow liegt, unruhig träumend, im Halbschlaf auf dem abgerissenen Divan seines ärmlichen Mansardenzimmers. Gegen Abend kommt sein Freund Rasumichin, um ihm einen Brief zu überbringen. Besorgt ruft er Raskolnikows Wirtin, Frau Marmeladow. Da erscheint zunächst deren Gatte. Rasumichin ersucht ihn, dem Freund ein kräftiges Essen zu bereiten. Aber Marmeladow ist wieder einmal betrunken; er beklagt sein widriges Geschick: ehemals Beamter, hatte er aus Einsparungsgründen seine Stellung verloren und ist aus Gram darüber zum Säufer geworden. Frau Marmeladow kommt mit ihren

beiden kleinen Kindern hinzu. Sie schilt ihren Mann einen pflichtvergessenen Vater, der sie, die Tochter eines Generals, die einstens bessere Tage gesehen hatte, ins Elend gestürzt habe, indem er ihr Geld und ihren Schmuck vertrunken und jetzt sogar ihre jugendliche Tochter Sonja auf die Straße geschickt habe, damit die Familie zu leben habe. Dazu komme noch, daß der mittellose Student Raskolnikow keine Miete bezahle. Als sich das Ehepaar Marmeladow unverrichteter Dinge wieder entfernt hat, beschließt Rasumichin, dem Freund selbst das Essen zu besorgen. Kaum ist er fort, erwacht Raskolnikow aus seinem Dämmerzustand und verbohrt sich gleich wieder in düstere Gedanken. Er haßt die Armut und die Demut und er haßt auch die Bücher, die ihm nicht aus seiner Seelennot zu helfen vermögen. Aber er will nicht arm, nicht schwach sein. Da löst sich aus ihm sein zweites Ich. Es fordert ihn auf, die Menschen zu hassen und zu verachten; er sei zu etwas Großem auserwählt, er sei stark. In einer Vision erblickt Raskolnikow ein Schlachtfeld; hier tötet der Starke den Schwachen. Mit dem Aufschrei »Mord!« kommt Raskolnikow wieder zu sich. Jetzt findet er auf dem Tisch den Brief, den Rasumichin überbracht hatte und in welchem seine Mutter, die in ihrer Armut alles für den Sohn aufgeopfert hat, sich zu einem Besuch anmeldet. In diesem Augenblick kommt Rasumichin mit Paketen zurück. Wortlos stürzt Raskolnikow an ihm vorüber aus dem Zimmer. – Auf dem Heumarkt in St. Petersburg läßt ein Bärenführer im Jahrmarktstrubel seinen Bären tanzen. Die Zuschauer geben ihm Geldspenden, nur die Wucherin schließt sich aus. Als die Menge eine drohende Haltung gegen sie einnimmt, ruft die Wucherin einen Polizisten zu Hilfe, der die Leute auffordert, nach Hause zu gehen. Da es dämmert, werden die Buden geschlossen. Da tritt Sonja zur Wucherin; sie bittet sie, ihr Geld zu leihen für die kranke Mutter und die hungernde Familie. Da Sonja kein Pfand bieten kann, gibt ihr die Wucherin nichts. Höhnisch weist die Hartherzige Sonja darauf hin, daß sie, die jung und schön sei, sich auf leichte Weise Geld verdienen könne. Zögernd entfernt sich Sonja zum Vergnügungspark. Gleich darauf erscheint Raskolnikow. Er bietet der Wucherin seine Uhr zum Kauf; denn er brauche Geld für den Besuch seiner armen Mutter. Die Wucherin zahlt ihm jedoch nur zwei Rubel für das ihm so teure Erbstück. Dann verschwindet sie in ihr Haus. Erbost ruft Raskolnikow aus, er würde ihr am liebsten den Schädel einschlagen. »Tu's doch!«, flüstert Raskolnikows zweites Ich, das plötzlich wieder erscheint. Es weist ihn auf eine Axt, die ein Budenbesitzer liegengelassen hatte. Da sieht Raskolnikow, wie Sonja einem Herrn folgt, der sie angesprochen hat. Raskolnikow will dazwischentreten, aber sein zweites Ich hält ihn davon ab; zynisch meint es, Sonja brauche eben Geld, auch er solle einmal etwas Starkes tun, zum Beispiel die alte Wucherin ermorden, dann sei er reich, und die Welt stünde ihm offen. Mit dem Ausruf »Glaube, Liebe sind Betrug!« rafft sich Raskolnikow auf; er nimmt die Axt und verschwindet in das Haus der Wucherin. Plötzlich erlischt dort in dem Zimmer der Alten das Licht, und alsbald taumelt Raskolnikow mit blutigem Beil aus dem Haus. – Raskolnikow geht in seiner Mansarde aufgeregt hin und her. Er schreckt zusammen, als es klopft. Noch ehe er die Tür absperren kann, tritt ein Kleinbürger ins Zimmer, der Raskolnikow bittet, den schwerverletzten Marmeladow, der in seiner Trunkenheit von einem Pferdefuhrwerk überfahren worden ist, auf sein Zimmer bringen zu dürfen. Erleichtert erklärt Raskolnikow sich sogleich einverstanden. Man bringt auf einer Bahre den sterbenden Marmeladow. Frau Marmeladow macht sich mit Tüchern um den Bewußtlosen zu schaffen, während Sonja, aufgeputzt, schüchtern im Hintergrund verweilt. Als Marmeladow zu sich kommt, ruft er nach Sonja. Mit zärtlichen Worten bittet er sie, ihm zu verzeihen, so wie der Allmächtige am Ende allen Schwachen und Sündern vergeben wird, und stirbt. Während die Anwesenden an der Bahre niederknien, bietet Raskolnikow Frau Marmeladow teilnahmsvoll seine Hilfe an; aber sie lacht nur über ihn, der selbst mit seinem Unglück nicht fertig wird, und schickt Sonja auf die Straße; denn die Familie müsse doch weiterleben. Nachdem der Tote fortgebracht worden ist, hält Raskolnikow Sonja zurück. Er fragt sie, was nun werden soll. Sonja weiß es nicht, sie hofft aber auf Gott; denn was wäre sie, die ehrlose Sünderin, ohne den Glauben an Gott? Da wirft sich Raskolnikow zu Boden und verneigt sich mit einem Schrei tiefster Verzweiflung vor dem ganzen menschlichen Leid dieser Welt. Als sich Sonja entfernt hat, überlegt Raskolnikow, daß es bei dieser grauenhaften Leere keinen Gott geben könne; Gott sei nur eine Erfindung der Schwachen. Durch seinen Mord ist er aus den Herzen der Menschen ausgestoßen und von ihrem Gott verflucht. Er verlöscht die Kerze auf dem Tisch; ebenso, glaubt er, könne er sein Leben und Gott in seinem Innern auslöschen. In diesem Augenblick erscheint ihm die Wucherin. In irrer Abwehr geht er auf die Erscheinung zu, indem er mit beiden Armen wie zum Beilschlag ausholt, und mit dem Aufschrei: »O großer Gott, Erbarmen!« bricht er zusammen. – Geleitet von Rasumichin, trifft Raskolnikows Mutter zunächst den Sohn nicht in seiner Mansarde an. Sie hat einen Strauß weißer Rosen, Raskolnikows Lieblingsblumen, mitgebracht. Als er erscheint, fällt der Mutter sogleich sein verstörtes Wesen auf. Während sie dem Sohn Nachrichten und Grüße aus der Heimat überbringt, vernimmt dieser nur die Stimme des Gewissens: »Mörder!« Da erklärt er der Mutter, er müsse fort, weit fort. Sie ahnt ein Unglück und segnet und bekreuzigt den Sohn, der sich nach einer innigen Umarmung langsam entfernt. Frau Raskolnikow versinkt in stilles Gebet mit dem festen Glauben, daß ihr Sohn in Gottes Schutz stehe. – Während des Totengottesdienstes für ihren Vater sitzt Sonja sinnend vor der Kirche, die sie, die Ehrlose, nicht betreten darf. Da nähert sich ihr Raskolnikow. Er berichtet, daß er Mutter und Freund verlassen habe und daß auch er ein Ausgestoßener sei. Schließlich gesteht er ihr den Mord an der alten Wucherin. Sonja blickt Raskolnikow schmerzerfüllt in die Augen und umarmt ihn schwesterlich wie zum Osterkuß. Die Schicksalsgleichheit – auch sie hat einen Mord begangen, den Mord an sich selbst – erweckt bei beiden die Erkenntnis, daß sie zusammengehören. Sonja will ihm ihr Kreuz, das sie einst vom Vater zum Geschenk erhalten hat, überreichen. Aber Raskolnikow weist es zurück, er will den Kampf mit sich selbst und mit allen bis zum Ende führen; daher hat er sich vorgenommen, sich nie ergeben zu wollen. Bang fragt sich Sonja, nachdem er sich entfernt hat: »Wer wird ihn retten?« – In einer einsamen Gegend am Ufer der Newa zieht Frau Marmeladow, die nach dem Tod ihres Mannes irrsinnig geworden war, mit ihren kleinen Kindern vorüber. Sie hält die Kinder an, vor den Zuschauern, die sie in ihrer kranken Phantasie vor sich glaubt, zu tanzen, um etwas Geld zu erhalten. Nachdem sie sich entfernt hat, kommt erregt Raskolnikow, hinter ihm sein zweites Ich. Als es ihm vorhält, daß das Nichts, aus dem die Welt geboren ist, auch den Stärksten verschlingen werde und es für ihn, den Mörder, keinen Ausweg gäbe, sucht Raskolnikow seinem Dämon gegenüber zu treten. Zum ersten Mal erblickt jetzt Raskolnikow sein zweites Ich. Beide verharren zunächst in ungeheurer Spannung Aug in Auge, dann senkt das zweite Ich langsam Augen und Haupt. Das zweite Ich, der Dämon des Zerwürfnisses mit sich selbst, ist in Raskolnikow eingegangen, und die Versöhnung mit sich selbst gibt ihm die Kraft zum Geständnis. Da tritt Sonja aus dem Dunkel zu ihm. Sie nimmt das Kreuz von ihrer Brust und hängt es ihm um. Nun wollen sie zu den Menschen zurückkehren und die Strafe zusammen tragen. Hand in Hand gehen die beiden über die Brücke zur Stadt, deren Kuppeln in den ersten Sonnenstrahlen des Morgens aufleuchten.

Stilistische Stellung: Vor Sutermeister war bereits in zwei anderen Musikdramen dem Helden sein eigenes Ich gegenübergestellt worden: in ›Christophe Colomb‹ (1928), Dichtung von Paul Claudel, Musik von Darius Milhaud, und in ›Karl V.‹ (1933), Dichtung und Musik von Ernst Krenek. Während in diesen Werken der Held gleichsam in seinem Spiegelbild jeweils am Ende seines Lebens nochmals seine Taten und Unternehmungen vorüberziehen sieht und kritisch betrachtet, wird bei Sutermeister die Schizophrenie (seelische Spaltung) der Titelfigur durch das zweite Ich zum Ausdruck gebracht, wobei beide Teile des Ich den Gang des Geschehens und die dramatische Entwicklung bestimmend beeinflussen. Die anschauliche Darstellung des seelischen Zwiespalts kommt der Bühnenwirkung sehr zugute. Der Komponist hat die Teilung der Persönlichkeit auch vom Musikalischen her charakterisiert, indem er die Gesangspartie des Raskolnikow für eine Tenorstimme und die seines zweiten Ich für einen Bariton setzte. Die Musik Sutermeisters hat untermalenden Charakter und ist in ihrem Stimmungsgehalt der jeweiligen dramatischen und psychologischen

Situation feinsinnig angepaßt. Ihre innige Verschmelzung mit dem Bühnengeschehen ist evident, selbst bei den Zwischenspielen, in denen ein im Orchesterraum aufgestellter, unsichtbarer Chor Betrachtungen darüber anstellt, was der Held getan hat, was er weiter tun wird und was überhaupt aus seinem Schicksal wird. Die Führung der Singstimmen erfolgt in einem ausgesprochen dramatischen Deklamationsstil; einige Partien sind Sprechrollen mit meist streng rhythmisiertem Text; ariose Stellen finden sich nur vereinzelt. Häufig dient ein unsichtbarer Chor als Stimmungsmittler oder auch als Künder geheimer Gedanken und Vorstellungen, so zum Beispiel als Stimme des Gewissens.

TEXTDICHTUNG: Peter Sutermeister (* 1916), der Bruder des Komponisten, gestaltete das Opernbuch nach dem weltberühmten Roman ›Verbrechen und Strafe‹ (auch unter dem Titel ›Schuld und Sühne‹, 1866) des großen russischen Dichters Fjodor Michajlowitsch Dostojewskij (1821–1881). Bei der Dramatisierung erfuhren sowohl der Stoff als auch vor allem die Charaktere eine zum Teil grundlegende Veränderung, wodurch der Operndichtung die in Dostojewskijs Meisterwerk mit zwingender Logik gestaltete psychologische Entwicklung zu einem Großteil verlorengegangen ist.

GESCHICHTLICHES: Sutermeisters ›Raskolnikow‹ ist in den Jahren 1945 bis 1947 entstanden. Das Werk wurde in schwedischer Sprache am 14. Oktober 1948 an der Königlichen Oper in Stockholm unter der musikalischen und szenischen Leitung von Issai Dobrowen mit außerordentlichem Erfolg uraufgeführt. Es wurde auch bei den nachfolgenden Aufführungen an deutschen und schweizerischen Bühnen mit der gleichen Begeisterung aufgenommen.

KAROL SZYMANOWSKI

* 6. Oktober 1882 in Tymoszówka (Ukraine), † 29. März 1937 in Lausanne
Hagith (1922 Warschau), T: Felix Dörmann, E., V: U. E.
König Roger (1926 Warschau), T: Jaroslaw Iwaszkiewicz u. der Komponist, V: U. E.

König Roger (Der Hirt)

Oper in drei Akten. Text von Jaroslaw Iwaszkiewicz und vom Komponisten.

SOLISTEN: *Roger II.*, König von Sizilien (Heldenbariton, gr. P.) – *Roxane,* seine Frau (Jugendlich-dramatischer Sopran, gr. P.) – *Edrisi,* ein arabischer Gelehrter, Berater des Königs (Charaktertenor, m. P.) – *Der Hirte* (Jugendlicher Heldentenor, gr. P.) – *Der Erzbischof* (Seriöser Baß, m. P.) – *Die Diakonissin* (Alt, kl. P.) – *Vier Musikanten* (Stumme Rollen).

CHOR: Priester. Mönche. Nonnen. Ministranten. Volk. Normannische Ritter. Frauen und Männer des Hofes. Diener. Wachen. Bacchanten und Bacchantinnen. Maenaden (gemischter Chor, gr. Chp.; Knabenchor, kl. Chp.).

ORT: Sizilien.

SCHAUPLÄTZE: In der Kathedrale von Palermo – Eine Halle im Königspalast – Ein zerstörtes griechisches Theater.

ZEIT: 12. Jahrhundert.

ORCHESTER: 3 Fl., 3 Ob., 4 Kl., 3 Fag. – 4 Hr., 3 Trp., 3 Pos., Tuba – P., Schl., 2 Hrf., Cel., Klav., Org. – Str. – Bühnenmusik: 4 Trp., Tamtam.

GLIEDERUNG: Durchkomponierte Großform.

SPIELDAUER: etwa 2 Stunden.

HANDLUNG: In der Kathedrale von Palermo wird eine feierliche Messe gelesen. Der Erzbischof wendet sich mit einer Anklage an König Roger: ein Hirte zieht im Lande umher und predigt den Glauben an einen neuen Gott. Der Erzbischof dringt in den König, den Ketzer zu verurteilen. Doch des Königs Frau Roxane vermittelt: sie schlägt vor, der König solle den Hirten anhören und sich selbst ein Urteil bilden. Roger stimmt diesem Vorschlag zu, zumal auch sein Berater Edrisi dafür stimmt. Der Hirte wird geholt und tritt in die Kirche. Es ist ein junger, schöner Mann mit faszinierender Ausstrahlung. Im Volk entsteht Unruhe: die einen, vom Erzbischof und der Diakonissin geführt, wollen ihn verurteilt, getötet sehen, die anderen, ihnen voran Roxane, verfallen seinem Zauber. Auch der König kann sich der Faszination des Hirten nicht ganz entziehen. Er versucht, sich durch ein hartes Urteil von dem Zauber zu lösen, aber Edrisi rät ihm, abzuwarten, und Roxane tritt erneut für den Hirten ein. So befiehlt Roger dem Hirten, zum Entsetzen des Erzbischofs, er solle am Abend zu ihm in den Palast kommen. – Im Palast wartet Roger mit Edrisi auf das Erscheinen des seltsamen fremden Hirten. Mit den Wachen ist ein Losungswort ausgemacht, das ihn vor den König führt. Roger ist verwirrt und nervös: Edrisi gegenüber äußert er, er habe Angst vor dem Ungreifbaren, Unheimlichen, was er um den Hirten, aber auch in sich selbst spüre. Der Araber versucht, ihn zu beruhigen. Im Hintergrund ertönt Roxanes Stimme, die den König beschwört, Rachegedanken fallen zu lassen und dem Hirten Gerechtigkeit zu schenken. Dann erscheint der Hirt mit einigen Musikanten. Er berichtet dem König von Indien, wo er her komme, und als ihn dieser nach seinem Gott fragt, antwortet er, der Gott sei wie er selbst: jung, schön und voller Lebenslust, existent überall in der Natur. Erneut spürt der König, wie er der Faszination des Hirten zu erliegen droht, und wie sein Hofstaat immer mehr in den Bann des Fremden gerät. Noch einmal versucht er den Bann zu brechen und befiehlt den Wachen, den Hirten in Fesseln zu legen, doch dieser zerreißt die Fesseln. Seine Musikanten beginnen einen wilden Tanz, zu dem der Hofstaat, aber auch Roxane tanzen. Der Hirt wendet sich zum Gehen: wer frei sei, der solle ihm folgen. Roxane und viele Männer und Frauen folgen ihm, der König bleibt mit Edrisi allein. Da entschließt er sich, seiner Sehnsucht nachzugeben und dem Fremden ebenfalls zu folgen. – Edrisi hat den König in ein zerstörtes griechisches Theater geführt. Es ist Nacht. Noch immer ist der König ängstlich, vermag sich nicht zu seiner neuentdeckten Freiheit des Fühlens, seiner Sehnsucht nach unbeschwerter Sinnlichkeit zu bekennen. Er ruft nach Roxane und hört ihre Stimme, hört auch die Stimme des Hirten, der mit seinem Gefolge auftaucht. Er hat nun die Gestalt des alten griechischen Gottes Dionysos angenommen. Roger und Roxane entfachen gemeinsam ein großes Opferfeuer, das Gefolge des Fremden und mit ihm Roxane verwandeln sich in Bacchanten und Maenaden. Sie ziehen davon. Roger bleibt allein, nur Edrisi ist bei ihm, aber er fühlt sich neu belebt und begrüßt in einem überschwenglich-feierlichen Hymnus die aufgehende Sonne.

STILISTISCHE STELLUNG: Das Schaffen des polnischen Komponisten Karol Szymanowski steht in der ersten Hälfte des 20. Jahrhunderts ziemlich für sich: Zwar hat er Einflüsse von Frédéric Chopin ebenso aufgenommen wie solche von Aleksander Skrjabin, Richard Strauss, Max Reger und Claude Debussy und zeigte sich auch gewissen Tendenzen bei Igor Strawinsky oder Béla Bartók verpflichtet, aber letztlich war seine Individualität groß genug, um einen eigenen Weg zu gehen. Seine dreiaktige Oper ›König Roger‹ (voraufgegangen war der inhaltlich wie musikalisch an der ›Salome‹ orientierte Einakter ›Hagith‹, der vor dem Ersten Weltkrieg entstand, aber erst 1922 uraufgeführt wurde) verarbeitet wichtige biographische Eindrücke: so vermochte sich Szymanowski erst in den Jahren zwischen 1910 und 1914 durch Fahrten nach Süditalien, Sizilien und Nordafrika, wo er die ihm unbekannte mittelmeerische Kultur aufnahm, von dem übermächtigen Eindruck der deutschen Musiktradition zu lösen. In Szymanowskis Musik, zumal im ›König Roger‹, steht eine differenzierte, klanglich von der lapidaren Strenge eines Modest Mussorgskij bis zu luxurierend-impressionistischen Farben eines Debussy changierende Orchestersprache im Mittelpunkt; ihr zugeordnet sind die teils deklamierenden, teils – wie in den Partien des Hirten und von Roxane – weich melismatisch sich in großen Bögen ausschwingenden Vokallinien der Solisten, denen archaisch-strenge Chorblöcke gegenübergestellt sind.

TEXTDICHTUNG: Szymanowski entwarf das Libretto zu ›König Roger‹ gemeinsam mit dem polnischen Dichter Jaroslaw Iwaszkiewicz, wobei beide Elemente aus den ›Bakchen‹ des Euripides (wie später Hans

Werner Henze in seinen ›Bassariden‹) der Handlung zugrundelegten, dabei aber auch auf die in einem althochdeutschen Gedicht aus dem 12. Jahrhundert anonym überlieferte Geschichte des Normannenkönigs Roger zurückgriffen. Dabei ging es ihnen weniger um die tragisch verlaufende Auseinandersetzung zwischen Ratio und Sinnlichkeit, sondern um den Zusammenprall zwischen frühchristlicher Askese und spätantiker, durch die arabische Welt überlieferte Lebensbejahung und Diesseitigkeit.

GESCHICHTLICHES: Szymanowski komponierte zwischen 1914 und 1920 an ›König Roger‹; die Uraufführung fand am 19. Juni 1926 in Warschau statt. Auch außerhalb Polens hatte die Oper Erfolg: so kam sie am 28. Oktober 1928 in Duisburg heraus und am 21. Oktober 1932 in Prag; 1949 gab es eine vielbeachtete Inszenierung in Palermo. Das Werk, obwohl musikalisch höchst anspruchsvoll, verdient auch hierzulande größeres Interesse.

W. K.

GEORG PHILIPP TELEMANN

* 14. März 1681 in Magdeburg, † 25. Juni 1767 in Hamburg

Der geduldige Sokrates (1721 Hamburg), T: Johann Ulrich v. König, kO., V: BV

Pimpinone oder Die ungleiche Heirat (1725 Hamburg), T: Johann Philipp Praetorius, Intermezzo, E., V: Schott

Pimpinone oder Die ungleiche Heirat

Ein Zwischenspiel. Text nach dem Italienischen des Pietro Pariati von Johann Philipp Praetorius.

SOLISTEN: *Vespetta,* ein Kammermädchen (Lyrischer Sopran, auch Soubrette, gr. P.) – *Pimpinone,* ein alter reicher Junggeselle (Baßbuffo, auch Baßbariton, gr. P.).

CHOR: kein Chor.

SCHAUPLÄTZE: Straße – Ein Zimmer.

ZEIT: 18. Jahrhundert.

ORCHESTER: Str., Cemb.

GLIEDERUNG: Ohne Vorspiel, 23 Nummern in drei Abteilungen.

SPIELDAUER: etwa 70 Minuten.

HANDLUNG: Das Kammermädchen Vespetta ist ohne Anstellung. Da sieht sie den reichen Junggesellen Pimpinone und beschließt, sich ihm zu nähern. Auch Pimpinone hat bereits ein Auge auf das hübsche Mädchen geworfen, und da sie ihm verspricht, ihm den Haushalt zu führen, werden sie schnell einig. – Doch nach kurzer Zeit will Vespetta den Dienst aufkündigen; sie klagt, Pimpinone hetze sie nur herum und rede ihr in die Wirtschaft hinein. Der Alte, der sich längst in seine Magd verliebt hat, will sie nicht verlieren und gibt ihr in allem nach. Vespetta findet einen neuen Grund für ihren Abschied: die Leute würden sich über ihr Zusammenleben das Maul zerreißen, und ihrem Ruf schade das Gerede. Pimpinone ist auch schnell zur Eheschließung bereit, stellt das Mädchen aber vorher auf die Probe, und als sie ihm versichert, sie gehe weder auf Opern und Ballette, noch spiele sie oder lese Romane, sondern sei ausgesprochen häuslich, nimmt er sie zu seiner Frau und setzt ihr auch 10000 Taler Mitgift aus. Doch kaum ist die Ehe geschlossen, kehrt die angeblich so häuslich-anschmiegsame Vespetta ihr wahres Wesen hervor, sie geht fort, ohne dem eifersüchtigen Pimpinone zu sagen, wohin, und als sie ihm erklärt, sie gehe zu ihrer Frau Gevatterin, fürchtet er, sie werde über ihn klatschen, und kann sich auch den Dialog gleich so recht vorstellen. Vespetta weist ihn zurück, und als er sie an ihr Versprechen gemahnt, sich häuslich und sittsam zu betragen, sagt sie, dies habe sie ihm zugesagt, als sie noch seine Magd gewesen sei; jetzt aber sei sie seine Frau, und im Hause hätte es jetzt nach ihrem Kopfe zu gehen. Sie will auf Bälle gehen, teure Kleider kaufen, sich gut unterhalten. Das ungleiche Paar gerät in Streit und wirft sich Schimpfworte an den Kopf. Schließlich zieht Pimpinone den kürzeren, als ihm Vespetta droht, wenn er ihr nicht in allen Dingen zustimme, so habe er ihr auf der Stelle den Brautschatz von 10000 Talern auszuzahlen. Pimpinone gibt klein bei – was bleibt ihm auch anderes übrig.

STILISTISCHE STELLUNG: Telemanns heiteres Intermezzo kennzeichnet den damals höchst aktuellen Stand der Hamburger Oper; realistische Figurenzeichnung, musikalische Nähe zu volkstümlichen Klängen und Musizierformen, Sinn für dramaturgische Konzentration und für parodistische Formen (etwa bei dem höchst virtuosen »Klatsch-Terzett«, das Pimpinone, drei Stimmen [zwei im Falsett sowie seine eigene] zugleich singend, beisteuert). Dabei manifestiert sich der Realismus darin, daß das Stück nicht – wie damals vielfach üblich – einen heiteren Schluß hat; der betrogene und ausgenutzte Pimpinone kann nicht in »die Moral von der Geschicht«, ein alter Mann solle halt kein junges Weib freien, einstimmen – er bleibt stumm, innerlich zerbrochen, zurück.

TEXTDICHTUNG: Telemann ließ sich von dem Hamburger Dichter Johann Philipp Praetorius den Intermezzo-Text des italienischen Librettisten Pietro Pariati, den bereits 1708 Tomaso Albinoni komponiert hatte, teilweise ins Deutsche übertragen; die in Hamburg damals übliche Sprachmischung, nach der die Arien auf italienisch, die Rezitative aber, in denen die Handlung weitergeführt wurde, auf deutsch gegeben wurden, findet sich auch hier. Deutsch getextet sind lediglich die derb-volkstümlichen Teile, so die beiden Schlußduette.

GESCHICHTLICHES: Telemann, der 1722, zusätzlich zu seiner Tätigkeit als Musikdirektor der fünf Hamburger Hauptkirchen, auch die musikalische Leitung der Oper übernommen hatte, um dieser in eine Krise geratenen Unternehmung aufzuhelfen, schrieb seinen ›Pimpinone‹ 1725 als damals übliche heitere Einlage, wohl in Georg Friedrich Händels tragische Oper ›Tamerlano‹. 1727 schrieb er dazu eine Fortsetzung ›Die Amours der Vespetta, oder der Galan in der Kiste‹, von der aber die Musik verloren scheint. Das Intermezzo war lange vergessen, erst mit der Wiederentdeckung Telemanns im 20. Jahrhundert wurde man auch auf den Opernkomponisten Telemann aufmerksam. Heute gehört das vom Aufwand her anspruchslose, aber stets theaterwirksame Stück zum festen Repertoire all jener Bühnen, die auch mobile Produktionen anbieten, oft in sinnvoller Kombination mit Giovanni Battista Pergolesis handlungsgleichem, acht Jahre später entstandenen Intermezzo ›La serva padrona‹.

W. K.

AMBROISE THOMAS

* 5. August 1811 in Metz, † 12. Februar 1896 in Paris

Le Caïd (Der Kadi; 1849 Paris), T: Thomas Marie François Sauvage, kO., V: Heugel, Schott

Le songe d'une nuit d'été (Sommernachtstraum; 1850 Paris), T: nach William Shakespeare v. Joseph Bernard Rosier u. Adolphe de Leuven, V: Heugel

Mignon (1866 Paris), T: nach Johann Wolfgang v. Goethe v. Jules Barbier u. Michel Carré, V: Heugel, A&S

Hamlet (1868 Paris), T: nach W. Shakespeare v. J. Barbier u. M. Carré, V: Heugel, Sonzogno

Mignon

Oper in drei Akten. Dichtung von Jules Barbier und Michel Carré.

SOLISTEN: *Mignon* (Lyrischer Mezzosopran, auch Jugendlich-dramatischer Sopran, gr. P.) – *Philine* (Lyrischer Koloratursopran, gr. P.) – *Wilhelm Meister* (Lyrischer Tenor, gr. P.) – *Lothario* (Seriöser Baß, m. P.) – *Laertes* (Spieltenor, m. P.) – *Friedrich* (Spieltenor, auch Mezzosopran, kl. P.) – *Jarno* (Charakterbaß, kl. P.) – *Der Fürst* (Tenor, kl. P.)

– *Der Baron* (Bariton, kl. P.) – *Antonio* (Sprechrolle, kl. P.) – *Ein Souffleur* (Sprechrolle, kl. P.) – *Ein Bedienter* (Sprechrolle, kl. P.).
CHOR: Zigeuner. Schauspieler. Herren und Damen. Bürger. Bauern und Bäuerinnen (im I. Akt Männerchor geteilt in Zigeuner und in Schauspieler und Volk; m. Chp.).
BALLETT: I. Akt: Zigeunertanz und Walzer; beim »Französischen Schluß«: Forlana.
ORT: I. und II. Akt in Deutschland, III. Akt in Italien.
SCHAUPLÄTZE: Der Hof eines deutschen Wirtshauses, links Gebäude, im ersten Stock eine Glastür auf eine Treppe nach außen führend, rechts Schuppen, Tische und Tonnen – Elegantes Boudoir, Mittel- und Seitentüren, links ein Kamin, rechts ein Fenster – Ein Winkel des Parks, im Hintergrund rechts ein zum Schloß gehörendes Treibhaus, links ein großes Wasser, von Rohrdickicht umgeben – Eine italienische Galerie mit Statuen, rechts ein offenes Fenster, im Hintergrund große geschlossene Tür, Seitentüren – Die Ufer des Gardasees, rechts ein Wirtshaus, in der Ferne italienische Villen. (Das letzte Bild nur, wenn die Oper mit dem »Französischen Schluß« gegeben wird.)
ZEIT: Gegen 1790.
ORCHESTER: 2 Fl. (II. auch Picc.), 2 Ob., 2 Kl., 2 Fag., 4 Hr., 2 Trp., 3 Pos., P., Schl., Hrf., Str. – Bühnenmusik: Hrf.
GLIEDERUNG: Ouvertüre und 16 (beim »Französischen Schluß« 18) Musiknummern, die durch einen gesprochenen Dialog miteinander verbunden werden.
SPIELDAUER: etwa 2½ Stunden.
HANDLUNG: In dem Hof eines Wirtshauses sitzen die Bürger beim Bier. Sie laden freundlich den alten Harfner Lothario ein, mit ihnen zu trinken. Der Greis, dessen Herkunft niemand kennt und der anscheinend geistesverwirrt ist, pflegt in der Gegend umherzuziehen und von Sehnsucht nach einem geliebten Wesen erfüllte, traurige Lieder zu singen. Da kommt eine Zigeunertruppe an; die Männer ziehen einen Wagen, auf dem ein Mädchen schläft. Die Zigeuner beginnen sogleich mit ihren tänzerischen Vorführungen; dann kündet Jarno, das Haupt der Gesellschaft, als Clou den berühmten Eiertanz der Mignon an. Inzwischen hat auf dem Balkon die gegenwärtig in dem Gasthof logierende Schauspielerin Philine mit ihrem Kollegen Laertes Platz genommen. Sie fragt Jarno, als die aus dem Schlaf geweckte und in einen Mantel gehüllte Mignon herbeigebracht wird, ob es ein Knabe oder ein Mädchen sei, worauf dieser antwortet, es sei weder das eine noch das andere, es sei Mignon! Die Zuschauer lachen, was Mignon als Demütigung und Beleidigung empfindet; sie weigert sich daher zu tanzen. Als Jarno brutal mit dem Stock droht, stellt sich der alte Lothario schützend vor das Kind. Aber Jarno läßt sich durch den Bettler nicht einschüchtern. Da tritt ein eleganter junger Herr dazwischen, der soeben angekommen ist. Mit vorgehaltener Pistole zwingt er Jarno,

das Mädchen in Ruhe zu lassen. Philine wirft dem Zigeuner eine Börse zu, als er sich über den Einnahmeausfall wegen des unterbliebenen Eiertanzes beklagt. Mignon bedankt sich unterdessen bei Lothario und dem Fremden, indem sie ihr Blumenbukett – ihre einzige Habe – zwischen beiden teilt. Laertes stellt sich dem jungen Mann vor und erzählt, daß Philine und er einer Schauspielergesellschaft angehörten, die gegenwärtig beschäftigungslos sei, da ihr Direktor mit der Kasse durchgegangen sei. Auch der Fremde nennt nun seinen Namen: es ist Wilhelm Meister, der Sohn eines reichen Wiener Bürgers, der nach Absolvierung seiner Universitätsstudien nunmehr ausgezogen ist, um die Welt kennenzulernen. Laertes warnt ihn aus eigenen trüben Erfahrungen vor den Frauen, am meisten vor Philine, die ebenso verführerisch wie treulos sei. Philine hat das Gespräch mitangehört; es reizt sie, den eleganten Jüngling zu ködern. Er fängt auch sogleich Feuer und überreicht ihr auf Laertes' Aufforderung das Bukett, das er von Mignon erhalten hatte. Als sie sich, Wilhelm kokett zu einem Wiedersehen einladend, mit Laertes entfernt hat, kommt Mignon zurück, die sich nochmals für die Beschützung bedankt. Sie bemerkt mit einer gewissen Enttäuschung, daß Wilhelm ihre Blumen bereits weggegeben hat. Nach ihrer Herkunft befragt, erzählt sie Wilhelm, daß sie weder wisse, wie alt sie sei, noch ihren Namen kenne. Sie erinnere sich dunkel daran, daß sie als Kind geraubt worden sei und aus einem glanzvollen Haus stamme in dem Land, wo die Zitronen blühen. Gerührt über das tragische Geschick der Armen, kauft Wilhelm dem Jarno Mignon ab. Während die beiden Männer im Wirtshaus den Kaufvertrag abfassen, berichtet Mignon hochentzückt dem alten Lothario die glückliche Wendung. Philines Lachen dämpft jedoch wieder ihre Freude; sie hat eine instinktive Abneigung gegen das buhlerische Wesen. Dem zurückkommenden Wilhelm stellt Philine einen jungen Freund namens Friedrich vor, der ihretwegen seiner Familie und der Universität entlaufen ist und der sie schon einige Male aus Eifersucht verlassen hat, um gleich darauf wieder reumütig zu ihr zurückzukehren. Da naht Laertes mit einer Freudenbotschaft: Philines Verehrer, Baron von Rosenberg, hat die Schauspielertruppe zu einigen Vorstellungen auf sein Schloß eingeladen. Die Komödianten rüsten schleunigst zum Aufbruch. Wilhelm, der es nicht zulassen will, daß Mignon als Bettlerin mit Lothario weiterzieht, erklärt sich mit ihrem Vorschlag einverstanden, ihn in Knabenkleidern als Diener begleiten zu dürfen. – Wilhelm ist der Schauspielertruppe auf Schloß Rosenberg gefolgt. Philine führt Wilhelm als Theaterdichter bei dem Baron ein. Indes ist Mignon allein im Boudoir zurückgeblieben. Ihr Dankbarkeitsgefühl gegenüber Wilhelm ist inzwischen in Liebe umgeschlagen. Sie weiß aber, daß sie in der verführerischen Schauspielerin eine gefährliche Rivalin zu erblicken hat. Als sie an den mit Schönheitsmitteln bedeckten Toilettentisch tritt, erfaßt sie plötzlich eine unwiderstehliche Lust, sich auch einmal dieser Dinge zu bedienen. Fröhlich trällernd, schminkt sie sich vor dem Spiegel; dann zieht sie sich im Ankleideraum eines der prächtigen Kleider Philines an, währenddessen der Student Friedrich heimlich durchs Fenster das Boudoir betritt. In diesem Augenblick kommt Wilhelm allein zurück. Eifersüchtig zieht Friedrich seinen Degen, da stürzt Mignon aus dem Ankleidezimmer und stellt sich schützend vor Wilhelm. Belustigt entfernt sich Friedrich, um den Vorfall sogleich Philine zu berichten. Verärgert über die Blamage, gibt Wilhelm jetzt Mignon seinen Entschluß bekannt, sich von ihr zu trennen. Aber Mignon lehnt es ab, sich dann von ihm noch weiter betreuen zu lassen, sie will vielmehr sich wieder ihr Brot als arme Zigeunerin erbetteln. Als Wilhelm, von Rührung übermannt, sie in seine Arme schließt, betritt hohnlachend Philine mit Friedrich das Boudoir. Wütend reißt Mignon die Spitzen vom Kleid, als Philine es ihr mitleidig zum Geschenk machen will; eilends legt sie im Ankleidezimmer wieder ihr altes Zigeunergewand an, während Philine triumphierend sich an Wilhelms Arm zur Vorstellung geleiten läßt. – Als Mignon aus dem Schloß begeisterte Beifallsrufe für Philine vernimmt, sucht sie im See des Parks ihrem freudlosen Dasein ein Ende zu machen. In diesem Augenblick vernimmt sie Lotharios Harfenklänge. Vertrauensvoll klagt sie dem Alten ihr Leid. In ihrer Verzweiflung wünscht sie, daß ein mächtiger Feuersbrand das verhaßte Schloß in Schutt und Asche legen möge. Die Vorstellung ist beendet. Unter den Huldigungen der vornehmen Zuschauer betritt Philine den Park, wo sie, noch im Kostüm als Titania, die Gäste durch einen weiteren Beitrag ihrer Kunst entzückt. Lothario hat in seiner geistigen Umnachtung unterdessen im Schloß Feuer gelegt in der Meinung, dadurch der armen Mignon aus ihrer unglücklichen Situation zu helfen. Als der Greis Mignon von seiner Tat unterrichtet, kommt Wilhelm, der angstvoll im Park nach dem Mädchen gesucht hatte, mit Philine. Diese gibt Mignon den Auftrag, ihr aus dem Theater ein dort liegengebliebenes Bukett zu holen. Kaum hat Mignon das Schloß betreten, schlagen Flammen aus dem Gebäude. Wilhelm stürzt sofort in das brennende Haus, und es gelingt ihm gerade noch, bevor der Bau krachend zusammenstürzt, das ohnmächtige Mädchen aus den Flammen zu retten. – Wilhelm hat Mignon zur Genesung in ein Schloß an den Gardasee gebracht. Lothario hat die beiden dorthin begleitet. Durch den alten Diener Antonio erfährt Wilhelm von den traurigen Ereignissen, die sich vor fünfzehn Jahren in diesem Haus zugetragen haben: das Töchterchen des gräflichen Paares war anscheinend im See ertrunken; die Mutter sei aus Gram darüber gestorben, während der Graf wahnsinnig geworden und spurlos verschwunden sei. Als Wilhelm Lothario den Namen des Schlosses: Cypriani nennt, reagiert dieser mit heftigem Zittern. Er sieht sich erst lange um, dann will er ein Zimmer betreten, das nach Angabe des Dieners seit dem Verschwinden des Grafen nicht mehr geöffnet worden ist. Schließlich entfernt er sich durch eine andere Tür. Gleich darauf erscheint Laertes, der berichtet, daß Philine Wilhelm hierher nachgereist sei. Wilhelm beschwört ihn bei seiner Freundschaft, Philine zur sofortigen Abreise zu veranlassen, da ihre Gegenwart Mignon töten könnte. Laertes sichert ihm seine Unterstützung zu. Inzwischen ist Mignon erwacht. Beglückt über ihre Genesung, gesteht Wilhelm ihr seine Liebe, da ertönt von außen Philines Stimme. Mignon fällt vor Schreck in Ohnmacht. Mit Mühe kann Wilhelm ihr einreden, als sie wieder zu sich gekommen ist, daß ein Fiebergespenst sie getäuscht habe. Die Mitteltür öffnet sich; aus dem Zimmer tritt in vornehmer Kleidung Lothario. Die geistige Umnachtung ist von ihm gewichen. Er ist der Herr dieses Hauses, Graf Cypriani. Als Mignon die in einem Kästchen verwahrten Kindheitserinnerungen sowie auf dem Wandgemälde das Bild ihrer Mutter wiedererkannt hat, steht fest, daß sie des Grafen totgeglaubte Tochter Sperata ist. In Liebe vereint, danken die drei Gott für das große Glück, das ihnen zuteil geworden ist.

Stilistische Stellung: Thomas hat bei ›Mignon‹ den von Gounod erfolgreich eingeschlagenen Pfad beschritten und mit dieser Oper einen entscheidenden Beitrag zur Entwicklung der Opéra lyrique geleistet. Der von der Opéra comique kommende Komponist mischt feinsinnig die Stilelemente dieser Gattung mit dem lyrisch-sentimentalen Grundcharakter, wie er durch das Libretto vorgezeichnet ist. Den teils graziösen, teils rhythmisch lebendigen, eingängigen Melodien, die trefflich die leichte Welt der Komödianten charakterisieren, sind kontrastierend die von Sentiment erfüllten Gesänge Mignons und Lotharios gegenübergestellt. Von dem meisterhaften Können des Komponisten zeugen die mit leichter Hand gestalteten eleganten Formen sowie die subtile, farbenreiche Instrumentation. Bei den melodramatischen Stellen kehren Themen im Sinn von Erinnerungsmotiven wieder. Hierbei ist der Gegensatz zwischen dem geradlinigen Wilhelm und dem träumerischen Wesen Mignons trefflich mit einfachen Mitteln gezeichnet, indem Mignon über einer unbegleiteten Geigenmelodie auf einem gleichbleibenden Ton singt, während Wilhelm spricht (Rezitativ Nr. 4 und Nr. 11 b). Hervorzuheben ist auch die individuelle Behandlung der einzelnen Stimmen in den Ensemblenummern (z. B. Terzette Nr. 3 und 9a). Als Stimmungsexposition wirkt zu Anfang des letzten Aktes ein sechsstimmiger a cappella-Chor hinter der Szene. Reizvolle Farbenwirkungen vermittelt zwischendurch auch das Kolorit nationaler Tanzweisen (die melancholische ›Zigeuner-Romanze‹ und die dem Wiener Walzer nachempfundenen Zigeunertänze sowie Mignons ›Styrienne‹ und Philines ›Forlana‹ im Charakter eines steirischen bzw. italienischen Volkstanzes). Von den rein orchestralen Stükken sind die pikante, graziös-elegante Gavotte (Entreact Nr. 7) sowie die zündende Ouvertüre bemerkenswert, die in der Hauptsache aus

dem Themenmaterial der populärsten Nummern der Partitur: Mignons Romanze (Nr. 4 »Kennst Du das Land«) und Philines brillanter ›Titania‹-Polonaise gebaut ist.
TEXTDICHTUNG: Den Librettisten Michel Carré (1819–1872) und Jules Barbier (1822–1901) diente Goethes Bildungsroman ›Wilhelm Meisters Lehrjahre‹ (1795/96) mehr als Stoffquelle denn als Vorwurf. Sie verfuhren bei der Gestaltung des ›Mignon‹-Buches ähnlich wie bei ›Faust‹, indem sie, wie schon durch den Titel angedeutet wird, die Frauenrolle, also das Schicksal des anmutigen, rätselhaften Wesens Mignon, in den Vordergrund des Interesses rückten. Aus dem Helden des Goetheschen Romans, dem deutschen Bürgerssohn, der nach Bildungsidealen strebt und den Goethe selbst als sein »geliebtes dramatisches Ebenbild« bezeichnete, wurde ein eleganter französischer Kavalier, der zwar nicht unsymphatisch, aber immerhin passiv wirkt. Auch die übrigen Charaktere erfuhren eine der französischen Mentalität angepaßte Umdeutung, was für das Werk hinsichtlich seiner stilistischen Enheitlichkeit nur von Vorteil ist. Freilich verfügten die Autoren nicht über die nötige Erfindungskraft, um dem dramaturgisch ohnehin abfallenden letzten Akt einen überzeugenden Schluß zu geben, nachdem hier die Goethesche Vorlage keine Lösung bot, die ihnen für einen wirksamen Opernschluß geeignet erschien. So existieren nicht weniger als vier verschiedene Schlußfassungen. Der originale, sogenannte »Französische Schluß« vermittelt bei nochmaligem Szenenwechsel einen glücklichen Ausgang: Philine versöhnt sich mit Mignon und heiratet Friedrich. In einer weiteren, etwas verkürzten Fassung schließt sich die Versöhnung Philines ohne Szenenwechsel unmittelbar an die Erkennungsszene an. In Deutschland wird ›Mignon‹ meistens mit einem Lobgesang auf Gott, ausgeführt von Mignon, Wilhelm und Lothario, im Anschluß an die Erkennungsszene beendet, ohne daß Philine nochmals auftritt. Schließlich gibt es auch noch eine Fassung mit tragischem Ausgang: beim Eintreten Philines in das Zimmer des Schlosses fällt Mignon tot in Wilhelms Arme. Die deutsche Übersetzung stammt von Ferdinand Gumbert.
GESCHICHTLICHES: Angespornt durch den großen Erfolg von Gounods ›Faust‹, der zweifellos ebenfalls zu einem Teil dem geschickten Libretto von Jules Barbier und Michel Carré zu danken war, entschlossen sich die beiden Textdichter, auch nach Goethes ›Wilhelm Meister‹, der in Frankreich ebenso bekannt war wie ›Faust‹, ein Opernbuch zu schreiben. Die Vertonung übernahm diesmal Ambroise Thomas, der infolge mehrerer Opernerfolge an der Opéra-Comique bereits damals in Paris großes Ansehen genoß. Am 17. November 1866 ging ›Mignon‹ an der Opéra-Comique zum ersten Mal in Szene. Im Gegensatz zu Gounods ›Faust‹, der zunächst kühl aufgenommen worden war, hatte ›Mignon‹ gleich bei der Uraufführung einen durchschlagenden Erfolg, der dem Werk anschließend auch in aller Welt zuteil geworden ist.

PETER I. TSCHAIKOWSKIJ

* 7. Mai 1840 in Kamsko-Wotkinsk (Gouvernement Wjatka), † 6. November 1893 in St. Petersburg

Wojewoda (Der Heerführer), op. 3 (1869 Moskau), T: nach Aleksander N. Ostrowskij vom Komponisten (später vernichtet bis auf Ouvertüre, Zwischenakt u. Tanz)

Undina (1869), T: nach Friedrich de la Motte Fouqué vom Komponisten (nicht aufgeführt u. vernichtet)

Opritschnik (Der Leibwächter; 1874 St. Petersburg), T: nach Iwan I. Lashetschnikow vom Komponisten, V: Jürgenson

Wakula der Schmied, op. 14 (1876 St. Petersburg), T: nach Nikolaj W. Gogol v. Jakow P. Polonskij, umgearbeitet 1885 als ›Tscherewitschki‹ (Die Pantöffelchen; 1887 Moskau); Neubearb. v. Heinrich Burkard als ›Die goldenen Schuhe‹ (Oxanas Launen), kO., V: Jürgenson, U. E.; deutsche Fassung v. G. Wambach, V: He (AE)

Eugen Onegin, op. 24 (1879 Moskau), T: nach Aleksander S. Puschkin v. Konstantin S. Schilowskij, V: Rahter, B & H; deutsche Fassung v. Wolf Ebermann u. Manfred Koerth, V: DVfM (AE)

Die Jungfrau von Orléans (1881 St. Petersburg), T: nach Friedrich Schiller vom Komponisten, V: Jürgenson; deutsche Fassung v. Paul Friedrich (= Fritz Oeser), V: AE

Masepa (Mazeppa; 1884 Moskau, T: nach A. S. Puschkin v. Wiktor P. Burenin u. vom Komponisten, V: Jürgenson; Neufassung v. Vito Frazzi, V: Ricordi

Die Zauberin (1887 St. Petersburg), T: Ippolit W. Schpashinskij; Neubearb. v. Julius Kapp (1940), V: U. E.; v. Dorothea u. Peter Gülke, V: DVfM (AE)

Pique-Dame, op. 68 (1890 St. Petersburg), T: nach A. S. Puschkin v. Modest I. Tschaikowskij, V: Jürgenson; deutsche Fassung v. W. Ebermann u. M. Koerth, V: DVfM (AE)

Iolanta (Yolanthe), op. 69 (1892 St. Petersburg), T: nach Henrik Hertz v. M. I. Tschaikowskij; Neubearb. v. H. Burkard, E., V: U. E.

Eugen Onegin

Lyrische Szenen in drei Aufzügen. Dichtung von Konstantin S. Schilowskij.

SOLISTEN: *Larina,* Gutsbesitzerin (Dramatischer Mezzosopran, m. P.) – *Tatjana* (Jugendlich-dramatischer Sopran, auch Lyrischer Sopran, gr. P.) und *Olga* (Mezzosopran, auch Alt, m. P.), deren Töchter – *Filipjewna,* Amme (Spielalt, m. P.) – *Eugen Onegin* (Kavalierbariton, gr. P.) – *Lenskij* (Lyrischer Tenor, gr. P.) – *Fürst Gremin* (Seriöser Baß, m. P.) – *Ein Hauptmann* (Baß, kl. P.) – *Saretzkij* (Charakterbaß, kl. P.) – *Triquet,* ein Franzose (Spieltenor, auch Charaktertenor, kl. P.) – *Gillot,* Kammerdiener (Stumme Rolle).

CHOR: Landleute. Ballgäste. Gutsbesitzer. Offiziere (m. Chp.).

BALLETT: Walzer, Mazurka, Polonaise und russischer Tanz.
ORT: Die Handlung spielt teils auf einem Landgut, teils in St. Petersburg.
SCHAUPLÄTZE: Garten, links Haus mit Terrasse, rechts schattiger Baum, im Hintergrund zerfallener Zaun, Ausblick auf Dorf und Kirche – Einfaches Zimmer – Garten mit dichten Sträuchern, eine alte Bank und schlecht gepflegte Beete – Saal, in der Mitte Kronleuchter, an der Seite Wandleuchter – Eine an einem mit Bäumen bewachsenen Flußufer liegende Dorfwassermühle, Winterlandschaft – Seitensaal eines reichen, vornehmen Hauses in St. Petersburg – Empfangszimmer im Haus des Fürsten Gremin.
ZEIT: Im zweiten Jahrzehnt des 19. Jahrhunderts. Zwischen dem II. und III. Aufzug liegt ein Zeitraum von mehreren Jahren.
ORCHESTER: 2 Fl., 1 Picc., 2 Ob., 2 Kl., 2 Fag., 4 Hr., 2 Trp., 3 Pos., P., Hrf., Str.
GLIEDERUNG: Vorspiel und 22 Musiknummern, die pausenlos ineinandergehen.
SPIELDAUER: etwa 2½ Stunden.
HANDLUNG: Die Gutsbesitzerin Larina hat zwei noch sehr junge Töchter: die ätherisch-zarte, sensible Tatjana und die lebenslustige, temperamentvolle Olga. Letztere wird leidenschaftlich von dem idealistisch veranlagten Dichter und Gutsnachbarn Lenskij verehrt, während Tatjana den Männern gegenüber scheu ist und sich bei der Lektüre von Büchern schwärmerischen Phantasien hingibt. Zur Erntezeit führt Lenskij seinen Freund und neuen Gutsnachbarn Eugen Onegin bei Larina ein. Mutter Larina, die gerade mit der Amme Filipjewna mit Einkochen beschäftigt ist, begibt sich sogleich ins Haus, um für die Bewirtung der Gäste zu sorgen. Lenskij ergreift die Gelegenheit, Olga wieder einmal seine heiße Liebe zu beteuern; Tatjana unterhält sich indessen mit Onegin. Die stattliche Erscheinung und das kavaliermäßige, gewandte Benehmen machen auf sie Eindruck, und sie verliebt sich unversehens in ihn. – Vergeblich sucht sie Rat bei ihrer Amme Filipjewna. So glaubt sie, keinen anderen Ausweg zu finden, als Onegin in einem Brief ihre Gefühle mitzuteilen. – Als verwöhnter Petersburger Adeliger, der die herrschende Byron-Mode des Menschenverächters mitmachen zu müssen glaubt, tritt Onegin tags darauf Tatjana mit kühler Überlegenheit gegenüber und erklärt ihr, daß er die Offenheit ihrer reinen Seele ehre, daß er aber ihr Gatte nicht werden könne, da er zur Ehe nicht tauge; die Liebe sei nur Phantasie eines jungen Mädchenherzens, und der Ehestand würde, obwohl Tatjana sein Idealtyp sei, beiden bald zur Qual werden. – Der Winter ist ins Land gezogen. Mutter Larina veranstaltet zu Tatjanas Namenstag einen Hausball, zu dem auch Onegin und Lenskij geladen sind. Während einer Tanzpause trägt der Franzose Triquet ein Gratulations-Couplet vor. Das schüchterne Mädchen nimmt die Ehrung vor den Ballgästen

verlegen entgegen. Onegin, den die aus lauter Provinzlern bestehende Gesellschaft maßlos langweilt, rächt sich an Lenskij dafür, daß er ihn hierher geführt hatte, indem er unentwegt mit Olga tanzt. Als sie Lenskij auch den Kotillon zugunsten Onegins ausschlägt, um dadurch ihren Bräutigam für seine unbegründete Eifersucht zu strafen, fühlt sich dieser in seinen heiligsten Gefühlen tief verletzt. Er ereifert sich so weit, daß es zu einem offenen Skandal vor der Ballgesellschaft kommt, wobei er Onegin nicht nur die Freundschaft kündigt, sondern ihn sogar fordert. – In dem Duell wird Lenskij von Onegin erschossen. – Nach mehrjährigem, unsteten Wanderleben kehrt Onegin, der nach dem Duell sein Gut verlassen hatte, nach St. Petersburg zurück. Sein Gewissen ist immer noch schwer bedrückt von dem Bewußtsein, seinen besten Freund durch mutwillige Leichtfertigkeit in den Tod getrieben zu haben. Er besucht nun eine feudale Abendgesellschaft, wo er in einer vornehmen Dame Tatjana zu erkennen glaubt. Vorsichtig fragt er den ihm befreundeten Fürsten Gremin, wer die Dame mit dem roten Barett sei. Gremin antwortet, daß sie Larinas Tatjana und seit zwei Jahren seine Frau sei, die er glühend liebe und verehre. Als daraufhin der Fürst ihn Tatjana vorstellt, erwidert sie scheinbar unbefangen, daß sie sich wohl schon früher einmal gesehen hätten. Sie fragt ihn, ob er aus ihrer Heimat käme. Onegin erwidert, er sei soeben von einer langen Reise aus fernem Land zurückgekehrt. Tatjana bittet ihren Gatten aufzubrechen, da sie sich müde fühle. Auf seinen Arm gestützt, verläßt sie freundlich grüßend den Saal. Onegin sieht ihr mit starrem Blick nach. Er erkennt mit einem Mal den Irrtum seiner damaligen Handlungsweise und ist sich bewußt geworden, daß er Tatjana liebt. – Stürmisch begehrt er in einer Aussprache, um die er sie brieflich gebeten hat, ihr Herz. Tatjana, deren Gefühle für den einst so heiß Geliebten durchaus noch nicht erloschen sind, kämpft zwischen Liebe und Pflicht. Eingedenk des Treueschwurs, den sie ihrem edlen Gatten am Altar gegeben hatte, verläßt sie schließlich den Salon, nicht ohne Onegin unmißverständlich bedeutet zu haben, daß dies ein Abschied für immer sei. Verzweifelt entfernt sich Onegin mit der bitteren Erkenntnis, durch seine kaltherzige Haltung sich sein Leben selbst verpfuscht zu haben.

Stilistische Stellung: Mit Recht wird ›Eugen Onegin‹, die meistgespielte Oper des Meisters, als das schönste und vollkommenste Bühnenwerk Tschaikowskijs bezeichnet. Die Verbundenheit des Komponisten mit dem Sujet hat zwei Ursachen: Zunächst war ›Eugen Onegin‹ für Tschaikowskij ein Opernstoff, der seiner Eigenart ungewöhnlich entgegenkam: »Ich wünsche nichts, was Bestandteil der sogenannten Großen Oper ist. Ich halte Ausschau nach einem intimen, aber kraftvollen Drama, das aufgebaut ist aus dem Konflikt von Umständen, den ich selbst erfahren und gesehen habe, einem Konflikt, der mich wirklich berührt. Dabei verschmähe ich nicht das phantastische

Element; denn es kennt keine Hindernisse, weil das Reich der Phantasie keine Grenzen hat« (Brief Tschaikowskijs vom 14. Januar 1878 an Sergej I. Tanejew). Die Schlichtheit des Stoffes und sein großer poetischer Reichtum ließen auch alle Bedenken über die geringe Bühnenwirksamkeit der Handlung verstummen, deren sich der Komponist wohl bewußt war. Zum andern war es das persönliche Erlebnis mit seiner Schülerin Antonina Iwanowna Miljukowa, die ihm, ähnlich wie Tatjana Onegin, in einem Brief ihre Liebe erklärte. Tschaikowskij antwortete zwar ungefähr ebenso wie Onegin auf Tatjanas Brief, doch war er nicht so hartherzig wie dieser, und die Miljukowa wurde während der Entstehung der Oper Tschaikowskijs Frau. In der musikalischen Gestaltung dominiert das Lyrische; es verklärt mit subtilen Klängen vor allem die Gestalt der Tatjana, die ganz besonders Tschaikowskijs Phantasie fesselte. Nicht minder wundervolle Lyrismen zeichnen die Gefühle des jugendlichen Lenskij und des abgeklärten Fürsten Gremin. Daneben werden auch Töne verhaltener Leidenschaft (z. B. Briefszene), der Wehmut und des Schmerzes (z. B. Duellszene) mit eindringlicher Wirkung angeschlagen. Im Gegensatz hierzu stehen die frischen Chöre, bei denen auch die nationale Note am stärksten hervortritt (z. B. Chor der Schnitter), sowie die schmissigen, populär gewordenen Tänze (Walzer, Polonaise). Das Klangbild ist – abgesehen von den für Tschaikowskijs Stil charakteristischen kanonartig durchgeführten melodischen Imitationen – durchwegs homophon gehalten. Die Hauptthemen kehren der dramatischen Situation entsprechend leitmotivartig im Verlauf der Oper immer wieder. Trotzdem hat Tschaikowskij mit Richard Wagner, den er übrigens sehr verehrte, nichts gemein, eher sind Berührungspunkte mit dem Stil des von ihm überaus geliebten Hector Berlioz zu bemerken. In der formalen Anlage wechseln geschlossene Formen mit freieren, zum Teil rezitativischen Partien.

TEXTDICHTUNG: Konstantin Schilowskij, der Bruder von Tschaikowskijs Schüler und Reisebegleiter Wladimir Schilowskij, führte das Libretto nach einem Entwurf des Komponisten aus. Der Operndichtung liegt der 1833 erschienene gleichnamige Roman in Versen von Aleksander Puschkin (1799–1837) zugrunde. Tschaikowskij legte bei der Dramatisierung des Puschkinschen Gedichtes weniger Wert auf eine solid gezimmerte Handlung, sondern es war ihm für die musikalische Gestaltung in erster Linie um die Herausarbeitung der feinen poetischen Wirkungen des Stoffes zu tun. Deshalb wurde auch auf ausdrücklichen Wunsch des Komponisten nicht die Bezeichnung »Oper«, sondern der Untertitel »Lyrische Szenen« gewählt. Für den Zuschauer, der den Puschkinschen Roman nicht kennt, ist der Handlungszusammenhang mit den beiden letzten Bildern allerdings etwas schwer verständlich, da bei der Operndichtung wichtige Abschnitte der Vorlage unberücksichtigt geblieben sind, so die weiteren Geschicke der beiden Töchter Larinas nach dem Duell, Onegins Reisen, Tatjanas Aufenthalt bei ihrer Tante in Moskau, wo sie den Fürsten Gremin kennenlernte. Bemerkenswert ist auch, daß Tschaikowskij ursprünglich der Oper einen anderen Schluß gegeben hat: Tatjana sinkt Onegin in die Arme. In diesem Augenblick betritt Fürst Gremin den Salon. Tatjana fällt in Ohnmacht, während Onegin davonstürzt mit dem Ausruf, daß er nunmehr den Tod suche. Diese Veränderung des Ausgangs der Handlung wurde Tschaikowskij in Moskau übel vermerkt, so daß er sich entschloß, der Oper endgültig den Puschkinschen Originalschluß zu geben. Die deutsche Übersetzung des Librettos stammt von August Bernhard, eine neuere deutsche Bearbeitung besorgte Max Kalbeck.

Geschichtliches: Zu Anfang des Jahres 1877 war Tschaikowskij auf der Suche nach einem neuen Operntext. Er überlegte ›Othello‹ und auf Wladimir Stassows Rat Alfred de Vignys ›Cinq-Mars‹. Im April des gleichen Jahres wurde er auf einer Gesellschaft bei der Sängerin Jelisaweta A. Lawrowskaja auf ›Eugen Onegin‹ hingewiesen. Er beschaffte sich Puschkins Gedicht und begeisterte sich sofort derart für den Stoff, daß er gleich selbst ein Szenarium entwarf. Mit der Ausarbeitung des Librettos betraute er anschließend Konstantin Schilowskij. »Mit unbeschreiblichem Vergnügen und Enthusiasmus« ging der Komponist an die Vertonung des Buches, die er neben der Arbeit an seiner 4. Symphonie ausführte. Trotz der Unterbrechungen, veranlaßt durch die seelischen Nöte im Anschluß an seine inzwischen erfolgte unglückliche Verheiratung, war die musikalische Skizzierung des ›Eugen Onegin‹ bis Juni 1877 bereits zu zwei Drittel fertig. Mit der Instrumentierung wurde im Oktober in Clarens (Schweiz) begonnen. Der I. Akt wurde am 1. November, der II. Ende Dezember und der Rest Anfang des Jahres 1878 vollendet. Am 1. Februar wurde die Partitur abgeschlossen. Tschaikowskij hatte bereits im November 1877 den Wunsch geäußert, daß ›Eugen Onegin‹ am Moskauer Konservatorium herauskommen möge, da das Werk »für einen sparsamen Etat und eine kleine Bühne« gedacht sei. Die Uraufführung erfolgte aber erst – Tschaikowskij hatte inzwischen schon eine weitere Oper, ›Die Jungfrau von Orléans‹, vollendet – am 29. März 1879 am Kleinen Theater zu Moskau unter Leitung von Nikolaj Rubinstein. Die solistische Besetzung war unzulänglich – die Sänger bestanden durchwegs aus Studierenden des Konservatoriums –, und so errang das Werk damals nicht viel mehr als einen Achtungserfolg für den Komponisten. Die Kritik war freundlich, aber nicht begeistert. Einen durchschlagenden Erfolg hatte die Oper erst am 31. Oktober 1884 bei ihrer Erstaufführung am Kaiserlichen Theater in St. Petersburg unter Leitung von Eduard Franzewitsch Naprawnik. ›Eugen Onegin‹ ist von da an in Rußland ein Standardwerk geworden und auch im Ausland ist er neben Mussorgskijs ›Boris Godunow‹ die meistaufgeführte russische Oper.

Pique-Dame

Oper in drei Akten. Dichtung von Modest I. Tschaikowskij.

SOLISTEN: *Hermann* (Jugendlicher Heldentenor, gr. P.) – *Graf Tomskij* (Heldenbariton, auch Charakterbariton, gr. P.) – *Fürst Jeletzkij* (Kavalierbariton, m. P.) – *Tschekalinskij* (Charaktertenor, m. P.) – *Ssurin* (Seriöser Baß, auch Charakterbaß, m. P.) – *Tschaplitzkij* (Spieltenor, auch Charaktertenor, kl. P.) – *Narumow* (Charakterbaß, kl. P.) – *Festordner* (Tenor, kl. P.) – *Gräfin* (Dramatischer Mezzosopran, auch Dramatischer Alt, m. P.) – *Lisa* (Jugendlich-dramatischer Sopran, gr. P.) – *Pauline* (Alt, m. P.) – *Gouvernante* (Spielalt, kl. P.) – *Mascha* (Sopran, kl. P.). – Personen des Zwischenspiels: *Chloë* (Lyrischer Sopran, auch Soubrette, m. P.) – *Daphnis* [*Pauline*] (Alt) – *Plutus* [*Graf Tomskij*] (Heldenbariton, auch Charakterbariton).
CHOR: Wärterinnen. Gouvernanten. Ammen. Kinder. Spaziergänger. Gäste. Spieler usw. (Kinderchor [Knaben und Mädchen]; im 3. Bild ganzer Chor geteilt in Gäste und in Schäfer und Schäferinnen; m. Chp.).
BALLETT: Im 3. Bild verschiedene Tänze in dem Intermezzo.
ORT: St. Petersburg.
SCHAUPLÄTZE: Sommergarten mit Kinderspielplatz – Zimmer mit Tür zur Gartenveranda – Großer Saal in einem vornehmen Haus, an den Seiten Logen – Schlafzimmer der alten Gräfin – Zimmer in einer Kaserne – Kanal am Winterpalais, im Hintergrund der Newa-Quai und die Peter-Pauls-Festung – Spielhaus.
ZEIT: Ende des 18. Jahrhunderts.
ORCHESTER: 2 Fl., 1 Picc., 2 Ob. (II. auch Eh.), 2 Kl., 1 Bkl., 2 Fag., 4 Hr., 2 Trp., 3 Pos., 1 Bt., P., Schl., Hrf., Str. – Bühnenmusik: 2 Trp., 1 kl. Tr.
GLIEDERUNG: Introduktion und 24 Musiknummern, die pausenlos ineinandergehen.
SPIELDAUER: etwa 2½ Stunden.
HANDLUNG: Dem Freundeskreis um Graf Tomskij gehört auch der junge Offizier Hermann an, seiner Abstammung nach ein Deutscher. Er ist sparsam und vorsichtig und riskiert nicht sein vom Vater ererbtes Vermögen, obwohl er für das Kartenspiel seiner Kameraden, dem er als stummer Zuschauer beizuwohnen pflegt, ein leidenschaftliches Interesse zeigt. Bei einem Spaziergang in der Frühlingssonne fällt Tomskij die gedrückte Stimmung des ohnehin wortkargen Hermann auf. Dieser gesteht schließlich, in ein ihm unbekanntes Mädchen verliebt zu sein, doch befürchte er, geringe Aussichten zu haben, da die Angebetete anscheinend einem vornehmen Haus entstamme. Zu den beiden tritt Fürst Jeletzkij. In seiner Begleitung befinden sich die alte Gräfin und deren Enkelin Lisa, in der Hermann sogleich seine unbe-

kannte Geliebte erkennt. Zu Hermanns Bestürzung stellt der Fürst Lisa als seine Braut vor, während sich die alte Gräfin bei Tomskij nach dem ihr unheimlich erscheinenden jungen Offizier erkundigt. Als sich Jeletzkij mit den Damen entfernt hat, erzählt Tomskij den Freunden, daß die achtzigjährige Gräfin dereinst als »Venus moscovite« ganz Paris durch ihre Schönheit bezaubert hätte; sie war auch eine leidenschaftliche Spielerin, und als sie eines Tages alles verspielt hatte, verriet ihr der mit den Künsten der Magie vertraute Graf Saint-Germain um den Preis ihrer Gunst das Geheimnis von drei Karten, mit denen sie in der Folge ein großes Vermögen gewinnen konnte. Sie wurde daraufhin nur mehr die »Gräfin Pique-Dame« genannt. Nachdem sie das Kartengeheimnis ihrem Mann und einem jungen Galan verraten hatte, war ihr nachts ein Geist erschienen, der ihr prophezeite, daß ein Dritter, der, von Liebe durchdrungen, sie mit Gewalt zur Preisgabe des Kartengeheimnisses zwänge, ihr den Tod bringen würde. Die Freunde lachen über die unglaubwürdige Geschichte, nur Hermann ist tief beeindruckt. Er beschließt, zunächst den Fürsten in Lisas Herz zu verdrängen. – An ihrem Verlobungstag dringt er nachts durch die Veranda in ihre Zimmer ein. Er droht, sich das Leben zu nehmen, wenn sie ihn nicht erhöre; nach verzweifeltem Ringen siegt die Liebe über die Pflicht, und Lisa gesteht ihm den schicksalsschweren Entschluß. – Die Geschichte mit den drei Karten läßt Hermann nicht zur Ruhe kommen. Seine Freunde ahnen, was ihn bewegt; sie necken ihn auf einem Ball, indem sie sich maskiert an ihn heranschleichen und ihm zuflüstern, er sei jener Dritte. Da er gleichzeitig die ihn starr anblickende alte Gräfin an sich vorbeigehen sieht, glaubt er, Stimmen aus der Geisterwelt vernommen zu haben. Nach der Vorstellung des Intermezzos ›Daphnis und Chloë‹ übergibt Lisa, die während des Balles von ihrem edlen und vornehmen Bräutigam warmherzig aufgefordert wurde, sich ihm voll und ganz anzuvertrauen, Hermann heimlich einen Schlüssel, mit dem er durch die Gartentür über das Schlafzimmer ihrer Großmutter in ihr Zimmer gelangen könne. Hermann betrachtet dies als einen Wink des Schicksals. Während die Ballgesellschaft sich anschickt, die eben ankommende Zarin zu empfangen, verschwindet er unbemerkt, um sich sogleich in dem Schlafzimmer der alten Gräfin zu verbergen. – Nach ihrer Rückkehr wird die Gräfin von ihren Zofen umgekleidet, während Lisa mit bebendem Herzen allein auf ihr Zimmer eilt. Die Greisin will die Nacht im Lehnstuhl verbringen. Alte Erinnerungen an vergangene glanzvolle Tage tauchen in ihr auf, da tritt Hermann vor sie und fleht sie an, ihm das Kartengeheimnis zu verraten. Aber die Gräfin bleibt stumm, und als er plötzlich seine Pistole zieht, um sie zum Reden zu zwingen, bricht die Gräfin tot zusammen. Auf den Lärm hin kommt Lisa; entrüstet weist sie Hermann die Tür, der offenbar nicht ihretwillen, sondern nur der Karten wegen gekommen war. – Hermann erhält zwar bald einen versöhnlichen Brief von Lisa, in dem sie ihn zu einer nächtlichen Zusammenkunft am Newa-Quai auffordert; sollte er bis Mitternacht nicht gekommen sein, so müßte sie allerdings ihren ursprünglichen Verdacht bestätigt finden. – Zur späten Abendstunde allein in seinem Kasernenzimmer, muß Hermann immerzu an die Bestattungsfeier denken, und wie ihn die in ihrem Sarg aufgebahrte Alte höhnisch anblinzelte. Da steht plötzlich ihr Geist vor ihm. Die Erscheinung fordert ihn auf, Lisa zu heiraten, dann würden ihm die Karten Drei, Sieben und As Glück im Spiel bringen. – Am Newa-Quai wartet Lisa zur angegebenen Zeit auf Hermann, und als er kommt, ist sie bereit, mit ihm zu fliehen; sein Ziel ist aber das Spielhaus. Verzweifelt sucht sie ihn, der offensichtlich dem Wahnsinn nahe ist, zu retten. In höchster Ekstase stößt er sie schließlich von sich und läuft weg. Für Lisa ist das Leben sinnlos geworden, und sie stürzt sich in die Newa. – Im Spielsalon erscheint zum Erstaunen der Gäste Fürst Jeletzkij. Er, der sonst nie spielt, will heute sein Glück im Spiel versuchen, da er in der Liebe Unglück hatte; er hat seine Verlobung gelöst. Hermann betritt den Saal; die Freunde wundern sich über sein verstörtes Aussehen und noch mehr darüber, daß er sich mit einem Mal am Spiel beteiligen möchte. Er setzt erst vierzigtausend Gulden und gewinnt mit Karte Drei, verdoppelt hierauf und gewinnt mit Karte Sieben. Schon will niemand riskieren, mit ihm weiter zu spielen, da tritt der Fürst vor. Hermann setzt seinen gesamten bisherigen Gewinn auf das As. Als er die Karte aufdeckt, hält er aber die Pique-Dame in der Hand. In diesem Augenblick erscheint ihm der Geist der Gräfin, die ihn höhnisch angrinst. Entsetzt weichen die Freunde vor dem Wahnsinnigen zurück, der sich vor ihren Augen ersticht. Sterbend bittet er den Fürsten um Verzeihung, und in einer Vision wird ihm auch Lisas Vergebung zuteil.

STILISTISCHE STELLUNG: Tschaikowskij war von Haus aus Lyriker. Es zogen ihn daher in erster Linie intime Stoffe mit seelischen Konflikten an. In dieser Hinsicht kam, wie schon ›Eugen Onegin‹, auch ›Pique-Dame‹ seiner Eigenart sehr entgegen. Den Höhepunkt in der musikalischen Gestaltung stellen die dramatischen Szenen des 4., 5. und 6. Bildes dar, wo das Stimmungshafte dominiert und die verschiedenen seelischen Regungen eine sensible Ausdeutung erfahren. Die übrigen Szenen bevorzugen einen flüssigen Konversationston, der gelegentlich von lyrischen Ergüssen in Form von geschlossenen Gebilden oder von kleinen Ensembles und frischen Chören durchzogen wird (Hermanns Liebesgeständnis im 1. Bild und sein elegischer »Trinkspruch« im letzten Bild, Ballade des Tomskij, Romanze und Lied der Pauline, die Ariosi der Gouvernante und des Fürsten, Lied des Tomskij im Schlußbild). Sehr reizvoll in seiner Kontrastwirkung ist das eingelegte Intermezzo ›Die aufrichtige Schäferin‹, von dem der Komponist sagt, es sei »eine getreue Nachbildung des Stils des vorigen Jahrhunderts und daher kein schöpferisches Werk, sondern eigentlich Entleh-

nung«. Die Gräfin zitiert in ihrem Schlafgemach ein Liedchen aus André-Ernest-Modeste Grétrys Oper ›Richard Löwenherz‹. Ausgesprochen national-russische Töne werden lediglich in dem russischen Lied der Pauline und in dem kleinen Chor der Spieler angeschlagen. Typisch russisch ist aber auch das jähe Umschlagen der Stimmungen und die unmittelbare Gegenüberstellung von zarten Lyrismen und leidenschaftlichen Gefühlsausbrüchen. In der formalen Anlage weist die Partitur gegenüber ›Eugen Onegin‹ keine Strukturveränderungen auf.
TEXTDICHTUNG: Das Libretto verfaßte des Komponisten Bruder Modest Iljitsch Tschaikowskij (1850–1916), der sich etwa seit 1875 literarisch betätigte. Als Vorlage diente ihm die 1834 erschienene gleichnamige Novelle von Aleksander Puschkin (1799–1837). Modest folgte in den Grundzügen der Originalerzählung, steuerte aber auch einige eigene, die dramatische Wirkung zweifellos fördernde Ideen bei. Die Veränderungen betreffen in erster Linie den Schluß der Handlung (bei Puschkin kommt Hermann ins Irrenhaus, während Lisaweta Iwanowna den Sohn des Verwalters der alten Gräfin heiratet); die Figur des Fürsten Jeletzkij und dessen Verlobung mit Lisa wurde frei dazu erfunden, ebenso die schicksalhafte Bestimmung, daß der Gräfin von einem Dritten, der sie zur Preisgabe des Geheimnisses zwingt, der Tod droht. Lisa ist bei Puschkin das Pflegekind der alten Gräfin, Graf Tomskij deren Enkel. Der schizophrene Charakter von Hermanns Persönlichkeit, dieses Vorgängers von Dostojewskijs Raskolnikow, kommt in der Oper vielleicht noch stärker zum Ausdruck als in der Novelle. Ursprünglich war das Opernbuch etwas breit angelegt; der Komponist nahm daher Kürzungen vor, steuerte aber anderseits auch einige Verse aus eigener Feder bei, so zum Beispiel den Text zu Lisas berühmter Arie »Bald ist es Mitternacht«. Die deutsche Übersetzung des Librettos besorgte August Bernhard, eine neuere deutsche Bearbeitung stammt von Rolf Lauckner.
GESCHICHTLICHES: Modest Tschaikowskij hatte Puschkins Novelle 1887 für den Komponisten Nikolaj Semjonowitsch Klenowskij dramatisiert, der das Buch jedoch nicht vertonte. Auch Peter Tschaikowskij interessierte sich damals schon für die ›Pique-Dame‹, verzichtete aber auf den Stoff, als sein Bruder den Text bereits Klenowskij zugesprochen hatte. Ende des Jahres 1889 tauchte bei einer Verhandlung Tschaikowskijs mit dem Kaiserlichen Theater in St. Petersburg wieder der ›Pique-Dame‹-Plan auf. Da die Theaterbehörde das Libretto befürwortete, entschloß sich der Komponist zur Vertonung, obwohl seine Begeisterung für das Sujet in der Zwischenzeit etwas abgeflaut war. Am 31. Januar 1890 wurde in Florenz mit der Komposition der Oper begonnen. »Mit völliger Selbstvergessenheit und Freude« vertiefte sich Tschaikowskij aber alsbald in die Arbeit, so daß die Skizze bereits am 15. März und der Klavierauszug am 5. April fertig waren. Anschließend wurde die Instrumentation ausgeführt und am

5. Juni die Partitur in Frolowskoje abgeschlossen. Tschaikowskij kam zu den letzten Proben selbst nach St. Petersburg. Die Hauptprobe fand am 17. Dezember in Anwesenheit des Zarenpaares und die Uraufführung am 19. Dezember 1890 an der Kaiserlichen Oper zu St. Petersburg unter Leitung von Eduard Franzewitsch Naprawnik statt. Das Publikum war begeistert, und der Oper war ein großer und dauerhafter Erfolg beschieden.

Giuseppe Verdi

* 10. Oktober 1813 in Le Roncole bei Busseto (Parma), † 27. Januar 1901 in Mailand

Oberto, conte di San Bonifacio (1839 Mailand), T: Antonio Piazza, Bartolomeo Merelli u. Temistocle Solera, V: Ricordi

Un giorno di regno (Einen Tag König; 1840 Mailand), anderer Titel: Il finto Stanislao (Der falsche Stanislaus; 1845 Venedig), T: Felice Romani, V: Ricordi

Nabucco (Nebukadnezar; 1842 Mailand), T: T. Solera, V: Ricordi, A & S (Julius Kapp); Neufassung v. Kuba (= Kurt Bartel) u. Gerd Puls, V: He (BV)

I Lombardi alla prima crociata (Die Lombarden beim ersten Kreuzzug; 1843 Mailand), T: T. Solera, V: Ricordi

Ernani (1844 Venedig), T: Francesco Maria Piave, V: Ricordi; Neubearb. v. J. Kapp, V: U. E.

I due Foscari (Die beiden Foscari; 1844 Rom), T: F. M. Piave, V: Ricordi; deutsche Fassung v. Kurt Honolka, V: BV

Giovanna d'Arco (Die Jungfrau von Orléans; 1845 Mailand), T: T. Solera, V: Ricordi

Alzira (1845 Neapel), T: Salvatore Cammarano, V: Ricordi

Attila (1846 Venedig), T: T. Solera, V: Ricordi

Macbeth (1. Fassung 1847 Florenz, 2. Fassung 1865 Paris), T: F. M. Piave u. Andrea Maffei nach William Shakespeare, V: Ricordi

I masnadieri (Die Räuber; 1847 London), T: A. Maffei nach Friedrich Schiller, V: Ricordi; deutsche Fassung v. Hans Hartleb, V: BV

Jérusalem (Bearb. der ›Lombarden‹; 1847 Paris), T: Alphonse Royer u. Gustave Vaëz, V: Ricordi

Il corsaro (Der Korsar; 1848 Triest), T: F. M. Piave, V: Lucca, Ricordi

La battaglia di Legnano (1849 Rom), T: S. Cammarano, V: Ricordi

Luisa Miller (Kabale und Liebe; 1849 Neapel), T: S. Cammarano nach Fr. Schiller, V: Ricordi

Stiffelio (1850 Triest), T: F. M. Piave; Umarbeitung als ›Aroldo‹ (1857 Rimini), V: Ricordi; deutsche Fassung v. Carl Stueber, V: BV

Rigoletto (1851 Venedig), T: F. M. Piave nach Victor Hugo, V: Ricordi; neue Übersetzung v. Walter Felsenstein u. Horst Seeger, V: He (AE)

Il Trovatore (Der Troubadour; 1853 Rom), T: S. Cammarano u. Leone Emanuele Bardare, V: Ricordi; Neufassung v. Wolf Ebermann u. Manfred Koerth, V: DVfM (AE)

La Traviata (Violetta; 1853 Venedig), T: F. M. Piave nach Alexandre Dumas, V: Ricordi; deutsche Textfassung v. W. Felsenstein, V: BV

Les vêpres siciliennes (Die sizilianische Vesper; 1855 Paris), T: Eugène Scribe u. Charles Duveyrier, V: Ricordi; Neubearb. v. J. Kapp, V: U. E.

Simone Boccanegra (1857 Venedig), T: F. M. Piave, 2. Fassung (1881 Mailand), T: Arrigo Boito, V: Ricordi

Un ballo in maschera (Ein Maskenball; 1859 Rom), T: Antonio Somma, V: Ricordi; deutsche Textfassung v. Joachim Herz u. Klaus Schlegel, V: He (AE)

La forza del destino (Die Macht des Schicksals; 1862 St. Petersburg), T: F. M. Piave, 2. Fassung (1869 Mailand), V: Ricordi; Bearb. v. Franz Werfel (1926); Übersetzung v. Georg Göhler, V: Peters; deutsche Textfassung v. J. Herz u. K. Schlegel, V: He (AE)

Don Carlos (1867 Paris), T: Joseph Méry u. Camille du Locle nach Fr. Schiller, 3. Fassung (1884 Mailand), V: Ricordi; Neubearb. v. Julius Kapp u. Kurt Soldan, V: Peters, kritische Neuausg. v. Ursula Günther, V: Ricordi

Aida (1871 Kairo), T: Antonio Ghislanzoni, V: Ricordi; deutsche Fassung v. K. Schlegel, V: He (BV)

Otello (Othello; 1887 Mailand), T: A. Boito nach W. Shakespeare, V: Ricordi

Falstaff (1893 Mailand), T: A. Boito nach W. Shakespeare, V: Ricordi

Nabucco (Nebukadnezar)

Oper in vier Akten. Dichtung von Temistocle Solera.

SOLISTEN: *Nebukadnezar,* König von Babylon (Heldenbariton, gr. P.) – *Ismael,* Neffe des Königs Sedecia von Jerusalem (Jugendlicher Heldentenor, m. P.) – *Zacharias,* Hohepriester der Hebräer (Seriöser Baß, auch Heldenbariton, gr. P.) – *Abigail,* Sklavin, vermeintliche erstgeborene Tochter Nebukadnezars (Dramatischer [Koloratur-] Sopran, gr. P.) – *Fenena,* Tochter Nebukadnezars (Jugendlich-dramatischer Sopran, auch Dramatischer Mezzosopran, m. P.) – *Der Oberpriester des Baal* (Baß, m. P.) – *Abdallo,* Diener des Königs von Babylon (Tenor, kl. P.) – *Rahel,* Schwester des Zacharias (Sopran, kl. P.).

CHOR: Babylonische und hebräische Soldaten. Leviten. Hebräische Jungfrauen. Babylonische Frauen. Magier. Große des babylonischen Königreiches. Volk (gr. Chp.).

ORT: Jerusalem und Babylon.

SCHAUPLÄTZE: Das Innere des Salomonischen Tempels – Gemächer in der Königsburg – Saal in der Königsburg, der im Hintergrund in andere Säle mündet. Rechts und links eine Tür – Hängende Gärten; Altar mit dem Standbild des Baal – Die Ufer des Euphrat – Wie 2. Bild – Wie 4. Bild.

ZEIT: Zur Zeit Nebukadnezars II., 578 v. Chr.

ORCHESTER: 2 Fl., 1 Picc., 2 Ob., 1 Eh., 2 Kl., 2 Fag., 4 Hr., 2 Trp., 3 Pos., 1 Bt., P., Schl., 2 Hrf., Str. – Bühnenmusik: 1 Kl. in Es, 3 Kl. I,

3 Kl. II, 3 Hr., 3 Trp., 3 Pos., 2 Bombardini, 2 Bassi, 1 kl. Tr., 1 gr. Tr., Glsp.

GLIEDERUNG: Ouvertüre und 16 musikalische Nummern, die pausenlos ineinandergehen.

SPIELDAUER: etwa 2½ Stunden.

HANDLUNG: Im Salomonischen Tempel zu Jerusalem ist das Volk der Hebräer beim Gebet versammelt. Es fleht zu Gott Jehova, er möge es vor den Feinden beschützen, welche die Stadt und den Tempel zu vernichten drohen. Der Hohepriester Zacharias führt Fenena, die Tochter des Assyrerkönigs Nebukadnezar herbei, der ein grimmiger Feind Judas ist. Sie sei ein Unterpfand des Friedens, erklärt der Hohepriester; denn der König werde, um ihre Freilassung zu erlangen, von der Bedrohung Jerusalems Abstand nehmen. Die Priester und das Volk entfernen sich. Ismael, der Neffe des Königs Sedecia von Jerusalem, ist mit Fenena zurückgeblieben. Er liebt sie, die ihn aus babylonischer Gefangenschaft unter Lebensgefahr befreit hatte und mit ihm nach Jerusalem geflohen war. Fenena hat aber eine gefährliche Nebenbuhlerin: ihre Halbschwester Abigail, die ebenfalls Ismael liebt. Der junge Hebräer will Fenena die Freiheit verschaffen, obwohl er sich dadurch einer schweren Pflichtverletzung seinem Vaterland gegenüber schuldig macht. Als er sich anschickt, eine Geheimtür zu einem unterirdischen Gang zu öffnen, tritt ihm Abigail mit einigen als hebräische Soldaten verkleideten Babyloniern entgegen. Sie hält Ismael vor, daß sie ihn und sein Volk vor einem Angriff Babylons beschützt haben würde, hätte er ihre Gefühle erwidert; nun drohe aber ihm und Fenena ihre Rache. Da stürzen hebräische Frauen in den Tempel; sie suchen Schutz vor dem herannahenden Feind. Gleich darauf dringen die babylonischen Krieger, an ihrer Spitze König Nebukadnezar, in das Heiligtum ein. Mit gezücktem Dolch droht Zacharias dem König, seine Tochter Fenena zu töten. Aber Ismael entreißt dem Hohenpriester die Waffe und stellt sich schützend vor Fenena. Nebukadnezar befiehlt seinen Soldaten, erbarmungslos gegen das hebräische Volk vorzugehen. – Abigail hat in der babylonischen Königsburg eine Pergamentrolle gefunden, aus der hervorgeht, daß sie die Tochter einer Sklavin ist. Ein düsteres Bild ihrer Zukunft tut sich vor ihr auf: die jüngere Fenena wird den assyrischen Thron besteigen und vor ihren Augen glücklich mit dem Geliebten leben. In ihrer Verzweiflung schwört sie furchtbare Rache: erst sterbe Fenena, dann der verhaßte Vater; verfallen möge das baylonische Reich! Da erscheint der Oberpriester des Baal. Er berichtet Abigail, daß Fenena die gefangenen Hebräer freigelassen habe. Da nunmehr ein neuer Krieg mit Juda drohe, biete er Abigail die Krone an. Von ihm und seinen Priestern werde dann die falsche Kunde verbreitet, der König sei im Kampfe gefallen. – Der Hohepriester Zacharias ist nachts in den Königspalast gekommen; er begibt sich mit einem Leviten in Fenenas Gemächer. Unterdessen haben sich sämtliche Leviten auf Geheiß des Hohenpriesters versammelt, mit ihnen auch Ismael, den die Priester als Verräter und Ausgestoßenen betrachten. Nun betritt Zacharias mit seiner Schwester Rahel und mit Fenena den Saal. Der Hohepriester erklärt, daß Ismaels Schuld vergeben sei; denn Fenena sei zum jüdischen Glauben übergetreten. Somit habe Ismael einer Hebräerin das Leben gerettet. Nebukadnezars alter Diener Abdallo stürzt herbei mit der Nachricht, der König sei gefallen und Abigail sei von dem Oberpriester des Baal zur Königin gekrönt worden. Gleich darauf erscheint Abigail selbst mit ihren Anhängern. Sie erhebt vor Fenena ihren Anspruch auf die Krone. In diesem Augenblick bahnt sich Nebukadnezar mit seinen Kriegern den Weg durch das Gewühl. Er setzt sich die Krone auf und ruft mit fürchterlicher Stimme: »Wer wagt, sie mir zu nehmen?« Sodann bedroht er alle mit seiner Rache, bezeichnet die Götter Babylons als schändliche Verräter und schmäht auch den Gott der Hebräer. In einem Wahnsinnsausbruch bezeichnet er sich als den einzigen Gott und verlangt, daß alle vor ihm in die Knie sinken. Da fährt unter einem mächtigen Donnerschlag ein Blitz auf sein Haupt, der die Krone zu Boden schleudert. Abigail nimmt sie rasch an sich und bemerkt, Assyriens Ruhm werde auch künftig unvermindert in Glanz erstrahlen. – Abigail sitzt auf dem Thron und läßt sich von Priestern und Volk als Königin huldigen. Der Oberpriester des Baal tritt vor und übergibt ihr seinen Urteilsspruch, der die Vernichtung aller Hebräer und vor allem den Tod Fenenas fordert, die ihren Glauben verraten habe. Nebukadnezar betritt mit verwildertem Haar und in heruntergekommener Kleidung den Saal. Abigail schickt die Anwesenden weg, um mit dem König allein zu sein. In schlauer Verstellung weiß sie ihm die Bestätigung des Urteils des Oberpriesters abzuringen. Triumphierend erklärt sie daraufhin, daß nun als erste Fenena sterben müsse. Nebukadnezar sucht nach dem Dokument, das über Abigails Herkunft aussagt. Mit höhnischem Spott zieht Abigail es aus ihrem Busen und zerreißt es vor den Augen des Vaters, der sie vergeblich um Mitleid anfleht. – An den Ufern des Euphrat ertönt der Klagegesang der gefangenen Hebräer: auf goldenen Schwingen ziehen die Gedanken hin zur verlorenen Heimat an den Ufern des Jordans; möge die goldene Harfe der göttlichen Seher als Verkünderin des Ewigen den süßen Trost spenden, daß Juda bald vom Joch des Tyrannen befreit werde! Der Hohepriester Zacharias fordert das Volk auf, sich nun gegen die Unterdrücker zu erheben, und prophezeit, daß dann den Hebräern aufs neue Davids Stern leuchten werde. – Abigail hat Nebukadnezar in ein Gemach der Königsburg einsperren lassen. Den im Wahnsinn dahindämmernden König wekken die aus der Ferne vernehmbaren Rufe: »Fenena sterbe!« In Todesangst bittet er den Gott der Hebräer um Vergebung. Daraufhin öffnet er mit Gewalt die verschlossene Tür. Den ihm entgegeneilenden Getreuen erklärt er, daß seine Sinne nicht mehr verwirrt seien. Dann eilt er weg, um Fenena zu retten und die Verräter zu bestrafen. – Im Tempel des Baal steht Fenena bereits am Opferaltar, als Nebukadnezar mit seinen Kriegern erscheint, die das Götzenbild in Stücke schlagen. Abigail ist von den Trümmern tödlich getroffen worden. In ihren letzten Atemzügen bittet sie Fenena um Vergebung, die sie auch von dem Gott der Hebräer erhofft. Der König schenkt dem Volk Judas die Freiheit und wünscht, es möge sich der Heimat erfreuen und seinen Tempel wieder aufbauen. In einem feierlichen Anruf huldigen alle dem mächtigen Gott Jehova.

Stilistische Stellung: Verdi ist bei seinem ›Nabucco‹ einerseits noch in vielem dem Stil Rossinis, Donizettis und Bellinis verhaftet, anderseits zeigt er sich bereits als der geborene Musikdramatiker, der aus dem Instinkt für theatralische Wirkungen zu disponieren versteht. So stellte er jedem der vier Akte ein Motto voran, wodurch schlagwortartig die dramatische Entwicklung skizziert ist: Jerusalem – Der Frevler – Die Prophezeiung – Das zerbrochene Götzenbild. In der Musik sind Ansätze vorhanden, anstelle lose aneinandergereihter Nummern eine Gliederung in geschlossene musikalische Szenen vorzunehmen, was auf das kommende Gestaltungsprinzip des Meisters deutet. Trägerin des musikalischen Ausdrucks ist die Singstimme, die dem Zeitgeschmack entsprechend noch stellenweise mit Koloraturen verbrämt ist, während dem Orchester überwiegend begleitende Aufgaben zugewiesen sind. Die aus einigen Hauptthemen des Werkes potpourriartig gebaute Ouvertüre vertritt die konventionelle Form der damaligen Opern-Ouvertüre. Eine dominierende Rolle spielt der Chor, dem auch das berühmteste Stück der Oper, der Gefangenenchor »Va, pensiero, sull' ali dorate« (»Flieg', Gedanke, auf goldenen Schwingen«) zugeteilt ist. Diese Komposition hat im Zuge der italienischen Befreiungsbewegung jener Tage den Charakter einer Volkshymne erlangt. Sie wurde daher auch bei Verdis feierlicher Beisetzung in der Casa di Riposo von einem großen Chor unter der Leitung von Arturo Toscanini angestimmt.

Textdichtung: Das Libretto zu ›Nabucco‹ hatte der junge italienische Dichter Temistocle Solera (1815–1878) ursprünglich für den deutschen Komponisten Otto Nicolai verfaßt, dem es jedoch nicht zusagte. Möglicherweise wurde der Librettist durch ein 1838 an der Scala zu Mailand erfolgreich aufgeführtes Ballett zu der Operndichtung angeregt, das ebenfalls diesen biblischen Stoff behandelte. Der mächtige Impresario und große Theaterfachmann Bartolomeo Merelli, ein Förderer Soleras, veranlaßte nun Verdi, das von Nicolai zurückgewiesene Buch zu vertonen. Auf die dramaturgische Gestaltung des Librettos hat auch der Komponist in Einzelheiten Einfluß genommen. Der Titel ›Nabucco‹ ist die Kurzfassung von Nabucodonosor, der italienischen Form des Namens Nebukadnezar. Die deutsche Übersetzung des Operntextes besorgte Leo Schottlaender. Eine neuere deutsche Fassung des Werks stammt von Kuba (= Kurt Bartel) und Gerd Puls.

GESCHICHTLICHES: Ende des Jahres 1840 wurde Verdi von schweren Depressionen heimgesucht: er hatte in kurzer Zeit sein Töchterchen Virginia (1838), sein Söhnchen Icilio (1839) und seine junge Frau Margherita (1840) durch den Tod verloren, seine zweite Oper ›Un giorno di regno‹ war am 5. September 1840 in der Scala durchgefallen. Der junge Maestro zweifelte an seiner Befähigung zum Opernkomponisten und beabsichtigte, das Komponieren überhaupt aufzugeben. Doch Impresario Bartolomeo Merelli glaubte an ihn und gab ihm eine neue Chance, den Auftrag für seine dritte Oper: ›Nabucco‹. Das Werk lag im Oktober 1841 fertig vor. Nach Überwindung allerlei technischer Schwierigkeiten gelangte ›Nabucco‹ am 9. März 1842 am Teatro alla Scala in Mailand mit Giorgio Ronconi (Nebukadnezar), Giuseppina Strepponi (Abigail) und Prosper Dérivis (Zacharias) zur Uraufführung. Der Erfolg war groß, und Verdi wurde über Nacht berühmt. Über den künstlerischen Wert seines ›Nabucco‹ äußert sich der Meister selbst: »Dies ist die Oper, mit der in Wahrheit meine künstlerische Laufbahn beginnt.«

Ernani

Lyrisches Drama in vier Akten. Text nach Victor Hugos Drama ›Hernani‹ von Francesco Maria Piave.

SOLISTEN: *Ernani,* ein Bandit (Jugendlicher Heldentenor, gr. P.) – *Don Carlos* (später *Karl V.*), König von Spanien (Heldenbariton, auch Kavalierbariton, gr. P.) – *Don Ruy Gomez de Silva* (Seriöser Baß, auch Charakterbaß, gr. P.) – *Elvira,* seine Nichte und Verlobte (Jugendlich-dramatischer Sopran, gr. P.) – *Giovanna,* deren Amme (Sopran, auch Mezzosopran, kl. P.) – *Don Riccardo,* Waffenträger des Königs (Tenor, kl. P.) – *Jago,* Waffenträger des Don Ruy (Baß, auch Bariton, kl. P.).
CHOR: Banditen. Silvas Ritter und Hofstaat. Elviras Dienerinnen. Ritter des Königs. Spanische Edelleute und Damen. Kurfürsten und deutsche Adlige (gemischter Chor, m. Chp.).
ORT: Spanien und Deutschland.
SCHAUPLÄTZE: Im Gebirge Aragoniens – Elviras Zimmer in Silvas Kastell – Prachtsaal im Kastell – Grabgewölbe im Dom zu Aachen – Terrasse vor dem Palast Don Juans in Saragossa.
ZEIT: 1519.
ORCHESTER: 2 Fl., 2 Ob., 3 Kl., 2 Fag. – 4 Hr., 2 Trp., 3 Pos., Tuba – P., Schl., Hrf. – Str. – Bühnenmusik: Trp., Pos.
GLIEDERUNG: Vorspiel und 15 szenisch gegliederte, ineinander übergehende Nummern.
SPIELDAUER: etwa 2½ Stunden.

HANDLUNG: Der Bandit Ernani führt eine Gruppe von Rebellen gegen den spanischen König Carlos. Doch mehr als die politische Auseinandersetzung beunruhigen ihn Intrigen gegen seine Liebe zu der schönen Elvira. Elvira ist die Nichte des spanischen Granden Silva, auf dessen Kastell sie lebt und der sie nun, trotz seines hohen Alters, selbst noch zum Traualtar führen will. Ernani beschließt, sie zu entführen, und seine Genossen versprechen ihm ihre Hilfe. Sie alle brechen auf zu Silvas Kastell. – In ihrem Zimmer beklagt Elvira, daß sie mit dem alten Silva verheiratet werden soll. Sie sehnt sich nach Ernani. Die Dienerinnen kommen und breiten Silvas Hochzeitsgeschenke aus, doch Elvira ist davon nicht zu blenden; sie bleibt traurig und freudlos. Da dringt Carlos, der spanische König, in ihr Gemach ein. Auch er liebt Elvira und beteuert ihr seine Liebe. Sie aber wehrt ihn entschieden ab und beteuert, sie wolle nur Ernani angehören. Daraufhin will Carlos sie entführen, doch ehe er den Plan verwirklichen kann, tritt Ernani dazwischen. Carlos weiß sogleich, daß er es mit dem Rebellenführer zu tun hat, doch aus Geringschätzung will er ihn laufen lassen. Ernani aber schleudert ihm entgegen, sein Vater sei von Carlos' Vater ermordet worden, sein Eigentum, seine Ehre habe man ihm genommen. Elvira versucht zu vermitteln, als plötzlich Silva eintritt. Er ist entsetzt, gleich zwei Eindringlinge in Elviras Zimmer zu finden, und ruft die Wache herbei. Zwar fühlt er selbst, daß er für Elvira zu alt sei, und beklagt, daß er noch so liebesempfänglich sei, wo ihn doch sonst das Alter starr gemacht habe; aber jung genug, um Nebenbuhler abzuwehren, fühlt er sich doch noch. Da verlangt Don Riccardo, der Schwertträger des Königs, eingelassen zu werden, und durch ihn erfährt Silva erst, daß der inkognito auftretende Fremde der spanische König ist, der ihn, um die Situation zu entschärfen, um ein Nachtlager bittet und um Rat wegen der bevorstehenden Kaiserwahl. Ernanis Anwesenheit erklärt der König, dieser sei einer seiner Gefolgsleute. Zwar will Ernani Elvira noch heute Nacht entführen, doch sie rät ihm ab; ungünstig sei die Stunde, und so nutzt Ernani die Chance, um zu entkommen, während Silva und sein Hofstaat die Anwesenheit des Königs begrüßen. – Einige Zeit ist vergangen. Elvira glaubt, Ernani sei im Kampf gegen Carlos gefallen, und so ist sie bereit, Silva zum Traualtar zu folgen, will sich aber dort das Leben nehmen. Alles freut sich auf die prächtige Hochzeitsfeier, als Silva ein Pilger gemeldet wird. Der verkleidete Ernani bittet um das Gastrecht, das ihm Silva gern gewährt. Als Elvira im Brautkleid hereinkommt, glaubt sich Ernani verraten: er bietet Silva an, er wolle ihm ein Hochzeitsgeschenk machen: seinen Kopf. Er sei kein Pilger, sondern der Rebellenführer Ernani, im Kampf gegen Carlos unterlegen und nun auf der Flucht vor den Schergen des Königs. Auf seinen Kopf sei ein Preis ausgesetzt, Silva möge ihn dem König ausliefern. Doch Silva schwört, gerade dies werde er nicht tun; wer in seinem Haus das Gastrecht genieße, sei auch vor dem König sicher. Da meldet Jago, der König begehre Einlaß; er ist auf der Suche nach Ernani. Silva eilt, das Kastell gegebenenfalls zur Verteidigung zu rüsten. Als Ernani mit Elvira allein ist, macht er ihr Vorwürfe, sie habe ihn verlassen; als sie ihm aber erklärt, sie habe ihn für tot gehalten und wollte sich am Altare selbst den Tod geben, ist er versöhnt. Doch gerade, als sich beide in den Armen liegen, kehrt Silva zurück. Er schwört dem Nebenbuhler fürchterliche Rache; zunächst jedoch wird er ihn, dem Gastrecht gemäß, vor dem König verbergen. – Des Königs Truppen haben die Besatzung des Schlosses überwältigt, und der König fordert die Herausgabe Ernanis. Als sich Silva weigert, läßt er das Schloß durchsuchen, doch Ernani wird nicht gefunden. Der König dringt noch einmal in Silva, der lieber seinen eigenen Kopf verlieren will als das Gastrecht zu verletzen, den flüchtigen Rebellenführer herauszugeben; doch da Silva standhaft bleibt, verfügt der König, Elvira als Geisel mitzunehmen, bis sich Silva eines Besseren besonnen habe. Kaum ist der König gegangen, holt Silva Ernani aus seinem Versteck und fordert ihn zum Zweikampf. Ernani klärt ihn darüber auf, daß der König ein doppeltes Spiel spiele: auch er liebe Elvira und habe sich so nicht der Geisel, sondern der Geliebten versichert. Sofort ruft Silva seine Mannen zum Kampf gegen den König zusammen. Auch Ernani will sich daran beteiligen, geht es ihm ja auch um seine Rache, doch Silva will zuvor sein Leben. Da übergibt Ernani dem Alten sein Jagdhorn und schwört ihm: wann immer er von Silva den Ruf des Horns vernehme, werde er selbst sein Leben beenden. Mit einem Schwur wird der Pakt besiegelt, dann brechen alle auf zum Kampf gegen den König. – Carlos ist nach Aachen gefahren. In der Gruft Karls des Großen erwartet er die Entscheidung der deutschen Kurfürsten, die ihn zum Kaiser wählen sollen. Zugleich erwartet er hier, von seinem Schwertträger Don Riccardo gewarnt, das Zusammentreffen der Verschwörer, die ihm ans Leben wollen. Er, der zuvor geschworen hat, im Falle seiner Wahl ein guter Regent zu werden, und der Elvira entsagt hat, verbirgt sich in der Grabkammer, als die Verschwörer eintreffen, zu denen auch Ernani und Silva gehören. Dabei geht es nicht nur um persönliche Rache, sondern auch um politische Gegnerschaft. Man wirft das Los, um denjenigen zu ermitteln, der den König ermorden soll, und das Los fällt auf Ernani, der dieses Urteil mit Stolz aufnimmt. Silva, dem es ebenso um die Rache zu tun ist, bietet ihm an, ihm sein Leben zu schenken, wenn er dieses Recht an ihn abtrete, doch Ernani lehnt ab. Die Verschwörer bestätigen sich ihre Verbundenheit auf Leben und Tod. Da ertönen von draußen drei Kanonenschüsse: Carlos ist zum Kaiser gewählt. Als Karl V. läßt er die Verräter festnehmen: die Adligen sollen enthauptet werden, die übrigen will er einsperren. Da die Wachen Ernani von den Rädelsführern absondern, tritt er stolz in den Kreis und eröffnet dem Kaiser, er sei Herzog Juan von Segorbia. Da es ihm nun nicht vergönnt sei, den erschlagenen Vater zu rächen, wolle auch er lieber sterben. Elvira, in Karls Gefolge, fleht um Gnade, und der frischgekrönte Kaiser, das Vorbild Karls des Großen vor Augen, begnadigt die Verschwörer, ja, er gibt Elvira und Ernani den Segen zum ehelichen Bund. – Im Palast des Herzogs von Segorbia in Saragossa wird ein jubelndes Fest gefeiert; alles freut sich auf die Hochzeit von Ernani und Elvira. Doch unter den Ballgästen befindet sich, wie ein Bote aus dem Jenseits, eine düstere Maske im schwarzen Domino. Ernani und Elvira schwören einander ewige Treue und berauschen sich am endlich errungenen Liebesglück – da tönt von ferne ein Hornruf. Ernani erblaßt: er weiß das Zeichen zu deuten. Silva kommt und fordert die Einlösung des Schwures; weder durch Bitten noch durch Elviras Flehen läßt er sich erweichen. Da stößt sich Ernani einen Dolch ins Herz. Elvira bricht über dem Toten zusammen. Silvas Rache hat triumphiert.

Stilistische Stellung: Mit seinem ›Ernani‹ schrieb Verdi zum ersten Mal eine Oper auf ein Drama Victor Hugos. Was uns heute eher grotesk als heroisch anmutet, galt damals als befreiende Überwindung eines wirklichkeitsfremden Klassizismus, und zudem fand Verdi in dem Stoff jene »kühnen Situationen«, die er für die Veroperung brauchte. Auch mag ihn die finster-unerbittliche Gestalt des Silva besonders gereizt haben. Zwar ist das Werk im formalen Aufbau noch vielfach der Konvention verhaftet (selbst wenn öfter Chöre die starre Schematik von Cavatina und Cabaletta auflockern), doch unzweifelhaft eignet der Musik ungeheure dramatische Schlagkraft – mit Chören, die bereits auf den ›Troubadour‹ vorausweisen, mit höchst differenziert gestalteten Ensembles, mit Arien voller frei ausschwingender Kantabilität, mit zupackend-dramatischen Finali und Aktschlüssen. Der Verschwörerchor aus dem III. Akt wurde – neben dem »Va, pensiero« aus ›Nabucco‹ – zum Signal des italienischen Risorgimento.

Textdichtung: Victor Hugos 1830 aufgeführtes Schauspiel ›Hernani ou L'honneur castillan‹ wurde von Verdi selbst für die Vertonung ausgewählt; er legte auch das Szenarium fest, während Piave lediglich die Versifizierung vornahm. Im Vordergrund stand für Verdi damals die schockierende Stoßkraft, die krasse Wirklichkeit, die dieser »Büffel der Poesie« (so Heinrich Heine über Hugo) ihm bot, weniger die dramaturgische Glaubwürdigkeit.

Geschichtliches: ›Ernani‹ entstand 1843/44 für das Teatro La Fenice in Venedig; die Uraufführung am 9. März 1844 war ein großer Erfolg, obwohl die Sänger nicht ganz den Ansprüchen der Partitur genügten, und schnell verbreitete sich das Werk über viele italienische Bühnen. Donizetti setzte sich für eine Aufführung in Wien ein, die bereits am 30. Mai 1844 stattfand, 1845 kam das Werk in London heraus, 1846 in Paris (wo es, da Hugo gegen die Verwendung seines Werkes protestierte, unter dem Titel ›Il Proscritto‹ gegeben wurde). Die deutsche Erstaufführung fand am 27. Dezember 1845 in Berlin statt. Im ganzen

19. Jahrhundert gehörte ›Ernani‹ zu den meistaufgeführten Opern Verdis, erst in unserem Jahrhundert wuchsen die Zweifel an der dramatischen Schlüssigkeit der Handlung. Julius Kapp legte 1934 eine deutsche Version vor, die allerdings den IV. Akt streicht, um der Handlung ein glückliches Ende zu geben. Vorzuziehen ist auf jeden Fall die Originalfassung.

W. K.

I due Foscari (Die beiden Foscari)

Lyrische Tragödie in drei Akten. Libretto von Francesco Maria Piave.

SOLISTEN: *Francesco Foscari,* Doge von Venedig (Heldenbariton, gr. P.) – *Jacopo Foscari,* sein Sohn (Jugendlicher Heldentenor, gr. P.) – *Lucrezia Contarini,* seine Frau (Jugendlich-dramatischer Sopran, gr. P.) – *Pisana,* Freundin und Vertraute der Lucrezia (Mezzosopran, auch Sopran, m. P.) – *Jacopo Loredano,* Mitglied im Rat der Zehn (Seriöser Baß, m. P.) – *Barbarigo,* Senator (Tenor, m. P.) – *Ein Söldner* (Tenor, kl. P.) – *Ein Diener des Dogen* (Baß, auch Bariton, kl. P.).
CHOR: Der Rat der Zehn. Senatoren. Begleiterinnen Lucrezias. Bürger Venedigs (m. Chp.).
BALLETT: Masken.
ORT: Venedig.
SCHAUPLÄTZE: Vorraum zum Sitzungssaal im Dogenpalast von Venedig – Kerker in den Bleikammern – Die Piazetta von San Marco.
ZEIT: 1457.
ORCHESTER: 2 Fl., 2 Ob., 2 Kl., 2 Fag. – 4 Hr., 2 Trp., 3 Pos., Tuba – P., Schl., Hrf. – Str. – Bühnenmusik: Banda, 2 Trp.
GLIEDERUNG: Ouvertüre, 14 durch Rezitative gegliederte Musiknummern.
SPIELDAUER: etwa 2 Stunden.
HANDLUNG: In einer Halle des Dogenpalastes in Venedig hat sich der Rat der Zehn versammelt: ein wichtiger Fall steht zur Verhandlung an, in dem es um Jacopo Foscari, den Sohn des greisen Dogen geht. Foscari, schon einmal wegen des Verdachtes eines Umsturzversuches nach Kreta verbannt, ist heimlich in seine Vaterstadt zurückgekehrt, aber alsbald gefangengenommen worden – in erster Linie auf Betreiben des Foscari-Gegners Loredano. Jacopo wird aus dem Staatsgefängnis, wo er gefoltert worden ist, vorgeführt; er soll das Urteil des Rates erwarten. Freudig begrüßt er seine Heimatstadt, doch gegen den Rat der Zehn stößt er Verwünschungen aus – nur alter Haß zwischen den Patrizierfamilien sei es, der ihn verfolge. Lucrezia Contarini, die Gattin Jacopos, will sich vor Gericht für ihren Mann einsetzen, aber man läßt

sie nicht vor. Schließlich muß ihr ihre Vertraute Pisana melden, Jacopo sei ein weiteres Mal nach Kreta verbannt worden. Lucrezia bricht in ohnmächtigen Zorn aus. – Die Senatoren und der Rat der Zehn haben Jacopo erneut verurteilt: zwar hat er unter der Folter geschwiegen, aber sein Brief an den Herzog von Mailand, in dem er um Vermittlung mit Venedig gebeten hatte, wird als Schuldbeweis genommen. Verbittert sinnt Francesco Foscari über seine schwindende Macht nach; wohl ist er der Doge, aber seine Macht reicht nicht einmal, den eigenen Sohn vor den Nachstellungen seiner Feinde zu schützen. Da erscheint Lucrezia; sie bittet den Schwiegervater, das Urteil gegen Jacopo aufheben zu lassen. Als Francesco erwidert, die Gesetze Venedigs ließen dies nicht zu, dringt sie in ihn, sich mit seiner ganzen Macht für den Sohn einzusetzen; die Tränen des alten Mannes geben ihr neue Hoffnung. – Jacopo wartet im Staatsgefängnis. Im Fieberwahn erscheint ihm der berühmte Condottiere Carmagnola, der in Venedig verhaftet und hingerichtet wurde; er fällt in Ohnmacht. Er erwacht in den Armen Lucrezias; für beide ist die erneute Verbannung und Trennung schlimmer als der Tod. Von der Lagune her klingt eine heitere Barcarole ins Gefängnis und gibt den Verzweifelten neuen Mut. Der Doge tritt auf: er verkündet seinem Sohn, er müsse noch einmal vor dem Rat der Zehn erscheinen und das Urteil vernehmen; dann werde man ihn sogleich mit dem Schiff nach Kreta bringen. Auch Loredano erscheint; er genießt die Niederlage der Foscaris. Man bringt Jacopo vor den Rat: unter dem Vorsitz des Dogen wird der Urteilsspruch bestätigt, und Francesco kann dem Sohne nur raten, sich zu fügen. Da erscheint Lucrezia mit ihren beiden kleinen Söhnen und bittet um Gnade für den Verbannten; selbst der erbitterte Gegner der Foscari, Barbarigo, wird von Mitleid ergriffen; Loredano jedoch drängt auf eine rasche Abreise des Verurteilten. Die Senatoren schließen sich ihm an. – Auf der Piazetta von San Marco herrscht geschäftiges Treiben; man bereitet eine Regatta vor, und das Volk jubelt mit einer Barcarole dem siegreichen Gondoliere zu. Doch die Fröhlichkeit verstummt, als sich die Staatsgaleere mit dem Polizeichef an Bord dem Ufer nähert. Aus dem Dogenpalast führt man Jacopo, der traurig von Frau und Kindern Abschied nimmt. Loredano weidet sich in seinem Triumph. – Francesco Foscari trauert um den letzten Sohn, den man ihm nun noch genommen hat; da betritt Barbarigo den Raum und überbringt den Geständnisbrief eines gewissen Erizzo, der bekennt, jenen Mord, den man Jacopo Foscari angelastet habe, habe er begangen. Der alte Doge atmet auf, alles scheint sich glücklich zu wenden: doch da erscheint weinend Lucrezia und berichtet, Jacopo sei, kaum daß er das Schiff betreten habe, das ihn nach Kreta bringen sollte, an gebrochenem Herzen gestorben. Sie fleht den Zorn des Himmels auf die Verfolger herab. Der Diener des Dogen kündet eine Delegation der Ratsmitglieder an, die den Dogen bitten, wegen seines hohen Alters und wegen des eben

erlittenen Verlustes sein Amt niederzulegen. Da zum einen Loredano diese Delegation anführt, zum anderen der Doge schon zweimal um Erlaubnis gebeten hatte, sein Amt niederzulegen, man ihm dies aber verweigert hatte, ist er jetzt nicht bereit, nachzugeben. Doch man setzt sich über seinen Willen hinweg und erklärt ihn für abgesetzt. Die zurückkehrende Lucrezia findet ihren Schwiegervater seiner Dogenwürde beraubt. Als sie ihn hinwegführt, ertönt die Glocke, die die Wahl des neuen Dogen Malipiero ankündigt. Als er den Glockenklang vernimmt, stirbt auch der alte Francesco Foscari. Loredano, der dies beobachtet, zieht ein Rechnungsbuch hervor und trägt gegenüber den Namen der beiden Foscari das Wort »beglichen« ein.
STILISTISCHE STELLUNG: Verdis sechste Oper wird höchst selten aufgeführt: und dies ungeachtet einer mitreißenden, glutvollen Musik. Dies mag an dem wenig geglückten Libretto liegen, dessen Handlung zum einen verzwickt, zum anderen ohne rechte Höhepunkte und dramatische Wendestellen ist; ein weiterer Grund könnte sein, daß der junge Verdi vielfach noch an den traditionellen Arienformen festhält. Sieht man jedoch genauer hin, so bemerkt man nicht nur, daß der Komponist die drei Hauptfiguren thematisch unverwechselbar gekennzeichnet hat (es sind mehr als »thematische Reminiszenzen«, aber auch keine rechten »Leitmotive« im Sinne Richard Wagners, eher schon, da auf bestimmten verbalen Rhythmen basierend, Vorwegnahmen solch eindrucksvoller Klangsymbole wie später der Fluch des Monterone im ›Rigoletto‹), sondern daß er darüber hinaus in den Finali sich mehr und mehr von Bellinischen Schemata löst und zu eigenen, ganz aus der Situation entwickelten mehrteiligen Formen findet. Bleiben die Chöre in ihrer Machart wie in den Situationen noch relativ statuarisch, so gelingt eine feine, durch höchst differenzierte Orchesterbehandlung gestützte Personencharakteristik: daß diese über das knappe Werk hinweg unverändert bleibt, liegt am schwachen Libretto, deren dramatisches Gefälle zu eindimensional ist.
TEXTDICHTUNG: Das Textbuch zu ›I due Foscari‹ geht zurück auf Lord Byrons Drama ›The Two Foscari‹, das Verdi 1843 kennenlernte, als er nach einem Stoff für sein Debüt am Teatro La Fenice in Venedig suchte, »ein prächtiger Vorwurf, empfindsam und voller Pathos«, schrieb er an seinen neuen Librettisten Francesco Maria Piave. Zwar zog man für Venedig dann doch ›Ernani‹ vor, doch gab er den Stoff nicht auf – und als die römische Zensur eine Oper über Lorenzino de Medici nicht erlauben wollte, machte sich Verdi für eine Premiere des Teatro Argentina erneut an die ›Foscari‹, obwohl er durchaus die Schwächen des Textes erkannte. »Ich stelle fest, daß das Stück nicht ganz die bühnenmäßigen Qualitäten besitzt, die nun einmal für eine Oper erforderlich sind; strengen Sie also Ihren Geist an und versuchen Sie, etwas auf die Beine zu stellen, was ein bißchen Furore macht«, schrieb er an Piave, doch diesem gelang es nicht, die Eintönigkeit der

Vorlage zu beleben; seine dem »melodramma«-Stil der Zeit entsprechenden Schock- und Überraschungseffekte bleiben äußerlich und nutzen sich so schnell ab. In jüngster Zeit hat Kurt Honolka versucht, das Werk dadurch spielbar zu machen, daß er – durch Übernahmen aus anderen Verdi-Opern – die Figur des Gegenspielers Loredano aufgewertet hat; ob damit allerdings nicht die feine musikalische Balance gestört ist, mag dahinstehen.

GESCHICHTLICHES: Verdis ›I due Foscari‹ wurden am 3. November 1844 am Teatro Argentina in Rom uraufgeführt. Obwohl es keinen überragenden Erfolg – wie kurz zuvor bei der ›Ernani‹-Premiere in Venedig – gab, erschien das Stück doch bald in den Spielplänen vieler italienischer Theater und auch im Ausland: so gab man die ›Foscari‹ bereits am 1. April 1845 in Wien, 1846 in Kopenhagen und Paris, 1847 in St. Petersburg, London und New York; die deutsche Erstaufführung dagegen scheint erst 1856 unter Franz Liszt in Weimar stattgefunden zu haben. Seit den 1870er Jahren erschien das Werk seltener auf den Spielplänen: zu groß war der Unterschied zwischen diesem Frühwerk und den reifen Kompositionen, zumal zum ›Simone Boccanegra‹, in dem Verdi einen vergleichbaren Stoff noch einmal aufgenommen hat. Heute dagegen, wo man bereit ist, sich auf die spezifisch musikalischen Qualitäten des jungen Verdi wieder einzulassen, kann eine Aufführung, die die drei Hauptpartien hoch besetzen kann und zudem den Librettoschwächen mit einer überlegten Regiekonzeption begegnet, sicherlich erfolgreich sein.

W. K.

Attila

Oper in einem Vorspiel und drei Akten. Libretto von Temistocle Solera.

SOLISTEN: *Attila,* König der Hunnen (Seriöser Baß, gr. P.) – *Ezio,* römischer Feldherr (Heldenbariton, auch Kavalierbariton, gr. P.) – *Odabella,* Tochter des Fürsten von Aquileia (Dramatischer Koloratursopran, auch Jugendlich-dramatischer Sopran, gr. P.) – *Foresto,* Edelmann aus Aquileia (Jugendlicher Heldentenor, gr. P.) – *Uldino,* junger Bretone, Sklave Attilas (Lyrischer Tenor, auch Charaktertenor, m. P.) – *Leone,* ein alter Römer/*Leo I.,* Bischof von Rom (Baß, kl. P.).

CHOR: Fürsten. Könige. Soldaten. Hunnen. Priester. Männer und Frauen aus Aquileia. Amazonen. Römische Offiziere und Soldaten. Sklaven. Volk (gemischter Chor, m. Chp.).

ORT: Italien.

SCHAUPLÄTZE: Die Piazza von Aquileia – Rivo-Alto in der Lagune von Venedig – Ein Wald in der Nähe von Attilas Heerlager vor Rom – Im Zelt Attilas – Das Feldlager Ezios.
ZEIT: 425 nach Christi Geburt.
ORCHESTER: 2 Fl., 2 Ob., 2 Kl., 2 Fag. – 4 Hr., 2 Trp., 3 Pos., Tuba – P., Schl., Gl., Hrf. – Str. – Bühnenmusik (aus dem Orchester zu besetzen).
GLIEDERUNG: Vorspiel und 13 ineinander übergehende musikalische Nummern.
SPIELDAUER: etwa 2 Stunden.
HANDLUNG: Attila, die »Geißel Gottes«, ist in Italien eingefallen und hat Aquileia, die Hauptstadt Venetiens, erobert. Die Hunnen feiern den Sieg und ihren Feldherrn. Da nähert sich ihm, geführt von Attilas Sklaven Uldino, eine Gruppe von Frauen, unter ihnen Odabella, die Tochter des Herzogs von Aquileia, der von Attila erschlagen wurde. Sie haben wie die Männer gegen die Hunnen gekämpft, sind aber gefangen worden. Attila bewundert den Mut Odabellas und ist bereit, ihr eine Gunst zu gewähren. Sie bittet um ein Schwert, und er gibt ihr sein eigenes, das sie annimmt und zugleich schwört, mit dieser Waffe wolle sie den Tod des Vaters rächen. Als Odabella gegangen ist, bittet Attila den römischen Feldherrn Ezio zu einer Unterredung ins Lager. Ezio, den er als tapferen und würdigen Gegner kennt, schlägt ihm eine geheime Vereinbarung vor: der Kaiser von Konstantinopel sei alt, Valentinian, der Westrom regiere, noch ein Kind – er solle ihm, Ezio, Italien überlassen, Attila bleibe dafür die übrige Welt. Doch der Hunnenkönig schlägt den Vorschlag als verräterisch ab, er will in Rom einmarschieren. Ezio seinerseits, nun wieder ganz Attilas Gegner, schwört ihm, er werde Rom nie erreichen. – Einige Bewohner Aquileias, angeführt von Foresto, haben sich aus der Stadt auf die Insel Rivo-Alto in der Lagune gerettet. Foresto jedoch muß immer an seine Geliebte Odabella denken, die er in den Händen der Hunnen weiß. Die Sonne geht auf, und die Flüchtlinge aus Aquileia nehmen dies als Vorzeichen der Hoffnung. Foresto ermuntert sie, an dieser Stelle – zwischen Himmel und Meer – eine neue Stadt zu gründen, das spätere Venedig. – Odabella ist im Lager Attilas geblieben und mit ihm bis vor die Stadt Rom gezogen. Jetzt irrt sie im Walde nahe dem Lager herum und ist verstört: in den Wolken glaubt sie die Gesichter des toten Vaters und Forestos zu erkennen, den sie ebenfalls für tot hält. Da taucht plötzlich Foresto auf. Er ist ihr bis hierher gefolgt und beschuldigt sie nun, ihn und den toten Vater vergessen zu haben und zum Feind übergelaufen zu sein. Odabella aber erinnert ihn an die alte biblische Geschichte von Judith und Holofernes und kann ihn von ihrem Entschluß, Rache zu üben, überzeugen. Foresto bittet sie um Vergebung, und beide umarmen einander voll Hoffnung und Liebe. – Attila ist nachts in seinem Zelt aus dem Schlaf aufgeschreckt. Seinem

Sklaven Uldino erzählt er von einem schrecklichen Traum: vor den Toren Roms habe ihm ein alter Mann den Weg versperrt und ausgerufen: »Du bist als Geißel ersehen für die Menschheit. Hier aber ist das Gebiet der Götter.« Doch dann schämt er sich der furchtsamen Anwandlung, findet seine Fassung wieder und ruft die Truppen zusammen, die mit klingendem Spiel und kriegerischen Gesängen gegen Rom ziehen. Da hört man von weitem andere Lieder: Kinder und Jungfrauen in weißen Kleidern, mit Palmzweigen in den Händen, ziehen den Hunnen entgegen, an ihrer Spitze der römische Bischof Leo. Als er genau dieselben Worte ausspricht, die Attila geträumt hat, und als der Hunnenkönig über ihm die Gestalten der Heiligen Peter und Paul mit flammenden Schwertern zu sehen glaubt, ist er vor Schreck gelähmt und wirft sich vor dem Bischof auf den Boden. Die Hunnen sehen erstaunt zu, die Christen aber preisen die Macht des ewigen Gottes. – Attila hat mit Valentinian einen Waffenstillstand geschlossen. Der Kaiser teilt dies Ezio in einem Brief mit und beordert ihn zurück nach Rom. Der Feldherr ist aufgebracht und sinnt verbittert nach über Roms frühere Größe und seine jetzige Dekadenz. Da kommen Sklaven Attilas und laden Ezio zu einem Bankett ein; der Feldherr nimmt die Einladung an. Ihm nähert sich Foresto, der ihn in den Plan zur Ermordung Attilas einweiht und ihn bittet, seine Truppen für einen Angriff während des Festes bereitzuhalten. Ezio ist Feuer und Flamme bei der Aussicht, das Vaterland retten zu können; selbst wenn er in der Schlacht fiele, so habe er doch noch Roms Größe bewahrt. – Im Lager begrüßt Attila die römischen Gäste. Die Warnung der Druiden, ihm drohe von den früheren Feinden Gefahr, läßt er unbeachtet. Tanz und Lied der Priesterinnen unterhalten die Gäste, als plötzlich ein Windstoß durchs Lager fährt und die Feuer, die das Bankett beleuchten, auslöscht. In der entstehenden Verwirrung erneuert Ezio seinen Vorschlag zur Teilung der Macht, aber Attila weist ihn erneut ab. Foresto seinerseits vertraut Odabella an, er werde Attila mit einem vergifteten Becher Weines töten. Doch Odabella fühlt sich dadurch in ihrer Rache geprellt. Als die Feuer wieder entzündet sind, will Attila auf das Wohl Wotans trinken, doch Odabella hält ihn zurück und erklärt, der Wein sei vergiftet. Als Attila wütend zu wissen verlangt, wer dies getan habe, tritt Foresto vor. Der Hunnenkönig will ihn töten lassen, doch Odabella verlangt, er solle Foresto in ihre Hand geben, da sie ihn gerettet habe. Attila, der Odabella auf seiner Seite glaubt, stimmt ihr zu, ja, er schwört, er wolle sie aus Dankbarkeit zu seiner Frau machen. Odabella drängt Foresto zur Flucht, und dieser schwört Rache gegen ihre vermeintliche Untreue. Die Hunnen aber verlangen von ihrem König, gegen die verräterischen Römer wieder den Kampf aufzunehmen. – Foresto ist, von Zweifeln zerrissen, in der Nähe des Hunnenlagers im Wald geblieben. Am frühen Morgen muß er von Uldino erfahren, daß die Hochzeitsvorbereitungen in vollem Gange sind. Ezio eilt herbei und teilt ihm mit, die römischen Truppen stünden bereit, um auf ein Zeichen von ihm loszuschlagen. Odabella hat sich vom Festzug abgesondert: sie ist verwirrt und bittet den Geist ihres Vaters um Verzeihung, daß sie jetzt seinen Mörder heirate. Foresto erklärt ihr, nun käme die Reue zu spät, sie aber entgegnet ihm, daß sie nur ihn stets geliebt habe. Attila kommt auf der Suche nach seiner Braut, und als er sie bei Foresto und Ezio findet, klagt er alle der Undankbarkeit und des Verrates an: Odabella, die er zu seiner Königin gemacht habe, Foresto, dem er das Leben geschenkt habe, Ezio, um dessen wegen er Rom verschont habe. Doch alle drei antworten ihm voller Haß, und als aus dem Lager das Getümmel der angreifenden Römer dringt, ersticht Odabella den Hunnenkönig. Begeistert feiern die Römer ihre Rache.

STILISTISCHE STELLUNG: Die chronologische Stellung des ›Attila‹ zwischen ›Ernani‹ und ›Macbeth‹ ist zugleich auch eine stilistische: in vielen Details greift der Komponist auf die »rauhe Risorgimento-Schreibweise« (Julian Budden) zurück, in anderen findet er bereits zu ausgeformten, arienübergreifenden Szenen. Eindrucksvoll sind die grandios-bestimmten Chöre, zumal in der Doppelchörigkeit von Hunnen und Römern, die Arien sind gekennzeichnet durch elegante Führung und rhythmische Energie; eine feinere Personencharakterisierung allerdings bleibt aus; dies mag auch an der dramaturgisch nicht gerade gelungenen Handlungsführung liegen.

TEXTDICHTUNG: Um 1844 lernte Verdi das 1808 geschriebene ›Attila‹-Drama des deutschen Romantikers Zacharias Werner kennen und erkannte sogleich – zumal in den an griechische Tragödien angelehnten Chören – die Eignung für die Veroperung; er beauftragte Temistocle Solera, der für ihn gerade den Text zu ›Giovanna d'Arco‹ geschrieben hatte, mit der Ausarbeitung des Librettos, doch verließ dieser Italien, bevor der Text beendet war, so daß Piave den III. Akt vollendete. Der Spannungsabfall, der hier dramaturgisch und in der Personenkonstellation zu verzeichnen ist, mag zum einen auf Piave zurückzuführen sein, zum anderen auf Verdis Drang zur Kürze, die das Geschehen hier fast überstürzt erscheinen läßt.

GESCHICHTLICHES: ›Attila‹ wurde am 17. März 1846 im Teatro La Fenice uraufgeführt. Die Premiere war kein voller Erfolg, und die Presse reagierte eher kühl, doch nach und nach faßte das Werk in Italien Fuß, so daß der englische Impresario Benjamin Lumley, der später die ›Räuber‹ in Auftrag gab, schreiben konnte: »Vielleicht hat keines von Verdis Werken mehr Begeisterung in Italien ausgelöst und den glücklichen Komponisten mit mehr Lorbeern gekrönt.« Patriotische Begeisterung erzeugte stets Ezios Forderung an Attila: »Avrai tu l'universo, resta l'Italia a me.« Außerhalb Italiens kam ›Attila‹ bereits 1847 in Kopenhagen, Lissabon und Madrid heraus, 1848 in London, 1849 in Konstantinopel und 1850 in New York. In Wien wurde das Werk zuerst am

11. Juni 1851 gespielt, die deutsche Erstaufführung fand am 12. Februar 1854 in Stuttgart statt. In den letzten Jahren hat man sich auch außerhalb Italiens wieder an das Werk erinnert; so gab es 1980 Aufführungen an der Wiener Staatsoper, aber auch in Flensburg.

W. K.

Macbeth

Oper in vier Akten. Dichtung von Francesco Maria Piave und Andrea Maffei nach William Shakespeare.

SOLISTEN: *Duncan,* König von Schottland (Stumme Rolle) – *Macbeth* (Heldenbariton, gr. P.) und *Banquo* (Seriöser Baß, m. P.), Feldherren des Königs – *Lady Macbeth* (Dramatischer [Mezzo-]Sopran, gr. P.) – *Kammerfrau der Lady Macbeth* (Mezzosopran, auch Sopran, kl. P.) – *Macduff,* schottischer Edler (Jugendlicher Heldentenor, m. P.) – *Malcolm,* Duncans Sohn (Lyrischer Tenor, m. P.) – *Fleance,* Banquos Sohn (Stumme Rolle) – *Ein Arzt* (Baß, kl. P.) – *Ein Diener Macbeths* (Baß, kl. P.) – *Ein Mörder* (Baß, kl. P.) – *Ein Herold* (Baß, kl. P.) – *Hekate,* Göttin der Nacht (Tanzrolle).

CHOR: Hexen. Abgesandte des Königs. Schottische Edle und Flüchtlinge. Mörder. Englische Soldaten. Soldaten Macbeths. Barden. Geister der Luft. Erscheinungen. Diener usw. (im letzten Bild Männerchor geteilt in Barden und Soldaten; gr. Chp.).

BALLETT: Ballett der Hexen und Luftgeister (III. Akt).

ORT: Die Handlung spielt in Schottland, zumeist auf Macbeths Schloß, zu Anfang des IV. Aktes an der Grenze von Schottland und England.

SCHAUPLÄTZE: Heide – Halle in Macbeths Schloß – Zimmer im Schloß – Park, in der Ferne Macbeths Schloß – Glänzender Saal – Eine dunkle Höhle – Öde Gegend an der Grenze von Schottland und England – Saal in Macbeths Schloß – Weite Ebene, umgeben von Höhen und Waldungen.

ZEIT: Mitte des 11. Jahrhunderts.

ORCHESTER: 2 Fl. (II. auch Picc.), 2 Ob., 1 Eh., 2 Kl., 1 Bkl., 2 Fag., 4 Hr., 2 Trp., 3 Pos., 1 Bt., P., Schl., Hrf., Str. – Bühnenmusik: 1 Picc., 2 Ob., 6 Kl., 2 Fag., 1 Kfag., Hörner, 3 Trp., Posaunen, kl. Tr.

GLIEDERUNG: Vorspiel und 22 Musiknummern, die pausenlos ineinander übergehen.

SPIELDAUER: etwa 2¾ Stunden.

HANDLUNG: Am Abend nach einem Tag harten Kampfes stoßen die beiden siegreichen Feldherren Macbeth und Banquo auf eine Gruppe sonderbarer Erscheinungen, weibliche Gestalten mit struppigen Bärten. Es sind Hexen, die Macbeth einen steilen Aufstieg, zunächst zum Edlen von Cawdor und bald darauf zum König von Schottland, prophezeien. Banquo weissagen sie, daß er zwar selbst nicht König würde, dafür aber seinen Nachkommen dieser Rang beschieden sei. Gleich nachdem die Hexen verschwunden sind, kommen Abgesandte des Königs mit der Meldung, daß Macbeth zum Than of Cawdor ernannt sei. Die prompte Erfüllung des ersten Teiles der Prophezeiung ermutigt den ehrgeizigen Macbeth, mit allen Mitteln auch die Erlangung der verheißenen Königswürde anzustreben. Seine noch ehrgeizigere Gattin bestärkt ihn in seinen Hoffnungen und Wünschen und weiß ihn zu überreden, zur Erreichung dieses Zieles auch nicht vor einem Verbrechen zurückzuschrecken. Als bald darauf König Duncan auf Macbeths Schloß übernachtet, wird er von dem Gastgeber im Schlaf erdolcht. Macbeth lenkt den Verdacht der Täterschaft auf Duncans Sohn Malcolm, der nach der Ermordung des Vaters schleunigst nach England geflohen war, und reißt hierauf die Krone an sich. Aber die Prophezeiung der Hexen, daß der Thron schließlich Banquos Geschlecht beschieden sei, läßt ihn nicht zur Ruhe kommen. Er dingt daher eine Gruppe Mörder, die Banquo und seinen Sohn Fleance in finsterer Nacht auflauern. Während ersterer ihren Dolchen zum Opfer fällt, entkommt Fleance. Als bei dem Bankett am gleichen Abend Macbeth mit heuchlerischer Miene das Fehlen Banquos bedauert, erscheint ihm plötzlich dessen Geist. Zu Tode erschrocken, belastet sich Macbeth mit wirren Worten selbst vor der Gesellschaft, und nur mit Mühe kann ihn Lady Macbeth wieder zur Besinnung bringen. Als gleich darauf Banquos Geist wieder erscheint, verliert Macbeth vollends die Fassung. Ein Schauder ergreift die Gäste, und das Fest nimmt ein jähes Ende. In seiner Angst begibt sich Macbeth am nächsten Tag wieder zu den Hexen. Sie rufen auf seinen Wunsch die mächtigen Luftgeister selbst herbei. Diese warnen ihn zunächst vor dem schottischen Edlen Macduff, beruhigen ihn aber dann mit der Weissagung, daß ihm von keinem, den ein Weib geboren hat, Gefahr drohe, und daß er unbesiegbar sei, bis der Wald von Birnam wie ein Heer gegen ihn vorrücke. Auf die Frage, ob sein Thron wirklich von Banquos Geschlecht bedroht sei, erscheinen hintereinander acht Könige, deren letzter, in Banquos Gestalt, ihm lächelnd einen Spiegel entgegenhält. In diesem sieht er eine Reihe von Königen vorüberziehen. Macbeth schwinden die Sinne. Als er aus seiner Ohnmacht erwacht, steht seine Gattin vor ihm, die ihn aufstachelt, alle aus dem Weg zu räumen, die ihm gefährlich werden könnten. Seinem Wüten fallen nun nicht nur Macduffs Gattin und Kinder zum Opfer, sondern auch eine Reihe schottischer Edler, deren Familien sich in das benachbarte England flüchtend in Sicherheit zu bringen suchen. Das böse Gewissen, das Lady Macbeth nachtwandelnd im Schloß umhertreibt, läßt sie nicht mehr zur Ruhe kommen und martert sie schließlich zu Tode. Unterdessen haben Malcolm und Macduff in England Soldaten angeworben, mit denen sie in Schottland einrücken. Aus dem Wald von Birnam dringen sie gegen Macbeths Schloß vor. Jeder Mann trägt zur Deckung einen Ast vor sich her; erschrocken melden Macbeths Leute ihrem Herrn, daß der Wald gegen das Schloß heranrücke. Macduff stellt den Mörder zum Kampf, und als Macbeth ihn mit der Weissagung der Hexen abzuschrecken sucht, ruft ihm Macduff entgegen, daß er nicht auf natürlichem Wege geboren, sondern aus dem Mutterleib geschnitten worden sei. Macbeth wird von Macduff erschlagen. Barden, Soldaten und Volk huldigen in einem Siegeshymnus Duncans Sohn Malcolm als dem rechtmäßigen König.

STILISTISCHE STELLUNG: Daß Verdi selbst seinen ›Macbeth‹ als etwas Besonderes betrachtete, erhellt schon aus der Tatsache, daß er mit der Widmung dieser Oper seinem Schwiegervater und Wohltäter Antonio Barezzi eine betonte Ehrung erweisen wollte. In der Tat ist dem Meister mit diesem Werk ein genialer Wurf gelungen, hatte er doch hier die endgültige Form seiner musikdramatischen Gestaltungsweise bereits gefunden, an der er bis zur ›Aida‹ einschließlich im wesentlichen festgehalten hat, wenn er auch bei einigen, dem ›Macbeth‹ folgenden Werken nochmals auf den älteren Operntyp zurückgegriffen hat: Analog dem szenischen Geschehen werden rezitativische und ariose Teile (geschlossene Formen) zu musikalischen Szenen zusammengeschlossen, die an den dramatischen Höhepunkten in kunstvoll gebaute Ensembles münden. Trägerin des dramatischen Ausdrucks ist die Singstimme; ihre Charakterisierungskraft wird durch das untermalende Orchester ergänzt und gesteigert. Bei ›Macbeth‹ tritt diese Gestaltungsweise vor allem in den drei Hauptszenen – Ermordung des Königs, Erscheinung von Banquos Geist und Nachtwandeln der Lady – in packender Weise in Erscheinung. In den Hexenszenen finden sich einige frappante Instrumental-Wirkungen, so zum Beispiel ein Blasorchester unter der Bühne. Die für Paris besorgte Neufassung betrifft außer verschiedentlichen kleineren Verbesserungen hauptsächlich den III. Akt, der eine fast völlige Neugestaltung erfuhr und dem auch das für die französische Opernbühne unerläßliche Ballett (Hexen-Pantomime) eingefügt wurde. Von eindrucksvoller Wirkung ist der ebenfalls neu hinzugekommene stimmungsvolle Chor der schottischen Flüchtlinge. Auch der Schluß des Werkes wurde verändert: Das Schlachtengetümmel wird durch ein Orchester-Fugato gezeichnet, und der Tod Macbeths erfolgt nunmehr hinter der Szene, worauf die Oper mit einem marschartigen Siegeshymnus beendet wird. Die verhältnismäßig geringe Breitenwirkung des ›Macbeth‹ ist in erster Linie auf die Schwierigkeit einer vollwertigen Besetzung bei den Hauptpartien (Lady Macbeth und Macbeth) zurückzuführen, die künstlerische Persönlichkeiten von außergewöhnlichem Format verlangen; vielleicht wird aber auch die Aufnahmefreudigkeit des Zuschauers ermüdet durch den düsteren Grundton der Handlung, der weder durch eine Liebesgeschichte noch durch humorvolle Szenen aufgehellt wird.

TEXTDICHTUNG: Verdi hatte das Textbuch zu ›Macbeth‹ in Prosa selbst entworfen. Die Ausarbeitung der Dichtung übertrug er seinem bewährten Librettisten Francesco Maria Piave (1810–1876), dessen dichterische Fähigkeiten zwar nicht gerade überragend waren, der sich aber Verdis Wünschen gänzlich unterordnete. Daher bediente er sich Piaves Mitarbeit bei einer größeren Anzahl seiner Bühnenwerke. Verdi pflegte seine Opernbücher bis in die Einzelheiten selbständig zu entwerfen, und er hätte wie Richard Wagner auf einen Librettisten verzichten können, hätte er wie dieser die Fähigkeit besessen, sich in gebundener Sprache auszudrücken. Als Vorlage zu ›Macbeth‹ diente ihm das gleichnamige Drama von William Shakespeare, dem das Opernbuch in den Grundzügen nachgestaltet ist. Der oft erhobene Vorwurf, daß Verdis Opern, denen Schillersche oder Shakespearesche Dramen zugrunde liegen, eine Verballhornung dieser Dichtungen darstellen, ist ungerecht. Die dramaturgischen Gesetze sind bei der Oper andere als beim Sprechstück. Auch dürfte in dieser Frage die Verschiedenheit der nationalen Kunstanschauungen eine Rolle spielen. In Deutschland verlangt man seit Wagner beim Operntext literarische Qualitäten, während das Publikum in den romanischen Ländern in dieser Hinsicht viel weniger empfindlich ist und sein Interesse bei der Oper in erster Linie auf die musikalische und gesangliche Wirkung konzentriert. Die deutsche Übersetzung des ›Macbeth‹-Textes besorgte Georg Göhler.

GESCHICHTLICHES: Als Verdi im Sommer 1846 von Alessandro Lanari einen Opernauftrag für Florenz erhielt, beschäftigten ihn gerade drei Stoffe: Friedrich Schillers ›Räuber‹, Franz Grillparzers ›Ahnfrau‹ und Shakespeares ›Macbeth‹. Bei den beiden ersteren wäre als Hauptdarsteller ein Tenor benötigt gewesen, den aber Lanari damals gerade nicht zur Verfügung hatte. Daher entschied sich Verdi für ›Macbeth‹. Dennoch arbeitete er gleichzeitig auch an den ›Räubern‹ weiter, und so schritt zunächst die Komposition des ›Macbeth‹ nur langsam vorwärts. Im Januar 1847 wurde die Partitur beendet. Verdi begab sich Mitte Februar mit seinem Schüler Emanuele Muzio nach Florenz, wo er ›Macbeth‹, wie die erste Darstellerin der Lady Macbeth, Marianna Barbieri-Nini, bezeugt, in intensivster Probenarbeit einstudierte. Mit aller Sorgfalt bedachte er jede Einzelheit, wobei er sich vor allem auch um eine stilgerechte Ausstattung kümmerte. Auf diese Weise erhielt die Uraufführung am 14. März 1847 am Teatro alla Pergola zu Florenz eine besondere künstlerische Note, die dem Werk einen rauschenden Erfolg einbrachte, obwohl die neuartige, von dem üblichen Opernschema abweichende Gestaltungsweise auf das Publikum befremdend wirkte. ›Macbeth‹ hatte dann auch im Ausland größeren Erfolg, so besonders in London, später auch in Deutschland. Nach der enthusiastischen Aufnahme des ›Rigoletto‹ interessierte sich achtzehn Jahre später Paris für ›Macbeth‹. Verdi besorgte die geforderte Umarbeitung von Herbst 1864 bis Ende Januar 1865. Die Erstaufführung dieser 2. Fassung erfolgte am 21. April 1865 am Théâtre Lyrique zu Paris.

Die Räuber (I masnadieri)

Oper in vier Akten. Text nach Friedrich Schillers Drama von Andrea Maffei.

Solisten: *Maximilian,* regierender Graf von Moor (Seriöser Baß, m. P.) – *Karl,* sein älterer Sohn (Jugendlicher Heldentenor, auch Lyrischer Tenor, gr. P.) – *Franz,* sein jüngerer Sohn (Kavalierbariton, auch Charakterbariton, gr. P.) – *Amalia,* eine Waise, Nichte des Grafen Maximilian (Jugendlich-dramatischer Sopran, auch Dramatischer Koloratursopran, gr. P.) – *Hermann,* Kämmerer der gräflichen Familie (Charaktertenor, auch Lyrischer Tenor, m. P.) – *Moser,* ein Pfarrer (Baßbariton, auch Charakterbaß, kl. P.) – *Roller,* ein Gefährte Karl Moors (Tenor, auch Bariton, kl. P.).
Chor: Räuber. Frauen. Kinder. Diener (Männerchor, gr. Chp.; Frauenchor, kl. Chp.).
Ort: Deutschland.
Schauplätze: Eine Schenke an der sächsischen Grenze – Zimmer im Schloß des Grafen Moor – Ein anderes Zimmer – Die Schloßkapelle – In den böhmischen Wäldern – Einsame Gegend im Wald in der Nähe des Schlosses – Halle im Schloß.
Zeit: Ausgehendes 18. Jahrhundert.
Orchester: 2 Fl. (II. auch Picc.), 2 Ob., 2 Kl., 2 Fag. – 4 Hr., 2 Trp., 3 Pos. – P., Schl., Hrf. – Str.
Gliederung: Vorspiel und 18 szenisch gegliederte, ineinander übergehende Nummern.
Spieldauer: etwa 2¼ Stunden.
Handlung: Der alte Graf Moor hat zwei Söhne: den älteren, begeisterungsfähigen Karl, und den jüngeren, Franz, der dem Bruder das Erstgeburtsrecht und die Liebe des Vaters neidet. Karl ist auf der Universität in schlechte Gesellschaft geraten und erwartet mit seinen Kameraden in einer Schenke nach der sächsischen Grenze einen Brief des Vaters, in dem er dessen Verzeihung erhofft. Doch die Freunde bringen ihm einen Brief des Bruders, in dem dieser – angeblich im Namen des Vaters – ihm schreibt, er sei verstoßen und solle nie mehr nach Hause zurückkehren, wolle er nicht ins Gefängnis geworfen werden. Als so seine Sehnsucht nach dem Vaterhaus und nach der geliebten Amalia enttäuscht wird, folgt er dem Angebot seiner Freunde, mit ihnen eine Räuberbande zu bilden und als ihr Hauptmann mit ihnen in

die böhmischen Wälder zu ziehen. – Franz dagegen reicht es nicht, durch diesen Brief, den er dem Vater untergeschoben hat, den Bruder zu vernichten; er will auch noch seinen Vater aus dem Wege räumen, um Herr zu sein. Er befiehlt dem ihm verpflichteten Kämmerer Hermann, sich zu verkleiden und so als Bote dem Vater zu berichten, daß sein Sohn in der Schlacht um Prag gefallen sei. Die Trauer um den Sohn, so hofft Franz, werde den Vater töten. – Amalia, die Nichte des Grafen, die als Waise im Hause lebt, bewacht den Schlummer des alten Grafen. Nachdem der alte Moor von dem Räuberleben seines Sohnes gehört hatte, hatte er ihn wirklich verstoßen, aber Amalia liebt den Greis dennoch. Da kommt Franz mit dem vermummten Hermann, der den Tod Karls meldet. Als Beweis überbringt der vermeintliche Bote das Schwert Karls, auf dem dieser mit seinem Blute das letzte Vermächtnis aufgezeichnet hat: er entbindet darin Amalia ihres Treueschwurs und bittet sie, die Gemahlin von Franz zu werden. Amalia ist verzweifelt und will sterben, und den alten Grafen trifft der Schmerz um den Sohn, den er in den Tod getrieben zu haben glaubt, so stark, daß er wie tot zu Boden sinkt. – Franz feiert mit einem großen Gelage seine neue Macht; Amalia aber hat sich in die Schloßkapelle geschlichen, um am Grabe des alten Moor zu beten. Von Gewissensbissen geplagt, sucht Hermann sie auf und gesteht ihr, daß Karl und der alte Moor noch leben. Amalia schöpft neuen Mut; da taucht Franz auf, um sie zu bitten, seine Frau zu werden. Empört weist sie ihn zurück; nie könne sie ihm angehören. Wutentbrannt droht ihr Franz daraufhin, er werde sie zu seiner Hure machen, und will sie gar niederstechen, doch mit einem vermeintlichen Eingehen auf seine Wünsche vermag sie sich ihm zu nähern und ihm seinen Degen zu entreißen. Sie droht nun ihrerseits, ihn niederzustechen, wenn er nicht von ihr abließe. – Der Räuber Roller aus Karls Bande ist in einen Hinterhalt geraten, gefangen worden und soll nun gehängt werden. Doch Karl gelingt es mit einigen Räubern, im Ort Feuer zu legen und die Verwirrung zur Befreiung des Kameraden zu nutzen. Die Hochstimmung seiner Leute, die diesen mutigen Coup feiern, erinnert ihn aber daran, daß er im Himmel und auf Erden ein Ausgestoßener ist. Als ihm die Räuber angstvoll mitteilen, der Wald sei von Soldaten umzingelt, faßt er neuen Mut, und es gelingt ihm, sich mit ihnen durchzuhauen. Amalia ist aus dem Schloß, wo sie vor den Nachstellungen von Franz nicht mehr sicher ist, in den Wald geflüchtet, in dem auch Karl seine Räuber wieder sammelt. Die beiden treffen aufeinander und erkennen sich erstaunt und überglücklich. Sie wollen einander nun nicht mehr verlassen. Amalia berichtet von Maximilians Tod und Franzens finsteren Plänen mit ihr; er schwört dem Bruder Rache, verschweigt Amalia aber, daß er Hauptmann einer Räuber- und Mörderbande ist. Er bringt Amalia in Sicherheit und kehrt zu seinen Leuten zurück. Während er ihren Schlaf bewacht, überkommt ihn wieder die Verzweiflung: er will sich das Leben nehmen, verwirft die Lösung jedoch als unwürdig. Da sieht er, wie sich Hermann einem in der Nähe gelegenen alten Turm nähert. Er verbirgt sich und sieht, wie der Kämmerer dort mit jemandem spricht und ihm Essen reicht. Als Karl ihn anspricht, flieht der Kämmerer; daraufhin bricht er das Tor des Turmes auf und befreit den zum Skelett abgemagerten Maximilian. Der alte Mann erkennt seinen Sohn nicht und berichtet nur, wie er hierher gelangte. Nach seiner Ohnmacht erwachte er, bereits geschmückt im Grabe liegend. Er rief um Hilfe, und sein Sohn Franz kam, sperrte ihn dann aber hier ein, um ihn verhungern zu lassen; nur die Hilfe Hermanns habe ihm bisher das Leben gerettet. Erneut fällt er – entkräftet und erschöpft – in Ohnmacht. Karl ruft seine Leute zusammen und läßt sie schwören, das Unrecht an dem alten Mann zu rächen und Franz herbeizuschaffen, um ihn zu strafen. – Franz ist von Alpträumen gejagt: er befiehlt, daß man den Priester hole, und erzählt Hermann seinen Traum, in dem die Toten aus ihren aufgesprungenen Gräbern auferstanden seien und man vor dem Jüngsten Gericht seine Taten gewogen habe. Christi Blut habe die Schale der Vergebung trotz aller Untaten in der Tiefe gehalten, aber eine Locke des alten Mannes habe ihn als einzigen der ewigen Verdammnis überantwortet. Der Priester kommt und beschuldigt ihn, den Bruder und den Vater ermordet zu haben – zwei Verbrechen, von denen auf Erden ihn niemand freisprechen könne. Da kommt die Nachricht, daß das Schloß von Räubern überfallen werde. Franz fürchtet um sein Leben. Im Walde bittet Maximilian, wieder zu sich gekommen, mit Franz milde zu verfahren. Karl, der sich immer noch nicht zu erkennen gegeben hat, erbittet – als Gegengabe für die Befreiung – den Segen des alten Mannes, und dieser gewährt ihn ihm gerne. Die Räuber erscheinen enttäuscht: beim Sturm auf das Schloß ist Franz ihnen entkommen. Karl, dem das Blutvergießen längst zu viel ist, spürt fast Erleichterung. Da kommen andere Räuber mit besserer Beute: mit Amalia. Erleichtert glaubt sie sich bei Karl gerettet, doch dieser ist verzweifelt: nun muß er der Geliebten und dem Vater gestehen, wie tief er als Räuberhauptmann gesunken ist. Dennoch steht sie trotz aller Untaten zu ihm und erklärt ihm ihre Liebe, und für einen Augenblick träumt er von einer seligen gemeinsamen Zukunft. Während sich der alte Moor bittere Vorwürfe macht, den Sohn in dieses Leben getrieben zu haben, erinnern die Räuber den Hauptmann an seinen Schwur, sie nie zu verlassen. Da Karl glaubt, er könne Amalia weder an sein schändliches Leben binden noch ihr untreu werden, was sie nicht ertragen würde, ersticht er sie und geht, um sich in die Hände der Justiz zu begeben.

STILISTISCHE STELLUNG: Verdis ›Räuber‹ gehören, obwohl sie nach dem ›Macbeth‹ uraufgeführt wurden, in der Chronologie der Konzeption und der formalen Anlage vor die erste Shakespeare-Vertonung; zu spüren ist dies an der vielfach noch konventionellen Mustern verpflichteten Akteinteilung und Szenengestaltung, die in den Arien oft

noch die ältere Cavatina-Cabaletta-Form beibehält, jedoch in den Finali bereits zu freierer Gestaltung findet.
TEXTDICHTUNG: ›I masnadieri‹ sind Verdis erste Beschäftigung mit einem Drama Schillers; später folgten dann noch ›Luisa Miller‹ und ›Don Carlos‹. Aufmerksam gemacht auf das Jugenddrama des deutschen Klassikers hatte Verdi der Schiller-Kenner Andrea Maffei, der dann auch das Libretto verfaßte. Es zeigt sich jedoch, daß der Versuch, Schillers ungestümes Drama auf ein Libretto-Gerüst zusammenzuziehen, eher zu einem kolportagehaften Spektakel wird, zumal nichts von der Gesellschaftskritik, die Schiller seinem alter ego Karl in den Mund gelegt hatte, gerettet worden ist. Weiter ausgearbeitet wurde dagegen die bei Schiller eher blasse Partie der Amalia, und auch Franz ist kein konventioneller Bösewicht, sondern hat schon auf den späten Jago vorausweisende Züge.
GESCHICHTLICHES: Verdis ›I masnadieri‹ entstand auf Veranlassung des Impresarios Benjamin Lumley für Her Majesty's Theatre in London. Die Uraufführung am 22. Juli 1847 dirigierte Verdi selbst; die Premiere war hoch besetzt: Jenny Lind kreierte die Amalia, Italo Gardoni den Karl, Filippo Coletti den Franz und Luigi Lablache den Maximilian. Obwohl die Premiere vom Publikum bejubelt wurde, war die Presse eher negativ. Erfolgreicher war das Werk in Italien, wo es bereits 1848 in Rom und Florenz, 1851 in Venedig und 1853 in Mailand herauskam. In Wien wurde das Werk am 3. Juni 1854 zum ersten Mal gegeben, in Paris kam es 1870 auf die Bühne, in Deutschland jedoch erst am 29. März 1928 in Barmen. Auch heute gehört das Werk, ungeachtet einiger wirkungsvoller Elemente und brillanter Gesangspartien, zu den seltener gespielten Verdi-Opern.

W. K.

Luise Miller (Luisa Miller)

Oper in drei Akten. Dichtung von Salvatore Cammarano nach Friedrich Schiller.

SOLISTEN: *Der Graf von Walter* (Seriöser Baß, auch Charakterbaß, gr. P.) – *Rudolf,* sein Sohn (Jugendlicher Heldentenor, gr. P.) – *Amalia, Herzogin von Ostheim,* des Grafen Nichte (Dramatischer Mezzosopran, auch Dramatischer Alt, m. P.) – *Wurm,* Schloßvogt (Charakterbaß, m. P.) – *Miller,* alter Soldat, außer Diensten (Heldenbariton, auch Charakterbariton, gr. P.) – *Luise,* seine Tochter (Dramatischer Koloratursopran, auch Jugendlich-dramatischer Sopran, gr. P.) – *Laura,* ein Bauernmädchen (Lyrischer Mezzosopran, auch Soubrette, kl. P.) – *Ein Bauer* (Tenor, kl. P.).

CHOR: Amalias Hofdamen. Pagen. Diener. Leibwachen. Dorfbewohner (zu Anfang des 3. Bildes Doppelchor hinter der Szene; m. Chp.).
ORT: Die Handlung spielt in Tirol.
SCHAUPLÄTZE: Liebliches Dörfchen, auf der einen Seite Millers bescheidenes Haus, auf der anderen die kleine Dorfkirche, in der Ferne die Zinnen des Schlosses – Saal im Schloß – Inneres von Millers Haus mit Eingangstür und zwei Seitentüren, Fenster, durch das ein Teil der Kirche sichtbar ist – Walters Gemächer im Schloß – Hängender Garten im Schloß, im Hintergrund Eingang zu Rudolfs Gemächern – Inneres von Millers Haus.
ZEIT: Erste Hälfte des 18. Jahrhunderts.
ORCHESTER: 2 Fl. (II. auch Picc.), 2 Ob., 2 Kl., 2 Fag., 4 Hr., 2 Trp., 3 Pos., 1 Bt., P., Schl., Hrf., Str. – Bühnenmusik: 2 Hr., Org.
GLIEDERUNG: Ouvertüre und 14 Musiknummern, die pausenlos ineinandergehen.
SPIELDAUER: etwa 2¼ Stunden.
HANDLUNG: Die Bewohner eines Tiroler Bergdorfes feiern den Geburtstag von Luise, der Tochter des allseits verehrten Veteranen Miller. Überglücklich erblickt sie unter den Gratulanten auch ihren geliebten Werner, mit dem sie erst seit kurzer Zeit verlobt ist. Niemand im Dorf kennt ihn näher, da er erst vor wenigen Wochen mit dem neuen Grafen in diese Gegend gekommen ist. Als sich alle in die Kirche begeben, wird Vater Miller von dem Schloßvogt Wurm zurückgehalten. Dieser erinnert den Alten, daß er ihm schon vor Jahresfrist die Hand seiner Tochter versprochen habe, und er fordert ihn auf, nötigenfalls Luise zur Heirat mit ihm zu zwingen. Miller entgegnet, daß seine Tochter einen anderen liebe, worauf Wurm ihm verrät, daß der Bräutigam sich unter einem falschen Namen eingeschlichen hätte; er sei in Wirklichkeit Rudolf, der Sohn des neuen Grafen von Walter. – Von Miller geht Wurm zum Grafen und erzählt ihm von dem unstandesgemäßen Heiratsplan seines Sohnes. Der Graf ist außer sich, hat er doch seine Nichte, die junge Witwe Herzogin Amalia von Ostheim, die als Freundin der Königin bei Hof großen Einfluß hat, als Gattin für Rudolf ausersehen. Vergeblich sucht sich Rudolf den Wünschen des Vaters zu widersetzen, der ihn Amalia gleich nach ihrer Ankunft auf dem Schloß zuführt. Aber Rudolf gesteht ihr in einer Aussprache offen, eine andere zu lieben. – Inzwischen hat Luise von ihrem Vater den wirklichen Namen und die bevorstehende Vermählung ihres Geliebten mit der Herzogin erfahren. Doch Rudolf schafft bald selbst Klarheit; er begibt sich zu Luise und bekräftigt mit einem heiligen Schwur neuerdings seine unerschütterliche Liebe zu ihr. Da erscheint unerwartet der Graf im Haus Millers. Er fordert den Sohn auf, von dieser niederen Liebe zu lassen, und nennt Luise eine Dirne. Als Soldat mit qualifiziertem Ehrbewußtsein geht Miller daraufhin gegen den Grafen los, der eiligst seine Leibwache hereinruft und den Befehl erteilt, Luise und

ihren Vater festzunehmen. In höchster Verzweiflung droht Rudolf dem Grafen, das ihm bekannte Geheimnis preiszugeben, durch welche Mittel er regierender Graf geworden sei, worauf Walter erbleicht und Vater und Tochter Miller sofort freiläßt. – Der Schurke Wurm hatte Walter zur Grafschaft verholfen, indem er mit ihm zusammen seinen Herrn, den Vetter Walters, aus einem Hinterhalt ermordete und daraufhin die Nachricht verbreitete, der Graf sei von Räubern erschlagen worden. Rudolf weiß aber um das Verbrechen; denn er war damals auf die Hilferufe des sterbenden Grafen herbeigeeilt, der ihm noch seine Mörder nennen konnte. Auch jetzt ist Wurm mit einer infamen Intrige zur Hand. Der alte Miller ist heimlich festgenommen und eingekerkert worden. Wurm erscheint nun bei Luise und teilt ihr scheinheilig mit, daß er ihren Vater vor dem sicheren Tod retten könnte; sie müßte nur an ihn, Wurm, einen Brief schreiben, den er selbst diktiere. In höchster Angst um den Vater willigt das verzweifelte Mädchen ein. Luise bekennt in diesem Brief, Rudolf nie geliebt zu haben, und fordert Wurm auf, mit ihr in der kommenden Nacht zu entfliehen. Wurm spielt das Schreiben sogleich Rudolf in die Hände, gleichzeitig veranlaßt er Luise, heimlich aufs Schloß zu gehen, um dort Amalia persönlich zu bezeugen, daß sie nicht Rudolf, sondern Wurm liebe. Nach Empfang des Briefes ruft Rudolf zunächst Wurm zu sich. Er drückt ihm eine Pistole in die Hand und fordert ihn auf, sich mit ihm zu schießen. Der Feigling alarmiert aber mit einem Schuß in die Luft Wachen und Dienerschaft und läuft eiligst davon. Auch Graf Walter erscheint. Mit heuchlerischer Miene verkündet er dem Sohn, daß er sich umentschlossen habe und mit Luise einverstanden sei. Verzweifelt berichtet Rudolf dem Vater, daß Luise ihn betrogen habe, worauf dieser ihm zynisch den Rat erteilt, nun sofort Amalia zu heiraten. – Zärtlich umarmt Vater Miller die Tochter, die für seine Freilassung ein solch großes Opfer gebracht hat. Bleich und traurig übergibt Luise ihm einen Brief mit der Bitte, ihn Rudolf zu überbringen. Mit Entsetzen liest Miller das Schreiben, in dem Luise dem Geliebten mitteilt, daß sie nur durch Verräterei und Lüge von ihm getrennt worden sei, und in dem sie ihm nahelegt, ihr dorthin zu folgen, wo die Macht des Menschen aufhöre. Von tiefem Mitleid für ihren völlig gebrochenen Vater erfaßt, zerreißt aber Luise wieder den Brief und erklärt sich bereit, mit ihm zusammen zu fliehen und an einem anderen Ort ein neues Leben aufzubauen. Miller begibt sich daraufhin beruhigt in sein Zimmer. Orgeltöne erklingen aus der benachbarten Kirche. Während Luise im Gebet versunken ist, betritt Rudolf das Zimmer. Er zieht ein Fläschchen aus seiner Tasche und gießt den Inhalt in eine auf dem Tisch stehende Tasse mit Milch. Dann fragt er Luise, ob sie den an Wurm gerichteten Brief tatsächlich selbst geschrieben habe. Als sie zögernd bejaht, bittet er Luise um einen Trunk. Sie reicht ihm die Tasse; er trinkt und fordert sie auf, den bittern Trank auch zu versuchen. Luise tut es. Rudolf fragt weiter, ob sie Wurm wirklich geliebt habe; sie möge jetzt nicht lügen, denn bald stünde sie vor Gottes Thron, da sie beide Gift getrunken hätten. Im Angesicht des Todes fühlt sich Luise ihres Schwures entbunden und sie gesteht den wahren Sachverhalt. Auf die wilden Verzweiflungsschreie Rudolfs eilt Miller aus seinem Zimmer. Sterbend verabschiedet sich Luise von dem Vater und dem Geliebten. In diesem Augenblick erscheint der Graf, um den Sohn zur Trauung mit Amalia in die Kirche abzuholen. Auch Wurm ist mitgekommen. Blitzschnell zieht Rudolf seinen Degen und ersticht den Schuft. Mit den an seinen Vater gerichteten Worten, dies solle seine Strafe sein, bricht er sterbend über Luisens Leiche zusammen.

Stilistische Stellung: Nach dem kühnen Vorstoß in die Regionen des Musikdramas bei ›Macbeth‹ gestaltete Verdi seine ›Luise Miller‹ wieder mehr nach dem konventionellen Schema der älteren Oper eines Bellini oder Donizetti, da ihm offenbar das damalige Publikum für den fortschrittlichen Stil noch nicht reif genug erschien. Die Singstimme ist in erster Linie wieder Mittlerin des bald zart-lyrischen, bald leidenschaftlich-erregten dramatischen Ausdrucks, wobei der Charakter der Thematik in feinsinniger Weise auf die jeweilige Situation bezogen ist, vor allem in den Ensembles (z. B. bei dem a cappella-Quartett im II. Akt). Auch der Chor, in dieser Oper hauptsächlich als szenisch-dekoratives Element gedacht, vermittelt eine Reihe musikalischer Wirkungen, besonders stimmungsmalerischer Art (z. B. die ländliche Idylle zu Anfang der Oper, der Doppelchor der Jäger hinter der Szene). Der schon in den früheren Werken eingeschlagene Weg der Verflechtung von Rezitativen, ariosen Gebilden und Ensembles zu geschlossenen musikalischen Szenen wird weiter verfolgt. Die später (bei ›Rigoletto‹ und ›Maskenball‹) noch ausführlicher genutzte ebenso einfache wie schlagkräftige Opernwirkung der Untermalung einer schicksalhaft ernsten Szene mit einer tänzerischen Musik hat hier in der Auseinandersetzung Amalia–Rudolf einen Vorläufer. Die Ouvertüre deutet mit ihren Passagengängen und ihren unheimlichen harmonischen Rückungen auf das leidenschaftliche, tragische Geschehen der Oper.

Textdichtung: Dem Librettisten und Kapellmeister des Teatro San Carlo in Neapel, Salvatore Cammarano (1801–1852), diente Schillers bürgerliches Trauerspiel ›Kabale und Liebe‹ als Vorlage. Der Titel der Oper lautete erst ›Eloisa‹ und schließlich ›Luisa Miller‹. Verdi nahm wie immer an der Gestaltung des Buches regen Anteil; dabei kam es in dem Briefwechsel zwischen ihm und dem Librettisten zu einem interessanten Meinungsaustausch über die alte Frage, ob bei einer Oper die Dichtung oder die Musik dominieren solle. Cammarano erkennt ausdrücklich die Vorherrschaft der Musik an, hält aber eine Personalunion von Dichter und Komponisten, die er allerdings als Utopie bezeichnet, für die Ideallösung. Mit Rücksicht auf die gefürchtete neapolitanische Zensurbehörde wurde die Handlung nach Tirol verlegt, gegenüber

Schiller vereinfacht und auf den Liebeskonflikt konzentriert. Dementsprechend erfuhr auch der Personenkreis des Schillerschen Dramas und die Zeichnung der Charaktere manche Veränderung: Aus dem Präsidenten wurde ein Graf Walter, aus dessen Sohn, dem Major Ferdinand, ein schlichter Liebhaber Rudolf, aus dem Sekretär Wurm ein Schloßvogt und aus dem Musikus Miller ein ausgedienter Soldat; an die Stelle der Lady Milford tritt die bei Schiller nur episodisch behandelte Friederike von Ostheim, die in der Oper als Nichte Amalia des Grafen Walter fungiert; auf den Hofmarschall und auf die Mutter Miller wurde ganz verzichtet. Zur Steigerung der musikalischen und szenischen Wirkung hat Cammarano den Chor ausgiebig herangezogen. Die Handlung ist in drei Abschnitte gegliedert, denen in der Partitur jeweils ein Motto vorangestellt ist: I. Akt: »Die Liebe«, II. Akt: »Die Kabale«; III. Akt: »Das Gift«. Die deutsche Übersetzung des Textbuchs besorgte Georg Göhler.

GESCHICHTLICHES: Nach der Uraufführung der ›Schlacht von Legnano‹ wurde Verdi zu Anfang des Jahres 1849 von dem Impresario Vincenzo Flauto gedrängt, seinen Verpflichtungen gegenüber dem Teatro San Carlo in Neapel nachzukommen, dem er zwei Opern zu liefern hatte. Der Meister überlegte mehrere Stoffe, darunter auch ›Rienzi‹, ›Falstaff‹ und Victor Hugos ›Le roi s'amuse‹. Da die Zensurverhältnisse in Neapel besonders heikel waren, entschied sich Verdi für ein Stück im bürgerlichen Milieu, für Schillers ›Kabale und Liebe‹, dessen Bearbeitung er schon früher einmal in Erwägung gezogen hatte. Das von Salvatore Cammarano ausgeführte Libretto vertonte Verdi größtenteils in Paris, bis ihn die Cholera von dort vertrieb; den Rest (bis auf die Instrumentation) vollendete er Anfang Oktober in Busseto. Die für Oktober angesetzte Uraufführung verzögerte sich, da Verdi auf der Reise nach Neapel in Rom einen Monat lang in Quarantäne festgehalten wurde. In Neapel hatte dann der Komponist noch eine Reihe Widerwärtigkeiten zur Sicherstellung seiner Ansprüche zu überwinden. Am 8. Dezember 1849 ging das Werk am Teatro San Carlo endlich zum ersten Mal in Szene. Trotz des schwachen Uraufführungserfolges trug ›Luisa Miller‹ wesentlich zur Steigerung des künstlerischen Ansehens Verdis bei.

Rigoletto

Oper in drei Aufzügen. Dichtung von Francesco Maria Piave.

SOLISTEN: *Der Herzog von Mantua* (Lyrischer Tenor, auch Jugendlicher Heldentenor, gr. P.) – *Rigoletto,* sein Hofnarr (Heldenbariton, auch Charakterbariton, gr. P.) – *Gilda,* dessen Tochter (Lyrischer Kolora-

tursopran, gr. P.) – *Graf von Monterone* (Charakterbaß, auch Charakterbariton, kl. P.) – *Graf von Ceprano* (Lyrischer Bariton, m. P.) – *Die Gräfin,* seine Gemahlin (Sopran, kl. P.) – *Marullo,* Kavalier (Charakterbariton, m. P.) – *Borsa,* Höfling (Spieltenor, auch Charaktertenor, m. P.) – *Sparafucile,* ein Bravo (Seriöser Baß, auch Charakterbaß, m. P.) – *Maddalena,* seine Schwester (Mezzosopran, auch Spielalt, m. P.) – *Giovanna,* Gildas Gesellschafterin (Alt, kl. P.) – *Ein Gerichtsdiener* (Baß, kl. P.) – *Ein Page* der Herzogin (Mezzosopran, auch Sopran, kl. P.).
CHOR: Damen und Herren vom Hof. Hellebardiere. Diener (Gesangspart nur Männerchor, m. Chp.).
BALLETT: Gesellschaftstanz (I. Akt).
ORT: Mantua und Umgebung.
SCHAUPLÄTZE: Ein prächtiger Säulensaal im herzoglichen Palast – Öder Stadtteil in Mantua, rechts schlichtes Haus mit Vorhof und Terrasse von einer sehr hohen Mauer umgeben, links hinten der Palast des Grafen Ceprano – Ein kleiner Saal im herzoglichen Palast – Öder unheimlicher Stadtteil am Ufer des Flusses Mincio, hinten eine Brücke über den Fluß, rechts alte verfallene Häuser, links ein halb verfallenes Haus, unten das Innere eines ländlichen Gasthauses, eine Treppe führt auf den Boden, nach vorn mit einem breiten Balkon ohne Dach.
ZEIT: Das 16. Jahrhundert.
ORCHESTER: 2 Fl. (II. auch Picc.), 2 Ob. (II. auch Eh.), 2 Kl., 2 Fag., 4 Hr., 2 Trp., 3 Pos., 1 Bt., P., Schl., Str. – Bühnenmusik: Banda (1 As-Kl., 2 Es-Kl., 2 B-Kl., 2 Flügelhr., 4 Trp., 3 Hr., 1 Baßflügelhr., 2 Bombardons, 2 Bässe, gr. und kl. Tr.), Streichquintett, Gl. in H und C.
GLIEDERUNG: 20 Musiknummern, die pausenlos ineinandergehen.
SPIELDAUER: etwa 2 Stunden.
HANDLUNG: Keine Schöne ist vor dem Zugriff des lüsternen Herzogs von Mantua sicher, der sich seine Beute bald in seinem Palast bei rauschenden Festen, bald in einer Verkleidung bei nächtlichen Abenteuern erjagt. Dabei schreckt er auch nicht vor Gewalttaten zurück. So ließ er, um der Tochter des Grafen Monterone habhaft zu werden, den betagten Vater unter nichtigem Vorwand festsetzen. Und als der Graf nach seiner Freilassung den Herzog während eines Festes wegen der Schändung seiner Tochter zur Rechenschaft ziehen will, höhnt der bucklige Hofnarr Rigoletto auf Geheiß seines Herrn mit beißendem Spott den Schmerz des Vaters. In seiner Ohnmacht schwört Monterone den Fluch des Himmels auf den Herzog und den Buckligen herab. Aber auch den übrigen Hofleuten ist Rigoletto verhaßt, da er seine Narrenfreiheit gewöhnlich auf ihre Kosten in weitgehendstem Maß ausnützt. Willkommene Gelegenheit zur Rache bietet sich ihnen, als der Hofkavalier Marullo ein Haus ausfindig gemacht hat, in dem Rigoletto jede Nacht heimlich ein Mädchen – offenbar sein

Liebchen – besucht. Sie beschließen, die Schöne zu entführen und sie dem Herzog auszuliefern. Niemand bei Hof ahnt freilich, daß der Mann mit der scharfen Lästerzunge ein Doppelleben führt und in der stillen Gasse die zärtlich geliebte Tochter Gilda vor dem gefährlichen Herzog und seiner Hofgesellschaft verborgen hält. – Der Gedanke an Monterones Fluch verfolgt Rigoletto unablässig und erfüllt ihn mit bösen Ahnungen. Er ermahnt daher bei seinem nächsten abendlichen Besuch Gilda und ihre Gesellschafterin Giovanna besonders inständig, ja nicht auszugehen und niemand ins Haus zu lassen. Aufgeschreckt durch das Geräusch von Schritten eilt Rigoletto, ängstlich spähend, auf die Straße; inzwischen schlüpft unbemerkt der Herzog durch die offene Gartentür ins Haus. Giovanna hatte ihm gegen eine wohlgefüllte Geldbörse den Wohnsitz des Mädchens verraten, mit dem er schon seit einigen Monaten an Festtagen in der Kirche sehnsüchtige Blicke getauscht hatte. Nachdem Rigoletto weggegangen ist, gibt sich der Herzog Gilda gegenüber in einer feurigen Liebeserklärung als Student Gualtier Maldè aus. Schritte auf der Straße lassen die Rückkehr Rigolettos vermuten, daher entläßt Giovanna den Herzog rasch durch die Hintertür. Eine Gruppe Höflinge – die Gesichter mit Masken verhüllt – erscheint zu der beabsichtigten Entführung Gildas, als gerade Rigoletto, wie von einer inneren Stimme geleitet, zurückkehrt. Geistesgegenwärtig geben die Hofleute vor, aus dem gegenüberliegenden Palast die Gattin des Grafen Ceprano entführen zu wollen. Sie fordern Rigoletto auf, ihnen dabei behilflich zu sein, und veranlassen ihn, die Leiter zu halten, nachdem sie ihm Augen und Ohren mit einer Binde umwikkelt haben. Auf die Hilferufe Gildas hin erkennt Rigoletto zu spät die Überlistung. – Am nächsten Morgen sucht er im Herzogspalast verzweifelt nach den Spuren der Entführten; seine herzzerreißenden Klagen rühren selbst die kalten Höflinge. Aus Gildas Mund erhält er schließlich die traurige Gewißheit, daß ihr vertrauensvoll liebendes Herz dem Unwürdigen zum Opfer gefallen ist. Er beabsichtigt nun, zusammen mit der Tochter an einem anderen Ort ein neues Leben aufzubauen; zuvor aber will er noch blutige Rache an dem Verführer nehmen. Dabei erinnert er sich an das Angebot Sparafuciles, eines Bravos, der gegen die Bezahlung von zwanzig Scudi seine Opfer mit Hilfe seiner bildschönen Schwester Maddalena in eine halb verfallene Vorstadtspelunke lockt und sie dort erledigt. – In einer finsteren Gewitternacht folgt der Herzog Maddalena in Sparafuciles Behausung. Rigoletto führt auch Gilda dorthin, damit sie, die noch immer an die echten Gefühle des Herzogs glaubt, mit einem Blick durch einen Mauerspalt sich von dem Betrug selbst überzeugen kann. Die Liebe überwindet aber Zorn und Empörung, und so erscheint Gilda, nachdem sie inzwischen für die Abreise Männerkleider angelegt hatte, nochmals vor dem Haus des Bravos. Dort belauscht sie eine Auseinandersetzung des Geschwisterpaares Maddalena–Sparafucile und erfährt dadurch von der beabsichtigten Ermordung des Herzogs, der auf dem Dachboden inzwischen in Schlaf gesunken ist. Als sich Sparafucile auf die dringenden Bitten der Schwester hin bereit erklärt, sofern noch ein Fremder vor Mitternacht an die Tür pochen sollte, diesen anstelle des Herzogs töten zu wollen, opfert Gilda ohne lange Überlegung ihr junges Leben. Triumphierend empfängt Rigoletto nach zwölf Uhr von Sparafucile den Sack mit der Leiche. Schon will er diese dem Fluß übergeben, da ertönt die ihm wohlbekannte Stimme der Herzogs, der auf dem Heimweg sein Lied über die Unbeständigkeit der weiblichen Herzen in die Nacht singt. Im grellen Lichtschein eines Blitzes erkennt Rigoletto in dem Sack die ermordete Tochter und mit einem wilden Aufschrei in Erinnerung an den Fluch des Alten stürzt er verzweifelt über die Leiche.

Stilistische Stellung: ›Rigoletto‹ begründete mit den in kurzer Zeitspanne aufeinander folgenden Opern ›Il Trovatore‹ und ›La Traviata‹ Verdis Weltruhm. Ein kühner Stoff inspirierte die Phantasie des Komponisten zu reicher Entfaltung und gab ihm Gelegenheit, in der musikalischen Zeichnung der Charaktere und Stimmungen neuartige Wirkungen zu erzielen. Überreiche melodische Erfindung von eingängiger Schlagkraft sichert dem Werk eine seltene Popularität für alle Zeiten. Das mit der Entwicklung der Verdischen Oper (vor ›Rigoletto‹ besonders bei ›Macbeth‹ und ›Luisa Miller‹) immer prägnanter in Erscheinung tretende Stilprinzip: die musikalische Szene, das ist die Zusammenfassung von Rezitativ, ariosen Stellen und geschlossenen Formen (Arien, Ensembles) zu einer höheren Einheit, erreicht bei ›Rigoletto‹ bereits einen hohen Grad künstlerischer Reife, so daß die einzelnen Musiknummern nahezu durchwegs unmerklich ineinander gehen und auf diese Weise der Eindruck einer durchkomponierten musikalischen Großform entsteht. Trägerin des dramatischen Ausdrucks (auch bei den Chören der Höflinge) ist die Gesangslinie, deren Charakter aus der jeweiligen Situation gewachsen erscheint. Einen kunstvollen Höhepunkt bildet in dieser Hinsicht das berühmte Quartett des III. Aktes. Mit einfachen musikalischen Mitteln teils instrumentaler (Ball-Akt, Sparafucile-Szenen), teils vokaler (Windchor) Art wird die Atmosphäre der kontrastreichen Stimmungen in einer selbst für Verdi einmaligen genialen Eingebung vermittelt.

Textdichtung: Der venezianische Librettist Francesco Maria Piave (1810–1876) arbeitete das wirkungsvolle Bühnenstück ›Le roi s'amuse‹ des französischen Romanciers und Dramatikers Victor Hugo (1802–1885) nach Verdis Skizze zu einer Oper um, die den Titel ›La maledizione‹ (›Der Fluch‹) tragen sollte. Der Komponist hatte Ende des Jahres 1850 bereits einen großen Teil des Buches vertont, als die österreichische Zensurbehörde in Venedig gegen die Aufführung des Werks in der geplanten Form Einspruch erhob. (Auch Hugos Drama hatte bei seiner Uraufführung in Paris [1832] Anstoß erregt.) Neben anderen Einwänden machten die Zensoren vor allem geltend, daß ein regierender Souverän (Franz I. von Frankreich) nicht als Wüstling auf der Bühne erscheinen dürfe. Zum Glück fand Verdi bei dem Polizeidirektor Carlo Martello, einem Verehrer seiner Kunst, mit wohlbegründeten künstlerischen Gegenargumenten Verständnis, so daß sich die Zensur schließlich mit der Abänderung der Person des Fürsten und der Verlegung von Ort und Zeit der Handlung begnügte. Nicht mehr der Fürst, sondern die tragische Gestalt des Hofnarren wurde jetzt in den Mittelpunkt gerückt, der statt Triboulet (Triboletto) nunmehr den Namen Rigoletto (nach dem französischen rigolo = Spaßvogel) erhielt und nach dem auch die Oper – zunächst noch ›Rigoletto, buffone di corte‹ – betitelt wurde. – Die deutsche Übersetzung stammt von Johann Christoph Grünbaum; eine weitere Übertragung besorgte Hans Hartleb; eine neue deutsche Fassung haben Walter Felsenstein und Horst Seeger vorgelegt.

GESCHICHTLICHES: Im März 1850 erhielt Verdi neuerdings einen Opernauftrag für das Teatro La Fenice in Venedig, an dem er bereits 1844 seinen ›Ernani‹ (nach Victor Hugos ›Hernani‹) erfolgreich zur Uraufführung gebracht hatte. Der Komponist entschied sich für die Bearbeitung von Hugos Drama ›Le roi s'amuse‹, mit dem er sich schon im Jahre 1845 und dann wieder 1849 beschäftigt hatte. Die Vertonung des ihn gewaltig fesselnden Buches vollendete er in relativ kurzer Zeit. Nach Überwindung der Zensurschwierigkeiten ging ›Rigoletto‹ am 11. März 1851 am Teatro La Fenice in Venedig zum ersten Mal in Szene (Gilda: Teresa Brambilla, Rigoletto: Felice Varesi, Herzog: Raffaele Mirate). Der enthusiastische Erfolg hatte eine rasche Verbreitung des Werkes – auch im Ausland – zur Folge.

Der Troubadour (Il Trovatore)

Oper in vier Akten. Dichtung von Salvatore Cammarano und Leone Emanuele Bardare.

SOLISTEN: *Leonore,* Gräfin von Sargasto, Palastdame (Dramatischer Koloratursopran, auch Jugendlich-dramatischer Sopran, gr. P.) – *Inez,* deren Vertraute (Sopran, kl. P.) – *Graf von Luna* (Heldenbariton, auch Kavalierbariton, gr. P.) – *Ferrando,* sein Anhänger (Seriöser Baß, auch Charakterbaß, m. P.) – *Azucena,* eine Zigeunerin (Dramatischer Alt, auch Dramatischer Mezzosopran, gr. P.) – *Manrico* (Jugendlicher Heldentenor, gr. P.) – *Ruiz,* Manricos Vertrauter (Spieltenor, auch Charaktertenor, kl. P.) – *Ein alter Zigeuner* (Baß, kl. P.) – *Ein Bote* (Tenor, kl. P.).

CHOR: Anhänger und Diener des Grafen. Anhänger und Diener Manricos. Gefährtinnen Leonores. Nonnen. Soldaten, Bewaffnete, Krieger. Zigeuner und Zigeunerinnen (im 4. Bild Männerchor geteilt in Anhänger des Grafen und Anhänger Manricos; Männerchor, gr. Chp.; Frauenchor, m. Chp.)
BALLETT: Die vier, für die Pariser Erstaufführung des Werkes (12. Januar 1857) von Verdi nachkomponierten Ballettnummern, die im III. Akt nach dem Soldatenchor einzulegen sind, werden meistens gestrichen.
ORT: Teils in der Biscaya, teils in Aragonien.
SCHAUPLÄTZE: Vorhalle im Palast Aliaferia – Garten des Palastes Sargasto – Verfallenes Gemäuer eines früheren Schlosses in einer romantischen Gegend am Fuß eines Berges in der Biscaya – Klosterkreuzgang – Lager mit Zelten – Saal auf der Feste Castellor – Ein Seitenflügel mit Tor am Palast Aliaferia, darüber ein Turm mit vergitterten Fenstern – Kerker mit Steinsitz und Strohlager.
ZEIT: Zu Anfang des 15. Jahrhunderts.
ORCHESTER: 2 Fl. (II. auch Picc.), 2 Ob., 2 Kl., 2 Fag., 4 Hr., 2 Trp., 3 Pos., 1 Bt., P., Schl., Str. – Bühnenmusik: Hrf., 1 Hr., Org., Gl. in E, F und Es.
GLIEDERUNG: 23 Musiknummern, die pausenlos ineinandergehen.
SPIELDAUER: etwa 2¼ Stunden.
HANDLUNG: Ferrando, der alte treue Waffengänger des Grafen Luna, erzählt in später Nachtstunde den Wache haltenden Dienern und Kriegern des Schlosses Aliaferia von den schicksalsschweren Ereignissen, die das Haus seines Herrn vor Jahren getroffen haben. Der alte Graf Luna hatte zwei Söhne. Eines Tages erschien eine wilde Zigeunerin an der Wiege des Jüngeren, um mit seltsamen Zeichen die Zukunft des Kindes zu prophezeien. Man hielt sie für eine Zauberhexe und ließ sie öffentlich verbrennen. Ihre Tochter rächte aber später den Tod der Mutter, indem sie das eine Kind des Grafen raubte und es an derselben Stelle verbrannte, an der die alte Zigeunerin hingerichtet worden war. – Zur gleichen Stunde, als Ferrando seine Erzählung vorbringt, sucht der junge Graf Luna im Garten des Palastes Sargasto eine Gelegenheit, die von ihm glühend verehrte Gräfin Leonore zu sehen. Er hat einen gefährlichen Rivalen, den Minnesänger und Ritter Manrico, der des öfteren in stiller Nacht seine feurigen Liebesweisen vor dem Fenster des schönen Edelfräuleins ertönen läßt. Als auch heute wieder das Lied des Troubadours erklingt, eilt Leonore in der Dunkelheit erst in die Arme Lunas, wirft sich aber nach Erkennen ihres Irrtums sogleich an Manricos Brust, als dieser den Garten betritt. Wütend über die verschmähte Liebe, geht Luna mit dem Degen auf den Rivalen los, und mit gekreuzten Klingen verlassen die beiden kämpfend den Schloßpark. – Einer inneren Stimme gehorchend, hatte Manrico als Sieger in diesem Duell das Leben des Grafen geschont. Als Gefolgsmann des

aufständischen Herzogs von Urgel ist Manrico nun auch kriegerischer Gegner des auf der Seite des Königs stehenden Grafen Luna geworden. In einer Feldschlacht wurde Manrico schwer verwundet. Die Zigeunerin Azucena, die er für seine Mutter hält, hatte ihn auf dem Schlachtfeld aufgefunden und wieder gesund gepflegt. Im Zigeunerlager weckt der Anblick eines lodernden Kesselfeuers bei Azucena die Erinnerung an den grausamen Flammentod ihrer Mutter, und sie erzählt dem staunenden »Sohn«, wie sie, eingedenk der Aufforderung der Mutter, ihren Tod zu rächen, einst das Kind des Grafen Luna geraubt, sich aber dann in besinnungslosem Rachefanatismus geirrt und anstelle des Grafensohnes ihr eigenes Söhnchen in die Flammen geworfen hatte. Auf die Frage Manricos, wessen Kind er dann sei, beruhigt ihn Azucena mit der Versicherung, daß er ihr Sohn sei; die Erinnerung an jenes fürchterliche Erlebnis habe nur im Augenblick ihre Sinne verwirrt. Ein Bote überbringt Manrico ein Schreiben seines Freundes Ruiz, worin ihm dieser mitteilt, daß Manrico auf Befehl des Herzogs die Verteidigung der Festung Castellor übernehmen solle und daß Leonore auf das Gerücht von Manricos Tod hin heute im nahegelegenen Kloster den Schleier nehmen wolle. – Manrico eilt sofort dorthin, um das Vorhaben der Geliebten zu verhindern. Aber auch Graf Luna hat von Leonores Entschluß gehört. Er erscheint mit einer Gruppe von Anhängern vor dem Kloster, um Leonore zu entführen. Manrico kommt jedoch noch rechtzeitig zur Stelle und vereitelt mit seinen Freunden Lunas Plan. – Leonore folgt nun Manrico auf die Festung Castellor. Inzwischen wird Azucena auf der Suche nach Manrico von den Soldaten des Grafen Luna, welche die Festung belagern, aufgegriffen. Der alte Ferrando erkennt in ihr jene Zigeunerin, die einst das Kind des alten Luna raubte. Sie soll nun wie ihre Mutter auf dem Scheiterhaufen verbrannt werden. – Durch Ruiz erhält Manrico Kunde hiervon. Er macht sogleich mit seinen Getreuen einen Ausfall aus Castellor, um die Mutter zu retten. Aber Lunas Truppen stürmen die Festung, Manrico wird gefangen und soll am nächsten Morgen zusammen mit Azucena hingerichtet werden. – Nun bittet Leonore, die aus Castellor entfliehen konnte, selbst beim Grafen Luna um Gnade für den Geliebten. Aber nur für den Preis ihrer eigenen Hingabe an den Brutalen könnte sie Manricos Leben retten. Sie geht scheinbar auf diese Bedingung ein, während sie gleichzeitig unbemerkt aus ihrem Ring Gift nimmt. – Rasch eilt sie zu Manrico in den Kerker, um sich noch von ihm zu verabschieden. Empört weist aber Manrico, der sich in seiner Liebe von Leonore verraten glaubt, die Gnade der Freilassung zurück und erst aus den Worten der Sterbenden erkennt er den wahren Sachverhalt. Als Luna, der Leonore gefolgt war, die Täuschung bemerkt, läßt er wutschnaubend Manrico sogleich auf die Richtstätte abführen. In wilder Ekstase enthüllt jetzt Azucena dem Grafen, daß es sein eigener Bruder gewesen sei, den soeben das Beil des Henkers getroffen habe, und mit dem triumphierenden Aufschrei, daß nun die Mutter gerächt sei, bricht sie zusammen.

STILISTISCHE STELLUNG: Dank seines überreichen Melodienstromes hat der ›Troubadour‹ in aller Welt die größte Breitenwirkung unter den Werken des Meisters zu verzeichnen. Die Ausdruckskraft der Gesangslinie erfüllt in feiner Charakterisierung der verschiedenen Gefühle und Leidenschaften die Gestalten und das Geschehen mit blutvollem Leben und überbrückt durch ihren mitreißenden Schwung die dramaturgischen Schwächen des Librettos. Die formale Anlage ist dieselbe wie bei ›Rigoletto‹. Auch bei dem ›Troubadour‹ werden wieder an den dramatischen Brennpunkten mit einfachen musikalischen Mitteln eindrucksvolle Stimmungen erzielt, so in der Kloster- und in der Kerkerszene, vor allem aber in dem Bild vor dem Kerker, wo das düstere Miserere des sechsstimmigen Männerchors und die schaurige Todesglocke mit der von zuckenden Schlägen des Orchester-Tutti im Pianissimo begleiteten Arie der Leonore und mit dem von Liebessehnsucht durchzogenen Lied des Troubadours kombiniert werden.

TEXTDICHTUNG: Als Stoffquelle diente Verdi das spanische Drama ›El trovador‹ (1836) von Antonio García Gutiérrez (1813–1884), in dem bereits vielfach musikalische Wirkungen vorgezeichnet sind (eine Kanzone bei der Rückkehr Manricos, ein trauriges Lied der Azucena, Zigeunerchöre und ein Gesang der Nonnen, ein Miserere vor der Hinrichtung Manricos). Der neapolitanische Librettist Salvatore Cammarano (1801–1852) arbeitete das Opernbuch aus, wobei Verdi, wie immer, mit Ratschlägen und Anregungen bestimmend mitwirkte. Um den düsteren Grundton des Geschehens etwas aufzuhellen, fügte Cammarano die Zigeuner- und die Soldatenszene neu ein, sonst straffte er durch Kürzungen die Handlung, wobei allerdings für das Verständnis wichtige Details der Vorgeschichte und der Zusammenhänge verlorengingen. Daher erscheint in der Oper die Handlung unklar und unwahrscheinlich. Der Stoff bewegt sich auf einem geschichtlichen Hintergrund: Die Handlung spielt Anfang des 15. Jahrhunderts in dem nordspanischen Königreich Aragonien zur Zeit der politischen Wirren in dem Streit um die Thronfolge nach dem Tod König Martins I. Der mächtige Herzog von Urgel machte dem Infanten Ferdinand von Kastilien, der vom Regentschaftsrat als rechtmäßiger König bestimmt worden war, die Krone streitig. Dieser setzte im Kampf gegen den aufständischen Urgel einen Statthalter in Saragossa ein, der im Drama von Antonio García Gutiérrez wie in der Oper mit dem Grafen Luna identifiziert ist. Manrico, der Bruder des Grafen Luna, war, unkundig seiner Herkunft, von Azucena an Sohnes Statt aufgezogen worden. Bereits in jungen Jahren war der nach Höherem strebende Jüngling bei dem Herrn von Biscaya in Waffendienst getreten. Daneben erlernte er auch die Kunst des Minnegesangs. (Die Dichtung läßt allerdings außer acht, daß die Zeit der provençalischen Trouvers und der Troubadours und damit die Pflege des Minnegesangs [12. und 13. Jahrhundert] damals längst vorüber war.) Während der kriegerischen Auseinandersetzungen steht Manrico auf der Seite Urgels, der ihn mit der Verteidigung der vom Königlichen Statthalter (Graf Luna) belagerten Festung Castellor (eigentlich Castellar) betraut. Cammarano verlegte die Zigeunerszene aus Gründen der Bühnenwirkung in die »Berge von Biscaya«. Eine deutsche Übersetzung besorgte zunächst Johann Christoph Grünbaum; allgemein gebräuchlich wurde die von Heinrich Proch. Eine weitere Übertragung stammt von Joachim Popelka und Georg C. Winkler. Wolf Ebermann und Manfred Koerth legten eine neue deutsche Fassung des Werks vor.

GESCHICHTLICHES: Bereits zu Beginn des Jahres 1850 wies Verdi den Librettisten Cammarano auf das Stück von García Gutiérrez hin, bei dem ihn besonders die Gestalt der Zigeunerin fesselte. Nach der Uraufführung des ›Rigoletto‹ (11. März 1851) überreichte Cammarano dem Komponisten, der sich inzwischen bereits mit einem weiteren Stoff (Alexandre Dumas' ›Kameliendame‹) beschäftigte, die fertige Skizze. Als aber das Apollo-Theater in Rom für den ›Troubadour‹ geeignete Gesangskräfte in Aussicht stellte, entschloß sich Verdi, zunächst diese Oper in Angriff zu nehmen. Dennoch erfuhr die Fertigstellung des Werkes eine Verzögerung, vor allem wohl wegen Erkrankung und Tod Cammaranos, der über der Arbeit an der Dichtung am 17. Juli 1852 starb. Sein Landsmann Leone Emanuele Bardare vollendete daraufhin das Textbuch (den restlichen III. und IV. Akt) in kurzer Zeit. Die verhältnismäßig lange Entstehungszeit gab anderseits dem Komponisten Gelegenheit zum Ausreifen seiner Intentionen, was daraus hervorgeht, daß verschiedene Teile der Musik mehrfach entworfen wurden, bis sie ihre endgültige Gestalt erlangten. Im November 1852 wurde die Komposition abgeschlossen. Die Uraufführung fand unter dem Jubel einer begeisterten Zuhörerschaft am 19. Januar 1853 am Apollo-Theater zu Rom statt.

La Traviata (Violetta)

Oper in drei Akten. Dichtung von Francesco Maria Piave.

SOLISTEN: *Violetta Valery* (Dramatischer Koloratursopran, gr. P.) – *Flora Bervoix* (Lyrischer Mezzosopran, auch Spielalt, m. P.) – *Annina,* Violettas Dienerin (Mezzosopran, auch Alt, kl. P.) – *Alfred Germont* (Lyrischer Tenor, auch Jugendlicher Heldentenor, gr. P.) – *Georg Germont,* sein Vater (Heldenbariton, auch Kavalierbariton, m. P.) – *Gaston,* Vicomte von Létorières (Tenor, m. P.) – *Baron Douphal* (Bariton, m. P.) – *Marquis von Obigny* (Baß, m. P.) – *Doktor Grenvil* (Seriöser

Baß, m. P.) – *Joseph,* Diener Violettas (Tenor, kl. P.) – *Ein Diener* bei Flora (Bariton, kl. P.) – *Ein Kommissionär* (Baß, kl. P.).
CHOR: Freunde und Freundinnen Violettas und Floras. Matadore, Pikadore, Zigeunerinnen. Diener Violettas und Floras. Masken (m. Chp.).
ORT: Paris und seine Umgebung.
SCHAUPLÄTZE: Eleganter Salon, reich möbliert, mit offener Tür zu einem anderen Saal, im Vordergrund ein Kamin – Salon zu ebener Erde auf einem Landgut, im Hintergrund zwei Glastüren – Reich dekorierter Ballsaal in Floras Palast – Violettas Schlafgemach, im Hintergrund Nische mit Bett.
ZEIT: Um 1700; der I. Akt spielt im August, der II. im Januar und der III. im Februar.
ORCHESTER: 2 Fl. (II. auch Picc.), 2 Ob., 2 Kl., 2 Fag., 4 Hr., 2 Trp., 3 Pos., 1 Bt., P., Schl., Hrf., Str. – Bühnenmusik: Banda (Besetzung siehe bei ›Rigoletto‹).
GLIEDERUNG: Vorspiele zum I. und III. Akt und 19 Musiknummern, die pausenlos ineinandergehen.
SPIELDAUER: etwa 2 Stunden.
HANDLUNG: Alfred Germont wird von seinem Freund Gaston bei Violetta Valery eingeführt, einer Pariser Schönheit, die, umgeben von einem Schwarm von Anbetern, in ihrem Salon häufig üppige Feste zu veranstalten pflegt. Von Violetta aufgefordert, übernimmt Alfred den Trinkspruch; er preist in feurigen Worten die Liebe, worauf Violetta vorgibt, einzig in dem Genuß der Freuden dieses Lebens das wahre Glück zu erblicken. Als sich die Gesellschaft zum Tanz in den Nebensaal begibt, zwingt ein plötzlicher Schwächeanfall Violetta zurückzubleiben. Alfred nähert sich ihr besorgt und bringt in einer bewegten Liebeserklärung spontan zum Ausdruck, mit ihr für immer vereint, über ihre Gesundheit wachen zu wollen. Obwohl sie seine Werbung mit leichtem Hohn zurückweist, machen ihr die empfindungswarmen Worte und das männliche, offenherzige Auftreten des Jünglings Eindruck. Daher überreicht sie ihm beim Abschied eine Kamelie mit dem Bemerken, er möge ihr die Blume wiederbringen, wenn ihre Blätter welk geworden seien. Als sie allein ist, wird sie in ihrem Inneren Regungen gewahr, die ihr bis dahin fremd gewesen sind. Vergeblich sucht sie diese Gefühle zu unterdrücken. Und so macht sie einen gewaltigen Strich unter ihr bisheriges Leben. – Sie zieht sich mit Alfred in die Einsamkeit des Landlebens zurück, wo die beiden, fern von dem Trubel der Großstadt, zunächst eine glückliche Zeit verbringen. Als Alfred von Violettas Dienerin Annina erfährt, daß ihre Herrin für die Bestreitung der Lebenskosten ihre Wertsachen zu verkaufen beabsichtige, eilt er nach Paris, um von sich aus die benötigte Summe zu beschaffen. Inzwischen erhält Violetta den Besuch eines Herrn, den sie erst für den erwarteten Käufer ihres Besitzes hält. Es ist aber der Vater

Alfreds, Georg Germont, der von ihr das schwere Opfer fordert, von Alfred zu lassen, da der Bräutigam seiner Tochter die Verlobung zu lösen drohe, wenn Alfred nicht zurückkehre. Den eindringlichen Bitten des Alten schließlich nachgebend, entschließt sie sich, für das Lebensglück einer anderen ihr eigenes selbstlos hinzuopfern. Durch Annina übersendet sie einen Brief an ihre Freundin Flora, von der sie und Alfred für heute abend zu einem Fest eingeladen worden waren. Dann schreibt sie einen weiteren Brief, wobei sie von dem zurückkommenden Alfred überrascht wird. Unter dem Vorwand, sich wegen des angekündigten Besuches von Alfreds Vater zurückziehen zu wollen, entfernt sie sich mit einem in großer innerer Erregung vorgebrachten Bekenntnis ihrer unbeirrbaren Liebe zu Alfred. Hastig erscheint der Diener Joseph mit der Meldung, daß die Herrin soeben in Richtung Paris weggefahren sei. Ein Kommissionär überbringt bald darauf einen an Alfred adressierten Brief, den ihm eine Dame im Vorbeifahren zur Besorgung gegeben hatte. Hastig liest er das Schreiben und fällt verzweifelt seinem soeben eintretenden Vater in die Arme. Dieser fordert den Sohn mit tröstenden Worten auf, einen Ersatz für das verlorene Glück im Vaterhaus und im Kreis der Seinen zu suchen. Aber Alfred eilt mit einem plötzlichen Entschluß weg. – Er begibt sich nach Paris in den Salon Floras, wo Violetta am Arm ihres früheren Freundes, Baron Douphal, erscheint. Während des Kartenspielens mit seinem Nebenbuhler macht Alfred diesem in unmißverständlicher Weise Andeutungen, daß er sich auch in anderer Form mit ihm zu messen wünsche. Nachdem die Gesellschaft sich zu Tisch begeben hat, findet Alfred Gelegenheit, Violetta allein zu sprechen. Mit dem Aufgebot ihrer ganzen Kraft gibt sie jetzt vor, den Baron zu lieben. In besinnungsloser Wut ruft daraufhin Alfred die Gesellschaft herbei und wirft Violetta als Bezahlung für das kalte Spiel, das sie nach seiner Meinung mit seinem liebenden Herzen getrieben hat, ein Bündel Banknoten vor die Füße. In diesem Augenblick erscheint Vater Germont. Er weist den Sohn wegen seiner Unbeherrschtheit zurecht, während Violetta Alfred, der seine Tat nunmehr bereits wieder bereut, von neuem ihrer innigen Liebe versichert. – Die Aufregungen haben Violettas Kräfte gebrochen. Als Alfred, der nach einem Duell mit dem Baron zunächst außer Landes gehen mußte, von seinem Vater über den wahren Sachverhalt aufgeklärt worden war, eilt er sofort an das Krankenbett der Geliebten, um ihre Vergebung zu erbitten. Auch Georg Germont kommt, um den beiden seinen Segen für den Lebensbund zu geben. Doch zu spät! Beim Wiedersehen mit Alfred flackert Violettas mattes Lebenslicht nochmals kurz auf, um anschließend gänzlich zu verlöschen. Vergeblich versucht sie noch ihre schwachen Kräfte zusammenzuraffen, um mit dem Geliebten zur Kirche zu gehen. Nach einem rührenden Abschied, bei dem sie Alfred ein Medaillon mit ihrem Bild übergibt, stirbt sie in seinen Armen.

STILISTISCHE STELLUNG: Die Konzipierung des Violetta-Stoffes als Seelendrama bestimmte zugleich auch den Kompositionsstil des Werkes. Verdis männliche Gestaltung der lyrischen und empfindsamen Teile paralysierte den im Text zweifellos vorhandenen sentimentalen Einschlag. Freilich rief auf die üppigen, klangsinnlichen Reize der ›Rigoletto‹- und ›Troubadour‹-Partituren das größtenteils auf intime Wirkungen abgestimmte Klangbild der ›Traviata‹ zunächst eine Enttäuschung hervor, woraus sich die verhältnismäßig langsame Verbreitung dieser Oper erklären läßt. Der dramatische Ausdruck ist noch mehr als bei den vorangegangenen Werken auf die Singstimme gestellt, wobei vor allem die meisterhafte Behandlung des Parlando und die unmerklichen Übergänge vom Rezitativ zum ariosen Gesang auffallen. Solo- und Dialogszenen herrschen vor, und nur einmal vereinigen sich Soli und Chor zu einem kunstvollen Ensemblesatz (Finale II. Akt), der einen großartigen musikalischen Höhepunkt darstellt. Dem Orchester sind in der Hauptsache begleitende Aufgaben zugewiesen, doch spielt es auch bisweilen eine bedeutsame selbständige Rolle als Stimmungsträger (Vorspiele zum I. und III. Akt, Ballmusik, Spielszene, Auseinandersetzung Violetta–Alfred, Sterbeszene).

TEXTDICHTUNG: Das von Françesco Maria Piave (1810–1876) unter Mitwirkung des Komponisten gestaltete Opernbuch geht auf den Roman ›Die Kameliendame‹ (›La dame aux camélias‹) von Alexandre Dumas (Sohn) (1824–1895) zurück, dessen Titelheldin in der Pariser Halbweltdame Marie Duplessis ihr geschichtliches Vorbild hatte. Dem Romandichter war es in erster Linie darum zu tun, Mitleid für jene teils beneideten, teils verachteten Erscheinungen der Pariser Halbwelt zu erwecken, denen meist auf Jahre des Glanzes und Luxus ein trüber Lebensrest in kümmerlichen Verhältnissen beschieden war. Im Gegensatz hierzu rückten die Opernautoren die menschliche Tragik des Geschicks einer »Entgleisten« in den Vordergrund, die, im Grund edel veranlagt, sich zur Kompensation ihres seelischen Vakuums in den Strudel eines ausschweifenden Lebens gestürzt hatte und die wahre Liebe erst kennenlernte, als ihre Lebenskraft an den Folgen ihres Abirrens vom rechten Weg bereits gebrochen war. Durch diese, betont auf ein bestimmtes Frauenschicksal bezogene Darstellung des Stoffes wurde die naheliegende Gefahr einer Auffassung des Stückes als Verherrlichung des Kokottentums ausgeschaltet, wenn auch dafür einige Unwahrscheinlichkeiten in Kauf genommen werden mußten. Die deutsche Fassung des Textes stammt von Natalie Eschborn (Frau von Grünhof); eine weitere Übertragung besorgten Joachim Popelka und Georg C. Winkler. Eine neue deutsche Fassung legte Walter Felsenstein vor.

GESCHICHTLICHES: Verdi hatte sich für Dumas' ›Kameliendame‹ bereits kurz nach dem Erscheinen des Romans (1848) begeistert und im Frühjahr 1851 ein Szenarium entworfen, während Cammarano noch an dem ›Troubadour‹-Text arbeitete. Im Frühjahr 1852 sah der Komponist die von Dumas inzwischen zum Schauspiel umgestaltete ›Kameliendame‹ am Vaudeville-Theater in Paris. Der Eindruck bestärkte ihn in dem Entschluß, sich des Stoffes für seine nächste Oper zu bedienen. Piave wurde mit der Ausarbeitung der Dichtung betraut, während Verdi nach der Vollendung des ›Troubadour‹ sogleich mit Feuereifer an die Fertigstellung der Komposition ging, die schon großenteils in Skizze vorlag und die er in der kurzen Zeit von fünfundvierzig Tagen abschloß. Die Uraufführung wurde dem Teatro La Fenice in Venedig überlassen. Noch während der Proben arbeitete der Komponist an der Vollendung der Instrumentation des Werkes. Die Premiere fand am 6. März 1853 statt. Die Oper fiel durch. Der Mißerfolg war wohl auch zu einem Teil einer unglücklichen Sängerbesetzung zuzuschreiben, in erster Linie der Vertreterin der Titelpartie (Fanny Salvini Donatelli), die bei ihrer stattlichen Körperfülle in der Rolle einer Schwindsüchtigen heiterkeiterregend wirkte. Auf Anregung seines Freundes Antonio Gallo nahm Verdi im Frühjahr 1854 eine Umarbeitung der ›Traviata‹ vor, die hauptsächlich Kürzungen und die Abänderung des Schlußes von Vater Germonts Arie betrafen; auch wurde die Zeit der Handlung von der Gegenwart in das Jahr 1700 zurückverlegt. In dieser Gestalt hatte das Werk bei seiner Neueinstudierung am 6. Mai 1854 am Teatro San Benedetto in Venedig, die auf Gallos Initiative hin erfolgt war, mit der Sopranistin Maria Spezia als Violetta einen durchschlagenden Erfolg. Trotzdem verbreitete sich die ›Traviata‹, insbesondere im Ausland, anfänglich nur langsam, während sie heute in aller Welt zu den beliebtesten Stücken des Opernrepertoires zählt. Der Titel ›La Traviata‹ (»Die vom rechten Weg Abgeirrte«) wurde und wird auch manchmal heute noch in Italien in ›Violetta‹ abgeändert.

Die sizilianische Vesper

Oper in fünf Akten. Text von Eugène Scribe und Charles Duveyrier.

SOLISTEN: *Guido de Montfort,* Gouverneur von Sizilien (Heldenbariton, auch Kavalierbariton, gr. P.) – *Sire de Bethune,* französischer Offizier (Baß, m. P.) – *Graf Vaudemont,* französischer Offizier (Baß, m. P.) – *Thibaut,* französischer Unterführer (Tenor, kl. P.) – *Robert,* französischer Unterführer (Baß, auch Bariton, kl. P.) – *Herzogin Elena,* Schwester des Herzogs Friedrich von Österreich (Dramatischer Koloratursopran, auch Jugendlich-dramatischer Sopran, gr. P.) – *Ninetta,* ihre Zofe (Sopran, auch Mezzosopran, kl. P.) – *Arrigo,* ein junger Sizilianer (Jugendlicher Heldentenor, gr. P.) – *Giovanni da Procida,* ein sizilianischer Arzt (Seriöser Baß, gr. P.) – *Danieli,* Sizilianer (Tenor, kl. P.) – *Manfredo,* Sizilianer (Tenor, kl. P.) – *Ein sizilianisches Mädchen* (Sopran, kl. P.).

CHOR: Französische Soldaten. Sizilianer und Sizilianerinnen. Gäste von Montfort. Gefangene. Priester. Aufständische (gemischter Chor, gr. Chp.).

BALLETT: Tarantella und Siziliana im II. Akt; »Die vier Jahreszeiten« im III. Akt.

ORT: Palermo.

SCHAUPLÄTZE: Großer Platz in Palermo – Ein Tal bei Palermo in der Nähe des Meeres – Arbeitszimmer in Montforts Palast – Saal in Montforts Palast – Hof vor dem Gefängnis – Garten und Kapelle bei Montforts Palast.

ZEIT: 1282.

ORCHESTER: 2 Fl. (II. auch Picc.), 2 Ob., 2 Kl., 2 Fag. – 4 Hr., 4 Trp., 3 Pos., Tuba – P., Schl., Gl., Hrf. – Str.

GLIEDERUNG: Durchkomponierte Großform im Stil der französischen Grand opéra.

SPIELDAUER: etwa 3 Stunden.

HANDLUNG: Sizilien ist von französischen Truppen besetzt, die von dem Gouverneur Guido de Montfort befehligt werden. Auf dem Großen Platz in Palermo, in der Nähe des Gouverneurspalastes, beobachten die Sizilianer argwöhnisch und haßerfüllt das lockere Treiben der französischen Soldaten. Die Herzogin Elena erscheint, begleitet von ihrer Zofe Ninetta und dem jungen Sizilianer Danieli. Sie beklagt den Tod ihres Bruders Friedrich, der mit dem inzwischen entmachteten staufischen Königshaus sympathisiert hatte und deshalb auf Befehl des Gouverneurs als Verschwörer hingerichtet worden ist; eine harte Maßnahme, die, wie ein Gespräch zwischen zwei französischen Offizieren zeigt, nicht einmal unter den Besatzungstruppen Zustimmung findet. Der Unterführer Robert fordert Elena auf, zur Unterhaltung der Besatzungssoldaten zu singen. Sie erklärt sich bereit, aber ihr Lied, ein Gleichnis vom untergehenden Schiff, das nicht durch Klagen oder Bitten, sondern nur durch Tatkraft gerettet werden könnte, ist eine kaum verschlüsselte Aufforderung an ihre Landsleute, sich gegen die Besatzungsherrschaft zu wehren. Es kommt wahrhaftig zu einem Handgemenge zwischen Sizilianern und Franzosen, bis der Gouverneur auftritt. Da ihn alle fürchten, ziehen sich die Sizilianer zurück. Auf dem fast verlassenen Platz erscheint der junge Sizilianer Arrigo, der Elena liebt. Er berichtet ihr, daß er soeben aus der Gefangenschaft freigelassen worden sei, da sich seine Unschuld erwiesen habe. Da tritt Montfort, der das Gespräch belauscht hat, hinzu und belehrt ihn, er habe seine Freiheit nicht der Gerechtigkeit, sondern einer Gnade des Gouverneurs zu danken. Nachdem er Elena, Ninetta und Danieli fortgeschickt hat, fragt er ihn nach Namen und Familie, da ihn der Mut und die Unbeugsamkeit des jungen Mannes für ihn einnehmen. Arrigo kann nur unvollständig Auskunft geben. Montfort warnt ihn vor Elena, die heimlich eine Verschwörung plane, und versucht, ihn für die französischen Truppen und den Ruhm der Siegermacht zu gewinnen, doch Arrigo lehnt ab. – Nach Jahren des Exils kehrt der sizilianische Arzt Giovanni da Procida mit einem Boot heimlich in sein Heimatland zurück. Er hat in Byzanz und in Spanien um Unterstützung für die Sizilianer gebeten, und König Peter von Aragon hat ihm mitgeteilt, daß er zu ihren Gunsten eingreifen werde, wenn sich die Sizilianer gegen die Franzosen erheben. Dies berichtet er am Strand Elena und Arrigo; die Liebe des jungen Mannes zur Herzogin hat er in seinen Aufstandsplan einkalkuliert – und auch Elena verspricht Arrigo ihre Liebe, wenn er bereit sei, den Tod ihres Bruders zu rächen. Der Offizier Bethune überbringt Arrigo eine Einladung zu einem Ball in den Gouverneurspalast – der junge Mann lehnt ab und wird deshalb festgenommen und zum Palast abgeführt. Procida weiß ein Mittel, um den schwelenden Haß der Sizilianer in Rebellion zu verwandeln. Als junge Sizilianer mit ihren Bräuten kommen, um ihre bevorstehende Hochzeit in einem Tanz-Zeremoniell zu feiern, stiftet er die französischen Soldaten an, die hübschen Sizilianerinnen zu entführen. Die Wut der Sizilianer steigert sich noch, als nahe dem Strand ein Schiff vorbeifährt, auf dem Besatzungssoldaten mit Sizilianerinnen tändeln. – In seinem Arbeitszimmer beschäftigt sich Montfort mit einem Brief, den er seit vielen Jahren immer wieder gelesen hat. Er stammt von einer Sizilianerin, mit der er eine kurze Affäre hatte. Den Sohn aus dieser Verbindung zog die Sizilianerin im Haß gegen den Vater und gegen alle Franzosen auf; doch kurz vor ihrem Tode beschwor sie ihn in diesem Brief, das Leben Arrigos, der nicht wisse, wer sein Vater sei, zu schonen. Der Offizier Bethune führt den verhafteten Arrigo vor und wundert sich, als ihm der Gouverneur befiehlt, den Gefangenen mit Ehrerbietung zu behandeln. Als er mit Arrigo allein ist, enthüllt er ihm das Geheimnis seiner Herkunft und sagt ihm, wie sehr er sich nach der Liebe des Sohnes sehne. Arrigo aber ist verzweifelt: er kann den Vater nicht lieben und erkennt zugleich, daß es unmöglich ist, als Sohn eines Franzosen die Hand Elenas zu gewinnen. – Auf einem großen Ball will Montfort Franzosen und Sizilianer miteinander versöhnen. Elena und Procida jedoch sind gekommen, um auf dem Maskenfest unerkannt Montfort zu ermorden. Arrigo weihen sie in das Vorhaben ein, und Elena heftet das Zeichen der Verschwörer, eine seidene Schleife, an sein Gewand. Montfort nähert sich erneut dem Sohn und bittet um Verständnis, doch Arrigo weist ihn ab. Als aber Elena vorstürzt, um Montfort zu erstechen, wirft er sich dazwischen und verhindert das Attentat. Die Verschwörer verfluchen den Verräter. Montfort dankt dem Sohn und läßt Elena und Procida verhaften. – Im Gefängnis warten Elena und Procida auf ihre Hinrichtung. Arrigo hat vom Vater die Erlaubnis erhalten, Elena zu besuchen. Sie überschüttet ihn mit Vorwürfen und verabscheut den Verrat, aber als er ihr sagt, daß er mit der Verhinderung des Attentats nur seiner Sohnespflicht genügt habe, und ihr versichert, jetzt stehe er gänzlich auf der Seite der Verschwörer, verzeiht sie ihm. Beide bestätigen einander ihre Liebe. – Montfort befiehlt den sofortigen Vollzug der Hinrichtung. Procida wird herbeigeführt. In einem unbeobachteten Moment unterrichtet er Elena, im Hafen liege ein Schiff mit Waffen, das der spanische König zur Unterstützung des Aufstandes geschickt habe. Montfort verspricht den Verurteilten die Begnadigung, wenn Arrigo sich durchringen könne, ihn öffentlich als seinen Vater zu bezeichnen. Der Anblick der zum Richtblock geführten Elena zwingt ihn zu diesem Bekenntnis. Montfort begnadigt die Verschwörer und erklärt zugleich, noch heute, zur Stunde der Vesperzeit, wolle er die Hochzeit von Elena und Arrigo verkünden. Elena zögert, doch Procida rät ihr, im Interesse seiner Umsturzpläne zuzustimmen. – Der Friede zwischen Franzosen und Sizilianern scheint hergestellt. Elena dankt allen, die ihr Huldigungen und Glückwünsche überbringen; sie und Arrigo glauben nun an eine glückliche gemeinsame Zukunft. Da kommt Procida und läßt sie wissen, das Läuten der Vesperglocke sei das Zeichen zum Überfall auf die ahnungslosen Franzosen. Elena sucht einen Ausweg. Sie will das Blutbad verhindern, aber Procida nicht verraten – so sieht sie keinen anderen Ausweg, als die Hochzeit zu verweigern. Arrigo kann ihr Zögern nicht verstehen, auch Montfort durchschaut die Lage nicht. Er will alles zu einem guten Ende bringen und befiehlt mit einem gutgemeinten Machtwort zur Einleitung der Hochzeitszeremonie das Läuten der Vesperglocke. Sogleich fallen die bewaffneten Sizilianer über die Franzosen her und machen sie nieder.

STILISTISCHE STELLUNG: ›Die sizilianische Vesper‹ ist das erste Werk, das Verdi für die Grand-Opéra in Paris schrieb. Aus seinen oft unzufriedenen Briefen über die Arbeits- und Produktionsbedingungen dieser von ihm abschätzig sogenannten »grand boutique« hat man einen grundsätzlichen Gegensatz zu konstruieren versucht zwischen dem Komponisten und der französischen Oper, die damals – durchaus im Sinne der großen historischen Opern Meyerbeers – in ihrer Anlage (fünfaktig, mit großem Ballett im III. Akt) relativ schematisch festgelegt war. Dieser Gegensatz mag stimmen für den Verdi des ›Don Carlos‹, aber weniger für den der ›Sizilianischen Vesper‹. Zumal: heißt es nicht den Komponisten des ›Rigoletto‹ und der ›Traviata‹ unterschätzen, wenn man unterstellt, die Bedingungen einer französischen Grand opéra hätten ihn so belastet, daß er nur Mittelmäßiges habe liefern können? Sieht man genauer hin, so zeigt sich, daß die ›Sizilianische Vesper‹ zwar nicht Verdis melodienseligste Oper ist, aber – gerade in der Darstellung des Freiheitskampfes der Sizilianer – ein dem Risorgimento verhaftetes, bisweilen wild-herbes, in den Gefühlen der Helden ungeschönt-leidenschaftliches Stück, in der schneidenden Härte der

Instrumentation, in ihrer fast wütenden rhythmischen Schlagkraft von ähnlicher Wirkung wie bisweilen der in der Handlung viel verworrenere ›Troubadour‹.

TEXTDICHTUNG: Vorbild für das Libretto, das Eugène Scribe und sein Mitarbeiter Charles Duveyrier verfaßten, war der historisch belegte sizilianische Aufstand gegen die Franzosen im Jahre 1282, bei dem damals binnen weniger Stunden fast alle Franzosen in Palermo niedergemacht wurden. Die Forschungen von Steven Runciman haben gezeigt, daß sich Scribe und Duveyrier verhältnismäßig eng an das historische Geschehen gehalten haben, und wenn auch Verdi ein gewisses Nachlassen der dramatischen Spannung im V. Akt und eine ungenügende Verzahnung des Freiheitskampfes mit der Liebesgeschichte zwischen Elena und Arrigo monierte, so ist doch ein schlagkräftiger, situationsbezogener Operntext entstanden, der zumal mit den psychologisch erfaßten, eher »gebrochenen« Helden (Arrigo, Montfort) Verdis musikdramatischen Interessen sehr entgegenkam.

GESCHICHTLICHES: Die Uraufführung der ›Sizilianischen Vesper‹ fand am 13. Juni 1855 in Paris statt und war ein Erfolg – innerhalb von zehn Jahren wurde das Werk mehr als 60mal dort aufgeführt. An italienischen Bühnen (zuerst am 26. Dezember 1855 in Parma, dann am 4. Februar 1856 an der Mailänder Scala) wurde die Oper zuerst mit erheblichen, zensurbedingten Texteingriffen als ›Giovanna de Guzman‹ gespielt – erst nach Gründung der italienischen Republik konnte das Werk in seiner Originalgestalt aufgeführt werden. In London wurde die Oper zuerst 1859 gespielt, die deutsche Erstaufführung fand am 14. März 1857 in Darmstadt statt; durchsetzen konnte sich die Oper jedoch erst 1929 in der deutschen Fassung von Gian Bundi in Stuttgart, Zürich und Basel. 1932 publizierte Julius Kapp eine Bearbeitung (die mit dem Tod des Liebespaares Elena–Arrigo endet), 1969 legte Kurt Honolka eine auf drei Akte zusammengezogene Neufassung vor, die in Hamburg, München, Stuttgart und Köln gespielt wurde, die aber dem Ziel einer dramaturgischen Straffung und Verdeutlichung nur teilweise und nur durch den Verzicht auf bedeutende Teile der Musik näherkam. Heute jedoch erscheint es an der Zeit, sich dem Werk wieder so zu nähern, wie Verdi es hinterlassen hat; eingehend auf die Bedingungen der französischen Grand opéra, aber auch ihre theatralischen Schau-Werte nutzend.

W. K.

Simone Boccanegra (Simon Boccanegra)

Oper in einem Vorspiel und drei Aufzügen. Dichtung von Francesco Maria Piave.

SOLISTEN: Personen des Vorspiels: *Simone Boccanegra,* Korsar im Dienste der Republik Genua (Heldenbariton, gr. P.) – *Jacopo Fiesco,* ein Edelmann aus Genua (Seriöser Baß, gr. P.) – *Paolo Albiani* (Charakterbariton, auch Charakterbaß, gr. P.) und *Pietro* (Charakterbaß, auch Baßbariton, m. P.), Männer des Volkes. – Personen der Oper: *Simone Boccanegra,* Erster Doge von Genua (Heldenbariton, gr. P.) – *Maria,* seine Tochter, unter dem Namen *Amelia Grimaldi* (Jugendlich-dramatischer Sopran, gr. P.) – *Jacopo Fiesco,* unter dem Namen *Andrea* (Seriöser Baß, gr. P.) – *Gabriele Adorno,* Genueser Edelmann (Jugendlicher Heldentenor, gr. P.) – *Paolo Albiani* (Charakterbariton, auch Charakterbaß, gr. P.) und *Pietro* (Charakterbaß, auch Baßbariton, m. P.), vom Hof des Dogen – *Ein Hauptmann der Bogenschützen* (Tenor, kl. P.) – *Eine Magd Amelias* (Sopran, kl. P.).

CHOR: Krieger. Seeleute. Volk. Senatoren. Hofstaat des Dogen. Dienerschaft Fiescos usw. (im 3. Bild Männerchor geteilt in Chöre von je 12 Ratsherren der Nobili und des Volkes [je 6 Tenöre und je 6 Bässe] und in Volk; m. Chp.).

ORT: Die Handlung spielt in Genua und Umgebung.

SCHAUPLÄTZE: Ein Platz in Genua, rechts der Palast der Fieschi mit großem Balkon, links andere Häuser – Garten der Grimaldi in der Nähe Genuas, im Hintergrund das Meer – Ratssaal im Regierungspalast mit Thron des Dogen, rechts und links je zwölf Sitze für die Ratsherren der Nobili bzw. des Volkes, abseits Sitze für die »Meeres-Konsuln« und andere – Zimmer des Dogen im Palast zu Genua – Im Palast des Dogen, durch große Öffnungen Blick auf das festlich erleuchtete Genua.

ZEIT: Um die Mitte des 14. Jahrhunderts. Zwischen dem Vorspiel und dem I. Akt liegen zwanzig Jahre.

ORCHESTER: 2 Fl. (II. auch Picc.), 2 Ob., 2 Kl., 1 Bkl., 2 Fag., 4 Hr., 2 Trp., 3 Pos., 1 Bt., P., Schl., Hrf., Str. – Bühnenmusik: 5 Trp., 4 Pos., Schl., Hrf.

GLIEDERUNG: Kurzes Vorspiel und 24 musikalische Szenen, die pausenlos ineinandergehen.

SPIELDAUER: etwa 2½ Stunden.

HANDLUNG: Dem Liebesverhältnis des Korsaren Boccanegra mit Maria, der Tochter des Genueser Patriziers Fiesco, war ein Mädchen entsprossen. Der adelsstolze Fiesco gab aber die Vermählung Marias mit einem Plebejer nicht zu; er sperrte die Tochter in seinem Palast ein, wo sie soeben aus Gram verstorben ist. – Die beiden Führer der Volkspartei Paolo Albiani und Pietro haben aus eigennützigen Gründen beschlossen, durch ihren Einfluß beim Volk Simone Boccanegra, der Genua von den Seeräubern befreit hatte und sich deshalb großer Beliebtheit erfreut, auf den verwaisten Thron des Dogen von Genua zu erheben. Der Korsar erklärt sich nur aus dem Grund zur Annahme des hohen Amtes bereit, weil er hofft, daß ihm dann Fiesco die Hand der Geliebten nicht länger mehr verweigern wird. Bei einer Begegnung vor seinem Palast verheimlicht Fiesco dem Simone noch den Tod Marias; er erklärt sich zu einer Aussöhnung bereit für den Fall, daß ihm Boccanegra seine und Marias kleine Tochter zur Erziehung übergeben werde. Das Kind war aber vor einiger Zeit von seinem Aufenthaltsort am Strand von Pisa verschwunden, und trotz eifrigem Suchen konnte der unglückliche Vater nicht ermitteln, wo es sich jetzt befindet. Unversöhnt gehen die beiden Männer auseinander. Boccanegra dringt hierauf in den Palast der Fieschi ein, um Maria die bevorstehende glückliche Wendung ihres Geschicks mitzuteilen. Während aus der Ferne die Huldigungsrufe des Volkes anläßlich Boccanegras Wahl zum Dogen ertönen, macht dieser im Schloß die gräßliche Entdeckung von dem Tod der Geliebten. – Zwanzig Jahre später findet Simone plötzlich die Tochter wieder. Sie hatte seinerzeit nach dem Tod ihrer Pflegemutter als hilflose Waise in dem Kloster von Pisa Zuflucht gesucht und war anstelle des an diesem Tage dort verstorbenen Töchterchens Amelia der Patrizierfamilie Grimaldi unter dem gleichen Namen aufgezogen worden, um auf diese Weise das Vermögen der geflüchteten Grimaldis vor der Konfiszierung zu retten. Boccanegras Vertrauter Paolo Albiani, dem Simone den Thron verdankt, begehrt Amelias Hand. Als aber der Doge erfährt, daß sein Kind bereits einen anderen, nämlich den jungen Edelmann Gabriele Adorno liebt, weist er Paolos Begehren zurück, der daraufhin beschließt, das Mädchen mit Hilfe Pietros und des Abenteurers Lorenzo zu entführen. – Adorno befreite die Geliebte aus den Armen der Räuber und tötete dabei Lorenzo. Eine in die Ratssitzung einbrechende wilde Volksmenge verlangt Sühne für Lorenzo. Da das Gerücht geht, Amelia sei die Geliebte des Dogen – niemand ahnt, daß sie seine Tochter ist, – und da der sterbende Lorenzo gestanden hatte, die Entführung sei durch eine hochgestellte Persönlichkeit veranlaßt worden, wird Boccanegra von Adorno in aller Öffentlichkeit des Verbrechens bezichtigt. Aber Amelia erklärt, nicht der Doge, sondern ein anderer sei der Entführer gewesen; der Schurke befände sich hier im Saale und zittere vor der Entdeckung. Da ruft der Doge Paolo; denn er vermutet in ihm den Urheber des Überfalls. Weil er ihn aber nicht der Volkswut ausliefern will, fordert er ihn auf, den Fluch des Himmels auf den Schuldigen herabzurufen. So ist Paolo gezwungen, sich selbst zu verfluchen. – In der kommenden Nacht träufelt Paolo ein langsam wirkendes Gift in Simones Schlaftrunk. Sodann erklärt er Adorno und Fiesco – letzterer lebt jetzt unerkannt unter dem Namen Andrea am Hof und organisiert heimlich einen

Aufstand –, daß er sich nunmehr den Feinden des Dogen, den Guelfen anschließen werde. Gleichzeitig fordert er die beiden auf, Boccanegra zu ermorden. Während Fiesco ablehnt, ist Adorno aus Eifersucht gegen den vermeintlichen Nebenbuhler hierzu bereit. Er wird aber von Amelia zurückgehalten, als er gerade den nach dem Genuß des Gifttrankes am Tisch eingeschlafenen Dogen töten will. Adorno erfährt jetzt von Simone, daß er Amelias Vater sei. In diesem Augenblick ertönen aus der Ferne die Rufe der Aufständischen. Adorno steht nun aber zu Boccanegra, worauf er von diesem Amelias Hand erhält. Die Guelfen unterliegen. Der Doge läßt den Verräter Paolo dem Henker übergeben. Vor seinem Tod gesteht dieser noch Fiesco seine Schandtaten: die Entführung Amelias und die Vergiftung des Dogen. Während der Trauung des jungen Paares hat sich Fiesco bei dem sterbenden Boccanegra eingeschlichen; dieser erkennt in »Andrea« den totgeglaubten Vater seiner geliebten Maria wieder. Er enthüllt ihm nun, daß Amelia in Wirklichkeit seine, Fiescos Enkelin sei, und als die Neuvermählten erscheinen, gibt er der Tochter, die jetzt wieder ihren Taufnamen Maria führen soll, in Andrea-Fiesco den Vater ihrer Mutter zu erkennen. Versöhnt mit seinen Feinden stirbt Simone Boccanegra nach Verkündigung seiner letztwilligen Verfügung, daß Adorno sein Nachfolger als Doge von Genua sei.

STILISTISCHE STELLUNG: Stilistisch stellt ›Simone Boccanegra‹ eine der interessantesten Schöpfungen Verdis dar; denn die von dem üblichen Opernschema ziemlich radikal abweichende musikdramatische Gestaltungsweise schließt sich eng an die Dichtung an und nähert sich bereits dem Spätstil der Vollreife. Bedeutsam ist die Behandlung des Rezitativs, das den geschlossenen musikalischen Szenen eingebaut und fast durchwegs im streng rhythmisierten Vortrag gestaltet ist; vielfach wird das Parlando, das eine noch gelenkigere Handhabung als bei ›Traviata‹ erfährt, vom Orchester untermalt, wie überhaupt dem Orchester im Verhältnis zu den bisherigen Werken Verdis größere Selbständigkeit eingeräumt ist. Eine aparte Harmonik sowie instrumentale und tonmalerische Effekte heben und ergänzen den dramatischen Ausdruck der Singstimmen. Die Verknüpfung der musikalischen Nummern geschieht in unauffälligen Übergängen, so daß der Eindruck einer durchkomponierten Großform entsteht. Diese in die Zukunft weisende Kompositionstechnik ermöglichte es Verdi bei der Überarbeitung des Werkes einige Jahre vor der Entstehung des ›Othello‹, an der Musik so gut wie nichts zu ändern, und so ist es erklärlich, daß das neu hinzugekommene Finale I sich glatt einfügt, weshalb auch einem für stilistische Unterschiede empfindlichen Hörer nicht zu Bewußtsein kommt, daß es sich hier um eine fünfundzwanzig Jahre später ausgeführte Komposition handelt. Auf Verdis Anregung verwertete Arrigo Boito, der Librettist der Neufassung von 1881, bei diesem Finale, das einen der imposantesten Finalsätze in den Opern des Meisters vorstellt, den historischen Briefwechsel des Dichters Francesco Petrarca mit den Dogen von Genua und Venedig, der hierin die sich dauernd befehdenden Parteien auffordert, im Interesse des gemeinsamen Vaterlands Italien Frieden zu halten. Sonst wurden bei der Neufassung noch folgende Änderungen vorgenommen: Im I. Akt wurde ein Ballett afrikanischer Korsaren sowie ein Sextett gestrichen, der II. Akt wurde mit dem Monolog des Paolo, der III. mit dem Vorspiel nach dem Thema des Revolutionschores eröffnet; der Hochzeitschor wurde vom Beginn des III. Aktes in die Szene Fiesco–Paolo verlegt. Die vom Komponisten bei der Revision getroffene Einteilung der Oper in vier Akte läßt sich aus der Verschiebung der musikalischen Schwerpunkte infolge des neuentstandenen Finale I erklären; handlungsmäßig verdient allerdings die ursprüngliche Gliederung in ein Vorspiel und drei Akte den Vorzug, da das Geschehen des Vorspiels den nachfolgenden drei Akten um zwanzig Jahre vorausliegt.

TEXTDICHTUNG: Als Textvorlage ist nicht, wie manchmal irrtümlicherweise angenommen wird, Friedrich Schillers ›Fiesco‹, sondern ein Drama von Antonio García Gutiérrez anzusehen, dessen Schauspiel ›El trovador‹ Verdi den ›Troubadour‹-Stoff vermittelt hatte. Francesco Maria Piave führte die Dichtung nach Verdis Prosaentwurf aus. Das Stück handelt von dem Geschick eines edel veranlagten und mit staatsmännischem Weitblick ausgestatteten Mannes, das mit den politischen Machtkämpfen zwischen Patriziern und Plebejern im Genua des 14. Jahrhunderts verkettet ist. Der düstere Grundton des Geschehens erfährt kaum eine Aufhellung, und die unklare, oft nur andeutungsweise erfolgte Vermittlung der Zusammenhänge erschwert das Verständnis, besonders für den unvorbereiteten Hörer, eine Schwäche des Librettos, die auch die größere Klarheit anstrebende Revision Arrigo Boitos bei der Neufassung nicht beseitigen konnte. – Für die deutschen Bühnen existieren zwei Übersetzungen: eine freie Nachdichtung von Franz Werfel und die sich streng an den originalen Notentext haltende Fassung von Carl Stueber.

GESCHICHTLICHES: Im Frühjahr 1856 erhielt Verdi einen neuen Opernauftrag für das Teatro La Fenice in Venedig. Er wählte hierfür ›Simone Boccanegra‹. Während seines Pariser Aufenthaltes verfaßte Verdi den Prosaentwurf, und nach Überwindung der Zensurschwierigkeiten führte Francesco Maria Piave die Dichtung aus. Ende des Jahres 1856 war die Oper fertig. Bei der Uraufführung am 12. März 1857 am Teatro La Fenice zu Venedig fiel das Werk durch. Schlecht disponierte Sänger, die düstere und verworrene Handlung sowie vor allem der neuartige, von der überkommenen Form beträchtlich abweichende musikalische Stil waren die Ursachen des Fiaskos. Nachdem der Oper auch in Mailand (1859) ein Mißerfolg beschieden war, verschwand sie von den Bühnen, bis nach fast fünfundzwanzig Jahren Giulio Ricordi Verdi zu bewegen verstand, die ihm sehr ans Herz gewachsene Partitur zusammen mit Arrigo Boito einer Überarbeitung zu unterziehen. Die Neufassung fand unter Franco Faccios Leitung und mit dem französischen Bariton Victor Maurel in der Titelrolle an der Scala zu Mailand am 24. März 1881 großen Beifall. Dennoch vermochte sich die großartige Schöpfung keinen dauernden Platz im Repertoire der Opernbühnen zu erringen, obwohl das Werk, wie vereinzelte geglückte Aufführungen beweisen, einer starken Wirkung fähig sein kann. Ein guter Erfolg des ›Simone Boccanegra‹ ist eben, ähnlich wie bei ›Macbeth‹, in erster Linie von der Qualität der Aufführung und insbesondere von einer geeigneten Solistenbesetzung abhängig.

Ein Maskenball (Un ballo in maschera)

Oper in drei Akten. Dichtung nach Eugène Scribes Drama ›Gustav III. ou le bal masqué‹ von Antonio Somma.

SOLISTEN: *Graf Richard von Warwick,* Gouverneur von Boston [*König Gustav III. von Schweden*] (Jugendlicher Heldentenor, gr. P.) – *René* [*Hauptmann Anckarström*] (Kavalierbariton, gr. P.) – *Amelia* (Dramatischer Sopran, auch Jugendlich-dramatischer Sopran, gr. P.) – *Ulrica* [*Ulrica Arfvidsson*] (Dramatischer Alt, m. P.) – *Oscar* (Lyrischer Koloratursopran, m. P.) – *Silvano* [*Matts*], Matrose (Lyrischer Bariton, auch Charakterbariton, m. P.) – *Samuel* [*Graf Horn*] (Seriöser Baß, auch Charakterbaß, m. P.) und *Tom* [*Graf Ribbing*] (Spielbaß, auch Charakterbaß, kl. P.), Verschworene – *Ein Richter* (Tenor, auch Bariton, kl. P.) – *Ein Diener Amelias* (Tenor, kl. P.).
Die Namen in eckigen Klammern sind die heute wieder üblichen der Originalfassung.
CHOR: Deputierte. Offiziere. Matrosen. Männer, Frauen und Kinder vom Volk. Höflinge. Anhänger von Samuel und Tom. Diener. Masken (im 1. und 2. Bild Bässe geteilt in Offiziere und Höflinge bzw. in Volk und Verschworene; Männerchor, gr. Chp.; Frauenchor, m. Chp.).
BALLETT: Tänze im Ballakt.
ORT: Boston und seine Umgebung [Stockholm].
SCHAUPLÄTZE: Ein Saal im Haus des Gouverneurs – Wohnung der Wahrsagerin, links offener Kamin, magischer Kessel auf einem Dreifuß – Ein einsames Gefilde in der Umgebung von Boston, links in der Niederung zwei Pfeiler – Renés Studierzimmer, im Hintergrund Porträt des Grafen – Prächtiges Kabinett des Grafen, im Hintergrund ein großer Vorhang, bei geöffnetem Vorhang Ballsaal sichtbar.
ZEIT: Ende des 17. Jahrhunderts [1792].

Orchester: 2 Fl. (auch 2 Picc.), 2 Ob. (II. auch Eh.), 2 Kl., 2 Fag., 4 Hr., 2 Trp., 3 Pos., 1 Bt., P., Schl., Hrf., Str. – Bühnenmusik: Banda (Besetzung siehe bei ›Rigoletto‹), Streichquintett.
Gliederung: Vorspiel und 17 musikalische Szenen.
Spieldauer: etwa 2½ Stunden.
Handlung: Graf Richard, Gouverneur von Boston, erfreut sich größter Beliebtheit; dennoch trachtet ihm eine kleine Gruppe von Gegnern unter Führung von Tom und Samuel aus persönlichen Rachemotiven nach dem Leben. Zu früher Morgenstunde warten Offiziere und Abordnungen aus Stadt und Land im Gouverneurspalast auf den Grafen, um ihm ihre Bitten und Wünsche vorzutragen. Auch die Verschworenen fehlen nicht; denn sie bewegen sich dauernd in der Umgebung des Gouverneurs und lauern auf eine günstige Gelegenheit zur Durchführung ihres finsteren Planes. Bei der Audienz legt der Page Oscar dem Grafen die Liste der zu einem Maskenball geladenen Gäste vor. Zu seinem Entzücken findet Richard darauf auch den Namen Amelias, der Gattin seines Mitarbeiters und getreuesten Freundes René, die er heimlich liebt. Die Versammelten entfernen sich in ein Nebenzimmer, als René kommt, der dem Gouverneur wichtige Enthüllungen über seine Feinde bekanntgeben will. Aber Richard verzichtet auf die Nennung der Namen. Dann erscheint der Erste Richter, der ein Verbannungsurteil gegen die Wahrsagerin Ulrica zur Unterschrift vorlegt. In einem plötzlichen Entschluß ruft der Graf die im Nebenzimmer Wartenden herein und fordert sie auf, sich mit ihm heute Nachmittag in einer Verkleidung zur Zauberin zu begeben. – Richard betritt, als Fischer verkleidet, zunächst allein das Haus Ulricas, die soeben dem unzufriedenen Matrosen Silvano prophezeit, daß er bald Geld erhalten und befördert werden würde. Der Graf macht sogleich den Spruch wahr, indem er Silvano heimlich eine Geldrolle und einen Zettel in die Tasche steckt, auf dem er dessen Beförderung zum Offizier rasch verzeichnet hatte. Gleich darauf erscheint Amelia zu einer geheimen Beratung. Zu diesem Zweck entfernt Ulrica die Anwesenden; der Graf versteckt sich aber eiligst in einem Winkel des Hauses und erfährt sodann, daß auch Amelia ihn liebt und daß sie Ulrica aufgesucht habe, um von ihr ein Mittel gegen ihre Herzensbeschwer zu erhalten. Die Zauberin weiß Rat, doch muß Amelia das benötigte Kraut um Mitternacht auf der Richtstätte unter dem Galgen selbst holen. Nachdem Amelia sich wieder entfernt hat, strömt eine Menge Neugieriger ins Haus, unter ihnen auch die Anhänger des Grafen und die Verschworenen. Nun läßt Richard sich weissagen. Ulrica stellt zunächst fest, daß diese Hand schon wiederholt im Kampf gebieterisch den Degen geführt habe, dann aber wird sie mit Schrecken gewahr, daß ihm von Seiten eines Freundes der Tod droht. Auf die Frage des Grafen, wer der Mörder sei, antwortet sie, der nächste, der ihm die Hand drücke. In diesem Augenblick betritt René die Hütte und reicht

Richard die Hand zum Gruß. Lachend mokiert sich der Graf über die dadurch ad absurdum geführte Prophezeiung, während Ulrica, nachdem sie den Gouverneur erkannt hat, ihn kniefällig beschwört, vor dem Mörder auf der Hut zu sein. – Um Mitternacht trifft der Graf Amelia tatsächlich bei der Richtstätte an. Mit leidenschaftlichen Worten gestehen sich die beiden ihre Liebe. Da naht plötzlich René. Er ist Richard nachgeeilt, um ihn vor den Verschworenen zu warnen, die ihm in einem Hinterhalt auflauern. Rasch tauscht er mit dem Grafen den Mantel und schwört ihm, wie es dieser verlangt, die Dame, verschleiert und ohne ein Wort mit ihr zu wechseln, in die Stadt zurückzugeleiten. Kaum ist Richard fort, erscheinen Tom und Samuel mit ihren Anhängern. In ihrer Enttäuschung über das neuerliche Entkommen des Grafen wollen sie wenigstens wissen, wer die Schöne sei, mit der er heimlich in dunkler Nacht lustwandelte. René stellt sich ihnen entgegen, und als sie zu den Waffen greifen, schlägt Amelia selbst ihren Schleier zurück. Zerschmettert über den schnöden Verrat seiner Treue bestellt René für den nächsten Tag Tom und Samuel, die sich mit ihren Komplizen über die unerwartete Entdeckung in beißendem Spott ergehen, in sein Haus. – Dort gibt er ihnen bekannt, daß er nun selbst an ihrer Verschwörung teilnehme. Denn nicht Amelia, wie er erst beschlossen hatte, sondern Richard muß die Untreue mit seinem Leben bezahlen. Amelia wird von René gezwungen, aus einer Urne den Namen des Vollstreckers der Rache zu ziehen. Das Los trifft René. In diesem Augenblick überbringt der Page die Einladung zu dem Maskenball. Die drei Verschworenen beschließen, bei dieser Gelegenheit die Tat zu vollführen, und sie verabreden die Maske und das Losungswort »Tod und Rache«. – Inzwischen hat Richard beschlossen, René nach England zu versetzen. Die Trennung soll seinem und Amelias Herzen Ruhe verschaffen. Auf dem Maskenball will er Amelia ein letztes Mal sehen und von ihr Abschied nehmen. Er läßt sich daher nicht abhalten, an dem Fest teilzunehmen, obwohl er von Amelia vor der drohenden Gefahr gewarnt wird. Als René, dem Oscar die Maske des Grafen verraten hatte, seine Gattin und den Gouverneur im Augenblick des Abschiednehmens antrifft, stößt er diesem seinen Dolch in den Rücken. Sterbend beteuert Richard dem Freund, daß die Ehre seiner Gattin unbefleckt sei; gleichzeitig übergibt er ihm das Dekret seiner Versetzung nach England und bestimmt als seinen Letzten Willen, daß allen verziehen sei.

Stilistische Stellung: Die schlagkräftige Wirkung des ›Maskenball‹ ist zunächst der glücklichen Anlage des Textbuches zuzuschreiben. Die Handlung wird trotz einiger Unwahrscheinlichkeiten klar entwickelt. Der musikalische Aufbau steht im innigsten Kontakt mit der Gliederung der Dichtung, was auch äußerlich durch die Einteilung der Musik in Szenen unterstrichen wird. Die kluge Proportionierung der Kontraste ermöglichte dem Komponisten eine farbige und abwechslungsreiche Gestaltung, besonders bei der Milieu- und Stimmungsschilderung. Hierbei offenbart sich die zunehmende Meisterschaft Verdis in der reicheren Polyphonie und in einer verfeinerten Technik. Die Thematik ist in ihrer mannigfaltigen und gegensätzlichen Profilierung aus der jeweiligen dramatischen Situation erwachsen. Kantilenen von lyrischem und pathetischem Charakter treten spritzige Melodien von brillantem Feinschliff (französischer Einschlag) gegenüber. Beide Arten werden bisweilen in kunstvoll gebauten Ensembles kombiniert. Wie schon in früheren Werken (›Luisa Miller‹, ›Rigoletto‹, ›La Traviata‹) erzielt Verdi auch bei ›Maskenball‹ durch die Untermalung einer schicksalhaft ernsten Szene mit tänzerischer Musik starke Kontrastwirkungen. Bemerkenswert ist die programmatische Anlage des Vorspiels, das die Situation zu Beginn der Handlung durch die Gegenüberstellung der Themen der freundlichen und feindlichen Umgebung des Grafen sowie durch die Einführung des Liebesthemas musikalisch skizziert; die abrupte Zäsur, die auf eine kurz gesteigerte Durchführung des in das Liebesthema sich drängenden fugierten Staccato-Motivs der Verschworenen folgt, deutet auf den tragischen Ausgang des Stückes.

TEXTDICHTUNG: Der Verdische ›Maskenball‹ geht auf Scribes ursprünglich für Rossini verfaßtes, dann aber 1833 von Auber vertontes Libretto ›Gustav III. ou le bal masqué‹ zurück. Es behandelt den Stockholmer Königsmord vom 17. März 1792, den Scribe mit einer etwas sentimentalen Liebesgeschichte in Verbindung brachte. Die historische Unterlage des Stoffes ist folgende: Gustav III. von Schweden, ein Neffe Friedrichs des Großen, verstand es, die aristokratische Ständeherrschaft zu brechen. Er erfreute sich wegen seiner Reformen auf wirtschaftlichem, sozialem und kulturellem Gebiet großer Beliebtheit beim Volk. Seine Hofhaltung war üppig nach dem Vorbild der französischen Könige. Wegen seiner allzu selbstherrlichen Außenpolitik gewann die Adelsclique wieder Oberwasser, und so wurde der König auf einem Maskenball von dem verabschiedeten Offizier Anckarström durch einen Pistolenschuß tödlich verwundet. Er starb nach zwölf Tagen, der Mörder wurde hingerichtet. – Verdi betraute mit der Ausarbeitung des Textes Antonio Somma, der, obwohl von Beruf Advokat, ein hervorragender Dramatiker war. Die Mitarbeit des Komponisten war diesmal besonders aktiv, so daß dieser die Dichtung einmal in einem Brief an Somma als »il nostro libretto« bezeichnete; vielleicht wurde auch aus diesem Grund der Librettist in der Partitur nicht genannt. Entsprechend den Forderungen der römischen Zensur mußten die Namen der Personen sowie Ort und Zeit der Handlung abgeändert werden: aus Gustav III. wurde »Graf Richard Warwick, Gouverneur von Boston«, aus dem Mörder Anckarström »Renato (René), ein Kreole und Sekretär des Gouverneurs«, aus den Grafen Horn und Ribbing »Samuel und Tom«, aus der Zigeunerin Arfvidsson die Zauberin »Ulrica« und aus Matts der Matrose »Silvano«. Die Handlung wurde nach Nordamerika, die Zeit auf Ende des 17. Jahrhunderts verlegt und statt ›La vendetta in domino‹ der Titel ›Un ballo in maschera‹ gewählt. Die Übertragung des Textes ins Deutsche besorgte Johann Christoph Grünbaum; eine neue deutsche Übersetzung stammt von Joachim Popelka und Georg C. Winkler.

GESCHICHTLICHES: Auf die Opern »a spettacolo« suchte Verdi nach einem gefühlsbetonten Stoff (»soggetto di sentimento«). Er dachte erst an Victor Hugos ›Ruy Blas‹ und an den ›Tesoriere del Re Don Pedro‹ des ›Troubadour‹-Dichters Antonio García Gutiérrez, entschied sich aber schließlich für Scribes ›Gustav III.‹. Ende 1857 war die Musik bereits so gut wie fertig. Als Verdi sich Mitte Januar 1858 nach Neapel begeben hatte, wo das Werk herauskommen sollte, erfuhr er von den außergewöhnlichen Zensurschwierigkeiten. Die Behörden wollten, eingedenk des 1849 in Neapel erfolgten Attentats auf Napoleon III., einen Königsmord auf der Bühne nicht dulden, aber auch sonst wurden eingreifende Abänderungen verlangt: Der Held des Stückes sollte ein Bürgerlicher sein, der nicht die Gattin, sondern die Schwester des Freundes liebt, das Maskenfest sowie die Auslosung des Mörders sollten wegfallen, der Mord selbst hinter der Bühne erfolgen und schließlich die Handlung wegen der Wahrsageszene in das Mittelalter zurückverlegt werden, weil man damals noch an solche Dinge glaubte. Überdies legte die Behörde ein neues Libretto vor, das der Komponist einfach seiner Partitur unterlegen sollte: ›Adelia degli Adimari‹. Der Meister zog daraufhin natürlich sein Werk zurück, und als ihn der Impresario auf Schadenersatz in Höhe von 50000 Dukaten verklagen wollte, versprach Verdi, dafür seinen ›Simone Boccanegra‹ persönlich zur Aufführung bringen zu wollen. Unterdessen hatte sich Vincenzo Jacovacci in Rom für die neue Oper interessiert, da dort eben Scribes ›Gustav III.‹ mit großem Erfolg gegeben worden war. Die römische Zensur machte erst auch Schwierigkeiten, begnügte sich aber schließlich mit belanglosen, die Struktur des Werkes nicht berührenden Änderungen (siehe oben). Daraufhin vollendete Verdi die Partitur Ende des Jahres 1858 in Neapel. Am 17. Februar 1859 ging die Oper am Apollo-Theater in Rom mit außerordentlichem Erfolg in Szene, obwohl kein durchwegs erstklassiges Sänger-Ensemble zur Verfügung stand und nur Leone Giraldoni (René) und Gaetano Fraschini (Richard) den Ansprüchen des Komponisten zu genügen vermochten. ›Ein Maskenball‹ erschien auch bald auf den anderen Bühnen Italiens, im Ausland erst 1861 in Paris und Berlin, und zwar zunächst noch in italienischer Sprache. Eine Wiederherstellung der ursprünglichen Fassung (Zurückverlegung der Handlung nach Schweden mit den historischen Namen der Personen) ist seit Göran Genteles maßstabsetzender, auf vielen Gastspielen gezeigter Stockholmer Inszenierung von 1967 fast an allen Bühnen üblich geworden.

Die Macht des Schicksals (La forza del destino)

Oper in vier Akten. Dichtung von Francesco Maria Piave.

SOLISTEN: *Der Marchese von Calatrava* (Charakterbaß, kl. P.) – *Leonore di Vargas* (Dramatischer Sopran, auch Jugendlich-dramatischer Sopran, gr. P.) und *Don Carlos di Vargas* (Heldenbariton, auch Kavalierbariton, gr. P.), seine Kinder – *Alvaro* (Jugendlicher Heldentenor, gr. P.) – *Pater Guardian* (Seriöser Baß, m. P.) – *Fra Melitone* (Spielbaß, m. P.) – *Preziosilla,* eine junge Wahrsagerin (Dramatischer Mezzosopran, m. P.) – *Mastro Trabuco,* Maultiertreiber und Hausierer (Spieltenor, auch Charaktertenor, m. P.) – *Ein Alcalde* (Charakterbaß, kl. P.) – *Ein Chirurgus* der spanisch-italienischen Truppen (Baß, kl. P.) – *Curra,* Kammerzofe Leonores (Mezzosopran, kl. P.).
CHOR: Franziskanermönche. Maultiertreiber. Spanische und italienische Soldaten. Spanisches und italienisches Volk. Marketenderinnen und Lagerdirnen. Kriegsvertriebene. Italienische Rekruten. Arme Weiber und Bettler (im II. Akt, 1. Bild, ganzer Chor geteilt in Pilger und in Landleute und Maultiertreiber; gr. Chp.).
BALLETT: Tanz der Landmädchen (2. Bild), Tarantella (III. Akt).
ORT: Der I. Akt spielt in Sevilla, der II. und letzte Akt im Umkreis eines spanischen Franziskanerklosters, der III. Akt in Italien, bei Velletri in der Nähe Roms.
SCHAUPLÄTZE: Leonores Zimmer im Landhaus des Marchese von Calatrava – Garküche in einem Dorf in der Nähe eines großen Franziskanerklosters – Franziskanerkloster auf der Höhe eines Berges, im Hintergrund die Kirche, links das Konventgebäude, neben dem geschlossenen Tor kleiner Eingang mit Glockenzug und Pförtnerfensterchen, in der Mitte ein riesiges Steinkreuz auf einem Sockel – In der vordersten Stellung der verbündeten Truppen – Der Marktplatz von Velletri mit zerschossenen Häusern und einigen Jahrmarktsbuden – Der Hof des Franziskanerklosters – Berglandschaft mit Eremitenhütte, eine Glocke über dem Eingang.
ZEIT: Mitte des 18. Jahrhunderts.
ORCHESTER: 2 Fl. (II. auch Picc.), 2 Ob., 2 Kl., 2 Fag., 4 Hr., 2 Trp., 3 Pos., 1 Bt., P., Schl., 2 Hrf., Str. – Bühnenmusik: Org., 6 Trp., 4 Tr.
GLIEDERUNG: Ouvertüre und 34 Musiknummern, die pausenlos ineinandergehen.
SPIELDAUER: etwa 3 Stunden.
HANDLUNG: Leonore di Vargas, Tochter des Marchese von Calatrava, liebt den braunhäutigen Alvaro, der einem vornehmen Inka-Geschlecht entstammt. Da ihre Familie eine Vermählung mit dem Fremdling ablehnt, hat der Vater das Mädchen auf seinen Landsitz gebracht, wo es in der Stille der Natur seinen Schmerz vergessen soll.

Die Liebenden hatten indes beschlossen, sich heimlich trauen zu lassen. Als Alvaro nachts auf das verabredete Zeichen hin kommt, um Leonore abzuholen, wird diese plötzlich in ihrem Entschluß wankend, sich von dem Vater loszusagen, der sie zärtlich liebt. Von Alvaros inständigem Drängen überwältigt, ist Leonore schließlich zur Flucht bereit, und die beiden sind sich einig, daß sie nunmehr keine Macht des Geschicks mehr trennen kann. Inzwischen ist aber der Marchese durch den Lärm geweckt worden. Er erscheint mit einigen Dienern auf Leonores Zimmer, und als Alvaro daraufhin seine Pistole wegwirft, um damit anzudeuten, daß er keine Gewalt anwenden möchte, entlädt sich diese beim Aufprall auf dem Boden von selbst. Die Kugel trifft den Marchese tödlich. Die Liebenden werden anschließend auf der Flucht durch ihre Verfolger voneinander getrennt. – Leonore legt nun Männerkleider an und wird deshalb in einer Dorfschenke von ihrem Bruder Don Carlos nicht erkannt, der jetzt, als Student verkleidet, auf der Suche nach der Schwester und ihrem verhaßten Liebhaber durch das Land zieht; er hat sich vorgenommen, den Tod des Vaters an beiden blutig zu rächen. – Auf Empfehlung des Paters Cleo, der wie ein Heiliger verehrt wird, findet Leonore Aufnahme in einem Franziskanerkloster. Der Pater Guardian weist ihr zum Aufenthalt eine Einsiedelei an, wo sie, unerkannt und fern den Menschen, ihr Leben in Buße und Reue zu beschließen gedenkt. – Inzwischen hat sich Alvaro, der Leonore tot glaubt, unter dem Namen Hereros den spanischen Truppen in Italien angeschlossen und durch seine Heldentaten bei den Kämpfen der verbündeten Spanier und Italiener großen Ruhm erworben. In der Nähe Roms rettet er in vorderster Stellung Don Carlos das Leben, der ebenfalls unter falschem Namen der Armee beigetreten war. Die beiden schließen hierauf Freundschaft. Kurz danach wird Alvaro schwer verwundet. Er übergibt Don Carlos ein Päckchen mit Briefen und bittet ihn, sie unbesehen zu vernichten, was dieser unter Eid verspricht. Alvaros leidenschaftliche Ablehnung einer Auszeichnung mit dem Orden von Calatrava hat aber Don Carlos stutzig gemacht. Er vermutet nun mit einem Mal in Hereros den gesuchten Schänder der Ehre seines Hauses. Die Briefe würden Klarheit verschaffen, aber sein Eid bindet ihn. Unmutig wirft er das Päckchen weg, da löst sich das Band und die Briefe liegen frei, unter ihnen das Bild seiner Schwester Leonore. In diesem Augenblick meldet der Chirurg die geglückte Operation des Helden Hereros. Don Carlos fordert Alvaro nach seiner Heilung sogleich zum Duell. Alvaro erfährt bei dieser Gelegenheit, daß Leonore noch am Leben ist. Vergeblich beschwört er Don Carlos, die Unglückliche gemeinsam zu suchen und zu retten. Als schließlich Don Carlos in höchster Wut die Absicht verrät, auch die Schwester für die Befleckung der Familienehre töten zu wollen, greift Alvaro zur Waffe. Die Streitenden werden durch die Lagerwache getrennt. – Alvaro beschließt, nach Spanien zurückzukehren und in der Abgeschiedenheit eines Klosters seiner Seele den lang ersehnten Frieden zu verschaffen. Er tritt im Konvent des Pater Guardian dem Franziskanerorden bei, ohne zu ahnen, daß ihm dort die Geliebte so nahe ist. – Nach sieben Jahren unermüdlichen Suchens hat Don Carlos Alvaros Refugium endlich aufgespürt; sein unversöhnlicher Haß macht auch vor den Mauern der geweihten Stätte nicht halt. Alvaro pariert zunächst demütig mit begütigenden Worten, wird aber schließlich durch Carlos' beleidigende, mit einer verächtlichen Ohrfeige begleitete Beschimpfungen zum Kampf gereizt, den die beiden in der Nähe der Einsiedelei austragen. – Don Carlos wird tödlich verwundet. Alvaro ruft eiligst den Einsiedler als Beichtvater herbei. Zu seinem größten Erstaunen tritt aber statt eines Mönches eine Frau aus der Hütte, in der er sogleich die Geliebte erkennt. Aber auch Don Carlos erkennt die Schwester wieder; er, den selbst im Sterben noch immer eine von übersteigertem Ehrbegriff geschürte Rachsucht leitet, stößt mit letzter Kraft ihr seinen Dolch in die Brust. Alvaro, der Verzweiflung nahe, wird von Pater Guardian, der auf Leonores Läuten des Einsiedler-Glöckchens rasch herbeigeeilt war, ermahnt, nicht gegen ein Geschick zu lästern, dessen höherer Sinn ihm verschlossen bleibt. Leonore haucht in den Armen des Geliebten ihre Seele aus mit der tröstenden Verheißung, daß sie drüben im Jenseits auf ihn warte zum ewigen Bund ihrer unsterblichen Liebe.

Stilistische Stellung: Es war in erster Linie das Ungewöhnliche, das Verdi an dem romantischen Sujet typisch spanischer Prägung so gewaltig anzog. Die starken Kontraste boten der Phantasie des Musikers lohnende Möglichkeiten. Die unauffällige Placierung der geschlossenen Formen in den musikalischen Szenen bezeugt, daß Verdi in seinen Bestrebungen zur Schaffung eines einheitlichen musikdramatischen Stils bei diesem Werk wieder einen Schritt vorwärtsgekommen war, was ihm freilich von seiten der Kritik den Vorwurf des »Wagnerisierens« einbrachte. In der bunten Aneinanderreihung bewährter Opernwirkungen erblickte man auch eine Hinwendung an die Große Oper Meyerbeers und Halévys. Die Thematik ist in ihrer Gegensätzlichkeit auf die jeweilige dramatische Situation abgestimmt. Dies tritt besonders bei den musikalischen Höhepunkten zutage, so bei den beiden Leonoren-Arien, den Gesängen Alvaros und Don Carlos', bei der Einkleidungsszene sowie bei den Duetten Alvaro–Don Carlos und Leonore–Guardian. Mit liebevoller Sorgfalt sind auch die komischen Szenen, insbesondere die köstliche Figur des Fra Melitone, bedacht. Mehr als in den früheren Werken ergänzt das Orchester den dramatischen Ausdruck der nach wie vor dominierenden Singstimme gelegentlich mit selbständigen, charakterisierenden Untermalungen. Zu einem wirkungsvollen symphonischen Tongemälde sind die wichtigsten Motive in der Ouvertüre zusammengefaßt, die bei der Überarbeitung der Partitur im Jahre 1868 anstelle des ursprünglichen kurzen Vorspiels gesetzt wurde. Sonst betrifft die Umarbeitung in erster Linie den Schluß der Oper: Bei der Urfassung stürzt sich Alvaro in seiner Verzweiflung vom Felsen, bei der Zweitfassung wird die tödliche Verwundung Leonores und des Don Carlos hinter die Szene verlegt und mit dem nachkomponierten Terzett ein verklärendes Ende des Schauerdramas erzielt. Der III. Akt, dem auch ein Soldatenchor (Rondo) neu eingefügt wurde, schließt in der Endfassung mit dem wirkungsvollen Rataplan-Chor. Das Duett Alvaro–Don Carlos und Alvaros Verzweiflungsausbruch »Miserere di me« wurden vorverlegt.

TEXTDICHTUNG: Verdis Oper ›La forza del destino‹ ist dem Drama ›Don Álvaro o la fuerza del sino‹ des spanischen Dichters Ángel de Saavedra, Herzog von Rivas, nachgestaltet, das von diesem in der Emigration in Frankreich geschrieben und das im Jahre 1835 in Madrid und in Mailand erfolgreich aufgeführt worden war. Die Operndichtung wurde wieder von Francesco Maria Piave ausgeführt. Hatte schon die Zensur anläßlich der Aufführung des Werkes in Rom das Grausige in Piaves Textfassung gemildert, so nahm bei der Neufassung von 1868 anstelle des erkrankten Piave der Journalist, Sänger und Schriftsteller Antonio Ghislanzoni auch eine nochmalige Überarbeitung der Dichtung vor, ohne freilich an dem Grundgerüst des schaurigen Geschehens, dessen Konfliktstoff durch eine unwahrscheinliche Häufung widriger Zufälle genährt wird, etwas ändern zu können. Die erste deutsche Übersetzung stammt von Johann Christoph Grünbaum. Franz Werfels deutsche Fassung der Oper (1925) stellt eine freie Nachdichtung dar, die freilich wegen einiger subjektiver Abänderungen des Originals Widerspruch hervorgerufen hat. Eine sich streng an die Partitur haltende deutsche Übersetzung besorgte Georg Göhler; eine weitere deutsche Übertragung stammt von Joachim Popelka und Georg C. Winkler. Neuerdings haben Joachim Herz und Klaus Schlegel eine deutsche Fassung vorgelegt.

GESCHICHTLICHES: Auf den großen Erfolg des ›Troubadour‹ in St. Petersburg erhielt Verdi zu Anfang des Jahres 1861 von der Direktion der Kaiserlich Russischen Oper einen Opernauftrag. Der Meister faßte hierfür erst Victor Hugos ›Ruy Blas‹ ins Auge; dieses Sujet wurde aber vom Auftraggeber abgelehnt. Verdi entschied sich dann für Ángel de Saavedras Drama, von dem er außerordentlich begeistert war. Piave ging sogleich an die Ausarbeitung des Textbuchs, und im August 1861 begann Verdi mit der Komposition, zu der er auch Teile aus der schon in Angriff genommenen, aber nicht zu Ende geführten Oper ›König Lear‹ verwandte. Ende November war die Arbeit bereits soweit fortgeschritten, daß er sich zur Einstudierung seines Werkes nach St. Petersburg begeben konnte. Nachdem aber die Sängerin der Leonore erkrankt war, mußte die Aufführung auf Herbst 1862 verschoben werden. Verdi suchte sich inzwischen in Italien eine andere Leonore, die er in der ausgezeichneten französischen Sopranistin Carolina Barbot fand. Die Uraufführung von ›La forza del destino‹, die mit einem außergewöhnlichen Kostenaufwand für die Ausstattung und mit einem machtvollen Choraufgebot in Szene gesetzt wurde, fand am 22. November 1862 in St. Petersburg statt. Verdi wurde vom Kaiserlichen Hof und vom Publikum stürmisch gefeiert. Anschließend (Anfang 1863) erfolgten Aufführungen des Werkes in Madrid und in Rom. Die römische Vorstellung (unter dem Titel ›Don Alvaro‹) hatte infolge unzulänglicher Sängerbesetzung nur lauen Erfolg. Auf Drängen seines Verlegers Giulio Ricordi arbeitete Verdi im Herbst 1868 ›Die Macht des Schicksals‹ in Zusammenarbeit mit Antonio Ghislanzoni um. Die Erstaufführung dieser Zweitfassung, die Verdi ebenfalls wieder persönlich einstudierte, erfolgte am 27. Februar 1869 an der Scala zu Mailand mit Teresa Stolz als Leonore und Mario Tiberini als Alvaro. Jetzt erweckte das Werk auch in Italien große Begeisterung.

Don Carlos

Oper in fünf (vier) Akten. Dichtung von Joseph Méry und Camille du Locle.

SOLISTEN: *Philipp II.*, König von Spanien (Seriöser Baß, auch Heldenbariton, gr. P.) – *Elisabeth von Valois,* seine Gemahlin (Dramatischer Sopran, auch Jugendlich-dramatischer Sopran, gr. P.) – *Don Carlos,* Infant von Spanien (Jugendlicher Heldentenor, gr. P.) – *Prinzessin Eboli* (Dramatischer Mezzosopran, gr. P.) und *Gräfin von Aremberg* (Stumme Rolle), Damen der Königin – *Marquis von Posa,* ein Malteserritter (Kavalierbariton, auch Heldenbariton, gr. P.) – *Graf von Lerma* (Tenor, kl. P.) – *Tebaldo,* ein Page der Königin (Lyrischer Sopran, auch Soubrette, kl. P.) – *Ein königlicher Herold* (Tenor, kl. P.) – *Der Großinquisitor des Königreichs,* ein Greis von neunzig Jahren und blind (Seriöser Baß, auch Baßbariton, auch Heldenbariton, auch Charakterbaß, m. P.) – *Ein Mönch* [*Karl V.*] (Bariton, auch Baßbariton, m. P.) – *Eine Stimme von oben* (Lyrischer Sopran, kl. P.).
CHOR: Abgesandte von Flandern und anderen spanischen Provinzen. Herren und Damen vom spanischen Hof. Volk. Pagen. Leibwachen des Königs. Mönche. Diener der Inquisition. Soldaten. Magistratspersonen (im Finale des III. [II.] Aktes Bässe geteilt in Volk, Mönche [6] und Deputierte [6]; im 2. Bild des IV. [III.] Aktes Männerchor geteilt in Granden und in Volk; m. Chp.).
ORT: Die Handlung begibt sich in Frankreich und Spanien.
SCHAUPLÄTZE: Der Wald von Fontainebleau – Das Kloster von St. Just, eine Kapelle mit dem Grab Karls V. hinter einem vergoldeten Gitter – Eine freundliche Gegend vor den Toren des Klosters von St. Just – Die

Gärten der Königin in Madrid – Ein großer Platz vor der Kirche Unserer Frau von Atocha, links ein Palast, im Mittelgrund eine Treppe nach einem tiefer gelegenen Platz, auf welchem sich ein Scheiterhaufen befindet – Das Kabinett des Königs – Das Gefängnis des Don Carlos – Das Kloster von St. Just.

Zeit: Um das Jahr 1560.

Orchester: 2 Fl., 1 Picc., 2 Ob. (II. auch Eh.), 2 Kl., 4 Fag. (auch Kfag.), 4 Hr., 2 Trp., 2 Pistons, 3 Pos., 1 Bt., P., Schl., Hrf., Str. – Bühnenmusik: Banda (Besetzung siehe bei ›Rigoletto‹).

Gliederung: 22 (18) musikalische Szenen, die pausenlos ineinandergehen. Kurzes Vorspiel zu Anfang und vor jedem weiteren Akt.

Spieldauer: Fünfaktige Fassung (ohne Ballett) etwa 3½ Stunden, vieraktige Fassung etwa 3 Stunden.

Handlung: In Fontainebleau treffen sich die Abgesandten des spanischen Königs Philipp, an ihrer Spitze Graf Lerma, um mit dem französischen König über einen Friedensschluß zu verhandeln. Das Volk, von dem Elend des Krieges und der Not bedrückt, hofft auf einen Friedensschluß. Elisabeth von Valois, die Tochter des französischen Königs, ist dem spanischen Infanten Carlos zur Braut versprochen. Carlos ist inkognito mit der Delegation nach Fontainebleau gereist, um seine künftige Frau kennenzulernen. In einem Walde in der Nähe des Schlosses begegnen sich die beiden jungen Leute. Elisabeth verliebt sich in den schönen jungen Spanier, ohne zu wissen, wer er ist, und auch Carlos findet Gefallen an der Prinzessin. Um sein Inkognito aufzudecken, überreicht er Elisabeth sein Bildnis, und freudig erregt erkennt sie ihn. Beide gestehen einander ihre Liebe. Da ertönen Kanonenschüsse: der Friede ist geschlossen. Zur Besiegelung des Paktes will der verwitwete Philipp II. selbst Elisabeth heiraten. Graf Lerma überbringt Elisabeth diesen Vorschlag, doch sie soll selbst frei entscheiden. Da das Volk sie bittet und sie weiß, daß nur ihre Zustimmung den Friedensschluß möglich macht, entscheidet sie sich für ihre Pflicht und gegen ihre junge Liebe. Carlos bleibt verzweifelt zurück. – Mit Wehmut gedenkt Carlos an der Gruft seines Großvaters Karl V. der glücklichen Tage, die er mit Elisabeth in Fontainebleau verbrachte. Der vor dem Sarkophag betende Mönch spendet dem Verzweifelten Trost mit dem Hinweis, daß der Friede des Himmels Erlösung von irdischem Leid bringen werde. Don Carlos glaubt die Stimme des großen Kaisers selbst gehört zu haben; denn es geht die Kunde, daß sein Geist in diesem Kloster schon wiederholt erschienen sei. Da naht des Infanten Jugendfreund Marquis von Posa. Er kommt aus Flandern, wo das Volk unter der Geißel der spanischen Inquisition schwer zu leiden hat und nach Befreiung lechzt. Don Carlos gesteht dem Freund das Geheimnis seines Herzens. Dieser rät ihm spontan, von seinem Vater die Ernennung zum Statthalter der Niederlande zu erwirken, um einerseits dem gequälten Land die Freiheit zu bringen und anderseits durch die Trennung von der Geliebten seinem Herzen Ruhe zu verschaffen. – Während Elisabeth am Grabe Karl V. betet, unterhält Prinzessin Eboli die wartenden Hofdamen mit einem frivol-anzüglichen Lied aus der maurischen Vergangenheit Spaniens. Durch Posa erhält Don Carlos Gelegenheit, die Königin allein zu sprechen; er will sie um ihre Fürsprache bei Philipp wegen der Entsendung nach Flandern bitten. Die Nähe der Geliebten entfacht in ihm wieder das alte Feuer. Bei Elisabeth siegt jedoch die Pflicht über die Liebe; verzweifelt stürzt Carlos fort. Kurz darauf erscheint der König, er ist ungehalten, die Königin allein ohne ihre Hofdamen anzutreffen, und verbannt die der Königin vertraute Hofdame Gräfin von Aremberg zurück nach Frankreich. Elisabeth wagt es daher nicht, sich bei dem mißtrauischen Gatten für Carlos zu verwenden. Indes gelingt es Posa, durch sein männlich aufrechtes und freimütiges Benehmen Philipps Vertrauen zu gewinnen. Der unglückliche Monarch enthüllt dem Marquis die Kümmernisse seiner Seele: Die Ehe mit einer Frau, die ihn nicht liebt, hat ihm den Sohn entfremdet, sein politisches Handeln steht unter der Despotie der Inquisition, vor der er in ständiger Furcht lebt. – In den Gärten der Königin, wohin er durch ein Briefchen bestellt worden ist, erwartet Carlos um Mitternacht Elisabeth. Aber nicht die Geliebte, sondern die schöne Prinzessin Eboli, die in den Infanten verliebt ist, erscheint zum Stelldichein; sie hat vorher mit der Königin die Kleider getauscht, da diese nicht am Fest teilnehmen wollte. Don Carlos hält sie zunächst für Elisabeth. Aus seinen leidenschaftlichen Worten erfährt die Prinzessin das Geheimnis seiner Liebe zur Königin. Im Augenblick der Aufklärung des Irrtums erscheint unerwartet Posa. Er bedroht die Prinzessin mit dem Dolch, als diese Rache für die verschmähte Liebe ankündigt, doch hindert ihn Don Carlos an der Ausführung der Tat. Als die Prinzessin Eboli wütend weggegangen ist, bittet Posa in einer plötzlichen Eingebung den Freund, ihm die geheimen Briefe anzuvertrauen, die Flandern betreffen. Nach einigem Zögern händigt Carlos sie ihm aus. – Während des Festes, bei dem die von der Inquisition verurteilten Ketzer öffentlich verbrannt werden, erscheint vor dem König unter Führung von Don Carlos eine Abordnung aus Flandern, die ihn um Wiederherstellung des Friedens und der Sicherheit in ihrer Heimat bittet. Aber Philipp lehnt jede Nachsicht und Milde gegen die Ketzer ab. Daraufhin bittet Don Carlos den Vater in aller Öffentlichkeit um seine Entsendung nach Flandern, und als der Prinz erklärt, für die Freiheit der Unterdrückten mit seinem Schwert eintreten zu wollen, befiehlt der König seinen Granden, ihm den Degen abzunehmen. Doch niemand wagt es, den Infanten zu entwaffnen. Als dann Philipp selbst wütend zum Schwert greift, tritt Posa vor und verlangt Don Carlos den Degen ab. Der König belohnt dafür den Marquis sogleich mit der Ernennung zum Herzog. – Nach schlafloser Nacht stellt Philipp müde und resigniert fest, daß ihn Elisabeth nie geliebt habe, und er erst Ruhe finden werde, wenn ihn das Grab im Escorial aufgenommen hat. Er sucht nun Rat beim Großinquisitor, der aber nicht nur die Ermordung des Infanten billigt, sondern auch die Beseitigung des mit den Ketzern sympathisierenden Posa verlangt. Zähneknirschend unterwirft sich schließlich der Monarch dem Willen des Mächtigen. – Indessen hatte Prinzessin Eboli, die die Geliebte Philipps ist, dem König Elisabeths Schmuckschatulle in die Hände gespielt, in der – wie sie weiß – die Königin auch ein Bild des Infanten verwahrt. Sie wußte mit Erfolg Philipps Mißtrauen zu schüren, so daß er in einer heftigen Auseinandersetzung die ihre Unschuld beteuernde Gattin als Dirne beschimpft. Von Posa, der hinzukommt, wegen seiner Unbeherrschtheit zurechtgewiesen, bedauert der König alsbald wieder seinen Argwohn. Prinzessin Eboli wird aber von Reue gepackt; sie gesteht der Königin ihre Schuld und wird von dieser zur Strafe in ein Kloster verwiesen. – Von den Kugeln der Inquisition getroffen, stirbt Posa in Don Carlos' Armen, als er den Freund im Gefängnis aufgesucht hat, um ihn nochmals seiner Mission zu gemahnen; er hatte zur Rettung des Infanten auf Grund von dessen belastenden Briefen sich selbst als Urheber der Rebellion in Flandern bezeichnet. Als der König im Gefängnis erscheint, um dem Sohn den Degen zurückzubringen, wird er von einer aufgeregten Menge bedroht, die stürmisch die Freilassung des Infanten fordert. Das unerwartete Erscheinen des Großinquisitors, vor dem alle scheu auf die Knie sinken, befreit Philipp aus seiner peinlichen Lage. – Der sterbende Posa hatte Carlos noch mitgeteilt, daß ihn Elisabeth vor seiner Abreise nach Flandern an der Gruft Karls V. zum Abschied erwarte. Dort wird das Paar vom König und vom Großinquisitor überrascht. Als die Schergen der Inquisition Don Carlos festnehmen wollen, ertönt plötzlich die Stimme Karls V., der in Gestalt eines Mönchs erscheint und mit dem Infanten in den Gängen des Klosters verschwindet.

Stilistische Stellung: ›Don Carlos‹ stellt einen weiteren Markstein in Verdis aufstrebender Entwicklung als Musikdramatiker dar, wobei schon manchmal die künstlerische Höhe des dramatischen Stils der Vollreife (bei ›Othello‹) erreicht wurde. Anstelle des üblichen Arien-Typs – selbst der Tenor und Titelheld hat keine eigentliche Arie – tritt die dramatische Soloszene: Der stimmungsreiche Monolog König Philipps »Sie hat mich nie geliebt« und der leidenschaftliche Ausbruch »O don fatale« der Prinzessin Eboli sind die berühmtesten Stücke des Werkes in dieser Form. Lediglich die Romanze der Elisabeth und die Kanzone der Eboli, die mit ihrem Seguidilla-Rhythmus die einzige Nummer im spanischen Kolorit ist, vertreten das ältere Opernschema. Die feingestufte Gesangslinie verleiht den Duo-Szenen pulsierendes Leben, vor allem aber stellt der großartige Autodafé-Akt (= actus fidei, Ketzerverbrennung), der mit seinen gewaltigen, die gegensätzlichen Themen kombinierenden Ensemblesätzen einen Vergleich mit dem Triumphakt der ›Aida‹ herausfordert, ein Meisterstück dramatischer Charakterisierungskunst dar. Der Selbständigkeit des Orchesters (wie z. B. in der grandiosen Szene der Auseinandersetzung Großinquisitor – König, einem Höhepunkt der Oper, oder bei Philipps Monolog) wird ein noch weiterer Spielraum gewährt als bei der vorangegangenen Oper ›Die Macht des Schicksals‹. Dabei fördert an solchen Stellen oft auch eine gewählte, stimmungsvermittelnde Instrumentation die dramatische Wirkung. So konnte sich der Meister bei der Überarbeitung des Werkes nach fünfzehn Jahren in der Hauptsache auf die Ausmerzung von Längen beschränken: Die für das französische Theater traditionellen fünf Akte wurden auf vier reduziert durch Weglassung des I. Aufzugs der Urfassung, der von der glücklichen Zeit in Fontainebleau handelt, als der Infant mit Elisabeth von Valois noch verlobt war; auch das Ballett im II. Akt blieb fort. Schließlich wurde noch das Duett Philipp–Posa erweitert.

TEXTDICHTUNG: Joseph Méry und Camille du Locle verfaßten das Textbuch nach dem gleichnamigen Drama von Friedrich Schiller. In der Oper wurde das dramatische Geschehen mehr auf die seelischen Konflikte konzentriert, die politische Seite des Stoffes dagegen nur an der Peripherie gestreift. Auf diese Weise konnte auch die Reihe der darstellenden Personen gegenüber Schiller wesentlich verringert werden. Dafür steuerten die Opern-Autoren einige eigene Ideen bei, die eine Auswertung der besonderen Wirkungsmöglichkeiten des musikalischen Theaters beabsichtigten: die Einschiebung des Autodafé-Bildes sowie die Verlegung von Anfang und Ende der Handlung in eine mystische Region. Die Abänderung des Schlusses gegenüber Schiller geht wohl auf eine der Legenden um die historische Person des unglücklichen Infanten zurück, der eines nicht aufgeklärten Todes starb, sie verfolgt aber auch eine moralisierende Tendenz: den Hinweis auf die Vergänglichkeit alles Irdischen und auf die Nichtigkeit menschlicher Macht gegenüber der allmächtigen Majestät des Ewigen. Die Übersetzung des französischen Originaltextes ins Italienische besorgten Achille de Lauzières und Angelo Zanardini. An den deutschen Bühnen ist die Textfassung von Carl Niese gebräuchlich; neuere deutsche Übersetzungen stammen von Franz Werfel und Lothar Wallerstein (fünfaktige Fassung) sowie von Hans Swarowsky (vieraktige Fassung). 1976 publizierte der Verlag Ricordi ein Aufführungsmaterial, das alle 8 Fassungen des Werkes mit jenen von Ursula Günther erschlossenen vor der Pariser Uraufführung gestrichenen Szenen den Bühnen wieder zugänglich macht. Eine Einbeziehung einzelner dieser Szenen verdeutlicht den Handlungsverlauf und präzisiert die dramaturgischen Motivationen. Die deutsche Übersetzung dieser vollständigen Fassung geht vom französischen Originaltext aus und stammt von Götz Friedrich und Karl-Dietrich Gräwe.

GESCHICHTLICHES: Nach der Pariser Erstaufführung des ›Macbeth‹ (21. April 1865) erhielt Verdi von der Grand-Opéra einen Kompositionsauftrag. Verschiedene Stoffe wurden erwogen; schließlich einigten sich Komponist und Direktion auf ›Don Carlos‹. Die Ausführung des Librettos nach Schillers dramatischem Gedicht wurde Joseph Méry übertragen. Als dieser über der Arbeit an dem Text starb, beendete Camille du Locle die Dichtung. Ende des Jahres 1865 begann Verdi mit der Komposition, die er im September 1866 in dem Pyrenäenbad Cauterets zum Abschluß brachte. Die Uraufführung erfolgte am 11. März 1867 an der Großen Oper zu Paris vor einem glänzenden Auditorium in Anwesenheit des Hofes. Die in mancher Beziehung unzulängliche Aufführung konnte nur einen Achtungserfolg erzielen. Größeren Beifall hatte ›Don Carlos‹ im Sommer des gleichen Jahres in London (Covent Garden), aber erst die Aufführung in Bologna unter dem italienischen Meisterdirigenten Angelo Mariani mit Teresa Stolz (Elisabeth), Giuseppe Capponi (Carlos) und Antonio Cotogni (Posa) brachte einen Vollerfolg, der dem Werk daraufhin auch in Mailand beschieden war. Fünfzehn Jahre später überarbeitete Verdi die Partitur in Zusammenarbeit mit dem ›Aida‹-Librettisten Antonio Ghislanzoni. Die Oper wurde in dieser Fassung am 10. Januar 1884 an der Scala zu Mailand zum ersten Mal gegeben. Obwohl der Meister die Einstudierung selbst überwachte, konnte ›Don Carlos‹ auch in der Zweitfassung nicht die Breitenwirkung erzielen, die sich Verdi erhoffte.

Aida

Oper in vier Akten. Dichtung von Antonio Ghislanzoni.

SOLISTEN: *Der König* (Seriöser Baß, auch Charakterbaß, m. P.) – *Amneris,* seine Tochter (Dramatischer Alt, auch Dramatischer Mezzosopran, gr. P.) – *Aida,* äthiopische Sklavin (Dramatischer Sopran, auch Jugendlich-dramatischer Sopran, gr. P.) – *Radamès,* Feldherr (Jugendlicher Heldentenor, auch Heldentenor, gr. P.) – *Ramphis,* Oberpriester (Seriöser Baß, m. P.) – *Amonasro,* König von Äthiopien und Vater von Aida (Heldenbariton, m. P.) – *Ein Bote* (Spieltenor, kl. P.) – *Eine Tempelsängerin* (Sopran, auch Mezzosopran, kl. P.).
CHOR: Priester. Priesterinnen. Minister. Hauptleute. Soldaten. Beamte. Sklaven. Äthiopische Gefangene. Volk usw. (im I. Akt Männerchor geteilt in Priester und in Hauptleute und Minister; im II. Akt Chor geteilt in Volk, in Sklaven und äthiopische Gefangene und in Priester, letztere nur Männerchor; gr. Chp.).
BALLETT: Weihetanz der Priesterinnen, Tanz der kleinen Mohrensklaven, Tanz zur Siegesfeier.

Ort: Die Handlung spielt in Memphis und in Theben.
Schauplätze: Saal im Königspalast zu Memphis – Das Innere des Vulkan-Tempels zu Memphis – Gemach der Amneris – Eine der Eingangspforten von Theben, rechts der Ammontempel, links ein Thron mit Purpurbaldachin, im Hintergrund ein Triumphbogen – Nilufer, auf einem mit Palmen bewachsenen Granitfelsen ein Isis-Tempel – Saal im Königspalast, links eine große Tür zum unterirdischen Gerichtssaal, rechts Zugang zum Gefängnis des Radamès – Bühne geteilt in zwei Stockwerke: das obere zeigt das Innere des Vulkan-Tempels, das untere einen unterirdischen Raum, Kolossalstatuen des Osiris tragen die Stützpfeiler.
Zeit: Zur Zeit der Herrschaft der Pharaonen.
Orchester: 3 Fl. (auch Picc.), 2 Ob., 1 Eh., 2 Kl., 1 Bkl., 2 Fag., 4 Hr., 2 Trp., 3 Pos., 1 Bt., P., Schl., Hrf., Str. – Bühnenmusik: Banda (Besetzung siehe bei ›Rigoletto‹), 6 ägyptische Trp., Hrf. (Die Trompeten und Posaunen in der Gerichtsszene können dem Blasmusikensemble der Banda entnommen werden.)
Gliederung: Vorspiel und 18 Musiknummern, die pausenlos ineinandergehen.
Spieldauer: etwa 3 Stunden.
Handlung: Die äthiopische Sklavin Aida, von der am Hofe zu Memphis niemand weiß, daß sie die Tochter des Äthiopierkönigs Amonasro ist, hat sich in den jungen ägyptischen Feldherrn Radamès verliebt, der ihre Gefühle ebenso leidenschaftlich erwidert. Als Amonasro neuerdings zu einem Schlag gegen Ägypten rüstet, wird Radamès, wie es die vom Oberpriester Ramphis befragte Göttin Isis bestimmt hat, vom König zum Führer des ägyptischen Heeres ernannt. Die Pharaonentochter Amneris überreicht ihm die glorreiche Fahne, und im Tempel des Vulkan übergibt ihm Ramphis in einem feierlichen Weiheakt das heilige Schwert. Aida fleht indes zu den Göttern, sich ihrer zu erbarmen und ihr den Tod zu senden; denn sie muß jetzt zwangsläufig den Sieg der Feinde ihres Vaterlandes herbeiwünschen, einen Sieg, der gleichzeitig ihrem Vater und ihren Brüdern, die nur zu ihrer Befreiung die Waffen ergriffen haben, Tod und Verderben bringen würde. – Mit List weiß Amneris, die ebenfalls Radamès liebt, Aida das Geheimnis ihres Herzens zu entlocken. Aber nach Bekanntwerden von Radamès' Sieg ist sie sich ihres Triumphes über die Rivalin sicher. – Als während des triumphalen Einzugs der Sieger in Theben auch die Gefangenen vorgeführt werden, entdeckt Aida unter ihnen ihren Vater. Amonasro gibt sich aber nicht zu erkennen, er behauptet vielmehr, daß der König vor seinen Augen im Kampf gefallen sei. Radamès erbittet als Siegespreis die Freilassung der äthiopischen Gefangenen. Auf den Rat des Oberpriesters hin werden aber Aida und ihr Vater auch weiterhin als Geiseln festgehalten. Der König hat dem Sieger einen viel gewichtigeren Preis als Dank des Vaterlandes zugedacht: die Hand seiner Tochter

Amneris und die Nachfolge auf den Thron von Ägypten nach seinem Tod. – In der Nacht vor ihrer Trauung mit Radamès begibt sich Amneris zum Gebet in den Tempel der Isis am Ufer des Nils. Radamès hat zu derselben Stunde Aida dorthin bestellt. Zunächst erscheint aber Amonasro, welcher die Tochter teils mit Verlockungen, teils mit Drohungen überredet, den Versuch zu unternehmen, von Radamès den geheimen ägyptischen Kriegsplan herauszubekommen. Geblendet von der Verheißung einer nahen Erfüllung ihres Herzenswunsches und des Wiedersehens der Heimat willigt Aida schließlich ein. Als Radamès kommt, um der Geliebten mitzuteilen, daß er nach einem neuerlichen Sieg vom König ihre Freilassung und ihre Hand erbitten und sicherlich auch erhalten würde, weiß sie ihn mit dem Argument, daß dann Amneris' Rache sie und ihren Vater vernichten werde, zu dem Entschluß zu bewegen, mit ihr zu fliehen. Auf Aidas Frage, wo sie ungehindert die Linien passieren könnten, antwortet Radamès, daß die Ägypter durch die Schluchten bei Napata in Äthiopien einfallen würden. Mit dem Ausruf, daß dort seine Krieger sein werden, verläßt Amonasro, der das Gespräch belauscht hat, sein Versteck und gibt sich Radamès als König der Äthiopier zu erkennen. Als sodann Aida und Amonasro den über den ungewollten Vaterlandsverrat Verzweifelten mit sich fortziehen, kommen Amneris und Ramphis aus dem Tempel. Amonasro will gegen Amneris losgehen, doch Radamès hält ihn zurück. Er fordert Aida auf, schleunigst mit dem Vater zu entfliehen, während er sich selbst dem Oberpriester stellt. – Radamès wird des Hochverrats angeklagt. Vor der Verhandlung läßt Amneris den Geliebten kommen. Sie verspricht ihm Rettung, wenn er der Rivalin entsage, die entkommen sei, während ihr Vater auf der Flucht den Tod gefunden habe. Aber Radamès ist zum Tod bereit. Er wird von den Priestern des Vaterlandsverrats schuldig befunden und unter dem Tempel des Vulkan lebendig begraben; aber nicht allein, denn Aida hatte sich vorher unbemerkt in die Gruft geschlichen und teilt nun, getreu bis in den Tod, das Los des Geliebten.

Stilistische Stellung: In der musikalischen Gestaltung der ›Aida‹ treten Formen des älteren Operntyps (z. B. bei der Romanze des Radamès »Celeste Aida« oder bei Aidas sogenannter Nil-Arie) freiere Gebilde in den Solo- und Duoszenen gegenüber (z. B. die rezitativische Einleitungsszene Ramphis–Radamès, die Szene Amneris–Aida im II. Akt, die Duette Aida–Amonasro und Aida–Radamès im III. Akt, die Szene Amneris–Radamès im IV. Akt). Immer, selbst bei den großen Ensembleszenen, bleibt eine strenge Symmetrie gewahrt. Die blühende und glutvolle Thematik, die, wie Verdi mitteilte, auf seiner Ägyptenreise von der heißen Sonne des Südens inspiriert wurde und welcher das eigentümliche Wesen der Volksweisen bisweilen Lokalfarbe verlieh, trägt typisch italienischen Belkanto-Charakter. Von pikanter Wirkung ist ein zeitweilig exotischer Einschlag (Thema der Tempelsängerin, die psalmodierenden Unisono-Gesänge der Priester im III. Akt und bei der Gerichtsszene, das Stimmungsgemälde zu Anfang des Nil-Aktes, das pastorale Oboenthema in der Nil-Arie). Einige Themen kehren leitmotivartig im Verlauf der Oper wieder (Aida-, Amneris-, Priester-, Eifersuchts-Motiv). Die zum Teil polyphone Verarbeitung der Thematik (z. B. Kanon der dreifach geteilten Celli zu Anfang der Oper, Terzett Aida–Amneris–Radamès im I. Akt usw.) erfährt ihren Höhepunkt in dem gewaltigen Triumph-Finale des II. Aktes, das mit seinem außergewöhnlichen Klangmassen-Aufgebot die gegensätzlichen Themen schließlich in vierfacher Engführung zu einer imposant gesteigerten Schlußwirkung vereinigt. Die farbige, solistische Effekte geschickt ausnützende Instrumentierung verleiht dem Orchester vielfach selbständigen Charakter, vor allem als Stimmungsträger, aber auch als dramatische Stütze der Singstimmen in der reich gestuften Skala der Gefühle und Leidenschaften.

Textdichtung: Als Textvorlage diente Verdi zunächst ein französischer Prosaentwurf des ›Don Carlos‹-Librettisten Camille du Locle, der das Szenarium nach einer Erzählung des Archäologen Auguste Mariette verfaßt hatte. Angeregt durch seine Ausgrabungen bei Memphis und Theben, hatte Mariette die Geschichte frei erfunden. Für die Ausführung des italienischen Librettos verpflichtete Verdi sich den Dramatiker Antonio Ghislanzoni, der ihm schon bei der Überarbeitung der ›Macht des Schicksals‹ behilflich gewesen war. Verdis persönliche Mitarbeit an dem Opernbuch war vielleicht bei keinem seiner Werke so aktiv wie bei ›Aida‹. Erhaltene Briefe gewähren einen interessanten Einblick in den Entstehungsprozeß des Werkes: Nach eingehenden kulturhistorischen Studien über Land und Volk der alten Ägypter begab sich der Meister selbst nach Ägypten. Dort empfing er entscheidende Eindrücke für die Gestaltung der Oper: An den Königsgräbern von Luxor kam ihm die Idee zum letzten Bild, und beim Anblick des Nils mit seinen verlassenen Ufern entstand vor seinem inneren Auge der Schauplatz des III. Aktes. So erfuhr zunächst schon du Locles Szenarium verschiedene Abänderungen. Vor allem mußte aber Ghislanzoni bei der Ausführung der Dichtung die bis in kleinste Einzelheiten gehenden Wünsche des Komponisten berücksichtigen, die sich sogar auf die Wahl des dem jeweiligen dramatischen Charakter angepaßten Versmaßes und bestimmter, die Situation klar wiedergebender Worte (»Szenisches Wort«) erstreckten. Die Gestaltung des Schlußbildes erfolgte ganz nach Verdis eigener Idee, der Aufbau anderer Szenen wurde von ihm maßgeblich beeinflußt, so die Tempelszene im I. Akt, das Amneris-Bild im II. Akt, das Triumphbild, das Duett Aida–Radamès im III. Akt sowie der ganze IV. Aufzug. Die an den deutschen Bühnen gebräuchliche Übersetzung stammt von Julius Schanz; eine weitere Übertragung besorgte Joachim Popelka. Eine neue deutsche Fassung legte Klaus Schlegel vor, die er unter Mitarbeit von Götz Friedrich und Gert Bahner erstellte.

GESCHICHTLICHES: Der Vizekönig von Ägypten Ismail Pascha, ein begeisterter Opernfreund, gab dem Archäologen Mariette die Anregung, aus seiner Novelle ein Libretto anfertigen und dieses von einem der führenden europäischen Opernkomponisten (Verdi, Wagner oder Gounod) vertonen zu lassen. Das Werk sollte dann als Festoper zur Feier der Eröffnung des Suezkanals an der Italienischen Oper in Kairo zum ersten Mal in Szene gehen. Als der Direktor der Opéra-Comique in Paris, Camille du Locle, im Frühjahr 1869 auf einer Ägyptenreise Mariette kennenlernte, trug ihm dieser die Opernidee des Khediven vor. Während Verdis Pariser Aufenthalt im Frühjahr 1870 suchte Camille du Locle den Meister für eine neue Zusammenarbeit zu gewinnen. Die Vorliebe des Komponisten für ausgefallene Stoffe war du Locle bekannt. Daher überreichte er ihm das nach Mariettes Erzählung ausgearbeitete Szenarium. Wie erwartet, begeisterte sich Verdi sogleich für den echten Opernstoff. Obwohl der Suezkanal inzwischen bereits eröffnet worden war (17. November 1869), wünschte Ismail Pascha nach wie vor, daß die Uraufführung der ›Aida‹ in Kairo stattfinden möge. Verdi sicherte sich zunächst durch eine vertragliche Vereinbarung seine Rechte: Der Khedive erwirbt gegen ein Honorar von 150000 Francs das Aufführungsrecht für Kairo, für die übrige Welt behält sich der Komponist das Eigentumsrecht vor; Verdi verlangte auch, den Dirigenten der Uraufführung selbst zu bestimmen, den er dann auf eigene Kosten nach Kairo senden werde. Mitte Juli 1870 machte sich Verdi im Zusammenwirken mit Ghislanzoni an die Arbeit. Anfang November war die Komposition im wesentlichen fertig, und Mitte desselben Monats wurde auch bereits die Instrumentation abgeschlossen. Die Uraufführung sollte im Januar 1871 in Kairo, die italienische Erstaufführung wenige Wochen darauf an der Mailänder Scala erfolgen. Verdi hatte schon in Mailand die sechs »Aida-Trompeten« in altägyptischer Form anfertigen lassen, die Dekorationen und Kostüme waren unter der Leitung des Archäologen Mariette in Paris ausgeführt worden, da vereitelte die Entwicklung des Deutsch-Französischen Krieges (Belagerung von Paris) alle Pläne. Die Uraufführung und damit auch die Mailänder Premiere mußten verschoben werden. Verdi benutzte die Zeit, um an der Partitur noch einige Verbesserungen vorzunehmen: Schluß des Duetts Amneris–Aida im II. Akt; Hinzufügung der Nil-Arie sowie Abänderung des ursprünglich vierstimmig gesetzten Priesterchors in die Unisono-Fassung im III. Akt. Am 24. Dezember 1871 ging schließlich ›Aida‹ vor einem internationalen Forum in Kairo mit triumphalem Erfolg zum ersten Mal in Szene. Dirigent war der Kontrabaßvirtuose Giovanni Bottesini, in den Hauptrollen wirkten mit: Antonietta Pozzoni (Aida), die Mezzosopranistin Eleonora Grossi (Amneris), Pietro Mongini (Radamès), Francesco Steller (Amonasro) und Paolo Medini (Ramphis). Das Orchester war auf Verdis Wunsch mit neunzig Musikern besetzt (14 Viol. I, 14 Viol. II, 12 Br., 12 Vcl. und 12 Kb.), für den Chor verlangte der Meister mindestens 35 Frauen- und 45 Männerstimmen. Bei der Mailänder Erstaufführung, die am 8. Februar 1872 an der Scala unter Franco Faccios Leitung und mit Teresa Stolz in der Titelpartie mit jubelndem Beifall aufgenommen wurde, war der Chor auf 120 Mitwirkende verstärkt. Für die italienische Premiere hatte Verdi übrigens eine längere Ouvertüre (anstelle des Vorspiels) nachkomponiert, die er aber nach Anhören auf einer Probe wieder verwarf. Trotz des rauschenden Erfolgs, der dem Werk überall zuteil wurde, war die Einstellung der Fachkritik zunächst nicht durchwegs positiv; man beanstandete auch jetzt wieder Einflüsse Richard Wagners und Giacomo Meyerbeers.

Othello (Otello)

Oper in vier Akten. Dichtung von Arrigo Boito.

SOLISTEN: *Othello,* Mohr, Befehlshaber der venezianischen Flotte (Heldentenor, gr. P.) – *Jago,* Fähnrich (Heldenbariton, auch Charakterbariton, gr. P.) – *Cassio,* Hauptmann (Lyrischer Tenor, m. P.) – *Rodrigo,* ein edler Venezianer (Lyrischer Tenor, auch Charaktertenor, m. P.) – *Lodovico,* Gesandter der Republik Venedig (Seriöser Baß, m. P.) – *Montano,* der Vorgänger Othellos in der Statthalterei von Zypern (Charakterbaß, m. P.) – *Ein Herold* (Baß, kl. P.) – *Desdemona,* Othellos Gemahlin (Jugendlich-dramatischer Sopran, gr. P.) – *Emilia,* Jagos Gattin (Dramatischer Mezzosopran, auch Spielalt, m. P.).
CHOR: Soldaten und Seeleute der Republik Venedig. Edeldamen und venezianische Nobili. Zyprioten beiderlei Geschlechts. Griechische, dalmatinische und albanesische Krieger. Ein Schenkwirt mit 4 Gehilfen. Volk usw. Kinder (im 1. Bild 6 Bässe hinter der Szene; gr. Chp.).
ORT: Eine Hafenstadt der Insel Zypern.
SCHAUPLÄTZE: Ein Platz vor dem Schloß, eine Schenke mit Lauben, Aussicht auf die Hafenwerke und das Meer – Ein ebenerdiger Saal im Schloß mit Erker, durch große Fensteröffnungen Ausblick auf einen weiten Garten – Der Hauptsaal des Schlosses, rechts ein breiter Säulengang in Verbindung mit einem kleinen Saal, im Hintergrund ein Erker mit Balkon – Schlafgemach der Desdemona mit Bett.
ZEIT: Ende des 15. Jahrhunderts.
ORCHESTER: 2 Fl., 1 Picc., 2 Ob., 1 Eh., 2 Kl., 1 Bkl., 4 Fag., 4 Hr., 4 Trp., 4 Pos., P., Schl., 2 Hrf., Str. – Bühnenmusik: Mandolinen, Gitarren, Dudelsack, 6 Trp., 4 Pos., Org.
GLIEDERUNG: Durchkomponierte musikdramatische Großform.

Spieldauer: etwa 3 Stunden.

Handlung: Das Schiff Othellos, des dunkelhäutigen Befehlshabers der venezianischen Flotte und Statthalters von Zypern, ist bei einem fürchterlichen Gewittersturm in Seenot geraten; es entkommt aber glücklich der Gefahr. Nach der Landung verkündet Othello der Menge, daß er die Türken vernichtend geschlagen habe. Während er sogleich ins Schloß eilt, wo die einer edlen venezianischen Familie entstammende Gattin Desdemona seiner harrt, feiert das Volk mit Freudenfeuern und Trinkgelagen den Sieg. Nur zwei freuen sich nicht über den Triumph des Mohren: der venezianische Edle Rodrigo, der Othello die einstens von ihm begehrte Desdemona neidet, und der Fähnrich Jago, der in seinem gekränkten Ehrgeiz – der Feldherr hatte ihn bei der Beförderung übergangen und den jungen Cassio zum Hauptmann ernannt – Othello und Cassio haßt und bei seiner diabolischen Charakterveranlagung deren Lebensglück zu vernichten beabsichtigt. Zunächst trachtet er, den gewissenhaften Cassio zu einer Pflichtverletzung zu verleiten. Er verführt ihn, der Wein nicht verträgt, zum Trinken. Als dann Cassio in betrunkenem Zustand seinen Dienst antreten will, kommt er, von Rodrigo geschürt, mit seinem Vorgesetzten Montano in Streit, wobei schließlich beide zur Waffe greifen und letzterer verwundet wird. Um Othellos Liebesnacht zu stören, läßt nun Jago durch Rodrigo Sturm läuten. Der Mohr erscheint und schafft wieder Ruhe. Er läßt Cassio den Degen abnehmen und schickt alle nach Hause, als auch Desdemona kommt. In der Stille der zauberhaften Mondnacht preisen die beiden ihre Liebe und eng umschlungen begeben sie sich ins Schloß zurück. – Jago kennt das mißtrauische Wesen und die leicht reizbare Eifersucht seines Herrn; er nutzt nun diese Veranlagung für seine teuflischen Pläne. Zunächst gibt er Cassio den Rat, Desdemona um ihre Fürbitte bei Othello zu ersuchen. Als dann der Mohr den Hauptmann im Gespräch mit Desdemona im Garten erblickt, erweckt Jago seine Eifersucht mit verdächtigenden Andeutungen, und als die Arglose den Gatten um Cassios Rehabilitierung bittet, beginnt dieser, Jagos Worten zu glauben. Wütend wirft er Desdemonas Taschentuch zu Boden, das sie ihm zur Linderung seines Kopfschmerzes auf die Stirn gelegt hat. Emilia hat das Tuch aufgehoben, das ihr aber ihr Gatte Jago unter brutalen Drohungen entreißt. Othello verlangt von Jago Beweise. Dieser lügt zunächst, er habe selbst gehört, wie Cassio im Schlaf seufzend von seinem Liebesverhältnis mit Desdemona geredet habe. Othello ist jetzt von Desdemonas Untreue überzeugt. In seinen Racheschwur stimmt Jago ein. Als Desdemona sich neuerdings bei ihrem Gatten für Cassio verwendet, verliert dieser vollends die Fassung; er beschimpft sie als Dirne und nötigt sie, die vergeblich ihre Unschuld beteuert, mit Ironie, den Saal zu verlassen. Cassio kommt, um sich zu erkundigen, ob Desdemona Othellos Verzeihung in seiner Angelegenheit erwirkt habe. Da lenkt

Jago das Gespräch, das er bald mit lauter, bald mit leiser Stimme führt, weil es von Othello belauscht wird, auf Cassios Liebschaft mit Bianca. Othello glaubt aber, es sei von Desdemona die Rede, und als Cassio das ihm von Jago heimlich zugesteckte Taschentuch Desdemonas vorzeigt, das er für ein Geschenk seiner Freundin Bianca hält, ist für Othello der endgültige Beweis von Desdemonas Schuld erbracht. – Beim Empfang Lodovicos, des Gesandten des Dogen von Venedig, der die Ernennung Cassios zum Statthalter von Zypern und die Versetzung Othellos nach Venedig überbringt, schleudert der Mohr Desdemona in einem fürchterlichen Wutanfall zu Boden; er verflucht sie und bedroht die Anwesenden, worauf alle entsetzt fliehen. Mit triumphierender Befriedigung betrachtet der allein zurückgebliebene Jago den ohnmächtig zu Boden gesunkenen »Löwen von Venedig«, nachdem er zuvor noch angesichts der veränderten Situation schnell Rodrigo aufgestachelt hatte, Cassio in dieser Nacht zu ermorden, weil dann Othello und damit auch Desdemona sicherlich in Zypern verbleiben würden. – Mit dunklen Ahnungen geht Desdemona abends zu Bett. Sie gedenkt eines traurigen Liedes, das von einem über seine zerbrochene Liebe zugrunde gehenden Mädchen handelt. Nach Beten des Ave Maria schläft sie ein. Othellos Küsse wecken sie wieder aus dem Schlaf. Mit eiskaltem Ausdruck verkündet er ihr, daß sie nunmehr für ihre Untreue sterben müsse. Sie fleht ihn an, ihr Zeit zu gewähren, ihre Unschuld zu beweisen. Othello lehnt ab mit der Begründung, daß Cassio bereits tot sei. Als Desdemona daraufhin mit einem Ausbruch der Verzweiflung reagiert, erwürgt der Mohr sie. Unmittelbar danach kommt aufgeregt Emilia mit der Meldung, daß Cassio den Rodrigo ermordet habe. Als sie die sterbende Desdemona gewahrt, ruft sie schreiend um Hilfe. Daraufhin erscheinen Cassio, Lodovico, Jago und Montano, vor denen Emilia nun den wahren Sachverhalt mit dem Taschentuch aufklärt; dem eiligst entfliehenden Jago schickt Montano seine Leute nach. Dann verlangt er dem Mohren den Degen ab. Am Bett vor der toten Gattin ersticht sich Othello mit seinem Dolch und mit einem Kuß auf ihre bleichen Lippen haucht er seine Seele aus.

STILISTISCHE STELLUNG: In ›Othello‹ konnte Verdi endlich das Ziel seiner künstlerischen Bestrebungen voll erreichen: die Schaffung einer musikdramatischen Großform, die er unter Wahrung des autochthonen Charakters der italienischen Oper von ›Macbeth‹ über ›Maskenball,‹ ›Simone Boccanegra‹ und ›Don Carlos‹ sukzessive entwickelt hatte. Die Nummern-Einteilung ist nun vollkommen gefallen, und die musikalischen Szenen gehen ohne die Zäsuren der Nummern-Abschlüsse (wie noch vielfach bei den vorangehenden Werken) nahtlos ineinander. Geschlossene Formen und symmetrische Gebilde lassen sich unschwer herausschälen. Obwohl jetzt das Musikalische zugunsten der Dichtung etwas zurückgesetzt erscheint, wird der dramatische Ausdruck dennoch in erster Linie von seiten des Melodischen bestimmt und insonderheit von der Singstimme getragen. Das Orchester wurde zum ebenbürtigen Partner entwickelt; seine Klangzaubereien fördern höchst wirkungsvoll die Charakterisierung der Gefühle und Stimmungen (z. B. in den Jago-Szenen [hier besonders realistisch in dem sogenannten Credo], bei dem Liebesduett Desdemona–Othello oder im IV. Akt, wo das Solo der gedämpften Kontrabässe auf das in hoher Lage verklingende Nachspiel des Ave Maria um so unheimlicher wirkt). Tonmalerische Effekte illustrieren – oft mit greifbarer Realistik – das gesungene Wort (z. B. das Heulen des Windes und das Donnerrollen in der Gewitterszene; das Knistern und Flackern des Feuers beim Feuerchor; das Leeren der Becher im Trinklied). Auch dem (meist sechsstimmigen) Chor sind dankbare Aufgaben zugewiesen; dem von Mandolinen, Gitarren und Dudelsack begleiteten Huldigungschor im II. Akt ist auch noch ein Kinderchor zugeteilt. In den beiden großartigen Ensemble-Szenen (Quartett im II. Akt und Ensemble beim Empfang des venezianischen Gesandten) können für das Verständnis wichtige Momente der Handlung untergehen (Jagos gewaltsames Aneignen des Taschentuchs bzw. Jagos Anstiften der Ermordung Cassios), falls die dynamischen Vorschriften nicht genau beachtet werden und die Spielleitung die betreffenden Solisten ungünstig placiert. Die oft vertretene Ansicht, der ›Othello‹-Stil sei das Ergebnis Wagnerscher Einflüsse, ist falsch, da die Hauptmerkmale des Wagner-Stils: das musikalische Gestaltungsprinzip auf Grund einer Anzahl Leitmotive sowie das dominierend den dramatischen Ausdruck tragende symphonische Orchester, bei Verdi nirgends in Erscheinung treten. Kehren bei ›Othello‹ Themen im Verlauf der Oper wieder, dann nur – wie schon in den früheren Werken – im Sinn von Erinnerungsmotiven. Bei all seiner Hochschätzung für den Bayreuther Meister traf Verdi keine Kritik schwerer als die, er sei ein Nachahmer Wagners; vertrat er doch die Auffassung, daß die Domäne der deutschen Musik das Instrumentale, die der italienischen das Vokale sei, und gegen ein Überhandnehmen des deutschen Einflusses sperrte er sich zeitlebens.

TEXTDICHTUNG: Das Textbuch zu Verdis ›Othello‹ verfaßte der feingebildete Dichter-Musiker Arrigo Boito (1842–1918), von dem der Meister schon einmal einen Text zu einer Gelegenheitskomposition vertont hatte (den Beitrag Italiens zu der Festkantate ›Hymne der Nationen‹ anläßlich der Eröffnung der Londoner Weltausstellung 1862). Boito setzte sich in jungen Jahren eifrig für eine Opernreform in Italien etwa im Sinne Wagners ein, wobei er in seiner Polemik gegen die älteren italienischen Opernkomponisten auch Verdi nicht verschonte. Im Gegensatz zu dem konventionellen Opernlibretto von Rossinis ›Otello‹ konzentrierte Boito in seiner Dichtung die Handlung auf ihre emotionellen Grundzüge. So konnte er einerseits auf eine Reihe von Personen und Szenen gegenüber der Shakespeareschen Vorlage ver-

zichten, anderseits führte er in Ausnützung der Wirkungsmöglichkeiten des musikalischen Theaters manche Szene wieder breiter aus (z. B. die Sturmszene, das Siegesfest, die Huldigung vor Desdemona). Bewundernswert ist die meisterhafte formale Anlage der Dichtung, die in ausgewogener Proportionierung abwechselnd lyrische und dramatisch erregte Szenen aufeinander folgen läßt und in sprachlicher Hinsicht eine feinsinnige, den Erfordernissen der musikalischen Diktion angepaßte Unterscheidung zwischen Vers und Prosa wahrt. Freilich trug Verdi auch diesmal wieder eine Reihe eigener Ideen und Anregungen bei; sie betreffen das Liebesduett zum Schluß des I. Aktes, das Credo des Jago und die Huldigungsszene vor Desdemona im II. Akt, die Empfangsszene Lodovicos im III. und die Gestaltung des IV. Aktes. Auch die Formung der Charaktere erfolgte in einer Weise, wie sie Verdis Phantasie vorschwebte. Der Briefwechsel mit dem Maler Domenico Morelli bezeugt, daß Verdi hier ganz bestimmte subjektive Auffassungen vertrat. Die »Mohrenschaft« des Titelhelden wurde beibehalten (nach Shakespeares Deutung des Namens des venezianischen Generals und Statthalters von Zypern Giacomo Cristoforo Moro in der Erzählung des Giambattista Giraldi Cinzio, die Shakespeare als Stoffquelle diente). Die an den deutschen Bühnen gebräuchliche Übersetzung stammt von Max Kalbeck; eine neue deutsche Textfassung besorgte Walter Felsenstein.
GESCHICHTLICHES: Im Juli 1879 machte Verdi in Mailand auf Initiative seines Verlegers Giulio Ricordi und des Dirigenten Franco Faccio mit Arrigo Boito persönliche Bekanntschaft. Der Anlaß zu dieser Begegnung war, daß Boito gerade mit der Ausarbeitung eines Opernbuches nach Shakespeares ›Othello‹ beschäftigt war, die Verdi interessierte, war ihm doch schon früher (nach ›Don Carlos‹) der Stoff von Camille du Locle nahegelegt worden. Verdi erhielt drei Tage nach der Zusammenkunft von Boito das Szenarium überreicht; der Meister zögerte aber zunächst noch, obwohl ihm das Libretto gut gefiel, da er schon um diese Zeit mit dem Plan des ›Falstaff‹ umging und er sich mit Rücksicht auf sein vorgerücktes Alter nicht zuviel aufbürden wollte. Durch die gemeinsame Überarbeitung des ›Simone Boccanegra‹ waren sich dann Verdi und Boito nähergekommen. Trotzdem dauerte es noch geraume Zeit, bis sich Verdi entschließen konnte, Boitos Buch zu vertonen, an dem ihn besonders die Figur des Jago fesselte und das er auch ursprünglich ›Jago‹ betiteln wollte. Erst im Winter 1884/85 begann sich der Meister ernstlich mit der musikalischen Ausführung zu befassen; im Oktober 1885 lag die Komposition in Skizze vor, aber die sorgfältige Ausfeilung der musikalischen Gestaltung beanspruchte noch ein weiteres Jahr. Am 1. November 1886 war die Partitur endgültig abgeschlossen. Für die Uraufführung, deren Einstudierung der Meister mit bewundernswerter Energie und Intensität überwachte, stellte er strenge Bedingungen. Am 5. Februar 1887 ging dann ›Othel-

lo‹ an der Scala zu Mailand vor einem erlesenen Publikum und unter stürmischen Ovationen für Verdi zum ersten Mal in Szene. Dirigent war Franco Faccio, in den Hauptrollen sangen Francesco Tamagno (Othello), Victor Maurel (Jago) und Romilda Pantaleoni (Desdemona). Der durchschlagende Erfolg blieb dem Werk auch an anderen italienischen Bühnen treu, und bald interessierte sich das Ausland für die mit Spannung erwartete neue Opernschöpfung Verdis, von dem man nach der langen Schaffenspause bereits angenommen hatte, daß er sich, ähnlich wie seinerzeit Rossini, zeitig zur Ruhe gesetzt hätte. Für die Erstaufführung des ›Othello‹ in Paris (1894) komponierte Verdi eine Balletteinlage (für die Empfangsszene des venezianischen Gesandten) nach, deren Choreographie er selbst entwarf und deren sechs in exotischer Färbung gehaltene Stücke er später zu einer kleinen Orchester-Suite zusammenfaßte.

Falstaff

Lyrische Komödie in drei Akten. Dichtung von Arrigo Boito.

SOLISTEN: *Sir John Falstaff* (Heldenbariton, gr. P.) – *Ford,* Alicens Mann (Kavalierbariton, auch Charakterbariton, gr. P.) – *Fenton* (Lyrischer Tenor, gr. P.) – *Dr. Cajus* (Charaktertenor, m. P.) – *Bardolph* (Spieltenor, auch Charaktertenor, m. P.) und *Pistol* (Spielbaß, auch Charakterbaß, m. P.), in Falstaffs Diensten – *Mrs. Alice Ford* (Dramatischer Koloratursopran, auch Jugendlich-dramatischer Sopran, gr. P.) – *Ännchen* [*Nannetta*], deren Tochter (Lyrischer Koloratursopran, auch Lyrischer Sopran, gr. P.) – *Mrs. Quickly* (Dramatischer Alt, gr. P.) – *Mrs. Meg Page* (Lyrischer Mezzosopran, auch Spielalt, m. P.) – *Der Wirt* vom Gasthaus »Zum Hosenbande« (Stumme Rolle) – *Robin,* Falstaffs Page (Stumme Rolle) – *Ein kleiner Page Fords* (Stumme Rolle).
CHOR: Bürger und Volk. Mehrere Diener Fords. Maskenfiguren, Kobolde, Feen, Hexen usw. (kl. Chp.).
BALLETT: Feen- und Elfentanz, Tanz der Kobolde und Quälgeister.
ORT: Windsor.
SCHAUPLÄTZE: Das Innere des Gasthauses »Zum Hosenbande« – Garten mit Baumgruppen, links Fords Haus – Zimmer im Haus Fords mit einem großen Fenster im Hintergrund und einem zusammengeklappten Wandschirm am Kamin – Ein offener Platz vor dem Gasthaus »Zum Hosenbande« – Im Park von Windsor mit der großen Eiche Hernes in der Mitte.
ZEIT: Während der Regierung Heinrichs IV. (1399–1413).
ORCHESTER: 2 Fl., 1 Picc., 2 Ob. (II. auch Eh.), 2 Kl., 1 Bkl., 2 Fag., 4 Hr., 3 Trp., 3 Pos., 1 Kpos., P., Schl., Hrf., Gitarre, Str. – Bühnenmusik: Hr. in As, Gl. in F.

GLIEDERUNG: Durchkomponierte musikdramatische Großform.
SPIELDAUER: etwa 2½ Stunden.
HANDLUNG: Der dicke Ritter Sir John Falstaff, der sich schmeichelt, dank seiner Figur eine besondere Anziehungskraft auf schöne Frauen auszuüben, ist in argen Geldnöten. Durch ein Liebesabenteuer mit Alice und Meg, den hübschen Frauen der steinreichen Bürger Ford und Page, hofft er seine leeren Taschen wieder aufzufüllen. Aber seine Diener Bardolph und Pistol, zwei verkommene Gestalten, lehnen mit heuchlerischer Entrüstung die Mitwirkung an einem solch unehrenhaften Handel ab, worauf Falstaff die beiden nach einer philosophierenden Betrachtung über den relativen Begriff »Ehre« fortjagt und seinen Pagen Robin mit der Zustellung der Liebesbriefe beauftragt. Bardolph und Pistol haben ihren Herrn nur deshalb verlassen, weil sie durch Verrat seiner lüsternen Absichten an den eifersüchtigen Ford sich einen größeren Profit erhoffen. – Während Ford die beiden Gesellen auffordert, ihn bei Falstaff unter einem falschen Namen einzuführen, beschließen Alice und Meg, die mit Entrüstung die gleichlautenden Liebesbriefe ausgetauscht haben, den Dickwanst in eine Falle zu locken und ihn dann tüchtig auszulachen. Durch ihre Nachbarin, Mrs. Quickly, bestellen sie ihn gleich für den nächsten Tag zu einem Stelldichein bei Alice. – Inzwischen erfährt Ford in der Verkleidung als Mr. Quelle [Fontana] von Falstaff, dem er mit Hilfe von Wein, Geld und Schmeicheleien die Zunge löst, die Stunde der Verabredung. – Aber das unvermutete Erscheinen des wutschnaubenden Gatten, kurz nachdem Falstaff zu dem Schäferstündchen gekommen ist, bringt Alice und ihre lustigen Komplizinnen nicht in Verlegenheit. Sie verstecken den dicken Ritter schnell hinter einem Wandschirm. Ford erscheint mit seinen Freunden. Vor Eifersucht tobend durchstöbert er zunächst Schränke und Schubladen sowie einen zum Wegschaffen bereitgestellten großen Korb mit schmutziger Wäsche. Daraufhin geht die Suche weiter in den anderen Räumen des Hauses. Belustigt stecken inzwischen die Frauen Falstaff in den Wäschekorb, während Ännchen mit ihrem geliebten Fenton unbemerkt hinter den Wandschirm schlüpft. Nach vergeblichem Durchsuchen des Hauses kommt Ford mit seinen Leuten zurück. Da vernimmt er plötzlich das laute Schmatzen eines Kusses hinter dem Wandschirm, dem er sich sogleich behutsam mit seinen Kumpanen nähert. Auf sein Kommando wird der Paravent umgeworfen. Zum Erstaunen aller muß Ford dahinter seine sittsame Tochter mit ihrem ihm unsympathischen Liebhaber entdecken. Während einer neuerlichen Hetzjagd durch das Haus läßt Alice von Knechten den Inhalt des Korbes durch das Fenster in einen Wassergraben entleeren. Unter dem übermütigen Gelächter der Frauen verschafft dem zurückkommenden Ford ein Blick durch das Fenster Aufklärung und Heilung von seiner unbegründeten Eifersucht. – Nun wird beschlossen, den hartgesottenen Sünder vor aller Öffentlichkeit zu bla-

mieren. Zu diesem Zweck überreicht Mrs. Quickly Falstaff in seinem Quartier ein Briefchen von Alice, in dem diese ihn auffordert, um Mitternacht in der Verkleidung als Jäger Herne mit einem Hirschgeweih auf dem Kopf zur großen Eiche in den Park von Windsor zu kommen. Dort seien sie vor jeder Störung sicher; denn niemand wage um diese Zeit den verrufenen Platz zu betreten, an dem das Gespenst des Jägers Herne mit seinem wilden Heer umgehen soll. Halb Windsor wird eingeladen, in der Maskierung als Elfen und andere Geister bei dem lustigen Abenteuer mitzuwirken. Ford will bei dieser Gelegenheit seiner Frau, welche die Werbung Fentons um die Hand Ännchens begünstigt, als Revanche für seine Verulkung ein Gegenschnippchen schlagen: Dr. Cajus, den er sich als Schwiegersohn wünscht, soll, in Mönchstracht verkleidet, ihm die als Feenkönigin erscheinende Tochter zuführen, worauf er vor aller Öffentlichkeit seinen Segen zu dem Bund erteilen wolle. Er ahnt freilich nicht, daß diese Verabredung von der schlauen Mrs. Quickly belauscht wird. – Als sich Falstaff an der Herne-Eiche mit plumpen Zärtlichkeiten Alice und Meg nähern will, stürzt das »wilde Heer« aus seinem Versteck hervor und mißhandelt ihn so lange, bis er an dem Schnapsgeruch seinen Diener Bardolph erkennt, der im Eifer noch dazu seine Kapuze verloren hat. Mit überlegener Geste dreht er den Spieß um, als allgemein die Masken fallen, und rühmt sich, durch seinen Witz etwas Salz in die Fastenspeise dieses Häufleins mittelmäßiger Menschheit gegeben zu haben. Aber auch Ford wird von den listigen Frauen aufs neue geprellt, die durch Vertauschung der Masken dem Dr. Cajus den als Feenkönigin verkleideten Bardolph als Braut zugeschoben haben, während Ännchen an der Seite ihres Fenton erscheint. So gesellen sich zu Falstaff noch zwei weitere Gefoppte: Ford und Dr. Cajus. Jetzt kann Ford dem Paar seinen Segen nicht mehr verweigern. Falstaff beschließt das nächtliche Abenteuer mit einer lebensweisen Moral, in die nach und nach alle einstimmen: alles auf Erden sei nur Spaß, und Torheit verleite die Menschen, sich gegenseitig zum Narren zu halten, worauf letzten Endes lauter Gefoppte übrig blieben.

STILISTISCHE STELLUNG: Das Wahrzeichen von Verdis ›Falstaff‹-Partitur ist edle Einfachheit, die sich schon in der Wahl der Tonarten mit keinem oder wenig Vorzeichen sowie in der unkomplizierten Harmonik äußert. Hinsichtlich der formalen Anlage wird der im ›Othello‹ erreichte Stil der Vollreife beibehalten. Die Formtypen sind nach der vom Dichter vorgezeichneten sprachlichen Gliederung geprägt, durch die auch die Gestalt der ariosen Gebilde bestimmt wird (Ehre-Monolog, Pagenlied, Monolog des Mr. Ford). Der flüssige Parlandostil, der das ganze Werk beherrscht, verdrängt die große dramatische Gesangslinie der früheren Opern zugunsten einer kurzgliederigen Thematik, und nur an einigen Ruhepunkten werden blühende lyrische Kantilenen eingestreut (Duette Ännchen–Fenton, Liebeslied des Fenton, Ännchens Elfenlied). Die Satzweise ist polyphon und erreicht ihre kunstvollen Höhepunkte in den großen Ensembles sowie vor allem in der gewaltigen Schlußfuge. Bewunderungswürdig ist die fein differenzierte Charakterzeichnung, die auch bei den Ensembles zu beobachten ist: So tritt im Gartenbild dem graziös-duftigen tänzerischen Quartett der listigen Frauen im 6/8-Takt der polternde alla breve-Staccatorhythmus des gegen Falstaff aufgebrachten Männerquintetts gegenüber, wobei gegen Ende beide Gruppen in wirkungsvoller Steigerung zusammengekoppelt werden und Fenton, dessen Gedanken zu seinem geliebten Ännchen abschweifen, mit einer ariosen Linie bedacht ist. Den instrumentalen Teil bestreitet ein ungemein diffiziles filigranhaftes Orchester, das dem beschwingten Buffostil des Werkes entsprechend diskret und durchsichtig die Vorgänge der Bühne untermalt und eine Fülle witziger Instrumentaleffekte aufzeigt. Trotz dieser Struktur im Sinn einer Kammeroper trägt das Orchester immer wieder auch kräftigere Farben und stärkere Akzente auf.

Textdichtung: Der Unterschied zwischen Verdi–Boitos und Nicolai–Mosenthals Gestaltung des ›Falstaff‹–Stoffes wird schon durch die verschiedenen Titel gekennzeichnet. Beiden Opern liegt als Vorlage das Shakespearesche Lustspiel ›Die lustigen Weiber von Windsor‹ zugrunde; dazu verarbeitete Boito auch noch Stellen aus ›Heinrich IV.‹. Während bei Otto Nicolai die übermütigen Schwänke der lustigen Frauen im Vordergrund stehen und der dicke Ritter im Sinn einer komischen Buffofigur als Spielball ihrer Launen erscheint, rückt der feingebildete Boito die Gestalt Falstaffs in den Brennpunkt des Interesses. Er zeichnet den heruntergekommenen Edelmann als einen Herrn, der am Schluß mit Überlegenheit das Fazit aus dem närrischen Spiel zieht: das durch menschliche Schwächen verwirrte Treiben dieser Welt mit gelassener Heiterkeit hinzunehmen. Diese Auffassung mochte den altersweisen Verdi im besonderen zur Vertonung der Operndichtung Boitos bestimmt haben, um damit den Schlußpunkt unter sein erfolggekröntes Lebenswerk zu setzen. Die Handlung wurde noch mehr als bei Nicolai von allem Nebensächlichen gelöst und in eine äußerst konzentrierte Form gegossen. So konnten Spärlich und sogar Mr. Page wegbleiben. Auch die Unwahrscheinlichkeit, daß der pfiffige Ritter gleich dreimal den Frauen in die Falle geht, wurde durch Streichung des Abenteuers mit der Verkleidung als dicke Frau aus Brentford beseitigt. Anderseits wurde der Personenkreis durch Hereinnahme der Mrs. Quickly und des urkomischen Dienerpaares um einige Charaktere bereichert, ganz im Sinn der Zeichnung der den Dickwanst umgebenden Mitwelt als überzeitliche, verallgemeinerte Typen, wodurch der Anschluß hergestellt war an eine ureigene Spielform des italienischen Theaters, der Commedia dell'arte. Die deutsche Textübertragung besorgte Max Kalbeck; eine neue Übersetzung stammt von Hans Swarowsky.

GESCHICHTLICHES: Die Gestalt Falstaffs erschien bereits vor Verdi schon einmal auf der italienischen Opernbühne, und zwar in der Oper ›La gioventù di Enrico V‹ (nach Shakespeares ›Heinrich IV.‹), Text von Felice Romani, Musik von Saverio Mercadante (1834 Mailand). Doch nicht dieses Werk, sondern Nicolais ›Lustigen Weiber von Windsor‹ dürften Verdis Aufmerksamkeit auf den ›Falstaff‹-Stoff gelenkt haben. Jedenfalls erwog er im Frühjahr 1849, also unmittelbar nach der Uraufführung der Nicolaischen Oper, auf der Suche nach einem Operntext für San Carlo in Neapel unter anderem auch dieses Sujet. Im Sommer 1879, nach dem persönlichen Bekanntwerden mit Boito, tauchte der ›Falstaff‹-Plan von neuem auf, wurde aber dann wieder zurückgestellt, nachdem sich Verdi entschlossen hatte, zunächst den ›Othello‹ in Angriff zu nehmen. Im Frühjahr 1889, während der Komponist sich gleichzeitig mit Carlo Goldoni beschäftigte, überreichte ihm der Dichter den Erstentwurf von ›Falstaff‹ und im März 1890 das fertige Libretto. Verdi war sehr begeistert und komponierte sogleich in den nächsten Wochen den I. Akt. Die Arbeit erfuhr in der Folge mehrere Unterbrechungen; im September 1891 wurde mit der Instrumentierung begonnen, und nach Verlauf eines Jahres (September 1892) war die Partitur vollendet. Mit bewunderungswürdiger Energie leitete der betagte Meister persönlich die Einstudierung des schwierigen Werkes, das am 9. Februar 1893 an der Scala zu Mailand mit Edoardo Mascheroni als Dirigenten und mit Victor Maurel in der Titelrolle unter dem Jubel eines auserlesenen Publikums zum ersten Mal in Szene ging.

RICHARD WAGNER

* 22. Mai 1813 in Leipzig, † 13. Februar 1883 in Venedig

Die Hochzeit (unvollendet), Introduktion, Chor u. Septett, T: nach Karl Immermann vom Komponisten, V: B&H

Die Feen (1888 München), T: nach Carlo Gozzi vom Komponisten, V: B&H

Das Liebesverbot (1836 Magdeburg), T: nach William Shakespeare vom Komponisten, kO.; Neuausg. v. Michael Balling (1923 München), V: B&H

Rienzi, der letzte der Tribunen (1842 Dresden), T: der Komponist, V: Fürstner, Schott

Der fliegende Holländer (1843 Dresden), T: der Komponist, V: Fürstner, Schott

Tannhäuser und der Sängerkrieg auf Wartburg (1845 Dresden), T: der Komponist, V: Fürstner, B&H, Schott

Lohengrin (1850 Weimar), T: der Komponist, V: B&H

Tristan und Isolde (1865 München), T: der Komponist, V: B&H

Die Meistersinger von Nürnberg (1868 München), T: der Komponist, V: Schott

Das Rheingold (1869 München), T: der Komponist, V: Schott

Die Walküre (1870 München), T: der Komponist, V: Schott

Siegfried (1876 Bayreuth), T: der Komponist, V: Schott
Götterdämmerung (1876 Bayreuth), T: der Komponist, V: Schott
Parsifal (1882 Bayreuth), T: der Komponist, V: Schott

Rienzi, der Letzte der Tribunen

Große tragische Oper in fünf Akten. Dichtung vom Komponisten.

SOLISTEN: *Cola Rienzi,* päpstlicher Notar (Heldentenor, gr. P.) – *Irene,* seine Schwester (Jugendlich-dramatischer Sopran, gr. P.) – *Steffano Colonna,* Haupt der Familie Colonna (Baß, m. P.) – *Adriano,* sein Sohn (Dramatischer Mezzosopran, auch Dramatischer Alt, gr. P.) – *Paolo Orsini,* Haupt der Familie Orsini (Heldenbariton, auch Charakterbariton, m. P.) – *Raimondo,* päpstlicher Legat (Baß, m. P.) – *Baroncelli* (Lyrischer Tenor, auch Charaktertenor, m. P.) und *Cecco del Vecchio* (Lyrischer Bariton, auch Charakterbariton, m. P.), römische Bürger – *Ein Friedensbote* (Sopran, auch Mezzosopran, kl. P.).
CHOR: Gesandte der lombardischen Städte, Neapels, Bayerns, Böhmens usw. Römische Nobili, Bürger und Bürgerinnen Roms, Friedensboten, Priester und Mönche aller Orden, römische Trabanten (Männerchor geteilt in Bürger und Nobili, letztere: 2 Gruppen zu je 6–8 Tenöre und Bässe. Im IV. Akt übernehmen die als Nobili eingeteilten Chorsänger den Chor der Verschworenen. Hinter der Szene: Lateran-Chor [je 6stimmiger gemischter Doppelchor] und Chor der Mönche [nur Bässe, 3stimmig]; gr. Chp.).
BALLETT: Waffentanz und Pantomime beim Friedensfest.
ORT: Rom.
SCHAUPLÄTZE: Eine Straße Roms mit Lateran-Kirche – Ein großer Saal im Kapitol – Großer Platz des alten Forums mit Ruinen von Säulen, Statuen und umgestürzten Kapitellen – Platz vor dem Lateran – Eine Halle im Kapitol mit Hausaltar – Platz vor dem Kapitol.
ZEIT: Um die Mitte des 14. Jahrhunderts.
ORCHESTER: 2 Fl., 1 Picc., 2 Ob., 3 Kl., 2 Fag., 1 Kfag., 4 Hr., 4 Trp., 3 Pos., 1 Bt., P., Schl., Hrf., Str. – Bühnenmusik: 12 Trp., 7 Pos., 4 Bt., 10 kl. Tr., 4 Rührtrommeln, Tamtam, Org.
GLIEDERUNG: Ouvertüre und 16 Musiknummern, die pausenlos ineinandergehen.
SPIELDAUER: etwa 4 Stunden.
HANDLUNG: Seit der Verlegung des päpstlichen Sitzes nach Avignon herrscht in der Ewigen Stadt große Unsicherheit, hervorgerufen durch die Mißwirtschaft einiger sich befehdender Patrizierfamilien, vor allem der Orsini und der Colonna. Als Paolo Orsini mit seinen Anhängern Irene, die Schwester Rienzis, des verhaßten Führers der Volkspartei,

entführen will, machen ihm die Colonna die Beute streitig, und nur das mannhafte Eingreifen von Colonnas Sohn Adriano, der Irene liebt, rettet das Mädchen vor der Schändung. Die Streitenden vermag aber selbst der päpstliche Legat Raimondo nicht zu trennen. Erst das imponierende Auftreten Rienzis schafft Ruhe, und die Nobili einigen sich, den Kampf außerhalb der Stadt auszutragen. Während der Abwesenheit der Adeligen reißt nun Rienzi die Macht an sich, indem er mit Unterstützung des Volkes und der Kirche Rom nach antikem Vorbild für frei erklärt und sich vor dem Lateran von den Volksmassen feierlich zum Tribunen ausrufen läßt. Auch die Nobili unterwerfen sich ihm jetzt, jedoch nur scheinbar; im Geheimen verschwören sie sich, bei dem bevorstehenden Friedensfest den Emporkömmling durch Mord zu beseitigen und gleichzeitig mit ihren Anhängern das Kapitol zu besetzen. Adriano, der für Irene fürchtet, warnt aber Rienzi noch rechtzeitig, und da dieser daraufhin unter dem Festgewand vorsorglich ein Panzerhemd angelegt hatte, schlägt das Attentat fehl. Auf das inständige Flehen Irenes und Adrianos begnadigt der Tribun die Nobili gegen den Willen der aufgebrachten Volksmenge, die stürmisch den Tod der Verräter verlangt. Als die Adeligen entgegen ihrem feierlichen Eid nach kurzer Zeit wieder zum Kampf gegen Rienzi rüsten, vernichtet dieser mit einem großen Volksheer seine Feinde vor den Toren der Stadt. Das traurige Fazit des mit schweren Blutopfern erkauften Sieges sowie zu erwartende Schwierigkeiten mit dem Kaiser lassen aber eine Opposition gegen den Tribunen in den eigenen Reihen erstehen, und der plötzliche Umfall der Kirche, die ihn mit dem Bann belegt, bewirkt bei den Massen einen völligen Stimmungsumschwung. Adriano, der Rache für den Tod des Vaters geschworen hat, sucht nun Irene zur Flucht zu bewegen. Jedoch vergebens. Als freie Römerin steht sie treu zum Bruder, auch als der Pöbel schließlich das Kapitol mit Steinen und Feuerbränden stürmt. Das zusammenstürzende Gebäude begräbt unter seinen Trümmern das Geschwisterpaar mit Adriano, der mit verzweifelter Anstrengung die Geliebte im letzten Augenblick noch aus den Flammen zu retten suchte.

Stilistische Stellung: Mit ›Rienzi‹ beginnt der Höhenflug der Wagnerschen Muse, wenngleich das Werk nicht viel mehr als eine eklektische Nachahmung der Großen Oper eines Gasparo Spontini, Giacomo Meyerbeer oder Jacques François Fromental Elias Halévy vorstellt und in vielem nicht einmal die künstlerische Höhe dieser Vorbilder erreicht. Die Entfaltungsmöglichkeiten für prunkhafte und effektvolle Szenen reizten Wagner wohl in erster Linie zur Bearbeitung des Stoffes. Daneben verlieh er dem Titelhelden ein wirkungsvolles Profil, indem er ihn mit den hohen Tugenden des Staatsmannes: Vaterlandsliebe, Gerechtigkeit und Großmut, idealisierte. Die übrigen Figuren sind dagegen etwas farblos gezeichnet. Auch die musikalische Gestaltung des Werkes ist ungleich geraten. So streift die Erfindung manchmal die Trivialität, besonders bei Stellen, die hauptsächlich auf äußeren Effekt angelegt sind. Dagegen ist die Pranke des Löwen spürbar, sobald der Musikdramatiker zur Geltung kommt, wobei auch manchmal schon eine Verarbeitung der Thematik im leitmotivischen Sinn auf das kommende Gestaltungsprinzip hinweist (Ouvertüre, Entführungsszene, Streit der Patrizier, Fluchszene).

TEXTDICHTUNG: Der englische Schriftsteller Edward Bulwer-Lytton befaßte sich in seinem Roman ›Rienzi, der letzte Tribun‹ (1835) in freier dichterischer Gestaltung mit dem Geschick des römischen Politikers und päpstlichen Notars Cola di Rienzi, dem in seiner Schwärmerei für das antike Rom phantastische Pläne zur Wiederherstellung der alten Res Publica Romana vorschwebten. Dieses Buch diente Wagner als Stoffquelle. Seine Bearbeitung, die, abgesehen von der geschickten Ausnutzung aller theatralischen Wirkungen, die romanhaften und politischen Stellen fallen ließ und das Reinmenschliche in den Vordergrund rückte, zeugt von dem bühnensicheren Instinkt des geborenen Dramatikers, wie überhaupt gerade beim ›Rienzi‹ noch der Dichter den Musiker um ein beträchtliches überragt.

GESCHICHTLICHES: Im Sommer 1837 lernte Wagner Bulwer-Lyttons Roman kennen. Den Text entwarf er im Sommer 1838. Noch im gleichen Jahr wurde mit der Komposition begonnen. Bis zum Frühjahr 1839 entstanden der I. und II. Akt in Riga, im September 1839 der III. Akt in Boulogne-sur-Mer und der Rest 1840 in Paris. Die Partitur wurde am 19. November 1840 vollendet. Die Uraufführung mit Joseph Aloys Tichatschek in der Titelrolle und Wilhelmine Schröder-Devrient als Adriano fand am 20. Oktober 1842 in Dresden mit starkem Publikumserfolg statt, dem Wagner seine bald darauf erfolgte Berufung als Kapellmeister an die Dresdner Hofoper verdankte.

Der fliegende Holländer

Romantische Oper in drei Aufzügen. Dichtung vom Komponisten.

SOLISTEN: *Daland,* ein norwegischer Seefahrer (Schwerer Spielbaß, auch Seriöser Baß, gr. P.) – *Senta,* seine Tochter (Dramatischer Sopran, auch Jugendlich-dramatischer Sopran, gr. P.) – *Erik,* ein Jäger (Jugendlicher Heldentenor, m. P.) – *Mary,* Sentas Amme (Alt, kl. P.) – *Der Steuermann Dalands* (Lyrischer Tenor, auch Spieltenor, auch Charaktertenor, m. P.) – *Der Holländer* (Heldenbariton, gr. P.).

CHOR: Matrosen des Norwegers. Die Mannschaft des Fliegenden Holländers. Mädchen (im III. Akt Männerchor geteilt in Mannschaft des Norwegers und des Holländers [je Tenor I und II sowie Baß I und II]; m. Chp.).

ORT: Die norwegische Küste.
SCHAUPLÄTZE: Steiles Felsenufer mit dem Schiff Dalands (später auch das des Fliegenden Holländers) – Ein geräumiges Zimmer im Haus Dalands mit Abbildungen von Seegegenständen, Karten usw.; an der Wand das Bild eines bleichen Mannes mit dunklem Bart und in schwarzer Kleidung – Seebucht mit felsigem Gestade, das Haus Dalands zur Seite im Vordergrund.
ORCHESTER: 1 Picc., 2 Fl., 2 Ob. (II. auch Eh.), 2 Kl., 2 Fag., 4 Hr., 2 Trp., 3 Pos., 1 Bt. P., Schl., Hrf., Str. – Bühnenmusik: 3 Picc. (ad libitum), 2–6 Hr., Tamtam.
GLIEDERUNG: Ouvertüre und je 1 Vorspiel vor dem II. und III. Akt, ferner 8 Musiknummern, die pausenlos ineinandergehen.
SPIELDAUER: etwa 2½ Stunden.
HANDLUNG: Ein plötzlich einsetzender heftiger Sturm hat das Schiff des norwegischen Seefahrers Daland, das sich schon nahe der heimatlichen Küste befunden hatte, einige Meilen weg in die Bucht Sandwike verschlagen. Daland begibt sich mit seiner Mannschaft zur Ruhe und beauftragt den Steuermann, inzwischen Wache zu halten. Aber auch dieser schläft alsbald, von Müdigkeit übermannt, ein. Kurz darauf landet ein Schiff mit blutroten Segeln in der Bucht. Der Kapitän geht allein an Land. Zwischen Hoffnung und Verzweiflung schwankt seine Seele, als er jetzt wieder einmal nach Ablauf von sieben Jahren das Land betritt. Wird ihm diesmal der verheißene Engel seines Heils beschieden sein? Ein Fluch treibt ihn seit undenklich langer Zeit in ruheloser Fahrt auf den Weltmeeren umher, und nur ein bis in den Tod getreues Weib kann ihn hiervon erlösen. Doch dieses wird er wohl nie finden, und nur der Untergang der Welt wird ihm die ersehnte Erlösung bringen. Als Daland das Verdeck seines Schiffes betritt, um nach dem Wetter zu sehen, erblickt er den Fremden. Er ruft ihn an und erfährt alsbald von ihm, daß er Holländer sei und, des langen Seefahrens müde, sich nach einem liebenden Weib und nach einem Heim sehne, wofür er gern die reichen Schätze seines Schiffes gäbe. Freudig bietet ihm der materiellen Gewinnen nicht abholde Daland die Hand seiner Tochter Senta an, und da soeben günstiger Wind einsetzt, hofft er, noch heute ihm sein Kind in die Arme führen zu können. – Indessen trägt Senta zu Hause den Mädchen des Dorfs in der Spinnstube die Ballade vom Fliegenden Holländer vor. Sie zeigt tiefes Mitgefühl mit dem Leid des gespenstigen Seewanderers; mit ihrer seltsamen Schwärmerei schreckt sie ihre Umgebung, insbesondere den braven Jäger Erik, der sie treu liebt. Als der Vater mit dem fremden Eidam erscheint, entschließt sich Senta rasch zu dem Versprechen ewiger Treue, denn sie ahnt eine schicksalhafte Fügung in dem Zusammentreffen mit dem bleichen Manne, dessen Züge eine auffallende Ähnlichkeit mit denen des Fliegenden Holländers auf dem Bild in der Stube aufweisen. – Bei dem abendlichen Matrosenfest zur Feier der glückli-

chen Heimkehr belauscht jedoch der Holländer ein Gespräch Sentas mit Erik, der sie an das ehemals ihm gegebene Treueversprechen gemahnt. Der Fremde glaubt sich verraten. Er enthüllt nunmehr dem staunenden Volk sein Geheimnis, daß er der Fliegende Holländer sei. Mit dem Ausdruck wilder Verzweiflung über die neuerdings zerstörte Hoffnung auf Erlösung eilt er auf sein Schiff, das sogleich in See sticht. Aber Senta ist sich ihrer Mission bewußt und sie stürzt sich – eingedenk des Gelöbnisses ihrer Treue bis in den Tod – vom Felsen herab in das Meer. Das Gespensterschiff versinkt, der Ahasver der Ozeane ist erlöst.

STILISTISCHE STELLUNG: Mit dem ›Fliegenden Holländer‹ wandte sich Wagner der romantischen Oper zu. Das Werk stellt vor allem in dichterischer Hinsicht einen Wendepunkt in der Entwicklung des Meisters dar, und dieser selbst betrachtete sich von hier an nicht mehr als »Verfertiger von Operntexten, sondern als Dichter«. Zum ersten Mal betritt Wagner das Gebiet der Sage, das auch die Domäne seines weiteren Schaffens bleiben sollte. Ebenso wird hier erstmalig der Dichtung eine philosophische Idee zugrunde gelegt: das Erlösungs-Motiv mit der These: Mitleid und Liebe bis zur Selbstaufopferung schaffen Erlösung für fremde Schuld. Die Dichtung ist in Szenen beziehungsweise Auftritte gegliedert, während die Partitur noch an der alten Nummerneinteilung festhält. Was die musikalische Gestaltung betrifft, so steht der ›Fliegende Holländer‹ ganz im Zeichen des Stilwandels, woraus sich auch die ungleiche Handhabung der Deklamation erklären läßt. Während vielfach noch eine gewisse Abhängigkeit von italienischen und französischen Vorbildern unverkennbar ist (z. B. Romanze des Erik, Duett Senta–Erik), tritt anderseits bereits die dem Sprachrhythmus angepaßte dramatische Melodie in Erscheinung (z. B. Holländer-Arie). Den Kern des Werks bildet Sentas Ballade, die auch musikalisch »den thematischen Keim der ganzen Oper« enthält: die beiden Hauptmotive, das Holländer- und das Erlösungsmotiv, die freilich im Verlauf des Stückes noch mehr im Sinne von Erinnerungsmotiven verarbeitet werden. Im Kontrast zu der leidenschaftlich-dramatischen Tonsprache der Holländer–Senta-Szenen stehen die frischen Melodien volkstonmäßiger Prägung, welche die Umwelt charakterisieren (Chöre und Tanz der Matrosen, Chor der Spinnerinnen, Steuermannslied). In der Behandlung des Orchesterparts weisen ebenfalls einzelne Stellen, wie zum Beispiel Eriks Traum-Erzählung, bereits auf das kommende Gestaltungsprinzip hin, aber auch Einflüsse Carl Maria von Webers und Heinrich Marschners sind evident. Der konzentrierte Ablauf der Handlung rechtfertigt eine pausenlose Aufführung, was dem Werk mehr den Charakter einer »dramatischen Ballade« verleiht, wie Wagner ursprünglich seinen ›Fliegenden Holländer‹ bezeichnet hatte.

TEXTDICHTUNG: Den Stoff entnahm Wagner einer Erzählung von Heinrich Heine, die 1826 in den ›Reisebildern aus Norderney‹ und

1839 in den ›Memoiren des Herrn von Schnabelewopski‹ erschienen war. Die Figur des Jägers Erik wurde frei dazuerfunden. Ebenso fügte Wagner noch einige Züge aus Wilhelm Hauffs ›Gespensterschiff‹ ein. Auch eigene Erlebnisse, die er gelegentlich seiner Flucht aus Riga auf einer stürmischen Seefahrt von Pillau nach London hatte, inspirierten die Phantasie des Dichterkomponisten.
GESCHICHTLICHES: Wagner hatte Heines Erzählung bereits 1839 in Riga kennengelernt, aber erst unter den Eindrücken der stürmischen Seereise nach London gewann die Idee einer dramatischen Gestaltung »eine bestimmte poetisch-musikalische Farbe«. Er verarbeitete dann 1840 in Paris den Stoff zunächst als Einakter. Auf Wunsch des Direktors der Großen Oper mußte aber der in drückenden pekuniären Sorgen lebende Wagner diesen Text gegen seinen Willen dem französischen Komponisten Pierre Louis Philippe Dietsch zur Vertonung überlassen (französisch bearbeitet von Paul Foucher und Henri Révoil als ›Le vaisseau fantôme‹). Im Mai 1841 erfolgte dann innerhalb von zehn Tagen in Meudon bei Paris die Ausführung der Dichtung in drei Akten, und die Komposition konnte bereits am 13. September des gleichen Jahres abgeschlossen werden. Noch von Paris aus bot Wagner das Werk in Leipzig und München an, wo es mit dem Bemerken abgelehnt wurde, es eigne sich nicht für Deutschland. Auf Empfehlung Giacomo Meyerbeers wurde aber dann der ›Fliegende Holländer‹ von der Berliner Hofoper zur Uraufführung angenommen, doch blieb die Partitur dort wegen des bevorstehenden Intendantenwechsels zunächst liegen. Als auf den großen Erfolg des ›Rienzi‹ hin sich Dresden auch für eine Aufführung des ›Fliegenden Holländer‹ interessierte, überließ Berlin die Uraufführung dieser Bühne. Somit ging die Oper in Dresden am 2. Januar 1843 zum ersten Mal in Szene. Die hastig vorbereitete Aufführung konnte jedoch trotz der überragenden Senta von Wilhelmine Schröder-Devrient nicht annähernd den gleichen Beifall finden wie ›Rienzi‹. Im Jahre 1864 nahm Wagner noch einige Retouchen an der Instrumentation vor und gab der Ouvertüre einen neuen Schluß.

Tannhäuser und der Sängerkrieg auf Wartburg

Romantische Oper in drei Aufzügen. Dichtung vom Komponisten.

SOLISTEN: *Hermann,* Landgraf von Thüringen (Seriöser Baß, gr. P.) – *Tannhäuser* (Heldentenor, gr. P.), *Wolfram von Eschenbach* (Kavalierbariton, gr. P.), *Walther von der Vogelweide* (Lyrischer Tenor, auch Jugendlicher Heldentenor, m. P.), *Biterolf* (Baßbariton, auch Charakterbaß, m. P.), *Heinrich der Schreiber* (Tenor, m. P.), *Reinmar von Zweter* (Charakterbaß, m. P.), Ritter und Sänger – *Elisabeth,* Nichte des Land-

grafen (Jugendlich-dramatischer Sopran, gr. P.) – *Venus* (Dramatischer [Mezzo-]Sopran, auch Hochdramatischer Sopran, m. P.) – *Ein junger Hirt* (Lyrischer Sopran, auch Soubrette, kl. P.) – *Vier Edelknaben* (Sopran und Alt, kl. P.).
CHOR: Thüringische Ritter, Grafen und Edelleute. Edelfrauen. Ältere und jüngere Pilger. Sirenen (gr. Chp.).
BALLETT: Bacchanale (I. und III. Akt).
SCHAUPLÄTZE: Das Innere des Hörselberges bei Eisenach – Tal vor der Wartburg – Auf der Wartburg – Tal vor der Wartburg (im 2. Bild: Frühlingslandschaft, im 4. Bild: Herbststimmung).
ZEIT: Im Anfang des 13. Jahrhunderts.
ORCHESTER: 3 Fl. (III. auch Picc.), 2 Ob., 2 Kl. (II. auch Bkl.), 2 Fag., 4 Hr., 3 Trp., 3 Pos., 1 Bt., P., Schl., Hrf., Str. – Bühnenmusik: 1 Eh., 2 Picc., 4 Fl., 4 Ob., 6 Kl., 6 Fag., 12 Hr., 12 Trp., 4 Pos., Schl., Hrf. (letztere nur bei der Pariser Bearbeitung).
GLIEDERUNG: Ouvertüre und durchkomponierte Großform. (Bei der Pariser Bearbeitung geht die Ouvertüre ohne Abschluß in die 1. Szene über.) Symphonisch-programmatisches Vorspiel zum III. Akt.
SPIELDAUER: etwa 3¾ Stunden.
HANDLUNG: Der feurige Minnesänger Heinrich von Ofterdingen, genannt Tannhäuser, ist des wollüstigen Lebens bei der Liebesgöttin Venus im Hörselberg überdrüssig. Er sehnt sich zurück zur Erde. Venus kann ihn weder mit dem ganzen Aufgebot ihrer Verführungskünste noch durch leidenschaftliche Zornesausbrüche umstimmen, und als sie ihn schließlich anfleht, sein Heil wieder bei ihr zu suchen, wenn ihn die Welt verstoße, antwortet er spontan, sein Heil ruhe in Maria. In diesem Augenblick sieht er sich plötzlich in ein schönes Tal vor der Wartburg versetzt. Ein Hirte preist den Frühling mit Schalmei und Gesang, fromme Pilger ziehen an ihm vorüber. In heißem Dankgebet versunken, wird Tannhäuser von einer Jagdgesellschaft mit Landgraf Hermann an der Spitze überrascht. Einer Rückkehr in den Wartburg-Kreis widerstrebt er, bis Wolfram von Eschenbach ihn mit der Nennung des Namens Elisabeth umzustimmen weiß. – Freudig begrüßt des Landgrafen Nichte Elisabeth die Sängerhalle, die sie seit Tannhäusers Scheiden gemieden hatte. Beim ersten Wiedersehen mit dem kühnen Sänger deutet sie diesem und später auch dem Oheim schüchtern das Geheimnis ihres Herzens an, während Wolfram, der Elisabeth liebt, still resigniert. Bei dem glanzvollen Fest zur Feier der Rückkehr Tannhäusers stellt Landgraf Hermann den Sängern die Aufgabe, die Liebe zu besingen. Elisabeth soll selbst dem Sieger den Preis zuerkennen. Während alle an dem Wettstreit Beteiligten sich für die hohe ideale Liebe einsetzen, erklärt Tannhäuser, nur in dem sinnlichen Genuß das wahre Wesen der Liebe zu erblicken. In wilder Ekstase ruft er zuletzt die Liebesgöttin selbst an und gesteht sein Verweilen im Venusberg. Entsetzt verlassen die Frauen den Saal, während die Ritter

mit dem Schwert auf Tannhäuser losgehen. Elisabeth wirft sich dazwischen und besänftigt die Männer durch ihre Fürbitte, man möge dem unglücklichen Sünder, der mit seinem frivolen Geständnis ihrem liebenden Herzen den Todesstoß versetzt habe, Gelegenheit zur Rettung seines Seelenheils gewähren. Auf Vorschlag des Landgrafen schließt sich Tannhäuser den um diese Zeit nach Rom wallenden Pilgern an, um dort Vergebung für seine Schuld zu erlangen. – Vor dem Marienbild im Wartburgtal betend, erwartet Elisabeth zur Herbstzeit Tag für Tag die Rückkehr der Pilger. Als Tannhäuser jedoch nicht mit den Entsühnten zurückkommt, fleht sie zur Heiligen Jungfrau, ihr Leben als Sühne für seine Schuld hinzunehmen. Mit abwehrender Geste dankt sie Wolfram für das angebotene Geleit und entfernt sich nach der Wartburg. In einem wehmutsvollen Gesang an den Abendstern sendet Wolfram einen letzten Gruß der Scheidenden zu, für die sein Herz immer noch zarte Gefühle birgt. In der Dunkelheit naht die Gestalt eines Pilgers; es ist Tannhäuser, der, völlig gebrochen an Leib und Seele, einzig noch bei der Liebesgöttin Hilfe und Trost zu finden hofft. Auf Wolframs beschwörende Bitten erzählt er von seiner der harten Buße geweihten Romfahrt und von dem vernichtenden Urteil des Papstes, der erklärte, daß, ebenso wie der Stab in seiner Hand sich nie mehr mit frischem Grün schmücken würde, ihm nie Erlösung zuteil werden könne. Wolfram bannt jedoch die schon mit ihrem Höllenspuk herannahende Venus mit der Macht des Namens Elisabeth. – In der Morgendämmerung naht der Zug der Ritter mit Elisabeths Leiche. Sterbend sinkt Tannhäuser an ihrer Bahre nieder. Als sichtbares Zeichen der Erlösung bringen junge Pilger einen Priesterstab, aus dem über Nacht frische grüne Triebe hervorgesprossen waren.

STILISTISCHE STELLUNG: Der ›Tannhäuser‹ stellt einen weiteren Markstein auf dem Weg zum Musikdrama dar. Gegenüber dem ›Fliegenden Holländer‹ sind die musikalischen Formen noch mehr geweitet und teilweise zu großen geschlossenen Szenen ausgebaut (z. B. Szene Venus–Tannhäuser). Die alte Nummerneinteilung ist gefallen, und die Musik wird, der Dichtung folgend, in Szenen gegliedert, die zwanglos ineinander fließen. Das Rezitativ fügt sich unauffällig ein. Bei der Rom-Erzählung sind die wesentlichen Merkmale des späteren musikdramatischen Stils bereits vollends vorgezeichnet: der melodisch-deklamatorische Gesangsstil und dazu ein motivisch-symphonischer Orchesterpart, der den Vortrag des Sängers erläutert und ergänzt. Die Ouvertüre mit ihrem die Grundidee des Werkes zusammenfassenden programmatischen Inhalt entfernt sich schon ziemlich von der üblichen Sonatenform; sie führt die beiden, den Gegensätzen der Handlung entsprechenden Motivgruppen ein: die weihevollen Klänge des Pilgergesanges und die heidnisch-sinnliche Welt des Venusberges. Im allgemeinen werden auch beim ›Tannhäuser‹ die Themen noch im Sinn von Erinnerungsmotiven verarbeitet. Die sogenannte Pariser Bearbeitung, die hauptsächlich das Bacchanale und die Szene im Venusberg betrifft, stört mit ihrer von Chromatik durchsetzten Tonsprache im Stil von ›Tristan und Isolde‹ die Einheitlichkeit des Werkes. Ein für stilistische Unterschiede empfindlicher Hörer wird der ursprünglichen (Dresdner) Fassung den Vorzug geben.

TEXTDICHTUNG: Hatte sich Wagner noch bei der Gestaltung des ›Holländer‹-Stoffes ziemlich eng an die Vorlage gehalten, so bediente er sich beim ›Tannhäuser‹ zum ersten Mal eines Verfahrens, an dem er grundsätzlich auch bei seinem weiteren Schaffen festhielt: Er folgt bei der Dramatisierung eines Stoffes nicht mehr einer bestimmten Quelle, sondern zieht hierzu ganze Sagen-Kreise heran, wobei er jeweils den Kern des Mythos seiner Auffassung gemäß herausschält und diesen in freier Kombination und unter Berücksichtigung der dramatischen Wirkungsmöglichkeiten mit Motiven aus verwandten oder sonst in Beziehung stehenden Sagen verwebt. Die Hauptquelle zum ›Tannhäuser‹ bildete wohl das mittelalterliche Gedicht ›singerkriec ûf Wartburc‹ (13. Jahrhundert) und das Volkslied vom ›Danhauser‹ (16. Jahrhundert). Weiteren Einfluß übten auf die Gestaltung aus: Johann Ludwig Tiecks Erzählungen ›Von dem getreuen Eckart‹ und dem ›Tannenhäuser‹ sowie E. T. A. Hoffmanns Novelle ›Der Kampf der Sänger‹. Dazu kommen noch literarisch-wissenschaftliche Vorlagen wie die ›Deutschen Sagen‹ der Brüder Grimm, ferner ›Sagenschatz und Sagenkreis des Thüringer Landes‹ von Ludwig Bechstein, ›Des Knaben Wunderhorn‹ von Achim von Arnim und Clemens Brentano und ›Über den Krieg von Wartburg‹ von C. T. L. Lucas. Letzterer identifizierte bereits Tannhäuser mit Heinrich von Ofterdingen.

GESCHICHTLICHES: Der ›Tannhäuser‹-Stoff wurde vor Wagner mit Vorliebe von den Romantikern (Friedrich de la Motte Fouqué, Joseph von Eichendorff u. a.) behandelt. Auch Carl Maria von Weber wollte einen ›Tannhäuser‹ komponieren. Die erste Anregung hat Wagner vielleicht schon 1836 durch Heinrich Heines Legende vom ›Tannhäuser‹ erfahren. Entscheidend für die Idee einer Gestaltung war jedenfalls die Lektüre eines ›Volksbuchs‹, das Wagner im Sommer 1841 in Paris in die Hände fiel. Die weiteren Stationen im Entstehungsprozeß sind: Juni 1842 Entwurf des Szenariums in Teplitz; 22. Mai 1843 Beendigung der Dichtung in Dresden unter dem Titel ›Der Venusberg, Romantische Oper‹; Juli 1843 Beginn der Komposition in Teplitz; Vollendung der Skizze des II. und des III. Aktes am 15. Oktober beziehungsweise 29. Dezember 1844 und Abschluß der Partitur am 13. April 1845 in Dresden; die Uraufführung mit Joseph Aloys Tichatschek (Tannhäuser), Johanna Wagner-Jachmann (Elisabeth) und Wilhelmine Schröder-Devrient (Venus) erfolgte am 19. Oktober 1845 an der Dresdner Hofoper mit geteiltem Erfolg, der sich erst bei den späteren Aufführungen steigerte. Wagner nahm bei keinem seiner Werke so viele Umgestaltungen vor wie bei ›Tannhäuser‹. Zunächst arbeitete er den Schluß mehrmals um; bei den ersten Vorstellungen fehlte noch das Wiedererscheinen der Venus im III. Akt und der Auftritt der Ritter mit Elisabeths Leiche; erst bei der Neueinstudierung am 1. August 1847 erschien die Oper mit dem endgültigen Schluß. Im März 1861 erfolgte auf Einladung Napoleons III. eine Aufführung des Werkes in französischer Sprache (Textübersetzung: Edmond Roche und Charles Nuitter) an der Großen Oper in Paris, wozu Wagner, um die Forderung nach einer Balletteinlage auf künstlerisch vertretbare Weise entgegenzukommen, zum Teil einschneidende Umarbeitungen vorgenommen hatte. Trotz größten Publikumserfolgs mußte die Oper infolge der skandalösen Störungen durch Wagners Gegner (Jokey-Club) nach drei Aufführungen wieder abgesetzt werden. Im Jahre 1867 machte Wagner noch einige Änderungen für München: Anstelle der Ouvertüre leitete ein Vorspiel von sechsundzwanzig Takten das »Pariser«-Bacchanale ein.

Lohengrin

Romantische Oper in drei Aufzügen. Dichtung vom Komponisten.

Solisten: *Heinrich der Vogler,* deutscher König (Seriöser Baß, gr. P.) – *Lohengrin* (Jugendlicher Heldentenor, gr. P.) – *Elsa von Brabant* (Jugendlich-dramatischer Sopran, gr. P.) – *Friedrich von Telramund,* brabantischer Graf (Heldenbariton, gr. P.) – *Ortrud,* seine Gemahlin (Dramatischer Mezzosopran, auch Dramatischer Sopran, gr. P.) – *Der Heerrufer des Königs* (Heldenbariton, auch Baßbariton, auch Charakterbaß, m. P.) – *Vier brabantische Edle* (2 Tenöre und 2 Bässe, kl. P.) – *Vier Edelknaben* (2 Soprane und 2 Alte, kl. P.) – *Herzog Gottfried,* Elsas Bruder (Stumme Rolle).
Chor: Sächsische und thüringische Grafen und Edle. Brabantische Grafen und Edle. Edelfrauen. Edelknaben. Mannen. Frauen. Knechte (Männerchor geteilt in Chor I und Chor II [Sachsen und Brabanter, je vierstimmig]; gr. Chp.).
Ort: Antwerpen.
Schauplätze: Eine Aue am Ufer der Schelde bei Antwerpen – Die Burg von Antwerpen – Das Brautgemach – Aue am Ufer der Schelde.
Zeit: Erste Hälfte des 10. Jahrhunderts.
Orchester: 3 Fl. (III. auch Picc.), 2 Ob., 1 Eh., 2 Kl., 1 Bkl., 3 Fag., 4 Hr., 3 Trp., 3 Pos., 1 Bt., P., Schl., Hrf., Str. – Bühnenmusik: 4 Trp. (Königstrompeter), 3 Fl. (III. auch Picc.), 3 Ob., 3 Kl., 2 Fag., 4 Hr., 8–12 Trp., 3 Pos., P., Becken, Org., Hrf., Triangel, Gl. in E, Rührtrommel.
Gliederung: Durchkomponierte Großform (symphonisch-programmatische Vorspiele zum I. und III. Akt).

SPIELDAUER: etwa 4 Stunden.

HANDLUNG: König Heinrich I. ist nach Brabant gekommen, um auch in diesem Land einen Heerbann gegen den drohenden Hunneneinfall aufzurufen. Bei dieser Gelegenheit bringt Graf Telramund die schwere Anklage gegen Elsa vor, ihren Bruder Gottfried, den jugendlichen Herzog von Brabant, der nach dem Tod des Vaters eines Tages spurlos verschwunden war, ermordet zu haben, um die Krone von Brabant sich und einem geheimen Buhlen zu gewinnen. Da Beweise für die unglaubwürdige Tat fehlen, ordnet der König ein Gottesgericht an: Ein Zweikampf zwischen dem Kläger und einem Elsas Schuldlosigkeit verteidigenden Ritter soll entscheiden, auf wessen Seite das Recht steht. Doch keiner der brabantischen Edlen meldet sich als Streiter für Elsa. Da naht plötzlich ein von einem Schwan gezogener Kahn mit einem Ritter, so wie ihn Elsa schon im Traum gesehen hat. Der Unbekannte (Lohengrin) will Elsas Gatte werden und ihre Unschuld im Gotteskampf erweisen, aber unter der Bedingung, daß sie ihn nie nach seinem Namen und seiner Herkunft frage. Elsa vertraut sich dem gottgesandten Mann bedingungslos an. Daraufhin schlägt Lohengrin im Zweikampf Telramund, er schenkt ihm aber großmütig das Leben, auf daß er es der Buße und Reue weihe. – Ortrud, die von tödlichem Haß gegen alle Christen besessene Heidin, stammt aus dem Geschlecht der Friesenfürsten, die ehemals auch in Brabant herrschten. Sie hatte ihren leicht beeinflußbaren Gatten Telramund zu der falschen Klage gegen Elsa veranlaßt mit der Prophezeihung, daß ihr Geschlecht bald wieder zur Herrschaft in Brabant gelangen werde. Ihrem dämonischen Einfluß kann der verzweifelte Telramund auch jetzt nicht widerstehen, und er läßt sich zur Rache gegen das glückliche Paar aufstacheln. Zunächst schleicht sich Ortrud selbst nachts mit heuchlerischer Miene bei Elsa ein. Beim Hochzeitszug läßt sie dann plötzlich die Maske fallen und macht Elsa am Portal des Münsters den Vortritt streitig. Dabei höhnt sie die dunkle Herkunft des fremden Ritters in der teuflischen Absicht, Mißtrauen in dem Herzen des träumerischen Mädchens zu erwecken. Auch Telramund stört den Kirchgang, indem er, wie ihm Ortrud geraten hat, öffentlich den unbekannten Helden des Zaubers und Gottestrugs zeiht und energisch die Kundmachung seines Namens fordert. Doch Lohengrin, auf dessen Seite die Sympathien des Königs und des Volkes sind, erklärt, nur einer Rede und Antwort stehen zu müssen: Elsa. Diese bleibt jedoch standhaft und versichert erneut, daß ihre Liebe über alle Zweifel erhaben sei. Feierlich schreitet der Zug zur Trauung in die Kirche. – Aber das in Elsas Seele geträufelte Gift wirkt weiter, und im Brautgemach stellt sie nun doch die verhängnisvolle verbotene Frage. Den fast gleichzeitig mit dem Schwert hereinstürmenden Telramund streckt Lohengrin nieder. Nun muß er vor König und Volk sein Geheimnis kundgeben. – Am frühen Morgen versammelt sich der Heerbann der Sachsen und Brabanter vor dem König.

Lohengrin läßt zunächst auf einer Bahre die Leiche Telramunds herbeibringen und fragt, ob er den Ritter, der ihn nachts überfallen hatte, zu Recht erschlagen habe. Mit Abscheu verurteilen der König und die Edlen den Frevler Telramund, dem Gottes Strafe zuteil werden möge. Unter der gespannten Aufmerksamkeit aller gibt sodann der fremde Ritter seine Herkunft bekannt und verkündet, daß er Lohengrin sei, der Sohn Parzivals, des königlichen Hüters vom Heiligen Gral. Schon naht der Schwan wieder; denn der vom Gral zum Schutz der Unschuld ausgesandte Ritter darf, wenn er erkannt ist, nicht länger verweilen. Ortrud triumphiert über die gelungene Rache und gesteht in wilder Freude, an dem Kettchen um den Hals des Schwanes in diesem den von ihr verzauberten jugendlichen Herzog Gottfried erkannt zu haben, der, nunmehr im Dienst des Grals, bei längerem Bleiben Lohengrins auch befreit worden wäre. Auf Lohengrins Gebet schwebt die Gralstaube vom Himmel hernieder, der Schwan verschwindet, und an seiner Stelle steigt Gottfried, der Totgeglaubte, ans Ufer. Der nun von der Taube gezogene Kahn entfernt sich mit Lohengrin, entseelt sinkt Elsa in den Armen des Bruders zu Boden.

STILISTISCHE STELLUNG: Mit ›Lohengrin‹ erreicht die romantische Oper ihren Höhepunkt durch die vollendete Einheitlichkeit von Dichtung und Musik im Sinne romantischer Kunstanschauung. Wagner betrachtete den Stoff als »eigentliches Gedicht des Volkes«, als ein »edles Gedicht sehnsüchtigen menschlichen Verlangens«, und dieser Gestaltung im echt romantischen Geist verdankt die Oper, die als die populärste unter den Bühnenschöpfungen Wagners anzusehen ist, wohl in erster Linie ihre große Breitenwirkung. In musikalischer Hinsicht ist die Grenze zwischen alter Oper und Musikdrama erreicht. Bei den Motiven treten wieder zwei gegensätzliche Hauptgruppen in den Vordergrund: die Themen um Lohengrin und den Heiligen Gral und die Motive, welche die Gegenseite umzeichnen. Polaren Charakter trägt das sich durch das ganze Stück ziehende Verbots-Motiv. Die Verarbeitung der Motive geschieht bereits vielfach in leitmotivischem Sinn, wobei neben dem Orchester auch die Gesangslinie Träger des dramatischen Ausdrucks ist. Bei homophoner Anlage werden die musikalischen Wirkungen hauptsächlich mit harmonischen und koloristischen Mitteln erzielt. Das melodische Material erfährt durch modulatorische Umbildungen und koloristische Umkleidungen zahlreiche Variierungen. Manchen Szenen verleiht das Vorherrschen einer bestimmten Tonart eine charakteristische Grundfarbe. Ähnlich werden auch poetisierende Wirkungen durch gewisse immer wiederkehrende instrumentale Farben erreicht (bei Elsa Holzbläser, bei König Heinrich Trompeten und Posaunen, bei den Grals-Themen hohe geteilte Streicher). Eine bedeutsame Rolle spielt das dramatische Streichertremolo. Insgesamt stellt die Partitur hinsichtlich der klanglichen Mischungen im Dienst des dramatischen Ausdrucks ein Wunderwerk dar. Auch der meist 6–8fach geteilte Chor, der bei dieser Oper zu den Hauptdarstellern gehört, vermittelt zahlreiche koloristische Wirkungen. Die Einleitungsmusik wird bei ›Lohengrin‹ zum ersten Mal als »Vorspiel« bezeichnet, weil sie ein freies symphonisches Tonstück darstellt, dem eine dichterische Idee zugrunde gelegt ist: das wunderwirkende Herniederkommen des Grals und das langsame Verschwinden der Engelschar mit dem heiligen Gefäß in den Lüften.

Textdichtung: Für die Bearbeitung des Stoffes zog Wagner wieder einen ganzen Sagenkomplex heran. Als Quelle diente die gesamte mittelalterliche Schwanenritter-Sage, aus deren Fülle die Fassung von Wolfram von Eschenbach (in seinem ›Parzival‹) und die eines bayrischen Ritters um 1290 (›Lohengrin, der Ritter mit dem Schwan‹) hervorgehoben seien. Auch aus anderen Sagen wurden Motive übernommen, wie zum Beispiel aus dem Nibelungenlied der Streit der Frauen vor dem Münster. Mit der Verlegung in die Zeit Heinrichs I., des Voglers, gab Wagner der Handlung einen historischen Rahmen.

Geschichtliches: Im Jahre 1841 hatte Wagner gleichzeitig mit der Planung des ›Tannhäuser‹ auch die Gestaltung des ›Lohengrin‹ ins Auge gefaßt. Während des für den Tondichter so ertragreichen Sommeraufenthalts 1845 in Marienbad, wo auch schon die erste Beschäftigung mit dem ›Parsifal‹ erfolgt war, entstanden Entwürfe zu den ›Meistersingern‹ und zu ›Lohengrin‹. Wagner entschloß sich sodann zunächst zur Inangriffnahme des ›Lohengrin‹. Im November des gleichen Jahres lag die Dichtung bereits fertig vor. Die Komposition wurde in den beiden folgenden Jahren ausgeführt, und zwar der erste Entwurf im Sommer 1846 in Groß-Graupa bei Pillnitz, dann in Dresden erst der III. Akt (vom 9. September 1846 bis 5. März 1847), anschließend der I. Akt (vom 12. Mai bis 8. Juni 1847) und der II. Akt (vom 18. Juni bis 2. August 1847); das Vorspiel wurde am 28. August 1847 komponiert und die Partitur Ende März 1848 abgeschlossen. Die Dresdner Intendanz lehnte jedoch dem politisch mißliebigen Kapellmeister eine Aufführung des Werkes ab. Wegen der Teilnahme an der Revolution 1849 mußte Wagner aus der Heimat fliehen und für lange Zeit ins Exil gehen. Die Uraufführung kam zwar durch die hochherzige Freundschaftstat Franz Liszts bereits am 28. August 1850 zur Goethe-Feier in Weimar zustande, jedoch konnte den ›Lohengrin‹ sein Schöpfer selbst erst elf Jahre später (15. Mai 1861 in Wien) zum ersten Mal hören. Das Werk machte schon in Weimar gewaltigen Eindruck, selbst auf Wagners Gegner, die allerdings anschließend ein um so kräftigeres Zetergeschrei anstimmten. Nach einer Pause von drei Jahren brachte als nächste Bühne Wiesbaden den ›Lohengrin‹ zur Aufführung, worauf dann das Werk auch von anderen Bühnen angenommen wurde.

Tristan und Isolde

Handlung in drei Aufzügen. Dichtung vom Komponisten.

SOLISTEN: *Tristan* (Heldentenor, gr. P.) – *König Marke* (Seriöser Baß, m. P.) – *Isolde* (Dramatischer Sopran, gr. P.) – *Kurwenal* (Heldenbariton, m. P.) – *Melot* (Charaktertenor, auch Charakterbariton, kl. P.) – *Brangäne* (Dramatischer Mezzosopran, gr. P.) – *Ein Hirt* (Lyrischer Tenor, auch Spieltenor, kl. P.) – *Ein Steuermann* (Bariton, auch Baß, kl. P.) – *Stimme eines jungen Seemanns* (Lyrischer Tenor, auch Lyrischer Bariton, kl. P.).
CHOR: Schiffsvolk. Ritter und Knappen. Frauen aus Isoldes Gefolge (Gesangspart nur Männerchor; kl. Chp.).
SCHAUPLÄTZE: Zur See auf dem Verdeck von Tristans Schiff während der Überfahrt von Irland nach Kornwall – In der Königlichen Burg Markes in Kornwall – Tristans Burg in der Bretagne.
ORCHESTER: 3 Fl. (III. auch Picc.), 2 Ob., 1 Eh., 2 Kl., 1 Bkl., 3 Fag., 4 Hr., 3 Trp., 3 Pos., 1 Bt., P., Schl., Hrf., Str. – Bühnenmusik: 3 Trp., 3 Pos., 6 Hr. 1 Eh.
GLIEDERUNG: Durchkomponierte symphonisch-dramatische Großform (symphonisch-programmatische Vorspiele zum I. und III. Akt).
SPIELDAUER: etwa 4¼ Stunden.
VORGESCHICHTE DER HANDLUNG: Die irische Königstochter Isolde war mit ihrem Vetter Morold verlobt. Als dieser nach Kornwall auszog, um bei König Marke den fälligen Tribut einzuholen, erschlug ihn Tristan, Markes treuester Vasall. Anstelle des Tributs sandte er Morolds Haupt nach Irland zurück. Doch auch Tristan war im Kampf mit Morold verwundet worden, und da Isolde des Verlobten Waffen vergiftet hatte, konnte die Wunde nur von ihr geheilt werden. Der kranke Held steuerte daher, als Spielmann »Tantris« verkleidet, an Irlands Küste. Isolde pflegte den wunden Gast, erkannte aber in ihm bald den Ritter Tristan, da sie in seinem Schwert eine Scharte entdeckte, in welche sich genau ein Splitter fügte, den sie einstens in Morolds Haupt gefunden hatte. In flammendem Zorn trat sie mit dem Schwert vor das Lager des Helden, um den Tod ihres Angelobten zu rächen; doch Tristans Blick, der in diesem Augenblick nur ihre Augen suchte, ließ ihren Haß in Liebe umschlagen. Machtlos entfiel ihrer Hand das Schwert, und bald entließ sie den Geheilten unerkannt als Tantris, wodurch sie ihn auch vor der Rache ihrer Verwandten schützte. Als »Tristan« erschien er jedoch alsbald wieder am irischen Hof, diesmal um für seinen alten Oheim Marke um Isoldes Hand zu werben. Es wurde Urfehde geschworen, das heißt Versöhnung zwischen den beiden Ländern gefeiert, worauf Isolde die Fahrt nach Kornwall mit dem Brautwerber antrat.
HANDLUNG: Das Schiff befindet sich schon nahe dem Ziel, als das Lied eines Seemanns, das vom Mast herab in das Frauenzelt tönt und von

Isolde als Verhöhnung empfunden wird, die gespannte Atmosphäre zur Entladung bringt. Isolde schickt ihre Dienerin Brangäne zu Tristan, der sie während der ganzen Überfahrt scheu gemieden hatte, mit dem Befehl, daß er, der Eigenholde, der Herrin unverzüglich nahen solle. Tristan weicht mit höfischen Worten aus. Als schließlich Brangäne den Auftrag mit den Worten ihrer Herrin wiederholt, gibt Kurwenal höhnisch zur Antwort, daß ein Held niemals der Magd untertan sein könne, die er selbst dem Oheim schenke. Der bestürzt wegeilenden Brangäne singt er das Spottlied von Herrn Morolds Tributfahrt nach Kornwall nach, dessen Refrain von den Rittern und Knappen belustigt aufgenommen wird. In heller Entrüstung weiht nun Isolde die Dienerin in das Geheimnis mit Tantris ein. Brangäne sucht die Herrin zu trösten mit dem Hinweis auf die vorsorgliche Mutter, die einen Liebestrank für den nur durch Politik vermählten Gatten mitgegeben habe. Aber Isolde erklärt, daß unter den Zaubersäften der Mutter ihr nur einer tauge: der Todestrank. In diesem Augenblick stürmt Kurwenal in das Zelt, um die Frauen im Auftrag seines Herrn zu bitten, sich für das Land fertig zu machen. Isolde ist hierzu jedoch nur unter der Bedingung bereit, daß ihr zuvor Tristan für eine noch ungetilgte Schuld Sühne leiste. Im Verlauf der darauffolgenden Aussprache, bei der Isolde zunächst Rache für Morold verlangt, reicht Tristan ihr sein Schwert. Mit leiser Ironie weist Isolde es zurück und bietet ein anderes Mittel der Versöhnung: den Sühnetrank. Schon fällt der Anker, da nimmt Tristan die von Isolde gereichte Schale und trinkt; erregt entreißt sie ihm den Becher und beansprucht die andere Hälfte für sich. Starr erwarten beide den Tod. Aber ihr Todestrotz weicht alsbald der Liebesglut. Im gegenseitigen Anblick verloren nehmen sie die Jubel- und Heilrufe der Ritter und des Schiffsvolkes nicht wahr. Verwirrt nimmt Tristan Kurwenals Meldung von der unmittelbar bevorstehenden Ankunft des Königs entgegen, während Isolde dem Geliebten ohnmächtig an die Brust sinkt, als Brangäne ihr verzweifelt gesteht, anstelle des Todestrankes den Liebestrank gereicht zu haben. – Aus der Ferne ertönen Jagdhörner durch die helle Sommernacht. Isolde harrt im Garten vor ihrem Gemach mit Ungeduld des Augenblicks, in dem Brangäne die warnende Fackel am Hause verlöschen wird zum Zeichen, daß für Tristan der Weg zu Isolde frei sei. Brangäne weigert sich jedoch, da sie in der von Tristans heuchlerischem Freund Melot veranstalteten Jagd zu so später Stunde nur eine Falle für die Liebenden befürchtet. Isolde löscht schließlich selbst die Fackel und schickt Brangäne zur Wache auf die Warte. Tristan erscheint. Nach leidenschaftlicher Begrüßung verwünschen die beiden den tückischen Tag, der sie so lange geblendet hat, und preisen die Nacht, die ihnen zum Symbol des Todes wird, den sie herbeisehnen, auf daß ihr Liebesglück ewig dauere. Sie achten nicht Brangänens Warnungsrufe vor dem baldigen Eintritt des Tages. Der zur Ekstase gesteigerte Begeisterungs-Hymnus an die erhabene Liebesnacht wird jäh unterbrochen, als plötzlich Kurwenal herbeistürzt, um seinen Herrn vor dem Herannahen des Königs zu warnen. Doch zu spät! Marke und Melot kommen rasch mit ihrem Gefolge. Vergeblich fragt der gütige König nach dem Grund des unfaßbaren Treuebruchs dieses seines treuesten Freundes. Tristan sehnt sich jetzt nur mehr nach dem Wunderreich der Nacht, und Isolde will ihm dahin folgen. Als er sich zu Isolde neigt, um sie zu küssen, zieht Melot das Schwert. Tristan stellt sich dem verräterischen Freund; von Melots Streich getroffen, sinkt er verwundet in Kurwenals Arme. – Auf seiner Burg Kareol erwacht Tristan aus tiefer Ohnmacht beim Ertönen einer schwermütigen Hirtenweise. Freudig bewegt erklärt Kurwenal, ihn in die Heimat gebracht zu haben, damit er hier wieder gesunde. Doch Tristan weiß es anders: Nur das Bewußtsein, daß Isolde noch am Leben sei, läßt ihn nicht sterben. Daraufhin macht ihm Kurwenal die Mitteilung, daß er nach Kornwall um die Wunderärztin geschickt habe, die einstens die von Morold geschlagene Wunde geheilt hatte. Tristan gerät hierüber in einen Freudentaumel, in seinem Fieberwahn sieht er schon das Schiff nahen, da läßt ihn das Wiedererklingen der traurigen Hirtenweise seine ganze Not bewußt werden. In einem ekstatischen Ausbruch verflucht er den Liebestrank und sinkt wie leblos auf sein Lager zurück. Nach kurzer Pause sieht er in seiner Phantasie das Schiff wieder nahen, auf ihm Isolde in verklärter Schönheit. In diesem Augenblick ertönt plötzlich eine lustige Weise, das mit dem Hirten verabredete Zeichen, daß ein Schiff in Sicht sei. Eilig schickt Tristan Kurwenal hinab an den Strand, er selbst erhebt sich mühsam vom Lager und reißt den Verband von der Wunde. Als Isolde eintritt, stirbt er mit ihrem Namen auf den Lippen. Verzweifelt müht sie sich, den Geliebten zum Leben zurückzurufen, zu einem kurzen letzten Weltenglück, um dann mit ihm gemeinsam zu sterben. Ohnmächtig sinkt sie schließlich über der Leiche zusammen. Der Hirte meldet Kurwenal die Ankunft eines zweiten Schiffes. Marke und Melot nähern sich mit ihrem Gefolge der Burg. Verzweifelt will Kurwenal ihnen den Zutritt wehren. Wütend streckt er zunächst Melot zu Boden, aber auch er wird tödlich getroffen, und sterbend sinkt der Getreue zu Tristans Füßen nieder. Inzwischen müht sich Brangäne um Isolde und teilt ihr mit, daß sie dem König das Geheimnis mit dem Liebestrank entdeckt habe und dieser gekommen sei, um sie verzeihend dem Freunde für immer in die Arme zu führen. Doch Isolde achtet weder auf ihre noch auf Markes gütige Worte. Verklärt sieht sie den Geliebten zu neuem Leben erwachen, und in höchster Verzückung entschwebt ihre Seele in des »Welt-Atems wehendem All«.

STILISTISCHE STELLUNG: Während der schöpferischen Pause von elf Jahren war Wagners Entwicklung zur Vollreife gelangt und mit seinem nächsten Werk, ›Tristan und Isolde‹, der Schritt von der alten Oper zum Musikdrama vollzogen. Seine ersten Opern hatte der Tondichter wohl ohne Hinneigung zu einem bestimmten philosophischen System geschrieben. In der ›Tristan‹-Dichtung, die im Gegensatz zu dem »anmutigen Gedicht« Gottfrieds von Straßburg ganz auf den tragischen Grundton der Handlung abgestimmt ist, tritt eine These der Schopenhauerschen Begriffswelt zutage: »die Verneinung des Willens zum Leben als die einzigste, endliche Erlösung«. Gewissermaßen einen Kommentar zu dem tiefsinnigen Gehalt der Dichtung gibt der auf etwa 30 Motiven fundierte Wunderbau der ›Tristan‹-Musik. Hauptträger des musikalischen Ausdrucks ist jetzt das Orchester, dessen symphonische Polyphonie bewirkt, Geheimnisse und seelische Vorgänge zu enthüllen, die auf der Bühne durch das Wort und durch die Gebärdensprache nicht wiedergegeben werden können. Den Grundmotiven der Handlung entsprechen die beiden polaren musikalischen Motive der Liebes- und der Todessehnsucht, die sich durch das ganze Stück ziehen. Die Tonsprache ist bald düster und schwer, bald leidenschaftlich erregt. Chromatik und modulatorische Freiheit in der Harmonik mit oft herben und scharf dissonanten Klängen sowie auch seltene rhythmische Kombinationen sind die eigentlichen Spannungsträger. Hierzu kontrastiert der frische Ton, mit dem die Umwelt gezeichnet wird (Kurwenal-Szenen, Meerfahrt-Motiv, Ruf der Seeleute). Das wundervolle polyphone Gewebe der Motive sowie die innige Verschmelzung von Wort und Ton wie kaum in einem anderen Werk lassen das Musikdrama ›Tristan und Isolde‹ als den Höhepunkt in Wagners Schaffen erscheinen, seine Musik als das Schönste, Ergreifendste und Kunstvollste, was der Meister je geschrieben hat.

TEXTDICHTUNG: Der ›Tristan‹-Stoff gehört dem keltischen Sagenkreis an. Die älteste uns bekannte deutsche Bearbeitung, der ›Tristant‹ des Eilhart von Oberge, ist um 1190 entstanden. Wagners Hauptquelle bildete Gottfrieds von Straßburg unvollendete epische Dichtung ›Tristan und Isolt‹ (um 1210), von der verschiedene hochdeutsche Übertragungen existieren (u. a. von Karl Immermann, 1840; Hermann Kurz, 1844; Karl Simrock, 1855). Von den dramatischen Bearbeitungen sei hier nur Hans Sachs' ›Tragedia mit 23 Personen von der strengen Lieb herrn Tristant mit der schönen königin Isolden‹ (1553) erwähnt. In dem Erstentwurf hatte Wagner im III. Akt noch eine Szene mit dem Besuch des nach dem Gral umherirrenden Parsifal an Tristans Siechbett vorgesehen; diese Idee wurde jedoch nicht ausgeführt.

GESCHICHTLICHES: Die Beschäftigung mit Arthur Schopenhauer brachte Wagner im Jahre 1854 auf die Idee einer Bearbeitung des ›Tristan‹-Stoffes, mit dem er von seinen Dresdner Studien her bereits vertraut war. Seines jungen Freundes Karl Ritters Dramatisierungsversuch, der nicht seinen Beifall fand, veranlaßte ihn alsbald zur Ausführung einer eigenen Skizze, die indes zugunsten der Arbeit am ›Nibelungen-Ring‹ wieder beiseite gelegt wurde. Drückende Existenzsorgen und die Aussichtslosigkeit einer baldigen Aufführung der riesigen Tetralogie zwangen Wagner im Juni 1857 die Komposition des ›Rings‹ in der Mitte des II. Aktes von ›Siegfried‹ abzubrechen und die Ausführung des ›Tristan‹ in Angriff zu nehmen. Der Tondichter beabsichtigte dabei, rasch ein »leicht« aufführbares Werk, das heißt eine Oper mit wenigen Solisten, kleinem Chor und geringen Ausstattungs-Forderungen zu schreiben, und glaubte, auf diese Weise am ehesten eine Gesundung seiner Finanzen herbeiführen zu können. Ein günstiger Opernauftrag des Kaisers Dom Pedro von Brasilien und die Bereitschaft des Verlags Breitkopf & Härtel zur Annahme einer Oper für einen Abend bestärkten ihn in seinem Entschluß. Zu den äußeren Nöten gesellten sich aber auch noch innere Kämpfe: das Erlebnis mit Mathilde, der Gattin seines Gönners Otto Wesendonck. Die Dichtung entstand im August/September 1857 in Zürich; die Komposition des I. Aktes wurde am 31. Dezember 1857 in Zürich, die des II. Aktes am 9. März 1859 in Venedig und die des III. Aktes am 9. August des gleichen Jahres in Luzern abgeschlossen. Nach einem langen Leidensweg, im Verlauf dessen Wagner vergeblich eine Aufführung des Werkes erwartete (Straßburg–Karlsruhe–Paris–Wien–Dresden–Weimar) kam ›Tristan und Isolde‹ endlich auf Befehl des jugendlichen Bayernkönigs Ludwig II. am 10. Juni 1865 in München unter Leitung von Hans von Bülow und mit dem Sängerehepaar Ludwig und Malwina Schnorr von Carolsfeld in den Titelpartien zur Uraufführung. Der enthusiastische Erfolg war entscheidend für die Sache des Musikdramas, das von den Widersachern als unaufführbar verschrien worden war.

Die Meistersinger von Nürnberg

Oper in drei Akten. Dichtung vom Komponisten.

SOLISTEN: *Hans Sachs,* Schuster (Heldenbariton, gr. P.) – *Veit Pogner,* Goldschmied (Seriöser Baß, gr. P.) – *Kunz Vogelgesang,* Kürschner (Tenor, m. P.) – *Konrad Nachtigall,* Spengler (Charakterbaß, m. P.) – *Sixtus Beckmesser,* Stadtschreiber (Charakterbariton, auch Spielbaß, gr. P.) – *Fritz Kothner,* Bäcker (Baßbariton, auch Spielbaß, auch Charakterbaß, auch Charakterbariton, m. P.) – *Balthasar Zorn,* Zinngießer (Tenor, m. P.) – *Ulrich Eißlinger,* Gewürzkrämer (Tenor, m. P.) – *Augustin Moser,* Schneider (Tenor, m. P.) – *Hermann Ortel,* Seifensieder (Bariton, auch Baß, m. P.) – *Hans Schwarz,* Strumpfwirker (Baß, m. P.) – *Hans Foltz,* Kupferschmied (Baß, m. P.) – *Walther von Stolzing,* ein junger Ritter aus Franken (Heldentenor, auch Jugendlicher Heldentenor, gr. P.) – *David,* Sachsens Lehrbube (Spieltenor, gr. P.) – *Eva,* Pogners Tochter (Jugendlich-dramatischer Sopran, gr. P.) – *Mag-*

dalena, Evas Amme (Mezzosopran, auch Spielalt, m. P.) – *Ein Nachtwächter* (Bariton, auch Baß, kl. P.).

CHOR: Bürger und Frauen aller Zünfte. Gesellen. Lehrbuben. Mädchen. Volk (Lehrbuben: 4 Alt, 4 Tenor I und 4 Tenor II. In der Prügelszene Chorbässe geteilt in Gesellen und Meister [ältere Bürger]; gr. Chp.).

BALLETT: Tanz der Fürther Mädchen.

ORT: Nürnberg.

SCHAUPLÄTZE: Im Innern der Katharinenkirche – In den Straßen vor den Häusern Pogners und Sachsens – Sachsens Werkstatt – Ein freier Wiesenplan an der Pegnitz.

ZEIT: Um die Mitte des 16. Jahrhunderts.

ORCHESTER: 2 Fl., 1 Picc., 2 Ob., 2 Kl., 2 Fag., 4 Hr., 3 Trp., 3 Pos., 1 Bt., P., Schl., Glsp., Hrf., Laute, Str. – Bühnenmusik: Hörner in A, Trp. in verschiedenen Stimmungen mit beliebig starker Besetzung, ein Nachtwächter-Stierhorn (Fis), Trommeln.

GLIEDERUNG: Durchkomponierte symphonisch-dramatische Großform (symphonisch-programmatische Vorspiele zum I. und III. Akt).

SPIELDAUER: etwa 4½ Stunden.

HANDLUNG: Der junge fränkische Ritter Walther von Stolzing ist nach Nürnberg übergesiedelt und hat sich dort in Eva, die Tochter des Goldschmieds Veit Pogner, verliebt, der ihm beim Verkauf seines Gutes behilflich gewesen war. Im Anschluß an eine Andacht in der Katharinenkirche, an der das Mädchen mit seiner Amme Magdalena teilnimmt, tritt der Junker kurz entschlossen Eva in den Weg und fragt sie, ob sie schon Braut sei. Daraufhin erfährt er, daß Pogner die Hand seines einzigen Kindes als Preisgewinn eines Wettsingens am morgigen Johannisfest bestimmt hat. Da sich an dem Wettbewerb nur ein von den Meistern gekrönter Bewerber beteiligen darf, muß Stolzing erst in die Gilde der Meistersinger aufgenommen werden. Die Gelegenheit ist günstig; denn, wie Magdalena von ihrem Herzensschatz David erfährt, findet anschließend in der Kirche eine »Freiung« statt, das heißt eine Prüfung, bei der nach erfolgreichem Probesingen vor den versammelten Meistern der Lehrling »losgesprochen« und Meister werden kann, wer die Voraussetzungen erfüllt. Auf Magdalenas Rat läßt sich der Ritter von David, dem Lehrbuben des populären Schuster-Poeten Hans Sachs, über die Bedingungen unterrichten. In drollig-drastischer Wichtigtuerei schildert dieser den dornenreichen Pfad zur Meisterwürde: Um zunächst »Singer« zu werden, muß man eine Unzahl von Meisterweisen beherrschen lernen; ist dann der Singer imstande, eine Meisterweise mit eigenen Worten und Reimen zu unterlegen, rückt er zum »Dichter« auf; und erst wer zu einem eigenen Gedicht auch eine neue Weise erfindet, wird als Meister erkannt. Nachdem die Lehrbuben unter Davids Anleitung das »Gemerk« aufgestellt haben, erscheinen nach und nach die Meister. Walther begrüßt Pogner und teilt ihm seine Absicht mit, sich um die Aufnahme in die Zunft zu bewerben, worüber dieser ebenso überrascht wie erfreut ist. Nach Verlesung der Namen ergreift zu Beginn der Sitzung Pogner das Wort, um den Meistern zunächst seinen Entschluß wegen Evchen vorzutragen, der begeisterte Zustimmung auslöst. Nur Sachs hat gewisse Bedenken: er möchte bei dem Preisgericht lieber das Volk mit seinem unverbildeten, natürlichen Kunstinstinkt als die Meister Schiedsrichter sein lassen, was aber von den Meistern entschieden abgelehnt wird. Als dann Kothner fragt, ob wer Freiung begehre, stellt Pogner den Junker Stolzing vor. Die spießigen Zunftgenossen betrachten den ungewöhnlichen Bewerber mit Mißtrauen, das sich noch steigert, als der Ritter auf Befragen erklärt, daß sein Lehrer ein von den Ahnen ererbtes Liederbuch des Walther von der Vogelweide, seine Singschule die Wald- und Wiesenpracht des Lenzes gewesen seien. Der von hohem dichterischen Schwung erfüllte Probesang verwirrt vollends den von sturem Regelkram vernagelten Kunstverstand der biederen Zunft. Stadtschreiber Beckmesser, der die Verstöße gegen die Regeln mit der Kreide auf einer Tafel anmerkt, bestärkt die Meister in ihrer Ablehnung des Ritters; denn er, der sich ebenfalls morgen um Evchen bewerben will, wittert in ihm einen gefährlichen Nebenbuhler. Nur einer ist anderer Meinung: Hans Sachs, der sogleich das echte Künstlertum Stolzings erkannt hat. Er kann aber mit seinem Einspruch nicht gegen die Mehrheit aufkommen, und so fällt der Junker unter großem Tumult durch. – Sachs gibt jedoch die Hoffnung auf eine glückliche Lösung nicht auf. Noch ganz unter dem Eindruck des von jugendlichem Feuer durchglühten Lenzes- und Liebesliedes des Ritters will ihm abends bei Fliederduft seine handwerkliche Arbeit nicht recht schmecken. Inzwischen hatte Magdalena von David erfahren, daß der Ritter »versungen und vertan« habe. Sie verständigt hiervon Eva, als diese von einem Spaziergang mit dem Vater nach Hause kommt. In großer Besorgnis begibt sich Eva zu Sachs, um von ihm etwas über den Ausgang des Probesingens herauszubekommen. Aber dieser verstellt sich; er tut so, als ob die Ablehnung des »Junkers Hochmut« ganz mit seinem Einverständnis erfolgt sei. Empört läuft Eva davon und erklärt sich bereit, als kurz darauf Stolzing verabredungsgemäß in der Gasse erscheint, durch eine Flucht mit ihm im Schutz der Dunkelheit sich dem Preisgericht entziehen zu wollen. Aber Sachs, der das Gespräch mitangehört hat, weiß den Plan zu verhindern, indem er von seiner Werkstatt aus einen Lichtstreifen auf die Straße fallen läßt. In diesem Augenblick erscheint vor Evas Fenster Beckmesser. Er will dem Mädchen sein Werbelied vortragen, um zu erkunden, ob es seinen Beifall finde. Da ergreift Sachs blitzschnell die Gelegenheit zur Revanche für die Anpöbelungen des boshaften Merkers in der Singschule. Zunächst läßt er ihn durch Absingen mehrerer Strophen seines derb-fröhlichen Schusterliedes gar nicht zu Worte kommen. Schließlich erklärt er sich bereit, ihn anhören zu wollen, allerdings müsse er, gleichsam als Merker, jeden Fehler mit einem Hammerschlag auf die Sohlen ankreiden, sonst könnte er ihm bis morgen nicht die so vorwurfsvoll begehrten neuen Schuhe fertigmachen. Das holprige Gedicht gibt Sachs reichlich Gelegenheit zur Betätigung mit dem Hammer, so daß er mit den Schuhen eher fertig wird als Beckmesser mit seinem Lied. Durch den Lärm geweckt, erblickt David am Fenster gegenüber seine Magdalena, die Eva an ihrer Stelle dorthin geschickt hat. Von Eifersucht gepackt, stürzt er sich auf Beckmesser und verprügelt ihn. Immer mehr Nachbarn, Gesellen und Lehrbuben strömen herbei und werden in die Schlägerei verwickelt. In dem allgemeinen Tumult versucht nun Stolzing, der sich mit Eva bis jetzt unter der Linde vor Sachsens Haus verborgen hatte, mit dem Schwert sich durchzuhauen. In diesem Augenblick springt Sachs aus seinem Laden, stößt David mit einem Fußtritt dorthin zurück, schiebt Eva durch die Tür ins Pogner-Haus, packt Stolzing am Arm und zieht ihn mit sich in sein Haus. Fast gleichzeitig schütten die Frauen aus den Fenstern Wasser auf die Streitenden herab; mit dem nahen Ertönen des Nachtwächterhorns erfährt die Prügelei ein plötzliches Ende, und alle eilen fluchtartig in ihre Häuser. – Am nächsten Morgen nähert sich David mit schlechtem Gewissen dem Meister. Beim Vortrag des Johannes-Sprüchleins erinnert er sich des heutigen Namenstags seines Lehrherrn und bietet ihm Blumen, Wurst und Kuchen zum Geschenk an, auf die dieser aber freundlich dankend verzichtet. Als David, frohgemut über die milde Stimmung des Meisters, weggegangen ist, ergeht sich Sachs, angeregt durch die Ereignisse des Vortags, in philosophierenden Betrachtungen über den Wahn, der die Menschen antreibt, sich gegenseitig das Leben zu erschweren. Da betritt Stolzing die Stube. Sachs weiß den Junker zu einem neuen Meisterlied zu ermutigen. Der Ritter hatte während der paar Stunden Schlafs einen schönen Traum, den er nun unter Sachsens Anleitung in eine dichterische Form faßt. Als sich dann die beiden zum Umkleiden in die Kammer nebenan begeben haben, erscheint Beckmesser, zerschlagen und zerschunden, und findet das von Sachs aufgezeichnete Gedicht des Junkers, das er für ein Werbelied von Sachs hält. Hastig steckt er das Blatt zu sich, als dieser zurückkommt. Sachs beruhigt den aufgebrachten Merker mit der Versicherung, daß er sich nicht am Wettgesang beteiligen werde, und schenkt ihm überdies das Gedicht, damit man ihn nicht für einen Dieb anzusehen brauche. In der Überzeugung, daß er mit einem Lied von Sachs jeden Konkurrenten aus dem Feld schlagen werde, eilt Beckmesser freudetanzend zum Memorieren nach Haus. Gleich darauf kommt Evchen im Festkleid. Sie gibt vor, daß der Schuh sie drücke. Aber Meister Sachs kennt besser die Ursache ihrer Beschwer, die sich sofort behebt, als Stolzing die Stube betritt und, angeregt durch den Anblick des Mädchens, spontan den dritten Bar seines Preisliedes anstimmt. Als Eva in überströmendem Dankgefühl Sachs gesteht, daß sie nur ihm ihre Hand gereicht hätte, müßte sie jetzt nicht einem anderen, bis dahin noch nicht gekannten Zwang folgen, weist dieser mit überlegener Resignation auf die traurige Geschichte von Tristan und Isolde hin. Nach altem Meisterbrauch nimmt dann Sachs die feierliche Taufe und Namensgebung der neuen, von dem Junker gedichteten und gesungenen Weise vor, wozu er auch Magdalena und seinen Lehrbuben David, den er bei dieser Gelegenheit zum Gesellen schlägt, als Zeugen hereinruft: sie soll die »Selige Morgentraumdeutweise« heißen. – Nach dem Aufzug der Zünfte und der Meister auf der Festwiese verkündet Sachs, vom Volk jubelnd begrüßt und mit dem Vortrag seines »Wach auf«-Liedes geehrt, als Spruchsprecher den Anwesenden den hochherzigen Entschluß Meister Pogners und fügt hinzu, daß im freien Wettbewerb das Reis erringen solle, wer sich im Werben wie im Singen des seltenen Preises würdig erweise. Als dann Beckmesser Stolzings Dichtung derart entstellt vorträgt, daß er unter dem dröhnenden Hohngelächter des Volkes abziehen muß, und er Sachs vor allem Volk beschuldigt, ihm sein schlechtes Gedicht aufgedrängt zu haben, fordert dieser den Ritter Stolzing auf, durch den richtigen Vortrag des Liedes zu beweisen, daß er sein Dichter sei. Bei dem eindeutig sympathischen Eindruck von Walthers Erscheinung und Gesang können ihm auch die Meister ihre Anerkennung nicht mehr versagen; spontan erklären sie sich bereit, ihn in die Zunft aufzunehmen. Aber Stolzing will nach den bitteren Erfahrungen von den Meistern und ihrer Zunft nichts mehr wissen. Auch jetzt rettet Sachs die Situation, indem er den Ritter mit einer ernsten Mahnung zurechtweist, stets die deutschen Meister und ihre Kunst zu ehren, die vielleicht noch einmal in trüben Tagen nationalen Unglücks das einzige Symbol deutschen Wesens darstellen würden. Jubelnd huldigt ganz Nürnberg seinem großen Bürger.

STILISTISCHE STELLUNG: Auch bei ›Die Meistersinger von Nürnberg‹ werden wieder zwei gegensätzliche Welten einander gegenübergestellt, deren Aufeinanderprallen den eigentlichen Konfliktstoff ergibt: der künstlerisch produktive Volksgeist (Repräsentant Hans Sachs) und das handwerksmäßig kunstübende Spießbürgertum (Beckmesser). Der Text bevorzugt Knittelverse mit Reim in Nachbildung der dichterischen Sprache Hans Sachsens. Dichtung und Musik bilden in ihrer Selbständigkeit gleichwertige Faktoren, die sich in dem Werk zu einer wundervollen Einheit verschmelzen. Bei polyphoner Anlage herrscht der unentwegt dahinfließende, durch motivische Erläuterung fein charakterisierte, musikdramatische Dialog vor. Über die psychologisierende Verwendung der Motive hat sich Wagner selbst in der Erklärung des programmatischen Inhalts des Vorspiels zum I. Akt geäußert. Manche Textstellen, besonders solche, die für das Verständnis der Handlung von Wichtigkeit sind, werden im streng rhythmisierten Rezitativstil behandelt. Darüber hinaus enthält die Partitur eine beträchtliche Reihe geschlossener Formen oder ähnlicher Gebilde (Strophenlieder, dreiteilige Bars, Monologe, Ensembles, Chöre usw.). Die Zahl der Motive beträgt etwa 45.

TEXTDICHTUNG: Wagner gestaltete den Stoff nach einer eigenen Idee, zu der ihn einige Notizen über Hans Sachs und den Meistergesang in Georg Gottfried Gervinus' ›Geschichte der poetischen Nationalliteratur der Deutschen‹ angeregt hatten. Weitere Quellen bildeten: E. T. A. Hoffmanns Novelle ›Meister Martin der Küfer und seine Gesellen‹ sowie vor allem Johann Ludwig Ferdinand Deinhardsteins Schauspiel und Oper (von Albert Lortzing vertont) ›Hans Sachs‹ (1840 Leipzig); vielleicht hat auch Lortzings ›Waffenschmied‹ in manchem eingewirkt. Genauere Kenntnisse über den Meistergesang vermittelte dem Tondichter Johann Christoph Wagenseils ›Buch von der Meistersinger holdseligen Kunst‹ (1697), in dem auch der »Lange Ton« des Heinrich von Mügeln überliefert ist, nach welchem Wagner den Kopf der Meistersinger-Fanfare gestaltete. Möglicherweise wurde die Gestaltung des Stoffes auch noch durch andere Dichtungen beeinflußt, wie durch Jakob Grimms Schrift ›Über den altdeutschen Meistergesang‹, Friedrich Heinrich von der Hagens ›Norika‹, Deinhardsteins ›Salvator Rosa‹ sowie August von Kotzebues Lustspiel ›Die deutschen Kleinstädter‹. Die Namen der »Weisen« sind historisch, abgesehen von einigen wenigen, die Wagners Erfindung sind. Auch die Namen der Meister, den Text der Tabulatur, die verschiedenen Kunstausdrücke und Meisterregeln hat der Tondichter größtenteils wörtlich aus den Quellen übernommen. Von Originaldichtungen Hans Sachsens wurde nur der Text des »Wach auf«-Chores einem Reformationslied auf Luther (›Die Wittenbergisch Nachtigall‹, 1525) entnommen. In den ersten Entwürfen hieß der Merker noch »Hans Lick« beziehungsweise »Veit Hanslich« nach Wagners Kritiker-Gegner Dr. Eduard Hanslick, Wien. Die aus bitteren Lebenserfahrungen resultierende Ironie machte in der endgültigen Fassung des Werkes einem aus Resignation geborenen »gemütlich-drolligen« Humor Platz.

GESCHICHTLICHES: Die Entstehungs-Etappen des Werkes sind: Idee und Prosaentwurf Sommer 1845 in Marienbad. Ausführliche Erzählung der Handlung in der ›Mitteilung an meine Freunde‹ 1851. Fertigstellung der Dichtung Dezember 1861 und Januar 1862, die von der Marienbader Skizze, aber auch von der endgültigen Fassung in manchem differiert. Bald darauf Beginn der Komposition in Biebrich am Rhein, die nach vielen Unterbrechungen erst am 20. Oktober 1867 in Luzern abgeschlossen wurde. Die erste Aufführung des Vorspiels war bereits am 2. Juni 1862 im Gewandhaus zu Leipzig erfolgt. Die Uraufführung des ganzen Werkes fand am 21. Juni 1868 in München statt, der Wagner an der Seite König Ludwigs II. beiwohnte, stürmisch gefeiert von einem aus allen Himmelsrichtungen herbeigeströmten glanzvollen Auditorium erster Fachleute und Kunstkenner. Die musikalische Leitung hatte Hans von Bülow, die Einstudierung der Chöre besorgte Hans Richter, der die Partitur eigenhändig kopiert hatte; in den Hauptrollen sangen Franz Betz (Sachs), Franz Nachbaur (Stolzing), Gustav Hölzel (Beckmesser) und Mathilde Mallinger (Eva). Trotz teils böswilliger, teils hilfloser Kritik, hauptsächlich aus dem Kreis der bekannten Widersacher, erfuhr das Werk eine verhältnismäßig rasche Verbreitung.

Der Ring des Nibelungen

Dichtung vom Komponisten.

Vorabend:

Das Rheingold

SOLISTEN: *Wotan* (Heldenbariton, gr. P.), *Donner* (Baßbariton, auch Charakterbariton, kl. P.), *Froh* (Jugendlicher Heldentenor, auch Lyrischer Tenor, kl. P.) und *Loge* (Charaktertenor, auch Jugendlicher Heldentenor, gr. P.), Götter – *Alberich* (Charakterbariton, auch Baßbariton, gr. P.) und *Mime* (Charaktertenor, auch Spieltenor, m. P.), Nibelungen – *Fasolt* (Seriöser [hoher] Baß, auch Charakterbaß, auch Schwerer Spielbaß, m. P.) und *Fafner* (Seriöser [tiefer] Baß, m. P.), Riesen – *Fricka* (Dramatischer Mezzosopran, m. P.), *Freia* (Jugendlich-dramatischer Sopran, m. P.) und *Erda* (Dramatischer Alt, kl. P.), Göttinnen – *Woglinde* (Lyrischer Koloratursopran, auch Lyrischer Sopran, m. P.), *Wellgunde* (Lyrischer Sopran, m. P.) und *Floßhilde* (Mezzosopran, auch Spielalt, m. P.), Rheintöchter.
SCHAUPLÄTZE: In der Tiefe des Rheines – Freie Gegend auf Bergeshöhen, am Rhein gelegen, auf einem Felsgipfel im Hintergrund eine Burg mit blinkenden Zinnen – Die unterirdischen Klüfte Nibelheims – 4. Szene wie 2.
ORCHESTER: 3 Fl. (III. auch Picc.), 1 Picc., 3 Ob., 1 Eh. (auch IV. Ob.), 3 Kl., 1 Bkl., 3 Fag., 8 Hr. (von welchen vier Bläser abwechselnd 2 Tenortuben in B [der Lage der F-Hr. entsprechend] und 2 Baßtuben in F [der Lage der tiefen B-Hr. entsprechend] übernehmen), 1 Kbt., 3 Trp., 1 Btrp., 3 Pos., 1 Kpos., P., Schl., 6 Hrf., 16 Viol. I, 16 Viol. II, 12 Br., 12 Vcl., 8 Kb. – Bühnenmusik: 1 (siebente) Hrf., 18 Ambosse von verschiedener Größe. – Vereinfachte Bläserbesetzung (erschienen im Verlag Schott): 3 Fl. (III. auch Picc.), 2 Ob. (II. auch Eh.), 2 Kl. (II. auch Bkl.), 2 Fag., 4 Hr., 2 Trp., 3 Pos., 1 Bt. – Weiterhin ist im Verlag Schott ein Aufführungsmaterial für folgende vereinfachte Besetzung erschienen: 3 Fl. (II. und III. auch Picc.), 3 Ob. (III. auch Eh.), 3 Kl. (III. auch Bkl.), 3 Fag., 6 Hr. (III.–VI. auch Tbn.), 3 Trp., 1 Btrp. ad libitum, 3 Pos., 1 Kbt., P., Schl., 2 Hrf., Str.

GLIEDERUNG: Durchkomponierte symphonisch-dramatische Großform.

SPIELDAUER: etwa 2½ Stunden.

HANDLUNG: Auf dem Grund des Rheins liegt in einem Felsenriff das Rheingold verwahrt, wohlbewacht von den drei anmutigen Töchtern des Vaters Rhein. Mit einem Fluch auf die Liebe gelingt dem Zwergen Alberich der Raub des Schatzes. Denn nur, wer der Liebe entsagt, vermag sich des Goldes zu bemächtigen. – Die Riesen Fasolt und Fafner haben den Göttern eine gewaltige Burg gebaut, wofür sie sich von Wotan als Lohn die liebliche Göttin Freia ausbedungen haben, die mit ihren goldenen Äpfeln ewige Jugend spendet. Aber Wotan weigert sich, den plumpen Tölpeln Freia herauszugeben, als sie jetzt ihren Lohn verlangen. Da kommt endlich Loge, der schlaue Feuergott, der dem Göttervater versprochen hatte, einen Ersatz für Freia zu verschaffen. Er erzählt von dem Raub des Rheingolds durch den Zwerg Alberich, dem es gelungen sei, aus der Beute einen Ring zu schmieden, der ihm unermeßliche Macht verleiht. Sklavisch gehorchten ihm jetzt die Nibelungen, die ihm Tag und Nacht die kostbarsten Schätze fördern und schmieden müßten. Mit ihnen will sich der Nachtalbe die Herrschaft über die Welt und sogar über die Götter erringen. Die Riesen neiden dem Zwerg das Gold; sie erklären sich daher einverstanden, anstelle von Freia den Hort des Nibelungen als Bezahlung für den Bau der Burg anzunehmen. Brutal reißen sie Freia zu sich und erklären, sie bis zum Abend als Pfand festhalten zu wollen; sollten sie jedoch bis dahin den Schatz nicht erhalten haben, würden sie die lichte Göttin für immer behalten. Jetzt ist Wotan gezwungen, mit Loge sich nach Nibelheim zu begeben, um sich der Schätze des Nibelungen zu bemächtigen. – Dort bekommt indes Wotan den gefährlichen Zwerg in seine Gewalt dank einer List des verschlagenen Feuergottes Loge, der die Verwandlungskraft von Alberichs Tarnhelm, dem Meisterwerk von dessen Bruder Mime, schlau für seine Zwecke auszunutzen versteht. Er verleitet den prahlerischen Nachtalben, sich in eine Kröte zu verwandeln, die dann die beiden Götter rasch fassen; den Zwerg, der wieder seine Gestalt angenommen hat, knebeln sie und führen ihn mit sich nach oben. – Für seine Freilassung muß Alberich nicht nur die Schätze der Nibelungen, sondern auch den Ring Wotan überlassen. Gleichzeitig heftet jedoch der Nachtalbe an den Ring einen fürchterlichen Fluch, der jeden zukünftigen Besitzer der Vernichtung weiht und der sogleich bei den Riesen wirksam wird: Fafner erschlägt bei der Teilung der Beute im Streit um den Besitz des Ringes den Bruder. Seiner Feinde ledig, wenn auch mit neuer Sorge erfüllt über die Prophezeiung Erdas von dem Ende der Ewigen, schreitet Wotan mit den Göttern über eine Regenbogenbrücke zur Burg, der er den Namen Walhall gibt.

STILISTISCHE STELLUNG, TEXTDICHTUNG und GESCHICHTLICHES: Siehe ›Götterdämmerung‹.

Erster Tag: Die Walküre

SOLISTEN: *Siegmund* (Heldentenor, auch Jugendlicher Heldentenor, gr. P.) – *Hunding* (Seriöser Baß, auch Charakterbaß, m. P.) – *Wotan* (Heldenbariton, gr. P.) – *Sieglinde* (Dramatischer Sopran, auch Jugendlich-dramatischer Sopran, gr. P.) – *Brünnhilde* (Dramatischer Sopran, gr. P.) – *Fricka* (Dramatischer Mezzosopran, m. P.) – *Helmwige* (Hoher Sopran, m. P.), *Gerhilde* (Hoher Sopran, m. P.), *Ortlinde* (Sopran, m. P.), *Waltraute* (Mezzosopran, m. P.), *Siegrune* (Mezzosopran, m. P.), *Roßweiße* (Mezzosopran, m. P.), *Grimgerde* (Alt, m. P.) und *Schwertleite* (Alt, m. P.), Walküren.
Mögliche Doppelbesetzung: Fricka – Waltraute.
SCHAUPLÄTZE: Das Innere der Wohnung Hundings – Wildes Felsengebirge – Auf dem Gipfel eines Felsenberges (des »Brünnhildensteines«).
ORCHESTER: Wie bei ›Rheingold‹, dazu Glsp. – Bühnenmusik: Stierhorn in C.
GLIEDERUNG: Durchkomponierte symphonisch-dramatische Großform.
SPIELDAUER: etwa 4½ Stunden.
HANDLUNG: Erschöpft und waffenlos sucht Siegmund, von Gewittersturm und Feind verfolgt, an einem fremden Herd Zuflucht. Gastlich labt eine junge Frau, die Gattin des Hausherrn Hunding, den Helden. Aber als »Wehwalt« findet und stiftet er wie überall so auch hier Unheil. Nach Hundings Heimkehr stellt sich bei Siegmunds Erzählung seiner Herkunft heraus, daß er in das Haus eines erbitterten Feindes geraten ist, der ihm für die Nacht zwar Gastrecht gewährt, ihn aber am kommenden Tag mit der Waffe zur Rechenschaft ziehen will. In barschem Ton fordert Hunding die junge Frau auf, ihm den Nachttrunk zu richten, in den diese heimlich einen Schlafsaft mischt. Mit einem sehnsüchtigen Blick auf Siegmund und den Stamm der Esche verläßt sie den Saal. Allein zurückgeblieben, erinnert sich Siegmund, daß ihm sein Vater Wolfe einst ein Schwert verheißen hatte, das ihm in höchster Not Hilfe bringen sollte. Da wird im Schein des verlöschenden Herdfeuers ein Schwertgriff sichtbar, den Siegmund aber für den sehnsüchtigen Blick der scheidenden Frau hält. Mit leisen Schritten kommt Hundings Gattin aus dem Schlafgemach. Sie weist dem Fremdling ein Schwert, das ein Unbekannter in den Stamm der Hausesche gestoßen hat und das bisher auch die stärksten Männer nicht herauszuziehen vermochten. Jetzt kommt auch bei den beiden, die sich vorher schon mit Blicken gefunden hatten, die Liebe elementar zum Ausbruch. Siegmund, der Wälsungensproß, findet in der Frau, die Hunding ohne Liebe zur Ehe gezwungen hatte, Sieglinde, die totgeglaubte Zwillingsschwester. Mit kühner Kraft gewinnt er sich in höchster Not das Schwert, das er Nothung benennt, und in wilder Leidenschaft fällt sich

das Paar bräutlich in die Arme. – Mit sichtlichem Wohlgefallen fordert am nächsten Tag Wotan die Walküre Brünnhilde auf, den Sieg für Siegmund zu küren. Als aber Fricka, die Hüterin der Ehe, Rache für den Ehebruch und die Blutschande des Zwillingspaares fordert, muß Wotan seinen Entschluß wieder rückgängig machen. Er eröffnet nun seinem Lieblingskind Brünnhilde das Geheimnis seiner Not: Wotan hatte das Wälsungengeschlecht gezeugt, auf daß ein freier Held, der nicht wie er als Walter heiliger Verträge an Gesetz und Sitte der Weltordnung gebunden ist, Götter und Welt von dem Fluch des Goldes befreie. Jetzt muß Wotan in tiefem Unmut das Mißlingen seiner Absichten erkennen. Er ersehnt daher nur mehr eines: das Ende. Feierlich verkündet die Walküre Siegmund, den auf der Flucht Sieglindes Erschöpfung zur Rast gezwungen hat, wie Wotan das Los bestimmt hat. Aus Mitleid gegen das Wälsungenpaar verspricht sie aber schließlich dem Helden ihren Schutz. Als sie dann bei dem Zweikampf gegen Wotans Befehl zu handeln versucht, greift dieser selbst ein. An seinem Speer zerbricht Nothung. Siegmund fällt. Aus Furcht vor Wotans strafendem Grimm entführt Brünnhilde rasch Sieglinde auf ihrem Roß. – Am Walkürenfelsen entläßt sie die Unglückliche zur weiteren Flucht und übergibt ihr die zerbrochenen Stücke von Siegmunds Schwert. Sie ermahnt Sieglinde, alle Nöte und Leiden auf sich zu nehmen um des herrlichsten Helden der Welt willen, den sie im Schoß trage. Brünnhilde selbst stellt sich Wotans Rache. Durch ihren Ungehorsam hat sie verwirkt, weiterhin Walküre zu sein. Ihrer Gottheit ledig, wird sie einem Manne angehören müssen, der sie hier im Schlaf finden und wecken wird. Überwältigt durch das innige Flehen seines Lieblingskindes, gesteht aber Wotan schließlich doch eine Milderung der Strafe zu: Er umgibt den Felsen mit einem Feuermeer, dessen Durchschreitung nur dem stärksten Helden vorbehalten sein soll.

STILISTISCHE STELLUNG, TEXTDICHTUNG und GESCHICHTLICHES: Siehe ›Götterdämmerung‹.

Zweiter Tag:
Siegfried

SOLISTEN: *Siegfried* (Heldentenor, gr. P.) – *Mime* (Charaktertenor, auch Spieltenor, gr. P.) – *Der Wanderer* (Heldenbariton, gr. P.) – *Alberich* (Charakterbariton, auch Baßbariton, kl. P.) – *Fafner* (Seriöser Baß, kl. P.) – *Erda* (Tiefer Alt, kl. P.) – *Brünnhilde* (Dramatischer Sopran, m. P.) – *Stimme eines Waldvogels* (Lyrischer Koloratursopran, kl. P.).

SCHAUPLÄTZE: Eine Felsenhöhle im Wald – Tiefer Wald – Wilde Gegend am Fuß eines Felsenberges – Auf dem Gipfel des »Brünnhildensteines«.

Orchester: Wie bei ›Rheingold‹, dazu Glsp. – Bühnenmusik: 1 Eh., 1 Hr.

Gliederung: Durchkomponierte symphonisch-dramatische Großform.

Spieldauer: etwa 4½ Stunden.

Handlung: Vergeblich hat bisher der kunstreiche Schmied Mime versucht, dem kühnen Knaben Siegfried ein Schwert zu schmieden, das seiner Kraft standgehalten hätte. Der junge Held bezweifelt, seit er die Artgleichheit der Nachkommenschaft mit den Eltern in der Natur beobachtet hat, seine Herkunft von dem häßlichen Zwerg, der sich ihm gegenüber als Vater ausgibt. Erst nach Androhung von Gewalt kann er endlich etwas über seine Mutter erfahren. Als Beweis für die Wahrhaftigkeit seines Berichtes zeigt ihm Mime die zerbrochene Waffe des Vaters. Aus den Stücken soll ihm nun der Zwerg das langbegehrte starke Schwert schaffen. Aber welche Esse und welcher Arm hätten die Kraft, den harten Stahl wieder zusammenzuschweißen? Der Wanderer (Wotan), der nach Siegfrieds Weggang die Höhle betritt, verrät dem ratlosen Mime, daß nur, wer das Fürchten nicht kennt, das Schwert Nothung neu schmieden könne. Nach seiner Rückkehr aus dem Wald zerfeilt Siegfried selbst mit unbändiger Kraft die Trümmer, schmilzt die Späne am Feuer und gießt sich daraus ein Schwert, dessen Schärfe und Härte er mit der Zerspaltung des Ambosses beweist. Inzwischen braut Mime heimlich einen Gifttrank, mit dem er Siegfried beseitigen will, wenn er ihm den Riesenwurm Fafner getötet haben wird, der im tiefen Wald den Nibelungenhort und Alberichs Ring hütet. Er redet deshalb dem Knaben ein, er müsse ihn noch, bevor er ihn in die Welt entlasse, bei einem wilden Ungeheuer das Fürchten lehren. – Mit Bangen lauert beim Morgengrauen des kommenden Tages Alberich vor Fafners Höhle auf die Entscheidung. Der Wanderer tritt hinzu. Der resignierte Gott kommt aber nicht, um sich wieder des Rings zu bemächtigen, er will ihn sogar neidlos dem Nachtalben überlassen. Er weckt Fafner, und Alberich bietet dem Drachen an, gegen Herausgabe des Ringes den bevorstehenden todbringenden Angriff eines jungen Helden abwenden zu wollen. Jedoch vergebens! Siegfried erlegt in heißem Kampf den gewaltigen Wurm. Die Benetzung seiner Zunge mit dem Blut Fafners macht ihn hellhörig. Er versteht nun nicht nur die Sprache der Vögel, sondern hört auch aus den heuchlerischen Worten Mimes die heimtückischen Absichten des bösen Zwerges. Auf Rat eines Waldvögleins holt er sich aus Fafners Höhle Tarnhelm und Ring; den hinterhältigen Zwerg streckt er mit Nothung nieder. Das Waldvöglein weist ihm sodann den Weg zum Walkürenfelsen, wo Brünnhilde schläft. – Dort erwartet ihn der Wanderer, der eben die weise Urmutter Erda vergeblich um Rat gefragt hatte, ob er nach Abtretung seines Erbes an den Ewig-Jungen des Schicksals Lauf hemmen könnte. Bei dem Versuch, Siegfried den Zutritt zu Brünnhil-

de zu wehren, schlägt ihm dieser mit Nothung den Speer entzwei. Unter dem Tönen seines Horns durchschreitet der starke Held nun furchtlos das Feuer und weckt Brünnhilde. Sie begrüßt mit feierlicher Emphase die Sonne und das Licht. Siegfrieds strahlende Liebeswerbung überwindet schließlich die durch wehmütige Erinnerungen an die glanzvolle Vergangenheit wachgerufene jungfräuliche Scheu, und in jubelndem Glück fällt die Wotanstochter dem Helden in die Arme.
STILISTISCHE STELLUNG, TEXTDICHTUNG und GESCHICHTLICHES: Siehe ›Götterdämmerung‹.

Dritter Tag:
Götterdämmerung

SOLISTEN: *Siegfried* (Heldentenor, gr. P.) – *Gunther* (Heldenbariton, auch Charakterbariton, m. P.) – *Alberich* (Charakterbariton, auch Baßbariton, m. P.) – *Hagen* (Seriöser Baß, gr. P.) – *Brünnhilde* (Dramatischer Sopran, gr. P.) – *Gutrune* (Dramatischer Sopran, auch Jugendlich-dramatischer Sopran, m. P.) – *Waltraute* (Dramatischer Mezzosopran, auch Dramatischer Alt, m. P.) – *1. Norn* (Dramatischer Alt, kl. P.) – *2. Norn* (Dramatischer Mezzosopran, kl. P.) – *3. Norn* (Sopran, kl. P.) – *Woglinde* (Sopran, m. P.) – *Wellgunde* (Sopran, auch Mezzosopran, m. P.) – *Floßhilde* (Mezzosopran, auch Alt, m. P.)
Mögliche Doppelbesetzungen: 1. Norn–Waltraute; Nornen–Rheintöchter, der Stimmlage entsprechend.
CHOR: Frauen (Sopran, kl. Chp.). Mannen (Tenor und Baß, m. Chp.).
SCHAUPLÄTZE: Auf dem Felsen der Walküren – Gunthers Hofhalle am Rhein – Der Walkürenfelsen – Vor Gunthers Halle – Waldige Gegend am Rhein – Gunthers Halle.
ORCHESTER: Wie bei ›Rheingold‹, dazu Glsp. – Bühnenmusik: 1 Hr. in F, 4 Hr. in C. Stierhörner in C, Des und D.
GLIEDERUNG: Durchkomponierte symphonisch-dramatische Großform.
SPIELDAUER: etwa 5 Stunden.
HANDLUNG: Auf dem Walkürenfelsen weben die drei Nornen an dem goldenen Seil des Weltgeschehens und lesen von ihm mit prophetischem Blick die Entwicklung der Ereignisse ab. Die Welt-Esche, an der sie früher gesponnen hatten, hat Wotan fällen und aus ihren Ästen einen mächtigen Scheiterhaufen um Walhall errichten lassen. Bei der bangen Frage, wann Wotan mit den Splittern seines zerbrochenen Speeres den Vernichtungsbrand in dieses Holz werfen wird, verwirren sich die Fäden des Gewebes, und die Frage der Norn wird auf das Rheingold und Alberichs Fluch abgedrängt. In diesem Augenblick reißt das um den scharfen Felsen vor Brünnhildes und Siegfrieds Gemach gespannte Seil. Zu Ende ist das Wissen der weisen Nornen, sie

verschwinden hinab zur Urmutter Wala. – Nach Tagesanbruch nimmt Siegfried von Brünnhilde Abschied, um zu neuen Taten auszuziehen. Zum Zeichen ihrer Verbundenheit mit dem Wirken des Helden gibt sie ihm ihren Schild und das edle Walkürenroß Grane mit auf die Fahrt, während Siegfried die Zurückbleibende unter den Schutz des Ringes stellt, den sie von ihm als Liebespfand empfängt. – Auf dem Hof der Gibichungen hausen die Geschwister Gunther und Gutrune sowie deren Halbbruder Hagen, der Sohn Grimhilds und Alberichs. Hagen weiß bei dem Geschwisterpaar den Ehrgeiz zu wecken, mit Hilfe des starken Helden Siegfried sich würdige Ehepartner zu verschaffen: Siegfried soll Gutrunes Mann werden und Gunther Brünnhilde als Gattin erringen. Als Siegfried auf seiner Rheinfahrt an den Gibichungenhof gelangt, heißen ihn die Geschwister und Hagen gastlich willkommen. Ein Vergessens- und Liebestrank, den ihm Gutrune kredenzt, löscht dem Helden jegliche Erinnerung an Brünnhilde und läßt ihn gleichzeitig in heißer Liebe zu Gutrune entbrennen. Um den Preis Gutrunes will nun Siegfried Brünnhilde für Gunther von dem mit Feuer umgebenen Felsen holen. Die Abmachungen werden durch einen Blutsbrüderschaftstrunk zwischen Siegfried und Gunther beeidet. – Inzwischen wird Brünnhilde von ihrer Walkürenschwester Waltraute, die ihr trübe Kunde aus Walhall bringt, bestürmt, den fluchbeladenen Ring den Rheintöchtern zurückzugeben. Aber Brünnhilde will um keinen Preis von Siegfrieds Liebespfand lassen. Kaum hat Waltraute den Felsen verlassen, stürmt durch den Feuergürtel ein fremder Mann herein: Siegfried, der durch die Zauberkraft des Tarnhelms Gunthers Gestalt angenommen hat. Mit äußerster Kraft der Verzweiflung wehrt sich Brünnhilde, doch vergebens! Er entreißt ihr den Ring, und damit muß sie Gunther als Weib folgen. – Bereits in früher Morgenstunde erscheint Siegfried, durch seinen Tarnhelm blitzschnell an den Gibichungenhof versetzt, vor Hagen, der die ganze Nacht über vor der Halle Wache gehalten hatte und dabei von Alberich nochmals an seine Mission, die Rückgewinnung des Ringes, gemahnt worden war. Hagen ruft nun die Mannen zusammen und befiehlt ihnen, die Doppelhochzeit Brünnhilde–Gunther und Gutrune–Siegfried zu rüsten. Nach ihrer Ankunft mit Gunther wird sich Brünnhilde der vollen Tragik des Fluches bewußt: Siegfried erkennt sie nicht mehr, der Ring an seinem Finger beweist ihr den Betrug und den Verrat. In höchster Aufregung beschuldigt sie Siegfried, ihr den Ring trugvoll entrissen zu haben. Gunther, Gutrune und die Mannen fordern entrüstet Siegfried auf zu bezeugen, daß Brünnhildes Anschuldigung falsch sei. Daraufhin fragt Siegfried die Mannen, wer von ihnen seine Waffe als Instrument rächender Sühne anbieten wolle. Hagen ist hierzu bereit. Mit einem heiligen Eid weihen erst Siegfried und dann Brünnhilde die Spitze von Hagens Speer, sie solle den Trug offenbaren und den Verräter tödlich treffen. Siegfried bedauert Gunther gegenüber heimlich die unzulängliche Wirkung des Tarnhelms, versichert ihm aber, daß Frauengroll bald wieder vergehen würde. Daraufhin begibt er sich mit Gutrune, den Mannen und Frauen frohgestimmt zum Hochzeitsmahl. Brünnhilde, die mit Gunther und Hagen zurückgeblieben ist, bezweifelt, daß Siegfried im Kampf unterliegen würde, denn ihre Zauberrunen bewahrten den Leib des Helden vor Wunden; allerdings habe sie seinen Rücken ungeschützt gelassen, da, wie sie wisse, Siegfried ihn niemals fliehend einem Feind preisgeben würde. Spontan erklärt Hagen, daß dort ihn gleich morgen gelegentlich einer Jagd sein Speer treffen werde. Gutrune gegenüber könne man vorgeben, er sei von einem wilden Eber angefallen worden. – Ein Albe lockt Siegfried während der Jagd an das Ufer des Rheins, wo ihn die drei Rheintöchter vergeblich mahnen, durch die Rückgabe des Rings an die Fluten des Stromes dem vernichtenden Fluch zu entgehen. Die Jagdgesellschaft erscheint und lagert sich am Ufer zu einer Ruhepause. Als dann Siegfried, Hagens Aufforderung folgend, die Heldentaten seiner Jugend erzählt und mit plötzlich wiederkehrender Erinnerung, hervorgerufen durch einen von Hagen gereichten Erinnerungstrank, in schwärmerischer Verzükkung der Erweckung Brünnhildens gedenkt, durchbohrt ihn Hagen von rückwärts mit seinem Speer. Mit einem letzten Gruß an Brünnhilde stirbt der Held. In düsterem Trauerzug wird die Leiche nach dem Gibichungenhof gebracht, wo Gutrune, von Sorge erfüllt, auf die Rückkehr des Gatten wartet. Als sodann die Bahre mit dem Toten herbeigebracht wird, stürzt Gutrune mit einem Schrei über die Leiche. Sie bezichtigt ihren Bruder Gunther als den Mörder ihres Mannes, Gunther aber beteuert ihr, daß Hagen der verfluchte Eber sei, der den Edlen zerfleischt habe. Hagen erwidert kalt, daß sein Speer den Meineid bestraft habe; er erhebt daher Anspruch auf ein Beuterecht und verlangt den Ring, den ihm jedoch Gunther streitig macht. Im Zweikampf mit Hagen fällt Gunther. Feierlich schreitet jetzt vor die Bahre Brünnhilde, die nun ihr großes Erlösungswerk vollbringt: sie läßt einen mächtigen Scheiterhaufen errichten, in den sie eine Brandfackel wirft, nachdem sie Siegfried den Ring abgestreift hat. Mit ihrem Roß Grane sprengt sie in den brennenden Scheiterhaufen, um sich im Tod mit dem Helden aufs neue zu vermählen. Umsonst sucht Hagen sich des Ringes zu bemächtigen; er wird von den Rheintöchtern, die jubelnd das wiedergewonnene Gold in Empfang nehmen, in die Tiefe gezogen. Der Brand greift auf Walhall über. Erlöst sind Götter und Welt.

STILISTISCHE STELLUNG: In der Endfassung seiner Tetralogie änderte Wagner den versöhnlichen Schluß, der in dem Erstentwurf der ›Götterdämmerung‹ (unter dem Titel ›Siegfrieds Tod‹) vorgesehen war, in einen pessimistischen ab: die aus tiefstem Leid geläuterte Liebe schafft durch Opfertod Erlösung, das heißt Auflösung im Sinne Schopenhauers. Die beiden Konfliktpole sind Macht und Liebe, erstere symbolisiert durch das Gold, das nach germanischer Auffassung die Quelle allen Unheils darstellt. Allvater Wotan trachtet nach Macht, er will aber auch von der Liebe nicht lassen. Dadurch wird er zum Repräsentanten des unheilvollen Kampfes zwischen diesen beiden Mächten und damit zum Mittelpunkt des gewaltigen Dramas, das Wagner ursprünglich ›Wotan‹ betiteln wollte. Ausgehend von der Siegfried-Tragödie, blieb der Komponist nicht bei dieser stehen, sondern formte aus dem gesamten Sagen- und Mythenkomplex der germanischen Vorwelt eine seiner Auffassung entsprechende Darstellung des Stoffkreises. Ausschlaggebend bei der Gestaltung des umfangreichen Materials war seine Formung für die Ausdrucksbezirke des musikalischen Dramas. Die riesigen Dimensionen bedingten nicht nur eine Verteilung auf vier Abende, sondern auch die Anwendung außergewöhnlicher musikalischer Mittel: ein um verstärkte und neuartige Bläserwirkungen bereichertes Orchester, Sänger großen Formats. Die daraus resultierende Distanz von dem Opernalltag ließ gleichzeitig mit der Entstehung des Werkes die Festspiel-Idee aufkommen. Im Gegensatz zur Dichtung, die in unmittelbarer Aufeinanderfolge entstanden ist, wurde die Komposition von beträchtlichen Pausen unterbrochen, die zum Teil fühlbare Risse in der stilistischen Geschlossenheit der Tonsprache (z. B. im ›Siegfried‹) hinterlassen mußten. Die Einheit des Textes wird gewahrt durch die konsequente Anwendung des Stabreims (Alliteration), die der Musik durch die stattliche Reihe von etwa 100 Motiven, die, teils melodischer (z. B. Fluch-Motiv), teils harmonischer (z. B. Wanderer-Motiv) Natur, in logischer Beziehung zueinander stehen und in meisterhafter Verarbeitung kunstvoll die dramatischen Vorgänge untermalen und seelische Regungen erläutern. Die tonmalerische Prägung der Motive, die in der Ausführung bisweilen zum Naturalismus gesteigert wird (z. B. Ambosse in ›Rheingold‹), fördert, insbesondere bei Naturschilderungen, die poetisierende Wirkung (z. B. Anfang ›Rheingold‹; Gewitter in ›Rheingold‹ und ›Walküre‹; Feuerzauber, Waldweben). In ›Rheingold‹ und ›Walküre‹ finden sich noch ausgedehnte Stellen, die im streng rhythmisierten Rezitativ gestaltet sind. Aus dem kontinuierlich dahinfließenden musikdramatischen Dialog heben sich bisweilen geschlossene Gebilde ab (z. B. Alberichs Fluch, Erdas Prophezeiung, Siegmunds Schwertmonolog und Liebeslied, die Walkürenrufe, Siegfrieds Schmiedelieder usw.). In sich geschlossen wirken auch vielfach ganze Szenen, die dann auf eine der Handlung entsprechende Grundfarbe koloristisch abgestimmt sind.

TEXTDICHTUNG: Wagner ging bei der Gestaltung seines Musikdramas ›Der Ring des Nibelungen‹ weniger von dem mittelalterlichen Nibelungenlied aus, er griff vielmehr auf ältere nordisch-germanische Überlieferungen zurück: so gehören die Edda, ferner die Völsunga-, Wilkina- und Nornagest-Saga, aber auch deutsche Volksmärchen, wie vor allem das vom »gehörnten Siegfried«, zu dem Kreis des umfangreichen Quellenmaterials. Unter den dramatischen Bearbeitungen des Stoffes vor Wagner verdient die Nibelungen-Trilogie ›Der Held des Nordens‹ (1808) von Friedrich de la Motte Fouqué hervorgehoben zu werden; Fouqué schöpfte ebenfalls aus dem altnordischen Sagenkreis und wandte auch bereits den Stabreim an.

GESCHICHTLICHES: Wagner beschäftigte sich mit dem ›Siegfried‹-Stoff schon im Jahre 1846. Im November 1848 hatte er die Dichtung zu einer »großen Heldenoper« mit dem Titel ›Siegfrieds Tod‹ vollendet, die den Erstentwurf der ›Götterdämmerung‹ darstellt und die in ihrer stilistischen Gestalt noch dem ›Lohengrin‹ nahesteht. Sie wurde 1852 nochmals überarbeitet und erschien 1862 bei der Veröffentlichung des gesamten ›Nibelungenring‹-Textes als ›Götterdämmerung‹ mit verändertem Schluß. Die Texte zu den weiteren Abenden entstanden in der Reihenfolge: ›Jung-Siegfried‹ im Juni 1851 (umgearbeitet November 1852); ›Die Walküre‹ am 1. Juli 1852 und im gleichen Jahre noch ›Der Raub des Rheingoldes‹. Mit der Komposition des ›Rheingold‹ begann Wagner im Herbst 1853; im Januar 1854 war die Skizze und im Mai desselben Jahres bereits die ganze Partitur fertig. ›Die Walküre‹ wurde im Juni 1854 begonnen und Ende des Jahres in der Skizze beendet. Die Fertigstellung der Partitur erfolgte aber erst im April 1856. Noch größer waren die Unterbrechungen in der kompositorischen Arbeit bei ›Siegfried‹. Sie wurde im September 1856 in Angriff genommen, im Juni 1857 aber bei der Mitte des II. Aktes abgebrochen und erst wieder im Sommer 1865 aufgenommen. Nach neuerlichen Pausen konnte der II. Akt endlich im Februar 1869 und der III. im September desselben Jahres in der Skizze beendet werden; die Partitur wurde am 5. Februar 1871 abgeschlossen. Noch während der Arbeit am ›Siegfried‹ wurde mit der Skizzierung der ›Götterdämmerung‹ angefangen (1869); der I. Akt war Anfang 1870, der II. im Juli des gleichen Jahres und der III. am 10. April 1872 fertig. Die Instrumentation und damit die Vollendung des gesamten Riesenwerkes wurde am 21. November 1874 abgeschlossen. Die Uraufführung von ›Rheingold‹ erfolgte auf Wunsch König Ludwigs II. gegen Wagners Willen, der die Tetralogie als Bühnenfestspiel an besonderer Stätte geschlossen aufgeführt wissen wollte, am 22. September 1869 in München, ebenso wurde dort ›Die Walküre‹ am 26. Juni 1870 uraufgeführt (unter der musikalischen Leitung von Franz Wüllner und mit dem Sängerehepaar Heinrich und Therese Vogl als Siegmund und Sieglinde). Die erste zyklische Aufführung des ›Ring‹ kam im Rahmen der ersten Bayreuther Bühnenfestspiele vom 13. bis 17. August 1876 zustande, wobei ›Siegfried‹ (16. August) und ›Götterdämmerung‹ (17. August) die Uraufführung erlebten. Dirigent war Hans Richter, in den Hauptpartien sangen: Franz Betz (Wotan), Georg Unger (Siegfried), Albert Niemann (Siegmund), Max Schlosser (Mime), Heinrich Vogl (Loge), Amalie Materna (Brünnhilde), Karl Hill (Alberich), Gustav Siehr (Hagen).

Parsifal

Ein Bühnenweihfestspiel.
Dichtung vom Komponisten.

SOLISTEN: *Amfortas* (Heldenbariton, m. P.) – *Titurel* (Seriöser Baß, kl. P.) – *Gurnemanz* (Seriöser Baß, gr. P.) – *Parsifal* (Jugendlicher Heldentenor, auch Heldentenor, gr. P.) – *Klingsor* (Heldenbariton, auch Charakterbariton, m. P.) – *Kundry* (Dramatischer Mezzosopran, auch Dramatischer Sopran, gr. P.) – *1. Gralsritter* (Tenor, kl. P.) – *2. Gralsritter* (Baß, kl. P.) – *1. Knappe* (Sopran, kl. P.) – *2. Knappe* (Alt, kl. P.) – *3.* und *4. Knappe* (Tenor, kl. P.) – I. und II. Gruppe: je *1. Blumenmädchen* (Hoher Sopran, m. P.), *2. Blumenmädchen* (Sopran, m. P.) und *3. Blumenmädchen* (Mezzosopran, auch Alt, m. P.) – *Stimme aus der Höhe* (Alt, kl. P.).

CHOR: Die Brüderschaft der Gralsritter, Jünglinge und Knaben (Knaben: Sopran I, II, III und Alt; Jünglinge: Alt, Tenor I und II; Ritter: geteilt in I. und II. Zug, je Tenor I und II und Baß I und II). Blumenmädchen (Chor I und II, je Sopran I, II und Alt, nach Bayreuther Tradition jede Stimme vierfach zu besetzen; m. Chp.).

ORT: Auf dem Gebiet und in der Burg der Gralshüter »Monsalvat«: Gegend im Charakter der nördlichen Gebirge des gotischen Spaniens. – Sodann: Klingsors Zauberschloß am Südabhang derselben Gebirge, dem arabischen Spanien zugewandt, anzunehmen.

SCHAUPLÄTZE: Im Gebiet des Grals, Wald schattig und ernst, doch nicht düster – Säulenhalle mit Kuppelgewölbe, den Speiseraum überdeckend – Im Innern eines nach oben offenen Turmes – Zaubergarten, tropische Vegetation, üppigste Blumenpracht – Einöde (offene Verwandlung) – Freie anmutige Frühlingsgegend auf dem Gebiet des Grals – Große Gralshalle wie im I. Akt, ohne Speisetafeln.

ORCHESTER: 3 Fl., 3 Ob., 1 Eh., 3 Kl., 1 Bkl., 3 Fag., 1 Kfag., 4 Hr., 3 Trp., 3 Pos., 1 Bt., P., 2 Hrf., Str. – Bühnenmusik: 2 Trp., 4 Pos. (6 Trp. und 6 Pos.), 4 Glocken (in tief C, G, A, E), 1 Rührtrommel. – Vereinfachte Bläserbesetzung (erschienen im Verlag Schott): 3 Fl., 2 Ob., 1 Eh. (auch III. Ob.), 2 Kl., 1 Bkl. (auch III. Kl.), 3 Fag., 4 Hr., 3 Trp., 3 Pos., 1 Bt.

GLIEDERUNG: Durchkomponierte symphonisch-dramatische Großform (symphonisch-programmatische Vorspiele zum I. und III. Akt).

SPIELDAUER: etwa 5 Stunden.

HANDLUNG: In den nördlichen spanischen Gebirgen liegt einsam auf dem Berg Monsalvat die Gralsburg. Wohlbehütet von der Brüderschaft der Gralsritter wird dort ein von Engeln überbrachter kostbarer, mit wunderwirkenden Kräften ausgestatteter Stein aufbewahrt, der den Namen »Gral« trägt. (Nach der alten französischen Überlieferung ist der Gral eine Schale, in der einst Joseph von Arimathia das aus dem Leichnam des Heilands fließende Blut aufgefangen hat.) Klingsor, der mächtige Zauberer, trachtet nach dem Besitz des Grals. Seine heimtückischen Nachstellungen mit Hilfe buhlerischer Blumenmädchen haben schon so manchen Helden der frommen Ritterschaft zu Fall gebracht. Als Amfortas zur Bekämpfung des feindlichen Heiden in dessen Reich eingedrungen war, erlag selbst er der Verführungskunst eines teuflisch schönen Weibes (Kundry). Dabei entriß Klingsor ihm den Heiligen Speer, den dereinst auf Golgatha einer der Kriegsknechte in die Brust des Gekreuzigten gestoßen hatte. Gleichzeitig schlug Klingsor dem Königlichen Gralshüter mit der heiligen Waffe eine Wunde, die sich seither nicht geschlossen hat. Nach der Verheißung des Grals ist aber Amfortas Erlösung von seinen qualvollen Leiden beschieden, und zwar von einem »reinen Toren, durch Mitleid wissend«. Der alte weise Gurnemanz vermutet den verkündeten Erlöser in einem Jüngling (Parsifal), der auf Gralsgebiet einen heiligen Schwan erlegt hat und sich auf näheres Befragen als gänzlich unwissend erweist. Da Gurnemanz beobachtet, daß Mitleid den Knaben fähig macht, seine Untat zu erkennen, läßt er ihn in der Gralsburg Zeuge werden des Liebesmahls der Brüderschaft und der Klage des Amfortas. Aber der Tor hat das Erlebte anscheinend verständnislos aufgenommen; unmutig jagt ihn daher Gurnemanz fort. – Vom Gral weg gelangt Parsifal in Klingsors Reich. Der Zauberer beschwört Kundry herbei; sie soll heute den Gefährlichsten, den »der Torheit Schild« schützt, zu Fall bringen. Nachdem sich Parsifal der verführerischen Blumenmädchen erwehrt hat, erscheint Kundry, die ihn zunächst durch die Nennung seines Namens an die Mutter erinnert. Sie erzählt ihm, wie er durch sein törichtes Verhalten den Tod der Mutter verschuldet habe; als Vermächtnis der Mutter soll ihm, der jetzt verzweifelt seine schwere Schuld bereut, der erste Kuß der Liebe Torheit in Erkenntnis wandeln. Parsifal wird durch Kundrys Liebeskuß hellsichtig und mit einem Mal aus tiefstem Mitleid um den leidenden Amfortas sich seiner Sendung bewußt. Durch seinen Widerstand gegen alle weiteren Verführungsversuche Kundrys erlöst er nicht nur diese von einem alten Fluch, sondern gewinnt sich von Klingsor auch den Heiligen Speer, wodurch er den bösen Zauberer und seine Macht vernichtet. – Kundry hatte Parsifal mit dem teuflischen Fluch belegt irrezuwandeln. Daher gelangt dieser erst nach langen Jahren harter Kämpfe und endloser Irrfahrten an einem Karfreitagmorgen wieder auf Gralsgebiet. Dort erhält er durch Gurnemanz Kunde von der schweren Not der Brüderschaft. Amfortas hatte, um sterben zu können, den Gral, dessen Anblick Heldenkraft und Jugend verleiht, nicht mehr enthüllt. Parsifal bringt nun allen die ersehnte Erlösung: zunächst Kundry durch die Taufe und Aufnahme in die christliche Glaubensgemeinschaft, der Brüderschaft der Gralsritter durch die Enthüllung des Grals und Amfortas durch die Heilung der Wunde mit der Spitze des Heiligen Speeres und durch die Übernahme seines Amtes als König.

STILISTISCHE STELLUNG: Wagners Prinzip der freien dichterischen Gestaltung eines Stoffes führte bei ›Parsifal‹ in einem Maß wie bei keinem anderen seiner Werke zu einer Vermengung von Motiven aus allen möglichen Mythologien, Sagen und Legenden. Die reiche Symbolik und Mystik sowie die seltsame Mischung und Nebeneinanderstellung christlicher und buddhistischer Auffassungen verleihen der realen Darstellung einer unwirklichen Welt einen ins Ultraromantische gesteigerten Charakter, was zu verschiedenen, zum Teil sich widersprechenden Deutungen geführt hat. Am eigenartigsten tritt die Vermischung heterogener Züge bei der Gestalt der Kundry zutage. Wagner identifizierte zunächst die »wilde, häßliche Gralsbotin« mit der Verführerin Orgeluse in Wolframs von Eschenbach ›Parzival‹, er brachte sie aber auch noch mit anderen Sagenfiguren, wie mit der nordischen Gundryggia, der wilden Reiterin, oder mit der fluchbeladenen Zauberin »Kondrie la Sorziere« in Verbindung. In Anlehnung an die buddhistische Lehre von der Wiederverkörperung führt Kundry eine Doppelexistenz: als häßliche Gralsbotin wirkt sie Gutes, um bei Klingsor wiederum in teuflischer Schönheit machtlos im Dienst des Lasters zu stehen. Ebenfalls buddhistisch ist die Auffassung, daß die Verrichtung guter Werke Erlösung bewirke; die endliche Erlösung erfährt jedoch Kundry durch das Wunder der christlichen Gnade. Die Legende der Herodias, die beim Anblick des abgeschlagenen Hauptes des Johannes gelacht haben soll und dafür zu einem ewigen Herumirren verflucht sei, wird hier abgewandelt in ein Lachen der Verführung, zu dem Kundry verflucht ist, weil sie dereinst den Gekreuzigten verlacht hatte. Nach ihrer Erlösung erscheint Kundry als büßende Dienerin etwa in der Art der Maria Magdalena. Die Hereinnahme christlichen Zeremoniells (Abendmahlsfeier, Taufe) geschieht ohne dogmatische Bindung und dient wohl mehr der äußeren Wirkung. Der Stoff erfährt eine episch-dramatische Behandlung in ausgedehnten Erzählungen oder auch eine rein musikalische Interpretation in symphonisch-programmatischen Zwischenspielen (Verwandlungsmusik, Vorspiel zum III. Akt). Im Interesse der Einheitlichkeit der einzelnen Bilder verzichtet die Dichtung auf eine Gliederung in Szenen, die freilich latent und insbesondere musikalisch vorhanden ist. In der formalen Anlage kann allenthalben eine klare Symmetrie wahrgenommen werden. Die beiden gegensätzlichen Sphären, die Welt des guten und des schlechten Prinzips, erfahren ihre entsprechende musikalische Charakterisierung in der Motivik. Der sinnlichen Klangwelt um Klingsor und dessen Reich treten die weihevollen Gralsthemen gegenüber, die größtenteils bereits im Vorspiel eingeführt werden und deren Charakter in erster Linie durch die Harmonik bestimmt wird: bei diatonischer Gestaltung weich und feierlich (z. B. das Grals-Motiv mit dem Magnificat-Amen in der Harmonisierung der Dresdner Kreuzkirche) oder in herb-chromatischen und zum Teil dissonant-polyphonen Klängen, die an Bachsche Vorbilder erinnern

(z. B. Motiv der Heilandsklage). Bewunderungswürdig werden die im tondichterischen Verhältnis zueinander stehenden Themen entwickelt, gewandelt und umgebildet und mit weiser Meisterschaft teils in homophoner, teils in polyphoner Verarbeitung zu einer symphonisch dramatischen Musik gestaltet, die durch ihre einmalige Weihe dem Zuhörer das geheimnisvolle Wunderbare der tiefsinnigen Dichtung nahebringt.

Textdichtung: Die ›Parzival‹-Sage gehört dem bretonischen Sagenkreis um König Artus an. Sie wurde in der mittelalterlichen Literatur zunächst von Chrétien de Troyes (›Perceval li Gallois‹, um 1190) und dann von Wolfram von Eschenbach in seiner monumentalen Dichtung ›Parzival‹ (um 1210) behandelt, die Wagners Hauptquelle bildete. Die Anregung zu den Blumenmädchen empfing der Tondichter wohl aus dem ›Alexanderlied‹ des Pfaffen Lamprecht (um 1130). Die Schreibweise ›Parsifal‹ übernahm er 1877 nach einer von dem Historiker Joseph von Görres herrührenden, philologisch allerdings nicht einwandfreien Deutung des Namens als »reiner Tor« (falparsi).

Geschichtliches: Bereits im Juli 1845 beschäftigte sich Wagner in Marienbad mit Wolfram von Eschenbachs ›Titurel‹ und ›Parzival‹. 1854 befaßte er sich bei der Dichtung von ›Tristan und Isolde‹ mit dem Gedanken, Parsifal als Pilger bei dem siechen Tristan auf Burg Kareol einkehren zu lassen. Diese Idee wurde jedoch wieder fallen gelassen. Erst am 10. April, dem Karfreitag des Jahres 1857, trat der Meister einer selbständigen Gestaltung des Stoffes näher mit dem flüchtigen Entwurf eines dreiaktigen Dramas und der musikalischen Skizze des »Karfreitagszaubers«; 1865 wurde die Dichtung ausführlicher skizziert, 1876 nochmals umgearbeitet und am 23. Februar 1877 abgeschlossen. Die Komposition wurde im Herbst 1877 mit dem I. Akt begonnen; dieser wurde im Frühjahr 1878, der II. Akt im Oktober desselben Jahres und der III. im April 1879 vollendet. Das Vorspiel wurde bereits zu Weihnachten 1878 in Bayreuth von der Meininger Kapelle gespielt, die Instrumentation des ganzen Werkes am 13. Januar 1882 in Palermo beendet. Die Uraufführung fand während der zweiten Bayreuther Festspiele am 26. Juli 1882 statt, wozu König Ludwig II. Chor und Orchester der Münchner Hofoper zur Verfügung stellte. Die Einstudierung des Werkes besorgte Wagner selbst, die musikalische Leitung hatte Hermann Levi, in den Hauptrollen sangen Amalie Materna (Kundry), Hermann Winckelmann (Parsifal), Emil Scaria (Gurnemanz), Theodor Eichmann (Amfortas) und Karl Hill (Klingsor). Um das Bühnenweihfestspiel vor Entstellungen bei unzulänglichen Aufführungen zu bewahren und anderseits die Bayreuther Bühne durch mustergültige Darbietungen gerade dieses seines schwierigsten Werkes zu einer Art Stilbildungsstätte zu erheben, beschränkte Wagner die Aufführung des ›Parsifal‹ auf Bayreuth. Erst nach Ablauf der gesetzlichen Schutzfrist von dreißig Jahren konnte das Werk auch außerhalb Bayreuths zur Aufführung gelangen.

Carl Maria von Weber

getauft 20. November 1786 in Eutin (Holstein), † 5. Juni 1826 in London

Das Waldmädchen (1800 Freiberg), T: Karl v. Steinsberg, V: B. Filser, Augsburg

Peter Schmoll und seine Nachbarn (1803 Augsburg), T: nach Carl Gottlob Cramer v. Joseph Türk(e), V: B. Filser, Augsburg; Peters, Lienau (B&B)

Rübezahl (1804/05, unvollendet), T: nach Johann Karl August Musäus v. Johann Gottlieb Rhode, V: B. Filser, Augsburg

Silvana (1810 Frankfurt/M.), T: Franz Carl Hiemer (unter Benutzung v. Text u. Musik v. ›Das Waldmädchen‹); Neubearb. v. Ferdinand Langer (1889 Berlin), V: B. Filser, Augsburg

Abu Hassan (1811 München), T: F. C. Hiemer, kO., E., V: Schott, Lienau (B&B)

Der Freischütz (1821 Berlin), T: Johann Friedrich Kind, V: Frisch, Berlin; Peters, Lienau (B&B)

Die drei Pintos (unvollendet), ergänzt v. Gustav Mahler (1888 Leipzig), T: nach Theodor Hell (= Karl Gottfried Theodor Winkler), bearbeitet v. Carl v. Weber (Enkel des Komponisten), kO., V: Kahnt

Euryanthe (1823 Wien), T: Helmina v. Chézy, V: Peters, Schlesinger; textliche Neubearb. nach Webers ›Ring‹-Idee v. Fr. Benecke, V: B & B; Neubearb. v. Hermann Weigert, V: Heinrichshofen; v. Rolf Lauckner u. Donald Francis Tovey (1924 Basel), V: A&S; v. Kurt Honolka (1954 Stuttgart), V: Lienau (B&B)

Oberon (1826 London), T: James Robinson Planché; Wiesbadener Bearb. v. Georg v. Hülsen, Joseph v. Lauff u. Joseph Schlar (1900 Wiesbaden), V: Peters; Bearb. v. G. Mahler (1913 Köln), V: U. E.; v. Felix Weingartner (1930 Basel), V: B&H; mit Rezitativen v. Franz Wüllner (1881 Wien), V: Lienau (B&B); v. Horst Seeger, V: DVfM (BV)

Abu Hassan

Komische Oper in einem Akt. Dichtung von Franz Carl Hiemer.

Solisten: *Der Kalif* (Sprechrolle, kl. P.) – *Zobeïde,* seine Gemahlin (Sprechrolle, kl. P.) – *Abu Hassan,* Liebling des Kalifen (Lyrischer Tenor, auch Spieltenor, gr. P.) – *Fatime,* seine Gemahlin (Lyrischer Koloratursopran, gr. P.) – *Mesrur,* Vertrauter des Kalifen (Sprechrolle, kl. P.) – *Zemrud,* Zobeïdens Zofe (Sprechrolle, kl. P.) – *Omar,* ein Wechsler (Baß, m. P.).

Chor: Gläubiger Abu Hassans. Gefolge des Kalifen und Zobeïdens (kl. Chp.).

Ort: Die Handlung spielt in Bagdad.

Schauplatz: Zimmer im Kalifenpalast, rechts und links Türen, über der Tür links ein Gitter, im Hintergrund breites Fenster.

Orchester: 2 Fl. (II. auch Picc.), 2 Ob., 2 Kl., 2 Fag., 2 Hr., 2 Trp., 1 Pos., P., Schl., Hrf. (Gitarre), Str. – Bühnenmusik: 2 Ob., 2 Fag., 2 Hr.

GLIEDERUNG: Ouvertüre und 10 Musiknummern, die durch einen gesprochenen Dialog miteinander verbunden werden.
SPIELDAUER: etwa 1 Stunde.
HANDLUNG: Abu Hassan, im Dienst des Kalifen, sitzt mit seiner Gattin Fatime bei einem höchst frugalen Mahl von Brot und Wasser, nachdem die beiden in unbekümmertem Leichtsinn die letzte Zechine verbraucht hatten. Da sich die ohnehin große Anzahl der Gläubiger nicht noch um einen weiteren vermehren läßt, sinnt Abu Hassan auf die Erschließung einer neuen Geldquelle. Wohl wäre Omar, des Kalifen Wechsler, bereit, der schönen Fatime für ihre Gunst ein Vermögen zu Füßen zu legen, aber die treue Ehefrau hat dem Lüsternen eine scharfe Abfuhr erteilt. Da hat Hassan einen rettenden Einfall: Nach Sitte des Hofes erhalten bei einem Todesfall die Hinterbliebenen Geld für die Bestattungskosten sowie ein Stück Brokat für das Leichengewand. Hassan und Fatime beschließen also, ihr gegenseitiges Ableben, und zwar jeder das von dem anderen, dem Kalifenpaar zu melden. Fatime macht den Anfang bei Zobeïde, der Gemahlin des Kalifen. Inzwischen erhält Hassan den Besuch der Gläubigerschar mit dem Wechsler Omar an der Spitze, die ihn vor die Wahl stellen: entweder Geld oder Schuldturm. Omar befriedigt schließlich die Gläubiger Fatime zuliebe. Kaum sind sie abgezogen, kehrt Fatime zurück und überreicht triumphierend ihrem Gatten das Geld und den Stoff. Jetzt eilt Hassan sogleich zum Kalifen, um sich dort als »Witwer« zu beklagen. Unterdessen kommt Omar zurück; er zeigt Fatime die Wechsel, die er von den Gläubigern eingelöst hatte; durch ihr schalkhaftes Benehmen ermutigt, raubt er ihr unversehens einen Kuß, wobei er ihr gleichzeitig die Schuldscheine aushändigt. Aber Fatime findet gleich Gelegenheit, ihn für seine Lüsternheit zu strafen: Unter dem Vorwand, ihn vor ihrem soeben heimkommenden Mann zu schützen, sperrt sie Omar im Nebenzimmer ein. Hassan erscheint ebenfalls mit Geld und Brokat. Fatime verständigt ihn leise von dem eben Vorgefallenen, worauf Hassan polternd den Schlüssel zu dem Nebenzimmer verlangt. Omar, der das Gespräch mitanhört, vergeht schier vor Angst. Unterdessen naht Mesrur, der Vertraute des Kalifen. Fatime hat sich rasch auf den Divan gelegt und wird von Hassan mit dem Seidenstoff zugedeckt. Mesrur berichtet, daß des Kalifen Gemahlin behauptet hätte, Hassan sei gestorben, während der Kalif mit ihr gewettet habe, daß Fatime tot sei. Befriedigt geht er weg, um seinem Herrn zu melden, daß er die Wette gewonnen habe. Gleich darauf erscheint die Zofe Zemrud im Auftrag ihrer Herrin Zobeïde, worauf sich umgekehrt Hassan tot stellt und sich das gleiche Spiel wiederholt. Aber kaum hat sich auch diese entfernt, kündet Janitscharenmusik das Nahen des Kalifen an. Nun legen sich beide, Hassan und Fatime, auf den Divan und bedecken sich gegenseitig mit dem Brokat. Das Kalifenpaar erscheint mit seinem Gefolge, und als der Herrscher tausend Goldstücke dem verspricht, der ihm sagen

könnte, wer von den beiden zuerst gestorben sei, richtet sich Hassan auf und beteuert, daß er der erste gewesen sei. Auch Fatime kehrt auf Zobeïdens Anruf wieder zum Leben zurück. Hassan gesteht jetzt die Wahrheit. Als der Kalif daraufhin Hassan verwundert fragt, auf welche Weise es ihm in seiner Notlage möglich gewesen sei, die auf dem Tisch liegenden Wechsel einzulösen, zerrt dieser den vor Angst schlotternden Omar aus dem Nebenzimmer und beklagt sich über dessen erpresserische Manipulationen. Wütend jagt der Beherrscher aller Gläubigen den Wechsler davon, während er seinem Schatzmeister befiehlt, Hassan die versprochenen Goldstücke auszuzahlen.

STILISTISCHE STELLUNG: In ›Abu Hassan‹ fanden Webers Abenteuer seiner Stuttgarter Sturm- und Drangjahre, die den lebensfrohen und weltfremden jungen Künstler durch die Anhäufung drückender Schulden schließlich in eine prekäre Lage brachten (Verhaftung und Landesverweisung), ihren künstlerischen Niederschlag, und zwar dem Naturell des Meisters entsprechend in einer burlesk-heiteren, versöhnlichen Ausdeutung. Stoff und musikalische Gestaltung weisen das Werkchen in die Reihe der sogenannten Türkenopern, aus deren Unzahl Glucks ›Der betrogene Kadi‹ und ›Die Pilger von Mekka‹ sowie vor allem Mozarts ›Die Entführung aus dem Serail‹ als Vorbilder eingewirkt haben mögen. Exotische Pikanterien in Melodik (Ouvertüre, Gläubigerchor), Harmonik (Türkischer Marsch Nr. 9) und Instrumentation (Schlagwerk), daneben aber auch einige innige Töne echt Weberscher Prägung (Duett Nr. 6 sowie die aus ›Peter Schmoll‹ übernommene Arie Nr. 5) verleihen der in knapper Form gefaßten unbeschwerten Farce eine reizvolle Wirkung. Instrumentale Leckerbissen vermitteln das Gitarreständchen mit dem Solofagott in Nr. 2, ferner die konzertierende Verwendung von Solocello in Nr. 5 und Solovioline in Nr. 6. Den Höhepunkt bei den trefflich charakterisierten Solopartien stellt Fatimes heuchlerischer Klagegesang in der nachkomponierten Arie Nr. 8 dar.

TEXTDICHTUNG: Das Textbuch verfaßte der Opernlibrettist Franz Carl Hiemer, der dem Stuttgarter Freundeskreis Webers angehörte und der bereits die Dichtung zu dessen Oper ›Silvana‹ (Umarbeitung des ›Waldmädchens‹) geschrieben hatte.

GESCHICHTLICHES: Noch in Mannheim übergab Franz Carl Hiemer am 29. März 1810 dem Komponisten das Libretto zu ›Abu Hassan‹. Mit der Vertonung begann Weber aber erst während des Sommers in Darmstadt. Aus der von eigenen wirtschaftlichen Nöten beeinflußten Stimmung heraus entstand zuerst der Gläubigerchor »Geld, Geld, Geld!«. Das Duett Fatime–Hassan Nr. 4 wurde Ende 1812 und die Fatime-Arie Nr. 8 1823 für Dresden nachkomponiert. Die Partitur wurde am 12. Januar 1811 abgeschlossen und dem Großherzog Ludwig I. von Hessen gewidmet, der sich dafür mit dem ansehnlichen Geschenk von 440 Gulden bedankte. Trotzdem kam ›Abu Hassan‹

nicht in Darmstadt zur Uraufführung, er wurde dort erst 1815 gegeben. Nachdem Weber bereits in Baden-Baden mit dem bayerischen Kronprinzen Ludwig in freundschaftlichen Konnex gekommen war und er sich in München in einem Konzert mit dem Klarinettenvirtuosen Heinrich Joseph Baermann bestens eingeführt hatte, ging ›Abu Hassan‹ auf Befehl von König Max I. am 4. Juni 1811 an der dortigen Hofoper unter Leitung von Ferdinand Fränzl zum ersten Mal in Szene. Das heitere Stück wurde beifallfreudig aufgenommen.

Der Freischütz

Oper in drei Abteilungen. Dichtung (zum Teil nach dem Volksmärchen ›Der Freischütz‹) von Johann Friedrich Kind.

SOLISTEN: *Ottokar,* böhmischer Fürst (Bariton, kl. P.) – *Cuno,* fürstlicher Erbförster (Baßbariton, auch Charakterbaß, m. P.) – *Agathe,* seine Tochter (Jugendlich-dramatischer Sopran, gr. P.) – *Ännchen,* eine junge Verwandte (Lyrischer Koloratursopran, auch Lyrischer Sopran, gr. P.) – *Caspar,* 1. Jägerbursche (Seriöser Baß, auch Schwerer Spielbaß, auch Baßbariton, gr. P.) – *Max,* 2. Jägerbursche (Jugendlicher Heldentenor, gr. P.) – *Ein Eremit* (Seriöser Baß, kl. P.) – *Kilian,* ein reicher Bauer (Tenor, auch Bariton, kl. P.) – *Vier Brautjungfern* (Soprane, kl. P.) – *Samiel,* der Schwarze Jäger (Sprechrolle, kl. P.).
CHOR: Jäger und Gefolge. Brautjungfern. Landleute und Musikanten. Erscheinungen (im I. und III. Akt: Männerchor geteilt in Bauern und Jäger; gr. Chp.).
BALLETT: Bauerntanz (Walzer), kann auch vom Chor getanzt werden.
ORT: In Böhmen.
SCHAUPLÄTZE: Platz vor einer Waldschenke – Vorsaal im Waldschlößchen – Furchtbare Wolfsschlucht – Kurze Waldszene – Agathes Stübchen – Eine romantisch schöne Gegend mit fürstlichen Jagdzelten.
ZEIT: Kurz nach Beendigung des Dreißigjährigen Krieges.
ORCHESTER: 2 Fl. (auch 2 Picc.), 2 Ob., 2 Kl., 2 Fag., 4 Hr., 2 Trp., 3 Pos., P., Str. – Bühnenmusik: 1 C-Kl., 2 Hr., 1 Trp., I. und II. Viol., Vcl.
GLIEDERUNG: Ouvertüre und 16 Musiknummern, die durch einen gesprochenen Dialog miteinander verbunden werden.
SPIELDAUER: etwa 2½ Stunden.
HANDLUNG: Der brave und tüchtige Jägerbursche Max liebt Agathe, die Tochter des Erbförsters Cuno. Da dieser keinen männlichen Nachkommen hat, soll mit Genehmigung des Fürsten der Schwiegersohn gleichzeitig mit Agathes Hand das Anrecht auf die Erbförsterei erhalten. Nach einer alten Bestimmung ist aber die Erlangung der Förster-

stelle von dem guten Gelingen eines Probeschusses vor dem Landesherrn abhängig. Max hat nun seit Wochen großes Weidmannspech gehabt, und am Tag vor dem Probeschuß gewinnt sogar ein Bauer gegen ihn im Preisschießen. In seiner Verzweiflung erliegt der unglückliche Bräutigam den Einflüsterungen des schlechten Jägerburschen Caspar, der ihn durch den Abschuß eines sehr hoch fliegenden Stößers in der Dämmerung von der unfehlbaren Treffsicherheit einer »Freikugel« überzeugt. Da Caspar keine von diesen Kugeln mehr besitzt, anderseits aber Max für den morgigen Probeschuß eine solche dringend haben möchte, läßt dieser sich von dem unheimlichen Jagdgesellen zu dem Versprechen verleiten, mit ihm um Mitternacht in der Wolfsschlucht neue Freikugeln zu gießen. – Um die gleiche Zeit, als Max den Raubvogel geschossen hat, ist in dem Jagdschlößchen des Erbförsters das Bild des Urvaters Cuno von der Wand gefallen. Agathe wurde dabei leicht verletzt. Eine junge Verwandte, das muntere Ännchen sucht sie zu erheitern, da Agathe mit Sorge das Herabfallen des Bildes und das lange Ausbleiben des Bräutigams als schlechte Anzeichen deutet. Endlich kommt Max. Freudig erregt eilt Agathe ihm entgegen. Mit unruhiger Hast zeigt er ihr die Federn des abgeschossenen Stößers. Aber das Mädchen ist über die unheimliche Jagdtrophäe mehr erschrocken als erfreut. Als sie bemerkt, der Gram über einen mißlungenen Probeschuß würde sie töten, rafft sich der Schwankende auf; mit der Ausrede, einen bei der Wolfsschlucht erlegten Hirsch noch hereinschaffen zu müssen, reißt er sich von Agathe los, obwohl sie ihn angsterfüllt warnt und anfleht, nachts diesen verrufenen Ort zu meiden. – Pünktlich zur Mitternachtsstunde ruft Caspar in der Wolfsschlucht Samiel herbei. Er verspricht dem Schwarzen Jäger, wenn er ihm die morgen ablaufende Lebensfrist wieder um drei Jahre verlängere, drei Opfer zuzuführen: seinen Jagdkameraden, der Freikugeln begehrt, sowie dessen Braut und ihren Vater. Samiel ist einverstanden und mit den Worten: »Morgen er oder Du!« verschwindet er in die Tiefe. Gleich darauf erscheint über der Schlucht Max. Noch zögert er hinabzusteigen, da ihn die Erscheinung des Geistes seiner Mutter zurückwinkt. Als er dann aber in einer weiteren Vision Agathe, einer Wahnsinnigen gleich, sich in den Wasserfall stürzen sieht, begibt er sich entschlossen zu Caspar. Das Gießen der Freikugeln wird von allen möglichen gruseligen und unheimlichen Erscheinungen begleitet; der Höllenspuk steigert sich immer mehr, bis zuletzt das wilde Heer kommt und bei der siebenten Kugel ein fürchterlicher Gewittersturm losbricht, so daß Caspar ängstlich Samiel zu Hilfe ruft. Der Schwarze Jäger erscheint. Max schlägt ein Kreuz, worauf Samiel sofort verschwindet. Mit dem aus der Ferne vernehmbaren Glockenschlag ein Uhr ist der Teufelsspuk abrupt zu Ende. – Caspar hat vier von den Freikugeln Max gegeben und drei für sich behalten. Nachdem am nächsten Morgen Max vor der fürstlichen Jagdgesellschaft mit seinen

Freikugeln drei erstaunliche Schüsse abgelegt hat, verschießt Caspar schnell seine drei Teufelskugeln, damit für den Probeschuß lediglich noch eine übrigbleibt; denn nur sechs treffen das gewünschte Ziel, während die siebente dem Schwarzen Jäger gehört, der sie auf ein Opfer lenkt, das dann seine Beute ist. – Unterdessen erfüllten sonderbare Träume und böse Vorzeichen, wie das nochmalige Herabfallen des Bildes vom Urvater Cuno und die Verwechslung des Brautkranzes mit einer Totenkrone, Agathe mit Angst. – Bei dem Probeschuß vor Fürst Ottokar und der Jagdgesellschaft lenkt Samiel die »Teufelskugel« auf die Braut. Sie trifft aber nicht Agathe, die durch ihren Brautkranz aus den geweihten Rosen des Eremiten geschützt wird, sondern Caspar, der vor den Anwesenden mit einem fürchterlichen Fluch gegen den Himmel stirbt. Der Fürst verstößt den seine Schuld reumütig bekennenden Max. Da erscheint der ehrwürdige alte Eremit, dessen Urteilsspruch sich auch der Fürst beugt: Der Probeschuß soll in Zukunft unterbleiben, und Max nach einem Jahr guter Bewährung die Hand Agathes erhalten. Mit dem Eremiten erheben alle ihre Blicke zum Himmel und danken dem Allmächtigen für die Beschützung der Unschuld.

Stilistische Stellung: Obwohl die deutsche Romantik auch auf dem Gebiet der Oper schon vor dem ›Freischütz‹ in Erscheinung getreten war (E. T. A. Hoffmanns ›Undine‹ und Louis Spohrs ›Faust‹, beide 1816), pflegt die Musikgeschichte erst Webers Meisterwerk als den Beginn der Epoche der romantischen Oper zu bezeichnen, weil hier der romantische Charakter nicht in einzelnen Zügen oder Szenen, sondern durch das Festhalten an einem »einheitlichen Grundton« sowohl in der Dichtung wie vor allem im Musikalischen zum ersten Mal durchgehend gewahrt erscheint. In dem Vorherrschen des Irrationellen liegt die spezifisch deutsche Eigenart des Werkes, die den Franzosen unverständlich geblieben war, wenn sie am ›Freischütz‹ das Fehlen einer Logik, das heißt der für sie unumgänglich notwendigen verstandesmäßigen Klarheit, tadelten. Hatte die klassische Oper seit ihrem Ahnherrn Gluck den Akzent auf die Darstellung der Gefühle und Leidenschaften gelegt, so spielt im ›Freischütz‹ das Stimmungshafte die Hauptrolle. Daher ist nicht ein Held, sondern die Natur, insonderheit der deutsche Wald, Hauptdarsteller der Oper und die handelnden Personen erscheinen nur als seine Symbole. In der mystischen Atmosphäre des Waldes gedeihen in gleicher Weise das fröhliche Treiben des Jagdlebens und das finstere Walten der dämonischen Mächte. Webers geniale Phantasie wußte beide Welten, die trauliche wie die unheimliche, durch die Ausdruckskraft seiner Musik zum packenden Erlebnis zu gestalten. Anknüpfend an die Errungenschaften des Beethovenschen Instrumentalstils setzte Weber die durch Mozarts ›Zauberflöte‹ vorgezeichnete Bahn fort und wies mit den Klängen seiner echt romantischen Harmonik und mit seinem neuartigen Instrumentationskolorit weit in die Zukunft. Unvergängliche Melodien volksliedhafter Prägung, die lebendige musikalische Zeichnung und nicht zuletzt eine dem Denken und Fühlen des Volks entsprechende Gestaltung des Stoffes verleihen Webers genialem Werk eine seltene Volkstümlichkeit. Mit Recht wird daher ›Der Freischütz‹ als Prototyp der romantischen deutschen Volksoper angesehen.

TEXTDICHTUNG: Die Operndichtung verfaßte der theaterfreudige Hofrat Johann Friedrich Kind (1768–1843), der sich erst als Advokat betätigte und seit 1814 nur mehr seinen literarischen Ambitionen nachging. Als Vorlage diente ihm die erste Erzählung ›Der Freischütz‹ aus dem ›Gespensterbuch‹ von August Apel und Friedrich Laun. Es ist heute nicht mehr nachzuweisen, wie weit Weber persönlich an der Gestaltung des ›Freischütz‹-Textes beteiligt war; sein Anteil war sicherlich kein geringer, hatte er sich doch schon vor dem Zusammenwirken mit Johann Friedrich Kind einmal mit dem Stoff beschäftigt. Mit Geschick legte der Textdichter der Handlung eine sittlich-religiöse Idee zugrunde: Schutz der Unschuld im Kampf gegen die Schlingen der Hölle durch die Macht des Himmels und Triumph des Guten über das Böse. Dies bedingte eine Wendung des Ganzen gegenüber der Vorlage, bei der das unschuldige Mädchen von der Freikugel getötet wird, seine Eltern aus Gram darüber sterben und der Schütze im Irrenhaus der Geliebten in den Tod folgt. Das Zurückverlegen der Handlung in die ferne, sagenumwobene Zeit nach dem Dreißigjährigen Krieg kam dem romantischen Charakter des Stückes entgegen. Die Zeichnung der Charaktere ist Kind ungleich geraten. Gegenüber der realistischen Darstellung des dämonischen Untiers Caspar oder der unbefangenen Natürlichkeit Ännchens wirken Max und Agathe in ihrer Passivität etwas farblos. Ursprünglich wurden vom Librettisten als Exposition zur Oper dem Eremiten zwei Szenen zugedacht, die die Vorgeschichte der Handlung, die Überreichung der geweihten Rosen an Agathe, behandeln. Weber unterließ aber ihre Vertonung auf Anraten seiner bühnenerfahrenen Braut, der Sängerin Caroline Brandt, die richtig erkannt hatte, daß der Anfang mit dem in medias res führenden Schuß ungleich wirkungsvoller ist. (Im Jahre 1871 wurde dieses Vorspiel unter Verwendung Weberscher Musik von Oskar Möricke nachkomponiert!) Der Titel der Oper wurde während der Entstehung des Werkes dreimal geändert, er lautete erst ›Der Probeschuß‹, dann ›Die Jägersbraut‹ und schließlich auf Wunsch des Intendanten Graf Carl von Brühl wie im ›Gespensterbuch‹: ›Der Freischütz‹.

GESCHICHTLICHES: Bereits im Jahre 1810 bekam Weber bei seinem Freund Alexander von Dusch auf Schloß Neuburg bei Heidelberg das damals gerade neuerschienene ›Gespensterbuch‹ von August Apel und Friedrich Laun in die Hand, nach dessen erster Erzählung, ›Der Freischütz‹, er sogleich mit dem Freund ein Opern-Szenarium entwarf, das aber nicht weiter ausgeführt wurde. Erst sechs Jahre später (Oktober 1816), bei seinem Bekanntwerden mit Johann Friedrich Kind, griff Weber die Freischütz-Idee wieder auf, und nach einer neuerlichen Besprechung des Komponisten mit dem Dichter (21. Februar 1817) war das Buch bald fertiggestellt (1. März 1817). Am 2. Juli desselben Jahres begann Weber mit der Komposition, die er aber infolge starker Inanspruchnahme durch sein Kapellmeisteramt und wegen Krankheit und anderer mißlicher Umstände erst am 13. Mai 1820 abschließen konnte. Die Romanze und Arie Nr. 13 wurde auf Bitten der ersten Darstellerin des Ännchens (Johanna Eunicke) kurz vor der Uraufführung nachkomponiert (Mai 1821). Nach Überwindung zahlreicher Schwierigkeiten konnte die Oper dank der Initiative des Intendanten Graf Carl von Brühl, der sich trotz aller möglichen Quertreibereien von seiten des mächtigen Gasparo Spontini energisch für Weber einsetzte, endlich am 18. Juni 1821 im Königlichen Schauspielhaus zu Berlin in Szene gehen. Die Aufführung stand unter der Leitung des Komponisten und wurde mit enthusiastischem Beifall aufgenommen. In den Hauptrollen sangen Caroline Seidler (Agathe), Johanna Eunicke (Ännchen), der Tenor Heinrich Stümer (Max) und der Bassist Heinrich Blume (Caspar). Die Oper wurde bald in alle Kultursprachen übersetzt, mußte sich aber im Ausland auch Verballhornungen gefallen lassen, wie beispielsweise in Paris, wo sie zunächst zu einer »Imitation« (›Robin des bois ou les trois balles‹) von dem Musikschriftsteller Castil-Blaze (François Henry Joseph Blaze) mißbraucht wurde (1824). 1841 wurde sie – Richard Wagner berichtete mit beißender Ironie über die Aufführung – in einer von dem Italiener Emiliano Pacini besorgten französischen Überarbeitung (›Le Freischutz‹) gegeben, zu der Hector Berlioz anstelle des Dialogs Rezitative komponierte und Webers ›Aufforderung zum Tanz‹ für eine Balletteinlage instrumentierte.

Euryanthe

Große heroisch-romantische Oper in drei Aufzügen. Dichtung von Helmina von Chézy.

SOLISTEN: *König Ludwig VI.* (Seriöser Baß, m. P.) – *Adolar,* Graf von Nevers (Jugendlicher Heldentenor, gr. P.) – *Euryanthe von Savoyen,* Adolars Braut (Jugendlich-dramatischer Sopran, gr. P.) – *Rudolf,* ein Ritter (Spieltenor, auch Charaktertenor, kl. P.) – *Lysiart,* Graf von Forest (Heldenbariton, gr. P.) – *Eglantine von Puiset,* Tochter eines Empörers (Dramatischer Mezzosopran, gr. P.) – *Bertha,* ein Landmädchen (Sopran, kl. P.).
CHOR: Ritter. Edeldamen. Pagen. Herolde. Landleute. Soldaten. Jäger (im letzten Bild Männerchor geteilt in Landleute, Ritter und Jäger; Frauenchor m. Chp., Männerchor gr. Chp.).

BALLETT: Pas de cinq (Bauerntanz).
ORT: Abwechselnd auf dem königlichen Schloß zu Préméry und auf der Burg Nevers.
SCHAUPLÄTZE: Säulenhalle des Königsschlosses mit einem großen Mittelportal – Burggarten zu Nevers mit einem Gruftgewölbe – Säulenhalle des Königsschlosses, in der Mitte offener Altan – Eine öde, von dichtem Gebüsch umwachsene Felsenschlucht – Freier Platz vor der Burg Nevers.
ZEIT: Nach dem Frieden mit England 1110.
ORCHESTER: 2 Fl., 2 Ob., 2 Kl., 2 Fag., 4 Hr., 2 Trp., 3 Pos., P., Str. – Bühnenmusik: 2 Picc., 2 Ob., 2 Kl., 2 Fag., 4 Hr., 4 Trp., 3 Pos., P.
GLIEDERUNG: Ouvertüre und 25 Musiknummern, die pausenlos ineinandergehen.
SPIELDAUER: etwa 3 Stunden.
HANDLUNG: Gelegentlich des rauschenden Friedensfestes trägt Graf Adolar von Nevers auf Aufforderung König Ludwigs VI. von Frankreich ein Minnelied zum Preise seiner tugendhaften Braut, Euryanthe von Savoyen, vor, das bei der Hofgesellschaft lebhaften Beifall findet. Graf Lysiart von Forest, der Adolar sein Glück neidet, stellt mit höhnischen Worten die weibliche Treue in Abrede. Daraufhin verlassen die Damen empört den Saal. Adolars Herausforderung zum Zweikampf schlägt Lysiart aus, er setzt stattdessen sein gesamtes Hab und Gut als Pfand und erklärt es für verloren, wenn es ihm nicht gelänge, Euryanthes Tugend zu Fall zu bringen. Trotz der Mahnung des Königs, von dem sinnlosen Streit zu lassen, geht Adolar auf den Vorschlag ein und ist bereit, auch seinerseits auf sein Besitztum zu verzichten, wenn Lysiart einen Beweis für Euryanthes Untreue erbringen sollte. – Inzwischen harrt Euryanthe auf Schloß Nevers, wohin Adolar sie vor seinem Auszug in den Krieg gebracht hatte, in Sehnsucht der Rückkehr des Geliebten. Eglantine, die Tochter eines Empörers, die auf Euryanthes Fürbitte aus dem Kerker befreit worden war, liebt im geheimen Adolar. Sie haßt daher die Rivalin, sucht sich aber mit heuchlerischen Worten Euryanthes Vertrauen zu erringen, um ihr das Geheimnis von dem rätselhaften Tod Emmas, Adolars Schwester, zu entlocken. Vom Schauder der Erinnerung erfaßt, verrät Euryanthe, einen Augenblick ihres Eides vergessend, Adolars Geheimnis arglos der Lauernden: In einer Maiennacht erschien Emmas Geist und klagte, daß sie getrennt von ihrem geliebten Udo, der in blutiger Schlacht gefallen war, durch die Nächte irren müsse, bis der Unschuld Träne den Ring netze, aus dem sie Gift genommen habe. – Graf Lysiart, der unter dem Vorwand, Euryanthe zu dem Königsschloß zu geleiten, zur Ausführung seiner finsteren Absichten nach Nevers gekommen war, mußte sich bald überzeugen, daß er bei der Reinen niemals zu seinem Ziel gelangen werde. Verzweifelt stürzt er mit Einbruch der Nacht aus dem Schloß und faßt den Entschluß, den Nebenbuhler, dem er den Triumph nicht

gönnen will, zu ermorden. In diesem Augenblick kommt, keuchend vor Schauer, Eglantine aus Emmas Gruft und hält triumphierend den Giftring der Toten in der Hand, den sie nun als Werkzeug der Rache benützen will. Lysiart, der ihre Worte belauscht, bietet sich an, das Werk zu vollziehen. – Glückstrahlend eilt Euryanthe im Festsaal von Préméry ihrem geliebten Adolar in die Arme. Da naht Lysiart. Er behauptet, Euryanthes Herz im Sturm errungen zu haben, und er überreicht dem König als Beweis Emmas Ring. Als er sich anschickt, auch das Geheimnis von Emmas Geist zu zitieren, glaubt Adolar sich von Euryanthe tatsächlich verraten. Umsonst beteuert sie ihre Unschuld, aber weder Adolar noch der König und die Ritter schenken ihren Worten Glauben. Lysiart erhält daraufhin vom König Adolars Güter als Lehen zugesprochen. Adolar führt Euryanthe fort in eine öde Felsenschlucht, wo er ihre Untreue mit dem Schwert richten will. Auch jetzt können ihn Euryanthes rührende Worte der Beteuerung ihrer Unschuld nicht überzeugen. Da naht plötzlich eine wilde Schlange. Euryanthe wirft sich schützend vor Adolar und fleht ihn an, eiligst zu fliehen, während sie sich selbst dem Untier als Beute preisgibt. Aber Adolar stellt sich der Schlange zum Kampf und erlegt sie. Da Euryanthe ihr Leben für das seine zu opfern bereit war, kann er nun nicht mehr ihr Richter sein. Er überläßt sie daher ihrem Schicksal. Eine Jagdgesellschaft mit dem König an der Spitze durchzieht bald darauf die Felsenschlucht und stößt auf Euryanthe, die nunmehr den König über Eglantines Verrat aufklärt. Dieser verspricht dem unglücklichen Mädchen, das Band mit Adolar aufs neue zu knüpfen. Überwältigt von einem unbeschreiblichen Glücksgefühl, bricht jedoch Euryanthe zusammen, der jähe Wechsel der Stimmungen hat anscheinend ihr Herz gebrochen. Zur gleichen Stunde erfährt Adolar, der in der Nähe des Schlosses seiner Väter den Tod sucht, von der bevorstehenden Hochzeit Lysiarts mit Eglantine. Als der Festzug naht, kann Adolar aus Eglantines wirren Worten, die ihr das böse Gewissen gleichsam wie in einem Anfall von Geistesabwesenheit hervortreibt, plötzlich den wahren Sachverhalt erkennen. Er schlägt sein Visier hoch und ruft Lysiart mit dem Schwert zum Gottesgericht. Die getreuen Ritter nehmen sogleich für ihren angestammten Herrn Partei und bedrohen Lysiart ebenfalls. In diesem Augenblick erscheint der König. Teilnahmsvoll berichtet er Adolar, daß die unschuldige Euryanthe leider nicht mehr die Rehabilitierung ihrer Ehre erleben durfte. In wilder Freude über die gelungene Rache gesteht nun Eglantine vor allen Anwesenden offen ihren verbrecherischen Verrat. Lysiart stößt sie daraufhin mit seinem Dolch nieder. Der König läßt den Mörder festnehmen und der gerechten Strafe zuführen. Froher Hörnerschall weckt Adolar aus seiner dumpfen Verzweiflung. Die Jäger kommen und berichten, daß Euryanthe doch noch am Leben sei, und gleich darauf eilt sie selbst in die Arme des Geliebten. Der König vereint die Hände der beiden.

Ergriffen blickt Adolar zum Himmel. Eine innere Stimme sagt ihm, daß die Träne der Unschuld, die Emmas Ring benetzte, nun wohl auch die Vereinigung seiner Schwester mit ihrem Udo erwirkt habe.

STILISTISCHE STELLUNG: Ein an dramaturgischen Schwächen leidendes Textbuch trägt die Schuld, daß ›Euryanthe‹ nicht die Breitenwirkung erzielen konnte, die ihrer Bedeutung als Kunstwerk entspräche. Mit Recht hat Eduard Hanslick auf die Verwandtschaft zwischen ›Euryanthe‹ und ›Lohengrin‹ hingewiesen und festgestellt, daß Weber mit diesem Werk die romantische Oper nach einer Richtung entwickelte, an die Richard Wagner nur anzuknüpfen brauchte. Die bei ›Euryanthe‹ in die Zukunft weisenden Neuerungen sind der dramatische Deklamationsstil der Gesangslinie, die selbständige Haltung des Orchesters – besonders bei den reich schattierten Rezitativen –, die Weitung der geschlossenen Formen (durch den unauffälligen Einbau des dramatischen Rezitativs) sowie die vielfach bereits im leitmotivischen Sinn verarbeitete Thematik. Harmonik, Rhythmik und Instrumentation tragen wieder die charakteristischen Züge des Weberschen Eigenstils. Von aparter Wirkung sind die mystischen Geigenklänge, die – ähnlich wie schon bei der Florentiner Renaissanceoper und der venezianischen Barockoper (Ombra-Szenen) – das Erscheinen eines Schattens aus dem Jenseits (Emmas Geist) versinnbildlichen. Weber hatte ursprünglich die Absicht, in der Ouvertüre, wo diese Takte als Einschiebsel im Durchführungsteil den symphonischen Fluß der feurigen Rhythmen dieses aufwühlenden, die ganze Pracht mittelalterlichen Ritterglanzes schildernden Tongemäldes unterbrechen, den Vorhang aufgehen und die Gruft mit Emmas Sarkophag erscheinen zu lassen, vor dem Euryanthe kniend betet, belauscht von Eglantine, während Emmas Geist flehend vorüberschwebt. Das ganz aus dem Zeitgeist geborene Werk verlangt – ähnlich wie Mozarts ›Così fan tutte‹ – den seiner Eigenart entsprechenden Aufführungsstil. Eine textliche oder gar musikalische Bearbeitung, die ja die dramaturgischen Mängel doch nicht zu beheben vermag, erscheint daher überflüssig.

TEXTDICHTUNG: Wilhelmine Christiane von Chézy (1783–1856), geb. von Klencke und Enkelin von Anna Luise Karsch (»Karschin«), gestaltete das Opernbuch zu ›Euryanthe‹ nach einer französischen Erzählung aus dem 13. Jahrhundert: ›Histoire de Gérard de Nevers et de la belle et verteuse Euryanthe, s'amie‹, die Graf Tressant später in seiner ›Bibliothèque de Roman‹ in neufranzösischer Sprache wiedergab. William Shakespeare verarbeitete den Stoff in ›Cymbeline‹, und Giovanni Boccaccio in einer Novelle. Helmina von Chézy hatte bereits 1804 die Erzählung nach dem Urtext ins Deutsche übertragen, die dann von Friedrich Schlegel in seine ›Sammlung romantischer Dichtungen des Mittelalters‹ unter dem Titel ›Die Geschichte von der tugendsamen Euryanthe‹ aufgenommen wurde. Das von der Dichterin zunächst entworfene Szenarium entsprach nicht den Intentionen Webers, worauf dieser selbst eine Skizze ausarbeitete, nach der Helmina von Chézy sodann die Dichtung gestaltete. Dabei ging sie bereitwilligst auf die Wünsche des Komponisten ein; auch die kleinlichen Forderungen der Wiener Zensur mußten berücksichtigt werden. Auf diese Weise erfuhr der Text im Verlauf der Vertonung eine elfmalige Umgestaltung. Denn die Schwierigkeiten, die sich bei der Dramatisierung durch die grundlegende Veränderung des Stoffes gegenüber der Vorlage ergaben und die trotz aller Verbesserungsversuche nicht beseitigt werden konnten, machten Weber viel Kopfzerbrechen. Die Hereinnahme der mystischen Episode Emma–Udo mochte wohl dem romantischen Charakter des Werks entgegenkommen, erwies sich aber für die bühnenmäßige Wirkung von Nachteil. In der französischen Erzählung verschafft die verräterische Gundrieth dem Grafen Lysiart Gelegenheit, von einem Versteck aus Euryanthe im Bad zu beobachten. Dabei erspäht dieser unter Euryanthes rechter Brust ein Muttermal in Form eines Veilchenblattes. Mit der Kenntnis von diesem intimen Körpermal beweist sodann Lysiart Euryanthes angeblichen Treuebruch. Hier erscheint Euryanthes passives Verhalten durchaus motiviert; denn wie sollte die Ahnungslose einen Gegenbeweis erbringen? In der Opernfassung löst dagegen die mysteriöse Geschichte Emma–Udo eine ganze Reihe Unwahrscheinlichkeiten im Handlungsverlauf aus; insbesondere wirkt Euryanthes Schweigen vor der Hofgesellschaft und vor allem dann, wenn sie mit Adolar allein ist, direkt unverständlich.

Geschichtliches: Nach dem großen Erfolg des ›Freischütz‹ erhielt Weber im November 1821 von Direktor Domenico Barbaja einen Opernauftrag für das Kärntnerthortheater in Wien. Der Meister wollte diesmal seine Befähigung unter Beweis stellen, auch ein musikalisches Bühnenwerk ohne Dialog, also im Stil der Großen Oper, schreiben zu können. Aber er mußte zunächst nach einem Librettisten Ausschau halten; denn er hatte sich mit dem empfindlichen Johann Friedrich Kind überworfen. In einem Dresdner literarischen Zirkel, dem »Liederkreis«, lernte er die Dichterin Helmina von Chézy kennen, die seinen Antrag auf Abfassung eines Opernbuches sogleich freudig aufgriff und ihm eine große Anzahl romantischer Stoffe zur Auswahl stellte. Weber entschied sich für ›Die Geschichte der tugendsamen Euryanthe‹. Bald darauf, am 15. Dezember 1821, erhielt er von der Dichterin bereits den I. Akt, worauf er sofort mit der Arbeit an der Komposition begann. Aber die Schwierigkeiten der Libretto-Gestaltung, die sich im Verlauf der Arbeit an dem Werk ergaben, verzögerten den Entstehungsprozeß. Im Februar 1822 begab sich Weber nach Wien, um dort die ihm zur Verfügung stehenden Sänger kennenzulernen. Nachdem sich der kränkliche Meister von den Strapazen des Wiener Aufenthalts, bei dem ihm trotz des damals herrschenden Rossini-Taumels von seiten führender Persönlichkeiten des Kulturlebens (Ludwig van Beethoven, Franz Schubert, Franz Grillparzer u. a.) zahlreiche Ehrungen zuteil geworden waren, wieder einigermaßen erholt hatte, schrieb er in Klein-Hosterwitz bei Pillnitz mit Feuereifer an der ›Euryanthe‹ weiter. Nach einer Unterbrechung der Arbeit vom September 1822 bis Mitte Januar 1823 wurde die Partitur am 29. August 1823 in Klein-Hosterwitz abgeschlossen. Die Ouvertüre wurde erst in Wien am 19. Oktober vollendet. Mitte September hatte sich der Komponist zur Einstudierung seines Werkes nach Wien begeben. Während der Proben nahm er noch verschiedene Kürzungen vor, damit nicht »aus der Euryanthe eine Ennuyante« werde. Die Uraufführung erfolgte sodann vor einem festlich gestimmten Auditorium am 25. Oktober 1823 am Kärntnerthortheater. Weber wurde enthusiastisch gefeiert. Wenn auch schon damals die Bedeutung des Werkes als Beginn einer neuen Epoche der dramatischen Musik vielfach erkannt und gewürdigt worden war, so konnte sich die ›Euryanthe‹ im Schatten der italienischen Oper doch nicht recht durchsetzen und sie verschwand nach zwanzig Vorstellungen wieder vom Spielplan. Auch sonst verbreitete sich das Werk langsam und mit geteiltem Erfolg. Für Berlin (23. Dezember 1825) komponierte Weber eine Balletteinlage, den Pas de cinq, nach. In Paris wurde die ›Euryanthe‹, ähnlich wie vorher schon ›Der Freischütz‹ und ›Preziosa‹, zunächst in einer Verballhornung von Castil-Blaze gegeben (1831), später (1857) hatte die Oper in einer originalgetreuen französischen Fassung am Théatre Lyrique großen Erfolg.

Oberon

Romantische Feenoper in drei Aufzügen. Dichtung von James Robinson Planché.

SOLISTEN: *Oberon,* König der Elfen (Jugendlicher Heldentenor, auch Lyrischer Tenor, m. P.) – *Titania,* seine Gemahlin (Stumme Rolle) – *Puck* (Mezzosopran, auch Spielalt, m. P.) und *Droll* (Sprechrolle, kl. P.), seine dienstbaren Geister – *Meermädchen* (Sopran, auch Mezzosopran, kl. P.) – *Harun al Raschid,* Kalif von Bagdad (Sprechrolle, kl. P.) – *Rezia,* seine Tochter (Dramatischer Koloratursopran, auch Dramatischer Sopran, gr. P.) – *Fatime,* deren Sklavin und Gespielin (Lyrischer Sopran, auch Mezzosopran, gr. P.) – *Babekan,* persischer Prinz (Sprechrolle, kl. P.) – *Mesru,* Haremswächter (Stumme Rolle) – *Almansor,* Emir von Tunis (Sprechrolle, kl. P.) – *Roschana,* seine Gemahlin (Sprechrolle, kl. P.) – *Nadine,* deren Sklavin (Sprechrolle, kl. P.) – *Abdallah,* Seeräuber (Sprechrolle, kl. P.) – *1., 2., 3. Gartenhüter* (Sprechrollen, kl. P.) – *Kaiser Karl der Große* (Sprechrolle, kl. P.) – *Hüon von Bordeaux,* Herzog von Guienne (Jugendlicher Heldentenor, gr. P.) – *Scherasmin,* sein Knappe (Spielbariton, auch Spieltenor, gr. P.).

CHOR: Feen. Elfen. Meermädchen. Luft-, Erd-, Wasser- und Feuergeister. Gefolge des Kalifen. Weibliches Gefolge Rezias. Schwarze und weiße Haremsdiener. Schwarze und weiße Sklaven. Janitscharenmusiker. Wachen. Seeräuber. Gefolge Karls des Großen (m. Chp.).

BALLETT: Elfen- und Feenreigen. Bajaderen am Hof des Kalifen. Tanzende Mädchen im Gemach Roschanas. Tanz der Mohrensklaven.

ORT: Franken, Bagdad und Tunis.

SCHAUPLÄTZE: Halle in Oberons Palast (Phantastischer deutscher Wald in Oberons Reich) – Erscheinung: Das Innere eines kleinen persischen Kiosks – Erscheinung: Das Ufer des Tigris mit der Stadt Bagdad im Hintergrund – Zimmer im Harem, im Hintergrund die Gärten des Palastes (Offene Gartenhalle im Harem, im Hintergrund mit Gittern verschlossen) – Ein prächtiger Speisesaal im Palast des Harun al Raschid – Garten am Palast – Erscheinung: Oberon in Wolken – Erscheinung: Die Seeküste mit dem Hafen von Askalon, ein Schiff vor Anker – Felsenlandschaft (Geisterkluft) – Höhle an der Seeküste, im Hintergrund Öffnung zum Meer – Garten des Emirs Almansor zu Tunis vor dem Haus des Gärtners Ibrahim – Zimmer in des Emirs Harem – Roschanas Zimmer, im Hintergrund eine mit reichen Tapeten verhängte Nische – Hof im Harem (Freier Platz in Tunis), in der Mitte ein Scheiterhaufen – Erscheinung: Oberon mit Titania in Wolken (Blumenhain) – Thronsaal im Palast Kaiser Karls des Großen.

ZEIT: 806.

ORCHESTER: 2 Fl. (auch 2 Picc.), 2 Ob., 2 Kl., 2 Fag., 4 Hr., 2 Trp., 3 Pos., P., Schl., Hrf., Gitarre, Str. – Bühnenmusik: 2 Ob., 2 Kl., 2 Fag., Schl.

GLIEDERUNG: Ouvertüre und 21 Musiknummern, die durch einen gesprochenen Dialog miteinander verbunden werden.

SPIELDAUER: etwa 2¾ Stunden.

HANDLUNG: Elfen bewachen den Schlummer ihres Königs Oberon. Ein Streit mit der Feenkönigin Titania, wer treuer sei, Mann oder Weib, hatte ihn zu dem Schwur verleitet, sich ihr nicht wieder zu nahen, bis ein liebendes Paar trotz Not und Gefahr sich unerschütterlich die Treue bewahre. Oberon erwacht und verwünscht den unseligen Schwur. Da erscheint Puck, sein dienender Geist, der ihm von einem absonderlichen Ereignis am Hof Karls des Großen berichtet: Der Ritter Hüon von Bordeaux hatte im Zweikampf zu Recht Karls Sohn erschlagen; der zürnende Kaiser verlangt aber dennoch Sühne für die Tat. Er schickt Hüon nach Bagdad mit dem Auftrag, dort den zur Linken des Kalifen sitzenden Prinzen Babekan zu töten und anschließend Harun al Raschids Tochter Rezia als Braut heimzuführen. Oberon will dem Ritter seinen Schutz angedeihen lassen; denn bewahren sich Hüon und Rezia trotz aller Fährnisse die Treue, dann ist die Bedingung seines Schwures erfüllt und Titania wieder sein. Auf des Elfenkönigs Geheiß bringt Puck Hüon mit seinem Knappen Scherasmin zauberschnell herbei. In einer Vision erscheint Rezia dem noch schlafenden Hüon, die ihn um Rettung vor dem ungeliebten Babekan anfleht, den sie nach dem Willen ihres Vaters heiraten soll. Als dann der Ritter und sein Knappe erwachen, überreicht Oberon dem Hüon ein Horn, das in Gefahren Hilfe bringen soll, und dem Scherasmin einen Becher, der sich jedesmal mit köstlichstem Wein füllt, wenn er an den Mund gesetzt wird. Durch einen Wink mit seinem Lilienzepter versetzt der Elfenkönig die beiden sogleich nach Bagdad, wo Rezia den ihr im Traum erschienenen Ritter, der sie von ihrem ungeliebten Bräutigam Babekan befreien soll, schon sehnsüchtig erwartet. Wie von Kaiser Karl befohlen, dringt Hüon während der Hochzeitsfeier Rezia–Babekan in den Bankettsaal des Kalifen ein und führt seinen Auftrag aus. Den Kalifen und seine gegen ihn losgehenden Getreuen bannt der Ritter durch einen Ruf auf Oberons Zauberhorn, worauf er ungehindert mit Rezia entweichen kann. Gleichzeitig weckt Scherasmin Rezias Dienerin Fatime mit einem Kuß aus ihrer Starre und trägt sie triumphierend auf seinen Armen weg. Auch im Garten, wo die Wächter ihre Flucht vereiteln wollen, rettet Oberons Horn die beiden Paare. Der Elfenkönig erscheint selbst. Er versichert sie seiner weiteren Hilfe in Gefahren und ermahnt sie, sich unter allen Umständen die Treue zu halten, komme, was da kommen möge. Durch Oberons Zaubermacht werden sie blitzschnell in den Hafen von Askalon versetzt, wo ein Schiff zur Überfahrt nach Griechenland bereit liegt. Indessen ruft Puck die Sturmgeister zusammen und fordert sie auf, die Wellen des Ozeans zu entfesseln und das Schiff an einer öden Felsenküste zum Scheitern zu bringen. Während Hüon die Geliebte in einer Felsenhöhle am Ufer allein läßt, um nach Rettung auszuschauen, erwacht Rezia. Sie erblickt ein Schiff in der Nähe der Küste und ruft dieses durch Winken herbei. Aber es sind Seeräuber, die den herbeistürzenden Hüon niederstrecken und Rezia nach Tunis entführen, wo sie das Mädchen dem Emir Almansor verkaufen. Nun erscheint Oberon an der rauhen Felsenküste und befiehlt Puck, den ohnmächtigen Hüon auf ein weiches Blütenlager zu betten; ein Meermädchen singt ihn in den Schlaf. Nach sieben Tagen soll Puck ihn in den Garten des Emirs von Tunis schaffen. Dort trifft Hüon seinen Knappen und Fatime wieder, die ein anderer Korsar bei dem Sturm aufgefischt und an den Gärtner des Emirs als Sklaven verkauft hatte. Voller Aufregung berichtet Fatime, daß Rezia als Favoritsklavin des Emirs Almansor auch hier weile. Schon überlegt Hüon mit Scherasmin und Fatime, wie er Rezia befreien könne, da wird ihm von einer Sklavin die auf einem Lorbeerblatt aufgezeichnete Aufforderung überreicht, heimlich in den Palast zu kommen. Zu seinem Erstaunen trifft aber der Ritter dort nicht Rezia, sondern Roschana, die um Rezias willen verstoßene bisherige Lieblingsfrau des Emirs, die ihn als Rächer gerufen hat und ihm für Almansors Ermordung ihre Hand und den Thron von Tunis anbietet. Hüon bleibt all ihren Verführungskünsten zum Trotz standhaft, wird aber von Almansor überrascht und zum Tod auf dem Scheiterhaufen verurteilt. Auch Rezia, die für den Geliebten um Gnade fleht und sich als seine Braut bekennt, soll das gleiche Los erleiden. Inzwischen hat Scherasmin das in den Sturmfluten verlorengegangene Zauberhorn Oberons plötzlich wiedergefunden. Mit seinen Tönen verjagt er Almansor und die Mohrensklaven, die sich tanzend und taumelnd entfernen. Oberon erscheint glückstrahlend mit Titania am Arm. Der Elfenkönig ist von seinem Schwur erlöst und dankt dem Paar für seine Treue. Am Hof Karls des Großen werden Hüon und Rezia jubelnd empfangen, und versöhnt segnet der Kaiser den Bund.

STILISTISCHE STELLUNG: Die Tatsache, daß Weber bei ›Oberon‹ den in ›Euryanthe‹ eingeschlagenen Weg der durchkomponierten, musikdramatischen Gestaltung wieder verlassen hat, ist symptomatisch für den Stil des Werkes. Daher konnten auch gerade diejenigen späteren Bearbeiter, die das Märchensingspiel durch kompositorische Zutaten in eine Große Oper umzumodeln versuchten, am wenigsten die Schwächen des dramaturgisch verbauten Textbuchs beseitigen. Die ›Oberon‹-Musik ist in ihrer einheitlichen Haltung durchwegs der deutschen Romantik verbunden. Dabei ist ihre Tonsprache, entsprechend den verschiedenen Schauplätzen der Handlung, auf das Wunderreich der Elfen und Geister, die schillernde Folklore des Orients und die Welt des mittelalterlichen Rittertums feinsinnig koloristisch abgestimmt. Das Exotische wird nur dezent – durch zwei orientalische Melodien und Janitscharen-Schlagzeug – angedeutet. Die zarte Elfenromantik inspirierte die Phantasie des Komponisten in großartiger Weise zu duftigen Klängen und Rhythmen, deren Stimmungszauber auf eine artverwandte Gestaltungsweise bei Felix Mendelssohn Bartholdy, Heinrich Marschner, Otto Nicolai und Albert Lortzing nachgewirkt hat. Die musikalischen Nummern bewegen sich hinsichtlich ihrer Form und Diktion durchaus im Rahmen des Singspiels; ein Vorstoß auf das Gebiet der dramatischen Oper erfolgt nur gelegentlich, wie zum Beispiel in Rezias großer Arie (Ozean-Arie). Das aus dem Kopf der arabischen Melodie (Janitscharenmusik in Finale Nr. 6) gebildete Motiv von Oberons Zauberhorn eröffnet die Oper und zieht sich leitmotivartig durch die ganze ›Oberon‹-Musik. Die Ouvertüre stellt ein prächtiges tondichterisches Gemälde dar, das mit der Verarbeitung der wichtigsten Themen des Werkes aphoristisch den Inhalt und mit dem strahlenden Schluß den glücklichen Ausgang des Stückes andeutet.

TEXTDICHTUNG: Der einer französischen Emigrantenfamilie entstammende James Robinson Planché (1796–1880), ein versierter Bühnenautor, benützte als Vorlage für sein Libretto Christoph Martin Wielands Epos ›Oberon‹ (1780) in der englischen Übersetzung von William

Sotheby, das wiederum auf die Erzählung ›Hyon de Bordeaux‹ von H. de Villeneuve (13. Jahrhundert) in der französischen Romansammlung ›Bibliothèque bleue‹ zurückgeht. Auch Motive aus William Shakespeares ›Sturm‹ und ›Sommernachtstraum‹ wurden übernommen. Mit Rücksicht auf den Geschmack des englischen Theaterpublikums dramatisierte Planché den Stoff ganz im Charakter eines Schau- und Ausstattungsstücks. Dabei erscheint auf der Bühne eine große Anzahl meist nur skizzenhaft gezeichneter Personen, die als Werkzeug fremden Willens unsere Anteilnahme ebenso wenig zu fesseln vermögen, wie der schemenhaft behandelte Elfenkönig selbst. Die erste deutsche Übersetzung besorgte noch unter Webers Mitwirkung der Dresdner Intendant Theodor Hell (Pseudonym für Karl Gottlieb Theodor Winkler, 1775–1856).

GESCHICHTLICHES: Im Jahre 1822 erhielt Weber, der nach der Uraufführung des ›Freischütz‹ rasch international berühmt geworden war, von dem Direktor des Covent Garden-Theaters in London, Charles Kemble, einen Opernauftrag. Er mußte aber ablehnen, da er bereits an einem neuen Werk, der ›Euryanthe‹, arbeitete. Im Sommer 1824 leistete Weber einer erneuten Einladung aus London Folge. Von den beiden vorgeschlagenen Stoffen, ›Faust‹ oder ›Oberon‹, entschied er sich für letzteren aus kollegialer Rücksicht gegen Louis Spohr, der seinerzeit Weber zuliebe auf die Vertonung des ›Freischütz‹ verzichtet hatte. Mit eiserner Energie lernte der kränkliche und überbeschäftigte Komponist eiligst die englische Sprache, um in der Lage zu sein, die Textvorlage sinngemäß zu vertonen. Von dem Librettisten Planché erhielt er das Buch aktweise zugesandt, den I. Aufzug am 30. Dezember 1824, den II. am 18. Januar und den III. am 1. Februar 1825. Um diese Zeit entstanden auch schon die ersten musikalischen Skizzen, und am 27. Februar wurde zunächst Hüons Arie Nr. 5 vollendet. Die Arbeit an der Komposition erfuhr in der Folge noch manche Unterbrechung infolge Krankheit und beruflicher Reisen, so daß Weber im Drang der Zeit einige Stücke aus früheren Werken übernehmen mußte, so im Finale Nr. 21 den Marsch (aus dem Trauerspiel ›Heinrich IV.‹, 1817) und den Schlußchor (aus ›Peter Schmoll‹, 1801) sowie Themen aus der Festkantate ›L'Accoglienza‹ in Nr. 6 und Nr. 19. Dem Janitscharenchor der Haremswächter (Finale Nr. 6) und dem Tanz der Mohrensklaven (Finale Nr. 21) liegen originale Melodien – eine arabische und eine türkische – zugrunde, die von Carsten Niebuhr und Lahore überliefert sind. Die Partitur wurde erst während der Proben in London abgeschlossen, wo die Ouvertüre am 9. und die Preghiera am 10. April 1826 fertiggestellt worden sind sowie eine Arie für Hüon (anstelle von Nr. 5) nachkomponiert wurde. Die Uraufführung fand am 12. April 1826 unter Leitung des Komponisten mit stürmischem Erfolg im Covent Garden-Theater statt. Weber wurden Huldigungen gebracht, wie zuvor noch keinem Komponisten in London. Die Absicht, für

Deutschland eine Neugestaltung des Werkes zu fertigen, konnte aber Weber leider nicht mehr verwirklichen; denn er starb am 5. Juni, einen Tag vor der geplanten Heimreise. In der Folge entstanden zahlreiche Bearbeitungen des ›Oberon‹, die nicht nur den Text, sondern auch das musikalische Bild veränderten. Aus ihrer Fülle seien hervorgehoben: eine Umgestaltung von Karl Meisl (Text) und Franz Gläser (Musik) für Wien (1827). Coburg gab das Werk (1863) mit Rezitativen von Ernst Lampert, Hamburg (1866) mit einem neuen Dialogtext von Theodor Graßmann. Franz Grandaur bearbeitete für Wien (1881) den Dialog in Versen, die Franz Wüllner als Rezitative vertonte. Die Wiesbadener Bearbeitung von Georg von Hülsen (Gesamtentwurf), Joseph von Lauff (Text) und Joseph Schlar (Musik) griff wieder auf die Dialogfassung zurück, ließ aber den Prosatext größtenteils melodramatisch vom Orchester untermalen. Ziemlich freie Bearbeitungen stellen die Fassungen von Felix Weingartner (eigene kompositorische Zutaten) und Georg Hartmann (Zusätze aus Wielands ›Oberon‹ und Musik aus ›Euryanthe‹ und aus Webers Klaviersonaten) dar, während die Einrichtung von Gustav Mahler (Musik), Gustav Brecher (Text) und Alfred Roller (Szenerie) sich pietätvoll an das Original hält und nur gelegentlich den Dialog melodramatisch nach Motiven der Oper untermalt.

Kurt Weill

* 2. März 1900 in Dessau, † 3. April 1950 in New York

Der Protagonist (1926 Dresden), T: nach Georg Kaiser, E., V: U. E.
Na und? (1926/27; unaufgeführt), T: Felix Joachimson
Royal Palace (1927 Berlin), T: Yvan Goll, Sketch, E., V: U. E.
Mahagonny (1927 Baden-Baden), T: Bert Brecht, Songspiel, E., V: U. E.
Der Zar läßt sich photographieren (1928 Leipzig), T: G. Kaiser, Sketch, E., V: U. E.
Die Dreigroschenoper (1928 Berlin), T: B. Brecht, V: F. Bloch Erben, U. E. (Suhrkamp)
Aufstieg und Fall der Stadt Mahagonny (1930 Leipzig), T: B. Brecht, V: U. E.
Happy End (1929 Berlin), T: B. Brecht, V: U. E.
Der Jasager (1930 Berlin), T: B. Brecht, Schuloper, V: U. E.
Die Bürgschaft (1932 Berlin), T: Caspar Neher, V: U. E.
Der Silbersee (1933 Leipzig), T: G. Kaiser, V: U. E.
Knickerbocker Holiday (1938 Hartford, Connecticut), T: Maxwell Anderson, V: A&S
Street Scene (1947 New York), T: nach Elmer Rice v. Langston Hughes, V: A&S
Down in the Valley (1948 Bloomington, Indiana), T: Arnold Sundgaard, Schuloper, V: A&S
Lost in the Stars (Der weite Weg; 1949 New York), T: nach Alan Paton v. M. Anderson, V: A&S

Die Dreigroschenoper

Ein Stück mit Musik in einem Vorspiel und acht Bildern nach dem Englischen des John Gay bearbeitet von Bert Brecht.

SOLISTEN: Sprechrollen mit Gesang: *Jonathan Jeremiah Peachum,* Chef einer Bettlerbande – *Frau Peachum* – *Polly Peachum,* ihre Tochter – *Macheath,* genannt Mackie Messer, Chef einer Bande von Straßenräubern – *Brown,* Polizeichef von London – *Lucy,* seine Tochter – *Die Spelunkenjenny,* Hure – *Ausrufer.*
Sprechrollen: *Trauerweidenwalter, Hackenfingerjakob, Münzmatthias, Sägeroberst, Ede, Jimmy,* Straßenräuber (Macheaths Leute) – *Filch,* einer von Peachums Bettlern – *Smith,* erster Konstabler.
CHOR: Bettler. Huren. Konstabler. Volk.
ORT: London.
SCHAUPLÄTZE: Jahrmarkt in Soho – Peachums Bettlergarderoben – Pferdestall – Wie 2. Bild – Wie 3. Bild – Hurenhaus in Turnbridge – Gefängnis von Old Bailey – Wie 2. Bild – Wie 7. Bild.
ZEIT: Im 17. Jahrhundert.
ORCHESTER: Tenorsaxophon in B (auch Sopransaxophon in B, Fag., Kl. II in B), Altsaxophon in Es (auch Fl., Kl. I in B), 2 Trp., Pos. (auch Kb.), Banjo (auch Vcl., Gitarre, Bandoneon), P., Schl., Harmonium (auch Cel.), Klav. (Direktion).
GLIEDERUNG: 20 Musiknummern, die in die Dialogszenen eingebaut sind.
SPIELDAUER: etwa 2½ Stunden.
HANDLUNG: Auf dem Jahrmarkt in Soho, Londons Verbrechervorstadt, wo arme Bettler und undurchsichtige amoralische Elemente hausen, singt zu seinem Leierkasten ein Ausrufer die Moritat von dem berüchtigten Banditenführer Macheath, genannt Mackie Messer (Nr. 2 »Und der Haifisch, der hat Zähne«): der »von den Dämchen vergötterte Gentleman«, den der Arm der Gerechtigkeit offenbar nicht zu erreichen vermag, lebt von Mord, Brandstiftung und Vergewaltigung. – Das Gegenstück zu ihm ist der frömmelnde, aber geschäftstüchtige schurkische »Bettlerkönig« Jonathan J. Peachum, der als Chef einer von ihm organisierten Bettlerbande aus dem Mitleid der wohlhabenden Stände Kapital zu schlagen weiß, indem er gesunde Leute als Krüppel tarnt und sie gegen kargen Lohn verpflichtet, für ihn betteln zu gehen. Sein schmutziges Geschäft entschuldigt er mit dem heuchlerischen Grundsatz: »Ich befinde mich auch auf der Welt in Notwehr.« – Da kreuzt eines Tages der Verbrecherchef Mackie Messer seine Wege. Dieser hat Peachums Tochter Polly entführt und sie in einem leeren Pferdestall unter feierlicher Assistenz seiner Banditen geheiratet. Die Hochzeitsgesellschaft wird von dem Besuch des Londoner Polizeichefs Brown überrascht. Er kommt aber nicht in dienstlicher Eigenschaft,

sondern tauscht in freundschaftlicher Unterhaltung mit seinem ehemaligen Kriegskameraden Mackie Erinnerungen an gemeinsame Erlebnisse aus (›Kanonen-Song‹). – Pollys Eltern sind empört, als sie von ihrer Tochter erfahren, daß sie Mackie geheiratet habe. Der Vater gedenkt, den unerwünschten Schwiegersohn anzuzeigen, während die Mutter erwägt, durch Bestechung eine Hure zu bewegen, ihn der Polizei auszuliefern. Die Familie ist sich jedoch in dem einen Punkt einig, daß man gerne in Frieden und Eintracht leben möchte, aber: »die Verhältnisse, die sind nicht so!« (1. Dreigroschenfinale). – Auf Peachums Anzeige hin kann Brown seinen Freund Mackie nicht mehr länger schonen. Dieser ist geflüchtet, während Polly an seiner Stelle die Führung der Banditenschar übernimmt. – Mackie wird jedoch in dem Hurenhaus in Turnbridge verhaftet. – Bei seiner Einlieferung in das Gefängnis von Old Bailey weint Brown. Seine Tochter Lucy, die auch einmal mit Mackie verheiratet war, trifft vor dem Gefängnisgitter mit Polly zusammen. Die aufeinander eifersüchtigen Frauen ergehen sich in wüsten gegenseitigen Beschimpfungen. – Lucy hat es fertiggebracht, Mackie zur Flucht aus dem Gefängnis zu verhelfen. Polizeichef Brown ist darüber glücklich, doch Peachum droht, sollte er nicht sofort Mackie wieder festsetzen, die Feierlichkeiten zur Krönung der Königin durch einen Demonstrationszug seiner Bettler zu stören. – Mackie hat inzwischen bei der Spelunkenjenny Zuflucht gefunden. – Brown ist entschlossen, die Aktion der Bettler, mit der sie vor der Königin ihr Elend demonstrieren wollen, durch seine Konstabler zu verhindern. Als alle Versuche Peachums, den Polizeichef umzustimmen, scheitern, gibt dieser seiner Bettlerbande den Befehl zu marschieren. Brown erkennt jetzt den Ernst der Lage und sagt Peachum zu, Mackie wieder zu verhaften. Der Bettlerkönig verrät ihm den derzeitigen Aufenthaltsort des Gangsters bei der Hure Jenny und hält vorerst den Aufmarsch seiner Bettler zurück. – Inzwischen haben sich Lucy und Polly in ihrem Leid ausgesöhnt. Sie sind aber nicht imstande, den neuerdings ins Gefängnis geworfenen Mackie zu befreien. In seiner aussichtslosen Situation macht dieser vor seinem Gang zum Galgen mit der ›Ballade, in der allen verziehen wird‹ seine Rechnung mit dem Himmel. Da bringt ein unerwartetes Ereignis Rettung: Brown erscheint hoch zu Roß und verkündet, daß die Königin anläßlich ihrer Krönung Mackie begnadigt und in den Adelsstand erhoben hat; dazu erhält er als Wohnsitz ein Schloß und eine lebenslängliche hohe Rente. Ein Schlußchoral zieht die Moral aus der Geschichte: »Verfolgt das Unrecht nicht zu sehr. In Bälde erfriert es schon von selbst, denn es ist kalt. Bedenkt das Dunkel und die große Kälte in diesem Tale, das von Jammer schallt.«

STILISTISCHE STELLUNG: Bei ihrer Bearbeitung von ›The Beggar's Opera‹ beabsichtigten Dichter und Komponist, den »Urtypus einer Oper« darzustellen, bei dem Elemente der Oper und die Elemente des Dra-

mas sich mischen. Mit der Realisierung dieses Vorhabens entwickelten die Autoren gleichzeitig den Stil des »Epischen Theaters«: die Dramatisierung des Stoffes erfolgt nicht in einer fortlaufenden Handlung, sondern sein Inhalt wird vermittelt durch Situationsschilderungen in den einzelnen Szenen und in den »Songs« benannten musikalischen Nummern, deren Überschriften auf Tafeln projiziert werden. Mit Absicht gestaltete der Komponist seine Musik, die nicht für Sänger, sondern für singende Schauspieler geschrieben ist, in knappen Formen mit eingängiger Melodik, unkomplizierter Rhythmik und schlichter, wenn auch bisweilen gewürzter Harmonik. Im Stil der Musik des 18. Jahrhunderts sind behandelt die Ouvertüre, der ›Morgenchoral des Peachum‹ (Nr. 3) über eine originale Melodie der alten ›Beggar's Opera‹ sowie der Schlußchoral. Nummern sentimentalen oder kabarettistischen Charakters stehen Formen der modernen Tanzmusik gegenüber (Foxtrott, Boston, Tango, Shimmy). Der orchestrale Part wird von einer Band in Jazz-Besetzung ausgeführt. Weill schlug damit einen Bogen zurück zu ähnlichen Praktiken, wie sie im 18. Jahrhundert die Parodien und Travestien der italienischen Opera buffa, der französischen Vaudeville-Komödie, der englischen Ballad Opera und des deutschen Singspiels manifestierten. Die satirische Ausgestaltung des Stoffes durch den Dichter, angereichert mit sozialkritischen Aspekten, folgte dem Zug der Entstehungszeit des Werkes und entspricht ganz den Tendenzen, wie sie die sogenannte »Zeitoper« der zwanziger Jahre unseres Jahrhunderts bevorzugte. Darüber hinaus sichert die Zurschaustellung dunkler Machenschaften, wie die Geschäfte mit Mitleid, Liebe, Gerechtigkeit, dem Stück zu jeder Zeit eine gewisse Aktualität.
TEXTDICHTUNG: ›Die Dreigroschenoper‹ stellt eine freie Nachdichtung jenes berühmten Balladen-Singspiels ›The Beggar's Opera‹ von Johann Christoph Pepusch und John Gay dar, das im Jahre 1728 in Lincoln's Inn Fields Theatre zu London mit ungeheuerem Erfolg uraufgeführt wurde und das mit seinen bissigen Parodien auf Händels Opera seria das Theaterunternehmen des Komponisten zum Ruin brachte. Bert Brecht (1898–1956) hat sich selbst wiederholt über die Vorstellungen geäußert, die ihn bei der Abfassung seines Werkes geleitet haben. Zunächst stellte er fest, daß die übliche deutsche Übersetzung des Titels: ›Bettler-Oper‹, das heißt eine Oper, in der Bettler vorkommen, irreführend sei und richtiger ›Des Bettlers Oper‹, also eine Oper für Bettler, lauten müsse. Da heute der damalige Anlaß zur Parodie einer Gattung wie die der Händelschen Oper nicht mehr gegeben ist, hat Brecht die Absicht zu parodieren aufgegeben. Dagegen, so argumentiert der Dichter, fehlen uns Heutigen die soziologischen Anlässe von ›The Beggar's Opera‹ nicht, da so ziemlich alle Schichten der Bevölkerung moralische Grundsätze berücksichtigen, indem sie nicht »in Moral«, sondern natürlich »von Moral« leben.

GESCHICHTLICHES: Die ›Dreigroschenoper‹ ist 1927/28 entstanden. Sie wurde nicht gegen die Händel-Renaissance der zwanziger Jahre unseres Jahrhunderts und auch nicht anläßlich der 200. Wiederkehr des Jahres der Uraufführung von Pepusch–Gays ›The Beggar's Opera‹ geschrieben. Das Stück sollte nach der deutschen Übersetzung des englischen Urbilds von Elisabeth Hauptmann ›Bettleroper‹ betitelt werden; eine Woche vor der Premiere änderte Brecht den Titel in ›Dreigroschenoper‹ um, weil diese »Oper für Bettler« doch so billig sein sollte, daß Bettler sie bezahlen können. Die Uraufführung erfolgte am 31. August 1928 im Theater am Schiffbauerdamm in Berlin unter der musikalischen Leitung von Theo Mackeben, Regie führte Erich Engel, die Bühnenausstattung besorgte Caspar Neher, den orchestralen Apparat stellte die Lewis-Ruth-Band. Zur Überraschung der Fachleute, die einen Durchfall der ›Dreigroschenoper‹ befürchteten, war der Publikumserfolg außerordentlich groß, der nicht nur Serienaufführungen in Berlin, sondern auch eine weite Verbreitung des Werkes in etwa zwanzig Ländern zur Folge hatte.

Aufstieg und Fall der Stadt Mahagonny

Oper in drei Akten. Text von Bert Brecht.

SOLISTEN: *Leokadja Begbick* (Dramatischer Mezzosopran, auch Dramatischer Alt, gr. P.) – *Fatty*, der »Prokurist« (Lyrischer Tenor, auch Spieltenor, gr. P.) – *Dreieinigkeitsmoses* (Charakterbariton, auch Charakterbaß, gr. P.) – *Jenny* (Lyrischer Koloratursopran, auch Jugendlich-dramatischer Sopran, gr. P.) – *Jim Mahoney/Johann Ackermann* (Jugendlicher Heldentenor, auch Charaktertenor, gr. P.) – *Jack O'Brien/Jakob Schmidt* (Lyrischer Tenor, gr. P.) – *Bill*, genannt *Sparbüchsenbill* (Lyrischer Bariton, auch Charakterbariton, m. P.) – *Joe*, genannt *Alaskawolfjoe* (Spielbaß, auch Charakterbaß, m. P.) – *Tobby Higgins* (Tenor, kl. P., kann auch vom Darsteller des Jack übernommen werden).
CHOR: Sechs Mädchen von Mahagonny. Die Männer von Mahagonny (gemischter Chor, m. Chp.).
ORT: Mahagonny.
SCHAUPLÄTZE: Auf einem Lastwagen – In den großen Städten – Mahagonny – Der Landeplatz von Mahagonny – Eine Bar – Ein Bordell – Ein Boxring – Ein Gefängnis – Das Gericht – Die Hinrichtung.
ZEIT: Gegenwart.
ORCHESTER: 2 Fl., Ob., Kl., Altsaxophon, Tenorsaxophon, 2 Fag. (II. auch Kfag.) – 2 Hr., 3 Trp., 2 Pos., Tuba – P., Schl., Klav., Harm., Banjo, Baßgitarre, Bandoneon – Str. – Bühnenmusik: 2 Picc., 2 Kl., 3 Saxophone, 2 Fag. – 2 Hr., 2 Trp., 2 Pos., Tuba – Schl., Klav., Zi-

ther oder Xyl., Banjo, Bandoneon (können aus dem Orchester besetzt werden).

GLIEDERUNG: Vorspiel und 20 musikalische Nummern.

SPIELDAUER: etwa 2½ Stunden.

HANDLUNG: Leokadja Begbick, Fatty der Prokurist und Dreieinigkeitsmoses werden von der Polizei steckbrieflich wegen Kuppelei und betrügerischem Bankrott gesucht. Sie sind mit einem alten Lastwagen auf der Flucht, doch als der Motor streikt und sie nicht weiter können, schlägt die Witwe Begbick vor, an dieser Stelle eine Stadt zu gründen, die sie Mahagonny (das heißt: Netze-Stadt) nennt. Besser, als selbst in den Flüssen nach Gold zu graben, erscheint ihr, den Goldgräbern das Gold abzunehmen. – In der schnell wachsenden Stadt siedeln sich die ersten »Haifische« an: Jenny und sechs andere Dirnen kommen, auf der Suche nach Whisky, Dollars und hübschen Jungs. – In den großen Städten machen Fatty und Moses für die Goldstadt Mahagonny Reklame. Immer mehr Menschen ziehen nach Mahagonny, unter ihnen Jim Mahoney, Jack O'Brien, Sparbüchsenbill und Alaskawolfjoe, die zusammen sieben Jahre lang in Alaska Holz gefällt haben und sich nun für ihr sauer verdientes Geld etwas Vergnügen leisten wollen. Witwe Begbick begrüßt sie auf dem Landungsplatz von Mahagonny und führt ihnen zuerst die Mädchen vor. Die Angebote für Jenny sind nicht hoch genug, aber schließlich entschließt sich Jim, sie zu nehmen. Beide haben sich auf den ersten Blick ineinander verliebt und werden sich schnell über ihr künftiges Zusammensein einig. – Der Aufstieg Mahagonnys entwickelt sich nicht so, wie es sich die Gründer vorgestellt haben; immer mehr Leute reisen nach kurzer Zeit wieder ab – die Sache ist kein Geschäft, obwohl die Whiskypreise immer mehr gesenkt werden. Schon will man die Koffer packen und die Sache aufgeben, als Fatty in der Zeitung liest, daß die Polizei schon in Pensacola nach ihnen sucht. Sie können also nicht zurück. Auch Jim Mahoney gefällt es nicht mehr in Mahagonny; er will ebenfalls abreisen. Seine Freunde wollen ihn zurückhalten und fragen ihn, was ihm nicht gefällt. Da zählt er auf: es ist ihm zu viel verboten, der Whisky ist zu billig, alles ist zu ruhig – es ist eben nichts los in Mahagonny. Nur mit Mühe halten ihn die Freunde zurück. – Die Männer von Mahagonny sitzen vor der Bar und schauen dem Sonnenuntergang zu. Die vier Holzfäller erzählen sich von der Zeit in Alaska. Nur Jim ist immer noch unzufrieden, beschimpft die Witwe Begbick, und es kommt fast zu einem Tumult. Da wird angekündigt, daß ein Hurrikan im Anzug sei. Alles rennt und versucht zu fliehen; angstvoll erwarten alle den Tod, nur Jim lächelt. In der Stunde der größten Gefahr findet er »Die Gesetze der menschlichen Glückseligkeit« – er stellt fest, man dürfe tun, was man mag, und brauche sich nicht an die Gesetze zu halten; der Hurrikan halte sich ja auch nicht daran. Da alles erwartet, der Hurrikan werde in wenigen Stunden die Stadt zerstören, hat auch die Witwe

Begbick nichts dagegen, daß ihre Vorschriften mißachtet werden. – Ängstlich beobachten die Bewohner von Mahagonny die Meldungen über den Weg des Hurrikans. Pensacola hat er vernichtet und ist auf geradem Wege auf Mahagonny zu, doch in letzter Minute nimmt er einen anderen Kurs und verschont die Stadt. – Nach dem großen Hurrikan ist Hochbetrieb in Mahagonny, denn jetzt steht die Stadt unter der Devise »Du darfst« – so, wie man es in der Nacht vor dem Hurrikan gelernt hat. Jack O'Brien überfrißt sich und fällt tot um. – Vor dem Mandelay-Bordell stehen die Männer Schlange; die Käuflichkeit der Liebe wird demonstriert. – Es gibt ein Preisboxen. Joe hat Dreieinigkeitsmoses herausgefordert und fordert seine Freunde auf, ihr Geld auf seinen Sieg zu setzen. Fatty und Bill lehnen ab, aber Jim ist bereit, um ihrer alten Freundschaft willen sein ganzes Geld auf Joe zu setzen. Aber Dreieinigkeitsmoses schlägt Joe so brutal nieder, daß er stirbt. Jim hat all sein Geld verloren. – Beim Saufen in der Bar lädt Jim alle Leute ein, auf seine Kosten eine Runde zu trinken. Doch als es ans Bezahlen gehen soll, versucht er zuerst, den Betrunkenen mimend, mit Bill und Jenny auf dem Billardtisch aus dem Lokal zu segeln, doch dann muß er bekennen, daß er kein Geld mehr hat. Weder Bill noch Jenny wollen ihm aushelfen – beim Geld hört die Freundschaft und die Liebe auf –, so wird Jim gefesselt und ins Gefängnis geworfen. Er hat Angst vor dem nächsten Morgen und hofft, daß die Nacht nicht so schnell vorbeigeht. – Das Gericht ist zusammengetreten: Witwe Begbick ist der Richter, Moses der Staatsanwalt und Fatty der Verteidiger. Zuerst wird der Fall von Tobby Higgins verhandelt, der einen Mord begangen hat. Da er bereit ist, die entsprechende Bestechungssumme zu zahlen, wird er freigesprochen. Dann kommt Jim Mahoney an die Reihe. Bill will ihm auch für die Bestechung kein Geld leihen. Viele Männer stehen zu Jim, weil er in Mahagonny das Prinzip des »Du darfst« eingeführt hat. Doch als es darum geht, daß er seine Zeche nicht bezahlt hat, weil er kein Geld hat, sind alle gegen ihn. Kein Geld zu haben, ist das größte Verbrechen, und deswegen wird Jim Mahoney zum Tode verurteilt. – Viele wollen aus Mahagonny nach Benares weiterziehen, weil es dort noch schöner sein soll, aber Benares ist von einem Erdbeben zerstört worden. Jim soll hingerichtet werden; er verabschiedet sich von Jenny und empfiehlt sie seinem Freunde Bill. Dann wird er hingerichtet. Die Begbick läßt das Spiel von »Gott in Mahagonny« aufführen. Moses vertritt den lieben Gott, der nach Mahagonny kommt, aber die Männer von Mahagonny weigern sich, in die Hölle zu gehen, wohin er sie schickt. Ein großer Demonstrationszug beendet die Geschichte von Jim Mahoney und der Stadt Mahagonny.

Stilistische Stellung: Brecht–Weills ›Mahagonny‹ geht über das in der ›Dreigroschenoper‹ angelegte hinaus: zum einen in den musikalischen Mitteln, zum anderen in der inhaltlichen Aggressivität. Mehr noch als dort versteht es Weill, die Opernform als Gerüst für seine suggestiv-aufreizende, frivol-vulgäre und dabei, wenn es darauf ankommt, durchaus kunstvolle Musik zu nehmen. Er parodiert (Johann Sebastian Bach und Georg Friedrich Händel, aber auch – im ersten Finale – Giuseppe Verdi), aber er streut neben die vulgären Schlager (›Alabama-Song‹, ›Benares-Song‹, beide zurückgehend auf Gedichte von Rudyard Kipling) auch das lyrisch-empfindsame Abschiedsduett vom Kranich und der Wolke zwischen Jim und Jenny. Auch Brecht kam es darauf an, die Oper bewußt, als »Kampfmittel der Dialektik« einzusetzen. In seinen Anmerkungen zum Text schrieb er: »Nähert sich ›Mahagonny‹ dem Gegenstand in genießerischer Haltung? Es nähert sich. Ist ›Mahagonny‹ ein Erlebnis? Es ist ein Erlebnis. Denn: ›Mahagonny‹ ist ein Spaß. Die Oper ›Mahagonny‹ wird dem Unvernünftigen der Kunstgattung Oper gerecht.«

TEXTDICHTUNG: Der Text zu ›Aufstieg und Fall der Stadt Mahagonny‹ geht, wie stets bei Brecht, zurück auf eine Fülle von Material: er sammelte Zeitungsausschnitte über den Verlauf des Florida-Hurrikans 1926, er veröffentlichte bereits 1927 in der ›Hauspostille‹ fünf ›Mahagonny-Gesänge‹, die ursprünglich für ein Schauspiel gedacht waren. Auch aus seinem Stück ›Im Dickicht der Städte‹ entnahm er Anregungen und Figuren.

GESCHICHTLICHES: Der Oper ›Aufstieg und Fall der Stadt Mahagonny‹ ging 1927 das ›Mahagonny‹-Songspiel voraus, in dem bereits einzelne Songs (›Alabama-Song‹, ›Benares-Song‹) auftauchen, aber der eher epische Revue-Charakter vorherrscht. Brecht und Weill arbeiteten die abendfüllende Oper dann 1928/29 aus. Die Premiere am 9. März 1930 in Leipzig, vor einem »normalen« Opernpublikum, war ein großer Skandal. Es gab heftige Auseinandersetzungen. Es folgten Aufführungen in Braunschweig, Kassel, Prag und Frankfurt, zum Teil schon unter massivem gesteuerten »Protest« der Nationalsozialisten, so daß geplante Aufführungen in Essen, Oldenburg, Dortmund und unter Max Reinhardt in Berlin abgesagt wurden. Zwar spielte die Kroll-Oper in Berlin das Werk im Winter 1931 noch unter der Leitung von Alexander Zemlinsky, dann verschwand ›Mahagonny‹. Nach 1945 kam das Werk zuerst 1952 in Köln heraus, anschließend in Darmstadt und Kiel, in Hamburg, Frankfurt und Berlin (Ost). Großen Eindruck hinterließen die Inszenierungen von Günther Rennert in Stuttgart (1967, mit Anja Silja als Jenny) und 1977 von Joachim Herz an der Komischen Oper in Ost-Berlin; 1963 und 1964 kam das Werk auch in London und Mailand (Regie: Giorgio Strehler) auf die Bühne. Der englische Musikwissenschaftler David Drew erschloß (da die Originalpartitur verlorenging) die Urfassung und publizierte davon 1969 einen Klavierauszug.

W. K.

Jaromír Weinberger

* 8. Januar 1896 in Prag, † 8. August 1967 in Saint Petersburg (Florida/USA)
Schwanda der Dudelsackpfeifer (1927 Prag), T: Miloš Kareš, V: U. E., Boosey
Die geliebte Stimme (1931 München), T: nach Robert Michel vom Komponisten, V: U. E.
Wallenstein (1937 Wien), T: nach Friedrich Schiller v. M. Kareš, V: U. E.

Schwanda der Dudelsackpfeifer

Volksoper in zwei Akten (fünf Bildern). Dichtung von Miloš Kareš.

Solisten: *Schwanda* (Kavalierbariton, auch Charakterbariton, gr. P.) – *Dorota* (Jugendlich-dramatischer Sopran, gr. P.) – *Babinsky* (Jugendlicher Heldentenor, gr. P.) – *Königin* (Dramatischer Mezzosopran, auch Dramatischer Sopran, m. P.) – *Magier* (Seriöser Baß, m. P.) – *Richter* (Tenor, kl. P.) – *Scharfrichter* (Spieltenor, auch Charaktertenor, kl. P.) – *Teufel* (Spielbaß, gr. P.) – *Des Teufels Famulus* (Spieltenor, kl. P.) – *Der Höllenhauptmann* (Tenor, kl. P.) – *1. Landsknecht* (Tenor, kl. P.) – *2. Landsknecht* (Baß, kl. P.).
Chor: Die Gefährtinnen der Königin. Volk aller Stände. Zeremonienmeister. Schlüsselwart. Bewaffnete. Gerichtshof. Trompeter und Trommler. Gehilfen des Scharfrichters. Teufel und Teufelinnen. Hexen. Höllengeister. Des Teufels Leibwache. Teufelstrompeter. Landvolk (m. Chp.).
Ballett: Danse tragique, Polka (2. Bild). Der Tanz ›Odzemek‹ (3. Bild). Teufelspolka, Fuga (4. Bild).
Ort: Böhmen.
Schauplätze: Schwandas Bauernhof, in der Mitte eine blühende Linde, rechts Bauernhaus, links und im Hintergrund niedrige Mauer mit großem Tor – Kemenate der Königin Eisherz mit Thron; byzantinischer Stil – Platz vor der Stadtmauer, mächtiges Stadttor, Tribüne mit Baldachin, hohes Schafott – Hölle – 5. Bild wie 1.
Orchester: 3 Fl. (III. auch Picc.), 2 Ob., 2 Kl., 2 Fag., 4 Hr., 3 Trp., 3 Pos., 1 Bt., P., Schl., 2 Hrf., Cel., Org., Str. – Bühnenmusik: 4 Trp.
Gliederung: Ouvertüre und durchkomponierte Großform (Zwischenaktsmusik vor dem 2. und 5. Bild; vor dem letzten Bild kurze Dialogszene).
Spieldauer: etwa 2½ Stunden.
Handlung: Zwei Landsknechte, welche die Spur des berüchtigten Räubers Babinsky verfolgen, klopfen an die Tür eines Bauernhauses. Arglos erklärt ihnen die junge Bäuerin Dorota, niemand gesehen zu haben, woraufhin die beiden sich eilig entfernen. Geräuschlos klettert

Babinsky von dem Lindenbaum vor dem Haus, wo er sich versteckt gehalten hatte. Er gibt sich Dorota, die ihm mißtrauisch den Zutritt in das Haus verwehrt, nicht zu erkennen. Zu seiner Enttäuschung erfährt er, daß sie schon verheiratet und die Frau des berühmten Sackpfeifers Schwanda aus Strakonitz sei. In diesem Augenblick kommt Schwanda von der Feldarbeit nach Haus. Gastfreundlich lädt er den Fremden zum Mittagstisch ein. Während Dorota in der Küche das Essen bereitet, erzählt dieser dem Schwanda von den Heldentaten des großen Räubers Babinsky, der als Walter ausgleichender Gerechtigkeit das, was er den Reichen nimmt, den Armen schenkt und der den Beraubten als Warnung eine ausgefranste Manschette hinterläßt mit der Drohung wiederzukommen, falls sie ihre hartherzige Gesinnung nicht änderten. Schwanda bekommt mit einem Mal Lust, die weite Welt kennen zu lernen. Dorota, die eben das Essen aufträgt, hält ihm entgegen, das Glück lieber im eigenen Heim zu suchen. Aber Babinsky weiß Schwanda mit der Verheißung zu bestricken, daß er bei seiner Begabung Geld und Ruhm in Fülle erwerben könnte, zum Beispiel bei der berühmten Königin mit dem Eisherz im Nachbarland, und während Dorota neuerdings in der Küche weilt, greift Schwanda kurzentschlossen zu seinem Dudelsack und verläßt mit Babinsky den Hof. Der Räuber hat heimlich seine Manschette zurückgelassen mit der Aufschrift, daß er sich morgen die schöne Frau holen werde. Als Dorota zurückkommt und die Manschette vorfindet, weiß sie, daß der Räuber Babinsky ihr das Liebste geraubt hat. Aber sie macht sich sogleich auf den Weg, um ihren Schwanda neu zu gewinnen. – Traurig und müde sitzt die Königin Eisherz in ihrer Kemenate. Sie ist einem Magier verfallen, dem sie dereinst ihr warmes, fühlendes Herz gegen ein Diamantenzepter verkauft hatte; der Magier hatte ihr dafür ein Eisherz eingesetzt, woraufhin sie einen jungen Prinzen ermorden ließ, der dem Magier im Weg gestanden hatte, weil er sich um die Hand der Königin bewarb. Vergeblich verlangt sie jetzt von dem Magier ihr Herz zurück. Da erklingt plötzlich die fröhliche Intrada eines Dudelsacks, und gleich darauf erscheint Schwanda. Unter den Klängen seiner lustigen Polka tanzen Zermonienmeister, Dienerschaft und Wache. Glücklich über die veränderte Stimmung, die der böhmische Musikant in das Schloß gebracht hat, bietet ihm die Königin ihre Hand an. Die Hochzeit soll gleich gefeiert werden. In dem Augenblick, als Schwanda die Königin küßt, führt der Magier Dorota in den Saal. Schwanda bekennt, daß er seine Dorota nach wie vor liebe. Da gibt die Königin den Befehl, Dorota sofort zu töten. Aber Schwanda stellt sich schützend vor sie. Auf Rat des Magiers soll nun Schwanda den Verrat mit dem Tod büßen. Schwanda wird abgeführt, während sich der Magier des Dudelsacks bemächtigt und diesen durch den Schlüsselwart in einen tiefen Keller wegsperren läßt. – Schwanda darf vor der Hinrichtung noch einen Wunsch äußern. Er verlangt seinen Dudelsack. Trotz des

Einspruchs des Magiers gestattet die Königin die Erfüllung der Bitte. Aber der Schlüsselwart kommt unverrichteter Dinge zurück, der Dudelsack ist aus dem Keller spurlos verschwunden. Der Scharfrichter holt nun mächtig aus, aber anstelle des Beiles fällt ein Besen mit einer Manschette daran auf den Hals des Delinquenten. Babinsky hatte inzwischen unbemerkt das Beil mit einem Strohbesen vertauscht. Im gleichen Augenblick erscheint der Räuber und überreicht Schwanda seinen Dudelsack, auf dem dieser sogleich den Tanz ›Odzemek‹ zu spielen beginnt. Hüpfend und tanzend bewegt sich alles durch das offene Tor in die Stadt hinein; nur Dorota, Schwanda und Babinsky bleiben zurück. Letzterer sperrt das Tor mit dem Schlüssel ab, den er dem Schlüsselwart abgenommen hatte, und befestigt seine Manschette daran. Dorota macht Schwanda nun Vorhalte wegen seiner Treulosigkeit, und Babinsky flüstert ihr heimlich zu, ja nicht nachzugeben. Aber das Paar ist bald wieder versöhnt. Schwanda beteuert, der Königin nicht einmal einen Kuß gegeben zu haben, ja, wenn er auch nur das kleinste Stückerl eines Kusses gegeben habe, möge ihn auf der Stelle der Teufel holen. Ein Donnerschlag, und Schwanda versinkt augenblicklich unter Flammen und Rauch in die Tiefe. Verzweifelt klagt sich Dorota an, durch ihre Eifersucht das Unheil selbst verschuldet zu haben, das jetzt den Geliebten getroffen hat. Babinsky drängt jetzt Dorota, sie solle anstelle von Schwanda ihn nehmen; denn er liebe sie, seit er sie zum ersten Mal gesehen habe. Aber Dorota weist ihn weinend ab, so daß Babinsky schließlich verspricht, ihr den Schwanda aus der Hölle zu holen. – Gelangweilt sitzt der Teufel in seinem Höllensaal und legt Patiencen. Schwanda soll ihm zur Unterhaltung aufspielen. Aber weder Bitten noch Drohen können den Musikanten bewegen, dem Wunsch des Teufels nachzukommen. Nachdem dieser einen ungeschickten Versuch unternommen hat, den Dudelsack selbst zu spielen, zaubert er dem Schwanda das Bild Dorotas vor. Gleichzeitig legt er ihm ein Pergament hin; wenn er dieses unterschreibe, sei Dorota wieder sein. Schwanda unterzeichnet eiligst. Daraufhin verschwindet das Phantom, Schwanda hat aber durch seine Unterschrift dem Teufel seine Seele verschrieben. Nun untersteht er dem Gesetz der Hölle, und der Teufel will ihn durch seine Höllengeister gefügig machen, endlich den Dudelsack zu spielen. Da dringt plötzlich Babinsky ein, dem Teufel und seinem Gefolge kein Unbekannter. Er wird mit allen Ehren empfangen. Schwanda soll zur Feier aufspielen. Aber Babinsky bietet dem Teufel ein verlockenderes Amüsement: er schlägt ihm, mit dem keiner seiner Untertanen Kartenspielen mag, weil er immer gewinnt, eine Mariagepartie vor. Als Einsatz legt Babinsky der Reihe nach Schwandas Dudelsack und die Machtinsignien des Höllenfürsten vor: den goldenen Stirnreif, Pokal, Zepter und Uhr; den Teufel zwingt er, seinen Krönungsschmuck, die Hälfte seines Reiches und schließlich Schwandas Seele einzusetzen. Der Teufel ist einverstanden, als Babinsky seinerseits auch noch die eigene Seele zum Einsatz bietet. Der Höllenfürst gibt jedem sechs Karten. Dabei versteckt er heimlich seine Karten in dem linken Stiefelschaft und holt sich sechs andere aus dem rechten Schaft. Das Spiel beginnt. Der Teufel trumpft unentwegt, weil er sich immer aus dem Stiefelschaft die passende Karte holt. Schon scheint das Spiel für Babinsky verloren, da zieht dieser zuletzt dem Teufel aus dem Stiefelschaft die Teufelssieben. Babinsky hat gewonnen; er halbiert die Hölle mit einem Kreidestrich, Schwanda zerreißt die Seelenverschreibung, der Famulus stürzt atemlos herbei und meldet, jemand habe die Schatzkammer und den Weinkeller gänzlich ausgeraubt. Babinsky ist Herr der Hölle geworden. Aber der Räuber handelt auch jetzt nach seinem Grundsatz: was er dem reichen Teufel genommen, schenkt er nun dem armen. Der Teufel darf alles behalten, nur eines nicht: den Schwanda. Gerührt über so viel Edelmut, gibt der Teufel Schwanda frei. Babinsky fordert den Musikanten auf, zum Abschied seinen Dudelsack zu spielen. Jetzt ist Schwanda dazu bereit und die ganze Hölle beteiligt sich an dem fröhlichen Tanz. – Auf der Oberwelt angekommen, eilt Schwanda sofort nach seinem Hof, um seine Dorota wiederzusehen. Aber Babinsky, der ihm folgt, erklärt ihm, es seien seit seiner Höllenfahrt zwanzig Jahre vergangen, und Dorota sei inzwischen ein altes, verhärmtes Weib geworden. Er deutet dabei auf seinen weißen Bart. Dennoch will Schwanda zu ihr zurück. In diesem Augenblick tritt Dorota, jung und strahlend schön, aus dem Haus. Überglücklich eilt sie ihrem Schwanda in die Arme. Babinsky nimmt sich melancholisch seinen falschen Bart ab und resigniert erklärt er, dem alles gelingt, nur in der Liebe nichts, in seinen Wald zurückkehren zu wollen, um dort der edle Räuber zu bleiben.

STILISTISCHE STELLUNG: Weinbergers ›Schwanda‹ zeichnet sich vor allem durch eine starke Homogenität von Dichtung und Musik aus. Ein volksnaher Stoff verbindet sich mit einer ebenso gearteten Musik. In der unproblematischen Handlung, die mit einem kräftigen Schuß gesunden Humors gewürzt ist, mischen sich Realistisches und Phantastisches. Die musikalische Gestaltungsweise, die gleichzeitig von dem soliden kompositorischen Können des Max Reger-Schülers zeugt, ist eng dem böhmischen Volkslied verbunden. So legt der Komponist eine betonte Bedeutung der gefühlswarmen Volksweise »Auf unsrem Hof daheim« bei, die als eine Art Leitmelodie der Oper angesehen werden kann. Eine weitere reizvolle Seite der glänzend instrumentierten Partitur ist die Übernahme des Volkstanzes, der ursprünglich allgemein gesungen wurde, in den Vokalpart. So werden eine ganze Reihe von Tänzen, wie Polka, Furiant, oder auch Formen der absoluten Musik, wie das Scherzo im 4. Bild, gesungen. Unter den Tanztypen findet hier auch zum ersten Mal in einer Oper der slowakische Nationaltanz ›Odzemek‹ Verwendung. Auf diese Weise ist das Werk von einer großen Anzahl geschlossener Gebilde durchsetzt. Den Höhepunkt bildet unstreitig das Teufelsbild mit seiner gemütlichen Höllenatmosphäre und seinem köstlichen musikalischen Humor. Es wird beschlossen mit einer äußerst kunstvoll gearbeiteten und klanglich prunkhaft gesteigerten dreifachen Fuge, die eigentlich eine Polka ist (das zweite Thema ist die Polkamelodie aus dem 2. Bild). Die breitangelegte Ouvertüre stellt eine interessante Kombination von Sonatenform und vierstimmiger Fuge dar.

TEXTDICHTUNG: Das Szenarium, nach dem der tschechische Schriftsteller Miloš Kareš das Libretto abfaßte, stammt vom Komponisten selbst. Weinberger machte zu Helden seiner Opernhandlung zwei populäre Figuren aus böhmischen Volkserzählungen: zunächst die legendäre Gestalt des Dudelsackpfeifers Schwanda aus Strakonitz; dieser spielte einst in einem Schloß vornehmen Herren auf, die ihm zum Lohn eine große Anzahl Goldmünzen in seinen Hut warfen. Als er sich daraufhin mit einem spontanen »Vergelt's Gott« bedankte, versank plötzlich das Schloß; Schwanda saß auf einem Baum und in seinem Hut waren Steine. Der andere Hauptdarsteller ist Babinsky, ehemals ein gefürchteter Räuber, der sich aber später, als lebenslänglich Verurteilter, bekehrte und 1879 als Klostergärtner in Prag starb. Babinsky war durch ein tragisches Geschick auf die abschüssige Bahn geraten: seine Geliebte, ein armes Mädchen, war aus fürsorglicher Liebe zu ihrer kranken Mutter das Opfer eines erpresserischen reichen Gläubigers geworden. Babinsky rächte sich, indem er Räuber wurde mit dem Grundsatz: dem Reichen nehmen, dem Armen geben! Der Volksmund idealisierte später die Gestalt des Räubers Babinsky und bildete Sagen um ihn und sein Banditenheldentum. Weinberger kombinierte die beiden Sagen in ihren Grundzügen, wobei er auch eigene Ideen, wie die Hinrichtung und die Höllenfahrt, verarbeitete. Die deutsche Übersetzung des Operntextes besorgte Max Brod. Das tschechische Wort »švanda« bedeutet soviel wie »Jux«.

GESCHICHTLICHES: Die Sage von Schwanda wurde zum ersten Mal von dem tschechischen Dichter Josef Kajetán Tyl (1808–1858) dramatisch gestaltet. Aber auch auf der Opernbühne war die Figur des lustigen böhmischen Musikanten bereits vor Weinberger erschienen, z.B. ›Švanda dudák‹ von Vojtěch Hřímalý (1896 Pilsen). Die Uraufführung von Weinbergers ›Schwanda‹ fand am 27. April 1927 am Tschechischen Nationaltheater in Prag statt. Das Werk, das, ähnlich wie Smetanas ›Verkaufte Braut‹, vor allem durch seine reizvollen folkloristischen Wirkungen entzückt, fand auch bald im Ausland Verbreitung und reiche Anerkennung.

Hugo Wolf

* 13. März 1860 in Windischgraz † 22. Februar 1903 in Wien

Der Corregidor (1896 Mannheim), T: nach Pedro Antonio de Alarcón v. Rosa Mayreder, kO., V: U. E. (B&B)

Manuel Venegas (1897, unvollendet), T: nach P. A. de Alarcón v. Moritz Hoernes

Der Corregidor

Oper in vier Akten. Dichtung nach einer Novelle von Pedro Antonio de Alarcón von Rosa Mayreder.

Solisten: *Don Eugenio de Zuniga,* Corregidor (Charaktertenor, gr. P.) – *Juan Lopez,* Alkalde (Charakterbaß, m. P.) – *Pedro,* dessen Sekretär (Spieltenor, m. P.) – *Tonuelo,* Gerichtsbote (Spielbaß, m. P.) – *Repela,* Diener des Corregidor (Schwerer Spielbaß, gr. P.) – *Tio Lukas,* Müller (Charakterbariton, gr. P.) – *Ein Nachbar* (Tenor, kl. P.) – *Donna Mercedes,* Corregidora (Dramatischer Sopran, m. P.) – *Frasquita,* Gattin des Müllers (Jugendlich-dramatischer Sopran, auch Mezzosopran, gr. P.) – *Duenna,* im Dienste der Corregidora (Spielalt, kl. P.) – *Manuela,* Magd bei Juan Lopez (Spielalt, m. P.) – *Nachtwächter* (Charakterbaß, kl. P.) – *Der Bischof* (Stumme Rolle).

(Der Corregidor trägt über einem hellgrauen Rock einen großen roten Mantel, dazu Dreispitz, Quastenstock und Degen. Der Müller trägt Bauerntracht: Jacke und Beinkleid von braunem Tuch, schwarzes Hüftentuch und Felbelmütze. Beide sind etwas hochschultrig.)

Chor: Geistliches Gefolge. Gesinde des Corregidors und Alkalden. Alguacils. Musikanten (kl. Chp.).

Ort: Gegend in Andalusien.

Schauplätze: Gepflasterter Platz vor der Mühle, seitlich eine geräumige Weinlaube – Küche in der Mühle, im Hintergrund Eingangstür, seitlich einige Stufen höher die Tür des Schlafzimmers – Zimmer im Haus des Alkalden – Hügelland, ein Weg im Hintergrund oben und ein Weg im Vordergrund unten – Straße vor dem Haus des Corregidors.

Zeit: 1804.

Orchester: 2 Fl., 1 Picc., 2 Ob., 1 Eh., 2 Kl., 1 Bkl., 3 Fag., 4 Hr., 3 Trp., 3 Pos., 1 Bt., Hrf., P., Schl., Str. – Bühnenmusik: 3 Trp., 2 Hr.

Gliederung: Durchkomponierte symphonisch-dramatische Großform.

Spieldauer: etwa 2½ Stunden.

Handlung: Die junge Frasquita ist in ihren Mann, den Müller Tio Lukas, trotz seines kleinen Buckels leidenschaftlich verliebt. In der

Mühle verkehren hohe Gäste, nicht zuletzt der schönen Müllerin wegen, aber Tio Lukas ist sich der Treue seiner Gattin sicher. Lachend versteckt er sich in der Weinlaube, als er den Corregidor Eugenio de Zuniga schweißtriefend herankommen sieht, der zunächst durch seinen Diener, den überkandidelten Repela, ausspüren läßt, ob Frasquita allein anzutreffen sei; denn der hohe Herr, der übrigens den gleichen Schönheitsfehler wie Tio Lukas hat, glaubt zur heißesten Tageszeit, während der der Müller zu schlafen pflegt, am ehesten Gelegenheit zu einem Schäferstündchen mit Frasquita zu finden. Kokett empfängt sie den alten Schwerenöter mit Gesang und Tanz; und in einem schalkhaften Wortgeplänkel, wobei sie auch ein Anliegen, die Ernennung ihres Neffen zum Sekretär, anbringt, reizt sie mit ihren feurigen Augen seine Sinnlichkeit derart, daß er sie zu küssen versucht. In diesem Augenblick weicht sie jäh zurück, so daß er der Länge nach auf den Boden fällt. Jetzt kommt Tio Lukas aus seinem Versteck hervor und bietet dem Corregidor mit argloser Miene die eben gepflückten Trauben an. Beschämt und wütend zugleich, beschließt Zuniga sich zu rächen, und während das Müllerpaar sich anschickt, den soeben zu Besuch eintreffenden Bischof zu empfangen, schickt der Corregidor Repela mit einem geheimen Befehl zum Alkalden. – Am Abend sitzen Tio Lukas und Frasquita traulich am Feuer, als plötzlich der Gerichtsbote Tonuelo, der wieder einmal betrunken ist, an die Tür pocht und einen Befehl des Alkalden überbringt, wonach sich Tio Lukas in einer wichtigen Angelegenheit sofort aufs Rathaus zu begeben habe. Kaum ist der Müller weggegangen, wird Frasquita durch Hilferufe außerhalb des Hauses erschreckt. Sie öffnet sogleich die Türe, da tritt ihr wassertriefend der Corregidor entgegen, der in der Dunkelheit in den Mühlbach gefallen war. Frasquita weiß nun, warum ihr Mann so eilig fortgeholt worden war; der Alte kann sie aber weder mit der genehmigten Ernennung ihres Neffen noch durch eine Bedrohung mit der Pistole, die sie geistesgegenwärtig mit der Flinte ihres Mannes pariert, bewegen, bei ihm zu bleiben. Sie läuft fort in die Stadt, nachdem sie den vor der Tür wartenden Repela herbeigerufen hat. Schleunigst schickt ihn der Corregidor ihr nach, in Todesangst, Frasquita könnte zur Corregidora gehen. Nachdem er seine Kleider am Feuer zum Trocknen aufgehängt hat, legt er sich in Frasquitas Bett und schläft ein. – Im Rathaus hat Tio Lukas sogleich die List durchschaut, als ihm der Alkade keinen plausiblen Grund seiner eiligen Beorderung angeben kann. Mit einem Strophenlied, bei dem auf das immer wiederkehrende Stichwort »spanischer Wein« jeweils ein Becher zu leeren ist, macht er den Alkalden und seine Gesellschaft schnell betrunken, und als sich alle zur Ruhe begeben haben, entflieht er durch einen Sprung aus dem Fenster. – Auf freiem Feld laufen Tio Lukas und Frasquita aneinander vorüber, ohne sich zu bemerken. Repela hat Frasquita eingeholt. Vergeblich sucht er sie zu bereden, mit ihm zur Mühle zurückzukommen; schließlich begeben sich die beiden zusammen zum Alkalden in die Stadt. – Inzwischen hat Tio Lukas die Mühle erreicht. Zu seinem Schrecken steht die Türe offen, am Herd bemerkt er die Kleider des Corregidors, auf dem Tisch das Dokument der Ernennung von Frasquitas Neffen. Als er mit einem Blick durchs Schlüsselloch Zuniga im Bett seiner Frau liegen sieht, glaubt er sich betrogen. Völlig gebrochen, sinnt er auf Rache. Schon greift er zur Donnerbüchse, da kommt ihm ein anderer Gedanke: er wechselt rasch seine Kleider mit denen des Corregidors und geht nun zur Stadt, um bei der Frau Corregidora Gleiches mit Gleichem zu vergelten. Kurz danach kommt der Corregidor aus dem Schlafzimmer. Da seine Kleider verschwunden sind, zieht er die des Müllers an und hofft, auf diese Weise unerkannt nach Hause zu kommen. In diesem Augenblick erscheinen Frasquita, der Alkalde, Tonuelo und Repela. Sogleich stürzen sich die beiden Amtspersonen auf den vermeintlichen Müller und verprügeln ihn zur Strafe für seine Flucht. Nachdem sie endlich den Corregidor erkannt haben und Repela darauf hinweist, daß Tio Lukas vermutlich zur Corregidora gegangen sei, befiehlt Zuniga, sofort nach dem Müller zu fahnden. – Mit einem Ständchen weckt Repela vor dem Haus des Corregidors die Duenna, die sich aber weigert, die Tür zu öffnen, da der Herr ja bereits nach Hause gekommen sei. Als daraufhin der Corregidor energisch verlangt, eingelassen zu werden, ruft die Duenna einige Alguacils herbei, die den vermeintlichen Müller tüchtig verprügeln, bis die Corregidora durch ihr Erscheinen der Schlägerei ein Ende macht. Nachdem sie ihren Gatten in die Enge getrieben hat und der Müller – noch in den Kleidern des Corregidors – aus dem Haus gekommen ist, wird auf Befehl von Donna Mercedes dieser zunächst durch den Alkalden und anschließend durch Frasquita und Repela über die tatsächlichen Vorgänge in der Mühle unterrichtet. Während dann Tio Lukas und der Corregidor im Haus die Kleider tauschen, erfährt Frasquita von der Corregidora und dem Gesinde, daß auch ihr Lukas keineswegs die eheliche Treue verletzt habe, und als der Corregidor, nun wieder in seiner Amtstracht, erscheint und Aufklärung verlangt, erwidert ihm die Gattin, daß er zur Strafe niemals erfahren solle, was sich in dieser Nacht in ihrem Schlafzimmer zugetragen habe. Wütend erklärt Zuniga, sich kraft seines Richteramts gewaltsam Aufklärung verschaffen zu wollen. Aber Donna Mercedes gibt ihm mit überlegenem Lächeln den Rat, über das Geschehene lieber den Schleier des Vergessens zu breiten, damit nicht die Geschichte noch dem Bischof zu Ohren komme. Damit muß sich der Corregidor abfinden, und befriedigt bringen die Beteiligten ihre Genugtuung über den glücklichen Ausgang des Abenteuers zum Ausdruck. – (Schluß der Handlung in der Zweitfassung: Nachdem Tio Lukas über die Vorgänge in der Mühle unterrichtet worden ist, befiehlt der gereizte und blamierte Corregidor den Alguacils, Lukas festzunehmen und ins Gefängnis zu werfen, weil er sich angemaßt habe, den Corregidor zu spielen. Da läuten die Morgenglocken. Bei dieser Gelegenheit kommt der Corregidora der rettende Gedanke, sich mit Frasquita an den Bischof zu wenden, damit dem armen Müller Gerechtigkeit widerfahre. Daraufhin läßt der Corregidor Tio Lukas sofort frei.)

STILISTISCHE STELLUNG: Man hat wohl zu Unrecht die Schuld an der verhältnismäßig geringen Breitenwirkung von Hugo Wolfs ›Corregidor‹ einseitig der Operndichtung Rosa Mayreders in die Schuhe geschoben. Das Libretto, welches die für das spanische Drama charakteristische Mischung von seriösen und burlesken Elementen wahrt, hat literarische Qualität und zeugt von dem gepflegten Geschmack und dem sicheren Formgefühl der Dichterin; freilich fehlt es ihm an dramatischer Schlagkraft, und sein vorwiegend episch-lyrischer Charakter läßt die Hand des erfahrenen Theaterpraktikers missen. Aber auch in der Komposition hat der Musiker das Übergewicht über den Musikdramatiker, wenngleich sich Wolf Richard Wagners ›Meistersinger von Nürnberg‹ zum Vorbild genommen hatte, deren Partitur er sich während der Arbeit am ›Corregidor‹ eigens aus Wien kommen ließ. Dem Meister der kleinen Formen lagen die weitgliederigen Proportionen nicht, wie sie die Bühne verlangt. Die Häufung von Liedern und liedartigen Gebilden, denen auch ältere Formen wie Passacaglia (zu Anfang der Oper, I. Akt Ziffer 38, IV. Akt Ziffer 20) oder Kanon (III. Akt) beigesteuert sind, läßt sich vom stilistischen Standpunkt aus in einem spanischen Stück durchaus vertreten; denn Gesang und Tanz spielen im Leben des spanischen Volkes eine große Rolle, nicht bloß bei festlichen Gelegenheiten, sondern auch im Alltag. Anderseits bewirkt aber das Vorherrschen des lyrischen Elements eine gewisse Gleichförmigkeit, die den Grundforderungen des Theaters (Kontraste, Steigerungen) entgegensteht. Aus seinem ›Spanischen Liederbuch‹ übernahm Wolf die der Frasquita beziehungsweise dem Corregidor zugeteilten Lieder »In dem Schatten meiner Locken« und »Herz, verzage nicht geschwind«. Das spanische Kolorit ist in dem e-moll-Zwischenspiel sowie in Frasquitas g-moll-Fandango vertreten. Im allgemeinen legt aber der Komponist nicht viel Gewicht auf die folkloristische Färbung. Die Hauptpersonen werden je durch ein prägnantes Thema charakteristisch gezeichnet; diese Motive gehen in einer wundervollen, chromatisch-polyphonen Verarbeitung im Sinn der Wagnerschen Leitmotivtechnik durchs ganze Stück. Wolfs feine Charakterisierungskunst, ganz im Stil seiner Lieder, offenbart sich am hervorstechendsten in der subtilen Deklamation. Freilich bildet die überfeinerte Kultur seines Deklamationstils ebenso wie der unentwegt polyphon dahinfließende Satz des Orchesters, das als hauptsächlicher Träger des dramatischen Ausdrucks anzusehen ist, eine gewisse Gefahr für die Bühne, die zur Verdeutlichung ihrer Absichten eines gröberen Pinsels bedarf. Die Eigenart des Wolfschen Stils stellt an den meisten

Bühnen die Ausführenden vor ungewohnte Aufgaben. Wolf war sich selbst der Schwierigkeiten seiner Partitur bewußt, wenn er zum Beispiel von dem Darsteller der Titelrolle verlangt: »Er muß in raschem Wechsel Helden-, lyrischer und Spieltenor sein, kurz er muß ein Weltwunder sein.«

TEXTDICHTUNG: Die Wiener Schriftstellerin Rosa Mayreder (1858 bis 1938) verfaßte die Operndichtung nach der 1874 erschienenen, erst ›El corregidor y la molinera‹, später dann ›El sombrero des tres picos‹ (›Der Dreispitz‹) betitelten Novelle des spanischen Dichters Pedro Antonio de Alarcón (1833–1891), die ihrerseits auf einen alten spanischen Stoff zurückgeht. Die Dichterin hat sich ziemlich eng an die Vorlage gehalten. Bei der Dramatisierung mußte freilich mancher feine Zug der Humoreske verlorengehen, insbesondere ist das bei Alarcón hervortretende soziale und politische Moment (zynische Anspielungen auf das bestehende Regime) nur an der Peripherie gestreift. Auch die Charaktere wurden für die musikdramatische Fassung gegenüber der realistischen Zeichnung in der Erzählung etwas idealisiert, so in erster Linie der Müller Tio Lukas, der bei Alarcón ehrgeizig und geschäftstüchtig geschildert wird. Repela heißt in der Novelle Garduño. Den Titel der Oper bestimmte Wolf, die ursprüngliche Bezeichnung »komische« Oper wollte er nicht beibehalten, weil nach seiner Meinung das Komische in dem Werk nicht überwiegt. Im großen und ganzen übernahm aber der Komponist Rosa Mayreders Dichtung unverändert, nur gelegentlich verlangte er einmal ein anderes Versmaß oder, um Wortwiederholungen zu vermeiden, eine Erweiterung des Textes.

GESCHICHTLICHES: Seit 1882 war Wolf auf der Suche nach einem geeigneten Operntext. Er wollte ein »behaglich-heiteres« Werk schreiben: Shakespeares ›Sommernachtstraum‹ und ›Sturm‹, ein amerikanischer und ein indischer Stoff wurden überlegt; auch die Verbindung mit dem Dichter Detlev von Liliencron führte nicht zu dem gewünschten Ergebnis. Im Jahre 1890 von Freunden auf Alarcóns ›Dreispitz‹ aufmerksam gemacht, versuchte Wolf zunächst selbst das Opernbuch abzufassen, während der Wiener Architekt Julius Mayreder auf Veranlassung des Wolf befreundeten Ehepaares Edmund und Marie Lang seine schriftgewandte Schwester Rosa bewog, die Novelle zu dramatisieren. Das fertige Libretto wurde sodann dem Komponisten anonym zugesandt, der es aber leidenschaftlich ablehnte. In der Folge schwirrten ihm weitere Opernpläne durch den Kopf, teils wurden ihm auch Stoffe von den Freunden vorgeschlagen, bis er 1894 sich plötzlich wieder des ›Dreispitz‹ erinnerte. Da er Rosa Mayreders Dichtung nach wie vor ablehnte, veranlaßte ihn sein Freund Gustav Schur, einen anderen Bearbeiter zu suchen. Dieser wurde alsbald in dem k. k. Landgerichtsrat Franz Schaumann gefunden, der schon eine Reihe Operntexte verfaßt hatte (darunter einen für Anton Bruckner). Schaumann schrieb das erbetene ›Dreispitz‹-Libretto während seines Urlaubs im Oktober

1894, aber Wolf war auch mit diesem Text nicht einverstanden. Daraufhin nahm er sich im Januar 1895 nochmals Rosa Mayreders Dichtung vor, die nun mit einem Mal seine Begeisterung erweckte und die er »ihres lyrischen Entgegenkommens« wegen schließlich der dramatisch schlagkräftigeren Bearbeitung Schaumanns vorzog. In Perchtoldsdorf wurde am 1. April 1895 mit der Komposition begonnen. Nachdem Baron Lipperheide Wolf eine Jahresrente ausgesetzt hatte, konnte dieser seine ganze Arbeitskraft auf die Ausführung des ›Corregidor‹ konzentrieren. Bereits am 28. April spielte er seinen Freunden den I. Akt vor. Auf Lipperheides Einladung übersiedelte er sodann nach Schloß Matzen in Tirol, wo er am 24. Mai den II., am 16. Juni den III. Akt und am 9. Juli die ganze Oper (mit Ausnahme des Vorspiels) beendete. Mit dem gleichen Feuereifer wurde anschließend die Instrumentation ausgeführt, und am 18. Dezember war die Partitur abgeschlossen. Nach ergebnislosen Verhandlungen mit Wien, Prag und Berlin überließ Wolf Mannheim die Uraufführung. Gegen seinen Willen und sehr zu seinem Leidwesen mußte sich der theaterfremde Komponist an den Vorproben beteiligen, die infolge des ungewohnten Stils und eines von Fehlern wimmelnden Aufführungsmaterials Dirigent und Sängern große Schwierigkeiten bereiteten. Nach mehrmaliger Verschiebung kam dann am 7. Juni 1896 endlich die Uraufführung unter Leitung von Hugo Röhr am Hoftheater in Mannheim zustande, die zwar großen Beifall fand, aber wegen der fortgeschrittenen Jahreszeit nur wenige Wiederholungen erfuhr. Noch im Sommer des gleichen Jahres revidierte Wolf auf Grund der praktischen Erfahrungen seine Partitur hinsichtlich der Dynamik, der Vortrags- und Tempobezeichnungen und der Instrumentation. Zu Anfang des Jahres 1897 nahm er auf Anraten von Johann Nepomuk Fuchs auch noch einige kompositorische Veränderungen vor (Kürzung des IV. Aktes mit Einschiebung einer 64 Takte umfassenden Abänderung des Handlungsverlaufs sowie Verlängerung des Vorspiels zum III. Akt um 47 Takte). Wolf betrachtete diese Fassung allerdings nur als augenblickliche Konzession den Bühnen gegenüber, für die Zukunft wollte er die Urfassung gewahrt wissen. In Wien kam der ›Corregidor‹ erst nach Wolfs Tod am 18. Februar 1904 unter Gustav Mahler zur Aufführung. Die Oper ging anschließend über die meisten deutschen Bühnen mit freundlichem, ja zum Teil begeistertem Beifall, wie zum Beispiel an der Komischen Oper Berlin oder am Hoftheater in Stuttgart.

Ermanno Wolf-Ferrari

* 12. Januar 1876 und † 21. Januar 1948 in Venedig

La Cenerentola (Aschenbrödel; 1900 Venedig), T: Maria Pezzè-Pascolato, V: Sikorski

Le donne curiose (Die neugierigen Frauen; 1903 München), T: nach Carlo Goldoni v. Luigi Sugana, kO., V: Sikorski

I quattro rusteghi (Die vier Grobiane; 1906 München), T: nach C. Goldoni v. Giuseppe Pizzolato, kO., V: Sikorski

Il segreto di Susanna (Susannens Geheimnis; 1909 München), T: Enrico Golisciani, kO., E., V: Sikorski

I gioielli della Madonna (Der Schmuck der Madonna; 1911 Berlin), T: Carlo Zangarini u. E. Golisciani; Neufassung (1933 Hannover), V: Sikorski

L'amore medico (Der Liebhaber als Arzt; 1913 Dresden), T: nach Molière v E. Golisciani, kO., V: Sikorski

Gli amanti sposi (Das Liebesband der Marchesa; 1925 Venedig), T: Giovacchino Forzano, V: Sikorski

La veste di cielo (Das Himmelskleid; 1927 München), T: der Komponist, V: Sikorski

Sly oder Die Legende vom wiedererweckten Schläfer (1927 Mailand), T: G. Forzano, V: Sonzogno, A&S

La vedova scaltra (Die schalkhafte Witwe; 1931 Rom), T: nach C. Goldoni v. Mario Ghisalberti, kO., V: Sonzogno, A&S

Il campiello (1936 Mailand), T: nach C. Goldoni v. M. Ghisalberti, kO., V: Ricordi

La dama boba (Das dumme Mädchen; 1939 Mailand), T: nach Félix Lope de Vega v. M. Ghisalberti, kO., V: Ricordi

Gli dei a Tebe (Der Kuckuck von Theben; 1943 Hannover), T: Ludwig Andersen (= Ludwig Strecker) u. M. Ghisalberti, V: Schott

Die neugierigen Frauen (Le donne curiose)

Musikalische Komödie in drei Aufzügen. Dichtung von Luigi Sugana.

Solisten: *Ottavio,* ein reicher venezianischer Bürger (Schwerer Spielbaß, auch Charakterbaß, gr. P.) – *Beatrice,* seine Frau (Mezzosopran, auch Spielalt, gr. P.) – *Rosaura,* deren Tochter (Soubrette, auch Lyrischer Sopran, gr. P.) – *Florindo,* Rosauras Verlobter (Lyrischer Tenor, gr. P.) – *Pantalone,* venezianischer Kaufmann (Bariton, m. P.) – *Leandro* (Lyrischer Tenor, auch Spieltenor, m. P.) und *Lelio* (Spielbariton, m. P.), Pantalones Freunde – *Colombina,* Beatrices und Rosauras Kammerzofe (Charaktersopran, auch Koloratursoubrette, gr. P.) – *Eleonora,* Lelios Frau (Jugendlich-dramatischer Sopran, gr. P.) – *Arlecchino,* Pantalones Diener (Spielbaß, auch Baßbariton, gr. P.) – *Asdrubale* (Tenor, kl. P.), *Almorò* (Tenor, kl. P.), *Alvise* (Tenor, kl. P.), *Lunardo* (Baß, kl. P.), *Mómolo* (Baß, kl. P.) und *Mènego* (Baß, kl. P.), Pantalo-

nes Freunde – *1. Gondoliere* (Tenor, kl. P.) – *2. Gondoliere* (Baß, kl. P.).
CHOR: Diener. Gondoliere. Männer und Frauen aus dem Volk (Gesangspart nur Barkarole hinter der Szene; kl. Chp.).
ORT: Venedig.
SCHAUPLÄTZE: Großes Zimmer im Vereinshaus der Freunde – Zimmer im Haus Ottavios – Zimmer im Haus Lelios – 4. Bild wie 2. – Straße in Venedig mit Kanal, links das Vereinshaus – Vorraum zum großen Festsaal des Kasinos, letzterer einige Stufen erhöht im Hintergrund, durch eine undurchsichtige Glaswand mit Tür in der Mitte abgesperrt.
ZEIT: Mitte des 18. Jahrhunderts.
ORCHESTER: 2 Fl., 2 Ob., 2 Kl., 2 Fag., 2 Hr., 2 Trp., P., Schl., Hrf., Klav., Str. – Bühnenmusik: Mandolinen, Gitarren.
GLIEDERUNG: Ouvertüre und musikalische Szenen, die pausenlos ineinandergehen.
SPIELDAUER: etwa 2¼ Stunden.
HANDLUNG: Pantalone, ein reicher venezianischer Junggeselle, ist ein großer Weiberfeind. Er hat einen Freundesklub gegründet, dessen oberster Grundsatz lautet: »Verbannt sind die Frauen«. Die Mitglieder dieses Vereins erkennen sich gegenseitig an dem Losungswort: »Amicizia!« In ihrem Klubhaus haben die Freunde regelmäßige Zusammenkünfte, bei denen sie sich im Anschluß an ein gutes Essen in anregenden Diskussionen oder mit harmlosen Spielen unterhalten. Der großzügige Pantalone lädt seine Klubfreunde für heute Abend wieder einmal zu einem splendiden Mahl, mit dessen Vorbereitung er seinen skurrilen Diener Arlecchino beauftragt. In Pantalones Verein befinden sich nun aber auch biedere Ehemänner, wie Ottavio und Lelio, deren Frauen Beatrice und Eleonora mit wachsender Neugier der Heimlichtuerei ihrer Männer nachspüren. Auch Beatrices liebliche Tochter Rosaura, deren Bräutigam Florindo ebenfalls dem geheimnisvollen Klub angehört, sowie ihre Zofe Colombina, Arlecchinos Geliebte, sind maßlos begierig zu erfahren, was sich hinter den verschlossenen Türen abspielt. Beatrice vermutet eine Spielhölle, Rosaura Orgien mit Frauen, während Eleonora behauptet, daß die Männer in dem Kasino den »lapis philosophorum« machten, und Colombina wiederum zu wissen vorgibt, man würde durch Zauberei und Hexerei Gold machen. Da naht atemlos Arlecchino. Er fleht die Frauen an, seine Liebschaft mit Colombina nicht Herrn Ottavio zu verraten, der davon seinem Gebieter Pantalone erzählen könnte, was ihm Prügel eintragen würde. Vergeblich suchen die neugierigen Frauen von ihm etwas herauszubekommen; er stellt sich blöd und läuft schließlich davon. Aber auch von dem eben nach Hause kommenden Ottavio kann Beatrice wieder nichts erfahren, und selbst Florindo bleibt zunächst seiner geliebten Rosaura gegenüber stark. Die heimlich ins Zimmer schleichende Colombina flüstert Rosaura zu, sie solle in Ohnmacht fallen. Florindo ist darüber derart erschrocken, daß er der schlauen Colombina, die ihm auch das

Losungswort »Amicizia« entlockt, immerhin verrät, daß jeder der Klubgenossen Schlüssel zu dem Kasino besitze. Die Frauen suchen sich nun in den Besitz der Schlüssel zu setzen. Zunächst gelingt es Eleonora, sie in einer Anzugstasche ihres Mannes zu finden und an sich zu nehmen. Die gerissene Zofe Colombina schüttet Kaffee über Ottavio, so daß dieser gezwungen ist, seinen Anzug zu wechseln, wobei sie dann heimlich die begehrten Schlüssel mit den Kellerschlüsseln vertauscht. Schließlich bemächtigt sich Rosaura der Schlüssel Florindos, nachdem sie ihm mit einem heiligen Schwur die Lösung der Verlobung angedroht hatte, wenn er ihr diesen Wunsch versage. – In dem Augenblick, als Eleonora die Tür des Kasinos aufsperren will, tritt ihr Arlecchino entgegen. Erschrocken läuft sie davon und läßt die Schlüssel zurück. Arlecchino hebt sie auf und geht weg, um Kerzen zu besorgen. Daraufhin naht Beatrice mit der als Mann verkleideten Colombina. Während sich Beatrice versteckt und Colombina die Tür aufzusperren versucht, kommt Pantalone zurück, dem Arlecchino unterwegs die erbeuteten Schlüssel übergeben hatte. Pantalone erkennt alsbald Colombina trotz ihrer Verkleidung; er entreißt ihr die Schlüssel, woraufhin sie eiligst entflieht. Pantalone ist empört, gleich zwei Paar Schlüssel in Frauenhand entdeckt zu haben, und geht ins Haus. Danach kommen Ottavio und Lelio mit Florindo. Die beiden ersteren bemerken das Fehlen ihrer Schlüssel und müssen daher klopfen, um eingelassen zu werden. Schlecht gelaunt empfängt sie Pantalone, der ihnen ihre Schlüssel überreicht. Florindo hatte sich indes versteckt, da er eine maskierte Dame mit einem Diener herannahen sah. In dem Augenblick, als der Diener die Kasinotür aufsperren will, springt Florindo aus seinem Versteck und entreißt ihm die Schlüssel. Zu seiner Überraschung muß er in dem Mädchen seine Rosaura erkennen. Empört über das verräterische Spiel mit seiner Liebe, das sie nur zur Befriedigung ihrer Neugier getrieben hat, läßt Florindo die Braut vor der Tür stehen und geht ins Haus. Der eben zurückkommende Arlecchino fängt die Verzweifelte in seinen Armen auf. Er ruft um Hilfe, rasch erscheinen Eleonora, Beatrice und Colombina, die ihm, ebenfalls sich ohnmächtig stellend, auch in die Arme fallen. Jetzt wendet sich Colombina schmeichelnd an Arlecchino, er möge sie ins Haus lassen. Auch die anderen Frauen machen ihm Versprechungen, und als alles nichts nützt, fahren sie wie Furien auf ihn los, bis er ihnen die Schlüssel aushändigt und sie ins Haus läßt. – Im Kasino beobachten die Frauen, befriedigt und zugleich etwas beschämt, durch eine Glastür ihre Männer im Festsaal beim fröhlichen Schmaus. Schon wollen sie wieder nach Hause gehen, da kommt Arlecchino aus dem Speisesaal mit vier Pasteten, die er sich heimlich beiseite schaffen wollte. Neugierig versuchen die Frauen die leckere Speise. Colombina späht neuerdings durch die Glastür, die anderen Frauen drängen sich um sie, um auch etwas zu sehen, bis plötzlich die Tür nachgibt und aufspringt. Wimmernd flehen jetzt die Frauen Pantalone und ihre Männer um Gnade an. Pantalone muß resigniert feststellen, daß, wie schon Adam im Paradies, immer wieder die Männer die Düpierten seien. Er stimmt Colombinas Vorschlag zu, dem nun wieder versöhnten Brautpaar zu Ehren ein Tänzchen zu veranstalten. Als Pantalone dabei Colombina am Kinn tätschelt, wird Arlecchino eifersüchtig und macht ihr Vorhalte, wofür er von Colombina eine schallende Ohrfeige einstecken muß. Pantalone tröstet den Armen, indem er ihm gestattet, sich an der Tafel gütlich zu tun. Während der Tanz immer ausgelassener wird, stößt der dem fröhlichen Treiben gelassen zusehende Pantalone Arlecchino mit dem Kopf tief in die Schüssel, als er sich gerade über die Schlagsahne hermacht, was große Heiterkeit hervorruft. In höchstem Übermut rufen sich alle gegenseitig das Losungswort »Amicizia« zu.

STILISTISCHE STELLUNG: Wolf-Ferrari ist eine der eigenartigsten Erscheinungen der Musikgeschichte. Sein Vater, Kunstmaler August Wolf, entstammte einer alten Pfarrersfamilie und war in Weinheim an der Bergstraße, seine Mutter Emilia Ferrari in Venedig geboren. Bei Ermanno mischen sich seiner Herkunft entsprechend die Kulturen: in seiner musikalischen Entwicklung geht er, der in Italien aufgewachsen ist, von Johann Sebastian Bach aus und in seiner Musik steht er Mozart ebenso nahe wie Rossini; Richard Wagner kennt und liebt er, obwohl er in seinem Schaffen eine stark gegensätzliche Haltung gegenüber dem großen Musikdramatiker eingenommen hat. Bei dem duftigen musikalischen Kammerspiel ›Die neugierigen Frauen‹ offenbart eine blühende Melodik von teils zauberhafter Lyrik (Rosaura–Florindo-Szenen), teils witzig-sprühender rhythmischer Lebendigkeit den Erfindungsreichtum und die schöpferische Phantasie des Komponisten. Zur Andeutung des lokalen Kolorits sind ein paar alte venezianische Volksweisen verwoben (III. Akt Anfang, Barkarole, Furlana). In der Harmonik macht sich gelegentlich der Einfluß Wagners bemerkbar. Einige Themen kehren im Sinn von Erinnerungsmotiven öfters im Verlauf des Stückes wieder. Das Motiv des Wahlspruches »Verbannt sind die Frauen« eröffnet und beschließt die Oper. Der fein-komische Dialog ist in einem geschliffenen Parlandostil komponiert, der vom Secco-Rezitativ der alten Opera buffa abgeleitet ist. Zwischendurch sind geschlossene Gebilde gestreut, angefangen von liedhaften Sologesängen bis zu kleinen, kunstvoll gearbeiteten Ensemblesätzen. Das musikalische Gewebe ist immer durchsichtig filigranhaft und dabei doch farbig. Besondere Erwähnung verdient die witzige Behandlung des orchestralen Parts, der von einem subtil untermalenden Kammerorchester ausgeführt wird. Auch kleine Tonmalereien (z. B. das Gakkern der Hühner im II. Akt) unterstützen gelegentlich diese Wirkungen.

TEXTDICHTUNG: Wolf-Ferraris ›Neugierigen Frauen‹ liegt das Lustspiel ›Le donne curiose‹ des venezianischen Dichters Carlo Goldoni

(1707–1793) zugrunde, der als Erneuerer der italienischen Komödie gilt und nach dem Vorbild Molières die Stegreifkomödie durch das Charakter- und Sittenlustspiel ersetzte, wobei er hauptsächlich venezianische Lokalgeschichten dramatisierte. Die Operndichtung, an deren dramaturgischer Gestaltung der Komponist bestimmenden Anteil nahm, führte Graf Luigi Sugana aus. Der Kreis der darstellenden Personen wurde um einige Typen aus der Commedia dell'arte (Pantalone, Arlecchino, Colombina) bereichert, wodurch die komische Wirkung noch eine Steigerung erfuhr. Den einzelnen Akten ist jeweils ein Motto vorangestellt, das mit einem Zitat aus dem betreffenden Bild schlagwortartig den Inhalt charakterisiert: I. Akt: »Verbannt sind die Frauen«; II. Akt: »Ich brings heraus«; III. Akt: »Amicizia! Amicizia!«. Die deutsche Textübertragung stammt von Hermann Teibler.

GESCHICHTLICHES: Nach seiner ersten Oper ›La Cenerentola‹ (1900) kam der fünfundzwanzigjährige Wolf-Ferrari auf die glückliche Idee, sich der seit Verdis ›Falstaff‹ vernachlässigten Opera buffa zuzuwenden. Ein weiterer glücklicher Einfall war es, dabei auf einen Stoff des Klassikers der italienischen Komödie Carlo Goldoni zurückzugreifen. Die Partitur von ›Le donne curiose‹ wurde im Oktober 1902 in Venedig abgeschlossen, wo Wolf-Ferrari die Leitung des Konservatoriums »Liceo Benedetto Marcello« innehatte. Die Uraufführung des Werks erfolgte aber in Deutschland, und zwar in München, das dem Deutschitaliener zur zweiten Heimat werden sollte. Am 27. November 1903 gingen die ›Neugierigen Frauen‹ am Münchner Residenztheater unter der musikalischen Leitung von Hugo Reichenberger zum ersten Mal in Szene. In ihrer Gegensätzlichkeit zu der damaligen Kunstanschauung, die fast ausschließlich der Wagner-Nachfolge und der veristischen Oper zugetan war, wirkte die leichtbeschwingte Kammeroper in dem stilgerechten und intimen Rahmen des Cuvilliésschen Rokokotheaters revolutionierend. Diese Tatsache wurde nicht nur durch den lauten Publikumserfolg – in Berlin kam es unter Hans Pfitzners Leitung zu Serienaufführungen des Werkes –, sondern auch durch eine selten einmütige, begeisterte Fachkritik bestätigt. Der Name Wolf-Ferrari hatte durch die ›Neugierigen Frauen‹ Weltgeltung erlangt.

Die vier Grobiane (I quattro rusteghi)

Musikalisches Lustspiel in drei Aufzügen. Dichtung von Giuseppe Pizzolato.

SOLISTEN: *Lunardo,* Antiquitätenhändler (Schwerer Spielbaß, auch Charakterbaß, gr. P.) – *Margarita,* seine zweite Frau (Spielalt, gr. P.) –

Lucieta, Lunardos Tochter (Soubrette, auch Lyrischer Sopran, gr. P.) – *Maurizio,* Kaufmann (Charakterbariton, auch Charakterbaß, m. P.) – *Filipeto,* sein Sohn (Lyrischer Tenor, auch Spieltenor, gr. P.) – *Marina,* Filipetos Tante (Jugendlich-dramatischer Sopran, gr. P.) – *Simon,* Kaufmann, deren Mann (Charakterbaß, auch Charakterbariton, gr. P.) – *Cancian,* reicher Bürger (Seriöser Baß, auch Spielbaß, gr. P.) – *Felice,* seine Frau (Dramatischer Koloratursopran, auch Jugendlich-dramatischer Sopran, gr. P.) – *Conte Riccardo,* ein fremder Edelmann (Charaktertenor, m. P.) – *Eine junge Magd Marinas* (Mezzosopran, kl. P.).

ORT: Venedig.

SCHAUPLÄTZE: Zimmer im Haus Lunardos – Auf der Dachterrasse des Wohnhauses Marinas, links Dachvorsprung mit zwei niederen Türen, deren hintere durch die auf Seilen gespannte Wäsche verdeckt ist, Blumentöpfe und eine Bank, Aussicht auf die Dächer Venedigs und das Meer – Größeres Zimmer im Haus Lunardos – Antiquitätenhandlung im Haus Lunardos.

ZEIT: 1800.

ORCHESTER: 2 Fl., 2 Ob., 2 Kl., 2 Fag., 4 Hr., 3 Trp., 3 Pos., 1 Bt., P., Schl., Hrf., Str.

GLIEDERUNG: Vorspiel und musikalische Szenen, die pausenlos ineinandergehen. Zwischen I. und II. Aufzug: Intermezzo.

SPIELDAUER: etwa 2½ Stunden.

HANDLUNG: Lucieta, die Tochter, und Margarita, die zweite Frau des Antiquitätenhändlers Lunardo, sitzen gähnend vor Langeweile zu Hause bei ihrer Handarbeit; denn der Vater, ein polternder Tyrann, erlaubt seiner Familie keine, wenn auch noch so harmlosen Vergnügungen, ja, er bestimmt sogar selbstherrlich für seine Tochter einen Mann, Filipeto, den Sohn seines Freundes Maurizio, den Lucieta noch dazu erst bei der Hochzeit kennenlernen soll. Vergeblich protestiert Margarita gegen eine solche Behandlung, da sie ihre Stieftochter sehr gern hat. Barsch weist Lunardo seine Frau aus dem Zimmer, als Maurizio naht. Die Väter sind sich schnell einig, haben sie doch beide ihre Kinder zu blindem Gehorsam erzogen. So erlaubt auch Maurizio seinem Sohn nicht, die Braut vor der Hochzeit zu sehen. Lunardo hat für heute Abend außer Maurizio noch zwei Freunde mit ihren Frauen eingeladen: Simon und Cancian sowie Marina und Felice. Simon, ebenfalls ein Grobian wie seine Freunde, sagt seiner Frau nicht, bei wem sie eingeladen sind. Sie erfährt es aber alsbald durch Felice, die Marina auf dem Dachgarten während des Wäscheaufhängens besucht. Marina berichtet ihrerseits die Neuigkeit von der geheimen Verlobung Lucietas mit ihrem Neffen Filipeto, der eben seiner Tante den Beschluß der tyrannischen Väter mitgeteilt hatte. Die kapriziöse Felice, die mit ihrem Galan, dem Conte Riccardo, und mit ihrem einfältigen Gatten, dem reichen Cancian, gekommen ist, fordert die Männer auf, sich miteinander zu unterhalten, während sie heimlich mit Marina ein Komplott berät. Da kommt Marinas Mann, Simon, zurück, der den Besuch von Verwandten und Bekannten seiner Frau nicht duldet. Gereizt fordert er Marina auf, sich zu entfernen; dann geht er selbst weg, empört über den schwächlichen Pantoffelhelden Cancian, der es mit ansieht, daß ein Kavalier seiner Frau den Hof macht. – Lunardo ist höchst aufgebracht, als er bemerkt, daß sich Margarita und Lucieta für den Besuch in Putz geworfen haben. Mit groben Worten befiehlt er Frau und Tochter, sich wieder umzukleiden. Da erscheinen schon die ersten Gäste: Simon mit Frau Marina. Nun stehen die Männer zusammen; sie verlangen energisch von den Frauen, sich umzukleiden. Nachdem diese sich lustig lachend entfernt haben, gedenken die Männer wehmütig der guten alten Zeit, als die Frauen noch gehorsam und bescheiden waren. Jetzt tritt Felice mit ihrem Cancian ein. Simon und Lunardo ziehen Cancian sogleich mit sich ins Nebenzimmer und lassen Felice allein zurück. Gleich darauf stürzt aufgeregt Margarita mit Lucieta ins Zimmer, die inzwischen durch die geschwätzige Marina von ihrer bevorstehenden Verlobung erfahren hat. Felice und Marina huldigen dem Bräutchen. Da gerade Fasching ist, hat die schlaue Felice eine Maskerade arrangiert, wodurch das Brautpaar Gelegenheit erhält, sich einmal zu sehen. So erscheint jetzt Conte Riccardo im Domino und führt den als Frau verkleideten und mit einer Gesichtslarve maskierten Filipeto ein, der sogleich von Lucieta hingerissen ist. Marina bietet Filipeto Bonbons an, damit er gezwungen ist, seine Maske zu lüften, und auch Lucieta verliebt sich in den Jüngling auf den ersten Blick. Schnell verstecken die Frauen Riccardo und Filipeto, als sie ihre Männer kommen hören. Lunardo verkündet nun mit würdevoller Wichtigkeit die soeben von den Männern beschlossene Verlobung; die Frauen stellen sich außerordentlich überrascht. Da kommt atemlos Maurizio herbei, der eben seinen Sohn holen wollte; er konnte Filipeto zu Hause nicht antreffen, und es wurde ihm gesagt, ein gewisser Conte Riccardo habe ihn entführt. Jetzt wird Cancian, der sich im Verein mit den anderen Männern sicher fühlt, plötzlich auch zum Grobian; er verbietet seiner Frau den Umgang mit dem Kavalier, den er als Lumpen bezeichnet. Empört stürzt daraufhin Riccardo mit Filipeto aus seinem Versteck. Nun kommt der ganze Schwindel auf, und in wüstem Durcheinander stiebt schließlich die Gesellschaft auseinander. – Grübelnd sitzen die vier Grobiane beieinander und beraten, wie man das schnöde Weibervolk empfindlich bestrafen könnte. Mit Lucieta will Lunardo kurzen Prozeß machen, die Verlobung werde gelöst und sie komme in ein Kloster. Aber was soll man mit den Frauen machen? Sie überlegen hin und her und kommen zu dem resignierten Schluß, man solle die Weiber, ohne die es nun einmal nicht gehe, eben so nehmen, wie sie sind. Aber gleich packt sie wieder die Wut, und während sie sich immer mehr ereifern und brüllend ihre Frauen zu Brei zu schlagen beschließen, tritt, liebenswürdig lächelnd, Felice ein. Cancian versucht erst noch, von Simon und Lunardo unterstützt, Felice die Tür zu weisen. Doch diese liest den Grobianen nun plötzlich in sprudelndem Redeschwall tüchtig die Leviten, worauf sie ganz zahm werden. Als die übrigen Frauen, gnadeflehend, hinzukommen, flammt der Zorn der Ehemänner von neuem auf; sie schicken sich an wegzugehen. Aber bald schmilzt auch das letzte Eis dank Felices geschickter Diplomatie, und als Maurizio mit Filipeto erscheint, gibt schließlich Lunardo, von Rührung übermannt, seinen Segen zur Verlobung. Während sich alle ins Eßzimmer begeben, bleibt das junge Paar allein zurück, und jetzt wagt Filipeto auch endlich den Verlobungskuß, als er bemerkt, daß Lucieta sich über seine Schüchternheit amüsiert.

Stilistische Stellung: Sind ›Le donne curiose‹ ihrem fein-komischen Charakter zufolge der Mozartschen Opera buffa verwandt, so nähern sich ›I quattro rusteghi‹ in ihrer etwas kompakteren Komik der Buffaoper eines Rossini oder Donizetti. Die Partitur weist im großen und ganzen die gleiche Struktur auf wie bei ›Le donne curiose‹; in der technischen Ausführung ist sie aber vielleicht noch feiner und kunstvoller. Bewunderungswürdig ist der große Erfindungsreichtum, insbesondere im Melodischen, bei dem auch wieder gelegentlich durch volksliedartige Themen das lokale Kolorit feinsinnig angedeutet ist; das sprachliche Idiom, der venezianische Dialekt, ist leider in der deutschen Übersetzung nicht wiederzugeben. Mit großer Virtuosität wird der ständige Wechsel und das unmerkliche Ineinanderfließen von Parlando und ariosem Gesang gehandhabt, wobei ein diskretes Orchester mit ausgespartem Klang bald in rhythmischer Eleganz und witziger Lebendigkeit, bald in zartem Wohllaut untermalt. Symmetrische und geschlossene Gebilde fördern die Einheitlichkeit des Werks. Obwohl die Oper chorlos ist, wird auf Ensemblewirkungen nicht verzichtet, die musikalische Höhepunkte schaffen und unter denen besonders das in seiner Polyphonie und Polyrhythmik imponierend gestaltete Schlußensemble des II. Aktes hervorragt.

Textdichtung: Wolf-Ferraris ›Die vier Grobiane‹ gehen auf das in venezianischer Mundart geschriebene Lustspiel ›I quattro rusteghi‹ von Carlo Goldoni (1707–1793) zurück. Giuseppe Pizzolato gestaltete unter Mitwirkung des Komponisten die Operndichtung frei nach der Vorlage. Die deutsche Übersetzung des Librettos besorgte Hermann Teibler, eine neuere verfaßte Günther Rennert.

Geschichtliches: Im Anschluß an den außerordentlichen Erfolg der ›Neugierigen Frauen‹ entschloß sich Wolf-Ferrari, nochmals einen Stoff von Goldoni, und zwar sein populärstes Stück ›I quattro rusteghi‹ zu vertonen. Das Werk wurde drei Jahre nach ›Le donne curiose‹ gegen Ende des Jahres 1905 vollendet. Die Uraufführung erfolgte am 19. März 1906 an der Münchner Hofoper unter der Leitung von Felix Mottl. Der Erfolg des köstlichen musikalischen Lustspiels übertraf womöglich noch den der ›Neugierigen Frauen‹, jedenfalls in der Folge: ›Die vier Grobiane‹ wurden Wolf-Ferraris meistgespieltes Werk.

Susannens Geheimnis (Il segreto di Susanna)

Intermezzo in einem Akt. Dichtung von Enrico Golisciani.

SOLISTEN: *Graf Gil* [30 Jahre alt] (Kavalierbariton, gr. P.) – *Gräfin Susanna,* seine Gemahlin [20 Jahre alt] (Lyrischer Koloratursopran, auch Jugendlich-dramatischer Sopran, gr. P.) – *Sante,* Diener [50 Jahre alt] (Stumme Rolle).
ORT: Piemont.
SCHAUPLATZ: Eleganter Salon in Gils Haus, Tür und Fenster im Hintergrund, Seitentüren.
ZEIT: Gegenwart (1909).
ORCHESTER: 2 Fl., 1 Picc., 2 Ob. (II. auch Eh.), 2 Kl., 2 Fag., 4 Hr., 3 Trp., 3 Pos., 1 Bt., P., Schl., Hrf., Cel., Str. – Bühnenmusik: Klav.
GLIEDERUNG: Ouvertüre, durchkomponierte dramatische Großform.
SPIELDAUER: etwa 1 Stunde.
HANDLUNG: Graf Gil, seit einem Monat glücklicher Ehemann der jungen schönen Susanna, kommt, argwöhnisch umherblickend, nach Hause. Er glaubt, auf der Straße in der Dämmerung seine Frau erkannt zu haben, obwohl sie ihm versprochen hatte, des Abends nicht allein aus dem Haus zu gehen. Kaum ist er in seinem Zimmer verschwunden, betritt Susanna aufgeregt den Salon; sie übergibt eilig dem Diener Sante Hut und Mantel sowie ein Päckchen, das dieser in seine Tasche steckt. Dann geht sie auf ihr Zimmer. Gil kommt zurück. Schon glaubt er sich geirrt zu haben, da erweckt Zigarettengeruch im Salon aufs neue seinen Argwohn. Von wem soll dieser herrühren, wenn niemand im Hause raucht? Er ruft den Diener und fragt ihn, ob er oder die Gräfin wohl heimlich rauche. Verwirrt verneint Sante beides. Erregt geht Gil auf und ab, während im Nebenzimmer Susanna Klavier spielt. Wenngleich er es nicht glauben kann, daß ihn seine junge Frau schon nach einem Monat betrügt, will er sich doch Klarheit verschaffen. Er läßt daher durch den Diener Tee servieren und fordert Susanna, die inzwischen in den Salon getreten war und sich über die unvermutete Rückkehr ihres Gatten erstaunt stellt, in liebenswürdigem Ton auf, mit ihm etwas zu plaudern. Auf seine Frage, ob sie denn vorhin ausgegangen sei, antwortet sie zunächst ausweichend, dann stellt sie sich gekränkt über sein Mißtrauen, worauf er sie reuevoll in seine Arme schließt und sie zärtlich küssen will. Zu seinem Schrecken nimmt er aber in ihren Kleidern Zigarettengeruch wahr. Erregt fährt er auf,

während Susanna zögernd zur Seite geht. Er verlangt von ihr, ihm zu gestehen, was sie so verlegen mache; schon will sie ihm ein Geständnis machen, da wird sie mit einem Mal bockig, als er Gewalt androht. In einem Wutanfall zertrümmert daraufhin Gil, was ihm in die Hände kommt; Susanna geht weinend auf ihr Zimmer. Verzweifelt sinkt er schließlich in einen Lehnstuhl, während Sante mit komischem Entsetzen das verwüstete Zimmer betrachtet und wieder Ordnung macht. Nach einer Weile kehrt Susanna zurück und überbringt ihrem Gatten demütig Hut, Handschuhe und Schirm. Gil erblickt darin eine unzweideutige Geste, daß sie ihn gern los sein möchte. Mit zärtlichen Worten weiß Susanna ihn jedoch soweit zu besänftigen, daß er sie im Weggehen, wenn auch mit vorwurfsvollem Blick, auf die Stirn küßt. Erschöpft sinkt sie nun in den Sessel und überlegt, was zu tun sei. Sie kann aber von ihrer Leidenschaft nun einmal nicht lassen und muß daher doppelt wachsam sein. Sante reicht ihr das Päckchen, aus dem sie sich eine Zigarette nimmt und anzündet. Gleich darauf wird heftig an die Türe geklopft; Gil ist in seinem Mißtrauen umgekehrt. Da er jetzt wieder Zigarettengeruch wahrnimmt, ist er von der Anwesenheit eines fremden Mannes überzeugt. Wütend durchsucht er das ganze Haus, auch Sante muß ihm dabei behilflich sein. Als nach vergeblicher Jagd Susanna fragt, was er denn eigentlich suche, antwortet er mit komischer Wut: den Regenschirm, den er vergessen habe. Wütend zerbricht er den von Susanna gereichten Schirm und geht fort mit der Drohung, bald zurückzukommen. Kaum ist Gil aus dem Hause, zündet sich Susanna befriedigt wieder eine Zigarette an. Da springt Gil unversehens zum Fenster herein. Erschrocken verbirgt Susanna die Hand mit der Zigarette hinter ihrem Rücken. In seiner blinden Eifersucht glaubt Gil, daß sich der Buhle hinter Susannens Rücken verberge; hastig faßt er nach ihrer Hand und brennt sich empfindlich an der Zigarette. Gil, glücklich über eine so harmlose Klärung seines schwarzen Verdachts, hat mit einem Mal nicht nur nichts mehr gegen Susannens Leidenschaft, sondern zündet sich gleich selbst eine Zigarette an. Eng umschlungen begibt sich das Paar mit brennenden Zigaretten ins Schlafzimmer. Jetzt steckt sich auch der Diener eine Zigarette an, dann verlöscht er die Lampe und entfernt sich, während sich im Salon eine Rauchwolke zerteilt.

STILISTISCHE STELLUNG: Auch bei ›Il segreto di Susanna‹ hält Wolf-Ferrari, wenn auch nur äußerlich, den Kontakt mit der alten Opera buffa aufrecht. Das heitere Spiel mit seinen harmlosen Verwicklungen ist, ähnlich wie das Urbild der Opera buffa, Giovanni Battista Pergolesis ›La serva padrona‹, wegen seiner knappen Form »Intermezzo« benannt. Als Träger der Handlung fungieren hier wie dort nur zwei singende und ein stummer Darsteller. Den Charakter des federleichten Kammerspiels deutet gleich die im sprühenden Lustspieltempo vorbeirauschende Ouvertüre »in miniatura a quattro temi« an, welche die in kunstvollem Satz durchgeführten vier Themen am Schluß in Engführung bringt. Die Partitur enthält wie schon bei den vorangegangenen Werken eine große Anzahl geschlossener Formen, zwischen die sich freiere und rezitativische Partien schieben. Der pikante Reiz der musikalischen Gestaltung liegt wiederum in dem abwechslungsreichen und nahtlosen Ineinandergehen von einem trefflich charakterisierenden Parlando und einem teils zarten, teils schwelgerischen Arioso. Ein subtil begleitendes und manchmal illustrierend untermalendes Orchester dient den Singstimmen als Rahmen und Stütze.

TEXTDICHTUNG: Die Dichtung wurde nach einer französischen Vorlage von Enrico Golisciani ausgeführt, die deutsche Übersetzung nahm Max Kalbeck vor.

GESCHICHTLICHES: Das nach den ›Vier Grobianen‹ entstandene köstliche Ehe-Intermezzo ging am 4. Dezember 1909 unter der musikalischen Leitung von Felix Mottl am Hoftheater in München zum ersten Mal in Szene. Die begeisterte Aufnahme der Uraufführung hatte eine rasche Verbreitung von ›Susannens Geheimnis‹ zur Folge. Das dankbare und ohne große technische Schwierigkeiten aufführbare Stück wird auch heute noch gern zur Komplettierung von Einakter- oder Ballettabenden herangezogen, wenngleich sein Konfliktstoff in unserer Zeit nicht mehr aktuell ist.

Sly oder Die Legende vom wiedererweckten Schläfer

Oper in drei Akten (vier Bildern). Libretto von Giovacchino Forzano.

SOLISTEN: *Sly* (Jugendlicher Heldentenor, auch Charaktertenor, gr. P.) – *Dolly* (Jugendlich-dramatischer Sopran, gr. P.) – *Der Graf von Westmoreland* (Kavalierbariton, auch Heldenbariton, auch Charakterbariton, gr. P.) – *1. Edelmann/Mohr* (Lyrischer Tenor, auch Charaktertenor, m. P.) – *2. Edelmann/Indianer* (Spieltenor, auch Charaktertenor, m. P.) – *3. Edelmann/Alter Diener* (Tenor, auch Bariton, m. P.) – *4. Edelmann/Chinese* (Charakterbariton, m. P.) – *5. Edelmann/Arzt* (Baßbariton, auch Baß, m. P.) – *6. Edelmann/Musiker* (Tenor, m. P.) – *John Plake,* Schauspieler (Charakterbariton, auch Charakterbaß, gr. P.) – *Snare,* Gehilfe des Sheriffs (Baßbariton, auch Baß, m. P.) – *Die Wirtin* (Charaktersopran, auch Mezzosopran, m. P.) – *Rosalina* (Lyrischer Sopran, kl. P.) – *1. Dame* (Sopran, kl. P.) – *2. Dame* (Mezzosopran, auch Alt, kl. P.) – *3. Dame* (Alt, kl. P.) – *Ein Page* (Mezzosopran, kl. P.) – *Drei Diener des Grafen* (Bässe, auch Baritöne, kl. P.) – *Ein Landrichter* (Tenor, kl. P.) – *Ein Soldat* (Baß, kl. P.) – *Ein Koch* (Baß, kl. P.) – *Ein Hausdiener* (Tenor, kl. P.) – *Ein Fuhrmann* (Baß, kl. P.) – *1. Zechbruder* (Tenor, auch Bariton, kl. P.) – *2. Zechbruder* (Bariton, auch Baß, kl. P.).

CHOR: Pagen. Zechbrüder. Gäste der Taverne. Diener des Grafen (m. Chp.).
ORT: London.
SCHAUPLÄTZE: Die Taverne »Zum Falken« in London – Zimmer im Schloß des Grafen Westmoreland – Saal im Schloß des Grafen Westmoreland – Keller im Schloß des Grafen Westmoreland.
ZEIT: 1603.
ORCHESTER: 3 Fl., 3 Ob., 3 Kl., 3 Fag. – 4 Hr., 3 Trp., 3 Pos., Tuba – P., Schl., Glsp., Klav., Hrf. – Str.
GLIEDERUNG: Durchkomponierte Großform.
SPIELDAUER: etwa 2¼ Stunden.
HANDLUNG: In der Taverne »Zum Falken« in London geht es hoch her. Man trinkt und unterhält sich, ein Soldat und ein Fuhrmann spielen Karten, der Landrichter sitzt vor dem Schachbrett. Der Schauspieler John Plake und seine Zechkumpanen haben im Weinkeller sieben Flaschen alten Madeira gefunden, und die Wirtin fürchtet, sie könnten die Zeche schuldig bleiben. Die Szene eskaliert, als der Soldat entdeckt, daß der Fuhrmann falsch spielt, und als der Landrichter, von den Zechbrüdern verspottet und gestört, schimpfend das Lokal verläßt. Die Wirtin muß nun um das Renomee ihres Lokals fürchten und will Plake und seine Genossen hinauswerfen, doch diese wollen nicht freiwillig gehen. Da erscheint plötzlich die schöne, reich gekleidete Dolly; ihre damenhafte Erscheinung bewirkt plötzliche Ruhe. Dolly stellt sich vor: sie sei »eine Frau, die es dürstet nach Freude«. Der Streit ist vergessen, alles huldigt ihr und feiert sie als Königin der Taverne. John Plake bedauert, daß der Dichter und Sänger Sly nicht anwesend sei; er wäre der Richtige, um Dolly gebührend zu empfangen. Dem armen Mädchen Rosalina, das sie bewundernd anblickt, schenkt Dolly zur Erinnerung einen Ring und beneidet sie zugleich um ihr Liebesglück – auch Reichtum könne die Erfüllung in der Liebe nicht ersetzen. Auf der Suche nach seiner Geliebten Dolly kommt der Graf Westmoreland mit einigen Edelleuten in die Taverne. Er stellt Dolly zur Rede, und sie antwortet ihm, sie sei geflohen, weil sie die Langeweile auf dem Schloß und das gestelzt-unwahre Gebaren der Höflinge nicht mehr ertragen könne – hier, unter Menschen, die noch lachen könnten, gefalle es ihr besser. Der Graf entschließt sich, zu bleiben. Wenig später stürmt Sly in die Taverne. Er ist besonders ausgelassen, weil er für das Verfassen eines Hochzeitsgedichtes ein wenig Geld bekommen hat. Doch die fröhliche Stimmung wird unterbrochen, weil Snare, der Gehilfe des Sheriffs erscheint, um Sly wegen seiner Schulden zu verhaften. Den Zechkumpanen gelingt es, Sly im letzten Augenblick zu verstecken; John Plake schüchtert die Wirtin ein, so daß diese sich nicht traut, zu verraten, daß Sly anwesend ist. So muß Snare unverrichteter Dinge wieder gehen. Sly wird aufgefordert, ein Lied zum Besten zu geben, und singt die Ballade vom verliebten Tanzbären.

Dann trinkt er eine Flasche Wein auf einen Zug aus. Der Rausch löst ihm die Zunge: er spricht von seinem armseligen Dasein, von seiner Sehnsucht nach Nähe und Geborgenheit, nach Liebe, von seiner Flucht in den betäubenden Alkohol. Dann bricht er bewußtlos zusammen. Dem Grafen Westmoreland kommt eine bizarre Idee: er befiehlt, den betrunkenen Sly aufs Schloß zu tragen und ihn dort kostbar zu kleiden; wenn er dann erwache, wolle man ihm vorspielen, er sei der Besitzer des Schlosses. Einzig John Plake ist angewidert von dem Spiel, das man mit seinem Freunde treibt. – Sly liegt noch in tiefem Schlaf. Drei Damen, ein Page und der Graf, der sich als Harlekin verkleidet hat, beobachten ihn. Langsam kommt er zu sich und will sich erheben; verwundert schaut er auf die reiche Kleidung, die Ringe an den Fingern, auf die ihn aufmerksam bedienenden Damen, den ehrerbietigen Narren. Zuerst glaubt er an ein Trugbild, aber als dieses nicht weicht, glaubt er, er sei im Rausch versehentlich in ein Schloß geraten und die Diener, noch betrunkener als er, hielten ihn versehentlich für ihren Herrn. Doch die vermeintlichen Diener beharren auf ihrem Spiel, und als Sly vom Geld spricht, bringen sie ihm eine ganze Truhe voll und suggerieren ihm unermeßlichen Reichtum. Dann berichtet ihm der Graf, er sei vor nunmehr zehn Jahren bei einem prunkvollen Fest plötzlich zusammengebrochen, habe drei Tage wie tot dagelegen und sei dann, im Geiste verwirrt, besessen, seines Erinnerungsvermögens beraubt, zu sich gekommen. Als plötzlich Glockenschläge zu hören sind, fährt er fort: seine Gattin habe in der ganzen Zeit in jeder Nacht in der Schloßkapelle um seine Genesung gebetet. Sly ist nun vollständig verwirrt. Der Graf drückt ihm eine Miniatur mit Dollys Bild in die Hand, und verabredungsgemäß ertönt aus der Ferne Dollys Stimme. Sly will sie sehen, und da ihn der »Arzt« für genesen erklärt, wird er in den großen Saal des Schlosses geführt, wo ihn das Gefolge des Grafen ehrerbietig begrüßt. Er verlangt nach Dolly; sie wird geholt, und Sly schickt den ganzen Hofstaat hinaus. Dolly heuchelt, wie es ihrer Rolle entspricht, Rührung; doch Slys Unsicherheit, die Aufrichtigkeit seiner Gefühle verwirren sie; sie selbst empfindet Erbarmen, ja mehr: Liebe. Die falschen Worte der Komödie, die sie spielen soll, erhalten einen anderen Sinn, werden zur Wahrheit des Gefühls. Mit sadistischer Grausamkeit zerstört der Graf Slys Glück, indem er die Stimme von Snare, dem Gehilfen des Sheriffs imitiert; blitzartig erkennt Sly seine Lage und glaubt, Dolly habe ihn verraten. Unter dem Gelächter des ganzen Hofstaates läßt ihn der Graf in den Schloßkeller schleppen. Nur Dolly bleibt mit Tränen in den Augen zurück. – Sly ist im Keller eingesperrt: Diener bringen ihm seine alten Kleider und Geld; der Graf pflegt seine Vergnügen zu bezahlen, ja, er bietet Sly sogar an, als Dichter, als Hofnarr im Schlosse zu bleiben; nur das Ducken müsse er eben noch lernen. Dann lassen sie ihn allein. Seine Gedanken kreisen um Dolly; seine Hoffnung, diese Frau könne ihn lieben, schlägt schnell um in Resignation und Verzweiflung. Er sieht sich wieder in der Taverne, hört die Zurufe der Zechbrüder – nie mehr will er das erleben. Er beschließt, sich das Leben zu nehmen; ein letztes Mal soll ihm die Flasche, deren Inhalt ihn so oft betäubte, zu Diensten sein. Er zerschlägt sie und öffnet sich die Pulsadern. Ermattet sinkt er nieder. Da öffnet sich leise die Kellertür: Dolly hat sich heimlich zu ihm geschlichen, um seine Verzeihung zu erbitten und ihm zu sagen, daß sie ihn liebe. Als Sly nicht antwortet, hält sie ihn zuerst für betrunken, doch dann sieht sie im Mondlicht seine blutüberströmten Hände. Weinend bricht sie über dem Sterbenden zusammen.

STILISTISCHE STELLUNG: Wolf-Ferrari gilt heute in der Regel als der gemütvoll-heitere Verfasser italienischer Buffa-Komödien im Goldoni-Ambiente venezianischer Commedia dell'arte; daß er auch eine der eindrücklichsten musikdramatischen Künstlertragödien des 20. Jahrhunderts hinterlassen hat, ist vielfach in Vergessenheit geraten. Sein ›Sly‹ ist ein Seelendrama, das wie eine Komödie beginnt, ist die Tragödie eines sensiblen Künstlers, der von einer gefühllos-amüsiergeilen Gesellschaft aus seinem Milieu gerissen wird, dem man das Glück zeigt, um es ihm dann brutal wieder wegzunehmen. Er stirbt daran. Musikalisch baut Wolf-Ferrari weiter auf die erprobten Buffa-Elemente einer zwischen Verismo, Klassizismus und Puccini-Nähe changierenden Tonsprache, doch bekommen die heiteren Balladen, die spielerischen Märsche, die lebendigen Ensembles eine seltsam-resignative Traurigkeit, eine Doppelbödigkeit, die die Katastrophe durchschimmern läßt.

TEXTDICHTUNG: Giovacchino Forzano, der bereits das Libretto zu Puccinis ›Gianni Schicchi‹ verfaßt hatte, hatte auch den ›Sly‹ ursprünglich für Puccini vorgesehen; doch als dieser überraschend starb, wurde der Text für Wolf-Ferrari frei, der sich alsbald an die Komposition begab. Forzanos Libretto, das in der Problematik von Künstler und Gesellschaft offensichtlich auch ein zeittypisches Problem der Operndichtung ansprach (zur gleichen Zeit entstanden Hans Pfitzners ›Palestrina‹, Paul Hindemiths ›Mathis der Maler‹ und Ferruccio Busonis ›Doktor Faust‹), griff dabei zurück auf Vorlagen bei Pedro Calderóns ›Das Leben ist ein Traum‹ und William Shakespeares ›Der Widerspenstigen Zähmung‹ – Gerhart Hauptmann hatte, allerdings ohne tragischen Schluß, das Thema der Verwechslung von Schein und Wirklichkeit in seiner 1900 uraufgeführten Komödie ›Schluck und Jau‹ für die Bühne gestaltet.

GESCHICHTLICHES: Wolf-Ferraris ›Sly‹ wurde am 29. Dezember 1927 an der Mailänder Scala uraufgeführt. Die deutsche Erstaufführung folgte bereits am 15. Oktober 1928 in Dresden, ein Tag später gab es die Premiere in Hannover; Graz, Berlin und Basel folgten 1929, Wien 1934. Dann wurde es still um das Stück. Eine Aufführung in Mainz 1963 zeigte die großen Qualitäten des Werkes, erfolgreich waren dann die Produktionen 1980 in Wiesbaden und 1982 in Hannover – von der letztgenannten gibt es auch eine Schallplattenaufnahme.

W.K.

Alexander von Zemlinsky

* 14. Oktober 1871 in Wien, † 15. März 1942 in Larchmont (New York)
Sarema (1897 München), T: nach Rudolf v. Gottschall, V: Berté, Wien
Es war einmal (1900 Wien), T: Maximilian Singer nach Holger Drachmann, kO., Ms.
Der Traumgörge (1906/7; 1980 Nürnberg), T: Leo Feld, Ms.
Kleider machen Leute (1910 Wien, 2. Fassung 1922 Prag), T: nach Gottfried Keller v. L. Feld, kO., V: U. E.
Eine florentinische Tragödie (1917 Stuttgart), T: Oscar Wilde, E., V: U. E.
Der Zwerg (1922 Köln), T: nach O. Wilde v. Georg C. Klaren, E., V: U. E.
Der Kreidekreis (1933 Zürich), T: nach Klabund, V: U. E.
Der König Kandaules (1935, Fragment), T: nach André Gide, Ms.

Kleider machen Leute

Musikalische Komödie in einem Vorspiel und zwei Akten. Text unter Benützung von Gottfried Kellers gleichnamiger Novelle von Leo Feld.

SOLISTEN: *Wenzel Strapinski,* ein Schneidergeselle aus Seldwyla (Jugendlicher Heldentenor, auch Charaktertenor, gr. P.) – *Sein Meister* (Sprechrolle, kl. P.) – *1. Schneidergeselle* (Tenor, kl. P.) – *2. Schneidergeselle* (Baß, kl. P.) – *Der Amtsrat* (Seriöser Baß, auch Heldenbariton, m. P.) – *Nettchen,* seine Tochter (Jugendlich-dramatischer Sopran, gr. P.) – *Melchior Böhni,* Prokurist von Quandt & Sohn in Goldach (Kavalierbariton, auch Lyrischer Bariton, gr. P.) – *Adam Litumlei,* Notar (Baß, m. P.) – *Frau Litumlei* (Mezzosopran, auch Alt, kl. P.) – *Polykarpus Federspiel,* Stadtschreiber (Charaktertenor, auch Spieltenor, m. P.) – *Der ältere Sohn des Hauses Häberlein & Cie* (Tenor, m. P.) – *Frau Häberlein* (Mezzosopran, auch Alt, kl. P.) – *Der jüngere Sohn des Hauses Pütschli-Nivergelt* (Lyrischer Bariton, auch Charakterbariton, m. P.) – *Der Wirt »Zur Waage«* (Baß, m. P.) – *Die Wirtin* (Sopran, kl. P.) – *Die Köchin* (Mezzosopran, auch Alt, kl. P.) – *Der Hausknecht* (Tenor, kl. P.) – *Der Kellner* (Tenor, kl. P.) – *Der Kellnerjunge* (Knabenstimme, auch Sopran, kl. P.) – *Ein Kutscher* (Baß, auch Bariton, kl. P.) – *Ein Prologus* (Sprecher, kl. P.).
CHOR: Männer und Frauen aus Goldach und Seldwyla (gemischter Chor; kl. Chp.).

ORT: Die Handlung spielt in der Schweiz in Goldach.
SCHAUPLÄTZE: Auf der Landstraße – Vor dem Wirtshaus in Goldach – Im Hause des Amtsrats – Das Waldhaus.
ZEIT: Anfang des 19. Jahrhunderts.
ORCHESTER: 3 Fl., 3 Ob., 2 Kl., 3 Fag. – 4 Hr., 3 Trp., 4 Pos., Tuba – P., Schl., Hrf., Cel., Klav. – Str. – Bühnenmusik: 2 Kl., 2 Hr., 1 Trp., 1 Bpos., Klav., Viol.
GLIEDERUNG: Durchkomponierte, szenisch gegliederte Großform.
SPIELDAUER: etwa 2¼ Stunden.
HANDLUNG: Der Schneider Wenzel Strapinski hat seinen Dienst in Seldwyla aufgekündigt und geht auf die Wanderschaft. Wie es der Brauch ist, haben ihn seine bisherigen Gesellen-Kameraden bis an die Stadtgrenze begleitet und verabschieden sich nun von ihm. Sie bewundern seinen prächtigen Staat, insbesondere einen vornehmen Mantel und eine Zobelmütze, und Strapinski, der sich diese Stücke selbst geschneidert hat, sagt, von ihnen wolle er sich nie trennen, selbst, wenn er kein Geld mehr habe. Dann macht er sich auf der Landstraße auf den Weg. Ein Kutscher kommt mit einer prächtigen Kutsche vorbei und fragt den Schneider nach dem Weg nach Goldach; da der Schneider auch dorthin will, lädt ihn der Kutscher ein, bis dorthin mitzufahren. – Vor dem Gasthof »Zur Waage« in Goldach. Der Prokurist Böhni umwirbt Nettchen, die Tochter des Amtsrats, doch Nettchen ist dem kühl-selbstgefälligen Böhni nicht zugetan; sie hat noch die Hoffnung auf eine große, romantische Leidenschaft. Da fährt, zum nicht geringen Erstaunen der Einwohner von Goldach, die herrschaftliche Kutsche vor, und Strapinski steigt aus. Alles hält ihn für einen hochadligen Herrn, und er ist durch den untertänig-devoten Empfang völlig verwirrt und weiß sich der vielen Ehrerbietigkeiten gar nicht zu erwehren. Den Kutscher ärgert es, daß Strapinski sich gar nicht für die Fahrt bedankt; er will ihm einen kleinen Denkzettel geben – so sagt er dem Wirt, seine Zeche bezahle der Herr Graf Strapinski. Schnell spricht es sich herum, daß da ein reicher Graf aus Polen abgestiegen sei. Strapinski wird vom Besten aufgetischt, und da er nun nicht mehr entkommen kann, beschließt er erst einmal, sich an den feinen Sachen gütlich zu tun. Vier Honoratioren des Ortes treffen sich im Wirtsgarten, um dort Kaffee zu trinken und eine Zigarre zu rauchen. Als sie erfahren, wer der Fremde ist, machen sie höflich ihre Aufwartung und bieten dem Grafen zu rauchen an. Der Amtsrat kommt mit Nettchen; das junge Mädchen wird dem Grafen vorgestellt, und Strapinski findet sie schön und gefällt sich immer mehr in seiner Rolle als geheimnisvoller polnischer Graf. Der Prokurist Böhni kommt dazu und ist überaus eifersüchtig, als er den zarten Umgang Nettchens mit Strapinski sieht. So schaut er näher hin und bemerkt die zerstochenen Finger des Grafen; er erkundigt sich, woher die Kutsche kam, mit der der Graf angereist ist, und läßt sogleich anspannen, um nach Seldwyla zu fahren.

Währenddessen kommt entsetzt der Wirt und meldet, der dumme Kutscher des Herrn Grafen habe aus Versehen das ganze Gepäck mitgenommen. Schnell verabschieden sich die Honoratioren, aber nur, um eiligst wiederzukommen und den Herrn Grafen mit den notwendigen Schlafröcken, Nachtmützen, Zahnbürsten und anderen Utensilien für die erste Nacht auszustatten. Strapinski, der eine Zeitlang überlegt hat, ob er in der Nacht heimlich verschwinden solle, beschließt, zu bleiben, um Nettchen, in die er sich verliebt hat, noch einmal zu sehen. – Der Amtsrat hat den vermeintlichen Grafen in sein Haus eingeladen. Nettchen wird gebeten, ein Lied vorzutragen, und als auch der Graf sagt, er würde sich freuen, ist sie bereit und trägt Heinrich Heines »Lehn deine Wang an meine Wang« vor. Eifersüchtig sieht Böhni, wie Nettchen und der Graf immer mehr zueinander finden. Er war in Seldwyla und hat sich nach Strapinski erkundigt, hält aber vorläufig mit seiner Weisheit hinter dem Berg. Strapinski beschließt, sich nun, nach einem festlichen Essen, aus dem Staube zu machen, doch als er noch zögernd nach der Tür sucht, kommt Nettchen dazu. Er will sich von ihr verabschieden, beide bedauern die kurze Zeit ihres gemeinsamen Glücks, als sie in zärtlicher Umarmung von Böhni ertappt werden, der sogleich den Amtsrat dazu ruft. Es bleibt nichts, um Nettchens Ehre zu retten, als die Verlobung anzukündigen. Der Amtsrat ist stolz und gerührt, die ganze Gesellschaft gratuliert. Um die Verlobung recht zu feiern, lädt der Amtsrat alle für den Abend ins »Waldhaus« ein. In der Zwischenzeit will man schon tanzen. Böhni, dem die Entwicklung recht in den Kram paßt, setzt sich ans Klavier und spielt Walzer. – Am Abend versammelt sich alles im Gasthof »Waldhaus«. Böhni hat unterdessen die Bürger aus Seldwyla, unter ihnen Strapinskis Meister und seine beiden Gesellen, nach Goldach geholt. Sie sollen in einem allegorischen Spiel den falschen Grafen entlarven. Die Leute aus Seldwyla kommen, und während sich alle Verlobungsgäste auf die unverhoffte Unterhaltung freuen, schwant Strapinski nichts Gutes. Ein Prologus tritt auf und verkündet , man wolle den alten Schneiderschwank »Kleider machen Leute« aufführen. Nach allerlei Drumherum tritt schließlich Strapinskis Meister in demselben Gewand auf, in dem Strapinski nach Goldach gekommen ist, und begrüßt ihn schließlich freundlich. Alles ist entsetzt: der Graf ist ein Schneidergeselle. Aufgebracht verspotten ihn Goldacher und Seldwyler Bürger. Aber Strapinski wehrt sich: wer sei denn um ihn herumgekrochen, devot und untertänig, wenn nicht die Bürger von Goldach? Schuldig sei er nur gegen Nettchen geworden. Die beiden bleiben allein, und Strapinski macht ihr ein Geständnis, wie es zu all den Verwicklungen kam. Dann will er gehen, aber Nettchen hält ihn zurück; sie liebt ihn auch als Schneidergesellen.

STILISTISCHE STELLUNG: Alexander Zemlinskys erste und einzige heitere Oper, die das schmale Genre des musikalischen Lustspiels seit Her-

mann Goetz' ›Der Widerspenstigen Zähmung‹ und Hugo Wolfs ›Corregidor‹ fortzusetzen sich bemüht, ist eine Komödie der »leisen Töne« geblieben, was vielleicht – wie bei den genannten Vorgängern – den großen Publikumserfolg verhindert hat. Dabei gelingt es Zemlinsky zumal in der überarbeiteten, etwas gerafften zweiten Fassung des Werkes (Prag 1922) nicht nur, die spießbürgerliche Welt Goldachs, die gar zu gerne auf den vermeintlichen Grafen hereinfällt, zugleich liebevoll wie ironisch zu charakterisieren (so in dem von einem langsamen Walzer ausgehenden ›Rauch-Quintett‹ im I. Akt), er vermag auch die Hauptgestalten des Schneiders Strapinski, der ohne eigenes Zutun in die Rolle eines polnischen Grafen gedrängt wird, wie auch der Amtsratstochter Nettchen, deren hochfliegende Heiratswünsche schließlich in der Selbstbescheidung der künftigen »Frau Meisterin« enden, als volle, lebenskräftige Bühnenfiguren zu gestalten. Wie eine Art Leitmotiv, auf höchst abwechslungsreiche und differenzierte Art verändert, durchzieht das ›Schneiderlied‹ aus dem Prolog das ganze Werk. Zemlinskys Tonsprache, stilistisch zwischen Richard Strauss und Arnold Schönberg anzusiedeln, ist hier merklich auf schlank-schmiegsamen, in der Kunst der Ensembleführung an Mozart gemahnenden Kammerton zurückgenommen.
TEXTDICHTUNG: Der Wiener Literat Leo Feld, der schon das Libretto zu Zemlinskys Oper ›Der Traumgörge‹ geschrieben hatte, hat Gottfried Kellers 1864 veröffentlichte Novelle ›Kleider machen Leute‹ zum Libretto umgearbeitet, dabei die Hauptcharaktere nicht ungeschickt geprägt und auch auf wirkungsvollen Ablauf und gutgebaute Aktschlüsse geachtet; sprachlich jedoch steht seine bisweilen etwas triviale Reimerei dem Werk eher im Wege.
GESCHICHTLICHES: Zemlinsky schrieb seine vierte Oper in den Jahren 1906 bis 1910; uraufgeführt wurde sie am 2. Oktober 1910 unter der Leitung des Komponisten an der Volksoper Wien. Die zweite, überarbeitete Fassung, die gewisse Textlängen und dramaturgische Schwächen kürzt, kam am 20. April 1922 im Neuen Deutschen Theater in Prag erstmals auf die Bühne und wurde in Düsseldorf, Köln und Zürich nachgespielt. Durch das Dritte Reich und den Zweiten Weltkrieg sowie des Komponisten Tod im Exil geriet Zemlinsky nach 1945 in Vergessenheit; erst seit Anfang der siebziger Jahre besinnt man sich stärker wieder auf ihn; erstaunlicherweise steht die bühnenwirksame Komödie ›Kleider machen Leute‹ dabei – sieht man von einer bemühten, aber den Ansprüchen des Werkes nicht ganz genügenden Aufführung in Oberhausen 1982 ab – noch etwas am Rande. Hier ist eine der wenigen musikalisch hochrangigen und dramaturgisch gelungenen musikalischen Komödien des deutschen Opernrepertoires für die Bühne zurückzugewinnen.

W.K.

Eine florentinische Tragödie

Oper in einem Aufzug. Dichtung von Oscar Wilde in der deutschen Übersetzung von Max Meyerfeld.

SOLISTEN: *Guido Bardi,* Prinz von Florenz (Jugendlicher Heldentenor, auch Charaktertenor, gr. P.) – *Simone,* ein Kaufmann (Heldenbariton, auch Charakterbariton, gr. P.) – *Bianca,* seine Frau (Jugendlich-dramatischer Sopran, auch Dramatischer Mezzosopran, m. P.).
CHOR: kein Chor.
ORT: Florenz.
SCHAUPLATZ: Ein Zimmer im Hause des wohlhabenden Kaufmanns Simone, mit Ausblick auf den Garten.
ZEIT: 16. Jahrhundert.
ORCHESTER: 3 Fl. (III. auch Picc.), 3 Ob. (III. auch Eh.), 3 Kl., Bkl., 3 Fag. (III. auch Kfag.) – 6 Hr., 4 Trp., 3 Pos., Tuba – P., Schl., Hrf., Mandoline, Cel., Glsp., Xyl. – Str.
GLIEDERUNG: Durchkomponierte Großform.
SPIELDAUER: etwa 1 Stunde.
HANDLUNG: Der Tuchhändler Simone kehrt von einer Geschäftsreise zurück und überrascht in seinem Hause seine Frau Bianca mit Guido Bardi, dem Sohn des Herzogs von Florenz. Obwohl die Situation kaum deutlicher sein könnte, sieht Simone zuerst darüber hinweg, begrüßt devot den hohen Gast, der ihn, seiner Überlegenheit sicher, noch zusätzlich durch frivole Anspielungen reizt. Doch Simone unterstellt, Bardi sei nur gekommen, um Stoffe und Kleider zu kaufen, und er legt ihm die teuersten Stücke vor. Bardi läßt sich auf das Spiel ein; er ist bereit, für Bianca ein hohes »Lösegeld« zu zahlen, und bietet Simone die hohe Summe von hunderttausend Kronen für ein prachtvolles Staatsgewand. Bardi reizt den Kaufmann erneut, indem er ganz offen die schöne Bianca fordert, doch Simone weiß das Gespräch wieder auf anderes Gebiet zu führen; diesmal auf die Politik. Als er, erneut von Bardi abgewiesen, kurz das Zimmer verläßt, bekennt sich Bianca zu ihrem Geliebten und hofft, Simone würde der Schlag treffen. Doch dieser kehrt zurück und nimmt nun seinerseits, in wohlabgewogenen, stets allgemein gehaltenen Bemerkungen, den Fehdehandschuh auf, den ihm der Prinz hingeworfen hat. Er bestimmt den Abend zur Feier, will, da er sieht, daß der Prinz eine Laute mitgebracht hat, diesen dazu bewegen, zu spielen, holt Wein – doch dann will er mit ihm nicht trinken und geht allein in den nächtlichen Garten. Guido, den der schale Krämer langweilt, will gehen – er verabredet sich für den nächsten Tag mit Bianca und verabschiedet sich von ihr mit einem langen Kuß. Simone kommt zurück, will zuerst Guido aufhalten, doch befiehlt dann Bianca, eine Fackel zu holen, um zu leuchten. Er selbst holt des Prinzen Mantel und Schwert, bewundert die Waffe, spricht davon,

auch er besitze ein Schwert, und wenn ihm jemand etwas wegnehmen wolle, so wisse er sich wohl zu wehren. Dann fordert er den Prinzen zum Zweikampf heraus – doch aus dem ritterlichen Waffenspiel wird sogleich Ernst; Guido gelingt es, Simone leicht zu verwunden, doch Simone zerschlägt ihm das Schwert. Beide fallen nun mit Dolchen übereinander her; auf Simones Geheiß löscht Bianca die Fackel, und dem Kaufmann gelingt es, den Prinzen zu entwaffnen. Er drückt ihn zu Boden und erwürgt ihn. Zuerst entsetzt, dann mit immer größerer Faszination hat Bianca, die zuerst den Liebhaber aufstachelte, den Gatten zu töten, Simones Handeln zugeschaut. Über der Leiche des Liebhabers finden die Gatten zueinander.

Stilistische Stellung: Zemlinskys Einakter, den er später noch durch einen zweiten, auf Oscar Wildes ›Der Geburtstag der Infantin‹, ergänzte, ist in seiner luxurierenden Klangfülle, in seiner orchestralen Üppigkeit, aber auch in der Lakonik der Handlung, die eine vermeintlich herkömmliche Dreiecksgeschichte überleitet in die Auseinandersetzung zwischen Ästhetizismus und Realität, vielleicht jenes Werk, das Richard Strauss am nächsten steht. Dabei unterscheidet sich Zemlinskys Partitur aber von einer Strauss'schen, etwa der ›Salome‹, durch eine differenziertere, vielfach mehrdeutige Tonsprache, die neben dem effektvollen Rausch auch die Gefährdung einer Zeit, die auf »die große Tat« als Befreiung aus bürgerlicher Enge setzt, mitkomponiert.

Textdichtung: Oscar Wildes unvollständig überliefertes Drama (es wurde aus seinem Hause gestohlen, als der Dichter wegen homosexueller Neigung im Zuchthaus von Reading saß, und tauchte erst nach seinem Tod wieder auf, wobei der erste Teil, der wahrscheinlich die Liebesszene zwischen Bianca und Guido zum Inhalt hatte, fehlte) benutzt zwar – wie die ›Salome‹ – ein historisches Gewand, opponiert aber ebenso gegen die bürgerliche Enge der Zeit und spielt mit der Möglichkeit des Ausbruchs. Gerade der Aufschwung des vermeintlichen »schalen Krämers« Simone zum überlegenen Gegner, dem der adlige Ästhet und Frauenliebling Guido Bardi nicht gewachsen ist, wirkte auf die Zeitgenossen provozierend und hat – zumal mit seinem die Grenzen des vermeintlichen guten Geschmacks überschreitenden Schluß – auch heute noch schockierende Momente.

Geschichtliches: Zemlinsky komponierte die ›Florentinische Tragödie‹ 1915/16; uraufgeführt wurde das Werk am 30. Januar 1917 in Stuttgart unter der Leitung von Max von Schillings. Es folgten Aufführungen in Wien, Prag und Brünn. Nach dem Krieg setzte die Zemlinsky-Renaissance erst zögernd ein: die ›Florentinische Tragödie‹ war mit Aufführungen in Kiel, Venedig, Graz, Hamburg und Hannover einer der Vorreiter.

W.K.

Bernd Alois Zimmermann

* 20. März 1918 in Bliesheim bei Köln, † 10. August 1970 in Großkönigsdorf bei Köln
Die Soldaten (1965 Köln), T: nach Jakob Michael Reinhold Lenz, V: Schott

Die Soldaten

Oper in vier Akten. Textdichtung nach dem gleichnamigen Schauspiel von Jakob Michael Reinhold Lenz vom Komponisten.

SOLISTEN: *Wesener,* ein Galanteriehändler in Lille (Baßbariton, auch Charakterbaß, m. P.) – *Marie* (Dramatischer Koloratursopran, gr. P.) und *Charlotte* (Dramatischer Mezzosopran, m. P.), seine Töchter – *Weseners alte Mutter* (Tiefer Alt, kl. P.) – *Stolzius,* Tuchhändler in Armentières (Kavalierbariton, auch Lyrischer Bariton, gr. P.) – *Stolzius' Mutter* (Dramatischer Mezzosopran, auch Dramatischer Alt, m. P.) – *Obrist, Graf von Spannheim* (Seriöser Baß, auch Charakterbaß, kl. P.) – *Desportes,* ein Edelmann aus dem französischen Hennegau, in französischen Diensten (Jugendlicher Heldentenor, auch Lyrischer Tenor, m. P.) – *Ein junger Jäger,* in Desportes' Diensten (Sprechrolle, kl. P.) – *Pirzel,* ein Hauptmann (Jugendlicher Heldentenor, auch Charaktertenor, m. P.) – *Eisenhardt,* ein Feldprediger (Heldenbariton, auch Charakterbariton, m. P.) – *Haudy* (Kavalierbariton, m. P.) und *Mary* (Charakterbariton, m. P.), Hauptleute – *Drei junge Offiziere* (Sehr hohe Tenöre [Spieltenöre], m. P.) – *Die Gräfin de la Roche* (Dramatischer Mezzosopran, m. P.) – *Der junge Graf,* ihr Sohn (Lyrischer Tenor, m. P.) – *Andalusierin,* Bedienerin (Tänzerin, m. P.) – *Drei Fähnriche* (Tänzer, kl. P.) – *Madame Roux,* Inhaberin des Kaffeehauses (Stumme Rolle) – *Der Bediente der Gräfin de la Roche* (Sprechrolle, kl. P.) – *Der junge Fähnrich* (Sprechrolle, kl. P.) – *Der betrunkene Offizier* (Sprechrolle, kl. P.) – *Drei Hauptleute* (Sprechrollen, kl. P.).
CHOR: 18 Offiziere und Fähnriche mit den Aufgaben: rhythmisches Sprechen und Bedienen des »Schlagzeugarsenals«, bestehend aus Tischgeschirr und Besteck, Tischen und Stühlen (kl. P.).
BALLETT: Doubles der Darsteller und Tänzer (kl. P.).
ORT: Im französischen Flandern.
SCHAUPLÄTZE: Im Hause Weseners in Lille – Im Hause Stolzius' in Armentières – Wie 1. Bild – In Armentières auf dem eingegangenen Stadtgraben – Wie 1. Bild – Das Kaffeehaus in Armentières – Wie 1. Bild (Simultanbühne) – Wie 4. Bild – Marys Wohnung in Lille – Wie 1. Bild – Der Gräfin La Roche Wohnung in Lille – Wie 1. Bild – Kaffeehaus, Tanzsaal im Hause der Madame Bischof, Tribunal (Si-

multanbühne) – Wie 9. Bild – Am Ufer der Lys mit einer ins Unendliche reichenden, mit Pappeln bestandenen Straße und einer Eisenbahnbrücke im Hintergrund. Drei Filmleinwände, drei Filmprojektoren, Lautsprechergruppen auf der Bühne und im Zuschauerraum.
ZEIT: Gestern, heute und morgen.
ORCHESTER: 4 Fl. (auch Picc., III. auch Altflöte in G), 3 Ob. (auch Oboi d'amore, III. auch Eh.), 4 Kl. (III. auch Bkl., IV. auch kl. Kl. in Es), 1 Altsaxophon in Es, 3 Fag. (III. auch Kfag.), 5 Hr. (auch 5 Tenortuben in B, V. auch Bt. in F), 4 Trp., 1 Btrp. in Es, 4 Pos. (IV. auch Kpos.), 1 Kbt., P. (1 Spieler), Schl. (8–9 Spieler): Metall-Instrumente (Vibraphon, 2 Satz Röhrenglocken, Glsp., 2 Paar Becken, 3 einfache Becken, 3 montierte Becken [verschiedener Größe], 2 Gongs [tief und sehr tief], 2 Tamtams [tief und sehr tief], 3 montierte Cowbells, 1 Cowbell [in der Hand gehalten], 3 Crotales in es'', f'', g'', Tambourin, Hi-hat, Steelsticks [geschlossen], 5 Triangeln [verschiedener Größe], 3 Eisenbahnschienen [möglichst lang und frei hängend]); Fell-Instrumente (2 kl. Tr., 1 gr. Tr., 1 Rührtrommel, 5 Tomtoms [verschiedener Größe], 3 Bongos [verschiedener Größe], Rummelpott [Sidedrum]); Holz-Instrumente (Xylophon, Marimbaphon [groß], Schüttelrohr, Kastagnetten [spanisch], 2 Holztrommeln [Schlitztrommeln, groß], Gurke, Maracas, Rumbaholz [Claves], 2 gr. Holzdeckel [zum Zusammenschlagen], Peitschenknall); 2 Hrf., Cemb., Klav. (auch Cel.), Org. (vierhändig, evtl. 2 Org.), Gitarre, 14 Viol. I, 12 Viol. II, 10 Br., 10 Vcl., 8 Kb.
Bühnenmusik (6 Spieler): I (3 P., 4 Röhrenglocken, Becken [klein], Gong [klein], Cowbell [klein], 3 Triangeln [verschiedene Größe, hoch], Crotales, kl. Tr., Rührtrommel, gr. Tr., 2 Bongos, Tempelblock [hoch], Maracas); II (3 P., 4 Röhrenglocken, Becken [mittel], Gong [mittel], Cowbell [mittel], 3 Triangeln [verschiedene Größe, mittel], Crotales, kl. Tr., 2 Tomtoms, Rührtrommel, Tempelblock [mittel], Maracas); III (3 P., 3 Röhrenglocken, Becken [groß], Gong [groß], Cowbell [groß], Tamtam [tief], 3 Triangeln [verschiedene Größe, tief], Crotales, kl. Tr., gr. Tomtom, Rührtrommel, 2 Tempelblocks [tief], Maracas).
Jazz-Combo: Kl. in B, Trp. in B, Gitarre, Kb. (mit elektrischem Verstärker).
GLIEDERUNG: Vorspiele zum I., III. und IV. Akt sowie Zwischenspiele; Solo- und Simultanszenen, die bildweise pausenlos ineinandergehen.
SPIELDAUER: etwa 2½ Stunden.
HANDLUNG: Der Galanteriehändler Wesener in Lille hat zwei Töchter, Marie und Charlotte, über deren guten Ruf er sorgsam wacht. Charlotte ist mit einer Handarbeit beschäftigt und singt dazu ein Liedchen von dem Herzen, das mehr Qual als Lust bereitet, während die bildhübsche Marie einen Brief an Madame Stolzius schreibt, in welchem sie sich für die freundliche Aufnahme bei ihrem Besuch in Ar-

mentières bedankt. Sie erkundigt sich bei der Schwester, ob ihr Schreiben korrekt abgefaßt sei. Da sie den Brief nicht zu Ende vorliest, vermutet Charlotte, daß ihre Schwester mit dem Schreiben zugleich auch ein Wiedersehen mit dem Sohn der Madame, dem jungen Tuchhändler Stolzius, in die Wege zu leiten sucht. Marie ist über Charlottes Anspielung, daß sie in Stolzius verliebt sei, empört und verläßt wütend das Zimmer. – Erregt reißt Stolzius seiner Mutter Maries Brief aus der Hand. Er will ihn sogleich beantworten und hört nicht auf die Mahnung der Mutter, erst das von dem Herrn Obristen für das Regiment bestellte Tuch auszumessen. – Marie hat noch einen anderen Verehrer, den in französischen Diensten stehenden Baron Desportes, der sich soeben ohne Urlaub vom Regiment entfernt hat, um sie aufzusuchen. Seine überschwenglichen Schmeicheleien machen Eindruck auf das Mädchen. Wesener betritt das Zimmer. Als der Baron sogleich spontan um die Erlaubnis bittet, die Tochter ins Theater führen zu dürfen, lehnt der Vater energisch ab. Er befürchtet, das Mädchen könne bei den bösen Nachbarn ins Gerede kommen, wenn sie in Gesellschaft eines jungen Offiziers gesehen würde. Pikiert verläßt daraufhin Desportes das Haus. Mit begütigenden Worten besänftigt Wesener die enttäuschte Tochter. – Auf dem ehemaligen Stadtgraben in Armentières diskutieren Offiziere heftig mit dem Regimentsgeistlichen, Feldprediger Eisenhardt, über die Amoralität des Soldatenlebens. Hauptmann Haudy hält dem Pastor entgegen, daß ein einziges Theaterstück nicht nur bei den Offizieren, sondern im ganzen Staat nützlicher für die Moral wirken würde als alle Predigten der Herren Pfarrer. Die Auseinandersetzung gipfelt in einem Streit über die gegensätzlichen Auffassungen: während Haudy der Meinung ist, eine Hure werde immer eine Hure, in welche Hände sie auch gerate, behauptet der Feldprediger, eine Hure werde niemals eine Hure, wenn sie nicht dazu gemacht werde. – Wesener sucht Marie zur späten Abendstunde in ihrem Schlafzimmer auf. Besorgt fragt er die Tochter, ob Desportes zu ihr von Liebe gesprochen habe. Marie zeigt dem Vater ein Blatt Papier, das eine feurige Liebeserklärung des Barons enthält. Wesener ist sichtlich von der honetten Ausdrucksweise beeindruckt. Er beschwört aber die Tochter, nur keine Geschenke von Desportes anzunehmen; andererseits bemerkt er, es sei nicht ausgeschlossen, daß sie noch »gnädige Frau« werden könnte. Auf die Frage, was dann der arme Stolzius dazu sagen werde, meint Wesener, sie solle ihn nur nicht gleich abschrekken, er werde ihr schon sagen, was sie ihm schreiben solle. Als sich der Vater entfernt hat, erweckt ein aufziehendes Gewitter in Maries Herz ein bedrückendes Gefühl. – Stolzius besucht das Kaffeehaus in Armentières, in welchem die Offiziere verkehren. Er hofft, dort über Desportes zu hören. Als sich einige Offiziere nach seiner Braut, der Jungfer Wesener in Lille, erkundigen, entgegnet Stolzius, er habe keine Braut, der Herr Desportes müßte es denn besser wissen. Während die älteren

Offiziere Desportes als Ehrenmann bezeichnen, nennen ihn die jüngeren einen Spitzbuben, der sich nur zu amüsieren sucht. Als Haudy daraufhin harmlos bemerkt, er werde deshalb nicht gleich Stolzius seine Braut abspenstig machen, springt dieser erregt auf und verläßt eilig das Lokal. – Marie sitzt weinend über einem Brief, den sie von Stolzius empfangen hat. Als Desportes kommt, zeigt sie ihm das Schreiben. Der Baron will selbst dem »impertinenten Esel« antworten. Doch Marie läßt es nicht zu, weil sie Stolzius schon so gut wie halb versprochen sei. Während sie sich anschickt, den Antwortbrief zu schreiben, fängt sie an, mit Desportes zu kokettieren, der ihr Schäkern sogleich lebhaft erwidert, und es dauert nicht lang, so liegen sich die beiden als liebendes Paar in den Armen. Weseners alte Mutter, die inzwischen in einer Nische des Zimmers Platz genommen hat, singt, während sie strickt, das traurige Lied von dem flandrischen Mädchen, dessen »Lachen, nachdem sie den Mann genommen, in Tränen endet«. Indessen hat Stolzius Maries Brief erhalten, über dessen Inhalt er verzweifelt ist. Vergebens sucht ihn seine Mutter zu trösten mit dem Hinweis, daß solch ein Luder seiner nicht wert sei. Er glaubt nach wie vor an Maries gutes Herz, will aber an ihrem Verführer bittere Rache nehmen. – Auf dem Stadtgraben in Armentières philosophieren Eisenhardt und Hauptmann Pirzel über die Oberflächlichkeit der Menschen. Der Feldprediger meint, schuld daran seien die Frauenzimmer; so könne man keinen Schritt vors Tor der Stadt machen, ohne auf einen Soldaten in Begleitung eines Mädchens zu stoßen. – Stolzius ist Soldat geworden. Auf seine Bitte hin wurde er dem Hauptmann Mary, der gegenwärtig nach Lille abkommandiert ist, als Bursche zugeteilt. Er weiß, daß Desportes mit Mary befreundet ist; auf diese Weise hofft er, am ehesten Gelegenheit zu haben, sich an dem Baron zu rächen, der Marie inzwischen bereits verlassen hat. – Charlotte macht Marie, die sich für eine Spazierfahrt mit Hauptmann Mary vor dem Spiegel putzt, Vorwürfe wegen ihres Lebenswandels und nennt sie ein »Soldatenmensch«. Mary erscheint mit seinem Burschen Stolzius, der aber, durch einen Schnurrbart verändert, von den Mädchen nicht erkannt wird. Marie bemerkt, der Bursche sehe sehr einem gewissen Menschen ähnlich, worauf der Hauptmann sarkastisch erwidert, es sei wohl der, dem sie einen Korb gegeben habe, woran Desportes schuld gewesen sei. – In ihrer Wohnung in Lille wartet die Gräfin de la Roche in später Nacht auf die Heimkehr ihres Sohnes, des jungen Grafen. Sie weiß, daß er in Marie verliebt ist. Als er endlich erscheint, gibt sie ihm den mütterlichen Rat, von der Jungfer Wesener, die keinen guten Ruf hat, zu lassen und zu verreisen. Der junge Graf beteuert, daß ihm das Schicksal des Mädchens, das im Grunde ein offenes, unschuldiges Herz habe, Kummer bereite. Die Gräfin verspricht ihm, sich des Mädchens annehmen zu wollen. – Auch Hauptmann Mary hat Marie verlassen und eine andere zu seiner Freundin gemacht. Charlotte warnt die Schwester vor ihren Hoffnungen auf den jungen Grafen. Da läßt sich die Gräfin de la Roche durch ihren Diener melden. Marie eilt zu dem Wagen und führt die alte Dame auf ihr Zimmer. Die Gräfin fragt Marie mit ernstem, aber gütigem Ausdruck, wie sie, das einfache Bürgermädchen, denn glauben konnte, nur wegen ihrer Schönheit von einem Mann höheren Standes geheiratet zu werden. Sie erklärt ihr auch unmißverständlich, daß ihr Sohn bereits anderweitig versprochen sei, bietet ihr aber an, in ihr Haus als ihre Gesellschafterin zu kommen, wodurch ihr Gelegenheit gegeben sei, ihre Ehre wieder herzustellen. Marie bittet um Bedenkzeit. – Die Handlung spielt sich nun, losgelöst von Raum und Zeit und hin- und herflackernd wie in einem Traum, simultan auf drei Schauplätzen ab: im Kaffeehaus, in dem Vergnügungsetablissement der Madame Bischof und vor einem imaginären Tribunal. Beteiligt sind alle singenden Darsteller. Das Geschehen wird, der Handlung vorgreifend oder auf sie zurückgreifend, zum Teil auch optisch in drei Filmen und akustisch durch die Lautsprecher vermittelt. Es zeigt in stilisierter Darstellung die Vergewaltigung Maries als Sinnbild der brutalen physischen und psychischen Vergewaltigung aller in die Handlung verwickelten Personen und gipfelt bei den verschiedenen Gruppen in dem immer wiederkehrenden Refrain: »Und müssen denn die zittern, die Unrecht leiden, und die allein fröhlich sein, die Unrecht tun!« – Desportes ist in Armentières bei Hauptmann Mary zu Gast. Er erzählt seinem Freund, daß Marie in einem Brief ihren Besuch auf dem Schloß seines Vaters angekündigt habe. Aber er – Desportes – habe sofort an seinen Jäger, einen starken, robusten Kerl, geschrieben, er möge sie empfangen und mit ihr allein auf seinem Zimmer sich die Zeit vertreiben. Mary befiehlt seinem Burschen Stolzius, dem hungrigen Gast eine Weinsuppe zu servieren. Mit bleichem Gesicht kommt dieser dem Auftrag nach. Unmittelbar nach dem Genuß der Speise bricht der Baron zusammen; Stolzius hat ihm Rattengift in die Suppe gegeben. Dem Sterbenden schreit er dreimal ins Ohr: »Marie« und mit dem Ruf: »Meine Marie! Gott kann mich nicht verdammen!« sinkt auch er nieder und stirbt. – Marie hat das Haus der Gräfin verlassen und ist zur Dirne geworden. Auf einer Pappelallee am Ufer der Lys marschiert ein endloser Zug gefallener Soldaten. In ausgelassenem Lärmen drängen sich zwischen sie einige Gruppen fröhlicher Offiziere, die das Vergnügungslokal der Madame Bischof aufsuchen. In Gedanken versunken kommt Wesener des Wegs. Eine verwahrloste junge Frau zupft ihn am Rock. Wesener wehrt ab und bemerkt, sie solle ihr Glück lieber bei den Soldaten suchen. Aber sie entgegnet, sie habe schon seit drei Tagen nichts mehr gegessen und flehe nur um ein Almosen. Wesener weist sie erst unwirsch zurück, läßt sich aber schließlich doch erweichen, ihr ein Geldstück zu geben; er denkt mit kummervollem Herzen, wo wohl jetzt seine Marie um eine mildtätige Gabe bittet. Der Vater hat in der Bettlerin die eigene

Tochter nicht mehr erkannt. Als irrealer Cantus firmus ertönt während der Szene die Stimme des Pfarrers Eisenhardt, das Pater noster betend. Marie fällt wie vernichtet zu Boden, als Wesener mit stockenden Schritten allmählich in dem Zug der Gefallenen verschwindet. Während auf die Bühne sich langsam eine Atomwolke niedersenkt, ertönt mit gewaltiger Stärke aus allen Lautsprechern ein angstvoller Schrei-Klang, der nach und nach bis zu völliger Stille erlischt.

Stilistische Stellung: Über die stilistische Gestaltung seiner Oper ›Die Soldaten‹ informierte der Komponist selbst in einigen erläuternden Darlegungen: »Die unerhörte Kühnheit von Lenzens, in seiner Straßburger Zeit 1771 entstandenen theoretischen Schrift ›Anmerkungen übers Theater‹ wies in eine Richtung, welche in geradezu frappierender Weise mit meinen musikdramaturgischen Vorstellungen von einer Form – die ich dann allen Mißverständnissen zum Trotz ›Oper‹ genannt habe – übereinstimmte. Das Erregendste für mich war wohl vor allem der Lenz'sche Gedanke von der ›Einheit der inneren Handlung‹, welcher die ›Soldaten‹ in so unerhörter Weise bestimmt und Lenz veranlaßte, sich von der ›jämmerlich berühmten Bulle der drei Einheiten‹ (nämlich des Ortes, der Handlung und der Zeit) loszusagen. Konsequent werden also von Lenz die drei klassischen Einheiten negiert, mehrere Handlungen übereinandergeschichtet ... Der Schritt von der Dramaturgie des Sturm und Drangs zur Jetztzeit ist erstaunlich klein: Aufhebung der drei Einheiten führt stracks zur Aufhebung von Raum und Zeit, befindet sich im Innern der ›Kugelgestalt der Zeit‹: Zukunft, Gegenwart und Vergangenheit werden vertauschbar ... Nicht das Zeitstück, das Klassendrama, nicht der speziale Aspekt, nicht auch die Kritik an dem ›Soldatenstand‹ (zeitlos vorgestern wie übermorgen) bildeten für mich den unmittelbaren Beziehungspunkt, sondern der Umstand, wie alle Personen der 1774 bis 75 von Lenz geschriebenen ›Soldaten‹ unentrinnbar in eine Zwangssituation geraten, unschuldig mehr als schuldig, die zu Vergewaltigung, Mord und Selbstmord und letzten Endes in die Vernichtung des Bestehenden führt ... Akt- und Szeneneinteilung ist entsprechend der dargelegten musikdramaturgischen Idee dem Gesichtspunkt des ›Pluralistischen‹ innerhalb der Kugelgestalt der Zeit unterworfen: Späteres wird voraus- und Früheres hintangesetzt: Bach-Choräle, Jazz stehen u. a. Rudimenten der ›Nummern-Oper‹ sowie des ›Musiktheaters‹ gegenüber – eingebettet in eine gewissermaßen pan-akustische Form der musikalischen Szene, die alle Elemente des Sprachlichen, Gesanglichen, Musikalischen, Bildnerischen, Filme, Ballett, Pantomime, Bandmontagen (Geräusch- und Sprachklänge, konkrete Musik) in dem pluralistischen Zeit- und Erlebnisstrom zusammenschmilzt, der dann in jenen Fall mündet, dem wir ständig und unaufhaltsam zustreben – und so beschließt die letzte Bitte des Vaterunsers: ... ›sed libera nos a malo‹ die Oper.« – Mit erstaunlicher Kunstfertigkeit hat Zimmermann seine theoretischen Ideen in die Realität umgesetzt. Die Musik ist – der Simultaneität der szenischen Anlage entsprechend – nach dem seriellen Kompositionsprinzip gestaltet. Zugrunde gelegt ist eine Allintervallreihe, deren Verarbeitung eine unzählige Vielfalt von kontrapunktisch verästelten und kombinierten Gebilden aufweist. Ausdrucksträger ist zunächst ein riesiges Orchester (120 Musiker) mit einem imposanten Schlagzeug-Ensemble (Bühnenmusik), wozu sich auch noch eine moderne Jazz-Combo sowie elektronische Klänge, Bandmontagen und Lautsprechergruppen gesellen. Mit diesem Apparat wußte der Komponist außergewöhnliche Klangeffekte von zarten Solowirkungen bis zu brutalen Geräuschentladungen zu erzielen. Die Dynamik durchmißt alle Stufen vom hauchdünnen Pianissimo bis zu gewaltigen Kraftentfaltungen. Komplizierte Rhythmen und ständiger Taktwechsel kennzeichnen das strukturelle Bild der Partitur. Die Assimilierung der Musik an die nummernartige szenische Aufgliederung bringt der Komponist mit Formbezeichnungen aus der Barockmusik zum Ausdruck, wie Ciacona, Ricercare, Toccata, Nocturno, Capriccio, Corale, Rondino. Höchste Anforderungen sind an die Sänger gestellt, die nicht nur singen und sprechen müssen, sondern auch vielfältige schauspielerische, ja sogar tänzerische Aufgaben zu erfüllen haben. Unentwegte kühne Intervallsprünge fordern Musikalität und Intonationssicherheit. Die Gesangsstimmen sind mit gewissen Notationszeichen ausgestattet, die genau festlegen, wie die betreffende Stelle zu interpretieren ist, so zum Beispiel »bei angedeuteter Tonhöhe mehr sprechen als singen« oder »bei deutlicher Tonhöhe halb gesungen, halb gesprochen« oder »tonus rectus«, das ist der in der katholischen Liturgie gebräuchliche Rezitationston ohne Vibrato.

TEXTDICHTUNG: Als dichterische Vorlage diente Zimmermann das gleichnamige fünfaktige Schauspiel des Sturm und Drang-Dichters und Goethefreunds Jakob Michael Reinhold Lenz (1751–1792), das 1774/75 entstanden ist und 1863 am Wiener Burgtheater in der Bearbeitung von Eduard von Bauernfeld unter dem Titel ›Soldatenliebchen‹ uraufgeführt wurde. Der Münchner Theaterwissenschaftler Artur Kutscher wußte 1911 durch eine Privataufführung neues Interesse für das Stück zu erwecken. Über seine Textauffassung äußerte sich der Komponist: »Das dichterische Wort blieb unverändert, nur einige Szenen wurden gestrichen; die bei Lenz recht ausgedehnten Offiziersszenen wurden in Form von Collagen zusammengedrängt; an drei Stellen (in der 1. Szene des I. Akts, in der 1. Szene des II. Akts sowie der 5. Szene des III. Akts) sind insgesamt drei Gedichte von Lenz eingebaut worden, welche nicht im Schauspiel enthalten sind; sowie gelegentliche Ausrufe, wie beispielsweise bei den Aktionen der Tänzer. In der 2. Szene des II. Akts spielen drei Szenen gleichzeitig, in der 1. Szene des IV. Akts wurden noch viel mehr in den Strudel der ›Zeitspirale‹ hineingerissen.«

GESCHICHTLICHES: Das Werk ist in den Jahren 1958 bis 1960 als Auftragskomposition der Stadt Köln entstanden. Als das Werk von den Verantwortlichen der Kölner Oper als unaufführbar abgelehnt wurde, legte es der Komponist eine Zeitlang beiseite. 1963/64 überarbeitete Zimmermann die Oper während seines Aufenthalts an der Deutschen Akademie »Villa Massimo« in Rom, wobei er auch noch Vor- und Zwischenspiele zu den einzelnen Akten hinzuschrieb und eine neue Akteinteilung vornahm. In einer konzertanten Wiedergabe durch den Westdeutschen Rundfunk wurden bereits 1963 drei Szenen aus dem Werk uraufgeführt. In szenischer Form gelangte die Oper am 15. Februar 1965 an den Städtischen Bühnen in Köln unter der musikalischen Leitung von Michael Gielen zur Uraufführung, bei der sie von einem Teil des Publikums abgelehnt, von der überwiegend avantgardistisch eingestellten Zuhörerschaft aber lebhaft beklatscht wurde. In der Zwischenzeit zeigten Aufführungen in Düsseldorf, München, Kassel, Nürnberg, Hamburg, Berlin, Boston und Lyon die Lebenskraft dieses nach Alban Bergs ›Wozzeck‹ und ›Lulu‹ wohl wichtigsten Bühnenwerks unseres Jahrhunderts.

UDO ZIMMERMANN

* 6. Oktober 1943 in Dresden

Die weiße Rose (1968 Schwerin), T: Ingo Zimmermann, V: DVfM

Die zweite Entscheidung (1970 Magdeburg), T: I. Zimmermann, V: DVfM

Levins Mühle (1973 Dresden), T: nach dem Roman v. Johannes Bobrowski v. I. Zimmermann, V: DVfM (BV)

Der Schuhu und die fliegende Prinzessin (1976 Dresden), T: nach dem Märchen v. Peter Hacks v. Eberhard Schmidt u. vom Komponisten, V: DVfM (BV)

Die wundersame Schustersfrau (1982 Schwetzingen), T: nach dem Drama v. Federico García Lorca v. E. Schmidt u. vom Komponisten, V: DVfM (BV)

Die Sündflut (geplant 1986 Köln), T: nach dem Drama v. Ernst Barlach, V: DVfM (BV)

Der Schuhu und die fliegende Prinzessin

Oper in drei Abteilungen. Text von Peter Hacks, Einrichtung zum Libretto von Udo Zimmermann und Eberhard Schmidt.

SOLISTEN: *Der Schuhu* (Lyrischer Bariton, auch Charakterbariton, gr. P.) – *Die fliegende Prinzessin* (Lyrischer Sopran, auch Jugendlich-dramatischer Sopran, auch Lyrischer Koloratursopran, gr. P.) – *1. So-*

pran/Schneidersfrau (Sopran, gr. P.) – *2. Sopran/I. Schnecke* (Sopran, gr. P.) – *3. Sopran/1. Spinatpflanze* (Sopran, auch Mezzosopran, gr. P.) – *1. Alt/Nachbarin* (Mezzosopran, auch Alt, gr. P.) – *2. Alt/2. Schnecke* (Alt, gr. P.) – *3. Alt/2. Spinatpflanze* (Alt. gr. P.) – *1. Tenor/Bürgermeister/Gelehrter/Krieger* (Jugendlicher Heldentenor, auch Charaktertenor, gr. P.) – *2. Tenor/Oberster Schneckenhirt/Schuhuloge* (Charaktertenor, auch Lyrischer Tenor, gr. P.) – *3. Tenor/Erster Spinatgärtner* (Tenor, gr. P.) – *1. Baß/Schneider/König von Tripolis* (Seriöser Baß, auch Heldenbariton, gr. P.) – *2. Baß/Kaiser von Mesopotamien* (Spielbaß, auch Charakterbaß, gr. P.) – *3. Baß/Herzog von Coburg-Gotha/Starost von Holland* (Baß, gr. P.) – *Der Mann im Frack* (Dirigent; Sprechrolle, kl. P.).

CHOR: Die 12 Sänger-Darsteller (außer Schuhu und Prinzessin) übernehmen noch die folgenden Rollen: Dorfleute, Wachposten, Schnekken, Spinatpflanzen, Krieger, 10000 Gelehrte, Spatzen.

ORT: Im Märchenland.

SCHAUPLÄTZE: Das Haus des Schneiders – Großherzogtum Coburg-Gotha – Am Fuß eines Berges – Mesopotamien – Der 17. Garten von Ktesiphon – Das Königreich Tripolis – Holland.

ZEIT: Märchenzeit.

ORCHESTER: Orchester I: 2 Fl. (auch Picc.), 2 Ob., 2 Kl. – Hr., 2 Trp., Pos. – P., Schl., Klav. – 2 Viol., Viola, Vcl., Kb. – Orchester II: 2 Fl. (auch Picc.), Ob., 2 Kl. – Hr., 2 Trp., Pos. – P., Schl., Klav. – 2 Viol., Viola, Vcl., Kb. – Außerdem: Leierkasten (Blockflötenquartett), Tonband.

GLIEDERUNG: Durchkomponierte, szenisch gegliederte Großform, unterteilt in insgesamt 42 Szenen.

SPIELDAUER: etwa 2½ Stunden.

HANDLUNG: Ein armer Schneider hat schon neun Kinder, als seine Frau mit dem zehnten schwanger wird. Als das Kind zur Welt kommen soll, lädt er die Dorfbewohner, an ihrer Spitze den Bürgermeister, zum Tauffest ein. Während sich die Nachbarin um die Gebärende kümmert, saufen die Taufgäste ein ganzes Faß Bier aus und schlafen betrunken ein. Endlich soll das Kind kommen, doch die Schneidersfrau bringt zum nicht geringen Entsetzen des Schneiders nur ein Ei zur Welt. Die Gäste sind verwundert, ja, der Bürgermeister empfindet dies als persönlichen Affront und sinnt auf Rache. Als der Schneider das seltsame Kind vorzeigt, fällt es ihm aus der Hand und rollt unter den Schrank. Dort wird es vergessen. Im nächsten Frühjahr findet die Schneidersfrau das Ei, und der Schneider beschließt, es als Stopfei zu benutzen. Doch kaum hat er es in einen Ärmel gesteckt, hört er die Stimme des Schuhus, der ihm befiehlt, das Ei im Brunnenwasser zu kochen und es dann vom Schmied aufschlagen zu lassen. Er tut wie ihm geheißen und holt den Schmied, der zuerst seinen Hammer am Ei zerschlägt, dann aber mit dem größten Hammer, den er auftreiben kann, das Ei zertrümmert. Heraus schlüpft der Schuhu, ein Wesen, halb Mensch, halb Tier (Uhu). Der Schneider sieht seinen Ruf bedroht und beschließt, den Schuhu als Kleiderpuppe in die Werkstatt zu stellen. Der Bürgermeister hat die Kränkung nicht vergessen. Nun will er am Schneider Rache nehmen, kommt mit einem handgroßen Stück Stoff und befiehlt ihm, daraus einen Mantel zu nähen, sonst wolle er ihn köpfen lassen. Der Schneider ist verzweifelt, aber der Schuhu hilft ihm, denn er kann aus wenig viel machen. So präsentiert der Schneider dem Bürgermeister nicht nur, als dieser wiederkommt, einen prächtigen Mantel, sondern gibt ihm als Rest einen Ballen Stoff mit und als Wechselgeld auf einen Heller einen Gulden heraus. Der höchst verwunderte Bürgermeister preßt das Geheimnis aus dem Schneider heraus und kauft ihm daraufhin den Schuhu ab, doch dieser warnt ihn: da er aus wenig viel machen könne, werde der Bürgermeister sicherlich im Nieselregen ertrinken und an der Maulschelle seiner Frau sterben. Der Bürgermeister flieht entsetzt, aber auch der Schneider bekommt Angst und verriegelt vor seinem seltsam geratenen Sohn die Tür. Der Schuhu beschließt, seine Vaterstadt zu verlassen und sich in der großen Welt eine Arbeit zu suchen. – Nach langer Wanderung kommt er in das Großherzogtum Coburg-Gotha: hier hofft er, einen Dienst zu finden, denn große Gaben brauchten einen großen Herrn. Er fragt nach einem Dienst, und der Großherzog schickt seinen Hofschuhulogen, der – ungeachtet dessen, daß der Schuhu deutsch spricht – ihn in der Schuhu-Sprache anspricht und wegschickt, da er darauf nicht reagiert. Da der Schuhu hier nicht angenommen wird, wendet er sich weiter an den Kaiser von Mesopotamien, der der Zwillingsbruder des Herzogs von Coburg ist, aber mit ihm im Streit liegt, denn der Kaiser färbte seinen Bart pupurrot und züchtete in seinem Reiche viele Purpurschnecken, der Großherzog aber färbte seinen Bart grün und züchtete deshalb Spinatpflanzen. Da aber die Purpurschnecken die Spinatpflanzen anfraßen, gab es ewigdauernden Krieg zwischen den beiden Reichen. – Der Kaiser ist gerade dabei, einen Berg zu verurteilen, der seinem Heer im Wege stand und außerdem dem Pferd des Kaisers den Knöchel gebrochen hatte. Er verurteilt ihn dazu, vollständig abgetragen zu werden, doch die Soldaten, die dies tun mußten, schichteten die abgetragene Erde an anderer Stelle zu einem gleich hohen Berg wieder auf. Der Schuhu erscheint und bietet seinen Dienst an: er kann bei Nacht sehen, alle Rätsel auflösen, gute Ratschläge geben und fliegen. Der Kaiser jedoch hat schon 10000 Gelehrte im Dienst und beschließt, der Schuhu solle beweisen, daß er klüger sei als diese. Er befiehlt sie zu sich, und der Schuhu stellt ihnen drei Fragen, die sie alle nicht beantworten können. Daraufhin engagiert ihn der Kaiser als Nachtwächter im 17. kaiserlichen Garten. Er gibt ihm als Zeichen seiner Würde ein Horn, und der Schuhu beginnt, darauf zu spielen. Die Hornklänge dringen durch die Welt und so auch ins Königreich Tripolis, wo der schlaffreudige König und seine Tochter, die fliegende Prinzessin, wohnen. Die Prinzessin hört die Klänge und fühlt ein unabweisbares Verlangen, nach Mesopotamien zu fliegen. Dort sucht sie nach dem Klang, aber der Schuhu ist inzwischen in einem hohlen Baum eingeschlafen. Die Prinzessin singt ein sehnsuchtsvolles Lied, und daraufhin verliebt sich der Schuhu in sie, singt ebenfalls, und ohne daß beide sich gesehen haben, haben sie sich füreinander entschieden. – Da der Großherzog von Coburg-Gotha und der Kaiser von Mesopotamien gleich stark sind, können sie einander nicht besiegen. Sie lassen sich deshalb von ihren obersten Ratgebern, dem Ersten Spinatgärtner und dem Obersten Schneckenhirt, raten, einen Verbündeten zu suchen. Das Beste sei es, beim König von Tripolis um die Hand von dessen Tochter zu werben, denn dem Schwiegersohn werde dieser gewiß helfen. So geschieht es, und der Oberste Schneckenhirt und der Erste Spinatgärtner treten beim König von Tripolis als Brautwerber auf, doch die Prinzessin erklärt, sie habe sich schon entschlossen. Daraufhin beschließen der Großherzog und der Kaiser, sie müßten den Schuhu, den beide als den Erwählten der Prinzessin erkannt haben, fangen und töten, um dann mit Erfolg um die Prinzessin werben zu können. Um dem Schuhu keinen Fluchtweg zu lassen, beschließen sie, Frieden zu schließen, gemeinsam den Schuhu zu fangen und dann den Krieg gegeneinander fortzusetzen. Sie rüsten eine gewaltige Streitmacht aus, doch der Schuhu ist nicht mehr im 17. Garten; er hat sich auf den Weg gemacht, um die Prinzessin zu suchen. Da er gerade mit einem Schiff das Mittelmeer überquert, kommt es zu einer gewaltigen Seeschlacht, doch der Schuhu besteht gegen die vereinigten Flotten, die er vollständig versenkt; nur die beiden Könige können sich, an einem Kochlöffel hängend, retten. Da das Wasser aber ihre Bärte entfärbt hat, gibt es keinen Grund mehr für den Krieg, und da beide Reiche verloren sind, leben sie einträchtig im Walde als Köhler. Der Schuhu aber kommt nach Tripolis, er und die Prinzessin sehen einander und fallen vor Liebe in Ohnmacht. Die Hochzeit wird gefeiert, und nach einiger Zeit stirbt der alte König, und der Schuhu und die Prinzessin regieren als Königspaar. Doch nach einer Weile kommt Langeweile in ihre Liebe, und als eines Tages der Starost von Holland zu Besuch kommt, verliebt sich die Prinzessin in ihn. Der Schuhu verläßt sie, und sie heiratet den Starosten. Doch als dieser ihr das Fliegen verbietet und sie an einen riesigen Edamer Käse schmiedet, hofft sie auf die Rückkehr des Schuhus. Dieser kommt und befreit die Prinzessin. Er erzählt ihr, daß er bei seinem Vater war, der jetzt Bürgermeister geworden sei, ihn aber erneut abgewiesen habe, und erzählt vom Schicksal des Großherzogs von Coburg-Gotha und des Kaisers von Mesopotamien. Schließlich berichtet er von einem Berg, auf dem es wunderschön sei. Beide beschließen, dorthin zu fliegen und dort zu leben.

STILISTISCHE STELLUNG: Die vierte Oper des jungen Dresdner Komponisten Udo Zimmermann ist eines der wenigen zeitgenössischen Beispiele, in denen das moderne Musiktheater, ohne sich seines Anspruchs zu begeben und ohne die »tiefere Bedeutung« außer acht zu lassen, einen unverstellt hohen Unterhaltungswert hat. Zimmermann ist es gelungen, das Märchen vom Schuhu und der fliegenden Prinzessin auf gleichermaßen subtil-feinsinnige wie theaterwirksame, ja genuin theatralische Weise zu erzählen und mit Musik auszustatten, die sich dem Text anschmiegt, ihn bisweilen parodierend oder collagierend kommentiert und alle aktuellen Kompositionsweisen nicht als Selbstzweck, sondern als in den Handlungsablauf eingebundene Darstellungsmöglichkeiten versteht. Das Brechtsche Prinzip der Verfremdung lustvoll abwandelnd arbeitet Zimmermann – neben den beiden Titelfiguren – mit 12 Sängerdarstellern, die – sich permanent verwandelnd, aber auch aus der Szene heraustretend und das Geschehen kommentierend – die Handlung stets gleichzeitig gespielt wie von außen betrachtet und damit distanziert vorführen. Begleitet wird das Bühnengeschehen von zwei jeweils 18 Musiker umfassenden Kammerorchestern, die nach dem Wunsch des Komponisten ebenfalls auf der Bühne plaziert sein sollen und zudem teilweise – etwa in der Szene mit dem verurteilten »klingenden Berg« – zu szenischen Aktionen herangezogen werden sollen.

TEXTDICHTUNG: Das Libretto zum ›Schuhu und der fliegenden Prinzessin‹ geht zurück auf ein Schauspiel von Peter Hacks, das 1968 an den Münchner Kammerspielen uraufgeführt wurde, und dieses wiederum auf ein Kunstmärchen von Hacks. Die in beiden Texten kunstvoll verschlüsselte utopische Botschaft, die Anspielungen auf politische Aktualitäten mögen im Libretto etwas zurücktreten, deutlich wird gleichwohl der »moralische« Hintergrund, ohne daß je der pädagogische Zeigefinger gehoben würde; im Gegenteil: die Textvorlage erlaubt prallstes, volkstümlich-unterhaltendes Theater von der besten Sorte.

GESCHICHTLICHES: Udo Zimmermann schrieb den ›Schuhu und die fliegende Prinzessin‹ 1975/76; uraufgeführt wurde das Werk am 30. Dezember 1976 an der Dresdner Staatsoper. Es dirigierte Max Pommer, es inszenierte Harry Kupfer im Bühnenbild von Peter Sykora. Es folgten Inszenierungen in Schwetzingen, Darmstadt und Bielefeld, die Dresdner Inszenierung war unter anderem bei den Maifestspielen in Wiesbaden und an der Hamburgischen Staatsoper zu sehen.

W.K.

Besetzungsfragen

Die Solisten

Die hohen Anforderungen der Wagnerschen Bühnenwerke stellten die Interpreten vor neuartige, ungewohnte Aufgaben; galt doch der ›Tristan‹ zur Entstehungszeit nach allgemeiner Anschauung als »unaufführbar«, seine Partien für »unsangbar«. Die gewaltigen Dimensionen und das stark besetzte Orchester der Musikdramen verlangten von den Sängern eine beträchtliche Steigerung ihrer physischen Leistungen (Stimmkraft und -volumen), die geistige Durchdringung der großen Rollen eine nicht mindere Intensivierung der seelischen Spannkraft. Die Verwirklichung von Wagners Forderungen nach Abkehr von aller geistlosen Schablone (Sängerallüren und -unarten) und nach einem aus der Musik gewachsenen dramatischen Ausdruck in Gesang und Darstellung bei den Bayreuther Festaufführungen hatte allmählich eine Umformung des Aufführungsstils der Oper zur Folge, wobei beim Opernsänger auch immer mehr Wert auf darstellerische Fähigkeiten und auf Bühnenerscheinung gelegt wurde. Diese Entwicklung erfuhr in neuerer Zeit noch eine wesentliche Steigerung durch die Einwirkungen von Sprechbühne und Film, was zu einer verfeinerten Individualisierung des Bühnensängers und damit zu einer engeren Abgrenzung der Rollenfachgebiete führte. So verfügt heute jede qualifizierte Opernbühne über ein sorgfältig aufeinander abgestimmtes Solisten-Ensemble, dessen Zusammenwirken man als Ensemblekunst bezeichnet.

Die elementare Nomenklatur der Singstimmen: Sopran, Alt, Tenor und Baß mit ihren Zwischenstufen Mezzosopran bei den Frauen- und Bariton bei den Männerstimmen charakterisiert lediglich die Stimmlagen. Für die Bühnenpraxis erfahren die einzelnen Stimmgattungen eine Aufspaltung, wobei die Stimmen hinsichtlich ihrer Qualität, ihres Umfangs und ihres Volumens sowie den gesanglichen und darstellerischen Anforderungen entsprechend in Unterabteilungen zusammengefaßt werden, die man als Fächer bezeichnet. Hier unterscheidet man zunächst zwei Hauptgruppen: 1. die seriösen Fächer und 2. die Spiel- und Charakterfächer.

Die seriösen Fächer verlangen vor allem stimmliche Qualitäten, also ein edles Stimmaterial sowie eine untadelige Linienführung. Ihre Gliederung in drei Kategorien kann analog in allen Stimmlagen durchgeführt werden:

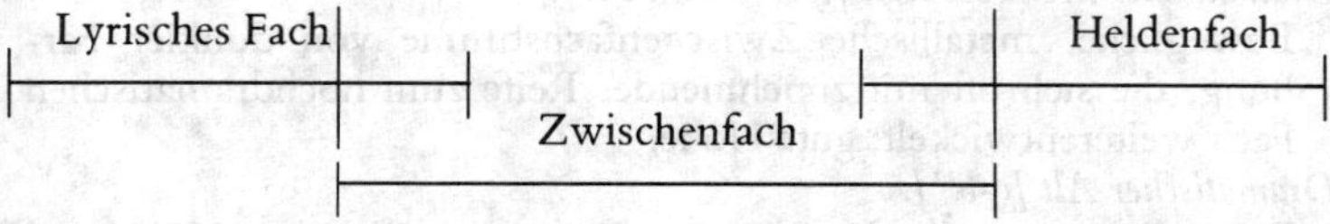

Die erste Kategorie umfaßt die lyrischen Stimmen. Ihr Aufgabenkreis erstreckt sich in der Hauptsache auf die Spiel- und Buffaoper. Die zweite Kategorie bildet das sogenannte Zwischenfach, worunter das zwischen den lyrischen und den schweren Organen liegende Stimmmaterial verstanden wird. Zur dritten Kategorie gehören die dramatischen Stimmen. Ihre Domäne ist das Musikdrama. Mit Ausnahme des Heldenbaritons, der schon bei Gluck und Marschner vorkommt, wurden die dramatischen Fächer erst von Richard Wagner entwickelt; der Einsatz dieser Fächer in Opern vor Wagner ist demnach eher unüblich, kann sich aber aufgrund der heute praktizierten größeren Orchesterbesetzung als notwendig erweisen. Auch die Spiel- und Charakterfächer erfordern natürlich zunächst gesangliche Qualitäten. Darüber hinaus werden bei den Spielfächern vornehmlich darstellerische Fähigkeiten verlangt, die Spielbegabung und Humor voraussetzen, während bei den Charakterfächern gesteigerte Anforderungen an die Charakterisierungskunst des Sängers gestellt werden, was wiederum Intelligenz und geistige Beweglichkeit bedingt. Hinsichtlich des Stimmvolumens umfassen die Spielfächer im allgemeinen die leichteren und die Charakterfächer die schwereren Organe. Generell ist zu sagen, daß heute darstellerische Fähigkeiten quer durch alle Fächer verlangt werden, und zwar gleichermaßen von den Regisseuren wie vom Publikum; die Zeit des »Stehsängers« und »Stimmbesitzers« ist vorbei.

Die üblichen Fachbezeichnungen lassen sich im einzelnen ungefähr folgendermaßen charakterisieren:

1. Seriöse Fächer

Lyrischer Sopran [c'-c''']:
Weiche Stimme mit schönem Schmelz; edle Linie.

Jugendlich-dramatischer Sopran [c'-c''']:
Lyrische Sopranstimme mit größerem Volumen, die auch dramatische Höhepunkte gestalten kann.

Dramatischer Koloratursopran [c'-f''']:[1]
Bewegliche Stimme mit großer Höhe; dramatische Durchschlagskraft.

[1] Konstanze (›Entführung aus dem Serail‹) bis h, Fiordiligi (›Così fan tutte‹) bis a.

Dramatischer Sopran [g-c''']:
Voluminöse, metallische Stimme; große Durchschlagskraft.
Dramatischer Mezzosopran [g-b'', auch c''']:
Bewegliche, metallische Zwischenfachstimme von dunkler Färbung, die sich oft mit zunehmender Reife zum hochdramatischen Fach weiterentwickelt; gute Höhe.
Dramatischer Alt [g-b'']:
Bewegliche, metallische Stimme mit gut entwickelter Höhe und Tiefe; dramatische Durchschlagskraft.
Tiefer Alt (Kontra-Alt) [f-a'']:
Volle, pastose Stimme mit großer Tiefe.
Lyrischer Tenor [c-d'']:
Weiche, bewegliche Stimme mit schönem Schmelz und großer Höhe.
Jugendlicher Heldentenor [c-c'']:
Metallische Stimme, die ebenso lyrische Stellen wie dramatische Höhepunkte gestalten kann; edle tenorale Färbung.
Heldentenor [c-c'']:
Schweres, voluminöses Organ mit tragfähiger Mittellage und Tiefe; oft baritonale Färbung.
Lyrischer Bariton [B-as']:
Weiche, bewegliche Stimme mit schöner Linie und großer Höhe.
Kavalierbariton [A-g']:
Metallische Stimme, die ebenso lyrische Stellen wie dramatische Höhepunkte gestalten kann; männlich edle baritonale Färbung.
Heldenbariton (bisweilen auch Hoher Baß) [G-fis']:[2]
Schweres, ausladendes Organ, das nicht nur über eine strahlende Höhe, sondern auch über eine gut ausgeglichene, tragfähige mittlere und tiefe Lage verfügt.
Seriöser Baß (Tiefer Baß) [C-f']:
Pastose Stimme mit dunkler Färbung, große Tiefe (»Schwarzer Baß«).

2. Spiel- und Charakterfächer

Lyrischer Koloratursopran (c'-f'''):[3]
Sehr bewegliche, weiche Stimme mit großer Höhe.
Spielsopran (Soubrette)[4] *[c'-c''']:*
Zarte, biegsame Stimme; zierliche Erscheinung.

[2] Wotan (›Walküre‹) bis F, Mandryka (›Arabella‹) F-g'.

[3] Blonde (›Entführung aus dem Serail‹) bis as, Susanna (›Figaros Hochzeit‹) bis a.

[4] Soubrette bedeutet soviel wie Kammermädchen und dient seit dem 18. Jahrhundert als Opernfachbezeichnung zumeist für den Rollenkreis der munteren Liebhaberin.

Charaktersopran [h-c''']:[5]
Zwischenfachstimme; feines Charakterisierungsvermögen.
Spielalt (Lyrischer Mezzosopran) [g-b'']:
Geschmeidiges, charakterisierungsfähiges Organ.
Spieltenor (Tenorbuffo) [c-h']:
Schlanke, charakterisierungsfähige Stimme.
Charaktertenor [A-b']:
Zwischenfachstimme; feines Charakterisierungsvermögen.
Spielbariton [B-as']:
Schlanke, bewegliche Stimme mit großer Höhe.
Charakterbariton [A-g']:
Kraftvolles, modulationsfähiges Organ; feines Charakterisierungsvermögen.
Spielbaß (Baßbuffo) [E-f']:[6]
Schlanke, bewegliche und charakterisierungsfähige Stimme.
Charakterbaß (Baßbariton) [E-f']:
Große umfangreiche Stimme; feines Charakterisierungsvermögen.
Schwerer Spielbaß (Schwerer Baßbuffo) [D-f']:[7]
Voluminöse Stimme von großem Umfang.

Eine weitere Abgrenzung der Aufgabengebiete der Sänger erfolgt hinsichtlich ihrer stimmlichen Qualitäten und ihrer künstlerischen Reife. Man unterscheidet hierbei zwischen 1. und 2. Fach (z.B. 1. Lyrischer Tenor, 2. Baßbuffo). Alle für das dramatische Geschehen bedeutungsvollen und dementsprechend musikalisch hervorstechend gestalteten Partien gehören in den Aufgabenkreis des 1., die übrigen Rollen von mehr oder minder nebensächlicher Wichtigkeit in den des 2. Faches. Daraus geht hervor, daß für die Besetzung einer Rolle nicht ihre Ausdehnung oder Länge, sondern einzig und allein ihre Qualität maßgebend ist. So müssen oft Rollen mit einem einzigen Auftritt ersten Fachsängern übertragen werden (z.B. der Eremit im ›Freischütz‹), während anderseits wieder Partien, die durch das ganze Stück gehen, dem 2. Fach zugewiesen werden können (z.B. die sogenannten kleinen Meister in den ›Meistersingern von Nürnberg‹). Kleine Soloaufgaben von untergeordneter Bedeutung (sogenannte Chargen) werden gewöhnlich Eleven, oft auch gewandten Chorsängern anvertraut. Bei außergewöhnlichen Aufführungen (Festspielen) werden zumeist auch die kleinen und kleinsten Partien mit ersten Fachkräften besetzt.

Die Eingliederung in ein bestimmtes Fach ist nicht immer eindeutig klar, und vor allem entsprechen oft die Ansichten der Sänger selbst über ihr eigentliches Fach nicht den gegebenen Tatsachen, wobei mei-

[5] Salome bis ges.
[6] Beckmesser (›Die Meistersinger von Nürnberg‹) bis a'.
[7] Ochs (›Der Rosenkavalier‹) C-gis'.

stens außerkünstlerische Gründe (Gagenfragen, persönliche Eitelkeit u. a.) die Hauptrolle spielen. Anderseits sind die Grenzen der Fachgebiete durchaus nicht starr, und nicht selten sind entsprechend veranlagte Künstler in der Lage, zu ihrem Spezialfach die eine oder andere Partie oder manchmal sogar einen Großteil des benachbarten Faches mitzuübernehmen.

Besetzungsfragen gehören zu den schwierigsten Aufgaben eines verantwortungsbewußten Kapellmeisters oder Intendanten. Sie erfordern nicht nur eine reife Erfahrung, sondern auch ein feines Stilempfinden, genaue Kenntnis der Gesangspartien und der Partitur überhaupt sowie die Beurteilungsfähigkeit der Einsatzmöglichkeiten eines Sängers, seiner stimmlichen Grenzen wie seiner gesamten künstlerischen Individualität, auch als Darsteller. Die richtige Besetzung ist nicht nur die Voraussetzung für die erfolgreiche Aufführung eines Werkes, sondern auch für den Erfolg des Sängers selbst. Wie oft ist es schon vorgekommen, daß ein Sänger mit schönen stimmlichen Qualitäten sich nicht durchsetzen konnte, da er immer wieder in für ihn ungünstigen Partien herausgestellt wurde, und selbst Aufführungen von anerkannten Meisterwerken verpuffen manchmal trotz sorgfältiger Einstudierung wirkungslos, weil sie in einer oder in mehreren Partien falsch besetzt sind. Es ist daher eine der obersten Pflichten eines Opernleiters, eher von der Aufführung eines Werkes Abstand zu nehmen, als sie mit Notbesetzungen zu erzwingen, mögen auch noch so viele andere Gründe für eine Aufnahme sprechen. Denn keine noch so geniale Orchesterleitung und keine noch so großartigen Regie- und Ausstattungskunststücke können unzulängliche Sängerleistungen verdecken oder wettmachen.

Für die Praxis ergeben sich folglich die zwei Möglichkeiten: Entweder richtet ein Opernleiter sein Repertoire nach den vorhandenen Stimmen ein oder er verpflichtet sich für einen beabsichtigten Spielplan die entsprechenden Fachsänger. Letztere Methode ist hauptsächlich bei den Stagione-Theatern im Ausland (Italien, England, Amerika) anzutreffen, in Deutschland findet sie Anwendung bei Festspielen, die unter einem bestimmten künstlerischen Motto stehen (z. B. Bayreuth), oder an kleineren Bühnen, wo kurzfristige (saisonweise) Verträge einen häufigeren Personalwechsel ermöglichen. Große Bühnen, die infolge mehrfacher Besetzung der einzelnen Fächer bei sorgfältiger Ausgleichung aller Zwischenstufen ein nahtloses Ensemble aufstellen können, nehmen die Partienverteilung weniger nach Fachgebieten, sondern mehr nach individueller Eignung vor. Dabei leisten sie sich bisweilen sogar den Luxus, einen Sänger lediglich unter dem Gesichtspunkt zu verpflichten, daß er einen Idealtyp für die eine oder andere Standardrolle darstellt.

Relativ schwierig ist die Aufstellung eines Sänger-Ensembles für eine kleinere Bühne, deren Etat-Verhältnisse es nicht gestatten, alle

Fächer restlos zu besetzen. Hier die richtige Auswahl zu treffen, so daß mit dem lückenhaften Spielkörper ein möglichst umfangreiches Repertoire durchgeführt werden kann, setzt natürlich gediegenes Fachwissen und reiche praktische Erfahrungen des verantwortlichen Leiters voraus.

Bei personenreichen Opern ergibt sich manchmal die Notwendigkeit, zwei oder auch einmal sogar drei Partien mit ein und demselben Sänger zu besetzen, ein Verfahren, das in der Oper allerdings nicht unbedenklich angewandt werden kann; denn der Opernsänger verfügt infolge Fixierung seiner Individualität durch Stimmtimbre und Gesangstechnik gewöhnlich nicht über die gleiche Verwandlungsfähigkeit wie der Schauspieler. Es empfiehlt sich daher, Doppelbesetzungen nur bei kontrastierenden Rollen (z. B. ›Rosenkavalier‹: Sänger–Wirt), nicht aber bei gleichartigen (z. B. ›Rosenkavalier‹: Haushofmeister der Feldmarschallin – Haushofmeister bei Faninal) vorzunehmen, um das Publikum nicht zu irritieren. Zur Vermeidung von Fehlengagements ist bei Sängerverpflichtungen eine eingehende und umfassende Prüfung unerläßlich. Die Befähigung zum Opernsänger setzt natürlich in erster Linie ein wertvolles, gesundes Stimmaterial voraus. Darüber hinaus ist aber ebenso wichtig und entscheidend die Frage der Musikalität, des technischen Könnens und des Gestaltungsvermögens. Bei den hohen Stimmen hat man sich vor allem auch über die Zuverlässigkeit der Höhe zu vergewissern; so ist zum Beispiel ein Tenor ohne zuverlässige Höhe, selbst wenn er über eine noch so herrliche Stimme verfügt, für das Theater unbrauchbar.

R. K.

Fachpartien

Die Handhabung von Besetzungsfragen und die Berücksichtigung von Fachpartien hat sich in den letzten Jahrzehnten gewandelt. Dabei waren insbesondere folgende Aspekte ausschlaggebend: neben der stimmlichen Ausfüllung einer Rolle oder eines Faches, die natürlich weiterhin im Vordergrund steht, die darstellerische Überzeugungskraft, die Ausfüllung eines bestimmten szenischen Typus. Da es hier vielfach zu Überschneidungen kommt, haben sich viele Dirigenten und Regisseure im Einklang mit den entsprechenden Sängern auf Besetzungen geeinigt, die nicht dem starren System von »Fachpartien« entsprechend, aber gleichwohl musikalische wie szenische Evidenz aufweisen. Insofern ist es schwer, generelle Lösungen vorzuschlagen: die Ergänzung der Partienzuschreibungen bei zahlreichen Rollen versucht, dieser gewandelten Praxis Rechnung zu tragen und zudem den möglichen Besetzungsspielraum zwischen kleinen, mittleren und größeren Häusern sichtbar zu machen. Ein Beispiel: in einem kleinen, akustisch günstigen Theater mit einer Orchesterbesetzung, die eher im unteren Bereich des Üblichen angesiedelt ist, kann ein Lyrischer Bariton mit gutem Erfolg und ohne stimmliche Gefährdung die Partie des Valentin aus Charles Gounods ›Margarethe‹ singen; in einem mittleren oder größeren, akustisch problematischen Haus verbietet sich eine solche Besetzung, will man dem Sänger nicht schaden; hier ist die Besetzung mit einem Kavalierbariton, ja, bei entsprechender körperlicher Eignung und Ausstrahlung und sicherer Höhe mit einem jungen Heldenbariton durchaus möglich. Darüberhinaus kommt es darauf an, auch die einander zugeordneten Bühnenrollen ausgewogen zu besetzen und zumal auf die Mischungsqualität der Stimmen in Ensembles zu achten.

Die im folgenden aufgeführten »Fachpartien« definieren unter Beachtung des hier Beschriebenen die heute übliche Besetzung von Bühnenrollen; in all den Fällen, in denen es variable Besetzungsmöglichkeiten gibt, ist eher auf eine Festlegung einer Fachpartie verzichtet worden.

W. K.

Fachpartien aus Opern von Claudio Monteverdi bis Hans Werner Henze

Soubrette

d'Albert, Tote Augen: *Arsinoë*
Boieldieu, Weiße Dame: *Jenny*
Donizetti, Liebestrank: *Gianetta*
Haydn, Apotheker: *Grilletta*
Lortzing, Wildschütz: *Gretchen*
Waffenschmied: *Marie*
Opernprobe: *Hannchen*
Mozart, La finta giardiniera: *Serpetta*
Figaro: *Barbarina*
Zauberflöte: *Papagena*
Wolf-Ferrari, Neugierige Frauen: *Rosaura*
Vier Grobiane: *Lucieta*

Lyrischer Koloratursopran (Koloratursoubrette)

Adam, Postillon: *Madeleine*
Auber, Fra Diavolo: *Zerline*
Berlioz, Béatrice und Bénédict: *Hero*
Bialas, Aucassin und Nicolette: *Nicolette*
Bizet, Perlenfischer: *Leila*
Boieldieu, Weiße Dame: *Anna*
Britten, Sommernachtstraum: *Titania*
Cimarosa, Heimliche Ehe: *Carolina*
Dittersdorf, Doktor und Apotheker: *Leonore*
Donizetti, Viva la Mamma: *Corilla Sartinecchi*
Liebestrank: *Adina*
Lucia di Lammermoor: *Lucia*
Regimentstochter: *Marie*
Don Pasquale: *Norina*
Dvořák, Jakobiner: *Terinka*
Flotow, Stradella: *Leonore*
Martha: *Lady Harriet*
Gluck, Pilger von Mekka: *Rezia*
Halévy, Jüdin: *Prinzessin Eudoxia*
Henze, Boulevard Solitude: *Manon Lescaut*
König Hirsch: *Scolatella*
Elegie für junge Liebende: *Hilda Mack*
Bassariden: *Antonoe/Proserpina*
Englische Katze: *Minette*
Ligeti, Le Grand Macabre: *Chef der Gepopo*
Massenet, Manon: *Manon*
Meyerbeer, Hugenotten: *Page*
Mozart, La finta semplice: *Rosina*
Ascanio in Alba: *Silvia*
La finta giardiniera: *Sandrina*
Il re pastore: *Elisa*
Entführung: *Blonde*
Der Schauspieldirektor: *Mlle Silberklang/Mme Herz*
Offenbach, Hoffmanns Erzählungen: *Olympia*
Pfitzner, Christ-Elflein: *Elflein*
Puccini, La Bohème: *Musette*
Reimann, Melusine: *Melusine*
Rimskij-Korssakow, Der goldene Hahn: *Königin von Schemacha*
Smetana, Zwei Witwen: *Karoline*
Strauss, Rosenkavalier: *Sophie*
Ariadne: *Zerbinetta*
Arabella: *Fiaker-Milli*
Schweigsame Frau: *Aminta*
Thomas, Mignon: *Philine*
Verdi, Rigoletto: *Gilda*
Maskenball: *Oskar*
Wagner, Siegfried: *Waldvogel*

Weber, Abu Hassan: *Fatime*
Freischütz: *Ännchen*
Wolf-Ferrari, Susannens Geheimnis: *Susanna*

Dramatischer Koloratursopran

d'Albert, Tote Augen: *Myrtocle*
Auber, Stumme von Portici: *Elvira*
Bellini, Norma: *Norma*
Puritaner: *Elvira*
Berg, Lulu: *Lulu*
Berlioz, Benvenuto Cellini: *Teresa*
Britten, Albert Herring: *Miss Wordsworth*
Cherubini, Medea: *Kreusa*
Donizetti, Anna Bolena: *Anna Bolena*
Glinka, Ruslan und Ludmila: *Ludmila*
Gounod, Margarethe: *Margarethe*
Händel, Otto und Theophano: *Theophano*
Julius Caesar: *Cleopatra*
Rodelinde: *Rodelinde*
Hindemith, Cardillac: *Cardillacs Tochter*
Klebe, Jacobowsky und der Oberst: *Marianne Deloupe*
Lortzing, Undine: *Berthalda*
Meyerbeer, Hugenotten: *Margarethe*
Monteverdi, Krönung der Poppea: *Poppea*
Mozart, Mitridate: *Aspasia*
Ascanio in Alba: *Venus*
Entführung: *Konstanze*
Don Giovanni: *Donna Anna/ Donna Elvira*
Così fan tutte: *Fiordiligi*
Titus: *Vitellia*
Zauberflöte: *Königin der Nacht*
Nicolai, Lustige Weiber: *Frau Fluth*
Puccini, Manon Lescaut: *Manon*
Strauss, Helena: *Aithra*
Daphne: *Daphne*
Verdi, Nabucco: *Abigail*
Attila: *Odabella*
Luise Miller: *Luise*
Troubadour: *Leonore*
Traviata: *Violetta*
Sizilianische Vesper: *Herzogin Elena*
Falstaff: *Alice*
Weber, Oberon: *Rezia*
Wolf-Ferrari, Vier Grobiane: *Felice*
Zimmermann, Soldaten: *Marie*

Lyrischer Sopran

d'Albert, Tiefland: *Nuri*
Beethoven, Fidelio: *Marzelline*
Bizet, Carmen: *Micaëla*
Britten, Sommernachtstraum: *Helena*
Cimarosa, Heimliche Ehe: *Lisetta*
Cornelius, Barbier: *Margiana*
Delius, Romeo und Julia auf dem Dorfe: *Vrenchen*
Donizetti, Viva la Mamma: *Luigia Boschi*
Egk, Revisor: *Marja*
Glinka, Ruslan und Ludmila: *Gorislawa*
Gluck, Betrogener Kadi: *Zelmire*
Orpheus: *Eurydike*
Goetz, Der Widerspenstigen Zähmung: *Bianca*
Haydn, Belohnte Treue: *Nerina*
Hindemith, Mathis der Maler: *Regina*
Humperdinck, Hänsel und Gretel: *Gretel*
Janáček, Jenufa: *Karolka*

Ligeti, Le Grand Macabre: *Clitoria*
Lortzing, Zar: *Marie*
Undine: *Undine*
Opernprobe: *Luise*
Massenet, Werther: *Sophie*
Mozart, Bastien: *Bastienne*
Figaro: *Susanna*
Don Giovanni: *Zerlina*
Zauberflöte: *Pamina*
Mussorgskij, Boris: *Xenia*
Jahrmarkt von Sorotschinzy: *Parassja*
Nicolai, Lustige Weiber: *Anna*
Paisiello, Barbier von Sevilla: *Rosina*
Pergolesi, Magd als Herrin: *Serpina*
Pfitzner, Armer Heinrich: *Agnes*
Palestrina: *Ighino*
Christ-Elflein: *Christkindchen*
Puccini, Schwester Angelica: *Schwester Genoveva*
Gianni Schicchi: *Lauretta*
Turandot: *Liù*
Rimskij-Korssakow, Märchen vom Zaren Saltan: *Prinzessin Swanhild*
Rossini, Tell: *Gemmy*
Smetana, Verkaufte Braut: *Marie*
Strauss, Ariadne: *Echo*
Arabella: *Zdenka*
Strawinsky, The Rake's Progress: *Ann*
Telemann, Pimpinone: *Vespetta*
Wagner, Tannhäuser: *Hirt*
Rheingold: *Wellgunde*
Weber, Oberon: *Fatime*

JUGENDLICH-DRAMATISCHER SOPRAN

Berg, Wozzeck: *Marie*
Boito, Mefistofele: *Margarete/Helena*
Busoni, Turandot: *Turandot*
Doktor Faust: *Herzogin von Parma*
Charpentier, Louise: *Louise*
Cilea, Adriana Lecouvreur: *Adriana Lecouvreur*
Dvořák, Rusalka: *Rusalka*
Jakobiner: *Julia*
Egk, Peer Gynt: *Solveig*
De Falla, Kurzes Leben: *Salud*
Fortner, Bluthochzeit: *Braut*
Giordano, André Chénier: *Madeleine von Coigny*
Glinka, Leben für den Zaren: *Antonida*
Gluck, Iphigenia (Aulia): *Iphigenia*
Gounod, Mireille: *Mireille*
Halévy, Jüdin: *Rachel (Recha)*
Henze, König Hirsch: *Mädchen*
Elegie für junge Liebende: *Elisabeth Zimmer*
Hindemith, Sancta Susanna: *Susanna*
Cardillac (Originalfassung): *Dame*
Humperdinck, Königskinder: *Gänsemagd*
Janáček, Jenufa: *Jenufa*
Katja Kabanowa: *Katja*
Kienzl, Evangelimann: *Martha*
Korngold, Tote Stadt: *Marietta*
Krenek, Jonny spielt auf: *Anita*
Marschner, Vampyr: *Malwina/Janthe*
Hans Heiling: *Anna*
Menotti, Konsul: *Magda Sorel*
Monteverdi, Krönung der Poppea: *Drusilla*
Mozart, Figaro: *Gräfin*
Don Giovanni: *Donna Elvira*
Nono, Intolleranza 1960: *Gefährtin*
Offenbach, Hoffmanns Erzählungen: *Giulietta*

Orff, Die Kluge: *Des Bauern Tochter*
Ponchielli, La Gioconda: *Gioconda*
Puccini, La Bohème: *Mimi*
Butterfly: *Butterfly*
Mantel: *Georgette*
Reimann, Lear: *Regan/Cordelia*
Rimskij-Korssakow, Märchen vom Zaren Saltan: *Zarin Militrissa*
Rossini, Tell: *Mathilde*
Schreker, Der ferne Klang: *Grete*
Die Gezeichneten: *Carlotta Nardi*
Smetana, Zwei Witwen: *Agnes*
Strauss, Feuersnot: *Diemut*
Elektra: *Chrysothemis*
Tschaikowskij, Onegin: *Tatjana*
Pique-Dame: *Lisa*
Verdi, Nabucco: *Fenena*
Ernani: *Elvira*
I due Foscari: *Lucrezia Contarini*
Räuber: *Amalia*
Simone Boccanegra: *Maria*
Othello: *Desdemona*
Wagner, Rienzi: *Irene*
Tannhäuser: *Elisabeth*
Lohengrin: *Elsa*
Meistersinger: *Eva*
Rheingold: *Freia*
Weber, Freischütz: *Agathe*
Euryanthe: *Euryanthe*
Wolf, Corregidor: *Frasquita*
Wolf-Ferrari, Neugierige Frauen: *Eleonora*
Vier Grobiane: *Marina*
Sly: *Dolly*
Zemlinsky, Kleider machen Leute: *Nettchen*

Dramatischer Sopran

d'Albert, Tiefland: *Marta*
Beethoven, Fidelio: *Leonore*
Berlioz, Trojaner: *Dido*
Borodin, Igor: *Jaroslawna*
Britten, Peter Grimes: *Ellen Orford*
Albert Herring: *Lady Billows*
Cherubini, Medea: *Medea*
Gluck, Alkeste: *Alkeste*
Iphigenia (Tauris): *Iphigenia*
Hindemith, Cardillac (Neufassung): *Erste Sängerin der Oper*
Mathis der Maler: *Ursula*
Janáček, Jenufa: *Küsterin*
Sache Makropoulos: *Emilie Marty*
Mascagni, Cavalleria: *Santuzza*
Meyerbeer, Hugenotten: *Valentine*
Mussorgskij, Boris: *Marina*
Orff, Antigonae: *Antigonae*
Penderecki, Teufel von Loudun: *Jeanne*
Pfitzner, Armer Heinrich: *Hilde*
Prokofjew, Liebe zu den drei Orangen: *Fata Morgana*
Puccini, Tosca: *Tosca*
Mädchen aus dem goldenen Westen: *Minnie*
Schwester Angelica: *Angelica*
Turandot: *Turandot*
Reimann, Lear: *Goneril*
Schillings, Mona Lisa: *Mona Lisa*
Schoeck, Penthesilea: *Prothoe*
Schönberg, Erwartung: *Frau*
Schostakowitsch, Lady Macbeth von Mzensk: *Katerina Ismailowa*
Smetana, Dalibor: *Milada*
Strauss, Salome: *Salome*
Elektra: *Elektra*
Rosenkavalier: *Feldmarschallin*
Ariadne: *Ariadne*
Frau ohne Schatten: *Färberin*
Intermezzo: *Christine*
Helena: *Helena*

Arabella: *Arabella*
Capriccio: *Gräfin*
Verdi, Macbeth: *Lady Macbeth*
Maskenball: *Amelia*
Macht des Schicksals: *Leonore*
Don Carlos: *Elisabeth*
Aida: *Aida*
Wagner, Holländer: *Senta*
Tannhäuser: *Venus*
Tristan: *Isolde*
Walküre: *Brünnhilde*
Siegfried: *Brünnhilde*
Götterdämmerung: *Brünnhilde/Gutrune*
Wolf, Corregidor: *Mercedes*

Koloratur-Mezzosopran

Rossini, Italienerin in Algier: *Isabella*
Barbier: *Rosina*
La Cenerentola: *Angelina*

Lyrischer Mezzosopran

Bizet, Carmen: *Mercédès*
Britten, Albert Herring: *Nancy Waters*
Sommernachtstraum: *Hermia*
Haydn, Belohnte Treue: *Amaranta*
Humperdinck, Hänsel und Gretel: *Hänsel*
Ligeti, Le Grand Macabre: *Spermando*
Massenet, Werther: *Charlotte*
Mozart, Bastien: *Bastien*
Figaro: *Cherubin*
Così fan tutte: *Dorabella*
Titus: *Annius*
Nicolai, Lustige Weiber: *Frau Reich*
Offenbach, Hoffmanns Erzählungen: *Niklaus*
Pfitzner, Palestrina: *Silla*
Puccini, Butterfly: *Suzuki*
Strauss, Rosenkavalier: *Annina*
Ariadne: *Dryade*
Thomas, Mignon: *Mignon*
Verdi, Rigoletto: *Maddalena*
Wagner, Meistersinger: *Magdalena*
Rheingold: *Floßhilde*
Götterdämmerung: *Wellgunde*
Weber, Oberon: *Puck*
Wolf-Ferrari, Neugierige Frauen: *Beatrice*

Dramatischer Mezzosopran

Bartók, Herzog Blaubarts Burg: *Judith*
Bellini, Norma: *Adalgisa*
Puritaner: *Henrietta von Frankreich*
Berg, Lulu: *Gräfin Geschwitz*
Berlioz, Trojaner: *Kassandra*
Cilea, Adriana Lecouvreur: *Fürstin von Bouillon*
Donizetti, Anna Bolena: *Johanna Seymour*
Dukas, Ariane und Blaubart: *Ariane*
Einem, Besuch der alten Dame: *Claire Zachanassian*
Fortner, Bluthochzeit: *Mutter*
Gluck, Iphigenia (Aulis): *Klytämnestra*
Henze, Bassariden: *Agaue/Venus*
Humperdinck, Hänsel und Gretel: *Mutter*
Janáček, Katja Kabanowa: *Kabanicha*
Marschner, Hans Heiling: *Königin der Erdgeister*
Menotti, Konsul: *Sekretärin*
Mussorgskij, Chowanschtschina: *Marfa*
Jahrmarkt von Sorotschinzy: *Chiwrja*

Nono, Intolleranza 1960: *Frau*
Ponchielli, La Gioconda: *Laura*
Puccini, Gianni Schicchi: *Zita*
Rossini, Tell: *Hedwig*
Saint-Saëns, Samson: *Dalila*
Schoeck, Penthesilea: *Penthesilea/Meroe*
Strauss, Salome: *Herodias*
Elektra: *Klytämnestra*
Rosenkavalier: *Octavian*
Ariadne: *Komponist*
Frau ohne Schatten: *Amme*
Arabella: *Adelaide*
Capriccio: *Clairon*
Tschaikowskij, Pique-Dame: *Gräfin*
Verdi, Luise Miller: *Amalia*
Macht des Schicksals: *Preziosilla*
Don Carlos: *Eboli*
Wagner, Rienzi: *Adriano*
Lohengrin: *Ortrud*
Tristan: *Brangäne*
Rheingold: *Fricka*
Walküre: *Fricka*
Götterdämmerung: *Waltraute*
Parsifal: *Kundry*
Weber, Euryanthe: *Eglantine*
Zimmermann, Soldaten: *Charlotte/Stolzius' Mutter*

Spielalt

Auber, Fra Diavolo: *Pamela*
Britten, Albert Herring: *Florence Pike*
Cilea, Adriana Lecouvreur: *Mademoiselle Dangeville*
Dittersdorf, Doktor und Apotheker: *Claudia*
Egk, Revisor: *Anna*
De Falla, Kurzes Leben: *Großmutter*
Flotow, Martha: *Nancy*
Fortner, Bluthochzeit: *Magd/Frau Leonardos*
Giordano, André Chénier: *Bersi*
Gluck, Betrogener Kadi: *Fatime*
Gounod, Margarethe: *Marthe*
Mireille: *Taven*
Haydn, Welt auf dem Monde: *Lisetta*
Henze, Englische Katze: *Babette*
Lortzing, Waffenschmied: *Irmentraut*
Marschner, Hans Heiling: *Gertrud*
Mascagni, Cavalleria: *Lola*
Mozart, Figaro: *Marcellina*
Puccini, Mantel: *Frettchen*
Reimann, Melusine: *Madame Laperouse*
Rimskij-Korssakow, Mainacht: *Hanna*
Märchen vom Zaren Saltan: *Muhme Babaricha*
Verdi, Falstaff: *Meg Page*
Wolf-Ferrari, Vier Grobiane: *Margherita*

Lyrischer Alt

Cornelius, Barbier: *Bostana*
Glinka, Leben für den Zaren: *Wanja*
Ruslan und Ludmila: *Ratmir*
Gluck, Orpheus (Wiener Fassung): *Orpheus*
Haydn, Belohnte Treue: *Celia*
Kienzl, Evangelimann: *Magdalena*
Lortzing, Wildschütz: *Gräfin*
Mozart, Mitridate: *Farnace*
Puccini, Gianni Schicchi: *Ciesca*
Verdi, Falstaff: *Mrs. Quickly*
Wagner, Götterdämmerung: *Floßhilde*
Holländer: *Mary*

Dramatischer Alt

d'Albert, Tote Augen: *Maria von Magdala*
Cherubini, Medea: *Neris*
Debussy, Pelleas: *Genoveva*
Dvořák, Rusalka: *Hexe*
Egk, Peer Gynt: *Aase*
Fortner, Bluthochzeit: *Schwiegermutter Leonardos*
Händel, Julius Caesar: *Cornelia*
Hindemith, Sancta Susanna: *Klementia*
Humperdinck, Königskinder: *Hexe*
Janáček, Jenufa: *Alte Buryja*
Mascagni, Cavalleria: *Lucia*
Menotti, Konsul: *Mutter*
Reimann, Melusine: *Pythia*
Strauss, Daphne: *Gaea*

Contratenor

Britten, Sommernachtstraum: *Oberon*
Reimann, Lear: *Edgar*

Spieltenor (Tenorbuffo)

Adam, Postillon: *Marquis*
Auber, Fra Diavolo: *Beppo*
Beethoven, Fidelio: *Jaquino*
Bizet, Carmen: *Dancaïro/Remendado*
Boieldieu, Weiße Dame: *Dikson*
Busoni, Turandot: *Truffaldino*
Cornelius, Barbier: *Mustapha*
Dittersdorf, Doktor und Apotheker: *Sichel*
Flotow, Stradella: *Barbarino*
Gluck, Pilger von Mekka: *Osmin*
Haydn, Apotheker: *Mengone*
  Welt auf dem Monde: *Cecco*
Humperdinck, Königskinder: *Besenbinder*
Leoncavallo, Bajazzo: *Beppo*
Lortzing, Undine: *Veit*
  Waffenschmied: *Georg*
Mozart, La finta giardiniera: *Don Anchise*
  Entführung: *Pedrillo*
  Figaro: *Basilio/Don Curzio*
  Zauberflöte: *Monostatos*
Mussorgskij, Boris: *Missaïl*
Nicolai, Lustige Weiber: *Spärlich*
Offenbach, Hoffmanns Erzählungen: *Andreas/Cochenille/Pitichinaccio/Franz*
Pfitzner, Christ-Elflein: *Frieder/Jochen*
Puccini, Tosca: *Spoletta*
  Butterfly: *Goro*
  Mantel: *Stockfisch*
  Turandot: *Pang/Pong*
Smetana, Verkaufte Braut: *Wenzel*
Strauss, Rosenkavalier: *Valzacchi*
  Ariadne: *Tanzmeister/Scaramuccio*
Thomas, Mignon: *Friedrich/Laertes*
Verdi, Macht des Schicksals: *Trabuco*
  Falstaff: *Bardolph*
Wagner, Meistersinger: *David*
Wolf, Corregidor: *Pedro*

Lyrischer Tenor

Adam, Postillon: *Chapelou*
Auber, Stumme von Portici: *Alfonso*
  Fra Diavolo: *Lorenzo*
Berg, Wozzeck: *Andres*
  Lulu: *Maler/Neger*
Berlioz, Béatrice und Bénédict: *Bénédict*
Bizet, Perlenfischer: *Nadir*
Boieldieu, Weiße Dame: *George Brown*

Britten, Albert Herring: *Albert Herring*
Sommernachtstraum: *Lysander*
Busoni, Arlecchino: *Leandro*
Doktor Faust: *Herzog von Parma*
Cilea, Adriana Lecouvreur: *Abbé von Chazenil*
Cimarosa, Heimliche Ehe: *Paolino*
Cornelius, Barbier: *Nurredin*
Delius, Romeo und Julia auf dem Dorfe: *Sali*
Dittersdorf, Doktor und Apotheker: *Gotthold*
Donizetti, Viva la Mamma: *Guglielmo Antolstoinolonoff*
Liebestrank: *Nemorino*
Lucia: *Edgard*
Regimentstochter: *Tonio*
Don Pasquale: *Ernesto*
Dvořák, Jakobiner: *Jiři*
Egk, Revisor: *Chlestakow*
Flotow, Stradella: *Stradella*
Martha: *Lyonel*
Fortner, Bluthochzeit: *Mond*
Gluck, Betrogener Kadi: *Nuradin*
Pilger von Mekka: *Ali*
Goetz, Der Widerspenstigen Zähmung: *Lucentio*
Gounod, Mireille: *Vincent*
Haydn, Welt auf dem Monde: *Ecclitico*
Belohnte Treue: *Fileno/Lindoro*
Henze, Boulevard Solitude: *Armand des Grieux*
Elegie für junge Liebende: *Toni Reischmann*
Hindemith, Cardillac (Neufassung): *Geselle*
Janáček, Katja Kabanowa: *Boris*
Sache Makropoulos: *Janek*
Lortzing, Zar: *Chateauneuf/Iwanow*
Wildschütz: *Baron*
Opernprobe: *Der junge Baron*
Martinů, Griechische Passion: *Michelis/Yannakos*
Massenet, Manon: *Des Grieux*
Mozart, La finta semplice: *Don Polidoro*
Ascanio in Alba: *Aceste*
La finta giardiniera: *Belfiore*
Idomeneo: *Idamantes*
Entführung: *Belmonte*
Schauspieldirektor: *Vogelsang*
Don Giovanni: *Ottavio*
Così fan tutte: *Ferrando*
Zauberflöte: *Tamino*
Nicolai, Lustige Weiber: *Fenton*
Paisiello, Barbier von Sevilla: *Graf Almaviva*
Pfitzner, Palestrina: *Abdisu/ Bischof von Budoja*
Puccini, Manon Lescaut: *Edmond*
Butterfly: *Linkerton*
Gianni Schicchi: *Rinuccio/Gherardo*
Ravel, Spanische Stunde: *Gonzalvo*
Rossini, Italienerin in Algier: *Lindoro*
Türke in Italien: *Don Narciso*
Barbier: *Graf*
La Cenerentola: *Ramiro*
Tell: *Arnold*
Schillings, Mona Lisa: *Arrigo*
Smetana, Zwei Witwen: *Ladislav*
Strauss, Schweigsame Frau: *Henry Morosus*
Daphne: *Leukippos*
Thomas, Mignon: *Wilhelm Meister*
Tschaikowskij, Onegin: *Lenskij*
Verdi, Macbeth: *Malcolm*
Rigoletto: *Herzog*
Traviata: *Alfred*
Othello: *Cassio*
Falstaff: *Fenton*

Wagner, Rienzi: *Baroncelli*
Holländer: *Steuermann*
Tannhäuser: *Walther*
Weber, Abu Hassan: *Hassan*
Wolf-Ferrari, Neugierige Frauen: *Florindo/Leandro*
Vier Grobiane: *Filipeto*

Jugendlicher Heldentenor

d'Albert, Tiefland: *Pedro*
Tote Augen: *Galba*
Auber, Fra Diavolo: Diavolo
Stumme von Portici: *Masaniello*
Beethoven, Fidelio: *Florestan*
Bellini, Norma: *Sever*
Puritaner: *Lord Arthur Talbot*
Berg, Lulu: *Alwa*
Berlioz, Benvenuto Cellini: *Benvenuto Cellini*
Bizet, Carmen: *Don José*
Boito, Mefistofele: *Faust*
Borodin, Fürst Igor: *Wladimir Igorewitsch*
Britten, Billy Budd: *Edward Fairfax Vere*
Busoni, Turandot: *Kalaf*
Doktor Faust: *Mephistopheles*
Charpentier, Louise: *Julien*
Cherubini, Medea: *Jason*
Cilea, Adriana Lecouvreur: *Moritz von Sachsen*
Dessau, Verurteilung des Lukullus: *Lukullus*
Donizetti, Anna Bolena: *Percy*
Lucia: *Arthur*
Dvořák, Rusalka: *Prinz*
De Falla, Kurzes Leben: *Paco*
Giordano, André Chénier: *André Chénier*
Glinka, Leben für den Zaren: *Bogdan Sobinin*
Gluck, Orpheus (Pariser Fassung): *Orpheus*
Alkeste: *Admetos*
Iphigenia (Aulis): *Achilles*
Iphigenia (Tauris): *Pylades*
Gounod, Margarethe: *Faust*
Halévy, Jüdin: *Eleazar*
Henze, König Hirsch: *König*
Bassariden: *Dionysos*
Hindemith, Cardillac (Originalfassung): *Offizier/Kavalier*
Cardillac (Neufassung): *Junger Kavalier*
Mathis der Maler: *Hans Schwalb*
Humperdinck, Königskinder: *Königssohn*
Janáček, Jenufa: *Laca*
Katja Kabanowa: *Tichon*
Sache Makropoulos: *Albert Gregor*
Kienzl, Evangelimann: *Matthias*
Klebe, Jacobowsky und der Oberst: *Oberst Stjerbinsky*
Krenek, Jonny spielt auf: *Max*
Leoncavallo, Bajazzo: *Canio*
Lortzing, Undine: *Hugo*
Marschner, Vampyr: *Edgar Aubry*
Hans Heiling: *Konrad*
Martinů, Griechische Passion: *Manolios*
Meyerbeer, Hugenotten: *Raoul*
Mascagni, Cavalleria: *Turiddu*
Mozart, Mitridate: *Mithridates*
Il re pastore: *Alexander*
Idomeneo: *Idomeneo*
Titus: *Titus*
Mussorgskij, Boris: *Grigorij*
Chowanschtschina: *Fürst Andrej Chowanskij*
Jahrmarkt von Sorotschinzy: *Gritzko*
Nono, Intolleranza 1960: *Emigrant*
Offenbach, Hoffmanns Erzählungen: *Hoffmann*
Orff, Antigonae: *Hämon*
Pfitzner, Palestrina: *Palestrina*

Ponchielli, La Gioconda: *Enzo Grimaldo*
Prokofjew, Liebe zu den drei Orangen: *Prinz*
Puccini, Manon Lescaut: *Des Grieux*
La Bohème: *Rudolf*
Tosca: *Cavaradossi*
Mädchen aus dem goldenen Westen: *Johnson*
Mantel: *Henri*
Turandot: *Kalaf*
Reimann, Lear: *Edmund*
Rimskij-Korssakow, Mainacht: *Lewko*
Märchen vom Zaren Saltan: *Prinz Gwidon*
Saint-Saëns, Samson: *Samson*
Schillings, Mona Lisa: *Giovanni*
Schoeck, Penthesilea: *Diomedes*
Schostakowitsch, Lady Macbeth von Mzensk: *Sergej*
Schreker, Der ferne Klang: *Fritz*
Die Gezeichneten: *Alviano Salvago*
Smetana, Verkaufte Braut: *Hans*
Dalibor: *Dalibor*
Strauss, Salome: *Narraboth*
Frau ohne Schatten: *Kaiser*
Intermezzo: *Baron*
Helena: *Menelas*
Daphne: *Apollo*
Capriccio: *Flamand*
Strawinsky, The Rake's Progress: *Tom Rakewell*
Verdi, Nabucco: *Ismael*
Ernani: *Ernani*
I due Foscari: *Jacopo Foscari*
Attila: *Foresto*
Macbeth: *Macduff*
Räuber: *Karl*
Luise Miller: *Rudolf*
Troubadour: *Manrico*
Sizilianische Vesper: *Arrigo*
Simone Boccanegra: *Adorno*
Maskenball: *Richard*
Macht des Schicksals: *Alvaro*
Don Carlos: *Carlos*
Aida: *Radamès*
Wagner, Holländer: *Erik*
Lohengrin: *Lohengrin*
Parsifal: *Parsifal*
Weber, Freischütz: *Max*
Euryanthe: *Adolar*
Oberon: *Hüon/Oberon*
Wolf-Ferrari, Sly: *Sly*
Zemlinsky, Kleider machen Leute: *Wenzel Strapinski*
Florentinische Tragödie: *Guido Bardi*
Zimmermann, Soldaten: *Desportes*

HELDENTENOR

Berlioz, Trojaner: *Aeneas*
Britten, Peter Grimes: *Peter Grimes*
Egk, Peer Gynt: *Der Alte*
Einem, Besuch der alten Dame: *Bürgermeister*
Hindemith, Mathis der Maler: *Albrecht von Brandenburg*
Korngold, Tote Stadt: *Paul*
Mussorgskij, Boris: *Schujskij*
Pfitzner, Armer Heinrich: *Heinrich*
Strauss, Ariadne: *Bacchus*
Verdi, Othello: *Othello*
Wagner, Rienzi: *Rienzi*
Tannhäuser: *Tannhäuser*
Tristan: *Tristan*
Meistersinger: *Stolzing*
Walküre: *Siegmund*
Siegfried: *Siegfried*
Götterdämmerung: *Siegfried*

CHARAKTERTENOR

Berg, Wozzeck: *Hauptmann*
Dittersdorf, Doktor und Apotheker: *Sturmwald*

Henze, Englische Katze: *Lord Puff*
Massenet, Manon: *Guillot*
Offenbach, Hoffmanns Erzählungen: *Spalanzani*
Pfitzner, Palestrina: *Novagerio*
Puccini, Turandot: *Altoum*
Rossini, Tell: *Rudolph*
Strauss, Salome: *Herodes*
Verdi, Falstaff: *Dr. Cajus*
Wagner, Rheingold: *Loge/Mime*
  Siegfried: *Mime*
Wolf, Corregidor: *Corregidor*
Wolf-Ferrari, Vier Grobiane: *Riccardo*

Lyrischer Bariton

Auber, Fra Diavolo: *Lord Kookburn*
Berlioz, Béatrice und Bénédict: *Claudio*
Bialas, Aucassin und Nicolette: *Aucassin*
Bizet, Perlenfischer: *Zurga*
Britten, Billy Budd: *Billy Budd*
  Sommernachtstraum: *Demetrius*
Busoni, Arlecchino: *Abbate Cospicuo*
  Doktor Faust: *Des Mädchens Bruder*
Donizetti, Viva la Mamma: *Stefano*
  Liebestrank: *Belcore*
  Don Pasquale: *Dr. Malatesta*
Haydn, Welt auf dem Monde: *Ernesto*
  Belohnte Treue: *Perruchetto*
Henze, Boulevard Solitude: *Lescaut*
Humperdinck, Königskinder: *Spielmann*
Krenek, Jonny spielt auf: *Jonny*
Lortzing, Waffenschmied: *Liebenau*
  Opernprobe: *Johann*
Martinů, Griechische Passion: *Kostandis*
Massenet, Werther: *Albert*
Mozart, Così fan tutte: *Guglielmo*
  Zauberflöte: *Papageno*
Nicolai, Lustige Weiber: *Fluth*
Paisiello, Barbier von Sevilla: *Figaro*
Pfitzner, Christ-Elflein: *Gumpach*
Puccini, Turandot: *Ping*
Rossini, Barbier: *Figaro*
  La Cenerentola: *Dandini*
Reimann, Melusine: *Graf von Lusignan*
Strauss, Ariadne: *Harlekin*
  Schweigsame Frau: *Barbier*
Verdi, Maskenball: *Silvano*
Weber, Oberon: *Scherasmin*
Wolf-Ferrari, Neugierige Frauen: *Lelio*

Kavalierbariton

Beethoven, Fidelio: *Don Fernando*
Bellini, Puritaner: *Sir Richard Forth*
Berlioz, Benvenuto Cellini: *Fieramosca*
Bizet, Carmen: *Escamillo*
Cimarosa, Heimliche Ehe: *Graf Robinsone*
Donizetti, Anna Bolena: *Rochefort*
  Lucia: *Ashton*
Dvořák, Jakobiner: *Bohuš*
Fortner, Bluthochzeit: *Leonardo*
Goetz, Der Widerspenstigen Zähmung: *Petruchio*
Gounod, Margarethe: *Valentin*
  Mireille: *Ourrias*
Henze, Englische Katze: *Tom*
Korngold, Tote Stadt: *Frank*

Krenek, Jonny spielt auf: *Daniello*
Lortzing, Zar: *Zar*
Wildschütz: *Graf*
Undine: *Kühleborn*
Massenet, Manon: *Brétigny/Lescaut*
Meyerbeer, Hugenotten: *Nevers*
Mozart, Figaro: *Graf*
Don Giovanni: *Don Giovanni*
Mussorgskij, Chowanschtschina: *Schaklowitij*
Pfitzner, Palestrina: *Graf Luna*
Puccini, Manon Lescaut: *Lescaut*
La Bohème: *Marcel*
Butterfly: *Sharpless*
Ravel, Spanische Stunde: *Ramiro*
Schreker, Die Gezeichneten: *Graf Andrea Vitelozzo Tamare*
Strauss, Arabella: *Mandryka*
Capriccio: *Graf/Olivier*
Tschaikowskij, Onegin: *Onegin*
Verdi, Räuber: *Franz*
Maskenball: *René*
Don Carlos: *Posa*
Falstaff: *Ford*
Wagner, Tannhäuser: *Wolfram*
Wolf-Ferrari, Susannens Geheimnis: *Gil*
Sly: *Graf von Westmoreland*
Zemlinsky, Kleider machen Leute: *Melchior Böhm*
Zimmermann, Soldaten: *Stolzius*

Heldenbariton

Bartók, Herzog Blaubarts Burg: *Blaubart*
Beethoven, Fidelio: *Don Pizarro*
Berg, Lulu: *Dr. Schön/Jack*
Borodin, Fürst Igor: *Igor*
Britten, Peter Grimes: *Balstrode*
Busoni, Arlecchino: *Ser Matteo del Sarto*
Doktor Faust: *Doktor Faust*
Cherubini, Medea: *Kreon*
Cilea, Adriana Lecouvreur: *Michonnet*
Debussy, Pelleas: *Golo*
Egk, Peer Gynt: *Peer Gynt*
Einem, Besuch der alten Dame: *Alfred Ill*
Giordano, André Chénier: *Gérard*
Glinka, Ruslan und Ludmila: *Ruslan*
Gluck, Alkeste: *Oberpriester*
Iphigenia (Aulis): *Agamemnon*
Iphigenia (Tauris): *Orest/Thoas*
Henze, König Hirsch: *Statthalter*
Elegie für junge Liebende: *Gregor Mittenhofer*
Bassariden: *Pentheus*
Hindemith, Cardillac: *Cardillac*
Mathis der Maler: *Mathis*
Janáček, Sache Makropoulos: *Jaroslaw Prus*
Klebe, Jacobowsky und der Oberst: *Jacobowsky*
Leoncavallo, Bajazzo: *Tonio*
Ligeti, Le Grand Macabre: *Nekrotzar*
Marschner, Vampyr: *Lord Ruthven*
Hans Heiling: *Heiling*
Mascagni, Cavalleria: *Alfio*
Mozart, Zauberflöte: *Sprecher*
Mussorgskij, Boris: *Boris*
Offenbach, Hoffmanns Erzählungen: *Lindorf/Coppelius/Dapertutto/Mirakel*
Orff, Die Kluge: *König*
Penderecki, Teufel von Loudun: *Grandier*
Pfitzner, Armer Heinrich: *Dietrich*
Palestrina: *Borromeo*
Ponchielli, La Gioconda: *Barnaba*
Puccini, Mädchen aus dem goldenen Westen: *Jack Rance*
Mantel: *Marcel*
Reimann, Lear: *König Lear*

Rossini, Tell: *Tell*
Saint-Saëns, Samson: *Oberpriester*
Schillings, Mona Lisa: *Francesco*
Schoeck, Penthesilea: *Achilles*
Schönberg, Glückliche Hand: *Mann*
Schostakowitsch, Lady Macbeth von Mzensk: *Boris Ismailow*
Schreker, Die Gezeichneten: *Herzog Antoniotto Adorno*
Strauss, Feuersnot: *Kunrad*
Salome: *Jochanaan*
Elektra: *Orest*
Frau ohne Schatten: *Barak*
Intermezzo: *Storch*
Helena: *Altair*
Strawinsky, The Rake's Progress: *Nick Shadow*
Tschaikowskij, Pique-Dame: *Tomskij*
Verdi, Nabucco: *Nebukadnezar*
Ernani: *Don Carlos*
I due Foscari: *Francesco Foscari*
Attila: *Ezio*
Macbeth: *Macbeth*
Luise Miller: *Miller*
Troubadour: *Luna*
Sizilianische Vesper: *Guido de Montfort*
Simone Boccanegra: *Simone*
Macht des Schicksals: *Don Carlos*
Aida: *Amonasro*
Othello: *Jago*
Falstaff: *Falstaff*
Wagner, Holländer: *Holländer*
Lohengrin: *Telramund/Heerrufer*
Tristan: *Kurwenal*
Meistersinger: *Sachs*
Rheingold: *Wotan*
Walküre: *Wotan*
Siegfried: *Wanderer*
Götterdämmerung: *Gunther*
Parsifal: *Amfortas/Klingsor*
Weber, Euryanthe: *Lysiart*
Zemlinsky, Florentinische Tragödie: *Simone*

Charakterbariton

d'Albert, Tiefland: *Sebastiano/Moruccio*
Tote Augen: *Arcesius*
Berg, Wozzeck: *Wozzeck*
Dittersdorf, Doktor und Apotheker: *Doktor*
Gluck, Pilger von Mekka: *Meister Überschwang*
Alkeste: *Herakles*
Humperdinck, Hänsel und Gretel: *Besenbinder*
Janáček, Jenufa: *Altgesell*
Kienzl, Evangelimann: *Johannes*
Pfitzner, Palestrina: *Morone/Avosmediano/Ercole Severolus*
Puccini, La Bohème: *Schaunard*
Tosca: *Scarpia*
Verdi, Simone Boccanegra: *Paolo*
Wagner, Meistersinger: *Beckmesser*
Rheingold: *Alberich*
Siegfried: *Alberich*
Wolf, Corregidor: *Tio Lucas*
Wolf-Ferrari, Vier Grobiane: *Maurizio*

Spielbass (Bassbuffo)

Auber, Fra Diavolo: *Giacomo*
Berg, Wozzeck: *Doktor*
Berlioz, Béatrice und Bénédict: *Somarone*
Boieldieu, Weiße Dame: *Mac Irton*
Cimarosa, Heimliche Ehe: *Geronimo*
Dittersdorf, Doktor und Apotheker: *Stößel*

Donizetti, Liebestrank: *Dulcamara*
Regimentstochter: *Sulpiz*
Don Pasquale: *Pasquale*
Dvořák, Jakobiner: *Filip*
Flotow, Stradella: *Malvolino*
Martha: *Lord Tristan*
Gluck, Betrogener Kadi: *Kadi*
Goetz, Der Widerspenstigen Zähmung: *Hortensio/Grumio*
Haydn, Apotheker: *Sempronio*
Welt auf dem Monde: *Buonafede*
Belohnte Treue: *Melibeo*
Humperdinck, Königskinder: *Holzhacker*
Lortzing, Wildschütz: *Baculus*
Undine: *Hans*
Waffenschmied: *Adelhof*
Opernprobe: *Graf*
Mozart, Bastien: *Colas*
La finta giardiniera: *Nardo*
Don Giovanni: *Leporello*
Così fan tutte: *Don Alfonso*
Mussorgskij, Boris: *Warlaam*
Orff, Die Kluge: *Bauer*
Paisiello, Barbier von Sevilla: *Bartolo*
Pergolesi, Magd als Herrin: *Uberto*
Puccini, Tosca: *Mesner*
Ravel, Spanische Stunde: *Don Inigo Gomez*
Rimskij-Korssakow, Der goldene Hahn: *König Dodon*
Rossini, Italienerin in Algier: *Mustafa*
Türke in Italien: *Don Geronio*
Barbier: *Dr. Bartolo*
La Cenerentola: *Don Magnifico*
Strauss, Ariadne: *Truffaldin*
Arabella: *Graf Waldner*
Schweigsame Frau: *Vanuzzi/Farfallo*
Capriccio: *La Roche*
Telemann, Pimpinone: *Pimpinone*
Verdi, Maskenball: *Tom*
Macht des Schicksals: *Fra Melitone*
Falstaff: *Pistol*
Wolf, Corregidor: *Tonuelo*
Wolf-Ferrari, Neugierige Frauen: *Arlecchino*

Schwerer Spielbass (Schwerer Bassbuffo)

Adam, Postillon: *Bijou*
Berg, Lulu: *Tierbändiger/Rodrigo*
Berlioz, Benvenuto Cellini: *Giacomo Balducci*
Busoni, Arlecchino: *Dottore Bombasto*
Turandot: *Pantalone*
Cornelius, Barbier: *Abul Hassan*
Donizetti, Viva la Mamma: *Mamma Agata*
Egk, Revisor: *Stadthauptmann*
Flotow, Martha: *Plumkett*
Glinka, Ruslan und Ludmila: *Farlaf*
Gluck, Pilger von Mekka: *Kalender*
Gounod, Margarethe: *Mephistopheles*
Lortzing, Zar: *van Bett*
Waffenschmied: *Stadinger*
Mozart, Entführung: *Osmin*
Mussorgskij, Jahrmarkt von Sorotschinzy: *Tscherewik*
Nicolai, Lustige Weiber: *Falstaff*
Pfitzner, Christ-Elflein: *Knecht Ruprecht*
Puccini, Gianni Schicchi: *Gianni Schicchi*
Rossini, Barbier: *Basilio*
Smetana, Verkaufte Braut: *Kezal*
Strauss, Rosenkavalier: *Ochs*
Wagner, Holländer: *Daland*
Wolf, Corregidor: *Repela*

Wolf-Ferrari, Neugierige Frauen: *Ottavio*
Vier Grobiane: *Lunardo*

CHARAKTERBASS (BASSBARITON)

Boieldieu, Weiße Dame: *Gaveston*
Flotow, Stradella: *Bassi*
Goetz, Der Widerspenstigen Zähmung: *Baptista*
Lortzing, Undine: *Tobias*
Martinů, Griechische Passion: *Priester Grigoris*
Meyerbeer, Hugenotten: *St. Bris*
Mozart, Figaro: *Figaro*
Don Giovanni: *Masetto*
Mussorgskij, Boris: *Rangoni*
Puccini, Mantel: *Maulwurf*
Turandot: *Timur*
Rossini, La Cenerentola: *Alidoro*
Tell: Walther Fürst
Verdi, Luise Miller: *Wurm*
Rigoletto: *Monterone*
Simone Boccanegra: *Pietro*
Wagner, Tannhäuser: *Biterolf/ Reinmar*
Meistersinger: *Kothner*
Rheingold: *Donner*
Götterdämmerung: *Alberich*
Weber, Freischütz: *Kuno*
Wolf, Corregidor: *Alkalde*
Wolf-Ferrari, Vier Grobiane: *Simon*

SERIÖSER BASS

d'Albert, Tiefland: *Tommaso*
Beethoven, Fidelio: *Rocco*
Bellini, Norma: *Orovist*
Puritaner: *Lord Walter Walton*
Berlioz, Béatrice und Bénédict: *Don Pedro*
Bizet, Perlenfischer: *Nourabad*
Carmen: *Zuniga*
Britten, Billy Budd: *John Claggart*
Busoni, Turandot: *Altoum*
Doktor Faust: *Wagner*
Cilea, Adriana Lecouvreur: *Fürst von Bouillon*
Debussy, Pelleas: *Arkel*
Donizetti, Anna Bolena: *Heinrich VIII.*
Lucia: *Raimund*
Dvořák, Rusalka: *Wassermann*
Glinka, Leben für den Zaren: *Iwan Sussanin*
Ruslan und Ludmila: *Swetosar*
Händel, Julius Caesar: *Ptolemäus/ Caesar*
Halévy, Jüdin: *Kardinal Brogni*
Henze, Bassariden: *Kadmos*
Englische Katze: *Arnold*
Hindemith, Cardillac (Originalfassung): *Goldhändler*
Cardillac (Neufassung): *Offizier*
Mathis der Maler: *Lorenz von Pommersfelden*
Massenet, Manon: *Graf des Grieux*
Monteverdi, Krönung der Poppea: *Seneca*
Mozart, Figaro: *Bartolo*
Don Giovanni: *Komtur*
Zauberflöte: *Sarastro*
Mussorgskij, Boris: *Pimen*
Chowanschtschina: *Fürst Iwan Chowanskij/Dosifej*
Offenbach, Hoffmanns Erzählungen: *Crespel*
Orff, Antigonae: *Kreon*
Pfitzner, Armer Heinrich: *Arzt*
Palestrina: *Papst/Madruscht/ Kardinal von Lothringen*
Christ-Elflein: *Tannengreis*
Ponchielli, La Gioconda: *Alvise Badoero*
Prokofjew, Liebe zu den drei Orangen: *König Treff*

Puccini, Manon Lescaut: *Geronte*
La Bohème: *Collin*
Rimskij-Korssakow, Mainacht: *Dorfschulze*
Märchen vom Zaren Saltan: *Zar Saltan*
Rossini, La Cenerentola: *Alidoro*
Tell: *Geßler*
Schreker, Die Gezeichneten: *Lodovico Nardi*
Strauss, Schweigsame Frau: *Morosus*
Daphne: *Peneios*
Strawinsky, The Rake's Progress: *Trulove*
Thomas, Mignon: *Lothario*
Tschaikowskij, Onegin: *Fürst Gremin*
Verdi, Nabucco: *Zacharias*
Ernani: *Don Ruy Gomez de Silva*
Attila: *Attila*
Macbeth: *Banquo*
Räuber: *Maximilian*
Luise Miller: *Graf*
Rigoletto: *Sparafucile*
Troubadour: *Ferrando*
Sizilianische Vesper: *Giovanni da Procida*
Simone Boccanegra: *Fiesco*
Maskenball: *Samuel*
Macht des Schicksals: *Pater Guardian*
Don Carlos: *Philipp/Großinquisitor*
Aida: *Ramphis/König*
Othello: *Lodovico*
Wagner, Tannhäuser: *Landgraf*
Lohengrin: *König Heinrich*
Tristan: *Marke*
Meistersinger: *Pogner*
Rheingold: *Fasolt/Fafner*
Götterdämmerung: *Hagen*
Parsifal: *Gurnemanz*
Weber, Freischütz: *Caspar*
Euryanthe: *König*
Wolf-Ferrari, Vier Grobiane: *Cancian*
Zemlinsky, Kleider machen Leute: *Amtsrat*

Der Chor

Von den drei Säulen der Opernbühne: Solisten, Orchester und Chor, erfährt letzterer vielfach auch heute noch eine stiefmütterliche Behandlung. Sehr zu Unrecht! Denn der Chor stellt einen integrierenden Bestandteil in der dramatischen Kunst dar, wie schon bei den alten Griechen. Als musikalisch-dekoratives Element bringt er Farben und Kontraste auf die Bühne und seine außerordentlich vielseitige Verwendungsfähigkeit ermöglicht zahllose szenische und musikalische Wirkungen. Man lasse also der Konstituierung und Pflege des Singchors eine ebenso sorgfältige Beachtung angedeihen wie Solisten und Orchester. Ein Opernchor sei nicht das Refugium für verkrachte Solisten oder arbeitsscheue Stimmchenbesitzer, sondern setze sich nur aus ernsthaft für diesen Beruf interessierten und geeigneten Leuten zusammen.

Was die zahlenmäßige Besetzung des Singchors anlangt, so ist es für die klangliche Wirkung von Vorteil, die Eckstimmen, also die melodieführenden (1. Sopran und 1. Tenor) und die Baßstimmen (2. Alt und 2. Baß) etwas stärker als die übrigen zu besetzen. Dies ist vor allem für einen kleinen Chor von Wichtigkeit:

Sopran I	Sopran II	Alt I	Alt II
4	3	2	3
Tenor I	Tenor II	Baß I	Baß II
4	3	2	3

Die Gesamtbesetzung eines Berufs-Opernchores ist heute nicht nur von der notwendigen Chorstärke, sondern ebenso von den tarifvertraglichen Bestimmungen hinsichtlich der Arbeitszeitregelung abhängig. Ferner richtet sich die Besetzung des Chors nach den klanglichen Forderungen der Partitur, aber auch nach der jeweiligen Situation des Bühnengeschehens. Demnach ist nicht immer die gesamte zur Verfügung stehende Chormasse einzusetzen. So wird beispielsweise im I. Akt des ›Fliegenden Holländer‹ für die Besatzung des kleinen Daland-Schiffes nicht ein großes Choraufgebot benötigt, sondern ein Doppelquartett durchaus genügen, das bei einem fast durchwegs einstimmigen und homophonen Chorsatz auch in musikalischer Hinsicht ausreichend ist. Anderseits ist bei Massenszenen und besonders bei mehrfach geteilten Chören (z. B. ›Lohengrin‹) eine zu schwache Besetzung von klanglich dürftiger und szenisch lächerlicher Wirkung. Eigentlich sind nur große Bühnen den Opern gewachsen, die eine starke Chorbesetzung verlangen. Kleine und oft auch mittlere Theater greifen in diesem Fall zu dem Hilfsmittel »Extrachor«, das ist ein aus theaterbegeisterten Laiensängern zusammengesetzter Chor, der zur Verstärkung des Theaterchors zugezogen wird. Die Verwendung von

Laienkräften auf der Bühne ist in künstlerischer Beziehung immer problematisch. Soweit es sich nur um Chöre hinter der Szene handelt, läßt sich der Einsatz eines Zusatzchores ohne weiteres vertreten. Dagegen zeigen sich Schwierigkeiten, sobald der Aushilfschor die Bühne betritt. Mögen seine Mitglieder in Kirchen- und Oratorienchören noch so zuverlässige Sänger sein, auf der Bühne müssen sie auswendig singen, oft auf Stichworte präzise einsetzen, dazu vielleicht auch noch spielen, lauter Dinge, die sie nicht gewohnt sind und die man eben gelernt haben muß. Da sie tagsüber anderweitig beruflich tätig sind, können sie auch gewöhnlich nicht an Bühnen- und Orchesterproben teilnehmen. Die Folge ist, daß der größte Teil des Aushilfschors im entscheidenden Augenblick versagt, und statt der erhofften Steigerung tritt eine Minderung der klanglichen Intensität ein; denn auch ein noch so gut studierter Theaterchor wird durch ungenaue Einsätze und falsches Singen des Extrachors gehemmt und in seiner Wirkung beeinträchtigt, das Niveau der Aufführung dadurch und durch die meist ungeschickten Bewegungen der bühnenungewandten Leute oft erheblich gedrückt. Daher empfiehlt es sich, entweder auf die Aufführung von Opern, die man mit dem Theaterchor nicht schaffen kann, zu verzichten, oder wenn es künstlerisch einigermaßen vertretbar ist, sich mit einem kleineren Chor und damit mit geringeren Klangmöglichkeiten abzufinden. Wenn aber die Zuziehung eines Aushilfschors unumgänglich notwendig ist, dann wähle man nur sehr musikalische, gewandte und intelligente Sänger aus und setze sie nur in musikalisch einfachen Chören und in Szenen ein, die vom Chor keine komplizierten darstellerischen Bewegungen verlangen (wie z. B. bei den Priesterchören der ›Zauberflöte‹), oder man versuche, auch für den Extrachor ausreichend szenische und musikalische Proben zu ermöglichen.

Ähnlich wie beim Extrachor liegen die Verhältnisse auch beim Einsatz von Kinderchören. Allerdings läßt sich deren Verwendung meistens mit besserem Erfolg durchführen, da, abgesehen von günstigeren Probemöglichkeiten, bei Kindern manche Hemmungen der Erwachsenen nicht vorhanden sind und Kinder auf der Bühne erfahrungsgemäß immer eine gewaltige Publikumswirkung ausstrahlen.

Das Orchester

Das bittere Wort Richard Wagners über schlechte Dirigenten, die durch ihre Unfähigkeit meistens die ganze Aufführung verderben, könnte man auch auf das Orchester übertragen und etwa so formulieren: Ein schlechter Sänger kann wohl niveaudrückend wirken, er verdirbt aber immerhin nur seine Partie und damit nur einzelne Stellen der

Aufführung, während ein unzulängliches Orchester den ganzen Abend über keine tiefere künstlerische Wirkung aufkommen läßt.

Eine nicht befriedigende Orchesterleistung kann verschiedene Ursachen haben. Oft wird ein unfähiger Kapellmeister dafür verantwortlich gemacht werden müssen, manchmal liegt es auch an einer überwiegend schlechten Qualität der Orchestermitglieder (z. B. Überalterung) oder an einer mangelhaften Orchesterdisziplin, häufig sind aber klangliche Mißverhältnisse schuld, die aus einer unzulänglichen Besetzung resultieren.

Für einen guten Orchesterklang ist zunächst eine hinreichend starke Besetzung des Streicherkörpers von entscheidender Bedeutung. Hier kann nicht ohne weiteres eine allgemein gültige Norm aufgestellt werden; denn es müssen verschiedene Faktoren berücksichtigt werden, so die allgemeine Struktur einer Partitur, die Stärke der Bläser und ihre Verwendung, die Art der Tonsprache (dramatisch-pathetisch oder durchsichtig-filigranartig), aber auch die akustischen Verhältnisse des Theaters, die Lage des Orchesterraums, die Qualität der einzelnen Spieler und die Tragfähigkeit ihrer Instrumente. So kommt es, daß die Komponisten die Anzahl der Streichinstrumente in ihren Partituren selten vorschreiben. Nur Richard Wagner in seinen späteren Werken, Richard Strauss und verschiedene neuzeitliche Komponisten haben es getan, um das klangliche Gleichgewichtsverhältnis gegenüber einer starken Bläserbesetzung festzulegen.

Wichtig für die Erzielung eines homogenen und ausgeglichenen Streicherklangs ist ein zahlenmäßig richtiges Verhältnis der einzelnen Instrumentengruppen zueinander. Auch bei dieser Frage spielt wiederum der Werkstil und besonders die Satzkunst des Komponisten (homophon oder polyphon) eine ausschlaggebende Rolle. Im allgemeinen diene folgendes Schema als Richtschnur:

	Viol. I	Viol. II	Bratschen	Celli	Bässe
Spieler:	6	6	4	2 (3)	2
	8	8 (6)	5 (4)	4	4 (3)
	10	10 (8)	7 (6)	6 (5)	6 (5)
	12	12 (10)	8	6	6
	14	14 (12)	10	8 (7)	8 (7)
	16	16 (14)	12 (10)	10 (8)	8

Bei Aufführungen von Opern mit größerer Orchesterbesetzung an kleineren Theatern bildet oft das Weglassen von Bläsern, die den dortigen Orchestern nicht zur Verfügung stehen, eine künstlerische Gewissensfrage für den Kapellmeister. Wenn die fehlenden Instrumente nicht gastweise von anderen Orchestern herangezogen werden können, ist grundsätzlich auch hier der Standpunkt des Abstandnehmens von solchen Aufführungen der einzig richtige, besonders wenn es sich bei Meisterwerken um Instrumente handelt, die für die dramatische Wirkung von integrierender Bedeutung sind. So ist ein ›Fidelio‹ ohne Kontrafagott oder ein ›Nibelungenring‹ ohne Tuben künstlerisch ebensowenig tragbar wie etwa die Besetzung der Partie des Wotan mit einem Spielbariton. Freilich wird sich an kleinen Bühnen der Verzicht auf Opern, die man dort in der originalen Orchesterbesetzung nicht wiedergeben kann, nicht immer durchführen lassen, besonders wenn es sich um zugkräftige Stücke handelt (Puccini usw.). Wenn auch in solchen Fällen ein gewissenhafter Kapellmeister durch mühseliges Einziehen aller wichtigen Noten sich noch so bemüht, dem Original möglichst nahe zu kommen, wird das Klangbild letzten Endes doch nur einem geflickten Anzug vergleichbar sein und ähnlich diesem als minderwertig bezeichnet werden müssen. [Die Konkurrenz der Schallplatte hat es mit sich gebracht, daß auch an kleineren Bühnen reduzierte Orchesterfassungen groß besetzter Opern so gut wie verschwunden sind.]

Häufig beeinträchtigen auch problematische akustische Verhältnisse infolge ungünstiger Lage des Orchesterraumes die klangliche Wirkung. Hier kann eine zweckmäßige Orchesteraufstellung viel zur Verbesserung des Klangbildes beitragen. Im allgemeinen sind für die Orchestersitzordnung folgende Gesichtspunkte zu berücksichtigen: Der gesamte Apparat soll möglichst geschlossen sitzen, damit die Spieler sich gegenseitig hören können. Insbesondere müssen die einzelnen Instrumentengruppen unter sich engen Kontakt haben. Dennoch muß jeder Musiker soviel Platz zur Verfügung haben, wie er braucht, um voll aktionsfähig sein zu können, und so sitzen, daß er ständig den Taktstock des Dirigenten im direkten Blickfeld hat. Bei Orchestern mit kleinerem Streicherkörper empfiehlt es sich, die Streicher oder zumindest die Violinen und Bratschen zur Intensivierung ihrer Klangwirkung höher als die Bläser zu setzen, was durch Einbau entsprechender Podeste in jedem Orchesterraum ermöglicht werden kann; die Podeste wirken dann als Resonanzboden. Im Interesse eines guten Kontakts ist es auch von Vorteil, die dem Dirigenten zunächst sitzenden Pulte (Stimmführer) erhöht zu plazieren. Bei den Bläsern verdient eine möglichst zentrale Aufstellung im allgemeinen den Vorzug vor anderen Lösungen, da der Baß als Fundament des musikalischen Gebäudes von allen Spielern gleichmäßig gut gehört werden muß. Eine Norm für die Sitzweise der Instrumentengruppen läßt sich aber nicht aufstellen, da in jedem einzelnen Fall die räumlichen und akustischen Verhältnisse zu berücksichtigen sind. Es ist daher eine ganze Reihe von Lösungen möglich (speziell hinsichtlich der Gruppierung der Streicher), je nachdem das Orchester postiert ist (vor oder z. T. unter der Bühne; weniger oder mehr versenkt; ganz, teilweise oder überhaupt nicht verdeckt usw.); die günstigste ist jeweils praktisch auszuprobieren.

Hinsichtlich der Bühnenmusik halte man es mit dem alten Grundsatz: Musik, die auf der Szene gedacht ist (sofern sie nicht von Musikern im Kostüm gespielt werden kann), lasse man im Orchesterraum ausführen. Dagegen möge alles, was handlungsmäßig hinter der Szene erklingen soll, auf der Bühne gespielt werden. Dabei verursacht die Aufstellung einer größeren Bühnenmusikbesetzung, wie sie zum Beispiel in einigen Verdi-Opern verlangt wird (Banda), an kleineren Theatern häufig Schwierigkeiten, da diese nicht aus dem Hauptorchester entnommen werden kann. Man wird gut tun, sich lieber mit der kleinstmöglichen Besetzung zufriedenzugeben, die wohl in jeder Stadt aus nebenberuflich tätigen Musikern gebildet werden kann, als eine solche Bühnenmusik im Orchester einzuziehen, was erfahrungsgemäß von schlechter klanglicher und künstlerischer Wirkung ist. [Der Fortschritt der Tontechnik erlaubt heute bei entsprechender Ausrüstung die Realisierung der Bühnenmusik vom Tonband, ohne daß klangliche Einbußen hingenommen werden müßten.]

Schließlich sei noch darauf hingewiesen, daß zu den wesentlichen Voraussetzungen für eine einwandfreie Orchesterleistung auch ein gut leserliches, sauber und übersichtlich eingerichtetes Notenmaterial gehört.

Die Barockoper

Seit dem Einsetzen einer Händelopern-Renaissance nach dem Ende des Ersten Weltkrieges beschäftigen die Aufführungsprobleme bei Werken des Generalbaßzeitalters auch den Theaterkapellmeister, dem oft von ein und demselben Werk verschiedene, mehr oder minder stilgerechte Neueinrichtungen vorliegen. In der Frage, welcher Fassung der Vorzug zu geben sei, dürften in erster Linie historisch-stilistische Überlegungen als Richtschnur dienen. Die Struktur des Barockorchesters war eine andere als die des Orchesters der späteren Zeit. Der polyphone Orchestersatz kannte noch keine Füllstimmen (Pedalwirkungen). Die Bläser hatten rein thematische Funktionen und waren daher bisweilen auch wie die Streicher chorisch besetzt. Die Füllstimmen wurden jedoch auf einem besonderen Instrument, dem Generalbaßinstrument (Orgel, Cembalo, Harfe, Laute, Theorbe, Gambe, Cello u. a.) ausgeführt.

Die Partituren des Generalbaßzeitalters enthalten außer den Solostimmen nur noch eine bezifferte Baßstimme, den Generalbaß oder Basso continuo (Bc.). Die Ziffern über dem Baß deuten die latenten Harmonien an, die sich aus dem Zusammentreffen der Solostimmen mit der Baßstimme jeweils ergeben. Die Ausführung des bezifferten Basses, das Accompagnato, überließen die Komponisten dem Accompagnisten, der somit die Begleitung selbständig zu gestalten hatte.

Natürlich erforderte das Accompagnieren ein solides, mit den Gesetzen der Theorie wohlvertrautes Können. Als Ende des 18. Jahrhunderts die Bezifferung allmählich aufhörte, verkümmerte auch die schulmäßige Ausbildung des Accompagnato. Dadurch ging leider die lebendige Tradition verloren, und wir sind heute bei der Erlernung einer stilvollen Bc.-Begleitung nur mehr auf die theoretischen Schriften des 17. und 18. Jahrhunderts angewiesen. Die Wiederbelebung der Epoche Bach–Händel um die Mitte des 19. Jahrhunderts regte das Studium dieser Lehrbücher an. Die daraus entstandenen Meinungsverschiedenheiten bezüglich der Ausführung des Bc. (homophon oder polyphon oder gemischter Stil) sind auch heute noch nicht völlig beseitigt.

Mit dem Aufhören der Pflege barocker Musik sind auch die Bc.-Instrumente aus dem Orchester verschwunden. In den Partituren der Barockmeister finden sich nur spärliche Angaben für die Interpretation (Tempi, Tempomodifikationen, Dynamik, Phrasierungen, Verzierungen). Genauere Bezeichnungen hielten die Komponisten für unnötig, da sie meist selbst die Einstudierungen und Aufführungen ihrer Werke leiteten. Auch war vieles der damaligen Aufführungspraxis geläufig, was uns infolge des Fehlens einer lückenlosen Tradition absolut nicht mehr selbstverständlich ist. So ist in den Partituren auch nicht die Wahl des jeweiligen Generalbaßinstrumentes angegeben. Sie richtete sich wohl in erster Linie nach dem Charakter der Komposition, aber auch akustische Gesichtspunkte dürften eine Rolle gespielt haben. Wir wissen jedenfalls, daß in der Händel-Zeit im Theater hauptsächlich das Cembalo als Bc.-Instrument gebräuchlich war. Vielfach wirkten damals zwei, manchmal sogar drei Cembali im Orchester mit. In diesem Fall erfolgte eine Arbeitsteilung: Der eine Accompagnist, der gewöhnlich zugleich Dirigent der Aufführung war, begleitete die Rezitative und wohl auch die Continuo-Arien[8], während der andere bzw. die beiden anderen die Bc.-Ausführung des Orchesterparts übernahmen. Für die stilvolle Aufführung einer Händel-Oper ist also ein Cembalo vonnöten. Es empfiehlt sich, möglichst ein doppelmanualiges Instrument zu wählen, aus dem bei feinnerviger Behandlung und Registrierung farbige Abstufungen des Vortrags erzielt werden können. Auch die Begleitung des Secco-Rezitativs kann trotz ihres Charakters als spärliche harmonische Stütze durch eine differenzierte, dem Vortrag des Sängers angepaßte Nuancierung wesentlich zur Hebung des dramatischen Ausdrucks beitragen. Darüber hinaus entspricht es der barocken Aufführungstradition, den Continuo bei Werken von Claudio Monteverdi bis zu Georg Friedrich Händel so reich und klanglich differenziert wie möglich zu besetzen, also neben dem Cembalo – mit szenischen oder dramaturgischen Zuordnungen – Instrumente wie

[8] Arien, bei denen die Stingstimme nur von einem bezifferten Baß begleitet wird.

Violoncello, Kontrabaß, Laute, Theorbe, Harfe, Fagott, Orgel und Posaune einzusetzen.

Das cembalobegleitete Rezitativ überlebte das Ende der Generalbaßzeit und ist bis zur Wende zum 19. Jahrhundert üblich gewesen – so findet es sich auch in den Opern von Domenico Cimarosa, Giovanni Paisiello oder Wolfgang Amadeus Mozart.

Die Neubelebung wertvollen Opernschatzes aus der Barockzeit erfordert demnach historische Kenntnisse und stilistischen Instinkt. Man kann freilich die in vielem an den modischen Zeitgeschmack gebundene Barockoper heutzutage nicht mehr in der Urfassung wiedergeben, man kann ihr aber nicht durch Uminstrumentierungen oder gar durch kompositorische Zutaten auf die Beine helfen. Eine würdige Neubearbeitung und deren Wiedergabe wird sich also streng an den Urtext der Partitur halten und wird durch geschickte, den künstlerischen Organismus nicht zerstörende Striche und Umstellungen sowie durch eine gute Textgestaltung (Übersetzung) die stilistischen Forderungen mit dem künstlerischen Empfinden unserer Zeit in Einklang zu bringen suchen. Lediglich die Umlegung der Kastraten-Partien wird hin und wieder Transpositionen und kleine Veränderungen rechtfertigen.

Auch für die Ausführung der Gesangspartien ist einzig der in der Partitur festgelegte Notentext maßgebend; denn eine Wiedergabe im Sinn der barocken Aufführungspraxis (Koloratur- und Ziergesang) wäre schon allein deshalb zum Scheitern verurteilt, weil bei unserer Sängergeneration die hochentwickelte damalige Gesangskunst kaum mehr anzutreffen ist. (Um den Anforderungen des Gesangsvirtuosentums gerecht zu werden, beanspruchte die Ausbildung des Sängers im 17. und 18. Jahrhundert in der Regel eine Dauer von zehn bis zwölf Jahren.)

Für die Besetzung der Solopartien sei man sich bewußt, daß die Barock- und Rokoko-Oper das helle und leuchtende Timbre mit üppigem Klangvolumen liebt, während den dunklen Stimmen erst in der romantischen Oper integrierende Bedeutung zukommt.

Historisch-stilistische Entwicklung des musikalischen Dramas und der Oper

Die Verbindung von Wort und Ton ist uralt, so alt wie die Menschheit selbst. Bei allen Völkern des Erdkreises sind zu Beginn ihrer Musikentwicklung zunächst zwei einander gegenüberstehende Richtungen anzutreffen: die religiösen Bedürfnissen entsprungene kultische Musik (Priestermusik) und die hauptsächlich der Unterhaltung und Belustigung dienende weltliche Musik (Volksmusik). Mit beiden sind von Anfang an Tanz und mimische Darstellung unzertrennlich verbunden. Vornehmlich aus der kultischen Handlung entwickelte sich die szenische Darstellung[9], die dramatische Handlung. Dabei tritt schon bei den ältesten uns bekannten kultischen Gesängen[10] der Rezitativtypus in Erscheinung, das heißt jener rezitierende Gesang, für den je nach dem Wort- und Satzakzent das Heben und Senken der Stimme charakteristisch ist. Somit ist die gesungene dramatische Rezitation nicht erst eine Erfindung der Oper, ebenso wie das musikalische Drama selbst, das Gesang, Tanz und Dichtung in organischer Geschlossenheit vereinigt, bereits lange vor Geburt der Oper von den alten Griechen und den kulturell hochstehenden orientalischen Völkern[11] entwickelt worden war.

Musikalische Einlagen und gesungene Szenen lassen sich auch im Mittelalter überall nachweisen, so bei festlichen Veranstaltungen, bei Maskeraden, Aufzügen und Turnieren, bei den Mysterien und geistlichen Schauspielen, besonders aber dann im 15. und 16. Jahrhundert bei den italienischen Schäferdramen und Intermedien[12], bei der Commedia dell'arte[13], beim französischen Hofballett, bei den deutschen Fastnachtsspielen, Schuldramen und Jesuitenstücken sowie bei den englischen Maskenspielen (masques).

Die Wiege der Oper stand in Italien. Ihre Entstehung (Ende des 16. Jahrhunderts) verdankt sie dem Aufkommen der Monodie[14] sowie den künstlerischen Anschauungen der Zeit (Renaissance). Der »Came-

[9] Toten- und Ahnenkult, Geisterbeschwörung (Schattenspiele), Darstellungen aus der Göttersage usw.

[10] Zum Beispiel die altindischen Brahmanengesänge, die althebräischen Lamentationen, der altgriechische Gesang, die altchristliche Psalmodie, die halb singende, halb rezitierende Vortragsweise des Korans.

[11] Vor allem in China, Indien und Japan (Nô-Spiele).

[12] Musikalische Unterhaltungsstücke, die in die Zwischenakte der Dramen eingelegt wurden.

[13] Die italienische Stegreifkomödie.

[14] Einzel- oder Melodiestimme, begleitet von einem bezifferten Baß.

rata« in Florenz, einem Zirkel feingebildeter Leute, gelang die Sublimierung der Probleme, die damals in der Luft lagen. Mit ihrer vermeintlichen Wiedererweckung des alten griechischen Dramas schufen diese Renaissancegeister in den Palazzi der Grafen Bardi und Corsi unter Führung des Dichters Ottavio Rinuccini und der Komponisten Jacopo Peri und Giulio Caccini das »Dramma per musica«, die Oper. Ein ausgesprochen monodischer Parlandostil (stile rappresentativo) kennzeichnet ihre Struktur. Der Rezitativtext[15] ist überwiegend, aber keineswegs ausschließlich. Ariose (strophische) Stellen, manchmal auch ein Duettchen oder ein kleines Terzett, instrumentale Ritornelle[16] und bisweilen ein großes Aufgebot von Chören (besonders in Rom) unterbrechen die vielfach noch schwerfällige und dürre Monodie. Es bedurfte erst eines Vollblutmusikers, eines Genies, das der noch etwas zu theoretischen jungen Oper die Seele einhauchte und damit ihre Lebensfähigkeit endgültig erwies: Claudio Monteverdi. Er war nicht nur der kühne, weit in die Zukunft weisende Theoretiker der Stilwende um das Jahr 1600, sondern auch ein vielseitiger Praktiker (Sänger und Instrumentalvirtuose), ein Feuerkopf und ein Meister des musikalischen Ausdrucks. Vom Madrigal kommend, beherrschte er gleichermaßen den homophonen wie den polyphonen Stil. Die Ausdrucksbezirke des Dramma per musica bereicherte er um zahlreiche neuartige Wirkungen (Tonmalerei, Tremolo, Generalpause, poetisierende Wiederkehr eines Themas in leitmotivischem Sinn u. a.), vor allem aber belebte er wohltuend die langweilige Monodie der Florentiner durch eine gefühlvolle Seelen- und Charakterzeichnung sowie durch eine flüssige und gelenkige Gestaltung des Rezitativs.

Mit der Gründung des ersten öffentlichen Operntheaters in Venedig, der bald weitere folgten, trat die Oper aus der Enge und Abgeschiedenheit gelehrter und höfischer Kreise vor ein breiteres Forum und begann alsbald ihren Siegeszug in die Welt. Entsprechend der kraftvoll vitalen Geisteshaltung des Barockzeitalters entfernte sich die venezianische Oper bereits merklich von den hellenistischen Idealen der Florentiner. Man liebt nunmehr reiche Abwechslung, bunten Szenenwechsel und prunkvolle Ausstattungen mit raffinierten Maschineriekunststücken und schnellen Verwandlungen. Die Handlungen

[15] Unter Rezitativ versteht man den dem Rhythmus und Tonfall der Sprache angepaßten dramatischen Sprechgesang. Man unterscheidet insonderheit zwei Arten: 1. Secco-Rezitativ, das ist der von einzelnen Akkorden des Cembalos oder Klaviers gestützte rhythmisch freie Prosasprechgesang. Als Träger der Handlung verzichtet das Secco auf eine eigentliche Melodiebildung zugunsten einer natürlichen und leichtverständlichen Aussprache des Wortes. 2. Accompagnato-Rezitativ, das ist die dramatisch und musikalisch gesteigerte Form mit durchgängiger Orchesterbegleitung. Es dient zumeist als Folie zur Vorbereitung eines dramatischen Höhe- oder Ruhepunkts und kann auch Melodiebögen und kurze ariose Teile aufweisen.

[16] Die die Gesangsteile ablösenden rein instrumentalen Partien.

werden mit komischen Szenen gewürzt und durch Nebenrollen kunstvoll gesteigert. Die sogenannten Ombra-Szenen (Schatten- und Geisterbeschwörungen) mit ihren mystischen Violinenklängen wirken, ähnlich wie die »Lamento«-Monologe seit Monteverdis ›Arianna‹, noch bis ins 19. Jahrhundert nach (z. B. in Händels ›Giulio Cesare‹ oder in Webers ›Euryanthe‹, auch die Christus-Stellen in Johann Sebastian Bachs ›Matthäus-Passion‹). Das Rezitativ wird, besonders bei den Hauptmeistern der Epoche, Pier Francesco Cavalli und Pietro Cesti, immer häufiger von ariosen Partien unterbrochen, was schließlich zur Einführung des orchesterbegleiteten Rezitativs (bei Francesco Paolo Sacrati und Cavalli) und zur Ausgestaltung der schon von Monteverdi entwickelten Da capo-Arie (Cesti, Giovanni Legrenzi) führt. Auch Arien mit konzertierenden Instrumenten (besonders mit konzertierender Trompete) werden seit Pietro Andrea Ziani vielfach verwendet. Der Chor dagegen tritt mehr zurück und verschwindet manchmal ganz, was vielfach wirtschaftliche Gründe hatte, da die Oper nicht mehr von adligen Mäzenen finanziert, sondern durch kommerziell geführte Opernhäuser und Ensembles realisiert wurde.

Inzwischen konnte die Oper auch außerhalb Italiens festen Fuß fassen, am schnellsten in Deutschland. Hier beeinträchtigten zwar trotz erfolgreicher Ansätze (Heinrich Schütz, Reinhard Keiser, Georg Philipp Telemann) die katastrophalen Folgen des Dreißigjährigen Krieges und vor allem die Vorliebe der meisten deutschen Fürstenhöfe für die italienische Musik die Möglichkeiten einer nationalen Eigenentwicklung; es fehlte aber wohl auch auf musikdramatischem Gebiet an einer starken, schöpferischen Dichter- oder Musikerpersönlichkeit.

Anders lagen die Verhältnisse in Frankreich, obwohl dort die Oper erst 50 Jahre nach ihrer Entstehung Eingang gefunden hatte. Schon bald danach konnten der Dichter Pierre Perrin und der Komponist Robert Cambert eine französische Pastoraloper vorstellen. Mit der von Ludwig XIV. privilegierten Académie Royale de Musique (1669) erhielt Paris sein erstes, für die Pflege nationaler Opernkunst bestimmtes öffentliches Operntheater. Allerdings mußte aber dann erst ein Mann aus Italien kommen, dem in Zusammenarbeit mit den Dichtern Philippe Quinault, Pierre Corneille und Molière sowie durch die glückliche Synthese der musikalischen Stile die Schöpfung einer französischen Nationaloper, der »tragédie lyrique«, nach dem Vorbild des französischen Nationaldramas (Corneille, Jean Racine) gelang: Giovanni Battista Lulli (Jean Baptiste Lully). Sein Werk war richtunggebend bis zum Auftreten von Jean-Philippe Rameau und Christoph Willibald Gluck.

In England wiederum ist in der 2. Hälfte des 17. Jahrhunderts eine bodenständige Oper von nur kurzer Lebensdauer unter dem überragenden Henry Purcell festzustellen. Nach seinem Tod gelangte in London die italienische Oper zur absoluten Alleinherrschaft.

Bereits bei den späteren Venezianern machte sich die Tendenz bemerkbar, dem ariosen Element eine breitere Basis einzuräumen. Diese Strömungen fanden besonders in dem melodieseligen Neapel Anklang, wo sich gegen Ende des 17. Jahrhunderts der Beginn einer neuen Stilperiode abzeichnet: die neapolitanische Oper. Als ihre Begründer werden Francesco Provenzale und Alessandro Scarlatti bezeichnet. Eine stattliche Reihe musikalischer Talente (Leonardo Vinci, Giovanni Battista Pergolesi, Johann Adolf Hasse, Georg Friedrich Händel, Niccolò Jommelli, Tommaso Traetta u. a.) sicherte der neapolitanischen Schule in der Folge die Führung für einen Zeitraum von etwa 100 Jahren. Zwei überragende Librettisten wiesen ihr entscheidend den Weg: der Operntextreformator Apostolo Zeno, der zunächst das durch spanische Einflüsse verwilderte Textbuch von der Überwucherung mit komischen Szenen reinigte, und vor allem der wegen des lyrischen Wohlklangs seiner Verse von den Zeitgenossen vergötterte Pietro Metastasio (eigentlich Trapassi), dessen Textgestaltung, weil ganz aus dem Geiste des Zeitalters der Grazie und Empfindsamkeit geboren, für die Rokoko-Oper vorbildlich wurde. Die Dichtung rückt die lyrischen Szenen in den Vordergrund, wodurch die Arienkomposition begünstigt, das Rezitativ dagegen vernachlässigt wird; die Textbehandlung verkümmert gegenüber der Bevorzugung des rein Musikalischen, der Melodie. Die Einbeziehung heimatlicher Volksmusik (Siciliano) fördert einen homophonen Stil und würzt trefflich das flüssige, sinnliche Klangbild. Aus dem Musikdrama wurde die Musizieroper. Die Kunst des Belkanto und des Gesangsvirtuosentums (Koloratur, Kastraten) nahm von hier ihren Ausgang.

Allerdings führte die Vorherrschaft des Bravourgesangs im Laufe der Zeit zu einer Entartung (Verödung durch Schematisierung: stereotype Szenenabschlüsse mit Arien, Schablone der Charaktere, konventionelle Liebe, Eifersucht, Edelmut usw.), die eine Reform dringend nötig machte. Überdies waren auf dem Gebiet des volkstümlich-komischen Theaters der seriösen Oper allmählich gefährliche Rivalen erwachsen. Die Parodien und Travestien der Opera buffa und der französischen Vaudeville-Komödie, des englischen (ballad-opera) und des deutschen Singspiels wählten sich die Schwächen der Seria zur Zielscheibe ihres Spottes und versetzten ihr bisweilen, wie in London durch die bissig-satirische ›The Beggar's Opera‹, den Todesstoß.

Christoph Willibald Gluck und sein Textdichter Ranieri Calzabigi vollbrachten mit ihrem ›Orfeo‹ (1762 Wien) die erlösende Tat zur Rettung der Oper, indem sie anstelle der Unnatur des Zeitgeschmacks den echten, wahren Ausdruck setzten. In Paris, wo der von Lully geschaffene Typus der französischen Nationaloper dem Monteverdischen Dramma per musica näher stand als der neapolitanischen Gesangsoper, fand Gluck für seine reformatorischen Ideen einen noch günstigeren Boden als in Wien. In Verbindung italienischer und französischer Stilelemente schuf der deutsche Meister eine Reform, die im wesentlichen folgende Punkte umfaßte: Ausmerzung des entarteten Gesangsvirtuosentums zugunsten einer einfachen, natürlichen Deklamation, Kampf gegen die herrschende willkürliche Aufführungspraxis und Festlegung des schöpferischen Willens in der Partitur, Schaffung eines einheitlichen dramatischen Stils durch Verdrängung des Secco und Einführung des durchgehend orchesterbegleiteten Rezitativs, Unterordnung des Musikers unter die dramatische Idee und daher Mitarbeit des Komponisten bei der Entstehung eines Operntextes.

In Neapel konnte seit 1709 auch die musikalische Komödie einen rapiden Aufschwung verzeichnen, eine Entwicklung, die zur Entstehung einer gesonderten Gattung der Opera buffa, führte. Komische Stücke mit Musik lassen sich in Italien freilich schon früher nachweisen, so im 16. Jahrhundert die Madrigalkomödien eines Adriano Banchieri, Alessandro (I) Striggio und Orazio Vecchi (›L'Amfiparnaso‹, Venedig 1597), sodann im 17. Jahrhundert in Florenz (Jacopo Melani), in Bologna (Giacomo Antonio Perti, Francesco Antonio Pistocchi) und hauptsächlich in Rom. Hier hatten die Lustspiele des Kardinals Giulio Rospigliosi viel Erfolg, dessen ›Chi soffre, speri‹, komponiert von Marco Marazzoli und Virgilio Mazzocchi, gewöhnlich als erste komische Oper bezeichnet wird. Daneben ist die Stegreifkomödie (Commedia dell'arte), die sich bis ins 16. Jahrhundert zurückverfolgen läßt, als wichtiger Vorläufer der Opera buffa zu betrachten. Auch in der Opera seria war das komische Element, besonders bei den Venezianern, ausgiebig vertreten. Hier erschienen die komischen Szenen zuerst vielfach am Ende der Akte, später wurden sie dann als »Intermezzo« zur Unterhaltung des Publikums in die Aktpausen verlegt, und schließlich faßte man mehrere solcher Intermezzi ihres außerordentlichen Erfolges wegen in ein Stück zusammen. In dieser Gestalt trat in Neapel die Opera buffa zunächst in Erscheinung. Ihre Stoffe schöpfte sie aus dem Alltag (Heirats- und Liebesgeschichten mit harmlosen Verwicklungen). Die Sprache des Volkes, der Dialekt herrschte vor, die stehenden Typen der Commedia dell'arte waren eingebaut. Neben der Darstellung neapolitanischer Lokalbilder waren auch Parodien auf die Opera seria beliebt. Die musikalische Gestaltung stützt sich noch mehr als bei der seriösen Oper auf neapolitanische Volksweisen. Der Siciliano und die Da capo-Arie, daneben Duette, Terzette, Quartette und freiere Partien kennzeichnen das Bild der Partituren. Die Hauptmeister sind Leonardo Vinci, Leonardo Leo und Giovanni Battista Pergolesi, letzterer besonders mit seiner ›La serva padrona‹ (1733).

Die Natürlichkeit in den Charakteren und in den Vorgängen der Handlungen übte im Gegensatz zu der hohlen Pathetik bei den Mythologien der Seria-Texte eine beispiellose Wirkung auf die breiten Volksschichten aus. Daher gelangte die Opera buffa seit 1760 zu größter Ausbreitung. Die besten Musiker der Zeit, angefangen von Nicola

Logroscino und Rinaldo di Capua bis Giovanni Paisiello und Domenico Cimarosa, wurden in ihren Bann gezogen. Dichter wie Pietro Trinchera, Francesco Cerlone und vor allem Carlo Goldoni trugen wesentlich zu ihrer Veredelung bei. Spanische Einflüsse führten dabei zu einer beträchtlichen Erweiterung des Stoffkreises: Romantische Elemente, Zauber- und Märchenstoffe (z. B. der Aschenbrödelstoff in Nicola Piccinnis hochberühmter ›La buona figliuola‹), Schilderungen des idyllischen Landlebens finden sich ebenso wie Satiren auf Mißstände bei den verschiedensten Berufen und Ständen. Auch Typen aus dem Orient wurden herangeholt, was zu der in der Folge so beliebten »Türkenoper« führte.

In Frankreich ist als Ahne der komischen Oper die Vaudeville-Komödie anzusehen, die in erster Linie vom Parodieren (textlichem Umgestalten) bekannter Melodien (timbres) lebte. Volkslieder und Gassenhauer lieferten in der Hauptsache den musikalischen Baustoff zu diesen Possen, die etwa seit 1700 die Pariser Vorstadtbühnen beherrschten und nicht nur alle möglichen, das öffentliche Leben bewegenden Angelegenheiten (Vaudeville = voix de ville), sondern auch die Musiktragödien der Académie Royale ironisierten. Die erfolgreichsten Stücke dieser Art schrieb der geistreiche Satiriker Alain-René Lesage. Die helle Begeisterung, die 1752 Pergolesis ›La serva padrona‹ in Paris auslöste, hatte zahlreiche französische Nachahmungen zur Folge. Den Anfang machte Jean-Jacques Rousseau mit seinem ›Le devin du village‹. Aber wie schon bei der ernsten Oper war es wieder ein Italiener, der in geschickter Verschmelzung der Stile den Franzosen erst ihre selbständige komische Oper (opéra comique, opéra bouffon) entwickelte: Egidio Romoaldo Duni. Fast gleichzeitig beschäftigte sich Christoph Willibald Gluck im fernen Wien mit französischen Vaudeville-Komödien, wobei er 1764 mit seiner ›La rencontre imprévue‹ (›Die Pilger von Mekka‹) bereits eine vom Vaudeville-Gesang vollständig gelöste komische Oper schuf. Im Gegensatz zur Opera buffa, die durchgehend musikalisch (mit Secco-Rezitativen) ausgestattet war, lag bei der älteren »opéra comique« das Schwergewicht auf der Dichtung (Charles Simon Favart, Jean Michel Sedaine), daher ist der gesprochene Dialog Träger der Handlung. Pierre-Alexandre Monsigny, François-André Danican Philidor, André-Ernest-Modeste Grétry und andere bauten die Gattung weiter aus, teils dem Zug der Zeit folgend zum sentimentalen Rührstück und zur kleinbürgerlichen Ständeoper, teils zur Märchen- und Zauberoper, aber auch unter dem Eindruck der politischen Ereignisse zur »Schreckens-« und »Rettungsoper«. Dabei wurde das Komische mitunter ganz abgestreift und eine Annäherung an die »tragédie lyrique« im Stil Glucks erstrebt. So nahm die Bezeichnung »opéra comique« in den 1790er Jahren allmählich die Bedeutung: Oper mit Dialog (im Gegensatz zu der durchwegs musikalisch gestalteten »grand opéra«) an.

Auch in Deutschland zeigten sich zu Anfang des 18. Jahrhunderts allenthalben Ansätze zur Entwicklung eines Singspiels, das dem pompösen Pathos der welschen Oper die natürlichen Ausdrucksformen schlichter Volkskunst gegenüberstellte und ihm anderseits mit Parodien und Travestien schonungslos zu Leibe rückte, im Norden bei den Nachahmungen der Stücke reisender englischer Theatergesellschaften, im Süden bei den Schuldramen und besonders bei der Wiener Stegreifkomödie (Hanswurstbühne des Steiermärkers Joseph Anton Stranitzky und die musikdurchsetzten Komödien des eingewienerten Bayern Josef Felix Kurz, der nach seiner Charakterrolle »Bernardon« genannt wurde). Johann C. Standfuß erregte mit seiner Komposition des Liederspiels ›Der Teufel ist los‹ im Stil von ›The Beggar's Opera‹ 1752 in Leipzig Aufsehen. Angesichts des großen Erfolges dieses Stücks schrieb Johann Adam Hiller mit dem Dichter Christian Felix Weisse etwa seit 1764 eine Reihe solcher Singspiele, die zu außerordentlicher Beliebtheit gelangten. Eine Anzahl tüchtiger Musiker, wie Christian Gottlob Neefe, ferner Georg Antonin Benda (der geschätzte Ausgestalter des von Jean-Jacques Rousseau erfundenen Melodrams, das den jungen Mozart so sehr begeisterte), Anton Schweitzer, Johann André, Johann Friedrich Reichardt und andere, wandte sich in der Folge dieser Gattung zu. In Norddeutschland wurde das Singspiel für Schauspieler geschrieben. Es stellte also keine großen Anforderungen an die Gesangskunst der Mitwirkenden. Dementsprechend herrscht das einfache, volkstümliche Strophenlied vor; nur Adelspersonen singen bisweilen Arien (Da capo-Form). Anders in Wien, wo Joseph II. die Errichtung eines deutschen National-Singspiels im Jahre 1778 anordnete. Der Kaiser stellte ein Ensemble wohlgeschulter Stimmen zur Verfügung, was eine Annäherung an die italienische Oper zuließ. Auf diese Weise konnte das Wiener Singspiel, das den gesprochenen Dialog als Träger der Handlung beibehielt, nach bescheidenen Anfängen (Ignaz Umlauff, Franz Aspelmayr) musikalisch in kunstvollere Bahnen gelenkt werden (Karl Ditters von Dittersdorf), eine Entwicklung, die Mozarts Genius in steilem Höhenflug mit Welterfolgen krönte. Stilistisch betont das Singspiel das Empfindsame und liebt Stoffe aus dem Landleben und der kleinbürgerlichen Welt, in erster Linie rückt es aber das Komische in den Vordergrund; später stieß es mit der Hinwendung zum Zaubermärchen auch auf romantisches Gebiet vor. Allerdings trug diese Wendung den Keim des Verfalls in sich und verursachte letzten Endes – besonders bei Wenzel Müller – eine Verflachung der Gattung zur Stände- und Zauberposse.

Die strenge formale Geschlossenheit sowie die klare Melodik und Harmonik in Glucks sogenannten Reformopern zeichnen einen neuen Typus ab, den man als klassizistischen Opernstil bezeichnen möchte. Die Einflüsse dieses Meisters auf die nun bald zum Durchbruch gelangende deutsche Oper sind von großer Bedeutung, wenn es auch zunächst in der Hauptsache Franzosen (François-Joseph Gossec, Jean-François Le Sueur, Etienne-Nicolas Méhul) und Italiener (Antonio Salieri, Gaspare Spontini, Luigi Cherubini) waren, die seine Ideen aufnahmen und in die Praxis umsetzten. War somit Gluck mehr ein spiritueller Bahnbrecher, so bedeuteten Mozarts Werke Zusammenfassung und Vollendung einer fast 200jährigen Entwicklung. Seine universelle Begabung nahm Anregungen verschiedenster Art auf und formte sie zu einem stark ausgeprägten Eigenstil um. Der Geist Glucks, die Einflüsse der Mannheimer Schule, der großen Bach-Söhne Johann Christian und Carl Philipp Emanuel, Joseph Haydns, der italienischen Opera seria und buffa sowie des deutschen Singspiels sind in seinen Partituren spürbar. Die glückliche Mischung dieser Elemente in Verbindung mit einer göttlichen Inspiration beschenkte die Welt mit unvergänglichen Werken vollendeten musikalischen Theaters. Der deutschen Oper aber wies sie endlich einen Weg, der ihr die Fortentwicklung zur Weltgeltung ermöglichte.

Der Ruf nach einer national-deutschen Oper war auch während des 18. Jahrhunderts nie ganz verstummt. Insbesondere gingen diese Bestrebungen von literarischer Seite aus (Johann Christoph Gottsched, Johann Adolf Scheibe, Christoph Martin Wieland, Friedrich Gottlieb Klopstock, Johann Gottfried Herder, Gotthold Ephraim Lessing, Johann Wolfgang von Goethe), während die Musiker noch immer an der italienischen Oper festhielten. Der große Erfolg des deutschen Singspiels gab Dichtern und Musikern einen neuen Auftrieb, und so konnten einige aufsehenerregende glückliche Versuche (Wieland–Schweitzers ›Alceste‹ und ›Rosemunde‹ sowie Ignaz Holzbauers ›Günther von Schwarzburg‹) in den 1770er Jahren Hoffnungen erwecken.

Doch erst Mozarts deutsche Singspiele ›Die Entführung aus dem Serail‹ und ›Die Zauberflöte‹ vermochten den Grundstein zu einer selbständigen Entwicklung zu legen.

Durch Einbeziehung der Errungenschaften seiner symphonischen Instrumentalmusik schuf sodann Ludwig van Beethoven in seinem ›Fidelio‹ einen leidenschaftlich-dramatischen Stil, der letzten Endes auf die Gluck-Schule und die französische Revolutions- und Schreckensoper zurückzuführen ist und gleichzeitig Elemente des Singspiels verwebt. Auf dieser Grundlage erwuchs die romantische Oper, deren richtunggebende Gestalter Carl Maria von Weber und Heinrich Marschner wurden. Die gewaltige deutsche Geistesströmung zu Anfang des 19. Jahrhunderts zog natürlich auch das musikalische Theater in ihren Bann. Die Gestaltung der Sagen- und Geisterwelt, des Unheimlichen und Gruseligen in Natur und Mystik führte zu einer Bereicherung der musikalischen Ausdrucksmittel, vornehmlich in Harmonik und Instrumentation. Aus dem Singspiel wurde erst der gesprochene Dialog übernommen, später wurde das durchkomponierte dramatische Rezitativ (›Euryanthe‹) eingeführt. An diese Form brauchte dann Richard Wagner nur anzuknüpfen. Parallel zu dieser Entwicklung kann man in der ersten Hälfte des 19. Jahrhunderts auch die Entstehung der deutschen Spieloper verfolgen, die im Grund genommen nur eine Fortsetzung des Singspiels darstellt. Das komische Element ist sehr in den Vordergrund gerückt, aber auch der Atem der Zeit (Romantik) allenthalben spürbar. Hauptvertreter sind Albert Lortzing, Friedrich von Flotow, der stilistisch der französischen Spieloper nahesteht, sowie Otto Nicolai, bei dem Einflüsse seiner italienischen Studienzeit unverkennbar sind.

Mit dem Durchbruch der deutschen Oper war die Hegemonie der italienischen endgültig gebrochen. In Italien hatte man kein Organ für Glucks gradlinige, kompromißlose Dramatik, die dort in Parodien sogar verspottet wurde (Tommaso Traettas ›Il cavaliere errante‹). Der herrschende Kunstgeschmack war den Spätneapolitanern ergeben und hatte gegen die Jahrhundertwende die besten Begabungen zur Buffaoper abgedrängt, so daß die Seria mehr und mehr dem Verfall entgegentrieb, obwohl ein Talent wie der aus Bayern stammende Simon Mayr, der auch Glucksche Einflüsse über die Alpen brachte, durch Bereicherung der Ausdrucksmittel befruchtend wirkte und eine üppige, sehr mit Erfolgen gekrönte Produktivität entfaltete. Im ersten Drittel des 19. Jahrhunderts empfing die italienische Oper neue Impulse durch Vincenzo Bellini, der als Hauptvertreter der romantischen Oper in Italien angesehen werden kann, und durch Saverio Mercadante, der wegen seiner umfassenden Bildung als der »italienische Beethoven« bezeichnet wurde und der mit seinen theoretischen Reformvorschlägen eine Brücke zu Verdi schlug, vor allem aber durch Gioacchino Rossinis Genius, der ähnlich wie Mozart die Entwicklung eines Jahrhunderts zusammenfaßte und der Melodieoper mit ihrem sinnlichen Reiz und Wohllaut nochmals die Tore der Welt öffnete.

Insbesondere konnte die Opera buffa durch Rossini neuerdings einen gewaltigen Aufschwung und mit dessen ›Barbier von Sevilla‹ ihren Höhepunkt verzeichnen. Neben Rossini wirkten auch Ferdinando Paer und Gaetano Donizetti mit erfolgreichen komischen Opern, die jedoch nicht die Meisterschaft des »Schwanes von Pesaro« zu erreichen vermochten. Mit Donizettis Tod versiegt die Quelle der Opera buffa, um erst 50 Jahre später mit Verdis ›Falstaff‹ ihre Wiederauferstehung zu feiern.

Trotz Rossinis triumphal beherrschender Stellung im europäischen Musikleben konnte in Frankreich auch die »opéra comique« in Ehren weiterbestehen, ja sogar dank einigen überragenden Musikerpersönlichkeiten eine glanzvolle Weiterentwicklung aufzeigen. Während der Italiener Nicolas Isouard der Gattung heimatliches Musikgut zuführte, huldigten der zur Romantik neigende Boieldieu sowie der volkstümlich gestaltende Adam und vor allem der fein instrumentierende Auber einer echt französischen Melodik mit Esprit und Charme.

Eine Zeit äußeren Glanzes bedeutete für die französische Oper die Periode der sogenannten Großen Oper (grand opéra), die historische Stoffe in einer auf Effekt bedachten Aneinanderreihung bewährter Opernwirkungen präsentierte. Prunkvolle und dramatisch bewegte Massenszenen sind ihr Wahrzeichen. An der Ausgestaltung der Gattung waren außer Franzosen (Auber, Halévy) auch Italiener (Spontini, Rossini) und Deutsche (Wagner) beteiligt. Die wirkungsvollsten Texte lieferte der auf allen Operngebieten versierte französische Bühnenschriftsteller Eugène Scribe, während als musikalischer Hauptrepräsentant der aus Deutschland stammende, von Simon Mayr beeinflußte Giacomo Meyerbeer anzusehen ist, dessen Werke lange Zeit die europäischen Opernbühnen beherrschten und sogar Richard Wagner in ihren Bann zu ziehen vermochten (›Rienzi‹).

In der Folge wandte sich Wagner jedoch der romantischen Oper zu, die er der Vollendung entgegenführte (›Lohengrin‹). Als dritter in der Reihe der großen Opernreformatoren (Monteverdi, Gluck) ging er sodann bald seine eigenen Wege. Entsprechend seinen theoretischen Forderungen gestaltete er die Oper zum Musikdrama und Gesamtkunstwerk um, bei dem alle Künste der dramatischen Idee untergeordnet sind und einzig und allein ihr zu dienen haben. Das Drama ist also wieder wie bei den Florentinern der Renaissance in den Mittelpunkt gestellt. Die daraus resultierende Wichtigkeit der Dichtung unterstreicht Wagner von allem Anfang an durch die eigene Abfassung seiner Texte. Musikalisch wird eine Vereinheitlichung durch die konsequente Anwendung des Leitmotivs[17] erzielt, die eine Charakterisierung aller Stufen der dramatischen Entwicklung ermöglicht. Auf diese Weise entsteht die »ewige Melodie«, das heißt eine ununterbrochen durchlaufende symphonische Großform. Das Orchester vertritt nicht nur den Chor des antiken Dramas, sondern wird zum eigentlichen Träger der Handlung, indem es alle dramatischen Vorgänge bis in die feinsten und geheimsten Seelenregungen erläutert.

Die andere polare Erscheinung in der Operngeschichte des 19. Jahrhunderts ist Giuseppe Verdi. Entwicklungsgeschichtlich ist er nicht weniger bedeutend als Wagner, wenngleich er in stilistischer Hinsicht als sein Antipode anzusehen ist. Nicht das Orchester, wie bei dem Bayreuther Meister, sondern die Gesangslinie ist bei Verdi Trägerin

[17] Unter Motiv versteht man in der Musik zunächst das kleinste selbständige Glied eines Themas. Ein »Erinnerungsmotiv« ist ein Thema von charakteristischer melodischer, rhythmischer oder harmonischer Prägung, das bei seinem ersten Erscheinen in Verbindung zu einer Person, einem Handlungsvorgang, einer Naturstimmung oder einer seelischen Regung gebracht wird und das bei seiner Wiederkehr an jene bestimmte Bedeutung erinnert. Erinnerungsmotive kommen in der Oper seit Monteverdi vor. Wagner erhob ihre Verwendung zum Gestaltungsprinzip in seinen Musikdramen; er selbst nannte sie »Grundthemen«, während Hans von Wolzogen hierfür den Terminus »Leitmotiv« prägte, der sich dann allgemein durchsetzte.

des dramatischen Ausdrucks. Sie ist trotz ihrer edlen Einfachheit einer außerordentlich vielseitigen Wandlung fähig und umfaßt eine reiche, feindifferenzierte Skala der Gefühle und Leidenschaften. Dabei ist dem Orchester absolut keine untergeordnete Rolle zugewiesen, es trägt und untermalt vielmehr den Gesang bald mit delikater Feinheit, bald mit der Pracht südlicher Klangentfaltung. Mit zunehmender Reife erfährt diese Struktur eine Vertiefung und meisterhafte Ausgestaltung. Dadurch erhalten die späteren Werke eine Physiognomie, die oft fälschlich als das Ergebnis Wagnerscher Einflüsse gedeutet wird.

Wagner und Verdi sind die Mentoren der Opernentwicklung bis auf unsere Tage geblieben. Wie ihre Werke aus dem Spielplan der Opernbühnen nicht mehr wegzudenken sind, so weht auch der Hauch ihres Geistes durch das Opernschaffen in aller Welt.

Um die Mitte des 19. Jahrhunderts hatten sich die deutschen Musiker in zwei Lager gespalten: Die konservative Richtung, bestehend aus den Anhängern Felix Mendelssohns und Robert Schumanns, konzentrierte ihre Kräfte in der Leipziger Schule, während sich die Weimarer oder Neudeutsche Schule den von Hector Berlioz, Franz Liszt und Richard Wagner vertretenen fortschrittlichen Idealen zuwandte. In der Folge geriet mit dem siegreichen Vordringen der Wagnerschen Muse eine ganze Generation unter den dominierenden Einfluß des Komponisten.

Dabei erfuhr das Musikdrama eine Ausschöpfung nach verschiedenen Richtungen hin. Die musikalischen Ausdrucksmittel (Harmonik, polyphoner Satz, Instrumentation) wurden gesteigert (Richard Strauss) oder durch Beimischung neuer Stilelemente (Impressionismus, Verismo) bereichert (Franz Schreker, Eugen d'Albert), anderseits erweiterten literarisch wertvolle Texte den Stoffkreis erheblich (Märchen [Engelbert Humperdinck], historische, naturalistische, mystisch-symbolische, phantastische Stoffe). Eine Sonderstellung nimmt das Schaffen Hans Pfitzners ein, der trotz einer modernen, intensiv-persönlichen Tonsprache vermöge seiner retrospektiven Haltung eher nochmals die Ideale der gesamten Romantik zusammenfaßt, als in die Zukunft weist. Einen höchst persönlichen Stil von epochemachender Bedeutung entwickelte, an Wagner anknüpfend, Richard Strauss. Gestützt auf die Errungenschaften einer großen Tradition ging er an den stilistischen Strömungen seiner Zeit (Impressionismus, Naturalismus) nicht achtlos vorüber, ohne dabei von seinen künstlerischen Prinzipien abzurücken. Sein universeller Geist gestaltete die verschiedensten Gebiete des musikalischen Theaters mit lebensvollen Neuschöpfungen, vom klassisch-mythologischen Musikdrama und der mystisch-romantischen Märchenoper bis zum musikalischen Konversationsstück, vom sarkastisch-satirischen »Singgedicht« bis zur Wiederbelebung der im modernen Aufputz präsentierten Barock- und Buffaoper.

Vom Geiste Wagners befruchtet, aber stilistisch dennoch unabhängig, entwickelte sich als Seitenzweig parallel zum Musikdrama die deutsche Musizieroper. Hierher gehört in erster Linie das aus der Spieloper hervorgegangene musikalische Lustspiel (Lustspieloper). Anstelle des derberen Witzes tritt die feine Komik, anstelle des Rührseligen die zarte Lyrik. Auch reiche kammermusikalische Reize charakterisieren die Meisterwerke dieser Gattung (Peter Cornelius, Hermann Goetz, Hugo Wolf).

Wesensverwandte Züge weist auch die deutsche Volksoper auf, die aber wieder mit massiveren Wirkungen rechnet (Siegfried Wagner, Wilhelm Kienzl, Julius Bittner, Viktor E. Nessler).

Immanent längst vorhandene Kräfte (Ferruccio Busoni, Rudi Stephan) gegen die durch Pathetik und Gefühlsekstase übersteigerte Spätromantik kamen nach der großen Zäsur des Ersten Weltkriegs elementar zum Durchbruch. Die radikale Abkehr von den bisherigen Idealen führte bei der jungen Generation zunächst zu einem spekulativen Herumtasten nach einem neuen brauchbaren Stil. Demnach lassen sich bei der Oper in den zwanziger Jahren unseres Jahrhunderts verschiedene Tendenzen erkennen: Auflösung der Symmetrie und der dramatischen Entwicklung zugunsten einer Zerlegung in knappe, konzentrierte Stimmungsbilder (Arnold Schönberg), eine Art Nebeneinanderlaufen von Handlung und absoluter Musik ohne gegenseitige Rücksichtnahme (Paul Hindemith, Alban Berg), trivialisierende Ironie mit Einbeziehung des Niederen und unentschiedenes Schwanken zwischen Spott und Ernst, besonders in der sogenannten »Kurzoper«, einer Art musikalischem Sketch mit wenigen Solisten und Kammerorchester (Kurt Weill), die Tendenz zur »Zeitoper« mit Verwendung der modernen Tanzmusik (Hindemith, Ernst Toch, Ernst Krenek) und Annäherung der Oper an den Film (Max Brand); den revolutionären Tendenzen der »Zeitoper«, die auch gerne soziale Probleme zur Debatte stellte, trat anderseits die Gestaltung antiker Stoffe in primitiv-asketischen und kultisch-feierlichen Ausdrucksformen (Egon Wellesz) gegenüber. Eine objektiv sachliche, allem Gefühlsüberschwang abholde Linie ist durchwegs zu erkennen. Im Verlauf der weiteren Entwicklung traten in der Zeit vor und während des Zweiten Weltkriegs hauptsächlich zwei Richtungen in Erscheinung: Die episch-oratorische Form, die auf einen regelrechten Ablauf der Handlung verzichtet und dafür den Schwerpunkt auf die Herausschälung der dramatischen Höhepunkte, aufgeteilt in eine Reihe von Bildern, legt; dabei erläutert die dramatische Entwicklung meistens ein erzählender Chor oder ein »Testo« (Werner Egk, Rudolf Wagner-Régeny, Hermann Reutter, Arthur Honegger, Darius Milhaud). Die andere Richtung realisiert durch eine starke Betonung des Volkstümlichen in Handlung und Musik und durch die Heranziehung des Tänzerischen einen neuen Typus Volks- und Märchenoper (Werner Egk, Ottmar Gerster, Joseph Haas, Leo Justinus Kauffmann, Carl Orff, Norbert Schultze, Hans Stieber).

In Frankreich trat durch die Synthese »grand opéra« – »opéra comique« um die Mitte des 19. Jahrhunderts die lyrische Oper auf den Plan. Charles Gounod und Ambroise Thomas sind zunächst ihre Repräsentanten. Aus der »opéra comique« wurde bisweilen noch der gesprochene Dialog beibehalten (Thomas' ›Mignon‹, Bizets ›Carmen‹, Saint-Saëns' ›Phryné‹), im allgemeinen aber die durchkomponierte Form bevorzugt. Mit Jules Massenet, dessen sinnlich weiche Melodik oft bedenklich die Sentimentalität streift, beginnt eine Dekadenz der Gattung. Zwei große Meister der Spätromantik dürfen nicht unerwähnt bleiben, obwohl der Schwerpunkt ihres Schaffens weniger in der Opernkomposition als bei der absoluten Musik zu suchen ist: der Schöpfer der Programmusik Hector Berlioz und der Begründer der jungfranzösischen Schule César Franck. Auch der erfolgreichste Schüler des letzteren, Vincent d'Indy, ein Bewunderer Wagners, ist dieser Richtung beizuzählen. Die komische Oper wandte sich mehr der leichten Muse zu. Während der liebenswürdige Léo Delibes durch die Einführung des Wiener Walzers der Gattung eine neue Note zu geben wußte, setzte Jacques Offenbach, dessen einzige lyrische Oper ›Hoffmanns Erzählungen‹ ein Welterfolg wurde, mit seinen graziös melodiösen Einaktern (opéra bouffe) zunächst die Linie der alten »opéra comique« fort, um dann mit seinen parodistisch-satirischen Hauptwerken der Operette zuzusteuern. Nach Offenbach ging die komische Oper in Frankreich in der Operette auf. Erst in jüngster Zeit konnte die »opéra bouffe« mit künstlerisch wertvollen Werken (Jacques Ibert, Roland-Manuel, Pierre-Octave Ferroud, Daniel Lazarus, Francis Poulenc) wieder in Erscheinung treten.

Die Romantik kam der französischen Eigenart in mancher Hinsicht entgegen. Die feinnervige Sensibilität des Franzosen, seine besondere Begabung für zarte Melodik und raffinierte Harmonisierung, sein hochentwickelter Farbensinn und seine Vorliebe für kleine Formen boten die Voraussetzung dafür, daß in der Musik sich gerade in Frankreich die romantische Ideologie so ganz bis zu ihrer Endkonsequenz durchringen konnte. Das Ergebnis war ein neuer Stil, den man nach einer verwandten Richtung in der Malerei als Impressionismus bezeichnete. Der eigentliche Schöpfer des musikalischen Impressionismus, der einige Jahrzehnte vorher in dem Russen Modest Mussorgskij bereits einen Vorläufer hatte, und zugleich sein Vollender war Claude Debussy. Emmanuel Chabrier, Gabriel Fauré, Erik Satie und Édouard Lalo gingen ihm wegbereitend voran, Paul Dukas und Maurice Ravel waren seine Nachfahren. Debussy, der unvergleichliche Maler intimer Seelenschilderungen und zarter Gefühlsregungen, hat in dem Musikdrama ›Pelléas et Mélisande‹ seinen Stil am reinsten dargetan. Die feinhörige Nachzeichnung des Tonfalls der Sprache in der Komposition der Gesangslinie und ihre Plazierung in eine entsprechende Klangatmosphäre des Orchesters machen diese Oper zu einem Kunstwerk von seltener Homogenität. Der bereits durch Debussy ausgeschöpfte Impressionismus konnte keine weiteren wesentlichen Entwicklungsmöglichkeiten mehr bieten. Deshalb suchte eine junge Generation in Frankreich nach neuen Wegen. Ihr Führer war die »Groupe des Six«, unter denen Darius Milhaud und Arthur Honegger für die dramatische Musik das meiste Interesse beanspruchen. Eine Brücke zu dieser Entwicklung schlägt der Ravel-Schüler Jacques Ibert. Die Ziele der jungfranzösischen Schule sind nicht einheitlich ausgerichtet. Im allgemeinen ist die Tendenz nach einer klassizistischen Haltung vorherrschend. Auch das Tänzerische spielt eine große Rolle. Gegenüber den Impressionisten ist die Ausdrucksweise einfacher, die Technik gröber; die Tonalitätsbegriffe sind vielfach verwischt (polytonal) oder gar aufgehoben (atonal). Bemerkenswert ist die oratorische Form des kultischen Dramas, die auf den Einfluß Igor Strawinskys (›Oedipus Rex‹) zurückgeführt werden muß.

Die musikalische Tradition in Italien ruht von alters her auf zwei Säulen: Kirchenmusik und Oper. Die Vokalkunst beanspruchte demnach immer schon das Hauptinteresse der italienischen Musiker. Diese Erkenntnis ist wichtig bei der Beurteilung der modernen italienischen Musik. Die überragende Erscheinung Verdis und sein gewaltiger Einfluß auf die Opernkomponisten seiner Zeit und seiner unmittelbaren Nachfolge errichtete eine Schutzmauer gegen fremde Einwirkungen zugunsten der traditionellen Oper. So kam es, daß zunächst noch eine Reihe angesehener Musiker, an ihrer Spitze Amilcare Ponchielli, im Fahrwasser der überkommenen Formen weitertrieb. Auf die Dauer konnte jedoch das Eindringen des Wagnerschen Musikdramas nicht aufgehalten werden. Die symphonische Polyphonie des Wagner-Orchesters begeisterte die jungen Komponisten und reizte sie zur Nachahmung (Alfredo Catalani, Antonio Smareglia, Alberto Franchetti, Arrigo Boito, Italo Montemezzi). Der dem italienischen Gesangsausdruck wesensfremde Deklamationsstil forderte aber bald eine Reaktion heraus. Das Erscheinen von Pietro Mascagnis ›Cavalleria rusticana‹ brachte sie zur Auslösung. Die mit dieser Oper begründete naturalistische Stilrichtung (Verismo) verzichtet auf den hohen Kothurn erhabener und poetisch idealisierender Gestaltung, um sich mit einer photographisch getreuen Nachbildung der nackten Wirklichkeit zu begnügen. Der italienischen Oper aber brachte sie noch außerdem eine Rückkehr zur alten Macht des Belkanto. Nach Ruggero Leoncavallos ähnlich geartetem ›Bajazzo‹ erreichte die veristische Oper ihren Höhepunkt mit Giacomo Puccini, der sie unter impressionistischen Einflüssen mit einigen originellen, aber auf die Dauer leicht steril wirkenden Eigenzügen ausstattete (Ganztonleiter, Quintenparallelen, übermäßige Dreiklänge). Mit Puccini war die Entwicklung des Verismo so gut wie abgeschlossen, wenn auch noch einige Talente (Umberto Giordano, Francesco Cilea) dieser Gattung wirkungsvolle Werke beisteuerten.

Inzwischen war Debussy in Italien bekannt geworden. Sein Einfluß wirkte auf die dortige junge Generation vielleicht noch stärker als der Wagners und Richard Straussens. Der französische Impressionismus befruchtete zunächst bestimmend das Schaffen Ottorino Respighis. Natürlich beeinflußten auch die Anschauungen anderer moderner Kunstströmungen (Futurismus, Expressionismus) die musikalische Entwicklung. So assimilierten die Jung-Italiener, die den bezeichnenden Sammelnamen »Avanguardisti« führen, ihre revolutionären Bestrebungen ähnlichen Bewegungen im Ausland. Alfredo Casella und Gian Francesco Malipiero sowie von der jüngeren Generation Luigi Dallapiccola und Goffredo Petrassi sind die Führer; Franco Alfano, Riccardo Zandonai, Ildebrando Pizzetti, Giuseppe Mulè und andere befinden sich in ihrem Gefolge. Die starke Verwurzelung der italienischen Musik mit ihrer Vergangenheit und ihre Verbundenheit mit der Vokaltradition bewahrte sie jedoch vor extremen Auswüchsen. Merkwürdigerweise konnte die komische Oper in Italien trotz Verdis ›Falstaff‹ keinen weiteren Aufschwung mehr verzeichnen, es sei denn, daß man den Deutsch-Italiener und feinsinnigen Erneuerer der Goldonischen Opera buffa, Ermanno Wolf-Ferrari, dem italienischen Kulturkreis zurechnet.

In der zweiten Hälfte des 19. Jahrhunderts machten sich überall in Europa Bestrebungen nach einer nationalen Verselbständigung des Musiklebens geltend. Dabei bedienten sich die Komponisten zumeist der Oper, die am ehesten eine Einbeziehung bodenständiger Volkskunst ermöglichte und die infolge ihrer Breitenwirkung die Erreichung des vorgesteckten Zieles am schnellsten erhoffen ließ. Die Verquickung nationaler Elemente mit den hochentwickelten Formen deutscher, italienischer und französischer Opernkunst bereicherte das musikalische Theater um eine Reihe wertvoller Kunstwerke. Den interessantesten Beitrag leistete in dieser Hinsicht Rußland.

Mit dem Eindringen westeuropäischer Kultureinflüsse unter Peter dem Großen (1689–1725) wurde die Oper auch in Rußland heimisch. Allerdings blieb ihre Pflege lange Zeit hindurch so gut wie ausschließlich italienischen Musikern vorbehalten. Erst um die Mitte des 19. Jahrhunderts lassen sich Versuche erkennen, die russische Volksmusik der Oper dienstbar zu machen (Catterino Cavos und Aleksej N. Werstowskij), die dann Michail Glinka auf Anregung seines deutschen Lehrers Siegfried Wilhelm Dehn bewußt ausgestaltete. Seine beiden Opern ›Ein Leben für den Zaren‹ und ›Ruslan und Ludmila‹ wurden ein nationales Ereignis für Rußland, und Glinka gilt heute allgemein als der Vater der russischen Kunstmusik. Einen Schritt weiter machte Aleksander Dargomyshskij, der die künstlerischen Ideen Glinkas ausbaute und in seiner Oper ›Der steinerne Gast‹ ein dramatisches Gedicht Puschkins ohne Veränderung durchkomponierte. Damit schlug er eine Brücke zur berühmten »Gruppe der Fünf«, die einen autochthonen nationalen Stil schuf und dadurch gleichzeitig die Welt mit dem Schatz russischer Volks- und Kirchenmusik bekannt machte. Das geniale Haupt der »Novatoren«, wie die Mitglieder dieser Gruppe auch genannt wurden, war Modest Mussorgskij, der Schöpfer des national-russischen musikalischen Volksdramas. Daneben wird er auch als Begründer des russischen Impressionismus bezeichnet. Seine Fähigkeit, das Komische und Tragische mit gleicher Meisterschaft zu gestalten, reiht ihn unter die großen schöpferischen Persönlichkeiten der musikdramatischen Weltliteratur. Die gleichen nationalistischen Ziele verfolgten Nikolaj Rimskij–Korssakow, ein Meister der Instrumentationskunst, der weniger historische Stoffe wie Mussorgskij, sondern mehr russische Sagen und Märchen verarbeitete, und Aleksander Borodin, dessen ›Fürst Igor‹ ein packendes Kulturbild von realistischer Ausdruckskraft darstellt. Nicht so knorrig und urwüchsig ist Cesar Cui, während Milij Balakirew, der theoretische Führer der Gruppe, keine Opern schrieb. Den »Novatoren« stand die »Gruppe der Westlinge« gegenüber, die wohl eine nationale Note nicht verleugnete, aber doch mehr kosmopolitisch orientiert war und eine in der ganzen Welt verständliche musikalische Sprache redete. Das gilt vor allem von ihrem Haupt, Peter Tschaikowskij. Während Aleksander Serow von dem national-russischen Kompositionsstil noch weiter abrückte und seinen Vorbildern Meyerbeer und Wagner huldigte, kann Anton Rubinstein kaum noch als russischer Komponist angesprochen werden. Die Gegensätze national und international bestimmten auch die Weiterentwicklung der russischen Musik. Die Moskauer Schule unter Führung Tschaikowskijs und seines Schülers Sergej Tanejew vertritt die weltbürgerliche Richtung. Als ihre Hauptvertreter sind außer dem überragenden Aleksander Skrjabin, der keine Opern schrieb, Sergej Rachmaninow und Aleksander Gretschaninow anzusehen. Die beiden letzteren repräsentieren wohl starke Persönlichkeiten, ohne freilich die bereits von Tschaikowskij vorgezeichneten Bahnen zu verlassen. Stärkere Potenzen gingen aus der national-orientierten Petersburger Schule Rimskij-Korssakows hervor, mit dessen Schüler Igor Strawinsky Rußland aus der Reihe seiner wundersamen Talente einen führenden Repräsentanten der jüngeren Generation stellte. Strawinskys Schaffen erfuhr manche Wandlung. Anknüpfend an seinen Lehrer schrieb er zunächst einen mit geistreichem Witz und farbenüppiger Instrumentation ausgestatteten russisch-impressionistischen Stil (›Die Nachtigall‹ und ›Der Feuervogel‹). Unter dem Einfluß extremer Kunstströmungen wandte er sich dann in seiner französischen Wahlheimat einer antiromantisch, konstruktiven Richtung zu (›L'histoire du soldat‹). Mit dem szenischen Oratorium ›Oedipus Rex‹, das für unsere modernste Opernentwicklung von hoher Bedeutung ist, erfolgte schließlich ein neuerlicher Umschwung, der unter Zurückgreifen auf ältere Formen (Barock) und mit der Wiederherstellung der

Tonalität zu einer Art Neoklassizismus führte. Auch Sergej Prokofjew machte ähnliche Wandlungen mit. Er ging wie Strawinsky von einem impressionistisch-modernen Stil mit burlesk-witzigem Orchesterkolorit aus, um später einfache, frühklassische musikalische Ausdrucksformen aufzugreifen. Der hauptsächlich symphonisch wirkende Dmitrij Schostakowitsch schrieb einen farbigen, von westlichen Einflüssen untermischten Stil.

Als weitere Nation in dem slawischen Kulturkreis strebten auch die Tschechen um die Mitte des 19. Jahrhunderts ein nationales Musikschaffen an. Nach ersten Versuchen von František Škroup (Singspiel ›Der Drahtbinder‹ 1826) gab die Gründung des ersten selbständigen tschechischen Theaters, des Interimtheaters, in Prag (1862) einer Reihe von Talenten den Auftrieb, tschechische Opern zu schreiben. Freilich stellte bei diesen Anfängen die lose Verbindung heimatlicher Volksmusik mit den vom Ausland übernommenen Formen nicht immer eine glückliche Lösung dar. Erst Bedřich Smetana fand den ersehnten Eigenstil. Er gilt daher als Schöpfer der national-tschechischen Volksoper wie der modernen tschechischen Musik überhaupt. Seine Bühnenwerke sind charakterisiert durch eine feine Mischung von blühender Lyrik mit einem urgesunden, aus dem lebendigen Volkstum schöpfenden Humor. Auch Antonín Dvořák schreibt zunächst volkstümliche Opern, nähert sich aber in seinen späteren Werken dem dramatischen Stil Wagners (›Die Jakobiner‹, ›Rusalka‹). Andere Wege ging der in Mähren beheimatete Leoš Janáček. Seine Gestaltungsprinzipien verraten den fortschrittlichen Musiker; er verwebt unaufdringlich das mährische Volkslied, und trotz moderner Tonsprache untermalt ein subtiles Orchester die Singstimme als hauptsächliche Trägerin des dramatischen Ausdrucks. Bei der jüngeren Generation kann man, ähnlich wie in Rußland, eine Spaltung in national und international eingestellte Richtungen erkennen. Zdeněk Fibich, der Ausgestalter des modernen tschechischen Musikdramas, rückt von der von Smetana und Dvořák vorgezeichneten Bahn ab, um sich als Wagner-Anhänger kosmopolitischen Ausdrucksformen zuzuwenden. Auf ähnlicher Linie bewegen sich auch Josef Bohuslav Foerster und Jaroslav Křička. Demgegenüber betont der dem Impressionismus zugeneigte Dvořák-Schüler und treffliche Kenner der slowakischen Volksmusik Vítězslav Novák wieder mehr das nationale Element. Aus der Dvořák–Novák-Schule ging ein Kreis junger Begabungen hervor, unter denen vor allem Bohuslav Martinů dank eines stark profilierten Eigenstils zu internationaler Geltung gelangte. Als farbenfroher Opernkomponist konnte sich auch der Reger-Schüler Jaromír Weinberger außerhalb seiner Heimat Anerkennung verschaffen.

Streng genommen kann man das Bestehen einer aus den Wurzeln bodenständigen Volkstums genährten ungarischen Kunstmusik erst von dem Auftreten Béla Bartóks (1881–1945) an rechnen, obwohl das aus Asien stammende Ungarnvolk wie kaum eine andere Nation von alters her eine höchst originelle Volksmusik sein eigen nennt. Die Angleichung an die europäische Kultur ließ die gewissermaßen nur auf Seitengleisen (geigende Volksmusikanten) vegetierenden Kräfte völkischer Musiküberlieferung lange nicht zur Entfaltung gelangen. Anderseits verwässerten die als Fremdkörper anzusehenden Zigeuner das urwüchsige bäuerliche Volks- und Tanzlied durch ihre typischen Interpretationsmanieren (Rubatos, Verzierungen, chromatische Verweichlichung) und vermittelten der Welt eine ungarische Pseudo-Volksmusik im romantischen Salonstil. In dieser Gestalt fand das »Ungarische« im 19. Jahrhundert Eingang in die europäische Kunstmusik (Franz Liszt, Johannes Brahms). Aber auch die Komponisten der ersten ungarischen Opern András Bartay und Ferenc Erkel verwoben diesen Mischstil als nationales Kolorit in ihre vornehmlich deutschen Vorbildern nachgeformten Werke. Gediegene Musiker wie Jenő Hubay oder der Brahms nacheifernde Ernő von Dohnányi vertraten diese ungarisierende, europäisch orientierte Richtung bis in das 20. Jahrhundert hinein. Folkloristische Studien und Einflüsse des französischen Impressionismus ließen erst den beiden Schöpfern und Führern der modernen ungarischen Musik, Béla Bartók und Zoltán Kodály, das Zustandekommen eines autochthonen Stils gelingen, der organisch aus den Fundamenten alter Traditionen gewachsen ist und eine äußerst wertvolle Bereicherung der europäischen Musikkultur darstellt.

In den übrigen Ländern Europas führten die Bemühungen um ein nationales Opernschaffen zu ungleichen Ergebnissen. Die stärksten Impulse aus dem Volkslied empfing vielleicht noch die moderne Musik in Spanien. Hier konnte sich der Schöpfer der national-spanischen Oper Felipe Pedrell mit seinen mehr theoretisch-literarischen, von Wagner beeinflußten Bestrebungen zwar weniger durchsetzen. Dafür förderte der »Casticismo«, eine nationale Bewegung, die an die Volkskunst der »Zarzuelas« (spanische Singspiele) anknüpfte, die Entwicklung der spanischen Kunstmusik in hohem Maß. Die Verschmelzung nationaler und impressionistischer Elemente zeitigte besonders bei den Hauptvertretern dieser Strömung (Isaac Albéniz, Enrique Granados, Manuel de Falla) einen höchst charakteristischen Stil.

Die polnische Oper ist bei ihrem Begründer Stanisław Moniuszko und dessen Nachfolgern zunächst noch dem nationalgefärbten Romantizismus Frédéric Chopins verhaftet, ist aber später bei den »Jung-Polen« (Karol Szymanowski) auch impressionistischen Einflüssen zugänglich.

Eine reiche Opernfreudigkeit findet sich in den Balkanländern vor, wo Ansätze zu einer Verselbständigung zum Teil schon früh anzutreffen sind (erste slowenische Originaloper ›Belin‹ von Jakob Frančišek Zupan 1780 in Ljubljana [Laibach]). In der Hauptsache tritt jedoch eine bodenständige Opernkunst dort ebenfalls erst Ende des 19. Jahrhunderts in Erscheinung.

Eine weniger selbständige Rolle spielt die nationale Oper in den nördlichen Ländern Europas, wo die strengere Form der konzertanten Musik schon immer den Vorzug genoß. Deshalb hielten sich gerade die bedeutendsten Komponisten des Nordens (Edvard Grieg, Jean Sibelius, Niels Wilhelm Gade, Johan Severin Svendsen) der Oper fern. Immerhin gelang es aber einer stattlichen Reihe trefflicher Begabungen, auch diese Kunstgattung unter Verwertung musikalischen Volksgutes und unter Anlehnung zumeist an deutsche Vorbilder (Romantiker, Wagner) in ihren Ländern heimisch zu machen. In jüngster Zeit wurde vor allem in England der Oper stärkeres Interesse entgegengebracht, wo sie durch Benjamin Britten kräftige Impulse erhielt.

Die Opernproduktion nach 1945 zeigt verschiedene Tendenzen. Eine stilistisch festumrissene Linie und damit eine Sonderstellung weist das Schaffen Carl Orffs auf. Mit seinem originellen musikdramatischen Stil, der keinerlei Berührungspunkte mit anderen zeitgenössischen Richtungen hat, vermochte Orff erfolgreich eine Reihe neuartiger Typen des musikalischen Theaters zu entwickeln. Im übrigen sind in bezug auf die Wahl und die geistig-künstlerische Formung der Stoffe ähnliche Strömungen wie beim Gegenwartsschauspiel erkennbar. Im Musikalischen bedienen sich die Komponisten unterschiedlich der verschiedenen Stilrichtungen unserer Zeit. Nach dem Ersten Weltkrieg erhielten die aus dem Expressionismus resultierenden revolutionären Strömungen, welche die Überwindung der Romantik und des Impressionismus anstrebten, die Sammelbezeichnung »Neue Musik«. In der Folge treten hauptsächlich drei Richtungen in Erscheinung: zunächst die tonalitätsgebundene, die trotz aller harmonischen Freiheiten die Beziehung zu einer Tonika aufrechterhält (Hindemith, Strawinsky, Egk). Die Erweiterung des Tonartenbereichs führte über die Bi- und Polytonalität zur Atonalität (Alban Berg). Mit der dadurch erfolgten Aufgabe des Dur-Moll-Systems verlor die Harmonik ihre dominierende Rolle, und die melodische Linie übernahm die Herrschaft. Dies führte zu einer funktionellen Neuordnung der zwölf chromatischen Halbtöne, ein Verfahren, das man mit dem Fachausdruck »Reihentechnik« bezeichnete. Hier fand das von Arnold Schönberg und Joseph Matthias Hauer entwickelte Zwölftonprinzip (Dodekaphonie) die meisten Anhänger (Wolfgang Fortner, Hans Werner Henze, Ernst Krenek, Giselher Klebe, Rolf Liebermann, Luigi Dallapiccola, Frank Martin). Neuerdings zeichnen sich Tendenzen ab, die teils ein Abrükken von dem Dodekaphonismus, teils ein Zurückgreifen auf romantische Gestaltungselemente erkennen lassen. Auch an Versuchen, die Errungenschaften der Technik (Schallplatte, Tonband, Elektronik) dem musikalischen Drama dienstbar zu machen, fehlt es nicht. In jüngster Zeit eröffnete Krzysztof Penderecki mit seinen ungewöhnlichen, kühnen Klangkombinationen (Klanggeräusche – Geräuschklänge) ebenso neue Perspektiven wie Bernd Alois Zimmermann mit seiner »pluralistischen Oper«, in der anstelle der klassischen Einheit von Ort, Zeit und Handlung die »Kugelgestalt der Zeit« (Gleichzeitigkeit von Vergangenheit, Gegenwart und Zukunft) als Norm gesetzt und in der unter dem Zusammenwirken der Formen des »totalen Theaters« (»Musiktheater, Sprechtheater, Ballett, Film, Mikrophon, Fernsehen, Band- und Tontechnik, elektronische Musik und konkrete Musik, Zirkus und Musical und alle Formen des Bewegungstheaters«) in Simultanszenen diese Gleichzeitigkeit auch dramaturgisch gewahrt ist.

R. K.

Von wenigen Ausnahmen abgesehen, vollzog sich die Entwicklung der »Neuen Musik« in den fünfziger, sechziger und frühen siebziger Jahren des 20. Jahrhunderts im Bereich der Orchester- und der Kammermusik sowie in der elektronischen Musik. Die Oper galt als überlebte Gattung, was sich nicht nur in der überspitzten Forderung von Pierre Boulez, alle Opernhäuser in die Luft zu sprengen, niederschlug, sondern sicher auch zurückzuführen war auf den rein materialbezogenen Purismus der Avantgarde, für die das Zusammenwirken von Musik und Szene, Raum, Bild, Farbe und Ton eher Störung des kompositorischen Kalküls als Faszination bedeutete. Allerdings gab es neben Komponisten, die sich, ohne die avantgardistischen Forderungen beiseitezulassen, gleichwohl der Oper zuwandten (Bernd Alois Zimmermann, Wolfgang Fortner, aber auch Giselher Klebe, Aribert Reimann) in Mauricio Kagel einen Avantgardisten, der die mit jeder Musikausübung verbundene szenische Komponente entwickelte und zu einem vielfältigen, Elemente der Parodie des Bestehenden einbeziehenden »musikalischen Theater« ausbaute. Für die Entwicklung wichtiger als das abendfüllende, aber sich in der kritischen Parodie der Oper und ihrer Mechanismen erschöpfende Werk ›Staatstheater‹ sind die einzelne Elemente des Szenischen bis zur Absurdität weiterentwickelnden Entwürfe (›Die Himmelsmechanik‹, ›Pas de cinq‹, ›Sur scène‹ und ›Tremens‹). In den letzten Jahren ist Kagel mit abendfüllenden und das Element der durchgehenden, erzählenden Handlung wieder aufnehmenden Werken ›Die Erschöpfung der Welt‹ und ›Aus Deutschland‹ zu traditionelleren Formen zurückgekehrt.

Die Erschöpfung des vielfach nur auf die Weiterentwicklung des musikalischen Materials bezogenen Kompositionsstils der musikalischen Avantgarde Mitte der siebziger Jahre löste unter den Komponisten der neuen Musik, die nun vielfach im emphatischen Wortsinn keine »Neue Musik« mehr sein will, Ratlosigkeit und Fortschrittsverweigerung aus; abzulesen ist dieser Trend an der weitverbreiteten Rückbesinnung auf traditionelle Formen und Gattungen der Musik. Das experimentelle Musiktheater der fünfziger und sechziger Jahre, zu dessen Protagonisten neben Kagel auch György Ligeti, Henri Pousseur, Dieter Schönbach, Manfred Niehaus und Sylvano Bussotti gehörten, scheint weitgehend überlebt, die Komponisten der jüngeren Generation, aber auch jene der mittleren und älteren, die bisher keine musikalischen Bühnenwerke verfaßt haben, konzentrieren nun ihr Interesse auf die Oper mit traditionell erzählender Handlung und sind auch eher wieder bereit, die Aufführungsbedingungen der Opernhäuser ohne Tendenz zur Ausweitung und ohne Entwicklung neuer musiktheatralischer und ästhetischer Theorien zu akzeptieren. Man mag diese Entwicklung als Verarmung, als Einlassen mit dem Bestehenden bedauern, sie bedeutet aber zugleich die Chance zur leichteren Realisierung und damit größeren Verbreitung. Dabei scheint neben dem abendfüllenden »Hauptwerk« die von den Gesangspartien und vom Instrumentarium her kleinbesetzte Kammeroper weiterhin großes Interesse zu beanspruchen, was sicherlich auch auf feste Institutionen dieser Art zumal an den großen Opernhäusern zurückzuführen ist, die hier auch eher als bei Werken fürs »große Haus« bereit und finanziell in der Lage sind, noch nicht ausgewiesenen Opernkomponisten die Annäherung an das Medium des musikalischen Theaters mittels Aufträgen und Stipendien zu ermöglichen.

Die Zahl der Opern-Uraufführungen an den deutschen Theatern hat sich in den letzten Jahren eher wieder erhöht; bemerkenswerter aber und Beweis für die Lebendigkeit der Gattung dürfte sein, daß sich neben anerkannten Opernkomponisten (Hans Werner Henze, Klebe, Reimann) in immer größerem Maße Musiker dem Musiktheater neu nähern; dabei finden sich von der umfassenden Heptalogie ›Licht‹ von Karlheinz Stockhausen über die von der »minimal music« geprägten Werke von Philip Glass die verschiedensten Formen und Ausprägungen, wobei der verstärkte Rückgriff auf literarische Texte auffällig ist. Ein »Ende der Oper«, wie es Anfang der fünfziger Jahre vielfach postuliert wurde, ist heute jedenfalls nicht abzusehen, auch wenn die Fülle der Werke nicht darüber hinwegtäuschen kann, daß der Elan, der Gattung neues Leben einzuhauchen, etwas der Erfüllung des schon Bewährten gewichen zu sein scheint.

W. K.

Hinweise auf weiterführende Literatur

Dieses Literaturverzeichnis ist bewußt knapp gehalten. Es versucht nicht mehr, als erste Hinweise zu geben, auf welchem Wege man sich ausführlichere Informationen über die Operngeschichte und über einzelne Werke verschaffen kann. Dabei sind Opernführer nicht aufgenommen. Das Verzeichnis gliedert sich in allgemeine und spezielle Nachschlagewerke und grundlegende Arbeiten zur Geschichte der Oper und berücksichtigt Publikationen, die entweder noch im Buchhandel erhältlich oder erfahrungsgemäß in Bibliotheken allgemein zugänglich sind.

Allgemeine musikalische Nachschlagewerke

Die Musik in Geschichte und Gegenwart. Allgemeine Enzyklopädie der Musik, herausgegeben von Friedrich Blume, 16 Bände, Kassel 1949–1979.

Riemann Musiklexikon, 12. Auflage, herausgegeben von Wilibald Gurlitt, Hans Heinrich Eggebrecht und Carl Dahlhaus, 5 Bände, Mainz 1959–1975.

Das große Lexikon der Musik, herausgegeben von Günther Massenkeil und Marc Honegger, 8 Bände, Freiburg/Breisgau 1978–1982.

The New Grove. Dictionary of Music and Musicians, 6. Auflage herausgegeben von Stanley Sadie, 20 Bände, London 1980.

Opern-Nachschlagewerke

Ewen, David, Encyclopedia of the Opera, New York 1955, revidierte 4. Auflage als New Encyclopedia of the Opera, New York 1971.

Friedrichs Opernlexikon von A-Z, Velber 1969 (= deutsche Bearbeitung [Hans Otto Spingel] von Harold Rosenthal und John Warrack, The Concise Oxford Dictionary of Opera).

Handbuch des Musiktheaters, herausgegeben vom Forschungsinstitut für Musiktheater der Universität Bayreuth, 4 Bände, München 1985 ff.

Loewenberg, Alfred, Annals of Opera 1597–1940, 3. Auflage mit Nachtragsband: 1941–1978 herausgegeben von Harold Rosenthal, London 1978.

Oper. Eine illustrierte Darstellung der Oper von 1597 bis zur Gegenwart, Wiesbaden 1981.

Opern-Lexikon, herausgegeben von Horst Seeger, Berlin 1978, Henschel-Verlag, und in 2 Bänden Hamburg 1982.

Stieger, Franz, Opernlexikon, 4 Teile (I Titelkatalog, 3 Bände; II Komponisten, 3 Bände; III Librettisten, 3 Bände; IV Nachträge, 2 Bände), Tutzing 1975–1983.

Allgemeine Operngeschichten

Abert, Hermann, Grundprobleme der Operngeschichte, Leipzig 1926.

Bekker, Paul, Das Operntheater, Leipzig 1931.

Bie, Oscar, Die Oper, Berlin 1913, Neudruck München 1980.
Burian, Karel Vladimír, Die Oper. Ihre Geschichte in Wort und Bild, Prag 1961.
Gerhartz, Leo K., Oper. Aspekte der Gattung, Laaber 1983.
Gregor, Joseph, Kulturgeschichte der Oper, Wien 1941.
Grout, Donald J., A Short History of Opera, New York und London ²1965.
Kapp, Julius, Das Opernbuch. Eine Geschichte der Oper, Leipzig 1922, revidierte Neuausgabe 1937.
Kretzschmar, Hermann, Geschichte der Oper, Leipzig 1919, Neudruck Wiesbaden 1970.
Oehlmann, Werner, Oper in vier Jahrhunderten, Stuttgart 1984.

Spezielle Operngeschichten

Abert, Anna Amalie, Claudio Monteverdi und das musikalische Drama, Lippstadt 1954.
Goldschmidt, Hugo, Studien zur Geschichte der italienischen Oper im 17. Jahrhundert, 2 Bände, Leipzig 1901 und 1904.
Goslich, Siegfried, Die deutsche romantische Oper, Tutzing 1975.
Honolka, Kurt, Kulturgeschichte des Librettos, Wilhelmshaven 1980.
Konold, Wulf, Deutsche Oper – einst und jetzt, Kassel 1980.
Lindlar, Heinrich (Herausgeber), Oper im 20. Jahrhundert, Bonn 1954.
Martin, George, A Companion to Twentieth Century Opera, London 1980.
Schiedermair, Ludwig, Die deutsche Oper, Berlin und Bonn ³1943.
Strohm, Reinhard, Die italienische Oper im 18. Jahrhundert, Wilhelmshaven 1979.
Wolff, Hellmuth Christian, Die Geschichte der komischen Oper, Wilhelmshaven 1981.
Worbs, Hans Christoph, Welterfolge der modernen Oper, Berlin 1967.

Register zu den Werkbeschreibungen
nach Komponisten

Register zu den Werkbeschreibungen
nach Opern-Titeln